Inhalt

Benutzerhinweise

Dieses Wörterbuch bietet mit 150.000 zuverlässigen Angaben zu rund 55.000 Stichwörtern einen Zugriff auf den umfassenden Wortschatz der modernen Fach- und Alltagssprache.

Alphabetisierung

Die blau gedruckten Stichwörter sind streng alphabetisch geordnet: Getrennt geschriebene und durch Bindestrich getrennte Stichwörter werden dabei behandelt, als würden sie zusammengeschrieben.
Die Buchstaben ä, ö, ü, á, à usw. werden wie a, o, u, a usw. alphabetisiert; ß wird wie ss eingeordnet.
Einige Stichwörter werden durch zusätzliche Informationen in Klammern genauer bestimmt (z. B. Angabe der Endung der Femininform). Diese Ergänzungen in Klammern werden bei der Alphabetisierung jedoch nicht berücksichtigt.

Gliederung der Stichwörter

Um einen raschen Zugriff auf das gesuchte Wort zu ermöglichen, steht jedes Stichwort als eigener Eintrag. *Nachdem* und *nachher* stehen zum Beispiel nicht zusammen mit *nach* in einem Abschnitt, sondern sind selbstständige Stichwörter mit Lautschriftangabe.
Bei italienischen und deutschen Substantiven, deren feminine Form ohne Wortstammveränderung und durch bloßes Anhängen einer Endung gebildet wird, steht die Endung der femininen Form jeweils in Klammern (z. B. *dottore(ssa), Lehrer(in)*). Bei Bildung der Femininform mit Wortstammveränderung (z. B. *Bauer/Bäuerin*) und bei Bildung der Femininform durch Ersetzen der Maskulinendung (z. B. *attore/attrice, Zeuge/Zeugin*) erhält das feminine Substantiv meist einen eigenen Eintrag.
Abkürzungen, die einer längeren Erläuterung oder mehrerer Übersetzungen bedürfen (z. B. *CD-ROM*), werden als Stichwörter aufgeführt.
Homonyme (Wörter, die gleich lauten, aber eine unterschiedliche Bedeutung haben, z. B. *Futter* (*Nahrung/Kleidung*)) werden mit hochgestellten Zahlen gekennzeichnet.
Bei substantivierten Adjektiven (z. B. *Jugendliche(r)*) und Partizipien (z. B. *Geliebte(r)*) wird ebenfalls sowohl die Maskulin- als auch die Femininform angegeben.
Adjektive werden – mit Ausnahme von solchen wie *erste(r,s), jüngste(r,s)* – nur in der männlichen Form angegeben. Bei italienischen Adjektiven, die im Singular maskulin eine zweite Form besitzen (z. B. *grande* und *gran*), befindet sich bei dieser ein entsprechender Verweis.

Italienische Adverbien, die regelmäßig von einem Adjektiv abgeleitet werden (z. B. *dolcemente, velocemente*), sind nicht als einzelne Einträge aufgeführt, es sei denn, die adverbiale Bedeutung unterscheidet sich von der adjektivischen.

Aufbau eines Eintrags

Innerhalb eines Stichworteintrages wird das blau gedruckte Stichwort nicht wiederholt, sondern durch eine Tilde (~) ersetzt, es sei denn, es steht in einer Form, die eine andere Schreibweise nach sich zieht. Im Eintrag *barra* zum Beispiel steht statt *sbarra* einfach s~, bei *Buch* ist die Pluralform *Bücher* ausgeschrieben. Diese Ausnahme bezieht sich auch auf die Großschreibung eines sonst kleingeschriebenen Wortes (z. B. am Satzanfang einer Wendung). Die Tilde bezieht sich nie auf eventuelle Klammerergänzungen im Stichwort.
Innerhalb eines Stichworteintrages sind die einzelnen Übersetzungen nach Wortart geordnet. Bedeutungsgleiche (synonyme) Übersetzungen werden durch Komma voneinander getrennt. Nicht bedeutungsgleiche Übersetzungen werden durchnummeriert und mit Strichpunkt abgetrennt.
Sind Auslassungszeichen (...) direkt an ein Wort angehängt (z. B. bei Vorsilben), bedeutet dies, dass das Wort als Teil einer Zusammensetzung wiedergegeben wird.

Beispiel:
federale [fede'ra:le] *adj* föderativ, Bundes...
Neben der Übersetzung *föderal* sind auch Wortzusammensetzungen mit *Bundes...* möglich (z. B. *Bundesbank*).

Lautschrift

Der Stichwortangabe folgt jeweils in eckigen Klammern die dazugehörige Aussprache in internationaler Lautschrift. Eine Übersicht über die Lautschriftzeichen befindet sich auf Seite VIII. Das Betonungszeichen (') steht jeweils vor der Silbe, die betont werden muss. Die Lautschrift einsilbiger Wörter enthält kein Betonungszeichen.
Steht in einem Eintrag eine zusätzliche Lautschriftangabe, bedeutet dies, dass alle folgenden Bedeutungen entsprechend dieser Phonetikangabe ausgesprochen werden.

Wortart

Nach Stichwort und Lautschrift wird die Wortart des Stichwortes in abgekürzter Form angegeben. Sie ist kursiv gedruckt. Die Abkürzungen werden auf Seite VII erläutert. Gibt es für ein Stichwort mehrere Bedeutungen mit

unterschiedlichen Wortarten, so werden diese durch Strichpunkte voneinander getrennt aufgeführt.
Hat ein Stichwort sowohl eine maskuline als auch eine feminine Form oder werden für ein Wort zwei unterschiedliche Genera gleich häufig verwendet, so stehen die entsprechenden Angaben kursiv hinter dem betreffenden Wort.
Alle unregelmäßigen Verben sind mit der Abkürzung *v irr* gekennzeichnet. Die unregelmäßigen Formen der Verben beider Sprachen werden am Ende des Buches aufgeführt. Aufgelistet werden ausschließlich die Formen des Stammverbs (die Formen zu *contrarre* sieht man bei *trarre* nach, die Formen zu *mitkommen* stehen bei *kommen*).

Redewendungen

Die zahlreichen Wendungen und sprichwörtlichen Redensarten sind dem bedeutungstragenden Wort der Wendung – in der Regel dem Substantiv – zugeordnet.

Grammatik

Die Kurzgrammatiken im Anhang ermöglichen es auch Anfängern, den vorhandenen Wortschatz stilsicher anzuwenden. So findet der Benutzer schnell eine Antwort auf jedes grundlegende grammatische Problem.

Abkürzungen

adj	Adjektiv	*konj*	Konjunktion
adv	Adverb	LING	Linguistik
AGR	Landwirtschaft	LIT	Literatur
ANAT	Anatomie	*m*	männlich
ARCH	Architektur	MATH	Mathematik
art	Artikel	MED	Medizin
ART	Kunst	MET	Metallurgie
ASTR	Astronomie	METEO	Meteorologie
BIO	Biologie	MIL	Militär
BOT	Botanik	MIN	Bergbau/Mineralogie
CHEM	Chemie	MUS	Musik
CINE	Film	*n*	Neutrum
ECO	Wirtschaft	NAUT	Schifffahrt
etw	etwas	*num*	Zahlwort
f	weiblich	PHIL	Philosophie
fam	umgangssprachlich	PHYS	Physik
fig	bildlich	*pl*	Plural
FIN	Finanzwelt	POL	Politik
FOTO	Fotografie	*pref*	Präfix
GAST	Gastronomie	*prep*	Präposition
GEO	Geografie	*pron*	Pronomen
GEOL	Geologie	PSYCH	Psychologie
GRAMM	Grammatik	*qc*	qualcosa
HIST	Geschichte	*qd*	qualcuno (qualcheduno)
INFORM	Informatik	*rel*	relativ
interj	Interjektion	REL	Religion
interr	interrogativ	SPORT	Sport
irr	unregelmäßig	TECH	Technik
jdm	jemandem	TEL	Kommunikationswesen
jdn	jemanden	THEAT	Theater
jds	jemandes	*v*	Verb
jmd	jemand	ZOOL	Zoologie
JUR	Recht		

Lautschrift

Das Betonungszeichen ['] steht jeweils vor der Silbe, die betont wird.

Vokale

blass	a	alto, eternità
Bahn, Saal	aː	andare
Feder, Uhr	ɐ	
egal	e	estivo
Weh, See	eː	sera
hätte, fett	ɛ	essere, cioè
Säge	ɛː	bene
Menge	ə	
ist	ɪ	
Vitamin	i	infine
Liebe	iː	infine
Moral	o	volere
Boot, Ton	oː	sole
von	ɔ	lotta, ciò
	ɔː	moda
ökologisch	ø	
Öl	øː	
völlig	œ	
Zunge	u	dubbio, insù
Zug	uː	muro
	ʊ	
	ʌ	
Stück	y	
Typ	yː	

Konsonanten

Ball	b	banco
Nichte	ç	
dort	d	dente
fliehen, vor	f	fede
geben	g	gamba, ghiaccio
holen	h	
Journalist	ʒ	
jeder, Million	j	
Kamm, Chor	k	carta, chiave
Lob	l	lago
	ʎ	maglia
Maus	m	mano
nehmen	n	naso
	ɲ	gnomo
angeln, links	ŋ	fungo
Post	p	pane
Rand	r	ramo
besser, Ruß	s	sala
schwierig	ʃ	scendere, scialle
treten, Pfad	t	tasto
weben, Vase	v	vento, wafer
Nacht	x	
Hose	z	svuotare
Zug	ts	zio
	dz	zona
	tʃ	cibo, ciotola
	dʒ	gennaio, giorno

Doppellaute

beißen	aɪ
Auge	au
läuten, Heu	ɔy

Nasale

Orange	ɑ̃	collant
Annonce	ɔ̃	
Cousin	ɛ̃	

Italienisch – Deutsch

A

a [a] *prep* 1. *(luogo)* an, nach, in; ~ *Roma* in Rom; ~ *casa* nach Hause, zu Hause; ~ *nord di* nördlich von; ~*l bar* an der Bar; *andare* ~ *casa* nach Hause gehen/nach Hause fahren; *andare* ~ *Firenze* nach Florenz fahren; *andare* ~ *scuola* in die Schule gehen; *andare* ~ *caccia* auf die Jagd gehen; *andare* ~ *teatro* ins Theater gehen; *abitare* ~ *Monaco* in München wohnen; *Abito* ~ *venti chilometri da Venezia.* Ich wohne zwanzig Kilometer von Venedig entfernt. *essere* ~*lla fine di qc* am Ende von etw sein; *andare* ~ *letto* ins Bett gehen; ~ *quale piano?* In welchem Stock? ~*l secondo piano* im zweiten Stock; ~*l pianterreno* im Erdgeschoss; *scendere* ~ *terra* an Land gehen; ~*l centro* in der Mitte; *vicino* ~ nahe an; 2. *(tempo)* bei, um, am; ~ *Pasqua* an Ostern; *A che ora?* Wann?/Um wie viel Uhr? ~ *mezzogiorno* mittags; ~*lle due* um zwei Uhr; ~*ll'inizio* am Anfang; ~*l principio di maggio* Anfang Mai; ~ *settembre* im September; ~ *metà giugno* Mitte Juni; ~*lla fine di ...* am Ende von ...; ~*l tramonto del sole* bei Sonnenuntergang; *Guadagna dieci euro* ~*ll'ora.* Er verdient zehn Euro in der Stunde. ~*l più presto* so bald wie möglich; ~*ll'età di quarant'anni* im Alter von vierzig Jahren; ~ trent'anni mit dreißig Jahren; ~*ll'epoca di ...* zur Zeit von ...; ~ *domani!* bis morgen! 3. *(numero)* zu; *Ci vanno* ~ *migliaia.* Sie gehen zu Tausenden dorthin. ~ *centinaia* zu Hunderten, hundertweise; 4. *(per)* je, pro; ~*ll'ora* pro Stunde; ~*l pezzo* pro Stück; ~ *persona* pro Person; ~*l mese* pro Monat; ~*ll'anno* pro Jahr; 5. *(con)* mit; *una pizza ai funghi* eine Pizza mit Pilzen; 6. *(modo)* zu; *annoiarsi* ~ *morte* sich zu Tode langweilen; *condannare* ~ *vita* zu lebenslänglich verurteilen; 7. *(con l'infinito)* zu; *Comincio* ~ *studiare.* Ich beginne zu studieren. *Ti invito* ~*d accompagnarmi.* Ich lade dich ein, mich zu begleiten.

abate [a'ba:te] *m REL* Abt *m*

abbagliante [abbaʎ'ʎante] *adj* 1. blendend, grell; *m* 2. Fernlicht *n*

abbagliare [abbaʎ'ʎa:re] *v* 1. *(luce)* blenden; 2. *(fig)* irreführen; 3. *(con i fari dell'auto)* aufblenden

abbaglio [ab'baʎʎo] *m* Versehen *n*, Fehler *m*; *prendere un* ~ sich täuschen

abbaiare [abbai'a:re] *v* bellen, kläffen

abbaino [abba'i:no] *m* Dachfenster *n*

abbandonare [abbando'na:re] *v* 1. verlassen; ~ *un partito* aus einer Partei austreten; ~ *una cava* eine Zeche abbauen; ~ *la scena politica (fig)* aus dem politischen Leben scheiden; 2. *(rinunciare, interrompere)* aufgeben

abbandonato [abbando'na:to] *adj* 1. verlassen; 2. *(studi, professione)* aufgegeben; 3. *(casa)* unbewohnt; 4. *(fig)* verwahrlost

abbandono [abban'do:no] *m* 1. *(lasciare)* Verlassen *n*; ~*l del paese natale* die Abwanderung aus der Heimat; 2. *(rinuncia, interruzione)* Aufgeben *n*; 3. ~ *dell'energia atomica m* Atomausstieg *m*

abbassamento [abbassa'mento] *m* 1. Senkung *f*, Absenkung *f*; 2. *(diminuzione)* Abnahme *f*; 3. *(calo)* Fallen *n*, Sinken *n*; 4. *FIN* Rückgang *m*; 5. *(fig)* Demütigung *f*, Erniedrigung *f*

abbassare [abbas'sa:re] *v* 1. herablassen, herunterlassen; 2. *(ribaltare)* herunterklappen; 3. *(occhi)* niederschlagen; 4. *(testa)* neigen; 5. *(fig: prezzo)* herabsetzen; 6. ~ *la voce* leiser reden; 7. *(orgoglio)* erniedrigen

abbassarsi [abbas'sarsi] *v* 1. sich bücken; 2. *(acqua)* abebben; 3. *(fig)* sich erniedrigen, sich demütigen

abbastanza [abbas'tantsa] *adv* 1. genug, genügend; 2. *(a sufficienza, alquanto)* leidlich, hinlänglich; 3. *(più o meno)* ziemlich

abbattere [ab'battere] *v* 1. *(albero)* fällen; 2. *(nemico)* niederschlagen; 3. *(animale)* erlegen

abbattimento [abbatti'mento] *m* 1. Niederwerfen *n*; 2. *(fisico)* Mattig-

A

keit *f;* 3. *(stato d'animo)* Niedergeschlagenheit *f*
abbattuto [abbat'tuːto] *adj* niedergeschlagen
abbazia [abba'tsiːa] *f REL* Abtei *f*
abbellimento [abbelli'mento] *m* 1. Verschönerung *f,* Verzierung *f;* 2. *(fig)* Schönfärberei *f*
abbellire [abbel'liːre] *v* verschönern, ausschmücken
abbeverare [abbeve'raːre] *v (animale)* tränken, Durst stillen
abbigliamento [abbiʎʎa'mento] *m* Kleidung *f*
abbigliarsi [abbiʎ'ʎarsi] *v* sich anziehen
abbinamento [abbina'mento] *m* 1. *(accoppiamento)* paarweise Zusammenfügung *f;* 2. *(nell'abbigliamento, dei colori)* Kombination *f;* 3. *TECH* Kupplung *f*
abbinare [abbi'naːre] *v* 1. paaren, paarweise verbinden; 2. *(nell'abbigliamento)* kombinieren; 3. *TECH* kuppeln
abbindolare [abbindo'laːre] *v* hintergehen
abboccare [abbok'kaːre] *v* 1. *~ all'amo (pesce)* anbeißen; 2. *~ all'amo (fig)* anbeißen; 3. *TECH* zusammenschließen
abbonamento [abbona'mento] *m* Abonnement *n*
abbonarsi [abbo'narsi] *v* abonnieren
abbonato [abbo'naːto] *m* Abonnent *m*
abbondante [abbon'dante] *adj* reichlich, üppig
abbondantemente [abbondante'mente] *adv* ausgiebig
abbondanza [abbon'dantsa] *f* Fülle *f,* Überfluss *m*
abbordare [abbor'daːre] *v* 1. *(fig) ~ qd* an jdn herantreten, jdn zur Rede stellen; *~ una ragazza* ein Mädchen anmachen; 2. *NAUT* entern
abborracciare [abborrat'tʃaːre] *v* pfuschen
abborracciatore [abborrattʃa'toːre] *m* Pfuscher *m,* Stümper *m*
abbottonare [abbotto'naːre] *v* zuknöpfen
abbozzare [abbot'tsaːre] *v* 1. skizzieren; 2. *~ un sorriso (fig)* ein Lächeln andeuten
abbozzo [ab'bɔttso] *m* 1. Umriss *m;* 2. *ART* Skizze *f,* Entwurf *m; in ~* im Entwurf
abbracciare [abbrat'tʃaːre] *v* umarmen; *~ con gli occhi* überblicken; *~ con lo sguardo* übersehen
abbraccio [ab'brattʃo] *m* Umarmung *f*
abbreviamento [abbrevia'mento] *m* Verkürzung *f,* Abkürzung *f*
abbreviare [abbre'viaːre] *v* verkürzen
abbreviazione [abbrevia'tsioːne] *f* Abkürzung *f,* Kürzung *f*
abbronzare [abbron'dzaːre] *v* bräunen
abbronzato [abbron'dzaːto] *adj* braun, gebräunt
abbronzatura [abbrondza'tuːra] *f (della pelle)* Bräunung *f,* Bräunen *n*
abbrustolire [abbrusto'liːre] *v* rösten; *pane abbrustolito* geröstetes Brot *n*
abbrutire [abbru'tiːre] *v* verwildern
abbuono [ab'buɔːno] *m* 1. *(del tempo impiegato)* Verkürzung *f;* 2. *ECO* Vergütung *f;* 3. *(bonifico) FIN* Rabatt *m*
abdicare [abdi'kaːre] *v POL* abdanken
abdicazione [abdika'tsioːne] *f POL* Abdankung *f*
abete [a'beːte] *m BOT* Tanne *f; ~ rosso* Fichte *f*
abiezione [abie'tsioːne] *f (bassezza morale)* Unmoral *f,* Sittenlosigkeit *f*
abile ['aːbile] *adj* 1. geeignet, tauglich; *~ negli affari* geschäftstüchtig; *~ al lavoro* erwerbsfähig; 2. *(valente)* geschickt, gewandt; 3. *(raffinato)* raffiniert
abilità [abili'ta] *f* 1. Fähigkeit *f;* 2. *(bravura)* Geschicklichkeit *f*
abilitazione [abilita'tsioːne] *f* Befähigung *f,* Befugnis *f*
abissale [abbis'saːle] *adj* 1. abgrundtief; 2. *(fig)* bodenlos
abisso [a'bisso] *m* 1. Abgrund *m;* 2. *(fig)* Kluft *f*
abitacolo [abi'taːkolo] *m (di un'auto)* Fahrgastzelle *f,* Fahrerkabine *f*
abitante [abi'tante] *m/f* Bewohner(in) *m/f,* Einwohner(in) *m/f*
abitare [abi'taːre] *v* 1. *(persone)* wohnen, bewohnen; 2. *(animali)* hausen
abitazione [abita'tsioːne] *f* 1. Wohnung *f;* 2. *(residenza)* Wohnort *m*
abito ['aːbito] *m* 1. *(da donna)* Kleid *n; ~ prémaman* Umstandskleid *n; ~ da festa* Festkleid *n;* 2. *(da uomo)* Anzug *m;*

~ *da sera* Abendanzug *m;* 3. *(vestiario)* Kleidung *f*

abituale [abitu'aːle] *adj* gewohnt

abitualmente [abitual'mente] *adv* gewohnheitsmäßig, gewöhnlich

abituare [abitu'aːre] *v* gewöhnen an

abituarsi [abitu'arsi] *v* 1. ~ *a qc* sich an etw gewöhnen; 2. *(in un nuovo ambiente)* sich einleben

abituato [abitu'aːto] *adj* gewohnt; *non* ~ ungewohnt

abitudinario [abitudi'naːrio] *adj* 1. Gewohnheits...; *m* 2. Gewohnheitsmensch *m*

abitudine [abi'tuːdine] *f* Gewohnheit *f*

abiurare [abiu'raːre] *v* abschwören

abolizione [aboli'tsioːne] *f* Aufhebung *f,* Abschaffung *f,* Beseitigung *f*

abominevole [abomi'neːvole] *adj* ekelhaft

aborigeno [abo'riːdʒeno] *m* 1. Ureinwohner *m; adj* 2. eingeboren

abortire [abor'tiːre] *v* 1. *MED* eine Fehlgeburt haben; *far* ~ abtreiben; 2. *(fallire)* misslingen

aborto [a'bɔrto] *m* 1. *(spontaneo) MED* Fehlgeburt *m;* 2. *(provocato)* Abtreibung *f; favorevole all'~* Abtreibungsbefürworter *m; contrario all'~* Abtreibungsgegner *m*

abrogare [abro'gaːre] *v JUR* abschaffen

abrogazione [abroga'tsioːne] *f JUR* Abschaffung *f*

abulico [a'buːliko] *adj* 1. *(passivo)* passiv; 2. *(indifferente)* gleichgültig

abusare [abu'zaːre] *v* ~ *di qc/qn* etw/jdn missbrauchen

abusivo [abu'ziːvo] *adj* 1. unrechtmäßig, unerlaubt; 2. *JUR* widerrechtlich, gesetzeswidrig; *m* 3. Unbefugter *m*

abuso [a'buːzo] *m* Missbrauch *m;* ~ *di autorità* Amtsmissbrauch *m;* ~ *di bevande alcoliche* Alkoholmissbrauch *m;* ~ *di dati* Datenmissbrauch *m*

accademia [akka'dɛːmia] *f* Akademie *f*

accademico [akka'dɛːmiko] *m* 1. Akademiker *m; adj* 2. akademisch

accadere [akka'deːre] *v irr* 1. geschehen, passieren; 2. *(fig)* zustoßen

accaduto [akka'duːto] *m* Geschehnis *n,* Ereignis *n*

accamparsi [akkam'parsi] *v* zelten

accanirsi [akka'nirsi] *v* 1. toben, wüten; 2. ~ *contro qd (fig)* in Wut geraten über jdn, über jdn herziehen; 3. ~ *in qc* sich in etw verbeißen

accanitamente [akkanita'mente] *adv* 1. hartnäckig; 2. *(furia)* wütend

accanito [akka'niːto] *adj* verbissen, erbittert

accanto [ak'kanto] *adv* 1. *(luogo)* dabei, daneben; *prep* 2. ~ *a* neben

accantonare [akkanto'naːre] *v* 1. zurücklegen, beiseite legen; 2. *FIN* zurücklegen, zurückstellen

accaparramento [akkaparra'mento] *m ECO* Aufkauf *m*

accaparrare [akkapar'raːre] *v* 1. *ECO* aufkaufen; 2. *(fam)* hamstern

accapigliarsi [akkapi'ʎarsi] *v* sich prügeln, handgreiflich werden

accappatoio [akkapa'toːio] *m* Bademantel *m*

accarezzare [akkaret'tsaːre] *v* 1. liebkosen, streicheln; 2. *(punta delle dita)* kraulen

accasciarsi [akka'ʃarsi] *v* 1. niedersinken; 2. *(fig)* den Mut verlieren, verzagen

accatastare [akkatas'taːre] *v* stapeln

accattone [akkat'toːne] *m* 1. Bettler *m;* 2. *(fam)* Penner *m*

accavallare [akkaval'laːre] *v (gambe)* übereinanderschlagen

accavallarsi [akkaval'larsi] *v* 1. sich übereinanderschieben; 2. *(appuntamenti)* sich überschneiden

accecare [attʃe'kaːre] *v* 1. blenden; 2. *(rendere cieco)* blind machen; 3. *(fig)* verblenden

accecato [attʃe'kaːto] *adj* verblendet

accedere [at'tʃeːdere] *v* 1. *(entrare)* eintreten; 2. *(in un'associazione)* beitreten; ~ *ad un'alleanza* einem Bündnis beitreten; 3. *INFORM* zugreifen

acceleramento [attʃelera'mento] *m* Beschleunigung *f*

accelerare [attʃele'raːre] *v* beschleunigen

acceleratore [attʃelera'toːre] *m (di una macchina)* Gaspedal *n;* ~ *a pedale* Fußgashebel *m*

accelerazione [attʃelera'tsioːne] *f* Beschleunigung *f*

A

accendere [at'tʃendere] *v irr* 1. anzünden, zünden; *Ha da ~?* Haben Sie Feuer? *~ il fuoco* anheizen, Feuer machen; *Si può ~ il fuoco qui?* Darf man hier Feuer machen? 2. *(elettricità)* andrehen, anstellen; *La luce è accesa.* Das Licht ist an.
accendersi [at'tʃendersi] *v irr (luce)* angehen
accendino [attʃen'di:no] *m* Feuerzeug *n*
accennare [attʃen'na:re] *v* andeuten
accenno [at'tʃenno] *m* 1. Andeutung *f; per accenni* andeutungsweise; 2. *(fig)* Wink *m*
accensione [attʃensi'o:ne] *f* 1. Anzünden *n;* 2. *(di una macchina)* TECH Zündung *f; ~ irregolare* Fehlzündung *f;* 3. *(ipoteca)* ECO Aufnahme *f*
accentare [attʃen'ta:re] *v* 1. *(pronunciare)* betonen; 2. *(segno)* akzentuieren, mit einem Akzent versehen
accentazione [attʃenta'tsio:ne] *f (pronuncia)* Betonung *f*
accento [at'tʃento] *m* 1. Akzent *m,* Betonung *f;* 2. *(enfasi)* Nachdruck *m*
accentrare [attʃen'tra:re] *v* zentralisieren
accentuare [attʃentu'a:re] *v* betonen
accentuarsi [attʃentu'arsi] *v* sich verschärfen, sich zuspitzen
accerchiare [attʃerki'a:re] *v* 1. einkreisen; 2. *(circondare)* umzingeln
accertamento [attʃerta'mento] *m* Ermittlung *f,* Feststellung *f*
accertarsi [attʃer'tarsi] *v* sich vergewissern
acceso [at'tʃe:so] *adj* 1. *(ardente)* glühend; 2. *(colore)* grell; 3. *(fuoco)* entzündet; 4. *(elettricità)* eingeschaltet
accessibile [attʃes'si:bile] *adj* zugänglich
accesso [at'tʃesso] *m* 1. Zugang *m; ~ ad Internet* Zugang zum Internet *m;* 2. *(in casa)* Einfahrt *f;* 3. *~ d'ira* Wutausbruch *m;* 4. INFORM Zugriff *m; ~ diretto* direkter Zugriff *m*
accessorio [attʃes'so:rio] *adj* 1. zusätzlich; *spese accessorie* Nebenkosten *pl;* 2. *(secondario)* untergeordnet; *m* 3. Zubehör *n*
accetta [at'tʃetta] *f* kleines Beil *n,* Axt *f*
accettabile [attʃet'ta:bile] *adj* annehmbar, zumutbar
accettare [attʃet'ta:re] *v* 1. *~ qc* etw annehmen; 2. *(situazione)* akzeptieren, hinnehmen; 3. *(assumere)* übernehmen
accettazione [attʃetta'tsio:ne] *f* 1. *(di qc)* Annahme *f; ~ bagagli* Gepäckannahme *f;* 2. FIN Akzept *n*
acchiappare [akkiap'pa:re] *v* 1. erwischen, kriegen; 2. *(afferrare)* auffangen
acciabattare [attʃabat'ta:re] *v (fig)* pfuschen
acciaieria [attʃaie'ri:a] *f* Stahlwerk *n*
acciaio [at'tʃa:io] *m* MET Stahl *m; ~ legato* Edelstahl *m; essere duro come l'~* stahlhart sein
accidentale [attʃiden'ta:le] *adj* zufällig
accidentato [attʃiden'ta:to] *adj* holperig
accidente [attʃi'dente] *m* Unfall *m*
accingersi [at'tʃindʒersi] *v irr* sich anschicken
acciuffare [attʃuf'fa:re] *v* packen, ergreifen
acciuffarsi [attʃuf'farsi] *v* sich prügeln, sich schlagen
acciuga [at'tʃu:ga] *f* ZOOL Sardelle *f*
acclimatarsi [akklima'tarsi] *v* sich akklimatisieren
accludere [ak'klu:dere] *v irr* anfügen, beilegen
accluso [ak'klu:so] *adv* anbei
accoccolarsi [akkokko'larsi] *v* sich zusammenkauern
accodarsi [akko'darsi] *v* sich in der Schlange anstellen
accogliente [akko'ʎente] *adj* 1. gemütlich; *poco ~* ungemütlich; 2. *(persona)* gastfreundlich
accoglienza [akko'ʎentsa] *f* 1. Aufnahme *f,* Empfang *m;* 2. *(di un ospite)* Bewirtung *f*
accogliere [ak'kɔ:ʎere] *v irr* 1. aufnehmen; *~ con giubilo* bejubeln; 2. *(accettare)* annehmen; 3. *(ospite)* empfangen
accollarsi [akkol'larsi] *v* auf sich nehmen
accollato [akkol'la:to] *adj* hochgeschlossen

accoltellare [akkoltel'laːre] *v* erstechen, niederstechen
accommiatarsi [akkommia'tarsi] *v* sich verabschieden
accomodamento [akkomoda'mento] *m JUR* Vergleich *m*
accomodante [akkoman'dante] *adj* 1. wohlwollend, entgegenkommend; 2. *ECO* kulant
accomodare [akkomo'daːre] *v* 1. *(riparare)* ausbessern, reparieren; 2. *(sistemare)* ordnen, in Ordnung bringen; 3. *(fig)* schlichten
accomodarsi [akkomo'darsi] *v* sich setzen, Platz nehmen; *Si accomodi!* Machen Sie es sich bequem!
accompagnamento [akkompaɲɲa'mento] *m* 1. Begleitung *f*, Geleit *n;* 2. *MUS* Begleitung *f*
accompagnare [akkompaɲ'ɲaːre] *v* begleiten
accompagnarsi [akkompaɲ'ɲarsi] *v* passen, übereinstimmen
accompagnatore [akkompaɲɲa'toːre] *m* Begleiter *m;* ~ *insignificante* Anhängsel *n*
accompagnatrice [akkompaɲɲa'triːtʃe] *f* Begleiterin *f*
acconciare [akkon'tʃaːre] *v* zurechtmachen, frisieren
acconciarsi [akkon'tʃarsi] *v* sich zurechtmachen
acconciatura [akkontʃa'tuːra] *f* Haarschnitt *m*, Frisur *f*
acconsentire [akkonsen'tiːre] *v* zustimmen
accontentare [akkonten'taːre] *v* zufriedenstellen
accontentarsi [akkonten'tarsi] *v* 1. sich zufriedengeben; 2. sich begnügen
acconto [ak'konto] *m* 1. Anzahlung *f;* 2. *(rata) ECO* Abschlag *m*
accoppiamento [akkoppia'mento] *m* 1. Verbindung; 2. *ZOOL* Paarung *f;* 3. *TECH* Kupplung *f*, Ankopplung *f*
accoppiare [akkop'piaːre] *v* 1. *ZOOL* paaren; 2. *TECH* kuppeln
accorarsi [akko'rarsi] *v* sich betrüben
accorciamento [akkortʃa'mento] *m* Verkürzung *f*
accorciare [akkor'tʃaːre] *v* abkürzen, kürzen
accorciarsi [akkor'tʃarsi] *v* 1. sich verkürzen, sich verringern; 2. *(tessuto)* eingehen
accordare [akkor'daːre] *v* 1. *(acconsentire)* erteilen, zubilligen; 2. *(strumento)* stimmen; 3. *JUR* einen Vergleich schließen
accordarsi [akkor'darsi] *v* 1. *(concordarsi)* abmachen; 2. *(mettersi d'accordo)* sich einigen
accordato [akkor'daːto] *adj MUS* gestimmt
accordo [ak'kɔrdo] *m* 1. Abmachung *f; essere d'~* einig sein; 2. *JUR* Vereinbarung *f;* 3. *POL* Abkommen *n; ~ sul disarmo* Abrüstungsabkommen *n; ~ monetario* Währungsabkommen *n*
accorgersi [ak'kɔrdʒersi] *v irr* 1. wahrnehmen, bemerken; 2. *(dolore)* spüren, empfinden; 3. *(avvertire)* merken
accorgimento [akkordʒi'mento] *m* 1. Einsicht *f*, Umsicht *f;* 2. *(misura)* Maßnahme *f;* 3. *(accortezza)* List *f*
accorrere [ak'korrere] *v irr* herbeieilen
accorto [ak'kɔrto] *adj* 1. schlau, umsichtig; 2. *(oculato)* weitblickend
accostamento [akkosta'mento] *m* 1. Annäherung *f;* 2. *(di colori)* Zusammenstellung *f;* 3. *NAUT* Anlegen *n*
accostare [akkos'taːre] *v (porta)* anlehnen
accostarsi [akkos'tarsi] *v* sich nähern
accreditare [akkredi'taːre] *v* akkreditieren, gutschreiben
accreditarsi [akkredi'tarsi] *v* sich Ansehen verschaffen
accredito [akkre'diːto] *m* Gutschrift *f*
accrescere [ak'kreʃere] *v irr* vermehren
accrescersi [ak'kreʃersi] *v irr* wachsen
accrescimento [akkreʃi'mento] *m* Vermehrung *f*, Zunahme *f*
accresciuto [akkre'ʃuːto] *adj* vermehrt, verstärkt
accudire [akku'diːre] *v* betreuen
accumulamento [akkumula'mento] *m* Ansammlung *f*
accumularsi [akkumu'larsi] *v* sich ansammeln
accumulatore [akkumula'toːre] *m TECH* Akku *m*

A

accuratezza [akkura'tettsa] *f* Sorgfalt *f*
accurato [akku'raːto] *adj* sorgfältig
accusa [ak'kuːza] *f* 1. Anklage *f*, Anschuldigung *f*; 2. *JUR* Anklage *f*
accusare [akku'zaːre] *v* 1. anklagen, anschuldigen; 2. *JUR* anklagen, belasten
accusarsi [akku'zarsi] *v* sich anklagen
accusativo [akkuza'tiːvo] *m GRAMM* Akkusativ *m*
accusato [akku'zaːto] *adj* 1. *JUR* angeklagt; *m* 2. *JUR* Angeklagter *m*
accusatore [akkuza'toːre] *m JUR* Ankläger *m*
acerbo [a'tʃɛrbo] *adj* 1. unreif; 2. *(aspro)* herb, sauer
acero ['atʃero] *m BOT* Ahorn *m*
aceto [a'tʃeːto] *m* Essig *m*; *~ aromatico* Kräuteressig *m*
acetone [atʃe'toːne] *m CHEM* Aceton *n*
acetosa [atʃe'toːsa] *f BOT* Sauerampfer *m*
acidità [atʃidi'ta] *f* 1. Säure *f*; 2. *CHEM* Säuregehalt *m*
acido ['aːtʃido] *m* 1. *(gusto)* Säure *f*; 2. *CHEM* Säure *f*; *~ carbonico* Kohlensäure *f*; *~ cloridrico* Salzsäure *f*; *~ grasso* Fettsäure *f*; *~ solforico* Schwefelsäure *f*; *adj* 3. sauer
acino ['aːtʃino] *m* Weinbeere *f*
acme ['akme] *f* Höhepunkt *m*
acne ['akne] *f MED* Akne *f*
acqua ['akkua] *f* 1. Wasser *n*; *~ benedetta* Weihwasser *n*; *~ dolce* Süßwasser *n*; *~ salata* Salzwasser *n*; *~ minerale* Mineralwasser *n*; *~ potabile* Trinkwasser *n*; *~ industriale* Brauchwasser *n*; *~ di raffreddamento* Kühlwasser *n*; *~ di scarico* Abwasser *n*; *~ sorgiva* Quellwasser *n*; *~ ragia* Terpentin *n*; *a tenuta d'~* wasserdicht; 2. *acque pl GEO* Gewässer *n*; *acque territoriali* Hoheitsgewässer *pl*; *acque continentali* Binnengewässer *pl*
acquaio [akku'aːio] *m* Ausguss *m*
acquario [akku'aːrio] *m* 1. Aquarium *n*; 2. *(segno zodiacale)* Wassermann *m*
acquasanta [akkua'santa] *f REL* Weihwasser *n*
acquatico [akku'aːtico] *adj* Wasser...
acquavite [akkua'viːte] *f* Schnaps *m*, Branntwein *m*
acquazzone [akkuat'tsoːne] *m* Platzregen *m*; *~ temporalesco* Gewitterschauer *m*
acquedotto [akkue'dɔtto] *m* Wasserleitung *f*
acqueo ['akkueo] *adj* Wasser...
acquerello [akkue'rɛllo] *m* Wasserfarbe *f*
acquietamento [akkuieta'mento] *m* Beruhigung *f*
acquietarsi [akkuie'tarsi] *v* sich beruhigen
acquirente [akkui'rɛnte] *m/f* Käufer(in) *m/f*
acquisire [akkui'ziːre] *v* 1. kaufen; 2. *(diritto)* erwerben, erlangen
acquisito [akkui'ziːto] *adj* 1. erworben; 2. *(parente)* angeheiratet; 3. *(nazionalità)* angenommen
acquisizione [akkuizi'tsioːne] *f* Errungenschaft *f*, Erwerbung *f*
acquistabile [akkuis'taːbile] *adj* käuflich
acquistare [akkuis'taːre] *v* 1. einkaufen, kaufen; 2. *(da qd)* abkaufen; 3. *(in quantità)* ankaufen
acquistarsi [akkuis'tarsi] *v (malattia)* sich zuziehen
acquisto [ak'kuisto] *m* 1. Einkauf *m*, Kauf *m*; 2. *ECO* Abnahme *f*; *~ all'ingrosso* Großeinkauf *m*; *~ in contanti* Barkauf *m*
acquitrino [akkui'triːno] *m* Sumpf *m*
acquolina [akkuo'liːna] *f far venire l'~ in bocca* den Mund wässrig machen
acquoso [ak'kuoːso] *adj* wässrig
acre ['akre] *adj* 1. stechend, beißend; 2. *(carattere)* herb; 3. *(vino)* herb
acritico [a'kriːtiko] *adj* kritiklos, unkritisch
acrobata [a'krɔːbata] *m/f* Akrobat(in) *m/f*
acuire [aku'iːre] *v* verschärfen
aculeo [a'kuːleo] *m ZOOL* Stachel *m*
acume [a'kuːme] *m* Scharfsinn *m*
acustica [a'kustica] *f* Akustik *f*
acustico [a'kustico] *adj* akustisch; *a isolamento ~* schalldicht
acutezza [aku'tettsa] *f* 1. Schärfe *f*; 2. *(perspicacia)* Scharfblick *m*, Scharfsinn *m*
acutizzazione [akutiddza'tsioːne] *f* Verschärfung *f*

A

acuto [a'ku:to] *adj* 1. akut; 2. *(mente)* scharfsinnig; 3. *(suono)* schrill; 4. *(dolore)* stechend; 5. *(occhio)* scharf
adagiarsi [ada'dʒarsi] *v* sich hinlegen, es sich bequem machen
adagio [a'da:dʒo] *adv* 1. *(lentamente)* langsam; 2. sanft, behutsam; 3. *(sottovoce)* leise; *m* 4. *(detto)* Maxime *f*
adattabile [adat'ta:bile] *adj* anpassungsfähig
adattabilità [adattabili'ta] *f* Anpassungsfähigkeit *f*
adattamento [adatta'mento] *m* 1. Anpassung *f;* 2. *(adeguamento)* Umstellung *f*
adattare [adat'ta:re] *v* 1. anpassen; 2. *(adeguare)* umstellen; ~ *una macchina* ein Auto umrüsten
adattarsi [adat'tarsi] *v* 1. *(conformarsi)* sich anpassen, sich angleichen; 2. passen, sich eignen; 3. *(andar d'accordo)* zusammenpassen
adattatore [adatta'to:re] *m TECH* Adapter *m*
adatto [a'datto] *adj* geeignet
addebitare [addebi'ta:re] *v (conto) FIN* belasten
addebito [ad'de:bito] *m* 1. *FIN* Belastung *f;* 2. *ECO* Lastschrift *f*
addensare [adden'sa:re] *v* verdichten, eindicken (lassen)
addentrarsi [adden'trarsi] *v* 1. eindringen; 2. *(avanzare)* voranschreiten
addestramento [addestra'mento] *m* 1. Schulung *f,* Ausbildung *f;* 2. *(in modo ripetitivo)* Drill *m;* 3. *MIL* Übung *f;* 4. *SPORT* Training *n*
addestrare [addes'tra:re] *v* 1. *(istruire)* einweisen, ausbilden; 2. *(addomesticare)* dressieren, abrichten
addetto [ad'detto] *adj* 1. zugeteilt; 2. *(occupato)* beschäftigt; *m* 3. *(appartenente)* Angehöriger *m;* 4. *non* ~ Unbefugter *m; vietato ai non addetti* für Unbefugte verboten
addìo [ad'di:o] *m* 1. Adieu *n,* Lebewohl *n;* 2. Abschied *m*
addirittura [addirit'tu:ra] *adv* 1. direkt, geradezu; 2. *(perfino)* sogar; 3. *(davvero)* wirklich
additare [addi'ta:re] *v* 1. hinweisen auf, zeigen auf; 2. ~ *qd al disprezzo generale* jdn der allgemeinen Verachtung aussetzen
additivo [addi'ti:vo] *m CHEM* Zusatz *m*
addizionare [additsio'na:re] *v* zusammenzählen, addieren
addizione [addit'tsio:ne] *f MATH* Addition *f*
addobbare [addob'ba:re] *v (vetrina)* dekorieren, schmücken
addolcire [addol'tʃi:re] *v* 1. süßen; 2. mildern; 3. *(acqua)* enthärten
addolorarsi [addolo'rarsi] *v* 1. bedauern; 2. sich betrüben; 3. *(tormentarsi)* sich grämen
addolorato [addolo'ra:to] *adj* schmerzlich bewegt
addome [ad'dɔ:me] *m* 1. *ANAT* Unterleib *m;* 2. *ZOOL* Hinterleib *m*
addomesticare [addomesti'ka:re] *v* zähmen
addomesticarsi [addomesti'karsi] *v* 1. *(animale)* zahm werden; 2. ~ *con qc LIT* sich mit etw anfreunden
addormentarsi [addormen'tarsi] *v* einschlafen
addossare [addos'sa:re] *v* 1. anlehnen; 2. *(fig)* aufladen
addossarsi [addos'sarsi] *v* 1. ~ *a qc* sich an etw anlehnen; 2. *(fig)* auf sich nehmen
addosso [ad'dɔsso] *adv* 1. auf/an sich, am Leib; *aver* ~ anhaben; *mettere le mani* ~ *a qd* jdn verprügeln; *dare* ~ *a qd* jdm zu Leibe rücken; 2. *avere* ~ *la scalogna* Pech haben
addurre [ad'durre] *v irr* 1. *(prove)* beibringen; 2. ~ *un pretesto* einen Vorwand vorbringen
adeguatamente [adeguata'mente] *adv* 1. passend; 2. *(adatto)* angemessen; 3. *(appropriato)* sachgemäß
adeguato [adegu'a:to] *adj* adäquat, angemessen; ~ *al proprio rango* standesgemäß
adempiere [a'dempiere] *v* 1. erfüllen; 2. *(soddisfare)* nachkommen
adempiersi [a'dempiersi] *v* sich erfüllen, in Erfüllung gehen
adempimento [adempi'mento] *m (dovere)* Erfüllung *f*
aderente [ade'rɛnte] *adj* 1. *(vestito)* anliegend, eng anliegend; 2. *TECH* haf-

A

tend; *m/f* 3. *(sostenitore)* Anhänger(in) *m/f*

aderire [ade'riːre] *v* 1. *(essere attaccato)* kleben; 2. *(assentire)* zustimmen; 3. *(ad una proposta)* sich anschließen, eingehen auf; 4. *(ad un'associazione)* beitreten, eintreten in

adescare [ades'kaːre] *v* anlocken

adesione [adezi'oːne] *f* 1. *(ad una società)* Beitritt *m;* 2. *(approvazione)* Zustimmung *f*

adesivo [ade'ziːvo] *m* 1. *(etichetta)* Aufkleber *m;* 2. *(collante)* Klebemittel *n,* Klebstoff *m; adj* 3. adhäsiv, klebrig

adesso [a'dɛsso] *adv* jetzt, nun; *per ~* zunächst; *Verrà qui ~.* Er ist gleich hier.

adiacente [adia'tʃɛnte] *adj* angrenzend

adirato [adi'raːto] *adj* wütend, ärgerlich

adolescente [adole'ʃɛnte] *m/f* Heranwachsende(r) *m/f*

adolescenza [adole'ʃɛntsa] *f* Jugend *f*

adombrarsi [adom'brarsi] *v* 1. *(cavallo)* scheuen; 2. *(insospettirsi)* stutzig werden

adoperare [adope'raːre] *v* 1. anwenden; 2. *(usare)* brauchen, gebrauchen; 3. *(impiegare)* aufbieten

adoperarsi [adope'rarsi] *v* 1. sich einsetzen; 2. *(cercare di raggiungere)* trachten

adorare [ado'raːre] *v* anbeten

adorato [ado'raːto] *m* Angebeteter *m*

adoratore [adora'toːre] *m* Verehrer *m; ~ del sole* Sonnenanbeter *m*

adorazione [adora'tsioːne] *f* Anbetung *f*

adornare [ador'naːre] *v* ausschmücken

adornarsi [ador'narsi] *v* sich schmücken

adorno [a'dorno] *adj* verziert, geschmückt

adottare [adot'taːre] *v* 1. adoptieren; 2. *(fig)* anwenden

adottato [adot'taːto] *adj* 1. adoptiert, angenommen; 2. *(usare)* angewandt

adottivo [adot'tiːvo] *adj figlio ~* Adoptivkind *n*

adozione [ado'tsioːne] *f* 1. *(di bambini)* Adoption *f;* 2. *(di qc)* Verwendung *f;* 3. *(scelta)* Wahl *f; patria d'~* Wahlheimat *f;* 4. *(introduzione)* Einführung *f*

adrenalina [adrena'liːna] *f BIO* Adrenalin *n*

Adriatico [adri'aːtiko] *m mare ~ GEO* Adria *f*

ADSL [adiɛsse'ɛlle] *f TEL* DSL *n; linea ~* DSL-Anschluss *m*

adulatore [adula'toːre] *m* 1. Schmeichler *m;* 2. *(simulatore)* Heuchler *m; adj* 3. schmeichlerisch

adulterare [adulte'raːre] *v* 1. *(vino)* panschen; 2. *(guastare)* verschlechtern

adulterio [adul'tɛːrio] *m* Ehebruch *m*

adulto [a'dulto] *m* Erwachsener *m*

adunarsi [adu'narsi] *v* sich versammeln

aerazione [aera'tsioːne] *f* Belüftung *f*

aereo [a'ɛːreo] *adj* 1. luftig; 2. *(dell'aria)* Luft...; *posta aerea* Luftpost *f; forze aeree* Luftstreitkräfte *pl; linea aerea* Luftlinie *f; m* 3. Flugzeug *n; ~ a reazione* Düsenflugzeug *n; ~ da caccia* Jagdflugzeug *n; ~ di linea* Verkehrsflugzeug *n*

aeriforme [aeri'forme] *adj* luftförmig

aerodinamica [aerodi'naːmica] *f PHYS* Aerodynamik *f*

aerodinamico [aerodi'naːmico] *adj* aerodynamisch, stromlinienförmig, windschnittig

aeroplano [aero'plaːno] *m* Flugzeug *n; ~ da turismo* Reiseflugzeug *n,* Sportflugzeug *n*

aeroporto [aero'pɔrto] *m* Flughafen *m*

aerostato [ae'rɔːstato] *m* Luftschiff *n*

aerotrasporto [aerotras'pɔrto] *m* Luftfracht *f*

afa ['aːfa] *f* Schwüle *f; C'è ~.* Es ist schwül.

affabile [af'faːbile] *adj* leutselig, freundlich

affabilmente [affabil'mente] *adv* leutselig, liebenswürdig

affaccendarsi [affattʃen'darsi] *v* sich Mühe geben

affaccendato [affattʃen'daːto] *adj* 1. rege, geschäftig; 2. *(molto occupato)* mit Arbeit überhäuft

affacchinarsi [affakki'narsi] *v* sich abmühen, sich plagen

affacciarsi [affat'tʃarsi] *v (alla finestra)* sich zeigen

affamato [affa'maːto] *adj* 1. hungrig; 2. *(chi muore o è morto di fame)* verhungert, ausgehungert; 3. *(chi soffre la*

fame) ausgehungert; *m* 4. *(persona affamata)* Hungerleider *m*
affannarsi [affan'narsi] *v (fig)* sich abmühen
affanno [af'fanno] *m* 1. *(preoccupazione, pena)* Kummer *m;* 2. *MED* Atemnot *f*
affare [af'fa:re] *m* 1. Angelegenheit *f,* Sache *f;* 2. *(increscioso, scandaloso)* Affäre *f;* 3. *FIN* Geschäft *n; ~ d'oro* Bombengeschäft *n; ~ speculatorio* Spekulationsgeschäft *n;* 4. *affari pl ECO* Geschäfte *pl; per affari* geschäftlich
affaristico [affa'ristiko] *adj* Geschäfts...
affascinante [affaʃi'nante] *adj* charmant, bezaubernd
affaticamento [affatika'mento] *m* Ermüdung *f*
affaticarsi [affati'karsi] *v* sich mühen; *~ molto* sich abrackern, sich abplagen; *~ troppo* sich übernehmen
affaticato [affati'ka:to] *adj* 1. übermüdet, überanstrengt; 2. *(per troppo lavoro)* überarbeitet
affatto [af'fatto] *adv* durchaus; *niente ~* durchaus nicht, keineswegs
affermare [affer'ma:re] *v* 1. *(sostenere)* behaupten; 2. *(rispondere di sì)* bejahen; 3. *(confermare)* zustimmen, bestätigen
affermarsi [affer'marsi] *v* 1. sich behaupten; 2. *(fig)* sich durchboxen
affermato [affer'ma:to] *adj* erfolgreich; *medico ~* gut eingeführter Arzt *m*
affermazione [afferma'tsio:ne] *f* 1. *(il dire di sì)* Bejahung *f;* 2. *(asserzione)* Behauptung *f;* 3. *(successo)* Erfolg *m*
afferrare [affer'ra:re] *v* 1. greifen, fassen; 2. *(una persona)* ergreifen; 3. *(fig: capire)* erfassen
affettare [affet'ta:re] *v* in Scheiben schneiden
affettato [affet'ta:to] *adj* 1. affektiert, geziert; 2. *(tagliato a fette)* aufgeschnitten; *m* 3. Aufschnitt *m*
affettatrice [affetta'tri:tʃe] *f* Aufschnittmaschine *f*
affettaverdure [affettaver'du:re] *m* Hobel *m,* Gemüsehobel *m*
affettazione [affetta'tsio:ne] *f* Geziertheit *f*
affettivo [affet'ti:vo] *adj* gefühlsmäßig
affetto [af'fɛtto] *m* 1. Zuneigung *f,* Zuwendung *f;* 2. *(tensione interiore, agitazione)* Affekt *m; adj* 3. *MED* befallen
affettuoso [affettu'o:so] *adj* zärtlich, liebevoll
affezionarsi [affetsio'narsi] *v ~ a qd* jdn lieb gewinnen
affezionato [affetsio'na:to] *adj* anhänglich
affezione [affe'tsio:ne] *f* 1. Zuneigung *f;* 2. *MED* Krankheit *f*
affiancarsi [affiaŋ'karsi] *v* sich zur Seite stellen
affiatamento [affiata'mento] *m* 1. *(accordo)* Einigkeit *f,* Einvernehmen *n;* 2. *(intimità)* Vertrautheit *f*
affiatarsi [affia'tarsi] *v ~ con qd* sich mit jdm vertraut machen
affiatato [affia'ta:to] *adj* 1. *(amici)* miteinander vertraut; 2. *(artisti)* eingespielt
affidamento [affida'mento] *m* 1. Verlass *m; fare ~ su qd* sich auf jdn verlassen; 2. *(assicurazione)* Zusicherung *f,* Zusage *f;* 3. *(garanzia)* Gewähr *f;* 4. *(fiducia)* Vertrauen *n;* 5. *bambino in ~* Pflegekind *n*
affidare [affi'da:re] *v* 1. anvertrauen; 2. *(lasciare)* überlassen; 3. *(assegnare)* übertragen
affiggere [af'fiddʒere] *v irr* 1. anschlagen, befestigen; 2. *(con spilli)* anheften; 3. *(con colla)* ankleben
affilare [affi'la:re] *v* schärfen, schleifen
affilato [affi'la:to] *adj* 1. *(coltello)* scharf, messerscharf; 2. *(dimagrito)* dünn, hager, abgemagert
affinamento [affina'mento] *m* 1. *(dell'intelletto)* Schärfung *f;* 2. *(dei modi, dei metalli)* Verfeinerung *f,* Veredelung *f;* 3. *(morale)* Läuterung *f*
affinché [affiŋ'ke] *konj* damit
affine [af'fi:ne] *adj* ähnlich, analog
affinità [affini'ta] *f* 1. *(somiglianza)* Ähnlichkeit *f,* Gleichartigkeit *f;* 2. *(parentela)* Verwandtschaft *f*
affiorare [affio'ra:re] *v* 1. auftauchen; 2. *(comparire)* hervortreten
affisso [af'fisso] *m (manifesto)* Plakat *n,* Anschlag *m*
affittare [affit'ta:re] *v* 1. *(inquilino)* mieten, pachten; 2. *(proprietario)* vermieten, verpachten

A

affitto [af'fitto] *m* 1. Miete *f; prendere in ~* mieten, pachten; 2. *(di proprietario)* Vermietung *f;* 3. *(di locale, di terreno)* Pacht *f;* 4. *(pagamento dell'~)* Mietzahlung *f*
affittuario [affittu'aːrio] *m* 1. *(di un'abitazione)* Mieter *m;* 2. *(di un locale, di un terreno)* Pächter *m;* 3. *(in subaffitto)* Untermieter *m*
affliggersi [afflid'dʒersi] *v irr* betrübt sein, sich quälen
afflitto [af'flitto] *adj* betrübt, trübselig
afflizione [affli'tsioːne] *f* Trübsal *f*
affluente [afflu'ɛnte] *m* Nebenfluss *m*
afflusso [af'flusso] *m* 1. Zufluss *m;* 2. *(di merci)* Zufuhr *f;* 3. *(tubo)* Zuleitung *f*
affogare [affo'gaːre] *v* 1. ertrinken; 2. *~ qd* jdn ertränken
affollamento [affolla'mento] *m* 1. *(di persone)* Andrang *m,* Gedränge *n;* 2. *(il gremire)* Überfüllung *f*
affollare [affol'laːre] *v* überfüllen
affollato [affol'laːto] *adj* überfüllt
affondamento [affonda'mento] *m* 1. *(fare affondare)* Versenkung *f;* 2. *(andare a fondo)* Versinken *n*
affondare [affon'daːre] *v* 1. versinken, sinken; 2. *~ una nave* ein Schiff versenken
affondarsi [affon'darsi] *v* 1. NAUT sinken; 2. *(sprofondare)* einsinken
affrancare [affraŋ'kaːre] *v* frankieren, freimachen; *non affrancato* unfrankiert
affrancatura [affraŋka'tuːra] *f* 1. Porto *n;* 2. *(l'affrancare)* Freimachen *n*
affranto [af'franto] *adj* 1. niedergeschlagen; 2. *(fig)* geknickt; *cuore ~* gebrochenes Herz *n*
affrettare [affret'taːre] *v* beschleunigen
affrettarsi [affret'tarsi] *v* sich beeilen, sich daranhalten
affrettato [affret'taːto] *adj* hastig
affrontare [affron'taːre] *v* 1. kühn entgegentreten, die Stirn bieten; 2. *(mettere mano a qc)* in Angriff nehmen; 3. *(pericolo)* auf sich nehmen, trotzen; 4. *(problema)* anschneiden, anpacken; 5. *(spese)* tragen; *Quali spese dovrò ~?* Welche Unkosten werden auf mich zukommen?
affrontarsi [affron'tarsi] *v* gegenüberstehen
affronto [af'fronto] *m* 1. *(ingiuria)* Beleidigung *f;* 2. *(infamia)* Schmach *f,* Schande *f*
affumicare [affumi'kaːre] *v* räuchern
affusolato [affuso'laːto] *adj (piede)* schlank
Afganistan [af'gaːnistan] *m* GEO Afghanistan *n*
afono ['aːfono] *adj* tonlos, stimmlos
afoso [a'foːso] *adj* schwül
Africa ['afrika] *f* GEO Afrika *n*
africana [afri'kaːna] *f* Afrikanerin *f*
africano [afri'kaːno] *m* 1. Afrikaner *m; adj* 2. afrikanisch
agenda [a'dʒɛnda] *f* Merkbuch *n; ~ delle scadenze* Terminkalender *m*
agente [a'dʒɛnte] *m/f* Agent(in) *m/f,* Makler(in) *m/f; ~ di assicurazione* Versicherungsagent(in) *m/f; ~ immobiliare* Immobilienmakler(in) *m/f; ~ di cambio* Börsenmakler(in) *m/f; ~ esclusivo* Alleinvertreter *m; ~ segreto/~ segreta* Geheimagent(in) *m/f*
agenzia [adʒen'tsiːa] *f* Agentur *f; ~ di viaggi* Reisebüro *n; ~ di stampa* Nachrichtenagentur *f; ~ matrimoniale* Heiratsvermittlung *f*
agevolazione [adʒevola'tsioːne] *f* Vergünstigung *f*
agganciare [aggan'tʃaːre] *v (collegare)* kuppeln, anhängen
aggettivo [addʒet'tiːvo] *m* GRAMM Adjektiv *n*
agghiacciante [aggiat'tʃante] *adj* 1. *(spettacolo)* schrecklich; 2. *(di persona)* grauenhaft
agghiacciarsi [aggiat'tʃarsi] *v* gefrieren
agghindato [aggin'daːto] *adj (fig)* aufgedonnert
aggiornamento [addʒorna'mento] *m* 1. Aktualisierung *f;* 2. *(di conoscenze)* Fortbildung *f; corso d'~* Fortbildungskurs *m;* 3. *(rinvio)* Vertagung *f*
aggiornare [addʒor'naːre] *v* 1. aktualisieren, auf den neuesten Stand bringen; 2. *(rielaborare)* neu bearbeiten; 3. *(rinviare)* vertagen
aggirarsi [addʒi'rarsi] *v* 1. sich herumtreiben; 2. *(vertere)* sich drehen um; 3. *(approssimarsi)* ungefähr betragen

aggiudicare [addʒudi'ka:re] *v* 1. zuerkennen, zuteilen; 2. *(asta)* zuschlagen
aggiudicazione [addʒudika'tsio:ne] *f* Vergabe *f*
aggiungere [ad'dʒundʒere] *v irr* 1. hinzufügen, anfügen; 2. *(mettere in seguito)* nachtragen, zufügen; 3. *(fig)* anschließen
aggiunta [ad'dʒunta] *f* 1. Zugabe *f*, Beigabe *f;* 2. *(supplemento)* Nachtrag *m*
aggiustamento [addʒusta'mento] *m* 1. *JUR* Vergleich *m;* 2. *(fig)* Beilegung *f;* 3. *MIL* Richten *n*, Zielen *n*
aggiustare [addʒus'ta:re] *v* 1. justieren; 2. *(riparare)* ausbessern, reparieren; 3. *(fig: controversia)* bereinigen
agglomerarsi [agglome'rarsi] *v* sich anhäufen
agglomerato [agglome'ra:to] *m* 1. Siedlung *f*; 2. *GEO* Anhäufung *f*, Aufschichtung *f*
aggrapparsi [aggra'parsi] *v* sich festklammern, sich anklammern
aggravamento [aggrava'mento] *m* 1. Erschwernis *f;* 2. *(peggioramento)* Verschlimmerung *f*; 3. *(della pena) JUR* Verschärfung *f;* 4. *(aggravio) FIN* Belastung *f;*
aggravante [aggra'vante] *adj* 1. gravierend, erschwerend; *f* 2. *JUR* erschwerender Umstand *m*
aggravare [aggra'va:re] *v* 1. erschweren; 2. *(peggiorare)* verschlimmern
aggravarsi [aggra'varsi] *v* 1. sich verschlimmern; 2. *(acutizzarsi)* sich verschärfen
aggravio [ag'gra:vio] *m ECO* Belastung *f*
aggredire [aggre'di:re] *v* überfallen, anfallen
aggregare [aggre'ga:re] *v* angliedern, anschließen
aggregarsi [aggre'garsi] *v* beitreten, sich anschließen
aggregato [aggre'ga:to] *m* Aggregat *n*
aggressione [aggressi'o:ne] *f* 1. *(assalto)* Überfall *m;* ~ *a scopo di rapina JUR* Raubüberfall *m;* 2. *MIL* Angriff *m*
aggressività [aggressivi'ta] *f* Aggressivität *f*
aggressivo [aggres'si:vo] *adj* aggressiv, angriffslustig
aggressore [aggres'so:re] *m* Angreifer *m*
aggrovigliare [aggroviʎ'ʎa:re] *v* verwickeln, verwirren
aggrovigliarsi [aggroviʎ'ʎarsi] *v* sich verschlingen
aggrumarsi [aggru'marsi] *v* gerinnen
agguato [aggu'a:to] *m* 1. Hinterhalt *m;* 2. *(fig: trappola)* Falle *f*
agguerrito [agguer'ri:to] *adj* gewappnet
agiatezza [adʒa'tettsa] *f* Wohlstand *m*
agiato [a'dʒa:to] *adj* betucht, wohlhabend
agile ['a:dʒile] *adj* behände, gewandt
agilità [adʒili'ta] *f* Gewandtheit *f*, Gelenkigkeit *f*
agio ['a:dʒo] *m* 1. Bequemlichkeit *f;* 2. *(ozio)* Muße *f*, Ruhe *f*
agire [a'dʒi:re] *v* 1. handeln, vorgehen; 2. wirken; *La medicina non ha agito.* Die Arznei hat nicht gewirkt.
agitare [adʒi'ta:re] *v* schwenken, schütteln
agitarsi [adʒi'tarsi] *v* 1. sich bewegen; 2. *(divenire inquieto)* sich aufregen
agitato [adʒi'ta:to] *adj* 1. unruhig; *mare ~* bewegtes Meer *n;* 2. *(fig)* aufgeregt
agitatore [adʒita'to:re] *m* 1. *POL* Agitator *m;* 2. *TECH* Rührwerk *n*
agitazione [adʒita'tsio:ne] *f* 1. Hektik *f*, Aufregung *f;* 2. *(inquietudine)* Unruhe *f*
aglio ['a:ʎʎo] *m BOT* Knoblauch *m*
agnello [a'ɲello] *m ZOOL* Lamm *n*
ago ['a:go] *m* Nadel *f;* ~ *per cucire* Nähnadel *f*
agonia [ago'ni:a] *f* Todeskampf *m*
agonismo [ago'nizmo] *m* Kampfgeist *m*
agopuntura [agopun'tu:ra] *f MED* Akupunktur *f*
agosto [a'gosto] *m* August *m*
agraria [a'gra:ria] *f (scienza)* Agrarwissenschaft *f*
agricolo [a'gri:kolo] *adj* landwirtschaftlich
agricoltore [agrikol'ta:re] *m* Landwirt *m*
agricoltura [agrikol'tu:ra] *f* 1. Ackerbau *m;* 2. *(scienze agrarie)* Landwirtschaft *f*

A

agrodolce [agro'doltʃe] *adj* süßsauer
agrume [a'gruːme] *m* Zitrusfrucht *f*
aguzzo [a'guttso] *adj* spitz
ah [aː] *interj* ach, aha
ahimé [ai'me] *interj* o weh, ach
Aids ['aids/aiddi'ɛsse] *f MED* Aids *n*
aiola [ai'ɔːla] *f* Beet *n*
airbag ['ɛərbæg] *m TECH* Airbag *m*
airbus ['ɛərbus] *m TECH* Airbus *m*
aitante [ai'tante] *adj* 1. kräftig, stark; 2. *(gagliardo)* rüstig; 3. *(audace)* mutig
aiutante [aiu'tante] *adj* 1. mithelfend; *m/f* 2. Hilfsarbeiter(in) *m/f*
aiutare [aiu'taːre] *v* 1. helfen, aushelfen; 2. *(fig)* beistehen; 3. *(coadiuvare)* nachhelfen
aiuto [ai'uːto] *m* 1. Hilfe *f; Mi serve ~.* Ich brauche Hilfe. *~ ai paesi in via di sviluppo* Entwicklungshilfe *f;* 2. *(persona)* Aushilfe *f,* Gehilfe/Gehilfin *m/f;* 3. *(assistenza)* Beistand *m;* 4. *(mezzo d'aiuto)* Hilfsmittel *n;* 5. *(fig)* Schützenhilfe *f; interj* 6. *Aiuto!* Hilfe!
aizzare [ait'tsaːre] *v* 1. hetzen; 2. *(istigare)* aufhetzen
ala ['aːla] *f* Flügel *m*
alacre ['aːlakre] *adj (diligente)* fleißig
alba ['alba] *f* Morgendämmerung *f,* Morgengrauen *n*
Albania [alba'niːa] *f GEO* Albanien *n*
albeggiare [albed'dʒaːre] *v* dämmern
albergatore [alberga'toːre] *m* 1. Hotelier *m;* 2. *(oste)* Gastwirt *m*
albergo [al'bɛrgo] *m* 1. Hotel *n;* 2. *(più piccolo)* Gasthof *m*
albero ['albero] *m* 1. Baum *m; ~ da frutto* Obstbaum *m; ~ di Natale* Christbaum *m,* Weihnachtsbaum *m; ~ genealogico* Stammbaum *m;* 2. *TECH* Welle *f;* 3. *NAUT* Mastbaum *m*
albicocca [albi'kɔkka] *f BOT* Aprikose *f*
albo ['albo] *m* 1. Stammbuch *n;* 2. *~ professionale* Berufsregister *n*
album [al'bum] *m* Album *n*
albume [al'buːme] *m* Eiweiß *n*
alcalino [alka'liːno] *adj CHEM* alkalisch
alce ['altʃe] *m ZOOL* Elch *m*
alcol ['alkol] *m* Alkohol *m; senza ~* alkoholfrei; *darsi all'~* sich dem Trunk ergeben
alcolici [al'kɔːlitʃi] *m/pl* Spirituosen *f/pl*
alcolico [al'kɔːliko] *adj* 1. *CHEM* alkoholisch; 2. *(contenente alcol)* alkoholhaltig
alcolista [alko'lista] *m/f MED* Alkoholiker(in) *m/f*
alcolizzato [alkolid'dzaːto] *adj* 1. alkoholisiert; *m* 2. *(alcolista)* Alkoholiker *m*
alcopop ['alkoːpɔp] *m* Alcopop *m*
alcuni [al'kuːni] *pron* 1. einige, etliche, mehrere; *adj* 2. einige, etliche; *~ anni fa* vor einigen Jahren
alcuno [al'kuːno] *adj* 1. etwas; 2. *(qualche)* irgendeine(r,s)
aldilà [aldi'la] *m REL* Jenseits *n*
alfabetico [alfa'bɛːtiko] *adj* alphabetisch; *in ordine ~* alphabetisch geordnet
alfabeto [alfa'bɛːto] *m* Alphabet *n*
alfiere [alfi'ɛːre] *m (negli scacchi)* Läufer *m*
alga ['alga] *f BOT* Alge *f*
algebra ['aldʒebra] *f MATH* Algebra *f*
Algeria [aldʒe'riːa] *f GEO* Algerien *n*
Algovia [al'govia] *f GEO* Allgäu *n*
aliante [ali'ante] *m* Segelflugzeug *n*
alias ['aːlias] *adv* alias, sonst
alibi ['aːlibi] *m* Alibi *n*
alice [a'liːtʃe] *f ZOOL* Sardelle *f*
alienato [alie'naːto] *adj* 1. *MED* geistesgestört; *m* 2. *MED* Geisteskranker *m*
alienazione [aliena'tsioːne] *f* 1. *PSYCH* Entfremdung *f;* 2. *MED* Geistesstörung *f;* 3. *ECO* Veräußerung *f*
alimentare [alimen'taːre] *v* 1. nähren, ernähren; *adj* 2. Ernährungs...; 3. *regime ~* Diät *f*
alimentari [alimen'taːri] *m/pl* 1. Esswaren *pl,* Lebensmittel *pl;* 2. *(negozio)* Lebensmittelgeschäft *n*
alimentarsi [alimen'tarsi] *v* 1. sich nähren; 2. *(rifornirsi)* sich verpflegen
alimentazione [alimenta'tsioːne] *f* 1. Ernährung *f;* 2. *(cibo)* Kost *f,* Verpflegung *f*
alimento [ali'mento] *m* 1. Lebensmittel *n,* Nahrungsmittel *n;* 2. *alimenti integrali pl* Vollwertkost *f*
alito [a'lito] *m* 1. *(respiro)* Atem *m; ~ cattivo/~ pesante* schlechter Atem *m;* 2. *(soffio)* Hauch *m;* 3. *(di vento)* Windhauch *m; Non tira un ~ di vento.* Es weht kein Lüftchen.
allacciamento [allattʃa'mento] *m TEL*

Anschluss *m; ~ ad Internet* Internetanschluss *m*
allacciare [allat'tʃaːre] *v* 1. anschnallen; 2. *(spago)* schnüren; 3. *MED* abbinden
allagamento [allaga'mento] *m* Überschwemmmung *f*
allagare [alla'gaːre] *v* überschwemmen, überfluten; *Ho la camera allagata.* Mein Zimmer steht unter Wasser.
allargamento [allarga'mento] *m* 1. Erweiterung *f;* 2. *(dilatazione)* Dehnung *f*
allargare [allar'gaːre] *v* 1. erweitern, ausweiten; 2. *(dilatare)* dehnen
allargarsi [allar'garsi] *v* sich ausbreiten
allarmante [allar'mante] *adj* beunruhigend, alarmierend
allarmare [allar'maːre] *v* alarmieren
allarmarsi [allar'marsi] *v* sich beunruhigen
allarme [al'larme] *m* Alarm *m; l'essere pronto all'~* Alarmbereitschaft *f; ~ antincendio* Feueralarm *m*
allattare [allat'taːre] *v (bambino)* stillen
alleanza [alle'antsa] *f* Allianz *f,* Bund *m*
allearsi [alle'arsi] *v* sich verbünden
alleato [alle'aːto] *m* 1. Verbündeter *m;* 2. *POL* Alliierter *m*
allegare [alle'gaːre] *v* anfügen
allegato [alle'gaːto] *adv* 1. anbei; *adj* 2. beiliegend; *m* 3. *(lettera)* Anlage *f*
alleggerimento [alleddʒeri'mento] *m* Erleichterung *f*
alleggerire [alleddʒe'riːre] *v* entlasten, erleichtern
alleggerito [alleddʒe'riːto] *adj* erleichtert
allegoria [allego'riːa] *f LIT* Sinnbild *n,* Allegorie *f*
allegria [alle'griːa] *f* Fröhlichkeit *f,* Heiterkeit *f*
allegro [al'leːgro] *adj* froh, fröhlich
allenamento [allena'mento] *m* Training *n*
allenare [alle'naːre] *v* trainieren
allenatore [allena'toːre] *m SPORT* Trainer *m*
allentare [allen'taːre] *v* 1. nachlassen; 2. *(svitare)* lockern
allentato [allen'taːto] *adj* 1. schlaff, schlapp; 2. *(vite)* locker, gelöst
allergia [aller'dʒiːa] *f MED* Allergie *f*
allergico [al'lɛrdʒiko] *adj* 1. *MED* allergisch; *Sono ~ al polline.* Ich bin allergisch gegen Pollen. *m* 2. Allergiker *m*
allestimento [allesti'mento] *m* Einrichtung *f*
allestire [alles'tiːre] *v* 1. einrichten; 2. *(festa)* ausrichten, vorbereiten
allettamento [alleta'mento] *m* Verlockung *f,* Reiz *m*
allettare [allet'taːre] *v (fig)* verlocken, reizen
allevamento [alleva'mento] *m* Zucht *f; ~ di bestiame* Viehzucht *f,* Tierzucht *f*
allevare [alle'vaːre] *v* 1. *(bestiame)* züchten; 2. *(bambino)* aufziehen
allevatore [alleva'toːre] *m* Züchter *m*
allietare [allie'taːre] *v* erfreuen
allieva [alli'ɛːva] *f* Schülerin *f*
allievo [alli'ɛːvo] *m* Schüler *m,* Zögling *m*
allineamento [allinea'mento] *m* 1. Einreihung *f;* 2. *(adeguamento)* Anpassung *f*
allineare [alline'aːre] *v* 1. einreihen; 2. *(porre uno dopo l'altro)* aneinander reihen
allocuzione [alloku'tsioːne] *f* Ansprache *f,* Rede *f*
alloggiare [allod'dʒaːre] *v* 1. unterbringen; 2. *(abitare)* wohnen
alloggio [al'lɔddʒo] *m* Unterkunft *f,* Quartier *n*
allontanamento [allontana'mento] *m* 1. Entfernung *f,* Entfernen *n;* 2. *(estraniamento)* Entfremdung *f;* 3. *(trasferimento)* Versetzung *f*
allontanare [allonta'naːre] *v* 1. entfernen; 2. *(fig)* abschieben
allontanarsi [allonta'narsi] *v* sich entfernen
allora [al'loːra] *adv* 1. *(tempo)* damals, da; *interj* 2. *(ebbene)* also, nun
alloro [al'lɔːro] *m BOT* Lorbeer *m*
alluce ['allutʃe] *m ANAT* große Zehe *f*
allucinazione [allutʃina'tsioːne] *f* Halluzination *f*
alludere [al'luːdere] *v irr* 1. andeuten, anspielen; 2. *(far riferimento)* verweisen
alluminio [allu'miːnio] *m CHEM* Aluminium *n*
allungamento [alluŋga'mento] *m*

A

1. Verlängerung *f;* 2. *(dilatazione)* Dehnung *f*
allungare [alluŋ'gaːre] *v* 1. verlängern; *~ il passo* schneller gehen; *~ la strada* einen Umweg machen; 2. *(distendere)* ausstrecken; 3. *PHYS* dehnen; 4. *(liquidi)* verdünnen
allungarsi [alluŋ'garsi] *v* länger werden
allusione [alluzi'oːne] *f* Andeutung *f,* Anspielung *f*
alluvionato [alluvio'naːto] *m* Opfer einer Hochwasserkatastrophe *n*
alluvione [alluvi'oːne] *f* Überschwemmung *f,* Hochwasser *n*
almanaccare [almanak'kaːre] *v* 1. grübeln; 2. *(fantasticare)* fantasieren
almanacco [alma'nakko] *m* Almanach *m*
almeno [al'meːno] *adv* mindestens, wenigstens
alogeno [a'lɔːdʒeno] *m* 1. *CHEM* Halogen *n, lampada alogena f* Halogenlampe *f*
alpe ['alpe] *f* 1. Alm *f;* 2. *(monte)* Berg *m*
Alpi ['alpi] *f/pl GEO* Alpen *pl*
alpinismo [alpi'nizmo] *m* Bergsteigen *n*
alpinista [alpi'nista] *m/f* Bergsteiger(in) *m/f*
alpino [al'piːno] *adj* alpin, Berg...; *guida alpina* Bergführer(in) *m/f*
alquanto [alku'anto] *adv* 1. etwas; 2. *(piuttosto)* ziemlich
Alsazia [al'saːttsia] *f GEO* Elsass *n*
alt [alt] *interj* halt
altalena [alta'leːna] *f* Schaukel *f,* Wippe *f; ~ a forma di nave* Schiffschaukel *f*
altare [al'taːre] *m REL* Altar *m*
alterabile [alte'raːbile] *adj* 1. *(fig)* leicht erregbar; 2. *(cibi)* verderblich
alterarsi [alte'rarsi] *v* 1. sich verändern; 2. *(arrabbiarsi)* böse sein mit jdm
alterato [alte'raːto] *adj* 1. *(cambiato)* verändert; 2. *(cibo)* verdorben; 3. *(arrabbiato)* gereizt
alterco [al'tɛrko] *m* Zank *m,* Streit *m*
alternante [alter'nante] *adj* abwechselnd
alternarsi [alter'narsi] *v* sich abwechseln, ablösen
alternativa [alterna'tiːva] *f* 1. Alternative *f;* 2. *POL* Alternative *f*
alternativo [alterna'tiːvo] *adj* 1. alternativ, abwechselnd; *m* 2. *(persona) POL* Alternativer *m*
alternato [alter'naːto] *adj* abwechselnd, Wechsel...
altezza [al'tettsa] *f* 1. Höhe *f; A che ~ si trova?* Wie hoch liegt das? *~ di volo* Flughöhe *f;* 2. *(statura)* Größe *f;* 3. *(re)* Hoheit *f*
altisonante [altiso'nante] *adj* hochtrabend
altitudine [alti'tuːdine] *f* Höhe *f; ~ sul livello del mare* Höhe über dem Meeresspiegel *f*
alto ['alto] *adj* 1. hoch; 2. *(persona)* groß; 3. *(volume)* laut; 4. *(neve)* tief; 5. *(stoffa)* breit
altoforno [alto'forno] *m TECH* Hochofen *m*
altolocato [altolo'kaːto] *adj (fig)* hochgestellt
altoparlante [altopar'lante] *m* Lautsprecher *m*
altopiano [altopi'aːno] *m GEO* Hochplateau *n,* Hochland *n*
altresì [altre'si] *adv* ebenfalls, gleichfalls
altrettanto [altret'tanto] *adv* ebenfalls, ebenso
altrimenti [altri'menti] *adv* sonst, ansonsten
altro ['altro] *pron* 1. andere(r,s), sonstige(r,s), weitere(r,s); *se non ~* wenigstens; *senz'~* ohne weiteres; *un giorno o l'~* früher oder später; *l'~ giorno* neulich; *l'un l'~* einander; *l'uno accanto all'~* nebeneinander; *l'uno contro l'~* gegeneinander; *l'uno dopo l'~* nacheinander; *l'uno nell'~* ineinander; *l'uno sull'~* übereinander; *adj* 2. andere(r,s)
altronde [al'tronde] *adv d'~* übrigens
altrove [al'troːve] *adv* woanders
altruisticamente [altruistika'mente] *adv* selbstlos
altruistico [altru'istiko] *adj* selbstlos
altura [al'tuːra] *f* Anhöhe *f*
alunna [a'lunna] *f* Schülerin *f*
alunno [a'lunno] *m* 1. Schüler *m;* 2. *(di un collegio)* Zögling *m*
alveare [alve'aːre] *m* 1. Bienenstock *m;* 2. *(fig)* Bienenhaus *n*
alveo ['alveo] *m* Flussbett *n*
alzare [al'tsaːre] *v* 1. heben; 2. *(aumentare)* erhöhen

alzarsi [al'tsarsi] *v* 1. aufstehen; 2. *(sollevarsi)* sich erheben
alzata [al'tsa:ta] *f* Erhebung; ~ *di spalle* Achselzucken *n*
amabile [a'ma:bile] *adj* liebenswert
amaca [a'ma:ka] *f* Hängematte *f*
amante [a'mante] *adj* 1. liebend; *m/f* 2. Liebhaber(in) *m/f;* ~ *degli animali* Tierfreund *m;* ~ *della musica* Musikliebhaber(in) *m/f;* 3. *(in una relazione extraconiugale)* Geliebte(r) *m/f*
amare [a'ma:re] *v* lieben, lieb haben
amareggiato [amared'dʒa:to] *adj* verbittert, vergrämt
amarezza [ama'rettsa] *f* Bitterkeit *f*
amaro [a'ma:ro] *adj* 1. *(gusto)* bitter; 2. *(fig: doloroso)* bitter; 3. *(acerbo)* herb
amata [a'ma:ta] *f* 1. Geliebte *f;* 2. *(innamorata)* Liebste *f*
amatissimo [ama'tissimo] *adj* heiß geliebt, allerliebst
amato [a'ma:to] *adj* 1. geliebt; *m* 2. Geliebter *m;* 3. *(innamorato)* Liebster *m*
amazzone [a'maddzone] *f* Amazone *f*
ambagi [am'ba:dʒi] *f/pl senza* ~ ohne Umschweife *pl*
ambasciata [amba'ʃa:ta] *f* 1. *POL* Botschaft *f;* 2. *(incarico)* Auftrag *m*
ambasciatore [ambaʃa'to:re] *m POL* Botschafter *m*
ambedue [ambe'du:e] *adj* 1. beide; *pron* 2. beide
ambientale [ambien'ta:le] *adj* 1. Umgebungs...; 2. *(ecologico)* Umwelt...; *inquinamento* ~ Umweltverschmutzung *f; tolleranza* ~ Umweltverträglichkeit *f*
ambiente [ambi'ɛnte] *m* 1. *(di una persona)* Umgebung *f,* Milieu *n;* 2. *(abitazione)* Zimmer *n; temperatura* ~ Zimmertemperatur *f;* 3. *PSYCH* Umfeld *n;* 4. *(natura)* Umwelt *f*
ambiguo [am'bi:guo] *adj* zweideutig, doppelsinnig
ambito ['ambito] *m* Bereich *m*
ambizione [ambi'tsio:ne] *f* 1. Ehrgeiz *m;* 2. *(il farsi valere)* Geltungsbedürfnis *n*
ambizioso [ambi'tsio:so] *adj* ehrgeizig
ambulante [ambu'lante] *adj* 1. *MED* ambulant; 2. *(senza sede fissa)* wandernd
ambulanza [ambu'lantsa] *f* 1. *(veicolo per trasportare ammalati)* Krankenwagen *m;* 2. *MIL* Feldlazarett *n*
ambulatorio [ambula'tɔ:rio] *m* 1. *MED* Sprechzimmer *n;* 2. *(studio)* Arztpraxis *f*
ameno [a'me:no] *adj* 1. lieblich; 2. *(bello)* schön
America [a'mɛ:rika] *f GEO* Amerika *n;* ~ *latina* Lateinamerika *n;* ~ *settentrionale* Nordamerika *n*
americana [ameri'ka:na] *f* Amerikanerin *f*
americano [ameri'ka:no] *adj* 1. amerikanisch; *m* 2. Amerikaner *m*
amianto [ami'anto] *m MIN* Asbest *m*
amica [a'mi:ka] *f* Freundin *f; Lei è per me una cara* ~. Sie ist für mich eine gute Freundin.
amicarsi [ami'karsi] *v LIT* ~ *qd* sich mit jdm anfreunden
amichevolmente [amikevol'mente] *adj* freundschaftlich
amicizia [ami'tʃi:tsia] *f* Freundschaft *f; legato da stretta* ~ eng befreundet
amico [a'mi:ko] *adj* 1. befreundet; *m* 2. Freund *m; farsi degli amici* Freunde gewinnen; ~ *d'infanzia* Jugendfreund *m*
amido ['a:mido] *m CHEM* Stärke *f*
ammaccare [ammak'ka:re] *v (macchina)* zerbeulen, zerdrücken
ammaestrare [ammaes'tra:re] *v* 1. belehren; 2. *(animali)* abrichten, dressieren
ammainare [ammai'na:re] *v NAUT* einziehen, niederholen
ammalarsi [amma'larsi] *v* erkranken
ammalato [amma'la:to] *adj* krank
ammaliare [ammali'a:re] *v* 1. bezaubern; 2. *(fig: affascinare)* berücken
ammammolarsi [ammammo'larsi] *v (fam)* einschlummern
ammanco [am'maŋko] *m ECO* Fehlbetrag *m*
ammaraggio [amma'raddʒo] *m* Wasserlandung *f*
ammassare [ammas'sa:re] *v* 1. aufhäufen, stapeln; 2. *(accumulare)* anhäufen; 3. *(raccogliere in un luogo)* sammeln
ammassarsi [ammas'sarsi] *v* sich zusammendrängen
ammasso [am'masso] *m* 1. Haufen *m;* 2. *(massa)* Menge *f*
ammattire [ammat'ti:re] *v* verrückt werden, überschnappen

A

A

ammazzare [ammat'tsaːre] *v* 1. töten, umbringen; 2. *(fig)* ~ *il tempo* die Zeit totschlagen
ammazzarsi [ammat'tsarsi] *v* sich umbringen
ammenda [am'mɛnda] *f* 1. Entschädigung *f;* 2. *(multa)* Geldstrafe *f*
ammesso [am'messo] *adj* zulässig, zugelassen; ~ *dalla buona società* salonfähig; ~ *e non concesso che* angenommen, dass
ammettere [am'mettere] *v irr* 1. *(lasciar entrare)* eintreten lassen; 2. *(fig)* zugeben; 3. *(consentire)* zulassen, erlauben
ammiccare [ammik'kaːre] *v* blinzeln, zwinkern
amministrare [amminis'traːre] *v* verwalten
amministrativo [amministra'tiːvo] *adj* verwaltungsmäßig, Verwaltungs...
amministratore [amministra'toːre] *m* 1. Verwalter *m;* 2. *(~ delegato)* Geschäftsführer *m*
amministratrice [amministra'triːtʃe] *f* Geschäftsführerin *f*
amministrazione [amministra'tsioːne] *f* Verwaltung *f;* ~ *autonoma* Selbstverwaltung *f;* ~ *comunale* Stadtverwaltung *f;* ~ *generale* Hauptverwaltung *f*
ammiraglio [ammi'raːʎʎo] *m MIL* Admiral *m*
ammirare [ammi'raːre] *v* bewundern
ammiratore [ammira'toːre] *m* Verehrer *m*
ammirazione [ammira'tsioːne] *f* Bewunderung *f*
ammirevole [ammi'reːvole] *adj* bewundernswert
ammissibile [ammis'siːbile] *adj* zulässig, erlaubt
ammissibilità [ammissibili'ta] *f* Zulässigkeit *f*
ammissione [ammissi'oːne] *f* 1. Aufnahme *f;* Annahme *f* 2. *(confessione)* Geständnis *n;* 3. *(concessione)* Zugeständnis *n*
ammodernamento [ammoderna'mento] *m* 1. Modernisierung *f;* 2. *(rinnovamento)* Erneuerung *f*
ammodo [am'mɔːdo] *adj* anständig
ammollare [ammol'laːre] *v* aufweichen, quellen
ammollarsi [ammol'larsi] *v* aufweichen
ammollirsi [ammol'lirsi] *v* weich werden
ammoniaca [ammo'niːaka] *f CHEM* Ammoniak *n*
ammonimento [ammoni'mento] *m* 1. *(avvertimento)* Mahnung *f;* 2. *(insegnamento)* Belehrung *f*
ammonire [ammo'niːre] *v* mahnen
ammontare [ammon'taːre] *v* 1. ~ *a* betragen; 2. ~ *a ECO* sich belaufen auf; *m* 3. Betrag *m*
ammorbidente [ammorbi'dɛnte] *m* Weichspüler *m*
ammortirsi [ammor'tirsi] *v* erlöschen
ammortizzamento [ammortiddza'mento] *m* 1. *ECO* Abschreibung *f;* 2. *TECH* Dämpfung *f*
ammortizzare [ammortiddzaːre] *v* 1. *ECO* abschreiben; 2. *TECH* dämpfen
ammortizzatore [amortiddza'toːre] *m TECH* Stoßdämpfer *m*
ammortizzazione [ammortiddza'tsioːne] *f ECO* Ablösung *f*
ammucchiamento [ammukkia'mento] *m* 1. Anhäufung *f;* 2. *(accumulo)* Häufung *f*
ammucchiare [ammukki'aːre] *v* 1. anhäufen; 2. *(accumulare)* häufen
ammucchiarsi [ammukki'arsi] *v* sich ansammeln, zusammenkommen
ammuffire [ammuf'fiːre] *v* schimmeln, verschimmeln
ammuffito [ammuf'fiːto] *adj* schimmlig
ammutinamento [ammutina'mento] *m* Meuterei *f,* Aufstand *m*
amnistia [amnis'tiːa] *f JUR* Amnestie *f*
amo ['aːmo] *m* 1. Angelhaken *m;* 2. *(canna da pesca)* Fischangel *f*
amore [a'moːre] *m* Liebe *f; per ~* zuliebe; ~ *del prossimo* Nächstenliebe *f; con ~* liebevoll
amoreggiare [amored'dʒaːre] *v* flirten
amoretto [amo'retto] *m* Liebschaft *f*
amorevole [amo'reːvole] *adj* liebreich, liebevoll
amorfo [a'mɔrfo] *adj* gestaltlos, formlos
amoroso [amo'roːso] *adj* liebevoll
ampere [ɑm'pɛr] *m TECH* Ampere *n*

ampiamente [ampia'mente] *adv* 1. weit, weitläufig; 2. *(pienamente)* weitgehend
ampiezza [ampi'ettsa] *f (larghezza)* Weite *f*, Breite *f*
ampio ['ampio] *adj* 1. *(largo)* breit; 2. *(esteso)* geräumig; 3. *(fig)* weit reichend, umfassend; 4. *(vasto)* weitläufig
ampliamento [amplia'mento] *m* 1. *(di un edificio)* Ausbau *m*, Erweiterung *f*; 2. *~ della coscienza* Bewusstseinserweiterung *f*
ampliare [ampli'aːre] *v (edificio)* ausbauen, erweitern
amplificatore [amplifika'toːre] *m TECH* Verstärker *m*
ampolla [am'polla] *f* 1. *MED* Ampulle *f*; 2. *(boccetta)* Fläschchen *n*
ampolloso [ampol'loːso] *adj* 1. schwülstig, geschwollen; 2. *(ridondante)* bombastisch
amputare [ampu'taːre] *v MED* amputieren
amputazione [amputa'tsioːne] *f MED* Amputation *f*
amuleto [amu'leːto] *m* Amulett *n*
anabbagliante [anabba'ʎante] *adj faro ~ (della macchina)* Abblendlicht *n*
anabolizzante [anabolid'dzante] *m MED* Anabolikum *n*
anacronismo [anakro'nizmo] *m* Anachronismus *m*
anagrafe [a'naːgrafe] *f* Meldebehörde *f*; *ufficio ~* Einwohnermeldeamt *n*
analcolico [anal'kɔːliko] *adj* alkoholfrei
analfabeta [analfa'bɛːta] *m/f* Analphabet(in) *m/f*
analfabetismo [analfabe'tizmo] *m* Analphabetentum *n*
analgesico [anal'dʒɛːziko] *m* 1. Schmerzmittel *n*; *adj* 2. schmerzlindernd
analisi [a'naːlizi] *f* 1. Analyse *f*; *~ del DNA* DNA-Analyse *f*; 2. *MED* Untersuchung *f*; *~ del sangue* Blutuntersuchung *f*
analitico [ana'liːtiko] *adj* analytisch; *spirito ~* scharfsinniger Geist *m*
analizzare [analid'dzaːre] *v* analysieren
analogia [analo'dʒiːa] *f* Analogie *f*
analogo [a'naːlogo] *adj* analog, gleichartig
ananas ['ananas] *m BOT* Ananas *f*
anarchia [anar'kiːa] *f POL* Anarchie *f*
anatomia [anato'miːa] *f* Anatomie *f*
anatra ['aːnatra] *f ZOOL* Ente *f*; *maschio dell'~* Enterich *m*, Erpel *m*
anca ['aŋka] *f ANAT* Hüfte *f*
anche ['aŋke] *konj* 1. auch; *~ se* selbst wenn; 2. *(perfino)* sogar
ancora[1] [aŋ'koːra] *adv* noch, wieder; *~ una volta* nochmals
ancora[2] ['aŋkora] *f* Anker *m*
ancorché [aŋkor'ke] *konj* obwohl
andamento [anda'mento] *m* 1. Hergang *m*, Ablauf *m*; 2. *(il camminare)* Gehen *n*; 3. *MUS* Tempo *n*; 4. *MED* Krankheitsverlauf *m*
andante [an'dante] *adj MUS* mäßig
andare [an'daːre] *v irr* 1. gehen; *a lungo ~* auf Dauer; *~ avanti* vorangehen, vorgehen; *~ bene* gut gehen, passen; *~ dentro* hineingehen; *~ alla deriva* driften; *(cibo) ~ a male (cibo)* schlecht werden; *~ a tempo* Takt halten; 2. *(con un veicolo)* fahren; *~ in automobile* Auto fahren; *~ in bicicletta* Rad fahren; 3. *(fare una gita a piedi)* wandern; 4. *(alla toilette)* austreten; 5. *(fig)* passen
andarsene [an'darsene] *v irr* weggehen, davongehen
andata [an'daːta] *f* Hinfahrt *f*, Fahrt *f*; *~ e ritorno* Hin- und Rückfahrt
andatura [anda'tuːra] *f* 1. Gangart *f*; 2. *(della macchina)* Tempo *n*
andirivieni [andirivi'ɛːni] *m* Hin und Her *n*
aneddoto [a'nɛddoto] *m* Anekdote *f*
anello [a'nɛllo] *m* 1. *(gioiello)* Ring *m*; 2. *~ di tenuta TECH* Dichtungsring *m*
anemia [ane'miːa] *f MED* Anämie *f*
anemico [a'nɛːmiko] *adj MED* blutarm
anestesia [aneste'ziːa] *f MED* Anästhesie *f*
anestesista [aneste'zista] *m/f MED* Anästhesist(in) *m/f*
anestetico [anes'tɛːtiko] *m MED* Betäubungsmittel *n*
aneto [a'nɛːto] *m BOT* Dill *m*
anfora ['anfora] *f* Amphore *f*, Krug *m*
anfratto [an'fratto] *m* Schlucht *f*

A

angelo ['andʒelo] *m* Engel *m; ~ custode* Schutzengel *m*
angheria [aŋge'riːa] *f* 1. Bedrückung *f;* 2. *(tormento)* Schikane *f; fare un'~ a qd* jdn schikanieren; 3. *(vessazione)* Schinderei *f*
angina [an'dʒiːna] *f MED* Angina *f*
anglosassone [aŋglo'sassone] *adj* 1. angelsächsisch; *m/f* 2. Angelsachse *m,* Angelsächsin *f*
angolare [aŋgo'laːre] *adj* 1. winkelig; 2. *(spigoloso)* kantig, eckig
angolo ['aŋgolo] *m* 1. Ecke *f,* Winkel *m; ~ visuale* Gesichtswinkel *m,* Sehwinkel *m;* 2. *MATH* Winkel *m*
angoloso [aŋgo'loːso] *adj* eckig, kantig
angoscia [aŋ'gɔʃa] *f* Beklemmung *f,* Angst *f; ~ esistenziale* Existenzangst *f; ~ mortale* Todesangst *f*
angosciarsi [aŋgo'ʃarsi] *v* sich ängstigen, sich Sorgen machen
angoscioso [aŋgo'ʃoːso] *adj* 1. quälend; 2. *(opprimente)* beklemmend
anguilla [aŋgu'iːlla] *f ZOOL* Aal *m*
anguria [aŋ'guːria] *f BOT* Wassermelone *f*
angustia [aŋ'gustia] *f* 1. *(preoccupazione)* Besorgnis *f,* Kummer *m;* 2. *angustie finanziarie pl* Geldnot *f*
angusto [aŋ'gusto] *adj* 1. eng; 2. *(fig)* beschränkt
anice [a'niːtʃe] *m BOT* Anis *m*
anidride [ani'driːde] *f ~ carbonica* Kohlendioxyd *n*
anima ['aːnima] *f* 1. Seele *f;* 2. *(spirito)* Geist *m;* 3. *(l'interno)* Kern *m*
animale [ani'maːle] *m* 1. Tier *n; ~ carnivoro* Fleischfresser *m; ~ domestico* Haustier *n; ~ rapace* Raubtier *n;* 2. *(bestiame)* Vieh *n; adj* 3. animalisch, tierisch
animalesco [anima'lesko] *adj* tierisch
animare [ani'maːre] *v* 1. beleben, beseelen; 2. *(fig)* anfeuern
animatamente [animata'mente] *adv* lebhaft
animato [ani'maːto] *adj* 1. angeregt; 2. *cartone ~* Zeichentrickfilm *m*
animatore [anima'toːre] *m* Animateur *m*
animazione [anima'tsioːne] *f* 1. Belebung *f;* 2. *(vivacità)* Betriebsamkeit *f*
animo ['aːnimo] *m* 1. Seele *f;* 2. *(spirito)* Gemüt *n; non avere l'~ di fare qc* nicht den Mut haben, etw zu tun; *stato d'~* Gemütsverfassung *f;* 3. *(disposizione interiore)* Gesinnung *f; avere in ~* im Sinn haben; 4. *farsi ~* Mut fassen
animoso [ani'moːso] *adj* beherzt
annacquamento [annakkua'mento] *m* Verdünnung *f*
annacquare [annakku'aːre] *v* verdünnen, panschen
annaffiare [annaffi'aːre] *v* 1. sprengen, besprengen; 2. *(fiori)* gießen
annaffiatoio [annaffia'toːio] *m* Gießkanne *f*
annata [an'naːta] *f* 1. Jahrgang *m; Di che ~ è questo vino?* Was für ein Jahrgang ist dieser Wein? 2. *(raccolto)* Ernte *f*
annessione [annessi'oːne] *f POL* Annexion *f*
annesso [an'nɛsso] *adj* angeschlossen, dazugehörend; *annessi e connessi* alles, was dazugehört
annettere [an'nɛttere] *v irr* 1. *POL* annektieren; 2. *(accludere, allegare)* beifügen, beilegen
annidarsi [anni'darsi] *v* 1. sich einnisten; 2. *(fig)* sich einschleichen
annientamento [annienta'mento] *m* Vernichtung *f,* Zerstörung *f*
annientare [annien'taːre] *v* 1. vernichten; 2. *(distruggere)* zunichte machen
anniversario [anniver'saːrio] *m* Jahrestag *m*
anno ['anno] *m* 1. Jahr *n; ~ precendente* Vorjahr *n; di quest'~* diesjährig; *~ amministrativo ECO* Geschäftsjahr *n; ~ bisestile* Schaltjahr *n; ~ di nascita* Geburtsjahr *n; ~ di riferimento* Vergleichsjahr *n; ~ scolastico* Schuljahr *n; ~ solare* Kalenderjahr *n,* Sonnenjahr *n; ~ luce ASTR* Lichtjahr *n;* 2. *(annata)* Jahrgang *m*
annodare [anno'daːre] *v* knoten, verknoten
annodarsi [anno'darsi] *v* sich verknoten, sich verwickeln
annoiare [annoi'aːre] *v* langweilen
annoiarsi [annoi'arsi] *v* sich langweilen
annoiato [annoi'aːto] *adj* gelangweilt
annotare [anno'taːre] *v* 1. notieren, vermerken; 2. *(segnare)* aufzeichnen
annotazione [annota'tsioːne] *f* 1. An-

merkung *f,* Vermerk *m; ~ d'ufficio* Amtsvermerk *m;* 2. *(nota)* Aufzeichnung *f*

annuale [annu'aːle] *adj* 1. alljährlich, Jahres...; *m* 2. Jahrestag *m,* Gedenktag *m*

annualmente [annual'mente] *adv* jährlich

annuario [annu'aːrio] *m* 1. Jahrbuch *n;* 2. *(indirizzario)* Adressenverzeichnis *n*

annuire [annu'iːre] *v irr* 1. beifällig nicken; 2. *(assentire)* zustimmen

annullamento [annulla'mento] *m* Annullierung *f,* Aufhebung *f*

annullare [annul'laːre] *v* 1. annullieren; 2. *(disdire)* abbestellen; 3. *(obliterare)* entwerten, streichen; 4. *(fig)* umstoßen; 5. *(rompere)* lösen; 6. *(affare)* ECO auflösen; 7. *(stornare)* FIN stornieren

annunciare [annun'tʃaːre] *v* anmelden, melden, verkünden, verlautbaren

annunciatore [annuntʃa'toːre] *m* 1. Ansager *m; ~ televisivo* Fernsehansager *m;* 2. *(portavoce)* Sprecher *m*

annunciatrice [annuntʃa'triːtʃe] *f* 1. Ansagerin *f; ~ televisiva* Fernsehansagerin *f;* 2. *(portavoce)* Sprecherin *f*

annunciazione [annuntʃa'tsioːne] *f* 1. Ankündigung *f;* 2. REL Verkündigung *f*

annuncio [an'nuntʃo] *m* 1. Meldung *f,* Anmeldung *f;* 2. *(inserzione)* Annonce *f;* 3. *(per radio)* Ansage *f; ~ radiofonico* Radiodurchsage *f; ~ funesto* Schreckensbotschaft *f*

annuo ['annuo] *adj* jährlich, Jahres...

annusare [annu'saːre] *v* schnüffeln, schnuppern

annuvolamento [annuvola'mento] *m* METEO Bewölkung *f*

ano ['aːno] *m* ANAT After *m*

anomalia [anoma'liːa] *f* Anomalie *f,* Abnormität *f*

anomalo [a'nɔːmalo] *adj* anomal

anonimità [anonimi'ta] *f* Anonymität *f*

anonimo [a'nɔːnimo] *adj* 1. anonym; *m* 2. Anonymer *m,* Ungenannter *m*

anormale [anor'maːle] *adj* abnorm

anormalità [anormali'ta] *f* Abnormität *f*

ansa ['ansa] *f* 1. Henkel *m;* 2. GEO Bucht *f,* Einbuchtung *f*

ansante [an'sante] *adv* keuchend, atemlos

ansare [an'saːre] *v* keuchen, außer Atem sein

ansia ['ansia] *f* 1. Unruhe; 2. *(paura)* Furcht *f*

ansimare [ansi'maːre] *v* keuchen, außer Atem sein

ansioso [ansi'oːso] *adj* 1. begierig; *essere ~ di fare qc* darauf gespannt sein, etwas zu tun; 2. *(preoccupato)* ängstlich

antagonismo [antago'nizmo] *m* 1. Antagonismus *m;* 2. *(contrapposizione)* Gegnerschaft *f*

antagonista [antago'nista] *adj* 1. antagonistisch; *m/f* 2. Gegner(in) *m/f,* Antagonist(in) *m/f*

antartico [ant'artiko] *adj* 1. GEO antarktisch; 2. *(del sud)* südlich; *polo ~* Südpol *m*

antecedente [antetʃe'dɛnte] *adj* 1. vorangehend; 2. *(anteriore)* früher

antedatare [anteda'taːre] *v* vordatieren

antefatto [ante'fatto] *m* Vorgeschichte *f*

anteguerra [antegu'ɛrra] *f* Vorkriegszeit *f*

antenato [ante'naːto] *m* Ahn *m,* Vorfahr *m*

antenna [an'tenna] *f* 1. TECH Antenne *f; ~ televisiva* Fernsehantenne *f; ~ parabolica* Parabolantenne *f;* 2. ZOOL Fühler *m*

anteporre [ante'porre] *v irr* 1. *(mettere davanti)* voransetzen; 2. *(preferire)* bevorzugen

anteporsi [ante'porsi] *v irr* sich vordrängen

anteriore [anteri'oːre] *adj* 1. *(precedente)* vorig; 2. *(che è davanti)* Vorder...; *parte ~* Vorderseite *f*

antesignano [antesi'ɲaːno] *m* Vorkämpfer *m,* Vorläufer *m*

antiabortista [antiabor'tista] *m/f* Abtreibungsgegner(in) *m/f*

antialcolista [antialko'lista] *m/f* Antialkoholiker(in) *m/f*

antiautoritario [antiautori'taːrio] *adj* antiautoritär

antibiotico [antibi'ɔːtiko] *m* MED Antibiotikum *n*

anticamente [antika'mente] *adv* zu früheren Zeiten, früher

anticamera [anti'kaːmera] *f* Vorzimmer *n*

A

antichissimo [anti'kissimo] *adj* uralt
antichità [antiki'ta] *f* 1. *HIST* Altertum *n;* 2. *(oggetto d'antiquariato)* Antiquität *f; f/pl* 3. *(monumenti)* Altertümer *pl*
anticipare [antitʃi'paːre] *v* 1. *(un appuntamento)* vorverlegen; 2. *(un pagamento)* im Voraus bezahlen; 3. *(denaro)* vorstrecken, auslegen
anticipatamente [antitʃipata'mente] *adv (tempo)* im Voraus
anticipato [antitʃi'paːto] *adj* im Voraus
anticipo [an'tiːtʃipo] *m* 1. Vorschuss *m;* 2. *(fig)* Vorsprung *m; pagamento in ~* Vorauskasse *f; essere in ~* zu früh kommen
antico [an'tiːko] *adj* antik, altertümlich; *all'antica* altmodisch
anticoncezionale [antikontʃetsio'naːle] *adj* 1. empfängnisverhütend; *m* 2. *MED* Verhütungsmittel *n*
anticongelante [antikondʒe'lante] *m* *TECH* Frostschutzmittel *n*
anticorpo [anti'kɔrpo] *m* 1. *BIO* Antikörper *m;* 2. *anticorpi pl* Abwehrstoffe *pl*
anticostituzionale [antikostitutsio'naːle] *adj* verfassungswidrig
antidoto [an'tiːdoto] *m* 1. *MED* Gegenmittel *n;* 2. *(fig)* Heilmittel *n*
antieconomico [antieko'nɔːmiko] *adj* unwirtschaftlich, unrentabel
antifurto [anti'furto] *m* Alarmanlage *f*
antigienico [anti'dʒɛːniko] *adj* unhygienisch, ungesund
antincendio [antin'tfɛndio] *adj* Feuerschutz...
antipasto [anti'pasto] *m* *GAST* Vorspeise *f*
antipatia [antipa'tiːa] *f* Antipathie *f,* Widerwille *m*
antipatico [anti'paːtiko] *adj* unsympathisch
antiproiettile [antiproi'ɛttile] *adj* kugelsicher
antiquato [anti'kuaːto] *adj* 1. unmodern, veraltet; 2. *(fig)* rückständig
antiruggine [anti'ruddʒine] *m* Rostschutzmittel *n*
antisdrucciolevole [antizdruttʃo'leːvole] *adj* 1. griffig; 2. *(antiscivolo)* rutschsicher, rutschfest
antitetico [anti'tɛːtiko] *adj* antithetisch, gegensätzlich
antiurto [anti'urto] *adj* 1. stoßdämpfend; 2. *(infrangibile)* bruchsicher
antro ['antro] *m* Höhle *f*
antropofago [antro'pɔːfago] *adj* 1. kannibalisch; *m* 2. Kannibale *m*
anulare [anu'laːre] *m* *ANAT* Ringfinger *m*
anzi ['antsi] *adv* 1. *(al contrario)* im Gegenteil; *interj* 2. *(di più)* vielmehr
anzianità [antsiani'ta] *f* Alter *n; ~ di servizio* Dienstalter *n*
anziano [an'tsiaːno] *adj* 1. *(persona)* alt, betagt; *m* 2. Alte/r *m/f;* 3. *anziani pl* Ältere *pl,* ältere Generation *f*
anzitempo [an'tsitɛmpo] *adv* verfrüht, zu früh
anzitutto [antsi'tutto] *adv* zuerst, vor allem
apartitico [apar'tiːtiko] *adj* unparteilich, überparteilich
apatia [apa'tiːa] *f* Apathie *f*
apatico [a'paːtiko] *adj* apathisch
ape ['aːpe] *f* *ZOOL* Biene *f*
aperitivo [aperi'tiːvo] *m* *GAST* Aperitif *m*
apertamente [aperta'mente] *adv* 1. klar, deutlich; 2. *(sinceramente)* offen, aufrichtig
aperto [a'pɛrto] *adj* 1. geöffnet, offen, aufgeschlossen; *aria aperta* frische Luft *f; all'aria aperta* draußen, unter freiem Himmel; 2. *(fig: irrisolto)* offen; 3. *(fig: sincero)* offen
apertura [aper'tuːra] *f* 1. Öffnung *f;* 2. *(di mercato)* *ECO* Erschließung *f;* 3. *(misura)* Spannweite *f;* 4. *(di un muro)* Durchbruch *m*
apice ['aːpitʃe] *m (fig)* Gipfel *m*
apicoltore [apicol'toːre] *m* Imker *m*
apicultura [apicul'tuːra] *f* Bienenzucht *f*
apolide [a'pɔːlide] *adj* *JUR* staatenlos
apoplessia [apoples'siːa] *f* *MED* Schlaganfall *m*
apostrofo [a'pɔstrofo] *m* *GRAMM* Apostroph *m,* Auslassungszeichen *n*
app [ɛp] *f* App *f*
appagamento [appaga'mento] *m (di un desiderio)* Befriedigung *f*
appagare [appa'gaːre] *v* erfüllen

appagarsi [appa'garsi] *v* sich begnügen
appaiare [appai'a:re] *v* paaren
appannare [appan'na:re] *v* 1. anlaufen lassen; 2. *(con l'alito)* anhauchen; 3. *(fig)* trüben, verschleiern
appannarsi [appan'narsi] *v* *(finestra)* beschlagen, anlaufen
apparecchiare [apparek'kia:re] *v* *(il tavolo)* decken
apparecchiarsi [apparek'kiarsi] *v* sich breit machen, sich rüsten
apparecchiatura [apparekkia'tu:ra] *f* 1. *TECH* Vorrichtung *f;* 2. *(equipaggiamento)* Ausrüstung *f;* 3. *(attrezzatura)* Apparatur *f*
apparecchio [appa'rekkio] *m* Gerät *n*
apparente [appa'rɛnte] *adj* scheinbar, Schein...
apparentemente [apparente'mente] *adv* scheinbar
apparenza [appa'rɛntsa] *f* 1. Anschein *m;* 2. *(fig)* Schein *m*
apparire [appa'ri:re] *v irr* 1. erscheinen; 2. *(fantasma)* spuken
appariscente [appari'ʃɛnte] *adj* auffallend; *persona ~* auffallende Person *f*
apparizione [appari'tsio:ne] *f* *(fenomeno)* Erscheinung *f*
appartamento [apparta'mento] *m* 1. Appartement *n;* 2. *(abitazione)* Wohnung *f;* *~ ammobiliato* möblierte Wohnung *f;* *~ in condominio* Eigentumswohnung *f;* *~ per le vacanze* Ferienwohnung *f*
appartarsi [appar'tarsi] *v* sich zurückziehen
appartenente [apparte'nɛnte] *adj* zugehörig, dazugehörig
appartenenza [apparte'nɛntsa] *f* 1. Zugehörigkeit *f;* 2. *(ad un' associazione)* Mitgliedschaft *f*
appartenere [apparte'ne:re] *v irr* gehören
appassionarsi [appassio'narsi] *v ~ a* schwärmen für, sich begeistern für
appassionatamente [appassionata'mente] *adv* leidenschaftlich
appassionato [appassio'na:to] *adj* leidenschaftlich
appassire [appas'si:re] *v* welken
appassito [appas'si:to] *adj* welk
appello [ap'pɛllo] *m* 1. *MIL* Appell *m;* 2. *(invocare)* Aufruf *m,* Appell *m;* *fare ~ al buon cuore degli uomini* an das Gute im Menschen appellieren; 3. *JUR* Berufung *f*
appena [ap'pe:na] *adv* 1. kaum; 2. *(da poco)* eben, soeben; *~ mezzogiorno* erst Mittag; *konj* 3. sowie; *non ~* sobald, sowie
appendere [ap'pɛndere] *v irr* anhängen, hängen
appendice [appen'di:tʃe] *f* 1. Anhang *m,* Zusatz *m;* 2. *ANAT* Blinddarm *m*
appesantire [appesan'ti:re] *v* beschweren, belasten
appetito [appe'ti:to] *m* 1. Appetit *m;* *Buon ~!* Guten Appetit!/Mahlzeit! 2. *(bramosia)* Begierde *f,* Lust *f*
appetitoso [appeti'to:so] *adj* lecker, appetitanregend
appezzamento [appettsa'mento] *m* *(di terreno)* Grundstück *n*
appianare [appia'na:re] *v* ebnen
appiccare [appik'ka:re] *v* 1. heften, kleben; 2. *(appendere)* aufhängen; 3. *~ il fuoco a qc* etwas in Brand setzen
appiccicare [appittʃi'ka:re] *v* 1. aufkleben, ankleben; 2. *(fig: affibbiare)* geben; *~ un nomignolo a qd* jdm einen Spitznamen geben
appiccicarsi [appittʃi'karsi] *v ~ a qd (fam)* sich jdm aufdrängen
appieno [ap'piɛ:no] *adv* durchaus, völlig
appigliarsi [appiʎ'ʎarsi] *v* sich festhalten, sich anklammern
appiglio [ap'pi:ʎʎo] *m* 1. Haken *m;* 2. *(fig)* Vorwand *m,* Ausflucht *f*
appioppare [appiop'pa:re] *v* 1. geben; 2. *(attribuire con inganno)* zuschieben, unterschieben
appisolarsi [appizo'larsi] *v* einnicken
applaudire [applau'di:re] *v* klatschen, applaudieren
applauso [ap'plauzo] *m* Beifall *m,* Applaus *m*
applicabile [appli'ka:bile] *adj* 1. anwendbar; 2. *(utilizzabile)* brauchbar
applicare [appli'ka:re] *v* 1. anwenden; 2. *(colori)* auftragen; 3. *MED* anlegen
applicarsi [appli'karsi] *v* sich bemühen, sich Mühe geben

A

applicato [appli'kaːto] *adj* fleißig, eifrig
applicazione [applika'tsioːne] *f* 1. Anwendung *f*; 2. *(l'attaccare)* Ankleben *n*
appoggiare [appod'dʒaːre] *v* 1. *(scala)* anlegen; 2. *(oggetto)* anlehnen, lehnen; 3. *(supporto)* aufstützen; 4. *(fig)* unterstützen
appoggiarsi [appod'dʒarsi] *v* sich anlehnen, sich lehnen
appoggio [ap'pɔddʒo] *m* 1. Unterstützung *f*, Rückhalt *m*; 2. *(sostegno)* Stütze *f*; *punto d'~* Stützpunkt *m*
apportare [appor'taːre] *v* bringen, überbringen
apporto [ap'pɔrto] *m* Beitrag *m*
appositamente [appozita'mente] *adv* eigens
apposito [ap'pɔːzito] *adj* 1. *(destinato allo scopo)* zweckdienlich, zweckmäßig; 2. *(adatto)* richtig, passend; 3. *(speciale)* entsprechend
apposta [ap'pɔsta] *adv* 1. *(con intenzione)* beabsichtigt, mit Absicht; *adj* 2. besondere(r, s)
appostare [appos'taːre] *v* auflauern
apprendere [ap'prɛndere] *v irr* lernen
apprendista [appren'dista] *m/f* Lehrling *m*, Auszubildende(r) *m/f*
apprendistato [apprendis'taːto] *m* Lehre *f*, Lehrzeit *f*
apprensione [appren'sioːne] *f* Besorgnis *f*
apprensivo [appren'siːvo] *adj* ängstlich
appressarsi [appres'sarsi] *v* sich nähern
appresso [ap'prɛsso] *prep* nahe, bei; *il giorno ~* am nächsten Tag
apprestare [appres'taːre] *v* bereitstellen
apprestarsi [appres'tarsi] *v* sich anschicken, sich vorbereiten
apprezzamento [apprettsa'mento] *m* 1. *(complimento, stima)* Achtung *f*; 2. *(giudizio)* Urteil *n*
apprezzare [appret'tsaːre] *v* 1. würdigen; 2. *(stimare)* achten; 3. *(riconoscere)* anerkennen
apprezzato [appret'tsaːto] *adj* angesehen
approccio [ap'prɔttʃo] *m* 1. Annäherungsversuch *m*; 2. *MIL* Laufgraben *m*
approdare [appro'daːre] *v* *(nave)* *NAUT* anlegen; *Dove approda la nave?* Wo legt das Schiff an?
approdo [ap'prɔːdo] *m* 1. *NAUT* Anlegeplatz *m*; 2. *(sbarco)* Landung *f*
approfittare [approfit'taːre] *v* *~ di qc* von etwas Gebrauch machen, etw nutzen
approfittarsi [approfit'tarsi] *v* 1. *~ di qd* jdn missbrauchen; 2. *~ di qc* sich etw zunutze machen
approfittatore [approfitta'toːre] *m* 1. Nutznießer *m*; 2. *(sfruttatore)* Parasit *m*
approfondimento [approfondi'mento] *m* Vertiefung *f*
approfondire [approfon'diːre] *v* 1. *(conoscenza)* vertiefen; 2. *(rapporto)* ausbauen
approfondito [approfon'diːto] *adj* gründlich
approntamento [appronta'mento] *m* 1. Vorbereitung *f*; 2. *(il mettere a disposizione)* Bereitstellung *f*
approntare [appron'taːre] *v* 1. vorbereiten; 2. *(mettere a disposizione)* bereitstellen
appropriarsi [appropri'arsi] *v* sich aneignen
appropriazione [appropriat'tsioːne] *f* 1. Aneignung *f*; 2. *~ indebita JUR* Unterschlagung *f*
approssimarsi [approssi'marsi] *v* sich annähern
approssimativamente [approssimativa'mente] *adv* 1. ungefähr, etwa; 2. *(all'incirca)* annähernd
approssimativo [approssima'tiːvo] *adj* ungefähr, annähernd
approssimato [approssi'maːto] *adj* annähernd
approvare [appro'vaːre] *v* 1. bejahen; 2. *(accogliere)* zustimmen, annehmen, gutheißen
approvazione [approva'tsioːne] *f* 1. Zustimmung *f*, Billigung *f*; 2. *(plauso)* Beifall *m*
approvvigionamento [approvvidʒona'mento] *m* Versorgung *f*, Verpflegung *f* *~ di viveri* Lebensmittelversorgung *f*; *~ idrico* Wasserversorgung *f*
appuntamento [appunta'mento] *m*

A

Termin *m*, Verabredung *f*; *Purtroppo dobbiamo disdire l'~.* Leider müssen wir die Verabredung absagen. *darsi ~* sich verabreden; *~ amoroso* Rendezvous *n*
appuntare [appun'ta:re] *v* 1. spitzen; 2. *(fissare con spilli)* anstecken
appunto[1] [ap'punto] *adv* 1. richtig, genau; *interj* 2. *Appunto!* Genau so!/ Eben!
appunto[2] [ap'punto] *m* Notiz *f*, Anmerkung *f*
appurare [appu'ra:re] *v* klären, prüfen
apribottiglie [apribot'tiʎʎe] *m* Flaschenöffner *m*
aprile [a'pri:le] *m* April *m*
apriporta [apri'pɔrta] *m* Türöffner *m*
aprire [a'pri:re] *v irr* 1. öffnen, aufmachen; *~ con forza* aufbrechen; *~ in dissolvenza CINE* einblenden; *~ tagliando* aufschneiden; *Non riesco ad ~ ...* Ich bekomme ... nicht auf. 2. *(uno studio, un negozio)* eröffnen; 3. *(pratica)* anlegen; 4. *(mercato) ECO* erschließen
aprirsi [a'prirsi] *v irr* sich öffnen
apriscatole [apris'ka:tole] *m* Büchsenöffner *m*, Dosenöffner *m*
aquila ['a:kuila] *f ZOOL* Adler *m*
aquilone [akui'lo:ne] *m (gioco)* Drachen *m*
Arabia [a'ra:bia] *f* 1. Arabien *n*; 2. *~ Saudita GEO* Saudi-Arabien *n*
arabo ['a:rabo] *adj* 1. arabisch; *m* 2. Araber *m*
arachide [a'ra:kide] *f BOT* Erdnuss *f*
aragosta [ara'gosta] *f ZOOL* Languste *f*
arancia [a'rantʃa] *f BOT* Orange *f*; *succo d'~* Orangensaft *m*
aranciata [aran'tʃa:ta] *f* Orangenlimonade *f*
arare [a'ra:re] *v AGR* pflügen
aratro [a'ra:tro] *m AGR* Pflug *m*
arazzo [a'rattso] *m* Wandteppich *m*, Gobelin *m*
arbitrario [arbi'tra:rio] *adj* willkürlich, eigenmächtig
arbitrio [ar'bi:trio] *m* Willkür *f*
arbitro ['arbitro] *m SPORT* Kampfrichter *m*, Schiedsrichter *m*
arbusto [ar'busto] *m* Strauch *m*
arcano [ar'ka:no] *adj* 1. geheimnisvoll, mysteriös; *m* 2. Rätsel *n*
archeologia [arkeolo'dʒi:a] *f* Archäologie *f*
architettare [arkitet'ta:re] *v ~ qc* sich etw ausdenken
architetto [arki'tetto] *m* Architekt *m*
architettura [arkitet'tu:ra] *f* Architektur *f*
archivio [ar'ki:vio] *m* 1. Archiv *n*; 2. *~ dati INFORM* Datei *f*
arcivescovo [artʃi'veskovo] *m REL* Erzbischof *m*
arco ['arko] *m* 1. *ARCH* Bogen *m*; 2. *(arma)* Bogen *m*
arcobaleno [arkoba'le:no] *m* Regenbogen *m*
ardente [ar'dɛnte] *adj* 1. *(fuoco)* brennend, glühend; 2. *(fig: occhi)* leuchtend; 3. *(amore, passione)* leidenschaftlich; 4. *(giovane)* übermütig
ardentemente [ardente'mente] *adv* glühend, heiß
ardere ['ardere] *v irr* 1. brennen; *legna da ~* Brennholz *n*; 2. *(senza fiamma)* schwelen
ardimentoso [ardimen'to:so] *adj* mutig, tapfer
ardore [ar'do:re] *m* Glut *f*
arduo ['arduo] *adj (difficile)* schwierig
area ['a:rea] *f* 1. Gebiet *n*; 2. *(superficie)* Fläche *f*; 3. *~ fabbricabile* Bauland *n*
areare [are'a:re] *v (stanza)* lüften
arena [a're:na] *f THEAT* Arena *f*
arenarsi [are'narsi] *v* stranden
argentare [ardʒen'ta:re] *v* versilbern
argenteo [ar'dʒɛnteo] *adj* silberfarben, silbern
argenteria [ardʒente'ri:a] *f* Silberbesteck *n*; *~ da tavola* Tafelsilber *n*
Argentina [ardʒen'ti:na] *f GEO* Argentinien *n*
argento [ar'dʒɛnto] *m MIN* Silber *n*; *d'~* silbern
argilla [ar'dʒilla] *f MIN* Ton *m*
argilloso [ardʒil'lo:so] *adj* lehmig; *terreno ~* Lehmboden *m*
arginare [ardʒi'na:re] *v* eindämmen, aufhalten
argine ['ardʒine] *m* 1. Damm *m*; 2. *(terrapieno della ferrovia)* Bahndamm *m*
argomentare [argomen'ta:re] *v* 1. schlussfolgern; 2. *(ragionare)* argumentieren; 3. *(provare)* nachweisen

A

argomento [argo'mento] *m* 1. Argument *n;* 2. *(soggetto)* Thema *n; ~ di conversazione* Gesprächsstoff *m; ~ del giorno* Tagesgespräch *n;* 3. *~ di prova JUR* Beweisstück *n;* 4. *(materia)* Stoff *m*
arguto [ar'guːto] *adj* 1. witzig; 2. *(acuto)* scharfsinnig, klug
aria ['aːria] *f* 1. Luft *f; L'~ è pesante.* Es ist schwül. *in linea d'~* in der Luftlinie; *a tenuta d'~* luftdicht; *~ fredda* Kaltluft *f; ~ di temporale (fig)* Gewitterstimmung *f; ~ condizionata* Klimaanlage *f; ~ viziata* Abluft *f;* 2. *(corrente)* Luftzug *m;* 3. *(espressione)* Ausdruck *m,* Miene *f; con ~ di condiscendenza* herablassend; *darsi delle arie* prahlen; *aver l'~ di …* so aussehen, als ob …
aridità [aridi'ta] *f* 1. Trockenheit *f;* 2. *(fig)* Gefühllosigkeit *f,* Teilnahmslosigkeit *f;* 3. *~ del cuore* Gefühlskälte *f*
arido ['aːrido] *adj* 1. *(secco)* trocken; 2. *(sterile)* unfruchtbar; 3. *(freddo)* kalt, gefühllos
ariete [ari'ɛːte] *m* 1. *ZOOL* Widder *m;* 2. *(nello zodiaco)* Widder *m*
aringa [a'riŋga] *f ZOOL* Hering *m*
arioso [ari'oːso] *adj* windig, luftig
aristocratico [aristo'kraːtiko] *adj* 1. adelig, aristokratisch; *m* 2. Aristokrat *m,* Adliger *m*
aristocrazia [aristokra'tsiːa] *f* Aristokratie *f*
arma ['arma] *f* 1. Waffe *f; ~ da fuoco* Schusswaffe *f;* 2. *armi atomiche pl* Atomwaffen *pl*
armadio [ar'maːdio] *m* 1. Schrank *m;* 2. *(guardaroba)* Kleiderschrank *m*
armamento [arma'mento] *m* Bewaffnung *f*
armare [ar'maːre] *v* bewaffnen
armarsi [ar'marsi] *v* 1. sich bewaffnen; 2. *(fig)* sich wappnen
armata [ar'maːta] *f MIL* Armee *f*
armato [ar'maːto] *adj* 1. bewaffnet; 2. *(fig)* gerüstet, vorbereitet
armatore [arma'toːre] *m NAUT* Reeder *m*
armatura [arma'tuːra] *f* 1. *~ del tetto* Dachstuhl *m;* 2. *(del cavaliere)* Rüstung *f*
Armenia [ar'mɛːnia] *f GEO* Armenien *n*
armistizio [armis'tiːtsio] *m MIL* Waffenstillstand *m*
armonia [armo'niːa] *f* 1. Harmonie *f;* 2. *(fig)* Abstimmung *f*
armonico [ar'mɔːniko] *adj* harmonisch
armonioso [armoni'oːso] *adj* 1. harmonisch; 2. *(fig)* ausgeglichen; 3. *MUS* klangvoll
armonizzare [armonid'dzaːre] *v* 1. harmonieren; 2. *MUS* harmonisieren; 3. *(fig)* abstimmen
arnese [ar'neːse] *m* Gerät *n*
aroma [a'rɔːma] *m* 1. Aroma *n;* 2. *aromi pl (spezie)* Gewürze *pl*
aromatico [aro'maːtiko] *adj* aromatisch
aromatizzare [aromatid'dzaːre] *v* würzen
arpa ['arpa] *f MUS* Harfe *f*
arpione [ar'pioːne] *m* Harpune *f*
arrabbiare [arrab'biaːre] *v far ~ qd* jdn in Zorn versetzen
arrabbiarsi [arrab'biarsi] *v* wütend werden, zornig werden
arrabbiato [arrab'biaːto] *adj* 1. böse, verärgert; 2. *(fig)* geladen
arrampicarsi [arrampi'karsi] *v* klettern
arrangiamento [arrandʒa'mento] *m* 1. Arrangement *n;* 2. *(accordo)* Vereinbarung *f,* Abmachung *f*
arrangiare [arran'dʒaːre] *v* zurechtmachen
arrangiarsi [arran'dʒarsi] *v* sich durchschlagen, sich behelfen
arrecare [arre'kaːre] *v (causare)* bewirken, auslösen
arredamento [arreda'mento] *m* 1. Ausstattung *f,* Einrichtung *f;* 2. *(disposizione)* Gestaltung *f*
arredare [arre'daːre] *v* 1. möblieren, ausstatten; 2. *(disporre)* gestalten
arredato [arre'daːto] *adj* möbliert
arredatore [arreda'toːre] *m* Innenarchitekt *m*
arredatrice [arreda'triːtʃe] *f* Innenarchitektin *f*
arredo [ar'rɛːdo] *m* 1. Gerät *n;* 2. *(mobilio)* Einrichtungsgegenstand *m,* Mobiliar *n*
arrendersi [ar'rɛndersi] *v irr* aufgeben, sich ergeben

A

arrendevole [arren'deːvole] *adj* fügsam, nachgiebig
arrendevolezza [arrendevo'lettsa] *f* Nachgiebigkeit *f*
arrestare [arres'taːre] *v* **1.** verhaften; **2.** *(fermare)* anhalten, zum Stehen bringen
arrestarsi [arres'tarsi] *v* **1.** stocken; **2.** *(macchina)* stehen bleiben, anhalten
arresto [ar'rɛsto] *m* **1.** Anhalten *n;* **2.** *JUR* Verhaftung *f;* **3.** *~ domiciliare* Hausarrest *m;* **4.** *~ preventivo JUR* Schutzhaft *f*
arretrare [arre'traːre] *v* zurückstellen
arretrato [arre'traːto] *adj (pagamento)* rückständig
arricchimento [arrikki'mento] *m* **1.** Bereicherung *f;* **2.** *PHYS* Anreicherung *f;* **3.** *impianto d' ~ MET* Aufbereitungsanlage *f*
arricchire [arrik'kiːre] *v* anreichern
arricchirsi [arrik'kirsi] *v* sich bereichern
arricchito [arrik'kiːto] *adj* angereichert
arricciare [arrit'tʃaːre] *v* **1.** *(capelli)* locken; **2.** *(naso)* rümpfen
arricciarsi [arrit'tʃarsi] *v* sich locken
arricciato [arrit'tʃaːto] *adj* gelockt
arringa [ar'riŋga] *f* **1.** Ansprache *f;* **2.** *JUR* Plädoyer *n*
arrischiare [arri'skiaːre] *v* wagen, riskieren
arrischiarsi [arri'skiarsi] *v* sich trauen
arrivare [arri'vaːre] *v* **1.** ankommen, eintreffen; *Siamo arrivati ieri.* Wir sind gestern angekommen. *Quando arriva il treno?* Wann kommt der Zug an? **2.** *(da un viaggio)* anreisen
arrivederci [arrive'dertʃi] *interj* auf Wiedersehen
arrivista [arri'vista] *m/f* Emporkömmling *m*
arrivo [ar'riːvo] *m* **1.** Ankunft *f;* **2.** *(con un veicolo)* Anfahrt *f;* **3.** *SPORT* Ziel *n;* **4.** *(della merce)* Zufuhr *f;* **5.** *(di un aeroplano)* Anflug *m*
arrogante [arro'gante] *adj* **1.** anmaßend, arrogant; **2.** *(insolente)* dreist
arroganza [arro'gantsa] *f* Anmaßung *f,* Arroganz *f*
arrogarsi [arro'garsi] *v* sich anmaßen
arrossare [arros'saːre] *v* röten
arrossire [arros'siːre] *v* erröten, rot werden
arrostire [arros'tiːre] *v* **1.** *GAST* rösten; **2.** *(nel forno)* braten, anbraten; *~ bene* durchbraten
arrostito [arros'tiːto] *adj GAST* gebraten
arrosto [ar'rɔsto] *adj* **1.** *(patate) GAST* geröstet; **2.** *(carne)* gebraten; *m* **3.** Braten *m; ~ di agnello* Lammbraten *m; ~ di maiale* Schweinebraten *m*
arrotino [arro'tiːno] *m* Scherenschleifer *m*
arrotolare [arroto'laːre] *v* aufwickeln, zusammenrollen
arrotondare [arroton'daːre] *v* **1.** abrunden; **2.** *(cifre)* aufrunden
arroventato [arroven'taːto] *adj (brace, ferro)* glühend
arruffarsi [arruf'farsi] *v* in Unordung geraten
arruffato [arruf'faːto] *adj* **1.** *(capelli)* strubbelig, zerzaust; **2.** *(vestiti)* nachlässig
arrugginire [arruddʒi'niːre] *v* rosten
arrugginirsi [arruddʒi'nirsi] *v* rosten, verrosten
arrugginito [arruddʒi'niːto] *adj* rostig
arsenale [arse'naːle] *m NAUT* Werft *f*
arsenico [ar'sɛːniko] *m CHEM* Arsen *n*
arsi ['arsi] *f MUS* Auftakt *m*
arsura [ar'suːra] *f* **1.** Hitze *f;* **2.** *(aridità)* Trockenheit *f;* **3.** *(sete)* brennender Durst *m*
arte ['arte] *f* **1.** Kunst *f; a regola d'~* trefflich, hervorragend; *~ applicata* angewandte Kunst *f; ~ astratta* abstrakte Kunst *f;* **2.** *~ del persuadere* Überredungskunst *f;* **3.** *(fig: abilità)* Geschicklichkeit *f;* **4.** *arti figurative pl* bildende Künste *pl;* **5.** *le belle arti* die schönen Künste *pl*
artefatto [arte'fatto] *adj* **1.** *(artificioso)* künstlich; **2.** *(falsificato)* unecht
artefice [ar'teːfitʃe] *m/f* Autor(in) *m/f,* Schöpfer(in) *m/f*
arteria [ar'tɛːria] *f* **1.** *ANAT* Arterie *f;* **2.** *(strada importante)* Verkehrsader *f*
arteriosclerosi [arterioskle'rɔːzi] *f MED* Arterienverkalkung *f*
artico ['artiko] *adj* arktisch
articolare [artiko'laːre] *v* **1.** deutlich

A

aussprechen; 2. *(suddividere)* gliedern; 3. *(arti)* ANAT bewegen; *adj* 4. ANAT Glieder...
articolato [artiko'laːto] *adj* gelenkig
articolazione [artikola'tsioːne] *f* 1. ANAT Gelenk *n;* 2. *(disposizione)* Anordnung *f*
articolo [ar'tiːkolo] *m* 1. GRAMM Artikel *m;* 2. *(di stampa)* Artikel *m,* Beitrag *m;* 3. ECO Artikel *m,* Ware *f*
artificiale [artifi'tʃaːle] *adj* künstlich
artificioso [artifi'tʃoːso] *adj* 1. unnatürlich, künstlich; 2. *(affettato)* gespreizt, affektiert
artigianalmente [artidʒanal'mente] *adv* handwerklich
artigianato [artidʒa'naːto] *m* 1. Handwerk *n;* 2. *~ artistico* Kunstgewerbe *n*
artigiano [arti'dʒaːno] *m* 1. Handwerker *m; adj* 2. handwerklich
artista [ar'tista] *m/f* 1. Künstler(in) *m/f,* Artist(in) *m/f;* 2. *~ di cabaret* THEAT Kabarettist(in) *m/f*
artisticamente [artistika'mente] *adv* künstlerisch
artistico [ar'tistiko] *adj* künstlerisch, Kunst...
arzillo [ar'dzillo] *adj* rüstig
asbesto [az'bɛsto] *m MIN* Asbest *m*
ascella [a'ʃɛlla] *f* ANAT Achselhöhle *f*
ascendente [aʃen'dɛnte] *adj* 1. ansteigend; *m* 2. Einfluss *m,* Macht *f*
ascensione [aʃen'sioːne] *f* 1. *(scalata)* Besteigung *f;* 2. *Ascensione* REL Himmelfahrt *f; ~ di Gesù Cristo* Christi Himmelfahrt *f*
ascensore [aʃen'soːre] *m* Lift *m,* Aufzug *m; L'~ è bloccato.* Der Aufzug ist stecken geblieben.
ascesa [a'ʃeːsa] *f (sviluppo)* Aufstieg *m*
ascesso [a'ʃɛsso] *m MED* Abszess *m*
ascia ['aʃa] *f* Axt *f,* Beil *n*
asciugacapelli [aʃugaka'pelli] *m* Föhn *m*
asciugamano [aʃuga'maːno] *m* Handtuch *n; ~ da bagno* Badetuch *n*
asciugare [aʃu'gaːre] *v* 1. trocknen, abtrocknen; 2. *(pulire)* abwischen; 3. *(prosciugarsi)* austrocknen
asciugarsi [aʃu'garsi] *v* sich abtrocknen
asciugatrice [aʃuga'triːtʃe] *f (macchina)* Wäschetrockner *m*
asciutto [a'ʃutto] *adj* 1. trocken; *restare a bocca asciutta* zu kurz kommen, nicht zum Zuge kommen; 2. *(magro)* dürr; 3. *(brusco)* brüsk
ascoltare [askol'taːre] *v* 1. hören; 2. *(sentire)* anhören; 3. *(a scuola)* abhören; 4. *~ qd* jdm zuhören, jdn anhören
ascoltatore [askolta'toːre] *m* Hörer *m,* Zuhörer *m*
ascoltatrice [askolta'triːtʃe] *f* Hörerin *f,* Zuhörerin *f*
ascolto [as'kolto] *m* Anhörung *f; dare ~ a qd* jdm Gehör schenken, jdm zuhören; *indici d'~* Einschaltquote *f*
asettico [a'sɛttiko] *adj* keimfrei
asfalto [as'falto] *m* Asphalt *m*
asfissia [asfis'siːa] *f* Ersticken *n; morire di ~* ersticken
asfissiare [asfissi'aːre] *v* 1. ersticken; 2. *(fig) ~ qd* jdn zu Tode langweilen
Asia ['azia] *f* GEO Asien *n*
asiatico [azi'aːtiko] *adj* 1. asiatisch; *m* 2. Asiat *m*
asilo [a'ziːlo] *m* 1. POL Asyl *n;* 2. *(per bambini)* Hort *m; ~ infantile* Kindergarten *m; ~ nido* Kinderkrippe *f;* 3. *(rifugio)* Unterschlupf *m,* Zuflucht *f*
asino ['aːsino] *m* ZOOL Esel *m*
asma ['azma] *f* MED Asthma *n; ~ bronchiale* MED Bronchialasthma *n*
asociale [aso'tʃaːle] *adj* asozial
asola ['aːzola] *f* 1. Knopfloch *n;* 2. *(di una maglietta)* Haken *m*
asparago [as'paːrago] *m* BOT Spargel *m*
aspettare [aspet'taːre] *v* erwarten, warten
aspettativa [aspetta'tiːva] *f* Erwartung *f*
aspetto [as'pɛtto] *m* 1. Aussehen *n,* Aspekt *m; avere l'~ di* aussehen wie; 2. *(fig)* Seite *f; sotto questo ~* in dieser Hinsicht; 3. *sala d'~* Wartesaal *m*
aspic [as'piːk] *m* GAST Aspik *m*
aspirante [aspi'rante] *m/f* Anwärter(in) *m/f,* Bewerber(in) *m/f*
aspirapolvere [aspira'polvere] *m* Staubsauger *m*
aspirare [aspi'raːre] *v* 1. einatmen; 2. *(polvere)* saugen; 3. TECH ansaugen
aspirazione [aspira'tsioːne] *f* 1. Einatmung *f;* 2. *(fig: anelito)* Streben *n*

aspirina [aspi'riːna] *f MED* Aspirin *n*
asportabile [aspor'taːbile] *adj* entfernbar
asportare [aspor'taːre] *v* 1. wegbringen, fortgehen; 2. *MED* operativ entfernen
asprezza [as'prettsa] *f* 1. Strenge *f*; 2. *(di sapore)* Herbheit *f*
aspro ['aspro] *adj* 1. herb; 2. *(fig: rozzo)* rau; 3. *(fig: persona)* sauer
assaggiare [assad'dʒaːre] *v* kosten, probieren
assaggio [as'saddʒo] *m* Kostprobe *f*
assai [as'saːi] *adv* sehr
assale [as'saːle] *m TECH* Achse *f*
assalire [assa'liːre] *v irr* bestürmen
assalto [as'salto] *m* Angriff *m*
assassinare [assassi'naːre] *v* ermorden
assassinio [assas'siːnio] *m* Mord *m*, Ermordung *f*; *~ per rapina* Raubmord *m*
assassino [assas'siːno] *m* 1. Mörder *m*; *adj* 2. mörderisch
asse[1] ['asse] *f* Brett *n*; *~ da stiro* Bügelbrett *n*
asse[2] ['asse] *f TECH* Achse *f*; *~ X/~ Y* x-Achse/y-Achse *f*
asse[3] ['asse] *m ~ ereditario JUR* Erbschaftsmasse *f*
assecondare [assekon'daːre] *v* 1. begünstigen; 2. *(appoggiare)* unterstützen; 3. *(desideri)* nachkommen
assediare [assedi'aːre] *v* 1. *MIL* belagern; 2. *(fig)* bedrängen
assegnare [asse'ɲaːre] *v* 1. aufgeben; 2. *(destinare)* bestimmen, zuweisen
assegnazione [asseɲa'tsioːne] *f* Zuteilung *f*, Zuweisung *f*
assegno [as'sɛːɲo] *m* Scheck *m*; *Accetta un ~?* Nehmen Sie Schecks?
assemblea [assem'blɛːa] *f* Versammlung *f*; *~ generale ECO* Hauptversammlung *f*; *~ plenaria POL* Vollversammlung *f*; *~ dei cittadini* Bürgerversammlung *f*
assembrarsi [assem'brarsi] *v* sich ansammeln, sich zusammenfinden
assennato [assen'naːto] *adj* 1. *(saggio)* weise, klug; 2. *(giudizioso)* verständig; 3. *(prudente)* umsichtig
assenso [as'sɛnso] *m* Zustimmung *f*
assente [as'sɛnte] *adj* 1. abwesend; 2. *(distratto, assorto)* gedankenverloren, geistesabwesend; *m/f* 3. Abwesende(r) *m/f*; *lista degli assenti* Abwesenheitsliste *f*
assenza [as'sɛnza] *f* 1. Abwesenheit *f*; 2. *(mancanza)* Knappheit *f*
asserire [asse'riːre] *v* beteuern, versichern
asserragliare [asserraʎ'ʎaːre] *v* vermauern, verschanzen
asserragliarsi [asserraʎ'ʎarsi] *v* sich verbarrikadieren
asserzione [asser'tsioːne] *f* Behauptung *f*
assessore [asse'soːre] *m/f* Beisitzer(in) *m/f*
assestare [asses'taːre] *v* regeln, in Ordnung bringen
assestarsi [asses'tarsi] *v* 1. sich ablagern; 2. *(consolidarsi) POL* sich konsolidieren
assetato [asse'taːto] *adj* 1. durstig; 2. *(fig)* versessen auf, begierig nach
assicurare [assiku'raːre] *v* 1. versichern, sichern; 2. *(mettere al sicuro)* sicherstellen
assicurarsi [assiku'rarsi] *v* 1. sich vergewissern; 2. *(stipulare una polizza)* sich versichern
assicurato [assiku'raːto] *adj* 1. versichert; *m* 2. Versicherungsnehmer *m*
assicurazione [assikura'tsioːne] *f* Versicherung *f*
assiderare [asside'raːre] *v* zum Erstarren bringen
assiderarsi [asside'rarsi] *v* 1. erstarren; 2. *(gelare)* erfrieren
assiduità [assidui'ta] *f (perseveranza)* Beharrlichkeit *f*, Unermüdlichkeit *f*
assieme [assi'ɛːme] *adv* 1. zusammen; 2. *(l'uno coll'altro)* gemeinsam; 3. *(nello stesso tempo)* gleichzeitig
assimilare [assimi'laːre] *v* 1. angleichen; 2. *(fig)* verarbeiten
assimilazione [assimila'tsioːne] *f* Angleichung *f*
assistente [assis'tɛnte] *m/f* Assistent(in) *m/f*; *~ di laboratorio* Laborant(in) *m/f*; *~ sociale* Sozialhelfer(in) *m/f*
assistenza [assis'tɛntsa] *f* 1. Beihilfe *f*; *~ meccanica* Pannenhilfe *f*; *~ sanitaria MED* Krankenpflege *f*; *~ al parto MED*

A

Geburtshilfe *f;* ~ *sociale* Sozialhilfe *f;* ~ *tecnica* Service *m;* 2. *(il badare, l'occuparsi)* Betreuung *f;* 3. *(cura)* Versorgung *f*

assistere [as'sistere] *v irr* 1. beistehen; 2. *(curare)* versorgen; 3. *(partecipare)* teilnehmen; ~ *a un concerto* ein Konzert besuchen

assito [as'si:to] *m* Verschlag *m*

asso ['asso] *m* 1. *(carta da gioco)* Ass *n;* 2. SPORT Ass *n,* Meister *m*

associare [asso'tʃa:re] *v* zuordnen, beteiligen

associarsi [asso'tʃarsi] *v* 1. ~ *a qd* sich jdm anschließen; 2. *(unirsi)* sich zusammenschließen

associazione [assotʃa'tsio:ne] *f* 1. Verein *m;* ~ *segreta* Geheimbund *m;* ~ *studentesca* Burschenschaft *f;* 2. ~ *di idee* Gedankenverknüpfung *f*

assoggettare [assoddʒet'ta:re] *v* unterwerfen

assoggettarsi [assoddʒet'tarsi] *v* 1. sich beugen; 2. *(farsi docile)* nachgeben

assolato [asso'la:to] *adj* sonnig

assolutamente [assoluta'mente] *adv* 1. absolut, unbedingt; 2. ~ *certo* todsicher

assolutismo [assolu'tizmo] *m HIST* Absolutismus *m*

assoluto [asso'lu:to] *adj* 1. unbedingt, absolut; 2. *(esclusivo)* alleinig

assoluzione [assolu'tsio:ne] *f* 1. *JUR* Freispruch *m;* 2. *REL* Absolution *f*

assolvere [as'sɔlvere] *v irr* 1. *JUR* freisprechen; 2. *REL* Absolution erteilen; 3. *(un dovere)* erfüllen

assomigliare [assomiʎ'ʎa:re] *v* ähneln

assomigliarsi [assomiʎ'ʎarsi] *v* sich ähneln

assonnato [asson'na:to] *adj* schläfrig, verschlafen

assopirsi [asso'pirsi] *v* einschlummern

assorbente [assor'bɛnte] *m* 1. Binde *f;* 2. ~ *igienico* Damenbinde *f*

assorbire [assor'bi:re] *v irr* absorbieren, aufsaugen

assordante [assor'dante] *adj* ohrenbetäubend

assortimento [assorti'mento] *m* Sortiment *n,* Auswahl *f*

assortire [assor'ti:re] *v* sortieren

assorto [as'sɔrto] *adj* vertieft, in Gedanken versunken; ~ *nei pensieri* gedankenversunken

assottigliamento [assottiʎʎa'mento] *m* Verdünnung *f*

assottigliare [assotiʎ'ʎa:re] *v* verdünnen

assuefarsi [assue'farsi] *v irr* sich gewöhnen an

assuefazione [assuefa'tsio:ne] *f* 1. *(abitudine)* Brauch *m,* Gewohnheit *f;* 2. *(l'assuefarsi) MED* Gewöhnung *f;* 3. *(alla droga)* Sucht *f*

assumere [as'su:mere] *v irr* 1. *(manodopera)* einstellen; 2. *(un posto)* übernehmen; 3. *(fig: acquistare)* erwerben, gewinnen

assumersi [as'sumersi] *v irr* übernehmen; ~ *la responsabilità di qc* die Verantwortung für etw übernehmen

assunzione [assun'tsio:ne] *f* 1. *(di manodopera)* Einstellung *f;* 2. *(di un posto)* Übernahme *f;* ~ *del potere* Machtübernahme *f;* 3. ~ *di prove JUR* Beweisaufnahme *f;* 4. *Assunzione REL* Mariä Himmelfahrt *f*

assurdità [assurdi'ta] *f* Absurdität *f*

assurdo [as'surdo] *adj* unsinnig, absurd

asta ['asta] *f* 1. Stange *f;* 2. *(vendita all'incanto)* Auktion *f;* ~ *pubblica* Auktion *f*

astemio [as'tɛ:mio] *adj* 1. abstinent, enthaltsam; *m* 2. enthaltsam lebender Mensch *m*

astenersi [aste'nersi] *v irr* sich enthalten

astensione [asten'sio:ne] *f* 1. Enthaltung *f;* 2. ~ *dal voto* Stimmenthaltung *f*

astice ['astitʃe] *m ZOOL* Hummer *m*

astinente [asti'nɛnte] *adj* abstinent

astinenza [asti'nɛntsa] *f* 1. Abstinenz *f;* 2. *MED* Entzug *m*

astio ['astio] *m* 1. *(odio)* Abneigung *f,* Hass *m;* 2. *(rancore)* Groll *m*

astiosità [astiosi'ta] *f* Missgunst *f*

astioso [asti'o:so] *adj* 1. *(ostile)* missgünstig, grollend; 2. *(invidioso)* neidisch

astratto [as'tratto] *adj* abstrakt

astro ['astro] *m* 1. *ASTR* Stern *m,* Gestirn *n*

astrologia [astrolo'dʒi:a] *f* Astrologie *f*

astronauta [astro'naːuta] *m/f* Astronaut(in) *m/f,* Raumfahrer(in) *m/f*
astronautica [astro'naːutika] *f* Raumfahrt *f*
astronave [astro'naːve] *f* Weltraumfahrzeug *n*
astronomia [astrono'miːa] *f* Astronomie *f,* Sternkunde *f*
astronomico [astro'nɔːmiko] *adj* 1. astronomisch, sternkundig; 2. *prezzo ~ (fig)* Wucherpreis *m*
astruso [as'truːzo] *adj* unverständlich, abstrus
astuccio [as'tuttʃo] *m* 1. *(custodia)* Etui *n,* Hülle *f;* 2. *(contenitore)* Behälter *m*
astutamente [astuta'mente] *adv* listig
astuto [as'tuːto] *adj* listig, schlau
astuzia [as'tuːtsia] *f* List *f,* Verschlagenheit *f*
ateismo [ate'izmo] *m* Atheismus *m*
ateneo [ate'nɛːo] *m* 1. Universität *f;* 2. *(accademia)* Akademie *f*
ateo ['aːteo] *adj* 1. atheistisch, ungläubig; *m* 2. Atheist *m,* Ungläubiger *m*
atlante [at'lante] *m* Atlas *m*
atlantico [at'lantiko] *adj* 1. atlantisch; 2. *patto ~ POL* Atlantikpakt *m*
Atlantico [at'lantiko] *m GEO* Atlantik *m*
atleta [at'lɛːta] *m/f* 1. *SPORT* Athlet(in) *m/f;* 2. *(lottatore/lottatrice)* Kämpfer(in) *m/f*
atletica [at'lɛːtika] *f SPORT ~ leggera* Leichtathletik *f*
atmosfera [atmos'fɛːra] *f* 1. *(fig)* Atmosphäre *f;* 2. *PHYS* Atmosphäre *f*
atomico [a'tɔːmiko] *adj* atomar, Atom...; *centrale atomica* Kernkraftwerk *n*
atomo ['aːtomo] *m PHYS* Atom *n*
atrio ['aːtrio] *m* Vorhalle *f;* *~ della stazione* Bahnhofshalle *f*
atroce [a'troːtʃe] *adj* furchtbar, schrecklich
atrocità [atrotʃi'ta] *f* Gräueltat *f*
attaccabrighe [attakka'briːge] *m (fam)* Stänkerer *m,* Streithammel *m*
attaccamento [attakka'mento] *m* Anhänglichkeit *f*
attaccante [attak'kante] *m SPORT* Stürmer *m*
attaccapanni [attakka'panni] *m* Kleiderständer *m*
attaccare [attak'kaːre] *v* 1. kleben, ankleben; 2. *(danneggiare)* angreifen; 3. *(fig)* anbändeln; 4. *(fissare)* heften; 5. *(cucendo)* annähen; 6. *(con violenza)* überfallen
attaccarsi [attak'karsi] *v* kleben
attaccato [attak'kaːto] *adj* anhänglich; *rimanere ~* haften, kleben
attacco [at'takko] *m* 1. *(con violenza)* Überfall *m,* Angriff *m;* 2. *MED* Anfall *m;* 3. *(impugnare) JUR* Anfechtung *f;* 4. *~ principale TECH* Hauptanschluss *m;* 5. *MIL* Angriff *m*
attardarsi [attar'darsi] *v* sich verspäten, zu spät kommen
attecchire [attek'kiːre] *v* Wurzeln schlagen
atteggiamento [atteddʒa'mento] *m* 1. *(comportamento)* Verhalten *n;* 2. *(fig: posizione)* Haltung *f*
atteggiarsi [atted'dʒarsi] *v* sich gebärden
attempato [attem'paːto] *adj* betagt
attendere [at'tɛndere] *v irr* 1. abwarten, erwarten; 2. *(dedicarsi) ~ a qc* sich etw widmen
attendibile [atten'diːbile] *adj* überzeugend, zuverlässig
attenersi [atte'nersi] *v irr ~ a* sich halten an
attentarsi [atten'tarsi] *v* sich trauen, wagen
attentato [atten'taːto] *m POL* Anschlag *m;* *~ suicida* Selbstmordanschlag *m*
attentatore [attenta'toːre] *m POL* Attentäter *m;* *~ suicida* Selbstmordattentäter *m*
attento [at'tɛnto] *adj* aufmerksam, achtsam; *stare ~ a qc* auf etw Acht geben
attenuante [attenu'ante] *adj* 1. *JUR* entlastend; *f* 2. *attenuanti pl* mildernde Umstände *pl*
attenuare [attenu'aːre] *v* mildern, mindern
attenuazione [attenua'tsioːne] *f* 1. *(alleviamento)* Linderung *f,* Milderung *f;* 2. *(riduzione)* Verringerung *f;* 3. *PHYS* Dämpfung *f*
attenzione [atten'tsioːne] *f* 1. Acht-

A

samkeit *f,* Achtung *f; fare ~ a* beachten; *prestare ~* aufpassen, Acht geben; 2. *(prudenza)* Aufmerksamkeit *f; interj* 3. *Attenzione!* Achtung!/Vorsicht!

atterraggio [atter'raddʒo] *m (dell'aereo)* Landung *f; ~ con avaria a terra* Bruchlandung *f; ~ di fortuna* Notlandung *f*

atterrare [atter'raːre] *v (aeroplano)* landen

attesa [at'teːsa] *f* Erwartung *f*

attestare [attes'taːre] *v* bescheinigen

attestato [attes'taːto] *m* Zeugnis *n,* Bescheinigung *f*

attiguamente [attigua'mente] *adv* angrenzend

attiguo [at'tiːguo] *adj* 1. anliegend, angrenzend; 2. *(spazio)* anschließend

attillato [attil'laːto] *adj* eng anliegend

attimo ['attimo] *m* Augenblick *m*

attinenza [atti'nɛntsa] *f* Verbindung *f,* Bezug *m*

attingere [at'tindʒere] *v irr* 1. *(alla fonte)* schöpfen; 2. *(fig)* herausfinden; *~ informazioni* Informationen einholen

attirare [atti'raːre] *v* 1. *(fig)* anziehen, locken; 2. *(fig: attrarre col sorriso)* anlachen

attitudine [atti'tuːdine] *f* 1. *(atteggiamento)* Haltung *f;* 2. *(predisposizione)* Anlage *f,* Begabung *f*

attivamente [attiva'mente] *adv* aktiv

attivare [atti'vaːre] *v* aktivieren

attivazione [attiva'tsioːne] *f* Aktivierung *f*

attivista [atti'vista] *m/f* Aktivist(in) *m/f*

attività [attivi'ta] *f* 1. Tätigkeit *f; ~ nel tempo libero* Freizeitbeschäftigung *f;* 2. *~ stagionale* Saisongeschäft *n;* 3. *(azione)* Aktion *f;* 4. *ECO* Aktiva *pl*

attivo [at'tiːvo] *adj* 1. aktiv, tätig; *persona attiva* Erwerbstätige(r) *m/f;* 2. *(operoso)* rührig, betriebsam

attizzare [attit'tsaːre] *v* anfachen

atto ['atto] *adj* 1. tauglich, geeignet; *dichiarare ~* für tauglich erklären; *m* 2. Tat *f; mettere in ~* durchführen; *all'~ pratico* praktisch, in der Praxis; *presa d'~* Kenntnisnahme *f; ~ eroico* Heldentat *f; ~ di stato* Staatsakt *m;* 3. *JUR* Urkunde *f; ~ di donazione* Schenkungsurkunde *f; ~ di nomina* Ernennungsurkunde *f; ~ di matrimonio* Heiratsurkunde *f; ~ di nascita* Geburtsurkunde *f; ~ di accusa JUR* Anklageschrift *f;* 4. *THEAT* Akt *m;* 5. *(gesto)* Gebärde *f*

attorcigliare [attortʃiʎ'ʎaːre] *v* 1. *(avvolgere attorno)* wickeln, umschlingen; 2. *(piante)* umranken

attorcigliarsi [attortʃiʎ'ʎarsi] *v* 1. *(serpente, rami, vie)* sich winden; 2. *(fili)* sich verheddern

attore [at'toːre] *m* 1. Schauspieler *m; ~ cinematografico* Filmschauspieler *m;* 2. *CINE* Darsteller *m;* 3. *JUR* Kläger *m*

attorno [at'torno] *adv* herum; *andare ~* herumgehen; *levarsi qd d'~* jdn loswerden

attraente [attra'ɛnte] *adj* anziehend, fesselnd

attrappirsi [attrap'pirsi] *v* sich verkrampfen

attrarre [at'trarre] *v irr* 1. anziehen; 2. *(allettare)* anlocken

attrattiva [attrat'tiːva] *f* 1. Anziehungskraft *f;* 2. *(fascino)* Reiz *m;* 3. *(cosa attrattiva)* Sehenswürdigkeit *f,* Anreiz *m*

attraversamento [attraversa'mento] *m* 1. Durchkreuzen *n,* Durchquerung *f;* 2. *(passaggio)* Übergang *m,* Überschreiten *n*

attraversare [attraver'saːre] *v* überqueren, durchqueren

attraverso [attra'vɛrso] *prep* 1. durch; *adv* 2. hindurch, zwischendurch; *~ i campi* querfeldein

attrazione [attra'tsioːne] *f* Attraktion *f*

attrezzare [attret'tsaːre] *v* ausrüsten, ausstatten

attrezzatura [attrettsa'tuːra] *f* Ausrüstung *f*

attrezzo [at'trettso] *m* Gerät *n*

attribuire [attribu'iːre] *v* 1. zuschreiben; 2. *(assegnare)* zuerkennen, zuteilen; 3. *(porre a carico)* zur Last legen

attributo [attri'buːto] *m* 1. *(qualità)* Beschaffenheit *f;* 2. *(particolarità)* Besonderheit *f;* 3. *(caratteristica)* Kennzeichen *n,* Charakteristikum *n;* 4. *GRAMM* Attribut *n*

attribuzione [attribu'tsioːne] *f* Zuordnung *f*

attrice [at'triːtʃe] *f* Schauspielerin *f*

attristarsi [attris'tarsi] *v* traurig werden
attrito [at'tri:to] *m* Reibung *f*
attuale [attu'a:le] *adj* 1. augenblicklich; 2. *(moderno)* aktuell, zeitgemäß
attualità [attuali'ta] *f* Aktualität *f*
attualizzare [attualid'dza:re] *v* aktualisieren
attualmente [attual'mente] *adv* derzeit
attuare [attu'a:re] *v* verwirklichen, bewerkstelligen
attuazione [attua'tsio:ne] *f* 1. Durchführung *f,* Realisierung *f;* 2. *(svolgimento)* Abwicklung *f*
attutire [attu'ti:re] *v* 1. *(urto, dolore)* stillen, lindern; 2. *(suono)* dämpfen
attutirsi [attu'tirsi] *v (suono, urto, dolore)* abnehmen, sich abschwächen
audace [au'da:tʃe] *adj* 1. gewagt, kühn; 2. *(temerario)* tollkühn, verwegen
audiovisivo [audiovi'zi:vo] *adj* audiovisuell
auditorio [audi'tɔ:rio] *m* 1. *(detto di persone)* Zuhörer *pl;* 2. *(detto di edificio)* Auditorium *n;* 3. *(per concerti)* Konzertsaal *m;* 4. *(sala universitaria)* Hörsaal *m*
augurare [augu'ra:re] *v* wünschen
augurarsi [augu'rarsi] *v* sich wünschen, hoffen
augurio [au'gu:rio] *m* Glückwunsch *m,* Beglückwünschung *f; Tanti auguri!* Herzlichen Glückwunsch! *fare gli auguri* Glück wünschen; *essere di cattivo ~* Unheil bringen
aula ['a:ula] *f* 1. Saal *m;* 2. *(di università)* Hörsaal *m;* 3. *~ magna* Aula *f;* 4. *~ plenaria* POL Plenarsaal *m;* 5. *(scolastica)* Schulzimmer *n,* Klassenzimmer *n*
aumentare [aumen'ta:re] *v* 1. *(accrescere)* zunehmen, wachsen; 2. *(di numero)* sich vermehren; 3. *(far salire)* anheben
aumento [au'mento] *m* 1. Anstieg *m;* 2. *~ del traffico* Verkehrsaufkommen *n;* 3. *(dei prezzi)* ECO Aufschlag *m; ~ dei prezzi* Preisanstieg *m*
aureo ['a:ureo] *adj* golden, Gold...
aureola [au'rɛ:ola] *f* 1. Aureole *f;* 2. REL Heiligenschein *m,* Nimbus *m*
aurora [au'rɔ:ra] *f* 1. Morgenröte *f;* 2. LIT Aurora *f*
ausiliare [auzili'a:re] *adj* Hilfs...
ausilio [au'zi:lio] *m* 1. Hilfe *f;* 2. *(sussidio)* Hilfsmittel *n*
auspicabile [auspi'ka:bile] *adj* begehrenswert, wünschenswert
auspicio [aus'pi:tʃo] *m (fig)* Vorzeichen *n*
Australia [aus'tra:lia] *f* GEO Australien *n*
australiano [austra'lia:no] *adj* 1. australisch; 2. Australier *m*
Austria ['a:ustria] *f* GEO Österreich *n*
austriaco [aus'tri:ako] *m* 1. Österreicher *m; adj* 2. österreichisch
autenticamente [autentika'mente] *adv* authentisch
autenticare [autenti'ka:re] *v* 1. beglaubigen; 2. *(garantire)* verbürgen
autenticità [autentitʃi'ta] *f* 1. *(genuinità)* Echtheit *f,* Authentizität *f;* 2. *(veridicità)* Glaubhaftigkeit *f*
autentico [au'tɛntiko] *adj* 1. authentisch; 2. *(fig)* waschecht
autista [au'tista] *m/f* Chauffeur *m,* Fahrer(in) *m/f*
auto ['a:uto] *f* Auto *n; ~ elettrica* Elektroauto *n*
autoadesivo [autoade'zi:vo] *adj* 1. selbstklebend; *m* 2. Aufkleber *m*
autoambulanza [autoambu'lantsa] *f* Krankenwagen *m,* Rettungswagen *m*
autobus ['a:utobus] *m* Bus *m,* Omnibus *m; fermata dell'~* Bushaltestelle *f*
autocarro [auto'karro] *m* Lastwagen *m,* Laster *m*
autocrazia [autokrat'tsi:a] *f* POL Alleinherrschaft *f*
autocritica [auto'kri:tika] *f* Selbstkritik *f*
autodecisione [autodetʃi'zio:ne] *f* Selbstbestimmung *f*
autodidatta [autidi'datta] *m* Autodidakt *m*
autodromo [au'tɔ:dromo] *m* Rennstrecke *f,* Autorennbahn *f*
autofinanziamento [autofinantsia'mento] *m* ECO Eigenfinanzierung *f*
autofurgone [autofur'go:ne] *m* Lieferwagen *m*
autogeno [au'tɔ:dʒeno] *adj* autogen
autogol [auto'gɔl] *m* SPORT Eigentor *n*

A

autogoverno [autogo'verno] *m POL* Selbstverwaltung *f*
autografo [au'tɔːgrafo] *m* Autogramm *n*
autogrill [auto'grill] *m* Autobahnraststätte *f*, Rasthaus *n*
automatico [auto'maːtiko] *adj* 1. automatisch; 2. *(inconscio)* unabsichtlich, unbewusst; 3. *TECH* mechanisch, selbsttätig
automatismo [automa'tizmo] *m TECH* Automatik *f*
automazione [automa'tsioːne] *f TECH* Automation *f*
automezzo [auto'mɛddzo] *m* Kraftfahrzeug *n*
automobile [auto'mɔːbile] *f* Auto *n*, Wagen *m*; *~ da noleggio* Leihwagen *m*, Mietwagen *m*; *~ a due posti* Zweisitzer *m*
automobilista [automobi'lista] *m/f* Autofahrer(in) *m/f*; *~ che guida contromano* Geisterfahrer(in) *m/f*
automobilistico [automibi'listiko] *adj* Auto...
autonomamente [autonoma'mente] *adv* eigenständig
autonomia [autono'miːa] *f* Selbstständigkeit *f*
autonomo [au'tɔːnomo] *adj* selbstständig, autonom
autopsia [auto'psiːa] *f MED* Autopsie *f*
autoradio [auto'raːdio] *f* Autoradio *n*
autore [au'toːre] *m* Autor *m*, Urheber *m*
autorevole [auto'reːvole] *adj* 1. *(influente)* mächtig; 2. *(stimato)* angesehen
autorità [autori'ta] *f* 1. Behörde *f*; *~ competente* zuständige Behörde *f*; *~ giudiziaria* Justizbehörde *f*; *~ di controllo* Kontrollbehörde *f*; 2. *(potere)* Autorität *f*, Obrigkeit *f*; 3. *~ di comando MIL* Befehlsgewalt *f*
autoritario [autori'taːrio] *adj* autoritär, herrisch
autorizzare [autorid'dzaːre] *v* 1. genehmigen; 2. *(dare il diritto)* berechtigen, ermächtigen; 3. *JUR* bevollmächtigen
autorizzato [autorid'dzaːto] *adj* befugt, berechtigt; *Sono ~.* Ich habe eine Vollmacht. *persona non autorizzata* Unbefugte(r) *m/f*; *~ a firmare* unterschriftsberechtigt; *~ a ricevere* empfangsberechtigt
autorizzazione [autoriddza'tsioːne] *f* 1. Genehmigung *f*; 2. *(facoltà o licenza)* Berechtigung *f*, Ermächtigung *f*; 3. *JUR* Bevollmächtigung *f*
autoscuola [autosku'ɔːla] *f* Fahrschule *f*
autostoppista [autostop'pista] *m/f* Anhalter(in) *m/f*, Tramper(in) *m/f*
autostrada [auto'straːda] *f* Autobahn *f*
autosufficiente [autosuffi'tʃɛnte] *adj* autark, unabhängig
autosuggestione [autosuddʒesti'oːne] *f* Selbstbeeinflussung *f*
autotreno [auto'trɛːno] *m* Lastzug *m*
autoveicolo [autove'iːkolo] *m* Kraftfahrzeug *n*, Kraftwagen *m*
autovettura [autovet'tuːra] *f* Personenkraftwagen *m*
autrice [au'triːtʃe] *f* Autorin *f*
autunnale [autun'naːle] *adj* herbstlich
autunno [au'tunno] *m* Herbst *m*
avanguardia [avaŋgu'ardia] *f* Avantgarde *f*; *essere all'~* Bahnbrecher sein
avanti [a'vanti] *interj* 1. herein, los; *farsi ~* vortreten; *prep* 2. *(tempo)* vor; *adv* 3. *(luogo)* voraus, heran; 4. *(allontanamento)* vorwärts
avanzamento [avantsa'mento] *m* 1. *(promozione)* Aufstieg *m*; 2. *MIL* Vormarsch *m*
avanzare [avan'tsaːre] *v* 1. *(restare)* übrig bleiben; 2. *(progredire)* fortschreiten, vorankommen; 3. *(venire avanti)* vortreten
avanzarsi [avan'tsarsi] *v* sich nähern
avanzata [avan'tsaːta] *f* 1. Vordringen *n*; 2. *MIL* Vorrücken *n*
avanzo [a'vantso] *m* Überbleibsel *n*, Rest *m*
avaraccio [ava'rattʃo] *m* Geizkragen *m*
avaria [ava'riːa] *f* 1. *NAUT* Havarie *f*; 2. *(guasto)* Schaden *m*
avariato [avari'aːto] *adj* beschädigt, defekt; *cibo ~* verdorbene Speise *f*
avarizia [ava'riːtsia] *f* Geiz *m*
avaro [a'vaːro] *adj* 1. geizig; 2. *(fam)* knauserig
avena [a'veːna] *f BOT* Hafer *m*
avere [a'veːre] *v irr* 1. haben; *~ freddo*

frieren; ~ *bisogno di qc* etw brauchen; *m* 2. Besitz *m;* 3. *averi pl* Hab und Gut *n;* 4. *(credito)* Guthaben *n*
aviazione [avia'tsioːne] *f* Flugwesen *n,* Luftfahrt *f*
avidamente [avida'mente] *adv* gierig, habgierig
avidità [avidi'ta] *f* 1. Gier *f,* Habgier *f;* 2. ~ *di dominio* Herrschsucht *f;* 3. *(di cibo)* Verfressenheit *f,* Fressgier *f*
avido ['aːvido] *adj* gierig, habgierig; ~ *di denaro* geldgierig; ~ *di vendetta* rachsüchtig
aviorimessa [aviori'messa] *f* Flugzeughalle *f*
aviotrasporto [aviotras'pɔrto] *m* Lufttransport *m*
avo ['aːvo] *m* Ahn *m,* Vorfahr *m*
avorio [a'vɔːrio] *m* Elfenbein *n*
avulso [a'vulso] *adj* 1. losgerissen; 2. ~ *dalla realtà* wirklichkeitsfremd
avvalersi [avva'lersi] *v irr* ~ *di qc* sich einer Sache bedienen
avvantaggiare [avvanta'ddʒaːre] *v* 1. *(far avanzare)* ~ *qd* jdm den Weg ebnen; 2. *(favorire)* begünstigen, fördern
avvantaggiarsi [avvanta'ddʒarsi] *v* 1. *(trarre vantaggio)* auf den eigenen Vorteil bedacht sein; 2. einen Vorsprung gewinnen
avvedersi [avve'dersi] *v irr* ~ *di qc* etw feststellen, etw bemerken
avvedutamente [avveduta'mente] *adv* umsichtig
avvedutezza [avvedu'tettsa] *f* Umsicht *f*
avveduto [avve'duːto] *adj* 1. *(accorto)* umsichtig; 2. klug
avvelenamento [avvelena'mento] *m* *MED* Vergiftung *f;* ~ *da gas* Gasvergiftung *f;* ~ *da funghi* Pilzvergiftung *f*
avvelenare [avvene'laːre] *v* vergiften
avvenenza [avve'nɛntsa] *f* Attraktivität *f,* Anmut *f*
avvenimento [avveni'mento] *m* 1. Vorfall *m,* Begebenheit *f;* 2. *(processo)* Vorgang *m;* 3. *(fig)* Einschnitt *m*
avvenire [avve'niːre] *v irr* 1. geschehen; *m* 2. Zukunft *f; in* ~ zukünftig
avventatamente [avventata'mente] *adv* unüberlegt
avventato [avven'taːto] *adj* unüberlegt
avvento [av'vɛnto] *m* 1. *REL* Advent *m,* Adventszeit *f;* 2. ~ *al potere* Machtergreifung *f;* 3. ~ *al trono* Thronbesteigung *f;* 4. *(arrivo)* Ankunft *f*
avventore [avven'toːre] *m* Kunde *m;* ~ *abituale* Stammgast *m,* Stammkunde *m*
avventura [avven'tuːra] *f* Abenteuer *n*
avventurarsi [avventu'rarsi] *v* sich trauen, wagen
avventuriero [avventuri'ɛro] *m* Abenteurer *m*
avventuroso [avventu'roːso] *adj* abenteuerlich
avverarsi [avve'rarsi] *v* eintreffen, sich bewahrheiten
avverbio [av'vɛrbio] *m* *GRAMM* Adverb *n*
avversario [avver'saːrio] *m* 1. Gegner *m,* Gegenspieler *m; adj* 2. gegnerisch
avversione [avver'sioːne] *f* Abneigung *f,* Widerwille *m*
avversità [avversi'ta] *f* Widrigkeit *f*
avverso [av'vɛrso] *adj* 1. feindlich, Gegen...; *parte avversa* Gegenseite *f,* gegnerische Partei *f; sorte avversa* widrige Umstände *pl,* Schicksalsschlag *m;* 2. *(contrario)* abgeneigt
avvertenza [avver'tɛntsa] *f* 1. *(attenzione)* Aufmerksamkeit *f;* 2. *(richiamo)* Hinweis *m,* Bemerkung *f*
avvertimento [avverti'mento] *m* Verwarnung *f,* Warnung *f*
avvertire [avver'tiːre] *v* 1. benachrichtigen; 2. warnen; 3. *(sentire)* fühlen
avvezzo [av'vettso] *adj* gewöhnt, gewohnt
avviamento [avvia'mento] *m* 1. Anbahnung *f;* 2. *(del motore)* Anlassen *n;* 3. *(messa in moto)* Starten *n*
avviare [avvi'aːre] *v* 1. leiten, führen; 2. ~ *qc di nuovo* etw einführen; 3. *(motore)* anlassen; 4. *(automobile)* anspringen, starten; 5. *(macchina)* *TECH* anfahren; 6. *(partire)* anfahren; 7. *(fig)* einfädeln
avviarsi [avvi'arsi] *v* sich aufmachen, sich auf den Weg machen
avvicendamento [avvitʃenda'mento] *m* Abwechseln *n*
avvicinamento [avvitʃina'mento] *m* Annäherung *f*
avvicinarsi [avvitʃi'narsi] *v* 1. sich nä-

A

hern, herankommen; 2. *(accostarsi)* sich annähern, sich heranmachen; 3. *(fig: venire incontro)* entgegenkommen; 4. *(fam)* anmachen

avvilimento [avvili'mento] *m* Niedergeschlagenheit *f*

avvilirsi [avvi'lirsi] *v* den Mut verlieren, die Hoffnung aufgeben

avvincente [avvin'tʃɛnte] *adj* fesselnd, spannend

avvinghiare [avviŋgi'a:re] *v* umranken, umwickeln

avvinghiarsi [avviŋgi'arsi] *v* sich festklammern

avvinto [av'vinto] *adj* 1. angebunden; 2. *(fig)* verzaubert

avvio [av'vi:o] *m* Start *m; prendere l'~* Anlauf nehmen

avvisaglia [avvi'za:ʎʎa] *f (indizio)* Anzeichen *n*

avvisare [avvi'za:re] *v* 1. mitteilen, verständigen; 2. *(ammonire)* ermahnen, warnen

avviso [av'vi:zo] *m* 1. Aushang *m;* 2. *(avvertimento)* Verwarnung *f,* Warnung *f;* 3. JUR Bescheid *m;* 4. *(annuncio)* Nachricht *f,* Meldung *f;* 5. *(opinione)* Meinung *f; essere dell'~* der Meinung sein

avvistare [avvis'ta:re] *v* ausmachen, erblicken

avvitare [avvi'ta:re] *v* schrauben, *~ una vite* eine Schraube anschrauben

avvizzire [avvit'tsi:re] *v* welken

avvizzito [avvit'tsi:to] *adj* welk

avvocatessa [avvoka'tessa] *f* Anwältin *f,* Rechtsanwältin *f*

avvocato [avvo'ka:to] *m* Anwalt *m,* Rechtsanwalt *m*

avvolgere [av'vɔldʒere] *v* 1. einwickeln, wickeln; 2. *(fasciare)* umwickeln

avvolgibile [avvol'dʒi:bile] *m* Rollladen *m*

avvolgimento [avvoldʒi'mento] *m* Umwicklung *f*

avvoltoio [avvol'to:io] *m* 1. ZOOL Geier *m;* 2. *(fig)* Halsabschneider *m*

azienda [adzi'ɛnda] *f* 1. Betrieb *m; ~ artigiana* Handwerksbetrieb *m; ~ industriale* Gewerbebetrieb *m;* 2. *(ditta)* Firma *f,* Unternehmen *n*

aziendale [adzien'da:le] *adj* betrieblich

azionamento [atsiona'mento] *m* TECH Antrieb *m*

azionare [atsio'na:re] *v* 1. treiben; 2. *(mettere in moto)* auslösen; 3. TECH betätigen

azionario [atsio'na:rio] *m* Aktionär *m*

azione [a'tsio:ne] *f* 1. *(atto)* Tat *f,* Akt *m;* 2. *(effetto)* Wirkung *f;* 3. FIN Aktie *f; ~ ordinaria* Stammaktie *f;* 4. *~ reciproca* PHYS Wechselwirkung *f;* 5. LIT Handlung *f*

azionista [atsio'nista] *m/f* FIN Aktionär(in) *m/f*

azoto [a'dzo:to] *m* CHEM Stickstoff *m*

azzardare [addzar'da:re] *v* riskieren

azzardarsi [addzar'darsi] *v* sich trauen

azzardo [ad'dzardo] *m gioco d'~* Glücksspiel *n*

azzardoso [addzar'do:so] *adj* wagemutig

azzeccagarbugli [attsekkagar'buʎʎi] *m (fam)* Winkeladvokat *m,* Rechtsverdreher *m (fam)*

azzeccare [attsek'ka:re] *v* 1. *(colpire)* treffen; 2. *(indovinare giusto)* erraten

azzerare [addze'ra:re] *v* auf null einstellen

azzimo ['addzimo] *m* 1. *festa degli azzimi* Passahfest; *adj* 2. *pane ~* ungesäuertes Brot

Azzorre [ad'dzɔrre] *f/pl* GEO Azoren *pl*

azzuffarsi [attsuf'farsi] *v* raufen

azzurro [ad'dzurro] *m* 1. Blau *n; ~ chiaro* Hellblau *n; ~ di cobalto* Kobaltblau *n;* 2. SPORT italienischer Nationalspieler *m; adj* 3. blau *principe ~* Märchenprinz *m*

B

babbeo [bab'bɛːo] *adj* 1. dumm, töricht; 2. *(inesperto)* unerfahren; *m* 3. Narr *m*, Tölpel *m*
babbo ['babbo] *m (fam)* Papa *m*, Vati *m*; *~ Natale* Weihnachtsmann *m*
babordo [ba'bordo] *m NAUT* Backbord *n*
baby-sitter [bɛbi'sitter] *m/f* Babysitter(in) *m/f*; *Abbiamo bisogno di un ~.* Wir brauchen einen Babysitter.
bacca ['bakka] *f BOT* Beere *f*
baccano [bak'kaːno] *m* Lärm *m*, Getöse *n*
baccello [bat'tsɛllo] *m BOT* Hülse *f*
bacchetta [bak'ketta] *f* Rute *f*, Stock *m*
baciamano [batʃa'maːno] *m* Handkuss *m*
baciare [ba'tʃaːre] *v* küssen
bacillo [ba'tʃillo] *m BIO* Bazillus *m*
bacinella [batʃi'nɛlla] *f* 1. *(catinella)* Schüssel *f*, Schale *f*; 2. Waschschüssel *f*
bacino [ba'tʃiːno] *m* 1. Bassin *n*; 2. *ANAT* Becken *n*
bacio ['baːtʃo] *m* Kuss *m*; *~ d'addio* Abschiedskuss *m*
badare [ba'daːre] *v* aufpassen, Acht geben; *~ ai fatti propri* sich um seine eigenen Probleme kümmern; *non ~ a spese* keine Kosten scheuen; *Non ci ~!* Kümmere dich nicht darum!
badarsi [ba'darsi] *v ~ da qc* sich vor etw hüten
badile [ba'diːle] *m* Schaufel *f*
baffi ['baffi] *m/pl* Schnurrbart *m*
bagagliaio [bagaʎ'ʎaːio] *m* 1. *(del treno)* Gepäckwagen *m*; 2. *(della macchina)* Kofferraum *m*
bagaglio [ba'gaʎʎo] *m* Gepäck *n*; *~ a mano* Handgepäck *n*
bagattella [bagat'tɛlla] *f* Bagatelle *f*
bagliore [baʎ'ʎoːre] *m* 1. Schein *m*; 2. *(l'abbagliare)* Blendung *f*; 3. Schimmer *m*
bagnante [baɲ'ɲante] *m/f* Badegast *m*
bagnare [baɲ'ɲaːre] *v* 1. *(spruzzare)* nass machen, befeuchten; 2. *(annaffiare)* gießen
bagnarsi [baɲ'ɲarsi] *v* 1. nass werden; 2. *(fare il bagno)* baden
bagnato [baɲ'ɲaːto] *adj* nass; *~ come un pulcino* pudelnass; *~ fradicio* patschnass
bagnino [baɲ'ɲiːno] *m* Bademeister *m*
bagno ['baɲːɲo] *m* 1. Bad *n*; *~ di schiuma* Schaumbad *n*; *fare il ~* baden; *Vorrei fare un ~.* Ich möchte ein Bad nehmen. 2. *(camera)* Badezimmer *n*
baia ['baːia] *f GEO* Bucht *f*
baita ['baːita] *f* Hütte *f*; *~ di montagna* Berghütte *f*
balaustra [bala'ustra] *f ARCH* Balustrade *f*
balbettare [balbet'taːre] *v* 1. stottern; 2. *(bambino)* lallen
balbuzie [bal'buːttsie] *f* Stottern *n*
balbuziente [balbut'tsiɛnte] *adj* 1. stotternd; *m/f* 2. Stotterer/Stotterin *m/f*
Balcani [bal'kaːni] *m/pl GEO* Balkan *m*
balconata [balko'naːta] *f THEAT* Balkon *m*, Rang *m*
balcone [bal'koːne] *m* Balkon *m*
baldanza [bal'dantsa] *f* Übermut *m*, Kühnheit *f*
baldanzosamente [baldantsosa'mente] *adv* übermütig
baldanzoso [baldan'tsoːso] *adj* übermütig, kühn
balena [ba'leːna] *f ZOOL* Wal *m*
baleno [ba'leːno] *m* 1. Blitz *m*; 2. *(fig) in un ~* im Nu
balia ['baːlia] *f* Amme *f*; *~ asciutta* Kindermädchen *n*
balía [ba'liːa] *f* Gewalt *f*, Macht *f*; *essere in ~ di qd* jdm ausgeliefert sein
balla ['balla] *f* 1. Ballen *m*; *~ di fieno* Strohballen *m*; 2. *balle pl (fig)* Flausen *pl*; *Non raccontare balle! (fam)* Erzähle keine Lügen!
ballare [bal'laːre] *v* 1. tanzen; *Desidera ~?* Möchten Sie tanzen? 2. *(vestito troppo largo addosso)* schlottern
ballata [bal'laːta] *f LIT* Ballade *f*
ballerina [balle'riːna] *f* 1. Tänze-

rin *f; prima ~* Primaballerina *f* 2. ZOOL Bachstelze *f*

B

ballerino [balle'riːno] *m* Tänzer *m,* Balletttänzer *m*
balletto [bal'letto] *m* THEAT Ballett *n*
ballo ['ballo] *m* 1. *(danza)* Tanz *m;* 2. *(festa)* Ball *m; Dove ha luogo il ~?* Wo findet der Ball statt? *~ di carnevale* Faschingsball *m; ~ in maschera* Kostümball *m,* Maskenfest *n*
ballottaggio [ballot'taddʒo] *m* POL Stichwahl *f*
balneare [balne'aːre] *adj* Bade...; *luogo ~* Badeort *m; stabilimento ~* Badeanstalt *f*
balordo [ba'lordo] *m* 1. Tölpel *m; adj* 2. dumm, töricht
balsamo ['balsamo] *m* Balsam *m*
baltico ['baltiko] *adj* baltisch
balzare [bal'tsaːre] *v* springen, hochspringen
balzo ['baltso] *m* 1. *(salto)* Sprung *m;* 2. *(di un animale)* Satz *m*
bambina [bam'biːna] *f* Mädchen *n*
bambinaia [bambi'naːia] *f* Kindermädchen *n*
bambino [bam'biːno] *m* 1. Kind *n;* 2. *(ragazzo, figlio)* Junge *m; ~ abbandonato* Heimkind *n; ~ prodigio* Wunderkind *n; ~ non assistito/~ non accudito* Schlüsselkind *n*
bambola ['bambola] *f* Puppe *f*
bambù [bam'bu] *m* BOT Bambus *m*
banale [ba'naːle] *adj* banal, simpel
banalità [banali'ta] *f* Banalität *f*
banana [ba'naːna] *f* BOT Banane *f*
banano [ba'naːno] *m* BOT Bananenbaum *m*
banca ['baŋka] *f* FIN Bank *f; Dove si trova la ~ più vicina?* Wo ist die nächste Bank?
bancarella [baŋka'rella] *f* Marktstand *m,* Marktbude *f*
bancario [baŋ'kaːrio] *adj* 1. FIN Bank...; *sistema ~* Bankwesen *n;* 2. *(impiegato)* Bankangestellter *m*
bancarotta [baŋka'rotta] *f* ECO Pleite *f,* Bankrott *m*
banchetto [baŋ'ketto] *m* Bankett *n*
banchiere [baŋki'ɛre] *m* FIN Bankier *m*
banchina [baŋ'kiːna] *f* 1. NAUT Kai *m;* 2. *(di una stazione)* Bahnsteig *m;* 3. *(di una strada)* Seitenstreifen *m*
banco ['baŋko] *m* 1. *~ di scuola* Bank *f,* Schulbank *f; ~ di sabbia* Sandbank *f;* 2. GEOL Riff *n;* 3. *(bar)* Theke *f;* 4. *(fig) sotto ~* heimlich; 5. *~ di vendita* Ladentisch *m*
banconota [baŋko'nɔːta] *f* FIN Banknote *f,* Geldschein *m*
banda ['banda] *f* 1. *(gruppo)* Bande *f,* Meute *f;* 2. MUS Kapelle *f;* 3. *~ di oscillazione* FIN Bandbreite *f*
bandiera [bandi'ɛːra] *f* NAUT Fahne *f,* Flagge *f; battere ~* die Flagge hissen
bandire [ban'diːre] *v* 1. *(dal paese)* POL verweisen; 2. *(un concorso)* ausschreiben
bandito [ban'diːto] *m* Bandit *m*
banditore [bandi'toːre] *m (di asta pubblica)* Auktionator *m,* Versteigerer *m*
bando ['bando] *m* 1. *(di concorso)* Ausschreibung *f;* 2. *(esilio)* Exil *n*
bar [bar] *m* Bar *f*
bara ['baːra] *f (per i morti)* Bahre *f,* Sarg *m*
baracca [ba'rakka] *f* Baracke *f*
baraccone [barak'koːne] *m (nelle fiere)* Bude *f; ~ del tiro a segno* Schießbude *f*
baraonda [bara'onda] *f* Durcheinander *n,* Wirrwarr *m*
barare [ba'raːre] *v* 1. mogeln, schummeln; *~ al gioco* im Spiel betrügen
baratro ['baːratro] *m* GEO Abgrund *m*
barattolo [ba'rattolo] *m* 1. Büchse *f;* 2. *~ di latta* Blechdose *f*
barba ['barba] *f* Bart *m; Mi fa la ~, per favore?* Schneiden Sie mir den Bart, bitte? *~ piena* Vollbart *m; farsi la ~* sich rasieren
barbabietola [barbabi'ɛːtola] *f* 1. BOT Rübe *f;* 2. rote Beete *f;* 3. *~ da zucchero* BOT Zuckerrübe *f*
barbaforte [barba'forte] *m* BOT Meerrettich *m*
barbaro ['barbaro] *adj* 1. barbarisch, unmenschlich; *m* 2. Barbar *m*
barbiere [barbi'ɛre] *m* Friseur *m*
barbone [bar'boːne] *m* 1. *(fig)* Penner *m,* Landstreicher *m;* 2. *(cane)* ZOOL Pudel *m*
barboso [bar'boːso] *adj (fig)* fade, öde

barbuto [bar'bu:to] *adj* bärtig
barca ['barka] *f* 1. Boot *n*, Kahn *m*; *~ a remi* Ruderboot *n*; *~ a vela* Segelboot *n*; *~ da pesca* Fischerboot *n*; *~ di salvataggio* Rettungsboot *n*; *una gita in ~* Bootsfahrt *f*; *noleggio di barche* Bootsverleih *m*; 2. *(fig)* Geschäft *n*; *mandare avanti la ~* das Geschäft über Wasser halten
barcamenarsi [barkame'narsi] *v* lavieren
barcollare [barkol'la:re] *v* 1. taumeln; 2. *(essere indeciso)* schwanken
bardatura [barda'tu:ra] *f (finimenti)* Zaumzeug *n*
barella [ba'rɛlla] *f (per un ferito)* Bahre *f*, Tragbahre *f*
barile [ba'ri:le] *m (recipiente)* Tonne *f*, Fass *n*
bario ['ba:rio] *m CHEM* Barium *n*
barista [ba'rista] *m/f* Barkeeper *m*, Bardame *f*
baritono [ba'ri:tono] *m MUS* Bariton *m*
barlume [bar'lu:me] *m* 1. Schimmer *m*; 2. *(fig)* Anflug *m*
baro ['ba:ro] *m* Falschspieler *m*, Betrüger *m*
barocco [ba'rɔkko] *m* 1. *ART* Barock *m/n*; *adj* 2. barock
barometro [ba'rɔ:metro] *m TECH* Barometer *m*
barone(ssa) [ba'ro:ne/baro'nessa] *m/f* Baron(in) *m/f*
barra ['barra] *f* 1. Balken *m*; 2. *(s~)* Stange *f*
barricare [barri'ka:re] *v (bloccare)* verbarrikadieren
barricata [barri'ka:ta] *f* Barrikade *f*
barriera [barri'ɛ:ra] *f* Barriere *f*, Sperre *f*
baruffa [ba'ruffa] *f* Schlägerei *f*, Keilerei *f*
barzelletta [bardzel'letta] *f (racconto)* Witz *m*
basalto [ba'zalto] *m MIN* Basalt *m*
basamento [baza'mento] *m* Basis *f*, Fundament *n*
basare [ba'za:re] *v* 1. *~ su* basieren auf; 2. *(fondare su) ~ su* gründen auf
basarsi [ba'zarsi] *v ~ su* beruhen auf, sich stützen auf
basco ['basko] *adj* 1. baskisch; *m* 2. Baske *m*; 3. *(berretto)* Baskenmütze *f*
base ['ba:ze] *f* 1. Basis *f*, Grundlage *f*; *in ~ a ...* aufgrund von ...; 2. *(fig)* Fundament *n*; *ciò che sta alla ~* was zugrunde liegt; 3. *CHEM* Base *f*; 4. *MIL* Basis *f*; 5. *FIN* Basis *f*; *~ d'imposizione* Besteuerungsgrundlage *f*; *~ imponibile* Bemessungsgrundlage *f*
basette [ba'zette] *f/pl* Koteletten *pl*
basico ['ba:ziko] *adj CHEM* basisch
basilare [bazi'la:re] *adj* 1. grundlegend, Grund...; 2. *(principale)* hauptsächlich; *problema ~* Hauptproblem *n*, Kernfrage *f*
Basilicata [bazili'ka:ta] *f GEO* Basilicata *f*
basketball ['basketbɔl] *m SPORT* Basketball *m*
bassezza [bas'settsa] *f* 1. Niedrigkeit; 2. *(fig)* Gemeinheit *f*, Bosheit *f*
bassifondi [basso'fondi] *m/pl* Unterwelt *f*
basso ['basso] *adj* 1. nieder, niedrig; 2. *Paesi Bassi GEO* Niederlande *pl*; 3. *(fondo)* tief; *cadere in ~* tief fallen; 4. *(poco profondo)* flach, seicht; *acqua bassa* flaches Gewässer *n*; *bassa marea* Ebbe *f*; 5. *(statura)* klein; 6. *(fig)* gering; 7. *(voce)* leise; *m* 8. *MUS* Bass *m*
bassopiano [bassopi'a:no] *m GEO* Tiefebene *f*
bassotto [bas'sɔtto] *m ZOOL* Dackel *m*
bastante [bas'tante] *adj* genügend
bastardo [bas'tardo] *adj* 1. unehelich; *m* 2. Bastard *m*, uneheliches Kind *n*; 3. *(incrocio)* Kreuzung *f*
bastare [bas'ta:re] *v* genügen, reichen; *Basta, grazie!* Danke, es reicht!
bastiancontrario [bastiaŋkon'tra:rio] *m (fig)* Querkopf *m*
bastonare [basto'na:re] *v* prügeln, verprügeln
bastonate [basto'na:te] *f/pl* Prügel *pl*
bastoncino [baston'tʃi:no] *m* Stöckchen *n*; *~ da sci SPORT* Skistock *m*
bastone [bas'to:ne] *m* 1. Stock *m*, Stab *m*; 2. *(carte da gioco)* Eichel *f*
batosta [bat'ɔsta] *f (fig)* Schicksalsschlag *m*
battaglia [bat'ta:ʎʎa] *f* 1. Kampf *m*, Schlacht *f*; 2. *(fig: pezzo forte) cavallo di ~* Paradestück *n*

B

battagliero [battaʎ'ʎɛːro] *adj* streitlustig, kriegerisch
battaglione [battaʎ'ʎoːne] *m MIL* Bataillon *n*
battello [bat'tɛllo] *m* Kahn *m; ~ di salvataggio* Rettungsboot *n; ~ pneumatico* Schlauchboot *n*
battere ['battere] *v* 1. *(cuore)* klopfen, schlagen; 2. *(bussare)* pochen, anklopfen; 3. *(fig: vincere)* schlagen; 4. *(orologio)* schlagen; 5. *(picchiare)* schlagen; *Batti e ribatti finalmente ho capito. (fam)* Durch ständiges Wiederholen habe ich es begriffen. *batter sempre sullo stesso tasto (fig)* immer auf dem gleichen Thema herumreiten; 6. *(record)* einstellen; 7. *(tennis) SPORT* aufschlagen; 8. *non ~ ciglio* ruhig bleiben; 9. *~ qc a macchina* etw tippen; 10. *battersela* sich davonmachen
batteria [batte'riːa] *f* 1. *TECH* Batterie *f;* 2. *(di cellulare)* Akku *m;* 3. *MUS* Schlagzeug *n;* 4. *MIL* Geschütz *n;* 5. *GAST* Kochgeschirr *n;* 6. *scoprire le proprie batterie (fam)* seine Karten aufdecken
batterio [bat'tɛːrio] *m BIO* Bakterium *n*
batterista [batte'rista] *m/f MUS* Schlagzeuger(in) *m/f*
battesimo [bat'teːzimo] *m REL* Taufe *f*
battezzare [batted'dzaːre] *v REL* taufen
battibecco [batti'bekko] *m* Streit *m*
batticuore [battiku'ɔːre] *m* Herzklopfen *n*
battimano [batti'maːno] *m* Applaus *m,* Klatschen *n*
battipanni [batti'panni] *m* Teppichklopfer *m*
battistrada [battis'traːda] *m* 1. Vorkämpfer *m,* Bahnbrecher *m;* 2. *(del pneumatico)* Profil *n*
battito ['battito] *m* 1. Schlag *m;* 2. *(il picchiare)* Klopfen *n;* 3. *~ cardiaco MED* Herzschlag *m*
battuta [bat'tuːta] *f* 1. Schlag *m;* 2. *MUS* Takt *m;* 3. *(di un record)* Einstellung *f;* 4. *(della macchina da scrivere)* Anschlag *m;* 5. *(barzelletta)* Scherz *m;* 6. *(a tennis) SPORT* Aufschlag *m*
baule [ba'uːle] *m* Koffer *m; ~ armadio* Schrankkoffer *m*
bava ['baːva] *f* 1. *ANAT* Spucke *f,* Speichel *m; avere la ~ alla bocca (fig)* Schaum vor dem Mund haben; 2. *(negli animali)* Schaum *m*
bavaglino [bavaʎ'ʎiːno] *m* Lätzchen *n*
bavaglio [ba'vaːʎʎo] *m* Knebel *m*
bavarese [bava'reːse] *m/f* 1. Bayer(in) *m/f; adj* 2. bayerisch
bavero ['baːvero] *m* Mantelkragen *m*
Baviera [ba'viɛːra] *f GEO* Bayern *n*
bazzecola [bad'dzɛːkola] *f* Kleinigkeit *f,* Bagatelle *f*
bazzicare [bat'tsikaːre] *v* verkehren *~ con qd* Umgang haben mit jdm
bearsi [be'arsi] *v ~ di qc* sich über etw freuen
beatificare [beatifi'kaːre] *v REL* selig sprechen
beatitudine [beati'tuːdine] *f (felicità)* Seligkeit *f*
beato [be'aːto] *adj* glücklich, selig
beccare [bek'kaːre] *v* hacken, picken
beccarsi [bek'karsi] *v* 1. *(fam: litigare)* aufeinander herumhacken; 2. *(fig: malattia) ~ qc* sich etw einhandeln, sich etw holen
becco ['bekko] *m* 1. Schnabel *m;* 2. *ZOOL* Bock *m*
beffardo [bef'fardo] *adj* höhnisch, spöttisch
beffare [bef'faːre] *v ~ qd* jdn verspotten, jdn aufziehen
beffarsi [bef'farsi] *v ~ di qd* sich über jdn lustig machen
begonia [be'gɔːnia] *f BOT* Begonie *f*
beige [bɛːʒ] *adj* beige, sandfarben
bel *adj (vedi „bello")*
belare [be'laːre] *v* 1. *(pecora)* meckern, blöken; 2. *(fig)* jammern, wimmern
belga ['bɛlga] *m/f* 1. Belgier(in) *m/f; adj* 2. belgisch
Belgio ['bɛldʒo] *m GEO* Belgien *n*
bella ['bɛlla] *f* 1. Schöne *f;* 2. *copiare in ~* ins Reine schreiben
bellezza [bel'lettsa] *f* Schönheit *f*
bellico ['bɛlliko] *adj* Kriegs…; *preda bellica* Kriegsbeute *f; bottino ~* Kriegsbeute *f*
bellicoso [belli'koːso] *adj* 1. angriffslustig; 2. *(guerresco)* kriegerisch
bellimbusto [bellim'busto] *m* 1. Geck *m,* Fatzke *m;* 2. *(fam)* feiner Pinkel *m*

bellissimo [bel'lissimo] *adj* bildhübsch
bello ['bɛllo] *adj* 1. schön; *nel bel mezzo* genau in der Mitte; *m* 2. Schöner *m*
belva ['belva] *f* 1. wildes Tier *n;* 2. *(fig)* Tier im Menschen *n*
belvedere [belve'deːre] *m* Aussichtspunkt *m*
benché [beŋ'ke] *konj* obwohl, obgleich
benda ['bɛnda] *f* 1. Binde *f;* 2. *MED* Verband *m*
bendare [ben'daːre] *v MED* verbinden
bendatura [benda'tuːra] *f MED* Bandage *f*
bendisposto [bendis'posto] *adj* wohlgesinnt
bene ['bɛːne] *adv* 1. gut, schön; *Non mi sento ~.* Ich fühle mich nicht wohl. *Va ~ così.* Es stimmt so. *stare ~ a qd* jdm gut stehen, jdn kleiden; *voler ~ a qd* jdn gerne haben; 2. *per ~* tüchtig; 3. *(pensare)* reiflich; *Pensaci ~!* Überlege es dir gut! 4. *(persona) per ~* unbescholten; *m* 5. Wohl *n,* Wohlergehen *n; per il tuo ~* für dein Wohl; *~ comune* Gemeinwohl *n; a fin di ~* mit bester Absicht; 6. *ECO* Gut *n,* Güter *pl; ~ culturale* Kulturgut *n;* 7. *beni immobili pl* Liegenschaften *pl,* Immobilien *pl; beni mobili* Mobilien *pl*
benedire [bene'diːre] *v irr REL* segnen, weihen; *Va' a farti ~! (fam)* Hau ab!
benedizione [benedi'tsioːne] *f REL* Segen *m*
beneducato [benedu'kaːto] *adj* wohlerzogen
benefattore [benefat'toːre] *m* Wohltäter *m*
beneficenza [benefi'tʃɛntsa] *f* Wohltätigkeit *f*
beneficiario [benefi'tʃaːrio] *m* 1. *ECO* Begünstigter *m,* Remittent *m;* 2. *JUR* Gewinner *m;* 3. *~ di una cambiale* Wechselnehmer *m*
beneficio [bene'fiːtʃo] *m* 1. *(opera di bene)* Wohltat *f;* 2. *(vantaggio)* Vorteil
benefico [be'nɛːfiko] *adj* wohltuend
benessere [ben'ɛssere] *m* 1. Wohlbefinden *n;* 2. *(agiatezza)* Wohlstand *m*
benestante [benes'tante] *adj* begütert, wohlhabend
benestare [benes'taːre] *m* Erlaubnis *f,* Zustimmung *f*
benevolenza [benevo'lɛntsa] *f* Gunst *f,* Wohlwollen *n*
benevolo [be'nɛːvolo] *adj* gönnerhaft, wohlwollend
benigno [be'niɲɲo] *adj MED* gutartig
benintenzionato [benintentsio'naːto] *adj* wohlgesinnt
beninteso [benin'teːso] *adv* wohlgemerkt
benpensante [benpen'sante] *adj* 1. vernünftig; 2. *la gente ~* die ehrenhaften Leute *pl*
benservito [benser'viːto] *m* 1. Führungszeugnis *n;* 2. *dare il ~ a qd (fam)* jdm den Laufpass geben/jdn abservieren
bensì [ben'si] *konj* wohl aber, hingegen
bentornato [bentor'naːto] *interj Bentornato!* Willkommen daheim!
benvenuto [benve'nuːto] *adj* 1. willkommen; *m* 2. Willkommensgruß *m; interj* 3. willkommen
benvolere [benvo'leːre] *v irr* 1. *farsi ~ da qd* sich bei jdm beliebt machen; 2. *prendere a ~ qd* jdn lieb gewinnen
benvoluto [benvo'luːto] *adj* beliebt
benzina [ben'dziːna] *f* Benzin *n; fare ~* tanken; *fare il pieno di ~* voll tanken; *~ senza piombo* bleifreies Benzin *n; buono di ~* Benzingutschein *m*
benzinaio [bendzi'naːio] *m* Tankwart *m*
beone [be'oːne] *m (fam)* Säufer *m (fam)*
bere ['beːre] *v irr* 1. trinken; *pagare da ~* eine Runde spendieren; *~ tutto* austrinken; 2. *(fig)* bechern; 3. *(animale)* saufen
berlina [ber'liːna] *f* 1. Pranger *m;* 2. *(macchina)* Limousine *f*
bernardo [ber'nardo] *m ~ l'eremita ZOOL* Einsiedlerkrebs *m*
bernoccolo [ber'nɔkkolo] *m* 1. *MED* Beule *f;* 2. *(fig)* Begabung *f,* Talent *n; avere il ~ per qc* Talent zu etw haben
berretto [ber'retto] *m* Mütze *f,* Kappe *f*
bersagliare [bersaʎ'ʎaːre] *v* 1. *MIL* beschießen; 2. *(tormentare)* quälen; 3. *(fig)* überhäufen; 4. *(fig: perseguitare)* verfolgen
bersaglio [ber'saʎʎo] *m* Zielscheibe *f*
bestemmia [bes'temmia] *f* 1. Fluch *m;* 2. *REL* Gotteslästerung *f*
bestemmiare [bestem'miaːre] *v* 1. lästern, fluchen; 2. *REL* Gott lästern

B

bestia ['bestia] *f* 1. Tier *n*, Vieh *n*; ~ *da soma* Lasttier *n*; ~ *da sella* Reittier *n*; ~ *feroce* Raubtier *n*; 2. *(fig)* Biest *n*; 3. *(uomo bestiale)* Unmensch *m*
bestiale [besti'a:le] *adj* bestialisch
bestiame [besti'a:me] *m* Vieh *n*
bestseller [best'sɛller] *m LIT* Bestseller *m*
bettola ['bettola] *f* Kneipe *f*, Lokal *n*
betulla [be'tulla] *f BOT* Birke *f*
bevanda [be'vanda] *f* Getränk *n*; *Ha una lista delle bevande?* Haben Sie eine Getränkekarte? ~ *alcolica* alkoholhaltiges Getränk *n*; ~ *analcolica* alkoholfreies Getränk *n*
bevitore [bevi'to:re] *m* Trinker *m*, Säufer *m*
bevuta [be'vu:ta] *f* Umtrunk *m*
biancheria [biaŋke'ri:a] *f* Wäsche *f*; ~ *intima* Unterwäsche *f*; ~ *da letto* Bettwäsche *f*; ~ *colorata* Buntwäsche *f*
bianco [bi'aŋko] *adj* 1. *(colore)* weiß; ~ *come la neve* schneeweiß; 2. *(senza scrittura)* leer, unbeschrieben; 3. *avere carta bianca* eine Blankovollmacht haben; *m* 4. Weiß *n*; *andare in* ~ versagen; *il* ~ *dell'occhio* das Weiße des Auges *n*; ~ *dell'uovo* Eiweiß *n*; *mangiare in* ~ ungewürzt essen; *pasta in* ~ Nudeln mit Butter *pl*
biasimare [biazi'ma:re] *v* tadeln
biasimo [bi'a:zimo] *m* Tadel *m*
Bibbia ['bibbia] *f REL* Bibel *f*
biberon [bibe'rɔn] *m* Fläschchen *n*, Säuglingsflasche *f*
biblico ['bi:bliko] *adj REL* biblisch
bibliografia [bibliogra'fi:a] *f* Bibliografie *f*
bibliomane [bibli'ɔ:mane] *m* Büchernarr *m*
biblioteca [biblio'tɛ:ka] *f* Bibliothek *f*, Bücherei *f*; ~ *con prestito esterno* Leihbibliothek *f*
bibliotecario [bibliote'ka:rio] *m* Bibliothekar *m*
bicarbonato [bikarbo'na:to] *m CHEM* Natron *n*
bicchiere [bikki'ɛ:re] *m* Glas *n*; *un* ~ *di vino rosso* ein Glas Rotwein *n*; *un* ~ *di latte* ein Glas Milch *n*; ~ *di carta* Pappbecher *m*
bicicletta [bitʃi'kletta] *f* 1. Fahrrad *n*, Rad *n*; *Ci si può andare in* ~*?* Kann man mit dem Fahrrad hinfahren? *Vorrei noleggiare una* ~. Ich möchte ein Fahrrad mieten. 2. *SPORT* ~ *da corsa* Rennrad *n*
bicolore [biko'lo:re] *adj* zweifarbig
bidello [bi'dɛllo] *m (in una scuola)* Hausmeister *m*
bidone [bi'do:ne] *m* 1. Kanister *m*; ~ *di benzina* Benzinkanister *m*; 2. *(delle immondizie)* Mülltonne *f*
biedermeier ['bi:dərmaɪer] *m ART* Biedermeier *n*
bietola [bi'ɛ:tola] *f* 1. *BOT* Mangold *m*; 2. *(da foraggio)* Futterrübe *f*
biforcazione [biforka'tsio:ne] *f* Gabelung *f*
bigamia [biga'mi:a] *f* Bigamie *f*
bighellonare [bigello'na:re] *v* 1. schlendern; 2. *(oziare)* auf der faulen Haut liegen
bigiotteria [bidʒotte'ri:a] *f* Modeschmuck *m*
bigliettaio [biʎʎet'ta:io] *m (nei mezzi pubblici)* Kontrolleur *m*
biglietteria [biʎʎette'ri:a] *f* 1. Fahrkartenschalter *m*; 2. *(di teatro, di cinema)* Kasse *f*
biglietto [biʎ'ʎetto] *m* 1. Fahrkarte *f*, Fahrschein *m*; *Un* ~ *per Roma, per favore.* Eine Fahrkarte nach Rom, bitte. ~ *ferroviario* Bahnfahrkarte *f*; ~ *di andata e ritorno* Hin- und Rückfahrkarte *f*; ~ *aereo* Flugticket *n*; ~ *di supplemento* Zuschlagkarte *f*; ~ *giornaliero* Tageskarte *f*; ~ *gratuito* Freikarte *f*; ~ *d'ingresso* Eintrittskarte *f*; ~ *di prenotazione* Platzkarte *f*; 2. *(foglietto)* Zettel *m*; 3. ~ *da visita* Visitenkarte *f*; *Ce l'ha un* ~ *da visita?* Haben Sie eine Visitenkarte? 4. ~ *di lotteria* Los *n*; 5. *(piccola lettera)* Briefchen *n*; 6. ~ *di banca* Papiergeld *n*
bigodino [bigo'di:no] *m* Lockenwickler *m*
bigotto [bi'gɔtto] *adj* 1. frömmelnd, scheinheilig; *m* 2. Betbruder *m*
bikini [bi'ki:ni] *m* Bikini *m*
bilancia [bi'lantʃa] *f* 1. Waage *f*; 2. *ECO* Bilanz *f*
bilanciare [bilan'tʃa:re] *v* ausbalancieren
bilanciarsi [bilan'tʃarsi] *v* 1. im Gleichgewicht sein; 2. sich ausgleichen

bilanciere [bilan'tʃɛːre] *m* 1. *TECH* Schwinghebel *m;* 2. *(d'orologio)* Unruh *f*
bilancio [bi'lantʃo] *m* 1. Etat *m;* ~ *pubblico* Staatshaushalt *m,* öffentlicher Haushalt *m;* ~ *preventivo* Haushaltsplan *m;* 2. *FIN* Bilanz *f;* ~ *finale* Endabrechnung *f;* 3. *(fig)* Bilanz *f;* ~ *di CO2* CO2-Bilanz
bilaterale [bilate'raːle] *adj* 1. zweiseitig; 2. *POL* bilateral
bile ['biːle] *f ANAT* Galle *f*
biliardo [bi'liardo] *m* Billard *n,* Billardspiel *n*
bilico ['biːliko] *m* *(fig: incertezza)* Schwebe *f,* Unsicherheit *f*
bilingue [bi'liŋgue] *adj* zweisprachig
bilione [bi'lioːne] *m* Billion *f*
bimbo ['bimbo] *m* 1. Kind *n;* 2. *(ragazzo)* Junge *m*
bimestrale [bimes'traːle] *adj* 1. alle zwei Monate; *m* 2. Zweimonatszeitschrift *f*
binario [bi'naːrio] *m* 1. Gleis *n; Su quale ~ arriva il treno da Monaco?* Auf welchem Gleis kommt der Zug aus München an? *a un ~* eingleisig; ~ *morto* Abstellgleis *m; adj* 2. *INFORM* binär
binocolo [bi'nɔːkolo] *m* Fernglas *n;* ~ *da teatro* Opernglas *n*
bioagricoltore [bioagrikol'toːre] *m* Biobauer *m*
biocarburante [biokarbu'rante] *m* Biokraftstoff *m*
biochimica [bio'kiːmika] *f* Biochemie *f*
biodiesel [bio'diːzel] *m CHEM* Biodiesel *m*
biodinamico [biodi'naːmiko] *adj* biodynamisch
biofisica [bio'fiːsika] *f* Biophysik *f*
biogas [bio'gas] *m* Biogas *n*
biografia [biogra'fiːa] *f* Biografie *f*
biologia [biolo'dʒiːa] *f* Biologie *f*
biologico [bio'lɔːdʒiko] *adj* biologisch
biologo [bi'ɔːlogo] *m* Biologe *m*
biondo [bi'ondo] *adj* blond; ~ *cenere* aschblond
bioritmo [bio'ritmo] *m* Biorhythmus *m*
biossido [bi'ɔssido] *m* ~ *di carbonio* *CHEM* Kohlendioxyd *n*
biotecnologia [bioteknolo'dʒiːa] *f* Biotechnologie *f*
biotopo [bi'ɔːtopo] *m* Biotop *n*
biposto [bi'posto] *adj* 1. zweisitzig; *m* 2. Zweisitzer *m*
birbante [bir'bante] *m* 1. Schelm *m,* Spitzbube *m;* 2. *(furfante)* Schurke *m,* Schuft *m*
birbone [bir'boːne] *adj* 1. schelmisch; *m* 2. Spitzbube *m,* Schelm *m;* 3. *(briccone)* Schuft *m,* Betrüger *m*
birichino [biri'kiːno] *adj* 1. spitzbübisch; *m* 2. Spitzbub *m,* Schelm *m*
birillo [bi'rillo] *m* Kegel *m; Dove posso giocare a birilli qui?* Wo kann ich hier kegeln?
biro ['biːro] *f* Kugelschreiber *m*
birra ['birra] *f GAST* Bier *n; Avete ~ tedesca?* Haben Sie deutsches Bier? ~ *analcolica* alkoholfreies Bier *n;* ~ *chiara* helles Bier *n;* ~ *scura* dunkles Bier *n;* ~ *alla spina* Fassbier *n;* ~ *bianca* Weißbier *n*
birreria [birre'riːa] *f* 1. *(fabbrica)* Brauerei *f;* 2. *(locale)* Bierstube *f*
bis [bis] *m (spettacolo)* Zugabe *f*
bisbetico [biz'bɛːtiko] *adj* 1. launisch; 2. *(ostinato)* widerspenstig
bisbigliare [bizbiʎ'ʎaːre] *v* 1. flüstern; 2. *(sussurrare)* lispeln
bisbiglio [biz'biʎːʎo] *m* Geflüster *n,* Gewisper *n*
bisca ['biska] *f* Spielhölle *f*
biscia ['biʃʃa] *f ZOOL* Natter *f*
biscotto [bis'kotto] *m GAST* Gebäck *n,* Biskuit *m,* Keks *m*
bisessuale [bisessu'aːle] *adj* bisexuell
bisestile [bizes'tiːle] *adj* Schalt...; *anno ~* Schaltjahr *n*
bisettimanale [bisettima'naːle] *adj* 1. zweiwöchentlich; *m* 2. alle zwei Wochen erscheinende Zeitschrift *f*
bisnonni [biz'nɔnni] *m/pl* Urgroßeltern *pl*
bisognare [bizoɲ'ɲaːre] *v* 1. brauchen; 2. *(esser necessario)* nötig sein; 3. *(dovere)* müssen; *Non bisogna scusarsi.* Man muss sich nicht entschuldigen.
bisogno [bi'zoɲɲo] *m* 1. Bedürfnis *n,* Bedarf *m; Il ~ aguzza l'ingegno.* Not macht erfinderisch. *Il ~ non ha legge.* Not kennt kein Gebot. *aver ~* bedürfen; *aver ~ di* benötigen; *Ho ~ di dirti qc.* Ich muss dir etw sagen. *in caso di ~* im

Notfall, notfalls; 2. *(forte stimolo)* Verlangen *n;* 3. *(povertà)* Not *f*

B

bisognoso [bizoɲ'ɲoːso] *adj* 1. bedürftig; *~ d'affetto* liebebedürftig; *~ di riposo* erholungsbedürftig; *~ di cure* pflegebedürftig; 2. *(indigente)* Not leidend

bistecca [bis'tekka] *f* GAST Beefsteak *n; Vorrei la mia ~ ben cotta.* Ich möchte mein Steak durchgebraten.

bisticciare [bistit'tʃaːre] *v* streiten

bisticcio [bis'tittʃo] *m* 1. Streit *m;* 2. *(fig)* Wortgefecht *n;* 3. *(gioco di parole)* Wortspiel *n*

bistrattare [bistrat'taːre] *v* schikanieren, schlecht behandeln

bisturi ['bisturi] *m* MED Skalpell *n*

bivio ['biːvio] *m* Gabelung *f*

bizzarria [biddzar'riːa] *f* 1. Extravaganz *f;* 2. *(capricciosità)* Launenhaftigkeit *f,* Seltsamkeit *f*

bizzarro [bid'dzarro] *adj* 1. seltsam; 2. *(stravagante)* extravagant, ausgefallen

blasone [bla'zoːne] *m* Wappen *n*

blaterare [blate'raːre] *v* quatschen

blindato [blin'daːto] *adj* kugelsicher, gepanzert

bloccare [blok'kaːre] *v* 1. blockieren; 2. *(serrare)* TECH klemmen; 3. *(proibire)* sperren

bloccato [blok'kaːto] *adj* blockiert

blocco ['blɔkko] *m* 1. Block *m;* 2. *(edificio)* Block *m;* 3. *(carta)* Block *m; ~ di carta da lettera* Briefblock *m;* 4. *(barricata)* Blockade *f;* 5. *~ dei prezzi* ECO Preisstopp *m*

blog [blɔg] *m* INFORM Blog *n*

bloggare [blog'gaːre] *v* INFORM bloggen

blu [blu] *adj* blau

blusa ['bluːza] *f* Bluse *f*

boa[1] ['bɔːa] *f* NAUT Boje *f*

boa[2] ['bɔːa] *m* ZOOL Boa *f*

boato [bo'aːto] *m* 1. *(temporale)* Donnern *n,* Rollen *n;* 2. *(frastuono)* Getöse *n*

bob [bob] *m* SPORT Bob *m*

bobina [bo'biːna] *f* TECH Spule *f*

bocca ['bokka] *f* 1. Mund *m; In ~ al lupo!* Hals- und Beinbruch! *Acqua in ~!* Kein Wort davon! *essere sulla ~ di tutti (fig)* in aller Munde sein; 2. *(di animale)* Maul *n;* 3. *(fucile)* Mündung *f*

boccaccia [bok'kattʃa] *f* Fratze *f,* Grimasse *f; fare boccacce* Grimassen schneiden

boccale [bok'kaːle] *m* 1. Krug *m;* 2. *(coppa)* Pokal *m*

boccetta [bot'tʃetta] *f* kleine Flasche *f*

bocchettone [bokke'toːne] *m ~ di riempimento* TECH Einfüllstutzen *m*

boccia ['bɔttʃa] *f* Bocciakugel *f; gioco delle bocce* Bocciaspiel *n*

bocciare [bot'tʃaːre] *v* durchfallen lassen; *essere bocciato* durchfallen

bocciolo [bot'tʃɔːlo] *m* BOT Knospe *f*

boccone [bok'koːne] *m* Bissen *m,* Brocken *m; mangiare un ~ (fam)* eine Kleinigkeit essen; *lavorare per un ~ di pane (fig)* für'n Appel und'n Ei arbeiten

bocconi [bok'koːni] *adv* bäuchlings

boia ['bɔːia] *m* Henker *m*

boicottaggio [boikot'taddʒo] *m* Boykott *m*

boicottare [boikot'taːre] *v* boykottieren

boiler ['bɔɪler] *m* Boiler *m*

bolide ['bɔːlide] *m* 1. ASTR Meteor *m;* 2. *(auto da corsa)* Rennwagen *m*

Bolivia [bo'liːvia] *f* GEO Bolivien *n*

bolla ['bolla] *f* 1. Blase *f;* 2. *~ doganale di esportazione* ECO Ausfuhrbescheinigung *f*

bollare [bol'laːre] *v* 1. stempeln; 2. *(fig)* abstempeln

bollatura [bolla'tuːra] *f* Abstempelung *f*

bollente [bol'lɛnte] *adj* kochend, siedend heiß

bolletta [bol'letta] *f* 1. ECO Beleg *m,* Schein *m,* Rechnung *f; ~ di ordinazione* Bestellschein *m; ~ di consegna* Lieferschein *m;* 2. *essere in ~ (fig)* pleite sein

bollettino [bollet'tiːno] *m* 1. Bulletin *n;* 2. *~ meteorologico* METEO Wetterbericht *m;* 3. *~ ufficiale* Amtsblatt *n*

bollire [bol'liːre] *v* 1. kochen; 2. *(lessare)* GAST sieden

bomba ['bomba] *f* MIL Bombe *f; ~ atomica* Atombombe *f*

bombardamento [bombarda'mento] *m* MIL Bombardierung *f,* Beschuss *m; ~ aereo* Bombenangriff *m*

bombardare [bombar'daːre] *v* MIL bombardieren

bombetta [bom'betta] *f (cappello)* Melone *f*
bombo ['bombo] *m ZOOL* Hummel *f*
bombola ['bombola] *f ~ di gas* Gasflasche *f*
bonaccia [bo'nattʃa] *f METEO* Flaute *f*, Windstille *f*
bonaccione [bonat'tʃoːne] *adj* 1. gutmütig; *m* 2. gütiger Mensch *m*
bonario [bo'naːrio] *adj* gutmütig
bonificare [bonifi'kaːre] *v* 1. *(terreni, paludi)* entwässern; 2. *BIO* veredeln; 3. *(risanare)* sanieren; 4. *ECO* gutschreiben, vergüten
bontà [bon'ta] *f* Güte *f*
bonzo ['bondzo] *m* Bonze *m*
boom [buːm] *m ECO* Boom *m*
borbottare [borbot'taːre] *v* 1. maulen, murren; 2. *(brontolare)* knurren
borchia ['bɔrkia] *f TECH* Beschlag *m*
bordello [bor'dɛllo] *m* 1. Bordell *n*, Freudenhaus *n*; 2. *(fracasso)* Lärm *m*, Spektakel *n*
bordo ['bordo] *m* 1. Rand *m*; 2. *(di una nave) NAUT* Bord *m*; *a ~* an Bord
borgata [bor'gaːta] *f* 1. Ort *m*; 2. *(sobborgo)* Ortsviertel *n*
borghese [bor'geːze] *adj* 1. bürgerlich, zivil; 2. *(della piccola borghesia)* kleinbürgerlich; *m/f* 3. Bürgerliche(r) *m/f*
borghesia [borge'ziːa] *f* Bürgertum *n*
borgo ['borgo] *m* 1. Dorf *n*; 2. *(periferia)* Peripherie *f*
borgomastro [borgo'mastro] *m* Oberbürgermeister *m*
borioso [bori'oːso] *adj* dünkelhaft, aufgeblasen
borsa ['borsa] *f* 1. Handtasche *f*, Mappe *f*; *~ della spesa* Einkaufstasche *f*; 2. *~ dell'acqua calda* Wärmflasche *f*; 3. *FIN* Börse *f*
borsaiolo [borsai'ɔːlo] *m* Taschendieb *m*
borsellino [borsel'liːno] *m* Geldbeutel *m*, Geldbörse *f*
borsetta [bor'setta] *f* Handtasche *f*
boscaglia [bos'kaʎʎa] *f BOT* Waldung *f*
boscaiolo [boskai'ɔːlo] *m* 1. Holzhacker *m*; 2. *(guardaboschi)* Waldhüter *m*
boschivo [bos'kiːvo] *adj* Wald…
bosco ['bɔsko] *m* Wald *m*; *~ di conifere* Nadelwald *m*; *~ misto* Mischwald *m*; *essere uccel di ~ (fig)* über alle Berge sein; *essere da ~ e da riviera* sich überall zu Hause fühlen
bosso ['bɔsso] *m BOT* Buchsbaum *m*
bossolo ['bɔssolo] *m* 1. *(proiettile)* Hülse *f*; 2. *(scatola)* Sammelbüchse *f*
botanica [bo'taːnika] *f* Botanik *f*
botanico [bo'taːniko] *adj* botanisch
botola ['bɔːtola] *f* 1. Falltür *f*; 2. *(tombino)* Gullydeckel *m*
botta ['bɔtta] *f* Schlag *m*
botte ['botte] *f* Fass *n*, Tonne *f*
bottega [bot'teːga] *f* 1. Laden *m*, Geschäft *n*; 2. *(d'artista)* Atelier *n*, Werkstatt *f*
botteghino [botte'giːno] *m* 1. Kartenschalter *m*; 2. *(banco del lotto)* Lottoannahmestelle *f*
bottiglia [bot'tiʎʎa] *f* Flasche *f*; *~ di vetro* Glasflasche *f*
bottino [bot'tiːno] *m* 1. Beute *f*; 2. *(fogna)* Kloake *f*
bottone [bot'toːne] *m* 1. Knopf *m*; 2. *(sul vestito)* Knopf *m*, Druckknopf *m*
bove ['bɔːve] *m ZOOL* Ochse *m*
bovile [bo'viːle] *m* 1. Ochsenstall *m*; 2. *(stalla per il bestiame)* Viehstall *m*
bovino [bo'viːno] *adj* 1. Rind…; *carne bovina* Rindfleisch *n*; *m* 2. Rind *n*
bowle ['bəulə] *f GAST* Bowle *f*
boxare [bok'saːre] *v SPORT* boxen
boxer ['bɔkser] *m ZOOL* Boxer *m*
boy scout ['bɔiskaut] *m* Pfadfinder *m*
braccare [brak'kaːre] *v* aufspüren, hetzen
bracciale [brat'tʃaːle] *m* 1. Armband *n*; 2. *~ salvagente* Schwimmflügel *m*
braccialetto [brattʃa'letto] *m* Armband *n*, Armreif *m*
bracciante [brat'tʃante] *m* Tagelöhner *m*
braccio ['brattʃo] *m ANAT* Arm *m*; *~ destro* rechte Hand *f*; *Mi fa male il ~.* Mein Arm tut weh. *a braccia aperte* mit offenen Armen; *Mi cascano le braccia. (fig)* Mir rutscht das Herz in die Hose.
bracciolo [brat'tʃoːlo] *m* Armlehne *f*
bracconiere [brakko'niɛːre] *m* Wilderer *m*, Wilddieb *m*
brace ['braːtʃe] *f* Glut *f*
braciola [bra'tʃɔːla] *f GAST* Kotelett *n*
brado ['braːdo] *adj* ungebändigt, wild

B

bramare [bra'maːre] *v* begehren
branchia ['braŋkia] *f ZOOL* Kieme *f*
branco ['braŋko] *m* 1. Schar *f,* Rudel *n;* 2. *ZOOL* Schwarm *m,* Rudel *n*
brancolare [braŋko'laːre] *v* 1. tappen; *~ nel buio* im Dunkeln tappen; 2. *(barcollare)* schwanken
brandello [bran'dɛllo] *m* Fetzen *m; a brandelli* zerfetzt
brandy ['brændɪ] *m* Weinbrand *m*
brano ['braːno] *m* 1. *(di musica)* Stück *n;* 2. *LIT* Exzerpt *n,* Auszug *m*
Brasile [bra'ziːle] *m GEO* Brasilien *n*
brasiliana [brazi'liaːna] *f* Brailianerin *f*
brasiliano [brazi'liaːno] *m* 1. Brasilianer *m; adj* 2. brasilianisch
bravo ['braːvo] *adj* 1. patent, tüchtig; 2. *(retto)* brav; 3. *(buono)* gut; *interj* 4. bravo
bravura [bra'vuːra] *f* Tüchtigkeit *f*
bretella [bre'tɛlla] *f (del vestito)* Träger *m,* Hosenträger *m*
breve ['brɛːve] *adj* 1. kurz; 2. *(piccolo, poco esteso)* klein; 3. *(tempo)* kurz, flüchtig; *a ~ tempo* kurzzeitig; *fra ~* in Kürze, bald
brevettare [brevet'taːre] *v* patentieren
brevetto [bre'vetto] *m* 1. Patent *n;* 2. *(da pilota)* Pilotenschein *m*
brevità [brevi'ta] *f* Kürze *f*
brezza ['breddza] *f* Brise *f,* Lüftchen *n*
bricchetta [brik'ketta] *f MET* Brikett *n*
bricchetto [brik'ketto] *m* Kännchen *n; Un ~ di tè, per favore!* Ein Kännchen Tee, bitte!
bricco ['brikko] *m* Kanne *f,* Kännchen *n*
briccone [brik'koːne] *m* Gauner *m*
briciola ['briːtʃola] *f* Krümel *m*
brigante [bri'gante] *m* Räuber *m*
brigata [bri'gaːta] *f* 1. *MIL* Brigade *f;* 2. *allegra ~* gesellige Runde *f*
briglia ['briʎʎa] *f* Zügel *m*
brillante [bril'lante] *adj* 1. brillant, glänzend; 2. *(fig)* blendend; *m* 3. *MIN* Brillant *m;* 4. *(di gioielli)* Brillanten *pl*
brillantina [brillan'tiːna] *f* Pomade *f*
brillare [bril'laːre] *v* leuchten, glänzen
brillo ['brillo] *adj* angeheitert, beschwipst
brina ['briːna] *f* Raureif *m*
brindare [brin'daːre] *v* anstoßen, prosten
brindisi ['brindizi] *m* Toast *m,* Trinkspruch *m*
brio ['briːo] *m* 1. gute Laune *f;* 2. *con ~ MUS* lebhaft
brioso [bri'oːso] *adj* 1. *(spiritoso)* geistvoll; 2. *(allegro)* heiter, lebhaft; 3. *MUS* schwungvoll
britanna [bri'tanna] *f* Britin *f*
britannico [bri'tanniko] *adj* britisch
britanno [bri'tanno] *m* Brite *m*
brivido ['briːvido] *m* 1. Schauder *m,* Schüttelfrost *m;* 2. *(paura)* Schauder *m*
brizzolato [brittso'laːto] *adj (capelli)* graumeliert, angegraut
brocca ['brɔkka] *f* Krug *m*
broccato [brok'kaːto] *m* Brokat *m*
broccolo ['brɔkkolo] *m BOT* Brokkoli *m*
brodo ['brɔːdo] *m GAST* Brühe *f,* Bouillon *f; ~ di carne* Fleischbrühe *f; ~ di pollo* Hühnersuppe *f; lasciar cuocere nel proprio ~ (fig)* jdn im eigenen Saft schmoren lassen; *Tutto fa ~. (fam)* Kleinvieh gibt auch Mist.
bromo ['brɔːmo] *m CHEM* Brom *n*
bronchiale [broŋki'aːle] *adj* bronchial
bronchite [broŋ'kiːte] *f MED* Bronchitis *f*
bronco ['broŋko] *m ANAT* Bronchie *f*
brontolare [bronto'laːre] *v* 1. brummen; 2. *(fig: stomaco)* knurren
brontolio [bronto'liːo] *m* Gebrumme *n*
brontolone [bronto'loːne] *m* Brummbär *m*
bronzo ['brondzo] *m* 1. *MET* Bronze *f;* 2. *faccia di ~ (fig)* schamloser Mensch *m*
browser ['brauzer] *m INFORM* Browser *m*
brucare [bru'kaːre] *v* abweiden, kahl fressen
bruciacchiare [brutʃak'kiaːre] *v* anbrennen; *Il mangiare è bruciacchiato.* Das Essen ist angebrannt.
bruciare [bru'tʃaːre] *v* 1. brennen, verbrennen; 2. *(ferita)* brennen
bruciarsi [bru'tʃarsi] *v* sich verbrennen
bruciato [bru'tʃaːto] *adj* angebrannt, verbrannt; *Il fusibile è ~.* Die Sicherung ist durchgebrannt.
bruciatura [brutʃa'tuːra] *f MED* Verbrennung *f*
bruciore [bru'tʃoːre] *m ~ di stomaco MED* Sodbrennen *n*

bruco ['bru:ko] *m ZOOL* Raupe *f*
brughiera [bru'giɛ:ra] *f GEOL* Heide *f*
brulicare [bruli'ka:re] *v* wimmeln
brullo ['brullo] *adj* kahl
bruno ['bru:no] *adj* 1. braun; 2. *(capelli)* dunkelhaarig
brusco ['brusko] *adj* barsch, brüsk
brusio [bru'zi:o] *m* Gemurmel *n*, Geflüster *n*
brutale [bru'ta:le] *adj* 1. brutal, gewalttätig; 2. *(fig)* roh
brutalità [brutali'ta] *f* Brutalität *f*
bruto ['bru:to] *m* Unmensch *m*
bruttezza [brut'tettsa] *f* 1. Hässlichkeit *f*; 2. *(fig)* Geschmacklosigkeit *f*
brutto ['brutto] *adj* 1. hässlich; 2. *(fig)* mies, geschmacklos; 3. *(sgradevole)* widerwärtig; 4. *(cattivo)* schlimm
Bruxelles [bryk'sɛl] *f GEO* Brüssel *n*
bubbone [bub'bo:ne] *m* 1. *MED* Schwellung *f*; 2. *(fastidio dovuto a corruzione morale)* lästige Angelegenheit *f*
buca ['bu:ka] *f* 1. Graben *m*; 2. *(buco)* Loch *n*; 3. *~ delle lettere* Briefkasten *m*
bucaneve [buka'ne:ve] *m BOT* Schneeglöckchen *n*
bucare [bu'ka:re] *v* 1. lochen; 2. *(fig)* löchern; 3. *(macchina)* eine Reifenpanne haben; 4. *(forare appiattendo)* platt machen
bucato [bu'ka:to] *adj* 1. durchlöchert, löchrig; *m* 2. Wäsche *f*; *~ a mano* Handwäsche *f*
buccia ['buttʃa] *f* Schale *f*, Haut *f*
buco ['bu:ko] *m* Loch *n*; *~ della chiave* Schlüsselloch *n*
budello [bu'dɛllo] *m* 1. *ANAT* Darm *m*; 2. *budella pl* Eingeweide *pl*
budget ['badʒet] *m ECO* Budget *n*
budino [bu'di:no] *m GAST* Pudding *m*
bue ['bu:e] *m ZOOL* Ochse *m*
bufalo ['bu:falo] *m ZOOL* Büffel *m*
buffet [buf'fɛ] *m* Büfett *n*
buffo ['buffo] *adj* 1. komisch, lächerlich; 2. *opera buffa MUS* komische Oper *f*
buffonate [buffo'na:te] *f/pl* *(fig)* Faxen *pl*
buffone [buf'fo:ne] *m* Narr *m*, Spaßvogel *m*
buffonesco [buffo'nesco] *adj* närrisch
bugia [bu'dʒi:a] *f* Lüge *f*, Schwindel *m*; *~ necessaria* Notlüge *f*
bugiardo [bu'dʒardo] *m* Lügner *m*
bugigattolo [budʒi'gattolo] *m* 1. Rumpelkammer *f*, Abstellraum *m*; 2. *(fig)* Loch *n*

B

buio ['bu:io] *adj* dunkel, finster; *Quando si fa ~?* Wann wird es dunkel?
bulbo ['bulbo] *m* 1. *BOT* Knolle *f*, Zwiebel *f*; 2. *~ capillare* Haarwurzel *f*; 3. *~ dell'occhio* Augapfel *m*
Bulgaria [bulga'ri:a] *f GEO* Bulgarien *n*
bulgaro ['bulgaro] *adj* 1. bulgarisch; *m* 2. Bulgare *m*
bulldog ['buldɔk] *m ZOOL* Bulldogge *f*
bullone [bul'lo:ne] *m TECH* Bolzen *m*
bungalow ['buŋgalov] *m* Bungalow *m*
buon *(vedi „buono")*
buongustaio [buongus'ta:io] *m* Feinschmecker *m*
buongusto [buon'gusto] *m* 1. Geschmack *m*; 2. *(senso di delicatezza)* Feingefühl *n*
buono [bu'ɔ:no] *adj* 1. gut; *Non è ~.* Das schmeckt nicht. *È molto ~.* Es schmeckt sehr gut. *un buon vino* ein guter Wein; *essere ~ a nulla* zu nichts nutzen; *far passare per ~* für gut ausgeben; *essere un poco di ~* ein Tunichtgut sein; *tenersi ~ qd* jdn warm halten; 2. *(bravo)* brav, gutartig; 3. *(favorevole)* günstig; *Buona fortuna!* Viel Glück! 4. *(idoneo)* tauglich; 5. *(a buon mercato)* billig; 6. *di buon'ora* früh, frühzeitig; *m* 7. Gutes *n*; 8. *ECO* Gutschein *m*, Bon *m*
buonumore [buonu'mo:re] *m* gute Laune *f*; *essere di ~* gut gelaunt sein
buonuscita [buoɲuʃ'ʃita] *f* 1. *(per un appartamento)* Mietablösung *f*, Ablösesumme *f* 2. *(per un lavoro)* Abfindung *f*
burattino [burat'ti:no] *m* Marionette *f*; Handpuppe *f*; *teatro di burattini* Marionettentheater *n*
burberamente [burbera'mente] *adv* mürrisch
burbero ['burbero] *adj* griesgrämig, mürrisch
burla ['burla] *f* Posse *f*, Schabernack *m*, *fare una ~* einen Streich spielen
burlone [bur'lo:ne] *m* Schelm *m*, Witzbold *m*
burocratico [buro'kra:tiko] *adj* bürokratisch

B

burocrazia [burokra'tsi:a] *f* 1. Bürokratie *f*; 2. *il tran tran della ~ (fig)* Amtsschimmel *m*; *È la solita ~.* Es ist immer das gleiche Chaos.
burrasca [bur'raska] *f* 1. *(tempesta)* Sturm *m*, Unwetter *n*; 2. *(fig)* Streit *m*
burrascoso [burras'ko:so] *adj* 1. stürmisch; 2. *(tempestoso, temporalesco)* gewittrig
burriera [burri'ɛ:ra] *f* Butterdose *f*
burrificare [burrifi'ka:re] *v* zu Butter machen, zu Butter schlagen
burrificazione [burrifikat'tsio:ne] *f* Butterherstellung *f*
burrificio [burri'fi:tʃo] *m* Molkerei *f*
burro ['burro] *m GAST* Butter *f*; *spaghetti al ~* Spaghetti mit Butter angemacht; *~ fuso* zerlaufene Butter; *~ di cacao m* Kakaobutter *f*; *Non sei mica fatto di ~!* Du bist doch nicht aus Zucker(watte)!
burrone [bur'ro:ne] *m* Abgrund *m*, Steilabfall *m*
buscare [bus'ka:re] *v (fam)* kriegen *(fam)*, bekommen *(fam)*; *Ora ne buschi! (fam)* Jetzt bekommst du Prügel! *(fam)*
bussare [bus'sa:re] *v* klopfen, anklopfen; *Hanno bussato?* Hat es geklopft?
bussola ['bussola] *f* Kompass *m perdere la ~ (fig)* aus dem Konzept kommen; die Fassung verlieren
busta ['busta] *f* 1. Tüte *f*, Tragtüte *f*; 2. *(cartella per documenti)* Mappe *f*; 3. *~ da lettera* Briefumschlag *m*, Kuvert *n*; *~ a finestrella* Fensterbriefumschlag *m*; 4. *(astuccio)* Hülle *f*, Etui *n*
bustarella [busta'rɛlla] *f* Schmiergeld *n (fam)*, *dare una ~ a qu.* jdm. Schmiergeld zahlen *(fam)*
busto ['busto] *m* 1. Büste *f*; 2. *(corsetto)* Korsett *n*
butano [bu'ta:no] *m CHEM* Butan *n*
buttafuori [butta'fuɔ:ri] *m/f* Rausschmeißer(in) *m/f*
buttare [but'ta:re] *v* 1. werfen, wegwerfen; *Gli affari buttano bene. (fam)* Die Geschäfte laufen gut. 2. *BOT* keimen, austreiben; 3. *~ giù* verschlingen; 4. *~ fuori* hinauswerfen
buttarsi [but'tarsi] *v* 1. sich fallen lassen; 2. *(fig)* sich widmen, sich hingeben; *~ giù* die Flinte ins Korn werfen
buzzone [bud'dzo:ne] *m (fam)* Dickwanst *m*
buzzurro [bud'dzurro] *m (fam)* Grobian *m (fam)*, Tölpel *m (fam)*, Flegel *m (fam)*
bypassare [baipas'sa:re] *v* überbrücken, umgehen
bypassato [baipas'sa:to] *adj MED* 1. Bypass-; *m/f* 2. bypassoperierte(r) Patient(in) *m/f*

C

cabina [ka'biːna] *f* **1.** Kabine *f*, Kajüte *f*; **2.** *~ di prova* Ankleidekabine *f*; **3.** *~ telefonica* Telefonzelle *f*; **4.** *NAUT* Kajüte *f*
cablaggio [ka'bladdʒo] *m* Verkabelung *f*
cablare [ka'blaːre] *v* verkabeln
cacao [ka'kaːo] *m* Kakao *m*
caccia ['kattʃa] *f* **1.** Jagd *f*; *dar la ~ a qd* hinter jdm her sein; **2.** *MIL* Jagdflugzeug *n*
cacciare [kat'tʃaːre] *v* **1.** jagen; **2.** *(s~)* verjagen
cacciarsi [kat'tʃarsi] *v* sich vordrängen
cacciata [kat'tʃaːta] *f* **1.** *POL* Vertreibung *f*; **2.** *(esclusione)* Ausschluss *m*
cacciatora [kattʃa'toːra] *f* Jagdrock *m*
cacciatore [kattʃa'toːre] *m* **1.** Jäger *m*; **2.** *~ d'eredità* Erbschleicher *m*
cacciavite [kattʃa'viːte] *m* *TECH* Schraubenzieher *m*
cacofonia [kakofo'niːa] *f* Missklang *m*
cadauno [kada'uːno] *adj/pron* jede(r,s) Einzelne
cadavere [ka'daːvere] *m* **1.** Leiche *f*, Leichnam *m*; **2.** *(di animali)* Kadaver *m*
cadente [ka'dɛnte] *adj* **1.** baufällig; *casa ~* verfallenes Haus *n*; **2.** *stella ~* Sternschnuppe *f*; **3.** *sole ~* Sonnenuntergang *m*
cadere [ka'deːre] *v irr* **1.** einstürzen, herabstürzen; **2.** *(cascare)* fallen, hinfallen; *~ a terra* auf den Boden fallen; *lasciar ~ la cosa* ein Thema fallen lassen; *cader male (fam)* ungünstig fallen; *~ in miseria* in Elend fallen; **3.** *(fig)* entfallen; **4.** *(fulmine)* einschlagen; **5.** *(impero)* untergehen; **6.** *~ giù* abstürzen, hinunterfallen; **7.** *(capelli)* ausfallen; **8.** *~ in prescrizione JUR* verjähren
cadmio ['kadmio] *m* *CHEM* Kadmium *n*
caduco [ka'duːko] *adj (uomo)* vergänglich; *foglie caduche* abfallendes Laub *n*
caduta [ka'duːta] *f* **1.** Absturz *m*, Sturz *m*; **2.** *~ di un aereo* Flugzeugabsturz *m*; **3.** *~ massi* Steinschlag *m*; **4.** *(di capelli)* Ausfall *m*; **5.** *(per terra)* Fall *m*; **6.** *(crollo)* Zusammenbruch *m*, Untergang *m*; **7.** *(tensione)* Abfall *m*; **8.** *~ di temperatura* Temperatursturz *m*
caduto [ka'duːto] *m* Gefallener *m*
caffè [kaf'fɛ] *m* **1.** *(da bere)* *GAST* Kaffee *m*; *~ solubile* Instantkaffee *m*; *~ freddo con gelato* Eiskaffee *m*; **2.** Café *n*
caffeina [kaffe'iːna] *f* Koffein *n*
caffellatte [kaffel'latte] *m* Milchkaffee *m*
caffettiera [kaffetti'ɛːra] *f* Kaffeekanne *f*
cagionare [kadʒo'naːre] *v* herbeiführen, verursachen
calabrone [kala'broːne] *m* *ZOOL* Hornisse *f*
calamaro [kala'maːro] *m* *ZOOL* Tintenfisch *m*
calamita [kala'miːta] *f* **1.** Magnet *m*; **2.** *(fig: attrazione)* Verlockung *f*, Anreiz *m*
calamità [kalami'ta] *f* Unglück *n*
calare [ka'laːre] *v* **1.** niederlassen, herablassen; **2.** *(prezzi)* sinken; *m* **3.** *il calar del sole* Sonnenuntergang *m*
calca ['kalka] *f* Andrang *m*, Gedränge *n*
calcagno [kal'kaɲɲo] *m* **1.** *ANAT* Ferse *f*; *essere alle calcagna di qd* jdm auf den Fersen sein/hinter jdm her sein; **2.** *(tacco)* Absatz *m*
calcare [kal'kaːre] *v* **1.** betonen; **2.** *(disegno)* abpausen; **3.** *(pressare)* drücken
calce[1] ['kaltʃe] *m* *in ~* unten, am Seitenende
calce[2] ['kaltʃe] *f* *CHEM* Kalk *m*
calcestruzzo [kaltʃes'truttso] *m* Beton *m*
calciatore [kaltʃa'toːre] *m* *SPORT* Fußballspieler *m*
calcificare [kaltʃifi'kaːre] *v* verkalken
calcificazione [kaltʃifika'tsioːne] *f* Verkalkung *f*
calcinacci [kaltʃi'nattʃi] *m/pl* Schutt *m*
calcio[1] ['kaltʃo] *m* **1.** Fußtritt *m*; *dare un ~* treten; **2.** *(gioco)* *SPORT* Fußball *m*; *partita di ~* Fußballspiel *n*; *~ di rigore* Elfmeter *m*
calcio[2] ['kaltʃo] *m* *CHEM* Kalzium *n*

C

calcolabile [kalko'la:bile] *adj MATH* berechenbar
calcolare [kalko'la:re] *v* 1. berechnen, rechnen; 2. *~ approssimativamente* schätzen; 3. *ECO* kalkulieren; 4. *~ con le frazioni MATH* bruchrechnen
calcolatore [kalkola'to:re] *m* 1. Rechner *m; ~ tascabile* Taschenrechner *m; adj* 2. berechnend
calcolatrice [kalkola'tri:tʃe] *f ~ tascabile* Taschenrechner *m*
calcolo ['kalkolo] *m* 1. Berechnung *f*, Kalkulation *f; ~ mentale* Kopfrechnen *n; ~ dei costi ECO* Kostenrechnung *f; ~ d'utilità di cliente* Kundenkalkulation *f; sbagliare il ~* sich verrechnen; *fare i calcoli* berechnen; 2. *~ approssimativo* Schätzung *f*, Überschlagsrechnung *f*; 3. *fare bene i propri calcoli (fig)* alle Möglichkeiten in Erwägung ziehen
caldaia [kal'da:ia] *f* Heizkessel *m*
caldo ['kaldo] *adj* 1. heiß, warm; *Ho ~.* Mir ist heiß./Ich schwitze. *Fa ~.* Es ist heiß. *m* 2. Hitze *f*, Wärme *f*
calendario [kalen'da:rio] *m* 1. Kalender *m;* 2. *~ da muro* Wandkalender *m;* 3. *~ d'avvento* Adventskalender *m*
calendola [ka'lendola] *f BOT* Ringelblume *f*
calibro ['ka:libro] *m* 1. Kaliber *n;* 2. *TECH* Lehre *f*
calice ['ka:litʃe] *m* 1. Kelch *m*, Becher *m;* 2. *BOT* Kelch *m*
caliginoso [kalidʒi'no:so] *adj* diesig, trübe
callifugo [kal'li:fugo] *m* Hühneraugenpflaster *n*
callo ['kallo] *m MED* Hühnerauge *n*
callosità [kallosi'ta] *f* Schwiele *f*
calma ['kalma] *f* 1. Ruhe *f*, Gemütsruhe *f; con ~* gemächlich, seelenruhig; 2. *(quiete)* Stille *f;* 3. *(di vento)* Windstille *f*
calmante [kal'mante] *adj* 1. beruhigend; *m* 2. *MED* Beruhigungsmittel *n*
calmare [kal'ma:re] *v* 1. beruhigen; 2. *(fig)* glätten
calmarsi [kal'marsi] *v* 1. sich beruhigen; 2. *(fig)* abebben, sich legen; 3. *(fig: persona)* sich fassen; *Si calmi!* Beruhigen Sie sich!
calmiere [kalmi'ɛ:re] *m* 1. *ECO* Höchstpreis *m;* 2. *(prezzo indicativo)* empfohlener Richtpreis *m*
calmo ['kalmo] *adj* 1. ruhig; 2. *(persona)* gelassen, gemächlich
calo ['ka:lo] *m* 1. Schwund *m;* 2. *~ dei prezzi* Preisrückgang *m*
calore [ka'lo:re] *m* 1. Wärme *f;* 2. *~ da scarico* Abwärme *f*
caloria [kalo'ri:a] *f PHYS* Kalorie *f; povero di calorie* kalorienarm
calorifero [kalo'ri:fero] *adj* 1. Wärme…; *m* 2. Heizung *f*
caloroso [kalo'ro:so] *adj* 1. heiß, erwärmend; 2. *(fig: cordiale)* herzlich, warm; 3. *(animato)* hitzig, lebhaft
calpestare [kalpes'ta:re] *v* treten, zertrampeln
calpestio [kalpes'ti:o] *m* Trampeln *n*
calunnia [ka'lunnia] *f* Verleumdung *f*
calunniare [kalunni'a:re] *v* verleumden
calunniatore [kalunnia'to:re] *m* Verleumder *m*
calunniatrice [kalunnia'tri:tʃe] *f* Verleumderin *f*
calura [ka'lu:ra] *f* Hitze *f*
calvo ['kalvo] *adj* glatzköpfig
calza ['kaltsa] *f* Strumpf *m; calze di lana* Wollstrümpfe *pl; calze di seta* Seidenstrümpfe *pl; calze elastiche* Gummistrümpfe *pl*
calzamaglia [kaltsa'maʎʎa] *f* Strumpfhose *f*
calzatura [kaltsa'tu:ra] *f* Schuh *m*
calzaturificio [kaltsaturi'fi:tʃo] *m* Schuhfabrik *f*
calzettone [kaltset'to:ne] *m* Kniestrumpf *m*, Strumpf *m*
calzino [kal'tsi:no] *m* Socke *f*
calzolaio [kaltso'la:io] *m* Schuster *m*
calzoncini [kaltson'tʃi:ni] *m/pl* 1. kurze Hose *f; i ~ da bagno* Badehose *f;* 2. *(pantaloni da sport)* Sporthose *f*
calzoni [kal'tso:ni] *m/pl* Hose *f*
camaleonte [kamale'onte] *m ZOOL* Chamäleon *n*
cambiabile [kambi'a:bile] *adj* austauschbar, auswechselbar
cambiale [kambi'a:le] *m ECO* Wechsel *m; ~ tratta* Tratte *f*, gezogener Wechsel *m; ~ pagherò* Solawechsel *m; ~ in bianco* Blankowechsel *m; ~ a vista* Sichtwechsel *m*

cambiamento [kambia'mento] *m* 1. Veränderung *f*, Wechsel *m*; 2. *(fig)* Umschwung *m*; 3. *~ d'idea* Sinnesänderung *f*; 4. *~ di rotta POL* Kurswechsel *m*; 5. *~ d'opinione* Gesinnungswechsel *m*; 6. *~ climatico* Klimawandel *m*

cambiare [kambi'a:re] *v* 1. ändern, umwechseln; *~ idea* umdenken, die Meinung ändern; *~ il nome di qc* etw umbenennen; *~ tono* einen anderen Ton anschlagen; *~ posto* sich umsetzen; *~ qc* etw ändern; *~ posto a qc* etw umstellen; 2. *(modificare)* verändern, umändern; 3. *(sostituire)* tauschen, austauschen; *~ aria (fig)* verschwinden, verduften; *~ mestiere* umsatteln; 4. *(prenotazione)* umbuchen; 5. *(treno)* umsteigen; 6. *(scambiare)* wechseln, auswechseln; *~ vestito* sich umziehen; *Dove posso ~ i soldi?* Wo kann ich Geld wechseln? *~ qc in qc* etw in etw wechseln

cambiarsi [kambi'arsi] *v* sich umziehen

cambio ['kambio] *m* 1. Tausch *m*, Umtausch *m*; *~ dell'olio* Ölwechsel *m*; 2. *(di posto)* Ablösung *f*; *~ di turno* Schichtwechsel *m*

camelia [ka'mɛ:lia] *f BOT* Kamelie *f*

camera ['ka:mera] *f* 1. Zimmer *n*, Kammer *f*; *~ d'albergo* Hotelzimmer *n*; *~ da letto* Schlafzimmer *n*; *~ a due letti* Zweibettzimmer *n*; *~ matrimoniale* Doppelzimmer *n*; *~ con doccia* Zimmer mit Dusche *n*; *~ da pranzo* Esszimmer *n*; *~ oscura* Dunkelkammer *f*; *~ degli ospiti* Gästezimmer *n*; 2. *POL* Kammer *f*; *~ alta* Oberhaus *n*; *~ bassa* Unterhaus *n*; *~ dei deputati* Abgeordnetenhaus *n*; 3. *~ di commercio e d'industria ECO* Industrie- und Handelskammer *f*

camerata [kame'ra:ta] *m/f* Kamerad(in) *m/f*, Genosse/Genossin *m/f*

cameratesco [kamera'tesko] *adj* kameradschaftlich

cameratismo [kamera'tizmo] *m* Kameradschaft *f*

cameriera [kameri'ɛ:ra] *f* Haushälterin *f*, Zimmermädchen *n*, Kellnerin *f*

cameriere [kameri'ɛ:re] *m* 1. Kellner *m*, Ober *m*; 2. *~ del piano* Etagenkellner *m*; *Cameriere, per favore!* Herr Ober, bitte!

camice ['ka:mitʃe] *m* Kittel *m*

camicetta [kami'tʃetta] *f* Bluse *f*, Hemdbluse *f*

camicia [ka'mi:tʃa] *f* Hemd *n*

camino [ka'mi:no] *m* Kamin *m*, Schlot *m*

camion ['kamion] *m* Lastwagen *m*

camioncino [kamion'tʃi:no] *m* Lieferwagen *m*

camionetta [kamio'netta] *f MIL* Mannschaftswagen *m*

camionista [kamio'nista] *m* Fernfahrer *m*, Lastwagenfahrer *m*

cammello [kam'mɛllo] *m ZOOL* Kamel *n*

camminare [kammi'na:re] *v* 1. laufen; 2. *(fare un'escursione)* wandern; 3. *(fig)* wandeln

camminata [kammi'na:ta] *f* 1. Spaziergang *m*; 2. *(gita a piedi)* Wanderung *f*

cammino [kam'mi:no] *m* 1. Marsch *m*; 2. *(escursione)* Wanderung *f*; 3. *(percorso)* Weg *m*

camomilla [kamo'milla] *f* 1. *BOT* Kamille *f*; 2. *GAST* Kamillentee *m*

camoscio [ka'mɔʃʃo] *m* 1. Wildleder *n*; 2. *ZOOL* Gämse *f*

campagna [kam'paɲɲa] *f* 1. *(paese)* Land *n*; *casa di ~* Landhaus *n*, Ferienhaus *n*; 2. *(propaganda)* Kampagne *f*; *~ elettorale* Wahlkampagne *f*; *~ pubblicitaria* Werbekampagne *f*

campagnolo [kampaɲ'ɲo:lo] *adj* bäuerlich, ländlich

campana [kam'pa:na] *f* Glocke *f*

campanello [kampa'nɛllo] *m* 1. Klingel *f*; 2. *~ della porta* Türglocke *f*

campanile [kampa'ni:le] *m* Glockenturm *m*

campanilismo [kampani'lizmo] *m* Lokalpatriotismus *m*

campare [kam'pa:re] *v* leben; *~ alla giornata* von der Hand in den Mund leben

campeggiare [kamped'dʒa:re] *v* zelten

campeggiatore [kampeddʒa'to:re] *m* Camper *m*

campeggio [kam'peddʒo] *m* Zeltplatz *m*

camper ['kamper] *m* Wohnmobil *n*

campestre [kam'pɛstre] *adj* ländlich, Land…; *festa ~* Volksfest *n*, Kirmes *f*; *vita ~* Landleben *n*

C

camping ['kæmpıŋ] *m* 1. Camping *n*, Zelten *n*; 2. *(campeggio)* Campingplatz *m*, Zeltplatz *m*
campionamento [kampiona'mento] *m* ECO Auswahlverfahren *n*
campionario [kampio'na:rio] *m* 1. Musterkatalog *m*; *adj* 2. Muster...; *collezione campionaria* Musterkollektion *f*
campione [kam'pio:ne] *m* 1. Stichprobe *f*; 2. *(prova)* Muster *n*, Probe *f*; 3. SPORT Meister *m*
campo ['kampo] *m* 1. AGR Acker *m*, Feld *n*; ~ *di grano* Kornfeld *n*, Getreidefeld *n*; 2. *(da gioco)* Platz *m*; ~ *di atterraggio* Landeplatz *m*; ~ *sportivo* Sportplatz *m*; 3. *(settore)* Bereich *m*, Sachgebiet *n*; ~ *d'attività* Tätigkeitsfeld *n*, Tätigkeitsbereich *m*; ~ *nuovo (fig)* Neuland *n*; 4. PHYS Feld *n*; ~ *magnetico* Magnetfeld *n*; 5. ~ *di raccolta* Auffanglager *n*; ~ *profughi* Flüchtlingslager *n*
camposanto [kampo'santo] *m* Friedhof *m*
camuffare [kamuf'fa:re] *v* tarnen, verkleiden
Canada ['ka:nada/kana'da] *m* GEO Kanada *n*
canadese [kana'de:se] *adj* 1. kanadisch; *m/f* 2. Kanadier(in) *m/f*
canale [ka'na:le] *m* Kanal *m*; ~ *navigabile* Schifffahrtskanal *m*; ~ *della Manica* GEO Ärmelkanal *m*
canalizzazione [kanaliddza'tsio:ne] *f* Kanalisation *f*
canapa ['ka:napa] *f* BOT Hanf *m*
canarino [kana'ri:no] *m* ZOOL Kanarienvogel *m*
cancellare [kantʃel'la:re] *v* 1. streichen, durchstreichen; 2. INFORM löschen
cancellazione [kantʃella'tsio:ne] *f* 1. Löschung *f*; 2. *(fig)* Annullierung
cancelleria [kantʃelle'ri:a] *f* 1. Kanzlei *f*; 2. *(cancelliere)* POL Kanzleramt *n*; 3. *articoli di* ~ Schreibwaren *pl*
cancelliere [kantʃel'liɛ:re] *m* POL Kanzler *m*
cancello [kan'tʃɛllo] *m* Gittertor *n*
cancerogeno [kantʃe'rɔ:dʒeno] *adj* MED krebserregend
cancro ['kaŋkro] *m* 1. MED Krebs *m*; ~ *mammario* Brustkrebs *m*; 2. *(segno zodiacale)* Krebs *m*
candela [kan'de:la] *f* 1. Kerze *f*; 2. ~ *d'accensione* TECH Zündkerze *f*
candeliere [kande'liɛ:re] *m* Kerzenständer *m*, Leuchter *m*
candidata [kandi'da:ta] *f* Kandidatin *f*
candidato [kandi'da:to] *m* 1. Bewerber *m*, Kandidat *m*; 2. *(a un esame)* Prüfling *m*
candido ['kandido] *adj* 1. *(bianco)* schneeweiß; 2. *(puro)* rein; 3. treuherzig
candito [kan'di:to] *adj* kandiert
cane ['ka:ne] *m* ZOOL Hund *m*; ~ *guida* Blindenhund *m*; ~ *dalmata* Dalmatiner *m*
canestro [ka'nɛstro] *m* Korb *m*
canfora ['kanfora] *f* CHEM Kampfer *m*
canguro [kaŋ'gu:ro] *m* ZOOL Känguru *n*
canile [ka'ni:le] *m* 1. Hundezwinger *m*; 2. *(cuccia)* Hundehütte *f*
canna ['kanna] *f* 1. *(di un'arma)* Lauf *m*; 2. ~ *da pesca* Angelrute *f*; 3. ~ *da zucchero* BOT Zuckerrohr *n*
cannella [kan'nɛlla] *f* GAST Zimt *m*
cannello [kan'nɛllo] *m* 1. Röhrchen *n*; 2. ~ *della penna* Federhalter *m*
cannibale [kan'ni:bale] *m* Kannibale *m*
cannocchiale [kannok'kia:le] *m* Fernglas *n*
cannuccia [kan'nuttʃa] *f* Strohhalm *m*
canoa [ka'nɔ:a] *f* 1. Paddelboot *n*; 2. *(barca degli Indiani d'America)* Kanu *n*
canone ['ka:none] *m* 1. Regel *f*; 2. Abgabe *f*; 3. ~ *d'affitto* Miete *f*, Pachtzins *m*; ~ *di leasing* Leasingrate *f*; 4. MUS Kanon *m*
canonizzare [kanonid'dza:re] *v* heilig sprechen
canoro [ka'nɔ:ro] *adj* Sing...; *uccello* ~ Singvogel *m*
canottaggio [kanot'taddʒo] *m* SPORT Rudern *n*; *fare del* ~ rudern
canotto [ka'nɔtto] *m* ~ *gonfiabile* Schlauchboot *n*
cantante [kan'tante] *m/f* Sänger(in) *m/f*; ~ *lirico* Opernsänger *m*; ~ *di musica leggera* Schlagersänger(in) *m/f*
cantare [kan'ta:re] *v* singen; *cantarla*

chiara (fig) es klipp und klar sagen; *far ~ qd (fam)* jdn zum Reden bringen; *Canta che ti passa! (fig)* Es wird schon wieder gut werden!
cantautore [kantau'to:re] *m* Liedermacher *m*
cantautrice [kantau'tri:tʃe] *f* Liedermacherin *f*
canticchiare [kantik'ki'a:re] *v* trällern
cantiere [kan'tiε:re] *m* **1.** Dock *n; ~ navale* Schiffswerft *f;* **2.** *(di edificio, di strada)* Baustelle *f*
cantilena [kanti'lε:na] *f* Gesinge *n,* Singsang *m*
cantina [kan'ti:na] *f* **1.** Keller *m;* **2.** *(di azienda vinicola)* Kellerei *f*
canto[1] ['kanto] *m* **1.** Gesang *m,* Singen *n;* **2.** *(composizione musicale o poetica)* Lied *n; ~ religioso* Kirchenlied *n; ~ di natale* Weihnachtslied *n*
canto[2] ['kanto] *m* **1.** Kante *f;* **2.** *(parte)* Seite *f; mettere da ~* auf die Seite legen
cantone [kan'to:ne] *m GEO* Kanton *m*
cantuccio [kan'tuttʃo] *m (fig: luogo)* Winkel *m*
canuto [ka'nu:to] *adj* weißhaarig
canzonare [kantso'na:re] *v (fig)* foppen
canzone [kan'tso:ne] *f* Lied *n; suonare una ~* ein Lied spielen; *~ popolare* Volkslied *n; ~ d'amore* Liebeslied *n*
canzonetta [kantso'netta] *f MUS* Schlager *m*
caos ['ka:os] *m* Chaos *n*
caotico [ka'ɔ:tiko] *adj* chaotisch
capace [ka'pa:tʃe] *adj* **1.** fähig, tauglich; **2.** *~ d'agire JUR* handlungsfähig; **3.** *~ d'intendere e di volere* zurechnungsfähig; **4.** *(ampio)* von großem Umfang
capacità [kapatʃi'ta] *f* **1.** Fähigkeit *f;* **2.** *~ di acquisto ECO* Kaufkraft *f; ~ di rendimento* Ertragsfähigkeit *f;* **3.** *~ di agire* Handlungsfähigkeit *f; ~ giuridica* Rechtsfähigkeit *f; ~ di intendere e di volere* Zurechnungsfähigkeit *f*
capanna [ka'panna] *f* Hütte *f*
capannone [kapan'no:ne] *m* Schuppen *m*
caparbietà [kaparbie'ta] *f* Eigensinn *m,* Starrsinn *m*
caparbio [ka'parbio] *adj* eigensinnig, trotzig
caparra [ka'parra] *f* Anzahlung *f*
capeggiare [kaped'dʒa:re] *v* anführen, leiten
capello [ka'pello] *m* Haar *n; averne fin sopra i capelli (fig)* es satt haben; *tirare qd per i capelli (fam)* jdn zwingen; *non torcere un ~ a qd (fig)* jdm kein Haar krümmen
capellone [kapel'lo:ne] *m* Langhaariger *m, (fam)* Gammler *m*
capezzale [kapet'tsa:le] *m* Kopfkissen *n; al ~ del malato* am Krankenbett
capezzolo [ka'pettsolo] *m ANAT* Brustwarze *f*
capienza [ka'piεntsa] *f* Fassungsvermögen *n*
capire [ka'pi:re] *v irr* verstehen; *Si capisce!* Selbstverständlich!
capitale [kapi'ta:le] *adj* **1.** Kapital…, Haupt…; *pena ~* Todesstrafe *f; peccato ~* Todsünde *f; cosa ~* Kernpunkt *m,* Wesentliches *n; f* **2.** Hauptstadt *f; m* **3.** *FIN* Kapital *n; ~ proprio* Eigenkapital *n; ~ sociale* Stammkapital *n; ~ iniziale* Anfangskapital *n; ~ d'investimento* Anlagekapital *n; ~ liquido* Barvermögen *n; ~ azionario* Aktienkapital *n*
capitalismo [kapita'lizmo] *m* Kapitalismus *m*
capitalistico [kapita'listiko] *adj* kapitalistisch
capitano [kapi'ta:no] *m* **1.** *MIL* Hauptmann *m;* **2.** *NAUT* Kapitän *m*
capitare [kapi'ta:re] *v* **1.** geraten; *~ tra le mani di qd* in jds Händen fallen; *~ dentro* hineingeraten; **2.** *(succedere)* widerfahren, geschehen; **3.** *(arrivare per caso)* zufällig kommen
capitolare [kapito'la:re] *v* kapitulieren
capitolazione [kapitola'tsio:ne] *f* Kapitulation *f*
capitolo [ka'pi:tolo] *m* Kapitel *n*
capo ['ka:po] *m* **1.** Haupt *n;* **2.** *(dirigente, guida)* Chef(in) *m/f,* Führer(in) *m/f;* **3.** *(di un popolo)* Anführer(in) *m/f; ~ dello stato* Staatsoberhaupt *n;* **4.** *(di una tribù)* Häuptling *m;* **5.** *GEO* Kap *n;* **6.** *(inizio)* Anfang *m; da ~* von vorn; *andare a ~* eine neue Zeile anfangen; *da ~ a fondo* von Anfang bis zum Ende/durch und durch; *non avere né ~ né coda (fig)* weder Hand noch Fuß haben; *venire a ~*

C

di *qc* einer Sache auf den Grund kommen; *non venire a ~ di nulla* zu keinem Schluss kommen; 7. *ANAT* Kopf; *rompersi il ~ su qc* sich den Kopf über etw zerbrechen; 8. *(punto) JUR* Punkt *m; ~ d'accusa* Anklagepunkt *m;* 9. *fare ~ a qd (fam)* sich an jdn wenden; 10. *mettere ~ a partito* Vernunft annehmen; 11. *per sommi capi* in großen Zügen
capoclasse [kapo'klasse] *m/f* Klassensprecher(in) *m/f*
capodanno [kapo'danno] *m* Neujahr *n,* Jahreswechsel *m*
capogiro [kapo'dʒiːro] *m MED* Schwindel *m*
capolavoro [kapola'voːro] *m* Meisterstück *n,* Meisterwerk *n*
capolinea [kapo'liːnea] *m* Endstation *f; Qual'è il ~?* Wie heißt die Endstation?
capoluogo [kapolu'ɔːgo] *m* Hauptort *m,* Hauptstadt *f; ~ di provincia* Provinzhauptstadt *f*
capostipite [kapo'stiːpite] *m* Urvater *m,* Vorvater *m*
capote [ka'pɔt] *f* Verdeck *n,* Wagenverdeck *n*
capoverso [kapo'vɛrso] *m* Absatz *m*
capovolgere [kapo'vɔldʒere] *v irr* 1. auf den Kopf stellen; 2. *(fig)* sich wenden
capovolgersi [kapo'voldʒersi] *v* kentern
capovolgimento [kapovoldʒi'mento] *m* Umschlag *m,* Umkehrung *f*
cappella [kap'pɛlla] *f REL* Kapelle *f*
cappellano [kappel'laːno] *m REL* Kaplan *m*
cappello [kap'pɛllo] *m* Hut *m; ~ a cilindro* Zylinder *m; ~ di paglia* Strohhut *m; ~ a cencio* Schlapphut *m*
cappero ['kappero] *m BOT* Kaper *f*
cappio ['kappio] *m* 1. Schlaufe *f;* 2. *(fiocco)* Schleife *f,* Schlinge *f*
cappottare [kappot'taːre] *v* sich überschlagen
cappotto [kap'pɔtto] *m* Mantel *m*
cappuccio [kap'puttʃo] *m* Kapuze *f*
capra ['kapra] *f ZOOL* Ziege *f*
capriccio [ka'prittʃo] *m* 1. Flausen *pl,* Kaprize *f; fare secondo ~* nach eigenem Gutdünken handeln/eigenmächtig verfahren; 2. *MUS* Capriccio *n*
capriccioso [kaprit'tʃoːso] *adj* 1. launisch, launenhaft; 2. *(imprevedibile)* unberechenbar, exzentrisch
capricorno [kapri'cɔrno] *m ZOOL* Steinbock *m*
capriola [kapri'ɔːla] *f* Purzelbaum *m*
capriolo [kapri'ɔːlo] *m ZOOL* Reh *n*
capro ['kaːpro] *m* 1. Ziegenbock *m,* Bock *m;* 2. *~ espiatorio* Sündenbock *m*
capsula ['kapsula] *f* Kapsel *f*
captare [kap'taːre] *v* 1. *(onde, raggi)* auffangen; 2. *(intercettare)* abfangen
caraffa [ka'raffa] *f* Karaffe *f*
carambola [ka'rambola] *f* Zusammenstoß *m*
caramella [kara'mɛlla] *f* Bonbon *n*
carato [ka'raːto] *m* Karat *n*
carattere [ka'rattere] *m* 1. Charakter *m,* Merkmal *n; Non è nel suo ~.* Es ist nicht seine Art. 2. *(di scrittura)* Buchstabe *m*
caratteristica [karatte'ristika] *f* 1. Kennzeichen *n,* Merkmal *n;* 2. *(proprietà)* Eigenschaft *f*
caratteristico [karatte'ristiko] *adj* bezeichnend, charakteristisch; *segno ~* Unterscheidungsmerkmal *n*
caratterizzare [karatterid'dzaːre] *v* charakterisieren, kennzeichnen
caravan ['kaːravan] *m* Wohnwagen *m*
carboidrato [karboi'draːto] *m* Kohlehydrat *n*
carbone [kar'boːne] *m* 1. Kohle *f;* 2. *~ di legna* Holzkohle *f*
carbonizzare [karbonid'dzaːre] *v* verkohlen
carburante [karbu'rante] *m* Kraftstoff *m,* Treibstoff *m*
carburatore [karbura'toːre] *m* Vergaser *m*
carcassa [kar'kassa] *f* 1. *(di animali)* Brust *f; ~ di pollo* Hühnerbrust *f;* 2. *(nave)* Wrack *n*
carcerato [kartʃe'raːto] *m* Gefangener *m,* Sträfling *m*
carcerazione [kartʃera'tsioːne] *f* Inhaftierung *f,* Haft *f; ~ preventiva JUR* Untersuchungshaft *f*
carcere ['kartʃere] *m* Kerker *m*
carciofo [kar'tʃɔːfo] *m BOT* Artischocke *f*
cardinale [kardi'naːle] *adj* 1. wesentlich; 2. *(principale)* Kardinal...; *punti*

cardinali Kardinalpunkte *pl*, Himmelsrichtungen *pl; numero ~* Grundzahl *f*, Kardinalzahl *f; m* 3. *REL* Kardinal *m*
cardine ['kardine] *m* 1. *(della porta)* Angel *f*, Türangel *f;* 2. *(fig)* Grundlage *f*, Ausgangspunkt *m*
cardiologia [kardiolo'dʒiːa] *f MED* Kardiologie *f*
cardiotonico [kardio'tɔːniko] *adj* 1. *MED* herzstärkend; *m* 2. *MED* Herzmittel *n*
carenza [ka'rɛntsa] *f* 1. Mangel *m;* 2. *~ vitaminica* Vitaminmangel *m; ~ di proteine* Eiweißmangel *m*
carestia [kares'tiːa] *f* Hungersnot *f*
carezza [ka'rettsa] *f* Liebkosung *f*, Streicheln *n*
carezzare [karet'tsaːre] *v* 1. liebkosen, streicheln; 2. *~ qd (fig: lusingare)* jdm Komplimente machen, jdm schöntun
carica ['kaːrika] *f* 1. Amt *n*, Würde *f;* 2. *(in elettricità)* Ladung *f;* 3. *(di cavalleria) MIL* Attacke *f*
caricamento [karika'mento] *m* 1. *(armi) MIL* Laden *n;* 2. *(di merci)* Verladung *f*
caricare [kari'kaːre] *v* 1. aufladen, einladen; 2. *(fig)* aufbürden, belasten; 3. *(armi da fuoco)* laden; 4. *(orologio)* aufziehen
caricato [kari'kaːto] *adj* geladen
caricatore [karika'toːre] *m (di un'arma)* Magazin *n*
caricatura [karika'tuːra] *f* Karikatur *f*
caricaturista [karikatu'rista] *m/f* Karikaturist(in) *m/f*
carico ['kaːriko] *adj* 1. beladen; 2. *(fig) essere ~* geladen sein; *m* 3. *(inteso come materiale)* Ladung *f*, Fracht *f;* 4. *(imposta)* Steuer *f;* 5. *(peso)* Last *f*, Belastung *f; a ~ di qd* auf jds Kosten/zu jds Lasten; *avere a ~ qd* für jdn sorgen müssen
carie ['kaːrie] *f MED* Karies *f*
carino [ka'riːno] *adj* hübsch, niedlich
carità [kari'ta] *f* Nächstenliebe *f; chiedere la ~* betteln; *fare la ~* freigebig sein
caritatevole [karita'teːvole] *adj* 1. *(pietoso)* gutherzig, gütig; *persona ~* Wohltäter *m;* 2. *(benefico)* gemeinnützig
carnagione [karna'dʒoːne] *f* Teint *m; ~ delicata* sensible Haut *f*
carne ['karne] *f* Fleisch *n; non essere né ~ né pesce (fig)* nicht Fisch, nicht Fleisch sein; *mettere troppa ~ al fuoco (fig)* zu viel auf einmal unternehmen; *È lui in ~ ed ossa.* Er ist es leibhaftig. *~ tritata* Hackfleisch *n*
carnefice [kar'neːfitʃe] *m* Henker *m*
carneficina [karnefi'tʃiːna] *f* Massaker *n*, Gemetzel *n*
carnevale [karne'vaːle] *m* Fasching *m*, Karneval *m*
caro ['kaːro] *adj* 1. lieb, wert; 2. *(prezzo)* kostspielig, teuer; *m* 3. Lieber *m*
carosello [karo'zɛllo] *m* Karussell *n*
carota [ka'rɔːta] *f BOT* Karotte *f*
carovana [karo'vaːna] *f* Karawane *f*
carpa ['karpa] *f ZOOL* Karpfen *m*
carpentiere [karpenti'ɛːre] *m* Zimmermann *m*
carponi [kar'poːni] *adv* auf Händen und Füßen; *trascinarsi a ~* auf Händen und Füßen kriechen
carreggiata [karred'dʒaːta] *f* Fahrbahn *f*
carrello [kar'rɛllo] *m* 1. Karren *m*, Wagen *m; ~ a forca* Gabelstapler *m;* 2. *TECH* Fahrgestell *n;* 3. *(della macchina)* Fahrwerk *n;* 4. *(portabagagli)* Kofferkuli *m*
carretto [kar'retto] *m* Karren *m*
carriera [karri'ɛːra] *f* Karriere *f*
carriola [karri'ɔːla] *f* Schubkarre *f*
carro ['karro] *m* 1. *(vettura)* Wagen *m; ~ a rastrelliera* Leiterwagen *m; ~ funebre* Leichenwagen *m;* 2. Waggon *m*
carrozza [kar'rɔttsa] *f* 1. Kutsche *f;* 2. *(vagone)* Waggon *m; ~ ristorante* Speisewagen *m; ~ con cuccette* Liegewagen *m; ~ diretta* Kurswagen *m*
carrozzella [karrot'tsɛlla] *f (per malati)* Rollstuhl *m*
carrozzeria [karrottse'riːa] *f TECH* Karosserie *f*
carrozzina [karrot'tsiːna] *f* Kinderwagen *m*
carta ['karta] *f* 1. Papier *n; ~ carbone* Kohlepapier *n; ~ continua* Endlospapier *n; ~ igienica* Toilettenpapier *n; ~ da imballaggio* Packpapier *n; ~ da lettere* Briefpapier *n; ~ lucida* Pauspapier *n; ~ di proprietà* Fahrzeugbrief *m; ~ da parati* Tapete *f;* 2. *(al ristorante)* Speisekarte *f; mangiare alla ~* nach der Speisekarte essen; *~ del giorno* Tageskarte *f;* 3. ~

C

da gioco Karte *f*, Spielkarte *f*; *~ assegni* Scheckkarte *f*; *~ di credito* Kreditkarte *f*; *~ geografica* Landkarte *f*; *~ d'identità* Personalausweis *m*, Kennkarte *f*; *~ d'imbarco* Bordkarte *f*; *~ metereologica* Wetterkarte *f*; *Gioca a carte?* Spielen Sie Karten? *~ verde* grüne Karte *f*; *~ stradale* Straßenkarte *f*

C

cartamoneta [kartamo'neːta] *f* Papiergeld *n*
cartastraccia [karta'strattʃa] *f* Makulatur *f*
cartella [kar'tɛlla] *f* **1.** *(custodia)* Mappe *f*, Sammelmappe *f*; **2.** *(per la scuola)* Schulranzen *m*, Schultasche *f*; **3.** *~ clinica MED* Krankenbericht *m*; **4.** *INFORM* Ordner *m*
cartellino [kartel'liːno] *m* Etikett *n*
cartello [kar'tɛllo] *m* **1.** Schild *n*; *~ stradale* Verkehrszeichen *n*, Verkehrsschild *n*; **2.** *(insegna)* Firmentafel *f*; **3.** *ECO* Kartell *n*
cartellone [kartel'loːne] *m* **1.** Plakat *n*; **2.** *THEAT* Programm *n*
cartilagine [karti'laːdʒine] *f* Knorpel *m*
cartina [kar'tiːna] *f* **1.** *(di un paese)* Landkarte *f*; **2.** *(di una città)* Stadtplan *m*
cartoleria [kartole'riːa] *f* Schreibwarengeschäft *n*
cartolina [karto'liːna] *f* Ansichtskarte *f*, Karte *f*; *~ d'auguri* Glückwunschkarte *f*; *~ postale* Postkarte *f*
cartone [kar'toːne] *m* **1.** Karton *m*, Pappe *f*; **2.** *~ ondulato* Wellpappe *f*
cartuccia [kar'tuttʃa] *f* **1.** *MIL* Patrone *f*; **2.** *(dell'inchiostro)* Patrone *f*; **3.** *~ a salve* Platzpatrone *f*
casa ['kaːsa] *f* **1.** Haus *n*, Heim *n*; *senza ~* obdachlos; *~ paterna* Elternhaus *n*; *~ a schiera* Reihenhaus *n*; *~ editrice* Verlag *m*; *~ per le vacanze* Ferienhaus *n*, Ferienwohnung *f*; *~ di spedizioni* Versandhaus *n*; **2.** *(pareti domestiche)* Heim *n*, Zuhause *n*; *a ~* zu Hause, nach Hause
casaccio [ka'zattʃo] *m a ~* auf gut Glück, ins Blaue hinein
casalinga [kasa'liŋga] *f* Hausfrau *f*
casalinghi [kasa'liŋgi] *m/pl* Haushaltswaren *pl*
casalingo [kasa'liŋgo] *adj* **1.** häuslich, Haushalts…; *m* **2.** Hausmann *m*
cascarci [kas'kartʃi] *v* in die Falle gehen
cascare [kas'kaːre] *v* fallen
cascata [kas'kaːta] *f* Wasserfall *m*
casco ['kasko] *m* **1.** Helm *m*; **2.** *(dei motociclisti)* Sturzhelm *m*; **3.** *(per asciugare i capelli)* Trockenhaube *f*; **4.** *~ di banane BOT* Bananenstaude *f*
caseario [kaze'aːrio] *adj prodotti caseari* Milch- und Molkereipodukte *pl*
caseggiato [kased'dʒato] *m* **1.** Wohnblock *m*; **2.** *(zona residenziale)* Wohnviertel *n*
caseificio [kazei'fiːtʃo] *m* Käserei *f*
casella [ka'sɛlla] *f* **1.** Fach *n*; *~ postale* Postfach *n*; **2.** *(campo)* Feld *n*; **3.** *(di una rubrica)* Kategorie *f*
casino [ka'siːno] *m (fam)* **1.** Lärm *m*; **2.** *(confusione)* Wirrwarr *m*; **3.** *(volgare)* Bordell *n*, Puff *n*
casinò [kazi'no] *m* Spielkasino *n*
caso ['kaːzo] *m* **1.** Fall *m*, Vorfall *m*; *nel migliore dei casi* bestenfalls; *nel peggiore dei casi* schlimmstenfalls; *a ~* aufs Geratewohl; *~ eccezionale* Ausnahmefall *m*; *~ limite* Grenzfall *m*; *~ di morte* Sterbefall *m*, Todesfall *m*; *~ normale* Normalfall *m*; *~ particolare* Sonderfall *m*; *~ singolo* Einzelfall *m*; *in ogni ~* jedenfalls, sowieso; *in nessun ~* keinesfalls, auf keinen Fall; *~ mai* wenn; **2.** *(circostanza fortuita)* Zufall *m*; *per ~* durch Zufall, zufällig; **3.** *(fato)* Los *n*, Vorsehung *f*; **4.** *(fatto precedente)* Vorfall *m*
cassa ['kassa] *f* **1.** Kasse *f*; *~ di risparmio* Sparkasse *f*; *~ continua* Nachttresor *m*; *~ del teatro* Theaterkasse *f*; *~ malattia* Krankenkasse *f*; **2.** *(contenitore)* Kiste *f*; **3.** *~ da morto* Sarg *m*
cassaforte [kassa'forte] *f* Tresor *m*; *~ di banca FIN* Banksafe *m*
cassetta [kas'setta] *f* **1.** Kassette *f*; **2.** *(cassa)* Kasten *m*; *~ portautensili* Werkzeugkasten *m*; *~ di pronto soccorso* Verbandskasten *m*; *~ postale* Briefkasten *m*; **3.** *~ di sicurezza* Safe *m*, Schließfach *n*; *Me lo chiuda dentro alla ~, per favore.* Schließen Sie das bitte in den Safe ein. *Dov'è il deposito bagagli a cassette?* Wo sind die Schließfächer?
cassetto [kas'setto] *m* **1.** Schublade *f*; **2.** *~ segreto* Geheimfach *n*

cassettone [kasset'toːne] *m* Kommode *f*
cassiera [kassi'ɛːra] *f* Kassiererin *f*
cassiere [kassi'ɛːre] *m* Kassierer *m*
cassone [kas'soːne] *m* Truhe *f*
castagna [kas'taɲɲa] *f BOT* Esskastanie *f*
castano [kas'taːno] *adj* kastanienbraun
castello [kas'tɛllo] *m* 1. Schloss *n;* 2. *(maniero)* Burg *f;* ~ *feudale* Ritterburg *f*
castigare [kasti'gaːre] *v* 1. *(punire)* bestrafen, maßregeln; 2. *(corporalmente)* züchtigen
castigatezza [kastiga'tettsa] *f* 1. Unschuld *f;* 2. Sittsamkeit *f*
casto ['kasto] *adj* keusch
castrare [kas'traːre] *v MED* kastrieren
casuale [kazu'aːle] *adj* zufällig
cataclisma [kata'klizma] *m* 1. Sintflut *f;* 2. *(inondazione)* Überschwemmung *f;* 3. *(catastrofe)* Katastrophe *f*
catalizzatore [kataliddza'toːre] *m* 1. *TECH* Katalysator *m;* 2. *CHEM* Katalysator *m*
catalogare [katalo'gaːre] *v* katalogisieren
catalogo [ka'taːlogo] *m* Katalog *m,* Verzeichnis *n;* ~ *dell'esposizione* Ausstellungskatalog *m;* ~ *per categorie* Branchenverzeichnis *n*
cataratta [kata'ratta] *f* 1. *(diga)* Schleuse *f,* Wehr *n;* 2. *(cascata) GEOL* Wasserfall *m;* 3. *MED* grauer Star *m*
catarifrangente [katarifran'dʒɛnte] *adj* 1. rückstrahlend; *m* 2. Rückstrahler *m*
catarro [ka'tarro] *m* 1. *MED* Katarr *m;* ~ *bronchiale* Bronchialkatarr *m;* 2. *(muco) MED* Schleim *m*
catasta [ka'tasta] *f* Stapel *m*
catasto [ka'tasto] *m* 1. Kataster *m,* Grundbuchamt *n;* 2. *(registro)* Grundbuchregister *n*
catastrofe [ka'tastrofe] *f* Katastrophe *f;* ~ *climatica* Klimakatastrophe *f*
catastrofico [katas'trɔːfiko] *adj* katastrophal
catechismo [kate'kizmo] *m REL* Katechismus *m*
categoria [katego'riːa] *f* Klasse *f; di seconda* ~ zweitrangig; *di prima* ~ erstrangig; ~ *di stipendio* Gehaltsgruppe *f*
categorico [kate'gɔːriko] *adj* kategorisch
catena [ka'teːna] *f* 1. Kette *f;* 2. *catene da neve pl* Schneeketten *pl*
catenaccio [kate'nattʃo] *m* Riegel *m*
catenina [kate'niːna] *f* Kettchen *n*
cateratta [kate'ratta] *f MED* grauer Star *m*
catetere [kate'tɛːre] *m MED* Katheter *m*
catinella [kati'nɛlla] *f* Waschschüssel *f; Piove a catinelle.* Es gießt in Strömen.
catino [ka'tiːno] *m* Schüssel *f,* Waschschüssel *f*
catramare [katra'maːre] *v* teeren
catrame [ka'traːme] *m* Teer *m*
cattedra ['kattedra] *f* 1. Pult *n;* 2. Lehrstuhl *m;* ~ *universitaria* Professur *f*
cattedrale [katte'draːle] *f* Münster *n,* Kathedrale *f*
cattivarsi [katti'varsi] *v (amicizia)* erringen, gewinnen
cattiveria [katti'vɛːria] *f* Bösartigkeit *f,* Bosheit *f*
cattivo [kat'tiːvo] *adj* 1. böse, gemein; 2. *(maligno)* bösartig, boshaft; 3. *(iniquo)* unrecht
cattolicesimo [kattoli'tʃeːzimo] *m REL* Katholizismus
cattolico [kat'tɔːliko] *m* 1. *REL* Katholik *m; adj* 2. *REL* katholisch; ~ *romano* römisch-katholisch
cattura [kat'tuːra] *f (arresto)* Inhaftierung *f,* Verhaftung *f*
catturare [kattu'raːre] *v* inhaftieren
causa ['kaːuza] *f* 1. Ursache *f; a* ~ *di* infolge, wegen, durch; *per* ~ *tua/per* ~ *sua* deinetwegen/seinetwegen; ~ *di morte* Todesursache *f;* 2. *JUR* Fall *m; fare* ~ *a qd* gegen jdn prozessieren, eine Klage gegen jdn anstrengen; 3. *(motivo)* Grund *m*
causare [kau'zaːre] *v* 1. verursachen; 2. *(danni)* anrichten, bereiten; 3. *(fig)* auslösen; 4. *(fig: creare)* stiften; 5. *(avere colpa)* verschulden, zufügen
cautela [kau'tɛːla] *f* Vorsicht *f*
cautelarsi [kaute'larsi] *v* sich vorsehen, sich schützen
cauto ['kaːuto] *adj* behutsam

cauzione [kau'tsioːne] *f* Pfand *n; Bisogna depositare una ~?* Muss man eine Kaution hinterlegen?
cava ['kaːva] *f* Bruch *m,* Grube *f; ~ di pietra* Steinbruch *m*
cavalcare [kaval'kaːre] *v* reiten
cavalcata [kaval'kaːta] *f* Ritt *m*
cavalcatore [kavalka'toːre] *m* Reiter *m*
cavaliere [kava'liɛːre] *m* **1.** Kavalier *m;* **2.** *(chi va a cavallo)* Reiter *m;* **3.** *HIST* Ritter *m; da ~* ritterlich; **4.** *(fig) ~ d'industria* Hochstapler *m*
cavalleresco [kavalle'resko] *adj* ritterlich
cavalleria [kavalle'riːa] *f* **1.** *MIL* Kavallerie *f;* **2.** *(nel medioevo)* Rittertum *n;* **3.** *(gentilezza da cavaliere)* Höflichkeit *f*
cavalletto [kaval'letto] *m* **1.** *SPORT* Bock *m;* **2.** *(da pittore)* Staffelei *f*
cavallo [ka'vallo] *m* **1.** *ZOOL* Pferd *n; ~ bianco* Schimmel *m; ~ baio* Brauner *m; ~ da corsa* Rennpferd *n; uscire a ~* ausreiten; *andare a ~* reiten; *~ a dondolo* Schaukelpferd *n;* **2.** *~ vapore TECH* Pferdestärke *f;* **3.** *(fig) ~ di battaglia* Bravourstück *n*
cavalluccio [kaval'luttʃo] *m* Pferdchen *n; ~ marino ZOOL* Seepferdchen *n*
cavare [ka'vaːre] *v* herausholen
cavarsela [ka'varsela] *v (fig)* davonkommen
cavarsi [ka'varsi] *v (fame, sete)* stillen
cavatappi [kava'tappi] *m* Korkenzieher *m*
caverna [ka'vɛrna] *f* Höhle *f*
cavia ['kaːvia] *f* **1.** *(da esperimento)* Versuchstier *n;* **2.** *(fig)* Versuchsobjekt *n,* Versuchskaninchen *n*
caviale [kavi'aːle] *m GAST* Kaviar *m*
cavillo [ka'villo] *m (sofisma)* Haarspalterei *f,* Spitzfindigkeit *f*
cavilloso [kavol'loːso] *adj* spitzfindig
cavità [kavi'ta] *f* **1.** Hohlraum *m;* **2.** *~ orale ANAT* Rachen *m*
cavo ['kaːvo] *adj* **1.** hohl; *m* **2.** Seil *n; ~ da rimorchio* Abschleppseil *n;* **3.** *NAUT* Tau *n;* **4.** *TECH* Kabel *n,* Leitung *f; ~ d'accoppiamento* Verbindungskabel *n; ~ d'accensione* Zündkabel *n*
cavoletto [kavo'letto] *m ~ di Bruxelles* Rosenkohl *m*
cavolfiore [kavolfi'oːre] *m* Blumenkohl *m*
cavolo ['kaːvolo] *m BOT* Kohl *m; Non capisci un ~. (fig)* Du verstehst überhaupt nichts. *Col ~! (fam)* Ich denke nicht daran!
cazzotto [kat'tsɔtto] *m (fam)* Faustheib *m; fare a cazzotti* sich schlagen, raufen, sich verprügeln
cazzuola [kattsu'ɔːla] *f* Kelle *f*
cece ['tʃeːtʃe] *m BOT* Kichererbse *f*
cecità [tʃetʃi'ta] *f* Blindheit *f*
ceco ['tʃeko] *adj* tschechisch; *Repubblica Ceca* Tschechische Republik *f*
Cecoslovacchia [tʃekoslo'vakkia] *f HIST* Tschechoslowakei *f*
cedere ['tʃɛːdere] *v irr* **1.** nachgeben; **2.** *(fam)* schlappmachen; **3.** *(far posto, arrendersi)* weichen; **4.** *FIN* abtreten; **5.** *(fig)* nachgeben
cedevolezza [tʃedevo'lettsa] *f* Nachgiebigkeit *f*
cedibile [tʃe'diːbile] *adj* abtretbar, übertragbar
ceffone [tʃef'foːne] *m* Ohrfeige *f; dare un ~ a qd* jdm eine Ohrfeige geben
celare [tʃe'laːre] *v* **1.** *(nascondere)* verhüllen; **2.** *(tenere segreto)* verheimlichen
celarsi [tʃe'larsi] *v* sich verbergen
celebrare [tʃele'braːre] *v* **1.** feiern, festlich begehen; **2.** *REL* abhalten
celebre ['tʃɛːlebre] *adj* berühmt
celebrità [tʃelebri'ta] *f* Berühmtheit *f,* Bekanntheit *f*
celere ['tʃɛːlere] *adj* **1.** schnell, geschwind; **2.** *treno ~* Schnellzug *m; f* **3.** *(polizia)* Überfallkommando *n*
celerità [tʃeleri'ta] *f* **1.** Geschwindigkeit *f,* Raschheit *f;* **2.** *(velocità)* Schnelligkeit *f*
celeste [tʃe'lɛste] *adj* **1.** hellblau; **2.** *REL* himmlisch
celibato [tʃeli'baːto] *m REL* Zölibat *n*
celibe ['tʃɛːlibe] *adj* **1.** ledig; *m* **2.** Junggeselle *m,* Lediger *m*
cella ['tʃɛlla] *f* Zelle *f; ~ di carcere* Gefängniszelle *f*
cellula ['tʃɛllula] *f BIO* Zelle *f*
cellulare [tʃellu'laːre] *adj* **1.** Zellen…; *m;* **2.** *TEL* Handy *n;* **3.** Gefängniswagen *m*

cellulosa [tʃellu'loːsa] *f* Zellstoff *m*
cementare [tʃemen'taːre] *v* zementieren
cemento [tʃe'mento] *m* Zement *m; ~ armato* Stahlbeton *m,* Eisenbeton *m*
cena ['tʃeːna] *f* 1. Abendessen *n; Quando è ora di ~?* Wann gibt es Abendessen? 2. REL Abendmahl *n*
cenare [tʃe'naːre] *v* zu Abend essen, das Abendessen einnehmen
cencio ['tʃentʃo] *m* Lappen *m; ~ per spolverare* Staublappen *m,* Staublumpen *m; bianco come un ~* kreidebleich
cenere ['tʃeːnere] *f* Asche *f*
cenno ['tʃenno] *m* Wink *m; fare ~* nicken
cenone [tʃe'noːne] *m* üppiges Abendessen *n; ~ di Capodanno* Silvesteressen *n*
censimento [tʃensi'mento] *m* Zählung *f,* Volkszählung *f*
censura [tʃen'suːra] *f* POL Zensur *f*
censurare [tʃensu'raːre] *v* POL zensieren
centellinare [tʃentelli'naːre] *v* nippen
centenario [tʃente'naːrio] *adj* 1. hundertjährig; *m* 2. Hundertjahrfeier *f,* Jahrhundertfeier *f*
centesimo [tʃen'tɛːzimo] *adj* 1. hundertste(r,s) *m;* 2. Cent *m*
centimetro [tʃen'tiːmetro] *m* Zentimeter *m*
cento ['tʃɛnto] *num* einhundert, hundert; *al ~ per ~* hundertprozentig
centrale [tʃen'traːle] *adj* 1. zentral, Mittel…; *f* 2. Zentrale *f; Mi può passare una ~?* Können Sie mir ein Amt geben? *~ dei dati* INFORM Datenzentrale *f; ~ idrica* Wasserkraftwerk *n*
centralino [tʃentra'liːno] *m* TEL Vermittlung *f*
centrare [tʃen'traːre] *v* 1. zentrieren; 2. *(cogliere)* treffen; 3. *(fig)* genau das Richtige sagen/ins Schwarze treffen/den Nagel auf den Kopf treffen
centrifugare [tʃentrifu'gaːre] *v* schleudern
centro ['tʃɛntro] *m* 1. Zentrum *n,* Mitte *f; ~ di gravità* Schwerpunkt *m;* 2. *(di una città)* Innenstadt *f; al ~* zentral; 3. *(istituto)* Institut *n,* Zentrum *n; ~ di riabilitazione* Rehabilitationszentrum *n; ~ di ricerche* Forschungszentrum *n; ~ stampa* Pressezentrum *n;* 4. *(nel tiro al bersaglio)* SPORT Treffer *m; ~ casuale* Zufallstreffer *m*
centrocittà [tʃentrotʃit'ta] *m* Stadtmitte *f*
ceppo ['tʃeppo] *m* Klotz *m; ~ del freno* Bremsklotz *m*
cera ['tʃeːra] *f* 1. Bohnerwachs *n;* 2. *(delle api)* Wachs *n; dare la ~* wachsen
ceralacca [tʃera'lakka] *f* Siegellack *m*
ceramica [tʃe'raːmika] *f* Keramik *f*
cercare [tʃer'kaːre] *v* 1. suchen; 2. *~ di qd* nach jdm verlangen; 3. *(nel libro)* nachschlagen; *~ qc nel vocabolario* etw im Wörterbuch nachschlagen; 4. *(scegliere)* heraussuchen
cerchia ['tʃerkia] *f (di amici)* Freundeskreis *m,* Runde *f*
cerchio ['tʃerkio] *m* 1. Kreis *m,* Ring *m;* 2. *(di una ruota)* TECH Felge *f;* 3. *(compasso)* Zirkel *m*
cereale [tʃere'aːle] *adj* 1. BOT Getreide…; *m* 2. Getreide *n*
cerimonia [tʃeri'moːnia] *f* Zeremonie *f,* Akt *m; ~ nuziale* Hochzeitsfeier *f; ~ della premiazione* Siegerehrung *f*
cerniera [tʃerni'ɛːra] *f* 1. TECH Scharnier *n;* 2. *(chiusura lampo)* Reißverschluss *m*
cerotto [tʃe'rɔtto] *m* Pflaster *n,* Heftpflaster *n*
certamente [tʃerta'mente] *adv* 1. gewiss, wohl; *konj* 2. zwar
certezza [tʃer'tettsa] *f* Bestimmtheit *f,* Gewissheit *f*
certificarsi [tʃertifi'karsi] *v* sich vergewissern
certificato [tʃertifi'kaːto] *m* Zeugnis *n,* Bescheinigung *f; ~ finale* Abschlusszeugnis *n; ~ di discendenza* Abstammungsurkunde*f; ~ di buona condotta* Führungszeugnis *n,* Leumundszeugnis *n; ~ di matrimonio* Trauschein *m,* Heiratsurkunde *f; ~ di morte* Sterbeurkunde *f; ~ di residenza* Aufenthaltsbescheinigung *f,* Wohnsitzbescheinigung *f; ~ di rilascio* Entlassungspapier *n; ~ di battesimo* Taufschein *m; ~ di debito* Schuldschein *m; ~ di vaccinazione* Impfschein *m; ~ di malattia* Krankenschein *m*

C

certissimo [tʃer'tissimo] *adj (fig)* bombensicher
certo ['tʃɛrto] *adj* 1. gewiss, sicher, bestimmt; *sapere per ~ qc* etw mit Sicherheit wissen; *interj* 2. *Certo!* Na klar!
cervello [tʃer'vɛllo] *m* 1. ANAT Gehirn *n;* 2. *(fig: giudizio)* Verstand *m*
cervice [tʃer'viːtʃe] *f* ANAT Nacken *m; di dura ~* beharrlich, hartnäckig
cervo ['tʃɛrvo] *m* ZOOL Hirsch *m*
cesellare [tʃezel'laːre] *v* 1. eingravieren; 2. *(lavorare i metalli)* ziselieren
cesello [tʃe'zɛllo] *m* Meißel *m*
cesio ['tʃɛːzio] *m* CHEM Cäsium *n*
cesoia [tʃe'zoːia] *f* Gartenschere *f,* Blechschere *f*
cespuglio [tʃes'puʎʎo] *m* 1. Strauch *m,* Busch *m;* 2. *cespugli pl* Gebüsch *n*
cessare [tʃes'saːre] *v* aufhören
cessazione [tʃessa'tsioːne] *f* Beendigung *f*
cessione [tʃessi'oːne] *f* Abtretung *f,* Übertragung *f*
cesta ['tʃesta] *f* Korb *m*
cestino [tʃes'tiːno] *m* Papierkorb *m*
cesto ['tʃɛsto] *m* Korb *m*
cetaceo [tʃe'taːtʃeo] *m* ZOOL Walfisch *m*
ceto ['tʃɛːto] *m* Stand *m*
cetra ['tʃetra] *f* 1. MUS Zither *f;* 2. *(lira)* MUS Leier *f*
cetriolo [tʃetri'ɔːlo] *m* BOT Gurke *f; ~ sott'aceto* GAST Essiggurke *f,* Gewürzgurke *f*
champagne [ʃam'paɲ] *m* GAST Champagner *m*
chance [ʃans] *f* Chance *f*
charme [ʃarm] *m* Anmut *f*
charter ['tʃaːtɛr] *m* Charterflug *m*
chat [tʃat] *f* INFORM Chat *m*
chattare [tʃat'taːre] *v* INFORM chatten
che [ke] *konj* 1. dass; 2. *(affinché)* damit; *di modo ~* damit; 3. *(comparativo)* als; *pron* 4. *(rel)* der, die, das, welche(r,s); 5. *(interr)* was; *Che cosa?* Was?
chemioterapia [kemiotera'piːa] *f* MED Chemotherapie *f*
chi [ki] *pron* 1. *(interr)* wer, wen; *a ~* wem; *di ~* von wem, wessen; *con ~* mit wem; 2. *(oggetto indiretto) a ~* dem; *di ~* dessen; *con ~* mit dem, 3. *(rel)* der, derjenige
chiacchiera [ki'akkiera] *f* Schwatz *m*
chiacchierare [kiakkie'raːre] *v* schwatzen, plappern
chiacchierata [kiakkie'raːta] *f* Geplauder *n*
chiacchierone [kiakkie'roːne] *adj* 1. geschwätzig; *m* 2. Schwätzer *m*
chiamare [kia'maːre] *v* 1. rufen, anrufen; *andare a ~ qd* jdn holen; *~ con un cenno* winken; *~ in giudizio* JUR vorladen; 2. *(col nome)* nennen, aufrufen; 3. JUR hinzuziehen
chiamarsi [kia'marsi] *v (nome)* heißen; *Come si chiama?* Wie heißen Sie? *Come si chiama questo?* Wie nennt man das? *Mi chiamo ...* Ich heiße ...
chiamata [kia'maːta] *f* 1. Anruf *m,* Aufruf *m;* 2. *(invito)* Ruf *m; ~ d'emergenza* Notruf *m; ~ urbana* Ortsgespräch *n*
chiara [ki'aːra] *f* GAST Eiweiß *n*
chiaramente [kiara'mente] *adv* 1. eindeutig; 2. *(evidentemente)* offenbar
chiarezza [kia'rettsa] *f* 1. Deutlichkeit *f,* Eindeutigkeit *f;* 2. *(di luce)* Helligkeit *f;* 3. *(di pensiero)* Klarheit *f*
chiarimento [kiari'mento] *m* 1. Klarstellung *f,* Klärung *f;* 2. *(spiegazione)* Erklärung *f,* Darlegung *f*
chiarire [kia'riːre] *v* aufklären, klären
chiarirsi [kia'rirsi] *v* 1. sich aufhellen; 2. *~ di qc* sich über etw klar werden
chiaro ['kiaːro] *adj* 1. deutlich, eindeutig; *poco ~* unklar; *Tutto ~?* Ist alles klar? 2. *(evidente)* klar; 3. *(luce)* hell, licht; *~ come il sole* sonnenklar; 4. *(puro)* rein; *m* 5. *~ di luna* Mondschein *m*
chiarore [kia'roːre] *m* Schimmer *m*
chiaroveggente [kiaroved'dʒɛnte] *m/f* Hellseher(in) *m/f*
chiasso ['kiasso] *m* 1. Krach *m,* Lärm *m; fare ~* randalieren; *~ insopportabile* unerträglicher Lärm *m;* 2. *(sensazione)* Aufsehen *n*
chiave ['kiaːve] *f* 1. Schlüssel *m; ~ falsa* Nachschlüssel *m; ~ della porta* Türschlüssel *m; chiudere a ~* absperren, zusperren; 2. *~ universale* TECH Dietrich *m;* 3. *(per viti)* Schraubenschlüssel *m;* 4. MUS Notenschlüssel *m;* 5. *(fig)* Schlüssel *m*
chiavetta [kia'vetta] *f* 1. Schlüsselchen *n; ~ d'accensione* Zündschlüs-

sel *m;* 2. *~ USB INFORM* USB-Stick *m; ~ Internet* Surfstick *m*
chiavistello [kiavis'tɛllo] *m* Türriegel *m*
chiazza ['kiattsa] *f* Fleck *m; ~ di sangue* Blutfleck *m; ~ d'inchiostro* Tintenfleck *m; ~ petrolifera* Ölteppich *m*
chic [ʃik] *adj* schick, flott
chicca ['kikka] *f* Bonbon *n*
chicchessia [kikkes'siːa] *pron* wer auch immer
chicco ['kikko] *m* 1. Korn *n; ~ di grano* Getreidekorn *n;* 2. *~ d'uva* Traube *f;* 3. *~ di caffè* Kaffeebohne *f*
chiedere ['kiɛːdere] *v irr* 1. fragen; *~ informazioni* sich erkundigen; 2. *(posto)* sich bewerben; 3. *(domandare, ri~)* fordern
chierichetto [kieri'ketto] *m REL* Messdiener *m*
chiesa ['kiɛːza] *f* Kirche *f*
chilogrammo [kilo'grammo] *m* Kilogramm *n; mezzo ~* Pfund *n*
chilometraggio [kilome'traddʒo] *m* Kilometerzahl *f*
chilometro [ki'lɔːmetro] *m* Kilometer *m*
chilowatt ['kiːlowatt] *m* Kilowatt *n*
chimica ['kiːmika] *f* Chemie *f*
chimico ['kiːmiko] *adj* 1. chemisch; *prodotti chimici* Chemikalien *pl; m* 2. Chemiker *m*
chinarsi [ki'narsi] *v* sich bücken
chinino [ki'niːno] *m MED* Chinin *n*
chioccia [ki'ɔttʃa] *f* Glucke *f*
chiocciola [ki'ɔttʃola] *f* 1. *ZOOL* Schnecke *f;* 2. *scala a ~* Wendeltreppe *f;* 3. *INFORM* At-Zeichen *n,* @-Symbol *n*
chiodo [ki'ɔːdo] *m TECH* Nagel *m*
chioma [ki'ɔːma] *f* 1. *BOT* Baumkrone *f;* 2. *BIO* Kopfhaar *n*
chiosco [ki'ɔsko] *m* Kiosk *m,* Laube *f*
chiostro [ki'ɔstro] *m* 1. *ARCH* Kreuzgang *m;* 2. *(convento)* Kloster *n*
chip [tʃɪp] *m INFORM* Chip *m*
chirurgia [kirur'dʒiːa] *f* Chirurgie *f*
chirurgo [ki'rurgo] *m* Chirurg *m*
chissà [kis'sa] *adv* wer weiß, eventuell
chitarra [ki'tarra] *f MUS* Gitarre *f*
chiudere ['kiuːdere] *v irr* 1. *(a chiave)* einschließen, abschließen, verschließen, zuschließen; *Mi sono chiuso fuori dalla mia camera.* Ich habe mich aus meinem Zimmer ausgeschlossen. *~ a catenaccio* verriegeln/den Riegel vorschieben; 2. *(rac~)* einschließen; 3. *~ fuori* ausschließen; 4. *(negozio)* schließen, zumachen; *Quando chiude?* Wann schließen Sie?/Wann machen Sie zu? 5. *(rubinetto)* zudrehen
chiunque [ki'uŋkue] *pron* 1. wer auch immer; 2. *(ognuno)* jeder; *Lo può fare ~.* Jeder ist dazu in der Lage.
chiusa ['ki'uːsa] *f* 1. *(di una lettera)* Schlussformel *f;* 2. *(diga)* Schleuse *f;* 3. *(argine)* Damm *m*
chiuso ['kiuːso] *adj* 1. geschlossen, abgesperrt; *tenere ~* zuhalten; 2. *a porte chiuse JUR* unter Ausschluss der Öffentlichkeit; 3. *cielo ~* bedeckter Himmel *m;* 4. *(fig)* verschlossen, unzugänglich; *uomo ~* undurchschaubarer Mensch *m,* stilles Wasser *n*
chiusura [kiu'suːra] *f* 1. *(il chiudere)* Abschließen *n; ~ a catenaccio* Verriegelung *f;* 2. *(il bloccare)* Schließung *f,* Absperrung *f; ~ centralizzata* Zentralverriegelung *f;* 3. *~ lampo* Reißverschluss *m*
choc [ʃɔk] *m* Schock *m*
ci [tʃi] *adv* 1. daran, hier; *pron* 2. uns
ciabatta [tʃa'batta] *f* Hausschuh *m*
cialda ['tʃalda] *f GAST* Waffel *f*
cialtrone [tʃal'troːne] *m* Luftikus *m*
ciambella [tʃam'bɛlla] *f* 1. *(dolce) GAST* Kringel *m,* Kranz *m;* 2. *GAST* Brezel *f;* 3. *SPORT* Schwimmreifen *m*
ciancia ['tʃantʃa] *f* 1. Gerede *n;* 2. *(nonsenso)* Unsinn *m*
ciao ['tʃaːo] *interj* 1. tschüss, ade; 2. *(incontrandosi)* grüß Gott, hallo
ciarpame [tʃar'paːme] *m (fig)* Kram *m,* Plunder *m*
ciascuno [tʃas'kuːno] *pron* 1. *(soggetto)* jede(r,s); 2. *(oggetto diretto)* jede(n,s); 3. *(oggetto indiretto)* jeder, jedem; *A ~ il suo.* Jedem das Seine; *adj* 4. jede(r,s)
cibare [tʃi'baːre] *v* 1. nähren, ernähren; 2. *(animali)* füttern
cibernetico [tʃiber'nɛːtiko] *adj* kybernetisch; *era cibernetica* Cyber-Ära *f*
ciberspazio [tʃiber'spattsjo] *m INFORM* Cyberspace *m*
cibo ['tʃiːbo] *m* 1. Speise *f,* Essen *n; ~*

C

preferito Lieblingsspeise *f;* 2. *(nutrimento)* Nahrung *f;* 3. *(delle bestie)* Futter *n*
cicala [tʃi'kaːla] *f* 1. ZOOL Zikade *f;* 2. *(fig)* Schwafler *m*

C

cicatrice [tʃika'tritʃe] *f* MED Narbe *f*
cicatrizzarsi [tʃikatrid'dzarsi] *v* MED vernarben
cicca ['tʃikka] *f* Zigarettenstummel *m; non valere una ~* keinen Pfifferling wert sein; *Non vale una ~.* Das lohnt die Mühe nicht./Es ist keinen Heller wert.
ciclismo [tʃi'klizmo] *m* SPORT Radsport *m*
ciclista [tʃi'klista] *m/f* Radfahrer(in) *m/f*
ciclo ['tʃiːklo] *m* Zyklus *m*
cicogna [tʃi'koɲɲa] *f* ZOOL Storch *m*
cieco ['tʃɛːko] *adj* 1. blind; *m* 2. Blinder *m*
cielo ['tʃɛːlo] *m* Himmel *m,* Firmament *n*
cifra ['tʃiːfra] *f* 1. *(numero)* Ziffer *f; di più cifre* mehrstellig; 2. *(di un annuncio sul giornale)* Chiffre *f,* Kennziffer *f;* 3. *(somma)* Summe *f;* 4. *(l'ammontare)* Betrag *m,* Geldbetrag *m; ~ d'affari* ECO Umsatz *m*
cifrare [tʃi'fraːre] *v* 1. chiffrieren, verschlüsseln; 2. INFORM kodieren
ciglio ['tʃiʎʎo] *m* 1. *(dell'occhio)* ANAT Wimper *f;* 2. *(della strada)* Bordstein *m;* 3. *(orlo)* Kante *f*
cigno ['tʃiɲɲo] *m* ZOOL Schwan *m*
cigolare [tʃigo'laːre] *v* knarren, knirschen
cigolio [tʃigo'liːo] *m* Knarren *n,* Knirschen *n*
Cile ['tʃiːle] *m* GEO Chile *n*
cilecca [tʃi'lekka] *f (fig) fare ~* versagen
ciliegia [tʃili'ɛːdʒa] *f* BOT Kirsche *f*
cilindro [tʃi'lindro] *m* 1. *(cappello)* Zylinder *m;* 2. TECH Zylinder *m*
cima ['tʃiːma] *f* 1. Gipfel *m,* Spitze *f;* 2. *(vetta)* Bergspitze *f;* 3. *da ~ a fondo* von oben bis unten
cimentare [tʃimen'taːre] *v* 1. prüfen; 2. riskieren
cimentarsi [tʃimen'tarsi] *v* sich versuchen, ausprobieren
cimice ['tʃiːmitʃe] *f* ZOOL Wanze *f*
ciminiera [tʃimini'ɛːra] *f* Kamin *m*
cimitero [tʃimi'tɛːro] *m* Friedhof *m*
Cina ['tʃiːna] *f* GEO China *n*
cinema ['tʃiːnema] *m* CINE Kino *n*
cinepresa [tʃine'preːsa] *f* Filmkamera *f,* Kamera *f*
cinese [tʃi'neːse] *m/f* 1. Chinese/Chinesin *m/f; adj* 2. chinesich
cinesiterapia [tʃinezitera'piːa] *f* Heilgymnastik *f,* Bewegungstherapie *f*
cingere ['tʃindʒere] *v irr* 1. *(circondare)* einfassen; 2. *(con le braccia)* umarmen
cinghia ['tʃiŋgia] *f* Gurt *m,* Riemen *m*
cinghiale [tʃiŋgi'aːle] *m* ZOOL Wildschwein *n*
cingolo ['tʃiŋgolo] *m* TECH Raupenkette *f*
cinguettare [tʃiŋguet'taːre] *v* zwitschern
cinguettio [tʃiŋguet'tiːo] *m* Gezwitscher *n,* Vogelgezwitscher *n*
cinico ['tʃiːniko] *adj* zynisch
cinorrodo [tʃi'nɔrrodo] *m* BOT Hagebutte *f*
cinquanta [tʃiŋku'anta] *num* fünfzig
cinquantesimo [tʃiŋkuan'tɛːzimo] *adj* fünfzigste(r,s)
cinque ['tʃiŋkue] *num* fünf
cintura [tʃin'tuːra] *f* 1. Gürtel *m;* 2. *~ di sicurezza* TECH Sicherheitsgurt *m*
cinturino [tʃintu'riːno] *m* Band *n; ~ dell'orologio* Uhrarmband *n*
ciò [tʃɔ] *pron* 1. dies, das; *da ~* daraus; *a ~* herzu; *oltre a ~* zudem, außerdem, darüber hinaus; *~ nonostante* nichtsdestoweniger, nichtsdestotrotz; 2. *~ che* was
cioccolata [tʃokko'laːta] *f* GAST Schokolade *f; una ~ calda* eine heiße Schokolade *f; una tavoletta di ~* eine Tafel Schokolade *f*
cioccolatino [tʃokkola'tiːno] *m* GAST Praline *f*
cioè [tʃo'ɛ] *konj* das heißt, und zwar
ciondolare [tʃondo'laːre] *v* hängen
ciondolo ['tʃondolo] *m* Schmuckanhänger *m*
ciotola ['tʃɔːtola] *f* Schüssel *f,* Napf *m*
ciottolo ['tʃɔttolo] *m* Kieselstein *m*
cipolla [tʃi'polla] *f* Zwiebel *m*
cipria ['tʃipria] *f* Puder *m*
circa ['tʃirka] *adv* 1. etwa, ungefähr, rund; *prep* 2. in Bezug auf

circo ['tʃirko] *m* Zirkus *m; ~ delle pulci* Flohzirkus *m*
circolare [tʃirko'la:re] *v* 1. kursieren, umgehen; 2. *(mezzi di trasporto)* fahren, verkehren; *f* 3. Rundschreiben *n;* 4. *(linea del tram)* Ringbahn *f; adj* 5. kreisförmig, rund
circolazione [tʃirkola'tsio:ne] *f* 1. Verkehr *m; ~ stradale* Straßenverkehr *m; ~ rotatoria* Kreisverkehr *m; ~ a destra* Rechtsverkehr *m; norme di ~* Verkehrsregeln *pl;* 2. *(rotazione)* Umlauf *m; mettere in ~* in Umlauf bringen; *togliere dalla ~* aus dem Verkehr ziehen; 3. *ECO* Zirkulation *f; ~ delle merci* Warenverkehr *m; ~ monetaria* Geldumlauf *m;* 4. *MED* Kreislauf *m*
circolo ['tʃirkolo] *m* 1. Kreis *m;* 2. *(di società)* Runde *f,* Zirkel *m;* 3. *~ polare GEO* Polarkreis *m;* 4. *~ sportivo* Sportverein *m;* 5. *(sede di un club)* Klubhaus *n*
circondare [tʃirkon'da:re] *v* umgeben, umzingeln
circonferenza [tʃirkonfe'rɛntsa] *f* Ausmaß *n,* Umfang *m*
circonvallazione [tʃirkonvalla'tsio:ne] *f* Ringstraße *f,* Umgehungsstraße *f*
circoscrizione [tʃirkoskri'tsio:ne] *f* 1. Bezirk *m;* 2. *(delimitazione)* Umschreibung *f*
circostanza [tʃirkos'tantsa] *f* 1. Fall *m,* Umstand *m; ~ concomitante* Begleitumstand *m;* 2. *(cerimonie)* Umstände *pl*
circostanziato [tʃirkostan'tsia:to] *adj* ausführlich
circuito [tʃir'ku:ito] *m* 1. Umfang *m;* 2. *(rete)* Netz *n;* 3. *SPORT* Rennbahn *f;* 4. *~ elettrico* Stromkreis *m; corto ~* Kurzschluss *m;* 5. *~ economico ECO* Wirtschaftskreislauf *m*
cisterna [tʃis'tɛrna] *f* Zisterne *f*
cisti ['tʃisti] *f MED* Zyste *f*
citare [tʃi'ta:re] *v* 1. anführen, zitieren; 2. *JUR* belangen; 3. *(in giudizio) JUR* laden
citazione [tʃita'tsio:ne] *f* 1. Zitat *n;* 2. *JUR* Ladung *f*
citofono [tʃi'tɔ:fono] *m* Sprechanlage *f*
città [tʃit'ta] *f* Stadt *f; ~ portuale* Hafenstadt *f; ~ satellite* Trabantenstadt *f*
cittadina [tʃitta'di:na] *f* Kleinstadt *f*
cittadinanza [tʃittadi'nantsa] *f* Staatsangehörigkeit *f; dare la ~* einbürgern
cittadino [tʃitta'di:no] *adj* 1. städtisch; *m* 2. Bürger *m,* Staatsbürger *m; ~ onorario* Ehrenbürger *m; Cittadini!* Liebe Mitbürger! 3. *(di nazionalità)* Staatsangehöriger *m*
ciuccio ['tʃuttʃo] *m* Schnuller *m*
ciuffo ['tʃuffo] *m* 1. *(di capelli)* Haarbüschel *n;* 2. *BOT* Grasbüschel *n*
civettare [tʃivet'ta:re] *v* kokettieren
civettuolo [tʃivet'tuɔ:lo] *adj* kokett
civico ['tʃi:viko] *adj* bürgerlich, Bürger... *palazzo ~* Rathaus *n; museo ~* Stadtmuseum *n; senso ~* Gemeinsinn *m*
civile [tʃi'vi:le] *adj* 1. zivil, zivilisiert; 2. *(civico)* bürgerlich; *codice ~* bürgerliches Gesetzbuch *n; guerra ~* Bürgerkrieg *m;* 3. *(educato)* anständig
civilizzato [tʃivilid'dza:to] *adj* zivilisiert, wohlerzogen
civilizzazione [tʃiviliddza'tsio:ne] *f* 1. Zivilisation *f;* 2. *(garbo)* gute Manieren *pl*
civiltà [tʃivil'ta] *f* Zivilisation *f*
clacson ['klakson] *m* Hupe *f*
clan [klan] *m* Clan *m*
clandestino [klandes'ti:no] *adj* heimlich, Geheim...; *passeggero ~* blinder Passagier *m; combattente ~* Partisan *m*
classe ['klasse] *f* 1. Klasse *f; di prima ~* erstklassig; *~ d'età* Altersklasse *f; ~ turistica* Touristenklasse *f;* 2. *(nella società)* Klasse *f;* 3. *(a scuola)* Klasse *f*
classicismo [klassi'tʃizmo] *m* 1. Klassizismus *m;* 2. *(età classica)* Klassik *f*
classico ['klassiko] *adj* 1. klassisch; *m* 2. *(persona)* Klassiker *m;* 3. *(opera)* Klassiker *m*
classifica [klas'si:fika] *f* 1. Klassifikation *f,* Einteilung *f;* 2. *SPORT* Rangliste *f*
classificare [klassifi'ka:re] *v* gliedern
classificazione [klassifika'tsio:ne] *f* 1. Klassifikation *f,* Einteilung *f;* 2. *SPORT* Rangliste *f,* Wertung *f*
clausola ['kla:uzola] *f JUR* Klausel *f*
clausura [klau'zu:ra] *f REL* Klausur *f*
clava ['kla:va] *f* Keule *f*
clemente [kle'mɛnte] *adj* 1. *(indulgente)* gnädig, gütig; 2. *(mite)* mild
clero ['klɛ:ro] *m REL* Klerus *m*
clessidra [kles'si:dra] *f* Sanduhr *f*

C

cliché [kli'ʃe] *m* Klischee *n*
cliente [kli'ɛnte] *m/f* Kunde/Kundin *m/f*, Klient(in) *m/f*; *~ abituale* Stammkunde/Stammkundin *m/f*; *~ bancario/~ bancaria* Bankkunde/Bankkundin *m/f*
clientela [klien'tɛːla] *f* Kundschaft *f*; *~ di passaggio ECO* Laufkundschaft *f*
clima ['kliːma] *m* Klima *n*
climaterio [klima'tɛːrio] *m MED* Wechseljahre *pl*
climatico [kli'maːtiko] *adj* klimatisch
clinica ['kliːnika] *f* Klinik *f*; *~ universitaria* Universitätsklinik *f*; *~ neurologica* Nervenheilanstalt *f*; *~ ginecologica* Frauenklinik *f*
clinico ['kliːniko] *adj* klinisch
cloro ['klɔːro] *m CHEM* Chlor *n*
clorofilla [kloro'filla] *f BOT* Chlorophyll *n*
cloroformio [kloro'fɔrmio] *m CHEM* Chloroform *n*
cloruro [klo'ruːro] *m CHEM* Chlorid *n*
clou [klu] *m* Clou *m*, Höhepunkt *m*
clown [klaʊn] *m* Clown *m*
club [klɛb] *m* Klub *m*
coabitante [koabi'tante] *m/f* Mitbewohner(in) *m/f*
coabitazione [koabita'tsioːne] *f* **1.** *(l'abitare insieme a qd)* Zusammenwohnen *n*; **2.** *(l'abitazione in comune a qd)* Wohngemeinschaft *f*
coatto [ko'atto] *adj* gezwungen, Zwangs…
cocaina [koka'iːna] *f* Kokain *n*
cocchiere [kokki'ɛːre] *m* Kutscher *m*
coccige ['kɔttʃidʒe] *m ANAT* Steißbein *n*
coccinella [kottʃi'nɛlla] *f ZOOL* Marienkäfer *m*
coccio ['kɔttʃo] *m* Scherbe *f*
cocciuto [kot'tʃuːto] *adj* starrköpfig, hartnäckig
coccodrillo [kokko'drillo] *m ZOOL* Krokodil *n*
coccola ['kɔkkola] *f* **1.** *BOT* Beere *f*; **2.** Liebkosung *f*
coccolare [kokko'laːre] *v* verhätscheln
coccolarsi [kokko'larsi] *v* **1.** sich niederkauern; **2.** *(fig)* sich erfreuen
cocente [ko'tʃɛnte] *adj* **1.** brühheiß; **2.** *(fig)* brennend
cocktail ['kɔkteɪl] *m* Cocktail *m*
cocomero [ko'koːmero] *m BOT* Wassermelone *f*
coda ['koːda] *f* **1.** Schwanz *m*; **2.** *(fila)* Schlange *f*; *fare la ~* anstehen/Schlange stehen
codardo [ko'dardo] *adj* **1.** feige; *m* **2.** Feigling *m*
codesto [ko'desto] *pron* dieser
codice ['kɔːditʃe] *m* **1.** *INFORM* Code *m*; **2.** *JUR* Gesetzbuch *n*; *~ civile* Bürgerliches Gesetzbuch *n*; **3.** *~ di avviamento postale* Postleitzahl *f*
coercizione [koertʃi'tsioːne] *m* Zwang *m*
coesione [koezi'oːne] *f* Zusammenhalt *m*
coesistenza [koezis'tɛntsa] *f* Zusammenleben *n*
coetaneo [koe'taːneo] *adj* **1.** gleichen Alters, im gleichen Alter; *m* **2.** Gleichaltriger *m*
cofanetto [kofa'netto] *m* **1.** Kassette *f*, Schatulle *f*; **2.** *(scatola)* Kästchen *n*
cofano ['kɔːfano] *m* Kühlerhaube *f*
cogliere ['kɔʎʎere] *v irr* **1.** abpflücken; **2.** *~ di sorpresa (fig)* überrumpeln; **3.** *(afferrare)* verstehen
cognata [koɲ'ɲaːta] *f* Schwägerin *f*
cognato [koɲ'ɲaːto] *m* Schwager *m*
cognizione [koɲɲi'tsioːne] *f* Erkenntnis *f*; *~ di causa* Sachkenntnis *f*; *~ preliminare* Vorkenntnisse *pl*
cognome [koɲ'ɲoːme] *m* Nachname *m*, Familienname *m*
coincidenza [kointʃi'dɛntsa] *f* **1.** *(l'avvenire simultaneamente)* Zusammenfall *m*; **2.** *(caso)* Zufall *m*; **3.** Anschluss *m*; *~ dei treni* Zuganschluss *m*; *~ di aereo* Anschlussflug *m*;
coincidere [koin'tʃiːdere] *v irr* zusammenfallen
coinquilino [koiŋkui'liːno] *m* Mitbewohner *m*
coinvolgere [koin'vɔldʒere] *v irr (fig)* hineinziehen
coito ['kɔːito] *m* Beischlaf *m*
colapasta [kola'pasta] *m* Nudelsieb *n*
colare [ko'laːre] *v* **1.** *(liquidi)* seihen; **2.** *(solidi)* sieben; **3.** *(metalli)* gießen; **4.** *~ a picco* versenken, versinken
colazione [kola'tsioːne] *f* Früh-

stück *n; fare ~* frühstücken; *C'è un buffet per la prima ~?* Gibt es ein Frühstücksbuffet?
colchico ['kɔlkiko] *m BOT* Herbstzeitlose *f*
coleottero [kole'ɔttero] *m ZOOL* Käfer *m*
colera [ko'lɛːra] *f MED* Cholera *f*
colesterolo [koleste'rɔːlo] *m MED* Cholesterin *n*
colica ['kɔːlika] *f MED* Kolik *f*
colino [ko'liːno] *m* Sieb *n*
colla ['kɔlla] *f* Klebstoff *m*, Leim *m*
collaborare [kollabo'raːre] *v* mitarbeiten, zusammenarbeiten
collaboratore [kollabora'toːre] *m* Mitarbeiter *m*
collaborazione [kollabora'tsioːne] *f* Mitarbeit *f*, Mithilfe *f; non ~* Bummelstreik *m*
collana [kol'laːna] *f* Halskette *f; ~ di perle* Perlenkette *f*
collant [kol'lan] *m/pl* Strumpfhose *f*
collante [kol'lante] *m* Klebstoff *m*
collare [kol'laːre] *m* Halsband *n*
collasso [kol'lasso] *m MED* Kollaps *m*
collaterale [kollate'raːle] *adj* seitlich, Neben…; *effetti collaterali* Nebenwirkungen *pl*
collaudare [kollau'daːre] *v TECH* abnehmen
collaudatore [kollauda'toːre] *m* 1. Kontrolleur *m;* 2. *(aereo)* Testpilot *m*
collaudo [kol'laːudo] *m TECH* Abnahme *f*
colle ['kɔlle] *m* Anhöhe *f*, Hügel *m*
collega [kol'lɛːga] *m/f* 1. Kollege/Kollegin *m/f;* 2. *(studente universitario)* Kommilitone/Kommilitonin *m/f*
collegamento [kollega'mento] *m* 1. *(comunicazione)* Verbindung *f; persona di ~* Verbindungsmann *m; ~ aereo* Flugverbindung *f; ~ trasversale* Querverbindung *f; C'è un ~ diretto?* Gibt es eine direkte Verbindung? *~ via satellite* Satellitenübertragung *f;* 2. Anschluss *m; ~ alla rete* Netzanschluss *m*
collegare [kolle'gaːre] *v* 1. verknüpfen, verbinden; 2. *TECH* anschließen; 3. *~ a terra TECH* erden
collegarsi [kolle'garsi] *v* sich in Verbindung setzen
collegiale [kolle'dʒaːle] *adj* gemeinschaftlich
collegialmente [kolledʒal'mente] *adv* kollegial, gemeinsam
collegio [kol'lɛːdʒo] *m* 1. Internat *n;* 2. *(persone con lo stesso titolo)* Kollegium *n*, Körperschaft *f;* 3. *~ elettorale POL* Wahlkreis *m*
collera ['kɔllera] *f* Zorn *m*
collerico [kol'lɛːriko] *m* 1. Choleriker *m; adj* 2. cholerisch, jähzornig
colletta [kol'lɛtta] *f REL* Kollekte *f*
collettività [kolletivi'ta] *f* Gesamtheit *f*, Gemeinschaft *f; ~ religiosa* religiöse Gemeinschaft *f*
collettivo [kollet'tiːvo] *adj* 1. kollektiv; *m* 2. Kollektiv *n*
colletto [kol'letto] *m* Kragen *m*
collezionare [kollettsio'naːre] *v* sammeln
collezione [kollet'tsioːne] *f* Sammlung *f; ~ di monete* Münzsammlung *f; ~ di oggetti d'arte* Kunstsammlung *f*
collezionista [kollettsio'nista] *m/f* Sammler(in) *m/f*
collina [kol'liːna] *f GEOL* Hügel *m*
collinoso [kolli'noːso] *adj* hügelig
collisione [kolli'zioːne] *f* 1. Zusammenstoß *m; ~ frontale* Frontalzusammenstoß *m;* 2. *(contrasto)* Widerstreit *m*
collo ['kɔllo] *m* 1. *ANAT* Hals *m; a rotta di ~ (fig)* halsbrecherisch; *~ della bottiglia* Flaschenhals *m; È indebitato fino al ~.* Er steckt bis über die Ohren in Schulden. 2. *(della giacca)* Kragen *m; ~ alto* Rollkragen *m*
collocamento [kolloka'mento] *m* 1. *~ di mano d'opera* Arbeitsvermittlung *f; ufficio di ~* Arbeitsamt *n; agenzia di ~* Personalvermittlung *f;* 2. *(di ospiti)* Beherbergung *f;* 3. *(investimento) FIN* Geldanlage *f*, Investition *f*
collocare [kollo'kaːre] *v* 1. platzieren, setzen; 2. *(mano d'opera)* eine Stelle verschaffen; 3. *(la figlia da maritare)* verheiraten; 4. *(degli impiegati)* anstellen; 5. *~ a riposo* pensionieren
collocarsi [kollo'karsi] *v* sich stellen, sich aufstellen
colloquio [kol'lɔːkuio] *m* Unterredung *f; ~ di lavoro* Vorstellungsgespräch
colloso [kol'loːso] *adj* klebrig

C

C

colmo ['kolmo] *adj* 1. voll, randvoll; *m* 2. Gipfel *m*, Spitze *f*
colomba [ko'lomba] *f ZOOL* Taube *f*
colombaia [kolom'baːia] *f* Taubenschlag *m*
Colombia [ko'lombia] *f GEO* Kolumbien *n*
colonia [ko'lɔːnia] *f* Siedlung *f*, Kolonie *f*
colonialismo [kolonia'lizmo] *m POL* Kolonialismus *m*
colonizzatore [koloniddza'toːre] *m* 1. *POL* Kolonisator *m*; 2. Siedler *m*
colonizzazione [koloniddza'tsioːne] *f* Besiedlung *f*
colonna [ko'lonna] *f* 1. Säule *f*; *~ delle affissioni* Litfaßsäule *f*; *~ vertebrale ANAT* Wirbelsäule *f*, Rückgrat *n*; 2. *(di giornale)* Kolumne *f*, Spalte *f*; *~ dei pettegolezzi* Klatschspalte *f*; 3. *MIL* Kolonne *f*
colono [ko'lɔːno] *m* 1. Pächter *m*; 2. *(contadino)* Landwirt *m*, Bauer *m*
colorante [kolo'rante] *m* Farbstoff *m*
colorare [kolo'raːre] *v* 1. färben; 2. *(tingere)* tönen; 3. *(cartolina, film)* kolorieren
colorato [kolo'raːto] *adj* bunt, farbig
colore [ko'loːre] *m* Farbe *f*; *dai colori vivaci* farbenfreudig; *di altro ~* andersfarbig; *di ~ naturale* naturfarben; *Ce l'ha anche in altri colori?* Haben Sie das auch in anderen Farben?
colorito [kolo'riːto] *m* 1. Teint *m*, Hautfarbe *f*; *adj* 2. farbig
coloro [ko'loːro] *pron* diejenigen
colossale [kolos'saːle] *adj* kolossal, riesengroß
colosso [ko'lɔsso] *m* Koloss *m*, Riese *m*
colpa ['kolpa] *f* 1. Schuld *f*, Vergehen *n*; *dare la ~ a qd* jdm die Schuld geben; 2. *JUR* Fahrlässigkeit *f*; 3. *(peccato) REL* Sünde *f*
colpevole [kol'peːvole] *adj* 1. schuldig; *m/f* 2. Täter(in) *m/f*
colpire [kol'piːre] *v* 1. stoßen auf, treffen; 2. *(fig)* peitschen; 3. *(battere)* schlagen
colpito ['kolpito] *adj* 1. betroffen; *m* 2. Leidtragender *m*
colpo ['kolpo] *m* 1. Schlag *m*; *di ~* kurzerhand, schlagartig; *~ di calore* Hitzschlag *m*; *~ del destino* Schicksalsschlag *m*; *~ apoplettico MED* Schlaganfall *m*; 2. *(tiro)* Streich *m*; *~ di mano* Handstreich *m*; 3. *~ di telefono (fig)* Telefonanruf *m*; *Dammi un ~ di telefono!* Ruf mich an! 4. *(sparo)* Schuss *m*; 5. *(urto)* Stoß *m*; 6. *(insolazione) ~ di sole MED* Sonnenstich *m*; 7. *~ di fortuna* Glücksfall *m*; 8. *~ di vento* Windböe *f*; 9. *~ di stato POL* Staatsstreich *m*; *~ di stato militare* Militärputsch *m*; 10. *~ andato a segno* Treffer *m*; 11. *bel ~ d'occhio* Augenweide *f*
colposo [kol'poːso] *adj JUR* fahrlässig
coltellata [koltel'laːta] *f* Messerstich *m*
coltello [kol'tɛllo] *m* Messer *n*; *~ a serramanico* Klappmesser *n*
coltivare [kolti'vaːre] *v* 1. *AGR* bearbeiten, bewirtschaften; 2. *(prodotti agricoli)* anbauen; 3. *(piante ornamentali)* züchten
coltivatore [koltiva'toːre] *m* 1. Landwirt *m*, Bauer *m*; 2. *(di piante ornamentali)* Züchter *m*
coltivazione [koltiva'tsioːne] *f* 1. Anpflanzung *f*; 2. *(di piante)* Pflanzenzucht *f*; 3. *AGR* Anbau *m*; 4. *BIO* Kultur *f*
colto ['kolto] *adj* 1. gebildet; 2. *(raffinato)* kultiviert
coltura [kol'tuːra] *f BIO* Kultur *f*
colui [ko'luːi] *pron* derjenige
comandamento [komanda'mento] *m REL* Gebot *n*
comandante [koman'dante] *m* 1. *NAUT* Kapitän *m*; 2. *MIL* Befehlshaber *m*, Kommandant *m*
comandare [koman'daːre] *v* 1. befehlen; 2. *(una macchina)* steuern, bedienen; 3. *(un gruppo)* anführen; 4. *(regolare)* steuern; 5. *INFORM* steuern; *comandato a programma* programmgesteuert
comando [ko'mando] *m* 1. Befehl *m*, Kommando *n*; 2. *(regolazione)* Steuerung *f*; 3. *TECH* Bedienung *f*; 4. *(leva del cambio) TECH* Schalthebel *m*
combaciare [komba'tʃaːre] *v* 1. sich ineinander fügen; 2. *(fig)* gleich gesinnt sein
combattente [kombat'tente] *m/f* Kämpfer(in) *m/f*
combattere [kom'battere] *v* 1. kämp-

fen, bekämpfen; **2.** ~ *di scherma SPORT* fechten
combattimento [kombatti'mento] *m* **1.** Kampf *m;* **2.** *MIL* Gefecht *n*
combattività [kombattivi'ta] *f* Kampfeslust *f*
combattivo [kombatti:vo] *adj* kämpferisch, streibar
combattuto [kombat'tu:to] *adj* **1.** gequält, geplagt; **2.** *(ostacolato)* schwierig; **3.** *(esitante)* zögerlich; **4.** *(dibattuto)* umstritten
combinare [kombi'na:re] *v* **1.** kombinieren, zusammenstellen; **2.** *(fig)* anrichten, anstellen; ~ *qc* etw anstellen
combinarsi [kombi'narsi] *v* zusammenpassen, sich entsprechen
combinazione [kombina'tsio:ne] *f* **1.** *(composizione)* Kombination *f,* Zusammensetzung *f;* **2.** *(di vestiti)* Kombination *f;* **3.** *(fig: caso)* Zufall *m; per* ~ zufällig; **4.** *CHEM* Verbindung *f*
combustibile [kombus'ti:bile] *adj* **1.** brennbar; *m* **2.** Brennmaterial *n*
combustione [kombusti'o:ne] *f (del motore) TECH* Verbrennung *f*
come ['ko:me] *adv* **1.** wie, wodurch; **2.** *(paragone)* wie; ~ *d'accordo* vereinbarungsgemäß, wie vereinbart; **3.** *(in funzione di)* als; *giocare ~ portiere* als Torwart spielen; *konj* **4.** *(interr)* wie, in welcher Weise; **5.** ~ *se* wie wenn, als ob; **6.** *(appena)* als; *interj* **7.** wie; *Come stai?* Wie geht es dir? *Come mai?* Warum? Wieso?
comedone [kome'do:ne] *m MED* Mitesser *m*
comfort ['komfɔrt] *m* Komfort *m*
comicità [komitʃi'ta] *f* Komik *f;* ~ *della situazione* Situationskomik *f*
comico ['kɔ:miko] *adj* **1.** komisch, ulkig; *m* **2.** *(comicità)* Komik *f;* **3.** *(persona)* Komiker *m*
comics ['kɔmɪks] *m/pl* Comics *pl*
cominciare [komin'tʃa:re] *v* **1.** beginnen, angehen; ~ *a fare qc* anfangen, etw zu tun; **2.** ~ *a tagliare* anschneiden; **3.** *(fig)* anbrechen
comitato [komi'ta:to] *m* Komitee *n*
comitiva [komi'ti:va] *f* Gesellschaft *f*
comizio [ko'mi:tsio] *m* **1.** *POL* Versammlung *f;* ~ *elettorale* Wahlversammlung *f;* **2.** ~ *di protesta* Protestkundgebung *f*
comma ['kɔmma] *m* **1.** Absatz *m;* **2.** *JUR* Paragraph *m*
commedia [kom'mɛ:dia] *f* **1.** *THEAT* Komödie *f;* **2.** *(opera teatrale)* Lustspiel *n;* **3.** *(fig)* Theater *n; fare una* ~ Theater spielen
commediante [kommedi'ante] *m/f* Komödiant(in) *m/f*
commemorazione [kommemora'tsio:ne] *f* Gedächtnisfeier *f,* Gedenkfeier *f*
commentare [kommen'ta:re] *v* kommentieren
commentario [kommen'ta:rio] *m* Erläuterung *f,* Erklärung *f*
commentatore [kommenta'to:re] *m* Kommentator *m*
commentatrice [kommenta'tri:tʃe] *f* Kommentatorin *f*
commento [kom'mento] *m* **1.** *(commentario)* Kommentar *m,* Erklärung *f;* **2.** *(in un giornale)* Glosse *f*
commerciale [kommer'tʃa:le] *adj ECO* kaufmännisch, kommerziell; *direttore* ~ Geschäftsführer *m,* kaufmännischer Leiter *m; impresa* ~ Handelsunternehmen *n*
commerciante [kommer'tʃante] *m/f* Händler(in) *m/f,* Kaufmann/Kauffrau *m/f;* ~ *all'ingrosso* Großhandelsunternehmer(in) *m/f;* ~ *al minuto* Einzelhändler(in) *m/f*
commerciare [kommer'tʃare] *v* handeln
commercio [kom'mɛrtʃo] *m* **1.** *ECO* Handel *m,* Gewerbe *n;* ~ *in borsa FIN* Börsenhandel *m;* ~ *estero* Außenhandel *m;* **2.** ~ *d'esportazione ECO* Exportwirtschaft *f*
commessa [kom'messa] *f* **1.** *(commissione) ECO* Bestellung *f,* Auftrag *f;* **2.** *(venditrice)* Verkäuferin *f*
commesso [kom'messo] *m* **1.** Angestellter *m;* **2.** *(in un negozio)* Verkäufer *m;* ~ *viaggiatore* Handelsvertreter *m;* **3.** *(apprendista)* Lehrling *m*
commestibile [kommes'ti:bile] *adj* essbar
commettere [kom'mettere] *v irr* **1.** begehen; ~ *un delitto* ein Verbrechen begehen; **2.** ~ *adulterio (fig)* fremdgehen

C

commilitone [kommili'toːne] *m* 1. *MIL* Kriegskamerad, 2. Kommilitone *m*
commiserare [kommize'raːre] *v* bemitleiden
commissariato [kommissari'aːto] *m* Polizeirevier *n*
commissario [kommis'saːrio] *m* 1. Kommissar *m;* 2. *POL* Ausschussmitglied *n*
commissionare [kommissio'naːre] *v* bestellen
commissionario [kommissio'naːrio] *m ECO* Auftragnehmer *m*
commissione [kommissi'oːne] *f* 1. Ausschuss *m; ~ esaminatrice* Prüfungsausschuss *m; ~ d'inchiesta* Untersuchungsausschuss *m; ~ parlamentare* Parlamentsausschuss *m;* 2. *~ interna ECO* Betriebsrat *m;* 3. *(ordine) ECO* Auftrag *m;* 4. *(provvigione) ECO* Provision *f*
committente [kommit'tɛnte] *m/f* 1. *ECO* Auftraggeber(in) *m/f;* 2. *~ della costruzione* Bauherr *m*
commosso [kom'mɔsso] *adj (fig)* gerührt
commovente [kommo'vɛnte] *adj* 1. herzergreifend, rührend; 2. *(fig)* ergreifend
commozione [kommo'tsioːne] *f* 1. Rührung *f;* 2. *~ cerebrale MED* Gehirnerschütterung *f*
commuovere [kommu'ɔːvere] *v (fig)* berühren
commutare [kommu'taːre] *v TECH* umschalten
comò [ko'mo] *m* Kommode *f*
comodino [komo'diːno] *m* Nachttisch *m*
comodità [komodi'ta] *f* Bequemlichkeit *f,* Annehmlichkeit *f*
comodo ['koːmodo] *adj* 1. bequem, behaglich; *fare ~ a qd* jdm gelegen kommen; *m* 2. Komfort *m*
compaesano [kompae'zaːno] *adj* 1. landsmännisch; *m* 2. Landsmann *m*
compagnia [kompaɲ'ɲiːa] *f* 1. Gesellschaft *f,* Umgang *m; Mi vuole fare ~?* Wollen Sie mir Gesellschaft leisten? *tenere ~ a qd* jdn begleiten; 2. *(di attori) THEAT* Truppe *f;* 3. *~ aerea* Fluggesellschaft *f;* 4. *~ ambulante THEAT* Wanderbühne *f;* 5. *~ armatoriale NAUT* Reederei *f;* 6. *MIL* Kompanie *f*
compagno [kom'paɲɲo] *m* 1. *POL* Genosse *m;* 2. *(fig)* Kumpel *m;* 3. *~ di sventura* Leidensgefährte *m;* 4. *(marito)* Ehepartner *m,* 5. *(consorte)* Lebensgefährte *m*
companatico [kompa'naːtiko] *m* Brotaufstrich *m,* Belag *m*
comparabile [kompa'raːbile] *adj* vergleichbar
comparativamente [komparativa'mente] *adv* vergleichsweise
comparazione [kompara'tsioːne] *f* 1. Vergleich *m;* 2. *GRAMM* Steigerung *f,* Komparation *f*
comparire [kompa'riːre] *v irr* 1. vorkommen; 2. *(nei libri)* erscheinen, herauskommen; 3. *(fare una buona figura)* eine blendende Figur machen
comparizione [kompari'tsioːne] *f* 1. Erscheinen *n;* 2. *mandato di ~ JUR* Vorladung *f*
comparsa [kom'parsa] *f* 1. *CINE* Statist *m,* Komparse *m;* 2. *(il comparire)* Erscheinen *n*
compartecipazione [kompartetʃipa'tsioːne] *f* 1. Teilnahme *f,* Beteiligung *f;* 2. *~ agli utili FIN* Reingewinn *m,* Dividende *f*
compartimento [komparti'mento] *m* Abteil *n; ~ del treno* Zugabteil *n; ~ per fumatori* Raucherabteil *n; ~ per non fumatori* Nichtraucherabteil *n*
compassione [kompassi'oːne] *f* Mitleid *n,* Bedauern *n*
compassionevole [kompassio'neːvole] *adj* 1. bedauernswert, bemitleidenswert; 2. *(che prova compassione)* mitleidig, barmherzig
compasso [kom'passo] *m* 1. Zirkel *m;* 2. *(bussola magnetica) NAUT* Kompass *m*
compatibile [kompa'tiːbile] *adj* 1. *(da compatire)* bemitleidenswert; 2. *INFORM* kompatibel
compatibilità [kompatibili'ta] *f* 1. *(socievolezza)* Vereinbarkeit *f;* 2. *INFORM* Kompatibilität *f*
compatimento [kompati'mento] *m* Anteilnahme *f,* Mitleid *n*
compatire [kompa'tiːre] *v* bemitleiden

compatirsi [kompa'tirsi] *v* *(fam)* sich leiden
compatriota [kompatri'ɔːta] *m/f* Landsmann/Landsmännin *m/f*
compattezza [kompat'tettsa] *f* Dichte *f*, Kompaktheit *f*
compatto [kom'patto] *adj* dicht, fest
compendio [kom'pɛndio] *m* 1. Abriss *m*, Übersicht *f*; 2. *(manuale)* Handbuch *n*
compensare [kompen'saːre] *v* 1. kompensieren; 2. *(fig)* wettmachen; 3. *(con un'elargizione)* honorieren, belohnen
compensarsi [kompen'sarsi] *v* sich ausgleichen
compensazione [kompensa'tsioːne] *f* 1. Kompensation *f*, Ausgleich *m*; 2. ECO Abrechnung *f*; *~ degli assegni* Scheckabrechnung *f*
compenso [kom'pɛnso] *m* Entgelt *n*, Gage *f*; *~ minimo salariale* Mindestlohn *m*
compera ['kompera] *f* Einkauf *m*, Anschaffung *f*
competente [kompe'tɛnte] *adj* 1. zuständig; *Chi ne è ~?* Wer ist dafür zuständig? 2. *(specializzato)* einschlägig, sachkundig; *m/f* 3. Kenner(in) *m/f*, Sachverständige(r) *m/f*
competenza [kompe'tɛntsa] *f* Kompetenz *f*, Zuständigkeit *f*
competere [kom'pɛːtere] *v* wetteifern
competitivo [kompeti'tiːvo] *adj* wettbewerbsfähig
competizione [kompeti'tsioːne] *f* 1. SPORT Wettkampf *m*; 2. *(gara)* Wettstreit *m*
compiacenza [kompia'tʃɛntsa] *f* 1. *(cortesia)* Entgegenkommen *n*, Höflichkeit *f*; 2. *(benevolenza)* Wohlgefallen *n*; 3. *(condiscendenza)* Nachsicht *f*, Milde *f*
compiacersi [kompia'tʃersi] *v* sich freuen
compiacimento [kompiatʃi'mento] *m* Wohlgefallen *n*, Genugtuung *f*
compiangere [kompi'andʒere] *v* beklagen, bemitleiden
compiangersi [kompi'andʒersi] *v* sich beklagen, sich beschweren
compianto [kompi'anto] *adj* 1. betrauert; 2. *(defunto)* verschieden, tot; *m* 3. *(rincrescimento)* Bedauern *n*; 4. *(cordoglio)* Beileidsbezeugung *f*
compiere ['kompiere] *v irr* 1. *(fare)* tun; 2. *(condurre a termine)* bewältigen, verüben; 3. *(attuare)* verwirklichen, durchführen, ausführen
compiersi ['kompiersi] *v irr* sich verwirklichen
compilare [kompi'laːre] *v* 1. *(libro)* verfassen; 2. *(comporre)* zusammenstellen; 3. *(redigere)* redigieren; 4. *~ un modulo* ein Formular ausfüllen
compilazione [kompila'tsioːne] *f* Verfassung *f*
compimento [kompi'mento] *m* *(compito)* Bewältigung *f*, Vollendung *f*
compitare [kompi'taːre] *v* buchstabieren, mühsam lesen
compito ['kompito] *m* 1. *(lavoro)* Aufgabe *f*, Pensum *n*; *compiti per casa* Hausaufgaben *pl*; *~ in classe* Schulaufgabe *f*; 2. *(dovere)* Pflicht *f*, Verpflichtung *f*
compleanno [komple'anno] *m* Geburtstag *m*; *Il mio ~ è il .../lo faccio il ~ il ...* Mein Geburtstag ist am .../Ich habe am ... Geburtstag.
complementare [komplemen'taːre] *adj* 1. *(integrativo)* vervollständigend, Ergänzungs...; 2. MATH komplementär
complemento [komple'mento] *m* 1. GRAMM Objekt *n*; 2. *(aggiunta)* Ergänzung *f*
complessivamente [komplessiva'mente] *adv* insgesamt, zusammen
complesso [kom'plɛsso] *adj* 1. schwierig; 2. *(multiforme)* vielfältig; *m* 3. Komplex *m*; 4. ECO Konzern *m*; 5. PSYCH Komplex *m*; *~ d'inferiorità* Minderwertigkeitskomplex *m*; *~ di colpa* Schuldkomplex *m*; 6. *(insieme)* Ganzheit *f*; *~ residenziale* Wohnanlage *f*
completamente [kompleta'mente] *adv* vollständig, völlig; *~ automatico* vollautomatisch
completamento [kompleta'mento] *m* 1. Ergänzung *f*; 2. *(il portare al termine)* Abschluss *m*
completare [komple'taːre] *v* ergänzen
completezza [komple'tettsa] *f* Vollständigkeit *f*

C

completo [kom'plɛːto] *adj* 1. restlos, völlig; 2. *(senza lacune)* lückenlos, vollzählig; *al ~* vollzählig; 3. *(albergo)* voll belegt; 4. *(valore)* vollwertig; *m* 5. *(vestito)* Anzug *m*
complicarsi [kompli'karsi] *v* sich verschlimmern
complicato [kompli'kaːto] *adj* kompliziert
complicazione [komplika'tsioːne] *f* Komplikation *f*
complice ['kɔmplitʃe] *m* Helfershelfer *m,* Komplize *m*
complicità [komplitʃi'ta] *f* Mittäterschaft *f*
complimentarsi [komplimen'tarsi] *v ~ con qd per qc* jdm zu etw gratulieren
complimento [kompli'mento] *m* 1. Kompliment *n;* 2. *(cerimonie) complimenti pl* Umstände *pl; Non faccia complimenti!* Machen Sie sich bloß keine Umstände! 3. *(congratulazioni) complimenti pl* Glückwünsche *pl; interj* 4. *Complimenti!* Ich gratuliere!
complottare [komplot'taːre] *v* sich verschwören
complotto [kom'plɔtto] *m* Verschwörung *f,* Komplott *n*
componente [kompo'nɛnte] *m/f* 1. Komponente *f,* Bestandteil *m;* 2. *INFORM* Bauelement *n*
componimento [komponi'mento] *m* 1. Aufsatz *m;* 2. *~ musicale MUS* Komposition *f*
comporre [kom'porre] *v irr* 1. *(testo)* setzen, dichten; 2. *(litigio)* schlichten; 3. *(poesia)* dichten; 4. *(un numero)* wählen; 5. *(formare)* zusammenstellen
comporsi [kom'porsi] *v irr ~ di qc* sich aus etw zusammensetzen, aus etw bestehen
comportamento [komporta'mento] *m* 1. Verhalten *n,* Betragen *n;* 2. *~ alla guida* Fahrverhalten *n;* 3. *~ dell'automobile* Fahrverhalten *n*
comportarsi [kompor'tarsi] *v* 1. sich benehmen, sich anstellen, sich verhalten; 2. *~ male* sich danebenbenehmen
composizione [kompozi'tsioːne] *f* 1. Aufbau *m,* Zusammensetzung *f;* 2. *(nella stampa)* Satz *m;* 3. *(a scuola)* Aufsatz *m*
composta [kom'posta] *f GAST* Kompott *n*
composto [kom'posto] *adj* 1. *(serio)* unbescholten, anständig; 2. *(costituito)* zusammengesetzt; *essere ~ di/essere ~ da* sich zusammensetzen aus/bestehen aus; *m* 3. *CHEM* Verbindung *f*
comprare [kom'praːre] *v* kaufen; *Dove si possono ~ generi alimentari qui?* Wo kann man hier Lebensmittel kaufen?
compratore [kompra'toːre] *m* Käufer *m*
compratrice [kompra'triːtʃe] *f* Käuferin *f*
compravendita [kompraven'diːta] *f* 1. *ECO* An- und Verkauf *m;* 2. *contratto di ~ JUR* Kaufvertrag *m*
comprendere [kom'prɛndere] *v* 1. *(capire)* begreifen, verstehen; 2. *(contenere)* beinhalten, umfassen; 3. *(includere)* einschließen; 4. *(udire)* hören
comprensibile [kompren'siːbile] *adj* 1. begreiflich, verständlich; *~ a tutti* allgemein verständlich
comprensione [kompren'sioːne] *f* Verständnis *n; con ~* verständnisvoll
comprensivo [kompren'siːvo] *adj* 1. einsichtig; *prep* 2. *~ di* einschließlich
compreso [kom'preːso] *adj* inbegriffen
compressa [kom'prɛssa] *f* 1. *MED* Kompresse *f;* 2. *(pastiglia) MED* Tablette *f; ~ vitaminica* Vitamintablette *f*
compressore [kompres'soːre] *m TECH* Kompressor *m*
comprimere [kom'priːmere] *v irr* 1. zusammendrücken; 2. *TECH* verdichten
compromesso [kompro'messo] *adj* 1. bloßgestellt, blamiert; *m* 2. Kompromiss *m*
compromettere [kompro'mettere] *v irr* 1. kompromittieren; 2. *(mettere in pericolo)* in Gefahr bringen, einer Gefahr aussetzen
compromettersi [kompro'mettersi] *v irr* sich kompromittieren, sich bloßstellen
comprovare [kompro'vaːre] *v* 1. nachweisen; 2. *(confermare)* bestätigen
computer [kom'pjuːter] *m INFORM* Computer *m, ~ portatile* Laptop *m/n*
computeristica [kompjuːte'ristica] *f INFORM* Computerwissenschaft *f*

computerizzato [kompjuterid'dza:to] *adj INFORM* computergesteuert
comunale [komu'na:le] *adj* kommunal
comunanza [komu'nantsa] *f* Gemeinsamkeit *f*
comune [ko'mu:ne] *adj* 1. gemein, gemeinsam; *in ~* gemeinsam; *luogo ~* Gemeinplatz *m; appartamento in ~* Wohngemeinschaft *f;* 2. *(normale)* gewöhnlich, alltäglich; *m* 3. *POL* Gemeinde *f;* 4. *(municipio)* Rathaus *n*
comunicare [komuni'ka:re] *v* 1. mitteilen, kommunizieren; 2. *(rendere pubblico)* veröffentlichen
comunicarsi [komuni'karsi] *v REL* kommunizieren
comunicativo [komunika'ti:vo] *adj* kontaktfreudig, mitteilsam
comunicato [komuni'ka:to] *m* Bekanntmachung *f*
comunicazione [komunika'tsio:ne] *f* 1. *(annuncio)* Meldung *f,* Mitteilung *f;* 2. *(rivelazione)* Eröffnung *f;* 3. *~ radiofonica* Radiodurchsage *f;* 4. *(tra persone)* Kommunikation *f*
comunione [komuni'o:ne] *f* 1. Gemeinsamkeit *f;* 2. *REL* Kommunion *f; prima ~* Erstkommunion *f;* 3. *~ dei beni JUR* Gütergemeinschaft *f; ~ d'interessi* Interessengemeinschaft *f*
comunismo [komu'nizmo] *m POL* Kommunismus *m*
comunista [komu'nista] *m/f* 1. *POL* Kommunist(in) *m/f; adj* 2. *POL* kommunistisch
comunità [komuni'ta] *f* 1. Gemeinde *f,* Gemeinschaft *f;* 2. *~ lavorativa* Arbeitsgemeinschaft *f;* 3. *~ religiosa REL* Glaubensgemeinschaft *f;* 4. *~ economica ECO* Wirtschaftsgemeinschaft *f; Comunità Economica Europea* Europäische Wirtschaftsgemeinschaft *f*
comunque [ko'muŋkue] *adv* wie auch immer, jedenfalls
con [kon] *prep* 1. *(possesso, modo, qualità)* mit; *~ che cosa* womit; *~ questo* damit, hiermit; *~ le brutte (fam)* mit Gewalt; 2. *(presso)* bei; *~ il bel tempo* bei schönem Wetter; 3. *(per mezzo di)* durch; 4. *(insieme a qd)* nebst
conato [ko'na:to] *m* 1. Versuch *m;* 2. *~ di vomito* Brechreiz *m*
conca ['koŋka] *f* Mulde *f*
concatenazione [koŋkatena'tsio:ne] *f* Verkettung *f*
concedere [kon'tʃɛ:dere] *v irr* 1. gewähren, bewilligen; 2. *(ammettere)* zugeben, zugestehen
concedersi [kon'tʃɛ:dersi] *v irr ~ qc* sich etw leisten, sich etw gönnen
concentrare [kontʃen'tra:re] *v* konzentrieren
concentrarsi [kontʃen'trarsi] *v* sich konzentrieren
concentrato [kontʃen'tra:to] *m* Konzentrat *n*
concentrazione [kontʃentra'tsio:ne] *f* Konzentration *f,* Sammlung *f*
concepibile [kontʃe'pi:bile] *adj* 1. *(comprensibile)* einleuchtend; 2. *(immaginabile)* denkbar
concepimento [kontʃepi'mento] *m* *BIO* Empfängnis *f*
concepire [kontʃe'pi:re] *v irr* 1. *BIO* empfangen; 2. *(comprendere)* begreifen; 3. *(ideare)* konzipieren
concernere [kon'tʃɛrnere] *v* betreffen
concertarsi [kontʃer'tarsi] *v* sich einigen, übereinkommen
concertato [kontʃer'ta:to] *adj POL* konzertiert
concerto [kon'tʃɛrto] *m* 1. *MUS* Konzert *n;* 2. *~ da camera MUS* Kammerkonzert *n;* 3. *~ per pianoforte* Klavierkonzert *n;* 4. *(fig: d'accordo) di ~* einheitlich, übereinstimmend
concessione [kontʃes'si'o:ne] *f* Bewilligung *f,* Erlaubnis *f; ~ di credito* Kreditvergabe *f*
concetto [kon'tʃɛtto] *m* 1. Begriff *m; ~ superiore* Oberbegriff *m; ~ secondario* Unterbegriff *m;* 2. *(idea)* Vorstellung *f,* Konzept *n*
concezione [kontʃe'tsio:ne] *f* 1. Idee *f; ~ del mondo* Weltanschauung *f;* 2. *BIO* Empfängnis *f*
conchiglia [koŋ'kiʎʎa] *f ZOOL* Muschel *f*
conciare [kon'tʃa:re] *v* 1. gerben; 2. *~ per le feste (fig)* schwer verletzen
conciliante [kontʃi'li'ante] *adj* versöhnlich
conciliare [kontʃi'lia:re] *v* aussöhnen, versöhnen

C

concilio [kon'tʃilio] *m REL* Konzil *n*
concimare [kontʃi'maːre] *v AGR* düngen
concime [kon'tʃiːme] *m AGR* Dünger *m; ~ naturale* Naturdünger *m; ~ chimico* Kunstdünger *m*
concisamente [kontʃiza'mente] *adv* kurz, bündig
conciso [kon'tʃiːzo] *adj* 1. bündig, straff; 2. *(fig)* knapp
concittadino [kontʃitta'diːno] *m* Mitbürger *m*
concludere [koŋ'kluːdere] *v irr* 1. *(contratto)* abschließen; 2. *(conseguenza)* schließen, schlussfolgern; 3. *(affari) ECO* abschließen
conclusione [koŋklusi'oːne] *f* 1. Schlussfolgerung *f; falsa ~* Trugschluss *m;* 2. *ECO* Abschluss *m;* 3. *~ di un affare ECO* Geschäftsabschluss *m; ~ di contratto* Vertragsabschluss
conclusivo [koŋklu'ziːvo] *adj* abschließend, End…, Abschluss…
concordanza [koŋkor'dantsa] *f* Übereinstimmung *f*
concordare [koŋkor'daːre] *v* 1. übereinstimmen; 2. *(appuntamento)* verabreden; 3. *(trattare)* aushandeln
concordarsi [koŋkor'darsi] *v* eine Übereinkunft treffen; *~ su qc* sich über etw einigen
concordia [koŋ'kɔrdia] *f* Einvernehmen *n*
concorrente [koŋkor'rɛnte] *m/f* 1. Konkurrent(in) *m/f;* 2. *SPORT* Wettkämpfer(in) *m/f;* 3. *(ad un posto)* Kandidat(in) *m/f*
concorrenza [koŋkor'rɛntsa] *f ECO* Konkurrenz *f; ~ sleale* unlauterer Wettbewerb *m*
concorrenziale [koŋkorren'tsiaːle] *adj* konkurrenzfähig, wettbewerbsfähig
concorrere [koŋ'korrere] *v irr* 1. konkurrieren; 2. *(ad un impiego)* sich bewerben; 3. *(partecipare)* sich beteiligen; 4. *(contribuire)* beisteuern
concorso [koŋ'korso] *m* 1. Wettbewerb *m; ~ a premi* Preisausschreiben *n; ~ indetto per un posto* Stellenausschreibung *f;* 2. *SPORT* Wettkampf *m*
concreto [koŋ'krɛːto] *adj* 1. konkret; 2. *(fig)* greifbar
condanna [kon'danna] *f* 1. Verurteilung *f;* 2. *(pena)* Bestrafung *f;* 3. *~ precedente JUR* Vorstrafe *f*
condannabile [kondan'naːbile] *adj* 1. strafbar; 2. *(fig)* verwerflich
condannare [kondan'naːre] *v* 1. verurteilen; 2. *JUR* verurteilen
condannato [kondan'naːto] *m JUR* Verurteilter *m*
condensa [kon'dɛnsa] *f* Kondenswasser *n*
condensare [konden'saːre] *v* verdichten, kondensieren
condensatore [kondensa'toːre] *m TECH* Kondensator *m*
condensazione [kondensa'tsioːne] *f* Kondensation *f*
condimento [kondi'mento] *m* 1. Würze *f;* 2. *(per l'insalata)* Dressing *n*
condire [kon'diːre] *v* würzen, anmachen
condiscendente [kondiʃen'dɛnte] *adj* nachgiebig, fügsam
condividere [kondi'viːdere] *v* 1. teilen; 2. *(opinione)* übereinstimmen
condizionale [kondittsio'naːle] *f* 1. *JUR* Bewährungsfrist *f;* 2. *(sospensione della pena) JUR* Strafaufschub *m; m* 3. *GRAMM* Konditional *m*
condizionamento [kondittsiona'mento] *m ~ dell'aria TECH* Luftkühlung *f*
condizionato [kondittsio'naːto] *adj* 1. bedingt, abhängig; *~ dagli anni* altersbedingt; *~ dal lavoro* berufsbedingt; 2. *PSYCH* geprägt; 3. *impianto ad aria condizionata TECH* Klimaanlage *f*
condizione [kondi'tsioːne] *f* 1. Bedingung *f,* Auflage *f;* 2. *(stato)* Zustand *m,* Umstand *m; ~ permanente* Dauerzustand *m;* 3. *(situazione)* Lage *f;* 4. *(di salute)* Gesundheitszustand *m,* Verfassung *f;* 5. *condizioni pl* Bedingungen *pl,* Verhältnisse *pl; condizioni di visibilità* Sichtverhältnisse *pl; condizioni di vita* Lebensbedingungen *pl; condizioni di consegna* Lieferbedingungen *pl; condizioni di pagamento* Zahlungsbedingungen *pl; condizioni contrattuali ECO* Geschäftsbedingungen *pl;* 6. *condizioni pl (situazione)* Verfassung *f*
condoglianza [kondoʎ'ʎantsa] *f* Bei-

leidsbezeigung *f; fare le condoglianze* kondolieren
condolersi [kondo'lersi] *v irr ~ con qd* jdm kondolieren, jdm sein Beileid aussprechen
condono [kon'do:no] *m* Erlass *m; ~ della pena JUR* Straferlass *m*
condotta [kon'dotta] *f* 1. *(comportamento)* Benehmen *n;* 2. *(guida)* Führung *f*
conducente [kondu'tʃɛnte] *m/f* Fahrer(in) *m/f*
condurre [kon'durre] *v irr* 1. führen; 2. *(guidare)* durchführen; 3. *(dirigere)* leiten; 4. *(una macchina)* fahren, steuern
condursi [kon'dursi] *v irr* sich benehmen
conduttore [kondut'to:re] *m* 1. Fahrer *m,* Führer *m;* 2. *(dirigente)* Leiter *m;* 3. *PHYS* Leiter *m; adj* 4. Leit...; *tema ~* Leitgedanke *m; motivo ~* Leitmotiv *n,* roter Faden *m*
conduttrice [kondut'tri:tʃe] *f* Führerin *f*
conduttura [kondut'tu:ra] *f* 1. *(tubatura)* Rohrleitung *f;* 2. *~ dell'acqua* Wasserleitung *f*
confabulare [konfabu'la:re] *v* tuscheln
confarsi [kon'farsi] *v irr* 1. geeignet sein; 2. *(giovare)* bekömmlich sein
conferenza [konfe'rɛntsa] *f* 1. Konferenz *f;* 2. *~ stampa* Pressekonferenz *f;* 3. *~ della pace POL* Friedenskonferenz *f*
conferimento [konferi'mento] *m* 1. *(di un premio)* Verleihung *f;* 2. *ECO* Zuweisung *f*
conferire [konfe'ri:re] *v* verleihen
conferma [kon'ferma] *f* Bestätigung *f; ~ d'ordine ECO* Auftragsbestätigung *f*
confermare [konfer'ma:re] *v* bestätigen
confermazione [konferma'tsio:ne] *f REL* Konfirmation *f*
confessare [konfes'sa:re] *v* 1. gestehen, eingestehen; 2. *(i peccati) REL* beichten; 3. *(professare) REL* sich bekennen
confessionale [konfessio'na:le] *adj* 1. konfessionell; *m* 2. *REL* Beichtstuhl *m*
confessione [konfessi'o:ne] *f* 1. *REL* Konfession *f;* 2. *(professione di fede) REL* Bekenntnis *n;* 3. *(dei peccati) REL* Beichte *f;* 4. *JUR* Geständnis *n*
confesso [kon'fɛsso] *adj JUR* geständig; *reo ~* geständiger Täter *m*
confessore [konfes'so:re] *m* Beichtvater *m*
confetteria [konfette'ri:a] *f* Konfekt *n*
confettura [konfet'tu:ra] *f* Konfitüre *f*
confezionamento [konfettsiona'mento] *m* Verpackung *f*
confezionare [konfettsio'na:re] *v* 1. verpacken; 2. *(vestiti)* nähen, anfertigen
confezione [konfet'tsio:ne] *f* 1. Konfektion *f; ~ da uomo* Herrenkonfektion *f;* 2. *(l'involucro, la scatola)* Packung *f,* Verpackung *f; ~ regalo* Geschenkpackung *f; ~ sotto vuoto* Vakuumverpackung *f*
conficcare [konfik'ka:re] *v* rammen, aufnageln
confidare [konfi'da:re] *v* 1. anvertrauen; 2. *~ in qc* sich auf etw verlassen
confidarsi [konfi'darsi] *v ~ con qd* sich jdm anvertrauen, sich mit jdm aussprechen
confidente [konfi'dɛnte] *adj* 1. vertrauensvoll; *m* 2. Vertrauensperson *f*
confidenza [konfi'dɛntsa] *f* 1. *(fiducia)* Vertrauen *n;* 2. *(familiarità)* Vertraulichkeit *f*
confidenziale [konfiden'tsia:le] *adj* vertraulich
confinante [konfi'nante] *adj* aneinander grenzend, angrenzend
confinare [konfi'na:re] *v* 1. angrenzen, grenzen; 2. *(esiliare)* verbannen
confine [kon'fi:ne] *m* Grenze *f; ~ di stato* Landesgrenze *f; Quanto ci si mette ancora fino al ~?* Wie weit ist es noch bis zur Grenze?
confisca [kon'fiska] *f* Beschlagnahme *f,* Konfiszierung *f*
confiscare [konfis'ka:re] *v* beschlagnahmen
conflitto [kon'flitto] *m* 1. Konflikt *m,* Zwiespalt *m; ~ di coscienza* Gewissenskonflikt *m;* 2. *(guerra)* Krieg *m*
confondere [kon'fondere] *v irr* 1. *(scambiare)* verwechseln; 2. *(fig)* durcheinander werfen; 3. *(turbare)* verwirren

C

conforme [kon'forme] *adj* konform, sachgemäß; *~ alle disposizioni* vorschriftsmäßig; *~ alla legge* gesetzmäßig; *~ all'originale* orginalgetreu; *~ ai piani* planmäßig; *~ al senso* sinngemäß; *~ alla verità* wahrheitsgetreu
conformemente [konforme'mente] *adv* dementsprechend; *~ alla legge* gesetzmäßig
conformismo [konfor'mizmo] *m* Konformismus *m*
confortare [konfor'ta:re] *v* trösten
confortevole [konfor'te:vole] *adj* 1. komfortabel, bequem; 2. *(casa)* wohnlich
confortevolmente [konfortevol'mente] *adv* 1. komfortabel; 2. *(casa)* gemütlich
confrontare [konfron'ta:re] *v* 1. vergleichen, gegenüberstellen; 2. *(comparare)* konfrontieren
confronto [kon'fronto] *m* Gegenüberstellung *f*, Konfrontation *f*; *in ~ a ...* im Vergleich zu ...; *senza ~* einzigartig, ohnegleichen
confusamente [konfuza'mente] *adv* unklar
confusione [konfuzi'o:ne] *f* 1. Verwirrung *f*; 2. *(scambio)* Verwechslung *f*; 3. *(fig)* Durcheinander *n*
confuso [kon'fu:zo] *adj* 1. *(fig)* durcheinander; 2. *(di parole, di testi)* konfus, durcheinander
confutare [konfu'ta:re] *v* widerlegen
confutazione [konfuta'tsio:ne] *f* Entkräftung *f*
congedare [kondʒe'da:re] *v* 1. verabschieden; 2. MIL entlassen
congedarsi [kondʒe'darsi] *v* sich verabschieden
congedo [kon'dʒɛ:do] *m* 1. *(commiato)* Verabschiedung *f*, Abschied *m*; *prendere ~* sich verabschieden; 2. MIL Entlassung *f*; 3. *~ parentale* Erziehungsurlaub *m*
congegno [kon'dʒeɲɲo] *m* Maschine *f*, Apparat *m*
congelare [kondʒe'la:re] *v* 1. *(cibi)* einfrieren; *~ un progetto (fig)* ein Projekt einfrieren; 2. *(trattamento)* ECO einfrieren
congelarsi [kondʒe'larsi] *v* 1. *(acqua)* frieren, einfrieren; 2. *(lago)* zufrieren; 3. *(gelare)* erfrieren
congelatore [kondʒela'to:re] *m* 1. Gefrierfach *n*, Kühlfach *n*; 2. *(apparecchio)* Kühltruhe *f*, Gefriertruhe *f*
congenito [kon'dʒɛ:nito] *adj* angeboren
congestionato [kondʒestio'na:to] *adj (strada)* verstopft
congestione [kondʒesti'o:ne] *f* 1. MED Blutstau *m*; 2. *(nel traffico)* Verkehrsstau *m*
congetturare [kondʒettu'ra:re] *v* annehmen, mutmaßen
congiungere [kon'dʒundʒere] *v irr* 1. verbinden, zusammenfügen; 2. *(mani)* falten
congiuntivite [kondʒunti'vi:te] *f* MED Bindehautentzündung *f*
congiuntivo [kondʒun'ti:vo] *m* GRAMM Konjunktiv *m*
congiunto [kon'dʒunto] *m* Verwandter *m*
congiuntura [kondʒun'tu:ra] *f* 1. ECO Konjunktur *f*; 2. *(punto di congiunzione)* Verbindung *f*
congiunzione [kondʒun'tsio:ne] *f* 1. Verbindung *f*; 2. GRAMM Konjunktion *f*
congiura [kon'dʒu:ra] *f* Verschwörung *f*
congiurare [kondʒu'ra:re] *v* sich verschwören
congiurato [kondʒu'ra:to] *m* Verräter *m*, Verschwörer *m*
conglomerato [koŋglome'ra:to] *m* Konglomerat *n*
congratularsi [koŋgratu'larsi] *v* gratulieren, beglückwünschen; *Mi congratulo con Lei.* Ich gratuliere Ihnen.
congratulazione [koŋgratula'tsio:ne] *f* Gratulation *f*
congresso [koŋ'grɛsso] *m* 1. Kongress *m*, Tagung *f*; 2. *~ del partito* POL Parteitag *m*
congruente [koŋgru'ɛnte] *adj* 1. deckungsgleich; 2. *(coerente)* konsequent
congruo ['kɔŋgruo] *adj* 1. *(adeguato)* angemessen, passend; 2. MATH kongruent
conguaglio [koŋgu'aʎʎo] *m* Ausgleich *m*; *~ salariale* Lohnausgleich *m*; *~ fiscale* Steuerausgleich *m*

C

coniare [koni'aːre] *v* 1. *(moneta)* prägen, schlagen; 2. *(fig)* prägen, ausprägen
coniatura [konia'tuːra] *f* 1. *(di moneta)* Prägung *f;* 2. *(fig)* Prägung *f*
conico ['kɔːniko] *adj* kegelförmig
coniglio [ko'niʎʎo] *m* ZOOL Kaninchen *n*
coniugale [koniu'gaːle] *adj* ehelich, Ehe…; *felicità ~* Eheglück *n*
coniugare [koniu'gaːre] *v* konjugieren
coniugarsi [koniu'garsi] *v* sich verheiraten
coniugato [koniu'gaːto] *adj* 1. *(sposato)* verheiratet; 2. GRAMM konjugiert
coniuge ['kɔːniudʒe] *m/f* 1. Gatte/Gattin *m/f;* 2. *coniugi pl (coppia)* Ehepaar *n*
connazionale [konnattsio'naːle] *m/f* Landsmann/Landsmännin *m/f*
connessione [konnessi'oːne] *f* Zusammenhang *m,* Verbindung *f*
connettere [kon'nɛttere] *v irr* 1. aneinanderfügen; 2. TECH anschließen, verbinden
connettivo [konnet'tiːvo] *adj* Binde…
cono ['kɔːno] *m* 1. *(del gelato)* Eistüte *f;* 2. MATH Kegel *m*
conoscente [konoʃ'ʃɛnte] *m/f* Bekannte(r) *m/f*
conoscenza [konoʃ'ʃɛntsa] *f* 1. Kenntnis *f,* Erkenntnis *f; ~ di se stesso* Selbsterkenntnis *f; conoscenze linguistiche* Sprachkenntnisse *pl;* 2. *(di una persona)* Bekanntschaft *f; fare ~* kennenlernen; 3. *(coscienza)* Bewusstsein *n; perdere ~* das Bewusstsein verlieren
conoscere [ko'noʃʃere] *v irr* 1. kennen; *Non conosco questa città.* Ich kenne mich in dieser Stadt nicht aus. *~ qc per filo e per segno (fam)* etw in- und auswendig kennen; 2. kennenlernen; 3. *(sapere)* können
conoscitore [konoʃʃi'toːre] *m* Kenner *m,* Liebhaber *m*
conosciuto [konoʃ'ʃuːto] *adj* bekannt; *~ in tutto il mondo* weltberühmt
conquista [koŋku'ista] *f* 1. Eroberung *f,* Errungenschaft *f;* 2. MIL Einnahme *f*
conquistare [koŋkuis'taːre] *v* 1. erobern; 2. MIL einnehmen
conquistatore [koŋkuista'toːre] *m* Eroberer *m*
consacrare [konsa'kraːre] *v* REL weihen
consacrazione [konsakra'tsioːne] *f* 1. REL Weihe *f;* 2. REL Wandlung *f;* 3. *(dedica)* Widmung *f*
consapevole [konsa'peːvole] *adj* bewusst
consapevolezza [konsapevo'lettsa] *f* Bewusstsein *n*
consapevolmente [konsapevol'mente] *adv* wissentlich
conscio ['kɔnʃo] *adj* bewusst; *~ del proprio dovere* pflichtbewusst
consecutivo [konseku'tiːvo] *adj* 1. *(seguente)* folgend, nacheinander; 2. GRAMM konsekutiv
consegna [kon'seɲɲa] *f* 1. Abgabe *f,* Ablieferung *f; prender in ~* übernehmen, abnehmen, in Empfang nehmen; *termine di ~* Liefertermin *m;* 2. *(della posta)* Zustellung *f; ~ rapida* Eilzustellung; 3. *(del bagaglio)* Gepäckausgabe *f*
consegnare [konseɲ'ɲaːre] *v* 1. überbringen, überreichen; 2. *(fornire)* abliefern, zustellen; 3. *~ qc* etw übergeben; 4. JUR ausliefern
conseguente [konse'guɛnte] *adj* folgerichtig, konsequent
conseguentemente [konseguente'mente] *adv* konsequent
conseguenza [konse'guɛntsa] *f* Folge *f; per ~* folglich
conseguire [konse'guiːre] *v* 1. bekommen; 2. *~ la laurea* den Hochschulabschluss erlangen
consenso [kon'sɛnso] *m* 1. *(adesione)* Einverständnis *n,* Einwilligung *f;* 2. *(permesso)* Genehmigung *f,* Erlaubnis *f*
consentire [konsen'tiːre] *v* 1. *(permettere)* einwilligen; 2. *(essere d'accordo)* zustimmen
conserva [kon'sɛrva] *f* Konserve *f*
conservante [konser'vante] *m* Konservierungsmittel *n*
conservare [konser'vaːre] *v* 1. aufheben, aufbewahren; 2. *(posizione)* behaupten; 3. *(alimenti)* konservieren; 4. *(documenti)* verwahren
conservatore [konserva'toːre] *adj* 1. konservativ; *m* 2. Konservativer *m*
conservatorio [konserva'tɔːrio] *m* Musikhochschule *f*

conservazione [konserva'tsioːne] *f* 1. Beibehaltung *f*, Erhaltung *f*; 2. *(dei cibi)* Haltbarkeit *f*; 3. *(dei documenti)* Verwahrung *f*

C

considerare [konside'raːre] *v* 1. *(fig)* bedenken, berücksichtigen; 2. *(ritenere)* betrachten; 3. *(tener presente)* berücksichtigen

considerarsi [konside'rarsi] *v* 1. sich schätzen; 2. *(reputarsi)* sich halten für

considerazione [konsidera'tsioːne] *f* 1. Anbetracht *m*, Erwägung *f*; *prendere in ~* in Erwägung ziehen; 2. *(fig)* Betrachtung *f*; 3. *(stima)* Geltung *f*

considerevole [konside'reːvole] *adj* beträchtlich

consigliabile [konsiʎ'ʎaːbile] *adj* ratsam

consigliare [konsiʎ'ʎaːre] *v* anraten, beraten; *Che cosa mi può ~?* Was können Sie mir empfehlen?

consigliarsi [konsiʎ'ʎarsi] *v* 1. sich beraten; 2. *(chiedere consiglio)* sich Rat holen

consigliere [konsiʎ'ʎɛːre] *m* 1. *(titolo)* Rat *m*; 2. *(persona)* Berater *m*, Ratgeber *m*; 3. *(d'amministrazione)* Verwaltungsangestellter *m*

consiglio [kon'siʎʎo] *m* 1. Rat *m*, Ratschlag *m*; *dare un ~* beraten; 2. *(collegio)* Rat *m*; *~ di amministrazione* Verwaltungsrat *m*; *~ comunale* Gemeinderat *m*, Stadtrat *m*; *~ direttivo* Vorstand *m*; *~ d'Europa* Europarat *m*; *~ federale* Bundesrat *m*; *~ di tutela* Vormundschaft *f*; *~ di vigilanza* Aufsichtsrat *m*; 3. *(fig)* Lehre *f*

consistente [konsis'tɛnte] *adj (forte)* stark, fest

consistenza [konsis'tɛntsa] *f* 1. Festigkeit *f*, Dichte *f*, Umfang *m*; 2. *(fig)* Grundlage *f*; 3. *~ di cassa FIN* Kassenbestand *m*

consistere [kon'sistere] *v irr ~ in* bestehen aus

consolabile [konso'laːbile] *adj* tröstlich

consolare [konso'laːre] *v* trösten

consolato [konso'laːto] *m POL* Konsulat *n*; *~ generale* Generalkonsulat *n*

consolazione [konsola'tsioːne] *f* 1. Trost *m*; *premio di ~* Trostpreis *m*; 2. *(sollievo)* Erleichterung *f*

console ['kɔnsole] *m/f POL* Konsul(in) *m/f*

consolidamento [konsolida'mento] *m ECO* Konsolidierung *f*

consolidare [konsoli'daːre] *v* 1. bekräftigen, stärken; 2. *(fig)* untermauern

consolidarsi [konsoli'darsi] *v* sich festigen

consommé [kɔ̃sɔ'me] *m GAST* Brühe *f*

consonante [konso'nante] *m GRAMM* Konsonant *m*

consorte [kon'sɔrte] *m/f* Gemahl(in) *m/f*

consorzio [kon'sɔrtsio] *m* Konsortium *n*, Verband *m*

constare [kons'taːre] *v irr* 1. feststehen; 2. *~ di* bestehen aus

constatare [konsta'taːre] *v* feststellen

constatazione [konstata'tsioːne] *f* Beobachtung *f*, Feststellung *f*

consueto [konsu'ɛːto] *adj (uso)* gebräuchlich, üblich

consuetudine [konsue'tuːdine] *f* 1. Gewohnheit *f*; 2. *(usanza)* Sitte *f*

consultare [konsul'taːre] *v* konsultieren, um Rat fragen; *Possiamo ~ un esperto?* Können wir einen Experten hinzuziehen? *~ un dizionario* in einem Lexikon nachschlagen

consumare [konsu'maːre] *v* 1. verbrauchen, abnutzen; 2. *(mangiare)* verzehren

consumato [konsu'maːto] *adj* schäbig, abgetragen

consumatore [konsuma'toːre] *m* Benutzer *m*, Verbraucher *m*; *~ finale* Endverbraucher *m*; *difesa dei consumatori* Verbraucherschutz *m*

consumatrice [konsuma'triːtʃe] *f* Benutzerin *f*, Verbraucherin *f*

consumo [kon'suːmo] *m* Verbrauch *m*, Verzehr *m*; *~ di corrente* Stromverbrauch *m*; *~ di energia* Energieverbrauch *m*

contabile [kon'taːbile] *adj* 1. zählbar; 2. *ECO* Buchführungs...; *m/f* 3. *ECO* Buchhalter(in) *m/f*

contabilità [kontabili'ta] *f* Buchhaltung *f*, Buchführung *f*

contachilometri [kontaki'lɔːmetri] *m* Kilometerzähler *m*

contadinesco [kontadi'nesko] *adj* bäuerlich

contadino [konta'di:no] *m* Bauer *m*
contagiare [konta'dʒa:re] *v MED* anstecken
contagio [kon'ta:dʒo] *m MED* Ansteckung *f*
contagioso [konta'dʒo:so] *adj MED* ansteckend
contagocce [konta'gottʃe] *m* Tropfenzähler *m*
container [kon'tεiner] *m* Container *m,* Behälter *m*
contaminante [kontami'nante] *m* 1. Schadstoff *m; adj* 2. umweltfeindlich, verunreinigend
contaminare [kontami'na:re] *v* verseuchen; *contaminato da raggi* strahlenverseucht
contaminazione [kontamina'tsio:ne] *f* Kontamination *f,* Verseuchung *f*
contante [kon'tante] *adj* 1. bar; *non in contanti* bargeldlos; *in contanti* bar; *m* 2. Bargeld *n*
contare [kon'ta:re] *v* 1. rechnen, zählen; *sbagliarsi nel ~* sich verzählen; *senza ~ che* abgesehen davon, dass; 2. *~ su* rechnen mit, sich verlassen auf; *~ su qd* auf jdn zählen; 3. *(fig: avere importanza)* zählen, ins Gewicht fallen; *una persona che conta* eine einflussreiche Person *f; Lui non conta nulla.* Er hat gar nichts zu sagen. 4. *(fig: avere intenzione)* beabsichtigen
contatore [konta'to:re] *m TECH* Zähler *m; ~ di corrente* Stromzähler *m; ~ del gas* Gaszähler *m; mettere il ~ a zero* den Zähler auf Null stellen
contatto [kon'tatto] *m* 1. Kontakt *m;* 2. *(collegamento, relazione)* Verbindung *f; ~ difettoso TECH* Wackelkontakt *m; ~ stretto* Tuchfühlung *f*
conte(ssa) ['konte/kon'tessa] *m/f* Graf/Gräfin *m/f*
conteggiare [konted'dʒa:re] *v* rechnen, berechnen
contegno [kon'teɲɲo] *m* Haltung *f,* Benehmen *n*
contemplare [kontem'pla:re] *v* 1. betrachten; 2. *(ammirare)* bestaunen
contemporaneamente [kontemporanea'mente] *adv* gleichzeitig
contemporaneo [kontempo'ra:neo] *adj* 1. gleichzeitig; 2. *(del presente)* zeitgenössisch; *m* 3. *POL* Zeitgenosse *m*
contenente [konte'nεnte] *adj* enthaltend; *~ cloro* chlorhaltig; *~ mercurio* quecksilberhaltig
contenere [konte'ne:re] *v irr* 1. enthalten, fassen; 2. *(fig)* bergen, beinhalten
contenersi [konte'nersi] *v irr* sich zurückhalten, sich beherrschen
contenitore [konteni'to:re] *m* 1. Behälter *m;* 2. Container *m; ~ di vetro usato* Altglascontainer *m*
contentarsi [konten'tarsi] *v* sich abfinden, sich begnügen; *~ di* sich zufrieden geben mit
contentezza [konten'tettsa] *f* Zufriedenheit *f*
contento [kon'tεnto] *adj* 1. heiter, glücklich; 2. *(soddisfatto)* zufrieden
contenuto [konte'nu:to] *adj* 1. enthalten; 2. *(riservato)* zurückhaltend; 3. *(controllato)* mäßig, knapp; *m* 4. Inhalt *m; privo di ~* inhaltslos
contestabile [kontes'ta:bile] *adj* anfechtbar
contestare [kontes'ta:re] *v* 1. abstreiten, bestreiten; 2. *(mettere in dubbio)* anzweifeln; 3. *(negare il diritto)* streitig machen; 4. *(reclamare)* kritisieren, bemängeln
contestazione [kontesta'tsio:ne] *f JUR* Anfechtung *f*
contesto [kon'tεsto] *m* Kontext *m*
contiguo [kon'ti:guo] *adj* anstoßend, dicht bei
continentale [kontinen'ta:le] *adj GEO* kontinental; *acqua ~* Binnengewässer *n*
continente [konti'nεnte] *m GEO* Kontinent *m,* Erdteil *m*
contingente [kontin'dʒεnte] *adj* 1. unwesentlich; 2. *(casuale)* durch Zufall, nebenbei; *m* 3. Beitrag *m,* Teil *m*
continuamente [kontinua'mente] *adv* 1. ständig, dauernd; 2. *(ininterrottamente)* kontinuierlich
continuare [kontinu'a:re] *v* 1. fortsetzen, weitergehen; 2. *CHEM* nachwirken; 3. *(proseguire)* weiterführen
continuato [kontinu'a:to] *adj* durchgehend; *spettacolo ~* durchgehendes Programm *n*

C

continuazione [kontinua'tsio:ne] *f* Fortsetzung *f*
continuità [kontinui'ta] *f* Fortdauer *f*
continuo [kon'ti:nuo] *adj* 1. ständig, andauernd; 2. *(ininterrotto)* kontinuierlich, fortlaufend
contitolare [kontito'la:re] *m/f* Mitinhaber(in) *m/f*
conto ['konto] *m* 1. FIN Konto *n*; *~ bancario* Bankkonto *n*; *~ vincolato* Sperrkonto *n*; 2. *(somma da pagare, fattura)* Rechnung *f*; *~ aperto* offene Rechnung *f*; *II ~ per favore!* Die Rechnung, bitte!/Bitte zahlen! *~ spese* Spesenrechnung *f*; 3. *per ~ mio* von meiner Seite aus, meinerseits; 4. *(conteggio generale)* Abrechnung *f*; 5. *a conti fatti* insgesamt, schließlich und endlich; 6. *(fig: ragione)* Rechenschaft *f*; 7. *rendersi ~ di qc* etw begreifen, sich über etw bewusst werden; 8. *tenere ~ di qc* etw berücksichtigen/etw einkalkulieren
contorcere [kon'tɔrtʃere] *v irr* 1. verdrehen; 2. *~ la faccia* das Gesicht verzerren
contorcersi [kon'tɔrtʃersi] *v irr* 1. sich winden, sich krümmen; 2. *(faccia)* sich verzerren
contornare [kontor'na:re] *v* umgeben
contorno [kon'torno] *m* 1. GAST Beilage *f*; 2. *(profilo)* Kontur *f*, Umriss *m*
contorto [kon'tɔrto] *adj* 1. verdreht, verwickelt, gewunden; 2. verzerrt
contrabbasso [kontra'basso] *m* MUS Kontrabass *m*
contrabbandare [kontrabban'da:re] *v* schmuggeln
contrabbandiere [kontrabbandi'ɛ:re] *m* Schmuggler *m*
contrabbando [kontrab'bando] *m* Schmuggel *m*
contraccambiare [kontrakkambi'a:re] *v* 1. sich revanchieren; 2. *(ricambiare)* vergelten; 3. *(saluti, auguri)* antworten, entgegnen; *Grazie, contraccambio!* Danke, gleichfalls!
contraccambio [kontrak'kambio] *m* Gegenleistung *f*, Vergeltung *f*
contraccolpo [kontrak'kolpo] *m* Rückstoß *m*
contraddirsi [kontrad'dirsi] *v irr* sich widersprechen
contraddistinguere [kontraddis'tiŋguere] *v irr* kennzeichnen
contraddistinguersi [kontraddis'tiŋguersi] *v irr* sich unterscheiden
contradditorio [kontradit'tɔ:rio] *adj* widersprüchlich
contraddizione [kontraddi'tsio:ne] *f* Widerrede *f*, Widerspruch *m*
contraente [kontra'ɛnte] *m/f* JUR Kontrahent(in) *m/f*
contraffare [kontraf'fa:re] *v irr* verfälschen, fälschen
contraffarsi [kontraf'farsi] *v irr* 1. sich verstellen; 2. *(travestirsi)* sich verkleiden
contraffatto [kontraf'fatto] *adj* nachgeahmt, gefälscht
contrappesarsi [kontrappe'sarsi] *v* sich ausgleichen, sich aufheben
contrappeso [kontrap'pe:so] *m* Gegengewicht *n*
contrapporre [kontrap'porre] *v irr* 1. entgegensetzen; 2. *(fig)* gegenüberstellen
contrariamente [kontraria'mente] *adv* 1. umgekehrt; 2. *(in modo contrastante)* gegensätzlich, zuwider; *~ a* im Kontrast zu, im Gegensatz zu
contrario [kon'tra:rio] *m* 1. Gegenteil *n*, Gegensatz *m*; *al ~* dagegen, hingegen; *Al ~!* Im Gegenteil! *adj* 2. *(avverso)* abgeneigt, ablehnend; 3. *(opposto)* umgekehrt, gegensätzlich; 4. *(contrapposto)* konträr; *~ alla legge* rechtswidrig; *la parte contraria* Gegenpartei *f*
contrarre [kon'trarre] *v irr* 1. zusammenziehen; 2. *~ una malattia* MED sich eine Krankheit holen, sich anstecken
contrassegnare [kontrasseɲ'ɲa:re] *v* 1. anzeichnen, markieren; 2. *(merce)* ECO auszeichnen
contrassegno [kontras'seɲɲo] *m* Kennzeichen *n*, Merkmal *n*
contrastante [kontras'tante] *adj* gegensätzlich
contrastare [kontras'ta:re] *v* 1. widersprechen; 2. *(resistere)* ankämpfen gegen; 3. *(ostacolare)* behindern
contrastato [kontras'ta:to] *adj* 1. kontrastreich; 2. *(ostacolato)* umkämpft, umstritten
contrasto [kon'trasto] *m* Kontrast *m*,

Gegensatz *m;* ~ *di opinioni* Meinungsverschiedenheit *f*
contrattempo [kontrat'tɛmpo] *m* Zwischenfall *m*
contratto [kon'tratto] *m* *ECO* Vertrag *m;* ~ *d'affitto* Mietvertrag *m;* ~ *di base* Rahmenvertrag *m;* ~ *di compravendita* Kaufvertrag *m;* ~ *esclusivo* Exklusivvertrag *m;* ~ *di matrimonio* Ehevertrag *m;* ~ *preliminare* Vorvertrag *m;* ~ *di risparmio* Sparvertrag *m;* ~ *tariffario* Tarifvertrag *m;* *per* ~ vertraglich; ~ *a termine* Zeitvertrag *m*
contrattuale [kontrat'tuaːle] *adj* vertraglich
contravvenire [kontravve'niːre] *v irr* zuwiderhandeln
contravvenzione [kontravven'tsioːne] *f* **1.** *(multa)* Bestrafung *f;* **2.** *(trasgressione)* Vergehen *n,* Zuwiderhandlung *f*
contribuente [kontribu'ɛnte] *m/f* Steuerzahler(in) *m/f*
contribuire [kontribu'iːre] *v* **1.** beitragen; **2.** ~ *a* beisteuern
contributo [kontri'buːto] *m* **1.** Beitrag *m,* Beteiligung *f;* *contributi sociali* Sozialabgaben *pl;* ~ *alle spese* Unkostenbeitrag *m;* ~ *straordinario* Sonderabgaben *pl;* *dare un* ~ *a* bezuschussen; **2.** *(per le spese di spedizione)* Schutzgebühr *f;* **3.** *JUR* Beihilfe *f*
contrito [kon'triːto] *adj* **1.** zerknirscht; **2.** *(pentito)* reuig, zerknirscht
contro ['kontro] *adv* **1.** dagegen; *prep* **2.** gegen, wider; ~ *che cosa* wogegen; ~ *la legge* rechtswidrig; ~ *le norme* ordnungswidrig; *m* **3.** Kontra *n*
controbattere [kontro'battere] *v* **1.** kontern, dagegenhalten; **2.** *(replicare)* erwidern
controbilanciare [kontrobilan'tʃaːre] *v* **1.** ausgleichen; **2.** *(fig)* aufholen
controfigura [kontrofi'guːra] *f* *CINE* Double *n,* Doppelspieler *m*
controfirmare [kontrofir'maːre] *v* gegenzeichnen
controindicazione [kontroindika'tsioːne] *f* *MED* Gegenanzeige *f*
controllare [kontrol'laːre] *v* **1.** kontrollieren, überprüfen; **2.** *(il conto)* nachrechnen
controllo [kon'trɔllo] *m* **1.** Kontrolle *f,* Überprüfung *f;* ~ *degli armamenti* Rüstungskontrolle *f;* ~ *dei bagagli* Gepäckkontrolle *f;* ~ *alla frontiera* Grenzkontrolle *f;* ~ *delle nascite* Geburtenkontrolle *f,* Geburtenregelung *f;* ~ *dei passaporti* Passkontrolle *f;* ~ *radar* Radarkontrolle *f;* ~ *con ultrasuoni* Ultraschalluntersuchung *f;* **2.** *(autocontrollo)* Fassung *f*
controllore [kontrol'loːre] *m* Kontrolleur *m;* ~ *di volo* Fluglotse *m*
controluce [kontro'luːtʃe] *f* Gegenlicht *n*
contromisura [kontromi'zuːra] *f* Gegenmaßnahme *f*
controproducente [kontroprodu'tʃɛnte] *adj* **1.** Gegen..., gegenwirkend; **2.** *(inopportuno)* störend
controprova [kontro'prɔːva] *f* **1.** *JUR* Gegenbeweis *m;* **2.** *MATH* Gegenprobe *f*
controsenso [kontro'sɛnso] *m* Widerspruch *m*
controspionaggio [kontrospio'naddʒo] *m* *MIL* Spionageabwehr *f*
controvalore [kontrova'loːre] *m* Gegenwert *m*
controversia [kontro'vɛrsia] *f* Kontroverse *f,* Streit *m;* ~ *giudiziaria* Rechtsstreit *m*
controverso [kontro'vɛrso] *adj* kontrovers, strittig
controvoglia [kontro'vɔʎʎa] *adv* widerwillig, notgedrungen
conturbante [kontur'bante] *adj* aufregend
contusione [kontuzi'oːne] *f* **1.** *MED* Prellung *f;* **2.** *(dovuta a schiacciamento)* *MED* Quetschung *f*
convalescente [konvaleʃ'ʃɛnte] *m/f* Genesende(r) *m/f*
convalescenza [konvaleʃ'ʃɛntsa] *f* Genesung *f*
convegno [kon'veɲɲo] *m* Treffen *n,* Zusammenkunft *f;* ~ *amoroso* *LIT* Schäferstündchen *n*
conveniente [konveni'ɛnte] *adj* **1.** *(opportuno)* angebracht, schicklich; **2.** *(a basso prezzo)* preiswert, preisgünstig; **3.** *(vantaggioso)* vorteilhaft
convenienza [konveni'ɛntsa] *f* **1.** Angemessenheit *f;* **2.** *(vantaggio)* Vorteil *m*

convenire [konve'ni:re] *v irr* 1. sich rentieren; 2. *(concordare)* übereinstimmen
convento [kon'vɛnto] *m REL* Kloster *n*
convenzionale [konventsio'na:le] *adj* konventionell
convenzione [konven'tsio:ne] *f* 1. *(consuetudine)* Konvention *f;* 2. *POL* Konvention *f;* ~ *per il disarmo* Abrüstungsabkommen *n*
convergenza [konver'dʒɛntsa] *f* Konvergenz *f,* Einigkeit *f;* ~ *verso la moneta unica* Zustimmung zur Währungsunion *f*
conversare [konver'sa:re] *v* sich unterhalten
conversazione [konversa'tsio:ne] *f* Gespräch *n,* Unterhaltung *f;* ~ *telefonica* Telefongespräch *n*
conversione [konver'sio:ne] *f* 1. Umwandlung *f;* 2. *FIN* Umrechnung *f;* 3. *REL* Bekehrung *f;* 4. *ECO* Umschuldung *f*
convertire [konver'ti:re] *v* 1. *REL* konvertieren, bekehren; 2. *(trasformare)* umwandeln; 3. *(unità di misura)* umrechnen
convertirsi [konver'tirsi] *v* 1. *REL* sich bekehren; 2. *(mutarsi)* sich verwandeln
convincente [konvin'tʃɛnte] *adj* 1. überzeugend; 2. *(fig)* schlagkräftig
convincere [kon'vintʃere] *v irr* 1. überreden; 2. *(persuadere)* überzeugen; 3. *(fig)* bekehren
convincimento [konvintʃi'mento] *m* Überredung *f*
convinzione [konvin'tsio:ne] *f* Überzeugung *f*
convivenza [konvi'vɛntsa] *f* Zusammenleben *n*
convivere [kon'vi:vere] *v irr* 1. zusammenleben; 2. *(coabitare)* zusammenwohnen
convocare [konvo'ka:re] *v* einberufen, versammeln
convocazione [konvoka'tsio:ne] *f* Einberufung *f,* Zusammenkunft *f*
convoglio [kon'vɔʎʎo] *m* 1. Eisenbahnzug *m;* 2. *(colonna di veicoli)* Konvoi *m*
convulsivo [konvul'si:vo] *adj* krampfhaft
cooperare [koope'ra:re] *v* 1. mitwirken; 2. *(contribuire)* beisteuern
cooperativa [koopera'ti:va] *f ECO* Genossenschaft *f*
cooperativo [koopera'ti:vo] *adj* kooperativ, genossenschaftlich
cooperazione [koopera'tsio:ne] *f* Kooperation *f,* Mitwirkung *f*
coordinamento [koordina'mento] *m* Zuordnung *f*
coordinare [koordi'na:re] *v* koordinieren
coordinazione [koordina'tsio:ne] *f* Koordination *f*
coperchio [ko'pɛrkio] *m* Deckel *m,* Kappe *f;* // ~ *non chiude.* Der Deckel schließt nicht.
coperta [ko'pɛrta] *f* 1. *(della nave)* Deck *n;* 2. *(del letto)* Bettdecke *f,* Zudecke *f; Posso avere ancora una ~?* Kann ich noch eine Decke haben?
copertina [koper'ti:na] *f* 1. Umschlag *m,* Schutzhülle *f;* 2. *(del libro)* Bucheinband *m,* Einband *m; articolo di* ~ Titelstory *f*
coperto [ko'pɛrto] *m* 1. *GAST* Gedeck *n; Ci può portare un altro ~?* Können Sie uns noch ein Gedeck bringen? *Coperto compreso?* Ist das Gedeck inklusive? *adj* 2. bedeckt; 3. *(nascosto)* verdeckt; 4. *(velato)* verschleiert; 5. *(garantito)* gesichert, garantiert
copertone [koper'to:ne] *m* Plane *f,* Reifen *m*
copertura [koper'tu:ra] *f* 1. *(rivestimento) TECH* Verkleidung *f;* 2. ~ *con tetto* Überdachung *f;* 3. *ECO* Deckung *f*
copia ['kɔ:pia] *f* 1. Kopie *f,* Abzug *m;* ~ *a mano* Zweitschrift *f;* ~ *dattiloscritta* Doppel *n,* Durchschlag *m;* 2. *(di uno scritto)* Abschrift *f;* 3. *(esemplare)* Exemplar *n;* 4. *(di giornale)* Nummer *f,* Auflage *f;* 5. *(riproduzione)* Abbild *n;* 6. *(di una pratica)* Ausfertigung *f,* Duplikat *n;* ~ *pirata* Raubkopie *f*
copiare [kopi'a:re] *v* 1. kopieren; 2. *(trascrivere)* abschreiben; ~ *a macchina* abtippen; 3. *(riprodurre)* nachbilden, nachmachen; 4. *(dal compagno di scuola)* spicken, abschreiben
copiatura [kopia'tu:ra] *f* 1. Nachahmung *f;* 2. *(trascrizione)* Abschrift *f,* Abschreiben *m*
copilota [kopi'lɔ:ta] *m* Kopilot *m*

copioso [ko'pioːso] *adj* ausgiebig
coppa ['kɔppa] *f* 1. Becher *m*, Kelch *m*; ~ *di gelato* Eisbecher *m*; 2. SPORT Pokal *m*
coppia ['kɔppia] *f* 1. Paar *n*; *a* ~ paarweise; ~ *d'innamorati* Liebespaar *n*; ~ *di sposi* Brautpaar *n*; 2. *(fig)* Gespann *n*
coprire [ko'priːre] *v irr* 1. bedecken, zudecken; 2. *(rivestire)* behängen, verhängen; 3. *(fig)* decken; 4. *(nascondere)* kaschieren; 5. *(piante)* überwuchern
coprirsi [ko'prirsi] *v irr* 1. sich zudecken, sich bedecken; 2. *(con abiti pesanti)* sich warm anziehen; 3. ~ *di gloria (fig)* sich mit Ruhm bedecken; ~ *di ridicolo* sich lächerlich machen
copriruota [kopriru'ɔːta] *m* Radkappe *f*
copritetto [kopri'tetto] *m* Dachdecker *m*
coproduzione [koprodu'tsioːne] *f* Koproduktion *f*
copularsi [kopu'larsi] *v* 1. sich vermählen, heiraten; 2. *(accoppiarsi)* ZOOL sich paaren
coraggio [ko'raddʒo] *m* Mut *m*; *avere il* ~ sich trauen; ~ *civile* Zivilcourage *f*
coraggiosamente [koraddʒosa'mente] *adv* mutig
coraggioso [korad'dʒoːso] *adj* 1. mutig, tapfer, beherzt; *m* 2. Tapferer *m*
corazza [ko'rattsa] *f* 1. Schutzpanzer *m*; 2. ZOOL Panzer *m*
corazzata [korat'tsaːta] *f* NAUT Kriegsschiff *m*, Panzerkreuzer *m*
corda ['kɔrda] *f* 1. Schnur *f*; 2. *(guinzaglio)* Leine *f*; 3. *(fune)* Strick *m*, Seil *n*; ~ *per saltare* Springseil *n*; 4. TECH Strang *m*
cordiale [kor'diaːle] *adj* 1. herzlich, warmherzig; 2. *(risata)* herzhaft
cordialmente [kordial'mente] *adv* herzlich
cordoglio [kor'dɔʎʎo] *m* 1. *(lutto)* Trauer *f*; 2. *(dolore)* Betrübnis *f*, Schmerz *m*; 3. *(condoglianze)* Beileidsbekundung *f*
cordoncino [kordon'tʃiːno] *m* Kordel *f*, Bindfaden *m*
cordone [kor'doːne] *m* Schnur *f*
coreografia [koreogra'fiːa] *f* Choreografie *f*
coriandolo [ko'riandolo] *m* 1. BOT Koriander *m*; 2. *(di carnevale)* Konfetti *n*
coricarsi [kori'karsi] *v* 1. sich hinlegen; 2. *(andare a letto)* ins Bett gehen; 3. *(sole)* untergehen
cornacchia [kor'nakkia] *f* ZOOL Krähe *f*
cornetto [kor'netto] *m* GAST Hörnchen *n*
cornice [kor'niːtʃe] *f* Rahmen *m*; ~ *di un quadro* Bilderrahmen *m*
corno ['kɔrno] *m* 1. ZOOL Horn *n*; 2. MUS Horn *n*
coro ['kɔːro] *m* Chor *m*; ~ *di chiesa* Kirchenchor *m*
corona [ko'roːna] *f* 1. Krone *f*; 2. *(ghirlanda)* Kranz *m*
coronamento [korona'mento] *m* 1. Krönung *f*; 2. *(finimento)* Vollendung *f*
coronare [koro'naːre] *v* krönen
corpo ['kɔrpo] *m* 1. Körper *m*; 2. *(di persona)* Leib *m*; 3. *(figura)* Figur *f*
corporatura [korpora'tuːra] *f* Körperbau *m*
corporazione [korpora'tsioːne] *f* 1. Körperschaft *f*; 2. *(associazione)* Vereinigung *f*, Gilde *f*; ~ *artigiana* Handwerkerinnung *f*
corporeo [kor'pɔːreo] *adj* körperlich
corpulento [korpu'lɛnto] *adj* beleibt
Corpus ['kɔrpus] *m* ~ *Domini* REL Fronleichnam *m*
corredo [kor'rɛːdo] *m* 1. Aussteuer *f*; 2. ~ *per riparare forature* TECH Flickzeug *n*
correggere [kor'rɛddʒere] *v irr* korrigieren
corrente [kor'rɛnte] *adj* 1. durchgängig, laufend; *il* ~ *mese* der laufende Monat *m*; 2. *(usuale)* landläufig, allgemein; 3. *(presente)* zeitgenössisch; 4. *(che scorre)* fließend; *f* 5. *(acqua)* Strömung *f*, Lauf *m*; 6. ~ *politica* POL politische Strömung *f*; 7. *(aria)* Zugluft *f*; 8. ~ *elettrica* elektrischer Strom *m*; ~ *alternata* Wechselstrom *m*; ~ *ad alta tensione* Starkstrom *m*; ~ *trifase* Drehstrom *m*; *mancanza di* ~ Stromausfall *m*
correntezza [korren'tettsa] *f* Kulanz *f*
correre ['korrere] *v irr* 1. rennen, laufen; ~ *dietro* hinterherlaufen; ~ *via*

weglaufen; 2. *lasciar ~ qc* über etw hinwegsehen
corresponsabile [korrespon'sa:bile] *adj* 1. mitschuldig, mitverantwortlich; *m/f* 2. Mitverantwortliche(r) *m/f*
correttamente [korretta'mente] *adv* 1. *(senza errori)* korrekt, fehlerfrei; 2. fair
correttezza [korret'tettsa] *f* 1. Korrektheit *f;* 2. *(fig)* Fairness *f*
corretto [kor'rɛtto] *adj* korrekt, fair
correzione [korre'tsio:ne] *f* Korrektur *f,* Verbesserung *f*
corrida [kor'ri:da] *f* Stierkampf *m*
corridoio [korri'do:io] *m* 1. Flur *m,* Korridor *m;* 2. *(di casa)* Hausflur *m,* Gang *m*
corridore [korri'do:re] *m* 1. SPORT Läufer *m;* 2. *(con un veicolo)* Rennfahrer *m*
corriere [kor'riɛ:re] *m* Kurier *m,* Eilbote *m*
corrispondente [korrispon'dɛnte] *adj* 1. dementsprechend, entsprechend; *m/f* 2. Korrespondent(in) *m/f*
corrispondentemente [korrispondente'mente] *adv* dementsprechend
corrispondenza [korrispon'dɛntsa] *f* 1. Briefwechsel *m; ~ commerciale* Handelskorrespondenz *f;* 2. *(uguaglianza)* Übereinstimmung *f*
corrispondere [korris'pondere] *v irr* 1. entsprechen; 2. *(lettera)* korrespondieren
corrodere [kor'ro:dere] *v* CHEM ätzen
corrompere [kor'rompere] *v irr* 1. bestechen; 2. *(fig: influire negativamente)* verderben
corrosione [korro'zio:ne] *f* CHEM Korrosion *f*
corrotto [kor'rotto] *adj* 1. korrupt; 2. *(fig)* verdorben; 3. *(fig: cibi)* verdorben; 4. *(depravato)* verkommen
corruttibile [korrut'ti:bile] *adj* bestechlich
corruzione [korru'tsio:ne] *f* Bestechung *f,* Korruption *f*
corsa ['korsa] *f* 1. Laufen *n,* Rennen *n; di ~* schleunigst; 2. *(di persona)* SPORT Lauf *m; ~ di fondo* Dauerlauf *m,* Langlauf *m; ~ ad ostacoli* Hürdenlauf *m; ~ di staffetta* Staffellauf *m;* 3. SPORT Rennen *n; ~ automobilistica* Autorennen *n; ~ di cavalli* Pferderennen *n; ~ al trotto* Trabrennen *n;* 4. TECH Hub *m;* 5. *~ agli armamenti* MIL Wettrüsten *n*
corsia [kor'si:a] *f* 1. Fahrspur *f; a una ~* einspurig; *~ contraria* Gegenfahrbahn *f; ~ d'emergenza* Standspur *f; ~ di sorpasso* Überholspur *f;* 2. *(del traffico)* Durchfahrtsstraße *f;* 3. *(corridoio)* Flur *m*
corso ['korso] *m* 1. Kurs *m; ~ d'introduzione* Einführungskurs *m; ~ di danza* Tanzkurs *m; ~ di lezioni* Lehrgang *m; ~ di nuoto* Schwimmkurs *m; ~ per corrispondenza* Fernkurs *m; ~ serale* Abendkurs *m;* 2. *(decorso)* Verlauf *m,* Lauf *m; ~ del fiume* Flussverlauf *m;* 3. *~ mascherato* Karnevalszug *m;* 4. FIN Kurs *m; ~ azionario* Aktienkurs *m; ~ d'acquisto* Ankaufskurs *m; ~ dei cambi* Wechselkurs *m,* Devisenkurs *m; ~ di borsa* Börsenkurs *m*
corte ['korte] *f* 1. JUR Gericht *n,* Gerichtshof *m; ~ d'assise* Schwurgericht *n; ~ costituzionale* Verfassungsgericht *n; ~ di giustizia* Gerichtshof *m;* 2. *~ del re* Königshof *m*
corteccia [kor'tettʃa] *f* 1. Borke *f;* 2. BOT Rinde *f; ~ d'albero* Baumrinde *f*
corteggiare [korted'dʒa:re] *v* umschwärmen, umwerben
corteggiatore [korteddʒa'to:re] *m* Verehrer *m*
corteggiatrice [korteddʒa'tri:tʃe] *f* Verehrerin *f*
corteo [kor'tɛ:o] *m* Umzug *m; ~ carnevalesco* Karnevalsumzug *m*
cortese [kor'te:ze] *adj* höflich, gefällig
cortesia [korte'zi:a] *f* Höflichkeit *f; per ~* bitte
cortezza [kor'tettsa] *f* 1. Kürze *f;* 2. *(fig)* Beschränktheit *f*
cortile [korti:le] *m* Hof *m*
cortisone [korti'zo:ne] *m* MED Kortison *n*
corto ['korto] *adj* 1. *(luogo)* kurz; *tener ~* sparen; *tagliar ~* kurz angebunden sein; 2. *(poco intelligente)* dümmlich, beschränkt; *m* 3. *~ circuito* TECH Kurzschluss *m*
corvo ['kɔrvo] *m* ZOOL Rabe *m*
cosa ['kɔ:sa] *f* 1. Ding *n,* Sache *f; ~ ov-*

via Selbstverständlichkeit *f; ~ principale* Hauptsache *f; ~ secondaria* Nebensache *f; pron* **2.** *Che ~?* Was? *da che ~* woraus; *a che ~* wozu, wonach, woran
coscia ['kɔʃʃa] *f* **1.** GAST Keule *f;* **2.** ANAT Oberschenkel *m*
cosciente [koʃ'ʃɛnte] *adj* bewusst
coscienza [koʃ'ʃɛntsa] *f* **1.** Gewissen *n;* **2.** *(consapevolezza)* Bewusstsein *f; ~ del dovere* Pflichtbewusstsein *n; ~ di sé* Selbstbewusstsein *n*
coscienziosità [koʃʃentsiosi'ta] *f* Gewissenhaftigkeit *f*
coscienzioso [koʃʃen'tsioːso] *adj* gewissenhaft
cosetta [co'setta] *f* Kleinigkeit *f*
così [ko'si] *adv* **1.** so, derart; *~ ~* so lala/ teils, teils; *non ~ tanto* nicht so viel; *Basta ~.* Das reicht. **2.** *(tale)* solch ein; *konj* **3.** also; **4.** *(perciò)* so
cosicché [kosik'ke] *konj* so dass
cosiddetto [kosid'detto] *adj* so genannt
cosmesi [koz'mɛːsi] *f* Kosmetik *f*
cosmetico [koz'mɛːtiko] *adj* **1.** kosmetisch; **2.** *cosmetici pl* Kosmetika *pl*
cosmico ['kɔzmiko] *adj* kosmisch
cosmo ['kɔzmo] *m* All *n,* Kosmos *m*
cosmopolita [kozmopo'liːta] *m/f* Kosmopolit(in) *m/f*
cosmopolitico [kozmopo'liːtiko] *adj* kosmopolitisch
cospargere [kos'pardʒere] *v irr* **1.** *(fiori)* ausstreuen; **2.** *(liquidi)* befeuchten, benetzen; *~ di* besprengen mit
cospicuo [kos'piːkuo] *adj (rilevante)* ansehnlich, beachtlich
cospirare [kospi'raːre] *v* sich verschwören
cospiratore [kospira'toːre] *m* Verschwörer *m*
cospiratrice [kospira'triːtʃe] *f* Verschwörerin *f*
cospirazione [kospira'tsioːne] *f* **1.** *(congiura)* Komplott *m,* Verschwörung *f;* **2.** Verrat *m*
costante [kos'tante] *adj* **1.** *(tempo)* konstant, gleich bleibend; **2.** *(ininterrotto)* ständig, stetig
costanza [kos'tantsa] *f* Beständigkeit *f,* Beharrlichkeit *f*
costare [kos'taːre] *v (prezzo)* kosten; *Quanto costa questo?* Wie viel kostet das?
costatare [kosta'taːre] *v* feststellen
costellazione [kostella'tsioːne] *f* **1.** Konstellation *f;* **2.** ASTR Sternbild *n*
costernazione [kosterna'tsioːne] *f* Bestürzung *f*
costiero [kosti'ɛːro] *adj* Küsten…
costipazione [kostipa'tsioːne] *f* MED Darmverstopfung *f*
costituire [kostitu'iːre] *v irr* **1.** gründen; **2.** *(formare)* formen, bilden
costituirsi [kostitu'irsi] *v irr* **1.** sich bilden, sich konstituieren; *~ in nazione* sich zu einer Nation zusammenschließen; **2.** *(consegnarsi alla polizia)* sich der Polizei stellen
costituzione [kostitu'tsioːne] *f* **1.** POL Verfassung *f;* **2.** MED Verfassung *f,* Konstitution *f*
costo ['kɔsto] *m* Preis *m,* Kosten *pl; ~ del materiale* Materialkosten *pl; ~ della vita* Lebenshaltungskosten *pl; costi d'acquisto* Anschaffungskosten *pl; ad ogni ~* um jeden Preis; *a nessun ~* auf keinen Fall/um keinen Preis
costola ['kɔstola] *f* **1.** GAST Rippe *f;* **2.** ANAT Rippe *f*
costoletta [kosto'letta] *f* **1.** GAST Kotelett *n; ~ alla milanese* Wiener Schnitzel *n;* **2.** *(costata)* GAST Rippe *f*
costretto [kos'tretto] *adj* gezwungen
costringere [kos'trindʒere] *v irr* zwingen
costrittivo [kostrit'tiːvo] *adj* zwingend
costrizione [kostri'tsioːne] *f* Zwang *m; ~ di tasto* Tastenzwang *m*
costruire [kostru'iːre] *v irr* **1.** bauen, erbauen; **2.** *(fig)* konstruieren; **3.** *(con il legno)* zimmern
costruttivo [kostrut'tiːvo] *adj* konstruktiv
costruttore [kostrut'toːre] *adj* **1.** Bau…; *m* **2.** *(chi costruisce)* Erbauer *m,* Bauträger *m*
costruzione [kostru'tsioːne] *f* Konstruktion *f; nuova ~* Neubau *m; costruzioni aeronautiche* Flugzeugbau *m; ~ di macchine* Maschinenbau *m; ~ navale* Schiffbau *m; ~ sotto il livello del suolo* Tiefbau *m; ~ stradale* Straßenbau *m; ~ a*

traliccio Fachwerkhaus *n; ~ del periodo* GRAMM Satzbau *m*
costui [kos'tui] *pron* dieser dort, der dort
C
costume [kos'tuːme] *m* **1.** Kostüm *n,* Tracht *f; ~ da bagno* Badeanzug *m; ~ di carnevale* Faschingskostüm *n;* **2.** *(uso)* Sitte *f; buon ~* Sittlichkeit *f*
cotenna [ko'tenna] *f* **1.** *(maiale)* Schwarte; **2.** *(fam)* Haut *f*
cotogno [ko'toɲɲo] *m* BOT Quitte *f*
cotoletta [koto'letta] *f* GAST Schnitzel *n*
cotone [ko'toːne] *m* **1.** BOT Baumwolle *f; È puro ~ questo?* Ist das reine Baumwolle? **2.** *(bambagia)* Watte *f*
cotto ['kɔtto] *adj* GAST gar, gekocht
cottura [kot'tuːra] *f* **1.** *~ al forno* GAST Backen *n;* **2.** *~ in graticola* GAST Braten *n,* Rösten *n*
cova ['koːva] *f* Brut *f*
covare [ko'vaːre] *v* **1.** ausbrüten, brüten; **2.** *(fig)* hegen
covo ['koːvo] *m* **1.** *(animali feroci)* Tierhöhle *f;* **2.** *(di ladri)* Räuberhöhle *f;* **3.** *(di una volpe)* Fuchsbau *m,* Bau *m*
cozza ['kɔttsa] *f* ZOOL Miesmuschel *f*
crampo ['krampo] *m* MED Krampf *m; ~ al polpaccio* Wadenkrampf *m*
cranio ['kraːnio] *m* ANAT Schädel *m*
cratere [kra'tɛːre] *m* Krater *m; ~ di bombe* Bombenkrater *m*
crauti ['kraːuti] *pl* GAST Kraut *n,* Sauerkraut *n*
cravatta [kra'vatta] *f* Krawatte *f,* Schlips *m*
creare [kre'aːre] *v* **1.** erschaffen; **2.** *(suscitare)* auslösen, erregen
crearsi [kre'arsi] *v* entstehen
creatività [kreativi'ta] *f* Kreativität *f*
creativo [krea'tiːvo] *adj* kreativ, schöpferisch
creato [kre'aːto] *adj* **1.** ins Leben gerufen, kreiert; *m* **2.** Schöpfung *f,* Universum *n*
creatore [krea'toːre] *m* Schöpfer *m; ~ di moda* Modeschöpfer *m*
creatura [krea'tuːra] *f* Lebewesen *n*
creazione [krea'tsioːne] *f* Kreation *f,* Schöpfung *f*
credente [kre'dɛnte] *adj* **1.** REL gläubig; *m/f* **2.** REL Gläubige(r) *m/f*
credenza[1] [kre'dɛntsa] *f* REL Glaube *m*
credenza[2] [kre'dɛntsa] *f (armadio, stanzetta)* Küchenschrank *m,* Speisekammer *f*
credere ['kreːdere] *v* glauben
credibile [kre'diːbile] *adj* glaubwürdig
credibilità [kredibili'ta] *f* Glaubhaftigkeit *f,* Glaubwürdigkeit *f*
credito ['kreːdito] *m* **1.** Ruf *m;* **2.** *(fede, attendibilità)* Glaube *m; dare ~ alle maldicenze* Verleumdungen glauben; **3.** ECO Geldforderung *f;* **4.** *(prestito)* ECO Kredit *m; ~ allo scoperto* Überziehungskredit *m; ~ di transizione* Überziehungskredit *m;* **5.** *(avere)* ECO Haben *n; mettere in ~* gutschreiben
creditore [kredi'toːre] *m* ECO Gläubiger *m*
credo ['krɛːdo] *m* REL Glaubensbekenntnis *n*
credulo ['krɛːdulo] *adj* leichtgläubig
credulone [kredu'loːne] *adj* leichtgläubig
crema ['krɛːma] *f* **1.** Sahne *f;* **2.** *(pomata)* Creme *f; ~ da barba* Rasiercreme *f; ~ solare* Sonnencreme *f*
cremazione [krema'tsioːne] *f* Feuerbestattung *f,* Einäscherung *f*
crepa ['krɛːpa] *f (fessura)* Riss *m,* Sprung *m; pieno di crepe* rissig
crepaccio [kre'pattʃo] *m* Aufbruch *m,* Riss *m,* Spalte *f*
crepare [kre'paːre] *v* verenden; *~ dalle risate* sich totlachen
crepuscolare [krepusko'laːre] *adj* dämmerig
crepuscolo [kre'puskolo] *m* Dämmerung *f,* Zwielicht *n*
crescente [kreʃ'ʃɛnte] *adj* steigend, wachsend
crescere ['kreʃʃere] *v irr* **1.** aufwachsen, heranwachsen; **2.** *(aumentare)* wachsen, zunehmen; **3.** *(suono)* anschwellen
crescita ['kreʃʃita] *f* Wachstum *n,* Wuchs *m*
cresima ['krɛːzima] *f* **1.** *(cattolica)* REL Firmung *f;* **2.** *(evangelica)* REL Konfirmation *f*
cresimando [krezi'mando] *m* REL Konfirmand *m*
crespo ['krespo] *adj* **1.** kraus; **2.** *(pelle)* runzlig; *m* **3.** Krepp *m*

C

cresta ['kresta] *f* 1. *GEOL* Grat *m*, Bergkamm *m*; 2. *(di uccello, di gallo) ZOOL* Kamm *m*
creta ['kreːta] *f* 1. *GEOL* Kreide *f*; 2. *(argilla)* Ton *m*, Lehm *m*
cretino [kre'tiːno] *adj* 1. geistesgestört; *m* 2. *(fig)* Trottel *m*
cricco ['krikko] *m TECH* Wagenheber *m*
criceto [kri'tʃeːto] *m ZOOL* Hamster *m*
criminale [krimi'naːle] *adj* 1. kriminell, verbrecherisch; *m/f* 2. Verbrecher(in) *m/f*, Gewaltverbrecher(in) *m/f*
criminalità [kriminali'ta] *f* Kriminalität *f*; ~ *economica* Wirtschaftskriminalität *f*
crimine ['kriːmine] *m* Verbrechen *n*
criniera [krini'ɛːra] *f* Haarsträhne *f*
cripta ['kripta] *f* Krypta *f*, Gruft *f*
crisi ['kriːzi] *f* Krise *f*; ~ *economica* Wirtschaftskrise *f*; ~ *finanziaria* Finanzkrise *f*; ~ *governativa* Regierungskrise *f*; ~ *d'identità* Identitätskrise *f*; ~ *di mercato* Absatzkrise *f*; ~ *strutturale* Strukturkrise *f*; *senza pericolo di* ~ krisenfest
cristallizzare [kristallid'dzaːre] *v* kristallisieren
cristallo [kris'tallo] *m* Kristall *n*
cristianesimo [kristia'neːzimo] *m REL* Christentum *n*
cristianità [kristiani'ta] *f REL* Christenheit *f*
cristiano [kristi'aːno] *adj* 1. *REL* christlich; *m* 2. *REL* Christ *m*
Cristo ['kristo] *m REL* Christus *m*
criterio [kri'tɛːrio] *m* 1. Kriterium *n*; 2. *(senno)* Vernunft *f*; 3. *(elemento di giudizio)* Maßstab *m*, Kriterium *n*
critica ['kriːtika] *f* Kritik *f*
criticabile [kriti'kaːbile] *adj* 1. tadelnswert; 2. *(biasimabile)* beanstandbar
criticare [kriti'kaːre] *v* 1. kritisieren; 2. *(brontolare)* nörgeln
critico ['kriːtiko] *adj* 1. *(difficile)* kritisch, schwer; *m* 2. Kritiker *m*
croccante [krok'kante] *adj* 1. knusprig; *m* 2. *GAST* Krokant *m*
croce ['kroːtʃe] *f* Kreuz *n*; ~ *uncinata* Hakenkreuz *n*
crocevia [krotʃe'viːa] *m* Kreuzung *f*, Straßenkreuzung *f*
crociata [kro'tʃaːta] *f* Kreuzzug *m*
crociera [kro'tʃɛːra] *f* Kreuzfahrt *f*
crocifissione [krotʃifissi'oːne] *f REL* Kreuzigung *f*
crocifisso [krotʃi'fisso] *m REL* Kruzifix *n*
crogiolarsi [krodʒo'larsi] *v* 1. sich räkeln, sich in der Sonne aalen; 2. *(abbandonarsi a qc con molto piacere)* schwelgen; 3. *(deliziarsi)* sich weiden
crogiolo [kro'dʒɔːlo] *m* Schmelztiegel *m*
crollare [krol'laːre] *v* 1. einstürzen; 2. *(soffitto)* einbrechen; 3. *(edificio)* zusammenfallen; 4. *(marcio)* zerfallen; 5. *(fig: addosso)* hereinbrechen; 6. *(fig)* schlappmachen
crollo ['krɔllo] *m* 1. Einbruch *m*, Einsturz *m*; 2. *(rovina)* Ruin *m*, Zerfall *m*; 3. *MED* Zusammenbruch *m*; 4. ~ *in borsa FIN* Börsenkrach *m*
cromatica [kro'maːtika] *f PHYS* Chromatik *f*
cromo ['krɔːmo] *m CHEM* Chrom *m*
cromosoma [kromo'sɔːma] *m BIO* Chromosom *n*
cronaca ['krɔːnaka] *f* Chronik *f*, Reportage *f*; ~ *locale* Lokalnachrichten *pl*
cronico ['krɔːniko] *adj* chronisch
cronista [kro'nista] *m/f* Reporter(in) *m/f*; ~ *sportivo* Sportreporter *m*
cronologia [kronolo'dʒiːa] *f* Chronologie *f*, Zeitablauf *m*
cronologico [krono'lɔːdʒiko] *adj* chronologisch, zeitlich
cronometrare [kronome'traːre] *v* stoppen
cronometro [kro'nɔːmetro] *m* Stoppuhr *f*
crosta ['krɔsta] *f* 1. Kruste *f*; ~ *del pane* Brotkruste *f*; 2. *GAST* Rinde *f*; 3. *MED* Schorf *m*
crostaceo [kros'taːtʃeo] *m ZOOL* Schalentier *n*
crostata [kros'taːta] *f GAST* Mürbeteigkuchen *m*
crostino [kros'tiːno] *m GAST* geröstete Brotschnitte *f*
cruccio ['kruttʃo] *m* 1. Leid *n*; 2. *(collera)* Zorn *m*
cruciale [kru'tʃaːle] *adj* entscheidend, kritisch

cruciverba [krutʃi'vɛrba] *m* Kreuzworträtsel *n; ~ sillabico* Silbenrätsel *n; ~ enigmistica* Kreuzworträtsel *n*
crudele [kru'dɛːle] *adj* grausam
crudeltà [krudel'ta] *f* Grausamkeit *f*
crudo ['kruːdo] *adj* 1. roh; 2. *(fig)* nackt
cruento [kru'ɛnto] *adj* blutig
cruna ['kruːna] *f* Nadelöhr *n*
crup [krup] *m MED* Krupp *m*
crusca ['kruska] *f* Kleie *f; l'Accademia della Crusca f* Gesellschaft zur Pflege der italienischen Sprache *f*
cruscotto [krus'kɔtto] *m* Armaturenbrett *n*
Cuba [ku'ba] *f GEO* Kuba *n*
cubano [ku'baːno] *m* 1. Kubaner(in) *m/f;* adj 2. kubanisch
cubetto [ku'betto] *m* Würfel *m; ~ di ghiaccio* Eiswürfel *m*
cubismo [ku'bizmo] *m ART* Kubismus *m*
cubo ['kuːbo] *m MATH* Würfel *m; metro ~* Kubikmeter *m*
cuccagna [kuk'kaɲɲa] *f* 1. *paese della ~* Schlaraffenland *n;* 2. *albero della ~* Klettergerüst *n*
cuccetta [kut'tʃetta] *f* 1. *NAUT* Koje *f;* 2. *vagone a cuccette* Liegewagen *m*
cucchiaino [kukkia'iːno] *m* kleiner Löffel *m; ~ da caffè* Kaffeelöffel *m; ~ da tè* Teelöffel *m*
cucchiaio [kukki'aːio] *m* Esslöffel *m,* Löffel *m; ~ da minestra* Suppenlöffel *m*
cucciolo ['kuttʃolo] *m ZOOL* Welpe *m*
cucina [ku'tʃiːna] *f* 1. *(camera)* Küche *f;* 2. *(il cucinare)* Küche *f; ~ casalinga* Hausmannskost *f;* 3. *(apparecchio)* Herd *m*
cucinare [kutʃi'naːre] *v (preparare)* kochen
cucire [ku'tʃiːre] *v* 1. nähen; 2. *(imbastire)* heften; 3. *(rammendare)* stopfen
cucito [ku'tʃiːto] *adj* 1. genäht; *m* 2. Näharbeit *f*
cucitura [kutʃi'tuːra] *f* Naht *f*
cuculo ['kuːkulo/ku'kuːlo] *m ZOOL* Kuckuck *m*
cuffia ['kuffia] *f* 1. Haube *f; ~ da bagno* Badehaube *f; ~ da notte* Nachtmütze *f;* 2. *(apparecchio)* Kopfhörer *m*
cugina [ku'dʒiːna] *f* Cousine *f,* Base *f*
cugino [ku'dʒiːno] *m* Cousin *m,* Vetter *m*
cui [kui] *pron rel l'uomo con ~ vivo* der Mann, mit dem ich lebe; *da ~* woraus; *per ~* weswegen
culinario [kuli'naːrio] *adj* kulinarisch, Küchen…; *arte culinaria* Kochkunst *f*
culla ['kulla] *f* Wiege *f*
cullare [kul'laːre] *v* wiegen
culmine ['kulmine] *m* 1. Höhepunkt *m;* 2. *(fig)* Spitze *f*
culto ['kulto] *m* Kult *m*
cultura [kul'tuːra] *f* Kultur *f*
culturale [kultu'raːle] *adj* kulturell, Kultur…; *addetto ~* Kulturattaché *m*
cumino [ku'miːno] *m BOT* Kümmel *m*
cumulo ['kuːmulo] *m* 1. Stapel *m,* Haufen *m;* 2. *~ di stipendi* Doppelverdienst *m*
cuneo ['kuːneo] *m* Keil *m*
cunetta [ku'netta] *f* Gosse *f,* Rinnstein *m*
cuoca [ku'ɔːca] *f* Köchin *f*
cuocere [ku'ɔːtʃere] *v irr* 1. kochen; 2. *(infornare)* backen; 3. *(stufare) GAST* dünsten; *~ a vapore* dämpfen
cuoco [ku'ɔːko] *m* Koch *m*
cuoio [ku'ɔːio] *m* 1. Leder *n; ~ artificiale* Kunstleder *n; vero ~* echtes Leder *n;* 2. *(pelle degli animali)* Haut *f*
cuore [ku'ɔːre] *m* 1. *ANAT* Herz *n; ~ di coniglio (fig)* Hasenfuß *m; dal ~ tenero* weichherzig; *di gran ~* sehr gerne, von ganzem Herzen; *persona di ~* selbstloser Mensch *m;* 2. *(centro)* Kern *m,* Zentrum *n*
cupo ['kuːpo] *adj* 1. dunkel; 2. *(in viso)* rätselhaft, undurchsichtig; 3. *(suono)* dumpf; 4. *(astioso)* unwirsch
cupola ['kuːpola] *f ARCH* Kuppel *f*
cura ['kuːra] *f* 1. Pflege *f,* Versorgung *f;* 2. *(assistenza)* Betreuung *f,* Fürsorge *f; ~ d'anime* Seelsorge *f;* 3. *(previdenza)* Vorsorge *f;* 4. *(accuratezza)* Sorgfalt *f;* 5. *MED* Behandlung *f; ~ dei raggi* Bestrahlung *f;* 6. *(periodo di ~) MED* Kur *f; ~ di disassuefazione* Entziehungskur *f; ~ dimagrante* Abmagerungskur *f,* Schlankheitskur *f; ~ radicale* Radikalkur *f*
curabile [ku'raːbile] *adj* heilbar
curare [ku'raːre] *v* 1. pflegen, kurieren;

2. *MED* behandeln; ~ *con i raggi* bestrahlen; 3. ~ *completamente* auskurieren; 4. ~ *un'edizione* ein Buch herausgeben

curarsi [ku'rarsi] *v* 1. sich pflegen; 2. ~ *di qc* sich um etw kümmern, auf etw achten

curato [ku'ra:to] *adj* 1. *(persona)* gepflegt; *m* 2. *REL* Pfarrer *m*

curatore [kura'to:re] *m JUR* Verwalter *m*

curatrice [kura'tri:tʃe] *f JUR* Verwalterin *f*

curiosare [kurio'sa:re] *v (fig)* schnüffeln

curiosità [kuriosi'ta] *f* 1. Neugier *f*; 2. *(cosa degna di essere vista)* Sehenswürdigkeit *f*

curioso [kuri'o:so] *adj* 1. neugierig; 2. *(strano)* komisch, seltsam; *m* 3. Schaulustiger *m*

curriculum [kur'ri:kulum] *m* ~ *vitae* Lebenslauf *m allegare il proprio* ~ seinen Lebenslauf beilegen

curva ['kurva] *f* 1. Kurve *f*, Bogen *m*; *pieno di curve* kurvenreich; 2. *(di strada)* Kehre *f*

curvare [kur'va:re] *v* 1. krümmen, biegen; 2. *(svoltare)* abbiegen

curvatura [kurva'tu:ra] *f* Krümmung *f*; Rundung *f* ~ *di una lente* Krümmung einer Linse

curvo ['kurvo] *adj* 1. krumm, gebogen; 2. *(storto)* gekrümmt; 3. *(curvato)* gebeugt, gebückt

cuscinetto [kuʃʃi'netto] *m* 1. Stempelkissen *n*; 2. *TECH* Lager *n*; ~ *a sfere* Kugellager *n*

cuscino [kuʃ'ʃi:no] *m* 1. Kissen *n*, Kopfkissen *n*; 2. *(di una poltrona)* Polster *n*

cuspide ['kuspide] *f* Spitze *f*, Turmspitze *f*

custode [kus'tɔ:de] *m* 1. *(sorvegliante)* Kontrolleur *m*; 2. *(guardiano)* Wärter *m*, Wächter *m*; 3. *(di un carcere)* Gefängniswärter *m*; 4. *(portinaio)* Türsteher *m*, Hausmeister *m*; 5. *angelo* ~ Schutzengel *m*

custodia [kus'tɔ:dia] *f* 1. Etui *n*; ~ *del violino* Geigenkasten *m*; 2. *(protezione, cura)* Gewahrsam *m*, Obhut *f*; ~ *cautelare* Untersuchungshaft *f prendere qc in* ~ jdn in/unter seine Obhut nehmen

custodire [kusto'di:re] *v* 1. behüten; *Il parcheggio è custodito?* Ist der Parkplatz bewacht? 2. *(conservare)* aufbewahren, verwahren; 3. *(sorvegliare)* überwachen

cute ['ku:te] *f ANAT* Haut *f*

cybercafè [saiberka'fe] *m* Cybercafè *m*

cyberpizzo [saiber'pittso] *m* Erpressungsgeld *n* im Internet

cybersesso [saiber'sɛsso] *m* Cybersex *m*

D

da [da] *prep* 1. *(luogo)* ab, aus, von; *~ Firenze* ab Florenz; *Vengo ~lla Germania.* Ich komme aus Deutschland. *Come arrivo ~ qui a Monaco?* Wie komme ich von hier aus nach München? *~ qualche parte* irgendwo; *Da dove viene?* Woher kommen Sie? *~ capo* noch einmal, von vorn; *~ capo a fondo* von oben bis unten; 2. *(tempo)* her, seit, von; *~ allora* seitdem; *~ domani* ab morgen; *~ll'una* ab ein Uhr; *~lle ... alle* von ... bis ...; 3. *(causale)* vor; *~ sé* freiwillig; *konj* 4. zu; *~ accreditare* nur zur Verrechnung
dabbenaggine [dabbe'naddʒine] *f* Einfältigkeit *f*, Naivität *f*
dabbene [dab'bɛːne] *adj* 1. gut; 2. *(onesto)* rechtschaffen; 3. *dabben uomo* einfältiger Mensch *m*
daccapo [dak'kaːpo] *adv* von vorne
dacché [dak'ke] *konj* seitdem, da
dado ['daːdo] *m* 1. Würfel *m*; *giocare a dadi* Würfel spielen; 2. TECH Mutter *f*
dai [dai] *interj* na, los
daltonico [dal'tɔːniko] *adj* MED farbenblind
dama ['daːma] *f* 1. Dame *f*; 2. *(gioco)* Damespiel *n*
damasco [da'masko] *m* Damast *m*
damerino [dame'riːno] *m* Geck *m*
damigella [dami'dʒɛlla] *f* LIT Mädchen *n*; *~ d'onore* Brautjungfer *f*
danaroso [dana'roːso] *adj* wohlhabend
danese [da'neːse] *adj* 1. dänisch; *m/f* 2. Däne/Dänin *m/f*
Danimarca [dani'marka] *f* GEO Dänemark *n*
dannabile [dan'naːbile] *adj* LIT verdammenswert
dannare [dan'naːre] *v* verdammen
dannarsi [dan'narsi] *v* 1. sich verdammen, sich verfluchen; 2. *(logorarsi per il troppo lavoro)* sich abarbeiten, sich plagen; *~ l'anima* sich zu Tode quälen
danneggiare [danned'dʒaːre] *v* 1. beschädigen, schädigen; 2. *(nuocere)* schaden; 3. *(ledere)* beeinträchtigen, lädieren
danneggiato [danned'dʒaːto] *adj* beschädigt
danno ['danno] *m* 1. Beschädigung *f*, Schaden *m*; *~ alle persone* Personenschaden *m*; *~ di rottura* Bruchschaden *m*; *~ provocato da incendio* Brandschaden *m*; *~ totale* Totalschaden *m*; *~ collaterale* Kollateralschaden *m*; *provocare danni/recare danni* Schaden zufügen; *risarcire il ~* für den Schaden aufkommen; 2. *(il nuocere)* Beeinträchtigung *f*; 3. TECH Defekt *m*; *~ al macchinario* Maschinenschaden *m*
dannoso [dan'noːso] *adj* schädlich, gesundheitsgefährdend
Danubio [da'nuːbio] *m* GEO Donau *f*
danza ['dantsa] *f* Tanz *m*
danzare [dan'tsaːre] *v* tanzen
danzatore [dantsa'toːre] *m* Tänzer *m*
danzatrice [dantsa'triːtʃe] *f* Tänzerin *f*
dappertutto [dapper'tutto] *adv* überall
dapprima [dap'priːma] *adv* anfänglich
dare ['daːre] *v irr* 1. geben, reichen; *~ a un altro* weitergeben; *~ ad intendere* zu verstehen geben, weismachen; *~ del tu/~ del Lei* duzen/siezen; *~ fuoco* Feuer legen; *~ dello stupido a qd* jdn dumm nennen; 2. *(porgere)* hergeben; 3. *(impartire, concedere)* erteilen; 4. *(consegnare)* übergeben; 5. *(spalmare)* auftragen; 6. *~ il cambio a qd* jdn ablösen; 7. *~ una voce (fig)* rufen; *m* 8. ECO Soll *n*
darsena ['darsena] *f* Dock *n*
darsi ['darsi] *v irr* 1. sich widmen, sich hingeben; *~ a fare qc* etw zu tun beginnen; 2. *~ da fare* sich zu schaffen machen, sich Mühe geben; 3. *~ per vinto* sich für besiegt erklären; 4. *~ pensiero* sich Sorgen machen; 5. *~ il vanto* sich rühmen; 6. *~ delle arie* sich aufspielen, angeben; 7. *(occasione)* sich ereignen, sich ergeben; 8. *può ~* es kann sein, es ist möglich; 9. *~ all'ippica (fig)* umsatteln; 10. *si dà il caso che* es ist Tatsache, dass
data ['daːta] *f* Datum *n*, Termin *m*; *~ di conservazione* Haltbarkeitsdatum *n*; ~

di emissione Ausstellungsdatum *n; ~ di nascita* Geburtsdatum *n; ~ di rappresentazione* Vorstellungstermin *m; ~ di scadenza* Verfallsdatum *n; in tale ~* zu diesem Zeitpunkt; *la ~ di oggi* das heutige Datum
datare [da'ta:re] *v* datieren
datario [da'ta:rio] *m* Datumsstempel *m*
dativo [da'ti:vo] *m* Dativ *m*
dato ['da:to] *adj* **1.** gegeben; *~ che* angenommen, dass/vorausgesetzt, dass; *~ e non concesso che* angenommen, dass; *m* **2.** Angabe *f; ~ di fatto* Tatsache *f;* **3.** *dati pl* Daten *pl; dati di riferimento* Eckdaten *pl; dati personali* Personalien *pl*
datore [da'to:re] *m* Spender *m; ~ di lavoro* Arbeitgeber *m*
dattero ['dattero] *m BOT* Dattel *f*
dattilografo [datti'lɔ:grafo] *m* Maschinenschreiber *m*
davanti [da'vanti] *adv* **1.** *(luogo)* voraus; **2.** *(moto)* vorbei, vorüber; **3.** *(all'inizio, in testa)* vorn; *lì ~* da vorn; *sedersi ~* sich nach vorne setzen; *prep* **4.** *~ a* vor, gegenüber; *~ a che cosa* wovor; *~ a cui* wovor; *adj* **5.** *(tavola, sedia)* Vorder…; *le gambe ~* die Vorderbeine *pl*
davanzale [davan'tsa:le] *m* Fensterbank *f*
davvero [dav've:ro] *adv* **1.** wirklich; *interj* **2.** ah, *~* ach so, wirklich; *Ma ~!* Wirklich!
daziere [da'tsiɛ:re] *m* Zollbeamter *m*
dazio ['dattsio] *m* **1.** *(tassa)* Zoll *m; ~ d'importazione* Einfuhrzoll *m; soggetto a ~* zollpflichtig; *esente da ~* zollfrei; *~ all'esportazione* Ausfuhrzoll *m;* **2.** *(guardia daziaria)* Zollbehörde *f; ufficio del ~* Zollamt *n*
dea ['dɛ:a] *f* Göttin *f*
debellare [debel'la:re] *v* **1.** *(una malattia, il nemico)* besiegen, überwinden; **2.** *(annientare combattendo)* bekämpfen
debito ['de:bito] *adj* **1.** schuldig; *essere in ~ di qc con qd* jdm etw schuldig sein; **2.** *(giusto, doveroso)* richtig, angemessen; *m* **3.** *ECO* Schuld *f;* **4.** *debiti pl* Schulden *pl;* **5.** *(conto) ECO* Soll *n*
debitore [debi'to:re] *m ECO* Schuldner *m*
debole ['de:bole] *adj* **1.** schwach, matt; *~ d'udito* schwerhörig; *sentirsi ~* sich schwach fühlen; *punto ~* Schwachstelle *f;* **2.** *(instabile)* haltlos; **3.** *(gracile)* schwächlich; *m* **4.** Schwächling *m*
debolezza [debo'lettsa] *f* Schwäche *f; ~ di carattere* Charakterschwäche *f; ~ immunitaria* Immunschwäche *f; ~ di udito* Schwerhörigkeit *f*
debutto [de'butto] *m* Debüt *n*
decadente [deka'dɛnte] *adj* dekadent
decadenza [deka'dɛntsa] *f* **1.** Dekadenz *f,* Verfall *m;* **2.** *(fig)* Abstieg *m,* Fall *m*
decadere [deka'de:re] *v irr* **1.** *(di civiltà, di salute)* verfallen; **2.** *(fig)* fallen
decaduto [deka'du:to] *adj* **1.** heruntergekommen, verfallen; **2.** *termine ~* verfallener Termin *m*
decalcificare [dekaltʃifi'ka:re] *v* entkalken
decano [de'ka:no] *m* Dekan *m*
decantare [dekan'ta:re] *v* **1.** preisen, ehren; **2.** *CHEM* klären
decappottabile [dekappot'ta:bile] *f* Kabriolett *n*
deceduto [detʃe'du:to] *adj* **1.** verstorben; *m* **2.** Toter *m*
decennale [detʃen'na:le] *adj* **1.** zehnjährlich; *m* **2.** Zehnjahresfeier *f*
decennio [de'tʃɛnnio] *m* Jahrzehnt *n*
decente [de'tʃɛnte] *adj* anständig
decentralizzare [detʃentralid'dza:re] *v* dezentralisieren
decesso [de'tʃɛsso] *m* **1.** Ableben *n,* Tod *m;* **2.** *decessi pl* Todesfälle *pl*
decidere [de'tʃi:dere] *v irr* entscheiden, beschließen; *Non mi posso ~.* Ich kann mich nicht entscheiden.
decidersi [de'tʃidersi] *v irr* sich entschließen
decifrare [detʃi'fra:re] *v* entziffern
decimale [detʃi'ma:le] *adj MATH* dezimal; *numero ~* Dezimalzahl *f*
decimare [detʃi'ma:re] *v* dezimieren
decimo ['dɛ:tʃimo] *adj* zehnte(r,s)
decina [de'tʃi:na] *f* etwa zehn; *a decine* zu Dutzenden
decisamente [detʃiza'mente] *adv* **1.** entschieden, entschlossen; **2.** ausgesprochen
decisione [detʃi'zio:ne] *f* **1.** Entscheidung *f; ~ provvisoria* Zwischenentschei-

dung *f; ~ sbagliata* Fehlentscheidung *f; prendere una ~* eine Entscheidung treffen, eine Entscheidung fällen; *~ di maggioranza* Mehrheitsbeschluss *m;* 2. *(risolutezza)* Entschluss *m,* Entschiedenheit *f; con ~* zielbewusst; 3. *(conclusione)* Beschluss *m*

D

decisivo [detʃi'ziːvo] *adj* ausschlaggebend

deciso [de'tʃiːzo] *adj* bestimmt

declamazione [deklama'tsioːne] *f* Vortrag *m*

declassare [deklas'saːre] *v* deklassieren

declinare [dekli'naːre] *v* 1. *(impero)* untergehen, sinken; 2. *(fig)* ablehnen; 3. GRAMM deklinieren;

declinazione [deklina'tsioːne] *f* 1. Deklination *f;* 2. *(decadenza)* Niedergang *m*

declino [de'kliːno] *m* 1. *(perdita)* Verfall *m;* 2. *(fig)* Abstieg *m*

declivio [de'kliːvio] *m* Abhang *m*

decollare [dekol'laːre] *v (aereo)* abfliegen, abheben; *Quando decolla l'aereo per Monaco?* Wann startet die Maschine nach München?

decolleté [dekɔl'te] *m* Dekolleté *n,* Ausschnitt *m*

decollo [de'kɔllo] *m* Abflug *m*

decolorare [dekolo'raːre] *v* entfärben

decomporre [dekom'porre] *v irr* 1. auseinander nehmen, zerlegen; 2. CHEM zersetzen

decomporsi [dekom'porsi] *v irr* verwesen

decontaminare [dekontami'naːre] *v* dekontaminieren, entseuchen

decorare [deko'raːre] *v* dekorieren

decorativo [dekora'tiːvo] *adj* dekorativ

decoratore [dekora'toːre] *m* Dekorateur *m*

decorazione [dekora'tsioːne] *f* 1. Dekoration *f,* Dekor *m/n;* 2. *(onore)* Orden *m;* 3. *(ornamento)* Verzierung *f*

decoro [de'kɔːro] *m* Ehre *f,* Anstand *m*

decoroso [deko'roːso] *adj* anständig

decorrenza [dekor'rɛntsa] *f* Laufzeit *f; con ~ dal tre aprile* ab dem dritten April; *con ~ immediata* ab sofort; *~ dei termini* Fristenablauf *m*

decorso [de'korso] *m* Ablauf *m*

decrepito [de'krɛːpito] *adj* 1. altersschwach; 2. *(persona)* gebrechlich

decrescere [de'kreʃʃere] *v* MED abklingen

decretare [dekre'taːre] *v* verordnen

decreto [de'kreːto] *m* 1. Verordnung *f;* 2. JUR Dekret *n; ~ bilaterale* Doppelbeschluss *m; ~ giudiziario* Gerichtsbeschluss *m; ~ di grazia* Gnadenerlass *m*

dedalo ['dɛːdalo] *m* Labyrinth *n,* Irrgarten *m; ~ di strade* Straßengewirr *n*

dedica ['dɛːdika] *f* Widmung *f*

dedicare [dedi'kaːre] *v* widmen

dedicarsi [dedi'karsi] *v* sich widmen

dedizione [dedi'tsioːne] *f* Hingabe *f*

dedotto [de'dotto] *adj* 1. abzüglich, 2. abgeleitet

deducibile [dedu'tʃiːbile] *adj* 1. folgerbar, ableitbar; 2. *(desumibile)* abziehbar; 3. *(dal reddito tassabile)* FIN steuerlich absetzbar

dedurre [de'durre] *v irr* 1. folgern, Schlüsse ziehen; 2. *(fig)* ableiten

defecazione [defeka'tsioːne] *f* MED Stuhlgang *m*

defenestrare [defenes'traːre] *v* hinauswerfen, aus dem Fenster werfen

deferente [defe'rɛnte] *adj* ehrerbietig

deficiente [defi'tʃɛnte] *m* Dummkopf *m*

deficiente [defi'tʃɛnte] *adj* mangelhaft

deficienza [defi'tʃɛntsa] *f* 1. Schwachsinn *m;* 2. *(inadeguatezza)* Unzulänglichkeit *f*

deficit ['dɛːfitʃit] *m* 1. Defizit *n;* 2. ECO Fehlbetrag *m*

definire [defi'niːre] *v* definieren

definitivo [defini'tiːvo] *adj* endgültig

definizione [defini'tsioːne] *f* Definition *f; di alta ~* hochauflösend

deflagrazione [deflagra'tsioːne] *f* Explosion *f*

deflorare [deflo'raːre] *v* entjungfern

defluire [deflu'iːre] *v* abfließen, ablaufen

deflusso [de'flusso] *m* 1. Ablauf *m;* 2. ECO Abfluss *m*

deformare [defor'maːre] *v* deformieren

deformazione [deforma'tsioːne] *f*

1. Deformation *f,* Verformung *f;* 2. *MED* Verkrüppelung *f*
deforme [de'forme] *adj* 1. missgebildet; 2. *MED* verkrüppelt
defraudare [defrau'da:re] *v* betrügen
defunto [de'funto] *adj* 1. tot, verstorben; *m* 2. Verstorbener *m; giorno dei defunti* Allerseelen *n*
degenerare [dedʒene'ra:re] *v* ausarten
degenerato [dedʒene'ra:to] *adj BIO* degeneriert
degenerazione [dedʒenera'tsio:ne] *f* Degeneration *f,* Entartung *f*
degente [de'dʒɛnte] *adj* 1. bettlägerig; *m/f* 2. *MED* Patient(in) *m/f*
degnare [deɲ'ɲa:re] *v* würdigen
degno ['deɲɲo] *adj* würdig, wert; *~ di approvazione* anerkennenswert; *~ di fede* glaubhaft; *~ di fiducia* vertrauenswürdig; *~ di nota* beachtlich, bemerkenswert; *~ di riconoscenza* dankenswert
degradamento [degrada'mento] *m* Degradierung *f*
degradante [degra'dante] *adj* entwürdigend, erniedrigend
degradare [degra'da:re] *v* entwürdigen
degustare [degus'ta:re] *v* 1. kosten, probieren; 2. *(assaggiare)* abschmecken
degustazione [degusta'tsio:ne] *f* Kosten *n,* Probieren *n*
delatore [dela'to:re] *m POL* Denunziant *m*
delega ['dɛ:lega] *f* 1. Vollmacht *f;* 2. *(atto del delegare)* Delegierung *f*
delegare [dele'ga:re] *v* delegieren
delegato [dele'ga:to] *m* 1. *JUR* Bevollmächtigter *m;* 2. *POL* Delegierter *m*
delegazione [delega'tsio:ne] *f* 1. Abordnung *f,* Delegation *f;* 2. *(di un ordine)* Übertragung *f*
deleterio [dele'tɛ:rio] *adj* schädlich, zerstörerisch
delfino[1] [del'fi:no] *m ZOOL* Delfin *m*
delfino[2] [del'fi:no] *m* 1. *(in Francia)* Dauphin *m,* Thronfolger *m;* 2. *(successore)* Nachfolger *m*
delibera [de'li:bera] *f* Beschluss *m*
deliberare [delibe'ra:re] *v* beschließen; *atto a ~* beschlussfähig
delicato [deli'ka:to] *adj* 1. delikat, fein; 2. *(schizzinoso)* heikel, zimperlich
delimitazione [delimita'tsio:ne] *f* Abgrenzung *f*
delineare [deline'a:re] *v* beschreiben
delinearsi [deline'arsi] *v* sich abzeichnen
delinquente [deliŋku'ɛnte] *m* Delinquent *m,* Missetäter *m; ~ passionale* Triebtäter *m*
delinquenza [deliŋku'ɛntsa] *f* Kriminalität *f; ~ minorile* Jugendkriminalität *f*
delirare [deli'ra:re] *v* Wahnvorstellungen haben, im Wahn reden
delirio [de'li:rio] *m* Delirium *n*
delitto [de'litto] *m* Verbrechen *n,* Straftat *f; ~ capitale* Kapitalverbrechen *n; ~ sessuale* Sexualverbrechen *n*
delittuoso [delittu'o:so] *adj* verbrecherisch
delizioso [deli'tsio:so] *adj* entzückend
deltaplano [delta'pla:no] *m SPORT* Flugdrachen *m; fare ~* segelfliegen
delucidazione [delutʃida'tsio:ne] *f* Erklärung *f,* Begründung *f*
deludere [de'lu:dere] *v irr* 1. enttäuschen; 2. *(sgomentare)* vereiteln
delusione [delu'zio:ne] *f* Enttäuschung *f*
deluso [de'lu:zo] *adj* enttäuscht
demagogico [dema'gɔ:dʒiko] *adj* demagogisch
demagogo [dema'gɔ:go] *m* Demagoge *m*
demanio [de'ma:nio] *m* Domäne *f*
demente [de'mɛnte] *adj* wahnsinnig
demenza [de'mɛntsa] *f* Wahnsinn *m*
demilitarizzare [demilitarid'dza:re] *v* entmilitarisieren
democratico [demo'kra:tiko] *adj* 1. *POL* demokratisch; *m* 2. *POL* Demokrat *m*
democrazia [demokrat'tsi:a] *f POL* Demokratie *f; ~ di base* Basisdemokratie *f*
demografia [demogra'fi:a] *f* Demographie *f*
demografico [demo'gra:fiko] *adj* demographisch; *aumento ~* Bevölkerungszuwachs *m*
demolire [demo'li:re] *v* 1. abreißen, demolieren; 2. *(rottame)* verschrotten
demolizione [demoli'tsio:ne] *f* Abbruch *m,* Abriss *m*

D

demone ['dɛːmone] *m* Dämon *m*
demoniaco [demo'niːako] *adj* dämonisch
demonio [de'mɔːnio] *m* 1. Teufel *m*, Dämon *m*; 2. *(persona abietta)* Schuft *m*

D

demoralizzare [demoralid'dzaːre] *v* demoralisieren
demoscopia [demosko'piːa] *f* Demoskopie *f*
denaro [de'naːro] *m* Geld *n*; ~ *contante* Bargeld *n*; ~ *sborsato* Auslage *f*; ~ *per le piccole spese* Taschengeld *n*; ~ *per le vacanze* Urlaubsgeld *n*
denigrare [deni'graːre] *v* *(fig)* anschwärzen
denominarsi [denomi'narsi] *v* heißen
denominatore [denomina'toːre] *m* 1. Namengeber *m*; 2. MATH Nenner *m*
densità [densi'ta] *f* Dichte *f*; ~ *della popolazione* Bevölkerungsdichte *f*
denso ['dɛnso] *adj* 1. *(liquido)* dick, dickflüssig; 2. *(fitto, spesso)* dick, dicht
dentatura [denta'tuːra] *f* ANAT Gebiss *n*
dente ['dɛnte] *m* ANAT Zahn *m*; ~ *del giudizio* Weisheitszahn *m*; ~ *di latte* Milchzahn *m*; ~ *velenifero* Giftzahn *m*; ~ *a perno* Stiftzahn *m*; ~ *incisivo* Schneidezahn *m*; ~ *cariato* fauler Zahn *m*, von Karies befallender Zahn *m*
dentellato [dentel'laːto] *adj* gezackt
dentiera [denti'ɛːra] *f* künstliches Gebiss *n*
dentifricio [denti'friːtʃo] *m* Zahnpasta *f*
dentista [den'tista] *m/f* Zahnarzt/Zahnärztin *m/f*
dentro ['dentro] *adv* 1. drinnen; *Vorremmo restare seduti ~.* Wir möchten drinnen sitzen bleiben. 2. *(moto)* hinein; *prep* 3. in, innerhalb
denudare [denu'daːre] *v* entblößen, ausziehen; ~ *la spada* das Schwert ziehen
denudarsi [denu'darsi] *v* sich ausziehen, sich entblößen
denuncia [de'nuntʃa] *f* 1. JUR Anzeige *f*, Strafanzeige *f*; ~ *di morte* Todesanzeige *f*; ~ *di nascita* Geburtsanzeige *f*; ~ *di scomparsa* Vermisstenanzeige *f*; ~ *di smarrimento* Verlustanzeige *f*; 2. *(accusa)* JUR Anklage *f*; 3. *(di residenza)* Anmeldung *f*; 4. *(notifica)* Anzeige *f*
denunciare [denun'tʃaːre] *v* 1. anzeigen; 2. *(accusare)* JUR anklagen; 3. *(notificare)* anmelden
denutrizione [denutri'tsioːne] *f* Unterernährung *f*
deodorante [deodo'rante] *m* Deodorant *n*
depennare [depen'naːre] *v* streichen
deperibile [depe'riːbile] *adj* leicht verderblich
deperire [depe'riːre] *v* 1. verkümmern; 2. verderben
depilare [depi'laːre] *v* enthaaren
depilatorio [depila'tɔːrio] *adj* 1. Enthaarungs…; *m* 2. Enthaarungsmittel *n*
deplorabile [deplo'raːbile] *adj* 1. bedauernswert, zu bemitleiden; 2. *(degno di biasimo)* tadelnswert
deplorare [deplo'raːre] *v* bedauern
deplorevole [deplo'reːvole] *adj* bedauerlich
deporre [de'porre] *v irr* 1. abstellen, absetzen; 2. *(ghirlanda)* niederlegen; 3. *(pratica)* ablegen; 4. *(fig: carica)* niederlegen; 5. JUR aussagen; ~ *a discarico di* entlasten
deportare [depor'taːre] *v* deportieren
depositare [depozi'taːre] *v* deponieren
depositario [depozi'taːrio] *m* Vertrauter *m*, Verwahrer *m*
depositarsi [depozi'tarsi] *v* sich absetzen
deposito [de'pɔːzito] *m* 1. Ablage *f*; ~ *di filtrazione* Klärschlamm *m*; ~ *delle immondizie* Mülldeponie *f*; *scontrino del ~ bagagli* Gepäckschein *m*; ~ *bagagli* Gepäckaufbewahrung *f*; 2. *(di merce)* ECO Lager *n*, Warenlager *n*; 3. FIN Einlage *f*, Depot *n*; ~ *a risparmio* Spareinlage *f*; 4. MED Ablagerung *f*
depravare [depra'vaːre] *v* verderben
depravazione [deprava'tsioːne] *f* Verkommenheit *f*
deprecare [depre'kaːre] *v* verwerfen
depredare [depre'daːre] *v* plündern
depressione [depressi'oːne] *f* 1. GEO Senke *f*; 2. TECH Unterdruck *m*; 3. MED Depression *f*
depresso [de'prɛsso] *adj* depressiv, deprimiert

deprezzamento [deprettsa'mento] *m* *FIN* Abwertung *f*
deprezzare [depret'tsaːre] *v* *FIN* abwerten
deprimente [depri'mɛnte] *adj* deprimierend
depurazione [depura'tsioːne] *f* Reinigung *f*, Klärung *f*
deputato [depu'taːto] *m* *POL* Abgeordneter *m*; *~ del parlamento tedesco* Mitglied des deutschen Bundestages (MdB) *n*
deragliare [deraʎ'ʎaːre] *v* entgleisen
derelitto [dere'litto] *adj* 1. verlassen; *m* 2. verlassener Mensch *m*
deridere [de'riːdere] *v irr* auslachen
derisione [deri'zioːne] *f* Hohn *m*, Verspottung *f*
derivare [deri'vaːre] *v* abstammen
derivato [deri'vaːto] *adj* 1. abgeleitet; *m* 2. Nebenerzeugnis *n*, Nebenprodukt *n*
dermatologo [derma'tɔːlogo] *m* *MED* Dermatologe *m*
deroga ['dɛːroga] *f* *JUR* Aufhebung *f*; *in ~a ...* in Abweichung von ...
derubare [deru'baːre] *v* berauben, bestehlen
descrivere [des'kriːvere] *v* beschreiben, darstellen
descrizione [deskri'tsioːne] *f* Beschreibung *f*, Darstellung *f*
deserto [de'zɛrto] *m* 1. Wüste *f*, Wildnis *f*; *adj* 2. wüst, unbewohnt
desiderabile [deside'raːbile] *adj* wünschenswert, erstrebenswert
desiderare [deside'raːre] *v* wünschen
desiderato [deside'raːto] *adj* erwünscht
desiderio [desi'dɛːrio] *m* Wunsch *m*, Begierde *f*; *~ d'avventura* Abenteuerlust *f*; *~ ardente* sehnlicher Wunsch *m*
desideroso [deside'roːso] *adj* begierig, verlangend; *~ di sapere* wissbegierig
designare [desiɲ'ɲaːre] *v* bezeichnen, ernennen
designazione [desiɲɲa'tsioːne] *f* 1. Berufung *f*, Bestimmung *f*; 2. *ECO* Designation *f*
desinare [dezi'naːre] *v* zu Mittag essen
dessert [des'sɛːrt] *m* Dessert *n*, Nachspeise *f*
destare [des'taːre] *v* wecken
destinare [desti'naːre] *v* festsetzen, bestimmen
destinatario [destina'taːrio] *m* 1. Empfänger *m*; 2. *(ricevente)* Adressat *m*
destinazione [destina'tsioːne] *f* Ziel *n*; *luogo di ~* Bestimmungsort *m*
destino [des'tiːno] *m* Schicksal *n*
destituire [destitu'iːre] *v* entheben
desto ['desto] *adj* wach, munter
destra ['dɛstra] *f* Rechte *f*; *a ~* rechts
destreggiarsi [destred'dʒarsi] *v* sich zurechtfinden
destrezza [des'trettsa] *f* Geschick *n*; *~ di mano* Fingerfertigkeit *f*
destro ['dɛstro] *adj* rechte(r,s)
destrosio [des'trɔːzio] *m* *CHEM* Traubenzucker *m*
detective [de'tɛktiv] *m* Detektiv *m*
detector [de'tɛktor] *m* *TECH* Detektor *m*
detenere [dete'neːre] *v irr* innehaben
detentore [deten'toːre] *m* Besitzer
detenuto [dete'nuːto] *m* Strafgefangener *m*
detenzione [deten'tsioːne] *f* 1. *JUR* Haft *f*; 2. *~ illegale JUR* illegaler Besitz *m*; *~ permanente* Dauerbesitz *m*
determinante [determi'nante] *adj* maßgebend, entscheidend
determinare [determi'naːre] *v* bestimmen
determinato [determi'naːto] *adj* bestimmt
detersivo [deter'siːvo] *m* Reinigungsmittel *n*, Spülmittel *n*; *~ per tessuti delicati* Feinwaschmittel *n*; *~ per stoviglie* Geschirrspülmittel *n*
detestare [detes'taːre] *v* 1. verachten; 2. *(odiare)* hassen
detonare [deto'naːre] *v* explodieren
detrarre [de'trarre] *v irr* 1. abziehen, abrechnen; 2. *ECO* absetzen; 3. *(sconto) ECO* abziehen
detrazione [detra'tsioːne] *f* 1. Abrechnung *f*, Abzug *m*; 2. *(nel bilancio) ECO* Abbuchung *f*; 3. *(defalco) ECO* Absetzung *f*
dettagliatamente [dettaʎʎata'mente] *adv (fig)* weitläufig
dettagliato [dettaʎ'ʎaːto] *adj* ausführlich, detailliert

D

dettaglio [det'taʎʎo] *m* Einzelheit *f*
dettare [det'taːre] *v* diktieren
dettato [det'taːto] *m* Diktat *n*
detto ['detto] *adj* 1. gesagt, oben genannt; *m* 2. Sprichwort *n*, Redewendung *f*

D

deturpare [detur'paːre] *v* verunstalten
deturpazione [deturpa'tsioːne] *f* Verunstaltung *f*
devastare [devas'taːre] *v* verwüsten
devastazione [devasta'tsioːne] *f* Verwüstung *f*, Verheerung *f*
deviare [devi'aːre] *v* 1. ablenken; 2. *(cambiare direzione)* abweichen; 3. *(acqua)* ableiten
deviazione [devia'tsioːne] *f* 1. Umleitung *f*; 2. *(cambiamento di direzione)* Abweichung *f*
devoto [de'vɔːto] *adj* andächtig, fromm
devozione [devo'tsioːne] *f* 1. Andacht *f*; 2. *(dedizione)* Ergebenheit *f*, Hingabe *f*
di [di] *konj* 1. als; 2. *(con l'infinito)* zu; *prep* 3. *(luogo)* von; 4. *(causale)* vor; 5. *(tempo)* an, bei, über; *~ mattina* morgens; 6. *(fatto di)* aus; 7. *(comparazione)* als
diabete [dia'bɛːte] *m MED* Diabetes *m*
diabetico [dia'bɛːtiko] *m MED* Diabetiker *m*
diabolico [dia'bɔːliko] *adj* teuflisch
diaconia [diako'niːa] *f REL* Diakonie *f*
diaframma [dia'framma] *m* 1. Scheidewand *f*; 2. *ANAT* Zwerchfell *n*
diagnosi [di'aɲɲozi] *f MED* Befund *m*
diagnosticare [diaɲɲosti'kaːre] *v* diagnostizieren
diagonale [diago'naːle] *adj* 1. diagonal; *f* 2. Diagonale *f*
diagramma [dia'gramma] *m* Diagramm *n*
dialettale [dialet'taːle] *adj* mundartlich
dialetto [dia'lɛtto] *m* Dialekt *m*
dialisi [di'aːlizi] *f MED* Dialyse *f*
dialogo [di'aːlogo] *m* Dialog *m*
diametro [di'aːmetro] *m* Durchmesser *m*
diario [di'aːrio] *m* Tagebuch *n*
diarrea [diar'rɛːa] *f MED* Durchfall *m*; *Ha qc contro la ~?* Haben Sie etw gegen Durchfall?
diavolo [di'aːvolo] *m* Teufel *m*
dibattere [di'battere] *v* erörtern
dibattersi [di'battersi] *v* zappeln, um sich schlagen
dibattimento [dibatti'mento] *m* 1. Erörterung *f*, Diskussion *f*; 2. *JUR* Verhandlung *f*
dibattito [dibat'tiːto] *m* 1. Aussprache *f*, Diskussion *f*; 2. *JUR* Verhandlung *f*; 3. *POL* Debatte *f*
dicembre [di'tʃɛmbre] *m* Dezember *m*
diceria [ditʃe'riːa] *f* Gerücht *n*; *dicerie* Gerede *n*
dichiarare [dikia'raːre] *v* 1. deklarieren, verzollen; *Non ho niente da ~.* Ich habe nichts zu verzollen. 2. *(manifestare, affermare)* erklären, behaupten
dichiararsi [dikia'rarsi] *v* 1. sich erklären; *~ per/contro qc* sich für/gegen etw erklären; *~ colpevole* sich für schuldig erklären; 2. *(manifestare il proprio amore)* seine Liebe offenbaren
dichiarazione [dikiara'tsioːne] *f* Äußerung *f*, Behauptung *f*; *~ d'amore* Liebeserklärung *f*; *~ doganale* Zollerklärung *f*; *~ governativa* Regierungserklärung *f*; *~ di guerra* Kriegserklärung *f*; *~ dei redditi* Steuererklärung *f*
diciannove [ditʃan'nɔːve] *num* neunzehn
diciannovesimo [ditʃanno'vɛːzimo] *adj* neunzehnte(r,s)
diciassette [ditʃas'sɛtte] *num* siebzehn
diciasettesimo [ditʃaset'tɛːzimo] *adj* siebzehnte(r,s)
diciotto [di'tʃɔtto] *num* achtzehn
diciottesimo [ditʃot'tɛːzimo] *adj* achtzehnte(r,s)
didascalia [didaska'liːa] *f* 1. Bildunterschrift *f*; 2. *(testo esplicativo)* Begleittext *m*; 3. *CINE* Regieanweisung *f*
didattico [di'dattiko] *adj* didaktisch, lehrhaft; *materiale ~* Lehrmaterial *n*
dieci ['diɛːtʃi] *num* zehn
dieta[1] ['diɛːta] *f* Diät *f*; *Devo stare a ~.* Ich muss Diät halten.
dieta[2] ['diɛːta] *f POL* Versammlung *f*; *~ federale* Bundestag *m*
dietro ['diɛːtro] *adv* 1. hinten; *prep* 2. hinter; *là ~* da hinten; *m* 3. Rückseite *f*; 4. *di ~ (fam) ANAT* Hinterteil *n*
difatti [di'fatti] *adv* in der Tat, tatsächlich

difendere [di'fɛndere] *v irr* 1. verteidigen; 2. *(sostenere)* vertreten; 3. *(proteggere)* wahren
difendersi [di'fɛndersi] *v irr* sich wehren, sich verteidigen
difensiva [difen'siːva] *f* Defensive *f*, Verteidigung *f*
difensivo [difen'siːvo] *adj* defensiv
difensore [difen'soːre] *m* Verteidiger *m*
difesa [di'feːsa] *f* 1. Verteidigung *f*; *legittima ~* Notwehr *f*; *~ antiaerea MIL* Flugabwehr *f*; 2. *(nello sport) SPORT* Abwehr *f*, Deckung *f*; 3. *(tutela)* Schutz *m*; *~ del consumatore* Verbraucherschutz *m*
difetto [di'fɛtto] *m* 1. Fehler *m*; *~ di pronuncia* Sprachfehler *m*; 2. *(imperfezione)* Mangel *m*, Makel *m*
difettoso [difet'toːso] *adj* 1. fehlerhaft, mangelhalft; 2. *(guasto)* defekt
diffamare [diffa'maːre] *v* verleumden
diffamazione [diffama'tsioːne] *f* 1. Verleumdung *f*; 2. *JUR* üble Nachrede *f*
differente [diffe'rɛnte] *adj* unterschiedlich
differenza [diffe'rɛntsa] *f* 1. Unterschied *m*; *~ d'età* Altersunterschied *m*; 2. *MATH* Differenz *f*; 3. *(divergenza)* Abweichung *f*
differenziale [differen'tsiaːle] *m* 1. *TECH* Differenzial *n*; 2. *MATH* Differenzial *n*
differenziare [differen'tsiaːre] *v* 1. differenzieren; 2. *(distinguere)* unterscheiden
difficile [dif'fiːtʃile] *adj* 1. schwierig, schwer; *difficilmente educabile* schwer erziehbar; *rendere ~* schwer machen; 2. *(lunatico)* launisch, heikel; 3. *(schizzinoso)* wählerisch
difficoltà [difficol'ta] *f* Schwierigkeit *f*
difficoltoso [diffikol'toːso] *adj* schwierig, schwer
diffida [dif'fiːda] *f* Warnung *f*
diffidare [diffi'daːre] *v* 1. misstrauen; 2. *(ammonire)* warnen
diffidente [diffi'dɛnte] *adj* misstrauisch
diffidenza [diffi'dɛntsa] *f* Misstrauen *n*; *con ~* misstrauisch
diffondersi [dif'fondersi] *v* sich herumsprechen, sich verbreiten
diffusione [diffuzi'oːne] *f* 1. Verbreitung *f*; *~ per radio* Radioübertragung *f*; 2. *PHYS* Diffusion *f*
diffuso [dif'fuːzo] *adj* verbreitet; *molto ~* weit verbreitet
difterite [difte'riːte] *f MED* Diphtherie *f*
diga ['diːga] *f* Deich *m*; *~ di sbarramento* Staudamm *m*
digerente [didʒe'rɛnte] *adj MED* Verdauungs…; *apparato ~* Verdauungsorgane *pl*
digeribile [didʒe'riːbile] *adj* 1. verdaulich; 2. *(tollerabile)* verträglich
digerire [didʒe'riːre] *v* 1. verdauen; 2. *(fig)* verarbeiten
digestione [didʒesti'oːne] *f* Verdauung *f*; *disturbi di ~* Verdauungsstörungen *pl*
digitale [didʒi'taːle] *adj* digital
digiunare [didʒu'naːre] *v* fasten
digiuno [di'dʒuːno] *adj* 1. nüchtern; *m* 2. Fasten *n*; *a ~* auf nüchternen Magen
dignità [diɲɲi'ta] *f* Würde *f*; *~ umana* Menschenwürde *f*
dignitario [diɲɲi'taːrio] *m* Würdenträger *m*
dignitoso [diɲɲi'toːso] *adj* 1. würdig; 2. *(decoroso)* anständig
dilagare [dila'gaːre] *v* 1. übertreten; 2. *(pestilenza, panico)* um sich greifen, grassieren; 3. *(acqua)* sich ausbreiten, überfluten
dilaniare [dilani'aːre] *v* 1. *(animali)* in Stücke reißen; 2. *(fig: tormentare)* quälen
dilapidare [dilapi'daːre] *v* 1. verschwenden; 2. *(patrimonio)* durchbringen
dilatabile [dila'taːbile] *adj* dehnbar, ausdehnbar
dilatabilità [dilatabili'ta] *f* Dehnbarkeit *f*
dilatazione [dilata'tsioːne] *f* Ausdehnung *f*; *~ vascolare* Gefäßerweiterung *f*
dileguarsi [dile'guarsi] *v* verschwinden
dilemma [di'lɛmma] *m* Dilemma *n*
dilettante [dilet'tante] *m* Dilettant *m*, Liebhaber *m*
dilettantesco [dilettan'tesko] *adj* dilettantisch

diletto [di'lɛtto] *adj* 1. teuer, geliebt; *m* 2. Freude *f*
diligente [dili'dʒɛnte] *adj* fleißig, emsig
diligenza [dili'dʒɛntsa] *f* 1. Fleiß *m;* 2. *(scrupolosità)* Sorgfalt *f*
diluente [dilu'ɛnte] *m* Verdünnungsmittel *n*

D

diluire [dilu'iːre] *v* 1. verdünnen; 2. *(allungare)* verlängern
diluito [dilu'iːto] *adj (liquido)* verdünnt
dilungare [diluŋ'gaːre] *v* 1. verlängern; 2. *(differire)* aufschieben
dilungarsi [diluŋ'garsi] *v* 1. lange verweilen; 2. *(trattenersi a lungo da qd)* sich lange aufhalten
diluvio [di'luːvio] *m* 1. strömender Regen *m; ~ universale* Sintflut *f;* 2. *(fig)* Flut *f,* Schwall *m*
dimagrire [dima'griːre] *v* abnehmen
dimenare [dime'naːre] *v* schlenkern; *~ la coda* mit dem Schwanz wedeln
dimenarsi [dime'narsi] *v* 1. zappeln, hin und her bewegen; 2. *(nel letto)* sich herumwälzen
dimensione [dimensi'oːne] *f* 1. Maß *n;* 2. *MATH* Dimension *f;* 3. *(fig)* Ausmaß *n*
dimenticanza [dimenti'kantsa] *f* 1. Vergessenheit *f;* 2. *(omissione)* Versäumnis *n*
dimenticare [dimenti'kaːre] *v* vergessen; *bere per ~ (fam)* seine Sorgen in Alkohol ertränken
dimenticarsi [dimenti'karsi] *v* vergessen; *~ di qc* sich an etw nicht mehr erinnern
dimettere [di'mettere] *v irr* 1. entlassen; 2. *(destituire)* absetzen
dimettersi [di'mettersi] *v irr* zurücktreten
diminuire [diminu'iːre] *v* 1. *(ridurre)* vermindern, herabsetzen; 2. *(vento)* abflauen; 3. *(rumore)* abklingen; 4. *(prezzo)* ermäßigen, sinken; 5. *(sminuire)* schmälern; 6. *(fig)* schrumpfen
diminutivo [diminu'tiːvo] *m GRAMM* Diminutiv *m*
diminuzione [diminu'tsioːne] *f* 1. *(riduzione)* Rückgang *f,* Minderung *f; ~ della popolazione* Bevölkerungsrückgang *m;* 2. *(di prezzo)* Ermäßigung *f;* 3. *(lo sminuire)* Untertreibung *f*
dimissione [dimissi'oːne] *f* 1. Rücktritt *m;* 2. *(di un malato)* Entlassung *f;* 3. *(licenziamento dal lavoro)* Kündigung *f*
dimora [di'mɔːra] *f* 1. Aufenthalt *m;* 2. *(residenza)* Wohnort *m*
dimostrabile [dimos'traːbile] *adj* beweisbar, nachweisbar
dimostrare [dimos'traːre] *v* 1. beweisen, bezeigen; 2. *POL* demonstrieren
dimostrarsi [dimos'trarsi] *v* 1. sich bewähren; 2. *(rivelarsi)* sich zeigen, sich erweisen
dimostrativo [dimostra'tiːvo] *adj* demonstrativ, hinweisend
dimostrazione [dimostra'tsioːne] *f* 1. Äußerung *f,* Bezeugung *f;* 2. *POL* Demonstration *f*
dinamica [di'naːmika] *f* Dynamik *f*
dinamico [di'naːmiko] *adj* dynamisch
dinamismo [dina'mizmo] *m* Tatkraft *f,* Energie *f*
dinamite [dina'miːte] *f* Dynamit *n*
dinamo ['diːnamo] *f TECH* Dynamo *m*
dinanzi [di'nantsi] *adv* 1. vorn; *prep* 2. *(di fronte a)* gegenüber; 3. *~ a* gegenüber von; 4. *(davanti a)* vor
dinastia [dinas'tiːa] *f* Dynastie *f*
diniego [di'niɛːgo] *m* Weigerung *f,* Verweigerung *f*
dinoccolato [dinokko'laːto] *adj* schlaksig
dintorni [din'torni] *m/pl* Umgebung *f*
dintorno [din'torno] *adv* um, umher
Dio ['diːo] *m REL* Gott *m*
diocesi [di'ɔːtʃezi] *f REL* Diözese *f*
diodo ['diːodo] *m TECH* Diode *f*
diossina [dios'siːna] *f CHEM* Dioxin *n*
dipanare [dipa'naːre] *v* abwickeln
dipartimento [diparti'mento] *m* 1. Bezirk *m;* 2. *(reparto)* Abteilung *f*
dipendente [dipen'dɛnte] *adj* 1. abhängig; *m/f* 2. Angestellte(r) *m/f*
dipendenza [dipen'dɛntsa] *f* Abhängigkeit *f*
dipendere [di'pɛndere] *v irr* abhängen; *Dipende dal caso.* Das kommt darauf an.
dipingere [di'pindʒere] *v irr* malen, anmalen
dipinto [di'pinto] *m* Gemälde *n; ~ a olio* Ölgemälde *n*
diploma [di'plɔːma] *m* 1. Zeugnis *n; ~*

di maturità Reifezeugnis *n*, Abiturzeugnis *n*; **2.** *(grado accademico)* Diplom *n*
diplomatico [diplo'maːtiko] *adj* **1.** diplomatisch; *m* **2.** *POL* Diplomat *m*
diplomazia [diploma'tsiːa] *f POL* Diplomatie *f*
diradare [dira'daːre] *v* lichten, verdünnen
diradarsi [dira'darsi] *v* sich rar machen, seltener vorkommen/seltener werden
diramazione [dirama'tsioːne] *f* Abzweigung *f*, Verästelung *f*
dire ['diːre] *v irr* sagen, hervorbringen; *~ delle bugie* lügen; *per così ~* sozusagen; *~ il contrario* bestreiten; *Come si dice questo in italiano?* Wie heißt das auf Italienisch? *vale a ~* nämlich; *modo di ~* Redewendung *f*
direttamente [diretta'mente] *adv* direkt
direttissimo [diret'tissimo] *m* Schnellzug *m*
direttiva [diret'tiːva] *f* **1.** Direktive *f*; **2.** *(norma)* Richtlinie *f*
diretto [di'rɛtto] *adj* **1.** direkt, unmittelbar; *m* **2.** *(treno)* Eilzug *m*
direttore [diret'toːre] *m* **1.** Direktor *m*; *~ di banca* Bankdirektor *m*; *~ generale* Generaldirektor *m*; *~ d'istituto* Anstaltsleiter *m*; *~ delle vendite* Verkaufsleiter *m*; *~ di reparto* Abteilungsleiter *m*; **2.** *THEAT* Intendant *m*; *~ artistico* Dramaturg *m*, Filmarchitekt *m*; **3.** *MUS* Dirigent *m*
direttrice [diret'triːtʃe] *f* **1.** Direktorin *f*; **2.** *THEAT* Intendantin *f*; **3.** *MUS* Dirigentin *f*
direzione [dire'tsioːne] *f* **1.** Leitung *f*; *~ dell'azienda* Betriebsführung *f*; **2.** *(gestione)* Geschäftsleitung *f*; **3.** *(di strada)* Richtung *f*; *~ di marcia* Fahrtrichtung *f*
dirigente [diri'dʒɛnte] *adv* **1.** leitend; *m/f* **2.** *(capo)* Führungskraft *f*, Leiter(in) *m/f*
dirigere [di'riːdʒere] *v irr* **1.** *(guidare)* lenken; **2.** *(essere a capo)* leiten
dirigibile [diri'dʒiːbile] *m* Luftschiff *n*
dirimpettaio [dirimpet'taːio] *m* **1.** Gegenüber *n*; **2.** *(vicino)* Nachbar *m*
dirimpetto [dirim'pɛtto] *prep* **1.** gegenüber; *adj* **2.** gegenüberliegend
diritto [di'ritto] *m* **1.** Recht *n*; *~ d'asilo* Asylrecht *n*; *diritti d'autore* Urheberrecht *n*; *~ civile* Zivilrecht *n*, bürgerliches Recht *n*; *~ consuetudinario* Gewohnheitsrecht *n*; *diritti doganali* Zollgebühren *pl*; *~ ereditario* Erbrecht *n*; *~ esclusivo di vendita* Alleinverkaufsrecht *n*; *~ internazionale* Völkerrecht *n*; *~ di opzione* Aktienbezugsrecht *n*, Bezugsrecht *n*; *~ penale* Strafrecht *n*; *~ di precedenza* Vorfahrtsrecht *n*; *~ di prevalenza* Vorkaufsrecht *n*; *diritti dell'uomo* Menschenrechte *pl*; *~ di voto* Stimmrecht *n*, Wahlrecht *n*; *far valere un ~* einen Anspruch geltend machen; **2.** *(avere ~)* Anrecht *n*, Anspruch *m*; **3.** *(studio universitario)* Jura *pl*; **4.** *(tasse)* Gebühr *f*; **5.** *(lato anteriore)* Vorderseite *f*; *adj* **6.** gerade; *adv* **7.** *(fig)* gerade, geradeaus
dirottamento [dirotta'mento] *m* Flugzeugentführung *f*
dirupato [diru'paːto] *adj* *(rocce)* schroff
disabitato [dizabi'taːto] *adj* **1.** *(casa)* unbewohnt, leer; **2.** *(paese)* entvölkert
disabituarsi [dizabitu'arsi] *v ~ a qc* sich etw abgewöhnen
disaccordo [dizak'kɔrdo] *m* **1.** *MUS* Missklang *m*; **2.** *(discordanza)* Uneinigkeit *f*, Unstimmigkeit *f*
disadatto [diza'datto] *adj* ungeeignet, unpassend
disagevole [diza'dʒeːvole] *adj* unbehaglich
disagio [diz'aːdʒo] *m* **1.** Elend *n*, Unbehagen *n*; **2.** *(malessere)* Unwohlsein *n*; **3.** *(scomodità)* Unbequemlichkeit *f*
disapprovare [dizappro'vaːre] *v* missbilligen
disapprovazione [dizapprova'tsioːne] *f* Missbilligung *f*
disappunto [dizap'punto] *m* Enttäuschung *f*, Ärger *m*
disarmante [dizar'mante] *adj* entwaffnend
disarmare [dizar'maːre] *v* **1.** *MIL* entwaffnen; **2.** *(fig)* entwaffnen
disarmato [dizar'maːto] *adj* wehrlos
disarmonia [dizarmo'niːa] *f* Disharmonie *f*
disarmonico [dizar'mɔːniko] *adj* uneinig

D

disastro [di'zastro] *m* Unglück *m,* Katastrophe *f; ~ ferroviario* Zugunglück *n*
disastroso [dizas'tro:so] *adj* verheerend
disattento [dizat'tɛnto] *adj* **1.** unachtsam, unaufmerksam; **2.** *(indifferente)* achtlos
disattenzione [dizatten'tsio:ne] *f* Achtlosigkeit *f,* Unachtsamkeit *f*
disavventura [dizavven'tu:ra] *f* Missgeschick *n,* Unglück *n*
disbrigo [diz'bri:go] *m* **1.** Erledigung *f;* **2.** *(di un compito)* Bewältigung *f,* Erledigung *f; ~ delle formalità doganali* Zollabfertigung *f*
discarica [dis'ka:rika] *f* Deponie *f*
discarico [dis'ka:riko] *m* **1.** Entladung *f;* **2.** *(fig: discolpa)* Entlastung *f; a ~* entlastend
discendente [diʃen'dɛnte] *adj* **1.** absteigend, abstammend; *m/f* **2.** Nachkomme *m,* Nachfahre *m*
discendenza [diʃen'dɛntsa] *f* Abstammung *f,* Herkunft *f*
discendere [di'ʃendere] *v irr* **1.** abstammen; **2.** *(scendere)* hinuntergehen
discepolo [di'ʃe:polo] *m REL* Jünger *m*
discesa [di'ʃe:sa] *f* **1.** Abstieg *m;* **2.** *(uscita)* Ausstieg *m;* **3.** *SPORT* Abfahrt *f; ~ libera* Abfahrtslauf *m;* **4.** *(invasione)* Einfall *m;* **5.** *(pendenza)* Abhang *m*
dischetto [dis'ketto] *m INFORM* Diskette *f*
disciplina [diʃʃi'pli:na] *f* **1.** Disziplin *f,* Zucht *f;* **2.** *(materia scolastica)* Unterrichtsfach *n*
disco ['disko] *m* **1.** Scheibe *f; ~ del freno* Bremsscheibe *f;* **2.** *MUS* Schallplatte *f;* **3.** *SPORT* Diskus *m;* **4.** *~ rigido INFORM* Festplatte *f*
discolparsi [diskol'parsi] *v* sich rechtfertigen
disconoscere [disko'noʃere] *v irr* **1.** aberkennen; **2.** *(misconoscere)* verkennen
discontinuo [diskon'ti:nuo] *adj* unbeständig, unterbrochen
discorde [dis'kɔrde] *adj* uneinig
discordia [dis'kɔrdia] *f* **1.** Uneinigkeit *f;* **2.** *(discrepanza)* Unstimmigkeit *f*
discorrere [dis'korrere] *v irr* sich unterhalten, reden
discorso [dis'korso] *m* **1.** Rede *f;* **2.** *(allocuzione)* Ansprache *f*
discoteca [disko'tɛ:ka] *f* Diskothek *f; C'è una ~ qui?* Gibt es hier eine Diskothek?
discredito [dis'kre:dito] *m* Misskredit *m,* Verruf *m*
discrepanza [diskre'pantsa] *f* Diskrepanz *f,* Unstimmigkeit *f*
discreto [dis'kre:to] *adj* **1.** diskret; **2.** *(passabile)* leidlich, mäßig; **3.** *(non importuno)* unaufdringlich; **4.** *(riservato)* verschwiegen, unaufdringlich
discrezione [diskre'tsio:ne] *f* **1.** Diskretion *f,* Ermessen *n;* **2.** *(rivervatezza)* Verschwiegenheit *f*
discriminare [diskrimi'na:re] *v* diskriminieren, unterschiedlich behandeln
discriminazione [diskrimina'tsio:ne] *f* Diskriminierung *f; ~ razziale* Rassendiskriminierung *f*
discussione [diskus'sio:ne] *f* **1.** Diskussion *f,* Unterredung *f; È fuori ~ !* Das steht außer Frage! **2.** *(scambio d'idee)* Auseinandersetzung *f,* Streitgespräch *n;* **3.** *(dibattito)* Aussprache *f,* Debatte *f;* **4.** *(consulenza)* Beratung *f;* **5.** *(considerazione)* Erörterung *f*
discusso [dis'kusso] *adj* strittig, umstritten
discutere [dis'ku:tere] *v irr* **1.** debattieren, diskutieren; **2.** *~ su (consigliare)* beraten
discutibile [disku'ti:bile] *adj* diskutabel, strittig; *È ~ se ...* Es ist fraglich, ob ...
disdegnare [dizdeɲ'ɲa:re] *v* verschmähen
disdegno [diz'deɲɲo] *m* Geringschätzung *f,* Verachtung *f*
disdetta [diz'detta] *f* **1.** Abbestellung *f,* Kündigung *f; termine di ~* Kündigungsfrist *f;* **2.** *(sventura)* Unglück *n*
disdire [diz'di:re] *v irr* **1.** *(contratto)* kündigen, rückgängig machen; **2.** *(annullare)* abmelden, absagen; **3.** *(un ordine, un giornale)* abbestellen
disegnare [diseɲ'ɲa:re] *v* **1.** zeichnen, abbilden; **2.** *(fig)* zeichnen
disegno [di'seɲɲo] *m* **1.** Zeichnung *f,* Abbildung *f; disegni animati* Zeichentrickfilm *m;* **2.** *(progetto)* Idee *f*

diserbatura [dizerba'tu:ra] *f* Unkrautvertilgung *f*
diseredare [dizere'da:re] *v* enterben
disertore [dizer'to:re] *m MIL* Überläufer *m*, Deserteur *m*
diserzione [dizer'tsio:ne] *f MIL* Fahnenflucht *f*
disfacimento [disfatʃi'mento] *m* Zersetzung *f*, Auflösung *f*
disfare [dis'fa:re] *v irr* 1. *(pacchetto)* auspacken; 2. *(vestito)* auftrennen; 3. *(macchina)* auseinander nehmen
disfarsi [dis'farsi] *v irr* 1. zergehen; 2. *(zucchero)* sich auflösen, sich lösen; 3. *(nodo)* aufgehen; 4. *(burro)* zerfließen; 5. *(ghiaccio)* schmelzen; 6. *~ di qc* sich einer Sache entledigen; *~ di qd* jdn loswerden
disfatta [dis'fatta] *f* 1. Niederlage *f*; 2. *(sterminio)* Vernichtung *f*
disgelare [dizdʒe'la:re] *v* auftauen
disgelarsi [dizdʒe'larsi] *v* auftauen
disgelo [diz'dʒɛ:lo] *m* Tauwetter *n*
disgrazia [diz'grattsia] *f* 1. Unglück *n*; 2. *REL* Ungnade *f*; *cadere in ~* in Ungnade fallen
disgraziato [dizgrat'tsia:to] *adj* 1. unglücklich, unzufrieden; *m* 2. Pechvogel *m*
disgustare [dizgus'ta:re] *v* anwidern
disgustarsi [dizgus'tarsi] *v ~ di qc* für etw Ekel empfinden; *~ con qd* sich mit jdm entzweien
disgustoso [dizgus'to:so] *adj* widerlich, unappetitlich
disilludere [dizil'lu:dere] *v irr* 1. enttäuschen; 2. *(disingannare)* ernüchtern
disimparare [dizimpa'ra:re] *v* verlernen
disimpegnarsi [dizimpeɲ'ɲarsi] *v ~ da* sich lossagen von, sich befreien von; *~ bene* seine Sache gut machen
disinfestare [dizinfes'ta:re] *v (eliminare insetti nocivi)* entwesen, von Ungeziefer befreien
disinfettare [dizinfet'ta:re] *v* desinfizieren
disinfezione [dizinfe'tsio:ne] *f MED* Desinfektion *f*
disinganno [diziŋ'ganno] *m* 1. Ernüchterung *f*; 2. *(delusione)* Enttäuschung *f*
disinnestare [dizinnes'ta:re] *v* ausschalten, abschalten
disinserire [dizinse'ri:re] *v* abschalten
disintegrare [dizinte'gra:re] *v* zersetzen, spalten
disintegrazione [dizintegra'tsio:ne] *f* Zersetzung *f*, Spaltung *f*
disinteressato [dizinteres'sa:to] *adj* 1. selbstlos, uneigennützig; 2. *(apatico)* uninteressiert, gleichgültig
disinteresse [dizinte'rɛsse] *m* 1. Desinteresse *n*; 2. *(altruismo)* Selbstlosigkeit *f*
disinvolto [dizin'vɔlto] *adj* 1. unbefangen; 2. *(fig)* ungezwungen
disinvoltura [dizinvol'tu:ra] *f* Unbefangenheit *f*; *con ~* unbefangen, ungezwungen
disoccupato [dizokku'pa:to] *adj* arbeitslos, erwerbslos
disoccupazione [dizokkupa'tsio:ne] *f* Arbeitslosigkeit *f*; *~ camuffata* versteckte Arbeitslosigkeit *f*
disonesto [dizo'nɛsto] *adj* unehrlich
disonorare [dizono'ra:re] *v* entehren
disopra [di'so:pra] *adv* 1. oben; *dal ~* von oben; *adj* 2. *(superiore)* obere(r,s)
disordinatamente [dizordinata'mente] *adv* unordentlich, planlos, unregelmäßig
disordinato [dizordi'na:to] *adj* 1. unordentlich; 2. *(fam: persona)* schlampig
disordine [di'zordine] *m* 1. Durcheinander *n*, Unordnung *f*; 2. *(disturbo)* Unruhe *f*
disorientamento [dizorienta'mento] *m* Verunsicherung *f*, Verwirrung *f*
disotto [di'sotto] *adv* 1. unten; *al ~ di* unterhalb; *adj* 2. untere(r,s)
disparato [dispa'ra:to] *adj* unterschiedlich
dispari ['dispari] *adj (di numero)* ungerade
disparte [dis'parte] *adv in ~* abseits
dispendio [dis'pɛndio] *m* Aufwand *m*
dispendioso [dispen'dio:so] *adj* kostspielig, aufwändig
dispensa [dis'pɛnsa] *f* 1. Verteilung *f*; 2. *(armadio) GAST* Speisekammer *f*, Vorratskammer *f*; 3. *(all'università)* Skript *n*
dispensare [dispen'sa:re] *v* 1. erlassen, lossprechen; 2. *(distribuire)* verteilen, austeilen
disperare [dispe'ra:re] *v* verzweifeln
disperato [dispe'ra:to] *adj* verzweifelt

disperazione [dispera'tsioːne] *f* Verzweiflung *f*
disperdere [dis'pɛrdere] *v irr* zerstreuen
disperdersi [dis'pɛrdersi] *v irr* 1. sich zerstreuen; 2. *PHYS* streuen
D
dispersione [dispersi'oːne] *f* 1. Zerstreuung *f;* 2. *PHYS* Streuung *f;* 3. *(perdita)* Verlust *m*
disperso [dis'pɛrso] *adj* 1. zerstreut; 2. *(introvabile)* verschollen, vermisst; *m* 3. Vermisster *m*
dispetto [dis'pɛtto] *m* 1. Schikane *f,* Bosheit *f;* 2. *(tiro da birbone)* Lausbubenstreich *m; fare un ~* einen Streich spielen; 3. *(offesa)* Kränkung *f;* 4. *a ~ di* trotz
dispiacere [dispia'tʃeːre] *m* 1. Bedauern *n; dispiaceri amorosi* Liebeskummer *m; v irr* 2. missfallen; *Mi dispiace!* Es tut mir Leid!
display [dɪs'plɛi] *m TECH* Display *n*
disponibile [dispo'niːbile] *adj* 1. lieferbar; 2. *(di cui si può disporre)* verfügbar
disponibilità [disponibili'ta] *f* Bereitschaft *f,* Verfügbarkeit *f*
disporre [dis'porre] *v irr* 1. anordnen, verfügen; *~ di qc* über etw verfügen; 2. *(riordinare)* gliedern; 3. *FIN* disponieren
dispositivo [dispozi'tiːvo] *m TECH* Vorrichtung *f; ~ antifurto* Diebstahlsicherung *f; ~ di sicurezza* Sicherheitsvorrichtung *f*
disposizione [dispozi'tsioːne] *f* 1. *(predisposizione)* Anfälligkeit *f,* Veranlagung *f; a ~* zugänglich; 2. *(comando)* Anweisung *f;* 3. *(ordine)* Arrangement *n,* Veranlassung *f;* 4. *(norma)* Bestimmung *f;* 5. *JUR* Verfügung *f;* 6. *(struttura)* Gliederung *f;* 7. *avere a ~* zur Verfügung haben
disposto [dis'posto] *adj* 1. angeordnet, geordnet; 2. *(umore)* aufgelegt, geneigt; 3. *(pronto)* bereit; *ben ~* gerne bereit; 4. *(sistemato)* geregelt, geordnet
dispotico [dis'pɔːtiko] *adj* tyrannisch
disprezzare [dispret'tsaːre] *v* missachten, verachten
disprezzo [dis'prɛttso] *m* Geringschätzung *f,* Missachtung *f;* Verschmähung *f* *con ~* verächtlich
disputare [dispu'taːre] *v SPORT* austragen
dissanguarsi [dissaŋgu'arsi] *v MED* verbluten
dissapore [dissa'poːre] *m* Streit *m,* Meinungsverschiedenheit *f*
disseminare [dissemi'naːre] *v* verstreuen, zerstreuen
disseminazione [dissemina'tsioːne] *f* Aussaat *f,* Saat *f*
dissennato [dissen'naːto] *adj* unüberlegt, unsinnig
dissenso [dis'sɛnso] *m* 1. Meinungsverschiedenheit *f;* 2. *(contrasto)* Widerspruch *m*
dissenziente [dissen'tsiɛnte] *adj* 1. andersdenkend; *m* 2. Andersdenkender *m*
disserrare [disser'raːre] *v* aufschließen
dissertazione [disserta'tsioːne] *f* Dissertation *f*
dissidente [dissi'dɛnte] *m POL* Dissident *m*
dissimulare [dissimu'laːre] *v* verhehlen
dissipare [dissi'paːre] *v* 1. verschwenden; 2. *(fig: dubbio)* beseitigen
dissipato [dissi'paːto] *adj* verschwenderisch
dissipatore [dissipa'toːre] *m* Verschwender *m*
dissipazione [dissipa'tsioːne] *f* Verschwendung *f*
dissociare [disso'tʃaːre] *v* trennen, lösen
dissoluto [disso'luːto] *adj* 1. liederlich, ausschweifend; *m* 2. liederlicher Mensch *m*
dissolvere [dis'sɔlvere] *v irr* 1. auflösen, zersetzen; 2. *(separare)* trennen, teilen
dissolversi [dis'sɔlversi] *v irr* sich auflösen; *~ nel nulla* sich in Luft auflösen
dissonanza [disso'nantsa] *f* Missklang *m,* Unstimmigkeit *f*
dissotterrare [dissotte'raːre] *v* ausgraben
dissuadere [dissua'deːre] *v irr JUR* abraten
dissuasione [dissua'zioːne] *f POL* Abschreckung *f*
distaccarsi [distak'karsi] *v* 1. sich loslösen, sich trennen; 2. *(aeroplano)* abheben; 3. *(fig)* sich abkehren, sich abheben

distaccato [distak'ka:to] *adj* distanziert
distacco [dis'takko] *m* 1. Trennung *f*, Entfernung *f*; 2. *trattare con ~* kühl behandeln
distante [dis'tante] *adj* abgelegen, entfernt
distanza [dis'tantsa] *f* 1. Abstand *m*; *~ minima* Mindestabstand *m*; *~ delle righe* Zeilenabstand *m*; 2. *(lontananza)* Entfernung *f*, Distanz *f*; *Quant'è grande la ~ per …?* Wie groß ist die Entfernung nach …? 3. *MATH* Strecke *f*
distanziarsi [distan'tsiarsi] *v* sich distanzieren; *~ da qd* jdn hinter sich lassen
distendere [dis'tɛndere] *v irr* 1. *(estendere)* ausdehnen; 2. *(stendere i panni)* aufhängen; 3. *(rilassare)* entspannen
distensione [distensi'o:ne] *f* 1. Ausdehnung *f*; 2. *POL* Entspannung *f*
distesa [dis'te:sa] *f* Ausdehnung *f*; Weite *f*
distillare [distil'la:re] *v CHEM* destillieren, brennen
distilleria [distille'ri:a] *f* Brennerei *f*
distinguere [dis'tiŋguere] *v irr* 1. unterscheiden; 2. *(vedere distintamente)* deutlich sehen
distintamente [distinta'mente] *adv* hochachtungsvoll
distinto [dis'tinto] *adj* 1. verschieden; 2. vornehm
distinzione [distin'tsio:ne] *f* 1. *(il distinguere)* Unterscheidung *f*; 2. Auszeichnung *f*
distogliere [dis'tɔʎʎere] *v irr* abbringen, ablenken; *~ qd da qc* jdn von etw abbringen
distorcere [dis'tɔrtʃere] *v irr* 1. *MED* verrenken, verstauchen; 2. *(fig)* verdrehen
distorsione [distorsi'o:ne] *f* Verrenkung *f*, Verstauchung *f*
distrarre [dis'trarre] *v irr (fig)* zerstreuen
distrarsi [dis'trarsi] *v irr (fig)* sich ablenken lassen
distrattamente [distratta'mente] *adv* 1. geistesabwesend; 2. versehentlich
distratto [dis'tratto] *adj* zerstreut
distrazione [distra'tsio:ne] *f* Ablenkung *f*, Zerstreuung *f*
distretto [dis'tretto] *m (terreno)* Revier *n*, Bezirk *m*; *~ di polizia* Polizeirevier *n*
distribuire [distribu'i:re] *v* 1. verteilen, austeilen; 2. *ECO* ausschütten
distributore [distribu'to:re] *m (di giornali)* Verteiler *m*; *~ automatico di banconote* Geldautomat *m*; *~ automatico di bevande* Getränkeautomat *m*; *~ automatico di sigarette* Zigarettenautomat *m*; *~ di benzina* Tankstelle *f*; *~ a gettone* Münzautomat *m*
distribuzione [distribu'tsio:ne] *f* 1. Verteilung *f*; 2. *ECO* Ausschüttung *f*; *~ dei dividendi* Dividendenausschüttung *f*; *~ degli utili* Gewinnausschüttung *f*; *~ dei redditi* Einkommensverteilung *f*; 3. *(vendita) ECO* Vertrieb *m*
distruggere [dis'truddʒere] *v irr* 1. vernichten; 2. *(annientare)* vertilgen; 3. *(specie)* ausrotten
distruggersi [dis'truddʒersi] *v irr (fig)* sich verzehren; *~ di dolore* sich vor Gram verzehren
distruttivo [distrut'ti:vo] *adj* destruktiv, vernichtend
distruzione [distru'tsio:ne] *f* Vernichtung *f*, Zerstörung *f*
disturbare [distur'ba:re] *v* stören; *si prega di non ~!* Bitte nicht stören!
disturbarsi [distur'barsi] *v* sich Umstände machen, sich bemühen
disturbatore [disturba'to:re] *m* Störenfried *m*
disturbo [dis'turbo] *m* 1. Störung *f*; *dare ~* stören; 2. *MED* Beschwerde *f*
disubbidiente [dizubbidi'ɛnte] *adj* unfolgsam
disubbidienza [dizubbidi'ɛntsa] *f* Ungehorsam *m*
disuguaglianza [dizuguaʎ'ʎantsa] *f* Ungleichheit *f*, Verschiedenheit *f*
disumano [dizu'ma:no] *adj* 1. unmenschlich; 2. *(bestiale)* bestialisch, tierisch
disunione [dizuni'o:ne] *f* 1. Trennung *f*; 2. Uneinigkeit *f*
disunire [dizu'ni:re] *v* trennen, entzweien
disuso [di'zu:zo] *m cadere in ~* außer Gebrauch kommen
ditale [di'ta:le] *m* Fingerhut *m*

dito ['di:to] *m* 1. *(della mano)* ANAT Finger *m;* 2. *(del piede)* ANAT Zeh *m,* Zehe *f*
ditta ['ditta] *f* ECO Firma *f*
dittafono [dit'ta:fono] *m* Diktiergerät *n*
dittatore [ditta'to:re] *m* POL Diktator *m*
dittatorio [ditta'tɔ:rio] *adj* POL diktatorisch
dittatura [ditta'tu:ra] *f* POL Diktatur *f;* *~ militare* Militärdiktatur *f*
diurno [di'urno] *adj* Tages..., täglich; *albergo ~* Tageshotel *n; lavoro ~* Tagesarbeit *f*
divagare [diva'ga:re] *v (fig)* abschweifen
divampare [divam'pa:re] *v* auflodern, lodern
divano [di'va:no] *m* Sofa *n,* Couch *f*
divario [di'va:rio] *m (differenza)* Unterschied *m*
divenire [dive'ni:re] *v irr* werden
diventare [diven'ta:re] *v* werden
diverbio [di'vɛrbio] *m* Streit *m*
divergenza [diver'dʒɛntsa] *f* Meinungsverschiedenheit *f*
divergere [di'vɛrdʒere] *v* 1. abweichen; 2. *(essere diverso)* verschieden sein
diversità [diversi'ta] *f* Verschiedenheit *f*
diversivo [diver'si:vo] *m* Ablenkung *f,* Abwechslung *f*
diverso [di'vɛrso] *adj* unterschiedlich, anderweitig
divertente [diver'tɛnte] *adj* unterhaltend, amüsant; *Questo è ~.* Das macht Spaß.
divertimento [diverti'mento] *m* 1. Unterhaltung *f,* Vergnügen *n; per ~* spaßeshalber; *Buon ~!* Viel Spaß! 2. *(svago)* Amüsement *n*
divertire [diver'ti:re] *v* belustigen
divertirsi [diver'tirsi] *v* sich vergnügen, sich unterhalten
divertito [diver'ti:to] *adj* vergnügt
dividendo [divi'dɛndo] *m* ECO Dividende *f*
dividere [di'vi:dere] *v irr* 1. teilen, aufteilen; 2. *(separare)* trennen; 3. *(reparto)* abteilen
dividersi [di'vi:dersi] *v irr (persone)* sich trennen
divieto [divi'ɛ:to] *m* 1. Verbot *n,* Sperre *f; ~ di fumare* Rauchverbot *n; ~ d'importazione* Einfuhrverbot *n; ~ di parcheggio* Parkverbot *n; ~ di sorpasso* Überholverbot *n; ~ di sosta* Halteverbot *n; ~ di transito* Durchfahrverbot *n;* 2. *(embargo)* POL Sperre *f*
divino [di'vi:no] *adj* REL göttlich
divisa [di'vi:za] *f* 1. Uniform *f;* 2. *(motto)* Devise *f,* Leitspruch *m;* 3. FIN Devisen *pl*
divisibile [divi'zi:bile] *adj* teilbar
divisione [divi'zio:ne] *f* 1. Aufteilung *f,* Trennung *f; ~ dei poteri* Gewaltenteilung *f;* 2. *(disunione)* Zerrissenheit *f;* 3. MATH Division *f;* 4. *(fig)* Spaltung *f;* 5. *(suddivisione)* Einteilung *f*
diviso [di'vi:zo] *adj* 1. getrennt, geteilt; 2. MATH dividiert, durch
divisore [divi'zo:re] *adj* 1. teilend; *m* 2. MATH Teiler *m*
divo ['di:vo] *m* Star *m,* Größe *f; ~ del teatro* Bühnenstar *m*
divorare [divo'ra:re] *v* verschlingen, verzehren
divorarsi [divo'rarsi] *v* sich verzehren
divorziare [divor'tsia:re] *v* sich scheiden lassen
divorzio [di'vɔrtsio] *m* Ehescheidung *f,* Scheidung *f*
divulgare [divul'ga:re] *v* verbreiten
divulgativo [divulga'ti:vo] *adj* allgemein verständlich
dizionario [dittsio'na:rio] *m* Wörterbuch *n; ~ illustrato* Bildwörterbuch *n*
dizione [di'tsio:ne] *f* 1. Aussprache *f;* 2. *(arte del parlare)* Redekunst *f*
doccia ['dottʃa] *f* Dusche *f,* Brause *f; fare la ~* brausen, duschen; *Dove sono le docce?* Wo sind die Duschen?
docente [do'tʃɛnte] *m/f* Dozent(in) *m/f*
docile ['dɔ:tʃile] *adj* gefügig, sanftmütig
documentale [dokumen'ta:le] *adj* dokumentarisch
documentare [dokumen'ta:re] *v* 1. dokumentieren; 2. JUR belegen
documentario [dokumen'ta:rio] *adj* 1. dokumentarisch, urkundlich; *m* 2. CINE Dokumentarfilm *m*
documento [doku'mento] *m* 1. *(tessera)* Ausweis *m;* 2. *(attestato)* Doku-

ment *n*, Unterlage *f*; 3. *documenti* Papiere *pl*; 4. *(atto)* Urkunde *f*
docu-soap [dokusəup] *m* Dokusoap *f*
dodici ['do:ditʃi] *num* zwölf
dodicesimo [dodi'tʃɛ:zimo] *adj* zwölfte(r,s)
dogana [do'ga:na] *f* Zollbehörde *m*
doganale [doga'na:le] *adj* Zoll...; *tariffa* ~ Zolltarif *m*, Zollgebühr *f*
doglie ['dɔʎʎe] *f/pl MED* Wehen *pl*
dogma ['dɔgma] *m* Dogma *n*, Lehrsatz *m*
dolce ['doltʃe] *adj* 1. *(sapore)* süß; 2. *(carattere)* freundlich, liebenswürdig; *m* 3. *GAST* Süßspeise *f*
dolcezza [dol'tʃettsa] *f* Milde *f*
dolcificante [doltʃifi'kante] *m GAST* Süßstoff *m*
dolente [do'lɛnte] *adj* schmerzhaft
dolere [do'le:re] *v irr* schmerzen
dollaro ['dɔllaro] *m* Dollar *m*
Dolomiti [dolo'mi:ti] *f/pl GEO* Dolomiten *pl*
dolore [do'lo:re] *m* 1. Schmerz *m*, Beschwerden *pl*; *dolori di stomaco* Magenschmerzen *pl*; *Ho dolori muscolari.* Ich habe Muskelkater. 2. *(afflizione)* Kummer *m*, Schmerz *m*
doloroso [dolo'ro:so] *adj* 1. schmerzhaft; 2. *(fig)* bitter
doloso [do'lo:so] *adj JUR* vorsätzlich
domanda [do'manda] *f* 1. Frage *f*; 2. *(richiesta)* Antrag *m*, Gesuch *m*; ~ *d'ammissione* Aufnahmeantrag *m*, Zulassungsantrag *m*; ~ *di grazia* Gnadengesuch *n*; 3. *(informazione)* Nachfrage *f*; 4. *(desiderio)* Anliegen *n*; 5. *(ordinazione)* Anforderung *f*
domandare [doman'da:re] *v* 1. fragen, anfragen; 2. *(pretendere)* verlangen; 3. ~ *scusa* um Entschuldigung bitten
domani [do'ma:ni] *adv* morgen
domare [do'ma:re] *v* bändigen, zähmen
domatore [doma'to:re] *m* Dompteur *m*
domattina [domat'ti:na] *adv* morgen früh, morgen Vormittag
domenica [do'me:nika] *f* Sonntag *m*; *di* ~ sonntags; ~ *delle palme* Palmsonntag *m*; ~ *di Pasqua* Ostersonntag *m*
domestica [do'mɛstika] *f* Haushälterin *f*
domestico [do'mɛstiko] *adj* 1. häuslich, Haus...; *animale* ~ Haustier *m*; *m* 2. Dienstbote *m*
domiciliarsi [domitʃili'arsi] *v* sich niederlassen
domiciliato [domitʃili'a:to] *adv* wohnhaft
domicilio [domi'tʃi:lio] *m* Wohnort *m*
dominante [domi'nante] *adj* leitend, dominant
dominare [domi'na:re] *v* 1. *(pre~)* beherrschen, dominieren; 2. *(primeggiare)* überlegen sein; 3. *(fig)* zügeln
dominarsi [domi'narsi] *v* sich beherrschen
dominio [do'mi:nio] *m* 1. *POL* Herrschaft *f*; 2. ~ *pubblico* Gemeingut *n*; 3. *riservato* ~ Eigentumsvorbehalt *m*
donare [do'na:re] *v* 1. *(regalare)* schenken; 2. *(elargire)* stiften, spenden; 3. *REL* opfern
donatore [dona'to:re] *m* Spender *m*; ~ *d'organo* Organspender *m*; ~ *di sangue* Blutspender *m*
donazione [dona'tsio:ne] *f* 1. Zuwendung *f*, Spende *f*; 2. *JUR* Schenkung *f*
dondolare [dondo'la:re] *v* schaukeln
dondolo ['dondolo] *m* 1. Schaukel *f*; 2. *sedia a* ~ Schaukelstuhl *m*
donna ['dɔnna] *f* Frau *f*, Weib *n*; ~ *delle pulizie* Putzfrau *f*; ~ *di servizio* Dienstmädchen *n*; ~ *di mondo* Frau von Welt *f*; ~ *d'affari* Geschäftsfrau *f*
donnaiolo [donna'iɔ:lo] *m* Schürzenjäger *m*
dono ['do:no] *m* Geschenk *n*, Gabe *f*
doping ['dɔpiŋ] *m SPORT* Doping *n*
dopo ['do:po] *adv* 1. dann, darauf; 2. *(quindi)* nachher, daraufhin; *prep* 3. nach; ~ *di che* wonach; ~ *di ciò* hierauf; *konj* 4. ~ *che* als, nachdem
dopodomani [dopodo'ma:ni] *adv* übermorgen
dopoguerra [dopogu'ɛrra] *m* Nachkriegszeit *f*
doppiare [dop'pia:re] *v* 1. *SPORT* überrunden; 2. *CINE* synchronisieren
doppiezza [dop'piettsa] *f* Falschheit *f*, Doppelzüngigkeit *f*
doppio ['doppio] *adj* 1. doppelt; *razione doppia* doppelt so viel; *gioco* ~ Doppelspiel *n*; *m* 2. Doppeltes *n*; 3. *(nel tennis) SPORT* Doppel *n*

D

doppione [dop'pioːne] *m* Duplikat *n*
dorare [do'raːre] *v* vergolden
dorato [do'raːto] *adj* vergoldet
dormicchiare [dormik'kiaːre] *v* schlummern
dormiglione [dormiʎ'ʎoːne] *m* Langschläfer *m*, Schlafmütze *f*
dormire [dor'miːre] *v* schlafen
dorso ['dɔrso] *m* ANAT Rücken *m*; ~ *della mano* Handrücken *m*
dosaggio [do'zaddʒo] *m* Dosierung *f*
dosare [do'zaːre] *v* dosieren, abmessen
dose ['dɔːze] *f* Dosis *f*
dotare [do'taːre] *v* 1. dotieren; 2. *(equipaggiare)* ausrüsten, ausstatten
dotato [do'taːto] *adj* 1. ~ *di* ausgestattet mit; 2. begabt
dotazione [dota'tsioːne] *f* 1. Ausrüstung *f*; 2. ECO Dotierung *f*
dote ['dɔːte] *f* 1. Mitgift *f*, Brautgabe *f*; 2. *(virtù)* Tugend *f*
dottore(ssa) [dot'toːre/dotto'ressa] *m/f* Doktor(in) *m/f*, Arzt/Ärztin *m/f*
dottrina [dot'triːna] *f* 1. Lehre *f*; 2. *(istruzione)* Bildung *f*
dove ['doːve] *adv* 1. wo; 2. *(verso)* wohin; 3. *da* ~ woher
dovere [do'veːre] *v irr* 1. sollen; *Veramente dovrebbe essere già qui.* Er sollte eigentlich schon hier sein. 2. *(costrizione, necessità)* müssen; 3. *(essere riconoscente)* verdanken; 4. ~ *qc a qd* jdm etw schulden; *m* 5. Pflicht *f*
doveroso [dove'roːso] *adj* gehörig, gebührend
dovunque [do'vuŋkue] *adv* überall
dozzina [dod'dziːna] *f* Dutzend *n*
dozzinale [doddzi'naːle] *adj* gewöhnlich, minderwertig
dramma ['dramma] *m* 1. Schauspiel *n*; 2. *(fig: turbamento)* Drama *n*
drammatico [dram'maːtiko] *adj* dramatisch
drammatizzare [drammatid'dzaːre] *v* 1. THEAT dramatisieren; 2. *(fig)* übertreiben
drammaturgo [dramma'turgo] *m* 1. LIT Dramatiker *m*; 2. THEAT Dramaturg *m*
drappo ['drappo] *m* Tuch *n*; ~ *di lino* Leinentuch *n*; ~ *di seta* Seidentuch *n*
drastico ['drastiko] *adj* drastisch
drenare [dre'naːre] *v* MED entwässern
dressaggio [dres'saddʒo] *m* Dressur *f*
dritto ['dritto] *adj* 1. aufrecht, gerade; *m* 2. Vorderseite *f*
droga ['drɔːga] *f* Droge *f*, Rauschgift *n*
drogato [dro'gaːto] *adj* 1. drogensüchtig; *m* 2. Drogenabhängiger *m*
drogheria [droge'riːa] *f* Drogerie *f*
dromedario [drome'daːrio] *m* ZOOL Dromedar *n*
drupa ['druːpa] *f* BOT Steinobst *n*
dubbio ['dubbio] *adj* 1. zweifelhaft; 2. *(sospetto, equivoco)* fragwürdig, bedenklich; *m* 3. Zweifel *m*; *in caso di* ~ im Zweifelsfalle
dubbioso [dubbi'oːso] *adj* zweifelhaft
dubitare [dubi'taːre] *v* zweifeln
duca ['duːka] *m* Herzog *m*
duchessa [du'kessa] *f* Herzogin *f*
due ['duːe] *num* zwei
duello [du'ɛllo] *m* Duell *n*
duetto [du'etto] *m* MUS Duett *n*
duna ['duːna] *f* Düne *f*
dunque ['duŋkue] *konj* 1. also; *adv* 2. demnach, demzufolge
duomo [du'ɔːmo] *m* Dom *m*
duplicato [dupli'kaːto] *adj* 1. verdoppelt; *m* 2. Duplikat *n*, Zweitschrift *f*
duplice ['duplitʃe] *adj* zweifach
durante [du'rante] *prep* bei, während
durare [du'raːre] *v* dauern, andauern
durata [du'raːta] *f* 1. Dauer *f*, Andauer *f*; 2. *(riferita al tempo)* Länge *f*; 3. *(di una macchina, di un motore)* Lebensdauer *f*
duraturo [dura'tuːro] *adj* dauerhaft
durevole [du'reːvole] *adj* beständig
durevolezza [durevo'lettsa] *f* Beständigkeit *f*
durezza [du'rettsa] *f* Härte *f*
duro ['duːro] *adj* 1. fest, hart; 2. *(tenace)* zäh; *La carne è dura.* Das Fleisch ist zäh. 3. ~ *d'orecchio* schwerhörig; 4. *(fig)* dickköpfig, starrsinnig; *avere la testa dura* starrköpfig sein; *essere ~ di comprendonio* schwer von Begriff sein; *tener ~* durchhalten; *essere duri* unnachgiebig sein; 5. *(fig: aspro, forte)* bitter; 6. *(rigido)* streng; 7. *È ~ da credere.* Es ist kaum zu glauben.
duttile ['duttile] *adj* dehnbar, flexibel
DVD [divud'di] *m* TECH DVD *f*

E

e [e] *konj* und
ebbene [eb'bɛ:ne] *interj* nun, na gut; *Ebbene?* Also?
ebbrezza [eb'brettsa] *f* 1. Rausch *m*, Trunkenheit *f*; 2. *(dei sensi)* Sinnestaumel *m*
ebollizione [ebolli'tsio:ne] *m* Sieden *n*, Kochen *n*; *punto di ~* Siedepunkt *m*
ebraismo [ebra'izmo] *m* REL Judentum *n*
ebreo [e'brɛ:o] *m* 1. Jude *m*; *adj* 2. jüdisch, hebräisch
eccedente [ettʃe'dɛnte] *adj* überschüssig
eccedenza [ettʃe'dɛntsa] *f* Überschuss *m*, Übermaß *n*
eccellente [ettʃel'lɛnte] *adj* 1. ausgezeichnet, hervorragend; 2. *(fam)* famos; 3. *(fam: grandioso)* prima; 4. *(eccelso)* vortrefflich, vorzüglich
eccellentemente [ettʃellente'mente] *adv* ausgezeichnet, vorzüglich
eccellenza [ettʃel'lɛntsa] *f* 1. Vortrefflichkeit *f*; 2. *(titolo)* Exellenz *f*; *Vostra ~* Eure Exzellenz *f*
eccellere [et'tʃɛllere] *v irr* sich auszeichnen, sich hervortun
eccentrico [et'tʃɛntriko] *adj* exzentrisch
eccessivamente [ettʃessiva'mente] *adv* übermäßig
eccessivo [ettʃes'si:vo] *adj* 1. ausschweifend, maßlos; 2. *(esagerato)* übermäßig
eccesso [et'tʃɛsso] *m* Exzess *m*, Übermaß *n*; *~ di velocità* Geschwindigkeitsüberschreitung *f*
eccetera [et'tʃɛ:tera] *adv* und so weiter
eccetto [et'tʃɛtto] *prep* außer, ausgenommen; *C'erano tutti ~ lui.* Außer ihm waren alle da. *~ me* außer mir
eccezionale [ettʃettsio'na:le] *adj* außergewöhnlich, ungewöhnlich
eccezione [ettʃet'tsio:ne] *f* Ausnahme *f*; *ad ~ di* ausgenommen
eccitabile [ettʃi'ta:bile] *adj* reizbar
eccitante [ettʃi'tante] *adj* aufregend, anregend
eccitare [ettʃi'ta:re] *v* erregen
eccitarsi [ettʃi'tarsi] *v* sich erregen
eccitato [ettʃi'ta:to] *adj* aufgeregt
eccitazione [ettʃitat''tsio:ne] *f* Aufregung *f*
ecclesiastico [ekklezi'astiko] *adj* REL kirchlich
ecco ['ɛkko] *interj* 1. hier ist; 2. *~ perché* deswegen, aufgrund dessen
echeggiare [eked'dʒa:re] *v* widerhallen
eco ['ɛ:co] *m* Echo *n*
ecologia [ekolo'dʒi:a] *f* Ökologie *f*
ecologico [eko'lɔ:dʒiko] *adj* ökologisch, umweltfreundlich
economia [ekono'mi:a] *f* 1. Ökonomie *f*, Wirtschaft *f*; 2. ECO Wirtschaft *f*; *~ aziendale* Betriebswirtschaft *f*; *~ di mercato* Marktwirtschaft *f*; *~ mondiale* Weltwirtschaft *f*; *~ pianificata* Planwirtschaft *f*; *~ politica* Volkswirtschaftslehre *f*
economico [eko'nɔ:miko] *adj* 1. ökonomisch, wirtschaftlich; 2. *(conveniente)* preiswert, billig
economista [ekono'mista] *m/f* Volkswirtschaftler(in) *m/f*
economizzare [ekonomid'dza:re] *v* sparen
economo [e'kɔ:nomo] *adj* sparsam
eczema [ek'dzɛ:ma] *m* MED Ekzem *n*
eden ['ɛ:den] *m* REL Eden *n*
edera ['ɛ:dera] *f* BOT Efeu *m*
edicola [e'di:kola] *m* Zeitungskiosk *m*
edificante [edifi'kante] *adj* erbaulich, erhebend
edificio [edi'fi:tʃo] *m* Gebäude *n*, Bauwerk *n*
edile [e'di:le] *adj* Bau...; *impresa ~* Bauunternehmen *n*
edilizia [edi'li:tsia] *f* Bauwesen *n*, Baugewerbe *n*
editore [edi'to:re] *m* Herausgeber *m*
editoria [edito'ri:a] *f* Verlagswesen *n*
editoriale [editori'a:le] *adj* 1. Verlags..., Verleger...; *m* 2. Leitartikel *m*

editrice [edi'triːtʃe] *f* 1. Verlegerin *f;* 2. *casa* ~ Verlag *m*
edizione [edi'tsioːne] *f* 1. Ausgabe *f;* ~ *straordinaria* Sonderausgabe *f;* 2. *(di un libro)* Auflage *f; nuova* ~ Neuausgabe *f*
educabile [edu'kaːbile] *adj* erziehbar; *difficilmente* ~ schwer erziehbar
educare [edu'kaːre] *v* erziehen
educativo [eduka'tiːvo] *adj* erzieherisch
educato [edu'kaːto] *adj* wohlerzogen
educatore [eduka'toːre] *m* Erzieher *m;* ~ *unico* Alleinerzieher *m*
educatrice [eduka'triːtʃe] *f* Erzieherin *f*
educazione [eduka'tsioːne] *f* 1. Erziehung *f;* ~ *sessuale* Sexualaufklärung *f;* ~ *fisica* Turnen *n;* 2. *(formazione)* Ausbildung *f;* 3. *(comportamento disciplinato)* Disziplin *f,* Benehmen *n*
efelide [e'fɛlide] *f* Sommersprosse *f*
effeminato [effemi'naːto] *adj* 1. verweichlicht; 2. *(fam)* weibisch; *m* 3. *(fam)* Weichling *m,* Waschlappen *m*
effervescente [efferveʃ'ʃɛnte] *adj* 1. *acqua* ~ Sprudelwasser *n;* 2. *(impetuoso)* hitzig, aufbrausend
effettivamente [effettiva'mente] *adv* wirklich, tatsächlich
effettivo [effet'tiːvo] *adj* tatsächlich, wirklich
effetto [ef'fɛtto] *m* 1. Wirkung *f,* Effekt *m; avere* ~ wirksam sein, wirken auf; *non avere* ~ ohne Wirkung bleiben; *di grande* ~ effektvoll; *fare* ~ wirken; ~ *serra* Treibhauseffekt *m;* ~ *collaterale* MED Nebenwirkung *f;* 2. FIN Wertpapier *n; effetti bancari* Effekten *pl*
effettuare [effettu'aːre] *v* ausführen
efficace [effi'kaːtʃe] *adj* wirksam, wirkungsvoll
efficacia [effikaːtʃa] *f* Wirksamkeit *f*
efficiente [effi'tʃɛnte] *adj* leistungsfähig, tatkräftig
efficienza [effi'tʃɛntsa] *f* Leistungsfähigkeit *f*
egemonia [edʒemo'niːa] *f* Vormachtstellung *f*
Egeo [e'dʒɛːo] *m* GEO Ägäis *f*
Egitto [e'dʒitto] *m* GEO Ägypten *n*
egli ['eʎʎi] *pron (di persona)* er
egocentrico [ego'tʃɛntriko] *adj* 1. ichbezogen, egozentrisch; *m* 2. Egozentriker *m*
egoismo [ego'izmo] *m* Selbstsucht *f,* Egoismus *m*
egoista [ego'ista] *adj* 1. selbstsüchtig, egoistisch; *m/f* 2. Egoist(in) *m/f*
egoistico [ego'istiko] *adj* egoistisch
eguaglianza [eguaʎ'ʎantsa] *f* Gleichheit *f*
egualmente [egual'mente] *adv* ebenso
eiaculazione [eiakula'tsioːne] *f* BIO Ejakulation *f*
elaborare [elabo'raːre] *v* 1. bearbeiten; 2. *(dati)* INFORM verarbeiten
elaborazione [elabora'tsioːne] *f* INFORM Verarbeitung *f;* ~ *dati* Datenverarbeitung *f;* ~ *del testo* Textverarbeitung *f*
elargizione [elardʒi'tsioːne] *f* Spende *f,* Zuwendung *f*
elasticità [elastitʃi'ta] *f* 1. Elastizität *f;* 2. *(fig)* Gelenkigkeit *f*
elastico [e'lastiko] *adj* 1. elastisch, dehnbar; *calza elastica* Gummistrumpf *m;* 2. TECH dehnbar; *m* 3. Gummiband *n*
Elba ['ɛlba] *f* GEO Elbe *f*
elefante [ele'fante] *m* ZOOL Elefant *m*
elegante [ele'gante] *adj* elegant
eleganza [ele'gantsa] *f* Eleganz *f; con* ~ schick
eleggere [e'lɛddʒere] *v irr* POL wählen
eleggibile [eled'dʒiːbile] *adj* wählbar
elementare [elemen'taːre] *adj* elementar, grundlegend; *scuola* ~ Grundschule *f*
elemento [ele'mento] *m* 1. Element *n,* Grundstoff *m;* 2. *(di una catena)* Glied *n,* Teil *m;* 3. *elementi fondamentali* Grundlagen *pl*
elemosina [ele'mɔːzina] *f* Almosen *n; borsa delle elemosine* Klingelbeutel *m*
elemosinare [elemozi'naːre] *v* betteln
elencare [eleŋ'kaːre] *v* auflisten
elenco [e'lɛŋko] *m* Liste *f,* Verzeichnis *n;* ~ *telefonico* Telefonbuch *n;* ~ *dei debitori* Schuldnerverzeichnis *n;* ~ *numerico* Nummernverzeichnis *n*
elettivo [elet'tiːvo] *adj* Wahl...
elettorale [eletto'raːle] *adj* POL Wahl..., Wähler...; *collegio* ~ Wahlbezirk *m*
elettore [elet'toːre] *m* POL Wähler *m*

elettricista [elettri'tʃista] *m/f* Elektriker(in) *m/f*
elettricità [elettritʃi'ta] *f* Elektrizität *f*
elettrico [e'lɛttriko] *adj* 1. elektrisch; 2. *(elettrostatico)* spannungsgeladen
elettrizzare [elettrid'dzaːre] *v* 1. elektrisieren; 2. *(fig: tensione)* erregen
elettrodo [e'lɛttrodo] *m PHYS* Elektrode *f*
elettrodomestico [elettrodo'mɛstiko] *m* Elektrogerät *n*
elettrolisi [ellet'trɔːlizi] *f CHEM* Elektrolyse *f*
elettrone [elet'troːne] *m PHYS* Elektron *n*
elettronica [elet'trɔːnika] *f* Elektronik *f*
elettronico [elet'trɔːniko] *adj* elektronisch
elettrotecnico [elettro'tɛkniko] *m* Elektrotechniker *m*
elevarsi [ele'varsi] *v* sich erheben
elevazione [eleva'tsioːne] *f* 1. *(di una montagna)* Erhebung *f;* 2. *(dello spirito)* Erhabenheit *f*
elezione [ele'tsioːne] *f POL* Wahl *f; elezioni comunali* Kommunalwahlen *pl; elezioni politiche* Parlamentswahlen *pl*
elica ['ɛːlika] *f* 1. Propeller *m;* 2. *(di una nave)* Schraube *f*
elicoidale [elikoi'daːle] *adj* spiralförmig
elicottero [eli'kɔttero] *m* Hubschrauber *m*
eliminare [elimi'naːre] *v* 1. ausklammern; 2. entfernen; 3. *(fig: ammazzare)* beseitigen
eliminazione [elimina'tsioːne] *f* Beseitigung *f,* Elimination *f; ~ dei rifiuti* Abfallbeseitigung *f*
ella ['ella] *pron* sie
elogio [e'lɔːdʒo] *m* Lob *n*
eloquente [eloku'ɛnte] *adj* redegewandt
eludere [e'luːdere] *v irr* 1. *(evitare)* umgehen, vermeiden; 2. *(schivare)* entgehen
e-mail ['iːmeil] *m INFORM* E-Mail *f; indirizzo ~* E-Mail-Adresse *f*
emanare [ema'naːre] *v* 1. erlassen; 2. *(diffondere)* ausstrahlen
emanazione [emana'tsioːne] *f* 1. Erlass *m;* 2. *(diffusione)* Ausstrahlung *f*
emanciparsi [emantʃi'parsi] *v* sich emanzipieren, sich selbstständig machen
emancipazione [emantʃipa'tsioːne] *f* Gleichstellung *f,* Emanzipation *f*
ematoma [ema'tɔːma] *m MED* Bluterguss *m*
embargo [em'bargo] *m POL* Embargo *n*
emblema [em'blɛːma] *m* Wahrzeichen *n*
embolia [embo'liːa] *f MED* Embolie *f*
embrione [emb'rioːne] *m BIO* Embryo *m*
emendamento [emenda'mento] *m* 1. Richtigstellung *f;* 2. *POL* Abänderung *f*
emergenza [emer'dʒɛntsa] *f* Notfall *m; caso di ~* Ernstfall *m*
emergere [e'mɛrdʒere] *v irr* 1. auftauchen; 2. *(distinguersi)* sich auszeichnen
emetico [e'mɛːtiko] *m MED* Brechmittel *n*
emettere [e'mettere] *v irr* ausstoßen
emicrania [emi'kraːnia] *f MED* Migräne *f*
emigrante [emi'grante] *m/f* 1. Auswanderer/Auswanderin *m/f;* 2. Emigrant(in) *m/f*
emigrare [emi'graːre] *v* auswandern
emigrazione [emigra'tsioːne] *f* Emigration *f,* Auswanderung *f*
Emilia Romagna [e'miːlia ro'maɲɲa] *f GEO* Emilia Romagna *f*
eminente [emi'nɛnte] *adj* herausragend, hervorragend
emisfero [emis'fɛːro] *m* 1. Halbkugel *f;* 2. *ASTR* Hemisphäre *f*
emissione [emis'sioːne] *f* 1. *ECO* Emission *f; ~ d'azioni* Aktienausgabe *f;* 2. *PHYS* Emission *f*
emofiliaco [emofi'liːako] *m MED* Bluter *m*
emoglobina [emoglo'biːna] *f BIO* Hämoglobin *n*
emorragia [emorra'dʒiːa] *f MED* Blutung *f; ~ cerebrale* Gehirnblutung *f; ~ nasale* Nasenbluten *n*
emorroidi [emor'rɔːidi] *f/pl MED* Hämorriden *pl*
emotivo [emo'tiːvo] *adv* gefühlsmäßig, emotional

E

emozionabile [emottsio'naːbile] *adj* erregbar, reizbar
emozionante [emottsio'nante] *adj* spannend, spannungsgeladen
emozionarsi [emottsio'narsi] *v* sich erregen, in Aufregung geraten
emozione [emot'tsioːne] *f* Affekt *m*, Gemütserregung *f*
empio ['empio] *adj* 1. gottlos; 2. *(infame)* ruchlos
emulare [emu'laːre] *v* nacheifern
emulo ['ɛːmulo] *m* 1. Rivale *m*, Nebenbuhler *m*; 2. *(imitatore)* Nachahmer *m*; 3. *(avversario)* Gegner *m*
enciclopedia [entʃiklope'diːa] *f* Enzyklopädie *f*, Lexikon *n*
endemico [en'dɛːmiko] *adj* 1. lokal; 2. MED endemisch
energia [ener'dʒiːa] *f* 1. PHYS Energie *f*; *~ atomica* Atomenergie *f*, Atomkraft *f*; *~ nucleare* Kernenergie *f*, Kernkraft *f*; *~ solare* Solarenergie *f*, Sonnenenergie *f*; *energie rinnovabili* erneuerbare Energien *pl*; 2. *~ elettrica* Strom *m*; *~ elettrica pulita* Ökostrom *m*; 3. *(vigore)* Tatkraft *f*; 4. *(fig)* Schwung *m*
energico [e'nerdʒiko] *adj* energisch, tatkräftig
enfasi ['ɛnfazi] *f* Nachdruck *m*, Emphase *f*
enigma [e'niːgma] *m* Rätsel *n*
enigmatico [enig'maːtiko] *adj* rätselhaft
ennesimo [en'nɛːzimo] *adj l'~* der soundsovielte
enologia [enolo'dʒia] *f* Weinbaukunde *f*, Önologie *f*
enorme [e'norme] *adj* riesig, enorm
enormemente [enorme'mente] *adv* sehr, außerordentlich
enormità [enormi'ta] *f* 1. Übermaß *n*; 2. Ungeheuerlichkeit *f*, Absurdität *f*
ente ['ɛnte] *m* 1. Körperschaft *f*, Institut *n*; 2. *~ per il turismo* Fremdenverkehrsbüro *n*; 3. *(l'essere)* Wesen *n*
entità [enti'ta] *f* Bedeutung *f*, Umfang *m*
entrambi [en'trambi] *pron* 1. beide; *adj* 2. beide
entrare [en'traːre] *v* 1. eintreten, einsteigen; *~ in* betreten; *~ in scena* auftreten; *fare ~* einlassen, hereinlassen; *~ in macchina* ins Auto einsteigen; 2. *~ in vigore* in Kraft treten; 3. *(in un paese straniero)* einreisen
entrata [en'traːta] *f* 1. Eintritt *m*, Eingang *m*; *~ in carica* Amtseintritt *m*; *~ in scena* Auftritt *m*; *~ in servizio* Dienstantritt *m*; *~ in vigore* Inkrafttreten *n*; *Quanto costa l'~?* Wie viel kostet der Eintritt? 2. *(accesso)* Einfahrt *f*, Zugang *m*; 3. *(di una casa)* Diele *f*; 4. *(in un paese)* Einreise *f*; 5. *(della merce)* ECO Wareneingang *m*; 6. *(di denaro)* ECO Eingang *m*; 7. *(presa di possesso)* Antritt *m*
entro ['entro] *prep* innerhalb, binnen
entusiasmante [entuziaz'mante] *adj* mitreißend, begeisternd
entusiasmare [entuziaz'maːre] *v* begeistern, entzücken
entusiasmarsi [entuziaz'marsi] *v* sich begeistern
entusiasmo [entu'ziazmo] *m* Begeisterung *f*
entusiastico [entu'ziastiko] *adj* begeistert
enumerare [enume'raːre] *v* aufzählen
enunciare [enun'tʃaːre] *v* darlegen, verkünden
enunciato [enun'tʃaːto] *m* Darlegung *f*, Verkündigung *f*
enzima [en'dziːma] *m* BIO Enzym *n*
epicentro [epi'tʃɛntro] *m* Epizentrum *n*
epidemia [epide'miːa] *f* 1. MED Epidemie *f*; 2. *~ della mucca pazza* Rinderwahnsinn *m*
epigrafe [e'piːgrafe] *f* Inschrift *f*
epilessia [epiles'siːa] *f* MED Epilepsie *f*
epilogo [e'piːlogo] *m* Nachspiel *n*, Nachwort *n*
episodico [epi'zɔːdiko] *adj* gelegentlich
episodio [epi'zɔːdio] *m* Episode *f*
epistolare [episto'laːre] *adj* brieflich
epistolario [episto'laːrio] *m* Briefsammlung *f*
epoca ['ɛːpoka] *f* Epoche *f*, Zeitalter *n*
eppure [ep'puːre] *adv* trotzdem, und dennoch
epurazione [epura'tsioːne] *f* 1. CHEM Reinigung *f*; 2. POL Säuberung *f*
equazione [ekua'tsioːne] *f* MATH Gleichung *f*

equestre [e'kuɛstre] *adj* Reiter..., Ritter...; *statua ~* Reiterstatue *f; ordine ~* Ritterorden *m*
equilibrare [ekuili'braːre] *v* 1. ins Gleichgewicht bringen; 2. *(fig)* ausgleichen; 3. *TECH* auswuchten
equilibrarsi [ekuili'brarsi] *v* 1. ins Gleichgewicht kommen; 2. *(fig)* sich gegenseitig aufwiegen, sich ausgleichen
equilibrato [ekuili'braːto] *adj* ausgeglichen
equilibrio [ekui'liːbrio] *m* 1. Gleichgewicht *n;* 2. *(fig)* Ausgleich *m*
equilibrista [ekuili'brista] *m/f* 1. Seiltänzer(in) *m/f;* 2. *(giocoliere)* Jongleur/Jongleuse *m/f*
equino [e'kuiːno] *adj* 1. Pferde...; *carne equina* Pferdefleisch *n;* 2. *GAST Pferd n*
equipaggiamento [ekuipaddʒa'mento] *m* Ausrüstung *f,* Ausstattung *f*
equipaggio [ekui'paddʒo] *m* Mannschaft *f*
equiparato [ekuipa'raːto] *adj* gleichgestellt
equitazione [ekuita'tsioːne] *f* Reitsport *m,* Reitkunst *f; scuola d'~* Reitschule *f*
equivalente [ekuiva'lɛnte] *adj* 1. gleichwertig, äquivalent; *m* 2. Äquivalent *n*
equivalersi [ekuiva'lersi] *v* den gleichen Wert haben
equivoco [e'kuiːvoko] *adj* 1. missverständlich, doppeldeutig; 2. *(malfamato)* anrüchig; *m* 3. Missverständnis *n*
era ['ɛːra] *f* Zeitalter *n*
erba ['ɛrba] *f* 1. Gras *n; ~ cipollina* Schnittlauch *m; Che ~ aromatica è?* Was ist das für ein Kraut? 2. *MED* Kraut *n*
erbaccia [er'battʃa] *f* Unkraut *n; L'~ non muore mai.* Unkraut verdirbt nicht.
erbivoro [er'biːvoro] *adj* 1. pflanzenfressend; *m* 2. *ZOOL* Pflanzenfresser *m*
erede [e'rɛːde] *m/f* Erbe/Erbin *m/f; ~ universale* Alleinerbe/Alleinerbin *m/f*
eredità [eredi'ta] *f* Erbschaft *f,* Hinterlassenschaft *f; lasciare in ~* vererben
ereditare [erede'taːre] *v* erben
ereditarietà [ereditarie'ta] *f BIO* Vererbung *f*
ereditario [eredi'taːrio] *adj* 1. Erb...; *principe ~* Erbprinz *m;* 2. *BIO* vererblich
eremita [ere'miːta] *f* Einsiedler *m,* Eremit *m*
eremitaggio [eremi'taddʒo] *m* Klause *f*
eresia [ere'ziːa] *f* 1. *REL* Ketzerei *f;* 2. *(stupidaggine)* Unsinn *m,* Quatsch *m*
eretico [e'rɛːtiko] *adj* 1. *REL* ketzerisch; *m* 2. *REL* Ketzer *m*
erezione [ere'tsioːne] *f* 1. *ARCH* Errichtung *f;* 2. *BIO* Erektion *f*
ergastolano [ergasto'laːno] *m JUR* lebenslänglich Inhaftierter *m*
ergastolo [er'gastolo] *m* 1. *JUR* lebenslängliche Haft; 2. Zuchthaus *n*
ergersi ['ɛrdʒersi] *v irr* ragen, sich erheben; *~ a* sich aufspielen, angeben, prahlen
ergonomia [ergono'miːa] *f* Ergonomie *f*
ergonomico [ergo'nɔːmiko] *adj* ergonomisch
erigere [e'riːdʒere] *v irr* errichten
ermeticamente [ermetika'mente] *adv* dicht
ermetico [er'mɛːtiko] *adj* dicht; *rendere ~* abdichten
ernia ['ɛrnia] *f MED* Vorfall *m,* Bruch *m; ~ inguinale* Leistenbruch *m*
eroe [e'rɔːe] *m* Held *m*
eroicamente [eroika'mente] *adv* heldenhaft
eroico [e'rɔːiko] *adj* heldenhaft
eroina [ero'iːna] *f CHEM* Heroin *n*
eroismo [ero'izmo] *m* Heldentum *n*
erotico [e'rɔːtiko] *adj* erotisch
erotismo [ero'tizmo] *m* Erotik *f*
errare [er'raːre] *v* 1. irren, umherirren; 2. sich irren
errato [er'raːto] *adj* falsch, irrtümlich
erroneo [er'rɔːneo] *adj* falsch, irrtümlich
errore [er'roːre] *m* Fehler *m,* Irrtum *m; per ~* versehentlich; *~ di calcolo* Rechenfehler *m; ~ giudiziario* Justizirrtum *m*
erto ['erto] *adj* 1. steil; 2. *(burrone)* jäh
erudito [eru'diːto] *adj* 1. gelehrt, gebildet; *m* 2. Gelehrter *m*
eruttare [erut'taːre] *v* 1. ausstoßen; 2. *(vulcano) GEOL* speien
eruzione [eru'tsioːne] *f* 1. Ausbruch *m; ~ vulcanica GEOL* Vulkanausbruch *m;* 2. *MED* Ausschlag *m*

esagerare [ezadʒe'raːre] *v* aufbauschen, übertreiben
esagerato [ezadʒe'raːto] *adj* übertrieben
esagerazione [ezadʒera'tsioːne] *f* Übertreibung *f*
esagonale [ezago'naːle] *adj* sechseckig
esalare [eza'laːre] *v* ausströmen, ausdunsten
esaltare [ezal'taːre] *v* verherrlichen, preisen
esaltarsi [ezal'tarsi] *v* 1. ausgelassen sein, exaltiert sein; 2. *~ per qc* sich für etw begeistern
esaltato [ezal'taːto] *adj* überschwänglich
esaltazione [ezalta'tsioːne] *f* Verherrlichung *f*, Begeisterung *f*
esame [e'zaːme] *m* 1. Prüfung *f*, Examen *n*; *~ d'ammissione* Aufnahmeprüfung *f*; *~ finale* Abschlussprüfung *f*; *~ di maestro* Meisterprüfung *f*; *~ di maturità* Abitur *n*; 2. *(ricerca)* Erforschung *f*, Untersuchung *f*
esaminando [ezami'nando] *m* Prüfling *m*
esaminare [ezami'naːre] *v* 1. prüfen, überprüfen; 2. *(ricerca)* untersuchen, erforschen
esaminatore [ezamina'toːre] *m* 1. Prüfer *m*; *adj* 2. Prüfungs…
esantema [ezan'tɛːma] *f MED* Hautausschlag *m*
esasperato [ezaspe'raːto] *adj* erbittert
esasperazione [ezaspera'tsioːne] *f* Verbitterung *f*, Verzweiflung *f*
esattamente [ezatta'mente] *adv* genau
esattezza [eza'tettsa] *f* Genauigkeit *f*
esatto [e'zatto] *adj* genau, exakt; *Il conto non è ~.* Die Rechnung stimmt nicht.
esattoria [ezatto'riːa] *f* Steuereinnahmestelle *f*
esaurimento [ezauri'mento] *m* Erschöpfung *f*; *~ nervoso* Nervenzusammenbruch *m*
esaurire [ezau'riːre] *v* aufbrauchen
esaurirsi [ezau'rirsi] *v* sich verausgaben, sich verbrauchen
esaurito [ezau'riːto] *adj* 1. ausverkauft, vergriffen; 2. *(persona)* erschöpft
esausto [e'zaːusto] *adj* erschöpft, leer
esautorazione [ezautora'tsioːne] *f* *POL* Entmachtung *f*
esca ['eska] *f* 1. Köder *m*; 2. *(miccia)* Lunte *f*, Zunder *m*
escavatrice [escava'triːtʃe] *f TECH* Bagger *m*
eschimese [eski'meːse] *m* Eskimo *m*
esclamazione [esklama'tsioːne] *f* Ausruf *m*
escludere [es'kluːdere] *v irr* ausschließen; *~ qd* jdn ausschließen
esclusione [eskluzi'oːne] *f* Ausschluss *m*; *ad ~ di* mit Ausnahme von
esclusiva [esklu'ziːva] *f ECO* Alleinvertrieb *m*
esclusivo [esklu'ziːvo] *adj* exklusiv
escluso [es'kluːzo] *adj* ausgeschlossen
escogitare [eskodʒi'taːre] *v* ausdenken
escoriare [eskori'aːre] *v* abschürfen
escoriazione [eskoriat'tsioːne] *f MED* Abschürfung *f*
escremento [eskre'mento] *m* Ausscheidung *f*, Exkrement *n*
escrescenza [eskreʃ'ʃɛntsa] *f* Auswuchs *m*
escursione [eskur'sioːne] *f* Ausflug *m*
esecutivo [ezeku'tiːvo] *adj* 1. ausführend; *organo ~* ausführendes Organ *n*; *m* 2. *POL* Exekutive *f*
esecutore [ezeku'toːre] *m* 1. Vollstrecker *m*; *~ testamentario* Testamentsvollstrecker *m*; *adj* 2. Ausführungs…
esecuzione [ezeku'tsioːne] *f* 1. Ausführung *f*, Durchführung *f*; *mancata ~* Nichterfüllung *f*; 2. *THEAT* Darbietung *f*; 3. *ECO* Abwicklung *f*; 4. *JUR* Hinrichtung *f*
eseguibile [ezegu'iːbile] *adj* durchführbar
eseguire [eze'guiːre] *v* 1. ausführen, durchführen; 2. *JUR* vollstrecken
esempio [e'zɛmpio] *m* Beispiel *n*, Leitbild *n*; *per ~* beispielsweise
esemplare [ezem'plaːre] *adj* 1. exemplarisch, mustergültig; *m* 2. Exemplar *n*
esentare [ezen'taːre] *v* entheben
esente [e'zɛnte] *adj* frei, befreit; *~ da dazio* zollfrei; *~ da imposte* abgabefrei, steuerfrei
esenzione [ezen'tsioːne] *f* Erlass *m*

esercente [ezer'tʃɛnte] *m/f* ECO Gewerbetreibende(r) *m/f*
esercitare [ezertʃi'ta:re] *v* 1. ausüben, üben; 2. *(imparare con l'esercizio)* einüben; 3. ECO betreiben; 4. *(fig)* treiben
esercitarsi [esertʃi'tarsi] *v* üben
esercito [e'zɛrtʃito] *m* MIL Armee *f*; ~ *della salvezza* Heilsarmee *f*
esercizio [ezer'tʃi:tsio] *m* 1. Ausübung *f*; 2. *(esercitazione, compito)* Übung *f*; ~ *obbligatorio* Pflichtübung *f*; 3. ECO Betrieb *m*; 4. *(anno amministrativo)* ECO Geschäftsjahr *n*
esibire [ezi'bi:re] *v* vorzeigen, vorweisen
esibirsi [ezi'birsi] *v* THEAT auftreten
esibizionista [ezibittsio'nista] *m* Exhibitionist *m*
esigente [ezi'dʒɛnte] *adj* anspruchsvoll
esigenza [ezi'dʒɛntsa] *f* Erfordernis *n*
esigere [e'zi:dʒere] *v irr* anfordern, verlangen
esiguo [e'zi:guo] *adj* knapp
esile ['ɛ:zile] *adj* schmächtig, dünn
esiliare [ezili'a:re] *v* ausweisen, verbannen
esiliato [ezili'a:to] *adj* 1. verbannt; *m* 2. Verbannter *m*
esilio [e'zi:lio] *m* Verbannung *f*, Exil *n*
esistente [ezis'tɛnte] *adj* vorhanden, existent
esistenza [ezis'tɛntsa] *f* Existenz *f*
esistere [e'zistere] *v irr* existieren, bestehen
esitare [e'zita:re] *v* zaudern, zögern
esito ['ɛ:zito] *m* 1. *(risultato)* Ergebnis *n*, Resultat *n*; 2. *(successo)* Erfolg *m*
esodo ['ɛ:zodo] *m* Flucht *f*
esofago [e'zɔ:fago] *m* ANAT Speiseröhre *f*
esonerare [ezone'ra:re] *v* 1. erlassen; 2. ECO befreien
esonero [e'zɔ:nero] *m* ECO Befreiung *f*
esorcismo [ezor'tʃizmo] *m* Geisterbeschwörung *f*
esordiente [ezordi'ɛnte] *adj* 1. angehend; *m/f* 2. Anfänger(in) *m/f*, Debütant(in) *m/f*
esordio [e'zɔrdio] *m* Debüt *n*
esortare [ezor'ta:re] *v* 1. ermahnen; 2. *(fig)* anfeuern
esortazione [ezorta'tsio:ne] *f* 1. Mahnung *f*, Ermahnung *f*; 2. Ermutigung *f*
esoterismo [ezote'rizmo] *m* Esoterik *f*
esotico [e'zɔ:tiko] *adj* exotisch
espansione [espan'sio:ne] *f* Ausdehnung *f*
espatrio [es'pa:trio] *m* 1. Emigration *f*; 2. *(passaggio di un confine)* Grenzübertritt *m*
espellere [es'pɛllere] *v irr* 1. ausweisen; 2. MED ausscheiden
esperienza [espe'riɛntsa] *f* 1. Erfahrung *f*, Praxis *f*; *questione di* ~ Erfahrungssache *f*; 2. *(avvenimento vissuto intensamente)* Erlebnis *n*
esperimento [esperi'mento] *m* Versuch *m*, Experiment *n*
esperto [es'pɛrto] *adj* 1. erfahren, kundig; *m* 2. Experte *m*, Fachmann *m*
espiare [espi'a:re] *v* verbüßen
espiazione [espia'tsio:ne] *f* Sühne *f*
espirare [espi'ra:re] *v* ausatmen
esplicito [es'pli:tʃito] *adj* ausdrücklich
esplodere [es'plɔ:dere] *v irr* 1. explodieren 2. *(fig)* ausrasten, ausbrechen
esplorare [esplo'ra:re] *v* 1. erforschen, auskundschaften; 2. INFORM abtasten
esploratore [esplora'to:re] *m* Forscher *m*, Wissenschaftler *m*
esplorazione [esplora'tsio:ne] *f* 1. Erforschung *f*, Erkundung *f*; 2. MIL Aufklärung *f*
esplosione [esplozi'o:ne] *f* Explosion *f*, Sprengung *f*
esplosivo [esplo'zi:vo] *adj* 1. *(cosa)* brisant, explosiv; 2. *(irruento)* explosiv; *m* 3. Sprengstoff *m*
esponente [espo'nɛnte] *m/f* Wortführer(in) *m/f*
esporre [es'porre] *v irr* 1. ausstellen; 2. *(esplicare)* darlegen; 3. *(abbandonare)* preisgeben; 4. *(merce)* auslegen
esportare [espor'ta:re] *v* ECO exportieren
esportatore [esporta'to:re] *m* ECO Exporteur *m*
esportazione [esporta'tsio:ne] *f* ECO Export *m*
esposizione [espozi'tsio:ne] *f* 1. *(di merce)* Ausstellung *f*; 2. *(presentazione)* Darlegung *f*, Darbietung *f*

esposto [es'posto] *adj* ausgestellt
espressamente [espressa'mente] *adv* ausdrücklich, klar und deutlich
espressione [espressi'o:ne] *f* 1. *(a parole)* Ausdruck *m; privo di ~* ausdruckslos; 2. *(del viso)* Ausdruck *m,* Miene *f*
espressività [espressivi'ta] *f* Ausdruckskraft *f,* Expressivität *f*
E
espressivo [espres'si:vo] *adj* ausdrucksvoll
espresso [es'prɛsso] *adj* 1. ausdrücklich; *m* 2. Eilbrief *m;* 3. GAST Espresso *m*
esprimere [es'pri:mere] *v irr* ausdrücken, zum Ausdruck bringen, äußern
esprimersi [es'pri:mersi] *v irr* sich äußern
espropriare [espro'pria:re] *v JUR* enteignen
esproprio [es'prɔ:prio] *m* 1. Enteignung *f;* 2. *(statalizzazione)* Verstaatlichung *f*
espulsione [espul'sio:ne] *f* 1. Ausweisung *f; ~ dal campo* Platzverweis *m;* 2. POL Abschiebung *f;* 3. *(fam)* Rausschmiss *m*
essa ['essa] *pron f* 1. sie *f;* 2. es *n*
essenza [es'sɛntsa] *f* 1. Essenz *f;* 2. *(carattere)* Wesen *n*
essenziale [essen'tsia:le] *adj* 1. wesentlich, essenziell; *m* 2. Hauptsache *f*
esserci ['ɛssertʃi] *v irr* da sein, vorhanden sein; *Non c'è di che!* Keine Ursache!
essere ['ɛssere] *v irr* 1. sein; *Così sia!* So sei es! *Se fossi lui ...* An seiner Stelle ... *Sarà ...* Mag sein ... *Come se nulla fosse.* Wie wenn nichts wäre. *m* 2. *(vivente)* Wesen *n;* 3. PHIL Sein *n*
essiccare [essik'ka:re] *v* austrocknen
esso ['esso] *pron* es
est [ɛst] *m* 1. Osten *m;* 2. POL Osten *m*
estasi ['ɛsta:zi] *f* Ekstase *f*
estate [es'ta:te] *f* Sommer *m; ~ di S. Martino* Altweibersommer *m*
estemporaneo [estempo'ra:neo] *adj* aus dem Stegreif, improvisiert
estendere [es'tɛndere] *v irr* erweitern
estendersi [es'tɛndersi] *v irr* sich erstrecken
estensibile [esten'si:bile] *adj* dehnbar
estensione [estensi'o:ne] *f* Ausdehnung *f,* Erweiterung *f*
estenuante [estenu'ante] *adj* entnervend
esteriore [este'rio:re] *adj* äußere(r,s), äußerlich
esterno [es'tɛrno] *adj* 1. extern; 2. *(esteriore)* äußerlich; *m* 3. Äußeres *n*
estero ['ɛstero] *m* 1. Ausland *n; adj* 2. ausländisch, fremd
estesamente [estesa'mente] *adv* ungekürzt
esteso [es'te:so] *adj* weitreichend, weitläufig; *per ~* ausführlich, eingehend
estetica [es'tɛ:tika] *f* Ästhetik *f*
estetico [es'tɛ:tiko] *adj* ästhetisch
estetista [este'tista] *m/f* Kosmetiker(in) *m/f*
estinguere [es'tiŋguere] *v irr* 1. auslöschen, vernichten; 2. ECO tilgen
estinguersi [es'tiŋguersi] *v irr* 1. BIO aussterben; 2. *(spegnersi)* ausgehen
estintore [estin'to:re] *m* Feuerlöscher *m*
estinzione [estin'tsio:ne] *f* 1. ECO Tilgung *f;* 2. *(spegnimento)* Löschen *n;* 3. BIO Aussterben *n*
estirpare [estir'pa:re] *v* 1. ausrotten; 2. *(erbacce)* jäten
estivo [es'ti:vo] *adj* sommerlich, Sommer...; *tempo ~* sommerliches Wetter *n*
estorsione [estorsi'o:ne] *f* Erpressung *f,* Nötigung *f*
estradizione [estradi'tsio:ne] *f* Auslieferung *f*
estraibile [estra'i:bile] *adj* ausziehbar
estraneo [es'tra:neo] *adj* 1. fremd, Fremd...; *corpo ~* Fremdkörper *m; m* 2. Außenstehender *m,* Fremder
estrarre [es'trarre] *v irr* 1. herausziehen, ausziehen; *~ a sorte* verlosen; 2. MIN abbauen, fördern
estratto [es'tratto] *m* 1. Extrakt *m;* 2. FIN Auszug *m; ~ conto* Kontoauszug *m*
estrazione [estra'tsio:ne] *f* 1. *(a lotto)* Ziehung *f; ~ a sorte* Verlosung *f;* 2. MIN Förderung *f,* Abbau *m*
estremismo [estre'mizmo] *m* POL Extremismus *m*
estremista [estre'mista] *adj* 1. extremistisch; *m/f* 2. POL Extremist(in) *m/f,* Radikale(r) *m/f; ~ di destra* Rechtsextremist(in) *m/f*

estremistico [estre'mistiko] *adj POL* extremistisch
estremo [es'trɛːmo] *adj* extrem, äußerst
estro ['ɛstro] *m* 1. Inspiration *f;* 2. *(entusiasmo)* Enthusiasmus *m*
estromissione [estromis'sjoːne] *f* Entlassung *f,* Ausschluss *m*
estroso [es'troːso] *adj* ideenreich
esuberante [ezube'rante] *adj* überschwänglich
esuberanza [ezube'rantsa] *f* 1. Überschwang *m; con ~* überschwänglich; 2. *(sovrabbondanza)* Überfluss *m*
esule ['ɛːzule] *m/f* Exilierte(r) *m/f*
esultare [ezul'taːre] *v* jubeln, jauchzen
età [e'ta] *f* 1. Alter *n; maggiore ~* Volljährigkeit *f;* 2. *(era)* Zeitalter *n; ~ della pietra HIST* Steinzeit *f; ~ moderna* Neuzeit *f;* 3. *~ della pubertà* Pubertät *f;* 4. *~ dello sviluppo* Entwicklungsjahre *pl;* 5. *~ minima* Mindestalter *n*
etere ['ɛːtere] *m* Äther *m*
eternità [eterni'ta] *f* Ewigkeit *f*
eterno [e'tɛrno] *adj* 1. ewig, zeitlos; 2. *(immortale)* unsterblich
eterodosso [etero'dɔsso] *adj* andersgläubig
eterogeneità [eterodʒenei'ta] *f* Andersartigkeit *f*
eterogeneo [etero'dʒɛːneo] *adj* heterogen, andersartig
etica ['ɛːtika] *f* Ethik *f*
etichetta [eti'ketta] *f* 1. Aufkleber *m,* Etikett *n; ~ col prezzo* Preisschild *n;* 2. *(norme covenzionali di comportamento)* Etikette *f; senza ~* zwanglos
etico ['ɛːtiko] *adj* ethisch
Etiopia [eti'ɔːpia] *f GEO* Äthiopien *n*
etnico ['ɛtniko] *adj* ethnisch
etnologia [etnolo'dʒiːa] *f* Völkerkunde *f*
ettaro ['ɛttaro] *m* Hektar *n*
etrusco [e'trusko] *adj* 1. etruskisch; *m* 2. Etrusker *m*
eucalipto [euka'lipto] *m BOT* Eukalyptus *m*
eufemismo [eufe'mizmo] *m* Beschönigung *f*
euforia [eufo'riːa] *f* Euphorie *f*
euro ['euro] *m FIN* Euro *m; zona ~* Euro-Zone *f*
eurocheque [euroʃ'ʃɛk] *m* Eurocheque *m*
eurodeputato [eurodepu'tato] *m POL* Abgeordneter des Europäischen Parlaments *m*
euroobbligazione [euro'obbligattsioːne] *f FIN* Eurobond *m*
Europa [eu'rɔːpa] *f GEO* Europa *n; ~ centrale* Mitteleuropa *n; ~ occidentale* Westeuropa *n; ~ orientale* Osteuropa *n*
europeismo [europe'izmo] *m POL* Bewegung zu einem vereinten Europa *f*
europeo [euro'pɛːo] *adj* 1. europäisch; *m* 2. Europäer *m*
evacuare [evaku'aːre] *v* evakuieren, räumen
evacuazione [evakua'tsioːne] *f* 1. Evakuierung *f,* Räumung *f;* 2. *MED* Darmentleerung *f*
evadere [e'vaːdere] *v irr* entfliehen
evangelico [evan'dʒɛːliko] *adj REL* evangelisch
evaporare [evapo'raːre] *v* verdunsten
evasione [evazi'oːne] *f* Ausbruch *m,* Flucht *f; ~ fiscale* Steuerhinterziehung *f*
evasivo [eva'ziːvo] *adj* ausweichend
evaso [e'vaːzo] *adj* 1. ausgebrochen; 2. *JUR* erledigt; *m* 3. Ausbrecher *m*
evento [e'vɛnto] *m* Vorkommnis *n*
eventuale [eventu'aːle] *adj* eventuell
evidente [evi'dɛnte] *adj* offensichtlich
evidentemente [evidente'mente] *adv* anscheinend, offensichtlich
evidenza [evi'dɛntsa] *f* Offensichtlichkeit *f; mettere in ~* hervorheben
evitabile [evi'taːbile] *adj* vermeidbar
evitare [evi'taːre] *v* vermeiden
evocare [evo'kaːre] *v* heraufbeschwören
evoluto [evo'luːto] *adj* entwickelt, fortgeschritten
evoluzione [evolu'tsioːne] *f* Evolution *f,* Werdegang *m*
evolversi [e'vɔlversi] *v irr* sich entwickeln
ex [ɛks] *adj* ehemalig
extra ['ɛkstra] *adj* extra
extracomunitario [ɛkstrakomuni'taːrio] *adj* 1. nicht zu Europäischen Union gehörig; *m* 2. Nicht-EU-Bürger *m*
extraterrestre [ɛkstrater'rɛstre] *adj* 1. außerirdisch; *m/f* 2. Außerirdische(r) *m/f*

F

fa [fa] *adv* vor; *tempo ~* in der Vergangenheit, vor einiger Zeit
fabbisogno [fabbi'zoɲɲo] *m* Bedarf *m*
fabbrica ['fabbrika] *f* Fabrik *f*, Werk *n*; *~ di automobili* Autowerk *n*
fabbricabile [fabbri'ka:bile] *adj* Bau…; *terreno ~* Bauland *n*
fabbricante [fabbri'kante] *m/f* Hersteller(in) *m/f*; *~ di birra* Bierbrauer(in) *m/f*
fabbricare [fabbri'ka:re] *v* herstellen, anfertigen
fabbricato [fabbri'ka:to] *adj* 1. hergestellt, produziert; *m* 2. Gebäude *n*, Bauwerk *n*
fabbricazione [fabbrika'tsio:ne] *f* Herstellung *f*, Anfertigung *f*
fabbro ['fabbro] *m* Schlosser *m*, Schmied *m*
faccenda [fat'tʃɛnda] *f* Affäre *f*, Angelegenheit *f*
facchino [fak'ki:no] *m* *(persona)* Träger *m*, Gepäckträger *m*
faccia ['fattʃa] *f* Gesicht *n*, Angesicht *n*
facciale [fat'tʃa:le] *adj* Gesichts…
facciata [fat'tʃa:ta] *f* 1. Fassade *f*, Vorderfront *f*; 2. *(in tipografia)* Seite *f*
faceto [fa'tʃɛ:to] *adj* witzig, lustig
facile ['fa:tʃile] *adj* 1. leicht; *~ da usare* benutzerfreundlich; *donna ~* Prostituierte *f*, Straßenmädchen *n*; *È ~ che ...* Es ist schon denkbar, dass …; 2. *(fig)* glatt
facilità [fatʃili'ta] *f* Leichtigkeit *f*
facilitazione [fatʃilita'tsio:ne] *f* Erleichterung *f*
facilmente [fatʃil'mente] *adv* leicht
facoltà [fakol'ta] *f* 1. Fakultät *f*; 2. *(talento)* Gabe *f*, Fähigkeit *f*; 3. *(possibilità)* Möglichkeit *f*; 4. *(potere)* Vermögen *n*, Gabe *f*
facoltativamente [fakoltativa'mente] *adv* beliebig
facoltoso [fakol'to:so] *adj* 1. *(benestante)* reich, begütert; *m* 2. vermögender Mensch *m*
fagiolino [fadʒo'li:no] *m* BOT Gartenbohne *f*
fagotto [fa'gɔtto] *m* 1. MUS Fagott *n*; 2. *(fardello)* Bündel *n*; 3. *(fam: persona)* Fettwanst *m*
falce ['faltʃe] *f* 1. AGR Sense *f*; 2. *(~ piccola)* Sichel *f*
falciare [fal'tʃa:re] *v* abmähen, abernten
falda ['falda] *f* 1. *(strato)* Belag *m*, Lage *f*; 2. *(cappello)* Krempe *f*
falegname [faleɲ'ɲa:me] *m* Schreiner *m*, Tischler *m*
falegnameria [faleɲɲame'ri:a] *f* Schreinerwerkstatt *f*, Tischlerei *f*
falla ['falla] *f* 1. Leck; 2. *(buco, vuoto)* Lücke *f*
fallimento [falli'mento] *m* 1. Scheitern *n*; 2. ECO Bankrott *m*, Pleite *f*; 3. JUR Konkurs *m*
fallire [fal'li:re] *v* 1. missglücken, misslingen; 2. *(naufragare)* versagen, scheitern; 3. *(progetti)* zerschlagen
falsamente [falsa'mente] *adv* fälschlicherweise
falsare [fal'sa:re] *v* *(fig)* verdrehen
falsificare [falsifi'ka:re] *v* fälschen, verfälschen
falsità [falsi'ta] *f* Unaufrichtigkeit *f*, Unwahrheit *f*
falso ['falso] *adj* 1. falsch, unecht; 2. *(persona)* falsch, unaufrichtig
fama ['fa:ma] *f* 1. Ruf *m*; *di ~ mondiale* weltbekannt; 2. *(celebrità)* Berühmtheit *f*, Ruhm *m*
fame ['fa:me] *f* Hunger *m*; *~ da lupo* Heißhunger *m*, Bärenhunger *m*
famelico [fa'mɛ:liko] *adj* 1. ausgehungert; 2. *(avido)* gierig
famigerato [famidʒe'ra:to] *adj* berüchtigt, verrufen
famiglia [fa'miʎʎa] *f* 1. Familie *f*; *capo di ~* Familienoberhaupt *n*; 2. *(parenti)* Verwandte *pl*; 3. BIO Art *f*, Geschlecht *n*
familiare [famili'a:re] *m/f* 1. Angehörige(r) *m/f*; *adj* 2. familiär, vertraut
familiarità [familiari'ta] *f* Vertrautheit *f*
famoso [fa'mo:so] *adj* berühmt
fan [fan] *m/f* Fan *m*, Schwärmer(in) *m/f*

fanale [fa'naːle] *m* Licht *n*, Lampe *f*; *~ di coda* Schlusslicht *n*, Rücklicht *n*
fanatico [fa'natiːko] *adj* 1. fanatisch; *m* 2. Fanatiker *m*
fanciullezza [fantʃul'lettsa] *f* Kindheit *f*, Jugend *f*
fandonia [fan'dɔːnia] *f* 1. *(stupidaggine)* Dummheit *f*; 2. *(bugia)* Lüge *f*; 3. *(sballonata)* Prahlerei *f*
fanfarone [fanfa'roːne] *m (fig)* Prahlhans *m*, Prahler *m*
fango ['faŋgo] *m* 1. Schlamm *m*; 2. *(mota)* Kot *m*
fangoso [faŋ'goːso] *adj* schlammig
fannullone [fannul'loːne] *m (fam)* 1. Faulpelz *m*, Faulenzer *m*; 2. *(buono a nulla)* Tunichtgut *m*
fantascienza [fantaʃ'ʃɛntsa] *f* Science-Fiction *f*
fantasia [fanta'ziːa] *f* Fantasie *f*; *privo di ~* fantasielos; *ricco di ~* fantasievoll
fantasioso [fantazi'oːso] *adj* 1. erfinderisch, einfallsreich; 2. *(bizzarro)* komisch, merkwürdig
fantasma [fan'tazma] *m* Gespenst *n*, Phantom *n*
fantasticare [fantasti'kaːre] *v* fantasieren
fantastico [fan'tastiko] *adj* 1. fantastisch; 2. *(fig)* traumhaft
fante ['fante] *m* 1. *MIL* Infanterist *m*; 2. *(nel gioco delle carte)* Bube *m*
fanteria [fan'teːria] *f* Fußtruppe *f*
fantino [fan'tiːno] *m* Jockei *m*, Reiter *m*
fantoccio [fan'tɔttʃo] *m* Puppe *f*, Marionette *f*
farabutto [fara'butto] *m (fig)* Halunke *m*, Schurke *m*
fare ['faːre] *v irr* 1. machen, tun; *~ il biglietto* di Fahrkarte abstempeln; *~ le spese* einkaufen gehen, Einkäufe machen; *~ una visita* besuchen; *Come faccio ad arrivare a ...?* Wie komme ich nach ...? *Non fa niente.* Das macht nichts. *Come si fa questo?* Wie macht man das? *Si è fatto vivo qd?* Hat sich jmd gemeldet? *~ attenzione* achten, aufpassen; *~ esercizio* praktizieren; *~ a meno di qc* ohne etw auskommen; *far presto* hasten, es eilig haben; *~ il servizio militare* den Wehrdienst ableisten; *~ tardi* zu spät kommen; *~ vedere* herzeigen; 2. *(farcela)* schaffen; *Ce la fai?* Schaffst du es? 3. *(indurre, spingere)* lassen; *~ ~ qc a qd* jdn etw tun lassen; 4. *(operare)* wirken
farfalla [far'falla] *f* 1. *ZOOL* Schmetterling *m*; *(abito)* Fliege *f*, Schleife *f*
farina [fa'riːna] *f GAST* Mehl *n*
farinacei [fari'naːtʃei] *m/pl GAST* Mehlprodukte *pl*
farinoso [fari'noːso] *adj* mehlig
farmaceutico [farma'tʃɛːutiko] *adj* pharmazeutisch
farmacia [farma'tʃiːa] *f* Apotheke *f*, Pharmazie *f*
farmacista [farma'tʃista] *m/f* Apotheker(in) *m/f*
farmaco ['farmako] *m* Arznei *f*
farmacologia [farmakolo'dʒiːa] *f* Pharmakologie *f*
faro ['faːro] *m* 1. Leuchtturm *m*; 2. *(dell'auto)* Scheinwerfer *m*; *~ abbagliante* Fernlicht *n*; *~ anabbagliante* Abblendlicht *n*; *~ antinebbia* Nebelscheinwerfer *m*
farsa ['farsa] *f THEAT* Schwank *m*
fascia ['faʃʃa] *f MED* Binde *f*; *~ elastica* elastische Binde *f*; *~ di garza* Mullbinde *f*
fasciare [faʃ'ʃaːre] *v MED* verbinden
fasciatura [faʃʃa'tuːra] *f MED* Verband *m*
fascicolo [faʃ'ʃiːkolo] *m* 1. *(libro)* Band *m*; 2. *(opuscolo)* Heft *n*
fascinazione [faʃʃina'tsioːne] *f* Faszination *f*
fascino ['faʃʃino] *m* 1. Reiz *m*; 2. *(fig)* Zauber *m*, Charme *m*
fascio ['faʃʃo] *m* Bündel *n*; *~ di nervi* Nervenbündel *n*
fascismo [faʃ'ʃizmo] *m POL* Faschismus *m*
fascista [faʃ'ʃista] *adj* 1. *POL* faschistisch; *m/f* 2. *POL* Faschist(in) *m/f*
fase ['faːze] *f* Phase *f*, Stufe *f*; *~ iniziale* Anfangsstadium *n*, Anfangsphase *f*
fastidio [fas'tiːdio] *m* Verdruss *m*, Ärger *m*
fastidioso [fasti'dioːso] *adj* lästig
fasto ['fasto] *m* Prunk *m*
fastoso [fas'toːso] *adj* prunkvoll
fasullo [fa'zullo] *adj* falsch

fata ['fa:ta] *f* Fee *f*
fatale [fa'ta:le] *adj* 1. verhängnisvoll; 2. *(del destino)* schicksalhaft
fatalismo [fata'lizmo] *m* Fatalismus *m*, Schicksalsglaube *m*
fatalità [fatali'ta] *f* 1. Los *n*; 2. *(disgrazia)* Unglück *n*
fatica [fa'ti:ka] *f* Bemühung *f*, Mühe *f*; *con ~* mühsam
faticare [fati'ka:re] *v* schuften, hart arbeiten
faticosamente [fatikosa'mente] *adv* mühevoll, mühsam
faticoso [fati'ko:so] *adj* anstrengend, beschwerlich
fatidico [fa'ti:diko] *adj* verhängnisvoll
fato ['fa:to] *m* Vorherbestimmung *f*, Schicksal *n*
fattezze [fat'tettse] *f/pl* Gesichtsausdruck *m*, Mimik *f*
fattibile [fat'ti:bile] *adj* durchführbar, ausführbar
fatto ['fatto] *m* 1. Ereignis *n*; 2. *(stato di cose)* Tatsache *f*, Sachverhalt *m*; *Fatto sta che ...* Es steht fest, dass ...
fattore [fat'to:re] *m* Faktor *m*; *~ di disturbo* Störfaktor *m*; *~ di protezione antisolare* Lichtschutzfaktor *m*; *~ Rhesus* MED Rhesusfaktor *m*
fattoria [fatto'ri:a] *f* Gutshof *m*
fattorino [fatto'ri:no] *m* Laufbursche *m*
fattura [fat'tu:ra] *f* 1. Herstellung *f*; 2. *(conto)* ECO Rechnung *f*; 3. *(ricevuta)* ECO Quittung *f*
fatturato [fattu'ra:to] *m* ECO Umsatz *m*
fauna ['fa:una] *f* Fauna *f*, Tierwelt *f*
favilla [fa'villa] *f* Funke *m*
favola ['fa:vola] *f* 1. Märchen *n*; 2. *(fiaba)* Fabel *f*
favolosamente [favolosa'mente] *adv* märchenhaft
favoloso [favo'lo:so] *adj* fabelhaft, märchenhaft
favore [fa'vo:re] *m* 1. Begünstigung *f*; *a ~ di* zugunsten von; 2. *(benevolenza, plauso)* Gunst *f*; *Per ~!* Bitte!
favoreggiamento [favoreddʒa'mento] *m* 1. Mithilfe *f*; 2. JUR Begünstigung *f*
favoreggiare [favored'dʒa:re] *v* 1. helfen, fördern; 2. JUR begünstigen
favorevole [favo're:vole] *adj* günstig, geneigt
favorire [favo'ri:re] *v* begünstigen, fördern; *Favorisca i documenti!* Ihre Papiere bitte!
favorito [favo'ri:to] *m* Favorit *m*, Liebling *m*; *non ~* Außenseiter *m*
fazzoletto [fattso'letto] *m* Taschentuch *n*, Tuch *n*; *~ da testa* Kopftuch *n*
febbraio [feb'bra:io] *m* Februar *m*
febbre ['fɛbbre] *f* Fieber *n*; *~ da fieno* Heuschnupfen *m*; *~ della ribalta* Lampenfieber *n*
febbricitante [febbritʃi'tante] *adj* fiebrig, fiebernd
febbrile [feb'bri:le] *adj* fieberhaft, erregt
febbrilmente [febbril'mente] *adv* hektisch
feccia ['fɛttʃa] *f* *(fig)* Abschaum *m*
feci ['fɛ:tʃi] *f/pl* Kot *m*, Stuhl *m*
fecola ['fɛ:kola] *f* GAST Stärkemehl *n*
fecondare [fekon'da:re] *v* BIO befruchten
fecondazione [fekonda'tsio:ne] *f* BIO Befruchtung *f*
fede ['fe:de] *f* 1. Vertrauen *n*, Zutrauen *n*; *in buona ~* gutgläubig; 2. *mala ~/buona ~* schlechtes Gewissen/gutes Gewissen *n*; 3. REL Glaube *m*; 4. POL Denkweise *f*; 5. *(anello nuziale)* Ehering *m*, Trauring *m*
fedele [fe'de:le] *adj* treu
fedelmente [fedel'mente] *adv* treu
fedeltà [fedel'ta] *f* Treue *f*, Aufrichtigkeit *f*
federa ['fɛ:dera] *f* Bezug *m*, Kissenbezug *m*
federale [fede'ra:le] *adj* föderativ, Bundes...
federativo [federa'ti:vo] *adj* POL föderativ
federazione [federa'tsio:ne] *f* POL Föderation *f*
fegato ['fe:gato] *m* ANAT Leber *f*
felce ['feltʃe] *f* BOT Farn *m*
felice [fe'li:tʃe] *adj* 1. glücklich, glückselig; 2. *(contento)* froh, freudig
felicità [felitʃi'ta] *f* 1. Glück *n*; 2. *(beatitudine)* Seligkeit *f*
felicitarsi [felitʃi'tarsi] *v* beglückwünschen, gratulieren

felino [fe'liːno] *adj* 1. Katzen…; *m* 2. ZOOL Katze *f*
felpa ['felpa] *f* Plüsch *m*
feltro ['feltro] *m* Filz *m*
femmina ['femmina] *f (fam)* Frau *f*, Weib *n*
femminile [femmi'niːle] *adj* weiblich, feminin
femminista [femmi'nista] *f* Feministin *f*, Frauenrechtlerin *f*
femore ['fɛːmore] *m* ANAT Oberschenkel *m*
fendere ['fɛndere] *v irr* aufspalten
fendersi ['fɛndersi] *v irr* bersten
fenomenale [fenome'naːle] *adj* außergewöhnlich, super
fenomeno [fe'nɔːmeno] *m* Phänomen *n*, Erscheinung *f*
feria ['fɛːria] *f* 1. REL Wochentag *m*; 2. *ferie pl* Urlaub *m*; *ferie aziendali* Betriebsferien *pl*
feriale [fe'riaːle] *adj* Werktags…; *giorno ~* Werktag *m*
ferimento [feri'mento] *m* Verwundung *f*
ferire [fe'riːre] *v irr* verletzen, verwunden
ferita [fe'riːta] *f* Verletzung *f*, Wunde *f*; *~ d'arma da fuoco* Schussverletzung *f*; *~ da taglio* Schnittwunde *f*
ferito [fe'riːto] *adj* 1. verwundet, verletzt; *gravemente ~* schwer verletzt; *m* 2. Verwundeter *m*, Verletzter *m*
feritoia [feri'toːia] *f (fessura)* Spalt *m*, Fuge *f*
fermaglio [fer'maʎʎo] *m* 1. Brosche *f*; 2. *(chiusura, fibbia)* Spange *f*, Schließe *f*; *~ per i capelli* Haarspange *f*; 3. *(da ufficio)* Büroklammer *f*, Heftklammer *f*
fermamente [ferma'mente] *adv* fest
fermare [fer'maːre] *v* 1. *(stare fermo)* stillstehen; 2. *(trattenere)* anhalten, stoppen; 3. *(porta)* aufhalten; 4. *(motore)* aussetzen; 5. *(arrestare)* festnehmen
fermarsi [fer'marsi] *v* 1. *(interrompersi)* einhalten; 2. *(rimanere)* stecken bleiben, stehen bleiben; 3. *(mezzi di trasporto)* anhalten, stoppen; *Per quanto si ferma il treno?* Wie lange hat der Zug Aufenthalt?
fermata [fer'maːta] *f* Haltestelle *f*, Station *f*; *~ dell'autobus* Bushaltestelle *f*
fermentare [fermen'taːre] *v* gären
fermezza [fer'mettsa] *f* Standhaftigkeit *f*
fermo ['fermo] *adj* 1. stillstehend; *stare ~* stehen bleiben; 2. *(saldo)* fest; 3. *(fig)* standhaft; *interj* 4. Halt! Stehen bleiben! *m* 5. Haltevorrichtung *f*; 6. *(dalla polizia)* Verhaftung *f*
fermoposta [fermo'pɔsta] *adj* postlagernd
feroce [fe'roːtʃe] *adj (aggressivo)* wild
ferriera [ferri'ɛːra] *f (di ferro, d'acciaio)* Hütte *f*, Eisenhütte *f*
ferro ['fɛrro] *m* Eisen *n*; *di ~* aus Eisen, eisern, eisern *(fig)*; *di ~ battuto* schmiedeeisern; *~ da stiro* Bügeleisen *n*; *~ di cavallo* Hufeisen *n*
ferrovia [ferro'viːa] *f* Eisenbahn *f*, Bahn *f*; *~ di montagna* Bergbahn *f*; *~ dello Stato* Bundesbahn *f*, Staatsbahn *f*
ferroviario [ferro'viaːrio] *adj* Eisenbahn…; *orario ~* Fahrplan *m*
ferroviere [ferro'viɛːre] *m* Bahnbeamter *m*
ferruginoso [ferrudʒi'noːso] *adj* eisenhaltig
fertile ['fɛrtile] *adj* fruchtbar
fertilità [fertili'ta] *f* Fruchtbarkeit *f*
fervente [fer'vɛnte] *adj* 1. begeistert; 2. *(zelante)* beflissen
fervidamente [fervida'mente] *adv* glühend, leidenschaftlich
fervido ['fɛrvido] *adj* sengend, brennend
fervore [fer'voːre] *m* Inbrunst *f*, Glut *f*
fesso ['fesso] *adj* 1. dumm, idiotisch; *m* 2. Blödian *m*, Idiot *m*
fessura [fes'suːra] *f* 1. Schlitz *m*, Spalt *m*; 2. *(fig)* Sprung *m*
festa ['fɛsta] *f* Fest *n*, Feier *f*; *~ di famiglia* Familienfeier *f*; *~ della mamma* Muttertag *m*; *~ nazionale* Nationalfeiertag *m*; *~ popolare* Volksfest *n*
festeggiare [fested'dʒaːre] *v* feiern
festeggiato [fested'dʒaːto] *m* Jubilar *m*
festival ['fɛstival] *m* Festival *n*
festività [festivi'ta] *f* 1. Feier *f*, Fest *n*; 2. *(giorno festivo)* Feiertag *m*, Festtag *m*
festivo [fes'tiːvo] *adj* feierlich, festlich

feto ['fɛːto] *m* BIO Fötus *m*
fetore [fe'toːre] *m* übler Geruch *m*
fetta ['fetta] *f* Scheibe *f*; ~ *di pane* Brotscheibe *f*; ~ *biscottata* Zwieback *m*
fettuccia [fet'tuttʃa] *f* Band *n*
fiaba [fi'aːba] *f* Fabel *f*, Märchen *n*
fiabesco [fia'besko] *adj* märchenhaft, fabelhaft; *mondo* ~ Märchenland *n*
fiacca ['fiakka] *f* Abgeschlagenheit *f*, Erschöpfung *f*
fiacco ['fiakko] *adj* 1. abgeschlagen, erschöpft; 2. ECO flau
fiaccola ['fiakkola] *f* Fackel *f*
fiala ['fiaːla] *f* Ampulle *f*
fiamma ['fiamma] *f* 1. Flamme *f*; 2. *(fig)* Schwarm *m*
fiammeggiare [fiammed'dʒaːre] *v* 1. lodern; 2. GAST flambieren
fiammifero [fiam'miːfero] *m* Streichholz *n*, Zündholz *n*
fiancata [fiaŋ'kaːta] *f* 1. Seitenwand *f*; 2. *(fig)* Seitenhieb *m*
fiancheggiatore [fiaŋkeddʒa'toːre] *m* Mitläufer *m*
fianco ['fiaŋko] *m* 1. Seite *f*; ~ *a* ~ Seite an Seite, nebeneinander; 2. ANAT Hüfte *f*
fiato ['fiaːto] *m* Atem *m*
fibbia ['fibbia] *f* Spange *f*, Schnalle *f*
fibra ['fiːbra] *f* Faser *f*; ~ *di vetro* Glasfaser *f*
ficcanaso [fikka'naːso] *m* Schnüffler *m*
ficcarsi [fik'karsi] *v* 1. hineindrängen; 2. *(fam: andare a finire)* stecken
fiche [fiʃ] *f* 1. Spielmarke *f*; 2. Zettel *m*
fico ['fiːko] *m* 1. BOT Feige *f*; 2. *(albero)* Feigenbaum *m*
fidanzamento [fidantsa'mento] *m* Verlobung *f*
fidanzarsi [fidan'tsarsi] *v* sich verloben
fidanzata [fidan'tsaːta] *f* Verlobte *f*, Braut *f*
fidanzato [fidan'tsaːto] *m* Verlobter *m*, Bräutigam *m*
fidarsi [fi'darsi] *v* vertrauen, trauen
fidatezza [fida'tettsa] *f* Verlässlichkeit *f*, Zuverlässigkeit *f*
fidato [fi'daːto] *adj* zuverlässig, verlässlich
fido ['fiːdo] *m* 1. Vertrauter *m*; 2. ECO Anleihe *f*; *adj* 3. treu, ergeben
fiducia [fi'duːtʃa] *f* Vertrauen *n*, Zutrauen *n*; *aver* ~ vertrauen; ~ *in sé stesso* Selbstvertrauen *n*; *pieno di* ~ vertrauensvoll; *questione di* ~ Vertrauensfrage *f*
fiduciario [fidu'tʃaːrio] *adj* 1. vertraulich; *m* 2. JUR Treuhänder *m*
fiducioso [fidu'tʃoːso] *adj* vertrauensvoll, zutraulich
fienile [fie'niːle] *m* Scheune *f*, Heuboden *m*
fieno [fi'ɛːno] *m* BOT Heu *n*
fiera[1] [fi'ɛːra] *f* Messe *f*; ~ *del libro* Buchmesse *f*
fiera[2] [fi'ɛːra] *f* ZOOL Raubtier *n*
fiero [fi'ɛːro] *adj* stolz, hochmütig
fifone [fi'foːne] *m* Angsthase *m*
figlia ['fiʎʎa] *f* Tochter *f*, Kind *n*
figlio ['fiʎʎo] *m* Sohn *m*, Kind *n*; *con molti figli* kinderreich; ~ *adottivo* Adoptivkind *n*; ~ *della fortuna* Glückskind *n*
figlioccio [fiʎ'ʎɔttʃo] *m* Patenkind *n*
figura [fi'guːra] *f* 1. Figur *f*, Gestalt *f*; 2. *(corpo)* Wuchs *m*, Statur *f*
figuraccia [figu'rattʃa] *f* Blamage *f*
figurarsi [figu'rarsi] *v* 1. *(fig)* sich vorstellen; 2. *(fam)* sich einbilden
figurato [figu'raːto] *adj* abgebildet
fila ['fiːla] *f* 1. Reihe *f*; ~ *indiana* Gänsemarsch *m*; 2. *(di famiglia)* Linie *f*
filantropo [fi'lantropo] *m* Menschenfreund *m*
filare [fi'laːre] *v* 1. spinnen; 2. *(fam: correre)* sich fortbewegen, abhauen
filato [fi'laːto] *m* Garn *n*
filettatura [filetta'tuːra] *f* TECH Gewinde *n*
filetto [fi'letto] *m* 1. GAST Filet *n*; 2. MIL Streifen *m*
filiale [fili'aːle] *adj* 1. kindlich, Kindes...; *amor* ~ Kindesliebe *f*; *f* 2. Niederlassung *f*, Zweigstelle *f*
film [film] *m* CINE Film *m*; ~ *d'animazione* Trickfilm *m*; ~ *di avventure* Abenteuerfilm *m*; ~ *in bianco e nero* Schwarzweißfilm *m*; ~ *in cinemascope* Breitwandfilm *m*; ~ *documentario* Dokumentarfilm *m*; ~ *muto* Stummfilm *m*; *Quale* ~ *è in programma in questo momento?* Welcher Film läuft gerade?
filmare [fil'maːre] *v* 1. filmen; 2. CINE verfilmen
filo ['fiːlo] *m* 1. Faden *m*, Zwirn *m*; ~ *a piombo* Lot *n*; ~ *spinato* Stachel-

draht *m; camminare sul ~ del rasoio* eine Gratwanderung machen; 2. *BOT* Halm *m*
filologo [fi'lɔːlogo] *m* Philologe *m*
filone [fi'loːne] *m* 1. Brotlaib *m;* 2. *MIN* Ader *f;* 3. *(fig)* Strömung *f*
filosofare [filozo'faːre] *v* philosophieren
filosofia [filozo'fiːa] *m* Philosophie *f*
filosofo [fi'lɔːzofo] *m* Philosoph *m*
filtrare [fil'traːre] *v* filtern, klären
filtro ['filtro] *m* 1. Filter *m;* 2. *(colino)* Sieb *n*
finale [fi'naːle] *adj* 1. zusammenfassend, Schluss...; *m* 2. *(fine)* Finale *n,* Schluss *m; f* 3. *SPORT* Endspiel *n,* Finale *n*
finalità [finali'ta] *f* Absicht *f,* Fernziel *n*
finalmente [final'mente] *adv* endlich
finanza [fi'nantsa] *f* 1. *FIN* Finanzamt *n;* 2. *finanze pl (statali)* Finanzen *pl*
finanziamento [finantsia'mento] *m* Finanzierung *f*
finanziare [finan'tsiaːre] *v* finanzieren
finanziario [finan'tsiaːrio] *adj* finanziell, Finanz...
finanziere [finan'tsiɛːre] *m* 1. Geldgeber *m;* 2. *(doganiere)* Grenzposten *m,* Zöllner *m*
finché [fiŋ'ke] *konj* bis, solange
fine[1] ['fiːne] *adj* fein, zartgliedrig
fine[2] ['fiːne] *f* 1. Ende *n,* Schluss *m; ~ del mondo* Weltuntergang *m; ~ della vita* Lebensende *n; ~ settimana* Wochendende *n; alla ~* am Schluss *m;* 2. *(conclusione)* Abschluss *m;* 3. *(termine)* Ausgang *m,* Schluss *m; m* 4. *(scopo)* Zweck *m; al ~ di* zwecks, damit; *~ a se stesso* Selbstzweck *m; a tal ~* deshalb
finestra [fi'nɛstra] *f* Fenster *n; ~ a ribalta* Kippfenster *n*
finezza [fi'nettsa] *f* 1. Feinheit *f;* 2. *(fig)* Delikatesse *f*
fingere ['findʒere] *v irr* 1. *(simulare)* vortäuschen, vorspielen; 2. *(fig)* sich verstellen
fingersi ['findʒersi] *v irr* sich stellen, tun
finimondo [fini'mondo] *m (fam)* Heidenlärm *m,* Mordskrach *m*
finire [fi'niːre] *v* 1. *(smettere)* aufhören; 2. *(terminare)* beenden, enden; *È già finito?* Ist es schon vorbei? 3. *(provviste)* ausgehen; 4. *(fig)* landen, hingelangen
finito [fi'niːto] *adj (terminato)* fertig, beendet
finlandese [finlan'deːse] *m/f* Finne/Finnin *m/f*
Finlandia [fin'landia] *f GEO* Finnland *n*
finnico ['finniko] *adj* finnisch
fino[1] ['fiːno] *adj* dünn, fein
fino[2] ['fiːno] *prep* 1. *~ a (tempo, luogo)* bis; *~ a domani* bis morgen; *~ ad ora* bis jetzt; *~ a qui* bis hierher
finocchio [fi'nɔkkio] *m BOT* Fenchel *m*
finora [fi'noːra] *adv* bisher, bislang
fintantoché [fintanto'ke] *konj* bis, solange
fintapelle [finta'pɛlle] *f* Kunstleder *n*
finto ['finto] *adj (falso)* falsch
finzione [fin'tsioːne] *f* Vorspiegelung *f,* Vortäuschung *f*
fioccare [fiok'kaːre] *v* 1. schneien; 2. *(fig)* herbeiströmen
fiocco ['fiɔkko] *m* 1. Flocke *f; ~ di neve* Schneeflocke *f;* 2. *(nastro)* Schleife *f; Coi fiocchi!* Hervorragend!
fioco ['fiɔːko] *adj* gedämpft, geräuschlos
fionda ['fionda] *f* Schleuder *f*
fioraio [fio'raːio] *m* Blumenhändler *m*
fiore ['fioːre] *m* Blume *f,* Blüte *f; mazzo di fiori* Blumenstrauß *m; il fior ~* das Beste vom Besten
fiorino [fio'riːno] *m* Gulden *m*
fiorire [fio'riːre] *v* blühen, florieren
fiorista [fio'rista] *m/f* Florist(in) *m/f*
fiorito [fio'riːto] *adj* blühend, in Blüte
Firenze [fi'rɛntse] *f GEO* Florenz *n*
firma ['firma] *f* Unterschrift *f*
firmare [fir'maːre] *v* 1. unterschreiben, zeichnen; 2. *ECO* unterzeichnen
fisarmonica [fizar'mɔːnika] *f MUS* Ziehharmonika *f*
fiscale [fis'kaːle] *adj* steuerlich, fiskalisch
fischiare [fis'kiaːre] *v* 1. pfeifen; 2. *(sibilare)* zischen; 3. *SPORT* anpfeifen; *~ la fine* abpfeifen
fischietto [fis'kietto] *m* Trillerpfeife *f*
fischio ['fiskio] *m* 1. *(il fischiare)* Pfiff *m;* 2. *(fischietto)* Pfeife *f*
fisco ['fisko] *m* Fiskus *m*
fisica ['fiːzika] *f* Physik *f; ~ nucleare* Kernphysik *f*

fisicamente [fizika'mente] *adv* körperlich, physisch
fisico ['fi:ziko] *adj* 1. körperlich, physisch; *costituzione fisica* Statur *f*, Körperform *f*; 2. *PHYS* physikalisch; *m* 3. Körper *m*; 4. *(studioso di fisica)* Physiker *m*
fisiologia [fiziolo'dʒi:a] *f* Physiologie *f*
fisiologico [fizio'lɔ:dʒiko] *adj* physiologisch
F
fissaggio [fis'saddʒo] *m* 1. Befestigung *f*; 2. *FOTO* Fixieren *n*
fissare [fis'sa:re] *v* 1. befestigen; 2. *(stabilire)* festsetzen; 3. *(scopo)* abstecken; 4. *(appuntare)* anheften; 5. *(fermare)* fixieren; 6. *(con lo sguardo)* fixieren, starren
fissazione [fissa'tsio:ne] *f* 1. Bestimmung *f*, Festlegung *f*; 2. *(fissaggio)* Befestigung *f*; 3. *(fig)* fixe Idee *f*, seltsame Vorstellungen *pl*
fissionare [fissio'na:re] *v PHYS* spalten
fissione [fis'sio:ne] *f PHYS* Spaltung *f*; ~ *nucleare* Kernspaltung *f*
fisso ['fisso] *adj* 1. *(fermo)* fest, feststehend; 2. *(permanente)* ständig; *adv* 3. *(immoto)* stur, starr; *m* 4. Fixum *n*
fitofarmaco [fito'farmako] *m* Pflanzenschutzmittel *n*
fitta ['fitta] *f* Stich *m*, stechender Schmerz *m*
fittizio [fit'tittsio] *adj* erfunden, fiktiv
fitto[1] ['fitto] *adj* 1. dicht gedrängt, brechend voll; 2. *(impermeabile, compatto)* undurchlässig; *buio* ~ stockfinster
fitto[2] ['fitto] *m* Miete *f*
fiume [fi'u:me] *m GEO* Fluss *m*
fiutare [fiu'ta:re] *v* 1. wittern; 2. *(annusare)* beriechen, beschnuppern; 3. *(sospettare)* annehmen
fiuto [fi'u:to] *m* 1. Spürsinn *m*; 2. *ZOOL* Schnuppern *n*, Schnüffeln *n*; 3. *(fig)* Ahnung *f*, Nase *f*
flanella [fla'nɛlla] *f* Flanell *m*
flashback ['flæʃbæk] *m* Rückblende *f*
flatulenza [flatu'lɛntsa] *f MED* Blähung *f*
flauto ['fla:uto] *m MUS* Flöte *f*; ~ *traverso* Querflöte *f*
flebite ['flɛ:bite] *f MED* Venenentzündung *f*
fleboclisi [flebo'kli:zi] *f MED* Veneninfusion *f*
flemmatico [flem'ma:tiko] *adj* phlegmatisch
flessibile [fles'si:bile] *adj* 1. flexibel, schmiegsam; 2. *(fig)* beweglich
flessibilità [flessibili'ta] *f* Flexibilität *f*
flessione [fles'sio:ne] *f FIN* Krümmung *f*
flirt [flə:rt] *m* Flirt *m*
flirtare [flir'ta:re] *v* flirten
flora ['flɔ:ra] *f BOT* Flora *f*, Pflanzenwelt *f*
floscio ['flɔʃʃo] *adj* 1. schlaff, kraftlos; 2. *(fiore)* welk
flotta ['flɔtta] *f* Flotte *f*
fluente [flu'ɛnte] *adj* 1. fließend; 2. *(fig: stile)* opulent, üppig
fluido ['flu:ido] *adj* dünnflüssig, flüssig
fluire [flu'i:re] *v* strömen
flusso ['flusso] *m (corrente)* Strom *m*, Fluss *m*
flutto ['flutto] *m (onda)* Woge *f*, Welle *f*
fluttuare [fluttu'a:re] *v* 1. fluktuieren; 2. *(fig)* wanken
foca ['fɔ:ka] *f ZOOL* Robbe *f*
foce ['fo:tʃe] *f* ~ *del fiume* Flussmündung *f*
focolaio [foko'la:io] *m* Herd *m*; ~ *di crisi* Krisenherd *m*
focolare [foko'la:re] *m* Herd *m*
focoso [fo'ko:so] *adj* heißblütig
fodera ['fɔ:dera] *f (materiale)* Futter *n*, Futterstoff *m*
fodero ['fɔ:dero] *m* 1. Etui *n*; 2. *(del coltello)* Scheide *f*
foga ['fo:ga] *f* Ungeduld *f*, Ungestüm *n*
foglia ['fɔʎʎa] *f BOT* Blatt *n*
fogliame [foʎ'ʎa:me] *m* Laub *n*
foglietto [foʎ'ʎetto] *m* ~ *per copiare* Spickzettel *m*
foglio ['fɔʎʎo] *m* 1. *(carta)* Blatt *n*, Bogen *m*; ~ *di carta* Blatt Papier *n*; 2. *(in tipografia)* Bogen *m*; 3. *(di metallo, di plastica)* Folie *f*; 4. *(certificato)* Schein *m*
fognatura [foɲɲa'tu:ra] *f* Abflusskanal *m*, Kanalisation *f*; *canale di* ~ Abwasserkanal *m*
folata [fo'la:ta] *f* Bö *f*, Windstoß *m*
folclore [folk'lo:re] *m* Folklore *f*, Volkskunde *f*

folgorare [folgo'raːre] *v* blitzen
folla ['folla] *f* Menge *f*, Menschenmenge *f*
folle ['fɔlle] *adj* 1. närrisch, töricht; *m/f* 2. Narr/Närrin *m/f*
follemente [folle'mente] *adv* wahnsinnig
folletto [fol'letto] *m* 1. Gnom *m*, Wicht *m*; 2. *(fig: bambino vivace)* Wildfang *m*
follia [fol'liːa] *f* Wahnsinn *m*, Torheit *f*
folto ['folto] *adj* 1. dicht; *bosco ~*; *m* 2. *BOT* Dickicht *n*
fon [fɔːn] *m* Föhn *m*
fondale [fon'daːle] *m* 1. *NAUT* Wassertiefe *f*; 2. *THEAT* Kulisse *f*
fondamentale [fondamen'taːle] *adj* wesentlich, fundamental
fondamento [fonda'mento] *m* Grundlage *f*, Basis *f*
fondare [fon'daːre] *v* 1. gründen, errichten; 2. *(fig)* aufbauen
fondato [fon'daːto] *adj* gegründet
fondatore [fonda'toːre] *m* Stifter *m*, Gründer *m*
fondazione [fonda'tsioːne] *f* 1. Begründung *f*, Errichtung *f*; 2. *(le fondamenta di un edificio)* Fundament *n*, Unterbau *m*; 3. *JUR* Stiftung *f*
fondere ['fondere] *v irr* 1. schmelzen; 2. *TECH* gießen
fondiario [fondi'aːrio] *adj* Boden…; *imposta fondiaria* Grundsteuer *f*; *debito ~* Grundschuld *f*
fondina [fon'diːna] *f* 1. tiefer Teller *m*; 2. *(pistola)* Revolvertasche *f*
fondo ['fondo] *adj* 1. tief; *m* 2. *(s~)* Fond *m*; 3. *(terreno)* Grundstück *n*; 4. *(di un recipiente, di un pozzo)* Untergrund *m*, Grund *m*; *a ~* gründlich; 5. *~ cassa ECO* Bestand *m*; 6. *articolo di ~ LIT* Leitartikel *m*; 7. *(di caffè)* Kaffeesatz *m*; 8. *~ di magazzino* Ladenhüter *m*; 9. *fondi d'investimento FIN* Investmentfonds *m*; 10. *fondi pl (di denaro)* Mittel *pl*
fondovalle [fondo'valle] *m* Talsohle *f*
fonduta [fon'duːta] *f GAST* Fondue *n*
fonetica [fo'nɛːtika] *f* Phonetik *f*
fonico ['fɔːniko] *m* Tontechniker *m*
fontana [fon'taːna] *f* Brunnen *m*
fonte ['fonte] *f* 1. Quelle *f*; *~ battesimale* Taufbecken *n*; 2. *(fig)* Quelle *f*
foraggio [fo'raddʒo] *m* *(alimento)* Futter *n*
forare [fo'raːre] *v* 1. *(biglietto)* knipsen, lochen; 2. *(fogli)* lochen
foratura [fora'tuːra] *f* Reifenpanne *f*
forbici ['fɔrbitʃi] *f/pl (un paio di ~)* Schere *f*
forbicine [forbi'tʃiːne] *f ~ per unghie* Nagelschere *f*
forca ['forka] *f* Galgen *m*
forchetta [for'ketta] *f* Gabel *f*
forcina [for'tʃiːna] *f* Haarnadel *f*
foresta [fo'rɛsta] *f BOT* Wald *m*, Forst *m*; *~ di latifoglie* Laubwald *m*; *~ vergine* Urwald *m*
forestiero [fore'stiɛːro] *adj* 1. ortsfremd, auswärtig; 2. Unbekannter *m*, Fremder *m*
forfettario [forfet'taːrio] *adj* pauschal
forfora ['forfora] *f (dei capelli)* Schuppe *f*
forma ['forma] *f* 1. Form *f*; *di ~ perfetta* formvollendet; 2. *(struttura)* Gebilde *n*, Gestaltung *f*; 3. *(condizione)* Kondition *f*; 4. *(maschera)* Schablone *f*; 5. *(fig: contorno)* Profil *n*
formabile [for'maːbile] *adj* formbar
formaggiera [formad'dʒɛːra] *f* 1. Käseglocke *f*; 2. *(piatto di formaggi)* Käseplatte *f*
formaggio [for'maddʒo] *m* Käse *m*; *~ di pecora* Schafskäse *m*; *~ di capra* Ziegenkäse *m*
formaldeide [formal'dɛːide] *f CHEM* Formaldehyd *n*
formale [for'maːle] *adj* 1. formal; 2. *(esplicito)* formell; 3. *(esteriore, ufficiale)* förmlich
formalità [formali'ta] *f* 1. Formalität *f*; 2. *(comportamento convenzionale)* Förmlichkeit *f*
formare [for'maːre] *v* 1. *(strutturare)* bilden, formen; 2. *(fig: persona)* heranbilden, formen
formarsi [for'marsi] *v* 1. entstehen, sich bilden; 2. *(costituirsi)* sich bilden; 3. *(venire in rilievo)* sich herauskristallisieren
formato [for'maːto] *adj* 1. geformt; *m* 2. *(misura)* Format *n*; *~ verticale* Hochformat *n*; *~ trasversale* Querformat *n*
formattare [format'taːre] *v INFORM* formatieren

F

formazione [forma'tsio:ne] *f* Bildung *f*; ~ *professionale* Berufsausbildung *f*
formella [for'mɛlla] *f* Kachel *f*, Fliese *f*
formica [for'mi:ka] *f* ZOOL Ameise *f*
formidabile [formi'da:bile] *adj* 1. außerordentlich, großartig; *interj* 2. prima
formula ['fɔrmula] *f* Formel *f*
formulare [formu'la:re] *v* formulieren, ausdrücken
formulario [formu'la:rio] *m* Vordruck *m*, Formular *n*
formulazione [formula'tsio:ne] *f* Formulierung *f*
fornace [for'na:tʃe] *f* Hochofen *m*
fornaio [for'na:io] *m* Bäcker *m*
fornello [for'nɛllo] *m* Kocher *m*
fornicazione [fornika'tsio:ne] *f* Unzucht *f*
fornire [for'ni:re] *v* 1. liefern, übergeben; 2. *(dotare)* versehen, ausstatten
fornitore [forni'to:re] *m* Lieferant *m*
fornitura [forni'tu:ra] *f* Lieferung *f*, Zulieferung *f*; ~ *supplementare* Nachlieferung *f*
forno ['forno] *m* Ofen *m*, Backofen *m*; ~ *a microonde* Mikrowellenherd *m*
foro ['fɔ:ro] *m* 1. Loch *n*; 2. JUR Gerichtshof *m*
forse ['forse] *adv* vielleicht, möglicherweise
forsennato [forsen'na:to] *adj* 1. verrückt, wahnsinnig; *m* 2. Verrückter *m*, Wahnsinniger *m*
forte ['fɔrte] *adj* 1. stark, kräftig; 2. *(suono)* laut; 3. *(gusto)* herzhaft; 4. *(fig)* grell, hochgradig
fortezza [for'tettsa] *f* 1. Tapferkeit *f*, Stärke *f*; 2. MIL Festung *f*
fortificare [fortifi'ka:re] *v* *(rafforzare)* stärken, festigen
fortuito [for'tu:ito] *adj* zufällig
fortuna [for'tu:na] *f* 1. Glück *n*; *questione di* ~ Glückssache *f*; *campo di* ~ Notlandeplatz *m*; 2. *(destino)* Schicksal *n*
fortunatamente [fortunata'mente] *adv* glücklicherweise, zum Glück
fortunato [fortu'na:to] *adj* glücklich
foruncolo [fo'ruŋkolo] *m* MED Furunkel *m*
forza ['fɔrtsa] *f* 1. Kraft *f*; ~ *motrice* Triebkraft *f*; ~ *del vento* Windstärke *f*; *prova di* ~ Kraftprobe *f*, Machtprobe *f*; ~ *di penetrazione* Durchschlagskraft *f*; ~ *difensiva* Abwehrkraft *f*; ~ *d'attrazione* Anziehungskraft *f*; 2. *(robustezza)* Stärke *f*; ~ *di carattere* Charakterstärke *f*; ~ *decisionale* Entschlusskraft *f*; 3. PHYS Kraft *f*; ~ *di spinta* Schubkraft *f*; ~ *nucleare* Kernkraft *f*; ~ *centrifuga* Fliehkraft *f*; ~ *di gravità* Schwerkraft *f*
forzare [for'tsa:re] *v* 1. drücken, eindrücken; 2. *(scassinare)* sprengen, aufbrechen; 3. *(obbligare)* zwingen
forzatamente [fortsata'mente] *adv* gezwungenermaßen, zwangsläufig
forzato [for'tsa:to] *adj* unfreiwillig, gezwungen; *lavori forzati* Zwangsarbeit *f*
forziere [for'tsiɛ:re] *m* Tresor *m*
forzoso [for'tso:so] *adj* zwangsläufig, Zwangs…
foschia [fos'ki:a] *f* METEO Dunst *m*
fosfato [fos'fa:to] *f* CHEM Phosphat *n*
fossa *f* Grube *f*
fossato [fos'sa:to] *m* 1. Graben *m*; 2. *(tomba)* Gruft *f*
fossile ['fɔssile] *adj* fossil, versteinert
fossilizzato [fossilid'dza:to] *adj* versteinert
fosso ['fɔsso] *m* Graben *m*, Wassergraben *m*
foto ['fɔ:to] *f* Foto *n*, Lichtbild *n*, Fotografie *f*
fotocopia [foto'kɔ:pia] *f* Fotokopie *f*
fotocopiatrice [fotokopia'tri:tʃe] *f* Fotokopierer *m*, Kopierer *m*
fotografare [fotogra'fa:re] *v* fotografieren, knipsen
fotografia [fotogra'fi:a] *f* Foto *n*, Lichtbild *n*; ~ *instantanea* Schnappschuss *m*
fotografo [fo'tɔ:grafo] *m* Fotograf *m*
fotomontaggio [fotomon'taddʒo] *m* Fotomontage *f*
fotoromanzo [fotoro'mandzo] *m* Fotoroman *m*
foulard [fu'lar] *m* Halstuch *n*
fra [fra] *prep* zwischen
frac [frak] *m* Frack *m*
fracassare [frakas'sa:re] *v* zerschmettern, zerschlagen
fracassarsi [frakas'sarsi] *v* zerschellen

fracasso [fra'kasso] *m* Getöse *n*, Lärm *m*
fradicio ['fraːditʃo] *adj* 1. klamm, feucht; *bagnato ~* völlig durchnässt; 2. *ubriaco ~* stockbetrunken, sternhagelvoll
fragile ['fraːdʒile] *adj* 1. zerbrechlich; 2. *(materiale)* brüchig, spröde
fragola ['fraːgola] *f BOT* Erdbeere *f*
fragrante [fra'grante] *adj* duftend
fragranza [fra'grantsa] *f* Duft *m*, Wohlgeruch *m*
fraintendere [frain'tɛndere] *v* missverstehen
frammentario [frammen'taːrio] *adj* bruchstückhaft, lückenhaft
frammento [fram'mento] *m* Fragment *n*
frana ['fraːna] *f* Erdrutsch *m*
francamente [fraŋka'mente] *adv* freimütig, offen
francese [fran'tʃeːze] *adj* 1. französisch; *m/f* 2. *(persona)* Franzose/Französin *m/f*; *m* 3. *(lingua)* Französisch *n*
franchezza [fraŋ'kettsa] *f* Aufrichtigkeit *f*, Offenherzigkeit *f*
franchigia [fraŋ'kiːdʒa] *f* 1. *ECO* Freiheit *f*; *~ doganale* Zollfreiheit *f*; 2. *(assicurazione)* Selbstbeteiligung *f*
Francia ['frantʃa] *f GEO* Frankreich *n*
franco[1] ['fraŋko] *adj* freimütig, offen
franco[2] ['fraŋko] *m* 1. *~ francese FIN* Franc *m*; 2. *~ svizzero FIN* Schweizer Franken *m*
francobollo [fraŋko'bollo] *m* Briefmarke *f*
frangente [fran'dʒɛnte] *m* Brandung *f*
frangetta [fran'dʒetta] *f (pettinatura)* Pony *m*
frangibile [fran'dʒiːbile] *adj* zerbrechlich
franoso [fra'noːso] *adj* unbefestigt, locker
frantoio [fran'toːio] *m* Ölpresse *f*
frantumare [frantu'maːre] *v (vetro)* zertrümmern, zerstückeln
frantume [fran'tuːme] *m* Scherbe *f*, Splitter *m*; *andare in ~* zersplittern, zerbrechen, kaputtgehen
frasario [fra'zaːrio] *m* Ausdrucksweise *f*, Redeweise *f*
fraschetta [fras'ketta] *f* Flittchen *n*
frase ['fraːze] *f* 1. Satz *m*; 2. *(locuzione)* Redensart *f*
frastuono [frastu'ɔːno] *m* Lärm *m*, Getöse *n*
frate ['fraːte] *m* Mönch *m*
fratellastro [fratel'lastro] *m* Stiefbruder *m*
fratello [fra'tɛllo] *m* Bruder *m*; *fratelli e sorelle pl* Geschwister *pl*
fraterno [fra'tɛrno] *adj* brüderlich
frattaglie [frat'taʎʎe] *f/pl* Innereien *pl*
frattanto [frat'tanto] *adv (tempo)* inzwischen, unterdessen
frattempo [frat'tɛmpo] *m* Zwischenzeit *f*; *nel ~* inzwischen
frattura [frat'tuːra] *f* 1. Bruch *m*; 2. *MED* Knochenbruch *m*; *~ della gamba* Beinbruch *m*
fratturare [frattu'raːre] *v (osso) MED* brechen
fraudolento [fraudo'lɛnto] *adj* unehrlich, betrügerisch
frazione [fra'tsioːne] *f* 1. Bruchteil *m*; 2. *MATH* Bruch *m*; *~ decimale* Dezimalbruch *m*; 3. *POL* Fraktion *f*
freccia ['frettʃa] *f* Pfeil *m*
frecciata [fret'tʃaːta] *f* bissige Bemerkung *f*, Seitenhieb *m*
freddamente [fredda'mente] *adv* kaltblütig, kaltschnäuzig
freddezza [fred'dettsa] *f (fig)* Kälte *f*
freddo ['freddo] *adj* 1. kalt, frostig; 2. *(senza amore)* lieblos; 3. *(fig)* kaltschnäuzig, eiskalt; *m* 4. Kälte *f*; *aver ~* frieren; *morire di ~* erfrieren; *Ho ~.* Mir ist kalt./Ich friere. *Fa ~.* Es ist kalt.
freddoloso [freddo'loːso] *adj* kälteempfindlich, verfroren
freddura [fred'duːra] *f (fig)* Kalauer *m*
freezer ['friːzer] *m* Tiefkühlfach *n*, Tiefkühltruhe *f*
fregare [fre'gaːre] *v* 1. reiben; 2. *(fam: imbrogliare)* einen Betrug begehen; *~ qd* jdn hintergehen, jdn hereinlegen
fregatura [frega'tuːra] *f (fam)* Betrug *m*, Schwindel *m*
fregio ['freːdʒo] *m* Zierde *f*
fregola ['freːgola] *f ZOOL* Brunst *f*
fremere ['frɛːmere] *v* 1. erregt sein, beben; 2. *(mare) LIT* brausen, toben
frenare [fre'naːre] *v* 1. bremsen; 2. *(fig)* zügeln, hemmen

F

frenarsi [fre'narsi] *v* sich beherrschen, sich beruhigen
frenesia [frene'zi:a] *f* Wahnsinn *m*, Tobsucht *f*
frenetico [fre'nɛ:tiko] *adj* verrückt, tobend
freno ['fre:no] *m TECH* Bremse *f*; *~ a disco* Scheibenbremse *f*; *~ di emergenza* Notbremse *f*; *~ a mano* Handbremse *f*; *~ a tamburo* Trommelbremse *f*

F

frequentare [frekuen'ta:re] *v* **1.** *(scuola)* besuchen; **2.** *(persone, luoghi)* verkehren
frequentato [frekuen'ta:to] *adj* viel besucht; *luogo ~* stark besuchter Ort *m*; *strada frequentata* stark befahrene Straße *f*
frequente [freku'ɛnte] *adj* häufig
frequenza [freku'ɛntsa] *f* **1.** Häufigkeit *f*; **2.** *(a scuola, all'università)* Besuch *m*; **3.** *TECH* Frequenz *f*
fresa ['frɛ:za] *f TECH* Fräse *f*
freschezza [fres'kettsa] *f* Frische *f*
fresco ['fresko] *adj* frisch, kühl; *tenere qc al ~* etw kühl lagern
fretta ['fretta] *f* Eile *f*, Hast *f*; *in ~* eiligst, hastig; *Ho molta ~.* Ich habe es sehr eilig.
frettoloso [fretto'lo:so] *adj* eilig
friabile [fri'a:bile] *adj* spröde, bröckelig
friggere ['friddʒere] *v irr* braten, frittieren
frigido ['fri:dʒido] *adj* **1.** *LIT* kalt; **2.** *(donna)* frigide
frigorifero [frigo'ri:fero] *m* Kühlschrank *m*, Eisschrank *m*
frittata [frit'ta:ta] *f GAST* Omelett *n*
frittella [frit'tɛlla] *f GAST* Pfannkuchen *m*
frittura [frit'tu:ra] *f* **1.** Backen *n*, Braten *n*; **2.** *GAST* frittiertes Gericht *n*
frivolezza [frivo'lettsa] *f* **1.** Frivolität *f*; **2.** *(leggerezza)* Leichtsinn *m*
frivolo ['fri:volo] *adj (fig)* eitel
frizione [fri'tsio:ne] *f* **1.** *MED* Einreibung *f*; **2.** *TECH* Kupplung *f*; **3.** *PHYS* Reibung *f*
frollo ['frɔllo] *adj* mürbe
frondoso [fron'do:so] *adj* **1.** begrünt, beblättert; **2.** *(fig)* verschnörkelt
frontale [fron'ta:le] *adj* **1.** *ANAT* Stirn…; *osso ~* Stirnbein *n*; **2.** *(scontro, attacco)* frontal
fronte ['fronte] *m* **1.** *(parte anteriore)* Front *f*; *di ~ a* gegenüber; *di ~* gegenüberliegend; *f* **2.** *ANAT* Stirn *f*
frontespizio [frontes'pittsio] *m* Titelblatt *n*, Titelseite *f*
frontiera [fronti'ɛ:ra] *f* Grenze *f*
frontone [fron'to:ne] *m* Giebel *m*
frottola ['frɔttola] *f* Märchen *n*, Flause *f*, Flunkerei *f*
frugale [fru'ga:le] *adj* karg, bescheiden
frugare [fru'ga:re] *v* wühlen, kramen
frullato [frul'la:to] *m GAST* Mixgetränk *n*; *~ di latte* Milchmixgetränk *n*, Milchshake *m*
frullino [frul'li:no] *m* Quirl *m*
frumento [fru'mento] *m BOT* Weizen *m*, Korn *n*
frusciare [fruʃ'ʃa:re] *v* rascheln
fruscio [fruʃ'ʃi:o] *m* Rauschen *n*, Rascheln *n*
frusta ['frusta] *f* **1.** Peitsche *f*; **2.** *GAST* Schneebesen *m*
frustare [frus'ta:re] *v* peitschen, auspeitschen
frusto ['frusto] *adj* **1.** abgegriffen; **2.** *(esausto) LIT* erschöpft
frutta ['frutta] *f* Obst *n*; *~ con nocciolo* Kernobst *n*; *~ secca* Dörrobst *n*, Trockenobst *n*
fruttare [frut'ta:re] *v ECO* abwerfen
frutteto [frut'te:to] *m* Obstgarten *m*
fruttiera [frutti'ɛ:ra] *f* Obstschale *f*
fruttivendolo [frutti'vendolo] *m* Obstverkäufer *m*
frutto ['frutto] *m* **1.** Frucht *f*; *frutti di mare* Meeresfrüchte *pl*; **2.** *ECO* Profit *m*
fruttosio [frut'tɔ:zio] *m CHEM* Fruchtzucker *m*
fruttuoso [fruttu'o:so] *adj* ergiebig
fu [fu] *adj* verstorben
fucilata [futʃi'la:ta] *f* Gewehrschuss *m*
fucile [fu'tʃi:le] *m* Gewehr *n*; *~ da caccia* Jagdgewehr *n*
fucina [fu'tʃi:na] *f* Schmiede *f*
fucinare [futʃi'na:re] *v* schmieden
fuco ['fu:ko] *m BOT* Tang *m*
fuga ['fu:ga] *f* Flucht *f*; *~ del conducente* Fahrerflucht *f*
fugace [fu'ga:tʃe] *adj* vergänglich
fugacità [fugatʃi'ta] *f* Vergänglichkeit *f*

fuggiasco [fud'dʒasko] *m* Ausreißer *m*, Flüchtling *m*
fuggifuggi [fuddʒi'fuddʒi] *m* Panik *f*, panikartige Flucht *f*
fuggire [fud'dʒiːre] *v* fliehen, flüchten
fuggitivo [fuddʒi'tiːvo] *adj* **1.** ausgebrochen, flüchtig; *m* **2.** Flüchtling *m*
fulcro ['fulkro] *m* Drehpunkt *m*
fulgore [ful'goːre] *m* Glanz *m*, Schein *m*
fuliggine [fu'liddʒine] *f* Ruß *m*
fulminarsi [fulmi'narsi] *v* *(fusibile)* durchbrennen
fulmine ['fulmine] *m* Blitz *m*
fulmineo [ful'miːneo] *adj* blitzschnell, schlagartig
fumare [fu'maːre] *v* **1.** rauchen; **2.** *(fig)* qualmen
fumatore [fuma'toːre] *m* Raucher *m*; *non ~* Nichtraucher *m*
fumetto [fu'metto] *m* **1.** Bildstreifen *m*, Comic *m*; **2.** *fumetti pl* Comics *pl*
fumo ['fuːmo] *m* **1.** Rauch *m*, Qualm *m*; *venditore di ~ (fig)* Aufschneider *m*; *andare in ~ (fig)* in Rauch aufgehen; *molto ~ e niente arrosto* mehr Schein als Sein; viel Stroh und wenig Korn; *mandare in ~ qc* etw platzen lassen *(fam)*; *gettare ~ negli occhi (fig)* jmd Sand in die Augen streuen; *vedere qc come il ~ negli occhi (fig)* jmd nicht riechen können *(fam)*; *vendere ~ (fig)* jmd blauen Dunst vormachen, Schaum schlagen *(fam)*; **2.** *(foschia)* Dunstschleier *m*; **3.** *(il fumare)* Rauchen *n*
fumoso [fu'moːso] *adj* rauchig
funambulo [fu'nambulo] *m* Seiltänzer *m*
fune ['fuːne] *f* **1.** Seil *n*, Strick *m*; *~ da rimorchio* Schleppseil *n*, Schlepptau *n*; *tiro alla ~* Tauziehen *n*; **2.** *(corda)* Strang *m*
funebre ['fuːnebre] *adj* **1.** *(di lutto)* Trauer, Toten…; *partecipazione ~* Todesanzeige *f*; *pompe funebri* Trauerfeier *f*; **2.** bedrückt, betrübt
funerale [fune'raːle] *m* Beerdigung *f*, Begräbnis *n*; *andare a un ~* zu einer Beerdigung gehen; *una faccia da ~* ein Gesicht wie drei Tage Regenwetter
funereo [fu'nɛːreo] *adj* Trauer…, Toten…
funesto [fu'nɛsto] *adj* unheilvoll
fungere ['fundʒere] *v irr ~ da* auftreten als, fungieren als
fungo ['fuŋgo] *m BOT* Pilz *m*; *~ prataiolo* Champignon *m*; *andare a/per funghi* Pilze suchen/sammeln gehen; *~ velenoso* Giftpilz; *crescere come (i) funghi (fig)* wie Pilze aus dem Boden schießen
funivia [funi'viːa] *f* Seilbahn *f*, Drahtseilbahn *f*; *stazione della ~* Seilbahnstation *f*
funzionale [funtsio'naːle] *adj* funktional, funktionell
funzionamento [funtsiona'mento] *m* **1.** Arbeitsweise *f*, Gang *m*; **2.** *TECH* Funktionsweise *f*
funzionante [funtsio'nante] *adj* funktionsfähig, funktionierend; *congegno ~* funktionstüchtiges Gerät; *apparecchio ~* funktionsfähiger Apparat; *una radio degli anni '50 perfettamente ~* ein vollständig funktionsfähiges Radio aus den 50er Jahren
funzionare [funtsiona:re] *v* funktionieren
funzionaria [funtsio'naːria] *f* Beamtin *f*
funzionario [funtsio'naːrio] *m* Funktionär *m*, Beamter *m*; *~ di banca* höherer Bankangestellter; *~ di polizia* Polizeibeamter; *pubblico ~* Beamter; *~ di partito* Parteifunktionär
funzione [fun'tsioːne] *f* **1.** Funktion *f*; *in ~* in Betrieb; **2.** *(ufficio, carica)* Behörde *f*; *facente ~* im Auftrag von; **3.** *(impresa)* Unternehmen *n*; **4.** *~ religiosa REL* Gottesdienst *m*
fuoco ['fuɔːko] *m* **1.** Feuer *n*; *Al ~!* Es brennt! *fuochi artificiali* Feuerwerk *n*; *fare ~* Feuer machen; *dare ~ a qc* etw in Brand setzen; *pigliare ~* Feuer fangen; *andare a ~* in Flammen aufgehen; *scherzare col ~ (fig)* mit dem Feuer spielen; *mettere la mano sul ~ per qc (fig)* für jdn die Hand ins Feuer legen; *mettere la carne sul ~* das Fleisch aufsetzen; *cuocere a ~ lento* auf kleiner Flamme kochen **2.** *PHYS* Brennpunkt *m*; *mettere a ~* scharf einstellen
fuori [fu'ɔːri] *adv* **1.** außen, draußen; *tenere ~* heraushalten; *al di ~ di* außerhalb; *Vorremmo sedere ~.* Wir möchten drau-

F

ßen sitzen. *prep* 2. außer, außerhalb; ~ *di dubbio* zweifelsfrei, ohne Zweifel; ~ *gioco* abseits; ~ *misura* unmäßig, maßlos, ohne Maß

fuoricampo [fuori'kampo] *adj* CINE 1. off; *voce* ~ Off-Stimme; *m* 2. SPORT Aus *n*

fuoriclasse [fuori'klasse] *m* Spitzenreiter *m*

fuoricorso [fuori'korso] *m/f* Student(in) *m/f*, der (die) die Regelstudienzeit überschritten hat

F

fuorilegge [fuori'leddʒe] *m/f* gesetzloser Mensch *m*, Gesetzlose(r) *m/f*

fuoripista [fuori'pista] *m* SPORT Tiefschneefahren *n*; *fare un* ~ außerhalb der Piste fahren

fuorisede [fuori'sɛːde] *m/f* 1. Auswärtige(r) *m/f*; *adj* 2. auswärtig, außer Haus. *Il direttore è* ~. Der Direktor ist außer Haus.

fuoristrada [fuori'straːda] *m* (*macchina*) Geländewagen *m*

fuoriuscire [fuoriuʃ'iːre] *v* (*liquido*) entweichen, austreten

fuorviare [fuorvi'aːre] *v* irreführen

furbacchione [furbakki'oːne] *m* (*fam*) Schlauberger *m*, Schlitzohr *n*

furbamente [furba'mente] *adj* schlau, pfiffig

furbizia [fur'bittsia] *f* Schlauheit *f*

furbo ['furbo] *adj* schlau, pfiffig; *Fatti ~!* Lass' dich nicht verarschen! (*fam*); *Non fare il ~ con me!* Versuch nicht, mich hereinzulegen! *essere un ~ matricolato* ein Neunmalkluger sein (*fam*)

furente [fu'rɛnte] *adj* wütend

furetto [fu'retto] *m* ZOO Frettchen *n*; *essere un ~ (astuto) (fig)* ein schlauer Fuchs sein (*fam*)

furfante [fur'fante] *m* Schuft *m*, Schurke *m*

furgone [fur'goːne] *m* großer Lieferwagen *m*, Kleintransporter *m*

furia ['fuːria] *f* 1. Wut *f* 2. Eile *f* (*fam*); *avere ~* Eile haben

furibondo [furi'bondo] *adj* wütend, tobend

furiosamente [furiosa'mente] *adv* wütend

furioso [furi'oːso] *adj* rasend

furore [fu'roːre] *m* Wut *f*, Raserei *f*

furtivamente [furtiva'mente] *adv* verstohlen

furtivo [fur'tiːvo] *adj* verstohlen

furto ['furto] *m* Diebstahl *m*; *~ con scasso* Einbruchsdiebstahl *m*; *commettere un ~* einen Diebstahl/Einbruch begehen; *È un ~! (fig, fam)* Das kostet (ja) ein Vermögen! Das ist (ja) Diebstahl! (*fam*)

fusa ['fuːsa] *f/pl* Schnurren *n*; *fare le ~* schnurren

fuscello [fuʃ'ʃɛllo] *m* 1. Halm *m*, Strohhalm *m*; 2. (*persona*) dürrer Mensch *m*

fuseaux [fy'zo] *m/pl* Leggings *m/pl*

fusciacca [fuʃ'ʃakka] *f* Schärpe *f*

fusibile [fu'ziːbile] *m* TECH Schmelzsicherung *f*

fusione [fuzi'oːne] *f* 1. TECH Fusion *f*; *punto di ~* Schmelzpunkt *m*; *~ nucleare* Kernfusion *f*; 2. ECO Verschmelzung *f*, Zusammenschluss *m*; 3. (*fig: armonia*) Einklang *m*

fusoliera [fuzoli'ɛːra] *m* (*di un aereo*) TECH Rumpf *m*

fustigare [fusti'gaːre] *v* auspeitschen, geißeln

fusto ['fusto] *m* 1. Fass *n*; 2. TECH Gestell *n*; 3. ARCH Säulenschaft *m*; 4. BOT Stamm *m*; 5. (*fig*) toller Kerl *m*, Pfundskerl *m*

futile ['fuːtile] *adj* geringfügig

futilità [futili'ta] *f* Geringfügigkeit *f*; *non perderti in ~* verlier dich nicht in Kleinigkeiten

futurismo [futu'rizmo] *m* ART, LIT Futurismus *m*

futuristico [futu'ristiko] *adj* futuristisch

futuro [fu'tuːro] *m* 1. Zukunft *f*; *nel ~* künftig; *adj* 2. zukünftig, künftig; *il ~ padre* der zukünftige Vater

G/H

gabbia ['gabbia] *f* 1. Käfig *m;* 2. *~ toracica* ANAT Brustkorb *m*
gabbiano [gabbi'a:no] *m* ZOOL Möwe *f*
gabinetto [gabi'netto] *m* 1. Klosett *n,* Toilette *f; Dove sono i gabinetti?* Wo sind die Toiletten? *~ degli uomini* Herrentoilette *f; ~ delle donne* Damentoilette *f;* 2. POL Kabinett *n; seduta del ~* Kabinettssitzung *f*
gagliardo [gaʎ'ʎardo] *adj* stark, mutig
gaglioffo [gaʎ'ʎɔffo] *m (fig: uomo)* Tölpel *m*
gaio ['ga:io] *adj* heiter, fröhlich
galante [ga'lante] *adj* galant, höflich
galanteria [galante'ri:a] *f* Zuvorkommenheit *f,* Ritterlichkeit *f*
galantuomo [galantu'ɔ:mo] *m* Ehrenmann *m; fior di ~* vollendeter Gentleman *m*
galeotto [gale'ɔtto] *m* Gefangener *m,* Sträfling *m*
galera [ga'lɛ:ra] *f (fig)* Knast *m,* Gefängnis *n*
galleggiante [galled'dʒante] *adj* schwimmend, Schwimm…
galleggiare [galled'dʒa:re] *v* schwimmen, sich über Wasser halten; *~ sull'acqua* an der Wasseroberfläche treiben
galleria [galle'ri:a] *f* 1. Tunnel *m;* 2. *(passaggio)* Galerie *f*
galletto [gal'letto] *m* GAST Hähnchen *n*
gallina [gal'li:na] *f* ZOOL Henne *f*
gallinaccio [galli'nattʃo] *m* BOT Pfifferling *m*
gallo ['gallo] *m* ZOOL Hahn *m*
galoppo [ga'lɔppo] *m* Galopp *m*
gamba ['gamba] *f* Bein *n; a gambe larghe* breitbeinig
gamberetto [gambe'retto] *m* ZOOL Garnele *f*
gambero ['gambero] *m* 1. ZOOL Krebs *m;* 2. Garnele *f;* 3. *(gamberone)* ZOOL Riesengarnele *f*
gambo ['gambo] *m* Stiel *m,* Stängel *m*
gamma ['gamma] *f* 1. *(varietà)* Aufeinanderfolge *f;* 2. *(di colori)* Farbskala *f;* 3. MUS Tonleiter *f*
gancio ['gantʃo] *m* Haken *m*
gangster ['gæŋgster] *m* Gangster *m,* Verbrecher *m*
gara ['ga:ra] *f* 1. Wettbewerb *m;* 2. SPORT Wettkampf *m; ~ automobilistica* Autorennen *n; ~ ciclistica* Radrennen *n; ~ eliminatoria* Ausscheidungskampf *m;* 3. *(competizione)* Wettstreit *m;* 4. *(partita)* SPORT Spiel *n*
garage [ga'ra:ʒ] *m* Garage *f; ~ sotterraneo* Tiefgarage *f*
garante [ga'rante] *m* Bürge *m*
garantire [garan'ti:re] *v* bürgen, gewährleisten
garanzia [garan'tsi:a] *f* 1. Garantie *f,* Gewähr *f; Per quanto tempo ha la ~?* Wie lange gibt es Garantie darauf? *~ bancaria* Bankgarantie *f; ~ di sostegno* Liefergarantie *f;* 2. FIN Bürgschaft *f;* 3. JUR Haftung *f*
garbare [gar'ba:re] *v* gefallen, behagen
garbato [gar'ba:to] *adj* höflich, gut erzogen
garbuglio [gar'buʎʎɔ] *m* Wirrwarr *m,* Verwirrung *f*
gareggiare [gared'dʒa:re] *v* wetteifern
garofano [ga'rɔ:fano] *m* BOT Nelke *f*
garzone [gar'dzo:ne] *m* 1. Jüngling *m,* Bursche *m;* 2. *(fattorino)* Laufbursche *m;* 3. *(aiutante in cucina)* Küchenjunge *m*
gas [gas] *m* Gas *n; ~ esilarante* Lachgas *n; ~ lacrimogeno* Tränengas *n; ~ liquido* Flüssiggas *n; ~ naturale* Erdgas *n; ~ nobile* Edelgas *n; ~ di scarico* Abgas *n*
gasolio [ga'zɔ:lio] *m* CHEM Dieselöl *n*
gassosa [gas'sɔ:sa] *f* Limonade *f,* Brause *f*
gastrico ['gastriko] *adj* Magen…
gastrite [gas'tri:te] *f* MED Magenschleimhautentzündung *f,* Gastritis *f*
gastronomia [gastrono'mi:a] *f* Gastronomie *f*
gatta ['gatta] *f* ZOOL Katze *f*
gatto ['gatto] *m* ZOOL Kater *m,* Katze *f*

gattopardo [gatto'pardo] *m ZOOL* Serval *m*, große Raubkatze *f*
gaudente [gau'dɛnte] *m* Genießer *m*
gaudio ['gaːudio] *m* Freude *f*
gazza ['gaddza] *f ZOOL* Elster *f*
gazzarra ['gaddzarra] *f* Geschrei *n*, Gezeter *n*
gel [dʒɛl] *m* Gel *n*
gelare [dʒe'laːre] *v* gefrieren, einfrieren
gelateria [dʒelate'riːa] *f* Eisdiele *f*
gelatina [dʒela'tiːna] *f GAST* Gelee *n*
gelato [dʒe'laːto] *adj* **1.** eiskalt; *m* **2.** *GAST* Speiseeis *n; una pallina di ~* eine Kugel Eis *f; una coppa di ~* ein Eisbecher *m*
gelido ['dʒɛːlido] *adj* **1.** eisig, kühl; **2.** *(fig: umore)* eisig
gelo ['dʒɛːlo] *m* Frost *m*
gelosia[1] [dʒelo'siːa] *f* Eifersucht *f*
gelosia[2] [dʒelo'siːa] *f* Jalousie *f*
geloso [dʒe'loːso] *adj* eifersüchtig; *essere ~ di qd* auf jdn eifersüchtig sein
gelso ['dʒɛlso] *m BOT* Maulbeerbaum *m*
gelsomino [dʒɛlso'miːno] *m BOT* Jasmin *m*
gemellaggio [dʒemel'laddʒo] *m* Städtepartnerschaft *f*
gemello [dʒe'mɛllo] *adj* **1.** Zwillings…, Doppel…; *m* **2.** Zwilling *m*
gemere ['dʒɛːmere] *v* ächzen, stöhnen
gemma ['dʒɛmma] *f* **1.** *BOT* Knospe *f*; **2.** *MIN* Edelstein *m*
gene ['dʒɛːne] *m BIO* Gen *n*
generale [dʒene'raːle] *adj* **1.** allgemein, generell; *m* **2.** *MIL* General *m*
generalità [dʒenerali'ta] *f* **1.** Allgemeinheit *f*; *f/pl* **2.** *(di una persona)* Personalien *pl*
generalizzare [dʒeneralid'dzaːre] *v* verallgemeinern
generalmente [dʒeneral'mente] *adv* allgemein, generell
generare [dʒene'raːre] *v* zeugen
generatore [dʒenera'toːre] *m TECH* Generator *m*
generazione [dʒenera'tsioːne] *f* **1.** Generation *f*, Nachwuchs *m*; **2.** *(procreazione)* Erzeugung *f*
genere ['dʒɛːnere] *m* Gattung *f; dello stesso ~* einerlei
generico [dʒe'nɛːriko] *adj* **1.** allgemein; **2.** *(vago)* vage
genero ['dʒɛːnero] *m* Schwiegersohn *m*
generoso [dʒene'roːso] *adj* großzügig, spendabel
genesi ['dʒɛːnezi] *f* **1.** Entstehung *f*; **2.** *REL* Genesis *f*
genetico [dʒe'nɛːtiko] *adj BIO* genetisch
gengiva [dʒen'dʒiːva] *f ANAT* Zahnfleisch *n*
geniale [dʒeni'aːle] *adj* genial, schöpferisch
genio ['dʒɛːnio] *m* Genie *n*, Genialität *f*
genitali [dʒeni'taːli] *m/pl* Genitalien *pl*
genitori [dʒeni'toːri] *m/pl* Eltern *pl*
gennaio [dʒen'naːio] *m* Januar *m*
genocidio [dʒeno'tʃiːdio] *m* Völkermord *m*
genotipo [dʒeno'tiːpo] *m BIO* Genotyp *m*
gentaglia [dʒen'taːʎa] *f* Gesindel *n*, Pack *n*
gente ['dʒɛnte] *f* Leute *pl*
gentile [dʒen'tiːle] *adj* **1.** freundlich, liebenswürdig, höflich; *È molto ~ da parte sua.* Das ist sehr freundlich von Ihnen. **2.** *(nobile)* edel, vornehm; *il gentil sesso* das schwache Geschlecht *n*
gentilezza [dʒenti'lettsa] *f* **1.** Freundlichkeit *f*, Liebenswürdigkeit *f*; **2.** *(piacere)* Gefallen *m*, Gefälligkeit *f*; *Per ~!* Bitte!
gentilmente [dʒentil'mente] *adv* freundlich, liebenswürdig
genuinità [dʒenuini'ta] *f* Echtheit *f*, Natürlichkeit *f*
genuino [dʒenu'iːno] *adj* natürlich, echt
genziana [dʒen'tsiaːna] *f BOT* Enzian *m*
geografia [dʒeogra'fiːa] *f* Erdkunde *f*, Geografie *f*
geografico [dʒeo'graːfiko] *adj* geografisch
geologia [dʒeolo'dʒiːa] *f* Geologie *f*
geometra [dʒe'ɔːmetra] *m* Landvermesser *m*

geometria [dʒeome'tri:a] *f* Geometrie *f*
geometrico [dʒeo'mɛ:triko] *adj* geometrisch
geranio [dʒera:nio] *m BOT* Geranie *f*
gerarchia [dʒe'rar'ki:a] *f* Hierarchie *f*
gerarchico [dʒe'rarkiko] *adj* hierarchisch; *ordine ~* Rangordnung *f*
gerente [dʒe'rɛnte] *m/f ECO* Geschäftsführer(in) *m/f*
gergo ['dʒɛrgo] *m* 1. Jargon *m;* 2. *(fam)* Kauderwelsch *n*
Germania [dʒer'ma:nia] *f GEO* Deutschland *n*
germe ['dʒɛrme] *m* 1. *BIO* Keim *m;* 2. *(fig)* Keimzelle *f*
germinare [dʒermi'na:re] *v* keimen
germogliare [dʒermoʎ'ʎa:re] *v* 1. *(fiori)* sprießen, sprossen; 2. *(fig)* keimen
gessetto [dʒɛs'seto] *m* Kreide *f*
gesso ['dʒɛsso] *m* 1. Gips *m; copia in ~* Gipsabguss *m;* 2. *(gessetto)* Kreide *f*
gesta ['dʒɛsta] *f/pl* Taten *pl*
gestante [dʒes'tante] *f* Schwangere *f*
gestazione [dʒesta'tsio:ne] *f* 1. Schwangerschaft *f;* 2. *ZOOL* Trächtigkeit *f;* 3. *(fig)* Vorbereitung *f*
gesticolare [dʒestiko'la:re] *v* gestikulieren
gestione [dʒesti'o:ne] *f* Führung *f; ~ d'affari* Geschäftsleitung *f*
gesto ['dʒɛsto] *m* Gebärde *f,* Geste *f*
gettare [dʒet'ta:re] *v* 1. werfen; *~ fuori* hinauswerfen, herauswerfen; *~ giù* hinabwerfen, herunterwerfen; *~ uno sguardo* einen Blick werfen; *~ via* wegwerfen; *~ all'aria* durcheinander werfen; 2. *(introdurre, imbucare)* einwerfen
gettata [dʒet'ta:ta] *f* 1. Schuss *m,* Wurf *m;* 2. *MIL* Reichweite *f*
gettito ['dʒɛttito] *m ECO* Aufkommen *n; ~ fiscale* Steueraufkommen *n*
getto ['dʒɛtto] *m* 1. Wurf *m,* Werfen *n;* 2. *(d'acqua)* Wasserstrahl *m*
gettone [dʒet'to:ne] *m* 1. Münze *f;* 2. *(per giochi)* Spielmarke *f*
ghepardo [ge'pardo] *m ZOOL* Gepard *m*
ghiacciaio [giat'tʃa:io] *m* Gletscher *m*
ghiacciarsi [giat'tʃarsi] *v* zufrieren, einfrieren
ghiacciato [giat'tʃa:to] *adj* 1. vereist, eingefroren; 2. eisgekühlt
ghiaccio [gi'attʃo] *m* Eis *n; È freddo come il ~.* Es ist eiskalt.
ghiacciolo [giat'tʃɔ:lo] *m* Eiszapfen *m*
ghiaia [gi'a:ia] *f* Kies *m*
ghiandola [gi'andola] *f ANAT* Drüse *f; ~ linfatica* Lymphdrüse *f; ~ tiroidea* Schilddrüse *f*
ghiottone [giot'to:ne] *m* Leckermaul *n,* Schleckermaul *n*
ghiottoneria [giottone'ri:a] *f* 1. Leckerbissen *m;* 2. *GAST* Delikatesse *f*
ghirigoro [giri'gɔ:ro] *m* Schnörkel *m*
ghirlanda [gir'landa] *f* Blumenkranz *m,* Girlande *f*
ghiro ['gi:ro] *m ZOOL* Siebenschläfer *m; dormire come un ~* wie ein Murmeltier schlafen
ghisa ['gi:za] *f* Gusseisen *n*
già [dʒa] *adv* 1. bereits, schon; *Di ~?* Schon; 2. *(un tempo, ex)* einstmals, einst; 3. *(fam: sì)* jawohl, gewiss
giacca ['dʒakka] *f* Jacke *f,* Jackett *n; ~ a vento* Anorak *m,* Windjacke *f*
giacché [dʒak'ke] *konj* 1. weil, da, da ja; 2. *(poiché)* weil nun einmal
giacchetta [dʒa'ketta] *f* Jacke *f; ~ di maglia* Strickjacke *f*
giacenza [dʒa'tʃɛntsa] *f* Vorrat *m*
giacere [dʒa'tʃe:re] *v irr* liegen
giaciglio [dʒa'tʃiʎʎo] *m (letto)* Lager *n,* Ruhestätte *f*
giacinto [dʒa'tʃinto] *m BOT* Hyazinthe *f*
giaguaro [dʒa'gua:ro] *m ZOOL* Jaguar *m*
giallo ['dʒallo] *adj* 1. gelb; *farina gialla* Maismehl *n; febbre gialla* Gelbfieber *n; m* 2. Detektivgeschichte *f,* Krimi *m; film ~* Kriminalfilm *m*
Giappone [dʒap'po:ne] *m GEO* Japan *n*
giapponese [dʒappo'ne:se] *m/f* 1. Japaner(in) *m/f; adj* 2. japanisch
giardinaggio [dʒardi'naddʒo] *m* Gartenbau *m,* Gärtnerei *f*
giardiniere [dʒardini'ɛ:re] *m* Gärtner *m*
giardino [dʒar'di:no] *m* Garten *m; ~ zoologico* Tiergarten *m,* Zoo *m*
giarrettiera [dʒarretti'ɛ:ra] *f* Strumpfband *n*
giavellotto [dʒavel'lɔtto] *m* Speer *m,* Wurfspieß *m*

gigante [dʒi'gante] *adj* 1. Riesen…, riesig; *m* 2. Riese *m*
gigantesco [dʒigan'tesko] *adj* riesengroß
giglio ['dʒiʎʎo] *m* BOT Lilie *f*
gilè [dʒi'lɛ] *m* Weste *f*
ginecologo [dʒine'kɔːlogo] *m* Frauenarzt *m*, Gynäkologe *m*
ginepro [dʒi'neːpro] *m* BOT Wacholder *m*
ginestra [dʒi'nɛstra] *f* BOT Ginster *m*
gingillarsi [dʒindʒil'larsi] *v* trödeln
gingillone [dʒindʒil'loːne] *m* Trödler *m*
ginnasio [dʒin'naːzio] *m* Gymnasium *n*
ginnasta [dʒin'nasta] *m/f* SPORT Turner(in) *m/f*
ginnastica [dʒin'nastika] *f* SPORT Gymnastik *f*, Turnen *n*; *fare ~* turnen; *~ medica* Krankengymnastik *f*, Heilgymnastik *f*
ginocchio [dʒi'nɔkkio] *m* ANAT Knie *n*; *~ valgo* X-Bein *n*; *stare in ~* knien; *mettere in ~* auf die Knie zwingen
giocare [dʒo'kaːre] *v* 1. spielen; 2. SPORT spielen
giocarsi [dʒo'karsi] *v ~ la carriera* die Karriere aufs Spiel setzen; *~ dei soldi* um Geld spielen
giocatore [dʒoka'toːre] *m* Spieler *m*
giocattolo [dʒo'kattolo] *m* Spielzeug *n*
giochetto [dʒo'ketto] *m* Spielerei *f*
gioco ['dʒɔːko] *m* 1. Spiel *n*; *~ d'abilità* Geschicklichkeitsspiel *n*; *~ d'azzardo* Glücksspiel *n*; *~ di carte* Kartenspiel *n*; *~ della palla* Ballspiel *n*; *~ di pazienza* Geduldsspiel *n*; *~ da tavolo* Brettspiel *n*; 2. *~ a doppio* SPORT Doppel *n*; 3. TECH Spiel *n*, Toleranz *f*
giocoliere [dʒokoli'ɛːre] *m* Jongleur *m*
giocoso [dʒo'koːso] *adj* heiter, verspielt
gioia [dʒɔːia] *f* Freude *f*, Lust *f*; *con grande ~* hocherfreut; *~ di vivere* Lebensfreude *f*; *~ dell'attesa* Vorfreude *f*
gioielleria [dʒoielle'riːa] *f* Juweliergeschäft *n*
gioielliere [dʒoielli'ɛːre] *m* Juwelier *m*
gioiello [dʒoi'ɛllo] *m* Juwel *n*, Schmuckstück *n*; *gioielli d'oro* Goldschmuck *m*
gioiosamente [dʒoiosa'mente] *adv* freudig
gioioso [dʒoi'oːso] *adj* freudig, erfreut, heiter
Giordania [dʒor'daːnia] *f* GEO Jordanien *n*
giornale [dʒor'naːle] *m* Zeitung *f*, Tageszeitung *f*; *~ radio* Radionachrichten *pl*; *articolo di ~* Zeitungsartikel *m*
giornaliero [dʒornali'ɛːro] *adj* täglich, Tages…
giornalismo [dʒorna'lizmo] *m* Journalismus *n*
giornalista [dʒorna'lista] *m/f* Journalist(in) *m/f*
giornalistico [dʒorna'listiko] *adj* journalistisch
giornalmente [dʒornal'mente] *adv* täglich
giornata [dʒor'naːta] *f* Tag *m*; *a metà ~* halbtags; *Buona giornata!* Einen schönen Tag!
giorno ['dʒorno] *m* Tag *m*; *lo spuntare del ~* der Tagesanbruch *m*; *per giorni interi* tagelang; *da parecchi giorni* tagelang; *di ~* tagsüber; *~ feriale* Werktag *m*; *nei giorni feriali* werktags, wochentags; *~ festivo* Feiertag *m*; *~ di riposo* Ruhetag *m*; *~ dei morti* Allerseelen *n*; *~ di Natale* Weihnachtstag *m*; *Che ~ è oggi?* Welches Datum haben wir heute? *Buon ~!* Guten Morgen!/Guten Tag! *al ~ d'oggi* heutzutage
giostra ['dʒɔstra] *f* Karussell *n*
giovane ['dʒoːvane] *adj* 1. jung; *m/f* 2. Jugendliche(r) *m/f*; *m* 3. *(ragazzo)* Jüngling *m*
giovanile [dʒova'niːle] *adj* jugendlich
giovare [dʒo'vaːre] *v* nützen, dienen
giovedì [dʒove'di] *m* Donnerstag *m*; *al ~/il ~* donnerstags; *~ Santo/~ di passione* Gründonnerstag *m*
gioventù [dʒoven'tu] *f* Jugend *f*
gioviale [dʒovi'aːle] *adj* jovial, heiter
giovialmente [dʒovial'mente] *adv* jovial, heiter
giovinezza [dʒovi'nettsa] *f* Jugend *f*
giradischi [dʒira'diski] *m* Plattenspieler *m*
giraffa [dʒi'raffa] *f* ZOOL Giraffe *f*
giramento [dʒira'mento] *m* Drehen *n*, Wenden *n*; *~ di capo* Schwindel *m*
giramondo [dʒira'mondo] *m* Weltenbummler *m*

girare [dʒi'raːre] *v* 1. drehen, umdrehen; ~ *a vuoto* ziellos umherirren; ~ *la macchina* das Auto wenden; ~ *qc* etw drehen; ~ *il rubinetto* den Wasserhahn aufdrehen; ~ *un film* einen Film drehen; 2. *(voltare)* umdrehen, wenden; 3. *(svoltare)* um die Ecke biegen; ~ *a destra/~ a sinistra* nach rechts abbiegen/nach links abbiegen; 4. ~ *intorno a qc* um etw herumgehen, um etw herumfahren; 5. *(in giro)* herumgehen; ~ *per la città* in der Stadt bummeln; 6. *(in tondo)* kreisen; 7. *(ruotare)* TECH rotieren; ~ *a vuoto* leer laufen; 8. *(trasferire)* FIN übertragen
girarrosto [dʒirar'rɔsto] *m* Bratenspieß *m*
girarsi [dʒi'rarsi] *v* sich abwenden, sich umdrehen
girasole [dʒira'soːle] *m* BOT Sonnenblume *f*
girata [dʒi'raːta] *f* 1. Umdrehung *f;* 2. ECO Giro *n*
giretto [dʒi'retto] *m* Bummel *m; andare a fare un ~* einen Bummel machen
girevole [dʒi'reːvole] *adj* drehbar
girino [dʒi'riːno] *m* Kaulquappe *f*
giro ['dʒiːro] *m* 1. Drehung *f,* Umdrehung *f;* 2. Rundfahrt *f,* Rundgang *m; condurre in ~* herumführen; ~ *turistico* Rundreise *f,* Rundfahrt *f; essere in ~* unterwegs sein; *prendere in ~ qd* sich über jdn lustig machen; 3. FIN Umlauf *m;* ~ *d'affari* Umsatz *m;* ~ *di capitali* Kapitalumlauf *m;* 4. *(fase di una scelta)* Durchgang *m,* Runde *f;* 5. SPORT Runde *f;* ~ *d'onore* Ehrenrunde *f;* 6. TECH Drehung *f,* Umdrehung *f; numero di giri* Drehzahl *f,* Tourenzahl *f;* 7. ECO Giro *n*
gironzolare [dʒirondzo'laːre] *v* 1. bummeln; 2. *(andare in giro)* umherschlendern
girovagare [dʒirova'gaːre] *v* umherirren, umherschweifen
gita ['dʒiːta] *f* Ausflug *m,* Tour *f; breve ~* Spritztour *f;* ~ *aziendale* Betriebsausflug *m*
giù [dʒu] *adv* unten, herab, herunter; *più ~* weiter unten; *essere ~* deprimiert sein/niedergeschlagen sein; *buttarsi ~* sich gehen lassen; *mandar ~ (fig)* hinunterschlucken; *su per ~* mehr oder weniger
giubba ['dʒubba] *f* 1. Jacke *f;* 2. *(gilè)* Weste *f*
giubbotto [dʒub'bɔtto] *m* Lumberjack *m,* Sportjacke *f*
giubilare [dʒubi'laːre] *v* jubeln
giubileo [dʒubi'lɛːo] *m* Jubiläum *n*
giubilo ['dʒuːbilo] *m* Jubel *m*
giudaismo [dʒuda'izmo] *m* REL Judentum *n*
giudicare [dʒudi'kaːre] *v* 1. beurteilen, urteilen; 2. JUR urteilen
giudice ['dʒuːditʃe] *m/f* JUR Richter(in) *m/f*
giudizio [dʒu'diːtsio] *m* 1. Urteil *n;* 2. *(valutazione)* Beurteilung *f;* 3. *(capacità di giudicare)* Urteilsvermögen *n;* 4. *(opinione)* Ansicht *f*
giudizioso [dʒudi'tsioːso] *adj* verständig, einsichtsvoll
giugno ['dʒuɲɲo] *m* Juni *m*
giungere ['dʒundʒere] *v irr* 1. *(arrivare)* ankommen, eintreffen; 2. *(unire)* vereinigen; 3. ~ *le mani* die Hände falten
giungla ['dʒuŋgla] *f* Dschungel *m*
giunta ['dʒunta] *f* 1. POL Ausschuss *m;* ~ *comunale* Stadtrat *m;* 2. *(ag~)* Zugabe *f; per ~* überdies; 3. *(orlo)* Ansatz *m*
giunto ['dʒunto] *m* TECH Gelenk *n*
giuntura [dʒun'tuːra] *f* 1. ANAT Gelenk *n;* 2. TECH Gelenk *n*
giuramento [dʒura'mento] *m* 1. Schwur *m,* Eid *m;* ~ *falso* Meineid *m;* ~ *dichiarativo* Offenbarungseid *m;* 2. *(atto del ~)* Vereidigung *f*
giurare [dʒu'raːre] *v* 1. JUR schwören; 2. *giurare su qc* auf etw schwören
giurato [dʒu'raːto] *adj* 1. JUR vereidigt; *m* 2. Geschworener *m*
giuria [dʒu'riːa] *f* Jury *f,* Schöffengericht *n*
giuridico [dʒu'riːdiko] *adj* juristisch, rechtlich
giurisdizione [dʒurisdi'tsioːne] *f* 1. JUR Gerichtsbarkeit *f;* 2. *(amministrazione della giustizia)* JUR Rechtsprechung *f*
giurisprudenza [dʒurispru'dɛntsa] *f* Rechtsprechung *f,* Jura *pl*
giurista [dʒu'rista] *m/f* Jurist(in) *m/f*
giustezza [dʒus'tettsa] *f* Genauigkeit *f,* Richtigkeit *f*

G H

giustificare [dʒustifi'ka:re] *v* rechtfertigen
giustificato [dʒustifi'ka:to] *adj* 1. gerechtfertigt; 2. *(giusto)* berechtigt
giustificazione [dʒustifika'tsio:ne] *f* 1. Rechtfertigung *f;* 2. *(in contabilità)* Beleg *m*
giustizia [dʒus'ti:tsia] *f* 1. Gerechtigkeit *f; senso della ~* Gerechtigkeitssinn *m;* 2. *(autorità giudiziaria)* Justiz *f; ministro della ~* Justizminister *m*
giustiziere [dʒustit'tsiɛ:re] *m* Henker *m,* Scharfrichter
giusto ['dʒusto] *adj* 1. gerecht, korrekt; *m* 2. Gerechter *m*
glaciale [gla'tʃa:le] *adj* Eis…, eisig
glassa ['glassa] *f* GAST Zuckerguss *m,* Glasur *f*
glassatura [glassa'tu:ra] *f* GAST Glasur *f*
globale [glo'ba:le] *adj* global, gesamt
globalizzazione [globaliddza'tsio:ne] *f* Globalisierung *f*
globalmente [global'mente] *adv* insgesamt, im Ganzen
globo ['glɔ:bo] *m* 1. Globus *m;* 2. *(sfera)* Kugel *f*
gloria ['glɔ:ria] *f* Ruhm *m*
glorificare [glorifi'ka:re] *v* rühmen
glorioso [glori'o:so] *adj* ruhmreich
glossa ['glɔssa] *f* 1. Glosse *f;* 2. *(nota marginale)* Randbemerkung *f*
glossario [glos'sa:rio] *m* Glossar *n,* Wörterverzeichnis *n*
glucosio [glu'kɔ:zio] *m* CHEM *m,* Traubenzucker, Glukose *f*
gnocchetto [ɲok'ketto] *m* GAST Klößchen *n*
gnocco [ɲɔkko] *m* GAST Kloß *m*
gnomo [ɲɔ:mo] *m* Zwerg *m*
goal [gɔ:l] *m* SPORT Tor *n*
gobba ['gɔbba] *f* Buckel *m*
gobbo ['gɔbbo] *adj* 1. buckelig; *m* 2. Buckliger *m*
goccia ['gottʃa] *f* Tropfen *m*
gocciolante [gottʃo'lante] *adj* tropfend, triefend
gocciolare [gottʃo'la:re] *v* tropfen
godere [go'de:re] *v irr* genießen; *~ di qc* etw genießen; *~ buona fama* hohes Ansehen genießen
godimento [godi'mento] *m* Genuss *m*
goffo ['gɔffo] *adj* 1. plump; 2. *(maldestro)* tollpatschig
gogna [goɲɲa] *f* Pranger *m; mettere qd alla ~* jdn an den Pranger stellen
gola ['go:la] *f* 1. ANAT Hals *m,* Kehle *f; a ~ spiegata* lauthals; *mal di ~* Halsschmerzen *pl,* Halsweh *n; fare ~* reizen; 2. GEOL Klamm *f*
golf[1] [gɔlf] *m* Wolljacke *f;* Pullover *m*
golf[2] [gɔlf] *m* SPORT Golf *n*
golfo ['golfo] *m* GEO Golf *m*
goloso [go'lo:so] *adj* gefräßig *(fam),* naschhaft
golosone [golo'so:ne] *m* Vielfraß *m*
gomito ['go:mito] *m* ANAT Ellbogen *m*
gomitolo [go'mi:tolo] *m* Knäuel *n*
gomma ['gomma] *f* 1. Gummi *m; ~ da masticare* GAST Kaugummi *m;* 2. Reifen *m*
gommapiuma [gommapi'u:ma] *f* Schaumgummi *m*
gommatura [gomma'tura] *f* Gummierung *m*
gommoso [gom'mo:so] *adj* gummiartig, gummihaltig
gondola ['gondola] *f* Gondel *f*
gonfiare [gonfi'a:re] *v* 1. aufblasen; 2. *(fig)* aufbauschen
gonfiarsi [gonfi'arsi] *v* 1. anschwellen, aufquellen; 1. MED anschwellen
gonfio ['gonfio] *adj* geschwollen
gonfiore [gonfi'o:re] *m* Schwellung *f*
gonna ['gɔnna] *f* Rock *m*
gonzo ['gondzo] *adj* 1. einfältig, leichtgläubig; *m* 2. Dummkopf *m*
googlare [gu'gla:re] *v* googeln
gorgheggiare [gorged'dʒa:re] *v* trällern, trillern
gorgo ['gorgo] *m* 1. *(acqua)* Strudel *m;* 2. *(fig)* Wirbel *m*
gorgogliare [gorgoʎ'ʎa:re] *v* brodeln, wallen
gota ['gɔta] *f* LIT Wange *f*
gotta ['gotta] *f* MED Gicht *f*
governante [gover'nante] *f* 1. Haushälterin *f;* 2. Erzieherin *f*
governare [gover'na:re] *v* 1. *(fig)* verwalten; 2. *(guidare)* steuern, lenken; 3. POL regieren
governo [go'vɛrno] *m* 1. POL Regierung *f; ~ di coalizione* POL Koalitionsregierung *f;* 2. *(della casa)* Haushalt *m*

gozzovigliare [gottsoviʎ'ʎaːre] *v* prassen
gracidare [gratʃi'daːre] *v* quaken
gracile ['graːtʃile] *adj* schmächtig, zart, zierlich
gradatamente [gradata'mente] *adv* nach und nach, schrittweise
gradevole [gra'deːvole] *adj* angenehm, gefällig
gradino [gra'diːno] *m* Treppenstufe *f*
grado ['graːdo] *m* 1. Stufe *f; di alto ~* hochgradig; *~ di servizio* Dienstgrad *m;* 2. *(di misura)* Grad *m; ~ centigrado* PHYS Celsiusgrad *m; dieci gradi sotto zero* minus zehn Grad; *~ di latitudine* GEO Breitengrad *m*
graduale [gradu'aːle] *adj* 1. allmählich; 2. *(passo dopo passo)* schrittweise, stufenweise
graduare [gradu'aːre] *v* abstufen, staffeln
graduato [graduato] *adj* abgestuft
graduatoria [gradua'tɔːria] *f* 1. Rangfolge *f,* Rangordnung *f;* 2. *(elenco)* Rangliste *f*
graduazione [gradua'tsioːne] *f* 1. Abstufung *f,* Staffelung *f;* 2. *(divisione in gradi)* Graduierung *f*
graffa ['graffa] *f* Klammer *f*
graffiare [graffi'aːre] *v* kratzen, ritzen
graffiatura [graffia'tuːra] *f* Schramme *f,* Kratzwunde *f*
graffito [graf'fiːto] *m* Graffito *m/n*
grafia [gra'fiːa] *f* Schrift *f*
grafica ['graːfika] *f* Grafik *f*
grafico ['graːfiko] *adj* 1. grafisch; *m* 2. Grafiker *m*
grafite [gra'fiːte] *f* Grafit *m*
gramigna [gra'miɲɲa] *f* BOT 1. Quecke *f;* 2. Unkraut *n*
grammatica [gram'maːtika] *f* Grammatik *f*
grammaticale [grammati'kaːle] *adj* grammatisch, grammatikalisch
grammo ['grammo] *m* Gramm *n*
gran *(vedi „grande")*
Gran Bretagna [gran bre'taɲɲa] *f* GEO Großbritannien *n*
granaio [gra'naːio] *m* Kornkammer *f*
granchio ['graŋkio] *m* 1. ZOOL Krebs *m;* 2. *(fig)* Fehler *m,* Irrtum *m*
grande ['grande] *adj* 1. groß, großartig; *un gran baccano* ein großer Lärm *m;* 2. *(area)* großflächig; 3. *(fig: potente)* mächtig; 4. *(ampio)* weitgehend
grandezza [gran'dettsa] *f* Größe *f*
grandinare [grandi'naːre] *v* hageln
grandine ['grandine] *f* Hagel *m*
grandioso [grandi'oːso] *adj* großartig, grandios
granello [gra'nɛllo] *m* Korn *n,* Körnchen *n*
grano ['graːno] *m* 1. Korn *n; a grani* körnig; 2. BOT Weizen *m*
granturco [gran'turko] *m* BOT Mais *m*
grappa ['grappa] *f* GAST Grappa *m,* Schnaps *m*
grappino [grap'piːno] *m* GAST Schnäpschen *n*
grappolo ['grappolo] *m* 1. Traube *f;* 2. BOT Weintraube *f*
grasso ['grasso] *adj* 1. *(persona)* dick, fett; *m* 2. Fett *n; povero di grassi* fettarm; *~ vegetale* Pflanzenfett *n*
grassoccio [gras'sɔttʃo]. *adj* dicklich, pummelig *(fam)*
grata ['graːta] *f* Gitter *n,* Gitterfenster *n*
graticola [gra'tiːkola] *f* Bratrost *m*
gratifica [gra'tiːfika] *f* Gratifikation *f,* Sonderzulage *f*
gratis ['graːtis] *adj* 1. gratis, kostenlos; *adv* 2. umsonst
gratitudine [grati'tuːdine] *f* Dankbarkeit *f*
grato ['graːto] *adj* dankbar, erkenntlich
grattacapo [gratta'kaːpo] *f (preoccupazione)* Sorge *f,* Kummer *m*
grattacielo [gratta'tʃɛːlo] *m* Hochhaus *n,* Wolkenkratzer *m*
grattare [grat'taːre] *v* kratzen
grattugia [grat'tuːdʒa] *f* Reibe *f,* Reibeisen *n*
grattugiare [grattu'dʒaːre] *v* reiben
gratuito [gra'tuːito] *adj* 1. gratis, kostenlos; 2. *(privo di fondamento)* grundlos
gravabile [gra'vaːbile] *adj* ECO besteuerbar
gravame [gra'vaːme] *m* FIN Belastung *f*
gravare [gra'vaːre] *v* 1. belasten; 2. *(immobile)* FIN belasten
grave ['graːve] *adj* schwer, schwer wiegend

gravemente [grave'mente] *adv* schwer, ernstlich
gravidanza [gravi'dantsa] *f* Schwangerschaft *f*
gravido ['gra:vido] *adj* ZOOL trächtig
gravità [gravi'ta] *f* 1. Ernst *m*, Schwere *f*; 2. *(di pericolo)* Gefährlichkeit *f*; 3. PHYS Schwerkraft *f*
gravoso [gra'vo:so] *adj* beschwerlich
grazia ['gra:tsia] *f* 1. Anmut *f*, Charme *m*; 2. JUR Begnadigung *f*; 3. REL Gnade *f*
graziare [gra'tsia:re] *v* JUR begnadigen
grazie ['gra:tsie] *interj* danke; *~ a Dio* gottlob/Gott sei Dank/glücklicherweise; *~ a* dank; *rendere ~* Dank abstatten
grazioso [gra'tsio:so] *adj* 1. anmutig, graziös; 2. *(figura)* zierlich
Grecia ['grɛ:tʃa] *f* GEO Griechenland *n*
greco ['grɛ:ko] *adj* 1. griechisch; *m* 2. Grieche *m*
gregge ['greddʒe] *m* Herde *f*
greggio ['greddʒo] *adj* roh
grembiule [grembi'u:le] *m* Schürze *f*
grembo ['grɛmbo] *m* Schoß *m*
gremirsi [gre'mirsi] *v ~ di* sich anfüllen mit
gremito [gre'mi:to] *adj (spazio)* voll, gefüllt; *~ di gente* voller Menschen
greppia ['greppia] *f* Futterkrippe *f*
grettezza [gret'tettsa] *f* Engherzigkeit *f*
gretto ['gretto] *adj* engherzig, kleinlich
greve ['grɛ:ve] *adj* 1. schwer; 2. *(fig)* grob
grezzo ['greddzo] *adj* 1. *(non elaborato)* roh; 2. *(grossolano)* derb; 3. *(ruvido)* grob
grida ['gri:da] *f/pl* Geschrei *n*
gridare [gri'da:re] *v* schreien, zurufen; *~ aiuto* um Hilfe rufen; *~ a squarciagola* aus vollem Halse schreien
grido ['gri:do] *m* Schrei *m*, Ausruf *m*
grigio ['gri:dʒo] *adj* grau; *dai capelli grigi* grauhaarig
griglia ['griʎʎa] *f* Rost *m*
grigliare [griʎ'ʎa:re] *v* grillen
grill [gril] *m* Grill *m*
grilletto [gril'letto] *m* Abzug *m*
grinta ['grinta] *f* 1. böses Gesicht *n*, düstere Miene *f*; 2. SPORT Entschlossenheit *f*, Mut *m*
grinza ['grintsa] *f* Falte *f*, Runzel *f*
grinzoso [grin'tso:so] *adj* faltig, runzelig
grondaia [gron'da:ia] *f* Dachrinne *f*, Regenrinne *f*
grondare [gron'da:re] *v* triefen
groppo ['groppo] *m* Knoten *m*
grossista [gros'sista] *m/f* ECO Großhändler(in) *m/f*
grosso ['grɔsso] *adj* 1. groß, umfangreich; 2. *(oggetto, persona)* dick, fett; 3. *(spessore)* dick; 4. *(importante)* wichtig, groß
grossolano [grosso'la:no] *adj* 1. grob, derb; 2. *(ruvido)* rau
grotta ['grɔtta] *f* Grotte *f*, Höhle *f*
grottesco [grot'tesko] *adj* grotesk, verzerrt
groviglio [gro'viʎʎo] *m* 1. Gewirr *n*, Durcheinander *n*; 2. *(fig: di persone)* Knäuel *n*; 3. *(fig)* Verwicklung *f*
gru [gru] *f* 1. Kran *m*; 2. ZOOL Kranich *m*
gruccia ['gruttʃa] *f* 1. Krücke *f*; 2. Kleiderbügel *m*
grugno ['gruɲɲo] *m* ZOOL Rüssel *m*
grumo ['gru:mo] *m* Gerinsel *n*, Klümpchen *n*; *~ di sangue* Blutgerinsel *n*
gruppo ['gruppo] *m* 1. Gruppe *f*; *~ sanguigno* Blutgruppe *f*; 2. ECO Konzern *m*
guadagnare [guadaɲ'ɲa:re] *v* 1. *(denaro)* verdienen, einnehmen; 2. *(fig)* profitieren
guadagno [gua'daɲɲo] *m* 1. Einkommen *n*; 2. *(profitto)* Verdienst *m*, Einnahme *f*; 3. *(lavoro)* Erwerb *m*; 4. ECO Gewinn *m*; *~ netto* Nettogewinn *m*; *~ lordo* Bruttogewinn *m*
guadare [gua'da:re] *v* durchwaten
guai [gu'ai] *interj* wehe
guaina [gua'i:na] *f* 1. Überzug *m*, Hülle *f*; 2. *(di spada, di coltello)* Messerscheide *f*; 3. *(reggicalze, busto)* Hüfthalter *m*
guaio [gu'a:io] *m* 1. Unglück *n*, Unheil *n*; *sequela di guai* Pechsträhne *f*; 2. *(disgrazia)* Unglück *n*, Unheil *n*; *Sono nei guai!* Ich bin in der Klemme!
guaire [gua'i:re] *v* jaulen, winseln
guancia [gu'antʃa] *f* 1. Backe *f*; 2. ANAT Wange *f*
guanciale [guan'tʃa:le] *m* Kopfkissen *n*

guanto [gu'anto] *m* Handschuh *m; guanti a manopola* Fäustlinge *pl*
guantone [guan'to:ne] *m* 1. SPORT Boxhandschuh *m;* 2. *(da scherma)* Fechthandschuh *m*
guardaboschi [guarda'bɔski] *m* Förster *m*
guardare [guar'da:re] *v* 1. schauen, blicken; *~ dall'alto in basso* herabsehen; *~ fisso* starren; 2. *(sorvegliare)* hüten
guardaroba [guarda'rɔ:ba] *m* Garderobe *f*
guardarsi [guar'darsi] *v* 1. sich betrachten; 2. *~ da* sich hüten vor, sich schützen vor; 3. *~ intorno* sich umsehen
guardasigilli [guardasi'dʒilli] *m* JUR Justizminister *m*
guardavia [guarda'vi:a] *m* Leitplanke *f*
guardia ['guardia] *f* Wache *f; fare la ~ a qd* jdn bewachen; *la vecchia ~* die alte Garde *f; ~ forestale* Förster *m; ~ del corpo* Leibwächter *m; ~ di finanza* Steuerpolizei *f; ~ medica* Notarzt *m*
guardiano [guardi'a:no] *m* Wärter *m,* Aufseher *m*
guaribile [gua'ri:bile] *adj* heilbar
guarigione [guari'dʒo:ne] *f* Genesung *f; Pronta ~!* Gute Besserung!
guarire [gua'ri:re] *v* 1. heilen, kurieren; 2. genesen; 3. MED verheilen
guaritore [guari'to:re] *m* Heilpraktiker *m*
guarnire [guar'ni:re] *v* garnieren
guarnizione [guarnit'tsio:ne] *f* 1. TECH Dichtung *f;* 2. *~ del freno* TECH Bremsbelag *m;* 3. GAST Garnierung *f*
guastafeste [guasta'fɛste] *m/f* Spielverderber(in) *m/f*
guastare [guas'ta:re] *v* 1. ramponieren, beschädigen; 2. verderben
guastarsi [guas'ta:rsi] *v* 1. verderben, kaputtgehen; 2. *(marcire)* verfaulen; 3. schlecht werden; *Il tempo si è guastato.* Das Wetter ist schlechter geworden.
guasto [gu'asto] *adj* 1. verdorben; 2. *(fam)* defekt, kaputt; *m* 3. Panne *f;* 4. *(danno)* Schaden *m,* Defekt *m*
guerra [gu'ɛrra] *f* Krieg *m; ~ atomica* Atomkrieg *m; ~ civile* Bürgerkrieg *m; ~ mondiale* HIST Weltkrieg *m*
guerrafondaio [guerrafon'da:io] *m* Kriegshetzer *m*
guerresco [guer'resko] *adj* kriegerisch
guerriero [guerri'ɛ:ro] *adj* 1. kriegerisch; *m* 2. Krieger *m*
guerriglia [guer'riʎʎa] *f* Kleinkrieg *m*
gufo ['gu:fo] *m* ZOOL Eule *f*
guida ['gui:da] *f* 1. *(libro)* Reiseführer *m;* 2. *(persona)* Reiseführer(in) *m/f; ~ turistica* Fremdenführer(in) *m/f;* 3. *(visita)* Führung *f;* 4. *(sostegno)* Anhaltspunkt *m;* 5. TECH Steuerung *f;* 6. *scuola ~* Fahrschule *f*
guidare [gui'da:re] *v (auto)* fahren, lenken; *in grado di ~* fahrtüchtig
guidatore [guida'to:re] *m* Fahrer *m,* Chauffeur *m*
guinzaglio [guin'tsaʎʎo] *m* Hundeleine *f*
guizzare [guit'tsa:re] *v* flackern, huschen
guscio ['guʃʃo] *m* 1. Schale *f;* 2. *(di una chiocciola)* ZOOL Schneckenhaus *n*
gustare [gus'ta:re] *v* genießen, kosten
gusto ['gusto] *m* 1. Geschmack *m; di buon ~* geschmackvoll; *questione di gusti* Geschmacksache *f;* 2. *(senso)* Geschmackssinn *m;* 3. *(piacere)* Vergnügen *n,* Freude *f;* 4. *(appetito)* Appetit *m*
gustosamente [gustosa'mente] *adv* mit Lust
gustoso [gus'to:so] *adj* schmackhaft, wohlschmeckend
habitué [abi'tue] *m* Stammgast *m*
hacker [hæker] *m* INFORM Hacker *m*
handicap ['ændıkap] *m* Handikap *n*
handicappato [ændikap'pa:to] *adj* 1. behindert, zurückgeblieben; *m* 2. Behinderter *m,* Zurückgebliebener *m*
hangar ['hɑŋga:r] *m* Flugzeughalle *f*
hardware ['a:rdwɛr] *m* INFORM Hardware *f*
hashish ['aʃʃi:ʃ] *m* Haschisch *n*
hertz ['ærts] *m* PHYS Hertz *n*
hinterland ['intərland] *m* Hinterland *n*
hobby ['ɔbbı] *m* 1. Liebhaberei *f,* Hobby *n;* 2. *(fig)* Steckenpferd *n*
hockey ['ɔkei] *m* Hockey *n; ~ su ghiaccio* SPORT Eishockey *n*
home page [hɔm'pɛidz] *f* INFORM Homepage *f*
hostess ['ɔstes] *f* Stewardess *f*
hotel [ɔ'tɛl] *m* Hotel *n*
humus ['u:mus] *m* Humus *m*

G H

I/J/K

iattanza [iat'tantsa] *f* Prahlerei *f*
iattura [iat'tu:ra] *f* Unglück *n*
ibrido ['i:brido] *adj* 1. *BOT* gekreuzt; 2. *(ermafrodito)* zwitterhaft
iceberg ['aizbɛrg] *m GEOL* Eisberg *m*
Iddio [id'di:o] *m REL* Gott *m*
idea [i'dɛ:a] *f* 1. Idee *f*, Einfall *m*; *far cambiare ~ a qd* jdn umstimmen; *ricco di idee* einfallsreich; *povero di idee* fantasielos; 2. *(pensiero)* Vorstellung *f*, Gedanke *m*; *dare un'~ di qc a qd* jdm von etw einen Eindruck geben; 3. *(opinione)* Meinung *f*
ideale [ide'a:le] *adj* 1. ideal, ideell; 2. *(esemplare)* vorbildlich, musterhaft; *m* 3. Ideal *n*, Wunschbild *n*
idealismo [idea'lizmo] *m* Idealismus *m*
idealistico [idea'listiko] *adj* idealistisch
idealmente [ideal'mente] *adj* geistig, idealerweise
ideare [ide'a:re] *v* 1. ersinnen; 2. erfinden
ideatore [idea'to:re] *m* Schöpfer *m*, Erfinder *m*
idem ['i:dem] *adv* genauso, ebenso
identico [i'dɛntiko] *adj* identisch, völlig gleich
identificare [identifi'ka:re] *v* identifizieren
identificarsi [identifi'karsi] *v ~ con qc* sich mit etw identifizieren
identificazione [identifika'tsio:ne] *f* Identifikation *f*
identikit [i'dɛntikit] *m* Phantombild *n*
identità [identi'ta] *f* 1. Identität *f*; *carta d'~* Personalausweis *m*; *crisi d'~* Identitätkrise *f*; 2. *(uguaglianza)* Gleichheit *f*; 3. *(congruenza)* Übereinstimmung *f*
ideologia [ideolo'dʒi:a] *f* Ideologie *f*
ideologico [ideo'lɔ:dʒiko] *adj* ideologisch
idillico [i'dilliko] *adj* idyllisch
idillio [i'dillio] *m* Idyll *n*
idioma [idi'ɔ:ma] *m* 1. Sprache *f*; 2. Mundart *f*; 3. *(modo di parlare)* Sprechweise *f*
idiota [idi'ɔ:ta] *adj* 1. idiotisch; *m* 2. Idiot *m*
idiozia [idio'tsi:a] *f* Blödheit *f*, Dummheit *f*
idolatrare [idolo'tra:re] *v* vergöttern
idolatria [idolo'tri:a] *f* Götzendienst *m*
idolatrico [ido'la:triko] *adj REL* abgöttisch
idolo ['i:dolo] *m* 1. Idol *n*, Götze *m*; 2. *REL* Abgott *m*
idoneità [idonei'ta] *f* 1. Fähigkeit *f*, Können *n*; 2. *(attitudine)* Tauglichkeit *f*, Eignung *f*; 3. Befähigung *f*
idoneo [i'dɔ:neo] *adj* tauglich, fähig; *~ all'insegnamento* lehrbefähigt; *~ al servizio militare* wehrdiensttauglich
idrante [i'drante] *m* Hydrant *m*
idraulica [i'dra:ulika] *f PHYS* Hydraulik *f*
idraulico [i'dra:uliko] *adj* 1. *PHYS* hydraulisch; *m* 2. Klempner *m*
idrocarburo [idrokar'bu:ro] *m CHEM* Kohlenwasserstoff *m*
idrocoltura [idrokol'tu:ra] *f BOT* Hydrokultur *f*
idrofobia [idrofo'bi:a] *f MED* Tollwut *f*
idrogeno [i'drɔ:dʒeno] *m CHEM* Wasserstoff *m*; *~ solforato* Schwefelwasserstoff *m*
idromassaggio [idromas'saddʒo] *m MED* Unterwassermassage *f*
idrovolante [idrovo'lante] *m* Wasserflugzeug *n*
iella ['iɛlla] *f (fam)* Unglück *n*; *Porta ~!* Das bringt Unglück!
ieri ['iɛ:ri] *adv* gestern; *l'altro ~* vorgestern; *~ sera* gestern Abend; *~ mattina* gestern früh
igiene [i'dʒɛ:ne] *f* Hygiene *f*; *ufficio d'~* Gesundheitsamt *n*; *~ del corpo* Körperpflege *f*
igienico [i'dʒɛ:niko] *adj* hygienisch, gesundheitlich; *carta igienica* Toilettenpapier *n*, Klopapier *n*
ignaro [iɲ'ɲa:ro] *adj* ahnungslos
ignobile [iɲ'ɲɔ:bile] *adj* hinterhältig, gemein

I J K

ignominia [iɲɲo'miːnia] *f* Schande *f*, Blamage *f*
ignominioso [iɲɲomini'oːso] *adj* schändlich
ignorante [iɲɲo'rante] *adj* 1. unwissend; 2. *(villano)* ungezogen
ignoranza [iɲɲo'rantsa] *f* 1. Unkenntnis *f*, Unwissenheit *f*; 2. Ungezogenheit *f*
ignorare [iɲɲo'raːre] *v* 1. nicht kennen; 2. *(fig)* nicht beachten
ignoto [iɲ'ɲoːto] *adj* unbekannt
il [il] *art m*
ila ['iːla] *f ZOOL* Laubfrosch *m*
ilare ['ilaːre] *adj* heiter, lustig
ilarità [ilari'ta] *f* Heiterkeit *f*
illecito [il'leːtʃito] *m* 1. Unzulässigkeit *f*; *adj* 2. widerrechtlich
illegale [ille'gaːle] *adj* 1. gesetzwidrig, illegal; 2. *JUR* rechtswidrig
illeggibile [illed'dʒiːbile] *adj* unleserlich
illegittimo [ille'dʒittimo] *adj* 1. unrechtmäßig; 2. *(non legale, ingiusto)* illegitim; 3. *(figlio)* unehelich
illeso [il'leːzo] *adj* unversehrt
illibato [illi'baːto] *adj* rein, unbescholten
illimitato [illimi'taːto] *adj* unbegrenzt
illogico [il'lɔːdʒiko] *adj* unlogisch
illudere [il'luːdere] *v irr* täuschen, betrügen
illudersi [il'luːdersi] *v irr* sich täuschen
illuminare [illumi'naːre] *v* leuchten, erleuchten
illuminarsi [illumi'narsi] *v* aufleuchten, hell werden
illuminazione [illumina'tsioːne] *f* Beleuchtung *f*, Erleuchtung *f*
illuminismo [illumi'nizmo] *m HIST* Aufklärung *f*
illuminista [illumi'nista] *adj* 1. aufklärerisch; *m* 2. Aufklärer *m*
illusione [illuzi'oːne] *f* Illusion *f*, Selbstbetrug *m*
illuso [il'luːzo] *adj* getäuscht
illusorio [illu'zɔːrio] *adj* illusorisch, trügerisch
illustrare [illus'traːre] *v* illustrieren, veranschaulichen
illustrativo [illustra'tiːvo] *adj* beispielhaft, verdeutlichend
illustrazione [illustra'tsioːne] *f* Abbildung *f*, Illustration *f*
illustre [il'lustre] *adj* 1. berühmt, hervorragend; 2. vornehm
imbacuccarsi [imbakuk'karsi] *v* sich vermummen, sich verhüllen
imbaldanzirsi [imbaldan'tsirsi] *v* übermütig werden
imballaggio [imbal'laddʒo] *m* Verpackung *f*; ~ *a perdere* Einwegverpackung *f*
imballare [imbal'laːre] *v* abpacken, verpacken
imballarsi [imbal'larsi] *v* *(motore)* *TECH* durchgehen
imballo [im'ballo] *m* Umhüllung *f*, Verpackung *f*
imbambolarsi [imbambo'larsi] *v* in die Leere gucken, geistig abwesend sein
imbambolato [imbambo'laːto] *adj* schlaftrunken, verträumt
imbandierare [imbandie'raːre] *v* beflaggen
imbandire [imban'diːre] *v* den Tisch festlich decken
imbarazzante [imbarat'tsante] *adj* peinlich; *Per me è ~.* Das ist mir peinlich.
imbarazzato [imbarat'tsaːto] *adj* 1. verlegen; 2. *(fig)* betreten
imbarazzo [imba'rattso] *m* 1. Verlegenheit *f*; 2. *(disturbo)* Störung *f*, Hindernis *n*
imbarcare [imbar'kaːre] *v* verschiffen
imbarcarsi [imbar'karsi] *v* 1. sich einschiffen; 2. *(fig)* sich einlassen
imbarcazione [imbarka'tsioːne] *f* Wasserfahrzeug *n*, Boot *n*; ~ *a remi* Ruderboot *n*
imbarco [im'barko] *m* 1. *NAUT* Verschiffung *f*, Einschiffen *n*; 2. *(aereo)* Boarding *n*
imbastitura [imbasti'tuːra] *f* 1. Heftnaht *f*; 2. *(fig)* Skizzierung *f*
imbattersi [im'battersi] *v* treffen auf, begegnen; ~ *in qd* jdn treffen
imbattibile [imbat'tiːbile] *adj* unschlagbar, unbesiegbar
imbeccata [imbek'kaːta] *f* 1. Futter *n*; 2. *(fig)* Vorsagen *n*
imbecille [imbe'tʃille] *m (fam)* Dummkopf *m*

imbestialirsi [imbestia'lirsi] *v* erzürnen, wütend werden
imbevere [im'be:vere] *v* **1.** tränken; **2.** *(impregnare)* durchweichen
imbeversi [im'be:versi] *v* **1.** sich voll saugen; **2.** *(fig)* sich aneignen
imbevibile [imbe'vi:bile] *adj (acqua)* nicht trinkbar, ungenießbar
imbiancare [imbiaŋ'ka:re] *v* **1.** weiß färben; **2.** anstreichen
imbiancarsi [imbiaŋ'karsi] *v LIT* blass werden
imbiancatore [imbiaŋka'to:re] *m* Bleicher *m*
imbianchino [imbiaŋ'ki:no] *m* Maler *m*
imboccare [imbok'ka:re] *v* füttern
imboccatura [imbokka'tu:ra] *f* **1.** Eingang *m,* Einfahrt *f;* **2.** *MUS* Mundstück *n;* **3.** *GEO* Mündung *f;* **4.** *NAUT* Hafeneinfahrt *f*
imborghesire [imborge'zi:re] *v* verbürgerlichen
imborghesirsi [imborge'zirsi] *v* sich verbürgerlichen
imbottire [imbot'ti:re] *v* **1.** *(pane)* belegen; **2.** *(indumenti, mobili)* polstern
imbottitura [imbotti'tu:ra] *f* Polsterung *f*
imbrattamento [imbratta'mento] *m* Beschmutzung *f,* Beschmierung *f*
imbrattare [imbrat'ta:re] *v* beschmutzen, dreckig machen
imbrigliamento [imbriʎʎa'mento] *m* *(di cavalli)* Aufzäumen *n*
imbrigliare [imbriʎ'ʎa:re] *v* **1.** *(cavalli)* zäumen; **2.** *(terreno)* befestigen; **3.** *(acqua)* eindämmen
imbroccare [imbrok'ka:re] *v* herausfinden, erraten, ins Schwarze treffen
imbrogliare [imbroʎ'ʎa:re] *v* betrügen, hereinlegen
imbrogliarsi [imbroʎ'ʎarsi] *v* durcheinander kommen
imbrogliato [imbroʎ'ʎa:to] *adj* verzwickt, verwickelt
imbroglio [im'brɔʎʎo] *m* **1.** Verwicklung *f;* **2.** Betrug *m,* Schwindel *m*
imbroglione [imbroʎ'ʎo:ne] *adj* **1.** betrügerisch; *m* **2.** Betrüger *m,* Gauner *m*
imbronciarsi [imbron'tʃarsi] *v* schmollen, schlechte Laune bekommen
imbrunire [imbru'ni:re] *v* dunkel werden, verdunkeln
imbucare [imbu'ka:re] *v* einwerfen
imburrare [imbur'ra:re] *v* mit Butter bestreichen
imbuto [im'bu:to] *m* Trichter *m*
imitare [imi'ta:re] *v* nachahmen, imitieren
imitazione [imita'tsio:ne] *f* Imitation *f,* Nachahmung *f*
immagazzinare [immagaddzi'na:re] *v* **1.** einlagern; **2.** *INFORM* speichern
immaginabile [immadʒi'na:bile] *adj* erdenklich
immaginare [immadʒi'na:re] *v* vorstellen
immaginario [immadʒi'na:rio] *adj* **1.** eingebildet; **2.** *(fittizio)* imaginär, erfunden
immaginarsi [immadʒi'narsi] *v* sich einbilden, sich vorstellen
immaginazione [immadʒina'tsio:ne] *f* Einbildung *f,* Einbildungskraft *f*
immagine [im'ma:dʒine] *f* **1.** Ebenbild *n,* Bild *n; ~ riflessa* Spiegelbild *n;* **2.** *CINE* Bild *n*
immancabile [immaŋ'ka:bile] *adj* unweigerlich, unvermeidlich
immangiabile [imman'dʒa:bile] *adj* ungenießbar; *Il cibo è ~.* Das Essen ist ungenießbar.
immatricolare [immatriko'la:re] *v* *(auto)* zulassen
immatricolarsi [immatriko'larsi] *v* sich einschreiben, sich immatrikulieren
immatricolazione [immatrikola'tsio:ne] *f* **1.** *(all'università)* Einschreibung *f;* **2.** *(di una macchina)* Zulassung *f*
immaturità [immaturi'ta] *f* Unreife *f*
immaturo [imma'tu:ro] *adj* unreif
immedesimarsi [immedezi'marsi] *v* sich hineinversetzen, sich einfühlen
immedesimato [immedezi'ma:to] *adj* einfühlsam
immediatamente [immediata'mente] *adv* unmittelbar, sofort
immediato [immedi'a:to] *adj* **1.** unmittelbar, prompt; **2.** *(diretto)* direkt
immensamente [immensa'mente] *adv* unendlich, maßlos
immensità [immensi'ta] *f* **1.** Unermess-

lichkeit *f;* 2. *(moltitudine)* Menge *f,* Unmenge *f*
immenso [im'mɛnso] *adj* immens, außerordentlich
immergere [im'mɛrdʒere] *v irr* tauchen, eintauchen
immergersi [im'mɛrdʒersi] *v irr* 1. untertauchen, tauchen; 2. *(fig)* sich vertiefen; 3. *~ nei pensieri* in Gedanken versinken
immersione [immersi'oːne] *f* 1. Eintauchen *n;* 2. NAUT Untertauchen *n*
immerso [im'mɛrso] *adj* 1. eingetaucht; 2. *(fig)* versunken, versenkt
immettere [im'mettere] *v irr* 1. einführen, einlassen; 2. *(dati)* INFORM eingeben
immigrante [immi'grante] *m/f* Einwanderer/Einwanderin *m/f*
immigrare [immi'graːre] *v* einwandern
immigrazione [immigra'tsioːne] *f* Einwanderung *f*
imminente [immi'nɛnte] *adj* bevorstehend, drohend
immischiarsi [immiski'arsi] *v* sich einmischen
immissione [immissi'oːne] *f* 1. Immission *f,* Einströmen *n;* 2. *(di dati)* INFORM Eingabe *f*
immobile [im'mɔːbile] *adj* 1. bewegungslos, regungslos; *m* 2. Immobilie *f,* Liegenschaft *f*
immobilizzare [immobilid'dzaːre] *v* unbeweglich machen
immodestia [immo'dɛstia] *f* Unbescheidenheit *f*
immodesto [immo'dɛsto] *adj* unbescheiden
immondezzaio [immondet'tsaːio] *m* 1. Müllabladeplatz *m,* Müllhaufen *m;* 2. *(fig)* Schweinestall *m*
immondizia [immondi'tsiːa] *f* 1. Unrat *m;* 2. Müll *m*
immorale [immo'raːle] *adj* unmoralisch, unsittlich
immoralità [immorali'ta] *f* 1. Unmoral *f;* 2. *(indecenza)* Unanständigkeit *f,* Unsittlichkeit *f*
immortalare [immorta'laːre] *v* verewigen
immortale [immor'taːle] *adj* unsterblich
immortalità [immortali'ta] *f* Unsterblichkeit *f*
immune [im'muːne] *adj* 1. MED immun; 2. *(fig)* immun, gefeit
immunità [immuni'ta] *f* 1. MED Immunität *f;* 2. JUR Immunität *f*
immutabile [immu'taːbile] *adj* unveränderlich, unabänderlich
impacchettare [impakket'taːre] *v* verpacken, einpacken
impacciato [impat'tʃaːto] *adj* 1. befangen, verlegen; 2. *(maldestro)* linkisch, unbeholfen; 3. *(impedito)* gehindert, tollpatschig
impaccio [im'pattʃo] *m* 1. Hindernis *n;* 2. *(imbarazzo)* Verlegenheit *f;* 3. *(fig)* Verlegenheit *f*
impacco [im'pakko] *m* 1. MED Packung *f;* 2. *(applicazione di compresse umide)* MED Umschlag *m*
impadronirsi [impadro'nirsi] *v* sich bemächtigen, sich aneignen
impaginatura [impadʒina'tuːra] *f (in editoria)* Seitenumbruch *m*
impalato [impa'laːto] *adj* 1. gepfählt; 2. *stare ~* stocksteif dastehen
impalcatura [impalka'tuːra] *f* Gerüst *n*
impallidire [impalli'diːre] *v* bleichen, verblassen
impanare [impa'naːre] *v* GAST panieren
impantanarsi [impanta'narsi] *v* 1. im Sumpf stecken bleiben; 2. *(fig)* hineingeraten
impaperarsi [impape'rarsi] *v* sich versprechen, sich verhaspeln
imparare [impa'raːre] *v* lernen, erlernen; *~ a memoria* auswendig lernen
impareggiabile [impared'dʒaːbile] *adj* unvergleichbar, einmalig
imparentato [imparen'taːto] *adj* verschwägert, verwandt
impari ['impari] *adj* 1. ungleich, ungerade; 2. *(inadeguato)* nicht gewachsen, inadäquat
impartire [impar'tiːre] *v* erteilen, zuteilen
imparziale [impar'tsiaːle] *adj* unparteiisch
impassibile [impas'siːbile] *adj* 1. gleichgültig; 2. *(insensibile)* gefühllos
impastare [impas'taːre] *v* kneten

impasto [im'pasto] *adj* 1. *LIT* nüchtern; *m* 2. Gemisch *n*, Mischung *f*
impaurito [impau'ri:to] *adj* verängstigt
impavido [im'pa:vido] *adj* unerschrocken
impaziente [impa'tsiɛnte] *adj* 1. ungeduldig; 2. *(fig)* kribbelig
impazienza [impa'tsiɛntsa] *f* Ungeduld *f*
impazzire [impat'tsi:re] *v (fig)* durchdrehen, verrückt werden
impeccabile [impek'ka:bile] *adj* einwandfrei, tadellos
impedimento [impedi'mento] *m* Hindernis *n*, Verhinderung *f*
impedire [impe'di:re] *v* 1. verhindern, abhalten; 2. *(fig)* unterbinden; 3. *~ a* hindern; *~ di* abhalten von, hindern an
impedito [impe'di:to] *adj* behindert
impegnare [impeɲ'ɲa:re] *v* 1. verpflichten; 2. *(un orologio)* verpfänden, versetzen
impegnarsi [impeɲ'ɲarsi] *v* sich engagieren, zusagen
impegnativo [impeɲɲa'ti:vo] *adj* 1. bindend, verpflichtend; 2. anspruchsvoll
impegno [im'peɲɲo] *m* 1. *(sforzo)* Anspannung *f*; 2. *(impiego)* Einsatz *m*, Engagement *n*; 3. *(obbligo)* Verbindlichkeit *f*; 4. *(zelo)* Fleiß *m*
impegolarsi [impego'larsi] *v* sich einlassen; *senza ~* unverbindlich
impellente [impel'lɛnte] *adj* dringlich, zwingend
impenetrabile [impene'tra:bile] *adj* 1. undurchdringlich; 2. *(fig)* undurchsichtig
impenitente [impeni'tɛnte] *adj* unverbesserlich, verstockt
impennaggio [impen'naddʒo] *m TECH* Leitwerk *n*
impennata [impen'na:ta] *f* 1. *(a cavallo)* Sichaufbäumen *n*; 2. *(fig)* Aufbrausen *n*
impensabile [impen'sa:bile] *adj* undenkbar, unmöglich
impensierire [impensie'ri:re] *v* nachdenklich machen, zu denken geben
imperativo [impera'ti:vo] *adj* 1. befehlend, herrisch; *m* 2. *GRAMM* Imperativ *m*
imperatore [impera'to:re] *m* Kaiser *m*, Imperator *m*
impercettibile [impertʃet'ti:bile] *adj* unmerklich, kaum merklich
imperdonabile [imperdo'na:bile] *adj* unverzeihlich
imperfetto [imper'fɛtto] *adj* 1. unvollkommen, mangelhaft; *m* 2. *GRAMM* Imperfekt *m*
imperfezione [imperfe'tsio:ne] *f* Unvollkommenheit *f*
imperiale [imperi'a:le] *adj* kaiserlich
imperialismo [imperia'lizmo] *m POL* Imperialismus *m*
imperioso [imperi'o:so] *adj* gebieterisch
impermeabile [imperme'a:bile] *adj* 1. undurchlässig; 2. wasserdicht; *m* 3. Regenmantel *m*
imperniare [imperni'a:re] *v* 1. befestigen; 2. *TECH* verbolzen
impero [im'pɛ:ro] *m* 1. Imperium *n*; 2. *HIST* Kaiserreich *n*, Reich *n*
impersonale [imperso'na:le] *adj* unpersönlich
impersonare [imperso'na:re] *v* 1. verkörpern, symbolisieren; 2. *THEAT* darstellen
imperterrito [imper'tɛrrito] *adj* 1. unerschrocken; 2. *(imperturbabile)* unerschütterlich
impertinente [imperti'nɛnte] *adj* frech, unverschämt
impertinenza [imperti'nɛntsa] *f* Frechheit *f*
imperturbabile [impertur'ba:bile] *adj* seelenruhig, gelassen
imperversare [imperver'sa:re] *v* 1. wüten, toben; 2. *(di malattie, di fuoco)* um sich greifen, grassieren
impeto ['impeto] *m* 1. Wucht *f*; 2. *~ di collera* Wutausbruch *m*
impetuoso [impetu'o:so] *adj* 1. ungestüm, vehement; 2. *(fig)* stürmisch; *persona impetuosa* Draufgänger *m*
impiantare [impian'ta:re] *v* 1. *(giardino)* anlegen; 2. *(un conto) FIN* eröffnen; 3. *(denaro)* anlegen
impianto [impi'anto] *m TECH* Anlage *f*; *~ di depurazione* Reinigungsanlage *f*; *~ elettronucleare* Atomkraftwerk *n*; *~ trasportatore* Förderanlage *f*; *~ di rige-*

I J K

nerazione Wiederaufbereitungsanlage *f;* ~ *sportivo SPORT* Sportanlage *f*
impiccarsi [impik'karsi] *v* sich aufhängen
impicciarsi [impit'tʃarsi] *v* sich einmischen, dazwischentreten
impiccio [im'pittʃo] *m* Hindernis *n*
impiegare [impie'ga:re] *v* 1. anstellen, beschäftigen; 2. ~ *qc* etw benutzen, etw verwenden; 3. *(tempo)* brauchen
impiegarsi [impie'garsi] *v* eine Arbeitsstelle übernehmen, zu arbeiten anfangen
impiegato [impie'ga:to] *adj* 1. angestellt; *m* 2. Angestellter *m;* ~ *di banca* Bankangestellter *m,* Bankkaufmann *m;* ~ *fisso* Festangestellter *m;* 3. *(funzionario pubblico)* Beamter *m;* ~ *delle imposte* Finanzbeamter *m;* ~ *statale* Staatsbeamter *m*
impiego [impi'ɛ:go] *m* 1. Gebrauch *m,* Verwendung *f;* 2. *(mobilitazione)* Aufbietung *f,* Einsatz *m;* 3. *(lavoro)* Stelle *f,* Stellung *f*
impietosirsi [impieto'sirsi] *v* sich erbarmen
impietoso [impie'to:so] *adj LIT* mitleidslos
impietrirsi [impie'trirsi] *v* sich versteinern
impietrito [impie'tri:to] *adj (fig)* versteinert
impigliarsi [impiʎ'ʎarsi] *v (fig)* sich verstricken, sich verfangen
impigrirsi [impi'grirsi] *v* träge werden
impilare [impi'la:re] *v* übereinander legen, stapeln
impilatore [impila'to:re] *m TECH* Stapler *m*
impiombatura [impiomba'tu:ra] *f MED* Zahnfüllung *f; Mi è cascata fuori l'~.* Mir ist eine Füllung herausgefallen.
implacabile [impla'ka:bile] *adj* unerbittlich
implicare [impli'ka:re] *v* 1. implizieren; 2. *(coinvolgere)* verwickeln, hineinziehen
implicitamente [implitʃita'mente] *adv* stillschweigend, implizit
implorare [implo'ra:re] *v* anflehen, erbitten
impollinare [impolli'na:re] *v BIO* bestäuben
impolverarsi [impolve'rarsi] *v* einstauben, verstauben
imponente [impo'nɛnte] *adj* 1. eindrucksvoll, imposant; 2. *(considerevole)* stattlich
imponibile [impo'ni:bile] *adj* 1. durchsetzbar; 2. *FIN* besteuerbar
imporre [im'porre] *v irr* 1. aufdrängen, auferlegen; 2. *(fig)* vorschreiben
imporsi [im'porsi] *v irr* sich durchsetzen, sich behaupten
importante [impor'tante] *adj* bedeutend, wichtig
importanza [impor'tantsa] *f* 1. Wichtigkeit *f,* Bedeutung *f; di secondaria* ~ nebensächlich; 2. *(fig)* Gewicht *n,* Größe *f*
importare [impor'ta:re] *v* 1. importieren, einführen; 2. *(interessare)* interessieren
importatore [importa'to:re] *m* Importeur *m*
importazione [importa'tsio:ne] *f* 1. *ECO* Import *m;* Einfuhr *f;* 2. *(introduzione, lancio) ECO* Einführung *f*
importo [im'pɔrto] *m* Betrag *m*
importuno [impor'tu:no] *adj* 1. aufdringlich, zudringlich; *m* 2. *(fig)* Klette *f,* aufdringlicher Mensch *m*
imposizione [imposi'tsio:ne] *f* 1. Diktat *n,* Zwang *m;* 2. *(ordine)* Befehl *m*
impossessarsi [imposses'sarsi] *v* sich aneignen, sich bemächtigen
impossibile [impos'si:bile] *adj* unmöglich
impossibilità [impossibili'ta] *f* Unmöglichkeit *f*
imposta [im'pɔsta] *f ECO* Abgabe *f;* ~ *comunale* Gemeindesteuer *f;* ~ *generale sull'entrata* Umsatzsteuer *f;* ~ *fondiaria* Grundsteuer *f;* ~ *sull'industria* Gewerbesteuer *f;* ~ *sul reddito* Einkommensteuer *f;* ~ *di successione* Erbschaftsteuer *f;* ~ *sul valore aggiunto* Mehrwertsteuer *f; soggetto a* ~ abgabenpflichtig ; ~ *sulle transazioni finanziarie f FIN* Finanztransaktionssteuer *f*
impostare[1] [impos'ta:re] *v* anlegen
impostare[2] [impos'ta:re] *v* ~ *una lettera* einen Brief aufgeben
impostazione [imposta'tsio:ne] *f* 1. *INFORM* Eingabe *f,* Einstellung *f;* 2. *(di una*

lettera) Einwerfen *n,* Aufgeben *n;* **3.** *(di un tema, di una lettera)* Gliederung *f,* Aufbau *m*
impostore [impos'toːre] *m* Betrüger *m*
impotente [impo'tɛnte] *adj* **1.** *MED* impotent; **2.** *(debole, incapace)* machtlos, ohnmächtig
impotenza [impo'tɛntsa] *f* **1.** *MED* Impotenz *f;* **2.** *(debolezza)* Machtlosigkeit *f*
impoverimento [impoveri'mento] *m* Verarmung *f*
impraticabile [imprati'kaːbile] *adj* **1.** unausführbar; **2.** *(strada)* unbefahrbar, unzugänglich
impratichire [imprati'kiːre] *v* üben, einarbeiten
impratichirsi [imprati'kirsi] *v* erfahren werden, sich entwickeln
imprecare [impre'kaːre] *v* schimpfen, fluchen
imprecazione [impreka'tsioːne] *f* **1.** Verfluchung *f,* Verwünschung *f;* **2.** *(ingiuria)* Schmähung *f*
imprecisato [impreka'tsioːne] *adj* ungenau, unbestimmt
imprecisione [impretʃi'zioːne] *f* Ungenauigkeit *f*
impregnare [impreɲ'ɲaːre] *v* imprägnieren, tränken
imprenditore [imprendi'toːre] *m* Unternehmer *m*
impreparato [imprepa'raːto] *adj* unvorbereitet
impresa [im'preːsa] *f* **1.** *ECO* Unternehmen *n;* **2.** *(azione ardita)* Tat *f,* Unternehmung *f*
impresario [impre'saːrio] *m* **1.** *ECO* Unternehmer *m;* **2.** *THEAT* Impresario *m*
impressionabile [impressio'naːbile] *adj* beeindruckbar, empfindsam
impressionante [impressio'nante] *adj* eindrucksvoll, imposant
impressionare [impressio'naːre] *v* **1.** beeindrucken, imponieren; **2.** *FOTO* belichten
impressione [impressi'oːne] *f* Eindruck *m*
imprestare [impres'taːre] *v* verleihen
imprevedibile [impreve'diːbile] *adj* **1.** unvorhersehbar; **2.** *(inestimabile)* unabschätzbar
imprevisto [impre'visto] *adj* **1.** unvorhergesehen; *m* **2.** Zwischenfall *m*
imprigionare [impridʒo'naːre] *v JUR* gefangen nehmen, inhaftieren
imprimersi [im'priːmersi] *v irr* sich einprägen
improbabile [impro'baːbile] *adj* unwahrscheinlich
improduttivo [improdut'tiːvo] *adj* unproduktiv, unwirtschaftlich
impronta [im'pronta] *f* Spur *f,* Abdruck *m; ~ digitale* Fingerabdruck *m*
improntarsi [impron'tarsi] *v* sich abheben
impronunziabile [impronun'tsiaːbile] *adj* **1.** *(da non dirsi)* unaussprechlich, unsagbar; **2.** *(difficile da pronunziare)* unaussprechbar
improprio [im'prɔːprio] *adj* ungeeignet, unangebracht
improrogabile [improro'gaːbile] *adj* unaufschiebbar
improvvisare [improvvi'zaːre] *v* improvisieren
improvvisarsi [improvvi'zarsi] *v* sich geben, sich versuchen
improvvisazione [improvviza'tsioːne] *f* Improvisation *f*
improvviso [improv'viːzo] *adj* abrupt, plötzlich
imprudente [impru'dɛnte] *adj* unvorsichtig, unbedacht
impudente [impu'dɛnte] *adj* unverschämt
impudenza [impu'dɛntsa] *f* Unverschämtheit *f,* Frechheit *f*
impudico [impu'diːko] *adj* schamlos
impugnabile [impuɲ'ɲaːbile] *adj JUR* anfechtbar
impugnare [impuɲ'ɲaːre] *v JUR* anfechten
impugnatura [impuɲɲa'tuːra] *f* Griff *m*
impugnazione [impuɲɲa'tsioːne] *f JUR* Anfechtung *f*
impulsivo [impul'siːvo] *adj* impulsiv
impulso [im'pulso] *m* **1.** *PHYS* Impuls *m;* **2.** *(spinta)* Anregung *f,* Anstoß *m; dare ~ a* ankurbeln; **3.** *(stimolo)* Reiz *m,* Drang *m*
impunito [impu'niːto] *adj* straflos, unbestraft

impuntarsi [impun'tarsi] *v* *(fig)* sich versteifen
impurità [impuri'ta] *f* Unreinheit *f*
imputabile [impu'taːbile] *adj* 1. anrechenbar; 2. *JUR* zurechnungsfähig; 3. *(responsabile)* verantwortlich
imputabilità [imputabili'ta] *f JUR* Zurechnungsfähigkeit *f*
imputare [impu'taːre] *v* 1. *(fig)* zuschreiben; 2. *JUR* anklagen
imputato [impu'taːto] *adj* 1. *JUR* angeklagt; *m* 2. *JUR* Angeklagter *m*
imputazione [imputa'tsioːne] *f JUR* Anklage *f*, Anschuldigung *f*
in [in] *prep* 1. *(tempo)* in, bei, an; ~ *autunno* im Herbst; ~ *primavera* im Frühling; ~ *quattro anni* innerhalb von vier Jahren; 2. *(luogo)* in; ~ *Francia* in Frankreich; *abitare ~ Germania* in Deutschland leben; *andare ~ Inghilterra* nach England reisen; *vivere ~ campagna* auf dem Land leben; ~ *questa regione* in dieser Gegend; ~ *treno* mit dem Zug
inabile [in'aːbile] *adj* untauglich, unfähig; ~ *al lavoro* arbeitsunfähig, erwerbsunfähig
inabilitare [inabili'taːre] *v JUR* entmündigen
inabissarsi [inabis'sarsi] *v* 1. sinken; 2. *(sprofondare)* in den Abgrund versinken
inabitato [inabi'taːto] *adj* unbewohnt
inaccessibile [inattʃes'siːbile] *adj* 1. unerschwinglich; 2. *(difficile, da raggiungere)* unzugänglich
inaccettabile [inattʃet'taːbile] *adj* unannehmbar
inacidire [inatʃi'diːre] *v* 1. sauer machen, säuern; 2. *(fig)* versauern
inadatto [ina'datto] *adj* ungeeignet
inadeguato [inadegu'aːto] *adj* unangemessen, unzweckmäßig
inadempienza [inadem'piɛntsa] *f* Nichterfüllung *f*
inalare [ina'laːre] *v MED* inhalieren
inalberarsi [inalbe'rarsi] *v* sich entrüsten, sich aufbäumen
inalterabile [inalte'raːbile] *adj* unveränderlich
inalterabilità [inalterabili'ta] *f* Unveränderlichkeit *f*
inamidare [inami'daːre] *v* stärken
inammissibile [inammis'siːbile] *adj* unzulässig
inanimato [inani'maːto] *adj* unbeseelt, leblos
inappetenza [inappe'tɛntsa] *f* Appetitlosigkeit *f*
inarcarsi [inar'karsi] *v* sich biegen, krumm werden
inaridire [inari'diːre] *v* austrocknen, verdorren
inarrestabile [inarres'taːbile] *adj* unaufhaltsam
inarrivabile [inarri'vaːbile] *adj* unerreichbar
inaspettato [inaspet'taːto] *adj* unerwartet, unvermutet
inasprirsi [inas'prirsi] *v* *(fig)* sich zuspitzen
inattaccabile [inattak'kaːbile] *adj* 1. unangreifbar; 2. *(fig)* untadelig
inattendibile [inatten'diːbile] *adj* unglaubwürdig
inattendibilità [inattendibili'ta] *f* Unglaubwürdigkeit *f*
inattivo [inat'tiːvo] *adj* 1. tatenlos, untätig; 2. *ECO* geschäftslos
inaudito [inau'diːto] *adj* unerhört, unglaublich
inaugurare [inaugu'raːre] *v* einweihen
inaugurazione [inaugura'tsioːne] *f* Einweihung *f*, Eröffnung *f*
inavvertito [inavver'tiːto] *adj* 1. unbemerkt; 2. *(senza pensarci)* unüberlegt, unbedacht
incagliarsi [iŋkaʎ'ʎarsi] *v* 1. *NAUT* stranden; 2. *(fig)* stecken bleiben
incalcolabile [iŋkalko'laːbile] *adj* unabsehbar, unberechenbar
incalzare [iŋkal'tsaːre] *v* bedrängen
incamminarsi [iŋkammi'narsi] *v* sich auf den Weg machen, aufbrechen
incanalarsi [iŋkana'larsi] *v* strömen, zusammenströmen
incandescente [iŋkandeʃ'ʃɛnte] *adj* glühend
incantare [iŋkan'taːre] *v* bezaubern, verzaubern
incantarsi [iŋkan'tarsi] *v* hingerissen sein, bezaubert sein
incantato [iŋkan'taːto] *adj* entzückt
incantesimo [iŋkan'teːzimo] *m* 1. Zauber *m*; 2. *(fig: fascino)* Reiz *m*

incantevole [iŋkan'teːvole] *adj* 1. entzückend, bezaubernd; 2. *(fig)* wunderbar, zauberhaft
incanto [iŋ'kanto] *m* 1. Versteigerung *f;* 2. *(incantesimo)* Zauberei *f*
incanutire [iŋkanu'tiːre] *v (capelli)* grau werden, ergrauen
incapace [iŋka'paːtʃe] *adj* 1. unfähig, untauglich; 2. *~ d'intendere e di volere* JUR unzurechnungsfähig; *m* 3. Versager *m*
incapacità [iŋkapatʃi'ta] *f* 1. Unfähigkeit *f;* 2. *~ d'intendere e di volere* JUR Unzurechnungsfähigkeit *f*
incappare [iŋkap'paːre] *v* 1. *(fig: incontrare)* stoßen; 2. *~ in qc* in etw hineingeraten
incarcerare [iŋkartʃe'raːre] *v* einkerkern, einsperren
incaricare [iŋkari'kaːre] *v* beauftragen
incaricato [iŋkari'kaːto] *m* Beauftragter *m; ~ speciale* Sonderbeauftragter *m*
incarico [iŋ'kaːriko] *m* 1. Amt *n;* 2. *(lavoro)* Auftrag *m; ~ permanente* Dauerauftrag *m*
incarnare [iŋkar'naːre] *v* verkörpern
incartamento [iŋkarta'mento] *m* 1. Akte *f;* 2. *(documenti)* Papiere *pl,* Unterlagen *pl*
incartare [iŋkar'taːre] *v* einwickeln; *Me lo incarti, per favore!* Packen Sie es mir bitte ein!
incassare [iŋkas'saːre] *v* 1. in Kisten verpacken; 2. FIN kassieren
incastrare [iŋkas'traːre] *v* einklemmen, einzwängen
incastrarsi [iŋkas'trarsi] *v* stecken bleiben, eingezwängt sein
incastrato [iŋkas'traːto] *adj* eingeklemmt
incatenare [iŋkate'naːre] *v* 1. *(legare con catene)* anketten; 2. *(fig)* fesseln, ketten
incauto [iŋ'kaːuto] *adj* unvorsichtig
incavo [iŋ'kaːvo] *m* Vertiefung *f*
incendiabile [intʃen'diaːbile] *adj* entzündbar, verbrennbar
incendio [in'tʃɛndio] *m* 1. Brand *m;* 2. *~ colposo* fahrlässige Brandstiftung *f*
incenerimento [intʃeneri'mento] *m* Verbrennung *f; ~ rifiuti* Müllverbrennung *f*
incenso [in'tʃɛnso] *m* REL Weihrauch *m*
incentivo [intʃen'tiːvo] *m* Ansporn *m*
incepparsi [intʃep'parsi] *v (meccanismo)* sich verklemmen
incerare [intʃe'raːre] *v* wachsen, einwachsen
incertezza [intʃer'tettsa] *f* Unsicherheit *f,* Ungewissheit *f*
incerto [in'tʃɛrto] *adj* ungewiss, zweifelhaft
incespicare [intʃespi'kaːre] *v* 1. straucheln; 2. *(rimanere incastrato)* stecken bleiben
incessante [intʃes'sante] *adj* unaufhörlich
incesto [in'tʃɛsto] *m* Inzest *m*
incettare [intʃet'taːre] *v* 1. aufkaufen, auf Vorrat kaufen; 2. *(fam)* hamstern
inchiesta [iŋki'ɛsta] *f* Umfrage *f,* Erhebung *f*
inchinarsi [iŋki'narsi] *v* sich verbeugen, sich verneigen
inchino [iŋ'kiːno] *m* Verbeugung *f,* Knicks *m*
inchiodare [iŋkio'daːre] *v* nageln, aufnageln
inchiostro [iŋ'kiɔstro] *m* 1. Tinte *f;* 2. *~ di china* Tusche *f*
inciampare [intʃam'paːre] *v* stolpern
incidente [intʃi'dɛnte] *m* Unfall *m; ~ automobilistico* Autounfall *m; ~ stradale* Verkehrsunfall *m; ~ nucleare* Reaktorunfall *m*
incidenza [intʃi'dɛntsa] *f* Einfall *m; ~ di luce* Lichteinfall *m*
incidere [in'tʃiːdere] *v irr* 1. einschneiden; 2. *(fig)* sich bemerkbar machen, beeinflussen; 3. ART eingravieren
incinta [in'tʃinta] *adj* schwanger
incipriarsi [intʃipri'arsi] *v* sich das Gesicht pudern
incirca [in'tʃirka] *adv all'~* ungefähr, rund
incisione [intʃi'zioːne] *f* 1. Einschnitt *m;* 2. ART Stich *m*
incisivo [intʃi'ziːvo] *adj* schneidend
incitare [intʃi'taːre] *v* anregen, antreiben
incivile [intʃi'viːle] *adj* unkultiviert
inclinare [iŋkli'naːre] *v* neigen
inclinato [iŋkli'naːto] *adj* schräg, abschüssig

I J K

inclinazione [iŋklina'tsioːne] *f* 1. Neigung *f*, Schräge *f*; 2. *(fig)* Neigung *f*, Zuneigung *f*
incline [iŋ'kliːne] *adj* geneigt
includere [iŋ'kluːdere] *v irr* 1. einbeziehen, einschließen; 2. *(allegare)* beilegen
inclusione [iŋkluzi'oːne] *f* Einbeziehung *f*
incluso [iŋ'kluːzo] *adj* 1. einschließlich, inbegriffen, inklusive
incoerente [iŋkoe'rɛnte] *adj* zusammenhangslos, inkonsequent
incognita [iŋ'kɔɲɲita] *f* 1. unvorhersehbare Sache *f*; 2. MATH Unbekannte *f*
incognito [iŋ'kɔɲɲito] *adj* unbekannt, unerkannt
incollare [iŋkol'laːre] *v* 1. kleben, zukleben; 2. *(attaccare con la colla)* zusammenkleben, leimen
incolonnarsi [iŋkolon'narsi] *v* sich einreihen
incolore [iŋko'loːre] *adj* farblos
incolpare [iŋkol'paːre] *v* beschuldigen, anschuldigen
incolto [iŋ'kolto] *adj* 1. AGR unbebaut; 2. *(fig)* ungebildet, unkultiviert
incolume [iŋ'kɔːlume] *adj* unverletzt, unversehrt
incombenza [iŋkom'bɛntsa] *f* 1. Auftrag *m*; 2. *(facoltà, potere)* Befugnis *f*
incombere [iŋ'kombere] *v* bevorstehen
incombustibile [iŋkombus'tiːbile] *adj* unbrennbar, feuerfest
incominciare [iŋkomin'tʃaːre] *v* anfangen, beginnen
incomodare [iŋkomo'daːre] *v* belästigen, stören
incomodarsi [iŋkomo'darsi] *v* sich Mühe geben, sich Umstände machen
incomodo [iŋ'kɔːmodo] *adj* lästig, unbequem
incompatibilità [iŋkompatibili'ta] *f* Unvereinbarkeit *f*
incompetenza [iŋkompe'tɛntsa] *f* Inkompetenz *f*, Unfähigkeit *f*
incompleto [iŋkom'plɛːto] *adj* unvollständig, mangelhaft
incomprensibile [iŋkompren'siːbile] *adj* unbegreiflich, unverständlich
incomprensione [iŋkomprensi'oːne] *f* Verständnislosigkeit *f*
inconcepibile [iŋkontʃe'piːbile] *adj* unfassbar
inconcepibilità [iŋkontʃepibili'ta] *f* Unvorstellbarkeit *f*
inconciliabile [iŋkontʃili'aːbile] *adj* unvereinbar, unversöhnlich
inconciliabilità [iŋkontʃiliabili'ta] *f* Unvereinbarkeit *f*
incondizionato [iŋkonditsio'naːto] *adj* 1. unbedingt; 2. *(senza condizioni)* bedingungslos
inconfondibile [iŋkonfon'diːbile] *adj* unverkennbar
inconfutabile [iŋkonfu'taːbile] *adj* unanfechtbar, nicht widerlegbar
inconsapevole [iŋkonsa'peːvole] *adj* 1. ahnungslos; 2. *(inconscio)* unbewusst
inconscio [iŋ'kɔnʃo] *adj* 1. unbewusst, unterbewusst; *m* 2. Unbewusstes *n*
inconseguenza [iŋkonsegu'ɛntsa] *f* Inkonsequenz *f*
inconsistente [iŋkonsis'tɛnte] *adj* gegenstandslos, unhaltbar
inconsolabile [iŋkonso'laːbile] *adj* untröstlich
inconsueto [iŋkonsu'ɛːto] *adj* unüblich, ungewohnt
inconsulto [iŋkon'sulto] *adj* unüberlegt, unbesonnen
incontestabile [iŋkontes'taːbile] *adj* unanfechtbar, unstreitig
incontestabilità [iŋkontestabili'ta] *f* Unanfechtbarkeit *f*
incontrare [iŋkon'traːre] *v* 1. treffen, antreffen; ~ *qd* jdm begegnen; 2. ~ *difficoltà* auf Schwierigkeiten stoßen
incontrarsi [iŋkon'trarsi] *v* sich begegnen, zusammentreffen
incontro [iŋ'kontro] *m* 1. Zusammenkunft *f*, Treffen *n*; ~ *di pugilato* Boxkampf *m*; *punto di* ~ Treffpunkt *m*; *adv* 2. entgegen
inconveniente [iŋkonveni'ɛnte] *adj* 1. unangebracht, unschicklich; 2. *(non redditizio)* unrentabel; *m* 3. Nachteil *m*; 4. *(difficoltà)* Schwierigkeit *f*, Zwischenfall *m*
incoraggiamento [iŋkoraddʒa'mento] *m* *(fig)* Anfeuerung *f*, Ermutigung *f*
incoraggiare [iŋkorad'dʒaːre] *v* ermutigen

I J K

incoraggiarsi [iŋkorad'dʒarsi] *v* sich Mut zusprechen, Mut fassen
incorniciare [iŋkorni'tʃaːre] *v* einrahmen, rahmen
incorniciatura [iŋkornitʃa'tuːra] *f* Umrahmung *f*
incoronare [iŋkoro'naːre] *v* krönen, bekränzen
incoronazione [iŋkorona'tsioːne] *f* Krönung *f*
incorporare [iŋkorpo'raːre] *v* einverleiben, einbauen
incorporato [iŋkorpo'raːto] *adj* eingebaut
incorreggibile [iŋkorred'dʒiːbile] *adj* unbelehrbar, unverbesserlich
incorruttibile [iŋkorrut'tiːbile] *adj* unbestechlich
incosciente [iŋkoʃ'ʃɛnte] *adj* **1.** verantwortungslos; **2.** *MED* bewusstlos
incoscienza [iŋko'ʃɛntsa] *f* **1.** Verantwortungslosigkeit *f*; **2.** *MED* Bewusstlosigkeit *f*
incostante [iŋkos'tante] *adj (volubile)* unbeständig
incostanza [iŋkos'tantsa] *f* Unbeständigkeit *f*
incredibile [iŋkre'diːbile] *adj* **1.** unglaublich; **2.** *(fig)* unerhört
incredulo [iŋ'krɛːdulo] *adj* skeptisch, ungläubig
incrementare [iŋkremen'taːre] *v* **1.** erhöhen, heben; **2.** *(promuovere)* fördern
incremento [iŋkre'mento] *m* **1.** Zunahme *f*; **2.** *ECO* Zuwachs *m*
increscioso [iŋkreʃ'ʃoːso] *adj* unangenehm, lästig
incriminare [iŋkrimi'naːre] *v JUR* anklagen
incrinatura [iŋkrina'tuːra] *f (fessura)* Sprung *m*, Riss *m*
incrociare [iŋkro'tʃaːre] *v* **1.** *(braccia, gambe)* kreuzen, verschränken; **2.** *BIO* kreuzen; **3.** *NAUT* kreuzen
incrociarsi [iŋkro'tʃarsi] *v* sich überschneiden, sich kreuzen
incrociatore [iŋkrotʃa'toːre] *m MIL* Kreuzer *m*
incrocio [iŋ'kroːtʃo] *m* **1.** *(crocevia)* Kreuzung *f*; **2.** *BIO* Kreuzung *f*
incrollabile [iŋkrol'laːbile] *adj* fest, unerschütterlich
incruento [iŋkru'ɛnto] *adj* unblutig
incubatrice [iŋkuba'triːtʃe] *f MED* Brutkasten *m*
incubo ['iŋkubo] *m* Alptraum *m*
incudine [iŋ'kuːdine] *f TECH* Amboss *m*
inculcare [iŋkul'kaːre] *v* einprägen
incuneato [iŋkune'aːto] *adj* eingekeilt
incurabile [iŋku'raːbile] *adj* unheilbar
incuranza [iŋku'rantsa] *f* **1.** Unbekümmertheit *f*, **2.** Gleichgültigkeit *f*
incuria [iŋ'kuːria] *f* **1.** Sorglosigkeit *f*, Unbedachtheit *f*; **2.** Nachlässigkeit *f*
incuriosirsi [iŋkurio'sirsi] *v* neugierig werden
incustodito [iŋkusto'diːto] *adj* unbewacht
indagare [inda'gaːre] *v* **1.** erforschen, erkunden; **2.** *JUR* ermitteln
indebitamento [indebita'mento] *m ECO* Verschuldung *f*; *~ eccessivo* Überschuldung *f*
indebitarsi [indebi'tarsi] *v ECO* verschulden
indebito [in'deːbito] *adj* ungerecht, unrechtmäßig; *appropriazione indebita* Veruntreuung *f*
indebolimento [indeboli'mento] *m* Schwächung *f*, Abschwächung *f*
indebolire [indebo'liːre] *v* **1.** schwächen; **2.** *(togliere le forze)* entkräften
indecente [inde'tʃɛnte] *adj* unanständig, unschicklich
indecenza [inde'tʃɛntsa] *f* Unschicklichkeit *f*
indecisione [indetʃi'zioːne] *f* Unentschiedenheit *f*, Unschlüssigkeit *f*
indeciso [inde'tʃiːzo] *adj* **1.** *(persona)* unentschlossen, unschlüssig; **2.** *(insicuro)* unentschieden
indecoroso [indeko'roːso] *adj* **1.** unehrenhaft, unwürdig; **2.** *(indecente)* unanständig
indefinibile [indefi'niːbile] *adj* **1.** undefinierbar; **2.** *(inesprimibile)* unausdrücklich, unsagbar
indeformabile [indefor'maːbile] *adj* formbeständig, unverformbar
indegno [in'deɲɲo] *adj* unwürdig
indelicatezza [indelika'tettsa] *f* **1.** Taktlosigkeit *f*; **2.** *(indiscrezione)* Indiskretion *f*

indemoniarsi [indemoni'arsi] *v* wüten, zürnen
indenne [in'dɛnne] *adj* unverletzt, unbeschädigt
indennità [indenni'ta] *f* 1. Zulage *f*, Entschädigung *f*; ~ *di malattia* Krankengeld *n*; ~ *parlamentare* Diäten *pl*; ~ *di disoccupazione* Arbeitslosengeld *n*; 2. *ECO* Abfindung *f*; 3. *(per spese straordinarie) ECO* Aufwandsentschädigung *f*
indennizzare [indennid'dzaːre] *v ECO* abfinden, entschädigen
indennizzo [inden'niddzo] *m* 1. Entschädigung *f*; 2. *(rimborso)* Schadenersatz *m*
inderogabile [indero'gaːbile] *adj* unabänderlich, unabdingbar
indescrivibile [indeskri'viːbile] *adj* unbeschreiblich
indesiderato [indeside'raːto] *adj* unerwünscht
indeterminato [indetermi'naːto] *adj* unbestimmt
India ['india] *f GEO* Indien *n*
indiano [in'diaːno] *adj* 1. indianisch; 2. *(dell'India)* indisch; *m* 3. Indianer *m*; 4. *(dell'India)* Inder *m*
indicare [indi'kaːre] *v* 1. zeigen auf; 2. angeben, nennen; 2. *(fig)* anzeigen, hinweisen; 3. *(accennare)* deuten, hinweisen auf
indicato [indi'kaːto] *adj* 1. angezeigt; 2. *(consigliabile)* ratsam; 3. *(adatto)* angebracht
indicatore [indika'toːre] *m* 1. Anzeiger *m*, Zeiger *m*; 2. ~ *stradale* Wegweiser *m*
indicazione [indika'tsioːne] *f* 1. Hinweis *m*, Angabe *f*; 2. *(dato)* Angabe *f*
indice ['inditʃe] *m* 1. Zeichen *n*, Hinweis *m*; 2. *(di un libro)* Inhaltsverzeichnis *n*, Index *m*; 3. ~ *azionario FIN* Aktienindex *m*; 4. *(dito) ANAT* Zeigefinger *m*
indietreggiare [indietred'dʒaːre] *v* zurücktreten
indietro [in'diɛːtro] *adv* rückwärts, zurück; *rimasto* ~ zurückgeblieben; *tornare* ~ umkehren; *all'*~ rückwärts
indifeso [indi'feːso] *adj (inerme)* ungeschützt, wehrlos
indifferente [indiffe'rɛnte] *adj* gleichgültig, interesselos
indifferenza [indiffe'rɛntsa] *f* Gleichgültigkeit *f*
indigeno [in'diːdʒeno] *adj* 1. einheimisch, eingeboren, heimisch; *m* 2. Eingeborener *m*, Einheimischer *m*
indigenza [indi'dʒɛntsa] *f* Armut *f*, Bedürftigkeit *f*
indigesto [indi'dʒɛsto] *adj* schwer verdaulich
indignarsi [indiɲ'ɲarsi] *v* sich empören, sich entrüsten
indignato [indiɲ'ɲaːto] *adj* empört
indignazione [indiɲɲa'tsioːne] *f* Empörung *f*, Entrüstung *f*
indimenticabile [indimenti'kaːbile] *adj* unvergesslich
indipendente [indipen'dɛnte] *adj* unabhängig, selbstständig
indipendenza [indipen'dɛntsa] *f* Selbstständigkeit *f*, Unabhängigkeit *f*
indire [in'diːre] *v* 1. ansagen; 2. *(fissare)* ansetzen; 3. *(concorso)* ausschreiben
indiretto [indi'rɛtto] *adj* 1. indirekt, mittelbar; 2. *(mediato)* mittelbar
indirizzare [indirit'tsaːre] *v* 1. *(lettera)* adressieren; 2. ~ *qd a qd* jdn an jdn verweisen
indirizzo [indi'rittso] *m* Adresse *f*, Anschrift *f*; *Qual è l'~ esatto dell'albergo?* Wie ist die genaue Adresse des Hotels?
indisciplinato [indiʃʃipli'naːto] *adj* disziplinlos, undiszipliniert
indiscreto [indis'kreːto] *adj* 1. indiskret; 2. *(invadente)* zudringlich
indiscrezione [indiskret'tsioːne] *f* Indiskretion *f*
indiscriminato [indiskrimi'naːto] *adj* wahllos
indiscutibile [indisku'tiːbile] *adj* unanfechtbar, unbestreitbar
indispensabile [indispen'saːbile] *adj* 1. unentbehrlich, unabdingbar; 2. *(necessario)* unabkömmlich; 3. *(inevitabile)* unumgänglich
indispettire [indispet'tiːre] *v* aufbringen, ärgern
indispettirsi [indispet'tirsi] *v* sich ärgern, sich grämen
indissolubile [indisso'luːbile] *adj* unlösbar
indistinto [indis'tinto] *adj* undeutlich, unterschiedslos

indistruttibile [indistrut'ti:bile] *adj* unverwüstlich, unzerstörbar
indisturbato [indistur'ba:to] *adj* ungestört
individuale [individu'a:le] *adj* individuell
individualismo [individua'lizmo] *m* Individualismus *m*
individualista [individua'lista] *m/f* Individualist(in) *m/f*
individuo [indi'vi:duo] *m* Individuum *n*, (Einzel)wesen *n*
indivisibile [indivi'zi:bile] *adj* untrennbar, unteilbar
indiziare [indi'tsia:re] *v* **1.** *(dichiarare qd sospetto)* verdächtigen; **2.** *JUR* beschuldigen
indizio [in'di:tsio] *m* **1.** Anzeichen *n*, Indiz *n*; **2.** *JUR* Indiz *n*
indole ['indole] *f* Wesen *n*, Natur *f*
indolente [indo'lɛnte] *adj* gleichgültig, träge
indolenza [indo'lɛntsa] *f* Lässigkeit *f*, Trägheit *f*
indolore [indo'lo:re] *adj* schmerzlos
indomabile [indo'ma:bile] *adj* unbändig, unbezähmbar
indomani [indo'ma:ni] *m* folgender Tag *m*; *all'~* am folgenden Tag
Indonesia [indo'nɛ:zia] *f GEO* Indonesien *n*
indossabile [indos'sa:bile] *adj (moda)* tragbar
indossare [indos'sa:re] *v* **1.** *(vestito)* anziehen; **2.** *(calzare)* überziehen
indossatrice [indossa'tri:tʃe] *f (figurino)* Modell *n*, Mannequin *n*
indosso [in'dɔsso] *adv avere ~* anhaben
indotto [in'dotto] *m TECH* Anker *m*
indovina [indo'vi:na] *f* Wahrsagerin *f*
indovinare [indovi'na:re] *v (centrare)* raten, erraten; *cercare di ~* rätseln
indovinato [indovi'na:to] *adj* gelungen, geglückt
indovinello [indovi'nɛllo] *m* Rätsel *n*
indù [in'du] *m* Hindu *m*
indubbio [in'dubbio] *adj* sicher, zweifellos
indugiare [indu'dʒa:re] *v* zögern
indugiarsi [indu'dʒarsi] *v* verweilen, sich aufhalten
indugio [in'du:dʒo] *m* **1.** *(esitazione)* Zaudern *n*; **2.** Verzug *m*; **3.** *(ritardo)* Verspätung *f*
indulgente [indul'dʒɛnte] *adj* **1.** nachsichtig; **2.** *(mite)* mild
indulgenza [indul'dʒɛntsa] *f* Nachsicht *f*
indulgere [in'duldʒere] *v irr* nachgeben
indumento [indu'mento] *m* Kleidungsstück *n*
indurimento [induri'mento] *m* Verhärtung *f*
indurire [indu'ri:re] *v* verhärten, härten
indurirsi [indu'rirsi] *v* sich verhärten, hartherzig werden
indurre [in'durre] *v irr* bewegen, veranlassen
industria [in'dustria] *f* Industrie *f*; *~ agricola* Agrarindustrie *f*; *~ alberghiera* Hotelgewerbe *n*; *~ automobilistica* Automobilindustrie *f*; *~ chimica* chemische Industrie *f*; *~ edilizia* Baugewerbe *n*, Bauindustrie *f*; *~ farmaceutica* Pharmaindustrie *f*; *~ mineraria* Bergbau *m*; *~ pesante* Schwerindustrie *f*; *~ siderurgica* Eisenindustrie *f*; *~ tessile* Textilindustrie *f*; *~ degli armamenti* Rüstungsindustrie *f*
industriale [indus'tria:le] *adj* **1.** industriell; **2.** *ECO* gewerblich; *m* **3.** Industrieller *m*
industrializzazione [industrialiddzat'tsio:ne] *f* Industrialisierung *f*
industriarsi [industri'arsi] *v* sich bemühen, sich bestreben
industrioso [indus'trio:so] *adj* betriebsam
induzione [indu'tsio:ne] *f* **1.** Induktion *f*; **2.** Annahme *f*, Vermutung *f*
inedia [in'ɛ:dia] *f* **1.** Hunger *m*, Hungern *n*; **2.** *(digiuno)* Fasten *n*
inefficace [ineffi'ka:tʃe] *adj* unwirksam, wirkungslos
ineluttabile [inelut'ta:bile] *adj* unabwendbar, unvermeidlich
inequivocabile [inekuivo'ka:bile] *adj* unmissverständlich
inerte [in'ɛrte] *adj* **1.** tatenlos; **2.** *PHYS* träge
inerzia [in'ɛrtsia] *f PHYS* Trägheit *f*
inesattezza [inezat'tettsa] *f* Ungenauigkeit *f*

I J K

inesatto [ine'zatto] *adj* ungenau

inesorabile [inezo'raːbile] *adj* erbarmungslos, unerbittlich

inesperto [ines'pɛrto] *adj* 1. unerfahren; 2. *(persona)* ungeschickt

inetto [in'ɛtto] *adj* unfähig

inevitabile [inevi'taːbile] *adj* 1. unvermeidlich; 2. *(forzato, non volontario)* zwangsläufig

inezia [in'ɛːtsia] *f* Kleinigkeit *f*, Lappalie *f*

infagottarsi [infagot'tarsi] *v* sich warm einpacken, sich warm einhüllen

infame [in'faːme] *adj* 1. niederträchtig; 2. *(empio)* verrucht

infamia [in'faːmia] *f* Schandtat *f*, Niedertracht *f*

infangarsi [infaŋ'garsi] *v* 1. sich beschmutzen; 2. *(intaccare la propria reputazione)* seinen Ruf verderben

infantile [infan'tiːle] *adj* 1. kindlich; 2. *(puerile)* kindisch

infanzia [in'fantsia] *f* Kindheit *f*

infarto [in'farto] *m MED* Infarkt *m*

infastidire [infasti'diːre] *v* stören, belästigen

infastidirsi [infasti'dirsi] *v* sich ärgern

infastidito [infasti'diːto] *adj* verärgert, verstimmt

infatti [in'fatti] *adv* tatsächlich, wirklich; *Infatti!* Eben! In der Tat!

infecondo [infe'kondo] *adj* 1. *MED* unfruchtbar, steril; 2. *(fig)* erfolglos

infedele [infe'deːle] *adj* 1. treulos, untreu; 2. *REL HIST* ungläubig; *m/f* 3. *REL HIST* Ungläubige(r) *m/f*

infedeltà [infedel'ta] *f* 1. Untreue *f*; 2. *(fig)* Ungenauigkeit *f*

infelice [infe'liːtʃe] *adj* 1. *(non felice)* unglücklich; 2. *(mal riuscito)* missraten

infeltrire [infel'triːre] *v* filzen

inferi ['inferi] *m/pl* Unterwelt *f*

inferiore [inferi'oːre] *adj* 1. niedriger, tiefer, untere(r,s); 2. *(di minor pregio)* minderwertig

inferiorità [inferiori'ta] *f* 1. Minderwertigkeit *f*; *complesso d'~* Minderwertigkeitskomplex *m*; 2. *(di qualità, di numero inferiore)* Unterlegenheit *f*

infermiera [infermi'ɛːra] *f* 1. *MED* Krankenschwester *f*; 2. *(assistente del medico)* Sprechstundenhilfe *f*

infermiere [infermi'ɛːre] *m* Krankenpfleger *m*

infermità [infermi'ta] *f MED* Gebrechen *n*

infermo [in'fermo] *adj* 1. krank, leidend; *m* 2. Kranker *m*

infernale [infer'naːle] *adj* 1. höllisch; 2. *(terribile)* grausam, entsetzlich

inferno [in'fɛrno] *m* 1. Hölle *f*; 2. *(fig)* Hexenkessel *m*

inferocito [infero'tʃiːto] *adj* wild, wütend

infestare [infes'taːre] *v* verwüsten, verheeren

infettare [infet'taːre] *v* 1. infizieren; 2. *(contaminare)* verseuchen

infezione [infe'tsioːne] *f* 1. *MED* Infektion *m*; 2. *(contaminazione)* Verseuchung *f*

infiammabile [infiam'maːbile] *adj* entzündlich; *non ~* feuerfest

infiammare [infiam'maːre] *v* 1. entzünden; 2. *(fig)* begeistern

infiammarsi [infiam'marsi] *v* 1. *MED* sich entzünden; 2. *~ per (fig)* sich begeistern für; 3. *~ d'ira* vor Wut kochen

infiammazione [infiamma'tsioːne] *f MED* Entzündung *f*

infido [in'fiːdo] *adj* treulos, unzuverlässig

infierire [infie'riːre] *v* wüten

infilare [infi'laːre] *v* 1. *(ago)* einfädeln; 2. *(chiave)* hineinstecken; 3. *(vestito)* überziehen, anziehen

infiltrarsi [infil'trarsi] *v* 1. eindringen; 2. *(annidarsi)* sich einnisten; 3. einsickern

infimo ['infimo] *adj* 1. unterste(r,s), niedrigste(r,s); 2. *(fig)* gemein, niedrig

infine [in'fiːne] *adv* schließlich, endlich

infinità [infini'ta] *m* Unendlichkeit *f*

infinitesimale [infinitezi'maːle] *adj* 1. unendlich klein; 2. *MATH* Infinitesimal…

infinito [infi'niːto] *m* 1. Unendliches *n*, Unendlichkeit *f*; 2. *GRAMM* Infinitiv *m*; *adj* 3. endlos, unendlich

infisso [in'fisso] *m* Einfassung *f*, Einrahmung *f*; *~ di una porta* Türrahmen *m*

inflazione [infla'tsioːne] *f* Inflation *f*

inflessibile [infles'siːbile] *adj* unbeugsam, unerbittlich

I J K

infliggere [inflid'dʒere] *v irr* (*fig: pena*) verhängen
influente [influ'ɛnte] *adj* einflussreich
influenza [influ'ɛntsa] *f* 1. Einflussnahme *f*, Beeinflussung *f*; *sfera d'influenza* Einflussbereich 2. MED Grippe *f*; *Ho l'~.* Ich habe Grippe.; *~ suina f* MED Schweinegrippe *f*
influenzare [inluen'tsa:re] *v* beeinflussen
influire [influ'i:re] *v* einwirken
influsso [in'flusso] *m* Einfluss *m*
infondato [infon'da:to] *adj* (*senza motivo*) haltlos, unbegründet
informale [infor'ma:le] *adj* (*non ufficiale*) inoffiziell
informare [infor'ma:re] *v* 1. benachrichtigen, unterrichten; 2. (*dare la forma*) formen
informarsi [infor'marsi] *v* 1. sich erkundigen, sich informieren; 2. (*conformarsi*) sich anpassen, sich richten
informatica [infor'ma:tika] *f* Informatik *f*
informatico [infor'ma:tiko] *m* Informatiker *m*
informativo [informa'ti:vo] *adj* informativ, unterrichtend
informazione [informa'tsio:ne] *f* 1. Information *f*, Auskunft *f*; *prendere informazioni* Informationen einholen; *Dove posso chiedere informazioni su ...?* Wo kann ich mich nach ... erkundigen? *fonte di informazioni* Informationsquelle *f*; 2. (*l'informare*) Verständigung *f*
informe [in'forme] *adj* formlos
infortunarsi [infortu'narsi] *v* verunglücken
infortunato [infortu'na:to] *adj* 1. verunglückt; *m* 2. Verunglückter *m*
infortunio [infor'tu:nio] *m* Unfall *m*; *~ sul lavoro* Arbeitsunfall *m*
infrangere [in'frandʒere] *v irr* 1. zerbrechen; 2. (*fig: contratto*) brechen; 3. (*fig: trasgedire*) überschreiten
infrangersi [in'frandʒersi] *v irr* zerbrechen
infrangibile [infran'dʒi:bile] *adj* unzerbrechlich
infranto [in'franto] *adj* 1. zerbrochen, zerschlagen; 2. *cuore ~* (*fig*) gebrochenes Herz *n*
infrastruttura [infrastrut'tu:ra] *f* Infrastruktur *f*
infrazione [infra'tsio:ne] *f* Übertretung *f*, Verstoß *m*
infruttifero [infrut'ti:fero] *adj* 1. keine Früchte tragend; 2. ECO unverzinslich
infruttuoso [infruttu'o:so] *adj* fruchtlos, erfolglos
infuori [in'fuɔ:ri] *adv* 1. *all'~* nach außen; 2. *all'~ di* außer
infuriare [infuri'a:re] *v* (*strepitare*) toben, rasen
infuriarsi [infuri'arsi] *v* (*arrabbiarsi*) wütend werden
infuriato [infuri'a:to] *adj* wütend
ingaggiare [iŋgad'dʒa:re] *v* 1. engagieren, einstellen; 2. (*arruolare*) anheuern
ingaggio [iŋ'gaddʒo] *m* 1. Einstellung *f*, Anwerbung *f*; 2. (*di artista, di atleta*) Engagement *n*
ingannare [iŋgan'na:re] *v* betrügen, trügen
ingannarsi [iŋgan'narsi] *v* sich täuschen
ingannatore [iŋganna'to:re] *adj* 1. (*persona*) trügerisch; *m* 2. Betrüger *m*
ingannevole [iŋgan'ne:vole] *adj* irreführend, täuschend
inganno [iŋ'ganno] *m* Betrug *m*, Täuschung *f*
ingarbugliare [iŋgarbuʎ'ʎa:re] *v* verwirren, verwickeln
ingarbugliarsi [iŋgarbuʎ'ʎarsi] *v* (*fam*) sich verwickeln
ingarbugliato [iŋgarbuʎ'ʎa:to] *adj* verwirrt
ingegnere [indʒeɲ'ɲɛ:re] *m* Ingenieur *m*; *~ civile* Bauingenieur *m*
ingegneria [indʒeɲɲe'ri:a] *f* Ingenieurwesen *n*
ingegno [in'dʒeɲɲo] *m* 1. (*intelletto*) Geist *m*; 2. (*talento*) Begabung *f*, Talent *n*; 3. (*predisposizione*) Veranlagung *f*
ingelosire [indʒelo'si:re] *v* eifersüchtig machen
ingelosirsi [indʒelo'sirsi] *v* eifersüchtig werden
ingeneroso [indʒene'ro:so] *adj* 1. (*avaro*) geizig, sparsam; 2. (*carattere*) engherzig, kleinlich
ingente [in'dʒɛnte] *adj* gewaltig, enorm

ingentilire [indʒenti'liːre] *v* veredeln
ingenuità [indʒenui'ta] *f* Naivität *f*
ingenuo [in'dʒɛːnuo] *adj* gutgläubig, naiv
ingestione [indʒesti'oːne] *f (di nutrimento)* Aufnahme *f*
Inghilterra [iŋgil'tɛrra] *f GEO* England *n*
inghiottire [iŋgiot'tiːre] *v* schlucken, hinunterschlucken
ingiallire [indʒal'liːre] *v* vergilben
inginocchiarsi [indʒinokki'arsi] *v* niederknien
ingiù [in'dʒu] *adv* nach unten; *all'~* abwärts
ingiunzione [indʒun'tsioːne] *f* Befehl *m*, Anordnung *f*
ingiuria [in'dʒuːria] *f* 1. Beleidigung *f;* 2. *(insulto)* Beschimpfung *f;* 3. *JUR* Injurie *f*
ingiuriare [indʒu'riaːre] *v* beleidigen, beschimpfen
ingiustificabile [indʒustifi'kaːbile] *adj* unentschuldbar
ingiustificato [indʒustifi'kaːto] *adj* ungerechtfertigt
ingiustizia [indʒusti'tsiːa] *f* Ungerechtigkeit *f*
ingiusto [in'dʒusto] *adj* ungerecht
inglese [iŋ'gleːse] *adj* 1. englisch; *m/f* 2. Engländer(in) *m/f; m* 3. *(lingua)* Englisch *n*
ingoiare [iŋgoi'aːre] *v* 1. verschlucken, hinunterschlucken; 2. *(fig)* hinunterschlucken
ingombrante [iŋgom'brante] *adj* sperrig
ingombrare [iŋgom'braːre] *v* verstellen, versperren
ingordigia [iŋgor'diːdʒa] *f* 1. Gefräßigkeit *f;* 2. *(fig)* Habgier *f*
ingordo [iŋ'gordo] *adj* 1. gefräßig; 2. *(fig)* habgierig,
ingorgo [iŋ'gorgo] *m* 1. Stauung *f*, Verstopfung *f;* 2. *(del traffico)* Stau *m*
ingozzare [iŋgot'tsaːre] *v* hinunterschlingen
ingranaggio [iŋgra'naddʒo] *m TECH* Getriebe *n*
ingranamento [iŋgrana'mento] *m TECH* Eingriff *m*
ingranare [iŋgra'naːre] *v* ineinandergreifen, eingreifen; *~ la marcia* kuppeln
ingrandimento [iŋgrandi'mento] *m* Vergrößerung *f*
ingrandire [iŋgran'diːre] *v* 1. vergrößern; 2. *(edificio)* anbauen
ingrandirsi [iŋgran'dirsi] *v* sich vergrößern
ingrassare [iŋgras'saːre] *v* 1. *(animali)* mästen; 2. *(ungere)* schmieren; 3. *(peso)* zunehmen, dick machen
ingrato [iŋ'graːto] *adj* undankbar
ingraziarsi [iŋgra'tsiarsi] *v cercare d'~* sich anbiedern
ingrediente [iŋgre'diɛnte] *m* Zutat *f*
ingresso [iŋ'grɛsso] *m* 1. *(adesione)* Eintritt *m;* 2. *(entrare in)* Eintritt *m; ~ libero* Eintritt frei; 3. *(in un'abitazione)* Einzug *m;* 4. *(entrata)* Zugang *m*, Eingang *m; ~ principale* Haupteingang *m; Dov'è l'~?* Wo ist der Eingang?
inguaribile [iŋgua'riːbile] *adj* 1. unheilbar; 2. *(fig)* unverbesserlich
inguine ['iŋguine] *f ANAT* Leiste *f*
iniettare [iniet'taːre] *v MED* spritzen
iniezione [iniet'tsioːne] *f* 1. *MED* Injektion *f;* 2. *~ di credito (fig)* Finanzspritze *f*
inimicarsi [inimi'karsi] *v* sich verfeinden; *~ qd* jds Feind werden
inimicato [inimi'kaːto] *adj* verfeindet
inimicizia [inimi'tʃiːtsia] *f* Feindschaft *f*
inimitabile [inimi'taːbile] *adj* unnachahmlich, einzigartig
inimmaginabile [inimmadʒi'naːbile] *adj* unvorstellbar
ininterrotto [ininter'rotto] *adj* ununterbrochen, dauernd
iniquo [i'niːkuo] *adj* 1. ungerecht; 2. *(cattivo)* bösartig
iniziale [ini'tsiaːle] *adj* 1. anfänglich, einleitend; *f* 2. Anfangsbuchstabe *m*, Initiale *f*
iniziare [ini'tsiaːre] *v* 1. anfangen, beginnen; 2. *(cominciare)* anlaufen; 3. *(qc di nuovo)* einführen, einweihen; 4. *(introdurre)* einleiten
iniziativa [initsia'tiːva] *f* 1. *(fig)* Antrieb *m;* 2. *(progetto)* Unternehmung *f;* 3. *(impulso, proposta)* Initiative *f; ~ civica* Bürgerinitiative *f; ~ popolare* Volksbegehren *n; propria ~* Eigeninitiative *f*

iniziato [ini'tsia:to] *adj* 1. eingeweiht; *m* 2. Eingeweihter *m*, Insider *m*
iniziatore [initsia'to:re] *m* Initiator *m*
iniziazione [initsia'tsio:ne] *f* Initiation *f*, Einführung *f*
inizio [in'i:tsio] *m* Beginn *m*, Anfang *m*; *all'~* am Anfang, zum Auftakt
innalzare [innal'tsa:re] *v* errichten, aufbauen
innalzarsi [innal'tsarsi] *v* sich erheben
innamorarsi [innamo'rarsi] *v* sich verlieben
innamorato [innamo'ra:to] *adj* 1. verliebt; *m* 2. Verliebter *m*; 3. *(amante)* Liebhaber *m*
innanzi [in'nantsi] *prep* 1. vor; *~ tutto* vor allem, fürs Erste; *adv* 2. vorwärts, vorne
innato [in'na:to] *adj* angeboren
innaturale [innatu'ra:le] *adj* gekünstelt, unnatürlich
innegabile [inne'ga:bile] *adj* unbestreitbar, nicht zu leugnen
innervosire [innervo'si:re] *v* nervös machen
innestare [innes'ta:re] *v* 1. *BOT* veredeln; 2. *TECH* einschalten; *~ la frizione* kuppeln; 3. *(inserire)* einstecken
inno ['inno] *m* Hymne *f*
innocente [inno'tʃɛnte] *adj* unschuldig, schuldlos
innocentemente [innotʃente'mente] *adv* unschuldig, unschuldigerweise
innocenza [inno'tʃɛntsa] *f (senza colpa)* Unschuld *f*
innocuità [innokui'ta] *f* Harmlosigkeit *f*, Unschädlichkeit *f*
innocuo [in'nɔ:kuo] *adj* harmlos, unschädlich
innovare [inno'va:re] *v* erneuern
innovativo [innova'ti:vo] *adj* innovativ, erneuernd
innovazione [innova'tsio:ne] *f* Innovation *f*, Neuerung *f*
innumerevole [innume're:vole] *adj* unzählig, zahllos
inodore [ino'do:re] *adj* geruchlos
inoffensivo [inoffen'si:vo] *adj* harmlos, unschädlich
inoltrare [inol'tra:re] *v* weiterleiten; *Mi può ~ la posta?* Können Sie mir bitte die Post nachschicken?
inoltrarsi [inol'trarsi] *v* vordringen
inoltre [in'oltre] *adv* 1. *(oltre a ciò)* weiter, ferner; 2. *(per di più)* darüber hinaus, überdies; 3. *(per giunta)* außerdem, dazu
inondare [inon'da:re] *v* überschwemmen
inondazione [inonda'tsio:ne] *f* Überschwemmung *f*
inoperabile [inope'ra:bile] *adj* inoperabel, nicht operierbar
inoperoso [inope'ro:so] *adj* untätig
inopportunamente [inopportuna'mente] *adv* 1. zu ungelegener Zeit; 2. *(in modo inopportuno)* auf unangebrachte Weise
inopportuno [inoppor'tu:no] *adj* unangebracht, ungelegen
inoppugnabile [inoppuɲ'ɲa:bile] *adj* unwiderlegbar, unanfechtbar
inorridire [inorri'di:re] *v* entsetzen
inorridito [inorri'di:to] *adj* entsetzt
inosservanza [inosser'vantsa] *f* Nichtbeachtung *f*
inosservato [inosser'va:to] *adj* unbeachtet, unbemerkt
inossidabile [inossi'da:bile] *adj* nicht rostend, rostfrei
inquadramento [iŋkuadra'mento] *m* 1. Umrahmung *f*; 2. *(incorniciamento)* Einrahmung *f*; 3. *(di un problema)* Umreißen *n*; 4. *(schieramento) MIL* Aufstellung *f*
inquietante [iŋkuie'tante] *adj* besorgniserregend, beunruhigend
inquietare [iŋkuie'ta:re] *v* beunruhigen, bekümmern
inquieto [iŋkui'ɛ:to] *adj* 1. *(angustiato)* beunruhigt, besorgt; 2. *(agitato)* unruhig
inquietudine [iŋkuie'tu:dine] *f (ansia)* Unruhe *f*, Besorgnis *f*
inquilino [iŋkui'li:no] *m* Hausbewohner *m*, Mieter *m*
inquinamento [iŋkuina'mento] *m* 1. Verseuchung *f*, Verunreinigung *f*; *~ ambientale* Umweltverschmutzung *f*; *~ atmosferico* Luftverschmutzung *f*; *~ da petrolio* Ölpest *f*; 2. *~ acustico* Lärmbelästigung *f*
inquinante [iŋkui'nante] *adj* verseuchend, verschmutzend
inquinare [iŋkui'na:re] *v* 1. beschmut-

zen, verschmutzen; 2. *(contaminare)* verseuchen, vergiften; 3. *(fig)* verderben
inquisire [iŋkui'ziːre] *v* untersuchen
inquisizione [iŋkuizi'tsioːne] *f* 1. *HIST* Inquisition *f;* 2. *JUR* gerichtliche Befragung *f*
insalata [insa'laːta] *f* Salat *m*
insalatiera [insala'tieːra] *f* Salatschüssel *f*
insanabile [insa'naːbile] *adj* 1. unheilbar, hoffnungslos; 2. *(fig)* unverbesserlich
insanguinato [insaŋgui'naːto] *adj* blutig
insano [in'saːno] *adj* 1. *(fig)* ungesund; 2. *(pazzo)* wahnsinnig
insapore [insa'poːre] *adj* ohne Geschmack
insaziabile [insa'tsiaːbile] *adj* gierig, unersättlich
inscatolare [inskato'laːre] *v* in Dosen füllen
inscenare [inʃe'naːre] *v* 1. *THEAT* inszenieren; 2. *(organizzare)* veranstalten
insediamento [insedia'mento] *m* 1. Siedlung *f,* Ansiedlung *f;* 2. *(in una carica)* Einsetzung *f,* Amtseinsetzung *f*
insediare [inse'diaːre] *v* 1. ansiedeln; 2. *(impiegare)* einsetzen
insegna [in'seɲɲa] *f* 1. Zeichen *n;* 2. *(distintivo)* Abzeichen *n;* 3. *(cartello stradale, targa)* Wegweiser *m,* Schild *n*
insegnamento [inseɲɲa'mento] *m* 1. Unterricht *m;* 2. *(ammaestramento, lezione)* Belehrung *f*
insegnante [inseɲ'ɲante] *m/f* Lehrer(in) *m/f*
insegnare [inseɲ'ɲaːre] *v (istruire)* unterrichten, lehren
inseguimento [insegui'mento] *m* Verfolgung *f*
inseguire [insegu'iːre] *v* verfolgen
inselvatichire [inselvati'kiːre] *v* verwildern lassen
insensatezza [insensa'tettsa] *f* Unbesonnenheit *f,* Torheit *f*
insensato [insen'saːto] *adj* unbesonnen, töricht
insensibile [insen'siːbile] *adj* 1. gefühllos; 2. *(resistente)* unempfindlich
inseparabile [insepa'raːbile] *adj* unzertrennlich
inserire [inse'riːre] *v* 1. einfügen, einordnen; 2. *(fig)* einbeziehen; 3. *(fig: inquadrare)* einordnen
inserirsi [inse'rirsi] *v* 1. sich einordnen, sich einfügen; 2. *(aggiungersi)* hinzukommen
inserto [in'sɛrto] *m (di giornale)* Beilage *f*
inservibile [inser'viːbile] *adj* unbrauchbar, untauglich
inserzione [inser'tsioːne] *f* 1. *(in stampa)* Anzeige *f,* Inserat *n;* 2. *TECH* Einsatz *m*
insetticida [insetti'tʃiːda] *f* 1. Insektenvertilgungsmittel *m;* 2. *polvere ~* Insektenpulver *n*
insettifugo [inset'tiːfugo] *m CHEM* Insektenschutzmittel *n*
insetto [in'sɛtto] *m ZOOL* Insekt *n*
insicurezza [insiku'rettsa] *f* Unsicherheit *f*
insicuro [insi'kuːro] *adj* unsicher; *rendere ~* verunsichern
insidia [in'siːdia] *f* Hinterlist *f,* Hinterhalt *m*
insidioso [insidi'oːso] *adj* 1. tückisch; 2. *(capzioso)* verfänglich
insieme [insi'ɛːme] *adv* 1. *(in comune)* zusammen, miteinander; 2. *(in compagnia)* beisammen; 3. *(nello stesso tempo)* zugleich; *m* 4. *(contesto)* Zusammenhang *m;* 5. *(interezza)* Gesamtheit *f; nell'~* im Großen und Ganzen
insignificante [insiɲɲifi'kante] *adj* 1. unwichtig, unbedeutend; 2. *(che non dice nulla)* nichts sagend, bedeutungslos
insincerità [insintʃeri'ta] *f* Unaufrichtigkeit *f*
insincero [insin'tʃɛːro] *adj* unaufrichtig, unehrlich
insinuante [insinu'ante] *adj* 1. *(adulatorio)* einschmeichelnd; 2. *(suggestivo, carezzevole)* verlockend
insinuazione [insinua'tsioːne] *f* 1. Unterstellung *f;* 2. *(offesa)* Beleidigung *f;* 3. *(malignità)* Bösartigkeit *f*
insipido [in'siːpido] *adj (senza gusto)* geschmacklos, fade
insistente [insis'tɛnte] *adj* 1. eindringlich; 2. *(invadente)* aufdringlich
insistere [in'sistere] *v irr* 1. dringen; 2. *~ su* bestehen auf

I
J
K

insoddisfatto [insoddis'fatto] *adj* unzufrieden, unbefriedigt
insoddisfazione [insoddisfa'tsio:ne] *f* Unzufriedenheit *f*
insofferente [insoffe'rɛnte] *adj* ungeduldig, unduldsam
insolente [inso'lɛnte] *adj* anmaßend, unverschämt
insolenza [inso'lɛntsa] *f* Unverschämtheit *f*, Impertinenz *f*
insolito [in'sɔ:lito] *adj* ungewöhnlich
insolubile [inso'lu:bile] *adj* 1. *(problema)* unlösbar; 2. *CHEM* unlöslich
insolvente [insol'vɛnte] *adj* zahlungsunfähig
insolvenza [insol'vɛntsa] *f* Zahlungsunfähigkeit *f*
insolvibile [insol'vi:bile] *adj* zahlungsunfähig
insolvibilità [insolvibili'ta] *f* Zahlungsunfähigkeit *f*
insomma [in'somma] *adv* schließlich, alles in allem
insopportabile [insoppor'ta:bile] *adj* 1. unerträglich, untragbar; 2. *(persona)* unausstehlich
insospettirsi [insospet'tirsi] *v* argwöhnisch werden
insperato [inspe'ra:to] *adj* unverhofft
inspiegabile [inspie'ga:bile] *adj* unerklärlich
inspirare [inspi'ra:re] *v* einatmen
instabile [insta'bi:le] *adj* 1. instabil; 2. *(fig)* labil; 3. *(incostante)* unbeständig, unstet
installare [instal'la:re] *v* installieren
installarsi [instal'larsi] *v* sich einrichten
installatore [installa'to:re] *m* Installateur *m*
installazione [installa'tsio:ne] *f* Installation *m*, Einrichtung *f*
instancabile [instaŋ'ka:bile] *adj* unermüdlich
instancabilità [instaŋkabili'ta] *f* Unermüdlichkeit *f*
instaurazione [instaura'tsio:ne] *f* 1. Errichtung *f*; 2. *(istituzione)* Gründung *f*
insù [in'su] *adv* hinauf, aufwärts; *andare all'~* hinaufgehen; *naso all'~* Stupsnase *f*
insuccesso [insut'tʃɛsso] *m* 1. Misserfolg *m*; 2. *(mancanza di buon esito)* Erfolglosigkeit *f*
insudiciare [insudi'tʃa:re] *v* beschmutzen
insufficiente [insuffi'tʃɛnte] *adj* 1. ungenügend; 2. *(inadeguato)* unzulänglich
insufficienza [insuffi'tʃɛntsa] *f* 1. Mangel *m*; 2. Unzulänglichkeit *f*
insulso [in'sulso] *adj* *(senza spirito)* geistlos, fade
insultare [insul'ta:re] *v* beleidigen
insulto [in'sulto] *m* 1. Beschimpfung *f*; 2. *(offesa)* Beleidigung *f*
insuperabile [insupe'ra:bile] *adj* unbesiegbar, unübertrefflich
insurrezione [insurre'tsio:ne] *f* *POL* Erhebung *f*, Aufstand *m*
intaccare [intak'ka:re] *v* 1. einschneiden; 2. angreifen; *~ i risparmi (fig)* die Geldreserven angreifen
intaccatura [intakka'tu:ra] *f* Kerbe *f*
intagliare [intaʎ'ʎa:re] *v* schnitzen
intagliatore [intaʎʎa'to:re] *m* Schnitzer *m*
intangibile [intan'dʒi:bile] *adj* unantastbar
intanto [in'tanto] *adv* 1. *(temporale)* inzwischen, mittlerweile; 2. *(fam: invece)* indessen, dagegen
intasamento [intasa'mento] *m* Verstopfung *f*
intasato [inta'sa:to] *adj* verstopft
intatto [in'tatto] *adj* 1. *(intero)* unberührt; 2. *(integro)* unversehrt, intakt
intavolare [intavo'la:re] *v* *(fig: tema)* einleiten
intavolatura [intavola'tu:ra] *f* *MUS* Tabulatur *f*
integrale [inte'gra:le] *adj* 1. vollständig, ungekürzt; 2. *pane ~ GAST* Vollkornbrot *n*
integrante [inte'grante] *adj* 1. ergänzend, zusätzlich; 2. *(essenziale)* wesentlich
integrare [inte'gra:re] *v* 1. integrieren; 2. *(completare)* ergänzen
integrazione [integra'tsio:ne] *f* 1. Integration *f*; 2. *(completamento)* Ergänzung *f*
integrità [integri'ta] *f* 1. Unversehrtheit *f*; 2. *(totalità)* Gesamtheit *f*, Vollständigkeit *f*; 3. *(fig)* Lauterkeit *f*

I J K

intelaiatura [intelaia'tu:ra] *f;* 1. *(impalcatura)* Gerüst *n;* 2. *TECH* Rahmen *m;* 3. *(fig)* Aufbau *m,* Struktur *f*
intelletto [intel'lɛtto] *m* Verstand *m,* Intellekt *m*
intellettuale [intellettu'a:le] *adj* 1. intellektuell, geistig; *m/f* 2. Intellektuelle(r) *m/f*
intelligente [intelli'dʒɛnte] *adj* intelligent, klug
intelligenza [intelli'dʒɛntsa] *f* Intelligenz *f,* Klugheit *f; ~ artificiale* künstliche Intelligenz *f*
intemperie [intem'pɛ:rie] *f/pl* Schlechtwetter *n,* schlechtes Wetter *n*
intendente [inten'dɛnte] *adj* 1. verständig, klug; *m/f* 2. *THEAT* Intendant(in) *m/f*
intendere [in'tɛndere] *v irr* 1. beabsichtigen, vorhaben; 2. *(comprendere)* verstehen, begreifen
intendersi [in'tɛndersi] *v irr* 1. *~ di qc* sich mit etw auskennen; 2. *(accordarsi)* sich verständigen, sich einig sein; *~ con qd* sich mit jdm verstehen
intenso [in'tɛnso] *adj* 1. intensiv; 2. *(forte)* stark, groß
intento [in'tɛnto] *adj* 1. *~ a* beschäftigt mit; *m* 2. Zweck *m,* Absicht *f*
intenzionale [intentsio'na:le] *adj* absichtlich, vorsätzlich
intenzionato [intentsio'na:to] *adj* gesonnen
intenzione [inten'tsio:ne] *f* Absicht *f,* Vorhaben *n; avere l'~ di fare qc* die Absicht haben, etw zu tun
interattivo [interat'ti:vo] *adj* interaktiv
interazione [intera'tsio:ne] *f* Wechselwirkung *f*
intercalare [interka'la:re] *v* 1. einfügen, einschieben; *m* 2. *(parola ripetuta)* Lieblingswort *n*
intercessore [intertʃes'so:re] *m* Fürsprecher *m*
intercettare [intertʃet'ta:re] *v* 1. *TEL* abhören, abhorchen; 2. *(fig: una lettera)* abfangen, auffangen
intercontinentale [interkontinen'ta:le] *adj* interkontinental
interdire [inter'di:re] *v irr* 1. verbieten, untersagen; 2. *~ qd JUR* jdn entmündigen
interdizione [interdi'tsio:ne] *f* 1. Verbot *n;* 2. *JUR* Entmündigung *f; ~ legale* Entzug der bürgerlichen Rechte *m*
interessamento [interessa'mento] *m* 1. Anteilnahme *f;* 2. *(cura)* Fürsorge *f*
interessante [interes'sante] *adj* 1. interessant, bemerkenswert; 2. *stato ~* Schwangerschaft *f; essere in stato ~* schwanger sein
interessare [interes'sa:re] *v* 1. Aufmerksamkeit erwecken, interessieren; 2. *(riguardare)* angehen, betreffen
interessarsi [interes'sarsi] *v* sich interessieren
interessato [interes'sa:to] *adj* 1. interessiert; *m* 2. Interessent *m;* 3. *(persona partecipe)* Beteiligter *m;* 4. *(persona in questione)* Betreffender *m*
interesse [inte'rɛsse] *m* 1. Interesse *n;* 2. *(vantaggio)* Vorteil *m,* Nutzen *m;* 3. *interessi pl ECO* Zinsen *m*
interferenza [interfe'rɛntsa] *f* 1. *PHYS* Interferenz *f;* 2. *(coincidenza)* Überschneidung *f,* Überlagerung *f; ~ finanziaria* Finanzverflechtung *f;* 3. *(intromissione)* Einmischung *f*
interferire [interfe'ri:re] *v* 1. *PHYS* interferieren; 2. *(coincidere)* sich überschneiden; 3. *(fig)* sich einmischen
interiezione [interie'tsio:ne] *f* 1. Ausruf *m;* 2. *GRAMM* Interjektion *f*
interiora [interi'o:ra] *f/pl GAST* Innereien *pl*
interiore [interi'o:re] *adj* 1. innere(r,s); 2. *(fig: della coscienza)* innerlich
interiorizzare [interiod'dza:re] *v* 1. verinnerlichen; 2. *PSYCH* internalisieren
interlocutore [interloku'to:re] *m* 1. Ansprechpartner *m;* 2. *(partecipante ad una discussione)* Diskussionsteilnehmer *m*
intermediario [interme'dia:rio] *m* 1. Mittelsmann *m,* Vermittler *m; adj* 2. vermittelnd
interminabile [intermi'na:bile] *adj* unendlich, endlos
internamente [interna'mente] *adv* innen
internazionale [internatsio'na:le] *adj* 1. international; *f* 2. Internationale *f*
Internet ['internɛt] *f INFORM* 1. Inter-

net *n; accesso a ~* Internetzugang *m; adj* 2. Internet...; *indirizzo ~* Internetadresse *f; connessione ~ Internetverbindung f; sito ~* Internetseite *f*

internista [inter'nista] *m/f* MED Internist(in) *m/f*

interno [in'tɛrno] *adj* 1. innere(r,s), Innen...; *medicina interna* Innere Medizin *f; politica interna* Innenpolitik *f; navigazione interna* Binnenschifffahrt *f;* 2. *(intimo)* intern; *m* 3. Inneres *n; all'~* im Inner(e)n; *ministero degli interni* Innenministerium *n; Via Veneto 40, int. 2* Via Veneto 40, Appartement 2; 4. *(territorio nazionale)* Inland *n; ~ e estero* In- und Ausland *n*

intero [in'te:ro] *adj* 1. ganz, vollständig; *m* 2. Ganzes *n*

interpellanza [interpel'lantsa] *f* POL große Anfrage *f*

interpellare [interpel'la:re] *v* 1. fragen, befragen; 2. MED konsultieren

interpretare [interpre'ta:re] *v* 1. interpretieren, erklären; 2. *(spiegare)* auslegen, deuten; 3. *(fig)* MUS vortragen

interpretazione [interpreta'tsio:ne] *f* 1. Interpretation *f*, Erklärung *f;* 2. *(esegesi)* Deutung *f*, Auslegung *f*

interprete [in'tɛrprete] *m/f* 1. CINE Darsteller(in) *m/f; ~ principale* Hauptdarsteller(in) *m/f;* 2. *(traduttore orale/traduttrice orale)* Dolmetscher(in) *m/f; ~ simultaneo* Simultandolmetscher *m; Mi serve un ~.* Ich brauche einen Dolmetscher. 3. *(musicista)* Interpret(in) *m/f*

interpunzione [interpun'tsio:ne] *m* GRAMM Interpunktion *f*, Zeichensetzung *f; segno d'~* Satzzeichen *n*

interrato [inter'ra:to] *adj* 1. vergraben; *m* 2. *(di abitazione)* Souterrain *n*

interrogare [interro'ga:re] *v* 1. ausfragen, befragen; 2. JUR verhören

interrogativo [interroga'ti:vo] *m* 1. Frage *f; adj* 2. GRAMM fragend, Frage...; *pronome ~* Interrogativpronomen *n; punto ~* Fragezeichen *n*

interrogatorio [interroga'to:rio] *m* JUR Verhör *n*

interrogazione [interroga'tsio:ne] *f* Frage *f*, Befragung *f*

interrompere [inter'rompere] *v irr* 1. unterbrechen; 2. *(parole)* dazwischenrufen, unterbrechen; 3. *(fig)* abbrechen, aufhören; 4. *(lavoro)* aussetzen

interrompersi [inter'rompersi] *v irr* innehalten

interruttore [interrut'to:re] *m (dispositivo)* TECH Schalter *m; ~ a leva* Hebelschalter *m*

interruzione [interru'tsio:ne] *f* Unterbrechung *f*, Abbruch *m; ~ della gravidanza* Schwangerschaftsabbruch *m*

intersecare [interse'ka:re] *v* 1. durchschneiden; 2. *(incrociare)* überkreuzen, überschneiden

intersezione [interse'tsio:ne] *f* Überschneidung *f*

intervallo [inter'vallo] *m* 1. Intervall *m;* 2. *(pausa)* Pause *f;* 3. *(di tempo)* Zeitraum *m*, Zeitspanne *f*

intervenire [interve'ni:re] *v irr* 1. eingreifen, intervenieren; 2. *(d'autorità)* einschreiten; 3. *(succedere)* dazwischenkommen; 4. *(partecipare)* beteiligt sein, teilnehmen

intervento [inter'vɛnto] *m* 1. Einschreiten *n;* 2. *(in una lite)* Dazwischentreten *n*, Intervention *f;* 3. MED Eingriff *m*

intervista [inter'vista] *f* Interview *n*

intervistare [intervis'ta:re] *v* interviewen

intesa [in'te:sa] *f* 1. Übereinstimmung *f*, Einvernehmen *n; d'~ con* im Einvernehmen mit; 2. *(accordo)* Verständigung *f; ~ tra i popoli* Völkerverständigung *f*

intessere [in'tɛssere] *v* 1. weben; 2. *(fig: ordire)* planen; 3. *(fig)* in Gang bringen

intestare [intes'ta:re] *v* überschreiben

intestarsi [intes'tarsi] *v* 1. *~ su qc* sich auf etw versteifen

intestatario [intesta'ta:rio] *m* 1. *(possessore)* Inhaber *m;* 2. Absender *m*

intestato [intes'ta:to] *adj* 1. *(registrato)* eingetragen; 2. *(indirizzato)* adressiert; *carta intestata* vorgedrucktes Briefpapier *n*

intestazione [intesta'tsio:ne] *f* 1. Briefkopf *m;* 2. *(di giornale)* Überschrift *f;* 3. *(indirizzo)* Adresse *f;* 4. *(registrazione)* Eintrag *m;* 5. *(dedica)* Widmung *f*

intestino [intes'ti:no] *adj* 1. innere(r,s); *guerra intestina* Bürgerkrieg *m; m* 2. ANAT Darm *m; ~ cieco* Blinddarm *m; ~ crasso* Dickdarm *m; ~ tenue* Dünndarm *m*
intimare [inti'ma:re] *v* 1. befehlen, auffordern; 2. *(esortare)* auffordern; 3. *(chiedere)* verlangen
intimazione [intima'tsio:ne] *f* Befehl *m,* Aufforderung *f*
intimidire [intimi'di:re] *v* einschüchtern
intimità [intimi'ta] *f* Vertrautheit *f,* Intimität *f*
intimo ['intimo] *adj* intim, vertraulich; *amico ~* enger Freund *m; biancheria intima* Unterwäsche *f*
intimorimento [intimori'mento] *m* Verängstigung *f,* Verschüchterung *f*
intingere [in'tindʒere] *v irr* tunken
intingolo [in'tiŋgolo] *m* 1. GAST Soße *f, (fam)* Tunke *f*
intitolare [intito'la:re] *v* 1. *(titolo)* betiteln; 2. *(denominare)* benennen; 3. *(dedicare)* widmen; 4. *(registrare)* eintragen
intitolarsi [intito'larsi] *v* sich nennen, heißen
intoccabile [intok'ka:bile] *adj* 1. unberührbar; *m/f* 2. *(paria)* Unberührbare(r) *m/f*
intollerante [intolle'rante] *adj* intolerant, unduldsam
intolleranza [intolle'rantsa] *f* Intoleranz *f,* Unduldsamkeit *f*
intonacare [intono'ka:re] *v (muro)* verputzen
intonaco [in'tɔ:nako] *m (malta)* Putz *m; ~ esterno* Außenputz *m*
intonare [into'na:re] *v* MUS anstimmen, einstimmen
intonato [into'na:to] *adj* MUS abgestimmt
intontito [inton'ti:to] *adj* benommen, betäubt
intoppo [in'toppo] *m* Hindernis *n*
intorbidire [intorbi'di:re] *v (liquido)* trüben
intorno [in'torno] *prep* 1. *~ a* um, um … herum; *adv* 2. *(locale)* umher, herum; *tutt'~* ringsherum
intorpidito [intorpi'di:to] *adj* 1. eingeschlafen; 2. *(fig)* stumpf, träge
intossicare [intossi'ka:re] *v* vergiften
intossicazione [intossika'tsio:ne] *f* MED Vergiftung *f; ~ alimentare* Lebensmittelvergiftung *f*
intralciare [intral'tʃa:re] *v* 1. *(ostacolare)* behindern, hemmen; *~ i piani (fig)* querschießen; 2. verwickeln, verwirren
intralcio [in'traltʃo] *m* 1. *(ostacolo)* Hindernis *n; essere d'~* im Weg sein, stören; 2. Verwicklung *f*
intrallazzo [intral'lattso] *m* Machenschaft *f,* Trick *m*
intransigenza [intransi'dʒɛntsa] *f* 1. Unnachgiebigkeit *f;* 2. *(inconciliabilità)* Unversöhnlichkeit *f*
intraprendente [intrapren'dɛnte] *adj* unternehmungslustig
intraprendere [intra'prɛndere] *v* 1. unternehmen; 2. *(viaggio)* antreten
intrattabile [intrat'ta:bile] *adj* 1. unumgänglich; 2. *(scontroso)* spröde
intrattenere [intratte'ne:re] *adj* unterhalten, aufhalten
intrattenersi [intratte'nersi] *v* 1. sich aufhalten; 2. *(conversare)* sich unterhalten
intrattenimento [intratteni'mento] *m* Unterhaltung *f*
intravedere [intrave'de:re] *v irr* 1. unklar erkennen, undeutlich sehen; 2. *(fig) ~ qc* etw voraussehen, etw ahnen
intrecciare [intret'tʃa:re] *v* 1. *(capelli)* einflechten; 2. *(intessere)* flechten
intrecciarsi [intret'tʃarsi] *v* sich verflechten, ineinandergreifen
intrecciatura [intrettʃa'tu:ra] *f* Verflechtung *f*
intreccio [in'trettʃo] *m* 1. Verflechtung *f;* 2. *(fig)* LIT Handlung *f;* 3. *(fig: intrigo)* Kabale *f;* 4. *(fig)* Verflechtung *f*
intrepido [in'trɛ:pido] *adj* wagemutig, unerschrocken
intricato [intri'ka:to] *adj* 1. verwickelt, kompliziert; 2. *(fig: capelli)* kraus
intrico [in'tri:ko] *m* 1. Verwicklung *f,* Komplikation *f;* 2. *(groviglio)* Gewirr *n*
intrigo [in'tri:go] *m* 1. Machenschaften *pl;* 2. *(congiura)* Intrige *f*
intrinseco [in'trinseko] *adj* innerlich
intristire [intris'ti:re] *v* verkümmern
introdurre [intro'durre] *v irr* 1. einführen; 2. *(iniziare)* einleiten; 3. *(inserire)*

einfügen, einschieben; 4. *(infilare)* hineinstecken; 5. *(insegnare)* einweisen
introdursi [intro'dursi] *v irr* 1. hineingelangen; 2. *(penetrare)* eindringen
introduzione [introdu'tsio:ne] *f* 1. *(di qc di nuovo)* Einführung *f;* 2. *(avviamento)* Einleitung *f;* 3. *(installazione)* Einbau *m;* 4. *(ficcare dentro)* Einführung *f*
introito [in'trɔ:ito] *m* ECO Einnahme *f*
intromettersi [intro'mettersi] *v irr (intervenire)* dazwischenfunken, hineinreden
intromissione [intromis'sio:ne] *f* 1. Vermittlung *f,* Intervention *f;* 2. *(ingerenza)* Einmischung *f*
introspezione [introspe'tsio:ne] *f* Selbstbeobachtung *f,* Introspektion *f*
introvabile [intro'va:bile] *adj* unauffindbar
intruso [in'tru:zo] *m* Eindringling *m*
intuire [intu'i:re] *v* ahnen
intuizione [intui'tsio:ne] *f* Intuition *f*
inumano [inu'ma:no] *adj* 1. unmenschlich; 2. *(senza cuore)* hartherzig, herzlos
inumare [inu'ma:re] *v* bestatten
inumidire [inumi'di:re] *v* befeuchten
inutile [i'nu:tile] *adj* 1. unnütz, nutzlos; 2. *(non necessario)* unnötig; 3. *(vano)* vergeblich
inutilità [inutili'ta] *f* Nutzlosigkeit *f,* Vergeblichkeit *f*
inutilizzabile [inutilid'dza:bile] *adj* unbrauchbar
inutilmente [inutil'mente] *adv (invano)* umsonst, vergeblich
invadere [in'va:dere] *v irr* 1. MIL einfallen, eindringen; 2. *(acque)* überfluten
invaghire [inva'gi:re] *v* verzaubern
invaghirsi [inva'girsi] *v* sich verlieben
invalida [in'va:lida] *f* Körperbehinderte *f,* Invalide *f*
invalidità [invalidi'ta] *f* 1. MED Invalidität *f;* 2. *(non validità, l'essere nullo)* Ungültigkeit *f*
invalido [in'va:lido] *adj* 1. *(non idoneo al lavoro)* arbeitsuntauglich; 2. JUR nichtig; *m* 3. Invalide *m,* Körperbehinderter *m;* ~ *di guerra* Kriegsversehrter *m*
invano [in'va:no] *adv* vergeblich, umsonst
invariabile [invari'a:bile] *adj* unveränderlich, unabänderlich
invariato [invari'a:to] *adj* unverändert
invasione [inva'zio:ne] *f* 1. MIL Einfall *m,* Invasion *f;* 2. *(fig)* Überflutung *f*
invasore [inva'zo:re] *m* 1. Eindringling *m;* 2. *(conquistatore)* Eroberer *m*
invecchiamento [invekkia'mento] *m* 1. Altern *n;* 2. *(della società)* Überalterung *f;* 3. *(stagionamento del vino)* Lagerung *f*
invecchiare [invek'kia:re] *v* 1. altern, alt werden; 2. *(far diventare vecchio)* alt machen; 3. *(passare di moda)* veralten; 4. *(fig: diventare canuto)* ergrauen; 5. *(vino)* ablagern
invecchiato [invek'kia:to] *adj* 1. gealtert; 2. *(moda)* veraltet
invece [in've:tʃe] *adv* 1. *(in luogo di)* dafür; 2. hingegen; *prep* 3. ~ *di* anstatt, statt
inveire [inve'i:re] *v* fluchen, losziehen
invendibile [inven'di:bile] *adj* unverkäuflich
inventare [inven'ta:re] *v* erfinden
inventario [inven'ta:rio] *m* 1. Inventar *n;* 2. ECO Inventur *f,* Bestandsaufnahme *f;* 3. *(registro)* ECO Bestandsaufnahme *f*
inventato [inven'ta:to] *adj* ausgedacht, erfunden; ~ *di sana pianta* aus der Luft gegriffen
inventiva [inven'ti:va] *f* Fantasie *f,* Erfindungsgabe *f*
inventivo [inven'ti:vo] *adj* erfinderisch
inventore [inven'to:re] *m* Erfinder *m*
invenzione [inven'tsio:ne] *f* Erfindung *f*
invernale [inver'na:le] *adj* winterlich
inverno [in'vɛrno] *m* Winter *m*
inverosimile [invero'si:mile] *adj* unwahrscheinlich, zweifelhaft
inversione [inver'sio:ne] *f* 1. Umkehrung *f,* Umstellung *f;* 2. CHEM Inversion *f*
inverso [in'vɛrso] *adj* 1. umgekehrt, invers; *m* 2. Gegenteil *n*
invertire [inver'ti:re] *v* umkehren; ~ *la polarità* PHYS umpolen
invertito [inver'ti:to] *adj* verkehrt herum
investigare [investi'ga:re] *v* forschen, nachforschen
investigatore [investiga'to:re] *m* Detektiv *m*

investigazione [investigat'tsione] *f* Fahndung, Untersuchung *f; ~ computerizzata* Rasterfahndung *f*
investimento [investi'mento] *m* 1. *FIN* Investition *f;* 2. *(di denaro) FIN* Geldanlage *f; ~ di capitale* Kapitalanlage *f; ~ sbagliato* Fehlinvestition *f;* 3. *(di un pedone)* Anfahren *n,* Überfahren *n;* 4. *(scontro)* Zusammenstoß *m*
investire [inves'tiːre] *v* 1. investieren, hineinstecken; 2. *(denaro) FIN* anlegen; 3. *(ufficio)* bekleiden; 4. *(qd con un veicolo)* anfahren; 5. *(animale)* überfahren
investitore [investi'toːre] *m FIN* Anleger *m*
inviare [invi'aːre] *v* 1. übersenden; 2. *(spedire)* wegschicken; 3. *(mandare)* zuschicken
inviato [invi'aːto] *m* 1. Korrespondent *m;* 2. *POL* Abgesandter *m*
invidia [in'viːdia] *f* Neid *m,* Missgunst *f*
invidiabile [invi'diaːbile] *adj* beneidenswert
invidiare [invi'diaːre] *v* beneiden
invidioso [invi'dioːso] *adj* neidisch, missgünstig
invincibile [invin'tʃiːbile] *adj* unbesiegbar, unüberwindbar
invio [in'viːo] *m* 1. Sendung *f;* 2. *(spedizione)* Versand *m*
inviolabile [invio'laːbile] *adj* 1. unantastbar; 2. *(invulnerabile)* unverletzlich
invischiarsi [inviski'arsi] *v* 1. *(fig)* auf den Leim gehen, hereinfallen; 2. *(impelagarsi)* sich verstricken
invisibile [invi'ziːbile] *adj* unsichtbar
invitare [invi'taːre] *v* 1. *(ospiti)* einladen; *Posso invitarLa?* Darf ich Sie einladen? 2. *(chiedere cortesemente)* auffordern; *Posso invitarLa a questo ballo?* Darf ich zum Tanz bitten?
invitato [invi'taːto] *m* Gast *m*
invito [in'viːto] *m* 1. Einladung *f; Molto grazie per l'~.* Vielen Dank für die Einladung. 2. *(richiesta cortese)* Aufforderung *f*
invocare [invo'kaːre] *v* anflehen; *~ aiuto* um Hilfe rufen
invocazione [invoka'tsioːne] *f* 1. Anrufung *f;* 2. *~ d'aiuto* Hilferuf *m*
invogliare [invoʎ'ʎaːre] *v* anregen, anreizen
involgere [in'vɔldʒere] *v irr* 1. einpacken, einwickeln; 2. *(fig: coinvolgere)* einbeziehen
involontario [involon'taːrio] *adj* 1. unabsichtlich, unbeabsichtigt; 2. *(senza il proprio volere)* unfreiwillig
involtino [invol'tiːno] *m GAST* Roulade *f*
involto [in'vɔlto] *m* 1. Bündel *n;* 2. *(involucro)* Hülle *f*
involucro [in'vɔːlukro] *m* 1. *(protezione)* Umschlag *m;* 2. *(custodia)* Hülle *f,* Umhüllung *f;* 3. *TECH* Gehäuse *n*
involuzione [involu'tsioːne] *f* 1. *(regresso)* Rückschritt *m;* 2. *(complicazione)* Verwicklung *f*
invulnerabile [invulne'raːbile] *adj* unverletzlich, unverwundbar
inzuccarsi [intsuk'karsi] *v* 1. *(fam: ostinarsi)* sich in den Kopf setzen; 2. *(fam: innamorarsi)* sich verlieben; 3. *(fam: ubriacarsi)* sich betrinken
io ['iːo] *pron* ich
iodio [i'ɔːdio] *m CHEM* Jod *n*
iperfunzione [iperfun'tsioːne] *f* Überfunktion *f*
ipersensibile [ipersen'siːbile] *adj* überempfindlich
ipersensibilità [ipersensibili'ta] *f* Überempfindlichkeit *f*
ipnosi [ip'nɔːzi] *f* Hypnose *f*
ipnotizzare [ipnotid'dzaːre] *v* hypnotisieren
ipnotizzatore [ipnotiddza'toːre] *m* Hypnotiseur *m*
ipocrisia [ipokri'ziːa] *f* 1. Heuchelei *f;* 2. *(simulazione di sincerità)* Scheinheiligkeit *f*
ipocrita [i'pɔːkrita] *adj* 1. heuchlerisch, scheinheilig; *m/f* 2. Heuchler(in) *m/f*
ipofunzione [ipofun'tsioːne] *f* Unterfunktion *f*
ipoteca [ipo'tɛːka] *f* Hypothek *f*
ipotesi [ipɔ'teːsi] *f* Hypothese *f*
ipotetico [ipo'tɛːtiko] *adj* hypothetisch
ipotizzare [ipotid'dzaːre] *v* annehmen
ippodromo [ip'pɔːdromo] *m* Pferderennbahn *f,* Rennbahn *f*
ippopotamo [ippo'pɔːtamo] *m ZOOL* Nilpferd *n*
ipsilon ['ipsilon] *m/f* Ypsilon *n*
ira ['iːra] *f* Zorn *m,* Wut *f*

iracondia [ira'kondia] *f* Jähzorn *m*
iracondo [ira'kondo] *adj* jähzornig
Iran [i'ra:n] *m* GEO Iran *m*
Iraq [i'ra:k] *m* GEO Irak *m*
irato [i'ra:to] *adj* erzürnt
Irlanda [ir'landa] *f* GEO Irland *n*
ironia [iro'ni:a] *f* Ironie *f*
irradiare [irradi'a:re] *v* 1. *(calore)* ausstrahlen; 2. *(illuminare)* bestrahlen
irradiazione [irradia'tsio:ne] *f* 1. *(diffusione)* Ausstrahlung *f;* 2. MED Bestrahlung *f*
irrefrenabile [irrefre'na:bile] *adj* unaufhaltsam
irregolare [irrego'la:re] *adj* unregelmäßig, ungleichmäßig
irregolarità [irregolari'ta] *f* Unregelmäßigkeit *f*
irreperibile [irreperi'bi:le] *adj* unauffindbar
irreprensibile [irrepren'si:bile] *adj* einwandfrei, tadellos
irrequietezza [irrekui'tettsa] *f* Rastlosigkeit *f*
irrequieto [irrekui'ɛ:to] *adj (senza pace)* rastlos, unruhig
irresistibile [irresis'ti:bile] *adj* unwiderstehlich
irresponsabile [irrespon'sa:bile] *adj* 1. unverantwortlich; 2. *(privo di responsabilità)* verantwortungslos
irretire [irre'ti:re] *v* umgarnen
irrevocabile [irrevo'ka:bile] *adj* unwiderruflich
irriconoscibile [irrikono'ʃi:bile] *adj* 1. nicht wieder erkennbar; 2. *(dopo un cambiamento)* unkenntlich
irriconoscibilità [irrikonoʃibili'ta] *f* Unkenntlichkeit *f*
irrigare [irri'ga:re] *v* bewässern; *~ le piante* die Pflanzen bewässern
irrigazione [irriga'tsio:ne] *f* Bewässerung *f*
irrigidire [irridʒi'di:re] *v* versteifen
irrigidito [irridʒi'di:to] *adj (dito)* steif
irriguardoso [irriguar'do:so] *adj* schonungslos
irrilevante [irrile'vante] *adj* belanglos, unbedeutend
irrispettoso [irrispet'to:so] *adj* respektlos
irritabile [irri'ta:bile] *adj* reizbar
irritare [irri'ta:re] *v* 1. *~ qd* jdn ärgern, jdn reizen; 2. MED entzünden
irritarsi [irri'tarsi] *v* 1. sich ärgern; 2. MED sich entzünden
irritato [irri'ta:to] *adj* ärgerlich, gereizt
irritazione [irrita'tsio:ne] *f* 1. Ärger *m,* Gereiztheit *f;* 2. MED Reizung *f,* leichte Entzündung *f*
iscrivere [is'kri:vere] *v irr (tesserare)* anmelden
iscriversi [is'kri:versi] *v irr* sich einschreiben, sich anmelden
iscrizione [iskri'tsio:ne] *f* 1. Einschreibung *f,* Anmeldung *f; ~ nel registro commerciale* Eintragung im Handelsregister *f;* 2. *(scritta)* Aufschrift *f;* 3. *(epigrafe)* Inschrift *f*
Islam [iz'la:m] *m* REL Islam *m*
islamico [iz'la:miko] *adj* REL islamisch
islamismo [izla'mizmo] *m* Islamismus *m*
islamista [izla'mista] *m/f* Islamist(in) *m/f*
Islanda [iz'landa] *f* GEO Island *n*
isola ['i:zola] *f* 1. Insel *f; ~ artificiale* Bohrinsel *f; ~ pedonale* Verkehrsinsel *f;* 2. *Isole Britanniche pl* GEO Britische Inseln *pl*
isolamento [izola'mento] *m* 1. Isolation *f; a ~ acustico* schalldicht; *~ termico* Wärmedämmung *f;* 2. *(l'essere isolato)* Isolierung *f;* 3. *(solitudine)* Vereinsamung *f*
isolare [izo'la:re] *v* 1. isolieren; 2. MED absondern
isolato [izo'la:to] *adj* vereinzelt
ispessire [ispes'si:re] *v (fig)* verdichten
ispettorato [ispetto'ra:to] *m* ECO Aufsichtsamt *n*
ispezionare [ispetsio'na:re] *v* 1. besichtigen, kontrollieren; 2. *(dogana)* abfertigen
ispezione [ispe'tsio:ne] *f* Inspektion *f,* Überprüfung *f*
ispirare [ispi'ra:re] *v* inspirieren, anregen
ispirarsi [ispi'rarsi] *v* sich inspirieren
ispirazione [ispira'tsio:ne] *f* Inspiration, Eingebung *f*
Israele [izra'ɛ:le] *m* GEO Israel *n*

istare [is'sa:re] *v* hissen
istantaneo [istan'ta:neo] *adj* augenblicklich
istante [is'tante] *m* Augenblick *m*
istanza [is'tantsa] *f JUR* Instanz *f*
istigare [isti'ga:re] *v* 1. anstiften; 2. *(sobillare)* aufwiegeln
istintivo [istin'ti:vo] *adj* 1. instinktiv, unwillkürlich; 2. *(impulsivo)* triebhaft
istinto [is'tinto] *m* Instinkt *m*, Trieb *m*; ~ *d'autoconservazione* Selbsterhaltungstrieb *m*
istituto [isti'tu:to] *m* 1. Institut *n*, Anstalt *f*; ~ *di medicina tropicale* Tropeninstitut *n*; ~ *culturale* Kulturinstitut *n*; ~ *demoscopico* Meinungsforschungsinstitut *n*; ~ *finanziario* Geldinstitut *n*; ~ *superiore* Hochschule *f*; ~ *di bellezza* Schönheitssalon *m*; 2. *(ente)* Anstalt *f*
istituzione [istitu'tsio:ne] *f* Institution *f*, Einrichtung *f*
istruire [istru'i:re] *v irr* 1. unterweisen; 2. *(guidare, ammaestrare)* anleiten, belehren; 3. *(insegnare)* anlernen; 4. *(formare)* ausbilden
istruirsi [istru'irsi] *v irr* sich bilden
istruito [istru'i:to] *adj* gebildet
istruttivo [istrut'ti:vo] *adj* aufschlussreich, lehrreich
istruttore [istrutto:re] *m* Lehrer *m*; ~ *di guida* Fahrlehrer *m*
istruttoria [istrutto'ri:a] *f JUR* Ermittlung *f*
istruttrice [isttrut'tri:tʃe] *f* Lehrerin *f*
istruzione [istru'tsio:ne] *f* 1. Anleitung *f*, Weisung *f*; *istruzioni per l'uso* Bedienungsanleitung *f*, Gebrauchsanweisung *f*, Betriebsanleitung *f*; 2. *(formazione, addestramento)* Ausbildung *f*; ~ *per adulti* Erwachsenenbildung *f*; ~ *generale* Allgemeinbildung *f*; ~ *scolastica* Schulbildung *f*
istupidimento [istupidi'mento] *m* Verdummung *f*
Italia [i'ta:lia] *f GEO* Italien *n*; ~ *meridionale* Süditalien *n*; ~ *settentrionale* Norditalien *n*
italiana [itali'a:na] *f* Italienerin *f*
italiano [itali'a:no] *adj* 1. italienisch; *m* 2. *(persona)* Italiener *m*; 3. *(lingua)* Italienisch *n*; *Non parlo molto bene l'~.* Ich spreche nicht sehr gut Italienisch.
itinerario [itine'ra:rio] *m* Route *f*; ~ *di viaggio* Reiseroute *f*
itterizia [itte'ri:tsia] *f MED* Gelbsucht *f*
ittico ['ittiko] *adj* Fisch...; *mercato* ~ Fischmarkt *m*
ivi ['i:vi] *adv* dort
jazz [dʒæz] *m MUS* Jazz *m*
jockey ['dʒokei] *m SPORT* Jockey *m*
judo [dʒu'do] *m SPORT* Judo *n*
Jugoslavia [iugos'la:via] *f HIST* Jugoslawien *n*
jugoslavo [iugos'la:vo] *adj HIST* 1. jugoslawisch; *m* 2. Jugoslawe *m*
junior [i'u:nior] *adj* 1. Junior...; *m* 2. Junior *m*
kaki ['ka:ki] *m* 1. *BOT* Kakibaum *m*; *f* 2. *BOT* Kakifrucht *f*; *adj* 3. *(colore)* kakifarben
kilogrammo [kilo'grammo] *m* Kilogramm *n*, Kilo *n*
kimono [ki'mɔ:no] *m* Kimono *m*
kitsch [kitʃ] *m* Kitsch *m*
kiwi ['ki:vi] *f BOT* Kiwi *f*
kursaal ['ku:rza:l] *m* Kursaal *m*

L

la [la] *art* die; *pron* 2. das, dieses
là [la] *adv* 1. *(lì)* dahin, dorthin; 2. *(moto a luogo)* hin; 3. *(stato in luogo)* dort, da; *al di ~* jenseits; *di ~* da drüben
labbro ['labbro] *m* Lippe *f*
labile ['la:bile] *adj* labil
labilità [labili'ta] *f* Labilität *f*
labirinto [labi'rinto] *m* 1. Labyrinth *n;* 2. *(di strade)* Gewirr *n*
laboratorio [labora'tɔ:rio] *m* 1. Labor *n;* 2. *(officina)* Werkstatt *f*
laborioso [labori'o:so] *adj* 1. fleißig; 2. *(faticoso)* anstrengend, schwierig
lacca ['lakka] *f* 1. Lack *m;* 2. *~ per i capelli* Haarspray *n*
laccare [lak'ka:re] *v* lackieren
lacchè [lak'kɛ] *m* 1. Diener *m;* 2. *(in senso spregiativo)* Lakai *m*
laccio ['lattʃo] *m* 1. Schlinge *f;* 2. Schnürsenkel *m*
lacerare [latʃe'ra:re] *v* zerreißen
lacerazione [latʃera'tsio:ne] *f* 1. Zerreißung *f;* 2. *MED* Geweberiss *m;* 3. *(fig)* herzzerreißender Schmerz *m*
laconico [la'kɔ:niko] *adj* 1. lakonisch; 2. *(di poche parole)* wortkarg
lacrima ['la:krima] *f* Träne *f*
lacrimare [lakri'ma:re] *v* tränen
lacrimogeno [lakri'mɔ:dʒeno] *adj* Tränen…; *gas ~* Tränengas *n*
lacrimoso [lakri'mo:so] *adj* 1. rührselig; 2. *(occhi)* verweint
lacuna [la'ku:na] *f* Lücke *f; ~ culturale* Bildungslücke *f*
lacunoso [laku'no:so] *adj* lückenhaft
ladro ['la:dro] *m* Dieb *m; Al ~!* Haltet den Dieb!
laggiù [lad'dʒu] *adv* dort unten
laghetto [la'getto] *m* Weiher *m*
lagnanza [laɲ'ɲantsa] *f* Beschwerde *f*
lagnarsi [laɲ'ɲarsi] *v* jammern
lago ['la:go] *m* See *m; ~ di Costanza* Bodensee *m; ~ di Garda* Gardasee *m*
laguna [la'gu:na] *f GEOL* Lagune *f*
laico ['la:iko] *adj* 1. *(non ecclesiastico)* weltlich; *m* 2. *REL* Laie *m*

lama[1] ['la:ma] *f* Klinge *f*
lama[2] ['la:ma] *m ZOOL* Lama *n*
lambiccarsi [lambik'karsi] *v ~ il cervello* grübeln, sich den Kopf zerbrechen
lambire [lam'bi:re] *v* lecken
lamella [la'mɛlla] *f* Lamelle *f*
lamentare [lamen'ta:re] *v* klagen
lamentarsi [lamen'tarsi] *v* sich beklagen
lamentela [lamen'tɛ:la] *f* Klage *f*
lamentevole [lamen'te:vole] *adj* kläglich
lamento [la'mento] *m* 1. Klage *f,* Gejammer *n;* 2. *lamenti pl* Gejammer *n*
lamentoso [lamen'to:so] *adj* kläglich
lametta [la'metta] *f* Rasierklinge *f*
lamiera [lami'ɛ:ra] *f* Blech *n; ~ del forno* Backblech *n; ~ di protezione* Schutzblech *n*
lamierista [lamie'rista] *m* Metallschmied *m*
lamina ['la:mina] *f* Blatt *n,* Folie *f*
laminare [lami'na:re] *v TECH* walzen
lampada ['lampada] *f* Lampe *f; ~ da tavolo* Tischlampe *f; ~ a stelo* Stehlampe *f; ~ solare* Höhensonne *f; ~ tascabile* Taschenlampe *f*
lampadario [lampa'da:rio] *m* Kronleuchter *m,* Lüster *m*
lampadina [lampa'di:na] *f* 1. *(elettrica)* Glühbirne *f;* 2. *~ a risparmio energetico* Energiesparlampe *f*
lampante [lam'pante] *adj* 1. funkelnd, leuchtend; 2. *(fig)* offenbar
lampeggiamento [lampeddʒa'mento] *m (di una macchina)* Lichthupe *f*
lampeggiare [lamped'dʒa:re] *v* 1. abblitzen; 2. *(macchina)* blinken
lampeggiatore [lampeddʒa'to:re] *m* 1. *(di una macchina)* Blinker *m;* 2. *lampeggiatori di emergenza pl* Warnblinkanlage *f*
lampioncino [lampion'tʃi:no] *m* Lampion *m*
lampo ['lampo] *m* 1. Blitz *m; ~ di genio* Geistesblitz *m; veloce come un ~*

blitzschnell; 2. *(attimo)* Moment *m; in un ~* im Nu
lampone [lam'poːne] *m BOT* Himbeere *f*
lana ['laːna] *f* Wolle *f; ~ d'acciaio* Stahlwolle *f; ~ di pecora* Schafwolle *f; ~ di vetro* Glaswolle *f*
lancetta [lan'tʃetta] *f* Zeiger *m; ~ dell'orologio* Uhrzeiger *m*
lancia ['lantʃa] *f* Lanze *f,* Wurfspeer *m*
lanciare [lan'tʃaːre] *v* 1. schleudern, werfen; 2. *(pallone)* schießen; 3. *~ frecciate (fig)* sticheln
lanciarsi [lan'tʃarsi] *v* sich stürzen; *~ contro qd* sich auf jdn stürzen
lancinante [lantʃi'nante] *adj* stechend
lancio ['lantʃo] *m* 1. Werfen *n,* Wurf *m;* 2. *(salto)* Sprung *m;* 3. *SPORT* Wurf *m;* 4. *(pubblicitario) ECO* Lancierung *f,* Einführung *f*
landa ['landa] *f* 1. *GEO* Heide *f;* 2. *(pianura) GEO* Ebene *f*
laneria [lane'riːa] *f (articoli di lana)* Wollwaren *pl*
languido ['laŋguido] *adj* 1. schwach, matt, kraftlos; 2. *(tenero)* schmachtend, sehnsüchtig; 3. *(fig)* matt, schwach; 4. *ECO* flau, gedrückt
languire [laŋgu'iːre] *v* dahinsiechen
lanificio [lani'fiːtʃo] *m* Wollweberei *f*
lanterna [lan'tɛrna] *f* Laterne *f*
lapide ['laːpide] *f* Grabstein *m*
lapis ['laːpis] *m* Bleistift *m*
lappola ['lappola] *f BOT* Klette *f*
laptop ['lɛptɔp] *m* Laptop *m,* Notebook *m*
lardellare [lardel'laːre] *v GAST* spicken
lardo ['lardo] *m GAST* Speck *m*
larghezza [lar'gettsa] *f* 1. Breite *f;* 2. *(ampiezza)* Weite *f,* Geräumigkeit *f;* 3. *~ di banda TECH* Bandbreite *f;* 4. *(fig: generosità)* Großzügigkeit *f*
largo ['largo] *adj* 1. breit; 2. *(ampio)* weit; 3. *(spazioso)* geräumig; 4. *(fig: generoso)* großzügig
larice ['laːritʃe] *m BOT* Lärche *f*
laringe [la'rindʒe] *f ANAT* Kehlkopf *m*
laringite [larin'dʒiːte] *f ANAT* Kehlkopfentzündung *f*
larva ['larva] *f ZOOL* Larve *f*
lasciapassare [laʃʃapas'saːre] *m* Passierschein *m*
lasciare [laʃ'ʃaːre] *v* 1. lassen; *lasciar entrare* hereinlassen; *lasciar andare (permettere di andare)* weglassen; *lasciar cadere qd (fig)* jdn fallen lassen; *~ aperto* offen lassen; *~ indietro* zurücklassen; *~ indifferente (fam)* kalt lassen; *~ in pace* in Ruhe lassen; *~ libero* aussparen; *~ scappare un segreto (fam)* sich verplappern; 2. *(cedere)* vermachen; 3. *(abbandonare)* verlassen; 4. *(consegnare)* überlassen; 5. *(resto)* übrig lassen; 6. *(in testamento)* hinterlassen
lasciarsi [laʃ'ʃarsi] *v* 1. sich trennen, auseinander gehen; 2. *~ andare* sich gehen lassen; 3. *~ cogliere dal panico* in Panik geraten
lascito [laʃ'ʃiːto] *m* Hinterlassenschaft *f*
lasco ['lasko] *adj* schlapp
lassù [las'su] *adv* da oben
lastra ['lastra] *f* 1. Platte *f; ~ di marmo* Marmortafel *f; ~ di vetro* Glasscheibe *f,* Fensterscheibe *f;* 2. *MED* Röntgenaufnahme *f*
lastricato [lastri'kaːto] *adj* 1. gepflastert; *m* 2. Straßenpflaster *n*
latente [la'tɛnte] *adj* 1. verborgen; 2. *PSYCH* latent
laterale [late'raːle] *adj* 1. seitlich, Seiten…; *porta ~* Seiteneingang *m;* 2. *(fig)* Neben…; *strada ~* Nebenstraße *f*
latifoglia [lati'fɔʎʎa] *f BOT* Laubbaum *m*
latino [la'tiːno] *m* 1. Latein *n; adj* 2. lateinisch
latitante [lati'tante] *adj* 1. flüchtig; 2. *(nascosto)* verborgen; *m/f* 3. Flüchtige(r) *m/f*
latitanza [lati'tantsa] *f* Flüchtigsein *n,* Flucht *f,* Verborgensein *n; darsi alla ~* sich verbergen, flüchtig werden
latitudine [lati'tuːdine] *f GEO* Breite *f*
lato ['laːto] *m* 1. Seite *f; da un ~* einerseits; *~ anteriore* Vorderseite *f; ~ posteriore* Rückseite *f; ~ inferiore* Unterseite *f; sul ~ destro/sul ~ sinistro* auf der rechten Seite/auf der linken Seite; 2. *(tratto tipico)* Wesenszg *m; ~ negativo* Schattenseite *f; adj* 3. *(fig)* weit; *in senso ~* im weiteren Sinne
latrare [la'traːre] *v* bellen, kläffen
latrato [la'traːto] *m* Gebell *n*
latrina [la'triːna] *f (gabinetto)* Abort *m*

latta ['latta] *f* 1. Blech *n;* 2. *(tanica)* Kanister *m*
lattaio [lat'taːio] *m* Milchmann *m,* Milchhändler *n*
lattante [lat'tante] *m* Säugling *m*
latte ['latte] *m* Milch *f; ~ di mucca* Kuhmilch *f; ~ di capra* Ziegenmilch *f; ~ in polvere* Milchpulver *n; ~ scremato* Magermilch *f; ~ condensato* Kondensmilch *f; ~ intero* Vollmilch *f*
latteo ['latteo] *adj* milchartig, Milch...; *via lattea* Milchstraße *f*
latteria [latte'riːa] *f* 1. Molkerei *f;* 2. *(negozio)* Milchhandlung *f*
latticino [latti'tʃiːno] *m* GAST Milchprodukt *n*
lattina [lat'tiːna] *f* Dose *f*
lattoniere [lattoni'ɛːre] *m* Spengler *m,* Klempner *m*
lattuga [lat'tuːga] *f* BOT Lattich *m; ~ cappuccina* BOT Kopfsalat *m*
lattughella [lattu'gɛlla] *f* BOT Feldsalat *m*
laurea ['laːurea] *f* 1. Hochschulabschluss *m;* 2. *(dottorato)* Doktortitel *m*
laurearsi [laure'arsi] *v* 1. einen Hochschulabschluss machen; 2. *(conseguire il dottorato)* promovieren
laureato [laure'aːto] *adj* 1. akademisch ausgebildet; *m* 2. Akademiker *m*
lava ['laːva] *f* GEOL Lava *f*
lavabile [la'vaːbile] *adj* waschbar
lavabo [la'vaːbo] *m* Waschbecken *n*
lavaggio [la'vaddʒo] *m* 1. *(lavare)* Waschen *n,* Reinigung *f;* 2. MED Spülung *f*
lavagna [la'vaɲɲa] *f* Tafel *f*
lavanda[1] [la'vanda] *f* BOT Lavendel *m*
lavanda[2] [la'vanda] *f (lavaggio)* Waschung *f*
lavanderia [lavande'riːa] *f* Wäscherei *f*
lavandino [lavan'diːno] *m* Waschbecken *n*
lavapiatti [lavapi'atti] *m* Küchengehilfe *m,* Tellerwäscher *m*
lavare [la'vaːre] *v* 1. abwaschen; *~ qc* etw waschen; 2. *(stoviglie)* spülen
lavarsi [la'varsi] *v* sich waschen
lavastoviglie [lavasto'viʎʎe] *f* Geschirrspülmaschine *f*
lavatoio [lava'toːio] *m* Waschraum *m*
lavatrice [lava'triːtʃe] *f* Waschmaschine *f*
lavello [la'vɛllo] *m* Spülbecken *n*
lavorante [lavo'rante] *m/f* Geselle/Gesellin *m/f,* Arbeiter(in) *m/f*
lavorare [lavo'raːre] *v* 1. arbeiten; 2. *(legno, metallo)* bearbeiten, bebauen; *~ la terra* das Feld bestellen; 3. TECH bearbeiten; 4. *~ troppo* sich überarbeiten
lavorato [lavo'raːto] *adj* 1. bearbeitet, ausgeführt; 2. *~ a mano* handgearbeitet
lavoratore [lavora'toːre] *m* 1. Arbeiter *m; ~ dipendente* Arbeitnehmer *m; ~ del porto* Hafenarbeiter *m; ~ edile* Bauarbeiter *m;* 2. *(chi esercita un mestiere)* Erwerbstätiger *m*
lavorazione [lavora'tsioːne] *f* 1. Bearbeitung *f; ~ su misura* Maßarbeit *f;* 2. *(di legno, di metallo)* Verarbeitung *f;* 3. *(produzione)* Herstellung *f*
lavoro [la'voːro] *m* 1. Arbeit *f; ~ a orario ridotto* Kurzarbeit *f; ~ a tempo definito* Zeitarbeit *f; ~ a tempo parziale* Teilzeitbeschäftigung *f; ~ a domicilio* Heimarbeit *f; ~ a turni* Schichtarbeit *f; ~ abusivo* Schwarzarbeit *f; ~ d'ufficio* Büroarbeit *f; ~ di squadra* Teamarbeit *f; ~ manuale* Handarbeit *f; ~ nero* Schwarzarbeit *f; ~ occasionale* Gelegenheitsarbeit *f; ~ pesante* Schwerarbeit *f; ~ qualificato* Wertarbeit *f; ~ stagionale* Saisonarbeit *f; ~ a cottimo* Akkordarbeit *f; ~ di casa* Hausarbeit *f;* 2. THEAT Stück *n*
lazzaretto [laddza'retto] *m* MIL Lazarett *n*
leale [le'aːle] *adj* 1. aufrichtig; 2. *(fedele ai patti)* loyal
lealtà [leal'ta] *f* Loyalität *f,* Offenheit *f*
leasing ['liːziŋ] *m* Leasing *n*
lecca-lecca ['lekka'lekka] *m* GAST Lutscher *m*
leccare [lek'kaːre] *v* lecken, schlecken
leccarsi [lek'karsi] *v* 1. ZOOL sich lecken; 2. *~ le dita (fig)* sich die Finger lecken
leccornia [lekkor'niːa] *f* 1. GAST Schleckerei *f;* 2. *(cibo prelibato)* Delikatesse *f*
lecito ['leːtʃito] *adj* zulässig, erlaubt
LED [lɛd] *m* TECH LED *f; lampada ~* LED-Lampe *f*
ledere ['lɛːdere] *v irr* 1. schädigen; 2. MED verletzen
lega ['leːga] *f* 1. Liga *f,* Bund *m; ~ nazionale* Nationalliga *f;* 2. MET Legierung *f*

legale [le'ga:le] *adj* 1. gesetzlich, legal; 2. *(conforme alla legge)* rechtmäßig; 3. *(giudiziario)* gerichtlich; 4. *(del diritto)* rechtlich; *via ~* Rechtsweg *m; m* 5. *JUR* Rechtsvertreter *m*

legalità [legayli'ta] *f* 1. Legalität *f;* 2. *JUR* Rechtsgültigkeit *f*

legalizzare [legalid'dz:are] *v* legalisieren

legame [le'ga:me] *m* 1. *(fig)* Band *n;* 2. *(nesso)* Zusammenhang *m*

legare [le'ga:re] *v* 1. anbinden, binden; *~ con una corda* anseilen; 2. *(congiungere)* verbinden; 3. *(allacciare)* zubinden; 4. *(fig)* einbinden; 5. *(attaccare)* knüpfen

legarsi [le'garsi] *v* sich verbinden, sich binden; *~ a qd* sich mit jdm verbinden

legato [le'ga:to] *adj* 1. verbunden; 2. *(fig)* gebunden; *m* 3. *JUR* Vermächtnis *n*

legatore [lega'to:re] *m* Buchbinder *m*

legge ['leddʒe] *f* 1. Gesetz *n; ~ a tutela della gioventù* Jugendschutzgesetz *n; ~ sull'aborto* Abtreibungsgesetz *n; ~ fondamentale* Grundgesetz *n;* 2. *(diritto)* Recht *n;* 3. *(scienza) JUR* Rechtswissenschaft *f*

leggendario [leddʒen'da:rio] *adj* sagenhaft, legendär

leggere ['lɛddʒere] *v irr* 1. lesen; 2. *(fig)* ablesen; 3. *(ad alta voce) ~ qc a qd* jdm etw vorlesen; 4. *INFORM* abtasten

leggerezza [leddʒe'rettsa] *f (spontaneità)* Leichtigkeit *f,* Unbeschwertheit *f*

leggero [led'dʒɛ:ro] *adj* 1. *(non pesante)* leicht; *~ come una piuma* federleicht; 2. *(delicato)* sanft; 3. *(superficiale)* locker; 4. *(esiguo)* leicht; *avere un ~ dolore* leichte Schmerzen haben; *un caffè ~* ein schwacher Kaffee *m;* 5. *(libero da preoccupazioni)* unbeschwert; 6. *(fig: senza problemi)* spielerisch; 7. *atletica leggera SPORT* Leichtathletik *f*

leggiadria [leddʒa'dri:a] *f* Anmut *f*

leggiadrissimo [leddʒa'drissimo] *adj* höchst anmutig

leggiadro [led'dʒa:dro] *adj* anmutig

leggibile [led'dʒi:bile] *adj* leserlich

legione [le'dʒo:ne] *f MIL* Legion *f*

legislativo [ledʒisla'ti:vo] *adj* gesetzgebend

legislatore [ledʒisla'to:re] *m* Gesetzgeber *m*

legislatura [ledʒisla'tu:ra] *f* Legislaturperiode *f*

legislazione [ledʒisla'tsio:ne] *f* 1. *POL* Gesetzgebung *f;* 2. *(potere legislativo) POL* Legislative *f*

legittimare [ledʒitti'ma:re] *v* legitimieren

legittimazione [ledʒittima'tsio:ne] *f* Legitimation *f*

legittimità [ledʒittimi'ta] *f* Legitimität

legittimo [le'dʒittimo] *adj* 1. *JUR* legitim, rechtmäßig; 2. *legittima difesa* Notwehr *f*

legna ['leɲɲa] *f* Holz *n; ~ da ardere* Brennholz *n*

legname [leɲ'ɲa:me] *m ~ da costruzione* Bauholz *n*

legno ['leɲɲo] *m* Holz *n; di ~* hölzern; *~ pregiato* Edelholz *n*

legnoso [leɲ'ɲo:so] *adj (fig)* hölzern

legume [le'gu:me] *m BOT/GAST* Hülsenfrucht *f*

leguminose [legumi'no:se] *f/pl BOT* Hülsenfrüchtler *pl*

lei [lɛ:i] *pron* sie; *per ~* ihretwegen

Lei [lɛ:i] *pron* Sie; *per ~* Ihretwegen; *a ~* zu Ihnen

lembo ['lembo] *m* Rand *m,* Saum *m*

lemma ['lɛmma] *m* Stichwort *n*

lena ['le:na] *f* Kraft *f; di buona ~* tüchtig

lenire [le'ni:re] *v (mitigare)* mildern

lente ['lɛnte] *f* 1. Linse *f; ~ di ingrandimento* Vergrößerungsglas *n; ~ focale* Brennglas *n; ~ da occhiali* Brillenglas *n; ~ a contatto* Kontaktlinse *f;* 2. *(per ingrandire)* Lupe *f;* 3. *lenti pl (da occhiali)* Brillengläser *pl;* 4. *lenti pl (a contatto)* Kontaktlinsen *pl*

lentezza [len'tettsa] *f* 1. Langsamkeit *f;* 2. *(pigrizia)* Trägheit *f*

lenticchia [len'tikkia] *f BOT/GAST* Linse *f*

lentiggine [len'tiddʒine] *f* Sommersprosse *f*

lento ['lɛnto] *adj* 1. langsam; 2. *(non saldo)* locker; 3. *(fiacco)* schlaff; 4. *(pigro)* träge

lenza ['lɛntsa] *f* Angelschnur *f*

lenzuolo [lentsu'ɔ:lo] *m* Laken *n,* Bettlaken *n; ~ funebre* Leichentuch

leone [le'o:ne] *m ZOOL* Löwe *m*

leopardo [leo'pardo] *m* ZOOL Leopard *m*
lepidio [le'piːdio] *m* BOT Kresse *f*
lepre ['lɛːpre] *m* ZOOL Hase *m*
lesbico ['lɛzbiko] *adj* lesbisch
lesionare [lezio'naːre] *v* 1. beschädigen; 2. MED verletzen
lesione [lezi'oːne] *f* 1. Verletzung *f*; ~ *personale* Körperverletzung *f*; 2. *(danneggiamento)* Beschädigung *f*
lessico ['lɛssiko] *m* 1. Lexikon *n*; 2. *(insieme dei vocaboli di una lingua)* Wortschatz *m*
lesso ['lesso] *adj* 1. GAST gekocht; *m* 2. GAST Suppenfleisch *n*
letale [le'taːle] *adj* tödlich
letamaio [leta'maːio] *m* Misthaufen *m*
letame [le'taːme] *m* Mist *m*
letargo [le'targo] *m* ZOOL Winterschlaf *m*
letizia [le'tiːtsia] *f* Freude *f*, Fröhlichkeit *f*
lettera ['lɛttera] *f* 1. Brief *m*, Schreiben *n*; ~ *d'amore* Liebesbrief *m*;~ *di ringraziamento* Dankschreiben *n*; ~ *di risposta* Antwortschreiben *n*; ~ *di un lettore* Leserbrief *m*; ~ *monitoria* Mahnschreiben *n*; ~ *raccomandata* Einschreibebrief *m*; *per* ~ schriftlich; ~ *di vettura* Frachtbrief *m*; 2. *(la risposta ad un annuncio)* Zuschrift *f*; 3. *(dell'alfabeto)* Buchstabe *m*; ~ *iniziale* Anfangsbuchstabe *m*; *alla* ~ wörtlich
letterale [lette'raːle] *adj* 1. buchstäblich, wörtlich; 2. *(alla lettera)* wörtlich
letterario [lette'raːrio] *adj* literarisch
letterato [lette'raːto] *adj* 1. gebildet; *m* 2. gebildeter Mensch *m*, Gelehrter *m*
letteratura [lettera'tuːra] *f* Literatur *f*; ~ *dozzinale* Trivialliteratur *f*; ~ *specializzata* Fachliteratur *f*; ~ *amena* Belletristik *f*
letto ['lɛtto] *m* 1. Bett *n*; ~ *a due piazze* Doppelbett *n*; ~ *da bambini* Gitterbett *n*; ~ *di morte* Totenbett *n*; ~ *di piume* Daunenbett *n*; ~ *matrimoniale* Ehebett *n*; ~ *ribaltabile* Klappbett *n*; ~ *singolo* Einzelbett *n*; *letti separati* getrennte Betten *pl*; 2.~ *ungueale* ANAT Nagelbett *n*; 3. *(di fiume)* Bett *n*
lettore [let'toːre] *m* 1. Leser *m*; 2. *(di università, di una casa editrice)* Lektor *m*; 3. ~ *di dischetti* INFORM Diskettenlaufwerk *n*, Laufwerk *n*; 4. ~ *compact* CD-Spieler *m*
lettura [let'tuːra] *f* 1. Lesung *f*, Vorlesung *f*; 2. POL Lesung *f*; 3. *(libro da leggere)* Lektüre *f*
leva ['lɛːva] *f* 1. TECH Hebel *m*; ~ *del cambio* Knüppel *m*; ~ *di comando* Schalthebel *m*; 2. MIL Einberufung *f*
levante [le'vante] *adj* 1. aufgehend; *m* 2. GEO Osten *m*
levare [le'vaːre] *v* 1. heben, aufheben; 2. *(togliere)* abziehen; ~ *con violenza* herausbrechen; ~ *via* wegnehmen; 3. ~ *di mezzo* beseitigen; 4. *(raccattare)* aufheben
levarsi [le'varsi] *v* 1. aufstehen, sich erheben; ~ *dai piedi* abwimmeln; 2. *(alzarsi)* aufkommen; 3. ~ *i vestiti* sich ausziehen; 4. *(sole)* aufgehen
levata [le'vaːta] *f* 1. Aufstehen *n*; 2. *(del sole)* Sonnenaufgang *m*
levatrice [leva'triːtʃe] *f* Hebamme *f*
levatura [leva'tuːra] *f* *(fig: intelligenza)* Format *n*
levigare [levi'gaːre] *v* 1. polieren; 2. TECH schleifen
lezione [le'tsioːne] *f* 1. Unterricht *m*, Unterrichtsstunde *f*; 2. *(avviso)* Lehre *f*; 3. *(capitolo)* Lektion *f*
lì [li] *adv* da, dort, dahin, dorthin; ~ *dietro* dahinter; ~ *per* ~ im ersten Moment; *e giù di* ~ und so weiter; *essere* ~ ~ *per fare qc* im Begriff sein, etw zu tun
Libano ['liːbano] *m* GEO Libanon *m*
libellula [li'bɛllula] *f* ZOOL Libelle *f*
liberale [libe'raːle] *adj* 1. liberal; 2. *(generoso)* großzügig; 3. *(di mente ~)* tolerant
liberalismo [libera'lizmo] *m* POL Liberalismus *m*
liberare [libe'raːre] *v* 1. befreien; 2. *(lasciar libero)* loslassen; 3. *(salvare)* erlösen; 4. *(dispensare)* entbinden; 5. SPORT abspielen
liberarsi [libe'rarsi] *v* 1. *(disimpegnarsi)* sich frei machen; 2. *(fam: disfarsi)* loswerden; 3. *(fig)* ablegen
liberazione [libera'tsioːne] *f* 1. Befreiung *f*; 2. *(da malattie)* Erlösung *f*; 3. *(rilascio)* Freigabe *f*
libero ['liːbero] *adj* 1. frei; ~ *dal gran*

L

caldo hitzefrei; 2. *(vacante)* unbesetzt; *È ancora ~ un posto qui?* Ist hier noch ein Platz frei? 3. *(gratis)* frei, kostenlos; *ingresso ~* freier Eintritt *m;* 4. *(vuoto)* leer; 5. *(indipendente)* unabhängig; *~ professionista* Freiberufler *m; commercio ~* Freihandel *m; ~ da impegni* abkömmlich; 6. *(non vincolato) essere ~ da qc* einer Sache ledig sein

libertà [liber'ta] *f* 1. Freiheit *f; ~ di decidere* Entscheidungsfreiheit *f; ~ di movimento* Bewegungsfreiheit *f; ~ di stampa* Pressefreiheit *f; ~ di religione* Religionsfreiheit *f; ~ di pensiero* Gedankenfreiheit *f; ~ di spostamento* Spielraum *m;* 2. *(liberalità)* Freizügigkeit *f;* 3. *(indipendenza)* Unabhängigkeit *f*

libertino [liber'tiːno] *m* 1. Wüstling *m;* 2. *(libero pensatore)* HIST Freigeist *m; adj* 3. ausschweifend

Libia ['liːbia] *f* GEO Libyen *n*

libidine [li'biːdine] *f* 1. Lüsternheit *f;* 2. PSYCH Libido *f*

libraio [li'braːio] *m* Buchhändler *m*

libreria [libre'riːa] *f* 1. Buchhandlung *f;* 2. *(mobile)* Bücherschrank *m,* Bücherregal *n*

libretto [li'bretto] *m* 1. *~ degli assegni* FIN Scheckbuch *n; ~ di risparmio* Sparbuch *n;* 2. *~ di circolazione* Kraftfahrzeugschein *m;* 3. MUS Operntextbuch *n*

libro [li':bro] *m* Buch *n; ~ di canzoni* Liederbuch *n; ~ di lettura* Lesebuch *n; ~ di preghiere* Gebetbuch *n; ~ genealogico* Stammbuch *n; ~ illustrato* Bilderbuch *n; ~ tascabile* Taschenbuch *n; ~ giallo* Kriminalroman *m; parlare come un ~ stampato (fam)* reden wie ein Buch

licenza [li'tʃɛntsa] *f* Lizenz *f,* Genehmigung *f; ~ d'importazione* Einfuhrgenehmigung *f; ~ di esercizio* Gewerbeschein *m; ~ di esportazione* Ausfuhrgenehmigung *f*

licenziamento [litʃentsia'mento] *m* 1. Kündigung *f;* 2. *(di un operaio)* Entlassung *f; ~ in massa* Massenentlassung *f*

licenziare [litʃen'tsiaːre] *v* 1. kündigen; 2. *(operaio)* entlassen

licenziarsi [litʃen'tsiarsi] *v* kündigen

licenzioso [litʃen'tsioːso] *adj* zügellos

liceo [li'tʃɛːo] *m* Gymnasium *n*

lido ['liːdo] *m* Strand *m*

lietissimo [lie'tissimo] *adj* hocherfreut

lieto ['liɛːto] *adj* 1. erfreut; *Lieto di conoscerla.* Es freut mich, Sie kennen zu lernen. 2. *(contento)* heiter, froh; *un evento ~* ein freudiges Ereignis *n*

lieve ['liɛːve] *adj* leicht, geringfügig

lievitare [lievi'taːre] *v* 1. *(pasta)* GAST aufgehen; 2. ECO ansteigen

lievito ['liɛːvito] *m* Hefe *f*

lift [lift] *m* Lift *m*

lifting ['liftiŋ] *m* Lifting *n; fare il ~* liften

lignite [li'ɲiːte] *f* MIN Braunkohle *f*

Liguria [li'guːria] *f* GEO Ligurien *n*

lilla ['lilla] *adj* 1. lila; *m* 2. BOT Flieder *m*

lima ['liːma] *f* Feile *f*

limare [li'maːre] *v* feilen

limatura [lima'tuːra] *f* Span *m*

limetta [li'metta] *f ~ da unghie* Nagelfeile *f*

limitare [limi'taːre] *v* 1. begrenzen; 2. *(restringere)* beschränken, einschränken; 3. *(fig)* zurückstecken

limitarsi [limi'tarsi] *v* 1. *(fam: fare economia)* kurz treten; 2. *~ a* sich beschränken auf

limitato [limi'taːto] *adj* 1. beschränkt; *~ nel tempo* befristet; 2. *(ottuso)* borniert; 3. *(gretto)* kleinlich

limitazione [limita'tsioːne] *f* Begrenzung *f,* Beschränkung *f; ~ di vendita* ECO Absatzbeschränkung *f*

limite ['liːmite] *m* 1. Grenze *f; ~ d'età* Altersgrenze *f;* 2. *(fig)* Grenzbereich *m,* Grenze *f; ~ d'inibizione* Hemmschwelle *f;* 3. *~ di velocità* Tempolimit *n;* 4. *limiti pl (di validità)* Geltungsbereich *m*

limitrofo [li'miːtrofo] *adj* benachbart

limo ['liːmo] *m* 1. Schlamm *m;* 2. GEO Schlick *m*

limonata [limo'naːta] *f* Zitronenlimonade *f*

limone [li'moːne] *m* Zitrone *f*

limousine [lɪmu'ziːn] *f* Limousine *f*

limpidezza [limpi'dettsa] *f* Klarheit *f*

limpido ['limpido] *adj* 1. klar; 2. *(suono)* hell; 3. *(chiaro)* rein; 4. *(tralucente)* glasklar

lince ['lintʃe] *f* ZOOL Luchs *m*

linciaggio [lin'tʃaddʒo] *m* Lynchjustiz *f*

linciare [lin'tʃaːre] *v* lynchen

lindo ['lindo] *adj* sauber, rein

linea ['li:nea] *f* 1. Linie *f;* ~ *elettrica* elektrische Leitung *f;* ~ *ferroviaria* Bahnlinie *f;* ~ *d'aria* Luftlinie *f; Quale* ~ *parte per ...?* Welche Linie fährt nach ...? 2. *(tratto)* Strich *m;* 3. ~ *retta* MATH Gerade *f;* 4. *(riga)* Zeile *f;* 5. ~ *telefonica* Telefonleitung; ~ *telefonica di rete fissa* TEL Festnetzanschluss *m*

lineamenti [linea'menti] *m/pl* ~ *del volto* Gesichtszüge *pl*

lineare [line'a:re] *adj* 1. linear; 2. *(fig)* geradlinig

lineetta [line'etta] *f* 1. Bindestrich *m;* 2. ~ *di sospensione* Gedankenstrich *m*

lingotto [liŋ'gɔtto] *m (d'oro)* Barren *m*

lingua ['liŋgua] *f* 1. Sprache *f;* ~ *straniera* Fremdsprache *f;* ~ *corrente/~ parlata* Umgangssprache *f;* ~ *nazionale* Landessprache *f;* ~ *madre* Muttersprache *f;* 2. ANAT Zunge *f; dalla* ~ *biforcuta* doppelzüngig; 3. ~ *di terra* GEO Landzunge *f*

linguaggio [liŋ'guaddʒo] *m* Sprache *f;* ~ *tecnico* TECH Fachsprache *f;* ~ *di programmazione* INFORM Programmiersprache *f;* ~ *dei sordomuti* Taubstummensprache *f;* ~ *incomprensibile* Kauderwelsch *n*

linguetta [liŋ'guetta] *f* 1. kleine Zunge *f;* 2. MUS Rohrblatt *n;* 3. TECH Feder *f*

linguista [liŋ'guista] *m/f* Sprachforscher(in) *m/f*

linguistico [liŋ'guistiko] *adj* sprachlich, Sprach...

lino ['li:no] *m* 1. Leinen *n;* 2. BOT Flachs *m*

liquefare [likue'fa:re] *v* verflüssigen

liquefarsi [likue'farsi] *v* flüssig werden

liquidare [likui'da:re] *v* 1. *(fig)* kaltstellen; 2. *(sistemare)* erledigen; 3. *(conto)* ECO ausgleichen; 4. *(azienda)* ECO liquidieren; 5. *(articolo)* ausverkaufen

liquidazione [likuida'tsio:ne] *f* 1. ECO Auflösung *f,* Liquidation *f;* ~ *totale* Räumungsverkauf *m;* ~ *di fine inverno* Winterschlussverkauf *m;* 2. *(di un conto)* ECO Abrechnung *f*

liquidità [likuidi'ta] *f* 1. *(stato liquido)* Flüssigkeit *f;* 2. ECO Liquidität *f;* 3. *(denaro in contanti)* ECO Bargeld *n*

liquido ['li:kuido] *adj* 1. flüssig; *soldi liquidi* ECO flüssige Mittel *pl; m* 2. Flüssigkeit *f;* ~ *per freni* Bremsflüssigkeit *f*

liquirizia [likui'ri:tsia] *f* Lakritze *f*

liquore [li'kuo:re] *m* Likör *m*

lira[1] ['li:ra] *f* HIST Lira *f;* ~ *sterlina* Pfund *n*

lira[2] ['li:ra] *f* MUS Lyra *f*

lirica ['li:rika] *f* 1. *(poesia)* LIT Lyrik *f;* 2. MUS Opernmusik *f*

lirico ['li:riko] *adj* 1. LIT lyrisch; 2. *cantante* ~ Opernsänger *m; m* 3. *(poeta)* Lyriker *m*

lisca ['liska] *f* ~ *di pesce* Fischgräte *f*

lisciare [liʃ'ʃa:re] *v* glätten

liscio ['liʃʃo] *adj* 1. *(senza pieghe)* glatt; 2. *(fig: senza problemi)* reibungslos; 3. *(senza aggiunte)* GAST pur; 4. *passarla liscia (fig)* ungestraft bleiben

lista ['lista] *f* 1. Liste *f;* ~ *delle vivande* Speisekarte *f;* 2. *(elenco)* Verzeichnis *n*

listino [lis'ti:no] *m* ~ *dei prezzi* ECO Preisliste *f; prezzo di* ~ Katalogpreis *m*

litania [lita'ni:a] *f* 1. REL Litanei *f;* 2. *(fam)* Litanei *f*

lite ['li:te] *f* 1. *(disputa)* Streit *m,* Krach *m;* 2. *(oggetto della causa)* JUR Streitsache *f*

litigare [liti'ga:re] *v* streiten

litigarsi [liti'garsi] *v* sich zanken

litigio [li'ti:dʒo] *m* 1. Streit *m;* 2. *(alterco)* Gezanke *n,* Zank *m*

litigioso [liti'dʒo:so] *adj* streitsüchtig

litografia [litogra'fi:a] *f* ART Lithografie *f*

litorale [lito'ra:le] *m* GEO Seeküste *f*

litoranea [lito'ra:nea] *f* Küstenstraße *f*

litro ['li:tro] *m* Liter *m*

liturgia [litur'dʒi:a] *f* REL Liturgie *f*

livella [li'vɛlla] *f* ~ *a bolla d'aria* Wasserwaage *f*

livellare [livel'la:re] *v* einebnen, begradigen

livello [li'vɛllo] *m* 1. *(altezza)* Niveau *n;* ~ *del mare* Meeresspiegel *m;* 2. *(dell'acqua)* Pegel *m;* 3. *(fig)* Ebene *f; a* ~ *del suolo* ebenerdig; 4. *(fig: grado)* Niveau *n;* ~ *culturale* Bildungsstand *m*

livido ['li:vido] *adj* 1. blau angelaufen; 2. *(fig)* LIT gehässig; *m* 3. *(macchia)* blauer Fleck *m;* 4. *(di una frustata)* Strieme *f*

lo [lo] *art m* 1. der; *pron* 2. *(oggetto diretto)* ihn, es

lobo ['lɔ:bo] *m* 1. ANAT Lappen *m;* ~ *auricolare* ANAT Ohrläppchen *n*

L

locale [lo'kaːle] *adj* 1. örtlich, lokal; *ora ~* Ortszeit *f;* 2. *(di questo luogo)* hiesig; 3. *(residente sul luogo)* ortsansässig; *m* 4. Raum *m,* Räumlichkeit *f;* 5. *(bar, ristorante)* Lokal *n; ~ notturno* Nachtlokal *n*

località [lokali'ta] *f* 1. *(villaggio)* Ortschaft *f;* 2. *~ balneare* Badeort *m; f/pl* 3. *(luoghi)* Örtlichkeiten *pl*

locanda [lo'kanda] *f* 1. Herberge *f;* 2. *(ristorante)* Wirtschaft *f*

locandiere [lokan'diɛːre] *m* Wirt *m*

locatario [loka'taːrio] *m* 1. Mieter *m;* 2. *(di terreno)* Pächter *m*

locatore [loka'toːre] *m* 1. Vermieter *m;* 2. *(di terreno, di locale)* Verpächter *m*

locazione [loka'tsioːne] *f* 1. Pacht *f,* Miete *f;* 2. *(contratto d'affitto)* Mietvertrag *m*

locomotiva [lokomo'tiːva] *f* Lokomotive *f*

locutore [loku'toːre] *m* Sprechender *m*

locuzione [loku'tsioːne] *f* Redewendung, Redensart *f*

lodare [lo'daːre] *v* 1. loben, preisen; 2. *(elogiare)* anpreisen; 3. *(apprezzare)* auszeichnen

lode ['lɔːde] *f* 1. Lob *n; ~ di se stesso* Eigenlob *n;* 2. *(all'università)* Auszeichnung *f; con ~* cum laude

lodevole [lo'deːvole] *adj* lobenswert

loggia ['lɔddʒa] *f* 1. Loggia *f;* 2. *(unione massonica)* Loge *f*

loggione [lod'dʒoːne] *m* THEAT Galerie *f*

logica ['lɔːdʒika] *f* Logik *f*

logico ['lɔːdʒiko] *adj* logisch

logistica [lo'dʒistika] *f* Logistik *f*

logoramento [logora'mento] *m* 1. TECH Abnutzung *f;* 2. *(fig)* Zermürbung *f*

logorante [logo'rante] *adj* zermürbend

logorare [logo'raːre] *v* 1. verschleißen, abnützen; 2. *(salute)* zerstören

logoro ['loːgoro] *adj (frusto)* schäbig

Lombardia [lombar'diːa] *f* GEO Lombardei *f*

lombata [lom'baːta] *f* GAST Lende *f; ~ di capriolo* Rehrücken *m*

lombo ['lombo] *m* GAST Lende *f*

lombrico [lom'briːko] *m* ZOOL Regenwurm *m*

long play ['lɔŋplei] *m* Langspielplatte *f*

longevità [londʒevi'ta] *f* Langlebigkeit *f*

longevo [lon'dʒɛːvo] *adj* langlebig

longitudine [londʒi'tuːdine] *f* GEO Längengrad *m*

lontanamente [lontana'mente] *adv* entfernt; *ricordarsi ~* sich ungefähr erinnern

lontananza [lonta'nantsa] *f* Ferne *f*

lontano [lon'taːno] *adj* 1. entfernt; *alla lontana* weitläufig; 2. *(temporale)* fern; 3. *(distante)* weit, fern; 4. *(fig: esteso)* weitläufig; *prep* 5. *~ da* fern von

lontra ['lontra] *f* ZOOL Fischotter *m*

loquace [loku'aːtʃe] *adj* gesprächig

lordo ['lordo] *adj* 1. schmutzig; 2. FIN brutto; *peso ~* Bruttogewicht *n; entrata lorda* Bruttoeinkommen *n*

loro ['loːro] *pron pl* 1. *(soggetto)* sie; *per ~* ihretwegen; 2. *(oggetto indiretto)* ihnen, zu ihnen; *per ~* ihretwegen

Loro ['loːro] *pron pl* 1. *(soggetto)* Sie; 2. *(oggetto diretto)* Sie; *per ~* Ihretwegen; *a ~* Ihnen

lotta ['lɔtta] *f* 1. Kampf *m; ~ antincendio* Brandbekämpfung *f; ~ antiparassitaria* Schädlingsbekämpfung *f; ~ contro i rumori* Lärmbekämpfung *f; ~ elettorale* Wahlkampf *m; ~ di classe* Klassenkampf *m;* 2. *(competizione)* Wettstreit *m;* 3. SPORT Ringkampf *m; ~ libera* Freistil *m;* 4. MIL Gefecht *n; ~ corpo a corpo* Nahkampf *m*

lottare [lot'taːre] *v* 1. kämpfen; 2. *(combattere)* ankämpfen; 3. *(fig)* ringen; 4. SPORT ringen

lottatore [lotta'toːre] *m* Kämpfer *m*

lotteria [lotte'riːa] *f* Lotterie *f*

lotto ['lɔtto] *m* 1. *(quantità)* Posten *m;* 2. *(gioco)* Lotteriespiel *n,* Lotto *n*

lozione [lo'tsioːne] *f* 1. Lotion *f;* 2. Gesichtswasser *n;* 3. Haarwasser *n;* 4. *~ da barba* Rasierwasser *n*

lucchetto [luk'ketto] *m* Vorhängeschloss *n,* Vorlegeschloss *n*

luccicare [luttʃi'kaːre] *v* blinken, funkeln

luccio ['luttʃo] *m* ZOOL Hecht *m*

lucciola ['luttʃola] *f* Glühwürmchen *n*

luce ['luːtʃe] *f* 1. Licht *n; ~ a largo fascio luminoso* Flutlicht *n; ~ al neon* Ne-

L

onlicht *n; ~ del giorno* Tageslicht *n; ~ solare* Sonnenschein *m; far ~* leuchten; 2. TECH Lichtschein *m;* 3. *(lampada)* Leuchte *f; ~ abbagliante* Fernlicht *n; ~ posteriore* Rücklicht *n; ~ di posizione* Standlicht *n;* 4. *luci pl* THEAT Rampenlicht *n*

lucente [lu'tʃɛnte] *adj* leuchtend

lucertola [lu'tʃɛrtola] *f* ZOOL Eidechse *f*

lucidare [lutʃi'da:re] *v* 1. *(mobili, pavimenti)* glänzend machen, zum Glänzen bringen; 2. *(metalli)* polieren

lucidatura [lutʃida'tu:ra] *f* Politur *f*

lucidità [lutʃidi'ta] *f* 1. Glanz *m;* 2. *(fig)* Klarheit *f;* 3. *~ mentale* Geistesgegenwart *f*

lucido ['lu:tʃido] *adj* 1. *(lucente)* glänzend, blank; 2. *(fig)* klar; *m* 3. *~ per scarpe* Schuhcreme *f;* 4. *(per pavimenti)* Bohnerwachs *n*

lucrativo [lukra'ti:vo] *adj* rentabel

lucro ['lu:kro] *m* Nutzen *m,* Gewinn *m*

luglio ['luʎʎo] *m* Juli *m*

lugubre ['lu:gubre] *adj* 1. traurig; 2. *(fig)* finster, düster

lui ['lui] *pron m* 1. er; 2. *(oggetto diretto)* ihn; *per ~* seinetwegen; *a ~* ihm; 3. *(oggetto indiretto)* ihm; *per ~* seinetwegen

lumaca [lu'ma:ka] *f* ZOOL Schnecke *f*

lume ['lu:me] *m* 1. Licht *n;* 2. *(lampada)* Leuchter *m;* 3. *(scintillio)* Schimmer *m; ~ di candela* Kerzenlicht *n*

luminosità [luminosi'ta] *f* 1. Helligkeit *f,* Klarheit *f;* 2. TECH Leuchtkraft *f*

luminoso [lumi'no:so] *adj* hell

luna ['lu:na] *f* 1. Mond *m; ~ piena* Vollmond *m;* 2. *(fig: umore)* Laune *f,* Stimmung *f;* 3. *~ di miele* Flitterwochen *pl*

lunare [lu'na:re] *adj* Mond…; *eclissi ~* Mondfinsternis *f*

lunatico [lu'na:tiko] *adj* launenhaft

lunedì [lune'di] *m* Montag *m; ~ di Pasqua* Ostermontag *m; il ~* montags

lungaggine [luŋ'gaddʒine] *f* 1. *(fig)* Langsamkeit *f;* 2. *(di stile)* Weitschweifigkeit *f;* 3. *~ burocratica* Amtsschimmel *m (fam)*

lungamente [luŋga'mente] *adv* 1. lange; 2. *(a fondo)* reiflich

lunghezza [luŋ'gettsa] *f* 1. *(locale)* Länge *f; ~ d'onda* Wellenlänge *f; ~ eccessiva* Überlänge *f;* 2. *(estensione)* Weite *f*

lungimirante [lundʒimi'rante] *adj (fig)* weitsichtig

lungimiranza [lundʒimi'rantsa] *m* Weitblick *m*

lungo ['luŋgo] *adj* 1. *(locale)* lang; 2. *(temporale)* lang; *a ~* lange; 3. *(distante)* weit; 4. *(di lunga lena)* langwierig; 5. *(caffè)* dünn, gestreckt; *prep* 6. entlang, längs

lungomare [luŋgo'ma:re] *m* Strandpromenade *f*

lungometraggio [luŋgome'traddʒo] *m* CINE Spielfilm *m*

lunotto [lu'nɔtto] *m* Heckscheibe *f*

luogo [lu'ɔ:go] *m* 1. Ort *m,* Stelle *f; ~ d'arrivo* Ankunftsort *m; ~ del reato* Tatort *m; ~ di adempimento* Erfüllungsort *m; ~ di cura* Kurort *m; ~ di destinazione* Bestimmungsort *m; ~ di nascita* Geburtsort *m; ~ di residenza* Wohnort *m; ~ di riposo* Erholungsort *m; ~ di villeggiatura* Ferienort *m; in un altro ~* woanders; 2. *(fam: posto)* Fleck *m;* 3. *(località)* Stätte *f;* 4. *(scena)* Schauplatz *m;* 5. *~ comune* Gemeinplatz *m;* 6. *avere ~* stattfinden; *non avere ~* ausfallen; 7. *in primo ~* erstens, in erster Linie; 8. *essere fuori ~* unangebracht sein

lupo ['lu:po] *m* ZOOL Wolf *m; fame da ~* Wolfshunger *m; ~ mannaro* Werwolf *m*

luppolo ['luppolo] *m* BOT Hopfen *m*

lusinga [lu'ziŋga] *f* Schmeichelei *f*

lusingare [luziŋ'ga:re] *v* schmeicheln

lusingatore [luziŋga'to:re] *m* Schmeichler *m*

lusinghiero [luziŋgi'ɛ:ro] *adj* 1. schmeichelhaft; 2. *(soddisfacente)* befriedigend

lusso ['lusso] *m* 1. Luxus *m,* Pracht *f;* 2. *(fasto)* Pracht *f*

lussuoso [lussu'o:so] *adj* luxuriös

lussureggiante [lussured'dʒante] *adj (vegetazione)* üppig, wuchernd

lussureggiare [lussured'dʒa:re] *v* wuchern

lussuria [lus'su:ria] *f* Unzucht *f*

lussurioso [lussuri'o:so] *adj* 1. unzüchtig; 2. verschwenderisch

luterano [lute'ra:no] *adj* REL lutherisch

lutto ['lutto] *m* Trauer *f; caso di ~* Trauerfall *m; ~ nazionale* Staatstrauer *f; portare il ~* Trauer tragen

M

ma [ma] *konj* 1. aber; 2. *(solo dopo una negazione)* sondern; *adv* 3. *(propriamente)* überhaupt
macabro ['maːkabro] *adj* makaber, grausig
macchia ['makkia] *f* 1. Fleck *m*; *~ di grasso* Fettfleck *m*; 2. *(sgorbio)* Klecks *m*; 3. *(puntino)* Tupfen *m*; 4. BOT Dickicht *n*, Gebüsch *n*
macchiare [mak'kiaːre] *v* 1. beflecken; 2. *(fam)* kleckern; 3. *(fare delle macchie)* Flecken machen
macchiato [mak'kiaːto] *adj* 1. fleckig; 2. *(colorato)* gefärbt; *caffè ~* Kaffee mit wenig Milch *m*
macchina ['makkina] *f* 1. Maschine *f*; *~ da cucina* Küchenmaschine *f*; *~ da scrivere* Schreibmaschine *f*; *~ del caffè* Kaffeemaschine *f*; *~ per cucire* Nähmaschine *f*; 2. *(auto)* Auto *n*, Wagen *m*; *~ da corsa* Rennwagen *m*; 3. *~ fotografica* Fotoapparat *m*, Kamera *f*; *~ fotografica reflex* Spiegelreflexkamera *f*; *~ da presa* Filmkamera *f*
macchinario [makki'naːrio] *m* 1. TECH Maschinenpark *m*; 2. *(complesso di meccanismi)* TECH Maschinerie *f*
macchinazione [makkina'tsioːne] *f* Intrige *f*
macchinista [makki'nista] *m* 1. Maschinist *m*; 2. *(di un treno)* Lokführer *m*
macedonia [matʃe'dɔːnia] *f ~ di frutta* GAST Obstsalat *m*
macellaio [matʃel'laːio] *m* Metzger *m*, Schlächter *m*
macellare [matʃel'laːre] *v* schlachten
macelleria [matʃelle'riːa] *f* Metzgerei *f*, Fleischerei *f*
macello [ma'tʃɛllo] *m* 1. Schlachthof *m*; 2. *(fam)* Katastrophe *f*; 3. *(fig)* Gemetzel *m*, Blutbad *n*
macerare [matʃe'raːre] *v* aufweichen, einweichen
macerie [ma'tʃɛːrie] *f/pl* Trümmer *pl*
macigno [ma'tʃiɲɲo] *m* großer Stein *m*, Felsblock *m*
macinacaffè [matʃinakaf'fe] *m* Kaffeemühle *f*
macinare [matʃi'naːre] *v* 1. *(caffè)* mahlen, zerreiben; 2. *(fig)* vergeuden
macinino [matʃi'niːno] *m* 1. Mühle *f*; *~ del pepe* Pfeffermühle *f*; 2. *(fam: vecchia automobile)* Klapperkiste *f*
Madonna [ma'dɔnna] *f* REL Madonna *f*
madre ['maːdre] *f* Mutter *f*; *~ patria* Vaterland *n*
madrelingua [madre'liŋgua] *f* Muttersprache *f*
madreperla [madre'pɛrla] *f* Perlmutt *n*
madrevite [madre'viːte] *f* TECH Schraubenmutter *f*
madrina [ma'driːna] *f* REL Taufpatin *f*
maestà [maes'ta] *f* Majestät *f*; *Vostra Maestà* Eure Majestät
maestoso [maes'toːso] *adj* 1. majestätisch; 2. *(valoroso)* altehrwürdig
maestra [ma'ɛstra] *f* 1. *(di scuola elementare)* Lehrerin *f*; 2. *~ d'asilo* Kindergärtnerin *f*
maestranze [maes'trantsa] *f/pl* Belegschaft *f*
maestro [ma'ɛstro] *m* 1. Könner *m*, Meister *m*; 2. *(di scuola elementare)* Lehrer *m*; 3. *~ del coro* MUS Chorleiter *m*
mafia ['mafia] *f* Mafia *f*
maga ['maːga] *f* 1. *(strega)* Hexe *f*; 2. *(che opera incantesimi)* Zauberin *f*
magari [ma'gaːri] *interj* 1. und ob; *adv* 2. sogar; 3. vielleicht
magazzinaggio [magaddzi'naddʒo] *m* ECO Lagerung *f*; *spese di ~* Lagerungskosten *pl*
magazzino [magad'dziːno] *m* 1. *(deposito)* Magazin *n*, Speicher *m*; *~ di merci* Warenlager *n*; *in ~* vorrätig; 2. *grande ~* Warenhaus *n*, Kaufhaus *n*
maggio ['maddʒo] *m* Mai *m*
maggiolino [maddʒo'liːno] *m* ZOOL Maikäfer *m*
maggiorana [maddʒo'raːna] *f* BOT Majoran *m*
maggioranza [maddʒo'rantsa] *f*

Mehrheit *f*, Überzahl *f*; ~ *di voti* Stimmenmehrheit *f*; ~ *delle persone* die meisten Leute *pl*; ~ *assoluta* absolute Mehrheit *f*; ~ *relativa* einfache Mehrheit *f*
maggiorare [maddʒo'raːre] *v* *(prezzi)* erhöhen, anheben
maggiore [mad'dʒoːre] *adj* 1. *(più grande)* größer; 2. *(età)* älter; ~ *età* Volljährigkeit *f*; 3. *(numero)* höher; 4. *(principale, superiore)* Haupt…, Ober…; *forza* ~ höhere Gewalt *f*; *m* 5. *MIL* Major *m*; *f* 6. *andare per la* ~ große Beliebtheit genießen
maggiorenne [maddʒo'rɛnne] *adj* volljährig, mündig
maggioritario [maddʒori'taːrio] *adj* *POL* mehrheitlich, Mehrheits…; *sistema elettorale* ~ Mehrheitswahlsystem *n*
magia [ma'dʒiːa] *f* Magie *f*, Zauber *m*
magico ['maːdʒiko] *adj* 1. magisch; 2. *(fig)* zauberhaft
magistero [madʒis'tɛːro] *m* 1. Lehramt *n*; 2. *(università)* pädagogische Hochschule *f*
magistrale [madʒis'traːle] *adj* meisterhaft
magistrato [madʒis'traːto] *m* *JUR* Richter *m*
magistratura [madʒistra'tuːra] *f* *JUR* Justizbehörde *f*
maglia ['maʎʎa] *f* 1. Masche *f*; *lavorare a* ~ stricken; 2. *(vestiario)* Trikot *n*
maglieria [maʎʎe'riːa] *f* Strickerei *f*; *articoli di* ~ Strickwaren *pl*
maglietta [maʎ'ʎetta] *f* 1. Unterhemd *n*; 2. *(T-shirt)* T-Shirt *n*
maglio ['maʎʎo] *m* 1. Hammer *m*; 2. *SPORT* Schläger *m*
maglione [maʎ'ʎoːne] *m* Pullover *m*
magnanimo [maɲ'ɲaːnimo] *adj* edel, großmütig
magnesio [maɲ'ɲɛːzio] *m* Magnesium *n*
magnete [maɲ'ɲɛːte] *m* Magnet *m*
magnetico [maɲ'ɲɛːtiko] *adj* magnetisch
magnetofono [maɲɲe'tɔːfono] *m* Tonbandgerät *n*
magnificenza [maɲɲifi'tʃɛntsa] *f* Herrlichkeit *f*, Pracht *f*
magnifico [maɲ'ɲiːfiko] *adj* 1. wunderbar; 2. *(fam: grandioso)* toll, prächtig
magno ['maɲɲo] *adj* groß; *Carlo Magno* Karl der Große *m*
mago ['maːgo] *m* 1. Zauberer *m*, Magier *m*; 2. ~ *Sabbiolino* Sandmännchen *n*
magro ['maːgro] *adj* 1. mager; ~ *come un chiodo* klapperdürr; 2. *(ossuto)* hager; 3. *(scarso)* karg
mai [mai] *adv* 1. nie, niemals; *non …* ~ niemals, nie; ~ *e poi* ~ nie und nimmer; *più che* ~ mehr denn je, erst recht; 2. *(talvolta)* je, jemals, irgendwann; *Come* ~? Wieso?/Warum? *konj* 3. *caso* ~ falls, gegebenenfalls
maiale [ma'iaːle] *m* 1. *ZOOL* Schwein *n*, Sau *f*; 2. *carne di* ~ Schweinefleisch *n*
maionese [maio'neːse] *f* *GAST* Mayonnäse *f*
mais [mais] *m* *BOT* Mais *m*
maiuscolo [ma'iuskolo] *adj* 1. groß, gewaltig; *adv* 2. groß; *scrivere* ~ großschreiben
malandato [malan'daːto] *adj* heruntergekommen
malanno [ma'lanno] *m* 1. Krankheit *f*; 2. *(disgrazia)* Unglück *n*, Unheil *n*; 3. *(malessere)* Übel *n*
malaticcio [mala'tittʃo] *adj* kränklich, gebrechlich; *essere* ~ kränkeln
malato [ma'laːto] *adj* 1. krank; ~ *di nervi* nervenkrank; ~ *di petto* lungenkrank; ~ *grave* schwer krank; ~ *di tubercolosi* lungenkrank; *m* 2. Kranker *m*
malattia [malat'tiːa] *f* 1. Krankheit *f*; ~ *infantile* Kinderkrankheit *f*; ~ *ereditaria* Erbkrankheit *f*; ~ *mentale* Geisteskrankheit *f*; ~ *renale* Nierenkrankheit *f*; ~ *tropicale* Tropenkrankheit *f*; ~ *venerea* Geschlechtskrankheit *f*; 2. *(fig)* Leiden *n*
malavita [mala'viːta] *f* Unterwelt *f*, Verbrecherwelt *f*
malcontento [malkon'tɛnto] *adj* unzufrieden
maldestro [mal'dɛstro] *adj* unbeholfen
maldicenza [maldi'tʃɛntsa] *f* üble Nachrede *f*
male ['maːle] *adv* 1. *(cattivo)* schlecht; 2. *(sentirsi ~)* übel, unwohl; *sentirsi molto* ~ sich hundeelend fühlen; 3. *(non giusto)* unrecht; 4. *(non appropriato)* unsachgemäß; 5. *(fig: misero)* schä-

big; *m* 6. MED Schmerz *m,* Krankheit *f; mal di denti* Zahnschmerzen *pl; ~ di gola* Halsschmerzen *pl; mal di pancia* Bauchschmerzen *pl; mal di testa* Kopfschmerzen *pl; mal di testa (dopo una sbronza)* Kater *m; avere il mal di mare* seekrank sein; *Mi fa ~.* Es tut mir weh. 7. *(svantaggio)* Übel *n;* 8. *(inconveniente)* Missstand *m;* 9. *(malanno)* Unheil *n; andare a ~* verderben; *Non c'è ~!* Nicht übel! *Meno ~!* Zum Glück!

maledire [male'di:re] *v irr* verdammen, verfluchen

maledizione [maledi'tsio:ne] *f* Fluch *m,* Verwünschung *f*

maleducato [maledu'ka:to] *adj* 1. unartig, ungezogen; *da ~* unartig; *m* 2. Flegel *m,* Lümmel *m*

maleducazione [maleduka'tsio:ne] *f* Unart *f*

maleficio [male'fi:tʃo] *m* 1. Verzauberung *f,* Verhexung *f;* 2. LIT Schandtat *f*

maleodorante [maleodo'rante] *adj* übel riechend

malessere [ma'lɛssere] *m* Unbehagen *n,* Unwohlsein *n*

malevolenza [malevo'lɛntsa] *f* 1. Abneigung *f,* Antipathie *f;* 2. *(cattiva intenzione)* böse Absicht *f,* Übelwollen *n*

malfamato [malfa'ma:to] *adj* berüchtigt, verrufen

malfattore [malfat'to:re] *m* Missetäter *m,* Übeltäter *m*

malfermo [mal'fermo] *adj (instabile)* wackelig; *passo ~* unsicherer Schritt

malfido [mal'fi:do] *adj* unzuverlässig

malformazione [malforma'tsio:ne] *f* Missbildung *f*

malgrado [mal'gra:do] *prep* 1. trotz, ungeachtet; *~ ciò* dessen ungeachtet; *konj* 2. auch wenn, obwohl

malignamente [maliɲɲa'mente] *adv* hämisch

malignare [maliɲ'ɲa:re] *v* 1. schlecht reden; 2. *(essere maligno)* boshaft sein

malignità [maliɲɲi'ta] *f* 1. Bosheit *f;* 2. MED Bösartigkeit *f*

maligno [ma'liɲɲo] *adj* 1. *(perfido)* hinterlistig; 2. MED bösartig; *m* 3. Böswillige *m*

malinconia [maliŋko'ni:a] *f* Melancholie *f,* Schwermut *f*

malinconico [maliŋ'kɔ:niko] *adj* melancholisch, schwermütig

malinteso [malin'te:so] *m* Missverständnis *n; Vi è un ~.* Es ist ein Missverständnis.

malizia [ma'li:tsia] *f* 1. Heimtücke *f,* Tücke *f;* 2. *(astuzia)* List *f;* 3. *(scaltrezza)* Verschmitztheit *f*

malizioso [mali'tsio:so] *adj* 1. *(perfido)* heimtückisch, boshaft; 2. *(scaltro)* verschmitzt, gewitzt

malleabile [malle'a:bile] *adj* 1. formbar; 2. *(fig)* gefügig; 3. *(capace di adattarsi)* anpassungsfähig

malleabilità [malleabili'ta] *f* 1. Dehnbarkeit *f;* 2. TECH Formbarkeit *f;* 3. *(capacità di adattamento)* Anpassungsfähigkeit *f*

malleolo [mal'lɛ:olo] *m* ANAT Knöchel *m*

malloppo [mal'lɔppo] *m (fam)* 1. Bündel *n;* 2. *(fig)* Diebesgut *n*

malmenare [malme'na:re] *v* misshandeln, übel zurichten

malmesso [mal'messo] *adj* 1. vernachlässigt; 2. *(malvestito)* schlecht gekleidet

malo ['ma:lo] *adj* schlecht, böse; *in ~ modo* übel; *di mala voglia* ungern; *per mala sorte* unglücklicherweise

malocchio [ma'lɔkkio] *m* böser Blick *m*

malora [ma'lo:ra] *f* Verderben *n; andare in ~* zugrunde gehen; *mandare in ~* zugrunde richten

malore [ma'lo:re] *m* Unwohlsein *n*

malsano [mal'sa:no] *adj (non sano)* ungesund

malta ['malta] *f* Mörtel *m*

maltempo [mal'tɛmpo] *m* Unwetter *n*

malto ['malto] *m* Malz *n*

maltrattamento [maltratta'mento] *m* Misshandlung *f; ~ di animali* Tierquälerei *f*

maltrattare [maltrat'ta:re] *v* misshandeln

malumore [malu'mo:re] *m* 1. *(malcontento)* Missmut *m;* 2. *(dissenso)* Missstimmung *f*

malvagio [mal'va:dʒo] *adj* 1. tückisch, niederträchtig; 2. *(cattivo)* böse, schlecht; *m* 3. Bösewicht *m*

malvagità [malvadʒi'ta] *f* Tücke *f*, Bosheit *f*
malvisto [mal'visto] *adj (impopolare)* unbeliebt; *l'essere ~* Unbeliebtheit *f*
malvivente [malvi'vɛnte] *m* Verbrecher *m*, Gauner *m*
malvolentieri [malvolen'tiɛːri] *adv* widerwillig
malvolere [malvo'leːre] *v irr* übelwollen; *farsi ~* sich unbeliebt machen
mamma ['mamma] *f (fam)* Mama *f*
mammella [mam'mɛlla] *f* 1. ANAT Brust *f*; 2. ZOOL Euter *n*
mammifero [mam'miːfero] *m* ZOOL Säugetier *n*
mammola ['mammola] *f* BOT Veilchen *n*
mammone [mam'moːne] *m* Muttersöhnchen *n*
manager ['mænidʒer] *m* Manager *m*
manata [ma'naːta] *f* 1. Handvoll *f*; 2. *(colpo dato con la mano)* Handschlag *m*
mancanza [maŋ'kantsa] *f* 1. Mangel *m*; *~ d'amore* Lieblosigkeit *f*; *~ di equilibrio* Unausgeglichenheit *f*; *~ di fidatezza* Unzuverlässigkeit *f*; *~ di gravità* Schwerelosigkeit *f*; *~ di scrupoli* Skrupellosigkeit *f*; *~ di senso* Sinnlosigkeit *f*; *~ di tatto* Taktlosigkeit *f*; 2. *(fallo)* Verfehlung *f*; 3. *(violazione)* Verstoß *m*
mancare [maŋ'kaːre] *v* 1. *(cosa assente)* fehlen; 2. *(persona assente)* fernbleiben; *Sono mancato all'appuntamento.* Ich habe den Termin versäumt. 3. *(pagamento)* FIN ausstehen; 4. *(difettare)* mangeln; 5. *(fig)* sterben; 6. *(violare)* verstoßen; 7. *~ alla parola* sein Wort nicht halten, sein Wort brechen; 8. *~ ai propri doveri* seinen Verpflichtungen nicht nachkommen; 9. *sentirsi ~* ohnmächtig werden
mancato [maŋ'kaːto] *adj* Fehl…, Nicht…; *pagamento ~* ausstehende Zahlung *f*
manchevole [maŋ'keːvole] *adj* mangelhaft, unzulänglich
manchevolezza [maŋkevo'lettsa] *f* 1. Mangelhaftigkeit *f*; 2. *(insufficienza)* Unzulänglichkeit *f*; *grave ~* schwerwiegender Verstoß *m*
mancia ['mantʃa] *f* Trinkgeld *n*
manciata [man'tʃaːta] *f una ~ di* eine Handvoll von
mancino [man'tʃiːno] *m* 1. Linkshänder *m*; *adj* 2. listig, heimtückisch; *tiro ~* übler Streich *m*
mandante [man'dante] *m/f* JUR Mandant(in) *m/f*
mandarancio [manda'rantʃo] *m* BOT Klementine *f*
mandare [man'daːre] *v* 1. schicken; *~ una lettera* einen Brief schicken; *~ via* wegschicken; 2. *(trasmettere)* senden; 3. *(inviare)* zuschicken; 4. *(impostare)* wegschicken; 5. *~ a chiamare qd* jdn rufen lassen; 6. *(ordinare) ~ a prendere* herbestellen; 7. *~ a prendere qd* jdn holen lassen; 8. *~ qd all'altro mondo (fig)* jdn töten; 9. *(deglutire) ~ giù* hinunterschlucken; 10. *~ in licenza* beurlauben; 11. *~ all'aria/~ a monte (fig)* aufgeben; 12. *(paziente)* überweisen
mandarino [manda'riːno] *m* 1. BOT Mandarine *f*; 2. *albero di ~* BOT Mandarinenbaum *m*
mandata [man'daːta] *f* Sendung *f*
mandatario [manda'taːrio] *m* 1. JUR Bevollmächtiger *m*; 2. ECO Auftragnehmer *m*
mandato [man'daːto] *m* 1. JUR Mandat *n*; 2. POL Mandat *n*; *~ diretto* Direktmandat *n*; 3. *~ di cattura* Steckbrief *m*; 4. ECO Überweisung *f*; *~ di pagamento* Anweisung *f*; 5. *(ordine)* Befehl *m*; *~ di cattura/ ~ di arresto* Haftbefehl *m*; *~ di comparizione* gerichtliche Vorladung *f*; *~ di perquisizione* Durchsuchungsbefehl *m*
mandibola [man'diːbola] *f* ANAT Unterkiefer *m*
mandolino [mando'liːno] *m* MUS Mandoline *f*
mandorla ['mandorla] *f* BOT Mandel *f*
mandria ['mandria] *f* Herde *f*
mandrino [man'driːno] *m* TECH Spindel *f*, Winde *f*
maneggevole [maned'dʒeːvole] *adj (comodo a maneggiarsi)* griffig, handlich
maneggiare [maned'dʒaːre] *v* 1. handhaben; 2. *(manipolare)* hantieren
maneggio [ma'neddʒo] *m* 1. Handhabung *f*; 2. *(da circo)* Manege *f*

manette [ma'nette] *f/pl* Handschellen *pl*
manganare [maŋga'na:re] *v (biancheria)* mangeln
manganello [maŋga'nɛllo] *m* Gummiknüppel *m*
mangano ['maŋgano] *m* Mangel *m*
mangereccio [mandʒe'rettʃo] *adj* essbar; *fungo ~* Speisepilz *m*
mangianastri [mandʒa'nastri] *m* Kassettenrekorder *m*
mangiare [man'dʒa:re] *v* 1. *(uomini)* essen, speisen; *dar da ~* zu essen geben/füttern; *far da ~* Essen machen/kochen; 2. *(divorare)* vertilgen; 3. *(animali)* fressen; 4. *(ingoiare)* verschlucken; *~ le parole (fig)* die Worte undeutlich aussprechen; 5. *~ la foglia (fig)* verstehen; *m* 6. Essen *n*
mangiarsi [man'dʒarsi] *v* 1. essen; 2. *~ le parole (fig)* die Silben verschlucken; 3. *~ il fegato dall'ira (fig)* vor Zorn in die Luft gehen
mangiatoia [mandʒa'to:ia] *f* Futterkrippe *f*
mangime [man'dʒi:me] *m* Futter *n*
mania [ma'ni:a] *f* 1. Manie *f;* 2. *PSYCH* Manie *f*
maniaco [ma'ni:ako] *adj* 1. wahnsinnig; 2. *PSYCH* manisch
manica ['ma:nika] *f* Ärmel *m; a maniche lunghe* langärmelig; *È un altro paio di maniche! (fig)* Das steht auf einem anderen Blatt!
manichino [mani'ki:no] *m ~ per vetrine* Schaufensterpuppe *f*
manico ['ma:niko] *m* Griff *m,* Henkel *m*
manicomio [mani'kɔ:mio] *m* Irrenanstalt *f*
manicure [mani'ky:r] *m* Maniküre *f*
maniera [mani'ɛ:ra] *f* 1. Weise *f,* Art *f;* 2. *(modo)* Weg *m;* 3. *(fig)* Tour *f;* 4. *maniere pl* Manieren *pl,* Umgangsformen *pl*
manifattura [manifat'tu:ra] *f* 1. Herstellung *f;* 2. *(produzione a mano)* Manufaktur *f;* 3. *(fabbrica)* Fabrik *f*
manifestare [manifes'ta:re] *v* 1. *(esprimere)* zeigen; 2. *(dire)* äußern; 3. *(rendere noto)* kundgeben, offenbaren; 4. *POL* demonstrieren
manifestarsi [manifes'tarsi] *v* sich zeigen, sich herausstellen
manifestazione [manifesta'tsio:ne] *f* 1. Kundgebung *f;* 2. Veranstaltung *f; ~ di beneficenza* Wohltätigkeitsveranstaltung *f; ~ sportiva* Sportveranstaltung *f;* 3. *POL* Demonstration *f; ~ di protesta* Protestkundgebung *f; ~ contro la guerra* Antikriegskundgebung *f*
manifesto [mani'fɛsto] *adj* 1. offenkundig; *m* 2. *(avviso)* Plakat *n,* Anschlag *m;* 3. *POL* Manifest *n*
maniglia [ma'niʎʎa] *f* 1. Griff *m; ~ della porta* Türklinke *f;* 2. *(ansa)* Henkel *m*
manipolare [manipo'la:re] *v* 1. manipulieren, handhaben; 2. *(fig: persona)* manipulieren, beeinflussen; 3. *(trattare)* behandeln; 4. *(vino)* panschen; 5. *(manomettere)* frisieren, zurechtbiegen
manipolazione [manipola'tsio:ne] *f* Manipulation *f*
mano ['ma:no] *f* 1. *ANAT* Hand *f; a portata di ~* griffbereit, in Reichweite; *a ~ libera* freihändig; *dare una ~* mit anfassen, helfen; *a ~* von Hand; *persona alla ~* aufgeschlossener, kontaktfreudiger Mensch *m; fuori ~* abgelegen; *sotto ~* unter der Hand, heimlich; *fare ~ bassa* rauben, ausplündern; *di prima/seconda ~* aus erster/zweiter Hand; *avere le mani bucate* verschwenderisch sein; *chiedere la ~ di una ragazza* um die Hand eines Mädchens anhalten; 2. *~ d'opera ECO* Arbeitskraft *f*
manomettere [mano'mettere] *v irr* 1. fälschen; 2. *(violare)* anbrechen; 3. *(~ tagliando)* anschneiden
manomissione [manomis'sio:ne] *f* 1. Anbruch *m;* 2. *(alterazione)* Fälschung *f;* 3. *(lesione)* Verletzung *f*
manopola [ma'nɔ:pola] *f* Drehknopf *m,* Griff *m*
manoscritto [manos'kritto] *m* 1. Manuskript *n; adj* 2. handschriftlich
manovale [mano'va:le] *m* 1. *(aiutante)* Handlanger *m;* 2. *(operaio)* Hilfsarbeiter *m*
manovella [mano'vɛlla] *f TECH* Kurbel *f*
manovra [ma'nɔ:vra] *f* 1. Manöver *n;* 2. *TECH* Bedienung *f*

manovrabile [mano'vraːbile] *adj* *(di facile guida)* wendig
manovrare [mano'vraːre] *v* 1. manövrieren; 2. *(macchina)* rangieren; 3. TECH bedienen
mansarda [man'sarda] *f* Mansarde *f*
mansione [mansi'oːne] *f* 1. Aufgabe *f;* 2. *(carica, ufficio)* Amt *n;* 3. *(incarico)* Auftrag *m;* 4. *(dimora)* LIT Wohnsitz *m*
mansueto [mansu'ɛːto] *adj* zahm, mild
mansuetudine [mansue'tuːdine] *f* Sanftheit *f,* Milde *f*
mantellina [mantel'liːna] *f* Umhang *m*
mantello [man'tɛllo] *m* Mantel *m,* Umhang *m*
mantenere [mante'neːre] *v irr* 1. *(conservare)* wahren, bewahren; 2. *(provvedere)* unterhalten, versorgen; 3. *(tenere in buono stato)* warten; 4. *(promessa)* halten; 5. *(tenere la posizione)* behaupten
mantenersi [mante'nersi] *v irr ~ in salute* gesund bleiben
mantenimento [manteni'mento] *m* 1. *(conservazione)* Wahrung *f;* 2. Lebensunterhalt *m,* Unterhalt *m;* 3. *(sostentamento)* Versorgung *f;* 4. *(conservazione)* Wahrung *f;* 5. *(di una promessa)* Einhaltung *f*
manto ['manto] *m* 1. Mantel *m;* 2. *(fig)* Decke *f,* Mantel *m; ~ di neve* Schneeschicht *f;* 3. ZOOL Fell *n*
manuale [manu'aːle] *m* 1. *(compendio)* Handbuch *n;* 2. *(guida)* Leitfaden *m; adj* 3. manuell, handgemacht
manubrio [ma'nuːbrio] *m* *(della bicicletta)* Lenkstange *f*
manufatto [manu'fatto] *adj* handgearbeitet
manutenzione [manuten'tsioːne] *f* 1. *(conservazione)* Erhaltung *f,* Instandhaltung *f;* 2. *(cura)* Pflege *f; di facile ~* pflegeleicht; 3. TECH Wartung *f*
manzo ['mandzo] *m* ZOOL Rind *n*
mappa ['mappa] *f* Landkarte *f*
mappamondo [mappa'mondo] *m* Globus *m*
marasso [ma'rasso] *m* ZOOL Kreuzotter *f*
maratona [mara'toːna] *f* SPORT Marathonlauf *m; ~ sugli sci* Skirennen *n*
marcare [mar'kaːre] *v* 1. kennzeichnen, markieren; 2. *(fig)* betonen; 3. SPORT decken
marcatura [marka'tuːra] *f* Kennzeichnung *f,* Markierung *f*
marchesa [mar'keːza] *f* Marquise *f*
marchese [mar'keːze] *m* Marquis *m*
marchiare [mar'kiaːre] *v* markieren
marchio ['markio] *m* 1. Marke *f; ~ di fabbrica* Warenzeichen *n;* 2. *(segno)* Zeichen *n; ~ di qualità* Gütezeichen *n; ~ per animali* Brandmal *n;* 3. *~ d'infamia* Schandfleck *m*
marcia ['martʃa] *f* 1. Marsch *m;* Gehen *n;* 2. *(dell'auto)* Gang *m; ~ avanti* Vorwärtsgang *m; ~ indietro* Rückwärtsgang *m; guidare a ~ indietro* rückwärts fahren; 3. *fare ~ indietro (fig)* einen Rückzieher machen; 4. MUS Marsch *m;* 5. MIL Marsch *m*
marciapiede [martʃa'piɛːde] *m* 1. *(della strada)* Bürgersteig *m,* Trottoir *n;* 2. *(della stazione)* Bahnsteig *m*
marciare [mar'tʃaːre] *v* marschieren
marcio ['martʃo] *adj* 1. *(guasto)* faul, verfault; *avere torto ~* völlig Unrecht haben; 2. *(legno)* morsch; *m* 3. Fäulnis *f*
marcire [mar'tʃiːre] *v* faulen, verfaulen
marciume [mar'tʃuːme] *m* 1. Fäulnis *f;* 2. *(fig: depravazione)* Verkommenheit *f*
marco ['marko] *m* HIST Mark *f; ~ tedesco* D-Mark *f*
mare ['maːre] *m* Meer *n,* See *f; ~ del Nord* Nordsee *f; ~ Mediterraneo* Mittelmeer *n; ~ Baltico* Ostsee *f; in alto ~* auf hoher See; *mal di ~* Seekrankheit *f; un ~ di ... (fig)* eine Unmenge von ...
marea [ma'rɛːa] *f* 1. Gezeiten *pl; alta ~* Flut *f; bassa ~* Ebbe *f; Quando c'è l'alta ~?* Wann ist Flut? 2. *(fig)* Masse *f,* Strom *m;* 3. *~ nera* Ölpest *f*
mareggiata [mared'dʒaːta] *f* Sturmflut *f*
margarina [marga'riːna] *f* GAST Margarine *f*
margherita [marge'riːta] *f* BOT Margerite *f*
margheritina [margeri'tiːna] *f* BOT Gänseblümchen *n*
marginale [mardʒi'naːle] *adj* nebensächlich, Rand...; *questione d'importanza ~* Nebensache *f; annotazione ~* Randbemerkung *f*

M

marginalmente [mardʒinal'mente] *adv* peripher, am Rande
margine ['mardʒine] *m* 1. Rand *m,* Grenze *f;* 2. *~ di azione* Handlungsspielraum *m;* 3. *(sul prezzo)* ECO Spanne *f; ~ di oscillazione* Bandbreite *f; ~ di cambio* Kursspanne *f; ~ di guadagno* Gewinnspanne *f*
marina [ma'ri:na] *f* Marine *f; ~ mercantile* Handelsmarine *f; ~ militare* Kriegsmarine *f*
marinaio [mari'na:io] *m* Matrose *m,* Seemann *m*
marinare [mari'na:re] *v* 1. marinieren; 2. *(la scuola)* schwänzen
marinaresco [marina'resko] *adj* See…, Matrosen…
marinaro [mari'na:ro] *adj* See…; *città marinara* Seestadt *f; zuppa alla marinara* Suppe nach Seemannsart *f*
marinata [mari'na:ta] *f* GAST Marinade *f*
marino [ma'ri:no] *adj* See.., Meeres…
marionetta [mario'netta] *f* Marionette *f*
marionettista [marionet'tista] *m/f* THEAT Puppenspieler(in) *m/f*
maritare [mari'ta:re] *v (dare in sposo/sposa)* verheiraten
maritarsi [mari'tarsi] *v* 1. sich verheiraten; 2. *~ con qd* jdn heiraten
marito [ma'ri:to] *m* Ehemann *m,* Mann *m*
marittimo [ma'rittimo] *adj* maritim
marmellata [marmel'la:ta] *f* GAST Marmelade *f; ~ di prugne* Pflaumenmus *n*
marmitta [mar'mitta] *f* 1. *(dell'auto)* TECH Auspufftopf *m;* 2. *(silenziatore)* TECH Schalldämpfer *m*
marmo ['marmo] *m* Marmor *m*
marmotta [mar'mɔtta] *f* ZOOL Murmeltier *n*
Marocco [ma'rɔkko] *m* GEO Marokko *n*
marrone [mar'ro:ne] *adj* 1. *(colore)* braun; *m* 2. GAST Esskastanie *f*
marsupio [mar'su:pio] *m* 1. ZOOL Beutel *m;* 2. *(borsa)* Bauchtasche *f*
martedì [marte'di] *m* Dienstag *m; al ~/di ~* dienstags; *~ grasso* Karnevalsdienstag *m*
martellare [martel'la:re] *v* hämmern
martellata [martel'la:ta] *f (colpo)* Hammerschlag *m*
martello [mar'tɛllo] *m* Hammer *m; ~ pneumatico* Presslufthammer *m*
martire [mar'ti:re] *m* Märtyrer *m*
martirio [mar'ti:rio] *m* 1. *(sacrificio)* Martyrium *n;* 2. *(fig)* Marter *m;* 3. REL Märtyrertod *m*
martora ['martora] *f* ZOOL Marder *m*
martoriare [martori'a:re] *v* peinigen, quälen
marxismo [mar'ksizmo] *m* POL Marxismus *m*
marxista [mar'ksista] *adj* 1. marxistisch; *m/f* 2. Marxist(in) *m/f*
marziale [mar'tsia:le] *adj* 1. MIL martialisch; *legge ~* Kriegsrecht *n,* Standrecht *n; corte ~* Kriegsgericht *n;* 2. *arte ~* SPORT Kampfsportart *f*
marziano [mar'tsia:no] *adj* 1. Mars…; *m* 2. Marsbewohner *m,* Marsmännchen *n*
marzo ['martso] *m* März *m*
mascalzone [maskal'tso:ne] *m (fam)* Schuft *m*
mascara [mas'ka:ra] *m* Wimperntusche *f*
mascella [maʃ'ʃɛlla] *f* ANAT Kiefer *m; ~ inferiore* Unterkiefer *m; ~ superiore* Oberkiefer *m*
maschera ['maskera] *f* 1. Maske *f; ~ antigas* Gasmaske *f; ~ di bellezza* Schönheitsmaske *f;* 2. THEAT Platzanweiser *m*
mascheramento [maskera'mento] *m* 1. *(travestimento)* Verkleidung *f;* 2. *(fig: occultamento)* Verdunkelung *f*
mascherare [maske'ra:re] *v* 1. maskieren; 2. *(camuffare)* tarnen; 3. *(fig: dissimulare)* verdunkeln
mascherarsi [maske'rarsi] *v* sich maskieren, sich verkleiden
maschile [mas'ki:le] *adj* männlich
maschio ['maskio] *adj* 1. männlich; 2. *figlio ~* Junge *m,* Sohn *m; m* 3. *(animale)* Männchen *n*
mascotte [mas'kɔt] *f* Maskottchen *n*
massa ['massa] *f* 1. *(grande quantità)* Masse *f;* 2. *(folla)* Menge *f,* Masse *f;* 3. *(materia)* PHYS Masse *f;* 4. *collegamento a ~* TECH Erdung *f;* 5. *~ fallimentare* JUR Konkursmasse *f*
massacrante [massa'krante] *adj* zer-

mürbend; *lavoro ~ (fam)* Knochenarbeit *f*
massacro [mas'saːkro] *m* Gemetzel *n*, Massaker *n*
massaggiare [massad'dʒaːre] *v* massieren
massaggiatore [massaddʒa'toːre] *m* Masseur *m*
massaggiatrice [massaddʒa'triːtʃe] *f* Masseuse *f*
massaggio [mas'saddʒo] *m* Massage *f*; *~ subacqueo* Unterwassermassage *f*
massaia [mas'saːia] *f* Hausfrau *f*, Haushälterin *f*
massiccio [mas'sittʃo] *adj* 1. *(solido)* massiv; 2. *(pesante)* plump; 3. *(grosso)* klobig; 4. *(in grande quantità)* massenhaft; *m* 5. GEOL Massiv *n*
massima ['massima] *f* Maxime *f*, Grundsatz *m*; *in linea di ~* grundsätzlich, prinzipiell
massimo ['massimo] *adj* 1. maximal; *al ~* höchstens, längstens, maximal; *Questo è il ~.* Das ist das Äußerste. 2. *(altitudine)* höchste(r,s); *m* 3. Maximum *n*
mass media [mass'mɛːdia] *m/pl* Massenmedien *pl*
masso ['masso] *m* Fels *m*, Steinblock *m*; *caduta di massi* Steinschlag *m*
masticare [masti'kaːre] *v* 1. kauen; 2. *(fig: storpiare)* radebrechen
mastino [mas'tiːno] *m* ZOOL Dogge *f*
mastro ['mastro] *m* *(mestiere)* Meister *m*
masturbazione [masturba'tsioːne] *f* Selbstbefriedigung *f*
matassa [ma'tassa] *f* 1. Strähne *f*; 2. *(fig)* vertrackte Angelegenheit *f*
matematica [mate'maːtika] *f* Mathematik *f*
matematico [mate'maːtiko] *adj* 1. mathematisch; *m* 2. Mathematiker *m*
materassino [materas'siːno] *m* Luftmatratze *f*
materasso [mate'rasso] *m* Matratze *f*; *~ pneumatico* Luftmatratze *f*
materia [ma'tɛːria] *f* 1. Stoff *m*, Materie *f*; *~ prima* Rohstoff *m*; *~ plastica* Kunststoff *m*; *~ sintetica* Kunststoff *m*; 2. *(tema)* Gegenstand *m*; 3. *(campo dello scibile)* Fach *n*; *~ obbligatoria* Pflichtfach *n*; *~ secondaria* Nebenfach *n*; 4. *(scolastica)* Lehrfach *n*, Unterrichtsfach *n*
materiale [mate'riaːle] *adj* 1. materiell; 2. *(reale)* sachlich; *m* 3. Material *n*; *~ da imballaggio* Verpackungsmaterial *n*; *~ di medicazione* Verbandsmaterial *n*; *~ di fabbricazione* Werkstoff *m*; *~ vecchio* Altmaterial *n*
materialismo [materia'lizmo] *m* Materialismus *m*
materialistico [materia'listiko] *adj* materialistisch
maternità [materni'ta] *f* Mutterschaft *f*; *protezione della ~* Mutterschutz *m*
materno [ma'tɛrno] *adj* mütterlich; *parenti di parte materna* Verwandte mütterlicherseits *pl*
matita [ma'tiːta] *f* Bleistift *m*, Stift *m*; *~ colorata* Buntstift *m*
matrice [ma'triːtʃe] *f* 1. Matrize *f*; 2. MATH Matrix *f*; 3. TECH Stanze *f*
matricola [ma'triːkola] *f* Matrikel *f*; *numero di ~* Immatrikolationsnummer *f*
matrigna [ma'triɲɲa] *f* Stiefmutter *f*
matrimoniale [matrimo'niaːle] *adj* ehelich, Ehe…; *camera da letto ~* Doppelzimmer *n*; *agenzia ~* Heiratsvermittlung *f*
matrimonio [matri'mɔːnio] *m* 1. Ehe *f*; *~ fittizio* Scheinehe *f*; *~ bianco* nicht vollzogene Ehe *f*; 2. *(sposalizio)* Heirat *f*, Trauung *f*; *~ civile* standesamtliche Trauung *f*
mattacchione [mattak'kioːne] *m* 1. *(fam)* Schalk *m*; 2. *(fam: burlone)* Spaßvogel *m*
matteria [matte'riːa] *f* Verrücktheit *f*
mattina [mat'tiːna] *f* Morgen *m*, Vormittag *m*; *di ~* vormittags, morgens
mattinata [matti'naːta] *f* Vormittag *m*
mattiniero [matti'niɛːro] *m* 1. Frühaufsteher *m*; *adj* 2. *persona mattiniera* Frühaufsteher(in) *m/f*
mattino [mat'tiːno] *m* Morgen *m*; *sul ~* gegen Morgen
matto ['matto] *adj* 1. verrückt, toll; *andare ~ per qc* in etw vernarrt sein; *m* 2. Verrückter *m*
mattone [mat'toːne] *m* Ziegel *m*
mattonella [matto'nɛlla] *f* 1. Kachel *f*, Fliese *f*; 2. *(di carbone)* Brikett *n*

maturare [matu'ra:re] *v* reifen
maturazione [matura'tsio:ne] *f* 1. *(della frutta)* Reife *f,* Reifen *n; f* 2. ECO Fälligkeit *f*
maturità [maturi'ta] *f* 1. Reife *f;* 2. *(a scuola)* Abitur *n*
maturo [ma'tu:ro] *adj* 1. reif; 2. *(fig: ponderato)* reiflich; *dopo matura riflessione* nach reiflicher Überlegung
mausoleo [mauzo'lɛ:o] *m* Mausoleum *n*
mazza ['mattsa] *f* Stock *m,* Stab *m; ~ da golf* Golfschläger *m*
mazzo ['mattso] *m* 1. BOT Strauß *m;* 2. *~ di chiavi* Schlüsselbund *m*
me [me] *pron* mich, mir; *per ~* meinetwegen; *a ~* mir
meccanica [mek'ka:nika] *f* Mechanik *f; ~ di precisione* Feinmechanik *f*
meccanico [mek'ka:niko] *adj* 1. maschinell, mechanisch; 2. *(automatico)* mechanisch; *m* 3. Mechaniker *m; ~ di precisione* Feinmechaniker *m; ~ per automobili* Automechaniker *m*
meccanismo [mekka'nizmo] *m* 1. Mechanismus *m;* 2. *(apparecchio)* Triebwerk *n; ~ dell'orologio* Uhrwerk *n;* 3. *(dell'auto)* TECH Getriebe *n*
mecenate [metʃe'na:te] *m* Mäzen *m*
medaglia [me'daʎʎa] *f* Medaille *f; ~ d'oro* Goldmedaille *f*
medaglione [medaʎ'ʎo:ne] *m* 1. Medaillon *n;* 2. *(ciondolo)* Anhänger *m;* 3. GAST Medaillon *n*
media ['mɛ:dia] *f* Durchschnitt *m,* Mittel *n; superiore alla ~* überdurchschnittlich
mediano [me'dia:no] *adj* mittlere(r,s)
mediante [me'diante] *prep (per mezzo di)* durch
mediatore [media'to:re] *m* 1. *(intermediario)* Vermittler *m;* 2. Unterhändler *m*
mediazione [media'tsio:ne] *f (intervenire)* Vermittlung *f; ~ di matrimoni* Heiratsvermittlung *f*
medicina [medi'tʃi:na] *f* 1. *(scienza medica)* MED Medizin *f; ~ classica* Schulmedizin *f; ~ legale* Gerichtsmedizin *f; ~ naturalista* Naturheilkunde *f;* 2. *(medicamento)* MED Medikament *n,* Medizin *f*
medicinale [meditʃi'na:le] *adj* 1. *(medicamenti)* medizinisch, heilkräftig; *m* 2. MED Medikament *n*
medico ['mɛ:diko] *m* 1. Arzt *m; ~ della mutua* Kassenarzt *m; ~ di casa* Hausarzt *m; ~ aziendale* Betriebsarzt *m; ~ capo* Oberarzt *m; ~ empirico* Heilpraktiker *m; ~ fiscale* Amtsarzt *m; ~ primario* Chefarzt *m; ~ specialista* Facharzt *m; ~ di turno* Notarzt *m; adj* 2. medizinisch
medio ['mɛ:dio] *adj* 1. durchschnittlich, Mittel…; *ceto sociale ~* Mittelstand *m; m* 2. ANAT Mittelfinger *m*
mediocre [medi'ɔ:kre] *adj* mittelmäßig
medioevale [medioe'va:le] *adj* mittelalterlich
medioevo [medio'ɛ:vo] *m* Mittelalter *n*
meditare [medi'ta:re] *v* 1. meditieren; 2. *(considerare)* bedenken, überlegen
meditazione [medita'tsio:ne] *f* 1. Meditation *f;* 2. *(riflessione)* Überlegung *f*
mediterraneo [mediter'ra:neo] *adj* GEO Mittelmeer…, mediterran; *mar ~* Mittelmeer *n*
medium ['mɛ:dium] *m (nell'occultismo)* Medium *n*
medusa [me'du:za] *f* ZOOL Qualle *f*
megalomania [megaloma'ni:a] *f* Größenwahn *m*
meglio ['mɛʎʎo] *adv* 1. *(comparativo)* besser; 2. *(piuttosto)* eher, lieber; *È ~ di no!* Lieber nicht! *adj* 3. *(superlativo)* am besten
mela ['me:la] *f* Apfel *m*
melanzana [melan'dza:na] *f* BOT Aubergine *f*
melenso [me'lɛnso] *adj* dumm, einfältig
melo ['me:lo] *m* BOT Apfelbaum *m*
melodia [melo'di:a] *f* 1. Melodie *f;* 2. *(canzone)* Weise *f*
melodico [me'lɔ:diko] *adj* melodisch, wohlklingend
melone [me'lo:ne] *m* BOT Melone *f*
membrana [mem'bra:na] *f* 1. Membran *f;* 2. ANAT Membrane *f; ~ del timpano* Trommelfell *n*
membro ['mɛmbro] *m* 1. *(socio)* Mitglied *n; ~ del consiglio direttivo* Vorstandsmitglied *n; ~ di un club* Klubmitglied *n; ~ di un ordine* REL Ordensbruder *m;* 2. ANAT Glied *n*

memorabile [memo'ra:bile] *adj* denkwürdig
memoria [me'mɔ:ria] *f* **1.** Gedächtnis *n; a ~* auswendig; **2.** *(ricordo)* Erinnerung *f;* **3.** *(capacità di ricordarsi)* Erinnerungsvermögen *n;* **4.** INFORM Speicher *m;* **5.** *memorie pl* Memoiren *pl*
memorizzare [memorid'dza:re] *v* **1.** im Gedächtnis festhalten; **2.** INFORM abspeichern
memorizzazione [memoriddza'tsio:ne] *f (di dati)* INFORM Abspeicherung *f*
menare [me'na:re] *v* führen, leiten
mendace [men'da:tʃe] *adj* lügnerisch
mendacità [mendatʃi'ta] *f* Verlogenheit *f*
mendicante [mendi'kante] *m/f* Bettler(in) *m/f*
mendicare [mendi'ka:re] *v* betteln
menefreghismo [menefre'gizmo] *m* Interesselosigkeit *f,* Gleichgültigkeit *f*
meninge [me'nindʒe] *f* ANAT Hirnhaut *f; spremersi le meningi (fig)* scharf nachdenken
meningite [menin'dʒi:te] *f* MED Gehirnhautentzündung *f*
menisco [me'nisko] *m* ANAT Meniskus *m*
meno ['me:no] *adv* **1.** *(comparativo di poco)* weniger; *per lo ~* zumindest; *di ~* darunter/weniger; *in ~ che non si dica* im Nu; *fare a ~ di qc* auf etw verzichten; *a ~ che non ...* es sei denn, dass ...; **2.** MATH minus; *prep* **3.** *~ di* unter
menomazione [menoma'tsio:ne] *f* MED Behinderung *f,* Verstümmelung *f*
menopausa [meno'pa:uza] *f* MED Wechseljahre *pl*
mensa ['mɛnsa] *f* **1.** Kantine *f;* **2.** *(dell'università)* Mensa *f;* **3.** *(desco)* LIT Tafel *f*
mensile [men'si:le] *adj* monatlich
mensilità [mensili'ta] *f* Monatsrate *f,* Monatsgehalt *n*
mensola ['mensola] *f* **1.** *(scaffale)* Bord *n;* **2.** *(supporto)* Konsole *f*
menta ['menta] *f* **1.** BOT Pfefferminze *f;* **2.** *(bibita)* Pfefferminzgetränk *n*
mentale [men'ta:le] *adj* geistig; *malattia ~* Geisteskrankheit *f*
mentalità [mentali'ta] *f* Mentalität *f*
mente ['mente] *f* **1.** *(intelletto)* Verstand *m; avere in ~* vorhaben; **2.** *(memoria)* Gedächtnis *n; cacciarsi qc dalla ~* sich etw aus dem Sinn schlagen
mentire [men'ti:re] *v* lügen
mento ['mento] *m* ANAT Kinn *n*
mentre ['mentre] *konj* **1.** indessen, während; **2.** *(finché)* solange
menù [me'nu] *m* **1.** *(lista delle vivande)* Speisekarte *f;* **2.** GAST Speisenfolge *f,* Menü *n;* **3.** INFORM Menü *n*
menzionare [mentsio'na:re] *v* erwähnen
menzione [men'tsio:ne] *f* Erwähnung *f*
menzogna [men'tsoɲɲa] *f* Lüge *f*
menzognero [mentsoɲ'ɲɛ:ro] *adj* **1.** verlogen, falsch; **2.** *(ingannevole)* trügerisch
meraviglia [mera'viʎ:ʎa] *f* **1.** Verwunderung *f;* **2.** *(ciò che desta ammirazione)* Wunder *n*
meravigliarsi [meraviʎ'ʎarsi] *v* sich wundern
meraviglioso [meraviʎ'ʎo:so] *adj* **1.** wunderbar, wundervoll; **2.** *(fig: insuperabile)* himmlisch
mercante(ssa) [mer'kante/merkan'tessa] *m/f* Händler(in) *m/f; ~ di roba vecchia* Altwarenhändler *m*
mercanteggiare [merkanted'dʒa:re] *v* feilschen, handeln
mercantile [merkan'ti:le] *adj* Handels..., kaufmännisch
mercanzia [merkan'tsi:a] *f* Handelsware *f*
mercato [mer'ka:to] *m* **1.** Markt *m; a buon ~* preiswert; *~ delle pulci* Flohmarkt *m; ~ di anticaglie* Trödelmarkt *m; ~ nero* Schwarzmarkt *m; ~ settimanale* Wochenmarkt *m;* **2.** *(zona di smercio)* ECO Absatzgebiet *n; ~ delle divise* Devisenmarkt *m; ~ di sbocco* Absatzmarkt *m; ~ interno* Binnenmarkt *m; ~ nazionale* Binnenmarkt *m; ~ azionario* Aktienmarkt *m; ~ internazionale* Weltmarkt *m*
merce ['mɛrtʃe] *f* **1.** Ware *f,* Gut *n; ~ espresso* Expressgut *n; ~ ingombrante* Sperrgut *n;* **2.** *(carico)* ECO Fracht *f; ~ a grande velocità* Eilgut *n; ~ venduta a pezzi* Stückgut *n;* **3.** *merci pl (prodotti)* ECO Güter *pl*
mercé [mer'tʃe] *f* **1.** Gnade *f; essere*

M

alla ~ di qd jdm ausgeliefert sein; 2. *REL* Dank *m*; *Mercé Dio!* Gott sei Dank!
mercenario [mertʃe'naːrio] *m* Söldner *m*
merciaio [mer'tʃaːio] *m* Hausierer *m*
mercoledì [merkole'di] *m* Mittwoch *m*; *~ delle Ceneri* Aschermittwoch *m*; *il ~* mittwochs
mercurio [mer'kuːrio] *m CHEM* Quecksilber *n*
merda ['mɛrda] *f* Scheiße *f*
merenda [me'rɛnda] *f* Vesper *f*, Brotzeit *f*
meridiana [meridi'aːna] *f* 1. *GEO* Mittagslinie *f*; 2. Sonnenuhr *f*
meridionale [meridio'naːle] *adj* südlich
meridione [meridi'oːne] *m GEO* Süden *m*; *~ d'Italia* Süditalien *n*
meringa [me'riŋga] *f* Baiser *n*
meritare [meri'taːre] *v* 1. verdienen; 2. *(valere la pena)* sich lohnen
meritevole [meri'teːvole] *adj (degno)* wert
merito ['mɛːrito] *m* 1. Verdienst *n*; 2. *in ~ a* bezüglich; 3. *per ~ di qd* dank jdm; 4. *(virtù)* Vorzug *m*
merletto [mer'letto] *m (pizzo)* Spitze *f*
merlo ['mɛrlo] *m ZOOL* Amsel *f*
merluzzo [mer'luttso] *m ~ comune ZOOL* Dorsch *m*, Kabeljau *m*
meschinità [meskini'ta] *f (grettezza)* Engherzigkeit *f*, Armseligkeit *f*
meschino [mes'kiːno] *adj* 1. *(gretto)* engherzig; 2. *(miserevole)* kläglich, armselig
mescolanza [mesko'lantsa] *f* 1. Mischung *f*; 2. *(miscuglio)* Gemisch *n*
mescolare [mesko'laːre] *v* 1. mischen; 2. *(aggiungere)* beimischen, untermischen; 3. *(mischiare)* vermengen; 4. *(pasta)* anrühren
mescolarsi [mesko'larsi] *v* 1. sich vermischen; 2. *(fig)* sich einmischen
mescolato [mesko'laːto] *adj (misto)* gemischt
mese ['meːse] *m* Monat *m*; *per molti mesi* monatelang
messa ['messa] *f* 1. *REL* Gottesdienst *m*; *~ funebre* Totenmesse *f*; *~ solenne* Hochamt *n*; 2. *~ in servizio* Inbetriebnahme *f*; 3. *~ in scena THEAT* Inszenierung *f*
messaggero [messad'dʒɛːro] *m* 1. Bote *m*; 2. *(annunziatore)* Vorbote *m*
messaggio [mes'saddʒo] *m* 1. *(informazione)* Botschaft *f*; *Posso lasciare un ~ per ...?* Kann ich eine Nachricht für ... hinterlassen? *C'è un ~ per me?* Ist eine Nachricht für mich da? 2. *(comunicazione)* Nachricht *f*
messicano [messi'kaːno] *adj* 1. mexikanisch; *m* 2. Mexikaner *m*
Messico ['mɛssiko] *m GEO* Mexiko *n*
messo ['messo] *adj ben ~/mal ~* in gutem/schlechtem Zustand
mestiere [mes'tiɛːre] *m* Beruf *m*, Tätigkeit *f*; *essere del ~* fachkundig sein
mestizia [mes'tiːtsia] *f* Traurigkeit *f*
mesto ['mɛsto] *adj* traurig
mestolo ['mestolo] *m* Schöpflöffel *m*
mestruazione [mestrua'tsioːne] *f* Menstruation *f*, Periode *f*
meta ['mɛːta] *f (locale)* Ziel *n*; *~ d'escursione* Ausflugsort *m*; *senza ~* ziellos
metà [me'ta] *adj* 1. halb; *a ~ strada* halbwegs; *f* 2. Hälfte *f*; *Dividiamo a metà.* Machen wir halbe-halbe. 3. *(punto di mezzo)* Mitte *f*
metabolismo [metabo'lizmo] *m BIO* Stoffwechsel *m*
metafisica [meta'fiːzika] *f PHIL* Metaphysik *f*
metafora [me'taːfora] *f GRAMM* Metapher *f*
metagenesi [meta'dʒɛːnezi] *f BIO* Generationswechsel *m*
metallico [me'talliko] *adj* metallisch
metallo [me'tallo] *m* Metall *n*; *~ vecchio* Altmetall *n*; *~ leggero* Leichtmetall *n*; *~ nobile /~ pregiato* Edelmetall *n*
metamorfosi [meta'mɔrfozi] *f* 1. Metamorphose *f*; 2. *(fig)* Umwandlung *f*
metano [me'taːno] *m CHEM* Methan *n*, Grubengas *n*
metastasi [me'tastazi] *f MED* Metastase *f*
meteora [me'tɛːora] *f ASTR* Meteor *m*
meteorologia [meteorolo'dʒiːa] *f* Meteorologie *f*
meteorologico [meteoro'lɔːdʒiko] *adj* Wetter...; *bollettino ~* Wetterbericht *m*; *stazione meteorologica* Wetterwarte *f*
meticcio [me'tittʃo] *m* Mischling *m*

meticoloso [metiko'loːso] *adj* penibel, äußerst genau
metodico [me'tɔːdiko] *adj* methodisch
metodo ['mɛːtodo] *m* 1. Methode *f;* 2. *(procedura)* Verfahren *n;* ~ *di selezione* Ausleseverfahren *n*
metodologia [metodolo'dʒiːa] *f* Methodik *f*
metro ['mɛːtro] *m* 1. Meter *m;* ~ *cubo* Kubikmeter *m;* ~ *quadrato* Quadratmeter *m;* 2. *(misura)* Maßstab *m;* 3. *(misura metrica)* Metermaß *n;* ~ *pieghevole* Zollstock *m;* ~ *a nastro* Bandmaß *m*
metrologia [metrolo'dʒiːa] *f* Messtechnik *f*
metronotte [metro'nɔtte] *m* Nachtwächter *m*
metropoli [me'trɔːpoli] *f* Metropole *f*
metropolitana [metropli'taːna] *f* U-Bahn *f,* Untergrundbahn *f*
mettere ['mettere] *v irr* 1. legen; 2. *(in piedi)* stellen; 3. *(porre)* setzen; 4. *(infilare)* stecken; 5. ~ *in catene* fesseln; 6. ~ *in comunicazione* verbinden; 7. ~ *fuori parentesi* ausklammern; 8. ~ *in conto* anrechnen, einkalkulieren; 9. ~ *in dubbio* anzweifeln, bezweifeln; ~ *in evidenza* betonen; 10. ~ *in fila* aneinander reihen; 11. ~ *in guardia* warnen; 12. ~ *in libertà* freilassen; 13. ~ *in ombra* überschatten; 14. ~ *in ordine* aufräumen, in Ordnung bringen; 15. ~ *in scena THEAT* inszenieren; 16. ~ *in onda* senden
mettersi ['mettersi] *v irr* 1. *(vestiti)* anziehen; 2. *(gioielli)* sich umhängen; 3. ~ *comodo* sich breit machen; 4. ~ *d'accordo* absprechen, sich einigen; 5. ~ *in fila* sich anstellen
mezzaluna [meddza'luːna] *f* Halbmond *m*
mezzanotte [meddza'nɔtte] *f* Mitternacht *f*
mezzo ['mɛddzo] *adj* 1. halb; *a mezza giornata* halbtags; *a mezza voce* halblaut; *m* 2. *(locale)* Mitte *f; via di* ~ Mittelweg *m,* Mittelding *n; nel* ~ *di* inmitten; 3. *(aiuto)* Hilfsmittel *n;* ~ *di conservazione* Konservierungsmittel *n;* ~ *di pressione* Druckmittel *n;* ~ *di trasporto* Transportmittel *n,* Verkehrsmittel *n;* ~ *per combattere* Bekämpfungsmittel *n; per* ~ *di* mittels; *per* ~ *di che cosa* wodurch; *per* ~ *di ciò* damit; ~ *di pagamento* Zahlungsmittel *n;* 4. ~ *legale JUR* Rechtsmittel *n;* 5. *(fig)* Mittel *n;* ~ *di comunicazione* Kommunikationsmittel *n;* 6. *mezzi pl* Mittel *pl; mezzi di comunicazione di massa* Massenmedien *pl;* 7. *mezzi pl (denaro)* Mittel *pl; privo di mezzi* mittellos
mezzogiorno [meddzo'dʒorno] *m* 1. Mittag *m;* 2. Süditalien *n*
mi [mi] *pron* mich, mir
mia *(vedi „mio")*
miagolare [miago'laːre] *v* miauen
mica ['miːka] *adv (fam)* gar nicht; ~ *male* gar nicht übel
miccia ['mittʃa] *f* Lunte *f,* Zündschnur *f*
micidiale [mitʃidi'aːle] *adj* verheerend, mörderisch
micio ['miːtʃo] *m* 1. *(fam)* Mieze *f;* 2. *(fam: gatto)* Kater *m*
micosi [mi'kɔːzi] *f MED* Pilzerkrankung *f;* ~ *del piede* Fußpilz *m*
microcosmo [mikro'kɔzmo] *m PHIL* Mikrokosmos *m*
microelementi [mikroele'menti] *m/pl BIO* Spurenelemente *pl*
microfilm [mikro'film] *m* Mikrofilm *m*
microfono [mi'krɔːfono] *m* Mikrofon *n*
microprocessore [mikroprotʃes'soːre] *m INFORM* Mikroprozessor *m*
microrganismo [mirkoorga'nizmo] *m BIO* Mikroorganismus *m*
microscopico [mikros'kɔːpio] *adj* mikroskopisch
microscopio [mikros'kɔːpio] *m* Mikroskop *n*
midollo [mi'dollo] *m* 1. *ANAT* Mark *n;* ~ *osseo* Knochenmark *n;* ~ *spinale* Rückenmark *n;* 2. *BOT* Pflanzenmark *n;* 3. *(fig)* Wesen *n*
miele [mi'ɛːle] *m* Honig *m;* ~ *d'api* Bienenhonig *m*
mietere [mi'ɛːtere] *v* 1. mähen; 2. *(fig: raccogliere)* ernten
mietitura [mieti'tuːra] *f* Mähen *n*
migliaio [miʎ'ʎaːio] *m* Tausend *n*
miglio[1] ['miʎʎo] *m (misura lineare)* Meile *f; per miglia e miglia* meilenweit
miglio[2] ['miʎʎo] *m BOT* Hirse *f*
miglioramento [miʎʎora'mento] *m* Besserung *f,* Verbesserung *f*

M

migliorare [miʎʎo'ra:re] *v* verbessern
migliore [mi'ʎo:re] *adj* 1. *(comparativo)* besser; 2. *(superlativo)* beste(r,s)
mignolo ['miɲɲolo] *m* *ANAT* kleiner Finger *m*
migratore [migra'to:re] *m* 1. Wanderer *m;* 2. *uccello* ~ Zugvogel *m*
migrazione [migra'tsio:ne] *f* Wanderung *f;* ~ *di popoli* Völkerwanderung *f*
miliardo [mi'liardo] *m* Milliarde *f*
milionario [milio'na:rio] *m* Millionär *m*
milione [mi'lio:ne] *m* Million *f*
militante [mili'tante] *adj* 1. *MIL* militant; 2. *POL* aktiv; *m/f* 3. Streiter(in) *m/f;* 4. *POL* Aktivist(in) *m/f*
militare [mili'ta:re] *adj* 1. *MIL* militärisch; *v* 2. kämpfen; 3. *(in un partito)* *POL* tätig sein; *m* 4. *MIL* Soldat *m;* 5. *militari pl* Militär *n*
milizia [mi'li:tsia] *f* *MIL* Miliz *f*
millantatore [millanta'to:re] *m* *(spaccone)* Aufschneider *m*
mille ['mille] *num* tausend, eintausend
millenario [mille'na:rio] *adj* tausendjährig
millennio [mil'lɛnnio] *m* Jahrtausend *n*
millesimo [mil'lɛ:zimo] *adj* 1. tausendste(r,s); *m* 2. Tausendstel *n*
millimetro [mil'li:metro] *m* Millimeter *m*
milza ['miltsa] *f* *ANAT* Milz *f*
mimare [mi'ma:re] *v* mimen
mimetismo [mime'tizmo] *m* 1. Tarnung *f,* Anpassung *f;* 2. *BIO* Mimikry *f*
mimetizzare [mimetid'dza:re] *v* tarnen
mimetizzazione [mimetiddza'tsio:ne] *f* Tarnung *f*
mimica ['mi:mika] *f* Mimik *f*
mimosa [mi'mo:sa] *f* *BOT* Mimose *f*
mina ['mi:na] *f* *(ordigno esplosivo)* Mine *f*
minaccia [mi'nattʃa] *f* 1. Androhung *f,* Bedrohung *f;* 2. *(messa in pericolo)* Gefährdung *f*
minacciare [minat'tʃa:re] *v* bedrohen, drohen
minaccioso [minat'tʃo:so] *adj* bedrohlich
minatore [mina'to:re] *m* *MIN* Kumpel *m,* Bergarbeiter *m*
minerale [mine'ra:le] *m* 1. Mineral *n;* 2. *MIN* Erz *n;* ~ *ferroso* Eisenerz *n*
minestra [mi'nɛstra] *f* *GAST* Suppe *f;* ~ *di verdura* Gemüsesuppe *f*
miniatura [minia'tu:ra] *f* *ART* Miniatur *f*
minibus ['minibus] *m* Kleinbus *m*
miniera [mini'ɛ:ra] *f* 1. *MIN* Mine *f,* Bergwerk *n;* ~ *d'argento* Silberbergwerk *n;* ~ *di carbone* Kohlebergwerk *n;* 2. *(fig)* Goldgrube *f*
minimizzare [minimid'dza:re] *v* *(pericolo)* bagatellisieren, verharmlosen
minimo ['mi:nimo] *m* 1. Minimum *n;* ~ *di esistenza* Existenzminimum *m;* ~ *salariale* Tariflohn *m; adj* 2. kleinste(r,s); 3. *(minimale)* minimal; 4. *(più piccolo)* mindeste(r,s), minimal; *misura minima* Mindestmaß *n*
ministeriale [ministeri'a:le] *adj* ministeriell
ministero [mini'stɛ:ro] *m* *POL* Ministerium *n;* ~ *degli affari esteri* Außenministerium *n;* ~ *degli interni* Innenministerium *n;* ~ *dei trasporti* Verkehrsministerium *n;* ~ *dell'agricoltura* Landwirtschaftsministerium *n;* ~ *della difesa* Verteidigungsministerium *n;* ~ *della giustizia* Justizministerium *n;* ~ *della pubblica istruzione* Kultusministerium *n*
ministro [mi'nistro] *m* *POL* Minister *m;* ~ *degli affari esteri* Außenminister *m;* ~ *delle finanze* Finanzminister *m; primo* ~ Premierminister *m*
minoranza [mino'rantsa] *f* Minderheit *f*
minorato [mino'ra:to] *m* 1. Körperbehinderter *m; adj* 2. körperbehindert, behindert
minore [mi'no:re] *adj* 1. kleiner; 2. *(più giovane)* jünger; 3. *(minorenne)* minderjährig
minorenne [mino'rɛnne] *adj* 1. minderjährig, unmündig; *m/f* 2. Minderjährige(r) *m/f*
minorile [mino'ri:le] *adj* minderjährig; *delinquenza* ~ Jugendkriminalität *f*
minuscola [mi'nuskola] *f* kleiner Buchstabe *m*
minuscolo [mi'nuskolo] *adj* 1. winzig; 2. kleingeschrieben; *(lettera)* Kleinbuchstabe

minuto [mi'nu:to] *m* **1.** Minute *f; per qualche ~* minutenlang; **2.** *commercio al ~* ECO Einzelhandel *m; adj* **3.** klein; **4.** *(in tutti i dettagli)* haarklein; **5.** *(sottile)* dünn, fein
minuzia [mi'nu:tsia] *f* Kleinigkeit *f*
minuzioso [minut'tsio:so] *adj* **1.** *(troppo accurato)* peinlich; **2.** *(dettagliato)* eingehend
mio ['mi:o] *pron* mein(e); *da parte mia* meinerseits
miope ['mi:ope] *adj* **1.** MED kurzsichtig; **2.** *(fig)* kurzsichtig
miopia [mio'pi:a] *f* MED Kurzsichtigkeit *f*, Myopie *f*
mira ['mi:ra] *f* **1.** Zielscheibe *f*, Ziel *n*; *prendere la ~* zielen; **2.** *(fig)* Ziel *n*, Zweck *m*
mirabella [mira'bɛlla] *f* BOT Mirabelle *f*
miracolo [mi'ra:kolo] *m* Wunder *n*; *~ economico* Wirtschaftswunder *n*
miracoloso [mirako'lo:so] *adj* wundertätig
miraggio [mi'raddʒo] *m* **1.** Fata Morgana *f*, Luftspiegelung *f*; **2.** *(fig)* Täuschung *f*
mirare [mi'ra:re] *v* abzielen, zielen
mirino [mi'ri:no] *m* **1.** MIL Visier *n*; **2.** *(fucile)* Korn *n*
mirtillo [mir'tillo] *m* **1.** BOT Heidelbeere *f*; **2.** *~ rosso* BOT Preiselbeere *f*
misantropia [mizantro'pi:a] *f* Menschenfeindlichkeit *f*
miscela [miʃ'ʃɛ:la] *f* Gemisch *n*
miscelatura [miʃʃela'tu:ra] *f* *(mescolanza)* Mischung *f*
mischiare [mi'skia:re] *v* vermengen, vermischen
mischiarsi [mi'skiarsi] *v* sich vermischen
misconoscere [misko'noʃere] *v* **1.** verkennen; **2.** *(negare)* verleugnen
miscuglio [mis'kuʎʎo] *m* **1.** *(mistura)* Mischung *f*; **2.** *(accozzaglia)* Mischmasch *m*
miserabile [mize'ra:bile] *adj* **1.** arm, elend; **2.** *(pietoso)* miserabel
miseria [mi'zɛ:ria] *f* **1.** *(calamità)* Elend *n*, Misere *f*; **2.** *(povertà)* Not *f*; **3.** *(calamità)* Jammer *m*
misericordia [mizeri'kordia] *f* Barmherzigkeit *f*
misericordioso [mizerikor'dio:so] *adj* REL barmherzig
misero ['mi:zero] *adj* **1.** *(scarso)* dürftig; **2.** *(in stato ~)* erbärmlich, jämmerlich; **3.** *(meschino)* schäbig
misfatto [mis'fatto] *m* Untat *f*
missile ['missile] *m* MIL Rakete *f*; *~ a lungo raggio* Langstreckenrakete *m*
missionario [missio'na:rio] *m* REL Missionar *m*
missione [mis'sio:ne] *f* **1.** *(compito)* Aufgabe *f*; **2.** *(istituzione)* Mission *f*
missiva [mis'si:va] *f* Schreiben *n*
misterioso [misteri'o:so] *adj* **1.** geheimnisvoll, mysteriös; *m* **2.** *(soppiattone)* Heimlichtuer *m*
mistero [mis'tɛ:ro] *m* **1.** *(segreto)* Geheimnis *n*, Rätsel *n*; **2.** REL Mysterium *n*
mistico ['mistiko] *adj* mystisch
mistificare [mistifi'ka:re] *v* **1.** fälschen; **2.** *(ingannare)* täuschen
mistificazione [mistifika'tsio:ne] *f* Irreführung *f*, Täuschung *f*
misto ['misto] *adj* **1.** gemischt; *m* **2.** Mischung *f*, Gemisch *n*
misura [mi'zu:ra] *f* **1.** *(unità di ~)* Maß *n*; **2.** *(dimensione)* Ausmaß *n*; **3.** *(disposizone)* Maßnahme *f*; *~ d'economia* Sparmaßnahme *f*; *~ di protezione* Schutzmaßnahme *f*; *~ di razionalizzazione* Rationalisierungsmaßnahme *f*; *~ coercitiva* Zwangsmaßnahme *f*; *~ immediata* Sofortmaßnahme *f*; *~ precauzionale* Vorsichtsmaßnahme *f*; *~ preventiva* Präventivmaßnahme *f*; **4.** *(provvedimento)* Vorkehrung *f*; **5.** *misure di risanamento* Sanierungsmaßnahmen *pl*; **6.** *misure di sicurezza pl* Sicherheitsmaßnahmen *pl*
misurabile [mizu'ra:bile] *adj* messbar
misurare [mizu'ra:re] *v* **1.** messen, abmessen; **2.** *(dimensioni)* ausmessen, vermessen; **3.** *(stimare)* ermessen
misurarsi [mizu'rarsi] *v* *(fig)* *~ con* sich messen mit
misurato [mizu'ra:to] *adj* gemessen, maßvoll
misurazione [mizura'tsio:ne] *f* **1.** Messen *n*; **2.** *(processo)* Abmessung *f*; **3.** *(dimensioni)* Vermessung *f*
misurino [mizu'ri:no] *m* **1.** Messbecher *m*; **2.** CHEM Messzylinder *m*
mite ['mi:te] *adj* **1.** *(tempo)* mild;

M

2. *(vento, aria)* lau; 3. *(carattere)* sanftmütig
mitezza [mi'tettsa] *f* 1. *(tempo)* Milde *f;* 2. *(carattere)* Sanftmut *f*
mitico ['mi:tiko] *adj* mythisch, sagenhaft
mitigamento [mitiga'mento] *m (di dolore)* Linderung *f*
mitigare [miti'ga:re] *v* 1. abmildern; 2. *(dolore)* lindern; 3. *(attenuare)* dämpfen
mito ['mi:to] *m* Mythos *m*
mitologia [mitolo'dʒi:a] *f* Mythologie *f*
mitra ['mi:tra] *f MIL* Maschinengewehr *n*
mitragliatrice [mitraʎʎa'tri:tʃe] *f* Maschinengewehr *n*
mittente [mit'tɛnte] *m* 1. Absender *m;* 2. *(speditore)* Einsender *m*
mnemonico [mne'mɔ:niko] *adj* Gedächtnis…, mnemonisch
mobile ['mɔ:bile] *adj* 1. mobil, beweglich; *beni mobili* bewegliche Güter *pl; m* 2. Möbelstück *n; ~ imbottito* Polstermöbel *pl; ~ a muro* Einbaumöbel *pl; ~ componibili* Anbaumöbel *pl*
mobiliare [mobi'lia:re] *adj* 1. Mobiliar…; *v* 2. möblieren
mobilità [mobili'ta] *f* Mobilität *f*
mobilitare [mobili'ta:re] *v* mobilisieren
mobilitazione [mobilita'tsio:ne] *f MIL* Mobilmachung *f*
moccioso [mot'tʃo:so] *adj* 1. rotzig *(fam); m* 2. kleiner Rotzkerl *m (fam)*
moda ['mɔ:da] *f* Mode *f; non soggetto alla ~* zeitlos; *alla ~* modisch
modale [mo'da:le] *adj GRAMM* modal; *verbo ~* Modalverb *n,* modales Zeitwort *n*
modella [mo'dɛlla] *f* 1. Model *n;* 2. *(indossatrice)* Mannequin *n*
modellare [model'la:re] *v* modellieren
modellato [model'la:to] *adj* 1. *(formato)* gebildet; *m* 2. *(scultura) ART* Modellierung *f*
modello [mo'dɛllo] *adj* 1. vorbildlich; *m* 2. *(esempio)* Beispiel *n,* Muster *n;* 3. *(ideale)* Modell *n; ~ sperimentale* Versuchsmodell *n; ~ standard* Standardmodell *n;* 4. *(prototipo)* Prototyp *m*
moderare [mode'ra:re] *v* 1. mäßigen; 2. *(fig: richieste)* zurückstecken
moderarsi [mode'rarsi] *v* 1. sich mäßigen; 2. *(osservare i limiti)* Maß halten
moderato [mode'ra:to] *adj* mäßig, gemäßigt
moderatore [modera'to:re] *m* Diskussionsleiter *m*
modernità [moderni'ta] *f* 1. Modernität *f;* 2. *(indirizzo moderno nell'arte)* Moderne *f*
modernizzare [modernid'dza:re] *v* modernisieren
moderno [mo'dɛrno] *adj* 1. *(vestiti)* modern; 2. *(conforme ai gusti)* zeitgemäß
modestia [mo'dɛstia] *f* 1. Bescheidenheit *f;* 2. *(mancanza di pretese)* Anspruchslosigkeit *f*
modesto [mo'dɛsto] *adj* 1. bescheiden; 2. *(senza pretese)* anspruchslos, einfach; 3. *(virtuoso)* sittsam
modico ['mɔ:diko] *adj* 1. mäßig, maßvoll; 2. *(prezzo)* angemessen, niedrig
modifica [mo'di:fika] *f* Änderung *f; ~ della costituzione* Verfassungsänderung *f*
modificazione [modifika'tsio:ne] *f* Abänderung *f; ~ di legge* Gesetzesänderung *f*
modo ['mɔ:do] *m* 1. Art *f,* Weise *f; ~ d'agire* Handlungsweise *f; ~ d'applicazione* Anwendungsweise *f; ~ di dire* Redensart *f,* Redewendung *f; ~ di pensare* Denkart *f; nel miglior ~* bestens; *nel miglior ~ possibile* bestmöglich; *in certo qual ~* gewissermaßen; *ad ogni ~* jedenfalls; *per ~ di dire* sozusagen; 2. *(fig: metodo)* Weg *m;* 3. *~ maggiore MUS* Dur *n;* 4. *GRAMM* Modus *m;* 5. *(contegno)* Benehmen *n*
modulare [modu'la:re] *v* modulieren
modulo ['mɔ:dulo] *m* 1. *(scheda)* Formular *n,* Vordruck *m; ~ di denuncia* Anmeldeformular *n; ~ di disdetta* Abmeldeformular *n; ~ in bianco* Blankoformular *n; Dove ci sono moduli per ciò?* Wo gibt es Formulare dafür? 2. *TECH* Modul *n*
mogano ['mɔ:gano] *m* Mahagoni *n*
mogio ['mɔ:dʒo] *adj (sconcertato)* kleinlaut
moglie ['moʎʎe] *f* Ehefrau *f,* Gattin *f; aver ~ e figli* Frau und Kinder haben

mola ['mɔːla] *f* 1. *(d'arrotino)* Schleifstein *m;* 2. *(di mulino)* Mühlstein *m*
molare [mo'laːre] *v* 1. *TECH* abschleifen; *m* 2. *(dente) ANAT* Backenzahn *m*
mole ['mɔːle] *f (fig: dimensione)* Umfang *m*
molecola [mo'lɛːkola] *f CHEM* Molekül *n*
molestare [moles'taːre] *v* belästigen
molestia [mo'lɛstia] *f* Belästigung *f*
molesto [mo'lɛsto] *adj* lästig, störend
Molise [mo'liːze] *m GEO* Molise *n*
molla ['mɔlla] *f* 1. *TECH* Feder *f;* ~ *a spirale* Sprungfeder *f;* 2. *(fig: motivo)* Auslöser *m,* Beweggrund *m*
mollare [mol'laːre] *v* 1. locker lassen, lockern; 2. *(cedere)* nachgeben
molle ['mɔlle] *adj* weich
molletta [mol'letta] *f* 1. Klemme *f;* 2. *(per la biancheria)* Wäscheklammer *f*
molo ['mɔːlo] *m* Mole *f,* Kai *m*
molteplice [mol'teːplitʃe] *adj* 1. mehrfach, vielfach; 2. *(vario)* vielfältig
molteplicità [molteplitʃi'ta] *f* Vielfalt *f*
moltiplicare [moltipli'kaːre] *v* 1. vervielfältigen; 2. *MATH* multiplizieren
moltiplicatore [moltiplika'toːre] *adj* 1. *MATH* multiplizierend; *m* 2. *MATH* Multiplikator *m*
moltiplicazione [moltiplika'tsioːne] *f* 1. *MATH* Multiplikation *f;* 2. Vermehrung *f;* 3. *TECH* Übersetzung *f*
moltissimo [mol'tissimo] *adv (fam: molto)* wahnsinnig, sehr viel
moltitudine [molti'tuːdine] *f (grande quantità)* Menge *f*
molto ['molto] *adv* 1. sehr; *da* ~ längst; 2. *(assai)* höchst; 3. *(particolarmente)* besonders; *adj* 4. viel
momentaneo [momen'taːneo] *adj* momentan, zeitweilig
momento [mo'mento] *m* 1. Augenblick *m,* Moment *m;* ~ *di sollievo* Lichtblick *m; del* ~ augenblicklich; *a momenti* manchmal; *A momenti sarei caduto.* Beinahe wäre ich hingefallen. 2. *(tratto di tempo)* Weile *f;* 3. *(punto)* Zeitpunkt *m; per il* ~ vorläufig; *dal* ~ *che* da; *sul* ~ im Augenblick; 4. ~ *di sospetto* Verdachtsmoment *n;* 5. *PHYS* Moment *n;* 6. *(circostanza)* Umstand *m,* Aspekt *m*

monaca ['mɔːnaka] *f REL* Nonne *f*
monaco ['mɔːnako] *m REL* Mönch *m*
monarca [mo'narka] *m* Monarch *m*
monarchia [monar'kiːa] *f* Monarchie *f*
monastero [monas'tɛːro] *m REL* Kloster *n*
mondano [mon'daːno] *adj* 1. weltlich, irdisch; 2. *(di eleganza ricercata)* mondän
mondiale [mondi'aːle] *adj* weltweit, Welt…
mondo ['mondo] *m* Welt *f; in tutto il* ~ weltweit; *giro del* ~ Weltreise *f; mettere al* ~ in die Welt setzen; *venire al* ~ auf die Welt kommen; *Caschi il* ~. *(fam)* Mag kommen, was da will.
monello [mo'nello] *m* Bengel *m*
moneta [mo'neːta] *f* 1. *FIN* Münze *f,* Geldstück *n;* ~ *d'argento* Silbergeld *n; carta* ~ Papiergeld *n;* ~ *spicciola* Kleingeld *n;* 2. *(fig)* Währung *f;* ~ *nazionale* Landeswährung *f;* ~ *unica* Währungsunion *f*
monetario [mone'taːrio] *adj ECO* Währungs…, Geld…; *fondo* ~ Geldbestand *m,* Fonds *m*
mongolfiera [moŋgolfi'ɛːra] *f* Heißluftballon *m*
monito ['mɔːnito] *m* Warnung *f,* Mahnung *f*
monitor ['mɔːnitor] *m* Monitor *m*
monocolore [monoko'loːre] *adj* einfarbig
monogamia [monoga'miːa] *f* Monogamie *f*
monogramma [mono'gramma] *f* Monogramm *n*
monologo [mo'nɔːlogo] *m* Monolog *m,* Selbstgespräch *n*
monopattino [mono'pattino] *m* 1. *(per bambini)* Roller *m;* 2. *(skateboard)* Skateboard *n*
monopolio [mono'pɔːlio] *m* 1. *ECO* Alleinvertrieb *m;* 2. *(fig: prerogativa)* Monopol *n;* ~ *del commercio estero* Außenhandelsmonopol *n*
monotonia [monoto'niːa] *f* Monotonie *f,* Einerlei *n*
monotono [mo'nɔːtono] *adj* eintönig, monoton
montacarichi [monta'kaːriki] *m* Lastenaufzug *m*

montaggio [mon'taddʒo] *m* Montage *f*, Zusammenbau *m*
montagna [mon'taɲɲa] *f* 1. GEOL Berg *m*; ~ *di ghiaccio* Eisberg *m*; *alta* ~ Hochgebirge *n*; 2. *montagne pl* Gebirge *n*; *montagne russe* Achterbahn *f*
montagnoso [monta'ɲo:so] *adj* gebirgig, hügelig
montante [mon'tante] *m* 1. Pfosten *m*, Pfeiler *m*; 2. ~ *al mento* SPORT Kinnhaken *m*
montare [mon'ta:re] *v* 1. *(installare)* aufbauen; ~ *con forza* aufschlagen; 2. *(panna)* GAST schlagen; 3. *(salire)* aufsteigen; 4. ZOOL decken
montarsi [mon'tarsi] *v* ~ *la testa per qc* sich etwas zu Kopf steigen lassen
montatore [monta'to:re] *m* 1. Monteur *m*; 2. CINE Cutter *m*
montatura [monta'tu:ra] *f* 1. *(di gioielli)* Fassung *f*, Einfassung *f*; ~ *degli occhiali* Brillengestell *n*; 2. *(montaggio)* Montage *f*; 3. *(fig: gonfiatura)* reine Erfindung *f*, Übertreibung *f*
monte ['monte] *m* 1. GEOL Berg *m*; 2. ~ *di pietà* Pfandhaus *n*; 3. *andare a* ~ nicht zustande kommen, sich zerschlagen; 4. *mandare a* ~ annullieren, aufgeben
montone [mon'to:ne] *m* ZOOL Bock *m*, Hammel *m*
montuoso [montu'o:so] *adj* bergig
monumentale [monumen'ta:le] *adj* 1. monumental; 2. *(enorme)* gewaltig, riesig
monumento [monu'mento] *m* Denkmal *n*; ~ *commemorativo* Gedenkstätte *f*, Mahnmal *n*; ~ *onorario* Ehrenmal *n*
moquette [mo'kɛt] *f* Teppichboden *m*
mora[1] ['mɔ:ra] *f* BOT Brombeere *f*
mora[2] ['mɔ:ra] *f* 1. *(donna nera)* Schwarze *f*; 2. *(donna bruna)* Braunhaarige *f*, Brünette *f*
mora[3] ['mɔ:ra] *f* FIN Verzug *m*; ~ *nel pagamento* Zahlungsverzug *m*
morale [mo'ra:le] *f* 1. Moral *f*; *adj* 2. moralisch, sittlich
moralità [morali'ta] *f* Moralität *f*, Moral *f*
morbidezza [morbi'dettsa] *f* Weichheit *f*, Zartheit *f*
morbido ['mɔrbido] *adj* weich, zart
morbillo [mor'billo] *m* MED Masern *pl*
morbo ['mɔrbo] *m* Krankheit *f*
morboso [mor'bo:so] *adj (fig)* krankhaft
mordace [mor'da:tʃe] *adj* 1. bissig; 2. *(fig: ironia)* beißend; 3. *(fig: intelletto)* messerscharf
mordere ['mɔrdere] *v irr* 1. beißen; 2. *(abboccare)* anbeißen; 3. *(pungere)* stechen
morfina [mor'fi:na] *f* CHEM Morphium *n*
moria [mo'ri:a] *f* Massensterben *n*; ~ *di alberi* Baumsterben *n*
moribondo [mori'bondo] *adj* 1. sterbend; *m* 2. Sterbender *m*
morigeratezza [moridʒera'tettsa] *f* Enthaltsamkeit *f*
morigerato [moridʒe'ra:to] *adj* enthaltsam
morire [mo'ri:re] *v irr* 1. sterben; ~ *di fame* verhungern; ~ *di freddo* erfrieren; ~ *di sete* verdursten; ~ *assiderato* erfrieren; 2. *(razza)* aussterben; 3. *(piante)* eingehen; 4. *(perire)* umkommen; 5. *(animale)* verenden
mormorare [mormo'ra:re] *v* 1. *(parlare a voce bassa)* murmeln; 2. *(sussurrare)* munkeln; 3. *(rivo)* rauschen
mormorio [mormo'ri:o] *m* 1. Gemurmel *n*, Geflüster *n*; 2. *(brusio)* Rauschen *n*, Gebrumm *n*
moro ['mɔ:ro] *adj* 1. schwarz; 2. dunkelhaarig, brünett; 3. *(moresco)* maurisch; *m* 4. *(uomo nero)* Schwarzer *m*
moroso[1] [mo'ro:so] *adj* rückständig
moroso[2] [mo'ro:so] *m (fam: amante)* Liebhaber *m*
morsa ['mɔrsa] *f* TECH Schraubstock *m*
morso ['mɔrso] *m* 1. Biss *m*; *dare un* ~ anbeißen; *un* ~ *di pane* ein Bissen Brot *m*; 2. ~ *d'insetto* Insektenstich *m*
mortale [mor'ta:le] *adj* 1. *(che deve morire un giorno)* sterblich; 2. *(accidente)* tödlich; 3. *(pericoloso)* lebensgefährlich
mortalità [mortali'ta] *f* Sterblichkeit *f*
morte ['mɔrte] *f* 1. Tod *m*; ~ *apparente* Scheintod *m*; *condannare a* ~ zum Tode verurteilen; *mettere a* ~ hinrichten; *silenzio di* ~ Todesstille *f*; *pallido come la* ~ totenblass; *morire di* ~ *naturale* eines natürlichen Todes sterben; *pericolo di*

~ Todesgefahr *f; colpire a ~* totschlagen; *in caso di ~* im Todesfall; 2. *(fig: fine)* Ende *n*
mortificare [mortifi'ka:re] *v* 1. *(umiliare)* demütigen; 2. *(gli istinti)* unterdrücken
mortificazione [mortifika'tsio:ne] *f* 1. *(umiliazione)* Demütigung *f;* 2. Unterdrückung *f*
morto ['mɔrto] *adj* 1. tot, gestorben; 2. *(membri)* abgestorben; 3. *stanco ~* todmüde; *m* 4. Toter *m,* Verstorbener *m*
mosaico [mo'za:iko] *m* Mosaik *n*
mosca ['moska] *f* ZOOL Fliege *f*
moscerino [moʃʃe'ri:no] *m* ZOOL kleine Fliege, Taufliege *f*
moschea [mos'kɛ:a] *f* Moschee *f*
moscio ['moʃʃo] *adj* schlaff, kraftlos
moscone [mos'ko:ne] *m* 1. ZOOL Schmeißfliege *f;* 2. *(pattino)* Ruderboot *n;* 3. *(fig)* Verehrer *m,* Hofmacher *m*
mossa ['mɔssa] *f* 1. Bewegung *f;* 2. *(impulso)* Anstoß *m;* 3. *(gesto)* Geste *f*
mosso ['mɔsso] *adj* 1. *(mare)* bewegt; 2. *(indotto)* veranlasst, bewogen
mostra ['mostra] *f* 1. *(d'arte)* Ausstellung *f;* 2. Messe *f*
mostrare [mos'tra:re] *v* 1. zeigen; 2. *(presentare)* aufweisen; 3. *(dichiarare)* bekunden; 4. *(presentare)* vorführen
mostro ['mostro] *m* 1. Ungeheuer *n,* Ungetüm *n;* 2. *(bruto)* Unmensch *m*
mostruosità [mostruosi'ta] *f* 1. Monstrosität *f,* Ungeheuerlichkeit *f;* 2. *(enormità)* Enormität *f;* 3. BIO Missbildung *f*
motel [mo'tɛl] *m* Motel *n,* Rasthaus *n*
motivare [moti'va:re] *v* 1. motivieren; 2. *(causare)* verursachen; 3. *(menzionare il motivo)* den Grund nennen
motivazione [motiva'tsio:ne] *f* 1. Begründung *f;* 2. *(argomento)* Argument *n;* 3. PSYCH Motivation *f*
motivo [mo'ti:vo] *m* 1. Grund *m;* 2. *(causa)* Veranlassung *f;* 3. *(movente)* Beweggrund *m;* 4. *~ conduttore* MUS Leitmotiv *n*
moto ['mɔ:to] *m* 1. *(movimento)* Bewegung *f; mettere in ~* anlassen, in Gang setzen; 2. *(fig: sentimento)* Regung *f; ~ dell'animo* Gefühlsregung *f*
motocicletta [mototʃi'kletta] *f* Motorrad *n*
motociclismo [mototʃi'klizmo] *m* Motorradsport *m*
motociclista [mototʃi'klista] *m/f* Motorradfahrer(in) *m/f*
motore [mo'to:re] *m* TECH Motor *m; ~ a ciclo Otto* Ottomotor *m; ~ a combustione* Verbrennungsmotor *m; ~ a iniezione* Einspritzmotor *m; ~ posteriore* Heckmotor *m*
motorino [moto'ri:no] *m* 1. Moped *n;* 2. *~ di avviamento* TECH Anlasser *m*
motorizzato [motorid'dza:to] *adj* motorisiert
motoscafo [motos'ka:fo] *m* Motorboot *n*
motoscooter [motos'ku:ter] *m* Motorroller *m,* Roller *m*
motrice [mo'tri:tʃe] *f* Zugmaschine *f; ~ per semirimorchio* Sattelschlepper *m*
motto ['mɔtto] *m* Motto *n,* Spruch *m*
mouse [maus] *m* INFORM Maus *f*
movente [mo'vɛnte] *m* 1. *(causa)* Motiv *n;* 2. *(motivo)* Ursache *f*
movibile [mo'vi:bile] *adj* beweglich
movimentato [movimen'ta:to] *adj* 1. bewegt; 2. *(animato)* belebt; 3. *(pieno di slancio)* schwungvoll
movimento [movi'mento] *m* Bewegung *f; ~ di capitali* Kapitalverkehr *m; ~ clandestino* Untergrundbewegung *f; ~ femminista* Frauenbewegung *f; ~ liberista* Freiheitsbewegung *f; ~ organizzato* organisierte Bewegung *f*
mozione [mo'tsio:ne] *f* 1. POL Antrag *m; ~ di sfiducia* Misstrauensantrag *m; presentare una ~ di sfiducia* einen Misstrauensantrag stellen; 2. LIT Bewegung *f*
mozzare [mot'tsa:re] *v* 1. *(tagliare via)* abschneiden; 2. *(mutilare)* verstümmeln; 3. *~ il fiato (fig)* den Atem verschlagen
mozzo[1] ['mottso] *adj* 1. *(accorciato)* verkürzt; 2. *(mutilato)* verstümmelt
mozzo[2] ['mottso] *m* 1. NAUT Schiffsjunge *m;* 2. *(della stalla)* Stalljunge *m*
mozzo[3] ['mottzo] *m ~ della ruota* TECH Radnabe *f*
mucca ['mukka] *f* ZOOL Kuh *f*
mucchio ['mukkio] *m* Haufen *m; ~ di cocci* Scherbenhaufen *m*
muco ['mu:ko] *m* Schleim *m*
mucosa [mu'ko:sa] *f* ANAT Schleimhaut *f*

mucoso [mu'ko:so] *adj* schleimig
muffa ['muffa] *f BOT* Schimmel *m*
muggire [mud'dʒi:re] *v irr* muhen
mughetto [mu'getto] *m BOT* Maiglöckchen *n*
mugnaio [muɲ'ɲa:io] *m* Müller *m*
mulatto [mu'latto] *m* Mulatte *m*
mulinello [muli'nɛllo] *m* 1. *(gorgo, vortice)* Wirbel *m;* 2. *TECH* Winde *f*
mulino [mu'li:no] *m* Mühle *f; ~ a vento* Windmühle *f*
mulo ['mu:lo] *m ZOOL* Maulesel *m*
multa ['multa] *f* Geldstrafe *f*
multicolore [multiko'lo:re] *adj* bunt
multilaterale [multilate'ra:le] *adj* multilateral, vielseitig
multimediale [multimedi'a:le] *adj* multimedial
multiplo ['multiplo] *adj* mehrfach, vielfach
mummia ['mummia] *f* Mumie *f*
mungere ['mundʒere] *v irr* melken
municipio [muni'tʃi:pio] *m* 1. Rathaus *n;* 2. *(comune)* Gemeinde *f;* 3. *(amministrazione)* Gemeindeverwaltung *f*
munire [mu'ni:re] *v* ausrüsten, ausstatten; *~ d'inferriata* vergittern
munizione [muni'tsio:ne] *f* Munition *f*
muovere [mu'ɔ:vere] *v irr* 1. bewegen; 2. *(toccare)* rühren
muoversi [mu'ɔ:versi] *v irr* 1. sich bewegen; 2. *(agitarsi)* sich regen
mura ['mu:ra] *f/pl ~ cittadine* Stadtmauer *f*
muraglia [mu'raʎʎa] *f* Stadtmauer *f*
murale [mu'ra:le] *adj* Mauer..., Wand...; *pittura ~* Wandmalerei *f*
muratore [mura'to:re] *m* Maurer *m*
muratura [mura'tu:ra] *f (costruzione)* Mauerwerk *n; opera di ~* Mauerarbeit *f*
muro ['mu:ro] *m* Mauer *f,* Wand *f*
musa ['mu:za] *f* Muse *f; delle muse* musisch
muschio ['muskio] *m* 1. *BOT* Moos *n;* 2. *(detto di profumo)* Moschus *m*
muscolatura [muskola'tu:ra] *f* Muskulatur *f*
muscolo ['muskolo] *m ANAT* Muskel *m; ~ addominale* Bauchmuskel *m*
muscoloso [musko'lo:so] *adj* muskulös
museo [mu'zɛ:o] *m* Museum *n*
museruola [muze'ruɔ:la] *f* Maulkorb *m*
musica ['mu:zika] *f* Musik *f; ~ da ballo* Tanzmusik *f; ~ per archi* Streichmusik *f; ~ per strumenti a fiato* Blasmusik *f; ~ leggera* Unterhaltungsmusik *f*
musicale [muzi'ka:le] *adj* musikalisch
musicare [muzi'ka:re] *v* musizieren
musicassetta [muzikas'setta] *f* Musikkassette *f*
musicista [muzi'tʃista] *m/f* Musiker(in) *m/f*
muso ['mu:zo] *m* 1. *(dell'animale)* Schnauze *f,* Maul *n;* 2. *(fam: faccia)* Gesicht *n*
musone [mu'zo:ne] *m* Griesgram *m*
musulmano [musul'ma:no] *adj* 1. moslemisch; *m* 2. Moslem *m*
muta ['mu:ta] *f* 1. *(cani) ZOOL* Meute *f;* 2. *(di serpenti)* Häutung *f;* 3. *(di uccelli)* Mauser *m*
mutamento [muta'mento] *m* Wandel *m*
mutande [mu'tande] *f/pl* Unterhose *f*
mutare [mu'ta:re] *v* 1. verändern, ändern; 2. *(scambiare)* wechseln; 3. *(cambiare)* sich ändern
mutarsi [mu'tarsi] *v* sich verändern
mutazione [muta'tsio:ne] *f* 1. Änderung *f,* Veränderung *f;* 2. *~ della voce* Stimmbruch *m;* 3. *BIO* Mutation *f*
mutevole [mu'te:vole] *adj* 1. veränderlich; 2. *(variabile)* wechselhaft
mutilare [muti'la:re] *v* verstümmeln
mutilato [muti'la:to] *adj* 1. verunstaltet, versehrt; *m* 2. Verstümmelter *m,* Versehrter *m*
mutilazione [mutila'tsio:ne] *f* Verstümmelung *f*
mutismo [mu'tizmo] *m* Stillschweigen *n*
muto ['mu:to] *adj* 1. *(non capace di parlare)* stumm; 2. *(senza parole)* wortlos; 3. *(fig: stupito)* sprachlos
mutua ['mu:tua] *f* Krankenversicherung *f*
mutualità [mutuali'ta] *f* Gegenseitigkeit *f,* gegenseitige Hilfe *f*
mutuo ['mu:tuo] *adj* 1. *(scambievole)* gegenseitig; *m* 2. *ECO* Darlehen *n; ~ edilizio* Baudarlehen *n; concedere un ~* ein Darlehen bewilligen

N

nacchere ['nakkere] *f/pl* Kastagnetten *pl*
nafta ['nafta] *f* 1. Dieselöl *n;* 2. *CHEM* Naphta *n;* 3. *(petrolio greggio)* Rohöl *n; riscaldamento a ~* Ölheizung *f*
naftalina [nafta'liːna] *f* 1. *CHEM* Naphtalin *n;* 2. *~ antitarme* Mottenkugel *f*
nanismo [na'nizmo] *m MED* Zwergwuchs *m*
nano ['naːno] *adj* 1. zwergenhaft, zwergartig; *m* 2. Zwerg *m*
nanna ['nanna] *f (fam: letto)* Heia *f (fam); a ~* Ab in die Heia!
nappa ['nappa] *f* Quaste *f*
narcisismo [nartʃi'zizmo] *m PSYCH* Narzissmus *m*
narciso [nar'tʃiːzo] *m BOT* Narzisse *f*
narcosi [nar'kɔːzi] *f MED* Narkose *f*
narcotico [nar'kɔːtiko] *adj* 1. narkotisch; *m* 2. *MED* Betäubungsmittel *n*
narice [na'riːtʃe] *f* 1. *ANAT* Nasenloch *n;* 2. *ZOOL* Nüster *f*
narrare [nar'raːre] *v* erzählen
narratore [narra'toːre] *adj* 1. Erzählungs…; *m* 2. Erzähler *m*
narrazione [narra'tsioːne] *f* Erzählung *f,* Erzählen *n*
nasale [na'saːle] *adj* 1. nasal, Nasen…; 2. *(voce)* näselnd; 3. *suono ~* Nasallaut *m*
nascere ['naʃere] *v irr* 1. *(essere umano)* geboren werden; 2. *(fig: formarsi)* entstehen; 3. *(fiume)* entspringen
nascita ['naʃʃita] *f* 1. Geburt *f;* 2. *(fig)* Entstehung *f*
nascondere [nas'kondere] *v irr* 1. verstecken; 2. *(celare)* verheimlichen; 3. *(sottrarre alla vista)* verbergen
nascondersi [nas'kondersi] *v irr* sich verstecken
nascondiglio [naskon'diʎʎo] *m* 1. Versteck *n;* 2. *(covo)* Schlupfwinkel *m;* 3. *(rifugio)* Unterschlupf *m*
nascondino [naskon'diːno] *m* Versteckspiel *n*
nascosto [nas'kɔsto] *adj* 1. verborgen; 2. *(celato)* versteckt; 3. *(in segreto)* heimlich; *di ~* klammheimlich; 4. *(remoto)* entfernt, entlegen
nasello [na'sɛllo] *m ZOOL* Seehecht *m*
naso ['naːso] *m* 1. *ANAT* Nase *f;* 2. *(fig: fiuto)* Witterung *f,* Spürsinn *m*
nastro ['nastro] *m* Streifen *m,* Band *n; ~ trasportatore continuo* Fließband *n; ~ magnetico* Tonband *n,* Band *n; ~ adesivo* Klebeband *n; ~ colorato* Farbband *n; ~ perforato* Lochstreifen *m*
nasturzio [nas'turtsio] *m BOT* Brunnenkresse *f*
natale [na'taːle] *adj* heimatlich, Geburts…; *città ~* Geburtsstadt *f*
Natale [na'taːle] *m REL* Weihnachten *n; vigilia di ~* Heiliger Abend *m,* Weihnachtsabend *m; Buon ~!* Frohe Weihnachten! *babbo ~* Nikolaus *m,* Weihnachtsmann *m*
natalità [natali'ta] *f* 1. Geburten *pl;* 2. *(tasso)* Geburtenzahl *f;* 3. *(livello delle nascite)* Geburtenstand *m*
natalizio [nata'liːtsio] *adj* weihnachtlich
natante [na'tante] *m* Schiff *n*
natica ['naːtika] *f* 1. *ANAT* Hinterbacke *f;* 2. *(sedere)* Hinterteil *n*
nativo [na'tiːvo] *adj* 1. gebürtig; *m* 2. Eingeborener *m*
nato ['naːto] *adj* geboren
natura [na'tuːra] *f* 1. Natur *f;* 2. *(carattere)* Wesen *n;* 3. *(qualità)* Beschaffenheit *f;* 4. *~ morta ART* Stillleben *n*
naturale [natu'raːle] *adj* 1. natürlich; 2. *(che s'intende da sé)* selbstverständlich, selbstredend; 3. *(conforme alla natura)* naturgemäß; 4. *(puro)* naturrein
naturalezza [natura'lettsa] *f* Natürlichkeit *f*
naturalista [natura'lista] *m/f* 1. Naturforscher(in) *m/f;* 2. *ART* Naturalist(in) *m/f*
naturalizzare [naturalid'dzaːre] *v* 1. naturalisieren; 2. *(concedere la cittadinanza)* einbürgern
naturalizzazione [naturaliddza'tsioːne] *f* 1. Naturalisierung *f;* 2. *POL* Einbürgerung *f*

N

naufragare [naufra'ga:re] *v* 1. *NAUT* Schiffbruch erleiden; 2. *(fig: non riuscire)* scheitern
naufragio [nau'fra:dʒo] *m NAUT* Schiffbruch *m*
naufrago ['na:ufrago] *m NAUT* Schiffbrüchiger *m*
nausea ['na:uzea] *f* 1. Übelkeit *f;* 2. *(conato di vomito)* Brechreiz *m*
nausearsi [nauze'arsi] *v* sich ekeln
nautica ['na:utika] *f* Nautik *f*
navale [na'va:le] *adj NAUT* Schiffs…, Marine…
navata [na'va:ta] *f* 1. *NAUT* Schiffsladung *f;* 2. *ARCH* Schiff *n*
nave ['na:ve] *f* Schiff *n; ~ da carico* Frachter *m; ~ passeggeri* Passagierschiff *n; ~ mercantile* Handelsschiff *n; ~ transatlantica* Überseedampfer *m; ~ portaerei* Flugzeugträger *m*
navigabile [navi'ga:bile] *adj* 1. *NAUT* schiffbar; 2. *(atto alla navigazione)* seetüchtig
navigare [navi'ga:re] *v* 1. *NAUT* zur See fahren; 2. *~ su/in Internet INFORM* im Internet surfen
navigato [navi'ga:to] *adj (versato)* weltgewandt
navigatore [naviga'to:re] *m NAUT* Seefahrer *m*
navigazione [naviga'tsio:ne] *f NAUT* Navigation *f,* Schifffahrt *f; ~ a vapore* Dampfschifffahrt *f; ~ interna* Binnenschifffahrt *f*
nazifascista [natsifa'ʃista] *adj* 1. *POL* nazifaschistisch; *m/f* 2. *POL* Nazifaschist(in) *m/f*
nazionale [natsio'na:le] *adj* 1. national, National…; 2. *(interno)* inländisch
nazionalismo [natsiona'lizmo] *m POL* Nationalismus *m*
nazionalità [natsionali'ta] *f* Nationalität *f,* Staatsangehörigkeit *f*
nazionalizzazione [natsionaliddza'tsio:ne] *f POL* Verstaatlichung *f*
nazionalsocialismo [natsionalsotʃa'lizmo] *m POL* Nationalsozialismus *m*
nazione [na'tsio:ne] *f* 1. Nation *f;* 2. *Nazioni Unite pl* Vereinte Nationen *pl*
nazista [na'tsista] *m/f POL* Nationalsozialist(in) *m/f,* Nazi *m*
ne [ne] *pron (parte di qc)* davon
né [ne] *konj ~ … ~* weder … noch
neanche [ne'aŋke] *adv* 1. nicht einmal; *konj* 2. auch nicht
nebbia ['nebbia] *f* Nebel *m*
nebuloso [nebu'lo:so] *adj* nebelig
necessario [netʃes'sa:rio] *adj* 1. erforderlich, nötig; *m* 2. Nötiges *n*
necessità [netʃessi'ta] *f* Notwendigkeit *f; ~ di recupero* Nachholbedarf *m; per ~* notgedrungen
necrologio [nekro'lɔ:dʒo] *m* Nachruf *m,* Nekrolog *m*
necropoli [ne'krɔ:poli] *f* Totenstadt *f,* Nekropolis *f*
nefando [ne'fando] *adj* frevelhaft, ruchlos
nefasto [ne'fasto] *adj* unheilvoll
nefrite [ne'fri:te] *f MED* Nierenentzündung *f,* Nephritis *f*
nefrolito [ne'frɔ:lito] *m MED* Nierenstein *m*
nefropatia [nefropa'ti:a] *f MED* Nierenkrankheit *f*
negare [ne'ga:re] *v* 1. *(dire di no)* verneinen; 2. *(contestare)* leugnen, ableugnen; 3. *(condannare alla perdita di) JUR* absprechen
negarsi [ne'garsi] *v* 1. *(rinunciare a qc)* sich etw versagen; 2. *~ al telefono* sich am Telefon verleugnen lassen
negativo [nega'ti:vo] *adj* 1. negativ; 2. *(rifiuto)* abschlägig; 3. *PHYS* negativ; *m* 4. *FOTO* Negativ *n*
negazione [nega'tsio:ne] *f (il dire di no)* Verneinung *f*
negligente [negli'dʒɛnte] *adj* nachlässig
negligenza [negli'dʒɛntsa] *f* Nachlässigkeit *f*
negoziabile [nego'tsia:bile] *adj* 1. *ECO* marktfähig; 2. *(effetti) ECO* übertragbar
negoziante [nego'tsiante] *m/f* 1. *(commerciante) ECO* Kaufmann/Kauffrau *m/f; ~ di tessuti* Stoffhändler(in) *m/f;* 2. *(bottegaio/bottegaia) ECO* Ladenbesitzer(in) *m/f;* 3. *~ all'ingrosso ECO* Großhändler(in) *m/f; ~ al minuto* Kleinhändler(in) *m/f*
negoziare [nego'tsia:re] *v* 1. handeln; 2. *(trattare) POL* verhandeln; 3. *(effetti) ECO* übertragen

negoziato [nego'tsia:to] *adj* 1. verhandelt; *m* 2. Verhandlung *f*
negoziatore [negotsia'to:re] *m* Unterhändler *m*
negoziazione [negotsia'tsio:ne] *f* Verhandlung *f*
negozio [ne'gɔ:tsio] *m* *(bottega)* Geschäft *n*, Laden *m*; *~ di alimentari* Lebensmittelgeschäft *n*; *~ di calzature* Schuhgeschäft *n*; *~ di giocattoli* Spielwarengeschäft *n*; *~ specializzato* Fachgeschäft *n*
negra ['ne:gra] *f* Negerin *f*, Schwarze *f*
negro ['ne:gro] *m* Farbiger *m*, Schwarzer *m*
nembo ['nembo] *m* Gewitterwolke *f*
nemico [ne'mi:ko] *adj* 1. feindlich; 2. *(ostile)* feindselig; *m* 3. Feind *m*; *~ giurato* Erzfeind *m*
nemmeno [nem'me:no] *adv* nicht einmal
neo ['nɛ:o] *m* Muttermal *n*
neologismo [neolo'dʒizmo] *m* Neologismus *m*
neonato [neo'na:to] *adj* 1. neugeboren; *m* 2. Baby *n*, Neugeborenes *n*
nepotismo [nepo'tizmo] *m* Vetternwirtschaft *f*
nerbo ['nɛrbo] *m* 1. Peitsche *f*; 2. *(fig)* Kraft *f*
neretto [ne'retto] *adj* 1. schwärzlich; *m* 2. Fettdruck *m*
nero ['ne:ro] *adj* schwarz; *~ come il carbone* kohlrabenschwarz; *~ come un corvo* rabenschwarz
nerofumo [nero'fu:mo] *m* Ruß *m*
nervo ['nɛrvo] *m* *ANAT* Nerv *m*; *dare ai nervi* auf die Nerven gehen
nervosismo [nervo'sizmo] *m* Nervosität *f*
nervoso [ner'vo:so] *adj* 1. nervös; *stato ~* Nervosität *f*; 2. *malattia nervosa PSYCH* Nervenkrankheit *f*; *m* 3. *(fam)* Nervosität *f*, Ärger *m*; *Mi viene il ~.* Das macht mich nervös.
nespola ['nɛspola] *f* *BOT* Mispel *f*
nesso ['nɛsso] *m* Zusammenhang *m*, Verknüpfung *f*
nessuno [nes'su:no] *adj* 1. kein; *da nessuna parte* nirgends; *pron* 2. keiner, niemand; *Non ho ~.* Ich habe keinen.
nettare [nɛt'ta:re] *m* Nektar *m*
nettarina [netta'ri:na] *f* *BOT* Nektarine *f*
nettezza [net'tettsa] *f* 1. Sauberkeit *f*; 2. *~ urbana* öffentliche, städtische Müllabfuhr *f*; 3. *(chiarezza)* Klarheit *f*
netto ['netto] *adv* 1. *(pulito)* sauber; *adj* 2. *(fig: chiaro)* glatt; 3. *ECO* netto; *al ~ di* abzüglich
neurite [neu'ri:te] *f* *MED* Nervenentzündung *f*
neurologo [neu'rɔ:logo] *m* Nervenarzt *m*, Neurologe *m*
neutrale [neu'tra:le] *adj* neutral
neutralità [neutrali'ta] *f* Neutralität *f*
neutro ['nɛ:utro] *adj* 1. neutral; 2. *POL* parteilos; 3. *GRAMM* sächlich
neutrone [neu'tro:ne] *m* *PHYS* Neutron *n*
neve ['ne:ve] *f* Schnee *m*; *~ farinosa* Pulverschnee *m*; *coperto di ~* schneebedeckt
nevicare [nevi'ka:re] *v* schneien
nevicata [nevi'ka:ta] *f* Schneefall *m*
nevischio [ne'viskio] *m* Schneeregen *m*
nevoso [ne'vo:so] *adj* schneeig, Schnee…
nevralgia [nevral'dʒi:a] *f* *MED* Neuralgie *f*
nevralgico [nev'raldʒiko] *adj* 1. neuralgisch; 2. *punto ~ (fig)* heikler Punkt *m*
nevrosi [nev'rɔ:si] *f* *MED* Neurose *f*
nevrotico [nev'rɔ:tiko] *adj* *MED* neurotisch
nicchia ['nikkia] *f* Nische *f*
nichel ['ni:kel] *m* *CHEM* Nickel *n*
nicotina [niko'ti:na] *f* Nikotin *n*; *povero di ~* nikotinarm
nidificare [nidifi'ka:re] *v* *(uccelli) ZOOL* nisten
nido ['ni:do] *m* Nest *n*
niente [ni'ɛnte] *pron* nichts; *per ~* umsonst; *non metterci ~ (fam)* keine Mühe haben/nicht lange brauchen; *~ meno che* sogar; *Sono cose da ~.* Das ist nicht der Rede wert./Das ist nur eine Kleinigkeit.
nientemeno [niente'me:no] *adv* sogar; *~ che* nicht weniger als
Nilo ['ni:lo] *m* *GEO* Nil *m*
nimbo ['nimbo] *m* Nimbus *m*, Glanz *m*
ninfa ['ninfa] *f* Nymphe *f*
ninfea [nin'fɛ:a] *f* *BOT* Seerose *f*

ninnananna [ninna'nanna] *f* Wiegenlied *n*
ninnoli ['ninnoli] *m/pl* Nippes *m*
nipote [ni'po:te] *m/f* 1. *(di zio, di zia)* Neffe/Nichte *m/f;* 2. *(di nonno, di nonna)* Enkel(in) *m/f*
nitidezza [niti'dettsa] *f* 1. Klarheit *f;* 2. *FOTO* Schärfe *f*
nitido ['ni:tido] *adj* 1. klar, rein; 2. *FOTO* scharf
nitrato [ni'tra:to] *m CHEM* Nitrat *n*
nitrire [ni'tri:re] *v* wiehern
no [nɔ] *adv* nein; *dire di ~* nein sagen
nobile ['nɔ:bile] *adj* 1. adlig; 2. *(animo)* edel, nobel; *m/f* 3. Adlige(r) *m/f*
nobiltà [nobil'ta] *f* Adel *m*
nocca ['nɔkka] *f ANAT* Knöchel *m*
nocciola [not'tʃɔ:la] *f BOT* Haselnuss *f*
nocciolina [nottʃo'li:na] *f ~ americana BOT* Erdnuss *f*
nocciolo ['nɔttʃolo] *m* 1. Kern *m;* 2. *(della frutta)* Obstkern *m*
noce ['no:tʃe] *f* 1. *BOT* Nuss *f; ~ del Parà* Paranuss *f; ~ di cocco* Kokosnuss *f; ~ moscata* Muskatnuss *f;* 2. *(frutto) BOT* Walnuss *f;* 3. *(albero)* Nussbaum
nocivo [no'tʃi:vo] *adj* 1. schädlich; 2. *(non sano)* ungesund
nodo ['nɔ:do] *m* 1. Knoten *m;* 2. *(nel traffico)* Knotenpunkt *m;* 3. *(gonfiatura) MED* Knoten *m;* 4. *(miglio) NAUT* Seemeile *f*
noi [noi] *pron* 1. *(soggetto)* wir; 2. *(oggetto indiretto) a ~* uns; 3. *(oggetto diretto) ~* uns
noia ['nɔ:ia] *f* 1. Langeweile *f;* 2. *(fastidio)* Unannehmlichkeit *f; dare ~* lästig sein
noioso [noi'o:so] *adj* 1. langweilig, fade; 2. *(fam: monotono)* lahm; 3. *(personaggio insopportabile)* ungenießbar, unangenehm
noleggiare [noled'dʒa:re] *v* 1. mieten; 2. *(aereo)* chartern; 3. *(dare a nolo)* verleihen; 4. *(locazione)* vermieten
noleggiatore [noldd3a'to:re] *m* Vermieter *m*
noleggio [no'leddʒo] *m* Verleih *m; ~ di automobili* Autovermietung *f*
nolente [no'lɛnte] *adj* widerwillig, ungern
nolo ['nɔ:lo] *m* 1. *(prestito)* Miete *f; dare a ~* vermieten; *prendere a ~* mieten; 2. *~ marittimo* Seefracht *f*
nomade ['nɔ:made] *adj* 1. nomadisch; *m/f* 2. Nomade/Nomadin *m/f*
nome ['no:me] *m* Name *m; ~ d'arte* Künstlername *m; ~ della ditta* Firmenname *m; ~ di ragazza* Mädchenname *m; ~ di battesimo* Vorname *m; ~ usuale* Rufname *m; ~ collettivo* Sammelbegriff *m; ~ proprio* Eigenname *m; di ~* namens
nomea [no'mɛ:a] *f* Leumund *m,* Ruf *m*
nomignolo [no'miɲɲolo] *m* Spitzname *m*
nomina ['nɔ:mina] *f (a un ufficio)* Berufung *f,* Bestellung *f*
nominale [nomi'na:le] *adj* namentlich, nominell; *valore ~* Nennwert *m*
nominare [nomi'na:re] *v* 1. *(dare un nome a)* nennen; 2. *(a un ufficio)* ernennen, bestellen
nominativo [nomina'ti:vo] *m GRAMM* Nominativ *m*
non [non] *adv* nicht; *~ appena* sobald; *~ affatto* gar nicht; *~ residente* Gebietsfremde(r) *m/f*
nonna ['nɔnna] *f* Großmutter *f,* Oma *f*
nonno ['nɔnno] *m* 1. Großvater *m,* Opa *m;* 2. *nonni pl* Großeltern *pl*
nono ['nɔ:no] *adj* neunte(r,s)
nonostante [nonos'tante] *prep* 1. trotz; *konj* 2. obwohl, obgleich
nonsenso [non'sɛnso] *m* Unsinn *m*
nontiscordardimé [nontiskor'dardime] *m BOT* Vergissmeinnicht *n*
nord [nɔrd] *m* Norden *m; a ~* nördlich
Nordamerica [norda'mɛ:rika] *m GEO* Nordamerika *n*
nordico ['nɔrdiko] *adj* 1. *GEO* nördlich; 2. *(dell'Europa del Nord)* nordisch
norma ['nɔrma] *f* 1. Vorschrift *f,* Norm *f; ~ di circolazione stradale* Verkehrsregel *f;* 2. *(fig: misura)* Maßstab *m*
normale [nor'ma:le] *adj* normal
normalizzare [normalid'dza:re] *v* normalisieren
norvegese [norve'dʒe:se] *adj* 1. norwegisch; *m/f* 2. Norweger(in) *m/f*
Norvegia [nor'vɛ:dʒa] *f GEO* Norwegen *n*
nostalgia [nostal'dʒi:a] *f* 1. Heimweh *n; Soffro di ~.* Ich habe Heimweh.

N

2. *(desiderio ardente)* Sehnsucht *f; avere ~ di* sich sehnen nach
nostalgico [nos'taldʒiko] *adj* sehnsuchtsvoll
nostro ['nɔstro] *pron* unser(e)
nota ['nɔːta] *f* 1. *(annotazione)* Anmerkung *f,* Notiz *f; ~ marginale* Randbemerkung *f;* 2. *~ a piè di pagina* Fußnote *f;* 3. *(fig: lezione)* Denkzettel *m;* 4. *~ di pegno FIN* Pfandbrief *m;* 5. *MUS* Note *f*
notabene [nota'bɛːne] *adv* 1. wohlgemerkt; *m* 2. Vermerk *m*
notabili [no'taːbili] *m/pl* Honoratioren *pl,* Prominenz *f*
notaio [no'taːio] *m JUR* Notar *m*
notare [no'taːre] *v* 1. *(percepire)* merken; *senza farsi ~* unauffällig; 2. *(osservare)* bemerken; 3. *(annotare)* aufschreiben, aufzeichnen; 4. *(registrare)* eintragen
notarile [nota'riːle] *adj JUR* notariell
notazione [nota'tsioːne] *f* 1. Notierung *f;* 2. *(annotazione)* Anmerkung *f;* 3. *MUS* Notenschrift *f*
notebook ['nəutbuk] *m* 1. Notizbuch *n;* 2. *(computer) INFORM* Notebook *n,* Laptop, *m/n*
N
notevole [no'teːvole] *adj* 1. *(che vale la pena di essere notata)* bemerkenswert; 2. *(considerevole)* ziemlich, beträchtlich; 3. *(appariscente)* markant; 4. *(strano)* merkwürdig
notifica [no'tiːfika] *f JUR* Bescheid *m*
notificazione [notifika'tsioːne] *f* Bekanntgabe *f*
notizia [no'tiːtsia] *f* 1. Nachricht *f; lieta ~* Freudensbotschaft *f; ~ tremenda* Schreckensbotschaft *f;* 2. *(informazione)* Bescheid *m;* 3. *(giornale)* Notiz *f,* Artikel *m; falsa ~* Ente *f;* 4. *notizie pl* Nachrichten *pl*
notiziario [noti'tsiaːrio] *m* 1. Bericht *m;* 2. *~ locale* Lokalnachrichten *pl;* 3. *~ radiofonico* Rundfunknachrichten *pl,* Radionachrichten *pl;* 4. *~ televisivo* Fernsehnachrichten *pl;* 5. *(agenda)* Notizbuch *n*
noto ['nɔːto] *adj* namhaft, bekannt; *~ in tutto il mondo* weltbekannt; *rendere ~* veröffentlichen, bekannt geben; *ben ~* altbekannt
notorietà [notorie'ta] *f* 1. Bekanntheit *f;* 2. *(evidenza)* Offenkundigkeit *f;* 3. *(celebrità)* Berühmtheit *f*
notorio [no'tɔːrio] *adj* notorisch
notte ['nɔtte] *f* Nacht *f; di ~* nachts; *Buona ~!* Gute Nacht!
nottola ['nɔttola] *f ZOOL* Abendsegler *m*
notturno [not'turno] *adj* nächtlich
novanta [no'vanta] *num* neunzig
novantesimo [novan'tɛːzimo] *adj* neunzigste(r,s)
nove ['nɔːve] *num* neun
novecento [nove'tʃɛnto] *num* 1. neunhundert; *m* 2. 20. Jahrhundert *n*
novella [no'vɛlla] *f LIT* Novelle *f*
novellino [novel'liːno] *m* Neuling *m*
novembre [no'vɛmbre] *m* November *m*
novilunio [novi'luːnio] *m ASTR* Neumond *m*
novità [novi'ta] *f* Neuheit *f,* Neuigkeit *f*
nozione [no'tsioːne] *f* Kenntnis *f,* Begriff *m*
nozze ['nɔttse] *f/pl* Hochzeit *f; ~ d'argento* Silberhochzeit *f*
nubifragio [nubi'fraːdʒo] *m* Wolkenbruch *m*
nubile ['nuːbile] *adj (donna)* ledig, unverheiratet
nuca ['nuːka] *f ANAT* Genick *n,* Nacken *m*
nucleare [nukle'aːre] *adj* nuklear, atomar
nucleo ['nuːkleo] *m* 1. *(fig: centro)* Kern *m;* 2. *~ atomico PHYS* Atomkern *m*
nudismo [nu'dizmo] *m* Freikörperkultur *f,* Nudismus *m*
nudità [nudi'ta] *f* Nacktheit *f,* Blöße *f*
nudo ['nuːdo] *adj* 1. nackt, bloß; *~ come un verme* splitternackt; 2. *(vuoto)* kahl; *m* 3. *ART* Akt *m*
nulla ['nulla] *pron* 1. nichts; *Non se ne fa ~.* Daraus wird nichts. *m* 2. Nichts *n; buono a ~* Nichtsnutz *m,* Tunichtgut *m,* Schlawiner *m*
nullità [nulli'ta] *f* 1. *(insussistenza)* Nichtigkeit *f;* 2. *(non validità)* Ungültigkeit *f; (fam: persona)* Null *f*
nullo ['nullo] *adj* nichtig, ungültig
numerare [nume'raːre] *v* nummerieren
numeratore [numera'toːre] *m MATH* Zähler *m*

numerazione [numera'tsio:ne] *f* Nummerierung *f*
numerico [nu'mɛ:riko] *adj* numerisch
numero ['nu:mero] *m* **1.** *(quantità)* Anzahl *f*, Stückzahl *f*; *~ degli abitanti* Einwohnerzahl *f*; *~ di giri* Tourenzahl *f*, Drehzahl *f*, Umdrehungszahl *f*; *~ imprecisato* Dunkelziffer *f*; **2.** *(cifra)* Nummer *f*, Zahl *f*; *~ d'iscrizione* Aktenzeichen *n*; *~ di conto* Kontonummer *f*; *~ di matricola* Kennziffer *f*; *~ guida bancario* Bankleitzahl *f*; *~ telefonico* Telefonnummer *f*, Rufnummer *f*; *~ collettivo* Sammelnummer *f*; *~ fiscale* Steuernummer *f*; *~ ordinale* Ordnungszahl *f*; *~ vincente* Gewinnzahl *f*; *~ binario* Binärzahl *f*; *Ha sbagliato ~.* Sie sind falsch verbunden. **3.** *(taglia)* Größe *f*; *~ di scarpe* Schuhgröße *f*
numeroso [nume'ro:so] *adj* **1.** zahlreich; **2.** *(considerevole)* stattlich
numismatica [numiz'ma:tika] *f* Münzkunde *f*, Numismatik *f*
nuocere [nu'ɔ:tʃere] *v irr* **1.** *(danneggiare)* schädigen; **2.** *(mettere in svantaggio)* benachteiligen
nuora [nu'ɔ:ra] *f* Schwiegertochter *f*
nuotare [nuo'ta:re] *v* schwimmen
nuotata [nuo'ta:ta] *f* Schwimmen *n*; *fare una ~* schwimmen
nuotatore [nuota'to:re] *m* SPORT Schwimmer *m*; *non ~* Nichtschwimmer *m*
nuotatrice [nuota'tri:tʃe] *f* Schwimmerin *f*
nuoto [nu'ɔ:to] *m* SPORT Schwimmen *n*; *~ a rana* Brustschwimmen *n*; *~ a stile libero* Freistilschwimmen *n*; *buttarsi a ~* ins Wasser tauchen; *traversare a ~ un fiume* durch einen Fluss schwimmen
Nuova Zelanda [nu'ɔ:va dze'landa] *f* GEO Neuseeland *n*
nuovo [nu'ɔ:vo] *adj* **1.** neu; *di ~* wieder, erneut; *~ fiammante* nagelneu; **2.** *(ripetuto)* nochmalig; *m* Neuigkeit *f*; *Che c'è di ~?* Was gibt es Neues?
nursery ['nɜ:sərɪ] *f* Wickelraum *m*
nutriente [nutri'ɛnte] *adj* nahrhaft, nährend
nutrimento [nutri'mento] *m* **1.** *(il nutrire)* Ernährung *f*; **2.** *(cibo)* Nahrung *f*
nutrire [nu'tri:re] *v irr* ernähren, nähren, *(fig)* hegen, fördern
nutrito [nu'tri:to] *adj* ernährt, genährt
nutrizione [nutri'tsio:ne] *f* Ernährung *f*, Nahrung *f*
nuvola ['nu:vola] *f* Wolke *f*; *cascare dalle nuvole (fig)* aus allen Wolken fallen; *avere la testa tra le nuvole (fam)* in den Wolken schweben; *vivere nelle nuvole (fam)* im Wolkenkuckucksheim leben
nuvoloso [nuvo'lo:so] *adj* bewölkt, trüb
nuziale [nu'tsia:le] *adj* Hochzeits…, hochzeitlich
nylon ['naɪlon] *m* Nylon *n*

O

o [o] *konj* oder; *~ … ~* entweder … oder
oasi ['ɔːazi] *f* Oase *f*
obbligare [obbli'gaːre] *v* 1. *(costringere)* zwingen, nötigen; 2. *(impegnare)* verpflichten
obbligarsi [obbli'garsi] *v ~ di qc* zu etw verpflichten
obbligato [obbli'gaːto] *adj* 1. verpflichtet; *essere ~* müssen, gezwungen sein; *essere ~ a qd* jdm zu Dank verpflichtet sein; 2. *~ a rivalsa JUR* regresspflichtig
obbligatorio [obbliga'tɔːrio] *adj* obligatorisch, verpflichtend
obbligazione [obbliga'tsioːne] *f* 1. Verpflichtung *f*, Obligation *f*; 2. *ECO* Schuldverschreibung *f*
obbligo ['ɔbbligo] *m* 1. Pflicht *f*, Verpflichtung *f*; *~ di denuncia* Anmeldepflicht *f*; È *d'~?* Ist das Pflicht? *~ scolastico* Schulpflicht *f*; *con l'~* unter der Bedingung; *servizio dell'~* Militärdienstpflicht *f*; 2. *(dovere)* Bindung *f*; 3. *(costrizione)* Zwang *m*
obeso [o'bɛːzo] *adj* 1. dick, korpulent; 2. *MED* fettsüchtig
obiettare [obiet'taːre] *v* einwenden, entgegenhalten
obiettività [obiettivi'ta] *f* Objektivität *f*
obiettivo [obiet'tiːvo] *adj* 1. objektiv; 2. *(non di parte)* unvoreingenommen, unparteiisch; 3. *(realistico)* nüchtern; *m* 4. *FOTO* Objektiv *n*; 5. *MIL* Ziel *n*; 6. *(fig)* Ziel *n*, Zweck *m*
obiezione [obie'tsioːne] *f* 1. Einspruch *m*, Einwand *m*; 2. *~ di coscienza* Kriegsdienstverweigerung *f*, Wehrdienstverweigerung *f*
obitorio [obi'tɔːrio] *m* Leichenhalle *f*
obliare [obli'aːre] *v* vergessen
oblio [ob'liːo] *m* Vergessenheit *f*; *cadere nell'~* in Vergessenheit geraten
obliquità [oblikui'ta] *f* Schräge *f*
obliquo [ob'liːkuo] *adj* schräg
obliterare [oblite'raːre] *v* entwerten
obliterazione [oblitera'tsioːne] *f* 1. Entwertung *f*; 2. *MED* Verstopfung *f*
oblò [ob'lɔ] *m NAUT* Bullauge *n*
oblungo [o'bluŋgo] *adj* länglich
oboe ['ɔːboe] *m* Oboe *f*
obolo ['ɔːbolo] *m* 1. Obolus *m*; 2. *(offerta)* Spende *f*
obsoleto [obso'lɛːto] *adj* veraltet, obsolet
oca ['ɔːka] *f ZOOL* Gans *f*
occasionale [okkazio'naːle] *adj* gelegentlich
occasione [okka'zioːne] *f* Gelegenheit *f*, Anlass *m*; *altra ~* andermal; *in ~ di* anlässlich
occhiali [ok'kiaːli] *m/pl* Brille *f*; *~ da neve* Schneebrille *f*; *~ da sole* Sonnenbrille *f*; *~ subacquei* Taucherbrille *f*
occhiata [ok'kiaːta] *f (guardare)* Blick *m*; *dare un'~ a qc* einen Blick auf etw werfen
occhiello [ok'kiɛllo] *m* Knopfloch *n*
occhio ['ɔkkio] *m* 1. *ANAT* Auge *n*; *~ d'aquila* Adlerauge *n*; *in un batter d'~* im Handumdrehen; *dagli occhi azzurri* blauäugig; *~ esperto* Kennerblick *m*; *ad ~ nudo* mit bloßem Auge; *a ~ e croce* ungefähr; *dare nell'~* auffallen; *avere l'~ lungo per qc* den Blick für etw haben; *chiudere un ~* ein Auge zudrücken; *estendersi a perdita d'~* sich ausdehnen, so weit das Auge reicht; 2. *BOT* Knospe *f*; *interj* 3. *Occhio!* Aufgepasst!
occidentale [ottʃiden'taːle] *adj* westlich
occidente [ottʃi'dɛnte] *m* 1. Westen *m*; 2. *(mondo occidentale)* Abendland *n*
occipite [ot'tʃiːpite] *m ANAT* Hinterkopf *m*
occlusione [okklu'zioːne] *f* Verstopfung *f*, Verschluss *m*
occorrente [okkor'rɛnte] *adj* 1. erforderlich, notwendig; *m* 2. Nötiges *n*; *~ per cucire* Nähzeug *n*; *il minimo ~* gerade das Nötigste; 3. *(il necessario)* Notwendiges *n*
occorrenza [okkor'rɛntsa] *f* Bedarf *m*, Bedürfnis *n*; *all' ~* notfalls
occorrere [ok'korrere] *v irr* 1. nötig

sein; 2. *(avere bisogno)* brauchen, bedürfen

occultamento [okkulta'mento] *m* Verheimlichung *f*

occultismo [okkul'tizmo] *m* Okkultismus *m*

occulto [ok'kulto] *adj* 1. geheim; *scienze occulte* Okkultismus *m;* 2. *(nascosto, latente)* verborgen, latent

occupare [okku'pa:re] *v* 1. besetzen; 2. *~ qd* jdn beschäftigen; 3. *(corso)* belegen; 4. *(molto spazio)* sich breit machen

occuparsi [okku'parsi] *v* 1. sich beschäftigen; 2. *(mantenere)* sorgen für; 3. *(un problema)* sich befassen mit

occupato [okku'pa:to] *adj* besetzt, belegt

occupazione [okkupa'tsio:ne] *f* 1. Besetzung *f; ~ di case* Hausbesetzung *f;* 2. *(impiego, attività)* Beschäftigung *f; come ~ principale* hauptamtlich; *~ preferita* Lieblingsbeschäftigung *f; ~ secondaria* Nebenbeschäftigung *f*

oceanico [otʃe'a:niko] *adj* ozeanisch

oceano [o'tʃɛ:ano] *m* Ozean *m; ~ Pacifico* Pazifik *m*

oceanografia [otʃeanogra'fi:a] *f* Meereskunde *f*

ocra ['ɔ:kra] *f* 1. Ocker *m; adj* 2. ockergelb

oculare [oku'la:re] *adj* Augen...; *testimone ~* Augenzeuge *m*

oculatezza [okula'tettsa] *f* Klugheit *f,* Umsicht *f*

oculista [oku'lista] *m/f* Augenarzt/Augenärztin *m/f*

odiare [odi'a:re] *v* hassen, verabscheuen, nicht leiden können

odiato [odi'a:to] *adj* verhasst

odierno [odi'ɛrno] *adj* 1. heutig; 2. *(attuale)* aktuell, gegenwärtig

odio ['ɔ:dio] *m* Hass *m,* Abneigung *f ~ di razza* Rassenhass *m; pieno d'~* hasserfüllt

odioso [odi'o:so] *adj* 1. verhasst; 2. *(maligno)* gehässig

odissea [odis'sɛ:a] *f* Odyssee *f*

odontoiatra [odontoi'a:tra] *m/f* Zahnarzt/Zahnärztin *m/f*

odontotecnico [odonto'tɛkniko] *m* MED Zahntechniker *m*

odorare [odo'ra:re] *v* 1. riechen; 2. *(sentire l'odore) ~ qc* an etw riechen; 3. *(fiori)* duften; 4. *(intuire)* ahnen, wittern

odorato [odo'ra:to] *m* 1. Geruchssinn *m;* 2. *(fiuto)* Witterung *f*

odore [o'do:re] *m* Geruch *m; avere ~* riechen; *buon ~* Wohlgeruch *m,* Duft *m; sentire l'~ di qc* nach etw riechen; *aver cattivo ~* stinken

odoroso [odo'ro:so] *adj* duftig

offendere [of'fɛndere] *v irr* 1. beleidigen, kränken; 2. *(fig: urtare)* verletzen

offendersi [of'fɛndersi] *v irr ~ di qc* wegen etw beleidigt sein

offensiva [offen'si:va] *f* Offensive *f*

offensivo [offen'si:vo] *adj* 1. *(insultante)* ausfallend, beleidigend; 2. *(lesivo)* verletzend; 3. MIL offensiv

offerta [of'fɛrta] *f* 1. Angebot *n,* Anerbieten *n; ~ d'impiego* Stellenangebot *n; ~ speciale* Sonderangebot *n; ~ eccessiva* Überangebot *n;* 2. *(carità)* Spende *f;* 3. *(proposta)* Vorschlag *m;* Angebot *n;* 4. ECO Angebot *n;* Offerte *f*

offesa [of'fe:sa] *f* 1. Beleidigung *f,* Kränkung *f;* 2. *(fig: umiliazione)* Verletzung *f*

officina [offi'tʃi:na] *f* Werkstatt *f; ~ del fabbro* Schlosserei *f; ~ del gas* Gaswerk *n; ~ di riparazioni* Reparaturwerkstatt *f; ~ automobilistica* Autowerkstatt *f*

officinale [offitʃi'na:le] *adj* Arznei..., arzneilich

offrire [of'fri:re] *v irr* 1. anbieten, bieten; *~ in giro* herumreichen; *~ più di* überbieten; *che offre di più* meistbietend; 2. *(pagare)* spendieren; *Offro un bicchiere.* Ich gebe einen aus. 3. *(donare)* spenden; 4. *(posto di lavoro)* ausschreiben; 5. *(rappresentazione, concerto)* darbieten

offrirsi [of'frirsi] *v irr ~ a fare qc* sich anbieten, etw zu tun

offuscamento [offuska'mento] *m* Verdunkelung *f,* Verfinsterung *f*

offuscare [offus'ka:re] *v* 1. abdunkeln, verdunkeln, verfinstern; 2. *(fig: atmosfera)* trüben

offuscarsi [offus'karsi] *v* dunkel werden, sich verdunkeln

oggettività [oddʒettivi'ta] *f* Sachlichkeit *f*

oggettivo [oddʒet'tiːvo] *adj* sachlich, objektiv
oggetto [od'dʒɛtto] *m* 1. Gegenstand *m;* ~ *d'uso comune* Gebrauchsgegenstand *m;* ~ *del contratto* Vertragsgegenstand *m;* ~ *di riscontro* Gegenstück *n;* ~ *di valore* Wertgegenstand *m;* 2. *(cosa)* Objekt *n;* 3. *(testata della lettera)* Betreff *m;* 4. *oggetti di cancelleria pl* Bürobedarf *m;* 5. *oggetti smarriti pl* Fundsachen *pl*
oggi ['ɔddʒi] *adv* heute; ~ *a mezzogiorno* heute Mittag; ~ *stesso* heute noch; ~ *come* ~ heutzutage
oggidì [oddʒi'diː] *adv (oggigiorno)* heutzutage
ogni [oɲɲi] *adj* jede(r,s); ~ *anno* jährlich; ~ *ora* stündlich; ~ *sei mesi* halbjährlich; ~ *volta* jedes Mal; ~ *specie di* allerlei
ogniqualvolta [oɲɲikual'vɔlta] *konj* sooft
Ognissanti [oɲɲis'santi] *m/pl REL* Allerheiligen *n*
ognuno [oɲ'ɲuːno] *pron* jeder
oh [ɔː] *interj* oh, ach
Olanda [o'landa] *f GEO* Holland *n*
olandese [olan'deːse] *adj* 1. holländisch, niederländisch; *m/f* 2. Holländer(in) *m/f,* Niederländer(in) *m/f*
oleandro [ole'andro] *m BOT* Oleander *m*
oleodotto [oleo'dotto] *m* Pipeline *m,* Ölleitung *f*
oleoso [ole'oːso] *adj* ölhaltig
olfatto [ol'fatto] *m* Geruchssinn *m*
oliare [o'liaːre] *v* ölen
oliera [o'liɛːra] *f* Ölfläschchen *n*
olimpiade [olim'piːade] *f SPORT* Olympiade *f*
olimpico [o'limpiko] *adj* olympisch; *stadio* ~ Olympiastadion *n*
olimpionico [olim'piɔːniko] *adj SPORT* olympisch; *campione* ~ Olympiasieger *m*
Olimpo [o'limpo] *m* Olymp *m*
olio ['ɔːlio] *m* 1. Öl *n;* ~ *commestibile* Öl *n,* Speiseöl *n;* ~ *d'oliva* Olivenöl *n;* ~ *vegetale* Pflanzenöl *n;* ~ *di pesce* Tran *m;* ~ *solare* Sonnenöl *n;* 2. *(combustibile)* Heizöl *n,* Öl *n;* 3. ~ *santo (estrema unzione) REL* Letzte Ölung *f*
oliva [o'liːva] *f BOT* Olive *f*
oliveto [oli'veːto] *m* Olivenhain *m*
olivo [o'liːvo] *m BOT* Olivenbaum *m*
olmo ['olmo] *m BOT* Ulme *f*
oltraggio [ol'traddʒo] *m* 1. Beschimpfung *f,* Beleidigung *f;* 2. *(violenza, profanazione)* Schändung *f*
oltraggioso [oltrad'dʒoːso] *adj* schmähend, ehrenrührig
oltranza [ol'trantsa] *f ad* ~ bis zum Letzten
oltre ['oltre] *prep* 1. außer, jenseits; *adv* 2. weiter; 3. ~ *a ciò* dazu, überdies
oltreché [oltre'ke] *konj* außerdem
oltremare [oltre'maːre] *m* Übersee *f*
oltremodo [oltre'mɔːdo] *adv (molto)* besonders, überaus
oltrepassare [oltrepas'saːre] *v* überschreiten
oltretomba [oltre'tomba] *m* Jenseits *n*
omaggio [o'maddʒo] *m* 1. Ehrung *f,* Huldigung *f;* ~ *di propaganda* Werbegeschenk *n; rendere* ~ huldigen; *I miei omaggi!* Meine Empfehlungen! 2. *(presente)* Geschenk *n*
omaro ['ɔːmaro] *m ZOOL* Hummer *m*
ombelico [ombe'liːko] *m ANAT* Nabel *m*
ombra ['ombra] *f* 1. Schatten *m;* 2. *(piccola quantità)* Hauch *m*
ombreggiare [ombred'dʒaːre] *v* 1. Schatten werfen; 2. *(un disegno) ART* schattieren
ombreggiatura [ombreddʒa'tuːra] *f* Schattierung *f*
ombrello [om'brɛllo] *m* Regenschirm *m,* Schirm *m;* ~ *pieghevole/~ tascabile* Taschenschirm *m*
ombrellone [ombrel'loːne] *m* Sonnenschirm *m,* Schirm *m*
ombretto [om'bretto] *m* Lidschatten *m*
ombroso [om'broːso] *adj* 1. *(luogo)* schattig, sonnenlos; 2. *(persona)* trübsinnig; 3. *(sospettoso)* misstrauisch
omelette [ɔm'lɛt] *f GAST* Omelett *n,* Eierkuchen *m*
omeopatia [omeopa'tiːa] *f MED* Homöopathie *f*
omero ['ɔːmero] *m* 1. *(osso del braccio) ANAT* Oberarmknochen *m; LIT* Schulter *f*
omertà [omer'ta] *f* Gesetz des Schweigens *n*

omettere [o'mettere] *v irr (lasciar via)* weglassen
omiciattolo [omi'tʃattolo] *m (piccolo uomo)* Knirps *m*
omicida [omi'tʃiːda] *adj* 1. Mörder…, mörderisch; *m* 2. Mörder *m*
omicidio [omi'tʃiːdio] *m* Mord *m*; *~ volontario* Totschlag *m*; *~ premeditato* vorsätzlicher Mord *m*; *~ preterintenzionale* Totschlag *m*; *tentato ~* Mordversuch *m*; *~ colposo* fahrlässige Tötung *f*
omissione [omis'sioːne] *f* 1. *(tralasciamento)* Versäumnis *n*, Auslassung *f*; 2. *~ di soccorso JUR* unterlassene Hilfeleistung *f*
omogeneità [omodʒenei'ta] *f* Gleichartigkeit *f*
omogeneo [omo'dʒɛːneo] *adj* homogen
omonimo [o'mɔːnimo] *adj* 1. gleichnamig, homonym; *m* 2. Namensvetter *m*
omosessuale [omosessu'aːle] *adj* 1. homosexuell, schwul; *m* 2. Homosexueller *m*, Schwuler *m*
omosessualità [omosessuali'ta] *f* Homosexualität *f*
onda ['onda] *f* 1. *(d'acqua)* Welle *f*, Woge *f*; *~ di marea* Flutwelle *f*; 2. *PHYS* Welle *m*; *~ di pressione* Druckwelle *f*; *~ sonora* Schallwelle *f*; *mandare in ~* senden
ondata [on'daːta] *f* Wellenschlag *m*, Welle *f*; *~ di caldo* Hitzewelle *f*
onde ['onde] *adv (donde) LIT* woher
ondeggiare [onded'dʒaːre] *v* wallen, wogen
ondoso [on'doːso] *adj* wellig; *moto ~* Wellenbewegung *f*
ondulare [ondu'laːre] *v* wellen, wogen
ondulatorio [ondula'tɔːrio] *adj* wellenförmig; *movimento ~* Wellenbewegung *f*
ondulazione [ondula'tsioːne] *f* Wellung *f*; *~ permanente* Dauerwelle *f*
onerare [one'raːre] *v* belasten
onere ['ɔːnere] *m* 1. Last *f*; *~ della prova* Beweislast *f*; 2. *oneri pl* Lasten *pl*; *oneri fiscali* Steuerbelastung *f*
oneroso [one'roːso] *adj* drückend, lastend
onestà [ones'ta] *f* Ehrlichkeit *f*
onestissimo [one'stissimo] *adj* hochanständig
onesto [o'nɛsto] *adj* 1. *(probo)* ehrlich, ehrenhaft; 2. anständig, aufrichtig
on-line [on'laːin] *adj INFORM* 1. online; *consulenza ~* Onlineberatung; *adv* 2. *essere ~* online sein
onnipresente [onnipre'zɛnte] *adj* allgegenwärtig
onnipresenza [onnipre'zɛntsa] *f* Allgegenwart *f*
onnisciente [onniʃ'ʃɛnte] *adj* allwissend
onniscienza [onniʃ'ʃɛntsa] *f* Allwissenheit *f*
onnivoro [on'niːvoro] *adj* 1. alles fressend; *m* 2. Allesfresser *m*
onomastico [ono'mastiko] *m* Namenstag *m*
onoranze [ono'rantse] *f/pl ~ funebri* Totenfeier *f*
onorare [ono'raːre] *v* 1. ehren; 2. *(lodare)* honorieren
onorario [ono'raːrio] *m* 1. *(di libero professionista)* Honorar *n*; *adj* 2. *(gratuito)* ehrenamtlich; *cittadino ~* Ehrenbürger *m*
onoratezza [onora'tettsa] *f* Ehrbarkeit *f*
onorato [ono'raːto] *adj* ehrbar
onore [o'noːre] *m* 1. Ehre *f*; *questione d'~* Ehrensache *f*; 2. *(onoranze)* Ehrung *f*
onorevole [ono'reːvole] *adj* 1. ehrenvoll; *m* 2. Herr *m*; 3. *POL* Abgeordneter *m*
onorifico [ono'riːfiko] *adj* 1. ehrenamtlich; *a titolo ~* ehrenamtlich; *carica onorifica* Ehrenamt *n*; 2. *(che dà onore)* ehrend, Ehren…; *titolo ~* Ehrentitel *m*
onta ['onta] *f* Schande *f*, Bloßstellung *f*
ontano [on'taːno] *m BOT* Erle *f*
opacità [opatʃi'ta] *f* 1. Mattheit *f*; 2. *(non transparente)* Undurchsichtigkeit *f*
opaco [o'paːko] *adj (senza splendore)* trüb, matt
opera ['ɔːpera] *f* 1. Werk *n*; *~ di bene* Wohltat *f*; *~ di consultazione* Nachschlagewerk *n*; *~ pia* Wohlfahrtsstiftung *f*, Stift *n*; 2. *~ d'arte* Kunstwerk *n*; *~ prima* Erstlingswerk *n*; 3. *MUS* Oper *f*; 4. *(rappresentazione) MUS* Aufführung *f*

operaio [ope'ra:io] *m* 1. Arbeiter *m*; ~ *specializzato* Facharbeiter *m*; *adj* 2. Arbeiter...; *classe operaia* Arbeiterklasse *f*
operare [ope'ra:re] *v* 1. wirken; 2. *(agire)* handeln; 3. *MED* operieren
operato [ope'ra:to] *m* 1. Werk *n*; 2. *(modo d'agire)* Handlungsweise *f*; 3. *(azione)* Tat *f*; 4. *MED* Operierter *m*
operatore [opera'to:re] *m* 1. Operateur *m*; ~ *dello sviluppo* Entwicklungshelfer *m*; ~ *cinematografico* Kameramann *m*; ~ *economico* Geschäftsmann *m*; 2. *(chirurgo) MED* Operateur *m*
operatorio [opera'tɔ:rio] *adj* Operations... *sala operatoria* Operationssaal *m*
operazione [opera'tsio:ne] *f* 1. Operation *f*; ~ *in valuta FIN* Devisengeschäft *n*; 2. *MED* Operation *f*; ~ *di bellezza* Schönheitsoperation *f*
operetta [ope'retta] *f* Operette *f*
opificio [opi'fi:tʃo] *m* Fabrik *f*
opinabile [opi'na:bile] *adj* diskutabel
opinione [opi'nio:ne] *f* 1. Ansicht *f*, Meinung *f*; 2. *(punto di vista)* Auffassung *f*; 3. *(parere)* Einstellung *f*
opporre [op'porre] *v irr* 1. entgegenstellen; ~ *resistenza* Widerstand leisten; 2. ~ *un'opinione* eine Meinung entgegenhalten
opporsi [op'porsi] *v irr* 1. sich widersetzen; 2. *(contraddire)* widersprechen
opportunismo [opportu'nizmo] *m* Opportunismus *m*
opportunista [opportu'nista] *m/f* Opportunist(in) *m/f*
opportunità [opportuni'ta] *f* 1. günstige Gelegenheit *f*; 2. *(possibilità)* Möglichkeit *f*
opportuno [oppor'tu:no] *adj* 1. opportun, angebracht; 2. *(appropriato)* zweckmäßig, opportun; 3. *(fig)* günstig; 4. *(conveniente)* angebracht
oppositore [oppozi'to:re] *m* Widersacher *m*
opposizione [oppozi'tsio:ne] *f* 1. Opposition *f*; 2. *(resistenza)* Widerstand *m*
opposto [op'posto] *adj* 1. *(locale)* entgegengesetzt; 2. *(contrario)* entgegengesetzt; 3. *(polo) GEO* gegenüberliegend; *m* 4. Gegenteil *n*
oppressione [oppressi'o:ne] *f* 1. *(sopressione)* Unterdrückung *f*; 2. *(fig: pressione)* Druck *m*; 3. *(fig: peso)* Belastung *f*; 4. *(fig: angoscia)* Beklemmung *f*
oppresso [op'prɛsso] *adj* 1. *(sottomesso)* unterdrückt; 2. bedrückt; 3. *(sopraffatto)* überwältigt; *m* 4. Unterdrückter *m*
oppressore [oppres'so:re] *m* Unterdrücker *m*
opprimente [oppri'mente] *adj* beklemmend
opprimere [op'pri:mere] *v irr* 1. unterdrücken; 2. *(deprimere)* bedrücken, belasten
oppugnabile [oppuɲ'ɲa:bile] *adj* anfechtbar
oppugnare [oppuɲ'ɲa:re] *v* anfechten, bekämpfen
oppure [op'pu:re] *adv* oder, oder auch
optare [op'ta:re] *v* optieren, sich entscheiden
opulento [opu'lɛnto] *adj LIT* üppig
opuscolo [o'puskolo] *m* Broschüre *f*; ~ *pubblicitario* Werbeprospekt *m*
opzione [op'tsio:ne] *f* Option *f*
ora ['o:ra] *f* 1. *(tempo)* Zeit *f*, Uhrzeit *f*; ~ *d'arrivo* Ankunftszeit *f*; ~ *della partenza* Abfahrtszeit *f*; ~ *di punta del traffico* Hauptverkehrszeit *f*; *ore d'apertura* Öffnungszeiten *pl*; ~ *di chiusura* Sperrstunde *f*; ~ *legale* Sommerzeit *f*; ~ *locale* Ortszeit *f*; *di buon'~* zeitig, früh; 2. *(60 minuti)* Stunde *f*; ~ *degli spiriti* Geisterstunde *f*; ~ *di guida* Fahrstunde *f*; *per ore e ore* stundenlang; *all'~* stündlich; ~ *straordinaria* Überstunde *f*; *quarto d'~* Viertelstunde *f*; *Che ore sono?* Wie spät ist es? ~ *flessibile* Gleitzeit *f*; *adv* 3. *(adesso)* jetzt, nun; *per ~* vorerst; 4. *(attualmente)* derzeit
oracolo [o'ra:kolo] *m* Orakel *n*
orafo ['ɔ:rafo] *m* Goldschmied *m*
orale [o'ra:le] *adj* 1. mündlich; 2. *(della bocca) MED* oral
orario [o'ra:rio] *adj* 1. *(ad ogni ora)* stündlich; *m* 2. Zeit *f*, Zeitplan *m*; ~ *delle visite* Besuchszeit *f*; ~ *di apertura* Öffnungszeiten *pl*; ~ *di chiusura* Sperrstunde; ~ *di chiusura dell'ufficio* Büroschluss *m*; ~ *di lavoro* Arbeitszeit *f*; ~ *per il pubblico* Öffnungszeiten *pl*; ~ *flessibile* Gleitzeit *f*; 3. *(treno)* Fahrplan *m*; ~ *dell'aereo* Flugplan *m*; *Ha un ~ ferro-*

O

viario? Haben Sie einen Bahnplan? *arrivare in ~* pünktlich eintreffen/pünktlich sein; **4.***(scolastico)* Stundenplan *m*
oratore [ora'toːre] *m* Redner *m*
orazione [ora'tsioːne] *f* REL Gebet *n*
orbettino [orbet'tiːno] *m* ZOOL Blindschleiche *f*
orbita ['ɔrbita] *f* ASTR Umlaufbahn *f*
orbo ['ɔrbo] *adj (cieco)* blind
orchestra [or'kɛstra] *f* MUS Orchester *n*; *~ filarmonica* Philharmoniker *pl*; *~ sinfonica* Sinfonieorchester *n*
orchestrare [orkes'traːre] *v* **1.** MUS orchestrieren; **2.** *(fig)* organisieren, vorbereiten
orchestrina [orkes'triːna] *f* MUS *~ di strumenti a fiato* Blaskapelle *f*
orcio ['ortʃo] *m* Tonkrug *m*
orda ['ɔrda] *f* Bande *f*, Horde *f*
ordigno [or'diɲɲo] *m* Gerät *n*; *~ esplosivo* Sprengkörper *m*
ordinale [ordi'naːle] *adj* **1.** Ordnungs…; *m* **2.** Ordnungszahl *f*
ordinamento [ordina'mento] *m* **1.** Ordnung *f*; **2.** *(sistema)* System *n*; **3.** *(struttura)* Struktur *f*
ordinanza [ordi'nantsa] *f* **1.** *(decreto)* Verordnung *f*, Erlass *m*; **2.** *(penale)* JUR Verfügung *f*
ordinare [ordi'naːre] *v* **1.** *(mettere in ordine)* ordnen, anordnen; **2.** *(commettere)* bestellen; **3.** *(comandare)* verfügen, anordnen; **4.** *(prescrivere)* vorschreiben; **5.** *(sacerdote)* REL ordinieren; **6.** *~ la consegna* ECO ordern, bestellen, in Auftrag geben
ordinario [ordi'naːrio] *adj* **1.** *(abituale)* gewöhnlich; **2.** *(persona)* ordinär
ordinato [ordi'naːto] *adj (regolato)* ordentlich
ordinatore [ordina'toːre] *m (persona)* Ordner *m*
ordinazione [ordina'tsioːne] *f* **1.** Bestellung *f*, Auftrag *m*; *~ successiva* Nachbestellung *f*; **2.** *~ sacerdotale* REL Priesterweihe *f*
ordine ['ordine] *m* **1.** Ordnung *f*; *~ del giorno* Tagesordnung *f*; *~ di grandezza* Größenordnung *f*; **2.** *(successione)* Reihenfolge *f*; **3.** *(commissione)* Bestellung *f*; **4.** *(comando)* Anordnung *f*; **5.** *(parola energica)* Machtwort *n*; **6.** *~ al merito* Verdienstorden *m*; **7.** *~ permanente* ECO Dauerauftrag *m*; *~ di consegna* Zulieferungsauftrag *m*; **8.** *(di monaci)* REL Orden *m*; **9.** MED Verordnung *f*
ordito [or'diːto] *m (tessuto)* Gewebe *n*
orecchino [orek'kiːno] *m* Ohrring *m*
orecchio [o'rekkio] *m* ANAT Ohr *n*; *prestare ~ a qd* jdn anhören/jdm Gehör schenken; *avere molto ~* ein gutes musikalisches Gehör haben
orecchioni [orrek'kioːni] *m/pl* MED Mumps *m*
orefice [o'reːfitʃe] *m* Juwelier(in) *m/f*
oreficeria [orefitʃe'riːa] *f* **1.** ART Goldschmiedekunst *f*; **2.** *(negozio)* Juweliergeschäft *n*
orfano ['ɔrfano] *m* Waise *f*; *~ di un genitore* Halbwaise *f*
orfanotrofio [orfano'trɔːfio] *m* **1.** Kinderheim *n*; **2.** *(istituto per orfani)* Waisenhaus *n*
organetto [orga'netto] *m* Leierkasten *m*
organico [or'gaːniko] *adj* **1.** BIO organisch; *m* **2.** Belegschaft *f*
organismo [orga'nizmo] *m* Organismus
organizzare [organid'dzaːre] *v* **1.** organisieren; **2.** *(concerto)* veranstalten
organizzarsi [organid'dzarsi] *v.* sich zusammenschließen
organizzatore [organiddza'toːre] *adj* **1.** organisatorisch, Organisations…; *m* **2.** Organisator *m*, Veranstalter *m*
organizzazione [organiddza'tsioːne] *f* **1.** Organisation *f*; **2.** Veranstaltung *f*
organo ['ɔrgano] *m* **1.** ANAT Organ *n*; *~ di respirazione* Atemorgan *n*; *~ sensoriale* Sinnesorgan *n*; *~ genitale* Geschlechtsorgan *n*; **2.** *(persona, ente con compiti specifici) ~ ispettivo* Aufsichtsbehörde *f*; **3.** MUS Orgel *f*
orgasmo [or'gazmo] *m* Orgasmus *m*
orgia ['ɔrdʒa] *f* Orgie *f*
orgiastico [or'dʒastiko] *adj* **1.** orgiastisch; **2.** *(fig)* schwelgerisch, ausschweifend
orgoglio [or'goʎʎo] *m* Stolz *m*
orgoglioso [orgoʎ'ʎoːso] *adj* stolz
orientale [orien'taːle] *adj* **1.** östlich, Ost…; **2.** *(del mondo orientale)* orientalisch; *m/f* **3.** Orientale/Orientalin *m/f*

orientamento [orienta'mento] *m* Orientierung *f*
orientare [orien'taːre] *v* 1. orientieren; 2. *(dirigere)* lenken
orientarsi [orientarsi] *v (trovare la strada)* sich zurechtfinden
oriente [ori'ɛnte] *m GEO* Osten *m*
Oriente [ɔri'ɛnte] *m (levante) GEO* Morgenland *n*, Orient *m; l'Estremo ~* Ferner Osten *m; Medio ~* Mittlerer Osten *m*
orifizio [ori'fiːtsio] *m* Öffnung *f*
originale [oridʒi'naːle] *adj* 1. *(autentico)* original; 2. *(idea)* originell; *m* 3. Original *n*; 4. *(tipo stravagante)* Sonderling *m*, Kauz *m*
originalità [oridʒinali'ta] *f* 1. *(autenticità)* Originalität *f*, Echtheit *f*; 2. *(specialità)* Originalität *f*, Ursprünglichkeit *f*
originare [oridʒi'naːre] *v* 1. erzeugen; 2. *(provenire)* herstammen; 3. *(causare)* verursachen
originario [oridʒi'naːrio] *adj* ursprünglich; *essere ~ di* stammen aus
origine [o'riːdʒine] *f* 1. Ursprung *m*; 2. *(discendenza)* Abstammung *f*, Herkunft *f*; *di ~ tedesca* deutschstämmig; 3. *(causa)* Ursache *f*; Grund *m*
origliare [oriʎ'ʎaːre] *v* 1. *(ascoltare)* lauschen; 2. *(segretamente)* belauschen
oriundo [ori'undo] *adj (nativo del luogo)* gebürtig
orizzontale [oriddzon'taːle] *adj* waagerecht
orizzonte [orid'dzonte] *m* Horizont *m*
orlatura [orla'tuːra] *f* 1. Umrandung *f*; 2. *(di vestito)* Saum *m*
orlo ['orlo] *m* 1. Rand *m*, Kante *f*; 2. *(di vestito)* Saum *m*
orma ['orma] *f* 1. *(del piede)* Tritt *m*, Fußspur *f*; 2. *(fig: traccia)* Spur *f*
ormai [or'maːi] *adv* nunmehr, jetzt
ormeggio [or'meddʒo] *m* 1. *NAUT* Vertäuung *f*; 2. *(gomene)* Tauwerk *n*
ormone [or'moːne] *m* Hormon *n*
ornamento [orna'mento] *m* 1. Ornament *n*; 2. *(decorazione)* Schmuck *m*, Zierde *f*
ornare [or'naːre] *v* 1. schmücken, verzieren; 2. *(imbellire)* verschönern
ornarsi [or'narsi] *v* sich zieren
ornitologo [orni'tɔːlogo] *m* Ornithologe *m*
ornitorinco [ornito'riŋko] *m ZOOL* Schnabeltier *n*
oro ['ɔːro] *m* Gold *n*; *d'~* golden, aus Gold; *pagare a peso d'~ (fig)* mit Gold aufwiegen
orografia [orogra'fiːa] *f GEO* Gebirgsbeschreibung *f*
orologeria [orolodʒe'riːa] *f* 1. Uhrmacherei *f*; 2. Uhrengeschäft *n*
orologiaio [orolo'dʒaːio] *m* Uhrmacher *m*
orologio [oro'lɔːdʒo] *m* Uhr *f*; *~ a pendolo* Standuhr *f*; *~ al quarzo* Quarzuhr *f*; *~ da polso* Armbanduhr *f*; *~ marcatempo* Stechuhr *f*; *~ solare* Sonnenuhr *f*
oroscopo [o'rɔskopo] *m* Horoskop *n*
orrendo [or'rɛndo] *adj* 1. schauderhaft, grässlich; 2. *(storia)* schaurig
orribile [or'riːbile] *adj* grauenhaft, scheußlich
orrore [or'roːre] *m* 1. *(raccapriccio)* Grauen *n*, Entsetzen *n*; *con ~* entsetzt; 2. *(abominio)* Gräuel *m*; 3. *(disgusto)* Abscheu *m/f*
orsacchiotto [orsak'kiɔtto] *m* 1. *ZOOL* junger Bär *m*; 2. *(di stoffa)* Stoffbär *m*, Teddybär *m*
orso ['orso] *m ZOOL* Bär *m*; *~ bruno* Braunbär *m*; *~ bianco* Eisbär *m*
ortaggio [or'taddʒo] *m* Gemüse *n*
ortensia [or'tɛnsia] *f BOT* Hortensie *f*
ortica [or'tiːka] *f BOT* Brennnessel *f*
orticaria [orti'kaːria] *f MED* Urtikaria *f*
orto ['ɔrto] *m* Gemüsegarten *m*, Nutzgarten *m*
ortodonzia [ortodon'tsiːa] *f MED* Kieferorthopädie *f*
ortodosso [orto'dɔsso] *adj* 1. *(fede)* *REL* orthodox; 2. linientreu
ortofrutticolo [ortofrut'tiːkolo] *adj BOT* Obst und Gemüse...; *mercato ~* Obst- und Gemüsemarkt *m*
ortografia [ortogra'fiːa] *f* Orthografie *f*, Rechtschreibung *f*
ortolano [orto'laːno] *m* Gemüsegärtner *m*
ortopedico [orto'pɛːdiko] *m MED* Orthopäde *m*
orzaiolo [ordzai'ɔːlo] *m MED* Gerstenkorn *n*

orzo ['ɔrdzo] *m BOT* Gerste *f*
osare [o'za:re] *v (avere il coraggio)* wagen
oscenità [oʃʃeni'ta] *f* Unanständigkeit *f*, Schlüpfrigkeit *f*
osceno [oʃ'ʃɛ:no] *adj* obszön
oscillare [oʃʃil'la:re] *v* 1. schwanken; 2. *(modo di camminare)* wanken
oscillazione [oʃʃilla'tsio:ne] *f* 1. *(divergenza)* Schwankung *f*; 2. *(vibrazione)* Schwingung *f*
oscuramento [oskura'mento] *m* Verdunkelung *f*
oscurare [osku'ra:re] *v (camera)* verdunkeln
oscurità [oskuri'ta] *f* 1. Finsternis *f*, Dunkelheit *f*; 2. *(questione aperta)* Unklarheit *f*
oscuro [o'sku:ro] *adj* 1. dunkel; *camera oscura* Dunkelkammer *f*; 2. *(misterioso)* obskur, schleierhaft; 3. *(non chiarito)* ungeklärt
osmosi [oz'mɔ:zi] *f BIO* Osmose *f*
ospedale [ospe'da:le] *m* Krankenhaus *n*, Hospital *n*; *~ militare* Lazarett *n*
ospitale [ospi'ta:le] *adj* gastfreundlich
ospitalità [ospitali'ta] *f* Gastfreundschaft *f*
ospitare [ospi'ta:re] *v* 1. jdn gastfreundlich bei sich aufnehmen, zu Gast haben; 2. *(dare da mangiare)* bewirten; 3. *(alloggiare)* beherbergen
ospite ['ɔspite] *m/f* 1. *(cliente)* Gast *m*; *~ d'onore* Ehrengast *m*; 2. *(persona che ospita)* Gastgeber(in) *m/f*; 3. *(visitatore/visitatrice)* Besucher(in) *m/f*
ossatura [ossa'tu:ra] *f ANAT* Knochengerüst *n*, Knochenbau *m*
ossequiare [ossekui'a:re] *v* 1. *(con visita)* seine Aufwartung machen; 2. *(solennemente)* jdm huldigen
osservanza [osser'vantsa] *f (ubbidienza)* Einhaltung *f*
osservare [osser'va:re] *v* 1. beobachten; 2. *(guardare)* anschauen; 3. *(polizia)* observieren; 4. *(accorgersi)* bemerken; 5. *(rispettare)* befolgen
osservatorio [osserva'tɔ:rio] *m* Beobachtungsstation *f*; *~ astronomico* Sternwarte *f*
osservazione [osserva'tsio:ne] *f* 1. Beobachtung *f*, Betrachtung *f*; 2. *(obiezione)* Einwand *m*
ossessionante [ossessio'nante] *adj* bedrückend, drückend
ossessione [osses'sio:ne] *f* Besessenheit *f*
ossesso [os'sɛsso] *adj* 1. *~ da* besessen von; *m* 2. Besessener *m*
ossia [os'si:a] *konj* oder
ossidare [ossi'da:re] *v CHEM* oxidieren
ossidazione [ossida'tsio:ne] *f CHEM* Oxidation *f*
ossido ['ɔssido] *m ~ di carbonio CHEM* Kohlenmonoxyd *n*
ossidrico [os'si:driko] *adj* 1. *CHEM* Sauerstoff...; 2. *fiamma ossidrica TECH* Schweißbrenner *m*
ossigenare [ossidʒe'na:re] *v (capelli)* blond färben, bleichen
ossigenatore [ossidʒena'to:re] *m* Sauerstoffgerät *n*
ossigeno [os'si:dʒeno] *m* 1. *CHEM* Sauerstoff *m*; 2. *(aria)* Luft *f*
osso ['ɔsso] *m* 1. *ANAT* Knochen *m*, Bein *n*; 2. *(fam) rompersi l'~ del collo* sich das Genick brechen; 3. *(nocciolo)* Stein *m*, Kern *m*; 4. *ossa pl ANAT* Knochen *pl*
ossobuco [osso'bu:ko] *m GAST* geschmorte Kalbshaxe *f*
ossuto [os'su:to] *adj* knochig
ostacolare [ostako'la:re] *v* behindern
ostacolo [os'ta:kolo] *m* 1. Hindernis *n*, Hürde *f*; *corsa ad ostacoli* Hürdenlauf *m*; 2. *(impedimento)* Behinderung *f*
ostaggio [os'taddʒo] *m* Geisel *f*; *presa in ~* Geiselnahme *f*
oste(ssa) ['ɔste/os'tessa] *m/f (di un ristorante)* Wirt(in) *m/f*, Gastwirt(in) *m/f*
osteggiare [osted'dʒa:re] *v (avversare)* bekämpfen
ostello [os'tɛllo] *m ~ della gioventù* Jugendherberge *f*
ostentare [osten'ta:re] *v* zur Schau tragen, prahlen
osteria [oste'ri:a] *f* 1. *(ristorante)* Wirtshaus *n*, Wirtschaft *f*; 2. *(bettola)* Kneipe *f*
ostetrica [os'tɛ:trika] *f MED* Hebamme *f*, Geburtshelferin *f*
ostetricia [oste'tri:tʃa] *f MED* Geburtshilfe *f*

ostia['ɔstia] *f* REL Hostie *f*
ostile[os'tiːle] *adj* feindselig
ostilità [ostili'ta] *f* 1. *(malevolenza)* Feindseligkeit *f*; 2. *(animosità)* Anfeindung *f*
ostinato [osti'naːto] *adj* 1. *(capriccioso)* eigenwillig; 2. *(persistente)* hartnäckig; 3. *(testardo)* störrisch, halsstarrig
ostinazione[ostina'tsioːne] *f* 1. *(caparbietà)* Trotz *m*; 2. *(persistenza)* Hartnäckigkeit *f*
ostracismo [ostra'tʃizmo] *m* Ostrazismus *m*, Scherbengericht *n*
ostrica['ɔstrika] *f* ZOOL Auster *f*
ostricoltura[ostrikol'tuːra] *f* Austernzucht *f*
ostruire[ostru'iːre] *v* verstopfen
ostruzione[ostru'tsioːne] *f* 1. Versperrung *f*; 2. POL Obstruktion *f*; 3. MED Verstopfung *f*
otite [o'tiːte] *f* MED Mittelohrentzündung *f*
otorinolaringoiatra [otorinolariŋgoi'aːtra] *m/f* MED Hals-Nasen-Ohrenarzt/Hals-Nasen-Ohrenärztin *m/f*
otre['oːtre] *m* Schlauch *m*
ottagonale[ottago'naːle] *adj* achteckig
ottanta[ot'tanta] *num* achtzig
ottantesimo [ottan'tɛːzimo] *adj* achtzigste(r,s)
ottavo [ot'taːvo] *adj* 1. achte(r,s); *m* 2. Achtel *n*
ottetto[ot'tetto] *m* Oktett *n*
ottenere [otte'neːre] *v irr* 1. *(ricevere)* erlangen, erhalten; *~ con la forza* erzwingen; 2. *(raggiungere)* erreichen; 3. *(fig: vittoria)* davontragen
ottica['ɔttika] *f* Optik *f*
ottico ['ɔttiko] *adj* 1. optisch; *m* 2. Optiker *m*
ottimale[otti'maːle] *adj* optimal
ottimamente[ottima'mente] *adv* ausgezeichnet
ottimismo [otti'mizmo] *m* Optimismus *m*
ottimista [otti'mista] *m/f* Optimist(in) *m/f*
ottimistico[otti'mistiko] *adj* optimistisch
ottimo ['ɔttimo] *adj* sehr gut, ausgezeichnet
otto['ɔtto] *num* 1. acht; *m* 2. Acht *f*; 3. *~ volante* Achterbahn *f*
ottobre[ot'toːbre] *m* Oktober *m*
ottocento [otto'tʃɛnto] *num* 1. achthundert; *m* 2. 19. Jahrhundert *n*
ottomila[otto'miːla] *num* achttausend
ottone[ot'toːne] *m* Messing *n*
ottuplo['ɔttuplo] *adj* achtfach
otturare [ottu'raːre] *v* 1. verstopfen; 2. *(dente)* plombieren
otturazione [ottura'tsioːne] *f* 1. Verstopfung *f*; 2. *(dente)* Füllung *f*
ottusità[ottuzi'ta] *f* Stumpfsinn *m*
ovaia[o'vaːia] *f* ANAT Eierstock *m*
ovale[o'vaːle] *adj* eiförmig, oval
ovatta [o'vatta] *f* Watte *f*; *bastoncino d'~* Wattestäbchen *n*; *batuffolo di ~* Wattebausch *m*
ovest ['ɔːvest] *m* Westen *m*; *a ~* westlich
ovile [o'viːle] *m* 1. ZOOL Schafstall *m*; 2. *(fig)* Heim *n*
ovino[1][o'viːno] *adj* 1. ZOOL Schafs…; *m* 2. *ovini pl* Schafsherde *f*
ovino[2][o'viːno] *m* kleines Ei *n*
ovolo ['ɔːvolo] *m* 1. BOT Kaiserling *m*, Kaiserschwamm *m*; 2. *~ malefico* BOT Fliegenpilz *m*
ovulazione [ovula'tsioːne] *f* MED Eisprung *m*, Ovulation *f*
ovulo['ɔːvulo] *m* BIO Eizelle *f*
ovunque [o'vuŋkue] *adv* wo auch immer, überall
ovvero[ov'veːro] *konj* 1. oder; 2. *(cioè)* das heißt
ovvio ['ɔvvio] *adj* 1. offensichtlich; 2. *(naturale)* nahe liegend
oziare[o'tsiaːre] *v* faulenzen
ozio ['ɔːtsio] *m* *(agio)* Muße *f*, Müßiggang *m*
ozioso[o'tsioːso] *adj* 1. müßig; 2. *(inerte)* untätig; 3. *(superfluo)* überflüssig; *m* 4. Müßiggänger *m*
ozono [o'dzɔːno] *m* CHEM Ozon *n*; *buco nell'~* Ozonloch *n*
ozonosfera [odzɔnos'fɛːra] *f* ASTR Ozonschicht *f*

O

P

pacato [pa'ka:to] *adj* ruhig, gelassen
pacca ['pakka] *f* Schlag *m*
pacchetto [pak'ketto] *m* 1. Päckchen *n;* 2. *(scatola)* Packung *f; ~ di sigarette* Zigarettenpackung *f*
pacco ['pakko] *m* Paket *n*
pace ['pa:tʃe] *f* 1. Frieden *m; far ~* sich versöhnen; 2. *(tranquillità)* Ruhe *f,* Stille *f; lasciare qd in ~* jdn in Ruhe lassen
pacemaker ['peismeiker] *m MED* Herzschrittmacher *m*
pacifico [pa'tʃi:fiko] *adj* 1. friedlich; 2. *(tranquillo)* ruhig
pacifismo [patʃi'fizmo] *m* 1. *(idea)* Pazifismus *m;* 2. *(movimento)* Friedensbewegung *f*
padella [pa'dɛlla] *f* Pfanne *f,* Bratpfanne *f*
padiglione [padiʎ'ʎo:ne] *m (grande tenda)* Zelt *n; ~ da giardino* Gartenhaus *n; ~ auricolare* Ohrmuschel *f; ~ del ricevitore TECH* Hörmuschel *f*
padre ['pa:dre] *m* 1. Vater *m; da parte di ~* väterlicherseits; 2. *REL* Pater *m*
Padrenostro [padre'nɔstro] *m REL* Vaterunser *n*
padrino [pa'dri:no] *m* Pate *m; ~ di battesimo* Taufpate *m*
padronale [padro'na:le] *adj* herrschaftlich
padronanza [padro'nantsa] *f (fig: capacità)* Beherrschung *f*
padrone [pa'dro:ne] *m* Eigentümer *m,* Herr *m; ~ di casa* Hausherr *m; essere ~ di fare qc (fig)* frei sein, etw zu tun
paesaggio [pae'zaddʒo] *m (regione)* 1. Landschaft *f;* 2. Aussicht *f*
paesano [pae'za:no] *adj* 1. ländlich, Landes…; *m* 2. Dorfbewohner *m,* Landmann *m*
paese [pa'e:ze] *m* 1. *(villaggio)* Dorf *n,* Ort *m; Come arrivo in ~?* Wie komme ich ins Dorf? 2. *(stato)* Land *n; ~ d'origine* Ursprungsland *n; ~ della cuccagna* Schlaraffenland *n; ~ di provenienza* Herkunftsland *n; ~ in via di sviluppo* Entwicklungsland *n; ~ agricolo* Agrarland *n; ~ confinante* Grenzland *n; ~ industriale* Industrieland *n; ~ membro* Mitgliedsland *n; ~ emergente* Schwellenland *n*
paesistico [pae'zistiko] *adj* landschaftlich
paffuto [paf'fu:to] *adj* pausbackig, rundlich
paga ['pa:ga] *f* Lohn *m; ~ minima* Mindestlohn *m; ~ misera* Hungerlohn *m; ~ oraria* Stundenlohn *m; busta ~* Lohntüte *f; ~ lorda* Bruttolohn *m*
pagabile [pa'ga:bile] *adj (non troppo caro)* erschwinglich, zahlbar
pagaia [pa'ga:ia] *f* Paddel *n*
pagamento [paga'mento] *m* 1. Zahlung *f; ~ degli alimenti* Unterhaltszahlung *f; ~ degli interessi* Verzinsung *f; ~ in contanti* Barzahlung *f; ~ anticipato* Vorauszahlung *f; ~ parziale* Teilzahlung *f; ~ successivo* Nachzahlung *f; ~ rateale* Ratenzahlung *f;* 2. *(compenso)* Bezahlung *f;* 3. *(rate) ECO* Abzahlung *f;* 4. *(esborso)* Auszahlung *f*
paganesimo [paga'ne:zimo] *m* Heidentum *n*
pagano [pa'ga:no] *adj* 1. heidnisch; *m* 2. Heide *m*
pagare [pa'ga:re] *v* 1. bezahlen, zahlen; *~ a rate* abbezahlen, abstottern *(fam); ~ in acconto* anzahlen; *~ in più* nachzahlen; *~ l'interesse su* Zinsen zahlen für, verzinsen; *~ le imposte per* versteuern; *ben pagato* gut bezahlt; *Posso ~ in euro?* Kann ich in Euro bezahlen? *Posso ~ con franchi svizzeri?* Kann ich mit Schweizer Franken zahlen? 2. *(stipendio, premio)* auszahlen; 3. *(versare)* einzahlen; 4. *(remunerare)* honorieren, belohnen, bezahlen
pagarsi [pa'garsi] *v* sich bezahlt machen
pagella [pa'dʒɛlla] *f* Zeugnis *n; ~ scolastica* Schulzeugnis *n*
paggio ['paddʒo] *m* Page *m*
pagherò [page'rɔ] *m FIN* Solawechsel *m,* Eigenwechsel *m*

pagina ['pa:dʒina] *f (di un libro)* Seite *f; prima ~* Titelseite *f*
paglia ['paʎʎa] *f* Stroh *n*
pagliaccio [paʎ'ʎattʃo] *m* Clown *m*
pagnotta [paɲ'ɲɔtta] *f* GAST Brotlaib *m,* Laib *m*
paio ['pa:io] *m* 1. *un ~ di volte* ein paar Mal; 2. *(di scarpe)* Paar *n*
paiolo [pai'ɔ:lo] *m (da cucina)* Kessel *m*
Pakistan ['pa:kistan] *m* GEO Pakistan *n*
pala ['pa:la] *f* Schaufel *f,* Schippe *f*
palato [pa'la:to] *m* 1. ANAT Gaumen *m;* 2. *(fig: gusto)* Geschmack
palazzo [pa'lattso] *m* 1. Palast *m,* Schloss *n,* Hof *m;* 2. Gebäude *n,* Wohngebäude *n*
palchetto [pal'ketto] *m (da pavimento)* Parkett *n*
palcoscenico [palkoʃ'ʃɛ:niko] *m* Bühne *f; ~ ad elevatore* Hebebühne *f*
Palestina [pales'ti:na] *f* GEO Palästina *n*
palestinese [palesti'ne:se] *adj* 1. palästinensisch; *m/f* 2. Palästinenser(in) *m/f*
palestra [pa'lɛstra] *f* SPORT Turnhalle *f*
paletta [pa'letta] *f* 1. Kehrschaufel *f;* 2. *(assortimento)* Palette *f*
paletto [pa'letto] *m* 1. Pflock *m;* 2. *(chiavistello)* Riegel *m*
palla ['palla] *f* 1. Ball *m; ~ a mano* Handball *m; ~ di neve* Schneeball *m;* 2. *(gioco)* Kugel *f*
pallacanestro [pallaka'nɛstro] *f* SPORT Basketball *m*
pallido ['pallido] *adj* blass, bleich; *~ come un cencio* leichenblass; *~ di terrore* schreckensbleich
palloncino [pallon'tʃi:no] *m* Luftballon *m*
pallone [pal'lo:ne] *m* 1. *(dell'aviazione)* Ballon *m;* 2. *(gioco)* Fußball *m; ~ da calcio* Fußball *m; giocare a ~* Ball spielen
pallore [pal'lo:re] *m* Blässe *f*
pallottola [pal'lɔttola] *f* Kugel *f*
palma[1] ['palma] *f* BOT Palme *f*
palma[2] ['palma] *f ~ della mano* ANAT Handfläche *f; ~ del piede* Fußsohle *f*
palmipede [pal'mi:pede] *m* ZOOL Schwimmvogel *m*
palo ['pa:lo] *m* 1. Pfahl *m,* Pfosten *m;* 2. *(del telefono)* Telefonmast *m*
palombaro [palom'ba:ro] *m* Taucher *m*
palpare [pal'pa:re] *v* 1. tasten; 2. MED abtasten
palpebra ['palpebra] *f* ANAT Augenlid *n*
palpitare [palpi'ta:re] *v* 1. zucken; 2. *(cuore)* schlagen, klopfen
palpito ['palpito] *m* 1. Herzschlag *m;* 2. Herzklopfen *n*
palude [pa'lu:de] *f* Sumpf *m,* Moor *n,* Ried *n*
paludoso [palu'do:so] *adj* sumpfig
panacea [pana'tʃɛ:a] *f (fig)* Allheilmittel *n*
panca ['paŋka] *f (per sedersi)* Bank *f*
pancetta [pan'tʃetta] *f* GAST Bauchspeck *m*
pancia ['pan'tʃa] *f* ANAT Bauch *m*
panciotto [pan'tʃɔtto] *m* Weste *f*
panciuto [pan'tʃu:to] *adj* bauchig
pandemonio [pande'mɔ:nio] *m* 1. furchtbares Durcheinander *n;* 2. *(fig: rumore infernale)* Höllenlärm *m*
pan di Spagna [pandis'paɲɲa] *m* GAST Biskuit *n*
pane ['pa:ne] *m* Brot *n; ~ bianco* Weißbrot *n; ~ croccante* Knäckebrot *n; ~ di segala* Roggenbrot *n; ~ integrale* Vollkornbrot *n; ~ nero* Schwarzbrot *n*
panetteria [panette'ri:a] *f* Bäckerei *f*
panettiere [panet'tiɛ:re] *m* Bäcker *m*
pangrattato [paŋgrat'ta:to] *m* GAST Paniermehl *n*
panico ['pa:niko] *m* Panik *f*
panino [pa'ni:no] *m* Brötchen *n,* Semmel *f; ~ all'olio* Ölbrötchen *n; ~ integrale* Vollkornbrötchen *n*
panna[1] ['panna] *f* GAST Rahm *m; ~ montata* Schlagsahne *f*
panna[2] ['panna] *f panne pl (guasto)* Panne *f; Ho la macchina in panne.* Ich habe eine Panne.
pannellatura [pannella'tu:ra] *f* Täfelung *f*
panno ['panno] *m* 1. *(canovaccio)* Tuch *n;* 2. *panni pl* Wäsche *f; essere nei panni di qd* an jds Stelle sein; 3. *panni caldi pl (consolazione)* Trostpflaster *n*
pannocchia [pan'nɔkkia] *f (di mais)* Kolben *m; ~ di granturco* Maiskolben *m*
pannolino [panno'li:no] *m (per neonati)* Windel *f*
panorama [pano'ra:ma] *m* 1. Panora-

P

ma *n,* Ausblick *m;* 2. *(veduta)* Überblick *m*
pantaloncini [pantalon'tʃi:ni] *m/pl ~ corti* Shorts *pl*
pantaloni [panta'lo:ni] *m/pl* Hose *f*
pantano [pan'ta:no] *m* Morast *m,* Schlamm *m*
pantera [pan'tɛ:ra] *f ZOOL* Panther *m*
pantofola [pan'tɔ:fola] *f* Pantoffel *m,* Hausschuh *m*
pantomima [panto'mi:ma] *f THEAT* Pantomime *f*
paonazzo [pao'nattso] *adj* violett
papa ['pa:pa] *m REL* Papst *m*
papà [pa'pa] *m* Papa *m*
papale [pa'pa:le] *adj REL* päpstlich
papavero [pa'pa:vero] *m BOT* Mohn *m*
papera ['pa:pera] *f* 1. *ZOOL* Gans *f;* Ente *f* 2. *(fig: errore, sbaglio)* Irrtum *m*
papero ['pa:pero] *m* 1. *ZOOL* Gänserich *m;* 2. *(fig)* Einfaltspinsel *m*
pappa ['pappa] *f* Brei *m; ~ d'avena* Haferbrei *m*
pappagallo [pappa'gallo] *m* Papagei *m*
pappamolle [pappa'mɔlle] *m (fam: senza energia)* Schlappschwanz *m*
paprica ['pa:prika] *f GAST* Paprikagewürz *n*
parabola [pa'ra:bola] *f* 1. Parabel *f;* 2. *(fig) LIT* Gleichnis *n*
parabrezza [para'breddza] *f (della macchina)* Windschutzscheibe *f*
paracadute [paraka'du:te] *m* Fallschirm *m*
paradigma [para'digma] *m* 1. *GRAMM* Paradigma *n;* 2. *(modello)* Muster *n*
paradisiaco [paradi'zi:ako] *adj* paradiesisch
paradiso [para'di:zo] *m* Paradies *n*
paradossale [parados'sa:le] *adj* paradox
parafango [para'faŋgo] *m* 1. *(della macchina)* Kotflügel *m;* 2. *(della bicicletta o moto)* Schutzblech *n*
parafulmine [para'fulmine] *m TECH* Blitzableiter *m*
paraggi [pa'raddʒi] *m/pl* Gegend *f; nei ~ di ...* in der Gegend von .../in der Nähe von ...
paragonabile [parago'na:bile] *adj* vergleichbar
paragonare [parago'na:re] *v* 1. vergleichen; 2. *(raffrontare)* gegenüberstellen
paragone [para'go:ne] *m* 1. Vergleich *m;* 2. *(raffronto)* Gegenüberstellung
paragrafo [pa'ra:grafo] *m* 1. *(testo)* Abschnitt *m;* 2. *(di una legge) JUR* Paragraph *m; ~ sull'aborto* Abtreibungsparagraph *m*
paralisi [pa'ra:lizi] *f MED* Lähmung *f*
paralitico [para'li:tiko] *adj (non capace di muoversi) MED* gelähmt
paralizzare [paralid'dza:re] *v* lähmen, paralysieren
parallela [paral'lɛ:la] *f* Parallele *f*
parallelo [paral'lɛ:lo] *adj* 1. parallel; *m* 2. Parallele *f; fare un ~ (fig)* eine Parallele ziehen
paralume [para'lu:me] *m* Lampenschirm *m*
parametro [pa'ra:metro] *m* Parameter *m*
parapetto [para'pɛtto] *m* 1. *(della scala)* Brüstung *f;* 2. *(della nave)* Reling *f*
paraplegia [paraple'dʒi:a] *f MED* Querschnittslähmung *f*
parapsicologia [parapsikolo'dʒi:a] *f* Parapsychologie *f*
parare [pa'ra:re] *v SPORT* parieren
pararsi [pa'rarsi] *v* plötzlich erscheinen
parasole [para'so:le] *m* Sonnenschirm *m*
parassita [paras'si:ta] *m* 1. *BIO* Schädling *m,* Parasit *m; m/f* 2. *(fam: scroccone)* Schmarotzer(in) *m/f*
parata [pa'ra:ta] *f* Parade *f*
paraurti [para'urti] *m* 1. *(dell'auto)* Stoßstange *f;* 2. *(del binario)* Prellbock *m*
parcella [par'tʃɛlla] *f* 1. Parzelle *f;* 2. *(onorario del medico, onorario dell'avvocato)* Rechnung *f*
parcheggiare [parked'dʒa:re] *v* parken
parcheggio [par'keddʒo] *m* Parkplatz *m; ~ a più piani* Parkhaus *n*
parchimetro [par'ki:metro] *m* Parkuhr *f*
parco ['parko] *m* 1. Park *m,* Anlage *f; ~ dei divertimenti* Rummel *m,* Vergnügungspark *m; ~ nazionale* Nationalpark *m,* Naturschutzgebiet *n; ~ giochi*

Spielplatz *m; adj* 2. *(sobrio)* sparsam, genügsam; 3. *~ di parole* wortkarg
pardon [par'dɔ̃] *interj* Pardon! Verzeihung!
parecchi [pa'rekki] *pron pl* mehrere
parecchio [pa'rekkio] *adj* ziemlich viel, ziemlich lange
pareggiare [pared'dʒaːre] *v* 1. *(rendere pari)* gleichmachen; 2. SPORT ausgleichen
pareggio [pa'reddʒo] *m* SPORT Ausgleich *m*
parente [pa'rɛnte] *adj* 1. verwandt; *m/f* 2. Verwandte(r) *m/f*, Angehörige(r) *m/f*
parentela [paren'tɛːla] *f* Verwandtschaft *f*
parentesi [pa'rɛntezi] *f (segno)* Klammer *f*; *fra ~* in Klammern
parere [pa'reːre] *v irr* 1. *(apparire)* (er)scheinen; *m* 2. *(opinione)* Meinung *f*, Ansicht *f*; *a mio ~* meiner Meinung nach
parete [pa'reːte] *f* Wand *f*; *~ esterna* Außenwand *f*
pari ['paːri] *adj* 1. *(eguale)* gleich; 2. ebenbürtig, gleichrangig; 3. SPORT unentschieden
parimenti [pari'menti] *konj* desgleichen
parità [pari'ta] *f* Gleichheit *f*; *~ di diritti* Gleichberechtigung *f*
paritetico [pari'tɛːtiko] *adj* paritätisch
parkour [par'kuːr] *m* SPORT Parkour *m*
parlamentare [parlamen'taːre] *m/f* 1. POL Parlamentarier(in) *m/f*; *adj* 2. POL parlamentarisch
parlamento [parla'mento] *m* 1. POL Parlament *n*; 2. *Parlamento europeo* Europaparlament *n*
parlantina [parlan'tiːna] *f* 1. *(fam)* Gesprächigkeit *f*; 2. *(facilità di parola)* Zungenfertigkeit *f*
parlare [par'laːre] *v* 1. reden, sprechen; 2. *(discutere) ~ di* besprechen; *~ di questioni tecniche* fachsimpeln
parlata [par'laːta] *f* Sprechweise *f*, Redeweise *f*
parlatore [parla'toːre] *m* Redner *m*
parmigiano [parmi'dʒaːno] *m* GAST Parmesankäse *m*
parodia [paro'diːa] *f* Parodie *f*
parola [pa'rɔːla] *f* 1. Wort *n*; *~ d'onore* Ehrenwort *n*; *~ d'ordine* Kennwort *n*, Schlagwort *n*; *~ definitiva* Machtwort *n*; *~ ingiuriosa* Schimpfwort *n*; 2. *(motto) ~ d'ordine* Parole *f*; 3. *(vocabolo)* GRAMM Vokabel *f*; 4. *parole crociate pl* Kreuzworträtsel *n*; 5. *parole di conforto pl* Zuspruch *m*
parolaccia [paro'lattʃa] *f* Schimpfwort *n*
parquet [par'kɛ] *m (pavimento)* Parkett *n*
parrocchia [par'rɔkkia] *f* REL Pfarrei *f*
parroco ['parroko] *m* REL Pfarrer *m*
parrucca [par'rukka] *f* Perücke *f*
parrucchiera [parruk'kiɛːra] *f* Friseuse *f*, Friseurin *f*
parrucchiere [parruk'kiɛːre] *m* Friseur *m*
parsimonioso [parsimo'nioːso] *adj* sparsam
parte ['parte] *f* 1. Teil *m*; *la maggior ~* die meisten; *~ del corpo* Körperteil *m*; *~ di ricambio* Ersatzteil *n*; *da entrambe le parti* beiderseitig; *da quella ~* daher; *da questa ~* diesseits; *~ contraente* Vertragspartner *m*; *da ~ di* seitens; *prendere le parti* eintreten; *presa di ~* Parteinahme *f*; *Questo costa a ~?* Kostet das extra? 2. *(lato)* Seite *f*; *~ anteriore* Vorderfront *f*, Vorderseite *f*, Vorderteil *n*; *~ davanti* Vordergrund *m*; *~ inferiore* Unterteil *n*; *~ interna* Innenseite *f*; *~ posteriore* Rückseite *f*; *~ superiore* Oberteil *n*; *d'altra ~* andererseits; *da nessuna ~* nirgends, nirgendwo; *a ~* abgesehen von; 3. *(porzione)* Anteil *m*; *~ del leone* Löwenanteil *m*; 4. *(pezzo)* Stück *n*
partecipante [partetʃi'pante] *m/f* 1. Teilnehmer(in) *m/f*, Beteiligte(r) *m/f*; *~ a un corso* Kursteilnehmer(in) *m/f*; 2. *~ al contratto* Vertragspartner(in) *m/f*; 3. SPORT Wettkämpfer(in) *m/f*
partecipare [partetʃi'paːre] *v* teilnehmen; *~ alla decisione di* mitbestimmen
partecipazione [partetʃipa'tsioːne] *f* 1. *(il partecipare)* Teilnahme *f*, Beteiligung *f*; *~ agli utili* Gewinnbeteiligung *f*; *~ al mercato* Marktanteil *m*; *~ alla votazione* Wahlbeteiligung *f*; 2. *(interesse)* Anteilnahme *f*; 3. Anzeige *f*; *~ di matrimonio* Heiratsanzeige *f*
parteggiare [parted'dʒaːre] *v* Partei ergreifen

partenza [par'tɛntsa] *f* 1. Abfahrt *f*, Abreise *f*; *punto di ~* Ansatzpunkt *m*, Ausgangspunkt *m*; 2. *(a piedi)* Abmarsch *m*; 3. *(mettersi in marcia)* Aufbruch *m*; *falsa ~* SPORT Fehlstart *m*
particella [parti'tʃɛlla] *f* 1. Teilchen *n*; 2. GRAMM Partikel *f*
participio [parti'tʃiːpio] *m* GRAMM Partizip *n*
particolare [partiko'laːre] *adj* 1. besondere(r,s); 2. *(strano)* eigenartig, eigentümlich; *m* 3. *(dettaglio)* Einzelheit *f*; 4. *(cosa specifica)* Besonderheit *f*; *in ~* besonders
particolarità [partikolari'ta] *f* 1. *(peculiarità)* Besonderheit *f*; 2. *(stranezza)* Eigentümlichkeit *f*
partigiano [parti'dʒaːno] *m* POL Partisan *m*
partire [par'tiːre] *v* 1. abfahren, abreisen; *Quando e dove parte l'autobus per il centro?* Wann und wo fährt der Bus in die City ab? *Quando partiamo?* Wann fahren wir ab? 2. *(andare in viaggio)* verreisen
partirsi [par'tirsi] *v* LIT sich trennen, auseinandergehen
partita [par'tiːta] *f* 1. *(gioco)* Partie *f*; 2. *(quantità)* Satz *m*; 3. *~ di merce* ECO Warenposten *m*
partito [par'tiːto] *m* 1. POL Partei *f*; *~ di una coalizione* Koalitionspartner *pl*; *per ~ preso* voreingenommen; *interno di ~* innerparteilich; 2. Partie *f*
partner ['paːrtner] *m/f* 1. Partner(in) *m/f*; 2. *(nel matrimonio)* Ehepartner(in) *m/f*
parto ['parto] *m* MED Entbindung *f*; *~ con feto morto* Totgeburt *f*; *~ prematuro* Frühgeburt *f*
partoriente [parto'riɛnte] *f* Wöchnerin *f*, Gebärende *f*
partorire [parto'riːre] *v* gebären
parvenza [par'vɛntsa] *f* Schein *m*
parziale [par'tsiaːle] *adj* 1. Teil ...; 2. *(non oggettivo)* parteiisch
parzialmente [partsial'mente] *adv (in parte)* teilweise
pascere ['paʃʃere] *v* ZOOL weiden
pascià [paʃ'ʃa] *m* Pascha *m*
pascolare [pasko'laːre] *v* grasen
pascolo ['paskolo] *m* 1. *(prato)* BOT Weide *f*; *~ alpino* Alm *f*; 2. *(per cavalli)* Koppel *f*
Pasqua ['paskua] *f* REL Ostern *n*
pasquetta [pasku'etta] *f* REL Ostermontag *m*
passabile [pas'saːbile] *adj (mediocre)* leidlich
passaggio [pas'saddʒo] *m* 1. *(passo)* Durchgang *m*; 2. *(traversata)* Durchfahrt *f*; *~ dal confine* Ausreise *f*, Grenzübertritt *m*; *dare un ~ a qd* jdn mitnehmen; *Cerco un ~ fino a ...* Ich suche eine Mitfahrgelegenheit bis ...
passamano [passa'maːno] *m* Borte *f*
passante [pas'sante] *m/f* Passant(in) *m/f*
passaporto [passa'porto] *m* Pass *m*, Reisepass *m*
passare [pas'saːre] *v* 1. *(attraversare)* passieren, vorbeigehen, vorübergehen; *~ all'altra sponda* übersetzen; *~ di qua* herübersteigen; *~ senza fermarsi* durchfahren; *~ davanti* vorbeigehen; *~ attraverso* durchfahren; *~ al nemico* überlaufen; 2. *(tempo)* vergehen, vorbeigehen; *~ il tempo* die Zeit verbringen; *Il tempo passa rapidamente.* Die Zeit verfliegt. 3. *(vacanze)* verbringen; *~ l'inverno* überwintern; *~ attraverso* durchgehen; *passarne delle brutte (fam)* sich in einer schlechten Lage befinden; 4. *(cosa)* durchziehen; 5. *(trasmettere)* weitergeben; 6. *(fig: omettere)* überspringen
passarsela [pas'sarsela] *v ~ bene* ein zufriedenstellendes Leben führen
passatempo [passa'tɛmpo] *m* Zeitvertreib *m*
passato [pas'saːto] *m* 1. Vergangenheit *f*; 2. GAST Mus *n*, Püree *n*; *adv* 3. *(temporale)* vorbei, vorüber; *adj* 4. vergangen
passeggero [passed'dʒɛːro] *adj* 1. vorübergehend; *m* 2. Fahrgast *m*, Passagier *m*; *~ d'aereo* Fluggast *m*; *~ clandestino* blinder Passagier *m*
passeggiare [passed'dʒaːre] *v* 1. spazieren gehen; 2. *(andare)* wandeln
passeggiata [passed'dʒaːta] *f* Spaziergang *m*, Bummel *m*
passeggio [pas'seddʒo] *m* Spaziergang *m*; *andare a ~* spazieren gehen; *~ delle prostitute* Strich *m*

P

passerella [passe'rɛlla] *f* 1. *~ d'imbarco (all'aeroporto)* Flugsteig *m;* 2. *(nella moda)* Laufsteg *m*
passero ['passero] *m* ZOOL Spatz *m*
passionato [passio'naːto] *adj (ap~)* leidenschaftlich
passione [passi'oːne] *f* 1. Leidenschaft *f;* 2. *(inclinazione)* Liebhaberei *f,* Hobby *n;* 3. *(fig)* Schwarm *m*
passività [passivi'ta] *f* Passivität *f*
passivo [pas'siːvo] *m* 1. GRAMM Passiv *n;* 2. ECO Passiva *pl; essere in ~* im Verlust sein; *adj* 3. passiv
passo ['passo] *m* 1. Tritt *m,* Schritt *m; ~ falso* Fehltritt *m;* 2. *~ carrabile* Ausfahrt *f;* 3. *(modo di camminare)* Schritt *m; ~ di lumaca* Schneckentempo *n;* 4. *(di montagna)* GEO Pass *m;* 5. *(fig: di libro)* Stelle *f*
pasta ['pasta] *f* 1. Paste *f;* 2. GAST Nudeln *pl,* Teigwaren *pl;* 3. *(dolce)* Teig *m; ~ sfoglia* Blätterteig *m; ~ frolla* Mürbteig *m; ~ lievitata* Hefeteig *m;* 4. *paste pl (dolci)* Gebäck *n*
pastasciutta [pasta'ʃutta] *f* GAST Nudelgericht *n*
pastello [pas'tɛllo] *adj* 1. Pastell …; *m* 2. ART Pastell *n*
pasticca [pas'tikka] *f* Tablette *f; ~ di sonnifero* Schlaftablette *f*
pasticceria [pastittʃe'riːa] *f* Konditorei *f,* Feinbäckerei *f*
pasticciare [pastit'tʃaːre] *v* pfuschen, klecksen
pasticciato [pastit'tʃaːto] *adj (non esperto)* stümperhaft
pasticciere [pastittʃ'ɛːre] *m* Konditor *m*
pasticcino [pastit'tʃiːno] *m (dolci)* Plätzchen *n,* Feingebäck *n*
pasticcio [pas'tittʃo] *m* 1. GAST Pastete *f; ~ di fegato d'oca* Gänseleberpastete *f;* 2. *(fig: dilemma)* Zwickmühle *f; essere in un ~* in der Klemme sitzen; *cacciarsi nei pasticci (fig)* sich eine schöne Suppe einbrocken
pastiglia [pas'tiʎʎa] *f* MED Tablette *f*
pasto ['pasto] *m* Mahlzeit *f,* Mahl *n*
pastore [pas'toːre] *m* 1. Hirt *m;* 2. REL Pastor *m*
pastorizia [pasto'riːtsia] *f (allevamento)* Viehzucht *f*
pastoso [pas'toːso] *adj* 1. teigig; 2. *(morbido)* weich
patata [pa'taːta] *f* BOT Kartoffel *f; patate arrosto* Bratkartoffeln *pl; patate fritte* Pommes frites *pl*
patatine [pata'tiːne] *f/pl ~ fritte* GAST Kartoffelchips *pl*
patente [pa'tɛnte] *f ~ di guida* Führerschein *m; sospensione della ~* Führerscheinentzug *m*
paternità [paterni'ta] *f* Vaterschaft *f*
paterno [pa'tɛrno] *adj* väterlich; *da parte paterna* väterlicherseits
patetico [pa'tɛːtiko] *adj* pathetisch
patibolo [pa'tiːbolo] *m (forca)* Galgen *m*
patina ['paːtina] *f* 1. Belag *m;* 2. TECH Edelrost *m*
patire [pa'tiːre] *v* leiden; *~ la fame* hungern
patogeno [pa'tɔːdʒeno] *adj* MED krankheitserregend
patologia [patolo'dʒiːa] *f* MED Pathologie *f*
patria ['paːtria] *f* Heimat *f*
patriarca [patri'arca] *m* Patriarch *m*
patrigno [pa'triɲɲo] *m* Stiefvater *m*
patrimoniale [patrimoni'aːle] *adj* Vermögens…; *beni patrimoniali* Sachanlagen *pl*
patrimonio [patri'mɔːnio] *m* 1. *(proprietà)* Vermögen *n; ~ in contanti* Barvermögen *n;* 2. *~ ereditario* BIO Erbgut *n*
patrio ['paːtrio] *adj* heimatlich, Vaterlands…
patriota [patri'ɔːta] *m/f* Patriot(in) *m/f*
patriottico [patri'ɔttiko] *adj* patriotisch
patriottismo [patriot'tizmo] *m* Patriotismus *m*
patrocinio [patro'tʃiːnio] *m* JUR Verteidigung *f*
patronato [patro'naːto] *m* Patronat *n,* Schirmherrschaft *f*
patrono [pa'trɔːno] *m* 1. Patron *m,* Schirmherr *m;* 2. REL Schutzpatron *m*
patteggiare [patted'dʒaːre] *v* 1. verhandeln; 2. *(accordarsi)* übereinkommen, einen Vertrag abschließen
pattinaggio [patti'naddʒo] *m ~ su ghiaccio* SPORT Schlittschuhlaufen *n; ~*

P

a rotelle Rollschuhlaufen *n;* ~ *artistico* Eiskunstlauf *m*

pattinatore [pattina'toːre] *m* ~ *su ghiaccio* SPORT Schlittschuhläufer *m;* ~ *a rotelle* Rollschuläufer *m;* ~ *artistico* Eiskunstläufer *m*

pattino [pat'tiːno] *m* SPORT Schlittschuh *m;* ~ *a rotelle* Rollschuh *m*

patto ['patto] *m* Pakt *m,* Vertrag *m; a* ~ *che* unter der Bedingung, dass; *stare ai patti* sein Wort halten

pattuglia [pat'tuʎʎa] *f (della polizia)* Streife *f;* ~ *di ricerca* Suchtrupp *m*

pattumiera [pattumi'ɛːra] *f* Mülleimer *m,* Abfalleimer *m*

paura [pa'uːra] *f* **1.** Angst *f,* Furcht *f; aver* ~ Angst haben; *aver* ~ *di* fürchten; *pieno di* ~ angsterfüllt; *Niente* ~*!* Keine Angst! **2.** *(timore angoscioso)* Ängstlichkeit *f*

pauroso [pau'roːso] *adj* **1.** ängstlich, furchtsam; **2.** *(esitante)* zaghaft; **3.** *(che fa paura)* gruselig

pausa ['paːuza] *f* **1.** Pause *f;* ~ *di mezzogiorno* Mittagspause *f;* ~ *di riflessione* Denkpause *f;* **2.** *(riposo)* Rast *f*

pavimento [pavi'mento] *m* Fußboden *m;* ~ *di cemento* Estrich *m;* ~ *di legno* Bretterboden *m;* ~ *di parquet* Parkett *n*

pavone [pa'voːne] *m* ZOOL Pfau *m*

paziente [pa'tsiɛnte] *adj* **1.** geduldig; *m/f* **2.** Patient(in) *m/f;* ~ *mutuato* Kassenpatient *m*

pazienza [pa'tsiɛntsa] *f* Geduld *f;* ~ *di un santo* Engelsgeduld *f; Pazienza!* So ist es nun mal!

pazzesco [pat'tsesko] *adj* verrückt

pazzia [pat'tsiːa] *f* Irrsinn *m,* Wahnsinn *m*

pazzo ['pattso] *adj* **1.** verrückt, irre; *come un* ~ verrückt; **2.** *(incredibile)* toll; *m* **3.** *(folle)* Narr *m;* **4.** *(alienato)* MED Irrer *m,* Geisteskranker *m*

peccare [pek'kaːre] *v* sündigen

peccato [pek'kaːto] *adj* **1.** schade; *Che* ~*!* Wie schade! *m* **2.** Sünde *f;* ~ *mortale* Todsünde *f*

peccatore [pekka'toːre] *m* Sünder *m*

pece ['peːtʃe] *f* Pech *n; nero come la* ~ pechschwarz

pecora ['pɛːkora] *f* ZOOL Schaf *n*

pecorino [peko'riːno] *m* GAST Schafskäse *m*

peculiare [pekuli'aːre] *adj* eigentümlich

pecuniario [pekuni'aːrio] *adj* Geld...; *pena pecuniaria* Geldstrafe *f*

pedaggio [pe'daddʒo] *m* Mautgebühr *f;* ~ *autostradale* Autobahngebühr *f; Quanto costa il* ~*?* Wie hoch ist die Autobahngebühr?

pedagogia [pedago'dʒiːa] *f* Pädagogik *f*

pedagogista [pedago'dʒista] *m/f* Pädagoge/Pädagogin *m/f*

pedale [pe'daːle] *m* Pedal *n;* ~ *del freno* Bremspedal *n*

pedalò [peda'lɔ] *m* Tretboot *n*

pedana [pe'daːna] *f* Trittbrett *n;* ~ *dell'oratore* Rednerpult *n*

pedante [pe'dante] *adj* pedantisch

pedata [pe'daːta] *f* Fußtritt *m; dare una* ~ *(fig)* treten

pediatra [pedi'aːtra] *m/f* Kinderarzt/Kinderärztin *m/f*

pedinare [pedi'naːre] *v* beschatten, verfolgen, überwachen

pedonale [pedo'naːle] *adj* Fußgänger...; *passaggio* ~ Fußgängerübergang *m*

pedone [pe'doːne] *m* Fußgänger *m*

peggio ['pɛddʒo] *adv* **1.** schlechter, schlimmer; *m* **2.** Schlimmstes *n; avere la* ~ den Kürzeren ziehen; *Il* ~ *non muore mai.* Unkraut verdirbt nicht.

peggioramento [peddʒora'mento] *m* Verschlechterung *f,* Verschlimmerung *f*

peggiorare [peddʒo'raːre] *v* **1.** verschlechtern; **2.** ~ *qc* etw verschlimmern; **3.** *(malattia)* sich verschlimmern

peggiore [ped'dʒoːre] *adj* schlechter, schlimmer

pegno ['peɲɲo] *m* Pfand *n; dare in* ~ verpfänden

pelare [pe'laːre] *v* **1.** enthaaren, scheren; **2.** *(sbucciare)* schälen

pelato [pe'laːto] *adj (senza capelli)* kahl

pelle ['pɛlle] *f* **1.** ANAT Haut *f;* **2.** *(di animali)* Leder *n;* ~ *scamosciata* Wildleder *n;* **3.** ~ *d'oca* Gänsehaut *f;* **4.** *amici per la* ~ *(fig)* Freunde, die durch dick und dünn gehen

pellegrinaggio [pellegri'naddʒo] *m* REL Pilgerfahrt *f*, Wallfahrt *f*
pellegrino [pelle'griːno] *m* REL Pilger *m*, Wallfahrer *m*
pelletteria [pellette'riːa] *f* 1. Lederwaren *pl;* 2. *(negozio)* Ledergeschäft *n*, Lederwarengeschäft *n*
pellicano [pelli'kaːno] *m* ZOOL Pelikan *m*
pellicceria [pellittʃe'riːa] *f* Pelzgeschäft *n*
pelliccia [pel'littʃa] *f* 1. *(pelo)* Pelz *m*; *~ d'agnello* Lammfell *n;* 2. *(mantello)* Pelzmantel *m;* *~ di visone* Nerzmantel *m*
pellicciaio [pellit'tʃaːio] *m* 1. Kürschner *m;* 2. *(venditore)* Pelzverkäufer *m*
pellicola [pel'liːkola] *f* 1. *(membrana)* ANAT Häutchen *n;* 2. *(rullino)* CINE Film *m;* *~ a passo ridotto* Schmalfilm *m;* *Mi serve una ~ per diapositive.* Ich brauche einen Diafilm.
pellirossa [pelli'rossa] *m/f* Indianer(in) *m/f*, *(fam)* Rothaut *f*
pelo ['peːlo] *m* 1. Haar *n;* *per un ~ (fig)* um ein Haar/um Haaresbreite; 2. *(pelliccia)* Pelz *m*, Fell *n;* *~ di cammello* Kamelhaar *n;* *contro ~* gegen den Strich
peloso [pe'loːso] *adj* behaart
peluche [pe'luʃ] *f* Plüsch *m*
pena ['peːna] *f* 1. JUR Strafe *f;* *~ detentiva* Gefängnisstrafe *f*, Freiheitsstrafe *f;* 2. *(tormento)* Pein *f*, Plage *f;* 3. *(angustia)* Bedrängnis *f;* 4. *(preoccupazione)* Sorge *f;* 5. *(punizione)* Strafe *f;* *a mala ~* mit knapper Not
penale [pe'naːle] *adj* 1. JUR Straf...; *f* 2. Konventionalstrafe *f*
penalità [penali'ta] *f* 1. JUR Strafe *f;* 2. *punto di ~* SPORT Strafpunkt *m*
pendente [pen'dɛnte] *adj* 1. hängend, schwebend; 2. JUR anhängig
pendenza [pen'dɛntsa] *f* 1. Neigung *f;* 2. *(dislivello)* Gefälle *n*
pendere ['pɛndere] *v* 1. *~ giù* hängen; 2. *(fig)* schweben
pendio [pen'diːo] *m* 1. *(declivio)* Hang *m;* 2. *(strada)* Böschung *f*
pendolare [pendo'laːre] *v* 1. *(ciondolare)* pendeln; *m* 2. Pendler *m*
pendolo ['pɛndolo] *m* Pendel *n*
pene ['pɛːne] *m* ANAT Penis *m*
penetrabile [pene'traːbile] *adj* durchlässig, durchdringbar
penetrante [pene'trante] *adj* penetrant
penetrare [pene'traːre] *v* 1. durchdringen; 2. *(spingersi dentro)* eindringen; 3. *(avanzare)* vordringen
penisola [pe'niːsola] *f* Halbinsel *f*
penitenza [peni'tɛntsa] *f* Buße *f*
penna ['penna] *f* 1. Feder *f;* 2. Schreibfeder *f;* *~ a sfera* Kugelschreiber *m;* *amico di ~* Brieffreund *m;* *~ stilografica* Füller *m*
pennarello [penna'rɛllo] *m* Filzstift *m*
pennellata [pennel'laːta] *f* Pinselstrich *m*
pennello [pen'nɛllo] *m* Pinsel *m*
penombra [pen'ombra] *f* Halbschatten *m*
penosità [penosi'ta] *f* *(imbarazzo)* Peinlichkeit *f*
penoso [pe'noːso] *adj* *(spiacevole)* peinlich
pensabile [pen'saːbile] *adj* denkbar
pensare [pen'saːre] *v* 1. denken, nachdenken; 2. *(ritenere)* meinen
pensiero [pensi'ɛːro] *m* 1. Gedanke *m;* *~ recondito* Hintergedanke *m;* 2. *(pensare)* Denken *n;* *sopra ~* zerstreut; 3. *(modo di pensare)* Denkart *f;* 4. *(preoccupazione)* Sorge *f*
pensionante [pensio'nante] *m/f* *(in albergo, in una pensione)* Gast *m*
pensionato [pensio'naːto] *m* 1. *(persona)* Rentner *m;* 2. *~ per anziani (edificio)* Altersheim *n*
pensione [pen'sioːne] *f* 1. *(l'essere a riposo)* Pension *f;* 2. *(somma di denaro)* Pension *f*, Rente *f;* *~ per la vecchiaia* Altersrente *f;* *~ vedovile* Witwenrente *f;* 3. *(per turisti)* Pension *f;* 4. *~ completa* Vollpension *f;* *mezza ~* Halbpension *f;* 5. *~ per animali* Tierheim *n*
pensosità [pensosi'ta] *f* *(fig)* Versunkenheit *f*
pensoso [pen'soːso] *adj* nachdenklich
pentagono [pen'taːgono] *m* Fünfeck *n*
Pentecoste [pente'kɔste] *f* REL Pfingsten *n*
pentimento [penti'mento] *m* Reue *f*
pentirsi [pen'tirsi] *v* *~ di qc* etw bereuen
pentito [pen'tiːto] *adj* 1. reumütig; *m* 2. JUR Kronzeuge *m*

pentola ['pentola] *f* Kochtopf *m; ~ a pressione* Dampfkochtopf *m,* Schnellkochtopf *m*
penultimo [pen'ultimo] *adj* vorletzte(r,s)
penzolare [pendzo'la:re] *v* baumeln, hängen
pepare [pe'pa:re] *v GAST* pfeffern
pepe ['pe:pe] *m GAST* Pfeffer *m*
peperoncino [peperon'tʃi:no] *m* **1.** *BOT* Pfefferschote *f;* **2.** *GAST* Chilipfeffer *m*
peperone [pepe'ro:ne] *m BOT* Paprika *m*
per [per] *prep* **1.** für; **2.** *(causale)* vor, wegen; **3.** *(limitazione)* wegen, über; *~ cui* wodurch; *~ caso* zufällig; *Sono qui ~ affari.* Ich bin geschäftlich hier. *~ di qua* hier entlang; **4.** *(temporale)* durch; *~ anni* jahrelang; **5.** *(persona)* je; **6.** *(indicazione numerica)* per; *~ mille* Promille *n;* **7.** *(distributivo)* pro; *~ giorno/~ notte* pro Tag/pro Nacht; *konj* **8.** um; *~ cui* weshalb, wodurch; **9.** *(con l'infinito: finale)* um … zu, zu; *adv* **10.** *(moltiplicazione) MATH* mal
pera ['pe:ra] *f BOT* Birne *f*
perbene [per'bɛ:ne] *adj* ehrlich, anständig
percento [per'tʃɛnto] *m* Prozent *n*
percentuale [pertʃentu'a:le] *adj* **1.** prozentual; *f* **2.** Prozentsatz *m*
percepire [pertʃe'pi:re] *v irr* **1.** *(notare)* wahrnehmen; **2.** *(udire)* vernehmen; **3.** *(salario)* beziehen
percettibile [pertʃet'ti:bile] *adj* vernehmbar
percezione [pertʃe'tsio:ne] *f (osservazione)* Wahrnehmung *f*
perché [per'ke] *konj* **1.** da, weil; **2.** *(poiché)* denn; **3.** *(infatti)* nämlich; *adv* **4.** warum, wieso, weshalb; *m* **5.** Grund *m,* Warum *n*
perciò [per'tʃo] *konj* **1.** *(causale)* deshalb, daher, darum; *adv* **2.** *(per conseguenza)* dadurch, folglich
percorrere [per'korrere] *v irr* **1.** durchfahren; **2.** entlangfahren
percorso [per'korso] *m* **1.** Strecke *f,* Weg *m; ~ in cresta (fig)* Gratwanderung *f; ~ vita* Trimm-dich-Pfad *m;* **2.** *(itinerario)* Route *f*
percossa [per'kɔssa] *f* Schlag *m,* Stoß *m*
percuotere [perku'ɔ:tere] *v irr* schlagen
perdente [per'dɛnte] *m/f* Verlierer(in) *m/f*
perdere ['pɛrdere] *v irr* **1.** *(oggetto)* verlieren; **2.** *(fam: oggetti)* verschlampen; **3.** *(occasione)* versäumen
perdersi ['pɛrdersi] *v irr* **1.** *(a piedi)* sich verlaufen; **2.** *(in macchina)* sich verfahren; **3.** *(svanire)* sich verlieren, verschwinden
perdigiorno [perdi'dʒorno] *m* Taugenichts *m*
perdita ['pɛrdita] *f* **1.** Verlust *m; ~ della memoria* Gedächtnisschwund *m; ~ di tempo* Zeitverschwendung *f; subire una ~* einen Verlust erleiden; *rispondere della ~* für den Verlust aufkommen; **2.** *(deficit)* Defizit *n;* **3.** *(scapito)* Einbuße *f;* **4.** *(in nave)* Leck *n;* **5.** *(disavanzo) ECO* Ausfall *m; ~ del profitto* Verdienstausfall *m;* **6.** *a ~ d'occhio (fig)* unübersehbar, soweit das Auge reicht
perditempo [perdi'tɛmpo] *m* Zeitvergeudung *f*
perdizione [perdi'tsio:ne] *f* Ruin *m; darsi alla ~* sich den Lastern hingeben
perdonabile [perdo'na:bile] *adj* verzeihlich
perdonare [perdo'na:re] *v* **1.** verzeihen, vergeben; **2.** *(avere indulgenza)* nachsehen
perdono [per'do:no] *m* Verzeihung *f,* Vergebung *f*
perdurare [perdu'ra:re] *v* **1.** andauern; **2.** *(perseverare)* überdauern; **3.** *(ostinarsi)* beharren; **4.** *(continuare)* fortdauern
peregrinare [peregri'na:re] *v* **1.** *(vagabondare)* herumstreifen; **2.** wandern
peregrinazione [peregrina'tsio:ne] *v* **1.** Irrfahrt *f;* **2.** Wanderung *f*
peregrino [pere'gri:no] *adj* **1.** *(non comune)* ungewöhnlich; **2.** *(strano)* seltsam; **3.** *(forestiero)* fremd; *m* **4.** *(pellegrino)* Pilger *m*
perenne [pe'rɛnne] *adj* **1.** *(eterno)* ewig, ohne Ende; **2.** *(continuo)* bleibend, dauernd
perfetto [per'fɛtto] *adj* **1.** vollkommen, perfekt; **2.** *(eccellente)* vortrefflich

perfezionamento [perfetsiona'mento] *m* 1. Vervollkommnung *f;* 2. *(dell'istruzione, delle conoscenze)* Fortbildung *f,* Weiterbildung *f; corso di ~* Fortbildungskurs *m*
perfezionare [perfetsio'naːre] *v* vervollkommnen, verbessern
perfezionarsi [perfetsio'narsi] *v* sich fortbilden
perfezione [perfe'tsioːne] *f* Perfektion *f,* Vollkommenheit *f*
perfezionista [perfetsio'nista] *m/f* Perfektionist(in) *m/f*
perfidia [per'fiːdia] *f* Boshaftigkeit *f,* Heimtücke *f*
perfido ['pɛrfido] *adj* böswillig, perfide
perfino [per'fiːno] *adv* sogar
perforare [perfo'raːre] *v* 1. durchbohren; 2. *(schede, fogli)* perforieren
perforatrice [perfora'triːtʃe] *f* 1. Locher *m;* 2. TECH Bohrmaschine *f*
perforazione [perfora'tsioːne] *f* TECH Bohrung *f*
pergamena [perga'mɛːna] *f* Pergament *n*
pergola ['pɛrgola] *f* Laube *f*
pericolo [pe'riːkolo] *m* 1. Gefahr *f; ~ di caduta* Absturzgefahr *f; ~ di contagio* Ansteckungsgefahr *f; ~ di epidemie* Seuchengefahr *f; ~ di rabbia* Tollwutgefahr *f; ~ di valanghe* Lawinengefahr *f; ~ di vita* Lebensgefahr *f; correre il ~* Gefahr laufen; 2. *(frangente)* Not *f; ~ sul mare* Seenot *f*
pericolosissimo [perikolo'sissimo] *adj* lebensgefährlich
pericoloso [periko'loːso] *adj* gefährlich; *È troppo ~.* Das ist zu gefährlich.
periferia [perife'riːa] *f* 1. Peripherie *f;* 2. *(sobborgo)* Vorstadt *f*
periferico [peri'fɛːriko] *adj* 1. Rand...; 2. *(marginale)* peripher, nebensächlich
perimetro [pe'riːmetro] *m (superficie)* Umfang *m*
periodico [peri'ɔːdiko] *adj* 1. periodisch; *m* 2. Zeitschrift *f*
periodo [pe'riːodo] *m* 1. Periode *f,* Zeitraum *m; ~ d'incubazione* Inkubationszeit *f; ~ delle ferie* Urlaubszeit *f; ~ di digiuno* Fastenzeit *f; ~ di prova* Probezeit *f; ~ di tirocinio* Lehrzeit *f; ~ di transizione* Übergangszeit *f; ~ classico* Klassik *f; ~ radioattivo* Halbwertzeit *f;* 2. *(spazio di tempo)* Abschnitt *m,* Periode *f;* 3. GRAMM Satz *m;* 4. *(capoverso)* Absatz *m*
peripezia [peripe'tsiːa] *f* 1. Wechselfall *m;* 2. *(vicenda fortunosa)* Schicksalsschlag *m*
periplo ['pɛːriplo] *m* NAUT Umsegelung *f*
perire [pe'riːre] *v* 1. *(morire)* sterben; 2. *(in una disgrazia)* umkommen
perito [pe'riːto] *m* 1. Fachmann *m,* Sachverständiger *m;* 2. *(esperto)* Gutachter *m*
peritonite [perito'niːte] *f* MED Bauchfellentzündung *f*
perizia [pe'riːtsia] *f* 1. *(esperienza)* Erfahrung *f;* 2. *(abilità)* Geschicktheit *f;* 3. *(giudizio)* Expertise *f*
perla ['pɛrla] *f* Perle *f*
perlustrare [perlus'traːre] *v* durchsuchen
perlustrazione [perlustra'tsioːne] *f* 1. *(della polizia)* Streife *f;* 2. MIL Erkundung *f*
permaloso [perma'loːso] *adj* 1. nachtragend; 2. *(suscettibile)* empfindlich, reizbar
permanente [perma'nɛnte] *adj* 1. ständig; 2. *(perdurante)* permanent; 3. *(impiego)* unkündbar; *f* 4. Dauerwelle *f*
permanenza [perma'nɛntsa] *f* 1. *(soggiorno)* Aufenthalt *m;* 2. *(continuazione)* Fortdauer *f; in ~* ununterbrochen
permanere [perma'neːre] *v irr* verweilen, bleiben
permeabile [perme'aːbile] *adj* undicht, durchlässig
permesso [per'messo] *adj* 1. zulässig; *~ ai giovani* jugendfrei; *m* 2. Erlaubnis *f; ~ d'espatrio* Ausreisegenehmigung *f; ~ di costruzione* Baugenehmigung *f; ~ di soggiorno* Aufenthaltsgenehmigung *f; Con ~!* Gestatten Sie! *Mi serve un ~ per ciò?* Brauche ich eine Genehmigung dafür? 3. *(ammissione)* Zulassung *f*
permettere [per'mettere] *v irr* 1. erlauben, gestatten; *Permette?* Gestatten Sie? *Questo non me lo posso ~.* Das kann ich mir nicht leisten. 2. *(approvare)* lassen, zulassen
permettersi [per'mettersi] *v irr* 1. sich

P

leisten; 2. *(fig: arrogarsi)* sich herausnehmen
permutare [permu'taːre] *v* austauschen
perno ['pɛrno] *m (della porta, della finestra)* Angel *f*
pernottamento [pernotta'mento] *m* Übernachtung *f*
pernottare [pernot'taːre] *v* übernachten
pero ['peːro] *m BOT* Birnbaum *m*
però [pe'rɔ] *konj* jedoch
perorare [pero'raːre] *v* 1. *~ la causa di qd* jds Sache befürworten; 2. *(difendere)* verteidigen
perpendicolare [perpendiko'laːre] *adj* 1. senkrecht; *f* 2. Senkrechte *f*
perpetuare [perpetu'aːre] *v* verewigen, erhalten
perpetuo [per'pɛːtuo] *adj* ewig
perplessità [perplessi'ta] *f* Unsicherheit *f*, Ratlosigkeit *f*
perplesso [per'plɛsso] *adj* 1. *(costernato)* perplex; 2. *(disorientato)* ratlos
perquisire [perkui'ziːre] *v* durchsuchen
perquisizione [perkuizi'tsioːne] *f* Durchsuchung *f*; *~ domiciliare* Hausdurchsuchung *f*
persecuzione [perseku'tsioːne] *f* Verfolgung *f*; *~ degli ebrei* Judenverfolgung *f*
perseguire [persegu'iːre] *v* 1. verfolgen; 2. *(fig: un fine)* anstreben
perseguitare [persegui'taːre] *v* 1. verfolgen; 2. *(fig) ~ qd* jdm nachstellen
perseverante [perseve'rante] *adj* 1. ausdauernd; 2. *(tenace)* beharrlich
perseveranza [perseve'rantsa] *f* Beharrlichkeit *f*
perseverare [perseve'raːre] *v* ausharren
Persia ['pɛrsia] *f GEO* Persien *n*
persiana [persi'aːna] *f* 1. *(imposta della finestra)* Fensterladen *m*; *~ avvolgibile* Rollladen *m*; 2. *(marquise)* Markise *f*
persiano [persi'aːno] *m* 1. *(persona)* Perser *m*; 2. *(tappeto)* Perserteppich *m*
persino [per'siːno] *adv* sogar
persistente [persis'tɛnte] *adj* nachhaltig
persistere [per'sistere] *v irr* 1. verharren, andauern; 2. *(insistere) ~ su* beharren auf
persona [per'soːna] *f* 1. *(essere umano)* Mensch *m*, Person *f*; *di ~* persönlich; 2. *(corpo)* Körper *m*
personaggio [perso'naddʒo] *m LIT* Gestalt, Figur *f*; *~ principale* Hauptperson *f*
personale [perso'naːle] *m* 1. Personal *n*; *~ di aeroporto* Bodenpersonal *n*; 2. *(aspetto fisico)* Erscheinung *f*; *adj* 3. persönlich
personalità [personali'ta] *f* Persönlichkeit *f*
personificare [personifi'kaːre] *v* verkörpern
personificazione [personifika'tsioːne] *f* Verkörperung *f*
perspicace [perspi'kaːtʃe] *adj* scharfsinnig
persuadere [persua'deːre] *v irr* 1. überreden; 2. *(convincere)* überzeugen
persuasione [persuazi'oːne] *f* 1. Überredung *f*; 2. *(convinzione)* Überzeugung *f*
persuasivo [persua'ziːvo] *adj* überzeugend
pertanto [per'tanto] *konj* deswegen
pertica ['pɛrtika] *f* 1. *(stanga)* Stange *f*; 2. Rute *f*
pertinente [perti'nɛnte] *adj* 1. zugehörig; 2. *(spettante)* zukommend
pertosse [per'tosse] *f MED* Keuchhusten *m*
perturbazione [perturba'tsioːne] *f* Störung *f*; *~ della quiete pubblica* Ruhestörung *f*
pervadere [per'vaːdere] *v irr* 1. erfüllen; 2. *(compenetrare)* durchdringen
pervenire [perve'niːre] *v irr* gelangen, ankommen
perversione [perversi'oːne] *f* Perversion *f*
perverso [per'vɛrso] *adj* pervers
pervertire [perver'tiːre] *v irr* verderben
pervertito [perver'tiːto] *adj* pervers
pesa ['peːsa] *f* Waage *f*; *~ pubblica* öffentliche Waage *f*
pesante [pe'sante] *adj* 1. *(opprimente)* schwer, drückend; 2. *(fig: noioso)* unerträglich; 3. *(goffo)* schwerfällig

P

pesantezza [pesan'tettsa] *f* 1. Schwere *f;* 2. *(alla testa, allo stomaco) MED* Druck *m;* 3. *(stile)* Schwerfälligkeit *f*
pesare [pe'sa:re] *v* 1. *(peso)* wiegen, abwiegen; 2. *(fig: argomenti)* abwägen; 3. *(fig)* ins Gewicht fallen
pesca[1] ['peska] *f* Fischfang *m; ~ d'alto mare* Hochseefischerei *f*
pesca[2] ['pɛska] *f BOT* Pfirsich *m; ~ noce* Nektarine *f*
pescare [pes'ka:re] *v* 1. fischen; *~ con l'amo* angeln; *È concesso ~ qui?* Darf man hier angeln? 2. *(fig: trovare)* auffischen; 3. *(fam: impadronirsi)* kapern
pescatore [peska'to:re] *m* 1. Fischer *m;* 2. *(con la canna)* Angler *m*
pesce ['peʃʃe] *m* 1. *ZOOL* Fisch *m; ~ fritto* Bratfisch *m; ~ persico* Barsch *m; ~ spada* Schwertfisch *m; Questo ~ ha molte spine?* Hat dieser Fisch viele Gräten? *Chi dorme non piglia pesci.* Morgenstund hat Gold im Mund. 2. *~ d'aprile* Aprilscherz *m*
pescecane [peʃʃe'ka:ne] *m ZOOL* Hai *m*
peschereccio [peske'rettʃo] *m* Fischerboot *n*
pescheria [peske'ri:a] *f* Fischgeschäft *n*
pesciaiolo [peʃʃai'ɔ:lo] *m (pescivendolo)* Fischverkäufer *m*
peso ['pe:so] *m* 1. Gewicht *n; ~ del corpo* Körpergewicht *n; ~ insufficiente* Untergewicht *n; ~ lordo* Bruttogewicht *n; ~ massimo* Maximalgewicht *n; ~ netto* Nettogewicht *n; ~ piuma* Federgewicht *n; ~ mosca* Fliegengewicht *n; a ~* nach Gewicht; 2. *(fig)* Last *f; Mi sono tolto un ~ dallo stomaco.* Mir ist ein Stein vom Herzen gefallen. 3. *(fig: gravame)* Belastung *f*
pessimismo [pessi'mizmo] *m* Pessimismus *m*
pessimistico [pessi'mistiko] *adj* pessimistisch
pessimo ['pɛssimo] *adj* sehr schlecht
pestare [pes'ta:re] *v* 1. zertreten; 2. *(riempire di botte)* verprügeln, verhauen; 3. *(fig: fare i capricci)* bocken; *~ i piedi* bocken
peste ['pɛste] *f MED* Pest *f*
pestilenza [pesti'lɛntsa] *f* 1. *MED* Seuche *f,* Pestilenz *f;* 2. *(fig)* Plage *f*
pesto ['pesto] *adj* 1. geschlagen; 2. *buio ~* stockfinster; *m* 3. *GAST* Pesto *n*
petardo [pe'tardo] *m* Knallkörper *m*
petizione [peti'tsio:ne] *f POL* Petition *f*
petroliera [petroli'ɛ:ra] *f* Öltanker *m,* Tanker *m*
petrolifero [petro'li:fero] *adj* 1. petroleumhaltig; 2. *(di petrolio)* Erdöl…; *pozzo ~* Bohrturm *m*
petrolio [pe'trɔ:lio] *m* 1. *(olio minerale)* Erdöl *n;* 2. *(nafta)* Petroleum *n*
pettegolezzi [pettego'leddzi] *m/pl (fam: chiacchiere)* Tratsch *m,* Klatsch *m*
pettegolo [pet'te:golo] *adj* 1. schwatzhaft, geschwätzig; *m* 2. Klatschmaul *n*
pettinare [petti'na:re] *v* kämmen, frisieren
pettinatrice [pettina'tri:tʃe] *f (parrucchiera)* Friseuse *f*
pettinatura [pettina'tu:ra] *f* Frisur *f; Vorrei una ~ nuova.* Ich möchte eine neue Frisur.
pettine ['pɛttine] *m (per capelli)* Haarkamm *m*
petto ['pɛtto] *m* 1. *ANAT* Brust *f; giro di ~* Oberweite *f;* 2. *(delle donne) ANAT* Busen *m;* 3. *(di vestito, di giacca) doppio ~* Zweireiher *m;* 4. *prendere di ~ (fig)* entschlossen anpacken
pezza ['pɛttsa] *f* 1. Lappen *m;* 2. *(stoffa)* Stofffleck *m*
pezzato [pet'tsa:to] *adj* scheckig
pezzatura [pettsa'tu:ra] *f ~ delle merci* Stückgröße *f*
pezzente [pet'tsɛnte] *m/f* Bettler(in) *m/f; Sei vestito come un ~.* Du bist wie ein Bettler angezogen.
pezzetto [pet'tsetto] *m* Stückchen *n; ~ di carta* Papierschnitzel *n*
pezzo ['pɛttso] *m* 1. Stück *n; ~ da lavoro* Werkstück *n; ~ di ricambio* Ersatzteil *n; ~ fuori programma* Zugabe *f; a pezzi* stückweise; *~ unico* Einzelstück *n;* 2. *MUS* Musikstück *n;* 3. *(di pane)* Brocken *m;* 4. *(di tempo)* Weile *f;* 5. *MIL* Geschütz *n*
phishing [fi'ʃiŋ] *m* Phishing *n*
piacente [pia'tʃɛnte] *adj* 1. reizend; 2. *(gradevole)* gefällig; 3. *(attraente)* attraktiv
piacere [pia'tʃe:re] *m* 1. *(favore)* Gefallen *m; per ~* bitte; *a ~* nach Belieben;

P

Piacere! Sehr erfreut! *Il ~ è tutto mio.* Ganz meinerseits. 2. *(cortesia)* Gefälligkeit *f; v irr* 3. *(amare)* mögen; *A me non piace la carne.* Ich mag kein Fleisch. 4. *(gradire)* gefallen, zusagen; *non ~* missfallen; *Non mi piace questo.* Das gefällt mir nicht. 5. *(avere un buon sapore)* gut schmecken

piacevole [pia'tʃeːvole] *adj* 1. *(interessante)* ansprechend; 2. *(confortevole)* wohlig, angenehm

piacimento [piatʃi'mento] *m* Belieben *n; a ~* nach Belieben

piaga [pi'aːga] *f* 1. *(ferita)* Wunde *f;* 2. *(nella Bibbia)* Plage *f*

piagnisteo [piaɲɲis'tɛːo] *m* Gewimmer *n*

piagnucolare [piaɲɲuko'laːre] *v* jammern, plärren

piagnucoloso [piaɲɲuko'loːso] *adj* wehleidig

pialla [pi'alla] *f TECH* Hobel *m*

piallaccio [pial'lattʃo] *m* Furnier *n*

piallare [pial'laːre] *v TECH* hobeln

pianeggiante [pianed'dʒante] *adj* flach, eben

pianella [pia'nɛlla] *f* Pantoffel *m*

pianerottolo [piane'rɔttolo] *m* Treppenabsatz *m*

pianeta [pia'neːta] *m* Planet *m*

piangere [pi'andʒere] *v irr* 1. weinen; 2. *(fam)* heulen; 3. *(deplorare)* beweinen; 4. *(singhiozzare)* schluchzen

pianificare [pianifi'kaːre] *v* planen

pianificazione [pianifika'tsioːne] *f* Planung *f; ~ della famiglia* Familienplanung *f*

piano[1] [pi'aːno] *adv* 1. leise; 2. *(lentamente)* langsam; *adj* 3. *(senza elevazioni)* eben, flach

piano[2] [pi'aːno] *m* 1. Fläche *f; primo ~* Nahaufnahme *f; primo ~* Großaufnahme *f;* 2. *(di edificio)* Etage *f,* Stock *m*

piano[3] [pi'aːno] *m* Projekt *n,* Plan *m; ~ di battaglia* Schlachtplan *m; ~ di studi* Lehrplan *m; ~ di disarmo* Abrüstungsplan *m*

piano[4] [pi'aːno] *m MUS* Piano *n*

pianoterra [piano'tɛrra] *m* Erdgeschoss *n*

pianta ['pianta] *f* 1. *BOT* Pflanze *f,* Gewächs *n; ~ medicinale* Arzneipflanze *f; ~ rampicante* Kletterpflanze *f; ~ sarmentosa* Schlingpflanze *f;* 2. *(del piede) ANAT* Sohle *f;* 3. *(mappa)* Plan *m; ~ della città* Stadtplan *m*

piantagione [pianta'dʒoːne] *f BOT* Plantage *f*

piantare [pian'taːre] *v* 1. pflanzen, anpflanzen; 2. *(chiodo)* einschlagen; 3. *(fig) ~ in asso* hängen lassen; 4. *(fam: cessare)* aufhören; *Piantala!* Hör auf damit!

piantarsi [pian'tarsi] *v (fam)* sich hinpflanzen, sich hinstellen

pianterreno [pianter'reːno] *m* Erdgeschoss *n,* Parterre *n; a ~* ebenerdig, im Erdgeschoss

pianto ['pianto] *m* 1. Weinen *n,* Tränen *pl;* 2. *essere un ~ (fig)* eine Katastrophe sein

piantonare [pianto'naːre] *v* bewachen

piantone [pian'toːne] *m MIL* Wache *f*

pianura [pia'nuːra] *f* 1. *GEOL* Flachland *n;* 2. *(terreno piano)* Ebene *f*

pianuzza [pia'nuttsa] *f ZOOL* Scholle *f*

piastra ['piastra] *f* Platte *f*

piastrella [pias'trɛlla] *f* Platte *f,* Fliese *f,* Kachel *f*

piastrina [pias'triːna] *f* 1. *TECH* Platine *f;* 2. *~ di riconoscimento* Erkennungsmarke *f*

piattaforma [piatta'forma] *f* Plattform *f; ~ galleggiante* Bohrinsel *f; ~ girevole* Drehscheibe *f; ~ di lancio* Abschussrampe *f*

piattino [piat'tiːno] *m* 1. Untertasse *f;* 2. *(da dessert)* kleiner Teller *m*

piatto ['piatto] *adj* 1. platt; 2. *(fig: conversazione)* seicht; 3. *(piano)* flach, eben; 4. *(liscio)* glatt; *m* 5. *(stoviglie)* Teller *m; ~ fondo* Suppenteller *m; ~ della bilancia* Waagschale *f; ~ piano* flacher Teller *m;* 6. *(portata)* Gang *m;* 7. *(vassoio)* Platte *f;* 8. *piatti pl MUS* Becken *n/pl*

piazza ['piattsa] *f* 1. Platz *m,* Marktplatz *m; ~ principale* Hauptplatz *m; ~ del mercato* Marktplatz *m;* 2. *ECO* Markt *m; su questa ~* auf diesem Markt; 3. *far ~ pulita (fig)* reinen Tisch machen

piazzamento [piattsa'mento] *m* Platzierung *f*

piazzare [piat'tsaːre] *v* 1. *(collocare)* aufstellen; 2. *ECO* absetzen

piazzetta [piat'tsetta] *f* kleiner Platz *m*
piazzista [piat'tsista] *m/f* Handelsvertreter(in) *m/f*
piccante [pik'kante] *adj* *(aroma)* scharf
picchetto [pik'ketto] *m* Wache *f;* *~ armato MIL* bewaffneter Trupp *m*
picchiare [pik'kiaːre] *v* 1. verprügeln; 2. *(rumore)* klopfen
picchiarsi [pik'kiarsi] *v* sich prügeln, einander verprügeln
picchiata [pik'kiaːta] *f* Sturzflug *m*
picchiettare [pikkiet'taːre] *v* tupfen
picchio ['pikkio] *m ZOOL* Specht *m;* *~ rosso* Buntspecht *m*
piccino [pit'tʃiːno] *adj* 1. klein; 2. *(meschino, gretto)* kleinlich; *m* 3. kleiner Junge *m,* Kleiner *m*
piccione [pit'tʃoːne] *m ZOOL* Taube *f;* *~ viaggiatore* Brieftaube *f;* *prendere due piccioni con una fava (fig)* zwei Fliegen mit einer Klappe schlagen
picco ['pikko] *m* Spitze *f;* *andare a ~* untergehen; *mandare a ~* versenken
piccolezza [pikko'lettsa] *f* Kleinigkeit *f*
piccolissimo [pikko'lissimo] *adj* winzig
piccolo ['pikkolo] *adj* 1. klein; 2. *(gretto)* kleinlich; 3. *(corto)* kurz; 4. *(giovane)* jung; *m* 5. Kleiner *m;* 6. *ZOOL* Junges *n;* 7. *~ borghese (fig)* Spießbürger *m*
piccone [pik'koːne] *m* *(utensile)* Pickel *m,* Hacke *f*
piccozza [pik'kɔttsa] *f* 1. Hacke *f;* 2. *(montagna)* Eispickel *m*
picnic [pik'nik] *m* Picknick *n*
pidocchio [pi'dɔkkio] *m ZOOL* Laus *f*
pidocchioso [pidok'kioːso] *adj* 1. verlaust; 2. *(avaro)* geizig; 3. *(meschino)* kleinlich
piè ['piɛ] *m* 1. *~ di porco TECH* Brecheisen *n;* 2. *nota a ~ di pagina* Fußnote *f*
piede ['piɛːde] *m* 1. *ANAT* Fuß *m;* *~ piatto* Plattfuß *m;* *essere fra i piedi di qd (fig)* jdm im Weg herumstehen; *a piedi nudi* barfuß; *andare a piedi* zu Fuß gehen; *fare una gita a piedi* wandern; 2. *(misura)* Fuß *m*
piega ['piɛːga] *f* 1. Falte *f;* *~ dei calzoni* Bügelfalte *f;* 2. *(carta)* Knick *m;* 3. *prendere una buona ~ (fig)* eine gute Wendung nehmen
piegabile [pie'gaːbile] *adj* faltbar
piegamento [piega'mento] *m* Biegung *f*
piegare [pie'gaːre] *v* 1. falten; 2. *(curvare)* verbiegen; 3. *(inclinare)* biegen, beugen; 4. *(biancheria)* zusammenlegen; 5. *(carta)* umknicken; 6. *(fig)* beugen
piegarsi [pie'garsi] *v* 1. sich verbiegen, sich biegen; 2. *(fig)* sich fügen
piegatura [piega'tuːra] *f* Biegung *f,* Falzen *n*
pieghevole [pie'geːvole] *adj* 1. biegsam, faltbar; 2. *(ripiegare)* zusammenklappbar
Piemonte [pie'monte] *m GEO* Piemont *n*
piena ['piɛːna] *f* 1. Überfülle *f;* 2. *(di fiume, di lago)* Hochwasser *n;* *il fiume in ~* der Hochwasser führende Fluss *m*
pienezza [pie'nettsa] *f* 1. Fülle *f;* 2. *(della vegetazione) BOT* Blüte *f*
pieno ['piɛːno] *adj* 1. voll, überfüllt; *mezzo ~* halb voll; *fare il ~* volltanken; *in piena notte* mitten in der Nacht; *in ~ giorno* bei helllichtem Tage; *adv* 2. völlig; *in ~* völlig; *~ zeppo* voll gepfropft
pietà [pie'ta] *f* 1. Mitleid *n,* Erbarmen *n;* 2. *REL* Pietät *f*
pietanza [pie'tantsa] *f GAST* Gericht *n;* *~ d'uova* Eierspeise *f;* *~ già pronta* Fertiggericht *n*
pietoso [pie'toːso] *adj* 1. pietätvoll, mitleidig; 2. *(miserevole)* kümmerlich, kläglich
pietra ['piɛːtra] *f* Stein *m;* *~ da pavimentazione* Pflasterstein *m;* *~ miliare* Meilenstein *m;* *~ preziosa* Edelstein *m;* *~ in rame* Kupferstein *m*
pietrificato [pietrifi'kaːto] *adj* versteinert
pietrisco [pie'trisko] *m* Schotter *m*
pietroso [pie'troːso] *adj* steinig
pigiama [pi'dʒaːma] *m* Pyjama *m,* Schlafanzug *m*
pigia pigia ['piːdʒa 'piːdʒa] *f (fig)* Gedrängel *n*
pigiare [pi'dʒaːre] *v* 1. *(uva)* keltern; 2. *(calcare, spingere)* drängen
pigiato [pi'dʒaːto] *adj* dicht gedrängt
pigione [pi'dʒoːne] *f* Miete *f*
pigliare [piʎ'ʎaːre] *v* 1. nehmen; *pigliar-*

sela (fam) sich aufregen; **2.** *(afferrare)* ergreifen, fassen
pigliarsi [piʎ'ʎarsi] *v ~ cura di qd* sich jds annehmen, sich um jdn kümmern
pigna ['piɲɲa] *f BOT* Tannenzapfen *m*
pignatta [piɲ'ɲatta] *f* Kochtopf *m*
pignolo [piɲ'ɲɔːlo] *adj* kleinlich
pignorare [piɲɲo'raːre] *v JUR* pfänden
pigolare [pigo'laːre] *v* **1.** piepsen, piepen; **2.** *(lamentarsi)* jammern
pigrizia [pi'griːtsia] *f* **1.** *(neghittosità)* Faulheit *f;* **2.** *(comodità)* Bequemlichkeit *f*
pigro ['piːgro] *adj* **1.** faul, träge; *~ di mente* denkfaul; *m* **2.** Faulenzer *m,* Faulpelz *m*
pila ['piːla] *f* **1.** *TECH* Batterie *f; ~ tascabile* Taschenlampe *f;* **2.** *(pilastro)* Pfeiler *m;* **3.** *(colonna)* Säule *f;* **4.** Stapel *m; ~ di libri* Bücherstoß *m*
pillola ['pillola] *f* Pille *f; ~ abortiva* Abtreibungspille *f; ~ anticoncezionale* Antibabypille *f*
pilone [pi'loːne] *m* Pfeiler *m*
pilota [pi'lɔːta] *m/f* **1.** Pilot(in) *m/f; ~ collaudatore* Testpilot *m;* **2.** *NAUT* Lotse/Lotsin *m/f*
pilotare [pilo'taːre] *v* **1.** steuern; **2.** *(guidare, dirigere)* lotsen
pineta [pi'neːta] *f BOT* Pinienhain *m*
ping-pong [piŋg'pɔŋg] *m SPORT* Tischtennis *n*
pingue ['piŋgue] *adj* **1.** feist, fett; **2.** *(ricco)* reich
pinna ['pinna] *f ZOOL* Flosse *f*
pino ['piːno] *m BOT* Kiefer *f,* Pinie *f*
pinolo [pi'nɔːlo] *m BOT* Pinienkern *m*
pinza ['pintsa] *f* Zange *f; ~ da elettricista* Drahtzange *f*
pinzetta [pin'tsetta] *f* Pinzette *f*
pio ['piːo] *adj REL* fromm
pioggerella [pioddʒe'rɛlla] *f* Nieselregen *m,* Sprühregen *m*
pioggia [pi'oddʒa] *f* Regen *m*
piolo [pi'ɔːlo] *m* Pflock *m; ~ dell'attaccapanni* Kleiderhaken *m*
piombare [piom'baːre] *v* **1.** plombieren; **2.** *~ addosso a qd* auf jdn stürzen
piombatura [piomba'tuːra] *f (di un dente) MED* Plombe *f,* Füllung *f*
piombo [pi'ombo] *m* **1.** Plombe *f;* **2.** *(metallo)* Blei *n; con ~* bleihaltig, verbleit; *senza ~* bleifrei
pioniere [pioni'ɛːre] *m* **1.** Vorkämpfer *m;* **2.** *MIL* Pionier *m,* Vorkämpfer *m*
pioppo [pi'ɔppo] *m BOT* Pappel *f*
piovere [pi'ɔːvere] *v irr* regnen; *Piove a catinelle.* Es gießt in Strömen.
piovigginare [pioviddʒi'naːre] *v* nieseln
piovigginoso [pioviddʒi'noːso] *adj (piovoso)* regnerisch; *tempo ~* Regenwetter *n*
pipa ['piːpa] *f* Pfeife *f*
pipistrello [pipis'trɛllo] *m ZOOL* Fledermaus *f*
piramide [pi'raːmide] *f* Pyramide *f*
pirata [pi'raːta] *m* Pirat *m*
pirateria [pirate'riːa] *f* Piraterie *f*
piroscafo [pi'rɔskafo] *m* Dampfer *m*
piscina [piʃ'ʃiːna] *f* Schwimmbad *n; ~ all'aperto* Freibad *n; ~ coperta* Hallenbad *n*
pisello [pi'sɛllo] *m* Erbse *f*
pisolino [pizo'liːno] *m (fig)* Nickerchen *n,* Schläfchen *n*
pista ['pista] *f* **1.** Piste *f;* **2.** *(nel traffico)* Bahn *f; ~ di prova* Teststrecke *f; ~ ciclabile* Fahrradweg *m;* **3.** *(per auto)* Rennbahn *f;* **4.** *(per l'aereoplano)* Rollfeld *n; ~ di atterraggio* Landebahn *f; ~ di decollo* Startbahn *f*
pistacchio [pis'takkio] *m BOT* Pistazie *f*
pistola [pis'tɔːla] *f* Pistole *f*
pitocco [pi'tɔkko] *m* **1.** Knauser *m;* **2.** *(mendicante)* Bettler *m*
pittore [pit'toːre] *m (d'arte)* Maler *m*
pittoresco [pitto'resko] *adj* malerisch
pittorico [pit'tɔːriko] *adj* malerisch
pittrice [pit'triːtʃe] *f* Malerin *f*
pittura [pit'tuːra] *f* Malerei *f; ~ a olio* Ölmalerei *f; ~ murale* Wandmalerei *f; ~ sul soffitto* Deckengemälde *n*
pitturare [pittu'raːre] *v* **1.** malen; **2.** *(ornare con pitture)* bemalen; **3.** *(una sala)* ausmalen
più ['piu] *adv* **1.** mehr; *per lo ~* meistens, zumeist; *un po' di ~* etw mehr; *~ nulla* nichts mehr; *non ~* nicht mehr; *Si affretti ~ che può.* Gehen Sie so schnell Sie können. **2.** *MATH* plus; *m* **3.** *il ~* das Meiste *n; i ~* die Meisten *pl; il ~ delle volte* meistens

P

piuma [pi'uːma] *f* 1. *ZOOL* Feder *f;* 2. *(a letto)* Feder *f;* 3. *(piumino)* Daune *f*
piumaggio [piu'maddʒo] *m* 1. *ZOOL* Gefieder *n;* 2. *(insieme delle piume)* Flaum *m*
piumino [piu'miːno] *m* 1. Federbett *n;* 2. *(fiocco per incipriarsi)* Puderquaste *f*
piuttosto [piut'tɔsto] *adv* 1. lieber; 2. einigermaßen, ziemlich
pizzicagnolo [pit'tsikaːɲolo] *m* Wurstwarenhändler *m*
pizzicare [pit'tsikaːre] *v* kneifen, zwicken
pizzico ['pittsiko] *m* 1. Kniff *m;* 2. *(misura)* Messerspitze *f,* Prise *f;* 3. *(fig)* Spur *f*
pizzo ['pittso] *m* 1. *(barba)* Spitzbart *m;* 2. *(merletto)* Spitze *f*
placare [pla'kaːre] *v* besänftigen
placca ['plakka] *f* 1. Metallplättchen *n;* 2. *(per cani)* Hundemarke *f*
placchetta [plak'ketta] *f* Plakette *f*
placido ['plaːtʃido] *adj* ruhig, gelassen
plagiare [pla'dʒaːre] *v LIT* plagiieren
plagio ['plaːdʒo] *m ART* Plagiat *n*
planetario [plane'taːrio] *adj* 1. planetarisch, Planeten…; *sistema ~* Planetensystem *n; m* 2. Planetarium *n*
plasma ['plazma] *m BIO* Plasma *n*
plasmare [plaz'maːre] *v* 1. gestalten; 2. *(dar forma)* formen
plastica ['plastika] *f* 1. Plastik *n;* 2. *ART* Plastik *f*
plastico ['plastiko] *adj* 1. plastisch; *m* 2. *ART* Modell *n*
platea [pla'tɛːa] *f THEAT* Parkett *n*
plateale [plate'aːle] *adj* 1. pöbelhaft; 2. *(discorso)* platt, seicht; 3. offensichtlich
platino ['plaːtino] *m CHEM* Platin *n*
plausibile [plau'ziːbile] *adj* plausibel
plauso ['plaːuzo] *m* Beifall *m,* Zustimmung *f*
plebe ['plɛːbe] *f* Pöbel *m*
plebeo [ple'bɛːo] *adj* pöbelhaft
plenario [ple'naːrio] *adj* vollzählig
plenilunio [pleni'luːnio] *m* Vollmond *m*
plenum ['plɛːnum] *m* Plenum *n*
plico ['pliːko] *m* Aktenbündel *n*
plumbeo ['plumbeo] *adj* 1. bleiern; 2. *(opprimente)* drückend
plurale [plu'raːle] *m GRAMM* Mehrzahl *f,* Plural *m*
pluralismo [plura'lizmo] *m* Pluralismus *m*
pluralità [plurali'ta] *f* Vielzahl *f*
pluriennale [plurien'naːle] *adj* langjährig
plusvalore [plusva'loːre] *m ECO* Mehrwert *m*
plutonio [plu'tɔːnio] *m CHEM* Plutonium *n*
pneumatico [pneu'maːtiko] *m* 1. Pneumatik *m;* 2. *(d'auto)* Reifen *m; ~ di scorta* Ersatzreifen *m; ~ invernale* Winterreifen *m; ~ sgonfio* Plattfuß *m*
poco ['pɔːko] *adj* 1. wenig, bisschen, gering; *Solo un ~ per me.* Nur ganz wenig für mich. *adv* 2. wenig, geringfügig; 3. *~ fa* vorhin; *fra ~* bald, in Kürze; *A fra ~!* Auf bald!/Bis bald! *Si è arrabbiato per così ~.* Er hat sich wegen einer Kleinigkeit geärgert.
podcast ['pɔdkast] *m* Podcast *m*
podere [po'deːre] *m* 1. Anwesen *n; ~ coltivato a vite* Weingut *n;* 2. *poderi pl (tenuta)* Güter *pl*
poderoso [pode'roːso] *adj (forte)* mächtig
podio ['pɔːdio] *m* Podest *n,* Podium *n*
podismo [po'dizmo] *m SPORT* Gehen *n*
podista [po'dista] *m/f SPORT* Geher(in) *m/f*
poesia [poe'ziːa] *f* 1. *LIT* Gedicht *n,* Poesie *f;* 2. *(categoria)* Dichtung *f*
poeta [po'ɛːta] *m* Dichter *m,* Poet *m*
poetessa [poe'tessa] *f* Dichterin *f*
poetico [po'ɛːtiko] *adj* poetisch
poggiare [pod'dʒaːre] *v* 1. *(accostare)* anlehnen, lehnen; 2. *(ap~)* stützen; 3. *(fig)* ruhen
poggiatesta [poddʒa'tɛsta] *m* Kopfstütze *f*
poggio ['pɔddʒo] *m GEO* Hügel *m*
poggiolo [pod'dʒɔːlo] *m* 1. kleine Terrasse *f;* 2. *(balcone)* Balkon *m;* 3. *(poggetto)* kleiner Hügel *m*
pogrom ['pɔːgrom] *m* Pogrom *n*
poi [pɔi] *adv* 1. *(tempo)* danach; *dalle cinque in ~* ab fünf Uhr; *prima o ~* früher oder später; 2. *(dopo)* dann; *d'ora in ~* von jetzt an; *E ~?* Und dann?
poiché [poi'ke] *konj* da, denn, weil

P

polacco [po'lakko] *adj* 1. polnisch; *m* 2. Pole *m*
polare [po'la:re] *adj* Polar...; *Fa un freddo ~.* Es herrscht eine Eiseskälte.
polemica [po'lɛ:mika] *f* Polemik *f*
polenta [po'lɛnta] *f GAST* Polenta *f*, Maisbrei *m*
policlinico [poli'kli:niko] *m MED* Poliklinik *f*
policromo [po'li:kromo] *adj* mehrfarbig
poligamia [poliga'mi:a] *f* Polygamie *f*
poliglotta [poli'glɔtta] *adj* mehrsprachig, polyglott
poligono [po'li:gono] *m* 1. *MATH* Vieleck *n;* 2. *MIL* Schießplatz *m*
polipo ['pɔ:lipo] *m* 1. *MED* Polyp *m;* 2. *ZOOL* Polyp *m*
polire [po'li:re] *v* polieren
politica [po'li:tika] *f POL* Politik *f; ~ agraria* Agrarpolitik *f; ~ commerciale/~ economica* Wirtschaftspolitik *f; ~ comunale* Kommunalpolitik *f; ~ di vendita* Handelspolitik *f; ~ estera* Außenpolitik *f; ~ finanziaria* Finanzpolitik *f; ~ interna* Innenpolitik *f; ~ valutaria* Währungspolitik *f*
politico [po'li:tiko] *adj* 1. politisch; 2. *economia politica* Volkswirtschaft *f;* 3. *scienze politiche* Politikwissenschaften *pl; m* 4. Politiker *m*
polivalente [poliva'lɛnte] *adj* mehrwertig
polizia [poli'tsi:a] *f* Polizei *f; ~ giudiziaria* Kriminalpolizei *f; ~ stradale* Verkehrspolizei *f*
poliziesco [poli'tsiesko] *adj* polizeilich, Polizei...; *romanzo ~* Kriminalroman *m*
poliziotto [poli'tsiɔtto] *m* 1. Polizist *m;* 2. *(fam)* Bulle *m*
polizza ['pɔ:littsa] *f* Police *f; ~ assicurativa* Versicherungspolice *f; ~ di carico* Frachtbrief *m*
pollaio [pol'la:io] *m* Hühnerstall *m*
pollame [pol'la:me] *m ZOOL* Geflügel *n*
pollice ['pɔllitʃe] *m* 1. *ANAT* Daumen *m;* 2. *(del piede)* große Zehe *f;* 3. *(misura)* Zoll *m*
polline ['pɔlline] *m* Blütenstaub *m*
pollo ['pollo] *m* 1. *ZOOL* Huhn *n;* 2. *GAST* Hähnchen *n; ~ arrosto* Brathuhn *n;* 3. *(fig)* Trottel *(fam) m,* Dummkopf *m*
polmone [pol'mo:ne] *m ANAT* Lunge *f; ~ d'acciaio* eiserne Lunge *f*
polo[1] ['pɔ:lo] *m* Pol *m; ~ negativo* Minuspol *m; ~ positivo* Pluspol *m; ~ Nord* Nordpol *m; ~ Sud* Südpol *m*
polo[2] ['pɔ:lo] *m SPORT* Polo *n*
Polonia [po'lo:nia] *f GEO* Polen *n*
polpa ['polpa] *f BOT* Fruchtfleisch *n*
polpaccio [pol'pattʃo] *m ANAT* Wade *f*
polpastrello [polpas'trɛllo] *m ANAT* Ballen *m*
polpetta [pol'petta] *f GAST* Frikadelle *f*
polpettone [polpet'to:ne] *m* 1. *GAST* Hackbraten *m;* 2. *(fig)* dicker Schinken *m*
polpo ['polpo] *m ZOOL* Krake *f*
polsino [pol'si:no] *m (della camicia)* Manschette *f*
polso ['polso] *m* 1. *ANAT* Handgelenk *n;* 2. *MED* Puls *m;* 3. *(fig)* Energie *f; uomo di ~* energiegeladener Mensch *m*
poltiglia [pol'tiʎʎa] *f* 1. *(melma)* Brei *m;* 2. *(mota)* Matsch *m*
poltiglioso [poltiʎ'ʎo:so] *adj* matschig
poltrire [pol'tri:re] *v* faulenzen
poltrona [pol'tro:na] *f* 1. Sessel *m;* 2. *THEAT* Parkettsitz *m*
poltrone [pol'tro:ne] *m* Faulenzer *m*
polvere ['polvere] *f* 1. Pulver *n*, Staub *m; ~ da sparo* Schießpulver *n; ~ tarmicida* Mottenpulver *n; pieno di ~* staubig; 2. *caffè in ~* gemahlener Kaffee *m*, Pulverkaffee *m;* 3. *alzare la ~ (fig)* Aufsehen erregen, Staub aufwirbeln; 4. *polveri sottili CHEM* Feinstaub *m*
polverizzare [polverid'dza:re] *v* 1. pulverisieren; 2. *(fam)* lynchen
polverizzarsi [polverid'dzarsi] *v* zu Staub werden
polveroso [polve'ro:so] *adj* staubig, pulverig
pomata [po'ma:ta] *f MED* Salbe *f*
pomeridiano [pomeridi'a:no] *adj* nachmittäglich, Nachmittags...
pomeriggio [pome'riddʒo] *m* Nachmittag *m; di ~* nachmittags
pomo ['po:mo] *m BOT* Apfel *m*
pomodoro [pomo'dɔ:ro] *m BOT* Tomate *f*
pompa[1] ['pompa] *f* Pracht *f*, Prunk *m;*

impresa di pompe funebri Bestattungsinstitut *n*
pompa[2] ['pompa] *f TECH* Pumpe *f*; *~ per bicicletta* Fahrradpumpe *f*; *~ pneumatica* Luftpumpe *f*
pompare [pom'paːre] *v* pumpen, aufpumpen
pompelmo [pom'pɛlmo] *m BOT* Grapefruit *f*
pompetta [pom'petta] *f* Spritze *f*
pompiere [pompi'ɛːre] *m* 1. Feuerwehrmann *m*; 2. *pompieri pl* Feuerwehr *f*
pomposo [pom'poːso] *adj* pompös, prunkvoll
ponderare [ponde'raːre] *v* abwägen
ponderazione [pondera'tsioːne] *f* 1. Abwägung *f*; 2. *(prudenza)* Vorsicht *f*
ponente [po'nɛnte] *m GEO* Westen *m*; *a ~* westlich
ponte ['ponte] *m* 1. Brücke *f*; 2. *NAUT* Deck *n*; 3. *(denti) MED* Brücke
pontefice [pon'teːfitʃe] *m REL* Papst *m*
pontile [pon'tiːle] *m* Landungssteg *m*
poplite ['pɔplite] *m ANAT* Kniekehle *f*
popò [po'pɔ] *m (fam) ANAT* Po *m*
popolano [popo'laːno] *adj* 1. Volks..., volkstümlich; 2. *(per il popolo)* zugunsten des Volkes; *m* 3. Person aus dem Volk *f*
popolare [popo'laːre] *adj* 1. populär; *v* 2. *(abitare)* bewohnen, besiedeln
popolareggiante [popolared'dʒante] *adj* volkstümlich
popolaresco [popola'rɛsko] *adj* volkstümlich
popolarità [popolari'ta] *f* Beliebtheit *f*, Popularität *f*
popolazione [popola'tsioːne] *f* Bevölkerung *f*, Einwohnerschaft *f*; *~ rurale* Landbevölkerung *f*
popolo ['pɔːpolo] *m* Volk *n*
poppa ['poppa] *f* 1. *ANAT* Brust *f*; 2. *(della nave) NAUT* Heck *n*
poppante [pop'pante] *m* Säugling *m*
porcellana [portʃel'laːna] *f* Porzellan *n*
porcellino [portʃel'liːno] *m* 1. *ZOOL* Ferkel *n*; 2. *~ d'India* Meerschweinchen *n*
porcellone [portʃel'loːne] *m (fig)* Schwein *n (fam)*
porcile [por'tʃiːle] *m* Schweinestall *m*
porco ['pɔrko] *m* 1. *ZOOL* Schwein *n*; 2. *(fig)* Sau *f*; *Porca miseria!* Verdammt noch mal!
porgere ['pɔrdʒere] *v irr* 1. *(dare)* reichen; 2. *(passare una comunicazione)* durchgeben; 3. *(fig: argomento, opinione)* entgegenhalten
porgersi ['pɔrdʒersi] *v irr (opportunità)* sich bieten
pornografia [pornogra'fiːa] *f* Pornografie *f*
poro ['pɔːro] *m ANAT* Pore *f*
porpora ['porpora] *f* Purpur *m*
porre ['porre] *v irr* 1. legen; 2. *(in piedi)* stellen; 3. *(mettere in cima a qc)* aufsetzen; 4. *~ lì* hinlegen
porro ['pɔrro] *m* 1. *BOT* Lauch *m*; 2. *MED* Warze *f*
porsi ['porsi] *v irr* sich setzen, sich legen
porta ['pɔrta] *f* 1. Tür *f*, Tor *n*; *~ girevole* Drehtür *f*; *~ scorrevole* Schiebetür *f*; 2. *SPORT* Tor *n*
portabagagli [portaba'gaʎʎi] *m* 1. Kofferraum *m*; 2. *(sul tetto dell'auto)* Dachständer *m*; 3. *(di persona, facchino)* Gepäckträger *m*; 4. *(mezzi di trasporto)* Gepäcknetz *n*
portacenere [porta'tʃeːnere] *m* Aschenbecher *m*
portachiave [portaki'aːve] *m* Schlüsselbund *m*
portaerei [porta'ɛːrei] *m MIL* Flugzeugträger *m*
portafoglio [porta'fɔʎʎo] *m* 1. Brieftasche *f*; 2. *~ titoli ECO* Effektenbestand *m*
portafortuna [portafor'tuːna] *m* Glücksbringer *m*
portalampada [porta'lampada] *m* Fassung *f*
portale [por'taːle] *m* Portal *n*
portalettere [porta'lɛttere] *m* Briefträger *m*
portamento [porta'mento] *m (del corpo)* Haltung *f*
portamonete [portamo'neːte] *m* Geldbeutel *m*, Portemonnaie *n*
portantina [portan'tiːna] *f* Tragbahre *f*
portaombrelli [porta'om'brɛlli] *m* Schirmständer *m*
portapenne [porta'penne] *m* Federhalter *m*
portare [por'taːre] *v* 1. bringen; *~ a*

casa heimbringen; ~ *alla luce* aufdecken; 2. *(qc a qd)* mitbringen; 3. *(addosso)* tragen; 4. ~ *via* davontragen, wegtragen; 5. ~ *dietro* nachtragen, hinterhertragen; 6. *(notizia)* überbringen; 7. *(saluti)* ausrichten; 8. *(materiale)* herbeischaffen; ~ *su* heraufholen; 9. *(guidare)* lotsen; 10. *(imputato)* vorführen; 11. ~ *fuori* ausführen; ~ *avanti* weiterführen

portarsi [por'tarsi] *v* 1. sich begeben; 2. *(comportarsi)* sich verhalten, sich betragen

portasapone [portasa'poːne] *m* Seifenhalter *m*

portasciugamani [portaʃʃuga'maːni] *m* Handtuchhalter *m*

portata [por'taːta] *f* 1. Belastbarkeit *f;* 2. TECH Fördermenge *f;* 3. *(fig)* Tragweite *f,* Belastbarkeit *f;* *a ~ di mano* in Reichweite; ~ *del trasmettitore* Sendebereich *m,* Reichweite *f;* 4. GAST Gang *m*

portatile [por'taːtile] *adj (apparecchio)* tragbar, *computer* ~ Laptop *m/n*

portatore [porta'toːre] *m (persona)* Träger *m,* Überbringer *m*

portauovo [portau'ɔːvo] *m* Eierbecher *m*

portavivande [portavi'vande] *m* 1. *(carello)* Servierwagen *m,* Picknickwagen *m;* 2. *(cestino)* Esskorb *m*

portavoce [porta'voːtʃe] *m* Sprecher *m,* Wortführer *m;* ~ *del governo* Regierungssprecher *m*

portento [por'tɛnto] *m (meraviglia)* Wunder *n; essere un ~ di bravura* außerordentlich erfahren sein

porticato [porti'kaːto] *m* ARCH Säulengang *m*

portiere [porti'ɛːre] *m* 1. Hausmeister *m,* Pförtner *m;* ~ *di notte* Nachtportier *m;* 2. SPORT Torwart *m*

portinaio [porti'naːio] *m* Pförtner *m*

portineria [portine'riːa] *f* Pförtnerloge *f*

porto[1] ['pɔrto] *m* 1. Hafen *m;* ~ *interno* Binnenhafen *m;* 2. *condurre in ~ (fig)* erfolgreich abschließen

porto[2] ['pɔrto] *m* 1. ~ *d'armi* Waffenschein *m;* 2. ECO Porto *n*

porto[3] ['pɔrto] *m* GAST Portwein *m*

Portogallo [porto'gallo] *m* GEO Portugal *n*

portoghese [porto'geːse] *adj* 1. portugiesisch; *m/f* 2. Portugiese/Portugiesin *m/f*

portone [porto:ne] *m* Tor *n*

portuale [portu'aːle] *adj* 1. NAUT Hafen…; *m* 2. NAUT Hafenarbeiter *m*

porzione [por'tsioːne] *f* Portion *f*

posa ['pɔːsa] *f* 1. Pose *f,* Positur *f;* 2. *(quiete)* LIT Pause *f; senza ~* pausenlos; 3. *(foto)* Aufnahme *f*

posare [po'saːre] *v* 1. ablegen; 2. *(pittura)* ART Modell stellen; 3. *(fig)* posieren

posarsi [po'sarsi] *v* sich legen, sich hinsetzen

posate [po'saːte] *f/pl* Besteck *n,* Essbesteck *n*

posato [po'saːto] *adj* 1. bedachtsam; 2. *(tranquillo)* gesetzt

positiva [pozi'tiːva] *f* FOTO Positiv *n*

positivo [pozi'tiːvo] *adj* 1. positiv; *adv* 2. *(grado)* plus

posizione [pozi'tsioːne] *f* 1. Lage *f,* Stellung *f;* ~ *chiave* Schlüsselposition *f;* ~ *eretta* Stand *m; presa di ~* Stellungnahme *f;* 2. *(luogo)* Standort *m*

posologia [pozolo'dʒiːa] *f* MED Dosierung *f*

possedere [posse'deːre] *v irr* besitzen

possedimento [possedi'mento] *m* 1. Besitz *m;* 2. *(podere)* Gut *n;* 3. *(colonia)* Kolonie *f*

possessivo [posses'siːvo] *adj* GRAMM Possessiv…

possesso [pos'sɛsso] *m* Habe *f,* Besitz *m*

possessore [posses'soːre] *m* Inhaber *m,* Eigentümer *m*

possibile [pos'siːbile] *adj* 1. möglich; *rendere ~* ermöglichen; *m* 2. Mögliches *n*

possibilità [possibili'ta] *f* Möglichkeit *f,* Chance *f;* ~ *di avanzamento* Aufstiegsmöglichkeit *f;* ~ *di scappatoia* Ausweichmöglichkeit *f;* ~ *di sopravvivenza* Überlebenschance *f; Questa è l'unica ~?* Ist das die einzige Möglichkeit?

posta ['pɔsta] *f* 1. Post *f;* ~ *aerea* Luftpost *f;* 2. *(in gioco)* Einsatz *m*

postale [pos'taːle] *adj* Post…; *cartolina ~* Postkarte *f; ufficio ~* Postamt *n; casella ~* Postfach *n*

postare [pos'ta:re] *v* aufstellen, postieren
postarsi [pos'tarsi] *v* sich aufstellen, sich postieren
postdatare [postda'ta:re] *v* nachdatieren
posteggiare [posted'dʒa:re] *v* **1.** *(macchina)* parken, abstellen; **2.** *(ciclomotori)* abstellen, unterstellen
posteggio [pos'teddʒo] *m* **1.** Parkplatz *m;* **2.** *~ di taxi* Taxistand *m*
posteri ['pɔsteri] *m/pl* Nachkommen *pl*
posteriore [poste'rio:re] *adj* **1.** hintere(r,s); **2.** *(tempo)* nachträglich
posticcio [pos'tittʃo] *m* **1.** Toupet *n; adj* **2.** fiktiv, erfunden
posticino [posti'tʃi:no] *m* Plätzchen *n*
postilla [pos'tilla] *f* **1.** Glosse *f;* **2.** *(nota marginale)* Randbemerkung *f*
postino [pos'ti:no] *m* Postbote *m,* Briefträger *m*
posto ['posto] *m* **1.** Ort *m,* Platz *m; ~ di caricamento* Verladeplatz *m; ~ di riferimento* Anlaufstelle *f;* **2.** *(di lavoro)* Posten *m,* Stelle *f; ~ di lavoro* Arbeitsstelle *f; ~ di apprendista* Lehrstelle *f;* **3.** *(spazio)* Raum *m;* **4.** *(sede)* Sitz *m; ~ a sedere* Sitzplatz *m; Un ~ accanto al finestrino, per favore!* Einen Fensterplatz, bitte!
potabile [po'ta:bile] *adj* trinkbar
potassio [po'tassio] *m* CHEM Kalium *n*
potente [po'tɛnte] *adj* **1.** mächtig, gewaltig; *m/f* **2.** Machthaber(in) *m/f*
potenza [po'tɛntsa] *f* **1.** Potenz *f;* **2.** *(stato)* Macht *f; ~ coloniale* Kolonialmacht *f; ~ mondiale* Weltmacht *f; ~ occupante* Besatzungsmacht *f; ~ protettrice* Schutzmacht *f; potenze occidentali* Westmächte *pl;* **3.** TECH Leistung *f*
potenziale [poten'tsia:le] *adj* **1.** potenziell; *m* **2.** Potenzial *n*
potenziare [poten'tsia:re] *v* verstärken
potere [po'te:re] *v irr* **1.** dürfen, können; *può darsi* es kann sein; *m* **2.** *(autorità)* Macht *f,* Gewalt *f; ~ governativo* Regierungsgewalt *f; ~ statale* Staatsgewalt *f; poteri presidenziali* Präsidialgewalt *f; ~ esecutivo* Exekutive *f; ~ legislativo* Legislative *f;* **3.** *~ d'acquisto* ECO Kaufkraft *f;* **4.** *(capacità)* Fähigkeit *f*
potestà [potes'ta] *f* Macht *f; patria ~* väterliche Gewalt *f*
povero ['pɔ:vero] *adj* arm, armselig
povertà [pover'ta] *f* Armut *f,* Not *f*
pozione [po'tsio:ne] *f* Trank *m*
pozza ['pottsa] *f* Pfütze *f,* Lache *f*
pozzanghera [pot'tsaŋgera] *f* Pfütze *f,* Lache *f*
pozzo ['pottso] *m* Schacht *m,* Brunnen *m; ~ nero* Sickergrube *f*
prammatica [pram'ma:tika] *f* **1.** Pragmatik *f;* **2.** *(usanza)* Brauch *m; È di ~.* Es ist Brauch. **3.** *(procedura)* Vorgehensweise *f*
prammatico [pram'ma:tiko] *adj* pragmatisch
pranzare [pran'dza:re] *v* zu Mittag essen
pranzo ['prandzo] *m* Mittagessen *n,* Mahl *n; ~ luculliano* Schlemmermahl *n; dopo ~* nachmittags, am Nachmittag
prassi ['prassi] *f* Praxis *f*
prateria [prate'ri:a] *f* GEO Prärie *f*
pratica ['pra:tika] *f* **1.** Praxis *f;* **2.** *(routine)* Routine *f;* **3.** *(atto)* Vorgang *m;* **4.** *(esercizio)* Übung *f;* **5.** *(esperienza)* Erfahrung *f*
praticabile [prati'ka:bile] *adj* **1.** gängig, praktikabel; **2.** *(strada)* befahrbar
praticante [prati'kante] *m/f* Praktikant(in) *m/f*
praticare [prati'ka:re] *v* **1.** praktizieren; **2.** *(fig)* betreiben
pratico ['pra:tiko] *adj* **1.** praktisch; **2.** *(che non richiede particolari cure)* pflegeleicht; **3.** *(essere ~)* bewandert
prato ['pra:to] *m* BOT Wiese *f,* Rasen *m*
preannunciare [preannun'tʃa:re] *v* vorhersagen, voraussagen
preavvertimento [preavverti'mento] *m* Vorwarnung *f*
preavviso [preav'vi:zo] *m* Voranmeldung *f*
precaricato [prekari'ka:to] *adj* vorbelastet
precarietà [prekarie'ta] *f* **1.** Ungewissheit *f,* Unsicherheit *f;* **2.** *(situazione preoccupante)* Bedenklichkeit *f,* Bedenken *pl*
precario [pre'ka:rio] *adj* ungewiss
precauzione [prekau'tsio:ne] *f* Vorsor-

ge *f,* Vorsichtsmaßnahme *f; per ~* vorsichtshalber/vorsorglich
precedente [pretʃe'dɛnte] *adj* 1. vorhergehend, vorig; *m* 2. Präzedenzfall *m; senza precedenti* beispiellos
precedenza [pretʃe'dɛntsa] *f* 1. Vorzug *m,* Vorrang *m; avere la ~* den Vorrang haben; 2. *(in auto)* Vorfahrt *f*
precedere [pre'tʃɛːdere] *v* vorangehen, vorausgehen
precetto [pre'tʃɛtto] *m* 1. Vorschrift *f;* 2. *(comandamento)* Gebot *n;* 3. *(ordine)* Befehl *m;* 4. *(insegnamento)* Lehre *f*
precettore [pretʃet'toːre] *m* Privatlehrer *m*
precipitare [pretʃipi'taːre] *v* 1. hinabstürzen; 2. *CHEM* abscheiden
precipitarsi [pretʃipi'tarsi] *v (gettarsi)* sich stürzen
precipitazione [pretʃipita'tsioːne] *f* 1. Überstürzung *f;* 2. *(fretta)* Eile *f,* Hast *f;* 3. *~ atmosferica METEO* Niederschlag *m*
precipitoso [pretʃipi'toːso] *adj* 1. fluchtartig, voreilig; 2. *(affrettato)* eilig, hastig
precipizio [pretʃi'piːtsio] *m* Abgrund *m*
precisamente [pretʃiza'mente] *interj* 1. genau; *adv* 2. präzise, fein
precisazione [pretʃiza'tsioːne] *f* 1. Klärung *f,* Präzisierung *f;* 2. *(rettifica)* Richtigstellung *f,* Berichtigung *f*
preciso [pre'tʃiːzo] *adj* 1. genau, penibel; 2. *(di strumenti)* fein, präzise
precoce [pre'kɔːtʃe] *adj* 1. frühzeitig; 2. *(fig)* frühreif
preconcetto [prekon'tʃɛtto] *adj* 1. vorgefasst; *m* 2. Vorurteil *n*
precorrere [pre'korrere] *v irr* vorwegnehmen, vorgreifen
precursore [prekur'soːre] *m* Vorläufer *m,* Vorreiter *m*
preda ['prɛːda] *f* Beute *f*
predecessore [predetʃes'soːre] *m* Vorgänger *m*
predestinare [predesti'naːre] *v* vorherbestimmen
predica ['prɛːdika] *f* 1. *REL* Predigt *f;* 2. *(fig)* Moralpredigt *f*
predicare [predi'kaːre] *v* 1. *REL* predigen; 2. *(fig)* predigen
predicato [predi'kaːto] *m ~ verbale GRAMM* Prädikat *n*
predicazione [predika'tsioːne] *f REL* Verkündigung *f*
prediletto [predi'lɛtto] *adj* 1. bevorzugt, Lieblings...; *m* 2. Liebling *m*
predilezione [predile'tsioːne] *f* Vorliebe *f*
prediligere [predi'liːdʒere] *v irr (fig)* vorziehen
predire [pre'diːre] *v irr* vorhersagen
predisporre [predis'porre] *v irr* 1. *(preparare)* vorbereiten; 2. *(disporre)* stimmen
predisposizione [predispozi'tsioːne] *f* Veranlagung *f*
predizione [predi'tsioːne] *f* Vorhersage *f*
predominare [predomi'naːre] *v* vorherrschen
predominio [predo'miːnio] *m* Vorherrschaft *f*
predone [pre'doːne] *m* Räuber *m*
prefabbricato [prefabbri'kaːto] *adj* Fertig...; *casa prefabbricata* Fertighaus *n*
prefazione [prefa'tsioːne] *f* Vorwort *n*
preferenza [prefe'rɛntsa] *f* Bevorzugung *f,* Vorliebe *f*
preferibilmente [preferibil'mente] *adv* vorzugsweise
preferire [prefe'riːre] *v* bevorzugen
prefetto [pre'fɛtto] *m (di provincia)* Präfekt *m*
prefiggersi [pre'fiddʒersi] *v irr ~ qc* sich etw vornehmen, etw ins Auge fassen
prefisso [pre'fisso] *m* Vorwahl *f; Qual'è il prefisso di ...?* Wie ist die Vorwahl von ...?
pregare [pre'gaːre] *v* 1. bitten; 2. *REL* beten
pregevole [pre'dʒeːvole] *adj* wertvoll
preghiera [pregi'ɛːra] *f* 1. Bitte *f,* Anliegen *n;* 2. *REL* Gebet *n*
pregiato [pre'dʒaːto] *adj* wertvoll
pregio ['prɛːdʒo] *m* Vorzug *m; di gran ~* hochwertig
pregiudicare [predʒudi'kaːre] *v (danneggiare)* schädigen, beeinträchtigen
pregiudicato [predʒudi'kaːto] *adj* 1. *JUR* vorbestraft; *m* 2. *JUR* Vorbestrafter *m*

pregiudiziale [predʒudi'tsiaːle] *adj* 1. *JUR* präjudizial; 2. *(dannoso)* schädlich; *f* 3. *JUR* Vorfrage *f*
pregiudizievole [predʒudi'tsieːvole] *adj* abträglich
pregiudizio [predʒu'diːtsio] *m* 1. Vorurteil *n*; *avere pregiudizi* Vorurteile haben; 2. *pregiudizi pl (prevenzione)* Voreingenommenheit *f*
pregnante [preɲ'ɲante] *adj* prägnant
pregno ['preɲɲo] *adj* 1. schwanger; 2. *(animali)* trächtig
prego ['prɛːgo] *adv* bitte
pregustare [pregus'taːre] *v (una cosa piacevole)* Vorfreude empfinden
preistoria [preis'tɔːria] *f HIST* Vorgeschichte *f*
preistorico [presi'tɔːriko] *adj* prähistorisch
prelevamento [preleva'mento] *m* 1. Entnahme *f*; 2. *(di denaro) ECO* Abhebung *f*
prelevare [prele'vaːre] *v* 1. entnehmen; 2. *ECO* abheben
prelevazione [preleva'tsioːne] *f* Entnahme *f*
prelibato [preli'baːto] *adj* köstlich
prelievo [preli'ɛːvo] *m* 1. *MED* Entnahme *f*; *~ di sangue* Blutentnahme *f*; 2. *FIN* Abhebung *f*
preliminare [prelimi'naːre] *adj* 1. einleitend; *m* 2. Vorverhandlung *f*
preludio [pre'luːdio] *m* 1. *MUS* Präludium *n*; 2. *(fig)* Einleitung *f*
prematuro [prema'tuːro] *adj* verfrüht
premeditato [premedi'taːto] *adj* vorsätzlich
premeditazione [premedita'tsioːne] *f* 1. *(intenzione)* Absicht *f*; 2. *JUR* Vorsätzlichkeit *f*
premere ['prɛːmere] *v* 1. drücken; *~ giù* herunterdrücken; 2. *(fig: stare a cuore)* bedrücken; 3. *(urgere)* drängen
premessa [pre'messa] *f* 1. Voraussetzung *f*; 2. *(prefazione)* Vorwort *n*
premettere [pre'mettere] *v irr* 1. *(far precedere)* vorausschicken; 2. *(presupporre)* voraussetzen
premiare [pre'miaːre] *v (dare un premio)* prämieren, auszeichnen
premiato [pre'miaːto] *adj* 1. preisgekrönt; *m* 2. Preisträger *m*
preminente [premi'nɛnte] *adj* 1. *(principale)* Haupt…; 2. *(che eccelle)* herausragend
preminenza [premi'nɛntsa] *f (ciò che ha precedenza)* Vorrang *m*
premio ['prɛːmio] *m* 1. Preis *m*, Prämie *f*; *~ di consolazione* Trostpreis *m*; *~ letterario* Literaturpreis *m*; *~ Nobel* Nobelpreis *m*; 2. *FIN* Bonus *m*; 3. *~ d'assicurazione* Versicherungsprämie *f*; 4. *(ricompensa)* Belohnung *f*
premonizione [premoni'tsioːne] *f* Vorahnung *f*
premunirsi [premu'nirsi] *v ~ contro* sich verwahren gegen
premura [pre'muːra] *f* 1. Eile *f*; 2. *(sollecitudine)* Bereitwilligkeit *f*; *con ~* zuvorkommend; 3. *(attenzione)* Aufmerksamkeit *f*; 4. *(zelo)* Eifer *m*, Bemühung *f*; 5. *premure pl* Sorge *f*
premuroso [premu'roːso] *adj* 1. zuvorkommend; 2. *(servizievole)* fürsorglich
prendere ['prɛndere] *v irr* 1. nehmen, *~ alla leggera* leicht nehmen; *~ con sé* mitnehmen; *~ fuori* herausnehmen; 2. *(ladro)* ergreifen, fangen, festnehmen; 3. *(posto)* einnehmen; 4. *MED* einnehmen; 5. *(direzione)* einschlagen; 6. *(venire a ~ qd o qc)* abholen; *Vorrei andare a ~ il mio cappotto.* Ich möchte meinen Mantel abholen. *Io vengo a prenderti.* Ich hole dich ab.
prendersi ['prɛndersi] *v irr ~ confidenza* sich anbiedern
prendisole [prendi'soːle] *m* Badebekleidung *f*
prenome [pre'noːme] *m* Vorname *m*, Rufname *m*
prenotare [preno'taːre] *v* 1. vorbestellen, vormerken; *Vorrei ~ un volo per …* Ich möchte einen Flug nach … buchen. *Mi prenoti, per piacere.* Merken Sie mich bitte vor. 2. *(corso)* belegen
prenotazione [prenota'tsioːne] *f (ordinazione)* Buchung *f*, Vorbestellung *f*; *disdire la ~* die Buchung rückgängig machen; *cambiare la ~* umbuchen
preoccupare [preokku'paːre] *v* 1. bekümmern; 2. *(inquietare)* beunruhigen
preoccuparsi [preokku'parsi] *v* sich Sorgen machen, in Sorge sein; *Non si preoccupi!* Keine Sorge!

preoccupato [preokku'pa:to] *adj* besorgt, kummervoll
preoccupazione [preokkupa'tsio:ne] *f* Sorge *f; pieno di preoccupazioni* sorgenvoll
preparare [prepa'ra:re] *v* 1. vorbereiten, richten; 2. *(approntare)* bereiten, herrichten; 3. *(mangiare)* zubereiten
prepararsi [prepa'rarsi] *v* sich vorbereiten
preparativo [prepara'ti:vo] *m* Vorbereitung *f*
preparazione [prepara'tsio:ne] *f* Vorbereitung *f*, Zubereitung *f*
prepensionamento [prepensiona'mento] *m* Vorruhestand *m*
preponderante [preponde'rante] *adj* vorwiegend
preponderanza [preponde'rantsa] *f* *(fig)* Übergewicht *n*
preposizione [prepozi'tsio:ne] *f* GRAMM Präposition *f*
prepotente [prepo'tɛnte] *adj* 1. arrogant, eingebildet; 2. *(soverchiatore)* mächtig; 3. *(dispotico)* herrisch
prepotenza [prepo'tɛntsa] *f* 1. *(sopruso)* Arroganz *f*, Einbildung *f;* 2. *(forza)* Gewalt *f*
prerogativa [preroga'ti:va] *f* Vorrecht *n*
presa ['pre:sa] *f* 1. *(manico)* Griff *m;* 2. *(pizzico)* Prise *f;* 3. *(il prendere)* Nehmen *n;* 4. *~ in considerazione* Rücksichtnahme *f;* 5. TECH Steckdose *f*
presagio [pre'za:dʒo] *m* 1. Omen *n;* 2. *(sintomo)* Anzeichen *n*, Symptom *n;* 3. *(previsione)* Vorhersage *f*
presagire [preza'dʒi:re] *v* *(prevedere)* ahnen
presago [pre'za:go] *adj* ahnungsvoll
presbite ['prɛzbite] *adj* MED weitsichtig
prescindere [preʃ'ʃindere] *v irr* absehen
prescrivere [pres'kri:vere] *v irr* 1. *(fig)* vorschreiben; 2. MED verordnen, verschreiben; 3. JUR verjähren lassen
prescrizione [preskri'tsio:ne] *f* 1. Vorschrift *f;* 2. MED Verordnung *f;* 3. JUR Verjährung *f*
presentare [prezen'ta:re] *v* 1. *(mostrare)* vorzeigen, vorweisen; 2. *(domanda)* eingeben, einreichen; 3. *(candidato)* aufstellen; 4. *(persona)* vorstellen; *Posso presentarLe ...?* Darf ich Ihnen ... vorstellen? 5. *(classificare)* hinstellen
presentarsi [prezen'tarsi] *v* 1. sich vorstellen; 2. *(in scena)* auftreten; 3. *~ candidato* kandidieren; 4. *(lavoro)* anfallen
presentatore [prezenta'to:re] *m* *(in radio, in TV)* Ansager *m*, Sprecher *m*
presentatrice [prezenta'tri:tʃe] *f* *(in radio, in TV)* Ansagerin *f*, Sprecherin *f*
presentazione [prezenta'tsio:ne] *f* 1. Vorstellung *f;* 2. *(in un giornale, confezione)* Aufmachung *f;* 3. *(a teatro)* Auftritt *m;* 4. *(dimostrazione)* Präsentation *f*, Vorführung *f;* 5. *(del conto)* Vorlage *f;* 6. *(di candidati)* Aufstellung *f;* 7. *(di testimoni)* Vorführung *f*
presente [pre'zɛnte] *adj* 1. anwesend, vorhanden; 2. *(tempo)* gegenwärtig; *tener ~* sich erinnern/im Gedächtnis behalten; 3. *far ~ qc a qd* jdn auf etw hinweisen; *m* 4. GRAMM Gegenwart *f*
presentimento [presenti'mento] *m* Vorahnung *f*
presentire [presen'ti:re] *v* vorausahnen
presenza [pre'zɛntsa] *f* 1. *(l'essere presente)* Anwesenheit *f*, Dasein *n; ~ di spirito* Geistesgegenwart *f; fare atto di ~* sich zeigen, sich sehen lassen; 2. Aussehen *n; aver una certa ~* ein besonderes Aussehen haben; 3. *(esistenza)* Vorhandensein *n*
presenziare [prezen'tsia:re] *v* beiwohnen
presepio [pre'zɛ:pio] *m* REL Krippe *f*
preservare [preser'va:re] *v* 1. wahren; 2. *(custodire)* erhalten
preservativo [preserva'ti:vo] *m* 1. Kondom *n*, Präservativ *n;* 2. MED Verhütungsmittel *n*
preside ['prɛ:side] *m* *(di scuola)* Direktor *m;* Schulleiter *m*
presidente(ssa) [presi'dɛnte/presiden'tessa] *m/f* 1. Präsident(in) *m/f;* 2. *(chi presiede)* Vorsitzende(r) *m/f*
presidenza [presi'dɛntsa] *f* Präsidium *n*, Vorsitz *m*
presiedere [presi'ɛ:dere] *v* den Vorsitz führen
pressa ['prɛssa] *f* TECH Presse *f*

P

pressappoco [pressap'pɔ:ko] *adv* beinahe, fast
pressare [pres'sa:re] *v* pressen, drücken
pressione [pressi'o:ne] *f* 1. Druck *m; ~ dell'aria* Luftdruck *m; ~ sanguigna* Blutdruck *m;* 2. *TECH* Druck *m; alta ~* Hochdruck *m; pentola a ~* Schnellkochtopf *m*
presso ['prɛsso] *prep* 1. *(accanto)* neben; 2. *(luogo)* bei; *da ~* von nahem, aus der Nähe; *m/pl* 3. *essere nei pressi* in der Umgebung sein
pressoché [presso'ke] *adv* fast, beinahe
prestabilire [prestabi'li:re] *v* vorherbestimmen
prestanza [pres'tantsa] *f* 1. Vortrefflichkeit *f;* 2. *~ fisica* Stattlichkeit *f,* Ansehnlichkeit *f*
prestare [pres'ta:re] *v* 1. verleihen; 2. *(dare in prestito)* borgen, leihen; *farsi ~* sich ausleihen, *(fam)* sich pumpen
prestarsi [pres'tarsi] *v* 1. *(essere idoneo)* sich eignen, geeignet sein; 2. *(concedersi)* sich hergeben; 3. *(essere disponibile)* verfügbar sein
prestazione [presta'tsio:ne] *f* 1. Leistung *f; ~ agli orfani* Waisenrente *f; ~ individuale* Alleingang *m;* 2. *ECO* Leistung *f; migliore ~* Bestleistung *f; ~ di servizio* Dienstleistung *f*
prestigio [pres'ti:dʒo] *m* Prestige *n*
prestigioso [presti'dʒo:so] *adj* brillant, hervorragend
prestito ['prɛstito] *m* 1. Verleih *m; prendere in ~* borgen, leihen; *ottenere in ~ (fam)* geliehen bekommen; 2. *ECO* Anleihe *f;* 3. *~ bancario FIN* Bankdarlehen *n;* 4. *(somma di denaro) ECO* Darlehen *n*
presto ['prɛsto] *adv* 1. früh, frühzeitig; *far ~* sich beeilen, sich sputen; 2. *(sollecito)* schnell; 3. bald; *al più ~* schleunigst, schnellstens; *A~!* Bis bald! 4. *MUS* presto
presumere [pre'zu:mere] *v irr* vermuten
presumibilmente [prezumibil'mente] *adv* angeblich
presunto [pre'zunto] *adj* 1. angeblich; 2. *(supposto)* vermutlich
presuntuoso [prezuntu'o:so] *adj* 1. anmaßend; 2. *(altezzoso)* überheblich
presunzione [prezun'tsio:ne] *f* 1. Anmaßung *f,* Überheblichkeit *f; con ~* überheblich; 2. *(fig)* Annahme *f*
presupporre [presup'porre] *v* voraussetzen
presupposto [presup'posto] *adj* 1. angenommen, vorausgesetzt; *m* 2. Voraussetzung *f*
prete ['prɛ:te] *m REL* Priester *m*
pretendente [preten'dɛnte] *m/f* Bewerber(in) *m/f*
pretendere [pre'tɛndere] *v irr* 1. *(esigere)* beanspruchen; 2. *(persona)* zumuten
pretenzioso [preten'tsio:so] *adj* 1. *(arrogante)* anmaßend, eingebildet; 2. *(con molte pretese)* fordernd, anspruchsvoll
pretesa [pre'te:sa] *f (esigenza)* Anforderung *f,* Anspruch *m*
pretesto [pre'tɛsto] *m* Vorwand *m,* Ausrede *f*
pretore [pre'to:re] *m JUR* Amtsrichter *m*
pretura [pre'tu:ra] *f JUR* Amtsgericht *n*
prevalente [preva'lɛnte] *adj* überwiegend, vorherrschend
prevalenza [preva'lɛntsa] *f* 1. Vorherrschaft *f; in ~* überwiegend; 2. *(preponderanza)* Überlegenheit *f*
prevalere [preva'le:re] *v irr ~ su* überwiegen
prevedere [preve'de:re] *v irr* 1. absehen, voraussehen; 2. *(progettare)* vorsehen; *La legge prevede che ...* Das Gesetz sieht vor, dass ...; *Il viaggio prevede la visita della città.* Die Reise sieht die Besichtigung der Stadt vor.
prevedibile [preve'di:bile] *adj* 1. voraussichtlich, vorhersehbar; 2. *(pronosticare)* absehbar
prevendita [preven'di:ta] *f* Vorverkauf *m*
prevenire [preve'ni:re] *v irr* 1. abwenden, verhüten; 2. *(tempo)* vorwegnehmen, zuvorkommen
preventivare [preventi'va:re] *v* veranschlagen
preventivo [preven'ti:vo] *adj* 1. vorbeugend; *carcere ~* Untersuchungs-

haft *f; m* 2. Kostenvoranschlag *m;* 3. *ECO* Überschlag *m*
prevenuto [preve'nu:to] *adj* voreingenommen
prevenzione [preven'tsio:ne] *f* 1. Verhütung *f,* Vorsorge; *~ del cancro MED* Krebsvorsorge *f;* 2. *(impedimento)* Abwehr *f;* 3. *(pregiudizi)* Voreingenommenheit *f*
previdente [previ'dɛnte] *adj* vorsorglich
previdenza [previ'dɛntsa] *f* Vorsorge *f; ~ sociale* Sozialhilfe *f*
previsione [previ'zio:ne] *f* 1. Vorhersage *f; previsioni meteorologiche* Wettervorhersage *f;* 2. *(annuncio di programmi)* Vorschau *f*
preziosità [pretsiosi'ta] *f* 1. Kostbarkeit *f;* 2. *(di stile)* Affektiertheit *f,* Unnatürlichkeit *f*
prezioso [pre'tsio:so] *adj* kostbar; *pietra preziosa* Edelstein *m*
prezzemolo [pret'tse:molo] *m BOT* Petersilie *f*
prezzo ['prɛttso] *m (valore)* Preis *m; a basso ~* billig; *~ d'acquisto* Kaufpreis *m,* Einkaufpreis *m; ~ di costo* Selbstkostenpreis *m; ~ di svendita* Schleuderpreis *m; ~ di vendita* Verkaufspreis *m; ~ fisso* Festpreis *m; ~ imposto* Richtpreis *m; ~ lordo* Bruttopreis *m; ~ massimo* Höchstpreis *m*
prigione [pri'dʒo:ne] *f* 1. Gefängnis *n;* 2. *(fam)* Kittchen *n;* 3. *JUR* Strafanstalt *f*
prigioniero [pridʒoni'ɛ:ro] *adj* 1. gefangen; *m* 2. Gefangener *m; fare ~* gefangen nehmen
prima ['pri:ma] *adv* 1. erst, zuerst; 2. *(tempo)* eher, früher; *Vorremmo partire un giorno ~.* Wir möchten einen Tag früher abreisen. *È possibile ~?* Geht es früher? *~ o poi* irgendwann; *quanto ~* so bald wie möglich, möglichst bald; *konj* 3. *~ che* bevor, ehe; *prep* 4. *~ di* vor; *f* 5. *THEAT* Premiere *f,* Uraufführung *f;* 6. *(della macchina) TECH* erster Gang *m*
primario [pri'ma:rio] *adj* 1. primär; 2. *(principale)* hauptsächlich; *m* 3. *(medico) MED* Chefarzt *m*
primato [pri'ma:to] *m* Vorrang *m; ~ mondiale* Weltrekord *m*
primavera [prima'vɛ:ra] *f* Frühjahr *n,* Frühling *m*
primaverile [primave'ri:le] *adj* Frühlings…
primitivo [primi'ti:vo] *adj* 1. primitiv, urwüchsig; 2. *(tempo)* anfänglich
primo ['pri:mo] *adj* 1. erste(r,s); 2. *materia prima* Rohmaterial *n;* 3. *in ~ piano* im Vordergrund; *per prima cosa* zuerst; *di ~ pomeriggio* am frühen Nachmittag; *adv* 4. erstens, zuerst
primogenito [promi'dʒɛ:nito] *m* Erstgeborener *m*
primordiale [primordi'a:le] *adj* Anfangs…, anfänglich
primordio [pri'mɔrdio] *m* Anfang *m*
principale [printʃi'pa:le] *adj* 1. hauptsächlich, hauptamtlich; 2. *(il più importante)* Haupt…; *m* 3. Chef *m*
principato [printʃi'pa:to] *m* Fürstentum *n*
principe(ssa) ['printʃipe/printʃi'pessa] *m/f* Fürst(in) *m/f,* Prinz(essin) *m/f; ~ ereditario* Kronprinz *m*
principesco [printʃi'pesko] *adj* fürstlich
principiante [printʃipi'ante] *m/f* Anfänger(in) *m/f; Sono una ~.* Ich bin Anfängerin.
principio [prin'tʃi:pio] *m* 1. Anfang *m,* Anbeginn *m;* 2. *(regola)* Grundsatz *m,* Prinzip *n; per ~* prinzipiell; *di ~* grundsätzlich, prinzipiell
priorità [priori'ta] *f* 1. Priorität *f;* 2. *(precedenza)* Vorrang *m*
prioritario [priori'ta:rio] *adj* vorrangig
privare [pri'va:re] *v* 1. *(sottrarre)* entziehen; 2. *~ di* vorenthalten; 3. *(diritti) JUR* aberkennen
privarsi [pri'varsi] *v* 1. *(rinunciare)* verzichten; 2. *(fare a meno)* entbehren
privatizzazione [privatiddza'tsio:ne] *f ECO* Privatisierung *f*
privato [pri'va:to] *adj* privat; *scuola privata* Privatschule *f*
privazione [priva'tsio:ne] *f* 1. Entbehrung *f;* 2. *JUR* Aberkennung *f*
privilegio [privi'lɛ:dʒo] *m* Vorrecht *n,* Privileg *n*
privo ['pri:vo] *adj* 1. beraubt; 2. *(senza)* ohne, …los; *~ della patria* heimatlos; *~ d'aiuto* hilflos

pro [prɔ] *prep* 1. *~ forma* der Form halber, pro forma; *Ma a che ~?* Wozu? *m* 2. *(vantaggio)* Vorteil *m; valutare i ~ e i contro* die Vor- und Nachteile gegeneinander abwägen
probabile [pro'baːbile] *adj* wahrscheinlich, vermutlich
probabilità [probabili'ta] *f* Wahrscheinlichkeit *f; con tutta ~* höchstwahrscheinlich
probativo [proba'tiːvo] *adj* beweiskräftig
problema [pro'blɛːma] *m* 1. Problem *n; ~ di coscienza* Gewissensfrage *f;* 2. *(enigma)* Rätsel *n;* 3. *MATH* Aufgabe *f*
problematico [proble'maːtiko] *adj* problematisch
proboscide [pro'bɔːʃide] *f ZOOL* Rüssel *m*
procacciare [prokat'tʃaːre] *v* verschaffen
procace [pro'kaːtʃe] *adj* 1. frech, unverschämt; 2. *(provocante)* provozierend
procedere [pro'tʃɛːdere] *v* 1. verfahren, vorgehen; 2. *(svilupparsi)* verlaufen; 3. *(continuare)* fortfahren; 4. *~ contro qd JUR* gegen jdn vorgehen
procedimento [protʃedi'mento] *m* 1. *(azione)* Verfahren *n,* Verfahrensweise *f;* 2. *(processo)* Prozess *m;* 3. *JUR* Verfahren *n; ~ disciplinare* Disziplinarverfahren *n; ~ fallimentare* Konkursverfahren *n; ~ giudiziario* Gerichtsverfahren *n; ~ ingiunzionale* Mahnverfahren *n;* 4. *(lo svolgersi)* Entwicklung *f*
procedura [protʃe'duːra] *f* 1. Prozedur *f;* 2. *JUR* Verfahren *n; codice di ~* Prozessordnung *f; ~ d'insolvenza f JUR* Insolvenzverfahren *n*
processare [protʃes'saːre] *v JUR* prozessieren
processione [protʃessi'oːne] *f* Prozession *f*
processo [pro'tʃɛsso] *m* 1. Verfahren *n;* 2. *JUR* Prozess *m; ~ penale* Strafprozess *m;* 3. *(sviluppo)* Entwicklung *f*
proclama [pro'klaːma] *m* Proklamation *f*
proclamare [prokla'maːre] *v* erklären
proclamazione [proklama'tsioːne] *f* Erklärung *f,* Verkündigung *f*
procura [pro'kuːra] *f* 1. Vollmacht *f;* 2. *JUR* Prokura *f; ~ generale* Generalvollmacht *f; ~ in bianco* Blankovollmacht *f*
procurare [proku'raːre] *v* 1. beschaffen, besorgen; 2. *(un impiego)* vermitteln
procurarsi [proku'rarsi] *v* sich verschaffen, sich zulegen
procuratore [prokura'toːre] *m* 1. Generalbevollmächtigter *m;* 2. *JUR* Bevollmächtigter *m;* 3. *ECO* Prokurist *m*
prode ['prɔːde] *adj* 1. mutig, tapfer; *m* 2. Held *m*
prodezza [pro'dettsa] *f* 1. Tapferkeit *f,* Mut *m;* 2. *(ironicamente)* Heldentat *f*
prodigalità [prodigali'ta] *f* Vergeudung *f,* Verschwendung *f*
prodigarsi [prodi'garsi] *v* 1. sich verwenden; *~ per qd* sich für jdn einsetzen; 2. *(impegnarsi a dismisura)* sich abmühen
prodigo ['prɔːdigo] *adj* verschwenderisch
prodotto [pro'dotto] *m* Erzeugnis *n,* Produkt *n; ~ agricolo* Agrarerzeugnis *n; ~ caseario* Milchprodukt *n; ~ chimico* Chemikalie *f; ~ naturale* Naturprodukt *n; prodotti naturali* Naturalien *pl; ~ nazionale lordo* Bruttosozialprodukt *n*
produrre [pro'durre] *v irr* 1. erzeugen, herstellen; 2. *(cereali)* hervorbringen; 3. *(causare)* bewirken; 4. *(rendere)* ergeben
prodursi [pro'dursi] *v irr* auftreten, in Erscheinung treten
produttività [produttivi'ta] *f ECO* Ertragfähigkeit *f*
produttivo [produt'tiːvo] *adj* 1. produktiv; 2. *(che dà un buon reddito)* ertragreich
produttore [produt'toːre] *m* Hersteller *m*
produzione [produ'tsioːne] *f* 1. Fertigung *f,* Herstellung *f; ~ cinematografica* Filmproduktion *f; ~ in serie* Serienproduktion *f;* 2. *(di un documento) JUR* Vorlegung *f*
profanare [profa'naːre] *v REL* entweihen
profanazione [profana'tsioːne] *f* Schändung *f*

profano [pro'fa:no] *adj* 1. weltlich; *da ~* laienhaft; *m* 2. Laie *m*
professare [profes'sa:re] *v* bekennen
professarsi [profes'sarsi] *v* sich bekennen, sich öffentlich erklären
professionale [professio'na:le] *adj* professionell
professione [professi'o:ne] *f* Beruf *m*; *come ~ principale* hauptberuflich
professionista [professio'nista] *m/f* Profi *m*
professorato [professo'ra:to] *m* Professur *f*
professore(essa) [profes'so:re/profes-so'ressa] *m/f* 1. *(di scuola)* Lehrer(in) *m/f*; 2. *(di università)* Professor(in) *m/f*
profeta [pro'fɛ:ta] *m REL* Prophet *m*
profetizzare [profetid'dza:re] *v* wahrsagen
profezia [profe'tsi:a] *f* Prophezeiung *f*
profilarsi [profi'larsi] *v* sich profilieren
profilato [profi'la:to] *m TECH* Profil *n*
profilo [pro'fi:lo] *m* 1. Kontur *f*; 2. *(disegno)* Profil *n*; 3. *(veduta di fianco)* Seitenansicht *f*
profittare [profit'ta:re] *v ~ di* profitieren von, Nutzen ziehen aus
profitto [pro'fitto] *m ECO* Profit *m*, Gewinn *m*
profondere [pro'fondere] *v irr* verschwenden
profondersi [pro'fondersi] *v irr* sich ergehen
profondità [profondi'ta] *f* Tiefe *f*
profondo [pro'fondo] *adj* 1. tief; *poco ~* seicht; 2. *(pensieri)* tief schürfend
profugo [prɔ'fu:go] *m* Flüchtling *m*
profumare [profu'ma:re] *v* parfümieren
profumato [profu'ma:to] *adj* 1. *(odoroso)* duftend, parfümiert; 2. *(fam: caro)* teuer
profumeria [profume'ri:a] *f* Parfümerie *f*
profumo [pro'fu:mo] *m* 1. Parfüm *n*; 2. *(buon odore)* Duft *m*, Hauch *m*
progenitore [prodʒeni'to:re] *m* Ahn *m*, Urvater *m*
progettare [prodʒet'ta:re] *v* planen, entwerfen
progettazione [prodʒetta'tsio:ne] *f* Entwurf *m*, Planung *f*
progetto [pro'dʒɛtto] *m* 1. Plan *m*; *aver in ~* planen, vorhaben; 2. *TECH* Projekt *n*; *~ pilota* Pilotprojekt *n*; 3. *(disegno) POL* Vorlage *f*; *~ di legge* Gesetzesentwurf *m*; 4. *(idea)* Vorhaben *n*, Idee *f*
prognosi ['prɔɲɲozi] *f* Prognose *f*
prognosticare [proɲɲosti'ka:re] *v* prognostizieren, im Voraus erkennen
programma [pro'gramma] *m* 1. Programm *n*, Konzept *n*; 2. *(lavoro)* Pensum *n*; 3. *~ dell'utente INFORM* Anwenderprogramm *n*; 4. *THEAT* Spielplan *m*
programmare [program'ma:re] *v* programmieren
programmazione [programma'tsio:ne] *f* Programmierung *f*
progredire [progre'di:re] *v* fortschreiten, vorwärtskommen
progredito [progre'di:to] *adj* fortgeschritten
progressivamente [progessiva'mente] *adv* stufenweise
progressivo [progres'si:vo] *adj* 1. fortschrittlich, progressiv; 2. *(con continuo e graduale incremento)* fortschreitend, zunehmend
progresso [pro'grɛsso] *m* Fortschritt *m*
proibire [proi'bi:re] *v* verbieten
proibitivo [proibi'ti:vo] *adj* 1. *prezzo ~* Wucherpreis *m*; 2. *tempo ~* Hundewetter *n*
proibito [proi'bi:to] *adj* verboten
proibizione [proibi'tsio:ne] *f* Verbot *n*
proiettare [proiet'ta:re] *v CINE* vorführen
proiettile [proi'ɛttile] *m* Geschoss *n*
proiettore [proiet'to:re] *m* 1. Scheinwerfer *m*; 2. *CINE* Projektor *m*
proiezione [proie'tsio:ne] *f* 1. Projektion *f*; 2. *FILM* Vorführung *f*
prole ['prɔ:le] *f* Kinder *pl*, Nachwuchs *m*; *con numerosa ~* kinderreich
proletariato [proletari'a:to] *m* Proletariat *n*
proliferare [prolife'ra:re] *v* sich vermehren
prolificare [prolifi'ka:re] *v* 1. zeugen; 2. *(moltiplicarsi)* sich vermehren, sich fortpflanzen
prolifico [pro'li:fiko] *adj* 1. *(fertile)* fruchtbar; 2. *(con molti figli)* kinderreich

P

prolissità [prolissi'ta] *f* Umständlichkeit *f*
prolisso [pro'lisso] *adj* langatmig, ausgedehnt
prolunga [pro'luŋga] *f* TECH Verlängerungskabel *n*
prolungamento [proluŋga'mento] *m* Ausdehnung *f*, Verlängerung *f*
prolungare [proluŋ'ga:re] *v* *(tempo)* verlängern, ausdehnen
prolungarsi [proluŋ'garsi] *v* sich in die Länge ziehen
promemoria [prome'mɔ:ria] *m* Merkzettel *m;* Gedächtnisstütze *f*
promessa [pro'messa] *f* Versprechen *n*, Versprechung *f*
promesso [pro'messo] *adj* 1. versprochen; 2. *(fidanzamento)* verlobt
promettente [promet'tɛnte] *adj* Erfolg versprechend, vielversprechend
promettere [pro'mettere] *v irr* versprechen, zusagen; *~ solennemente* geloben
promettersi [pro'mettersi] *v irr* sich verloben
prominente [promi'nɛnte] *adj* 1. hervorstehend; 2. *(eminente)* prominent
promiscuo [pro'miskuo] *adj* gemischt; *matrimonio ~* Mischehe *f*
promontorio [promon'tɔ:rio] *m* GEO Vorgebirge *n*
promotore [promo'to:re] *m* Förderer *m*, Initiator *m*
promozione [promo'tsio:ne] *f* 1. Förderung *f;* 2. ECO Werbung *f;* 3. *(a lavoro)* Beförderung *f;* 4. *(a scuola)* Versetzung *f*
promulgare [promul'ga:re] *v* 1. *(sostenere)* verkünden; 2. *(render noto pubblicamente)* veröffentlichen; 3. *(leggi)* JUR erlassen
promuovere [pro'muɔ:vere] *v irr* 1. *(sostenere)* fördern; 2. *(nella professione)* aufsteigen lassen; *(a scuola) essere promosso* das Jahr bestehen; 3. *(nel lavoro)* ECO befördern
pronipote [proni'po:te] *m/f* Urenkel(in) *m/f*
pronome [pro'no:me] *m* GRAMM Pronomen *n*
pronosticare [pronosti'ka:re] *v* voraussagen
pronostico [pro'nɔstiko] *m* *(nel tempo, nello sport)* Vorhersage *f*
prontamente [pronta'mente] *adv* prompt
prontezza [pron'tettsa] *f* 1. Schnelligkeit *f;* 2. Bereitwilligkeit *f; ~ nel soccorrere* Hilfsbereitschaft *f;* 3. *(di risposta)* Schlagfertigkeit *f; ~ di spirito* Geistesgegenwart *f*
pronto ['pronto] *adj* 1. fertig, bereit; 2. rasch, prompt; *interj* 3. *(al telefono)* hallo
prontuario [prontu'a:rio] *m* Handbuch *n*
pronuncia [pro'nuntʃa] *f* LING Aussprache *f*
pronunciare [pronun'tʃa:re] *v* 1. verkünden; 2. LING aussprechen; 3. JUR fällen
pronunciarsi [pronun'tʃarsi] *v* sich äußern, seine Meinung kundtun
propagandare [propagan'da:re] *v ~ qc* für etw werben, für etw Propaganda machen
propagare [propa'ga:re] *v* verbreiten
propagarsi [propa'garsi] *v* 1. sich verbreiten; 2. sich fortpflanzen, sich vermehren
propagazione [propaga'tsio:ne] *f* Verbreitung *f*
propedeutico [prope'dɛ:utiko] *adj* einführend; *corso ~* Einführungskurs *m*
propendere [pro'pɛndere] *v irr* neigen
propensione [propensio':ne] *f* Neigung *f*
propizio [pro'pi:tsio] *adj* geeignet, gelegen
proponimento [proponi'mento] *m* Vorsatz *m*
proporre [pro'porre] *v irr* vorschlagen
proporsi [pro'porsi] *v irr ~ qc* sich etw vornehmen, etw planen
proporzionale [proportsio'na:le] *adj* proportional
proporzione [propor'tsio:ne] *f* 1. Proportion *f*, Verhältnis *n;* 2. *(misura)* Maß *n*, Ausmaß *n*
proposito [pro'pɔ:zito] *m* 1. Vorhaben *n*, Absicht *f;* 2. *a ~* übrigens
proposizione [propozi'tsio:ne] *f* GRAMM Satz *m; ~ principale* Hauptsatz *m; ~ secondaria* Nebensatz *m*

P

proposta [pro'posta] *f* Vorschlag *m*, Anregung *f*; ~ *di matrimonio* Heiratsantrag *m*; ~ *di modifica* Änderungsvorschlag *m*
propriamente [propria'mente] *adv* eigentlich
proprietà [proprie'ta] *f* 1. *(caratteristica)* Eigenschaft *f*, Besonderheit *f*; 2. Besitz *m*; ~ *demaniale* Staatseigentum *n* ~ *terriera* Grundbesitz *m*; 3. *(possedimento)* Gut *n*; ~ *letteraria* Copyright *n*
proprietario [proprie'taːrio] *m* Besitzer *m*, Eigentümer *m*; ~ *di autóvetture* Fahrzeughalter *m*; ~ *terriero* Landbesitzer *m*, Gutsbesitzer *m*
proprio ['prɔːprio] *adj* 1. *(specifico, caratteristico)* besondere(r,s), charakteristisch; 2. *(personale)* eigen, eigentlich; 3. *nome* ~ Eigenname *m*; *senso* ~ eigentlicher Sinn *m*; *amor* ~ Eigenliebe *f*; *adv* 4. eben, ausgerechnet; *Proprio adesso!* Jetzt gerade! 5. ~ *così* geradeso; 6. ~ *per questo* deshalb; *Non lo sapevo* ~. Das habe ich wirklich nicht gewusst.
propugnare [propuɲ'ɲaːre] *v* verfechten
propulsione [propulsi'oːne] *f* PHYS Antrieb *m*
prora ['prɔːra] *f* NAUT Bug *m*
proroga ['prɔːroga] *f* Aufschub *m*
prorogabile [proro'gaːbile] *adj* verschiebbar, verlängerbar
prorogare [proro'gaːre] *v* verlängern
prosaicamente [prozaika'mente] *adv* prosaisch
prosaico [pro'zaːiko] *adj* 1. prosaisch; 2. *(ordinario)* alltäglich, nüchtern
prosciogliere [proʃ'ʃɔʎʎere] *v* 1. entbinden; 2. *(da un'accusa)* JUR lossprechen
prosciugare [proʃʃu'gaːre] *v* entwässern
prosciutto [proʃ'ʃutto] *m* GAST Schinken *m*
prosecuzione [proseku'tsioːne] *f* Folge *f*, Fortsetzung *f*
proseguire [prosegu'iːre] *v* 1. weitergehen; ~ *il viaggio* weiterreisen; 2. *(continuare)* fortsetzen; *Prosegui così!* Mach so weiter!
prosieguo [pro'siɛːguo] *m* Folge *f*, Fortsetzung *f*
prosperare [prospe'raːre] *v* 1. gedeihen, florieren; 2. *(benedire)* segnen
prosperità [prosperi'ta] *f* 1. Wohlfahrt *f*; 2. *(fig: il fiorire)* Blühen *n*, Gedeihen *n*; 3. *(benessere)* Wohlstand *m*
prospero ['prɔspero] *adj* 1. *(fiorente)* blühend; 2. *(ricco)* reich
prospettare [prospet'taːre] *v* *(far presente)* hinweisen auf
prospettarsi [prospet'tarsi] *v* bevorstehen, nahen
prospettiva [prospet'tiːva] *f* 1. Perspektive *f*; 2. *(fig)* Aussicht *f*, Chance *f*; 3. *prospettive pl* Aussicht *f*
prospetto [pros'pɛtto] *m* 1. Anblick *m*, Ansicht *f*; ~ *totale* Gesamtansicht *f*; 2. *(foglio informativo)* Prospekt *m*; 3. *(tabella)* Tabelle *f*, Überblick *m*; 4. *(facciata)* Vorderseite
prossimamente [prossima'mente] *adv* demnächst
prossimità [prossimi'ta] *f* Nähe *f*
prossimo ['prɔssimo] *adj* 1. nächste(r,s); *m* 2. Mitmensch *m*
prosternare [proster'naːre] *v* niederstrecken, niederschmettern
prosternarsi [proster'narsi] *v* sich niederwerfen, auf die Knie fallen
prostituirsi [prostitu'irsi] *v* sich prostituieren
prostituta [prosti'tuːta] *f* Prostituierte *f*, Dirne *f* *(fam)*, Nutte *f* *(fam)*
prostituzione [prostitu'tsioːne] *f* Prostitution *f*
prostrarsi [pros'trarsi] *v* 1. sich niederwerfen, zu Boden fallen; 2. *(umiliarsi)* sich demütigen
prostrazione [prostra'tsioːne] *f* *(abbattimento psichico)* PSYCH Niedergeschlagenheit *f*; ~ *fisica* Erschöpfung *f*
proteggere [pro'tɛddʒere] *v irr* 1. beschützen, schützen; 2. *(fig)* abschirmen
proteggersi [pro'tɛddʒersi] *v irr* sich schützen, sich absichern
proteina [prote'iːna] *f* BIO Eiweiß *n*; *contenuto di proteine* Eiweißgehalt *m*
protesi ['prɔːtezi] *f* MED Prothese *f*; ~ *dentaria* Zahnersatz *m*
protesta [pro'tɛsta] *f* Protest *m*
protestante [protes'tante] *adj* 1. REL protestantisch; *m/f* 2. REL Protestant(in) *m/f*

protestare [protes'taːre] *v* protestieren
protestarsi [protes'tarsi] *v* LIT sich erklären
protetto [pro'tɛtto] *adj* 1. geschützt; *m* 2. Schützling *m*
protettore [protet'toːre] *m* 1. Beschützer *m;* 2. POL Schirmherr *m;* 3. *(di prostitute)* Zuhälter *m;* 4. REL Patron *m; adj* 5. schützend, Protektions…
protezione [prote'tsioːne] *f* 1. Schutz *m,* Sicherheit *f; privo di ~* schutzlos; *~ della specie* Artenschutz *m;* 2. *(fig)* Abschirmung *f;* 3. ECO Sicherheit *f;* 4. *~ delle bellezze naturali* Naturschutz *m; ~ dell'ambiente* Umweltschutz *m*
protezionismo [protetsio'nizmo] *m* ECO Protektionismus *m*
protocollare [protokol'laːre] *v* protokollieren
protocollo [proto'kɔllo] *m* Protokoll *n*
protrarsi [pro'trarsi] *v irr* sich hinziehen
protuberanza [protube'rantsa] *f* 1. Ausbuchtung *f;* 2. *(escrescenza)* Höcker *m;* 3. *(gobba)* Buckel *m*
prova ['prɔːva] *f* 1. Beweis *m,* Nachweis *m;* 2. *(di vestiti)* Anprobe *f;* 3. *(di nuove soluzioni)* Erprobung *f;* 4. *(esperimento)* Probe *f,* Test *m; ~ attitudinale* Eignungsprüfung *f; ~ generale* Generalprobe *f;* 5. *(in statistica)* Stichprobe *f;* 6. JUR Beweismittel *n*

P

provabile [pro'vaːbile] *adj* beweisbar
provare [pro'vaːre] *v* 1. beweisen, prüfen; *~ la colpevolezza di* überführen; *~ la propria identità* sich ausweisen; 2. *(un nuovo medicinale)* ausprobieren, probieren; 3. *(un metodo)* erproben; 4. *(dimostrare)* nachweisen; 5. THEAT proben; 6. *(sentire)* spüren; 7. *(cibo)* probieren, kosten
provato [pro'vaːto] *adj* bewährt
provenienza [proveni'ɛntsa] *f* Herkunft *f,* Ursprung *m*
provenire [prove'niːre] *v irr* 1. herkommen; 2. *(fig)* entspringen, herrühren
provento [pro'vɛnto] *m* ECO Einnahme *f*
proverbiale [proverbi'aːle] *adj* sprichwörtlich
proverbio [pro'vɛrbio] *m* Sprichwort *n*
provetta [pro'vetto] *f* Reagenzglas *n*
provincia [pro'vintʃa] *f* Provinz *f*
provinciale [provin'tʃaːle] *adj* provinziell, Provinz…
provino [pro'viːno] *m* CINE Probeaufnahme *f*
provocante [provo'kante] *adj* aufreizend, herausfordernd
provocare [provo'kaːre] *v* 1. provozieren, herausfordern; 2. *(produrre)* erzeugen
provocazione [provoka'tsioːne] *f* Herausforderung *f,* Provokation *f*
provvedere [provve'deːre] *v irr* 1. *~ a* sorgen für, vorsorgen für; 2. *(procurare)* besorgen, beschaffen
provvedimento [provvedi'mento] *m* Vorkehrung *f,* Maßnahme *f*
provvidente [provvi'dɛnte] *adj* vorsorglich
provvidenza [provvi'dɛntsa] *f* 1. Vorsorge *f;* 2. *(fortuna)* Glück *n*
provvidenziale [provviden'tsiaːle] *adj (tempestivo)* gelegen
provvido ['prɔvvido] *adj (previdente)* vorsorgend, fürsorglich
provvigione [provvi'dʒoːne] *f* FIN Provision *f; ~ d'aquisto* Abschlussprovision *f*
provvisorio [provvi'zɔːrio] *adj* vorläufig, behelfsmäßig
provvista [prov'vista] *f* 1. Verpflegung *f,* Verköstigung *f;* 2. MIL Vorrat *m;* 3. *provviste pl* Proviant *m*
prozio [pro'tsiːo] *m* Großonkel *m*
prudente [pru'dɛnte] *adj* vorsichtig
prudenza [pru'dɛntsa] *f* Vorsicht *f,* Vorsichtigkeit *f; per ~* vorsichtshalber
prudere ['pruːdere] *v* jucken, prickeln
prugna ['pruɲɲa] *f* BOT Pflaume *f*
prurito [pru'riːto] *m* MED Juckreiz *m*
psiche ['psiːke] *f* Psyche *f*
psichiatra [psiki'aːtra] *m/f* Psychiater(in) *m/f*
psichiatria [psi'kiatriːa] *f* MED Psychiatrie *f*
psichico ['psiːkiko] *adj* psychisch, seelisch
psicoanalisi [psikoa'naːlizi] *f* Psychoanalyse *f*

psicofarmaco [psiko'farmako] *m* Psychopharmakon *n*
psicologia [psikolo'dʒiːa] *f* Psychologie *f*
psicologico [psiko'lɔːdʒiko] *adj* psychologisch
psicologo [psi'kɔːlogo] *m* Psychologe *m*
psicopatico [psiko'paːtiko] *adj* 1. *MED* gemütskrank; *m* 2. Psychopath *m*
psicosi [psi'kɔːzi] *f MED* Psychose *f*
psicoterapeuta [psikotera'pɛːuta] *m/f* Psychotherapeut(in) *m/f*
psicoterapia [psikotera'piːa] *f* Psychotherapie *f*
puah [pu'a] *interj* pfui
pubblicare [pubbli'kaːre] *v* 1. veröffentlichen; 2. *(libro)* verlegen, herausbringen
pubblicazione [pubblika'tsioːne] *f* 1. Publikation *f; ~ della sentenza* Urteilsverkündung *f;* 2. *pubblicazioni matrimoniali pl* Aufgebot *n*
pubblicista [pubbli'tʃista] *m/f* Publizist(in) *m/f*
pubblicità [pubblitʃi'ta] *f* 1. Reklame *f; fare ~* werben; *~ occulta* Schleichwerbung *f; piccola ~* Kleinanzeigen *pl;* 2. *(opinione pubblica)* Öffentlichkeit *f*
pubblico ['pubbliko] *adj* 1. öffentlich; *rendere ~* veröffentlichen, bekannt geben; *~ ministero* Staatsanwalt *m; m* 2. Publikum *n;* 3. *(opinione pubblica)* Öffentlichkeit *f*
puberale [pube'raːle] *adj* pubertär
pubertà [puber'ta] *f* Pubertät *f,* Entwicklungsjahre *pl*
pudico [pu'diːko] *adj* 1. *(vergognoso)* verschämt, schamhaft; 2. *(casto)* keusch; 3. *(modesto) LIT* bescheiden, genügsam
pudore [pu'doːre] *m* Scham *f*
puericultura [puerikul'tuːra] *f* Säuglingspflege *f*
puerile [pue'riːle] *adj* kindisch, albern
puerpera [pu'ɛrpera] *f* Wöchnerin *f*
pugilatore [pudʒila'toːre] *m SPORT* Boxer *m*
pugile ['puːdʒile] *m SPORT* Boxer *m*
Puglia ['puʎʎa] *f GEO* Apulien *n*
pugnalare [puɲɲa'laːre] *v* erstechen
pugnale [puɲ'ɲaːle] *m* Dolch *m*
pugno ['puɲɲo] *m* 1. Faust *f; di proprio ~* eigenhändig; 2. *(colpo dato con la mano chiusa)* Faustschlag *m*
pulce ['pultʃe] *f ZOOL* Floh *m; mercato delle pulci* Flohmarkt *m*
pulcino [pul'tʃiːno] *m ZOOL* Küken *n*
puledro [pu'leːdro] *m ZOOL* Fohlen *n*
pulire [pu'liːre] *v* 1. putzen, reinigen; 2. *(levare lo sporco sfregando)* abwischen, sauber machen
pulito [pu'liːto] *adj* rein, sauber
pulitura [puli'tuːra] *f* Reinigung *f,* Säuberung *f; ~ a secco* chemische Reinigung *f*
pulizia [puli'tsiːa] *f* 1. Sauberkeit *f;* 2. Reinigung *f; la ~ delle strade* Straßenreinigung *f*
pullover [pul'lɔːver] *m* Pullover *m*
pullulare [pullu'laːre] *v* 1. *(fig)* wimmeln; 2. *(acqua) LIT* hervorquellen; 3. *BOT* sprießen
pulpito ['pulpito] *m REL* Kanzel *f*
pulsante [pul'sante] *m TECH* Druckknopf *m*
pulsare [pul'saːre] *v* pulsieren
pulsazione [pulsa'tsioːne] *f* Herzschlag *m*
pulviscolo [pul'viskolo] *m* feiner Staub *m*
pungente [pun'dʒɛnte] *adj* 1. *(odore)* beißend; 2. *(freddo)* klirrend; 3. *(riccio)* stachelig; 4. *(fig)* messerscharf
pungere ['pundʒere] *v irr* stechen
pungiglione [pundʒiʎ'ʎoːne] *m ZOOL* Stachel *m*
punibile [pu'niːbile] *adj JUR* strafbar
punire [pu'niːre] *v* strafen, bestrafen
punizione [puni'tsioːne] *f* Strafe *f*
punta ['punta] *f* 1. Spitze *f,* Zacke *f; ~ del coltello* Messerspitze *f; in ~ di piedi* auf Zehenspitzen; 2. *(fig)* Höhepunkt *m*
puntare [pun'taːre] *v* 1. stemmen; 2. *~ verso* ansteuern
puntata [pun'taːta] *f* 1. *(al gioco)* Einsatz *m;* 2. *(di una serie)* Folge *f; film a puntate* Serie *f;* 3. *(ferita con oggetto a punta)* Stich *m;* 4. *(capatina)* Abstecher *m*
punteggiare [punted'dʒaːre] *v* punktieren
punteggiatura [punteddʒa'tuːra] *f GRAMM* Zeichensetzung *f*

puntellare [puntel'la:re] *v* stützen
puntello [pun'tɛllo] *m* Stütze *f*
puntiglioso [puntiʎ'ʎo:so] *adj (ostinato)* starrsinnig
punto ['punto] *m* 1. Punkt *m; a questo ~* dazu; *due punti* Doppelpunkt *m; ~ e virgola* Strichpunkt *m; ~ esclamativo* Ausrufezeichen *n; ~ interrogativo* Fragezeichen *n; ~ neutro* Nullpunkt *m; ~ centrale* Mittelpunkt *m; ~ d'incontro* Treffpunkt *m;* 2. *(fig)* Schlussstrich *m;* 3. *(cucitura)* Stich *m;* 4. *(luogo)* Stelle *f; ~ cardinale* Hauptpunkt *m;* 5. *ASTR* Himmelsrichtung *f;* 6. *a buon ~* ziemlich weit; 7. *fare il ~* zusammenfassen
puntuale [puntu'a:le] *adj* pünktlich, termingerecht
puntualità [puntuali'ta] *f* Pünktlichkeit *f*
puntualizzare [puntualid'dza:re] *v* präzisieren
puntura [pun'tu:ra] *f* 1. *(di vespa)* Stich *m; ~ d'ape* Bienenstich *m; ~ di zanzara* Mückenstich *m;* 2. *MED* Injektion *f*
punzecchiare [puntsekki'a:re] *v* necken
pupa ['pu:pa] *f (fam)* Puppe *f*
pupazzo [pu'pattso] *m* Puppe *f*
pupilla [pu'pilla] *f ANAT* Pupille *f*
pupillo [pu'pillo] *m* 1. Pflegekind *n;* 2. *JUR* Mündel *n*
purché [pur'ke] *konj* wenn nur, wenn bloß
purchessia [purkes'si:a] *adj* irgendein, beliebig
pure ['pu:re] *adv* 1. auch; 2. *(tuttavia)* dennoch, doch; 3. *(ugualmente)* ebenfalls
purè [pu'rɛ] *m GAST* Püree *n*
purea [pu'rɛ:a] *f GAST* Püree *n*
purezza [pu'rettsa] *f* Reinheit *f*
purgare [pur'ga:re] *v* 1. *MED* abführen; 2. *(pulire)* reinigen, säubern; 3. *MET* veredeln
purificare [purifi'ka:re] *v* klären, reinigen
purificato [purifi'ka:to] *adj* 1. gereinigt; 2. *(fig)* geläutert
puritano [puri'ta:no] *adj* puritanisch
puro ['pu:ro] *adj* 1. rein, echt; 2. *(non alterato)* unverfälscht, pur
purtroppo [pur'trɔppo] *adv* leider
purulento [puru'lɛnto] *adj MED* eitrig
pus [pus] *m MED* Eiter *m*
pusillanime [puzil'la:nime] *adj* kleinmütig
pustola ['pustola] *f* Pickel *m,* Pustel *f*
putativo [puta'ti:vo] *adj JUR* vermeintlich; *padre ~* Pflegevater *m*
putiferio [puti'fɛ:rio] *m* 1. *(fam)* Eklat *m,* Krach *m;* 2. *(fig: gran baccano)* Höllenlärm *m*
putrefarsi [putre'farsi] *v* verwesen
putrefazione [putrefa'tsio:ne] *f* Verwesung *f*
putrido ['pu:trido] *adj* 1. verwest; 2. *(corrotto)* verdorben
puttana [put'ta:na] *f (fam)* Hure *f (fam)*
puzza ['puttsa] *f* Gestank *m; Qui c'è ~ di bruciato.* Hier ist etw faul.
puzzare [put'tsa:re] *v* stinken
puzzo ['puttso] *m* Gestank *m*
puzzola ['puttsola] *f* 1. *ZOOL* Iltis *m;* 2. *(moffetta)* Stinktier *n*
puzzolente [puttso'lɛnte] *adj* stinkend

Q

qua [kua] *adv (luogo)* da, hier, hierher; *~ dentro* darin
quaderneria [kuaderne'ri:a] *f* Heftsortiment *n*, Auswahl *f* an Heften
quaderno [kua'dɛrno] *m* Heft *n*; *~ a quadretti/a righe* kariertes/liniertes Heft *n*; *~ formato A4* DIN-A4-Heft *n*
quadrangolare [kuadraŋgo'la:re] *adj* viereckig
quadrante [kua'drante] *m* Zifferblatt *n*; *~ luminoso* Leuchtzifferblatt *n*
quadrato [kua'dra:to] *adj* 1. quadratisch; *m* 2. Quadrat *n*; *7 al ~* 7 hoch zwei, *elevare un numero al ~* eine Zahl quadrieren/ins Quadrat erheben
quadretto [kua'dretto] *m MATH* kleines Quadrat *n*; *a quadretti* kariert
quadrilatero [kuadri'la:tero] *m* Viereck *n*
quadro ['kua:dro] *m* 1. Bild *n*, Gemälde *n*; *fare un ~ della situazione* die Situation schildern 2. *TECH* Tafel *f*; *~ elettrico* Schaltschrank *m*; *~ di comando* Schalttafel *f*; *~ portapparecchi* Armaturenbrett *n*; 3. *MATH* Quadrat *n*; *metro ~* Quadratmeter *m/n*; 4. *(fig)* Rahmen *m*; 5. *~ del colesterolo MED* Cholesterinspiegel *m*
quaglia ['kuaʎʎa] *f ZOOL* Wachtel *f*
qualche ['kualke] *pron* 1. einige, etliche; *adv ~ minuto* einige Minuten; *in ~ modo* irgendwie 2. *~ volta* manchmal, zuweilen
qualcosa [kual'kɔ:sa] *pron* 1. etwas; *adj* 2. irgendetwas
qualcuno [kual'ku:no] *pron* 1. irgendjemand, jemand; 2. *(taluno)* manche(r,s)
quale ['kua:le] *adj* 1. *(interr)* welche(r,s); *pron* 2. *(interr)* welche(r,s)
qualificarsi [kualifi'karsi] *v* sich qualifizieren
qualificazione [kualifika'tsio:ne] *f* Qualifikation *f*
qualità [kuali'ta] *f* 1. Eigenschaft *f*; 2. *(pregio, merito)* Qualität *f*; *prodotto di ~* Qualitätsware *f*; *di ~* von Qualität; *di prima ~* erstklassig; *di ~ superiore* hochwertig 3. *ECO* Güte *f*
qualitativo [kualita'ti:vo] *adj* qualitativ
qualsiasi [kual'si:asi] *adj* beliebig *in ~ momento* jederzeit
qualunque [kua'luŋkue] *adj* beliebig; *a ~ costo* zu jedem Preis
quando ['kuando] *adv* 1. wann; *konj* 2. als; 3. *(tempo)* wenn; *da ~* seit/seitdem
quantità [kuanti'ta] *f* 1. Menge *f*, Quantität *f*; 2. *PHYS* Quantum *n*
quantitativo [kuantita'ti:vo] *adj* mengenmäßig, quantitativ
quanto ['kuanto] *adv* 1. *(interr)* wie viel; *Quanto costa?* Wie viel kostet das? 2. *~ mai* allerhöchstens; 3. *tanto ... ~* so viel ... wie; *adj* 4. *(interr)* wie viel; *konj* 5. soviel; *per ~* insofern, sosehr; *per ~ riguarda* hinsichtlich
quaranta [kua'ranta] *num* vierzig
quarantena [kuaran'tɛ:na] *f* Quarantäne *f*
quarantesimo [kuaran'tɛ:zimo] *adj* vierzigste(r,s)
quaresima [kua're:zima] *f REL* Fastenzeit *f*
quartetto [kuar'tetto] *m* Quartett *n*
quartiere [kuarti'ɛ:re] *m* Viertel *n*, Stadtteil *m*; *~ povero* Elendsviertel *n*; *~ residenziale* Wohnviertel *n*
quarto ['kuarto] *adj* 1. vierte(r,s); *m* 2. Viertel *n*; *un ~ di pollo* ein Viertel Huhn *n*; *un ~ di litro* ein Viertelliter *m*; *~ d'ora* Viertelstunde *f*; *tre quarti d'ora* Dreiviertelstunde *f*; *passare un brutto ~ d'ora (fig)* ein paar schlimme Augenblicke durchmachen
quarzo ['kuartso] *m MIN* Quarz *m*
quasi ['kua:si] *adv* beinahe, fast
quatto ['kuatto] *adj* 1. geduckt, gebückt; 2. *(fig)* klammheimlich; 3. *~ ~* ganz still, sachte
quattordicesimo [kuattordi'tʃɛ:zimo] *adj* vierzehnte(r,s)
quattordici [kuat'tordit∫i] *num* vierzehn
quattrino [kuat'tri:no] *m* 1. *(moneta)*

Q

Heller *m; non avere il becco di un ~* keinen roten Heller besitzen; **2.** *quattrini pl* Geld *n*

quattro ['kuattro] *num* vier; *dirne ~ a qu (fam)* jmd die Meinung sagen; *parlare a ~ occhi* mit jdm unter vier Augen sprechen; *fare ~ chiacchiere* quatschen; *fare ~ passi* einen kleinen Spaziergang machen; *fare il diavolo a ~* einen Höllenlärm machen; *in quattro e quattr'otto ~* im Handumdrehen, im Nu

quello ['kuello] *pron* **1.** das; **2.** *(persona)* der; *È sempre ~. (fam)* Er ist immer noch der Alte. **3.** *(colui che)* derjenige; **4.** *(persona lontana)* jene(r,s); *adj* **5.** jene(r,s)

quercia [kuɛrtʃa] *f BOT* Eiche *f*

querela [kue'rɛ:la] *f JUR* Klage *f*; *sporgere ~ contro qu* gegen jmd Klage erheben; jmd verklagen

querelante [kuere'lante] *m/f JUR* Kläger(in) *m/f*

querelare [kuere'la:re] *v JUR* verklagen

querulomane [kuerulo'ma:ne] *m/f* Querulant(in) *m/f*

quesito [kue'zi:to] *m* Frage *f*; *~ a premi* Preisfrage *f*

questionario [kuestio'na:rio] *m* Fragebogen *m*

questione [kuesti'o:ne] *f* Angelegenheit, Frage *f*; *~ controversa* Streitfrage *f*; *~ d'onore* Ehrensache; *è ~ di vita e morte* es geht um Leben und Tod; *è ~ di un minuto* es ist eine Sache von einer Minute

questo ['kuesto] *pron* **1.** diese(r,s), der/die/das, dies; *Vorrei ~ qui.* Ich möchte das da. **2.** *(persona vicina)* diese(r,s); *per ~* dafür, daher, dazu; *di ~* davon; *adj* **3.** diese(r,s); *per ~ motivo* dadurch

questore [kues'to:re] *m* Polizeipräsident *m*

questura [kues'tu:ra] *f* Polizeipräsidium *n*; *andare in ~* zur Polizei gehen

qui [kui] *adv (luogo)* da, her, hier; *di ~* hiesig; *È già stato ~ una volta?* Waren Sie schon einmal hier?

quiete [kui'ɛ:te] *f* Stille *f*; *la ~ prima della tempesta* die Ruhe vor dem Sturm

quieto [kui'ɛ:to] *adj* still, ruhig

quindi ['kuindi] *konj* somit

quindicesimo [kuindi'tʃɛ:zimo] *adj* fünfzehnte(r,s)

quindici ['kuinditʃi] *num* fünfzehn

quinta ['kuinta] *f* **1.** *THEAT* Kulisse *f*; **2.** *(classe)* fünfte Klasse *f*; **3.** fünfter Gang *m*; **4.** *MUS* Quint(e) *f*

quintale [kuin'ta:le] *m* Doppelzentner *m*; *mezzo ~* Zentner *m*

quintessenza [kuintes'sɛntsa] *f* Inbegriff *m*, Quintessenz *f*

quinto [ku'into] *adj* fünfte(r,s)

quota ['kuo:ta] *f* **1.** Quote *f*; *~ d'investimento* Einlage *f*; *~ di rincaro* Teuerungsrate *f*; *~ di volo* Flughöhe *f*; *~ sociale* Mitgliedsbeitrag *m*; **2.** *(contributo)* Beitrag *m*

quotare [kuo'ta:re] *v FIN* notieren

quotazione [kuota'tsio:ne] *f FIN* Kurs *m*; *~ delle azioni* Aktiennotierung *f*

quotidiano [kuotidi'a:no] *adj* **1.** täglich; *m* **2.** Tageszeitung *f*; *m* **3.** *(vita quotidiana)* Alltag *m*

quoziente [kuo'tsiɛnte] *m MATH* Quotient *m*; *~ d'intelligenza* Intelligenzquotient *m*

R

rabarbaro [ra'barbaro] *m BOT* Rhabarber *m*
rabbia ['rabbia] *f* 1. Zorn *m; con ~* zornig; 2. *MED* Tollwut *f*
rabbino [rab'bi:no] *m* Rabbiner *m*
rabbioso [rab'bio:so] *adj* zornig
rabbonire [rabbo'ni:re] *v* beruhigen
rabbonirsi [rabbo'nirsi] *v* wieder ruhig werden, sich beruhigen
rabbrividire [rabbrivi'di:re] *v* schaudern
rabbruscarsi [rabbrus'karsi] *v* trübe werden
rabbuffarsi [rabuf'farsi] *v* sich in die Haare geraten, sich streiten
rabbuffo [ra'buffo] *m* Ermahnung *f*, Rüffel *m*
rabbuiarsi [rabbui'arsi] *v* sich verfinstern
raccapezzarsi [rakkapet'tsarsi] *v* sich zurechtfinden
raccapricciante [rakkaprit'tʃante] *adj* schauderhaft, entsetzlich
raccapriccio [rakka'prittʃo] *m* Entsetzen *n*
raccattapalle [rakkatta'palle] *m SPORT* Balljunge *m*
raccattare [rakkat'ta:re] *v* auflesen, aufheben
raccertarsi [rattʃer'tarsi] *v* sich vergewissern
racchetta [rak'ketta] *f ~ da tennis SPORT* Tennisschläger *m*
racchiudere [rak'kiu:dere] *v irr (fig)* bergen
racchiudersi [rak'kiu:dersi] *v irr ~ in se stesso* in sich gekehrt sein
raccogliere [rak'kɔʎʎere] *v irr* 1. pflücken, ernten; 2. *(da terra)* aufheben; 3. *(collezionare, radunare)* sammeln, versammeln
raccogliersi [rak'kɔʎʎersi] *v irr* 1. *(in un posto)* sich sammeln, sich vereinigen; 2. *(mentalmente)* sich sammeln, sich konzentrieren
raccoglimento [rakkoʎʎi'mento] *m* Andacht *f*
raccoglitore [rakkoʎʎi'to:re] *m* Sammelmappe *f*, Ordner *m*
raccolta [rak'kɔlta] *f* 1. Sammlung *f*; 2. *(dei frutti della terra)* Ernte *f*; *~ dell'uva* Weinlese *f*; 3. *~ di inni sacri REL* Gesangbuch *n*; 4. *~ dati INFORM* Datei *f*; 5. *~ di capitali FIN* Kapitalbeschaffung *f*
raccolto [rak'kɔlto] *adj* 1. andächtig; 2. *(riunito)* versammelt
raccomandare [rakkoman'da:re] *v* 1. empfehlen, raten; 2. *(affidare)* anvertrauen
raccomandarsi [rakkoman'darsi] *v* 1. sich empfehlen; 2. *~ a qc* sich etw anvertrauen; 3. *(fare affidamento)* sich verlassen; *Mi raccomando, non dimenticarti di fare la spesa.* Ich verlasse mich darauf, dass du einkaufen gehst. *Mi raccomando, prendi la medicina fra un'ora.* Du musst das Medikament unbedingt in einer Stunde einnehmen.
raccomandata [rakkoman'da:ta] *f* Einschreibebrief *m*
raccomandazione [rakkomanda'tsio:ne] *f* 1. Empfehlung *f*; 2. Beziehung *f*
raccontare [rakkon'ta:re] *v* 1. erzählen; *~ con parole proprie* mit eigenen Worten nacherzählen; 2. *~ fandonie (fig)* aufschneiden
racconto [rak'konto] *m* Geschichte *f*, Erzählung *f*
raccordo [rak'kɔrdo] *m* 1. Anschluss *m*, Verbindung *f*; 2. *TECH* Verbindungsstück *n*; 3. *~ stradale* Zubringerstraße *f*, Verbindungsstraße *f*
raccostarsi [rakkos'tarsi] *v* sich wieder nähern
racimolare [ratʃimo'la:re] *v* aufsammeln
rada ['ra:da] *f* 1. *GEO* Meeresbucht *f*; 2. *NAUT* Reede *f*
radar ['ra:dar] *m PHYS* Radar *m*
raddensarsi [radden'sarsi] *v* dichter werden
raddolcire [raddol'tʃi:re] *v* 1. versüßen; 2. *(fig)* lindern, abmildern

raddolcirsi [raddol'tʃirsi] *v* milder werden
raddoppiare [raddoppi'aːre] *v* verdoppeln
raddrizzare [raddrit'tsaːre] *v* 1. aufrichten, gerade richten; 2. *(riparare)* ausbessern; 3. *(fig: rettificare)* richtigstellen
radente [ra'dɛnte] *adj* rasant; *volo ~* Tiefflug *m*
radere ['raːdere] *v irr* 1. rasieren; 2. *(tagliare)* abschneiden; 3. *~ al suolo* dem Erdboden gleichmachen; 4. *(rasentare)* streifen
radersi ['raːdersi] *v irr* sich rasieren
radiatore [radia'toːre] *m* 1. *TECH* Heizkörper *m;* 2. *(dell'auto) TECH* Kühler *m*
radiazione [radia'tsioːne] *f PHYS* Strahlung *f; esposizione alle radiazioni* Strahlenbelastung *f*
radicale [radi'kaːle] *adj* 1. radikal; *m/f* 2. *POL* Radikale(r) *m/f*
radicalismo [radika'lizmo] *m* Radikalismus *m*
radice [ra'diːtʃe] *f* 1. *BOT* Wurzel *f;* 2. *(fig)* Ursprung *m,* Ausgangspunkt *m*
radio[1] ['raːdio] *f* 1. Radio *n,* Rundfunk *m; ~ della polizia* Polizeifunk *m; ~ di bordo* Bordfunk *m;* 2. *(ente)* Rundfunkanstalt *m;* 3. *(apparecchio)* Rundfunkempfänger *m; ~ a transistor* Transistorradio *n*
radio[2] ['raːdio] *m ANAT* Speiche *f*
radio[3] ['raːdio] *m CHEM* Radium *n*
radioattività [radioattivi'ta] *f PHYS* Radioaktivität *f*
radioattivo [radioat'tiːvo] *adj PHYS* radioaktiv; *periodo ~* Halbwertszeit *f*
radiocomandare [radiokoman'daːre] *v TECH* fernsteuern
radiodiffusione [radiodiffu'sioːne] *f TECH* Rundfunk *m*
radiografia [radiogra'fiːa] *f MED* Röntgenbild *n*
radiologo [radi'ɔːlogo] *m MED* Radiologe *m*
radiomessaggio [radiomes'saddʒo] *m* Funkspruch *m*
radiooperatore [radioopera'toːre] *m* Funker *m*
radioso [ra'dioːso] *adj* funkelnd, strahlend
radiotelegrafista [radiotelegra'fista] *m/f* Funker(in) *m/f*
radioterapia [radiotera'piːa] *f MED* Strahlenbehandlung *f*
radiotrasmittente [radiotrasmit'tɛnte] *m TEL* Radiosender *m*
rado ['raːdo] *adj* licht, spärlich; *di ~* selten
radunare [radu'naːre] *v* versammeln
radunarsi [radu'narsi] *v* sich versammeln
raduno [ra'duːno] *m* Versammlung *f*
radura [ra'duːra] *f* Lichtung *f*
rafano ['raːfano] *m BOT* Rettich *m; ~ tedesco* Meerrettich *m*
raffermarsi [raffer'marsi] *v* sich wieder verpflichten
raffica ['raffika] *f* 1. *~ di vento* Bö *f,* Windstoß *m;* 2. *~ di pioggia* Regenbö *f;* 3. *~ di neve* Schneebö *f*
raffigurare [raffigu'raːre] *v* darstellen
raffigurazione [raffigura'tsioːne] *f* Darstellung *f,* Versinnbildlichung *f*
raffinare [raffi'naːre] *v* raffinieren
raffinarsi [raffi'narsi] *v* sich verfeinern
raffinatezza [raffina'tettsa] *f* Raffinesse *f*
raffinato [raffi'naːto] *adj* 1. *(fine)* raffiniert, verfeinert; 2. *(fig)* vornehm; 3. *(fig: scaltrito)* durchtrieben
raffinazione [raffina'tsioːne] *f* Verfeinerung *f*
raffineria [raffine'riːa] *f* Raffinerie *f*
rafforzamento [raffortsa'mento] *m* Verstärkung *f*
rafforzare [raffor'tsaːre] *v* 1. verstärken; 2. *(fig: dubbi, opinioni)* bestärken
raffreddamento [raffredda'mento] *m* Kühlung *f,* Abkühlung *f*
raffreddare [raffred'daːre] *v* 1. abkühlen, kühlen; 2. *~ rapidamente TECH* abschrecken
raffreddarsi [raffred'darsi] *v* 1. *MED* sich erkälten, sich verkühlen; 2. *(diventare freddo)* abkühlen, kalt werden
raffreddato [raffred'daːto] *adj* 1. *MED* erkältet, verkühlt; *Sono ~.* Ich bin erkältet. 2. *~ ad aria TECH* luftgekühlt
raffreddore [raffred'doːre] *m MED* Erkältung *f; ~ da fieno* Heuschnupfen *m; prendersi un bel ~ (fam)* sich eine schöne Erkältung zuziehen

raffrenarsi [raffre'narsi] *v* sich bremsen
raffrescarsi [raffres'karsi] *v* kühl werden
raffronto [raf'fronto] *m* Gegenüberstellung *f*
rafia ['ra:fia] *f* Bast *m*
raganella [raga'nɛlla] *f* ZOOL Laubfrosch *m*
ragazza [ra'gattsa] *f* Mädchen *n*
ragazzo [ra'gattso] *m* Knabe *m*, Junge *m*
raggiante [rad'dʒante] *adj* 1. strahlend; 2. *(fig: persona)* glückstrahlend
raggio ['raddʒo] *m* 1. Strahl *m*; *~ di luce* Lichtstrahl *m*; *~ laser* Laserstrahl *m*; 2. MATH Radius *m*; 3. GEO Umkreis *m*, Umfeld *n*; *~ d'azione* Aktionsradius *m*, Reichweite *f*; 4. TECH Speiche *f*; 5. *raggi infrarossi* PHYS Infrarotstrahlen *pl*
raggirare [raddʒi'ra:re] *v* hintergehen
raggirarsi [raddgi'rarsi] *v* herumlaufen
raggiro [rad'dʒi:ro] *m* Betrug *m*, Schwindel *m*
raggiungere [rad'dʒundʒere] *v irr* erreichen, erzielen; *Come posso raggiungerla?* Wie kann ich Sie erreichen?
raggiungibile [raddʒun'dʒi:bile] *adj* erreichbar
raggiungimento [raddʒundʒi'mento] *m* 1. Einholen *n*; 2. *(fig: realizzazione)* Verwirklichung *f*
raggranellare [raggranel'la:re] *v* zusammentragen, anhäufen
raggrinzire [raggrin'tsi:re] *v* runzeln, zerknittern
raggrumarsi [raggru'marsi] *v* gerinnen
raggruppare [raggrup'pa:re] *v* gruppieren
ragguaglio [raggu'aʎʎo] *m* 1. Auskunft *f*, Information *f*; 2. *(raffronto)* Vergleich *m*
ragguardevole [ragguar'de:vole] *adj* 1. angesehen; 2. *(notevole)* ansehnlich
ragionamento [radʒona'mento] *m* 1. Gedankengang *m*; 2. Erläuterung *f*
ragionare [radʒo'na:re] *v* denken
ragione [ra'dʒo:ne] *f* 1. *(ratio)* Vernunft *f*, Verstand *m*; 2. Grund *m*, Ursache *f*; *per quale ~* weshalb; *che vuol sempre aver ~* rechthaberisch; *senza ~* grundlos; *farsi una ~* zur Selbsthilfe schreiten; 3. *(diritto)* Recht *n*; *a maggior ~* umso mehr; 4. *ragion d'essere* Existenzberechtigung *f*
ragioneria [radʒone'ri:a] *f* FIN Rechnungswesen *n*
ragionevole [radʒo'ne:vole] *adj* 1. vernünftig, zumutbar; 2. *(fig)* billig
ragioniere [radʒoni'ɛ:re] *m* FIN Buchhalter *m*
ragnatela [raɲɲa'te:la] *f* ZOOL Spinnennetz *n*
ragno ['raɲɲo] *m* ZOOL Spinne *f*
rallegrare [ralle'gra:re] *v* erfreuen
rallegrarsi [ralle'grarsi] *v* sich freuen
rallentamento [rallenta'mento] *m* Verlangsamung *f*
rallentare [rallen'ta:re] *v* verlangsamen, vermindern; *Rallentare!* Langsamer fahren!
rallentatore [rallenta'to:re] *m* CINE Zeitlupe *f*
ramaiolo [rama'iɔ:lo] *m* Schöpflöffel *m*
ramanzina [raman'dzi:na] *f* Moralpredigt *f*
rame ['ra:me] *m* CHEM Kupfer *n*
ramificazione [ramifika'tsio:ne] *f* Abzweigung *f*, Verzweigung *f*
ramino [ra'mi:no] *m* Rommé *n*
rammaricarsi [rammari'karsi] *v* 1. *~ di qc* etw bedauern; 2. *(essere afflitto)* betrübt sein, bekümmert sein
rammendare [rammen'da:re] *v* stopfen
rammentare [rammen'ta:re] *v* erinnern an
rammollito [rammol'li:to] *adj* 1. schwächlich *m*; 2. Schwächling *m*
ramo ['ra:mo] *m* 1. BOT Zweig *m*, Ast *m*; *rami secchi* Reisig *m*; 2. *(fig)* Zweig *m*; *~ commerciale* Geschäftszweig *m*; 3. *(campo)* Sparte *f*; 4. *(di fiume)* Flussarm *m*
rampa ['rampa] *f* 1. Auffahrt *f*; 2. *(caricare)* Rampe *f*
rampicante [rampi'kante] *adj* 1. kletternd; *m* 2. BOT Kletterpflanze *f*
rampollo [ram'pollo] *m* *(fig)* Sprössling *m*
rana ['ra:na] *f* ZOOL Frosch *m*; *nuoto a ~* Brustschwimmen *n*
rancido ['rantʃido] *adj* ranzig
rancore [raŋ'ko:re] *m* Groll *m*

randagio [ran'daːdʒo] *adj* streunend
randello [ran'dɛllo] *m* Prügel *m*, Knüppel *m*
rango ['raŋgo] *m* Rang *m*, Stand *m*
rannicchiarsi [rannikki'arsi] *v* sich niederkauern; *stare rannicchiato* zusammengekauert sitzen
rannuvolarsi [rannuvo'larsi] *v* 1. sich bewölken; 2. *(fig)* sich verfinstern
ranuncolo [ra'nuŋkolo] *m* BOT Butterblume *f*
rapa ['raːpa] *f* BOT Rübe *f*
rapace [ra'paːtʃe] *adj* raffgierig; *uccello ~* Raubvogel *m*
rapacità [rapatʃi'ta] *f* Raubgier *f*
rapido ['raːpido] *adj* 1. rasch, zügig; *m* 2. Schnellzug *m*, D-Zug *m*
rapimento [rapi'mento] *m* Entführung *f*, Raub *m*
rapina [ra'piːna] *f* Raub *m*, Diebstahl *m*
rapinare [rapi'naːre] *v* rauben
rapinatore [rapina'toːre] *m* Räuber *m*
rapire [ra'piːre] *v* rauben, entführen
rapitore [rapi'toːre] *m* Entführer *m*, Kidnapper *m*
rappacificarsi [rappatʃifi'karsi] *v* sich versöhnen
rappezzare [rappet'tsaːre] *v* stopfen, ausbessern
rapporto [rap'pɔrto] *m* 1. Beziehung *f*, Verbindung *f*, Verhältnis *n*; *rapporti sessuali* Geschlechtsverkehr *m*; 2. *(d'ufficio)* Bericht *m*; *~ sulla situazione* Lagebericht *m*; *~ di gestione* Geschäftsbericht *m*; 3. *~ di moltiplicazione* TECH Übersetzung *f*; 4. *~ negativo* Fehlanzeige *f*
rapprendersi [rap'prɛndersi] *v irr* gerinnen
rappresaglia [rappre'saʎʎa] *f* Vergeltungsmaßnahme *f*
rappresentante [rapprezen'tante] *m/f* Vertreter(in) *m/f*; *~ di commercio* Handelsvertreter(in) *m/f*; *~ in giudizio* Prozessbevollmächtigte(r) *m/f*
rappresentanza [rapprezen'tantsa] *f* Vertretung *f*; *~ di genitori* Elternbeirat *m*; *~ generale* Generalvertretung *f*
rappresentare [rapprezen'taːre] *v* 1. darstellen; 2. vertreten, repräsentieren; 3. THEAT aufführen; 4. CINE darstellen
rappresentazione [rapprezenta'tsioːne] *f* 1. Darstellung *f*; 2. THEAT Aufführung *f*, Vorstellung *f*; *~ serale* Abendvorstellung *f*; 3. CINE Darstellung *f*
raramente [rara'mente] *adv* selten
rarefazione [rarefa'tsioːne] *f* Verdünnung *f*
rarità [rari'ta] *f* Seltenheit *f*, Rarität *f*
raro ['raːro] *adj* selten
rasare [ra'saːre] *v* kahl scheren, rasieren
rasatura [rasa'tuːra] *f* Rasur *f*
raschiare [ras'kiaːre] *v* kratzen, auskratzen
raschiarsi [ras'kiarsi] *v* sich räuspern
rasentare [razen'taːre] *v* 1. streifen; 2. *(fig)* angrenzen
raso ['raːso] *m* 1. Satin *m*; *adj* 2. rasiert
rasoio [ra'soːio] *m* Rasierapparat *m*, Rasiermesser *n*
raspa ['raspa] *f* Raspel *f*
rassegna [ras'seɲɲa] *f* 1. Revue *f*; 2. Bericht *m*; 3. *(di giornali)* Rundschau *f*; 4. *(sfilata)* Parade *f*; *~ di moda* Modenschau *f*
rassegnare [rasseɲ'ɲaːre] *v* 1. aufgeben; 2. *(un incarico)* niederlegen; *~ le proprie dimissioni* seinen Rücktritt einreichen
rassegnarsi [rasseɲ'ɲarsi] *v* resignieren
rassegnazione [rasseɲɲa'tsioːne] *f* Resignation *f*
rasserenamento [rasserena'mento] *m* Aufheiterung *f*
rasserenare [rassere'naːre] *v* erheitern
rassicurante [rassiku'rante] *adj* vertrauenerweckend, beruhigend
rassicurare [rassiku'raːre] *v* 1. trösten; 2. *(assicurare)* versichern
rassicurarsi [rassiku'rarsi] *v* sich vergewissern, sich beruhigen
rassomigliare [rassomiʎ'ʎaːre] *v* 1. gleichen; 2. *(porre a confronto)* LIT gegenüberstellen, einen Vergleich anstellen
rassomigliarsi [rassomiʎ'ʎarsi] *v* sich gleichen, sich ähneln
rastrello [ras'trɛllo] *m* AGR Rechen *m*
rata ['raːta] *f* ECO Rate *f*
rateale [rate'aːle] *adj* ECO ratenweise
ratifica [ra'tiːfika] *f* 1. POL Ratifizierung *f*; 2. *(approvazione, conferma)* Genehmigung *f*, Bestätigung *f*

ratificare [ratifi'ka:re] *v POL* ratifizieren
ratificazione [ratifika'tsio:ne] *f POL* Ratifikation *f*
ratto ['ratto] *m ZOOL* Ratte *f*
rattoppare [rattop'pa:re] *v* flicken
rattrappire [rattrap'pi:re] *v* verkrampfen
rattrappirsi [rattrap'pirsi] *v* sich zusammenziehen
rattristare [rattris'ta:re] *v* betrüben
rattristarsi [rattris'tarsi] *v* traurig werden
raucedine [rau'tʃɛ:dine] *f MED* Heiserkeit *f*
rauco ['ra:uko] *adj* heiser, rau
ravanello [rava'nɛllo] *m BOT* Radieschen *n*
ravvedersi [ravve'dersi] *v irr* sich bessern
ravvicinamento [ravvitʃina'mento] *m* 1. Annäherung *f;* 2. *(fig)* Versöhnung *f*
ravvicinare [ravvitʃi'na:re] *v* näher bringen
ravvicinarsi [ravvitʃi'narsi] *v* 1. sich nähern; 2. *(fig)* sich annähern
ravvivamento [ravviva'mento] *m* Wiederbelebung *f*
ravvivare [ravvi'va:re] *v* wiederbeleben
raziocinante [ratsiotʃi'nante] *adj* vernünftig
razionale [ratsio'na:le] *adj* 1. *(relativo alla ragione)* rational, vernünftig; 2. rationell, zweckentsprechend
razionalità [ratsionali'ta] *f* Rationalität *f*
razionalizzare [ratsionalid'dza:re] *v* rationalisieren
razionamento [ratsiona'mento] *m* Rationierung *f*
razionare [ratsio'na:re] *v* rationieren
razione [ra'tsio:ne] *f* Ration *f*
razza[1] ['rattsa] *f* 1. Rasse *f; di ~* rassig; *di ~ pura* reinrassig; 2. *(sorta)* Sorte *f*
razza[2] ['raddza] *f (pesce)* Rochen *m*
razzia [rat'tsi:a] *f* 1. Plünderung *f;* 2. *(fig)* Razzia *f*, Streifzug *m*
razziale [rat'tsia:le] *adj* rassisch
razziare [rat'tsia:re] *v* ausplündern
razzismo [rat'tsizmo] *m* Rassismus *m*
razzista [rat'tsista] *m/f* Rassist(in) *m/f*
razzo ['raddzo] *m* Rakete *f; ~ di segnalazione* Leuchtrakete *f; ~ a lungo raggio* Langstreckenrakete *f*
razzolare [rattso'la:re] *v* scharren
re [re] *m* König
reagire [rea'dʒi:re] *v* reagieren
reale [re'a:le] *adj* 1. tatsächlich, wirklich; 2. *POL* königlich; 3. *(onesto)* reell, zuverlässig
realismo [rea'lizmo] *m* Realismus *m*
realista [rea'lista] *m/f* Realist(in) *m/f*
realistico [rea'listiko] *adj* realistisch, wirklichkeitsnah
realizzabile [realid'dza:bile] *adj* realisierbar
realizzare [realid'dza:re] *v* 1. verwirklichen, gestalten; 2. *ECO* erzielen
realizzarsi [realid'dzarsi] *v* wahr werden, sich verwirklichen
realizzazione [realiddza'tsio:ne] *f* 1. Gestaltung *f*, Verwirklichung *f;* 2. *(fig)* Herstellung *f*, Zustandekommen *n*
realtà [real'ta] *f* Wirklichkeit *f*, Realität *f*
reato [re'a:to] *m JUR* Tat *f*, Delikt *n*
reattività [reattivi'ta] *f* Reaktionsvermögen *n*, Geistesgegenwart *f*
reattore [reat'to:re] *m* 1. *PHYS* Reaktor *m; ~ di ricerche* Forschungsreaktor *m; ~ nucleare* Kernreaktor *m;* 2. *TECH* Düsenflugzeug *n*
reazionario [reatsio'na:rio] *adj* 1. *POL* reaktionär; *m* 2. Reaktionär *m*
reazione [rea'tsio:ne] *f* Reaktion *f; ~ a catena* Kettenreaktion *f*
rebus ['rɛ:bus] *m* Bilderrätsel *n*
recapitare [rekapi'ta:re] *v (lettere)* austragen
recapito [re'ka:pito] *m* 1. Adresse *f;* 2. *(domicilio)* Wohnort *m*
recare [re'ka:re] *v* bringen
recarsi [re'karsi] *v* sich begeben
recedere [re'tʃɛ:dere] *v* zurückgehen, zurücktreten
recensione [retʃen'sio:ne] *f* Literaturkritik *f*, Kritik *f*
recente [re'tʃɛnte] *adj* jüngst, neu; *le più recenti notizie* die allerneuesten Meldungen *pl; i più recenti avvenimenti* die jüngsten Vorkommnisse *pl*
recentemente [retʃente'mente] *adv* kürzlich

recessione [retʃes'sioːne] *f* 1. *ECO* Rezession *f;* 2. *(riduzione)* Schrumpfung *f*
recezione [retʃe'tsioːne] *f* 1. Empfang *m,* Aufnahme *f;* 2. *JUR* Übernahme *f*
recidere [re'tʃiːdere] *v irr* abhacken
recidivo [retʃi'diːvo] *adj* rückfällig
recingere [re'tʃindʒere] *v irr* umzäunen
recintare [retʃin'taːre] *v* umzäunen
recinto [re'tʃinto] *m* Zaun *m,* Hürde *f;* ~ *delle grida* Börsenparkett *n*
recinzione [retʃin'tsioːne] *f* Zaun *m,* Einzäunung *f*
recipiente [retʃipi'ɛnte] *m* Behälter *m*
reciprocità [retʃiprotʃi'ta] *f* Gegenseitigkeit *f*
reciproco [re'tʃiːproko] *adj* gegenseitig, wechselseitig
recita ['rɛːtʃita] *f* 1. Vortrag *m;* 2. *THEAT* Vorstellung *f;* ~ *straordinaria* Gastspiel *n*
recitare [retʃi'taːre] *v* 1. *(fig)* vortragen; 2. *THEAT* gastieren, spielen
reclamare [rekla'maːre] *v* reklamieren, anmahnen
reclame [re'klam] *f* Reklame *f*
reclamo [re'klaːmo] *m* Reklamation *f*
reclusione [reklu'zioːne] *f JUR* Inhaftierung *f,* Haft *f*
recluta ['rɛːkluta] *f MIL* Rekrut *m*
reclutamento [rekluta'mento] *m* Rekrutierung *f*
reclutare [reklu'taːre] *v* rekrutieren
recondito [re'kɔndito] *adj* verborgen
record ['rɛːkord] *m* Rekord *m,* Spitzenleistung *f;* ~ *mondiale* Weltrekord *m*
recriminare [rekrimi'naːre] *v* 1. beschuldigen, Gegenanschuldigungen erheben; 2. *(lamentarsi)* sich beschweren
recriminazione [rekrimina'tsioːne] *f* 1. Anschuldigung *f;* 2. *(reclamo, lagnanza)* Beanstandung *f*
recrudescenza [rekrudeʃ'ʃɛntsa] *f* Verschlechterung *f*
recuperare [rekupe'raːre] *v* 1. aufholen, nachholen; 2. *(riacquistare)* wiedererlangen
redarguire [redargu'iːre] *v* ~ *qd* jdm Vorhaltungen machen, jdn zurechtweisen
redattore [redat'toːre] *m* Redakteur *m;* ~ *capo* Chefredakteur *m*
redattrice [redat'triːtʃe] *f* Redakteurin *f*
redazione [reda'tsioːne] *f* 1. Verfassung *f;* 2. Redaktion *f*
redditività [redditivi'ta] *f* Wirtschaftlichkeit *f,* Rentabilität *f*
redditizio [reddi'tiːtsio] *adj* gewinnbringend, rentabel
reddito ['rɛddito] *m* 1. Einkommen *n,* Bezüge *pl;* ~ *nazionale* Volkseinkommen *n;* ~ *di capitale* Kapitalertrag *m;* ~ *lordo* Bruttoeinkommen *n;* ~ *netto* Nettoeinkommen *n; redditi di lavoro* Erwerbseinkünfte *pl;* ~ *non imponibile* Freibetrag *m;* 2. *(rendita)* Rente *f*
redentore [reden'toːre] *adj* 1. befreiend, erlösend; *m* 2. *REL* Heiland *m*
redenzione [reden'tsioːne] *f REL* Erlösung *f,* Errettung *f*
redibizione [redibi'tsioːne] *f JUR* Wandlung *f*
redigere [re'diːdʒere] *v irr* 1. aufsetzen, ausfertigen; 2. *(un testo)* redigieren
redini ['rɛːdini] *f/pl* Zügel *pl*
reduce ['rɛːdutʃe] *adj* 1. zurückgekehrt, heimgekehrt; *m* 2. Heimkehrer *m;* ~ *di guerra* Kriegsheimkehrer *m*
referendum [refe'rɛndum] *m POL* Referendum *n*
referenza [refe'rɛntsa] *f* 1. Referenz *f,* Empfehlung *f;* 2. *(lettera di raccomandazione)* Empfehlungsschreiben *n*
referto [re'fɛrto] *m* ~ *medico MED* Befund *m*
refettorio [refet'tɔːrio] *m* Speisesaal *m*
refrattario [refrat'taːrio] *adj* 1. *(materiale)* feuerfest; 2. *(fig)* unempfindlich
refrigerante [refridʒe'rante] *adj* kühlend
refrigerio [refri'dʒɛːrio] *m* 1. Kühlung *f,* Erfrischung *f;* 2. *(fig: conforto)* Tröstung *f*
refurtiva [refur'tiːva] *f* Diebesgut *n*
regalare [rega'laːre] *v* schenken
regale [re'gaːle] *adj* königlich
regalo [re'gaːlo] *m* Geschenk *n*
regata [re'gaːta] *f SPORT* Regatta *f*
reggente [red'dʒɛnte] *adj* 1. stellvertretend; 2. *(regnante)* herrschend; *m/f* 3. Stellvertreter(in) *m/f*
reggere ['rɛddʒere] *v irr* 1. halten, fest-

halten; 2. standhalten, aushalten; 3. *(sostenere)* stützen; 4. *GRAMM* regieren
reggersi ['reddʒersi] *v irr* sich festhalten, sich aufrecht halten
reggimento [reddʒi'mento] *m MIL* Regiment *n*
reggiseno [reddʒi'se:no] *m* Büstenhalter *m,* BH *m*
regia [re'dʒi:a] *f CINE* Regie *f*
regime [re'dʒi:me] *m* 1. *POL* Regime *n;* 2. *MED* Diät *f;* 3. *TECH* Drehzahl *f*
regina [re'dʒi:na] *f* Königin *f*
regio ['rɛ:dʒo] *adj* königlich
regionale [redʒo'na:le] *adj* regional, Gebiets...
regione [re'dʒo:ne] *f* 1. *POL* Bezirk *m,* Region *f; ~ selvaggia* Wildnis *f;* 2. *(zona)* Zone *f*
regista [re'dʒista] *m/f CINE* Regisseur(in) *m/f*
registrare [redʒis'tra:re] *v* 1. buchen, eintragen; 2. *(musica)* aufzeichnen, überspielen
registrato [redʒis'tra:to] *adj* eingetragen, registriert
registratore [redʒistra'to:re] *m* Aufnahmegerät *n ~ a nastro* Tonbandgerät *n*
registrazione [redʒistra'tsio:ne] *f* 1. Eintrag *m;* 2. *(di musica)* Aufzeichnung *f; ~ di prova* Probeaufnahme *f;* 3. *ECO* Buchung *f*
registro [re'dʒistro] *m* 1. Register *n,* Verzeichnis *n; ~ di commercio* Handelsregister *n;* 2. *~ di voce MUS* Stimmlage *f*
regnare [reɲ'ɲa:re] *v* regieren, herrschen
regno ['reɲɲo] *m* Königreich *n,* Reich *n*
regola ['rɛ:gola] *f* 1. Regel *f,* Leitlinie *f; in ~* in Ordnung; *a ~ d'arte* sachgerecht; 2. *(mestruazione)* Menstruation *f;* 3. *regole del gioco* Spielregeln *pl*
regolabile [rego'la:bile] *adj* einstellbar
regolamento [regola'mento] *m* 1. Regeln *pl;* 2. *(ordinamento) POL* Satzung *f;* 3. *~ di condominio* Hausordnung *f;* 4. *(disposizione) POL* Verordnung *f;* 5. *ECO* Begleichung *f*
regolare [rego'la:re] *v* 1. regeln; 2. *TECH* bedienen; 3. *(apparecchi, meccanismi)* regeln, einstellen; 4. *(debito) ECO* begleichen; *adj* 5. ordnungsgemäß, planmäßig; 6. *(costante)* regelmäßig, regelrecht
regolarità [regolari'ta] *f* 1. Regelmäßigkeit *f;* 2. Ordnung *f; per ~* der Ordnung halber
regolarsi [rego'larsi] *v* 1. sich mäßigen; *~ nelle spese* sparen; 2. *(comportarsi)* sich verhalten; *~ secondo qc* sich nach etw richten
regolato [rego'la:to] *adj* 1. ordentlich, regelrecht; 2. *(senza eccessi)* mit Maß
regolatore [regola'to:re] *adj* 1. regulierend; 2. *piano ~* Bebauungsplan *m; m* 3. *TECH* Regler *m*
regolazione [regola'tsio:ne] *f* Einstellung *f,* Regulierung *f*
regolo ['rɛ:golo] *m* 1. Leiste *f;* 2. *(righello)* Lineal *n;* 3. *MATH* Rechenschieber *m*
regredire [regre'di:re] *v irr* 1. zurückbilden, zurückbewegen; 2. *(non mantenere il passo)* zurückbleiben
regresso [re'grɛsso] *m* 1. *(diminuzione)* Rückgang *m,* Rückschritt *m;* 2. *ECO* Abschwung *m;* 3. *JUR* Regress *m*
reincarnazione [reinkarna'tsio:ne] *f REL* Wiedergeburt *f,* Reinkarnation *f*
reintegrare [reinte'gra:re] *v* wiederherstellen, wieder gutmachen
reinvestimento [reinvesti'mento] *m ECO* Wiederanlage *f*
relais [rə'lɛ:] *m TECH* Relais *n*
relativamente [relativa'mente] *adv* relativ, verhältnismäßig
relatività [relativi'ta] *f* Relativität *f*
relativo [rela'ti:vo] *adj* dazugehörig
relatore [rela'to:re] *m* Berichterstatter *m*
relazione [rela'tsio:ne] *f* 1. Beziehung *f; ~ bancaria* Bankverbindung *f;* 2. *(rapporto)* Bericht *m,* Berichterstattung *f;* 3. *(resoconto)* Referat *n;* 4. *pubbliche relazioni pl* Öffentlichkeitsarbeit *f*
relè [re'lɛ] *m* Relais *n*
relegare [rele'ga:re] *v* 1. verbannen; 2. *(scostare)* wegschieben
religione [reli'dʒo:ne] *f* Religion *f*
religiosità [relidʒosi'ta] *f REL* Gläubigkeit *f*
religioso [reli'dʒo:so] *adj* 1. religiös, geistlich; *d'altra opinione religiosa* andersgläubig; *m* 2. *REL* Geistlicher *m*
relitto [re'litto] *m* Wrack *n*

remare [re'maːre] *v* SPORT rudern
remissione [remis'sioːne] *f* 1. Erlass *m;* 2. JUR Straferlass *m*
remissività [remissivi'ta] *f* Nachgiebigkeit *f*
remissivo [remis'siːvo] *adj* nachgiebig
remo ['rɛːmo] *m* SPORT Ruder *n*
remora ['rɛːmora] *f* 1. Rückhalt *m;* 2. *(indugio)* Zögern *n;* 3. *(fig)* Bremse *f*
remoto [re'mɔːto] *adj* 1. weit entfernt, abgelegen; 2. *(di una volta)* ehemalig; 3. *passato ~* GRAMM vollendete Vergangenheit *f*
remunerazione [remunera'tsioːne] *f* FIN Vergütung *f,* Arbeitsentgelt *n*
renale [re'naːle] *adj* MED Nieren...; *calcolo ~* Nierenstein *m*
rendere ['rɛndere] *v irr* 1. *(restituire)* zurückgeben; 2. *(produrre)* leisten; 3. bringen; 4. *(contraccambiare)* vergelten, entgegenbringen; *~ testimonianza* bezeugen, Zeugnis ablegen; *~ omaggio* Ehre erweisen; *~ infelice* unglücklich machen
rendersi ['rɛndersi] *v irr* werden, sich machen; *~ conto di qc* sich etw bewusst machen
rendiconto [rendi'konto] *m* 1. Berichterstattung *f;* 2. ECO Rechenschaftsbericht *m*
rendimento [rendi'mento] *m* 1. ECO Ausbeute *f;* 2. *(fig)* Leistung *f,* Leistungsfähigkeit *f; ~ massimo* Spitzenleistung *f; alto ~* Hochleistung *f*
rendita ['rɛndita] *f* 1. ECO Ertrag *m,* Gewinn *m;* 2. *(di un investimento)* ECO Rendite *f;* 3. *(pensione)* ECO Rente *f;* 4. *(fig)* Profit *m,* Gewinn *m*
rene ['rɛːne] *m* ANAT Niere *f*
renna ['rɛnna] *f* ZOOL Rentier *n,* Ren *n*
Reno ['rɛːno] *m* GEO Rhein *m*
reparto [re'parto] *m* 1. Abteilung *f;* 2. MED Abteilung *f,* Station *f; ~ di terapia intensiva* Intensivstation *f; ~ maternità* Entbindungsstation *f*
repellente [repel'lɛnte] *adj* abstoßend
repentaglio [repen'taːʎo] *m* 1. Risiko *n;* 2. *mettere qd a ~* jdn einer Gefahr aussetzen, jdn gefährden
repentino [repen'tiːno] *adj* unvermittelt
reperire [repe'riːre] *v irr* auffinden, vorfinden
reperto [re'pɛrto] *m* 1. MED Diagnose *f,* Befund *m;* 2. JUR Beweismittel *n;* 3. *~ archeologico* archäologischer Fund *m*
repertorio [reper'tɔːrio] *m* Spielplan *m*
replica ['rɛːplika] *f* 1. Gegendarstellung *f,* Widerrede *f;* 2. *(ripetizione)* Wiederholung *f;* 3. *~ d'arte* ART Replik *f*
replicare [repli'kaːre] *v* 1. entgegnen, erwidern; 2. *(ripetere)* wiederholen; 3. *(imitare)* imitieren
reporter [repɔr'ter] *m* Reporter *m*
repressione [repres'sioːne] *f* 1. Unterdrückung *f;* 2. *(fig)* Verdrängung *f*
represso [re'prɛsso] *adj* verhalten
reprimere [re'priːmere] *v irr* 1. unterdrücken; 2. *(fig)* verdrängen
repubblica [re'pubblika] *f* Republik *f; ~ federale* Bundesrepublik *f; ~ popolare* Volksrepublik *f*
repubblicano [repubbli'kaːno] *adj* 1. POL republikanisch; *m* 2. POL Republikaner *m*
repulsivo [repul'siːvo] *adj* abweisend
reputare [repu'taːre] *v* halten für, schätzen
reputarsi [repu'tarsi] *v* sich halten für
reputazione [reputa'tsioːne] *f* Leumund *m,* Ruf *m*
requisire [rekui'ziːre] *v* sicherstellen
requisito [rekui'ziːto] *adj* 1. LIT notwendig; 2. JUR beschlagnahmt; *m* 3. Voraussetzung *f*
requisitoria [rekuizi'tɔːria] *f* JUR Anklagerede *f*
resa ['reːsa] *f* 1. Leistung *f; ~ dei conti* Abrechnung *f,* Rechenschaftsbericht *m;* 2. FIN Profit *m;* 3. *(restituzione)* Rückgabe *f;* 4. MIL Übergabe *f*
residente [resi'dɛnte] *adj* 1. *~ nel luogo* ortsansässig, wohnhaft; *m/f* 2. Gebietsansässige(r) *m/f,* Ansässige(r) *m/f*
residenza [resi'dɛntsa] *f* Wohnsitz *m,* Residenz *f*
residenziale [residen'tsiaːle] *adj* den Wohnsitz betreffend; *quartiere ~* Wohnviertel *n*
residuo [re'siːduo] *adj* 1. übrig; *m* 2. Residuum *n,* Überbleibsel *n;* 3. CHEM

R

Rückstand *m;* 4. FIN Reserve *f;* 5. *residui pl* Abfallprodukt *n,* Rückstand *m*
resina ['rɛːzina] *f* Harz *m*
resinoso [rezi'noːso] *adj* harzig
resistente [resis'tɛnte] *adj* 1. beständig, widerstandsfähig; *~ al fuoco* feuerfest; *~ all'acqua* wasserdicht; *m/f* 2. Widerstandskämpfer(in) *m/f*
resistenza [resis'tɛntsa] *f* 1. Widerstand *m; privo di ~* widerstandslos; 2. TECH Widerstand *m;* 3. *(capacità di resistere)* Beständigkeit *f,* Widerstandskraft *f*
resistere [re'sistere] *v irr* 1. durchhalten, standhalten; 2. *(opporre resistenza)* widerstehen; 3. *(fig)* überstehen
resoconto [rezo'konto] *m* 1. Bericht *m;* 2. ECO Geschäftsbericht *m*
respingente [respin'dʒɛnte] *adj* 1. abstoßend, zurückstoßend, abweisend; *m* 2. TECH Puffer *m*
respingere [re'spindʒere] *v irr* 1. abstoßen, abweisen; 2. *(rifiutare)* verneinen, ablehnen; 3. *(fig: desiderio)* abschlagen; 4. *(Post)* zurücksenden
respirare [respi'raːre] *v* atmen, hauchen
respiratore [respira'toːre] *m ~ di superficie* Schnorchel *m*
respirazione [respira'tsioːne] *f* Atem *m,* Atmung *f; praticare la ~ artificiale su qd* jdn beatmen; *~ difficile* Atemnot *f*
respiro [res'piːro] *m* 1. Atem *m;* 2. *(fig: riposo)* Ruhe *f*
responsabile [respon'saːbile] *adj* 1. verantwortlich, federführend; *Rendo lei ~ per ciò.* Ich mache Sie dafür verantwortlich. 2. *(conscio della propria responsabilità)* verantwortungsbewusst; 3. JUR haftbar
responsabilità [responsabili'ta] *f* 1. Verantwortung *f; con ~* verantwortungsvoll; *~ civile* Haftpflicht *f;* 2. JUR Haftpflicht *f*
responso [res'pɔnso] *m* 1. Antwort *f;* 2. JUR Urteilsspruch *m*
ressa ['rɛssa] *f* 1. Gedränge *n,* Menschengewimmel *n;* 2. *(affollamento)* Andrang *m,* Ansturm *m*
restante [res'tante] *adj* restlich
restare [res'taːre] *v* 1. bleiben, übrig bleiben; 2. *~ via* wegbleiben; 3. *(avanzare)* übrig bleiben, übrig sein
restaurare [restau'raːre] *v* restaurieren
restauratore [restaura'toːre] *m* ART Restaurator *m*
restaurazione [restaura'tsioːne] *f* 1. ART Renovierung *f;* 2. POL Restauration *f*
restauro [res'taːuro] *m* Restaurierung *f,* Sanierung *f; ~ del centro storico* Altstadtsanierung *f*
restio [res'tiːo] *adj* widerwillig
restituire [restitu'iːre] *v* 1. wiedergeben, zurückgeben; 2. *(fig)* erwidern
restituzione [restitu'tsioːne] *f* 1. *(il dare o mandare indietro)* Rückgabe *f,* Rückerstattung *f;* 2. *(fig)* Erwiderung *f*
resto ['rɛsto] *m* 1. Rest *m,* Rückstand *m; del ~* übrigens; 2. FIN Restbetrag *m*
restringere [res'trindʒere] *v irr* verengen
restringersi [res'trindʒersi] *v* kleiner werden
restringimento [restrindʒi'mento] *m* Verengung *f*
restrizione [restri'tsioːne] *f* ECO Einschränkung *f; ~ delle importazioni* ECO Einfuhrbeschränkung *f*
resurrezione [resurre'tsioːne] *f* REL Auferstehung *f*
retaggio [re'taddʒo] *m* kulturelles Erbe *n,* Tradition *f*
retata [re'taːta] *f* 1. *(pesca)* Fischfang *m;* 2. *(della polizia)* Razzia *f*
rete ['reːte] *f* 1. Netz *n; ~ ferroviaria* Eisenbahnnetz *n; ~ metallica* Drahtnetz *m,* Maschendraht *m,* Drahtzaun *m; ~ stradale* Straßennetz *n;* 2. *(sistema di comunicazioni)* Netz *n;* 3. SPORT Tor *n*
reticente [reti'tʃɛnte] *adj* verschwiegen
reticolato [retiko'laːto] *adj* 1. netzartig; *m* 2. Drahtgeflecht *n*
retina ['rɛːtina] *f* ANAT Netzhaut *f*
retorica [re'tɔːrika] *f* Redekunst *f,* Rhetorik *f*
retribuire [retribu'iːre] *v* vergüten
retribuzione [retribu'tsioːne] *f* 1. Vergütung *f;* 2. ECO Entsoldung *f,* Besoldung *f; ~ lorda* Bruttolohn *m; retribuzione in natura* Sachbezüge *pl*
retro ['rɛːtro] *m* Rückseite *f*

retroattivo [retroat'tiːvo] *adj* rückwirkend
retrocedere [retro'tʃɛːdere] *v irr* 1. weichen, zurückgehen; 2. *(destituire)* absetzen; 3. *MIL* degradieren; 4. *SPORT* absteigen
retrogrado [re'trɔːgrado] *adj* rückläufig
retroguardia [retro'guardia] *f* Nachhut *f*
retromarcia [retro'martʃa] *f* Rückwärtsgang *m*
retroscena [retroʃ'ʃɛːna] *m (fig)* Hintergrund *m*
retrospettivo [retrospet'tiːvo] *adj* rückblickend, retrospektiv; *sguardo ~* Retrospektive *f*, Rückblick *m*
retrospetto [retro'spɛtto] *m* Rückansicht *f*
retroterra [retro'tɛrra] *m* Hinterland *n*
retta ['rɛtta] *f MATH* Linie *f*; *dare ~ a qd* jdm Gehör schenken
rettangolare [rettaŋgo'laːre] *adj* rechteckig
rettangolo [ret'taŋgolo] *adj* 1. *MATH* rechtwinklig; *m* 2. Rechteck *n*
rettifica [ret'tiːfika] *f* Korrektur *f*, Berichtigung *f*
rettificare [rettifi'kaːre] *v* 1. berichtigen, richtigstellen; 2. *TECH* schleifen
rettifilo [retti'fiːlo] *m* 1. Gerade *f*; 2. *(strada)* gerade Strecke *f*
rettile ['rɛttile] *m ZOOL* Reptil *n*
rettilineo [retti'liːneo] *adj* 1. geradlinig; *m* 2. gerade Strecke *f*
retto ['rɛtto] *adj* 1. rechtschaffen, gerade; 2. *(fig)* geradeheraus, ehrlich
rettorato [retto'raːto] *m* Rektorat *n*
rettore [ret'toːre] *m* Rektor *m*
reumatismo [reuma'tizmo] *m MED* Rheuma *n*
reverendo [reve'rɛndo] *m REL* Hochwürden *m*
reverenziale [reveren'tziaːle] *adj* ehrerbietig, ehrerweisend
reversibilità [reversibili'ta] *f* 1. Umkehrbarkeit *f*; 2. *ECO* Übertragbarkeit *f*; 3. *JUR* Rückfälligkeit *f*
revisionare [revizio'naːre] *v* überprüfen
revisione [revi'zioːne] *f* Revision *f*, nachträgliche Prüfung *f*; *~ contabile* Buchprüfung *f*; *~ costituzionale* Verfassungsänderung *f*
revisore [revi'zoːre] *m* Prüfer *m*; *~ dei conti* Wirtschaftsprüfer *m*
revoca ['rɛːvoka] *f* 1. Absage *f*; 2. *JUR* Widerruf *m*
revocabile [revo'kaːbile] *adj* widerrufbar, zurücknehmbar
revocare [rev'okaːre] *v* widerrufen
riabilitare [riabili'taːre] *v* rehabilitieren
riabilitazione [riabilita'tsioːne] *f* Rehabilitation *f*
riaccendere [riat'tʃɛndere] *v irr* wieder anzünden
riaccendersi [riat'tʃɛndersi] *v irr* sich wieder entzünden
riaffermarsi [riaffer'marsi] *v* sich erneut bestätigen, sich bewähren
rialzare [rial'tsaːre] *v* erhöhen, hochheben
rialzarsi [rial'tsarsi] *v* sich wieder erheben
rialzo [ri'aːltso] *m* Erhöhung *f*
riammalarsi [riamma'larsi] *v* wieder erkranken, einen Rückfall haben
rianimare [riani'maːre] *v* wiederbeleben
rianimarsi [riani'marsi] *v (persona)* aufleben
rianimazione [rianima'tsioːne] *f* 1. *MED* Wiederbelebung *f*; 2. *(ripresa di animazione)* Aufleben *n*
riapertura [riaper'tuːra] *f* Wiedereröffnung *f*
riarmare [riar'maːre] *v MIL* aufrüsten
riarmo [ri'armo] *m MIL* Aufrüstung *f*
riarso [ri'arso] *adj* 1. vertrocknet, verdorrt; 2. *(bruciato dal sole)* sonnenverbrannt
riassetto [rias'sɛtto] *m* 1. Neuordnung *f*; 2. *(ripristino dell'ordine)* Wiederherrichtung *f*
riassumere [rias'suːmere] *v irr* zusammenfassen
riassuntivo [riassun'tiːvo] *adj* zusammenfassend
riassunto [rias'sunto] *m* 1. Auszug *m*, Zusammenfassung *f*; *adj* 2. zusammengefasst, resümiert
riavere [ria'veːre] *v irr* 1. wiederhaben; 2. *(denaro)* herausbekommen

ribadire [riba'di:re] *v* 1. *TECH* vernieten; 2. *(fig)* bestätigen
ribalta [ri'balta] *f* 1. Klappe *f;* 2. *THEAT* Rampe *f; luci della ~* Rampenlicht *n*
ribaltarsi [ribal'tarsi] *v* umkippen
ribassare [ribas'sa:re] *v (prezzo)* nachlassen, ermäßigen
ribasso [ri'basso] *m* 1. Nachlass *m,* Abschlag *m;* 2. *ECO* Rabatt *m*
ribattere [ri'battere] *v* erwidern
ribellarsi [ribel'larsi] *v* sich auflehnen, rebellieren
ribelle [ri'bɛlle] *adj* 1. aufständisch, rebellisch; *m* 2. Rebell *m*
ribellione [ribel'lio:ne] *f* Aufstand *m*
ribes ['ri:bes] *m BOT* Johannisbeere *f; ~ spinoso BOT* Stachelbeere *f*
ribollire [ribol'li:re] *v* kochen
ribrezzo [ri'breddzo] *m* Ekel *m,* Abscheu *m/f*
ricaduta [rika'du:ta] *f* Rückfall *m*
ricalcare [rikal'ka:re] *v* abpausen
ricalcitrante [rikaltʃi'trante] *adj* widerspenstig, widerborstig
ricamare [rika'ma:re] *v* sticken
ricambio [ri'kambio] *m* 1. Ersatz *m,* Austausch *m; pezzo di ~* Ersatzteil *n;* 2. *BIO* Stoffwechsel *m*
ricamo [ri'ka:mo] *m* 1. Stickerei *f;* 2. *(ornamento)* Verzierung *f,* Dekoration *f*
ricapitolare [rikapito'la:re] *v* rekapitulieren
ricaricare [rikari'ka:re] *v TECH* aufladen
ricattare [rikat'ta:re] *v* erpressen
ricattatore [rikatta'to:re] *m* Erpresser *m*
ricatto [ri'katto] *m* Erpressung *f*
ricavare [rika'va:re] *v* 1. ziehen; 2. *(profitto)* verdienen; 3. *MIN* fördern
ricavato [rika'va:to] *m ECO* Erlös *m*
ricavo [ri'ka:vo] *m* Ertrag *m*
ricchezza [ri'kettsa] *f* Reichtum *m; ~ nazionale* Volksvermögen *n*
riccio[1] ['rittʃo] *adj* lockig
riccio[2] ['rittʃo] *m* 1. *ZOOL* Igel *m; ~ di mare* Seeigel *m;* 2. *BOT* Kastanienschale *f*
ricciolo ['rittʃolo] *m* Locke *f*
riccioluto [rittʃo'lu:to] *adj* lockig
ricco ['rikko] *adj* 1. reich, vermögend; *nuovo ~* neureich; 2. *(fig)* fürstlich; 3. *(in abbondanza)* reichlich, vermögend
ricerca [ri'tʃerka] *f* 1. Nachforschung *f,* Suche *f;* 2. *(scienza)* Forschung *f; ~ genetica* Genforschung *f; ~ nucleare* Atomforschung *f; ~ spaziale* Weltraumforschung *f;* 3. *JUR* Fahndung *f*
ricercare [ritʃer'ka:re] *v* forschen, nachforschen
ricercato [ritʃer'ka:to] *adj* 1. gesucht; 2. *(apprezzato)* begehrt; 3. *(parole)* ausgesucht, gewählt
ricercatore [ritʃerka'to:re] *m* Forscher *m*
ricetta [ri'tʃɛtta] *f* 1. *MED* Rezept *n; da vendersi dietro ~ medica* rezeptpflichtig, apothekenpflichtig; 2. *GAST* Rezept *n*
ricettario [ritʃet'ta:rio] *m* Kochbuch *n*
ricettatore [ritʃetta'to:re] *m* Schieber *m*
ricettazione [ritʃetta'tsio:ne] *f* Schieberei *f,* Hehlerei *f*
ricevente [ritʃe'vɛnte] *adj* 1. *TECH* empfangend; *apparecchio ~* Empfangsgerät *n; m/f* 2. Empfänger(in) *m/f*
ricevere [ri'tʃe:vere] *v* 1. empfangen, erhalten; 2. *TEL* empfangen; 3. *(fig)* genießen
ricevimento [ritʃevi'mento] *m* Empfang *m*
ricevitore [ritʃevi'to:re] *m TEL* Telefonhörer *m*
ricevuta [ritʃe'vu:ta] *f* 1. Empfangsbestätigung *f;* 2. *FIN* Quittung *f; Posso avere una ~ fiscale?* Kann ich eine Quittung haben?
ricezione [ritʃe'tsio:ne] *f* 1. *(d'albergo)* Empfang *m,* Rezeption *f;* 2. *TEL* Empfang *m*
richiamare [rikia'ma:re] *v* 1. zurückrufen; *~ alla mente* vergegenwärtigen; 2. *INFORM* aufrufen; 3. *MIL* einberufen
richiamarsi [rikia'marsi] *v ~ a qd* sich auf jdn berufen
richiamo [riki'a:mo] *m* 1. Ruf *m;* 2. *(rimprovero)* Bemerkung *f,* Tadel *m;* 3. *MIL* Einberufung *f;* 4. *~ di uccelli* Lockvogel *m*
richiedente [rikie'dɛnte] *m/f* Antragsteller(in) *m/f; ~ asilo politico* Asylbewerber(in) *m/f*
richiedere [ri'kiɛ:dere] *v irr* 1. fragen,

R

erfragen; 2. *(pretendere)* anfordern; 3. *(necessitare)* erfordern
richiesta [ri'kiɛsta] *f* 1. Frage *f;* 2. *(esigenza)* Forderung *f,* Verlangen *n;* ~ *di dimissioni* Abschiedsgesuch *n;* 3. ECO Nachfrage *f*
richiesto [ri'kiɛsto] *adj* begehrt, gefragt
riciclaggio [ritʃi'kladdʒo] *m* Recycling *n;* ~ *dei dati* Datenrecycling *n*
ricino ['riːtʃino] *m MED* Rizinusöl *n*
ricognizione [rikoɲɲi'tsioːne] *f* 1. Anerkennung *f;* 2. *MIL* Suche *f,* Erkundigung *f*
ricollegare [rikolle'gaːre] *v* eine Verbindung herstellen
ricollegarsi [rikolle'garsi] *v* 1. sich verbinden; 2. *(fig)* in Zusammenhang stehen
ricolmo [ri'kolmo] *adj* voll, angefüllt
ricompensa [rikom'pɛnsa] *f* Belohnung *f*
ricompensare [rikompen'saːre] *v* belohnen
riconciliazione [rikontʃilia'tsioːne] *f* Versöhnung *f*
ricondurre [rikon'durre] *v irr* zurückführen
riconoscente [rikonoʃ'ʃɛnte] *adj* dankbar
riconoscenza [rikonoʃ'ʃɛntsa] *f* Dankbarkeit *f*
riconoscere [riko'noʃʃere] *v irr* 1. wieder erkennen; 2. *(individuare)* erkennen; 3. *(legittimare)* anerkennen; 4. *(ammettere)* bekennen, zugeben
riconoscibile [rikonoʃ'ʃiːbile] *adj* erkennbar, erkenntlich
riconoscimento [rikonoʃʃi'mento] *m* 1. *(di persone o cose già note)* Wiedererkennung *f; segno di* ~ Kennzeichen *n* Erkennungszeichen *n; documento di* ~ Personalausweis *m;* 2. Anerkennung *f;* 3. *(ammissione)* Eingeständnis *n*
riconosciuto [rikonoʃ'ʃuːto] *adj* anerkannt
riconquistare [rikonkuis'taːre] *v* zurückerobern
ricoprire [riko'priːre] *v* 1. *irr* zudecken, beziehen; ~ *di gelatina* glasieren; 2. *(fig: posto)* bekleiden
ricordanza [rikor'dantsa] *f* Andenken *n,* Erinnerung *f*
ricordare [rikor'daːre] *v* ~ *qc* an etw erinnern
ricordarsi [rikor'darsi] *v* 1. sich erinnern, sich entsinnen; 2. ~ *qc* sich etw merken
ricordo [ri'kɔrdo] *m* 1. Erinnerung *f,* Andenken *n;* ~ *d'infanzia* Kindheitserinnerung *f;* 2. *(fig)* Nachgeschmack *m*
ricorrenza [rikor'rɛntsa] *f* 1. Wiederkehr *f;* 2. *(giorno commemorativo)* Gedenktag *m*
ricorrere [ri'korrere] *v irr* 1. zurückgehen, zurücklaufen; 2. *(far ricorso)* zurückgreifen; 3. *(giorno festivo)* fallen auf
ricorso [ri'korso] *m* 1. Inanspruchnahme *f;* 2. *JUR* Berufung *f*
ricostituente [rikostitu'ɛnte] *adj* 1. stärkend; *m* 2. Stärkungsmittel *n*
ricostruire [rikostru'iːre] *v* 1. wieder aufbauen; 2. *(fig)* rekonstruieren
ricostruzione [rikostru'tsioːne] *f* Wiederaufbau *m,* Umbau *m*
ricoverare [rikove'raːre] *v (ospedale)* einliefern, einweisen
ricoverarsi [rikove'rarsi] *v* sich flüchten
ricovero [ri'koːvero] *m* 1. Unterkunft *f;* 2. *(ospedale)* Einlieferung *f*
ricrearsi [rikre'arsi] *v* sich erholen
ricreazione [rikrea'tsioːne] *f* Erholung *f,* Pause *f*
ricredersi [ri'kreːdersi] *v* sich neu besinnen
ricuperare [rikupe'raːre] *v* 1. wiedererlangen; 2. *(fig: riguadagnare)* nachholen; 3. *(credito)* ECO einziehen
ricurvo [ri'kurvo] *adj* krumm, gebeugt
ricusare [riku'zaːre] *v* ablehnen
ridacchiare [ridak'kiaːre] *v* kichern
ridare [ri'daːre] *v irr* zurückgeben
ridente [ri'dɛnte] *adj* lachend
ridere ['riːdere] *v irr* lachen
ridicolo [ri'diːkolo] *adj* lächerlich; *cadere nel* ~ *(fam)* zum Gelächter werden
ridire [ri'diːre] *v irr* 1. wiederholen; 2. einwenden
ridondante [ridon'dante] *adj* redundant
ridotta [ri'dotta] *f MIL* Bunker *m*
ridotto [ri'dotto] *adj* 1. reduziert; 2. *(modificato)* abgeändert; 3. *mal* ~ verkommen; *m* 4. *THEAT* Foyer *n*

R

ridurre [ri'durre] *v irr* 1. beschränken, einschränken; 2. *(diminuire)* schmälern, vermindern
riduzione [ridu'tsioːne] *f* 1. Verminderung *f*, Abnahme *f*; ~ *d'imposta* Steuerermäßigung *f*; *C'è una ~ per studenti?* Gibt es eine Ermäßigung für Studenten? 2. *ECO* Rabatt *m*
riecheggiare [rieked'dʒaːre] *v* widerhallen
riedificazione [riedifika'tsioːne] *f* Wiederaufbau *m*
rielaborare [rielabo'raːre] *v* umschreiben, ändern
rielezione [riele'tsioːne] *f POL* Wiederwahl *f*
riempimento [riempi'mento] *m* Füllung *f*
riempire [riem'piːre] *v irr* füllen, auffüllen
riempitura [riempi'tuːra] *f GAST* Füllung *f*
rientrare [rien'traːre] *v* 1. erneut eintreffen; ~ *a casa* nach Hause zurückkehren; 2. *(essere compreso)* inbegriffen sein
riepilogo [rie'piːlogo] *m* Zusammenfassung *f*
riesaminare [riezami'naːre] *v* erneut kontrollieren
rifacimento [rifatʃi'mento] *m* Überarbeitung *f*
rifare [ri'faːre] *v irr* 1. *(fare di nuovo)* erneut machen; ~ *l'esame* die Prüfung wiederholen; 2. überarbeiten, umarbeiten; 3. *(fig)* umkrempeln
riferimento [riferi'mento] *m* 1. Bezugnahme *f*; *con ~ a* bezüglich; 2. *(dato orientativo)* Bezugspunkt *m*, Anknüpfungspunkt *m*
riferire [rife'riːre] *v* berichten
riferirsi [rife'rirsi] *v ~ a qc* sich auf etw beziehen
rifinitura [rifini'tuːra] *f* Feinarbeit *f*
rifiutare [rifiu'taːre] *v* 1. ablehnen; 2. *(negare)* verneinen, verweigern; ~ *la deposizione* die Aussage verweigern; 3. *(ricusare)* zurückweisen
rifiutarsi [rifiu'tarsi] *v* sich weigern
rifiuto [ri'fiuːto] *m* 1. Ablehnung *f*, Abweisung *f*; 2. *(rinnegamento)* Abfall *m*; 3. *(ricusa)* Ablehnung *f*; ~ *di accettazione* Annahmeverweigerung *f*; 4. *(disdetta)* Absage *f*; 5. *rifiuti pl* Abfall *m*, Müll *m*; *rifiuti tossici* Giftmüll *m*
riflessione [rifles'sioːne] *f* Überlegung *f*, Betrachtung *f*
riflesso [ri'flɛsso] *adj* 1. spiegelbildlich; *m* 2. Reflex *m*, Spiegelung *f*; *avere riflessi* schillern
riflettere [ri'flɛttere] *v irr* 1. reflektieren, zurückwerfen; 2. *(fig)* widerspiegeln; 3. *(pensare)* überlegen; ~ *a lungo* gründlich überdenken
riflettersi [ri'flɛttersi] *v irr* sich spiegeln
riflettore [riflet'toːre] *m* 1. Reflektor *m*; 2. *TECH* Scheinwerfer *m*
riflusso [ri'flusso] *m* 1. *GEO* Ebbe *f*; 2. *FIN* Rückfluss *m*
riforma [ri'forma] *f* 1. *POL* Reform *f*; ~ *agraria* Agrarreform *f*; ~ *monetaria* Währungsreform *f*; 2. *REL* Reformation *f*
riformare [rifor'maːre] *v* 1. *(formare di nuovo)* neu gestalten; 2. reformieren; 3. *MIL* für nicht tauglich erklären
rifornimento [riforni'mento] *m* Versorgung *f*, Nachschub *m*
rifornirsi [rifor'nirsi] *v ~ di* sich versorgen mit
rifugiato [rifu'dʒaːto] *m* Flüchtling *m*; ~ *politico* politischer Flüchtling *m*
rifugio [ri'fuːdʒo] *m* Zuflucht *f*, Hort *m*; ~ *alpino* Berghütte *f*; ~ *antiaereo* Luftschutzkeller *m*
riga ['riːga] *f* 1. Zeile *f*; ~ *principale* Schlagzeile *f*; *distanza delle righe* Zeilenabstand *m*; 2. *(striscia)* Streifen *m*; *a righe* gestreift; 3. *(regolo)* Lineal *n*; 4. *(tra i capelli)* Scheitel *m*
rigagnolo [ri'gaɲɲolo] *m* Rinnsal *n*, kleiner Flusslauf *m*
rigattiere [rigat'tiɛːre] *m* Trödler *m*
rigenerare [ridʒene'raːre] *v* 1. erneuern; 2. *PHYS* wieder aufbereiten
rigettare [ridʒet'taːre] *v* 1. zurückwerfen; 2. *(rifiutare)* verwerfen
rigetto [ri'dʒɛtto] *m* Ablehnung *f*
righello [ri'gɛllo] *m* Lineal *n*
rigidezza [ridʒi'dettsa] *f* 1. Härte *f*; 2. *(di un corpo)* Starre *f*
rigido ['riːdʒido] *adj* 1. *(corpo)* starr, steif; 2. *(rigoroso)* streng; 3. *disco ~ INFORM* Festplatte *f*

rigo ['ri:go] *m* 1. Zeile *f;* 2. *(linea)* Linie *f*
rigoglioso [rigoʎ'ʎo:so] *adj* üppig, blühend
rigonfiamento [rigonfia'mento] *m* Quellung *f*
rigonfiarsi [rigon'fiarsi] *v* wieder anschwellen
rigore [ri'go:re] *m* 1. Härte *f,* Strenge *f; a ~* genau genommen; 2. *SPORT* Elfmeterschuss *m*
rigoroso [rigo'ro:so] *adj* streng, rigoros
riguardante [riguar'dante] *adj* bezüglich; *~ ciò* diesbezüglich
riguardare [riguar'da:re] *v* 1. *(rivedere)* erneut durchsehen; 2. angehen, anbelangen; *per quanto mi riguarda* was mich angeht/was mich betrifft; 3. *(deliberare)* erwägen; 4. *(considerare)* betrachten; *~ come un amico* als Freund betrachten
riguardarsi [riguar'darsi] *v* 1. sich schonen, sich erholen; 2. *(stare attento, guardarsi)* sich in Acht nehmen
riguardo [ri'guardo] *m* 1. Rücksicht *f; con ~* rücksichtsvoll; *senza ~* rücksichtslos; *senza riguardi* schonungslos; 2. *(relazione)* Bezug *m; ~ a* bezüglich
riguardoso [riguar'do:so] *adj* rücksichtsvoll, ehrfürchtig
rilancio [ri'lantʃo] *m* 1. höherer Einsatz *m,* Gebot *n;* 2. *(di un prodotto)* Neueinführung *f*
rilasciare [rilaʃ'ʃa:re] *v* 1. ausstellen, ausfertigen; *~ una ricevuta* quittieren; 2. *(carcerato)* entlassen, freilassen
rilascio [ri'laʃʃo] *m* 1. *(di un documento)* Ausstellung *f,* Ausstellen *n;* 2. *(di un carcerato)* Entlassung *f,* Freilassung *f*
rilassamento [rilassa'mento] *m* 1. Entspannung *f;* 2. *(allentamento)* Erschlaffung *f,* Lockerung *f*
rilassante [rilas'sante] *adj* entspannend, erholsam
rilassare [rilas'sa:re] *v* 1. lockern, entkrampfen; 2. *(debilitare)* schwächen
rilassarsi [rilas'sarsi] *v* 1. sich entspannen, ausspannen; 2. *(allentarsi)* sich entkrampfen, auflockern
rilassatezza [rilassa'tettsa] *f* Lockerung *f*
rilassato [rilas'sa:to] *adj* entspannt
rilegare [rile'ga:re] *v (libro)* einbinden
rilegatore [rilega'to:re] *m ~ di libri* Buchbinder *m*
rilegatura [rilega'tu:ra] *f (di un libro)* Einband *m*
rilevamento [rileva'mento] *m* Erfassung *f,* Erhebung *f; ~ dati* Datenerfassung *f*
rilevante [rile'vante] *adj* erheblich
rilevanza [rile'vantsa] *f* Bedeutsamkeit *f*
rilevare [rile'va:re] *v* 1. erfassen; 2. *(direzione)* peilen
rilievo [ri'liɛ:vo] *m* 1. Betonung *f,* Hervorhebung *f; dare ~* hervorheben; 2. *GEO* Erhebung *f;* 3. *ART* Relief *n*
riluttante [rilut'tante] *adj* widerwillig, widerborstig
rima ['ri:ma] *f* 1. *LIT* Reim *m;* 2. *rime pl (versi) LIT* Verse *pl*
rimandare [riman'da:re] *v* 1. zurückschicken; 2. *(rinviare)* verschieben, aufschieben; 3. *(lettura)* verweisen
rimando [ri'mando] *m* Verweis *m*
rimanente [rima'nɛnte] *adj* 1. übrig; *m* 2. Rest *m*
rimanenza [rima'nɛntsa] *f* Rest *m*
rimanere [rima'ne:re] *v irr* 1. bleiben; 2. übrig bleiben; 3. *(trattenersi)* verweilen
rimarginare [rimardʒi'na:re] *v* verheilen
rimarginarsi [rimardʒi'narsi] *v* vernarben, sich schließen
rimasuglio [rima'suʎʎo] *m* Rest *m*
rimbalzare [rimbal'tsa:re] *v* 1. abprallen, aufprallen; 2. *SPORT* abschlagen
rimbalzo [rim'baltso] *m* 1. Aufprall *m,* Rückschlag *m;* 2. *SPORT* Abschlag *m*
rimboccare [rimbok'ka:re] *v* umkrempeln, hochkrempeln
rimbombare [rimbom'ba:re] *v (tuono)* dröhnen, grollen
rimborsabile [rimbor'sa:bile] *adj FIN* rückzahlbar
rimborsare [rimbor'sa:re] *v* 1. *FIN* zurückzahlen, wieder gutmachen; 2. *(risarcire) FIN* zurückerstatten, entschädigen
rimborso [rim'borso] *m* 1. *FIN* Rückzahlung *f,* Rückvergütung *f; ~ di spese* Aufwandsentschädigung *f;* 2. *(risarcimento)* Wiedergutmachung *f;* 3. *(spedizione in contrassegno)* Nachnahme *f*

rimboschimento [rimboski'mento] *m* 1. Neuanpflanzung *f;* 2. *BOT* Aufforstung *f*
rimediare [rime'diaːre] *v* 1. wieder gutmachen; 2. *(denaro)* aufbringen
rimedio [ri'mɛːdio] *m* 1. *MED* Mittel *n,* Heilmittel *n,* Arznei *f; ~ universale* Allheilmittel *n;* 2. *(fig)* Mittel *n,* Hilfsmittel *n;* 3. *(ripiego)* Abhilfe *f*
rimembranza [rimem'brantsa] *f LIT* Andenken *n*
rimescolare [rimesko'laːre] *v* umrühren
rimessa [ri'messa] *f* 1. Garage *f;* 2. *SPORT* Einwurf *m*
rimestare [rimes'taːre] *v* rühren, umrühren
rimetterci [ri'mettertʃi] *v irr* 1. einbüßen, verlieren; 2. *(fig)* draufzahlen
rimettere [ri'mettere] *v irr* 1. wieder setzen, wieder stellen; 2. übermitteln, schicken; 2. *(fig)* anheimstellen, anvertrauen; 3. *FIN* anweisen; 4. *(vomitare)* sich übergeben
rimettersi [ri'mettersi] *v irr* 1. sich erholen; 2. *(accingersi di nuovo)* sich wieder anschicken
rimmel ['rimmel] *m* Wimperntusche *f*
rimodernare [rimoder'naːre] *v* modernisieren
rimorchiare [rimor'kiaːre] *v* 1. schleppen, abschleppen; *Potrebbe ~ la mia macchina?* Können Sie mein Auto abschleppen? 2. *(fig)* mitziehen, ins Schlepptau nehmen; 3. *(fam)* aufreißen
rimorchio [ri'mɔrkio] *m (di veicolo)* Anhänger *m; barra per ~* Abschleppstange *f; cavo da ~* Schlepptau *n; prendere a ~* abschleppen
rimorso [ri'mɔrso] *m* 1. *(pentimento)* Reue *f;* 2. *rimorsi di coscienza* Gewissensbisse *pl*
rimozione [rimo'tsioːne] *f* Beseitigung *f,* Wegnahme *f*
rimpatriare [rimpa'triaːre] *v* in die Heimat zurückkommen, heimkehren
rimpatrio [rim'paːtrio] *m* Heimkehr *f*
rimpiangere [rim'piandʒere] *v irr* bedauern, beweinen
rimpianto [rim'pianto] *adj* 1. beweint; *m* 2. Bedauern *n*
rimpiazzare [rimpiat'tsaːre] *v* ersetzen
rimpicciolimento [rimpittʃoli'mento] *m* Verkleinerung *f*
rimpicciolire [rimpittʃo'liːre] *v* verkleinern
rimpinzarsi [rimpin'tsarsi] *v* sich vollessen
rimproverare [rimprove'raːre] *v* 1. vorwerfen, rügen; 2. *(sgridare)* schelten, zanken
rimprovero [rim'prɔːvero] *m* Rüge *f,* Verweis *m; con aria di ~* vorwurfsvoll
rimuginare [rimudʒi'naːre] *v* 1. wälzen; 2. *(fig)* grübeln
rimunerare [rimune'raːre] *v* entlohnen, belohnen
rimunerazione [rimunera'tsioːne] *f* Entlohnung *f,* Belohnung *f*
rimuovere [ri'muoːvere] *v irr* 1. abnehmen, beseitigen; 2. *(spostare)* fortbewegen; 3. *(fig: ostacolo)* ausräumen
rinascimento [rinaʃʃi'mento] *m* 1. Wiedergeburt *f;* 2. *HIST* Renaissance *f*
rincarare [riŋka'raːre] *v* 1. verteuern; 2. *(crescere di prezzo)* im Preis steigen
rincaro [riŋ'kaːro] *m* Verteuerung *f; ~ eccessivo* Überteuerung *f*
rinchiudere [riŋ'kiudere] *v irr* einsperren, einschließen
rinchiudersi [riŋ'kiuːdersi] *v irr* sich einsperren; *Si è rinchiuso in camera.* Er hat sich im Zimmer eingeschlossen.
rincorarsi [riŋko'rarsi] *v* wieder Mut fassen
rincorrere [riŋ'korrere] *v irr* verfolgen
rincorsa [riŋ'korsa] *f* Anlauf *m*
rincrescere [riŋ'kreʃʃere] *v irr* bedauern, leidtun; *Mi rincresce.* Es tut mir leid.
rincrescimento [riŋkreʃʃi'mento] *m* Bedauern *n*
rinfacciare [rinfat'tʃaːre] *v (fig)* vorhalten
rinforzamento [rinfortsa'mento] *m* Stärkung *f,* Festigung *f*
rinforzare [rinfor'tsaːre] *v* stärken, verstärken
rinforzo [rin'fɔrtso] *m* Verstärkung *f*
rinfrancare [rinfraŋ'kaːre] *v (fig)* aufrichten
rinfrancarsi [rinfraŋ'karsi] *v* neuen Mut schöpfen

R

rinfrescante [rinfres'kante] *adj* erfrischend
rinfrescare [rinfres'ka:re] *v* auffrischen
rinfrescarsi [rinfres'karsi] *v* 1. sich erfrischen; *Vorrei rinfrescarmi.* Ich möchte mich frisch machen. 2. *(tempo)* kühl werden
rinfrescata [rinfres'ka:ta] *f* 1. Erfrischung *f;* 2. *(raffreddamento della temperatura)* Abkühlung *f*
rinfresco [rin'fresko] *m* Erfrischung *f*
rinfusa [rinfu:za] *f alla ~* durcheinander
ringalluzzirsi [riŋgallut'tsirsi] *v (fam)* sich brüsten
ringhiare [riŋ'gia:re] *v (cane)* knurren
ringhiera [riŋ'giɛ:ra] *f* Geländer *n; ~ delle scale* Treppengeländer *n*
ringraziare [riŋgra'tsia:re] *v* danken, sich bedanken
rinnegare [rinne'ga:re] *v* verleugnen
rinnovamento [rinnova'mento] *m* Erneuerung *f,* Neuerung *f*
rinnovare [rinno'va:re] *v* erneuern, renovieren
rinnovazione [rinnova'tsio:ne] *f* Erneuerung *f,* Renovierung *f*
rinnovo [rin'nɔ:vo] *m* 1. Erneuerung *f;* 2. *(contratto)* Verlängerung *f*
rinoceronte [rinotʃe'ronte] *m ZOOL* Nashorn *n*
rinomato [rino'ma:to] *adj* renommiert, berühmt
rinsavire [rinsa'vi:re] *v* zur Vernunft bringen, verständig werden, wieder zur Vernunft kommen
rintanarsi [rinta'narsi] *v* sich verkriechen, sich verstecken
rintocco [rin'tokko] *m* Glockenschlag *m*
rintracciare [rintrat't∫a:re] *v* 1. aufspüren; 2. *(scoprire)* ermitteln
rinuncia [ri'nunt∫a] *f* Verzicht *m,* Aufgabe *f*
rinunciare [rinun't∫a:re] *v* 1. verzichten, aufgeben; 2. *~ a qc* auf etw verzichten, etw fallen lassen
rinvenire [rinve'ni:re] *v irr* wieder finden, entdecken
rinviare [rinvi'a:re] *v* 1. verschieben, aufschieben; 2. *(in un testo)* verweisen; 3. (luce) zurückwerfen

rinvio [rin'vi:o] *m* 1. *(differimento)* Aufschub *m;* 2. Verweis *m;* 3. *(della posta)* Nachsendung *f;* 4. *(sospensione)* Aussetzung *f*
riorganizzare [riorganid'dza:re] *v* umorganisieren, umstellen
riottenere [riotte'ne:re] *v irr* zurückerhalten
ripagare [ripa'ga:re] *v* 1. zurückzahlen; 2. *(contraccambiare)* vergelten, heimzahlen
riparare [ripa'ra:re] *v* 1. reparieren; 2. *(danno, torto)* wiedergutmachen; 3. *(difendere)* beschützen
riparazione [ripara'tsio:ne] *f* 1. Reparatur *f;* 2. *(risarcimento)* Wiedergutmachung *f,* Entschädigung *f*
riparo [ri'pa:ro] *m* 1. Schutz *m,* Beschirmung *f;* 2. *MIL* Deckung *f;* 3. *(rimedio)* Erleichterung *f,* Abhilfe *f*
ripartizione [riparti'tsio:ne] *f* 1. Umlage *f;* 2. *(divisione)* Teilung *f*
ripassare [ripas'sa:re] *v* 1. wieder vorbeikommen; 2. *(lezione)* wieder durchlesen
ripensamento [ripensa'mento] *m* Überdenken *n*
ripensare [ripen'sa:re] *v* 1. überdenken; 2. *(cambiare idea)* zu einer anderen Meinung gelangen; *Avevo deciso di andarmene ma ci ripensai.* Ich hatte beschlossen wegzugehen, aber dann habe ich es mir anders überlegt.
ripercorrere [riper'korrere] *v irr* 1. wieder begehen, wieder befahren; 2. *(fig)* durchgehen
ripercussione [riperkus'sio:ne] *f* Nachwirkung *f*
ripetere [ri'pɛ:tere] *v* wiederholen
ripetersi [ri'pɛ:tersi] *v* sich wiederholen
ripetizione [ripeti'tsio:ne] *f* 1. Wiederholung *f;* 2. *(lezione)* Nachhilfestunde *f*
ripetuto [ripe'tu:to] *adj* mehrmalig, wiederholt
ripido ['ri:pido] *adj* steil, abschüssig
ripiegare [ripie'ga:re] *v* 1. zusammenlegen, falten; 2. *MIL* abziehen
ripiegarsi [ripie'garsi] *v* sich krümmen
ripiego [ri'piɛ:go] *m* Behelf *m,* Notlösung *f*
ripieno [ri'piɛ:no] *adj* 1. voll, gefüllt; *m* 2. Füllung *f*

riportare [ripor'taːre] *v* 1. zurückbringen, zurückfahren; 2. *(fig)* davontragen, erleiden; 3. *(conto)* ECO umbuchen, übertragen
riporto [ri'pɔrto] *m* 1. Übertragung *f;* 2. ECO Übertrag *m;* 3. *(conto)* ECO Umbuchung *f;* 4. *(del vestito)* Applikation *f*
riposante [ripo'sante] *adj* 1. erholsam; 2. *(distensivo)* beruhigend
riposare [ripo'saːre] *v* ausruhen, ruhen
riposarsi [ripo'sarsi] *v* sich ausruhen
riposo [ri'pɔːso] *m* 1. Ruhe *f; ~ serale* Feierabend *m; giorno di ~* Ruhetag *m;* 2. *(condizione di chi non lavora più)* Ruhestand *m*
ripostiglio [ripos'tiʎʎo] *m* Rumpelkammer *f*
riprendere [ri'prɛndere] *v irr* 1. zurücknehmen, aufnehmen; 2. CINE drehen; 3. *(proseguire)* fortsetzen; 4. *(rimproverare)* schelten, tadeln
riprendersi [ri'prɛndersi] *v irr* sich erholen
ripresa [ri'preːsa] *f* 1. Wiederaufnahme *f;* 2. ECO Aufschwung *m;* 3. TECH Beschleunigungsvermögen *n;* 4. SPORT zweite Halbzeit *f;* 5. CINE Aufnahme *f*
ripristinare [ripristi'naːre] *v* wiederherstellen
riprodurre [ripro'durre] *v irr* reproduzieren; *~ a stampa* abdrucken
riproduzione [riprodu'tsioːne] *f* 1. Reproduktion *f,* Nachbildung *f;* 2. *(copia)* Abdruck *m,* Vervielfältigung *f;* 3. BIO Fortpflanzung *f,* Vermehrung *f*
ripromettere [ripro'mettere] *v irr* wieder versprechen
ripromettersi [ripro'mettersi] *v irr* sich vornehmen
riprova [ri'prɔːva] *f* Bestätigung *f*
riprovare [ripro'vaːre] *v* 1. wieder versuchen; 2. *(fam: bocciare)* durchfallen lassen; 3. *(disapprovare)* nicht gutheißen, verwerfen
riprovevole [ripro'veːvole] *adj* verwerflich
ripudiare [ripu'diaːre] *v* 1. verleugnen; 2. *~ qd* jdn verstoßen
ripugnante [ripuɲ'ɲante] *adj* widerlich
ripugnanza [ripuɲ'ɲantsa] *f (avversione)* Abneigung *f,* Widerwille *m*
ripugnare [ripuɲ'ɲaːre] *v* zuwider sein
riqualificare [rikualifi'kaːre] *v* umschulen
risacca [ri'sakka] *f* Brandung *f*
risaia [ri'saːia] *f* Reisfeld *n*
risalire [risa'liːre] *v (fig)* zurückgehen
risaltare [risal'taːre] *v* 1. absetzen, sich absetzen; 2. *(sporgere da una superficie)* hervorspringen; 3. *(fig)* abstechen
risalto [ri'salto] *m* Auszeichnung *f,* Hervorhebung *f; dar ~* betonen, hervorheben
risanamento [risana'mento] *m* Sanierung *f*
risanare [risa'naːre] *v* sanieren
risarcimento [risartʃi'mento] *m* Entschädigung *f,* Wiedergutmachung *f; ~ dei danni* Schadenersatz *m; ~ dei danni morali* Schmerzensgeld *n*
risarcire [risar'tʃiːre] *v* wieder gutmachen
risata [ri'saːta] *f* 1. Gelächter *n;* 2. *risate pl* Gekicher *n*
riscaldamento [riscalda'mento] *m* 1. Erwärmung *f;* 2. Heizung *f; ~ a gas* Gasheizung *f; ~ centrale* Zentralheizung *f*
riscaldare [riskal'daːre] *v* 1. erwärmen; 2. heizen, wärmen; 3. *(fig)* erhitzen
riscaldarsi [riskal'darsi] *v* sich erwärmen
riscattare [riskat'taːre] *v* auslösen, loskaufen
riscattarsi [riskat'tarsi] *v* sich habilitieren
riscatto [ris'katto] *m* 1. Loskauf *m,* Freikauf *m;* 2. *(prezzo pagato o da pagare)* Lösegeld *n*
rischiare [ris'kiaːre] *v* riskieren, wagen
rischio ['riskio] *m* 1. Risiko *n,* Wagnis *n; ~ di cambio* Wechselkursrisiko *n; ~ restante* Restrisiko *n;* 2. *~ terrorismo* Terrorgefahr *f*
rischioso [ris'kioːso] *adj* riskant
risciacquare [riʃʃak'kuaːre] *v* spülen
riscontrare [riskon'traːre] *v* feststellen
riscossa [ris'kɔssa] *f* Revolte *f*
riscossione [riskos'sioːne] *f* 1. Einnahme *f;* 2. *(tasse)* ECO Einzug *m; ~ fiscale* Steuererhebung *f*
riscrivere [ris'kriːvere] *v irr* 1. um-

schreiben, neu schreiben; 2. *(rispondere scrivendo)* zurückschreiben
riscuotere [ris'kuɔ:tere] *v irr* 1. schütteln; 2. *(tasse)* ECO erheben; 3. *(fig)* ernten, erzielen
risedere [rise'de:re] *v irr* wieder sitzen
risentimento [risenti'mento] *m* Abneigung *f*
risentire [risen'ti:re] *v* 1. *(sentire di nuovo)* wieder hören; 2. wieder fühlen; 3. *(essere toccato intimamente)* sich getroffen fühlen
risentirsi [risen'tirsi] *v* sich betroffen fühlen
riserbare [riser'ba:re] *v* zurücklegen
riserbo [ri'sɛrbo] *m* Reserve *f*, Zurückhaltung *f*
riserva [ri'sɛrva] *f* 1. Vorbehalt *m; con ~ di* vorbehaltlich; *con le riserve d'uso* mit dem üblichen Vorbehalt; *senza riserve* ohne Vorbehalte; 2. *(capitale)* FIN Reserve *f;* 3. *~ da caccia* Jagdrevier *n*, Gehege *n;* 4. *(scorta)* Vorrat *m; tenere in ~* bereithalten, zurückhalten
riservare [riser'va:re] *v* reservieren, vorbestellen
riservarsi [riser'varsi] *v* sich vorbehalten
riservatezza [riserva'tettsa] *f* 1. Verschwiegenheit *f*, Vertraulichkeit *f;* 2. *(discrezione)* Vertraulichkeit *f;* 3. *(riserbo)* Reserviertheit *f*
riservato [riser'va:to] *adj* 1. zurückhaltend, verschlossen; 2. *(posto)* reserviert; 3. *(confidenziale)* vertraulich, diskret
riso[1] ['ri:so] *m* Lachen *n*
riso[2] ['ri:so] *m* BOT Reis *m*
risolutezza [risolu'tettsa] *f* Entschlossenheit *f*
risolutivo [risolu'ti:vo] *adj* 1. auflösend; 2. *(conclusivo)* entscheidend
risoluto [riso'lu:to] *adj* resolut, zielbewusst
risoluzione [risolu'tsio:ne] *f* 1. *(chiarimento)* Lösung *f*, Auflösung *f;* 2. *(decisione)* Entschluss *m*, Beschluss *m*
risolvere [ri'sɔlvere] *v irr* 1. *(chiarire)* lösen, auflösen; 2. *(decifrare)* enträtseln; 3. *(definire)* entscheiden; 4. *(finire)* beenden, enden
risonanza [riso'nantsa] *f* 1. Widerhall *m*, Resonanz *f;* 2. *(fig)* Nachklang *m*, Resonanz *f*
risonare [riso'na:re] *v* 1. hallen, klingen; 2. *(echeggiare)* widerhallen
risorsa [ri'sorsa] *f* 1. *~ finanziaria* FIN Geldquelle *f;* 2. *risorse pl (mezzi)* Mittel *pl*
risparmiare [rispar'mia:re] *v* 1. sparen, einsparen; *~ per l'edilizia* bausparen; 2. *(mettere da parte)* zurücklegen; 3. *(fare economia)* Haus halten; 4. *(fig)* ersparen
risparmiarsi [rispar'miarsi] *v* sich ersparen
risparmio [ri'sparmio] *m* 1. Ersparnis *f;* 2. *cassa di ~* Sparkasse *f*
rispecchiare [rispek'kia:re] *v* widerspiegeln
rispedire [rispe'di:re] *v* zurücksenden
rispettabile [rispet'ta:bile] *adj* achtbar
rispettabilità [rispettabili'ta] *f* Achtbarkeit *f*
rispettare [rispet'ta:re] *v* 1. achten, respektieren; 2. *(regole)* einhalten, befolgen
rispettivamente [rispettiva'mente] *adv* je, beziehungsweise
rispetto [ris'pɛtto] *m* 1. Achtung *f*, Respekt *m;* 2. *(timore reverenziale)* Ehrfurcht *f;* 3. *(riguardo)* Rücksicht *f; prep* 4. *~ a (relazione)* hinsichtlich
rispettoso [rispet'to:so] *adj* ehrfürchtig, respektvoll
rispondere [ris'pondere] *v irr* 1. antworten, beantworten; 2. *~ di* verantworten
risposta [ris'posta] *f* Antwort *f; Sto aspettando una ~.* Ich warte auf eine Antwort.
rissa ['rissa] *f* Schlägerei *f*
rissoso [ris'so:so] *adj* streitsüchtig
ristabilire [ristabi'li:re] *v* wiederherstellen
ristabilirsi [ristabi'lirsi] *v* sich erholen
ristagnante [rista'ɲante] *adj* muffig
ristagnare [rista'ɲa:re] *v* 1. ECO abflauen; 2. *(non avere sviluppo)* ECO stagnieren
ristagno [ris'ta:ɲo] *m* 1. Stau *m;* 2. ECO Flaute *f; ~ nelle vendite* Absatzflaute *f*
ristampa [ris'tampa] *f* Nachdruck *m*, neue Auflage *f*

R

ristorante [risto'rante] *m* Restaurant *n,* Gaststätte *f*
ristoro [ris'tɔːro] *m* 1. Stärkung *f,* Erfrischung *f;* 2. *(fig)* Stärkung *f,* Erquickung *f*
ristrettezza [ristret'tettsa] *f* 1. Enge *f;* 2. *(fig)* Engstirnigkeit *f*
ristretto [ri'stretto] *adj* beengt
ristrutturazione [ristruttura'tsioːne] *f* Umstrukturierung *f*
risucchio [ri'sukkio] *m* Sog *m,* Wirbel *m*
risultare [risul'taːre] *v* sich ergeben, sich herausstellen; *Mi risulta che ...* Mir ist bekannt, dass ...
risultato [risul'taːto] *m* Ergebnis *n,* Resultat *n; ~ finale* Endergebnis *n*
risvegliare [rizveʎ'ʎaːre] *v* wieder wecken
risvegliarsi [rizve'ʎarsi] *v* aufwachen, erwachen
risvolto [ri'zvɔlto] *m (dei vestiti)* Aufschlag *m*
ritagliare [ritaʎ'ʎaːre] *v* ausschneiden
ritaglio [ri'taʎʎo] *m* Ausschnitt *m; ~ di carta* Papierschnitzel *n*
ritardare [ritar'daːre] *v* 1. verzögern; 2. zu spät kommen; 3. *(orologio)* nachgehen
ritardatario [ritarda'taːrio] *m* Nachzügler *m*
ritardo [ri'tardo] *m* Verspätung *f,* Verzug *m; essere in ~* Verspätung haben, zu spät kommen; *essere in ~ coi pagamenti* mit den Zahlungen im Rückstand sein
ritenere [rite'neːre] *v irr* 1. beibehalten, erachten; 2. *(considerare)* erachten; 3. *(credere)* glauben
ritenuta [rite'nuːta] *f* Abzug *m*
ritenzione [riten'tsioːne] *f* Zurückhaltung *f*
ritirare [riti'raːre] *v* 1. zurücknehmen, widerrufen; 2. *MIL* abziehen
ritirarsi [riti'rarsi] *v* 1. sich zurückziehen, weichen; 2. *(fig)* ausscheiden
ritirata [riti'raːta] *f* Rückzug *m*
ritirato [riti'raːto] *adj* zurückgezogen
ritiro [ri'tiːro] *m* 1. Rücknahme *f;* 2. *(da scuola)* Abgang *m;* 3. *MIL* Abzug *m*
ritmico ['ritmiko] *adj* rhythmisch
ritmo ['ritmo] *m* Rhythmus *m*
rito ['riːto] *m* Ritus *m*
ritornare [ritor'naːre] *v* 1. wiederkommen; 2. *(tornare indietro)* zurückkommen; *Quando ritorniamo?* Wann sind wir zurück?
ritornello [ritor'nɛllo] *m MUS* Refrain *m*
ritorno [ri'tɔrno] *m* 1. Rückkehr *f;* 2. *(con un veicolo)* Rückfahrt *f; andata e ~* hin und zurück
ritrarre [ri'trarre] *v irr* 1. *ART* abbilden, darstellen; 2. *(descrivere)* beschreiben
ritrattare [ritrat'taːre] *v* widerrufen
ritrattazione [ritratta'tsioːne] *f* Widerruf *m*
ritratto [ri'tratto] *m* 1. *ART* Abbild *n,* Portrait *n;* 2. *(descrizione)* Schilderung *f*
ritroso [ri'troːso] *adj* 1. spröde, widerspenstig; *adv* 2. *a ~* zurück
ritrovamento [ritrova'mento] *m* Fund *m*
ritrovare [ritro'vaːre] *v* 1. wieder finden; 2. herausfinden
ritrovarsi [ritro'varsi] *v* sich wieder finden, sich treffen
rituale [ritu'aːle] *m* Ritual *n*
riunificazione [riunifika'tsioːne] *f POL* Wiedervereinigung *f*
riunione [riu'nioːne] *f* Sitzung *f,* Versammlung *f; ~ di famiglia* Familienzusammenführung *f*
riunire [riu'niːre] *v* vereinigen, versammeln
riuscire [riuʃ'ʃiːre] *v irr* 1. gelingen; 2. *(mettere in atto con abilità)* bewerkstelligen, vermögen
riuscita [riuʃ'ʃiːta] *f* Zustandekommen *n,* Erfolg *m*
riutilizzare [riutilid'dzaːre] *v* wieder verwerten
riutilizzazione [riutiliddza'tsioːne] *f* Wiederverwertung *f,* Wiederverwendung *f*
riva ['riːva] *f* Ufer *n; ~ del fiume* Flussufer *n*
rivaccinazione [rivattʃina'tsioːne] *f MED* Nachimpfung *f*
rivale [ri'vaːle] *m* Nebenbuhler *m,* Rivale *m*
rivaleggiare [rivaled'dʒaːre] *v* rivalisieren
rivalità [rivali'ta] *f* Rivalität *f*
rivalutare [rivalu'taːre] *v* 1. neu bewerten; 2. *FIN* aufwerten

rivalutazione [rivaluta'tsio:ne] *f* 1. *(nuova valutazione)* Neubewertung *f;* 2. FIN Aufwertung *f*
rivangare [rivaŋ'ga:re] *v (fig)* aufwärmen
rivedere [rive'de:re] *v irr* 1. wieder sehen; 2. *(riguardare)* durchsehen; 3. *(rettificare)* richtig stellen
rivedersi [rive'dersi] *v irr* sich wieder sehen; *Quando ci rivediamo?* Wann sehen wir uns wieder?
rivelare [rive'la:re] *v* offenbaren
rivelarsi [rive'larsi] *v* sich zeigen, sich erweisen
rivelazione [rivela'tsio:ne] *f (fig)* Enthüllung *f*
rivendicare [rivendi'ka:re] *v* 1. zurückverlangen; 2. *~ per vie legali* einklagen
rivenire [rive'ni:re] *v irr* zurückkommen
riverbero [ri'vɛrbero] *m* Reflex *m*
riverenza [rive'rɛntsa] *f* Verneigung *f,* Knicks *m*
riverire [rive'ri:re] *v* schätzen
rivestimento [rivesti'mento] *m* 1. Bezug *m,* Überzug *m;* 2. TECH Mantel *m*
rivestire [rives'ti:re] *v* 1. verkleiden, überziehen; *~ di legno* täfeln; 2. TECH beschichten
rivincita [ri'vintʃita] *f* Revanche *f*
rivista [ri'vista] *f* 1. Zeitschrift *f; ~ illustrata* Illustrierte *f; ~ specializzata* Fachzeitschrift *f;* 2. *(revisione)* Durchsicht *f;* 3. MIL Musterung *f;* 4. THEAT Revue *f*
rivolgere [ri'vɔldʒere] *v irr* 1. richten; *~ la parola a qd* das Wort an jdm richten/jdn ansprechen; *~ lo sguardo verso qc* den Blick auf etw richten; 2. *(distogliere)* abwenden; 3. *(capovolgere)* umdrehen; 4. *(fig)* wälzen; *~ nella mente un'idea* hin und her überlegen
rivolgersi [ri'vɔldʒersi] *v irr* 1. sich wenden an; 2. *(fig)* herantreten
rivolgimento [rivoldʒi'mento] *m* 1. Umsturz *m;* 2. *(fig)* Umbruch *m*
rivolta [ri'vɔlta] *f* POL Aufruhr *m*
rivoltare [rivol'ta:re] *v* umgraben, umdrehen
rivoltarsi [rivol'tarsi] *v* 1. *(rigirarsi)* sich umwälzen; 2. *(ribellarsi)* sich erheben
rivoltella [rivol'tɛlla] *f* Revolver *m*
rivoltoso [rivol'to:so] *adj* aufsässig
rivoluzionario [rivolutsio'na:rio] *adj* 1. revolutionär; *m* 2. Revolutionär *m*
rivoluzione [rivolu'tsio:ne] *f* 1. POL Revolution *f;* 2. ASTR Umlauf *m*
rizzarsi [rit'tsarsi] *v* sich sträuben
roaming [rəʊmɪŋ] *m* TEL Roaming *n*
roba ['rɔ:ba] *f* Zeug *n,* Sachen *pl; Roba da matti! (fam)* Das ist verrückt!
robaccia [ro'battʃa] *f (fam)* Schund *m*
robivecchi [robi'vɛkki] *m* Altwarenhändler *m*
robot [rɔ'bot] *m* TECH Roboter *m*
robustezza [robus'tettsa] *f* Stärke *f*
robusto [ro'busto] *adj* handfest, robust
rocca ['rɔkka] *f* 1. *(roccia)* Fels *m;* 2. *(fortezza)* Festung *f*
rocchetto [rok'ketto] *m* Spule *f*
roccia ['rɔttʃa] *f* Felsen *m,* Gestein *n*
roccioso [rot'tʃo:so] *adj* Felsen...
rodato [ro'da:to] *adj* eingefahren
rodere ['ro:dere] *v irr* abnagen
rodersi ['ro:dersi] *v irr* sich verzehren
roditore [rodi'to:re] *m* ZOOL Nagetier *n,* Nager *m*
rogna ['roɲɲa] *f* MED Krätze *f; cercare ~ con qd (fam)* Streit mit jdm suchen/sich mit jdm anlegen
rognone [roɲ'ɲo:ne] *m* GAST Niere *f*
rogo ['rɔ:go] *m* Scheiterhaufen *m*
Romania [roma'ni:a] *f* GEO Rumänien *n*
romanico [ro'ma:niko] *adj* romanisch
romano [ro'ma:no] *adj* römisch
romanticismo [romanti'tʃizmo] *m* Romantik *f*
romantico [ro'mantiko] *adj* 1. romantisch; *m* 2. Romantiker *m*
romanza [ro'mandza] *f* LIT Romanze *f*
romanzo [ro'mandzo] *adj* 1. romanisch; *m* 2. LIT Roman *m; ~ a puntate* Fortsetzungsroman *m*
romeno [ro'mɛ:no] *m (persona)* Rumäne *m*
rompere ['rompere] *v irr* 1. brechen; 2. *(vetri)* einwerfen, einschlagen; 3. *(in due o più parti)* auseinanderbrechen; 4. *(contratto)* brechen
rompersi ['rompersi] *v irr* auseinanderfallen, zerbrechen
rompicapo [rompi'ka:po] *m* 1. Kopfzerbrechen *n,* Sorge *f;* 2. *(indovinello)* Rätsel *n*

R

ronda ['ronda] *f* Streife *f*, Wache *f*; *fare la ~* auf Streife gehen
rondine ['rondine] *f ZOOL* Schwalbe *f*; *a coda di ~* gezinkt; *Una ~ non fa primavera.* Eine Schwalbe macht noch keinen Sommer.
ronzare [ron'dza:re] *v* brummen, summen
ronzio [ron'dzi:o] *m* Summen *n*; *~ auricolare* Ohrensausen *n*
rosa ['rɔ:za] *adj* 1. rosa; *f* 2. *BOT* Rose *f*
rosario [ro'za:rio] *m REL* Rosenkranz *m*; *recitare il ~* den Rosenkranz beten
roseo ['rɔ:zeo] *adj* rosig
roseto [ro'ze:to] *m* Rosengarten *m*
rosetta [ro'zetta] *f* 1. *GAST* Semmel *f*; 2. *TECH* Unterlegscheibe *f*; 3. *ARCH* Rosette *f*
rosicchiare [rosikki'a:re] *v* nagen
rosmarino [rozma'ri:no] *m BOT* Rosmarin *m*
rosolare [rozo'la:re] *v* anbraten, rösten
rospo ['rɔspo] *m ZOOL* Kröte *f*; *ingoiare il ~ (fig)* die bittere Pille schlucken; *Butta fuori il ~!* Heraus mit der Sprache! *coda di ~* Seeteufel *m*
rossetto [ros'setto] *m* Lippenstift *m*
rosso ['rosso] *adj* 1. rot; *abete ~* Fichte *f*; *m* 2. Röte *f*; *~ di sera bel tempo si spera* Abendrot, Schönwetterbot 3. *~ d'uovo* Eidotter *m*
rossore [ros'so:re] *m* Röte *f*
rosticceria [rostittʃe'ri:a] *f* Schnellrestaurant *n*, Grillbude *f (fam)*
rostro ['rɔstro] *m* 1. *(becco) ZOOL* Schnabel *m*; 2. *NAUT* Rammsporn *m*
rotaia [ro'ta:ia] *f* Schiene *f*, Gleis *n*; *uscire dalla ~ (fig)* entgleisen
rotare [ro'ta:re] *v* 1. kreisen, rotieren; 2. *TECH* rotieren
rotatorio [rota'tɔ:rio] *adj* drehend
rotazione [rota'tsio:ne] *f* 1. Drehung *f*, Umdrehung *f*; 2. *TECH* Rotation *f*; 3. *(ciclo)* Kreislauf *m*; 4. *AGR* Koppelwirtschaft *f*
rotella [ro'tɛlla] *f* 1. Rädchen *n*; 2. *ANAT* Kniescheibe *f*
rotocalco [roto'kalko] *m (giornale)* Illustrierte *f*
rotolare [roto'la:re] *v* rollen, wälzen
rotolo ['rɔ:tolo] *m* Rolle *f*; *andare a rotoli* kaputtgehen, immer schlechter gehen
rotondo [ro'tondo] *adj* rund, rundlich, abgerundet
rotta ['rotta] *f* 1. *(direzione)* Kurs *m*; 2. Bruch *m*; 3. *(d'un argine)* Durchbruch *m*
rottame [rot'ta:me] *m* 1. Fragment *n*; *m* 2. *(ferro)* Alteisen *n*, Schrott *m*, *(fig) (persona)* Wrack *n*
rotto ['rotto] *adj* kaputt, gebrochen
rottura [rot'tu:ra] *f* 1. Bruch *m*; *~ dell'asse* Achsenbruch *m*; 2. *(fig)* Abbruch *m*; 3. *(sfondamento)* Durchbrechen *n*, Durchbruch *m*; 4. *(strappo)* Riss *m*
rotula ['rɔ:tula] *f ANAT* Kniescheibe *f*
roulotte [ru'lɔt] *f* Wohnwagen *m*
routine [ru'tin] *f* Routine *f*
rovesciamento [roveʃʃa'mento] *m* 1. *POL* Umsturz *m*; 2. *(capovolgimento)* Umkehrung *f*; 3. *(di liquidi)* Umschütten *n*, Ausschüttung *f*
rovesciare [roveʃ'ʃa:re] *v* 1. vergießen, ausschütten; 2. *(persone, oggetti)* umstoßen
rovesciarsi [roveʃ'ʃarsi] *v NAUT* kentern
rovesciato [roveʃ'ʃa:to] *adj* seitenverkehrt, umgestürzt
rovescio [ro'vɛʃʃo] *adj* 1. verkehrt; *a ~* verkehrt, umgekehrt; *m* 2. *(fig)* Schattenseite *f*; 3. *(fig: aspetto peggiore)* Kehrseite *f*; 4. *~ di fortuna* Schicksalsschlag *m*
rovina [ro'vi:na] *f* 1. *(di castello)* Ruine *f*; 2. *(sfacelo)* Ruin *m*, Verderben *n*; 3. *(di edificio)* Verfall *m*
rovinare [rovi'na:re] *v* 1. verderben, ruinieren; 2. *(crollare)* zusammenbrechen, einstürzen; 3. *(fig)* verkorksen
rovinarsi [rovi'narsi] *v* kaputtgehen
rovistare [rovis'ta:re] *v* wühlen, durchsuchen, stöbern
rovo ['ro:vo] *m BOT* Brombeerstrauch *m*
rozzo ['roddzo] *adj* plump, grob
rubare [ru'ba:re] *v* 1. stehlen, einbrechen; 2. *(fam)* klauen
rubinetto [rubi'netto] *m* Hahn *m*; *~ del gas* Gashahn *m*; *~ dell'acqua* Wasserhahn *m*
rubrica [ru'bri:ka] *f* Rubrik *f*, Sparte *f*

rude ['ruːde] *adj* rau
rudere ['ruːdere] *m* 1. Ruine *f;* 2. *(fig)* Wrack *n; ~ di nervi* Nervenbündel *n*
rudimentale [rudimen'taːle] *adj* rudimentär
ruffianeria [ruffiane'riːa] *f (fig)* Kuppelei *f*
ruga ['ruːga] *f (della pelle)* Falte *f,* Runzel *f; pieno di rughe* runzelig
ruggine ['ruddʒine] *f CHEM* Rost *m*
ruggito [rud'dʒiːto] *m* Gebrüll *n; ~ del mare* Heulen *n*
rugiada [ru'dʒaːda] *f* Tau *m*
rugoso [ru'goːso] *adj* faltig
rullo ['rullo] *m* Rolle *f,* Walze *f; ~ a vapore* Dampfwalze *f*
rumeno [ru'mɛːno] *adj* rumänisch
ruminante [rumi'nante] *adj* 1. *ZOOL* wiederkäuend; *m* 2. *ZOOL* Wiederkäuer *m*
ruminare [rumi'naːre] *v* 1. wiederkäuen; 2. *(fig)* grübeln, nachsinnen
rumore [ru'moːre] *m* 1. Geräusch *n,* Lärm *m; fare ~* rumoren; *fare molto ~* sehr laut sein; *lotta contro i rumori* Lärmbekämpfung *f; protezione dai rumori* Lärmschutz *m;* 2. *(suono)* Laut *m; molto ~ per nulla (fig)* viel Lärm um nichts
rumoreggiare [rumored'dʒaːre] *v* tosen
rumoroso [rumo'roːso] *adj* laut, geräuschvoll
ruolo [ru'ɔːlo] *m* 1. Rolle *f; essere di ~* eine feste Anstellung haben; 2. *THEAT* Rolle *f*
ruota [ru'ɔːta] *f* Rad *n; ~ dell'arcolaio* Spinnrad *n; ~ dentata* Zahnrad *n; a ~ libera (fig)* im Leerlauf; *essere l'ultima ~ del carro* das fünfte Rad am Wagen sein
ruotare [ruo'taːre] *v (fig)* rotieren
rupe ['ruːpe] *f* Fels *m,* Felsen *m*
rurale [ru'raːle] *adj* 1. ländlich; 2. *(contadinesco)* bäuerlich; *casa ~* Bauernhaus *n*
ruscello [ruʃ'ʃɛllo] *m* Bach *m*
russare [rus'saːre] *v* schnarchen
Russia ['russia] *f GEO* Russland *n*
russo ['russo] *adj* 1. russisch; *m* 2. Russe *m*
rustico ['rustiko] *adj* bäuerlich, rustikal
ruttare [rut'taːre] *v* aufstoßen, *(fam)* rülpsen
ruvidezza [ruve'dettsa] *f* Barschheit *f*
ruvido ['ruːvido] *adj* rau
ruzzolare [ruttso'laːre] *v* purzeln, sich überschlagen
ruzzolata [ruttso'laːta] *f* 1. Sturz *m;* 2. *(capitombolo)* Purzelbaum *m*

S

sabato ['sa:bato] *m* Samstag *m*, Sonnabend *m*; *di* ~ samstags, sonnabends
sabbia ['sabbia] *f* Sand *m*
sabbiera [sab'biɛ:ra] *f* Sandkasten *m*
sabbioso [sab'bio:so] *adj* sandig
sabotaggio [sabo'taddʒo] *m* Sabotage *f*
sabotare [sabo'ta:re] *v* sabotieren
sacca ['sakka] *f* Sack *m*
saccaride [sak'ka:ride] *m* Kohlehydrat *n*
saccarina [sakka'ri:na] *f* CHEM Saccharin *n*
saccheggiare [sakked'dʒa:re] *v* plündern
saccheggio [sak'keddʒo] *m* Plünderung *f*
sacchetto [sak'ketto] *m* Tüte *f*, Beutel *m*; ~ *di plastica* Plastiktüte *f*
sacco ['sakko] *m* Sack *m*, Tasche *f*; ~ *a pelo* Schlafsack *m*; *un* ~ *di* eine Menge *f*; *(s)vuotare il* ~ auspacken, sein Gewissen erleichtern; *cogliere qd con le mani nel* ~ jdn auf frischer Tat ertappen
sacerdote [satʃer'dɔ:te] *m* REL Priester *m*
sacramento [sakra'mento] *m* REL Sakrament *n*
sacrestano [sakres'ta:no] *m* REL Küster *m*
sacrestia [sakres'ti:a] *f* REL Sakristei *f*
sacrificare [sakrifi'ka:re] *v* opfern, ein Opfer bringen
sacrificarsi [sakrifi'karsi] *v* sich aufopfern
sacrificio [sakri'fi:tʃo] *m* Opfer *n*
sacrilegio [sakri'lɛ:dʒo] *m* REL Sakrileg *n*
sacro ['sa:kro] *adj* 1. REL sakral, heilig; *musica sacra* Kirchenmusik *f*; 2. *(santificato)* gottgeweiht
sadico ['sa:diko] *m* Sadist *m*
sadismo [sa'dizmo] *m* Sadismus *m*
saetta [sa'etta] *f* 1. *(freccia)* Pfeil *m*; 2. *(fulmine)* Blitz *m*
saga ['sa:ga] *f* Sage *f*
sagace [sa'ga:tʃe] *adj* scharfsinnig
saggezza [sad'dʒettsa] *f* Klugheit *f*, Weisheit *f*
saggio ['saddʒo] *adj* 1. klug, weise; *m* 2. LIT Essay *n*; 3. *(uomo anziano con esperienza)* Weiser *m*; 4. *(esame)* Probe *f*; *in* ~ probeweise; 5. CHEM Probe *f*; *un* ~ *di vino* Weinprobe *f*; 6. ~ *di sconto* ECO Diskontsatz *m*
saggistica [sad'dʒistika] *f* LIT Essayistik *f*
sagittario [sadʒit'ta:rio] *m* 1. HIST Schütze *m*; 2. ASTR Schütze *m*
sagoma ['sa:goma] *f* 1. Profil *n*, Form *f*; 2. *(stampo)* Schablone *f*; 3. *(fam)* Type *f*
sagra ['sa:gra] *f* 1. Kirchweihfest *n*; 2. Fest *n*, Feier *f*; ~ *del vino* Weinfest *n*
sagrestano [sagres'ta:no] *m* REL Mesner *m*
sagrestia [sagres'ti:a] *f* REL Sakristei *f*
saio ['sa:io] *m* REL Kutte *f*
sala ['sa:la] *f* Saal *m*, Halle *f*; ~ *parto* Kreißsaal *m*; ~ *da pranzo* Speisesaal *m*; ~ *congressi* Kongresshalle *f*; ~ *operatoria* Operationssaal *m*; ~ *d'aspetto* Wartesaal *m*
salame [sa'la:me] *m* 1. GAST Salami *f*, Salamiwurst *f*; *affettato di* ~ Wurstaufschnitt *m*; 2. *(fig)* Tölpel *m*; *legato come un* ~ an Händen und Füßen gefesselt
salamoia [sala'mɔ:ia] *f* Salzlauge *f*
salare [sa'la:re] *v* salzen
salariato [sala'ria:to] *adj* 1. entlohnt; *m* 2. Lohnempfänger *m*
salario [sa'la:rio] *m* Lohn *m*; ~ *a cottimo* Stücklohn *m*, Akkordlohn *m*; ~ *massimo* Spitzenlohn *m*; ~ *in denaro* Geldlohn *m*
salassare [salas'sa:re] *v* *(fig)* schröpfen
salatino [sala'ti:no] *m* GAST Salzstange *f*
salato [sa'la:to] *adj* salzig; *un conto* ~ *(fig)* eine gesalzene Rechnung *f*
saldamente [salda'mente] *adv* fest
saldare [sal'da:re] *v* 1. *(metalli)* TECH schweißen, anschweißen; 2. TECH löten; 3. ECO abbezahlen; 4. FIN abbezahlen, abzahlen; 5. *(rafforzare)* verstärken

saldarsi [sal'darsi] *v* 1. sich verbinden; 2. vernarben
saldo ['saldo] *m* 1. Restbetrag *m;* 2. *ECO* Saldo *m,* Ausgleich *m;* 3. *saldi pl* Schlussverkauf *m; adj* 4. fest
sale ['sa:le] *m* Salz *n; ~ da cucina* Kochsalz *m; sali da bagno* Badesalz *m*
salice ['sa:litʃe] *m BOT* Weide *f; ~ piangente* Trauerweide *f*
saliente [sa'liɛnte] *adj* 1. aufsteigend; 2. *(ripido)* steil; 3. *(fig)* bedeutsam; *punto ~* springender Punkt *m,* Kernpunkt *m; m* 4. *(greppo)* Vorsprung *m*
saliera [sa'liɛ:ra] *f* Salzstreuer *m*
salinità [salini'ta] *f* Salzgehalt *m*
salino [sa'li:no] *adj* 1. salzhaltig; 2. *CHEM* Salz...; *soluzione salina* Salzlösung *f*
salire [sa'li:re] *v irr* 1. steigen, einsteigen; 2. *(fig: sorgere)* heraufkommen
salita [sa'li:ta] *f* 1. Aufgang *m,* Einstieg *m;* 2. *(di montagna)* Aufstieg *m,* Steigung *f;* 3. *(percorso ascendente)* Steigung *f*
saliva [sa'li:va] *f* Speichel *m,* Spucke *f*
salma ['salma] *f* Leiche *f*
salmì [sal'mi] *m GAST* scharfes Wildragout *n*
salmo ['salmo] *m REL* Psalm *m*
salmone [sal'mo:ne] *m ZOOL* Lachs *m*
salmonella [salmo'nɛlla] *f BIO* Salmonelle *f*
salnitro [sal'ni:tro] *m CHEM* Salpeter *m*
salone [sa'lo:ne] *m* Salon *m*
salottiero [salot'tiɛ:ro] *adj* 1. Salon...; *m* 2. Bonvivant *m*
salotto [sa'lɔtto] *m* Wohnzimmer *n,* Salon *m*
salpare [sal'pa:re] *v (nave) NAUT* auslaufen
salsa ['salsa] *f GAST* Soße *f,* Tunke *f; ~ di pomodoro* Tomatensoße *f*
salsiccia [sal'sittʃa] *f GAST* Wurst *f*
salsiera [salsi'ɛ:ra] *f* Sauciere *f*
saltare [sal'ta:re] *v* 1. springen, hüpfen; *~ addosso* anspringen; *~ sopra* überspringen; 2. *(pagina)* überschlagen; 3. *(fig)* schwänzen; 4. *(fig: uscir fuori)* auffliegen
saltellare [saltel'la:re] *v* hüpfen
saltimbanco [saltim'baŋko] *m* 1. Seilkünstler *m;* 2. *(acrobata)* Akrobat *m,* Gaukler *m*
salto ['salto] *m* Sprung *m,* Absprung *m; a salti* sprunghaft; *~ con l'asta* Stabhochsprung *m; Faccio un ~ da te.* Ich komme kurz vorbei. *~ in alto* Weitsprung *m*
saltuario [sal'tua:rio] *adj* gelegentlich
salubre [sa'lu:bre] *adj* gesund
salumeria [salume'ri:a] *f* Wurstwarenhandlung *f*
salumi [sa'lu:mi] *m/pl GAST* Wurstwaren *pl*
salumiere [salu'miɛ:re] *m* Wurstwarenhändler *m*
salutare [salu'ta:re] *v* 1. begrüßen, grüßen; *adj* 2. gesund, heilsam
salute [sa'lu:te] *f* 1. Gesundheit *f,* Wohlbefinden *n; interj* 2. Zum Wohl!/ Gesundheit!
saluto [sa'lu:to] *m* Gruß *m,* Begrüßung *f; Tanti saluti a ...* Viele Grüße an ...
salva ['salva] *f* 1. *MIL* Ehrensalve *f; sparare a salve* Salven abgeben; 2. *~ di fischi* Pfeifkonzert *n*
salvadanaio [salvada'na:io] *m* Sparbüchse *f*
salvagente [salva'dʒɛnte] *m* 1. Rettungsring *m,* Schwimmring *m;* 2. *(marciapiede sopraelevato)* Verkehrsinsel *f*
salvaguardare [salvaguar'da:re] *v* 1. schützen; 2. *(custodire)* bewahren
salvaguardia [salva'guardia] *f* 1. Schutz *m;* 2. *(custodia)* Bewahrung *f*
salvare [sal'va:re] *v* retten; *~ le apparenze* den Schein waren
salvarsi [sal'varsi] *v (fig)* davonkommen
salvataggio [salva'taddʒo] *m* Rettung *f,* Bergung *f; telo di ~* Sprungtuch *n*
salvatore [salva'to:re] *m* 1. Retter *m;* 2. *Salvatore REL* Erlöser *m*
salve ['salve] *interj* grüß dich, hallo
salvezza [sal'vettsa] *f* 1. *(salvataggio)* Rettung *f;* 2. *LIT* Heil *n; ~ dell'anima* Seelenheil *n;* 3. *REL* Erlösung *f*
salvia ['salvia] *f BOT* Salbei *m*
salvietta [sal'vietta] *f* Serviette *f*
salvo ['salvo] *adj* 1. heil, unversehrt; 2. *(al sicuro)* geborgen; *prep* 3. *(eccetto)* außer; 4. *ECO* unter Vorbehalt; *~ errori*

S

ed omissioni unter Vorbehalt; *~ buon fine* Eingang vorbehalten
sambuco [sam'buːko] *m* BOT Holunder *m*
san [san] *(vedi „santo")*
sanare [sa'naːre] *v* 1. ausheilen; 2. *(edificio)* sanieren
sanatoria [sana'tɔːria] *f* Bestätigung *f*, öffentliche Genehmigung *f*
sanatorio [sana'tɔːrio] *m* Sanatorium *n*
sancire [san'tʃiːre] *v* 1. determinieren; 2. bestätigen; 3. *(sanzionare)* gutheißen
sandalo[1] ['sandalo] *m* Sandale *f*
sandalo[2] ['sandalo] *m* Sandelholz *n*
sandalo[3] ['sandalo] *m* NAUT Einer *m*
sangue ['saŋgue] *m* Blut *n*; *a ~ freddo* kaltblütig; *prova del ~* Blutprobe *f*; *trasfusione di ~* Bluttransfusion *f*; *Mi esce spesso ~ dal naso.* Ich habe häufig Nasenbluten.
sanguinare [saŋgui'naːre] *v* bluten
sanguinario [saŋgui'naːrio] *adj* blutrünstig
sanguisuga [saŋgui'suːga] *f* ZOOL Blutegel *m*
sanità [sani'ta] *f* 1. Gesundheit *f*; 2. *(organismo)* Gesundheitswesen *n*
sanitario [sani'taːrio] *adj* sanitär; *ufficiale ~* Amtsarzt *m*
sano ['saːno] *adj* 1. gesund, heil; *~ e salvo* unverletzt, wohlbehalten, unversehrt; *~ come un pesce* kerngesund; 2. *(benefico)* bekömmlich
santificare [santifi'kaːre] *v* heiligsprechen
santo ['santo] *adj* 1. REL heilig; *m* 2. REL Heiliger *m*
santuario [santu'aːrio] *m* 1. Heiligtum *n*, Kultstätte *f*; 2. REL Wallfahrtskirche *f*
sanzionare [santsio'naːre] *v* 1. gutheißen; 2. sanktionieren; 3. *(confermare)* bescheinigen
sanzione [san'tsioːne] *f* 1. Sanktion *f*; 2. *(misura coercitiva)* Zwangsmaßnahme *f*
sapere [sa'peːre] *v irr* 1. wissen; *Non si sa mai.* Man kann nie wissen. 2. *(essere capace)* können; 3. *(conoscere)* beherrschen; *~ molte lingue* viele Sprachen beherrschen; 4. *(gusto)* schmecken; *~ di* schmecken nach; *m* 5. Wissen *n*
sapiente [sapi'ɛnte] *adj* 1. weise; 2. *(dotto)* gelehrt; *m/f* 3. Weise(r) *m/f*
sapienza [sa'piɛntsa] *f* 1. Weisheit *f*, Klugheit *f*; 2. *(conoscenze)* Kenntnisse *pl*, Wissen *n*; 3. *(cultura generale)* Allgemeinbildung *f*
sapone [sa'poːne] *m* Seife *f*
sapore [sa'poːre] *m* Geschmack *m*
saporito [sapo'riːto] *adj* 1. würzig, wohlschmeckend; 2. *(fig)* witzig
saracinesca [saratʃi'neska] *f* 1. Rollladen *m*; 2. *(botola)* Falltür *f*
sarcastico [sar'kastiko] *adj* sarkastisch
sarcofago [sar'kɔːfago] *m* Steinsarg *m*
Sardegna [sar'deːɲa] *f* GEO Sardinien *n*
sardina [sar'diːna] *f* ZOOL Sardine *f*; *~ sott'olio* Ölsardine *f*
sarto ['sarto] *m* Schneider *m*
sartoria [sarto'riːa] *f* Schneiderei *f*
sasso ['sasso] *m* Stein *m*; *duro come un ~* steinhart
sassofono [sas'sɔːfono] *m* MUS Saxophon *n*
sassone ['sassone] *m/f* Sachse/Sächsin *m/f*
sassoso [sas'soːso] *adj* steinig
Satana ['saːtana] *m* REL Satan *m*
satellite [sa'tɛllite] *m* 1. Satellit *m*; *trasmissione per via ~* Satellitenübertragung *f*; *~ da ricognizione* Aufklärungssatellit *m*; 2. ASTR Trabant *m*; 3. POL Satellitenstaat *m*
satin [sa'tɛ̃] *m* Satin *m*
satira ['saːtira] *f* LIT Satire *f*
satirico [sa'tiːriko] *m* Satiriker *m*
satollo [sa'tollo] *adj* übersättigt
saturare [satu'raːre] *v* CHEM sättigen
saturazione [satura'tsioːne] *f* 1. CHEM Sättigung *f*; 2. *~ del mercato* ECO Marktsättigung *f*
saturo ['saːturo] *adj* 1. CHEM gesättigt; *non ~* ungesättigt; 2. ECO gesättigt
sauna ['saːuna] *f* Sauna *f*
sauro ['saːuro] *adj* 1. fuchsrot; *m* 2. ZOOL Echse *f*; 3. *(cavallo)* Fuchs *m*
savana [sa'vaːna] *f* GEO Savanne *f*
savio ['saːvio] *adj* 1. weise; *m* 2. Weiser *m*
saziare [sat'siaːre] *v* sättigen
saziarsi [sat'siarsi] *v* satt werden
sazietà [satsie'ta] *f* Sättigung *f*, Über-

sättigung *f; a ~* genug, mehr als genug, im Überfluss
sazio ['saːtsio] *adj* satt, gesättigt
sbadato [zba'daːto] *adj* 1. achtlos, schusselig; 2. *(distratto)* zerstreut
sbadigliare [zbadiʎ'ʎaːre] *v* gähnen
sbafo ['zbaːfo] *m* Schmarotzertum *n; a ~* kostenlos, umsonst
sbagliare [zbaʎ'ʎaːre] *v* einen Fehler machen; *~ il conto* sich verrechnen
sbagliarsi [zbaʎ'ʎarsi] *v* sich irren
sbagliato [zbaʎ'ʎaːto] *adj* falsch
sbaglio ['zbaʎʎo] *m* Irrtum *m,* Versehen *n; per ~* versehentlich, unbeabsichtigt
sballottare [zballot'taːre] *v* durchschütteln
sbalordimento [zbalordi'mento] *m* Fassungslosigkeit *f,* Verblüffung *f*
sbalorditivo [zbalordi'tiːvo] *adj* verblüffend, außergewöhnlich
sbalordito [zbalor'diːto] *adj* verblüfft
sbalzo ['zbaltso] *m* Ruck *m,* Stoß *m*
sbandamento [zbanda'mento] *m* 1. *(della macchina)* Schleudern *n;* 2. *(fig: morale)* Verfehlung *f*
sbandare [zban'daːre] *v* 1. *(auto)* schleudern, wegrutschen; 2. *(fig)* eine Verfehlung begehen
sbandieramento [zbandiera'mento] *m* 1. *(sventolio)* Fahnenschwenken *n;* 2. *(fig)* Ausplaudern *n*
sbandierare [zbandie'raːre] *v* 1. *(sventolare)* schwingen; 2. *(fig)* ausplaudern
sbaragliare [zbaraʎ'ʎaːre] *v* 1. zersprengen; 2. *(mettere in fuga)* in die Flucht schlagen
sbarazzare [zbarat'tsaːre] *v (sgombrare)* wegräumen
sbarazzarsi [zbarat'tsarsi] *v ~ di qd* sich jds entledigen, jdn loswerden
sbarazzino [zbarat'tsiːno] *adj* 1. keck *m;* 2. Lausbub *m*
sbarbarsi [zbar'barsi] *v* sich rasieren
sbarbatello [zbarba'tɛllo] *m (fam)* Grünschnabel *m,* Milchbart *m*
sbarcare [zbar'kaːre] *v* 1. landen; 2. *(merci)* ausladen
sbarco ['zbarko] *m* 1. *NAUT* Landung *f;* 2. *(di merci)* Löschung *f*
sbarra ['zbarra] *f* 1. Schranke *f,* Eisenbahnschranke *f;* 2. *(spranga)* Stange *f*
sbarramento [zbarra'mento] *m* 1. *(bloccaggio)* Sperrung *f;* 2. *(chiusura)* Schranke *f*
sbarrare [zbar'raːre] *v* 1. sperren, absperren; 2. *(conto) ECO* sperren
sbattere ['zbattere] *v* schlagen
sbattuto [zbat'tuːto] *adj* 1. geschlagen; 2. *(depresso)* deprimiert; 3. *(esaurito)* ausgelaugt
sbavare [zba'vaːre] *v* geifern
sbellicarsi [zbelli'karsi] *v* sich wälzen; *~ dalle risa* sich kaputtlachen
sberla ['zbɛrla] *f (fam)* Ohrfeige *f*
sberleffo [zber'lɛffo] *m* 1. *MED* Narbe *f;* 2. *(smorfia)* Fratze *f*
sbiadito [zbia'diːto] *adj* 1. ausgebleicht, ausgeblichen; 2. *(fig)* farblos
sbiancare [zbiaŋ'kaːre] *v* bleichen
sbiancarsi [zbiaŋ'karsi] *v* blass werden
sbieco ['zbiɛːko] *adj* schief
sbilanciarsi [zbilan'tʃarsi] *v* aus dem Gleichgewicht kommen
sbloccare [zblok'kaːre] *v* freigeben
sboccare [zbok'kaːre] *v* 1. abgießen; 2. *(fiume)* münden
sbocciare [zbot'tʃaːre] *v* aufblühen
sbocco ['zbokko] *m* 1. *GEO* Mündung *f;* 2. *(uscita)* Ausgang *m;* 3. *ECO* Absatzmarkt *m*
sbollentare [zbollen'taːre] *v* aufkochen
sbollire [zbol'liːre] *v (fig)* vergehen
sbornia ['zbɔrnia] *f* Rausch *m*
sborsare [zbor'saːre] *v (denaro)* auslegen
sbottonare [zbotto'naːre] *v* aufknöpfen
sbriciolare [zbritʃo'laːre] *v* bröckeln, zerkrümeln
sbrigare [zbri'gaːre] *v* 1. bearbeiten, erledigen; 2. *(fig)* absolvieren
sbrigarsi [zbri'garsi] *v* sich beeilen
sbrigativo [zbriga'tiːvo] *adj* 1. schnell; 2. *(superficiale)* oberflächlich; 3. *(fig: breve)* kurz
sbrinare [zbri'naːre] *v* abtauen
sbronzo ['zbrontso] *adj* angetrunken
sbucciare [zbut'tʃaːre] *v* schälen
sbuffare [zbuf'faːre] *v* schnauben
scabroso [ska'broːso] *adj* 1. holperig; 2. *(fig)* heikel

scacchiera [skak'kiɛːra] *f* Schachbrett *n*
scacciare [skat'tʃaːre] *v* 1. fortjagen, verjagen; 2. *(allontanare)* vertreiben
scacco ['skakko] *m* 1. Schach *n*; *~ matto* schachmatt; 2. *(pedina)* Schachfigur *f*; 3. *(sconfitta)* Niederlage *f*; 4. *scacchi pl* Schach *n*; *a scacchi* im Schachbrettmuster
scadente [ska'dɛnte] *adj* 1. minderwertig; 2. *(che scade)* fällig
scadenza [ska'dɛntsa] *f* 1. Verfall *m*, Fristablauf *m*; *a ~* befristet; *a lunga ~* langfristig; *a media ~* mittelfristig; 2. *ECO* Fälligkeit *f*; *~ del credito* Kreditfrist *f*; *data di ~* Verfallsdatum *n*
scadenzario [skaden'tsaːrio] *m* Terminkalender *m*
scadere [ska'deːre] *v irr* 1. *(prezzo)* verfallen, sinken; 2. *ECO* ablaufen
scaduto [ska'duːto] *adj* überfällig
scafandro [ska'fandro] *m SPORT* Taucheranzug *m*
scaffale [skaf'faːle] *m* Regal *n*; *~ per libri* Bücherregal *n*
scafo ['skaːfo] *m TECH* Rumpf *m*
scagionarsi [skadʒo'narsi] *v* sich rechtfertigen
scaglia ['skaʎʎa] *f* 1. Splitter *m*; 2. *ZOOL* Schuppe *f*
scagliare [skaʎ'ʎaːre] *v* schleudern
scagliarsi [skaʎ'ʎarsi] *v ~ contro* sich stürzen auf
scala ['skaːla] *f* 1. Treppe *f*, Leiter *f*; *~ a chiocciola* Wendeltreppe *f*; *~ d'emergenza* Feuerleiter *f*; *~ mobile* Rolltreppe *f*; 2. *(in disegno)* Maßstab *m*, Skala *f*
scalare [ska'laːre] *v* 1. *(monte)* besteigen; *adj* 2. stufenförmig, Staffel…
scalatore [skala'toːre] *m* Bergsteiger *m*
scaldabagno [skalda'baɲɲo] *m TECH* Boiler *m*
scaldabile [skal'daːbile] *adj* beheizbar
scaldacqua [skal'dakkua] *m TECH* Warmwasserbereiter *m*
scaldare [skal'daːre] *v* wärmen
scalfittura [skalfit'tuːra] *f* Schramme *f*
scalo ['skaːlo] *m* 1. *~ intermedio* Zwischenlandung *f*; 2. *~ merci* Güterbahnhof *m*; 3. *(posto di scarico)* Ausladeplatz *m*
scaloppina [skalop'piːna] *f* Schnitzel *n*
scalpellino [skalpel'liːno] *m* Steinmetz *m*
scalpello [skal'pɛllo] *m* 1. Meißel *m*; 2. *MED* Skalpell *n*
scalpicciare [skalpit'tʃaːre] *v* zertrampeln
scalpore [skal'poːre] *m* Eklat *m*
scaltrezza [skal'trettsa] *f* Verschlagenheit *f*
scaltro ['skaltro] *adj* verschmitzt
scalzare [skal'tsaːre] *v* 1. *(scarpe e calze)* ausziehen; 2. *(fig)* untergraben
scalzo ['skaltso] *adj* barfuß
scambiare [skam'biaːre] *v* vertauschen, verwechseln; *~ qualche parola con qd* einige Worte mit jdm wechseln
scambio ['skambio] *m* 1. Austausch *m*, Wechsel *m*; *~ d'idee* Gedankenaustausch *m*; *~ di esperienze* Erfahrungsaustausch *m*; *~ di studenti* Schüleraustausch *m*; 2. *(di merce, di valuta)* Umtausch *m*; *scambi commerciali con l'estero* Außenhandelsverkehr *m*; *libero ~ ECO* Freihandel *m*; *zona di ~* Freihandelszone *f*; 3. *(errore)* Verwechslung *f*;
scampagnata [skampaɲ'ɲaːta] *f* Landausflug *m*
scampanio [skampa'niːo] *m* Glockengeläute *n*
scampare [skam'paːre] *v* retten
scamparsi [skam'parsi] *v* entrinnen
scampo[1] ['skampo] *m* Ausweg *m*; *Non c'è via di ~.* Es gibt keinen Ausweg.
scampo[2] ['skampo] *m ZOOL* Kaisergranat *m*
scanalatura [skanala'tuːra] *f* Rille *f*
scandalizzarsi [skandalid'dzarsi] *v* sich empören
scandalo ['skandalo] *m* 1. Skandal *m*; *soffocare uno ~* einen Skandal vertuschen; 2. *(provocando suscettibilità)* Anstoß *m*
scandaloso [skanda'loːso] *adj* skandalös
Scandinavia [skandi'naːvia] *f GEO* Skandinavien *n*
scandinavo [skandi'naːvo] *adj* 1. *GEO* skandinavisch; *m* 2. Skandinavier *m*
scandire [skan'diːre] *v* skandieren
scannare [skan'naːre] *v* 1. schlachten; 2. *INFORM* scannen

S

scansafatiche [skansafa'tiːke] *m/f* *(fam)* Faulenzer(in) *m/f*
scansare [skan'saːre] *v* ausweichen, vermeiden
scantinato [skanti'naːto] *m* Untergeschoss *n*
scapaccione [skappat'tʃoːne] *m* Ohrfeige *f*
scapigliato [skapiʎ'ʎaːto] *adj* 1. zerrupft; 2. *(fig)* hemmungslos, ausschweifend
scapigliatura [skapiʎʎa'tuːra] *f* Ausschweifung *f*, Zügellosigkeit *f*
scapola ['skaːpola] *m* ANAT Schulterblatt *n*
scapolo ['skaːpolo] *adj* 1. unverheiratet; *m* 2. Junggeselle *m*
scappamento [skappa'mento] *m* TECH Auspuff *m*
scappare [skap'paːre] *v* 1. weglaufen, davonlaufen; 2. *(fig)* durchgehen
scappata [skap'paːta] *f* 1. Abstecher *m*; 2. *(fam)* Seitensprung *m*
scappatella [skappa'tɛlla] *f* 1. Eskapade *f*; 2. *(fig)* Seitensprung *m*; *fare una ~* fremdgehen
scappatoia [skappa'toːia] *f* 1. Ausweg *m*; 2. *(pretesto)* Ausflucht *f*
scarabeo [skara'bɛːo] *m* ZOO Mistkäfer *m*
scarabocchiare [skarabokki'aːre] *v* kritzeln, bekritzeln
scarafaggio [skara'faddʒo] *m* ZOOL Schabe *f*
scaraventare [skaraven'taːre] *v* schleudern
scaraventarsi [skaraven'tarsi] *v ~ addosso a qd* auf jdn losgehen
scarcerazione [skartʃera'tsioːne] *f* JUR Haftentlassung *f*
scarica ['skaːrika] *f* 1. *(salva)* MIL Garbe *f*, Salve *f*; 2. *(colpo)* Schuss *m*; 3. *(fig)* Flut *f*; 4. TECH Entladung *f*; 5. *(di sentimenti)* Ausbruch *m*
scaricare [skari'kaːre] *v* 1. abladen, ausladen; 2. *(vapore)* ablassen; 3. *(merce)* löschen
scaricarsi [skari'karsi] *v ~ di (fig)* abwälzen auf
scarico ['skaːriko] *m* Abfluss *m*
scarlattina [skarlat'tiːna] *f* MED Scharlach *m*
scarlatto [skar'latto] *adj* 1. scharlachrot; *m* 2. Scharlachrot *n*
scarno ['skarno] *adj* 1. *(macilento)* ausgezehrt; 2. *(fig)* einfach
scarogna [ska'roɲɲa] *f* Missgeschick *n*
scarpa ['skarpa] *f* Schuh *m*; *~ da ginnastica* Turnschuh *m*
scarpata [skar'paːta] *f* Böschung *f*
scarpone [skar'poːne] *m* 1. SPORT Bergschuh *m*; 2. *~ da sci* Skischuh *m*, Skistiefel *m*
scarrozzata [skarrot'tsaːta] *f* Spazierfahrt *f*
scarseggiare [skarsed'dʒaːre] *v* 1. knapp sein; *m* 2. Verknappung *f*
scarsità [skarsi'ta] *f* Mangel *m*, Knappheit *f*; *~ di acqua potabile* Trinkwasserknappheit *f*
scarso ['skarso] *adj* mager, knapp
scartabellare [skartabel'laːre] *v (libro)* wälzen
scartare [skar'taːre] *v* 1. *(spacchettare)* auspacken; 2. *(mettere da parte)* weglegen; 3. *(deviare)* abweichen
scarto ['skarto] *m* 1. Ausschuss *m*; 2. *(differenza)* Spanne *f*; 3. *scarti pl* Ramsch *m*
scassinare [skassi'naːre] *v (fig)* knacken, aufbrechen
scassinatore [skassina'toːre] *m* Einbrecher *m*
scasso ['skasso] *m* Einbruch *m*, Diebstahl *m*; *a prova di ~* einbruchsicher
scatenare [skate'naːre] *v* verursachen
scatenarsi [skate'narsi] *v* toben, tollen
scatola ['skaːtola] *f* 1. Schachtel *f*; *~ di cartone* Karton *m*; 2. *(barattolo)* Dose *f*; *~ di conserva* Konservendose *f*; *~ di latta* Blechdose *f*; 3. *~ cranica* ANAT Schädel *m*
scatolame [skato'laːme] *m* Konserve *f*
scattare [skat'taːre] *v* 1. FOTO fotografieren, knipsen; 2. *(molla)* springen, losschnellen; 3. *(persone)* hochfahren, aufspringen, hochschnellen
scatto ['skatto] *m* 1. Gebühreneinheit *f*; 2. FOTO Auslöser *m*; 3. *(di collera)* Wutanfall *m*; 4. SPORT Spurt *m*
scaturirsi [skatu'rirsi] *v* sich entwickeln
scavalcare [skaval'kaːre] *v* 1. überklet-

tern; **2.** *(superare)* überholen; *~ qd* jdn auslassen/jdn überspringen
scavare [ska'vaːre] *v* **1.** graben, wühlen; **2.** *(sterrare)* ausheben, ausschachten
scegliere ['ʃeʎʎere] *v irr* auswählen, aussuchen
sceicco [ʃe'ikko] *m* Scheich *m*
scellerato [ʃelle'raːto] *adj* **1.** verrucht; *m* **2.** Schuft *m,* Gauner *m*
scellino [ʃel'liːno] *m* Schilling *m*
scelta ['ʃelta] *f* **1.** Wahl *f,* Auswahl *f; a ~* wahlweise; **2.** *(fig)* Entscheidung *f*
scemenze [ʃe'mɛntse] *f/pl* Unfug *m,* Quatsch *m*
scempiaggine [ʃem'piaddʒine] *f* Albernheit *f*
scena ['ʃɛːna] *f* **1.** *THEAT* Bühne *f,* Schauplatz *f; andare in ~* auf die Bühne gebracht werden; *messa in ~* Inszenierung *f; ~ politica (fig)* politisches Leben *n;* **2.** *(lite)* Szene *f;* **3.** *CINE* Bild *n,* Szene *f*
scenario [ʃe'naːrio] *m* **1.** Szenerie *f;* **2.** *THEAT* Bühnenbild *n*
scendere ['ʃendere] *v irr* **1.** absteigen, hinuntergehen; **2.** *(alloggio)* absteigen; **3.** *(da un veicolo)* aussteigen; **4.** *(calare)* zurückgehen, sinken
sceneggiatura [ʃeneddʒa'tuːra] *f* **1.** Drehbuch *n;* **2.** *(drammaturgia)* Dramaturgie *f*
scenografo [ʃe'nɔːgrafo] *m THEAT* Bühnenbildner *m*
scervellarsi [ʃervel'larsi] *v (fig)* sich den Kopf zerbrechen
scetticismo [ʃetti'tʃizmo] *m* Skepsis *f*
scettico ['ʃɛttiko] *adj* skeptisch
scettro ['ʃɛttro] *m* **1.** Szepter *n;* **2.** *(fig: potere)* Macht *f*
scheda ['skɛːda] *f* Karteikarte *f; ~ perforata* Lochkarte *f; ~ elettorale* Stimmzettel *m*
schedario [ske'daːrio] *m* Kartei *f*
schedato [ske'daːto] *adj* **1.** registriert; **2.** *(pregiudicato)* vorbestraft; **3.** Vorbestrafter *m*
scheggia ['skeddʒa] *f* Span *m,* Splitter *m*
scheggiare [sked'dʒaːre] *v* splittern
scheggiarsi [sked'dʒarsi] *v* zersplittern
scheletro ['skɛːletro] *m ANAT* Gerippe *n,* Skelett *n*
schema ['skɛːma] *m* Schema *n; ~ elettrico* Schaltbild *n*
schematico [ske'maːtiko] *adj* schematisch
scherma ['skerma] *f SPORT* Fechten *n; tirare di ~* fechten
schermare [sker'maːre] *v* abschirmen
schermatura [skerma'tuːra] *f* **1.** Abschirmung *f;* **2.** *TECH* Entstörung *f*
schermo ['skermo] *m* **1.** Blende *f,* Schutz *m; ~ di proiezione* Leinwand *f;* **2.** *INFORM* Bildschirm *m; ~ piatto* Flachbildschirm *m;* **3.** *(filtro)* Filter *m*
schernire [sker'niːre] *v* verspotten
scherno ['skerno] *m* Gespött *n,* Hohn *m*
scherzare [sker'tsaːre] *v* spaßen, scherzen
scherzo ['skertso] *m* **1.** Scherz *m,* Spaß *m;* **2.** *(burla)* Posse *f,* Ulk *m*
scherzoso [sker'tsoːso] *adj* scherzhaft
schiaccianoci [skiattʃa'noːtʃi] *m* Nussknacker *m*
schiacciante [skiat'tʃante] *adj* **1.** erdrückend; **2.** *(fig)* umwerfend, überwältigend; **3.** *(ultrapotente)* übermächtig
schiacciare [skiat'tʃaːre] *v* **1.** zerdrücken, erdrücken; **2.** *(fig)* überwältigen
schiaffeggiare [skiaffed'dʒaːre] *v* ohrfeigen
schiaffo [ski'affo] *m* Ohrfeige *f*
schiamazzo [skia'mattso] *m* **1.** Geschrei *n;* **2.** *schiamazzi pl (disturbo)* Ruhestörung *f*
schiantarsi [skian'tarsi] *v* **1.** *(fam)* bersten; **2.** *(macchina) ~ contro* prallen auf
schianto ['skianto] *m* Knall *m*
schiarire [skia'riːre] *v* aufhellen
schiarirsi [skia'rirsi] *v ~ la voce* sich räuspern
schiavitù [skiavi'tu] *f* Sklaverei *f*
schiavo ['skiaːvo] *m* Sklave *m*
schiena ['skiɛːna] *f ANAT* Rücken *m*
schienale [skie'naːle] *m* Rückenlehne *f*
schiera ['skiɛːra] *f* **1.** Schar *f; a ~* scharenweise; **2.** *MIL* Reihe *f*
schieramento [skiera'mento] *m* **1.** *MIL* Aufstellung *f;* **2.** *POL* Fraktion *f*
schierare [skie'raːre] *v* aufstellen
schierarsi [skie'rarsi] *v* sich aufstellen
schietto ['skiɛtto] *adj* rein, echt
schifarsi [ski'farsi] *v* sich ekeln
schifo ['skiːfo] *m* Ekel *m*

schifoso [ski'foːso] *adj* ekelerregend
schioccare [skiok'kaːre] *v* knallen; ~ *le labbra* schmatzen
schioppo ['skiɔppo] *m* Flinte *f*
schiuma ['skiuːma] *f* Schaum *m*
schiumaiola [skiuma'jɔːla] *f* Schaumlöffel *m*
schiumare [skiu'maːre] *v* schäumen
schivare [ski'vaːre] *v (scansare)* meiden, ausweichen
schivo ['skiːvo] *adj* menschenscheu, verschlossen
schizofrenia [skidzofre'niːa] *f MED* Schizophrenie *f*
schizofrenico [skidzo'frɛːniko] *adj* 1. *MED* schizophren, gespalten; *m* 2. Schizophrener *m*
schizzare [skit'tsaːre] *v* 1. *(saltare)* springen, abspringen; 2. *(liquido)* spritzen; 3. *ART* entwerfen, skizzieren
schizzinoso [skit'tsinoːso] *adj* wählerisch, heikel
schizzo ['skittso] *m* 1. Spritzer *m*; 2. *(abbozzo)* Skizze *f*
schnauzer ['ʃnautser] *m ZOOL* Schnauzer *m*
schricchiolare [skrikkio'laːre] *v* ächzen
sci [ʃi] *m* Ski *m*; ~ *acquatico* Wasserski *m*; ~ *da fondo* Skilanglauf *m*
scia ['ʃiːa] *f* 1. *(fig)* Kielwasser *n*; 2. *(traccia)* Spur *f*
sciabola ['ʃaːbola] *f* Säbel *m*
sciacallo [ʃa'kallo] *m ZOOL* Schakal *m*
sciacquare [ʃak'kuaːre] *v* abspülen
sciacquone [ʃak'kuoːne] *m* Spülung *f*
sciagura [ʃa'guːra] *f* Verhängnis *n*
scialacquare [ʃalak'kuaːre] *v* 1. verschwenden; 2. *(fig)* verpulvern
scialare [ʃa'laːre] *v* 1. prassen, schlemmen; 2. *(sprecare)* verschwenden
scialbo ['ʃalbo] *adj* 1. blässlich, blass; 2. *(incolorato)* farblos; 3. *(fig)* seicht
scialle ['ʃalle] *m* Schal *m*
scialuppa [ʃa'luppa] *f* Beiboot *n*; ~ *di salvataggio* Rettungsboot *n*
sciame ['ʃaːme] *m ZOOL* Schwarm *m*; ~ *d'api* Bienenschwarm *m*
sciare [ʃi'aːre] *v SPORT* Ski fahren
sciarpa ['ʃarpa] *f* Schal *m*
sciatore [ʃia'toːre] *m* Skifahrer *m*
sciattezza [ʃat'tettsa] *f* Schlamperei *f*
scientifico [ʃen'tiːfiko] *adj* wissenschaftlich
scienza ['ʃentsa] *f* Wissenschaft *f*; *scienze umanistiche* Geisteswissenschaften *pl*; *scienze naturali* Naturwissenschaften *pl*
scienziato [ʃen'tsiaːto] *m* Wissenschaftler *m*
scimmia ['ʃimmia] *f ZOOL* Affe *m*
scimmiottare [ʃimmiot'taːre] *v* nachäffen
scimpanzé [ʃimpan'tse] *m ZOOL* Schimpanse *m*
scimunito [ʃimu'niːto] *adj* 1. *(fam)* dumm, dämlich; *m* 2. Dummkopf *m*
scindere ['ʃindere] *v irr (fig)* spalten
scintilla [ʃin'tilla] *f* Funke *m*
scintillare [ʃintil'laːre] *v* funkeln
scintillio [ʃintil'liːo] *m* Geflimmer *n*
scioccare [ʃok'kaːre] *v* schockieren
sciocchezza [ʃok'kettsa] *f* 1. Albernheit *f*; 2. *sciocchezze pl* Firlefanz *m*, Dummheiten *pl*; *fare sciocchezze* herumalbern
sciocco ['ʃɔkko] *adj* dumm, affig
sciogliere ['ʃɔʎʎere] *v irr* 1. lösen, auflösen; 2. *(filo)* losbinden
sciogliersi ['ʃɔʎʎersi] *v irr* 1. zergehen, zerrinnen; 2. *(sale)* sich auflösen; 3. *(pregiudizio)* sich befreien
scioglilingua [ʃoʎʎi'lingua] *m* Zungenbrecher *m*
scioltezza [ʃol'tettsa] *f* 1. Wendigkeit *f*; 2. *(agilità)* Gewandtheit *f*; 3. *(destrezza)* Kunstfertigkeit *f*; 4. *(naturalezza)* Frische *f*, Natürlichkeit *f*
sciolto ['ʃolto] *adj* 1. lose; 2. *(fig)* gewandt
scioperare [ʃope'raːre] *v* streiken
sciopero ['ʃɔːpero] *m* Streik *m*, Ausstand *m*; ~ *della fame* Hungerstreik *m*; ~ *d'avvertimento* Warnstreik *m*
sciovia [ʃio'viːa] *f* Skilift *m*
sciovinismo [ʃovi'nizmo] *m* Chauvinismus *m*
sciovinistico [ʃovi'nistiko] *adj* chauvinistisch
sciroppo [ʃi'rɔppo] *m* 1. *GAST* Sirup *m*; 2. ~ *per la tosse MED* Hustensaft *m*
scissione [ʃis'sioːne] *f* 1. Spaltung *f*; 2. *CHEM* Anspaltung *f*
sciupare [ʃu'paːre] *v* 1. abnutzen; 2. *(ro-*

vinare) ruinieren; 3. *(danneggiare)* schädigen; 4. *(scialare)* verschwenden
sciupio [ʃu'piːo] *m* 1. Verschleiß *m;* 2. *(spreco)* Vergeudung *f*
scivolare [ʃivo'laːre] *v* 1. rutschen, ausrutschen; 2. *(scorrere su qc di liscio)* gleiten; *che scivola* gleitend
scivolo ['ʃiːvolo] *m* Rutschbahn *f*
scivolosità [ʃivolosi'ta] *f* Glätte *f*
scivoloso [ʃivo'loːso] *adj* rutschig
scocciarsi [skot'tʃarsi] *v (fam)* sich ärgern, die Lust verlieren
scocciatura [skottʃa'tuːra] *f* 1. *(fam)* Unannehmlichkeit *f;* 2. *(fastidio)* Verdruss *m;* 3. *(seccatura)* Belästigung *f*
scodella [sko'dɛlla] *f* Schüssel *f,* Schale *f,* Teller *m*
scodinzolare [skodintso'laːre] *v* wedeln
scogliera [skoʎ'ʎɛːra] *f GEO* Riff *n*
scoglio ['skɔʎʎo] *m GEO* Klippe *f*
scoiattolo [skoi'attolo] *m ZOOL* Eichhörnchen *n*
scolapasta [skola'pasta] *f* Nudelsieb *n*
scolare [sko'laːre] *v* 1. seihen; 2. *(cose non liquide)* sieben; 3. *(colare giù)* auslaufen
scolaro [sko'laːro] *m* Schüler *m*
scollatura [skolla'tuːra] *f* Ausschnitt *m*
scolorire [skolo'riːre] *v* abfärben, entfärben
scolorirsi [skolo'rirsi] *v* die Farbe verlieren
scolpire [skol'piːre] *v* 1. *(marmo)* meißeln; 2. *(legno)* schnitzen; 3. *(incidere)* eingravieren
scombussolare [skombusso'laːre] *v* durcheinanderbringen
scommessa [skom'messa] *f* Wette *f; fare una ~* eine Wette eingehen
scommettere [skom'mettere] *v irr* wetten, tippen
scomodo ['skɔːmodo] *adj* unbequem
scomparire [skompa'riːre] *v irr* 1. verschwinden; 2. *(fig)* untertauchen
scomparso [skom'parso] *adj* 1. verschollen; *m* 2. Toter *m*
scompartimento [skomparti'mento] *m* Abteil *n; ~ ferroviario* Zugabteil *n*
scomparto [skom'parto] *m* 1. Fach *n;* 2. *(pentola)* Einsatz *m*
scompigliare [skompiʎ'ʎaːre] *v* verwirren
scompiglio [skom'piʎʎo] *m* Verwirrung *f*
scomporre [skom'porre] *v irr* 1. zerlegen; 2. *CHEM* abbauen
scomposizione [skompozi'tsioːne] *f CHEM* Abbau *m*
scomunicare [skomuni'kaːre] *v REL* exkommunizieren
sconcertante [skontʃer'tante] *adj* beunruhigend
sconcertarsi [skontʃer'tarsi] *v* aus der Fassung geraten
sconcertato [skontʃer'taːto] *adj* fassungslos
sconcezza [skon'tʃettsa] *f* 1. Anstößigkeit *f;* 2. *(vergogna)* Schmach *f,* Schande *f*
sconcio ['skontʃo] *adj* 1. *(indecente)* anstößig; 2. *(osceno)* obszön; 3. *(schifoso)* eklig
sconclusionato [skonkluzio'naːto] *adj* 1. *(persona)* unaufmerksam; 2. *(senso)* unsinnig, sinnlos
sconfessare [skonfes'saːre] *v* abstreiten, leugnen
sconfiggere [skon'fiddʒere] *v irr* besiegen
sconfinato [skonfi'naːto] *adj* grenzenlos
sconfitta [skon'fitta] *f* 1. Niederlage *f;* 2. *(fig)* Schlappe *f*
sconfortante [skonfor'tante] *adj* bedrückend
sconforto [skon'fɔrto] *m* Trostlosigkeit *f*
scongelare [skondʒe'laːre] *v* auftauen
scongiurare [skondʒu'raːre] *v* 1. beschwören, anflehen; 2. *(esorcizzare)* beschwören, bannen
scongiuro [skodʒuːro] *m* 1. Beschwörung *f;* 2. *(giuramento)* Schwur *m*
sconnesso [skon'nɛsso] *adj* 1. zerlegt, auseinandergenommen; 2. *(confuso)* zusammenhanglos, durcheinander
sconosciuto [skono'ʃuːto] *adj* 1. fremd; *m* 2. Unbekannter *m*
sconquassato [sonkuas'saːto] *adj* erschüttert
sconsacrare [skonsa'kraːre] *v* entweihen

sconsiderato [skonside'ra:to] *adj* unbedacht, unbesonnen
sconsigliare [skonsiʎ'ʎa:re] *v* abraten
sconsolato [skonso'la:to] *adj* trostlos
scontare [skon'ta:re] *v* 1. büßen, verbüßen; 2. ECO diskontieren
scontento [skon'tɛnto] *adj* 1. unzufrieden; *m* 2. Unzufriedener *m*
sconto ['skonto] *m* 1. ECO Rabatt *m; ~ sulla quantità* Mengenrabatt *m; Quanto ~ fa?* Wie viel Rabatt gibt es? *tasso di ~* Diskontsatz *m;* 2. *(su pronta cassa)* ECO Skonto *n*
scontrarsi [skon'trarsi] *v* 1. aneinandergeraten, zusammenstoßen; 2. *(imbattersi)* treffen
scontrino [skon'tri:no] *m* Bon *m,* Quittung *f; ~ di cassa* Kassenzettel *m*
scontro ['skontro] *m* Zusammenstoß *m*
scontroso [skon'tro:so] *adj* kratzbürstig
sconveniente [skonve'niɛnte] *adj* unanständig
sconvolgente [skonvol'dʒɛnte] *adj* überwältigend
sconvolgere [skon'voldʒere] *v irr* 1. revolutionieren, umwälzen; 2. *(scompigliare)* durcheinander bringen, verwirren
sconvolto [skon'vɔlto] *adj* verstört
scopa ['sko:pa] *f* Besen *m,* Kehrbesen *m*
scopare [sko'pa:re] *v* 1. kehren; 2. *(fam)* bumsen
scoperchiare [skoper'kia:re] *v* abdecken
scoperta [sko'pɛrta] *f* Entdeckung *f*
scoperto [sko'pɛrto] *adj* 1. *(non coperto)* unbedeckt; 2. *(aperto)* offen; 3. *(nudo)* nackt; 4. *(svelato)* aufgedeckt, enthüllt; 5. FIN überzogen
scopo ['skɔ:po] *m* Zweck *m,* Bestimmung *f; a questo ~* dazu; *allo ~ di* zwecks
scoppiare [skop'pia:re] *v* platzen, ausbrechen; *~ a ridere* in Lachen ausbrechen
scoppiettare [skoppiet'ta:re] *v* knistern
scoppio ['skɔppio] *m* 1. Ausbruch *m,* Explosion *f; ~ di un tubo* Rohrbruch *m;* 2. *(detonazione)* Knall *m;* 3. *(l'aprirsi)* Aufbrechen *n*

S

scoprire [sko'pri:re] *v irr* 1. entdecken, dahinterkommen; 2. *(rendere visibile)* enthüllen; 3. *(conto)* ECO überziehen
scoprirsi [sko'prirsi] *v irr* sich abdecken; *~ il capo* den Hut abnehmen
scopritore [skopri'to:re] *m* Entdecker *m*
scoraggiante [skorad'dʒante] *adj* entmutigend
scoraggiare [skorad'dʒa:re] *v* abschrecken, entmutigen
scoraggiarsi [skorad'dʒarsi] *v* verzagen
scoraggiato [skorad'dʒa:to] *adj* mutlos
scorciatoia [skortʃa'to:ia] *f* Abkürzung *f; Esiste una ~ per andare al mare?* Gibt es eine Abkürzung zum Meer?
scorcio ['skortʃo] *m* 1. Verkürzung *f;* 2. Zeitspanne *f; in questo ~ di tempo* in diesem Zeitraum
scordare [skor'da:re] *v* 1. MUS verstimmen; 2. *(dimenticare)* vergessen
scordarsi [skor'darsi] *v ~ di qd* jdn vergessen
scordato [skor'da:to] *adj* MUS verstimmt
scordatura [skorda'tu:ra] *f* 1. Verstimmung *f;* 2. MUS Verstimmen *n*
scorgere ['skɔrdʒere] *v irr* erblicken
scoria ['skɔ:ria] *f* Schlacke *f*
scorpione [skor'pio:ne] *m* ZOOL Skorpion *m*
scorrazzare [skorrat'tsa:re] *v* 1. herumstreunen; 2. *(saccheggiare)* plündern
scorrere ['skorrere] *v irr* 1. fließen, laufen; 2. *(colare)* rinnen, rieseln; *~ via* zerrinnen; 3. *(fluire)* strömen
scorretto [skor'rɛtto] *adj* 1. falsch, fehlerhaft; 2. *(sleale, indiscreto)* unfair
scorrevole [skor're:vole] *adj* 1. *(fluido)* flüssig; 2. *(stile)* flüssig; 3. *(rapido)* zügig
scorribanda [skorri'banda] *f* Streifzug *m*
scorsa ['skorsa] *f (occhiata)* Blick *m; dare una ~* überfliegen
scorso ['skorso] *adj* vorig
scorta ['skɔrta] *f* 1. *(riserva)* Vorrat *m;* 2. *ruota di ~* TECH Reserverad *n;* 3. MIL Eskorte *f;* 4. *scorte pl* ECO Bestand *m*
scortese [skor'te:ze] *adj* unfreundlich, unhöflich

scortesia [skorte'ziːa] *f* Unhöflichkeit *f*
scorza ['skɔrdza] *f* Rinde *f*, Schale *f*
scosceso [skoʃ'ʃeːso] *adv* schroff
scossa ['skɔssa] *f* Stoß *m*, Schlag *m*; *a scosse* ruckweise, stoßweise; *~ elettrica* elektrischer Schlag *m*; *~ morale (fig)* Erschütterung *f*
scosso ['skɔsso] *adj* 1. gerüttelt; 2. *(fig: sconvolto)* erschüttert
scostante [skos'tante] *adj* ablehnend
scostarsi [skos'tarsi] *v* zur Seite gehen
scostumatezza [skostuma'tettsa] *f* 1. *(immoralità)* Unzüchtigkeit *f*, Sittenlosigkeit *f*; 2. *(scorrettezza)* Anstößigkeit *f*; 3. *(cattiva educazione)* Ungezogenheit *f*
scostumato [skostu'maːto] *adj* unsittlich
scottante [skot'tante] *adj* heiß, brennend
scottare [skot'taːre] *v* 1. brennen, verbrennen; 2. *(fig)* verletzen
scottarsi [skot'tarsi] *v* sich verbrühen
scottatura [skotta'tuːra] *f MED* Verbrennung *f*; *~ solare* Sonnenbrand *m*
scovare [sko'vaːre] *v* stoßen auf
Scozia ['skɔːtsia] *f GEO* Schottland *n*
scozzese [skot'tseːse] *adj* 1. schottisch; *m/f* 2. Schotte/Schottin *m/f*
screanzato [skrean'tsaːto] *adj* frech
screditare [skredi'taːre] *v* 1. herabsetzen; 2. *(fig)* entwerten
screditarsi [skredi'tarsi] *v* in Verruf geraten, in Misskredit geraten
scremare [skre'maːre] *v* entrahmen; *latte scremato* Magermilch *f*, fettarme Milch *f*
screpolarsi [skrepo'larsi] *v (superficie)* aufspringen
screpolatura [skrepola'tuːra] *f* Riss *m*
screziato [skre'tsiaːto] *adj* gefleckt
screzio ['skrɛːtsio] *m* Zerwürfnis *n*
scricchiare [skrik'kiaːre] *v* knistern
scricchiolare [skrikkio'laːre] *v* knacken, knarren
scritta ['skritta] *f* 1. *(iscrizione)* Inschrift *f*; 2. *(insegna)* Aufschrift *f*
scritto ['skritto] *adj* 1. schriftlich; *~ a mano* handschriftlich; *~ a macchina* maschinengeschrieben; *m* 2. Schreiben *n*, Schriftstück *n*
scrittoio [srit'toːio] *m* Schreibtisch *m*, Sekretär *m*
scrittore [skrit'toːre] *m* Schriftsteller *m*
scrittura [skrit'tuːra] *f* 1. Schrift *f*, Handschrift *f*; 2. *(scritto)* Schreiben *f*; *f* 3. *(carattere)* Schriftart *f*; *~ Braille* Blindenschrift *f*
scrivania [skriva'niːa] *f* Schreibtisch *m*
scrivere ['skriːvere] *v irr* 1. schreiben, anschreiben; *~ sopra* überschreiben; *Me lo scrive, per piacere?* Schreiben Sie mir das bitte auf? *Come si scrive questo?* Wie schreibt man das? *~ musica* komponieren; *~ poesie* dichten; *m* 2. Niederschrift *f*
scroccare [skrok'kaːre] *v* schmarotzen
scroccone [skrok'koːne] *m* Schnorrer *m*
scrofa ['skrɔːfa] *f ZOOL* Sau *f*
scrollare [skrol'laːre] *v* schütteln
scroscio ['skrɔʃʃo] *m* 1. Rauschen *n*; *~ di pioggia* Regenguss *m*, Schauer *m*; 2. *(tamburellare)* Platschen *n*
scrupolo ['skruːpolo] *m* Skrupel *m*
scrupoloso [skrupo'loːso] *adj* 1. *(accurato)* gewissenhaft, sorgfältig; 2. *(pieno di scrupoli)* voller Skrupel, voll Bedenken
scrutatore [skruta'toːre] *m* 1. Erforscher *m*; 2. *POL* Wahlhelfer *m*, Wahlprüfer *m*
scuderia [skude'riːa] *f* Gestüt *n*, Rennstall *m*
scudiere [sku'diɛːre] *m* Stallmeister *m*
scudo ['skuːdo] *m* Schild *n*
scultore [skul'toːre] *m* Bildhauer *m*
scultura [skul'tuːra] *f ART* Skulptur *f*
scuoiare [skuoi'aːre] *v* häuten
scuola ['skuɔːla] *f* Schule *f*; *~ a tempo pieno* Ganztagsschule *f*; *~ elementare* Grundschule *f*; *~ guida* Fahrschule *f*; *~ professionale* Berufsschule *f*; *~ serale* Abendschule *f*; *~ superiore* Oberschule *f*
scuotere ['skuɔːtere] *v irr* 1. schütteln; 2. *(fig)* ergreifen
scuotimento [skuoti'mento] *m* Erschütterung *f*
scure ['skuːre] *f* Beil *n*
scuro ['skuːro] *adj* düster
scurrile [skur'riːle] *adj* 1. *(buffonesco)* närrisch, skurril; 2. *(triviale)* trivial
scusa ['skuːza] *interj* 1. Verzeihung, ver-

zeih; *f* 2. *(perdono)* Entschuldigung *f*, Abbitte *f*; 3. *(pretesto)* Vorwand *m*
scusabile [sku'zaːbile] *adj* entschuldbar
scusare [sku'zaːre] *v* ~ *qc* etw entschuldigen
scusarsi [sku'zarsi] *v* sich entschuldigen
scusi ['skuːzi] *interj* Verzeihung, verzeihen Sie
sdegnare [zdeɲ'ɲaːre] *v* verschmähen
sdegnarsi [zdeɲ'ɲarsi] *v* sich empören
sdegno ['zdeɲɲo] *m* 1. Wut *f*, Zorn *m*; 2. *(disprezzo)* Verachtung *f*
sdoganare [zdoga'naːre] *v* verzollen
sdolcinato [zdoltʃi'naːto] *adj* 1. süßlich; 2. *(fig)* künstlich, geziert
sdoppiamento [zdoppia'mento] *m* Spaltung *f*, Aufteilung *f*
sdraiare [zdrai'aːre] *v* hinlegen
sdraiarsi [zdrai'arsi] *v* sich ausstrecken, sich hinlegen
sdraio ['zdraːio] *m* Liegestuhl *m*
sdrucciolevole [zdruttʃo'leːvole] *adj* 1. glatt, rutschig; 2. *(scivoloso)* glitschig
sdrucire [zdru'tʃiːre] *v* auftrennen
sdrucirsi [zdru'tʃirsi] *v* aufgehen, platzen
se [se] *konj* falls, ob
sé [se] *pron* sich
sebbene [se'bɛːne] *konj* obgleich, obwohl
sebo ['sɛːbo] *m* Talg *m*
secca ['sekka] *f* 1. Dürre *f*; 2. *(d'acqua)* Untiefe *f*; 3. *(sabbia)* Sandbank *f*
seccare [sek'kaːre] *v* 1. trocknen, austrocknen; 2. *(infastidire)* belästigen
seccarsi [sek'karsi] *v* 1. trocknen; 2. *(fig)* sich ärgern
seccato [sek'kaːto] *adj (fig)* verdrießlich
seccatore [sekka'toːre] *m* Quälgeist *m*
seccatura [sekka'tuːra] *f* Schererei *f*, Unannehmlichkeit *f*
secchezza [sek'kettsa] *f* Dürre *f*
secchio ['sekkio] *m* Eimer *m*, Kübel *m*; *a secchi (fig)* eimerweise
secco ['sekko] *adj* 1. dürr, trocken; *capelli secchi* trockene Haare *pl*; *vino ~* trockener Wein *m*; 2. *(aspro)* herb
secernere [se'tʃɛrnere] *v irr* absondern
secolare [seko'laːre] *adj* 1. hundertjährig, jahrhundertealt; 2. *(profano)* profan, säkular
secolo ['sɛːkolo] *m* Jahrhundert *n*
secondario [secon'daːrio] *adj* sekundär, nebensächlich
secondo[1] [se'kondo] *prep* gemäß, nach
secondo[2] [se'kondo] *adj* 1. zweite(r,s); *di seconda mano* aus zweiter Hand; *m* 2. Sekunde *f*
secrezione [sekre'tsioːne] *f MED* Ausfluss *m*
sedano ['sɛːdano] *m BOT* Sellerie *m*
sedativo [seda'tiːvo] *adj* 1. lindernd, beruhigend; *m* 2. *MED* Beruhigungsmittel *n*
sede ['seːde] *f* 1. Sitz *m*; 2. *ECO* Sitz *m*; *~ del governo* Regierungssitz *m*; *~ della presidenza* Präsidium *n*
sedentario [seden'taːrio] *adj* sesshaft
sedere [se'deːre] *v irr* 1. sitzen; *m* 2. *ANAT* Po *m*, Gesäß *n*
sedersi [se'dersi] *v irr* sich hinsetzen
sedia ['sɛːdia] *f* Stuhl *m*; *~ a braccioli* Sessel *m*; *~ a dondolo* Schaukelstuhl *m*; *~ a rotelle* Rollstuhl *m*; *persona che si muove sulla ~ a rotelle* Rollstuhlfahrer *m*
sedicente [sedi'tʃɛnte] *adj* angeblich
sedicesimo [sedi'tʃɛːzimo] *adj* sechzehnte(r,s)
sedici ['seːditʃi] *num* sechzehn
sedile [se'diːle] *m* Sitz *n*
sedimento [sedi'mento] *m GEOL* Ablagerung *f*
seducente [sedu'tʃɛnte] *adj* verführerisch
sedurre [se'durre] *v irr* verführen
seduta [se'duːta] *f* Sitzung *f*; *~ di gabinetto* Kabinettssitzung *f*; *tenere una ~* tagen
seduzione [sedu'tsioːne] *f* Verführung *f*
sega ['seːga] *f TECH* Säge *f*; *~ circolare* Kreissäge *f*; *~ da traforo* Laubsäge *f*
segale ['seːgale] *f BOT* Roggen *m*
segaligno [sega'liɲɲo] *adj (fig)* mager
segare [se'gaːre] *v* sägen
segatura [sega'tuːra] *f* Sägemehl *n*, Span *m*
seggio ['sɛddʒo] *m* 1. *POL* Sitz *m*; 2. *~ elettorale POL* Wahllokal *n*
seggiovia [seddʒo'viːa] *f* Sessellift *m*
segheria [sege'riːa] *f* Sägewerk *n*

S

segmento [seg'mento] *m* Segment *n*
segnalare [seɲɲa'laːre] *v* 1. *(additare)* hinweisen auf; 2. *(comunicare)* signalisieren
segnalatore [seɲɲala'toːre] *m* Melder *m*, Meldegerät *n*, *~ d'incendio* Feuermelder *m*
segnale [se'ɲaːle] *m* *(indizio)* Signal *n*; *~ acustico* akustisches Signal *n*; *~ d'allarme* Alarmsignal *n*; *~ di pericolo* Warnsignal *n*; *~ luminoso* Leuchtsignal *n*; *~ orario* Zeitzeichen *n*; *~ stradale* Straßenschild *n*
segnaletica [seɲɲa'lɛːtika] *m* Verkehrszeichen *n*
segnalibro [seɲɲa'liːbro] *m* Lesezeichen *n*
segnare [seɲ'ɲaːre] *v* 1. bezeichnen; 2. *(indicare)* zeigen; 3. *SPORT* Tor schießen
segnato [seɲ'ɲaːto] *adj* *(fig)* gezeichnet
segnatura [seɲɲa'tuːra] *f* Bezeichnung *f*, Signatur *f*
segnavia [seɲɲa'viːa] *m* Wegweiser *m*
segno ['seɲɲo] *m* 1. Merkmal *n*, Zeichen *n*; 2. *(cenno)* Wink *m*, Zeichen *n*; 3. *(fig)* Omen *n*; 4. *(distintivo)* Abzeichen *n*; 5. *MATH* Vorzeichen *n*; 6. *(bersaglio)* Ziel *n*; *cogliere nel ~* ins Schwarze treffen
segregarsi [segre'garsi] *v* sich absondern
segretamente [segreta'mente] *adv* heimlich, insgeheim
segretaria [segre'taːria] *f* Sekretärin *f*; *prima ~* Chefsekretärin *f*
segretariato [segreta'riaːto] *m* Sekretariat *n*
segretario [segre'taːrio] *m* Schriftführer *m*, Sekretär *m*
segreteria [segrete'riːa] *f* 1. Kanzlei *f*; 2. *~ telefonica* Anrufbeantworter *m*; 3. *(segretariato)* Sekretariat *n*
segretezza [segre'tettsa] *f* Heimlichkeit *f*, Verborgenheit *f*
segreto [se'greːto] *adj* 1. geheim, heimlich; *m* 2. Geheimnis *n*; *~ aziendale* Betriebsgeheimnis *n*; *~ confessionale* Beichtgeheimnis *n*; *~ epistolare* Briefgeheimnis *n*; *~ bancario* Bankgeheimnis *n*; 3. *(obbligo)* Pflicht *f*; *~ professionale* Schweigepflicht *f*
seguace [segu'aːtʃe] *m/f* Anhänger(in) *m/f*
seguente [segu'ɛnte] *adj* 1. folgende(r,s), nachfolgende(r,s)
seguire [segu'iːre] *v* 1. *(andare dietro)* folgen; *Mi segua!* Folgen Sie mir! 2. *(attenersi)* befolgen; 3. *(risultare)* erfolgen; 4. *(dare ascolto)* beherzigen
seguito [segu'iːto] *m* 1. Folge *f*, Fortsetzung *f*; *di ~* pausenlos, hintereinander; *in ~ a* gemäß, angesichts, infolge; 2. *(fig)* Nachspiel *n*
sei ['sɛːi] *num* sechs
selciato [sel'tʃaːto] *m* Pflaster *n*
selettivo [selet'tiːvo] *adj* selektiv
selezione [sele'tsioːne] *f* Auswahl *f*
self-service [sɛlf'səːvɪs] *m* Selbstbedienung *f*, Selbstbedienungsladen *m*
sella ['sɛlla] *f* Sattel *m*
sellare [sel'laːre] *v* satteln
selva ['selva] *f* 1. *BOT* Wald *m*; 2. *Selva Nera GEO* Schwarzwald *m*; 3. *(fig: moltitudine)* Fülle *f*
selvaggina [selvad'dʒiːna] *f* *ZOOL* Wild *n*
selvaggio [sel'vaddʒo] *adj* 1. wild; *m* 2. Wilder *m*
selvatico [sel'vaːtiko] *adj* wild
semaforo [se'maːforo] *m* Ampel *f*, Verkehrsampel *f*
sembrare [sem'braːre] *v* 1. aussehen; 2. *(parere)* scheinen
seme ['seːme] *m* 1. *(fig)* Keim *m*; 2. *BIO* Samen *m*; 3. *(carta da gioco)* Farbe *f*
sementa [se'menta] *f* *AGR* Saat *f*
semente [se'mente] *m* Samen *m*
semestrale [semes'traːle] *adj* halbjährlich
semestre [se'mɛstre] *m* 1. Halbjahr *n*; 2. *(università)* Semester *n*
semicerchio [semi'tʃerkio] *m* Halbkreis *m*
semiconduttore [semikondut'toːre] *m* *INFORM* Halbleiter *m*
semifinale [semifi'naːle] *f* *SPORT* Halbfinale *n*
semifinito [semifi'niːto] *adj* halb fertig
semina ['seːmina] *f* Saat *f*
seminare [semi'naːre] *v* aussäen, säen
seminario [semi'naːrio] *m* Seminar *n*
seminterrato [seminter'raːto] *m* Kellergeschoss *n*

S

seminudo [semi'nuːdo] *adj* halb nackt
semisfera [semis'fɛːra] *f* Halbkugel *f*
semolino [semo'liːno] *m* GAST Grieß *m*
semplice ['semplitʃe] *adj* 1. einfach, schlicht; 2. *(ingenuo)* einfältig
semplicione [sempli'tʃoːne] *m* Einfaltspinsel *m*
semplicità [semplitʃi'ta] *f* 1. Einfachheit *f*, Schlichtheit *f;* 2. Anspruchslosigkeit *f*
semplificare [semplifi'kaːre] *v* vereinfachen
sempre ['sɛmpre] *adv* immer, stets
senape ['sɛːnape] *f* Senf *m*
senato [se'naːto] *m* POL Senat *m*
senatore [sena'toːre] *m* POL Senator *m*
senile [se'niːle] *adj* senil, greisenhaft
senior ['sɛːnior] *m* Senior *m*
senno ['senno] *m* Vernunft *f*
seno ['seːno] *m* 1. *(grembo)* ANAT Busen *m*, Schoß *m;* 2. *(fig: intimità della coscienza)* Busen *m;* 3. *(di mare)* Meerbusen *m;* 4. MATH Sinus *m*
senonché [senoŋ'ke] *konj* allerdings
sensale [sen'saːle] *m* Makler *m*
sensato [sen'saːto] *adj* sinnvoll
sensazionale [sensatsio'naːle] *adj* aufsehenerregend, sensationell
sensazione [sensa'tsioːne] *f* 1. Gefühl *n*, Empfindung *f;* ~ *d'angoscia* Angstgefühl *n;* 2. *(viva impressione, stupore)* Aufsehen *n*
sensibile [sen'siːbile] *adj* 1. empfindlich, sensibel; ~ *al dolore* schmerzempfindlich; 2. *(fig)* weich; 3. *(avvertibile)* spürbar
sensibilità [sensibili'ta] *f* 1. Sensibilität *f;* 2. *(senso)* Gefühl *n*, Sinn *m;* ~ *linguistica* Sprachgefühl *n*
sensibilizzare [sensibilid'dzaːre] *v* 1. sensibilisieren; 2. FOTO lichtempfindlich machen
sensitiva [sensi'tiːva] *f* BOT Mimose *f*
sensitivo [sensi'tiːvo] *adj* empfindsam
senso ['sɛnso] *m* 1. Sinn *m*, Gespür *n;* ~ *d'orientamento* Orientierungssinn *m;* ~ *di colpa* Schuldgefühl *n;* ~ *di felicità* Glücksgefühl *n; a doppio* ~ doppeldeutig, zweideutig; *perdere i sensi* ohnmächtig werden; *privo di sensi* bewusstlos; *privo di* ~ sinnlos; 2. *(coscienza)* Bewusstsein *n;* 3. *(significato)* Sinn *m*
sensore [sen'soːre] *m* TECH Sensor *m*
sensorio [sen'sɔːrio] *adj* 1. Sinnes... *m;* 2. Sinnesorgan *n*
sensuale [sensu'aːle] *adj* sinnlich
sensualità [sensuali'ta] *f* Sinnlichkeit *f*
sentenza [sen'tɛntsa] *f* JUR Spruch *m;* ~ *arbitrale* Schiedsspruch *m*
sentiero [sen'tiɛːro] *m* Pfad *m;* ~ *di campagna* Feldweg *m;* ~ *ginnico* Trimm-dich-Pfad *m;* ~ *percorribile a piedi* Wanderweg *m*
sentimentale [sentimen'taːle] *m* 1. Gefühlsmensch *m; adj* 2. sentimental
sentimentalismo [sentimenta'lizmo] *m* Gefühlsduselei *f*
sentimentalità [sentimentali'ta] *f* Sentimentalität *f*
sentimento [senti'mento] *m* Gefühl *n*, Gemüt *n; pieno di* ~ gefühlvoll
sentinella [senti'nɛlla] *f* Posten *m*
sentire [sen'tiːre] *v* 1. fühlen, empfinden; ~ *il sapore di qc* etw schmecken; ~ *la mancanza di qd* jdn vermissen; 2. *(presentire)* vorhersehen, fühlen; 3. *(col naso)* riechen; 4. *(udire)* hören, verstehen
sentirsi [sen'tirsi] *v* sich fühlen
sentore [sen'toːre] *m* 1. Indiz *n;* 2. *(voce, voci)* Gerücht *n*
senza ['sɛntsa] *prep* ohne; ~ *di me* ohne mich; *senz'altro* sicher, bestimmt; ~ *impegno* freibleibend
senzatetto [sentsa'tetto] *m/f* Obdachlose(r) *m/f; asilo per i* ~ Obdachlosenasyl *n*
separare [sepa'raːre] *v* 1. trennen, absondern; 2. *(fig)* abzweigen; 3. TECH abscheiden
separarsi [sepa'rarsi] *v* auseinandergehen, sich trennen
separatamente [separata'mente] *adv* auseinander; *Vorremmo pagare* ~. Wir wollen getrennt zahlen.
separatismo [separa'tizmo] *m* POL Separatismus *m*
separato [sepa'raːto] *adj* geschieden, getrennt
separazione [separa'tsioːne] *f* 1. Trennung *f*, Ablösung *f;* ~ *dei beni* Gütertrennung *f;* 2. POL Abspaltung *f*
sepolcro [se'polkro] *m* Gruft *f*
sepoltura [sepol'tuːra] *f* Begräbnis *n*

seppellire [seppel'liːre] *v irr* beerdigen, begraben
seppia ['seppia] *f ZOOL* Tintenfisch *m*
seppure [sep'puːre] *konj* 1. falls, wenn nur; 2. *(benché)* obwohl
sequenza [se'kuɛntsa] *f* Sequenz *f*, Folge *f*
sequestrare [sekues'traːre] *v* 1. sicherstellen; 2. *(rapire)* entführen
sequestro [se'kuɛstro] *m* 1. *JUR* Zwangsvollstreckung *f;* 2. *~ di persona* Entführung *f*
sera ['seːra] *f* Abend *m; di ~* abends; *questa ~* heute Abend; *domani ~* morgen Abend; *verso ~* gegen Abend; *Buona ~!* Guten Abend!
serale [se'raːle] *adj* abendlich, Abend…
seralmente [seral'mente] *adv* allabendlich
serata [se'raːta] *f* Abend *m; per serate intere* abendelang
serbare [ser'baːre] *v* 1. *(conservare)* wahren; 2. *(fig)* bewahren; *~ rancore* nachtragen
serbatoio [serba'toːio] *m* Tank *m*
serenata [sere'naːta] *f* Ständchen *n*, Serenade *f*
sereno [se'reːno] *adj* 1. *(tempo)* klar; 2. *(soleggiato)* heiter
serie ['sɛːrie] *f* 1. Reihe *f*, Kette *f;* 2. *ECO* Serie *f; di ~* serienmäßig, seriell; *in ~* serienmäßig; *~ di trasmissioni* Sendereihe *f; pronto per la costruzione in ~* serienreif
serietà [serie'ta] *f* Ernst *m*
serio ['sɛːrio] *adj* 1. *(importante)* ernst, ernstlich; *molto ~* todernst; 2. *(grave)* ernst; 3. *(complicato)* kompliziert; 4. *(solenne)* seriös, ernsthaft
serpeggiare [serped'dʒaːre] *v* sich schlängeln
serpente [ser'pɛnte] *m ZOOL* Schlange *f; ~ a sonagli* Klapperschlange *f*
serpentina [serpen'tiːna] *f* Serpentine *f*
serra ['sɛrra] *f* Gewächshaus *n*, Treibhaus *n; effetto ~* Treibhauseffekt *m*
serranda [ser'randa] *f* Rollladen *m*
serrare [ser'raːre] *v* 1. zuschließen, abdrehen; 2. *(vite)* nachziehen, anziehen
serrata [ser'raːta] *f ECO* Aussperrung *f*
serratura [serra'tuːra] *f* Schloss *n; ~ della porta* Türschloss *n*
serva ['sɛrva] *f* Magd *f*
server ['server] *m INFORM* Server *m*
servile [ser'viːle] *adj* unterwürfig
servire [ser'viːre] *v* 1. *(cliente)* dienen, bedienen; 2. *(mangiare)* servieren, anrichten; 3. *(essere utile)* nützen; *Ti serve la bicicletta?* Brauchst du das Fahrrad? 4. *~ qd* jdn bedienen
servirsi [ser'virsi] *v* 1. sich bedienen; *Si serve dei libri.* Er benützt die Bücher. 2. *(sfruttare) ~ di qd* jdn ausnutzen
servitore [servi'toːre] *m* Diener *m*
servitù [servi'tu] *f* 1. Knechtschaft *f;* 2. *(domestici)* Personal *n*, Dienerschaft *f*
servizievole [servi'tsieːvole] *adj* dienstbeflissen, dienstbereit
servizio [ser'viːtsio] *m* 1. Dienst *m; di ~* diensthabend; *prendere ~* antreten; *fuori ~* außer Betrieb; *~ civile* Zivildienst *m; ~ di controspionaggio* Abwehr *f; ~ di soccorso alpino* Bergwacht *f; ~ militare* Wehrdienst *m; ~ segreto* Geheimdienst *m; ~ d'emergenza* Notdienst *m;* 2. *(di cibi e bevande)* Bewirtung *f*, Service *m; compreso il ~* Bedienung inbegriffen; *~ in camera* Zimmerservice *m;* 3. *(in un ristorante o bar)* Bedienung *f; ~ clienti* Kundendienst *m; ~ pubblico* öffentlicher Dienst *m; ~ stampa* Bericht *m;* 4. *(per un cliente)* Abfertigung *f*
servo ['sɛrvo] *m* Knecht *m*
servosterzo [servo'stɛrtso] *m* Servolenkung *f*
sesamo ['sɛːzamo] *m BOT* Sesam *m*
sessanta [ses'santa] *num* sechzig
sessantesimo [sessan'tɛːzimo] *adj* sechzigste(r,s)
sessione [ses'sioːne] *f* Sitzung *f; essere in ~* konferieren, eine Sitzung abhalten
sesso ['sɛsso] *m* 1. Geschlecht *n;* 2. *(attività sessuale)* Sex *m*
sessuale [sessu'aːle] *adj* sexuell
sessualità [sessuali'ta] *f* Sexualität *f*
sesto ['sɛsto] *adj* sechste(r,s)
seta ['seːta] *f* Seide *f; ~ grezza* Rohseide *f*
setacciare [setat'tʃaːre] *v* sieben
setaccio [se'tattʃo] *m* Sieb *n*
sete ['seːte] *m* Durst *m*
setola ['seːtola] *f* Borste *f*
setta ['sɛtta] *f REL* Sekte *f*
settanta [set'tanta] *num* siebzig

settantesimo [settan'tɛːzimo] *adj* siebzigste(r,s)
sette ['sɛtte] *num* sieben
settembre [set'tɛmbre] *m* September *m*
settentrionale [settentrio'naːle] *adj* nördlich
settentrione [setten'trioːne] *m* *GEO* Norden *m*
setticemia [settitʃe'miːa] *f* *MED* Blutvergiftung *f*
settimana [setti'maːna] *f* 1. Woche *f;* ~ *santa* *REL* Karwoche *f;* *per settimane* wochenlang; *tre volte la* ~ dreimal wöchentlich *m;* 2. *fine* ~ Wochenende *n*
settimanale [settima'naːle] *adj* 1. wöchentlich; *m* 2. Wochenblatt *n,* Zeitschrift *f*
settimo ['sɛttimo] *adj* siebte(r,s)
settore [set'toːre] *m* 1. Abschnitt *m,* Bereich *m;* 2. *TECH* Fachbereich *m,* Sektor *m;* 3. Branche *f;* ~ *cinematografico* Filmbranche *f;* ~ *bancario* Bankgewerbe *n*
severo [se'vɛːro] *adj* hart, streng
seviziare [sevi'tsiaːre] *v* misshandeln
sezionare [setsio'naːre] *v* 1. *MED* sezieren; 2. *(scomporre)* zerlegen
sezione [se'tsioːne] *f* 1. Schnitt *m;* 2. *(di piano trasversale)* Querschnitt *m;* 3. *(reparto)* Abteilung *f*
sfaccendato [sfattʃen'daːto] *adj* 1. unbeschäftigt; *m* 2. Faulenzer *m*
sfacchinare [sfakki'naːre] *v* *(fam)* sich abmühen
sfacciataggine [sfattʃa'taddʒine] *f* Unverfrorenheit *f,* Unverschämtheit *f*
S
sfacciato [sfat'tʃaːto] *m* 1. Frechdachs *m;* *adj* 2. unverschämt, patzig
sfacelo [sfa'tʃɛːlo] *m* Verfall *m*
sfamare [sfa'maːre] *v* den Hunger stillen
sfarzo ['sfartso] *m* Prunk *m;* *con* ~ prunkvoll
sfarzoso [sfar'tsoːso] *adj* prunkvoll
sfasciarsi [sfaʃ'ʃarsi] *v* 1. *(fasce)* aufgehen; 2. *(rompersi)* kaputtgehen
sfatto ['sfatto] *adj* 1. *(non fatto)* ungemacht; 2. *(fig)* schlaff, verwelkt
sfavore [sfa'voːre] *m* Ungunst *f,* Nachteil *m*
sfavorevole [sfavo'reːvole] *adj* nachteilig
sfegatato [sfega'taːto] *adj* fanatisch
sfera ['sfɛːra] *f* 1. *MATH* Kugel *f;* 2. Sphäre *f;* ~ *d'attività* Tätigkeitsbereich *m;* ~ *di competenza* Aufgabenbereich *m;* ~ *d'azione* Wirkungsbereich *m;* ~ *intima* Intimsphäre *f;* ~ *terrestre* Erdkugel *f*
sferico ['sfɛːriko] *adj* sphärisch, kugelförmig
sferza ['sfɛrtsa] *f* Peitsche *f*
sferzata [sfer'tsaːta] *f* 1. Peitschenhieb *m;* 2. *(fig)* Tadel *m*
sfiancare [sfiaŋ'kaːre] *v* entkräften
sfiatato [sfia'taːto] *adj* außer Atem
sfibrare [sfi'braːre] *v* zermürben
sfida ['sfiːda] *f* Herausforderung *f*
sfidante [sfi'dante] *m* Herausforderer *m*
sfidare [sfi'daːre] *v* herausfordern
sfiducia [sfi'duːtʃa] *f* Misstrauen *n,* Argwohn *m;* *voto di* ~ Misstrauensvotum *n*
sfiduciarsi [sfidu'tʃarsi] *v* 1. den Mut verlieren; 2. *(diventare diffidente)* misstrauisch werden
sfiduciato [sfidu'tʃaːto] *adj* entmutigt
sfigurare [sfigu'raːre] *v* 1. verunstalten, verschandeln; 2. *(fare una brutta figura)* sich bloßstellen
sfilacciato [sfilat'tʃaːto] *adj* ausgefranst
sfilata [sfi'laːta] *f* ~ *di moda* Modenschau *f*
sfilza ['sfiltsa] *f* große Menge *f*
sfinimento [sfini'mento] *m* Entkräftung *f*
sfinito [sfi'niːto] *adj* erschöpft, todmüde
sfiorare [sfio'raːre] *v* streifen
sfioratore [sfiora'toːre] *m* *TECH* Überlauf *m*
sfiorire [sfio'riːre] *v* verblühen
sfitto ['sfitto] *adj* nicht vermietet
sfocato [sfo'kaːto] *adj* 1. verschwommen, undeutlich; 2. *(foto)* unscharf
sfociare [sfo'tʃaːre] *v* münden
sfogarsi [sfo'garsi] *v* sich abreagieren
sfoggiare [sfod'dʒaːre] *v* ausstellen
sfoglia [sfɔ'ʎʎa] *f* 1. *(metallica)* Metallblättchen *n;* 2. *pasta* ~ *GAST* Blätterteig *m*
sfogliare [sfo'ʎaːre] *v* 1. blättern, durch-

blättern; ~ *libri* schmökern, ein Buch wälzen; 2. *(in modo frettoloso)* durchblättern, wälzen
sfogo ['sfo:go] *m* 1. *(scarico)* Abzug *m;* 2. *ECO* Absatz *m;* 3. *(fig)* Linderung *f*
sfollagente [sfolla'dʒɛnte] *m* Gummiknüppel *m*
sfollamento [sfolla'mento] *m* Evakuierung *f,* Räumung *f*
sfoltirsi [sfol'tirsi] *v* schütter werden
sfondo ['sfondo] *m* 1. Hintergrund *m,* Kulisse *f;* 2. *THEAT* Kulisse *f*
sformato [sfor'ma:to] *adj* 1. aus der Form geraten; 2. *(deformato)* verunstaltet; *m* 3. ~ *di verdure GAST* Gemüseauflauf *m*
sfornare [sfor'na:re] *v* 1. aus dem Backofen nehmen; 2. *(fig)* in Massen produzieren
sfortuna [sfor'tu:na] *f* Unglück *n*
sfortunato [sfortu'na:to] *adj* unglücklich; *persona sfortunata* Pechvogel *m*
sforzare [sfor'tsa:re] *v* überstrapazieren
sforzarsi [sfor'tsarsi] *v* sich anstrengen
sforzo ['sfɔrtso] *m* Anstrengung *f,* Bemühung *f*
sfracellarsi [sfratʃel'larsi] *v* zerschellen
sfrattare [sfrat'ta:re] *v* kündigen
sfrecciare [sfret'tʃa:re] *v* brausen, rasen
sfregamento [sfrega'mento] *m* Reibung *f*
sfregare [sfre'ga:re] *v* reiben
sfregio ['sfre:dʒo] *m* 1. *(graffiatura)* Schramme *f,* Narbe *f;* 2. Verstümmelung *f;* 3. *(insulto)* Beleidigung *f*
sfrenato [sfre'na:to] *adj* ausgelassen, hemmungslos
sfrontato [sfron'ta:to] *adj* unverschämt
sfruttamento [sfrutta'mento] *m* 1. Ausbeutung *f,* Ausnutzung *f;* 2. *(utilizzazione)* Erschließung *f*
sfruttare [sfrut'ta:re] *v* 1. ausbeuten; 2. *(fig)* auspressen; 3. *(rendere utilizzabile)* erschließen
sfruttatore [sfrutta'to:re] *adj* 1. ausbeuterisch; *m* 2. Ausbeuter *m*
sfuggire [sfud'dʒi:re] *v* 1. entfliehen; 2. *(fig)* entfallen; 3. *(passare inavvertito)* entgehen; *Questo film mi è sfuggito.* Dieser Film ist mir entgangen. 4. *(parola)* herausrutschen
sfumare [sfu'ma:re] *v* 1. *(rabbia)* vergehen, verrauchen; 2. *(progetto)* sich zerschlagen
sfumato [sfu'ma:to] *adj* verschwommen
sfuriata [sfu'ria:ta] *f* Wutausbruch *m*
sgabello [zga'bɛllo] *m* Hocker *m*
sgabuzzino [zgabud'dzi:no] *m* Abstellkammer *f*
sgambetto [zgam'betto] *m* Beinstellen *n; fare lo ~ a qd* jdm ein Bein stellen
sganciare [zgan'tʃa:re] *v* abhaken, loslösen; ~ *qc* etw abhängen
sganciarsi [zgan'tʃarsi] *v* *(fig)* sich absetzen
sgarbato [zgar'ba:to] *adj* *(fig)* unhöflich, kaltschnäuzig
sgelo ['zdʒɛ:lo] *m* 1. Abtauen *n;* 2. *(tempo)* Tauwetter *n*
sghembo ['zgembo] *adj* schief
sghignazzare [zgiɲɲat'tsa:re] *v* grinsen
sgomberare [zgombe'ra:re] *v* 1. ausräumen, wegräumen; 2. *(sloggiare)* ausziehen; 3. *(andarsene)* abziehen; 4. *(città, paese)* evakuieren
sgombero ['zgombero] *adj* 1. *(libero)* frei; 2. *(sgomberato)* freigeräumt; *m* 3. *(trasloco)* Umzug *m;* 4. *(evacuazione)* Räumung *f,* Evakuierung *f*
sgombro ['zgombro] *m* 1. *ZOOL* Makrele *f;* 2. Räumung *f*
sgomento [zgo'mento] *m* 1. Bestürzung *f; adj* 2. bestürzt, betroffen
sgonfiare [zgon'fia:re] *v* 1. *(pallone)* die Luft auslassen; 2. *MED* abschwellen lassen; 3. *(fig)* entdramatisieren
sgonfiarsi [zgon'fiarsi] *v* abschwellen
sgorgare [zgor'ga:re] *v* hervorquellen, sprudeln
sgradevole [zgra'de:vole] *adj* unangenehm
sgradito [zgra'di:to] *adj* unerwünscht
sgraffignare [zgraffi'ɲa:re] *v* *(fam)* klauen
sgraffio ['zgraffio] *m* *MED* Kratzwunde *f*
sgranare [zgra'na:re] *v* *(occhi)* weit öffnen

sgranocchiare [zgranokki'a:re] *v (fam)* knabbern
sgraziato [zgra'tsia:to] *adj (goffo)* unbeholfen, ungeschickt
sgridare [zgri'da:re] *v* schimpfen, schelten
sgridata [zgri'da:ta] *f* Schelte *f*
sgualcire [zgual'tʃi:re] *v* verknittern
sgualdrina [zgual'dri:na] *f* Dirne *f*
sguardo ['zguardo] *m* Blick *m; al primo ~* auf den ersten Blick; *sollevare lo ~* aufblicken
sguazzare [zguat'tsa:re] *v* plantschen
sguinzagliare [zguintsaʎ'ʎa:re] *v* losbinden
sgusciare [zguʃ'ʃa:re] *v* 1. schälen, öffnen; 2. *(uscire dall'uovo)* schlüpfen
shampoo ['ʃampo] *m* Shampoo *n*
si [si] *pron* man
sì [si] *adv* 1. ja; *Sì, grazie!* Ja, danke! 2. *(dopo domanda negativa)* doch
sia ['si:a] *adv ~ ... ~* sowohl ... als auch; *~ questo che quello* ob dieser oder jener
sibilante [sibi'lante] *adj* zischend
sibilare [sibi'la:re] *v* zischen
sibilo ['si:bilo] *m* 1. Zischen *n;* 2. Pfiff *m,* Pfeifen *n*
sicario [si'ka:rio] *m* gedungener Mörder *m*
sicché [sik'ke] *konj* 1. folglich, also; 2. *(così che)* sodass
siccità [sittʃi'ta] *f* Dürre *f*
Sicilia [si'tʃi:lia] *f GEO* Sizilien *n*
sicura [si'ku:ra] *f* Sicherung *f; mettere la ~* sichern
sicurezza [siku'rettsa] *f* 1. Sicherheit *f,* Geborgenheit *f;* 2. *(fusibile) TECH* Sicherung *f; valvola di ~* Sicherheitsventil *n;* 3. *(assicurazione, salvaguardia)* Sicherung *f; cassetta di ~* Safe *m;* 4. *uscita di ~* Notausgang *m*
sicuro [si'ku:ro] *adj* sicher, zuverlässig; *al ~* sicher; *~ di sé* selbstsicher, zielbewusst; *essere ~* sicher sein
siderurgia [siderur'dʒi:a] *f* Eisenindustrie *f*
sidro ['si:dro] *m* 1. *(di mele)* Apfelwein *m;* 2. *(di pere)* Birnenmost *m*
siepe ['siɛ:pe] *f* Busch *m*
siero ['siɛ:ro] *m BIO* Serum *n*
sieropositivo [sie:ropozi'ti:vo] *adj* HIV-positiv
siesta ['siɛsta] *f* Mittagsruhe *f*
sifone [si'fo:ne] *m* Siphon *m*
sigaretta [siga'retta] *f* Zigarette *f; ~ con filtro* Filterzigarette *f; ~ leggera* milde Zigarette *f; ~ forte* starke Zigarette *f*
sigaro ['si:garo] *m* Zigarre *f*
sigillare [sidʒil'la:re] *v* versiegeln
sigillo [si'dʒillo] *m* Siegel *n*
sigla ['si:gla] *f* 1. Abkürzung *f;* 2. Aktenzeichen *n,* Diktatzeichen *n; ~ editoriale* Impressum *n;* 3. *(contrassegno)* Erkennungszeichen *n;* 4. *~ musicale MUS* Erkennungsmelodie *f*
significare [siɲɲifi'ka:re] *v* 1. bedeuten; *Che significa?* Was heißt das? 2. *(fig)* darstellen
significativo [siɲɲifika'ti:vo] *adj* 1. *(importante)* wichtig, bedeutsam; 2. *(pieno di significato)* vielsagend
significato [siɲɲifi'ka:to] *m* Bedeutung *f,* Sinn *m*
signora [siɲ'ɲo:ra] *f* 1. Dame *f;* 2. *(titolo)* Frau *f*
signore [siɲ'ɲo:re] *m* Herr *m*
signoresco [siɲɲo'resko] *adj* herrisch
signoria [siɲɲo'ri:a] *m* Herrschaft *f*
signorina [siɲɲo'ri:na] *f* Fräulein *n*
silenziatore [silentsia'to:re] *m TECH* Schalldämpfer *m*
silenzio [si'lɛntsio] *m* 1. Ruhe *f,* Stille *f;* 2. *(il tacere)* Schweigen *n*
silenzioso [silen'tsio:so] *adj* leise, ruhig, still
silfide ['silfide] *f* Elfe *f*
silhouette [silu'ɛt] *f* Silhouette *f*
silicato [sili'ka:to] *m* Silikat *n*
silice ['si:litʃe] *f* Kieselerde *f,* Kiesel *m*
silicio [si'li:tʃo] *m CHEM* Silizium *n*
sillaba ['sillaba] *f* Silbe *f*
sillabare [silla'ba:re] *v* buchstabieren
silo ['si:lo] *m AGR* Silo *n*
silofono [si'lɔ:fono] *m MUS* Xylophon *n*
silurare [silu'ra:re] *v (fig)* torpedieren
silvia ['silvia] *f BOT* Osterglocke *f*
silvicoltura [silvikol'tu:ra] *f* Forstwesen *n*
simbiosi [sim'biɔ:zi] *f* Symbiose *f*
simbolico [sim'bɔ:liko] *adj* sinnbildlich, symbolisch
simbolo ['simbolo] *m* Sinnbild *n,* Symbol *n*

simile ['siːmile] *adj* 1. ähnlich; 2. *(di tale specie)* derartig, so; *m/f* 3. Nächste(r) *m/f*
similitudine [simili'tuːdine] *f* 1. *(somiglianza)* Gleichartigkeit *f,* Ähnlichkeit *f;* 2. *(paragone)* Gleichnis *n*
simmetria [simme'triːa] *f* Symmetrie *f*
simmetrico [sim'mɛːtriko] *adj* symmetrisch
simpatia [simpa'tiːa] *f* Zuneigung *f; (inclinazione)* Sympathie *f*
simpatico [sim'paːtiko] *adj* sympathisch, angenehm
simpatizzante [sim'patid'dzante] *m/f* Sympathisant(in) *m/f*
simposio [sim'pɔːsio] *m* Symposium *n*
simulare [simu'laːre] *v* simulieren, vortäuschen
simulatore [simula'toːre] *m* Simulant *m*
simulazione [simula'tsioːne] *f* Vortäuschung *f,* Simulation *f*
simultaneo [simul'taːneo] *adj* simultan, gleichzeitig
sinagoga [sina'gɔːga] *f* 1. Synagoge *f;* 2. *(giudaismo)* Judentum *n*
sincerarsi [sintʃe'rarsi] *v* sich überzeugen, sich vergewissern
sincerità [sintʃeri'ta] *f* 1. Aufrichtigkeit *f;* 2. *(schiettezza)* Offenherzigkeit *f*
sincero [sin'tʃɛːro] *adj* wahrheitsliebend, aufrichtig
sincronismo [siŋkro'nizmo] *m* Gleichzeitigkeit *f*
sincronizzare [siŋkronid'dzaːre] *v* synchronisieren
sincrono ['siŋkrono] *adj* synchron
sindacale [sinda'kaːle] *adj* gewerkschaftlich
sindacalista [sindaka'lista] *m/f* Gewerkschaftler(in) *m/f*
sindacato [sinda'kaːto] *m* Gewerkschaft *f*
sindaco ['sindako] *m* Bürgermeister *m*
sindrome ['sindrome] *f* Syndrom; *~ da burnout f MED* Burnout-Syndrom *n; ~ di Down f MED* Down-Syndrom *n; ~ da astinenza f MED* Entzugserscheinungen *f pl; ~ da iperattività f MED* Hyperaktivitätssyndrom *n;* Zappelphilippsyndrom *n*
sinfonia [sinfo'niːa] *f MUS* Sinfonie *f*
singhiozzare [siŋgiot'tsaːre] *v* schluchzen
singhiozzo [siŋ'giottso] *m* 1. Schluckauf *m;* 2. *(il piangere singhiozzando)* Schluchzen *n*
single ['singol] *m/f* Alleinstehende(r) *m/f*
singolare [siŋgo'laːre] *adj* 1. *(sporadico)* sporadisch, vereinzelt; 2. *(strano)* seltsam; 3. *(straordinario)* außergewöhnlich, außerordentlich; *m* 4. *(singolo) SPORT* Einzel *n;* 5. *GRAMM* Singular *m*
singolarità [siŋgolari'ta] *f* 1. Sonderbarkeit *f;* 2. *(unicità)* Einzigartigkeit *f*
singolarmente [siŋgolar'mente] *adv* einzeln
singolo ['siŋgolo] *adj* 1. *(uno)* einzeln; *m* 2. Einzelner *m*
sinistra [si'nistra] *f* 1. linke Seite *f,* linke Hand *f; a ~* links; 2. *POL* Linke *f*
sinistro [si'nistro] *adj* 1. link; 2. *(malvagio)* boshaft; 3. *(tetro)* düster, finster; *m* 4. *(disgrazia)* Unglück *n;* 5. *(incidente)* Unfall *m; luogo del ~* Unfallstelle *f*
sinonimo [si'noːnimo] *m* 1. Synonym *n; adj* 2. gleichbedeutend
sinottico [si'nɔttiko] *adj* überschaubar
sintesi ['sintezi] *f* Überblick *m,* Zusammenfassung *f*
sintetico [sin'tɛːtiko] *adj* 1. synthetisch; 2. *(riassuntivo)* zusammenfassend
sintomo ['sintomo] *m* Symptom *n*
sintonizzare [sintonid'dzaːre] *v* abstimmen
sinuoso [sinu'oːso] *adj* gedreht
sipario [si'paːrio] *m THEAT* Vorhang *m*
sirena [si'rɛːna] *f* Sirene *f*
siringa [si'riŋga] *f MED* Spritze *f*
sismico ['sizmiko] *adj* seismisch; *scossa sismica* Erdbeben *n*
sismografo [siz'mɔːgrafo] *m* Seismograph *m*
sistema [sis'tɛːma] *m* System *n,* Ordnung *f; ~ antiblocco* Antiblockiersystem *n; ~ operativo* Betriebssystem *n; ~ di allarme* Alarmanlage *f; ~ elettorale maggioritario* Mehrheitswahlrecht *n; ~ immunitario* Immunsystem *n; ~ monetario* Währungssystem *n; ~ nervoso* Nervensystem *n; ~ proporzionale* Verhältniswahlrecht *n; ~ creditizio* Kreditwesen *n; ~ di governo* Regierungssys-

S

tem *n;* ~ *copernicano* koperikanisches System *n;* *Sistema Monetario Europeo (SME)* Europäisches Währungssystem (EWS) *n*

sistemare [siste'maːre] *v* 1. *(mettere in ordine)* aufräumen, in Ordnung bringen; 2. *(in uno spazio piuttosto stretto)* verstauen; 3. *(regolare)* regeln; 4. *(situazione)* bereinigen

sistemarsi [siste'marsi] *v* sich etablieren, sich einrichten

sistematico [siste'maːtiko] *adj* systematisch

sistemazione [sistema'tsioːne] *f* 1. Ordnung *f,* Unterbringung *f;* 2. *(regolazione, regolamento)* Regelung *f;* 3. *(collocazione)* Anbringung *f,* Unterbringung *f;* 4. *(impiego)* Anstellung *f*

sistole ['sistole] *f MED* Systole *f*

sito ['siːto] *m* Ort *m*

situare [situ'aːre] *v* platzieren

situato [situ'aːto] *adj* gelegen, situiert

situazione [situa'tsioːne] *f* Lage *f,* Situation *f;* ~ *di emergenza* Notlage *f*

slacciare [zlat'tʃaːre] *v* aufknoten, aufschnüren

slalom ['zlaːlom] *m SPORT* Slalom *m*

slanciato [zlan'tʃaːto] *adj* schlank, schnittig

slancio ['zlantʃo] *m* 1. Schwung *m,* Elan *m;* *con molto* ~ schwungvoll; *pieno di* ~ schwungvoll; 2. *ECO* Aufschwung *m;* 3. *(rincorsa)* Anlauf *m*

slavato [zla'vaːto] *adj* 1. verblasst, verwaschen; 2. *(incolore)* farblos

slavo ['zlaːvo] *adj* 1. slawisch; *m* 2. Slawe *m*

S

sleale [zle'aːle] *adj* *(scorretto)* unlauter, unehrlich; *concorrenza* ~ unlauterer Wettbewerb *m*

slegare [zle'gaːre] *v* losbinden, abbinden

slitta ['zlitta] *f* Schlitten *m*

slittamento [zlitta'mento] *m* 1. *(della macchina)* Schleudern *n;* 2. *ECO* Absinken *n*

slittare [zlit'taːre] *v* 1. *SPORT* rodeln; 2. *(scivolare)* gleiten, rutschen; 3. *(auto)* schleudern

slogarsi [zlo'garsi] *v* ~ *qc MED* sich etw ausrenken

slogatura [zloga'tuːra] *f MED* Verrenkung *f*

sloggiare [zlod'dʒaːre] *v* ausquartieren, ausziehen

smacchiatore [zmakkia'toːre] *m* Fleckenentferner *m*

smagliante [zmaʎ'ʎante] *adj* blendend

smagliatura [zmaʎʎa'tuːra] *f* 1. Laufmasche *f;* 2. *MED* Dehnungsstreifen *m*

smaltare [zmal'taːre] *v* 1. emaillieren; 2. ~ *a vetro TECH* glasieren

smaltire [zmal'tiːre] *v* 1. *(cibi)* verdauen; 2. *(vendere)* absetzen; ~ *e trattare* entsorgen

smalto ['zmalto] *m* 1. Email *n,* Lack *m;* ~ *per unghie* Nagellack *m;* ~ *vitreo* Glasur *f;* *solvente per* ~ Nagellackentferner *m;* 2. *MED* Zahnschmelz *m*

smania ['zmaːnia] *f* 1. Aufregung *f,* Unruhe *f;* 2. *(forte desiderio)* Verlangen *n,* Sucht *f*

smarrimento [zmarri'mento] *m* 1. Verlust *m;* 2. *(confusione)* Verwirrung *f*

smarrire [zmar'riːre] *v* 1. verlieren; 2. *(perdere)* verlegen

smarrirsi [zmar'rirsi] *v* sich verfahren, sich verirren

smartphone ['zmartfon] *m* Smartphone *n*

smascherare [zmaske'raːre] *v* entlarven

smembrare [zmem'braːre] *v* zerreißen

smembrarsi [zmem'brarsi] *v* auseinanderfallen

smemoratezza [zmemora'tettsa] *f* Vergesslichkeit *f*

smemorato [zmemo'raːto] *adj* 1. vergesslich, durcheinander; *m* 2. vergesslicher Mensch *m,* Zerstreuter *m*

smentire [zmen'tiːre] *v* 1. widerrufen, dementieren; 2. *(correggere)* berichtigen

smentita [zmen'tiːta] *f* 1. Dementi *n,* Widerruf *m;* 2. *(correzione)* Berichtigung *f*

smeraldo [zme'raldo] *m MIN* Smaragd *m*

smerciare [zmer'tʃaːre] *v ECO* vertreiben

smercio ['zmɛrtʃo] *m ECO* Absatz *m;* *ristagno dello* ~ Absatzflaute *f,* Absatzkrise *f;* *di facile* ~ absatzfähig

smerigliare [zmeriʎ'ʎaːre] *v* 1. schmirgeln; 2. *TECH* schleifen

smettere ['zmettere] *v irr* aufhören, lassen
smidollato [zmidol'la:to] *m (fam)* Schlappschwanz *m*
smilzo ['zmiltso] *adj* schwächlich
sminuire [zminu'i:re] *v* herabsetzen
sminuzzare [zminut'tsa:re] *v* zerkleinern
smistamento [zmista'mento] *m* Sortierung *f*
smistare [zmis'ta:re] *v* 1. *(distribuire)* sortieren, verteilen; 2. rangieren
smisuratezza [zmizura'tettsa] *f* Maßlosigkeit *f*
smisurato [zmizu'ra:to] *adj* 1. maßlos; 2. *(fig)* grenzenlos
smobilitazione [zmobilita'tsio:ne] *f* 1. *MIL* Abrüstung *f;* 2. *(fig)* Abbau *m*
smodato [zmo'da:to] *adj* unmäßig, maßlos
smoking ['zmɔkıŋ] *m* Smoking *m*
smontaggio [zmon'taddʒo] *m* 1. Abbau *m;* 2. *(fig)* Demontage *f*
smontare [zmon'ta:re] *v* 1. abbauen, abmontieren; 2. *(rimuovere)* ausbauen; 3. *(scomporre)* zerlegen
smorfia ['zmɔrfia] *m* Grimasse *f*
smorfioso [zmor'fio:so] *adj* 1. empfindlich, zimperlich; 2. *(manierato)* affektiert
smorzamento [zmortsa'mento] *m* Dämpfung *f*
smorzare [zmor'tsa:re] *v* 1. dämpfen; 2. *(spegnere)* löschen
smottamento [zmotta'mento] *m* Erdrutsch *m*
SMS [ɛssemme'ɛsse] *m* SMS *f*
smunto ['zmunto] *adj* abgezehrt, ausgemergelt
smuovere ['zmuɔ:vere] *v irr* 1. aufwühlen; 2. *(mettere in movimento)* in Bewegung setzen
smussarsi [zmus'sarsi] *v* abstumpfen
smussato [zmus'sa:to] *adj* stumpf
snaturato [znatu'ra:to] *adj* 1. entartet; 2. *(deturpato)* verunstaltet
snellire [znel'li:re] *v* 1. schlank machen; 2. *(fig: semplificare)* erleichtern, vereinfachen; 3. *(fig)* vorantreiben, beschleunigen
snello ['znɛllo] *adj* schlank; ~ *come un giunco* gertenschlank
snervante [zner'vante] *adj* nervenaufreibend
snidare [zni'da:re] *v (fig)* ausheben
snodato [zno'da:to] *adj* beweglich
soap opera [sop'ɔpera] *f* Seifenoper *f*
soave [so'a:ve] *adj* 1. *(mite)* sanft; 2. *(piacevole)* angenehm; 3. *(grazioso)* graziös, anmutig
sobbalzare [sobbal'tsa:re] *v* aufspringen
sobbarcarsi [sobbar'karsi] *v* 1. auf sich nehmen, sich aufbürden; 2. *(addossarsi)* sich aussetzen
sobborgo [sob'borgo] *m* Vorort *m*
sobrietà [sobrie'ta] *f* 1. *(moderatezza)* Mäßigung *f;* 2. *(semplicità)* Schlichtheit *f*
sobrio ['sɔ:brio] *adj* 1. nüchtern; 2. *(moderato)* mäßig; 3. *(semplice)* einfach
socchiudere [sok'kiu:dere] *v irr* halb schließen; ~ *gli occhi* blinzeln
soccorrevole [sokko're:vole] *adj* hilfreich
soccorritore [sokkori'to:re] *m* Helfer *m*
soccorso [sok'korso] *m* 1. Hilfe *f,* Bergung *f;* ~ *stradale* Abschleppdienst *m;* ~ *alpino* Bergrettungsdienst *m; venire in* ~ zu Hilfe eilen; 2. *pronto* ~ erste Hilfe *f; stazione di* ~ Unfallstation *f;* ~ *d'urgenza* Nothilfe *f*
socialdemocratico [sotʃaldemo'kra:tiko] *adj POL* sozialdemokratisch
socialdemocrazia [sotʃaldemokra'tsi:a] *f POL* Sozialdemokratie *f*
sociale [so'tʃa:le] *adj* 1. sozial; 2. *(mondano, di società)* gesellschaftlich
social network ['souʃl 'netwɔ:k] *m* Soziales Netzwerk *n*
socialismo [sotʃa'lizmo] *m POL* Sozialismus *m*
socialista [sotʃa'lista] *m/f POL* Sozialist(in) *m/f*
socializzare [sotʃalid'dza:re] *v* 1. sozialisieren; 2. *(statalizzare)* verstaatlichen
società [sotʃe'ta] *f* 1. Gesellschaft *f;* ~ *dei consumi* Konsumgesellschaft *f;* ~ *del benessere* Wohlstandsgesellschaft *f;* 2. *(associazione)* Verein *m;* 3. *ECO* Gesellschaft *f;* ~ *affiliata* Tochtergesellschaft *f;* ~ *commerciale* Vertriebsgesellschaft *f;* ~ *per azioni*

Aktiengesellschaft *f;* ~ *di persone* Personengesellschaft *f;* ~ *fiduciaria* Treuhandgesellschaft *f;* ~ *di capitali* Kapitalgesellschaft *f*

socievole [so'tʃeːvole] *adj* gesellig, umgänglich

socio ['sɔːtʃo] *m* 1. Partner *m;* 2. ECO Gesellschafter *m;* 3. *(membro)* Mitglied *n*

sociologia [sotʃolo'dʒiːa] *f* Soziologie *f*

sociologico [sotʃo'lɔːdʒiko] *adj* soziologisch

sociologo [so'tʃɔːlogo] *m* Soziologe *m*

sodalizio [soda'liːtsio] *m* Verein *m*

soddisfacente [soddisfa'tʃɛnte] *adj* befriedigend

soddisfacimento [soddisfatʃi'mento] *m* Befriedigung *f,* Zufriedenstellung *f*

soddisfare [soddis'faːre] *v irr* befriedigen, zufriedenstellen

soddisfatto [soddis'fatto] *adj* zufrieden

soddisfazione [soddisfa'tsioːne] *f* 1. Zufriedenheit *f,* Erfüllung *f;* 2. *(gioia)* Genugtuung *f;* 3. *(compiacenza)* Wohlgefallen *n*

sodio ['sɔːdio] *m* CHEM Natrium *n*

sodo ['sɔːdo] *adj* hart, fest

sofferenza [soffe'rɛntsa] *f* 1. Leiden *n;* 2. *(dolore)* Schmerz *m*

soffermarsi [soffer'marsi] *v* sich aufhalten

sofferto [sof'fɛrto] *adj* 1. erlitten; 2. *(afflitto)* betrübt, niedergeschlagen

soffiare [sof'fiaːre] *v* 1. blasen; 2. *(fam: togliere)* klauen, stehlen

S

soffiarsi [sof'fiarsi] *v* ~ *il naso* sich schnäuzen

soffice ['sɔffitʃe] *adj* weich

soffietto [sof'fietto] *m* Blasebalg *m*

soffio ['soffio] *m* 1. Hauch *m;* 2. *(respiro)* Atem *m*

soffione [sof'fioːne] *m* BOT Löwenzahn *m*

soffitta [sof'fitta] *f* Dachboden *m*

soffitto [sof'fitto] *m* Decke *f*

soffocamento [soffoka'mento] *m* Ersticken *n*

soffocante [soffo'kante] *adj* stickig

soffocare [soffo'kaːre] *v* ersticken

soffrire [sof'friːre] *v irr* 1. leiden; 2. *(sopportare)* erdulden

sofisticare [sofisti'kaːre] *v* 1. *(cavillare)* austüfteln; 2. *(adulterare)* verfälschen

sofisticato [sofisti'kaːto] *adj* 1. verfälscht; 2. *(vino)* gepanscht; 3. *(manierato)* gekünstelt

sofistico [so'fistiko] *adj* spitzfindig, wortklauberisch

software ['sɔftwer] *m* INFORM Software *f;* ~ *aggiuntivo* zusätzliche Software *f*

soggettivo [soddʒet'tiːvo] *adj* subjektiv

soggetto [sod'dʒɛtto] *m* 1. GRAMM Subjekt *n;* 2. *(tema)* Thema *n,* Gegenstand *m; adj* 3. *(sottomesso)* unterworfen; 4. *(a malattie)* MED nicht immun gegen, anfällig für

soggiornare [soddʒor'naːre] *v* sich aufhalten

soggiorno [sod'dʒorno] *m* 1. Aufenthalt *m,* Verbleib *m; permesso di* ~ Aufenthaltsberechtigung *f; Vorrei interrompere il mio* ~. Ich möchte meinen Aufenthalt abbrechen. 2. *(camera)* Wohnzimmer *n*

soglia ['sɔʎʎa] *f* Schwelle *f,* Türschwelle *f*

sogliola ['sɔʎʎola] *f* GAST Seezunge *f*

sognare [soɲ'ɲaːre] *v* träumen

sognatore [soɲɲa'toːre] *m* Träumer *m*

sogno ['soɲɲo] *m* Traum *m; come in un* ~ *(fig)* traumhaft; *da* ~ *(fig)* traumhaft

solaio [so'laːio] *m (soffitta)* Speicher *m*

solamente [sola'mente] *adv* allein, lediglich

solario [so'laːrio] *m* Solarium *n*

solcare [sol'kaːre] *v* 1. durchpflügen; 2. *(nave)* durchfahren

solco ['solko] *m* Furche *f,* Rille *f*

soldato [sol'daːto] *m* Soldat *m*

soldo ['sɔldo] *m* 1. *(denaro)* Geld *n;* 2. MIL Besoldung *f*

sole ['soːle] *m* Sonne *f; prendere il* ~ sich sonnen; *al* ~ in der Sonne

soleggiato [soled'dʒaːto] *adj* sonnig

solenne [so'lɛnne] *adj* feierlich

solennità [solenni'ta] *f* Feierlichkeit *f;* ~ *civile* weltlicher Feiertag *m;* ~ *religiosa* kirchlicher Feiertag *m*

solerte [so'lɛrte] *adj* strebsam, emsig, fleißig
soletta [so'letta] *f* Einlegesohle *f*, Einlage *f*
solidale [soli'daːle] *adj* solidarisch
solidarietà [solidarie'ta] *f* **1.** Solidarität *f*; **2.** *(senso di appartenenza comune)* Zusammengehörigkeitsgefühl *n*
solidità [solidi'ta] *f* Festigkeit *f*, Dauerhaftigkeit *f*
solido ['sɔːlido] *adj* **1.** dauerhaft, solide; *m* **2.** Festkörper *m*
solista [so'lista] *m/f* MUS Solist(in) *m/f*
solitario [soli'taːrio] *adj* **1.** einsam, öde; **2.** *(deserto)* verlassen, menschenleer; *m* **3.** *(gioco)* Patience *f*; **4.** *(brillante)* Solitär *m*
solito ['sɔːlito] *adj* gewöhnlich, üblich; *di ~* gewöhnlich, meistens; *come al ~* wie immer
solitudine [soli'tuːdine] *f* Einsamkeit *f*
sollecitare [solletʃi'taːre] *v* mahnen
sollecitarsi [solletʃi'tarsi] *v* sich beeilen
sollecitazione [solletʃita'tsioːne] *f* **1.** Mahnung *f*; **2.** TECH Beanspruchung *f*
sollecito [sol'leːtʃito] *adj* **1.** *(pronto)* sofortig, baldig; **2.** *(premuroso)* sorgfältig; *m* **3.** ECO Mahnung *f*
sollecitudine [solletʃi'tuːdine] *f* **1.** *(premura)* Bemühung *f*, Sorge *f*; **2.** *(sveltezza)* Gewandtheit *f*; **3.** *(cura)* Sorgfältigkeit *f*
solletico [sol'leːtiko] *m* Kitzel *m*
sollevamento [solleva'mento] *m* **1.** Hub *m*; **2.** *(dell'ancora)* NAUT Lichtung *f*
sollevare [solle'vaːre] *v* **1.** heben, anheben; **2.** *(responsabilità)* entheben; **3.** *(una questione)* in den Raum stellen; **4.** *(alleviare)* erleichtern
sollievo [sol'liɛːvo] *m* **1.** Erleichterung *f*; **2.** *(conforto)* Tröstung *f*
solo ['soːlo] *adj* **1.** allein, einzeln; *da ~* allein; *~ soletto* mutterseelenallein; **2.** *(che vive da solo)* alleinstehend; *adv* **3.** *(soltanto)* bloß, nur
solstizio [sols'tittsio] *m* Sonnenwende *f*
solubile [so'luːbile] *adj* **1.** löslich; **2.** *(fig)* lösbar
soluzione [solu'tsioːne] *f* **1.** Lösung *f*, Bewältigung *f*; **2.** CHEM Lösung *f*; *~ alcalica* Lauge *f*; **3.** *(superamento)* Bewältigung *f*; **4.** *(di un enigma)* Auflösung *f*
solvibile [sol'viːbile] *adj* ECO zahlungsfähig
solvibilità [solvibili'ta] *f* ECO Solvenz *f*, Zahlungsfähigkeit *f*
somaro [so'maːro] *m* ZOOL Esel *m*
somigliante [somiʎ'ʎante] *v* ähnlich
somiglianza [somiʎ'ʎantsa] *f* Ähnlichkeit *f*
somigliarsi [somiʎ'ʎarsi] *v* sich ähneln; *I clienti si somigliano.* Die Kunden sehen sich ähnlich.
somma ['somma] *f* **1.** Summe *f*, Betrag *m*; *~ di acconto* Abschlagsumme *f*; *~ di danaro* Geldbetrag *m*; **2.** *(risultato)* Ergebnis *n*; **3.** *(quintessenza)* Inbegriff *m*; **4.** *somme pl* Fazit *n*
sommare [som'maːre] *v* **1.** summieren, zusammenzählen; *tutto sommato* alles in allem; **2.** *(aggiungere)* dazuzählen, hinzurechnen
sommario [som'maːrio] *m* **1.** Inhaltsangabe *f*; **2.** *(indice)* Inhaltsverzeichnis *n*; *adj* **3.** summarisch; *processo ~* Schnellverfahren *n*
sommergere [som'mɛrdʒere] *v irr* **1.** überschwemmen, überfluten; **2.** *(affondare)* versenken
sommergibile [sommer'dʒiːbile] *m* NAUT U-Boot *n*
somministrare [somminis'traːre] *v* MED verabreichen
sommità [sommi'ta] *f* Gipfel *m*
sommo ['sommo] *adj* *(il più alto)* höchste(r,s), größte(r,s); *per sommi capi* zusammengefasst, knapp
sommozzatore [sommottsa'toːre] *m* Taucher *m*
sonaglio [so'naʎʎo] *m* Schelle *f*; *serpente a sonagli* Klapperschlange *f*
sonata [so'naːta] *f* MUS Sonate *f*
sonda ['sonda] *f* TECH Sonde *f*; *~ lunare* Mondsonde *f*; *~ spaziale* Raumsonde *f*
sondaggio [son'daddʒo] *m* **1.** Stichprobe *f*; **2.** *~ dell'opinione pubblica* Meinungsumfrage *f*; **3.** *(esame)* Untersuchung *f*
sondare [son'daːre] *v* **1.** sondieren; **2.** *(fig: persona)* aushorchen

sonnambulo [son'nambulo] *adj* mondsüchtig; *essere ~* schlafwandeln
sonnecchiare [sonnek'kiaːre] *v* schlummern, ein Nickerchen machen
sonnellino [sonnel'liːno] *m (fig)* Nickerchen *n,* Schläfchen *n*
sonnifero [son'niːfero] *m* Schlafmittel *n; pastiglia di ~* Schlaftablette *f; prendere un ~* eine Schlaftablette einnehmen
sonno ['sonno] *m* Schlaf *m; pieno di ~* schlaftrunken; *aver ~* müde sein
sonnolento [sonno'lɛnto] *adj* schlaftrunken
sonoro [so'nɔːro] *adj* 1. klangvoll, melodisch; 2. *(fonetica)* stimmhaft; *colonna sonora* Tonstreifen *m*
sontuoso [son'tuoːso] *adj* prachtvoll, prunkvoll
soperchieria [soperkie'riːa] *f* 1. *(frode)* Hintergehung *f;* 2. *(sopruso)* Niedertracht *f;* 3. *(sopraffazione)* Überwältigung *f*
soppesare [soppe'saːre] *v* abwägen
soppiatto [sop'piatto] *adv di ~* heimlich, versteckt
soppiattone [soppiat'toːne] *m* Heimlichtuer *m*
sopportabile [soppor'taːbile] *adj* 1. erträglich; 2. *(fig)* tragbar
sopportare [soppor'taːre] *v* 1. aushalten, ertragen; 2. *(tollerare)* hinnehmen
soppressione [soppressi'oːne] *f* 1. Abschaffung *f;* 2. *(di legge)* Aufhebung *f,* Annullierung *f;* 3. *(uccidere)* Tötung *f*
sopprimere [sop'priːmere] *v irr* 1. abschaffen, aufheben; 2. *(interdire)* verbieten; 3. *(uccidere)* töten

S

sopra ['soːpra] *prep* 1. über; *al di ~* darüber; *al di ~ di* oberhalb; *~ lo zero* plus, über null; 2. *(con contatto)* auf; *adv* 3. oben
sopracciglio [soprat'tʃiʎʎo] *m ANAT* Augenbraue *f*
sopraelevato [sopraele'vaːto] *adj* überhöht
sopraffare [sopraf'faːre] *v irr* überwältigen
sopraffino [sopraf'fiːno] *adj* extrem fein
sopraggiungere [soprad'dʒundʒere] *v irr* 1. *(all'improvviso)* aufkreuzen, plötzlich auftauchen; 2. *(aggiungersi)* dazutreten
soprammobile [sopram'mɔːbile] *m* Tand *m,* Nippes *pl*
soprannaturale [soprannatu'raːle] *adj* 1. übernatürlich; *m* 2. Übersinnliches *n*
soprannome [sopran'noːme] *m* Spitzname *m*
soprano [so'praːno] *m MUS* Sopran *m; mezzo ~* Mezzosopran *m*
soprasensibile [soprasen'siːbile] *adj* übersinnlich
soprassalto [sopras'salto] *m* plötzlicher Anfall *m; di ~* plötzlich
soprassaturazione [soprassatura'tsioːne] *f* Übersättigung *f*
soprassaturo [sopras'saːturo] *adj* übersättigt
soprattassa [soprat'tassa] *f* Nachgebühr *f,* Strafporto *n*
soprattutto [soprat'tutto] *adv* vor allem, besonders, zumal
sopravanzo [sopra'vantso] *m* 1. Überzahl *f;* 2. *ECO* Überschuss *m*
sopravvalutare [sopravvalu'taːre] *v* überbewerten, überschätzen
sopravvalutazione [sopravvaluta'tsioːne] *f* Überbewertung *f*
sopravvenire [sopravve'niːre] *v irr* 1. dazukommen; 2. *(fig)* hereinbrechen
sopravvento [soprav'vɛnto] *m* 1. *(superiorità)* Überlegenheit *f;* 2. *(fig)* Oberwasser *n*
sopravvissuto [sopravvis'suːto] *m* Überlebender *m*
sopravvivere [soprav'viːvere] *v irr* überleben
sopruso [so'pruːzo] *m* Missbrauch *m*
soqquadro [sok'kuaːdro] *m* 1. *(disordine)* Unordnung *f;* 2. *(confusione)* Durcheinander *n*
sorbire [sor'biːre] *v* schlürfen
sorbirsi [sor'birsi] *v (fig)* erdulden müssen
sorcio ['sortʃo] *m (fam) ZOOL* Maus *f*
sordido ['sɔrdido] *adj (fig)* schmierig
sordina [sor'diːna] *f* 1. *MUS* Sordine *f,* Dämpfer *m;* 2. *(fig) in ~* heimlich, im Geheimen
sordità [sordi'ta] *f MED* Taubheit *f*
sordo ['sordo] *adj* 1. taub; *cantare ai*

sordi (fig) tauben Ohren predigen; 2. *MED* gehörlos; 3. *(cupo)* gedämpft; 4. *(consonante)* stimmlos
sordomuto [sordo'muːto] *adj* taubstumm
sorella [so'rɛlla] *f* Schwester *f*
sorellastra [sorel'lastra] *f* Stiefschwester *f*, Halbschwester *f*
sorgente [sor'dʒɛnte] *f* Quelle *f*
sorgere ['sordʒere] *v irr* 1. aufgehen; *~ del sole* Sonnenaufgang *m;* 2. *(fig)* aufbrechen; 3. *(nascere)* aufkommen, entstehen; *far ~ dubbi* Zweifel erwecken
sormontare [sormon'taːre] *v* überwinden
sorpassare [sorpas'saːre] *v* überholen
sorpassato [sorpas'saːto] *adj* überholt
sorpasso [sor'passo] *m* 1. Überholung *f*, Überholmanöver *n; divieto di ~* Überholverbot *n;* 2. *~ di un giro SPORT* Überrundung *f*
sorprendente [sorpren'dɛnte] *adj* 1. erstaunlich, überraschend; 2. *(che suscita stupore)* verwunderlich
sorprendere [sor'prɛndere] *v irr* 1. überraschen, erwischen; 2. *(stupire)* in Erstaunen versetzen
sorpresa [sor'preːsa] *f* 1. Überraschung *f;* 2. *(il sorprendere qd impreparato)* Überrumpelung *f*
sorpreso [sor'preːso] *adj* überrascht, stutzig
sorreggere [sor'rɛddʒere] *v irr* stützen
sorreggersi [sor'rɛddʒersi] *v irr* sich festhalten
sorridere [sor'riːdere] *v irr* lächeln; *~ di* belächeln
sorriso [sor'riːso] *m* Lächeln *n*
sorseggiare [sorsed'dʒaːre] *v* schlürfen
sorso ['sorso] *m* Schluck *m; a sorsi* Schluck für Schluck
sorta ['sɔrta] *f* Sorte *f; di ogni ~* jeder Art
sorte ['sɔrte] *f* Geschick *n; nella buona e nella mala ~* in guten und in schlechten Zeiten; *Per buona ~!* Zum Glück!
sorteggiare [sorted'dʒaːre] *v* auslosen, verlosen
sorteggio [sor'teddʒo] *m* Verlosung *f*
sortilegio [sorti'lɛːdʒo] *m* Zauber *m*, Zauberei *f*
sorvegliante [sorveʎ'ʎante] *m/f* Aufseher(in) *m/f*
sorveglianza [sorveʎ'ʎantsa] *f* Aufsicht *f*, Bewachung *f*
sorvegliare [sorveʎ'ʎaːre] *v* beaufsichtigen, überwachen
sorvolare [sorvo'laːre] *v* überfliegen
sosia ['sɔːzia] *m/f* Doppelgänger(in) *m/f*
sospendere [sos'pɛndere] *v irr* 1. aufhängen; 2. *(pagamenti)* einstellen; 3. *(giudizio) JUR* aussetzen; 4. *(macchina)* stilllegen
sospensione [sospen'sioːne] *f* 1. *(di pagamenti)* Einstellung *f;* 2. *JUR* Aussetzung *f; ~ condizionale* Bewährung *f;* 3. *TECH* Aufhängung *f; ~ elastica* Federung *f*, Aufhängung *f*
sospeso [sos'peːso] *adj* 1. *~ dal servizio* vom Dienst befreit; *~ dalla scuola* vom Unterricht ausgeschlossen; 2. *(pagamenti)* eingestellt; 3. *(pendente)* hängend
sospettare [sospet'taːre] *v* verdächtigen
sospetto [sos'pɛtto] *adj* 1. verdächtig; *persona sospetta* Verdächtige(r) *m/f;* 2. *(poco rassicurante)* unheimlich; *m* 3. Verdacht *m*, Argwohn *m; ~ d'omicidio* Mordverdacht *m*
sospettoso [sospet'toːso] *adj* argwöhnisch
sospirare [sospi'raːre] *v* seufzen, stöhnen
sospiro [sos'piːro] *m* Seufzer *m*
sospirone [sospi'roːne] *m* Stoßseufzer *m*
sosta ['sɔsta] *f* 1. *(fermata)* Halt *m;* 2. *(della macchina)* Parken *n; divieto di ~* Parkverbot *n;* 3. *(del treno)* Fahrtunterbrechung *f;* 4. *(riposo)* Pause *f*, Rast *f*
sostantivo [sostan'tiːvo] *m GRAMM* Substantiv *n*
sostanza [sos'tantsa] *f* 1. Stoff *m*, Substanz *f; ~ inquinante* Schadstoff *m;* 2. *(carattere)* Wesen *n;* 3. *(nutrimento)* Nährwert *m*
sostanziale [sostan'tsiaːle] *adj* 1. bedeutsam, wesentlich; *m* 2. Wesentliches *n*
sostanzioso [sostan'tsioːso] *adj* 1. nahrhaft; 2. *(fig)* gehaltvoll

sostare [sos'taːre] *v* **1.** halten, anhalten; **2.** *(restare)* rasten, verweilen
sostegno [sos'teɲɲo] *m* **1.** *(fig)* Unterstützung *f*, Stütze *f*; **2.** *(promozione)* Förderung *f*; **3.** *(supporto)* Stütze *f*
sostenere [soste'neːre] *v irr* **1.** stützen; **2.** *(sopportare)* tragen; **3.** *(fig: appoggiare)* unterstützen
sostenibile [soste'niːbile] *adj* vertretbar
sostenibilità [sostenibili'ta] *f* Nachhaltigkeit *f*
sostenitore [sosteni'toːre] *m* Verfechter *m*, Befürworter *m*
sostentamento [sostenta'mento] *m* Unterhalt *m*
sostituire [sostitu'iːre] *v* **1.** ersetzen, vertreten; **2.** *(servizio)* ablösen
sostituto [sosti'tuːto] *adj* **1.** stellvertretend; *m* **2.** *(surrogato)* Ersatz *m*; **3.** *(rappresentante)* Stellvertreter *m*
sostituzione [sostitu'tsioːne] *f* **1.** Ersatz *m*; **2.** *(rappresentanza)* Vertretung *f*
sottana [sot'taːna] *f* **1.** Unterrock *m*; **2.** REL Soutane *f*
sotterfugio [sotter'fuːdʒo] *m* Ausflucht *f*
sotterraneo [sotter'raːneo] *adj* **1.** unterirdisch; *m* **2.** Keller *m*
sotterrare [sotter'raːre] *v* vergraben
sottigliezza [sottiʎ'ʎettsa] *f* **1.** Dünne *f*; **2.** *(delicatezza)* Feinheit *f*
sottile [sot'tiːle] *adj* **1.** *(cosa)* dünn, fein; **2.** *(fig)* fadenscheinig; **3.** *(cavilloso)* spitzfindig
sottilissimo [sotti'lissimo] *adj* hauchdünn
sottilizzare [sottilid'dzaːre] *v* Haarspalterei betreiben
sottintendere [sottin'tɛndere] *v irr* einbeziehen
sotto ['sotto] *adv* **1.** *(luogo)* darunter, unten; *al di ~* darunter; **2.** *(fig)* dahinter, hinter; *~ i 40* unter 40; *~ voce* leise; *~ giuramento* eidlich; *~ chiave* hinter Schloss und Riegel; *C'è qc ~.* Da steckt etw dahinter. *prep* **3.** *(luogo)* unter; **4.** *(meno di)* unter; *al di ~ di* unterhalb von
sottobanco [sotto'baŋko] *adv* heimlich, unter der Hand
sottobosco [sotto'bɔsko] *m* Unterholz *n*
sottocapo [sotto'kaːpo] *m* stellvertretender Direktor *m*
sottoccupazione [sottokkupa'tsioːne] *f* ECO Unterbeschäftigung *f*
sottocoppa [sotto'kɔppa] *m* Untersetzer *m*
sottofondo [sotto'fondo] *m* **1.** Hintergrund *m*; **2.** *~ stradale* Straßenunterbau *m*
sottolineare [sottoline'aːre] *v* **1.** unterstreichen; **2.** *(a voce)* unterstreichen
sottomarino [sottoma'riːno] *adj* **1.** unterseeisch; *m* **2.** U-Boot *n*
sottomesso [sotto'messo] *adj* unterwürfig
sottomettere [sotto'mettere] *v irr* **1.** unterwerfen; **2.** *(sottoporre)* vorlegen
sottomettersi [sotto'mettersi] *v irr* sich fügen
sottopassaggio [sottopas'saddʒo] *m* Unterführung *f*
sottopentola [sotto'pentola] *f* Untersetzer *m*
sottoporre [sotto'porre] *v irr* **1.** unterbreiten; **2.** *(fig)* herantragen
sottoporsi [sotto'porsi] *v irr* **1.** sich unterziehen; **2.** sich unterwerfen
sottoprodotto [sottopro'dotto] *m* Nebenprodukt *n*
sottoscritto [sotto'skritto] *m* **1.** Unterschreibender *m*; **2.** *(firmatario)* Unterzeichneter *m*
sottoscrivere [sotto'skriːvere] *v irr* *(firmare)* unterzeichnen
sottoscrizione [sottoskri'tsioːne] *f* **1.** *(pubblicazione)* Subskription *f*; **2.** *(di azioni, di prestiti)* Unterzeichnung *f*
sottosegretario [sottosegre'taːrio] *m* Untersekretär *m*; *~ di stato* Staatssekretär *m*
sottosopra [sotto'soːpra] *adv* drunter und drüber; *essere ~* in großer Verwirrung sein, durcheinander sein; *mettere ~* auf den Kopf stellen
sottospecie [sotto'spɛːtʃe] *f* Unterart *f*, Untergattung *f*
sottostante [sotto'stante] *adj* unten befindlich, unten stehend
sottosuolo [sotto'suɔːlo] *m* Untergrund *m*; *le ricchezze del ~* Bodenschätze *pl*

sottosviluppato [sottozvilup'paːto] *adj* unterentwickelt
sottotazza [sotto'tattsa] *f* Untertasse *f*
sottotenente [sottote'nɛnte] *m* Leutnant *m*
sottotetto [sotto'tetto] *m* Dachboden *m*, Speicher *m*
sottotitolo [sotto'tiːtolo] *m* Untertitel *m*
sottovalutare [sottovalu'taːre] *v* unterbewerten, unterschätzen
sottoveste [sotto'vɛste] *f* Unterrock *m*
sottrarre [sot'trarre] *v irr* 1. entwenden; 2. *MATH* abziehen
sottrarsi [sot'trarsi] *v irr* sich entziehen
sottrazione [sottra'tsioːne] *f MATH* Abzug *m*
souvenir [suve'nir] *m* Andenken *n*, Reiseandenken *n*
sovente [so'vɛnte] *adv* oft
soverchiare [soverki'aːre] *v* 1. übertreffen, überrunden; 2. *(abbondare)* im Überfluss vorhanden sein; 3. *(rumori)* überstimmen
sovietico [so'viɛːtiko] *adj HIST* sowjetisch
sovrabbondanza [sovrabbon'dantsa] *f* Überfluss *m*
sovraccaricare [sovrakkari'kaːre] *v* 1. überladen; 2. *(fig)* überlasten
sovraccarico [sovrak'kaːriko] *m* Überlastung *f*
sovraffollato [sovraffol'laːto] *adj* überlaufen, überfüllt
sovranità [sovrani'ta] *f POL* Souveränität *f*; *~ territoriale* Gebietshoheit *f*
sovrano [so'vraːno] *adj* 1. selbstherrlich, souverän; *m* 2. Herrscher *m*
sovrappeso [sovrap'peːso] *m* Übergewicht *n*
sovrappiù [sovrappi'u] *m* Überschuss *m*
sovrappopolazione [sovrappopola'tsioːne] *f* Überbevölkerung *f*
sovrapporre [sovra'porre] *v irr* übereinanderlegen
sovrapposizione [sovrapposi'tsioːne] *f* Überlagerung *f*
sovrappressione [spvrappressi'oːne] *f TECH* Überdruck *m*
sovrapprezzo [sovrap'prɛttso] *m ECO* Aufpreis *m*
sovrapproduzione [sovrapprodu'tsioːne] *f ECO* Überproduktion *f*, Überschussproduktion *f*
sovreccitato [sovrettʃi'taːto] *adj* überreizt
sovrumano [sovru'maːno] *adj* übermenschlich
sovvenzione [sovven'tsioːne] *f* 1. Zuschuss *m*; 2. *JUR* Beihilfe *f*; 3. *ECO* Subvention *f*; *~ all'agricoltura* Agrarsubvention *f*
sovversivo [sovver'siːvo] *adj* 1. umstürzlerisch, aufständisch; *m* 2. Aufständischer *m*
sozzo ['sottso] *adj* schmutzig
spaccare [spak'kaːre] *v* 1. *(legna)* hacken; 2. *(scindere)* spalten; 3. *(rompere)* zerschlagen
spaccata [spak'kaːta] *f SPORT* Spagat *m*
spaccato [spak'kaːto] *adj* 1. gespalten; *m* 2. Querschnitt *m*; 3. *ARCH* Aufriss *m*
spaccatura [spakka'tuːra] *f* 1. Aufspaltung *f*; 2. *(fenditura)* Spalte *f*, Sprung *m*
spacciatore [spattʃa'toːre] *m ~ di droga* Drogenhändler *m*
spaccio ['spattʃo] *m* 1. *GAST* Ausschank *m*; 2. *~ di droga* Drogenhandel *m*
spacconata [spakko'naːta] *f (fig)* Angeberei *f*
spaccone [spak'koːne] *m (fig)* Angeber *m*
spada ['spaːda] *f* Degen *m*, Schwert *n*
spadroneggiare [spadroned'dʒaːre] *v* sich als Herr aufspielen
spaesato [spae'zaːto] *adj* 1. orientierungslos, desorientiert; 2. *(fig: mentalmente)* verwirrt; *essere ~* durcheinander sein
Spagna ['spaɲɲa] *f GEO* Spanien *n*
spagnolo [spaɲ'ɲɔːlo] *adj* 1. spanisch; *m* 2. *(persona)* Spanier *m*; 3. *(lingua)* Spanisch *n*
spago ['spaːgo] *m* 1. Schnur *f*; 2. *(cordoncino)* Bindfaden *m*
spalancare [spalaŋ'kaːre] *v* aufreißen
spalancarsi [spalaŋ'karsi] *v* klaffen
spalare [spa'laːre] *v* schippen
spalla ['spalla] *f* 1. *ANAT* Achsel *f*, Schulter *f*; 2. *dietro le spalle (fig)* heimlich

spalliera [spal'liɛːra] *f* 1. Lehne *f*, Rückenlehne *f*; 2. SPORT Sprossenwand *f*
spallina [spal'liːna] *f* 1. *(del vestito)* Träger *m*; 2. *(imbottitura)* Schulterpolster *n*
spalmare [spal'maːre] *v* streichen, bestreichen
spam [spæm] *m* INFORM Spam *m*
spanciarsi [span'tʃarsi] *v* ~ *dalle risate* sich totlachen (fam)
spandere ['spandere] *v irr* 1. *(dicerie)* verbreiten; 2. *(liquidi)* vergießen
sparare [spa'raːre] *v* 1. schießen; 2. *(far fuoco)* abfeuern, abschießen
sparato [spa'raːto] *m* *(vestito)* Schlitz *m*
sparatoria [spara'tɔːria] *f* Schießerei *f*
sparecchiare [sparek'kiaːre] *v* *(tavola)* abdecken
spareggio [spa'reddʒo] *m* SPORT Entscheidungsspiel *n*
spargere ['spardʒere] *v irr* 1. streuen, verstreuen; 2. *(liquido)* vergießen, verschütten; 3. *(notizie)* übermitteln
spargimento [spardʒi'mento] *m* Streuung *f*; ~ *di sangue* Blutvergießen *n*
sparire [spa'riːre] *v* verschwinden; *È sparito.* Es ist weg.
sparlare [spar'laːre] *v* *(parlare negativamente)* klatschen
sparo ['spaːro] *m* Schuss *m*, Abschuss *m*
sparpagliare [sparpaʎ'ʎaːre] *v* zerstreuen
spartano [spar'taːno] *adj* spartanisch
spartiacque [sparti'akkue] *m* GEO Wasserscheide *f*
spartire [spar'tiːre] *v* 1. *(dividere)* verteilen; 2. *(settori)* abteilen
spartito [spar'tiːto] *m* MUS Partitur *f*
spartitraffico [sparti'traffiko] *m* Verkehrsinsel *f*
spartizione [sparti'tsioːne] *f* 1. Abteilung *f*, Verteilung *f*; 2. *(distribuzione)* Verteilung *f*
spasimante [spazi'mante] *m/f* 1. Verehrer(in) *m/f*, Bewunderer(in) *m/f*; *adj* 2. schmachtend
spasmo ['spazmo] *m* MED Krampf *m*, Spasmus *m*
spasmodico [spaz'mɔːdiko] *adj* krampfhaft
spasso ['spasso] *m* Zeitvertreib *m*, Vergnügen *n*; *andare a ~* spazieren gehen; *essere a ~ (fig)* arbeitslos sein
spassoso [spas'soːso] *adj* spaßig, lustig
spauracchio [spau'rakkio] *m* Scheusal *n*
spavaldo [spa'valdo] *adj* kühn
spaventapasseri [spaventa'passeri] *m* Vogelscheuche *f*
spaventare [spaven'taːre] *v* ~ *qd* jdn erschrecken
spaventarsi [spaven'tarsi] *v* sich erschrecken
spaventato [spaven'taːto] *adj* verängstigt
spavento [spa'vɛnto] *m* Schreck *m*
spaventoso [spaven'toːso] *adj* erschreckend
spaziale [spa'tsiaːle] *adj* räumlich
spazialità [spatsiali'ta] *f* Räumlichkeit *f*
spazientirsi [spatsien'tirsi] *v* die Geduld verlieren
spazio ['spaːtsio] *m* 1. *(ambiente libero)* Platz *m*, Raum *m*; ~ *interlineare* Zeilenabstand *m*; ~ *di frenata* Bremsweg *m*; 2. *(universo)* Weltraum *m*; 3. *(periodo di tempo)* Zeitraum *m*; 4. *(distanza)* Abstand *m*
spazioso [spa'tsioːso] *adj* weitläufig, breit
spazzacamino [spattsaca'miːno] *m* Kaminkehrer *m*, Schornsteinfeger *m*
spazzare [spat'tsaːre] *v* fegen, kehren
spazzatura [spattsa'tuːra] *f* Müll *m*; *bidone della ~* Mülleimer *m*
spazzino [spat'tsiːno] *m* Straßenkehrer *m*
spazzola ['spattsola] *f* Bürste *f*; ~ *per i capelli* Haarbürste *f*
spazzolare [spattso'laːre] *v* bürsten
spazzolino [spattso'liːno] *m* ~ *da denti* Zahnbürste *f*
spazzolone [spattso'loːne] *m* Schrubber *m*
specchiarsi [spek'kiarsi] *v* sich spiegeln
specchietto [spek'kietto] *m* 1. Handspiegel *m*; 2. ~ *retrovisore (dell'auto)* Rückspiegel *m*; 3. *(del libro)* Tabelle *f*
specchio ['spɛkkio] *m* Spiegel *m*

speciale [spe'tʃaːle] *adj* besondere(r,s), speziell
specialista [spetʃa'lista] *m/f* Spezialist(in) *m/f; medico ~* Facharzt *m*
specialità [spetʃali'ta] *f* Besonderheit *f,* Spezialität *f; È una ~ di questa regione?* Ist das eine Spezialität aus dieser Gegend?
specializzarsi [spetʃalid'dzarsi] *v* sich spezialisieren
specializzazione [spetʃaliddza'tsioːne] *f* Fachausbildung *f,* Spezialisierung *f*
specie ['spɛːtʃe] *f* 1. Sorte *f;* 2. *ZOOL* Art *f;* 3. *(sorta, tipo)* Art *f*
specificare [spetʃifi'kaːre] *v* spezifizieren
specificazione [spetʃifika'tsioːne] *f* Spezifizierung *f*
specifico [spe'tʃiːfiko] *adj* 1. spezifisch; 2. *(proprio)* eigenartig
speculare [speku'laːre] *v* 1. intensiv überlegen, sich überlegen; *~ su qc* etw überlegen, über etw nachdenken; 2. *FIN* spekulieren
speculatore [spekula'toːre] *m* Spekulant *m*
speculazione [spekula'tsioːne] *f* Spekulation *f; ~ in cambi* Devisenspekulation *f*
spedire [spe'diːre] *v* 1. *(lettera)* senden, aufgeben; *Lo spedisca a questo indirizzo.* Schicken Sie es an diese Adresse. 2. *(inviare)* einsenden, verschicken; 3. *(merce) ECO* befördern
spedito [spe'diːto] *adj* 1. schnell; 2. *(abile)* fähig
spedizione [spedi'tsioːne] *f* 1. Sendung *f,* Absendung *f;* 2. *(viaggio a scopo di ricerca)* Expedition *f;* 3. *(di merce) ECO* Beförderung *f*
spedizioniere [speditsio'niɛːre] *m* Spediteur *m*
spegnere ['spɛɲɲere] *v irr* 1. ausschalten, abstellen; *~ la luce* das Licht ausmachen; 2. *~ soffiando* auspusten; 3. *(fig)* auslöschen
spegnersi ['spɛɲɲersi] *v irr* 1. *~ lentamente* verglühen; 2. *(morire)* sterben
spegnimento [speɲɲi'mento] *m* 1. Löschen *n;* 2. *(il chiudere)* Abschalten *n;* 3. *(morte)* Sterben *n*
spelacchiarsi [spelak'kiarsi] *v (animale)* die Haare verlieren
spellare [spel'laːre] *v* 1. abhäuten; 2. *(fig)* rupfen
spellarsi [spel'larsi] *v* sich häuten
spendere ['spɛndere] *v irr* 1. ausgeben; 2. *(fig)* aufwenden; 3. *(fig: impiegare)* benutzen, gebrauchen
spennare [spen'naːre] *v* 1. rupfen; 2. *(fig)* ausnehmen
spennarsi [spen'narsi] *v* die Federn verlieren
spensieratezza [spensiera'tettsa] *f* 1. Sorglosigkeit *f;* 2. *(leggerezza)* Leichtfertigkeit *f,* Gedankenlosigkeit *f*
spensierato [spensie'raːto] *adj* 1. *(senza preoccupazioni)* sorglos, sorgenfrei; 2. leichtsinnig
speranza [spe'rantsa] *f* Hoffnung *f; pieno di ~* hoffnungsvoll; *senza ~* aussichtslos, hoffnungslos, ausweglos
sperare [spe'raːre] *v* hoffen, erhoffen
spergiuro [sper'dʒuːro] *m JUR* Meineid *m*
spericolatamente [sperikolata'mente] *adv* waghalsig
spericolato [speriko'laːto] *adj* 1. waghalsig; *m* 2. Leichtsinniger *m,* Draufgänger *m*
sperimentale [sperimen'taːle] *adj* experimentell; *in via ~* probeweise
sperimentare [sperimen'taːre] *v* experimentieren, ausprobieren
sperma ['spɛrma] *m BIO* Sperma *n*
sperone [spe'roːne] *m* Sporn *m*
sperperare [sperpe'raːre] *v* 1. verschwenden; 2. *(fig)* verplempern
sperpero ['spɛrpero] *m* Verschwendung *f*
spesa ['speːsa] *f* 1. *(costi) ECO* Aufwand *m;* 2. *spese pl* Ausgaben *pl,* Kosten *pl; ~ pubblica* Staatsausgaben *pl; spese di assistenza* Behandlungskosten *pl; spese di costruzione* Baukosten *pl; spese di esercizio* Betriebskosten *pl; spese giudiziarie* Gerichtskosten *pl*
spesso ['spesso] *adj* 1. dick; 2. *(denso)* dicht; *adv* 3. häufig
spessore [spes'soːre] *m* Stärke *f,* Dicke *f*
spettabile [spet'taːbile] *adj (rispettabile)* hochgeehrt

spettacolare [spettako'laːre] *adj* spektakulär
spettacolo [spet'taːkolo] *m* 1. Show *f;* 2. THEAT Vorstellung *f;* ~ *di gala* Galavorstellung *f;* 3. *(vista)* Anblick *m*
spettare [spet'taːre] *v* obliegen
spettatore [spetta'toːre] *m* Zuschauer *m,* Theaterbesucher *m*
spettrale [spet'traːle] *adj* 1. gespenstisch; 2. PHYS Spektral…
spettro ['spɛttro] *m* 1. PHYS Spektrum *n;* 2. *(fantasma)* Gespenst *n,* Geist *m;* 3. *(fig)* Gespenst *n*
spezie ['spɛːtsie] *f/pl* Gewürze *pl*
spezzare [spet'tsaːre] *v* 1. zerbrechen, zerreißen; 2. *(far saltare)* sprengen; 3. *(rompere parzialmente)* anbrechen, knicken
spezzato [spet'tsaːto] *adj* zerbrochen
spezzettare [spettset'taːre] *v* zerkleinern
spia ['spiːa] *f* 1. Spion *m,* Spitzel *m;* 2. TECH Warnleuchte *f*
spiacere [spia'tʃeːre] *v irr* Leid tun
spiacevole [spia'tʃeːvole] *adj* unangenehm, unerfreulich
spiaggia ['spiaddʒa] *f* Strand *m*
spianare [spia'naːre] *v (fig)* ebnen, glätten
spianarsi [spia'narsi] *v* sich glätten
spianata [spia'naːta] *f* freier Platz *m*
spiantato [spian'taːto] *adj* bedürftig
spiare [spi'aːre] *v* 1. nachspionieren, spionieren; 2. *(fig)* schnüffeln
spiattellare [spiattel'laːre] *v* preisgeben
spiccare [spik'kaːre] *v (fig)* hervorstechen
spiccato [spik'kaːto] *adj* ausgeprägt
spicchio ['spikkio] *m* Scheibe *f;* ~ *d'aglio* Knoblauchzehe *f*
spicciarsi [spit'tʃarsi] *v* sich beeilen
spicciativo [spittʃa'tiːvo] *adj* 1. eilig; 2. *(energico)* energisch
spiccioli ['spittʃoli] *m/pl* Kleingeld *n,* Wechselgeld *n*
spiedo ['spiɛːdo] *m* Bratspieß *m*
spiegabile [spie'gaːbile] *adj* erklärbar
spiegamento [spiega'mento] *m* 1. Entwicklung *f,* Entfaltung *f;* 2. MIL Aufstellung *f*
spiegare [spie'gaːre] *v* 1. erklären, erläutern; 2. *(chiarire)* klarmachen, verdeutlichen; 3. *(vele, ali)* ausbreiten
spiegarsi [spie'garsi] *v* sich erklären
spiegazione [spiega'tsioːne] *f* 1. Erläuterung *f,* Erklärung *f;* 2. *(chiarimento)* Aufklärung *f*
spiegazzare [spiegat'tsaːre] *v* zerknittern
spiegazzarsi [spiegat'tsarsi] *v* knittern
spietatezza [spiega'tettsa] *f* Unbarmherzigkeit *f,* Erbarmungslosigkeit *f*
spietato [spie'taːto] *adj* erbarmungslos, gnadenlos
spifferare [spiffe'raːre] *v (fam)* ausplaudern
spiffero ['spiffero] *m* Luftzug *m*
spiga ['spiːga] *f* BOT Ähre *f*
spigliato [spi'ʎaːto] *adj* 1. burschikos; 2. *(disinvolto)* zwanglos
spigolatura [spigola'tuːra] *f* LIT Nachlese *f*
spigolo ['spiːgolo] *m* Kante *f,* Grat *m*
spilla ['spilla] *f* Brosche *f;* ~ *di sicurezza* Sicherheitsnadel *f*
spillare [spil'laːre] *v* 1. *(botti)* anzapfen; 2. *(fam: danaro)* abnehmen, abknöpfen
spillo ['spillo] *m* Anstecknadel *f,* Stecknadel *f*
spilorcio [spi'lortʃo] *adj* 1. geizig, knickerig; *m* 2. *(fig)* Pfennigfuchser *m*
spilungone [spiluŋ'goːne] *m (fig)* Bohnenstange *f*
spina ['spiːna] *f* 1. BOT Dorn *m,* Stachel *m; uva* ~ Stachelbeere *f;* 2. ZOOL Stachel *m;* ~ *di pesce* Fischgräte *f,* Gräte *f;* 3. TECH Stecker *m;* ~ *di raccordo* Verbindungsstecker *m;* ~ *doppia* Doppelstecker *m;* ~ *di adattamento* Zwischenstecker *m;* 4. *(fig)* Sorgenkind *n;* 5. ~ *dorsale* ANAT Wirbelsäule *f;* 6. *(zaffo)* Zapfen *m; birra alla* ~ Bier vom Fass *n*
spinacio [spi'naːtʃo] *m* BOT Spinat *m*
spinale [spi'naːle] *adj* ANAT Rücken…; *midollo* ~ Rückenmark *n*
spingere ['spindʒere] *v irr* 1. schieben, rücken; 2. *(fig: incalzare)* drängen; 3. *(farsi avanti tra la folla spingendo)* drängeln; 4. *(urtare)* anstoßen
spinoso [spi'noːso] *adj* dornig, stachelig
spinta ['spinta] *f* 1. Schub *m; dare una* ~

S

anstoßen; ~ *aerostatica* Auftrieb *m; Mi può dare una ~?* Können Sie mir Starthilfe geben? 2. *(fig)* Anstoß *m*
spinto ['spinto] *adj* 1. angetrieben, vorwärts geschoben; *essere ~ da qd* von jdm getrieben sein; 2. *(rischioso)* riskant
spintone [spin'to:ne] *m* heftiger Stoß *m*
spionaggio [spio'naddʒo] *m* Spionage *f*
spioncino [spion'tʃi:no] *m* Guckloch *n*
spiovere ['spiɔ:vere] *v irr* aufhören zu regnen
spira ['spi:ra] *f* Windung *f*
spiraglio [spi'raʎʎo] *m* 1. Spalt *m; uno ~ di luce* Lichtschein *m;* 2. *(fig)* Ausweg *m*
spirale [spi'ra:le] *f* Spirale *f; a ~* spiralförmig
spirare [spi'ra:re] *v (fig)* sterben
spiritismo [spiri'tizmo] *m* Spiritismus *m*
spirito ['spi:rito] *m* 1. Geist *m,* Sinn *m; ~ d'avventura* Abenteuerlust *f; ~ d'osservazione* Beobachtungsgabe *f; con presenza di ~* geistesgegenwärtig; 2. *(anima)* Seele *f;* 3. *(umorismo)* Witz *m; pieno di ~* humorvoll; *privo di ~* humorlos; 4. *(fantasma)* Geist *m;* 5. CHEM Spiritus *m*
spiritosaggine [spirito'saddʒine] *f* Humor *m*
spiritoso [spiri'to:so] *adj* witzig, geistreich
spirituale [spiritu'a:le] *adj* geistig
spiritualità [spirituali'ta] *f* Geistigkeit *f,* Spiritualität *f*
spiumarsi [spiu'marsi] *v* die Federn verlieren
spizzicare [spit'tsika:re] *v* naschen, knabbern
splendere ['splɛndere] *v* glänzen, scheinen
splendido ['splɛndido] *adj* 1. glänzend; 2. *(fig)* herrlich
splendore [splen'do:re] *m* 1. *(fulgore)* Glanz *m;* 2. *(fig)* Pracht *f*
spogliare [spoʎ'ʎa:re] *v* 1. *(vestito)* ausziehen; 2. *(derubare)* ausrauben, berauben
spogliarello [spoʎʎa'rɛllo] *m* Striptease *m*
spogliarsi [spoʎ'ʎarsi] *v (svestirsi)* sich freimachen, sich ausziehen
spogliatoio [spoʎʎa'to:io] *m* Umkleidekabine *f*
spoglio ['spɔʎʎo] *adj* 1. *(senza foglie)* kahl; 2. *(nudo)* nackt, entblößt
spola ['spɔ:la] *f* Spule *f*
spolmonarsi [spolmo'narsi] *v* sich die Seele aus dem Leib schreien
spolverare [spolve'ra:re] *v* abstauben
sponda ['sponda] *f* 1. Ufer *n;* 2. *(orlo)* Rand *m; ~ del letto* Bettrand *m*
spontaneità [spontanei'ta] *f* Spontaneität *f*
spontaneo [spon'ta:neo] *adj* spontan
spopolamento [spopola'mento] *m* Entvölkerung *f*
spopolarsi [spopo'larsi] *v* sich entvölkern
sporadico [spo'ra:diko] *adj* sporadisch, vereinzelt
sporcaccione [sporkat'tʃio:ne] *m* Dreckspatz *m,* Dreckfink *m*
sporcare [spor'ka:re] *v* beschmutzen, verschmutzen
sporcarsi [spor'karsi] *v* sich schmutzig machen
sporcizia [spor'tʃi:tsia] *f* Schmutz *m,* Dreck *m*
sporco ['spɔrko] *adj* schmutzig, dreckig
sporgente [spor'dʒɛnte] *adj* abstehend, hervorragend
sporgenza [spor'dʒɛntsa] *f* Vorsprung *m,* Hervorstehen *n*
sporgere ['spɔrdʒere] *v irr* 1. vorstehen, erheben; 2. *(denuncia)* JUR erheben; 3. *~ querela* JUR klagen
sporgersi ['spɔrdʒersi] *v irr* sich herauslehnen; *~ in avanti* sich vorbeugen
sport [spɔrt] *m* Sport *m; ~ di competizione* Leistungssport *m; ~ invernale* Wintersport *m*
sportello [spor'tɛllo] *m (in banca)* Schalter *m; ~ automatico* Geldautomat *m*
sportivo [spor'ti:vo] *m* 1. Sportler *m; adj* 2. sportlich, Sport…
sporto ['spɔrto] *m* ARCH Vorsprung *m*
sposa ['spɔ:za] *f* Braut *f*
sposalizio [spoza'li:tsio] *m* Hochzeit *f,* Hochzeitsfeier *f*

S

sposare [spo'za:re] *v* 1. heiraten; 2. *(sacerdote)* trauen
sposarsi [spo'zarsi] *v* heiraten
sposato [spo'za:to] *adj* verheiratet
sposo ['spɔ:zo] *m* Bräutigam *m*
spossatezza [spossa'tettsa] *f* Übermüdung *f*
spossato [spos'sa:to] *adj* übermüdet
spostabile [spos'ta:bile] *adj* verstellbar
spostamento [sposta'mento] *m* 1. Verlegung *f*, Änderung *f*; 2. *(rimozione)* Verdrängung *f*, Verlagerung *f*
spostare [spos'ta:re] *v* 1. verlegen; 2. *(rimuovere)* verschieben, umstellen; 3. *(cambiare posizione)* verrücken, verstellen; 4. *~ avanti* vorverlegen
spostato [spos'ta:to] *adj* verrückt
spranga ['sprаŋga] *f* Stange *f*, Querstange *f*
sprangare [spraŋ'ga:re] *v* verriegeln
sprecare [spre'ka:re] *v* vergeuden
sprecarsi [spre'karsi] *v* sich übernehmen; *Non ti sprecare!* Überanstrenge dich bloß nicht!
spreco ['sprɛ:ko] *m* Vergeudung *f*
spregevole [spre'dʒe:vole] *adj* 1. *(abietto)* abschätzig, verächtlich; 2. *(vile)* gemein, verworfen
spregiativo [spredʒa'ti:vo] *adj* abschätzig, verächtlich
spregiudicato [spredʒudi'ca:to] *adj* 1. unbefangen; 2. skrupellos
spremere ['sprɛ:mere] *v* ausdrücken, auspressen
spremuta [spre'mu:ta] *f ~ di frutta* GAST Fruchtsaft *m*
sprezzante [spret'tsante] *adj* verächtlich, herabsetzend
sprigionare [spridʒo'na:re] *v* 1. freilassen, entlassen; 2. *(emettere)* ausströmen
sprigionarsi [spridʒo'narsi] *v* 1. frei werden; 2. *(uscir fuori)* ausströmen
sprizzare [sprit'tsa:re] *v* spritzen
sprizzo ['sprittso] *m* Spritzer *m*
sprofondare [sprofon'da:re] *v* 1. einbrechen, einsinken; 2. *(nave)* sinken; 3. *(casa)* einstürzen
sprofondarsi [sprofon'darsi] *v* 1. einsinken; 2. *(fig)* sich versenken
sproloquio [spro'lɔ:kuio] *m* Wortschwall *m*
spronare [spro'na.re] *v (fig)* anfachen
sprone ['spro:ne] *m* 1. Sporn *m*; 2. *(fig)* Antrieb *m*
sproporzione [spropor'tsio:ne] *f* Missverhältnis *n*
sproposito [spro'pɔ:zito] *m* 1. Irrtum *m*; 2. *(sciocchezza)* Blödheit *f*; 3. *(esagerazione)* Übertreibung *f*, Unangemessenheit *f*; *a ~* unangebracht; *parlare a ~* drauflosreden
sprovveduto [sprovve'du:to] *m* weltfremd, unbeholfen
spruzzare [sprut'tsa:re] *v* spritzen, abspritzen
spruzzatore [spruttsa'to:re] *m* Spray *n*
spudoratezza [spudora'tettsa] *f* Frechheit *f*, Unverschämtheit *f*
spudorato [spudo'ra:to] *adj* 1. frech, unverschämt; 2. *(svergognato)* schamlos
spugna ['spuɲɲa] *f* Schwamm *m*; *bere come una ~ (fam)* wie ein Loch saufen; *dare un colpo di ~ (fig)* für immer vergessen
spugnoso [spuɲ'ɲo:so] *adj* schwammig
spumante [spu'mante] *m* GAST Sekt *m*
spumeggiante [spumed'dʒante] *adj* schäumend
spuntare [spun'ta:re] *v* 1. *(apparire)* erscheinen; 2. *~ fuori* herausschauen; 3. *(sole)* herausschauen, hervorkommen; *allo ~ del sole* bei Sonnenaufgang; 4. BOT hervorsprießen
spuntarsi [spun'tarsi] *v* abstumpfen, die Spitze verlieren
spuntino [spun'ti:no] *m* GAST Imbiss *m*, Zwischenmahlzeit *f*
spunto ['spunto] *m* 1. *(suggerimento)* LIT Anstoß *m*; 2. THEAT Stichwort *n*
sputare [spu'ta:re] *v* spucken, ausspeien
sputo ['spu:to] *m* Speichel *m*, Spucke *f*
squadra ['skua:dra] *f* 1. *(gruppo)* Equipe *f*; *~ mobile* Überfallkommando *n*; 2. *(ginnastica)* Riege *f*; 3. MATH Geodreieck *n*; 4. SPORT Mannschaft *f*; *~ nazionale* Nationalmannschaft *f*
squadriglia [skua'driʎʎa] *f* MIL Staffel *f*
squadrone [skua'dro:ne] *m* MIL Schwadron *f*

squagliarsi [skuaʎ'ʎarsi] *v* zergehen
squalifica [skua'li:fika] *f SPORT* Disqualifikation *f*
squallido ['skuallido] *adj* 1. *(desolante)* trist, trostlos; 2. *(deserto)* verlassen; 3. *(misero)* erbärmlich, elend; 4. *(oscuro)* finster, düster
squalo ['skua:lo] *m ZOOL* Haifisch *m*
squama ['skua:ma] *f (di pesce)* Schuppe *f*
squamoso [skua'mo:so] *adj* schuppig
squarciare [skuar'tʃa:re] *v* zerreißen
squartare [skuar'ta:re] *v* ausschlachten
squattrinato [skuattri'na:to] *adj* 1. mittellos; *m* 2. *(persona)* armer Teufel *m*
squilibrarsi [skuili'brarsi] *v* aus dem Gleichgewicht kommen, das Gleichgewicht verlieren
squilibrato [skuili'bra:to] *m MED* Geisteskranker *m*, verstörte Person *f*
squilibrio [skui'li:brio] *m* 1. *(fig)* Unausgeglichenheit *f*; 2. *MED* Gleichgewichtsstörung *f*
squillante [skuil'lante] *adj (stridulo)* gellend
squisito [skui'zi:to] *adj* köstlich, erlesen
sradicamento [zradika'mento] *m (fig)* Entwurzelung *f*
sradicare [zradi'ka:re] *v* 1. *BOT* entwurzeln; 2. *(fig)* entwurzeln, ausrotten
sregolatezza [zregola'tettsa] *f* 1. Regellosigkeit *f*; 2. *(eccesso)* Exzess *m*
stabile ['sta:bile] *adj* 1. *(fisso)* ständig; 2. *(robusto)* stabil, dauerhaft; *m* 3. Gebäude *n*
stabilimento [stabili'mento] *m* 1. Fabrik *f*, Werk *n*; 2. *ECO* Betrieb *m*; 3. *(impianto)* Anlage *f*, Anstalt *f*; *~ balneare* Badeanstalt *f*; *~ di pena* Strafanstalt *f*
stabilire [stabi'li:re] *v* 1. festsetzen, bestimmen; 2. *(fissare)* fixieren
stabilirsi [stabi'lirsi] *v* sich etablieren, sich häuslich niederlassen
stabilità [stabili'ta] *f* Stabilität *f*
stabilizzare [stabilid'dza:re] *v* stabilisieren
stabilizzazione [stabiliddza'tsio:ne] *f FIN* Stabilisierung *f*
staccare [stak'ka:re] *v* 1. *(liberare)* trennen, lösen; 2. *(separare)* trennen; 3. *(togliere via)* ablösen; 4. *(con taglio)* abschneiden
staccarsi [stak'karsi] *v* 1. *(bottone)* abspringen; 2. *(separarsi)* sich lossagen; 3. *(fig)* sich abnabeln
staccionata [stattʃo'na:ta] *f* Bretterzaun *m*
stadera [sta'dɛ:ra] *f* 1. Schnellwaage *f*; 2. *(di un ponte)* Brückenwaage *f*
stadio ['sta:dio] *m* 1. *(fase)* Stufe *f*, Stadium *n*; 2. *~ intermedio* Zwischenstufe *f*; 3. *~ preparatorio* Vorbereitungsstadium *n*; 4. *SPORT* Stadion *n*
staffa ['staffa] *f* 1. *(del cavallo)* Steigbügel *m*, Bügel *m*; 2. *TECH* Klammer *f*
staffetta [staf'fetta] *f* 1. *SPORT* Stafette *f*; *corsa a ~* Staffellauf *m*; 2. *(corriere)* Eilbote *m*
stagionato [stadʒo'na:to] *adj* 1. *(frutta)* reif; 2. *(posato)* ruhig; 3. *(vino)* abgelagert; *legno ~* trockenes Holz *n*
stagione [sta'dgo:ne] *f* Jahreszeit *f*, Saison *f*; *alta ~* Hochsaison *f*, Hauptsaison *f*; *bassa ~* Vorsaison *f*, Nachsaison *f*; *~ balneare* Badesaison *f*
stagnaio [staɲ'ɲaio] *m* Klempner *m*, Installateur *m*
stagnante [staɲ'ɲante] *adj* stagnierend; *acqua ~* stehende Gewässer *pl*
stagnare [staɲ'ɲa:re] *v* 1. *ECO* stagnieren; 2. *(acqua)* stillstehen
stagno ['staɲɲo] *m* 1. Teich *m*, Weiher *m*; 2. *CHEM* Zinn *n*; *adj* 3. *CHEM* wasserdicht
stalla ['stalla] *f* Stall *m*
stallone [stal'lo:ne] *m ZOOL* Hengst *m*
stamattina [stamat'ti:na] *adv* heute früh, heute Morgen
stambecco [stam'bekko] *m ZOOL* Steinbock *m*
stampa ['stampa] *f* 1. Buchdruck *m*; 2. *(giornalismo)* Presse *f*; *addetto al servizio ~* Pressesprecher *m*; *~ finanziaria* Finanzpresse *f*; 3. *(riproduzione)* Reproduktion *f*
stampante [stam'pante] *f (apparecchio) INFORM* Drucker *m*; *~ ad aghi* Nadeldrucker *m*; *~ laser* Laserdrucker *m*
stampare [stam'pa:re] *v* ausdrucken, drucken
stampatello [stampa'tɛllo] *m* Blockschrift *f*

stampato [stam'paːto] *m* Drucksache *f*
stampatore [stampa'toːre] *m (persona)* Drucker *m*
stampella [stam'pɛlla] *f* 1. Kleiderbügel *m;* 2. *MED* Krücke *f*
stampo ['stampo] *m* 1. Form *f;* 2. Stempeleisen *n;* 3. *(fig)* Wesen *n,* Schlag *m*
stanare [sta'naːre] *v* aufstöbern
stancare [staŋ'kaːre] *v* ermüden
stancarsi [staŋ'karsi] *v* 1. ermüden; 2. überdrüssig werden
stanchezza [stan'kettsa] *f* Müdigkeit *f*
stanco ['staŋko] *adj* 1. müde, übernächtigt; *~ morto* hundemüde, todmüde; 2. *(stufo)* überdrüssig
standardizzazione [standardiddza'tsioːne] *f* Standardisierung *f*
stanga ['staŋga] *f* Stange *f*
stanotte [sta'nɔtte] *adv* heute Nacht
stantío [stan'tiːo] *adj* alt, abgestanden
stantuffo [stan'tuffo] *m TECH* Kolben *m*
stanza ['stantsa] *f* Zimmer *n; ~ da bagno* Badezimmer *n; ~ dei bambini* Kinderzimmer *n; essere di ~ MIL* stationiert sein
stanziamento [stantsia'mento] *m ECO* Bereitstellung *f*
stanziare [stan'tsiaːre] *v* bereitstellen
stappare [stap'paːre] *v* entkorken
stare ['staːre] *v irr* 1. stehen; *Come sta/stai?* Wie geht es Ihnen/dir? *Sto bene.* Mir geht es gut. *Ciao, stammi bene!* Ciao, mach's gut! 2. *(rimanere)* sein, bleiben; *~ attento* Acht geben; *~ per fare qc* im Begriff sein, etw zu tun; 3. *(confarsi)* passen, stehen
starna ['starna] *f ZOOL* Rebhuhn *n*
starnutire [starnu'tiːre] *v* niesen
stasera [sta'seːra] *adv* heute Abend
stasi ['staːzi] *f MED* Stauung *f,* Stasis *f*
statale [sta'taːle] *adj* 1. *POL* staatlich; *m/f* 2. Staatsbeamter/Staatsbeamtin *m/f*
statalizzazione [stataliddza'tsioːne] *f POL* Verstaatlichung *f*
statica ['staːtika] *f ARCH* Statik *f*
statista [sta'tista] *m* Staatsmann *m*
statistica [sta'tistika] *f* Statistik *f*
statistico [sta'tistiko] *adj* statistisch
stativo [sta'tiːvo] *m* Stativ *n*
stato ['staːto] *m* 1. *POL* Staat *m; ~ confinante* Nachbarstaat *m; ~ pontificio* Kirchenstaat *m; Stati Uniti* Vereinigte Staaten *pl;* 2. *(condizione)* Zustand *m,* Verfassung *f; ~ d'animo* Stimmung *f; ~ di emergenza* Notstand *m; ~ di fatto* Tatbestand *m; ~ mentale* Geisteszustand *m;* 3. *(situazione)* Stand *m; ~ civile* Familienstand *m*
statua ['staːtua] *f* Standbild *n,* Statue *f*
statura [sta'tuːra] *f* 1. Körpergröße *f,* Statur *f;* 2. *(fig)* Format *n*
statuto [sta'tuːto] *m* Statut *n*
stazionario [statsio'naːrio] *adj* 1. stationär; 2. *(immutato)* unverändert
stazione [sta'tsioːne] *f* Bahnhof *m,* Station *f; ~ autoservizi* Busbahnhof *m; ~ centrale* Hauptbahnhof *m; ~ climatica* Luftkurort *m; ~ intermedia* Zwischenstation *f*
stazza ['stattsa] *f NAUT* Tonnengehalt *m*
stecca ['stekka] *f* 1. Stab *m,* Stange *f; ~ di sigarette* Zigarettenstange *f;* 2. *~ da biliardo* Billardstock *m;* 3. *MED* Schiene *f*
steccato [stek'kaːto] *m* Bretterzaun *m*
stecchito [stek'kiːto] *adj* 1. *(secco)* ausgedörrt; 2. *(morto)* starr
stella ['stella] *f* 1. *ASTR* Stern *m; ~ cadente* Sternschnuppe *f;* 2. *(astro) ASTR* Gestirn *n;* 3. *~ del cinema CINE* Filmstar *m*
stellare [stel'laːre] *adj* Sternen...
stellato [stel'laːto] *adj* sternenklar
stelo ['stɛːlo] *m* Stiel *m,* Stängel *m*
stemma ['stɛmma] *m* Wappen *n*
stempiatura [stempia'tuːra] *f (fig)* Geheimratsecke *f*
stendardo [sten'dardo] *m* Banner *n*
stendere ['stɛndere] *v irr* 1. strecken, herausstrecken; 2. *(distendere)* dehnen; 3. *~ qc* etw ausbreiten, etw ausstrecken; 4. *(redigere)* aufsetzen; 5. *(biancheria)* aufhängen
stendersi ['stɛndersi] *v irr* sich ausstrecken
stendibiancheria [stendibiaŋke'riːa] *m* Wäscheständer *m*
stenodattilografa [stenodatti'lɔːgrafa] *f* Stenotypistin *f*
stenografia [stenogra'fiːa] *f* Stenografie *f; ~ abbreviata* Eilschrift *f*

S

stentare [sten'taːre] *v ~ a fare qc* Mühe haben, etw zu tun
stentato [sten'taːto] *adj* holperig
stento ['stɛnto] *m* Not *f*, Bedrängnis *n*
steppa ['steppa] *f GEO* Steppe *f*
sterco ['stɛrko] *m* Mist *m*
stereotipo [stere'ɔːtipo] *adj* stereotyp
sterile ['stɛːrile] *adj* steril, unfruchtbar
sterilizzare [sterilid'dzaːre] *v* sterilisieren
sterilizzato [sterilid'dzaːto] *adj* keimfrei
sterilizzazione [steriliddza'tsioːne] *f BIO* Sterilisierung *f*
sterminare [stermi'naːre] *v* ausrotten
sterminato [stermi'naːto] *adj* 1. ausgerottet, ausgemerzt; 2. *(senza limiti)* unendlich
sterminio [ster'miːnio] *m* Zerstörung *f*
sterno ['stɛrno] *m ANAT* Brustbein *n*
sterpaglia [ster'paʎʎa] *f BOT* Gestrüpp *n*
sterzare [ster'tsaːre] *v* umlenken
sterzo ['stɛrtso] *m (dell'auto) TECH* Lenkung *f*
stesso ['stesso] *pron* selbst; *lo ~* derselbe, dasselbe; *la stessa* dieselbe; *allo ~* demselben; *Per me fa proprio lo ~.* Das ist mir ganz egal. *Lo ~ ancora una volta!* Das Gleiche noch mal!
stesura [ste'suːra] *f (di un testo)* Aufsetzen *n*
stigmatizzare [stigmatid'dzaːre] *v* stigmatisieren
stile ['stiːle] *m* Stil *m; ~ architettonico* Baustil *m*
stilista [sti'lista] *m/f* Stylist(in) *m/f*
stilla ['stilla] *f* Tropfen *m*
stima ['stiːma] *f* Achtung *f*, Hochachtung *f; con tutta ~* hochachtungsvoll
stimare [sti'maːre] *v* 1. schätzen, abschätzen; 2. *(avere grande considerazione)* achten, hoch schätzen
stimolante [stimo'lante] *adj* 1. anregend; *m* 2. Aufputschmittel *n*
stimolare [stimo'laːre] *v* anregen, reizen, aufputschen
stimolo ['stiːmolo] *m* Reiz *m*, Anreiz *m*
stinco ['stiŋko] *m ANAT* Schienbein *n*
stipendio [sti'pɛndio] *m* Gehalt *n*, Vergütung *f*
stipite ['stiːpite] *m* 1. Pfosten *m;* 2. *(dell'albero)* Stamm *m*
stipo ['stiːpo] *m* Schrein *m*
stipsi ['stiːpsi] *f MED* Verstopfung *f*
stipulare [stipu'laːre] *v JUR* abschließen
stipulazione [stipula'tsioːne] *f JUR* Abschluss *m; ~ di contratto* Vertragsabschluss *m*
stiramento [stira'mento] *m MED* Zerrung *f; ~ muscolare* Muskelzerrung *f*
stirare [sti'raːre] *v* bügeln
stirarsi [sti'rarsi] *v* sich recken, sich strecken
stirpe ['stirpe] *f* Geschlecht *n; ~ nobile* Adelsgeschlecht *n*
stitichezza [stiti'kettsa] *f MED* Darmverstopfung *f*, Darmträgheit *f*
stiva ['stiːva] *f NAUT* Laderaum *m*
stivale [sti'vaːle] *m* Stiefel *m; ~ di gomma* Gummistiefel *m*
stivare [sti'vaːre] *v* verstauen
stizza ['stittsa] *f* Ärger *m*
stoccafisso [stokka'fisso] *m GAST* Stockfisch *m*
stoccaggio [stok'kaddʒo] *m* Lagerung *f; ~ finale* Endlagerung *f*
stoccata [stok'kaːta] *f* 1. Degenstoß *m;* 2. *(fig)* Seitenhieb *m*
stoffa ['stɔffa] *f* Stoff *m*
stolto ['stolto] *m* Tor *m*, Dummkopf *m*
stomachevole [stoma'keːvole] *adj* ekelerregend, unappetitlich
stomaco ['stɔːmako] *m* 1. *ANAT* Magen *m;* 2. *(fam: coraggio)* Mut *m*, Bereitschaft *f*
stoppino [stop'piːno] *m* Docht *m*
stopposo [stop'poːso] *adj (fig)* zäh
storcere ['stɔrtʃere] *v irr* 1. verbiegen, krümmen, verstauchen; 2. *(bocca)* den Mund verziehen
storcersi ['stɔrtʃersi] *v irr ~ un piede* sich den Fuß verstauchen
stordire [stor'diːre] *v* betäuben
storia ['stɔːria] *f* 1. Geschichte *f; ~ contemporanea* Zeitgeschichte *f; ~ dell'arte* Kunstgeschichte *f;* 2. *(racconto, novella) LIT* Erzählung *f*, Geschichte *f*
storico ['stɔːriko] *adj* 1. geschichtlich, historisch; *m* 2. Historiker *m*
storiografia [storiogra'fiːa] *f* Geschichtsschreibung *f*

stormire [stor'miːre] *v* rauschen
stormo ['stormo] *m* 1.*ZOOL* Schwarm *m;* 2.*MIL* Geschwader *n*
stornare [stor'naːre] *v* stornieren
storno[1] ['storno] *m ZOOL* Star *m*
storno[2] ['storno] *m ECO* Storno *m*
storpiare [stor'piaːre] *v MED* entstellen
storpio ['stɔrpio] *adj* 1. *MED* verkrüppelt; *m* 2.Krüppel *m*
storta ['stɔrta] *f* 1. Retorte *f;* 2. *MED* Verstauchung *f*
storto ['stɔrto] *adj* krumm, schief; *andare ~* schief gehen
stoviglie [sto'viʎʎe] *f/pl* Geschirr *n*
strabico ['straːbiko] *adj* schielend
strabiliante [strabi'liante] *adj* außergewöhnlich, erstaunlich
strabismo [stra'bizmo] *m* Schielen *n; ~ di Venere* Silberblick *m*
stracarico [stra'kaːriko] *adj* überladen
stracciare [strat'tʃaːre] *v* zerreißen
straccio ['strattʃo] *m* Lappen *m,* Lumpen *m*
straccione [strat'tʃoːne] *m* 1.*(pezzente)* Bettler *m;* 2.*(miserabile)* Elender *m*
stracco ['strakko] *adj (fam)* erschöpft
stracotto [stra'kɔtto] *adj* verkocht
strada ['straːda] *f* Straße *f; a metà ~* halbwegs; *falsa ~ (fig)* Abweg *m; ~ a senso unico* Einbahnstraße *f; ~ principale* Hauptstraße *f; ~ d'accesso* Auffahrtsstraße *f; Ho sbagliato ~.* Ich habe mich verfahren. *~ statale* Staatsstraße *f; farsi ~* sich durchsetzen, sich behaupten; *cambiare ~* einen anderen Weg einschlagen
stradale [stra'daːle] *adj* Straßen..., Verkehrs...; *codice ~* Straßenverkehrsgesetz *n; incidente ~* Verkehrsunfall *m; indicatore ~* Wegweiser *m*
strafalcione [strafal'tʃoːne] *m* grober Fehler *m,* Schnitzer *m*
strafottente [strafot'tɛnte] *adj* unverfroren
strafottenza [strafot'tɛntsa] *f* Unverfrorenheit *f*
strage ['straːdʒe] *f* Blutbad *n,* Gemetzel *n*
stralunato [stralu'naːto] *adj (occhi)* verdreht
stramazzare [stramat'tsaːre] *v* zusammenfallen
strambo ['strambo] *adj* 1.*(strano)* seltsam, wunderlich; 2.*(bizzarro)* sonderbar
stranamente [strana'mente] *adv* sonderbar, wunderlich
stranezza [stra'nettsa] *f* Seltsamkeit *f*
strangolare [straŋgo'laːre] *v* erdrosseln, würgen
straniero [stra'niɛːro] *adj* 1. ausländisch, fremd; *m* 2. Ausländer *m,* Fremder *m*
strano ['straːno] *adj* 1. eigenartig, komisch; 2. *(bizzarro)* absonderlich, kurios; 3.*(comico)* lustig
straordinario [straordi'naːrio] *adj* außergewöhnlich, außerordentlich
strapazzare [strapat'tsaːre] *v* strapazieren, überanstrengen
strapazzarsi [strapat'tsarsi] *v* sich strapazieren
strapazzo [stra'pattso] *m* Strapaze *f,* Überanstrengung *f*
strapieno [stra'piɛːno] *adj* übervoll, randvoll
strappare [strap'paːre] *v* reißen
strappo ['strappo] *m* 1.Riss *m; a strappi* ruckartig, stoßweise; 2.*MED* Zerrung *f*
straricco [stra'rikko] *adj* steinreich
straripare [strari'paːre] *v* austreten, übertreten
strascicato [straʃʃi'kaːto] *adj* schleppend
strascico ['straʃʃiko] *m* 1. *(coda)* Schleppe *f;* 2.*(fig)* Nachspiel *n*
stratagemma [strata'dʒɛmma] *m* List *f*
strategia [strate'dʒiːa] *f* Strategie *f*
strategico [stra'tɛːdʒiko] *adj* 1. *MIL* strategisch; 2.*(fig)* strategisch
stratificazione [stratifika'tsioːne] *f GEOL* Schichtenbildung *f*
strato ['straːto] *m* 1. Lage *f,* Belag *m;* 2. *(sedimentazione)* Ablagerung *f;* 3. *(classe)* Schicht *f; ~ sociale* Gesellschaftsschicht *f*
stravagante [strava'gante] *adj* extravagant
stravaganza [strava'gantsa] *f* Extravaganz *f*
straviziare [stravi'tsiaːre] *v* ausschweifen
stravizio [stra'viːtsio] *m* Ausschweifung *f*

S

stravolgere [stra'vɔldʒere] *v irr* 1. aufwühlen; 2. *(occhi)* verdrehen; 3. *(mente)* irritieren
straziante [stra'tsiante] *adj* qualvoll
strazio ['straːtsio] *m* 1. Quälerei *f;* 2. *(dolore)* Schmerz *m*
strega ['streːga] *f* Hexe *f*
stregare [stre'gaːre] *v* verzaubern, hexen
strepitare [strepi'taːre] *v* klappern, lärmen
strepitoso [strepi'toːso] *adj* 1. lärmend; 2. *(fig: grandioso)* großartig, grandios
stretta ['stretta] *f* Druck *m; ~ di mano* Händeschütteln *n*
strettezza [stret'tettsa] *f* 1. Enge *f;* 2. *(povertà)* Kärglichkeit *f*
stretto ['stretto] *adj* 1. eng, knapp; *Il vestito mi è troppo ~.* Das Kleid ist mir zu eng. 2. *(rigoroso)* streng, rigoros; 3. *(intimo)* nah, intim; *m* 4. Meerenge *f*
strettoia [stret'toːia] *f* Engpass *m*
striatura [stria'tuːra] *f* Streifen *pl*
stridere ['striːdere] *v* 1. *(suono)* kreischen; 2. *(colori)* grell sein; 3. *(fiamma)* knistern
stridulo ['striːdulo] *adj* grell, schrill
strigliata [striʎ'ʎaːta] *f* 1. *(cavallo)* Striegeln *n;* 2. *(fig)* Tadel *m,* Zurechtweisung *f*
strillare [stril'laːre] *v* keifen, schreien
strillone [stril'loːne] *m* Schreihals *m; ~ di giornali* Zeitungsverkäufer *m*
strimpellare [strimpel'laːre] *v* klimpern
stringa ['striŋga] *f* Schuhband *n,* Schnürsenkel *m*
stringere ['strindʒere] *v irr* 1. *(abbracciare)* drücken; 2. *(vestito)* einengen; 3. *(fig: relazione)* knüpfen; *~ amicizia con* sich anfreunden mit
striscia ['striʃʃa] *f* 1. *(nastro)* Streifen *m;* 2. *(linea)* Streifen *m; ~ di terra* Land *n,* Landstrich *m*
strisciante [striʃ'ʃante] *adj* 1. schleichend; 2. *(fig)* schmierig
strisciare [striʃ'ʃaːre] *v* 1. krabbeln, kriechen; 2. *(fig: adulare)* umschmeicheln
striscione [striʃ'ʃoːne] *m* 1. Spruchband *n;* 2. *(manifesto)* Plakat *n;* 3. *(nastro di arrivo, nastro di partenza)* Zielband *n,* Startband *n*
stritolare [strito'laːre] *v* 1. zerdrücken, zerquetschen; 2. *(tritare)* zerstückeln
strizzare [strit'tsaːre] *v* 1. *(spremere)* auspressen; 2. *(panni)* auswringen; 3. *~ l'occhio a qd* jdm zuzwinkern
strofa ['strɔːfa] *f* Strophe *f*
strofinaccio [strofi'nattʃo] *m* Putzlumpen *m,* Scheuerlappen *m*
strofinare [strofi'naːre] *v* abreiben, schrubben
strombazzare [strombat'tsaːre] *v* 1. *MUS* trompeten; 2. *(macchina)* hupen; 3. *(fig: divulgare a gran voce)* herumerzählen, ausposaunen
stroncare [stroŋ'kaːre] *v* 1. *(troncare)* abreißen, abbrechen; 2. *(fig: dubbio)* niederschlagen, beseitigen; 3. *(sopprimere)* unterdrücken
strozzare [strot'tsaːre] *v* 1. würgen; 2. *TECH* drosseln
strozzinaggio [strot'tsinaddʒo] *m* Wucher *m*
struggersi ['struddʒersi] *v irr (fig)* sich verzehren
strumento [stru'mento] *m* 1. Instrument *n; ~ a fiato MUS* Blasinstrument *n; ~ musicale* Musikinstrument *n;* 2. *(mezzo)* Mittel *n;* 3. *TECH* Instrument *n; ~ di misurazione* Messinstrument *n*
strutto ['strutto] *m GAST* Schmalz *n*
struttura [strut'tuːra] *f* 1. Aufbau *m,* Gefüge *n;* 2. *(composizione)* Gliederung *f,* Struktur *f;* 3. *(fig)* Gerüst *n*
strutturale [struttu'raːle] *adj* strukturell
strutturare [struttu'raːre] *v* strukturieren
struzzo ['struttso] *m ZOOL* Strauß *m*
stuccare [stuk'kaːre] *v* stuckieren
stucco ['stukko] *m* 1. *(materiale)* Stuck *m;* 2. *(mastice)* Kitt *m; rimanere di ~* wie vom Donner gerührt sein, perplex sein
studente(ssa) [stu'dɛnte/studen'tessa] *m/f* Student(in) *m/f*
studentesco [studen'tesko] *adj* Studenten...
studiare [stu'diaːre] *v* 1. studieren; 2. *(imparare)* lernen; 3. *(fam: sgobbare)* büffeln, pauken; *~ qc a memoria* etw

S

auswendig lernen; 4. *(fig)* beobachten; 5. ~ *a fondo* nachgehen; 5. *(esaminare)* untersuchen

studio ['stu:dio] *m* 1. Studium *n;* 2. *(ufficio)* Büroraum *m,* Atelier *n;* 3. ~ *legale* Anwaltsbüro *n;* 4. *(di un medico)* Sprechzimmer *n;* 5. *(progetto)* Studie *f*

studioso [stu'dio:so] *adj* 1. gelehrig; 2. *(scienziato)* Wissenschaftler *m*

stufa ['stu:fa] *f* Ofen *m*

stufare [stu'fa:re] *v* 1. GAST dämpfen; 2. *(fig: stancare)* langweilen

stufarsi [stu'farsi] *v* sich langweilen; ~ *di qc* von etw genug haben

stufato [stu'fa:to] *m* GAST Schmorbraten *m*

stufo ['stu:fo] *adj* überdrüssig; *essere ~ di qc* etw satt haben; *Sono ~ di questo lavoro.* Ich habe diese Arbeit satt.

stuoia ['stuɔ:ia] *f* Matte *f*

stuolo ['stuɔ:lo] *m* Schar *f*

stupefacente [stupefa'tʃɛnte] *adj* 1. ungewöhnlich, erstaunlich; *m* 2. *(droga)* Rauschgift *n*

stupefatto [stupe'fatto] *adj* überrascht

stupendo [stu'pɛndo] *adj* wundervoll, toll

stupidaggine [stupi'daddʒine] *f* Dummheit *f*

stupidità [stupidi'ta] *f* Dummheit *f*

stupido ['stu:pido] *adj* 1. doof, dumm; *m* 2. Dummkopf *m*

stupire [stu'pi:re] *v* erstaunen, überraschen

stupirsi [stu'pirsi] *v* staunen, sich wundern; ~ *di qc* von etw überrascht sein

stupito [stu'pi:to] *adj* erstaunt, verdutzt

stupore [stu'po:re] *m* Staunen *n*

stupro ['stu:pro] *m* Vergewaltigung *f*

sturare [stu'ra:re] *v* 1. *(bottiglia)* entkorken; 2. *(barile)* anstechen

stuzzicadenti [stuttsika'dɛnti] *m* Zahnstocher *m*

stuzzicare [stut'tsika:re] *v* 1. stochern; 2. *(fig: punzecchiare) ~ qd* jdn verrückt machen

su [su] *prep* 1. *(luogo)* an, auf, über; ~ *per giù* ungefähr; ~ *misura* nach Maß; *adv* 2. herauf

sua ['su:a] *(vedi „suo")*

subacqueo [sub'akkueo] *m* Taucher *m; equipaggiamento da ~* Taucherausrüstung *f*

subaffittare [subaffit'ta:re] *v* untervermieten

subaffitto [subaf'fitto] *m* Untermiete *f*

subaffittuario [subaffit'tua:rio] *m* Untermieter *m*

subalterno [subal'tɛrno] *m* Untergebener *m*

subbuglio [sub'buʎʎo] *m* 1. Chaos *n,* Durcheinander *n;* 2. *(tumulto)* Aufruhr *m*

subcosciente [subko'ʃɛnte] *m* PSYCH Unterbewusstsein *n*

subdolo ['subdolo] *adj* hinterhältig

subentrare [suben'tra:re] *v ~ a qd* an jds Stelle treten

subire [su'bi:re] *v* erdulden, erleiden

subito ['su:bito] *adv* sofort

sublime [su'bli:me] *adj* erhaben

subodorare [subodo'ra:re] *v* wittern

subordinare [subordi'na:re] *v* unterordnen

subordinazione [subordina'tsio:ne] *f* Unterordnung *f*

suburbano [subur'ba:no] *adj* Vorstadt…

succedaneo [suttʃe'da:neo] *adj* 1. *(sostitutivo)* stellvertretend; *m* 2. Ersatz *m*

succedere [sut'tʃɛ:dere] *v irr* 1. vorkommen, widerfahren; 2. *(in serie)* folgen

successione [suttʃes'sio:ne] *f (serie)* Folge *f,* Nachfolge *f*

successivo [suttʃes'si:vo] *adj* folgend, anschließend

successo [sut'tʃɛsso] *m* Erfolg *m; uomo di ~* erfolgreicher Mann *m; la persona/cosa con il maggiore ~* Spitzenreiter *m; Il pezzo ottenne successo.* Das Stück hatte Erfolg.

successore [suttʃes'so:re] *m* Nachfolger *m*

succhiare [suk'kia:re] *v* lutschen, saugen

succhietto [suk'kietto] *m* Schnuller *m*

succo ['sukko] *m* 1. Saft *m;* 2. *(fig: senso)* Sinn *m,* Bedeutung *f*

succoso [suk'ko:so] *adj* 1. saftig; 2. *(fig)* gehaltvoll, inhaltsreich

succube ['sukkube] *adj* hörig

succursale [sukkur'sa:le] *f* Zweigstelle *f*

sud [sud] *m* Süden *m; a ~* südlich; *del ~* südlich
Sudafrica [sud'a:frika] *m GEO* Südafrika *n*
Sudamerica [suda'mɛ:rika] *m GEO* Südamerika *n*
sudare [su'da:re] *v* schwitzen
suddetto [sud'detto] *adj* oben genannt
suddito ['suddito] *adj* **1.** untertänig; *m* **2.** Untertan *m,* Staatsangehöriger *f*
suddividere [suddi'vi:dere] *v irr* unterteilen, untergliedern
suddividersi [suddi'vidersi] *v irr* sich unterteilen
suddivisione [suddivi'sio:ne] *f* Unterteilung *f*
sudicio ['su:ditʃo] *adj* **1.** schmutzig, dreckig; *m* **2.** Schmutz *m*
sudicione [sudi'tʃo:ne] *m (fig)* Schmutzfink *m*
sudiciume [sudi'tʃu:me] *f* Geschmier *n*
sudore [su'do:re] *m* Schweiß *m*
sufficiente [suffi'tʃɛnte] *adj* ausreichend, hinlänglich
suffragetta [sufra'dʒetta] *f (fam)* Frauenrechtlerin *f*
suffragio [suf'fra:dʒo] *m POL* Wahlrecht *n; ~ universale* allgemeines Wahlrecht *n*
suggellare [suddʒel'la:re] *v* **1.** versiegeln; **2.** *(fig)* bestätigen
suggerimento [suddʒeri'mento] *m* Rat *m,* Empfehlung *f*
suggerire [suddʒe'ri:re] *v* **1.** einsagen, vorsagen; **2.** *(consigliare)* raten
suggeritore [suddʒeri'to:re] *m* **1.** *THEAT* Souffleur *m;* **2.** *(consigliere)* Ratgeber *m*
suggestione [suddʒes'tio:ne] *f* Suggestion *f,* Beeinflussung *f*
sughero ['su:gero] *m BOT* Kork *m*
sugo ['su:go] *m* Soße *m,* Saft *f*
sugoso [su'go:so] *adj* saftig
suicida [sui'tʃi:da] *adj* **1.** selbstmörderisch; *m/f* **2.** Selbstmörder(in) *m/f*
suicidarsi [suitʃi'darsi] *v* sich umbringen, sich das Leben nehmen
suicidio [sui'tʃi:dio] *m* Selbstmord *m*
suino [su'i:no] *adj* **1.** *ZOOL* Schweine…; *m* **2.** *ZOOL* Schwein *n*
sunto ['sunto] *m* **1.** Zusammenfassung *f,* Resümee *n;* **2.** *(estratto)* Extrakt *m*
suo ['su:o] *pron* sein(e); *da parte sua* seinerseits/ihrerseits
Suo ['su:o] *pron (forma di cortesia)* Ihr(e); *da parte Sua* Ihrerseits
suocera ['suɔ:tʃera] *f* Schwiegermutter *f*
suocero ['suɔ:tʃero] *m* **1.** Schwiegervater *m;* **2.** *suoceri pl* Schwiegereltern *pl*
suola ['suɔ:la] *f* **1.** Sohle *f;* **2.** *MIN* Sohle *f*
suonare [suo'na:re] *v* **1.** *MUS* spielen; *~ il violino* geigen, die Geige spielen; **2.** *(disco)* abspielen; **3.** *(emettere un suono)* läuten; *~ il clacson* hupen
suono ['suɔ:no] *m* **1.** Klang *m;* **2.** *(tono)* Laut *m;* **3.** *PHYS* Schall *m*
suora ['suɔ:ra] *f REL* Nonne *f*
superamento [supera'mento] *m* **1.** *(di un problema)* Bewältigung *f,* Überwindung *f;* **2.** *(fig)* Überbrückung *f*
superare [supe'ra:re] *v* **1.** *(lavoro)* überbieten, überflügeln; **2.** *(esame)* bestehen; **3.** *(concludere)* absolvieren; **4.** *(malattia)* überwinden
superato [supe'ra:to] *adj* überholt
superbia [su'pɛrbia] *f* Hochmut *m,* Überheblichkeit *f*
superbo [su'pɛrbo] *adj* **1.** hochmütig, überheblich; **2.** *(magnifico)* herrlich
superdimensionale [superdimensio'na:le] *adj* überdimensional
superficiale [superfi'tʃa:le] *adj* **1.** oberflächlich; **2.** *(sfuggevole, rapido)* flüchtig; *dare un'occhiata ~ a qc* einen flüchtigen Blick auf etw werfen
superficialità [superfitʃali'ta] *f* Oberflächlichkeit *f*
superficie [super'fi:tʃe] *f* Fläche *f,* Oberfläche *f*
superfluo [su'pɛrfluo] *adj* **1.** überflüssig; *m* **2.** Überflüssiges *n*
superiora [supe'rio:ra] *f REL* Oberin *f*
superiore [supe'rio:re] *adj* **1.** obere(r,s); **2.** *(di numero, di forza)* überlegen; **3.** *(di importanza)* überragend, höher; **4.** *(nella funzione)* übergeordnet; *m* **5.** Chef *m,* Vorgesetzter *m*
superiorità [superiori'ta] *f* Überlegenheit *f,* Übermacht *f*
superlativo [superla'ti:vo] *m* Superlativ *m*
supermercato [supermer'ka:to] *m* Supermarkt *m*

superstite [su'pɛrstite] *adj* 1. überlebend; *m/f* 2. Überlebende(r) *m/f;* 3. *(chi sopravvive ad altri)* Hinterbliebene(r) *m/f*
superstizione [supersti'tsioːne] *f* REL Aberglaube *m*
superstizioso [supersti'tsioːso] *adj* REL abergläubisch
superstrada [super'straːda] *f* Schnellstraße *f*
supervisione [supervi'zioːne] *f* Oberleitung *f*
supervisore [supervi'zoːre] *m* Oberleiter *m*
supino [su'piːno] *adj* 1. auf dem Rücken; 2. *(fig)* ergeben
suppellettile [suppel'lɛttile] *f* Hausrat *m*
suppergiù [supper'dʒu] *adv* ungefähr
supplementare [supplemen'taːre] *adj* zusätzlich, ergänzend
supplemento [supple'mento] *m* 1. Zuschlag *m; con ~* zuschlagpflichtig; 2. *(di una retribuzione)* Zulage *f;* 3. *(di un giornale)* Beilage *f*
supplenza [sup'plɛntsa] *f* Aushilfe *f,* Vertretung *f*
supplica ['supplika] *f* Gesuch *n,* Bitte *f*
supplicare [suppli'kaːre] *v* flehen
supplichevole [suppli'keːvole] *adj* flehentlich
supplire [sup'pliːre] *v irr* vertreten; *per ~* aushilfsweise
supplizio [sup'pliːtsio] *m* 1. *(punizione)* Bestrafung *f;* 2. *(tortura)* Folter *f,* Qual *f*
supporre [sup'porre] *v irr* 1. schätzen, vermuten; 2. *(stabilire relazioni mentalmente)* kombinieren
supporto [sup'pɔrto] *m* 1. Stütze *f,* Ständer *m;* 2. *~ dati* INFORM Datenträger *m;* 3. TECH Träger *m*
supposizione [suppozi'tsioːne] *f* Vermutung *f,* Schätzung *f*
supposta [sup'posta] *f* MED Zäpfchen *n*
supposto [sup'posto] *adj* angeblich, vermeintlich
suppurato [suppu'raːto] *v* MED vereitert
supremazia [suprema'tsiːa] *f* Obergewalt *f*
supremo [su'prɛːmo] *adj* oberste(r,s), höchste(r,s)
surclassare [surklas'saːre] *v* ausstechen
surf [sɘːrf] *m* SPORT Surfing *n; fare il ~/ praticare il ~* surfen
surgelato [surdʒe'laːto] *adj* 1. tiefgekühlt; *m* 2. *surgelati pl* Tiefkühlkost *f*
surrealismo [surrea'lizmo] *m* ART Surrealismus *m*
surriscaldare [surriskal'daːre] *v* überheizen
surrogato [surro'gaːto] *m* Ersatz *m*
suscettibile [suʃʃet'tiːbile] *adj* empfindlich
suscitare [suʃʃi'taːre] *v (fig)* hervorrufen
susina [su'siːna] *f* BOT Pflaume *f*
susseguire [susse'guiːre] *v* darauf folgen
susseguirsi [susse'guirsi] *v* aufeinander folgen
sussidiario [sussi'diaːrio] *adj* Hilfs…
sussidio [sus'siːdio] *m* 1. Beihilfe *f,* Zuwendung *f;* 2. *(denaro)* Unterstützung *f; ~ mortuario* Sterbegeld *n*
sussistenza [sussis'tɛntsa] *f* 1. Auskommen *n;* 2. *(esistenza)* Bestehen *n;* 3. *(mantenimento)* Unterhalt *m;* 4. MIL Proviant *m*
sussistere [sus'sistere] *v irr* bestehen
sussurrare [sussur'raːre] *v* wispern
sutura [su'tuːra] *f* MED Naht *f*
suturare [sutu'raːre] *v* MED nähen
svagato [zva'gaːto] *adj* fahrig
svago ['zvaːgo] *m* Abwechslung *f*
svalutante [zvalu'tante] *adj* abwertend
svalutare [zvalu'taːre] *v* 1. abwerten; *~ una persona* eine Person abwerten; 2. *(denaro)* ECO entwerten
svalutazione [zvaluta'tsioːne] *f* 1. Abwertung *f;* 2. ECO Entwertung *f*
svanire [zva'niːre] *v* 1. verfliegen; 2. *(sentimenti)* vergehen
svantaggio [zvan'taddʒo] *m* Nachteil *m*
svantaggioso [zvantad'dʒoːso] *adj* nachteilig
svaporare [zvapo'raːre] *v* verdunsten
svariato [zva'riaːto] *adj* unterschiedlich
svarione [zvari'oːne] *m* Irrtum *m*

S

svastica ['zvastika] *f (insegna nazista)* POL Hakenkreuz *n*
svedese [zve'de:se] *adj* 1. schwedisch; *m/f* 2. Schwede/Schwedin *m/f*
sveglia ['zveʎʎa] *f* Wecker *m*
svegliare [zveʎ'ʎa:re] *v* 1. wecken, aufwecken; 2. *(destare)* ermuntern
svegliarsi [zveʎ'ʎarsi] *v* erwachen, aufwachen
sveglio ['zveʎʎo] *adj* 1. munter, wach; 2. *(fig)* wendig, aufgeweckt
svelare [zve'la:re] *v (fig)* enthüllen
sveltezza [zvel'tettsa] *f (agilità)* Schnelligkeit *f*, Flinkheit *f*
sveltire [zvel'ti:re] *v (accelerare)* beschleunigen
svelto ['zvɛlto] *adj* flink, flott
svendere ['zvendere] *v* 1. ausverkaufen; 2. *(a prezzo di realizzo)* verramschen
svendita ['zvendita] *f* 1. Ausverkauf *m;* 2. ECO Schlussverkauf *m*
svenimento [zveni'mento] *m* Ohnmacht *f*, Bewusstlosigkeit *f*
sventare [zven'ta:re] *v* 1. vereiteln; 2. *(fig)* torpedieren
sventato [zven'ta:to] *adj* 1. unbedacht; 2. *(volubile)* unbeständig
sventolare [zvento'la:re] *v* schwenken, flattern
sventrare [zven'tra:re] *v (animale)* ausnehmen
sventura [zven'tu:ra] *f* Unheil *n*
sventurato [zventu'ra:to] *adj* 1. unglücklich; *m* 2. Unglücklicher *m*
svenuto [zve'nu:to] *adj* ohnmächtig
svergognato [zvergoɲ'ɲa:to] *ad* 1. frech, schamlos; *m* 2. Schamloser *m*
svestire [zves'ti:re] *v* ausziehen
svestirsi [zves'tirsi] *v* sich ausziehen
Svezia ['zvɛ:tsia] *f* GEO Schweden *n*
sviare [zvi'a:re] *v* ablenken
sviarsi [zvi'arsi] *v* sich verirren
svignare [zviɲ'ɲare] *v* sich davonmachen; *svignarsela (fam)* sich verziehen/sich aus dem Staub machen
sviluppare [zvilup'pa:re] *v* 1. entwickeln; *Mi può ~ questa pellicola?* Können Sie diesen Film entwickeln? 2. *(fig)* entwickeln, entfalten
svilupparsi [zvilup'parsi] *v* verlaufen, sich entwickeln
sviluppo [zvi'luppo] *m* 1. Entwicklung *f;* 2. *(corso, svolgimento)* Verlauf *m*
svincolarsi [zviŋko'larsi] *v* sich entfesseln
svincolo ['zviŋkolo] *m* Zubringerstraße *f*
sviscerato [zviʃʃe'ra:to] *adj* inbrünstig
svista ['zvista] *f* Flüchtigkeitsfehler *m*, Versehen *n; per ~* aus Versehen, versehentlich
svitare [zvi'ta:re] *v* TECH abschrauben
svitato [zvi'ta:to] *adj (fig)* schrullig
svizzera ['zvittsera] *f* Schweizerin *f*
Svizzera ['zvittsera] *f* GEO Schweiz *f*
svizzero ['zvittsero] *adj* 1. schweizerisch; *m* 2. Schweizer *m*
svogliatezza [zvoʎʎa'tettsa] *f* Lustlosigkeit *f*, Widerwille *m*
svogliato [zvoʎ'ʎa:to] *adj* lustlos, widerwillig
svolazzare [zvolat'tsa:re] *v* flattern
svolazzo [zvo'lattso] *m* Schnörkel *m*
svolgere ['zvɔldʒere] *v irr* 1. abwickeln; 2. *(disfare)* auswickeln; 3. *(praticare)* ausüben; 4. *(sviluppare)* ausarbeiten, voranbringen
svolgersi ['zvɔldʒersi] *v irr* verlaufen, ablaufen
svolgimento [zvoldʒi'mento] *m* 1. *(sviluppo)* Entwicklung *f;* 2. *(trattazione)* Erörterung *f;* 3. *(esecuzione)* Durchführung *f*
svolta ['zvɔlta] *f (fig)* Knick *m*, Wende *f*
svoltare [zvol'ta:re] *v* abbiegen, einbiegen
svuotamento [zvuota'mento] *m* Leerung *f*
svuotare [zvuo'ta:re] *v* 1. leeren; *~ il sacco (fig)* auspacken/sein Gewissen erleichtern/sein Herz erleichtern; 2. *(derubare)* ausnehmen

T

tabaccheria [tabakke'riːa] *f* Tabakwarenladen *m*
tabacco [ta'bakko] *m* 1. Tabak *m;* 2. *tabacchi pl* Tabakwaren *pl*
tabella [ta'bɛlla] *f* Tabelle *f*
tabellare [tabel'laːre] *adj* tabellarisch
tabernacolo [taber'naːkolo] *m* *REL* Tabernakel *m*
tabù [ta'bu] *m* Tabu *n*
tabulatore [tabula'toːre] *m* Tabulator *m*
tacca ['takka] *f* Einkerbung *f*
tacchino [tak'kiːno] *m* *ZOOL* Truthahn *m*
tacco ['takko] *m* Absatz *m; Mi servono nuovi tacchi.* Ich brauche neue Absätze.
taccuino [takku'iːno] *m* Notizbuch *n*
tacere [ta'tʃeːre] *v irr* 1. schweigen; 2. *(nascondere)* verschweigen
tachigrafo [ta'kiːgrafo] *m* Fahrtenschreiber *m*
tachimetro [ta'kiːmetro] *m* Tachometer *m*
tacito ['taːtʃito] *adj* stillschweigend
taciturnità [tatʃiturni'ta] *f* Schweigsamkeit *f*
taciturno [tatʃi'turno] *adj* schweigsam
tafano [ta'faːno] *m* *ZOOL* Bremse *f*
tafferuglio [taffe'ruʎʎo] *m* Streiterei *f*
taglia ['taʎʎa] *f* Größe *f; ~ di confezione* Konfektionsgröße *f; Che ~ è questa?* Welche Größe ist das? *Questa ~ non è giusta.* Das ist die falsche Größe.
taglialegna [taʎʎa'leɲɲa] *m* Holzfäller *m*
tagliando [taʎ'ʎando] *m* Coupon *m*
tagliare [taʎ'ʎaːre] *v* 1. schneiden; 2. *(recidere)* kappen; *~ corto* beenden, abkürzen
tagliarsi [taʎ'ʎarsi] *v* sich schneiden
tagliente [taʎ'ʎɛnte] *adj* scharf
tagliere [taʎ'ʎɛːre] *m* Holzbrett *n*
taglio ['taʎʎo] *m* Schnitt *m,* Durchschnitt *m; ~ cesareo* Kaiserschnitt *m; ~ di capelli* Haarschnitt *m; arma da ~* Stichwaffe *f*
tagliuzzare [taʎʎut'tsaːre] *v* zerschneiden, zerteilen
Tailandia [tai'landia] *f* *GEO* Thailand *n*
tailleur [ta'jøʀ] *m* Kostüm *n*
talare [ta'laːre] *f* *REL* Talar *m*
talco ['talko] *m* Puder *m*
tale ['taːle] *pron* 1. solche(r,s); *adj* 2. derartig, dergleichen
talento [ta'lɛnto] *m* 1. Begabung *f,* Talent *n; avere ~* talentiert sein; *~ linguistico* Sprachbegabung *f;* 2. *(disposizione)* Veranlagung *f*
talent show [talent'ʃou] *m* Castingshow *f*
talismano [taliz'maːno] *m* Talisman *m*
tallonare [tallo'naːre] *v* bedrängen
talloncino [tallon'tʃiːno] *m* 1. Abschnitt *m;* 2. *(ricevuta)* Quittung *f*
tallone [tal'loːne] *m* *ANAT* Ferse *f; ~ d'Achille* Achillesferse *f*
talmente [tal'mente] *adv* derart, so sehr
talora [ta'loːra] *adv* mitunter, manchmal
talpa ['talpa] *f* *ZOOL* Maulwurf *m*
talvolta [tal'vɔlta] *adv* mitunter
tambureggiare [tambured'dʒaːre] *v* trommeln
tamburo [tam'buːro] *m* *MUS* Trommel *f; ~ del freno* Bremstrommel *f*
tamponamento [tampona'mento] *m* Auffahrunfall *m*
tamponare [tampo'naːre] *v* auffahren; *Ha tamponato la mia macchina.* Sie haben mein Auto angefahren.
tampone [tam'poːne] *m* 1. Tampon *m;* 2. Stempelkissen *n*
tana ['taːna] *f* *ZOOL* Bau *m*
tanfo ['tanfo] *m* Modergeruch *m*
tangentopoli [tandʒen'tɔːpoli] *f* Schmiergeldskandal *m*
tangibile [tan'dʒiːbile] *adj* 1. gegenständlich, greifbar; 2. *(fig)* anschaulich, konkret
tanica ['taːnika] *f* Kanister *m*
tanto ['tanto] *adv* 1. so viel, viel; *adj* 2. viel; *tante cose* allerhand, vielerlei;

konj 3. ~ ... *quanto* sowohl ... als auch; 4. ~ *più che* zumal
tapino [ta'pi:no] *m* elender Kerl *m*
tappa ['tappa] *f* Etappe *f; a tappe* etappenweise; *bruciare le tappe (fam)* aufs Ziel zusteuern
tappabuchi [tappa'bu:ki] *m* Lückenbüßer *m*
tappare [tap'pa:re] *v* verstopfen
tappeto [tap'pe:to] *m* Teppich *m; ~ persiano* Perserteppich *m*
tappezzare [tappet'tsa:re] *v* tapezieren
tappezzeria [tappettse'ri:a] *f* Tapeten *pl*
tappo ['tappo] *m* Korken *m,* Stöpsel *m*
tarare [ta'ra:re] *v TECH* eichen
tarchiato [tar'kia:to] *adj* gedrungen
tardare [tar'da:re] *v* zögern, sich verspäten
tardezza [tar'dettsa] *f LIT* Trägheit *f*
tardi ['tardi] *adv* spät; *al più ~* längstens, spätestens
tardivo [tar'di:vo] *adj* verspätet
tardo ['tardo] *adj* 1. spät; 2. *(lento) LIT* langsam; 3. *(di mente)* begriffsstutzig
targa ['targa] *f* 1. Nummernschild *n,* Kennzeichen *n;* 2. *(insegna, lapide)* Schild *n,* Gedenktafel *f*
targhetta [tar'getta] *f* Schild *n*
tariffa [ta'riffa] *f* 1. Tarif *m; ~ daziaria* Zolltarif *m; ~ generale* Manteltarif *m;* 2. ~ *flat, ~ forfettaria TEL* Flatrate *f*
tariffario [tarif'fa:rio] *m* 1. Preisliste *f; adj* 2. Tarif...
tarlarsi [tar'larsi] *v* wurmstichig werden
tarlo ['tarlo] *m ZOOL* Holzwurm
tarma ['tarma] *f ZOOL* Motte *f*
tartagliare [tartaʎ'ʎa:re] *v* stammeln, stottern
tartaro ['tartaro] *m ~ dentario* Zahnstein *m*
tartaruga [tarta'ru:ga] *f ZOOL* Schildkröte *f*
tartassare [tartas'sa:re] *v* misshandeln, peinigen
tartufo [tar'tu:fo] *m BOT* Trüffel *m*
tasca ['taska] *f (di abiti)* Tasche *f*
tascabile [tas'ka:bile] *adj* Taschen...; *lampadina ~* Taschenlampe *f; coltello ~* Taschenmesser *m; dizionario ~* Taschenwörterbuch *n; calcolatrice ~* Taschenrechner *m*
tassa ['tassa] *f* Gebühr *f,* Steuer *f; ~ di circolazione* Kraftfahrzeugsteuer *f; ~ di registrazione* Anmeldegebühr *f; ~ di soggiorno* Kurtaxe *f; ~ sul salario* Lohnsteuer *f; ~ amministrativa* Verwaltungsgebühr *f; esente da tasse* gebührenfrei; *~ protettiva* Schutzgebühr *f*
tassabile [tas'sa:bile] *adj* gebührenpflichtig
tassametro [tas'sa:metro] *m* Taxameter *m*
tassare [tas'sa:re] *v* besteuern
tassativo [tassa'ti:vo] *adj* ausdrücklich
tassazione [tassa'tsio:ne] *f* Besteuerung *f*
tassello [tas'sɛllo] *m TECH* Dübel *m*
tassì [tas'si] *m* Taxi *n*
tassista [tas'sista] *m/f* Taxifahrer(in) *m/f*
tasso[1] ['tasso] *m* Quote *f,* Rate *f; ~ d'inflazione* Inflationsrate *f; ~ di crescita* Wachstumsrate *f; ~ di natalità* Geburtenrate *f; ~ d'incremento* Zuwachsrate *f; ~ d'interesse* Zinssatz *m*
tasso[2] ['tasso] *m BOT* Eibe *f*
tasso[3] ['tasso] *m ZOOL* Dachs *m*
tastare [tas'ta:re] *v* 1. tasten; 2. *(palpare) MED* abtasten, betasten
tastiera [tas'tiɛ:ra] *f* Tastatur *f*
tasto ['tasto] *m* Taste *f*
tattica ['tattika] *f* Taktik *f; ~ di camuffamento* Verschleierungstaktik *f*
tattico ['tattiko] *adj* taktisch
tattile ['tattile] *adj* Gefühls...
tatto ['tatto] *m* 1. Takt *m; con ~* taktvoll; *pieno di ~* taktvoll; 2. *(senso)* Gefühl *n; senso del ~* Taktgefühl *n*
tatuaggio [tatu'addʒo] *m* Tätowierung *f*
tatuare [tatu'a:re] *v* tätowieren
taurino [tau'ri:no] *adj* bullig; *collo ~* Stiernacken *m*
taverna [ta'vɛrna] *f* Wirtshaus *n*
taverniere [taver'niɛ:re] *m* Wirt *m*
tavola ['ta:vola] *f* 1. Brett *n,* Latte *f;* 2. *(tavolo)* Esstisch *m; a ~* bei Tisch; *~ fredda* kaltes Buffet *n; ~ rotonda* Konferenztisch *m,* Podiumsdiskussion *f;* 3. *~ calda GAST* Cafeteria *f,* Imbissstube *f*
tavolaccio [tavo'lattʃo] *m* Pritsche *f*

tavolata [tavo'la:ta] *f* Tischgesellschaft *f*
tavoletta [tavo'letta] *f* Tafel *f*
tavoliere [tavo'liɛ:re] *m* 1. Schachbrett *n;* 2. GEO Ebene *f*
tavolo ['ta:volo] *m* Esstisch *m*
tavolozza [tavo'lɔttsa] *f* ART Palette *f*
tazza ['tattsa] *f* Tasse *f*
te [te] *pron* dich, dir; *per ~* deinetwegen; *a ~* dir
tè [tɛ] *m* Tee *m*
teatro [te'a:tro] *m* Theater *n*
tecnica ['tɛknika] *f* Technik *f; ~ analogica* Analogietechnik *f*
tecnico ['tɛkniko] *adj* 1. technisch; *m* 2. Teckniker *m,* Fachmann *m*
tecnologia [teknolo'dʒi:a] *f* Technologie *f*
tecnologico [tekno'lɔ:dʒiko] *adj* technologisch
tedesco [te'desko] *adj* 1. deutsch; *m* 2. *(persona)* Deutscher *m;* 3. *(lingua)* Deutsch *n*
tedio ['tɛ:dio] *m* Überdruss *m*
tedioso [te'dio:so] *adj* 1. uninteressant; 2. *(noioso)* langweilig; 3. *(fastidioso)* lästig
tegame [te'ga:me] *m* Bratpfanne *f*
tegola ['te:gola] *f* Ziegel *m,* Dachziegel *m*
teiera [tei'ɛ:ra] *f* Teekanne *f*
tela ['te:la] *f* 1. ART Leinwand *f;* 2. *(dipinto)* Gemälde *n*
telaio [te'la:io] *m* 1. Rahmen *m;* 2. *(intelaiatura, armatura)* Gestell *n;* 3. *(dell'auto)* Fahrgestell *n*
telecomandare [telekoman'da:re] *v* fernsteuern
telecomando [teleko'mando] *m* Fernbedienung *f*
telefax [tele'faks] *m* Telefax *n; inviare un ~* faxen
teleferica [tele'fɛ:rika] *f* Seilbahn *f*
telefonare [telefo'na:re] *v* telefonieren, anrufen
telefonata [telefo'na:ta] *f* Telefonanruf *m,* Telefongespräch *n; ~ urbana* Ortsgespräch *n; ~ interurbana* Ferngespräch *n; ~ all' estero* Auslandsgespräch *n; ~ a carico del ricevente* R-Gespräch *n*
telefonia [telefo'ni:a] *f* 1. Telefonie *f;* 2. *~ mobile* Mobilfunk *m; gestore di ~ mobile* Mobilfunkbetreiber *m*
telefonico [tele'fɔ:niko] *adj* telefonisch
telefono [te'lɛ:fono] *m* Telefon *n,* Fernsprecher *m; ~ a gettoni* Münztelefon *n; ~ a scheda* Kartentelefon *n*
telegiornale [teledʒor'na:le] *m (TV)* Nachrichtensendung *f*
telegrafare [telegra'fa:re] *v* telegrafieren
telegrafo [te'lɛ:grafo] *m* Telegraf *m*
telegramma [tele'gramma] *m* Telegramm *n*
teleguidato [telegui'da:to] *adj* ferngesteuert
telescopio [teles'kɔ:pio] *m* Fernrohr *n,* Teleskop *n*
telescrivente [teleskri'vɛnte] *f* 1. Fernschreiber *m;* 2. *(telex)* Telex *n*
telespettatore [telespetta'to:re] *m* Fernsehzuschauer *m*
televideo [tele'vi:deo] *m* INFORM Bildschirmtext *m*
televisione [televi'zio:ne] *f* Fernsehen *n; ~ via cavo* Kabelfernsehen *n*
televisivo [televi'zi:vo] *adj* Fernseh…
televisore [televi'zo:re] *m* Fernsehgerät *n; ~ a colori* Farbfernseher *m*
tellurico [tel'lu:riko] *adj* Erd…
telone [te'lo:ne] *m* Plane *f*
tema ['tɛ:ma] *m* 1. Thema *n,* Gegenstand *m;* 2. *(composizione)* Aufsatz *m*
tematica [te'ma:tika] *f* Thematik *f*
temerario [teme'ra:rio] *adj* tollkühn, verwegen
temere [te'me:re] *v* befürchten, fürchten
temperamatite [temperama'ti:te] *m* Bleistiftspitzer *m,* Spitzer *m*
temperamento [tempera'mento] *m* Temperament *n; ricco di ~* temperamentvoll
temperante [tempe'rante] *adj* mäßig
temperanza [tempe'rantsa] *f* 1. Mäßigkeit *f;* 2. *(equilibrio)* Ausgeglichenheit *f*
temperare [tempe'ra:re] *v* spitzen, zuspitzen
temperato [tempe'ra:to] *adj* 1. TECH gehärtet; 2. *(matita)* spitz; 3. *(clima)* gemäßigt

temperatura [tempera'tu:ra] *f* Temperatur *f*
tempesta [tem'pɛsta] *f* Sturm *m*
tempestivo [tempes'ti:vo] *adj* rechtzeitig, termingerecht
tempestoso [tempes'to:so] *adj* stürmisch
tempia ['tɛmpia] *f* ANAT Schläfe *f*
tempio ['tɛmpio] *m* ARCH Tempel *m*
tempo ['tɛmpo] *m* 1. Zeit *f; nello stesso ~* zugleich; *per altrettanto ~* ebenso lang; *per ~* beizeiten; *allo stesso ~* zur gleichen Zeit, gleichzeitig; *che richiede molto ~* zeitraubend; *~ libero* Freizeit *f; ~ morto* Leerlauf *m; ~ di incubazione* Inkubationszeit *f;* 2. *(condizioni atmosferiche)* Wetter *n; Fa bel ~.* Es ist schönes Wetter. 3. *(velocità, ritmo)* Tempo *n;* 4. MUS Takt *m;* 5. SPORT Halbzeit *f*
temporale[1] [tempo'ra:le] *adj* zeitlich
temporale[2] [tempo'ra:le] *m* Gewitter *n; Si prepara un ~.* Ein Gewitter zieht auf.
temporaneo [tempo'ra:neo] *adj* 1. vorübergehend; 2. *(provvisorio)* vorläufig
temporeggiare [tempored'ʤa:re] *v* zögern
tenace [te'na:tʃe] *adj* 1. zäh; 2. *(risoluto)* zielstrebig
tenaglia [te'naʎʎa] *f* TECH Zange *f*
tenda ['tɛnda] *f* 1. Vorhang *m;* 2. *(da camping)* Zelt *n*
tendenza [ten'dɛntsa] *f* 1. Tendenz *f,* Trend *m; ~ al ribasso* Abwärtsentwicklung *f;* 2. *(fig)* Hang *m*
tendenzioso [tenden'tsio:so] *adj* 1. tendenziös, voreingenommen; 2. *(finalizzato)* zweckbestimmt
tendere ['tɛndere] *v irr* 1. strecken; 2. *(porgere)* hinhalten; *~ la mano a qd* jdm die Hand reichen; 3. *(tirare, mettere in tenzione)* spannen; *~ su* bespannen; 4. *(essere incline)* tendieren; 5. *(mirare a)* zielen
tendersi ['tɛndersi] *v irr* sich ausstrecken
tendina [ten'di:na] *f* Gardine *f*
tendine ['tɛndine] *m* ANAT Sehne *f*
tenebre ['tɛ:nebre] *f/pl* Dunkelheit *f*
tenere [te'ne:re] *v irr* halten, behalten; *~ a bada* hinhalten
tenerezza [tene'rettsa] *f* Zärtlichkeit *f*
tenero ['tɛ:nero] *adj* 1. zart; *La carne è tenera.* Das Fleisch ist zart. 2. *(fig: sensibile)* zärtlich; 3. *(fig)* weich
tenersi [te'nersi] *v irr* sich festhalten; *~ fuori* sich heraushalten
tenore [te'no:re] *m* 1. MUS Tenor *m;* 2. *(modo)* Art *f;* 3. *(di un discorso)* Inhalt *m*
tensione [ten'sio:ne] *f* 1. Dehnung *f;* 2. *(fig)* Spannung *f; ~ nervosa* Gereiztheit *f,* Nervenbelastung *f,* Nervosität *f;* 3. TECH Spannung *f; alta ~* Hochspannung *f; ~ d'esercizio* Betriebsspannung *f; ~ di rete* Netzspannung *f*
tentacolo [ten'ta:kolo] *m* ZOOL Fangarm *m*
tentare [ten'ta:re] *v* 1. *(provare)* versuchen; 2. verlocken
tentativo [tenta'ti:vo] *m* 1. Versuch *m;* 2. *(fig)* Vorstoß *m*
tentato [ten'ta:to] *adj* versucht; *~ omicidio* Mordanschlag *m; ~ suicidio* Selbstmordversuch *m*
tentazione [tenta'tsio:ne] *f* Versuchung *f*
tentennamento [tentenna'mento] *m* 1. Unschlüssigkeit *f;* 2. *(esitazione)* Zögern *n*
tentennare [tenten'na:re] *v* wackeln
tenue ['tɛ:nue] *adj* 1. kraftlos, schwach; 2. *intestino ~* MED Dünndarm *m*
tenuta [te'nu:ta] *f* 1. Dienstkleidung *f;* 2. *(impermeabilità)* Undurchlässigkeit *f;* 3. *~ di cassa* FIN Kassenhaltung *f*
tenuto [te'nu:to] *adj* genötigt
teologia [teolo'ʤi:a] *f* REL Theologie *f*
teologo [te'ɔ:logo] *m* Theologe *m*
teoretico [teo'rɛ:tiko] *adj* theoretisch
teoria [teo'ri:a] *f* Theorie *f*
tepore [te'po:re] *m* angenehme Wärme *f*
teppista [tep'pista] *m* Rabauke *m*
terapeuta [tera'pɛ:uta] *m/f* Therapeut(in) *m/f*
terapia [tera'pi:a] *f* Therapie *f; ~ di gruppo* Gruppentherapie *f*
tergicristallo [terʤikris'tallo] *m* *(dell'auto)* Scheibenwischer *m*
tergiversare [terʤiver'sa:re] *v* *(esitare)* zaudern
tergo ['tɛrgo] *m* Kehrseite *f,* Rückseite *f; Vedi a ~!* Bitte wenden!

termale [ter'maːle] *adj* Thermal…
terminare [termi'naːre] *v* 1. beenden, vollenden; 2. *(fig)* auslaufen
termine ['tɛrmine] *m* 1. *(fine)* Ausgang *m*, Beendigung *f*; *volgere a ~* dem Ende entgegen; 2. *(di scadenza)* Termin *m*; *~ di consegna* Liefertermin *m*; *~ di denuncia* Anmeldefrist *f*; *~ di disdetta* Kündigungsfrist *f*; *~ prescrizionale* Verjährungsfrist *f*; 3. *(espressione)* Ausdruck *m*; *~ generico* Oberbegriff *m*; *~ tecnico* Fachausdruck *m*
terminologia [terminolo'dʒiːa] *f* Terminologie *f*
termite [ter'miːte] *f* ZOOL Termite *f*
termocoperta [termoko'pɛrta] *f* Heizdecke *f*
termoforo [ter'mɔːforo] *m* Heizkissen *n*
termometro [ter'mɔːmetro] *m* Thermometer *n*
termos ['tɛrmos] *m* Thermosflasche *f*
termosifone [termosi'foːne] *m* Heizkörper *m*
termostato [ter'mɔːstato] *m* Thermostat *m*
terra ['tɛrra] *f* 1. Erde *f*; *La gomma è a ~.* Der Reifen ist platt. 2. *(terreno)* Land *n*; 3. *(pavimento)* Boden *m*; 4. *(suolo)* Erdboden *m*; 5. *(paese)* Land *n*; *~ d'origine* Herkunftsland *n*
terraferma [terra'ferma] *f* Festland *n*
terrapieno [terrapi'ɛːno] *m* Wall *m*
terrazza [ter'tattsa] *f* Terrasse *f*; *~ sul tetto* Dachterrasse *f*
terremotato [terremo'taːto] *m* 1. Erdbebenopfer *n*; *adj* 2. erdbebengeschädigt
terremoto [terre'mɔːto] *m* Erdbeben *n*
terreno [ter'reːno] *m* 1. Boden *m*, Grund *m*; 2. *(area)* Gelände *n*; 3. *(podere)* Grundstück *n*; *adj* 4. irdisch
terrestre [ter'rɛstre] *adj* irdisch, weltlich
terribile [ter'riːbile] *adj* 1. fürchterlich, schrecklich; 2. *(fig)* heillos; 3. *(fam: pazzesco)* wahnsinnig
terrina [ter'riːna] *f* Terrine *f*
territoriale [territo'riaːle] *adj* Land…
territorio [terri'tɔːrio] *m* Gebiet *n*, Territorium *n*
terrore [ter'roːre] *m* 1. Terror *m*; 2. *(grande spavento)* Entsetzen *n*, Schrecken *m*
terrorismo [terro'rizmo] *m* Terrorismus *m*
terrorista [terro'rista] *m/f* Terrorist(in) *m/f*
terzo ['tɛrtso] *adj* 1. dritte(r,s); *m* 2. Drittel *n*; 3. *~ incomodo (fig)* Anstandswauwau *m*
tesa ['teːsa] *f* 1. *(del cappello)* Krempe *f*; 2. *(del berretto)* Schirm *m*
tesaurizzare [tezaurid'dzaːre] *v* horten
teschio ['tɛskio] *m* Totenkopf *m*, Schädel *m*
tesi ['tɛːzi] *m* These *f*; *~ di laurea* Magisterarbeit *f*, Doktorarbeit *f*
teso ['teːso] *adj* gespannt, angespannt
tesoreria [tezore'riːa] *f* Schatzkammer *f*
tesoriere [tezo'riɛːre] *m* Schatzmeister *m*
tesoro [te'zɔːro] *m* 1. Schatz *m*; 2. *(persona amata, persona cara)* Liebling *m*
tessera ['tɛssera] *f* Ausweis *m*, Karte *f*; *~ del partito* Parteibuch *n*; *~ di studente* Schülerausweis *m*; *~ mensile* Monatskarte *f*; *~ annuale* Jahresabonnement *n*
tesseramento [tessera'mento] *m* 1. *(iscrizione)* Einschreibung *f*; 2. *(razionamento)* Rationierung *f*
tesserato [tesse'raːto] *m* Mitglied *n*
tessere ['tɛssere] *v* 1. weben; 2. *(istigare)* anstacheln; 3. *(macchinare)* intrigieren
tessile ['tɛssile] *adj* 1. Gewebe…; *prodotti tessili* Textilien *pl*; *fibra ~* Textilfaser *f*; *m* 2. *tessili pl* Textilien *pl*
tessitura [tessi'tuːra] *f* Weberei *f*
tessuto [tes'suːto] *adj* 1. gewebt; *m* 2. *(stoffa)* Gewebe *n*, Stoff *m*; 3. BIO Gewebe *n*; *~ connettivo* Bindegewebe *n*; 4. *tessuti pl* Textilien *pl*
test [tɛst] *m* Test ; *~ di gravidanza m*; MED Schwangerschaftstest *m*; *~ dell'Aids* MED Aidstest *m*; *~ di resistenza* Stresstest *m*
testa ['tɛsta] *f* ANAT Kopf *m*; *essere in ~* führend sein, ganz vorne sein; *~ in giù* kopfüber; *cacciarsi qc in ~* sich etw in den Kopf setzen; *lavorare di ~* mit dem Kopf arbeiten

T

testamentario [testamen'ta:rio] *adj* testamentarisch
testamento [testa'mento] *m* Testament *n,* Vermächtnis *n*
testardo [tes'tardo] *adj* 1. stur, trotzig; *m* 2. Dickkopf *m,* Trotzkopf *m*
teste ['tɛste] *m/f* Zeuge, Zeugin *m/f; ~ principale* JUR Kronzeuge *m*
testicoli [tes'ti:koli] *m/pl* ANAT Hoden *pl*
testimone [testi'mɔ:ne] *m/f* Zeuge/ Zeugin *m/f; ~ a discarico* Entlastungszeuge *m; ~ di nozze* Trauzeuge *m; ~ oculare* Augenzeuge *m*
testimonianza [testimo'niantsa] *f* 1. Zeugnis *n;* 2. JUR Zeugenaussage *f*
testimoniare [testimo'nia:re] *v* JUR bezeugen
testo ['tɛsto] *m* Text *m,* Wortlaut *m*
testone [tes'to:ne] *m* Dickkopf *m*
testuale [testu'a:le] *adj* wörtlich
testuggine [tes'tuddʒine] *f* ZOOL Schildkröte *f*
tetano ['tɛ:tano] *m* MED Tetanus *m*
tetro ['te:tro] *adj* düster
tetto ['tetto] *m* Dach *n; ~ scorrevole* Schiebedach *n*
tettoia [tet'to:ia] *f* Vordach *n*
ti [ti] *pron* 1. dich; 2. *(a te)* dir
tibia ['ti:bia] *f* 1. ANAT Schienbein *n;* 2. MUS Flöte *f*
tic [tik] *m* Tick *m,* Zucken im Gesicht *n*
ticchettare [tikket'ta:re] *v* ticken
ticchio ['tikkio] *m* Einfall *m,* Laune *f*
tiepido ['tiɛ:pido] *adj* lauwarm, lau
tifo ['ti:fo] *m* 1. MED Typhus *m;* 2. SPORT Begeisterung *f*
tifoso [ti'fo:so] *adj* 1. sportbegeistert; *m* 2. Fan *m*
tiglio ['tiʎʎo] *m* BOT Linde *f*
tigre ['ti:gre] *f* ZOOL Tiger *m*
timbrare [tim'bra:re] *v (francobollo)* stempeln, abstempeln
timbro ['timbro] *m* 1. *(marchio, bollo)* Stempel *m; ~ d'arrivo* Eingangsstempel *m; ~ postale* Poststempel *m;* 2. Timbre *n; ~ di voce* Klangfarbe *f*
timidezza [timi'dettsa] *f* Scheu *f,* Schüchternheit *f*
timido ['ti:mido] *adj* scheu, schüchtern
timo ['ti:mo] *m* BOT Thymian *m*
timone [ti'mo:ne] *m* 1. *(dell'imbarcazione)* Ruder *n;* 2. *(della carrozza)* Deichsel *f*
timoniere [timo'niɛ:re] *m* Steuermann *m*
timore [ti'mo:re] *m* Befürchtung *f*
timoroso [timo'ro:so] *adj* schreckhaft
timpano ['timpano] *m* 1. MUS Pauke *f;* 2. ANAT Trommelfell *n*
tinello [ti'nɛllo] *m* Essecke *f*
tingere ['tindʒere] *v irr (colorare)* tönen
tinta ['tinta] *f* Farbe *f,* Malerfarbe *f; a tinte solide/a tinte resistenti* farbecht
tintarella [tinta'rɛlla] *f* Sonnenbräune *f*
tintinnare [tintin'na:re] *v* klirren
tintoria [tinto'ri:a] *f* Reinigung *f*
tintura [tin'tu:ra] *f* 1. Tönung *f,* Färbung *f;* 2. MED Tinktur *f; ~ di iodio* Jodtinktur *f*
tipico ['ti:piko] *adj* typisch; *Vorremmo andare a mangiare della cucina tipica italiana.* Wir möchten gerne typisch italienisch essen gehen.
tipo ['ti:po] *m* 1. Art *f,* Sorte *f;* 2. *(persona)* Typ *m; ~ solitario* Einzelgänger *m*
tipografia [tipogra'fi:a] *f* Druckerei *f*
tipografo [ti'pɔ:grafo] *m* Setzer *m*
tipologia [tipolo'dʒi:a] *f* Typologie *f*
tip tap [tip'tap] *m* Stepptanz *m*
tiranneggiare [tiranned'dʒa:re] *v* tyrannisieren
tirannia [tiran'ni:a] *f* POL Gewaltherrschaft *f*
tirannico [ti'ranniko] *adj* tyrannisch
tiranno [ti'ranno] *m* Tyrann *m*
tirante [ti'rante] *m* ARCH Hauptanker *m*
tirare [ti'ra:re] *v* 1. ziehen; *~ a sorte* losen; *~ qc per le lunghe* etw hinauszögern; 2. *(strappare)* reißen; 3. *(sparare)* schießen
tirarsi [ti'rarsi] *v ~ indietro* sich weigern; *~ su* neuen Mut schöpfen
tirato [ti'ra:to] *adj (fig)* knauserig
tirchieria [tirkie'ri:a] *f* Geiz *m*
tiro ['ti:ro] *m* 1. Schuss *m; ~ al piattello* Tontaubenschießen *n; ~ con l'arco* Bogenschießen *n;* 2. *(lancio)* Wurf *m*
tirocinio [tiro'tʃi:nio] *m* Praktikum *n*
tisana [ti'za:na] *f* GAST Kräutertee *m*
titolare [tito'la:re] *m/f* Inhaber(in) *m/f; ~ di una carica* Amtsinhaber(in) *m/f*
titolo ['ti:tolo] *m* 1. Titel *m;* 2. *(del li-*

T

bro) Titel *m;* 3. *(effetto)* FIN Wertpapier *n; ~ di credito* Wertpapier *n; titoli di Stato* Staatsanleihen *pl;* 4. *(di studio)* Grad *n*
titubare [titu'baːre] *v* zaudern
tizzone [tit'tsoːne] *m* brennendes Holzscheit *n*
toast [tɔːst] *m* GAST Toast *m*
toccare [tok'kaːre] *v* 1. berühren, anfassen; 2. *(fig)* rühren; 3. *(turno) Tocca a me.* Ich komme dran./Ich bin an der Reihe.
tocco ['tokko] *m* 1. Schlag *m,* Glockenschlag *m; adj* 2. leicht bekloppt
toga ['tɔːga] *f* Robe *f*
togliere ['tɔʎʎere] *v irr* 1. entfernen, räumen; 2. *(sgombrare)* räumen; 3. *(levare)* wegnehmen; 4. *(vestito)* ablegen
togliersi ['tɔʎʎersi] *v irr ~ di torno (fig)* abhauen
toilette [twa'lɛt] *f* Toilette *f*
tollerante [tolle'rante] *adj* tolerant
tolleranza [tolle'rantsa] *f* Toleranz *f,* gegenseitige Akzeptanz *f; casa di ~* Bordell *n; ~ di decisione* Ermessensspielraum *m*
tollerare [tolle'raːre] *v* dulden, tolerieren
tomba ['tomba] *f* Grab *n; ~ di famiglia* Familiengruft *f*
tombino [tom'biːno] *m* Gully *m,* Abfluss *m*
tombola ['tombola] *f* Tombola *f*
tonaca ['tɔːnaka] *f* REL Kutte *f*
tonalità [tonali'ta] *f* 1. MUS Tonart *f;* 2. *~ dei colori* Farbtöne *pl; ~ di colore dei capelli* Haartönung *f*
tonare [to'naːre] *v* donnern
tondeggiante [tonded'dʒante] *adj* rundlich
tonico ['tɔːniko] *adj* 1. LING betont; 2. *corroborante)* kräftigend, stärkend; 3. *accento ~* MUS Hauptton *m*
tonificare [tonifi'kaːre] *v* stärken, kräftigen
tonnellata [tonnel'laːta] *f (unità di misura)* Tonne *f*
tonno ['tonno] *m* ZOOL Thunfisch *m*
tono ['tɔːno] *m* 1. *(maniere)* Ton *m,* Tonfall *m;* 2. MUS Ton *m; ~ di voce* Stimmlage *f;* 3. *(di colore)* Färbung *f*
tonsilla [ton'silla] *f* ANAT Mandel *f*
tonto ['tonto] *adj* 1. dumm, einfältig; *m* 2. Tollpatsch *m*
topo ['tɔːpo] *m* ZOOL Maus *f; ~ campagnolo* Feldmaus *f*
toporagno [topo'raːɲo] *m* ZOOL Spitzmaus *f*
toppa ['tɔppa] *f* 1. *(della serratura)* Türschloss *n;* 2. *(di stoffa)* Fleck *m,* Flicken *m*
torace [to'raːtʃe] *m* ANAT Brustkorb *m*
torba ['torba] *f* Torf *m*
torbido ['torbido] *adj* trüb
torcere ['tɔrtʃere] *v irr* abdrehen, verdrehen; *~ i panni bagnati* die nassen Kleider auswringen
torchiare [tor'kiaːre] *v* keltern
torcia ['tɔrtʃa] *f* Fackel *f*
tordo ['tordo] *m* ZOOL Drossel *f*
tormenta [tor'menta] *f ~ di neve* Schneesturm *m*
tormentare [tormen'taːre] *v* quälen, schikanieren
tormentarsi [tormen'tarsi] *v* sich abquälen, sich plagen
tormento [tor'mento] *m* 1. Kummer *m,* Qual *f;* 2. *(piaga)* Schinderei *f*
tormentoso [tormen'toːso] *adj* qualvoll
tornaconto [torna'konto] *m* Nutzen *m,* Vorteil *m*
tornante [tor'nante] *m* Kurve *f; strada a tornanti* kurvige Straße *f*
tornare [tor'naːre] *v* 1. wiederkommen, zurückgehen; 2. *(diventare di nuovo)* wieder ... werden; *~ di moda* wieder in Mode kommen; 3. *(conto)* stimmen
torneo [tor'nɛːo] *m* SPORT Turnier *n*
tornito [tor'niːto] *adj* 1. gedrechselt, gedreht; 2. *(forma)* wohlgeformt, wohlgestaltet
toro ['tɔːro] *m* ZOOL Stier *m*
torpedone [torpe'doːne] *m* Reisebus *m*
torpore [tor'poːre] *m* Abgestumpftheit *f,* Verschlafenheit *f*
torre ['torre] *f* Turm *m; ~ di trivellazione* MIN Bohrturm *m*
torrefare [torre'faːre] *v (caffè)* rösten
torrente [tor'rɛnte] *m* 1. Wildbach *m;* 2. *(fig)* Strom *m*
torrenziale [torren'tsiaːle] *adj* reißend
torrido ['tɔrrido] *adj* heiß

torsione [tor'sio:ne] *f* Drehung *f*
torso ['torso] *m ANAT* Oberkörper *m*
torsolo ['torsolo] *m (della frutta)* Kerngehäuse *n*
torta ['torta] *f GAST* Torte *f*
torto ['tɔrto] *m* Unrecht *n*
tortuoso [tortu'o:so] *adj* gewunden
tortura [tor'tu:ra] *f* Folter *f*, Tortur *f*
torturare [tortu'ra:re] *v* foltern
torturarsi [tortu'rarsi] *v* sich quälen
tosaerba [toza'ɛrba] *m* Rasenmäher *m*
Toscana [tos'ka:na] *f GEO* Toskana *f*
tosse ['tosse] *f MED* Husten *m*
tossicità [tossitʃi'ta] *f* Giftigkeit *f*, Toxizität *f*
tossico ['tɔssiko] *adj* giftig
tossicomane [tossi'kɔ:mane] *adj* 1. *MED* drogensüchtig *m/f*; 2. Drogensüchtig(r) *m/f*
tossina [tos'si:na] *f* Gift *n*
tossire [tos'si:re] *v* husten
tostapane [tosta'pa:ne] *m* Toaster *m*
totale [to'ta:le] *adj* 1. gesamt, total; *m* 2. Ganzes *n*, Gesamtes *n*
totalità [totali'ta] *f* Gesamtheit *f*
tovaglia [to'vaʎʎa] *f* Tischdecke *f*
tovagliolo [tovaʎ'ʎɔ:lo] *m* Serviette *f*
tozzo ['tɔttso] *adj* 1. *(senza forma)* plump; 2. *(taurino)* bullig
tra [tra] *prep* 1. zwischen, unter; 2. *(tempo)* in; ~ *due settimane* heute in zwei Wochen; ~ *due giorni* in zwei Tagen
traballare [trabal'la:re] *v* wackeln, taumeln
traboccare [trabok'ka:re] *v* 1. *(recipiente)* überlaufen; 2. *(fiume)* übertreten, über das Ufer treten
trabocchetto [trabok'ketto] *m* Hinterhalt *m*
traccia ['trattʃa] *f* 1. *(impronta)* Fährte *f*; 2. *(pista)* Spur *f*; ~ *della frenata* Bremsspur *f*
tracciare [trat'tʃa:re] *v (marcare)* abstecken, markieren
tracciato [trat'tʃa:to] *m* Absteckung *f*
tracolla [tra'kɔlla] *f* Schulterriemen *m*; *a* ~ über die Schulter gehängt, geschultert
tracollo [tra'kɔllo] *m* 1. Zusammenbruch *m*; 2. *(fig: caduta)* Sinken *n*; ~ *dei prezzi* Preisverfall *m*
tracotanza [trako'tantsa] *f* 1. Überheblichkeit *f*; 2. *(spavalderia)* Übermut *m*
tradimento [tradi'mento] *m* Verrat *m*; *alto* ~ Landesverrat *m*, Hochverrat *m*
tradire [tra'di:re] *v* 1. verraten; 2. fremdgehen
tradirsi [tra'dirsi] *v (fig)* sich verplappern, sich verraten
traditore [tradi'to:re] *adj* 1. verräterisch; *m* 2. Verräter *m*
tradizionale [traditsio'na:le] *adj* 1. traditionell; 2. *(relativo agli usi e costumi)* herkömmlich, althergebracht
tradizionalista [traditsiona'lista] *adj* 1. traditionell, konservativ; *m/f* 2. Befürworter(in) der Tradition *m*
tradizione [tradi'tsio:ne] *f* Tradition *f*, Überlieferung *f*
tradurre [tra'durre] *v irr* 1. übersetzen; 2. *(oralmente)* dolmetschen; 3. *(prigione)* einliefern
traduttore [tradut'to:re] *m* Übersetzer *m*
traduttrice [tradut'tri:tʃe] *f* Übersetzerin *f*
traduzione [tradu'tsio:ne] *f* 1. *(di una lingua)* Übersetzung *f*; 2. *JUR* Überführung *f*
trafficante [traffi'kante] *m/f* Händler(in) *m/f*; ~ *di stupefacenti* Rauschgifthändler *m*; ~ *di schiavi* Sklavenhändler *m*
traffico ['traffiko] *m* Verkehr *m*; ~ *di frontiera* Grenzverkehr *m*; ~ *di punta* Stoßverkehr *m*; ~ *di stupefacenti* Rauschgifthandel *m*; ~ *caotico* Verkehrschaos *n*
trafugare [trafu'ga:re] *v* heimlich entwenden
tragedia [tra'dʒɛ:dia] *f* 1. *THEAT* Tragödie *f*, Trauerspiel *f*; 2. *(fatto tragico, doloroso)* Tragödie *f*
traghettare [traget'ta:re] *v (acqua)* übersetzen
traghetto [tra'getto] *m* Fähre *f*; ~ *spaziale* Raumfähre *f*
tragico ['tra:dʒiko] *adj* 1. tragisch; *m* 2. Tragik *f*
tragitto [tra'dʒitto] *m (percorso)* Weg *m*
traguardo [tra'guardo] *m SPORT* Ziel *n*
traiettoria [traiet'tɔ:ria] *f (fig)* Schusslinie *f*
trainare [trai'na:re] *v* schleppen

T

tralasciare [tralaʃ'ʃaːre] *v* 1. auslassen, weglassen; 2. *(omettere)* unterlassen
tram [tram] *m* Straßenbahn *f*
trama ['traːma] *f* 1. *(tessitura)* Einschlag *m;* 2. *(fig)* LIT Handlung *f*
tramandare [traman'daːre] *v* überliefern
tramare [tra'maːre] *v* intrigieren; *~ un complotto* einen Komplott schmieden
trambusto [tram'busto] *m* Trubel *m*
tramezzino [tramed'dziːno] *m* Sandwich *n*
tramite ['traːmite] *m* 1. Vermittlung *f; per ~ di* durch; *prep* 2. durch
tramontana [tramon'taːna] *f* Nordwind *m*
tramontare [tramon'taːre] *v (sole, luna)* untergehen
tramonto [tra'monto] *m* Untergang *m; ~ del sole* Sonnenuntergang *m; ~ della luna* Monduntergang *m*
trampolino [trampo'liːno] *m* 1. SPORT Sprungbrett *n;* 2. *(per lo sci)* Sprungschanze *f*
trampolo ['trampolo] *m* Stelze *f*
trancia ['trantʃa] *f* GAST Scheibe *f*
tranciare [tran'tʃaːre] *v* zerlegen, auseinanderschneiden
tranello [tra'nɛllo] *m* Falle *f*
tranne ['tranne] *prep* 1. außer; 2. *(a prescindere da)* abgesehen von; 3. *(eccetto)* ausgenommen
tranquillante [traŋkuil'lante] *m* MED Beruhigungsmittel *n*
tranquillità [traŋkuilli'ta] *f* Ruhe *f*
tranquillizzarsi [traŋkuillid'dzarsi] *v* sich beruhigen, ruhig werden
tranquillo [traŋ'kuillo] *adj* ruhig, unbesorgt
transatlantico [transat'lantiko] *m* NAUT Ozeandampfer *m*
transazione [transa'tsioːne] *f* Transaktion *f,* Ausgleich *m; ~ tra privati* Privatgeschäft *n*
transitabile [transi'taːbile] *adj* befahrbar; *La strada è ~?* Ist die Straße passierbar?
transito ['transito] *m* 1. Durchreise *f,* Transit *m;* 2. ECO Durchfuhr *f*
transitorio [transi'tɔːrio] *adj* vorübergehend
transizione [transi'tsioːne] *f (fig)* Übergang *m*
tran tran [tran'tran] *m (fig)* Trott *m*
tranvia [tran'viːa] *f* Straßenbahn *f*
trapanare [trapa'naːre] *v* bohren
trapano ['traːpano] *m* TECH Bohrer *m*
trapassare [trapas'saːre] *v* 1. überschreiten; 2. *(trafiggere)* durchbohren
trapezio [tra'pɛːtsio] *m* Trapez *n*
trapiantare [trapian'taːre] *v* 1. verpflanzen; 2. MED transplantieren
trapianto [tra'pianto] *m* MED Transplantation *f; ~ cardiaco* Herztransplantation *f*
trappola ['trappola] *f* Falle *f*
trapunta [tra'punta] *f* Steppdecke *f*
trarre ['trarre] *v irr* 1. ziehen; 2. *(derivare)* entnehmen; 3. *(vantaggio)* gewinnen
trasandato [trazan'daːto] *adj* schlampig
trasbordare [trazbor'daːre] *v* umladen
trasbordo [traz'bordo] *m* Umschlag *m*
trascendenza [traʃʃen'dɛntsa] *f* Transzendenz *f*
trascinare [traʃʃi'naːre] *v* 1. schleifen, schleppen; 2. *(fig)* hineinziehen
trascinatore [traʃʃina'toːre] *adj* mitreißend
trascorrere [tras'korrere] *v irr* 1. verbringen; 2. *con il ~ del tempo* im Laufe der Zeit
trascorso [tras'korso] *m (passato)* Verlauf *m*
trascrivere [tra'skriːvere] *v irr* kopieren
trascrizione [traskri'tsioːne] *f* 1. Kopie *f;* 2. LING Transkription *f;* 3. JUR Überschreibung *f*
trascurabile [trasku'raːbile] *adj* belanglos, unerheblich
trascurare [trasku'raːre] *v* vernachlässigen
trascuratezza [traskura'tettsa] *f* Fahrlässigkeit *f,* Nachlässigkeit *f*
trascurato [trasku'raːto] *adj* fahrlässig, ungepflegt
trasferibile [trasfe'riːbile] *adj* ECO übertragbar
trasferimento [trasferi'mento] *m* 1. *(trasloco)* Umzug *m;* 2. *(in ospedale)* Verlegung *f,* Überführung *f;* 3. *(trasporto)* Überführung *f;* 4. ECO Transfer *m; ~*

T

bancario Banküberweisung *f;* 5. *(di persone)* Versetzung *f*

trasferire [trasfe'riːre] *v* 1. verlegen; 2. *(proprietà)* übereignen; 3. *(posto)* versetzen; 4. *(documenti)* ECO übertragen; 5. *(denaro)* ECO überweisen; 6. *~ dati su PC* INFORM Daten auf PC ziehen

trasferirsi [trasfe'rirsi] *v irr* 1. übersiedeln; 2. *(traslocare)* umziehen

trasferta [tras'fɛrta] *f* Dienstreise *f*

trasformare [trasfor'maːre] *v* 1. umsetzen, umwandeln; 2. INFORM konvertieren

trasformarsi [trasfor'marsi] *v* sich verwandeln

trasformatore [traforma'toːre] *m* TECH Transformator *m*

trasformazione [trasforma'tsioːne] *f* 1. Verwandlung *f;* 2. *(cambiamento)* Veränderung *f; ~ completa* Umgestaltung *f;* 3. *~ del sistema energetico f* Energiewende *f*

trasfusione [trasfuzi'oːne] *f* MED Transfusion *f*

trasgredire [trazgre'diːre] *v (fig)* überschreiten

trasgressione [trazgressi'oːne] *f* 1. Übertretung *f;* 2. JUR Vergehen *n*

traslocare [trazlo'kaːre] *v* umziehen, ausziehen

trasloco [traz'lɔːko] *m* Umzug *m,* Übersiedlung *f,*

trasmettere [traz'mettere] *v irr* 1. übermitteln, übersenden; 2. TEL ausstrahlen, senden

trasmissione [trazmissi'oːne] *f* Sendung *f,* Übertragung *f; ~ diretta* Livesendung *f,* Direktübertragung *f; ~ dei dati* Datenübertragung *f*

trasognato [trasoɲ'ɲaːto] *adj* verträumt

trasparente [traspa'rɛnte] *adj* durchsichtig, transparent

trasparenza [traspa'rɛntsa] *f* Transparenz *f*

trasportabile [traspor'taːbile] *adj* transportfähig

trasportare [traspor'taːre] *v* 1. transportieren; 2. *(di merce)* verfrachten

trasporto [tras'pɔrto] *m* Transport *m,* Abtransport *m; ~ collettivo* Sammeltransport *m; mezzo di ~* Transportmittel *n,* Verkehrsmittel *n; ~ pubblico* öffentliches Verkehrsmittel *n*

trastullarsi [trastul'larsi] *v* 1. sich vergnügen; 2. herumtrödeln

trastullo [tras'tullo] *m* Zeitvertreib *m,* Spielzeug *n*

trasversale [trazver'saːle] *adj* quer; *strada ~* Querstraße *f; formato ~* Querformat *n*

tratta ['tratta] *f* ECO Tratte *f*

trattamento [tratta'mento] *m* 1. Behandlung *f;* 2. MED Behandlung *f;* 3. *(di un ospite, di un cliente)* Bewirtung *f,* Verpflegung *f*

trattare [trat'taːre] *v* 1. behandeln; 2. *(negoziare)* verhandeln

trattarsi [trat'tarsi] *v ~ di* handeln von, gehen um

trattativa [tratta'tiːva] *f* Verhandlung *f; trattative sul disarmo* MIL Abrüstungsverhandlungen *pl*

trattato [trat'taːto] *m* 1. Abhandlung *f;* 2. POL Vertrag *m; ~ di pace* Friedensvertrag *m;* 3. *(accordo, patto)* Abkommen *n;* 4. *(manuale)* Handbuch *n*

trattazione [tratta'tsioːne] *f* Behandlung *f*

tratteggiare [tratted'dʒaːre] *v* 1. stricheln; 2. *(fig)* umreißen

trattenere [tratte'neːre] *v irr* einbehalten, zurückbehalten; *~ in carcere* gefangen halten; *~ qd* jdn aufhalten

trattenersi [tratte'nersi] *v irr* 1. verweilen, sich zurückhalten; 2. *(controllarsi)* sich beherrschen

trattenuta [tratte'nuːta] *f* Gehaltsabzug *m*

trattenuto [tratte'nuːto] *adj* verhalten

trattino [trat'tiːno] *m* Bindestrich *m,* Gedankenstrich *m*

tratto ['tratto] *m* 1. Strich *m;* 2. *(di qualità)* Zug *m;* 3. *(di scrittura)* Zug *m;* 4. *(parte)* Stück *n;* 5. *(di un libro)* Abschnitt *m*

trattore [trat'toːre] *m* AGR Traktor *m*

trattoria [tratto'riːa] *f* Gasthaus *n*

trauma ['traːuma] *m* MED Trauma *n*

travaglio [tra'vaʎʎo] *m (fig)* Quälerei *f*

travasare [trava'zaːre] *v* umfüllen, umgießen

trave ['traːve] *f* Träger *m,* Balken *m*

traversa [tra'vɛrsa] *f* Querstraße *f*, Querbalken *m*
traversata [traver'saːta] *f* Überfahrt *f*, Passage *f*
traversia [traver'siːa] *f (fig)* Widrigkeit *f*, Widerwärtigkeit *f*
traversina [traver'siːna] *f (binario)* Schwelle *f*
traverso [tra'vɛrso] *adv* 1. quer; *di ~* schief; *m* 2. Quere *f*
travestimento [travesti'mento] *m* Verkleidung *f*
travestire [traves'tiːre] *v* verkleiden
travestito [traves'tiːto] *m* Transvestit *m*
traviamento [travia'mento] *m (fig)* Verirrung *f*
travisare [travi'zaːre] *v* verdrehen
travolgente [travol'dʒɛnte] *adj* unwiderstehlich, hinreißend
travolgere [tra'vɔldʒere] *v irr* 1. fortreißen; 2. *(investire)* überfahren
trazione [tra'tsioːne] *f* Antrieb *m*; *~ posteriore* Hinterradantrieb *m*; *~ integrale* Allradantrieb *m*
tre [tre] *num* drei; *~ quarti* drei Viertel; *~ volte* dreimal
trebbiare [treb'biaːre] *v* AGR dreschen
treccia ['trettʃa] *f* Zopf *m*
trecento [tre'tʃɛnto] *num* 1. dreihundert; *m* 2. *(secolo)* 14. Jahrhundert *n*
tredicesimo [treːdi'tʃɛːzimo] *adj* dreizehnte(r,s)
tredici ['treːditʃi] *num* dreizehn
tregua ['treːgua] *f* 1. *(armistizio)* Waffenstillstand *m*; 2. *(fig)* Atempause *f*
tremante [tre'mante] *adj* zitterig
tremare [tre'maːre] *v* zittern, beben
tremendo [tre'mɛndo] *adj (fam)* wahnsinnig, fürchterlich
trementina [tremen'tiːna] *f* Terpentin *n*
tremito ['trɛːmito] *m* Beben *n*, Zittern *n*
tremolante [tremo'lante] *adj* zitterig
tremolare [tremo'laːre] *v* 1. flackern, flimmern; 2. *(tremare)* beben, zittern
tremore [tre'moːre] *m* Beben *n*
treno ['trɛːno] *m* Zug *m*; *~ diretto* Eilzug *m*; *~ locale* Nahverkehrszug *m*; *~ merci* Güterzug *m*
trenta ['trenta] *num* dreißig
trentesimo [tren'tɛːzimo] *adj* dreißigste(r,s)
treppiede [trep'piɛːde] *m* FOTO Stativ *n*
tresca ['treska] *f* 1. Intrige *f*; 2. *(legame amoroso illecito)* Liebelei *f*
trespolo ['trɛspolo] *m* Gestell *n*, Gerüst *n*
triangolare [triaŋgo'laːre] *adj* dreieckig
triangolo [tri'aŋgolo] *m* MATH Dreieck *n*
tribolare [tribo'laːre] *v* quälen
tribolarsi [tribo'larsi] *v* leiden
tribolazione [tribola'tsioːne] *f* Quälerei *f*, Qual *f*
tribù [tri'bu] *f* Stamm *m*
tribuna [tri'buːna] *f* Tribüne *f*
tribunale [tribu'naːle] *m* 1. JUR Gericht *n*; *~ amministrativo* Verwaltungsgericht *n*; *~ arbitrale* Schiedsgericht *n*; *~ del lavoro* Arbeitsgericht *n*; *~ distrettuale* Bezirksgericht *n*; 2. *(palazzo di giustizia)* Justizpalast *m*
tributare [tribu'taːre] *v* Tribut zollen, Tribut erweisen
tributario [tribu'taːrio] *adj* Steuer…; *sistema ~* Steuersystem *n*
tributo [tri'buːto] *m* Steuer *f*
tricheco [tri'kɛːko] *m* ZOOL Walross *n*
triciclo [tri'tʃiːklo] *m* Dreirad *n*
tricolore [triko'loːre] *m* Trikolore *f*
tridimensionale [tridimensio'naːle] *adj* dreidimensional
triennale [trien'naːle] *adj* dreijährig
trifoglio [tri'fɔʎʎo] *m* BOT Klee *m*
trigemini [tri'dʒɛːmini] *m/pl* Drillinge *pl*
triglia ['triʎʎa] *f* ZOOL Seebarbe *f*; *fare l'occhio di ~ (fig)* schmachten/verliebt schauen
trilogia [trilo'dʒiːa] *f* LIT Trilogie *f*
trimestrale [trimes'traːle] *adj* vierteljährlich
trimestre [tri'mɛstre] *m* Quartal *n*
trina ['triːna] *f* Spitze *f*
trincare [triŋ'kaːre] *v (fam)* saufen
trinciare [trin'tʃaːre] *v* tranchieren
Trinità [trini'ta] *f* REL Dreieinigkeit *f*
trionfale [trion'faːle] *adj* triumphal
trionfare [trion'faːre] *v* triumphieren
trionfo [tri'onfo] *m* Triumph *m*

triplicare [tripli'ka:re] *v* verdreifachen
triplice ['tri:plitʃe] *adj* 1. dreifach; *~ alleanza* Dreibund *m;* 2. *REL* dreieinig
triplo ['tri:plo] *adj* 1. dreifach; *m* 2. Dreifaches *n*
trippa ['trippa] *f GAST* Kuttel *f*
triste ['triste] *adj* 1. traurig; 2. *(fig)* öde
tristezza [tris'tettsa] *f* 1. Trauer *f,* Traurigkeit *f;* 2. *(malinconia)* Wehmut *f*
tritacarne [trita'carne] *m* Fleischwolf *m*
tritare [tri'ta:re] *v GAST* hacken
trivellare [trivel'la:re] *v* bohren
trivellazione [trivella'tsio:ne] *f TECH* Bohrung *f*
triviale [tri'via:le] *adj* 1. trivial; 2. *(ordinario, volgare)* ordinär
trofeo [tro'fɛ:o] *m* Trophäe *f*
trogolo ['trɔ:golo] *m* Trog *m*
troia ['trɔ:ia] *f (fam)* Sau *f;* Hure *f*
tromba ['tromba] *f* 1. *MUS* Trompete *f;* 2. *~ delle scale* Treppenhaus *n;* 3. *~ ovarica ANAT* Eileiter *m;* 4. *~ d'aria* Windhose *f*
trombone [trom'bo:ne] *m MUS* Posaune *f*
troncare [troŋ'ka:re] *v* 1. *(mozzare)* abschneiden; 2. *(fig)* abbrechen
tronco ['troŋko] *adj* 1. abgebrochen; 2. *GRAMM* endbetont; *m* 3. Baumstamm *m;* 4. *ANAT* Rumpf *m*
troncone [troŋ'ko:ne] *m* Stumpf *m*
trono ['trɔ:no] *m* Thron *m*
tropicale [tropi'ka:le] *adj* Tropen...
tropico ['trɔ:piko] *adj* 1. tropisch; *m* 2. *tropici pl GEO* Tropen *pl*
troppo ['trɔppo] *adv* 1. zu, allzu; 2. *(eccessivamente)* allzu, zu viel
trota ['trɔ:ta] *f ZOOL* Forelle *f;* *~ lessa* blaue Forelle *f;* *~ fritta* gebackene Forelle *f*
trottare [trot'ta:re] *v* trotten, traben
trotto ['trɔtto] *m* Trab *m;* *corsa al ~* Trabrennen *n*
trovare [tro'va:re] *v* 1. finden; *Non trovo ...* Ich vermisse ...; 2. *(scoprire)* entdecken; 3. *(fam: scovare)* auftreiben; 4. *(sorprendere)* überraschen; 5. *(fig: ritenere)* finden
trovarsi [tro'varsi] *v* sich befinden, stehen
trovatello [trova'tɛllo] *m* Findelkind *n*
truccare [truk'ka:re] *v* 1. schminken; 2. *(falsificare)* fälschen
truccarsi [truk'karsi] *v* sich schminken
truccatore [trukka'to:re] *m* Maskenbildner *m*
trucco ['trukko] *m* 1. Schminke *f,* Make-up *n;* 2. *(inganno astuto)* Trick *m*
truce ['tru:tʃe] *adj* 1. *(torvo)* grimmig, finster; 2. *(spietato)* erbarmungslos
truciolo ['tru:tʃolo] *m* Span *m;* *trucioli di legno* Holzwolle *f*
truffa ['truffa] *f* Schwindel *m*
truffare [truf'fa:re] *v* betrügen
truffatore [truffa'to:re] *m* Gauner *m,* Betrüger *m*
truppa ['truppa] *f MIL* Truppe *f*
tsunami [tsu'nami] *m* Tsunami *m*
tu [tu] *pron* du; *Ci diamo del ~?* Duzen wir uns?
tua [tu:a] *(vedi „tuo")*
tuba ['tu:ba] *f* 1. *(cappello)* Zylinder *m;* 2. *MUS* Tuba *f*
tubare [tu'ba:re] *v* gurren, *(fig)* turteln
tubatura [tuba'tu:ra] *f* Rohrleitung *f*
tubercolosi [tuberko'lɔ:si] *f MED* Tuberkulose *f*
tubero ['tu:bero] *m BOT* Knolle *f*
tubetto [tu'betto] *f* Tube *f*
tubo ['tu:bo] *m* 1. Rohr *n,* Röhre *f;* *~ di scappamento* Auspuffrohr *n;* 2. *(tubetto)* Tube *f;* 3. *(flessibile)* Schlauch *m*
tuffare [tuf'fa:re] *v* tauchen
tuffarsi [tuf'farsi] *v* sich stürzen; *~ in acqua* ins Wasser springen
tuffo ['tuffo] *m* 1. *SPORT* Kopfsprung *m;* 2. *(immersione)* Tauchen *n*
tugurio [tu'gu:rio] *m* armselige Unterkunft *f*
tulipano [tuli'pa:no] *m BOT* Tulpe *f*
tumore [tu'mo:re] *m MED* Tumor *m;* *~ cerebrale* Gehirntumor *m;* *~ della pelle* Hautkrebs *m*
tumulto [tu'multo] *m* 1. Tumult *m;* 2. *(atti di violenza)* Ausschreitung *f,* Krawall *m*
tumultuoso [tumultu'o:so] *adj* 1. stürmisch; 2. *(impetuoso)* ungestüm
tunnel ['tunnel] *m* Tunnel *m*
tuo ['tu:o] *pron* dein(e); *È ~ questo libro?* Ist das dein Buch?
tuonare [tuo'na:re] *v* donnern
tuono ['tuɔ:no] *m* Donner *m*

tuorlo ['tuɔrlo] *m* Dotter *m;* ~ *d'uovo* Eidotter *m*
turacciolo [tu'rattʃolo] *m* Korken *m*
turare [tu'ra:re] *v* stopfen
turbamento [turba'mento] *m* 1. *(disturbo)* Unterbrechung *f,* Störung *f;* 2. *(agitazione)* Erregung *f;* 3. *(inquietudine)* Unruhe *f*
turbante [tur'bante] *m* Turban *m*
turbare [tur'ba:re] *v* stören, verwirren
turbarsi [tur'barsi] *v* in Erregung geraten
turbina [tur'bi:na] *f TECH* Turbine *f*
turbinare [turbi'na:re] *v* wirbeln
turbolento [turbo'lɛnto] *adj* 1. turbulent; 2. *(fig)* stürmisch
turchese [tur'ke:se] *adj* türkis
Turchia [tur'ki:a] *f GEO* Türkei *f*
turchino [tur'ki:no] *adj* tiefblau
turco ['turko] *adj* 1. türkisch; *m* 2. Türke *m*
turismo [tu'rizmo] *m* Fremdenverkehr *m,* Tourismus *m;* ~ *di massa* Massentourismus *m*
turista [tu'rista] *m/f* Tourist(in) *m/f*
turistico [tu'ristiko] *adj* touristisch
turno ['turno] *m* 1. Schicht *f;* ~ *medico* Bereitschaftsdienst *m;* ~ *di notte* Nachtschicht *f; di* ~ amtierend, diensthabend; 2. *(avvicendamento, volta)* Turnus *m; darsi il* ~ sich ablösen; *essere di* ~ an der Reihe sein, dran sein; *a* ~ abwechselnd
turpiloquio [turpi'lɔ:kuio] *m* obszöne Rede *f*
tuta ['tu:ta] *f* Anzug *m,* Overall *m;* ~ *sportiva* Trainingsanzug *m;* ~ *da sci* Skianzug *m*
tutela [tu'tɛ:la] *f* 1. Schutz *m;* ~ *della natura* Naturschutz *m;* 2. *JUR* Vormundschaft *f*
tutelare [tute'la:re] *v* *(proteggere)* wahren, schützen
tutelarsi [tute'larsi] *v* sich schützen
tutore [tu'to:re] *adj* 1. erziehungsberechtigt; *m* 2. Vormund *m,* Erziehungsberechtigter *m*
tuttavia [tutta'vi:a] *konj* dennoch, dessen ungeachtet
tutto ['tutto] *adj* 1. ganz, all; *È* ~*, grazie.* Das ist alles, danke. *Quanto fa in* ~*?* Wie viel macht das zusammen? 2. *(intero)* ganz, völlig; *pron* 3. alles
tuttora [tut'to:ra] *adv* 1. noch immer; 2. *(ancora)* noch
twittare [twit'ta:re] *v* twittern

U

ubbidiente [ubbi'diɛnte] *adj* gehorsam, artig
ubbidienza [ubbi'diɛntsa] *f* Gehorsam *m*, Gehorsamkeit *f*
ubbidire [ubbi'di:re] *v* gehorchen, folgen
ubertoso [uber'to:so] *adj* LIT ertragreich, fruchtbar
ubicazione [ubika'tsio:ne] *f* Position *f*
ubiquità [ubikui'ta] *f* Allgegenwart *f*
ubriacarsi [ubria'karsi] *v* sich betrinken
ubriacatura [ubriaka'tu:ra] *f* Rausch *m*
ubriachezza [ubria'kettsa] *f* Trunkenheit *f*
ubriaco [ubri'a:ko] *adj* 1. betrunken; *~ fradicio* völlig betrunken, sternhagelvoll, *(fam)* sturzbesoffen; *m* 2. Betrunkener *m*
uccello [ut'tʃɛllo] *m* ZOOL Vogel *m*; *~ canoro* Singvogel *m*
uccidere [ut'tʃi:dere] *v irr* töten, umbringen
uccidersi [ut'tʃidersi] *v irr* sich umbringen, Selbstmord begehen
uccisione [uttʃi'zio:ne] *f* Ermordung *f*, Mord *m*
uccisore [uttʃi'zo:re] *m* Mörder *m*
udibile [u'di:bile] *adj* hörbar, vernehmbar
udienza [udi'ɛntsa] *f* 1. Gehör *n*; 2. JUR Gerichtsverhandlung *f*; 3. *(permesso di essere ascoltato)* Anhörung *f*, Audienz *f*
udire [u'di:re] *v irr* 1. hören, vernehmen; 2. *(ascoltare) ~ qd* jdm zuhören
udito [u'di:to] *m* 1. Gehör *n*; *di ~ fine* hellhörig; 2. JUR Anhörung *f*
uditore [udi'to:re] *m* Hörer *m*, Zuhörer *m*
uditorio [udi'tɔ:rio] *m* 1. Publikum *n*; 2. *(aula, auditorio)* Hörsaal *m*, Auditorium *n*
UE [u'e:] *f* Europäische Union (EU) *f*
ufficiale [uffi'tʃa:le] *adj* 1. offiziell; 2. *(d'ufficio)* amtlich; *m* 3. MIL Offizier *m*; 4. *(impiegato)* Beamter *m*; *~ di stato civile* Standesbeamter *m*; *~ giudiziario* Gerichtsvollzieher *m*
ufficiare [uffi'tʃa:re] *v* *(messa)* REL feiern
ufficio [uf'fi:tʃo] *m* 1. Büro *n*, Amt *n*; *~ anagrafico* Einwohnermeldeamt *n*; *~ brevetti* Patentamt *n*; *~ d'assistenza sociale* Sozialamt *n*; *~ d'igiene* Gesundheitsamt *m*; *~ di collocamento* Arbeitsamt *n*; *~ di stato civile* Standesamt *n*; *~ oggetti smarriti* Fundbüro *n*; *~ parrocchiale* Pfarramt *n*; *~ postale* Postamt *n*; *~ stranieri* Ausländerbehörde *f*; *~ telecomunicazioni* Fernmeldeamt *n*; *~ delle finanze* Finanzamt *n*; *~ conto correnti postali* Postscheckamt *n*; 2. *(luogo di un'attività)* Dienststelle *f*; *~ informazioni* Auskunftsbüro *n*; *~ cambi* Wechselstube *f*; 3. *(incarico)* Auftrag *m*; *per ragioni d'~* dienstlich
ugello [u'dʒɛllo] *m* TECH Düse *f*
uggioso [ud'dʒo:so] *adj* 1. *(noioso)* öde, uninteressant; 2. *(cupo)* düster
ugola ['u:gola] *f* 1. ANAT Gaumenzäpfchen *n*; 2. *(fig: voce)* Stimme *f*
uguagliamento [uguaʎʎa'mento] *m* Gleichstellung *f*
uguaglianza [uguaʎ'ʎantsa] *f* 1. Gleichheit *f*; 2. *(parità di diritti)* Gleichberechtigung *f*; 3. MATH Gleichung *f*
uguale [u'gua:le] *adj* egal, gleich; *non aver l'~* ohnegleichen sein, ohne Vergleich dastehen, unvergleichlich sein
ugualmente [ugual'mente] *adv* 1. gleich, ebenfalls; *konj* 2. desgleichen
ulcera ['ultʃera] *f* MED Magengeschwür *n*
ulivo [u'li:vo] *m* BOT Olivenbaum *m*
ulna ['ulna] *f* ANAT Speiche *f*, Elle *f*
ulteriore [ulteri'o:re] *adj* weiter, anderweitig
ultimamente [ultima'mente] *adv* letztlich, kürzlich
ultimare [ulti'ma:re] *v* 1. abschließen, beenden; 2. *(finire di fare)* fertigstellen
ultimatum [ulti'ma:tum] *m* Ultimatum *n*
ultimo ['ultimo] *adj* 1. letzte(r,s), jüngste(r,s); *per ~* zuletzt; *~ nato*

Nesthäkchen *n*, Letztgeborener *m*; *in ultima analisi* alles in allem; *m* 2. Letzte(r) *m/f*
ultramoderno [ultramo'dɛrno] *adj* hypermodern
ultrasuono [ultra'suɔːno] *m* Ultraschall *m*
ultravioletto [ultravio'letto] *adj* ultraviolett
ululato [ulu'laːto] *m* 1. *(del cane)* Geheul *n*; 2. *(del vento)* Heulen *n*
umanesimo [uma'neːzimo] *m* HIST Humanismus *m*
umanista [uma'nista] *adj* 1. humanistisch; *m/f* 2. Humanist(in) *m/f*
umanità [umani'ta] *f* 1. Menschheit *f*; 2. *(benevolenza, bontà d'animo)* Humanität *f*, Menschlichkeit *f*
umanitario [umani'taːrio] *adj* Menschen…, humanitär; *persona umanitaria* Menschenfreund *m*
umano [u'maːno] *adj* menschlich, human
Umbria ['umbria] *f* GEO Umbrien *n*
umidità [umidi'ta] *f* Feuchtigkeit *f*, Nässe *f*; *~ dell'aria* Luftfeuchtigkeit *f*
umido ['umido] *adj* feucht; *carne in ~* geschmortes Fleisch *n*
umile ['umile] *adj* 1. demütig; 2. *(modesto)* bescheiden; 3. *(sottomesso)* untertänig
umiliante [umi'liante] *adj* beschämend, blamabel
umiliare [umi'liaːre] *v* demütigen, erniedrigen
umiliazione [umilia'tsioːne] *f* Demütigung *f*
umiltà [umil'ta] *f* Demut *f*, Bescheidenheit *f*
umore [u'moːre] *m* Laune *f*; *di buon ~* gut gelaunt; *di cattivo ~* übel gelaunt, verstimmt, schlecht gelaunt; *essere di ~ nero* schlechter Laune sein
umorismo [umo'rizmo] *m* Humor *m*; *con molto senso dell'~* humorvoll; *~ nero* Galgenhumor *m*, schwarzer Humor *m*
umoristico [umo'ristiko] *adj* humoristisch; *giornale ~* Witzblatt *n*
unanime [u'naːnime] *adj* einstimmig
unanimità [unanimi'ta] *f* Einstimmigkeit *f*
uncinetto [untʃi'netto] *m* Häkelnadel *f*; *lavorare all'~* häckeln
undicesimo [undi'tʃɛːzimo] *adj* elfte(r,s)
undici ['unditʃi] *num* elf
ungere ['undʒere] *v irr* 1. schmieren, einschmieren; 2. *(fig)* umschmeicheln
Ungheria [uŋge'riːa] *f* GEO Ungarn *n*
unghia ['uŋgia] *f* ANAT Fingernagel *m*, Nagel *m*; *tirare fuori le ~ (fig)* die Krallen zeigen
unghiata [uŋ'giaːta] *f* 1. Krallenhieb *m*; 2. *(graffio)* Kratzwunde *f*, Kratzer *m*
unguento [uŋgu'ɛnto] *m* MED Salbe *f*; *~ contro le scottature* Brandsalbe *f*
unico ['uːniko] *adj* 1. einzig, alleinig; 2. *(che non ha uguali)* beispiellos, einmalig
unificare [unifi'kaːre] *v* 1. vereinheitlichen; 2. *(unire, associare)* vereinigen
unificato [unifi'kaːto] *adj* genormt
unificazione [unifika'tsioːne] *f* 1. Vereinheitlichung *f*; 2. *(unione, associazione)* Vereinigung *f*, Einigung *f*
uniforme [uni'forme] *f* 1. Uniform *f*; *adj* 2. gleichmäßig
unilaterale [unilate'raːle] *adj* 1. einseitig; 2. *(fig)* eingleisig
unione [u'nioːne] *f* 1. Einigung *f*, Verbindung *f*; *Unione Sovietica* HIST Sowjetunion *f*; *Unione Europea* Europäische Union *f*; 2. *(associazione)* Union *f*, Vereinigung *f*; *~ monetaria* Währungsunion *f*; 3. *(unità)* POL Einigung *f*
unire [u'niːre] *v* 1. vereinen, vereinigen; 2. *(connettere)* zusammenfügen, zusammenlegen; 3. *(congiungere)* verbinden
unirsi [u'nirsi] *v* 1. sich vereinigen, sich vereinen; 2. *~ a qd* sich jdm anschließen
unisono [u'niːsono] *m* 1. Einklang *m*; *adj* 2. einstimmig, unisono
unità [uni'ta] *f* 1. Einheit *f*; *~ di memoria* INFORM Speicherplatz *m*; 2. *(fig)* Einigkeit *f*; 3. *Unità Monetaria Europea* FIN Europäische Währungseinheit *f*
unitamente [unita'mente] *adv* zusammen
unito [u'niːto] *adj* einig, einheitlich, homogen
universale [univer'saːle] *adj* universal

U

università [universi'ta] *f* Universität *f*, Hochschule *f*
universitario [universi'taːrio] *adj* 1. akademisch, Universitäts...; *m* 2. Student *m*, Hochschüler *m*
universo [uni'vɛrso] *m* Weltall *n*, All *n*
univoco [u'niːvoko] *adj* eindeutig
uno ['uːno] *num* 1. eins; *pron* 2. einer/eine/ein(e)s; *~ a ~* eins zu eins; *l'~ l'altro* einander; *un'altra volta* abermals, erneut, ein anderes Mal; *~ dopo l'altro* Einer nach dem Anderen; 3. *(uno qualunque)* irgendein; 4. *(impersonale)* man; *art* 5. *(di numero)* ein
unto ['unto] *adj* 1. schmierig; *~ di grasso* fettig; *~ d'olio* ölig; 2. *(sporco)* schmutzig
untuosità [untuosi'ta] *f* 1. Schmierigkeit *f*; 2. *(fig)* Schleimigkeit *f*
untuoso [untu'oːso] *adj* 1. *(grasso)* schmierig, fettig; 2. *(fig)* schmierig
unzione [un'tsioːne] *f REL* Salbung *f*, Ölung *f*; *estrema ~* Letzte Ölung *f*
uomo ['uɔːmo] *m* 1. Mensch *m*; 2. *(persona di sesso maschile)* Mann *m*; *~ di stoppa (fig)* Pantoffelheld *m*
uovo ['uɔːvo] *m* Ei *n*; *~ strapazzato* Rührei *n*; *~ sodo* hartes Ei *n*; *~ à la coque* weiches Ei *n*
uragano [ura'gaːno] *m* Hurrikan *m*, Orkan *m*
Urali [u'raːli] *m/pl GEO* Ural *m*
uranio [u'raːnio] *m CHEM* Uran *n*
urbanesimo [urba'neːzimo] *m* Landflucht *f*
urbanistica [urba'nistika] *f* Städtebau *m*, Stadtplanung *f*
urbano [ur'baːno] *adj* städtisch; *vigile ~* Verkehrspolizist *m*; *nettezza urbana* städtische Müllabfuhr *f*
urgente [ur'dʒɛnte] *adj* dringend, eilig
urgenza [ur'dʒɛntsa] *f* Dringlichkeit *f*; *intervento chirurgico d'~* Notoperation *f*; *chiamata d'~* Notruf *m*
urico ['uːriko] *adj* Harn...
urina [u'riːna] *f* Urin *m*, Harn *m*
urlare [ur'laːre] *v* 1. brüllen; 2. *(sirena)* heulen
urlo ['urlo] *m* 1. Schrei *m*; 2. *urla pl* Geschrei *n*
urna ['urna] *f* Urne *f*; *~ elettorale* Wahlurne *f*
urologo [u'rɔːlogo] *m MED* Urologe *m*
urtante [ur'tante] *adj (fig)* anstößig, unangenehm
urtare [ur'taːre] *v* 1. anstoßen, anschlagen; 2. *(fig)* anecken, abstoßen
urtarsi [ur'tarsi] *v (macchina)* zusammenstoßen
urto ['urto] *m* Stoß *m*, Aufprall *m*
usanza [u'zantsa] *f* 1. Brauch *m*, Sitte *f*, Gepflogenheit *f*; *~ di pagamento* gängige Zahlungsweise, Zahlungssitte *f*; 2. *(costume)* Brauchtum *n*
usare [u'zaːre] *v* 1. benutzen, gebrauchen; 2. *(solere)* pflegen, gewohnt sein; 3. *(esercitare)* üben, anwenden
usato [u'zaːto] *adj* gebraucht
uscente [uʃ'ʃɛnte] *adj* austretend, auslaufend
usciere [uʃ'ʃɛːre] *m* 1. *(alla porta)* Türsteher *m*; 2. *(d'ufficio pubblico)* Amtsdiener *m*
uscio ['uʃʃo] *m* 1. *(uscita)* Ausgang *m*; 2. *(porta)* Tür *f*
uscire [uʃ'ʃiːre] *v irr* 1. ausgehen, hinausgehen; 2. *(da un'associazione)* austreten; 3. *(venire fuori da un luogo chiuso)* herauskommen; 4. *(fig)* entgleisen; 5. *MED* abgehen; 6. *THEAT* abgehen, abtreten; 7. *ZOOL* schlüpfen
uscita [uʃ'ʃiːta] *f* 1. Ausgang *m*, Austritt *m*; *~ di sicurezza* Notausgang *f*; *via d'~* Ausweg *m*; *Dov'è l'~?* Wo ist der Ausgang? 2. *(del-l'autostrada)* Ausfahrt *f*; 3. *(fig)* Ausstieg *m*; 4. *THEAT* Abgang *m*, Abtritt *m*; 5. *(spesa)* Ausgabe *f*; 6. *(idea, trovata)* Einfall *m*; 7. *(di cose stampate)* Veröffentlichung *f*
uscito [uʃ'ʃiːto] *adj (pubblicato)* herausgekommen, veröffentlicht; *appena ~* soeben erschienen
usignolo [uziɲ'ɲɔːlo] *m ZOOL* Nachtigall *f*
uso ['uːzo] *m* 1. Gebrauch *m*, Verwendung *f*; *pronto per l'~* betriebsbereit; *istruzioni per l'~* Gebrauchsanweisung *f*; *fuori ~* außer Gebrauch; 2. Sitte; *è d'~* es ist Sitte
ustionare [ustio'naːre] *v* brennen, verbrennen
ustione [us'tioːne] *f MED* Brandwunde *f*
usuale [uzu'aːle] *adj* 1. üblich, landläufig; 2. *(solito)* gewohnt

U

usualmente [uzual'mente] *adv* üblicherweise
usufruire [uzufru'iːre] *v (fare uso)* benutzen, ausnutzen
usufrutto [uzu'frutto] *m* Nutznießung *f*, Nießbrauch *m*
usufruttuario [uzufruttu'aːrio] *m* Nutznießer *m*
usura [u'zuːra] *f* 1. Verschleiß *m;* 2. Wucher *m*
usuraio [uzu'raːio] *m* Wucherer *m*
usurpare [uzur'paːre] *v* 1. usurpieren; 2. *(addebitarsi illecitamente di qc)* sich widerrechtlich aneignen
usurpatore [uzurpa'toːre] *m* Usurpator *m*
utensile [uten'siːle] *m* 1. Werkzeug *n;* 2. *utensili pl* Utensilien *pl; utensili da cucina* Küchengeräte *pl*
utente [u'tɛnte] *m/f* 1. Benutzer(in) *m/f;* 2. *(abbonato/abbonata)* Abonnent(in) *m/f;* 3. *~ telefonico* TEL Teilnehmer(in) *m/f ~ di twitter m/f* Twitternutzer(in)
utenza [u'tɛntsa] *f* 1. Benutzung *f;* 2. *(utenti)* Benutzer *pl*
utero ['uːtero] *m* ANAT Gebärmutter *f*
utile ['uːtile] *adj* 1. dienlich, nützlich; *in tempo ~* rechtzeitig; *m* 2. Nutzen *m;* 3. *(guadagno)* FIN Gewinn *m; ~ di borsa* Kursgewinn *m; ~ lordo* Bruttogewinn *m*
utilità [utili'ta] *f* Nutzen *m*, Nützlichkeit *f; di pubblica ~* gemeinnützig
utilitaria [utili'taːria] *f* Kleinwagen *m*
utilizzabile [utilid'dzaːbile] *adj* brauchbar, verwendbar
utilizzare [utilid'dzaːre] *v* anwenden
utilizzazione [utiliddza'tsioːne] *f* 1. Verwertung *f;* 2. *(impiego)* Verwendung *f*
utopia [uto'piːa] *f* Utopie *f*
uva ['uːva] *f* BOT Traube *f*, Weintraube *f; ~ spina* Stachelbeere *f; ~ passa* Rosine *f*
uvetta [u'vetta] *f* Rosine *f*
uxoricidio [uksori'tʃiːdio] *m* Gattenmord *m*

V

vacante [va'kante] *adj (vuoto)* leer, nicht besetzt
vacanza [va'kantsa] *f* 1. Urlaub *m;* 2. *vacanze pl* Ferien *pl,* Urlaubszeit *f; ~ studio* Bildungsurlaub *m; vacanze estive* Sommerferien *pl; vacanze scolastiche* Schulferien *pl; vacanze semestrali* Semesterferien *pl*
vacanziere [vakan'tsiɛ:re] *m* Urlauber *m,* Tourist *m*
vacca ['vakka] *f* Kuh *f*
vaccinare [vattʃi'na:re] *v MED* impfen
vaccinazione [vattʃina'tsio:ne] *f MED* Impfung *f; ~ antitetanica* Tetanusimpfung *f; ~ antivaiolosa* Pockenimpfung *f; ~ preventiva* Schutzimpfung *f*
vaccino [vat'tʃi:no] *m MED* Impfstoff *m*
vacillare [vatʃil'la:re] *v* 1. schwanken, taumeln; 2. *(fig)* wanken
vacuo ['va:kuo] *adj* 1. ideenlos, seicht; *m* 2. Vakuum *n*
vagabondare [vagabon'da:re] *v* vagabundieren
vagabondo [vaga'bondo] *m* Herumtreiber *m,* Landstreicher *m*
vagare [va'ga:re] *v* umherirren
vagheggiare [vaged'dʒa:re] *v* flirten, liebäugeln
vaghezza [va'gettsa] *f* 1. Unbestimmtheit *f;* 2. *(grazia)* Lieblichkeit *f;* 3. *(voglia) LIT* Lust *f*
vagina [va'dʒi:na] *f ANAT* Scheide *f,* Vagina *f*
vagito [va'dʒi:to] *m* Wimmern *n*
vaglia ['vaʎʎa] *m ~ postale* Postanweisung *f; ~ espresso* Eilüberweisung *f*
vagliare [vaʎ'ʎa:re] *v* 1. sieben; 2. *(fig)* sichten; 3. *(ponderare)* erwägen
vago ['va:go] *adj* undeutlich, vage
vagone [va'go:ne] *m* Waggon *m,* Wagen *m; ~ letto* Schlafwagen *m; ~ merci* Güterwagen *m; ~ postale* Postwagen *m; ~ ristorante* Speisewagen *m*
vaiolo [vai'ɔ:lo] *m MED* Pocken *pl*
valanga [va'laŋga] *f* Lawine *f*
valente [va'lɛnte] *adj* patent, fleißig, arbeitsam
valere [va'le:re] *v irr* 1. gelten; *far ~* geltend machen; 2. *~ la pena* sich lohnen, sich auszahlen; *Non ne vale la pena.* Es ist nicht der Mühe wert. 3. *(avere valore)* wert sein; *Non lo vale.* Das ist es nicht wert.
valeriana [vale'ria:na] *f BOT* Baldrian *m*
valevole [va'le:vole] *adj (valido)* gültig
valico ['va:liko] *m* 1. Übergang *m; ~ di frontiera* Grenzübergang *m;* 2. *GEO* Pass *m*
validità [validi'ta] *f* Gültigkeit *f,* Geltung *f*
valido ['va:lido] *adj* 1. gültig, geltend; *Per quanto tempo è ~?* Wie lange ist es gültig? *È ancora ~ questo?* Ist das noch gültig? 2. *(fig)* handfest
valigetta [vali'dʒetta] *f* Handkoffer *m*
valigia [va'li:dʒa] *f* Koffer *m; Devo ancora fare la ~.* Ich muss noch meinen Koffer packen.
valle ['valle] *f GEO* Tal *n*
valletto [val'letto] *m* Diener *m,* Page *m*
valore [va'lo:re] *m* 1. Wert *m,* Preis *m; ~ affettivo* Erinnerungswert *m; ~ del punto di acidità* pH-Wert *m; ~ in causa* Streitwert *m; ~ indicativo* Richtwert *m; ~ limite* Grenzwert *m; ~ nominale* Nennwert *m; ~ posizionale* Stellenwert *m; d'alto ~* hochwertig; *di ~* gehaltvoll, wertvoll; *di ~ costante* wertbeständig; 2. *(forza legale)* Gültigkeit *f;* 3. *(virtù)* Tapferkeit *f*
valorizzare [valorid'dza:re] *v* 1. verwerten; 2. *(mettere in valore)* positiv bewerten
valorizzazione [valoriddza'tsio:ne] *f* 1. Verwertung *f;* 2. *(conferimento di valore)* Aufwertung *f*
valoroso [valo'ro:so] *adj* tapfer, bravourös
valuta [va'lu:ta] *f* 1. *FIN* Währung *f; ~ forte* harte Währung *f; ~ libera* freie Währung *f;* 2. *(denaro) FIN* Valuta *f; ~ estera* Devisen *pl,* Sorten *pl*

valutabile [valu'taːbile] *adj* berechenbar
valutare [valu'taːre] *v* 1. schätzen, bewerten; 2. *(fig)* überblicken
valutazione [valuta'tsioːne] *f* 1. Bewertung *f*, Wertung *f*; 2. *FIN* Wertermittlung *f*
valvola ['valvola] *f* 1. *TECH* Ventil *n*; 2. *~ di sicurezza TECH* Sicherung *f*
vampata [vam'paːta] *f* Glut *f*
vampiro [vam'piːro] *m* Vampir *m*
vandalismo [vanda'lizmo] *m* Vandalismus *m*
vandalo ['vandalo] *m* Randalierer *m*, Vandale *m*
vaneggiamento [vaneddʒa'mento] *m* Phantasieren *n*
vanesio [va'nɛːzio] *adj* affig
vanga ['vaŋga] *f* Spaten *m*
vangelo [van'dʒɛːlo] *m REL* Evangelium *n*
vaniglia [va'niʎʎa] *f BOT* Vanille *f*
vanità [vani'ta] *f* Eitelkeit *f*
vanitoso [vani'toːso] *adj* eitel
vano ['vaːno] *adj* 1. vergeblich; *m* 2. Raum *m*, Leerraum *m*; *~ scale* Treppenhaus *n*
vantaggio [van'taddʒo] *m* 1. Vorteil *m*, Vorzug *m*; 2. *(fig)* Plus *n*; 3. *(utile)* Nutzen *m*
vantaggioso [vantad'dʒoːso] *adj* vorteilhaft
vantarsi [van'tarsi] *v* 1. sich brüsten, prahlen; 2. *(fig)* angeben
vanteria [vante'riːa] *f* Angabe *f*, Prahlerei *f*
vanto ['vanto] *m* 1. Prahlen *n*; 2. *(gloria)* Ruhm *m*; 3. *(merito)* Verdienst *m*
vanvera ['vanvera] *f a ~* aufs Geratewohl, drauflos
vapore [va'poːre] *m* Dampf *m*, Dunst *m*
vaporizzatore [vaporiddza'toːre] *m* Zerstäuber *m*
vaporizzazione [vaporiddza'tsioːne] *f* Verdampfung *f*
vaporoso [vapo'roːso] *adj* 1. dunstig; 2. luftig, duftig; 3. *(fig: sfumato)* verschwommen
varare [va'raːre] *v* 1. *(legge)* verabschieden; 2. *NAUT* vom Stapel lassen, vom Stapel laufen lassen
varcare [var'kaːre] *v* übertreten
varco ['varko] *m* 1. *(passaggio sopra)* Übergang *m*; 2. *(passaggio attraverso)* Durchgang *m*; 3. *(traversata)* Überfahrt *f*
varechina [vare'kina] *f CHEM* Chlorwasser *m*
variabile [vari'aːbile] *adj* veränderlich, unbeständig, variabel
variante [vari'ante] *f* Variante *f*
variare [vari'aːre] *v* verändern, variieren, wechseln
variazione [varia'tsioːne] *f* 1. Abwandlung *f*, Abwechslung *f*; 2. *MUS* Variation *f*
varice [va'riːtʃe] *f MED* Krampfader *f*
varicella [vari'tʃɛlla] *f MED* Windpocken *pl*
varietà [varie'ta] *m* 1. *(diversità)* Verschiedenheit *f*, Verschiedenartigkeit *f*; 2. *(molteplicità)* Vielfalt *f*; 3. *(vasta scelta)* Mannigfaltigkeit *f*; 4. *BOT* Sorte *f*; 5. *(di specie) BIO* Gattung *f*; 6. *THEAT* Varieté *n*
vario ['vaːrio] *adj* 1. abwechslungsreich; 2. *(diverso)* unterschiedlich; 3. *(molteplice)* vielfältig; *Il mondo è ~.* Die Welt ist bunt.
varo ['vaːro] *m* 1. Stapellauf *m*; 2. *(legge)* Verabschiedung *f*
Varsavia [var'saːvia] *f GEO* Warschau *f*
vasca ['vaska] *f* Becken *n*, Wanne *f*; *~ da bagno* Badewanne *f*
vascello [vaʃ'ʃɛllo] *m* Schiff *m*
vascolare [vasko'laːre] *adj* 1. *MED* Gefäß...; *sistema ~* Blutgefäßsystem *n*; 2. *(antica) arte ~* Vasenkunst *f*
vaso ['vaːzo] *m* 1. Vase *f*; 2. *(contenitore)* Topf *m*; *~ da fiori* Blumentopf *m*; 3. *ANAT* Gefäß *n*; *~ capillare* Kapillargefäß *n*
vassoio [vas'soːio] *m* Tablett *n*
vastità [vasti'ta] *f* 1. Weite *f*; 2. *(fig)* Weitläufigkeit *f*
vasto ['vasto] *adj* 1. groß, weit; 2. *(molto ampio)* umfassend
Vaticano [vati'kaːno] *m REL* Vatikan *m*
vecchiaia [vek'kiaːia] *f* Alter *n*, hohes Alter *n*
vecchio ['vɛkkio] *adj* 1. alt; 2. *(fig)* altbacken
vecchissimo [vek'kissimo] *adj* steinalt, uralt

V

vece ['veːtʃe] *f* Stellvertretung *f; in sua ~* an seiner Stelle; *far le veci di qd* jdn vertreten
vedere [ve'deːre] *v irr* 1. sehen; *far ~* zeigen, herzeigen; *vedersela brutta* schlechte Aussichten haben; 2. *(guardare)* schauen, zusehen, zuschauen
vedetta [ve'detta] *f* Wache *f*
vedova ['veːdova] *f* Witwe *f*
vedovo ['veːdovo] *adj* 1. verwitwet; *m* 2. Witwer *m*
veduta [ve'duːta] *f* 1. Ansicht *f*, Blick *m;* 2. *(panoarama)* Aussicht *f;* 3. *(opionione)* Ansichten *pl*
vegan ['vegan] *adj* 1. vegan; *m/f* 2. Veganer(in)
vegetale [vedʒe'taːle] *m* 1. *BOT* Gewächs *n; adj* 2. pflanzlich, Pflanzen…
vegetare [vedʒe'taːre] *v* vegetieren
vegetariano [vedʒetari'aːno] *adj* 1. vegetarisch; *m* 2. Vegetarier *m*
vegetazione [vedʒeta'tsioːne] *f* Vegetation *f*
vegeto ['vɛːdʒeto] *adj (persone)* rüstig, gesund
veggente [ved'dʒɛnte] *m/f* Hellseher(in) *m/f*, Wahrsager(in) *m/f*
veglia ['veʎʎa] *f* Wache *f; stato di ~* Wachzustand *m; ~ funebre* Totenwache *f*
vegliare [veʎ'ʎaːre] *v* wachen
veglione [veʎ'ʎoːne] *m* Ball *m*
veicolo [ve'iːkolo] *m* Fahrzeug *n; ~ ibrido* Hybridauto *n*
vela ['veːla] *f* Segel *n, barca a ~* Segelboot *n*
velare [ve'laːre] *v* verhüllen, veschleiern
velatura [vela'tuːra] *f NAUT* Segelwerk *n*
veleggiare [veled'dʒaːre] *v* segeln
veleno [ve'leːno] *m* Gift *n; ~ di serpente* Schlangengift *n; ~ per topi* Rattengift *n*
velenoso [vele'noːso] *adj* giftig; *sostanze velenose* Giftstoffe *pl*
veliero [ve'liɛːro] *m* Segler *m*
velivolo [ve'liːvolo] *m* Flugzeug *n*
velleità [vellei'ta] *f* Ambition *f*
vello ['vɛllo] *m* Pelz *m*
velluto [vel'luːto] *m* Samt *m*, Velours *n*
velo ['veːlo] *m* 1. Schleier *m;* 2. *(tulle)* Tüll *m;* 3. *(strato sottile)* dünne Schicht *f*, Decke *f;* 4. *~ di cipolla BOT* Zwiebelhaut *f*
veloce [ve'loːtʃe] *adj* schnell, geschwind, rasch
velocità [velotʃi'ta] *f* Geschwindigkeit *f*, Schnelligkeit *f; ~ massima* Höchstgeschwindigkeit *f*, Spitzengeschwindigkeit *f; ~ del suono* Schallgeschwindigkeit *f; ~ supersonica* Überschallgeschwindigkeit *f; a grande ~* rasant, mit hoher Geschwindigkeit
velodromo [ve'lɔːdromo] *m* Radrennbahn *f*, Radrennhalle *f*
vena ['veːna] *f* 1. *ANAT* Vene *f;* 2. *(fig)* Ader *f; essere in ~* gut gelaunt sein, gut gestimmt sein
venale [ve'naːle] *adj (fig)* käuflich
venato [ve'naːto] *adj* 1. gemasert, geädert; 2. *~ di (fig)* durchzogen von
venatura [vena'tuːra] *f* Maserung *f*
vendemmia [ven'demmia] *f* Weinlese *f*
vendemmiatore [vendemmia'toːre] *m* Winzer *m*
vendere ['vendere] *v* 1. verkaufen, veräußern; 2. *(cedere, lasciare)* überlassen; 3. *(smerciare)* umsetzen; 4. *ECO* vertreiben; 5. *(spacciare)* abstoßen, absetzen
vendetta [ven'detta] *f* Rache *f*
vendibile [ven'diːbile] *adj* 1. verkäuflich; 2. *ECO* absetzbar
vendibilità [vendibili'ta] *f ECO* Vermarktung *f*
vendicare [vendi'kaːre] *v* rächen
vendicarsi [vendi'karsi] *v* sich revanchieren; *~ di qd* sich an jdm rächen
vendicativo [vendika'tiːvo] *adj* rachsüchtig
vendicatore [vendika'toːre] *m* Rächer *m*
vendita ['vendita] *f* 1. Verkauf *m*, Absatz *m; ~ in contanti* Barverkauf *m; ~ all'asta* Versteigerung *f; ~ esclusiva* Alleinvertrieb *m; non in ~* unverkäuflich; 2. *ECO* Umsatz *m*
venditore [vendi'toːre] *m* Verkäufer *m; ~ al minuto* Einzelhändler *m; ~ ambulante* Straßenhändler *m*, Hausierer *m*
venerabile [vene'raːbile] *adj* ehrwürdig, altehrwürdig
venerare [verne'raːre] *v* verehren

veneratore [venera'to:re] *m* Verehrer *m*
venerazione [venera'tsio:ne] *f* Verehrung *f*
venerdì [vener'di] *m* Freitag *m; di ~* freitags; *~ Santo* Karfreitag *m*
Veneto ['vɛ:neto] *m* GEO Veneto *n*
venire [ve'ni:re] *v irr* **1.** kommen, mitkommen; *~ alla luce* zum Vorschein kommen; *~ dopo* nachkommen; *~ incontro* entgegenkommen; **2.** *(avere un'idea) ~ in mente* in den Sinn kommen, einfallen; **3.** *~ alle mani* handgreiflich werden
venoso [ve'no:so] *adj* MED aderig, venös
ventaglio [ven'taʎʎo] *m* Fächer *m; a ~* fächerförmig
ventesimo [ven'tɛ:zimo] *adj* zwanzigste(r,s)
venti ['venti] *num* zwanzig
ventilato [venti'la:to] *adj* gelüftet
ventilatore [ventila'to:re] *m* TECH Ventilator *m*
vento ['vɛnto] *m* Wind *m; Tira molto ~.* Es ist sehr windig.
ventola ['vɛntola] *m* Wedel *m*
ventoso [ven'to:so] *adj* windig
ventre ['vɛntre] *m* ANAT Bauch *m; basso ~* Unterleib *m*
ventricolo [ven'tri:kolo] *m* ANAT Kammer *f*
venturo [ven'tu:ro] *adj* zukünftig
venuta [ve'nu:ta] *f* Ankunft *f*
venuto [ve'nu:to] *adj* **1.** *ben ~* willkommen; *m* **2.** Ankömmling *m; il primo ~* der Erstbeste *m*
vera ['ve:ra] *f* Ehering *m*
verace [ve'ra:tʃe] *adj* aufrichtig, ehrlich, echt
veramente [vera'mente] *adv* **1.** *(realmente)* wirklich, tatsächlich; **2.** *(per la verità)* eigentlich; *Io, ~, non ho voglia di ...* Ich habe eigentlich keine Lust zu ...
veranda [ve'randa] *f* Veranda *f*
verbale [ver'ba:le] *adj* **1.** mündlich; **2.** LING verbal; *m* **3.** JUR Protokoll *n; stendere un ~* ein Protokoll aufnehmen
verbalizzare [verbalid'dza:re] *v* **1.** JUR beurkunden; **2.** *(esprimere con parole)* verbalisieren
verbalizzazione [verbaliddza'tsio:ne] *f* **1.** JUR Beurkundung *f;* **2.** *(stesura di un verbale)* Protokollierung *f*
verbo ['vɛrbo] *m* **1.** GRAMM Verb *n;* **2.** *(parola)* REL Wort *n*
verboso [ver'bo:so] *adj (prolisso)* ausführlich
verde ['verde] *adj* **1.** grün; **2.** *Sono al ~.* *(fig)* Ich bin pleite. *m* **3.** POL Grüner *m*
verderame [verde'ra:me] *m* Grünspan *m*
verdetto [ver'detto] *m* JUR Spruch *m;* Urteilsspruch *m*
verdura [ver'du:ra] *f* BOT Gemüse *n*
verga ['verga] *f (ramo)* Rute *f*
vergare [ver'ga:re] *v* schreiben
vergine ['verdʒine] *adj* **1.** jungfräulich; **2.** *(fig)* unberührt, natürlich; *miele ~* reine Bienenhonig *m; foresta ~* Urwald *m; cassetta ~* Leerkassette *f; f* **3.** Jungfrau *f*
verginità [verdʒini'ta] *f* Unschuld *f,* Jungfräulichkeit *f*
vergogna [ver'goɲɲa] *f* **1.** *(come sentimento)* Scham *f,* Schamgefühl *n;* **2.** *(pudore)* Schamgefühl *n;* **3.** Schande *f*
vergognarsi [vergoɲ'ɲarsi] *v* sich genieren, sich schämen
vergognoso [vergoɲ'ɲo:so] *adj* **1.** schamhaft; **2.** *(infame)* schändlich, beschämend
veridicità [veriditʃi'ta] *f* Wahrhaftigkeit *f*
verifica [ve'ri:fika] *f* **1.** *(ispezione)* Überprüfung *f;* **2.** *(controllo)* Überprüfung *f;* **3.** *(di pesi)* TECH Eichung *f*
verificare [verifi'ka:re] *v* **1.** überprüfen; **2.** *(constatare)* feststellen
verificarsi [verifi'karsi] *v* **1.** eintreffen, sich bewahrheiten; **2.** *(rivelarsi)* sich herausstellen, sich ergeben
verismo [ve'rizmo] *m* LIT Verismus *m*
verità [veri'ta] *f* Wahrheit *f*
veritiero [veri'tiɛ:ro] *adj* wahrhaftig, wahrheitsgetreu
verme ['verme] *m* **1.** ZOOL Made *f;* **2.** *(baco)* Wurm *m*
vermiglio [ver'miʎʎo] *adj* feuerrot, hochrot
vernice [ver'ni:tʃe] *f* **1.** Lack *m;* **2.** *(fig)* Anstrich *m*
verniciare [verni'tʃa:re] *v* streichen, beizen

verniciatura [vernitʃa'tu:ra] *f* Lackierung *f*
vero ['ve:ro] *adj* 1. wahr, eigentlich, echt; 2. *(fig)* waschecht; 3. *(giusto)* richtig; *a dire il ~* zwar, eigentlich; *m* 4. Wahrheit *f*
verosimile [vero'si:mile] *adj* wahrscheinlich
verruca [ver'ru:ka] *f MED* Warze *f*
versamento [versa'mento] *m* 1. *ECO* Zahlung *f;* 2. *MED* Ergießung *f,* Erguss *m*
versante [ver'sante] *m GEO* Abhang *m*
versare [ver'sa:re] *v* 1. eingießen, einfüllen; 2. *(far fuoriuscire da un recipiente)* gießen, schütten; 3. *(rovesciare)* vergießen; 4. *ECO* abführen; 5. *(denaro)* einzahlen
versatile [ver'sa:tile] *adj (eclettico)* vielseitig
versato [ver'sa:to] *adj* versiert
versione [versi'o:ne] *f* 1. Version *f;* 2. *(traduzione)* Übersetzung *f*
verso[1] ['vɛrso] *prep* 1. *(moto a luogo)* gegen, gegenüber, nach; *~ sud* nach Süden/gen Süden; *~ l'Italia* nach Italien; 2. *(temporale)* gegen; *~ le diciotto* gegen achtzehn Uhr; 3. *(nei confronti)* gegenüber; *essere gentile ~ gli ospiti* den Gästen gegenüber freundlich sein; *m* 4. *(direzione)* Richtung *f*
verso[2] ['vɛrso] *m (parte posteriore di un foglio)* Rückseite *f*
verso[3] ['vɛrso] *m* 1. *(di una poesia)* Vers *m;* 2. *prendere qc per il ~ giusto (fig)* etw zu nehmen wissen; 3. *(smorfia)* Fratze *f; fare i versi* Grimassen schneiden
vertebra ['vɛrtebra] *f ANAT* Wirbel *m;* Rückenwirbel *m*
verticale [verti'ka:le] *adj* 1. senkrecht, vertikal; *formato in ~* Hochformat *n; f* 2. Vertikallinie *f;* 3. *SPORT* Handstand *m*
vertice ['vɛrtitʃe] *m* 1. Spitze *f,* Gipfel *m;* 2. *(punto culminante)* Höhepunkt *m;* 3. *POL* Gipfel *m*
vertigini [ver'ti:dʒini] *m/pl MED* Schwindel *m; Ho le ~.* Mir ist schwindlig.
vertiginoso [vertidʒi'no:so] *adj* schwindelerregend
verza ['vertsa] *f BOT* Wirsing *m*
vescica [veʃ'ʃi:ka] *f ANAT* Blase *f; ~ da scottature* Brandblase *f*
vescovile [vesko'vi:le] *adj REL* bischöflich
vescovo ['veskovo] *m REL* Bischof *m*
vespa ['vɛspa] *f ZOOL* Wespe *f*
vespaio [ves'pa:io] *m (nido di vespe) ZOOL* Wespennest *n*
vespero ['vɛspero] *m* 1. *(sera) LIT* Abend *m;* 2. *REL* Vesper *f*
vessare [ves'sa:re] *v* schikanieren
vessazione [vessa'tsio:ne] *f* Quälerei *f,* Schikane *f*
vessillo [ves'sillo] *m* Flagge *f*
vestaglia [ves'taʎʎa] *f* Morgenrock *m*
veste ['vɛste] *f* Robe *f,* Kleid *n; ~ da cerimonia* Gewand *n; in ~ di (fig)* als
vestibolo [ves'ti:bolo] *m* Vestibül *n,* Vorhalle *f*
vestire [ves'ti:re] *v* 1. bekleiden; 2. *~ qd* jdn ankleiden
vestirsi [ves'tirsi] *v* sich kleiden, sich ankleiden
vestito [ves'ti:to] *m* 1. Anzug *m,* Kleid *n; ~ da sposa* Brautkleid *n;* 2. *(fig)* Kluft *f,* Montur *f;* 3. *vestiti pl* Kleidung *f*
veterinario [veteri'na:rio] *m* Tierarzt *m,* Veterinär *m*
vetraio [ve'tra:io] *m* Glaser *m*
vetrina [ve'tri:na] *f* 1. Schaufenster *n;* 2. *(merce esposta)* Auslage *f;* 3. *(mobile)* Vitrine *f*
vetro ['ve:tro] *m* 1. Glas *n; di ~* gläsern; *~ antiproiettile* Panzerglas *m; ~ opalino* Milchglas *n; ~ usato* Altglas *n;* 2. *(di finestra)* Scheibe *f*
vetta ['vetta] *f (di montagna)* Spitze *f*
vettore [vet'to:re] *m* 1. *ECO* Frachtführer *m;* 2. *MATH* Vektor *m*
vettovagliamento [vettovaʎʎa'mento] *m* Verpflegung *f*
vettovagliare [vettovaʎ'ʎa:re] *v* verpflegen
vettura [vet'tu:ra] *f* Auto *n,* Wagen *m; ~ da turismo* Tourenwagen *m; ~ familiare* Kombiwagen *m*
vezzeggiativo [vettseddʒa'ti:vo] *m* 1. Kosewort *m,* Kosenamen *m; adj* 2. liebkosend; 3. *forma vezzeggiativa LING* Verkleinerungsform *f*
vi [vi] *pron* 1. euch; *adv* 2. dort, dorthin
via ['vi:a] *adv* 1. fort, weg; *f* 2. Weg *m,*

Straße *f; ~ crucis* Kreuzweg *m; ~ di scampo* Fluchtweg *m; ~ lattea* Milchstraße *f;* **3.** *(fig: possibilità)* Möglichkeit *f;* **4.** *in ~ eccezionale* ausnahmsweise; **5.** *per ~ di ...* wegen
viadotto [via'dotto] *m* Viadukt *n*
viaggiare [viad'dʒaːre] *v* reisen, bereisen
viaggiatore [viaddʒa'toːre] *m* Reisender *m*
viaggio [vi'addʒo] *m* Reise *f,* Fahrt *f; ~ d'affari* Geschäftsreise *f; ~ di esplorazione* Entdeckungsreise *f; ~ di nozze* Hochzeitsreise *f; ~ di prova* Probefahrt *f; ~ di ritorno* Rückfahrt *f; ~ inaugurale* Jungfernfahrt *f; ~ tutto compreso* Pauschalreise *f*
viale [vi'aːle] *m* Allee *f*
viandante [vian'dante] *m/f* Wanderer/ Wanderin *m/f*
viavai [via'vai] *m* Hin und Her *n*
vibrare [vi'braːre] *v* **1.** vibrieren; **2.** *(colpo)* versetzen
vibrazione [vibra'tsioːne] *f* Vibration *f,* Schwingung *f*
vice- ['viːtʃe] *pref* Vize...
vicenda [vi'tʃɛnda] *f* **1.** *(evento)* Ereignis *n,* Vorfall *m;* **2.** *(il succedersi)* Abfolge *f; ~ delle stagioni* Jahreszeitenwechsel *m;* **3.** *(alternativo, fra di loro) a ~* gegenseitig
vicepresidente [vitʃepresi'dɛnte] *m* Vizepräsident *m*
viceversa [vitʃe'vɛrsa] *adv* **1.** umgekehrt; **2.** *(invece di ciò)* stattdessen
vicinanza [vitʃi'nantsa] *f* **1.** Nähe *f;* **2.** *vicinanze pl* Gegend *f,* Umgebung *f; nelle vicinanze di* in der Gegend von
vicinato [vitʃi'naːto] *m* Nachbarschaft *f*
vicino [vi'tʃiːno] *adv* **1.** *(luogo)* nah, nebenan; *È andato qui ~.* Er ist nach nebenan gegangen. *~ a* nahe bei, bei; **2.** *(tempo)* nahe; *adj* **3.** nah; *m* **4.** Nachbar *m,* Anlieger *m*
V
vicolo ['viːkolo] *m* Gasse *f*
video ['viːdeo] *m* INFORM Bildschirm *m*
videocassetta [videokas'setta] *f* Videokassette *f*
videofono [videɔː'fono] *m* Bildtelefon *n*
videoproiettore [videoprojet'tore] *m* Beamer *m*
videoregistratore [videoredʒistra'toːre] *m* Videorekorder *m*
videotel [video'tɛl] *m* INFORM Bildschirmtext *m*
videotelefono [videote'lɛːfono] *m* Bildtelefon *n*
vietare [vie'taːre] *v* untersagen, verbieten
vietato [vie'taːto] *adj* verboten, unerlaubt
vigere ['viːdʒere] *v* gelten
vigilante [vidʒi'lante] *adj* wachsam
vigilanza [vidʒi'lantsa] *f* Aufsicht *f*
vigile ['viːdʒile] *adj* **1.** wachsam; *m* **2.** Polizist *m; ~ urbano* Stadtpolizist *m,* Verkehrspolizist *m; ~ del fuoco* Feuerwehrmann *m; Chiami i vigili del fuoco!* Rufen Sie die Feuerwehr!
vigilia [vi'dʒiːlia] *f* Vorabend *m,* Vortag *m*
vigliaccheria [viʎʎakke'riːa] *f* Feigheit *f,* Niederträchtigkeit *f*
vigliacco [viʎ'ʎakko] *adj* **1.** *(fig)* feige; *m* **2.** Feigling *m,* Angsthase *m*
vigna ['viɲɲa] *f* Weinberg *m*
vigneto [viɲ'ɲeːto] *m* Weinberg *m*
vignetta [viɲ'ɲetta] *f* Karikatur *f,* Witzbild *n*
vigore [vi'goːre] *m* Kraft *f*
vigoroso [vigo'roːso] *adj* kräftig, stark
vile ['viːle] *adj* **1.** feig; **2.** *(abietto)* gemein; *m/f* **3.** Feigling *m*
vilipendio [vili'pɛndio] *m* **1.** Geringschätzung *f;* **2.** *(diffamazione)* Verunglimpfung *f*
villa ['villa] *f* **1.** Villa *f;* **2.** *(casa di campagna)* Landhaus *n*
villaggio [vil'laddʒo] *m* **1.** Dorf *n;* **2.** *(località)* Ort *m,* Ortschaft *f*
villano [vil'laːno] *adj* **1.** flegelhaft, rüpelhaft; *m* **2.** Flegel *m,* Grobian *m*
villeggiatura [villeddʒa'tuːra] *f* Urlaub *m,* Sommerfrische *f*
viltà [vil'ta] *f* Feigheit *f*
vincere ['vintʃere] *v irr* **1.** siegen, besiegen; **2.** *(gara, premio)* gewinnen, siegen; *~ un concorso* aus einem Wettbewerb als Sieger hervorgehen
vincita ['vintʃita] *f* **1.** Gewinn *m;* **2.** *(biglietto, numero vincente)* Treffer *m*
vincitore [vintʃi'toːre] *adj* **1.** siegreich; *m* **2.** Sieger *m,* Gewinner *m*

vincolante [viŋko'lante] *adj* verbindlich, verpflichtend
vincolato [viŋko'la:to] *adj* 1. *(obbligato)* gebunden; 2. *(limitato)* eingeschränkt; 3. *conto ~* ECO Sperrkonto *n*
vincolo ['viŋkolo] *m* 1. Bindung *f;* 2. *(obbligo)* Verpflichtung *f*
vino ['vi:no] *m* GAST Wein *m; ~ bianco* Weißwein *m; vin brûlé* Glühwein *m; ~ di qualità* Qualitätswein *m; ~ rosso* Rotwein *m*
viola [vi'ɔ:la] *adj* 1. violett; *f* 2. MUS Bratsche *f;* 3. BOT Veilchen *n*
violare [vio'la:re] *v* 1. *(contratto)* brechen, verletzen; 2. *(infrangere)* verletzen; 3. *(profanare)* entweihen
violazione [viola'tsio:ne] *f* 1. Verletzung *f;* 2. JUR Entweihung *f; ~ di domicilio* Nötigung *f,* Tätlichkeit *f*
violentare [violen'ta:re] *v* 1. sich vergehen an; 2. *(stuprare)* vergewaltigen; 3. *(costringere)* nötigen
violento [vio'lɛnto] *adj* 1. gewaltig, gewaltsam; 2. *(manesco)* handgreiflich; *episodi violenti* Tätlichkeiten *pl;* 3. *(rumore)* lautstark; *m* 4. Gewaltmensch *m*
violenza [vio'lɛntsa] *f* 1. Gewalt *f,* Tätlichkeit *f;* 2. *(stupro)* Vergewaltigung *f;* 3. *(impeto)* Wucht *f*
violetto [vio'letto] *adj* violett
violinista [violi'nista] *m/f* MUS Geiger(in) *m/f*
violino [vio'li:no] *m* MUS Geige *f*
violoncellista [violontʃel'lista] *m/f* MUS Cellist(in) *m/f*
violoncello [violon'tʃɛllo] *m* MUS Cello *n*
vipera ['vi:pera] *f* ZOOL Otter *f,* Viper *f*
virgola ['virgola] *f* GRAMM Komma *n*
virgolette [virgo'lette] *f/pl* Anführungszeichen *n*
virile [vi'ri:le] *adj* männlich, Mannes…
virtù [vir'tu] *f* 1. Tugend *f,* Tugendhaftigkeit *f;* 2. REL Tugend *f*
virtuale [virtu'a:le] *adj* 1. virtuell; *spazi virtuali* virtuelle Räume *pl;* 2. *(potenziale, possibile)* potenziell, möglich
virtuosità [virtuosi'ta] *f* Tugendhaftigkeit *f*
virtuoso [virtu'o:so] *adj* 1. tugendhaft; *m* 2. Virtuose *m*
virus ['vi:rus] *m* MED Virus *n*
viscere ['viʃʃere] *m* ANAT Eingeweide *n*
vischio ['viskio] *m* BOT Mistel *f*
viscido ['viʃʃido] *adj (fig)* glatt, schleimig
visconte [vis'konte] *m* Vicomte *m*
viscoso [vis'ko:so] *adj* zähflüssig
visibile [vi'zi:bile] *adj* 1. sichtbar; *ben ~* übersichtlich; 2. *(evidente)* ersichtlich, erkennbar
visibilità [vizibili'ta] *f* Sicht *f,* Sichtbarkeit *f*
visione [vi'zio:ne] *f* 1. Vision *f;* 2. *(punto di vista)* Schau *f;* 3. *(apparizione, fantasma)* Spuk *m;* 4. *(fig)* Durchblick *m*
visita ['vi:zita] *f* 1. Besuch *m; ~ a un malato* Krankenbesuch *m;* 2. Besichtigung *f,* Visite *f; ~ ufficiale* Staatsbesuch *m; Quando ci sarà la prossima ~?* Wann ist die nächste Führung? 3. *(alla dogana)* Abfertigung *f;* 4. *(dal medico)* MED Untersuchung *f; risultato della ~* Untersuchungsergebnis *n; ~ di leva* Musterung *f*
visitare [vizi'ta:re] *v* 1. besichtigen; 2. *(far visita)* besuchen; 3. MED untersuchen, diagnostizieren
visitatore [vizita'to:re] *m* Besucher *m*
viso ['vi:zo] *m* Angesicht *n,* Gesicht *n; far buon ~ a cattivo gioco* gute Miene zum bösen Spiel machen
visone [vi'zo:ne] *m* ZOOL Nerz *m*
vispo ['vispo] *adj* lebhaft
vista ['vista] *f* 1. Sicht *f;* 2. Aussicht *f,* Ausblick *m; con ~ su* mit Blick auf; *punto di ~* Standpunkt *m,* Blickpunkt *m,* Gesichtspunkt *m; ~ laterale* Seitenansicht *f; ~ posteriore* Rückansicht *f; non in ~* außer Sicht; *a ~ d'occhio* zusehends; *mettersi in ~* sich hervortun; *conoscere di ~* vom Sehen kennen; 3. PHYS Sehkraft *f,* Sichtweite *f*
visto ['visto] *adj* 1. gesehen, angesehen; *~ che …* in Anbetracht dessen, dass …/da … *m;* 2. Sichtvermerk *m;* 3. *(permesso)* Visum *n*
vistoso [vis'to:so] *adj* auffallend
visuale [vizu'a:le] *adj* 1. *campo ~* Gesichtsfeld *n; f* 2. Ausblick *m*
vita ['vi:ta] *f* 1. Leben *n; a ~* lebenslänglich; *dalla ~ breve* kurzlebig; *segno di ~* Lebenszeichen *n; ~ di coppia* Partner-

schaft *f; condotta di ~* Lebenswandel *m; tenore di ~* Lebensstil *m; avere una ~ di stenti (fig)* ein kümmerliches Leben verbringen; **2.** *ANAT* Taille *f*
vitale [vi'ta:le] *adj* **1.** lebenswichtig; *questione ~* Existenzfrage *f;* **2.** *(pieno di vita)* vital
vitalizio [vita'li:tsio] *m* Leibrente *f*
vitamina [vita'mi:na] *f* Vitamin *n*
vite ['vi:te] *f* **1.** Schraube *f; La ~ è lenta.* Diese Schraube ist locker. *giro di ~ (fig)* Verschärfung *f;* **2.** *BOT* Rebe *f*
vitello [vi'tɛllo] *m ZOOL* Kalb *n*
viticcio [vi'tittʃo] *m BOT* Ranke *f*
viticoltore [vitikol'to:re] *m* Weinbauer *m*
vitreo ['vi:treo] *adj* glasig
vittima ['vittima] *f* Opfer *n,* Verunglückter *m*
vitto ['vitto] *m* Verpflegung *f; dare il ~ a* verköstigen, verpflegen
vittoria [vit'tɔ:ria] *f* Sieg *m; cantar ~ su qc (fam)* über etw triumphieren
vittorioso [vittori'o:so] *adj* siegreich
vituperio [vitu'pɛ:rio] *m* Schimpf *m,* Schande *f*
viva ['vi:va] *interj* hurra, es lebe, hoch lebe; *Viva la libertà!* Hoch lebe die Freiheit!
vivace [vi'va:tʃe] *adj* lebendig, lebhaft
vivacemente [vivatʃe'mente] *adv* rege, lebhaft
vivacità [vivatʃi'ta] *f* Munterkeit *f,* Lebendigkeit *f*
vivaio [vi'va:io] *m* Baumschule *f*
vivanda [vi'vanda] *f* Speise *f*
vivente [vi'vɛnte] *adj* lebendig, lebend; *essere ~* Lebewesen *n*
vivere ['vi:vere] *v irr* **1.** leben, existieren; **2.** *(abitare)* wohnen
viveri ['vi:veri] *m/pl GAST* Lebensmittel *pl*
vivido ['vi:vido] *adj* rege, temperamentvoll, lebendig
vivissimo [vi'vissimo] *adj* quicklebendig
vivo ['vi:vo] *adj* **1.** lebhaft, belebt; **2.** *(vivente)* lebend; *farsi ~* von sich hören lassen, sich melden; *rosso ~* feuerrot
viziare [vi'tsia:re] *v* verwöhnen
viziato [vi'tsia:to] *adj* verwöhnt, unerzogen

V

vizio ['vi:tsio] *m* **1.** Laster *n;* **2.** *(fig)* Untugend *f,* schlechte Angewohnheit *f;* **3.** *~ cardiaco MED* Herzfehler *m;* **4.** *JUR* Mangel *m*
vizioso [vit'sio:so] *adj* **1.** lasterhaft, verdorben; **2.** *(difettoso, errato)* mangelhaft
vizzo ['vittso] *adj* welk
vocabolario [vokabo'la:rio] *m* **1.** Vokabular *n,* Wörterbuch *n;* **2.** *(lessico)* Wortschatz *m*
vocabolo [vo'ka:bolo] *m* Vokabel *f; ~ straniero* Fremdwort *n*
vocale [vo'ka:le] *adj* **1.** vokalisch; **2.** *corde vocali ANAT* Stimmbänder *pl; f* **3.** *GRAMM* Vokal *m*
vocazione [voka'tsio:ne] *f* Berufung *f*
voce ['vo:tʃe] *f* **1.** Stimme *f; ad alta ~* lautstark; *avere ~ in capitolo* Einfluss haben/wichtig sein; *~ bianca* Knabenstimme *f;* **2.** *(notizia vaga)* Gerücht *n; Corre ~ che ...* Man sagt, dass .../Es geht das Gerücht um, dass ...; **3.** *(elenco)* Posten *m;* **4.** *ECO* Artikel *m*
vocio [vo'tʃi:o] *m* Murmeln *n,* Stimmengewirr *n*
voga ['vo:ga] *f* Schwung *m; essere in ~* modern sein
voglia ['vɔʎʎa] *f* **1.** Lust *f; di buona ~/di mala ~* gerne/widerwillig; **2.** *(brama)* Verlangen *n;* **3.** *(desiderio fisico, desiderio sensuale)* Gelüste *pl;* **4.** *MED* Muttermal *n*
voi ['voi] *pron* **1.** ihr, euch; *per ~* euretwegen; **2.** *(dativo) a ~* euch
volante [vo'lante] *m* **1.** Steuer *n; ~ di guida* Lenkrad *n; adj* **2.** fliegend
volantino [volan'ti:no] *m* Flugblatt *n,* Handzettel *m*
volare [vo'la:re] *v* **1.** fliegen; **2.** *(tempo)* verfliegen
volata [vo'la:ta] *f SPORT* Endspurt *m*
volatile [vo'la:tile] *m* Geflügel *n*
volenteroso [volente'ro:so] *adj* bereitwillig
volentieri [volen'tiɛ:ri] *adv* gern
volere [vo'le:re] *v irr* **1.** wollen, mögen; *Vuol dire ...* Das bedeutet .../Das heißt ...; **2.** *voler bene a* lieb haben; *Ti voglio bene.* Ich habe dich lieb./Ich mag dich. **3.** *(avere bisogno)* benötigen; *Ci vuole un'ora.* Man braucht eine Stunde. *Qui ci*

vuole un dizionario. Dazu braucht man ein Wörterbuch. *m* 4. Wille *m*
volgare [vol'ga:re] *adj* vulgär
volgarità [volgari'ta] *f* Gewöhnlichkeit *f*, Vulgarität *f*
volgere ['vɔldʒere] *v irr* kehren, lenken; *~ via* abwenden
volgersi ['vɔldʒersi] *v irr* sich abwenden, sich umdrehen
volitivo [voli'ti:vo] *adj* willensstark
volo ['vo:lo] *m* 1. Flug *m*, Fliegen *n*; *~ radente* Tiefflug *m*; *~ di ritorno* Rückflug *m*; *~ a vela* Segelfliegen *n*; *Questo ~ ha ritardo?* Hat dieser Flug Verspätung? *C'è un ~ di linea per ...?* Gibt es einen Linienflug nach ...? 2. *(fig)* Höhenflug *m*
volontà [volon'ta] *f* Wille *m*; *a ~* nach Belieben
volontariato [volonta'ria:to] *m* Volontariat *n*
volontario [volon'ta:rio] *adj* 1. freiwillig, aus freien Stücken; *m* 2. Volontär *m*, Freiwilliger *m*
volonteroso [volonte'ro:so] *adj* 1. gutwillig; 2. *(attivo)* fleißig
volpe ['volpe] *f ZOOL* Fuchs *m*
volpino [vol'pi:no] *m ZOOL* Spitz *m*
volt [vɔlt] *m TECH* Volt *n*
volta[1] ['vɔlta] *f (tempo)* Mal *n*; *otto volte* achtmal; *per la prima ~* erstmals; *per l'ennesima ~* zum x-ten Mal; *un'altra ~* ein andermal; *di ~ in ~* jeweils; *due volte* zweimal; *questa ~* diesmal; *una ~* einmal, ehemals
volta[2] ['vɔlta] *f ARCH* Gewölbe *n*, Wendung *f*
voltafaccia [volta'fattʃa] *f* 1. *(fig)* Gesinnungswechsel *m*; 2. *(fig)* Kehrtwendung *f*
voltaggio [vol'taddʒo] *m TECH* Spannung *f*
voltare [vol'ta:re] *v* 1. herumdrehen, umdrehen; *~ pagina* umblättern; *~ pagina (fig)* neu anfangen; 2. *(girare)* abbiegen; *~ a destra* nach rechts abbiegen; *~ a sinistra* nach links abbiegen; 3. *(volgere)* wenden
voltarsi [vol'tarsi] *v* sich umdrehen
voltata [vol'ta:ta] *f* Wende *f*
volteggiare [volted'dʒa:re] *v* voltigieren
volto ['volto] *m* Gesicht *n*
volubile [vo'lu:bile] *adj* flatterhaft
volume [vo'lu:me] *m* 1. Volumen *n*; *~ d'affari* Geschäftsvolumen *n*; 2. *(rumore)* Lautstärke *f*; 3. *(libro)* Band *m*; *~ illustrato* Bildband *m*
voluminoso [volumi'no:so] *adj* umfangreich
voluttà [volut'ta] *f* Wollust *f*
voluttuario [volut'tua:rio] *adj* Genuss...
voluttuoso [volut'tuo:so] *adj* genüsslich
vomitare [vomi'ta:re] *v* sich übergeben, brechen
vomito ['vɔ:mito] *m* Brechen *n*
vongola ['voŋgola] *f ZOOL* Venusmuschel *f*
vorace [vo'ra:tʃe] *adj* gefräßig
voracità [voratʃi'ta] *f* Gefräßigkeit *f*
voragine [vo'ra:dʒine] *f (abisso) GEO* Abgrund *m*
vortice ['vɔrtitʃe] *m* Strudel *m*
vostro ['vɔstro] *pron* euer, eure
votante [vo'tante] *m/f POL* Wähler(in) *m/f*
votare [vo'ta:re] *v* 1. *POL* wählen; 2. *(dare il proprio voto)* abstimmen
votarsi [vo'tarsi] *v* sich widmen
votazione [vota'tsio:ne] *f* 1. *POL* Wahl *f*; 2. *(l'atto del votare)* Abstimmung *f*
voto ['vo:to] *m* 1. Note *f*, Zensur *f*; *dare un ~* benoten; *a pieni voti* mit der besten Note; 2. *(valutazione)* Prädikat *n*; 3. *POL* Stimme *f*; 4. *(legislazione elettorale) POL* Wahlrecht *n*
vulcano [vul'ka:no] *m* 1. *GEO* Vulkan *m*; 2. *(fig)* Pulverfass *n*
vulnerabile [vulne'ra:bile] *adj* verletzbar, verwundbar
vulnerabilità [vulnerabili'ta] *f* Verletzbarkeit *f*
vuotamento [vuota'mento] *m* Räumung *f*
vuotare [vuo'ta:re] *v* leeren, ausleeren
vuotarsi [vuo'tarsi] *v* sich leeren
vuoto [vu'ɔ:to] *adj* 1. leer; *assegno a ~* ungedeckter Scheck *m*; 2. *(fig)* hohl; 3. *(senza senso)* sinnlos; *m* 4. Leergut *n*; *~ a perdere* Einwegflasche *f*; *~ a rendere* Pfandflasche *f*; 5. *(spazio non occupato)* Leere *f*; 6. *(fig)* Lücke *f*

W/X/Y/Z

wafer ['vaːfer] *m* GAST Waffel *f*
warrant ['wɑrant] *m* ECO Optionsschein *m*
weekend [wi'kend] *m* Wochenende *n*
western ['wɛstern] *m* CINE Western *m*
Wi-Fi [uai'faːi] *m* TEL WLAN *n*; *zona ~* WLAN-Hotspot *m*
würstel ['vyrstəl] *m* GAST Würstchen *n*
xenofobia [ksenofo'biːa] *f* Ausländerfeindlichkeit *f*, Xenophobie *f*
xenofobo [kse'nɔːfobo] *adj* ausländerfeindlich, xenophob
xilofono [ksi'lɔːfono] *m* MUS Xylophon *n*
yacht [jɔt] *m* Jacht *f*
yen [jɛn] *m* Yen *m*
yogurt ['jɔːgurt] *m* GAST Joghurt *m*
ypsilon ['iːpsilon] *m/f* Ypsilon *n*
zabaione [tsaba'ioːne] *m* GAST Weinschaumcreme *f*
zafferano [dzaffe'raːno] *m* BOT Safran *m*
zaffiro [dzaf'fiːro] *m* MIN Saphir *m*
zaino ['dzaːino] *m* Rucksack *m*
zampa ['tsampa] *f* ZOOL Pfote *f*, Bein *n*
zampogna [tsam'poɲɲa] *f* 1. MUS Hirtenflöte *f*; 2. *(cornamusa)* MUS Dudelsack *m*
zanna ['tsanna] *f* 1. *(di cinghiali)* Hauer *m*; 2. *(di elefanti)* ZOOL Stoßzahn *m*
zanzara [dzan'dzaːra] *f* ZOOL Mücke *f*
zappa ['tsappa] *f* Hacke *f*
zapping ['dzappiŋ] *m* Zappen *n*
zattera ['tsattera] *f* Floß *n*
zavorra [dza'vɔrra] *f* Ballast *m*
zebra ['dzɛːbra] *f* ZOOL Zebra *n*
zecca[1] ['tsekka] *f* ZOOL Zecke *f*
zecca[2] ['tsekka] *f* Münzstätte *f*; *nuovo di ~* nagelneu
zelante [dze'lante] *adj* eifrig
zelo ['dzɛːlo] *m* Eifer *m*; *con ~* eifrig
zenzero ['dzɛndzero] *m* Ingwer *m*
zeppare [tsep'paːre] *v* füllen
zeppo ['tseppo] *adj pieno ~* bis oben voll
zerbino [dzer'biːno] *m* Fußabtreter *m*
zero ['dzɛːro] *num* null
zia ['tsiːa] *f* Tante *f*
zibaldone [dzibal'doːne] *m* 1. Mischung *f*; 2. *(guazzabuglio)* Sammelsurium *n*
zibellino [dzibel'liːno] *m* ZOOL Zobel *m*
zigano ['tsigaːno] *m* Zigeuner *m*
zigomo ['dziːgomo] *m* ANAT Jochbein *n*
zinco ['tsiŋko] *m* CHEM Zink *m*
zingaro ['tsiŋgaro] *m* Zigeuner *m*
zio ['tsiːo] *m* Onkel *m*
zip [dzip] *m* Reißverschluss *m*
zitella ['tsitɛlla] *f* alte Jungfer *f*
zitto ['tsitto] *adj* still; *stare ~* schweigen
zizzania [dzid'dzaːnia] *f* 1. BOT Taumellolch *m*; 2. *(fig)* Zwietracht *f*, Streit *m*
zoccolo ['tsɔkkolo] *m* 1. ZOOL Huf *m*; 2. *(di un muro, di un mobile)* ARCH Sockel *m*
zodiacale [dzodia'kaːle] *m segno ~* Tierkreiszeichen *n*
zolfo ['tsolfo] *m* CHEM Schwefel *m*
zolla ['dzɔlla] *f* Erdscholle *f*
zolletta [dzol'letta] *f* Würfelchen
zona ['dzɔːna] *f* Zone *f*, Gebiet *n*
zoo ['dzɔː] *m* Zoo *m*
zoologia [dzoolo'dʒiːa] *f* Zoologie *f*
zoologico [dzoo'lɔːdʒiko] *adj* Tier…
zootecnico [dzoo'tɛkniko] *adj* 1. Viehzucht…; *m* 2. Tierzüchter *m*
zoppicare [tsoppi'kaːre] *v* hinken
zoppo ['tsɔppo] *adj* 1. MED lahm; *m* 2. Lahmer *m*, Hinkender *m*
zotico ['dzɔːtiko] *adj* 1. flegelhaft; 2. *(rozzo)* rau
zucca ['tsukka] *f* BOT Kürbis *m*
zuccherare [tsukke'raːre] *v* zuckern
zuccheriera [tsukke'riɛːra] *f* Zuckerdose *f*
zucchero ['tsukkero] *m* GAST Zucker *m*; *~ a velo* Puderzucker *m*
zucchino [tsuk'kiːno] *m* GAST Zucchino *m*
zuffa ['tsuffa] *f* Handgemenge *n*
zuppa ['dzuppa] *f* GAST Suppe *f*
zuppiera [dzup'piɛːra] *f* Suppenschüssel *f*

Deutsch – Italienisch

A

Aal [aːl] *m ZOOL* anguilla *f; sich winden wie ein ~* divincolarsi come un'anguilla
ab [ap] *prep* **1.** *(zeitlich)* da; *~ heute* da oggi in poi; *~ und zu* talvolta, di tanto in tanto, a volte; **2.** *(örtlich)* da; **3.** *Ab durch die Mitte!* Via di mezzo!/Levati di torno!/Via! **4.** *Bestellungen ~ 20 Euro* ordinazioni a partire da 20 Euro *m*
Abänderung ['apɛndəruŋ] *f* modificazione *f*
Abart ['apɐːrt] *f* **1.** varietà *f;* **2.** *ZOOL* sotto specie *f*
abartig ['apɐːrtɪç] *adj* anomalo, anormale
Abbau ['apbau] *m* **1.** *(Zerlegung)* smontaggio *m;* **2.** *(Verringerung)* diminuzione *f*
abbauen ['apbauən] *v* **1.** *(zerlegen)* smontare; **2.** *(verringern)* diminuire **3.** *(fam)* perdere colpi *(fam)*
abberufen ['apbəruːfən] *v irr (Amt)* revocare
abbestellen ['apbəʃtɛlən] *v* annullare; *(bestellte Ware)* richiamare un ordine
Abbestellung ['apbəʃtɛluŋ] *f* **1.** revoca *f;* **2.** *(eines Fluges)* disdetta *f*
abbiegen ['apbiːgən] *v irr* svoltare; *nach rechts ~* svoltare a destra
Abbild ['apbɪlt] *n* **1.** *(Darstellung)* copia *f,* rappresentazione *f;* **2.** *(Ebenbild)* ritratto *m*
abbilden ['apbɪldən] *v* ritrarre, rappresentare, riprodurre
Abbildung ['apbɪlduŋ] *f* disegno *m,* illustrazione *f*
abbinden ['apbɪndən] *v irr* slegare, slacciare
Abbitte ['apbɪtə] *f* scusa *f*
abblitzen ['apblɪtsən] *v jdn ~ lassen* rispondere picche a qd
abbrechen ['apbrɛçən] *v irr* **1.** spezzare, staccare; **2.** *(fig)* interrompere; *eine Reise ~* interrompere un viaggio
abbrennen ['apbrɛnən] *v irr* bruciare, ridurre in cenere
abbringen ['apbrɪŋən] *v irr* distogliere; *jdn von etw ~* distogliere qd da qc
abbröckeln ['apbrœkəln] *v* sbriciolare, scrostarsi
Abbruch ['apbrux] *m* **1.** *(eines Gebäudes)* demolizione *f;* **2.** *(fig)* rottura *f,* cessazione *f*
abdecken ['apdɛkən] *v* **1.** scoprire, scoperchiare; *das Dach ~* togliere il tetto; **2.** *(zudecken)* coprire; **3.** *(Tisch)* sparecchiare
abdichten ['apdɪçtən] *v* isolare, rendere ermetico
abdrehen ['apdreːən] *v (zudrehen)* chiudere, isolare; *das Wasser ~* chiudere l'acqua
Abdruck ['apdruk] *m* **1.** *(eines Textes)* stampa *f,* edizione *f;* **2.** *(Spur)* impronta *f;* **3.** *(Nachbildung)* riproduzione *f*
abdrucken ['apdrukən] *v* riprodurre a stampa
abebben ['apɛbən] *v* **1.** *(Wasser)* abbassarsi; **2.** *(fig: Unruhen)* calmarsi; *Der Tumult ist abgeebbt.* Il tumulto si è calmato.
Abend ['aːbənt] *m* **1.** sera *f; Es ist noch nicht aller Tage ~.* Non è ancora detta l'ultima parola./Chi vivrà vedrà. **2.** *Heiliger ~* vigilia di Natale *f;* **3.** *heute ~* questa sera, stasera; *gestern ~* ieri sera
abendelang ['aːbəndəlaŋ] *adv* per serate intere
Abendessen ['aːbəntɛsən] *n* cena *f; ~ machen* prepare la cena
abendfüllend ['aːbəntfylənt] *adj* che occupa l'intera serata
Abendkleid ['aːbəntklaɪt] *n* abito da sera *m*
Abendkurs ['aːbəntkurs] *m* corso serale *m*
abendlich ['aːbəntlɪç] *adj* serale
Abendrot ['aːbəntroːt] *n* rosso di sera *m; ~, Gutwetterbot'.* Rosso di sera, bel tempo si spera.
abends ['aːbənts] *adv* di sera; *um neun Uhr ~* alle nove di sera
Abendschule ['aːbəntʃuːlə] *f* scuola serale *f*

A

Abendvorstellung ['a:bəntfo:ɐʃtɛluŋ] *f THEAT* rappresentazione serale *f*
Abenteuer ['a:bəntɔyɐ] *n* avventura *f*
abenteuerlich ['a:bəntɔyɐlɪç] *adj* avventuroso
Abenteuerlichkeit ['a:bəntɔyɐlɪçkaɪt] *f* spirito d'avventura *m*
Abenteuerlust ['a:bəntɔyɐlust] *f* desiderio d'avventura *m*
abenteuerlustig ['a:bəntɔyɐlustɪç] *adj* avventuriero
Abenteuerroman ['a:bəntɔyɐro'ma:n] *m LIT* romanzo d'avventura *m*
Abenteurer ['a:bəntɔyrɐ] *m* avventuriero *m*
aber ['a:bɐ] *konj* ma
abermals ['a:bɐma:ls] *adv* un'altra volta
abfahren ['apfa:rən] *v irr* partire
Abfahrt ['apfa:ɐt] *f* **1.** *(Abreise)* partenza *f;* **2.** *SPORT* discesa *f*
Abfahrtszeit ['apfa:rtstsaɪt] *f* ora di partenza *f*
Abfall ['apfal] *m* **1.** *(Müll)* rifiuti *m/pl;* **2.** *(Rückgang)* caduta *f*
Abfalleimer ['apfalaɪmɐ] *m* pattumiera *f*
abfällig ['apfɛlɪç] *adj* sfavorevole, sprezzante
abfangen ['apfaŋən] *v irr (Brief)* intercettare
abfärben ['apfɛrbən] *v* **1.** scolorirsi, stingere; **2.** *auf jdn ~ (fig)* avere un'ascendente su qd
abfertigen ['apfɛrtɪgən] *v* **1.** *(Kunde)* servire, approntare, spedire; **2.** *(am Zoll)* ispezionare; **3.** *(fam)* sbrigare
Abfertigung ['apfɛrtɪguŋ] *f* **1.** *(eines Kunden)* servizio *m,* invio *m;* **2.** *(Zollabfertigung)* visita *f; zollamtliche ~* visita doganale *f,* sdoganamento *m*
abfinden ['apfɪndən] *v irr sich ~* rassegnarsi, contentarsi; *sich mit jdm ~* accordarsi con qd; *sich mit etw ~* contentarsi di qc
abflauen ['apflauən] *v* diminuire, *(Geschäft)* ristagnare
abfliegen ['apfli:gən] *v irr (Flugzeug)* decollare
Abflug ['apflu:k] *m* decollo *m*
Abfluss ['apflus] *m* **1.** scarico *m,* deflusso *m;* **2.** *(von Geld) ECO* fuga *f*
abführen ['apfy:rən] *v* **1.** *(Verbrecher)* arrestare; **2.** *ECO* versare
abfüllen ['apfylən] *v* travasare
Abgabe ['apga:bə] *f* **1.** *(Ablieferung)* consegna *f;* **2.** *(Steuer) ECO* imposta *f*
Abgang ['apgaŋ] *m* **1.** *(von der Schule)* ritiro *m,* abbandono *m;* **2.** *MED* evacuazione *f,* espulsione *f;* **3.** *einen ~ machen* uscire di scena
Abgas ['apga:s] *n TECH* gas di scarico *m*
abgeben ['apge:bən] *v irr* **1.** *(abliefern)* consegnare; **2.** *(überlassen)* cedere, lasciare
abgehen ['apge:ən] *v irr* **1.** *(Knopf)* staccarsi; *Ein Knopf ist abgegangen.* Si è staccato un bottone. **2.** *(verlaufen)* finire; **3.** *Da geht der Bär ab.* Qui c'è aria di festa.**4.** *(fehlen)* mancare
abgekartet ['apgəkartət] *adj eine ~e Sache* una faccenda truccata *f*
abgelegen ['apgəle:gən] *adj* sperduto, fuori mano, isolato
abgeneigt ['apgənaɪkt] *adj* sfavorevole
abgesehen ['apgəze:ən] *prep ~ von* a parte
abgespannt ['apgəʃpant] *adj* spossato
abgestanden ['apgəʃtandən] *adj* stantio, vecchio
abgestorben ['apgəʃtɔrbən] *adj MED* insensibile, intorpidito
abgewöhnen ['apgəvø:nən] *v sich etw ~* disabituarsi a qc
abgrenzen ['apgrɛntsən] *v* segnare i confini, delimitare, circoscrivere
Abgrenzung ['apgrɛntsuŋ] *f* delimitazione *f*
Abgrund ['apgrunt] *m* abisso *m,* rovina *f*
abgründig ['apgryndɪç] *adj* abissale, profondo
abhacken ['aphakən] *v* recidere
abhaken ['apha:kən] *v* **1.** *(loslösen)* sganciare; **2.** *(Liste)* segnare; *einen Namen auf der Liste ~* depennare un nome dalla lista
abhalten ['aphaltən] *v irr* **1.** tenere; *eine Versammlung ~* tenere una riunione; **2.** *(hindern)* impedire, distogliere da
abhandeln ['aphandəln] *v* **1.** *(aushandeln)* mercanteggiare; **2.** *(behandeln)* trattare, discutere

Abhandlung ['aphandlʊŋ] *f* trattato *m*, trattazione *f*
Abhang ['aphaŋ] *m* declivio *m*, pendio *m*
abhängen[1] ['aphɛŋən] *v* *von jdm ~* dipendere da qd
abhängen[2] ['aphɛŋən] *v* **1.** *etw ~ (Waggon)* sganciare; **2.** *jdn ~* distaccarsi da qd, superare qd
abhängig ['aphɛŋɪç] *adj* dipendente
Abhängigkeit ['aphɛŋɪçkaɪt] *f* dipendenza *f*; *~ von* dipendenza da
abhärten ['aphɛrtən] *v* indurire, rendere resistente
abheben ['aphe:bən] *v irr* **1.** *(Hörer)* sollevare; **2.** *sich von jdm ~* distinguersi da qd; **3.** *(Geld) ECO* prelevare; **4.** *(Flugzeug)* decollare
abhetzen ['aphɛtsən] *v sich ~* affannarsi
Abhilfe ['aphɪlfə] *f* rimedio *m*
abholen ['apho:lən] *v* andare a prendere
abhorchen ['aphɔrçən] *v MED* auscultare
abhören ['aphø:rən] *v* **1.** *TEL* intercettare; *ein Telefongespräch ~* intercettare la telefonata; **2.** *(in der Schule)* ascoltare; *die Aufgabe ~* ascoltare la lezione
Abitur [abi'tu:r] *n* esame di maturità *m*
Abiturient(in) [abitu'rjɛnt(ɪn)] *m/f* candidato all'esame di maturità/candidata all'esame di maturità *m/f*
abkaufen ['apkaufən] *v* **1.** acquistare; **2.** *(fam: glauben)* credere
Abklatsch ['apklatʃ] *m (fam)* imitazione *f*
abklingen ['apklɪŋən] *v irr (Lärm)* smorzarsi
abknöpfen ['apknøpfən] *v* **1.** sbottonare; **2.** *(fig) jdm etw ~* soffiare qc a qd, fregare qc a qd
abkochen ['apkɔxən] *v* far bollire
abkommen ['apkɔmən] *v irr von einer Idee ~* staccarsi da un'idea
Abkommen ['apkɔmən] *n* accordo *m*
abkömmlich ['apkœmlɪç] *adj* libero da impegni
abkühlen ['apky:lən] *v* raffreddare, raffredarsi
Abkühlung ['apky:lʊŋ] *f* raffreddamento *m*
abkürzen ['apkyrtsən] *v* **1.** *(Weg)* accorciare; **2.** *(Wort)* abbreviare
Abkürzung ['apkyrtsʊŋ] *f* abbreviazione *f*
abladen ['apla:dən] *v irr* scaricare
Ablage ['apla:gə] *f* deposito *m*; pratica archiviata *f*
Ablagerung ['apla:gərʊŋ] *f* **1.** deposito *m*; **2.** *GEOL* sedimento *m*
ablassen ['aplasən] *v irr* **1.** *(Dampf)* scaricare; **2.** *(Wasser)* far defluire
Ablauf ['aplauf] *m* **1.** *(Abfluss)* deflusso *m*; **2.** *(Geschehen)* decorso *m*
ablaufen ['aplaufən] *v irr* **1.** *(abfließen)* defluire; **2.** *(Geschehen)* svolgersi
ablegen ['aple:gən] *v* **1.** togliere; *die Kleidung ~* togliersi i vestiti; **2.** posare; *die Karten ~* posare le carte; **3.** *(Akten)* archiviare; **4.** *(fig)* liberarsi
ablehnen ['aple:nən] *v* declinare, rifiutare
Ablehnung ['aple:nʊŋ] *f* rifiuto *m*, rigetto *m*
ableiten ['aplaɪtən] *v* **1.** *(Wasser)* deviare; **2.** *(fig: folgern)* dedurre
ablenken ['aplɛŋkən] *v* deviare, distrarre
Ablenkung ['aplɛŋkʊŋ] *f* deviazione *f*, distrazione *f*
ablesen ['aple:zən] *v irr* leggere, rilevare
abliefern ['apli:fərn] *v* consegnare
Ablieferung ['apli:fərʊŋ] *f* consegna *f*
ablösen ['aplø:zən] *v* **1.** *(entfernen)* levare, togliere, staccare; **2.** *(Dienst)* sostituire; **3.** *(sich abwechseln)* alternarsi
Ablösung ['aplø:zʊŋ] *f* **1.** *(Entfernung)* separazione *f*; **2.** *(im Dienst)* cambio *m*; **3.** *(Nachfolge)* sostituzione *f*; **4.** *(Tilgung) ECO* ammortizzazione *f*
Abluft ['apluft] *f TECH* aria viziata *f*
abmachen ['apmaxən] *v* **1.** *(entfernen)* togliere; **2.** *(übereinkommen)* accordarsi
Abmachung ['apmaxʊŋ] *f* accordo *m*
abmagern ['apma:gərn] *v* dimagrire
Abmagerungskur ['apma:gərʊŋsku:r] *f* cura dimagrante *f*
abmahnen ['apma:nən] *v JUR* ammonire
Abmahnung ['apma:nʊŋ] *f JUR* ammonimento *m*

A

Abmarsch ['apmarʃ] *m* partenza *f*
Abmeldeformular ['apmɛldəfɔrmula:ɐ] *n* modulo di disdetta *m*
abmelden ['apmɛldən] *v* disdire
Abmeldung ['apmɛlduŋ] *f* disdetta *f*
abmessen ['apmɛsən] *v irr* misurare
Abmessung ['apmɛsuŋ] *f* **1.** *(Vorgang)* misurazione *f;* **2.** *(Maß)* misura *f*
abmildern ['apmɪldɐn] *v* mitigare
abmontieren ['apmɔnti:rən] *v* smontare
abmühen ['apmy:ən] *v sich ~* stancarsi
abmurksen ['apmurksən] *v (fam: töten)* ammazzare
abnabeln ['apna:bəln] *v* **1.** tagliare il cordone ombelicale; **2.** *(fig) sich von jdm ~* staccarsi da qd
abnagen ['apna:gən] *v* rodere
Abnahme ['apna:mə] *f* **1.** *(Entgegennahme)* presa in consegna *f;* **2.** *(Verminderung)* riduzione *f;* **3.** *TECH* collaudo *m*
abnehmbar ['apne:mba:ɐ] *adj* asportabile
abnehmen ['apne:mən] *v irr* **1.** *(Gewicht)* dimagrire; **2.** *(entfernen)* rimuovere; **3.** *(entgegennehmen)* prendere in consegna; *jdm Arbeit ~* togliere del lavoro a qd; **4.** *(Brille)* togliere; **5.** *(Führerschein)* ritirare
Abneigung ['apnaɪguŋ] *f* avversione *f*
abnorm [ab'nɔrm] *adj* anormale
Abnormität [apnɔrmi'tɛ:t] *f* anormalità *f*
abnutzen ['apnutsən] *v* consumare
Abnutzung ['apnutsuŋ] *f* logoramento *m*
Abnutzungserscheinung ['apnutsuŋsɛrʃaɪnuŋ] *f* sintomo di usura *m*
Abonnement [abɔnə'mɑ̃:] *n* abbonamento *m*
Abonnent(in) [abɔ'nɛnt(ɪn)] *m/f* abbonato/abbonata *m/f*
abonnieren [abɔ'ni:rən] *v* abbonarsi
abordnen ['apɔrdnən] *v* delegare
Abordnung ['apɔrdnuŋ] *f* delegazione *f*
Abort [ab'ɔrt] *m (Toilette)* latrina *f*
abpacken ['appakən] *v* imballare
abpflücken ['appflykən] *v* cogliere
abplagen ['appla:gən] *v sich ~* arrabattarsi
abprallen ['appralən] *v* **1.** *(Ball)* rimbalzare; **2.** *(fig)* rimanere senza effetto
abpumpen ['appumpən] *v* pompare
abputzen ['apputsən] *v* pulire
abquälen ['apkvɛ:lən] *v sich ~* tormentarsi
abrackern ['aprakɐn] *v (fam) sich ~* affaticarsi molto
abraten ['apra:tən] *v irr* sconsigliare
abräumen ['aprɔymən] *v* sgombrare
abreagieren ['apreagi:rən] *v sich ~* sfogarsi
abrechnen ['aprɛçnən] *v* **1.** fare i conti; **2.** *(abziehen)* detrarre; **2.** *(fig: Vergeltung) mit jdm ~* liquidare il conto con qd
Abrechnung ['aprɛçnuŋ] *f* **1.** conteggio finale *m; (Abzug)* detrazione *f;* **2.** *(fig: Vergeltung)* conto *m*
Abrede ['apre:də] *f etw in ~ stellen* contestare qc
abreiben ['apraɪbən] *v irr* strofinare
Abreise ['apraɪzə] *f* partenza *f*
abreisen ['apraɪzən] *v* partire
abreißen ['apraɪsən] *v irr* **1.** *(Gebäude)* demolire; **2.** *(Papier)* stracciare
abrichten ['aprɪçtən] *v* ammaestrare; *einen Hund ~* ammaestrare un cane
abriegeln ['apri:gəln] *v (Gebiet)* sbarrare; *Die Polizei hat die Straße abgeriegelt.* La polizia ha sbarrato la strada.
Abriss ['aprɪs] *m* **1.** *(eines Gebäudes)* demolizione *f;* **2.** *(Zusammenfassung)* compendio *m*
Abruf ['apru:f] *m* **1.** *ECO* ordine di consegna *m;* **2.** *INFORM* richiamo *m;* **3.** *sich auf ~ bereithalten* tenersi pronto ad una chiamata
abrufen ['apru:fen] *v INFORM* richiamare
abrunden ['aprundən] *v* arrotondare
abrupt [ap'rupt] *adj* **1.** improvviso; *adv* **2.** all'improvviso
Abrüstung ['aprystuŋ] *f* disarmo *m*
Absage ['apza:gə] *f* revoca *f,* disdetta *f*
absagen ['apza:gən] *v* disdire
Absatz ['apzats] *m* **1.** capoverso *m;* **2.** *(einer Treppe)* gradino *m;* **3.** *(bei Schuhen)* tacco *m*
absaugen ['apzaugən] *v irr* **1.** aspirare; **2.** *(Staub saugen)* passare l'aspirapolvere
abschaffen ['apʃafən] *v* abrogare, abolire

Abschaffung ['apʃafuŋ] *f* abolizione *f*
abschalten ['apʃaltən] *v* **1.** *etw ~* disinserire; **2.** *(fam)* distrarsi; *Er kann nie ~.* Non riesce mai a distrarsi.
abschätzen ['apʃɛtsən] *v* stimare
abschätzig ['apʃɛtsɪç] *adj* spregevole
Abschaum ['apʃaum] *m (fig)* feccia *f*
abscheiden ['apʃaɪdən] *v irr* dividere
Abscheu ['apʃɔy] *m/f* orrore *m*
abscheulich [ap'ʃɔylɪç] *adj* disgustoso
abschicken ['apʃɪkən] *v* spedire
Abschied ['apʃiːt] *m* commiato *m,* addio *m,* distacco *m; von jdm ~ nehmen* prendere commiato da qd
Abschiedsbrief ['apʃiːtsbriːf] *m* lettera d'addio *f*
Abschiedsfeier ['apʃiːtsfaɪɐ] *f* festa d'addio *f*
Abschiedsgesuch ['apʃiːtsgəzuːx] *n* richiesta di dimissioni *f*
Abschiedskuss ['apʃiːtskus] *m* bacio d'addio *m*
abschießen ['apʃiːsən] *v irr (schießen)* sparare
abschirmen ['apʃɪrmən] *v* **1.** schermare; **2.** *(fig)* proteggere
Abschirmung ['apʃɪrmuŋ] *f* **1.** schermatura *f;* **2.** *(fig)* protezione *f*
abschlagen ['apʃlaːgən] *v irr* **1.** *(abschneiden)* staccare; **2.** *(fig: ablehnen)* respingere
abschlägig ['apʃlɛgɪç] *adj* negativo
abschleppen ['apʃlɛpən] *v* rimorchiare
Abschleppseil ['apʃlɛpzaɪl] *n* fune da rimorchio *f*
Abschleppstange ['apʃlɛpʃtaŋə] *f* barra per rimorchio *f*
Abschleppwagen ['apʃlɛpvaːgən] *m* carro rimorchiatore *m*
abschließen ['apʃliːsən] *v irr* **1.** *(zuschließen)* chiudere; **2.** *(beenden)* ultimare, finire, terminare; **3.** *(Vertrag) JUR* stipulare; **4.** *(Geschäft) ECO* concludere
abschließend ['apʃliːsənt] *adj* **1.** definitivo, conclusivo, finale; *adv* **2.** definitivamente, infine, in conclusione
Abschluss ['apʃlus] *m* **1.** *(Beendigung)* fine *f;* **2.** *(eines Vertrages)* stipulazione *f*
Abschlussbilanz ['apʃlusbɪlants] *m* *ECO* bilancio consuntivo *m*
Abschlussfeier ['apʃlusfaɪɐ] *f* festa di chiusura *f*
Abschlussprüfung ['apʃlusprýːfuŋ] *f* *(in der Schule)* esame finale *m*
Abschlusszeugnis ['apʃlustsɔyknɪs] *n* certificato finale *m*
abschmecken ['apʃmɛkən] *v* degustare
abschminken ['apʃmɪŋkən] *v* struccarsi, togliere il trucco
abschnallen ['apʃnalən] *v* **1.** togliere la cintura; **2.** *(fam) Da schnallst du ab!* Roba da non credere!
abschneiden ['apʃnaɪdən] *v irr* **1.** tagliare; **2.** *(bei einer Prüfung)* riuscire; *in einer Prüfung schlecht ~* riuscire male in un esame; **3.** *(gut ~)* avere un buon risultato; **4.** *(fig) den Weg ~* tagliare la strada; **5.** *(fig: Wort)* troncare; **6.** *(Stadtteil, Truppen)* isolare
Abschnitt ['apʃnɪt] *m* **1.** *(Kapitel)* paragrafo *m;* **2.** *(Gebiet)* settore *m;* **3.** *(Zeit)* periodo *m*
abschöpfen ['apʃœpfən] *v* scremare, sgrassare
abschrauben ['apʃraubən] *v* *TECH* svitare
abschrecken ['apʃrɛkən] *v (abhalten)* scoraggiare, intimorire; *sich nicht ~ lassen* non lasciarsi scoraggiare
abschreckend ['apʃrɛkənt] *adj* ripugnante, intimidatorio; *ein ~es Beispiel* un esempio ammonitore *m*
Abschreckung ['apʃrɛkuŋ] *f* intimorimento *m*
abschreiben ['apʃraɪbən] *v irr* **1.** copiare; **2.** *ECO* ammortizzare
Abschrift ['apʃrɪft] *f* copia *f*
abschürfen ['apʃyrfən] *v (Haut)* escoriare
Abschuss ['apʃus] *m* sparo *m*
abschüssig ['apʃysɪç] *adj* ripido
abschütteln ['apʃytəln] *v* **1.** scuotere; **2.** *(fam: loswerden)* liberarsi; *jdn ~* liberarsi di qd
abschwächen ['apʃvɛçən] *v* indebolire, attenuare
Abschwächung ['apʃvɛçuŋ] *f* indebolimento *m*
abschweifen ['apʃvaɪfən] *v (fig)* divagare
abschwören ['apʃvøːrən] *v irr* **1.** *(sich lossagen)* rinnegare, abiurare; **2.** *(negieren)* negare giurando

A

absehbar ['apzeːbaːr] *adj* prevedibile; *in ~er Zeit* in un prossimo futuro
absehen ['apzeːən] *v irr* 1. *(voraussehen)* prevedere; 2. *(verzichten)* desistere a qc, rinunciare a qc; 3. *es auf etw ~* prendere di mira qc
abseits ['apzaɪts] *adv* in disparte
absenden ['apzɛndən] *v* spedire, inviare, mandare
Absender ['apzɛndɐ] *m* mittente *m*
Absendung ['apzɛndʊŋ] *f (Verschickung)* spedizione
Absendungsvermerk ['apzɛndʊŋsfɛrmɛrk] *m* indicazione dell'avvenuta spedizione *f*
absenken ['apzɛŋkən] *v* abbassare
Absenkung ['apzɛŋkʊŋ] *f* abbassamento *m*
absetzen ['apzɛtsən] *v* 1. *(hinstellen)* deporre, posare; 2. *(eines Amtes entheben)* destituire; 3. *(sich abheben)* risaltare; 4. *sich ~ (fam: weggehen)* sganciarsi; 5. *sich ~* CHEM depositarsi
Absetzung ['apzɛtsʊŋ] *f (Amtsenthebung)* destituzione *f*
absichern ['apzɪçɐn] *v* 1. rendere sicuro; 2. *sich ~* proteggersi
Absicht ['apzɪçt] *f* intenzione *f*
absichtlich ['apzɪçtlɪç] *adj* intenzionale, apposta; *etw ~ machen* far qc apposta
absolut [apzo'luːt] *adj* assoluto
Absolvent(in) [apzɔl'vɛnt(ɪn)] *m/f* 1. *(eines Gymnasiums)* diplomato/diplomata *m/f;* 2. *(einer Universität)* laureato/laureata *m/f*
absolvieren [apzɔl'viːrən] *v* 1. *(abschließen)* superare; *die Prüfung ~* superare l'esame; 2. *(Universität)* laurearsi
absonderlich [ap'zɔndɐlɪç] *adj* strano
absondern ['apzɔndɐn] *v* 1. *sich ~* isolarsi; *sich von jdm ~* isolarsi da qd; 2. *(trennen)* separare; 3. *(Schleim)* secernere
Absonderung ['apzɔndərʊŋ] *f* 1. *(Trennung)* separazione *f;* 2. *(Sekret)* secrezione *f*
absorbieren [apzɔr'biːrən] *v* assorbire
abspeichern ['apʃpaɪçɐn] *v* INFORM memorizzare
abspeisen ['apʃpaɪzən] *v* 1. *(verköstigen)* dar da mangiare; 2. *(fam)* liquidare con belle parole
absperren ['apʃpɛrən] *v* 1. *(zuschließen)* chiudere; 2. *(Gebiet)* sbarrare
Absperrung ['apʃpɛrʊŋ] *f* chiusura *f*
abspielen ['apʃpiːlən] *v* 1. *(Schallplatte)* suonare; 2. *sich ~* svolgersi
Absprache ['apʃpraːxə] *f* accordo *m*
absprechen ['apʃprɛçən] *v irr* 1. *(vereinbaren)* mettersi d'accordo; 2. *(aberkennen)* JUR negare
abspringen ['apʃprɪŋən] *v irr* 1. *(heruntersprinqen)* saltar giù; 2. *(sich lösen)* staccarsi; *Der Knopf springt ab.* Il bottone si stacca.
abspritzen ['apʃprɪtsən] *v* schizzare, spruzzare
Absprung ['apʃprʊŋ] *m* salto *m*
abspülen ['apʃpyːlən] *v* sciacquare, lavare; *Geschirr ~* lavare i piatti
abstammen ['apʃtamən] *v* 1. discendere; *~ von* discendere da; 2. *(Ursprung haben)* derivare
Abstammung ['apʃtamʊŋ] *f* 1. *(Herkunft)* discendenza *f;* 2. *(Ursprung)* origine *f*
Abstammungsurkunde ['apʃtamʊŋsuːrkʊndə] *f* certificato di discendenza *m*
Abstand ['apʃtant] *m* 1. distanza *f; ~ halten* mantenere le distanze; *Er war mit ~ der Beste.* Era di gran lunga il migliore. 2. *(fig)* distanze *f/pl; von etw ~ nehmen* prendere le distanze da qc
Abstandssumme ['apʃtants'zʊmə] *f* indennizzo *m*
abstatten ['apʃtatən] *v* 1. rendere; *einen Besuch ~* rendere una visita; 2. *(Dank)* rendere grazie; *jdm Dank ~* rendere grazie a qd
abstauben ['apʃtaubən] *v* spolverare
Abstecher ['apʃtɛçɐ] *m* scappata *f*
abstecken ['apʃtɛkən] *v* 1. *(markieren)* tracciare; 2. *(Saum)* appuntare
abstehend ['apʃteːənt] *adj* sporgente
Absteige ['apʃtaɪgə] *f* pensione a ore *f*
absteigen ['apʃtaɪgən] *v irr* 1. *(hinuntersteigen)* scendere; 2. *(fam: einkehren)* scendere; *in einem Hotel ~* prendere alloggio in un albergo
abstellen ['apʃtɛlən] *v* 1. *(ausschalten)* spegnere; 2. *(hinstellen)* deporre; 3. *(Wasser)* chiudere; 4. *(unterstellen)* depositare

Abstellgleis ['apʃtɛlglaɪs] *n* binario morto *m; jdn auf das ~ schieben (fig)* emarginare qd
Abstellkammer ['apʃtɛlkamɐ] *f* ripostiglio *m*
abstempeln ['apʃtɛmpəln] *v* **1.** *(Briefmarke)* timbrare; **2.** *(fam) jdn ~* bollare qd; *jdn zum Feigling ~* bollare qd di viltà
absterben ['apʃtɛrbən] *v* **1.** *MED atrofizzarsi;* **2.** *BOT* morire; seccarsi
Abstieg ['apʃti:k] *m* **1.** *(Hinuntersteigen)* discesa *f;* **2.** *(fig: Niedergang)* decadenza *f,* declino *m*
abstimmen ['apʃtɪmən] *v* **1.** *(wählen)* votare; **2.** *(fig: anpassen)* armonizzare
Abstimmung ['apʃtɪmuŋ] *f* **1.** *(Wahl)* votazione *f;* **2.** *(fig: Anpassung)* armonizzazione *f*
abstinent [apsti'nɛnt] *adj* astinente; *(auf Alkohol verzichtend)* astemio
Abstinenz [apsti'nɛnts] *f* astinenza *f*
abstoßen ['apʃto:sən] *v irr* **1.** *(wegstoßen)* respingere; **2.** *(beschädigen)* rompere
abstoßend ['apʃto:sənt] *adj* respingente, repellente
abstottern ['apʃtɔtɐn] *v (fam)* pagare a rate
abstrakt [ap'strakt] *adj* astratto
abstrampeln ['apʃtrampəln] *v sich ~ (fam)* affannarsi
abstreiten ['apʃtraɪtən] *v irr* contestare, negare
abstufen ['apʃtu:fən] *v* **1.** degradare; **2.** sfumare; *die Farben ~* sfumare i colori; **3.** *(staffeln)* graduare
Abstufung ['apʃtu:fuŋ] *f* **1.** *farbliche ~* sfumatura di colori *f;* **2.** *(Staffelung)* graduazione *f*
abstumpfen ['apʃtumpfən] *v* **1.** spuntarsi, smussarsi; **2.** *(fig)* rendere insensibile, ottundere
Absturz ['apʃturts] *m* caduta *f*
abstürzen ['apʃtyrtsən] *v* **1.** *(Flugzeug)* precipitare; **2.** *INFORM* andare in crash
Absturzgefahr ['apʃturtsgəfa:ɐ] *f* pericolo di caduta *m*
absurd [ap'zurt] *adj* assurdo
Absurdität [apzurdi'tɛ:t] *f* assurdità *f*
abtasten ['aptastən] *v* tastare
abtauen ['aptauən] *v* **1.** disgelare; **2.** *(Kühlschrank)* sbrinare
Abteil [ap'taɪl] *n* scompartimento *m*
abteilen ['aptaɪlən] *v* spartire, dividere
Abteilung [ap'taɪluŋ] *f* spartizione *f,* reparto *m*
Abteilungsleiter(in) [ap'taɪluŋslaɪtər(ɪn)] *m/f* direttore di reparto/direttrice di reparto *m/f*
abtippen ['aptɪpən] *v* copiare a macchina
abträglich ['aptrɛ:klɪç] *adj* pregiudizievole, dannoso
Abtransport ['aptranspɔrt] *m* trasporto *m,* rimozione *f*
abtransportieren ['aptranspɔrti:rən] *v* trasportare via, rimuovere
abtrennen ['aptrɛnən] *v* **1.** *(Ärmel)* scucire; **2.** *(absondern)* separare
abtreten ['aptre:tən] *v irr* **1.** *(überlassen)* cedere; **2.** *THEAT* uscire; **3.** *sich die Füße ~* pulirsi i piedi
abtrocknen ['aptrɔknən] *v* asciugare
abtrünnig ['aptrynɪç] *adj* infedele
abverlangen ['apfɛrlaŋən] *v* esigere
abwägen ['apvɛ:gən] *v irr* ponderare, valutare
abwälzen ['apvɛ:ltsən] *v (fig: Schuld)* scaricarsi di, allontanare
abwandeln ['apvandəln] *v* variare
abwandern ['apvandɐn] *v* **1.** emigrare; **2.** *ECO* trasferirsi
Abwanderung ['apvandəruŋ] *f* **1.** emigrazione *f;* **2.** *ECO* trasferimento *m*
Abwandlung ['apvandluŋ] *f* variazione *f*
abwarten ['apvartən] *v* attendere
abwärts ['apvɛrts] *adv* verso il basso
Abwärtsentwicklung ['apvɛrtsɛntvɪkluŋ] *f ECO* tendenza al ribasso *f*
Abwasch ['apvaʃ] *m* piatti sporchi *m/pl; den ~ machen* fare i piatti/lavare i piatti
abwaschen ['apvaʃən] *v irr* lavare
Abwasser ['apvasɐ] *n* acqua di scarico *f*
Abwasserbeseitigung ['apvasɐbəzaɪtɪguŋ] *f* eliminazione dell'acqua di scarico
Abwasserkanal ['apvasɐkana:l] *m* canale di scarico *m,* fognatura *f*
Abwasserkläranlage ['apvasɐklɛ:ranla:gə] *f* impianto di depurazione d'acqua *m*

A

abwechseln ['apvɛksəln] *v sich ~* alternarsi
abwechselnd ['apvɛksəlnt] *adj* alternativamente
Abwechslung ['apvɛksluŋ] *f* **1.** *(Wechsel)* variazione *f;* **2.** *(Zerstreuung)* svago *m,* distrazione *f*
abwechslungsreich ['apvɛksluŋsraɪç] *adj* vario
Abweg ['apve:k] *m (fig)* falsa strada *f; jdn auf ~e bringen* condurre qd sulla cattiva strada
abwegig ['apve:gɪç] *adj* erroneo
Abwehr ['apve:ɐ] *f* **1.** *(Widerstand)* resistenza *f,* difesa *f;* **2.** *(Abwendung)* prevenzione *f; die ~ von Krankheiten* la prevenzione delle malattie *f*
abwehren ['apve:rən] *v* **1.** *(zurückschlagen)* respingere; **2.** *(fig)* scongiurare; *eine Gefahr ~* scongiurare un pericolo
abweichen ['apvaɪçən] *v irr* deviare, allontanarsi; *vom Thema ~* allontanarsi dall'argomento
Abweichung ['apvaɪçuŋ] *f* **1.** deviazione *f;* **2.** *(Unterschied)* divergenza *f*
abweisen ['apvaɪzən] *v irr* respingere, non accogliere
abweisend ['apvaɪzənt] *adj* scostante
Abweisung ['apvaɪzuŋ] *f* rifiuto *m*
abwenden ['apvɛndən] *v* **1.** *(verhüten)* prevenire, evitare; *eine Gefahr ~* scongiurare un pericolo; **2.** *sich ~* girarsi, volgersi; *sich von jdm ~* distogliere lo sguardo da qd
abwerfen ['apvɛrfən] *v irr* **1.** *(hinunterwerfen)* lanciare; **2.** *(einbringen)* ECO fruttare
abwerten ['apve:ɐtən] *v* svalutare
abwertend ['apve:ɐtənt] *adj* dispregiativo
Abwertung ['apve:ɐtuŋ] *f* svalutazione *f,* deprezzamento *m*
abwesend ['apve:zənt] *adj* assente
Abwesenheit ['apve:zənhaɪt] *f* assenza *f; durch ~ glänzen* brillare per la propria assenza
abwickeln ['apvɪkəln] *v (durchführen)* eseguire
Abwicklung ['apvɪkluŋ] *f* svolgimento *m,* esecuzione *f*
abwiegen ['apvi:gən] *v irr* pesare, soppesare, valutare
abwimmeln ['apvɪməln] *v (fam)* togliersi di torno, levarsi dai piedi; *einen Besucher ~* levarsi dai piedi un visitatore
abwischen ['apvɪʃən] *v* **1.** *(Staub)* levare, togliere; **2.** *(Tafel)* cancellare; **3.** *(trocknen)* asciugare; **4.** *(sauber machen)* pulire
Abwurf ['apvurf] *m (Herunterwerfen)* lancio *m*
abzahlen ['aptsa:lən] *v (Raten)* pagare a rate
Abzeichen ['aptsaɪçən] *n* distintivo *m,* insegna *f*
abzeichnen ['aptsaɪçnən] *v* **1.** *(abmalen)* riprodurre disegnando, ritrarre; **2.** *(unterschreiben)* firmare, sottoscrivere; **3.** *sich ~* delinearsi
abziehen ['aptsi:ən] *v irr* **1.** *(entfernen)* sfilare, togliere, sbucciare; **2.** MATH sottrarre; **3.** MIL ritirare; *die Truppen aus einem Gebiet ~* ritirare le truppe da un territorio; *Die Truppen ziehen ab.* Le truppe ripiegano.
abzielen ['aptsi:lən] *v* mirare
Abzug ['aptsu:k] *f* **1.** MIL ritiro *m;* **2.** MATH sottrazione *f;* **3.** ECO detrazione *f;* **4.** *(Kopie)* copia *f*
abzüglich ['aptsy:klɪç] *prep* **1.** ECO al netto di, detratto; *adv* **2.** meno
abzweigen ['aptsvaɪgən] *v* **1.** *(abbiegen)* biforcare, diramare, deviare; **2.** *(fam)* mettere da parte
Abzweigung ['aptsvaɪguŋ] *f* diramazione *f,* biforcazione *f*
Accessoires [aksɛ'swa:rs] *pl* accessori *m/pl*
ach [ax] *interj* ah
Ach [ax] *n mit ~ und Krach* per un pelo
Achillesferse [a'xɪləsfɛrzə] *f* tallone d'Achille *m*
Achsel ['aksəl] *f* ANAT spalla *f*
Achselzucken ['aksəltsukən] *n* alzata di spalle *f*
acht [axt] *num* otto
Acht [axt] *f sich in ~ nehmen* badare a se stesso; *außer ~ lassen* non prendere in considerazione; *~ geben* fare attenzione
achtbar ['axtba:r] *adj* rispettabile
Achtbarkeit ['axtba:rkaɪt] *f* rispettabilità *f*
achte(r,s) ['axtə(r,s)] *adj* ottavo/ottava

achteckig ['axtɛkɪç] *adj* ottagonale
Achtel ['axtəl] *n* ottavo *m*
achten ['axtən] *v* **1.** *(hoch~)* stimare; **2.** *(be~)* rispettare; **3.** *~ auf* fare attenzione a, badare a
Achterbahn ['axtɐba:n] *f* montagne russe *f/pl*, otto volante *m*
achtfach ['axtfax] *adj* ottuplo
achthundert ['axthundɐt] *num* ottocento
achtlos ['axtlo:s] *adj* sbadato, disattento
Achtlosigkeit ['axtlo:zɪçkaɪt] *f* disattenzione *f*
achtmal ['axtma:l] *adv* otto volte
achtsam ['axtza:m] *adj* attento, accurato
Achtsamkeit ['axtza:mkaɪt] *f* attenzione *f*
achttausend ['axttauzənt] *num* ottomila
Achtung ['axtuŋ] *f* **1.** *(Hochachtung)* stima *f;* **2.** *(Beachtung)* attenzione *f; interj* **3.** *(Ausruf) ~!* Attenzione!
achtzehn ['axtse:n] *num* diciotto
achtzehnte(r,s) ['axtse:ntə(ɐ,s)] *adj* diciottesimo/diciottesima
achtzig ['axtsɪç] *num* ottanta
achtzigste(r,s) ['axtsɪçstə(ɐ,s)] *adj* ottantesimo/ottantesima
ächzen ['ɛçtsən] *v* **1.** *(Person)* gemere; **2.** *(Gegenstand)* schricchiolare
Acker ['akɐ] *m* campo *m*
Ackerbau ['akɐbau] *m* agricoltura *f*
ad acta [at 'akta] *adv etw ~ legen* mettere qc agli atti
adäquat [adɛ'kva:t] *adj* adeguato
addieren [a'di:rən] *v MATH* addizionare
Adel ['a:dəl] *m* nobiltà *f*
Adelsgeschlecht ['a:dəlsgəʃlɛçt] *n* casato nobile *m*, stirpe nobile *f*
Adelstitel ['a:dəlsti:təl] *m* titolo nobiliare *m*
Ader ['a:dɐ] *f* **1.** *ANAT* vaso sanguigno *m;* **2.** *(fig: Wesenszug)* vena *f; musikalische ~* vena musicale *f; eine ~ für etw haben* avere il pallino per qc/essere portato per qc
Adjektiv ['atjɛkti:f] *n* aggettivo *m*
Adler ['a:dlɐ] *m ZOOL* aquila *m*
Adlerauge ['a:dlɐaugə] *n* occhio d'aquila *m*
adlig ['a:dlɪç] *adj* nobile
Adlige(r) ['a:dlɪçə(r)] *m/f* nobile *m/f*
adoptieren [adɔp'ti:rən] *v* adottare
Adoption [adɔp'tsjo:n] *f* adozione *f*
Adoptiveltern [adɔp'ti:fɛltɐn] *pl* genitori adottivi *m/pl*
Adoptivkind [adɔp'ti:fkɪnt] *n* figlio adottivo *m*
Adressant [adrɛ'sant] *m* mittente *m*
Adressat [adrɛ'sa:t] *m* destinatario *m*
Adresse [a'drɛsə] *f* indirizzo *m*
adressieren [adrɛ'si:rən] *v* indirizzare
adrett [a'drɛt] *adj* pulito, lindo
Advent [at'vɛnt] *m* Avvento *m*
Adventskalender [at'vɛntskalɛndɐ] *m* calendario d'Avvento *m*
Adventskranz [at'vɛntskrants] *m* ghirlanda d'Avvento *f*
Adventszeit [at'vɛntstsaɪt] *f* tempo d'Avvento *m*
Adverb [at'vɛrp] *n GRAMM* avverbio *m*
Affäre [a'fɛ:rə] *f* affare *m*, faccenda *f*
Affe ['afə] *m ZOOL* scimmia *f; Mich laust der ~.* Che mi prenda un colpo. *seinem ~n Zucker geben* darsi delle arie
Affekt [a'fɛkt] *m* eccitazione *f*
affektiert [afɛk'ti:rt] *adj* affettato
Affenzahn [afən'tsa:n] *m mit einem ~* in un lampo
affig ['afɪç] *adj* sciocco, vanesio
Afrika ['afrika] *n GEO* Africa *f*
Afrikaner(in) [afri'ka:nər(ɪn)] *m/f* africano/africana *m/f*
afrikanisch [afri'ka:nɪʃ] *adj* africano
After ['a:ftɐ] *m ANAT* ano *m*
Agent [a'gɛnt] *m* agente *m*
Aggregat [agrɛ'ga:t] *n* aggregato *m*
Aggression [agrɛ'sjo:n] *f* aggressione *f*
aggressiv [agrɛ'si:f] *adj* aggressivo
Agrarerzeugnis [a'gra:rɛrtsɔygnɪs] *n* prodotto agricolo *m*
Agrarindustrie [a'gra:rɪndustri:] *f* industria agricola *f*
Agrarland [a'gra:rlant] *n* paese agricolo *m*
Ägypten [ɛ'gyptən] *n GEO* Egitto *m*
Ägypter(in) [ɛ'gyptər(ɪn)] *m/f* egiziano/egiziana *m/f*
aha [a'ha] *interj* ah, ecco
Ahne ['a:nə] *m/f* antenato/antenata *m/f*, avo/ava *m/f*
ähneln ['ɛ:nəln] *v* assomigliare

A

ahnen ['aːnən] *v* **1.** *(voraussehen)* presentire, presagire; *Als ob er es geahnt hätte.* Come se lo avesse presentito. **2.** *(befürchten)* temere; *etwas Schlimmes ~* temere il peggio
Ahnengalerie ['aːnəngaləriː] *f* galleria degli avi *f*
ähnlich ['ɛːnlɪç] *adj* somigliante
Ähnlichkeit ['ɛːnlɪçkaɪt] *f* somiglianza *f*
Ahnung ['aːnuŋ] *f* **1.** *(Vorgefühl)* presentimento *m*; *keine blasse ~ haben* non aver la più pallida idea; **2.** *(Befürchtung)* timore *m*
ahnungslos ['aːnuŋsloːs] *adj* ignaro, inconsapevole
ahnungsvoll ['aːnuŋsfɔl] *adj* presago *m*
Ahorn ['aːhɔrn] *m* BOT acero *m*
Aids [eɪdz] *n* MED Aids *f*
Aidshilfe ['eɪdzhɪlfə] *f* assistenza Aids *f*
Airbag ['ɛrbɛk] *m* airbag *m*
Akademie [akade'miː] *f* accademia *f*
Akademiker(in) [aka'deːmɪkər(ɪn)] *m/f* accademico/accademica *m/f*
akademisch [aka'deːmɪʃ] *adj* accademico, universitario
akklimatisieren [aklimati'ziːrən] *v* *sich ~* acclimatarsi
Akkord [a'kɔrt] *m* **1.** ECO accordo *m*; **2.** MUS accordo *m*
akkurat [aku'raːt] *adj* accurato
Akkusativ ['akuzatiːf] *m* GRAMM accusativo *m*
Akt [akt] *m* **1.** *(Tat)* atto *m*, azione *f*; **2.** *(Zeremonie)* cerimonia *f*; **3.** THEAT atto *m*; **4.** ART nudo *m*
Akte ['aktə] *f* documento *m*
Aktenauszug ['aktənaustsuːk] *m* estratto di una pratica *m*
aktenkundig ['aktənkundɪç] *adj* JUR evidente dagli atti
Aktenmappe ['aktənmapə] *f* cartella degli atti *f*, cartella delle pratiche *f*
Aktennotiz ['aktənnotiːts] *f* annotazione *f*
Aktenzeichen ['aktəntsaɪçən] *n* numero di protocollo *m*
Aktie ['aktsjə] *f* FIN azione *f*
Aktion [ak'tsjoːn] *f* attività *f*, azione *f*
Aktionsradius [ak'tsjoːnsraːdjus] *m* raggio d'azione *m*
aktiv [ak'tiːf] *adj* attivo
aktivieren [akti'viːrən] *v* attivare
Aktivierung [akti'viːruŋ] *f* attivazione *f*
Aktivität [aktivi'tɛːt] *f* attività *f*
aktualisieren [aktuali'ziːrən] *v* aggiornare, attualizzare
Aktualität [aktuali'tɛːt] *f* attualità *f*
aktuell [aktu'ɛl] *adj* attuale
akupunktieren [akupuŋk'tiːrən] *v* eseguire l'agopuntura
Akustik [a'kustɪk] *f* PHYS acustica *f*
akustisch [a'kustɪʃ] *adj* acustico
akut [a'kuːt] *adj* acuto
Akzent [ak'tsɛnt] *m* accento *m*
akzentuieren [aktsɛntui'ːrən] *v* accentare
Akzeptanz [aktsɛp'tants] *f* accettazione *f*
akzeptieren [aktsɛp'tiːrən] *v* accettare
Alarm [a'larm] *m* allarme *m*; *blinder ~* falso allarme *m*
Alarmanlage [a'larmanlaːgə] *f* sistema di allarme *m*
Alarmbereitschaft [a'larmbəraɪtʃaft] *f* stato di allerta *n*, stato di allarme *n*; *sich in ~ befinden* essere in stato di allerta
alarmieren [alar'miːrən] *v* allarmare
Alarmsignal [a'larmzɪgnaːl] *n* segnale d'allarme *m*
Alarmstufe [a'larmʃtuːfə] *f* grado d'allarme *m*
albern ['albɐn] *adj* sciocco
Albernheit ['albɐnhaɪt] *f* scempiaggine *f*, sciocchezza *f*
Albtraum ['alptraum] *m* incubo *m*
Album ['album] *n* album *m*
Alcopop ['alkopop] *m* alcopop *m*
Alge ['algə] *f* BOT alga *f*
alias ['alias] *adv* altrimenti, alias
Alibi ['aːlibiː] *n* alibi *m*
Alkohol ['alkohoːl] *m* alcool *m*
alkoholfrei ['alkohoːlfraɪ] *adj* senza alcool
Alkoholiker(in) [alko'hoːlɪkər(ɪn)] *m/f* alcolizzato/alcolizzata *m/f*
alkoholisch [alko'hoːlɪʃ] *adj* alcoolico
Alkoholmissbrauch [alko'hoːlmɪsbraux] *m* abuso d'alcool *m*
All [al] *n* universo *m*, cosmo *m*
allabendlich [al'aːbəntlɪç] *adv* **1.** di sera; *adj* **2.** tutte le sere

alle ['alə] *adj* **1.** tutto; *pron* **2.** tutti; *~ sind gekommen.* Sono venuti tutti. *~ beide* tutti e due; *~ vier Jahre* ogni quattro anni
Allee [a'le:] *f* viale *m*
allein [a'laɪn] *adj* solo; *~ stehend* solo
Alleinerzieher(in) [a'laɪnɛrtsi:ər(ɪn)] *m/f* educatore unico/educatrice unica *m/f*, padre *m* solo, madre *f* sola
Alleingang [a'laɪngaŋ] *m* prestazione individuale *f;* azione individuale
alleinig [a'laɪnɪç] *adj* unico, esclusivo
Alleinstehende(r) [a'laɪnʃte:əndə(r)] *m/f* single *m/f*, chi vive da solo
allenfalls ['alən'fals] *adv* eventualmente
allerbeste(r,s) ['alɐbɛstə(r,s)] *adj* il migliore di tutti/la migliore di tutti
allerdings [alɐ'dɪŋs] *adv* certo
allerhand ['alɐ'hant] *adj* **1.** *(viel)* ogni specie di, ogni sorta di; **2.** *(vielerlei)* molto, tanto; **3.** *(fam)* troppo
allerhöchstens ['alɐ'hø:çstəns] *adv* tutt'al più, al massimo
allerlei ['alɐ'laɪ] *adj* ogni specie di
Allerlei ['alɐ'laɪ] *n* miscuglio *m*
allerliebst ['alɐ'li:pst] *adj* incantevole
alles ['aləs] *pron* tutto; *Das ist ~.* Questo è tutto. *~ in allem* tutto sommato; *vor allem* soprattutto
Allgegenwart [al'ge:gənvart] *f* onnipresenza *f*
allgegenwärtig [al'ge:gənvɛrtɪç] *adj* onnipresente
allgemein [algə'maɪn] *adj* **1.** generale; *~ verständlich* comprensibile a tutti; *adv* **2.** generalmente; *~ gültig* generalmente valido
Allgemeinbefinden [algə'maɪnbəfɪndən] *n* stato generale *m*
Allgemeinbildung [algə'maɪnbɪlduŋ] *f* cultura generale *f*
Allgemeinheit [algə'maɪnhaɪt] *f* comunità *f*
Allgemeinwohl [algə'maɪnvo:l] *n* bene comune *m*
Allheilmittel [al'haɪlmɪtəl] *n* toccasana *m*
Allianz [al'jants] *f* alleanza *f*
alljährlich [al'jɛ:rlɪç] *adj* annuale
allmählich [al'mɛ:lɪç] *adj* graduale
allseits ['alzaɪts] *adv* da ogni parte, a tutti
Alltag ['alta:k] *m* quotidiano *m*
alltäglich [al'tɛ:klɪç] *adj* quotidiano
alltags ['alta:ks] *adj* quotidiano
Allüre [a'ly:rə] *f* posa *f*
allwissend ['al'vɪsənt] *adj* onnisciente
allzu ['altsu] *adv* troppo; *Du nimmst es ~ leicht.* La prendi troppo alla leggera.
Alm [alm] *f* pascolo alpino *m*
Almanach ['almanax] *m* almanacco *m*
Almhütte ['almhytə] *f* cascina alpestre *f*
Almosen ['almo:zən] *n* elemosina *f; jdn um ein ~ bitten* chiedere l'elemosina a qd
Alpen ['alpən] *pl GEO* Alpi *f/pl*
Alpenveilchen ['alpənfaɪlçən] *n BOT* ciclamino *m*
Alphabet [alfa'be:t] *n* alfabeto *m*
alphabetisch [alfa'be:tiʃ] *adj* alfabetico; *~ geordnet* in ordine alfabetico
alpin [al'pi:n] *adj* alpino
als [als] *konj* **1.** *(gleichzeitig)* quando; 2. *(vorzeitig)* dopo che; **3.** *(Eigenschaft)* in qualità di, come; **4.** *(Komparativ)* di, che; *Er ist größer ~ du.* È più alto di te. *Er ist intelligenter, ~ er vorgibt.* È più intelligente di quanto sembri.
also ['alzo] *konj* dunque
alt [alt] *adj* vecchio; *~ aussehen* sembrare vecchio; *~es Haus* vecchia pellaccia *f*, vecchio amico *m; ~er Hut* storia vecchia *f*
Altar [al'ta:ɐ] *m REL* altare *m*
Altbau ['altbau] *m* edificio d'epoca *m*
Altbauwohnung ['altbauvo:nuŋ] *f* appartamento in edificio d'epoca *m*
altbekannt ['altbə'kant] *adj* ben noto
altbewährt ['altbə'vɛ:rt] *adj* convalidato dall'esperienza
altdeutsch ['altdɔytʃ] *adj* tedesco antico
altehrwürdig [alt'e:rvyrdɪç] *adj* venerabile, maestoso
alteingesessen [alt'aɪngəzɛsən] *adj* residente da molto tempo
Alter ['altɐ] *n* età *f; Er ist in meinem ~.* È della mia età.
älter [ɛltɐ] *adj* più anziano, più vecchio; *mein ~r Bruder* mio fratello maggiore *m*
altern ['altɐn] *v* invecchiare
alternativ [altɐna'ti:f] *adj* alternativo
Alternative [altɐna'ti:fə] *f* alternativa *f*

A

altersbedingt ['altɐsbədɪŋkt] *adj* determinato dall'età, dovuto all'età
Alterserscheinung ['altɐserʃaɪnuŋ] *f* sintomo di vecchiaia *m*
Altersgrenze ['altɐsgrɛntsə] *f* limite d'età *m*
Altersheim ['altɐshaɪm] *n* casa di riposo *f*, ospizio per anziani *m*
Altersklasse ['altɐsklasə] *f* classe *f*, annata *f*
Altersrente ['altɐsrɛntə] *f* pensione di vecchiaia *f*
altersschwach ['altɐsʃvax] *adj* decrepito
Alterssitz ['altɐszɪts] *m* sede di vecchiaia *f*
Altersunterschied ['altɐsuntɐʃiːt] *m* differenza d'età *f*
Altersversorgung ['altɐsfɛrzɔrguŋ] *f* pensione per la vecchiaia *f*
Altertum ['altɐtuːm] *n HIST* antichità *f*
Altertümer ['altɐtyːmɐ] *pl* antichità *f/pl*, anticaglie *f/pl*
altertümlich ['altɐtymlɪç] *adj* antiquato, arcaico
Altglas ['altglaːs] *n* vetro usato *m*
Altglascontainer ['altglaːskɔnteɪnɐ] *m* contenitore per il vetro usato *m*
althergebracht [alt'heːrgəbraxt] *adj* tradizionale
altjüngferlich [alt'juŋfɐlɪç] *adj* da zitellona
altklug ['altkluːk] *adj* saputello
Altmaterial ['altmaterjaːl] *n* materiale vecchio *m*
Altmeister ['altmaɪstɐ] *m* excampione *m*, veterano *m*
Altmetall ['altmetal] *n* metallo vecchio *m*
altmodisch ['altmoːdɪʃ] *adj* antiquato, fuori moda
Altpapier ['altpapiːr] *n* cartastraccia *f*
Altstadt ['altʃtat] *f* città vecchia *f*, centro storico *m*
Altstadtsanierung ['altʃtatzaniːruŋ] *f* restauro del centro storico *m*
Altwarenhändler ['altvarənhɛndlɐ] *m* robivecchi *m*, rigattiere *m*
Altweibersommer [alt'vaɪbɐzɔmɐ] *m* estate di S. Martino *f*
Alufolie ['alufoːljə] *f* carta stagnola *f*, foglio di alluminio *m*
am *(= an dem) (siehe „an")*
Amateur [ama'tøːr] *m* amatore *m*, dilettante *m/f*
Amateursportler(in) [ama'tøːrʃpɔrtlər(ɪn)] *m/f* dilettante sportivo/dilettante sportiva *m/f*
ambulant [ambu'lant] *adj* ambulante
Ameise ['aːmaɪzə] *f ZOOL* formica *f*
Amen ['aːmən] *n* amen *m*; *zu allem ja und ~ sagen* chinare il capo/dire sempre di sì/acconsentire a tutto
Amerika [a'meːrika] *n GEO* America *f*
Amerikaner(in) [ameri'kaːnər(ɪn)] *m/f* americano/americana *m/f*
amerikanisch [ameri'kaːnɪʃ] *adj* americano
Amokläufer ['amoklɔyfɐ] *m* pazzo sanguinario *m*
Ampel ['ampəl] *f* semaforo *m*
Ampere [am'pɛːr] *n PHYS* ampere *m*
Amsel ['amzəl] *f ZOOL* merlo *m*
Amt [amt] *n* **1.** *(Behörde)* ufficio *m*; **2.** *(Stellung)* incarico *m*; *sein ~ niederlegen* dare le demissioni
amtierend ['am'tiːrənt] *adj* in carica, in servizio effettivo
amtlich ['amtlɪç] *adj* ufficiale
Amtsantritt ['amtsantrɪt] *m* entrata in carica *f*
Amtsarzt ['amtsartst] *m* ufficiale sanitario *m*
Amtsbezirk ['amtsbətsɪrk] *m* circoscrizione *f*
Amtsblatt ['amtsblat] *n* gazzetta ufficiale *f*
Amtshandlung ['amtshandluŋ] *f* atto amministrativo *m*
Amtsinhaber(in) ['amtsɪnhaːbər(ɪn)] *m/f* titolare di una carica *m*
Amtsschimmel ['amtsʃɪməl] *m (fam)* burocrazia *f*
Amtsvermerk ['amtsfɛrmɛrk] *m* annotazione d'ufficio *f*
Amulett [amu'lɛt] *n* amuleto *m*
amüsant [amy'zant] *adj* divertente
Amüsement [amys'mɑ̃ː] *n* divertimento *m*
amüsieren [amy'ziːrən] *v sich ~* divertirsi
an [an] *prep* **1.** *(örtlich)* a, su; *am Fenster sitzen* sedere alla finestra; *die Fliege ~ der Wand* la mosca sulla parete;

2. *(zeitlich)* in, di; ~ *einem schönen Abend* in una bella serata/una bella serata; *am Abend* di sera; *von diesem Zeitpunkt* ~ d'ora in avanti/d'ora in poi; *am* **1.** *Oktober* il primo Ottobre *m;* **3.** ~ *den Direktor* al direttore

Anachronismus [anakro'nɪsmus] *m* anacronismo *m*

analog [ana'lo:k] *adj* analogo

Analogie [analo'gi:] *f* analogia *f*

Analphabet ['analfabe:t] *m* analfabeta *m/f*

Analyse [ana'ly:zə] *f* analisi *f*

analysieren [analy'zi:rən] *v* analizzare

Ananas ['ananas] *f BOT* ananas *f*

anbahnen ['anba:nən] *v* avviare, iniziare

Anbahnung ['anba:nuŋ] *f* avviamento *m*

anbändeln ['anbɛndəln] *v (fam)* attaccare; *mit jdm* ~ attaccare briga con qd

Anbau ['anbau] *m* **1.** edificio annesso *m;* 2. *AGR* coltivazione *f*

anbauen ['anbauən] *v* **1.** *(Gebäude)* ingrandire; **2.** *(anpflanzen)* coltivare

Anbaumöbel ['anbaumø:bəl] *pl* mobili componibili *m/pl*

Anbeginn ['anbəgɪn] *m* principio *m; seit* ~ fin da principio

anbehalten ['anbəhaltən] *v irr* tenere; *ein Kleid* ~ tenere addosso un vestito

anbei [an'baɪ] *adv* accluso, annesso

anbeißen ['anbaɪsən] *v irr (beißen)* mordere, dare un morso; *den Apfel* ~ dare un morso alla mela; *zum Anbeißen aussehen (fig)* sembrare appetitoso

anbelangen ['anbəlaŋən] *v* riguardare

anberaumen ['anbəraumən] *v* fissare; *einen Gerichtstermin* ~ fissare un termine giudiziario

anbeten ['anbe:tən] *v* adorare

Anbetracht ['anbətraxt] *m* considerazione *f; in* ~ *seines guten Willens ...* considerata la sua buona volontà ...

anbiedern ['anbi:dɐn] *v sich* ~ cercare d'ingraziarsi, prendersi confidenza; *sich bei jdm* ~ cercare d'ingraziarsi qd

anbieten ['anbi:tən] *v irr* offrire, *(vorschlagen)* proporre

anbinden ['anbɪndən] *v irr* legare

anblicken ['anblɪkən] *v* gettare uno sguardo, guardare; *etw* ~ gettare uno sguardo su qc

anbrechen ['anbrɛçən] *v irr* **1.** *(brechen)* spezzare, incrinare; **2.** *(zu verbrauchen beginnen)* mettere mano a, cominciare; *den Vorrat* ~ mettere mano alle provviste; *Der Tag ist angebrochen.* Il giorno è cominciato.

anbrennen ['anbrɛnən] *v irr* **1.** prendere fuoco; **2.** accendere; **3.** *nichts* ~ *lassen* non lasciarsi scappare nulla/non perdere un colpo

anbringen ['anbrɪŋən] *v irr* **1.** *(befestigen)* fissare; **2.** *(Beschwerde)* presentare; **3.** *(fam: herbringen)* portare

Anbruch ['anbrux] *m* inizio *m*

anbrüllen ['anbrylən] *v* apostrofare gridando

andächtig ['andɛçtɪk] *adj* attento, tutto assorto

andauern ['andauɐn] *v* durare, continuare

andauernd ['andauɐnt] *adj* continuo

Andenken ['andɛŋkən] *n* **1.** *(Erinnerung)* rimembranza *f,* ricordo *m,* memoria *f;* **2.** *(Souvenir)* ricordo *m,* souvenir *m*

andere(r,s) ['andərə(r,s)] *adj* **1.** altro/altra; *ein ~s Mal* un'altra volta; *unter ~m* tra l'altro; *pron* **2.** altro

andererseits ['andərɐzaɪts] *adv* d'altra parte

andermal ['andɐma:l] *adv ein* ~ un'altra volta

ändern ['ɛndɐn] *v* **1.** *etw* ~ cambiare qc; **2.** *sich* ~ cambiare; *Das Wetter wird sich* ~. Il tempo cambierà.

andernfalls ['andɐnfals] *adv* in caso contrario, altrimenti

anders ['andɐs] *adj* **1.** altro; ~ *denkend* dissenziente; *adv* **2.** altrimenti

andersartig ['andɐsa:rtɪç] *adj* di altra specie, diverso

Andersartigkeit ['andɐsa:rtɪçkaɪt] *f* diversità *f*

Andersdenkende(r) ['andɐsdɛŋkəndə(r)] *m/f* dissenziente *m/f,* alternativo *m*

andersfarbig ['andɐsfa:rbɪç] *adj* di altro colore

andersherum ['andɐshɛrum] *adv* in senso opposto, dall'altra parte

anderswo ['andɐsvo:] *adv* altrove, in altro luogo

anderthalb ['andɐthalp] *num* uno e mezzo

Änderung ['ɛndəruŋ] *f* cambiamento *m*
Änderungsvorschlag ['ɛndəruŋsforʃlaːk] *m* proposta di modifica *f*
anderweitig ['andɐvaɪtɪç] *adj* **1.** diverso, ulteriore; *adv* **2.** *(sonstig)* diversemente, in altro modo
andeuten ['andɔytən] *v* accennare; *ein Problem ~* accennare ad un problema
Andeutung ['andɔytuŋ] *f* accenno *m*, allusione *f*
andeutungsweise ['andɔytuŋsvaɪzə] *adj* per accenni
Andrang ['andraŋ] *m* ressa *f*, calca *f*
andrehen ['andreːən] *v* **1.** *(einschalten)* accendere; **2.** *(fam)* appioppare; *jdm etw ~* appioppare qc a qd
androhen ['androːən] *v* minacciare
Androhung ['androːuŋ] *f* minaccia *f*
anecken ['anɛkən] *v (fam)* urtare
aneignen ['anaɪgnən] *v sich ~* appropriarsi
Aneignung ['anaɪgnuŋ] *f* appropriazione *f*
aneinander [anaɪ'nandɐ] *adv* uno accanto all'altro, uno presso l'altro; *die Gedanken ~ fügen* connettere i pensieri; *~ geraten* litigare; *~ grenzend* confinante; *~ reihen* mettere in fila/allineare
Anekdote [anɛk'doːtə] *f* aneddoto *m*
anekeln ['aneːkəln] *v (fam)* stuzzicare, disgustare, fare schifo
Anerbieten ['anɛrbiːtən] *n* offerta *f*
anerkannt ['anɛrkant] *adj* riconosciuto
anerkennen ['anɛrkɛnən] *v irr* riconoscere, approvare
anerkennend ['anɛrkɛnənt] *adj* di riconoscimento, di lode
anerkennenswert ['anɛrkɛnənsveːrt] *adj* degno di approvazione, lodevole
Anerkennung ['anɛrkɛnuŋ] *f* riconoscimento *m*
anfachen ['anfaxən] *v* **1.** *(Feuer)* attizzare; **2.** *(fig: anspornen)* spronare
anfahren ['anfaːrən] *v irr* **1.** *(losfahren)* avviare; **2.** *(fahren gegen)* scontrarsi; **3.** *(fig: schimpfen)* assalire; *jdn mit Beleidigungen ~* assalire qd con ingiurie; **4.** *(Maschine)* TECH avviare
Anfahrt ['anfaːrt] *f* **1.** *(Fahrt)* arrivo *m*; **2.** *(Zufahrt)* accesso *m*
anfallen ['anfalən] *v irr* **1.** *(überfallen)* aggredire; **2.** *(Arbeit)* presentarsi
anfällig ['anfɛlɪç] *adj* incline, predisposto
Anfälligkeit ['anfɛlɪçkaɪt] *f* disposizione *f*
Anfang ['anfaŋ] *m* principio *m;* inizio *m; von ~ an* dall'inizio; *am ~* all'inizio; *~ November* all'inizio di novembre
anfangen ['anfaŋən] *v irr* incominciare
Anfänger(in) ['anfɛŋər(ɪn)] *m/f* principiante *m/f*
anfänglich ['anfɛŋlɪç] *adj* **1.** iniziale; *adv* **2.** dapprima, in principio
Anfangsbuchstabe['anfaŋsbuːxʃtaːbə] *m* lettera iniziale *f*
Anfangsgehalt ['anfaŋsgəhalt] *n* stipendio iniziale *m*
Anfangsstadium ['anfaŋsʃtaːdjum] *n* fase iniziale *f*
anfassen ['anfasən] *v* **1.** *(berühren)* toccare; **2.** *(greifen)* prendere, afferrare; **3.** *(fam: helfen)* dare una mano, aiutare
anfechtbar ['anfɛçtbaːr] *adj* contestabile
anfechten ['anfɛçtən] *v irr* contestare, impugnare
anfeinden ['anfaɪndən] *v* osteggiare
Anfeindung ['anfaɪnduŋ] *f* ostilità *f*
anfertigen ['anfɛrtɪgən] *v* fabbricare, produrre
Anfertigung ['anfɛrtɪguŋ] *f* fabbricazione *f*
anfeuchten ['anfɔyçtən] *v* inumidire
anfeuern ['anfɔyɐn] *v (fig)* animare, esortare, accendere
Anfeuerung ['anfɔyəruŋ] *f (fig)* incoraggiamento *m*, accensione *f*
anflehen ['anfleːən] *v* implorare
Anflug ['anfluːk] *m* **1.** *(mit dem Flugzeug)* arrivo *m;* **2.** *(fig: Hauch)* traccia *f*, velo *m*
anfordern ['anfɔrdɐn] *v* esigere, richiedere
Anforderung ['anfɔrdəruŋ] *f* **1.** *(Anspruch)* pretesa *f*, richiesta *f;* **2.** *(Bestellung)* domanda *f*
Anfrage ['anfraːgə] *f* ECO richiesta *f*
anfragen ['anfraːgən] *v* domandare
anfreunden ['anfrɔyndən] *v sich mit jdm ~* diventare amico di qd

anfügen ['anfy:gən] *v* **1.** *(hinzufügen)* aggiungere; **2.** *(beilegen)* allegare, accludere
anfühlen ['anfy:lən] *v sich ~* toccare, sentire; *Es fühlt sich feucht an.* Si sente che è umida.
anführen ['anfy:rən] *v* **1.** *(führen)* comandare; **2.** *(zitieren)* citare
Anführer(in) ['anfy:rər(ɪn)] *m/f* capo *m*
Anführungszeichen ['anfy:ruŋstsaɪçən] *n GRAMM* virgolette *f/pl*
Angabe ['anga:bə] *f* **1.** affermazione *f*, indicazione *f*, dichiarazione *f*; **2.** *(Prahlerei)* presunzione *f*, vanteria *f*
angeben ['ange:bən] *v irr* **1.** indicare; **2.** *(prahlen)* vantarsi
Angeber(in) ['ange:bər(ɪn)] *m/f* presuntuoso/presuntuosa *m/f*, spaccone *m* *(fam)*
Angeberei [ange:bə'raɪ] *f* presunzione *f*, spacconata *f (fam)*
Angebetete(r) ['ange:bətətə(r)] *m/f* adorato/adorata *m/f*
angeblich ['ange:plɪç] *adj* **1.** presunto, supposto; *adv* **2.** presumibilmente; *die ~ versprochene Hilfe* l'aiuto che presumibilmente gli è stato promesso
angeboren ['angəbo:rən] *adj* innato
Angebot ['angəbo:t] *n* offerta *f*
angebracht ['angəbraxt] *adj* conveniente, opportuno
angebrannt ['angəbrant] *adj* bruciato
Angedenken ['angədeŋkən] *n* ricordo *m*, rimembranza *f*
angeheitert ['angəhaɪtɐt] *adj* alterato, alticcio; *vom Wein ~* alterato dal vino
angehen ['ange:ən] *v irr* **1.** *(beginnen)* cominciare; **2.** *(Licht)* accendere; *Die Lichter gehen an.* I lumi si accendono. **3.** *(betreffen)* riguardare; *Das geht dich nichts an.* Questo non ti riguarda. **4.** *(bitten)* pregare
angehend ['ange:ənt] *adj* esordiente
angehören ['angəhø:rən] *v* appartenere
Angehörige(r) ['angəhø:rɪgə(r)] *m/f* familiare *m/f*, parente *m/f*
Angel ['aŋəl] *f* **1.** *SPORT* amo *m*; **2.** *(Türangel)* cardine *m*; *die Welt aus den ~n heben* rovesciare il mondo; *zwischen Tür und ~* tra il lusco e il brusco/di sfuggita
Angelegenheit ['angəle:gənhaɪt] *f* affare *m*
angeln ['aŋəln] *v* pescare con l'amo
Angelsachse ['aŋəlzaksə] *m* anglosassone *m*
angemessen ['angəmɛsən] *adj* adeguato
Angemessenheit ['angəmɛsənhaɪt] *f* adeguatezza *f*
angenehm ['angəne:m] *adj* gradevole, piacevole
angenommen ['angənɔmən] *adj* **1.** *(adoptiert)* adottato; **2.** *(geschätzt)* presunto; **3.** *~ dass ...* supposto che ...
angeregt ['angəre:kt] *adj* **1.** animato, vivace; *adv* **2.** animatamente, vivacemente
angereichert ['angəraɪçɐt] *adj* arricchito
angesehen ['angəze:ən] *adj ~ sein* essere visto, essere apprezzato, essere ben visto
Angesicht ['angəzɪçt] *n* faccia *f*
angesichts ['angəzɪçts] *prep* **1.** davanti a; **2.** considerato
angespannt ['angəʃpant] *adj* teso; *eine ~e Lage* una situazione tesa; *Die Schnur ist ~.* La corda è tesa.
angestellt ['angəʃtɛlt] *adj* impiegato
Angestellte(r) ['angəʃtɛltə(r)] *m/f* impiegato/impiegata *m/f*
Angestelltengewerkschaft ['angəʃtɛltəngəvɛrkʃaft] *f* sindacato degli impiegati *m*
angewandt ['angəvant] *adj* applicato
angewiesen ['angəvi:zən] *adj auf jdn/etw ~ sein* dipendere da qd/qc; *auf sich selbst ~ sein* essere abbandonato a se stesso
angewöhnen ['angəvø:nən] *v* **1.** *jdm etw ~* abituare qd a qc; **2.** *sich etw ~* abituarsi a qc
Angewohnheit ['angəvo:nhaɪt] *f* abitudine *f*
angewurzelt ['angəwurtsəlt] *adj wie ~ dastehen* restare di sasso
angleichen ['anglaɪçən] *v irr* conformare, adeguare, armonizzare
Angleichung ['anglaɪçuŋ] *f* adeguamento *m*, adattamento *m*
Angler(in) ['aŋlɐ(in)] *m/f* pescatore/pescatrice *m/f*

A

A

angliedern ['angli:dɐn] *v* aggregare, annettere
angreifen ['angraɪfən] *v irr* **1.** afferrare; **2.** *(berühren)* toccare; **3.** offendere; **4.** *(beschädigen)* danneggiare
angrenzen ['angrɛntsən] *v* confinare
angrenzend ['angrɛntsənt] *adj* confinante
Angriff ['angrɪf] *m* attacco *m*
Angriffsfläche ['angrɪfsflɛçə] *m (fig)* punto debole *m*
angriffslustig ['angrɪfslustɪç] *adj* aggressivo
Angst [aŋst] *f* paura *f*; *~ haben* avere paura; *jdm ~ machen* far paura a qd
angsterfüllt ['aŋstɛrfylt] *adj* **1.** pieno di paura, impaurito; *adv* **2.** paurosamente, timorosamente
Angstgefühl ['aŋstgəfy:l] *n* angoscia *f*
Angsthase ['aŋstha:zə] *m (fam)* vigliacco *m*, fifone *m*
ängstigen ['ɛŋstɪgən] *v* **1.** *jdn ~* spaventare qd; *jdn unnötig ~* spaventare qd inutilmente; **2.** *sich ~* aver paura, preoccuparsi
ängstlich ['ɛŋstlɪç] *adj* pauroso
Ängstlichkeit ['ɛŋstlɪçkaɪt] *f* paura *f*, timidezza *f*
anhaben ['anha:bən] *v irr* avere indosso, pigliare; *ein Kleid ~* avere un vestito indosso
anhalten ['anhaltən] *v irr* **1.** *(stehen bleiben)* fermare; **2.** *(fortdauern)* continuare
anhaltend ['anhaltənt] *adj* continuo
Anhalter(in) ['anhaltər(ɪn)] *m/f* autostoppista *m/f*
Anhaltspunkt ['anhaltspuŋkt] *m* accenno *m*, indizio *m*
anhand [an'hant] *prep* in base a
Anhang ['anhaŋ] *m* appendice *f*
anhängen ['anhɛŋən] *v* **1.** appendere; **2.** *(hinzufügen)* aggiungere; **3.** *(fig) jdm etw ~* attribuire ingiustamente qc a qd
Anhänger ['anhɛŋɐ] *m* **1.** *(eines Wagens)* rimorchio *m*; **2.** *(Schild)* cartellino *m*; **3.** *(Schmuck)* medaglione *m*, ciondolo *m*; **4.** *(Befürworter)* seguace *m*, aderente *m*
anhänglich ['anhɛŋlɪç] *adj* attaccato, affezionato
Anhänglichkeit ['anhɛŋlɪçkaɪt] *f* attaccamento *m*
anhäufen ['anhɔyfən] *v* ammucchiare, accumulare, ammassare
Anhäufung ['anhɔyfuŋ] *f* accumulamento *m*
anheben ['anhe:bən] *v irr* **1.** *(hochheben)* sollevare; **2.** *(erhöhen)* aumentare
anheften ['anhɛftən] *v* fissare
anheim [an'haim] *v ~ stellen* rimettere; *Ich stelle es Ihnen ~.* Lo rimetto a Lei.
anheizen ['anhaɪtsən] *v* **1.** accendere il fuoco; **2.** *ECO* incrementare
anheuern ['anhɔyɐn] *v* ingaggiare
Anhieb ['anhi:p] *m auf ~* al primo colpo
anhimmeln ['anhɪməln] *v* adorare, mettere su un piedistallo
Anhöhe ['anhø:ə] *f* altura *f*, colle *m*
anhören ['anhø:rən] *v* **1.** ascoltare; prestare orecchio, dar retta; **2.** *sich ~* suonare; *Es hört sich gut an.* Suona bene.
animalisch [ani'ma:lɪʃ] *adj* animale, animalesco
Animateur(in) [anima'tø:r(ɪn)] *m/f* animatore/animatrice *m/f*
animieren [ani'mi:rən] *v* animare
Anis [a'ni:s] *n BOT* anice *m*
ankämpfen ['ankɛmpfən] *v* lottare contro qc
Ankauf ['ankauf] *m* acquisto *m*
ankaufen ['ankaufən] *v* acquistare
Anker ['aŋkɐ] *m* ancora *f*
Anklage ['ankla:gə] *f* **1.** *(Beschuldigung)* accusa *f*, imputazione *f*; **2.** *JUR* accusa *f*, imputazione *f*
anklagen ['ankla:gən] *v* **1.** *(beschuldigen)* accusare; **2.** *JUR* denunciare
Anklang ['anklaŋ] *m* **1.** *(Ähnlichkeit)* reminiscenza *f*; **2.** *~ finden* trovare favore
ankleben ['ankle:bən] *v* attaccare, aderire; *an etw ~* attaccare a qc
Ankleidekabine ['anklaɪdəkabi:nə] *f* spogliatoio *m*
ankleiden ['anklaɪdən] *v* **1.** *jdn ~* vestire qd; **2.** *sich ~* vestirsi
anklopfen ['anklɔpfən] *v* battere, bussare
anknüpfen ['anknypfən] *v an etw ~* collegarsi a qc; *an das Gespräch ~* collegarsi al discorso

ankommen ['ankɔmən] *v irr* **1.** arrivare; **2.** *(Zustimmung finden)* trovare favore
ankündigen ['ankyndɪgən] *v* render noto, annunciare
Ankündigung ['ankyndɪguŋ] *f* comunicazione *f;* annuncio *m*
Ankunft ['ankunft] *f* arrivo *m*
Ankunftsort ['ankunftsɔrt] *m* luogo d'arrivo *m*
Ankunftszeit ['ankunftstsaɪt] *f* ora d'arrivo *f*
ankurbeln ['ankurbəln] *v (fig: beleben)* dare impulso a, incrementare; *die Produktion ~* incrementare la produzione
anlachen ['anlaxən] *v* **1.** guardare ridendo; **2.** *(fig: anziehen)* allettare, attirare
Anlage ['anla:gə] *f* **1.** *(Fabrikanlage)* costruzione *f,* impianto *m;* **2.** *(Parkanlage)* parco *m;* **3.** *(Veranlagung)* predisposizione *f*
Anlass ['anlas] *m* **1.** *(Gelegenheit)* occasione *f;* **2.** *(Grund)* motivo *m,* causa *f; ~ zu etw geben* dare origine a qc; *etw zum ~ nehmen* prendere spunto da qc
anlassen ['anlasən] *v irr* **1.** *(Motor)* avviare; **2.** *(anbehalten)* tenere addosso; **3.** *(eingeschaltet lassen)* tenere avviato; *den Motor ~* tenere avviato il motore
anlässlich ['anlɛslɪç] *prep* in occasione di
Anlauf ['anlauf] *m* **1.** rincorsa *f;* **2.** *im zweiten ~* qc al secondo assalto *m*
anlaufen ['anlaufən] *v irr* **1.** *(beginnen)* iniziare; **2.** *(beschlagen)* appannare; *Die Fensterscheibe läuft an.* La finestra si appanna. **3.** *(Maschine) TECH* avviare
Anlaufstelle ['anlaufʃtɛlə] *f* posto di riferimento *m*
Anlaufzeit ['anlauftsaɪt] *f* periodo iniziale *m*
anlegen ['anle:gən] *v* **1.** *(Garten)* impiantare; **2.** *(Leiter)* appoggiare; **3.** *eine Akte ~* aprire una pratica; **4.** *(Schiff)* approdare; **5.** *(Verband) MED* applicare
Anlegeplatz ['anle:gəplats] *m* approdo *m*
anlehnen ['anle:nən] *v* **1.** *(Gegenstand)* appoggiare; **2.** *(Tür)* accostare; **3.** *sich ~* appoggiarsi
anlehnungsbedürftig ['anle:nuŋsbədyrftɪç] *adj* bisognoso d'affetto
anleiten ['anlaɪtən] *v* istruire, insegnare
Anleitung ['anlaɪtuŋ] *f* istruzione *f*
anlernen ['anlɛrnən] *v* istruire
Anliegen ['anli:gən] *n* preghiera *f,* domanda *f*
anliegend ['anli:gənt] *adj* **1.** attiguo, adiacente; **2.** allegato, accluso
Anlieger ['anli:gɐ] *m* residente *m*
anlocken ['anlɔkən] *v* adescare, attirare, attrarre
anlügen ['anly:gən] *v irr* mentire; *jdn ~* mentire a qd
anmachen ['anmaxən] *v* **1.** *(würzen)* condire; **2.** *(einschalten)* accendere; **3.** *(befestigen)* fissare; **4.** *(fam: ansprechen)* fare un approccio, agganciare
anmahnen ['anma:nən] *v* reclamare
anmalen ['anma:lən] *v* dipingere
anmaßen ['anma:sən] *v sich ~* arrogarsi, *sich ein Recht ~* arrogarsi un diritto
anmaßend ['anma:sənt] *adj* presuntuoso, arrogante
Anmaßung ['anma:suŋ] *f* presunzione *f,* arroganza *f*
Anmeldeformular ['anmɛldəfɔrmula:r] *n* modulo di denuncia *m*
Anmeldefrist ['anmɛldəfrɪst] *f* termine di denuncia *m*
Anmeldegebühr ['anmɛldəgəby:r] *f* tassa di registrazione *f*
anmelden ['anmɛldən] *v* **1.** annunciare; **2.** *(einschreiben)* iscrivere; *sich ~* iscriversi; *sich für einen Kurs ~* iscriversi ad un corso; **3.** *(amtlich) sich ~* denunciare; *sich amtlich ~* denunciare la propria residenza
Anmeldepflicht ['anmɛldəpflɪçt] *f* obbligo di denuncia *m*
Anmeldung ['anmɛlduŋ] *f* **1.** annuncio *m;* **2.** *(Einschreibung)* iscrizione *f;* **3.** *amtliche ~* denuncia *f*
anmerken ['anmɛrkən] *v* **1.** *(hinzufügen)* annotere; **2.** *jdm etw ~* accorgersi di qc in qd; *sich nichts ~ lassen* far finta di niente
Anmerkung ['anmɛrkuŋ] *f* annotazione *f*
Anmut ['anmu:t] *f* grazia *f*
anmutig ['anmu:tɪç] *adj* grazioso
annähen ['annɛ:ən] *v* attaccare cucendo

A

annähern ['annɛːɐn] *v sich ~* avvicinarsi; *sich langsam an jdn ~* avvicinarsi lentamente a qd
annähernd ['annɛːɐnt] *adj* approssimativo
Annäherung ['annɛːərʊŋ] *f* avvicinamento *m*
Annäherungsversuch ['annɛːərʊŋsfɛrzuːx] *m* approccio *m*, avances *f/pl*
Annahme ['annaːmə] *f* **1.** *(Entgegennahme)* accettazione *f*; **2.** *(Zustimmung)* approvazione *f*; **3.** *(Vermutung)* supposizione *f*
Annahmeverweigerung ['annaːməfɛrvaɪgərʊŋ] *f* rifiuto di accettazione *m*
annehmbar ['anneːmbaːr] *adj* accettabile
annehmen ['anneːmən] *v irr* **1.** *(entgegennehmen)* accettare; **2.** *(zustimmen)* approvare, accogliere; *einen Antrag ~* accogliere una proposta; **3.** *(vermuten)* supporre
Annehmlichkeit ['anneːmlɪçkaɪt] *f* agio *m*, comodità *f*
Annonce [a'nɔ̃ːsə] *f* inserzione *f*, annuncio *m*; *eine ~ aufgeben* fare un'inserzione
annoncieren [anɔ̃'siːrən] *v* inserzionare
annullieren [anu'liːrən] *v* annullare
Annullierung [anu'liːrʊŋ] *f* annullamento *m*
anöden ['anøːdən] *v* annoiare
anomal [ano'maːl] *adj* anomalo
Anomalie [anoma'liː] *f* anomalia *f*
anonym [ano'nyːm] *adj* anonimo
Anonymität [anonyːmi'tɛːt] *f* anonimità *f*
Anorak ['anorak] *m* giacca a vento *f*
anordnen ['anɔrdnən] *v* **1.** *(befehlen)* ordinare; **2.** *(ordnen)* ordinare
Anordnung ['anɔrdnʊŋ] *f* **1.** *(Befehl)* ordine *m*; **2.** *(Ordnung)* disposizione *f*
anorganisch ['anɔrganɪʃ] *adj* inorganico
anpassen ['anpasən] *v* **1.** adattare; **2.** *sich ~* adattarsi; *sich an eine Situation ~* adattarsi ad una situazione
Anpassung ['anpasʊŋ] *f* adattamento *m*
anpassungsfähig ['anpasʊŋsfɛːɪç] *adj* adattabile
Anpassungsfähigkeit ['anpasʊŋsfɛːɪçkaɪt] *f* adattabilità *f*
anpfeifen ['anpfaɪfən] *v irr* **1.** SPORT fischiare all'inizio; **2.** *(fam: schimpfen)* sgridare
anpflanzen ['anpflantsən] *v* piantare
Anpflanzung ['anpflantsʊŋ] *f* coltivazione *f*, piantare *m*
anprangern ['anpraŋɐn] *v* bollare, stigmatizzare
anpreisen ['anpraɪzən] *v irr* lodare
Anprobe ['anproːbə] *f* prova *f*
anprobieren ['anprobiːrən] *v* provare
anraten ['anraːtən] *v irr* consigliare, raccomandare
anrechnen ['anrɛçnən] *v* conteggiare, mettere in conto
Anrecht ['anrɛçt] *n* diritto *m*
Anrede ['anreːdə] *f* **1.** rivolgere la parola *m*, **2.** titolo *m*, appellativo *m*
anregen ['anreːgən] *v* **1.** *(veranlassen)* incitare; **2.** *(vorschlagen)* proporre
anregend ['anreːgənt] *adj* eccitante, stimolante
Anregung ['anreːgʊŋ] *f* **1.** *(Veranlassung)* impulso *m*, incitamento *m*; **2.** *(Vorschlag)* proposta *f*
anreichern ['anraɪçɐn] *v* arricchire, accrescere
Anreicherung ['anraɪçərʊŋ] *f* arricchimento *m*; *~sanlage* impianto di arricchimento *m*
Anreise ['anraɪzə] *f* viaggio di andata *m*
anreisen ['anraɪzən] *v* arrivare
Anreiz ['anraɪts] *m* impulso *m*, stimolo *m*
anrichten ['anrɪçtən] *v* **1.** *(Essen)* preparare, servire; **2.** *(Schaden)* causare; **3.** *(fam: anstellen)* combinare; *Da hast du ja was Schönes angerichtet.* L'hai combinata bella.
anrüchig ['anryːçɪç] *adj* di dubbia fama, equivoco
Anruf ['anruːf] *m* chiamata *f*
Anrufbeantworter ['anruːfbəantvɔrtɐ] *m* segreteria telefonica *f*
anrufen ['anruːfən] *v irr* **1.** *(rufen)* chiamare; **2.** *(telefonieren)* telefonare; *jdn ~* telefonare a qd
anrühren ['anryːrən] *v* **1.** *(berühren)* toccare; **2.** *(fig: rühren)* toccare; **3.** *(vermischen)* mescolare

ans *(= an das) (siehe „an")*
Ansage ['anza:gə] *f* annuncio *m*
ansagen ['anza:gən] *v* annunciare
Ansager(in) ['anza:gər(ɪn)] *m/f* annunciatore/annunciatrice *m/f*
ansammeln ['anzaməln] *v sich ~* accumularsi; *Der Staub sammelt sich an.* La polvere si accumula.
Ansammlung ['anzamluŋ] *f* accumulamento *m*
Ansatz ['anzats] *m* **1.** *(Anfang)* inizio *m;* **2.** *(Ablagerung)* strato *m;* **3.** *(Haaransatz)* radice *f;* **4.** *(Anzeichen)* accenno *m; der ~ eines Lächelns* l'accenno di un sorriso *m;* **5.** *(eines Problems)* approccio *m*
Ansatzpunkt ['anzatspuŋkt] *m* punto di partenza *m*
anschaffen ['anʃafən] *v* acquistare, comandare; *ein Fernsehgerät ~* aquistare un televisore; *Der stärkere schafft an.* Il più forte comanda.
Anschaffung ['anʃafuŋ] *f* acquisto *m*
anschalten ['anʃaltən] *v* accendere
anschauen ['anʃauən] *v* guardare, osservare
anschaulich ['anʃaulɪç] *adj* chiaro, evidente
Anschauung ['anʃauuŋ] *f* opinione *f*
Anschein ['anʃaɪn] *m* apparenza *f*
anscheinend ['anʃaɪnənt] *adv* apparentemente, a quanto pare
anschicken ['anʃɪkən] *v sich ~* accingersi; *Er schickt sich an zu arbeiten.* Si accinge a lavorare.
anschieben ['anʃi:bən] *v irr* spingere
Anschlag ['anʃla:k] *m* **1.** *(Plakat)* manifesto *m;* **2.** *(mit der Schreibmaschine)* battuta *f;* **3.** *(Attentat) POL* attentato *m*
Anschlagbrett ['anʃla:kbrɛt] *n* quadro per gli avvisi *m*
anschlagen ['anʃla:gən] *v irr* **1.** *(befestigen)* fissare; **2.** *(aushängen)* affiggere; *einen Aufruf ~* affiggere un proclama; **3.** *(fig: Klavier)* toccare
anschleichen ['anʃlaɪçən] *v irr sich an jdn ~* avvicinarsi di soppiatto a qd
anschließen ['anʃli:sən] *v irr* **1.** *(verbinden)* collegare, aggiungere; **2.** *sich jdm ~* unirsi a qd, associarsi a qd; *sich einer Gesellschaft ~* unirsi a una comitiva; **3.** *(zustimmen)* aderire
anschließend ['anʃli:sənt] *adj* **1.** *(räumlich)* attiguo; **2.** *(zeitlich)* successivo
Anschluss ['anʃlus] *m* **1.** *(fig: Bekanntschaft)* contatto *m,* conoscenza *f,* amicizia *f;* **2.** *(Verbindung)* collegamento *m;* **3.** *(Zuganschluss)* coincidenza *f; den ~ verpassen (fig)* perdere l'occasione giusta; **4.** *POL* annessione *f;* **5.** *TEL Festnetz ~* linea telefonica di rete fissa
anschmiegsam ['anʃmi:kzam] *adj* dolce, affettuoso
anschnallen ['anʃnalən] *v* allacciare
Anschnallgurt ['anʃnalgurt] *m TECH* cintura di sicurezza *f*
Anschnallpflicht ['anʃnalpflɪçt] *f* obbligo di allacciare le cinture *m*
anschneiden ['anʃnaɪdən] *v irr* **1.** *(schneiden)* cominciare a tagliare; **2.** *(fig: Thema)* intavolare, affrontare; *eine Frage ~* affrontare una questione
anschreiben ['anʃraɪbən] *v irr* **1.** *(schreiben)* scrivere; **2.** *(fam: ~ lassen)* far mettere in conto
Anschrift ['anʃrɪft] *f* indirizzo *m*
anschuldigen ['anʃuldɪgən] *v* accusare, imputare
Anschuldigung ['anʃuldɪguŋ] *f* accusa *f,* imputazione *f*
anschwärzen ['anʃvɛrtsən] *v (fig)* denigrare, diffamare
anschwellen ['anʃvɛlən] *v irr (anwachsen)* crescere, aumentare
anschwindeln ['anʃvɪndəln] *v* truffare
ansehen ['anze:ən] *v irr* guardare; *jdm etw ~* leggere qc in faccia a qd
Ansehen ['anze:ən] *n* stima *f,* credito *m*
ansehnlich ['anze:nlɪç] *adj* considerevole, di bell'aspetto
anseilen ['anzaɪlən] *v* legare con una corda
Ansicht ['anzɪçt] *f* **1.** *(Meinung)* opinione *f;* **2.** *(Aussicht)* veduta *f*
Ansichtskarte ['anzɪçtskartə] *f* cartolina illustrata *f*
Ansichtssache ['anzɪçtszaxə] *f* questione di opinione *f*
ansiedeln ['anzi:dəln] *v* **1.** *etw ~* insediare qc; **2.** *sich ~* stabilirsi; *sich in einem Stadtviertel ~* stabilirsi in un quartiere

A

Ansiedlung ['anzi:dluŋ] *f* insediamento *m*
ansonsten [an'zɔnstən] *adv* altrimenti
Anspannung ['anʃpanuŋ] *f* 1. impegno *m*, sforzo *m*; 2. TECH sollecitazione *f*
ansparen ['anʃpa:rən] *v* economizzare
Anspielung ['anʃpi:luŋ] *f* allusione *f*
anspitzen ['anʃpɪtsən] *v jdn ~ (fig)* pungolare qd
Ansporn ['anʃpɔrn] *m* stimolo *m*
anspornen ['anʃpɔrnən] *v* stimolare
Ansprache ['anʃpra:xə] *f* discorso *m*
ansprechen ['anʃprɛçən] *v irr* 1. rivolgere la parola; *jdn ~* rivolgere la parola a qd; 2. *(reagieren)* reagire; 3. *(fig: gefallen)* piacere
ansprechend ['anʃprɛçənt] *adj* piacevole
Ansprechpartner(in) ['anʃprɛçpartnər (ɪn)] *m/f* persona a cui rivolgersi *f*
anspringen ['anʃprɪŋən] *v irr* 1. *(Auto)* avviare; 2. *(hochspringen)* saltare addosso
Anspruch ['anʃprux] *m* 1. pretesa *f*; *Ansprüche stellen* avanzare delle pretese; 2. JUR diritto *m*; *auf etw ~ haben* aver diritto a qc; *etw in ~ nehmen* avvalersi di qc
anspruchslos ['anʃpruxslo:s] *adj* senza pretese, modesto, alla buona
Anspruchslosigkeit ['anʃpruxslo:zɪçkaɪt] *f* modestia *f*, semplicità *f*
anspruchsvoll ['anʃpruxsfɔl] *adj* esigente
Anstalt ['anʃtalt] *f* istituto *m*
Anstaltsleiter ['anʃtaltslaɪtɐ] *m* direttore d'istituto *m*
Anstand ['anʃtant] *m* educazione *f*, decenza *f*, decoro *m*
anständig ['anʃtɛndɪç] *adj* decente
anstandslos ['anʃtantslo:s] *adv* senza esitazione
anstarren ['anʃtarən] *v* guardare fisso
anstatt [an'ʃtat] *konj* 1. invece di; *prep* 2. invece di
anstecken ['anʃtɛkən] *v* 1. appuntare; *eine Brosche am Kleid ~* appuntare una spilla al vestito; 2. *(anzünden)* accendere; 3. *sich ~* essere contagiato
Anstecknadel ['anʃtɛkna:dəl] *f* spillo *m*
Ansteckung ['anʃtɛkuŋ] *f* contagio *m*
anstehen ['anʃte:ən] *v irr* 1. *(Schlange stehen)* fare la coda; 2. *(bevorstehen)* essere imminente
anstelle [an'ʃtɛlə] *prep* invece di
anstellen ['anʃtɛlən] *v* 1. *(einschalten)* accendere; 2. *(beschäftigen)* impiegare; 3. *sich ~* mettersi in fila; 4. *sich ~ (fam: verhalten)* comportarsi; *sich gut ~* comportarsi bene; 5. *(fig) etw ~* combinare qualcosa; *etw Böses ~* combinare qc di cattivo
Anstellung ['anʃtɛluŋ] *f* 1. *(Einstellung)* assunzione *f*; 2. *(Stellung)* impiego *m*
Anstellungsvertrag ['anʃtɛluŋsfɛrtra:k] *m* contratto di assunzione *m*
ansteuern ['anʃtɔyɐn] *v* puntare verso
Anstieg ['anʃti:k] *m* 1. *(Steigung)* salita *f*; 2. *(Erhöhung)* aumento *m*
anstiften ['anʃtɪftən] *v* istigare
Anstoß ['anʃto:s] *m* 1. *(Anregung)* impulso *m*; 2. *(Skandal)* scandalo *m*; 3. SPORT calcio d'inizio *m*
anstoßen ['anʃto:sən] *v irr* 1. *(stoßen)* urtare; 2. *(zuprosten)* brindare; *auf die Gesundheit ~* brindare alla salute; 3. *(in Bewegung setzen) etw ~* dare una spinta a qc
anstreben ['anʃtre:bən] *v* aspirare a
anstrengen ['anʃtrɛŋən] *v sich ~* sforzarsi; *sich ~ um etw zu tun* sforzarsi di fare qc
anstrengend ['anʃtrɛŋənt] *adj* faticoso
Anstrengung ['anʃtrɛŋuŋ] *f* sforzo *m*
Ansturm ['anʃturm] *m* ressa *f*, affluenza *f*, assalto *m*
Anteil ['antaɪl] *m* parte *f*
Anteilnahme ['antaɪlna:mə] *f* partecipazione *f*
Antialkoholiker(in) [antialko'ho:lɪkər(ɪn)] *m/f* antialcolista *m/f*
antiautoritär [antiautori'tɛ:r] *adj* antiautoritario
antik [an'ti:k] *adj* antico
Antipathie [antipa'ti:] *f* antipatia *f*
Antiquitäten [antikvi'tɛ:tən] *pl* antichità *f/pl*
Antrag ['antra:k] *m* 1. domanda *f*, richiesta *f*; 2. POL trattato *m*
Antragsteller(in) ['antra:kʃtɛlər(ɪn)] *m/f* richiedente *m/f*

antreffen ['antrɛfən] *v irr* trovare
antreten ['antreːtən] *v irr* **1.** *(Stelle)* prendere servizio; **2.** iniziare; *eine Auslandsreise ~* iniziare un viaggio all'estero
Antrieb ['antriːp] *m* **1.** *TECH* azionamento *m;* **2.** *(fig)* impulso *m,* stimolo *m*
Antriebskraft ['antriːpskraft] *f (fig)* forza motrice *f*
Antwort ['antvɔrt] *f* risposta *f*
antworten ['antvɔrtən] *v* rispondere
Antwortschreiben ['antvɔrtʃraɪbən] *n* lettera di risposta *f*
anvertrauen ['anfɛrtrauən] *v* **1.** affidare; *eine Aufgabe ~* affidare un compito; **2.** confidare; *jdm ein Geheimnis ~* confidare un segreto a qd; *sich jdm ~* confidarsi con qd
Anwalt ['anvalt] *m* avvocato *m*
Anwältin ['anvɛltɪn] *f* avvocatessa *f*
Anwaltsbüro ['anvaltsbyroː] *n* studio legale *m*
anweisen ['anvaɪzən] *v irr* **1.** *(anordnen)* ordinare; **2.** *FIN* assegnare
Anweisung ['anvaɪzuŋ] *f* **1.** *(Anordnung)* disposizione *f;* **2.** *FIN* mandato di pagamento *m*
anwenden ['anvɛndən] *v* adoperare, utilizzare
Anwendung ['anvɛnduŋ] *f* applicazione *f*
Anwendungsweise ['anvɛnduŋsvaɪzə] *f* modo di applicazione *m*
Anwesen ['anveːzən] *n* podere *m,* tenuta *f*
anwesend ['anveːzənt] *adj* presente
Anwesenheit ['anveːzənhaɪt] *f* presenza *f*
anwidern ['anviːdɐn] *v* disgustare
Anzahl ['antsaːl] *f* numero *m*
anzahlen ['antsaːlən] *v* pagare in acconto
Anzahlung ['antsaːluŋ] *f* acconto *m*
Anzeichen ['antsaɪçən] *n* indizio *m*
Anzeige ['antsaɪgə] *f* **1.** *(in der Zeitung)* inserzione *f;* **2.** *JUR* denuncia *f*
anzeigen ['antsaɪgən] *v* **1.** indicare; **2.** *JUR* denunciare
anziehen ['antsiːən] *v irr* **1.** *(Kleidung)* indossare; **2.** *(fig)* attirare
Anziehungskraft ['antsiːuŋskraft] *f* forza d'attrazione *f*
Anzug ['antsuːk] *m* vestito *m*
anzüglich ['antsyːklɪç] *adj* insinuante
anzünden ['antsyndən] *v* accendere
anzweifeln ['antsvaɪfəln] *v* mettere in dubbio
apart [a'part] *adj* attraente; *Sie ist eine ~e Frau.* È una donna attraente.
Apathie [apa'tiː] *f* apatia *f*
apathisch [a'paːtɪʃ] *adj* apatico
Apfel ['apfəl] *m BOT* mela *f; in den sauren ~ beißen müssen* dover inghiottire un boccone amaro
Apfelsaft ['apfəlzaft] *m* succo di mele *m*
Apfelsine [apfəl'ziːnə] *f BOT* arancia *f*
Apostel [a'pɔstəl] *m* apostolo *m*
Apostroph [apɔ'stroːf] *m* apostrofo *m*
Apotheke [apo'teːkə] *f* farmacia *f*
Apotheker(in) [apo'teːkər(ɪn)] *m/f* farmacista *m/f*
App [ɛp] *f* app *f*
Apparat [apa'raːt] *m* apparecchio *m*
Appartement [apart'mɑ̃ː] *n* appartamento *m*
Appell [a'pɛl] *m MIL appello m*
Appetit [ape'tiːt] *m* appetito *m*
appetitanregend [ape'tiːtanreːgənt] *adj* appetente
Appetitlosigkeit [ape'tiːtloːzɪçkaɪt] *f* inappetenza *f*
applaudieren [aplau'diːrən] *v* applaudire
Applaus [a'plaus] *m* applauso *m*
Aprikose [apri'koːzə] *f BOT* albicocca *f*
April [a'prɪl] *m* aprile *m; jdn in den ~ schicken* fare un pesce d'Aprile a qd
Aquarium [a'kvaːrjum] *n* acquario *m*
Äquator [ɛ'kvaːtɔr] *m GEO* equatore *m*
Arbeit ['arbaɪt] *f* lavoro *m*
arbeiten ['arbaɪtən] *v* lavorare
Arbeiter(in) ['arbaɪtər(ɪn)] *m/f* lavoratore/lavoratrice *m/f*
Arbeitgeber(in) ['arbaɪtgeːbər(ɪn)] *m/f* datore di lavoro/datrice di lavoro *m/f*
Arbeitnehmer(in) ['arbaɪtneːmər(ɪn)] *m/f* prestatore d'opera/prestatrice d'opera *m/f*
Arbeitsgemeinschaft ['arbaɪtsgəmaɪnʃaft] *f* comunità lavorativa *f*
Arbeitskraft ['arbaɪtskraft] *f* **1.** capacità lavorativa *f;* **2.** manodopera *f*

A

arbeitslos ['arbaɪtsloːs] *adj* disoccupato
Arbeitslosigkeit ['arbaɪtsloːzɪçkaɪt] *f* disoccupazione *f*
Arbeitsstelle ['arbaɪtsʃtɛlə] *f* posto di lavoro *m*
arbeitsunfähig ['arbaɪtsunfɛːɪç] *adj* inabile al lavoro
Arbeitszeit ['arbaɪtstsaɪt] *f* orario di lavoro *m*
Archäologe [arçɛo'loːgə] *m* archeologo *m*
Archäologin [arçɛo'loːgɪn] *f* archeologa *f*
Architekt(in) ['arçɪ'tɛkt(ɪn)] *m/f* architetto/architetta *m/f*
Architektur [arçɪtɛk'tuːr] *f* architettura *f*
Archiv [ar'çiːf] *n* archivio *m*
arg [arg] *adj* grave
Ärger ['ɛrgɐ] *m* collera *f*
ärgerlich ['ɛrgɐlɪç] *adj* **1.** *(Person)* irritato; **2.** *(Sache)* seccante
ärgern ['ɛrgɐn] *v* **1.** *jdn ~* irritare qd; **2.** *sich ~* irritarsi
Ärgernis ['ɛrgɐnɪs] *n* dispiacere *m*
arglos ['argloːs] *adj* innocente
Arglosigkeit ['argloːzɪçkaɪt] *f* innocenza *f*
Argument [argu'mɛnt] *n* argomento *m*
Argwohn ['arkvoːn] *m* sospetto *m*
argwöhnisch ['arkvøːnɪʃ] *adj* sospettoso, diffidente
Arie ['aːrjə] *f MUS* aria *f*
Aristokrat(in) [arɪsto'kraːt(ɪn)] *m/f* aristocratico/aristocratica *m/f*
Aristokratie [arɪstokra'tiː] *f* aristocrazia *f*
arm [arm] *adj* povero
Arm [arm] *m* **1.** braccio *m; jdn auf den ~ nehmen* prendere per il naso qd; *jdm in die ~e laufen* finire in braccio a qd; *jdm unter die ~e greifen* dare una mano a qd; **2.** *(Flußarm)* ramo *m*
Armband ['armbant] *n* bracciale *m*
Armbanduhr ['armbantuːr] *f* orologio da polso *m*
Armee [ar'meː] *f MIL* esercito *m*
Ärmel ['ɛrməl] *m* manica *f; etw aus dem ~ schütteln* tirare fuori qc dalla manica
Ärmelkanal ['ɛrməlkanaːl] *m GEO* canale della Manica *m*
ärmellos ['ɛrməlloːs] *adj* senza maniche
armselig ['armseːlɪç] *adj* povero, misero
Armut ['armuːt] *f* povertà *f*
Aroma [a'roːma] *n* aroma *m*
aromatisch [aro'maːtɪʃ] *adj* aromatico
Arrangement [arɑ̃ʒ'mɑ̃ː] *n* disposizione *f,* arrangiamento *m*
arrangieren [arɑ̃'ʒiːrən] *v* disporre, arrangiare
Arrest [a'rɛst] *m* arresto *m*
arrogant [aro'gant] *adj* arrogante
Arroganz [aro'gants] *f* arroganza *f*
Arsch [arʃ] *m (fam)* sedere *m*
Art [aːrt] *f* **1.** modo *m; nach ~ des Hauses* alla maniera della casa; *auf diese ~ und Weise* in questo modo; *eine ~ von Frucht* un tipo di frutta; *der Mensch ist so geartet, dass ...* l'uomo è fatto in modo che ...; **2.** *BIO* specie *f;* **3.** *(Wesen)* natura *f,* carattere *m; aus der ~ schlagen* essere fatto a modo proprio/essere speciale
Arterie [ar'teːrjə] *f ANAT* arteria *f*
artig ['artɪç] *adj* ubbidiente; *Er ist ein ~er Junge.* È un ragazzo ubbidiente.
Artikel [ar'tɪkəl] *m* **1.** *(in der Presse)* articolo *m;* **2.** *GRAMM* articolo *m*
Artischocke [arti'ʃɔkə] *f BOT* carciofo *m*
Arznei [aːrts'naɪ] *f* farmaco *m*
Arzt [artst] *m* medico *m,* dottore *m*
Ärztin ['ɛrtstɪn] *f* dottoressa *f,* medico *m*
Arztpraxis ['artstpraksɪs] *f* studio medico *m*
Asbest [as'bɛst] *m MIN* amianto *m*
Asche ['aʃə] *f* cenere *f*
Aschenbecher ['aʃənbɛçɐ] *m* portacenere *m*
Aschermittwoch [aʃər'mɪtvɔx] *m* mercoledì delle Ceneri *m*
Asien ['aːzjən] *n GEO* Asia *f*
Aspekt [a'spɛkt] *m* aspetto *m*
Asphalt [as'falt] *m* asfalto *m*
Ass [as] *n* **1.** *(im Kartenspiel)* asso *m; ein ~ im Ärmel haben* avere un asso nella manica; **2.** *SPORT* asso *m,* campione *m*
Assistent(in) [asɪs'tɛnt(ɪn)] *m/f* assistente *m/f*
Ast [ast] *m* ramo *m; sich einen ~ lachen* piegarsi in due dalle risate/ridere a cre-

papelle; *auf dem absteigenden ~ sein* essere in declino/essere in cattive acque; *den ~ absägen, auf dem man sitzt* darsi la zappa sui piedi

Asthma ['astma] *n MED* asma *f*

Asyl [a'zy:l] *n* asilo *m*

Asylant(in) [azy'lant(ɪn)] *m/f* rifugiato politico/rifugiata politica *m/f*, extracomunitario/extracomunitaria *m/f*

Atelier [atəl'je:] *n* studio *m*

Atem ['a:təm] *m* respirazione *f*, respiro *m*, fiato *m*; *einen schwachen ~ haben* avere una respirazione debole; *außer ~* col fiato grosso; *den ~ anhalten* trattenere il respiro; *jdm den ~ verschlagen* togliere il fiato a qd

atemlos ['a:təmlo:s] *adj* senza fiato, affannante; *~ sein* essere senza fiato; *in ~er Folge* a ritmo vertiginoso

Athlet(in) [at'le:t(ɪn)] *m/f* atleta *m/f*

Atlantik [at'lantɪk] *m GEO* Atlantico *m*

Atlas ['atlas] *m* atlante *m*

atmen ['a:tmən] *v* respirare

Atmosphäre [atmɔs'fɛ:rə] *f* atmosfera *f*

Atmung ['a:tmuŋ] *f* respirazione *f*

atomar [ato'ma:r] *adj* atomico, nucleare

Atomausstieg [a'to:mausʃti:k] *m* abbandono dell'energia atomica *m*

Atombombe [a'to:mbɔmbə] *f* bomba atomica *f*

Atomenergie [a'to:mɛnɛrgi:] *f* energia atomica *f*, energia nucleare *f*

Atomforschung [a'to:mfɔrʃuŋ] *f* ricerca nucleare *f*

Atomkraft [a'to:mkraft] *f* energia atomica *f*, energia nucleare *f*

Atomkraftwerk [a'to:mkraftvɛrk] *n* centrale atomica *f*, impianto elettronucleare *m*

Atomkrieg [a'to:mkri:k] *m* guerra atomica *f*

Atomwaffe [a'to:mvafə] *f* arma atomica *f*

Attacke [a'takə] *f* attacco *m*

Attentat [atən'ta:t] *n* attentato *m*

Attentäter(in) [atən'tɛ:tər(ɪn)] *m/f* attentatore/attentatrice *m/f*

Attest [a'tɛst] *n* certificato medico *m*

Attraktion [atrak'tsjo:n] *f* attrazione *f*

attraktiv [atrak'ti:f] *adj* attraente

auch [aux] *konj* **1.** *(ebenfalls)* anche; **2.** *(selbst, sogar)* pure; **3.** *(überdies)* inoltre

audiovisuell [audjovizu'ɛl] *adj* audiovisivo

auf [auf] *prep* su; *~ der Straße* in strada; *~ der Post* alla posta; *~ dem Fest* alla festa; *~ dem Land* in campagna; *~ eine Woche* per una settimana; *von klein ~* fin da piccolo/dal nulla; *~ jds Wunsch* a richiesta di qd

aufarbeiten ['aufarbaɪtən] *v* **1.** *(erledigen)* sbrigare; **2.** *(Material)* esaurire il materiale

aufatmen ['aufa:tmən] *v* respirare liberamente

Aufbau ['aufbau] *m* **1.** *(Anordnung)* composizione *f*, costruzione *f*, edificazione *f*; **2.** *(Struktur)* struttura *f*

aufbauen ['aufbauən] *v* **1.** *(montieren)* montare, costruire, edificare; **2.** *(fig)* fondare; *seine Arbeit auf etw ~* fondare il proprio lavoro su qc

aufbauschen ['aufbauʃən] *v* gonfiare, esagerare, ingrandire; *eine Nachricht ~* esagerare una notizia

aufbegehren ['aufbəge:rən] *v* protestare vivacemente, ribellarsi

aufbereiten ['aufbəraɪtən] *v* **1.** preparare, trattare; **2.** arricchire; **3.** *(Wasser)* depurare

aufbewahren ['aufbəva:rən] *v* conservare

aufbieten ['aufbi:tən] *v irr* mobilitare, impiegare

aufblasen ['aufbla:zən] *v irr* gonfiare

aufblenden ['aufblɛndən] *v* abbagliare

aufblicken ['aufblɪkən] *v* sollevare lo sguardo

aufblühen ['aufbly:ən] *v* sbocciare

aufbrechen ['aufbrɛçən] *v irr* **1.** *(öffnen)* aprire con forza, forzare; **2.** *(fig)* sorgere

Aufbruch ['aufbrux] *m* **1.** partenza *f*, *zum ~ drängen* sollecitare la partenza; **2.** crepaccio *m*; *ein ~ des Bodens* un crepaccio nel terreno

aufbrühen ['aufbry:ən] *v* versare acqua bollente

aufbürden ['aufbyrdən] *v* caricare, adossare a

A

aufdecken ['aufdɛkən] *v* **1.** *scoprire;* **2.** *(fig: bloßlegen)* portare alla luce; *die Wahrheit ~* portare alla luce la verità; **3.** *(fig: Geheimnis)* scoprire un segreto
aufdrängen ['aufdrɛŋən] *v* imporre
aufdringlich ['aufdrɪŋlɪç] *adj* importuno, invadente
Aufdruck ['aufdruk] *m* iscrizione *f,* scritta *f*
aufeinander [aufaɪn'andɐ] *adv* **1.** *(örtlich)* l'uno sull'altro; **2.** *(gegenseitig)* l'uno verso l'altro; **3.** *(zeitlich)* l'uno dopo l'altro
Aufenthalt ['aufɛnthalt] *m* soggiorno *m*
Aufenthaltsbescheinigung ['aufɛnthaltsbəʃaɪnɪguŋ] *f* certificato di residenza *m*
Aufenthaltsgenehmigung ['aufɛnthaltsgəne:mɪguŋ] *f POL* permesso di soggiorno *m*
auferlegen ['aufɛrle:gən] *v* imporre
Auffahrt ['auffa:rt] *f* **1.** *(eines Hauses)* rampa *f,* accesso *m;* **2.** *(einer Autobahn)* rampa di accelerazione *f*
Auffahrunfall ['auffa:runfal] *m* tamponamento *m*
auffallen ['auffalən] *v irr* **1.** battere; *mit dem Kopf ~* battere il capo; **2.** accorgersi; *Es ist mir aufgefallen.* Me ne sono accorto.
auffallend ['auffalent] *adj* vistoso
auffangen ['auffaŋən] *v irr* **1.** acchiappare; **2.** *(fig)* intercettare
Auffassung ['auffasuŋ] *f* opinione *f; nach meiner ~* secondo me
auffordern ['auffɔrdɐn] *v* invitare, intimare
Aufforderung ['auffɔrdəruŋ] *f* invito *m,* intimazione *f*
aufführen ['auffy:rən] *v* **1.** *THEAT* rappresentare; **2.** *(in einer Liste)* elencare; **3.** *sich ~* comportarsi
Aufführung ['auffy:ruŋ] *f THEAT* rappresentazione *f*
Aufgabe ['aufga:bə] *f* **1.** *(Arbeit)* compito *m;* **2.** *(Versand)* spedizione *f;* **3.** *(Verzicht)* rinuncia *f*
Aufgabenbereich ['aufga:bənbəraɪç] *m* sfera di competenza *f*
Aufgang ['aufgaŋ] *m* **1.** *(Treppe)* scala *f;* **2.** *(der Sonne)* sorgere *m,* levata *f*
aufgeben ['aufge:bən] *v irr* **1.** *(versenden)* spedire; **2.** *(verzichten)* rinunciare; **3.** *(beauftragen)* assegnare
Aufgebot ['aufgəbo:t] *n* **1.** *(Anzahl)* impiego *m; das ~ an Menschen* l'impiego di uomini *m;* **2.** *(Eheaufgebot)* pubblicazioni di matrimonio *f/pl*
aufgedonnert ['aufgədɔnɐt] *adj (fam)* agghindato; *~ sein* essere pacchiani/essere in ghingheri
aufgehen ['aufge:ən] *v irr* **1.** *(Teig)* lievitare; *~ wie eine Dampfnudel* gonfiarsi come una ciambella; **2.** *(Sonne)* sorgere; **3.** *(Blume)* aprirsi
aufgelegt ['aufgəle:kt] *adj* disposto
aufgeregt ['aufgəre:kt] *adj* eccitato
aufgeschlossen ['aufgəʃlɔsən] *adj* aperto
aufgreifen ['aufgraɪfən] *v irr (fig: aufnehmen)* riprendere
aufgrund [auf'grunt] *prep* a causa di
aufhalten ['aufhaltən] *v irr* **1.** *(Tür)* tenere aperta; **2.** *jdn ~* trattenere qd; *Ich will Sie nicht länger ~.* Non voglio più trattenerLa. **3.** *sich ~* trovarsi, soggiornare
aufhängen ['aufhɛŋən] *v* **1.** sospendere, appendere; **2.** *sich ~* impiccarsi
aufheben ['aufhe:bən] *v irr* **1.** *(vom Boden)* raccogliere; **2.** *(aufbewahren)* conservare; **3.** *(beenden)* finire; *die Sitzung ~* porre fine alla seduta
Aufhebung ['aufhe:buŋ] *f* abolizione *f*
aufheitern ['aufhaɪtɐn] *v* allietare, rallegrare, rasserenare
Aufheiterung ['aufhaɪtəruŋ] *f* rasserenamento *m,* schiarita *f*
aufhellen ['aufhɛlən] *v* schiarire
aufhetzen ['aufhɛtsən] *v* aizzare, istigare
aufholen ['aufho:lən] *v* recuperare, riguadagnare, riprendere; *eine Verspätung ~* recuperare un ritardo
aufhören ['aufhø:rən] *v* finire
aufklappen ['aufklapən] *v* aprire
aufklären ['aufklɛ:rən] *v* chiarire
Aufklärung ['aufklɛ:ruŋ] *f* **1.** spiegazione *f;* **2.** *HIST* Illuminismo *m;* **3.** *MIL* esplorazione *f*
Aufkleber ['aufkle:bɐ] *m* etichetta *f,* adesivo *m*
aufkochen ['aufkɔxən] *v* far bollire

aufkommen ['aufkɔmən] *v irr* **1.** *(heraufziehen)* levarsi; **2.** *(entstehen)* nascere
Aufkommen ['aufkɔmən] *n (Entstehung)* sorgere *m*
aufladen ['aufla:dən] *v irr* **1.** *(beladen)* caricare; **2.** *(Batterie)* TECH ricaricare; **3.** *(fig: aufbürden)* addossare; *die Schuld ~* addossare la colpa
Auflage ['aufla:gə] *f* **1.** *(eines Buches)* edizione *f;* **2.** *(Bedingung)* condizione *f*
auflauern ['auflauərn] *v* appostare
Auflauf ['auflauf] *m* **1.** *(von Menschen)* affollamento *m;* **2.** GAST sufflé *m,* sformato *m*
aufleben ['aufle:bən] *v* **1.** *(Person)* risorgere a nuova vita; **2.** *(Diskussion)* rianimarsi
auflegen ['aufle:gən] *v* mettere
auflehnen ['aufle:nən] *v sich ~* ribellarsi
Auflehnung ['aufle:nuŋ] *f* ribellione *f*
auflesen ['aufle:zən] *v* raccattare
aufleuchten ['auflɔyçtən] *v* illuminarsi, accendersi, risplendere improvvisamente
auflisten ['auflɪstən] *v* elencare
auflockern ['auflɔkərn] *v* dissodare; *die Erde ~* dissodare la terra
auflodern ['auflo:dərn] *v* divampare
auflösen ['auflø:zən] *v* **1.** *(Pulver)* sciogliere; **2.** *(Rätsel)* risolvere
Auflösung ['auflø:zuŋ] *f* **1.** scioglimento *m;* **2.** *(eines Rätsels)* scioglimento *m,* soluzione *f*
aufmachen ['aufmaxən] *v* aprire
Aufmachung ['aufmaxuŋ] *f* presentazione *f*
aufmerksam ['aufmɛrkza:m] *adj* **1.** attento, premuroso, gentile; **2.** *jdn auf etw aufmerksam machen* richiamare l'attenzione di qd su qc
Aufmerksamkeit ['aufmɛrkza:mkaɪt] *f* **1.** *(Vorsicht)* attenzione *f;* **2.** *(Geschenk)* piccolo regalo *m*
aufmöbeln ['aufmø:bəln] *v* **1.** *(renovieren)* rimettere in sesto; **2.** *(aufmuntern)* ridare coraggio a qd
aufmuntern ['aufmuntərn] *v* rallegrare
Aufnahme ['aufna:mə] *f* **1.** *(Empfang)* accoglienza *f;* **2.** *(in Organisation)* ammissione *f;* **3.** *(Nahrung)* ingestione *f*
Aufnahmeantrag ['aufna:məantra:k] *m* domanda d'ammissione *f*
Aufnahmeprüfung ['aufna:məpryfuŋ] *f* esame d'ammissione *m*
aufnehmen ['aufne:mən] *v irr* **1.** *(empfangen)* accogliere; **2.** *(beginnen)* intraprendere; *eine Arbeit ~* intraprendere un lavoro; **3.** *(fotografieren)* fotografare; **4.** *(fassen)* alzare; **5.** *es mit jdm ~* essere all'altezza di qd
aufopfern ['aufɔpfərn] *v sich ~* sacrificarsi; *sich für etw ~* sacrificarsi per qc
Aufopferungsbereitschaft ['aufɔpfəruŋsbəraɪtʃaft] *f* spirito di sacrificio *m*
aufpassen ['aufpasən] *v* prestare attenzione
Aufprall ['aufpral] *m* rimbalzo *m,* urto *m*
aufprallen ['aufpralən] *v* rimbalzare, urtare
aufpumpen ['aufpumpən] *v* gonfiare
aufputschen ['aufputʃən] *v* stimolare
Aufputschmittel ['aufputʃmɪtəl] *n* stimolante *m*
aufraffen ['aufrafən] *v sich zu etw ~* sforzarsi di fare qc
aufräumen ['aufrɔymən] *v* mettere in ordine
aufrecht ['aufrɛçt] *adj* dritto
aufregen ['aufre:gən] *v* **1.** *jdn ~* agitare qd; **2.** *sich ~* agitarsi; *sich über etw ~* agitarsi per qc
aufregend ['aufre:gənt] *adj* eccitante
Aufregung ['aufre:guŋ] *f* eccitazione *f*
aufreißen ['aufraɪsən] *v irr* **1.** *(öffnen)* rompere; **2.** *(fam)* rimorchiare
aufreizend ['aufraɪtsənt] *adj* provocante
aufrichten ['aufrɪçtən] *v* **1.** *(hochstellen)* sollevare; **2.** *(fig)* sollevare, rinfrancare; *jdn durch Worte ~* rinfrancare qd con parole
aufrichtig ['aufrɪçtɪç] *adj* sincero
Aufrichtigkeit ['aufrɪçtɪçkaɪt] *f* sincerità *f*
Aufruf ['aufru:f] *m* chiamata *f*
aufrufen ['aufru:fən] *v irr* chiamare
Aufrüstung ['aufrystuŋ] *f* POL riarmo *m*
aufsässig ['aufzɛsɪç] *adj* ribelle
Aufsatz ['aufzats] *m* componimento *m,* tema *m*

A

aufschieben ['aufʃiːbən] *v irr* rimandare
Aufschlag ['aufʃlaːk] *m* 1. *(bei Kleidung)* risvolto *m;* 2. *(Preisaufschlag)* aumento *m;* 3. *(Tennis)* SPORT battuta *f*
aufschlagen ['aufʃlaːgən] *v irr* 1. *(öffnen)* aprire; *ein Buch ~* aprire un libro; 2. *(aufbrechen)* rompere
aufschließen ['aufʃliːsən] *v irr* disserrare, aprire con la chiave
Aufschluss ['aufʃlus] *m* spiegazione *f*
aufschlussreich ['aufʃlusraɪç] *adj* istruttivo
aufschneiden ['aufʃnaɪdən] *v irr* 1. *(schneiden)* aprire tagliando; 2. *(fig: angeben)* raccontare fandonie
Aufschneider ['aufʃnaɪdɐ] *m (fam)* millantatore *m,* fanfarone *m*
Aufschnitt ['aufʃnɪt] *m* GAST affettato *m*
Aufschrei ['aufʃraɪ] *m* grido *m*
aufschreiben ['aufʃraɪbən] *v irr* prendere nota di qc
Aufschrift ['aufʃrɪft] *f* scritta *f*
Aufschub ['aufʃuːp] *m* proroga *f*
Aufsehen ['aufzeːən] *n* scalpore *m,* sensazione *f; ~ erregen* suscitare scalpore
aufsehenerregend ['aufzeːənɛrreːgənt] *adj* sensazionale
Aufseher(in) ['aufzeːər(ɪn)] *m/f* sorvegliante *m/f,* guardiano/guardiana *m/f*
aufsetzen ['aufzɛtsən] *v* 1. mettere; 2. *(Schreiben)* redigere
Aufsicht ['aufzɪçt] *f* sorveglianza *f*
Aufsichtsbehörde ['aufzɪçtsbəhœrdə] *f* organo ispettivo *m*
aufspalten ['aufʃpaltən] *v irr* dividere
aufsperren ['aufʃpɛrən] *v* disserrare
aufspielen ['aufʃpiːlən] *v sich ~* darsi delle arie
aufstacheln ['aufʃtaxəln] *v* istigare, aizzare
Aufstand ['aufʃtant] *m* ribellione *f*
aufständisch ['aufʃtɛndɪʃ] *adj* ribelle
aufstehen ['aufʃteːn] *v irr* alzarsi
aufsteigen ['aufʃtaɪgən] *v irr* 1. montare, salire; 2. *(im Beruf)* promuovere
aufstellen ['aufʃtɛlən] *v* 1. *(montieren)* montare; 2. *(Kandidaten)* presentare; 3. mettere su; *eine Mannschaft ~* mettere su una squadra
Aufstellung ['aufʃtɛluŋ] *f* 1. presentazione *f;* 2. SPORT schieramento *m;* 3. *(Liste)* elenco
Aufstieg ['aufʃtiːk] *m* 1. *(auf einen Berg)* ascensione *f, scalata f;* 2. *(Entwicklung)* ascesa *f;* 3. *(im Beruf)* carriera *f*
Aufstiegsmöglichkeit ['aufʃtiːksmøːklɪçkaɪt] *f* possibilità di avanzamento *f*
aufstoßen ['aufʃtoːsən] *v irr* 1. *(öffnen)* aprire con una spinta; 2. *(rülpsen)* ruttare
aufstützen ['aufʃtytsən] *v* appoggiare
aufsuchen ['aufzuːxən] *v* far visita a
auftakeln [aufta:kəln] *v* mettersi in ghingheri, *aufgetakelt sein (fam)* essere impavesati
Auftakt ['auftakt] *m* 1. inizio *m;* 2. MUS anacrusi *f*
auftanken ['auftaŋkən] *v* rifornire di carburante, fare il pieno
auftauchen ['auftauxən] *v* emergere
auftauen ['auftauən] *v* disgelarsi
aufteilen ['auftaɪlən] *v* dividere
Aufteilung ['auftaɪluŋ] *f* divisione *f*
auftischen ['auftɪʃən] *v* 1. *(bewirten)* mettere in tavola; 2. *Lügen ~* sciorinare bugie
Auftrag ['auftraːk] *m* 1. *(Bestellung)* ordine *m; Ihrem ~ gemäß* come da Vostro ordine; 2. *(Anweisung)* istruzione *f;* 3. *(Aufgabe)* incarico *m; im ~ von* per incarico di
auftragen ['auftraːgən] *v irr* 1. *(Speisen)* servire; 2. *(be~)* incaricare; 3. *(bestreichen)* applicare; 4. *dick ~* spararne delle grosse
auftrennen ['auftrɛnən] *v* disfare, scucire
auftreten ['auftreːtən] *v irr* 1. *(erscheinen)* presentarsi; 2. THEAT entrare in scena
Auftrieb ['auftriːp] *m* spinta aerostatica *f,* forza ascensionale *f*
Auftritt ['auftrɪt] *m* 1. *(Erscheinen)* presentazione *f;* 2. THEAT entrata in scena *f*
aufwachen ['aufvaxən] *v* svegliarsi
aufwachsen ['aufvaksən] *v irr* crescere
Aufwand ['aufvant] *m (Einsatz)* dispendio *m; Energieaufwand* dispendio di energia *m*

aufwärmen ['aufvɛrmən] *v* 1. riscaldare; 2. *(fig)* rivangare; *eine alte Geschichte ~* rivangare una vecchia storia
aufwärts ['aufvɛrts] *adv* verso l'alto
aufwecken ['aufvɛkən] *v* svegliare
aufweichen ['aufvaɪçən] *v* 1. ammollare, inzuppare; 2. *(Farben)* stemperare
aufweisen ['aufvaɪzən] *v irr* mostrare
aufwenden ['aufvɛndən] *v* 1. *(Zeit)* spendere, impiegare; *viel Zeit aufwenden* spendere molto tempo; 2. *(Geld)* spendere
aufwendig ['aufvɛndɪç] *adj* dispendioso *m*
aufwiegeln ['aufviːgəln] *v* istigare
aufwühlen ['aufvyːlən] *v* smuovere
aufzählen ['auftsɛːlən] *v* contare, enumerare
aufzeichnen ['auftsaɪçnən] *v* 1. *(zeichnen)* disegnare; 2. *(Musik)* registrare; 3. *(notieren)* annotare
Aufzeichnung ['auftsaɪçnuŋ] *f* 1. *(Zeichnung)* disegno *m;* 2. *(von Musik)* registrazione *f;* 3. *(Notiz)* annotazione *f*
aufziehen ['auftsiːən] *v irr* 1. *(öffnen)* aprire tirando; 2. *(Uhr)* caricare; 3. *(großziehen)* allevare, tirare su
Aufzug ['auftsuːk] *m* 1. *(Aufmarsch)* corteo *m,* sfilata *f;* 2. TECH ascensore *m;* 3. *(Aufmachung)* tenuta *f*
Augapfel ['aukapfəl] *m* ANAT globo oculare *m; etw wie seinen ~ hüten* costudire qc come la pupilla dei propri occhi
Auge ['augə] *n* 1. ANAT occhio *m; große ~n machen* sgranare gli occhi; *Ihm gehen die ~n auf.* Gli si aprono gli occhi. *jdm etw vor ~n führen* porre qc sotto gli occhi di qd; *ein ~ zudrücken* chiudere un occhio; *ins ~ gehen* andare a finire male; *ein Dorn im ~ sein* essere una spina nel fianco; *sich die ~n ausweinen* piangere come una vite tagliata/piangere a calde lacrime; *ein ~ auf jdn werfen* mettere gli occhi addosso a qd; *etw ins ~ fassen* prendere in considerazione qc; *ins ~ stechen* dare nell'occhio; *die ~n vor etw verschließen* chiudere gli occhi davanti a qc; *seinen ~n nicht trauen können* non poter credere ai propri occhi; *mit offenen ~n ins Unglück rennen* cercare i mali come i medici; *mit einem lachenden und einen weinenden ~* non sapere se ridere o se piangere; *jdm etw aufs ~ drücken* appioppare qc a qd; 2. *(Würfel)* punto *m*
Augenblick ['augənblɪk] *m* momento *m,* attimo *m*
augenblicklich ['augənblɪklɪç] *adj* 1. attuale, del momento; *adv* 2. momentaneamente
Augenbraue ['augənbrauə] *f* ANAT sopracciglio *m*
Augenlid ['augənliːt] *n* ANAT palpebra *f*
August [au'gust] *m* agosto *m*
Auktion [auk'tsjoːn] *f* asta pubblica *f*
Aula ['aula] *f* aula magna *f*
aus [aus] *adv* 1. *(beendet)* finito; 2. *(nicht an)* spento; *prep* 3. *(von ... her)* da; *von Mailand ~* da Milano; *von sich ~* per conto proprio; *von mir ~* per me; *von dort ~* da lì/da quel punto; *vom Fenster ~* dalla finestra; 4. *(kausal)* per; *~ diesem Grund* per questo motivo; *~ Spaß* per scherzo
ausarbeiten ['ausarbaɪtən] *v* compiere, terminare; elaborare
Ausarbeitung ['ausarbaɪtuŋ] *f* compimento *m;* elaborazione *f*
ausarten ['ausartən] *v* degenerare
ausatmen ['ausaːtmən] *v* espirare
ausbaden ['ausbaːdən] *v etw ~* subire le conseguenze di qc
Ausbau ['ausbau] *m* 1. *(eines Gebäudes)* ampliamento *m;* 2. *(einer Beziehung)* approfondimento *m;* 3. *(eines Motors)* smontaggio *m*
ausbauen ['ausbauən] *v* 1. *(Gebäude)* ampliare; 2. *(Beziehungen)* approfondire; 3. *(Motor)* smontare
ausbessern ['ausbɛsɐn] *v* riparare
ausbeulen ['ausbɔylən] *v sich ~* sformarsi
ausbeuten ['ausbɔytən] *v* sfruttare
ausbilden ['ausbɪldən] *v* istruire
Ausbildung ['ausbɪlduŋ] *f* formazione professionale *f*
Ausblick ['ausblɪk] *m* panorama *m,* vista *f*
ausbrechen ['ausbrɛçən] *v irr* 1. *(herausbrechen)* staccarsi; 2. *(entfliehen)* fuggire; 3. *(plötzliches Aufkommen)* scoppiare; *Ein Sturm ist ausgebrochen.* È scoppiata una tempesta.

A

ausbreiten ['ausbraɪtən] *v* **1.** *etw ~* stendere qc; **2.** *sich ~* allargarsi, estendersi
Ausbruch ['ausbrux] *m* **1.** *(Flucht)* evasione *f;* **2.** *(plötzlicher Beginn)* scoppio *m*
ausbrüten ['ausbry:tən] *v* covare, tramare
Ausdauer ['ausdauɐ] *f* costanza *f,* perseveranza *f,* tenacia *f*
ausdauernd ['ausdauɐnt] *adj* perseverante
ausdehnen ['ausde:nən] *v* **1.** *(örtlich)* distendere, estendere, allargare; **2.** *(zeitlich)* prolungare
Ausdehnung ['ausde:nuŋ] *f* **1.** *(örtlich)* distensione *f,* estensione *f;* **2.** *(zeitlich)* prolungamento *m*
ausdenken ['ausdɛŋkən] *v irr sich ~* escogitare; *Ich denke mir etw aus.* Escogito qc.
Ausdruck ['ausdruk] *m* **1.** *(Wort)* espressione *f;* **2.** *(Gesichtsausdruck)* espressione del viso *f;* **3.** *(Druck)* stampa *f*
ausdrucken ['ausdrukən] *v* stampare
ausdrücken ['ausdrykən] *v* **1.** spremere; **2.** *(fig: äußern)* esprimere
ausdrücklich ['ausdrykLıç] *adj* esplicito
ausdruckslos ['ausdrukslo:s] *adj* privo di espressione
ausdrucksvoll ['ausdruksfɔl] *adj* espressivo
auseinander [ausaɪn'andɐ] *adv* separatamente; *~brechen* rompere; *~fallen* rompersi; *~gehen* separarsi; *~halten* differenziare, distinguere; *~nehmen* disfare, scomporre
auseinandersetzen [ausaɪn'andɐzɛtsən] *v* **1.** *sich mit jdm ~* discutere con qd, confrontarsi con qd; **2.** *sich mit etw ~* occuparsi di
Auseinandersetzung [ausaɪn'andɐzɛtsuŋ] *f* **1.** discussione *f;* **2.** conflitto *m*
ausfahren ['ausfa:rən] *v irr* uscire
Ausfahrt ['ausfa:rt] *f* **1.** *(einer Autobahn)* uscita *f;* **2.** *(eines Hauses)* passo carrabile *m*
Ausfall ['ausfal] *m* **1.** *(Haarausfall)* caduta *f; der ~ der Haare* la caduta dei capelli; **2.** *(Störung)* guasto *m,* avaria *f;* **3.** *(Verlust)* ECO perdita *f*
ausfallen ['ausfalən] *v irr* **1.** *(Haare)* cadere; **2.** *(nicht stattfinden)* non aver luogo; **3.** *(Maschine)* arrestarsi
ausfallend ['ausfalənt] *adj* offensivo
ausfertigen ['ausfɛrtɪgən] *v* redigere, stendere
Ausfertigung ['ausfɛrtɪguŋ] *f* redazione *f,* copia *f; in dreifacher ~* in triplice copia
ausflippen ['ausflɪpən] *v (fam)* perdere la testa
Ausflüchte ['ausflyçtə] *pl* scappatoia *f,* sotterfugio *m*
Ausflug ['ausflu:k] *m* gita *f,* escursione *f*
Ausflugsziel ['ausflu:kstsi:l] *m* meta dell'escursione *f*
ausfragen ['ausfra:gən] *v* interrogare
ausfressen ['ausfre:sən] *v irr (fam)* combinare
ausführen ['ausfy:rən] *v* **1.** *(durchführen)* eseguire; **2.** *(spazieren führen)* portare fuori, condurre a passeggio; *den Hund ~* portare fuori il cane
ausführlich ['ausfy:rlɪç] *adj* dettagliato
Ausführung ['ausfy:ruŋ] *f* esecuzione *f*
ausfüllen ['ausfylən] *v* riempire
Ausgabe ['ausga:bə] *f* **1.** distribuzione *f;* **2.** *(Geldausgabe)* spesa *f,* uscita *f;* **3.** *(Gepäckausgabe)* consegna *f;* **4.** *(Buchausgabe)* edizione *f*
Ausgang ['ausgaŋ] *m* **1.** uscita *f;* **2.** *(Ende)* termine *m,* fine *f,* esito *m; am ~ des Jahrhunderts* alla fine del secolo; **3.** *(Ergebnis)* risultato *m*
Ausgangspunkt ['ausgaŋspuŋkt] *m* punto di partenza *m*
Ausgangssperre ['ausgaŋsʃpɛrə] *f* coprifuoco *m*
ausgeben ['ausge:bən] *v irr* **1.** *(verteilen)* distribuire; **2.** *(Geld)* spendere
ausgebucht ['ausgəbu:xt] *adj* essere al completo, tutto esaurito
ausgefranst ['ausgəfranst] *adj* sfilacciato
ausgeglichen ['ausgəglɪçən] *adj* equilibrato
Ausgeglichenheit ['ausgəglɪçənhaɪt] *f* equilibrio *m*
ausgehen ['ausge:ən] *v irr* **1.** *(weggehen)* uscire; **2.** *(enden)* finire; **3.** *(erlöschen)* estinguersi; **4.** *(Vorräte)* finire
ausgelassen ['ausgəlasən] *adj* sfrenato, allegro

ausgenommen ['ausgənɔmən] *prep* tranne, eccetto
ausgeprägt ['ausgəprɛːkt] *adj* spiccato
ausgerechnet ['ausgərɛçnət] *adv* proprio
ausgeschlossen ['ausgəʃlɔsən] *adj* escluso
ausgezeichnet ['ausgətsaɪçnət] *adj* eccellente
ausgiebig ['ausgiːbɪç] *adj* **1.** copioso; *adv* **2.** abbondantemente
Ausgleich ['ausglaɪç] *m* **1.** ECO saldo *m;* **2.** *(fig)* appianamento *m*
ausgleichen ['ausglaɪçən] *v irr* **1.** compensare; **2.** *(fig)* appianamento
ausgraben ['ausgraːbən] *v irr* dissotterrare
aushalten ['aushaltən] *v irr* sopportare
aushandeln ['aushandəln] *v* concordare
aushändigen ['aushɛndɪgən] *v* consegnare
Aushang ['aushaŋ] *m* avviso *m*
Aushängeschild ['aushɛŋəʃɪlt] *n* insegna *f*
ausharren ['ausharən] *v* perseverare, resistere
ausheben ['ausheːbən] *v irr* **1.** scavare; **2.** *(fig)* snidare
aushecken ['aushɛkən] *v* ideare, escogitare
ausheilen ['aushaɪlən] *v* guarire completamente
aushelfen ['aushɛlfən] *v irr* aiutare
Aushilfe ['aushɪlfə] *f* aiuto *m,* supplenza *f*
aushilfsweise ['aushɪlfsvaɪzə] *adv* per supplire
aushorchen ['aushɔrçən] *v* sondare
auskennen ['auskɛnən] *v irr sich ~* conoscere bene, intendersi; *Ich kenne mich in der Stadt gut aus.* Conosco bene la città. *Er kennt sich mit Informatik aus.* Lui s'intende di informatica.
ausklammern ['ausklamɐn] *v* mettere fuori parentesi, eliminare
Ausklang ['ausklaŋ] *m* finale *m*
auskommen ['auskɔmən] *v irr* **1.** accordarsi; *mit jdm gut ~* andare d'accordo con qd; **2.** cavarsela; *mit wenig ~* cavarsela con poco; *ohne etw/jdn ~* far senza qc/qd
Auskommen ['auskɔmən] *n* sussistenza *f; sein ~ haben* avere di che vivere
auskundschaften ['auskuntʃaftən] *v* esplorare
Auskunft ['auskunft] *f* **1.** *(Information)* informazione *f;* **2.** *(Büro)* ufficio informazioni *m,* centro informazioni *m*
auskurieren ['auskuriːrən] *v* guarire completamente
auslachen ['auslaxən] *v* deridere
ausladen ['auslaːdən] *v irr* **1.** *(Gepäck)* scaricare; **2.** disdire; *die Gäste ~* disdire l'invito agli ospiti
Auslage ['auslaːgə] *f* **1.** *(im Schaufenster)* vetrina *f;* **2.** *(von Geld)* denaro sborsato *m,* esborso *m*
Ausland ['auslant] *n* estero *m*
Ausländer(in) ['auslɛndər(ɪn)] *m/f* straniero/straniera *m/f*
ausländerfeindlich ['auslɛndɐfaɪntlɪç] *adj* xenofobo
Ausländerfeindlichkeit ['auslɛndɐfaɪntlɪçkaɪt] *f* xenofobia *f*
ausländisch ['auslɛndɪʃ] *adj* straniero
auslassen ['auslasən] *v irr* **1.** *(unterlassen)* tralasciare; **2.** *(Zorn)* sfogarsi
auslaufen ['auslaufən] *v irr* **1.** *(Flüssigkeit)* scolare, fuoriuscire; **2.** *(fig)* terminare
ausleben ['ausleːbən] *v sich ~* godere appieno la vita
ausleeren ['ausleːrən] *v* vuotare
auslegen ['ausleːgən] *v* **1.** *(Waren)* esporre; **2.** *(Geld)* sborsare, anticipare; **3.** *(deuten)* interpretare
ausleihen ['auslaɪən] *v irr* **1.** *etw ~* prestare qc; *Geld ~* prestare denaro; **2.** *sich etw ~* farsi prestare qc; *sich von jdm ein Buch ~* farsi prestare un libro da qd
Auslese ['ausleːzə] *f* scelta *f*
Ausleseverfahren ['ausleːzəfɛrfaːrən] *n* metodo di selezione *m*
ausliefern ['ausliːfɐn] *v* **1.** *jdm ausgeliefert sein (fig)* essere in balìa di qd; **2.** *sich jdm ~* costituirsi a qd; **3.** *(Verbrecher)* JUR estradare
Auslieferung ['ausliːfəruŋ] *f* **1.** restituzione *f;* **2.** JUR consegna *f*
auslöschen ['auslœʃən] *v* spegnere
auslösen ['ausløːzən] *v* **1.** *(in Gang setzen)* azionare; **2.** *(verursachen)* causare

A

auslosen ['auslo:zən] *v* sorteggiare
Auslöser ['auslø:zɐ] *m* 1. *(Ursache)* causa *f,* movente *m;* 2. *FOTO* scatto *m*
ausmachen ['ausmaxən] *v* 1. *(ausschalten)* spegnere; 2. *(festsetzen)* stabilire; 3. *(übereinkommen)* pattuire; 4. *(sich belaufen auf)* ammontare; *Die Kosten machen 50 Euro aus.* Le spese ammontano a cinquanta euro. 5. *(bilden)* formare, rappresentare; 6. *(bedeuten)* importare, spiacere; *Das macht mir nichts aus.* Non me ne importa niente. *Würde es Ihnen etw ~?* Le spiacerebbe? *Macht es dir etw aus, wenn ...* Ti dispiace se ...
Ausmaß ['ausma:s] *n* misura *f,* dimensione *f*
ausmessen ['ausmɛsən] *v irr* misurare
Ausnahme ['ausna:mə] *f* eccezione *f*
Ausnahmefall ['ausna:məfal] *m* caso eccezionale *m*
Ausnahmezustand ['ausna:mətsuʃtant] *m* stato eccezionale *m,* stato di emergenza *m*
ausnahmslos ['ausna:mslo:s] *adj* 1. senza eccezione; *adv* 2. senza eccezione
ausnahmsweise ['ausna:msvaɪzə] *adv* eccezionalmente, in via eccezionale
ausnehmen ['ausne:mən] *v irr* 1. *(ausschließen)* escludere; 2. *jdn ~ (fig)* depredare qd; 3. *(Tiere)* sventrare
ausnützen ['ausnytsən] *v* sfruttare, approfittare
Ausnutzung ['ausnutsuŋ] *f* sfruttamento *f*
auspacken ['auspakən] *v* disfare; *die Koffer ~* disfare le valigie
auspeitschen ['auspaɪtʃən] *v* frustare
ausplaudern ['ausplaudɐn] *v* spifferare, spiattellare
ausplündern ['ausplyndɐn] *v* saccheggiare
ausprägen ['ausprɛ:gən] *v* coniare
auspressen ['ausprɛsən] *v* 1. spremere; 2. *(fig)* sfruttare
auspusten ['auspu:stən] *v* spegnere soffiando
ausquartieren ['auskvarti:rən] *v* sloggiare
ausradieren ['ausradi:rən] *v* cancellare
ausrangieren ['ausraŋɢi:rən] *v* eliminare
ausrasten ['ausrastən] *v* 1. disinnestarsi; 2. *(fig: Fassung verlieren)* infuriarsi
ausrauben ['ausraubən] *v* derubare
ausräumen ['ausrɔymən] *v* 1. *(Gegenstände)* sgomberare; 2. *(fig: Zweifel)* rimuovere
ausrechnen ['ausreçnən] *v* calcolare
Ausrede ['ausre:də] *f* scusa *f,* pretesto *m*
ausreichen ['ausraɪçən] *v* essere sufficiente, bastare
ausreichend ['ausraɪçənt] *adj* sufficiente
Ausreise ['ausraɪzə] *f* passaggio del confine *m,* espatrio *m*
ausreisen ['ausraɪzən] *v* andare all'estero
Ausreißer ['ausraɪsɐ] *m* fuggiasco *m*
ausrenken ['ausrɛŋkən] *v sich etw ~* slogarsi qc; *sich einen Arm ~* slogarsi un braccio
ausrichten ['ausrɪçtən] *v* 1. *(aufstellen)* allineare; 2. *(veranstalten)* allestire; 3. *(benachrichtigen)* portare; *jdm einen schönen Gruß ~* portare un caro saluto a qd
ausrotten ['ausrɔtən] *v* 1. *(Pflanzen, Tiere)* estirpare, sterminare; 2. *(fig)* sradicare; *eine Unsitte ~* sradicare un malcostume
Ausruf ['ausru:f] *m* esclamazione *f,* grido *m*
ausrufen ['ausru:fən] *v irr* gridare, esclamare
Ausrufezeichen ['ausru:fətsaɪçən] *n* punto esclamativo *m*
ausruhen ['ausru:ən] *v* riposare
ausrüsten ['ausrystən] *v* dotare, attrezzare
Ausrüstung ['ausrystuŋ] *f* attrezzatura *f,* equipaggiamento *m*
ausrutschen ['ausrutʃən] *v* scivolare
Aussage ['ausza:gə] *f* 1. asserzione *f;* 2. *JUR* deposizione *f;* 3. *(Bedeutung)* significato *m*
aussagen ['ausza:gən] *v* 1. asserire; 2. *JUR* deporre
ausschachten ['ausʃaxtən] *v* scavare
ausschalten ['ausʃaltən] *v* 1. *(beseitigen)* eliminare, rimuovere; 2. *(ausschließen)* escludere, eliminare; 3. *TECH* disinserire; 4. *(Automotor)* spegnere

Ausschank ['ausʃank] *m GAST* spaccio *m; ~ alkoholfreier Getränke* spaccio di bevande analcoliche *m*
ausscheiden ['ausʃaɪdən] *v irr* **1.** *(ausschließen)* escludere; **2.** *SPORT* eliminare; **3.** *MED* espellere
ausscheren ['ausʃeːrən] *v* uscire dalla fila
ausschimpfen ['ausʃɪmpfən] *v* sgridare
ausschlachten ['ausʃlaxtən] *v* squartare
ausschlafen ['ausʃlaːfən] *v irr* dormire abbastanza
Ausschlag ['ausʃlaːk] *m* **1.** *MED* eruzione *f*, esantema *f*; **2.** *(fig) den ~ geben* essere decisivo, far pendere la bilancia
ausschlaggebend ['ausʃlaːkgeːbənt] *adj* decisivo
ausschließen ['ausʃliːsən] *v irr* **1.** *jdn ~* escludere qd; *jdn von etw ~* escludere qd da qc; **2.** *(aussperren)* chiudere fuori
ausschließlich ['ausʃliːslɪç] *adj* esclusivo, unico
Ausschluss ['ausʃlus] *m* esclusione *f*
ausschmücken ['ausʃmykən] *v* adornare, decorare; *(fig)* infiorare
ausschneiden ['ausʃnaɪdən] *v irr* ritagliare
Ausschnitt ['ausʃnɪt] *m* **1.** *(eines Kleides)* scollatura *f*; **2.** *(einer Zeitung)* ritaglio *m*; **3.** *(Detail)* dettaglio *m*
ausschöpfen ['ausʃœpfən] *v* **1.** *(Wasser)* attingere; **2.** *(fig) alle Möglichkeiten ~* esaurire ogni possibilità
ausschreiben ['ausʃraɪbən] *v irr* **1.** *(vollständig schreiben)* scrivere per intero; **2.** *(Stelle)* offrire, bandire
Ausschuss ['ausʃus] *m* **1.** *(Abfall)* scarto *m*; **2.** *(Kommission)* commissione *f*
ausschütten ['ausʃytən] *v* rovesciare
ausschweifend ['ausʃvaɪfənt] *adj* eccessivo
aussehen ['auszeːən] *v irr* avere l'aspetto di, sembrare; *Es sieht so aus, als ob daraus nichts wird.* Sembra che non se ne farà niente. *Es sieht gut aus.* Sembra che le cose vadano bene. *Es sieht nach Regen aus.* Sembra che voglia piovere.
Aussehen ['auszeːən] *n* aspetto *m*
außen ['ausən] *adv* fuori
Außenbordmotor ['ausənbɔrtmoːtɔr] *m TECH* motore fuoribordo *m*
Außendienst ['ausəndiːnst] *m* servizio esterno *m*
Außenseiter ['ausənzaɪtɐ] *m* outsider *m*, non favorito *m*
außer ['ausɐ] *prep* **1.** *(räumlich)* all'infuori di; *~ Atem* senza fiato; *~ Landes* all'estero; *~ sich sein* essere fuori di sé; **2.** *(abgesehen von)* ad eccezione di, tranne, all'infuori di; *konj* **3.** *~ wenn* a meno che; *~, dass* salvo che
außerdem ['ausɐdeːm] *adv* oltre a ciò, inoltre
äußere(r,s) ['ɔysərə(r,s)] *adj* esteriore, esterno/esterna; *die ~ Erscheinung* l'aspetto esteriore *m*; *ein ~r Anstoß* un impulso esterno *m*
Äußere ['ɔysərə] *n* apparenza *f*
außergewöhnlich ['ausɐgəvøːnlɪç] *adj* straordinario
außerhalb ['ausɐhalp] *prep* **1.** al di fuori di; *adv* **2.** fuori
äußerlich ['ɔysɐlɪç] *adj* esteriore
äußern ['ɔysɐn] *v* manifestare, esprimere
außerordentlich ['ausɐɔrdəntlɪç] *adj* straordinario
äußerstenfalls ['ɔysɐstənfals] *adv* in caso estremo
Äußerung ['ɔysəruŋ] *f* dichiarazione *f*
aussetzen ['auszɛtsən] *v* **1.** *(Tier)* abbandonare; **2.** *(Arbeit)* interrompere
Aussicht ['auszɪçt] *f* **1.** *(Ausblick)* vista *f*; **2.** *(fig)* prospettive *f/pl*
aussichtslos ['auszɪçtsloːs] *adj* senza speranza
Aussichtspunkt ['auszɪçtspuŋkt] *m* belvedere *m*
aussiedeln ['ausziːdəln] *v* evacuare, trasferire
aussöhnen ['auszøːnən] *v* riconciliare
aussondern ['auszɔndɐn] *v* scartare
aussortieren ['auszɔrtiːrən] *v* eliminare
aussparen ['ausʃpaːrən] *v* lasciare libero
ausspeien ['ausʃpaɪən] *v irr* sputare
aussperren ['ausʃpɛrən] *v* **1.** *(ausschließen)* chiudere fuori; **2.** *(Streik)* effettuare la serrata di

A

ausspielen ['ausʃpiːlən] *v* **1.** *(Karten)* giocare; **2.** *(Geldprämie)* mettere in palio; **3.** *jdn gegen jdn ~* servirsi di qd contro qd; *ausgespielt haben (fig)* non contare più
ausspionieren ['ausʃpioniːrən] *v* carpire spiando
Aussprache ['ausʃpraːxə] *f* **1.** *(Gespräch)* chiarimento *m;* **2.** *LING* pronuncia *f*
aussprechen ['ausʃprɛçən] *v irr* **1.** *(äußern)* esprimere; **2.** *sich ~* esprimersi **3.** *LING* pronunciare
ausstatten ['ausʃtatən] *v* **1.** *(einrichten)* arredare; **2.** *(ausrüsten)* fornire, dotare
Ausstattung ['ausʃtatuŋ] *f* **1.** *(Einrichtung)* arredamento *m;* **2.** *(Ausrüstung)* equipaggiamento *m*
ausstechen ['ausʃtɛçən] *v irr jdn ~ (besser sein)* surclassare qd, soppiantare qd
ausstehen ['ausʃteːən] *v irr* **1.** *(ertragen)* sopportare; *jdn nicht ~ können* non poter sopportare qd; **2.** *(noch fehlen)* mancare, rimanere; **3.** *(ausgestanden sein)* essere superato
aussteigen ['ausʃtaɪgən] *v irr* **1.** *(Fahrzeug)* scendere; **2.** *(fig)* ritirarsi
Aussteiger ['ausʃtaɪgɐ] *m* outsider *m*
ausstellen ['ausʃtɛlən] *v* **1.** *(Waren)* esporre; **2.** *(Dokumente)* rilasciare
Ausstellung ['ausʃtɛluŋ] *f* **1.** *(von Waren)* esposizione *f;* **2.** *(von Dokumenten)* rilascio *m*
Ausstellungsdatum ['ausʃtɛluŋsdaːtum] *n* data di emissione *f*
Ausstellungskatalog ['ausʃtɛluŋskataloːk] *m* catalogo dell'esposizione *m*
aussterben ['ausʃtɛrbən] *v irr* morire, estinguersi
Aussteuer ['ausʃtɔyɐ] *f* corredo *m*
Ausstieg ['ausʃtiːk] *m* **1.** *(Ausgang)* uscita *f;* **2.** *(fig)* abbandono *m*
ausstoßen ['ausʃtosən] *v irr* **1.** *etw ~* gettare fuori qc; **2.** *jdn ~* escludere qd, espellere qd
ausstrahlen ['ausʃtraːlən] *v* **1.** *(übertragen)* trasmettere; **2.** *(Wärme)* irradiare; **3.** *(fig: Gelassenheit)* emanare
Ausstrahlung ['ausʃtraːluŋ] *f* *(fig)* emanazione *f,* charme *m*
ausstrecken ['ausʃtrɛkən] *v* **1.** allungare, distendere; **2.** *sich ~* sdraiarsi, distendersi
ausströmen ['ausʃtrøːmən] *v* scorrere
aussuchen ['auszuːxən] *v* scegliere
Austausch ['austauʃ] *m* scambio *m*
austauschbar ['austauʃbaːr] *adj* scambiabile, sostituibile
austauschen ['austauʃən] *v* scambiare
austeilen ['austaɪlən] *v* distribuire
Auster ['austɐ] *f ZOOL* ostrica *f*
austoben ['austoːbən] *v* **1.** *(Zorn)* sfogare; **2.** *sich ~* sfogarsi
austragen ['austraːgən] *v irr* **1.** *(Streit)* definire; **2.** *(Pakete)* recapitare; **3.** *SPORT* disputare
Australien [au'straːljən] *n GEO* Australia *f*
austreten ['austreːtən] *v irr* **1.** *(ausströmen)* straripare; **2.** *(aus einem Verein)* uscire
austrinken ['austrɪŋkən] *v irr* bere tutto, finire di bere
Austritt ['austrɪt] *m* uscita *f*
austrocknen ['austrɔknən] *v* asciugare
austüfteln ['austyftəln] *v* escogitare
ausüben ['ausyːbən] *v* esercitare
Ausübung ['ausyːbuŋ] *f* esercizio *m*
Ausverkauf ['ausfɛrkauf] *m* svendita *f*
ausverkauft ['ausfɛrkauft] *adj* esaurito
auswachsen ['ausvksən] *v* finir di crescere
Auswahl ['ausvaːl] *f* selezione *f*
auswählen ['ausvɛːlən] *v* scegliere
auswandern ['ausvandɐn] *v* emigrare
auswärts ['ausvɛrts] *adv* fuori
auswechseln ['ausvɛksəln] *v* cambiare
Ausweg ['ausveːk] *m* via d'uscita *f*
ausweglos ['ausveːkloːs] *adj* senza speranza
ausweichen ['ausvaɪçən] *v irr* **1.** scansare, evitare; **2.** *(fig) einer Frage ~* evitare di rispondere ad una domanda
ausweichend ['ausvaɪçənt] *adj* evasivo
Ausweichmöglichkeit ['ausvaɪçmøːklɪçkaɪt] *f* scappatoia *f*
ausweinen ['ausvaɪnən] *v sich ~* disperarsi piangendo
Ausweis ['ausvaɪs] *m* documento *m*

ausweisen ['ausvaɪzən] *v irr* **1.** *sich ~* provare la propria identità; **2.** *(Land)* esiliare, espellere
ausweiten ['ausvaɪtən] *v* allargare
auswendig ['ausvɛndɪç] *adj* a memoria
auswerten ['ausveːrtən] *v* analizzare
Auswertung ['ausveːrtuŋ] *f* analisi *f*
auswirken ['ausvɪrkən] *v sich ~* influire
Auswirkung ['ausvɪrkuŋ] *f* effetto *m*, influsso *m*
auswischen ['ausvɪʃən] *v jdm eins ~* giocare un brutto tiro a qd
auszahlen ['austsaːlən] *v* **1.** pagare; **2.** *sich ~* meritare, valere la pena; *Es zahlt sich nicht aus.* Non ne vale la pena.
Auszahlung ['austsaːluŋ] *f* pagamento *m*
auszehren ['austseːrən] *v* consumare
auszeichnen ['austsaɪçnən] *v* *(würdigen)* onorere, premiare
Auszeichnung ['austsaɪçnuŋ] *f* onorificenza *f*, decorazione *f*, premio *m*
ausziehbar ['austsiːbaːr] *adj* estraibile
ausziehen ['austsiːən] *v irr* **1.** *(Kleidung)* spogliare, svestire; **2.** *(Wohnung wechseln)* traslocare
Auszubildende(r) ['austsubɪldəndə(r)] *m/f* apprendista *m/f*
Auszug ['austsuːk] *m* **1.** *(Umzug)* trasloco *m;* **2.** *(Zusammenfassung)* riassunto *m;* **3.** *(Kontoauszug)* estratto conto *m*
authentisch [au'tɛntɪʃ] *adj* autentico
Auto ['auto] *n* automobile *f*, *~ fahren* andare in automobile
Autobahn ['autobaːn] *f* autostrada *f*
Autobahngebühr ['autobaːngəbyːr] *f* pedaggio autostradale *m*
Autodidakt(in) [autodɪ'dakt(ɪn)] *m* autodidatta *m/f*
Autofahrer(in) ['autofaːrər(ɪn)] *m/f* automobilista *m/f*
Autogramm [auto'gram] *n* autografo *m*
Automat [auto'maːt] *m* **1.** distributore automatico *m;* **2.** *TECH* macchina automatica *f*
Automobilindustrie [automo'biːlɪndustriː] *f* industria automobilistica *f*
Autor(in) ['autɔr/au'toːrɪn] *m/f* autore/autrice *m/f*
Autoreifen ['autoraɪfən] *m* pneumatico d'auto *m*
Autounfall ['autounfal] *m* incidente automobilistico *m*
Autowaschanlage ['autovaʃanlaːgə] *f* impianto di autolavaggio *m*
Autowerkstatt ['autovɛrkʃtat] *f* autofficina *f*
Axt [akst] *f* ascia *f*

B

B

Baby ['beːbi] *n* neonato *m*
Babysitter ['beːbisɪtɐ] *m* babysitter *f*
Babywiege ['beːbiviːgə] *f* culla per neonati *f*
Bach [bax] *m* ruscello *m*; *den ~ herunter sein* essere all'ultima spiaggia
Backblech ['bakblɛç] *n* teglia da forno *f*
Backe ['bakə] *f* guancia *f*
backen ['bakən] *v irr* cuocere al forno
Backenzahn ['bakəntsaːn] *m* ANAT molare *m*
Bäcker(in) ['bɛkər(ɪn)] *m/f* fornaio/fornaia *m/f*, panettiere/panettiera *m/f*
Bäckerei [bɛkə'raɪ] *f* panetteria *f*
Backobst ['bakoːpst] *n* frutta secca *f*
Backofen ['bakoːfən] *m* forno *m*
Backpulver ['bakpulfɐ] *n* lievito in polvere *m*
Backwaren ['bakvaːrən] *pl* dolci *m/pl*, pasticcini *m/pl*
Bad [baːt] *n* **1.** bagno *m*; *ein ~ in der Menge nehmen* fare un bagno di folla/farsi acclamare dalla folla; *das Kind mit dem ~e ausschütten* fare di tutta l'erba un fascio/buttare il bambino insieme all'acqua del bagno; **2.** *(Raum)* bagno *m*
Badeanzug ['baːdəantsuːk] *m* costume da bagno *m*
Badehose ['baːdəhoːzə] *f* calzoncini da bagno *m/pl*
Badekappe ['baːdəkapə] *f* cuffia da bagno *f*
Bademantel ['baːdəmantəl] *m* accappatoio *m*
Bademeister ['baːdəmaɪstɐ] *m* bagnino *m*
baden ['baːdən] *v* fare il bagno
Badeort ['baːdəɔrt] *m* località balneare *f*
Badesaison ['baːdəzɛzɔ] *f* stagione balneare *f*
Badetuch ['baːdətuːx] *n* asciugamano da bagno *m*
Badewanne ['baːdəvanə] *f* vasca da bagno *f*
Badezimmer ['baːdətsɪmɐ] *n* stanza da bagno *f*, bagno *m*
Bagatelle [baga'tɛlə] *f* bagattella *f*, bazzecola *f*
bagatellisieren [bagatɛlɪ'ziːrən] *v* minimizzare
Bahn [baːn] *f* **1.** *(Eisenbahn)* ferrovia *f*, treno *m*; *freie ~ haben* avere via libera; *auf die schiefe ~ kommen* prendere una cattiva strada; *aus der ~ werfen (fig)* buttare fuori strada/far prendere una sbandata; *etw in die richtige ~ lenken* mantenere qc sulla retta via; **2.** *(Straßenbahn)* tram *m*; **3.** *(Fahrbahn)* pista *f*
Bahnbeamte(r) [baːnbɛamtə(r)] *m/f* impiegato delle ferrovie/impiegata delle ferrovie *m/f*
Bahnfahrkarte ['baːnfaːɐkartə] *f* biglietto ferroviario *m*
Bahnhof ['baːnhoːf] *m* stazione *f*; *immer nur ~ verstehen* non capire mai un'acca/non capire mai un accidente
Bahnhofshalle ['baːnhoːfshalə] *f* atrio della stazione *m*
Bahnlinie ['baːnliːnjə] *f* linea ferroviaria *f*
Bahnsteig ['baːnʃtaɪk] *m* marciapiede *m*
Bahnübergang ['baːnybɐgaŋ] *m* passaggio a livello *m*
Bahnunterführung ['baːnuntɐfyːruŋ] *f* sottopassaggio *m*
Bahre ['baːrə] *f* **1.** *(für Verletzte)* barella *f*; **2.** *(für Tote)* bara *f*, feretro *m*
Bakterie [bak'teːrjə] *f* batterio *m*
Balance [ba'lɑs] *f* equilibrio *m*
balancieren [balɑ'siːrən] *v* equilibrare
bald [balt] *adv* presto
baldmöglichst ['baltmøːklɪçst] *adv* il più presto possibile
Balken ['balkən] *m* trave *f*
Balkon [bal'koːn] *m* **1.** balcone *m*; **2.** THEAT balconata *f*
Ball[1] [bal] *m* **1.** palla *f*; *am ~ bleiben (fig)* non demordere; *sich die Bälle zuwerfen* compiacersi a vicenda; **2.** *(Fußball)* pallone *m*
Ball[2] [bal] *m (Tanz)* ballo *m*
Ballast ['balast] *m* zavorra *f*

Ballen ['balən] *m ECO* balla
Ballett [ba'lɛt] *n THEAT* balletto *m*
Ballon [ba'lɔŋ] *m* pallone aereostatico *m*
Ballspiel ['balʃpiːl] *n* gioco con la palla *m*
Balte ['baltə] *m* abitante dei Paesi baltici *m*
Baltikum ['baltɪkum] *n GEO* Paesi baltici *m/pl*
baltisch ['baltɪʃ] *adj* baltico
Balustrade [balus'traːdə] *f ARCH* balaustrata *f*
Bambus ['bambus] *m BOT* bambù *m*
banal [ba'naːl] *adj* banale
Banalität [banali'tɛːt] *f* banalità *f*
Banane [ba'naːnə] *f* banana *f*
Bananenstaude [ba'naːnənʃtaudə] *f BOT* banano *m*
Banause [ba'nauzə] *m* uomo gretto *m*
Band [bant] *n* **1.** *(Streifen)* nastro *m; am laufenden ~* a nastro/di continuo/ininterrottamente; **2.** *(Tonband)* nastro magnetico *m;* **3.** *(fig)* legame *m; m* **4.** *(Buch)* volume *m; Bände sprechen* dire di tutto
Bande ['bandə] *f (Gruppe)* banda *f*
bändigen ['bɛndɪgən] *v* domare, ammansire
Bandit(in) [ban'diːt(ɪn)] *m/f* bandito/bandita *m/f*
Bandscheibe ['bantʃaɪbə] *f ANAT* disco intervertebrale *m*
Bandwurm ['bantvurm] *m BIO* verme solitario *m*
bange ['baŋə] *adj* pauroso
Bank[1] [baŋk] *f* **1.** *(Sitzbank)* panca *f,* panchina *f;* **2.** *(Schulbank)* banco *m;* **3.** *etw auf die lange ~ schieben (fig)* tirare qc per le lunghe; *durch die ~* tutto il mazzo/tutti quanti/nessuno escluso
Bank[2] [baŋk] *f FIN* banca *f*
Bankett [baŋ'kɛt] *n* banchetto *m*
Bankverbindung ['baŋkfɛrbɪnduŋ] *f FIN* relazione bancaria *f,* banca di riferimento *f*
Bann [ban] *m jdn in seinen ~ ziehen* gettare un incantesimo su qd, attrarre qd nella propria sfera
Bar [baːr] *f* nightclub *m*
Bär [bɛːr] *m* orso *m; jdm einen ~en aufbinden* darla a bere a qd; *Da ist der ~ los.* Qui c'è aria di festa.
barfuß ['barfuːs] *adv* a piedi nudi, scalzo
Bargeld ['baːrgɛlt] *n* contanti *m/pl*
bargeldlos ['baːrgɛltloːs] *adj FIN* non in contanti
Bariton ['barɪtɔn] *m MUS* baritono *m*
Barkeeper ['baːrkiːpɐ] *m* barista *m*
barmherzig [barm'hɛrtsɪç] *adj* compassionevole
Barmherzigkeit [barm'hɛrtsɪçkaɪt] *f* misericordia *f*
Barock [ba'rɔk] *m/n ART* barocco *m*
Barometer [baro'meːtɐ] *m TECH* barometro *m*
Baron(in) [ba'roːn(ɪn)] *m/f* barone(ssa) *m/f*
Barriere [bar'jɛːrə] *f* barriera *f*
Barrikade [bari'kaːdə] *f* barricata *f*
barsch [barʃ] *adj* brusco
Barsch [barʃ] *m ZOOL* pesce persico *m*
Bart [baːrt] *m* barba *f; um des Kaisers ~ streiten* discutere sul sesso degli angeli
bärtig ['bɛːrtɪç] *adj* barbuto
basieren [ba'ziːrən] *v ~ auf* basare su
Basis ['baːzɪs] *f* base *f*
Basketball ['baskətbal] *m SPORT* basketball *m*
Bass [bas] *m* **1.** *(Stimme) MUS* basso *m;* **2.** *(Instrument)* contrabbasso *m*
Bassin [ba'sɛ̃] *n* **1.** bacino *m;* **2.** *(Schwimmbassin)* piscina *f*
Bastard ['bastart] *m* bastardo *m*
basteln ['bastəln] *v* fare bricolage
Batterie [batə'riː] *f TECH* batteria *f,* pila *f*
Bau [bau] *m* **1.** *(Konstruktion)* costruzione *f;* **2.** *(Tierbau) ZOOL* tana *f*
Bauarbeiter ['bauarbaɪtɐ] *m* lavoratore edile *m*
Bauch [baux] *m* pancia *f; eine Wut im ~ haben* avere un diavolo per capello; *sich den ~ vollschlagen* rimpinzarsi/riempirsi la pancia; *sich den ~ vor Lachen halten* tenersi la pancia dal ridere; *auf den ~ fallen* andare gambe all'aria
Bauchschmerzen ['bauxʃmɛrtsən] *pl* mal di pancia *m*
bauen ['bauən] *v* costruire
Bauer ['bauɐ] *m* contadino *m*
Bäuerin ['bɔyərɪn] *f* contadina *f*
bäuerlich ['bɔyɐlɪç] *adj* contadinesco, rustico

B

Bauernhof ['bauɐnhoːf] *m* fattoria *f*
baufällig ['baufɛlıç] *adj* cadente, pericolante
Baugewerbe ['baugəvɛrbə] *n* industria edilizia *f*
Bauholz ['bauhɔlts] *n* legname da costruzione *m*
Bauklötze ['bauklœtsə] *pl ~ staunen* rimanere di stucco
Bauland ['baulant] *n* area fabbricabile *f*
Baum [baum] *m* albero *m; Bäume ausreißen können* poter spostare le montagne/poter buttare giù i muri; *Es ist zum auf die Bäume klettern.* È come scrivere sull'acqua.
Baumstamm ['baumʃtam] *m* tronco *m*
Baumwolle ['baumvɔlə] *f* cotone *m*
Bausparkasse ['bauʃparkasə] *f* istituto di credito per la costruzione di alloggi privati *m*
Baustelle ['bauʃtɛlə] *f* cantiere *m*
Bautrupp ['bautrup] *m* squadra di operai edili *f*
Bauunternehmen ['bauuntɐneːmən] *n* impresa edile *f*
Bauwerk ['bauvɛrk] *n* edificio *m,* costruzione *f*
Bayer(in) ['baıər(ın)] *m/f* bavarese *m/f*
bayerisch ['baıɐıʃ] *adj* bavarese
Bayern ['baıɐn] *n GEO* Baviera *f*
beabsichtigen [bə'apzıçtıgən] *v* proporsi di; avere l'intenzione di
beachten [bə'axtən] *v* fare attenzione a
beachtlich [bə'axtlıç] *adj* considerevole
Beachtung [bə'axtuŋ] *f* attenzione *f*
Beamer [bıːmər] *m* videoprojettore *m*
Beamter [bə'amtɐ] *m* impiegato statale *m,* funzionario *m*
Beamtin [bə'amtın] *f* impiegata statale *f,* funzionaria *f*
beanspruchen [bə'anʃpruxən] *v* **1.** *(verlangen)* pretendere; *Schadensersatz ~* pretendere il risarcimento dei danni; **2.** *jdn ~* impegnare qd
beanstanden [bə'anʃtandən] *v* biasimare
Beanstandung [bə'anʃtanduŋ] *f* reclamo *m*
beantragen [bə'antraːgən] *v* richiedere
beantworten [bə'antvɔrtən] *v* rispondere
bearbeiten [bə'arbaıtən] *v* **1.** lavorare; **2.** *INFORM* elaborare
Bearbeitung [bə'arbaıtuŋ] **1.** *f* lavorazione *f;* **2.** *INFORM* elaborazione *f*
beaufsichtigen [bə'aufzıçtıgən] *v* sorvegliare
beauftragen [bə'auftraːgən] *v* incaricare
bebauen [bə'bauən] *v* **1.** *(Häuser)* costruire case su; **2.** *(Land)* coltivare
beben ['beːbən] *v* tremare; *vor Angst ~* tremare dalla paura; *Die Erde bebt.* La terra trema.
Becher ['bɛçɐ] *m* calice *m,* coppa *f*
bechern ['bɛçɐn] *v (fam)* sbevazzare
Becken ['bɛkən] *n* **1.** *(Waschbecken)* lavandino *m;* **2.** *(Schwimmbecken)* vasca *f,* piscina *f;* **3.** *ANAT* bacino *m*
bedächtig [bə'dɛçtıç] *adj* avveduto
bedanken [bə'daŋkən] *v sich ~* ringraziare; *sich bei jdm für etw ~* ringraziare qd di qc
Bedarf [bə'darf] *m* fabbisogno *m*
Bedarfsartikel [bə'darfsartıkəl] *m* bene di consumo *m*
bedauerlich [bə'dauɐlıç] *adj* deplorevole
bedauern [bə'dauɐn] *v* compatire, deplorare
Bedauern [bə'dauɐn] *n* compassione *f*
bedauernswert [bə'dauɐnsveːrt] *adj* miserevole
bedecken [bə'dɛkən] *v* coprire
bedenken [bə'dɛŋkən] *v irr* considerare
bedenkenlos [bə'dɛŋkənloːs] *adj* senza esitazione
bedenklich [bə'dɛŋklıç] *adj* dubbio, sospetto
bedeuten [bə'dɔytən] *v* significare
bedeutend [bə'dɔytənt] *adj* importante
bedeutsam [bə'dɔytzam] *adj* importante
Bedeutung [bə'dɔytuŋ] *f* significato *m*
bedienen [bə'diːnən] *v* **1.** *jdn ~* servire qd; *Der Wirt bedient seine Gäste.* L'oste serve i suoi clienti. *Bedient sein* averne abbastanza **2.** *sich ~* servirsi
Bedienung [bə'diːnuŋ] *f* **1.** servizio *m;* **2.** *(Kellner)* cameriere *m;* **3.** *(Verkäuferin)* commessa *f*

Bedienungsanleitung [bə'diːnuŋsanlaɪtuŋ] *f TECH* istruzioni per l'uso *m/pl*
Bedingung [bə'dɪŋuŋ] *f* condizione *f*
bedingungslos [bə'dɪŋuŋsloːs] *adj* incondizionato
bedrängen [bə'drɛŋən] *v* incalzare, assediare
Bedrängnis [bə'drɛŋnɪs] *f* pena *f*, tormento *f*
bedrohen [bə'droːən] *v* minacciare
bedrohlich [bə'droːlɪç] *adj* minaccioso
Bedrohung [bə'droːuŋ] *f* minaccia *f*
bedrucken [bə'drukən] *v* stampare
bedrücken [bə'drykən] *v* opprimere
bedürfen [bə'dyrfən] *v irr* aver bisogno
Bedürfnis [bə'dyrfnɪs] *n* bisogno *m*
bedürftig [bə'dyrftɪç] *adj* bisognoso
beeilen [bə'aɪlən] *v sich ~* affrettarsi
beeindrucken [bə'aɪndrukən] *v* impressionare
beeinflussen [bə'aɪnflusən] *v* influenzare, influire
beeinträchtigen [bə'aɪntrɛçtɪgən] *v* nuocere
Beeinträchtigung [bə'aɪntrɛçtɪguŋ] *f* pregiudizio *m*
beenden [bə'ɛndən] *v* finire
beengt [bə'ɛŋt] *adj* ristretto
beerben [bə'ɛrbən] *v* ereditare
beerdigen [bə'eːrdɪgən] *v* seppellire
Beerdigung [bə'eːrdɪguŋ] *f* funerale *m*
Beere ['beːrə] *f BOT* bacca *f*
Beet [beːt] *n* aiola *f*
Befähigung [bə'fɛːɪguŋ] *f* abilitazione *f*
befahrbar [bə'faːrbaːr] *adj* transitabile
befangen [bə'faŋən] *adj* **1.** *(verlegen)* imbarazzato; **2.** *JUR* prevenuto
Befangenheit [bə'faŋənhaɪt] *f* imbarazzo *m*
befassen [be'fasən] *v sich ~ mit* occuparsi di
befehlen [bə'feːlən] *v irr* comandare, ordinare
befestigen [bə'fɛstɪgən] *v* fissare
Befestigung [bə'fɛstɪguŋ] *f* fissaggio *m*
befeuchten [bə'fɔyçtən] *v* inumidire
befinden [bə'fɪndən] *v irr sich ~* trovarsi; *sich in einer schwierigen Situation ~* trovarsi in una situazione difficile
beflaggen [bə'flagən] *v* imbandierare
beflecken [bə'flɛkən] *v* macchiare
befolgen [bə'fɔlgən] *v* seguire
befördern [bə'fœrdɐn] *v* **1.** *ECO* spedire; *Waren mit der Bahn ~* spedire merci per ferrovia; **2.** *(Beruf) ECO* promuovere
Beförderung [bə'fœrdəruŋ] *f* **1.** *(von Waren) ECO* spedizione *f*; **2.** *(im Beruf) ECO* promozione *f*
Beförderungsmittel [bə'fœrdəruŋsmɪtəl] *n* mezzo di trasporto *m*
befragen [bə'fraːgən] *v* interrogare
Befragung [bə'fraːguŋ] *f* interrogazione *f*
befreien [bə'fraɪən] *v* liberare
Befreiung [bə'fraɪuŋ] *f* liberazione *f*
befreunden [bə'frɔyndən] *v sich ~* stringere amicizia
befriedigen [bə'friːdɪgən] *v* soddisfare
befriedigend [bə'friːdɪgənt] *adj* soddisfacente
Befriedigung [bə'friːdɪguŋ] *f* soddisfacimento *m*
befristet [bə'frɪstət] *adj* limitato nel tempo, a scadenza
Befugnis [bə'fuːknɪs] *f* **1.** diritto *m*; **2.** competenza *f*
befugt [bə'fuːkt] *adj* autorizzato
befürchten [bə'fyrçtən] *v* temere
Befürchtung [bə'fyrçtuŋ] *f* timore *m*
befürworten [bə'fyːrvɔrtən] *v* sostenere, appoggiare
Befürworter(in) [bə'fyːrvɔrtər(ɪn)] *m/f* sostenitore/sostenitrice *m/f*
begabt [bə'gaːpt] *adj* dotato
Begabung [bə'gaːbuŋ] *f* talento *m*
begeben [bə'geːbən] *v irr sich ~* recarsi; *sich an einen Ort ~* recarsi in un posto
Begebenheit [bə'geːbənhaɪt] *f* avvenimento *m*
begegnen [bə'geːgnən] *v* **1.** *jdm ~* incontrare qd; **2.** *sich ~* incontrarsi; *Vorgestern sind wir uns begegnet.* Ci siamo incontrati l'altro ieri.
Begegnung [bə'geːgnuŋ] *f* incontro *m*
begehen [bə'geːən] *v irr* **1.** commettere; *ein Verbrechen ~* commettere un crimine; **2.** celebrare; *ein Fest ~* celebrare una festa
begehren [bə'geːrən] *v* desiderare
begehrt [bə'geːrt] *adj* richiesto

B

begeistern [bə'gaɪstɐn] *v* **1.** *jdn* ~ entusiasmare qd; **2.** *sich* ~ entusiasmarsi; *sich für etw* ~ entusiasmarsi per qc
begeistert [bə'gaɪstɐt] *adj* ~ *sein* essere entusiasta
Begeisterung [bə'gaɪstəruŋ] *f* entusiasmo *m*
Begierde [bə'gi:rdə] *f* desiderio *m*
begierig [bə'gi:rɪç] *adj* desideroso, bramoso
begießen [bə'gi:sən] *v irr* versare su
Beginn [bə'gɪn] *m* inizio *m*
beginnen [bə'gɪnən] *v irr* cominciare
beglaubigen [bə'glaubɪgən] *v* attestare
begleiten [bə'glaɪtən] *v* accompagnare
Begleiterscheinung [bə'glaɪtɐʃaɪnuŋ] *f* fenomeno concomitante *m*
Begleitung [bə'glaɪtuŋ] *f* accompagnamento *m*
beglückwünschen [bə'glykvynʃən] *v jdn* ~ *zu* felicitarsi con qd per; *Ich beglückwünsche dich.* Mi felicito con te.
begnügen [bə'gny:gən] *v sich* ~ contentarsi di
begraben [bə'gra:bən] *v irr* **1.** *(beerdigen)* seppellire; **2.** *(fig)* abbandonare; *etw* ~ *können* poter mettere una pietra sopra a qc
Begräbnis [bə'grɛpnɪs] *n* sepoltura *f*
begreifen [bə'graɪfən] *v irr* comprendere
begreiflich [bə'graɪflɪç] *adj* comprensibile
begrenzen [bə'grɛntsən] *v* limitare
Begrenzung [bə'grɛntsuŋ] *f* limitazione *f*
Begriff [bə'grɪf] *m* concetto *m*
begründen [bə'gryndən] *v* **1.** *(gründen) f* fondare; **2.** *(rechtfertigen)* giustificare
begründet [bə'gryndət] *adj* ~ *sein* essere fondato; *Der Verdacht ist* ~. Il sospetto è fondato.
Begründung [bə'gryndʊŋ] *f* **1.** giustificazione *f;* **2.** fondazione *f*
begrüßen [bə'gry:sən] *v* salutare
Begrüßung [bə'gry:suŋ] *f* saluto *m*
begünstigen [bə'gynstɪgən] *v* favorire
Begünstigung [bə'gynstɪguŋ] *f* favore *m,* favoreggiamento *m*
begutachten [bə'gu:taxtən] *v* giudicare, fare una perizia

behaart [bə'ha:rt] *adj* peloso
behäbig [bə'hɛ:bɪç] *adj* corpulento
behaglich [bə'ha:klɪç] *adj* comodo, confortevole
Behaglichkeit [bə'ha:klɪçkaɪt] *f* comodità *f*
behalten [bə'haltən] *v irr* tenere
Behälter [bə'hɛltɐ] *m* recipiente *m*
behände [bə'hɛndə] *adj* agile
behandeln [bə'handəln] *v* **1.** trattare; *jdn als Freund* ~ trattare qd come un amico; **2.** *MED* curare
Behändigkeit [bə'hɛndɪçkaɪt] *f* agilità *f*
Behandlung [bə'handluŋ] *f* **1.** trattamento *m;* **2.** *MED* trattamento *m,* cura *f*
beharrlich [bə'harlɪç] *adj* perseverante, persistente
Beharrlichkeit [bə'harlɪçkaɪt] *f* perseveranza *f*
behaupten [bə'hauptən] *v* **1.** sostenere; **2.** *(Stellung)* mantenere, conservare; **3.** *sich* ~ affermarsi; *sich um jeden Preis* ~ affermarsi a tutti i costi
Behauptung [bə'hauptuŋ] *f* asserzione *f*
beheben [bə'he:bən] *v irr* **1.** *(Schaden)* riparare; **2.** *(fig: ausräumen)* togliere
beheizen [bə'haɪtsən] *v* riscaldare
Behelf [bə'hɛlf] *m* ripiego *m,* espediente *m*
behelfen [bə'hɛlfən] *v irr* **1.** *sich mit etw* ~ arrangiarsi con qc; **2.** *(auskommen) sich mit wenig* ~ accontentarsi di poco
behelfsmäßig [bə'hɛlfsmɛ:sɪç] *adj* provvisorio
behelligen [bə'hɛlɪgən] *v* disturbare, molestare qd; *Du sollst mich nicht* ~. Non mi devi disturbare.
beherrschen [bə'hɛrʃən] *v* **1.** *sich* ~ dominarsi; *Er kann sich nicht* ~. Non riesce a dominarsi. **2.** *(können)* conoscere perfettamente; *Er beherrscht es sehr gut.* Lo conosce a pennello. *Er beherrscht die Sprache.* Conosce la lingua./Ha la padronanza della lingua.
Beherrschung [bə'hɛrʃuŋ] *f* **1.** *(Selbstbeherrschung)* autocontrollo *m; Er hat keine* ~. È privo di autocontrollo. **2.** *(Können)* padronanza *f*

beherzigen [bə'hɛrtsɪgən] *v* seguire, prendere a cuore
beherzt [bə'hɛrtst] *adj* animoso, coraggioso
behilflich [bə'hɪlflɪç] *adj jdm ~ sein* essere di aiuto a qualcuno
behindern [bə'hɪndɐn] *v* ostacolare
Behinderte(r) [bə'hɪndɐtə(r)] *m/f* handicappato/handicappata *m/f*
Behinderung [bə'hɪndəruŋ] *f* **1.** ostacolo *m;* **2.** *MED menomazione f*
Behörde [bə'hœːrdə] *f* autorità *f*
behüten [bə'hyːtən] *v* custodire
behutsam [bə'huːtzaːm] *adj* cauto, prudente, avveduto
Behutsamkeit [bə'huːtzaːmkaɪt] *f* precauzione *f,* cautela *f*
bei [baɪ] *prep* **1.** *(örtlich)* presso; *~m Fluss* vicino al fiume; *Ich war ~ ihm.* Ero da lui. *~ uns* da noi; *etw ~ sich haben* avere qc con sé; **2.** *(zeitlich)* di, a, in; *~ Ankunft des Zuges* all' arrivo del treno; *~ Tag* di giorno; **3.** *(während)* durante, in; *~ der Arbeit* sul lavoro; *~m Fahren* guidando; *~m Auswählen der Artikel* in sede di scelta dell'articolo; **4.** *(Begleitumstand)* con; *~ aller Vorsicht* con tutte le precauzioni
beibehalten ['baɪbəhaltən] *v irr* mantenere, conservare
beibringen ['baɪbrɪŋən] *v irr* **1.** *(lehren)* insegnare; **2.** *(beschaffen)* procurare, fornire; *einen Beweis ~* addurre una prova
Beichte ['baɪçtə] *f REL* confessione *f*
beichten ['baɪçtən] *v REL* confessarsi; *etw ~* confessare qc
beide ['baɪdə] *adj* **1.** entrambi; *pron* **2.** entrambi; *die ersten ~n* i primi due; *wir ~* noi due; *einer von ~n* uno dei due; *keiner von ~n* nessuno dei due
beiderseitig ['baɪdɐzaɪtɪç] *adj* da ambo le parti
beieinander [baɪaɪn'andɐ] *adv* uno accanto all'altro
Beifahrer(in) ['baɪfaːrər(ɪn)] *m* passeggero a fianco del guidatore/passeggera a fianco del guidatore *m/f*
Beifahrersitz ['baɪfaːrɐzɪts] *m* sedile a fianco del guidatore *m*
Beifall ['baɪfal] *m* **1.** *(Applaus)* applauso *m;* **2.** *(Billigung)* approvazione *f*
beifügen ['baɪfyːgən] *v* aggiungere
beigeben ['baɪgeːbən] *v irr* **1.** aggiungere; **2.** *(fig) klein ~* gettare la spugna, darsi per vinto
Beigeschmack ['baɪgəʃmak] *m* sapore *m; eigenartiger ~* sapore strano *m*
Beihilfe ['baɪhɪlfə] *f* **1.** *JUR* complicità; **2.** *(finanzielle Unterstützung)* contributo *m,* sovvenzione *f*
Beil [baɪl] *n* scure *f,* ascia *f*
Beilage ['baɪlaːgə] *f* **1.** *GAST* contorno *m;* **2.** *(einer Zeitung)* supplemento *m*
beiläufig ['baɪlɔyfɪç] *adj* accidentale
beilegen ['baɪleːgən] *v* **1.** *(hinzufügen)* accludere; **2.** *(fig: schlichten)* comporre; *einen Rechtsstreit ~* comporre una controversia giudiziaria
Beileid ['baɪlaɪt] *n* condoglianze *f/pl*
beiliegend ['baɪliːgənt] *adj* allegato
beim *(= bei dem) (siehe „bei“)*
beimessen ['baɪmɛsən] *v irr* attribuire
beimischen ['baɪmɪʃən] *v* mescolare a
Bein [baɪn] *n* gamba *f; jdm auf die ~e helfen* aiutare qd a rimettersi in sesto; *mit einem ~ im Grabe stehen* avere un piede nella fossa; *mit beiden ~en fest im Leben stehen* stare con i piedi ben per terra; *auf eigenen ~en stehen* camminare con le proprie gambe/essere indipendente; *jdm ~e machen* buttare fuori qd; *die ~e unter den Arm nehmen* mettere le gambe in spalla; *sich die ~e in den Leib stehen* fare le ragnatele/aspettare a lungo; *sich kein ~ ausreißen* non ammazzarsi di lavoro; *sich die ~e vertreten* sgranchirsi le gambe; *von einem ~ auf das andere treten* essere impazienti
beinahe [baɪ'naːə] *adv* quasi
beisammen [baɪ'zamən] *adv* insieme
Beischlaf ['baɪʃlaːf] *m* coito *m*
beiseite [baɪ'zaɪtə] *adv* da parte
Beispiel ['baɪʃpiːl] *n* esempio *m,* modello *m; jdm mit gutem ~ vorangehen* dare il buon esempio a qd; *sich ein ~ an jdm nehmen* prendere l'esempio da qd; *ohne ~ sein* essere senza precedenti
beispielhaft ['baɪʃpiːlhaft] *adj* esemplare
beispiellos ['baɪʃpiːlloːs] *adj* senza precedenti, unico
beispielsweise ['baɪʃpiːlzvaɪsə] *adv* per esempio

B

beißen ['baɪsən] *v irr* mordere
beißend ['baɪsənt] *adj* **1.** *(Geruch)* pungente; **2.** *(fig: Spott)* mordace
Beistand ['baɪʃtant] *m* assistenza *f*, aiuto *m*
beistehen ['baɪʃteːən] *v irr* assistere, aiutare; *Gott steh' mir bei!* Dio m'assista!
beisteuern ['baɪʃtɔyɐn] *v* contribuire con
Beitrag ['baɪtraːk] *m* **1.** contributo *m*; **2.** *(Zeitungsartikel)* articolo *m*
beitragen ['baɪtraːgən] *v irr* contribuire
beitreten ['baɪtreːtən] *v irr* aderire
Beitritt ['baɪtrɪt] *m* ingresso *m*, adesione *f*
beizeiten [baɪ'tsaɪtən] *adv* per tempo
bejahen [bə'jaːən] *v* **1.** *(Frage)* rispondere affermativamente; **2.** *(billigen)* approvare
bejahrt [bə'jaːrt] *adj* attempato
bejammern [bə'jamɐn] *v* deplorare
bejubeln [bə'juːbəln] *v* accogliere con giubilo
bekämpfen [bə'kɛmpfən] *v* combattere
bekannt [bə'kant] *adj* conosciuto; *mit jdm ~ sein* conoscere qd; *Sie kommt mir ~ vor.* Mi sembra di conoscerla già. *jdn mit jdm ~ machen* presentare qd a qd; *~ geben* rendere noto
Bekannte(r) [bə'kantə(r)] *m/f* conoscente *m/f*
Bekanntgabe [bə'kantgaːbə] *f* notificazione *f*
bekanntlich [bə'kantlɪç] *adv* notoriamente
Bekanntmachung [bə'kantmaxuŋ] *f* divulgazione *f*
Bekanntschaft [bə'kantʃaft] *f* conoscenza *f*
bekennen [bə'kɛnən] *v irr* **1.** *(zugeben)* riconoscere; **2.** *(Sünden)* confessare
Bekenntnis [bə'kɛntnɪs] *n* **1.** *(Geständnis)* confessione *f*; *ein ~ ablegen* fare una confessione; **2.** *REL* confessione *f*
beklagen [bə'klaːgən] *v* **1.** *etw ~* rammaricarsi di qc; *einen Misserfolg ~* rammaricarsi di un insuccesso; **2.** *sich ~* lamentarsi; *sich über das Mittagessen ~* lamentarsi del pranzo
bekleiden [bə'klaɪdən] *v* **1.** vestire; **2.** *(Amt)* investire; *jdn mit einer Würde ~* investire qd di una carica; *ein Amt ~* ricoprire una carica
Bekleidung [bə'klaɪduŋ] *f* vestiti *m/pl.*
beklemmend [bə'klɛmənt] *adj* opprimente, angoscioso
Beklemmung [bə'klɛmuŋ] *f* oppressione *f*
bekommen [bə'kɔmən] *v irr* **1.** *(erhalten)* ricevere; **2.** *(finden)* trovare; **3.** *(erlangen)* conseguire; *adj irr* **4.** *(bekömmlich sein)* far bene; *schlecht ~* far male
bekömmlich [bə'kœmlɪç] *adj* digeribile; *ein ~es Essen* un cibo digeribile
bekräftigen [bə'krɛftɪgən] *v* confermare, consolidare
bekritzeln [bə'krɪtsəln] *v* scarabocchiare; *das Heft ~* scarabocchiare sul quaderno
bekümmern [bə'kymɐn] *v* inquietare
bekunden [bə'kundən] *v* mostrare
belächeln [bə'lɛçəln] *v* sorridere di
beladen [bə'laːdən] *v irr* caricare
Belag [bə'laːk] *m* **1.** *(Schicht)* strato *m*; **2.** *(Brotbelag)* companatico *m*; **3.** *TECH* guarnizione *f*; **4.** *MED* patina *f*
belanglos [bə'laŋloːs] *adj* senza importanza, irrilevante
Belanglosigkeit [bə'laŋloːzɪçkaɪt] *f* irrilevanza *f*
belastbar [bə'lastbaːr] *adj* *(fig)* resistente
Belastbarkeit [bə'lastbaːrkaɪt] *f* **1.** *(Gewicht)* portata *f*; **2.** *(fig)* resistenza
belasten [bə'lastən] *v* **1.** *(beanspruchen)* caricare, gravare; **2.** *(bedrücken)* opprimere; *Sorgen ~ ihn.* È oppresso dalle preoccupazioni. **3.** *JUR* imputare; **4.** *(Konto)* addebitere su; **5.** *(Hypothek)* gravare
belästigen [bə'lɛstɪgən] *v* seccare
Belästigung [bə'lɛstɪguŋ] *f* seccatura *f*
Belastung [bə'lastuŋ] *f* **1.** caricamento *m*, carico *m*; **2.** *(Beanspruchung)* aggravio *m*; **3.** *(Druck)* oppressione *f*, peso *m*
belauschen [bə'lauʃən] *v* origliare
belebt [bə'leːpt] *adj* animato, vivente
Belebung [bə'leːbuŋ] *f* animazione *f*
Beleg [bə'leːk] *m* *FIN* pezza giustificativa *f*, bolletta *f*, ricevuta *f*

belegen [bə'le:gən] *v* 1. *(Brot)* imbottire; 2. *(Kurs)* prenotare; 3. *(Platz)* riservare, occupare; 4. *(nachweisen)* JUR documentare
Belegschaft [bə'le:kʃaft] *f* maestranze *f/pl*
belehren [bə'le:rən] *v* istruire
Belehrung [bə'le:ruŋ] *f* insegnamento *m*
beleibt [bə'laɪpt] *adj* corpulento
beleidigen [bə'laɪdɪgən] *v* offendere
Beleidigung [bə'laɪdɪguŋ] *f* offesa *f*
belesen [bə'le:zən] *adj* istruito; *in etw ~ sein* conoscere qc a fondo
beleuchten [bə'lɔyçtən] *v* illuminare
Beleuchtung [bə'lɔyçtuŋ] *f* illuminazione *f*
Belgien ['bɛlgjən] *n* GEO Belgio *m*
Belgier(in) ['bɛlgjər(ɪn)] *m/f* belga *m/f*
belgisch ['bɛlgɪʃ] *adj* belga
Belieben [bə'li:bən] *n nach ~* a volontà *f*, a piacere *m; Obst nach ~* frutta a volontà; *nach ~ zuckern* zuccherare a piacere
beliebig [bə'li:bɪç] *adj* qualsiasi
beliebt [bə'li:pt] *adj* benvoluto, amato
Beliebtheit [bə'li:pthaɪt] *f* popolarità *f*
beliefern [bə'li:fɐn] *v* fornire
bellen ['bɛlən] *v* abbaiare
belohnen [bə'lo:nən] *v* ricompensare
Belohnung [bə'lo:nuŋ] *f* retribuzione *f*, ricompensa *f*
Belüftung [bə'lyftuŋ] *f* aerazione *f*
belügen [bə'ly:gən] *v irr* dire bugie a
belustigen [bə'lustɪgən] *v* divertire
bemalen [bə'ma:lən] *v* dipingere
bemängeln [bə'mɛŋəln] *v* trovare da ridire su, biasimare
bemerken [bə'mɛrkən] *v* 1. *(wahrnehmen)* osservare; 2. *(äußern)* dire
bemerkenswert [bə'mɛrkənsvɛ:rt] *adj* notevole
Bemerkung [bə'mɛrkuŋ] *f* 1. *(Äußerung)* osservazione *f;* 2. *(Anmerkung)* nota *f*
bemitleiden [bə'mɪtlaɪdən] *v* compatire
bemitleidenswert [bə'mitlaɪdənsvɛ:rt] *adj* compassionevole
bemühen [bə'my:ən] *v sich ~* sforzarsi; *sich darum bemühen sein Bestes zu geben ~* sforzarsi di dare il meglio
Bemühung [bə'my:uŋ] *f* fatica *f*, sforzo *m*
benachbart [bə'naxbart] *adj* vicino; confinante
benachrichtigen [bə'na:xrɪçtɪgən] *v* informare
benachteiligen [bə'na:xtaɪlɪgən] *v* svantaggiare
benehmen [bə'ne:mən] *v irr sich ~* comportarsi; *sich beispielhaft ~* comportarsi esemplarmente
Benehmen [bə'ne:mən] *n* condotta *f*
beneiden [bə'naɪdən] *v* invidiare
beneidenswert [bə'naɪdənsvɛ:rt] *adj* invidiabile
Bengel ['bɛŋəl] *m* ragazzaccio *m*
benommen [bə'nɔmən] *adj ~ sein* essere stordito
benoten [bə'no:tən] *v* dare un voto, valutare
benötigen [bə'nø:tɪgən] *v* aver bisogno di
benutzen [bə'nutsən] *v* usare
Benutzer(in) [bə'nutsər(ɪn)] *m/f* utente *m/f*
benutzerfreundlich [bə'nutsɐfrɔyntlɪç] *adj* facile da usare
Benutzung [bə'nutsuŋ] *f* uso *m*
Benzin [bɛn'tsi:n] *n* benzina *f*
Benzinkanister [bɛn'tsi:nkanɪstɐ] *m* tanica di benzina *f*
Benzintank [bɛn'tsi:ntaŋk] *m* serbatoio della benzina *m*
beobachten [bə'o:baxtən] *v* osservare
Beobachtung [bə'o:baxtuŋ] *f* 1. osservazione *f;* 2. *(Feststellung)* constatazione *f*
bepflanzen [bə'pflantsən] *v* piantare
bequem [bə'kve:m] *adj* 1. *(behaglich)* comodo; 2. *(träge)* pigro
Bequemlichkeit [bə'kve:mlɪçkaɪt] *f* 1. *(Behaglichkeit)* comodità *f;* 2. *(Trägheit)* pigrizia *f*
beraten [bə'ra:tən] *v irr* 1. *(Rat erteilen)* consigliare; 2. *(besprechen)* discutere su; 3. *sich ~* consigliarsi; *sich mit jdm ~* consultarsi con qd
Berater(in) [bə'ra:tər(ɪn)] *m/f* consigliere *m/f*
Beratung [bə'ra:tuŋ] *f* consulenza *f*, consiglio *m;* 2. deliberazione *f*
berauben [bə'raubən] *v* derubare, privare

B

berechenbar [bə'rɛçənbaːr] *adj (abschätzbar)* valutabile
berechnen [bə'rɛçnən] *v* calcolare
berechnend [bə'rɛçnənt] *adj* calcolatore
Berechnung [bə'rɛçnuŋ] *f* calcolo *m*
berechtigen [bə'rɛçtɪgən] *v* autorizzare
berechtigt [bə'rɛçtɪçt] *adj* **1.** *(befugt)* autorizzato; **2.** *(begründet)* giustificato
Berechtigung [bə'rɛçtɪguŋ] *f* **1.** *(Befugnis)* autorizzazione *f*; **2.** *(Begründetsein)* giustificazione *f*
Bereich [bə'raɪç] *m* **1.** *(Gebiet)* campo *m*; **2.** *(Fachbereich)* settore *m*
bereinigen [bə'raɪnɪgən] *v* sistemare, regolare; *eine Angelegenheit ~* sistemare una faccenda
bereisen [bə'raɪzən] *v* viaggiare
bereit [bə'raɪt] *adj ~ sein* essere pronto; *~ sein etw, zu tun* essere pronto a far qc; *sich ~ erklären* dichiararsi disposto; *sich ~ machen* prepararsi; *sich ~ halten* tenersi pronto
bereiten [bə'raɪtən] *v* **1.** *(zubereiten)* preparare; **2.** *(zufügen)* causare, procurare
bereithalten [bə'raɪthaltən] *v irr* tener pronto
bereits [bə'raɪts] *adv* già
Bereitschaft [bə'raɪtʃaft] *f* **1.** disponibilità *f*; **2.** *(Polizei)* servizio di picchetto *m*
bereitstellen [bə'raɪtʃtɛlən] *v* apprestare, preparare; mettere a disposizione
bereitwillig [bə'raɪtvɪlɪç] *adj* volenteroso
Bereitwilligkeit [bə'raɪtvɪlɪçkaɪt] *f* premura *f*
bereuen [bə'rɔyən] *v* pentirsi di; *Er wird es nicht ~.* Non se ne pentirà.
Berg [bɛrk] *m* monte *m*, montagna *f*; *über alle ~e sein* essere scapato; *über den ~ sein* aver superato il peggio; *mit etw hinter dem ~ halten* nascondere qc
bergab [bɛrk'ap] *adv* in giù, in discesa
Bergarbeiter ['bɛrkarbaɪtɐ] *m* MIN minatore *m*
bergauf [bɛrk'auf] *adv* in salita, in su
Bergbahn ['bɛrkbaːn] *f* ferrovia di montagna *f*
Bergbau ['bɛrkbau] *m* MIN industria mineraria *f*
Bergführer(in) ['bɛrkfyːrər(ɪn)] *m/f* guida alpina *f*
Berghütte ['bɛrkhytə] *f* rifugio alpino *m*
bergig ['bɛrgɪç] *adj* montuoso, montagnoso
Bergkette ['bɛrkkɛtə] *f* catena montuosa *f*
Bergwerk ['bɛrkvɛrk] *n* MIN miniera *f*
Bericht [bə'rɪçt] *m* relazione *f*
berichten [bə'rɪçtən] *v* riferire
Berichterstatter(in) [bə'rɪçtɛrʃtatər(ɪn)] *m/f* relatore/relatrice *m/f*
berichtigen [bə'rɪçtɪgən] *v* rettificare, correggere
bersten ['bɛrstən] *v irr* fendersi
berüchtigt [bə'ryçtɪçt] *adj* famigerato, malfamato
berücksichtigen [bə'rykzɪçtɪgən] *v* considerare, tener conto di
Beruf [bə'ruːf] *m* professione *f*
beruflich [bə'ruːflɪç] *adj* professionale
Berufsausbildung [bə'ruːfsausbɪlduŋ] *f* formazione professionale *f*
berufsbedingt [bə'ruːfsbədɪŋkt] *adj* condizionato dal lavoro; *~e Krankheit* malattia professionale *f*
Berufsschule [bə'ruːfsʃuːlə] *f* scuola professionale *f*
berufstätig [bə'ruːfstɛːtɪç] *adj* che lavora
Berufung [bə'ruːfuŋ] *f* **1.** *(Lebensaufgabe)* vocazione *f*; **2.** *(Ernennung)* nomina *f*, designazione *f*; **3.** JUR appello *m*
beruhen [bə'ruːən] *v ~ auf* basarsi su; *etw auf sich ~ lassen* lasciare una cosa com'è
beruhigen [bə'ruːɪgən] *v* **1.** *jdn ~* calmare qd; **2.** *sich ~* calmarsi
beruhigend [bə'ruːɪgənt] *adj* calmante
Beruhigung [bə'ruːɪguŋ] *f* **1.** acquietamento *m*; **2.** *(Trost)* conforto *m*
berühmt [bə'ryːmt] *adj* celebre
Berühmtheit [bə'ryːmthaɪt] *f* fama *f*
berühren [bə'ryːrən] *v* **1.** *(anfassen)* toccare; **2.** *(fig: bewegen)* commuovere, colpire
Berührung [bə'ryːruŋ] *f* toccare *m*, contatto *m*

besagen [bə'za:gən] *v* dire, significare
besänftigen [bə'zɛnftɪgən] *v* placare
beschädigen [bə'ʃɛ:dɪgən] *v* danneggiare
Beschädigung [bə'ʃɛ:dɪguŋ] *f* danno *m*
beschaffen [bə'ʃafən] *v* procurare
Beschaffenheit [bə'ʃafənhaɪt] *f* natura *f*, carattere *m*
beschäftigen [bə'ʃɛftɪgən] *v* **1.** *jdn ~* occupare qd; **2.** *sich ~* occuparsi; *Er beschäftigt sich mit Astrologie.* Si occupa di astrologia.
Beschäftigung [bə'ʃɛftɪguŋ] *f* attività *f*, occupazione *f*
beschämend [bə'ʃɛ:mənt] *adj* umiliante
Bescheid [bə'ʃaɪt] *m* **1.** *(Auskunft)* informazione *f*; **2.** *(Nachricht)* notizia *f*
bescheiden [bə'ʃaɪdən] *adj* modesto
Bescheidenheit [bə'ʃaɪdənhaɪt] *f* modestia *f*
bescheinigen [bə'ʃaɪnɪgən] *v* attestare
Bescheinigung [bə'ʃaɪnɪguŋ] *f* attestato *m*
beschenken [bə'ʃɛŋkən] *v* regalare
beschimpfen [bə'ʃɪmpfən] *v* insultare
Beschlag [bə'ʃla:k] *m* borchia *f*
beschlagen [bə'ʃla:gən] *adj in etw ~ sein* essere ben ferrato in qc
Beschlagnahme [bə'ʃla:kna:mə] *f* confisca *f*
beschlagnahmen [bə'ʃla:kna:mən] *v* confiscare
beschleunigen [bə'ʃlɔynɪgən] *v* accelerare, affrettare
Beschleunigung [bə'ʃlɔynɪguŋ] *f* acceleramento *m*, accelerazione *f*
beschließen [bə'ʃli:sən] *v irr* **1.** *(entscheiden)* decidere; **2.** *(beenden)* chiudere
Beschluss [bə'ʃlus] *m* decisione *f*
beschlussfähig [bə'ʃlusfɛ:ɪç] *adj* atto a deliberare
beschmutzen [bə'ʃmutsən] *v* sporcare
beschränken [bə'ʃrɛŋkən] *v* **1.** *(einschränken)* limitare, ridurre; **2.** *sich ~ auf* limitarsi a; *sich auf das Nötigste ~* limitarsi allo stretto necessario
beschränkt [bə'ʃrɛŋkt] *adj* limitato
beschreiben [bə'ʃraɪbən] *v irr* descrivere
Beschreibung [bə'ʃraɪbuŋ] *f* descrizione *f*; *Das spottet jeder ~!* Questo supera ogni descrizione!
beschriften [bə'ʃrɪftən] *v* mettere una scritta su
beschuldigen [bə'ʃuldɪgən] *v* incolpare
Beschuldigung [bə'ʃuldɪguŋ] *f* imputazione *f*
Beschuss [bə'ʃus] *m* fuoco *m*, tiro *m*; *unter ~ geraten* essere sotto tiro
beschützen [bə'ʃytsən] *v* proteggere
Beschützer(in) [bə'ʃytsər(ɪn)] *m/f* protettore/protettrice *m/f*
Beschwerde [bə'ʃve:rdə] *f* **1.** lagnanza *f*, rimostranza *f*, reclamo *f*; **2.** *~n pl (Schmerzen)* dolore *m*
beschweren [bə'ʃve:rən] *v sich ~* lagnarsi, lamentarsi; *sich über das schlechte Wetter ~* lagnarsi del maltempo
beschwerlich [bə'ʃve:rlɪç] *adj* faticoso
beschwipst [bə'ʃvɪpst] *adj* brillo
beschwören [bə'ʃvø:rən] *v irr (anflehen)* scongiurare; *Ich beschwöre dich.* Ti scongiuro.
beseitigen [bə'zaɪtɪgən] *v* **1.** *(entfernen)* rimuovere; **2.** dissipare; *die Zweifel ~* dissipare i dubbi; **3.** *(fam: töten)* eliminare
Beseitigung [bə'zaɪtɪguŋ] *f* rimozione *f*, eliminazione *f*
Besen ['be:zən] *m* scopa *f*; *Wenn das wahr ist, fresse ich einen ~!* Se è vero mi mangio il cappello!
besessen [bə'zɛsən] *adj ~ von* ossessionato da
besetzen [bə'zɛtsən] *v* occupare
besetzt [bə'zɛtst] *adj* **1.** *TEL* occupato; **2.** *(WC)* occupato
besichtigen [bə'zɪçtɪgən] *v* visitare
Besichtigung [bə'zɪçtɪguŋ] *f* visita *f*
besiegen [bə'zi:gən] *v* vincere
besinnen [bə'zɪnən] *v irr sich eines anderen ~* cambiare idea
besinnlich [bə'zɪnlɪç] *adj* pensoso
besinnungslos [bə'zɪnuŋslo:s] *adj* privo di sensi
Besitz [bə'zɪts] *m* proprietà *f*
besitzen [bə'zɪtsən] *v irr* possedere
Besitzer(in) [bə'zɪtsər(ɪn)] *m/f* proprietario/proprietaria *m/f*
besondere [bə'zɔndərə] *adj* speciale, particolare

B

Besonderheit [bə'zɔndɐhaɪt] *f* specialità *f*, particolarità *f*
besonders [bə'zɔndɐs] *adv* **1.** *(sehr)* molto, oltremodo; **2.** *(außergewöhnlich)* straordinariamente, particolarmente; **3.** *(vor allem)* particolarmente, soprattutto; **4.** *(ausdrücklich)* espressamente
besonnen [bə'zɔnən] *adj* avveduto
besorgen [bə'zɔrgən] *v* **1.** *(beschaffen)* procurare, provvedere a, comprare; **2.** *(ausführen)* eseguire; *einen Auftrag ~* eseguire una commissione; **3.** *es jdm ~* dare una lezione a qd
Besorgnis [bə'zɔrknɪs] *f* apprensione *f*; *~ erregend* inquietante, preoccupante
besorgt [bə'zɔrkt] *adj ~ sein* essere preoccupato
Besorgung [bə'zɔrguŋ] *f* **1.** *(Kauf)* acquisto *m*; **2.** *(Erledigung)* disbrigo *m*
besprechen [bə'ʃprɛçən] *v irr* parlare di
Besprechung [bə'ʃprɛçuŋ] *f* colloquio *m*, riunione *f*
besser ['bɛsɐ] *adj* **1.** migliore; *die ~e Hälfte* la dolce metà *f*; *adv* **2.** meglio
Besserung ['bɛsəruŋ] *f* miglioramento *m*
Bestand [bə'ʃtant] *m* **1.** *(Waren)* scorta *f*; **2.** *von ~ sein* essere duraturo
beständig [bə'ʃtɛndɪç] *adj* **1.** *(dauerhaft)* durevole; **2.** *(widerstandsfähig)* resistente
Beständigkeit [bə'ʃtɛndɪçkaɪt] *f* **1.** *(Dauer)* durevolezza *f*; **2.** *(Widerstandskraft)* resistenza *f*
Bestandteil [bə'ʃtanttaɪl] *m* parte *f*
bestärken [bə'ʃtɛrkən] *v* rafforzare
bestätigen [bə'ʃtɛːtɪgən] *v* confermare
Bestätigung [bə'ʃtɛːtɪguŋ] *f* conferma *f*
bestatten [bə'ʃtatən] *v* seppellire
bestaunen [bə'ʃtaunən] *v* guardare con stupore
beste(r,s) ['bɛstə(r,s)] *adj* **1.** migliore; *mein ~r Freund* il mio migliore amico; *adv* **2.** meglio; *Sie singt am ~n.* Canta meglio di tutti. *jdn zum Besten halten* prendere in giro qd; *etw zum Besten geben* raccontare qc/narrare qc; *Mit ihm steht es nicht zum Besten.* A lui le cose non vanno per il meglio.
bestechen [bə'ʃtɛçən] *v irr* corrompere
bestechlich [bə'ʃtɛçlɪç] *adj* corruttibile
Bestechung [bə'ʃtɛçuŋ] *f* corruzione *f*
Besteck [bə'ʃtɛk] *n* posate *f/pl*
bestehen [bə'ʃteːən] *v irr* **1.** *(vorhanden sein)* esistere, sussistere; *Bestehen noch Zweifel?* Sussistono ancora dei dubbi? **2.** *~ aus* constare di, consistere di; *die Diät besteht aus ...* la dieta consta di ...; **3.** *~ auf* insistere su; *auf einer Ansicht ~* insistere su un'opinione; **4.** *(Prüfung)* superare
bestehlen [bə'ʃteːlən] *v irr* derubare
besteigen [bə'ʃtaɪgən] *v irr* scalare
bestellen [bə'ʃtɛlən] *v* **1.** *(in Auftrag geben)* ordinare; *wie bestellt und nicht abgeholt* con aria smarrita; *nicht viel zu bestellen haben* non avere molto da dire; **2.** *(ernennen)* nominare
Bestellung [bə'ʃtɛluŋ] *f* **1.** *(Auftrag)* ordine *m*; **2.** *(Ernennung)* nomina *f*
bestenfalls ['bɛstən'fals] *adv* nel migliore dei casi
bestens ['bɛstəns] *adv* nel miglior modo
besteuern [bə'ʃtɔyɐn] *v* tassare
Besteuerung [bə'ʃtɔyəruŋ] *f* tassazione *f*
bestialisch [bɛstj'aːlɪʃ] *adj* bestiale, brutale
Bestie ['bɛstjə] *f* bestia *f*
bestimmen [bə'ʃtɪmən] *v* **1.** *(festlegen)* stabilire, determinare; **2.** *(definieren)* definire; **3.** *(zuweisen)* assegnare
bestimmt [bə'ʃtɪmt] *adj* **1.** *(entschieden)* deciso; **2.** *(gewiss)* determinato; *adv* **3.** *(sicherlich)* sicuramente
Bestimmtheit [bə'ʃtɪmthaɪt] *f* **1.** *(Gewissheit)* certezza *f*; **2.** *(Entschiedenheit)* decisione *f*
Bestimmung [bə'ʃtɪmuŋ] *f* **1.** *(Zweck)* fine *m*, scopo *m*; **2.** *(Schicksal)* destino *m*; **3.** *(Vorschrift)* disposizione *f*; **4.** *(Festlegung)* fissazione *f*
bestmöglich ['bɛstmøːklɪç] *adj* **1.** il migliore possibile; *adv* **2.** nel miglior modo possibile
bestrafen [bə'ʃtraːfən] *v* punire
Bestrafung [bə'ʃtraːfuŋ] *f* punizione *f*
bestrahlen [bə'ʃtraːlən] *v irr* **1.** irradiare; **2.** *MED* curare con i raggi

Bestrahlung [bə'ʃtraːluŋ] *f* irradiazione *f*
bestreichen [bə'ʃtraɪçən] *v* spalmare
bestreiten [bə'ʃtraɪtən] *v irr* **1.** *(streitig machen)* contestare; **2.** *(Unterhalt)* sostenere
Bestseller ['bɛstzɛlɐ] *m* bestseller *m*
bestürmen [bə'ʃtyrmən] *v* assalire
bestürzt [bə'ʃtyrtst] *adj ~ sein* essere costernato
Bestürzung [bə'ʃtyrtsuŋ] *f* sgomento *m,* costernazione *f*
Bestzeit ['bɛsttsaɪt] *f* tempo migliore *m*
Besuch [bə'zuːx] *m* **1.** *(von Gästen)* visita *f;* **2.** *(in der Schule)* frequenza *f*
besuchen [bə'zuːxən] *v* **1.** *jdn ~* andare a trovare qd; **2.** *(besichtigen)* visitare; **3.** *(Schule)* frequentare
Besucher(in) [bə'zuːxər(ɪn)] *m/f* **1.** GAST ospite *m/f;* **2.** *(einer Ausstellung)* visitatore/visitatrice *m/f*
Besuchszeit [bə'zuːxstsaɪt] *f (im Krankenhaus)* orario delle visite *m*
betagt [bə'taːkt] *adj* attempato
betanken [bə'taŋkən] *v* rifornire di carburante
betasten [bə'tastən] *v* tastare
betätigen [bə'tɛːtɪgən] *v* **1.** *sich ~* essere attivo, occuparsi di; **2.** TECH azionare
Betätigung [bə'tɛːtɪguŋ] *f* **1.** *(Aktivität)* attività *f;* **2.** TECH azionamento *m*
beteiligen [bə'taɪlɪgən] *v* **1.** *sich ~* partecipare; *sich an einem Geschäft ~* partecipare ad un affare; **2.** *jdn ~* rendere partecipe qd, associare qd; *jdn an einem Geschäft ~* rendere partecipe qd in un affare
Beteiligte(r) [bə'taɪlɪçtə(r)] *m/f* **1.** partecipante *m/f;* **2.** *(Betroffene(r))* interessato/interessata *m/f*
Beteiligung [bə'taɪlɪguŋ] *f* partecipazione *f*
beten ['beːtən] *v* REL pregare
beteuern [bə'tɔyɐn] *v* asserire, affermare
Beton [be'tɔŋ] *m* calcestruzzo *m*
betonen [bə'toːnən] *v* **1.** *(Aussprache)* accentare; **2.** *(hervorheben)* mettere in evidenza, accentuare
Betonung [bə'toːnuŋ] *f* **1.** *(Aussprache)* accentazione *f;* **2.** *(Hervorhebung)* rilievo *m,* accento *m*
betrachten [bə'traxtən] *v* **1.** *(anschauen)* contemplare, guardare; **2.** *(fig: beurteilen)* considerare
beträchtlich [bə'trɛçtlɪç] *adj* **1.** considerevole; *adv* **2.** considerevolmente
Betrachtung [bə'traxtuŋ] *f* **1.** *(Anschauen)* contemplazione *f;* **2.** *(fig: Überlegung)* considerazione *f*
Betrag [bə'traːk] *m* importo *m*
betragen [bə'traːgən] *v irr* **1.** *(sich belaufen auf)* ammontare; **2.** *sich ~* comportarsi; *sich musterhaft ~* comportarsi in modo esemplare
Betragen [bə'traːgən] *n* comportamento *m*
Betreff [bə'trɛf] *m* oggetto *m*
betreffen [bə'trɛfən] *v irr* concernere
betreten [bə'treːtən] *v irr* **1.** *(hineingehen)* entrare; *adj* **2.** *~ sein (fig)* essere imbarazzato; *über etw ~ sein* essere imbarazzato per qc
Betreten [bə'treːtən] *n* accesso *m*
betreuen [bə'trɔyən] *v* occuparsi di, aver cura di
Betreuung [bə'trɔyuŋ] *f* cura *f,* assistenza *f*
Betrieb [bə'triːp] *m* **1.** *(Treiben)* attività *f;* **2.** *(Firma)* ECO impresa *f*
betriebsam [bə'triːpzaːm] *adj* industrioso
Betriebsausflug [bə'triːpsausfluːk] *m* gita aziendale *f*
betrinken [bə'trɪŋkən] *v irr sich ~* ubriacarsi; *Er betrinkt sich, weil er unglücklich ist.* Si ubriaca perché è infelice.
betroffen [bə'trɔfən] *adj ~ sein* essere colpito, esere sgomento
betrübt [bə'tryːpt] *adj ~ sein* essere afflitto
Betrug [bə'truːk] *m* inganno *m,* imbroglio *m*
betrügen [bə'tryːgən] *v irr* ingannare, imbrogliare
Betrüger(in) [bə'tryːgər(ɪn)] *m/f* imbroglione/imbrogliona *m/f,* truffatore/truffatrice *m/f*
betrügerisch [bə'tryːgərɪʃ] *adj* **1.** *(Person)* ingannatore, imbroglione; **2.** *(Dinge)* doloso
betrunken [bə'truŋkən] *adj ~ sein* essere ubriaco

Bett [bɛt] *n* **1.** letto *m*; **2.** *(eines Flusses)* letto *m*
Bettdecke ['bɛtdɛkə] *f* coperta *f*
bettelarm ['bɛtəl'arm] *adj* povero in canna
betteln ['bɛtəln] *v* **1.** *(Almosen)* mendicare; **2.** *(bitten)* chiedere insistentemente
bettlägerig ['bɛtlɛːgɐɪç] *adj* degente
Bettlaken ['bɛtlaːkən] *n* lenzuolo *m*
Bettler(in) ['bɛtlər(ɪn)] *m/f* mendicante *m/f*
Bettnässer ['bɛtnɛsɐ] *m* chi soffre di enuresi notturna *m*
Bettschwere ['bɛtʃveːrə] *f die nötige ~ haben* essere pronto per il letto
Bettvorleger ['bɛtfoːrleːgɐ] *m* scendiletto *m*
Bettwäsche ['bɛtvɛʃə] *f* biancheria da letto *f*
betucht [bə'tuːxt] *adj* agiato
beugen ['bɔygən] *v* **1.** *(biegen)* piegare; **2.** *sich ~* piegarsi, chinarsi; **3.** *(fig: brechen)* piegare; **4.** *(fig: sich fügen)* piegarsi; *sich den Tatsachen ~* piegarsi all'evidenza dei fatti
Beule ['bɔylə] *f* **1.** *MED* bernoccolo *m*; **2.** *(Auto)* ammaccatura *f*
beunruhigen [bə'unruːɪgən] *v* **1.** *jdn ~* preoccupare qd; **2.** *sich ~* allarmarsi; *sich unnötig ~* allarmarsi inutilmente
beunruhigend [bə'unruːɪgənt] *adj* allarmante
beurlauben [bə'uːɐlaubən] *v* mandare in licenza
beurteilen [bə'urtaɪlən] *v* giudicare
Beurteilung [bə'urtaɪluŋ] *f* giudizio *m*
Beute ['bɔytə] *f* preda *f*, bottino *m*
Beutel ['bɔytəl] *m* borsa *f*; *tief in den ~ greifen müssen* doversi svenare/dover spendere molto/dover tirar fuori gli ultimi quattrini
Bevölkerung [bə'fœlkəruŋ] *f* popolazione *f*
bevor [bə'foːr] *konj* prima che
bevormunden [bə'foːrmundən] *v* controllare, comandare
Bevormundung [bə'foːrmunduŋ] *f* dominio *m*, controllo *m*
bevorstehen [bə'foːrʃteːən] *v irr* incombere
bevorzugen [bə'foːrtsuːgən] *v etw gegenüber etw anderem ~* preferire qc a qualcos'altro
Bevorzugung [bə'foːrtsuːguŋ] *f* preferenza *f*
bewachen [bə'vaxən] *v* sorvegliare
Bewachung [bə'vaxuŋ] *f* sorveglianza *f*
bewaffnen [bə'vafnən] *v* armare
Bewaffnung [bə'vafnuŋ] *f* armamento *m*
bewahren [bə'vaːrən] *v* **1.** *(aufheben)* conservare, serbare; **2.** *(fig: beibehalten)* mantenere; *Stillschweigen ~* mantenere il silenzio
bewähren [bə'vɛːrən] *v sich ~* dimostrarsi; *sich als guter Freund ~* dimostrarsi un buon amico
bewahrheiten [bə'vaːrhaɪtən] *v sich ~* dimostrarsi vero
bewährt [bə'vɛːrt] *adj* **1.** *(Sache)* provato; **2.** *(Person)* esperto
bewältigen [bə'vɛltɪgən] *v* **1.** *(Problem)* superare, risolvere; **2.** *(Aufgabe)* compiere
Bewältigung [bə'vɛltɪguŋ] *f* **1.** *(eines Problems)* superamento *m*; **2.** *(einer Aufgabe)* compimento *m*
bewandert [bə'vandɐt] *adj ~ sein* essere esperto
bewegen [bə'veːgən] *v* **1.** muovere, mettere in moto; **2.** *sich ~* muoversi; *sich mit Eleganz ~* muoversi con eleganza; **3.** *(fig: rühren)* commuovere; *zu Tränen ~* commuovere fino alle lacrime
bewegend [bə'veːgənt] *adj (fig)* commovente
Beweggrund [bə'veːkgrunt] *m* motivo *m*
beweglich [bə'veːklɪç] *adj* **1.** movibile; **2.** *(flink)* vivace; **3.** *(fig: flexibel)* flessibile
bewegt [bə'veːkt] *adj* **1.** *(Meer)* mosso; **2.** *(Leben)* movimentato; *ein ~es Leben führen* condurre una vita movimentata
Bewegung [bə'veːguŋ] *f* movimento *m*; *Keine ~!* Fermi tutti!
Bewegungsfreiheit [bə'veːguŋsfraɪhaɪt] *f* libertà di movimento *f*
bewegungslos [bə'veːguŋsloːs] *adj* immobile
bewegungsunfähig [bə'veːguŋsunfɛːɪç] *adj* incapace di muoversi

beweinen [bə'vaɪnən] *v* piangere; *einen Toten ~* piangere un morto
Beweis [bə'vaɪs] *m* prova *f*
beweisbar [bə'vaɪsbaːr] *adj* dimostrabile
beweisen [bə'vaɪzən] *v irr* **1.** provare; **2.** *(fig: zeigen)* dimostrare
bewerben [bə'vɛrbən] *v irr sich ~* candidarsi, fare domanda; *sich um eine Stelle bewerben* candidarsi a un posto
Bewerber(in) [bə'vɛrbər(ɪŋ)] *m/f* aspirante *m/f*, candidato/candidata *m/f*
Bewerbung [bə'vɛrbuŋ] *f* candidatura *f*, richiesta *f*
Bewerbungsschreiben [bə'vɛrbuŋsʃraɪbən] *n* domanda di assunzione *f*
bewerkstelligen [bə'vɛrkʃtɛlɪgən] *v* **1.** *(durchführen)* attuare; **2.** *(erreichen)* riuscire
bewerten [bə'veːrtən] *v* valutare
Bewertung [bə'veːrtuŋ] *f* valutazione *f*
bewilligen [bə'vɪlɪgən] *v* concedere
Bewilligung [bə'vɪlɪguŋ] *f* concessione *f*
bewirken [bə'vɪrkən] *v* produrre, causare
bewirten [bə'vɪrtən] *v* ospitare
Bewirtung [bə'vɪrtuŋ] *f* servizio *m*
bewohnen [bə'voːnən] *v* abitare
Bewohner(in) [bə'voːnər(ɪn)] *m/f* abitante *m/f*
bewölkt [bə'vœlkt] *adj* nuvoloso
bewundern [bə'vundɐn] *v* ammirare
bewundernswert [bə'vundɐnsveːrt] *adj* ammirevole
Bewunderung [bə'vundəruŋ] *f* ammirazione *f*
bewusst [bə'vust] *adj* **1.** cosciente; *Das wurde mir plötzlich ~.* Me ne sono reso conto tutto d'un tratto. *adv* **2.** *(absichtlich)* intenzionalmente, di proposito
bewusstlos [bə'vustloːs] *adj* privo di sensi
Bewusstsein [bə'vustzaɪn] *n* coscienza *f*
bezahlen [bə'tsaːlən] *v* pagare
Bezahlung [bə'tsaːluŋ] *f* pagamento *m*
bezähmen [bə'tsɛːmən] *v* domare
bezaubern [bə'tsaubɐn] *v* incantare
bezaubernd [bə'tsaubɐnt] *adj* incantevole
bezeichnen [bə'tsaɪçnən] *v* segnare
bezeichnend [bə'tsaɪçnənt] *adj* caratteristico
Bezeichnung [bə'tsaɪçnuŋ] *f* denominazione *f*
bezeugen [bə'tsɔygən] *v JUR* testimoniare
beziehen [bə'tsiːən] *v irr* **1.** *(überziehen)* ricoprire; **2.** *(einziehen)* andare ad abitare in; **3.** *(abonnieren)* abbonarsi, essere abbonato a; **4.** *(Gehalt)* percepire; **5.** *sich auf etw ~* riferirsi a qc
Beziehung [bə'tsiːuŋ] *f* rapporto *m*, relazione *f*
beziehungsweise [bə'tsiːuŋsvaɪzə] *konj* cioè
Bezirk [bə'tsɪrk] *m* distretto *m*
Bezug [bə'tsuːk] *m* **1.** *(Kissenbezug)* federa *f*; **2.** *(Überzug)* rivestimento *m*; **3.** *(Einkauf)* acquisto *m*
bezüglich [bə'tsyːklɪç] *prep* riguardo a, relativo a
Bezugnahme [bə'tsuːknaːmə] *f* riferimento *m*; *unter ~ auf* in riferimento a
bezuschussen [bə'tsuːʃusən] *v* dare un contributo, savvenzionare
bezweifeln [bə'tsvaɪfəln] *v* mettere in dubbio; *Das bezweifle ich!* Ne dubito!
bezwingen [bə'tsvɪŋən] *v irr* vincere, sottomettere
bibbern ['bɪbɐn] *v* tremare
Bibel ['biːbəl] *f REL* Bibbia *f*
Biber ['biːbɐ] *m ZOOL* castoro *m*
Bibliografie [bibliogra'fiː] *f* bibliografia *f*
Bibliothek [biblio'teːk] *f* biblioteca *f*
Bibliothekar(in) [bibliote'kaːr (ɪn)] *m* bibliotecario/bibliotecaria *m/f*
bieder ['biːdɐ] *adj* onesto, probo
Biedermeier ['biːdɐmaɪɐ] *n ART* Biedermeier *m*
biegen ['biːgən] *v irr* piegare
biegsam ['biːkzaːm] *adj* pieghevole
Biegung ['biːguŋ] *f* piegamento *m*
Biene ['biːnə] *f* **1.** *ZOOL* ape *f*; **2.** *(fam: Mädchen)* ragazzotta sveglia *f*
Bier [biːr] *n* birra *f*; *helles/dunkles ~* birra chiara/scura *Das ist nicht mein ~!* Non sono fatti miei!
Bierkrug ['biːrkruːk] *m* boccale per birra *m*
Biest [biːst] *n* **1.** *(Tier)* bestia *f*; **2.** *(Person)* carogna *f*

B

bieten ['biːtən] *v irr* offrire
Bikini [bi'kiːni] *m* bikini *m,* due pezzi *m*
Bilanz [bɪ'lants] *f FIN* **1.** bilancio *m;* **2.** *(fig)* CO_2 ~ bilancio di CO_2 *m*
Bild [bɪlt] *n* **1.** *(Gemälde)* quadro *m; ein ~ für die Götter* una scena spassosa; *im ~e über etw sein* essere aggiornato su qc; *sich ein ~ von jdm machen* farsi un'idea di qd; **2.** *FOTO* fotografia *f;* **3.** *CINE* immagine *f,* scena *f*
Bildband ['bɪltbant] *m* volume illustrato *m*
Bildbericht ['bɪltbɐɪçt] *m* documentario fotografico *m*
bilden ['bɪldən] *v* **1.** *(gestalten)* formare; **2.** *sich ~* formarsi
Bilderbuch ['bɪldɐbuːx] *n* libro illustrato *m; wie aus dem ~* da manuale
Bilderrahmen ['bɪldɐraːmən] *m* cornice *f*
Bildfläche ['biltflɛçə] *f von der ~ verschwinden* scomparire dalla scena
bildhübsch ['bɪlthypʃ] *adj* bellissimo
bildlich ['bɪltlɪç] *adj* figurato, metaforico
Bildschirm ['bɪltʃɪrm] *m INFORM* video *m,* schermo *m*
Bildung ['bɪlduŋ] *f* **1.** *(Gestaltung)* formazione *f;* **2.** *(Schulbildung)* educazione *f*
Bildungsurlaub ['bɪlduŋsuːrlaup] *m* vacanze studio *f/pl*
Billiarde [bɪl'jardə] *f* biliardo *m*
billig ['bɪlɪç] *adj* **1.** *(preiswert)* conveniente, economico; **2.** *(fig)* ragionevole, giusto
billigen ['bɪlɪgən] *v* approvare; *eine Entscheidung ~* approvare una decisione
Billigung ['bɪlɪguŋ] *f* approvazione *f*
Billion [bil'joːn] *f* bilione *m*
Binde ['bɪndə] *f* **1.** *MED* fascia *f;* **2.** *(Damenbinde)* assorbente *m;* **3.** *sich einen hinter die ~ gießen (fam)* bagnarsi il becco, farsi un bicchierino
Bindehaut ['bɪndəhaut] *f ANAT* congiuntiva *f*
binden ['bɪndən] *v irr* legare
bindend ['bɪndənt] *adj* impegnativo
Bindestrich ['bɪndəʃtrɪç] *m GRAMM* trattino *m,* lineetta *f*
Bindfaden ['bɪndfaːdən] *m* spago *m,* cordicella *f; Es regnet Bindfäden.* Piove a catinelle.
Bindung ['bɪnduŋ] *f* **1.** *(Verbundenheit)* vincolo *m,* legame *m;* **2.** *(Ski)* attacchi *m/pl*
binnen ['bɪnən] *prep* entro
Binsen ['binzən] *pl in die ~ gehen* andare perduto, rompersi
Binsenweisheit ['bɪnzənvaɪshaɪt] *f* verità ovvia *f*
Biobauer [biobauɐ] *m AGR* bioagricoltore *m*
Biodiesel [biodiːsəl] *m CHEM* biodiesel *m*
Biogas ['biogas] *n* biogas *m*
Biografie [biogra'fiː] *f* biografia *f*
Biokraftstoff ['biokraftʃtɔf] *m* biocarburante *m*
Biologe [bio'loːgə] *m* biologo *m*
Biologin [bio'loːgɪn] *f* biologa *f*
Birke ['bɪrkə] *f BOT* betulla *f*
Birne ['bɪrnə] *f* **1.** *(BOT)* pera *f;* **2.** *(Glühbirne)* lampadina *f*
bis [bɪs] *prep* **1.** *(zeitlich)* fino a; *~ heute* fino ad oggi; **2.** *(örtlich)* fino a; *Bis dorthin sind es zwei km.* Sino a là sono due km. *konj* **3.** fino a
Bischof ['bɪʃɔf] *m REL* vescovo *m*
bisexuell ['biːzɛksuɛl] *adj* bisessuale
bisher [bɪs'heːr] *adv* finora
bisherig [bɪs'heːrɪç] *adj* fino ad ora
bislang [bɪs'laŋ] *adv* finora
Biss [bɪs] *m* morso *m*
bisschen ['bɪsçən] *adj* **1.** poco; *ein ~ Geduld* un poco di pazienza; *Ach du liebes ~!* Santo Cielo!/Ma come è possibile!/Che spavento! *adv* **2.** un poco
Bissen ['bɪsən] *m* boccone *m; jdm keinen ~ gönnen* non lasciare spazio a qd; *keinen ~ anrühren* non toccare un boccone/non toccare cibo
bissig ['bɪsɪç] *adj* che morde, mordace
Bit [bit] *n INFORM* bit *m*
bitte ['bɪtə] *adv* **1.** *(bittend)* prego, per favore, per piacere; **2.** *(Antwort auf Dank)* prego; **3.** *(fragend)* prego; *Wie ~?* Come prego? **4.** *(Bejahung)* grazie; *Möchten Sie einen Kaffee? Ja, ~.* Vuole un caffè! Sì, grazie.
Bitte ['bɪtə] *f* preghiera *f*
bitten ['bɪtən] *v irr* pregare
bitter ['bɪtɐ] *adj* **1.** *(Geschmack)* amaro; **2.** *(fig: schmerzlich)* amaro, doloroso

Bitter ['bɪtɐ] *m GAST (Getränk)* amaro *m*
Bitterkeit ['bɪtɐkaɪt] *f* amarezza *f*
blamabel [bla'ma:bəl] *adj* umiliante
Blamage [bla'ma:ʒə] *f* figuraccia *f*
blamieren [bla'mi:rən] *v* **1.** *jdn* ~ far fare una brutta figura a qualcuno; **2.** *sich* ~ fare una figuraccia
blank [blaŋk] *adj* lucente
Blase ['bla:zə] *f* **1.** *(auf der Haut, in der Luft)* bolla *f;* **2.** *ANAT* vescica *f*
blasen ['bla:zən] *v irr* **1.** soffiare; **2.** *MUS* suonare
blass [blas] *adj* pallido
Blässe ['blɛsə] *f* pallidezza *f*
Blatt [blat] *n* **1.** *(Papier)* foglio *m;* **2.** *BOT* foglia *f;* **3.** *(fig) kein ~ vor den Mund nehmen* non avere peli sulla lingua; *ein unbeschriebenes ~* un punto interrogativo *m,* un'incognita *f; Das ~ hat sich gewendet.* Il quadro è mutato.
blättern ['blɛtɐn] *v* sfogliare; *in einem Buch ~* sfogliare un libro
blau [blau] *adj* **1.** blu, azzurro; *jdm das Blaue vom Himmel versprechen* promettere mari e monti a qd/fare promesse da marinaio a qd; **2.** *(blauer Fleck)* livido; **3.** *(fam: betrunken)* sbronzo
blauäugig ['blauɔygɪç] *adj* **1.** dagli occhi azzurri; **2.** *(fig)* credulone
Blech [blɛç] *n* lamiera *f,* latta *f*
Blechdose ['blɛçdo:zə] *f* scatola di latta *f,* barattolo di latta *m*
blechen ['blɛçən] *v (fam: bezahlen)* pagare
Blei [blaɪ] *n* piombo *m; wie ~ im Magen liegen* essere come piombo nello stomaco
Bleibe ['blaɪbə] *f* rifugio *m*
bleiben ['blaɪbən] *v irr* restare
bleich ['blaɪç] *adj* pallido
bleichen ['blaɪçən] *v irr* sbiadire
Bleichmittel ['blaɪçmɪtəl] *n* candeggiante *m*
bleifrei ['blaɪfraɪ] *adj (Benzin)* senza piombo
bleihaltig ['blaɪhaltɪç] *adj (Benzin)* con piombo
Bleistift ['blaɪʃtɪft] *m* matita *f*
Blende ['blɛndə] *f* **1.** *(Abschirmung)* schermo *m;* **2.** *FOTO* diaframma *m*
blenden ['blɛndən] *v* **1.** *(Licht)* abbagliare; **2.** *(fig: täuschen)* ingannare
blendend ['blɛndənt] *adj* **1.** *(leuchtend)* abbagliante, smagliante; **2.** *(fig: bezaubernd)* brillante, affascinante; *ein ~er Redner* un brillante oratore *m*
Blick [blɪk] *m* **1.** *(Schauen)* sguardo *m,* occhiata *f; einen ~ in etw tun* dare un'occhiata a qc; *einen bösen ~ haben* avere lo sguardo di Medusa/fare il malocchio; *einen ~ hinter die Kulissen werfen* gettare uno sguardo dietro le quinte; *einen ~ für etw haben* avere occhio per qc; *jdn keines ~es würdigen* non degnare qd di uno sguardo; *auf den ersten ~* a prima vista/al primo sguardo; **2.** *(Aussicht)* veduta *f*
blicken ['blɪkən] *v* guardare
Blickfang ['blɪkfaŋ] *m* attrazione *f*
Blickpunkt ['blɪkpuŋkt] *m* punto prospettico *m*
blind [blɪnt] *adj* cieco
Blinde(r) ['blɪndə(r)] *m/f* cieco/cieca *m/f*
Blindenhund ['blɪndənhunt] *m* cane guida per ciechi *m*
Blindenschrift ['blɪndənʃrɪft] *f* scrittura Braille *f*
Blindheit ['blɪnthaɪt] *f* cecità *f*
blinken ['blɪŋkən] *v* **1.** luccicare; **2.** *TECH* lampeggiare
blinzeln ['blɪntsəln] *v* socchiudere gli occhi, ammiccare
Blitz [blɪts] *m* lampo *m,* fulmine *m; wie ein ~ einschlagen* abbattersi come un fulmine; *wie der ~* come un lampo; *wie ein ~ aus heiterem Himmel* come un fulmine a ciel sereno
Blitzableiter ['blɪtsaplaɪtɐ] *m TECH* parafulmine *m*
blitzblank ['blɪtsblaŋk] *adj* lustro
blitzen ['blɪtsən] *v* lampeggiare
blitzschnell ['blɪtsʃnɛl] *adj* fulmineo
Block [blɔk] *m* **1.** blocco *m;* **2.** *(Gebäude)* isolato *m,* blocco *m;* **3.** *(Papier)* blocco *m*
Blockflöte ['blɔkflø:tə] *f MUS* flauto dolce *m*
blockieren [blɔ'ki:rən] *v* bloccare
Blockschrift ['blɔkʃrɪft] *f* stampatello *m*
blöd [blø:t] *adj* cretino, stupido
Blödsinn ['blø:tzɪn] *m* idiozia *f,* stupidaggine *f*

B

Blog [blɔg] *m INFORM* blog *m*
bloggen [blɔgən] *v INFORM* bloggare
blond [blɔnt] *adj* biondo; *~ gefärbt* tinto di biondo
bloß [blo:s] *adj* **1.** nudo; *mit ~em Auge* ad occhio nudo; *adv* **2.** solo; *Er denkt ~ an sich.* Pensa solo a sé.
Bluff [blœf] *m* bluff *m*
blühen ['bly:ən] *v* **1.** *(Blume)* fiorire; **2.** *(fam: widerfahren)* succedere
blühend ['bly:ənt] *adj* in fiore
Blume ['blu:mə] *f* fiore *m; durch die ~ sprechen* parlare con diplomazia/parlare eufemisticamente
Blumenhändler ['blu:mənhɛndlɐ] *m* fioraio *m*
Blumenkohl ['blu:mənko:l] *m BOT* cavolfiore *m*
Blumentopf ['blu:məntɔpf] *m* vaso da fiori *m*
Bluse ['blu:zə] *f* blusa *f*, camicetta *f*
Blut [blu:t] *n* sangue *m; blaues ~ haben* avere sangue blu; *~ geleckt haben* averci preso gusto; *~ und Wasser schwitzen* sudar sangue; *~ sehen wollen* voler vedere sangue; *ins ~ gehen* entrare nel sangue; *Das liegt ihm im ~.* Questo ce l'ha nel sangue. *Ruhig ~!* Calma e sangue freddo!
blutarm ['blu:tarm] *adj MED* anemico
Blüte ['bly:tə] *f* fiore *m; in der ~ seiner Jahre* nel fiore degli anni
bluten ['blu:tən] *v* sanguinare
blutig ['blu:tɪç] *adj* insanguinato
blutjung [blu:t'juŋ] *adj* giovanissimo
Blutvergießen ['blu:tfɛrgi:sən] *n* spargimento di sangue *m*
Bock [bɔk] *m ZOOL (Schafbock)* montone *m*, *(Ziegenbock)* caprone *m; den ~ zum Gärtner machen* affidare la pecora al lupo; *einen ~ schießen* prendere un granchio/prendere una cantonata
Boden ['bo:dən] *m* **1.** *(Erde)* terra *f*, terreno *m;* **2.** *(Fußboden)* pavimento *m;* **3.** *(Grund)* terreno *m;* **4.** *(fig) am ~ zerstört sein* essere a terra; *festen ~ unter den Füßen haben* avere terreno solido sotto i piedi; *den ~ unter den Füßen verlieren* sentirsi mancare il terreno sotto i piedi; *an ~ gewinnen* guadagnare terreno; *wie Pilze aus dem ~ schießen* spuntare come funghi; *vor Scham im ~ versinken* sprofondare per la vergogna
bodenlos ['bo:dənlo:s] *adj* senza fondo
Bodensee ['bo:dənze:] *m GEO* lago di Costanza *m*
Bö [bø:] *f* raffica di vento *f*, folata *f*
Bogen ['bo:gən] *m* **1.** *(Kurve)* curva *f; einen ~ um etw machen* girare a largo da qc; *den ~ heraushaben* sapere il fatto proprio; *jdn in hohem ~ hinauswerfen* sbatter fuori qd; **2.** *(Waffe)* arco *m; (fig) den ~ überspannen* tirare troppo la corda; **3.** *(Papier)* foglio *m*
Bohle ['bo:lə] *f* pancone *m*
böhmisch ['bø:mɪʃ] *adj* **1.** boemo; **2.** *(fig) Das sind für mich ~e Dörfer.* Questo per me è arabo./Questo per me è turco./Non ci capisco niente.
Bohne ['bo:nə] *f* **1.** *(Hülsenfrucht)* fagiolo *m; ~n in den Ohren haben* avere i tappi nelle orecchie; *Nicht die ~!* Un cavolo!/Un corno!/Niente affatto! **2.** *(Kaffeebohne)* chicco *m*
bohren ['bo:rən] *v* trapanare
Bombe ['bɔmbə] *f MIL* bomba *f*
Bombenerfolg ['bɔmbənɛr'fɔlk] *m* successo clamoroso *m*
Bombenexplosion ['bɔmbənɛksplozjo:n] *f* esplosione di bomba *f*
Bombengeschäft ['bɔmbəngəʃɛft] *n (fam)* affare d'oro *m*
bombensicher [bɔmbən'zɪçɐ] *adj (fam)* certissimo
Bon [bɔŋ] *m* **1.** buono *m;* **2.** *(Kassenbon)* scontrino *m*
Bonbon [bɔŋ'bɔŋ] *n* caramella *f*
Bonze ['bɔntsə] *m (fam)* bonzo *m*
Boot [bo:t] *n* barca *f*
Bord[1] [bɔrt] *n (Brett)* mensola *f*
Bord[2] [bɔrt] *m* **1.** bordo *m; an ~* a bordo; *Mann über ~* uomo a mare; *etw über ~ werfen (fig)* buttare a mare qc; **2.** *(Rand)* bordo *m*
Bordell [bɔr'dɛl] *n* bordello *m*
Bordkarte ['bɔrtkartə] *f* carta d'imbarco *f*
borgen ['bɔrgən] *v* **1.** *(verleihen)* prestare; **2.** *(entleihen)* prendere in prestito
Borke ['bɔrkə] *f* corteccia *f*
borniert [bɔr'ni:rt] *adj* limitato
Börse ['bœrzə] *f* **1.** *(Geldbörse)* borsellino *m;* **2.** *FIN* borsa *f*
Borste ['bɔrstə] *f* setola *f*

Borte ['bɔrtə] *f* passamano *m*
bösartig ['bøːsartɪç] *adj* **1.** cattivo; **2.** *MED* maligno
Bösartigkeit ['bøːsartɪçkaɪt] *f* cattiveria *f*
böse ['bøːzə] *adj* **1.** *(verärgert)* arrabbiato; **2.** *(schlimm)* cattivo
boshaft ['boːshaft] *adj* cattivo
Bosheit ['boːshaɪt] *f* malignità *f*, cattiveria *f*
böswillig ['bøːsvɪlɪç] *adj* malevolo
Bote ['boːtə] *m* messaggero *m*
Botin ['boːtɪn] *f* messaggera *f*
Botschaft ['boːtʃaft] *f* **1.** *(Nachricht)* messaggio *m*; **2.** *POL* ambasciata *f*
Botschafter(in) ['boːtʃaftər(ɪn)] *m/f* *POL* ambasciatore/ambasciatrice *m/f*
Boulevardzeitung [bulə'vaːrtsaɪtuŋ] *f* giornale scandalistico *m*
Bowle ['boːlə] *f* bowle *f*
boxen ['bɔksən] *v* boxare
Boxer ['bɔksɐ] *m* **1.** *SPORT* pugile *m*; **2.** *(Hund)* boxer *m*
Boykott [bɔy'kɔt] *m* boicottaggio *m*
boykottieren [bɔykɔ'tiːrən] *v* boicottare
Branche ['brɑʃə] *f* *ECO* ramo *m*
Branchenverzeichnis ['brɑʃənfɛrtsaɪçnɪs] *n* elenco per categorie *m*
Brand [brant] *m* **1.** incendio *m*; **2.** *(Durst)* gran sete *f*, arsura *f*
Brandbekämpfung ['brantbəkɛmpfuŋ] *f* lotta antincendio *f*
brandmarken ['brantmarkən] *v* **1.** marchiare a fuoco, bollare; **2.** *(fig)* stigmatizzare
Brandschaden ['brantʃaːdən] *m* danno provocato da incendio *m*
Brandstiftung ['brantʃtɪftuŋ] *f* incendio doloso *m*
Brandung ['branduŋ] *f* frangente *m*, onde *f/pl*
Branntwein ['brantvaɪn] *m* *GAST* acquavite *f*
Brasilien [bra'ziːljən] *n* *GEO* Brasile *m*
braten ['braːtən] *v irr* **1.** *(im Ofen)* arrostire; **2.** *(in Fett)* friggere
Braten ['braːtən] *m* *GAST* arrosto *m*; *den ~ riechen* sentire odore di bruciato
Bratenfett ['braːtənfɛt] *n* grasso dell'arrosto *m*
Bratensoße ['braːtənzoːsə] *f* *GAST* sugo dell'arrosto *m*
Brathuhn ['braːthuːn] *n* *GAST* pollo arrosto *m*
Bratkartoffeln ['braːtkartɔfəln] *pl* *GAST* patate arrosto *f/pl*
Bratpfanne ['braːtpfanə] *f* padella *f*, teglia *f*
Bratspieß ['braːtʃpiːs] *m* spiedo *m*
Bratwurst ['braːtvurst] *f* *GAST* salsiccia arrostita *f*
Brauch [braux] *m* uso *m*, usanza *f*; *nach altem ~* secondo una vecchia usanza
brauchbar ['brauxbaːr] *adj* utilizzabile
brauchen ['brauxən] *v* **1.** *(nötig haben)* aver bisogno di, occorrere; **2.** *(müssen)* dovere; *Du brauchst es nur zu sagen.* Devi solo dirlo. **3.** *(benutzen)* usare, adoperare
Brauchtum ['brauxtuːm] *n* usi e costumi *m/pl*
Braue ['brauə] *f* *ANAT* sopracciglio *m*
brauen ['brauən] *v* fabbricare birra
Brauerei [brauə'raɪ] *f* fabbrica di birra *f*
braun [braun] *adj* **1.** *(Farbe)* marrone; **2.** *(sonnengebräunt)* abbronzato
Bräune ['brɔynə] *f* tintarella *f*
bräunen ['brɔynən] *v* colorare di marrone, abbronzare
Braunkohle ['braunkoːlə] *f* *MIN* lignite *f*
Brause ['brauzə] *f* **1.** *(Dusche)* doccia *f*; **2.** *GAST* *(Getränk)* gassosa *f*
brausen ['brauzən] *v* **1.** mugghiare, rumoreggiare, scrosciare; **2.** *(duschen)* fare la doccia; **3.** *(rasen)* sfrecciare, correre
Brausepulver ['brauzəpulvɐ] *n* polverina effervescente *f*
Braut [braut] *f* sposa *f*
Brautführer ['brautfyːrɐ] *m* testimone della sposa *m*
Bräutigam ['brɔytɪgam] *m* sposo *m*
Brautjungfer ['brautjuŋfɐ] *f* damigella *f* d'onore della sposa
Brautkleid ['brautklaɪt] *n* vestito da sposa *m*
Brautpaar ['brautpaːr] *n* coppia di sposi *f*
brav [braːf] *adj* buono, bravo
bravo ['braːvo] *interj* bravo
bravourös [bravu'røːs] *adj* magistrale
Brechbohne ['brɛçboːnə] *f* *BOT* fagiolino *m*

B

Brecheisen ['brɛçaɪzən] *n* piè di porco *m*

brechen ['brɛçən] *v irr* **1.** *(abbrechen)* rompere; **2.** *(Knochen) MED* rompere, fratturare; **3.** *(Widerstand)* vincere; **4.** *(fig: Vertrag)* infrangere, violare; **5.** *(sich übergeben)* vomitare, rimettere

Brei [braɪ] *m* purè *m,* pappa *f; um den heißen ~ herumreden* non venire al dunque; *jdm ~ ums Maul schmieren* leccare qd/lisciare il pelo a qd

breit [braɪt] *adj* **1.** largo; *sich ~ machen* mettersi comodo/occupare molto spazio; **2.** *(Stoffe)* alto; **3.** *(ausgedehnt)* ampio

breitbeinig ['braɪtbaɪnɪç] *adj* a gambe larghe

Breite ['braɪtə] *f* larghezza *f; in die ~ gehen* allargarsi, *(dick werden)* ingrassare

Breitengrad ['braɪtəngraːt] *m GEO* grado di latitudine *m*

breittreten ['braɪttreːtən] *v irr* trattare diffusamente, esporre dettagliamente

Bremse ['brɛmzə] *f* **1.** *TECH* freno *m;* **2.** *ZOOL* tafano *m*

bremsen ['brɛmzən] *v* frenare; *sich ~ können* potersi tenere

brennbar ['brɛnbaːr] *adj* combustibile

brennen ['brɛnən] *v irr* **1.** bruciare, ardere; **2.** *(Licht)* essere acceso; *Das Licht brennt.* La luce è accesa. **3.** *(Wunde)* bruciare; **4.** *(Schnaps)* distillare

Brennnessel ['brɛnnɛsəl] *f BOT* ortica *f*

Brennmaterial ['brɛnmaterjaːl] *n* combustibile *m*

Brennpunkt ['brɛnpuŋkt] *m* fuoco *m*

Brennstoff ['brɛnʃtɔf] *m* combustibile *m*

brenzlig ['brɛntslɪç] *adj* bruciaticcio

Brett [brɛt] *n* asse *f,* tavola *f; ein ~ vor dem Kopf haben* avere i paraocchi/avere la benda agli occhi

Brezel ['breːtsəl] *f GAST* ciambella salata *f,* brezel *m*

Brief [briːf] *m* lettera *f; jdm ~ und Siegel auf etw geben* metter qc per iscritto a qd/dare a qd la parola d'onore su qc; *blauer ~* foglio di via, lettera di licenziamento

Briefblock ['briːfblɔk] *m* blocco di carta da lettera *m*

Briefkasten ['briːfkastən] *m* cassetta postale *f,* buca delle lettere *f*

Briefkopf ['briːfkɔpf] *m* intestazione della lettera *f*

Briefmarke ['briːfmarkə] *f* francobollo *m*

Briefpapier ['briːfpapiːr] *n* carta da lettere *f*

Brieftasche ['briːftaʃə] *f* portafoglio *m*

Briefträger(in) ['briːftrɛːgər(ɪn)] *m/f* postino/postina *m/f,* portalettere *m/f*

Briefumschlag ['briːfumʃlaːk] *m* busta *f*

Briefwechsel ['briːfvɛksəl] *m* corrispondenza *f*

Brikett [bri'kɛt] *n* bricchetta *f*

brillant [brɪl'jant] *adj* brillante

Brillant [brɪl'jant] *m* brillante *m*

Brille ['brɪlə] *f* occhiali *m/pl*

Brillengestell ['brɪləngəʃtɛl] *n* montatura degli occhiali *f*

Brillengläser ['brɪlənglɛzə] *pl* lenti da occhiali *f/pl*

Brillenträger(in) ['brɪləntrɛːgər(ɪn)] *m/f* chi porta gli occhiali *m/f*

bringen ['brɪŋən] *v irr* **1.** portare; *es zu etw bringen ~* diventare qualcuno, far strada; **2.** *(mitnehmen)* portare; **3.** *(begleiten)* accompagnare, portare; *jdn nach Hause ~* portare a casa qd; **4.** *(Gewinn)* rendere; **5.** *(veröffentlichen)* pubblicare

brisant [bri'zant] *adj* esplosivo

Brise ['briːzə] *f* brezza *f*

Brite ['briːtə] *m* britanno *m,* inglese *m*

britisch ['briːtɪʃ] *adj* britannico, inglese

Britische Inseln ['briːtiʃə 'inzəln] *pl GEO* Isole britanniche *f/pl*

bröckeln ['brœkəln] *v* sbriciolare

Brocken ['brɔkən] *m* **1.** pezzo *m;* **2.** *(fam: Bissen)* boccone *m*

brodeln ['broːdəln] *v* gorgogliare

Brokat [bro'kaːt] *m* broccato *m*

Brokkoli ['brɔkolɪ] *m BOT* broccolo *m*

Brombeere ['brɔmbeːrə] *f BOT* mora del rovo *f*

Bronchien ['brɔnçiə] *pl ANAT* bronchi *m/pl*

Bronze ['brɔsə] *f* bronzo *m*

Brosche ['brɔʃə] *f* spilla *f,* fermaglio *m*

Broschüre [brɔ'ʃyːrə] *f* opuscolo *m,* fascicolo *m*

Brot [broːt] *n* pane *m*
Brotbelag ['broːtbə'laːk] *m* companatico *m*
Brötchen ['brøːtçən] *n* panino *m*
Brotkruste ['broːtkrustə] *f* crosta del pane *f*
Brotlaib ['broːtlaɪp] *m* pagnotta *f*
brotlos ['broːtloːs] *adj (fig)* poco lucrativo
Browser ['braʊzɐ] *m INFORM* browser *m*
Bruch [brux] *m* **1.** rottura *f; zu ~ gehen* andare a pezzi; **2.** *(von Knochen) MED* frattura *f;* **3.** *MATH* frazione *f*
brüchig ['bryçɪç] *adj* frangibile, fragile
Bruchlandung ['bruxlanduŋ] *f* atterraggio con un'avaria a terra *m*
Bruchstelle ['bruxʃtɛlə] *f* punto di rottura *m*
Bruchteil ['bruxtaɪl] *m* frazione *f,* minima parte *f*
Brücke ['brykə] *f* **1.** ponte *m; alle ~n hinter sich abbrechen* tagliare tutti i ponti dietro le spalle; **2.** *(Teppich)* passatoia *f*
Bruder ['bruːdɐ] *m* fratello *m*
brüderlich ['bryːdɐlɪç] *adj* fraterno
Brüderschaft ['bryːdɐʃaft] *f mit jdm ~ trinken* bagnare l'amicizia
Brühe ['bryːə] *f GAST* brodo *m*
brüllen ['brylən] *v* **1.** *(Löwe)* ruggire; **2.** *(Rind)* muggire; **3.** *(Menschen)* urlare; *zum Brüllen sein* essere da urlo; *~ wie am Spieß* urlare come un maiale scannato
brummen ['brumən] *v* ronzare, brontolare
brummig ['brumɪç] *adj* brontolone
Brummschädel ['brumʃɛːdəl] *m einen ~ haben* avere un cerchio alla testa, avere la testa pesante
brünett [bry'nɛt] *adj* castano
Brunnen ['brunən] *m* fontana *f*
Brunst ['brunst] *f* fregola *f; in der ~sein* essere in fregola
brüsk ['brysk] *adj* brusco
brüskieren [brys'kiːrən] *v* trattare bruscamente
Brust [brust] *f ANAT* petto *m; mit geschwellter ~* con il petto in fuori/con grande orgoglio; *einen zur ~ nehmen* bersi un bicchierino
brüsten ['brystən] *v sich ~* vantarsi
Brustkorb ['brustkɔrp] *m ANAT* torace *m*
Brustwarze ['brustvartsə] *f ANAT* capezzolo *m*
Brüstung ['brystuŋ] *f* parapetto *m*
brutal [bru'taːl] *adj* brutale
Brutalität [brutalɪ'tɛːt] *f* brutalità *f*
brüten ['bryːtən] *v* covare
brutto ['bruto] *adj* lordo
Buch [buːx] *n* libro *m; wie ein ~ reden* parlare come un libro stampato/parlare come un disco; *wie es im ~e steht* da favola/da manuale; *ein ~ mit sieben Siegel* un libro chiuso/un'incognita/un vero mistero; *ein offenes ~ für jdn sein* essere un libro aperto per qd
Buchbinder ['buːxbɪndɐ] *m* rilegatore di libri *m*
buchen ['buːxən] *v* registrare, annotare
Bücherei [byːçə'raɪ] *f* biblioteca *f*
Bücherregal ['byːçɐregaːl] *n* scaffale per libri *m*
Bücherschrank ['byːçɐʃraŋk] *m* libreria *f*
Bücherwurm ['byːçɐvurm] *m (fig)* topo *m* di biblioteca
Buchhalter(in) ['buːxhaltər(ɪn)] *m/f* contabile *m/f,* ragioniere/ragioniera *m/f*
Buchhaltung ['buːxhaltuŋ] *f* contabilità *f*
Buchhändler(in) ['buːxhɛndlər(ɪn)] *m/f* libraio/libraia *m/f*
Buchhandlung ['buːxhandluŋ] *f* libreria *f*
Büchse ['byksə] *f* barattolo *m*
Büchsenöffner ['byksənœfnɐ] *m* apriscatole *m*
Buchstabe ['buːxʃtaːbə] *m* lettera *f; sich auf seine vier ~n setzen* sedersi
buchstabieren [buːxʃta'biːrən] *v* compitare, sillabare
buchstäblich ['buːxʃtɛːplɪç] *adj* letterale; *im ~en Sinn* in senso letterale
Bucht [buxt] *f* baia *f*
Buchtitel ['buːxtiːtəl] *m* titolo di libro *m*
Buchung ['buːxuŋ] *f (Bestellung)* prenotazione *f*
bücken ['bykən] *v sich ~* chinarsi

B

Bude ['bu:də] *f* bugigattolo *m; jdm di ~ einrennen* seccare qd con continue visite; *sturmfreie ~ haben* avere la casa libera; *die ~ auf den Kopf stellen* fare baldoria/mettere la casa sottosopra; *Mir fällt die ~ auf den Kopf.* Mi sento soffocare dai muri.
Büfett [by'fe:] *n* buffet *m*
Büffel ['byfəl] *m ZOOL* bufalo *m*
büffeln ['byfəln] *v* studiare, sgobbare
Bügel ['by:gəl] *m* gruccia *f*
Bügelbrett ['by:gəlbrɛt] *n* asse da stiro *f*
Bügeleisen ['by:gəlaɪzən] *n* ferro da stiro *m*
Bügelfalte ['by:gəlfaltə] *f* piega dei calzoni *f*
bügelfrei ['by:gəlfraɪ] *adj* che non si stira
bügeln ['by:gəln] *v* stirare
Bühne ['by:nə] *f* scena *f*, palcoscenico *m; etw über die ~ bringen* condurre in porto qc; *über die ~ gehen* svolgersi
Bühnenbild ['by:nənbɪlt] *n THEAT* scenario *m*
Buhruf ['bu:ru:f] *m* grido di sdegno *m*
Bulle ['bulə] *m* **1.** *ZOOL* toro *m;* **2.** *(fam: Polizist)* piedipiatti *m*, pula *f*
bullig ['bulɪç] *adj* taurino, tozzo
Bummel ['buməl] *m* passeggiata *f*
bummeln ['buməln] *v* gironzolare
Bummelzug ['buməltsu:k] *m (fam)* treno lumaca *m*
Bund [bunt] *m* **1.** *POL* unione *f*, alleanza *f; mit jdm im ~e stehen* essere in relazione con qd; **2.** *(Ehe) den ~ fürs Leben schließen* contrarre il vincolo matrimoniale; **3.** *(von Blumen, von Schlüsseln)* mazzo *m;* **4.** *(Rockbund)* cintura *f*
Bündchen ['byntçən] *n* polsino *m*
Bündel ['byndəl] *n* fascio *m*
Bundes... ['bundəs] *pref* federale
Bundesbahn ['bundəsba:n] *f* ferrovie dello Stato *f/pl*
Bundesbank ['bundəsbaŋk] *f* Banca federale *f*
Bundesgebiet ['bundəsgəbi:t] *n* territorio dello stato federale *m*
Bundesgrenze ['bundəsgrɛntsə] *f POL* confine del territorio federale *m*
Bundesland ['bundəslant] *n POL* regione *f*, Land *m*
Bundesrat ['bundəsra:t] *m POL* camera alta *f*, consiglio federale *m*
Bundestag ['bundəsta:k] *m POL* camera bassa *f*
Bundeswehr ['bundəsve:r] *f* forze armate *f/pl*
bündig ['byndɪç] *adj* **1.** *(kurz)* conciso; **2.** *~ abschließen* tagliare corto
Bunker ['buŋkɐ] *m* bunker *m*
bunt [bunt] *adj* colorato; *Mir wird es jetzt zu ~!* Adesso perdo la pazienza!
Buntstift ['buntʃtɪft] *m* matita colorata *f*
Buntwäsche ['buntvɛʃə] *f* biancheria colorata *f*
Burg [burk] *f* castello *m*
bürgen ['byrgən] *v* garantire
Bürger(in) ['byrgər(ɪn)] *m/f* cittadino/cittadina *m/f*
Bürgerkrieg ['byrgɐkri:k] *m* guerra civile *f*
bürgerlich ['byrgɐlɪç] *adj* **1.** *(mittelständisch)* borghese; **2.** *(gesetzlich) JUR* civile
Bürgermeister(in) ['byrgɐmaɪstər(ɪn)] *m/f* sindaco *m*
Bürgersteig ['byrgɐʃtaɪk] *m* marciapiede *m*
Bürgerversammlung ['byrgɐfɛrzamluŋ] *f* assemblea dei cittadini *f*
Burnout-Syndrom [bœrn'autsyndro:m] *n MED* sindrome da burnout *f*
Büro [by'ro:] *n* ufficio *m*
Büroangestellte(r) [by'ro:angəʃtɛltə(r)] *m/f* impiegato d'ufficio/impiegata d'ufficio *m/f*
Büroarbeit [by'ro:arbaɪt] *f* lavoro d'ufficio *m*
Büroklammer [by'ro:klamɐ] *f* clip *f*, grafetta *f*
Bürokratie [byrokra'ti:] *f* burocrazia *f*
bürokratisch [byro'kra:tɪʃ] *adj* burocratico
Büroraum [by'ro:raum] *m* ufficio *m*, studio *m*
Büroschluss [by'ro:ʃlus] *m* orario di chiusura dell'ufficio *m*
Bursche ['burʃə] *m* ragazzo *m*
Burschenschaft ['burʃənʃaft] *f* goliardica *f*
burschikos [burʃi'ko:s] *adj* maschiaccio
Bürste ['byrstə] *f* spazzola *f*

bürsten ['byrstən] *v* spazzolare; *Ich bürste mir die Haare.* Mi spazzolo i cappelli.

Bus [bus] *m* autobus *m;* bus *m; Ich fahre jeden Tag mit dem ~ zur Schule.* Vado ogni giorno con l'autobus a scuola.

Busbahnhof ['busba:nho:f] *m* stazione autolinee *f*

Busch [buʃ] *m* **1.** arbusto *m,* cespuglio *m;* **2.** *(Dickicht)* macchia *f;* **3.** *(fig) Da ist etw im ~.* C'è qualcosa in aria./ Qualcosa bolle in pentola.

Busen ['bu:zən] *m* ANAT seno *m,* petto *m; am ~ der Natur* in seno alla natura

Busfahrer(in) ['busfa:rər(ɪn)] *m/f* conducente d'autobus *m/f*

Bushaltestelle ['bushaltəʃtɛlə] *f* fermata d'autobus *f*

Buße ['bu:sə] *f* penitenza *f; ~ tun* far penitenza

büßen ['by:sən] *v* scontare

Bußgeld ['bu:sgɛlt] *n* ammenda *f;* multa *f,* contravvenzione *f*

Büste ['by:stə] *f* busto *m*

Büstenhalter ['by:stənhaltɐ] *m* reggiseno *m,* reggipetto *m*

Butter ['butɐ] *f* GAST burro *m; sich nicht die ~ vom Brot nehmen lassen (fig)* non lasciarsi tagliar l'erba sotto i piedi; *Alles in ~.* Tutto liscio come l'olio. Tutto è a posto.

Butterbrot ['butɐbro:t] *n* pane e burro *m,* pane imburrato *m; für ein ~ arbeiten (fig)* lavorare per la gloria; *jdm etw aufs ~ schmieren* rinfacciare qc a qd

Butterdose ['butɐdo:zə] *f* burriera *f*

C

C

Café [ka'feː] *n* caffè *m*, bar *m*
Cafeteria [kafete'riːa] *f* caffetteria *f*
campen ['kɛmpən] *v* campeggiare
Camper ['kɛmpɐ] *m* campeggiatore *m*
Camping ['kɛmpɪŋ] *n* camping *m*
Campingplatz ['kɛmpɪŋplats] *m* campeggio *m*
CD [tse'deː] *f* CD *m*
CD-ROM [tsedeː'rɔm] *f* INFORM CD-ROM *m*
CD-Spieler [tse'deːʃpiːlɐ] *m* lettore compact *m*
Cello ['tʃɛloː] *n* MUS violoncello *m*
Celsiusgrad ['tsɛlzjusgraːt] *m* PHYS grado centigrado *m*
Cembalo ['tʃɛmbalo] *n* MUS cembalo *m*
Chamäleon [ka'mɛːljon] *n* ZOOL camaleonte *m*
Champignon ['ʃampɪnjɔ] *m* BOT fungo prataiolo *m*
Champion ['tʃæmpɪən] *m* SPORT campione *m*
Chance ['ʃɑ̃sə] *f* possibilità *f*
Chaos ['kaːɔs] *n* caos *m*
Chaot [ka'oːt] *m* persona *f* caotica
Charakter [ka'raktɐ] *m* carattere *m*
charakterisieren [karaktəri'ziːrən] *v* caratterizzare
charakteristisch [karaktər'ɪstɪʃ] *adj* caratteristico
Charakterstärke [ka'raktɐʃtɛrkə] *f* forza di carattere *f*
Charakterzug [ka'raktɐtsuːk] *m* caratteristica *f*
charmant [ʃar'mant] *adj* affascinante
Charme ['ʃarm] *m* fascino *m*
Charterflug ['tʃartɐfluːk] *m* volo charter *m*
chartern ['tʃartɐn] *v* noleggiare
Chat [tʃæt] *m* INFORM chat *f*
chatten [tʃætən] *v* INFORM chattare
Chauffeur [ʃɔ'føːr] *m* autista *m*
Chauvinismus [ʃovi'nɪsmus] *m* sciovinismo *m*
Chef(in) [ʃɛf/'ʃɛfɪn] *m/f* capo *m*, superiore *m*
Chefarzt ['ʃɛfartst] *m* medico primario *m*
Chefredakteur(in) ['ʃɛfredaktøːr(ɪn)] *m/f* redattore capo/redattrice capo *m/f*
Chemie [çe'miː] *f* chimica *f*
Chemikalie [çemɪ'kaːljə] *f* prodotto chimico *m*
chemisch ['çeːmɪʃ] *adj* chimico *m*
chiffrieren [ʃɪ'friːrən] *v* cifrare
Chile ['tʃiːle] *n* GEO Cile *m*
China ['çiːna] *n* GEO Cina *f*
Chinese [çɪ'neːzə] *m* cinese *m*
Chinesisch [çɪ'neːzɪʃ] *n* cinese *m*
Chip [tʃɪp] *m* **1.** *(Kartoffelchip)* chips *f/pl*, patatine (fritte) *f/pl*; **2.** *(Spielchip)* fiche *f/pl*; **3.** INFORM chip *m*
Chipkarte ['tʃɪpkartə] *f* INFORM carta con microchip *f*
Chirurg(in) [çi'rurg(ɪn)] *m/f* chirurgo/chirurga *m/f*
Chirurgie [çirur'giː] *f* chirurgia *f*
Chlor [kloːr] *n* CHEM cloro *m*
Christ [krɪst] *m* REL cristiano *m*
Christbaum ['krɪstbaum] *m* albero di Natale *m*
christlich ['krɪstlɪç] *adj* REL cristiano
Christus ['krɪstus] *m* REL Cristo *m*
Chrom [kroːm] *m* CHEM cromo *m*
Chronik ['kroːnɪk] *f* cronaca *f*
chronisch ['kroːnɪʃ] *adj* cronico
chronologisch [krono'loːgɪʃ] *adj* cronologico
circa ['tsɪrka] *adv* circa
Clown [klaun] *m* pagliaccio *m*, clown *m*
Cocktail ['kɔkteɪl] *m* cocktail *m*
Code [koːd] *m* INFORM codice *m*
Comic ['kɔmɪk] *m* fumetto *m*
Computer [kom'pjuːtɐ] *m* INFORM computer *m*
Container [kɔn'teɪnɐ] *m* container *m*
Cousin(e) [ku'zɛ̃ː/ku'ziːnə] *m/f* cugino/cugina *m/f*
Creme ['kreːmə] *f* crema *f*
Cursor ['køːrsɐ] *m* INFORM cursore *m*
Cyberspace ['saɪbɐspeɪs] *m* INFORM ciberspazio *m*, cyberspace *m*

D

da [daː] *adv* **1.** *(örtlich)* qui, qua; *~ sein* esserci, essere presente; **2.** *(zeitlich)* allora; *konj* **3.** poiché, perché
dabei [da'baɪ] *adv* **1.** *(örtlich)* accanto, vicino; **2.** *(zeitlich)* allo stesso tempo
dableiben ['daːblaɪbən] *v irr* restare
Dach [dax] *n* tetto *m*; *kein ~ über dem Kopf haben* non avere un tetto sopra la testa; *mit jdm unter einem ~ leben* vivere sotto lo stesso tetto con qd; *eins aufs ~ bekommen* prendersi una bella lavata di capo; *jdm aufs ~ steigen* dare addosso a qd
Dachs [daks] *m ZOOL* tasso *m*
Dachständer ['daxsʃtɛndɐ] *m (eines Autos)* portabagagli sul tetto *m*
Dachstuhl ['daxsʃtuːl] *m* cavalletto del tetto *m*
Dachterrasse ['daxtɛrasə] *f* terrazza sul tetto *f*
Dachziegel ['daxtsiːgəl] *m* tegola *f*
Dackel ['dakəl] *m ZOOL* cane bassotto *m*
dadurch ['daːdurç] *adv* **1.** *(folglich)* perciò, per questo motivo; **2.** *(auf diese Weise)* in tal modo, così
dafür [da'fyːr] *adv* **1.** per questo; **2.** *(anstatt)* invece; **3.** *(als Ausgleich)* in compenso
dagegen [da'geːgən] *adv* **1.** *(örtlich)* contro questo; **2.** *(im Vergleich)* in confronto, invece; **3.** *(dafür)* in cambio; *konj* **4.** al contrario
daheim [da'haɪm] *adv* a casa
Daheim [da'haɪm] *n* focolare domestico *m*
daher [da'heːr] *adv* **1.** *(örtlich)* da quella parte; **2.** *(kausal)* per questo; *konj* **3.** perciò
dahin [da'hɪn] *adv* **1.** *(zeitlich) bis ~* fino ad allora; **2.** lì, là
dahingestellt [da'hɪngəʃtɛlt] *adj etw ~ sein lassen* lasciar qc in sospeso
dahinter [da'hɪntɐ] *adv* **1.** *(örtlich)* dietro; **2.** *(fig)* sotto, qui sotto; *~ kommen* scoprire
dahinterstecken [da'hɪntɐʃtɛkən] *v* **1.** *(örtlich)* esserci sotto, nascondersi; **2.** *(fig)* esserci sotto, covare; *Es steckt etw dahinter.* Qui c'è sotto qc./Qui gatta ci cova.
dalassen ['daːlasən] *v irr* lasciare qui
damalig ['daːmalɪç] *adj* di allora
damals ['daːmals] *adv* allora
Dame ['daːmə] *f* signora *f*; *eine ~ von Welt sein* essere una donna di mondo
Damenbinde ['daːmənbɪndə] *f* assorbente *m* igienico
damit [da'mɪt] *adv* **1.** con questo; *Wie steht es ~?* Come va la faccenda? *Was meint er ~?* Cosa intende dire con ciò? *Genug ~!* Basta così! *Her ~!* Dammi qui! **2.** *(dadurch)* per mezzo di ciò; *konj* **3.** affinché
dämlich ['dɛːmlɪç] *adj (fam)* sciocco
Damm [dam] *m* argine *m*; *auf dem ~ sein* essere in forma
dämmen ['dɛmən] *v* arginare
dämmern ['dɛmɐn] *v* albeggiare
dämmrig ['dɛmɐɪç] *adj* crepuscolare
Dämmerung ['dɛmərʊŋ] *f* **1.** *(Abenddämmerung)* crepuscolo *m*; **2.** *(Morgendämmerung)* alba *f*
Dämon ['dɛːmɔn] *m* demone *m*
dämonisch [dɛ'moːnɪʃ] *adj* demoniaco
Dampf [dampf] *m* vapore *m*; *~ hinter etw machen* darsi da fare per qc; *~ ablassen* sbottare/aprire il libro
dampfen ['dampfən] *v* esalare vapori, svaporare
dämpfen ['dɛmpfən] *v* **1.** smorzare; **2.** *GAST* cuocere a vapore
Dampfer ['dampfɐ] *m* piroscafo *m*; *auf dem falschen ~ sein (fig)* essere sul binario sbagliato
Dämpfer ['dɛmpfɐ] *m jdm einen ~ aufsetzen* fare una doccia fredda a qd *(fig)*; *einen ~ bekommen* prendere una lavata di capo/prendere una doccia fredda
Dämpfung ['dɛmpfʊŋ] *f (Verringerung)* smorzamento *m*, attenuazione *f*
danach [da'naːx] *adv* **1.** *(zeitlich)* poi, quindi, dopo; **2.** *(dementsprechend)* conformemente
Däne ['dɛːnə] *m* danese *m*

D

D

daneben [da'neːbən] *adv* **1.** *(örtlich)* accanto; **2.** *(außerdem)* inoltre
danebenbenehmen [da'neːbənbəneːmən] *v irr sich* ~ comportarsi male
danebentreffen [da'neːbəntrɛfən] *v irr* non cogliere nel segno
Dänemark ['dɛːnəmark] *n* GEO Danimarca *f*
Dänin ['dɛːnɪn] *f* danese *f*
dänisch ['dɛːnɪʃ] *adj* danese
dank [daŋk] *prep* grazie a
Dank [daŋk] *m* gratitudine *f*
dankbar ['daŋkbaːr] *adj* **1.** grato, riconoscente; *adv* **2.** con riconoscenza
Dankbarkeit ['daŋkbaːrkaɪt] *f* gratitudine *f*, riconoscenza *f*
danke ['daŋkə] *interj* grazie
danken ['daŋkən] *v* ringraziare
dankenswert ['daŋkənsveːrt] *adj* degno di riconoscenza
dann [dan] *adv* dopo, poi
daran [da'ran] *adv* a riguardo, ci; *das Beste* ~ la cosa migliore nella faccenda; *gut* ~ *tun* fare bene a; ~ *denken* pensarci; *dran glauben müssen (fam)* rimetterci la pelle; *Da ist etw dran.* C'è qc di vero.
darangehen [da'rangeːən] *v irr* cominciare
daranhalten [da'ranhaltən] *v irr sich* ~ affrettarsi
daransetzen [da'ranzɛtsən] *v* **1.** metterci; **2.** *(Leben)* arrischiare
darauf [da'rauf] *adv* **1.** *(örtlich)* su questo; *gut drauf sein* essere su di morale/essere di buon umore; *nichts drauf haben* non poter fare molto/non farcela più; **2.** *(zeitlich)* dopo; seguente; *die Tage* ~ i giorni seguenti; ~ *folgend* successivo
daraufhin [darauf'hɪn] *adv* **1.** *(zeitlich)* dopo; **2.** *(folglich)* in conseguenza
daraus [da'raus] *adv* da ciò; *Was ist* ~ *geworden?* Com'è andata a finire? *Mach dir nichts draus* Non prendertela!
darbieten ['daːrbiːtən] *v irr* **1.** *(anbieten)* offrire; **2.** *(aufführen)* presentare
Darbietung ['daːrbiːtuŋ] *f* **1.** *(Angebot)* offerta *f;* **2.** *(Aufführung)* rappresentazione *f*
darin [da'rɪn] *adv* **1.** *(örtlich)* qua dentro; **2.** *(diesbezüglich)* in questo senso, in quanto a ciò
darlegen ['daːrleːgən] *v* esporre
Darlegung ['daːrleːguŋ] *f* esposizione *f*
Darm [darm] *m* ANAT intestino *m*
darstellen ['daːrʃtɛlən] *v* **1.** *(beschreiben)* descrivere; **2.** *(fig: bedeuten)* significare; **3.** CINE rappresentare
Darstellung ['daːrʃtɛluŋ] *f* **1.** CINE rappresentazione *f*, interpretazione *f;* **2.** *(Beschreibung)* descrizione *f*
darüber [dar'yːbɐ] *adv (örtlich)* al di sopra, sopra; ~ *hinaus* oltre a ciò; ~ *stehen (fig)* essere superiore a ciò
darum ['darum] *konj* **2.** *(kausal)* perciò
darunter [da'runtɐ] *adv* **1.** *(örtlich)* sotto; *drunter und drüber* su e giù/confusione; **2.** *(dabei)* fra questi; **3.** *(mengenmäßig)* al di sotto
darunterfallen [da'runtɐfalən] *v irr (fig)* appartenervi, farne parte
das [das] *art* **1.** il/la; *pron* **2.** *(demonstrativ)* questo/questa, codesto/codesta, quello/quella; **3.** *(relativ)* che
Dasein ['daːzaɪn] *n* esistenza *f*
dass [das] *konj* che; *ohne* ~ senza che; *anstatt* ~ anziché
dasselbe [das'zɛlbə] *pron* lo stesso
Datei [da'taɪ] *f* **1.** archivio dati *m;* **2.** INFORM archivio dati *m*, raccolta dati *f*
Daten ['daːtən] *pl* dati *m/pl*
Datenautobahn ['daːtənautobaːn] *f* INFORM autostrada informatica *f*
Datenbank ['daːtənbaŋk] *f* INFORM banca dati *f*
Datenschutz ['daːtənʃuts] *m* protezione dei dati *f*
Datenträger ['daːtəntrɛːgɐ] *m* INFORM supporto dati *m*
Datenverarbeitung ['daːtənfɛrarbaɪtuŋ] *f* INFORM elaborazione dei dati *f*
datieren [da'tiːrən] *v* datare
Dativ ['daːtiːf] *m* GRAMM dativo *m*
Dattel ['datəl] *f* BOT dattero *m*
Datum ['daːtum] *n* data *f*
Dauer ['dauɐ] *f* durata *f*
dauerhaft ['dauɐhaft] *adj* **1.** *(anhaltend)* duraturo; **2.** *(widerstandsfähig)* resistente, solido
Dauerkarte ['dauɐkartə] *f* tessera permanente *f*
dauern ['dauɐn] *v* durare
dauernd ['dauɐnt] *adj* **1.** durevole; *adv* **2.** continuamente

Dauerwelle ['dauɐvɛlə] *f* permanente *f*
Dauerzustand ['dauɐtsuːʃtant] *m* condizione permanente *f*
Däumchen ['dɔymçən] *n ~ drehen* girare i pollici
Daumen ['daumən] *m ANAT* pollice *m*
Daune ['daunə] *f* piuma *f*
davon [da'fɔn] *adv* **1.** *(örtlich)* di là, di lì; **2.** *(Teil von etw)* di questo, ne; *nicht viel ~ essen* non mangiarne molto; *Was habe ich ~?* Che cosa ne ricavo? *Das kommt ~.* Ecco cosa succede.
davonfahren [da'fɔnfaːrən] *v irr* partire
davongehen [da'fɔngeːən] *v irr* andare via
davonkommen [da'fɔnkɔmən] *v irr (fig)* salvarsi, sfuggire ad un pericolo; *um ein Haar ~* cavarsela per un pelo
davonlaufen [da'fɔnlaufən] *v irr* correre via, scappare
davontragen [da'fɔntraːgən] *v irr* **1.** *(wegtragen)* portare via; **2.** ottenere, riportare; *Schaden ~* riportare un danno; **3.** *einen Sieg ~* riportare una vittoria
davor [da'foːr] *adv* **1.** *(örtlich)* davanti; *Hüte dich ~!* Guardatene bene! **2.** *(zeitlich)* prima; *das Jahr ~* l'anno prima
dazu [da'tsuː] *adv* **1.** *(Sache)* a questo punto; **2.** *(Zweck)* per questo, a questo scopo; **3.** *(außerdem)* oltre a ciò, per giunta; *dumm und frech ~* per giunta stupido ed impertinente
dazugehören [da'tsuːgəhøːrən] *v* appartenervi
dazugehörig [da'tsuːgəhøːrɪç] *adj* appartenente, relativo
dazukommen [da'tsuːkɔmən] *v irr* sopravvenire
dazutun [da'tsuːtuːn] *v irr* aggiungere
dazuverdienen [da'tsuːfɛrdiːnən] *v* guadagnare in più
dazwischen [da'tsvɪʃən] *adv* **1.** *(örtlich)* tra questi, in mezzo; **2.** *(zeitlich)* frattanto, intanto
dazwischenkommen [da'tsvɪʃənkɔmən] *v irr* capitare, sopravvenire
dazwischenliegen [da'tsvɪʃənliːgən] *v irr* essere in mezzo
dazwischenrufen [da'tsvɪʃənruːfən] *v irr* interrompere chiamando
dazwischentreten [da'tsvɪʃəntreːtən] *v irr* intervenire
Debatte [de'batə] *f* dibattito *m*
debattieren [deba'tiːrən] *v* discutere
Debüt [de'byː] *n* debutto *m*, esordio *m*
Deck [dɛk] *n* ponte *m*, coperta *f*; *Alle Mann an ~!* Tutti in coperta!
Deckblatt ['dɛkblat] *n* foglio del titolo *m*
Decke ['dɛkə] *f* **1.** *(Bettdecke)* coperta *f*; *sich nach der ~ strecken* adattarsi; **2.** *(Tischdecke)* tovaglia *f*; **3.** *(Zimmerdecke)* soffitto *m*; *vor Freude an die ~ springen (fig)* fare salti di gioia; *an die ~ gehen* inferocirsi; *Mir fällt langsam die ~ auf den Kopf.* Mi sento soffocare dai muri./Comincio a impensierirmi./Comincio a spazientirmi.
Deckel ['dɛkəl] *m* coperchio *m*; *eins auf den ~ bekommen (fam)* ricevere una lavata di capo
decken ['dɛkən] *v* **1.** *(zu~)* coprire; **2.** apparecchiare; *den Tisch ~* apparecchiare la tavola; **3.** *(fig)* coprire; *jdm den Rücken ~* coprire le spalle a qd
Deckung ['dɛkuŋ] *f* **1.** *SPORT* difesa *f*; **2.** *ECO* copertura *f*; **3.** *(fig: Schutz)* protezione *f*
deckungsgleich ['dɛkuŋsglaɪç] *adj* congruente
defekt [de'fɛkt] *adj* difettoso, danneggiato
Defekt [de'fɛkt] *m* danno *m*
defensiv [defɛn'ziːf] *adj* **1.** difensivo; *adv* **2.** difensivo
Defensive [defɛn'zivə] *f* difensiva *f*
definieren [defɪ'niːrən] *v* definire
Definition [defɪnɪ'tsjoːn] *f* definizione *f*
definitiv [defɪnɪ'tiːf] *adj* **1.** definitivo; *adv* **2.** definitivamente
Defizit ['deːfɪtsɪt] *n* deficit *m*
Deflation [deflats'joːn] *f* deflazione *f*
Deformation [defɔrma'tsjoːn] *f* deformazione *f*
deformieren [defɔr'miːrən] *v* deformare
deftig ['dɛftɪç] *adj (Speisen)* sostanzioso
Degen ['deːgən] *m* spada *f*
Degeneration [degenera'tsjoːn] *f* degenerazione *f*

D

degenerieren [degenə'ri:rən] *v* degenerare
dehnbar ['de:nba:r] *adj* **1.** dilatabile; **2.** *(fig)* elastico; *ein ~er Begriff* un concetto elastico
Dehnbarkeit ['de:nba:rkaɪt] *f* **1.** dilatabilità *f;* **2.** *(fig)* elasticità *f*
dehnen ['de:nən] *v* **1.** *(strecken)* stendere; **2.** *(verlängern)* allungare; **3.** *(erweitern)* allargare
Dehnung ['de:nuŋ] *f* **1.** *(Strecken)* tensione *f;* **2.** *(Verlängerung)* allungamento *m;* **3.** *(Erweiterung)* allargamento *m*
Deich [daɪç] *m* diga *f*
Deichsel ['daɪksəl] *f* timone *m*
dein [daɪn] *pron* tuo
deinerseits ['daɪnɐzaɪts] *adv* da parte tua
deinesgleichen ['daɪnəsglaɪçən] *pron* par tuo, tuo pari
deinetwegen ['daɪnətve:gən] *adv* per te
deinige ['daɪnigə] *adj* tuo
dekadent [deka'dɛnt] *adj* decadente
Dekadenz [deka'dɛnts] *f* decadenza *f*
Dekan [de'ka:n] *m* decano *m*
deklarieren [dekla'ri:rən] *v* dichiarare
deklassieren [dekla'si:rən] *v* declassare
Deklination [deklina'tsjo:n] *f* declinazione *f*
deklinieren [dekli'ni:rən] *v* declinare
Dekolleté [dekɔl'te:] *n* decolleté *m*
dekontaminieren [dekɔntamɪ'ni:rən] *v* decontaminare
Dekor [de'ko:r] *n* decorazione *f*
Dekorateur(in) [dekɔra'tø:r(ɪn)] *m/f* decoratore/decoratrice *m/f*
Dekoration [dekɔra'tsjo:n] *f* decorazione *f*
dekorativ [dekɔra'ti:f] *adj* decorativo
dekorieren [deko'ri:rən] *v* decorare
Delegation [delega'tsjo:n] *f* **1.** *(von Personen)* delegazione *f;* **2.** *(Übertragung)* delega *f*
delegieren [dele'gi:rən] *v* delegare
Delfin [dɛl'fi:n] *m* ZOOL delfino *m*
delikat [delɪ'ka:t] *adj* delicato
Delikatesse [delɪka'tɛsə] *f* **1.** GAST leccornia *f,* ghiottoneria *f;* **2.** *(fig)* finezza *f*
Delinquent [delɪŋ'kvɛnt] *m* delinquente *m*
Delirium [de'li:rɪum] *n* delirio *m*
dem [de:m] *art (Dativ von der, das)* al, allo, alla
Dementi [de'mɛnti] *n* smentita *f*
dementieren [demɛn'ti:rən] *v* smentire
dementsprechend ['de:mɛnt'ʃprɛçənt] *adj* **1.** corrispondente, conforme; *adv* **2.** corrispondentemente, conformemente
demgemäß ['de:mgəmɛ:s] *adv* in modo corrispondente
demnach ['de:mnax] *adv* dunque
demnächst ['de:mnɛ:çst] *adv* prossimamente
Demografie [demogra'fi:] *f* demografia *f*
demografisch [demo'grafɪʃ] *adj* demografico
demolieren [demo'li:rən] *v* demolire
Demonstration [demɔnstra'tsjo:n] *f* **1.** *(Darlegung)* dimostrazione *f;* **2.** POL manifestazione *f,* dimostrazione *f*
demonstrativ [demɔnstra'ti:f] *adj* dimostrativo
demonstrieren [demɔn'stri:rən] *v* **1.** *(darlegen)* dimostrare; **2.** POL manifestare
demontieren [demɔn'ti:rən] *v* smontare
demoralisieren [demoralɪ'zi:rən] *v* demoralizzare
demselben [de:m'zɛlbən] *pron* allo stesso
Demut ['de:mu:t] *f* umiltà *f*
demütigen ['de:my:tɪgən] *v* umiliare
Demütigung ['de:my:tɪguŋ] *f* umiliazione *f*
demzufolge ['de:mtsu'fɔlgə] *adv* dunque
den [de:n] *art* **1.** *(Akkusativ von der, das)* il/lo *m,* **2.** *(Dativ plural)* ai/agli/alle
Denkart ['dɛŋka:rt] *f* modo di pensare *m,* pensiero *m*
denkbar ['dɛŋkba:r] *adj* pensabile
denken ['dɛŋkən] *v irr* pensare; *jdm zu ~ geben* dare da pensare a qd; *Wo denkst du hin?* Cosa credi? *Ich denke nicht daran!* Non ci penso nemmeno!
Denken ['dɛŋkən] *n* pensiero *m*
Denkfähigkeit ['dɛŋkfɛ:ɪçkaɪt] *f* capacità di pensare *f*
denkfaul ['dɛŋkfaul] *adj* pigro di mente

Denkfehler ['dɛŋkfeːlɐ] *m* errore di ragionamento *m*
Denkmal ['dɛŋkmaːl] *n* monumento *m; sich ein ~ setzen* farsi un monumento
Denkvermögen ['dɛŋkfɐmøːgən] *n* facoltà intellettive *f/pl*
denkwürdig ['dɛŋkvyrdɪç] *adj* memorabile
Denkzettel ['dɛŋktsɛtəl] *m (fig)* nota *f; jdm einen ~ verpassen* dare una lezione a qd
denn [dɛn] *konj* perché, poiché
dennoch ['dɛnɔx] *konj* tuttavia
Deodorant [deodɔ'rant] *n* deodorante *m*
Deponie [depo'niː] *f* discarica *f* pubblica
deponieren [depo'niːrən] *v* depositare, scaricare
deportieren [depɔr'tiːrən] *v* deportare
Depot [de'poː] *n* deposito *m*
Depression [deprɛs'joːn] *f* depressione *f*
depressiv [deprə'siːf] *adj* depresso
deprimieren [depri'miːrən] *v* deprimere
deprimierend [depri'miːrənt] *adj* deprimente
der [deːɐ] *art* **1.** il, lo; **2.** *(Genitiv/Dativ von die)* della/alla *f; pron* **3.** *(demonstrativ)* questo; **4.** *(relativ)* il qual/che
derart ['deːɐaːrt] *adv* così
derartig ['deːɐaːrtɪç] *adj* **1.** tale; *adv* **2.** talmente
derb [dɛrp] *adj* grezzo
dergleichen [deːr'glaɪçən] *adj* **1.** tale, simile; *pron* **2.** tale, simile
derjenige ['deːrjeːnɪgə] *pron* colui, quello
Dermatologin [dɛrmato'logɪn] *f* dermatologa *f*
derselbe [deːr'zɛlbə] *pron* lo stesso
derzeit ['deːrtsaɪt] *adv* ora, attualmente
des [dɛs] *art (Genitiv von der, das)* del/dello
desgleichen [dɛs'glaɪçən] *konj* parimenti, ugualmente
deshalb ['dɛshalp] *konj* **1.** perciò; *adv* **2.** proprio per questo, perciò
Desinteresse ['desɪntərɛsə] *n* disinteresse *m*
dessen ['dɛsən] *pron (Genitiv von der, das)* di cui, del quale; *~ ungeachtet* malgrado cio, tuttavia
Dessert [dɛ'sɛːr] *n* dessert *m*
destruktiv [destruk'tiːf] *adj* distruttivo
deswegen ['dɛsveːgən] *konj* perciò
Detail [de'tai] *n* dettaglio *m*
detailliert [deːta'jiːrt] *adj* **1.** dettagliato; *adv* **2.** dettagliatamente
Detektiv [detɛk'tiːf] *m* investigatore *m*, detective *m*
deuten ['dɔytən] *v* **1.** *(auslegen)* interpretare; **2.** *(zeigen auf etw)* indicare; *mit dem Finger auf etw ~* indicare qc col dito
deutlich ['dɔytlɪç] *adj* chiaro
Deutlichkeit ['dɔytlɪçkaɪt] *f* chiarezza *f*
deutsch [dɔytʃ] *adj* tedesco
Deutsch [dɔytʃ] *n* tedesco *m; auf gut ~* in parole povere
Deutsche(r) ['dɔytʃə(r)] *m/f* tedesco/tedesca *m/f*
Deutschland ['dɔytʃlant] *n* GEO Germania *f*
deutschsprachig ['dɔytʃʃpraːxɪç] *adj* di lingua tedesca
Deutung ['dɔytuŋ] *f* interpretazione *f*
Devise [de'viːzə] *f* **1.** *(Wahlspruch)* divisa *f;* **2.** FIN divisa *f*
Dezember [de'tsɛmbɐ] *m* dicembre *m*
dezent [de'tsɛnt] *adj* discreto
dezentralisieren [detsɛntralɪ'ziːrən] *v* decentralizzare
Diagnose [dia'gnoːzə] *f* diagnosi *f*
diagnostizieren [diagnɔstɪ'tsiːrən] *v* diagnosticare
diagonal [diago'naːl] *adj* diagonale
Diagonale [diago'naːlə] *f* diagonale *f*
Diagramm [dia'gram] *n* diagramma *m*
Dialekt [dia'lɛkt] *m* dialetto *m*
Dialog [dia'loːk] *m* dialogo *m*
Diamant [dia'mant] *m* MIN diamante *m*
Diät [di'ɛːt] *f* dieta *f*
dich [dɪç] *pron* ti, te
dicht [dɪçt] *adj* **1.** *(kompakt)* compatto; *~ bevölkert* densamente popolato; *~ bewachsen* coperto di una fitta vegetazione; *~ gedrängt* pigiato; **2.** *(undurchlässig)* ermetico
Dichte ['dɪçtə] *f* **1.** *(Kompaktheit)* compattezza *f;* **2.** *(Undurchlässigkeit)* tenuta stagna *f*

D

dichten ['dɪçtən] *v* **1.** *(Poesie)* comporre; **2.** *TECH* turare
Dichter(in) ['dɪçtər(ɪn)] *m/f* poeta/poetessa *m/f*
dichtmachen ['dɪçtmaxən] *v (fig: Haus)* chiudere i battenti
Dichtung[1] ['dɪçtuŋ] *f LIT* poesia
Dichtung[2] ['dɪçtuŋ] *f TECH* guarnizione *f*
dick [dɪk] *adj* **1.** *(Gegenstand)* grosso; **2.** *(Flüssigkeit)* denso; **3.** *(Person)* grasso; **4.** *etw ~ haben* averne abbastanza di qc; **5.** *mit jdm durch ~ und dünn gehen* attraversare l'inferno con qd
Dickdarm ['dɪkdarm] *m ANAT* intestino crasso *m*
dickflüssig ['dɪkflyːsɪç] *adj* denso
Dickicht ['dɪkɪçt] *n* folto *m*
Dickkopf ['dɪkkɔpf] *m* testardo *m*
dicklich ['dɪklɪç] *adj* grassoccio
die [diː] *art* **1.** la; **2.** *(Plural)* le, i/gli; *pron* **3.** che, la quale, i quali/le quali
Dieb [diːp] *m* ladro *m*
Diebesgut ['diːbəsguːt] *n* refurtiva *f*
Diebstahl ['diːpʃtaːl] *m* furto *m*
Diebstahlversicherung ['diːpʃtaːlfɛrzɪçəruŋ] *f* assicurazione contro il furto *f*
Diele ['diːlə] *f* entrata *f*, atrio *m*
dienen ['diːnən] *v* servire
Diener ['diːnɐ] *m* servitore *m*
dienlich ['diːnlɪç] *adj* utile
Dienst ['diːnst] *m* **1.** servizio *m*; *sich in den ~ einer Sache stellen* mettersi al servizio di una cosa; *gute ~e leisten* rendere un buon servizio; *~ habend* di servizio/in servizio; **2.** *öffentlicher ~* servizio pubblico *m*
Dienstag ['diːnstaːk] *m* martedì *m*; *am ~* martedì
dienstags ['diːnstaːks] *adv* di martedì, il martedì
dienstbereit ['diːnstbəraɪt] *adj* servizievole
Dienstbote ['diːnstboːtə] *m* domestico *m*, servitore *m*
Dienstgeheimnis ['diːnstgəhaɪmnɪs] *n* segreto d'ufficio *m*
Dienstleistung ['diːnstlaɪstuŋ] *f* servizio *m*, prestamento di servizio *m*
dienstlich ['diːnstlɪç] *adj* **1.** d'ufficio; *adv* **2.** per ragioni d'ufficio
Dienstreise ['diːnstraɪzə] *f* viaggio di lavoro *m*
Dienststelle ['diːnstʃtɛlə] *f* ufficio *m*
Dienstweg ['diːnstvɛk] *m* via gerarchica *f*
diesbezüglich ['diːsbətsyːklɪç] *adj* riguardante ciò
diese(r,s) [diːzə(r,s)] *pron* questo, questa, questi
dieselbe [diː'zɛlbə] *pron* la stessa
diesig ['diːzɪç] *adj* caliginoso
diesjährig ['diːsjɛːrɪç] *adj* di quest'anno
diesmal ['diːsmaːl] *adv* questa volta
diesseits ['diːszaɪts] *adv* di qua, da questa parte, al di qua
Diesseits ['diːszaɪts] *n* vita terrena *f*
Dietrich ['diːtrɪç] *m* grimaldello *m*
Differenz [dɪfə'rɛnts] *f* **1.** *(Unterschied)* differenza *f*; **2.** *(Streit)* dissenso *m*, controversia *f*
differenzieren [dɪfərɛn'tsiːrən] *v* differenziare
digital [dɪgɪ'taːl] *adj* digitale
Diktafon [dɪkta'foːn] *n* dittafono *m*
Diktat [dɪk'taːt] *n* **1.** dettato *m*; **2.** *(Zwang)* imposizione *f*
Diktatur [dikta'tuːr] *f* dittatura *f*
diktieren [dɪk'tiːrən] *v* **1.** dettare; **2.** *(aufzwingen)* imporre
Dilemma [dɪ'lɛma] *n* dilemma *m*
Dilettant [dɪlɛ'tant] *m* dilettante *m*
dilettantisch [dɪlɛ'tantɪʃ] *adj* **1.** dilettantesco; *adv* **2.** di dilettante
Dill [dɪl] *m BOT* aneto *m*
Dimension [dɪmɛn'zjoːn] *f* dimensione *f*
Ding [dɪŋ] *n* cosa *f*; *ein ~ drehen* fare un colpo; *jdm ein ~ verpassen* appioppare una cosa a qd/giocare un brutto tiro a qd; *nicht mit rechten ~en zugehen* non essere normale; *guter ~e sein* essere una buona pasta; *unverrichteter ~e* con le pive nel sacco/senza aver concluso nulla; *über den ~en stehen* essere al di sopra delle cose; *Aller guten ~e sind drei.* Non c'è due senza tre.
dingfest ['dɪŋfɛst] *adj jdn ~ machen* mettere le manette a qd, arrestare qd
Dingsda ['dɪŋsdaː] *n* quella cosa là
Dinosaurier [dino'zauriɐ] *m ZOOL* dinosauro *m*
Diplom [di'ploːm] *n* diploma *m*
Diplomarbeit [di'ploːmarbaɪt] *f* tesi di diploma *f*

diplomatisch [diplo'maːtɪʃ] *adj* **1.** diplomatico; *adv* **2.** diplomaticamente
dir [diːr] *pron* a te, ti
direkt [di'rɛkt] *adj* **1.** diretto; *adv* **2.** direttamente
Direktion [dirɛk'tsjoːn] *f* direzione *f*
Direktor [di'rɛktɔr] *m* direttore *m*
Direktorium [dirɛk'toːrjum] *n* consiglio di amministrazione *m*
dirigieren [diri'giːrən] *v* dirigere
Disharmonie [dɪsharmo'niː] *f* disarmonia *f*
Diskette [dɪs'kɛtə] *f* INFORM dischetto *m*
Diskothek [dɪskɔ'teːk] *f* discoteca *f*
Diskrepanz [dɪskre'pants] *f* discrepanza *f*
diskret [dɪs'kreːt] *adj* discreto
Diskretion [dɪskre'tsjoːn] *f* discrezione *f*
diskriminieren [dɪskrɪmɪ'niːrən] *v* discriminare
Diskussion [dɪskus'joːn] *f* discussione *f*
diskutabel [dɪsku'taːbəl] *adj* discutibile
diskutieren [dɪsku'tiːrən] *v* discutere
Display ['dɪspleː] *n* TECH display *m*
disponieren [dɪspɔ'niːrən] *v* disporre
Dissertation [dɪsɛrta'tsjoːn] *f* dissertazione *f*
Distanz [dɪs'tants] *f* distanza *f*
distanzieren [dɪstan'tsiːrən] *v sich ~* distanziarsi; *sich von einer Meinung ~* distanziarsi da un'opinione
Distel ['dɪstəl] *f* BOT cardo *m*
Disziplin [dɪs'tsipliːn] *f* disciplina *f*
divers [di'vɛrs] *adj* diverso
Division [dɪvɪ'zjoːn] *f* **1.** MATH divisione *f*; **2.** MIL divisione *f*
D-Mark ['deːmark] *f* HIST marco tedesco *m*
DNA-Analyse [deːənaː'ana'lyːzə] *f* BIO analisi del DNA *f*
doch [dɔx] *konj* **1.** *(aber)* però, tuttavia; **2.** *(trotzdem)* ciò nonostante; *adv* **3.** si, certo; *Das ist ~ schön!* Questa si che è bella! *Kommst du nicht? Doch!* Non vieni? Certo!
Docht [dɔxt] *m* stoppino *m*
Doktor(in) ['dɔktɔr(ɪn)] *m/f* dottore(ssa) *m/f*
Doktorarbeit ['dɔktɔrarbaɪt] *f* tesi di laurea *f*
Dokument [doku'mɛnt] *n* documento *m*
dokumentarisch [dokumɛn'taːrɪʃ] *adj* documentario, documentato
dokumentieren [dokumɛn'tiːrən] *v* documentare
Dokusoap [dokusəʊp] *f* docusoap *m*
Dolch [dɔlç] *m* pugnale *m*
Dollar ['dɔlar] *m* dollaro *m*
dolmetschen ['dɔlmɛtʃən] *v* tradurre
Dolmetscher(in) ['dɔlmɛtʃər(ɪn)] *m/f* interprete *m/f*
Dom [doːm] *m* duomo *m*
Domäne [do'mɛːnə] *f* demanio *m*
dominant [domɪ'nant] *adj* dominante
dominieren [domi'niːrən] *v* dominare
Dompteur [domp'tøːr] *m* domatore *m*
Dompteuse [domp'tøːzə] *f* domatrice *f*
Donau ['doːnau] *f* GEO Danubio *m*
Donner ['dɔnɐ] *m* tuono *m*; *wie vom ~ gerührt* come folgorato
donnern ['dɔnɐn] *v* tonnare; *Es donnert in der Ferne.* Tuona in lontananza.
Donnerstag ['dɔnɐstaːk] *m* giovedì *m*
donnerstags ['dɔnɐstaːks] *adv* il giovedì, di giovedì
Donnerwetter ['dɔnɐvɛtɐ] *n (fam)* sfuriata *f*
doof [doːf] *adj (fam)* stupido
Doppel ['dɔpəl] *n* **1.** *(Duplikat)* copia *f*, duplicato *m*; **2.** SPORT doppio *m*
Doppelbett ['dɔpəlbɛt] *n* letto a due piazze *m*
doppeldeutig ['dɔpəldɔytɪç] *adj* a doppio senso
Doppelgänger(in) ['dɔpəlgɛŋər(ɪn)] *m/f* sosia *m/f*, controfigura *f*
Doppelpunkt ['dɔpəlpuŋkt] *m* GRAMM due punti *m/pl*, doppio punto *m*
doppelt ['dɔpəlt] *adj* doppio; *~ sehen* vedere doppio
Doppelzimmer ['dɔpəltsɪmɐ] *n* camera matrimoniale *f*, camera doppia *f*
Dorf [dɔrf] *n* villaggio *m*, paese *m*; *auf dem ~ wohnen* vivere in paese
Dorn [dɔrn] *m* spina *f*; *jdm ein ~ im Auge sein* essere una spina nel fianco per qd
dornig ['dɔrnɪç] *adj* spinoso
Dörrobst ['dœroːpst] *n* frutta secca *f*

dort [dɔrt] *adv* là
dorthin ['dɔrthɪn] *adv* lì, là
Dose ['doːzə] *f* scatola *f*
Dosenöffner ['doːzənœfnɐ] *m* apriscatole *m*
dosieren [do'ziːrən] *v* dosare
Dosis ['doːzɪs] *f* dose *f; jdm eine ~ verabreichen* somministrare a qd una dose
dotieren [dɔ'tiːrən] *v* dotare
Dotter ['dɔtɐ] *m* tuorlo *m*
Dozent [do'tsɛnt] *m* docente *m*
Drache ['draxə] *m* drago *m*
Drachen ['draxən] *m* aquilone *m*
Draht [draːt] *m* filo *m; auf ~ sein* essere sulla breccia/essere in gamba; *einen guten ~ zu jdm haben* avere una buona intesa con qd; *jdn auf ~ bringen* mettere qd in riga/mettere qd in carreggiata
drahtig ['draːtɪç] *adj (fig)* in forma
Drahtseilbahn ['draːtzaɪlbaːn] *n TECH* funicolare *f*
Drahtzange ['draːttsaŋə] *f* pinza per fili *f*
Drahtzaun ['draːttsaun] *m* rete metallica *f*
Drahtzieher ['draːttsiːɐ] *m (fig)* mandante *m*
Drama ['draːma] *n LIT* dramma *m*
dramatisch [dra'maːtɪʃ] *adj* **1.** drammatico; *adv* **2.** drammaticamente
dramatisieren [dramatɪ'ziːrən] *v* drammatizzare
dran *(siehe „daran")*
Drang [draŋ] *m* impulso *m,* pressione *f*
drängeln ['drɛŋəln] *v* spingere
drängen ['drɛŋən] *v* spingere
drankommen ['drankɔmən] *v irr* **1.** *(an der Reihe sein)* toccare a; **2.** *(abgefragt werden)* essere interrogato
drastisch ['drastɪʃ] *adj* drastico
drauf *(siehe „darauf")*
Draufgänger ['draufgɛŋɐ] *m* uomo spavaldo *m*
drauflos [drauf'loːs] *adv* sconsideratamente
draufmachen ['draufmaxən] *v einen ~* fare una festa
draufzahlen ['drauftsaːlən] *v (fig)* rimetterci
draußen ['drausən] *adv* fuori
Dreck [drɛk] *m* sporcizia *f; ~ am Stecken haben (fig)* avere la coda di paglia/avere la coscienza sporca; *der letzte ~ sein* essere l'ultima ruota del carro; *jdn aus dem ~ ziehen* tirare qd fuori dai guai; *stehen vor ~* essere malridotto/essere ridotto uno straccio
dreckig ['drɛkɪç] *adj* sporco
drehbar ['dreːbaːr] *adj* girevole
Drehbuch ['dreːbuːx] *n CINE* sceneggiatura *f*
drehen ['dreːən] *v* **1.** girare; **2.** *sich ~* girarsi; **3.** *(fig) sich um etw ~* trattarsi di qc
Drehtür ['dreːtyːr] *f* porta girevole *f*
Drehung ['dreːuŋ] *f* giro *m*
Drehwurm ['dreːvurm] *m (fam)* avere le vertigini; *Ich habe einen ~.* Ho le vertigini.
drei [draɪ] *num* tre; *~ Viertel* tre quarti
dreidimensional ['draɪdimɛnzjonaːl] *adj* tridimensionale
Dreieck ['draɪɛk] *n MATH* triangolo *m*
dreieckig ['draɪɛkɪç] *adj* triangolare
Dreiecksverhältnis ['draɪɛksfɛrhɛltnɪs] *n* triangolo familiare *m*
dreifach ['draɪfax] *adj* triplo
dreihundert ['draɪhundɐt] *num* trecento
Dreikäsehoch ['draɪkɛːzəhoːx] *m* nanerottolo/nanerottola *m/f*
dreimal ['draɪmaːl] *adv* tre volte; *Dreimal darfst du raten.* Prova a indovinare.
Dreirad ['draɪraːt] *n* triciclo *m*
dreißig ['draɪsɪç] *num* trenta
dreißigste(r,s) ['draɪsɪçstə(r,s)] *adj* trentesimo/trentesima
dreist [draɪst] *adj* arrogante
dreizehn ['draɪtseːn] *num* tredici; *Jetzt schlägt's ~!* Questo è troppo!/Adesso basta!
dreizehnte(r,s) ['draɪtseːntə(r,s)] *adj* tredicesimo/tredicesima
dreschen ['drɛʃən] *v irr* trebbiare
Dressing ['drɛsɪŋ] *n GAST* condimento per l'insalata *m,* dressing *m*
driften ['drɪftən] *v* andare alla deriva
drillen ['drɪlən] *v* far girare
Drillinge ['drɪlɪŋə] *pl* trigemini *m/pl*
dringend ['drɪŋənt] *adj* urgente
Dringlichkeit ['drɪŋlɪçkaɪt] *f* urgenza *f*
drinnen ['drɪnən] *adv* dentro
dritte(r,s) ['drɪtə(r,s)] *adj* terzo/terza; *der lachende Dritte* il terzo che gode *m*

Drittel ['drɪtəl] *n* terzo *m*
drittens ['drɪtəns] *adv* in terzo luogo
Droge ['dro:gə] *f* **1.** *(Rauschgift)* droga *f*; **2.** *MED* droga *f*
Drogenhändler(in) ['dro:gənhɛndlər(ɪn)] *m/f* spacciatore di droga/spacciatrice di droga *m/f*
drogensüchtig ['dro:gənzyxtɪç] *adj* drogato
Drogerie [dro:gə'ri:] *f* drogheria *f*
drohen ['dro:ən] *v* minacciare
dröhnen ['drø:nən] *v* rimbombare
Drohung ['dro:uŋ] *f* minaccia *f*
drollig ['drɔlɪç] *adj* faceto
Drossel ['drɔsəl] *f ZOOL* tordo *m*
drüben ['dry:bən] *adv* di là
drüber *(siehe „darüber")*
Druck [druk] *m* **1.** *TECH* pressione *f*; **2.** *(fig)* oppressione *f*
drucken ['drukən] *v* stampare
drücken ['drykən] *v* **1.** premere; **2.** *(umarmen)* stringere, abbracciare; **3.** *(fig: be~)* deprimere
Drucker ['drukɐ] *m* *(Gerät) INFORM* stampante *f*
Drucker(in) ['drukər(ɪn)] *m/f* *(Person)* tipografo/tipografa *m/f*, stampatore/stampatrice *m/f*
Druckerei [drukə'raɪ] *f* tipografia *f*
Druckfehler ['drukfe:lɐ] *m* errore di stampa *m*
Druckknopf ['drukknɔpf] *m* **1.** *(am Kleid)* bottone automatico *m*; **2.** *TECH* pulsante *m*
Druckmittel ['drukmɪtəl] *n* mezzo di pressione *m*
Drucksache ['drukzaxə] *f* stampato *m*
Druckschrift ['drukʃrɪft] *f* caratteri tipografici *m/pl*
drunter *(siehe „darunter")*
Drüse ['dry:zə] *f ANAT* ghiandola *f*
Dschungel ['dʊuŋəl] *m* giungla *f*
DSL [de:ɛsɛl] *n TEL* ADSL *f*; *~-Anschluss m* linea ADSL *f*
du [du:] *pron* tu
ducken ['dukən] *v* abbassare
Duell [du'ɛl] *n* duello *m*
Duett [du'ɛt] *n MUS* duetto *m*
Duft [duft] *m* odore *m*
duften ['duftən] *v* odorare
duftig ['duftɪç] *adj* vaporoso
dulden ['duldən] *v* **1.** *(hinnehmen)* tollerare; **2.** *(ertragen)* sopportare
dumm [dum] *adj* sciocco; *jdn für ~ verkaufen* prendere per scemo qd/prendere in giro qd; *jdm ~ kommen* fare lo scemo con qd; *Das ist mir zu ~.* Adesso basta.
Dumme(r) ['dumə(r)] *m/f* imbecille *m*; *der ~ sein* essere lo scemo del villaggio/essere un pollo; *einen ~n finden* trovare un pollo
Dummheit ['dumhaɪt] *f* stupidità *f*
Dummkopf ['dumkɔpf] *m* stupido *m*
dumpf [dumpf] *adj* stantio, cupo
Düne ['dy:nə] *f* duna *f*
Dünger ['dyɴər] *m* concime *m*
dunkel ['duŋkəl] *adj* buio, oscuro
Dunkel ['duŋkəl] *n* buio *m*; *im ~n tappen* brancolare nel buio; *Im ~n ist gut munkeln.* Certe cose si fanno meglio al buio.
Dunkelheit ['duŋkəlhaɪt] *f* oscurità *f*
dünn [dyn] *adj* **1.** *(Sache)* sottile; *~ gesät sein* essere merce rara; **2.** *(Person)* snello; **3.** *(Flüssigkeit)* diluito
Dünndarm ['dyndarm] *m ANAT* intestino tenue *m*
Dunst [dunst] *m* foschia *f*, vapore *m*; *keinen blassen ~ von etw haben* non avere la più pallida idea di qc
Dur [du:r] *n MUS* modo maggiore *m*
durch [durç] *prep* **1.** *MATH* diviso; *~ drei geteilt* diviso per tre; *neun ~ drei* nove diviso tre; **2.** *(vollkommen) ~ und ~* completamente; *Das geht mir ~ und ~!* Ciò mi tocca profondamente! **3.** *(örtlich)* attraverso; *hier ~* per di quà; *~ die Straßen gehen* andare per le strade; *~ die ganze Welt* per tutto il mondo; *Hier darf man nicht ~!* Qui non si passa! **4.** *(zeitlich)* per, durante; **5.** *(mittels)* mediante, per, per mezzo di; **6.** *(kausal)* con, a causa di; **7.** *bei jdm unten ~ sein* giocarsi la benevolenza di qd
durchaus [durç'aus] *adv* assolutamente
durchblättern ['durçblɛtɐn] *v* sfogliare
Durchblick ['durçblɪk] *m (fig)* visione *f*
durchboxen ['durçbɔksən] *v sich ~ (fam)* affermarsi
durchbrennen ['durçbrɛnən] *v irr* **1.** *(Sicherung)* fulminarsi, bruciarsi; **2.** *(fig: davonlaufen)* scappare

D

D

Durchbruch ['durçbrux] *m* **1.** *(Öffnung)* apertura *f,* varco *m;* **2.** *(fig)* risultato *m*
durchdrehen ['durçdre:ən] *v* **1.** girare a vuoto **2.** *(fam)* impazzire, dare di volta il cervello
durchdringen [durç'drɪŋən] *v irr* penetrare
durcheinander [durçaɪn'andɐ] *adj* **1.** *(unordentlich)* disordinato; **2.** *(fam: verwirrt)* confuso; *adv* **3.** disordinatamente, confusamente; *~ rufen* gridare tutti insieme; *~ werfen* mettere sottosopra; *~ werfen (fig)* confondere; *~ bringen* scompigliare
Durcheinander [durçaɪn'andɐ] *n* disordine *m*
durchfahren [durç'fa:rən] *v irr* **1.** passare attraverso; **2.** *(ohne Stopp)* passare senza fermarsi
Durchfahrt ['durçfa:rt] *f* transito *m; ~ verboten!* Transito vietato!; *auf der ~ sein* essere di passaggio
Durchfall ['durçfal] *m MED* diarrea *f*
durchfallen ['durçfalən] *v irr (Prüfung)* essere bocciato
durchfluten [durç'flutən] *v* inondare
durchführen ['durçfy:rən] *v* **1.** *(leiten)* condurre; **2.** *(ausführen)* eseguire
Durchführung ['durçfy:ruŋ] *f* esecuzione *f*
Durchgang ['durçgaŋ] *m* **1.** *(Weg)* passaggio *m;* **2.** *(Wahldurchgang)* turno *m*
durchgängig ['durçgɛŋɪç] *adj* **1.** corrente; *adv* **2.** normalmente
durchgeben ['durçge:bən] *v irr* porgere, passare attraverso
durchgehen ['durçge:ən] *v irr* **1.** *(überprüfen)* controllare; **2.** *(genehmigt werden)* essere accettato **3.** *(fam: weglaufen)* scappare
durchgehend ['durçge:ənt] *adj* continuo
durchgreifen ['durçgraɪfən] *v irr* passare la mano attraverso
durchhalten ['durçhaltən] *v irr* resistere
durchlässig ['durçlɛsɪç] *adj* permeabile
durchlaufen ['durçlaufən] *v irr* passare correndo
durchleuchten ['durçlɔyçtən] *v* **1.** *(fig: überprüfen)* esaminare; **2.** *MED* fare una radiografia, radiografare
Durchmesser ['durçmɛsɐ] *m* diametro *m*
durchnässen [durç'nɛsən] *v* trasudare, inzuppare
durchqueren [durç'kve:rən] *v* attraversare
Durchreise ['durçraɪzə] *f* transito *m; auf der ~ sein* essere di passaggio
Durchsage ['durçza:gə] *f* comunicazione *f*
durchschauen [durç'ʃauən] *v* **1.** guardare attraverso; **2.** *(fig)* capire, vederci chiaro
Durchschlag ['durçʃla:k] *m* copia *f*
Durchschnitt ['durçʃnɪt] *m* media *f*
durchschnittlich ['durçʃnɪtlɪç] *adj* **1.** medio; *adv* **2.** in media
durchsetzen ['durçzɛtsən] *v sich ~* imporsi
durchsichtig ['durçzɪçtɪç] *adj* trasparente
durchstreichen ['durçʃtraɪçən] *v irr* cancellare
durchsuchen [durç'zu:xən] *v* perquisire
Durchwahl ['durçva:l] *f TEL* numero diretto *m*
durchweg ['durçve:k] *adv* senza eccezione, del tutto
dürfen ['dyrfən] *v irr* potere; *Das hättest du nicht tun dürfen!* Non avresti dovuto farlo!
dürftig ['dyrftɪç] *adj* misero, scarso
dürr [dyr] *adj* secco
Dürre ['dyrə] *f* secchezza *f,* siccità *f*
Durst [durst] *m* sete *f*
durstig ['durstɪç] *adj* assetato
Dusche ['du:ʃə] *f* doccia *f*
düster ['dy:stɐ] *adj* **1.** *(Licht)* scuro; **2.** *(fig)* fosco
duzen ['du:tsən] *v* dare del tu; *~ wir uns.* Diamoci del tu
Dutzend ['dutsənt] *n* dozzina *f; halbes ~* mezza dozzina; *zu Dutzenden* a dozzine
DVD [de:faude:] *f TECH* DVD *m*
dynamisch [dy'na:mɪʃ] *adj* dinamico
Dynamit [dyna'mi:t] *n* dinamite *f*

E

Ebbe ['ɛbə] *f* bassa marea *f; Es herrscht ~ in meinem Geldbeutel.* Sono rimasto al verde./Nel mio portafoglio ci sono le ragnatele.
eben ['eːbən] *adj* **1.** piano; *adv* **2.** appena, proprio; **3.** *(bestätigend)* appunto, infatti
Ebenbild ['eːbənbɪlt] *n* immagine *f*
ebenbürtig ['eːbənbyrtɪç] *adj* pari
Ebene ['eːbənə] *f* **1.** *(fig)* livello *m;* **2.** *GEOL* pianura *f; Die Stadt liegt in der ~.* La città è in pianura.
ebenerdig ['eːbəneːrdɪç] *adj* a pianterreno
ebenfalls ['eːbənfals] *adv* altrettanto
ebenso ['eːbənzoː] *adv* egualmente, altrettanto; *~ lang* per altrettanto tempo
Eber ['eːbɐ] *m ZOOL* cinghiale *m*
ebnen ['eːbnən] *v* **1.** appianare; **2.** *(fig)* spianare
Echo ['ɛço] *n* eco *m*
Echse ['ɛksə] *f ZOOL* sauro *m*
echt [ɛçt] *adj* vero, puro
Echtheit ['ɛçthaɪt] *f* genuinità *f*
Ecke ['ɛkə] *f* angolo *m; jdn um die ~ bringen (fig)* eliminare qd; *an allen ~n und Enden* dappertutto/completamente; *mit jdm um fünf ~n verwandt sein* essere imparentati con qd alla lontana
eckig ['ɛkɪç] *adj* **1.** angoloso; **2.** *(fig: Bewegungen)* goffo
edel ['eːdəl] *adj* nobile
Edelstein ['eːdəlʃtaɪn] *m MIN* pietra preziosa *f*
Efeu ['eːfɔy] *m BOT* edera *f*
Effekt [e'fɛkt] *m* effetto *m*
effektiv [efɛk'tiːf] *adj* **1.** effettivo, efficace; *adv* **2.** effettivamente
effektvoll [e'fɛktfɔl] *adj* di grande effetto
egal [egaːl] *adj* **1.** *(gleich)* identico, uguale; **2.** *Das ist egal.* È lo stesso.
Egoismus [ego'ɪsmus] *m* egoismo *m*
Egoist(in) [ego'ɪst(ɪn)] *m/f* egoista *m/f*
egoistisch [ego'ɪstɪʃ] *adj* **1.** egoistico; *adv* **2.** egoisticamente
ehe ['eːə] *konj* prima che
Ehe ['eːə] *f* matrimonio *m*
Ehebett ['eːəbɛt] *n* letto matrimoniale *m*
Ehebruch ['eːəbrux] *m* adulterio *m*
Ehefrau ['eːəfrau] *f* moglie *f*
ehelich ['eːəlɪç] *adj* **1.** matrimoniale; **2.** *JUR* legittimo; *~e Kinder* figli legittimi
ehemalig ['eːəmaːlɪç] *adj* ex
ehemals ['eːəmaːls] *adv* una volta
Ehemann ['eːəman] *m* marito *m*
Ehepaar ['eːəpaːr] *n* coppia di coniugi *f*
eher ['eːɐ] *adv* **1.** *(früher)* prima; *Ich konnte nicht ~ kommen.* Non potevo venire prima. **2.** *(lieber)* meglio
Ehering ['eːʁɪŋ] *m* fede *f,* anello matrimoniale *m*
Ehescheidung ['eːəʃaɪduŋ] *f* divorzio *m*
Ehevertrag ['eːəfɛrtraːk] *m* contratto di matrimonio *m*
ehrbar ['eːrbaːr] *adj* onorato, rispettabile
Ehrbarkeit ['eːrbaːrkaɪt] *f* onorabilità *f*
Ehre ['eːrə] *f* onore *m; etw in ~n halten* tenere qc in grande considerazione; *sich alle ~ machen* farsi onore; *jdm die letzte ~ erweisen* porgere l'estremo saluto a qd; *jdn bei seiner ~ packen* fare appello al senso dell'onore di qd
ehren ['eːrən] *v* onorare
ehrenamtlich ['eːrənamtlɪç] *adj* **1.** onorifico, onorario; *adv* **2.** a titolo onorifico
Ehrenbürger ['eːrənbyrgɐ] *m* cittadino onorario *m*
Ehrengast ['eːrəngast] *m* ospite d'onore *m*
ehrenhaft ['eːrənhaft] *adj* onesto; *eine ~e Tat* un'azione onesta *f*
Ehrenmal ['eːrənmaːl] *n* monumento onorario *m*
ehrenrührig ['eːrənryːrɪç] *adj* oltraggioso
Ehrensache ['eːrənzaxə] *f* questione d'onore *f*
Ehrenurkunde ['eːrənuːrkundə] *f* attestato di benemerenza *m*

ehrenvoll ['eːrənfɔl] *adj* onorevole
Ehrenwort ['eːrənvɔrt] *n* parola d'onore *f; auf mein ~* sul mio onore
ehrerbietig ['eːrɛrbiːtɪç] *adj* deferente
Ehrfurcht ['eːrfurçt] *f* timore referenziale *m*
ehrfürchtig ['eːrfyrçtɪç] *adj* rispettoso
Ehrgeiz ['eːrgaɪts] *m* ambizione *f*
ehrgeizig ['eːrgaɪtsɪç] *adj* ambizioso
ehrlich ['eːrlɪç] *adj* **1.** onesto; *adv* **2.** onestamente
Ehrlichkeit ['eːrlɪçkaɪt] *f* onestà *f*
Ehrung ['eːruŋ] *f* onore *m,* omaggio *m; mit ~en überhäufen* colmare di onori
ehrwürdig ['eːrvyrdɪç] *adj* venerabile
Ei [aɪ] *n* uovo *m; wie aus dem ~ gepellt* come dipinto; *sich gleichen wie ein ~ dem anderen* assomigliarsi come due gocce d'acqua; *jdn wie ein rohes ~ behandeln* trattare qd con i guanti; *wie auf ~ern gehen* camminare come sulle uova; *nicht das Gelbe vom ~ sein* non essere il massimo
Eiche ['aɪçə] *f BOT* quercia *f*
Eichhörnchen ['aɪçhœrnçən] *n ZOOL* scoiattolo *m*
Eidechse ['aɪdɛksə] *f ZOOL* lucertola *f*
Eidotter ['aɪdɔtɐ] *m* tuorlo d'uovo *m,* rosso d'uovo *m*
Eierbecher ['aɪɐbɛçɐ] *m* portauovo *m*
Eierschale ['aɪɐʃaːlə] *f* guscio d'uovo *m*
Eierstock ['aɪɐʃtɔk] *m ANAT* ovaia *f*
Eifer ['aɪfɐ] *m* zelo *m*
Eifersucht ['aɪfɐzuxt] *f* gelosia *f*
eifersüchtig ['aɪfɐzyçtɪç] *adj* geloso
eiförmig ['aɪfœrmɪç] *adj* ovale
eifrig ['aɪfrɪç] *adj* **1.** zelante; *adv* **2.** zelantemente
eigen ['aɪgən] *adj* proprio
eigenartig ['aɪgənaːrtɪç] *adj* strano, particolare; *ein ~es Gefühl* una strana sensazione
Eigenbrötler ['aɪgənbrøːtlɐ] *m* persona appartata *m*
eigenhändig ['aɪgənhɛndɪç] *adj* fatto con le proprie mani, di proprio pugno
Eigenheim ['aɪgənhaɪm] *n* casa propria *f*
Eigenheit ['aɪgənhaɪt] *f* particolarità *f*
Eigeninitiative ['aɪgəninitsjatiːvə] *f* propria iniziativa *f*
Eigenkapital ['aɪgənkapitaːl] *n ECO* capitale proprio *m*
eigenmächtig ['aɪgənmɛçtɪç] *adj* dispotico, arbitrario; *adv* arbitrariamente
Eigenname ['aɪgənnaːmə] *m* nome proprio *m*
eigens ['aɪgəns] *adv* appositamente, proprio
Eigenschaft ['aɪgənʃaft] *f* qualità *f*
Eigensinn ['aɪgənzɪn] *m* caparbietà *f,* testardaggine *f*
eigensinnig ['aɪgənzɪnɪç] *adj* ostinato
eigenständig ['aɪgənʃtɛndɪç] *adj* **1.** autonomo; *adv* **2.** autonomamente
eigentlich ['aɪgəntlɪç] *adj* **1.** proprio, vero; *adv* **2.** propriamente
Eigentum ['aɪgəntuːm] *n* proprietà *f*
Eigentümer(in) ['aɪgəntyːmər(ɪn)] *m/f* proprietario/proprietaria *m/f*
eigentümlich ['aɪgəntyːmlɪç] *adj* particolare
eigentümlicherweise ['aɪgəntyːmlɪçɐvaɪzə] *adv* stranamente
Eigentümlichkeit ['aɪgəntyːmlɪçkaɪt] *f* particolarità *f*
Eigentumswohnung ['aɪgəntuːmsvoːnuŋ] *f* appartamento di proprietà *m*
eigenwillig ['aɪgənvɪlɪç] *adj* ostinato
eignen ['aɪgnən] *v sich ~* adattarsi
Eignung ['aɪgnuŋ] *f* attitudine *f,* idoneità *f*
Eilbote ['aɪlboːtə] *m* corriere espresso *m*
Eilbrief ['aɪlbriːf] *m* espresso *m*
Eile ['aɪlə] *f* fretta *f*
Eileiter ['aɪlaɪtɐ] *m ANAT* ovidotto *m*
eilen ['aɪlən] *v* andare in fretta, correre
eilig ['aɪlɪç] *adj* frettoloso, urgente
eiligst ['aɪlɪçst] *adv* in fretta
Eilzug ['aɪltsuːk] *m* treno diretto *m*
Eilzustellung ['aɪltsuːʃtɛluŋ] *f* consegna rapida *f*
Eimer ['aɪmɐ] *m* secchio *m; im ~ sein* essere rovinato/essere cestinato
ein [aɪn] *art* uno
einander [aɪn'andɐ] *pron* l'un l'altro
einarbeiten ['aɪnarbaɪtən] *v* **1.** *etw ~* inserire qc; **2.** *sich ~* far pratica
Einarbeitung ['aɪnarbaɪtuŋ] *f* insegnamento di un lavoro *m*
einatmen ['aɪnaːtmən] *v* inspirare
Einbahnstraße ['aɪnbaːnʃtraːsə] *f* strada a senso unico *f*
Einband ['aɪnbant] *m* copertina *f*

Einbau ['aɪnbau] *m* installazione *f*
einbauen ['aɪnbauən] *v* installare
einbehalten ['aɪnbəhaltən] *v irr* trattenere
einberufen ['aɪnbəruːfən] *v irr* **1.** *(Versammlung)* convocare; **2.** *MIL* chiamare alle armi
Einberufung ['aɪnbəruːfuŋ] *f* **1.** *(Versammlung)* convocazione *f;* **2.** *MIL* chiamata alle armi *f*
einbeziehen ['aɪnbətsiːən] *v irr* includere
Einbeziehung ['aɪnbətsiːuŋ] *f* inclusione *f*
einbiegen ['aɪnbiːgən] *v irr* svoltare
einbilden ['aɪnbɪldən] *v sich ~* immaginarsi; *sich etw ~* immaginarsi qc
Einbildung ['aɪnbɪlduŋ] *f* **1.** immaginazione *f;* **2.** *(Überheblichkeit)* presunzione *f*
Einbildungskraft ['aɪnbɪlduŋskraft] *f* immaginazione *f*
einbinden ['aɪnbɪndən] *v irr* **1.** *(Buch)* rilegare; **2.** *(fig)* legare
Einblick ['aɪnblɪk] *m* sguardo *m,* occhiata *f*
einbrechen ['aɪnbrɛçən] *v irr* **1.** *(stehlen)* fare un furto, rubare; **2.** *(durchbrechen)* crollare; **3.** *(fig: beginnen)* sopravvenire
Einbrecher(in) ['aɪnbrɛçər(ɪn)] *m/f* scassinatore/scassinatrice *m/f*
einbringen ['aɪnbrɪŋən] *v irr* **1.** *(Gewinn)* fruttare; **2.** *(Ernte)* riporre; **3.** *(Gesetz)* presentare
Einbruch ['aɪnbrux] *m* **1.** *(Diebstahl)* scasso *m;* **2.** *(Einsturz)* crollo *m;* **3.** *(Beginn)* il sopravvenire *m*
einbruchsicher ['aɪnbruxzɪçɐ] *adj* a prova di scasso
Einbuße ['aɪnbuːsə] *f* perdita *f*
einbüßen ['aɪnbyːsən] *v* perdere, rimetterci; *sein Leben ~* rimetterci la pelle
einchecken ['aɪntʃɛkən] *v* passere il check
eincremen ['aɪnkreːmən] *v* spalmare di crema
eindämmen ['aɪndɛmən] *v* arginare
eindeutig ['aɪndɔytɪç] *adj* **1.** chiaro; *adv* **2.** chiaramente
Eindeutigkeit ['aɪndɔytɪçkaɪt] *f* chiarezza *f*
eindringen ['aɪndrɪŋən] *v irr* penetrare
eindringlich ['aɪndrɪŋlɪç] *adj* **1.** insistente; *adv* **2.** insistentemente
Eindringling ['aɪndrɪŋlɪŋ] *m* intruso *m*
Eindruck ['aɪndruk] *m* **1.** impronta *f;* **2.** *(fig)* impressione *f*
eindrucksvoll ['aɪndruksfɔl] *adj* **1.** impressionante, imponente; *eine ~e Persönlichkeit* una personalità imponente *f;* *adv* **2.** efficacemente
eine(r,s) ['aɪnə(r,s)] *art* un/uno/una; *Du bist vielleicht ~r* Che tipo che sei!
eineiig ['aɪnaɪɪg] *adj* omozigote
eineinhalb [aɪnaɪn'halp] *num* uno e mezzo
einengen ['aɪnɛŋən] *v* stringere
einerlei [aɪnər'laɪ] *adj* **1.** dello stesso genere; **2.** *(gleichgültig)* indifferente
einerseits ['aɪnɐzaɪts] *adv* da un lato
einfach ['aɪnfax] *adj* **1.** semplice; **2.** facile; *adv* **3.** semplicemente
einfädeln ['aɪnfɛːdəln] *v* **1.** infilare; **2.** *(fig)* avviare
Einfahrt ['aɪnfaːrt] *f* **1.** *(Ankunft)* arrivo *m; Vorsicht bei ~ des Zuges.* Attenzione al treno in arrivo. **2.** *(Zufahrt)* entrata *f,* accesso *m*
Einfall ['aɪnfal] *m* **1.** *(Idee)* idea *f;* **2.** *MIL* invasione *f*
einfallen ['aɪnfalən] *v irr* **1.** *(Idee haben)* venire in mente; **2.** *MIL* invadere
einfallslos ['aɪnfalsloːs] *adj* senza immaginazione
einfallsreich ['aɪnfalsraɪç] *adj* ricco di idee
einfältig ['aɪnfɛltɪç] *adj* sempliciotto
Einfaltspinsel ['aɪnfaltspɪnzəl] *m* (fam) semplicione *m*
Einfamilienhaus ['aɪnfamiːljənhaus] *n* casa unifamiliare *f*
einfarbig ['aɪnfarbɪç] *adj* di un solo colore, monocolore
einfassen ['aɪnfasən] *v* **1.** *(Zaun)* recintare; **2.** contornare, delimitare
Einfassung ['aɪnfasuŋ] *f* recinzione *f*
einfinden ['aɪnfɪndən] *v irr sich ~* presentarsi; *sich vor Gericht ~* presentarsi in tribunale
einflechten ['aɪnflɛçtən] *v irr* **1.** intrecciare; **2.** *(fig)* inserire; *ein Zitat ~* inserire una citazione
Einfluss ['aɪnflus] *m* influsso *m; der politische ~* l'influsso politico

Einflussnahme ['aɪnflusna:mə] *f* influenza *f*
einflussreich ['aɪnflusraɪç] *adj* influente
einfrieren ['aɪnfri:rən] *v irr* **1.** *(Nahrungsmittel)* congelare; **2.** *(Verhandlung)* congelare
einfügen ['aɪnfy:gən] *v* inserire
einfühlsam ['aɪnfy:lza:m] *adj* empatico
Einfühlungsvermögen ['aɪnfy:luŋsfɛrmø:gən] *n* capacità d'immedesimazione *f*
einführen ['aɪnfy:rən] *v* **1.** *(etw Neues ~)* iniziare, avviare; **2.** *(hineinschieben)* introdurre
Einführung ['aɪnfy:ruŋ] *f* **1.** *(von etw Neuem)* introduzione *f; die ~ neuer Maßnahmen* l'introduzione di nuove misure; **2.** *(Hineinschieben)* introduzione *f*
einfüllen ['aɪnfylən] *v* versare
Eingang ['aɪngaŋ] *m* **1.** entrata *f;* **2.** *(Wareneingang)* ECO arrivo *m*
eingangs ['aɪngaŋs] *adv* **1.** all'inizio; *prep* **2.** all'inizio di
eingeben ['aɪnge:bən] *v irr* **1.** *(einreichen)* presentare; **2.** MED somministrare *f;* **3.** *(Daten)* INFORM immettere; **4.** *(Idee)* suggerire
eingebildet ['aɪngəbɪldət] *adj* **1.** *(überheblich)* presuntuoso; **2.** *(unwirklich)* immaginario
eingeboren ['aɪngəbo:rən] *adj* innato, congenito
Eingeborene(r) ['aɪngəbo:rənə(r)] *m/f* indigeno/indigena *m/f,* nativo/nativa *m/f*
Eingebung ['aɪnge:buŋ] *f (fig)* ispirazione *f; einer plötzlichen ~ folgen* seguire un'ispirazione improvvisa
eingefahren ['aɪngəfa:rən] *adj* rodato
eingehen ['aɪnge:ən] *v irr* **1.** *(ankommen)* arrivare; **2.** *(fam: verstehen)* entrare; **3.** *(auf Vorschlag)* aderire; **4.** *(Verpflichtung)* contrarre; **5.** *(kleiner werden)* restringersi; **6.** *(sterben, absterben)* morire
eingehend ['aɪnge:ənt] *adj (ausführlich)* minuzioso
eingekeilt ['aɪngəkaɪlt] *adj* incuneato
eingespielt ['aɪngəʃpi:lt] *adj* accordato
Eingeständnis ['aɪngəʃtɛntnɪs] *n* ammissione *f*
eingestehen ['aɪngəʃte:ən] *v irr* ammettere, riconosere
eingetragen ['aɪngətra:gən] *adj* registrato, iscritto
Eingeweide ['aɪngəvaɪdə] *pl* viscere *f/pl*
eingewöhnen ['aɪngəvø:nən] *v sich ~* abituarsi; *sich in eine Lebenslage ~* abituarsi ad un sistema di vita
eingießen ['aɪngi:sən] *v irr* versare
eingleisig ['aɪnglaɪzɪç] *adj* **1.** *(Strecke)* a un binario; **2.** *(fig)* unilaterale
eingreifen ['aɪngraɪfən] *v irr (einschreiten)* intervenire
Eingriff ['aɪngrɪf] *m* **1.** *(Einschreiten)* intervento *m;* **2.** MED intervento *m*
einhalten ['aɪnhaltən] *v irr* **1.** *(befolgen)* rispettare; **2.** *(beibehalten)* mantenere; **3.** *(innehalten)* fermarsi, interrompersi
Einhaltung ['aɪnhaltuŋ] *f* **1.** *(Befolgung)* osservanza *f;* **2.** *(Beibehaltung)* mantenimento *m*
einheimisch ['aɪnhaɪmɪʃ] *adj* indigeno
Einheimische(r) ['aɪnhaɪmɪʃə(r)] *m/f* indigeno/indigena *m/f*
Einheit ['aɪnhaɪt] *f* unità *f*
einheitlich ['aɪnhaɪtlɪç] *adj* unitario
einhundert ['aɪnhundɐt] *num* cento
einig ['aɪnɪç] *adj* unito, d'accordo
einige ['aɪnɪgə] *pron* qualche
einigen ['aɪnɪgən] *v sich ~* accordarsi; *sich auf einen Vorschlag ~* accordarsi su una proposta
einigermaßen [aɪnɪgər'ma:sən] *adv* piuttosto, abbastanza; *Mir geht es ~ gut.* Sto abbastanza.
Einigkeit ['aɪnɪçkaɪt] *f* unità *f*
Einigung ['aɪnɪguŋ] *f* unione *f*
einkalkulieren ['aɪnkalkuli:rən] *v* mettere in conto
einkassieren ['aɪnkasi:rən] *v* incassare
Einkauf ['aɪnkauf] *m* acquisto *m*
einkaufen ['aɪnkaufən] *v* acquistare
Einkaufsbummel ['aɪnkaufsbuməl] *m* giro dei negozi *m*
Einkaufstasche ['aɪnkaufstaʃə] *f* borsa della spesa *f*
einklagen ['aɪnkla:gən] *v* rivendicare per vie legali

Einklang ['aɪnklaŋ] *m* **1.** *(fig.)* armonia *f; in ~ bringen* armonizzare; **2.** unisono *m*
Einkommen ['aɪnkɔmən] *n* reddito *m,* guadagno *m; ~ aus Grundbesitz* reddito da beni immobili *m; monatliches ~* guadagno mensile *m*
einkreisen ['aɪnkraɪzən] *v* accerchiare
Einkünfte ['aɪnkynftə] *pl* entrate *f/pl*
einladen ['aɪnla:dən] *v irr* **1.** *(Gäste)* invitare; **2.** *(Gepäck)* caricare
Einladung ['aɪnla:duŋ] *f* invito *m*
Einlage ['aɪnla:gə] *f* **1.** *(Schuhe)* plantare *m;* **2.** *(Brief)* allegato *m;* **3.** *(Programmeinlage)* inserzione, intermezzo
einlagern ['aɪnla:gɐn] *v* immagazzinare
einlassen ['aɪnlasən] *v irr* **1.** *(fig)* ammettere; **2.** *(hereinlassen)* fare entrare; **3.** *sich auf etw ~* impegolarsi in qc
einleben ['aɪnle:bən] *v sich ~* abituarsi, ambientarsi
einleiten ['aɪnlaɪtən] *v* **1.** *(einführen)* introdurre; **2.** *(beginnen)* iniziare
Einleitung ['aɪnlaɪtuŋ] *f* **1.** *(eines Buches)* prefazione *f;* **2.** *(Einführung)* introduzione *f;* **3.** *(Beginn)* inizio *m*
einleuchtend ['aɪnlɔyçtənt] *adj* comprensibile, plausibile
einliefern ['aɪnli:fɐn] *v* **1.** *(Krankenhaus)* ricoverare; **2.** *(Gefängnis)* tradurre
einloggen ['aɪnlogən] *v sich ~ INFORM* inserirsi nella rete
einlösen ['aɪnlø:zən] *v* **1.** *(Scheck)* incassare; **2.** mantenere; *ein Versprechen ~* mantenere una promessa
einmal ['aɪnma:l] *adv* **1.** *(irgendwann)* un giorno; **2.** una volta; *noch ~* ancora una volta; *nicht ~* nemmeno una volta; *alles auf ~* tutto in una volta; *auf ~* ad un tratto
einmalig ['aɪnma:lɪç] *adj* unico
einmischen ['aɪnmɪʃən] *v sich ~* immischiarsi
Einnahme ['aɪnna:mə] *f* **1.** *(Ertrag)* guadagno *m;* **2.** *MIL* conquista *f*
einnehmen ['aɪnne:mən] *v irr* **1.** *(besetzen)* occupare; **2.** *(verdienen)* guadagnare; **3.** prendere; *eine Arznei ~* prendere una medicina; **4.** prendere, occupare; *einen Platz an der Sonne ~* prendere un posto al sole
einordnen ['aɪnɔrdnən] *v* **1.** ordinare; **2.** *sich ~* inserirsi; *sich in die Gemeinschaft ~* inserirsi nella comunità
einpacken ['aɪnpakən] *v* impacchettare; *Damit kannst du ~.* Con ciò hai chiuso./Sei finito.
einprägen ['aɪnprɛ:gən] *v sich etw ~* imprimersi qc; *sich etw ins Gedächtnis ~* imprimersi qc nella mente
einrahmen ['aɪnra:mən] *v* incorniciare
einreichen ['aɪnraɪçən] *v* presentare
Einreise ['aɪnraɪzə] *f* entrata
einreisen ['aɪnraɪzən] *v* entrare
einrichten ['aɪnrɪçtən] *v* allestire
Einrichtung ['aɪnrɪçtuŋ] *f* allestimento *m,* arredamento *m*
eins [aɪns] *num* uno
einsam ['aɪnza:m] *adj* solitario
Einsamkeit ['aɪnza:mkaɪt] *f* solitudine *f*
Einsatz ['aɪnzats] *m* **1.** *(Glücksspiel)* puntata *f;* **2.** *(Aufwand)* impegno *m;* **3.** *(Anwendung)* impiego *m*
einschalten ['aɪnʃaltən] *v* **1.** *(Gerät)* accendere; **2.** *(hinzuziehen)* far intervenire; **3.** *sich ~* inserirsi, intervenire
einschätzen ['aɪnʃɛtsən] *v* stimare, valutare
einschenken ['aɪnʃɛŋkən] *v* versare
einschlafen ['aɪnʃla:fən] *v irr* addormentarsi
einschlagen ['aɪnʃla:gən] *v irr* **1.** piantare; *einen Nagel in die Wand ~* piantare un chiodo nella parete; **2.** frantumare; *eine Scheibe ~* frantumare un vetro; **3.** prendere; *die richtige Richtung ~* prendere la direzione giusta; **4.** cadere; *Der Blitz hat ~.* Il fulmine è caduto. *wie ein Blitz ~* abbattersi come un fulmine
einschlägig ['aɪnʃlɛ:gɪç] *adj* competente
einschließen ['aɪnʃli:sən] *v irr* **1.** rinchiudere; **2.** includere
einschließlich ['aɪnʃli:slɪç] *prep* **1.** comprensivo di; *adv* **2.** incluso
einschneidend ['aɪnʃnaɪdənt] *adj (fig)* incisivo
Einschnitt ['aɪnʃnɪt] *m* **1.** *(Schnitt)* incisione *f;* **2.** *(fig)* svolta *f*
einschränken ['aɪnʃrɛŋkən] *v* limitare
Einschreibebrief ['aɪnʃraɪbəbri:f] *m* lettera raccomandata *f*

E

einschreiben ['aɪnʃraɪbən] *v irr sich ~* iscriversi; *sich an der Universität ~* iscriversi all'università
Einschreibung ['aɪnʃraɪbuŋ] *f* iscrizione *f*
einsehen ['aɪnzeːən] *v irr* **1.** *(Einblick nehmen)* prendere visione di; **2.** *(fig: verstehen)* comprendere
Einsehen ['aɪnzeːən] *n ein ~ haben* avere comprensione
einseitig ['aɪnzaɪtɪç] *adj* unilaterale
einsenden ['aɪnzɛndən] *v* spedire
Einsender ['aɪnzɛndɐ] *m* mittente *m*
einsetzen ['aɪnzɛtsən] *v* **1.** *(einfügen)* introdurre; **2.** *(anwenden)* adoperare; **3.** *(Amt übertragen)* insediare; **4.** *(riskieren)* rischiare
Einsicht ['aɪnzɪçt] *f (fig)* comprensione *f*
einsichtig ['aɪnzɪçtɪç] *adj* comprensivo
Einsiedler ['aɪnziːdlɐ] *m* eremita *m*
einsparen ['aɪnʃpaːrən] *v* risparmiare
einsperren ['aɪnʃpɛrən] *v* rinchiudere
einspringen ['aɪnʃprɪŋən] *v irr für jdn ~* supplire qd
Einspruch ['aɪnʃprux] *m* obiezione *f*
einspurig ['aɪnʃpuːrɪç] *adj* **1.** *(Straße)* ad una corsia; **2.** *(Gleis)* a un binario
einst [aɪnst] *adv* **1.** *(Vergangenheit)* in passato; **2.** *(Zukunft)* in avvenire, in futuro
einsteigen ['aɪnʃtaɪgən] *v irr* salire
einstellbar ['aɪnʃtɛlbaːr] *adj* regolabile
einstellen ['aɪnʃtɛlən] *v* **1.** *(Arbeitskräfte)* assumere; **2.** *(regulieren)* regolare; **3.** *(beenden)* terminare, cessare; **4.** *(Zahlungen)* sospendere; **5.** battere; *einen Rekord ~* battere un primato
Einstellung ['aɪnʃtɛluŋ] *f* **1.** atteggiamento *m,* disposizione *f; eine falsche ~ zum Leben haben* avere un atteggiamento sbagliato nei confronti della vita; *eine kritische ~* un atteggiamento critico *m;* **2.** *(Gesinnung)* mentalità *f; eine fortschrittliche ~* una mentalità progressiva *f;* **3.** CINE inquadratura *f;* **4.** *(von Arbeitskräften)* assunzione *f,* collocamento *m;* **5.** *(Beendigung)* termine *m,* cessazione *f;* **6.** *(von Zahlungen)* sospensione *f;* **7.** *(eines Rekords)* il battere un record *m;* **8.** *(Regulierung)* regolazione *f*
Einstieg ['aɪnʃtiːk] *m* salita *f*
einstimmig ['aɪnʃtɪmɪç] *adj* **1.** unanime; *adv* **2.** *(fig)* all'unanimità
Einstimmigkeit ['aɪnʃtɪmɪçkaɪt] *f (fig)* unanimità *f*
einstufen ['aɪnʃtuːfən] *v* **1.** classificare; **2.** *(fig)* valutare
Einsturz ['aɪnʃturts] *m* caduta *f,* crollo *m*
einstürzen ['aɪnʃtyrtsən] *v* crollare
eintauschen ['aɪntauʃən] *v* cambiare
eintausend ['aɪntauzənt] *num* mille
einteilen ['aɪntaɪlən] *v* dividere
Einteilung ['aɪntaɪluŋ] *f* divisione *f*
eintönig ['aɪntøːnɪç] *adj* monotono
einträchtig ['aɪntrɛçtɪç] *adj* **1.** concorde; *adv* **2.** concordemente
Eintrag ['aɪntraːk] *m* registrazione *f*
eintragen ['aɪntraːgən] *v irr* registrare
eintreffen ['aɪntrɛfən] *v irr (ankommen)* arrivare
eintreten ['aɪntreːtən] *v irr* **1.** *(hineingehen)* entrare; **2.** *(beitreten)* entrare; **3.** *(eintreffen)* avverarsi, aver luogo; *Eine Rezession tritt ein.* Ha luogo una recessione. **4.** *(sich einsetzen für)* prendere le parti; *für jdn ~* prendere le parti di qd/intercedere in favore di qd
Eintritt ['aɪntrɪt] *m* **1.** *(Beitritt)* ingresso *m;* **2.** *(Betreten)* entrata *f,* ingresso *m*
Eintrittskarte ['aɪntrɪtskartə] *f* biglietto d'ingresso *m*
einverleiben ['aɪnfɛrlaɪbən] *v* **1.** incorporare; **2.** ECO inglobare
Einvernehmen ['aɪnfɛrneːmən] *n* concordia *f*
einverstanden ['aɪnfɛrʃtandən] *adj* d'accordo; *mit etw ~ sein* essere d'accordo con qc
Einverständnis ['aɪnfɛrʃtɛntnɪs] *n* consenso *m*
Einwand ['aɪnvant] *m* obiezione *f*
Einwanderer(in) ['aɪnvandərər(ɪn)] *m/f* immigrante *m/f*
einwandern ['aɪnvandɐn] *v* immigrare
Einwanderung ['aɪnvandəruŋ] *f* immigrazione *f*
einwandfrei ['aɪnvantfraɪ] *adj* irreprensibile, perfetto
Einwegverpackung ['aɪnveːkfɛrpakuŋ] *f* imballaggio non riutilizzabile *m*
einweihen ['aɪnvaɪən] *v* inaugurare

Einweihung ['aɪnvaɪuŋ] *f* inaugurazione *f*
einweisen ['aɪnvaɪzən] *v irr* **1.** *(anleiten)* introdurre; **2.** *(einliefern)* ricoverare
einwenden ['aɪnvɛndən] *v* obiettare, ridire; *Dagegen lässt sich nichts ~.* Non c'è nulla da ridire.
einwerfen ['aɪnvɛrfən] *v irr* **1.** *(einschlagen)* rompere; **2.** *(Post)* imbucare; **3.** *(Münze)* introdurre, inserire
einwickeln ['aɪnvɪkəln] *v* avvolgere; *jdn ~* abbindolare qd/turlupinare qd
einwilligen ['aɪnvɪlɪgən] *v* consentire
Einwilligung ['aɪnvɪlɪguŋ] *v.* consenso *m*
Einwohner(in) ['aɪnvoːnər(ɪn)] *m/f* abitante *m/f*
Einwohnermeldeamt [aɪnvoːnər'mɛldəamt] *n* ufficio anagrafico *m*
Einwohnerzahl ['aɪnvoːnɐtsaːl] *f* numero degli abitanti *m*
einzahlen ['aɪntsaːlən] *v* pagare
Einzelfall ['aɪntsəlfal] *m* caso singolo *m*, caso isolato *m*
Einzelgänger(in) ['aɪntsəlgɛŋər(ɪn)] *m/f* solitario/solitaria *m/f*, originale *m/f*
Einzelhaft ['aɪntsəlhaft] *f JUR* cella d'isolamento *f*
Einzelheit ['aɪntsəlhaɪt] *f* particolare *m*, dettaglio *m*
einzeln ['aɪntsəln] *adj* **1.** solo; *adv* **2.** singolarmente
Einzelner ['aɪntsəlnɐ] *m* singolo *m*
Einzelstück ['aɪntsəlʃtyk] *n* pezzo unico *m*
Einzelzimmer ['aɪntsəltsɪmɐ] *n* camera singola *f*
einziehen ['aɪntsiːən] *v irr* **1.** *(in eine Wohnung)* andare ad abitare; **2.** *(beschlagnahmen)* confiscare; **3.** *(Informationen)* raccogliere; **4.** *(einbauen)* inserire
einzig ['aɪntsɪç] *adj* **1.** unico; *adv* **2.** unicamente
einzigartig ['aɪntsɪçartɪç] *adj* **1.** straordinario; *adv* **2.** straordinariamente
Einzug ['aɪntsuːk] *m* **1.** *(in eine Wohnung)* ingresso *m*; **2.** *(von Informationen)* raccolta *f*; **3.** *(Beschlagnahme)* confisca *f*; **4.** *(Einbau)* inserimento *m*
Eis [aɪs] *n* **1.** ghiaccio *m*; *etw auf ~ legen* congelare qc; *das ~ brechen* rompere il ghiaccio; **2.** *(Speiseeis) GAST* gelato *m*
Eisbär ['aɪsbɛːr] *m ZOOL* orso bianco *m*
Eisberg ['aɪsbɛrk] *m GEOL* iceberg *m*
Eisen ['aɪzən] *n* ferro *m*; *zum alten ~ gehören* essere un ferrovecchio/essere da buttare via; *mehrere ~ im Feuer haben* avere molte freccie al proprio arco
Eisenbahn ['aɪzənbaːn] *f* ferrovia *f*; *Es ist höchste ~!* È ora!
Eisenbahnnetz ['aɪzənbaːnnɛts] *n* rete ferroviaria *f*
Eisenbahnwagen ['aɪzənbaːnvaːgən] *m* vagone ferroviario *m*
Eisenwaren ['aɪzənvaːrən] *pl* ferramenta *f/pl*
eisern ['aɪzɐn] *adj* **1.** *(aus Eisen)* di ferro; **2.** *(fig)* di ferro; *adv* **3.** *(fig)* saldamente
Eisheilige ['aɪshaɪlɪgə] *pl METEO* gelo di maggio *m*
Eishockey ['aɪshɔkeɪ] *n SPORT* hockey su ghiaccio *m*
eisig ['aɪzɪç] *adj* **1.** *(kalt)* gelido; **2.** *(fig)* gelido; *ein ~er Blick* uno sguardo gelido *m*
eiskalt ['aɪskalt] *adj* **1.** *(kalt)* gelato; **2.** *(fig)* freddo
Eisscholle ['aɪsʃɔlə] *f* lastrone di ghiaccio *m*
Eiswürfel ['aɪsvyrfəl] *m* cubetto di ghiaccio *m*
Eiszapfen ['aɪstsapfən] *m* ghiacciolo *m*
Eiszeit ['aɪstsaɪt] *f GEOL* epoca glaciale *f*
eitel ['aɪtəl] *adj* vanitoso
Eitelkeit ['aɪtəlkaɪt] *f* vanità *f*
Eiter ['aɪtɐ] *m MED* pus *m*
Eiweiß ['aɪvaɪs] *n* **1.** *(vom Ei)* albume *m*; **2.** *BIO* proteina *f*
Ekel ['eːkəl] *m* schifo *m*; nausea *f*
ekelerregend ['eːkəlɛr'reːgənt] *adj* schifoso
ekeln ['eːkəln] *v sich ~* nausearsi; *sich vor etw ~* aver nausea per qc
Eklat [e'klaː] *m* scalpore *m*
Ekzem [ɛk'tseːm] *n MED* eczema *m*
elastisch [e'lastɪʃ] *adj* elastico
Elastizität [elastɪtsɪ'tɛːt] *f* elasticità *f*
Elch [ɛlç] *m ZOOL* alce *m*
Elchtest ['ɛlçtəst] *m* prova dell'alce *f* (di un auto in caso di sterzata improvvisa)
Elefant [ele'fant] *m ZOOL* elefante *m*; *wie ein ~ im Porzellanladen* come un elefante in un negozio di porcellane

E

elegant [ele'gant] *adj* elegante
Eleganz [ele'gants] *f* eleganza *f*
Elektriker [e'lɛktrɪkɐ] *m* elettricista *m*
elektrisch [e'lɛktrɪʃ] *adj* elettrico
Elektrizität [elɛktri'tsitɛːt] *f* elettricità *f*
Elektrizitätswerk [elɛktri'tsitɛːtsvɛrk] *n* centrale elettrica *f*
Elektroauto [elek'tro'auto] *n* auto elettrica *m*
Elektronik [elɛk'troːnɪk] *f* elettronica *f*
elektronisch [elɛk'troːnɪʃ] *adj* elettronico
Element [ele'mɛnt] *n* elemento *m; in seinem ~ sein* trovarsi nel proprio elemento
elementar [elemɛn'taːr] *adj* elementare
Elend ['eːlɛnt] *n* miseria *f; nur noch ein Häufchen ~ sein* essere ridotto a uno straccio
Elendsviertel ['eːlɛntsfɪrtəl] *n* quartiere povero *m*
elf [ɛlf] *num* undici
Elfe ['ɛlfə] *f* silfide *f*
Elfenbein ['ɛlfənbaɪn] *n* avorio *m*
elfte(r,s) ['ɛlftə(r,s)] *adj* undicesimo/undicesima
elitär [elɪ'tɛːr] *adj* elitario
Elite [e'liːtə] *f* élite *f*
Ellbogen ['ɛlboːgən] *m ANAT* gomito *m*
Ellbogenfreiheit ['ɛlboːgənfraɪhaɪt] *f (fig)* libertà di movimento *f*
Elster ['ɛlstɐ] *f ZOOL* gazza *f*
Eltern ['ɛltɐn] *pl* genitori *m/pl; nicht von schlechten ~ sein* non essere male
Elternabend ['ɛltɐnaːbənt] *m* serata dei genitori *f*
Elternhaus ['ɛltɐnhaus] *n* casa paterna *f*
Email [e'maːj] *n* smalto *m*
E-Mail [i'ːmeːl] *f* e-mail *f*
Emanze [e'mantsə] *f (fam)* femminista *f*
Emanzipation [emantsɪpa'tsjoːn] *f* emancipazione *f*
emanzipieren [ɛmantsɪ'piːrən] *v sich ~* emanciparsi
Emigrant [emi'grant] *m* emigrante *m*
Emigration [emigra'tsjoːn] *f* emigrazione *f*
Emission [emɪs'joːn] *f* **1.** *ECO* emissione *f;* **2.** *PHYS* emissione *f*
Empfang [ɛm'pfaŋ] *m* **1.** *(Erhalt)* ricezione *f;* **2.** *(Begrüßung)* accoglienza *f;* **3.** *(Veranstaltung)* ricevimento *m;* **4.** *(Rezeption)* reception *f*
empfangen [ɛm'pfaŋən] *v irr* **1.** *(erhalten)* ricevere; **2.** *(begrüßen)* accogliere
Empfänger(in) [ɛm'pfɛŋər(ɪn)] *m/f (von Post)* destinatario/destinataria *m/f*
Empfängnis [ɛm'pfɛŋnɪs] *f BIO* concezione *f; Unbefleckte ~ REL* Immacolata Concezione *f*
empfehlen [ɛm'pfeːlən] *v irr* raccomandare; *es empfielt sich, etw zu tun* è raccomandabile fare qc
empfehlenswert [ɛm'pfeːlənsveːrt] *adj* raccomandabile
Empfehlung [ɛm'pfeːluŋ] *f* raccomandazione *f*
Empfehlungsschreiben [ɛm'pfeːluŋsʃraɪbən] *n* lettera di referenza *f*
empfinden [ɛm'pfɪndən] *v irr* sentire
empfindlich [ɛm'pfɪntlɪç] *adj* sensibile
Empfindung [ɛm'pfɪnduŋ] *f* sensazione *f*
empor [ɛm'poːr] *adv* all'insù
empören [ɛm'pøːrən] *v sich ~* indignarsi; *sich über etw ~* indignarsi per qc
empört [ɛm'pøːrt] *adj* indignato
Empörung [ɛm'pøːruŋ] *f* indignazione *f,* ribellione *f*
emsig ['ɛmzɪç] *adj* diligente
Ende ['ɛndə] *n* **1.** *(zeitlich)* fine *f; das ist das ~ vom Lied* doveva finire così; *zu ~ gehen* avvicinarsi alla fine; *das dicke ~ kommt noch* il peggio deve ancora venire; *am ~ sein* essere alla fine/essere sfinito; *kein ~ finden* non avere fine; *Mit ihm geht es zu ~.* Per lui è finita./Si avvia alla fine. **2.** *(Schluss)* conclusione *f;* **3.** *(eines Wegs)* termine *m;* **4.** *(äußerster Punkt)* estremità *f*
enden ['ɛndən] *v* finire
Endergebnis ['ɛndɛrgeːpnɪs] *n* risultato finale *m*
endgültig ['ɛntgyltɪç] *adj* definitivo; *Es ist ~ aus.* La faccenda è chiusa una volta per tutte.
Endlagerung ['ɛntlaːgəruŋ] *f* stoccaggio finale *m*
endlich ['ɛntlɪç] *adj* **1.** finito; *eine ~e Größe* una grandezza finita *f; adv* **2.** finalmente

endlos ['ɛntlo:s] *adj* **1.** infinito; *adv* **2.** interminabilmente
Endspiel ['ɛntʃpi:l] *n SPORT* finale *f*
Endstation ['ɛntʃtatsjo:n] *f* capolinea *f*
Energie [enɛr'gi:] *f* energia *f; erneuerbare ~ n* fonti di energia rinnovabili *f/pl*
Energiesparlampe [ener'gi:'ʃparlampə] *f* lampadina a risparmio energetico *f*
Energieverbrauch [enɛr'gi:fɛrbraux] *m* consumo di energia *m*
Energiewende [enər'gi:vɛndə] *f* trasformazione del sistema energetico *f*
energisch [e'nɛrgɪʃ] *adj* energico
eng [ɛŋ] *adj* stretto; *etw nicht so ~ sehen* tollerare qc; *~ befreundet* legato da stretta amicizia
Engagement [ãngaʒ'mã] *n* **1.** *(Einsatz)* impegno *m;* **2.** *(Theater, Film)* ingaggio *m*
engagieren [ãnga'ʒi:rən] *n* **1.** *jdn ~* ingaggiare qd; **2.** *sich ~* impegnarsi; *sich ernsthaft ~* impegnarsi seriamente
Enge ['ɛŋə] *f* strettezza *f; jdn in die ~ treiben* mettere qd alle strette
Engel ['ɛŋəl] *m* angelo *m*
Engelsgeduld ['ɛŋəlsgədult] *f* pazienza di un santo *f*
engherzig ['ɛŋhɛrtsɪç] *adj* gretto, meschino
Engherzigkeit ['ɛŋhɛrtsɪçkaɪt] *f* grettezza *f,* meschinità *f*
England ['ɛŋlant] *n GEO* Inghilterra *f*
Engländer(in) ['ɛŋlɛndər(ɪn)] *m/f* inglese *m/f*
englisch ['ɛŋlɪʃ] *adj* inglese
Englisch ['ɛŋlɪʃ] *n* inglese *m*
Engpass ['ɛŋpas] *m* impasse *f*
engstirnig ['ɛŋʃtɪrnɪç] *adj* di vedute limitate
Enkel(in) ['ɛŋkəlin] *m* nipote *m/f*
enorm [e'nɔrm] *adj* enorme
entbehren [ɛnt'be:rən] *v* sentire la mancanza di
entbehrlich [ɛnt'be:rlɪç] *adj* di cui si può fare a meno, non necessario
Entbehrung [ɛnt'be:ruŋ] *f* privazione *f,* rinuncia *f*
entbinden [ɛnt'bɪndən] *v irr* **1.** *(befreien)* liberare; **2.** *MED* far partorire
Entbindung [ɛnt'bɪnduŋ] *f* **1.** *(Befreiung)* dispensa *f;* **2.** *MED* parto *m*
entdecken [ɛnt'dɛkən] *v* scoprire
Entdecker(in) [ɛnt'dɛkər(ɪn)] *m/f* scopritore/scopritrice *m/f*
Entdeckung [ɛnt'dɛkuŋ] *f* scoperta *f*
Entdeckungsreise [ɛnt'dɛkuŋsraɪzə] *f* viaggio di esplorazione *m; auf ~ gehen* andare in esplorazione
Ente ['ɛntə] *f* **1.** *ZOOL* anatra *f; eine lahme ~* una lumaca *f,* un polentone *m;* **2.** *(fig: Zeitungsente)* falsa notizia *f,* canard *m*
entehren [ɛnt'e:rən] *v* disonorare
enteignen [ɛnt'aɪgnən] *v JUR* espropriare
enterben [ɛnt'ɛrbən] *v* diseredare
entfallen [ɛnt'falən] *v irr* **1.** *(fallen lassen)* sfuggire di mano; **2.** *(ausfallen)* cadere; **3.** *(fig: vergessen)* sfuggire; *Sein Name ist mir ~.* Il suo nome mi è sfuggito.
entfärben [ɛnt'fɛrbən] *v* decolorare
entfernen [ɛnt'fɛrnən] *v* **1.** *(weggehen)* allontanare; **2.** *(wegnehmen)* togliere
entfernt [ɛnt'fɛrnt] *adj* lontano
Entfernung [ɛnt'fɛrnuŋ] *f* **1.** *(Distanz)* distanza *f;* **2.** *(Wegnahme)* rimozione *f*
entfliehen [ɛnt'fli:ən] *v irr* sfuggire
Entfremdung [ɛnt'frɛmduŋ] *f* allontanamento *m,* alienazione *f*
entführen [ɛnt'fy:rən] *v* rapire
Entführer(in) [ɛnt'fy:rər(ɪn)] *m/f* rapitore/rapitrice *m/f*
Entführung [ɛnt'fy:ruŋ] *f* rapimento *m*
entgegen [ɛnt'ge:gən] *prep* **1.** *(örtlich)* contro; **2.** *(wider)* contro
entgegengehen [ɛnt'ge:gənge:ən] *v irr* andare incontro
entgegengesetzt [ɛnt'ge:gəngəzɛtst] *adj* **1.** *(örtlich)* opposto; **2.** *(gegensätzlich)* opposto
entgegenhalten [ɛnt'ge:gənhaltən] *v irr* **1.** porgere; **2.** *(fig: einwenden)* obiettare
entgegenkommen [ɛnt'ge:gənkɔmən] *v* **1.** venire incontro; **2.** *(fig: eingehen auf)* avvicinarsi
Entgegenkommen [ɛnt'ge:gənkɔmən] *n* compiacenza *f,* cortesia *f*
entgegennehmen [ɛnt'ge:gənne:mən] *v irr* ricevere
entgegnen [ɛnt'ge:gnən] *v* rispondere

entgehen [ɛnt'ge:ən] *v irr* sfuggire
entgeistert [ɛnt'gaɪstɐt] *adj* **1.** sbalordito; *adv* **2.** di stucco
Entgelt [ɛnt'gɛlt] *n* compenso *m*
entgleisen [ɛnt'glaɪzən] *v (Zug)* deragliare
enthaaren [ɛnt'ha:rən] *v* depilare
enthalten [ɛnt'haltən] *v irr* **1.** *(beinhalten)* contenere; **2.** *sich ~* rinunciare, astenersi; *sich des Alkohols ~* astenersi dall'alcool
enthaltsam [ɛnt'haltza:m] *adj* morigerato, astinente
Enthaltsamkeit [ɛnt'haltza:mkaɪt] *f* morigeratezza *f,* astinenza *f*
Enthaltung [ɛnt'haltuŋ] *f* astensione *f*
entheben [ɛnt'he:bən] *v irr* **1.** esentare, sollevare; *der Verantwortung ~* sollevare dalla responsabilità; **2.** *(eines Amtes)* destituire
enthüllen [ɛnt'hylən] *v* **1.** scoprire; *ein Denkmal ~* scoprire un monumento; **2.** *(fig)* svelare; *die Wahrheit ~* svelare la verità
Enthüllung [ɛnt'hyluŋ] *f* **1.** *(eines Denkmals)* inaugurazione *f;* **2.** *(fig)* rivelazione *f; ~ eines Geheimnisses* rivelazione di un segreto *f*
entkalken [ɛnt'kalkən] *v* decalcificare
Entkalkungsmittel [ɛnt'kalkuŋsmɪtəl] *n* decalcificante *m*
entkernen [ɛnt'kɛrnən] *v* togliere i semi a, snocciolare
entkleiden [ɛnt'klaɪdən] *v* spogliare
entkommen [ɛnt'kɔmən] *v irr* scappare
entkorken [ɛnt'kɔrkən] *v* stappare
entkräften [ɛnt'krɛftən] *v* **1.** indebolire; **2.** *(widerlegen)* confutare
entladen [ɛnt'la:dən] *v irr* **1.** *(abladen)* scaricare; **2.** *(fig: befreien)* scaricare
entlang [ɛnt'laŋ] *prep* lungo; *die Straße ~* lungo la strada
entlangfahren [ɛnt'laŋfa:rən] *v irr* percorrere
entlarven [ɛnt'larfən] *v* smascherare
entlassen [ɛnt'lasən] *v irr* **1.** *(Arbeitskräfte)* licenziare; **2.** *(Gefangene)* rilasciare; **3.** *(Kranke)* dimettere; **4.** *MIL* congedare
Entlassung [ɛnt'lasuŋ] *f* **1.** *(Arbeitskräfte)* licenziamento *m;* **2.** *(Gefangene)* rilascio *m;* **3.** *(Kranke)* dimissione *f;* **4.** *MIL* congedo *m*
entlasten [ɛnt'lastən] *v* **1.** alleggerire; **2.** *JUR* deporre a discarico
entlastend [ɛnt'lastənt] *adj* a discarico
entlohnen [ɛnt'lo:nən] *v* rimunerare
Entlohnung [ɛnt'lo:nuŋ] *f* rimunerazione *f*
entmutigen [ɛnt'mu:tɪgən] *v* scoraggiare
entmutigend [ɛnt'mu:tɪgənt] *adj* scoraggiante
Entnahme [ɛnt'na:mə] *f* prelevazione *f*
entnehmen [ɛnt'ne:mən] *v irr* **1.** *(herausnehmen)* prelevare; **2.** *(fig: folgern)* apprendere; *Ich entnehme Ihrem Schreiben ...* Apprendo dalla Sua lettera ...
entpuppen [ɛnt'pupən] *v sich ~ (fig)* rivelarsi; *Er entpuppte sich als Lügner.* Si rivelò un bugiardo.
enträtseln [ɛnt'rɛ:tsəln] *v* risolvere
entrüsten [ɛnt'rystən] *v sich ~* indignarsi
Entrüstung [ɛnt'rystuŋ] *f* indignazione *f*
entschädigen [ɛnt'ʃɛ:dɪgən] *v* risarcire
entscheiden [ɛnt'ʃaɪdən] *v irr* decidere
entscheidend [ɛnt'ʃaɪdənt] *adj* decisivo
Entscheidung [ɛnt'ʃaɪduŋ] *f* decisione *f*
Entscheidungsfreiheit [ɛnt'ʃaɪduŋsfraɪhaɪt] *f* libertà di decisione *f*
entschieden [ɛnt'ʃi:dən] *adj* deciso
Entschiedenheit [ɛnt'ʃi:dənhaɪt] *f* risolutezza *f,* decisione *f*
entschließen [ɛnt'ʃli:sən] *v irr sich ~* decidersi
entschlossen [ɛnt'ʃlɔsən] *adj* deciso
Entschluss [ɛnt'ʃlus] *m* decisione *f*
Entschlusskraft [ɛnt'ʃluskraft] *f* decisione *f;* risolutezza *f*
entschuldbar [ɛnt'ʃultba:r] *adj* scusabile
entschuldigen [ɛnt'ʃuldɪgən] *v* **1.** *sich ~* scusarsi; *Ich entschuldige mich für die Verspätung.* Mi scuso per il ritardo. **2.** *etw ~* scusare qc; *Entschuldigen Sie die Störung.* Scusi il disturbo.

Entschuldigung [ɛnt'ʃuldɪguŋ] *f* scusa *f*
entsetzen [ɛnt'zɛtsən] *v* inorridire
Entsetzen [ɛnt'zɛtsən] *n* spavento *m*
entsetzlich [ɛnt'zɛtslɪç] *adj* spaventoso
entsetzt [ɛnt'zɛtst] *adj* **1.** inorridito; *adv* **2.** con orrore
entsinnen [ɛnt'zɪnən] *v irr sich ~* ricordarsi; *sich einer Verabredung ~* ricordarsi di un appuntamento
entsorgen [ɛnt'zɔrgən] *v* smaltire e trattare
Entsorgung [ɛnt'zɔrguŋ] *f* smaltimento e trattamento *m*
entspannen [ɛnt'ʃpanən] *v sich ~* rilassarsi; *Er entspannt sich nach der Arbeit.* Si rilassa dopo il lavoro.
entspannend [ɛnt'ʃpanənt] *adj* rilassante
Entspannung [ɛnt'ʃpanuŋ] *f* **1.** rilassamento *m;* **2.** *POL* distensione *f*
entsprechen [ɛnt'ʃprɛçən] *v irr* corrispondere
entsprechend [ɛnt'ʃprɛçənt] *adj* corrispondente
entspringen [ɛnt'ʃprɪŋən] *v irr* **1.** *(Fluss)* nascere; **2.** *(herrühren)* provenire
entstehen [ɛnt'ʃteːən] *v irr* formarsi
Entstehung [ɛnt'ʃteːuŋ] *f* nascita *f,* origine *f*
entstellt [ɛnt'ʃtɛlt] *adj* alterato
enttäuschen [ɛnt'tɔyʃən] *v* deludere
enttäuscht [ɛnt'tɔyʃt] *adj* deluso; *Ich bin von dir ~.* Mi hai deluso.
Enttäuschung [ɛnt'tɔyʃuŋ] *f* delusione *f*
entwaffnen [ɛnt'vafnən] *v* **1.** *MIL* disarmare; **2.** *(fig)* disarmare
entwaffnend [ɛnt'vafnənt] *adj* disarmante
Entwarnung [ɛnt'varnuŋ] *f* segnale di cessato allarme *m*
entwässern [ɛnt'vɛsɐn] *v* **1.** *(Sumpf)* prosciugare; **2.** *MED* drenare
entweder ['ɛntveːdɐ] *konj ~ ... oder* o ... o; *Entweder du oder ich!* O tu o io!
entwenden [ɛnt'vɛndən] *v* sottrarre
entwerfen [ɛnt'vɛrfən] *v irr* progettare
entwerten [ɛnt'vɛrtən] *v* **1.** *(Fahrkarte)* obliterare, timbrare; **2.** *(Geld) ECO* svalutare; **3.** *(im Wert mindern)* deprezzare
entwickeln [ɛnt'vɪkəln] *v* sviluppare
Entwicklung [ɛnt'vɪkluŋ] *f* sviluppo *m*
Entwicklungshelfer [ɛnt'vɪkluŋshɛlfɐ] *m* cooperatore per i paesi in via di sviluppo *m*
Entwicklungshilfe [ɛnt'vɪkluŋshɪlfə] *f* aiuto ai paesi in via di sviluppo *m*
entwürdigend [ɛnt'vyrdɪgənt] *adj* degradante
Entwurf [ɛnt'vurf] *m* progettazione *f*
entwurzeln [ɛnt'vurtsəln] *v (fig)* sradicare
Entwurzelung [ɛnt'vurtsəluŋ] *f (fig)* sradicamento *m*
entziffern [ɛnt'tsɪfɐn] *v* decifrare
entzücken [ɛnt'tsykən] *v* incantare
entzückend [ɛnt'tsykənt] *adj* incantevole
entzückt [ɛnt'tsykt] *adj* incantato
entzünden [ɛnt'tsyndən] *v* **1.** *(Feuer)* accendere; **2.** *MED sich ~* imfiammarsi
entzwei [ɛnt'tsvaɪ] *adj* rotto
entzweien [ɛnt'tsvaɪən] *v* dividere
entzweigehen [ɛnt'tsvaɪgeːən] *v irr* andare in pezzi
Enzyklopädie [ɛntsyklopɛ'diː] *f* enciclopedia *f*
Episode [epi'zoːdə] *f* episodio *m*
Equipe [e'kiːp] *f SPORT* squadra *f*
er [eːr] *pron* **1.** *(Person)* egli; **2.** *(Sache)* esso
erachten [ɛr'axtən] *v* ritenere
erarbeiten [ɛr'arbaɪtən] *v* elaborare
erbarmen [ɛr'barmən] *v sich ~* impietosirsi
Erbarmen [ɛr'barmən] *n* pietà *f*
erbärmlich [ɛr'bɛrmlɪç] *adj* misero
erbarmungslos [ɛr'barmuŋsloːs] *adj* spietato
erbauen [ɛr'bauən] *v* costruire
Erbauer(in) [ɛr'bauər(ɪn)] *m/f* costruttore/costruttrice *m/f*
erbaulich [ɛr'baulɪç] *adj* edificante
Erbe ['ɛrbə] *n* **1.** eredità *f; m* **2.** erede *m*
erben ['ɛrbən] *v* ereditare
Erbfolge ['ɛrpfɔlgə] *f* successione *f*
erbittert [ɛr'bɪtɐt] *adj* **1.** esacerbato, esasperato; *adv* **2.** astiosamente
Erblasser ['ɛrplasɐ] *m* testatore *m*
erblich ['ɛrplɪç] *adj* ereditario
erblinden [ɛr'blɪndən] *v* diventare cieco

erbrechen [ɛr'brɛçən] *v irr* 1. forzare; *das Schloss ~* forzare la serratura; 2. *sich ~* vomitare
Erbrechen [ɛr'brɛçən] *n bis zum ~* fino alla nausea, fino al vomito
Erbschaft ['ɛrpʃaft] *f* eredità *f*
Erbschaftssteuer ['ɛrpʃaftsʃtɔyɐ] *f* imposta di successione *f*
Erbschleicher ['ɛrpʃlaiçɐ] *m* cacciatore d'eredità *m*
Erbse ['ɛrpsə] *f BOT* pisello *m*
Erdanziehungskraft ['e:rdantsi:uŋskraft] *f* forza di gravità *f*
Erdbeben ['e:rtbe:bən] *n* terremoto *m*
Erdbeere ['e:rtbe:rə] *f BOT* fragola *f*
Erdboden ['e:rtbo:dən] *m* terra *f; etw dem ~ gleichmachen* radere al suolo qc; *vom ~ verschwinden* scomparire dalla faccia della terra; *etw aus dem ~ stampfen* creare qc dal nulla
Erde ['e:rdə] *f* terra *f; jdn unter die ~ bringen (fig)* portare qd alla tomba; *auf der ~ bleiben* restare coi piedi per terra
erdenklich [ɛr'dɛŋklɪç] *adj* immaginabile
Erdgas ['e:rtga:s] *n* gas naturale *m*
Erdgeschoss ['e:rtgəʃɔs] *n* pianterreno *m*
erdichten [ɛr'dɪçtən] *v* escogitare
erdig ['e:rdɪç] *adj* terroso
Erdkugel ['e:rtku:gəl] *f ASTR* sfera terrestre *f*
Erdkunde ['e:rtkundə] *f* geografia *f*
Erdnuss ['e:rtnus] *f BOT* arachide *m*, nocciolina americana *f*
Erdöl ['e:rtø:l] *n* petrolio *m*
Erdreich ['e:rtraiç] *n* terra *f*
erdrosseln [ɛr'drɔsəln] *v* strangolare
erdrücken [ɛr'drykən] *v* schiacciare
Erdrutsch ['e:rtrutʃ] *m* frana *f*
Erdteil ['e:rttaɪl] *n* continente *m*
erdulden [ɛr'duldən] *v* subire
ereifern [ɛr'aɪfɐn] *v sich ~* accalorarsi
ereignen [ɛr'aɪgnən] *v sich ~* avvenire, accadere
Ereignis [ɛr'aɪgnɪs] *n* avvenimento *m*
Eremit [ere'mi:t] *m* eremita *m*
erfahren[1] [ɛr'fa:rən] *v irr* 1. sapere, venire a sapere; *Ich habe es von ihm ~.* Sono venuto a saperlo da lui.
erfahren[2] [ɛr'fa:rən] *adj* esperto
Erfahrung [ɛr'fa:ruŋ] *f* esperienza *f*
erfahrungsgemäß [ɛr'fa:ruŋsgəmɛ:s] *adv* secondo l'esperienza
Erfahrungssache [ɛr'fa:ruŋszaxə] *f* questione di esperienza *f*
erfassen [ɛr'fasən] *v* 1. *(greifen)* afferrare; 2. *(in Statistik)* rilevare; 3. *(fig: verstehen)* afferrare; *Ich habe das Konzept erfasst.* Ho afferrato il concetto.
Erfassung [ɛr'fasuŋ] *f (in der Statistik)* rilevamento *m*
erfinden [ɛr'fɪndən] *v irr* inventare
Erfinder(in) [ɛr'fɪndər(ɪn)] *m/f* inventore/inventrice *m/f*
erfinderisch [ɛr'fɪndɐɪʃ] *adj* ingegnoso, pieno di inventiva
Erfindung [ɛr'fɪnduŋ] *f* invenzione *f*
Erfolg [ɛr'fɔlk] *m* successo *m; ~ versprechend* promettente
erfolgen [ɛr'fɔlgən] *v* seguire, avvenire
erfolglos [ɛr'fɔlklo:s] *adj* 1. infruttuoso; *adv* 2. senza successo
Erfolglosigkeit [ɛr'fɔlklo:zɪçkaɪt] *f* insuccesso *m*
erfolgreich [ɛr'fɔlkraɪç] *adj* di successo
erforderlich [ɛr'fɔrdɐlɪç] *adj* necessario
erfordern [ɛr'fɔrdɐn] *v* esigere
Erfordernis [ɛr'fɔrdɐnɪs] *n* esigenza *f*
erforschen [ɛr'fɔrʃən] *v* 1. esplorare; 2. *(prüfen)* esaminare
Erforschung [ɛr'fɔrʃuŋ] *f* 1. esplorazione *f;* 2. *(prüfen)* esame *m*
erfreuen [ɛr'frɔyən] *v* rallegrare
erfreulich [ɛr'frɔylɪç] *adj* lieto, rallegrante
erfreulicherweise [ɛr'frɔylɪçɐvaɪzə] *adv* fortunatamente
erfreut [ɛr'frɔyt] *adj* lieto
erfrieren [ɛr'fri:rən] *v irr* 1. *(Person)* morire di freddo, morire assiderato; 2. *(Pflanze)* gelare
erfrischen [ɛr'frɪʃən] *v sich ~* rinfrescarsi
erfrischend [ɛr'frɪʃənt] *adj* rinfrescante
Erfrischung [ɛr'frɪʃuŋ] *f* rinfrescata *f*, rinfresco *m*
erfüllen [ɛr'fylən] *v* 1. appagare; *erfüllt sein* essere appagato; *einen Wunsch ~* appagare un desiderio; 2. *(Pflicht)* adempiere

Erfüllung [ɛr'fylʊŋ] *f* **1.** *(Befriedigung)* soddisfazione *f; ~ finden* trovare soddisfazione; **2.** *(Pflicht)* adempimento *m;* **3.** *(Wunsch)* appagamento *m*
Erfüllungsort [ɛr'fylʊŋsɔrt] *m ECO* luogo di adempimento *m*
ergänzen [ɛr'gɛntsən] *v* completare
Ergänzung [ɛr'gɛntsʊŋ] *f* completamento *m,* supplemento *m*
Ergebnis [ɛr'geːpnɪs] *n* risultato *m*
ergebnislos [ɛr'geːpnɪsloːs] *adj* senza risultato
ergiebig [ɛr'giːbɪç] *adj* fruttuoso
ergrauen [ɛr'grauən] *v (fig: altern)* invecchiare
ergreifen [ɛr'graɪfən] *v irr* **1.** *(greifen)* prendere; **2.** *(anwenden)* prendere; **3.** *(festnehmen)* afferrare; **4.** *(bewegen)* scuotere, commuovere
ergreifend [ɛr'graɪfənt] *adj* commovente
erhalten [ɛr'haltən] *v irr* **1.** *(bekommen)* ricevere; **2.** *(bewahren)* conservare
erhältlich [ɛr'hɛltlɪç] *adj* disponibile, in vendita; *in jedem Kaufhaus ~* disponibile in tutti i grandi magazzini
Erhaltung [ɛr'haltʊŋ] *f* **1.** *(Erhalt)* ricevimento *m;* **2.** *(Bewahrung)* conservazione *f;* **3.** *(Instandhaltung)* manutenzione *f*
erhängen [ɛr'hɛŋən] *v irr sich ~* impiccarsi
erheben [ɛr'heːbən] *v irr* **1.** *(hochheben)* sollevare; **2.** *sich ~* alzarsi; **3.** *(Steuern) ECO* riscuotere; **4.** *JUR* sporgere; *eine Klage ~* sporgere una querela; **5.** *Ansprüche ~* avanzare pretese
erheblich [ɛr'heːplɪç] *adj* rilevante
Erhebung [ɛr'heːbʊŋ] *f* **1.** *(Berg)* elevazione *f;* **2.** *(Statistik)* rilevamento *m*
erheitern [ɛr'haɪtɐn] *v* rallegrare
Erheiterung [ɛr'haɪtərʊŋ] *f* divertimento *m*
erhitzen [ɛr'hɪtsən] *v* riscaldare
erhoffen [ɛr'hɔfən] *v* sperare
erhöhen [ɛr'høːən] *v* **1.** alzare; **2.** *(Preise) ECO* aumentare
Erhöhung [ɛr'høːʊŋ] *f* **1.** rialzamento *m;* **2.** *(Preise) ECO* aumento *m*
erholen [ɛr'hoːlən] *v sich ~* rimettersi
Erholung [ɛr'hoːlʊŋ] *f* rilassamento *m*
erholungsbedürftig [ɛr'hoːlʊŋsbədyrftɪç] *adj* bisognoso di riposo
Erholungsort [ɛr'hoːlʊŋsɔrt] *m* luogo di riposo *m*
erinnern [ɛr'ɪnɐn] *v* **1.** *jdn ~* ricordare qd; **2.** *sich ~* ricordarsi
Erinnerung [ɛr'ɪnərʊŋ] *f* memoria *f*
Erinnerungsstück [ɛr'ɪnərʊŋsʃtyk] *n* ricordo *m*
Erinnerungsvermögen [ɛr'ɪnərʊŋsfɛrmøːgən] *n* memoria *f,* capacità mnemonica *f*
erkälten [ɛr'kɛltən] *v sich ~* raffreddarsi
Erkältung [ɛr'kɛltʊŋ] *f MED* raffreddore *m*
erkennbar [ɛr'kɛnbaːr] *adj* riconoscibile
erkennen [ɛr'kɛnən] *v irr* riconoscere
erkenntlich [ɛr'kɛntlɪç] *adj sich ~ zeigen* mostrarsi riconoscente
Erkenntnis [ɛr'kɛntnɪs] *f* conoscenza *f*
erklärbar [ɛr'klɛːrbaːr] *adj* spiegabile
erklären [ɛr'klɛːrən] *v* **1.** *(verdeutlichen)* spiegare; **2.** *(verkünden)* proclamare
Erklärung [ɛr'klɛːrʊŋ] *f* **1.** *(Verdeutlichung)* spiegazione *f;* **2.** *(Verkündung)* proclamazione *f*
erkranken [ɛr'kraŋkən] *v* ammalarsi
erkundigen [ɛr'kʊndɪgən] *v sich ~* chiedere informazioni, informarsi
Erkundigung [ɛr'kʊndɪgʊŋ] *f* informazione *f*
Erkundung [ɛr'kʊndʊŋ] *f* esplorazione *f*
erlangen [ɛr'laŋən] *v* ottenere
Erlass [ɛr'las] *m* **1.** *(Verordnung)* emanazione *f;* **2.** *(Befreiung)* esenzione *f*
erlassen [ɛr'lasən] *v irr* **1.** *(verordnen)* emanare; **2.** *(befreien) esonerare*
erlauben [ɛr'laubən] *v* permettere; *Was ~ Sie sich?* Come si permette?
Erlaubnis [ɛr'laupnɪs] *f* permesso *m*
erläutern [ɛr'lɔytɐn] *v* spiegare
Erläuterung [ɛr'lɔytərʊŋ] *f* spiegazione *f*
erleben [ɛr'leːbən] *v* vivere, sperimentare
Erlebnis [ɛr'leːpnɪs] *n* esperienza *f*
erledigen [ɛr'leːdɪgən] *v* sbrigare, eseguire

Erledigung [ɛr'le:dɪguŋ] *f* disbrigo *m*
erlegen [ɛr'le:gən] *v* abbattere, ammazzare
erleichtern [ɛr'laɪçtɐn] *v* **1.** alleggerire; **2.** *(fig)* sollevare, alleviare
erleichtert [ɛr'laɪçtɐt] *adj* sollevato
Erleichterung [ɛr'laɪçtəruŋ] *f* sollievo *m*
erleiden [ɛr'laɪdən] *v irr* subire
erlernen [ɛr'lɛrnən] *v* imparare
erlesen [ɛr'le:zən] *adj* squisito
erleuchten [ɛr'lɔyçtən] *v* illuminare
erlöschen [ɛr'lœʃən] *v irr* spegnersi
erlösen [ɛr'lø:zən] *v* liberare, salvare
Erlöser [ɛr'lø:zɐ] *m REL* Salvatore *m*
Erlösung [ɛr'lø:zuŋ] *f* liberazione *f*
ermächtigen [ɛr'mɛçtɪgən] *v* autorizzare
Ermächtigung [ɛr'mɛçtɪguŋ] *f* autorizzazione *f*
ermahnen [ɛr'ma:nən] *v* esortare
Ermahnung [ɛr'ma:nuŋ] *f* esortazione *f*
ermäßigen [ɛr'mɛ:sɪgən] *v* diminuire, ridurre; *den Preis ~* ribassare il prezzo
Ermäßigung [ɛr'mɛ:sɪguŋ] *f* diminuzione *f*, riduzione *f*
ermessen [ɛr'mɛsən] *v irr* misurare
Ermessen [ɛr'mɛsən] *n* discrezione *f*; *nach menschlichen ~* per quanto umanamente possibile
Ermessensspielraum [ɛr'mɛsənsʃpi:lraum] *m* tolleranza di decisione *f*
ermitteln [ɛr'mɪtəln] *v* rintracciare
Ermittlung [ɛr'mɪtluŋ] *f* **1.** accertamento *m*; **2.** *JUR* indagine *f*
ermöglichen [ɛr'mø:klɪçən] *v* rendere possibile
ermorden [ɛr'mɔrdən] *v* uccidere, assassinare
Ermordung [ɛr'mɔrduŋ] *f* assassinio *m*, uccisione *f*
ermüden [ɛr'my:dən] *v* stancare
ermüdend [ɛr'my:dənt] *adj* faticoso
Ermüdung [ɛr'my:duŋ] *f* affaticamento *m*
ermuntern [ɛr'muntɐn] *v* incitare, incoraggiare
ermutigen [ɛr'mu:tɪgən] *v* incoraggiare
ernähren [ɛr'nɛ:rən] *v* nutrire
Ernährung [ɛr'nɛ:ruŋ] *f* nutrizione *f*
Ernährungsweise [ɛr'nɛ:ruŋsvaɪzə] *f* alimentazione *f*
ernennen [ɛr'nɛnən] *v irr* nominare
Ernennung [ɛr'nɛnuŋ] *f* nomina *f*
erneuern [ɛr'nɔyɐn] *v* rinnovare
Erneuerung [ɛr'nɔyəruŋ] *f* rinnovamento *m*
erneut [ɛr'nɔyt] *adj* **1.** rinnovato; *adv* **2.** di nuovo
erniedrigen [ɛr'ni:drɪgən] *v* abbassare
erniedrigend [ɛr'ni:drɪgənt] *adj* degradante, umiliante
Erniedrigung [ɛr'ni:drɪguŋ] *f* **1.** abbassamento *m* **2.** *(Demütigung)* umiliazione *f*
ernst [ɛrnst] *adj* **1.** serio; *adv* **2.** seriamente; *Nimm es nicht so ~!* Non prenderla troppo seriamente!
Ernst [ɛrnst] *m* serietà *f*; *der ~ des Lebens* il lato serio della vita *m*; *mit etw ~ machen* fare sul serio con qc
Ernstfall ['ɛrnstfal] *m* caso di emergenza *m*
ernstlich ['ɛrnstlɪç] *adj* serio
Ernte ['ɛrntə] *f* **1.** *(Tätigkeit)* raccolta *f*; **2.** *(Ertrag)* ricavato del raccolto *m*
ernten ['ɛrntən] *v* raccogliere
ernüchtern [ɛr'nyçtɐn] *v* **1.** far passare la sbornia; **2.** *(fig)* disincantare, disilludere
Ernüchterung [ɛr'nyçtəruŋ] *f* *(fig)* disincantamento *m*
Eroberer [ɛr'o:bərɐ] *m* conquistatore *m*
erobern [ɛr'o:bɐn] *v* conquistare
Eroberung [ɛr'o:bəruŋ] *f* conquista *f*
eröffnen [ɛr'œfnən] *v* aprire
Eröffnung [ɛr'œfnuŋ] *f* **1.** apertura *f*; **2.** *(Einweihung)* inaugurazione *f*; **3.** *(Mitteilung)* comunicazione *f*
erörtern [ɛr'œrtɐn] *v* discutere
Erörterung [ɛr'œrtəruŋ] *f* discussione *f*
Erotik [e'ro:tɪk] *f* erotismo *m*
erotisch [e'ro:tɪʃ] *adj* erotico
erpressen [ɛr'prɛsən] *v jdn ~* ricattare qd
Erpresser(in) [ɛr'prɛsər(ɪn)] *m/f* ricattatore/ricattatrice *m/f*
Erpressung [ɛr'prɛsuŋ] *f* ricatto *m*
erproben [ɛr'pro:bən] *v* provare
Erprobung [ɛr'pro:buŋ] *f* prova *f*
erquickend [ɛr'kvɪkənt] *adj* ristoratore
erraten [ɛr'ra:tən] *v irr* indovinare
errechnen [ɛr'rɛçnən] *v* calcolare

erregen [ɛr'reːgən] *v* 1. *(Aufsehen ~)* suscitare; 2. *(aufregen)* irritare; 3. *sich ~* eccitarsi
erreichbar [ɛr'raɪçbaːr] *adj* raggiungibile
erreichen [ɛr'raɪçən] *v* raggiungere
errichten [ɛr'rɪçtən] *v* 1. erigere; 2. *(gründen)* fondare
Errichtung [ɛr'rɪçtuŋ] *f* 1. erezione *f;* 2. *(Gründung)* fondazione *f*
Errungenschaft [ɛr'ruŋənʃaft] *f* 1. conquista *f;* 2. acquisto *m*
Ersatz [ɛr'zats] *m* 1. sostituzione *f,* ricambio *m;* 2. *(Entschädigung)* indennizzo *m*
Ersatzreifen [ɛr'zatsraɪfən] *m* pneumatico di scorta *m,* gomma di scorta *f*
Ersatzteil [ɛr'zatstaɪl] *n (beim Auto)* pezzo di ricambio *f*
erscheinen [ɛr'ʃaɪnən] *v irr* 1. *(sich sehen lassen)* apparire; 2. *(veröffentlicht werden)* essere pubblicato; 3. *(scheinen)* parere
Erscheinung [ɛr'ʃaɪnuŋ] *f* 1. *(Phänomen)* apparizione *f;* 2. *(Aussehen)* aspetto *m*
erschießen [ɛr'ʃiːsən] *v irr* sparare
erschließen [ɛr'ʃliːsən] *v irr* 1. *sich ~* aprirsi; *sich neue Horizonte ~* schiudersi nuovi orizzonti; 2. *(Baugelände)* sfruttare
Erschließung [ɛr'ʃliːsuŋ] *f (von Baugelände)* sfruttamento *m*
erschöpft [ɛr'ʃœpft] *adj* sfinito, esaurito
Erschöpfung [ɛr'ʃœpfuŋ] *f* esaurimento *m*
erschrecken [ɛr'ʃrɛkən] *v* spaventare
erschreckend [ɛr'ʃrɛkənt] *adj* spaventoso
erschüttern [ɛr'ʃytɐn] *v* 1. scuotere; 2. *(fig: bewegen)* sconvolgere, commuovere
Erschütterung [ɛr'ʃytəruŋ] *f* 1. scuotimento *m;* 2. *(fig)* commozione *f*
erschweren [ɛr'ʃveːrən] *v* 1. appesantire; 2. *(fig)* rendere difficile, complicare
Erschwernis [ɛr'ʃveːrnɪs] *f* 1. aggravamento *m;* 2. complicazione *f*
erschwinglich [ɛr'ʃvɪŋlɪç] *adj* pagabile
ersetzen [ɛr'zɛtsən] *v* 1. *(austauschen)* sostituire; 2. *(entschädigen)* risarcire
ersichtlich [ɛr'zɪçtlɪç] *adj* visibile, ovvio
ersparen [ɛr'ʃpaːrən] *v* 1. risparmiare; 2. *(fig)* risparmiare
Ersparnis [ɛr'ʃpaːrnɪs] *f* risparmio *m*
erst [eːrst] *adv* 1. *(zunächst)* prima; 2. *(nicht vor) ~ morgen* solo domani
Erstauflage ['eːrstauflaːgə] *f* prima edizione *f*
erstaunen [ɛr'ʃtaunən] *n* stupire *m*
erstaunlich [ɛr'ʃtaunlɪç] *adj* sorprendente
erste(r,s) ['eːrstə(r,s)] *adj* primo/prima
erstens ['eːrstəns] *adv* primo
Erstgeborene(r) ['eːrstgəboːrənə(r)] *m/f* primogenito/primogenita *m/f*
ersticken [ɛr'ʃtɪkən] *v* soffocare
erstklassig ['eːrstklasɪç] *adj* 1. di prima classe; *adv* 2. ottimamente
Erstlingswerk ['eːrstlɪŋsvɛrk] *n* opera prima *f*
erstmals ['eːrstmaːls] *adv* per la prima volta
erstreben [ɛr'ʃtreːbən] *v* aspirare a
erstrebenswert [ɛr'ʃtreːbənsvert] *adj* desiderabile
Erstwähler(in) ['eːrstvɛːlər(ɪn)] *m/f* POL chi vota per la prima volta
Ersuchen [ɛr'zuːxən] *n* richiesta *f*
erteilen [ɛr'taɪlən] *v* 1. *(geben)* dare; *Unterricht ~* dare lezione; 2. *(gewähren)* accordare
ertragen [ɛr'traːgən] *v irr* sopportare
erträglich [ɛr'trɛːklɪç] *adj* sopportabile
ertragreich [ɛr'traːkraɪç] *adj* produttivo
ertrinken [ɛr'trɪŋkən] *v irr* affogare
erwachen [ɛr'vaxən] *v* svegliarsi
erwachsen [ɛr'vaksən] *adj* cresciuto, adulto
Erwachsene(r) [ɛr'vaksənə(r)] *m/f* adulto/adulta *m/f*
Erwachsenenbildung [ɛr'vaksənənbɪlduŋ] *f* istruzione per adulti *f*
erwägen [ɛr'vɛːgən] *v irr* considerare, ponderare
Erwägung [ɛr'vɛːguŋ] *f* considerazione *f; in ~ ziehen* prendere in considerazione
erwähnen [ɛr'vɛːnən] *v* menzionare
Erwähnung [ɛr'vɛːnuŋ] *f* menzione *f*

erwärmen [ɛr'vɛrmən] *v* riscaldare
erwarten [ɛr'va:rtən] *v* aspettare
Erwartung [ɛr'vartuŋ] *f* attesa *f*
erwartungsvoll [ɛr'vartuŋsfɔl] *adj* pieno di aspettative
erweitern [ɛr'vaɪtɐn] *v* allargare
Erweiterung [ɛr'vaɪtəruŋ] *f* allargamento *m*
erweiterungsfähig [ɛr'vaɪtəruŋsfɛ:ɪç] *adj* estensibile
Erwerb [ɛr'vɛrp] *m* **1.** *(Beruf)* guadagno *m;* **2.** *(Kauf)* acquisto *m*
erwerben [ɛr'vɛrbən] *v irr* acquistare
erwerbsfähig [ɛr'vɛrpsfɛ:ɪç] *adj* abile al lavoro
erwerbslos [ɛr'vɛrpslo:s] *adj* disoccupato
Erwerbstätige(r) [ɛr'vɛrpʃtɛ:tɪgə(r)] *m/f* persona che esercita una professione *f*
erwerbsunfähig [ɛr'vɛrpsunfɛ:ɪç] *adj* inabile al lavoro
erwidern [ɛr'vi:dɐn] *v* **1.** *(antworten)* rispondere; **2.** *(Gleiches zurückgeben)* ripagare
erwünscht [ɛr'vynʃt] *adj* desiderato
erzählen [ɛr'tsɛ:lən] *v* raccontare
Erzählung [ɛr'tsɛ:luŋ] *f* racconto *m*
erzeugen [ɛr'tsɔygən] *v* **1.** *(herstellen)* produrre; **2.** *(hervorrufen)* provocare
Erzeugnis [ɛr'tsɔyknɪs] *n* prodotto *m*
Erzfeind ['ɛrtsfaɪnt] *m* nemico giurato *m*
erziehen [ɛr'tsi:ən] *v irr* educare
Erzieher(in) [ɛr'tsi:ər(ɪn)] *m/f* educatore/educatrice *m/f*
erzieherisch [ɛr'tsi:ɐɪʃ] *adj* educativo
Erziehung [ɛr'tsi:uŋ] *f* educazione *f*
erzielen [ɛr'tsi:lən] *v* raggiungere
erzkonservativ ['ɛrtskɔnzɛrvati:f] *adj* ultraconservatore
erzwingen [ɛr'tsvɪŋən] *v irr* estorcere
es [ɛs] *pron* **1.** *(Person)* egli/ella, lui/lei; **2.** *(Sache)* esso/essa
Esche ['eʃə] *f BOT* frassino *m*
Esel ['e:zəl] *m ZOOL* asino *m*
Eskapade [ɛska'pa:də] *f* scappatella *f*
Eskimo ['ɛskimo] *m* eschimese *m*
Eskorte [ɛs'kɔrtə] *f* scorta *f*
Esoterik [ezo'te:rɪk] *f* esoterismo *m*
Essay ['ɛse:] *n* saggio *m*
essbar ['ɛsba:r] *adj* commestibile
Essbesteck ['ɛsbəʃtɛk] *n* posate *f/pl*
Essecke ['ɛsɛkə] *f* zona pranzo *f*
essen ['ɛsən] *v irr* mangiare
Essen ['ɛsən] *n* mangiare *m*
Essgeschirr ['ɛsgəʃɪr] *n* stoviglie *f/pl*
Essig ['ɛsɪç] *m GAST* aceto *m*
Essiggurke ['ɛsɪçgurkə] *f GAST* cetriolo sott'aceto *m*
Esskastanie ['ɛskast:anjə] *f BOT* castagna *f,* marrone *m*
Esslöffel ['ɛslœfəl] *m* cucchiaio *m*
Esstisch ['ɛstɪʃ] *m* tavolo da pranzo *m*
Esswaren ['ɛsva:rən] *pl* alimentari *m/pl*
Esszimmer ['ɛstsɪmɐ] *n* sala da pranzo *f*
Estrich ['ɛstrɪç] *m* sottofondo *m*
etablieren [eta'bli:rən] *v sich ~* stabilirsi
Etage [e'ta:ɢə] *f* piano *m*
Etagenheizung [e'ta:ɢənhaɪtsuŋ] *f* riscaldamento autonomo *m*
Etagenkellner [e'ta:ɢənkɛlnɐ] *m* cameriere del piano *m*
Etagenwohnung [e'ta:ɢənvo:nuŋ] *f* appartamento su un piano *m*
Etappe [e'tapə] *f* tappa *f*
etappenweise [e'tapənvaɪzə] *adj* a tappe
Etat [e'ta:] *m* bilancio *m*
Etatkürzung [e'ta:kyrtsuŋ] *f* riduzione del bilancio *f*
Ethik ['e:tɪk] *f* etica *f*
ethisch ['e:tɪʃ] *adj* etico
ethnisch ['e:tnɪʃ] *adj* etnico
Ethnologie [etnolo'gi:] *f* etnologia *f*
Etikett [eti'kɛt] *n* etichetta *f*
Etikette [eti'kɛtə] *f* etichetta *f*
etliche ['ɛtlɪçə] *pron* parecchi
Etui [e'tvi:] *n* astuccio *m*
etwa ['ɛtva] *adv* circa
etwaig ['ɛtvaɪç] *adj* eventuale
etwas ['ɛtvas] *pron* **1.** qualcosa; *adv* **2.** alquanto, un po'
EU [e:u:] *f* Unione europea (UE) *f*
euch [ɔyç] *pron* **1.** *(direktes Objekt)* voi; vi; **2.** *(indirektes Objekt)* a voi, vi
euer ['ɔyɐ] *pron* vostro
Eule ['ɔylə] *f ZOOL* civetta *f*
eure(r,s) ['ɔyrə(r,s)] *pron* vostro/vostra, vostri/vostre
euresgleichen ['ɔyrəsglaɪçən] *pron* vostro pari, vostri pari

euretwegen ['ɔyrətveːgən] *adv* per voi
Euro ['ɔyro] *m FIN* euro *m*
Eurobond ['oyrobɔnt] *m* FIN eurobond *m*, euroobbligazione *f*
Eurocheque ['ɔyroʃɛk] *m* eurocheque *m*
Europa [ɔy'roːpa] *n GEO* Europa *f*
Europäer(in) [ɔyro'pɛːər(ɪn)] *m/f* europeo/europea *m/f*
europäisch [ɔyro'pɛːɪʃ] *adj* europeo
Europaparlament [ɔy'roːpaparlamɛnt] *n POL* Parlamento europeo *m*
Europarat [ɔy'roːparaːt] *m POL* Consiglio d'Europa *m*
Eurotunnel ['ɔyrotunəl] *m* tunnel della Manica *m*
Eurozone ['ɔyro'tsonə] *f* zona euro *f*
Euter ['ɔytɐ] *n ZOOL* mammella *f*
Evakuierung [evaku'iːruŋ] *f* evacuazione *f*
eventuell [evɛntu'ɛl] *adj* eventuale
Evolution [evolu'tsjoːn] *f* evoluzione *f*
ewig ['eːvɪç] *adj* eterno; *~ und drei Tage* un'eternità
Ewigkeit ['eːvɪçkaɪt] *f* eternità *f*; *das dauert ja eine ~!* Dura un'eternità!
exakt [ɛ'ksakt] *adj* esatto
Exaktheit [ɛ'ksakthaɪt] *f* esattezza *f*
Examen [ɛ'ksaːmən] *f* esame *m*; *ein ~ machen* fare un esame; *durchs ~ fallen* essere bocciato all'esame
Exempel [ɛ'ksɛmpəl] *n* esempio *m*; *ein ~ statuieren* stabilire una punizione esemplare
Exemplar [ɛksɛm'plaːr] *n* esemplare *m*
exemplarisch [ɛksɛm'plaːrɪʃ] *adj* esemplare
Exhibitionist(in) [ɛkshɪbɪtsjo'nɪst(ɪn)] *m/f* esibizionista *m/f*
Existenz [ɛksɪs'tɛnts] *f* esistenza *f*
Existenzangst [ɛksɪs'tɛntsaŋst] *f* angoscia esistenziale *f*
Existenzberechtigung [ɛksɪs'tɛntsbərɛçtɪguŋ] *f* ragion d'essere *f*
Existenzfrage [ɛksɪs'tɛntsfraːgə] *f* questione vitale *f*
Existenzminimum [ɛksɪs'tɛntsminimum] *n* minimo di sussistenza *m*
existieren [ɛksis'tiːrən] *v* **1.** *(leben)* vivere; **2.** *(bestehen)* esistere
exklusiv [ɛksklu'ziːf] *adj* esclusivo
Exkursion [ɛkskur'sjoːn] *f* escursione *f*
exotisch [ɛ'ksoːtɪʃ] *adj* esotico
Expansion [ɛkspan'zjoːn] *f* espansione *f*
Expedition [ɛkspedɪ'tsjoːn] *f* spedizione *f*
Experiment [ɛksperɪ'mɛnt] *n* esperimento *m*
experimentieren [ɛkspɛrɪmɛn'tiːrən] *v* sperimentare
Experte [ɛks'pɛrtə] *m* esperto *m*, perito *m*
Expertin [ɛks'pɛrtɪn] *f* esperta *f*
Expertise [ɛkspɛr'tiːzə] *f* perizia *f*
explodieren [ɛksplo'diːrən] *v* esplodere
Explosion [ɛksplo'zjoːn] *f* esplosione *f*
explosiv [ɛksplo'ziːf] *adj* esplosivo
Expressgut [ɛks'prɛsguːt] *n* merce espresso *f*
extern [ɛks'tɛrn] *adj* esterno
extra ['ɛkstra] *adv* extra
Extrakt [ɛks'trakt] *m* estratto *m*
extravagant [ɛkstrava'gant] *adj* stravagante
extrem [ɛks'treːm] *adj* estremo
Extrem [ɛks'treːm] *n* estremo *m*
extremistisch [ɛkstre'mɪstɪʃ] *adj POL* estremistico
exzellent [ɛkstsɛ'lɛnt] *adj* eccellente
exzentrisch [ɛks'tsɛntrɪʃ] *adj* eccentrico
Exzess [ɛks'tsɛs] *m* eccesso *m*

E

F

Fabel ['fa:bəl] *f* favola *f*
fabelhaft ['fa:bəlhaft] *adj* **1.** favoloso; *adv* **2.** enormemente
Fabrik [fa'bri:k] *f* fabbrica *f*, stabilimento *m*
Fabrikant(in) [fabri'kant(ɪn)] *m/f* fabbricante *m/f*
Fabrikat [fabri'ka:t] *n* prodotto *m*
Fach [fax] *n* **1.** *(Ablagefach)* scomparto *m*; **2.** *(Unterrichtsfach)* materia *f*; **3.** *(Wissensgebiet)* materia *f*, disciplina *f*, specializzazione *f*
Facharbeiter(in) ['faxarbaɪtər(ɪn)] *m/f* operaio specializzato/operaia specializzata *m/f*
Fachausbildung ['faxausbɪlduŋ] *f* specializzazione *f*
Fachausdruck ['faxausdruk] *m* termine tecnico *m*
Fachbereich ['faxbəraɪç] *m* settore *m*
Fachgeschäft ['faxgəʃɛft] *n* negozio specializzato *m*
Fachhochschule ['faxho:xʃu:lə] *f* istituto superiore *m*
fachlich ['faxlɪç] *adj* professionale
Fachliteratur ['faxlitəratu:r] *f* letteratura specializzata *f*
Fachmann ['faxman] *m* esperto *m*, specialista *m*
fachsimpeln ['faxzɪmpəln] *v* parlare di questioni tecniche
Fachwerkhaus ['faxvɛrkhaus] *n* casa con intelaiatura a traliccio *f*
Fachzeitschrift ['faxtsaɪtʃrɪft] *f* rivista specializzata *f*
Fackel ['fakəl] *f* fiaccola *f*
fade ['fa:də] *adj* **1.** *(geschmacklos)* insipido; **2.** *(langweilig)* noioso
Faden ['fa:dən] *m* filo *m*; *den ~ verlieren* perdere il filo del discorso
fadenscheinig ['fa:dənʃaɪnɪç] *adj (fig)* sottile, poco plausibile, sospetto
fähig ['fɛ:ɪç] *adj* capace
Fähigkeit ['fɛ:ɪçkaɪt] *f* capacità *f*
fahl [fa:l] *adj* sbiadito
Fahndung ['fa:nduŋ] *f* ricerca *f*
Fahne ['fa:nə] *f* bandiera *f*; *die ~ hochhalten* tenere alta la bandiera; *die ~ nach dem Winde drehen* cambiare bandiera secondo il vento; *mit fliegenden ~n* a bandiere spiegate
Fahrbahn ['fa:rba:n] *f* carreggiata *f*
Fähre ['fɛ:rə] *f* traghetto *m*
fahren ['fa:rən] *v irr* **1.** andare; *nach Italien ~* andare in Italia; *mit dem Auto ~* andare in macchina; *Der Wagen fährt 240 km in der Stunde.* L'auto fa 240 km orari. **2.** *(steuern)* guidare
Fahrer(in) ['fa:rər(ɪn)] *m/f* conducente *m/f*
Fahrgast ['fa:rgast] *m* passeggero *m*
Fahrgeld ['fa:rgɛlt] *n* prezzo della corsa *m*
Fahrgestell ['fa:rgəʃtɛl] *n* telaio *m*
Fahrkarte ['fa:rkartə] *f* biglietto *m*
Fahrkartenschalter ['fa:rkartənʃaltɐ] *m* biglietteria *f*
fahrlässig ['fa:rlɛsɪç] *adj* **1.** trascurato; **2.** *JUR* colposo
Fahrlässigkeit ['fa:rlɛsɪçkaɪt] *f* **1.** trascuratezza *f*; **2.** *JUR* colpevolezza *f*
Fahrlehrer(in) ['fa:rle:rər(ɪn)] *m/f* istruttore di guida/istruttrice di guida *m/f*
Fahrplan ['fa:rpla:n] *m* orario *m*
fahrplanmäßig ['fa:rpla:nmɛ:sɪç] *adj* in orario
Fahrpreis ['fa:rpraɪs] *m* prezzo del biglietto *m*
Fahrprüfung ['fa:rpry:fuŋ] *f* esame di guida *m*
Fahrrad ['fa:ra:t] *n* bicicletta *f*
Fahrradpumpe ['fa:ra:tpumpə] *f* pompa per bicicletta *f*
Fahrradweg ['fa:ra:tve:k] *m* pista ciclabile *f*
Fahrschein ['fa:rʃaɪn] *m* biglietto *m*
Fahrschule ['fa:rʃu:lə] *f* scuola guida *f*
Fahrschüler(in) ['fa:rʃy:lər(in)] *m/f* allievo di un'autoscuola/allieva di un'autoscuola *m/f*
Fahrspur ['fa:rʃpu:r] *f* corsia *f*
Fahrstuhl ['fa:rʃtu:l] *m* ascensore *m*
Fahrstunde ['fa:rʃtundə] *f* lezione di guida *f*

Fahrt [faːɐt] *f* viaggio *m*
Fährte ['fɛːrtə] *f* traccia *f; jdn auf die falsche ~ führen* mettere qd su una falsa pista
Fahrtenschreiber ['faːɐtənʃraɪbɐ] *m* *(eines Autos)* tachigrafo *m*
Fahrtrichtung ['faːɐtrɪçtuŋ] *f* direzione di marcia *f*
fahrtüchtig ['faːɐtyçtɪç] *adj* **1.** *(Person)* in grado di guidare; **2.** *(Auto)* in grado di partire
Fahrverbot ['faːɐfɛrboːt] *n* **1.** *(Durchfahrverbot)* divieto di transito *m;* **2.** *(Führerscheinentzug)* sospensione della patente *f*
Fahrverhalten ['faːɐfɛrhaltən] *n* **1.** *(einer Person)* comportamento alla guida *m;* **2.** *(eines Autos)* comportamento dell'automobile *m*
Fahrwasser ['faːɐvasɐ] *n in jds ~ schwimmen* seguire la corrente di qd; *in jds ~ geraten* venire travolti dalla corrente di qd
Fahrzeug ['faːɐtsɔyk] *n* veicolo *m*
Fahrzeugbrief ['faːɐtsɔykbriːf] *m* carta di proprietà *f*
Fahrzeughalter ['faːɐtsɔykhaltɐ] *m* proprietario di autovettura *m*
Fahrzeugschein ['faːɐtsɔykʃaɪn] *m* libretto di circolazione *m*
fair [fɛːɐ] *adj* corretto
Fairness ['fɛːɐnɛs] *f* correttezza *f*
Faktor ['faktoːr] *m* fattore *m*
Fakultät [fakul'tɛːt] *f* facoltà *f*
Falke ['falkə] *m ZOOL* falco *m*
Fall[1] [fal] *m* **1.** *(Sturz)* caduta *f;* **2.** *(fig: Niedergang)* decadenza *f; jdn zu ~ bringen* rovinare qd/rovesciare qd/far cader qd
Fall[2] [fal] *m* **1.** *(Umstand)* circostanza *f*, caso *m; Es ist ein ~ von höherer Gewalt.* È un caso di forza maggiore. *ein hoffnungsloser ~* un caso senza speranze *m; jds ~ sein* fare al caso di qd; **2.** *JUR* caso *m*
Falle ['falə] *f* trappola *f*
fallen ['falən] *v irr* **1.** *(stürzen)* cadere; **2.** *(fig: sinken)* decadere; **3.** *etw ~ lassen* lasciar cadere qc; *einen Plan ~ lassen* abbandonare un piano; **4.** *jdn ~ lassen* abbandonare qd; **5.** *(Preise)* scendere; **6.** *aus der Rolle ~* sfigurarsi; *unter den Tisch ~ lassen* far passare qc sotto silenzio
fällen ['fɛlən] *v* **1.** *(Baum)* abbattere; **2.** *(Entscheidung)* prendere
falls [fals] *konj* se
falsch [falʃ] *adj* **1.** *(unwahr)* falso; *an den Falschen geraten* imbattersi nella persona sbagliata; **2.** *(fehlerhaft)* errato, sbagliato; **3.** *(unecht)* finto; **4.** *(unaufrichtig)* bugiardo
fälschen ['fɛlʃən] *v* falsificare
Falschgeld ['falʃgɛlt] *n* denaro falso *m*
fälschlich ['fɛlʃlɪç] *adj* falso
fälschlicherweise ['fɛlʃlɪçɐvaɪzə] *adv* falsamente
Fälschung ['fɛlʃuŋ] *f* falsificazione *f*, contraffazione *f*
faltbar ['faltbaːr] *adj* pieghevole, piegabile
Faltblatt ['faltblat] *n* foglio piegato *m*
Falte ['faltə] *f* **1.** piega *f;* **2.** *(der Haut)* ruga *f*, grinza *f*
falten ['faltən] *v* **1.** piegare; **2.** congiungere; *Er faltet die Hände zum Gebet.* Egli congiunge le mani in preghiera.
familiär [famil'jɛːr] *adj* familiare
Familie [fa'miːljə] *f* famiglia *f; in der ~ bleiben* restare in famiglia; *Das kommt in den besten ~n vor.* Questo succede nelle migliori famiglie.
Familienfeier [fa'miːljənfaɪɐ] *f* festa familiare *f*
Familienleben [fa'miːljənleːbən] *n* vita di famiglia *f*
Familienname [fa'miːljənnaːmə] *m* cognome *m*
Familienoberhaupt [fa'miːljənoːbɐhaupt] *n* capofamiglia *m*
Familienplanung [fa'miːljənplaːnuŋ] *f* pianificazione della famiglia *f*
Familienpolitik [fa'miːljənpolitiːk] *f* politica familiare *f*
Familienstand [fa'miːljənʃtant] *m* stato civile *m*
Familienzusammenführung [fa'miːljəntsuzamənfyːruŋ] *f* riunione della famiglia *f*
famos [fa'moːs] *adj* eccellente
Fan [fɛn] *m* fan *m*
Fanatiker(in) [fa'naːtɪkər(ɪn)] *m/f* fanatico/fanatica *m/f*

F

fanatisch [fa'na:tɪʃ] *adj* fanatico
fangen ['faŋən] *v irr* prendere
Fantasie [fanta'zi:] *f* fantasia *f*
fantasielos [fanta'zi:lo:s] *adj* privo di fantasia
fantasieren [fanta'zi:rən] *v* fantasticare
fantasievoll [fanta'zi:vol] *adj* ricco di fantasia
fantastisch [fan'tastɪʃ] *adj* **1.** fantastico; *adv* **2.** fantasticamente

F

Farbband ['farpbant] *n* nastro colorato *m*
Farbe ['farbə] *f* **1.** colore *m;* **2.** *(Malfarbe)* pittura *f,* vernice *f*
farbecht ['farpɛçt] *adj* a tinte solide
färben ['fɛrbən] *v* colorare
farbenblind ['farbənblɪnt] *adj* daltonico
farbenfreudig ['farbənfrɔydɪç] *adj* dai colori vivaci
Farbenspiel ['farbənʃpi:l] *n* gioco di colori *m*
Farbfernseher ['farpfɛrnze:ɐ] *m* televisore a colori *m*
farbig ['farbɪç] *adj* colorato
farblos ['farplo:s] *adj* **1.** *(Sache)* senza colore; **2.** *(Person)* incolore
Färbung ['fɛrbuŋ] *f* colorazione *f*
Farn [farn] *m BOT* felce *f*
Fasan [fa'za:n] *m ZOOL* fagiano *m*
Fasching ['faʃɪŋ] *m* carnevale *m*
Faschingsball ['faʃɪŋsbal] *m* ballo di carnevale *m*
Faschingskostüm ['faʃɪŋskosty:m] *n* costume di carnevale *m*
Faser ['fa:zɐ] *f* fibra *f; mit jeder ~ ihres Herzens* con ogni fibra del suo cuore
Fass [fas] *n* botte *f; ein ~ ohne Boden sein* essere un pozzo senza fondo; *Das schlägt dem ~ den Boden aus!* Questo è il colmo!/Questo è troppo!/La misura è colma!
Fassade [fa'sa:də] *f* facciata *f*
fassen ['fasən] *v* **1.** *(greifen)* afferrare; **2.** *(beinhalten)* contenere; **3.** *(fig) sich ~* calmarsi; *Fasse dich!* Calmati!
Fasson [fa'sɔŋ] *f aus der ~ geraten* andare fuori forma/andare fuori dei gangheri
Fassung ['fasuŋ] *f* **1.** *(einer Lampe)* portalampada *m;* **2.** *(von Schmuck)* montatura *f;* **3.** *(Selbstbeherrschung)* controllo *m*
fassungslos ['fasuŋslo:s] *adj* sbalordito
Fassungslosigkeit ['fasuŋslo:zɪçkaɪt] *f* sbalordimento *m*
Fassungsvermögen ['fasuŋsfɛrmø:gən] *n* capacità *f,* capienza *f*
fast [fast] *adv* quasi
fasten ['fastən] *v* digiunare
Faszination [fastsɪna'tsjo:n] *f* fascinazione *f*
faszinierend [fastsɪ'ni:rənt] *adj* affascinante
Fatalismus [fata'lɪsmus] *m* fatalismo *m*
faul [faul] *adj* **1.** *(verdorben)* marcio; **2.** *(träge)* pigro; **3.** *(fam: dubios)* fasullo; *eine ~e Ausrede* una magra scusa *f*
faulen ['faulən] *v* marcire
faulenzen ['faulɛntsən] *v* oziare
Faulenzer ['faulɛntsɐ] *m* poltrone *m*
Faulheit ['faulhaɪt] *f* pigrizia *f; vor ~ stinken* essere un gran pigraccio
Faulpelz ['faulpɛlts] *m* poltrone *m*
Fauna ['fauna] *f* fauna *f*
Faust [faust] *f* pugno *m; die ~ im Nacken spüren (fig)* sentirsi il nemico alle spalle; *auf eigene ~* a proprio risco e pericolo/di propria iniziativa; *mit der ~ auf den Tisch hauen* battere il pugno sul tavolo; *Das passt wie die ~ aufs Auge.* È come un pugno in un occhio.
faustdick ['faust'dɪk] *adj es ~ hinter den Ohren haben* essere un furbo di tre cotte
Fäustling ['fɔystlɪŋ] *m* guanto a manopola *m*
Favorit [favo'ri:t] *m* favorito *m*
Fax [faks] *n* fax *m,* telefax *m*
faxen ['faksən] *v* inviare un telefax, spedire per fax
Faxen ['faksən] *pl (fam)* buffonate *f/pl; ~ im Kopf haben* avere grilli per la testa
Fazit ['fa:tsɪt] *n* somme *f/pl*
Februar ['fe:bruar] *m* febbraio *m*
fechten ['fɛçtən] *n irr SPORT* combattere di scherma
Feder ['fe:dɐ] *f* **1.** *ZOOL* piuma *f; ~n lassen müssen (fig)* doverci rimettere le penne; *sich mit fremden ~n schmücken* farsi belli con le penne degli altri;

2. *(Schreibfeder)* penna *f;* 3. *(Bettfeder)* piuma *f; aus den ~n* dalle coltri; *in den ~n* tra le coltri
Federbett ['fe:dɐbɛt] *n* piumino *m*
Federhalter ['fe:dɐhaltɐ] *m* cannello della penna *m*
federleicht ['fe:dɐ'laɪçt] *adj* leggero come una piuma
Fee [fe:] *f* fata *f*
fegen ['fe:gən] *v* spazzare
fehl [fe:l] *adv ~ am Platz* fuori posto
Fehlanzeige ['fe:lantsaɪgə] *f* rapporto negativo *m*
fehlen ['fe:lən] *v* mancare; *Was fehlt ihr? (fig)* Cosa ha? *Das fehlt mir gerade noch!* Ci mancava anche questa! *Weit gefehlt!* Tutto sbagliato!
Fehlentscheidung ['fe:lɛntʃaɪduŋ] *f* decisione sbagliata *f*
Fehlentwicklung ['fe:lɛntvɪkluŋ] *f* evoluzione sbagliata *f*
Fehler ['fe:lɐ] *m* 1. errore *m;* 2. *(Defekt)* difetto *m*
fehlerhaft ['fe:lɐhaft] *adj* difettoso, scoretto
fehlerlos ['fe:lɐlo:s] *adj* senza difetti
Fehltritt ['fe:ltrɪt] *m* passo falso *m*
Fehlzündung ['fe:ltsynduŋ] *f (beim Auto)* accensione irregolare *f*
Feier ['faɪɐ] *f* festa *f*
Feierabend ['faɪəra:bənt] *m* serata libera *f,* riposo serale *m; Damit ist ~!* Con questo basta!/Adesso basta!
feierlich ['faɪɐlɪç] *adj* 1. festivo; *Das ist ja nicht mehr ~!* Questo è troppo! *adv* 2. a festa
feiern ['faɪɐn] *v* festeggiare
Feiertag ['faɪɐta:k] *m* giorno festivo *m*
feig [faɪk] *adj* vile
Feige ['faɪgə] *f BOT* fico *m*
Feigheit ['faɪkhaɪt] *f* viltà *f*
Feigling ['faɪklɪŋ] *m* vigliacco *m*
Feile ['faɪlə] *f* lima *f*
feilen ['faɪlən] *v* limare
feilschen ['faɪlʃən] *v* mercanteggiare; *Er feilscht um den Preis.* Egli mercanteggia sul prezzo.
fein [faɪn] *adj* 1. *(dünn)* sottile; 2. *(zart)* delicato; 3. *(vornehm)* fine; 4. *(präzise)* preciso; 5. *~ heraus sein* essere uscito bene, averla passata liscia
Feind [faɪnt] *m* nemico *m*
feindlich ['faɪntlɪç] *adj* 1. nemico; *adv* 2. da nemico
Feindschaft ['faɪntʃaft] *f* inimicizia *f*
feindselig ['faɪntze:lɪç] *adj* nemico, ostile
Feindseligkeit ['faɪntze:lɪçkaɪt] *f* inimicizia *f,* ostilità *f*
feinfühlig ['faɪnfy:lɪç] *adj* sensibile, delicato
Feinkost ['faɪnkɔst] *f GAST* specialità gastronomiche *f/pl*
Feinmechaniker ['faɪnmeça:nɪkɐ] *m* meccanico di precisione *m*
Feinschmecker(in) ['faɪnʃmɛkər(ɪn)] *m/f* buongustaio/buongustaia *m/f*
Feinstaub [faɪnʃtaup] *m CHEM* polveri sottili *pl*
Feld [fɛlt] *n AGR* campo *m; ein weites ~ sein* essere un campo molto vasto; *das ~ behaupten* tenere il campo; *das ~ räumen* sgombrare il campo; *jdm das ~ überlassen* cedere il campo a qd; *gegen jdn zu ~e ziehen* scendere in campo contro qd
Feldsalat ['fɛltzala:t] *m BOT* lattughella *f*
Feldweg ['fɛltve:k] *m* sentiero di campagna *m,* carraia *f*
Felge ['fɛlgə] *f (eines Rades)* cerchio *m*
Fell [fɛl] *n* pelo *m; ein dickes ~ haben* avere la pelle dura; *jdm das ~ gerben* conciare qd per le feste; *Mir juckt das ~.* Mi prude la pelle.
Fels [fɛls] *m* roccia *f; ein ~ in der Brandung sein* essere una roccia tra le onde
Felsen ['fɛlzən] *m* roccia *f*
felsenfest ['fɛlzenfɛst] *adj* 1. incrollabile; *adv* 2. saldo come una roccia
Felsenküste ['fɛlzənkystə] *f* costa rocciosa *f*
Felsspalte ['fɛlsʃpaltə] *f* crepa *f*
feminin [femɪ'ni:n] *adj* femminile
Feminismus [femɪ'nɪsmus] *m* femminismo *m*
Feministin [femɪ'nɪstɪn] *f* femminista *f*
Fenchel ['fɛnçəl] *m BOT* finocchio *m*
Fenster ['fɛnstɐ] *n* finestra *f*
Fensterbank ['fɛnstɐbaŋk] *f* davanzale *m*
Fensterladen ['fɛnstɐla:dən] *m* persiana *f*
Fensterputzer ['fɛnstɐputsɐ] *m* pulitore di vetri *m*

F

Fensterrahmen ['fɛnstɐraːmən] *m* telaio della finestra *m*
Fensterscheibe ['fɛnstɐʃaɪbə] *f* vetro della finestra *m*
Ferien ['feːrjən] *pl* vacanze *f/pl*
Ferienhaus ['feːrjənhaus] *n* casa per le vacanze *f*, seconda casa *f*
Ferienort ['feːrjənɔrt] *m* luogo di villeggiatura *m*
Ferienwohnung ['feːrjənvoːnuŋ] *f* appartamento per le vacanze *m*

F

Ferkel ['fɛrkəl] *n* **1.** ZOOL porcellino *m;* **2.** *(fig)* porcellone *m*
fern [fɛrn] *adj* **1.** *(örtlich)* lontano; **2.** *(zeitlich)* lontano; *prep* **3.** lontano
Fernamt ['fɛrnamt] *n* centralino interurbano *m*
Fernbedienung ['fɛrnbədiːnuŋ] *f* telecomando *m*
fernbleiben ['fɛrnblaɪbən] *v irr* mancare, essere assente; *unentschuldigt ~* mancare ingiustificatamente
Ferne ['fɛrnə] *f* lontananza *f*
ferner ['fɛrnɐ] *konj* inoltre
Fernfahrer ['fɛrnfaːrɐ] *m* camionista *m*
Ferngespräch ['fɛrngəʃprɛːç] *n* comunicazione interurbana *f*
Fernglas ['fɛrnglaːs] *n* binocolo *m*
Fernheizung ['fɛrnhaɪtsuŋ] *f* riscaldamento centrale a distanza *m*
Fernkurs ['fɛrnkurs] *m* corso per corrispondenza *m*
Fernlicht ['fɛrnlɪçt] *n* *(eines Autos)* luce abbagliante *f*
Fernmeldeamt ['fɛrnmɛldəamt] *n* ufficio telecomunicazioni *m*
Fernost ['fɛrn'ɔst] *m* GEO Estremo Oriente *m*
Fernrohr ['fɛrnroːr] *n* cannocchiale *m*
Fernsehantenne ['fɛrnzeːantɛnə] *f* antenna televisiva *f*
fernsehen ['fɛrnzeːən] *v irr* guardare la televisione
Fernsehen ['fɛrnzeːən] *n* televisione *f*
Fernsehgerät ['fɛrnzeːgərɛːt] *n* TECH televisore *m*
Fernsprecher ['fɛrnʃprɛçɐ] *m* telefono *m*
Fernsteuerung ['fɛrnʃtɔyəruŋ] *f* telecomando *m*
Ferse ['fɛrzə] *f* ANAT tallone *m; sich an jds ~n heften* incollarsi alle calcagna di qd; *jdm auf den ~n bleiben* stare alle calcagna di qd
fertig ['fɛrtɪç] *adj* **1.** *(beendet)* finito; *mit jdm ~ sein* averne abbastanza di qd; **2.** *(bereit)* pronto; **3.** *(fam: erschöpft)* sfinito; **4.** *~ machen* terminare, ultimare; *etw ~ machen* approntare qc/finire qc; *jdn ~ machen* sgridare qd
Fertigung ['fɛrtɪguŋ] *f* fabbricazione *f*, produzione *f*
fesseln ['fɛsəln] *v* incatenare
fesselnd ['fɛsəlnt] *adj* avvincente
fest [fɛst] *adj* **1.** *(hart)* duro; **2.** *(stark)* forte; **3.** *(dicht)* compatto; **4.** *(gleichbleibend)* fermo
Fest [fɛst] *n* festa *f*
Festangestellte(r) ['fɛstangəʃtɛltə(r)] *m/f* impiegato fisso/impiegata fissa *m/f*
Festessen ['fɛstɛsən] *n* banchetto *m*
festhalten ['fɛsthaltən] *v irr* **1.** tenere fermo; **2.** *(merken)* tenere a mente; **3.** *sich ~* tenersi, reggersi
festigen ['fɛstɪgən] *v* **1.** *(stärken)* fortificare; **2.** *sich ~* consolidarsi
Festival ['fɛstɪval] *n* festival *m*
Festland ['fɛstlant] *n* terraferma *f*
festlich ['fɛstlɪç] *adj* festivo
festnageln ['fɛstnaːgəln] *v jdn auf etw ~* inchiodare qd a qc
festnehmen ['fɛstneːmən] *v irr jdn ~* fermare qd, arrestare qd
Festplatte ['fɛstplatə] *f* INFORM disco a memoria fissa *m*
festsetzen ['fɛstzɛtsən] *v* fissare, stabilire
feststehen ['fɛstʃteːən] *v irr* **1.** *(festgelegt sein)* essere fissato; **2.** *(sicher sein)* essere certo
feststellen ['fɛstʃtɛlən] *v* constatare
fett [fɛt] *adj* grasso
Fett [fɛt] *n* grasso *m; das ~ abschöpfen (fig)* fare la parte da leone/tenere per sé il meglio; *sein ~ abbekommen* ricevere la propria parte/ricevere il fatto proprio
fettarm ['fɛtarm] *adj* povero di grassi, scremato; *~e Milch* latte scremato *m*
Fettfleck ['fɛtflɛk] *m* macchia d'unto *f*
Fettnäpfchen ['fɛtnɛpfçən] *n ins ~ treten* fare una gaffe
feucht [fɔyçt] *adj* umido
Feuchtigkeit ['fɔyçtɪçkaɪt] *f* umidità *f*

Feuer ['fɔyɐ] *n* fuoco *m; ~ und Flamme sein* essere entusiasti; *~ fangen (fig)* entusiasmarsi/prendere fuoco; *jdm ~ unterm Hintern machen (fam)* accendere il fuoco sotto il sedere a qn; *für jdn durchs ~ gehen* buttarsi nel fuoco per qd; *mit dem ~ spielen* giocare col fuoco
Feueralarm ['fɔyəralaːrm] *m* allarme in caso d'incendio *m*
Feuerbestattung ['fɔyɐbəʃtatuŋ] *f* cremazione *f*
feuerfest ['fɔyɐfɛst] *adj* resistente al fuoco
feuergefährlich ['fɔyɐgəfɛːrlɪç] *adj* infiammabile
Feuerleiter ['fɔyɐlaɪtɐ] *f* scala d'emergenza *f*
Feuerlöscher ['fɔyɐlœʃɐ] *m* estintore *m*
feuern ['fɔyɐn] *v* **1.** *jdm eine ~* dare una sberla a qd; **2.** *jdn ~* buttare fuori qd, licenziare qd
Feuerprobe ['fɔyɐproːbə] *f die ~ bestehen* superare la prova del fuoco
Feuerwehr ['fɔyɐveːr] *f* pompieri *m/pl,* vigili del fuoco *m/pl*
Feuerwehrmann ['fɔyɐveːrman] *m* pompiere *m*
Feuerwerk ['fɔyɐvɛrk] *n* fuochi artificiali *m/pl,* fuochi del Bengala *m/pl*
Feuerzeug ['fɔyɐtsɔyk] *n* accendino *m*
Fichte ['fɪçtə] *f* BOT abete rosso *m*
Fieber ['fiːbɐ] *n* febbre *f*
Fieberthermometer ['fiːbɐtɛrmomeːtɐ] *n* termometro *m*
Figur [fi'guːr] *f* **1.** *(Körper)* figura *f; eine schöne ~ haben* avere un bel corpo; **2.** *(Statue)* ART figura *f*
Filet [fi'leː] *n* GAST filetto *m*
Filiale [fil'jaːlə] *f* ECO filiale *f,* succursale *f*
Film [fɪlm] *m* **1.** *(dünne Schicht)* pellicola *f;* **2.** CINE film *f,* pellicola *f*
filmen ['fɪlmən] *v* filmare
Filmfestspiele ['fɪlmfɛstʃpiːlə] *pl* festival del cinema *m*
Filmkamera ['fɪlmkamərа] *f* cinepresa *f*
Filter ['fɪltɐ] *m/n* filtro *m*
Filterkaffee ['fɪltɐkafeː] *m* caffè passato al filtro *m*
filtern ['fɪltɐn] *v* filtrare
Filterpapier ['fɪltɐpapiːr] *n* carta da filtro *f*
Filz [fɪlts] *m* feltro *m*
Filzstift ['fɪltsʃtɪft] *m* pennarello *m*
Finale [fi'naːlə] *n* finale *m*
Finanzamt [fɪ'nantsamt] *n* intendenza di finanza *f,* ufficio imposte dirette *m/pl*
Finanzbeamter [fɪ'nantsbəamtɐ] *m* impiegato alle imposte *m*
Finanzen [fɪ'nantsən] *pl* finanze *f/pl*
finanziell [fɪnan'tsjɛl] *adj* finanziario
finanzieren [fɪnan'tsiːrən] *v* finanziare
Finanzierung [fɪnan'tsiːruŋ] *f* finanziamento *m*
Finanzkrise [fɪ'nantskriːzə] *f* ECO, FIN crisi finanziara *f*
Finanztransaktionssteuer [fi'nantstransaktsjoːnsʃtoyər] *f* FIN imposta sulle transazioni finanziarie *f,* tassa sulle transazioni finanziarie *f*
finden ['fɪndən] *v irr* trovare
Finderlohn ['fɪndɐloːn] *m* compenso a chi trova un oggetto smarrito *m*
Finger ['fɪŋɐ] *m* ANAT dito *m; keinen ~ krumm machen* non muovere un dito; *lange ~ machen* allungare le mani; *den ~ draufhaben* controllare; *die ~ im Spiel haben* avere le mani in pasta; *die ~ von jdm lassen* togliere le mani da qd; *sich nicht die ~ schmutzig machen* non sporcarsi le mani; *sich die ~ verbrennen* scottarsi le dita; *etw an zehn ~n abzählen können* prevedere facilmente qc/ poter contare qc sulle dita di una mano; *jdm auf die ~ klopfen* bacchettare qd sulle dita; *jdm auf die ~ schauen* controllare qd; *sich etw aus den ~n saugen* escogitare qc; *etw mit dem kleinen ~ machen* fare qc con la mano sinistra/fare qc con il mignolo; *mit dem ~ auf jdn zeigen* segnare a dito qd; *nur mit dem kleinen ~ zu winken brauchen* dover solo fare un cenno; *jdn zwischen die ~ bekommen* acchiappare qd
Fingerabdruck ['fɪŋərapdruk] *m* impronta digitale *f*
Fingerfertigkeit ['fɪŋɐfɛrtɪçkaɪt] *f* destrezza di mano *f*
Fingerhut ['fɪŋɐhuːt] *m* BOT ditale *m*
Fingernagel ['fɪŋɐnaːgəl] *m* ANAT unghia *f*
fingieren [fɪŋ'giːrən] *v* fingere

Fink [fɪŋk] *m ZOOL* fringuello *m*
finnisch ['fɪnɪʃ] *adj* finlandese
Finnland ['fɪnlant] *n GEO* Finlandia *f*
finster ['fɪnstɐ] *adj* 1. *(dunkel)* buio; 2. *(grimmig)* truce; 3. *(fig: Atmosphäre)* tetro
Finsternis ['fɪnstɐnɪs] *f* oscurità *f*
Firma ['fɪrma] *f ECO* ditta *f*
Fisch [fɪʃ] *m ZOOL* pesce *m; ein dicker ~* un pesce grosso *m; weder ~ noch Fleisch sein* non essere né carne né pesce; *Das sind kleine ~e.* Questi sono pesci piccoli./Queste sono noccioline./Queste sono minuzie.
fischen ['fɪʃən] *v* pescare; *im Trüben ~* pescare nel torbido
Fischer ['fɪʃɐ] *m* pescatore *m*
Fischerboot ['fɪʃɐboːt] *n* peschereccio *m,* barca da pesca *f*
Fischfang ['fɪʃfaŋ] *m* pesca *f*
Fischgeschäft ['fɪʃgəʃɛft] *n* pescheria *f*
Fischgräte ['fɪʃgrɛːtə] *f* lisca *f*
Fiskus ['fɪskus] *m* fisco *m*
Fitnesscenter ['fɪtnɛssɛntɐ] *n SPORT* palestra *f*
Fittich ['fɪtɪç] *m jdn unter seine ~e nehmen* prendere qd sotto la propria ala
Fixer ['fɪksɐ] *m* drogato *m*
fixieren [fɪ'ksiːrən] *v* 1. *(festmachen)* fissare; 2. *(festlegen)* stabilire; 3. *(anstarren)* fissare
Fixum ['fɪksum] *n* fisso *m*
flach [flax] *adj* piano
Flachbildschirm [flaxbɪltʃɪrm] *m* schermo piatto *m*
Fläche ['flɛçə] *f* superficie *f,* piano *m*
flächendeckend ['flɛçəndɛkənt] *adj* capillare
Flachland ['flaxlant] *n* pianura *f*
Flachs [flaks] *m BOT* lino *m*
flackern ['flakɐn] *v* guizzare, tremolare
Flagge ['flagə] *f* bandiera *f; ~ zeigen* prendere posizione; *unter falscher ~ segeln* agire sotto mentite spoglie
Flaggschiff ['flagʃɪf] *n* nave ammiraglia *f*
Flamme ['flamə] *f* fiamma *f; in ~n stehen* essere in fiamme
Flanell [fla'nɛl] *m* flanella *f*
Flasche ['flaʃə] *f* 1. bottiglia *f;* 2. *(Babyflasche)* biberon *m;* 3. *(fam: Trottel)* schiappa *f*
Flaschenöffner ['flaʃənœfnɐ] *m* apribottiglia *m*
Flaschenpfand ['flaʃənpfant] *n* vuoto a rendere *m*
Flatrate [flætreɪt] *f TEL* tariffa flat, tariffa forfettaria *f*
flatterhaft ['flatɐhaft] *adj* volubile
flattern ['flatɐn] *v* svolazzare, sventolare
flau [flau] *adj* 1. debole; *adv* 2. male; *Er fühlt sich ~!* Sta male!
Flausen ['flauzən] *pl* frottole *f/pl; ~ im Kopf haben* avere grilli per la testa
Flaute ['flautə] *f (Windstille)* bonaccia *f*
flechten ['flɛçtən] *v irr* intrecciare
Fleck [flɛk] *m* 1. *(Schmutzfleck)* macchia *f; einen ~ auf der weißen Weste haben (fig)* avere una macchia sulla propria reputazione; 2. *(blauer ~)* livido *m;* 3. *(Stoffstück)* pezza *f,* toppa *f;* 4. *(Ort)* luogo *m; am falschen ~* fuori luogo; *vom ~ weg* su due piedi; *nicht vom ~ kommen* non andare avanti/non riuscire a procedere
Fleckentferner ['flɛkɛntfɛrnɐ] *m* smacchiatore *m*
fleckig ['flɛkɪç] *adj* macchiato
Fledermaus ['fleːdɐmaus] *f ZOOL* pipistrello *m*
Flegel ['fleːgəl] *m* villano *m*
flegelhaft ['fleːgəlhaft] *adj* zotico, villano
flehen ['fleːən] *v* supplicare
flehentlich ['fleːəntlɪç] *adj* supplichevole
Fleisch [flaɪʃ] *n* carne *f; sein eigen ~ und Blut* carne della propria carne *f; in ~ und Blut übergehen* entrare nel sangue/diventare un'abitudine; *sich ins eigene ~ schneiden* rovinarsi con le proprie mani; *vom ~ fallen* ridursi a pelle e ossa/dimagrire/deperire
Fleischbrühe ['flaɪʃbryːə] *f GAST* brodo di carne *m*
Fleiß [flaɪs] *m* diligenza *f*
fleißig ['flaɪsɪç] *adj* diligente
flexibel [flɛk'siːbəl] *adj* flessibile
Flexibilität [flɛksibɪlɪ'tɛːt] *f* flessibilità *f*
flicken ['flɪkən] *v* rattoppare
Flieder ['fliːdɐ] *m BOT* lillà *m*

Fliege ['fli:gə] *f* **1.** *ZOOL* mosca *f; zwei ~n mit einer Klappe schlagen* prendere due piccioni con una fava; **2.** *(Bekleidungsstück)* farfalla *f;* **3.** *eine ~ machen (fam)* alzare i tacchi, sparire
fliegen ['fli:gən] *v irr* volare
Fliegengitter ['fli:gəngɪtɐ] *n* zanzariera *f*
Fliegeralarm ['fli:gəralarm] *m MIL* allarme aereo *m*
fliehen ['fli:ən] *v irr* fuggire
Fliese ['fli:zə] *f* piastrella *f*
Fließband ['fli:sbant] *n* catena di montaggio *f*
fließen ['fli:sən] *v irr* scorrere
flimmern ['flɪmɐn] *v* tremolare
flink [flɪŋk] *adj* svelto
Flirt [flɪrt] *m* flirt *m*
flirten ['flɪrtən] *v* amoreggiare, flirtare
Flittchen ['flɪtçən] *n (fam)* fraschetta *f*
Flitterwochen ['flɪtɐvɔxən] *pl* luna di miele *f*
Flocke ['flɔkə] *f* fiocco *m*
Floh [flo:] *m ZOOL* pulce *f; jdm einen ~ ins Ohr setzen (fig)* mettere una pulce nell'orecchio a qd
Flohmarkt ['flo:markt] *m* mercato delle pulci *m*
Florenz [flo'rɛnts] *n GEO* Firenze *f*
florieren [flo'ri:rən] *v* fiorire, prosperare; *Das Geschäft floriert.* Gli affari prosperano.
Florist(in) [flo'rɪst(ɪn)] *m/f* fiorista *m/f*
Floskel ['flɔskəl] *f* frase retorica *f*
Floß [flo:s] *n* zattera *f*
Flosse ['flɔsə] *f* **1.** *(Taucherflosse)* pinna *f;* **2.** *ZOOL* pinna *f*
Flöte ['flø:tə] *f MUS* flauto *m*
flöten ['flø:tən] *v ~ gehen* andare in fumo
flott [flɔt] *adj* **1.** *(schnell)* svelto, spigliato, disinvolto; **2.** *(schick)* chic
Flotte ['flɔtə] *f* flotta *f*
Fluch [flu:x] *m* maledizione *f*, bestemmia *f*
fluchen ['flu:xən] *v* maledire
Flucht [fluxt] *f* fuga *f; auf der ~ sein* essere in fuga; *die ~ ergreifen* prendere la fuga; *jdn in die ~ schlagen* mettere in fuga qd
fluchtartig ['fluxtartɪç] *adj* precipitoso
flüchten ['flyçtən] *v* fuggire
flüchtig ['flyçtɪç] *adj* **1.** *(fliehend)* fuggente; **2.** *(kurz)* breve; **3.** *(oberflächlich)* superficiale
Flüchtigkeitsfehler ['flyçtɪçkaɪtsfe:lɐ] *m* errore di disattenzione *m*
Flüchtling ['flyçtlɪŋ] *m* fuggitivo *m*
Flüchtlingslager ['flyçtlɪŋsla:gɐ] *n* campo profughi *m*
Fluchtweg ['fluxtve:k] *m* via di scampo *f*
Flug [flu:k] *m* volo *m; wie im ~e* in un baleno
Flugblatt ['flu:kblat] *n* volantino *m*
Flügel ['fly:gəl] *m* **1.** ala *f; die ~ stutzen* tagliare le ali; **2.** *MUS* pianoforte a coda *m*
Flügeltür ['fly:gəlty:r] *f* porta a battenti *f*
Fluggast ['flu:kgast] *m* passeggero d'aereo *m*
Fluggesellschaft ['flu:kgəzɛlʃaft] *f* compagnia aerea *f*
Flughafen ['flu:kha:fən] *m* aeroporto *m*
Flughöhe ['flu:khø:ə] *f* quota di volo *f*, altezza di volo *f*
Fluglotse ['flu:klo:tsə] *m* controllore di volo *m*
Flugplan ['flu:kpla:n] *m* orario di vola *m*
Flugsteig ['flu:kʃtaɪk] *m* passerella d'imbarco *f*
Flugverbindung ['flu:kvɛrbɪnduŋ] *f* collegamento aereo *m*
Flugverkehr ['flu:kvɛrke:r] *m* traffico aereo *m*
Flugzeug ['flu:ktsɔyk] *n* aeroplano *m*, aereo *m*
Flugzeugabsturz ['flu:ktsɔykapʃturts] *m* caduta di un aereo *f*
Flugzeugbau ['flu:ktsɔykbau] *m* costruzioni aeronautiche *f/pl*
Flugzeugträger ['flu:ktsɔyktrɛ:gɐ] *m* portaerei *f*
Flur[1] [flu:r] *m* corridoio *m; der ~ der Wohnung* il corridoio dell'appartamento *m*
Flur[2] [flu:r] *f* campo *m; über die ~en gehen* andare per i campi; *allein auf weiter ~* completamente solo
Fluss [flus] *m* **1.** *GEO* fiume *m;* **2.** *(Fließen)* flusso *m*

flüssig ['flysɪç] *adj* **1.** *(nicht fest)* liquido; **2.** *(fig: fließend)* fluido *m*
Flüssigkeit ['flysɪçkaɪt] *f* liquido *m*
Flussmündung ['flusmyndʊŋ] *f* foce *f*
Flussufer ['flusu:fɐ] *n* riva del fiume *f*
flüstern ['flystɐn] *v* bisbigliare
Flut [flu:t] *f* **1.** *(Wasserhochstand)* alta marea *f;* **2.** *(fig: große Menge)* diluvio *m*
Flutlicht ['flu:tlɪçt] *n* luce a largo fascio luminoso *f*
Flutwelle ['flu:tvɛlə] *f* onda di marea *f*
Fohlen ['fo:lən] *n ZOOL* puledro *m*
Föhn [fø:n] *m* **1.** *(Fallwind) METEO* föhn *m;* **2.** *(Haartrockner)* asciugacapelli *m*
föhnen ['fø:nən] *v* asciugare con l'asciugacapelli
Folge ['fɔlgə] *f* **1.** *(Auswirkung)* conseguenza *f; zur ~ haben* avere come conseguenza; **2.** *(Reihenfolge)* successione *f;* **3.** *(Fortsetzung)* puntata *f*
folgen ['fɔlgən] *v* **1.** *(hinterhergehen)* seguire; **2.** *(aufeinander ~)* succedere; **3.** *(gehorchen)* ubbidire; *Das Kind folgt den Eltern.* Il bambino ubbidisce ai genitori.
folgend ['fɔlgənt] *adj* successivo
folgendermaßen ['fɔlgəndər'ma:sən] *adv* così
folgerichtig ['fɔlgɐɪçtɪç] *adj* conseguente
folgern ['fɔlgɐn] *v* dedurre
folglich ['fɔlklɪç] *konj* per conseguenza, perciò
folgsam ['fɔlkza:m] *adj* ubbidiente
Folie ['fo:ljə] *f* foglio *m,* pellicola *f*
Folklore ['fɔlklo:rə] *f* folclore *m*
Folter ['fɔltɐ] *f* tortura *f*
foltern ['fɔltɐn] *v* torturare
fordern ['fɔrdɐn] *v* chiedere
fördern ['fœrdɐn] *v* **1.** *(unterstützen)* promuovere; **2.** *(abbauen)* estrarre
Forderung ['fɔrdərʊŋ] *f* **1.** *(Verlangen)* richiesta *f;* **2.** *(Geld)* credito *m*
Förderung ['fœrdərʊŋ] *f* **1.** *(Unterstützung)* promozione *f,* sostegno *m;* **2.** *(Abbau)* estrazione *f*
Forelle [fo'rɛlə] *f ZOOL* trota *f*
Form [fɔrm] *f* **1.** forma *f; zu großer ~ auflaufen* raggiungere una forma migliore; **2.** *(Stil)* forma *f; neue ~en der Kunst* nuove forme artistiche *f/pl; in aller ~* in pompa magna/formalmente; **3.** *(Gussform)* forma *f*
formal [fɔr'ma:l] *adj* formale
Formalität [fɔrmali'tɛ:t] *f* formalità *f*
Format [fɔr'ma:t] *n* **1.** *(Maß)* formato *m;* **2.** *(fig)* statura *f,* levatura *f*
formatieren [fɔrma'ti:rən] *v INFORM* formattare
Formation [fɔrma'tsjo:n] *f* formazione *f*
formbar ['fɔrmba:r] *adj* plasmabile
Formel ['fɔrməl] *f* formula *f*
formell [fɔr'mɛl] *adj* formale
formen ['fɔrmən] *v* formare
förmlich ['fœrmlɪç] *adj* formale
Förmlichkeit ['fœrmlɪçkaɪt] *f* formalità *f*
formlos ['fɔrmlo:s] *adj* **1.** informe; **2.** *(fig)* informale; *adv* **3.** *(fig)* con disinvoltura
Formular [fɔrmu'la:r] *n* modulo *m; ein ~ ausfüllen* riempire un modulo
formulieren [fɔrmu'li:rən] *v* formulare
formvollendet ['fɔrmfɔlɛndət] *adj* **1.** di forma perfetta; *adv* **2.** perfettamente
forschen ['fɔrʃən] *v* ricercare
Forscher(in) ['fɔrʃər(ɪn)] *m/f* ricercatore/ricercatrice *m/f*
Forschung ['fɔrʃʊŋ] *f* ricerca *f*
Forst [fɔrst] *m* foresta *f*
Förster ['fœrstɐ] *m* guardia forestale *f*
Forstwesen ['fɔrstve:zən] *n* silvicoltura *f*
fort [fɔrt] *adv* via
fortbestehen ['fɔrtbəʃte:ən] *v irr* continuare ad esistere
fortbewegen ['fɔrtbəve:gən] *v* **1.** rimuovere; **2.** *sich ~* procedere, avanzare
fortbilden ['fɔrtbɪldən] *v sich ~* perfezionarsi; *sich in einem Fach ~* perfezionarsi in una materia
Fortbildung ['fɔrtbɪldʊŋ] *f* perfezionamento *m; berufliche ~* perfezionamento professionale *m*
Fortdauer ['fɔrtdaʊɐ] *f* continuità *f*
fortfahren ['fɔrtfa:rən] *v irr* **1.** *(wegfahren)* partire, andar via; **2.** *(fortsetzen)* continuare
fortgehen ['fɔrtge:ən] *v irr* andare via
fortgeschritten ['fɔrtgəʃrɪtən] *adj* progredito

Fortgeschrittene(r) ['fɔrtgəʃrɪtənə-(r)] *m/f* avanzato/avanzata *m/f*
fortjagen ['fɔrtjaːgən] *v* scacciare
fortlaufen ['fɔrtlaufən] *v irr* correre via
fortlaufend ['fɔrtlaufənt] *adj* continuo
fortpflanzen ['fɔrtpflantsən] *v sich* ~ riprodursi; *sich geschlechtlich* ~ riprodursi sessualmente
Fortpflanzung ['fɔrtpflantsuŋ] *f* riproduzione *f*
fortschreiten ['fɔrtʃraɪtən] *v irr* avanzare
Fortschritt ['fɔrtʃrɪt] *m* progresso *m*
fortschrittlich ['fɔrtʃrɪtlɪç] *adj* progressivo
fortsetzen ['fɔrtzɛtsən] *v* continuare
Fortsetzung ['fɔrtzɛtsuŋ] *f* continuazione *f*
fortwährend ['fɔrtvɛːrənt] *adv* continuamente
Forum ['foːrum] *n (fig)* foro *m*
fossil [fɔ'siːl] *adj* fossile
Foto ['foːto] *n* fotografia *f*
Fotoapparat ['foːtoaparaːt] *m* macchina fotografica *f*
Fotograf [foːto'graːf] *m* fotografo *m*
fotografieren [foːtogra'fiːrən] *v* fotografare
Fotokopie [foːtoko'piː] *f* fotocopia *f*
fotokopieren [foːtoko'piːrən] *v* fotocopiare
Fotokopierer [foːtoko'piːrɐ] *m* fotocopiatrice *f*
Foyer [fɔ'jeː] *n THEAT* ridotto *m*
Frachter ['fraxtɐ] *m* nave da carico *f*
Frack [frak] *m* frac *m*
Frage ['fraːgə] *f* **1.** domanda *f*, richiesta *f*, quesito *m*; **2.** *(Angelegenheit)* questione *f*; *eine ~ der Zeit sein* essere una questione di tempo; *außer ~ stehen* essere fuori discussione
Fragebogen ['fraːgəboːgən] *m* questionario *m*
fragen ['fraːgən] *v* domandare
fragend ['fraːgənt] *adj* interrogativo
Fragezeichen ['fraːgətsaɪçən] *n* punto interrogativo *m*
fraglich ['fraːklɪç] *adj* dubbio
Fragment [frak'mɛnt] *n* frammento *m*
fragwürdig ['fraːkvyrdɪç] *adj* dubbio, discutibile
Fragwürdigkeit ['fraːkvyrdɪçkaɪt] *f* incertezza *f*
frankieren [fraŋ'kiːrən] *v* affrancare
Frankreich ['fraŋkraɪç] *n GEO* Francia *f*
Franzose [fran'tsoːzə] *m* francese *m*
Französin [fran'tsøːzɪn] *f* francese *f*
französisch [fran'tsøːzɪʃ] *adj* francese
Französisch [fran'tsøːzɪʃ] *n* francese *m*
Frau [frau] *f* **1.** donna *f*; *eine ~ von Welt sein* essere una donna di mondo; **2.** *(Ehefrau)* moglie *f*; **3.** *(Anrede)* Signora *f*
Frauenarzt ['frauənartst] *m* ginecologo *m*
Frauenbewegung ['frauənbəveːguŋ] *f* movimento femminista *m*
Frauenklinik ['frauənkliːnɪk] *f* clinica ginecologica *f*
Frauenrechtlerin ['frauənrɛçtlərɪn] *f* femminista *f*
Fräulein ['frɔylaɪn] *n* signorina *f*
fraulich ['fraulɪç] *adj* femminile
frech [frɛç] *adj* impertinente
Frechheit ['frɛçhaɪt] *f* impertinenza *f*
frei [fraɪ] *adj* **1.** *(ungebunden)* libero; *sich ~ machen* liberarsi; **2.** *(nicht besetzt)* libero; **3.** *(kostenlos)* gratuito, libero, gratis
Freibad ['fraɪbaːt] *n* piscina all'aperto *f*
freiberuflich ['fraɪbəruːflɪç] *adj ~ tätig sein* essere un libero professionista
Freibetrag ['fraɪbətraːk] *m* reddito non imponibile *m*
freihändig ['fraɪhɛndɪç] *adv* a mano libera
Freiheit ['fraɪhaɪt] *f* libertà *f*
Freikarte ['fraɪkartə] *f* biglietto gratuito *m*
Freikörperkultur ['fraɪkœrpɐkultuːr] *f* nudismo *m*
freilassen ['fraɪlasən] *v irr* mettere in libertà
freilich ['fraɪlɪç] *adv* **1.** *(einräumend)* a dire il vero; **2.** *(bestätigend)* certamente
freimachen ['fraɪmaxən] *v* **1.** *(frankieren)* affrancare; **2.** *(sich entkleiden) sich ~* spogliarsi
freimütig ['fraɪmyːtɪç] *adj* franco
Freitag ['fraɪtaːk] *m* venerdì *m*
freitags ['fraɪtaːks] *adv* di venerdì
freiwillig ['fraɪvɪlɪç] *adj* volontario
Freizeit ['fraɪtsaɪt] *f* tempo libero *m*

Freizeitbeschäftigung ['fraɪtsaɪtbəʃɛftɪguŋ] *f* attività ricreative *f/pl*
Freizügigkeit ['fraɪtsy:giçkaɪt] *f* libertà *f*
fremd [frɛmt] *adj* **1.** *(unbekannt)* sconosciuto; **2.** *(andern gehörig)* estraneo; **3.** *(ausländisch)* straniero
Fremde(r) ['frɛmdə(r)] *m/f* straniero/straniera *m/f*
Fremdenführer(in) ['frɛmdənfy:rər(ɪn)] *m/f* **1.** *(Person)* guida turistica *f; m* **2.** *(Buch)* guida turistica *f*
Fremdenverkehr ['frɛmdənfɛrke:r] *m* turismo *m*
Fremdenzimmer ['frɛmdəntsɪmɐ] *n* camera per turisti *f*
fremdgehen ['frɛmtge:ən] *v irr (fam)* commettere adulterio, fare una scappatella
Fremdsprache ['frɛmtʃpra:xə] *f* lingua straniera *f*
Fremdwort ['frɛmtvɔrt] *n* vocabolo straniero *m*
fressen ['frɛsən] *v irr* mangiare; *jdn zum ~ gern haben* volere molto bene a qd
Fressen ['frɛsən] *n* cibo *m; ein gefundenes ~* un'occasione propizia *f*
Freude ['frɔydə] *f* gioia *f*
Freudenbotschaft ['frɔydənbo:tʃaft] *f* lieta notizia *f*
Freudenhaus ['frɔydənhaus] *n* bordello *m,* casa di piacere *f*
freudig ['frɔydɪç] *adj* gioioso
freudlos ['frɔytlo:s] *adj* infelice, triste
freuen ['frɔyən] *v sich ~* rallegrarsi; *Er freut sich über eine Nachricht.* Egli si rallegra di una notizia.
Freund(in) [frɔynd(ɪn)] *m/f* amico *m,* amica *f*
freundlich ['frɔyntlɪç] *adj* gentile
Freundlichkeit ['frɔyntlɪçkaɪt] *f* gentilezza *f*
Freundschaft ['frɔyntʃaft] *f* amicizia *f*
Frieden ['fri:dən] *m* pace *f; dem ~ nicht trauen* essere scettico; *jdn in ~ lassen* lasciare in pace qd
Friedhof ['fri:tho:f] *m* cimitero *m*
friedlich ['fri:tlɪç] *adj* pacifico
frieren ['fri:rən] *v irr* **1.** *(Person)* aver freddo; **2.** *(Wasser)* congelarsi
Frikadelle [frɪka'dɛlə] *f* GAST polpetta *f*
frisch [frɪʃ] *adj* fresco
Frische ['friʃə] *f* freschezza *f; in alter ~* sempre in forma
Frischhaltebeutel ['frɪʃhaltəbɔytəl] *m* sacchetto di conservazione *m*
Friseur(in) [frɪ'zø:r(ɪn)] *m/f* parrucchiere(a) *m/f, (für Männer)* barbiere *m*
Friseuse [fri'zø:zə] *f* parrucchiera *f*
frisieren [frɪ'zi:rən] *v* **1.** pettinare, acconciare; **2.** *(fig: Auto)* truccare
Frist [frɪst] *f* tempo fissato *m; wenige Tage ~ haben* avere pochi giorni di tempo
fristlos ['frɪstlo:s] *adj* senza avviso
Frisur [fri'zu:r] *f* pettinatura *f*
froh [fro:] *adj* allegro, contento
fröhlich ['frø:lɪç] *adj* allegro
Fröhlichkeit ['frø:lɪçkaɪt] *f* allegria *f*
fromm [frɔm] *adj* pio, devoto
Frömmigkeit ['frœmɪçkaɪt] *f* REL devozione *f*
Front [frɔnt] *f* **1.** *(eines Gebäudes)* facciata *f;* **2.** MIL fronte *m*
Frontalzusammenstoß [frɔn'ta:ltsuzamənʃto:s] *m* collisione frontale *f*
Frosch [frɔʃ] *m* ZOOL rana *f; einen ~ im Hals haben (fig)* avere la voce roca; *Sei kein ~!* Non fare il guastafeste!
Frost [frɔst] *m* gelo *m*
frostig ['frɔstɪç] *adj* **1.** *(kalt)* freddo; **2.** *(fig)* freddo
Frostschutzmittel ['frɔstʃutsmitəl] *n* antigelo *m,* anticongelante *m*
Frottee [frɔ'te:] *n* tessuto a spugna *m*
Frucht [fruxt] *f* frutto *m*
fruchtbar ['fruxtba:r] *adj* fertile
Fruchtbarkeit ['fruxtba:rkaɪt] *f* fertilità *f*
Fruchtsaft ['fruxtzaft] *m* GAST succo di frutta *m,* spremuta di frutta *f*
früh [fry:] *adj* **1.** presto; *adv* **2.** presto
Frühaufsteher ['fry:aufʃte:ɐ] *m* persona mattiniera *f*
früher ['fry:ɐ] *adj* **1.** di prima; *adv* **2.** prima; *Ich kam ~ als sie.* Arrivai prima di lei.
Frühjahr ['fry:ja:r] *n* primavera *f*
frühreif ['fry:raɪf] *adj (fig)* precoce
Frühstück ['fry:ʃtyk] *n* colazione *f*
frühstücken ['fry:ʃtykən] *v* fare colazione

frühzeitig ['fryːtsaɪtɪç] *adj* precoce
Fuchs [fuks] *m* ZOOL volpe *f*; *alter ~ (fig)* volpone *m* *(fam)*
fügen ['fyːgən] *v sich ~* ubbidire, sottomettersi; *sich jds Willen ~* sottomettersi alla volontà di qd
fügsam ['fyːkzaːm] *adj* arrendevole
fühlen ['fyːlən] *v* sentire
führen ['fyːrən] *v* condurre
Führer(in) ['fyːrər(ɪn)] *m/f* **1.** *(Chef(in))* capo *m/f*, dirigente *m/f*; **2.** *(Fahrer(in))* autista *m/f*; **3.** *(Fremdenführer(in))* guida *f*
Führerschein ['fyːrɐʃaɪn] *m* patente di guida *f*
Führung ['fyːruŋ] *f* **1.** *(Leitung)* direzione *f*; **2.** *(Fremdenführung)* visita guidata *f*; **3.** *(Benehmen)* condotta *f*
Führungskraft ['fyːruŋskraft] *f* dirigente *m*
füllen ['fylən] *v* riempire
Füller ['fylɐ] *m* penna stilografica *f*
Füllung ['fyluŋ] *f* **1.** *(das Füllen)* riempimento *m*; **2.** *(Polsterung)* imbottitura *f*; **3.** *(Zahnfüllung)* otturazione *f*; **4.** GAST ripieno *m*
Fund [funt] *m* ritrovamento *m*
Fundament [funda'mɛnt] *n* **1.** *(eines Hauses)* fondamenta *f/pl*; **2.** *(fig: Grundlage)* base *f*
fundamental [fundamɛn'taːl] *adj* fondamentale
Fundamentalist(in) [fundamɛnta'lɪst(ɪn)] *m/f* POL fondamentalista *m/f*
Fundbüro ['funtbyroː] *n* ufficio oggetti smarriti *m*
fundiert [fun'diːrt] *adj* fondato
fünf [fynf] *num* cinque; *alle ~e gerade sein lassen* non guardare troppo per il sottile/chiudere un occhio; *~ Minuten vor zwölf* l'ultima occasione/l'ultimo minuto
fünfte(r,s) ['fynftə(r,s)] *adj* quinto/quinta
fünftens ['fynftəns] *adv* in quinto luogo
fünfzehn ['fynftseːn] *adj* quindici
fünfzehnte(r,s) ['fynftseːntə(r,s)] *adj* quindicesimo/quindicesima
fünfzig ['fynftsɪç] *num* cinquanta
fünfzigste(r,s) ['fynftsɪçstə(r,s)] *adj* cinquantesimo/cinquantesima
Funk [fuŋk] *m* radio *f*; *über ~ vermitteln* trasmettere via radio
Funke ['fuŋkə] *m* scintilla *f*
funkeln ['fuŋkəln] *v* scintillare
funken ['fuŋkən] *v* **1.** radiotelegrafare; **2.** *(fig)* accendere; *Es hat gefunkt.* È scoppiata la scintilla.
Funkgerät ['fuŋkgərɛːt] *n* apparecchio radio *m*
Funkloch ['fuŋklɔx] *m* TEL zona senza copertura *f*
Funkspruch ['fuŋkʃprux] *m* radiomessaggio *m*
Funktion [fuŋk'tsjoːn] *f* funzione *f*
funktional [fuŋktsjo'naːl] *adj* **1.** funzionale; *adv* **2.** in modo funzionale
funktionell [fuŋktsjo'nɛl] *adj* **1.** funzionale; *adv* **2.** in modo funzionale
funktionieren [fuŋktjo'niːrən] *v* funzionare
für [fyːr] *prep* **1.** per; *Was ~ ein Auto!* Che macchina! *das Für und Wider* il pro e il contro; **2.** *Tag ~ Tag* giorno dopo giorno; **3.** *an und ~ sich* di per sé/in sé; *eine Sache ~ sich* una cosa a sé/una cosa in sé
Furche ['furçə] *f* solco *m*
Furcht [furçt] *f* paura *f*
furchtbar ['furçtbaːr] *adj* terribile
fürchten ['fyrçtən] *v* temere, aver paura di
fürchterlich ['fyrçtɐlɪç] *adj* terribile
furchtsam ['furçtzaːm] *adj* pauroso
Furnier [fur'niːr] *n* piallaggio *m*
Furore [fu'roːrə] *f/n ~ machen* fare furore
fürs *(= für das) (siehe „für")*
Fürsorge ['fyːrzɔrgə] *f* assistenza *f*
fürsorglich ['fyːrzɔrglɪç] *adj* premuroso
Fürsprecher(in) ['fyːrʃprɛçər(ɪn)] *m/f* intercessore/interceditrice *m/f*, difensore/difenditrice *m/f*
Fürst(in) [fyrst/'fyrstɪn] *m/f* principe(ssa) *m/f*
Fürstentum ['fyrstəntuːm] *n* principato *m*
fürstlich ['fyrstlɪç] *adj* **1.** principesco; **2.** *(fig: üppig)* ricco
Fuß [fuːs] *m* **1.** ANAT piede *m*; *~ fassen* prendere piede; *auf freiem ~ sein* essere a piede libero; *auf großem ~ leben* vivere alla grande; *mit einem ~ im Grabe stehen* avere un piede nella fossa; *mit*

dem linken ~ zuerst aufstehen alzarsi con il piede sbagliato/alzarsi con il piede sinistro; *kalte Füße bekommen (fig)* avere dei ripensamenti; *sich die Füße vertreten* sgranchirsi le gambe; *jdm auf die Füße treten* pestare i piedi a qd; *sich auf eigene Füße stellen* camminare con le proprie gambe; *etw mit Füßen treten* prendere a calci qc/trattare qc con i piedi; *jdm zu Füßen liegen* venerare qd/ adorare qd; **2.** *(Sockel)* piede *m*

F

Fußbad ['fuːsbaːt] *n* pediluvio *m; Heute nehme ich ein ~.* Oggi prendo un pediluvio.

Fußball ['fuːsbal] *m* **1.** *SPORT* calcio *m;* **2.** *(Ball)* pallone *m*

Fußballfan ['fuːsbalfɛn] *m* tifoso di calcio *m Ich bin ein ~ von AS Rom.* Sono un tifoso di calcio dell'AS Roma.

Fußballspieler(in) ['fuːsbalʃpiːlər(ɪn)] *m/f* calciatore *m,* calciatrice *f*

Fußboden ['fuːsboːdən] *m* pavimento *m*

Fußgänger(in) ['fuːsgɛŋər(ɪn)] *m/f* pedone/pedona *m/f*

Fußgängerzone ['fuːsgɛŋɐtsoːnə] *f* zona pedonale *f*

Fußtritt ['fuːstrɪt] *m* calcio *m*

Fußvolk ['fuːsfɔlk] *n MIL* fanteria *f*

Fußweg ['fuːsveːk] *m* via pedonale *f*

Futter[1] ['futɐ] *n (Nahrung)* foraggio *m,* pastura *f*

Futter[2] ['futɐ] *n (Kleidung)* fodera *f,* rivestimento *m*

füttern ['fytɐn] *v* imboccare, dare da mangiare

futuristisch [futu'rɪstɪʃ] *adj* futuristico

G

Gabe ['ga:bə] *f* **1.** *(Geschenk)* dono *m;* **2.** *(fig: Talent)* talento *m*
Gabel ['ga:bəl] *f* forchetta *f*
Gabelstapler ['ga:bəlʃta:plɐ] *m TECH* carrello a forca *m*
Gabelung ['ga:bəluŋ] *f* biforcazione *f*
Gag [gæg] *m* battuta *f,* gag *f*
Gage ['ga:ɢə] *f* compenso *m,* ingaggio *m*
gähnen ['gɛ:nən] *v* sbadigliare
galant [ga'lant] *adj* galante
Galavorstellung ['ga:lafo:rʃtɛluŋ] *f* spettacolo di gala *m*
Galerie [galə'ri:] *f* **1.** *(Passage)* galleria *f;* **2.** *ART* galleria *f*
Galgen ['galgən] *m* forca *f; jdn an den ~ bringen* portare qd alla forca
Galle ['galə] *f ANAT* bile *f; Da läuft mir die ~ über.* Mi scoppia la bile.
Galopp [ga'lɔp] *m* galoppo *m*
Gammler ['gamlɐ] *m (fam)* capellone *m*
Gämse ['gɛmzə] *f ZOOL* camoscio *m*
Gang [gaŋ] *m* **1.** *(Gehen)* andatura *f; etw in ~ bringen* dar corso a qc; **2.** *(Verlauf)* andamento *m; in ~ sein* essere in moto/essere in movimento/essere in marcia; *in ~ kommen* mettersi in moto/mettersi in movimento; *etw in ~ setzen* mettere in moto; *seinen ~ gehen* andare come al solito; *im ~e sein* essere in corso; **3.** *(Flur)* corridoio *m;* **4.** *(eines Autos)* marcia *f; einen ~ zulegen* accelerare; *einen ~ zurückschalten* scalare una marcia; **5.** *GAST* portata *f*
gängig ['gɛŋɪç] *adj* in uso, comune; *eine ~e Redensart* una locuzione comune
Gans [gans] *f ZOOL* oca *f; eine dumme ~* un'oca *f,* una scema *f*
Gänsehaut ['gɛnzəhaut] *f* pelle d'oca *f; Ich habe eine ~ bekommen.* Mi è venuta la pelle d'oca.
ganz [gants] *adj* **1.** intero, tutto; **2.** *(nicht kaputt)* intatto
Ganzes ['gantsəs] *n* intero *m; aufs Ganze gehen* rischiare il tutto per tutto/rischiare tutto; *ums Ganze gehen* mettere tutto in gioco/essere tutto o niente
ganztägig ['gantstɛ:gɪç] *adj* che dura tutto il giorno
gar [ga:r] *adj* **1.** *(gekocht)* cotto; *adv* **2.** *~ nicht* affatto; *Das gefällt mir ~ nicht.* Questo non mi piace affatto.
Garantie [garan'ti:] *f* garanzia *f; unter ~* sotto garanzia/sicuramente
garantieren [garan'ti:rən] *v* garantire per
Garaus [ga:raus] *m jdm den ~ machen* fare la pelle a qd
Gardasee ['gardaze:] *m GEO* lago di Garda *m*
Garderobe [gardə'ro:bə] *f* guardaroba *f*
Gardine [gar'di:nə] *f* tendina *f; hinter schwedischen ~n* dietro le sbarre
Gardinenpredigt [gar'di:nənpre:dɪgt] *f* ramanzina *f; jdm eine ~ halten* fare una ramanzina a qd
gären ['gɛ:rən] *v irr* fermentare; *Es gärt im Volk.* Il popolo è in fermento.
Garn [garn] *n* filato *m*
Garnele [gar'ne:lə] *f ZOOL* gambero *m*
garnieren [gar'ni:rən] *v* guarnire
Garnitur [garni'tu:r] *f* **1.** *(Wäsche)* parure *f;* **2.** *(Geschirr)* servizio *m*
Garten ['gartən] *m* giardino *m*
Gartenbau ['gartənbau] *m* giardinaggio *m*
Gartenfest ['gartənfɛst] *n* festa in giardino *f*
Gartenhaus ['gartənhaus] *n* padiglione nel giardino *m*
Gartenzaun ['gartəntsaun] *m* recinto del giardino *m*
Gärtner(in) ['gɛrtnər(ɪn)] *m/f* giardiniere/guardiniera *m/f*
Gärtnerei [gɛrtnə'raɪ] *f* vivaio *m*
Gärung ['gɛ:ruŋ] *f* fermentazione *f*
Gas [ga:s] *n* gas *m*
Gasflasche ['ga:sflaʃə] *f* bombola di gas *f*
Gasheizung ['ga:shaɪtsuŋ] *f* riscaldamento a gas *m*

G

Gasherd ['gaːsheːrt] *m* cucina a gas *f*
Gasmaske ['gaːsmaskə] *f* maschera antigas *f*
Gaspedal ['gaːspedaːl] *n* il pedale dell'acceleratore *m*
Gasse ['gasə] *f* vicolo *m*
Gast [gast] *m* ospite *m*
Gastarbeiter(in) ['gastarbaɪtər(ɪn)] *m/f* lavoratore straniero/lavoratrice straniera *m/f*
Gästehaus ['gɛstəhaus] *n* foresteria *f*
Gästezimmer ['gɛstətsɪmɐ] *n* camera per gli ospiti *f*
gastfreundlich ['gastfrɔyntlɪç] *adj* ospitale
Gastfreundschaft ['gastfrɔyntʃaft] *f* ospitalità *f*
Gastgeber(in) ['gastgeːbər(ɪn)] *m/f* ospite *m/f*
Gasthaus ['gasthaus] *n* locanda *f*
Gasthörer(in) ['gasthøːrər(ɪn)] *m/f* uditore/uditrice *m/f*
Gaststätte ['gastʃtɛtə] *f* ristorante *m*
Gaststättengewerbe ['gastʃtɛtəngəverbə] *n* industria alberghiera *f*
Gastwirt ['gastvɪrt] *m* oste *m*
Gaswerk ['gaːsvɛrk] *n* officina del gas *f*
Gaszähler ['gaːstsɛːlɐ] *m* contatore del gas *m*
Gatte ['gatə] *m* marito *m*
Gattin ['gatɪn] *f* moglie *f*
Gattung ['gatuŋ] *f* genere *m*
Gaukler ['gauklɐ] *m* buffone *m*
Gaul [gaul] *m* cavallo da strapazzo *m*, ronzino *m*
Gaumen ['gaumən] *m* ANAT palato *m*; *einen feinen ~ haben* avere un palato fine
Gauner ['gaunɐ] *m* imbroglione *m*
Gebäck [gə'bɛk] *n* biscotti *m/pl*
Gebärde [gə'bɛːrdə] *f* gesto *m*
gebärden [gə'bɛːrdən] *v sich ~* atteggiarsi
gebären [gə'bɛːrən] *v irr* partorire
Gebärmutter [gə'bɛːrmutɐ] *f* ANAT utero *m*
Gebäude [gə'bɔydə] *n* edificio *m*
geben ['geːbən] *v irr* **1.** dare; *viel darum geben* dare molto/dare tutto; *Wo gibt's denn so was?* Come ti salta in mente? **2.** *es gibt* c'è, ci sono; *Das gibt es nicht!* Non può essere! **3.** *es jdm ~* darle a qd; *auf etw nichts ~* non dare valore a qc
Gebet [gə'beːt] *n* REL preghiera *f*; *jdn ins ~ nehmen* fare la predica a qd
Gebiet [gə'biːt] *n* **1.** territorio *m*; **2.** *(fig: Sachgebiet)* campo *m*
gebieterisch [gə'biːtərɪʃ] *adj* imperioso
Gebilde [gə'bɪldə] *n* forma *f*
gebildet [gə'bɪldət] *adj* **1.** *(geformt)* modellato; **2.** *eine ~e Person* una persona istruita
Gebirge [gə'bɪrgə] *n* GEO montagna *f*
Gebirgskette [gə'bɪrgskɛtə] *f* GEO catena montuosa *f*
Gebiss [gə'bɪs] *n* **1.** ANAT dentatura *f*; **2.** *(künstliches ~)* dentiera *f*
geboren [gə'boːrən] *adj* nato
Geborgenheit [gə'bɔrgənhaɪt] *f* sicurezza *f*
Gebot [gə'boːt] *n* **1.** *(Befehl)* comando *m*; **2.** REL comandamento *m*
gebraten [gə'braːtən] *adj* arrostito
Gebrauch [gə'braux] *m* impiego *m*; *in ~ kommen* entrare in uso
gebrauchen [gə'brauxən] *v* adoperare, usare
gebräuchlich [gə'brɔyçlɪç] *adj* usato
Gebrauchsanweisung [gə'brauxsanvaɪzuŋ] *f* istruzioni per l'uso *f/pl*
gebraucht [gə'brauxt] *adj* usato
Gebrauchtwagen [gə'brauxtvaːgən] *m* automobile usata *f*
Gebrüll [gə'bryl] *n* ruggito *m*
Gebühr [gə'byːr] *f* tassa *f*
Gebühreneinheit [gə'byːrənaɪnhaɪt] *f* scatto *m*
gebührenfrei [gə'byːrənfraɪ] *adj* esente da tasse
gebührenpflichtig [gə'byːrənpflɪçtɪç] *adj* tassabile
Geburt [gə'burt] *f* nascita *f*; *eine schwere ~* un parto difficile *m*
Geburtenrate [gə'burtənraːtə] *f* quoziente di natalità *m*
gebürtig [gə'byrtɪç] *adj* nativo; *Er ist ein ~er Italiener.* È un oriundo italiano.
Geburtsanzeige [gə'burtsantsaɪgə] *f* denuncia di nascita *f*

Geburtsjahr [gə'burtsjaːr] *n* anno di nascita *m*
Geburtsort [gə'burtsɔrt] *m* luogo di nascita *m*
Geburtstag [gə'burtstaːk] *m* giorno di nascita *m*, compleanno *m*
Geburtstagsfeier [gə'burtstaːksfaɪɐ] *f* festa di compleanno *f*
Geburtstagskind [gə'burtstaːkskɪnt] *n* chi festeggia il proprio compleanno *m*
Geburtsurkunde [gə'burtsuːrkundə] *f* atto di nascita *m*
Gebüsch [gə'byʃ] *n* boscaglia *f*
Gedächtnis [gə'dɛçtnɪs] *n* memoria *f*; *ein ~ wie ein Sieb haben* non ricordarsi dal naso alla bocca
Gedächtnislücke [gə'dɛçtnɪslykə] *f* vuoto di memoria *m*
Gedanke [gə'daŋkə] *m* pensiero *m*; *~n lesen können* poter leggere il pensiero; *mit den ~n spielen* accarezzare l'idea; *seine ~n beisammen haben* raccogliere le idee; *etw in ~n tun* fare qc soprappensiero
Gedankenaustausch [gə'daŋkənaustauʃ] *m* scambio d'idee *m*
gedankenlos [gə'daŋkənloːs] *adj* sbadato
Gedankenlosigkeit [gə'daŋkənloːzɪçkaɪt] *f* spensieratezza *f*
Gedankensprung [gə'daŋkənʃpruŋ] *m* volo, sbadataggine *f*
Gedankenstrich [gə'daŋkənʃtrɪç] *m* trattino *m*
Gedankenübertragung [gə'daŋkənyːbɐtraːguŋ] *f* telepatia *f*
gedankenverloren [gə'daŋkənfɛrloːrən] *adj* assente
Gedeck [gə'dɛk] *n* coperto *m*
gedeihen [gə'daɪən] *v irr* attecchire
gedenken [gə'dɛŋkən] *v irr* **1.** *(erinnern)* ricordarsi; **2.** *(vorhaben)* proporsi
Gedenkfeier [gə'dɛŋkfaɪɐ] *f* commemorazione *f*
Gedenkstätte [gə'dɛŋkʃtɛtə] *f* monumento commemorativo *m*
Gedicht [gə'dɪçt] *n* poesia *f*; *ein ~ sein* essere un sogno
Gedränge [gə'drɛŋə] *n* calca *f*
Gedrängel [gə'drɛŋəl] *n (fam)* pigia pigia *m*
gedrungen [gə'druŋən] *adj* tarchiato
Geduld [gə'dult] *f* pazienza *f*; *Ich habe die ~ verloren.* Ho perso la pazienza.
geduldig [gə'duldɪç] *adj* paziente
Geduldsfaden [gə'dultsfaːdən] *m Mir reißt der ~!* Sto perdendo la pazienza!
Geduldsspiel [gə'dultsʃpiːl] *n* gioco di pazienza *m*; *Das ist ein ~.* Ci vuole proprio pazienza.
geeignet [gə'aɪgnət] *adj* adatto
Gefahr [gə'faːr] *f* pericolo *m*; *~ laufen* correre il rischio; *auf eigene ~* a proprio rischio e pericolo
gefährden [gə'fɛːrdən] *v* mettere in pericolo
Gefährdung [gə'fɛːrduŋ] *f* minaccia *f*
Gefahrenzone [gə'faːrəntsoːnə] *f* zona pericolosa *f*
Gefahrenzulage [gə'faːrəntsuːlaːgə] *f* indennità di lavoro pericoloso *f*
gefährlich [gə'fɛːrlɪç] *adj* pericoloso
gefahrlos [gə'faːrloːs] *adj* senza pericolo
Gefälle [gə'fɛlə] *n* pendenza *f*
gefallen [gə'falən] *v irr* **1.** piacere; **2.** *sich etw ~ lassen* sopportare qc; *adj* **3.** *(im Kampf)* caduto
Gefallen [gə'falən] *m* piacere *m*; *~ finden an* trovare diletto a
Gefallener [gə'falənɐ] *m* caduto *m*
gefällig [gə'fɛlɪç] *adj* **1.** *(zuvorkommend)* cortese; **2.** *(angenehm)* piacevole
Gefälligkeit [gə'fɛlɪçkaɪt] *f* piacere *m*
gefangen [gə'faŋənhaltən] *adj ~ halten* trattenere in carcere; *~ nehmen* fare prigioniero
Gefangene(r) [gə'faŋənə(r)] *m/f* **1.** *MIL* prigioniero/prigioniera *m/f*; **2.** *(Häftling)* carcerato/carcerata *m/f*
Gefangenenlager [gə'faŋənənlaːgɐ] *n MIL* campo di prigionia *m*
Gefangenschaft [gə'faŋənʃaft] *f MIL* prigionia *f*
Gefängnis [gə'fɛŋnɪs] *n* prigione *f*
Gefängnisstrafe [gə'fɛŋnɪsʃtraːfə] *f* pena detentiva *f*
Gefäß [gə'fɛːs] *n* **1.** recipiente *m*; **2.** *ANAT* vaso *m*
gefasst [gə'fast] *adj ~ sein* essere preparato
Gefecht [gə'fɛçt] *n MIL* combattimento *m*

G

gefeit [gə'faɪt] *adj ~ sein* immune; *gegen Versuchungen ~ sein* essere immune da tentazioni
Geflimmer [gə'flɪmɐ] *n* scintillio *m*
geflissentlich [gə'flɪsəntlɪç] *adj* intenzionale
Geflügel [gə'fly:gəl] *n ZOOL* pollame *m*
Geflügelfarm [gə'fly:gəlfarm] *f* azienda avicola *f*
Geflüster [gə'flystɐ] *n* bisbiglio *m*
Gefolge [gə'fɔlgə] *n* seguito *m*
gefragt [gə'fra:kt] *adj ~ sein* essere richiesto
gefrieren [gə'fri:rən] *v* gelare, congelarsi
Gefrierfach [gə'fri:rfax] *n* freezer *m*
Gefriertruhe [gə'fri:rtru:ə] *f* congelatore *m*
Gefüge [gə'fy:gə] *n* struttura *f*
gefügig [gə'fy:gɪç] *adj* docile
Gefühl [gə'fy:l] *n* **1.** *(körperlich)* sensibilità *f;* **2.** *(seelisch)* sentimento *m; mit gemischten ~en* con sentimenti contrastanti; *das höchste der ~e* il massimo; **3.** *(Ahnung)* sensazione *f; etw im ~ haben* avere qc nel sangue/sapere qc per istinto
gefühllos [gə'fy:llo:s] *adj* **1.** *(körperlich)* insensibile; **2.** *(seelisch)* insensibile
Gefühlsausbruch [gə'fy:lsausbrux] *m* sfogo emotivo *m*
Gefühlsduselei [gəfy:lsduzə'laɪ] *f* sentimentalismo *m*
gefühlsmäßig [gə'fy:lsmɛ:sɪç] *adv* emotivo
Gefühlsmensch [gə'fy:lsmenʃ] *m* sentimentale *m*
gefühlvoll [gə'fy:lfɔl] *adj* pieno di sentimento
gegebenenfalls [gə'ge:bənənfals] *adv* in caso
Gegebenheit [gə'ge:bənhaɪt] *f* dato di fatto *m*
gegen ['ge:gən] *prep* **1.** *(zeitlich)* verso; **2.** *(örtlich)* contro; **3.** *(wider)* contro; *etw ~ jdn haben* avere qc contro qd; **4.** *(im Austausch)* contro; *~ Quittung* contro ricevuta
Gegend ['ge:gənt] *f* **1.** *(Landschaft)* paesaggio *m;* **2.** *(Nähe)* vicinanze *f/pl; die ~ unsicher machen* andare in giro a fare danni/girovagare
Gegendarstellung ['ge:gəndarʃtɛluŋ] *f* replica *f; (Medien)* rettifica *f*
gegeneinander ['ge:gənaɪnandɐ] *adv* l'uno contro l'altro
Gegenfahrbahn ['ge:gənfa:rba:n] *f* corsia opposta *f*
Gegengewicht ['ge:gəngəvɪçt] *n* contrappeso *m*
gegenläufig ['ge:gənlɔyfɪç] *adj* contromarcia
Gegenleistung ['ge:gənlaɪstuŋ] *f* contraccambio *m*
Gegenlicht ['ge:gənlɪçt] *n* controluce *m*
Gegenmaßnahme ['ge:gənmasna:mə] *f* contromisura *f*
Gegensatz ['ge:gənzats] *m* contrario *m*
gegensätzlich ['ge:gənzɛtslɪç] *adj* contrario
Gegensätzlichkeit ['ge:gənzɛtslɪçkaɪt] *f* opposizione *f*
gegenseitig ['ge:gənzaɪtɪç] *adj* reciproco; *sich ~ helfen* aiutarsi reciprocamente
Gegenseitigkeit ['ge:gənzaɪtɪçkaɪt] *f* reciprocità *f*
Gegenspieler(in) ['ge:gənʃpi:lər(ɪn)] *m/f* avversario/avversaria *m/f*
Gegensprechanlage [ge:gənʃprɛçanla:gə] *f* interfono *m*
Gegenstand ['ge:gənʃtant] *m* **1.** oggetto *m;* **2.** *(Thema)* materia *f*
gegenstandslos ['ge:gənʃtantslo:s] *adj* inconsistente
Gegenstück ['ge:gənʃtyk] *n* oggetto di riscontro *m*
Gegenteil ['ge:gəntaɪl] *n* contrario *m*
gegenüber [ge:gən'y:bɐ] *prep* **1.** *(örtlich)* di fronte; **2.** *(im Hinblick)* verso, nei riguardi di; **3.** *(Vergleich)* nei confronti di, rispetto a
gegenüberliegen [ge:gən'y:bɐli:gən] *v* essere di fronte
gegenüberstehen [ge:gən'y:bɐʃte:ən] *v* **1.** stare dirimpetto; **2.** *(fig)* comportarsi; **3.** *(fig) einer Sache skeptisch ~* avere dei dubbi nei riguardi di qc
gegenüberstellen [ge:gən'y:bɐʃtɛlən] *v* **1.** *(vergleichen)* paragonare; **2.** *(konfrontieren)* confrontare
Gegenüberstellung [ge:gən'y:bɐʃtɛluŋ] *f* **1.** *(Vergleich)* paragone *m;* **2.** *(Konfrontation)* confronto *m*

Gegenverkehr ['ge:gənfɛrke:r] *m* traffico in senso contrario *m*
Gegenwart ['ge:gənvart] *f* 1. GRAMM presente *m;* 2. *(Anwesenheit)* presenza *f*
gegenwärtig ['ge:gənvɛrtɪç] *adj* 1. *(jetzig)* presente; 2. *(anwesend)* presente
Gegenwehr ['ge:gənve:r] *f* difensa *f*
Gegenwert ['ge:gənvɛrt] *m* controvalore *m*
Gegenwind ['ge:gənvɪnt] *m* vento contrario *m*
gegenzeichnen ['ge:gəntsaɪçnən] *v* controfirmare
Gegner ['ge:gnɐ] *m* avversario *m*
gegnerisch ['ge:gnɐɪʃ] *adj* avversario; *die ~e Partei* il partito avversario *m*
Gehalt [gə'halt] *n* 1. *(Lohn)* stipendio *m;* 2. *(Inhalt)* contenuto *m*
Gehaltserhöhung [gə'haltsɛrhø:uŋ] *f* aumento di stipendio *m*
Gehaltsgruppe [gə'haltsgrupə] *f* categoria di stipendio *f*
Gehaltszulage [gə'haltstsu:la:gə] *f* supplemento di stipendio *m*
gehaltvoll [gə'haltfɔl] *adj* di valore; *eine ~e Mahlzeit* un pasto sostanzioso *m*
gehässig [gə'hɛsɪç] *adj* maligno
Gehässigkeit [gə'hɛsɪçkaɪt] *f* malignità *f*
Gehäuse [gə'hɔyzə] *n* involucro *m*
gehbehindert ['ge:bəhɪndɐt] *adj* handicappato nel camminare
Gehege [gə'he:gə] *n* 1. riserva di caccia *f;* 2. *(ZOOL)* recinto *m*
geheim [gə'haɪm] *adj* segreto; *~ halten* tener segreto
Geheimagent [gə'haɪmagɛnt] *m* POL agente segreto *m*
Geheimbund [gə'haɪmbunt] *m* associazione segreta *f*
Geheimdienst [gə'haɪmdi:nst] *m* POL servizio segreto *m*
Geheimfach [gə'haɪmfax] *n* scomparto segreto *m*
Geheimnis [gə'haɪmnɪs] *n* segreto *m; ein offenes ~* un segreto di Pulcinella *m*
Geheimniskrämer [gə'haɪmnɪskrɛ:mɐ] *m* uomo misterioso *m*
geheimnisvoll [gə'haɪmnɪsfɔl] *adj* misterioso
Geheimratsecken [gə'haɪmratsɛkən] *pl (fam)* stempiature *f/pl*
Geheimtipp [gə'haɪmtɪp] *m* consiglio confidenziale *m*
gehemmt [gə'hɛmt] *adj* PSYCH *inibito*
gehen ['ge:ən] *v irr* 1. andare; *~ in* entrare; *Wie geht's?* Come va? *Das geht so nicht.* Così non va. *Es geht um ...* Si tratta di ...; *in sich ~* ravvedersi; *Das kann nicht gut ~.* La cosa non può finire bene. 2. *(weg~)* partire; 3. *(dauern)* durare; 4. *~ lassen (in Ruhe lassen)* lasciar stare, lasciar in pace; 5. *sich ~ lassen* lasciarsi andare
geheuer [gə'hɔyɐ] *adj nicht ~ sein* essere sospetto
Gehilfe [gə'hi:lfə] *m* assistente *m*
Gehirn [gə'hɪrn] *n* ANAT cervello *m*
Gehirnwäsche [gə'hɪrnvɛʃə] *f* lavaggio del cervello *m*
Gehör [gə'hø:r] *n* udito *m; ~ finden* trovare ascolto; *jdm ~ schenken* prestare ascolto a qd/prestare attenzione a qd; *sich ~ verschaffen* farsi ascoltare; *um ~ bitten* chiedere ascolto, chiedere attenzione
gehorchen [gə'hɔrçən] *v* ubbidire
gehören [gə'hø:rən] *v* 1. appartenere; 2. *sich ~ Das gehört sich nicht!* Questo non si fa!
gehorsam [gə'ho:rza:m] *adj* ubbidiente
Gehtnichtmehr ['ge:tnɪçtme:r] *n bis zum ~* sino alla nausea
Gehweg ['ge:ve:k] *m* marciapiede *m*
Geier ['gaɪɐ] *m* ZOOL avvoltoio *m; Weiß der ~!* Sa il diavolo!
Geige ['gaɪgə] *f* MUS violino *m; die erste ~ spielen (fig)* essere il numero uno/avere il ruolo principale; *Der Himmel hängt ihm voller ~n.* Vede tutto rose e fiori.
Geisel ['gaɪzəl] *f* ostaggio *m*
Geiselnahme ['gaɪzəlna:mə] *f* presa in ostaggio *f*
Geiselnehmer(in) ['gaɪzəlne:mər(ɪn)] *m/f* rapitore/rapitrice *m/f*
Geist [gaɪst] *m* 1. *(Seele)* anima *f;* 2. *(Verstand)* ingegno *m;* 3. *(Gespenst)* spirito *m; von allen guten ~ern verlassen sein* aver perso la testa; 4. *seinen ~ aufgeben* rendere l'anima a Dio

G

Geisterbahn ['gaɪstɐbaːn] *f* treno fantasma *m*
Geisterbeschwörung ['gaɪstɐbəʃvøːruŋ] *f* evocazione degli spiriti *f*
Geisterfahrer(in) ['gaɪstɐfaːrər(ɪn)] *m/f* automobilista che marcia contromano *m/f*
Geisterhand ['gaɪstɐhant] *f wie von ~* come per magia
Geisterstunde ['gaɪstɐʃtundə] *f* ora degli spiriti *f*
geistesabwesend ['gaɪstəsapveːzənt] *adj* **1.** assente; *adv* **2.** distrattamente
Geistesblitz ['gaɪstəsblɪts] *m* lampo di genio *m*
geistesgegenwärtig ['gaɪstəsgeːgənvɛrtɪç] *adj* **1.** che ha presenza di spirito; *adv* **2.** con prontezza di spirito
Geisteswissenschaften ['gaɪstəsvɪsənʃaftən] *f/pl* scienze umanistiche *f/pl*
Geisteszustand ['gaɪstəstsuːʃtant] *m* stato mentale *m*
geistig ['gaɪstɪç] *adv ~ arbeiten* lavorare intellettualmente
geistlich ['gaɪstlɪç] *adj* religioso
geistlos ['gaɪstloːs] *adj* senza spirito
geistreich ['gaɪstraɪç] *adj* pieno di spirito
Geiz [gaɪts] *m* avarizia *f*
geizig ['gaɪtsɪç] *adj* avaro
Geizkragen ['gaɪtskraːgən] *m* avaraccio *m*
Gejammer [gə'jamɐ] *n* lamenti *m/pl*
Gekicher [gə'kɪçɐ] *n* risatine *f/pl*
geknickt [gə'knɪkt] *adj* **1.** *(abgebrochen)* spezzato; **2.** *(fig)* affranto
gekünstelt [gə'kynstəlt] *adj* affettato
Gelächter [gə'lɛçtɐ] *n* risata *f*
geladen [gə'laːdən] *adj* **1.** *(Waffe)* carico; **2.** *(fig) ~ sein* essere carico; *mit Energie ~ sein* essere carico di energia
Gelände [gə'lɛndə] *n* terreno *m*
Geländer [gə'lɛndɐ] *n* ringhiera *f*
Geländewagen [gə'lɛndəvaːgən] *m* jeep *f*, fuoristrada *f*
gelangen [gə'laŋən] *v* arrivare
gelangweilt [gə'laŋvaɪlt] *adj* annoiato
gelassen [gə'lasən] *adj ~ sein* essere calmo
Gelassenheit [gə'lasənhaɪt] *f* calma *f*
geläufig [gə'lɔyfɪç] *adj* comune
gelaunt [gə'launt] *adj schlecht ~ sein* essere di cattivo umore; *gut ~ sein* essere di buon umore
geläutert [gə'lɔytɐt] *adj (fig)* purificato
gelb [gɛlp] *adj* giallo
Geld [gɛlt] *n* denaro *m; ~ wie Heu haben* avere denaro a palate; *das ~ unter die Leute bringen* sperperare il denaro; *etw zu ~ machen* trasformare qc in denaro; *ins ~ gehen* diventare una spesa; *nicht mit ~ zu bezahlen sein* essere impagabile; *in ~ schwimmen* nuotare nell'oro; *~ stinkt nicht.* Il denaro non puzza.
Geldautomat ['gɛltautomaːt] *m* bancomat *f*
Geldbetrag ['gɛltbətraːk] *m* somma di danaro *f*
Geldbeutel ['gɛltbɔytəl] *m* borsellino *m*
Geldgeber ['gɛltgeːbɐ] *m* finanziatore *m*
geldgierig ['gɛltgiːrɪç] *adj* avido di denaro
Geldhahn ['gɛlthaːn] *m jdm den ~ zudrehen* tagliare i viveri a qd
Geldquelle ['gɛltkvɛlə] *f* fonte di guadagno *f*
Geldschein ['gɛltʃaɪn] *m* banconota *f*
Geldstrafe ['gɛltʃtraːfə] *f* ammenda *f*
Geldstück ['gɛltʃtyk] *n* moneta *f*
Geldverschwendung ['gɛltfɛrʃvɛnduŋ] *f* spreco di denaro *m*
Geldwäsche ['gɛltvɛʃə] *f* riciclaggio di denaro *m*
Geldwechsel ['gɛltvɛksəl] *m* cambio monetario *m*
gelegen [gə'leːgən] *adj* **1.** *(liegend)* situato; **2.** *~ kommen (fig)* essere opportuno
Gelegenheit [gə'leːgənhaɪt] *f* occasione *f; die ~ beim Schopfe packen* prendere l'occasione al volo
Gelegenheitsarbeit [gə'leːgənhaɪtsarbaɪt] *f* lavoro occasionale *m*
gelegentlich [gə'leːgəntlɪç] *adj* occasionale
gelehrig [gə'leːrɪç] *adj* docile
gelehrt [gə'leːrt] *adj* erudito
Gelehrte(r) [gə'leːrtə(r)] *m/f* erudito/erudita *m/f*

Geleit [gəˈlaɪt] *n* accompagnamento *m*, scorta *f*
Geleitschutz [gəˈlaɪtʃuts] *m* scorta *f*
Gelenk [gəˈlɛŋk] *n* **1.** TECH giunto *m;* **2.** ANAT articolazione *f*
gelenkig [gəˈlɛŋkɪç] *adj* sciolto
Geliebte(r) [gəˈliːptə(r)] *m/f* amato/amata *m/f*
geliefert [gəˈliːfɐt] *adj ~ sein (fig)* essere rovinato
gelingen [gəˈlɪŋən] *v irr* riuscire; *Das Werk wird ~.* L'opera riuscirà.
gellend [ˈgɛlənt] *adj* **1.** squillante; *adv* **2.** in modo stridulo
geloben [gəˈloːbən] *v* promettere solennemente
gelockt [gəˈlɔkt] *adj* ricciuto
gelten [ˈgɛltən] *v irr* **1.** *(gültig sein)* valere; **2.** *~ als* passare per
geltend [ˈgɛltənt] *adj* valido
Geltung [ˈgɛltuŋ] *f* **1.** *(Gültigkeit)* validità *f;* **2.** *(Ansehen)* considerazione *f; jdm ~ verschaffen* far rispettare qd; *etw zur ~ bringen* mettere qc nella giusta luce/far risaltare qc; *zur ~ kommen* essere nella giusta luce/risaltare
Geltungsbedürfnis [ˈgɛltuŋsbədyrfnɪs] *n* ambizione *f*
Geltungsbereich [ˈgɛltuŋsbəraɪç] *m* limiti di validità *m/pl*
gelungen [gəˈluŋən] *adj* **1.** riuscito; *adv* **2.** bene
Gelüste [gəˈlystə] *pl* voglia *f*
gemächlich [gəˈmɛːçlɪç] *adj* calmo
Gemahl(in) [gəˈmaːl(ɪn)] *m/f* consorte *m/f*
Gemälde [gəˈmɛːldə] *n* dipinto *m*
gemäß [gəˈmɛːs] *prep* secondo
gemäßigt [gəˈmɛːsɪçt] *adj* moderato
gemein [gəˈmaɪn] *adj* **1.** comune; **2.** *(böse)* cattivo
Gemeinde [gəˈmaɪndə] *f* **1.** *(Gemeinschaft)* comunità *f;* **2.** POL comune *m*
gemeingefährlich [gəˈmaɪngəfɛːrlɪç] *adj* che costituisce un pericolo pubblico
Gemeingut [gəˈmaɪnguːt] *n* bene comune *m*
Gemeinheit [gəˈmaɪnhaɪt] *f* cattiveria *f*
gemeinnützig [gəˈmaɪnnytsɪç] *adj* di pubblica utilità
Gemeinplatz [gəˈmaɪnplats] *m* luogo comune *m*
gemeinsam [gəˈmaɪnzaːm] *adj* **1.** comune; *adv* **2.** in comune
Gemeinsamkeit [gəˈmaɪnzaːmkaɪt] *f* comunanza *f*
Gemeinschaft [gəˈmaɪnʃaft] *f* comunità *f*
Gemeinwesen [gəˈmaɪnveːzən] *n* comunità *f*
Gemeinwohl [gəˈmaɪnvoːl] *n* bene comune *m*
Gemetzel [gəˈmɛtsəl] *n* massacro *m*
Gemisch [gəˈmɪʃ] *n* miscela *f*
gemischt [gəˈmɪʃt] *adj* **1.** mescolato, misto; **2.** *(fig) mit ~en Gefühlen* con sentimenti contrastanti
Gemüse [gəˈmyːzə] *n* verdura *f*
Gemüsegarten [gəˈmyːzəgartən] *m* orto *m*
gemustert [gəˈmustɐt] *adj* a disegni
Gemüt [gəˈmyːt] *n* sentimento *m*, animo *m; sich etw zu ~e führen* prendersi a cuore qc/mangiare qc di gusto/bere volentieri qc; *ein sonniges ~ haben* essere un'anima solare; *aufs ~ schlagen* colpire nell'animo/colpire nel profondo
gemütlich [gəˈmyːtlɪç] *adj* **1.** *(Person)* calmo; **2.** *(Sache)* accogliente; *adv* **3.** confortevolmente
Gemütlichkeit [gəˈmyːtlɪçkaɪt] *f* confortevolezza *f*
Gemütsruhe [gəˈmyːtsruːə] *f* calma *f*
Gen [geːn] *n* BIO gene *m*
genau [gəˈnau] *adj* **1.** esatto; *adv* **2.** precisamente; *~ genommen* a rigore/nel senso stretto della parola; *interj* **3.** precisamente
Genauigkeit [gəˈnauɪçkaɪt] *f* esattezza *f*
genauso [gəˈnauzoː] *adv* altrettanto
genehmigen [gəˈneːmɪgən] *v* **1.** autorizzare, gradire; **2.** *(Gesetz)* approvare; **3.** *sich einen ~* concedersene uno
Genehmigung [gəˈneːmɪguŋ] *f* autorizzazione *f*
General [genəˈraːl] *m* MIL generale *m*
Generalprobe [genəˈraːlproːbə] *f* prova generale *f*
Generalstreik [genəˈraːlʃtraɪk] *m* sciopero generale *m*
Generation [genəraˈtsjoːn] *f* generazione *f*

G

generell [genə'rɛl] *adj* generale
Genesung [gə'neːzuŋ] *f* guarigione *f*
Genforschung ['geːnfɔrʃuŋ] *f* BIO ricerca genetica *f*
genial [gen'jaːl] *adj* geniale
Genialität [genjalɪ'tɛːt] *f* genialità *f*
Genick [gə'nɪk] *n* ANAT nuca *f*; *(fig) sich das ~ brechen* andare in malora
Genie [ɢe'niː] *n* genio *m*
genieren [ɢe'niːrən] *v sich ~* vergognarsi
genießbar [gə'niːsbaːr] *adj* commestibile
genießen [gə'niːsən] *v irr* **1.** *etw ~* gustare qc; **2.** *(fig: in den Genuss kommen)* ricevere
Genießer [gə'niːsɐ] *m* gaudente *m*
Genitalien [geni'taːljən] *pl* ANAT genitali *m/pl*
Genmanipulation ['geːnmanipulatsjoːn] *f* BIO manipolazione genetica *f*
genormt [gə'nɔrmt] *adj* unificato
Genosse [gə'nɔsə] *m* compagno *m*
Genossenschaft [gə'nɔsənʃaft] *f* cooperativa *f*
Gentechnologie ['gɛntɛçnologiː] *f* BIO tecnologia genetica *f*
genug [gə'nuːk] *adv* abbastanza
genügen [gə'nyːgən] *v* bastare
genügsam [gə'nyːkzaːm] *adj* sobrio
Genugtuung [gə'nuːktuːuŋ] *f* soddisfazione *f*
Genuss [gə'nus] *m* godimento *m; in den ~ von etw kommen* godere di qc
genüsslich [gə'nyslɪç] *adj* voluttuoso
geöffnet [gə'œfnət] *adj* aperto
Geograf [geo'graːf] *m* geografo *m*
Geografie [geogra'fiː] *f* geografia *f*
Geologe [geo'loːgə] *m* geologo *m*
Geologie [geolo'giː] *f* geologia *f*
Geometrie [geome'triː] *f* geometria *f*
geometrisch [geo'meːtrɪʃ] *adj* geometrico
Gepäck [gə'pɛk] *n* bagaglio *m; ~ aufgeben,* consegnare il bagaglio
Gepäckannahme [gə'pɛkannaːmə] *f* accettazione bagagli *f*
Gepäckausgabe [gə'pɛkausgaːbə] *f* consegna bagagli *f*
Gepäckkontrolle [gə'pɛkkɔntrɔlə] *f* controllo dei bagagli *m*
Gepäckträger [gə'pɛktrɛːgɐ] *m* facchino *m*
Gepard [gə'part] *m* ZOOL ghepardo *m*
gepflegt [gə'pfleːkt] *adj* **1.** *(Person)* curato; **2.** *(Sache)* curato; **3.** *(fig: Sprache)* scelto; *Er hat eine ~e Ausdrucksweise.* Ha un linguaggio scelto.
Gepflogenheit [gə'pfloːgənhaɪt] *f* abitudine *f*
Geplauder [gə'plaudɐ] *n* chiacchierata *f*
gerade [gə'raːdə] *adj* **1.** diritto; **2.** *(Zahl)* pari; *adv* **3.** *(ausgerechnet)* precisamente; **4.** *(in diesem Moment)* in questo momento
geradeaus [gəraːdə'aus] *adv* diritto; *immer ~* sempre diritto
geradeso [gə'raːdəzoː] *adv* proprio così
geradestehen [gə'raːdəʃteːən] *v irr für etw ~* assumersi le responsabilità per qc
geradewegs [gə'raːdəveːks] *adv* direttamente
geradezu [gə'raːdətsuː] *adv* addirittura
geradlinig [gə'raːtliːnɪç] *adj* **1.** rettilineo; **2.** *(fig: aufrichtig)* sincero
Gerät [gə'rɛːt] *n* apparecchio *m,* attrezzo *m*
geraten [gə'raːtən] *v irr* **1.** *(ausfallen)* risultare; **2.** *(zufällig gelangen)* capitare, incappare; *in jds Hände ~* cadere nelle mani di qd; **3.** *(stoßen auf) ~ an* imbattersi in; *an den Richtigen ~* imbattersi nella persona giusta
Geratewohl [gə'raːtəvoːl] *n aufs ~* a caso
geräumig [gə'rɔymɪç] *adj* ampio
Geräusch [gə'rɔyʃ] *n* rumore *m*
geräuschlos [gə'rɔyʃloːs] *adj* silenzioso
geräuschvoll [gə'rɔyʃfɔl] *adj* rumoroso
gerecht [gə'rɛçt] *adj* giusto
gerechtfertigt [gə'rɛçtfɛrtɪçt] *adj* giustificato
Gerechtigkeit [gə'rɛçtɪçkaɪt] *f* giustizia *f*
Gerede [gə'reːdə] *n* **1.** chiacchiere *f/pl;* **2.** *(Gerücht)* dicerie *f/pl; jdn ins ~ bringen* spettegolare su qd; *ins ~ kommen* dar luogo a pettegolezzi
gereizt [gə'raɪtst] *adj* irritato
Gereiztheit [gə'raɪtsthaɪt] *f* irritazione *f*

Gericht[1] [gə'rɪçt] *n* **1.** *JUR* tribunale *m;* **2.** *mit jdm ins ~ gehen (fig)* andare in causa con qd
Gericht[2] [gə'rɪçt] *n GAST* pietanza *f*
gering [gə'rɪŋ] *adj* **1.** *(wenig)* poco; **2.** *(niedrig)* basso; **3.** *(kurz)* breve; **4.** *kein Geringerer als* nientemeno che/nientepopodimeno che
geringfügig [gə'rɪŋfy:gɪç] *adj* futile; *adv* poco
Geringfügigkeit [gə'rɪŋfy:gɪçkaɪt] *f* futilità *f*
Geringschätzung [gə'rɪŋʃɛtsuŋ] *f* disistima *f*
gerinnen [gə'rɪnən] *v irr* coagulare
gern [gɛrn] *adv* volentieri; *~ tun* fare volentieri; *jdn ~ haben* voler bene a qd; *etw ~ mögen* piacersi qc; *Der kann mich ~ haben.* Può andare a quel paese.
Gerste ['gɛrstə] *f BOT* orzo *m*
gertenschlank ['gɛrtən'ʃlaŋk] *adj* snello come un giunco
Geruch [gə'rux] *m* odore *m*
geruchlos [gə'ruxlo:s] *adj* inodore
Geruchssinn [gə'ruxzɪn] *m* olfatto *m*
Gerücht [gə'ryçt] *n* voce *f; Das ~ geht um, dass ...* Corre voce che ...
gerührt [gə'ry:rt] *adj (fig)* commosso; *zu Tränen ~* commosso fino alle lacrime
geruhsam [gə'ru:za:m] *adj* tranquillo
Gerüst [gə'ryst] *n* **1.** *(Baugerüst)* impalcatura *f;* **2.** *(fig)* struttura *f*
gesamt [gə'zamt] *adj* totale
Gesamtansicht [gə'zamtanzɪçt] *f* prospetto totale *m*
Gesamtbetrag [gə'zamtbətra:k] *m* importo totale *m*
Gesamtheit [gə'zamthaɪt] *f* totalità *f*
Gesang [gə'zaŋ] *m* canto *m*
gesättigt [gə'zɛtɪçt] *adj* **1.** *(satt)* sazio; **2.** *ECO* saturo
Geschäft [gə'ʃɛft] *n* **1.** *(Laden)* negozio *m;* **2.** *ECO* affare *m; in ~en* in affari
geschäftig [gə'ʃɛftɪç] *adj* attivo
geschäftlich [gə'ʃɛftlɪç] *adj* **1.** affaristico; *adv* **2.** per affari
Geschäftsfrau [gə'ʃɛftsfrau] *f* donna d'affari *f*
Geschäftsführer(in) [gə'ʃɛftsfy:rər(ɪn)] *m/f* amministratore/amministratrice *m/f*
Geschäftsmann [gə'ʃɛftsman] *m* homo d'affari *m*
geschäftstüchtig [gə'ʃɛftstyçtɪç] *adj* abile negli affari
Geschäftszweig [gə'ʃɛftstsvaɪg] *m* ramo commerciale *m*
geschehen [gə'ʃe:ən] *v irr* accadere
Geschehen [gə'ʃe:ən] *n* avvenimento *m*
gescheit [gə'ʃaɪt] *adj* assennato; *Du bist wohl nicht recht ~!* Ti ha dato di volta il cervello!/Hai battuto la testa da piccolo!
Geschenk [gə'ʃɛŋk] *n* regalo *m,* dono *m; ein ~ des Himmels* un dono del cielo *m*
Geschichte [gə'ʃɪçtə] *f* **1.** *(Vergangenheit)* storia *f,* passato *m;* **2.** *(Erzählung)* storia *f,* racconto *m*
geschichtlich [gə'ʃɪçtlɪç] *adj* storico
Geschick [gə'ʃɪk] *n* destino *m*
Geschicklichkeit [gə'ʃɪklɪçkaɪt] *f* abilità *f*
geschickt [gə'ʃɪkt] *adj* abile
geschieden [gə'ʃi:dən] *adj* divorziato
Geschirr [gə'ʃɪr] *n* stoviglie *f/pl*
Geschirrspülmaschine [gə'ʃɪrʃpy:lmaʃi:nə] *f* lavastoviglie *f*
Geschlecht [gə'ʃlɛçt] *n* **1.** sesso *m,* genere *m;* **2.** *(Adelsgeschlecht)* stirpe *f*
Geschlechtsverkehr [gə'ʃlɛçtsfɛrke:r] *m* rapporti sessuali *m/pl*
geschlossen [gə'ʃlɔsən] *adj* chiuso
Geschmack [gə'ʃmak] *m* **1.** *(Speisen)* sapore *m;* **2.** *(Sinn für Schönes)* gusto *m; Er hat einen guten ~.* Ha un buon gusto. *~ an etw finden* trovare gusto in qc; *auf den ~ kommen* prenderci gusto
geschmacklos [gə'ʃmaklo:s] *adj* **1.** *(fade)* insipido; **2.** *(fig: hässlich)* brutto; **3.** *(fig: taktlos)* senza tatto
Geschmacklosigkeit [gə'ʃmaklo:zɪçkaɪt] *f* **1.** *(fig: Hässlichkeit)* mancanza di gusto *f;* **2.** *(fig: Taktlosigkeit)* mancanza di tatto *f*
Geschmacksache [gə'ʃmakzaxə] *f* questione di gusti *f*
geschmackvoll [gə'ʃmakfɔl] *adj (fig)* di buon gusto
Geschmier [gə'ʃmi:r] *n* sudiciume *m*
Geschöpf [gə'ʃœpf] *n* creatura *f*
Geschrei [gə'ʃraɪ] *n* grida *f/pl; Die Kinder machen ein lautes ~.* I bambini levano alte grida.

geschützt [gəˈʃʏtst] *adj* protetto
geschwätzig [gəˈʃvɛtsɪç] *adj* chiacchierone
geschweige [gəˈʃvaɪgə] *konj ~ denn* e ancor meno
geschwind [gəˈʃvɪnt] *adj* veloce
Geschwindigkeit [gəˈʃvɪndɪçkaɪt] *f* velocità *f*
Geschwindigkeitsbeschränkung [gəˈʃvɪndɪçkaɪtsbəʃrɛŋkuŋ] *f* limitazione della velocità *m*
Geschwindigkeitsüberschreitung [gəˈʃvɪndɪçkaɪtsyːbɐʃraɪtuŋ] *f* eccesso di velocità *m*

G

Geschwister [gəˈʃvɪstɐ] *pl* fratelli e sorelle *m/f/pl*
geschwollen [gəˈʃvɔlən] *adj* gonfio
Geselle [gəˈzɛlə] *m* lavorante *m/f*
Gesellenprüfung [gəˈzɛlənpryːfuŋ] *f* esame artigianale *m*
gesellig [gəˈzɛlɪç] *adj* **1.** *(Person)* socievole; **2.** *~es Beisammensein* incontro fra amici
Gesellschaft [gəˈzɛlʃaft] *f* **1.** società *f*; **2.** *(Begleitung)* compagnia *f*; *jdm ~ leisten* fare compagnia a qd; *sich in guter ~ befinden* trovarsi in buona compagnia
gesellschaftlich [gəˈzɛlʃaftlɪç] *adj* sociale
Gesellschaftsschicht [gəˈzɛlʃaftsʃɪçt] *f* strato sociale *m*
Gesetz [gəˈzɛts] *n* legge *f*
gesetzlich [gəˈzɛtslɪç] *adj* legale
gesetzlos [gəˈzɛtsloːs] *adj* senza legge
gesetzmäßig [gəˈzɛtsmɛːsɪç] *adj* conforme alla legge
gesetzwidrig [gəˈzɛtsviːdrɪç] *adj* illegale
Gesicht [gəˈzɪçt] *n* faccia *f*; *den Tatsachen ins ~ sehen* guardare in faccia la realtà; *jdm nicht ins ~ sehen können* non poter guardare in faccia qd; *das ~ verlieren* perdere la faccia; *jdm ins ~ springen* saltare agli occhi di qd; *sein wahres ~ zeigen* mostrare la propria vera faccia; *im ~ geschrieben stehen* essere scritto in faccia; *jdm etw ins ~ sagen* dire qc in faccia a qd; *sein ~ wahren* salvare la faccia; *ein langes ~ machen* fare la faccia lunga/tenere il muso; *jdm wie aus dem ~ geschnitten sein* assomigliare a qd come una goccia d'acqua
Gesichtsausdruck [gəˈzɪçtsausdruk] *m* espressione del volto *f*
Gesichtspunkt [gəˈzɪçtspuŋkt] *m* punto di vista *m*
Gesichtszüge [gəˈzɪçtstsyːgə] *pl* lineamenti del volto *m/pl*
Gesindel [gəˈzɪndəl] *n* gentaglia *f*
Gesinnung [gəˈzɪnuŋ] *f* animo *m*
Gesinnungswechsel [gəˈzɪnuŋsvɛksəl] *m* cambiamento d'opinione *m*
Gespann [gəˈʃpan] *n* **1.** *(Pferdegespann)* tiro *m*; **2.** *(fig)* coppia *f*; *ein seltsames ~* una strana coppia *f*
gespannt [gəˈʃpant] *adj* **1.** teso; **2.** *(fig: Beziehung)* teso; *~e Beziehungen* rapporti tesi *m/pl*; **3.** *(fig: erwartungsvoll)* curioso, ansioso; *mit ~er Erwartung* in ansiosa attesa
Gespenst [gəˈʃpɛnst] *n* spettro *m*, fantasma *m*; *~er sehen* vedere fantasmi
gespenstisch [gəˈʃpɛnstɪʃ] *adj* spettrale
gesperrt [gəˈʃpɛrt] *adj* **1.** *(verboten)* vietato; **2.** *(Konto)* vincolato
Gespött [gəˈʃpœt] *n* scherno *m*; *jdm zum ~ machen* fare di qd uno zimbello/rendere ridicolo qd; *zum ~ werden* rendersi ridicolo/diventare uno zimbello
Gespräch [gəˈʃprɛːç] *n* **1.** *(Unterhaltung)* conversazione *f*; *im ~ sein* essere in discussione; *mit jdm im ~ bleiben* mantenere i contatti con qd; **2.** *(Unterredung)* colloquio *m*; **3.** *(Dialog)* dialogo *m*
gesprächig [gəˈʃprɛːçɪç] *adj* loquace
Gesprächspartner [gəˈʃprɛːçspartnɐ] *m* interlocutore *m*
gesprungen [gəˈʃpruŋən] *adj* spaccato
Gespür [gəˈʃpyːr] *n* senso *m*
Gestalt [gəˈʃtalt] *f* **1.** *(Figur)* figura *f*; **2.** *(Aussehen)* aspetto *m*; **3.** *(fig)* forma *f*; *in ~ von* sotto forma di
gestalten [gəˈʃtaltən] *v* **1.** *(formen)* formare; **2.** *(verwirklichen)* realizzare; **3.** *(einrichten)* arredare
Gestaltung [gəˈʃtaltuŋ] *f* **1.** *(Formgebung)* forma *f*; **2.** *(Verwirklichung)* realizzazione *f*; **3.** *(Einrichtung)* arredamento *m*
Geständnis [gəˈʃtɛntnɪs] *n* confessione *f*
Gestank [gəˈʃtaŋk] *m* puzzo *m*

gestatten [gəˈʃtatən] *v* permettere
Geste [ˈgɛstə] *f* gesto *m*
gestehen [gəˈʃteːən] *v irr* confessare
Gestein [gəˈʃtaɪn] *n* roccia *f*
Gestell [gəˈʃtɛl] *n* sostegno *m*, telaio *m*
gestern [ˈgɛstɐn] *adv* ieri; *nicht von ~ sein* non essere nato ieri
gestikulieren [gɛstɪkuˈliːrən] *v* gesticolare
gestohlen [gəˈʃtoːlən] *adj jdm ~ bleiben können* poter fare a meno di qd
Gestrüpp [gəˈʃtryp] *n BOT* sterpaglia *f*
Gestüt [gəˈʃtyːt] *n* scuderia *f*
Gesuch [gəˈzuːx] *n* domanda *f*, richiesta *f*
gesund [gəˈzunt] *adj* **1.** *(Person)* sano; *~ werden* guarire; **2.** *(Nahrungsmittel)* salutare
Gesundheit [gəˈzunthaɪt] *f* salute *f*
Gesundheitsamt [gəˈzunthaɪtsamt] *n* ufficio d'igiene *m*
Gesundheitsapostel [gəˈzunthaɪtsapɔstəl] *m (fam)* salutista *m*
Gesundheitszustand [gəˈzunthaɪtstsuʃtant] *m* stato di salute *m*
gesundstoßen [gəˈzuntʃtoːsən] *v sich ~* ristabilire le proprie finanze
Getränk [gəˈtrɛŋk] *n* bevanda *f*
Getränkeautomat [gəˈtrɛŋkəautomaːt] *m* distributore automatico di bevande *m*
getrauen [gəˈtrauən] *v sich ~* osare
Getreide [gəˈtraɪdə] *n BOT* cereali *m/pl*, grano *m*
getrennt [gəˈtrɛnt] *adj* diviso
Getriebe [gəˈtriːbə] *n* **1.** *TECH* ingranaggio *m*; **2.** *(fig)* viavai; *ein ~ von Leuten* un viavai di gente *m*
Gewächs [gəˈvɛks] *n BOT* pianta *f*
gewachsen [gəˈvaksən] *adj* **1.** cresciuto; **2.** *jdm ~ sein* essere all'altezza di qd
Gewächshaus [gəˈvɛkshaus] *n* serra *f*
gewagt [gəˈvaːkt] *adj* audace, rischioso
gewählt [gəˈvɛːlt] *adj* scelto
Gewähr [gəˈvɛːr] *f* garanzia *f*
gewähren [gəˈvɛːrən] *v* concedere
gewährleisten [gəˈvɛːrlaɪstən] *v* garantire
Gewahrsam [gəˈvaːrzaːm] *m* custodia *f*; *jdn in ~ nehmen* prendere in custodia qd
Gewalt [gəˈvalt] *f* **1.** violenza *f*, forza *f*; *mit aller ~* a tutta forza; *rohe ~* forza bruta **2.** *(Macht)* potere *m*; **3.** *höhere ~* forza maggiore; *sich in der ~ haben* avere il controllo di sé
Gewaltanwendung [gəˈvaltanvɛnduŋ] *f* uso della forza *m*
gewaltig [gəˈvaltɪç] *adj* potente, violento
gewaltsam [gəˈvaltzaːm] *adj* violento
gewalttätig [gəˈvalttɛtɪç] *adj* brutale
Gewaltverbrecher [gəˈvaltfɐbrɛçɐ] *m* criminale *m*
gewandt [gəˈvant] *adj* abile
Gewässer [gəˈvɛsɐ] *n* acque *f/pl*
Gewebe [gəˈveːbə] *n* tessuto *m*
Gewehr [gəˈveːr] *n* fucile *m*; *~ bei Fuß stehen* stare sul chi va là
Geweih [gəˈvaɪ] *n* corna *f/pl*
gewerblich [gəˈvɛrblɪç] *adj ECO* industriale; commerciale
Gewerkschaft [gəˈvɛrkʃaft] *f* sindacato *m*; *freie ~* sindicato libero
Gewerkschaftsbund [gəˈvɛrkʃaftsbunt] *m* confederazione sindacale *f*
Gewicht [gəˈvɪçt] *n* **1.** peso *m*; **2.** *(fig: Wichtigkeit)* importanza *f*; *ins ~ fallen* avere peso; *auf etw ~ legen* dare peso a qc
gewillt [gəˈvɪlt] *v ~ sein* essere disposto
Gewimmer [gəˈvɪmɐ] *n* piagnisteo *m*
Gewinde [gəˈvɪndə] *n (einer Schraube)* filettatura *f*
Gewinn [gəˈvɪn] *m* **1.** *(Spiel)* vincita *f*; **2.** *(fig: Nutzen)* profitto *m*; **3.** *ECO* guadagno *~ bringend* redditizio
gewinnen [gəˈvɪnən] *v irr* **1.** *(verdienen)* guadagnare; **2.** *(siegen)* vincere; **3.** *(fig: profitieren)* guadagnare
gewinnend [gəˈvɪnənt] *adj* attraente
Gewinner [gəˈvɪnɐ] *m* vincitore *m*
Gewinnzahl [gəˈvɪntsaːl] *f* numero vincente *m*
Gewirr [gəˈvɪr] *n* **1.** *(Durcheinander)* groviglio *m*; **2.** *(Stimmengewirr)* brusio *m*; **3.** *(Labyrinth)* labirinto *m*
gewiss [gəˈvɪs] *adj* certo; *das ~e Etwas* il certo nonsoché *m*
Gewissen [gəˈvɪsən] *n* coscienza *f*; *jdm ins ~ reden* fare la morale a qd; *ein gutes*

~ una coscienza pulita *f*; *etw auf dem ~ haben* avere qc sulla coscienza
gewissenhaft [gə'vɪsənhaft] *adj* coscienzioso
Gewissenhaftigkeit [gə'vɪsənhaftɪçkaɪt] *f* coscienziosità *f*
gewissenlos [gə'vɪsənloːs] *adj* privo di scrupoli
Gewissensbisse [gə'vɪsənsbɪsə] *pl* rimorsi *m/pl*
Gewissenskonflikt [gə'vɪsənskɔnflɪkt] *m* conflitto di coscienza *m*
gewissermaßen [gə'vɪsɐmaːsən] *adv* in certo qual modo
Gewissheit [gə'vɪshaɪt] *f* certezza *f*
Gewitter [gə'vɪtɐ] *n* temporale *m*
Gewitterschauer [gə'vɪtɐʃauɐ] *m* acquazzone temporalesco *m*
Gewitterstimmung [gə'vɪtɐʃtɪmuŋ] *f* **1.** aria di temporale *f*; **2.** *(fig)* aria di tempesta *f*
gewöhnen [gə'vøːnən] *v sich ~* abituarsi
Gewohnheit [gə'voːnhaɪt] *f* abitudine *f*
gewohnheitsmäßig [gə'voːnhaɪtsmɛːsɪç] *adj* abituale
Gewohnheitsmensch [gə'voːnhaɪtsmɛnʃ] *m* abitudinario *m*
gewöhnlich [gə'vøːnlɪç] *adj* **1.** *(gebräuchlich)* solito; **2.** *(normal)* comune; **3.** *(alltäglich)* ordinario; **4.** *(unfein)* volgare; *adv* **5.** *(üblicherweise)* di solito
gewohnt [gə'voːnt] *adj* abituato
Gewöhnung [gə'vøːnuŋ] *f* assuefazione *f*
Gewölbe [gə'vœlbə] *n* volta *f*
Gewürz [gə'vyrts] *n* aromi *m/pl*, spezia *f*
gezackt [gə'tsakt] *adj* dentellato
Gezanke [gə'tsaŋkə] *n* litigio *m*
gezeichnet [gə'tsaɪçnət] *adj (fig)* segnato; *vom Schicksal ~* segnato dal destino
Gezeiten [gə'tsaɪtən] *pl* maree *f/pl*
gezielt [gə'tsiːlt] *adj* **1.** programmato; *adv* **2.** con un programma
geziert [gə'tsiːrt] *adj (fig)* affettato
Gezwitscher [gə'tsvɪtʃɐ] *n* cinguettio *m*
gezwungenermaßen [gə'tsvuŋənɐmaːsən] *adv* forzatamente
Giebel ['giːbəl] *m* timpano *m*
Gier [giːr] *f* avidità *f*
gierig ['giːrɪç] *adj* avido
gießen ['giːsən] *v irr* **1.** *(einschenken)* versare; *in Strömen ~* piovere a catinelle/diluviare; **2.** *(Blumen)* annaffiare
Gießkanne ['giːskanə] *f* annaffiatoio *m*
Gift [gɪft] *n* veleno *m*; *~ für jdn sein* essere veleno per qd; *~ und Galle spucken* sputare veleno; *Darauf kannst du ~ nehmen!* Puoi starne certo!
giftig ['gɪftɪç] *adj* velenoso
Giftmüll ['gɪftmyl] *m* rifiuti tossici *m/pl*
Giftstoffe ['gɪftʃtɔfə] *m* sostanze velenose *f/pl*
gigantisch [gɪ'gantɪʃ] *adj* gigantesco
Gipfel ['gɪpfəl] *m* **1.** GEO cima *f*; **2.** POL vertice *m*; **3.** *(fig: Höhepunkt)* apice *m*
Gips [gɪps] *m* gesso *m*
Gipsbein ['gɪpsbaɪn] *n* gamba ingessata *f*
Giraffe [gɪ'rafə] *f* ZOOL giraffa *f*
Girlande ['gɪrlande] *f* ghirlanda *f*
Gitarre [gɪ'tarə] *f* MUS chitarra *f*
Gitter ['gɪtɐ] *n* grata *f*; *hinter ~n sitzen* stare dietro le sbarre; *jdn hinter ~ bringen* metter qd dietro le sbarre
Gitterbett ['gɪtɐbɛt] *n* letto a sponde *m*
Glanz [glants] *m* splendore *m*; *mit ~ und Gloria* con tutti i crismi/in pompa magna
glänzen ['glɛntsən] *v* splendere
glänzend ['glɛntsənt] *adj* **1.** splendido; *adv* **2.** magnificamente; *Das hast du ~ gemacht.* Lo hai fatto magnificamente.
Glanzleistung ['glantslaɪstuŋ] *f* prestazione splendida *f*
Glanzzeit ['glantstsaɪt] *f* periodo aureo *m*
Glas [glaːs] *n* **1.** *(Material)* vetro *m*; **2.** *(Trinkglas)* bicchiere *m*; *zu tief ins ~ schauen (fig)* alzare il gomito
Glasbaustein ['glaːsbauʃtaɪn] *m* mattonella per vetrocemento *f*
Glaser ['glaːzɐ] *m* vetraio *m*
gläsern ['glɛːzɐn] *adj* di vetro
Glasfaser ['glaːsfaːzɐ] *f* fibra di vetro *f*
Glasflasche ['glaːsflaʃə] *f* bottiglia di vetro *f*
glasieren [gla'ziːrən] *v* **1.** TECH smaltare a vetro; **2.** GAST glassere
glasig ['glaːzɪç] *adj* vitreo

glasklar ['glaːsklaːr] *adj* **1.** cristallino; **2.** *(fig)* chiarissimo
Glasscheibe ['glaːsʃaɪbə] *f* lastra di vetro *f*
Glaswolle ['glaːsvɔlə] *f* lana di vetro *f*
glatt [glat] *adj* **1.** *(faltenlos)* liscio; **2.** *(rutschig)* sdrucciolevole; **3.** *(fig: mühelos)* facile; **4.** *(fig: heuchlerisch)* viscido
Glätte ['glɛtə] *f* scivolosità *f*
Glatteis ['glataɪs] *n* strato di ghiaccio *m; jdn aufs ~ führen (fig)* trarre in inganno qd
glätten ['glɛtən] *v* **1.** *(glatt machen)* lisciare; **2.** *(fig: beruhigen)* calmare
Glatze ['glatsə] *f* testa calva *f*
glatzköpfig ['glatskœpfɪç] *adj* calvo
Glaube ['glaubə] *m REL* fede *f; in gutem ~n* in buona fede
glauben ['glaubən] *v* credere, aver fede; *jdn etw ~ machen* far credere qc a qd; *Das ist doch nicht zu ~!* Questa è roba da non credere!
glaubhaft ['glauphaft] *adj* credibile
glaubwürdig ['glaupvyrdɪç] *adj* credibile
Glaubwürdigkeit ['glaupvyrdɪçkaɪt] *f* credibilità *f*
gleich [glaɪç] *adj* **1.** uguale; *aufs Gleiche hinauslaufen* fare lo stesso; *Gleiches mit Gleichem vergelten* rendere pan per focaccia; *~bleibend* invariabile; *~ gesinnt* che ha idee affini; *adv* **2.** ugualmente, altrettanto
gleichberechtigt ['glaɪçbərɛçtɪçt] *adj* equiparato nei diritti
Gleichberechtigung ['glaɪçbərɛçtɪguŋ] *f* equiparazione dei diritti *f*
gleichen ['glaɪçən] *v irr* rassomigliare
gleichfalls ['glaɪçfals] *adv* altrettanto; *Danke ~!* Grazie altrettanto!
gleichgestellt ['glaɪçgəʃtɛlt] *adj* equiparato
Gleichgewicht ['glaɪçgəvɪçt] *n* equilibrio *m; im ~* in stato di equilibrio; *aus dem ~ bringen* squilibrare/portare fuori equilibrio
gleichgültig ['glaɪçgyltɪç] *adj* indifferente
Gleichgültigkeit ['glaɪçgyltɪçkaɪt] *f* indifferenza *f*
gleichmäßig ['glaɪçmɛːsɪç] *adj* uniforme
gleichnamig ['glaɪçnaːmɪç] *adj* omonimo
Gleichnis ['glaɪçnɪs] *n* paragone *m*
gleichrangig ['glaɪçraŋɪç] *adj* pari
Gleichstellung ['glaɪçʃtɛluŋ] *f* equiparazione *f*
gleichzeitig ['glaɪçtsaɪtɪç] *adj* contemporaneo
Gleis [glaɪs] *n* binario *m; jdn aus dem ~ werfen* sconvolgere completamente qd; *etw ins rechte ~ bringen* portare qc sul binario giusto
gleiten ['glaɪtən] *v irr* scivolare
Gleitzeit ['glaɪttsaɪt] *f* orario flessibile *m*
Gletscher ['glɛtʃɐ] *m* ghiacciaio *m*
Glied [gliːt] *n* **1.** *(Bestandteil)* elemento *m;* **2.** *(Kettenglied)* elemento *m;* **3.** *(Körperteil)* membro *m; in den ~ern stecken* tormentare; *jdm in die ~er fahren* colpire qd al cuore; **4.** *(männliches ~)* membro *m;* **5.** *(Mitglied)* membro *m*
gliedern ['gliːdɐn] *v* **1.** *(aufteilen)* articolare; **2.** *(anordnen)* disporre
Gliederung ['gliːdəruŋ] *f* **1.** *(Aufbau)* struttura *f;* **2.** *(Anordnung)* disposizione *f*
glimpflich ['glɪmpflɪç] *adj* **1.** indulgente; *adv* **2.** con riguardo; *jdn ~ behandeln* trattare qd con riguardo; *~ davonkommen* cavarsela senza gravi danni
glitschig ['glɪtʃɪç] *adj (fam)* sdrucciolevole
glitzern ['glɪtsɐn] *v* scintillare
global [glo'baːl] *adj* globale
Globus ['gloːbus] *m* globo *m*
Glocke ['glɔkə] *f* campana *f; etw an die große ~ hängen* strombazzare qc ai quattro venti
Glockengeläute ['glɔkəngəlɔytə] *n* scampanio *m*
glockenhell ['glɔkənhɛl] *adj* squillante
Glockenspiel ['glɔkənʃpiːl] *n* carillon *m*
Glockenturm ['glɔkənturm] *m* campanile *m*
glorreich ['gloːrraɪç] *adj* **1.** *(ruhmreich)* glorioso; **2.** *(glanzvoll)* illustre
Glossar [glɔ'saːr] *n* glossario *m*
Glosse ['glɔsə] *f* commento *m*
Glück [glyk] *n* **1.** fortuna *f; sein ~ versuchen* tentare la propria fortuna/cercare

la propria fortuna; *mehr ~ als Verstand* più fortuna che cervello; *auf gut ~* a casaccio; *noch nichts von seinem ~ wissen* non sapere ancora della propria fortuna; **2.** *(Glücklichsein)* felicità *f*
glücken ['glykən] *v* andare bene
glücklich ['glyklɪç] *adj* **1.** felice; **2.** *(Glück habend)* fortunato
glücklicherweise [glyklɪçər'vaɪzə] *adv* fortunatamente
Glücksbringer ['glyksbrɪŋɐ] *m* portafortuna *m*
glückselig [glyk'ze:lɪç] *adj* felice
Glücksfall ['glyksfal] *m* colpo di fortuna *m*
Glückskind ['glykskɪnt] *n* figlio/figlia della fortuna *m/f*
Glückssache ['glykszaxə] *f* questione di fortuna *f*
Glücksspiel ['glyksʃpi:l] *n* gioco d'azzardo *m*
Glückwunsch ['glykvunʃ] *m* augurio *m*
Glückwunschkarte ['glykvunʃkartə] *f* cartolina d'auguri *f*
Glühbirne ['gly:bɪrnə] *f* lampadina *f*
glühen ['gly:ən] *v* **1.** essere incandescente; **2.** *(Zigarette)* ardere
glühend ['gly:ənt] *adj* **1.** rovente; **2.** *(fig)* ardente
Glut [glu:t] *f* **1.** *(Feuer)* brace *f;* **2.** *(Hitze)* gran caldo *m;* **3.** *(fig)* ardore *m*
Gnade ['gna:də] *f (Nachsicht)* indulgenza *f; ~ vor Recht ergehen lassen* usare clemenza
gnadenlos ['gna:dənlo:s] *adj* spietato
Gnadenstoß ['gna:dənʃto:s] *m jdm den ~ geben* dare a qd il colpo di grazia
gnädig ['gnɛ:dɪç] *adj* **1.** *(nachsichtig)* indulgente; *adv* **2.** *(wohlwollend)* benevolmente
Gold [gɔlt] *n* oro *m; ~ wert sein* valere oro
golden ['gɔldən] *adj* d'oro
Goldgehalt ['gɔltgəhalt] *m* fino *m*
Goldgrube ['gɔltgru:bə] *f (fig)* miniera d'oro *f*
goldig ['gɔldɪç] *adj* **1.** dorato; **2.** *(niedlich)*d'oro, carino
Goldmedaille ['gɔltmedaljə] *f* medaglia d'oro *f*
Goldreserve ['gɔltrəzɛrvə] *f* ECO riserva aurea *f*
Goldschmied ['gɔltʃmi:t] *m* orafo *m*
Goldschmuck ['gɔltʃmuk] *m* gioielli d'oro *m/pl*
Goldwaage ['gɔltva:gə] *f jedes Wort auf die ~ legen* pesare ogni parola
Golf[1] [gɔlf] *m* GEO golfo *m*
Golf[2] [gɔlf] *n* SPORT golf *m*
Golfplatz ['gɔlfplats] *m* SPORT campo da golf *m*
Golfschläger ['gɔlfʃlɛ:gɐ] *m* SPORT mazza da golf *f*
Gondel ['gɔndəl] *f* gondola *f*
gönnen ['gœnən] *v* **1.** *sich etw ~* concedersi qc; **2.** *jdm etw ~* concedere qc a qd, lasciare qc a qd
gönnerhaft ['gœnɐhaft] *adj* benevolo
googeln ['gugəln] *v* googlare
Gosse ['gɔsə] *f* **1.** cunetta *f;* **2.** *(fig)* fango *m; jdn aus der ~ auflesen* raccogliere qd dal fango
Gott [gɔt] *m* REL Dio *m; wie ein junger ~* come un Dio; *den lieben ~ einen frommen Mann sein lassen* lasciare fare al buon Dio; *Leider ~es!* Purtroppo! *In ~es Namen!* E amen! *Bei ~!* Assolutamente! *~ bewahre!* Dio ne scampi! *Gnade dir ~!* Dio abbia pietà di te! *~ und die Welt* il cielo e la terra; *Grüß ~!* Buongiorno!
Gottesdienst ['gɔtəsdi:nst] *m* REL messa *f*
gottesfürchtig ['gɔtəsfyrçtɪç] *adj* REL timorato di Dio
Gottesgabe ['gɔtəsga:bə] *f* dono divino *m*
göttlich ['gœtlɪç] *adj* **1.** divino; **2.** *(köstlich)* squisito
gottlob [gɔt'lo:p] *interj* grazie a Dio
gottlos ['gɔtlo:s] *adj* senza Dio
Götze ['gœtsə] *m* idolo *m*
Götzendienst ['gœtsəndi:nst] *m* idolatria *f*
Grab [gra:p] *n* tomba *f; sich sein eigenes ~ schaufeln* scavarsi la tomba con le proprie mani; *jdn ins ~ bringen* portare qd alla tomba; *ein Geheimnis mit ins ~ nehmen* portarsi un segreto nella tomba; *sich im ~ umdrehen* rivoltarsi nella tomba
graben ['gra:bən] *v irr* scavare
Graben ['gra:bən] *m* fosso *m*
Grabesstille ['gra:bəsʃtɪlə] *f* silenzio sepolcrale *m*

Grabstein ['gra:pʃtaɪn] *m* lapide *f*
Grad [gra:t] *m* **1.** grado *m; sich um hundertachtzig ~ drehen* cambiare radicalmente opinione; **2.** *(Abstufung)* graduazione *f;* **3.** *(Maßeinheit)* grado *m*
graduell [gradu'ɛl] *adj* graduale
graduiert [gradu'i:rt] *adj* laureato
Graf [gra:f] *m* conte *m*
Graffiti [gra'fɪti] *pl* graffiti *m/pl*
Grafik ['gra:fik] *f* grafica *f*
Grafiker ['gra:fikɐ] *m* grafico *m*
grafisch ['gra:fɪʃ] *adj* grafico
Gram [gra:m] *f* pena *f*
grämen ['grɛ:mən] *v sich ~* affliggersi
Gramm [gram] *n* grammo *m*
Grammatik [gra'matɪk] *f* grammatica *f*
grammatisch [gra'matɪʃ] *adj* grammaticale
Granate [gra'na:tə] *f MIL* granata *f*
grandios [grandɪ'o:s] *adj* grandioso
Grapefruit ['greɪpfru:t] *f BOT* pompelmo *m*
Gras [gra:s] *n* erba *f; ins ~ beißen (fig)* tirare le cuoia; *~ über etw wachsen lassen* mettere una pietra sopra
grasen ['gra:zən] *v* pascolare
grassieren [gra'si:rən] *v* infierire
grässlich ['grɛslɪç] *adj* orrendo
Grat [gra:t] *m* **1.** *(Bergkamm)* cresta *f;* **2.** *(fig) sich auf schmalem ~ bewegen* essere sul filo del rasoio *m*
Gräte ['grɛ:tə] *f* lisca di pesce *f,* spina di pesce *f*
Gratifikation [gratɪfɪka'tsjo:n] *f* gratificazione *f*
gratis ['gra:tɪs] *adj* gratis, gratuito
Gratulation [gratula'tsjo:n] *f* congratulazioni *f/pl*
gratulieren [gratu'li:rən] *v* congratularsi; *sich ~ können* potersi rallegrare
Gratwanderung ['gra:tvandərʊŋ] *f* **1.** percorso in cresta *m;* **2.** *(fig)* filo del rasoio *m*
grau [grau] *adj* grigio
Gräuel ['grɔyəl] *m* orrore *m; jdm ein ~ sein* fare orrore a qd
Gräueltat ['grɔyəlta:t] *f* atrocità *f*
Grauen ['grauən] *n* orrore *m*
grauenhaft ['grauənhaft] *adj* orrendo, terribile
grauhaarig ['grauha:rɪç] *adj* dai capelli grigi
grausam ['grauza:m] *adj* crudele
Grausamkeit ['grauza:mkaɪt] *f* crudeltà *f*
gravierend [gra'vi:rənt] *adj* grave, serio
Gravur [gra'vu:r] *f* incisione *f*
Grazie ['gra:tsjə] *f* grazia *f*
graziös [gra'tsjø:s] *adj* grazioso
greifbar ['graɪfba:r] *adj (fig)* concreto
greifen ['graɪfən] *v irr* afferrare; *zum Greifen nah sein* essere a portata di mano
Greis(in) [graɪz(ɪn)] *m/f* vecchio/vecchia *m/f*
grell [grɛl] *adj* **1.** *(Licht)* abbagliante; **2.** *(Farbe)* squillante; **3.** *(fig)* stridulo
Grenzbereich ['grɛntsbəraɪç] *m (fig)* limite *m*
Grenzbezirk ['grɛntsbətsɪrk] *m* distretto di frontiera *m*
Grenze ['grɛntsə] *f* **1.** confine *m,* frontiera *f;* **2.** *(Begrenzung)* limite *m; keine ~n kennen* non conoscere limiti; *sich in ~n halten* mantenersi nei limiti
grenzen ['grɛntsən] *v* **1.** confinare; **2.** *(fig)* rasentare
grenzenlos ['grɛntsənlo:s] *adj* **1.** sconfinato; **2.** *(fig)* smisurato
Grenzkontrolle ['grɛntskɔntrɔlə] *f* controllo alla frontiera *m*
Grenzland ['grɛntslant] *n* regione di confine *f*
Grenzpolizei ['grɛntspolɪtszaɪ] *f* polizia di frontiera *f*
Grenzübertritt ['grɛntsy:bɐtrɪt] *m* passaggio del confine *m*
Grenzverkehr ['grɛntsfɛrke:r] *m* traffico di frontiera *m*
Grenzwert ['grɛntsve:rt] *m* valore limite *m*
Grieche ['gri:çə] *m* greco *m*
Griechenland ['gri:çənlant] *n GEO* Grecia *f*
Griechin ['gri:çɪn] *f* greca *f*
griechisch ['gri:çɪʃ] *adj* greco
griesgrämig ['gri:sgrɛ:mɪç] *adj* burbero
Griff [grɪf] *m* **1.** *(Stiel)* manico *m; etw in den ~ bekommen* venire a capo di qc; **2.** *(Türgriff)* maniglia *f;* **3.** *(Zugriff)* presa *f;* **4.** *(fig)* pugno; *etw im ~ haben* avere qc satto controllo
griffbereit ['grɪfbəraɪt] *adj* a portata di mano

griffig ['grɪfɪç] *adj* **1.** *(handlich)* maneggevole; **2.** *(nicht rutschig)* antisdrucciolevole
Grill [grɪl] *m* griglia *f*
grillen ['grɪlən] *v* grigliare
Grimasse [grɪ'masə] *f* smorfia *f*
grinsen ['grɪnzən] *v (fam)* ghignare
Grippe ['grɪpə] *f MED* influenza *f*
grob [gro:p] *adj* **1.** *(derb)* grossolano; *aus dem Gröbsten heraus sein* aver superato il peggio; **2.** *(rau)* grezzo; **3.** *(fig: unhöflich)* sgarbato, rozzo; *eine ~e Person* una persona rozza *f;* **4.** *(fig: ungefähr)* approssimativo
Grobian ['gro:bia:n] *m* villano *m*
Groll [grɔl] *m* rancore *m*
grollen ['grɔlən] *v (Donner)* brontolare
groß [gro:s] *adj* **1.** grande; **2.** *(~ gewachsen)* alto; **3.** *(fig: älter)* maggiore; **4.** *(fig: ernst)* grave; **5.** *(fig: berühmt)* famoso
großartig ['gro:sa:rtɪç] *adj* grandioso
Größe ['grø:sə] *f* **1.** grandezza *f;* **2.** *(Körpergröße)* altezza *f;* **3.** *(Kleidergröße)* taglia *f;* **4.** *(fig: Wichtigkeit)* importanza *f*
Großeltern ['gro:sɛltɐn] *pl* nonni *m/pl*
Größenordnung ['grø:sənɔrtnuŋ] *f* ordine di grandezza *m*
Größenwahn ['grø:sənva:n] *m* megalomania *f*
großflächig ['gro:sflɛçɪç] *adj* vasso, ampio
Großgrundbesitzer ['gro:sgruntbəzɪtsɐ] *m* latifondista *m*
Großindustrie ['gro:sɪndustri:] *f* grande industria *f*
Großmutter ['gro:smutɐ] *f* nonna *f*
Großstadt ['gro:sʃtat] *f* grande città *f*
größtenteils ['grø:stəntaɪls] *adv* in massima parte
Großvater ['gro:sfa:tɐ] *m* nonno *m*
großzügig ['gro:stsy:gɪç] *adj* generoso
Grube ['gru:bə] *f* fossa *f*
grübeln ['gry:bəln] *v* lambiccarsi il cervello
Gruft [gruft] *f* tomba di famiglia *f,* cripta *f*
grün [gry:n] *adj* verde
Grünanlage ['gry:nanla:gə] *f* zona verde *f*
Grund [grunt] *m* **1.** *(Erdboden)* terreno *m;* **2.** *(Gewässer)* fondo *m;* **3.** *(Motiv)* motivo *m; einer Sache auf den ~ gehen* andare al fondo di una cosa
Grundbesitz ['gruntbəzɪts] *m* proprietà terriera *f*
gründen ['gryndən] *v* fondare
Gründer ['gryndɐ] *m* fondatore *m*
Grundfläche ['gruntflɛçə] *f* base *f*
Grundlage ['gruntla:gə] *f* fondamento *m*
grundlegend ['gruntle:gənt] *adj* **1.** basilare; *eine ~e Arbeit* un'opera basilare *f; adv* **2.** a fondo
gründlich ['gryntlɪç] *adj* **1.** approfondito; *adv* **2.** a fondo
grundlos ['gruntlo:s] *adj* **1.** infondato; *adv* **2.** *(fig)* senza ragione
Grundriss ['gruntrɪs] *m ARCH* pianta *f*
Grundsatz ['gruntzats] *m* principio *m*
grundsätzlich ['gruntzɛtslɪç] *adj* di principio
Grundschule ['gruntʃu:lə] *f* scuola elementare *f*
Grundstein ['gruntʃtaɪn] *m* prima pietra *f; den ~ zu etw legen* posare la prima pietra di qc
Grundsteuer ['gruntʃtɔyɐ] *f* imposta fondiaria *f*
Grundstück ['gruntʃtyk] *n* terreno *m*
Gründung ['gryndʊŋ] *f* fondazione *f*
Gruppe ['grupə] *f* gruppo *m*
Gruppentherapie ['grupənterapi:] *f* terapia di gruppo *f*
gruppieren [gru'pi:rən] *v* raggruppare
gruselig ['gru:zəlɪç] *adj* pauroso, orrido, orripilante
Gruß [gru:s] *m* saluto *m; mit freundlichen Grüßen* cordiali saluti *m/pl*
grüßen ['gry:sən] *v* salutare; *Grüß Gott!* Buongiorno!/Buonasera! *Grüß dich!* Salve!
Grütze ['gry:tsə] *f* tritello *m*
gültig ['gyltɪç] *adj* valido
Gültigkeit ['gyltɪçkaɪt] *f* validità *f*
Gummi ['gumi] *m* gomma *f*
Gummierung [gu'mi:ruŋ] *f* gommatura *f*
Gummistiefel ['gumiʃti:fəl] *m* stivale di gomma *m*
Gunst [gunst] *f* favore *m,* benevolenza *f; zu jds ~en* a favore di qd

günstig ['gynstɪç] *adj* favorevole
gurgeln ['gurgln] *v* **1.** *(Spülung)* fare i gargarismi **2.** *(gluckern)* gorgoliare
Gurke ['gurkə] *f BOT* cetriolo *m*
Gurt [gurt] *m* **1.** cinghia *f;* **2.** *(Sicherheitsgurt)* cintura di sicurezza *f*
Gürtel ['gyrtəl] *m* cintura *f; den ~ enger schnallen (fig)* tirare la cinghia
Guss [gus] *m* **1.** *(Gießen)* getto *m;* **2.** *(Regenguss)* acquazzone *m,* scroscio di pioggia *m;* **3.** *(Zuckerguss)* glassa *f*
Gusseisen ['gusaɪzən] *n* ghisa *f*
gut [gu:t] *adj* **1.** buono; *es mit etw ~ sein lassen* chiuder il discorso; *~ daran tun* fare bene a/essere consigliabile che; *~ und gern* per lo meno; *für etw ~ sein* essere buono per qc; *sein Gutes haben* avere i propri vantaggi; *zu viel des Guten sein* essere troppo; *Du bist ~!* Sei un bel tipo! *adv* **2.** bene; *~ aussehend* di bell'aspetto; *~ bezahlt* ben pagato; *~ gelaunt* di buon umore
Gut [gu:t] *n* **1.** *(Gutshof)* podere *m;* **2.** *(Besitz)* proprietà *f;* **3.** *(Ware) ECO* merce *f*
Gutachten ['gu:taxtən] *n* perizia *f*
Gutachter ['gu:taxtɐ] *m* perito *m*
gutartig ['gu:ta:rtɪç] *adj* **1.** buono; **2.** *MED* benigno
gutbürgerlich ['gu:tbyrgəlɪç] *adj* ammodo
Gutdünken ['gu:tdyŋkən] *n* discrezione *f,* arbitrio *m,* avviso *m; nach eigenem ~ handeln* agire a propria discrezione
Güte ['gy:tə] *f* **1.** bontà *f;* **2.** *(Qualität)* qualità *f*
Gutenachtlied [gu:tə'naxtli:t] *n* ninnananna *f (fam),* canzone della buonanotte *f*
Güterbahnhof ['gy:tɐba:nho:f] *m* scalo merci *m*
Gütergemeinschaft ['gy:tɐgəmaɪnʃaft] *f JUR* comunione dei beni *f*
Güterstand ['gy:tɐʃtant] *m JUR* stato patrimoniale *m*
Güterverkehr ['gy:tɐfɛrke:r] *m* traffico merci *m*
Güterwagen ['gy:tɐva:gən] *m* vagone merci *m*
gutgläubig ['gu:tglɔybɪç] *adj* in buona fede, ingenuo
Guthaben ['gu:tha:bən] *n ECO* credito *m*
gutheißen ['gu:thaɪsən] *v irr* approvare; *einen Plan ~* approvare un piano
gutherzig ['gu:thɛrtsɪç] *adj* buono, di buon cuore
gutmütig ['gu:tmy:tɪç] *adj* bonario
Gutschein ['gu:tʃaɪn] *m* buono *m; einen ~ einlösen* riscuotere un buono
gutschreiben ['gu:tʃraɪbən] *v irr* accreditare
Gutschrift ['gu:tʃrɪft] *f* accredito *m*
Gutshof ['gu:tsho:f] *m* podere *m*
gutwillig ['gu:tvɪlɪç] *adj* volonteroso, di buona volontà
Gymnasium [gym'na:zjum] *n* ginnasio *m,* liceo *m*
Gymnastik [gym'nastɪk] *f SPORT* ginnastica *f*
Gynäkologe [gynɛkɔ'lo:gə] *m* ginecologo *m*
Gynäkologin [gynɛkɔ'lo:gɪn] *f* ginecologa *f*

H

H

Haar [haːr] *n* capello *m; ~e auf den Zähnen haben* avere il pelo sullo stomaco/ essere un attaccabrighe; *ein ~ in der Suppe finden* cercare il pelo nell'uovo; *sich die ~e raufen* strapparsi i capelli; *jdm kein ~ krümmen* non torcere un capello a qd; *sich keine grauen ~e wachsen lassen* non preoccuparsi troppo; *jdm die ~e vom Kopf fressen* succhiare il sangue a qd; *etw an den ~en herbeiziehen* tirare qc per i capelli; *sich in die ~e geraten* prendersi per i capelli; *sich in den ~en liegen* essere ai ferri corti; *um ein ~* per un pelo; *Mir stehen die ~e zu Berge.* Mi si rizzano i capelli.

Haarbürste ['haːrbyrstə] *f* spazzola per i capelli *f*

Haarschnitt ['haːrʃnɪt] *m* taglio di capelli *m,* pettinatura *f*

Haarspalterei [haːrʃpaltə'raɪ] *f* pedanteria *f*

Haarspange ['haːrʃpaŋə] *f* fermaglio per i capelli *m*

Haarspray ['haːrspreɪ] *n* lacca *f*

Habe ['haːbə] *f* possesso *m*

haben ['haːbən] *v irr* avere; *etw an sich ~* avere qc di particolare; *etw für sich ~* avere qc di buono; *noch zu ~ sein* essere ancora libero; *für etw zu ~ sein* essere disponibile per qc; *etw gegen jdn ~* aver qc contro qd; *etw hinter sich ~* essersi lasciato qc alle spalle; *etw mit jdm ~* avere una relazione con qd; *etw von etw ~* avere un vantaggio da qc; *wie gehabt* come sempre

Haben ['haːbən] *n ECO* avere *m*

Habgier ['haːpgiːr] *f* avidità *f*

habgierig ['haːpgiːrɪç] *adj* avido

Habseligkeiten ['haːpzeːlɪçkaɪtən] *pl* averi *m/pl*

Hacke ['hakə] *f* **1.** *(Absatz)* tacco *m;* **2.** *(Werkzeug)* zappa *f*

hacken ['hakən] *v* **1.** spaccare; *Holz ~* spaccare la legna; **2.** *(Erde)* zappare; **3.** *(picken)* beccare

Hacker ['hakɐ] *m INFORM* hacker *m*

Hackfleisch ['hakflaɪʃ] *n GAST* carne tritata *f; aus jdm ~ machen* fare polpette di qd

Hafen ['haːfən] *m* porto *m; in den ~ der Ehe einlaufen* convolare a giuste nozze

Hafenstadt ['haːfənʃtat] *f* città portuale *f*

Hafer ['haːfɐ] *m BOT* avena *f*

Haferflocken ['haːfɐflɔkən] *pl* fiocchi d'avena *m/pl*

Haft [haft] *f JUR* detenzione *f*

haftbar ['haftbaːr] *adj* **1.** *~ sein* essere responsabile; **2.** *~ machen* rendere responsabile, dare la responsabilità

haften[1] ['haftən] *v (kleben)* rimanere attaccato

haften[2] ['haftən] *v (bürgen)* garantire

Haftpflicht ['haftpflɪçt] *f JUR* responsabilità civile *f*

Haftpflichtversicherung ['haftpflɪçtfɛrzɪçəruŋ] *f* assicurazione contro i rischi di responsabilità civile *f*

Haftstrafe ['haftʃtraːfə] *f JUR* pena detentiva *f*

Haftung ['haftuŋ] *f JUR* garanzia *f*

Hagebutte ['haːgəbutə] *f BOT* cinorrodo *m*

hageln ['haːgəln] *v* grandinare

hager ['haːgɐ] *adj* magro

Hahn [haːn] *m* **1.** *(Wasserhahn)* rubinetto *m;* **2.** *ZOOL* gallo *m*

Hähnchen ['hɛːnçən] *n GAST* pollo *m*

Hai [haɪ] *m ZOOL* pescecane *m*

häkeln ['hɛːkəln] *v* lavorare all'uncinetto

Häkelnadel ['hɛkəlnaːdəl] *f* uncinetto *m*

Haken ['haːkən] *m* gancio *m,* uncino *m; einen ~ schlagen* fare una curva a gomito/cambiare improvvisamente direzione

Hakenkreuz ['haːkənkrɔyts] *n POL* croce uncinata *f*

halb [halp] *adj* **1.** mezzo, metà; *eine ~e Portion sein* essere una mezza porzione; *nichts Halbes und nichts Ganzes* neppure sufficiente per cominciare; *adv* **2.** mezzo, a metà; *~ fertig* semifinito; *~ voll* mezzo pieno

halber ['halbɐ] *prep* a causa; *der Einfachheit ~* per la semplicità
Halbfinale ['halpfɪnaːlə] *n SPORT* semifinale *f*
halbherzig ['halphɛrtsɪç] *adj* **1.** poco entusiasta; *adv* **2.** senza molto interesse
halbieren [hal'biːrən] *v* dividere in due
Halbinsel ['halpɪnzəl] *f* penisola *f*
Halbjahr ['halpjaːr] *n* mezz'anno *m*
halbjährlich ['halpjɛːrlɪç] *adj* **1.** semestrale; *adv* **2.** ogni sei mesi
Halbkreis ['halpkraɪs] *m* semicerchio *m*
Halbkugel ['halpkuːgəl] *f* semisfera *f*, emisfero *m; nördliche ~* emisfero boreale *m*
halblaut ['halplaut] *adj* a mezza voce
Halbmond ['halpmoːnt] *m* mezzaluna *f*
Halbpension ['halppɛnsjoːn] *f* mezza pensione *f*
Halbschlaf ['halpʃlaːf] *m* dormiveglia *m*
halbtags ['halptaːks] *adv* a mezza giornata
Halbwaise ['halpvaɪzə] *f* orfano di un genitore/orfana di un genitore *m/f*
halbwegs ['halpveːks] *adv* più o meno
Halbwertszeit ['halpveːrtstsaɪt] *f PHYS* periodo radioattivo *m*
Halbzeit ['halptsaɪt] *f SPORT* tempo *m; erste ~* primo tempo *m*
Hälfte ['hɛlftə] *f* metà *f*
Halle ['halə] *f* sala *f*
hallen ['halən] *v* risonare
Hallenbad ['halənbaːt] *n* piscina coperta *f*
hallo ['haloː] *interj* **1.** salve, ohè; **2.** *(am Telefon)* pronto
Halluzination [halutsɪna'tsjoːn] *f* allucinazione *f*
Halm [halm] *m BOT* filo *m*
Halogen [halo'geːn] *n CHEM* alogeno *m*
Hals [hals] *m* **1.** *ANAT* collo *m; den ~ kosten* costare la testa; *den ~ nicht vollkriegen* essere insaziabile; *sich jdm an den ~ werfen* gettarsi al collo di qd; *bis über den ~ in Schulden stecken* essere indebitato fino al collo; *jdm jdn auf den ~ schicken* mettere qd alle calcagna di qd; *etw in den falschen ~ bekommen* fraintendere qc; *jdm mit etw vom ~ bleiben* stare alla larga da qd con qc; *sich etw vom ~ halten* tenersi alla larga da qc; *jdm zum ~ heraushängen* uscire dagli occhi a qd; *jdm bis zum ~ stehen* stare sullo stomaco; *~ über Kopf* a rotta di collo; *jdm den ~ umdrehen* torcere il collo a qd; **2.** *(Flaschenhals)* collo *m*
Halsband ['halsbant] *n* **1.** *(Hundehalsband)* collare *m;* **2.** *(Schmuck)* collana *f*
halsbrecherisch ['halsbrɛçərɪʃ] *adj* **1.** pericoloso; *adv* **2.** a rotta di collo
Halskette ['halskɛtə] *f* collana *f*
Hals-Nasen-Ohren-Arzt [halsnaːzənoːrənːartst] *m MED* otorinolaringoiatra *m*
Halsschmerzen ['halsʃmɛrtsən] *pl MED* mal di gola *m*
Halstuch ['halstuːx] *n* foulard *m*, fazzoletto *m*
halt [halt] *interj* stop, alt
Halt [halt] *m* **1.** *(Stütze)* sostegno *m;* **2.** *(~en)* fermata *f; ~ machen* fermarsi; *vor etw nicht ~ machen* non fermarsi davanti a qc
haltbar ['haltbaːr] *adj* **1.** *(Lebensmittel)* conservabile; **2.** *(widerstandsfähig)* resistente
Haltbarkeit ['haltbaːrkaɪt] *f (Lebensmittel)* durata *f*, conservabilatà *f*
Haltbarkeitsdatum ['haltbaːrkaɪtsdaːtum] *n* data di scadenza *f*
halten ['haltən] *v irr* **1.** *(fest~)* tenere; *~ für* prendere per; *jdn für jdn ~* confondere qd con qd; *jdn für dumm ~* considerare qd uno stupido; *sich vor Lachen nicht ~ können* non potersi trattenere dal ridere; **2.** tenere; *eine Rede ~* tenere un discorso; **3.** *(dauern)* mantenere
Haltestelle ['haltəʃtɛlə] *f* fermata *f*
Halteverbot ['haltəfɛrboːt] *n* divieto di sosta *m*
haltlos ['haltloːs] *adj* **1.** *(labil)* debole; **2.** *(unbegründet)* infondato
Haltung ['haltuŋ] *f* **1.** *(Körperhaltung)* portamento *m; ~ annehmen* stare sull'attenti; **2.** *(Verhalten)* atteggiamento *m;* **3.** *(Selbstbeherrschung)* autocontrollo *m*
Halunke [ha'luŋkə] *m (fam)* farabutto *m*
hämisch ['hɛːmɪʃ] *adj* **1.** maligno; *adv* **2.** malignamente

Hammel ['haməl] *m ZOOL* montone *m*
Hammer ['hamɐ] *m* martello *m; unter den ~ kommen* andare all'asta/andare all'incanto; *einen ~ haben* avere preso un colpo in testa
hämmern ['hɛmɐn] *v* martellare
Hämoglobin [hɛmoglo'biːn] *n BIO* emoglobina *f*
Hämorriden [hɛmɔro'iːdən] *pl MED* emorroidi *f/pl*
Hamster ['hamstɐ] *m ZOOL* criceto *m*
Hand [hant] *f ANAT* mano *f; zu Händen von* all'attenzione di; *jds rechte ~ sein* essere il braccio destro di qd; *~ in ~* mano nella mano; *sich für etw die ~ abhacken lassen* lasciarsi tagliare una mano per qc; *selbst mit ~ anlegen* dare una mano in qc; *die ~ aufhalten* stendere la mano; *~ und Fuß haben* avere solide basi; *die ~ auf etw halten* avere le mani su qc; *die ~ für etw ins Feuer legen* mettere la mano sul fuoco per qc; *freie ~ haben* avere mano libera; *eine glückliche ~ haben* avere una mano fortunata; *auf der ~ liegen* essere sotto gli occhi di tutti; *aus erster ~* di prima mano; *mit der linken ~* senza sforzo; *sich in der ~ haben* tenersi a freno; *sich nicht von der ~ weisen lassen (fig)* essere evidente; *jdm zur ~ gehen* andare in aiuto di qd; *etw zur ~ haben* avere qc a portata di mano; *etw gegen jdn in der ~ haben* aver qc a portata di mano contro qd; *hinter vorgehaltener ~* in via ufficiosa/in camera charitatis; *in jds Hände fallen* capitare in mano di qd; *in guten Händen sein* essere in buone mani; *sich mit Händen und Füßen wehren* difendersi con le unghie e con i denti; *seine Hände in Unschuld waschen* lavarsene le mani; *jdn auf Händen tragen* portare qd nel palmo della mano
Handarbeit ['hantarbaɪt] *f* lavoro manuale *m*
Handball ['hantbal] *m SPORT* palla a mano *f*
Handbewegung ['hantbəveːguŋ] *f* movimento della mano *m*
Handbremse ['hantbrɛmzə] *f* freno a mano *m*
Handbuch ['hantbuːx] *n* manuale *m*
Handel ['handəl] *m ECO* commercio *m*
handeln ['handəln] *v* **1.** *(tätig sein)* agire; **2.** *(Handel treiben)* commerciare; **3.** *(feilschen)* mercanteggiare; **4.** *sich ~ um* trattarsi di; *Es handelt sich um einen Scherz.* Si tratta di uno scherzo.
Handelsabkommen ['handəlsapkɔmən] *n POL* accordo commerciale *m*
Handelsbilanz ['handəlsbilants] *f ECO* bilancia commerciale *f*
Handelskammer ['handəlskamɐ] *f ECO* camera di commercio *f*
Handelspolitik ['handəlspolitiːk] *f POL* politica commerciale *f*
händeringend ['hɛndɐɪŋənt] *adv* torcendo le mani
Händeschütteln ['hɛndəʃytəln] *n* stretta di mano *f*
handfest ['hantfɛst] *adj* **1.** *(robust)* robusto; **2.** *(fig)* evidente
handgearbeitet ['hantgəarbaɪtət] *adj* lavorato a mano
Handgemenge ['hantgəmɛŋə] *n* zuffa *f*
Handgepäck ['hantgəpɛk] *n* bagaglio a mano *m*
handgreiflich ['hantgraɪflɪç] *adj ~ werden* diventare manesco
Handgriff ['hantgrɪf] *m* **1.** *(Griff)* manico *m*, maniglia *f;* **2.** *(kleine Mühe)* lavoretto *m*
handhaben ['hanthaːbən] *v* maneggiare, utilizzare
Handhabung ['hanthaːbuŋ] *f* maneggio *m*
Handkuss ['hantkus] *m* baciamano *m*
Handlanger ['hantlaŋɐ] *m* manovale *m*
Händler(in) ['hɛndlər(ɪn)] *m/f* commerciante *m/f*
handlich ['hantlɪç] *adj* maneggevole
Handlung ['handluŋ] *f* **1.** *(Tat)* azione *f;* **2.** *(Roman, Film)* trama *f;* **3.** *(Laden)* negozio *m*
Handlungsbevollmächtigte(r) ['handluŋsbəfɔlmɛçtɪçtə(r)] *m/f JUR* procuratore/procuratrice *m/f*
handlungsfähig ['handluŋsfɛːɪç] *adj JUR* capace di agire
Handlungsspielraum ['handluŋsʃpiːlraum] *m* margine di azione *m*
Handlungsweise ['handluŋsvaɪzə] *f* modo d'agire *m*

Handschellen ['hantʃɛlən] *pl* manette *f/pl*
handschriftlich ['hantʃrɪftlɪç] *adj* **1.** scritto a mano; *adv* **2.** per iscritto
Handschuh ['hantʃuː] *m* guanto *m*
Handstreich ['hantʃtraɪç] *m* colpo di mano *m*
Handtasche ['hanttaʃə] *f* borsa *f*
Handtuch ['hanttuːx] *n* asciugamano *m; das ~ werfen* gettare la spugna
Handumdrehen ['hantumdreːən] *n im ~* in un batter d'occhio
Handwäsche ['hantvɛʃə] *f* bucato a mano *m*
Handwerk ['hantvɛrk] *n* artigianato *m; jdm ins ~ pfuschen* immischiarsi nei fatti altrui
Handwerker ['hantvɛrkɐ] *m* artigiano *m*
handwerklich ['hantvɛrklɪç] *adj* artigianale
Handy ['hɛndiː] *n* cellulare *m*
Handzeichen ['hanttzaɪçən] *n* segno della mano *m*
Hanf [hanf] *m BOT* canapa *f*
Hang [haŋ] *m* **1.** *(Abhang)* pendio *m;* **2.** *(fig: Neigung)* tendenza *f*
Hängematte ['hɛŋəmatə] *f* amaca *f*
hängen ['hɛŋən] *v irr* **1.** *(befestigt sein)* essere attaccato; **2.** *(herab~)* pendere; **3.** *(auf~)* appendere; **4.** *~ an (fig: gern haben)* essere affezionato a; **5.** *mit Hängen und Würgen* per un pelo; **6.** *~ lassen (fig: im Stich lassen)* piantare in asso
Hängeschrank ['hɛŋəʃraŋk] *m* armadietto pensile *m*
hantieren [han'tiːrən] *v* maneggiare
Happen ['hapən] *m* boccone *m*
Hardware ['haːrdwɛːr] *f INFORM* hardware *m*
Harfe ['harfə] *f MUS* arpa *f*
harmlos ['harmloːs] *adj* **1.** *(ungefährlich)* innocuo; *adv* **2.** innocentemente
Harmlosigkeit ['harmloːzɪçkaɪt] *f* *(Ungefährlichkeit)* innocuità *f*
Harmonie [harmo'niː] *f* armonia *f*
harmonieren [harmo'niːrən] *v* armonizzare
harmonisch [har'moːnɪʃ] *adj* armonico
harmonisieren [harmonɪ'ziːrən] *v* armonizzare
Harn [harn] *m* urina *f*
Harnisch ['harniʃ] *m* corazza *f*
Harpune [har'puːnə] *f* arpione *m*
harren ['harən] *v* attendere
hart [hart] *adj* **1.** duro; **2.** *(streng)* severo
Härte ['hɛrtə] *f* **1.** durezza *f;* **2.** *(Strenge)* rigore *m*
hartherzig ['harthɛrtsɪç] *adj* **1.** inumano; *adv* **2.** spietatamente
hartnäckig ['hartnɛkɪç] *adj* ostinato
Harz [harts] *m* resina *f*
harzig ['hartsɪç] *adj* resinoso
Hase ['haːzə] *m ZOOL* lepre *m; ein alter ~ sein* essere una vecchia volpe; *Mein Name ist ~, ich weiß von nichts.* Io non c'ero, e se c'ero dormivo.
Haselnuss ['haːzəlnus] *f BOT* nocciola *f*
Hass [has] *m* odio *m*
hassen ['hasən] *v* odiare
hasserfüllt ['hasɛrfylt] *adj* pieno d'odio
hässlich ['hɛslɪç] *adj* brutto
Hässlichkeit ['hɛslɪçkaɪt] *f* bruttezza *f*
Hast [hast] *f* fretta *f*
hastig ['hastɪç] *adj* **1.** affrettato; *adv* **2.** in fretta
hätscheln ['hɛtʃəln] *v* carezzare
Haube ['haubə] *f* cuffia *f; jdn unter die ~ bringen* maritare qd
Hauch [haux] *m* **1.** *(Atem)* fiato *m;* **2.** *(Luft)* soffio *m;* **3.** *(Duft)* profumo *m;* **4.** *(geringe Menge)* ombra *f*
hauchdünn ['hauxdyn] *adj* sottilissimo
hauchen ['hauxən] *v (flüstern)* sussurrare
hauen ['hauən] *v irr* percuotere
Haufen ['haufən] *m* mucchio *m; jdn über den ~ fahren* stendere a terra; *etw über den ~ werfen* mandare qc a monte
häufen ['hɔyfən] *v* ammucchiare
haufenweise ['haufənvaɪzə] *adv* a mucchi
häufig ['hɔyfɪç] *adj* **1.** frequente; *adv* **2.** spesso
Häufigkeit ['hɔyfɪçkaɪt] *f* frequenza *f*
Häufung ['hɔyfuŋ] *f* ammucchiamento *m*
Haupt [haupt] *n* capo *m; das ~ der Familie* il capofamiglia *m*

hauptamtlich ['hauptamtlıç] *adj* 1. principale; *adv* 2. come occupazione principale

Hauptanschluss ['hauptanʃlus] *m* 1. *TECH* attacco principale *m;* 2. *TEL* linea diretta *f*

Hauptbahnhof ['hauptba:nho:f] *m* stazione centrale *f*

hauptberuflich ['hauptbəru:flıç] *adj* di professionale principale

Haupteingang ['hauptaıngaŋ] *m* ingresso principale *m*

Hauptgericht ['hauptgəıçt] *n* secondo *m*

Hauptgewinn ['hauptgəvın] *m* primo premio *m*

Häuptling ['hɔyptlıŋ] *m* capo *m*

Hauptperson ['hauptpɛrzo:n] *f* personaggio principale *m,* protagonista *m*

Hauptsache ['hauptzaxə] *f* cosa principale *f*

hauptsächlich ['hauptzɛçlıç] *adj* principale

Hauptsaison ['hauptzɛzɔ̃] *f* alta stagione *f*

Hauptstadt ['hauptʃtat] *f* capitale *f*

Hauptstraße ['hauptʃtra:sə] *f* strada principale *f*

Hauptverkehrszeit ['hauptfɛrke:rstsaıt] *f* ora di punta *f*

Hauptversammlung ['hauptfɛrzamluŋ] *f* assemblea generale *f*

Haus [haus] *n* casa *f; jdm das ~ einrennen* importunare qd; *jdm das ~ verbieten* sbarrare la casa a qd; *mit der Tür ins ~ fallen* non fare tante preamboli; *ins ~ stehen* essere imminente; *jdm ins ~ schneien* piombare in casa a qd; *außer ~ sein* essere fuori casa; *zu ~e* a casa; *nach ~e* a casa

Hausangestellte(r) ['hausangəʃtɛltə(r)] *m/f* domestico/domestica *m/f*

Hausarrest ['hausarɛst] *m* arresto domiciliare *m*

Hausarzt ['hausartst] *m* medico di famiglia *m*

Hausaufgaben ['hausaufga:bən] *pl* compiti a casa *m/pl*

hausbacken ['hausbakən] *adj (fig)* comune

Hausbesetzung ['hausbəzɛtsuŋ] *f* occupazione di una casa *f*

Hausbesitzer(in) ['hausbəzıtsər(ın)] *m/f* proprietario di una casa/proprietaria di una casa *m/f*

Häuschen ['hɔysçən] *n* casetta *f; aus dem ~ sein* essere fuori di sé dalla gioia

Hausdurchsuchung ['hausdurçzu:çuŋ] *f JUR* perquisizione domiciliare *f*

Hausflur ['hausflu:r] *m* corridoio *m*

Hausfrau ['hausfrau] *f* casalinga *f*

Hausfriedensbruch ['hausfri:dənsbrux] *m JUR* violazione di domicilio *f*

hausgemacht ['hausgəmaxt] *adj* casalingo *m*

Haushalt ['haushalt] *m* 1. governo della casa *m;* 2. *(Staatshaushalt)* bilancio *m; öffentlicher ~* bilancio pubblico *m*

haushalten ['haushaltən] *v* 1. governare la casa; 2. *(sparsam sein)* risparmiare

Haushaltsgerät ['haushaltsgərɛ:t] *n* utensile domestico *m*

hausieren [hau'zi:rən] *v* vendere di casa in casa

Hausierer(in) [hau'zi:rər(ın)] *m/f* venditore ambulante/venditrice ambulante *m/f*

häuslich ['hɔyslıç] *adj* domestico

Hausmädchen ['hausmɛdçən] *n* domestica *f*

Hausmann ['hausman] *m* casalingo *m*

Hausmannskost ['hausmanskɔst] *f* cucina casalinga *f*

Hausmeister(in) ['hausmaıstər(ın)] *m/f* portiere/portiera *m/f, (Schule)* bidello/bidella *m/f*

Hausordnung ['hausɔrdnuŋ] *f* regolamento della casa *m*

Hausratversicherung ['hausra:tfɛrzıçəruŋ] *f* assicurazione sulle suppellettili domestiche *f*

Hausschuh ['hausʃu:] *m* pantofola *f*

Haustier ['hausti:r] *n* animale domestico *m*

Hausverbot ['hausfɛrbo:t] *n* divieto di entrare in casa *m*

Haut [haut] *f ANAT* pelle *f; nur noch ~ und Knochen sein* essere pelle e ossa; *seine ~ retten* salvare la pelle; *sich seiner ~ wehren* difendere la propria pelle; *sich auf die faule ~ legen* stare con le mani in mano; *aus der ~ fahren* uscire dai gangheri; *nicht aus seiner*

~ können non poter essere diversi da quello che si è; *nicht in jds ~ stecken mögen* non volere essere nei panni di qd; *mit heiler ~ davon kommen* scamperla; *mit ~ und Haaren* completamente; *unter die ~ gehen* toccare profondamente
Hautarzt ['hautartst] *m* dermatologo *m*
häuten ['hɔytən] *v* scuoiare
Hautkrebs ['hautkre:ps] *m MED* carcinoma epidermoide *m*
Hebamme ['he:bamə] *f* levatrice *f*
Hebel ['he:bəl] *m TECH* leva *f; alle ~ in Bewegung setzen* tentare tutto il possibile; *am längeren ~ sitzen* avere il coltello dalla parte del manico
heben ['he:bən] *v irr* **1.** *(hochheben)* sollevare; *einen ~* farsi un goccio/bere un goccetto; **2.** *(bergen)* recuperare; *ein gesunkenes Schiff ~* recuperare una nave affondata; **3.** *(steigern)* accrescere
hebräisch [he'brɛ:ɪʃ] *adj* ebreo
Hecht [heçt] *m ZOOL* luccio *m*
Heck [hɛk] *n* **1.** *(eines Autos)* parte posteriore *f;* **2.** *(eines Schiffes)* poppa *f*
Hecke ['hɛkə] *f BOT* siepe *f*
Heckenschütze ['hɛkənʃytsə] *m* franco tiratore *m*
Heckscheibe ['hɛkʃaɪbə] *f (eines Autos)* lunotto *m*
Heer [he:r] *n MIL* esercito *m*
Hefe ['he:fə] *f* lievito *m*
Hefeteig ['he:fətaɪk] *m GAST* pasta lievitata *f*
Heft [hɛft] *n* quaderno *m*
heften ['hɛftən] *v* **1.** *(befestigen)* attaccare; **2.** *(nähen)* cucire
Hefter ['hɛftɐ] *m* cartella *f*
heftig ['hɛftɪç] *adj* violento
Heftklammer ['hɛftklamɐ] *f* punto metallico *m,* fermaglio *m*
Hehl [he:l] *m keinen ~ aus etw machen* non fare mistero di qc
Hehler ['he:lɐ] *m* ricettatore *m*
Heide[1] ['haɪdə] *m* pagano *m*
Heide[2] ['haɪdə] *f GEOL* brughiera *f*
Heidelbeere ['haɪdəlbe:rə] *f BOT* mirtillo *m*
Heidentum ['haɪdəntum] *n* paganesimo *m*
heikel ['haɪkəl] *adj* delicato, scabroso; *ein heikles Thema* un argomento scabroso *m*
heil [haɪl] *adj* sano
Heil [haɪl] *n* salvezza *f*
Heiland ['haɪlant] *m REL* Salvatore *m*
heilbar ['haɪlba:r] *adj* curabile, guaribile
heilen ['haɪlən] *v* guarire
Heilgymnastik ['haɪlgymnastɪk] *f* cinesiterapia *f,* ginnastica curativa *f*
heilig ['haɪlɪç] *adj REL* santo
heiligsprechen ['haɪlɪç'ʃprɛzan] *v* canonizzare, santificare
Heiligabend [haɪlɪç'a:bənt] *m REL* vigilia di Natale *f*
Heiliger ['haɪlɪgɐ] *m REL* santo *m*
Heiligtum ['haɪlɪgtu:m] *n* santuario *m*
Heilkunde ['haɪlkundə] *f MED* medicina *f*
heillos ['haɪllo:s] *adj (fam)* terribile
Heilmittel ['haɪlmɪtəl] *n* medicina *f*
Heilpraktiker(in) ['haɪlpraktɪkər(ɪn)] *m/f* guaritore/guaritrice *m/f*
heilsam ['haɪlza:m] *adj* salutare
Heilsarmee ['haɪlsarme:] *f* esercito della salvezza *m*
Heilung ['haɪluŋ] *f MED* guarigione *f*
heim [haɪm] *adv* a casa
Heim [haɪm] *n* casa *f*
Heimarbeit ['haɪmarbaɪt] *f* lavoro a domicilio *m*
Heimat ['haɪmat] *f* patria *f*
Heimatkunde ['haɪmatkundə] *f* storia e geografia della propria regione *f*
heimatlos ['haɪmatlo:s] *adj* senza patria
heimbringen ['haɪmbrɪŋən] *v irr* portare a casa
Heimfahrt ['haɪmfa:rt] *f* viaggio verso casa *m,* ritorno *m*
heimisch ['haɪmɪʃ] *adj* **1.** *(einheimisch)* indigeno, locale; **2.** *(vertraut)* abituale
Heimkehrer ['haɪmke:rɐ] *m (aus dem Krieg)* reduce *m*
Heimkind ['haɪmkɪnt] *n* bambino cresciuto in un asilo *m*
heimleuchten ['haɪmlɔyçtən] *v jdm ~* rispondere a qd per le rime
heimlich ['haɪmlɪç] *adj* segreto
Heimlichkeit ['haɪmlɪçkaɪt] *f* segretezza *f*

H

Heimlichtuer ['haɪmlɪçtuːɐ] *m* soppiattone *m*, misterioso *m*
Heimspiel ['haɪmʃpiːl] *n* SPORT partita disputata in casa *f*
Heimsuchung ['haɪmzuːxuŋ] *f* tribolazione *f*
Heimtücke ['haɪmtykə] *f* malizia *f*
heimtückisch ['haɪmtykɪʃ] *adj* malizioso
Heimweg ['haɪmveːk] *m* ritorno a casa *m*
Heimweh ['haɪmveː] *n* nostalgia *f*
heimzahlen ['haɪmtsaːlən] *v* rendere, ripagare; *Das werde ich ihm ~.* Gliela farò pagare.
Heirat ['haɪraːt] *f* matrimonio *m*
heiraten ['haɪraːtən] *v* sposare
Heiratsantrag ['haɪraːtsantraːk] *m* proposta di matrimonio *f*
Heiratsurkunde ['haɪraːtsuːrkundə] *f* JUR atto di matrimonio *m*
heiser ['haɪzɐ] *adj* rauco
Heiserkeit ['haɪzɐkaɪt] *f* MED raucedine *f*
heiß [haɪs] *adj* **1.** caldo; *ein ~es Eisen* un argomento scottante *m*; *~e Luft* aria calda *f*; *Da läuft es einem ~ und kalt über den Rücken.* Ciò fa venire i brividi. **2.** *(heftig)* accanito; *~er Kampf* combattimento accanito; *~ geliebt* amatissimo; *~ umstritten* molto dibattuto
heißblütig ['haɪsblytɪç] *adj* focoso
heißen ['haɪsən] *v irr* **1.** chiamarsi; *Ich heiße Anna.* Mi chiamo Anna. **2.** *(bezeichnen)* nominare; **3.** *das heißt* cioè
Heißhunger ['haɪshuŋɐ] *m* fame da lupo *f*
heiter ['haɪtɐ] *adj* **1.** *(fröhlich)* contento, gaio; **2.** *(sonnig)* sereno; *Das kann ja ~ werden!* Ne vedremo delle belle!
Heiterkeit ['haɪtɐkaɪt] *f* allegria *f*
heizen ['haɪtsən] *v* riscaldare
Heizkessel ['haɪtskɛsəl] *m* caldaia *f*
Heizkissen ['haɪtskɪsən] *n* termoforo *m*
Heizkörper ['haɪtskœrpɐ] *m* termosifone *m*, calorifero *m*
Heizkosten ['haɪtskɔstən] *pl* spese di riscaldamento *f/pl*
Heizkraftwerk ['haɪtskraftvɛrk] *n* centrale termoelettrica *f*
Heizöl ['haɪtsøːl] *n* olio combustibile *m*
Heizung ['haɪtsuŋ] *f* riscaldamento *m*
Heizungskeller ['haɪtsuŋskɛlɐ] *m* locale caldaia *m*
Hektar ['hɛktar] *n* ettaro *m*
Hektik ['hɛktɪk] *f* agitazione *f*, fretta *f*
hektisch ['hɛktɪʃ] *adj* **1.** febbrile; *adv* **2.** febbrilmente
Held(in) [hɛlt/'hɛldɪn] *m/f* eroe/eroina *m/f*
heldenhaft ['hɛldənhaft] *adj* eroico
helfen ['hɛlfən] *v irr* aiutare
Helfer(in) ['hɛlfər(ɪn)] *m/f* soccorritore/soccorritrice *m/f*
hell [hɛl] *adj* **1.** chiaro; **2.** *(Klang)* limpido; **3.** *(fig: aufgeweckt)* lucido
hellblau ['hɛlblau] *adj* azzurro chiaro
Heller ['hɛlɐ] *m auf ~ und Pfennig* sino all'ultimo centesimo
hellhörig ['hɛlhøːrɪç] *adj* **1.** di udito fine; **2.** *(fig: wachsam)* perspicace
Helligkeit ['hɛlɪçkaɪt] *f* chiarezza *f*
Hellseher(in) ['hɛlzeːər(ɪn)] *m/f* chiaroveggente *m/f*
hellwach ['hɛl'vax] *adj* ben sveglio
Helm [hɛlm] *m* **1.** *(Sturzhelm)* casco *m*; **2.** MIL elmo *m*
Hemd [hɛmt] *n* camicia *f*; *sein letztes ~ hergeben* dare via anche la camicia; *kein ~ mehr auf dem Leib haben* rimanere in brache di tela/non avere più un soldo
Hemdbluse [hɛmtbluːzə] *f* camicetta *f*
hemdsärmelig ['hɛmtsɛrməlɪç] *adj* *(fam)* scomposto
hemmen ['hɛmən] *v* frenare
Hemmung ['hɛmuŋ] *f* PSYCH inibizione *f*
hemmungslos ['hɛmuŋsloːs] *adj* sfrenato
Hengst [hɛŋgst] *m* ZOOL stallone *m*
Henkel ['hɛŋkəl] *m* ansa *f*, manico *m*
Henker ['hɛŋkɐ] *m* carnefice *m*, boia *m*
Henne ['hɛnə] *f* ZOOL gallina *f*
her [heːr] *adv* **1.** *(örtlich)* qua, qui; *Zu mir ~!* Vieni qui da me! *Wo hat sie das ~?* Da chi l'ha avuto? *hinter jdm ~ sein* stare dietro a qd; **2.** *(zeitlich)* da; *es ist vier Jahre ~* sono quattro anni; *lange ~* molto tempo fa; **4.** *Mit seinem Italienisch ist es nicht weit ~.* Non è che sappia l'italiano tanto bene.
herab [hɛ'rap] *adv* giù

herablassen [hɛ'raplasən] *v irr* **1.** calare, abbassare; **2.** *sich ~* degnarsi
herablassend [hɛ'raplasənt] *adj* condiscendente
herabsehen [hɛ'rapzeːən] *v irr* guardare in basso
herabsetzen [hɛ'rapzɛtsən] *v* **1.** ridurre, abbassare; **2.** *(herabwürdigen)* screditare
herabsteigen [hɛ'rapʃtaɪgən] *v irr* scendere
herabstürzen [hɛ'rapʃtyrtsən] *v* cadere
heran [hɛ'ran] *adv* avanti; vicino
herankommen [hɛ'rankɔmən] *v irr* avvicinarsi
heranmachen [hɛ'ranmaxən] *v (fam: sich nähern)* avvicinarsi
heranschleichen [hɛ'ranʃlaɪçən] *v irr* avvicinarsi strisciando
herantragen [hɛ'rantraːgən] *v irr* **1.** apportare; **2.** *(fig)* sottoporre
herantreten [hɛr'antreːtən] *v irr (fig) an jdn ~* rivolgersi a qd
heranwachsen [hɛ'ranvaksən] *v irr* crescere
Heranwachsende(r) [hɛ'ranvaksəndə(r)] *m/f* adolescente *m/f*
herauf [hɛ'rauf] *adv* su
heraufbeschwören [hɛ'raufbəʃvøːrən] *v irr* evocare; provocare
heraufholen [hɛ'raufhoːlən] *v* portare su
heraufkommen [hɛ'raufkɔmən] *v irr* salire, venire su
heraufsetzen [hɛ'raufzɛtsən] *v irr* aumentare
heraufsteigen [hɛ'raufʃtaɪgən] *v irr* salire, venite su
heraus [hɛ'raus] *adv* fuori
herausbekommen [hɛ'rausbəkɔmən] *v irr* **1.** *(Geld)* riavere; **2.** *(fig: herausfinden)* riuscire a indovinare, scoprire
herausbeugen [hɛ'rausbɔygən] *v sich ~* sporgersi; *sich aus dem Fenster ~* sporgersi dalla finestra
herausbrechen [hɛ'rausbrɛçən] *v irr* levare con violenza
herausbringen [hɛ'rausbrɪŋən] *v irr* **1.** portare fuori; **2.** *(veröffentlichen)* pubblicare; **3.** *(fig: herausfinden)* riuscire a indovinare; **4.** *(fam: entfernen)* riuscire a togliere
herausfinden [hɛ'rausfɪndən] *v irr* ritrovare, scoprire
herausfordernd [hɛ'rausfɔrdɐnt] *adj* provocatorio
Herausforderung [hɛ'rausfɔrdəruŋ] *f* sfida *f*, provocazione *f*
Herausgeber(in) [hɛ'rausgeːbər(ɪn)] *m/f* editore/editrice *m/f*
heraushalten [hɛ'raushaltən] *v irr* **1.** tenere fuori; **2.** *sich ~* tenersi fuori; *sich aus einem Streit ~* tenersi fuori da una lite
herauskommen [hɛ'rauskɔmən] *v irr* **1.** venire fuori, uscire; **2.** *(veröffentlichen)* essere pubblicato; **3.** *(fig: erscheinen)* apparire; **4.** *aufs Gleiche ~* essere la stessa cosa
herausnehmen [hɛ'rausneːmən] *v irr* **1.** *(nehmen)* prendere fuori; **2.** *(fig) sich ~ etw zu tun* permettersi di fare qc
herausragend [hɛ'rausraːgənt] *adj* eminente
herausreden [hɛ'rausreːdən] *v sich ~* discolparsi con belle parole
herausreißen [hɛ'rausraɪsən] *v irr* strappare
herausschauen [hɛ'rausʃauən] *v* **1.** guardare fuori; **2.** *(hervorschauen)* spuntare fuori
herausstrecken [hɛ'rausʃtrɛkən] *v* stendere fuori
heraussuchen [hɛ'rauszuːxən] *v* scegliere, cercare
herauswerfen [hɛ'rausvɛrfən] *v irr* gettare fuori
herausziehen [hɛ'raustsiːən] *v irr* tirare fuori
herb [hɛrp] *adj* **1.** *(Geschmack)* aspro; **2.** *(fig)* amaro; *eine ~e Enttäuschung* un'amara delusione *f*
herbei [hɛr'baɪ] *adv* qui
herbeieilen [hɛr'baɪaɪlən] *v* accorrere
herbeiführen [hɛr'baɪfyːrən] *v* cagionare
herbeischaffen [hɛr'baɪʃafən] *v* portare
herbeisehnen [hɛr'baɪzeːnən] *v* desiderare
herbestellen ['heːrbəʃtɛlən] *v* mandare a chiamare
herbringen ['heːrbrɪŋən] *v irr* portare
Herbst [hɛrpst] *m* autunno *m*
herbstlich ['hɛrpstlɪç] *adj* autunnale

Herd [heːrt] *m* focolare *m*, cucina *f*
Herde ['heːrdə] *f* mandria *f*, gregge *m*; *eine ~ von Pferden* una mandria di cavalli *f*; *eine ~ von Schafen* un gregge di pecore *m*
herein [hɛ'raɪn] *adv* **1.** dentro; *interj* **2.** avanti
hereinbitten [hɛ'raɪnbɪtən] *v irr* pregare d'entrare
hereinbrechen [hɛ'raɪnbrɛçən] *v irr* sopravvenire
hereinfallen [hɛ'raɪnfalən] *v irr* **1.** cadere dentro; **2.** *(fig)* farsi imbrogliare
hereinkommen [hɛ'raɪnkɔmən] *v irr* entrare, venir dentro
hereinlassen [hɛ'raɪnlasən] *v irr* lasciar entrare
hereinlegen [hɛ'raɪnleːgən] *v jdn ~* imbrogliare qd
hereintreten [hɛ'raɪntreːtən] *v irr* entrare, venire dentro
Hergang ['heːrgaŋ] *m* andamento *m*
hergeben ['heːrgeːbən] *v irr* **1.** dare; *Gib mir den Stift her!* Dammi la penna! **2.** *sich zu etw ~* prestarsi a qc
Hering ['heːrɪŋ] *m* **1.** *ZOOL* aringa *f* **2.** *(Zeltpflock)* picchetto *m*
herkommen ['heːrkɔmən] *v irr* **1.** venire qui; **2.** *(herstammen)* provenire
herkömmlich ['heːrkœmlɪç] *adj* tradizionale
Herkunft ['heːrkunft] *f* origine *f*
Herkunftsland ['heːrkunftslant] *n* paese di provenienza *m*
Heroin [hero'iːn] *n CHEM* eroina *f*
Herr [hɛr] *m* signore *m*; *der ~ im Haus sein* essere il padrone di casa; *über jdn ~ werden* impadronirsi di qd
herrichten ['heːrrɪçtən] *v* preparare
herrlich ['hɛrlɪç] *adj* splendido
Herrlichkeit ['hɛrlɪçkaɪt] *f* magnificenza *f*
Herrschaft ['hɛrʃaft] *f* dominazione *f*, sovranità *f*
herrschaftlich ['hɛrʃaftlɪç] *adj* padronale
herrschen ['hɛrʃən] *v* **1.** *(regieren)* regnare; **2.** *(bestehen)* sussistere
Herrscher(in) ['hɛrʃər(ɪn)] *m/f* sovrano/sovrana *m/f*
Herrschsucht ['hɛrʃzuxt] *f* avidità di dominio *f*
herrühren ['heːrryːrən] *v* derivare
herstellen ['herʃtɛlən] *v* **1.** *(erzeugen)* fabbricare; **2.** *(fig: realisieren)* realizzare
Hersteller(in) ['herʃtɛlər(ɪn)] *m/f* fabbricante *m/f*, produttore/produttrice *m/f*
Herstellung ['herʃtɛluŋ] *f* **1.** *(Erzeugung)* fabbricazione *f*, produzione *f*; **2.** *(Realisierung)* realizzazione *f*
Hertz [hɛrts] *n PHYS* hertz *m*
herüber [hɛ'ryːbɐ] *adv* di qua
herüberblicken [hɛ'ryːbɐblɪkən] *v* guardare di qua
herübersteigen [hɛ'ryːbɐʃtaɪgən] *v irr* passare di qua
herum [hɛ'rum] *adv* intorno
herumbekommen [hɛ'rumbəkɔmən] *v irr* **1.** *jdn ~* riuscire a persuadere qd; **2.** *(Zeit)* passare
herumdrehen [hɛ'rumdreːən] *v* girare
herumführen [hɛ'rumfyːrən] *v* condurre in giro
herumgehen [hɛ'rumgeːən] *v irr* **1.** *um etw ~* girare intorno a qc; **2.** *(umherlaufen)* andare in giro
herumkommen [hɛ'rumkɔmən] *v irr* **1.** viaggiare; **2.** *um etw ~ (fig)* evitare qc
herumreichen [hɛ'rumraɪçən] *v* offrire in giro, far circolare
herumsprechen [hɛ'rumʃprɛçən] *v irr sich ~* diffondersi
Herumtreiber [hɛ'rumtraɪbɐ] *m* vagabondo *m*
herunter [hɛ'runtɐ] *adv* giù
herunterdrücken [hɛ'runtɐdrykən] *v* premere
herunterfallen [hɛ'runtɐfalən] *v irr* cadere giù
heruntergekommen [hɛ'runtɐgəkɔmən] *adj* malandato
herunterklappen [hɛ'runtɐklapən] *v* abbassare
herunterschlucken [hɛ'runtɐʃlukən] *v* inghiottire
herunterwerfen [hɛ'runtɐvɛrfən] *v irr* gettare giù
hervor [hɛr'foːɐ] *adv* fuori
hervorbringen [hɛr'foːɐbrɪŋən] *v irr* **1.** *(erzeugen)* produrre; **2.** *(sagen)* dire
hervorragend [hɛr'foːɐraːgənt] *adj* **1.** sporgente; **2.** *(fig)* straordinario
hervorrufen [hɛr'foːɐruːfən] *v irr* suscitare, provocare

hervorstechen [hɛr'foːɐʃtɛçən] *v irr (fig)* spiccare

Herz [hɛrts] *n ANAT* cuore *m; ein ~ und eine Seele* due cuori e un'anima sola; *jdm sein ~ ausschütten* aprire il proprio cuore a qd; *jdm das ~ brechen* spezzare il cuore a qd; *sich ein ~ fassen* prendere il coraggio a due mani; *das ~ auf der Zunge tragen* avere il cuore sulle labbra; *jdm sein ~ schenken* dare il proprio cuore a qd; *jdm das ~ schwer machen* piagare il cuore a qd; *seinem ~en Luft machen* sfogarsi; *jdm am ~en liegen* stare a cuore a qd; *jdm ans ~ gewachsen sein* essere molto affezionato a qd; *etw auf dem ~en haben* avere qc sul cuore; *aus tiefstem ~en* dal profondo del cuore; *jdn in sein ~ schließen* avere a cuore qd/voler bene a qd; *jdn ins ~ treffen* colpire al cuore qd; *es nicht übers ~ bringen* non avere il coraggio di; *sich etw zu ~en nehmen* prendersi a cuore qc; *leichter ums ~ werden* sentirsi alleggerito; *Das ~ ist ihm in die Hose gerutscht.* Il cuore gli è andato nei calcagni. *Das ~ wurde ihr schwer.* Ha il cuore pesante.

Herzanfall ['hɛrtsanfal] *m MED* attacco cardiaco *m*

Herzensbrecher(in) ['hɛrtsənsbrɛçər(ɪn)] *m/f* rubacuori *m/f*

Herzfehler ['hɛrtsfeːlɐ] *m MED* vizio cardiaco *m*

herzhaft ['hɛrtshaft] *adj* **1.** *(Geschmack)* forte; **2.** *(Lachen)* cordiale

Herzinfarkt ['hɛrtsɪnfarkt] *m MED* infarto cardiaco *m*

Herzklopfen ['hɛrtsklɔpfən] *n* batticuore *m*

herzlich ['hɛrtslɪç] *adj* cordiale

herzlos ['hɛrtsloːs] *adj* senza cuore

Herzog(in) ['hɛrtsoːk/hɛrtsoːgɪn] *m/f* duca/duchessa *m/f*

Herzschlag ['hɛrtsʃlaːk] *m* **1.** pulsazione *f;* **2.** *MED* battito cardiaco *m,* sistole *f*

heterogen [hetero'geːn] *adj* eterogeneo

hetzen ['hɛtsən] *v* **1.** *(eilen)* correre; **2.** *(fig)* aizzare

Heu [hɔy] *n* fieno *m*

Heuchelei [hɔyçə'laɪ] *f* ipocrisia *f*

heucheln ['hɔyçəln] *v* simulare

heulen ['hɔylən] *v* **1.** piangere; *zum Heulen sein* essere da piangere; **2.** *(Sirene)* urlare

Heuschnupfen ['hɔyʃnupfən] *m MED* febbre da fieno *f*

heute ['hɔytə] *adv* oggi; *von ~ auf morgen* dall'oggi al domani

heutzutage ['hɔytsutaːgə] *adv* oggigiorno

Hexe ['hɛksə] *f* strega *f*

Hexenschuss ['hɛksənʃus] *m MED* colpo della strega *m*

Hieb [hiːp] *m* colpo *m*

hier [hiːr] *adv* qui; *~ bleiben* restare qui

Hierarchie [hiːerar'çiː] *f* gerarchia *f*

hierauf ['hiːrauf] *adv* dopo di ciò

hierbei ['hiːrbaɪ] *adv* in quest'occasione

hierdurch ['hiːrdurç] *adv (kausal)* in tal modo

hierher ['hiːrheːr] *adv* qua

hiermit ['hiːrmɪt] *adv* con questo

hiervon ['hiːrfɔn] *adv* di ciò

hierzu ['hiːrtsuː] *adv* a ciò, a questo

hiesig ['hiːzɪç] *adj* locale, di qui

Hilfe ['hɪlfə] *f* **1.** aiuto *m;* **2.** *(~leistung)* soccorso *m; Erste ~* primo soccorso *m;* **3.** *(sozial)* assistenza *f*

hilflos ['hɪlfloːs] *adj* **1.** *(fig)* perplesso; **2.** *(ohne Hilfe)* privo d'aiuto

hilfreich ['hɪlfraɪç] *adj* soccorrevole

Hilfsarbeiter(in) ['hɪlfsarbaɪtər(ɪn)] *m/f* manovale *m/f*

hilfsbereit ['hɪlfsbəraɪt] *adj* soccorrevole

Hilfsbereitschaft ['hɪlfsbəraɪtʃaft] *f* prontezza a soccorrere *f*

Hilfsmittel ['hɪlfsmɪtəl] *n* sussidio *m*

Himbeere ['hɪmbeːrə] *f BOT* lampone *m*

Himmel ['hɪməl] *m* cielo *m; der ~ auf Erden* il Paradiso in terra; *jdm den ~ auf Erden versprechen* promettere a qd il paradiso in terra; *aus heiterem ~* a ciel sereno; *im siebten ~ sein* essere al settimo cielo; *zum ~ schreien* gridare vendetta al cielo; *Ach du lieber ~!* Cielo!/ Giusto Cielo! *Weiß der ~!* Sa il cielo! *Um ~s willen!* Per l'amor del cielo!

Himmelfahrt ['hɪməlfaːrt] *f* **1.** *Christi ~ REL* Ascensione *f;* **2.** *Mariä ~ REL* Assunzione *f*

himmlisch ['hɪmlɪʃ] *adj* 1. celeste; 2. *(fig)* meraviglioso
hin [hɪn] *adv* là; *Wo geht sie ~?* Dove va? *~ und her* su e giù/via vai/andirivieni; *~ und zurück* andata e ritorno; *~ und wieder* di quando in quando; *~ und hergerissen sein* essere indeciso; *nach langem Hin und Her* dopo matura riflessione
hinab [hɪn'ap] *adv* in giù
hinauf [hɪn'auf] *adv* in su; *ein bisschen weiter ~* un po' più su
hinaufsteigen [hɪn'aufʃtaɪgən] *v irr* salire
hinaus [hɪn'aus] *adv* fuori
hinausgehen [hɪn'ausgeːən] *v irr* uscire
hinausschieben [hɪn'ausʃiːbən] *v irr* 1. spingere fuori; 2. *(fig)* rimandare
Hinblick ['hɪnblɪk] *m im ~ auf etw* con riguardo a qc
hindern ['hɪndɐn] *v* impedire qc
Hindernis ['hɪndɐnɪs] *n* impedimento *m*
hindurch [hɪn'durç] *adv* attraverso
hinein [hɪn'aɪn] *adv* dentro
hineingehen [hɪn'aɪngeːən] *v irr* entrare
hineingeraten [hɪn'aɪngəraːtən] *v irr* capitare dentro
hineinpassen [hɪn'aɪnpasən] *v* trovar posto; essere adatto per
hineinplatzen [hɪn'aɪnplatsən] *v* arrivare improvvisamente
hineinreden [hɪn'aɪnreːdən] *v* intromettersi
hineinstecken [hɪn'aɪnʃtɛkən] *v* 1. infilare; 2. *(fig: investieren)* investire
hineinversetzen [hɪn'aɪnfɛrzɛtsən] *v sich ~* immedesimarsi
hineinziehen [hɪn'aɪntsiːən] *v irr* 1. tirare dentro; 2. *jdn in etw ~ (fig)* trascinare qd in qc
Hinfahrt ['hɪnfaːrt] *f* andata *f*
hinfallen ['hɪnfalən] *v irr* cadere
Hingabe ['hɪngaːbə] *f* dedizione *f*
hingegen [hɪn'geːgən] *konj* al contrario, invece
hinhalten ['hɪnhaltən] *v irr* 1. tendere; 2. *jdn ~* tenere a bada
hinken ['hɪŋkən] *v* zoppicare
hinlegen ['hɪnleːgən] *v* 1. *etw ~* porre; 2. *sich ~* sdraiarsi; *Er legt sich auf der Wiese hin.* Si sdraia sul prato.
hinnehmen ['hɪnneːmən] *v irr* accettare
Hinrichtung ['hɪnrɪçtuŋ] *f* esecuzione capitale *f*
hinsetzen ['hɪnzɛtsən] *v sich ~* sedersi
hinsichtlich ['hɪnzɪçtlɪç] *prep* rispetto a, per quanto riguarda
hinstellen ['hɪnʃtɛlən] *v* 1. mettere; 2. *(fig)* far passare; *jdn als dumm ~* far passare qd per stupido
hinten ['hɪntən] *adv* dietro; *Ich weiß nicht mehr wo ~ und wo vorne ist!* Non so più da che parte girarmi!
hinter ['hɪntɐ] *prep* dietro; *etw ~ sich lassen* lasciarsi qc dietro le spalle; *~ den anderen zurückbleiben* rimanere indietro rispetto agli altri; *~ jdm zurückstehen* essere inferiore a qd
Hinterachse ['hɪntəraksə] *f (eines Autos)* assale posteriore *m*
Hinterbliebene(r) [hɪntər'bliːbənə(r)] *m/f* superstite *m/f*
hintere(r,s) ['hɪntərə(r,s)] *adj* posteriore
hintereinander [hɪntəraɪ'nandɐ] *adv* uno dietro l'altro, uno dopo l'altro
Hintergedanke ['hɪntɐgədaŋkə] *m* secondo fine *m*, pensiero segreto *m*
hintergehen ['hɪntɐgeːən] *v irr jdn ~* raggirare
Hintergrund ['hɪntɐgrunt] *m* 1. sfondo *m*; 2. *(fig)* retroscena *m*
hintergründig ['hɪntɐgryndɪç] *adj* enigmatico
hinterhältig ['hɪntɐhɛltɪç] *adj* subdolo
Hinterhand ['hɪntɐhant] *f etw in der ~ haben* avere qc in serbo
hinterher ['hɪntɐheːr] *adv* 1. *(zeitlich)* dopo; 2. *(örtlich)* dietro
hinterherlaufen [hɪntər'heːrlaufən] *v irr* correre dietro
Hinterkopf ['hɪntɐkɔpf] *m etw im ~ haben* avere qc che gira nel cervello
Hinterland ['hɪntɐlant] *n* retroterra *m*
hinterlassen [hɪntər'lasən] *v irr* lasciare; *Die Tante hinterlässt eine Erbschaft.* La zia lascia un'eredità.
Hinterlassenschaft [hɪntər'lasənʃaft] *f* eredità *f*
hinterlegen [hɪntər'leːgən] *v* depositare
hinterlistig ['hɪntɐlɪstɪç] *adj* maligno

Hintern ['hıntɐn] *m (fam)* sedere *m*
Hintertreffen ['hıntɐtrɛfən] *n ins ~ geraten* avere la peggio; *im ~ sein* essere in svantaggio
Hintertreppe ['hıntɐtrɛpə] *f* scala sul retro *f*, scala di servizio *f*
Hintertür ['hıntɐty:r] *f* porta posteriore *f*; *sich eine ~ offen halten* lasciarsi aperta una via di scampo; *durch die ~* a vie traverse
hinterziehen [hıntər'tsi:ən] *v irr* evadere; *Steuern ~* evadere il fisco
hinüber [hı'ny:bɐ] *adv* di là
hinunter [hı'nuntɐ] *adv* giù, abbasso
hinuntergehen [hı'nuntɐge:ən] *v irr* scendere
hinunterschlucken [hı'nuntɐʃlukən] *v* mandare giù, inghiottire, ingoiare; *(fig) einen Ärger ~* ingoiare un'amarezza
hinunterwerfen [hı'nuntɐvɛrfən] *v irr* gettare giù
hinwegsetzen [hın'vɐkzɛtsən] *v sich über etw ~* non tener conto di qc
Hinweis ['hınvaıs] *m* indicazione *f*
hinweisen ['hınvaızən] *v irr* indicare a
hinziehen ['hıntsi:ən] *v irr sich ~* protrarsi
hinzu [hın'tsu:] *adv* ivi, vi
hinzufügen [hın'tsu:fy:gən] *v* aggiungere
hinzuziehen [hın'tsu:tsi:ən] *v irr* consultare
Hirn [hırn] *n ANAT* cervello *m*
Hirsch [hırʃ] *m ZOOL* cervo *m*
Hirse ['hırzə] *f BOT* miglio *m*
Hirt(in) [hırt(ın)] *m/f* pastore *m/f*
hissen ['hısən] *v* issare
Historiker [hı'sto:rıkɐ] *m* storico *m*
historisch [hı'sto:rıʃ] *adj* storico
Hitze ['hıtsə] *f* caldo *m; in der ~ des Gefechts* nella confusione del momento
hitzebeständig ['hıtsəbəʃtɛndıç] *adj* resistente al calore
Hitzewelle ['hıtsəvɛlə] *f* ondata di caldo *f*
hitzig ['hıtsıç] *adj* violento; *ein ~er Wortwechsel* un violento battibecco *m*
Hitzschlag ['hıtsʃla:k] *m MED* colpo di calore *m*
Hobel ['ho:bəl] *m* **1.** *(Küchenhobel)* affettaverdure *m;* **2.** *TECH* pialla *f*
hobeln ['ho:bəln] *v* **1.** *(Gemüse)* affettare; **2.** *TECH* piallare
hoch [ho:x] *adj* alto; *jdm etw ~ und heilig versprechen* promettere solennemente qc a qd; *Das ist mir zu ~!* Non ci arrivo!/Non capisco! *~ entwickelt* altamente sviluppato
Hochachtung ['ho:xaxtuŋ] *f* stima *f*
hochachtungsvoll ['ho:xaxtuŋsfɔl] *adv (im Brief)* con tutta stima
Hochamt ['ho:xamt] *n REL* messa solenne *f*
Hochbau ['ho:xbau] *m* costruzione soprassuolo *f/pl*
Hochbetrieb ['ho:xbətri:p] *m* grande movimento *m*
Hochdeutsch ['ho:xdɔytʃ] *n* alto tedesco *m*
Hochdruck ['ho:xdruk] *m* alta pressione *f*
Hochebene ['ho:xe:bənə] *f* altopiano *m*
hocherfreut ['ho:xɛrfrɔyt] *adj* **1.** lietissimo; *adv* **2.** con grande gioia
Hochgebirge ['ho:xgəbırgə] *n* alta montagna *f*
Hochgenuss ['ho:xgənus] *m* godimento grandissimo *m*
Hochglanz ['ho:xglants] *m etw auf ~ bringen* lucidare qc a specchio
hochgradig ['ho:xgra:dıç] *adj* **1.** di alto grado; **2.** *(fig)* forte
Hochhaus ['ho:xhaus] *n* grattacielo *m*
hochklappen ['ho:xklapən] *v* alzare
hochleben ['ho:xle:bən] *v jdn ~ lassen* fare un evviva a qd
Hochleistung ['ho:xlaıstuŋ] *f* alto rendimento
Hochmut ['ho:xmu:t] *m* superbia *f*
hochmütig ['ho:xmy:tıç] *adj* superbo
Hochofen ['ho:xo:fən] *m TECH* altoforno *m*
Hochrechnung ['ho:xrɛçnuŋ] *f* calcolo stimativo *m*, calcolo revisionale *m*
Hochsaison ['ho:xzɛzɔ̃] *f* alta stagione *f*
Hochschule ['ho:xʃu:lə] *f* istituto superiore *m*, università *f*
Hochsommer ['ho:xzɔmɐ] *m* piena estate *f*
Hochspannung ['ho:xʃpanuŋ] *f TECH* alta tensione *f*

höchst [hø:çst] *adv* molto
höchste(r,s) ['hǿ:çstə(r,s)] *adj* massimo/a
höchstens ['hø:çstəns] *adv* al massimo
Höchstpreis ['hø:çstpraɪs] *m* prezzo massimo *m*
höchstwahrscheinlich ['hø:çstva:rʃaɪnlɪç] *adv* con tutta probabilità
höchstzulässig ['hø:çstsu:lɛsɪç] *adj* massimo ammesso, massimo consentito
hochtrabend ['ho:xtra:bənt] *adj* altisonante
Hochverrat ['ho:xfɛra:t] *m POL* alto tradimento *m*
Hochwasser ['ho:xvasɐ] *n* piena *f*
hochwertig ['ho:xvertɪç] *adj* di gran pregio, d'alto valore
Hochwürden ['ho:xvyrdən] *m REL* reverendo *m*
Hochzeit ['hɔxtsaɪt] *f* nozze *f/pl auf allen ~en tanzen* avere le mani in pasta dappertutto
Hochzeitsfeier ['hɔxtsaɪtsfaɪɐ] *f* cerimonia nuziale *f*
Hochzeitsnacht ['hɔxtsaɪtsnaxt] *f* prima notte di nozze *f*
Hochzeitsreise ['hɔxtsaɪtsraɪzə] *f* viaggio di nozze *m*
Hocker ['hɔkɐ] *m* sgabello *m*
Hoden ['ho:dən] *pl ANAT* testicoli *m/pl*
Hof [ho:f] *m* **1.** *(Hinterhof)* cortile *m;* **2.** *(Königshof)* corte *f;* **3.** *(Bauernhof)* fattoria *f;* **4.** *jdm den ~ machen (fig)* fare la corte a qd
hoffen ['hɔfən] *v* sperare
hoffentlich ['hɔfəntlɪç] *adv* speriamo che
Hoffnung ['hɔfnuŋ] *f* speranza *f; guter ~ sein* essere incinta
hoffnungslos ['hɔfnuŋslo:s] *adj* senza speranza, disperato
hoffnungsvoll ['hɔfnuŋsfɔl] *adj* pieno di speranza, speranzoso; *adv* pieno di speranza
höflich ['hø:flɪç] *adj* **1.** cortese; *adv* **2.** cortesemente
Höflichkeit ['hø:flɪçkaɪt] *f* cortesia *f*
Höhe ['hø:ə] *f* altezza *f; auf der ~ sein* essere in piena forma; *in die ~ gehen* andare in collera/infuriarsi; *Das ist doch die ~!* È il colmo!
Hoheit ['ho:haɪt] *f* **1.** *POL* sovranità *f;* **2.** *(Anrede)* altezza *f*
Hoheitsgebiet ['ho:haɪtsgəbi:t] *n POL* territorio nazionale *m*
Höhepunkt ['hø:əpuŋkt] *m* punta *f*
höher ['hø:ɐ] *adj* **1.** più alto, superiore; *adv* **2.** più in alto
hohl [ho:l] *adj* **1.** cavo; **2.** *(fig: gehaltlos)* vuoto
Höhle ['hø:lə] *f* caverna *f; sich in die ~ des Löwens wagen (fig)* cacciarsi nella tana del leone
Hohlraum ['ho:lraum] *m* cavità *f*
Hohn [ho:n] *m* scherno *m,* derisione *f; der reinste ~* una vera beffa *f*
höhnisch ['hø:nɪʃ] *adj* beffardo; *ein ~es Lachen* una risata beffarda *f*
holen ['ho:lən] *v* andare a prendere, andare a chiamare; *Holen Sie den Arzt.* Vada a chiamare il medico. *Bei ihm ist nichts zu ~.* Da lui non si ricava niente.
Holland ['hɔlant] *n GEO* Olanda *f*
Holländer(in) ['hɔlɛndər(ɪn)] *m/f* olandese *m/f*
Hölle ['hœlə] *f* inferno *m; jdm die ~ heiß machen* non dare tregua a qd; *die ~ auf Erde* l'inferno in terra *m; jdm das Leben zu ~ machen* rendere la vita un inferno a qd; *Zur ~ mit ihm!* Vada all'inferno!
holperig ['hɔlpɐɪç] *adj* **1.** scabroso, accidentato; *eine ~e Straße* una strada accidentata *f;* **2.** *(fig: stockend)* stentato
Holunder [ho'lundɐ] *m BOT* sambuco *m*
Holz [hɔlts] *n* **1.** legno *m; ~ in den Wald tragen (fig)* portare vasi a Samo/portare nottole ad Atene; **2.** *(Brennholz)* legna *f*
hölzern ['hœltsɐn] *adj* **1.** di legno; **2.** *(fig)* legnoso
Holzfäller ['hɔltsfɛlɐ] *m* taglialegna *m*
Holzkohle ['hɔltsko:lə] *f* carbone di legna *m*
Holzschnitzer(in) ['hɔltsʃnɪtsər(ɪn)] *m/f* intagliatore del legno/intagliatrice del legno *m/f*
Homepage ['hɔumpeɪdɢ] *f INFORM* homepage *f*
Homöopathie [homøopa'ti:] *f MED* omeopatia *f*
homosexuell [homozɛksu'ɛl] *adj* omosessuale

Honig ['ho:nɪç] *m* miele *m; jdm ~ ums Maul schmieren (fig)* essere tutto miele con qd
Honorar [hono'ra:r] *n* onorario *m*
Honoratioren [honora'tsjo:rən] *pl* notabili *m/pl*
honorieren [hono'ri:rən] *v* **1.** *(bezahlen)* compensare, pagare; **2.** *(anerkennen)* onorare
Hopfen ['hɔpfən] *m BOT* luppolo *m; Bei ihr ist ~ und Malz verloren.* Con lei si perde l'olio e l'opera.
hörbar ['hø:rba:r] *adj* udibile
hören ['hø:rən] *v* **1.** udire; *nichts von sich ~ lassen* non dare notizia di sé; *etw von sich ~ lassen* farsi vivo; *auf jdn ~* dar retta a qd; *Du bekommst von mir etw zu ~!* Sentirai ancora parlar di me! *Dir wird ~ und Sehen vergehen!* Ne vedrai delle belle! **2.** *(zu~)* ascoltare
Hörer ['hø:rɐ] *m* **1.** *(Person)* ascoltatore *m;* **2.** *(Telefonhörer)* ricevitore *m*
Hörgerät ['hø:rgərɛ:t] *n* apparecchio acustico *m*
hörig ['hø:rɪç] *adj* succube
Horizont [hori'tsɔnt] *m* orizzonte *m*
horizontal [horitsɔn'ta:l] *adj* orizzontale
Hormon [hɔr'mo:n] *n BIO* ormone *m*
Horn [hɔrn] *n* **1.** *(Material)* corno *m;* **2.** *ZOOL* corna *f/pl; Den Stier bei den Hörnern packen.* prendere il toro per le corna; *sich die Hörner abstoßen* rompersi la corna; *jdm Hörner aufsetzen* mettere le corna a qd; **3.** *MUS* corno *m; das ~ blasen* suonare il corno; *ins gleiche ~ blasen (fig)* suonare la stessa campana
Hörnchen ['hœrnçən] *n GAST* cornetto *m*
Hornhaut ['hɔrnhaut] *f* **1.** *(Schwiele)* callosità *f;* **2.** *(Auge) ANAT* cornea *f*
Horoskop [horos'ko:p] *n* oroscopo *m*
Hörsaal ['hø:rsa:l] *m* aula *f*
Hörspiel ['hø:rʃpi:l] *n* radiocommedia *f*
Hort [hɔrt] *m* **1.** *(Zuflucht)* rifugio *m;* **2.** *(Kinderhort)* doposcuola *m*
horten ['hɔrtən] *v* tesaurizzare
Hose ['ho:zə] *f* pantaloni *m/pl; die ~n anhaben* portare i pantaloni; *jdm die ~n stramm ziehen* sculacciare qd; *in die ~ gehen* finire male/venire male; *sich in die ~ machen* farsela addosso
Hosenträger ['ho:zəntrɛ:gɐ] *m* bretella *f*
Hospital [hɔspɪ'ta:l] *n* ospedale *m*
Hostie ['hɔstjə] *f REL* ostia *f*
Hotel [ho'tɛl] *n* hotel *m,* albergo *m*
Hotelier [hotəl'je:] *m* albergatore/albergatrice *m/f*
Hotelzimmer [ho'tɛltsɪmɐ] *n* camera d'albergo *f*
Hub [hu:p] *m* **1.** *(Heben)* sollevamento *m;* **2.** *TECH* corsa *f*
Hubraum ['hu:praum] *m* cilindrata *f*
hübsch [hypʃ] *adj* carino; *Sie ist ein ~es Mädchen.* È una ragazza carina.
Hubschrauber ['hu:pʃraubɐ] *m* elicottero *m*
Huf [hu:f] *m ZOOL* zoccolo *m*
Hufeisen ['hu:faɪzən] *n* ferro di cavallo *m*
Hüfte ['hyftə] *f ANAT* fianco *m*
Hügel ['hy:gəl] *m* collina *f*
hügelig ['hy:gəlɪç] *adj* collinoso
Huhn [hu:n] *n ZOOL* pollo *m*
Hühnerauge ['hy:nəraugə] *n MED* callo *m*
Hühnersuppe ['hy:nɐzupə] *f GAST* brodo di pollo *m*
huldigen ['huldɪgən] *v* rendere omaggio
Huldigung ['huldɪguŋ] *f* omaggio *m*
Hülle ['hylə] *f* involucro *m*
Hülse ['hylzə] *f* **1.** *(Behälter)* astuccio *m;* **2.** *(Patronenhülse)* bossolo *m;* **3.** *BOT* baccello *m*
human [hu'ma:n] *adj* umano
Humanismus [huma'nɪsmus] *m HIST* umanesimo *m*
humanistisch [huma'nɪstɪʃ] *adj* umanista
Humanität [humanɪ'tɛ:t] *f* umanità *f*
Hummel ['huməl] *f ZOOL* bombo *m*
Hummer ['humɐ] *m ZOOL* astice *m*
Humor [hu'mo:r] *m* umorismo *m*
humorvoll [hu'mo:rfɔl] *adj* pieno di umorismo
humpeln ['humpəln] *v* zoppicare
Hund [hunt] *m ZOOL* cane *m; vor die ~ gehen* andare in rovina
Hundehütte ['hundəhytə] *f* cuccia *f*
hundert ['hundɐt] *num* cento
hundertste(r,s) ['hundɐtstə(r,s)] *adj* centesimo/centesima

hundertprozentig ['hundɐtprotsɛntɪç] *adj* al cento per cento
Hunger ['huŋɐ] *m* fame *f*
Hungerlohn ['huŋɐloːn] *m* paga misera *f*
hungern ['huŋɐn] *v* **1.** patire la fame; **2.** *(fig)* ~ *nach* essere assetato di
Hungersnot ['huŋɐsnoːt] *f* carestia *f*
Hungerstreik ['huŋɐʃtraɪk] *m* sciopero della fame *m*
hungrig ['huŋrɪç] *adj* affamato; ~ *wie ein Wolf sein* avere una fame da lupo
Hupe ['huːpə] *f (eines Autos)* clacson *m*
hupen ['huːpən] *v* suonare il clacson
hüpfen ['hypfən] *v* saltellare; *Das Kind hüpft auf einem Bein.* Il bambino saltella su una gamba.
Hürde ['hyrdə] *f* ostacolo *m*
Hürdenlauf ['hyrdənlauf] *m SPORT* corsa a ostacoli *f*
Hure ['huːrə] *f* puttana *f*
hurra [hu'raː] *interj Hurra!* Hurrà!
Hurrikan ['hœrɪkən] *m* uragano *m*
hurtig ['hurtɪç] *adj* svelto
huschen ['huʃən] *v* guizzare
husten ['huːstən] *v* tossire; *jdm etw* ~ rifiutare qc a qd
Husten ['huːstən] *m MED* tosse *f*
Hustensaft ['huːstənzaft] *m* sciroppo contro la tosse *m*
Hut [huːt] *m* cappello *m; ein alter ~ sein* essere una storia vecchia; *vor jdm den ~ ziehen* togliersi il cappello davanti a qd; *sich etw an den ~ stecken* potersi tenere qc/potersi riprendere qc; *mit jdm nichts am ~ haben* non voler avere niente a che fare con qd; *etw unter einen ~ bringen* mettere d'accordo qc
hüten ['hyːtən] *v* guardare, sorvegliare
Hütte ['hytə] *f* **1.** *(Häuschen)* capanna *f;* **2.** *MIN (Eisenhütte)* ferriera *f, (Stahlwerk)* acciaiera *f*
Hybridauto [hy'brɪt'auto] *n* veicolo ibrido
Hydrant [hy'drant] *m* idrante *f*
Hydraulik [hy'draulɪk] *f TECH* idraulica *f*
Hydrokultur [hydrokul'tuːr] *f* idrocoltura *f*
Hygiene [hyg'jeːnə] *f* igiene *f*
hygienisch [hyg'jeːnɪʃ] *adj* igienico
Hymne ['hymnə] *f* inno *m*
hypermodern [hypɐmo'dɛrn] *adj* ultramoderno
Hypnose [hyp'noːzə] *f* ipnosi *f; jdn in ~ versetzen* far cadere qd in ipnosi
hypnotisieren [hypnoːti'ziːrən] *v* ipnotizzare
Hypothek [hypo'teːk] *f* ipoteca *f; eine ~ auf etw aufnehmen* accendere un'ipoteca su qc
Hypothese [hypo'teːzə] *f* ipotesi *f*
Hysterie [hyste'riː] *f PHYS* isteria *f*

I

ich [ɪç] *pron* io
ideal [ide'aːl] *adj* ideale
Ideal [ide'aːl] *n* ideale *m*
Idealismus [idea'lɪsmus] *m* idealismo *m*
idealistisch [idea'lɪstɪʃ] *adj* idealistico
Idee [i'deː] *f* idea *f*; *nicht die leiseste ~ von etw haben* non aver la più pallida idea di qc
ideell [ide'ɛl] *adj* ideale
Identifikation [idɛntifika'tsjoːn] *f* identificazione *f*
identisch [i'dɛntɪʃ] *adj* identico
Identität [idɛnti'tɛːt] *f* identità *f*
Identitätskrise [idɛnti'tɛːtskriːzə] *f* crisi d'identità *f*
Ideologie [ideolo'giː] *f* ideologia *f*
ideologisch [ideo'loːgɪʃ] *adj* ideologico
Idiot(in) [id'joːt(ɪn)] *m/f* idiota *m/f*
idiotisch [id'joːtɪʃ] *adj* idiota
Idol [i'doːl] *n* idolo *m*
Idyll [i'dyl] *n* idillio *m*
idyllisch [i'dylɪʃ] *adj* idillico
Igel ['iːgəl] *m ZOOL* porcospino *m*
Ignoranz [igno'rants] *f* ignoranza *f*
ignorieren [igno'riːrən] *v* ignorare
ihm [iːm] *pron* a lui
ihn [iːn] *pron* lui, lo
ihnen ['iːnən] *pron* a loro
Ihnen ['iːnən] *pron* a Lei, a Loro
ihr [iːr] *pron* **1.** voi; **2.** *(Dativ)* a lei
ihr(e) [iːr/'iːrə] *pron* **1.** *(possessiv, weiblich, Singular)* suo/sua, suoi/sue; **2.** *(possessiv,* **3.** *Person Plural)* il loro/la loro, i loro/le loro
Ihr(e) [iːr/'iːrə] *pron* Suo/Sua, Suoi/Sue
ihrerseits ['iːrɐzaɪts] *adv* da parte sua, da parte loro
Ihrerseits ['iːrɐzaɪts] *adv* da parte Sua
ihretwegen ['iːrətveːgən] *adv* per lei, per loro
Ihretwegen ['iːrətveːgən] *adv* per Lei, per Loro
illegal [ɪle'gaːl] *adj* illegale
illegitim [ɪlegi'tiːm] *adj* illegittimo
Illusion [ɪluz'joːn] *f* illusione *f*
Illustration [ɪlustra'tsjoːn] *f* illustrazione *f*
illustrieren [ɪlu'striːrən] *v* illustrare
Illustrierte [ɪlu'striːrtə] *f* rivista illustrata *f*
im *(= in dem) (siehe „in“)*
Image ['ɪmɪdʒ] *n* immagine *f*
imaginär [imagi'nɛːr] *adj* immaginario
Imbiss ['ɪmbɪs] *m* spuntino *m*
Imbissstube ['ɪmbisʃtuːbə] *f* tavola calda *f*
Imitation [ɪmɪta'tsjoːn] *f* imitazione *f*
imitieren [ɪmɪ'tiːrən] *v* imitare
Imker ['ɪmkɐ] *m* apicoltore *m*
immens [ɪ'mɛns] *adj* immenso
immer ['ɪmɐ] *adv* sempre; *~ noch* ancora; *auf ~ und ewig* per sempre; *wie auch ~* comunque
immerhin ['ɪmɐhɪn] *adv* almeno
Immobilie [ɪmo'biːljə] *f* immobile *m*
Immobilienmakler(in) [ɪmo'biːljənmaːklər(ɪn)] *m/f* agente immobiliare *m/f*
immun [ɪ'muːn] *adj* immune
Immunität [ɪmuːni'tɛːt] *f* **1.** *MED* immunità *f*; **2.** *POL* immunità *f*
Immunschwäche [ɪ'muːnʃvɛçə] *f MED* debolezza immunitaria *f*
Immunsystem [ɪ'muːnsystɛm] *n* sistema immunitario *m*
Imperialismus [ɪmperja'lɪsmus] *m POL* imperialismo *m*
Imperium [ɪm'pɛrjum] *n* impero *m*
impfen ['ɪmpfən] *v* vaccinare
Impfschein ['ɪmpfʃaɪn] *m* certificato di vaccinazione *m*
Impfstoff ['ɪmpfʃtɔf] *m* vaccino *m*
Impfung ['ɪmpfuŋ] *f* vaccinazione *f*
imponieren [impo'niːrən] *v* impressionare
imponierend [impo'niːrənt] *adj* imponente
Import [ɪm'pɔrt] *m ECO* importazione *f*
Importeur [ɪmpɔr'tøːr] *m* importatore *m*
importieren [ɪmpɔr'tiːrən] *v* importare

imposant [ɪmpo'zant] *adj* impressionante, imponente
impotent ['ɪmpotɛnt] *adj* impotente
Impotenz ['ɪmpotɛnts] *f MED* impotenza *f*
imprägnieren [ɪmprɛg'ni:rən] *v* impregnare
Impressum [ɪm'prɛsum] *n* colofone *m*, colophon *m*
Improvisation [ɪmprovɪza'tsjo:n] *f* improvvisazione *f*
improvisieren [ɪmprovi'zi:rən] *v* improvvisare
Impuls [ɪm'puls] *m* impulso *m*
impulsiv [ɪmpul'si:f] *adj* impulsivo
imstande [im'ʃtandə] *adj ~ sein* essere capace; *Dazu bin ich nicht ~.* Non sono nelle condizioni di fare ciò.
in [in] *prep* **1.** *(örtlich)* in; *~ die Stadt gehen* andare in città; **2.** *(zeitlich)* in; *~ zwei Wochen (nach Ablauf von)* tra due settimane
Inanspruchnahme [ɪn'anʃpruxna:mə] *f* ricorso *m*
Inbegriff ['ɪnbəgrɪf] *m* quintessenza *f*, incarnazione *f*
inbegriffen ['ɪnbəgrɪfən] *adj* compreso; *Das Trinkgeld ist ~.* La mancia è compresa.
Inbrunst ['ɪnbrunst] *f* fervore *m*
inbrünstig ['ɪnbrynstɪç] *adj* fervido; *adv* fervidamente
indem [ɪn'de:m] *konj* nel
indessen [ɪn'dɛsən] *adv* **1.** intanto; *konj* **2.** mentre
Index ['ɪndɛks] *m* indice *m*
Indianer(in) [ɪn'dja:nər(ɪn)] *m/f* indiano/indiana *m/f*
Indien ['ɪndjən] *n GEO* India *f*
indirekt ['ɪndɪrɛkt] *adj* **1.** indiretto; *adv* **2.** indirettamente
indiskret ['ɪndɪskre:t] *adj* **1.** indiscreto; *eine ~e Person* una persona indiscreta *f*; *adv* **2.** indiscretamente
Indiskretion [ɪndɪskrɛ'tsjo:n] *f* indiscrezione *f*
indiskutabel ['ɪndiskuta:bəl] *adj* indiscutibile
Individualismus [ɪndividua'lɪsmus] *m* individualismo *m*
Individualist(in) [ɪndividua'lɪst(ɪn)] *m/f* individualista *m/f*
individuell [ɪndividu'ɛl] *adj* **1.** individuale; *adv* **2.** individualmente
Individuum [ɪndi'vi:duum] *n* individuo *m*
Indiz [ɪn'di:ts] *n* indizio *m*
Indonesien [ɪndɔ'ne:zjən] *n GEO* Indonesia *f*
Industrialisierung [ɪndustrialɪ'zi:ruŋ] *f* industrializzazione *f*
Industrie [ɪndus'tri:] *f* industria *f*
Industriegebiet [ɪndus'tri:gəbi:t] *n* zona industriale *f*
Industrieland [ɪndus'tri:lant] *n* paese industriale *m*
industriell [ɪndustri'ɛl] *adj* **1.** industriale; *adv* **2.** industrialmente
Industrielle(r) [ɪndustri'ɛlə(r)] *m/f* industriale *m/f*
Industrie- und Handelskammer [ɪndus'tri:unt'handəlskamɐ] *f* camera dell'industria e del commercio *f*
Industrieunternehmen [ɪndus'tri:untɐne:mən] *n* impresa industriale *f*
Industriezweig [ɪndus'tri:tsvaɪk] *m* ramo industriale *m*, settore industriale *m*
ineinander [ɪnaɪ'nandɐ] *adj* l'uno nell'altro
ineinandergreifen [ɪnaɪ'nandɐgraɪfən] *v irr* ingranare, intrecciarsi
Infarkt [ɪn'farkt] *m MED* infarto *m*
Infektion [ɪnfek'tsjo:n] *m MED* infezione *f*
infizieren [ɪnfi'tsi:rən] *v* infettare
Inflation [ɪnflats'jo:n] *f* inflazione *f*
inflationär [ɪnflatsjo'nɛ:r] *adj* inflazionistico
Inflationsrate [ɪnfla'tsjo:nsra:tə] *f* tasso d'inflazione *m*
infolge [ɪn'fɔlgə] *prep* in seguito a
infolgedessen [ɪnfɔlgə'dɛsən] *konj* perciò
Informatik [ɪnfɔr'ma:tɪk] *f* informatica *f*
Informatiker(in) [ɪnfɔr'ma:tɪkər(ɪn)] *m/f* informatico/informatica *m/f*
Information [ɪnfɔrma'tsjo:n] *f* informazione *f*
Informationsquelle [ɪnfɔrma'tsjo:nskvɛlə] *n* fonte d'informazioni *f*
informativ [ɪnfɔrma'ti:f] *adj* informativo
informieren [ɪnfɔr'mi:rən] *v* informare

Infrarotlicht ['ɪnfra'ro:tlɪçt] *n TECH* luce infrarossa *f*
Infrastruktur ['ɪnfraʃtruktu:r] *f* infrastruttura *f*
Infusion [ɪnfus'jo:n] *f MED* fleboclisi *f*
Ingenieur(in) [ɪnɢɛn'jø:r(ɪn)] *m/f* ingegnere *m/f*
Ingenieurwesen [ɪnɢən'jø:rve:zən] *n* ingegneria *f*
Inhaber(in) ['ɪnha:bər(ɪn)] *m/f* **1.** *(Eigentümer(in))* proprietario/proprietaria *m/f;* **2.** *(Besitzer(in))* possessore/posseditrice *m/f;* **3.** *(Amtsinhaber(in))* titolare *m/f*
inhaftieren [ɪnhaf'ti:rən] *v* arrestare
inhalieren [ɪnha'li:rən] *v MED* inalare
Inhalt ['ɪnhalt] *m* **1.** contenuto *m;* **2.** *(fig)* contenuto *m*
inhaltlich ['ɪnhaltlɪç] *adv* del contenuto
Inhaltsangabe ['ɪnhaltsanga:bə] *f* sommario *m*
inhaltslos ['ɪnhaltslo:s] *adj* privo di contenuto
Inhaltsverzeichnis ['ɪnhaltsfɛrtsaɪçnɪs] *n* indice *m*
Initiative [ɪnɪtsja'ti:və] *f* iniziativa *f*
Initiator(in) [ɪnɪts'ja:to:r(ɪn)] *m/f* iniziatore/iniziatrice *m/f*
Injektion [ɪnjɛk'tsjo:n] *f MED* iniezione *f*
inklusive [ɪnklu'zi:və] *prep* incluso
inkognito [ɪn'kɔgnito:] *adv* in incognito
Inkompetenz [ɪnkɔmpə'tɛnts] *f* incompetenza *f*
Inkonsequenz [ɪnkɔnzə'kvɛnts] *f* incoerenza *f,* incongruenza *f,* inconseguenza *f*
inkrafttreten [ɪn'krafttre:tən] *v irr* entrare in vigore *f*
Inkubationszeit [ɪnkuba'tsjo:nstsaɪt] *f MED* periodo d'incubazione *m*
Inland ['ɪnlant] *n* territorio nazionale *m,* interno *m*
inländisch ['ɪnlɛndɪʃ] *adj* nazionale, interno
Inlineskates ['ɪnlaɪnskeɪts] *pl SPORT* pattini in linea *m/pl*
inmitten [ɪn'mɪtən] *prep* in mezzo a
innehaben ['ɪnəha:bən] *v irr* detenere, rivestire; *ein Amt ~* detenere una carica
innehalten ['ɪnəhaltən] *v irr* interrompersi
innen ['ɪnən] *adv* all'interno
Innenarchitekt(in) ['ɪnənarçɪtɛkt(ɪn)] *m/f* arredatore/arredatrice *m/f*
Innendienst ['ɪnəndi:nst] *m* servizio interno *m*
Innenministerium ['ɪnənmɪnɪste:rjum] *n POL* ministero degli interni *m*
Innenpolitik ['ɪnənpoliti:k] *f POL* politica interna *f*
innenpolitisch ['ɪnənpoli:tɪʃ] *adj POL* di politica interna
Innenseite ['ɪnənzaɪtə] *f* parte interna *f*
Innenstadt ['ɪnənʃtat] *f* centro città *m*
innerbetrieblich ['ɪnɐbətri:plɪç] *adj* interno all'azienda
innere ['ɪnɐ] *adj* **1.** interno; **2.** *(fig)* interiore
Innereien [ɪnər'aɪən] *pl GAST* interiora *f/pl*
innerhalb ['ɪnɐhalp] *prep* **1.** *(örtlich)* all'interno di; **2.** *(zeitlich)* entro
innerlich ['ɪnɐlɪç] *adj* interiore
innerparteilich ['ɪnɐpartaɪlɪç] *adj POL* interno al partito
innig ['ɪnɪç] *adj* **1.** cordiale, intimo, fervido; *adv* **2.** cordialmente, fervidamente
Innovation [ɪnnova'tsjo:n] *f* innovazione *f*
innovativ [ɪnnova'ti:f] *adj* innovativo
Innung ['ɪnuŋ] *f* corporazione artigianale *f*
inoffiziell [ɪnɔfi'tsjɛl] *adj* non ufficiale
inoperabel [ɪnɔpə'ra:bəl] *adj* inoperabile
ins *(= in das) (siehe „in")*
Insasse ['ɪnzasə] *m* **1.** *(einer Anstalt)* abitante *m;* **2.** *(Fahrgast)* passeggiero *m*
Insassenversicherung ['ɪnzasənfɛrzɪçəruŋ] *f* assicurazione delle persone trasportate *f*
insbesondere [ɪnsbə'zɔndərə] *adv* particolarmente
Inschrift ['ɪnʃrɪft] *f* iscrizione *f,* epigrafe *f*
Insekt [ɪn'zɛkt] *n* insetto *m*
Insektenkunde [ɪn'zɛktənkundə] *f* entomologia *f*
Insektenstich [ɪn'zɛktənʃtɪç] *m* puntura d'insetto *f*
Insektenvertilgungsmittel [ɪn'zɛktənfɛrtɪlguŋsmɪtəl] *f* insetticida *f*

Insel ['ɪnzəl] *f* isola *f*; *reif für die ~ sein* avere bisogno di una vacanza
Inselgruppe ['ɪnzəlgrupə] *f* arcipelago *m*
Inserat [ɪnzə'raːt] *n* inserzione *f*
inserieren [ɪnzə'riːrən] *v* fare un'inserzione
insgeheim [ɪnsgə'haɪm] *adv* segretamente
insgesamt [ɪnsgə'zamt] *adv* complessivamente
Insider ['ɪnsaɪdɐ] *m* iniziato/iniziata *m/f*, addetto ai lavori/addetta ai lavori *m/f*
insofern [ɪnzo'fɛrn] *konj* **1.** in quanto che; *adv* **2.** in questo; *Insofern hat er Recht.* In questo ha ragione.
insolvent [inzɔl'vɛnt] *adj* insolvente
Insolvenz [inzɔl'vɛnts] *f* insolvenza *f*
Insolvenzverfahren [inzɔl'vɛntsfɛrfaːrən] *n JUR* procedura d'insolvenza *f*
Inspektion [ɪnspɛk'tsjoːn] *f* ispezione *f*
inspirieren [ɪnspi'riːrən] *v* ispirare
Installateur(in) [ɪnstala'tøːr(ɪn)] *m/f* installatore/installatrice *m/f*
Installation [ɪnstala'tsjoːn] *f* installazione *f*
installieren [ɪnsta'liːrən] *v* installare
Instandhaltung [ɪn'ʃtanthaltuŋ] *f* manutenzione *f*
inständig ['ɪnʃtɛndɪç] *adj* insistente
Instandsetzung [ɪn'ʃtantzɛtsuŋ] *f* riparazione *f*
Instanz [ɪn'stants] *f JUR* istanza *f*
Instinkt [ɪn'stɪŋkt] *m* istinto *m*
instinktiv [ɪnstɪŋk'tiːf] *adj* istintivo
Institut [ɪnsti'tuːt] *n* istituto *m*
Institution [ɪnstitu'tsjoːn] *f* istituzione *f*
Instrument [ɪnstru'mɛnt] *n* strumento *m*
inszenieren [ɪnstse'niːrən] *v* inscenare
Integration [ɪntegra'tsjoːn] *f* integrazione *f*
integrieren [ɪnte'griːrən] *v* integrare
Intellekt [ɪntɛ'lɛkt] *m* intelletto *m*
intellektuell [ɪntɛlɛktu'ɛl] *adj* intellettuale
Intellektuelle(r) [ɪntɛlɛktu'ɛlə(r)] *m/f* intellettuale *m/f*
intelligent [ɪntɛli'gɛnt] *adj* intelligente
Intelligenz [ɪntɛli'gɛnts] *f* intelligenza *f*
Intelligenzquotient [ɪntɛli'gɛntskvotsjənt] *m* quoziente d'intelligenza *m*
Intendant [ɪntɛn'dant] *m THEAT* direttore *m*
intensiv [ɪntɛn'ziːf] *adj* intenso
Intensivstation [ɪntɛn'ziːfʃtatsjoːn] *f MED* reparto di terapia intensiva *m*
interessant [ɪntərɛ'sant] *adj* **1.** interessante; *adv* **2.** in modo interessante
interessanterweise [ɪntərɛsantər'vaɪzə] *adv* curiosamente
Interesse [ɪntə'rɛsə] *n* interesse *m*
interesselos [ɪntə'rɛsəloːs] *adj* senza interesse, indifferente
Interessent(in) [ɪntərɛ'sɛnt(ɪn)] *m* persona interessata *f*
interessieren [ɪntərɛ'siːrən] *v* interessare
interkontinental [ɪntɐkɔntɪnɛn'taːl] *adj* intercontinentale
intern [ɪn'tɛrn] *adj* interno
Internat [ɪntɛr'naːt] *n* collegio *m*
international [ɪntɛrnatsjo'naːl] *adj* internazionale
Internet ['ɪntɐnɛt] *n INFORM* Internet *m*; *im ~ surfen* navigare su/in Internet
Interpret(in) [ɪntɛr'preːt(ɪn)] *m/f* interprete *m/f*
Interpretation [ɪntɛrpreta'tsjoːn] *f* interpretazione *f*
interpretieren [ɪntɛrprɛ'tiːrən] *v* interpretare
Intervall [ɪntɛr'val] *m* intervallo *m*
intervenieren [ɪntɛrve'niːrən] *v* intervenire
Intervention [ɪntɛrven'tsjoːn] *f* intervento *m*
Interview [ɪntɛr'vjuː] *n* intervista *f*
interviewen [ɪntɛr'vjuːən] *v* intervistare
Interviewer [ɪntɛr'vjuːɐ] *m* intervistatore *m*
intim [ɪn'tiːm] *adj* intimo
Intimität [ɪntimi'tɛːt] *f* intimità *f*
Intimsphäre [ɪn'tiːmsfɛːrə] *f* sfera intima *f*
intolerant [ɪntɔlə'rant] *adj* intollerante
Intoleranz [ɪntolə'rants] *f* intolleranza *f*

Intrige [ɪn'triːgə] *f* intrigo *m*
intus ['ɪntus] *adv* *etw ~ haben* avere capito qc
Invalide [ɪnva'liːdə] *m* invalido *m*
Invalidin [ɪnva'liːdɪn] *f* invalida *f*
Invasion [ɪnvas'joːn] *f* *POL* invasione *f*
Inventar [ɪnvɛn'taːr] *n* inventario *m*; *das ~ aufnehmen* fare l'inventario; *lebendes/totes Inventar* scorte vive/morte
Inventur [ɪnvɛn'tuːr] *f* inventario *m*
investieren [ɪnvɛ'stiːrən] *v* investire
Investition [ɪnvɛsti'tsjoːn] *f* investimento *m*
Investmentfonds [ɪn'vɛstmɛntfɔ] *m* *ECO* fondo d'investimento *m*
inzwischen [ɪn'tsvɪʃən] *adv* nel frattempo
Irak [i'raːk] *m* *GEO* Iraq *m*
Iran [i'raːn] *m* *GEO* Iran *m*
irdisch ['ɪrdɪʃ] *adj* terrestre
irgendein ['ɪrgəntaɪn] *adj* uno qualsiasi; uno qualunque
irgendetwas ['ɪrgəntɛtvas] *adj* qualcosa
irgendjemand ['ɪrgəntjeːmant] *pron* qualcuno
irgendwie ['ɪrgəntviː] *adv* in qualche modo
irgendwo ['ɪrgəntvoː] *adv* in qualche posto
Irland ['ɪrlant] *n* *GEO* Irlanda *f*
Ironie [iro'niː] *f* ironia *f*
irre ['ɪrə] *adj* **1.** *(verwirrt)* confuso, pazzo; **2.** *(fam: großartig)* splendido, magnifico
Irre ['ɪrə] *f* *jdn in die ~ führen* mandare fuori strada qd
Irre(r) ['ɪrə(r)] *m/f* pazzo/pazza *m/f*
irreführen ['ɪrəfyːrən] *v* fuorviare, ingannare
irren ['ɪrən] *v* **1.** *(umher~)* errare; **2.** *sich ~* sbagliarsi
Irrsinn ['ɪrzɪn] *m* pazzia *f*
Irrtum ['ɪrtum] *m* errore *m*, sbaglio *m*; *sich im ~ befinden* essere in errore
irrtümlich ['ɪrtyːmlɪç] *adj* errato, sbagliato
ISDN [iːɛsdeː'ɛn] *n* *(Integrated Services Digital Network)* ISDN *m*
Islam [ɪs'laːm] *m* *REL* Islam *m*
islamisch [ɪs'laːmɪʃ] *adj* *REL* islamico
Islamismus [ɪs'laːmɪsmus] *m* islamismo *m*
Islamist(in) [ɪs'laːmɪst(ɪn)] *m/f* islamista *m/f*
Island ['iːslant] *n* *GEO* Islanda *f*
Isolation [izola'tsjoːn] *f* isolamento *m*
isolieren [izo'liːrən] *v* isolare
Israel ['israeːl] *n* *GEO* Israele *m*
Italien [i'taːljən] *n* *GEO* Italia *f*; *Ich fahre nach ~.* Vado in Italia.
Italiener(in) [ital'jeːnər(ɪn)] *m/f* italiano/italiana *m/f*
italienisch [ital'jeːnɪʃ] *adj* italiano
Italienisch [ital'jeːnɪʃ] *n* italiano *m*

J

ja [jaː] *adv* sì
Jacke ['jakə] *f* **1.** *(Stoffjacke)* giacca *f*; **2.** *(Wolljacke)* golf *m*
Jagd [jaːkt] *f* caccia *f*
jagen ['jaːgən] *v* cacciare
Jäger(in) ['jɛːgər(ɪn)] *m/f* cacciatore/cacciatrice *m/f*
Jahr [jaːr] *n* anno *m*
jahrelang ['jaːrəlaŋ] *adj* **1.** di anni; *adv* **2.** per anni
Jahrestag ['jaːrəstaːk] *m* anniversario *m*
Jahreszeit ['jaːrəstsaɪt] *f* stagione *f*
Jahrgang ['jaːrgaŋ] *m* annata *f*, anno *m*
Jahrhundert [jaːr'hundɐt] *n* secolo *m*
jährlich ['jɛːrlɪç] *adj* annuale, annuo
Jahrtausend [jaːr'tauzənt] *n* millennio *m*
Jahrzehnt [jaːr'tseːnt] *n* decennio *m*
Jähzorn ['jɛːtsɔrn] *m* iracondia *f*
Jalousie [ʒalu'ziː] *f* veneziana *f*
Jammer ['jamɐ] *m* **1.** *(Klagen)* lamento *m*; **2.** *(Elend)* miseria *f*
jammern ['jamɐn] *v* lamentarsi
Januar ['januaːr] *m* gennaio *m*
Japan ['jaːpan] *n GEO* Giappone *m*
jäten ['jɛːtən] *v* estirpare
jauchzen ['jauxtsən] *v* giubilare
je [jeː] *adv* **1.** mai; *Hast du das ~ gehört?* L'hai mai sentito? *prep* **2.** a, per *konj* **3.** *~ ... desto ...* quanto ... tanto ...; **4.** *~ nachdem* secondo, a seconda che
jede(r,s) ['jeːdə(r,s)] *adj* **1.** ogni; *~s Mal* ogni volta; *pron* **2.** ognuno
jedenfalls ['jeːdənfals] *adv* in ogni caso
jederzeit ['jeːdɐtsaɪt] *adv* sempre
jedoch [je'dɔx] *konj* però
jemals ['jeːmals] *adv* mai
jemand ['jeːmant] *pron* qualcuno
jene(r,s) ['jeːnə(r,s)] *pron* quel/quello/quella
jenseits ['jeːnzaɪts] *prep* al di là di
Jesus Christus [jeːzuskrɪstus] *m* Gesù Christo *m*
jetzt [jɛtst] *adv* ora
jeweils ['jeːvaɪls] *adv* ogni volta
Job [dʒaːb] *m* lavoro occasionale *m*
Jod [joːt] *n CHEM* iodio *m*
Joghurt ['joːgurt] *n GAST* yogurt *m*
Johannisbeere [jo'hanɪsbeːrə] *f BOT* ribes *m*
Journalist(in) [ʒurna'lɪst(ɪn)] *m/f* giornalista *m/f*
jovial [jo'vjaːl] *adj* gioviale
jubeln ['juːbəln] *v* giubilare, esultare
Jubiläum [juːbi'lɛːum] *n* giubileo *m*
jucken ['jukən] *v* prudere
Juckreiz ['jukraɪts] *m MED* prurito *m*
Jude ['juːdə] *m* ebreo *m*
Judentum ['juːdəntuːm] *n* giudaismo *m*
Jugend ['juːgənt] *f* gioventù *f*
Jugendherberge ['juːgənthɛrbɛrgə] *f* ostello della gioventù *m*
jugendlich ['juːgəntlɪç] *adj* giovanile
Jugendliche(r) ['juːgəntlɪçə(r)] *m/f* giovane *m/f*
Juli ['juːli] *m* luglio *m*
jung [juŋ] *adj* giovane
Junge[1] ['juŋə] *m* ragazzo *m*
Junge[2] ['juŋə] *n ZOOL* piccolo *m*
jungenhaft [juŋənhaft] *adj* da ragazzo
Jünger ['jyŋɐ] *m REL* discepolo *m*
Jungfrau ['juŋfrau] *f* vergine *f*
Junggeselle ['juŋgəzɛlə] *m* scapolo *m*
jüngst ['jyŋst] *adv* ultimo, più recente
jüngste(r,s) ['jyŋstə(r,s)] *adj* il più giovane, la più giovane
Juni ['juːni] *m* giugno *m*
Jura ['juːra] *n* diritto *m*, legge *f*
Jurist(in) [juː'rɪst(ɪn)] *m/f* giurista *m/f*
juristisch [ju'rɪstɪʃ] *adj* giuridico
Jury [ʒy'riː] *f* giuria *f*
Justiz [jus'tiːts] *f* giustizia *f*
Justizbeamter [jus'tiːtsbəamtɐ] *m* funzionario dell'ordine giudiziario *m*
Justizbehörde [jus'tiːtsbəhøːrdə] *f* autorità giudiziaria *f*
Justizministerium [jus'tiːtsministerjum] *n* ministero della giustizia *m*
Juwelier(in) [juvə'liːr(ɪn)] *m/f* gioielliere/gioielliera *m/f*

K

Kabel ['ka:bəl] *n* cavo *m*
Kabelfernsehen ['ka:bəlfɛrnze:ən] *n* televisione via cavo *f*
Kabine [ka'bi:nə] *f* cabina *f*
Kabinett [kabi'nɛt] *n POL* gabinetto *m*
Kabinettssitzung [kabi'nɛtszɪtsuŋ] *f POL* seduta di gabinetto *f*
Kabriolett [ka:brio'lɛt] *n (Auto)* decappottabile *f*
Kachel ['kaxel] *f* piastrella *f*, maiolica *f*
kacheln ['kaxəln] *v* piastrellare
Kachelofen ['kaxəlo:fən] *m* stufa di maiolica *f*
Kadaver [ka'da:vɐ] *m* cadavere *m*
Kadmium ['katmium] *n CHEM* cadmio *m*
Käfer ['kɛ:fɐ] *m ZOOL* coleottero *m*
Kaffee ['kafe:] *m* caffè *m*; *Das ist alles kalter ~!* Questa è tutta storia vecchia!
Kaffeebohne ['kafebo:nə] *f* chicco di caffè *m*
Kaffeekanne ['kafekanə] *f* caffettiera *f*
Kaffeelöffel ['kafelœfəl] *m* cucchiaino da caffè *m*
Kaffeemaschine ['kafemaʃi:nə] *f* macchina a caffè *f*
Kaffeeservice ['kafezɛrvi:s] *n* servizio da caffè *m*
Kaffeetasse ['kafetasə] *f* tazza da caffè *f*
Käfig ['kɛ:fɪç] *m* gabbia *f*; *im goldenen ~ sitzen* vivere in una prigione dorata
kahl [ka:l] *adj* **1.** *(unbewachsen)* brullo; **2.** *(glatzköpfig)* pelato, calvo; **3.** *(ohne Blätter)* spoglio; *Im Winter sind die Bäume ~.* D'inverno gli alberi sono spogli. **4.** *(leer)* nudo
Kahn [ka:n] *m* barca *f*; *einen im ~ haben* avere fatto il pieno/essere ubriaco
Kai [kaɪ] *m* banchina *f*, molo *m*
Kaiser(in) ['kaɪzər(ɪn)] *m/f* imperatore/imperatrice *m/f*
kaiserlich ['kaɪzɐlɪç] *adj* imperiale
Kaiserreich ['kaɪzɐraɪç] *n* impero *m*
Kaiserschnitt ['kaɪzɐʃnɪt] *m MED* taglio cesareo *m*
Kajüte [ka'jy:tə] *f* cabina *f*
Kakao [ka'kau] *m* cacao *m*; *jdn durch den ~ ziehen (fig)* ridicolizzare qd
Kaktus ['kaktus] *m BOT* cactus *m*
Kalauer ['ka:lauɐ] *m (fam)* freddura *f*
Kalb ['kalp] *n ZOOL* vitello *m*
Kalbfleisch ['kalpflaɪʃ] *n GAST* carne di vitello *f*
Kalender [ka'lɛndɐ] *m* calendario *m*; *etw rot im ~ anstreichen* segnare qc in rosso nel calendario
Kalenderjahr [ka'lɛndɐja:r] *n* anno solare *m*
Kalium ['ka:ljum] *n CHEM* potassio *m*
Kalk [kalk] *m CHEM* calce *f*
Kalkmangel ['kalkmaŋəl] *m MED* mancanza di calcio *f*
Kalkulation [kalkula'tsjo:n] *f* calcolo *m*
kalkulieren [kalku'li:rən] *v* calcolare
Kalorie [kalo'ri:] *f PHYS* caloria *f*
kalorienarm [kalo'ri:ənarm] *adj* ipocalorico
kalt [kalt] *adj* freddo; *Kalter Krieg* guerra fredda *f*
kaltblütig ['kaltbly:tɪç] *adj* **1.** a sangue freddo; *adv* **2.** con sangue fredda
Kälte ['kɛltə] *f* **1.** freddo *m*; **2.** *(fig)* freddezza *f*
Kaltluft ['kaltluft] *f* aria fredda *f*
Kalzium ['kaltsjum] *n CHEM* calcio *m*
Kamel [ka'me:l] *n ZOOL* cammello *m*
Kamelhaar [ka'me:lha:r] *n* pelo di cammello *m*
Kamera ['kamәra] *f* **1.** *(Fotokamera)* macchina fotografica *f*; **2.** *(Fernsehkamera) CINE* telecamera *f*; **3.** *(Filmkamera) CINE* cinepresa *f*
Kamerad [kamə'ra:t] *m* camerata *m*
Kameradschaft [kamə'ra:tʃaft] *f* cameratismo *m*
kameradschaftlich [kamə'ra:tʃaftlɪç] *adj* cameratesco
Kamille [ka'mɪlə] *f BOT* camomilla *f*
Kamillentee [ka'mɪlənte:] *m* camomilla *f*
Kamin [ka'mi:n] *m* camino *m*
Kamm [kam] *m* **1.** *(Haarkamm)* petti-

K

ne *m; alles über einen ~ scheren* fare di tutta l'erba un fascio; *Mir schwillt der ~!* Mi girano le scatole! **2.** *(Bergkamm)* cresta *f* di una montagna
kämmen ['kɛmən] *v* pettinare
Kammer ['kamɐ] *f* **1.** cameretta *f;* **2.** *POL* camera *f;* **3.** *(Herzkammer) ANAT* ventricolo *m*
Kammerkonzert ['kamɐkɔntsɛrt] *n MUS* concerto da camera *m*
Kammersänger ['kamɐzɛŋɐ] *m MUS* cantante di camera *m*
Kampagne [kam'panjə] *f* campagna *f*
Kampf [kampf] *m* **1.** combattimento *m,* battaglia *f;* **2.** *(Wettkampf)* gara *f*
kämpfen ['kɛmpfən] *v* combattere, lottare
Kämpfer(in) ['kɛmpfər(ɪn)] *m/f* **1.** combattente *m/f;* **2.** *(Wettkämpfer(in))* atleta *m/f*
kämpferisch ['kɛmpfɐɪʃ] *adj* combattivo
Kampfrichter(in) ['kampfrɪçtər(ɪn)] *m/f SPORT* arbitro/arbitra *m/f*
kampfunfähig ['kampfunfɛːɪç] *adj* incapace di combattere
Kanada ['kanada] *n GEO* Canada *m*
Kanadier(in) [ka'naːdjər(ɪn)] *m/f* canadese *m/f*
kanadisch [ka'naːdɪʃ] *adj* canadese
Kanal [ka'naːl] *m* canale *m; den ~ voll haben* averne le scatole piene/avere fatto il pieno
Kanalisation [kanaliza'tsjoːn] *f* canalizzazione *f,* fognatura *f*
Kandidat(in) [kandi'daːt(ɪn)] *m/f* candidato/candidata *m/f*
Kandidatur [kandida'tuːr] *f* candidatura *f*
kandidieren [kandi'diːrən] *v* presentarsi candidato
kandiert [kan'diːrt] *adj* candito
Kandiszucker ['kandɪstsukɐ] *m GAST* zucchero candito *m*
Känguru ['kɛŋguruː] *n ZOOL* canguro *m*
Kaninchen [ka'niːnçən] *n ZOOL* coniglio *m*
Kanister [ka'nɪstɐ] *m* bidone *m*
Kanne ['kanə] *f* bricco *m*
Kannibale [kani'baːlə] *m* cannibale
Kanone [ka'noːnə] *f* **1.** *MIL* cannone *m;* **2.** *(fig)* asso *m*
Kante ['kantə] *f* **1.** spigolo *m; etw auf die hohe ~ legen* mettere qc sotto il materasso/mettere qc da parte/risparmiare qc; *etw auf der hohen ~ haben* avere qc sotto il materasso/avere qc da parte/risparmiare qc; **2.** *(Rand)* orlo *m*
kantig ['kantɪç] *adj* angoloso
Kantine [kan'tiːnə] *f* mensa *f*
Kanu ['kaːnu] *n* canoa *f*
Kanüle [ka'nyːlə] *f MED* ago *m*
Kanzel ['kantsəl] *f REL* pulpito *m*
Kanzlei [kants'laɪ] *f* **1.** cancelleria *f;* **2.** *(eines Anwalts)* ufficio *m*
Kanzler(in) ['kantslər(ɪn)] *m/f POL* cancelliere *m/f*
Kanzleramt ['kantsləramt] *n POL* ufficio di cancelliere *m*
Kap [kap] *n GEO* capo *m*
Kapazität [kapa'tsitɛːt] *f* capacità *f*
Kapelle [ka'pɛlə] *f* **1.** *REL* cappella *f;* **2.** *MUS* banda *f*
Kaper ['kaːpɐ] *f BOT* cappero *m*
kapern ['kaːpɐn] *v* **1.** *HIST* catturare; **2.** *(fig) sich einer Sache bemächtigen* impadronirsi
kapieren [ka'piːrən] *v (fam)* comprendere
Kapital [kapi'taːl] *n* capitale *m; aus etw ~ schlagen* sfruttare qc/trarre profitto da qc
Kapitalanlage [kapi'taːlanlaːgə] *f ECO* investimento di capitale *m*
Kapitalgesellschaft [kapi'taːlgəzɛlʃaft] *f ECO* società di capitali *f*
Kapitalismus [kapita'lɪsmus] *m* capitalismo *m*
Kapitalist(in) [kapita'lɪst(ɪn)] *m/f* capitalista *m/f*
kapitalistisch [kapita'lɪstɪʃ] *adj* capitalistico
Kapitalverbrechen [kapi'taːlfɛrbrɛçən] *n JUR* delitto capitale *m*
Kapitän [kapi'tɛːn] *m* **1.** *(Schiffskapitän)* capitano *m;* **2.** *(Flugkapitän)* comandante *m*
Kapitel [ka'pɪtəl] *n* capitolo *m*
Kapitulation [kapitula'tsjoːn] *f* capitolazione *f*
kapitulieren [kapitu'liːrən] *v* capitolare
Kaplan [kap'laːn] *m REL* cappellano *m*

Kappe ['kapə] *f* **1.** *(Kopfbedeckung)* berretto *m; etw auf seine ~ nehmen (fig)* assumersi la responsabilità di qc; **2.** *(Verschlusskappe)* coperchio *m;* **3.** *(Haube)* cuffia *f*
kappen ['kapən] *v* tagliare
kapriziös [kapri'tsjø:s] *adj* capriccioso
Kapsel ['kapsəl] *f* capsula *f*
kaputt [ka'put] *adj* **1.** *(entzwei)* rotto; *~ machen;* rompere qc; *Mach die chinesische Vase nicht kaputt!* Non rompere il vaso cinese! *sich ~* rovinarsi; *Durch sein Verhalten macht er sich kaputt.* Si rovina con il suo comportamento. **2.** *(fam: müde)* sfinito, esausto
kaputtgehen [ka'putge:ən] *v irr* **1.** rovinarsi, andare in rovina; **2.** rompersi
kaputtlachen [ka'putlaxən] *v (fam) sich ~* sbellicarsi dalle risa, ridere a crepapelle
Kapuze [ka'pu:tsə] *f* cappuccio *m*
Karaffe [ka'rafə] *f* caraffa *f*
Karambolage [karambo'la:ʒə] *f (fam)* carambola *f,* collisione *f,* scontro *m; Am Wochenende ereignete sich eine ~ auf der Autobahn.* Al finesettimana c'è stato uno scontro sull'autostrada.
Karat [ka'ra:t] *n* carato *m*
Karate [ka'ratə] *n SPORT* karatè *m*
Karawane [kara'va:nə] *f* carovana *f*
Kardanwelle [kar'danvɛlə] *f TECH* albero cardanico *m*
Kardinal [kardi'na:l] *m REL* cardinale *m*
Kardinalfehler [kardi'na:lfe:lɐ] *m* errore sostanziale *m*
Kardinaltugend [kardi'na:ltu:gənt] *f* virtú cardinale
Kardinalzahl [kardi'na:ltsa:l] *f MATH* numero cardinale *m*
Kardiologie [kardjolo'gi:] *f MED* cardiologia *f*
Karfreitag [ka:r'fraɪta:k] *m REL* venerdì santo *m*
karg [kark] *adj* **1.** scarso, magro; *eine ~e Mahlzeit* un pasto magro *m;* **2.** *(wort~)* laconico, taciturno
kariert [ka'ri:rt] *adj* a quadretti
Karies ['ka:riɛs] *f MED* carie *f*
Karikatur [karika'tu:r] *f* caricatura *f*
Karikaturist(in) [karikatu'rɪst(ɪn)] *m/f* caricaturista *m/f*
karikieren [kari'ki:rən] *v* caricaturare
Karneval ['karnəval] *m* carnevale *m*
Karnevalsverein ['karnəvalsfɛraɪn] *m* comitato organizzativo del carnevale *m*
Karnevalszug ['karnəvalstsu:k] *m* corteo carnevalesco *m,* corso mascherato *m*
Karosserie [karɔsə'ri:] *f TECH* carrozzeria *f*
Karotte [ka'rɔtə] *f BOT* carota *f*
Karpfen ['karpfən] *m ZOOL* carpa *f*
Karren ['karən] *m* carrello *m; den ~ aus dem Dreck ziehen* cavare le castagne dal fuoco; *jdm an den ~ fahren (fam)* pestare i calli a qd
Karriere [ka'rjɛ:rə] *f* carriera *f; ~ machen* fare carriera
Karte ['kartə] *f* **1.** *(Eintrittskarte)* biglietto *m; Die ~ ist verfallen.* Il biglietto d'ingresso è scaduto. **2.** *(Ansichtskarte)* cartolina *f;* **3.** *(Speisekarte)* menù *m; nach der ~ essen* mangiare alla carta; **4.** *(Landkarte)* carta geografica *f;* **5.** *(Spielkarte)* carta *f; alle ~n in der Hand haben* avere tutte le carte in mano; *schlechte ~n haben* avere pessime carte/non avere speranze di successo; *seine ~n offen auf den Tisch legen* mettere le proprie carte in tavola; *alles auf eine ~ setzen* puntare tutto su una sola carta; *jdm in die ~n schauen* scoprire le intenzioni di qd; *mit offenen ~n spielen* giocare a carte scoperte; *mit gezinkten ~n spielen* giocare con carte truccate
Kartei [kar'taɪ] *f* schedario *m*
Karteikarte [kar'taɪkartə] *f* scheda *f*
Kartell [kar'tɛl] *n ECO* cartello *m*
Kartenspiel ['kartənʃpi:l] *n* gioco di carte *m*
Kartoffel [kar'tɔfəl] *f BOT* patata *f*
Kartoffelbrei [kar'tɔfəlbraɪ] *m GAST* purè di patate *m*
Kartoffelchips [kar'tɔfəltʃips] *pl GAST* patatine fritte *f/pl*
Karton [kar'tɔŋ] *m* **1.** *(Material)* cartone *m;* **2.** *(Schachtel)* scatola di cartone *f*
Karussell [karu'sɛl] *n* carosello *m,* giostra *f; ~ fahren* andare in giostra
Karwoche ['ka:rvɔxə] *f* settimana santa *f*
kaschieren [ka'ʃi:rən] *v* mascherare
Käse ['kɛ:zə] *m* **1.** *GAST* formaggio *m;* **2.** *(fam: Unsinn)* sciocchezze *f/pl*
Kaserne [ka'zernə] *f* caserma *f*

K

Kasino [ka'ziːnoː] *n* casinò *m*
Kasse ['kasə] *f* **1.** cassa *f; gut bei ~ sein* stare bene a quattrini; *knapp bei ~ sein* essere a corto di soldi; *jdn zur ~ bitten* chiedere il pagamento a qd; **2.** *(Krankenkasse)* cassa mutua *f;* **3.** *(Sparkasse)* cassa di risparmio *f*
Kassenarzt ['kasənartst] *m* medico della mutua *m*
Kassenbestand ['kasənbəʃtant] *m* fondo di cassa *m*
Kassenzettel ['kasəntsɛtəl] *m* scontrino *m,* ricevuta *f*
Kassette [ka'sɛtə] *f* cassetta *f*
Kassettenrekorder [ka'sɛtənrekɔrdɐ] *m* mangianastri *m*
kassieren [ka'siːrən] *v* incassare
Kassierer(in) [ka'siːrər(ɪn)] *m/f* cassiere/cassiera *m/f*
Kastanie [kas'taːnjə] *f* **1.** *BOT* castagno *m;* **2.** *(Frucht)* castagna *f*
Kasten ['kastən] *m* cassetta *f; etw auf dem ~ haben* avere del sale in zucca; *etw im ~ haben CINE* avere qc su pizza
kastrieren [kas'triːrən] *v MED* castrare
Katalog [kata'loːk] *m* catalogo *m*
katalogisieren [katalogi'ziːrən] *v* catalogare
Katalysator [kataly'zaːtɔr] *m TECH* catalizzatore *m*
Katarh [ka'tar] *m MED* catarro *m*
katastrophal [katastro'faːl] *adj* catastrofico
Katastrophe [kata'stroːfə] *f* catastrofe *f*
Katechismus [katɛ'çɪsmus] *m REL* catechismo *m*
Kategorie [katego'riː] *f* categoria *f*
kategorisch [kate'goːrɪʃ] *adj* categorico
Kater[1] ['kaːtɐ] *m ZOOL* gatto *m*
Kater[2] ['kaːtɐ] *m (fam)* postumi della sbronza *m/pl*
Kathedrale [kate'draːlə] *f REL* cattedrale *f*
Katheter [ka'teːtɐ] *m MED* catetere *m*
katholisch [ka'toːlɪʃ] *adj REL* cattolico
Katholizismus [katoli'tsɪsmus] *m REL* cattolicesimo *m*
Katze ['katsə] *f ZOOL* gatto *m; die ~ im Sack kaufen (fig)* fare un acquisto a scatola chiusa; *die ~ aus dem Sack lassen* sputare il rospo; *mit jdm Katz und Maus spielen* giocare con qd come il gatto col topo; *für die Katz sein* essere inutile
Katzenjammer ['katsənjamɐ] *m* mal di testa dopo la sbronza *m*
Katzensprung ['katsənʃpruŋ] *m (fam)* salto *m; Es ist nur ein ~.* Si arriva là in un salto.
Katzenwäsche ['katsənvɛʃə] *f (fam) eine ~ machen* lavarsi come i gatti
Kauderwelsch ['kaudɐvɛlʃ] *n* linguaggio incomprensibile *m*
kauen ['kauən] *v* masticare
kauern ['kauɐn] *v* stare rannicchiato
Kauf [kauf] *m* acquisto *m; etw in ~ nehmen* accettare qc
kaufen ['kaufən] *v* acquistare, comprare; *sich jdn ~* fare i conti con qd
Käufer(in) ['kɔyfər(ɪn)] *m/f* acquirente *m/f*
Kauffrau ['kauffrau] *f* commerciante *f*
Kaufhaus ['kaufhaus] *n* grande magazzino *m*
Kaufkraft ['kaufkraft] *f ECO* potere d'acquisto *m*
käuflich ['kɔyflɪç] *adj* **1.** acquistabile; **2.** *(fig: bestechlich)* corruttibile
Kaufmann ['kaufman] *m* commerciante *m*
kaufmännisch ['kaufmɛnɪʃ] *adj* commerciale
Kaufpreis ['kaufpraɪs] *m* prezzo d'acquisto *m*
Kaufvertrag ['kauffɛrtraːk] *m* contratto di compravendita *m*
Kaugummi ['kaugumi] *m* gomma da masticare *f*
kaum [kaum] *adv* **1.** appena; *konj* **2.** non appena
Kaution [kau'tsjoːn] *f* cauzione *f*
Kauz [kauts] *m* **1.** *(fig)* originale *m,* tipo *m; ein komischer ~* un tipo strano *m;* **2.** *ZOOL* civetta *f*
Kavalier [kava'liːr] *m* cavaliere *m*
Kavaliersdelikt [kava'liːrsdelɪkt] *n* trasgressione perdonabile *f*
Kaviar ['kaːviaːr] *m GAST* caviale *m*
keck [kɛk] *adj* vivace
Kegel ['keːgəl] *m* **1.** *(Spielzeug)* birillo *m;* **2.** *MATH* cono *m*
Kegelbahn ['keːgəlbaːn] *f SPORT* pista per birilli *f*

kegeln ['ke:gəln] *v* giocare a birilli
Kehle ['ke:lə] *f ANAT* gola *f*
Kehrbesen ['ke:rbe:zən] *m* scopa *f*
Kehre ['ke:rə] *f* curva *f*
kehren[1] ['ke:rən] *v* spazzare; *den Fußboden ~* spazzare il pavimento
kehren[2] ['ke:rən] *v* 1. *(wenden)* volgere; *jdm den Rücken ~* voltare le spalle a qd; 2. *in sich gekehrt* assorto in se stesso
Kehrschaufel ['ke:rʃaufəl] *f* paletta *f*
Kehrseite ['ke:rzaɪtə] *f (Rückseite)* tergo *m;* rovescio *m; die ~ der Medaille* il rovescio della medaglia *m*
kehrtmachen ['ke:rtmaxən] *v* fare dietro front
Kehrtwendung ['ke:rtvɛnduŋ] *f (fig)* voltafaccia *m*
Keil [kaɪl] *m* cuneo *m*
Keilerei [kaɪlə'raɪ] *f (fam)* baruffa *f*
Keilriemen ['kaɪlri:mən] *m (eines Autos)* cinghia trapezoidale *f*
Keim [kaɪm] *m* 1. *BIO* germe *m;* 2. *MED* germe *m;* 3. *(fig)* seme *m; etw im ~ ersticken* soffocare qc sul nascere
keimen ['kaɪmən] *v* germogliare
keimfrei ['kaɪmfraɪ] *adj* asettico
Keimzelle ['kaɪmtsɛlə] *f* 1. *BIO* cellula germinale *f;* 2. *(fig)* germe *m*
kein(e) [kaɪn/'kaɪnə] *adj* nessuno/nessuna; *Ich habe ~ Brot mehr.* Non ho più pane.
keine(r,s) ['kaɪnə(r,s)] *pron* nessuno/nessuna
keinerlei ['kaɪnɐlaɪ] *adj* di nessuna specie
keinesfalls ['kaɪnəsfals] *adv* in nessun caso
keineswegs ['kaɪnəsve:ks] *adv* assolutamente no, nel modo più assoluto
Keks [ke:ks] *m* 1. *GAST* biscotto *m;* 2. *(fam) jdm auf den ~ gehen* rompere le scatole a qd
Kelch [kɛlç] *m* calice *m*
Kelle ['kɛlə] *f* 1. *(Schöpfkelle)* ramaiolo *m;* 2. *(Maurerkelle)* cazzuola *f*
Keller ['kɛlɐ] *m* cantina *f*
Kellerei [kɛlə'raɪ] *f* cantina *f*
Kellner(in) ['kɛlnər(ɪn)] *m/f* cameriere/cameriera *m/f*
keltern ['kɛltɐn] *v* torchiare, pigiare
Kenndaten ['kɛnda:tən] *pl* dati indicativi *m/pl,* dati caratteristici *m/pl*
kennen ['kɛnən] *v irr* 1. conoscere; *Da kennt er gar nichts!* Non guarda in faccia nessuno! 2. *~ lernen* fare conoscenza
Kenner(in) ['kɛnər(ɪn)] *m/f* conoscitore/conoscitrice *m/f,* intenditore/intenditrice *m/f*
Kenntnis ['kɛntnɪs] *f* conoscenza *f; zur ~* per conoscenza; *etw zur ~ nehmen* prender atto di qc; *sich jds ~ entziehen* sfuggire alla conoscenza di qc; *jdn von etw in ~ setzen* portare qd a conoscenza di qc
Kenntnisnahme ['kɛntnɪsna:mə] *f* presa d'atto *f,* conoscenza *f*
Kennwort ['kɛnvɔrt] *n* parola d'ordine *f*
Kennzeichen ['kɛntsaɪçən] *n* 1. *(Merkmal)* contrassegno *m;* 2. *(eines Autos)* targa *f*
kennzeichnen ['kɛntsaɪçnən] *v* 1. contrassegnare; 2. *(fig)* caratterizzare
Kennzeichnung ['kɛntsaɪçnuŋ] *f* marcatura *f*
Kennziffer ['kɛntsɪfɐ] *f* 1. numero di matricola *m;* 2. *ECO* cifra *f*
kentern ['kɛntɐn] *v* capovolgersi
Keramik [ke'ra:mɪk] *f* ceramica *f*
Kerbe ['kɛrbə] *f* intaccatura *f; in die gleiche ~ hauen* condividere l'opinione di qd
Kerbholz ['kɛrbhɔlts] *n etw auf dem ~ haben* avere la coscienza sparca
Kerker ['kɛrkɐ] *m* carcere *m*
Kerl [kɛrl] *m (fam)* tipo *m*
Kern [kɛrn] *m* 1. *(Obstkern)* nocciolo *m;* 2. *(fig: Mittelpunkt)* nucleo *m; der harte ~* lo zoccolo duro *m;* 3. *(fig: Wesentliches)* nocciolo *m; der ~ der Frage* il nocciolo della questione *m*
Kernenergie ['kɛrnenɛrgi:] *f PHYS* energia nucleare *f*
Kernforschung ['kɛrnfɔrʃuŋ] *f PHYS* ricerca nucleare *f*
kerngesund [kɛrngə'zunt] *adj* sano come un pesce
Kernkraft ['kɛrnkraft] *f PHYS* forza nucleare *f*
Kernkraftwerk ['kɛrnkraftvɛrk] *n* centrale atomica *f*
Kernphysik ['kɛrnfyzi:k] *f* fisica nucleare *f*
Kernreaktor ['kɛrnreaktor] *m* reattore nucleare *m*

K

Kernseife ['kɛrnzaɪfə] *f* sapone duro *m*
Kernspaltung ['kɛrnʃpaltuŋ] *f* *PHYS* fissione nucleare *f*
Kernzeit ['kɛrntsaɪt] *f* orario obbligatorio di lavoro *m*
Kerze ['kɛrtsə] *f* candela *f*
kerzengerade ['kɛrtsəngəra:də] *adj* diritto come un fuso
Kerzenlicht ['kɛrtsənlɪçt] *n* lume di candela *m*
Kerzenständer ['kɛrtsənʃtɛndɐ] *m* candeliere *m*
kess ['kɛs] *adj* sfacciato
Kessel ['kɛsəl] *m* **1.** *(Kochgefäß)* paiolo *m;* **2.** *(Heizkessel)* caldaia *f;* **3.** *(der Polizei)* accerchiamento *m*
Kette ['kɛtə] *f* **1.** catena *f; die Ketten abwerfen* rompere le catene; **2.** *(Halskette)* catenina *f,* collana *f;* **3.** *(Serie)* serie *f;* **4.** *(Absperrung)* cordone *m*
Kettenraucher(in) ['kɛtənrauxər(ɪn)] *m/f* fumatore accanito/fumatrice accanita *m/f*
Kettenreaktion ['kɛtənreaktsjo:n] *f* *PHYS* reazione a catena *f*
Ketzer ['kɛtsɐ] *m* *REL* eretico *m*
ketzerisch ['kɛtsərɪʃ] *adj* *REL* eretico
keuchen ['kɔyçən] *v* ansimare
Keuchhusten ['kɔyçhu:stən] *m* *MED* pertosse *f*
Keule ['kɔylə] *f* **1.** clava *f;* **2.** *GAST* coscia *f*
keusch ['kɔyʃ] *adj* casto
Kichererbse ['kɪçərɛrpsə] *f* **1.** *(fig, fam)* cece *m;* **2.** *BOT* cece *m*
kichern ['kɪçɐn] *v* ridacchiare
kidnappen ['kɪtnɛpən] *v* rapire
Kiefer[1] ['ki:fɐ] *f* *BOT* pino *m*
Kiefer[2] ['ki:fɐ] *m* *ANAT* mascella *f*
Kieferorthopädie ['ki:fɐɔrtopɛdi:] *f* *MED* ortodonzia *f*
Kieme ['ki:mə] *f* *ZOOL* branchia *f*
Kies [ki:s] *m* ghiaia *f*
Kieselstein ['ki:zəlʃtaɪn] *m* ciottolo *m*
Kilogramm ['kilogram] *n* chilo *m*
Kilometer [kilo'me:tɐ] *m* chilometro *m*
Kilometerzähler [ki:lo'me:tɐtsɛ:lɐ] *m* contachilometri *m*
Kilowatt ['kilovat] *n* chilowatt *m*
Kind [kɪnt] *n* bambino *m; kein ~ von Traurigkeit sein* non essere un musone; *bei jdm lieb ~ sein* essere il cocco di qd; *das ~ beim Namen nennen* chiamare le cose con il loro nome/dire pane al pane e vino al vino; *mit ~ und Kegel* con tutta la famiglia; *Wir werden das ~ schon schaukeln!* Sistemeremo tutto!
Kinderarzt ['kɪndərartst] *m* pediatra *m*
Kinderermäßigung ['kɪndərɛrmɛ:sɪguŋ] *f* riduzione per bambini *f*
Kindergarten ['kɪndɐgartən] *m* asilo infantile *m*
Kindergärtnerin ['kɪndɐgɛrtnəɪn] *f* maestra d'asilo *f*
Kindergeld ['kɪndɐgɛlt] *n* assegno familiare *m*
Kinderheim ['kɪndɐhaɪm] *n* **1.** *(Ferienheim)* colonia; **2.** *(Waisenhaus)* orfanotrofio *m*
Kinderhort ['kɪndɐhɔrt] *m* doposcuola *m*
Kinderkrankheit ['kɪndɐkraŋkhaɪt] *f* malattia infantile *f*
Kinderlähmung ['kɪndɐlɛ:muŋ] *f* *MED* poliomielite *f*
Kindermädchen ['kɪndɐmɛ:tçən] *n* bambinaia *f*
kinderreich ['kɪndɐraɪç] *adj* con molti figli
Kinderschuhe ['kɪndɐʃu:ə] *pl (fig) noch in den ~n stecken* essere ancora agli inizi
Kinderwagen ['kɪndɐva:gən] *m* carrozzina *f*
Kindheit ['kɪnthaɪt] *f* infanzia *f; von ~ an* fin dall'infanzia
Kindheitserinnerung ['kɪnthaɪtsɛrɪnəruŋ] *f* ricordo d'infanzia *m*
kindisch ['kɪndɪʃ] *adj* **1.** puerile; *adv* **2.** in modo puerile, puerilmente
kindlich ['kɪndlɪç] *adj* **1.** infantile; *adv* **2.** in modo infantile
Kinn [kɪn] *n* *ANAT* mento *m*
Kinnhaken ['kɪnha:kən] *m* montante al mento *m*
Kino ['ki:no] *n* *CINE* cinema *m*
Kiosk ['kiɔsk] *m* chiosco *m*
kippen ['kɪpən] *v* ribaltarsi
Kippschalter ['kɪpʃaltɐ] *m* *TECH* interruttore a leva *m*
Kirche ['kɪrçə] *f* chiesa *f; die ~ im Dorf lassen* non esagerare; *die ~ ums Dorf tragen* farla lunga

Kirchenchor ['kɪrçənkoːr] *m* coro di chiesa *m*
Kirchenlied ['kɪrçənliːt] *n* canto religioso *m*
Kirchenstaat ['kɪrçənʃtaːt] *m* Stato Pontificio *m*
Kirchhof ['kɪrçhoːf] *m* cimitero *m*
kirchlich ['kɪrçlɪç] *adj* ecclesiastico
Kirchturm ['kɪrçturm] *m* campanile *m*
Kirchweih ['kɪrçvaɪ] *f* sagra *f*
Kirsche ['kɪrʃə] *f BOT* ciliegia *f; Mit ihm ist nicht gut ~n essen!* Con lui non sono tutte rose e fiori!/È meglio perderlo che trovarlo!
Kirschwasser ['kɪrʃvasɐ] *n* acquavite di ciliege *f;* kirsch *m*
Kissen ['kɪsən] *n* **1.** cuscino *m;* **2.** *(Kopfkissen)* guanciale *m*
Kissenbezug ['kɪsənbətsuːk] *m* federa *f*
Kiste ['kɪstə] *f* cassa *f*
Kitsch [kɪtʃ] *m* kitsch *m*
kitschig ['kɪtʃɪç] *adj* di cattivo gusto, pacchiano
Kittchen ['kɪtçən] *n (fam)* prigione *f; im ~ sitzen* essere al fresco
Kittel ['kɪtəl] *m* camice *m*
kitten ['kɪtən] *v* **1.** stuccare; **2.** *(fig: Beziehung)* rinsaldare
kitzelig ['kɪtsəlɪç] *adj* sensibile al solletico
kitzeln ['kɪtsəln] *v* solleticare
Kiwi ['kiːviː] *f BOT* kiwi *m*
klaffen ['klafən] *v* spalancarsi, divergere
kläffen ['klɛfən] *v* abbaiare
Klage ['klaːgə] *f* **1.** lamento *m;* **2.** *JUR* querela *f*
klagen ['klaːgən] *v* **1.** lamentare; **2.** *JUR* sporgere querela
Kläger(in) ['klɛːgər(ɪn)] *m/f JUR* querelante *m/f*
Klageschrift ['klaːgəʃrɪft] *f JUR* citazione *f*
kläglich ['klɛːklɪç] *adj* lamentevole
klamm [klam] *adj* **1.** *(Wetter)* umido e freddo; **2.** *(Finger)* irrigidito
Klammer ['klamɐ] *f* **1.** *(Büroklammer)* fermaglio *m;* **2.** *(Heftklammer)* graffetta *f;* **3.** *(Wäscheklammer)* molletta *f*
Klamotten [kla'mɔtən] *pl* **1.** *(fam)* abiti *m/pl,* vestiti *m/pl;* **2.** *(Kram)* cianfrusaglie *f/pl*
Klang [klaŋ] *m* suono *m*
klangvoll ['klaŋfɔl] *adj* **1.** sonoro; **2.** *(fig)* famoso
Klappbett ['klapbɛt] *n* letto ribaltabile *m*
Klappe ['klapə] *f* **1.** ribalta *f;* **2.** *(Luftklappe)* registro dell'aria *m,* valvola *f;* **3.** *(fam)* becco *m; Halt die ~!* Chiudi il becco! *eine große ~ haben* avere la bocca grande; *jdm eins auf die ~ geben* dare uno schiaffo a qd
klappen ['klapən] *v* **1.** *(auf~)* aprire; **2.** *(fig: gelingen)* andare bene; *Wenn alles klappt.* Se tutto va bene.
klapperdürr ['klapɐdyr] *adj* magro come un chiodo
klapperig ['klapɐɪç] *adj* **1.** *(Sache)* sconquassato; **2.** *(Person)* decrepito
klappern ['klapɐn] *v* strepitare
Klappmesser ['klapmɛsɐ] *m* coltello a serramanico *m*
Klappstuhl ['klapʃtuːl] *m* sedia pieghevole *f*
Klapptisch ['klaptɪʃ] *m* tavolo ribaltabile *m*
klar [klaːr] *adj* **1.** *(Flüssigkeit)* limpido; *Das ist ~ wie Kloßbrühe!* Questo è chiaro come il sole! **2.** *(Luft)* limpido; *Es ist eine gute ~e Luft.* C'è una bell'aria limpida. **3.** *(Aussage)* chiaro
Kläranlage ['klɛːranlaːgə] *f* impianto di depurazione *m*
klären ['klɛːrən] *v* **1.** *(reinigen)* purificare; **2.** *(Situation)* chiarire; *Es hat sich geklärt.* Si è chiarito.
Klarheit ['klaːrhaɪt] *f* **1.** *(einer Flüssigkeit)* limpidezza *f;* **2.** *(der Luft)* limpidezza *f;* **3.** *(des Verstandes)* chiarezza *f*
klarmachen ['klaːrmaxən] *v* **1.** *(erklären)* spiegare; **2.** *(bereit machen)* approntare
Klarsichtfolie ['klaːrzɪçtfoːljə] *f* pellicola trasparente *f*
klarstellen ['klaːrʃtɛlən] *v* chiarire
Klarstellung ['klaːrʃtɛluŋ] *f* chiarimento *m*
Klartext ['klaːrtɛkst] *m ~ sprechen* parlare chiaro
Klärung ['klɛːruŋ] *f* **1.** *(Reinigung)* depurazione *f;* **2.** *(Klarstellung)* chiarimento *m,* delucidazione *f*

Klasse ['klasə] *f* 1. *(Kategorie)* categoria *f,* classe *f;* 2. *(Schulklasse)* classe *f;* 3. *(soziale ~)* classe *f*
Klassensprecher(in) ['klasənʃprɛçər(ɪn)] *m/f* capoclasse *m/f*
Klassentreffen ['klasəntrɛfən] *n* incontro di compagni di classe *m*
Klassifikation [klasifika'tsjo:n] *f* classificazione *f*
Klassik ['klasɪk] *f* 1. *(Zeitabschnitt)* periodo classico *m;* 2. *(Stil)* classico *m;* 3. *MUS* classico *m*
Klassiker ['klasɪkɐ] *m* classico *m*
klassisch ['klasɪʃ] *adj* classico
Klassizismus [klasi'tsɪsmus] *m* classicismo *m*
Klatsch [klatʃ] *m (fam)* pettegolezzi *m/pl*
klatschen ['klatʃən] *v* 1. *(Geräusch)* picchiare; *jdm eine ~* dare uno schiaffo a qd; 2. *(Beifall ~)* applaudire, battere le mani; 3. *(negativ reden)* sparlare
Klatschspalte ['klatʃʃpaltə] *f* pagina di cronaca rosa *f*
klauen ['klauən] *v (fam)* rubare
Klausel ['klauzəl] *f JUR* clausola *f*
Klausur [klau'zu:r] *f* 1. *(Abgeschiedenheit)* clausura *f;* 2. *(Prüfung)* esame *m*
Klavier [kla'vi:r] *n MUS* pianoforte *m*
Klavierkonzert [kla'vi:rkɔntsɛrt] *n* concerto per pianoforte *m*
Klebeband ['kle:bəbant] *n* nastro adesivo *m*
kleben ['kle:bən] *v* 1. *(haften)* aderire; *jdm eine ~* dare uno schiaffo a qd; 2. *(ankleben)* attaccare
klebrig ['kle:brɪç] *adj* colloso, appiccicoso
Klebstoff ['kle:pʃtɔf] *m* colla *f*
kleckern ['klɛkɐn] *v (fam)* macchiare
Klecks [klɛks] *m* macchia *f*
Klee [kle:] *m BOT* trifoglio *m; etw über den grünen ~ loben* lodare sperticatamente qc
Kleeblatt ['kle:blat] *n* foglia di trifoglio *f*
Kleid [klaɪt] *n* vestito *m*
kleiden ['klaɪdən] *v* 1. *sich ~* vestirsi; 2. *(gut aussehen)* stare bene a, donare a
Kleiderbügel ['klaɪdɐby:gəl] *m* stampella *f,* gruccia *f*
Kleiderhaken ['klaɪdɐha:kən] *m* piolo dell'attaccapanni *m*
Kleiderschrank ['klaɪdɐʃraŋk] *m* armadio guardaroba *m*
Kleiderständer ['klaɪdɐʃtɛndɐ] *m* attaccapanni *m*
Kleidung ['klaɪduŋ] *f* vestiti *m/pl,* abbigliamento *m*
Kleie ['klaɪə] *f* crusca *f*
klein [klaɪn] *adj (nicht alt, nicht groß)* piccolo
kleinbürgerlich ['klaɪnbyrgɐlɪç] *adj* piccolo borghese, della piccola borghesia
Kleingedruckte ['klaɪngədruktə] *n* clausole stampate a caratteri piccoli *f/pl*
Kleingeld ['klaɪngɛlt] *n* spiccioli *m/pl,* monete *f/pl; Ich habe kein ~.* Non ho monete.
Kleinigkeit ['klaɪnɪçkaɪt] *f* cosetta *f,* piccolezza *f*
kleinlaut ['klaɪnlaut] *adj* mogio mogio
kleinlich ['klaɪnlɪç] *adj* 1. *(engstirnig)* limitato; 2. *(geizig)* avaro; 3. *(pedantisch)* pedante
kleinmütig ['klaɪnmy:tɪç] *adj* pusillanime; *adv* in modo pusillanime
Kleinod ['klaɪno:t] *n* gioiello *m*
Kleinstadt ['klaɪnʃtat] *f* cittadina *f*
Kleinwagen ['klaɪnva:gən] *m* macchina utilitaria *f*
Klemme ['klɛmə] *f* 1. molletta *f;* 2. *(fig)* guaio *m; in der ~ sitzen* essere nei guai/essere nei pasticci
klemmen ['klɛmən] *v* 1. *(festsitzen)* bloccare; 2. *(einzwängen)* incastrare
Klempner ['klɛmpnɐ] *m* stagnaio *m,* lamierista *m*
Klerus ['kle:rus] *m REL* clero *m*
Klette ['klɛtə] *f* 1. *BOT* lappola *f;* 2. *(fam)* importuno *m*
klettern ['klɛtɐn] *v* arrampicarsi
Klient(in) [kli'ɛnt(ɪn)] *m/f* cliente *m/f*
Klima ['kli:ma] *n* clima *m*
Klimaanlage ['kli:maanla:gə] *f* impianto di condizionamento dell'aria *m*
Klimakatastrophe ['kli:makata'stro:fə] *f* catastrofe climatica *f*
klimatisch [kli'ma:tɪʃ] *adj* climatico
Klimawandel ['kli:ma'vandəl] *m* cambiamento climatico *m*
Klinge ['klɪŋə] *f* lama *f; eine scharfe ~ führen* avere la lingua tagliente; *jdn über die ~ springen lassen* mandare in rovina qd

Klingel ['klɪŋəl] *f* campanello *m; auf die ~ drücken* suonare il campanello
Klingelbeutel ['klɪŋəlbɔytəl] *m* REL borsa delle elemosine *f*
klingeln ['klɪŋəln] *v* suonare; *Es hat an der Tür geklingelt.* Hanno suonato alla porta. *Jetzt klingelt es bei mir!* Ora ho capito!
klingen ['klɪŋən] *v irr* risonare
Klinik ['kliːnɪk] *f* clinica *f*
klinisch ['kliːnɪʃ] *adj* **1.** clinico; *adv* **2.** clinicamente
Klinke ['klɪŋkə] *f* maniglia *f; sich die ~ in die Hand geben* andare e venire in continuazione; *~n putzen* andare porta a porta/bussare a tutte le porte
Klippe ['klɪpə] *f* scoglio *m*
klirren ['klɪrən] *v (Ton)* tintinnare
klirrend ['klɪrənt] *adj* **1.** *(Ton)* tintinnante; **2.** *(Kälte)* pungente, intenso; *Es war ~ kalt.* C'era un freddo pungente.
Klischee [klɪ'ʃeː] *n* cliché *m*
Klo [kloː] *n (fam)* gabinetto *m*
klobig ['kloːbɪç] *adj (Sache)* massiccio
klonen ['kloːnən] *v* BIO clonare
klopfen ['klɔpfən] *v* **1.** bussare; **2.** *(Herz)* battere; **3.** *(Motor)* battere in testa
Klosett [klo'zɛt] *n* gabinetto *m*
Kloß [kloːs] *m* GAST gnocco *m;* **2.** *(Fleisch)* polpetto; *einen ~ im Hals haben (fig)* avere un groppo in gola
Kloster ['kloːstɐ] *n* **1.** *(Frauenkloster)* REL convento *m;* **2.** *(Mönchskloster)* REL monastero *m*
Klosterschule ['kloːstɐʃuːlə] *f* convitto *m,* collegio *m*
Klotz [klɔts] *m* **1.** ceppo *m; einen ~ am Bein haben* avere una palla al piede; **2.** *(Spielklotz)* cubetto *m;* **3.** *(Mensch)* zoticone *m*
Klub [klup] *m* club *m*
Klubhaus ['kluphaus] *n* circolo *m,* club *m*
Klubmitglied ['klupmɪtgliːt] *n* membro di un club *m*
Kluft [kluft] *f* **1.** *(Abgrund)* baratro *m;* **2.** *(fam: Kleidung)* divisa *f;* **3.** *(fig: Gegensatz)* abisso *m*
klug [kluːk] *adj* intelligente, saggio; *aus jdm nicht ~ werden* non riuscire a capire qd
Klugheit ['kluːkhaɪt] *f* intelligenza *f,* saggezza *f*
knabbern ['knabɐn] *v* sgranocchiare; *an etw zu ~ haben (fig)* avere qc da digerire/dover penare per qc; *etw zu ~ haben* avere qc da sgranocchiare
Knabe ['knaːbə] *m* ragazzo *m*
knabenhaft ['knaːbənhaft] *adj* di ragazzo
Knäckebrot ['knɛkəbroːt] *n* GAST pane croccante *m*
knacken ['knakən] *v* **1.** *(knarren)* scricchiolare; **2.** *(Nüsse)* schiacciare; **3.** *(fam: aufbrechen)* scassinare
Knacks [knaks] *m* **1.** *(Sprung)* incrinatura *f;* **2.** *(fig: Schaden)* guasto *m,* lesione *f, einen ~ abbekommen* riportare una lesione
Knall [knal] *m* **1.** schianto *m,* detonazione *f;* **2.** *(Peitschenknall)* schiocco *m; ~ auf Fall* di punto in bianco
knallen ['knalən] *v* schioccare, detonare; *jdm eine ~* dare uno schiaffo a qd
knalleng [knal'ɛŋ] *adj (fam)* attillatissimo
knallhart [knal'hart] *adj* **1.** violento; **2.** *adv* violentemente
Knallkörper ['knalkœrpɐ] *m* petardo *m*
knapp [knap] *adj* **1.** *(gering)* scarso; **2.** *(eng)* stretto; **3.** *(Zeit)* poco
Knappheit ['knaphaɪt] *f* scarsità *f*
knarren ['knarən] *v* scricchiolare
Knast [knast] *m (fam)* galera *f*
knattern ['knatɐn] *v* scoppiettare
Knäuel ['knɔyəl] *n* **1.** *(Wollknäuel)* gomitolo *m;* **2.** *(fig: Gewirr)* groviglio *m*
knauserig ['knauzərɪç] *adj (fam)* avaro
Knautschzone ['knautʃtsoːnə] *f (Auto)* zona deformabile *f*
Knebel ['kneːbəl] *m* bavaglio *m*
Knecht [knɛçt] *m* bracciante *m,* servo *m*
Knechtschaft ['knɛçtʃaft] *f* servitù *f*
kneifen ['knaɪfən] *v irr* **1.** *(zwicken)* pizzicare; **2.** *(fam: sich drücken)* evitare
Kneifzange ['knaɪftsaŋə] *f* tenaglia *f*
Kneipe ['knaɪpə] *f* osteria *f,* birreria *f*
kneten ['kneːtən] *v* impastare
Knick [knɪk] *m* **1.** svolta *f; einen ~ in der Optik haben* essere strabico/non vederci; **2.** *(Papierknick)* piega *f*
knicken ['knɪkən] *v* **1.** *(falten)* piegare; **2.** *(abknicken)* spezzare

K

Knicks [knɪks] *m* riverenza *f*, inchino *m*

Knie [kniː] *n ANAT* ginocchio *m; weiche ~ bekommen (fig)* avere le gambe molli; *jdn in die ~ zwingen* mettere in ginocchio qd; *vor jdm auf den ~n rutschen* mettersi in ginocchio davanti a qd; *jdn übers ~ legen* sculacciare qd/dare una manica di botte a qd; *etw übers ~ brechen* fare qc affrettatamente

knien ['kniːən] *v* **1.** stare in ginocchio; **2.** *sich ~* inginocchiarsi; *sich vor den Altar ~* inginocchiarsi davanti all'altare

Kniestrumpf ['kniːʃtrumpf] *m* calzettone *m*

kniffelig ['knɪfəlɪç] *adj (fam)* difficoltoso

knipsen ['knɪpsən] *v* **1.** *(fotografieren)* fotografare, scattare; **2.** *(Fahrkarte)* forare

Knirps [knɪrps] *m* **1.** *(Kind)* bambino piccolo *m;* **2.** *(kleiner Mensch)* omiciattolo *m*

knirschen ['knɪrʃən] *v* stridere

knistern ['knɪstɐn] *v* **1.** *(Papier)* scricchiolare, crepitare; **2.** *(Feuer)* scoppiettare; **3.** *(fig: Spannung)* elettrizzare; *Die Atmosphäre knistert.* L'atmosfera è elettrizzata.

knittern ['knɪtɐn] *v* spiegazzarsi

Knoblauch ['knoːblaux] *m BOT* aglio *m*

Knöchel ['knœçəl] *m ANAT* malleolo *m*

Knochen ['knɔxən] *m ANAT* osso *m; bis auf die ~* sino all'osso; *in die ~ fahren* colpire al cuore; *jdm in den ~ stecken* albergare nel cuore di qd; *in die ~ gehen* essere faticoso/essere impegnativo

Knochenmark ['knɔxənmark] *n* midollo osseo *m*

Knödel ['knøːdəl] *m GAST* gnocco *m*

Knolle ['knɔlə] *f BOT* tubero *m*, bulbo *m*

Knopf [knɔpf] *m* bottone *m*

knöpfen ['knœpfən] *v* abbottonare

Knopfloch ['knɔpflɔx] *n* occhiello *m*

Knorpel ['knɔrpəl] *m* cartilagine *f*

Knospe ['knɔspə] *f BOT* bocciolo *m*

knoten ['knoːtən] *v* annodare

Knoten ['knoːtən] *m* **1.** nodo *m; sich einen ~ ins Taschentuch machen* farsi un nodo al fazzoletto; *Der ~ ist geplatzt.* Il nodo è sciolto. **2.** *MED* nodulo *m*

Knotenpunkt ['knoːtənpuŋkt] *m* nodo *m*

Knüller ['knylɐ] *m (fam)* bomba *f*

knüpfen ['knypfən] *v* **1.** legare; **2.** *(Teppich)* intrecciare; **3.** *(fig: Beziehung)* stringere

Knüppel ['knypəl] *m* **1.** *(Stock)* bastone *m; jdm einen ~ zwischen die Beine werfen* mettere i bastoni tra le ruote a qd; **2.** *(Schaltknüppel)* leva del cambio *f*

knurren ['knurən] *v* **1.** *(Hund)* ringhiare; **2.** *(fig: meckern)* brontolare; **3.** *(fig: Magen)* brontolare; *Mein Magen knurrt.* Il mio stomaco brontola.

knusprig ['knusprɪç] *adj* croccante

knutschen ['knuːtʃən] *v* sbaciucchiare

Koalition [koali'tsjoːn] *f POL* coalizione *f*

Kobold ['koːbɔlt] *m* folletto *m*

Koch [kɔx] *m* cuoco *m*

Kochbuch ['kɔxbuːx] *n* ricettario *m*

kochen ['kɔxən] *v* **1.** *(zubereiten)* cucinare; **2.** *(garen)* cuocere; **3.** *(sieden)* bollire; *Das Blut kocht in den Adern.* Il sangue ribolle nelle vene.

kochend ['kɔxənt] *adj* bollente

Kocher ['kɔxɐ] *m* fornello *m*

Köchin ['kœçɪn] *f* cuoca *f*

Kochlöffel ['kɔxlœfəl] *m* mestolo *m*

Kochrezept ['kɔxretsɛpt] *n* ricetta di cucina *f*

Kochtopf ['kɔxtɔpf] *m* pentola *f*

Köder ['køːdɐ] *m* **1.** esca *f;* **2.** *(fig)* esca *f*

kodieren [ko'diːrən] *v* codificare

Koffein [kɔfe'iːn] *n* caffeina *f*

Koffer ['kɔfɐ] *m* valigia *f; die ~ packen* fare le valigie/fare i bagagli

Kofferradio ['kɔfɐraːdjo] *n* radio portatile *f*

Kofferraum ['kɔfɐraum] *m (eines Autos)* portabagagli *m*

Kohl [koːl] *m BOT* cavolo *m*

Kohle ['koːlə] *f* **1.** carbone *m; wie auf glühenden ~n sitzen* stare seduto sui carboni ardenti; **2.** *(fam: Geld)* quattrini *m/pl;* grana *f*

Kohlenbergwerk ['koːlənbɛrkvɛrk] *n* miniera di carbone *f*

Kohlendioxyd [koːlən'djɔksyːt] *n CHEM* anidride carbonica *f*

Kohlenhydrat ['koːlənhydraːt] *n CHEM* carboidrato *m*

Kohlenmonoxyd [koːlən'monɔksyːt] *n CHEM* ossido di carbonio *m*
Kohlensäure ['koːlənsɔyrə] *f CHEM* acido carbonico *m*
Kohlenwasserstoff [koːlən'vasɐʃtɔf] *m CHEM* idrocarburo *m*
Kohlepapier ['koːləpapiːr] *n* carta carbone *f*
kohlrabenschwarz [koːlrabən'ʃvarts] *adj* nero come il carbone
Kohlrabi [koːl'raːbi] *m BOT* cavolo rapa *m*
Koje ['koːjə] *f* cuccetta *f*
Kokain [koka'iːn] *n* cocaina *f*
kokett [ko'kɛt] *adj* civettuolo
kokettieren [kokɛ'tiːrən] *v* civettare
Kokosnuss ['koːkɔsnus] *f BOT* noce di cocco *f*
Kolben ['kɔlbən] *m* **1.** *(Motor)* stantuffo *m,* pistone *m;* **2.** *(Gewehr)* calcio *m;* **3.** *(Maiskolben) GAST* pannocchia *f*
Kolibakterie ['kɔːlibaktɛriə] *f* colibatterio *m*
Kolik [koː'lɪk] *f MED* colica *f*
Kollaps [kɔ'laps] *m MED* collasso *m*
Kollateralschaden [kɔ'latəraːl'ʃaːdən] *m POL, MIL* danno collaterale *m*
Kollege [kɔ'leːgə] *m* collega *m*
kollegial [kɔle'gjal] *adj* collegiale
Kollegium [kɔ'leːgjum] *n* collegio *m*
Kollekte [kɔ'lɛktə] *f REL* colletta *f*
Kollektion [kɔlɛk'tsjoːn] *f* collezione *f*
kollektiv [kɔlɛk'tiːf] *adj* collettivo
Kollektor [kɔ'lɛktoːr] *m TECH* collettore *m*
Kollision [kɔlizj'oːn] *f* collisione *f*
Kolonialismus [kolonja'lɪsmus] *m POL* colonialismo *m*
Kolonialmacht [kolo'njaːlmaxt] *f POL* potenza coloniale *f*
Kolonie [kolo'niː] *f POL* colonia *f*
Kolonne [ko'lɔnə] *f* colonna *f*
Koloss [ko'lɔs] *m* colosso *m*
kolossal [kolo'saːl] *adj* **1.** colossale; *adv* **2.** *(fam)* moltissimo, enormemente
Kolumne [ko'lumnə] *f (in der Zeitung)* colonna *f*
Kombination [kɔmbina'tsjoːn] *f* **1.** *(Verknüpfung)* combinazione *f;* **2.** *(Vermutung)* supposizione *f;* **3.** *(von Kleidung)* coordinato *m*
kombinieren [kɔmbi'niːrən] *v* **1.** *(verknüpfen)* combinare; **2.** *(vermuten)* supporre; **3.** *(zusammenstellen)* combinare
Komet [ko'met] *m* cometa *f*
Komfort [kɔm'foːr] *m* comodità *f,* comfort *m*
komfortabel [kɔmfɔr'taːbəl] *adj* comodo, confortevole
Komik ['koːmɪk] *f* comicità *f*
Komiker(in) ['koːmɪkər(ɪn)] *m/f* comico/comica *m/f*
komisch ['koːmɪʃ] *adj* **1.** *(spaßig)* comico; *eine ~e Situation* una situazione comica *f;* **2.** *(eigenartig)* strano; *Ich habe ein ~es Gefühl.* Ho una strana sensazione.
Komitee [kɔmi'teː] *n* comitato *m*
Komma ['kɔma] *n GRAMM* virgola *f*
kommandieren [kɔman'diːrən] *v* comandare
Kommanditgesellschaft [kɔman'ditgəzɛlʃaft] *f ECO* società in accomandita semplice *f*
Kommando [kɔ'mando] *n* comando *m*
kommen ['kɔmən] *v irr* venire; *auf jdn nichts ~ lassen* non ammettere che si parli male di qd; *im Kommen sein* essere in arrivo/venire alla ribalta; *wieder zu sich ~* tornare in sé; *wenn's hoch kommt* al massimo; *Das kommt davon!* Ecco cosa può capitare!
Kommentar [kɔmen'taːr] *m* commento *m*
kommentarlos [kɔmen'taːrloːs] *adj* senza commenti
Kommentator [kɔmen'taːtɔr] *m* commentatore *m*
kommentieren [kɔmen'tiːrən] *v* commentare
kommerziell [kɔmɛrts'jɛl] *adj* commerciale
Kommilitone [kɔmili'toːnə] *m* compagno di studi *m,* collega *m*
Kommissar(in) [kɔmɪ'saːr(ɪn)] *m/f* commissario/commissaria *m/f*
Kommission [kɔmɪs'joːn] *f* **1.** *(Ausschuss)* commissione *f;* **2.** *(Auftrag) ECO* incarico *m*
Kommode [kɔ'moːdə] *f* comò *m*
kommunal [kɔmu'naːl] *adj* comunale
Kommunalpolitik [kɔmu'naːlpoliːtiːk] *f POL* politica comunale *f*

K

Kommunalwahl [kɔmu'na:lva:l] *f* *POL* elezione comunale *f*
Kommune [kɔ'mu:nə] *f* **1.** *(Gemeinde)* *POL* comune *m;* **2.** *(Wohngemeinschaft)* comune *f*
Kommunikation [kɔmunika'tsjo:n] *f* comunicazione *f*
Kommunion [kɔmun'jo:n] *f* *REL* comunione *f*
Kommunismus [kɔmu'nɪsmus] *m* *POL* comunismo *m*
kommunistisch [kɔmu'nɪstɪʃ] *adj* *POL* comunista
kommunizieren [kɔmuni'tsi:rən] *v* **1.** comunicare; **2.** *REL* fare la comunione
Komödiant [kɔmød'jant] *m* commediante *m*
Komödie [kɔ'mø:djə] *f* commedia *f*
Kompagnon [kɔmpa'njɔ̃] *m* *ECO* socio *m*
kompakt [kɔm'pakt] *adj* compatto
Kompanie [kɔmpa'ni:] *f* *MIL* compagnia *f*
Kompass ['kɔmpas] *m* bussola *f*
Kompatibilität [kɔmpatibili'tɛ:t] *f* compatibilità *f*
Kompensation [kɔmpenza'tsjo:n] *f* compensazione *f*
kompensieren [kɔmpen'zi:rən] *v* compensare
kompetent [kɔmpə'tɛnt] *adj* competente
Kompetenz [kɔmpə'tɛnts] *f* competenza *f*
komplett [kɔm'plɛt] *adj* completo
Komplex [kɔm'plɛks] *m* **1.** complesso *m;* **2.** *PSYCH* complesso *m*
Komplikation [kɔmplika'tsjo:n] *f* complicazione *f*
Kompliment [kɔmpli'mɛnt] *n* complimento *m*
Komplize [kɔm'pli:tsə] *m* complice *m*
kompliziert [kɔmpli'tsi:rt] *adj* complicato
Komplott [kɔm'plɔt] *n* *POL* complotto *m;* *ein ~ schmieden* ordire un complotto
Komponente [kɔmpo'nɛntə] *f* componente *f*
Komposition [kɔmpozɪ'tsjo:n] *f* **1.** *(Zusammenstellung)* composizione *f;* **2.** *MUS* composizione *f*
Kompost [kɔm'pɔst] *m* concime organico *m*
Kompott [kɔm'pɔt] *n* *GAST* composta di frutta *f*
Kompresse [kɔm'prɛsə] *f* *MED* compressa *f*
Kompressor [kɔm'prɛsɔr] *m* *TECH* compressore *m*
Kompromiss [kɔmpro'mɪs] *m* compromesso *m;* *einen ~ schließen* scendere a un compromesso
Kompromissbereitschaft [kɔmpro'mɪsbəraɪtʃaft] *f* l'essere favorevole a un compromesso *m*
kompromisslos [kɔmpro'mɪslo:s] *adj* **1.** che non ammette compromessi *adv* **2.** senza compromessi
kompromittieren [kɔmpromɪ'ti:rən] *v* compromettere; *jdn politisch ~* compromettere qd politicamente
Kondensator [kɔnden'za:tor] *m* *TECH* condensatore *m*
Kondensmilch [kɔn'dɛnsmɪlç] *f* *GAST* latte condensato *m*
Kondenswasser [kɔn'dɛnsvasɐ] *n* condensa *f*
Kondition [kɔndi'tsjo:n] *f* **1.** *(Bedingung)* condizione *f;* **2.** *SPORT* forma *f*
Konditor [kɔn'di:tɔr] *m* pasticciere *m*
Konditorei [kɔndito'raɪ] *f* pasticceria *f*
kondolieren [kɔndo'li:rən] *v* fare le condoglianze
Kondom [kɔn'do:m] *n* preservativo *m*
Konfekt [kɔn'fɛkt] *n* *GAST* confetteria *f*
Konfektion [kɔnfɛk'tsjo:n] *f* confezione *f*
Konfektionsgröße [kɔnfɛk'tsjo:nsgrø:sə] *f* taglia di confezione *f*
Konferenz [kɔnfe'rɛnts] *f* conferenza *f*
Konferenztisch [kɔnfe'rɛntstɪʃ] *m* tavolo della conferenza *m*
Konfession [kɔnfɛs'jo:n] *f* confessione *f*
konfessionslos [kɔnfɛs'jo:nslo:s] *adj* senza confessione
Konfirmand(in) [kɔnfɪr'mant(ɪn)] *m/f* *REL* cresimando/cresimanda *m/f*
Konfirmation [kɔnfɪrma'tsjo:n] *f* *REL* cresima *f*
Konfitüre [kɔnfi'ty:rə] *f* *GAST* confettura *f*
Konflikt [kɔn'flɪkt] *m* conflitto *m*

Konföderation [kɔnfødəra'tsjo:n] *f* POL confederazione *f*
konform [kɔn'fɔrm] *adj* conforme
Konfrontation [kɔnfrɔnta'tsjo:n] *f* confronto *m*
konfrontieren [kɔnfrɔn'ti:rən] *v* confrontare
konfus [kɔn'fu:s] *adj* confuso
Kongress [kɔn'grɛs] *m* congresso *m*
Kongresshalle [kɔn'grɛshalə] *f* sala dei congressi *f*
König(in) ['kø:nɪç/'kø:nɪgɪn] *m/f* re/regina *m/f*
königlich ['kø:nɪklɪç] *adj* regale, reale
Königreich ['kø:nɪkraɪç] *n* regno *m*
konjugieren [kɔnju'gi:rən] *v* coniugare
Konjunktur [kɔnjuŋk'tu:r] *f* ECO congiuntura *f*
konkret [kɔn'kre:t] *adj* concreto
Konkurrent(in) [kɔnku'rɛnt(ɪn)] *m/f* concorrente *m/f*
Konkurrenz [kɔnku'rɛnts] *f* **1.** *(Wettbewerb)* concorso *m;* **2.** ECO concorrenza *f*
konkurrenzfähig [kɔnku'rɛntsfɛ:ɪç] *adj* concorrenziale
konkurrenzlos [kɔnku'rɛntslo:s] *adj* senza concorrenti
konkurrieren [kɔnku'ri:rən] *v* competere, far concorrenza
Konkurs [kɔn'kurs] *m* JUR fallimento *m*
Konkurseröffnung [kɔn'kursɛrœfnuŋ] *f* JUR apertura del fallimento *f*
Konkursmasse [kɔn'kursmasə] *f* JUR massa fallimentare *f*
Konkursverfahren [kɔn'kursfɛrfa:rən] *n* JUR procedimento fallimentare *m*
können ['kœnən] *v irr* **1.** *(in der Lage sein)* potere, essere in grado; **2.** *(beherrschen, wissen)* sapere, conoscere; **3.** *(dürfen)* potere; **4.** *Du kannst mich mal! (fam)* Alla faccia tua! **5.** *für etw nichts ~* non aver colpa di qc
Können ['kœnən] *n* capacità *f*
Könner ['kœnɐ] *m* competente *m*
Konsens [kɔn'zɛns] *m* consenso *m*
konsequent [kɔnze'kvɛnt] *adj* coerente
Konsequenz [kɔnze'kvɛnts] *f* **1.** *(Folge)* conseguenza *f; aus etw ~en ziehen* trarre le conseguenze da qc; **2.** *(Folgerichtigkeit)* logica *f*
konservativ ['kɔnzɛrva'ti:f] *adj* **1.** conservatore; *adv* **2.** tradizionalmente
Konserve [kɔn'zɛrvə] *f* conserva *f*
Konservendose [kɔn'zɛrvəndo:zə] *f* scatola di conserva *f*
konservieren [kɔnzɛr'vi:rən] *v* conservare
Konservierungsmittel [kɔnzɛr'vi:ruŋsmɪtəl] *n* conservante *m*
Konsole [kɔn'zo:lə] *f* console *f*
Konsolidierung [kɔnzoli'di:ruŋ] *f* ECO consolidamento *m*
konstant [kɔns'tant] *adj* costante
Konstellation [kɔnstɛla'tsjo:n] *f* **1.** ASTR costellazione; **2.** *(fig)* combinazione di circostanze *f*
konstruieren [kɔnstru'i:rən] *v* costruire
Konstruktion [kɔnstruk'tsjo:n] *f* costruzione *f*
konstruktiv [kɔnstruk'ti:f] *adj* costruttivo
Konsul(in) ['kɔnzu:l(ɪn)] *m/f* POL console *m/f*
Konsulat [kɔnzu'la:t] *n* POL consolato *m*
konsultieren [kɔnzul'ti:rən] *v* consultare; *einen Arzt ~* consultare un medico
Konsum [kɔn'zu:m] *m* consumo *m*
Konsument [kɔnzu'mɛnt] *m* consumatore *m*
Konsumgesellschaft [kɔn'zu:mgəzɛlʃaft] *f* società dei consumi *f*
Konsumgüter [kɔn'zu:mgy:tɐ] *pl* beni di consumo *m/pl*
konsumieren [kɔnzu'mi:rən] *v* consumare
Kontakt [kɔn'takt] *m* contatto *m*
kontaktfreudig [kɔn'taktfrɔydɪç] *adj* comunicativo
Kontaktlinsen [kɔn'taktlɪnzən] *pl* lenti a contatto *m/pl*
Kontamination [kɔntamina'tsjo:n] *f* contaminazione *f*
kontern ['kɔntɐn] *v* controbattere; *auf eine Provokation ~* controbattere ad una provocazione
Kontext ['kɔntɛkst] *m* contesto *m*
Kontinent [kɔnti'nɛnt] *m* continente *m*
kontinental [kɔntinɛn'ta:l] *adj* continentale

K

Kontingent [kɔntɪŋ'gɛnt] *n* contingente *m*
kontinuierlich [kɔntinu'iːrlɪç] *adj* continuo
Konto ['kɔnto] *n* conto *m; auf jds ~ gehen* andare sul conto di qd
Kontoauszug ['kɔntoaustsuːk] *m* estratto conto *m*
Kontonummer ['kɔntonumɐ] *f* numero di conto *m*
Kontostand ['kɔntoʃtant] *m* situazione del conto *f*
Kontra ['kɔntra] *n* contro *m*
Kontrahent [kɔntra'hɛnt] *m JUR* contraente *m*
konträr [kɔn'trɛːr] *adj* contrario
Kontrast [kɔn'trast] *m* contrasto *m*
kontrastreich [kɔn'trastraɪç] *adj* contrastato
Kontrollbehörde [kɔn'trɔlbəhøːrdə] *f* autorità di controllo *f*
Kontrolle [kɔn'trɔlə] *f* controllo *m*
Kontrolleur(in) [kɔntrɔ'løːr(ɪn)] *m/f* controllore *m*
kontrollieren [kɔntrɔ'liːrən] *v* controllare
kontrovers [kɔntro'vɛrs] *adj* controverso
Kontroverse [kɔntro'vɛrzə] *f* controversia *f*, disputa *f*, lite *f*
Kontur [kɔn'tuːr] *f* contorno *m*, profilo *m*
Konvention [kɔnvɛn'tsjoːn] *f* **1.** *(Brauch)* convenzione *f; sich an die ~en halten* osservare le convenzioni; **2.** *POL* convenzione *f*
konventionell [kɔnvɛntsjo'nɛl] *adj* convenzionale
Konversation [kɔnvɛrza'tsjoːn] *f* conversazione *f*
konvertieren [kɔnvɛr'tiːrən] *v* **1.** *FIN* convertire; **2.** *REL* convertire; *zum Christentum ~* convertirsi al cristianesimo; **3.** *(Daten) INFORM* convertire
Konzentrat [kɔntsɛn'traːt] *n* concentrato *m*
Konzentration [kɔntsɛntra'tsjoːn] *f* concentrazione *f*
Konzentrationslager [kɔntsɛntra'tsjoːnslaːgɐ] *n POL* campo di concentramento *m*
konzentrieren [kɔntsɛn'triːrən] *v* **1.** concentrare; **2.** *sich ~* concentrarsi; *Er muss sich beim Autofahren ~.* Deve concentrarsi nella guida.
Konzept [kɔn'tsɛpt] *n* concetto *m*, programma *m; jdm nicht ins ~ passen* disturbare i piani di qd; *jdn aus dem ~ bringen* far perdere il filo a qd; *aus dem ~ kommen* perdere il filo
Konzern [kɔn'tsɛrn] *m ECO* complesso *m*
Konzert [kɔn'tsɛrt] *n MUS* concerto *m*
konzertiert [kɔntsɛr'tiːrt] *adj POL* concertato
Konzession [kɔntsɛ'sjoːn] *f* **1.** concessione *f;* **2.** *(Zugeständnis)* concessione *f*
Konzil [kɔn'tsiːl] *n REL* concilio *m*
konzipieren [kɔn'tsipiːrən] *v* concepire
Kooperation [koɔpəra'tsjoːn] *f* cooperazione *f*
kooperativ [koɔpəra'tiːf] *adj* cooperativo
Koordination [koɔrdina'tsjoːn] *f* coordinazione *f*
koordinieren [koɔrdi'niːrən] *v* coordinare
Kopf [kɔpf] *m ANAT* testa *f; den ~ kosten* costare la testa; *den ~ aus der Schlinge ziehen* tirarsi fuori da un inghippo; *sich den ~ einrennen* rompersi la testa; *seinen ~ durchsetzen* fare di testa propria/imporre la propria volontà; *den ~ hängen lassen* scoraggiarsi/demoralizzarsi; *sich die Köpfe heißreden* discutere animatamente/infervorarsi; *seinen ~ für jdn/etw hinhalten* fare le spese per qd/qc; *den ~ in den Sand stecken* nascondere la testa sotto la sabbia; *~ und Kragen riskieren* rischiare la pelle; *jdm ~ und Kragen kosten* costare la testa a qd; *jdm den ~ verdrehen* far girare la testa a qd; *den ~ voll haben* avere la testa come un pallone; *sich einen ~ um etw machen* darsi pensiero per qc; *jdm den ~ zurechtrücken* far mettere la testa a posto a qd/rimettere qd in riga; *einen kühlen ~ bewahren* mantenere la calma/mantenere il sangue freddo; *nicht auf den ~ gefallen sein* non essere nato ieri/non essere stupido; *Geld auf den ~ hauen* gettare i soldi dalla finestra; *jdm nicht aus dem ~ gehen* non uscire

dalla testa a qd; *sich etw aus dem ~ schlagen* togliersi qd dalla testa; *jdm in den ~ steigen* dare alla testa di qd; *über jds ~ hinweg* all'insaputa di qd/ senza chiedere il permesso a qd; *über den ~ wachsen* arrivare fin sopra la testa; *von ~ bis Fuß* da capo a piedi; *jdn vor den ~ stoßen* offendere qd; *jdm den ~ waschen* dare una lavata di testa a qd; *jdm etw an den ~ werfen* buttare qc in faccia a qd; *sich etw durch den ~ gehen lassen* riflettere su qc; *etw im ~ haben* avere qc in mente; *etw im ~ behalten* tenere a mente qc; *Mir schwirrt den Kopf!* Mi gira la testa! *~ hoch!* Coraggio!

Kopfhörer ['kɔpfhøːrɐ] *m* cuffia *f*

Kopfkissen ['kɔpfkɪsən] *n* cuscino *m*

kopflos ['kɔpfloːs] *adj* **1.** sbadato; *adv* **2.** sbadatamente

Kopfrechnen ['kɔpfrɛçnən] *n MATH* calcolo mentale *m*

Kopfsalat ['kɔpfzalaːt] *m BOT* lattuga cappuccina *f*

Kopfschmerzen ['kɔpfʃmɛrtsən] *pl MED* mal di testa *m; jdm ~ bereiten* procurare grattacapi a qd

Kopfsprung ['kɔpfʃprʊŋ] *m* tuffo *m*

Kopfstütze ['kɔpfʃtytsə] *f* poggiatesta *m*

Kopftuch ['kɔpftuːx] *n* fazzoletto da testa *m,* foulard *m*

kopfüber [kɔpf'yːbɐ] *adv* testa in giù

Kopfzerbrechen ['kɔpftsɛrbrɛçən] *n* rompicapo *m*

Kopie [ko'piː] *f* copia *f*

kopieren [ko'piːrən] *v* copiare

Kopierer [ko'piːrɐ] *m* fotocopiatrice *f*

Kopilot ['koːpiloːt] *m* copilota *m*

Koppel ['kɔpəl] *f* **1.** *(Weide)* pascolo *m;* **2.** *(Gürtel)* cintura *f*

Koproduktion ['koproduktsjoːn] *f* coproduzione *f*

Korb [kɔrp] *m* cesto *m,* cesta *f; jdm einen ~ geben* rispondere picche a qd

Korbmöbel ['kɔrpmøːbəl] *pl* mobili di vimini *m/pl*

Kord [kɔrt] *m* cord *m*

Kordel ['kɔrdəl] *f* cordoncino *m*

Kork [kɔrk] *m BOT* sughero *m*

Korken ['kɔrkən] *m* turacciolo *m,* tappo *m*

Korkenzieher ['kɔrkəntsiːɐ] *m* cavatappi *m*

Korn [kɔrn] *n* **1.** *(Getreide)* grano *m;* **2.** *(Salz, Zucker)* grano *m,* granello *m;* **3.** *jdn aufs ~ nehmen* prendere in mira qd

Kornfeld ['kɔrnfɛlt] *n* campo di grano *m*

körnig ['kœrnɪç] *adj* a grani

Kornkammer ['kɔrnkamɐ] *f* granaio *m*

Körper ['kœrpɐ] *m ANAT* corpo *m*

Körperbau ['kœrpɐbau] *m* corporatura *f*

Körpergewicht ['kœrpɐgəvɪçt] *n* peso corporeo *m*

Körpergröße ['kœrpɐgrøːsə] *f* statura *f*

körperlich ['kœrpɐlɪç] *adj* fisico

Körperpflege ['kœrpɐpfleːgə] *f* igiene del corpo *f*

Körperschaft ['kœrpɐʃaft] *f* corporazione *f,* ente *m*

Körperteil ['kœrpɐtaɪl] *n* parte del corpo *f,* membro del corpo *m*

korrekt [kɔ'rɛkt] *adj* corretto, giusto

Korrektheit [kɔ'rɛkthaɪt] *f* correttezza *f*

Korrektur [kɔrɛk'tuːr] *f* correzione *f*

Korrespondent(in) [kɔrɛspɔn'dɛnt(ɪn)] *m/f* corrispondente *m/f*

Korrespondenz [kɔrɛspɔn'dɛnts] *f* corrispondenza *f*

Korridor ['kɔridoːr] *m* corridoio *m*

korrigieren [kɔri'giːrən] *v* correggere

Korrosion [kɔro'zjoːn] *f CHEM* corrosione *f*

korrupt [kɔ'rupt] *adj* corrotto

Korruption [kɔrup'tsjoːn] *f* corruzione *f*

Korsett [kɔr'zɛt] *n* busto *m*

Kortison [kɔrti'zoːn] *n MED* cortisone *m*

Kosewort ['koːzəvɔrt] *m* vezzeggiativo *m*

Kosmetik [kɔs'meːtɪk] *f* cosmesi *f*

Kosmetikerin [kɔs'meːtɪkɐɪn] *f* estetista *f,* cosmetista *f*

kosmetisch [kɔs'meːtɪʃ] *adj* cosmetico

kosmisch ['kɔzmɪʃ] *adj* cosmico

Kosmopolit [kɔsmopo'liːt] *m* cosmopolita *m*

kosmopolitisch [kɔsmopo'liːtɪʃ] *adj* cosmopolitico

Kosmos ['kɔsmɔs] *m* cosmo *m*, universo *m*
Kost [kɔst] *f* alimentazione *f*
kostbar ['kɔstba:r] *adj* prezioso
Kostbarkeit ['kɔstba:rkaɪt] *f* preziosità *f*
kosten[1] ['kɔstən] *v* costare; *Koste es, was es wolle!* Costi quel che costi! *sich eine Sache etw ~ lassen* non badare a spese
kosten[2] ['kɔstən] *v (versuchen)* assaggiare; *einen guten Wein ~* assaggiare del buon vino
Kosten ['kɔstən] *pl* spese *f/pl; auf seine ~ kommen* rimanere soddisfatto
kostenlos ['kɔstənlo:s] *adj* gratuito
Kostenvoranschlag ['kɔstənvo:ranʃla:k] *m* preventivo *m*
köstlich ['kœstlɪç] *adj* **1.** *(hervorragend)* squisito; **2.** *(amüsant)* divertente
Kostprobe ['kɔstpro:bə] *f* assaggio *m*
kostspielig ['kɔstʃpi:lɪç] *adj* caro, oneroso, costoso
Kostüm [kɔ'sty:m] *n* **1.** *(Kleidungsstück)* tailleur *m;* **2.** *(Maskenkostüm)* costume *m*
Kostümball [kɔ'sty:mbal] *m* ballo in maschera *m*
Kot [ko:t] *m* feci *f/pl*, escrementi *m/pl*
Kotelett [kɔt'lɛt] *n* GAST costoletta *f*
Kotflügel ['ko:tfly:gəl] *m* parafango *m*
Krabbe ['krabə] *f* **1.** ZOOL granchio *m;* **2.** *~n pl* GAST gamberetti *m/pl*
krabbeln ['krabəln] *v* strisciare
Krach [krax] *m* **1.** *(Lärm)* chiasso *m*, rumore *m;* **2.** *(Streit)* lite *f*
krachen ['kraxən] *v* **1.** *(knallen)* scoppiare; **2.** *(fam: streiten) sich ~* litigare; *Sie ~ sich.* Si stanno litigando.
kraft [kraft] *prep* in virtù di
Kraft [kraft] *f* forza *f; außer ~* non in vigore/non valido/abrogato; *in ~* in vigore/valido; *über jds Kräfte gehen* andare al di là delle forze di qd; *die treibende ~ sein* essere la forza trainante; *mit jdm seine Kräfte messen* misurare le proprie forze con qd; *zu Kräften kommen* riprendere le forze; *bei Kräften sein* essere in forze
Kraftaufwand ['kraftaufvant] *m* impiego di forza *m*
Kraftausdruck ['kraftausdruk] *m* espressione forte *f*
Kraftfahrer(in) ['kraftfa:rər(ɪn)] *m/f* autista *m/f*
Kraftfahrzeug ['kraftfa:rtsɔyk] *n* autoveicolo *m*
Kraftfahrzeugschein ['kraftfa:rtsɔykʃaɪn] *m* libretto di circolazione *m*
Kraftfahrzeugsteuer ['kraftfa:ɔykʃtɔyɐ] *f* tassa di circolazione *f*
Kraftfahrzeugversicherung ['kraftfa:rtsɔykfɛrzɪçəruŋ] *f* assicurazione automobilistica *f*
kräftig ['krɛftɪç] *adj* forte
kraftlos ['kraftlo:s] *adj* debole
Kraftprobe ['kraftpro:bə] *f* prova di forza *f*
Kraftstoff ['kraftʃtɔf] *m* carburante *m*
Kraftwagen ['kraftva:gən] *m* autoveicolo *m*
Kraftwerk ['kraftvɛrk] *n* centrale elettrica *f*
Kragen ['kra:gən] *m* colletto *m; jdn den ~ kosten* costare la vita a qd/costare la pelle a qd; *jdn beim ~ packen* prendere qd per il bavero; *jdm an den ~ wollen* voler prendere per il collo qd; *Es geht um Kopf und Kragen.* È questione di vita e di morte. *Jetzt geht es ihm an den ~!* Adesso verrà per lui la resa dei conti! *Ihm ist der ~ geplatzt.* Ha perso la pazienza.
Krähe ['krɛ:ə] *f* ZOOL cornacchia *f*
krähen ['krɛ:ən] *v* **1.** *(Hahn)* cantare; **2.** *(fig)* squittire
Krake ['kra:kə] *f* ZOOL piovra *f*, polpo *m*
Kralle ['kralə] *f* ZOOL artiglio *m; jdm die ~n zeigen (fig)* mostrare i denti a qd
Kram [kra:m] *m (fam)* ciarpame *m; jdm nicht in den ~ passen* non andare a genio a qd
kramen ['kra:mən] *v* rovistare, frugare
Krampf [krampf] *m* MED crampo *m*
Krampfader ['krampfa:dɐ] *f* MED vena varicosa *f*
krampfhaft ['krampfhaft] *adj* **1.** MED spasmodico, convulsivo *f/pl; ~e Zuckungen* contrazioni convulsive *f/pl;* **2.** *(angestrengt)* forzato
Kran [kra:n] *m* gru *f*
krank [kraŋk] *adj* ammalato, malato
Kranke(r) ['kraŋkə(r)] *m/f* malato/malata *m/f*
kränkeln ['krɛŋkəln] *v* essere malaticcio
kränken ['krɛŋkən] *v* offendere

Krankengeld ['kraŋkəngɛlt] *n* indennità di malattia *f*
Krankengymnastik ['kraŋkəngymnastɪk] *f* ginnastica medica *f*
Krankenhaus ['kraŋkənhaus] *n* MED ospedale *m*
Krankenkasse ['kraŋkənkasə] *f* cassa mutua *f*, cassa malattia *f*
Krankenpfleger ['kraŋkənpfle:gɐ] *m* infermiere *m*
Krankenschein ['kraŋkənʃaɪn] *m* certificato di malattia *m*
Krankenschwester ['kraŋkənʃvɛstɐ] *f* infermiera *f*
Krankenversicherung ['kraŋkənfɛrzɪçəruŋ] *f* assicurazione sanitaria *f*
Krankenwagen ['kraŋkənva:gən] *m* autoambulanza *f*
krankhaft ['kraŋkhaft] *adj* **1.** MED patologico; **2.** *(fig)* morboso; *~e Eifersucht* gelosia morbosa *f*; *adv* **3.** *(fig)* morbosamente
Krankheit ['kraŋkhaɪt] *f* malattia *f*
krankschreiben ['kraŋkʃraɪbən] *v irr* rilasciare un certificato di malattia; *sich ~ lassen* farsi mettere in malattia
Kränkung ['krɛŋkuŋ] *f* offesa *f*, umiliazione *f*
Kranz [krants] *m* corona *f*, ghirlanda *f*
krass [kras] *adj* forte, estremo, tremendo; *~er Gegensatz* un contrasto stridente *m*; *~e Haltung* comportamento estremo *m*; *ein ~er Fall* un caso estremo *m*
kratzbürstig ['kratsbyrstɪç] *adj* scontroso
kratzen ['kratsən] *v* grattare
kraulen[1] ['kraulən] *v (schwimmen)* fare il crawl, nuotare a stile libero
kraulen[2] ['kraulən] *v (streicheln)* accarezzare
kraus [kraus] *adj* **1.** *(gelockt)* crespo; **2.** *(fig: verworren)* intricato
Kraut [kraut] *n* **1.** *(Würzkraut, Heilkraut)* erba *f*; *Dagegen ist kein ~ gewachsen.* A questo non c'è rimedio. **2.** *(Kohl)* crauti *m/pl*; *wie ~ und Rüben* tutto sottosopra; *ins ~ schießen* crescere a dismisura/allargarsi a macchia d'olio
Kräuteressig ['krɔytərɛsɪç] *m* GAST aceto aromatico *m*
Krawall [kra'val] *m* tumulto *m*, disordine *m*
Krawatte [kra'vatə] *f* cravatta *f*
Kreation [krea'tsjo:n] *f* creazione *f*
kreativ [krea'ti:f] *adj* creativo
Kreativität [kreativi'tɛ:t] *f* creatività *f*
Kreatur [krea'tu:r] *f* creatura *f*
Krebs [kre:ps] *m* **1.** MED cancro *m*; **2.** ZOOL granchio *m*
krebserregend [kre:psɛr're:gənt] *adj* cancerogeno
Kredit [kre'di:t] *m* ECO credito *m*
Kreditaufnahme [kre'di:taufna:mə] *f* ECO accensione di un credito *f*
Kreditkarte [kre'di:tkartə] *f* ECO carta di credito *f*
Kreide ['kraɪdə] *f* **1.** gesso *m*, gessetto *m*; **2.** GEOL creta *f*; **3.** *(fig) in der ~ stehen* essere indebitati/avere debiti; *in die ~ geraten* indebitarsi/fare debiti
Kreis [kraɪs] *m* **1.** cerchio *m*; *sich im ~ bewegen* girare in circolo; *immer weitere ~e ziehen* estendersi sempre di più; *Mir dreht sich alles im ~!* Mi gira la testa! **2.** *(Verwaltung)* distretto *m*; **3.** *(Freundeskreis)* cerchia *f*
kreisen ['kraɪzən] *v* rotare, girare
Kreislauf ['kraɪslauf] *m* **1.** MED circolazione *f*; **2.** *(fig)* giro *m*
Kreissäge ['kraɪszɛ:gə] *f* sega circolare *f*
Kreißsaal ['kraɪsza:l] *m* sala da parto *f*
Kreisstadt ['kraɪsʃtat] *f* capoluogo distrettuale *m*
Kreisverkehr ['kraɪsfɛrke:r] *m* circolazione rotatoria *f*
krempeln ['krɛmpəln] *v* rimboccare
Kresse ['krɛsə] *f* BOT lepidio *m*
Kreuz [krɔyts] *n* croce *f*; *sein ~ auf sich nehmen* sopportare la propria croce; *drei ~e machen* fare il segno della croce; *aufs ~ fallen* avere una sorpresa spiacevole; *jdn aufs ~ legen* imbrogliare qd; *jdm etw aus dem ~ leiern* ottenere qc con molta fatica
kreuzen ['krɔytsən] *v* **1.** *(verschränken)* incrociare; **2.** BIO incrociare
Kreuzer ['krɔytsɐ] *m* incrociatore *m*
Kreuzfahrt ['krɔytsfa:rt] *f* crociera *f*
Kreuzigung ['krɔytsɪguŋ] *f* REL crocifissione *f*
Kreuzung ['krɔytsuŋ] *f* **1.** *(Straßenkreuzung)* incrocio *m*; **2.** BIO incrocio *m*
Kreuzverhör ['krɔytsfɛrhø:r] *n* JUR interrogatorio incrociato

K

Kreuzweg ['krɔytsveːk] *m* **1.** *REL* via crucis *f;* **2.** *(fig)* bivio *m*
Kreuzworträtsel ['krɔytsvɔrtrɛːtsəl] *n* parole crociate *f/pl,* cruciverba *f*
Kreuzzeichen ['krɔytstsaɪçən] *n* *REL* segno della croce *m*
Kreuzzug ['krɔytstsuːk] *m* **1.** *HIST* crociata *f;* **2.** *(fig)* crociata *f*
kribbelig ['krɪbəlɪç] *adj* *(fam)* impaziente, nervoso
kriechen ['kriːçən] *v irr* strisciare
Krieg [kriːk] *m* guerra *f*
kriegen ['kriːgən] *v* **1.** *(bekommen)* ricevere; **2.** *(fangen)* acchiappare
kriegerisch ['kriːgərɪʃ] *adj* guerresco
Kriegserklärung ['kriːksɛrklɛːruŋ] *f* dichiarazione di guerra *f*
Kriegsgefangene(r) ['kriːksgəfaŋənə(r)] *m/f* prigioniero di guerra/prigioniera di guerra *m/f*
Kriegsverbrecher ['kriːksfɛrbrɛçɐ] *m* criminale di guerra *m*
kriegsversehrt ['kriːksfɛrzeːrt] *adj* invalido di guerra
Krimi ['krɪmi] *m* giallo *m*
Kriminalität [krɪminali'tɛːt] *f* criminalità *f*
Kriminalpolizei [krɪmi'naːlpolitsaɪ] *f* polizia giudiziaria *f*
kriminell [krɪmi'nɛl] *adj* criminale
Kriminelle(r) [krɪmi'nɛlə(r)] *m/f* criminale *m/f*
Krippe ['krɪpə] *f* **1.** *(Kinderkrippe)* asilo nido *m;* **2.** *(Futterkrippe)* greppia *f;* **3.** *REL* presepio *m*
Krise ['kriːzə] *f* crisi *f*
kriseln ['kriːzəln] *v* essere tempo di crisi
krisenfest ['kriːzənfɛst] *adj* senza pericolo di crisi
Krisenstab ['kriːzənʃtaːp] *m* comitato d'emergenza *m*
Kristall [krɪs'tal] *n* **1.** cristallo *m; m* **2.** *MIN* cristallo *m*
Kriterium [kri'teːrjum] *n* criterio *m*
Kritik [kri'tiːk] *f* **1.** *(Tadel)* critica *f;* **2.** *(Beurteilung)* critica *f*
Kritiker(in) ['kriːtikər(ɪn)] *m/f* critico *m/f*
kritiklos [kri'tiːkloːs] *adj* **1.** acritico; *adv* **2.** in modo acritico
kritisch ['kriːtɪʃ] *adj* critico
kritisieren [kriti'ziːrən] *v* criticare
kritzeln ['krɪtsəln] *v* scarabocchiare
Krokant [kro'kant] *m* *GAST* croccante *m*
Krokodil [kroko'diːl] *n* *ZOOL* coccodrillo *m*
Krone ['kroːnə] *f* corona *f; einer Sache die ~ aufsetzen* raggiungere il colmo di qc
krönen ['krøːnən] *v* **1.** incoronare; **2.** *(fig)* coronare
Kronprinz ['kroːnprɪnts] *m* principe ereditario *m*
Krönung ['krøːnuŋ] *f* incoronazione *f*
Kronzeuge ['kroːntsɔygə] *m* *JUR* teste principale *m*
Kröte ['krøːtə] *f* *ZOOL* rospo *m*
Krücke ['krykə] *f* gruccia *f*
Krug [kruːk] *m* brocca *f*
Krümel ['kryːməl] *m* briciola *f*
krümeln ['kryːməln] *v* sbriciolare
krumm [krum] *adj* storto; *etw ~ nehmen* prendere a male qc; *sich ~ und schief lachen* ridere a crepapelle; *ein ~er Hund* un tipo losco
krümmen ['krymən] *v* curvare
Krümmung ['krymuŋ] *f* **1.** *(Wölbung)* curvatura *f;* **2.** *(Biegung)* curvatura *f*
Krüppel ['krypəl] *m* storpio *m*
Kruste ['krustə] *f* crósta *f*
Kruzifix [kru'tsifɪks] *n* *REL* crocifisso *m*
Kübel ['kyːbəl] *m* secchio *m*
Kubikmeter [ku'biːkmeːtɐ] *m* *MATH* metro cubo *m*
Küche ['kyçə] *f* **1.** *(Raum)* cucina *f;* **2.** *(Kochkunst)* cucina *f*
Kuchen ['kuːxən] *m* *GAST* dolce *m*
Kuchengabel ['kuːxəngaːbəl] *f* forchetta da dessert *f*
Küchenmaschine ['kyçənmaʃiːnə] *f* robot da cucina *m*
Küchenschrank ['kyçənʃraŋk] *m* credenza *f*
Kuckuck ['kukuk] *m* *ZOOL* cuculo *m; Weiß der ~!* Lo sa il diavolo!
Kuckucksuhr ['kukuksuːr] *f* orologio a cucù *m*
Kugel ['kuːgəl] *f* **1.** *(Spiel)* palla *f; eine ruhige ~ schieben* prendersela comoda/battere la fiacca; **2.** *MATH* sfera *f;* **3.** *MIL* palla *f*
Kugellager ['kuːgəllaːgɐ] *n* *TECH* cuscinetto a sfere *m*

K

Kugelschreiber ['ku:gəlʃraibɐ] *m* penna a sfera *f*, biro *f*
kugelsicher ['ku:gəlzıçɐ] *adj* antiproiettile
Kuh [ku:] *f ZOOL* mucca *f*
kühl [ky:l] *adj* **1.** *(kalt)* fresco; **2.** *(fig)* freddo
kühlen ['ky:lən] *v* raffreddare
Kühler ['ky:lɐ] *m (eines Autos)* radiatore *m*
Kühlerhaube ['ky:lɐhaubə] *f* cofano *m*
Kühlfach ['ky:lfax] *n* congelatore *m*
Kühlschrank ['ky:lʃraŋk] *m* frigorifero *m*
Kühltruhe ['ky:ltru:ə] *f* congelatore *m*
Kühlung ['ky:luŋ] *f* raffreddamento *m*
Kühlwasser ['ky:lvasɐ] *n (im Auto)* acqua di raffreddamento *f*
Kuhmilch ['ku:mılç] *f* latte di mucca *m*
kühn [ky:n] *adj* **1.** audace; *adv* **2.** audacemente
Küken ['ky:kən] *n ZOOL* pulcino *m*
Kulanz [ku'lants] *f* compiacenza *f*
kulinarisch [kuli'na:rıʃ] *adj* culinario
Kulisse [ku'lısə] *f* **1.** *(fig)* sfondo *m*; **2.** *THEAT* quinta *f*
kullern ['kulɐn] *v* rotolare
Kult [kult] *m* culto *m*
Kultfigur ['kultfigu:r] *f* idolo *m*
kultivieren [kulti'vi:rən] *v* coltivare
kultiviert [kulti'vi:rt] *adj* colto
Kultur [kul'tu:r] *f* **1.** cultura *f*; **2.** *BIO* coltura *f*
Kulturaustausch [kul'tu:raustauʃ] *m* scambi culturali *m/pl*
kulturell [kultu'rɛl] *adj* culturale
Kulturgut [kul'tu:rgu:t] *n* bene culturale *m*
Kulturinstitut [kul'tu:rınstitu:t] *n* istituto di cultura *m*
Kultusministerium ['kultusmınıste:rjum] *n POL* ministero della pubblica istruzione *m*
Kümmel ['kyməl] *m BOT* cumino *m*
Kummer ['kumɐ] *m* tormento *m*
kümmerlich ['kymɐlıç] *adj* misero
kümmern ['kymɐn] *v sich ~ um* curarsi di
kummervoll ['kumɐfɔl] *adj* **1.** preoccupato; *adv* **2.** preoccupato
Kumpel ['kumpəl] *m* **1.** *(Bergmann)* minatore *m*; **2.** *(fam)* compagno *m*
Kunde ['kundə] *m* cliente *m*
Kundendienst ['kundəndi:nst] *m* servizio assistenza clienti *m*
Kundgebung ['kuntge:buŋ] *f* dimostrazione *f*, manifestazione *f*
kündigen ['kyndıgən] *v* **1.** *(Vertrag)* disdire; *den Mietvertrag ~* disdire il contratto d'affitto; **2.** *(Arbeitgeber)* licenziare; **3.** *(Arbeitnehmer)* dare le dimissioni
Kündigung ['kyndıguŋ] *f* **1.** *(eines Vertrages)* disdetta *f*; **2.** *(einer Stellung)* dimissioni *f/pl*, licenziamento *m*
Kündigungsfrist ['kyndıguŋsfrıst] *f* termine di disdetta *m*
Kundschaft ['kuntʃaft] *f* clientela *f*
künftig ['kynftıç] *adj* **1.** futuro; *adv* **2.** nel futuro
Kunst [kunst] *f* arte *f*; *eine brotlose ~* un impegno non redditizio
Kunstausstellung ['kunstausʃtɛluŋ] *f* mostra d'arte *f*
Kunstfaser ['kunstfa:zɐ] *f* fibra sintetica *f*
Kunstgeschichte ['kunstgəʃıçtə] *f* storia dell'arte *f*
Kunstgewerbe ['kunstgəvɛrbə] *n* artigianato artistico *m*, arte applicata *f*
Kunstleder ['kunstle:dɐ] *n* similpelle *f*
Künstler(in) ['kynstlər(ın)] *m/f* artista *m/f*
künstlerisch ['kynstlərıʃ] *adj* **1.** artistico; *adv* **2.** artisticamente
Künstlername ['kynstlɐna:mə] *m* nome d'arte *m*
künstlich ['kynstlıç] *adj* **1.** artificiale; *adv* **2.** artificialmente
Kunstsammlung ['kunstzamluŋ] *f* collezione di oggetti d'arte *f*
Kunststoff ['kunstʃtɔf] *m* materia sintetica *f*, materia plastica *f*
Kunststück ['kunstʃtyk] *n* gioco d'abilità *m*
Kunstwerk ['kunstvɛrk] *n* opera d'arte *f*
Kupfer ['kupfɐ] *n CHEM* rame *m*
Kupferstich ['kupfɐʃtıç] *m* incisione su rame *f*, calcografia *f*
Kuppel ['kupəl] *f* cupola *f*
Kuppelei [kupə'laı] *f* **1.** *(fam)* ruffianeria *f*; **2.** *JUR* lenocinio *m*
kuppeln ['kupəln] *v* **1.** *(Auto)* innestare la frizione; **2.** *(verbinden)* agganciare; **3.** *(fam)* accoppiare

Kupplung ['kʊplʊŋ] *f (beim Auto)* frizione *f*
Kur [kuːr] *f MED* cura *f*
Kurbel ['kʊrbəl] *f* manovella *f*
kurbeln ['kʊrbəln] *v* girare una manovella
Kurbelwelle ['kʊrbəlvɛlə] *f TECH* albero a gomiti *m*
Kürbis ['kyrbɪs] *m BOT* zucca *f*; *Kürbissuppe* zuppa di zucca *f*
Kurier [ku'riːɐ] *m* corriere *m*
kurieren [ku'riːrən] *v* guarire, curare
kurios [kur'joːs] *adj* **1.** strano; *adv* **2.** stranamente
Kurort ['kuːrɔrt] *m* luogo di cura *m*
Kurs [kʊrs] *m* **1.** *(Kursus)* corso *m;* **2.** *(Richtung)* rotta *f;* **3.** *(Aktienkurs) FIN* quotazione *f*, corso *m*
Kürschner ['kyrʃnɐ] *m* pellicciaio *m*
kursieren [kʊr'ziːrən] *v* circolare
Kurswechsel ['kʊrsvɛksəl] *m POL* cambiamento di rotta *m*
Kurtaxe ['kuːrtaksə] *f* tassa di soggiorno *f*
Kurve ['kʊrfə] *f* curva *f; die ~ kratzen* svignarsela/sparire; *die ~ kriegen* farcela
kurvenreich ['kʊrfənraɪç] *adj* pieno di curve
kurz [kʊrts] *adj* **1.** *(zeitlich)* breve **2.** *(räumlich)* corto **3.** *zu ~ kommen* rimetterci
Kurzarbeit ['kʊrtsarbaɪt] *f* lavoro a orario ridotto *m*
kurzarbeiten ['kʊrtsarbaɪtən] *v* fare oratio ridotto
Kürze ['kyrtsə] *f* **1.** *(zeitlich, räumlich)* brevità *f*, cortezza *f;* **2.** *(des Ausdrucks)* concisione *f*
kürzen ['kyrtsən] *v* **1.** *(kürzer machen)* accorciare; **2.** *(zeitlich)* abbreviare; *die Zeit ~* abbreviare i tempi; **3.** *(herabsetzen)* ridurre; **4.** *(Geld)* decurtare; **5.** *(Text)* abbreviare, accorciare
kurzerhand ['kʊrtsɐhant] *adv* di colpo, senza esitare
kurzfristig ['kʊrtsfrɪstɪç] *adj* **1.** a breve termine; *adv* **2.** rapidamente; *etw ~ erledigen* sbrigare qc rapidamente
Kurzgeschichte ['kʊrtsgəʃɪçtə] *f* racconto breve *m*
kurzlebig ['kʊrtsleːbɪç] *adj* dalla vita breve
kürzlich ['kyrtslɪç] *adv* recentemente
kurzschließen ['kʊrtsʃliːsən] *v irr (fig)sich mit jdm ~* mettersi in contatto con qd
Kurzschluss ['kʊrtsʃlʊs] *m TECH* cortocircuito *m*
kurzsichtig ['kʊrtszɪçtɪç] *adj* **1.** *MED* miope; **2.** *(fig)* miope
Kürzung ['kyrtsʊŋ] *f* **1.** accorciamento *m*, abbreviazione *f;* **2.** *(Verringerung)* riduzione *f*
kurzzeitig ['kʊrtstsaɪtɪç] *adj* **1.** di breve tempo; *adv* **2.** a breve tempo
Kusine [ku'ziːnə] *f* cugina *f*
Kuss [kʊs] *m* bacio *m*
küssen ['kysən] *v* baciare
Küste ['kystə] *f* costa *f*
Küster ['kystɐ] *m REL* sacrestano *m*
Kutsche ['kʊtʃə] *f* carrozza *f*
Kutscher ['kʊtʃɐ] *m* cocchiere *m*
Kutte ['kʊtə] *f REL* saio *m*
Kuvert [ku'veːr] *n* busta da lettere *f*
Kybernetik [kybɛr'neːtɪk] *f* cibernetica *f*

L

labil [la'bi:l] *adj* labile
Labilität [labili'tɛ:t] *f* labilità *f*
Labor [la'bo:r] *n* laboratorio *m*
Laborant(in) [labo'rant(ɪn)] *m/f* assistente di laboratorio *m/f*
Labsal ['la:pza:l] *n* ristoro *m*
Labyrinth [laby'rɪnt] *n* labirinto *m*
Lache[1] ['laxə] *f (Pfütze)* pozzanghera *f*
Lache[2] ['laxə] *f (fam: Lachen)* risata *f*
lächeln ['lɛçəln] *v* sorridere
Lächeln ['lɛçəln] *n* sorriso *m*
lachen ['laxən] *v* ridere; *nichts zu ~ haben* avere poco da ridere
Lachen ['laxən] *n* riso *m; zum ~ sein* essere da ridere; *sich vor ~ biegen* piegarsi in due dal ridere; *Dir wird das ~ noch vergehen!* Ti passerà la voglia di ridere!
lächerlich ['lɛçɐlɪç] *adj* ridicolo; *Er macht sich ~.* Si rende ridicolo.
Lachgas ['laxga:s] *n MED* gas esilarante *m*
Lachs [laks] *m ZOOL* salmone *m*
Lack [lak] *m* vernice *f*
lackieren [la'ki:rən] *v* verniciare
Lackierung [la'ki:ruŋ] *f* verniciatura *f*
Lackschuh ['lakʃu:] *m* scarpa di vernice *f*
Ladebühne ['la:dəby:nə] *f* piattaforma di caricamento *f*
Ladehemmung ['la:dəhɛmuŋ] *f* inceppamento *m*
laden ['la:dən] *v irr* **1.** caricare; *einen ge~ haben* avere bevuto un bicchierino; **2.** *JUR* citare; *jdn vor Gericht ~* citare qd in giudizio
Laden ['la:dən] *m* negozio *m; den ~ schmeißen* mandare avanti la baracca; *Er kann seinen ~ dichtmachen.* Può chiudere bottega.
Ladenhüter ['la:dənhy:tɐ] *m (fig)* fondo di magazzino *m*
Ladenschluss ['la:dənʃlus] *m* chiusura dei negozi *f*
Ladentisch ['la:dəntɪʃ] *m* banco di vendita *m; unter dem ~ verkaufen* vendere sottobanco
lädieren [lɛ'di:rən] *v* danneggiare
Ladung ['la:duŋ] *f* **1.** carico *m;* **2.** *(elektrische ~)* carica *f;* **3.** *JUR* citazione *f*
Lage ['la:gə] *f* **1.** *(Position)* posizione *f;* **2.** *(Situation)* situazione *f; Herr der ~ sein* essere padrone della situazione; *die ~ peilen* sondare il terreno/esaminare la situazione; *nach ~ der Dinge* date le circostanze; **3.** *(Schicht)* strato *m*
Lagebericht ['la:gəbɐɪçt] *m* rapporto sulla situazione *m*
Lager ['la:gɐ] *n* **1.** *campo m;* **2.** *(Warenlager) ECO* deposito *m;* magazzino *m;* **3.** *TECH* cuscinetto *m*
Lagerbestand ['la:gɐbəʃtant] *m ECO* scorte di magazzino *f/pl*
Lagerfeuer ['la:gɐfɔyɐ] *n* fuoco di campo *m*
lagern ['la:gɐn] *v ECO* essere depositato
Lagerung ['la:gəruŋ] *f ECO* magazzinaggio *m*
lahm [la:m] *adj* **1.** *(gelähmt) MED* paralitico; **2.** *(hinkend) MED* zoppo; **3.** *(fam: langweilig)* noioso
lähmen ['lɛ:mən] *v* paralizzare
Lähmung ['lɛ:muŋ] *f MED* paralisi *f*
Laib [laɪp] *m* **1.** *(Brotlaib)* pagnotta *f;* **2.** *(Käselaib)* forma *f; ein ~ Käse* una forma di formaggio *f*
Laie ['laɪə] *m* **1.** profano *m;* **2.** *REL* laico *m*
laienhaft ['laɪənhaft] *adj* da profano, dilettantesco
Laienspiel ['laɪənʃpi:l] *n THEAT* spettacolo filodrammatico *m*
Lake ['la:kə] *f GAST* salamoia *f*
Laken ['la:kən] *n* lenzuolo *m*
Lakritze [la'krɪtsə] *f* liquirizia *f*
lallen ['lalən] *v* balbettare
Lama ['la:ma] *n ZOOL* lama *m*
lamentieren [lamɛn'ti:rən] *v* lamentarsi
Lamm [lam] *n ZOOL* agnello *m*
Lammbraten ['lambra:tən] *m GAST* arrosto di agnello *m*
Lampe ['lampə] *f* lampada *f*
Lampenschirm ['lampənʃɪrm] *m* paralume *m*

Lampion ['lampjɔ̃] *m* lampioncino *m*
lancieren [lɑ̃'siːrən] *v* lanciare
Land [lant] *n* **1.** *(Staat)* paese *m;* **2.** *(Grundstück)* terreno *m,* terra *f; ein Stück ~ besitzen* possedere un pezzo di terra; **3.** *(ländliche Gegend)* campagna *f; auf dem ~ leben* vivere in campagna; **4.** *(fig) wieder ~ sehen* vedere di nuovo la luce/tornare a sperare; *jdn an ~ ziehen* prendere nella rete qd/pescare qd; *~ gewinnen* sparire
Landbevölkerung ['lantbəfœlkəruŋ] *f* popolazione rurale *f*
Landebahn ['landəbaːn] *f* pista di atterraggio *f*
landen ['landən] *v* **1.** *(Flugzeug)* atterrare; **2.** *(Schiff)* approdare; **3.** *(fam)* capitare, finire; *Wo bist du gelandet?* Dove sei andato a finire?
Ländereien [lɛndə'raɪən] *pl* grandi proprietà terriere *f/pl*
Länderspiel ['lɛndɐʃpiːl] *n SPORT* partita internazionale *f*
Landesgrenze ['landəsgrɛntsə] *f* confine di stato *m*
Landesregierung ['landəsrɛgiːruŋ] *f POL* governo regionale *m*
Landessprache ['landəsʃpraːxə] *f* lingua nazionale *f*
Landeswährung ['landəsvɛːruŋ] *f* moneta nazionale *f*
Landgericht ['lantgəʀɪçt] *n JUR* tribunale *m; Oberstes ~* Corte suprema *f*
Landkarte ['lantkartə] *f* carta geografica *f*
Landkreis ['lantkraɪs] *m POL* distretto *m*
landläufig ['lantlɔyfɪç] *adj* corrente, usuale
ländlich ['lɛndlɪç] *adj* rurale
Landrat ['lantraːt] *m POL* presidente della giunta provinciale *m*
Landschaft ['lantʃaft] *f* paesaggio *m*
landschaftlich ['lantʃaftlɪç] *adj* paesaggistico
Landsmann ['lantsman] *m* connazionale *m,* compaesano *m; Er ist ein ~ von mir.* È un mio connazionale.
Landstraße ['lantʃtraːsə] *f* strada maestra *f*
Landstreicher ['lantʃtraɪçɐ] *m* vagabondo *m*
Landtag ['lanttaːk] *m POL* dieta regionale *f*
Landung ['landuŋ] *f* **1.** *(eines Flugzeugs)* atterraggio *m;* **2.** *(eines Schiffes)* approdo *m*
Landungssteg ['landuŋsʃteːk] *m* passerella *f*
Landweg ['lantveːk] *m* via terrestre *f; auf dem ~* via tersa
Landwirt ['lantvɪrt] *m* agricoltore *m*
Landwirtschaft ['lantvɪrtʃaft] *f* agricoltura *f*
landwirtschaftlich ['lantvɪrtʃaftlɪç] *adj* agricolo
Landwirtschaftsministerium ['lantvɪrtʃaftsmɪnɪsteːrjum] *n POL* ministero dell'agricoltura *m*
Landzunge ['lanttsuŋə] *f GEO* lingua di terra *f*
lang [laŋ] *adj* **1.** *(örtlich)* lungo; **2.** *(zeitlich)* lungo; *sein Leben ~* per tutta la vita
langärmelig ['laŋɛrməlɪç] *adj* a maniche lunghe
langatmig ['laŋaːtmɪç] *adj* prolisso
lange ['laŋə] *adv* a lungo; *Es ist schon ~ her, dass ...* È da molto che ...; *~ brauchen, um etw zu tun* avere bisogno di molto tempo per fare qc; *es nicht mehr ~ machen* non farla lunga/non averne per molto
Länge ['lɛŋə] *f* **1.** *(örtlich)* lunghezza *f;* **2.** *(zeitlich)* durata *f; sich in die ~ ziehen* andare per le lunghe
langen ['laŋən] *v* **1.** *(genügen)* bastare; *Jetzt langt es!* Adesso basta! **2.** *(greifen)* prendere; *jdm eine ~ (fam)* allungare un ceffone a qd
Längengrad ['lɛŋəngraːt] *m GEO* longitudine *f*
Langeweile ['laŋəvaɪlə] *f* noia *f*
langfristig ['laŋfrɪstɪç] *adj* a lunga scadenza
langjährig ['laŋjɛːrɪç] *adj* pluriennale
Langlauf ['laŋlauf] *m SPORT* corsa di fondo *f*
langlebig ['laŋleːbɪç] *adj* longevo
Langlebigkeit ['laŋleːbɪçkaɪt] *f* longevità *f*
länglich ['lɛŋlɪç] *adj* oblungo
längs [lɛŋs] *prep* **1.** lungo; *adv* **2.** per lungo

langsam ['laŋza:m] *adj* 1. lento; *adv* 2. lentamente
Langschläfer ['laŋʃlɛ:fɐ] *m* dormiglione *m*
Langspielplatte ['laŋʃpi:lplatə] *f* LP *m*, long play *m*
längst [lɛŋst] *adv (schon lange)* da molto; *~ nicht* molto meno, di gran lunga; *Hier ist es ~ nicht so schön.* Qui è molto meno bello.
längstens ['lɛŋstəns] *adv* 1. *(höchstens)* al massimo; 2. *(spätestens)* al più tardi
Languste [laŋ'gustə] *f ZOOL* aragosta *f*
langweilen ['laŋvaɪlən] *v sich ~* annoiarsi; *Er hat sich auf dem Fest gelangweilt.* Si è annoiato alla festa.
langweilig ['laŋvaɪlɪç] *adj* noioso
langwierig ['laŋvi:rɪç] *adj* lungo
Lanze ['lantsə] *f* lancia *f*
Lappalie [la'pa:ljə] *f* bagattella *f*
Lappen ['lapən] *m* 1. straccio *m*; 2. *(fig) jdm durch die ~ gehen* sfuggire a qd
Laptop [lɛptɔp] *m/n* notebook *m*
Lärm [lɛrm] *m* rumore *m*; *~ schlagen* far chiasso/far rumore
Lärmbekämpfung ['lɛrmbəkɛmpfuŋ] *f* lotta contro i rumori *f*
Lärmbelästigung ['lɛrmbəlɛstɪguŋ] *f* inquinamento acustico *m*
lärmen ['lɛrmən] *v* far chiasso
Lärmschutz ['lɛrmʃuts] *m* protezione antirumore *f*
Larve ['larvə] *f* 1. *(Maske)* maschera *f*; 2. *ZOOL* larva *f*
Laserstrahl ['leɪzɐʃtra:l] *m* raggio laser *m*
lassen ['lasən] *v irr* 1. lasciare; *es nicht ~ können* fare sempre lo stesso errore/essere irrecuperabile; *Lass mich damit in Ruhe!* Lasciami in pace con ciò! *Lass es sein!* Lascia stare! *kalt ~ (fam)* lasciare indifferente; 2. *(zu~)* permettere; 3. *(über~)* lasciare; 4. *(veran~)* fare; 5. *(aufhören)* smettere
lässig ['lɛsɪç] *adj* disinvolto
Lässigkeit ['lɛsɪçkaɪt] *f* disinvoltura *f*
Last ['last] *f* carico *m*; *jdm zur ~ fallen* essere di peso a qd; *jdm etw zur ~ legen* far carica qd di qd/accusare qd di qc; *mit jdm seine liebe ~ haben* avere il proprio bel daffare con qd
lasten ['lastən] *v (fig) ~ auf* gravare su
Lasten ['lastən] *pl* carichi *m/pl*, oneri *m/pl*; *steuerliche ~* oneri fiscali *m/pl*
Laster[1] ['lastɐ] *n* vizio *n*
Laster[2] ['lastɐ] *m* autocarro *m*
lasterhaft ['lastɐhaft] *adj* vizioso, depravato
lästern ['lɛstɐn] *v* 1. *(klatschen)* sparlare; 2. *REL* bestemmiare
lästig ['lɛstɪç] *adj* fastidioso
Lastschrift ['lastʃrɪft] *f ECO* addebito *m*
Lastwagen ['lastva:gən] *m* autocarro *m*, camion *m*
Latein [la'taɪn] *n* latino *m*; *mit seinem ~ am Ende sein* non sapere più che cosa fare
Lateinamerika [la'taɪname:rɪka] *n GEO* America latina *f*
latent [la'tɛnt] *adj* latente
Laterne [la'tɛrnə] *f* lanterna *f*
Latschen ['la:tʃən] *m aus den ~ kippen* perdere il controllo
Latte ['latə] *f*; 1. assicelia *f*; 2. *SPORT* traversa *f*
Lattenrost ['latənrɔst] *m* incannucciata *f*
Latz [lats] *m (Hosenlatz)* pettorina *f*
Lätzchen ['lɛtsçən] *n* bavaglino *m*
lau [lau] *adj* 1. *(lauwarm)* tiepido; 2. *(mild)* mite
Laub [laup] *n* fogliame *m*
Laubbaum ['laupbaum] *m BOT* latifoglia *f*
Laube ['laubə] *f* pergola *f*
Laubsäge ['laupzɛ:gə] *f* sega da traforo *f*
Lauch [laux] *m BOT* porro *m*
Lauer ['lauɐ] *f sich auf die ~ legen* mettersi in agguato
lauern ['lauɐn] *v* stare in agguato
Lauf [lauf] *m* 1. *(Laufen)* corsa *f*; 2. *(fig: Verlauf)* corso *m*; 3. *(Gewehrlauf)* canna *f*
Laufbahn ['laufba:n] *f* carriera *f*
Laufbursche ['laufburʃə] *m* fattorino *m*
laufen ['laufən] *v irr* 1. *(rennen)* correre; 2. *(gehen)* camminare; 3. *(fließen)* scorrere
laufend ['laufənt] *adj* corrente, in corsa; *auf dem Laufenden sein* essere al corrente

L

Läufer ['lɔyfɐ] *m* **1.** SPORT corridore *m;* **2.** *(Teppich)* passatoia *f*
läufig ['lɔyfɪç] *adj* ZOOL in calore
Lauffeuer ['lauffɔyɐ] *n sich wie ein ~ ausbreiten* diffondersi in un lampo
Laufkundschaft ['laufkuntʃaft] *f* ECO clientela di passaggio *f*
Laufmasche ['laufmaʃə] *f* smagliatura *f*
Laufpass ['laufpas] *m den ~ bekommen* ricevere il benservito
Laufsteg ['laufʃteːk] *m* passerella *f*
Laufwerk ['laufvɛrk] *n* INFORM drive *m*
Lauge ['laugə] *f* **1.** *(Seifenlauge)* liscivia *f;* **2.** CHEM soluzione alcalina *f*
Laune ['launə] *f* umore *m,* luna *f (fam); Er hat schlechte ~.* Ha la luna. *~ machen* mettere di buonumore; *jdn bei ~ halten* tenere qd di buonumore; *jdm die ~ verderben* far passare il buonumore a qd
launenhaft ['launənhaft] *adj* lunatico
Laus [laus] *f* ZOOL pidocchio *m; Ihm ist eine ~ über die Leber gelaufen.* Gli è saltato la mosca al naso.
Lausbub ['lausbuːp] *m (fam)* birbone *m*
lauschen ['lauʃən] *v* **1.** *(zuhören)* ascoltare; **2.** *(horchen)* origliare; *an der Tür ~* origliare alla porta
lauschig ['lauʃɪç] *adj* intimo
lausig ['lauzɪç] *adj* **1.** *(armselig)* pidocchioso, miserabile; **2.** *~e Kälte* gran freddo
laut[1] [laut] *adj* **1.** forte; **2.** *(geräuschvoll)* rumoroso; *adv* **3.** ad alta voce; **4.** *(geräuschvoll)* rumorosamente
laut[2] [laut] *prep gemäß* secondo
Laut [laut] *m* **1.** *(Ton)* suono *m;* **2.** *(Geräusch)* rumore *m*
lauten ['lautən] *v (besagen)* dire
läuten ['lɔytən] *v* suonare; *Die Glocke läutet.* La campana suona. *von etw ~ hören* sentir dire qc
lauthals ['lauthals] *adv* a gola spiegata
lautlos ['lautloːs] *adj* **1.** silenzioso; *adv* **2.** silenziosamente
Lautsprecher ['lautʃprɛçɐ] *m* altoparlante *m*
lautstark ['lautʃtark] *adj* **1.** alto, violento; *~er Protest* protesta violenta *f; adv* **2.** ad alta voce, violentemente
Lautstärke ['lautʃtɛrkə] *f* volume *m*
lauwarm ['lauvarm] *adj* tiepido
Lavendel [la'vɛndəl] *m* BOT lavanda *f*
Lawine [la'viːnə] *f* valanga *f*
Lawinengefahr [la'viːnəngəfaːr] *f* pericolo di valanghe *m*
leben ['leːbən] *v* vivere; *wie er leibt und lebt* in tutto il suo splendore; *Sie hat noch ein Jahr zu leben.* Ha ancora un anno da vivere.
Leben ['leːbən] *n* vita *f; etw für sein ~ gern tun* fare qc molto volentieri; *etw ins ~ rufen* dare vita a qc/fondare qc; *mit dem ~ davon kommen* salvare la vita; *jdm nach dem ~ trachten* voler togliere la vita a qd/voler uccidere qd; *nie im ~* giammai/mai al mondo; *sich das ~ nehmen* togliersi la vita; *mit seinem ~ spielen* mettere la propria vita in gioco; *einem Kind das ~ schenken* dare la vita a un bambino/mettere al mondo un bambino; *sein ~ lassen* perdere la vita; *auf ~ und Tod* all'ultimo sangue/vitale/mortale; *wie aus dem ~ gegriffen* come preso dalla vita/realistico; *zeit seines ~s* durante tutta la sua vita
lebendig [le'bɛndɪç] *adj* **1.** *(lebend)* vivente, vivo *bei ~em Leib verbrennen* essere bruciato vivo **2.** *(lebhaft)* vivace
Lebensabend ['leːbənsaːbənt] *m* tramonto della vita *m*
Lebensbedingungen ['leːbənsbədɪŋuŋən] *pl* condizioni di vita *f/pl*
Lebensdauer ['leːbənsdauɐ] *f* durata della vita *f*
Lebensende ['leːbənsɛndə] *n* fine della vita *f; treu bis ans ~* fedele fino alla morte
Lebenserfahrung ['leːbənsɛrfaːruŋ] *f* esperienza di vita *f*
Lebenserwartung ['leːbənsɛrvartuŋ] *f* durata probabile della vita *f*
lebensfremd ['leːbənsfrɛmt] *adj* avvulso dalla realtà, astratto
Lebensfreude ['leːbənsfrɔydə] *f* gioia di vivere *f*
Lebensgefahr ['leːbənsgəfaːr] *f* pericolo di vita *m*
lebensgefährlich ['leːbənsgəfɛːrlɪç] *adj* pericolosissimo, mortale; *~e Krankheit* malattia mortale *f*
Lebensgefährte ['leːbənsgəfɛːrtə] *m* compagno *m*
Lebenshaltungskosten ['leːbənshaltuŋskɔstən] *pl* costo della vita *m*

Lebenskünstler(in) ['le:bənskynstlər(ɪn)] *m/f* chi sa vivere *m/f*
lebenslänglich ['le:bənslɛŋlɪç] *adj* *JUR* a vita
Lebenslauf ['le:bənslauf] *m* curriculum vitae *m*
Lebenslicht ['le:bənsliçt] *n jdm das ~ ausblasen (fam)* togliere la vita a qd
Lebensmittel ['le:bənsmɪtəl] *n* alimento *m*, cibo *m*, viveri *m/pl*
Lebensmittelgeschäft ['le:bənsmɪtəlgəʃɛft] *n* negozio di alimentari *m*
lebensmüde ['le:bənsmy:də] *adj* stanco della vita
Lebensretter(in) ['le:bənsrɛtər(ɪn)] *m/f* salvatore/salvatrice *m/f*
Lebensstandard ['le:bənsʃtandart] *m* tenore di vita *m*
Lebensunterhalt ['le:bənsuntɐhalt] *m* mantenimento *m*
Lebensversicherung ['le:bənsfɛrzɪçəruŋ] *f* assicurazione sulla vita *f*
Lebenswandel ['le:bənsvandəl] *m* modo di vivere *f*; *einwandfreier ~* vita ineccepibile *f*
lebenswichtig ['le:bənsvɪçtɪç] *adj* di importanza vitale, vitale; *~es Organ* organo vitale *m*
Lebenszeichen ['le:bənstsaɪçən] *n* segno di vita *m*
Leber ['le:bɐ] *f* *ANAT* fegato *m*; *frei von der ~ weg reden* parlare francamente
Leberknödel ['le:bɐknø:dəl] *m* *GAST* gnocchetto di fegato *m*
Lebewesen ['le:bəve:zən] *n* essere vivente *m*, essere *m*
lebhaft ['le:phaft] *adj* **1.** *(munter)* vivace; **2.** *(rege)* vivo; **3.** *(begeistert)* entusiastico
leblos ['le:plo:s] *adj* senza vita
Leck [lɛk] *n* perdita *f*, falla *f*
lecken[1] ['lɛkən] *v (sch~)* leccare
lecken[2] ['lɛkən] *v (auslaufen)* perdere
lecker ['lɛkɐ] *adj* **1.** appetitoso; *adv* **2.** *~ schmecken* avere un gusto appetitoso
Leckerbissen ['lɛkɐbɪsən] *m* ghiottoneria *f*
LED [ɛle:'de:] *f* *TECH* LED *m*; *~-Lampe* lampada LED *f*
Leder ['le:dɐ] *n* pelle *f*; *jdm ans ~ wollen* voler attaccare qd
Lederwaren ['le:dɐva:rən] *pl* pelletteria *f/pl*
ledig ['le:dɪç] *adj* **1.** *(Frau)* nubile; **2.** *(Mann)* celibe; **3.** *(einer Sache ~)* libero
lediglich ['le:dɪglɪç] *adv* solamente
leer [le:r] *adj* **1.** *(nichts enthaltend)* vuoto; **2.** *(frei)* libero; **3.** *(unbeschrieben)* bianco
Leere ['le:rə] *f* vuoto *m*
leeren ['le:rən] *v* vuotare
Leergut ['le:rgu:t] *n* recipienti vuoti *m/pl*
Leerlauf ['le:rlauf] *m (eines Autos)* funzionamento in folle *m*
Leerung ['le:ruŋ] *f* svuotamento *m*
legal [le'ga:l] *adj* legale
legalisieren [legali'zi:rən] *v* legalizzare
Legalität [legali'tɛ:t] *f* legalità *f*
legen ['le:gən] *v* **1.** mettere, porre; **2.** *sich ~* distendersi; *Er legte sich auf das Sofa.* Si distese sul divano.
legendär [legɛn'dɛ:r] *adj* leggendario
Legende [le'gɛndə] *f* leggenda *f*
Legierung [le'gi:ruŋ] *f* lega *f*
Legislative [legisla'ti:və] *f* *POL* potere legislativo *m*
Legislaturperiode [legisla'tu:rperjo:də] *f* *POL* legislatura *f*
legitim [le:gi'ti:m] *adj* legittimo
Legitimation [legitima'tsjo:n] *f* legittimazione *f*
legitimieren [legiti'mi:rən] *v sich ~* dimostrare; *sich ~* dimostrare la propria identità
Lehm [le:m] *m* argilla *f*
Lehmboden ['le:mbo:dən] *m* terreno argilloso *m*
Lehne ['le:nə] *f* **1.** *(Armlehne)* bracciolo *m*; **2.** *(Rückenlehne)* spalliera *f*, schienale *m*
lehnen ['le:nən] *v* **1.** appoggiare; **2.** *sich ~* appoggiarsi
Lehre ['le:rə] *f* **1.** *(Unterricht)* lezione *f*, insegnamento *m*; **2.** *(Lehrsatz)* dottrina *f*; **3.** *(Ausbildung)* apprendistato *m*; *bei jdm in die ~ gehen können* poter imparare da qd; **4.** *(fig: Ermahnung)* consiglio *m*, ammonimento *m*; *jdm eine ~ sein* servire di lezione a qd; **5.** *(Maßlehre)* *TECH* calibro *m*
lehren ['le:rən] *v* insegnare

L

Lehrer(in) ['le:rər(ɪn)] *m/f* 1. insegnante *m/f;* 2. *(einer Grundschule)* maestro/maestra *m/f;* 3. *(einer höheren Schule)* professore/professoressa *m/f*
Lehrfach ['le:rfax] *n* materia *f*
Lehrgang ['le:rgaŋ] *m* corso *m*
Lehrgeld ['le:rgɛlt] *n (fig)* imparare *~ zahlen* a proprie spese
Lehrling ['le:rlɪŋ] *m* apprendista *m*
Lehrplan ['le:rpla:n] *m* piano di studi *m*
lehrreich ['le:rraɪç] *adj* istruttivo
Lehrstelle ['le:rʃtɛlə] *f* posto da apprendista *m*
Lehrstuhl ['le:rʃtu:l] *m* cattedra *f*
Lehrzeit ['le:rtsaɪt] *f* periodo di tirocinio *m*
Leib [laɪp] *m* corpo *m; einer Sache zu ~e rücken* affrontare qc; *wie auf den ~ zugeschnitten sein* essere tagliato su misura; *etw am eigenen ~ erfahren* sperimentare qc sulla propria pelle; *mit ~ und Seele* corpo e anima
Leibgericht ['laɪpgəʁɪçt] *n* piatto preferito *m*
leibhaftig ['laɪphaftɪç] *adj* 1. in persona; *adv* 2. in persona
Leibrente ['laɪprɛntə] *f* vitalizio *m*
Leibwächter ['laɪpvɛçtɐ] *m* guardia del corpo *f*
Leiche ['laɪçə] *f* cadavere *m,* salma *f; eine ~ im Keller haben* avere uno scheletto nell'armadio; *über ~n gehen* non avere scrupoli; *Nur über meine ~!* Solo passando sul mio cadavere!
leichenblass ['laɪçənblas] *adj* pallido come un cencio
Leichenhaus ['laɪçənhaus] *f* obitorio *m*
Leichenwagen ['laɪçənva:gən] *m* carro funebre *m*
Leichnam ['laɪçnam] *m* cadavere *m,* salma *f*
leicht [laɪçt] *adj* 1. *(nicht schwer)* leggero; *~ nehmen* prendere alla leggera; 2. *(nicht schwierig)* facile; *~ reden haben* far presto a parlare; *Das ist ~ gesagt.* Si fa presto a dire./È presto detto. *ein Leichtes sein* non costare molta fatica; 3. *(geringfügig)* leggero; *adv* 4. *(nicht schwierig)* facilmente; 5. *(geringfügig)* leggermente
Leichtathletik ['laɪçtatle:tɪk] *f SPORT* atletica leggera *f*
leichtfertig ['laɪçtfɛrtɪç] *adj* 1. spensierato; *adv* 2. spensieratamente
Leichtfertigkeit ['laɪçtfɛrtɪçkaɪt] *f* spensieratezza *f*
leichtgläubig ['laɪçtglɔybɪç] *adj* 1. credulone; *adv* 2. in modo credulone
Leichtigkeit ['laɪçtɪçkaɪt] *f* 1. *(Ungezwungenheit)* leggerezza *f;* 2. *(Mühelosigkeit)* facilità *f*
Leichtsinn ['laɪçtzɪn] *m* spensieratezza *f*
leichtsinnig ['laɪçtzɪnɪç] *adj* spensierato
Leid [laɪt] *n* 1. pena *f;* 2. *~ tun (bedauern)* dispiacere, spiacere; 3. *~ tun (bemitleiden)* compatire
leiden ['laɪdən] *v irr* soffrire
Leiden ['laɪdən] *n* 1. *(Kummer)* dolore *m;* 2. *MED* malattia *f*
Leidenschaft ['laɪdənʃaft] *f* passione *f*
leidenschaftlich ['laɪdənʃaftlɪç] *adj* 1. appassionato; *adv* 2. appassionatamente
Leidensgenosse ['laɪdənsgənɔzə] *m* compagno di sventura *m*
leider ['laɪdɐ] *adv* purtroppo
leidlich ['laɪdlɪç] *adj* 1. discreto, passabile; *adv* 2. abbastanza
Leidtragende(r) ['laɪttra:gəndə(r)] *m/f* 1. *(Trauernde(r))* familiare del defunto *m/f;* 2. *(Geschädigte(r))* vittima *f*
Leier ['laɪɐ] *f Es ist immer die alte ~.* È sempre la solite solfa.
Leierkasten ['laɪɐkastən] *m* organetto *m*
Leihbibliothek ['laɪbiblioteːk] *f* biblioteca con prestito esterno *f*
leihen ['laɪən] *v irr* 1. *(verleihen)* prestare; 2. *sich etw ~* farsi prestare, prendere in prestito
Leihgebühr ['laɪgəby:r] *f* tariffa di prestito *f*
Leihwagen ['laɪva:gən] *m* automobile da noleggio *f*
Leim [laɪm] *m* colla *f; jdm auf den ~ gehen* cadere nella trappola di qd/farsi raggirare da qd; *aus dem ~ gehen* andare in pezzi
leimen ['laɪmən] *v* 1. *(kleben)* incollare; 2. *(fam)* ingannare
Leine ['laɪnə] *f* 1. corda *f;* 2. *(Hunde-*

leine) guinzaglio *m; an der langen ~* a briglia sciolta

Leinen ['laɪnən] *n* lino *m*

Leinwand ['laɪnvant] *f* **1.** *ART* tela *f;* **2.** *CINE* schermo di proiezione *m*

leise ['laɪzə] *adj* **1.** *(nicht laut)* silenzioso; **2.** *(ruhig)* silenzioso; **3.** *(schwach)* debole, leggero

Leiste ['laɪstə] *f* **1.** regolo *m;* **2.** *ANAT* inguine *m*

leisten ['laɪstən] *v* **1.** rendere; **2.** *sich etw ~* concedersi; **3.** *(sich etw herausnehmen)* permettersi

Leistenbruch ['laɪstənbrux] *m MED* ernia inguinale *f*

Leistung ['laɪstuŋ] *f* **1.** *ECO* prestazione *f;* **2.** *TECH* potenza *f*

leistungsfähig ['laɪstuŋsfɛːɪç] *adj* efficiente

Leistungsfähigkeit ['laɪstuŋsfɛːɪçkaɪt] *f* efficienza *f*

Leistungsgesellschaft ['laɪstuŋsgəzɛlʃaft] *f* società dell'efficienza *f*

Leistungssport ['laɪstuŋsʃpɔrt] *m* sport di competizione *m*

Leitartikel ['laɪtartɪkəl] *m* editoriale *m*

Leitbild ['laɪtbɪlt] *n* esempio *m*

leiten ['laɪtən] *v* **1.** *(führen)* condurre; **2.** *(lenken)* guidare; **3.** *TECH* condurre

leitend ['laɪtənt] *adj* preminente, direttivo

Leiter[1] ['laɪtɐ] *f* scala *f*

Leiter[2] ['laɪtɐ] *m* **1.** capo *m;* **2.** *TECH* conduttore *m*

Leitfaden ['laɪtfaːdən] *m* manuale *m*

Leitmotiv ['laɪtmotiːf] *n* **1.** *LIT* tema ricorrente *m;* **2.** *MUS* motivo conduttore *m*

Leitplanke ['laɪtplaŋkə] *f* guardavia *m*

Leitspruch ['laɪtʃprux] *m* divisa *f*

Leitung ['laɪtuŋ] *f* **1.** *(Geschäftsleitung)* direzione *f;* **2.** *(Rohrleitung)* conduttura *f;* **3.** *(Kabel)* cavo *m,* linea elettrica *f; eine lange ~ haben* essere duro di comprendonio

Leitungswasser ['laɪtuŋsvasɐ] *n* acqua del rubinetto *f*

Leitwerk ['laɪtvɛrk] *n TECH* impennaggio *m*

Lektion [lɛk'tsjoːn] *f* lezione *f*

Lektor(in) ['lɛktor(ɪn)] *m/f* **1.** *(Universität)* lettore/lettrice *m/f;* **2.** *(Verlag)* redattore/redatrice *m/f*

Lektüre [lɛk'tyːrə] *f* lettura *f*

Lende ['lɛndə] *f* **1.** *GAST* lombo *m;* **2.** *ANAT* lombo *m*

lenken ['lɛŋkən] *v* **1.** *(steuern)* guidare; **2.** *(leiten)* dirigere; *einen Betrieb ~* dirigere un'azienda; **3.** *(Aufmerksamkeit, Blick)* volgere; *den Blick auf etw ~* volgere lo sguardo verso qc

Lenkrad ['lɛŋkraːt] *n (eines Autos)* volante *m*

Lenkstange ['lɛŋkʃtaŋə] *f (eines Fahrrads)* manubrio *m*

Lenkung ['lɛŋkuŋ] *f* sterzo *m*

Leopard [leo'part] *m ZOOL* leopardo *m*

Lerneifer ['lɛrnaɪfɐ] *m* diligenza *f*

lernen ['lɛrnən] *v* imparare, studiare

Lernprozess ['lɛrnprotsɛs] *m* processo di apprendimento *m*

lesbisch ['lɛsbɪʃ] *adj* lesbico

Lesebuch ['leːzəbuːx] *n* libro di lettura *m*

lesen ['leːzən] *v irr* leggere

Leser(in) ['leːzər(ɪn)] *m/f* lettore/lettrice *m/f*

Leserbrief ['leːzɐbriːf] *m* lettera di un lettore *f*

leserlich ['leːzɐlɪç] *adj* **1.** leggibile; *adv* **2.** leggibilmente

Lesung ['leːzuŋ] *f* **1.** lettura *f;* **2.** *POL* lettura *f;* **3.** *REL* lettura *f*

letzte(r,s) ['lɛtstə(r,s)] *adj* **1.** ultimo/ultima; *zu guter Letzt* in buona fine; *das Letzte sein* essere l'ultimo/essere insopportabile; *bis aufs Letzte* sino in fondo/totalmente; **2.** *(vorig)* ultimo

letztens ['lɛtstəns] *adv* ultimamente

letztlich ['lɛtslɪç] *adv* infine

Leuchtanzeige ['lɔyçtantsaɪgə] *f* indicazione luminosa *f*

Leuchte ['lɔyçtə] *f* **1.** luce *f;* **2.** *(fig)* lume *m; keine große ~ sein* non essere una cima/non essere un'aquila

leuchten ['lɔyçtən] *v* splendere, illuminare, far luce; *Die Lampe leuchtet gut.* La lampada fa una bella luce.

Leuchter ['lɔyçtɐ] *m* candeliere *m*

Leuchtrakete ['lɔyçtrakeːtə] *f* razzo illuminante *m*

Leuchtreklame ['lɔyçtreklaːmə] *f* réclame luminosa *f*

Leuchtsignal ['lɔyçtzɪgnaːl] *n* segnale luminoso *m*

L

Leuchtturm ['lɔyçtturm] *m* faro *m*
leugnen ['lɔygnən] *v* negare
Leukämie [lɔykɛ'mi:] *f MED* leucemia *f*
Leukoplast [lɔyko'plast] *n* leucoplasto *m*
Leumund ['lɔymunt] *m* reputazione *f*
Leumundszeugnis ['lɔymuntstsɔyknɪs] *n* certificato di buona condotta *m*
Leute ['lɔytə] *pl* gente *f*; *unter die ~ kommen* curare i contatti sociali
leutselig ['lɔytze:lɪç] *adj* **1.** affabile; *adv* **2.** affabilmente
Leviten [le:'vitən] *pl jdm die ~ lesen* fare la predica a qd
Lexikon ['lɛksɪkɔn] *n* **1.** *(Wörterbuch)* dizionario *m*; **2.** *(Enzyklopädie)* enciclopedia *f*
Libanon ['li:banɔn] *m GEO* Libano *m*
Libelle [li'bɛlə] *f ZOOL* libellula *f*
liberal [libə'ra:l] *adj* **1.** liberale; *adv* **2.** liberalmente
Liberalisierung [libərali'zi:ruŋ] *f POL* liberalizzazione *f*
Liberalismus [libəra'lɪsmus] *m POL* liberalismo *m*
Libyen ['li:bɪən] *n GEO* Libia *f*
licht [lɪçt] *adj* **1.** *(hell)* chiaro; **2.** *(nicht dicht)* rado; *Seine Haare werden ~.* I suoi capelli si fanno radi.
Licht [lɪçt] *n* luce *f*; *kein großes ~ sein* non essere una cima; *sich ins rechte ~ setzen* mettersi nella giusta luce; *sein ~ unter den Scheffel stellen* mettere la fiaccola sotto il moggio; *jdn hinters ~ führen* imbrogliare qd; *kein gutes ~ auf jdn werfen* non gettare una buona luce su qd; *Da geht mir ein ~ auf!* Ora comincio a capire!
Lichtbild ['lɪçtbɪlt] *n* **1.** *(Foto)* fotografia *f*; **2.** *(Dia)* diapositiva *f*
Lichtblick ['lɪçtblɪk] *m* momento di sollievo *m*
lichtempfindlich ['lɪçtɛmpfɪndlɪç] *adj* sensibile alla luce
Lichtgeschwindigkeit ['lɪçtgəʃvɪndɪçkaɪt] *f PHYS* velocità della luce *f*
Lichthupe ['lɪçthu:pə] *f (beim Auto)* lampeggiamento *m*
Lichtschalter ['lɪçtʃaltɐ] *m* interruttore della luce *m*
Lichtschranke ['lɪçtʃraŋkə] *f* barriera fotoelettrica *f*
Lichtschutzfaktor ['lɪçtʃutsfaktɔr] *m* fattore di protezione solare *m*
Lichtstrahl ['lɪçtʃtra:l] *m* raggio di luce *m*
Lichtung ['lɪçtuŋ] *f* radura *f*
Lid [li:t] *n ANAT* palpebra *f*
Lidschatten ['li:tsʃatən] *m* ombretto *m*
lieb [li:p] *adj* caro; *jdm ~ und teuer sein* essere molto caro a qd; *jdn ~ gewinnen* affezionarsi a qd; *jdn ~ haben* amare qd/voler bene a qd
liebäugeln ['li:pɔygəln] *v* desiderare
Liebe ['li:bə] *f* amore *m*; *bei aller ~* con tutta la buona volontà; *~ auf den ersten Blick* amore a prima vista *f*
liebebedürftig ['li:bəbədyrftɪç] *adj* bisognoso d'amore
lieben ['li:bən] *v* amare
liebenswert ['li:bənsve:rt] *adj* amabile
liebenswürdig ['li:bənsvyrdɪç] *adj* gentile
Liebenswürdigkeit ['li:bənsvyrdɪçkaɪt] *f* gentilezza *f*
lieber ['li:bɐ] *adv* piuttosto
Liebesbrief ['li:bəsbri:f] *m* lettera d'amore *f*
Liebeserklärung ['li:bəsɛrklɛ:ruŋ] *f* dichiarazione d'amore *f*
Liebesgeschichte ['li:bəsgəʃɪçtə] *f* storia d'amore *f*
Liebeskummer ['li:bəskumɐ] *m* pene d'amore *f/pl*
Liebeslied ['li:bəsli:t] *n* canzone d'amore *f*
Liebespaar ['li:bəspa:r] *n* coppia d'innamorati *f*
liebevoll ['li:bəfɔl] *adj* **1.** amorevole, amoroso; *adv* **2.** con amore, amorevolmente
Liebhaber(in) ['li:pha:bər(ɪn)] *m/f* **1.** *(Geliebte(r))* amante *m/f*; **2.** *(Kenner(in))* conoscitore/conoscitrice *m/f*, dilettante *m/f*
Liebhaberei [li:pha:bə'raɪ] *f* passione *f*
liebkosen ['li:pko:zən] *v* accarezzare, amoreggiare
Liebkosung ['li:pko:zuŋ] *f* carezze *f/pl*
lieblich ['li:plɪç] *adj* grazioso
Liebling ['li:plɪŋ] *m* **1.** *(Favorit)* prediletto/prediletta *m/f*; **2.** *(Anrede)* amore *m*

Lieblingsbeschäftigung ['li:plɪŋsbəʃɛftɪguŋ] *f* occupazione preferita *f*
Lieblingsspeise ['li:blɪŋsʃpaɪzə] *f* cibo preferito *m*
lieblos ['li:plo:s] *adj* **1.** freddo; *adv* **2.** senza amore, freddamente
Lieblosigkeit ['li:plo:zɪçkaɪt] *f* mancanza d'amore *f*
Liebreiz ['li:praɪts] *m* grazia *f*
Liebschaft ['li:pʃaft] *f* amoretto *m*
Liebste(r) ['li:pstə(r)] *m/f* amore *m/f*, caro/cara *m/f*
Lied [li:t] *n* canzone *f*; *immer das gleiche ~* sempre la stessa storia
Liederabend ['li:dəra:bənt] *m* serata liederistica *f*
Liederbuch ['li:dɐbu:x] *n* libro di canzoni *m*, canzoniere *m*
liederlich ['li:dɐlɪç] *adj* **1.** trascurato; *adv* **2.** disordinatamente
Liedermacher ['li:dɐmaxɐ] *m* cantautore *m*
Lieferant(in) [li:fə'rant(ɪn)] *m/f* fornitore/fornitrice *m/f*
lieferbar ['li:fɐba:r] *adj* disponibile
Lieferbedingung ['li:fɐbədɪŋuŋ] *f* ECO condizione di consegna *f*
liefern ['li:fɐn] *v* fornire; *geliefert sein* essere servito/essere rovinato; *ins Haus ~* consegnare a domicilio
Lieferschein ['li:fɐʃaɪn] *m* ECO bolletta di consegna *f*
Liefertermin ['li:fɐtɛrmi:n] *m* ECO termine di consegna *m*
Lieferung ['li:fəruŋ] *f* fornitura *f*, consegna *f*
Lieferwagen ['li:fɐva:gən] *m* autofurgone *m*
Liege ['li:gə] *f* divano *m*
liegen ['li:gən] *v irr* **1.** giacere; **2.** *(sich befinden)* esserci; **3.** *richtig ~* essere nel giusto; **4.** *~ lassen (vergessen)* dimenticare; *alles stehen und ~ lassen* piantare tutto in asso
Liegenschaft ['li:gənʃaft] *n* proprietà fonderia *f*, immobile *m*
Liegestuhl ['li:gəʃtu:l] *m* sedia a sdraio *f*
Liegewagen ['li:gəva:gən] *m* carrozza con cuccette *f*
Lift [lɪft] *m* ascensore *f*, lift *m*
liften ['lɪftən] *v* fare il lifting
Liga ['li:ga] *f* **1.** lega *f*; **2.** SPORT serie *f*
Likör [li'kø:r] *m* liquore *m*
lila ['li:la] *adj* lilla
Lilie ['li:ljə] *f* BOT giglio *m*
Limonade [limo'na:də] *f* gassosa *f*
Limousine [limu'zi:nə] *f* limousine *f*
Linde ['lɪndə] *f* BOT tiglio *m*
lindern ['lɪndɐn] *v* mitigare
Linderung ['lɪndəruŋ] *f* mitigamento *m*
Lineal [line'a:l] *n* righello *m*, riga *f*; *ein ~ verschluckt haben* avere ingoiato un manico di scopa
linear [line'a:r] *adj* lineare
Linie ['li:njə] *f* **1.** *(Strich)* linea *f*; *auf der ganzen ~* su tutta la linea; **2.** *(Zeile)* riga *f*; **3.** *(Reihe)* fila *f*; **4.** *in erster ~* in primo luogo
Linienflug ['li:njənflu:k] *m* volo di linea *m*
Linienverkehr ['li:njənfɛrke:r] *m* servizio di linea *m*
linke(r,s) ['lɪŋkə(r,s)] *adj* **1.** sinistro/sinistra; **2.** POL di sinistra; **3.** *~ Seite (Stoff)* la parte interna *f*
Linke ['lɪŋkə] *f* POL sinistra *f*
Linke(r) ['lɪŋkə(r)] *m/f* uomo di sinistra/donna di sinistra *m/f*
links ['lɪŋks] *adv* **1.** a sinistra; *etw mit ~ machen* fare qc con la mano sinistra/fare qc senza sforzo; *jdn ~ liegen lassen* trascutare qd; **2.** *(links herum)* alla rovescia
Linkshänder ['lɪŋkshɛndɐ] *m* mancino *m*
Linse ['lɪnzə] *f* **1.** BOT lenticchia *f*; **2.** ANAT, PHYS lente *f*
Lippe ['lɪpə] *f* labbro *m*; *eine dicke ~ riskieren* fare il saccente/spararne di grosse; *etw nicht über die ~n bringen* non osare dire qc; *leicht von den ~n gehen* uscire facilmente dalla bocca
Lippenstift ['lɪpənʃtɪft] *m* rossetto *m*
Liquidation [lɪkvɪda'tsjo:n] *f* ECO liquidazione *f*
liquidieren [lɪkvɪ'di:rən] *v* ECO liquidare
Lispelei [lɪspə'lai] *f* lisca *f*
lispeln ['lɪspəln] *v* **1.** bisbigliare; **2.** avere la lisca *(fam)*, essere bleso
List [lɪst] *f* astuzia *f*, stratagemma *m*; *zu einer ~ greifen* ricorrere ad uno stratagemma; *mit ~ und Tücke* con grande astuzia

Liste ['lɪstə] *f* lista *f*, elenco *m*
Listenpreis ['lɪstənpraɪs] *m ECO* prezzo di listino *m*
Listenwahl [lɪsten'va:l] *m POL* voto di lista *m*
listig ['lɪstɪç] *adj* **1.** astuto, furbo; *adv* **2.** astutamente
Litanei [lita'naɪ] *f* **1.** *(fam)* litania *f*; **2.** *REL* litania *f*; *immer dieselbe ~ herbeten* ripetere sempre la solita nenia
Liter ['li:tɐ] *m* litro *m*
literarisch [litə'ra:rɪʃ] *adj* letterario
Literatur [litəra'tu:r] *f* letteratura *f*
Literaturkritik [litəratu:r'kriti:k] *f* critica letteraria *f*
Literaturpreis [litəra'tu:rpraɪʃ] *m* premio letterario *m*
Literaturwissenschaft ['litəratu:rvisənʃaft] *f* (studio della) letteratura *f*; *vergleichende ~* letteratura comparata *f*, *deutsche ~ studieren* studiare (lingua e) letteratura tedesca; *die deutsche ~ (Germanistik)* la germanistica *f*
Litfaßsäule ['lɪtfaszɔylə] *f* colonna per affissioni *f*
Liturgie [litur'gi:] *f REL* liturgia *f*
Livesendung ['laɪfzɛnduŋ] *f* trasmissione diretta *f*
Lizenz [li'tsɛnts] *f* licenza *f*
Lob [lo:p] *n* lode *f*
loben ['lo:bən] *v* lodare
lobenswert ['lo:bənsvɛrt] *adj* lodevole
Loch [lɔx] *n* buco *m*, foro *m*; *ein ~ bohren* fare un foro; *aus dem letzten ~ pfeifen* essere alla frutta/essere alla fine; *jdm ein ~ in den Bauch reden* fare una testa così a qd; *Löcher in die Luft gucken* guardare nel vuoto
lochen ['lɔxən] *v* bucare, forare
Locher ['lɔxɐ] *m* perforatrice *f*
löchern ['lœçɐn] *v (fam)* seccare
Lochkarte ['lɔxkartə] *f* scheda perforata *f*
Locke ['lɔkə] *f* riccio *m*
locken[1] ['lɔkən] *v (Haare)* arricciare
locken[2] ['lɔkən] *v* attirare
Lockenwickler ['lɔkənvɪklɐ] *m* bigodino *m*
locker ['lɔkɐ] *adj* **1.** *(lose)* malfermo, lento; *eine ~e Schraube* una vite lenta *f*; **2.** *(entspannt)* rilassato, spigliato; **3.** *(fig: ungezwungen)* leggero
lockerlassen ['lɔkɐlasən] *v irr nicht ~* non mollare
lockig ['lɔkɪç] *adj* riccio
Lockvogel ['lɔkfo:gəl] *m (fig)* richiamo *m*
lodern ['lo:dɐn] *v* **1.** fiammeggiare; **2.** *(fig)* divampare
Löffel ['lœfəl] *m* cucchiaio *m*
Loge ['lɔ:ʒə] *f THEAT* palco *m*
Logik ['lo:gɪk] *f* logica *f*
logisch ['lo:gɪʃ] *adj* **1.** logico; *adv* **2.** logicamente
Logistik [lo'gɪstɪk] *f* logistica *f*
Lohn [lo:n] *m* **1.** *(Bezahlung)* paga *f*, salario *m*; **2.** *(Belohnung)* ricompensa *f*
Lohnausgleich ['lo:nausglaɪç] *m* conguaglio salariale *m*
Lohnempfänger(in) ['lo:nɛmpfɛŋər(ɪn)] *m/f* salariato/salariata *m/f*
lohnen ['lo:nən] *v sich ~* valere la pena; *Es lohnt die Mühe nicht.* Non ne vale la pena.
Lohnerhöhung ['lo:nɛrhø:uŋ] *f* aumento salariale *m*
Lohnfortzahlung ['lo:nfɔrttsa:luŋ] *f ~ im Krankheitsfall* versamento continuato del salario in caso di malattia *m*
Lohnsteuer ['lo:nʃtɔyɐ] *f* tassa sul salario *f*
lokal [lo'ka:l] *adj* locale
Lokal [lo'ka:l] *n* locale *m*
Lokaltermin [lo'ka:ltɛrmi:n] *m JUR* sopralluogo della corte *m*
Lokomotive [lokomo'ti:və] *f* locomotiva *f*
Lorbeer ['lɔrbe:r] *m BOT* alloro *m*; *~en ernten* raccogliere allori; *sich auf seinen ~en ausruhen* riposare sugli allori
los [lo:s] *interj* **1.** avanti; *Los!* Via!/Svelti!/Forza! *adv* **2.** *Was ist ~?* Cosa succede? *Was ist mit ihm ~?* Che cos'ha? *Mit ihm ist nichts ~.* Non è poi un gran che. *Dort ist nicht viel ~.* Là non succede molto.
Los [lo:s] *n* **1.** *(Lotterielos)* biglietto della lotteria *m*; **2.** *(Schicksal)* destino *m*
losbinden ['lo:sbɪndən] *v irr* sciogliere
löschen ['lœʃən] *v* **1.** *(Feuer)* spegnere; **2.** *(Licht)* spegnere; **3.** *(Fracht)* scaricare, sbarcare; **4.** *INFORM* cancellare
lose ['lo:zə] *adj* **1.** *(locker)* lento; **2.** *(unverpackt)* sciolto; **3.** *(fig: leichtfertig)* frivolo

Lösegeld ['lø:zəgɛlt] *n* prezzo del riscatto *m*
lösen ['lø:zən] *v* 1. *(losbinden)* staccare; 2. *(beenden)* annullare; *die Verlobung* ~ annullare il fidanzamento; 3. *(klären)* risolvere; 4. *(zergehen lassen)* sciogliere; 5. *(kaufen)* comprare
losen ['lo:zən] *v* tirare a sorte
losfahren ['lo:sfa:rən] *v irr* partire
loslassen ['lo:slasən] *v irr* liberare, lasciar andare
löslich ['lø:slɪç] *adj* solubile
losreißen ['lo:sraɪsən] *v irr* 1. strappare; 2. *(fig) sich* ~ staccarsi
lossagen ['lo:sza:gən] *v sich* ~ staccarsi
lossprechen ['lo:sʃprɛçən] *v irr* 1. dispensare; 2. *REL* assolvere
Lösung ['lø:zuŋ] *f* 1. *(Antwort)* soluzione *f;* 2. *(Losmachen)* distacco *m;* 3. *(Beendigung)* rottura *f;* 4. *CHEM* soluzione *f*
Lot [lo:t] *n TECH* filo a piombo *m; etw wieder ins rechte ~ bringen* sistemare qc; *ins ~ kommen* tornare a posto/tornare in ordine
löten ['lø:tən] *v* saldare
Lötkolben ['lø:tkɔlbən] *m* saldatoio *m*
Lotse ['lo:tsə] *m* pilota *m*
lotsen ['lo:tsən] *v* 1. pilotare; 2. *(fig)* portare
Lotterie [lɔtə'ri:] *f* lotteria *f*
Löwe ['lø:və] *m ZOOL* leone *m*
loyal [lo'ja:l] *adj* leale
Loyalität [loja:lɪ'tɛ:t] *f* lealtà *f*
Luchs [luks] *m ZOOL* lince *f*
Lücke ['lykə] *f* lacuna *f*
Lückenbüßer ['lykənby:sɐ] *m* tappabuchi *m*
lückenhaft ['lykənhaft] *adj* lacunoso
lückenlos ['lykənlo:s] *adj* 1. completo; *adv* 2. completamente
Luft [luft] *f* aria *f; dicke ~* aria di tempesta; *von ~ und Liebe leben* vivere d'aria e d'amore; *jdn wie ~ behandeln* ignorare completamente qd; *jdm die ~ abdrehen* togliere l'aria a qd; *die ~ anhalten* trattenere il fiato; *jdn an die ~ setzen* mandare qd a prendere aria/buttare fuori qd; *aus der ~ gegriffen sein* essere inventato di sana pianta; *in der ~ hängen* trovarsi in una situazione incerta; *in die ~ gehen* saltare in aria/andare su tutte le furie; *sich ~ machen* sfogarsi/dare sfogo alla propria rabbia; *Da bleibt mir die ~ weg!* Mi manca l'aria!/Sono stupito!
Luftballon ['luftbalɔn] *m* palloncino *m*
luftdicht ['luftdɪçt] *adj* 1. ermetico, a tenuta d'aria; *adv* 2. ermeticamente
Luftdruck ['luftdruk] *m* pressione dell'aria *f*
lüften ['lyftən] *v* 1. *(Raum)* aerare; 2. *(Kleider)* mettere all'aria; 3. *(fig: enthüllen)* svelare
Luftfahrt ['luftfa:rt] *f* aviazione *f*
Luftfeuchtigkeit ['luftfɔyçtɪçkaɪt] *f* umidità dell'aria *f*
Luftfracht ['luftfraçt] *f* trasporto merce per via aerea *m,* aerotrasporto *m*
Luftkurort ['luftku:rɔrt] *m* stazione climatica *f*
luftleer ['luftle:r] *adj* vuoto d'aria
Luftlinie ['luftli:njə] *f* linea d'aria *f*
Luftmatratze ['luftmatratsə] *f* materasso pneumatico *m,* materassino *m*
Luftpost ['luftpɔst] *f* posta aerea *f*
Luftpumpe ['luftpumpə] *f* pompa pneumatica *f*
Luftröhre ['luftrø:rə] *f ANAT* trachea *f*
Luftschiff ['luftʃɪf] *n* dirigibile *m*
Luftschutzkeller ['luftʃutskɛlɐ] *m* rifugio antiaereo *m*
Lüftung ['lyftuŋ] *f* areazione *f*
Luftverschmutzung ['luftfɛrʃmutsuŋ] *f* inquinamento atmosferico *m*
Luftwaffe ['luftvafə] *f MIL* aeronautica militare *f*
Luftzug ['lufttsu:k] *m* aria *f,* corrente d'aria *f*
Lüge ['ly:gə] *f* bugia *f*
lügen ['ly:gən] *v irr* mentire; *~, dass sich die Balken biegen* spararle grosse; *wie gedruckt ~* mentire spudoratamente
Lügner(in) ['ly:gnər(ɪn)] *m/f* bugiardo/bugiarda *m/f*
Lümmel ['lyməl] *m* villano *m*
lumpen ['lumpən] *v* darsi alla bella vita; *sich nicht ~ lassen* non badare a spese
Lumpen ['lumpən] *m* straccio *m*
Lunge ['luŋə] *f ANAT* polmone *m*
Lupe ['lu:pə] *f* lente *f; etw mit der ~ suchen können* poter cercare qc con il lanternino; *jdn unter die ~ nehmen* osservare attentamente qd

Lust [lust] *f* **1.** *(Vergnügen)* piacere *m; nach ~ und Laune* a piacere; *mit ~ und Liebe* con piacere, con grande entusiasmo; *Ich nach ~ und Laune.* Cucino a piacere. **2.** *(Verlangen)* voglia *f Mir ist die ~ vergangen.* Mi è passata la voglia. *Ich habe keine ~ zu arbeiten.* Non ho voglia di lavorare.

lüstern ['lystɐn] *adj* avido

Lustgefühl ['lustgəfy:l] *n* sensazione di piacere *f*

lustig ['lustɪç] *adj* **1.** *(fröhlich)* allegro; **2.** *(amüsant)* divertente, spassoso; *sich über jdn ~ machen* prendere in giro qd; *Das kann ja ~ werden. (fam)* Ci sarà da divertirsi! Ne vedremo delle belle!

lustlos ['lustlo:s] *adj* **1.** svogliato; *adv* **2.** svogliatamente

lutherisch ['lutərɪʃ] *adj REL* luterano

lutschen ['lutʃən] *v* succhiare

Lutscher ['lutʃɐ] *m* leccalecca *m*

Luxemburg ['luksəmburk] *m GEO* Lussemburgo *m*

luxuriös [luksur'jø:s] *adj* **1.** lussuoso; *adv* **2.** lussuosamente

Luxus ['luksus] *m* lusso *m*

Luxusartikel ['luksusartɪkəl] *m* articolo di lusso *m*

Lymphknoten [lymf'kno:tən] *m ANAT* linfonodo *m*

Lynchjustiz ['lynçjusti:ts] *f* linciaggio *m*

Lyrik ['ly:rɪk] *f* lirica *f*

M

machbar ['maxbar] *adj* fattibile
Mache ['maxə] *f jdn in die ~ nehmen* prendere qd tra le mani; *etw in der ~ haben* avere qc in cantiere
machen ['maxən] *v* fare; *sich wenig aus etw ~* farsene poco di qc; *Mit mir könnt ihr das nicht ~!* Questo non me lo potete fare! *Mach dir nichts draus!* Non prendertela!
Machenschaften ['maxənʃaftən] *pl* intrighi *m/pl,* macchinazioni *f/pl*
Macht [maxt] *f* **1.** *(Stärke)* potenza *f;* **2.** *(Herrschaft)* potere *m;* **3.** *(Einfluss)* influsso *m*
Machthaber ['maxtha:bɐ] *m* potente *m*
mächtig ['mɛçtɪç] *adj* **1.** *(stark)* poderoso; **2.** *(gewaltig)* potente; **3.** *(fig: sehr groß)* grande, enorme; **4.** *(einflussreich)* influente; *seiner selbst nicht mehr ~ sein* non essere più padrone di sé
machtlos ['maxtlo:s] *adj* impotente
Machtprobe ['maxtpro:bə] *f* prova di forza *f*
Machtübernahme ['maxty:bɐna:mə] *f POL* assunzione del potere *f*
Machtwort ['maxtvɔrt] *n* parola definitiva *f*
Mädchen ['mɛ:tçən] *n* ragazza *f; ~ für alles sein* essere il tuttofare/essere il jolly
Mädchenname ['mɛ:tçənna:mə] *m* nome da nubile *m*
Made ['ma:də] *f ZOOL* verme *m; wie die ~ im Speck leben* far vita da papi
Madonna [ma'dɔna] *f REL* Madonna *f*
Mafia ['mafia] *f* mafia *f*
Magazin [maga'tsi:n] *n* **1.** magazzino *m;* **2.** *(einer Waffe)* caricatore *m;* **3.** *(Zeitschrift)* rivista *f*
Magen ['ma:gən] *m ANAT* stomaco *m; sich den ~ verderben* guastirsi lo stomacho; *Mir dreht sich der ~ um!* Mi si rivolta lo stomaco!
Magenbitter ['ma:gənbɪtɐ] *m* amaro *m*
Magenschmerzen ['ma:gənʃmɛrtsən] *pl MED* dolori di stomaco *m/pl*
mager ['ma:gɐ] *adj* **1.** *(dünn)* magro, secco; **2.** *(dürftig)* scarso; *eine ~e Ernte* un raccolto scarso *m*
Magie [ma'gi:] *f* magia *f*
magisch ['ma:gɪʃ] *adj* **1.** magico; *adv* **2.** magicamente
Magnet [mag'ne:t] *m* magnete *m*
magnetisch [mag'ne:tɪʃ] *adj* magnetico
Magnetismus [magne'tɪsmus] *m* magnetismo *m*
Mahagoni [maha'go:ni] *n* mogano *m*
mähen ['mɛ:ən] *v* mietere
Mahl [ma:l] *n* pasto *m,* pranzo *m*
mahlen ['ma:lən] *v irr* macinare
Mahlzeit ['ma:ltsaɪt] *f* pasto *m; ~!* Buon appetito!
mahnen ['ma:nən] *v* **1.** *(warnen)* ammonire; **2.** *(auffordern)* sollecitare
Mahnmal ['ma:nma:l] *n* monumento commemorativo *m*
Mahnschreiben ['ma:nʃraɪbən] *n* lettera monitoria *f*
Mahnung ['ma:nuŋ] *f* **1.** ammonimento *m,* esortazione *f;* **2.** *(Mahnbrief)* sollecito di pagamento *m*
Mahnverfahren ['ma:nfɛrfa:rən] *n JUR* procedimento ingiunzionale *m*
Mai [maɪ] *m* maggio *m; im ~* in maggio/a maggio
Maibaum ['maɪbaum] *m* albero della cuccagna *m*
Maikäfer ['maɪkɛ:fɐ] *m ZOOL* maggiolino *m*
Mailbox ['meɪlbɔks] *f INFORM* mailbox *m*
Mais [maɪs] *m BOT* mais *m*
Maiskolben ['maɪskɔlbən] *m BOT* pannocchia *f*
Majestät [majɛs'tɛ:t] *f* maestà *f*
majestätisch [majɛs'tɛ:tɪʃ] *adj* **1.** maestoso; *adv* **2.** maestosamente
Mayonnaise [majɔ'nɛ:zə] *f GAST* maionese *f*
Majoran ['ma:jɔran] *m BOT* maggiorana *f*
makaber [ma'ka:bɐ] *adj* macabro
Makel ['ma:kəl] *m* difetto *m,* macchia *f*

makellos ['maːkɔlloːs] *adj* senza macchia; *von ~em Weiß* di un bianco immacolato
Make-up ['meɪkʊp] *n* trucco *m*
Makler ['maːklɐ] *m* mediatore *m*
Makrele [ma'kreːlə] *f ZOOL* sgombro *m*
mal [maːl] *adv* **1.** *(ein~)* una volta; *Komm ~ her!* Vieni un po' qua! *Das ist nun ~ so!* È così. *Schauen wir ~.* Vediamo un po'. *Warst du schon ~ in Paris?* Sei mai stato a Parigi? **2.** *(früher)* una volta; **3.** *(in Zukunft)* una volta; **4.** *(multipliziert mit)* per
Mal [maːl] *n* **1.** *(Zeichen)* segno *m;* **2.** *(Zeitpunkt)* volta *f; mit einem ~* ad un tratto/improvvisamente/di colpo; *von ~ zu ~* di volta in volta; *ein für alle ~* una volta per tutte
malen ['maːlən] *v* dipingere
Maler ['maːlɐ] *m* **1.** *(Künstler)* pittore *m;* **2.** *(Anstreicher)* imbianchino *m*
Malerei [maːlə'raɪ] *f* pittura *f*
malerisch ['maːlərɪʃ] *adj* **1.** pittoresco; *adv* **2.** pittorescamente
malnehmen ['maːlneːmən] *v irr* moltiplicare
Malz [malts] *n* malto *m*
Mama ['mama] *f (fam)* mamma *f*
man [man] *pron* si
Manager ['mɛnɛdʒɐ] *m* manager *m*
manche ['mançə] *adj* **1.** qualche; *pron* **2.** qualcuno
manchmal ['mançmaːl] *adv* qualche volta, talvolta
Mandant(in) [man'dant(ɪn)] *m/f* **1.** *JUR* mandante *m/f;* **2.** *(Klient)* cliente *m/f*
Mandarine [manda'riːnə] *f BOT* mandarino *m*
Mandat [man'daːt] *n* **1.** *JUR* mandato *m;* **2.** *POL* mandato *m*
Mandel ['mandəl] *f* **1.** *BOT* mandorla *f;* **2.** *ANAT* tonsilla *f*
Manege [ma'neːʒə] *f* arena *f,* pista *f*
Mangel[1] ['maŋəl] *m* **1.** *(Fehlen)* scarsità *f,* mancanza *f;* **2.** *(Fehler)* difetto *m*
Mangel[2] ['maŋəl] *f (Heißmangel)* mangano *m; jdn in die ~ nehmen* mettere qd sotto torchio
mangelhaft ['maŋəlhaft] *adj* **1.** scarso, insufficiente; **2.** *(fehlerhaft)* difettoso, imperfetto; **3.** *(Schulnote)* insufficiente
mangeln[1] ['maŋəln] *v (fehlen)* mancare
mangeln[2] ['maŋəln] *v* manganare; *die Wäsche ~* manganare la biancheria
mangels ['maŋəls] *prep* in mancanza di
Manieren [ma'niːrən] *pl* maniere *f/pl*
manierlich [ma'niːrlɪç] *adj* **1.** educato; *adv* **2.** educatamente
Manifest [manɪ'fɛst] *f POL* manifesto *m*
Maniküre [mani'kyːrə] *f* manicure *m*
manipulieren [manipu'liːrən] *v* manipolare
Mann [man] *m* **1.** uomo *m; der kleine ~* l'uomo comune *m; der ~ auf der Straße* l'uomo della strada *m; ein ~ von Welt* un uomo di mondo *m; ein gemachter ~* un uomo arrivato *m; ein toter ~ sein* essere un uomo morto; *den starken ~ markieren* fare il gradasso/fare il forzuto/fingersi forte; *seinen ~ stehen* essere un nomo in gamba/sapere il fatto proprio; *mit ~ und Maus* tutti quanti; *etw an den ~ bringen* smerciare qc/portare il discorso su qc; **2.** *(Ehemann)* marito *m*
Mannequin [manə'kɛ̃] *n* indossatrice *f*
männlich ['mɛnlɪç] *adj* maschile
Mannschaft ['manʃaft] *f* **1.** *SPORT* squadra *f;* **2.** *(Besatzung)* equipaggio *m;* **3.** *MIL* truppa *f*
Manöver [ma'nøːvɐ] *n* manovra *f*
manövrieren [manø'vriːrən] *v* manovrare
Mansarde [man'zardə] *f* mansarda *f*
Manschette [man'ʃɛtə] *f* **1.** *(Hemd)* polsino *m;* **2.** *(Blumentopf)* fascia di carta *f;* **3.** *(Dichtung)* anello di tenuta *m*
Manschettenknopf [man'ʃɛtənknɔpf] *m* gemello per polsini *m*
Mantel ['mantəl] *m* **1.** *(Kleidung)* cappotto *m;* **2.** *TECH* rivestimento *m*
manuell [manu'ɛːl] *adj* **1.** manuale; *adv* **2.** manualmente
Mappe ['mapə] *f* **1.** *(Tasche)* cartella *f,* borsa *f;* **2.** *(Sammelmappe)* raccoglitore *m*
Marathonlauf ['maːratɔnlauf] *m SPORT* maratona *f*
Märchen ['mɛːrçən] *n* favola *f*
märchenhaft ['mɛːrçənhaft] *adj* **1.** favoloso; *adv* **2.** favolosamente
Marder ['mardɐ] *m ZOOL* martora *f*

M

Margarine [marga'riːnə] *f GAST* margarina *f*
Marienkäfer [ma'riːənkɛːfɐ] *m ZOOL* coccinella *f*
Marine [ma'riːnə] *f* marina *f*
Marionette [mario'nɛtə] *f* marionetta *f*
maritim [mari'tiːm] *adj* marittimo
Mark[1] [mark] *f (Deutsche ~)* marco *m; keine müde ~* neanche l'ombra di un quattrino; *mit jeder ~ rechnen müssen* fare i conti alla lira; *jede ~ dreimal umdrehen* guardare il centesimo
Mark[2] [mark] *f (Gebiet)* territorio di confine *m,* marca *f*
Mark[3] [mark] *n* **1.** *ANAT* midollo *m; durch ~ und Bein dringen* raggelare il sangue; *jdm das ~ aus den Knochen saugen* succhiare il sangue a qd; *bis ins ~* sino al midollo; **2.** *GAST* midollo *m;* **3.** *(Fruchtmark)* polpa *f*
markant [mar'kant] *adj* notevole
Marke ['markə] *f* marchio *m*
Marketing ['markətiŋ] *n ECO* marketing *m*
markieren [mar'kiːrən] *v* **1.** *(kennzeichnen)* contrassegnare; **2.** *(fam)* simulare
Markierung [mar'kiːruŋ] *f* contrassegno *m*
Markise [mar'kiːzə] *f* marquise *f*
Markt [markt] *m* mercato *m; schwarzer ~* mercato nero *m; etw auf den ~ bringen* lanciare qc sul mercato
Marktanteil ['marktantaɪl] *m ECO* quota di mercato *f*
Marktwirtschaft ['marktvɪrtʃaft] *f ECO* economia di mercato *f; freie ~* economia di mercato libera *f*
Marmelade [marmə'laːdə] *f* marmellata *f*
Marmor ['marmor] *m* marmo *m*
Marokko [ma'rɔko] *n GEO* Marocco *m*
Marsch [marʃ] *m* **1.** *(Wanderung)* cammino *m;* **2.** *MIL* marcia *f;* **3.** *MUS* marcia *f; jdm den ~ blasen* mettere a posto qd
marschieren [mar'ʃiːrən] *v* marciare
Marschroute ['marʃruːtə] *f* itinerario di marcia
Marslandung ['marslanduŋ] *f* atterraggio su Marte *m*
Märtyrer ['mɛrtyrɐ] *m* martire *m*
Marxismus [mark'sɪsmus] *m POL* marxismo *m*
März [mɛrts] *m* marzo *m*
Marzipan ['martsipaːn] *n* marzapane *m*
Masche ['maʃə] *f* **1.** *(in der Handarbeit)* maglia *f;* **2.** *(fig)* trucco *m*
Maschendraht ['maʃəndraːt] *m* rete metallica *f*
Maschine [ma'ʃiːnə] *f* macchina *f; ~ schreiben* scrivere a macchina
maschinell [maʃi'nɛl] *adj* **1.** meccanico; *adv* **2.** meccanicamente
Maschinenbau [ma'ʃiːnənbau] *m* ingegneria meccanica *f*
Maschinengewehr [ma'ʃiːnəngəveːr] *n* mitragliatrice *f; wie ein ~ reden* parlare come una macchinetta
Maschinenschaden [ma'ʃiːnənʃaːdən] *m* danno al macchinario *m*
Maschinist [maʃi'nɪst] *m* macchinista *m*
Masern ['maːzɐn] *pl MED* morbillo *m*
Maserung ['maːzəruŋ] *f* venatura *f*
Maske ['maskə] *f* maschera *f; die ~ fallen lassen* lasciar cadere la maschera; *jdm die ~ vom Gesicht reißen* strappare la maschera dal volto a qd
Maskenbildner(in) ['maskənbɪltnər(ɪn)] *m/f* truccatore/truccatrice *m/f*
maskieren [mas'kiːrən] *v sich ~* mascherarsi
Maskottchen [mas'kɔtçən] *n* mascotte *f*
Maß [maːs] *n* **1.** misura *f; mit zweierlei ~ messen* usare due pesi e due misure; *über alle ~en* oltremisura; *nach ~* su misura; *Das ~ ist voll!* La misura è colma! *~ halten* moderarsi; **2.** *(Abmessung)* dimensione *f*
Massage [ma'saːʒə] *f* massaggio *m*
Massaker [ma'saːkɐ] *n* massacro *m*
Maßarbeit ['maːsarbaɪt] *f* lavorazione su misura *f*
Masse ['masə] *f* **1.** *(Stoff)* massa *f,* materia *f;* **2.** *(große Menge)* massa *f;* **3.** *PHYS* massa *f;* **4.** *(Volksmenge)* massa *f*
Massenentlassung ['masənɛntlasuŋ] *f* licenziamento in massa *m*
massenhaft ['masənhaft] *adj* **1.** massiccio; *adv* **2.** in massa
Massenmedien ['masənmeːdjən] *pl* mezzi di comunicazione di massa *m/pl,* massmedia *m/pl*

M

Masseur(in) [ma'søːr(ɪn)] *m/f* massaggiatore/massaggiatrice *m/f*
maßgebend ['maːsgeːbənt] *adj* **1.** determinante; *adv* **2.** in modo determinante
massieren [ma'siːrən] *v* massaggiare
mäßig ['mɛːsɪç] *adj* **1.** moderato; *adv* **2.** moderatamente
mäßigen ['mɛːsigən] *v* **1.** moderare; **2.** *sich ~* moderarsi
massiv [ma'siːf] *adj* **1.** massiccio; *adv* **2.** massicciamente
maßlos ['maːsloːs] *adj* **1.** smisurato, eccessivo; *adv* **2.** smodatamente
Maßlosigkeit ['maːsloːzɪçkaɪt] *f* smisuratezza *f*
Maßnahme ['maːsnaːmə] *f* misura *f*
maßregeln ['maːsreːgəln] *v* punire *f*
Maßstab ['maːsʃtaːp] *m* **1.** metro *m*, scala *f*; **2.** *(fig)* norma *f*
maßstabsgerecht ['maːsʃtaːpsgərɛçt] *adj* conforme alla scala, in scala; *adv* in scala
Mast [mast] *m* **1.** *(Schiffsmast)* albero *m*; **2.** *(Telefonmast)* palo *m*; *einen ~ aufrichten* piantare un palo; **3.** *(Fahnenmast)* asta *f*
mästen ['mɛstən] *v* ingrassare
Material [mate'rjaːl] *n* materiale *m*
Materialfehler [mate'rjaːlfeːlɐ] *m* difetto di materiale *m*
Materialismus [materja'lɪsmus] *m* materialismo *m*
materialistisch [materja'lɪstɪʃ] *adj* **1.** materialistico; *adv* **2.** materialisticamente
Materialkosten [mate'rjaːlkɔstən] *pl* costo del materiale *m*
Materie [ma'teːrjə] *f* materia *f*
materiell [mate'rjɛl] *adj* **1.** materiale; *adv* **2.** materialmente
Mathematik [matema'tiːk] *f* matematica *f*
mathematisch [mate'maːtɪʃ] *adj* **1.** matematico; *adv* **2.** matematicamente
Matratze [ma'tratsə] *f* materasso *m*
Matrize [ma'triːtsə] *f* matrice *f*
Matrose [ma'troːzə] *m* marinaio *m*
matschig ['matʃɪç] *adj* poltiglioso
matt [mat] *adj* **1.** debole; **2.** *(trübe)* opaco; **3.** *jdn ~ setzen* dare scacco matto a qd
Matte ['matə] *f* stuoia *f*; *jdn auf die ~ legen* mettere qd al tappeto; *auf der ~ stehen* essere pronto
Mattscheibe ['matʃaɪbə] *f* **1.** *(fam: Fernseher)* televisore *m*; **2.** *eine ~ haben* *(fig)* avere la mente annebbiata
Mauer ['mauɐ] *f* muro *m*; *wie eine ~ stehen* essere saldo come una roccia
Mauerblümchen ['mauɐblyːmçən] *n* *(fam)* ragazza che fa tappezzeria *f*
Maul [maul] *n* **1.** ZOOL muso *m*; **2.** *(fam)* bocca *f*; *ein großes ~ haben* fare lo spaccone; *jdm das ~ stopfen* far chiudere il becco a qd
Maulaffen ['maulafən] *pl ~ feilhalten* fissare a bocca aperta
Maulwurf ['maulvurf] *m* ZOOL talpa *f*
Maurer ['maurɐ] *m* muratore *m*
Maus [maus] *f* **1.** ZOOL topo *m*; **2.** INFORM mouse *m*
Mäuschen ['mɔysçən] *n* topolino *m*; *~ spielen wollen* voler osservare di nascosto
Mausefalle ['mauzəfalə] *f* trappola per topi *f*
maximal [maksi'maːl] *adj* **1.** massimo; *adv* **2.** al massimo
Maxime [mak'siːmə] *f* massima *f*
Maximum ['maksimum] *n* massimo *m*
Mechanik [me'çaːnɪk] *f* meccanica *f*
Mechaniker(in) [me'çaːnɪkər(ɪn)] *m/f* meccanico *m*
mechanisch [me'çaːnɪʃ] *adj* **1.** meccanico; *adv* **2.** meccanicamente
Mechanismus [meçaː'nɪsmus] *m* meccanismo *m*
meckern ['mɛkɐn] *v* **1.** *(Tier)* belare; **2.** *(fig: nörgeln)* brontolare
Medaille [me'daljə] *f* medaglia *f*
Medaillon [medal'jɔ̃] *n* **1.** *(Schmuck)* medaglione *m*; **2.** GAST medaglione *m*
Medien ['meːdjən] *pl* mezzi di comunicazione *m/pl*, media *m/pl*
Medikament [medika'mɛnt] *n* medicamento *m*
Meditation [medita'tsjoːn] *f* meditazione *f*
meditieren [medi'tiːrən] *v* meditare
Medium ['meːdjum] *n* **1.** *(Mittel)* mezzo *m*; **2.** *(Okkultismus)* medium *m*
Medizin [medi'tsiːn] *f* **1.** *(Heilkunde)* medicina *f*; **2.** *(Medikament)* medicina *f*

M

medizinisch [medi'tsiːnɪʃ] *adj* **1.** *(arzneilich)* medicinale; **2.** *(ärztlich)* medico
Meer [meːr] *n* mare *m*
Meerenge ['meːreŋə] *f* stretto *m*
Meeresfrüchte ['meːrəsfryçtə] *pl* GAST frutti di mare *m/pl*
Meeresspiegel ['meːrəsʃpiːgəl] *m* livello del mare *m*
Meerrettich ['meːrrɛtɪç] *m* BOT barbaforte *m*
Meerschweinchen ['meːrʃvaɪnçən] *n* ZOOL porcellino d'India *m*
Megabyte ['megabaɪt] *n* INFORM megabyte *m*
Mehl [meːl] *n* farina *f*
mehlig ['meːlɪç] *adj* farinoso
mehr [meːr] *adv* più; *~ und ~* sempre più; *~ oder minder* più o meno; *nicht ~ und nicht weniger* niente di più e niente di meno
mehrdeutig ['meːrdɔytɪç] *adj* ambiguo
mehrere ['meːrərə] *pron* parecchi
mehrfach ['meːrfax] *adj* **1.** molteplice, multiplo; *adv* **2.** ripetutamente
mehrfarbig ['meːrfarbɪç] *adj* policromo
Mehrheit ['meːrhaɪt] *f* maggioranza *f*
mehrheitlich ['meːrhaɪtlɪç] *adj* maggioritario
Mehrheitsbeschluss ['meːrhaɪtsbəʃlus] *m* delibera della maggioranza *f*
Mehrheitswahlrecht ['meːrhaɪtsvaːlrɛçt] *n* POL sistema elettorale maggioritario *m*
mehrjährig ['meːrjɛːrɪç] *adj* pluriennale
mehrmalig ['meːrmaːlɪç] *adj* ripetuto
mehrmals ['meːrmaːls] *adv* più volte
Mehrpreis ['meːrpraɪs] *m* sovrapprezzo *m*
mehrsprachig ['meːrʃpraːxɪç] *adj* poliglotta
mehrstellig ['meːrʃtɛlɪç] *adj* di più cifre
Mehrwertsteuer ['meːrvɛrtʃtɔyɐ] *f* imposta sul valore aggiunto *f*
Mehrzahl ['meːrtsaːl] *f* **1.** GRAMM plurale *m;* **2.** *(Mehrheit)* maggioranza *f*
meiden ['maɪdən] *v irr* evitare
Meile ['maɪlə] *f* miglio *m*
Meilenstein ['maɪlənʃtaɪn] *m* **1.** pietra miliare *f;* **2.** *(fig)* pietra miliare *f; ein ~ der Geschichte* una pietra miliare nella storia *f*
meilenweit ['maɪlənvaɪt] *adv* per miglia e miglia
mein(e) ['maɪn(ə)] *pron* mio/mia
Meineid ['maɪnaɪt] *m* JUR spergiuro *m*
meinen ['maɪnən] *v* pensare, intendere; *Wie meinst du das?* In che senso? *Meinst du, dass ...* Credi che .../Ritieni che ...; *ironisch gemeint* inteso in senso ironico
meinerseits ['maɪnɐzaɪts] *adv* da parte mia
meinetwegen ['maɪnətveːgən] *adv* per me
Meinung ['maɪnuŋ] *f* opinione *f; jdm gehörig die ~ sagen* dirne quattro a qd/ cantarla chiara a qd
Meinungsaustausch ['maɪnuŋsaustauʃ] *m* scambio d'idee *m*
Meinungsumfrage ['maɪnuŋsumfraːgə] *f* sondaggio d'opinione *m*
Meinungsverschiedenheit ['maɪnuŋsfɛrʃiːdənhaɪt] *f* divergenza di opinioni *f*
Meise ['maɪzə] *f* ZOOL cinciallegra *f*
Meißel ['maɪsəl] *m* scalpello *m*
meist [maɪst] *adv* per lo più, di solito
meistbietend ['maɪstbiːtənt] *adj* che offre di più
meistens ['maɪstəns] *adv* per lo più
Meister ['maɪstɐ] *m* **1.** *(im Handwerk)* mastro *m;* **2.** *(Könner)* campione *m*
meisterhaft ['maɪstɐhaft] *adj* **1.** magistrale, esemplare; *adv* **2.** magistralmente
meistern ['maɪstɐn] *v* dominare
Meisterschaft ['maɪstɐʃaft] *f* SPORT campionato *m*
Meisterstück ['maɪstɐʃtyk] *n* capolavoro *m*
Melancholie [melaŋkɔ'liː] *f* malinconia *f*
melancholisch [melaŋ'koːlɪʃ] *adj* **1.** malinconico; *adv* **2.** malinconicamente
Meldebehörde ['mɛldəbəhœrdə] *f* anagrafe *f*
melden ['mɛldən] *v* **1.** *(an~)* iscrivere; **2.** *(ankündigen)* annunciare; **3.** *(mitteilen)* informare; *nichts zu ~ haben* non avere voce in capitolo; **4.** *sich ~* far-

M

si sentire; *Ich werde mich ~, wenn ich zurück bin.* Mi faccio sentire quando torno. *Sich nicht ~* non rispondere; *Ich habe angerufen, aber niemand hat sich gemeldet.* Ho telefonato ma non ha risposto nessuno.

Meldepflicht ['mɛldəpflɪçt] *f* obbligo di denuncia *m*

Meldung ['mɛldʊŋ] *f* **1.** iscrizione *f;* **2.** *(Ankündigung)* annuncio *m;* **3.** *(Mitteilung)* comunicazione *f;* **4.** *(Nachricht)* notizia *f*

melken ['mɛlkən] *v irr* mungere

Melodie [mɛlo'diː] *f* melodia *f*

Melone [me'loːnə] *f* **1.** *(Honigmelone)* melone *m;* **2.** *(Wassermelone)* anguria *f*

Memoiren [me'mwaːrən] *pl* memorie *f/pl*

Menge ['mɛŋə] *f* **1.** *(bestimmte Anzahl)* quantità *f;* **2.** *(große Anzahl)* moltitudine *f; Ich habe jede ~ Kassetten zu Hause.* Ho un'infinità di cassette a casa. **3.** *(Volksmenge)* massa *f,* folla *f*

Mengenlehre ['mɛŋənleːrə] *f MATH* teoria degli insiemi *f*

M

mengenmäßig ['mɛŋənmɛːsɪç] *adj* **1.** quantitativo; *adv* **2.** quantitativamente

Mensa ['mɛnza] *f* mensa *f*

Mensch [mɛnʃ] *m* **1.** uomo *m; wie der erste ~* come un orango *m; nur noch ein halber ~ sein* essere malridotto; *ein neuer ~ werden* diventare un altro uomo; *von ~ zu ~* da uomo a uomo; **2.** *(Person)* persona *f*

Menschenfreund ['mɛnʃənfrɔynt] *m* persona umanitaria *f,* filantropo *m*

Menschenkenntnis ['mɛnʃənkɛntnɪs] *f* conoscenza degli uomini *f*

Menschenmenge ['mɛnʃənmɛŋə] *f* folla *f*

menschenmöglich [mɛnʃən'møklɪç] *adj alles Menschenmögliche tun* fare tutto il possibile

Menschenrechte ['mɛnʃənrɛçtə] *pl* diritti dell'uomo *m/pl*

menschenscheu ['mɛnʃənʃɔy] *adj* timido

Menschenwürde ['mɛnʃənvyrdə] *f* dignità umana *f*

Menschheit ['mɛnʃhaɪt] *f* umanità *f,* genere umano *m*

menschlich ['mɛnʃlɪç] *adj* **1.** umano; *adv* **2.** umanamente; *nach ~em Ermessen* umanamente parlando

Menschlichkeit ['mɛnʃlɪçkaɪt] *f* umanità *f*

Menstruation [mɛnstrua'tsjoːn] *f* mestruazione *f*

Mentalität [mentali'tɛːt] *f* mentalità *f*

Menü [me'nyː] *n* **1.** *GAST* menù *m;* **2.** *INFORM* menù *m*

Merkblatt ['mɛrkblat] *n* foglio d'istruzioni *m*

merken ['mɛrkən] *v* **1.** *(wahrnehmen)* notare; **2.** *sich etw ~* ricordarsi di qc, memorizzare qc; *Wir ~ uns die italienischen Wörter.* Ci ricordiamo i vocaboli italiani.

merklich ['mɛrklɪç] *adj* **1.** percettibile, sensibile, visibile; *adv* **2.** sensibilmente, visibilmente

Merkmal ['mɛrkmaːl] *n* caratteristica *f*

merkwürdig ['mɛrkvyrdɪç] *adj* strano

messbar ['mɛsbaːr] *adj* misurabile

Messbecher ['mɛsbɛçɐ] *m* misurino *m*

Messdiener ['mɛsdiːnɐ] *m* chierichetto *m*

Messe ['mɛsə] *f* **1.** *(Ausstellung)* fiera *f,* mostra *f;* **2.** *REL* messa *f*

Messegelände ['mɛsəgəlɛndə] *n* area d'esposizione *f,* area fieristica *f*

messen ['mɛsən] *v irr* **1.** misurare; **2.** *sich ~ mit* misurarsi con

Messer ['mɛsɐ] *n* coltello *m; auf des ~s Schneide stehen* stare sul filo del rasoio; *jdm ins ~ laufen* prendere il coltello per la lama; *bis aufs ~* all'ultimo sangue; *unters ~ kommen* andare sotto i ferri

messerscharf ['mɛsɐʃarf] *adj* **1.** affilato; **2.** *(fig: Verstand)* mordace, pungente

Messerspitze ['mɛsɐʃpɪtsə] *f* **1.** punta del coltello *f;* **2.** *(Maßangabe)* punta *f,* pizzico *m; eine ~ Salz* un pizzico di sale *m*

Messing ['mɛsɪŋ] *n* ottone *m*

Messinstrument ['mɛsɪnstrumɛnt] *n* strumento di misurazione *m*

Messtechnik ['mɛstɛçnɪk] *f* metrologia *f*

Metall [me'tal] *n* metallo *m*

metallisch [me'talɪʃ] *adj* metallico

Metastase [meta'staːzə] *f MED* metastasi *f*

Meteor [mete'oːr] *m* meteora *f*

Meter ['meːtɐ] *m* metro *m*
Metermaß ['meːtɐmaːs] *n* metro *m*
Methode [me'toːdə] *f* metodo *m*
methodisch [me'toːdɪʃ] *adj* **1.** metodico; *adv* **2.** metodicamente
Metropole [metro'poːlə] *f* metropoli *f*
Metzger ['mɛtsgɐ] *m* macellaio *m*
Metzgerei [mɛtsgə'raɪ] *f* macelleria *f*
Meute ['mɔytə] *f* **1.** *(von Hunden)* muta *f*; **2.** *(von Menschen)* banda *f*
Meuterei [mɔytə'raɪ] *f* ammutinamento *m*, ribellione *f*
meutern ['mɔytɐn] *v* **1.** *(Gehorsam verweigern)* ribellarsi; **2.** *(fig: murren)* brontolare
Mexikaner(in) [mɛksi'kaːnər(ɪn)] *m/f* messicano/messicana *m/f*
Mexiko ['mɛksikoː] *n* GEO Messico *m*
miauen [mi'auən] *v* miagolare
mich [mɪç] *pron* mi
Miene ['miːnə] *f* faccia *f*, viso *m*; *keine ~ verziehen* non batter ciglio
mies [miːs] *adj (fam)* brutto; *~e Laune haben* essere di cattivo umore; *Die Bezahlung ist ~.* La paga è misera.
Miesmuschel ['miːsmuʃəl] *f* BOT cozza *f*
Miete ['miːtə] *f* **1.** *(Mieten)* affitto *m*; **2.** *(Mietzins)* canone d'affitto *m*; *die halbe ~ sein* essere a metà dell'opera
mieten ['miːtən] *v* affittare
Mieter(in) ['miːtər(ɪn)] *m/f* inquilino/inquilina *m/f*
Mieterschutz ['miːtɐʃuts] *m* tutela del locatario *f*
Mietvertrag ['miːtfɛrtraːk] *m* contratto d'affitto *m*
Mietwagen ['miːtvaːgən] *m* automobile a noleggio *f*
Mietwohnung ['miːtvoːnuŋ] *f* appartamento in affitto *m*
Migräne [mi'grɛːnə] *f* MED emicrania *f*
Mikrofilm ['miːkrofɪlm] *m* microfilm *m*
Mikrofon [miːkro'foːn] *n* microfono *m*
Mikrokosmos [miːkro'koːsmos] *m* microcosmo *m*
Mikroskop [mikros'koːp] *n* microscopio *m*
mikroskopisch [mikros'koːpɪʃ] *adj* **1.** microscopico; *adv* **2.** microscopicamente
Mikrowellenherd ['miːkrovɛlənheːrt] *m* forno a microonde *m*
Milch [mɪlç] *f* latte *m*; *Da wird bei mir aber langsam die ~ sauer.* Piano piano me ne sta passando la voglia.
Milchmixgetränk ['mɪlçmɪksgətrɛŋk] *n* GAST frullato di latte *m*
Milchprodukt ['mɪlçprodukt] *n* latticino *m*
Milchstraße ['mɪlçʃtraːsə] *f* via lattea *f*
mild [mɪlt] *adj* **1.** *(Wetter)* mite; **2.** *(Wesen)* dolce; **3.** *(Geschmack)* delicato
Milde ['mɪldə] *f* **1.** *(Wetter)* mitezza *f*; **2.** *(Wesen)* dolcezza
mildern ['mɪldɐn] *v* **1.** *(abschwächen)* attenuare; **2.** *(lindern)* lenire; *den Schmerz ~* lenire il dolore
Milieu [mɪ'ljøː] *n* ambiente *m*
Militär [mili'tɛːr] *n* militari *m/pl*
Militärputsch [mili'tɛːrputʃ] *m* POL colpo di stato militare *m*
Milliarde [mil'jardə] *f* miliardo *m*
Millimeter [mili'meːtɐ] *m* millimetro *m*
Million [mil'joːn] *f* milione *m*
Mimik ['miːmɪk] *f* mimica *f*
Mimose [mi'moːzə] *f* **1.** BOT mimosa *f*; **2.** *(fig)* persona esageratamente sensibile *f*
Minderheit ['mɪndɐhaɪt] *f* minoranza *f*
minderjährig ['mɪndɐjɛːrɪç] *adj* minorenne
Minderjährige(r) ['mɪndɐjɛːrɪçə(r)] *m/f* minorenne *m/f*
mindern ['mɪndɐn] *v* **1.** *(verringern)* diminuire; **2.** *(mildern)* attenuare
Minderung ['mɪndəruŋ] *f* diminuzione *f*
minderwertig ['mɪndɐveːrtɪç] *adj* inferiore
Minderwertigkeitskomplex ['mɪndɐveːrtɪçkaɪtskɔmplɛks] *m* complesso d'inferiorità *m*
Mindestabstand ['mɪndəstapʃtant] *m* distanza minima *f*
Mindestalter ['mɪndəstaltɐ] *n* età minima *f*
mindeste(r,s) ['mɪndəstə] *adj* minimo/minima
mindestens ['mɪndəstəns] *adv* almeno

Mindestlohn ['mɪndəstlo:n] *m* paga minima *f*
Mindestmaß ['mɪndəstma:s] *n* minimo *m*; *ein ~ an Stolz* un minimo di orgoglio *m*
Mine ['mi:nə] *f* **1.** *(Sprengkörper)* mina *f*; **2.** *(Bergwerk)* miniera *f*; **3.** *(im Kugelschreiber)* mina *f*
Mineral [minə'ra:l] *n* minerale *m*
Mineralwasser [minə'ra:lvasɐ] *n* acqua minerale *f*
minimal [mɪni'ma:l] *adj* minimo
Minimum ['mɪnimum] *n* minimo *m*
Minister [mi'nɪstɐ] *m POL* ministro *m*
Ministerium [minɪ'ste:rjum] *n* ministero *m*
minus ['mi:nus] *adv* meno
Minus ['mi:nus] *n ECO* ammanco *m*
Minuspol ['mi:nuspo:l] *m* polo negativo *m*
Minuszeichen ['mi:nustsaɪçən] *n MATH* segno di meno *m*
Minute [mi'nu:tə] *f* minuto *m*; *in wenigen ~en* tra pochi minuti; *in letzter ~* all'ultimo minuto; *auf die ~ genau* che spaccia il minuto
minutenlang [mi'nu:tənlaŋ] *adj* **1.** di alcuni minuti; *adv* **2.** per qualche minuto
mir [mi:r] *pron* mi, a me
mischen ['mɪʃən] *v* mescolare
Mischling ['mɪʃlɪŋ] *m* meticcio *m*
Mischung ['mɪʃuŋ] *f* **1.** *(Mischen)* miscuglio *m*; **2.** *(Gemenge)* miscela *f*
Mischwald ['mɪʃvalt] *m* bosco misto *m*
miserabel [mizə'ra:bəl] *adj* miserabile
Misere [mi'ze:rə] *f* miseria *f*
missachten [mɪs'axtən] *v* disprezzare
Missachtung [mɪs'axtuŋ] *f* disprezzo *m*
Missbildung ['mɪsbɪlduŋ] *f* malformazione *f*
missbilligen [mɪs'bɪlɪgən] *v* disapprovare
Missbilligung ['mɪsbɪlɪguŋ] *f* disapprovazione *f*
Missbrauch ['mɪsbraux] *m* abuso *m*; *~ der Amtsgewalt* abuso d'autorità *m*
missbrauchen [mɪs'brauxən] *v* abusare di
missdeuten ['mɪs'dɔɪtən] *v* interpretare male, fraintendere
missen ['mɪsən] *v* sentire la mancanza di
Misserfolg ['mɪsɛrfɔlk] *m* insuccesso *m*
Missetat ['mɪsəta:t] *f* misfatto *m*
Missetäter(in) ['mɪsətɛtər(ɪn)] *m/f* malfattore/malfattrice *m/f*, delinquente *m/f*
missfallen [mɪs'falən] *v irr* non piacere
Missfallen ['mɪsfalən] *n* disapprovazione *f*
Missgeschick ['mɪsgəʃɪk] *n* sfortuna *f*
missglücken [mɪs'glykən] *v* fallire
missgönnen [mɪs'gœnən] *v* invidiare
Missgriff ['mɪsgrɪf] *m* passo falso *m*
Missgunst ['mɪsgunst] *f* invidia *f*
missgünstig ['mɪsgynstɪç] *adj* invidioso
misshandeln [mɪs'handəln] *v* maltrattare
Misshandlung [mɪs'handluŋ] *f* maltrattamento *m*
Mission [mis'jo:n] *f* **1.** *(Auftrag)* missione *f*; **2.** *(Einrichtung)* missione *f*
Missklang ['mɪsklaŋ] *m* dissonanza *f*, disaccordo *m*
Misskredit ['mɪskredi:t] *m* discredito *m*; *in ~ kommen* cadere in discredito
misslingen [mɪs'lɪŋən] *v irr* fallire
Missmut ['mɪsmu:t] *m* malumore *m*
missraten [mɪs'ra:tən] *v irr* **1.** svilupparsi male; **2.** *(misslingen)* fallire, non riuscire
Missstand ['mɪsʃtant] *m* male *m*
Missstimmung ['mɪsʃtɪmuŋ] *f* malumore *m*
misstrauen [mɪs'trauən] *v* non fidarsi
Misstrauen ['mɪstrauən] *n* diffidenza *f*
Misstrauensvotum ['mɪstrauənsvo:tum] *n POL* voto di sfiducia *m*
misstrauisch ['mɪstrauɪʃ] *adj* **1.** diffidente; *adv* **2.** con diffidenza
Missverhältnis ['mɪsfɛrhɛltnɪs] *n* sproporzione *f*
Missverständnis ['mɪsfɛrʃtɛntnɪs] *n* malinteso *m*, equivoco *m*; *ein ~ beseitigen* chiarire un equivoco
missverstehen ['mɪsfɛrʃte:ən] *v irr* fraintendere
Misswirtschaft ['mɪsvɪrtʃaft] *f* cattiva amministrazione *f*

M

Mist [mɪst] *m* **1.** *(Pferdemist)* sterco *m; Das ist nicht auf meinem ~ gewachsen. (fig)* Questa non è farina del mio sacco. *~!* Merda! **2.** *(fig: Unsinn)* sciocchezze *f/pl*, fesserie *f/pl; Rede keinen ~!* Non dire fesserie! *~ bauen* fare pasticci
Misthaufen ['mɪsthaufən] *m* letamaio *m*
mit [mɪt] *prep* con; *Ich habe das ~ berücksichtigt.* Ho preso in considerazione anche questo.
Mitarbeit ['mɪtarbaɪt] *f* collaborazione *f*
mitarbeiten ['mɪtarbaɪtən] *v* collaborare
Mitarbeiter(in) ['mɪtarbaɪtər(ɪn)] *m/f* collaboratore/collaboratrice *m/f*, collega *m/f*
mitbestimmen ['mɪtbəʃtɪmən] *v* partecipare alla decisione di
Mitbestimmung ['mɪtbəʃtɪmuŋ] *f* partecipazione alla decisione *f*
mitbringen ['mɪtbrɪŋən] *v irr* portare
Mitbürger(in) ['mɪtbyrgər(ɪn)] *m/f* concittadino/concittadina *m/f*
miteinander [mɪtaɪn'andɐ] *adv* insieme
miterleben ['mɪtɛrle:bən] *v etw ~* assistere a qc
Mitesser ['mɪtɛsɐ] *m MED* comedone *m*
mitfahren ['mɪtfa:rən] *v irr mit jdm ~* viaggiare con qd
mitfühlend ['mɪtfy:lənt] *adj* **1.** compassionevole; *adv* **2.** in modo compassionevole
Mitgefühl ['mɪtgəfy:l] *n* compassione *f*
mitgehen ['mɪtge:ən] *v irr* andare con, accompagnare; *etw ~ lassen* fregarsi qc
Mitgift ['mɪtgɪft] *f* dote *f*
Mitglied ['mɪtgli:t] *n* membro *m*
Mitgliedschaft ['mɪtgli:tʃaft] *f* appartenenza *f*
Mitgliedsland ['mɪtgli:tslant] *n* paese membro *m*
Mithilfe ['mɪthɪlfə] *f* collaborazione *f*
Mitinhaber(in) ['mɪtinha:bər(in)] *m/f* contitolare *m/f*
mitkommen ['mɪtkɔmən] *v irr* **1.** venire; **2.** *(fam: begreifen)* seguire
Mitläufer(in) ['mɪtlɔyfər(ɪn)] *m/f* simpatizzante *m/f*
Mitleid ['mɪtlaɪt] *n* compassione *f*
Mitleidenschaft ['mitlaɪdənʃaft] *f in ~ ziehen* coinvolgere
mitleiderregend ['mɪtlaɪtɛr're:gənt] *adj* compassionevole, pietoso
mitleidig ['mɪtlaɪdɪç] *adj* **1.** compassionevole, pietoso; *adv* **2.** pietosamente
mitmachen ['mɪtmaxən] *v* **1.** partecipare a; **2.** *(fig: leiden)* soffrire
Mitmensch ['mɪtmenʃ] *m* prossimo *m*
mitnehmen ['mɪtne:mən] *v irr* **1.** prendere con sé; **2.** *(fig: strapazieren)* rovinare, sfruttare; *Die Puppe sieht ganz mitgenommen aus.* La bambola è tutta rovinata.
mitreißend ['mɪtraɪsənt] *adj* travolgente
mitschuldig ['mɪtʃuldɪç] *adj* corresponsabile
Mitschüler(in) ['mɪtʃy:lər(ɪn)] *m/f* compagno di scuola/compagna di scuola *m/f*
Mittag ['mɪta:k] *m* mezzogiorno *m; heute ~* oggi a mezzogiorno; *gestern ~* ieri a mezzogiorno
Mittagessen ['mɪta:kɛsən] *n* pranzo *m*
mittags ['mɪta:ks] *adv* a mezzogiorno
Mittagspause ['mɪta:kspauzə] *f* pausa di mezzogiorno *f*
Mittäter(in) ['mɪttɛ:tər(ɪn)] *m/f* complice *m/f*
Mitte ['mɪtə] *f* **1.** *(örtlich)* mezzo *m; die goldene ~ wählen* scegliere il mezzo giusto; **2.** *(zeitlich)* metà *f*
mitteilen ['mɪttaɪlən] *v* comunicare
mitteilsam ['mɪttaɪlza:m] *adj* comunicativo
Mitteilung ['mɪttaɪluŋ] *f* comunicazione *f*
Mittel ['mɪtəl] *n* **1.** *(Hilfsmittel)* mezzo *m; ~ zum Zweck sein* essere un mezzo per raggiungere lo scopo; *~ und Wege suchen* cercare la strada; **2.** *(Heilmittel)* rimedio *m;* **3.** *MATH* media *f; im ~* in media; *das arithmetische ~* la media aritmetica *f; pl* **4.** *(Geld)* mezzi *m/pl*, fondi *m/pl*
Mittelalter ['mɪtəlaltɐ] *n* medioevo *m*
mittelalterlich ['mɪtəlaltɐlɪç] *adj* medioevale
mittelbar ['mɪtəlba:r] *adj* **1.** indiretto; *adv* **2.** indirettamente
Mitteleuropa ['mɪtəlɔyro:pa] *n GEO* Europa centrale *f*

Mittelfinger ['mɪtəlfɪŋɐ] *m ANAT* dito medio *m*
Mittelklasse ['mɪtəlklasə] *f* classe media *f*
mittellos ['mɪtəlloːs] *adj* privo di mezzi
mittelmäßig ['mɪtəlmɛːsɪç] *adj* mediocre
Mittelmeer ['mɪtəlmeːr] *n GEO* Mare Mediterraneo *m*
Mittelpunkt ['mɪtəlpuŋkt] *m* punto centrale *m*, centro *m*
mittels ['mɪtəls] *prep* per mezzo di, con, mediante
Mittelsmann ['mɪtəlsman] *m* intermediario *m*
Mittelstand ['mɪtəlʃtant] *m* ceto medio *m*
mittelständisch ['mɪtəlʃtɛndɪʃ] *adj* del ceto medio
Mittelweg ['mɪtəlvɛːk] *m* via di mezzo *f*; *einen ~ finden* trovare una via di mezzo; *der goldene ~* il mezzo giusto *m*
Mitternacht ['mɪtɐnaxt] *f* mezzanotte *f*
mittlere(r,s) ['mɪtlərə(r,s)] *adj* medio/media, di mezzo
mittlerweile ['mɪtlɐvaɪlə] *adv* nel frattempo
Mittwoch ['mɪtvɔx] *m* mercoledì *m*; *am ~* mercoledì
mittwochs ['mɪtvɔxs] *adv* il mercoledì
mitunter [mɪt'untɐ] *adv* talvolta
mitwirken ['mɪtvɪrkən] *v* cooperare
Mitwirkung ['mɪtvɪrkuŋ] *f* cooperazione *f*
Mitwisser ['mɪtvɪsɐ] *m* connivente *m*
mixen ['mɪksən] *v* mescolare
Möbel ['møːbəl] *n* mobile *m*
mobil [mo'biːl] *adj* mobile; *~machen* mobilitare
Mobilfunk [mo'biːlfuŋk] *m TEL* telefonia mobile *f*; *~betreiber* gestore di telefonia mobile *m*
mobilisieren [mobili'ziːrən] *v* mobilitare
Mobilität [mobili'tɛːt] *f* mobilità *f*
möblieren [mø'bliːrən] *v* arredare
möbliert [mø'bliːrt] *adj* arredato
Mode ['moːdə] *f* moda *f*
Modell [mo'dɛl] *n* **1.** *(Vorbild)* modello *m*; **2.** *(Mannequin)* modella *f*, indossatrice *f*; **3.** *~ stehen* posare
modellieren [modɛ'liːrən] *v* modellare
Modem ['moːdəm] *m/n INFORM* modem *m*
Modenschau ['moːdənʃau] *f* sfilata di moda *f*
modern [mo'dɛrn] *adj* moderno
modernisieren [modɛrni'ziːrən] *v* modernizzare
Modeschmuck ['moːdəʃmuk] *m* bigiotteria *f*
Modeschöpfer(in) ['moːdəʃœpfər(ɪn)] *m/f* creatore di moda/creatrice di moda *m/f*, stilista *m/f*
modisch ['moːdɪʃ] *adj* **1.** alla moda; *adv* **2.** alla moda
Modul [mo'duːl] *n* modulo *m*
Modus ['moːdus] *m* modo *m*
mögen ['møːgən] *v irr* **1.** *(gern haben)* piacere; **2.** *(wollen)* volere; **3.** *sich ~* piacersi, amarsi
möglich ['møːklɪç] *adj* possibile
möglicherweise ['møːklɪçɐvaɪzə] *adv* forse, probabilmente
Möglichkeit ['møːklɪçkaɪt] *f* possibilità *f*
möglichst ['møːklɪçst] *adv ~ bald* quanto prima, il più presto possibile
Mohn [moːn] *m BOT* papavero *m*
Möhre ['møːrə] *f BOT* carota *f*
Mole ['moːlə] *f* molo *m*
Molekül [mole'kyːl] *n CHEM* molecola *f*
Molkerei [mɔlkə'raɪ] *f* caseificio *m*
mollig ['mɔlɪç] *adj* **1.** *(behaglich)* comodo; **2.** *(dick)* grassottello; *Sie ist ein ~es Mädchen.* È una ragazza grassottella.
Moment [mo'mɛnt] *m* **1.** momento *m*; *n* **2.** *PHYS* momento *m*; **3.** *(fig: Umstand)* momento *m*
momentan [momɛn'taːn] *adj* **1.** momentaneo; *adv* **2.** momentaneamente
Monarch [mo'narç] *m* monarca *m*
Monarchie [monar'çiː] *f* monarchia *f*
Monat ['moːnat] *m* mese *m*
monatelang ['moːnatəlaŋ] *adj* **1.** di mesi; *adv* **2.** per mesi
monatlich ['moːnatlɪç] *adj* mensile
Monatskarte ['moːnatskartə] *f* tessera mensile *f*
Mönch [mœnç] *m REL* monaco *m*
Mond [moːnt] *m* luna *f*; *jdn auf den ~ schießen* mandare qd a quel paese;

hinter dem ~ leben vivere nel mondo della luna
mondän [mon'dɛːn] *adj* **1.** mondano; *adv* **2.** mondanamente
Mondfinsternis ['moːntfɪnstɐnɪs] *f* eclissi lunare *f*
Mondschein ['moːntʃaɪn] *m* chiaro di luna *m*
Mondsonde ['moːntzɔndə] *f* sonda lunare *f*
Monitor ['moːnɪtoːr] *m* monitor *m*
Monogamie [monoga'miː] *f* monogamia *f*
Monogramm [mono'gram] *n* monogramma *m*
Monolog [mono'loːk] *m* monologo *m*
Monopol [mono'poːl] *n* monopolio *m*
monoton [mono'toːn] *adj* **1.** monotono; *adv* **2.** in maniera monotona
Monotonie [monoto'niː] *f* monotonia *f*
Montag ['moːntaːk] *m* lunedì *m*
Montage [mɔn'taːʒə] *f* montaggio *m*
montags ['moːntaks] *adv* il lunedì
Monteur(in) [mɔn'tøːr(ɪn)] *m/f* montatore/montatrice *m/f*, installatore/installatrice *m/f*
montieren [mɔn'tiːrən] *v* montare
Montur [mɔntuːr] *f* vestito *m*
Monument [monu'mɛnt] *n* monumento *m*
Moor [moːr] *n* palude *f*
Moorbad ['moːrbaːt] *n* bagno di fango *m*
Moos [moːs] *n BOT* muschio *m*
Moped ['moːpɛt] *n* motorino *m*
Moral [mo'raːl] *f* morale *f*; *die ~ von der Geschichte* la morale della favola *f*
moralisch [mo'raːlɪʃ] *adj* morale
Moralpredigt [mo'raːlpreːdɪkt] *f* ramanzina *f*
Morast [mo'rast] *m* palude *f*
Mord [mɔrt] *m* assassinio *m*; *Es gab ~ und Totschlag.* Ci fu un putiferio.
Mordanschlag ['mɔrtanʃlaːk] *m* tentato omicidio *m*
Mörder(in) ['mœrdər(ɪn)] *m/f* assassino/assassina *m/f*
mörderisch ['mœrdərɪʃ] *adj* **1.** omicida; **2.** *(fig: furchtbar)* feroce
mordsmäßig ['mɔrtsmɛːsɪç] *adj* **1.** *(fam)* enorme; *adv* **2.** *(fam)* enormemente
Mordverdacht ['mɔrtfɛrdaxt] *m* sospetto d'omicidio *m*; *Er steht unter ~.* Egli è sospettato di omicidio.
morgen ['mɔrgən] *adv* domani
Morgen ['mɔrgən] *m* mattino *m*; *am ~* il mattino/al mattino
Morgengrauen ['mɔrgəngrauən] *n* alba *f*
Morgenland ['mɔrgənlant] *n* Oriente *m*
morgens ['mɔrgəns] *adv* di mattina
morsch [mɔrʃ] *adj* marcio
Mörtel ['mœrtəl] *m* malta *f*
Mosaik [moza'iːk] *n* mosaico *m*
Moschee [mo'ʃeː] *f* moschea *f*
Moslem ['mɔslɛm] *m* musulmano *m*
Motiv [mo'tiːf] *n* motivo *m*
Motivation [motiva'tsjoːn] *f* motivazione *f*
motivieren [moti'viːrən] *v* motivare
Motor ['moːtɔr] *m* motore *m*
Motorboot ['moːtɔrboːt] *n* motoscafo *m*
Motorrad ['moːtɔrraːt] *n* motocicletta *f*
Motorroller ['moːtɔrrɔlɐ] *m* motoscooter *m*, motoretta *f*
Motorschaden ['moːtɔrʃaːdən] *m* danno al motore *m*
Motte ['mɔtə] *f ZOOL* tarma *f*
Motto ['mɔto] *n* motto *m*; *nach dem ~ „leben und leben lassen"* secondo il detto „vivi e lascia vivere"
Möwe ['møːvə] *f ZOOL* gabbiano *m*
Mücke ['mykə] *f ZOOL* zanzara *f*; *eine ~ machen* sparire; *aus einer ~ einen Elefanten machen* fare di una mosca un elefante
Mucken ['mukən] *pl seine ~ haben* avere i capricci
Mückenstich ['mykənʃtɪç] *m* puntura di zanzara *f*
müde ['myːdə] *adj* stanco
Müdigkeit ['myːdɪçkaɪt] *f* stanchezza *f*
Mühe ['myːə] *f* fatica *f*; *sich ~ geben* darsi pena; *die ~ wert sein* valere la pena; *mit Müh und Not* con grande fatica/a malapena
mühelos ['myːəloːs] *adj* **1.** facile, agevole; *adv* **2.** senza fatica, facilmente
mühen ['myːən] *v sich ~* affaticarsi
mühevoll ['myːəfɔl] *adj* **1.** faticoso; *adv* **2.** faticosamente

Mühle ['myːlə] *f* mulino *m*
Mühsal ['myːzaːl] *f* fatica *f*
mühsam ['myːzaːm] *adj* **1.** faticoso; *adv* **2.** a fatica; *sich ~ aufrichten* rizzarsi a fatica
Mulde ['muldə] *f* conca *f*
Müll [myl] *m* immondizia *f*, rifiuti *m/pl*
Müllabfuhr ['mylapfuːr] *f* ritiro delle immondizie *m*
Mullbinde ['mulbɪndə] *f* fascia di garza *f*
Mülldeponie ['myldeponiː] *f* deposito rifiuti *m*
Mülleimer ['mylaɪmɐ] *m* pattumiera *f*
Müller ['mylɐ] *m* mugnaio *m*
Müllverbrennung ['mylfɛrbrɛnuŋ] *f* incenerimento rifiuti *m*
multimedial [multimed'jal] *adj* *INFORM* multimediale
Multiplikation [multiplika'tsjoːn] *f* *MATH* moltiplicazione *f*
multiplizieren [multipli'tsiːrən] *v* *MATH* moltiplicare
Mumie ['muːmjə] *f* mummia *f*
Mumps [mumps] *f* *MED* parotite *f*
M
Mund [munt] *m* bocca *f*; *sich den ~ verbrennen* fare una gaffe; *den ~ nicht aufbekommen* non aprire bocca; *den ~ voll nehmen* fare lo spaccone; *jdm etw in den ~ legen* mettere qc in bocca a qd; *den ~ halten* tenere il becco chiuso; *sich den ~ fusselig reden* sprecare il fiato; *jdm den ~ verbieten* vietare a qd di parlare; *jdm den ~ wässrig machen* far venire l'acquolina in bocca a qd; *nicht auf den ~ gefallen sein* avere sempre la risposta pronta; *in aller ~e sein* essere sulla bocca di tutti; *jdm nach dem ~ reden* dire cose per far piacere a qd; *jdm über den ~ fahren* togliere la parola a qd; *von ~ zu ~ gehen* andare di bocca in bocca
Mündel ['myndəl] *n* *JUR* pupillo *m*
münden ['myndən] *v* sfociare
mündig ['myndɪç] *adj* maggiorenne
mündlich ['myndlɪç] *adj* **1.** verbale; *adv* **2.** verbalmente
Mündung ['mynduŋ] *f* **1.** *(Flussmündung)* foce *f*; **2.** *(Gewehrmündung)* bocca *f*
Munition [muni'tsjoːn] *f* munizione *f*
munkeln ['muŋkəln] *v* mormorare
Münster ['mynstɐ] *n* cattedrale *f*
munter ['muntɐ] *adj* **1.** sveglio, vivace; *adv* **2.** allegramente
Munterkeit ['muntɐkaɪt] *f* vivacità *f*
Münze ['myntsə] *f* moneta *f*; *etw mit gleicher ~ heimzahlen* ripagare qc con la stessa moneta
Münzfernsprecher ['myntsfɛrnʃprɛçɐ] *m* telefono a gettoni *m*
Münzsammlung ['myntszamluŋ] *f* collezione di monete *f*
mürbe ['myrbə] *adj* tenero; *(fig) jdn ~ machen* piegare la resistenza di qd
Mürbeteig ['myrbətaɪk] *m* *GAST* pasta frolla *f*
murmeln ['murməln] *v* mormorare
Murmeltier ['murməltiːr] *n* *ZOOL* marmotta *f*
murren ['murən] *v* brontolare; *Er murrt über die viele Arbeit.* Brontola per il troppo lavoro.
mürrisch ['myrɪʃ] *adj* **1.** burbero; *adv* **2.** burberamente; *Er macht ein ~es Gesicht.* Egli fa il muso.
Mus [muːs] *n* purè *m*, passato *m*
Muschel ['muʃəl] *f* *ZOOL* conchiglia *f*
Muse ['muːzə] *f* musa *f*
Museum [mu'zeːum] *n* museo *m*
Musik [mu'ziːk] *f* musica *f*
musikalisch [muzi'kaːlɪʃ] *adj* musicale
Musiker(in) ['muːzikər(ɪn)] *m/f* musicista *m/f*
Musikhochschule [mu'ziːkhoːxʃuːlə] *f* conservatorio *m*
Musikinstrument [mu'ziːkɪnstrumɛnt] *n* strumento musicale *m*
Musikkassette [mu'ziːkkasɛtə] *f* musicassetta *f*
musisch ['muːzɪʃ] *adj* delle muse; *Sie ist ~ veranlagt.* Lei ha talento per l'arte.
musizieren [muzi'tsiːrən] *v* fare musica
Muskatnuss ['muskaːtnus] *f* *BOT* noce moscata *f*
Muskel ['muskəl] *m* muscolo *m*; *seine ~n spielen lassen* mostrare i muscoli
Muskelkater ['muskəlkaːtɐ] *m* dolori muscolari *m/pl*
Muskelzerrung ['muskəltsɛruŋ] *f* *MED* stiramento muscolare *m*
Muße ['muːsə] *f* ozio *m*
müssen ['mysən] *v irr* dovere

müßig ['myːsɪç] *adj* **1.** ozioso; *adv* **2.** oziosamente; *Er steht ~ herum.* Egli se ne sta con le mani in mano.

Müßiggang ['myːsɪçgaŋ] *m* ozio *m; ~ ist aller Laster Anfang* l'ozio è il padre dei vizi

Muster ['mustɐ] *n* **1.** *(Vorlage)* modello *m;* **2.** *(Probe)* campione *m*

mustergültig ['mustɐgyltɪç] *adj* **1.** esemplare; *adv* **2.** in modo esemplare

Mut [muːt] *m* coraggio *m; frohen ~es sein* essere su di morale; *mit frohem ~* con fiducia/con ottimismo

mutig ['muːtɪç] *adj* **1.** coraggioso; *adv* **2.** coraggiosamente

mutlos ['muːtloːs] *adj* **1.** scoraggiato; *adv* **2.** senza coraggio

mutmaßen ['muːtmaːsən] *v* presumere

mutmaßlich ['muːtmaːslɪç] *adj* **1.** presunto; *adv* **2.** presumibilmente

Mutter ['mutɐ] *f* **1.** madre *f; wie bei ~n* come a casa; **2.** *TECH* madrevite *f*

Muttergottes [mutər'gɔtəs] *f REL* Madonna *f*

Mutterleib ['mutɐlaɪp] *m* grembo materno *m*

mütterlich ['mytɐlɪç] *adj* **1.** materno; *adv* **2.** maternamente

Muttermal ['mutɐmaːl] *n* neo *m,* voglia *f*

Muttermilch ['mutɐmɪlç] *f* latte materno *m; etw mit der ~ einsaugen (fig)* succhiare qc con il latte materno

Mutterschaft ['mutɐʃaft] *f* maternità *f*

Mutterschutz ['mutɐʃuts] *m* protezione della maternità *f*

mutterseelenallein [mutər'zeːlənaˈlaɪn] *adj* solo soletto

Muttersprache ['mutɐʃpraːxə] *f* madrelingua *f*

mutwillig ['muːtvɪlɪç] *adj* **1.** intenzionale; *adv* **2.** di proposito

Mütze ['mytsə] *f* berretto *m,* berretta *f; eine ~ voll Schlaf bekommen* fare un pisolino

mysteriös [myster'jøːs] *adj* **1.** misterioso; *adv* **2.** misteriosamente

Mysterium [mys'teːrjum] *n* mistero *m*

mystisch ['mystɪʃ] *adj* **1.** mistico; *adv* **2.** misticamente

Mythologie [mytolo'giː] *f* mitologia *f*

Mythos ['myːtɔs] *m* mito *m*

M

N

na [na] *interj* dai
Nabel ['naːbəl] *m* ombelico *m; der ~ der Welt* l'ombelico del mondo *m*
nach [naːx] *prep* **1.** *(örtlich)* a, verso; *Wir fahren ~ Köln.* Andiamo a Colonia. *Mir ~!* Seguitemi! **2.** *(zeitlich)* dopo; *~ der Party* dopo la festa; **3.** *(gemäß)* secondo; *meiner Meinung ~* secondo me
nachahmen ['naːxaːmən] *v* imitare; copiare
Nachahmung ['naːxaːmuŋ] *f* imitazione *f*
Nachbar(in) ['naxbaːr(ɪn)] *m/f* vicino/vicina *m/f*
Nachbarschaft ['naxbaːrʃaft] *f* **1.** vicinato *m;* **2.** *(Nähe)* vicinanza *f*
Nachbarstaat ['naːxbaːrʃtaːt] *m* stato confinante *m*
nachberechnen ['naːxbərɛçnən] *v* aggiungere al costo
nachbestellen ['naːxbəʃtɛlən] *v* ordinare in più
Nachbestellung ['naːxbəʃtɛluŋ] *f* ordinazione supplementare *f*
nachbilden ['naːxbɪldən] *v* copiare
Nachbildung ['naːxbɪlduŋ] *f* imitazione *f,* riproduzione *f,* copia *f*
nachblicken ['naːxblɪkən] *v* seguire con gli occhi
nachdem [naːx'deːm] *konj* dopo; *Nachdem sie die Kinder ins Bett gebracht hat, kann sie die Zeitung lesen.* Dopo che ha messo i bimbi a letto può leggere il giornale.
nachdenken ['naːxdɛŋkən] *v irr* pensare, meditare
nachdenklich ['naːxdɛŋklɪç] *adj* pensoso
Nachdruck[1] ['naːxdruk] *m* *(Betonung)* accento *m; einer Sache ~ verleihen* accentuare qc
Nachdruck[2] ['naːxdruk] *m* ristampe *f*
nachdrücklich ['naːxdryklɪç] *adj* energico
nacheifern ['naːxaɪfɐn] *v* emulare
nacheinander [naːxaɪ'nandɐ] *adv* uno dopo l'altro
nachempfinden ['naːxɛmpfɪndən] *v irr* condividere i sentimenti
nacherzählen ['naːxɛrtsɛːlən] *v* raccontare con parole proprie
Nacherzählung ['naːxɛrtsɛːluŋ] *f* riassunto *m;* ripetizione con parole proprie *f*
Nachfahre ['naːxfaːrə] *m* discendente *m/f*
nachfahren ['naːxfaːrən] *v irr* seguire
Nachfolge ['naːxfɔlgə] *f* successione *f*
nachfolgen ['naːxfɔlgən] *v* seguire
Nachfolger(in) ['naːxfɔlgər(ɪn)] *m/f* successore/succeditrice *m/f*
nachforschen ['naːxfɔrʃən] *v* fare delle indagini; verificare
Nachforschung ['naːxfɔrʃuŋ] *f* indagine *f;* verifica *f*
Nachfrage ['naːxfraːgə] *f* **1.** *(Erkundigung)* domanda *f;* **2.** *(Bedarf)* ECO richiesta *f*
nachfragen ['naːxfraːgən] *v* informarsi; richiedere
nachgeben ['naːxgeːbən] *v irr* **1.** *(erschlaffen)* cedere; **2.** *(fig)* cedere; *Er gibt einem Impuls nach.* Egli cede a un impulso.
Nachgebühr ['naːxgəbyːr] *f* soprattassa *f*
Nachgeburt ['naːxgəburt] *f* MED secondina *f*
nachgehen ['naːxgeːən] *v irr* **1.** *(Uhr)* andare indietro, ritardare; **2.** *(folgen)* seguire; **3.** *(erforschen)* studiare a fondo
Nachgeschmack ['naːxgəʃmak] *m* **1.** retrogusto *m;* **2.** *(fig)* gusto amaro *m*
nachgiebig ['naːxgiːbɪç] *adj* *(fig)* arrendevole
Nachgiebigkeit ['naːxgiːbɪçkaɪt] *f* cedevolezza *f,* arrendevolezza *f*
nachhaltig ['naːxhaltɪç] *adj* **1.** persistente, sostenibile; *adv* **2.** durevolmente
Nachhaltigkeit ['naːxhaltɪçkaɪt] *f* sostenibilità *f*
nachhelfen ['naːxhɛlfən] *v irr* aiutare
nachher [naːx'heːr] *adv* dopo
Nachhilfe ['naːxhçlfə] *f* **1.** aiuto *m;* **2.** *(in der Schule)* ripetizioni *f/pl*

Nachholbedarf ['na:xho:lbədarf] *m* necessità di ricupero *f*
nachholen ['na:xho:lən] *v* ricuperare
Nachimpfung ['na:xımpfuŋ] *f MED* rivaccinazione *f*
Nachkomme ['na:xkɔmə] *m* discendente *m/f*
nachkommen ['na:xkɔmən] *v irr* **1.** venire dopo; **2.** *(fig)* mantenere, adempiere; *Er kommt seinen Verpflichtungen nach.* Egli adempie ai propri impegni.
Nachkriegszeit ['na:xkri:kstsaıt] *f* dopoguerra *m*
Nachlass ['na:xlas] *m* **1.** *(Preisnachlass)* ribasso *m;* **2.** *(Erbe)* eredità *f*
nachlassen ['na:xlasən] *v irr* **1.** *(Preis)* ribassare; **2.** *(geringer werden)* allentarsi; **3.** *(aufhören)* cessare, smettere
nachlässig ['na:xlɛsıç] *adj* trascurato
Nachlässigkeit ['na:xlɛsıçkaıt] *f* trascuratezza *f*
nachlaufen ['na:xlaufən] *v irr* correre dietro
nachliefern ['na:xli:fɐn] *v* fornire dopo, fornire successivamente
Nachlieferung ['na:xli:fəruŋ] *f* fornitura supplementare *f*
nachmachen ['na:xmaxən] *v* copiare
Nachmittag ['na:xmıta:k] *m* pomeriggio *m; am ~* nel pomeriggio
nachmittags ['na:xmıta:ks] *adv* di pomeriggio
Nachnahme ['na:xna:mə] *f* contrassegno *m*
Nachname ['na:xna:mə] *m* cognome *m*
nachprüfen ['na:xpry:fən] *v* controllare
nachrechnen ['na:xrɛçnən] *v* ricontare
Nachrede ['na:xre:də] *f üble ~* maldicenza *f,* diffamazione *f; Er ist in üble ~ geraten.* Egli è stato diffamato.
Nachricht ['na:xrıçt] *f* **1.** notizia *f;* **2.** *~en pl* notizie *f/pl*
Nachrichtenagentur ['na:xrıçtənagɛntu:r] *f* agenzia di stampa *f*
Nachrichtentechnik ['na:xrıçtəntɛçnık] *f* tecnica delle telecomunicazioni *f*
Nachruf ['na:xru:f] *m* necrologio *m*
Nachsaison ['na:xzɛzɔŋ] *f* bassa stagione *f*
nachschlagen ['na:xʃla:gən] *v irr* cercare; *in einem Buch ~* cercare in un libro
Nachschlagewerk ['na:xʃla:gəvɛrk] *n* opera di consultazione *f*
Nachschlüssel ['na:xʃlysəl] *m* controchiave *f*
Nachschub ['na:xʃu:p] *m* rifornimento *m*
nachsehen ['na:xze:ən] *v irr* **1.** *(nachblicken)* guardare dietro; **2.** *(kontrollieren)* controllare; **3.** *(fig: verzeihen)* perdonare
Nachsehen ['na:xze:ən] *n das ~ haben* restare a bocca asciutta
Nachsicht ['na:xzıçt] *f* indulgenza *f*
nachsichtig ['na:xzıçtıç] *adj* indulgente
nachsitzen ['na:xzıtsən] *v irr* rimanere a scuola per castigo
Nachspeise ['na:xʃpaızə] *f GAST* dessert *m,* dolce *m*
Nachspiel ['na:xʃpi:l] *n* epilogo *m,* seguito *m; gerichtliches ~* strascico giudiziario *m*
nachspionieren ['na:xʃpioni:rən] *v* spiare
nächstbeste(r,s) ['nɛ:çst'bɛstə(r,s)] *adj* il primo che capita/la prima che capita
nächste(r,s) ['nɛ:çstə(r,s)] *adj* prossimo/prossima; *Der Nächste bitte!* Avanti il prossimo!
nachstellen ['na:xʃtɛlən] *v* **1.** *(regulieren)* regolare; **2.** *(fig) jmd ~* perseguitare qd
nächstens ['nɛ:çstəns] *adv* prossimamente
nächstmöglich ['nɛ:çstmø:klıç] *adj* il più vicino possibile
Nacht [naxt] *f* notte *f; die ~ zum Tage machen* scambiare la notte per il giorno/passare la notte in bianco; *sich die ~ um die Ohren schlagen* non chiudere occhio per tutta la notte; *jdm schlaflose Nächte bereiten* togliere il sonno a qd; *bei ~ und Nebel* col favore delle tenebre; *über ~* dall'oggi al domani
Nachtdienst ['naxtdi:nst] *m* servizio notturno *m*
Nachteil ['na:xtaıl] *m* svantaggio *m*
nachteilig ['na:xtaılıç] *adj* svantaggioso

Nachtfrost ['naxtfrɔst] *m* gelo notturno *m*
Nachthemd ['naxthɛmt] *n* camicia da notte *f*
Nachtigall ['naxtɪgal] *f* ZOOL usignolo *m*
Nachtisch ['na:xtɪʃ] *m* GAST dessert *m*
nächtlich ['nɛ:çtlɪç] *adj* notturno
Nachtrag ['na:xtra:k] *m* aggiunta *f*
nachtragen ['na:xtra:gən] *v irr* **1.** *(hinterhertragen)* portare dietro; **2.** *(ergänzen)* aggiungere; **3.** *(fig)* serbare rancore
nachträglich ['na:xtrɛ:klɪç] *adj* **1.** successivo; *adv* **2.** in seguito
nachts [naxts] *adv* di notte
Nachtschicht ['naxtʃɪçt] *f* turno notturno *m*
Nachttisch ['naxttɪʃ] *m* comodino da notte *m*
Nachtwächter ['naxtvɛçtɐ] *m* guardia notturna *f*
nachvollziehbar ['na:xfɔltsi:ba:r] *adj* facilmente comprensibile
Nachweis ['na:xvaɪs] *m* prova *f*
nachweisbar ['na:xvaɪsba:r] *adj* provabile, dimostrabile
nachweisen ['na:xvaɪzən] *v irr* provare
Nachwelt ['na:xvɛlt] *f* posterità *f*
nachwirken ['na:xvɪrkən] *v* perdurare
Nachwirkung ['na:xvɪrkuŋ] *f* ripercussione *f*
Nachwort ['na:xvɔrt] *n* epilogo *m*
Nachwuchs ['na:xvu:ks] *m* nuova generazione *f*
nachzahlen ['na:xtsa:lən] *v* pagare successivamente, pagare in più
Nachzahlung ['na:xtsa:luŋ] *f* pagamento successivo *m*
nachziehen ['na:xtsi:ən] *v irr* **1.** *(hinterherziehen)* tirarsi dietro; **2.** *(Schraube)* serrare; **3.** *(nach sich ziehen)* cagionare
Nachzügler ['na:xtsy:glɐ] *m* ritardatario *m*
Nacken ['nakən] *m* ANAT nuca *f; jdn im ~ haben* avere qd alle costole/avere qd alle calcagna; *jdm den ~ stärken* far rialzare la testa a qd/incoraggiare qd; *Ihm sitzt der Schalk im ~.* È un birbone.
nackt [nakt] *adj* nudo
Nadel ['na:dəl] *f* ago *m; an der ~ hängen* essere un tossicodipendente, bucarsi
Nadelöhr ['na:dəlø:r] *n* cruna dell'ago *f*
Nadelwald ['na:dəlvalt] *m* BOT bosco di conifere *m*
Nagel ['na:gəl] *m* **1.** TECH chiodo *m; den ~ auf den Kopf treffen* cogliere nel segno; *etw an den ~ hängen* appendere qc al chiodo/abbandonare qc; *Nägel mit Köpfen machen* fare le cose a puntino; **2.** *(Fingernagel)* ANAT unghia *f; jdm unter den Nägeln brennen* premere
Nagelfeile ['na:gəlfaɪlə] *f* limetta da unghie *f*
Nagellack ['na:gəllak] *m* smalto per unghie *m*
nageln ['na:gəln] *v* inchiodare
Nagelschere ['na:gəlʃe:rə] *f* forbicine per unghie *f/pl*
nagen ['na:gən] *v* **1.** rosicchiare; *Der Hund nagt an einem Knochen.* Il cane rosicchia un osso. **2.** *(fig)* rodere, tormentare; *Der Kummer nagt an ihr.* Il cruccio la tormenta.
Nagetier ['na:gəti:r] *n* ZOOL roditore *m*
nah(e) [na:(ə)] *adj* **1.** vicino/vicina; *jdm zu ~ treten* offendere qd; *jdm ~ sein* essere vicino a qd; *~e gehen* toccare da vicino; *~ liegend* evidente/ ovvio; *aus ~e liegenden Gründen* per ovvi motivi; *adv* **2.** vicino; *prep* **3.** vicino a
Nähe ['nɛ:ə] *f* vicinanza *f*
nahebringen [na:ə'brɪŋən] *v irr* avvicinare; far conoscere
nahelegen [na:ə'le:gən] *v* raccomandare, consigliare
nahen ['na:ən] *v* avvicinarsi
nähen ['nɛ:ən] *v* cucire
nähern ['nɛ:ɐn] *v sich ~* avvicinarsi
Nähgarn ['nɛ:garn] *n* filo per cucire *m*
Nähmaschine ['nɛ:maʃi:nə] *f* macchina da cucire *f*
Nähnadel ['nɛ:na:dəl] *f* ago per cucire *m*
nähren ['nɛ:rən] *v* nutrire, alimentare
nahrhaft ['na:rhaft] *adj* nutriente
Nahrung ['na:ruŋ] *f* alimentazione *f*
Nahrungsmittel ['na:ruŋsmɪtəl] *n* alimento *m*
Naht [na:t] *f* cucitura *f; aus allen Nähten platzen* mettere su pancia, ingrassare
nahtlos ['na:tlo:s] *adj* **1.** senza cucitura; **2.** *(fig)* senza interruzione
Nähzeug ['nɛ:tsɔyk] *n* occorrente per cucire *m*

naiv [na'i:f] *adj* ingenuo
Naivität [naivi'tɛ:t] *f* ingenuità *f*
Name ['na:mə] *m* nome *m; etw beim ~n nennen* chiamare qc per nome; *in seinem ~n* in suo nome; *sich einen ~n machen* farsi un nome; *einen guten ~n haben* avere una buona reputazione/avere una buona nomea; *seinem ~n alle Ehre machen* fare onore al proprio nome
namenlos ['na:mənlo:s] *adj* senza nome
namens ['na:məns] *prep* di nome
Namenstag ['na:mənsta:k] *m* onomastico *m*
namentlich ['na:məntlɪç] *adj* **1.** nominale; *adv* **2.** nominalmente
namhaft ['na:mhaft] *adj* noto
nämlich ['nɛ:mlɪç] *adv* **1.** cioè, vale a dire; *konj* **2.** perché, siccome
Napf [napf] *m* ciotola *f*
Narbe ['narbə] *f* cicatrice *f*
narbig ['narbɪç] *adj* zigrinato
Narkose [nar'ko:zə] *f MED* narcosi *f*
Narr [nar] *m* pazzo *m; jdn zum ~en halten* prendersi gioco di qd; *an jdm einen ~en gefressen haben* andare pazzo per qd
närrisch ['nɛrɪʃ] *adj* buffonesco, folle
naschen ['naʃən] *v* spizzicare
Nase ['na:zə] *f* naso *m; die ~ rümpfen* storcere il naso/arricciare il naso; *sich an die eigene ~ fassen* guardare ai fatti propri; *jdm auf der ~ herumtanzen* mettersi qd sotto i piedi; *jdm etw auf die ~ binden* spifferare qc a qd; *jdm etw unter die ~ reiben* rinfacciare qc a qd; *überall seine ~ hineinstecken* ficcare il proprio naso dappertutto; *jdm etw vor der ~ wegschnappen* portare via qc sotto il naso a qd; *eine feine ~ haben* avere fiuto; *die ~ hoch tragen* avere la puzza sotto il naso; *die ~ vorn haben* riportare la vittoria; *sich eine goldene ~ verdienen* guadagnare un sacco di quattrini; *eins auf die ~ bekommen* prendere una manica di botte
Nasenbluten ['na:zənblu:tən] *n MED* sangue dal naso *m*
Nasenloch ['nazə:nlɔx] *n ANAT* narice *f*
Nashorn ['na:shɔrn] *n ZOOL* rinoceronte *m*
nass [nas] *adj* bagnato, *~ bis auf die Haut* bagnato fino alle ossa
Nässe ['nɛsə] *f* umidità *f*
nasskalt ['naskalt] *adj* freddo umido
Nation [na'tsjo:n] *f* nazione *f*
national [natsjo'na:l] *adj* nazionale
Nationalfeiertag [natsjo'na:lfaɪeta:k] *m* festa nazionale *f*
Nationalhymne [natsjo'na:lhymnə] inno nazionale *m*
Nationalismus [natsjona'lɪsmus] *m* nazionalismo *m*
Nationalität [natsjonali'tɛ:t] *f* nazionalità *f*
Nationalpark [natsjo'na:lpark] *m* parco nazionale *m*
Nationalsozialismus [natsjo'na:lzotsɪalɪsmus] *m HIST* nazionalsocialismo *m*
Natrium ['na:trium] *n CHEM* sodio *m*
Natron ['na:trɔn] *n CHEM* bicarbonato di sodio *m*
Natur [na'tu:r] *f* natura *f; in der ~ von etw liegen* essere nella natura di qc
Naturalien [natu'ra:ljən] *pl* prodotti naturali *m/pl*
Naturereignis [na'tu:rɛraɪknɪs] *n* fenomeno naturale *m*
naturfarben [na'tu:rfarbən] *adj* di colore naturale
naturgemäß [na'tu:rgəmɛ:s] *adj* **1.** naturale; *adv* **2.** secondo natura
Naturheilkunde [na'tu:rhaɪlkundə] *f MED* medicina naturista *f*
natürlich [na'ty:rlɪç] *adj* **1.** naturale; *adv* **2.** naturalmente
Natürlichkeit [na'ty:rlɪçkaɪt] *f* naturalezza *f*
Naturprodukt [na'tu:rprodukt] *n* prodotto naturale *m*
Naturschutz [na'tu:rʃuts] *m* tutela della natura *f*
Naturschutzgebiet [na'tu:rʃutsgəbi:t] *n* zona protetta *f*, parco naturale *m*
Naturwissenschaft [na'tu:rvɪsənʃaft] *f* scienze naturali *f/pl*
Naturzustand [na'tu:rtsu:ʃtant] *m* stato naturale *m*
Nautik ['nautɪk] *f* nautica *f*
Navigation [naviga'tsjo:n] *f* navigazione *f*
Navigationsinstrumente [naviga'tsjo:nsɪnstrumɛntə] *n/pl* strumenti di navigazione *m/pl*

Nebel ['ne:bəl] *m* nebbia *f*
nebelig ['ne:bəlıç] *adj* nebuloso
Nebelscheinwerfer ['ne:bəlʃaınvɛrfɐ] *m (eines Autos)* fendinebbia *m*
neben ['ne:bən] *prep* **1.** accanto a; **2.** *(außer)* oltre a; *~ anderen Dingen* tra le altre cose
nebenan [ne:bən'an] *adv* vicino
Nebenanschluss ['ne:bənanʃlus] *m TEL* derivazione *f*
Nebenausgang ['ne:bənausgaŋ] *m* uscita secondaria *f*
Nebenbeschäftigung ['ne:bənbəʃɛftıguŋ] *f* occupazione secondaria *f*
nebeneinander ['ne:bənaınandɐ] *adv* l'uno accanto all'altro, fianco a fianco
Nebeneinkünfte ['ne:bənaınkynftə] *pl* entrate secondarie *f/pl*
Nebenfach ['ne:bənfax] *n* materia secondaria *f*
Nebenfluss ['ne:bənflus] *m* affluente *m*
nebenher [ne:bən'he:r] *adv* accanto
Nebenklage ['ne:bənkla:gə] *f JUR* costituzione di parte civile *f*
Nebenkosten ['ne:bənkɔstən] *pl* spese accessorie *f/pl*
Nebenraum ['ne:bənraum] *m* stanza attigua *f*
Nebensache ['ne:bənzaxə] *f* cosa secondaria *f; Das ist ~.* Ciò ha poca importanza.
nebensächlich ['ne:bənzɛçlıç] *adj* di secondaria importanza
Nebenwirkung ['ne:bənvırkuŋ] *f* effetto secondario *m*
nebst [ne:pst] *prep* con
necken ['nɛkən] *v* punzecchiare
Neffe ['nɛfə] *m* nipote *m*
negativ ['ne:gati:f] *adj* negativo
Neger(in) ['ne:gər(in)] *m/f (abwertend)* negro/negra *m/f*
nehmen ['ne:mən] *v irr* prendere; *etw auf sich ~* prendere qc su di sé; *einen zur Brust ~* bere un bicchierino
Neid [naıt] *m* invidia *f; vor ~ platzen* scoppiare d'invidia/crepare d'invidia
neidisch ['naıdıʃ] *adj* invidioso
neidlos ['naıdlo:s] *adj* senza invidia
Neige ['naıgə] *f* fine *f,* declino *m; zur ~ gehen* andare verso la fine
neigen ['naıgən] *v* **1.** inclinare; **2.** *(fig)* tendere
Neigung ['naıguŋ] *f* **1.** inclinazione *f,* pendenza *f;* **2.** *(fig)* tendenza *f*
nein [naın] *adv* no
Nektarine [nɛkta'ri:nə] *f BOT* nocepesca *f*
Nelke ['nɛlkə] *f BOT* garofano *m*
nennen ['nɛnən] *v irr* **1.** *(be~)* nominare; **2.** *(heißen)* chiamare
nennenswert ['nɛnənsve:rt] *adj* degno di nota
Nenner ['nɛnɐ] *m MATH* denominatore *m; gemeinsamer ~* denominatore comune *m; einen gemeinsamen ~ finden (fig)* trovare un comune denominatore
Neonlicht ['ne:ɔnlıçt] *n* luce al neon *f*
Nerv [nɛrf] *m ANAT* nervo *m; jdm auf die ~en gehen* dare sui nervi a qd; *den ~ haben* avere il nervo/avere il coraggio; *~en wie Drahtseile haben* avere nervi d'acciaio; *die ~en verlieren* perdere il controllo; *mit den ~en fertig sein* avere i nervi a pezzi
Nervenkitzel ['nɛrfənkıtsəl] *m* brivido *m*
Nervenzusammenbruch ['nɛrfəntsuzamənbrux] *m MED* esaurimento nervoso *m*
nervös [nɛr'vø:s] *adj* nervoso
Nervosität [nɛrvozi'tɛ:t] *f* nervosismo *m*
Nerz [nɛrts] *m ZOOL* visone *m*
Nerzmantel ['nɛrtsmantəl] *m* pelliccia di visone *f*
Nest [nɛst] *n* nido *m; sich ins gemachte ~ setzen* trovare la pappa pronta
Nesthäkchen ['nɛsthɛ:kçən] *n* ultimo nato *m*
nett [nɛt] *adj* gentile, carino
netto ['nɛto] *adv ECO* netto
Nettoeinkommen ['nɛtoaınkɔmən] *n* reddito netto *m*
Nettogewicht ['nɛtogəvıçt] *n* peso netto *m*
Nettopreis ['nɛtopraıs] *m* prezzo netto *m*
Netz [nɛts] *n* rete *f; jdm ins ~ gehen* cadere nella rete di qd
Netzanschluss ['nɛtsanʃlus] *m* collegamento alla rete *m*
Netzhaut ['nɛtshaut] *f ANAT* retina *f*
Netzwerk ['nɛtsvɛrk] *n INFORM* rete *f*
neu [nɔy] *adj* nuovo; *aufs ~e* di nuovo; *auf ein ~es* ancora una volta/alla prossima; *von ~em* da capo/nuovamente

neuartig ['nɔyaːrtɪç] *adj* di nuovo tipo
Neuausgabe ['nɔyausgaːbə] *f* nuova edizione *f*
Neubau ['nɔybau] *m* nuova costruzione *f*
Neueröffnung ['nɔyɛrœfnuŋ] *f* riapertura *f*
Neuerung ['nɔyəruŋ] *f* innovazione *f*
Neugier ['nɔygiːr] *f* curiosità *f*
neugierig ['nɔygiːrɪç] *adj* curioso
Neuheit ['nɔyhaɪt] *f* novità *f*
Neuigkeit ['nɔyɪçkaɪt] *f* novità *f; die ~ des Tages* la novità del giorno *f*
Neujahr ['nɔyjaːr] *n* anno nuovo *m*, capodanno *m*
Neuland ['nɔylant] *n* **1.** terra inesplorata *f;* **2.** *(fig)* campo nuovo *m*
neulich ['nɔyɐlɪç] *adv* recentemente
Neuling ['nɔylɪŋ] *m* novellino *m*
Neumond ['nɔymoːnt] *m* luna nuova *f*
neun [nɔyn] *num* nove
neunmalklug ['nɔynmaːlkluːk] *adj* saccente
neunte(r,s) ['nɔyntə(r,s)] *adj* **1.** nono/nona; **2.** *(Datumsangabe)* nove
neunzehn ['nɔyntseːn] *num* diciannove
neunzehnte(r,s) ['nɔyntseːntə(r,s)] *adj* **1.** diciannovesimo/diciannovesima; **2.** *(Datumsangabe)* diciannove
neunzig ['nɔyntsɪç] *num* novanta
neunzigste(r,s) ['nɔyntrɪçstə(r,s)] *adj* novantesimo/novantesima
Neuralgie [nɔyral'giː] *f MED* nevralgia *f*
neureich ['nɔyraɪç] *adj* nuovo ricco
Neureiche(r) ['nɔyraɪçə(r)] *m/f* nuovo ricco *m*, parvenu *m*
Neurologe [nɔyro'loːgə] *m* neurologo *m*
Neurose [nɔy'roːzə] *f MED* nevrosi *f*
neurotisch [nɔy'roːtɪʃ] *adj MED* nevrotico
Neuseeland ['nɔyzeːlant] *n GEO* Nuova Zelanda *f*
neutral [nɔy'traːl] *adj* **1.** neutrale; *adv* **2.** in modo neutrale; *sich ~ verhalten* rimanere neutrale
Neutralität [nɔytrali'tɛːt] *f* neutralità *f*
Neutron ['nɔytrɔn] *n PHYS* neutrone *m*
Neuwert ['nɔyveːrt] *m* valore da nuovo *m*
Neuzeit ['nɔytsaɪt] *f* età moderna *f*
nicht [nɪçt] *adv* non; *~ rostend* inossidabile
Nichtbeachtung ['nɪçtbəaxtuŋ] *f* inosservanza *f*
Nichte ['nɪçtə] *f* nipote *f*
Nichterfüllung ['nɪçtɛrfyluŋ] *f* inadempienza *f*, mancata esecuzione *f*
nichtig ['nɪçtɪç] *adj* nullo
Nichtigkeit ['nɪçtɪçkaɪt] *f* nullità *f*
Nichtraucher(in) ['nɪçtrauxər(ɪn)] *m/f* non fumatore/non fumatrice *m/f*
nichts [nɪçts] *pron* niente; *~ für ungut!* Non avertene a male! *von ~ kommt ~* niente nasce dal nulla
Nichts [nɪçts] *n* nulla *m; vor dem ~ stehen* essere sull'orlo della rovina
Nichtschwimmer(in) ['nɪçtʃvɪmər(ɪn)] *m/f* non nuotatore/non nuotatrice *m/f*
Nichtsnutz ['nɪçtsnuts] *m* buono a nulla *m*
nichtssagend [nɪçts'zaːgənt] *adj* insignificante
Nichtstun ['nɪçtstuːn] *n* pigrizia *f*
Nickel ['nɪkəl] *n CHEM* nichel *m*
nicken ['nɪkən] *v* fare cenno di sì
Nickerchen ['nɪkɐçən] *n* pisolino *m*
nie [niː] *adv* **1.** mai; *Er war noch ~ hier.* Non era mai stato qui. **2.** *~ und nimmer* mai e poi mai
nieder ['niːdɐ] *adj* **1.** basso; *adv* **2.** giù
Niedergang ['niːdɐgaŋ] *m* decadenza *f*
niedergeschlagen ['niːdɐgəʃlaːgən] *adj* abbattuto
Niedergeschlagenheit ['niːdɐgəʃlaːgənhaɪt] *f* avvilimento *m*, abbattimento *m*
Niederlage ['niːdɐlaːgə] *f* sconfitta *f*
Niederlande ['niːdɐlandə] *pl GEO* Paesi Bassi *m/pl*
Niederländer(in) ['niːdɐlɛndər(ɪn)] *m/f* olandese *m/f*
niederländisch ['niːdɐlɛndɪʃ] *adj* olandese
niederlassen ['niːdɐlasən] *v irr* **1.** *(herunterlassen)* calare, abbassare; **2.** *sich ~* installarsi, aprire; *Er lässt sich als Arzt nieder.* Egli apre uno studio medico.
Niederlassung ['niːdɐlasuŋ] *f* filiale *f*, succursale *f*
niederlegen ['niːdɐleːgən] *v* **1.** *(Arbeit)* interrompere; **2.** *(Kranz)* deporre; **3.** *(fig: Amt)* dimettersi da una carica;

Der Präsident legt sein Amt nieder. Il presidente si dimette.

Niederschlag ['niːdɐʃlaːk] *m METEO* precipitazione atmosferica *f*

niederschlagen ['niːdɐʃlaːgən] *v irr* **1.** *(Aufstand)* soffocare, stroncare, reprimere; **2.** *(Feind)* abbattere; **3.** *(Augen)* abbassare, stroncare, reprimere; *Sie schlug die Augen nieder.* Ella abbassò gli occhi.

Niederschrift ['niːdɐʃrɪft] *f* protocollo *m*, verbale *m*

Niedertracht ['niːdɐtraxt] *f* infamia *f*

niederträchtig ['niːdɐtrɛçtɪç] *adj* infame

Niederung ['niːdəruŋ] *f* bassopiano *m*

niedlich ['niːtlɪç] *adj* carino

niedrig ['niːdrɪç] *adj* basso

niemals ['niːmaːls] *adv* mai

niemand ['niːmant] *pron* nessuno

Niemandsland ['niːmantslant] *n* terra di nessuno *f*

Niere ['niːrə] *f* **1.** *ANAT* rene *m; jdm an die ~n gehen* colpire qd al cuore/colpire profondamente qd; **2.** *GAST* rognone *m*

Nierenstein ['niːrənʃtaɪn] *m MED* calcolo renale *m*

N

nieseln ['niːzəln] *v* piovigginare

Nieselregen ['niːzəlreːgən] *m* pioggerella *f*

niesen ['niːzən] *v* starnutire

Niete ['niːtə] *f* **1.** *TECH* ribattino *m;* **2.** *(Los)* biglietto non vincente *m;* **3.** *(fig: Versager)* buono a nulla *m*

Nikolaus ['nɪkolaus] *m* San Niccolò *m*

Nikotin [niko'tiːn] *n* nicotina *f*

nikotinarm [niko'tiːnarm] *adj* a basso contenuto di nicotina

Nilpferd ['niːlpfeːrt] *n ZOOL* ippopotamo *m*

nippen ['nɪpən] *v* centellinare

nirgends ['nɪrgənts] *adv* da nessuna parte; *Ich habe ihn ~ gesehen.* Non l'ho visto da nessuna parte.

nirgendwo ['nɪrgəntvoː] *adv* da nessuna parte

Nische ['niːʃə] *f* nicchia *f*

nisten ['nɪstən] *v* nidificare

Nitrat [nɪ'traːt] *n CHEM* nitrato *m*

Niveau [ni'voː] *n* livello *m*

Nixe ['nɪksə] *f* ondina *f*

nobel ['noːbəl] *adj* nobile

Nobelpreis [no'bɛlpraɪs] *m* premio Nobel *m*

noch [nɔx] *adv* **1.** ancora; *~ nie* mai; *immer ~* ancora; *~ und ~* continuamente; *~ nicht* non ancora; *konj* **2.** né; *Es ist weder Fleisch ~ Fisch.* Non è né carne né pesce.

nochmalig ['nɔxmaːlɪç] *adj* nuovo

nochmals ['nɔxmaːls] *adv* ancora una volta

Nomade [no'maːdə] *m* nomade *m*

nominell [nomi'nɛl] *adj* nominale

Nonne ['nɔnə] *f REL* suora *f*

Nordamerika [nɔrta'meːrɪka] *n GEO* America settentrionale *f*

Norden ['nɔrdən] *m* nord *m*

nördlich ['nœrtlɪç] *adj* **1.** settentrionale; *adv* **2.** a nord

Nordpol ['nɔrtpoːl] *m GEO* Polo Nord *m*

Nordsee ['nɔrtzeː] *f* mare del Nord *m*

Nörgelei [nœrgə'laɪ] *f* brontolio *m*

nörgeln ['nœrgəln] *v* criticare, brontolare

Norm [nɔrm] *f* norma *f*

normal [nɔr'maːl] *adj* normale

Normalfall [nɔr'maːlfal] *m* caso normale *m*

normalisieren [nɔrmali'ziːrən] *v* normalizzare

Norwegen ['nɔrveːgən] *n GEO* Norvegia *f*

Not [noːt] *f* **1.** *(Armut)* povertà *f*, miseria *f;* **2.** *(Mangel)* bisogno *m*, mancanza *f; ~ leidend* bisognoso; **3.** *(Gefahr)* pericolo *m;* **4.** *(fig) seine liebe ~ mit jdm haben* avere un bel daffare con qd/avere problemi con qd; *wenn ~ am Mann ist* quando urge il bisogno; *mit knapper ~* a malapena

Notar [no'taːr] *m JUR* notaio *m*

notariell [notar'jɛl] *adj* **1.** *JUR* notarile; *adv* **2.** *JUR* dal notaio; *Das Dokument wird ~ beglaubigt.* Il documento viene autenticato dal notaio.

Notarzt ['noːtartst] *m* medico di pronto intervento *m*

Notaufnahme ['noːtaufnaːmə] *f* pronto soccorso *m*

Notausgang ['noːtausgaŋ] *m* uscita di sicurezza *f*

Notbremse ['noːtbrɛmzə] *f* freno di emergenza *m*

Notdienst ['no:tdi:nst] *m* servizio d'emergenza *m*
Note ['no:tə] *f* **1.** *(in der Schule)* voto *m;* **2.** *(Banknote)* banconota *f;* **3.** *MUS* nota *f*
Notebook ['no:tbʊk] *n* notebook *m,* laptop *m/n*
Notenbank ['no:tənbaŋk] *f ECO* banca d'emissione *f*
Notfall ['no:tfal] *m* emergenza *f*
notfalls ['no:tfals] *adv* all'occorrenza
notgedrungen ['no:tgədruŋən] *adj* **1.** costretto dalla necessità; *adv* **2.** per necessità
notieren [no'ti:rən] *v* **1.** annotare; **2.** *FIN* quotare
nötig ['nø:tɪç] *adj* necessario; *Du hast es gerade ~!* Senti chi parla!
Nötigung ['nø:tɪguŋ] *f JUR* costrizione *f,* coercizione *f*
Notiz [no'ti:ts] *f* **1.** *(Anmerkung)* nota *f; ~ von jdm nehmen* prestare attenzione a qc; **2.** *(Zeitungsnotiz)* notizia *f*
Notizbuch [no'ti:tsbu:x] *n* taccuino *m*
Notlage ['no:tla:gə] *f* situazione di emergenza *f*
Notlandung ['no:tlanduŋ] *f* atterraggio di emergenza *m*
Notlösung ['no:tlø:zuŋ] *f* soluzione di ripiego *f*
Notlüge ['no:tly:gə] *f* bugia necessaria *f*
notorisch [no'to:rɪʃ] *adj* notorio
Notruf ['no:tru:f] *m* chiamata d'emergenza *f*
Notstand ['no:tʃtant] *m* stato di emergenza *m*
Notunterkunft ['no:tuntɐkunft] *f* alloggio di fortuna *m*
Notwehr ['no:tve:r] *f JUR* legittima difesa *f; Er hat aus ~ gehandelt.* Ha agito per legittima difesa.
notwendig ['no:tvɛndɪç] *adj* necessario; *ein ~es Übel sein* essere un male necessario
Novelle [no'vɛlə] *f* novella *f*
November [no'vɛmbɐ] *m* novembre *m*
nüchtern ['nyçtɐn] *adj* **1.** *(ohne Alkohol)* sobrio; **2.** *(ohne Essen)* digiuno; **3.** *(sachlich)* obiettivo
Nudeln ['nu:dəln] *pl GAST* pasta *f*
null [nul] *num* zero; *gleich ~ sein* essere nulla; *in ~ Komma nichts* in un batter d'occhio
Nullpunkt ['nulpuŋkt] *m* zero *m*
Nulltarif ['nultari:f] *m zum ~* gratis, gratuitamente
numerisch [nu'me:rɪʃ] *adj* numerico
Nummer ['numɐ] *f* **1.** *(Zahl)* numero *m;* **2.** *(Größe)* numero *m;* **3.** *(Exemplar)* numero *m;* **4.** *(fig) auf ~ sicher gehen* andare sul sicuro; *eine ~ zu groß für jdn sein* andar oltre le possibilità di qd; *eine ~ abziehen* mettersi in mostra/atteggiarsi
nummerieren [numə'ri:rən] *v* numerare
Nummernschild ['numɐnʃɪlt] *n* targa *f*
nun [nu:n] *adv* **1.** *(jetzt)* ora; **2.** *(zur Fortsetzung der Rede)* poi
nur [nu:r] *adv* solo
Nuss [nus] *f BOT* noce *f; eine harte ~ zu knacken haben* avere una gatta da pelare; *eine harte ~ sein* essere un osso duro
Nussknacker ['nusknakɐ] *m* schiaccianoci *m*
Nutte ['nutə] *f (fam)* puttana *f*
nutzen ['nutsən] *v* giovare, servire
Nutzen ['nutsən] *m* utilità *f*
nützlich ['nytslɪç] *adj* utile
Nützlichkeit ['nytslɪçkaɪt] *f* utilità *f*
nutzlos ['nutslo:s] *adj* inutile
Nutzlosigkeit ['nutslo:zɪçkaɪt] *f* inutilità *f*
Nylon ['naɪlɔn] *n* nylon *m*

N

O

Oase [o'aːzə] *f* oasi *f*
ob [ɔp] *konj* se; *Ob das wohl wahr ist?* Sarà vero? *Und ~!* Eccome!
obdachlos ['ɔpdaxloːs] *adj* senza tetto
Obdachlose(r) ['ɔpdaxloːzə(r)] *m/f* senzatetto *m/f*, persona senza alloggio *f*
Obduktion [ɔpduk'tsjoːn] *f* autopsia *f*
oben ['oːbən] *adv* di sopra; *nach ~* verso l'alto; *von ~* dall'alto; *~ ohne* in topless; *jdn von ~ bis unten ansehen* squadrare qd da capo a piedi; *~an* a capo, in testa; *~auf* alla superficie; *~auf sein (fig)* essere di buon umore; *~ genannt* suddetto
obendrein [oːbən'draɪn] *adv* per giunta
Ober ['oːbɐ] *m* cameriere *m*
Oberarzt ['oːbərartst] *m* medico capo *m*
Oberbegriff ['oːbɐbəgrɪf] *m* termine generico *m*
Oberbürgermeister [oːbər'byrgɐmaɪstɐ] *m* borgomastro *m*, sindaco *m*
obere ['oːbərə] *adj* superiore
Oberfläche ['oːbɐflɛçə] *f* superficie *f*
oberflächlich ['oːbɐflɛçlɪç] *adj* superficiale
Oberflächlichkeit ['oːbɐflɛçlɪçkaɪt] *f* superficialità *f*
oberhalb ['oːbɐhalp] *prep* **1.** al di sopra di; *adv* **2.** di sopra
Oberhand ['oːbɐhant] *f die ~ haben* avere il sopravvento
Oberhaupt ['oːbɐhaupt] *n* capo *m*
Oberin ['oːbɐɪn] *f* **1.** REL superiora *f*; **2.** MED prima infermiera *f*
Oberkiefer ['oːbɐkiːfɐ] *m* ANAT mascella superiore *f*
Oberkörper ['oːbɐkœrpɐ] *m* ANAT busto *m*
Oberschenkel ['oːbɐʃɛŋkəl] *m* ANAT coscia *f*
Oberschule ['oːbɐʃuːlə] *f* scuola superiore *f*
Oberschwester ['oːbɐʃvɛstɐ] *f* capoinfermiera *f*
oberste(r,s) ['oːbɐstə(r,s)] *adj* il più alto
Oberteil ['oːbɐtaɪl] *n* parte superiore *f*
obgleich [ɔp'glaɪç] *konj* sebbene
Obhut ['ɔphuːt] *f* custodia *f*
Objekt [ɔp'jɛkt] *n* **1.** *(Gegenstand)* oggetto *m*; **2.** GRAMM complemento *m*, oggetto *m*
objektiv [ɔpjɛk'tiːf] *adj* obiettivo
Objektivität [ɔpjɛktivi'tɛːt] *f* obiettività *f*
Obligation [ɔbliga'tsjoːn] *f* ECO obbligazione *f*
Obrigkeit ['oːbrɪçkaɪt] *f* autorità *f*
obschon [ɔp'ʃoːn] *konj* sebbene
observieren [ɔpzɛr'viːrən] *v* osservare
obskur [ɔps'kuːr] *adj* oscuro
Obst [oːpst] *n* frutta *f*
Obstsalat ['ɔpstzalaːt] *m* GAST macedonia di frutta *f*
obszön [ɔps'tsøːn] *adj* osceno
obwohl [ɔp'voːl] *konj* sebbene
Ochse ['ɔksə] *m* ZOOL bue *m*; *dastehen wie der Ochs vorm Berg* non sapere che pesci pigliare
öde ['øːdə] *adj* **1.** *(kahl)* brullo; **2.** *(verlassen)* deserto; **3.** *(langweilig)* noioso
oder ['oːdɐ] *konj* o, oppure
Ofen ['oːfən] *m* **1.** *(Backhofen)* forno *m*; **2.** *(Heizofen)* stufa *f*; *hinter dem ~ hocken (fig)* starsene rintanato in casa/essere un pantofolaio; *ein Schuss in den ~* un colpo a vuoto *m*; *Der ~ ist aus.* La stufa è spenta.
offen ['ɔfən] *adj* **1.** aperto; *Er hat die Tür ~ gelassen.* Ha lasciato la porta aperta. *~ stehen* essere aperto; *Die Tür steht ~.* La porta è aperta. **2.** *(Stelle)* vacante; **3.** *(fig: unentschieden)* aperto; insoluto, in sospeso; *~lassen (fig)* lasciare aperto; *Die Rechnung ist noch ~.* Il conto non è ancora state pagato. *Der Termin ist noch ~.* L'appuntamento deve ancora essere fissato. **4.** *(fig: aufrichtig)* aperto; **5.** *(fig: frei)* libero
offenbar ['ɔfənbaːr] *adj* chiaro, evidente
offenbaren [ɔfən'baːrən] *v* rivelare a
Offenheit ['ɔfənhaɪt] *f* franchezza; sincerità *f*

offenherzig ['ɔfənhɛrtsɪç] *adj* 1. sincero; 2. *adv* sinceramente
Offenherzigkeit [ɔfənhɛrtsɪçkaɪt] *f* sincerità *f*
offenkundig ['ɔfənkundɪç] *adj* evidente
offensichtlich ['ɔfənzɪçtlɪç] *adj* evidente
offensiv [ɔfən'ziːf] *adj* 1. offensivo; *adv* 2. in modo offensivo
Offensive [ɔfən'ziːvə] *f* offensiva *f*
öffentlich ['œfəntlɪç] *adj* 1. pubblico; *adv* 2. in pubblico
Öffentlichkeit ['œfəntlɪçkaɪt] *f* pubblico *m; in aller ~* in pubblico
Öffentlichkeitsarbeit ['œfəntlɪçkaɪtsarbaɪt] *f* pubbliche relazioni *f/pl*
Offerte [ɔ'fɛrtə] *f* offerta *f*
offiziell [ɔfi'tsjɛl] *adj* ufficiale
öffnen ['œfnən] *v* 1. *etw ~* aprire qc; 2. *sich ~* aprirsi
Öffner ['œfnɐ] *m* 1. *(Büchsenöffner)* GAST apriscatole *m;* 2. *(Flaschenöffner)* GAST apribottiglie *m*
Öffnung ['œfnuŋ] *f* apertura *f*
Öffnungszeiten ['œfnuŋstsaɪtən] *pl* orari d'apertura *m/pl*
oft [ɔft] *adv* spesso
oftmals ['ɔftmaːls] *adv* spesso
ohne ['oːnə] *prep* senza; *Das ist nicht ~.* Non è da sottovalutare. *~ weiteres* senz'altro
ohnehin ['oːnəhɪn] *adv* communque
Ohnmacht ['oːnmaxt] *f* svenimento *m*
ohnmächtig ['oːnmɛçtɪç] *adj* 1. *(bewusstlos)* svenuto; 2. *(fig: machtlos)* impotente
Ohr [oːr] *n* ANAT orecchio *m; jdm in den ~en liegen* importunare qd; *mit halbem ~ zuhören* ascoltare solo con un orecchio; *ein offenes ~ haben* essere pronti ad ascoltare; *~en wie ein Luchs haben* avere un ottimo udito; *jdn übers ~ hauen* truffare qd; *die ~en steif halten* non perdersi di coraggio; *die ~en hängen lassen* essere giù di corda; *es faustdick hinter den ~en haben* essere un furbo di tre cotte; *noch nicht trocken hinter den ~en sein* avere ancora il latte sulle labbra; *sich etw hinter die ~en schreiben* ficcarsi bene in testa qc; *jdm das Fell über die ~en ziehen* imbrogliare qd; *jdm die ~en lang ziehen* tirare le orecchie a qd; *sich aufs ~ hauen* mettersi a nanna; *viel um die ~en haben* avere molto da fare; *jdm zu ~en kommen* venire all'orecchio di qd; *nichts für fremde ~en sein* non essere destinato a orecchie estranee; *Auf diesem ~ ist er taub.* Da questo orecchio è sordo.
Ohrenarzt ['oːrənartst] *m* otoiatra *m*
Ohrensausen ['oːrənzauzən] *n* ronzio auricolare *m*
Ohrenschmerzen ['oːrənʃmɛrtsən] *pl* dolore agli orecchi *m*
Ohrfeige ['oːrfaɪgə] *f* schiaffo *m*
Ohrläppchen ['oːrlɛpçən] *n* ANAT lobo auricolare *m*
Ohrring ['oːrrɪŋ] *m* orecchino *m*
Ohrwurm ['oːrvurm] *m (fam)* ritornello *m*
Okkultismus [ɔkul'tɪsmus] *m* occultismo *m*
Ökologie [økolo'giː] *f* ecologia *f*
ökologisch [øko'loːgɪʃ] *adj* ecologico
Ökonomie [øːkono'miː] *f* economia *f*
ökonomisch [øːko'noːmɪʃ] *adj* economico
Ökostrom [øːko'ʃtroːm] *m* energia elettrica pulita *f*
Oktober [ɔk'toːbɐ] *m* ottobre *m*
Oktoberfest [ɔk'toːbɐfɛst] *n (in München)* festa della birra *f,* Oktoberfest *m*
Öl [øːl] *n* 1. *(Speiseöl)* olio *m;* 2. *(Erdöl)* petrolio *m*
Oldtimer ['əuldtaɪmɐ] *m* auto d'epoca *f*
ölen ['øːlən] *v* oliare
Ölfarbe ['øːlfarbə] *f* colore a olio *m*
Olive [o'liːvə] *f* BOT oliva *f*
Olivenöl [o'liːvənøːl] *n* GAST olio d'oliva *m*
Ölsardine ['øːlzardiːnə] *f* GAST sardina sott'olio *f*
Öltanker ['øːltaŋkɐ] *m* petroliera *f*
Ölung ['øːluŋ] *f Letzte ~* REL estrema unzione *f; die Letzte ~ erteilen* dare l'estrema unzione/dare l'olio santo
Ölwechsel ['øːlvɛksəl] *m* cambio dell'olio *m*
Olympiamannschaft [o'lympjamanʃaft] *f* squadra olimpionica *f*
olympisch [o'lympɪʃ] *adj* olimpico
Oma ['oːma] *f* nonna *f*
Omen ['oːmən] *n* segno *m,* presagio *m; ein gutes ~* un buon segno *m*

Omnibus ['ɔmnibus] *m* autobus *m*
Onkel ['ɔŋkəl] *m* zio *m; über den großen ~ gehen* camminare con i piedi in dentro
online ['ɒnlaɪn] *adj INFORM* online
Opa ['oːpa] *m* nonno *m*
Oper ['oːpɐ] *f* **1.** *(Gebäude)* opera *f;* **2.** *(Werk)* opera *f*
Operation [opəra'tsjoːn] *f* **1.** operazione *f;* **2.** *MED* operazione *f*
Operette [ope'rɛtə] *f* operetta *f*
operieren [ope'riːrən] *v* operare, fare un'operazione
Opernglas ['oːpɐnglaːs] *n* binocolo da teatro *m*
Opernsänger(in) ['oːpɐnzɛŋər(ɪn)] *m/f* cantante lirico/cantante lirica *m/f*
Opfer ['ɔpfɐ] *n* **1.** *(Verzicht)* sacrificio *m;* **2.** *(Person)* vittima *f*
opfern ['ɔpfɐn] *v* **1.** rinunciare a; **2.** *(spenden)* donare; **3.** *(fig) sich ~* sacrificarsi
opportun [ɔpɔr'tuːn] *adj* opportuno
Opposition [ɔpozi'tsjoːn] *f* opposizione *f*
Optik ['ɔptɪk] *f PHYS* ottica *f*
Optiker(in) ['ɔptɪkər(ɪn)] *m/f* ottico *m*
optimal [ɔpti'maːl] *adj* **1.** ottimale; *adv* **2.** in modo ottimale
Optimismus [ɔpti'mɪsmus] *m* ottimismo *m*
Optimist(in) [ɔpti'mɪst(ɪn)] *m/f* ottimista *m/f*
optimistisch [ɔpti'mɪstɪʃ] *adj* **1.** ottimistico; *adv* **2.** in modo ottimista
Option [ɔp'tsjoːn] *f* opzione *f*
optisch ['ɔptɪʃ] *adj* ottico
oral [o'raːl] *adj* orale
orange [o'rɑ̃ːʒ] *adj* arancione
Orange [o'rɑ̃ʒə] *f BOT* arancia *f*
Orangensaft [o'rɑ̃ʒənzaft] *m GAST* succo d'arancia *m*
Orchester [ɔr'kɛstɐ] *n* orchestra *f*
Orden ['ɔrdən] *m* **1.** *(Auszeichnung)* decorazione *f;* **2.** *REL* ordine *m*
Ordensschwester ['ɔrdənsʃvɛstɐ] *f REL* suora religiosa *f*
ordentlich ['ɔrdəntlɪç] *adj* **1.** *(ordnungsliebend)* ordinato; **2.** *(aufgeräumt)* ordinato; **3.** *(sorgfältig)* accurato
ordinär [ɔrdi'nɛːr] *adj* **1.** ordinario; *adv* **2.** ordinariamente
ordnen ['ɔrdnən] *v* ordinare
Ordner ['ɔrdnɐ] *m* **1.** *(Hefter)* raccoglitore *m;* **2.** *INFORM* cartella *f*
Ordnung ['ɔrdnuŋ] *f* ordinamento *m,* ordine *m; zur ~ rufen* richiamare all'ordine
ordnungsgemäß ['ɔrdnuŋsgəmɛːs] *adj* regolare
Ordnungsstrafe ['ɔrdnuŋsʃtraːfə] *f JUR* ammenda *f*
ordnungswidrig ['ɔrdnuŋsviːdrɪç] *adj* **1.** contrario alle norme; *adv* **2.** contro le norme
Ordnungszahl ['ɔrdnuŋstsaːl] *f* **1.** numero ordinale *m;* **2.** *CHEM* numero atomico *m*
Organ [ɔr'gaːn] *n* organo *m*
Organisation [ɔrganiza'tsjoːn] *f* organizzazione *f*
Organisator(in) [ɔrgani'zaːtɔr/ɔrganiza'ːtoːrin] *m/f* organizzatore/organizzatrice *m/f*
organisatorisch [ɔrganiza'toːrɪʃ] *adj* organizzatore
organisch [ɔr'gaːnɪʃ] *adj* organico
organisieren [ɔrgani'ziːrən] *v* organizzare
Organismus [ɔrga'nɪsmus] *m* organismo *m*
Orgasmus [ɔr'gasmus] *m* orgasmo *m*
Orgel ['ɔrgəl] *f MUS* organo *m*
Orgie ['ɔrgjə] *f* orgia *f*
Orient ['oːrjɛnt] *m GEO* Oriente *m*
orientalisch [ɔrjɛn'taːlɪʃ] *adj* orientale
orientieren [ɔrjɛn'tiːrən] *v sich ~* orientarsi
Orientierung [ɔrjɛn'tiːruŋ] *f* orientamento *m*
original [origi'naːl] *adj* originale
Originalität [originali'tɛːt] *f* **1.** *(Echtheit)* originalità *f;* **2.** *(Besonderheit)* originalità *f*
originell [origi'nɛl] *adj* originale
Orkan [ɔr'kaːn] *m* uragano *m*
Ort [ɔrt] *m* **1.** *(Stelle)* luogo *m,* posto *m;* **2.** *(Ortschaft)* paese *m*
orthodox [ɔrto'dɔks] *adj* ortodosso
Orthografie [ɔrtogra'fiː] *f* ortografia *f*
Orthopäde [ɔrto'pɛːdə] *m* ortopedico *m*
örtlich ['øːrtlɪç] *adj* locale
Örtlichkeiten ['øːrtlɪçkaɪtən] *pl* località *f/pl*

Ortsangabe ['ɔrtsangaːbə] *f* indicazione del luogo *f*
Ortschaft ['ɔrtʃaft] *f* località *f*, paese *m*
ortsfremd ['ɔrtsfrɛmt] *adj* forestiero *m*
Ortsgespräch ['ɔrtsgəʃprɛːç] *n* chiamata urbana *f*
ortskundig ['ɔrtskundɪç] *adj* esperto del posto *m*
Ortszeit ['ɔrtstsaɪt] *f* ora locale *f*
Osten ['ɔstən] *m* **1.** est *m*, oriente *m*; **2.** *Naher ~* GEO Vicino Oriente *m*; **3.** *Mittlerer ~* Medio Oriente *m*; **4.** *Ferner ~* Estremo Oriente *m*
Osterei ['oːstəraɪ] *n* uovo di Pasqua *m*
Osterhase ['oːstɐhaːzə] *m* coniglietto di Pasqua *m*
Ostermontag [oːstər'moːntaːk] *m* lunedì di Pasqua *m*, Pasquetta *f* *(fam)*
Ostern ['oːstɐn] *n* Pasqua *f*
Österreich ['øːstɐraɪç] *n* GEO Austria *f*
österreichisch ['øːstɐraɪçɪʃ] *adj* austriaco
Ostersonntag [oːstər'zɔntaːk] *m* domenica di Pasqua *f*
Osteuropa ['ɔstɔyroːpa] *n* GEO Europa orientale *f*
östlich ['œstlɪç] *adj* orientale
Ostsee ['ɔstzeː] *f* GEO mar Baltico *m*
Otter ['ɔtɐ] *m* **1.** *(Fischotter)* lontra *f*; *f* **2.** *(Schlange)* vipera *f*
oval [o'vaːl] *adj* ovale
Overall ['oːvɐɔːl] *m* overall *m*
oxidieren [ɔksi'diːrən] *v* CHEM ossidare
Ozean ['oːtseaːn] *m* oceano *m*
Ozon [o'tsoːn] *n* CHEM ozono *m*
Ozonloch [o'tsoːnlɔx] *n* buco nell'ozono *m*
Ozonschicht [o'tsoːnʃɪçt] *f* ozonosfera *f*

P

paar [paːr] *adj* qualche, alcuni; *ein ~ Mal im Jahr* un paio di volte all'anno
Paar [paːr] *n* **1.** *(ein ~ Schuhe)* paio *m;* **2.** *(Ehepaar)* coppia *f*
paaren ['paːrən] *v* accoppiare, appaiare
paarweise ['paːrvaɪzə] *adv* a coppie
Pacht [paxt] *f* **1.** *(Überlassung)* affitto *m,* locazione *f;* **2.** *(Entgelt)* affitto *m*
pachten ['paxtən] *v* prendere in affitto
Pächter(in) ['pɛçtər(ɪn)] *m/f* affittuario/affitttuaria *m/f*
Pack [pak] *n (fam)* gentaglia *f*
Päckchen ['pɛkçən] *n* pacchetto *m*
packen ['pakən] *v* **1.** prendere; **2.** *(greifen)* afferrare; **3.** *(ein~)* mettere; **4.** *(Paket)* fare
Packung ['pakuŋ] *f* **1.** pacchetto *m,* confezione *f;* **2.** *MED* impacco *m*
Pädagoge [peːda'goːgə] *m* pedagogista *m*
Pädagogik [pɛda'goːgɪk] *f* pedagogia *f*
pädagogisch [pɛda'goːgɪʃ] *adj* pedagogico
Paddel ['padəl] *n* pagaia *f*
Paddelboot ['padəlboːt] *n* canoa *f*
paddeln ['padəln] *v* pagaiare
Page ['paːʒə] *m* paggio *m,* valletto *m*
Paket [pa'keːt] *n* pacco *m,* pacchetto *m*
Pakistan ['paːkɪstaːn] *n GEO* Pakistan *m*
Pakt [pakt] *m* patto *m*
Palast [pa'last] *m* palazzo *m*
Palästina [palɛ'stiːna] *n GEO* Palestina *f*
Palette [pa'lɛtə] *f* **1.** *(Auswahl)* gamma *f;* **2.** *TECH* paletta *f;* **3.** *ART* tavolozza *f*
Palme ['palmə] *f BOT* palma *f; auf der ~ sein* essere infuriati/andare in bestia
Palmsonntag [palm'zɔntaːk] *m REL* domenica delle Palme *f*
panieren [pa'niːrən] *v GAST* impanare
Paniermehl [pa'niːrmeːl] *n* pangrattato *m*
Panik ['paːnɪk] *f* panico *m*
Panne ['panə] *f* **1.** *(Schaden)* panne *f,* guasto *m;* **2.** *(Missgeschick)* disavventura *f*
Pannenhilfe ['panənhɪlfə] *f* soccorso stradale *m*
Panorama [pano'raːma] *n* panorama *m*
panschen ['panʃən] *v (verfälschen)* annacquare
Panther ['pantɐ] *m ZOOL* pantera *f*
Pantoffel [pan'tɔfəl] *m* pantofola *f; unter dem ~ stehen* essere dominato dalla moglie; *den ~ schwingen* portare i calzoni
Pantomime [panto'miːmə] *f* pantomima
Panzer ['pantsɐ] *m* **1.** *(Rüstung)* corazza *f;* **2.** *MIL* carro armato *m;* **3.** *ZOOL* corazza *f*
Papa ['papa] *v* papà *m,* babbo *m*
Papagei [papa'gaɪ] *m* pappagallo *m*
Papier [pa'piːr] *n* **1.** carta *f; nur auf dem ~ stehen (fig)* esistere solo sulla carta; *etw zu ~ bringen* mettere sulla carta qc/mettere per iscritto qc; **2.** *(Dokument)* documento *m;* **3.** *(Wertpapier) FIN* titolo *m*
Papiergeld [pa'piːrgɛlt] *n* cartamoneta *f*
Papierkorb [pa'piːrkɔrp] *m* cestino per la carta *m*
Pappbecher ['papbɛçɐ] *m* bicchiere di carta *m*
Pappe ['papə] *f* cartone *m*
Pappel ['papəl] *f BOT* pioppo *m*
Pappkarton ['papkartɔŋ] *m* cartone *m*
Paprika ['paprɪka] *m* **1.** *(Gewürz)* paprica *m; f* **2.** *BOT* peperone *m*
Papst [paːpst] *m REL* papa *m,* pontefice *m; päpstlicher als der ~ sein* essere più realisti del re
päpstlich ['pɛːpstlɪç] *adj REL* papale
Parade [pa'raːdə] *f* parata *f*
Paradies [para'diːs] *n* paradiso *m; das ~ auf Erden* il paradiso in terra *m*
paradox [para'dɔks] *adj* paradossale
Paragraph [para'graːf] *m* paragrafo *m*
parallel [para'leːl] *adj* parallelo
Parallele [para'leːlə] *f* parallela *f*
Parasit [para'ziːt] *m* parassita *m*
parat [pa'raːt] *adj* pronto; *Du hast im-*

mer eine Antwort ~. Hai sempre la risposta pronta.
Parfüm [par'fyːm] *n* profumo *m*
Parfümerie [parfymə'riː] *f* profumeria *f*
parieren [pa'riːrən] *v* **1.** SPORT parare; **2.** *(fam)* ubbidire
Parität [pari'tɛːt] *f* parità *f*
paritätisch [pari'tɛːtɪʃ] *adj* **1.** paritetico; *adv* **2.** in modo paritetico
Park [park] *m* parco *m*
parken ['parkən] *v* parcheggiare
Parkett [par'kɛt] *n* **1.** *(Bodenbelag)* parquet *m;* **2.** THEAT platea *f*
Parkhaus ['parkhaus] *n* parcheggio a più piani *m*
Parkour [par'kuːɐ] *m* SPORT parkour *m*
Parkplatz ['parkplats] *m* parcheggio *m; Gebührenpflichtiger ~!* Parcheggio a pagamento!
Parkuhr ['parkuːɐ] *f* parchimetro *m*
Parkverbot ['parkfɛrboːt] *n* divieto di sosta *m*
Parlament [parla'mɛnt] *n* POL parlamento *m*
parlamentarisch [parlamɛn'taːrɪʃ] *adj* POL parlamentare
Parlamentswahlen [parla'mɛntsvaːlən] *pl* POL elezioni politiche *f/pl*
Parmesan [parme'zaːn] *m* GAST parmigiano *m*
Parodie [paro'diː] *f* parodia *f*
Parole [pa'roːlə] *f* parola d'ordine *f,* slogan *m; faschistische ~n* slogan fascisti *m/pl*
Partei [par'taɪ] *f* **1.** POL partito *m;* **2.** JUR parte *f*
parteiisch [par'taɪɪʃ] *adj* parziale
Parteitag [par'taɪtaːk] *m* POL congresso del partito *m*
Parterre [par'tɛrə] *n* **1.** *(Erdgeschoss)* pianterreno *m;* **2.** THEAT platea *f*
Partie [par'tiː] *f* **1.** *eine gute ~ sein* essere un buon partito; *eine gute ~ machen* sposare un buon partito; **2.** *(Spiel)* partita *f;* **3.** *(Teil)* parte *f*
Partner(in) ['partnər(ɪn)] *m/f* **1.** *(Ehepartner(in))* partner *m/f,* compagno/compagna *m/f;* **2.** *(Geschäftspartner(in)),* socio/socia *m/f;* **3.** *(Vertragspartner(in))* socio/socia *m/f,* partecipante *m/f*
Partnerschaft ['partnɐʃaft] *f* **1.** ECO partecipazione *f;* **2.** *(Zweierbeziehung)* vita di coppia *f*
Party ['paːrti] *f* party *m*
Pascha ['paʃa] *m* *(fig)* pascià *m*
Pass [pas] *m* **1.** *(Ausweis)* passaporto *m; einen ~ ausstellen* rilasciare un passaporto; **2.** *(Bergpass)* passo *m*
Passage [pa'saːʒə] *f* **1.** *(Durchgang)* passaggio *m;* **2.** *(Überfahrt)* traversata *f*
Passagier [pasa'ʒiːr] *m* passeggero *m; blinder ~* passeggero clandestino *m*
Passagierschiff [pasa'ʒiːrʃɪf] *n* nave passeggeri *f*
Passant(in) [pa'sant(ɪn)] *m/f* passante *m/f*
Passbild ['pasbɪlt] *n* foto tessera *f*
passen ['pasən] *v* **1.** *(Kleidung)* stare bene; **2.** *(angemessen sein)* essere adatto; **3.** *(recht sein)* andare bene; *Es passt mir nicht.* Non mi va. **4.** *~ müssen (fig)* dover passare
passend ['pasənt] *adj* che va bene, adatto
passieren [pa'siːrən] *v* **1.** *(geschehen)* accadere; **2.** *(vorbeigehen)* passare; **3.** GAST passare
passiv ['pasiːf] *adj* passivo
Passiva [pa'siːva] *pl* ECO passivo *m*
Passivität [pasivi'tɛːt] *f* passività *f*
Passkontrolle ['paskɔntrɔlə] *f* controllo dei passaporti *m*
Paste ['pastə] *f* pasta *f*
Pastete [pa'steːtə] *f* GAST pasticcio *m*
Pastor ['pastɔr] *m* REL pastore *m*
Pate ['paːtə] *m* padrino *m; bei etw ~ stehen* fare da padrino a qc
Patenkind ['paːtənkɪnt] *n* figlioccio *m*
Patenschaft ['paːtənʃaft] *f* condizione di padrino *f*
patent [pa'tɛnt] *adj* bravo, in gamba
Patent [pa'tɛnt] *n* brevetto *m*
Patentamt [pa'tɛntamt] *n* ufficio brevetti *m*
patentieren [patɛn'tiːrən] *v* brevettare
Pater ['paːtɐ] *m* REL padre *m*
Pathologie [patolo'giː] *f* MED patologia *f*
pathologisch [pato'loːgɪʃ] *adj* MED patologico
Pathos ['paːtɔs] *n* pathos *m*

Patient(in) [pa'tsjɛnt(ɪn)] *m/f* paziente *m/f*
Patin ['paːtɪn] *f* madrina *f*
Patriarch [patri'arç] *m* patriarca *m*
Patriarchat [patriar'çaːt] *n* patriarcato *m*
Patriot(in) [patri'oːt(ɪn)] *m/f* patriota *m/f*
Patriotismus [patrio'tɪsmus] *m* patriottismo *m*
Patron(in) [pa'troːn(ɪn)] *m/f* patrono/patrona *m/f*
Patronat [patro'naːt] *n* patronato *m*
Patrone [pa'troːnə] *f* **1.** *(einer Waffe)* cartuccia *f;* **2.** *(Tintenpatrone)* cartuccia *f*
patzig ['patsɪç] *adj (fam)* **1.** borioso, impertinente; *adv* **2.** sfacciatamente
Pauke ['paukə] *f MUS* timpano *m; mit ~n und Trompeten* con tutti gli onori
pauken ['paukən] *v (fam)* studiare
Pauker ['paukɐ] *m (fam)* insegnante *m*
pauschal [pau'ʃaːl] *adj* **1.** forfettario; *adv* **2.** a forfait
Pauschale [pau'ʃaːlə] *f* forfait *m*
Pause ['pauzə] *f* pausa *f*
pausenlos ['pauzənloːs] *adj* **1.** ininterrotto; *adv* **2.** ininterrottamente
pausieren [pau'ziːrən] *v* fare una pausa
Pazifik [pa'tsifɪk] *m GEO* Oceano Pacifico *m*
pazifistisch [patsɪ'fɪstɪʃ] *adj* **1.** pacifistico; *adv* **2.** in modo pacifistico
Pech [pɛç] *n* **1.** pece *f; wie ~ und Schwefel zusammenhalten* essere come pane e burro/essere inseparabili; **2.** *(fig: Missgeschick)* sfortuna *f*
Pechsträhne ['pɛçʃtrɛːnə] *f* sequela di guai *f; Die ~ reißt nicht ab.* I guai non sono finiti.
Pedal [pe'daːl] *n* pedale *m*
Pedant(in) [pe'dant(ɪn)] *m/f* pedante *m/f*
pedantisch [pe'dantɪʃ] *adj* pedante
Pegel ['peːgəl] *m* livello *m*
peilen ['paɪlən] *v* **1.** *(Richtung)* rilevare; **2.** *(fig)* calcolare approssimativamente; *über den Daumen gepeilt* all'incirca
Pein [paɪn] *f* pena *f*
peinigen ['paɪnɪgən] *v* tormentare
peinlich ['paɪnlɪç] *adj* **1.** penoso; **2.** *(übergenau)* minuzioso, meticoloso

P

Peinlichkeit ['paɪnlɪçkaɪt] *f* **1.** *(Verlegenheit)* penosità *f;* **2.** *(Genauigkeit)* precisione *f*
Peitsche ['paɪtʃə] *f* frusta *f*
peitschen ['paɪtʃən] *v* **1.** *(schlagen)* frustare; **2.** *(fig)* colpire
Pelle ['pɛlə] *f* pelle *f,* buccia *f; die Kartoffeln mit der ~ kochen* cuocere le patate con la buccia; *jdm auf die ~ rücken* stare alle costole di qd
Pellkartoffel ['pɛlkartɔfəl] *f GAST* patata lessa con la buccia *f*
Pelz [pɛlts] *m* **1.** *(Fell)* pelo *m; jdm auf den ~ rücken* stare alle costole di qd; *jdm eins auf den ~ brennen* sparare contro qd a qd; **2.** *(~mantel)* pelliccia *f*
Pendel ['pɛndəl] *n* pendolo *m*
pendeln ['pɛndəln] *v* **1.** *(baumeln)* pendolare; **2.** *(fig)* fare la spola, pendolare; *zwischen zwei Städten ~* fare la spola tra due città
Pendler(in) ['pɛndlər(ɪn)] *m/f* pendolare *m/f*
penetrant [pɛnə'trant] *adj* **1.** *(Menschen)* invadente; **2.** *(Gerüche)* penetrante; *adv* **3.** in modo invadente
penibel [pe'niːbəl] *adj* preciso
Penis ['peːnɪs] *m ANAT* pene *m*
Pension [pɛn'zjoːn] *f* **1.** *(Ruhestand)* pensione *f;* **2.** *(Rente)* pensione *f;* **3.** *(Fremdenheim)* pensione *f*
Pensum ['pɛnzum] *n* programma *m*
per [pɛr] *prep* per, con
perfekt [pɛr'fɛkt] *adj* perfetto
Perfektion [pɛrfɛk'tsjoːn] *f* perfezione *f*
Perfektionist(in) [pɛrfɛktsjo'nɪst(ɪn)] *m/f* perfezionista *m/f*
Pergament [pɛrga'mɛnt] *n* pergamena *f*
Periode [per'joːdə] *f* **1.** *(Zeitabschnitt)* periodo *m;* **2.** *(Menstruation)* mestruazione *f*
periodisch [per'joːdɪʃ] *adj* periodico
Peripherie [perife'riː] *f* periferia *f*
Perle ['pɛrlə] *f* perla *f*
Perlenkette ['pɛrlənkɛtə] *f* collana di perle *f*
permanent [pɛrma'nɛnt] *adj* permanente
perplex [pɛr'plɛks] *adj* perplesso
Perser(in) ['pɛrzər(ɪn)] *m/f* *(Person)* persiano/persiana *m/f*

Persien ['pɛrziən] *n* GEO Persia *f*
Person [pɛr'zoːn] *f* persona *f*; *die Pünktlichkeit in ~ sein* essere la puntalità in persona
Personal [pɛrzo'naːl] *n* personale *m*
Personalabteilung [pɛrzo'naːlaptaɪluŋ] *f* ufficio del personale *m*
Personalausweis [pɛrzo'naːlausvaɪs] *m* carta d'identità *f*
Personalcomputer [pɛrzo'naːlkompjuːtɐ] *m* INFORM personal computer *m*
Personalien [pɛrzo'naːljən] *pl* dati personali *m/pl*, generalità *f/pl*
Personenkraftwagen [pɛr'zoːnənkraftvaːgən] *m* autovettura *f*, automobile *f*
persönlich [pɛr'zøːnlɪç] *adj* **1.** personale; *adv* **2.** personalmente, di persona; *etw ~ nehmen* prendere qc sul piano personale
Persönlichkeit [pɛr'zøːnlɪçkaɪt] *f* personalità *f*
Perspektive [pɛrspɛk'tiːvə] *f* prospettiva *f*
Peru [pɛ'ruː] *n* GEO Perù *m*
Perücke [pɛ'rykə] *f* parrucca *f*
pervers [pɛr'vɛrs] *adj* perverso, pervertito
Pessimismus [pɛsi'mɪsmus] *m* pessimismo *m*
Pessimist(in) [pɛsɪ'mɪst(ɪn)] *m/f* pessimista *m/f*
pessimistisch [pɛsi'mɪstɪʃ] *adj* pessimistico
Pest [pɛst] *f* MED peste *f*; *jdn hassen wie die ~* odiare qd a morte
Petersilie [petər'ziːljə] *f* BOT prezzemolo *m*
Petition [peti'tsjoːn] *f* petizione *f*
Petroleum [pe'troːleum] *n* petrolio *m*
Pfad [pfaːt] *m* sentiero *m*; *ein steiler ~* un sentiero ripido *m*; *auf dem ~ der Tugend wandeln* camminare sul sentiero della virtù; *auf krummen ~en wandeln* seguire vie traverse
Pfadfinder(in) ['pfaːtfɪndər(ɪn)] *m/f* boy scout *m/f*
Pfahl [pfaːl] *m* palo *m*
Pfand [pfant] *n* pegno *m*; *als ~ meiner Treue* come pegno della mia fedeltà
pfänden ['pfɛndən] *v* pignorare
Pfandflasche ['pfantflaʃə] *f* vuoto a rendere *m*
Pfändung ['pfɛnduŋ] *f* pignoramento *m*
Pfanne ['pfanə] *f* padella *f*; *jdn in die ~ hauen* rovinare qd
Pfannkuchen ['pfankuːxən] *m* GAST frittata *f*
Pfarramt ['pfaramt] *n* REL ufficio parrocchiale *m*
Pfarrer ['pfarɐ] *m* REL parroco *m*
Pfau [pfau] *m* ZOOL pavone *m*
Pfeffer ['pfɛfɐ] *m* pepe *m*; *~ im Hintern haben* essere irrequieto
Pfefferminze ['pfɛfɐmɪntsə] *f* BOT menta *f*
Pfeffermühle ['pfɛfɐmyːlə] *f* macinino del pepe *m*
pfeffern ['pfɛfɐn] *v* pepare
Pfeife ['pfaɪfə] *f* **1.** *(Trillerpfeife)* fischietto *m*; *nach jds ~ tanzen* farsi comandare a bacchetta da qd; **2.** *(Tabakpfeife)* pipa *f*; *jdn in der ~ rauchen* tenere testa a qd facilmente
pfeifen ['pfaɪfən] *v irr* fischiare; *auf etw ~* infischiarsene di qc; *Ich werde dir was ~!* Non ci penso nemmeno!
Pfeifkonzert ['pfaɪfkɔntsɛrt] *n* salva di fischi *f*
Pfeil [pfaɪl] *m* freccia *f*
Pfeiler ['pfaɪlɐ] *m* pilone *m*
Pfennig ['pfɛnɪç] *m* HIST pfennig *m*; *keinen ~ wert sein* non valere un soldo; *mit jedem ~ rechnen müssen* dover contare il centesimo
Pferd [pfeːrt] *n* ZOOL cavallo *m*; *das ~ beim Schwanz aufzäumen* mettere il carro davanti ai buoi; *mit jdm ~e stehlen können* potersi fidare di qd; *das beste ~ im Stall sein* essere il miglior cavallo della scuderia; *die ~e scheu machen* seminare il panico; *aufs richtige ~ setzen* puntare sul cavallo vincente; *Keine zehn ~e bringen mich dorthin.* Non c'è barba d'uomo che passa convincermi ad anderci! *Ich glaub', mich tritt ein ~!* Sono rimasto a bocca aperta!
Pferderennen ['pfeːrdərɛnən] *n* corsa di cavalli *f*
Pfiff [pfɪf] *m* **1.** *(Pfeifen)* fischio *m*; **2.** *(fig: Schick)* eleganza *f*

Pfifferling ['pfɪfɐlɪŋ] *m* gallinaccio *m; keinen ~ wert sein* non valere un fico secco
Pfingsten ['pfɪŋstən] *n REL* Pentecoste *f*
Pfirsich ['pfɪrzɪʃ] *m BOT* pesca *f*
Pflanze ['pflantsə] *f* pianta *f*
pflanzen ['pflantsən] *v* piantare
Pflanzenfett ['pflantsənfɛt] *n* grasso vegetale *m*
pflanzlich ['pflantslɪç] *adj* vegetale
Pflaster ['pflastɐ] *n* **1.** *(Straßenpflaster)* pavimentazione *f; ein teures ~ sein* essere un posto molto caro; *ein heißes ~ sein* essere un posto pericoloso; **2.** *(Wundpflaster)* cerotto *m*
Pflasterstein ['pflastɐʃtaɪn] *m* pietra da pavimentazione *f*
Pflaume ['pflaumə] *f BOT* **1.** prugna *f;* **2.** *(Zwetschge)* susina *f*
Pflaumenmus ['pflaumənmu:s] *n GAST* marmellata di prugne *f*
Pflege ['pfle:gə] *f* cura *f; in ~ sein* essere in cura
pflegebedürftig ['pfle:gəbədyrftɪç] *adj* bisognoso di cure
Pflegefall ['pfle:gəfal] *m* persona da curare *f*
Pflegeheim ['pfle:gəhaɪm] *n* ricovero *m*
Pflegekind ['pfle:gəkɪnt] *n* pupillo *m*
pflegen ['pfle:gən] *v* curare
Pfleger(in) ['pfle:gər(ɪn)] *m/f* infermiere/infermiera *m/f*
Pflegeversicherung ['pfle:gəfɛrzɪçəruŋ] *f* assicurazione per l'assistenza ai non autosufficienti *f*
Pflicht [pflɪçt] *f* dovere *m*
pflichtbewusst ['pflɪçtbəvust] *adj* conscio del proprio dovere
Pflichtbewusstsein ['pflɪçtbəvustzaɪn] *n* coscienza del dovere *f*
Pflichtfach ['pflɪçtfax] *n* materia obbligatoria *f*
pflichtgemäß ['pflɪçtgəmɛ:s] *adj* **1.** doveroso; *adv* **2.** doverosamente
Pflichtübung ['pflɪçty:buŋ] *f* esercizio obbligatorio *m*
pflücken ['pflykən] *v* raccogliere
Pflug [pflu:k] *m AGR* aratro *m*
pflügen ['pfly:gən] *v AGR* arare
Pforte ['pfɔrtə] *f* porta *f*
Pförtner ['pfœrtnɐ] *m* portinaio *m*
Pfosten ['pfɔstən] *m* palo *m*
Pfote ['pfo:tə] *f* zampa *f; sich die ~n verbrennen* scottarsi le dita; *jdm eins auf die ~n geben* dare una lavata di capo a qd
pfui [pfui] *interj* puah, buh
Pfund [pfunt] *n* **1.** *(Maßeinheit)* libbra *f*, mezzo chilo *m;* **2.** *(Währungseinheit)* sterlina *f*
pfuschen ['pfuʃən] *v* acciabattare
Pfütze ['pfytsə] *f* pozzanghera *f*
Phänomen [fɛno'me:n] *n* fenomeno *m*
Phantom [fan'to:m] *n* fantasma *m*
Phantombild [fan'to:mbɪlt] *n* identikit *m*
Pharmaindustrie ['farmaɪndustri:] *f* industria farmaceutica *f*
Pharmakologie [farmakolo'gi:] *f* farmacologia *f*
pharmazeutisch [farma'tsɔytɪʃ] *adj* farmaceutico
Pharmazie [farma'tsi:] *f* farmacia *f*
Phase ['fa:zə] *f* fase *f*
Philharmonie [filharmo'ni:] *f MUS* filarmonica *f*
Philosoph(in) [filo'zo:f(ɪn)] *m/f* filosofo/filosofa *m/f*
Philosophie [filozo'fi:] *f* filosofia *f*
philosophisch [filo'zo:fɪʃ] *adj* filosofico
Phishing [fɪ'ʃɪŋ] *n* spillaggio di dati sensibili *m*
phlegmatisch [flɛg'ma:tɪʃ] *adj* flemmatico
Phonetik [fo'ne:tɪk] *f* fonetica *f*
phonetisch [fo'ne:tɪʃ] *adj* fonetico
Phosphat [fɔs'fa:t] *n CHEM* fosfato *m*
phosphatfrei [fɔs'fa:tfraɪ] *adj* privo di fosfato
pH-Wert [pe'have:rt] *m CHEM* valore del punto di acidità *m*
Physik [fy'zɪ:k] *f* fisica *f*
physikalisch [fy:zi'ka:lɪʃ] *adj* fisico
Physiologie [fy:zjolo'gi:] *f* fisiologia *f*
physiologisch [fy:zjo'lo:gɪʃ] *adj* fisiologico
physisch ['fy:zɪʃ] *adj* fisico
Pi [pi:] *n ~ mal Daumen MATH* a occhio e croce
Pianist(in) [pia'nɪst(ɪn)] *m/f MUS* pianista *m/f*
Pickel[1] ['pɪkəl] *m (Werkzeug)* piccone *m*

P

Pickel[2] ['pɪkəl] *m* *(Pustel)* pustola *f*, foruncoletto *m*
picken ['pɪkən] *v* beccare
Picknick ['pɪknɪk] *n* picnic *m*
piepen ['pi:pən] *v* *(fam)* *zum ~ sein* essere da ridere; *Bei dem piept's wohl!* È matto!
Pietät [pie'tɛ:t] *f* pietà *f*
pietätlos [pie'tɛ:tlo:s] *adj* senza pietà
pietätvoll [pie'tɛ:tfɔl] *adj* rispettoso
Pigment [pɪg'mɛnt] *n* pigmento *m*
pikiert [pi'ki:rt] *adj* offeso
Pilger(in) ['pɪlgər(ɪn)] *m/f* pellegrino/pellegrina *m/f*
Pille ['pɪlə] *f* pillola *f*; *eine bittere ~ schlucken* ingoiare un boccone amaro
Pilot(in) [pɪ'lo:t(ɪn)] *m/f* pilota *m/f*
Pilz [pɪlts] *m* fungo *m*
Pilzerkrankung ['pɪltsɛrkraŋkuŋ] *f* *MED* micosi *f*
Pilzvergiftung ['pɪltsfɛrgɪftuŋ] *f* *MED* avvelenamento da funghi *m*
Pinguin ['pɪŋgui:n] *m* *ZOOL* pinguino *m*
Pinie ['pi:njə] *f* *BOT* pino *m*
Pinsel ['pɪnzəl] *m* pennello *m*
Pinzette [pɪn'tsɛtə] *f* pinzetta *f*
Pionier [pio'ni:r] *m* pioniere *m*
Pirat [pi'ra:t] *m* pirata *m*
Pistazie [pis'ta:tsjə] *f* *BOT* pistacchio *m*
Piste ['pɪstə] *f* pista *f*
Pistole [pɪs'to:lə] *f* pistola *f*; *jdm die ~ auf die Brust setzen* mettere la pistola alla gola di qd; *wie aus der ~ geschossen* di botto
Pizza ['pɪtsa] *f* *GAST* pizza *f*
plädieren [plɛ'di:rən] *v* **1.** *JUR* patrocinare; **2.** *~ für* parlare in favore di
Plädoyer [plɛdoa'je:] *n* arringa *f*
Plage ['pla:gə] *f* flagello *m*, piaga *f*
plagen ['pla:gən] *v* *sich ~* strapazzarsi
Plagiat [plag'ja:t] *n* plagio *m*
Plakat [pla'ka:t] *n* manifesto *m*
plan [pla:n] *adj* piano
Plan [pla:n] *m* **1.** progetto *m*; **2.** *(Karte)* piantina *f*
Plane ['pla:nə] *f* telone *m*, copertone *m*
planen ['pla:nən] *v* progettare
Planet [pla'ne:t] *m* pianeta *m*
planieren [pla'ni:rən] *v* appianare
planlos ['pla:nlo:s] *adj* privo di metodo, disordinato
planmäßig ['pla:nmɛ:sɪç] *adj* conforme ai piani, regolare
Plantage [plan'ta:ʒə] *f* piantagione *f*
Plantschbecken ['planʃbɛkən] *n* piscina per bambini *f*
plantschen ['planʃən] *v* sguazzare
Planung ['pla:nuŋ] *f* progettazione *f*
Planwirtschaft ['pla:nvɪrtʃaft] *f* *ECO* economia pianificata *f*
plappern ['plapɐn] *v* chiacchierare
Plasma ['plasma] *n* *BIO* plasma *m*
Plastik[1] ['plastɪk] *n* plastica *f*
Plastik[2] ['plastɪk] *f* **1.** *ART* arte plastica *f*; **2.** *(Skulptur)* scultura *f*
Plastiktüte ['plastɪkty:tə] *f* sacchetto di plastica *m*
plastisch ['plastɪʃ] *adj* **1.** plastico; **2.** *(fig)* in rilievo
Platin ['pla:ti:n] *n* *CHEM* platino *m*
Platine [pla'ti:nə] *f* *TECH* platina *f*
plätschern ['plɛtʃɐn] *v* gorgogliare
platt [plat] *adj* **1.** piatto; **2.** *(fig)* piatto; *~ sein* rimanere di stucco
Platte ['platə] *f* **1.** tavola *f*, lamiera *f*; **2.** *(Fliese)* piastrella *f*; **3.** *(Schallplatte)* disco *m*; *eine andere ~ auflegen (fig)* cambiare disco
Plattenspieler ['platənʃpi:lɐ] *m* giradischi *m*
Plattform ['platfɔrm] *f* piattaforma *f*
Plattfuß ['platfu:s] *m* **1.** *(fam: Reifenpanne)* pneumatico sgonfio *m*; **2.** *MED* piede piatto *m*
Platz [plats] *m* **1.** *(Stelle)* posto *m*; *ein ~ an der Sonne* un posto al sole *m*; *fehl am ~e sein* essere fuori posto; *~ behalten* restare seduto; *~sparend* poco ingombrante; **2.** *(freier Raum)* spazio *m*; **3.** *(Spielfeld)* campo *m*; **4.** *(Marktplatz)* piazza *f*
Platzangst ['platsaŋst] *f* agorafobia *f*
Plätzchen ['plɛtsçən] *n* **1.** *(kleiner Platz)* posticino *m*; **2.** *(Gebäck)* pasticcino *m*
platzen ['platsən] *v* scoppiare
platzieren [pla'tsi:rən] *v* piazzare
Platzierung [pla'tsi:ruŋ] *f* piazzamento *m*
Platzkarte ['platskartə] *f* biglietto di prenotazione *m*
Platzregen ['platsre:gən] *m* acquazzone *m*

Platzwunde ['platsvundə] *f MED* ferita *f*
plaudern ['plaudɐn] *v* discorrere, conversare
plausibel [plau'ziːbəl] *adj* plausibile
pleite ['plaɪtə] *adj* fallito; *~ sein* essere al verde
Pleite ['plaɪtə] *f* fallimento *m*; *~ gehen* fare fallimento/fare bancarotta
Plenum ['pleːnum] *n* assemblea plenaria *f*, plenum *m*
Plombe ['plɔmbə] *f* **1.** piombo *m*; *ein Paket mit ~n versehen* mettere il piombo a un pacco; **2.** *(Zahnplombe)* piombatura *f*
plombieren [plɔm'biːrən] *v* **1.** piombare; **2.** *(Zahn)* piombare, otturare
plötzlich ['plœtslɪç] *adj* improvviso
plump [plump] *adj* **1.** *(Hände, Körper)* tozzo, massiccio; **2.** *(Bewegung)* goffo; *Er hat einen ~en Gang.* Si muove goffamente. *adv* **3.** *(ungeschickt)* goffamente
Plunder ['plundɐ] *m* ciarpame *m*
plündern ['plyndɐn] *v* saccheggiare
Plünderung ['plyndəruŋ] *f* saccheggio *m*
Plural ['pluːraːl] *m GRAMM* plurale *m*
Pluralismus [pluːra'lɪsmus] *m* pluralismo *m*
pluralistisch [pluːra'lɪstɪʃ] *adj* pluralistico
plus [plus] *adv* **1.** *(Grad)* sopra zero; *fünf Grad ~* cinque gradi sopra zero; **2.** *MATH* più
Plus [plus] *n* **1.** *(MAT)* più *m*, **2.** *(Überschuss) ECO* sovrappiù *m*, eccedente *m*; **3.** *(fig)* vantaggio *m*
Plüsch [plyːʃ] *m* peluche *f*, felpa *f*
Pluspunkt ['pluspuŋkt] *m* punto di vantaggio *m*
Plutonium [plu'toːnjum] *n CHEM* plutonio *m*
pneumatisch [pnɔy'maːtɪʃ] *adj TECH* pneumatico
Po [poː] *m (fam) ANAT* sedere *m*
Pöbel ['pøːbəl] *m* plebe *f*
pochen ['pɔxən] *v* **1.** *(klopfen)* battere, bussare; *an die Tür ~* bussare alla porta; **2.** *(fig: bestehen auf)* insistere
Pocken ['pɔkən] *pl MED* vaiolo *m*
Podcast [pɔtkɑːst] *m* podcast *m*
Podest [po'dɛst] *n* pedana *f*, podio *m*
Podium ['poːdjum] *n* podio *m*
Poesie [poe'ziː] *f* poesia *f*
Poet(in) [po'eːt(ɪn)] *m/f* poeta/poetessa *m/f*
poetisch [po'eːtɪʃ] *adj* poetico
Pogrom [po'grɔːm] *n* pogrom *m*
Pointe [po'ɛ̃tə] *f* effetto finale *m*
Pokal [po'kaːl] *m* coppa *f*
pokern ['poːkɐn] *v* giocare a poker
Pol [poːl] *m* polo *m*; *der ruhende ~ sein* essere il punto fermo
Polarkreis [po'laːrkraɪs] *m GEO* circolo polare *m*
Polemik [po'leːmɪk] *f* polemica *f*
polemisch [po'leːmɪʃ] *adj* polemico
Polen ['poːlən] *n GEO* Polonia *f*
Police [po'liːsə] *f* polizza *f*
polieren [po'liːrən] *v* levigare, polire
Politik [poli'tiːk] *f* politica *f*
Politiker(in) [po'liːtikər(ɪn)] *m/f* politico/politica *m/f*
politisch [po'liːtɪʃ] *adj* politico
politisieren [politi'ziːrən] *v* politicizzare
Politur [poli'tuːr] *f* lucidatura *f*
Polizei [poli'tsaɪ] *f* polizia *f*
polizeilich [poli'tsaɪlɪç] *adj* **1.** della polizia; *adv* **2.** di polizia
Polizeipräsidium [poli'tsaɪprɛziːdjum] *n* questura *f*
Polizeirevier [poli'tsaɪreviːr] *n* distretto di polizia *m*
Polizist(in) [poli'tsɪst(ɪn)] *m/f* poliziotto/poliziotta *m/f*
Pollen ['pɔlen] *m BOT* polline *m*
polnisch ['pɔlnɪʃ] *adj* polacco
Polster ['pɔlstɐ] *n* imbottitura *f*
Polstermöbel ['pɔlstɐmøːbəl] *n* mobile imbottito *m*
polstern ['pɔlstɐn] *v* imbottire
Polterabend ['pɔltəraːbənt] *m* addio al celibato *m*, addio al nubilato *m*
Polygamie [polyga'miː] *f* poligamia *f*
polyglott ['polyglɔt] *adj* poliglotta
Polyp [po'lyːp] *m ZOOL, MED* polipo *m*
Pomade [po'maːdə] *f* brillantina *f*
Pommes frites [pɔm'frɪt] *pl GAST* patate fritte *f/pl*
pompös [pɔm'pøːs] *adj* pomposo
Pony ['pɔni] *n* **1.** *ZOOL* pony *m*; *m* **2.** *(Frisur)* frangetta *f*
populär [popu'lɛːr] *adj* popolare

Popularität [populari'tɛ:t] *f* popolarità *f*
Pore ['po:rə] *f ANAT* poro *m*
Pornografie [pɔrnogra'fi:] *f* pornografia *f*
Porree ['pore:] *m BOT* porro *m*
Portal [pɔr'ta:l] *n* portale *m*
Portemonnaie [pɔrtmɔ'ne:] *n* portamonete *m,* borsellino *m; tief ins ~ greifen müssen* doversi svenare/dover spendere molto
Portier [pɔr'tje:] *m* portiere *m*
Portion [pɔr'tsjo:n] *f* porzione *f*
Porto ['pɔrto] *n* affrancatura *f,* porto *m*
portofrei ['pɔrtofraɪ] *adj* **1.** franco di porto; *adv* **2.** franco di porto
Porträt [pɔr'trɛ:] *n* ritratto *m*
Portugal ['pɔrtugal] *n GEO* Portogallo *m*
portugiesisch [pɔrtu'gi:zɪʃ] *adj* portoghese
Portwein ['pɔrtvaɪn] *m* porto *m*
Porzellan [pɔrtsə'la:n] *n* porcellana *f*
Posaune [pɔ'zaunə] *f MUS* trombone *m*
Pose ['po:zə] *f* posa *f*
Position [pozi'tsjo:n] *f* posizione *f*
positiv ['poziti:f] *adj* positivo
Positur [pozi'tu:r] *f* posa *f*
Post [pɔst] *f* posta *f*
Postamt ['pɔstamt] *n* ufficio postale *m*
Postanweisung ['pɔstanvaɪzuŋ] *f* vaglia postale *m*
Postbote ['pɔstbo:tə] *m* postino *m*
Posten ['pɔstən] *m* **1.** posto *m; auf dem ~ sein* sentirsi in buona salute; **2.** *(Wachtposten)* sentinella *f; auf verlorenem ~ stehen* lottare per una causa persa; **3.** *(Warenmenge)* partita *f;* **4.** *(Einzelziffer)* voce *f*
Postfach ['pɔstfax] *n* casella postale *f*
Postkarte ['pɔstkartə] *f* cartolina *f*
postlagernd ['pɔstlagɐnt] *adj* **1.** fermo posta; *adv* **2.** fermo posta
Postleitzahl ['pɔstlaɪttsa:l] *f* codice di avviamento postale *m*
Postschalter ['pɔstʃaltɐ] *m* sportello della posta *m*
Postscheck ['pɔstʃɛk] *m* assegno postale *m*
Poststempel ['pɔstʃtɛmpəl] *m* timbro postale *m*
potent [po'tɛnt] *adj* potente
Potenz [po'tɛnts] *f* potenza *f*
potenziell [potɛn'tsjɛl] *adj* potenziale
Pracht [praxt] *f* lusso *m,* splendore *m; eine wahre ~ sein* essere un'autentica meraviglia
prächtig ['prɛçtɪç] *adj* **1.** sontuoso; *adv* **2.** pomposamente
prädestiniert [prɛdɛsti'ni:rt] *adj* predestinato
Prädikat [prɛdi'ka:t] *n* **1.** *(Bewertung)* valutazione *f;* **2.** *GRAMM* predicato *m*
prägen ['prɛ:gən] *v* **1.** *(Münzen)* coniare; **2.** *(fig)* coniare
pragmatisch [prak'ma:tɪʃ] *adj* **1.** pragmatico; *adv* **2.** pragmaticamente
prägnant [prɛg'nant] *adj* **1.** pregnante; *adv* **2.** in modo conciso
Prägung ['prɛ:guŋ] *f* **1.** *(von Münzen)* coniatura *f;* **2.** *(fig)* creazione *f*
prähistorisch [prɛ:hɪs'to:rɪʃ] *adj* preistorico
prahlen ['pra:lən] *v* vantarsi
praktikabel [praktɪ'ka:bəl] *adj* praticabile
Praktikant(in) [praktɪ'kant(ɪn)] *m/f* praticante *m/f*
Praktikum ['praktɪkum] *n* tirocinio *m*
praktisch ['praktɪʃ] *adj* **1.** pratico; *adv* **2.** praticamente
praktizieren [prakti'tsi:rən] *v* praticare
Praline [pra'li:nə] *f GAST* cioccolatino *m*
Prämie ['prɛ:mjə] *f* premio *m*
prämieren [prɛ'mi:rən] *v* premiare
Pranke ['praŋkə] *f ZOOL* zampa *f*
Präparat [prɛpa'ra:t] *n* preparato *m*
präparieren [prɛpa'ri:rən] *v* preparare
Präposition [prɛpozi'tsjo:n] *f GRAMM* preposizione *f*
Prärie ['prɛri:] *f* prateria *f*
Präsentation [prɛzəntats'jo:n] *f* presentazione *f*
präsentieren [prɛzən'ti:rən] *v* presentare
Präservativ [prɛzɐva'ti:f] *n* preservativo *m*
Präsident(in) [prɛzɪ'dɛnt(ɪn)] *m/f* presidente/presidentessa *m/f*
Präsidium [prɛ'zi:djum] *n* **1.** *(Vorsitz)* presidenza *f;* **2.** *(Gebäude)* sede della presidenza *f*

P

prassen ['prasən] *v* gozzovigliare
Praxis ['praksis] *f* 1. prassi *f;* 2. *(Erfahrung)* pratica *f;* 3. *(Arztpraxis)* ambulatorio *m*
Präzedenzfall [prɛtsə'dɛntsfal] *m* precedente *m; Er bezieht sich auf einen ~.* Egli invoca un precedente.
präzise [prɛ'tsi:zə] *adj* preciso
Präzision [prɛ'tsizjo:n] *f* precisione *f*
predigen ['pre:dɪgən] *v* 1. REL predicare; 2. *(fig)* predicare
Predigt ['pre:dɪçt] *f* 1. REL predica *f;* 2. *(fig)* predica *f*
Preis [praɪs] *m* 1. *(Wertangabe)* valore *m,* prezzo *m; um keinen ~* a nessun prezzo/in nessun caso; 2. *(Auszeichnung)* premio *m*
Preisanstieg ['praɪsanʃti:k] *m* aumento dei prezzi *m*
Preisausschreiben ['praɪsausʃraɪbən] *n* concorso a premi *m*
Preiselbeere ['praɪzəlbe:rə] *f* BOT mirtillo rosso *m*
preisen ['praɪzən] *v irr* lodare
Preisfrage ['praɪsfra:gə] *f (fig)* quesito a premi *m*
preisgeben ['praɪsge:bən] *v irr* 1. *(aufgeben)* abbandonare; 2. *(enthüllen)* rivelare
preisgünstig ['praɪsgynstɪç] *adj* conveniente, a buon prezzo
Preisliste ['praɪslɪstə] *f* listino dei prezzi *m*
Preisrückgang ['praɪsrykgaŋ] *m* calo dei prezzi *m*
Preisschild ['praɪsʃɪlt] *n* etichetta del prezzo *f*
Preisträger(in) ['praɪstrɛ:gər(ɪn)] *m/f* premiato/premiata *m/f*
preiswert ['praɪsve:rt] *adj* conveniente, a buon prezzo
Prellung ['prɛluŋ] *f* MED contusione *f*
Premiere [prəm'je:rə] *f* THEAT prima *f*
Premierminister [prəm'je:ministɐ] *m* POL primo ministro *m*
Presse ['prɛsə] *f* 1. *(Zeitungswesen)* stampa *f;* 2. TECH pressa *f*
Pressefreiheit ['prɛsəfraɪhaɪt] *f* libertà di stampa *f*
Pressekonferenz ['prɛsəkɔnfərɛnts] *f* conferenza stampa *f*
pressen ['prɛsən] *v* pressare
Prestige [prɛs'ti:ʒ] *n* prestigio *m*
prickeln ['prɪkəln] *v* 1. pizzicare, frizzare; 2. *(fig)* eccitare
Priester ['pri:stɐ] *m* REL sacerdote *m; jdn zum ~ weihen* ordinare qd sacerdote
prima ['pri:ma] *adj* 1. eccellente; *eine ~ Komödie* una commedia eccellente *f; adv* 2. eccellentemente
primär [pri'mɛ:r] *adj* primario
Primel ['pri:məl] *f* BOT primula *f*
primitiv [primi'ti:f] *adj* 1. primitivo; *adv* 2. primitivamente
Prinz(essin) [prɪnts/prɪn'tsɛsɪn] *m/f* principe/principessa *m/f*
Prinzip [prɪn'tsi:p] *n* principio *m*
prinzipiell [prɪn'tsipjɛl] *adj* 1. di principio; *adv* 2. per principio
Priorität [pri:ɔri'tɛ:t] *f* priorità *f*
Prise ['pri:zə] *f* pizzico *m,* presa *f; eine ~ Salz* un pizzico di sale *m; eine ~ Zucker* una presa di zucchero *f*
Pritsche ['prɪtʃə] *f* tavolaccio *m*
privat [pri'va:t] *adj* 1. privato; *adv* 2. privatamente
Privateigentum [pri'va:taɪgəntum] *n* proprietà privata *f*
privatisieren [privati'zi:rən] *v* ECO privatizzare
Privatisierung [privati'zi:ruŋ] *f* ECO privatizzazione *f*
Privileg [privi'le:k] *n* privilegio *m*
pro [pro:] *prep* per, a
Pro [pro:] *n* pro *m; das ~ und Kontra* i pro e i contro
Probe ['pro:bə] *f* 1. *(Versuch)* prova *f; jdn auf die ~ stellen* mettere qd alla prova; 2. *(Muster)* campione *m*
Probeaufnahme ['pro:bəaufna:mə] *f* registrazione di prova *f,* CINE provino *m*
Probefahrt ['pro:bəfa:rt] *f* giro di prova *m*
proben ['pro:bən] *v* provare
probeweise ['pro:bəvaɪzə] *adv* in prova
Probezeit ['pro:bətsaɪt] *f* periodo di prova *m; Der Schüler tritt die ~ an.* Lo scolaro inizia il periodo di prova.
probieren [pro'bi:rən] *v* 1. *(versuchen)* provare; 2. *(kosten)* assaggiare
Problem [pro'ble:m] *n* problema *m*
problematisch [proble'ma:tɪʃ] *adj* problematico

P

problemlos [pro'bleːmloːs] *adj* senza problemi
Produkt [pro'dukt] *n* prodotto *m*
Produktion [produk'tsjoːn] *f* produzione *f*
produktiv [produk'tiːf] *adj* **1.** produttivo; *adv* **2.** in modo produttivo
Produktivität [produktivi'tɛːt] *f* ECO produttività *f*
Produzent(in) [produ'tsɛnt(ɪn)] *m/f* produttore/produttrice *m/f*
produzieren [produ'tsiːrən] *v* produrre
professionell [profɛsjo'nɛl] *adj* **1.** professionale; *adv* **2.** professionalmente
Professor(in) [pro'fɛsɔr/profɛ'soːrɪn] *m/f* professore/professoressa *m/f*
Profi ['proːfi] *m* professionista *m*
Profil [pro'fiːl] *n* **1.** *(Seitenansicht)* profilo *m;* **2.** *TECH* profilato *m;* **3.** *(fig)* forma *f; Der Plan nimmt ~ an.* Il piano prende corpo.
profilieren [profi'liːrən] *v sich ~* profilarsi
Profit [pro'fiːt] *m* profitto *m*
Prognose [prog'noːzə] *f* previsione *f*
Programm [pro'gram] *n* programma *m*
programmgemäß [pro'gramgəmɛːs] *adj* secondo il programma
programmieren [progra'miːrən] *v* programmare
Programmierung [progra'miːruŋ] *f* programmazione *f*
progressiv [progrɛ'siːf] *adj* progressivo
Projekt [pro'jɛkt] *n* progetto *m,* piano *m*
Projektion [projɛk'tsjoːn] *f* proiezione *f*
Projektor [pro'jɛktor] *m* proiettore *m*
Proklamation [proklama'tsjoːn] *f* proclamazione *f,* proclama *m*
proklamieren [prokla'miːrən] *v* proclamare
Prokurist(in) [proku'rɪst(ɪn)] *m/f* ECO procuratore/procuratrice *m/f*
Prolet [pro'leːt] *m (fam)* zoticone *m*
Promenade [promə'naːdə] *f* passeggiata *f*
Promille [pro'mɪlə] *n* per mille *m*
prominent [promi'nɛnt] *adj* prominente
Prominenz [promi'nɛnts] *f* notabili *m/pl*
Promotion[1] [promo'tsjoːn] *f (Doktorwürde)* laurea *f*
Promotion[2] [prə'məʊʃən] *(Verkaufsförderung)* promozione *f*
promovieren [promo'viːrən] *v* laurearsi
prompt [prɔmt] *adj* **1.** pronto, immediato; *adv* **2.** prontamente
Pronomen [pro'noːmən] *n* GRAMM pronome *m*
propagieren [propa'giːrən] *v* propagare
Prophet(in) [pro'feːt(ɪn)] *m/f* REL profeta/profetessa *m/f*
Prophezeiung [profe'tsaɪuŋ] *f* profezia *f*
Proportion [propɔr'tsjoːn] *f* proporzione *f*
proportional [propɔrtsjo'naːl] *adj* **1.** proporzionale; *adv* **2.** proporzionalmente
Prosa ['proːza] *f* LIT prosa *f*
prosaisch [pro'zaːɪʃ] *adj* **1.** prosaico, in prosa; *adv* **2.** in prosa, prosaicamente
Prospekt [pro'spɛkt] *m* prospetto *m*
prost [proːst] *interj Prosit!* Salute!
Prostituierte [prostitu'iːrtə] *f* prostituta *f*
Prostitution [prostitu'tsjoːn] *f* prostituzione *f*
Protein [prote'iːn] *n* BIO proteina *f*
Protest [pro'tɛst] *m* protesta *f*
Protestant(in) [protɛs'tant(ɪn)] *m/f* REL protestante *m/f*
protestantisch [protɛs'tantɪʃ] *adj* REL protestante
protestieren [protɛs'tiːrən] *v* protestare
Prothese [pro'teːzə] *f* MED protesi *f*
Protokoll [proto'kɔl] *n* **1.** protocollo *m;* **2.** JUR verbale *m*
protokollieren [protokɔ'liːrən] *v* **1.** protocollare; **2.** JUR verbalizzare
Prototyp [proto'tyːp] *m* modello *m,* prototipo *m*
Proviant [prov'jant] *m* provviste *f/pl*
Provinz [pro'vɪnts] *f* provincia *f*
provinziell [provɪn'tsjɛl] *adj* provinciale
Provision [provi'zjoːn] *f* provvigione *f*

provisorisch [provi'zoːrɪʃ] *adj* 1. provvisorio; *adv* 2. provvisoriamente
Provokation [provoka'tsjoːn] *f* provocazione *f*
provozieren [provo'tsiːrən] *v* provocare, sfidare
provozierend [provo'tsiːrənt] *adj* 1. provocante; *adv* 2. in modo provocante
Prozedur [protse'duːr] *f* procedura *f*
Prozent [pro'tsɛnt] *n* percento *m*
prozentual [protsɛntu'aːl] *adj* 1. percentuale; *adv* 2. in percentuale
Prozess [pro'tsɛs] *m* 1. *(Vorgang)* procedimento *m;* 2. JUR processo *m; jdm den ~ machen* fare il processo a qd; *kurzen ~ mit jdm machen* farla breve con qd
prozessieren [protsɛ'siːrən] *v* JUR processare
Prozession [protsɛ'sjoːn] *f* processione *f*
Prozessor [pro'tsɛsor] *m* INFORM processore *m*
prüde ['pryːdə] *adj* pudico, puritano
prüfen ['pryːfən] *v* provare, esaminare
Prüfer(in) ['pryːfər(ɪn)] *m/f* esaminatore/esaminatrice *m/f*
Prüfling ['pryːflɪŋ] *m* candidato *m*
Prüfung ['pryːfuŋ] *f* esame *m*
Prügel ['pryːgəl] *m* 1. bastone *m; pl* 2. bastonate *f/pl*
Prügelknabe ['pryːgəlknaːbə] *m* capro espiatorio *m*
prügeln ['pryːgəln] *v* 1. *jdn ~* bastonare qd; 2. *sich ~* picchiarsi; *Sie ~ sich ohne Grund.* Si picchiano senza un motivo.
Prunk [pruŋk] *m* fasto *m,* pompa *f*
prunkvoll ['pruŋkfɔl] *adj* 1. fastoso, pomposo; *adv* 2. fastosamente, con sfarzo
Psalm [psalm] *m* REL salmo *m*
Pseudonym [psɔydo'nyːm] *n* pseudonimo *m*
Psyche ['psyːçə] *f* psiche *f*
Psychiater(in) [psyçi'aːtər(ɪn)] *m/f* psichiatra *m/f*
psychisch ['psyːçɪʃ] *adj* psichico
Psychoanalyse [psyçoana'lyːzə] *f* psicoanalisi *f*
Psychologe [psyço'loːgə] *m* psicologo *m*
Psychologie [psyçolo'giː] *f* psicologia *f*
Psychologin [psyço'loːgɪn] *f* psicologa *f*
psychologisch [psyço'loːgɪʃ] *adj* psicologico
Psychopath(in) [psyço'paːt(ɪn)] *m/f* psicopatico/psicopatica *m/f*
Psychopharmaka [psyço'faːrmaka] *pl* psicofarmaci *m/pl*
Psychotherapeut(in) [psyçotera'pɔyt(ɪn)] *m/f* psicoterapeuta *m/f*
pubertär [pubɛr'tɛːr] *adj* puberale
Pubertät [pubɛr'tɛːt] *f* pubertà *f*
Publikation [publika'tsjoːn] *f* pubblicazione *f*
Publikum ['publɪkum] *n* pubblico *m; das breite ~* il grande pubblico *m*
publizieren [publi'tsiːrən] *v* pubblicare
Pudding ['pudɪŋ] *m* GAST budino *m; ~ in den Armen und Beinen haben* non avere forza nelle braccia e nelle gambe
Pudel ['puːdəl] *m* ZOOL cane barbone *m; wie ein begossener ~ dastehen* rimanere come un cane bastonato
Puder ['puːdɐ] *m* cipria *f*
Puderzucker ['puːdɐtsukɐ] *m* GAST zucchero a velo *m*
Pullover [pu'loːvɐ] *m* pullover *m,* maglia *f*
Puls [puls] *m* polso *m; jdm den ~ fühlen (fig)* tastare il polso a qd
pulsieren [pul'ziːrən] *v* pulsare
Pulver ['pulvɐ] *n* polvere *f; sein ~ verschossen haben* avere sparato l'ultima cartuccia
pulverig ['pulvɐɪç] *adj* polveroso
Pulverkaffee ['pulvɐkafeː] *m* GAST caffè in polvere *m*
Puma ['puːma] *m* ZOOL puma *m*
pummelig ['pumɛlɪç] *adj* grassoccio
Pumpe ['pumpə] *f* pompa *f*
pumpen ['pumpən] *v* 1. pompare; 2. *(fig: leihen)* farsi prestare; *von jdm Geld ~* farsi prestare del denaro a qd; 3. *(fig: verleihen)* prestare; *jdm Geld ~* prestare denaro a qd
Punkt [puŋkt] *m* punto *m; der springende ~ sein* essere il punto saliente; *einen wunden ~ berühren* toccare un punto dolente; *etw auf den ~ bringen* mettere a punto qc

Punktion [puŋk'tsjoːn] *f MED* puntura *f*
pünktlich ['pyŋktlɪç] *adj* puntuale; *~ wie die Maurer* puntuale come un orologio
Pünktlichkeit ['pyŋktlɪçkaɪt] *f* puntualità *f*
Pupille [pu'pɪlə] *f ANAT* pupilla *f*
Puppe ['pupə] *f* **1.** *(Spielzeug)* bambola *f; die ~n tanzen lassen* fare il diavolo a quattro; **2.** *ZOOL* pupa *f;* **3.** *bis in die ~n* sino alle ore piccole
Puppenstube ['pupənʃtuːbə] *f* stanzetta delle bambole *f*
pur [puːr] *adj* **1.** puro; *adv* **2.** puramente
Püree [py'reː] *n GAST* puré *m*
puritanisch [puri'taːnɪʃ] *adj* puritano
Purzelbaum ['purtsəlbaum] *m* capriola *f*
purzeln ['purtsəln] *v* ruzzolare
Puste ['puːstə] *f* fiato *m; außer ~ sein;* aver perso il fiato, essere senza fiato
Putsch [putʃ] *m POL* golpe *m*
Putschist(in) [put'ʃist(ɪn)] *m/f POL* golpista *m/f*
Putz [puts] *m* **1.** *(Zier)* guarnizioni *f/pl;* **2.** *(Mörtel)* intonaco *m; auf den ~ hauen* festeggiare alla grande
putzen ['putsən] *v* pulire
Putzfrau ['putsfrau] *f* donna delle pulizie *f*
putzig ['putsɪç] *adj* spassoso, carino
Putzmittel ['putsmɪtəl] *n* detersivo per pulire *m*
Pyjama [py'dʒaːma] *m* pigiama *m*
Pyramide [pyra'miːdə] *f* piramide *f*

Q

Quacksalber ['kvakzalbɐ] *m (fam)* ciarlatano *m*
Quadrat [kva'dra:t] *n* quadrato *m*
quadratisch [kva'dra:tɪʃ] *adj* quadrato
Quadratmeter [kva'dra:tme:tɐ] *m* metro quadrato *m*
quaken ['kva:kən] *v* gracidare
Qual [kva:l] *f* tormento *m*
quälen ['kvɛ:lən] *v* tormentare
Quälerei [kvɛlə'raɪ] *f* **1.** tortura *f,* continui tormenti *m/pl;* **2.** *(fig: mühsame Arbeit)* travaglio *m*
Quälgeist ['kvɛ:lgaɪst] *m* seccatore *m*
Qualifikation [kvalifika'tsjo:n] *f* **1.** qualifica *f;* **2.** *SPORT* qualificazione *f*
qualifizieren [kvalifi'tsi:rən] *v sich ~* qualificarsi
Qualität [kvali'tɛ:t] *f* qualità *f*
qualitativ [kvalita'ti:f] *adj* qualitativo
Qualitätsbezeichnung [kvali'tɛ:tsbətsaɪçnuŋ] *f* indicazione delle qualità *f*
Qualitätswein [kvali'tɛ:tsvaɪn] *m* vino di qualità *m*
Qualle ['kvalə] *f ZOOL* medusa *f*
Qualm [kvalm] *m* fumo *m*
qualmen ['kvalmən] *v (fam)* fumare
qualvoll ['kva:lfɔl] *adj* straziante
Quantität [kvanti'tɛ:t] *f* quantità *f*
quantitativ [kvantita'ti:f] *adj* quantitativo
Quantum ['kvantum] *n* quanto *m*
Quarantäne [karan'tɛ:nə] *f MED* quarantena *f*
Quark [kvark] *m GAST* quark *m*
Quartal [kvar'ta:l] *n* trimestre *m*
Quartett [kvar'tɛt] *n* **1.** *(Kartenspiel)* quartetto *m;* **2.** *MUS* quartetto *m*
Quartier [kvar'ti:r] *n* alloggio *m*
Quarz [kvarts] *m MIN* quarzo *m*
Quarzuhr ['kvartsu:r] *f* orologio al quarzo *m*
quasseln ['kvasəln] *v (fam)* chiacchierare, cianciare
Quaste ['kvastə] *f* nappa *f*
Quatsch [kvatʃ] *m (fam)* scemenze *f/pl*
quatschen ['kvatʃən] *v (fam)* chiacchierare, cianciare
Quecksilber ['kvɛkzɪlbɐ] *n CHEM* mercurio *m*
quecksilberhaltig ['kvɛkzɪlbɐhaltɪç] *adj* contenente mercurio
Quelle ['kvɛlə] *f* fonte *f aus zuverlässiger ~* da fonte sicura; *an der ~ sitzen (fam)* a vere una buona fonte di rifornimento
quellen ['kvɛlən] *v irr* **1.** *(hervor~)* sgorgare; **2.** *(weich werden)* ammollare; **3.** *(anschwellen)* gonfiare
Quellenangabe ['kvɛlənanga:bə] *f* indicazione delle fonti *f*
Quellwasser ['kvɛlvasɐ] *n* acqua sorgiva *f*
quengeln ['kvɛŋəln] *v (fam)* brontolare
quer [kve:r] *adv* trasversalmente, traverso
querbeet [kve:ɐ'be:t] *adv (fam)* a casaccio
Quere ['kve:rə] *f* traverso *m*
querfeldein ['kve:rfɛltaɪn] *adv* attraverso i campi
Querflöte ['kve:rflø:tə] *f MUS* flauto traverso *m*
Querschnitt ['kve:rʃnɪt] *m* sezione *f;* taglio trasversale *m*
Querschnittslähmung ['kve:rʃnɪtslɛ:muŋ] *f MED* paraplegia *f*
Querstraße ['kve:rʃtra:sə] *f* traversa *f*
Querulant(in) [kveru'lant(ɪn)] *m/f* attaccabrighe *m/f*
Querverbindung ['kve:rfɛrbɪnduŋ] *f* collegamento trasversale *m*
quetschen ['kvɛtʃən] *v* schiacciare
Quetschung ['kvɛtʃuŋ] *f MED* contusione *f*
quicklebendig ['kvɪklebɛndɪç] *adj (fam)* vivissimo
quietschen ['kvi:tʃən] *v* cigolare
Quirl [kvɪrl] *m (Gerät)* frullino *m*
quirlig ['kvɪrlɪç] *adj* vivace
quitt [kvɪt] *adj* pari
Quitte ['kvɪtə] *f BOT* cotogno *m*
quittieren [kvɪ'ti:rən] *v* rilasciare una ricevuta, quietenzare
Quittung ['kvɪtuŋ] *f* ricevuta *f*
Quiz [kvɪs] *n* quiz *m*
Quote ['kvo:tə] *f* quota *f*

Q

R

Rabatt [ra'bat] *m ECO* sconto *m,* ribasso *m*
Rabauke [ra'baukə] *m* teppista *m*
Rabe ['ra:bə] *m ZOOL* corvo *m*
rabiat [rabi'a:t] *adj* rabbiaso, violento
Rache ['raxə] *f* vendetta *f; an jdm ~ nehmen* vendicarsi di qd; *die ~ des kleinen Mannes* la vendetta del poveraccio; *~ ist süß!* Dolce è la vendetta!
Rachen ['raxən] *m ANAT* faringe *f;* gola *f; jdm den ~ stopfen (fig)* tappare la bocca a qd; *den ~ nicht voll kriegen* essere insaziabile; *jdm etw in den ~ werfen* dare in pasto qc a qd; *etw in den falschen ~ bekommen* prender qc nel senso sbagliato, fraintendere qc
rächen ['rɛ:çən] *v* vendicare
Rachitis [ra'xi:tɪs] *f MED* rachitismo *m*
rachsüchtig ['raxzyçtɪç] *adj* avido di vendetta
Rad [ra:t] *n* **1.** ruota *f; das fünfte ~ am Wagen sein (fig)* essere l'ultima ruota del carro; *ein ~ abhaben* avere perduto una rotella; *unter die Räder kommen* finire male; **2.** *(Fahrrad)* bicicletta *f; ~ fahren* andare in bicicletta
Radar [ra'da:r] *m* radar *m*
Radau [ra'dau] *m* chiasso *m; Mach nicht so einen ~!* Non fare tanto chiasso!
radebrechen ['ra:dəbrɛçən] *v* masticare male; *italienisch ~* masticare male l'italiano
rädern ['rɛ:dɐn] *v sich wie gerädert fühlen* sentirsi stremato
Radfahrer(in) ['ra:tfa:rər(ɪn)] *m/f* ciclista *m/f*
radieren [ra'di:rən] *v* cancellare
Radiergummi [ra'di:rgumi] *m* gomma per cancellare *f*
Radieschen [ra'di:sçən] *n BOT* ravanello *m*
radikal [radi'ka:l] *adj* radicale
Radio ['ra:djo] *n* radio *f*
radioaktiv [ra:djoak'ti:f] *adj PHYS* radioattivo
Radioaktivität [ra:djoaktivi'tɛ:t] *f PHYS* radioattività *f*
Radiodurchsage ['ra:djodurçza:gə] *f* annuncio radiofonico *m*
Radius ['ra:djus] *m* raggio *m*
Radnabe ['ratna:bə] *f* mozzo della ruota *m*
Radrennen ['ra:trɛnən] *n* gara ciclistica *f*
Radtour ['ra:ttu:r] *f* giro in bicicletta *m*
raffgierig ['rafgi:rɪç] *adj* rapace
Raffinerie [rafinə'ri:] *f* raffineria *f*
raffinieren [rafi'ni:rən] *v* raffinare
raffiniert [rafi'ni:rt] *adj* **1.** *(verfeinert)* raffinato; **2.** *(schlau)* astuto, furbo; **3.** *(außergewöhnlich)* abile
Rage ['ra:ʒə] *f in ~ sein* essere furioso
ragen ['ra:gən] *v* ergersi, innalzarsi
Rahm [ra:m] *m GAST* panna *f; den ~ abschöpfen (fig)* fare la parte del leone/prendersi la parte migliore
rahmen ['ra:mən] *v* incorniciare
Rahmen ['ra:mən] *m* **1.** *(Fensterrahmen)* telaio *m;* **2.** *(Bilderrahmen)* cornice *f;* **3.** *(fig)* quadro *m,* ambito *m; im ~ des Möglichen* nell'ambito delle possibilità; *aus dem ~ fallen* uscire dagli schemi; *nicht in den ~ passen* essere fuori posto; *im ~ bleiben* rimanere nella norma
Rahmenvertrag ['ra:mənfɛrtra:k] *m* contratto base *m*
Rakete [ra'ke:tə] *f* razzo *m,* missile *m*
rammen ['ramən] *v* conficcare
Rampe ['rampə] *f* **1.** *(Laderampe)* rampa *f;* **2.** *(Bühnenrampe) THEAT* ribalta *f*
ramponieren [rampo'ni:rən] *v* guastare, rovinare
Ramsch [ramʃ] *m* scarti *m/pl*
Rand [rant] *m* **1.** *(eines Waldes, einer Straße)* bordo *m,* margine *m;* **2.** *(der Stadt)* periferia *f;* **3.** *(Hutrand)* tesa *f;* **4.** *(eines Papiers)* margine *m;* **5.** *(Schutzrand)* alone *m;* **6.** *(Tassenrand)* orlo *m;* **7.** *(Augenränder) ANAT* occhiaie *f/pl;* **8.** *(fig) außer ~ und Band geraten* andare fuori di sé/essere sfrenato; *mit etw zurande kommen* venire a capo di qc; *am ~e erwähnen* men-

zionare marginalmente/menzionare di sfuggita
randalieren [randa'li:rən] *v* fare chiasso
Randbemerkung ['rantbəmɛrkuŋ] *f* nota marginale *f*, commento *m*
Randerscheinung ['rantɛrʃaınuŋ] *f* fenomeno marginale *m*
Randgebiet ['rantgəbi:t] *n* zona periferica *f*
Randgruppe ['rantgrupə] *f* gruppo ai margini della società *m*
Rang [raŋ] *m* **1.** *(Stand)* stato *m; jdm den ~ ablaufen* superare qd; **2.** *(Qualität)* qualità *f;* **3.** *THEAT* galleria *f*
Rangierbahnhof [raŋ'ʒi:rba:nho:f] *m* stazione di smistamento *f*
rangieren [raŋ'ʒi:rən] *v* smistare, manovrare
Rangliste ['raŋlıstə] *f* graduatoria *f*
Rangordnung ['raŋɔrdnuŋ] *f* gerarchia *f; nach der ~* in ordine di grado
ranken ['raŋkən] *v* avviticchiarsi
Ranzen ['rantsən] *m* **1.** *(Schultornister)* zaino *m;* **2.** *(fam: Bauch)* pancia *f; sich den ~ voll schlagen* rimpinzarsi
ranzig ['rantsıç] *adj* rancido
rapide [ra'pi:t] *adj* rapido
rar [ra:r] *adj* raro; *sich ~ machen* rendersi prezioso
Rarität [rari'tɛ:t] *f* rarità *f*
rasant [ra'zant] *adj* **1.** velocissimo; *adv* **2.** a grande velocità, velocemente
rasch [raʃ] *adj* **1.** rapido, lesto; *adv* **2.** rapidamente
rascheln ['raʃəln] *v* frusciare; *Es raschelt im Gebüsch.* C'è un fruscio nei cespugli.
rasen ['ra:zən] *v* sfrecciare, essere fuori di sé, fremere; *vor Zorn ~* essere furioso
Rasen ['ra:zən] *m BOT* prato *m; jdn unter den ~ bringen (fig)* portare qd alla tomba
rasend ['ra:zənt] *adj* **1.** *(sehr schnell)* molto veloce; *~e Geschwindigkeit* grande velocità *m;* **2.** *(wütend)* furioso; **3.** *(Schmerzen)* violento; *adv* **4.** *(Beifall)* frenetico; **5.** *(sehr) das war ~ komisch* era da sganaciarsi dalle risate
Rasenmäher ['ra:zənmɛ:ɐ] *m* tosaerba *m*, tagliaerba *m*
Rasierapparat [ra'zi:rapara:t] *m* rasoio *m*
rasieren [ra'zi:rən] *v* radere
Rasiermesser [ra'zi:rmɛsɐ] *n* rasoio *m*
Rasierschaum [ra'zi:rʃaum] *m* schiuma da barba *f*
Rasierwasser [ra'zi:rvasɐ] *n* lozione da barba *f*
Räson [rɛ'zɔ:] *f zur ~ kommen* essere ragionevole/mettere giudizio; *jdn zur ~ bringen* ricondurre qd alla ragione
Raspel ['raspəl] *f* raspa *f*
Rasse ['rasə] *f* razza *f*
Rassendiskriminierung ['rasəndıskrimini:ruŋ] *f* discriminazione razziale *f*
Rassenhass ['rasənhas] *m* odio tra le razze *m*, odio razziale *m*
rassig ['rasıç] *adj* focoso
Rassismus [ra'sısmus] *m* razzismo *m*
Rassist [ra'sıst] *m* razzista *m*
Rast [rast] *f* sosta *f*, fermata *f*, riposo *m; ohne ~ und Ruh* senza tregua
rasten ['rastən] *v* fare una sosta, fermarsi, sostare
Rasterfahndung [rastər'fa:nduŋ] *f* investigazione computerizzata *f*
Rasthaus ['rasthaus] *n* posto di ristoro *m*
rastlos ['rastlo:s] *adj* **1.** *(pausenlos)* ininterrotto; **2.** *(ruhelos)* irrequieto; *adv* **3.** *(pausenlos)* ininterrottamente
Rastlosigkeit ['rastlo:zıçkaıt] *f* irrequietezza *f*, inquietudine *f*
Rastplatz ['rastplats] *m* area di sosta *f*
Rasur [ra'zu:r] *f* rasatura *f*
Rat [ra:t] *m* **1.** *(Ratschlag)* consiglio *m; mit sich zu ~e gehen* consultarsi con sé stesso; *jdn zu ~e ziehen* chiedere consiglio a qd; *jdm mit ~ und Tat zur Seite stehen* assistere qd con le parole e con i fatti; **2.** *(Titel)* consigliere *m;* **3.** *(Kollegium)* consiglio *m;* **4.** *(Gemeinderat)* consiglio comunale *m*
Rate ['ra:tə] *f ECO* rata *f; auf ~n kaufen* comprare a rate
raten ['ra:tən] *v irr* **1.** *(er~)* indovinare; **2.** *(empfehlen)* raccomandare; **3.** *(Rat geben)* dare un consiglio
Ratenzahlung ['ra:təntsa:luŋ] *f ECO* pagamento rateale *m*
Ratgeber(in) ['ra:tge:bər(ın)] *m/f* consigliere *m/f*

R

Rathaus ['ra:thaus] *n* municipio *m*
Ratifikation [ratifika'tsjo:n] *f POL* ratificazione *f*
ratifizieren [ratifi'tsi:rən] *v POL* ratificare
Ration [ra'tsjo:n] *f* razione *f; die eiserne ~* la razione di riserva
rational [ratsjo'na:l] *adj* **1.** razionale; *adv* **2.** razionalmente
rationalisieren [ratsjonali'zi:rən] *v* razionalizzare
Rationalisierungsmaßnahme [ratsjonali'zi:ruŋsmasna:mə] *f* misura di razionalizzazione *f*
rationell [ratsjo'nɛl] *adj* razionale
rationieren [ratsjo'ni:rən] *v* razionare
ratlos ['ra:tlo:s] *adj* **1.** perplesso; *adv* **2.** in modo perplesso
ratsam ['ra:tza:m] *adj* consigliabile
Ratschlag ['ra:tʃla:k] *m* consiglio *m*
Rätsel ['rɛ:tsəl] *n* enigma *m; jdm ein ~ sein* essere un mistero per qd; *jdm ein ~ aufgeben* porre un problema a qd; *in ~n sprechen* parlare per enigmi; *vor einem ~ stehen* trovarsi davanti a un mistero
rätselhaft ['rɛ:tsəlhaft] *adj* enigmatico, misterioso
rätseln ['rɛ:tsəln] *v* cercare di indovinare
Ratte ['ratə] *f ZOOL* ratto *m*
rattern ['ratɐn] *v* strepitare
rau [rau] *adj* **1.** *(nicht glatt)* ruvido; **2.** *(Hals)* rauco; **3.** *(grob)* grossolano, rude; **4.** *(fig: barsch)* aspro, brusco; **5.** *(Klima)* rigido; **6.** *(Hände)* screpolato; *adv* **7.** ruvidamente
Raub [raup] *m* **1.** *(Beute)* preda *f,* bottino *m;* **2.** *(Diebstahl)* rapina *f;* **3.** *(Entführung)* rapimento *m*
Raubbau ['raupbau] *m AGR* sfruttamento selvaggio *m*
rauben ['raubən] *v* **1.** *(stehlen)* rapinare; **2.** *(entführen)* rapire
Räuber(in) ['rɔybər(ɪn)] *m/f* rapinatore/rapinatrice *m/f,* brigante *m*
Raubkopie ['raupkopi:] *f* copia pirata *f*
Raubmord ['raupmɔrt] *m* assassinio per rapina *m*
Raubtier ['raupti:r] *n* animale rapace *m*
Raubüberfall ['raupy:bɐfal] *m* rapina *f; bewaffneter ~* rapina a mano armata *f*
Rauch ['raux] *m* fumo *m; in ~ und Flammen aufgehen* andare in fiamme; *sich in ~ auflösen* andare in fumo
rauchen ['rauxən] *v* fumare
Raucher(in) ['rauxər(ɪn)] *m/f* fumatore/fumatrice *m/f*
Raucherabteil ['rauxəraptaɪl] *n* scompartimento per fumatori *m*
räuchern ['rɔyçɐn] *v* affumicare
rauchig ['rauxɪç] *adj* fumoso
Rauchverbot ['rauxfɛrbo:t] *n* divieto di fumare *m*
Raufbold ['raufbɔlt] *m* attaccabrighe *m*
raufen ['raufən] *v sich ~* azzuffarsi
Rauferei [raufə'raɪ] *f* zuffa *f,* baruffa *f*
Raum [raum] *m* **1.** *(Zimmer)* camera *f;* **2.** *(Platz)* posto *m;* **3.** *(Gebiet)* spazio *m;* **4.** *etw in den ~ stellen (fig)* mettere in discussione qc; *im ~ stehen* essere in sospeso; *etw im ~ stehen lassen* lasciare qc in sospeso
räumen ['rɔymən] *v* **1.** *(leer machen)* sgomberare; **2.** *(verlassen)* lasciare; **3.** *(evakuieren)* evacuare; **4.** *(entfernen)* togliere
Raumfähre ['raumfɛ:rə] *f* navicella spaziale *f*
Raumfahrer(in) ['raumfa:rər(ɪn)] *m/f* astronauta *m/f*
Raumfahrt ['raumfa:rt] *f* astronautica *f*
räumlich ['rɔymlɪç] *adj* **1.** spaziale, tridimensionale; *adv* **2.** in quanto allo spazio
Räumlichkeit ['rɔymlɪçkaɪt] *f* **1.** spazialità *f;* **2.** *(~n)* locali *m/pl*
Raumpflegerin ['raumpfle:gəɪn] *f* donna delle pulizie *f*
Raumschiff ['raumʃɪf] *n* astronave *f,* navicella spaziale *f*
Räumung ['rɔymuŋ] *f* **1.** *(Verlassen)* abbandono *m;* **2.** *(Evakuierung)* evacuazione *f;* **3.** *(Entfernung)* svuotamento *m*
Räumungsverkauf ['rɔymuŋsfɛrkauf] *m ECO* liquidazione totale *f*
Raupe ['raupə] *f* **1.** *TECH* cingolo *m;* **2.** *ZOOL* bruco *m*
Raureif ['rauraɪf] *m* brina *f*
Rausch [rauʃ] *m* **1.** *(Alkoholrausch)*

ubriacatura *f*, sbornia *f*; 2. *(Begeisterungsrausch)* ebrezza *f*
rauschen ['rauʃən] *v* 1. *(Blätter)* stormire; *Die Blätter ~ im Wind.* Le foglie stormiscono al vento. 2. *(Meer)* mormorare
Rauschgift ['rauʃgɪft] *n* droga *f*
Rauschgifthandel ['rauʃgɪfthandəl] *m* traffico di stupefacenti *m*, narcotraffico *m*
rauschgiftsüchtig ['rauʃgɪftzyçtɪç] *adj* tossicomane
räuspern ['rɔyspɐn] *v sich ~* schiarirsi la voce
Razzia ['ratsia] *f* retata *f*
Reagenzglas [rea'gɛntsgla:s] *n* provetta *f*
reagieren [rea'gi:rən] *v* reagire
Reaktion [reak'tsjo:n] *f* reazione *f*
reaktionär [reaktsjo'nɛ:r] *adj POL* reazionario
Reaktionsvermögen [reak'tsjo:nsfɛrmø:gən] *n* reattività *f*
Reaktor [re'aktɔr] *m* reattore *m*
real [re'a:l] *adj* reale
realisierbar [reali'zi:rba:r] *adj* relizzabile
realisieren [reali'zi:rən] *v* realizzare
Realisierung [reali'zi:ruŋ] *f* realizzazione *f*
Realismus [rea'lɪsmus] *m* realismo *m*
Realist(in) [rea'lɪst(ɪn)] *m/f* realista *m/f*
realistisch [rea'lɪstɪʃ] *adj* realistico
Realität [reali'tɛ:t] *f* realtà *f*
Rebe ['re:bə] *f BOT* vite *f*
Rebell [re'bɛl] *m* ribelle *m*
rebellieren [rebɛ'li:rən] *v* ribellarsi
Rebellion [rebɛ'ljo:n] *f* ribellione *f*
rebellisch [re'bɛlɪʃ] *adj* 1. ribelle; *adv* 2. da ribelle
Rebhuhn ['re:phu:n] *n ZOOL* pernice *f*
Rechen ['rɛçən] *m* rastrello *m*
Rechenfehler ['rɛçənfe:lɐ] *m* errore di calcolo *m*
Rechenschaft ['rɛçənʃaft] *f* ragione *f*, conto *m*; *über etw ~ ablegen* rendere conto di qc; *jdn zur ~ ziehen* chiedere ragione a qd
Rechenzentrum ['rɛçəntsɛntrum] *n* centro di calcolo *m*
Recherche [re'ʃɛrʃə] *f* ricerca *f*
recherchieren [reʃɛr'ʃi:rən] *v* ricercare
rechnen ['rɛçnən] *v* calcolare, contare
Rechner ['rɛçnɐ] *m* calcolatore *m*
Rechnung ['rɛçnuŋ] *f* 1. *MATH* calcolo *m*; 2. *ECO* conto *m*; *die ~ ohne den Wirt machen (fig)* fare i conti senza l'oste; *mit jdm eine ~ begleichen* saldare i conti con qd; *etw auf seine ~ nehmen* assumersi la responsabilità di qc; *einer Sache ~ tragen* tenere conto di qc/prendere in considerazione qc; *Diese ~ geht nicht auf!* I conti non tornano!
recht [rɛçt] *adj* giusto; *Das ist mir ~.* Per me va bene. *alles, was ~ ist, aber* va bene tutto, ma; *jdm etw ~ machen* accontentare qd; *Das kommt mir gerade ~!* Questo mi capita a proposito! *Das geschieht ihm ~!* Ben gli sta!
Recht [rɛçt] *n* 1. diritto *m*, ragione *f*; *mit ~* a ragione; *jds gutes ~ sein* essere diritto di qd; *~ sprechen* emettere un verdetto/emettere una sentenza; *sein ~ fordern* avanzare i propri diritti; *zu ~* a ragione; 2. *~ haben* aver ragione; *~ bekommen* ricevere la conferma di aver ragione; *~ behalten* aver ragione alla prova dei fatti; *jdm ~ geben* dare ragione a qd
rechte(r,s) ['rɛçtə(r,s)] *adj* destro/destra
rechteckig ['rɛçtɛkɪç] *adj* rettangolare
rechtfertigen ['rɛçtfɛrtɪgən] *v* giustificare
Rechtfertigung ['rɛçtfɛrtɪguŋ] *f* giustificazione *f*
rechthaberisch ['rɛçtha:bərɪʃ] *adj* prepotente
rechtlich ['rɛçtlɪç] *adj JUR* giuridico
rechtmäßig ['rɛçtmɛ:sɪç] *adj* legale
rechts [rɛçts] *adv* a destra; *weder ~ noch links schauen* guardare solo avanti
Rechtsanwalt ['rɛçtsanvalt] *m JUR* avvocato *m*
rechtschaffen ['rɛçtʃafən] *adj* retto
Rechtschreibreform ['rɛçtʃraɪbrefɔrm] *f* riforma ortografica *f*
Rechtschreibung ['rɛçtʃraɪbuŋ] *f* ortografia *f*
Rechtsextremist(in) ['rɛçtsɛkstremɪst(ɪn)] *m/f POL* estremista di destra *m/f*

Rechtsfähigkeit ['rɛçtsfɛːɪçkaɪt] *f* JUR capacità giuridica *f*
rechtsgültig ['rɛçtsgyltɪç] *adj* JUR giuridicamente valido
Rechtshänder ['rɛçtshɛndɐ] *m* destrimano
rechtskräftig ['rɛçtskrɛːftɪç] *adj* JUR che ha valore di legge
Rechtsmittel ['rɛçtsmɪtəl] *n* JUR mezzo legale *m*
Rechtsprechung ['rɛçtʃprɛçuŋ] *f* JUR giurisdizione *f*
Rechtsstaat ['rɛçtsʃtaːt] *m* stato di diritto *m*
Rechtsstreit ['rɛçtsʃtraɪt] *m* JUR controversia giudiziaria *f*
Rechtsverkehr ['rɛçtsfɛrkeːr] *m* circolazione a destra *f*
Rechtsweg ['rɛçtsveːk] *m* JUR via legale *f*; *den ~ beschreiten* adire le vie legali
rechtswidrig ['rɛçtsviːdrɪç] *adj* **1.** JUR contrario alla legge; *adv* **2.** JUR contro la legge
rechtwinklig ['rɛçtvɪŋklɪç] *adj* rettangolo
rechtzeitig ['rɛçttsaɪtɪç] *adj* **1.** tempestivo, in tempo; *adv* **2.** *~ ankommen* arrivare in tempo
recken ['rɛkən] *v* stirare, allungare
Recycling [ri'saɪklɪŋ] *n* riciclaggio *m*
Redakteur(in) [redak'tøːr(ɪn)] *m/f* redattore/redattrice *m/f*
Redaktion [redak'tsjoːn] *f* redazione *f*
Redaktionsschluss [redak'tsjoːnsʃlus] *m* chiusura di redazione *f*
Rede ['reːdə] *f* discorso *m*; *jdm ~ und Antwort stehen* rendere conto a qd; *jdm in die ~ fallen* dare sulla voce a qd/interrompere qd; *jdn zur ~ stellen* esigere una spiegazione da qd; *Es ist die ~ von ...* Il discorso verte su ...; *Davon kann keine ~ sein!* È fuori discussione!
redegewandt ['reːdəgəvant] *adj* eloquente
reden ['reːdən] *v* parlare; *mit sich ~ lassen* essere pronto alla discussione; *von sich ~ machen* far parlar di sé; *~ wie ein Buch* parlare come un grammofono/parlare continuamente
Redensart ['reːdənsart] *f* locuzione *f*, modo di dire *m*
Redewendung ['reːdəvɛnduŋ] *f* locuzione *f*
redigieren [redi'giːrən] *v* redigere
redlich ['reːtlɪç] *adj* **1.** *(anständig)* onesto; **2.** *(viel)* grande, molto; *adv* **3.** *(sehr)* molto, assai
Redlichkeit ['reːtlɪçkaɪt] *f* onestà *f*
Redner(in) ['reːdnər(ɪn)] *m/f* oratore/oratrice *m/f*
Rednerpult ['reːdnɐpult] *n* pulpito dell'oratore *f*
redselig ['reːtzeːlɪç] *adj* loquace
reduzieren [redu'tsiːrən] *v* ridurre
Reeder ['reːdɐ] *m* armatore *m*
Reederei [reːdə'raɪ] *f* compagnia armatoriale *f*
reell [re'ɛl] *adj* concreto, reale
Referat [refe'raːt] *n* **1.** relazione *f*; **2.** *(Abteilung)* sezione *f*, reparto *m*
Referendar(in) [referɛn'daːr(ɪn)] *m/f* tirocinante *m/f*, praticante *m/f*
Referendum [refe'rɛndum] *n* POL referendum *m*
Referent(in) [refe'rɛnt(ɪn)] *m/f* **1.** *(Redner(in))* relatore/relatrice *m/f*; **2.** *(Sachbearbeiter(in))* incaricato/incaricata *m/f*
Referenz [refe'rɛnts] *f* referenza *f*
reflektieren [reflɛk'tiːrən] *v* **1.** *(zurückstrahlen)* riflettere; **2.** *(nachdenken)* riflettere
Reflex [re'flɛks] *m* riflesso *m*
Reform [re'fɔrm] *f* riforma *f*
Reformation [refɔrma'tsjoːn] *f* REL Riforma *f*
Reformhaus [re'fɔrmhaus] *n* negozio di prodotti naturali *m*
reformieren [refɔr'miːrən] *v* riformare
Regal [re'gaːl] *n* scaffale *m*
rege ['reːgə] *adj* vivace
Regel ['reːgəl] *f* **1.** regola *f*; *nach allen ~n der Kunst* a regola d'arte; **2.** *(Menstruation)* mestruazione *f*
regelmäßig ['reːgəlmɛːsɪç] *adj* regolare
regeln ['reːgəln] *v* regolare
regelrecht ['reːgəlrɛçt] *adj* **1.** regolare; *adv* **2.** regolarmente
Regelung ['reːgəluŋ] *f* regolamentazione *f*, regolamento *m*
regen ['reːgən] *v sich ~* muoversi
Regen ['reːgən] *m* pioggia *f*; *jdn im ~*

stehen lassen (fig) lasciar qd nei pasticci; *vom ~ in die Traufe kommen* cadere dalla padella nella brace
Regenbogen ['re:gənbo:gən] *m* arcobaleno *m*
Regenbogenpresse ['re:gənbo:gənprɛsə] *f* stampa scandalistica *f*, stampa rosa *f*
Regenmantel ['re:gənmantəl] *m* impermeabile *m*
Regenrinne ['re:gənrɪnə] *f* grondaia *f*
Regenschirm ['re:gənʃɪrm] *m* ombrello *m*
Regenwald ['re:gənvalt] *m* foresta tropicale *f*
Regenzeit ['re:gəntsaɪt] *f* stagione delle piogge *f*
Regie [re'ʒi:] *f* CINE, THEAT regia *f*
regieren [re'gi:rən] *v* **1.** *(Kanzler)* POL governare; **2.** *(König)* POL regnare
Regierung [re'gi:ruŋ] *f* POL governo *m*
Regierungserklärung [re'gi:ruŋsɛrklɛ:ruŋ] *f* POL dichiarazione del governo *f*
Regierungskrise [re'gi:ruŋskri:zə] *f* POL crisi di governo *f*
Regierungssitz [re'gi:ruŋszɪts] *m* POL sede del governo *f*
Regime [re'ʒi:m] *n* POL regime *m*
Regiment [regi'mɛnt] *n* MIL reggimento *m*
Region [re'gjo:n] *f* regione *f*
regional [regjo'na:l] *adj* regionale
Regisseur(in) [reʒi'sø:r(ɪn)] *m/f* CINE, THEAT regista *m/f*
Register [re'gɪstɐ] *n* registro *m*
registrieren [regɪs'tri:rən] *v* registrare
regnen ['re:gnən] *v* piovere; *Es regnet wie aus Kübeln.* Piove a catinelle.
Regress [re'grɛs] *m* JUR regresso *m*
regulär [regu'lɛ:r] *adj* **1.** regolare; *adv* **2.** regolarmente
regulieren [regu'li:rən] *v* regolare
Regulierung [regu'li:ruŋ] *f* regolazione *f*
Regung ['re:guŋ] *f* **1.** *(Bewegung)* moto *m*; **2.** *(Gefühlsregung)* sentimento *m*, moto dell'animo *m*
regungslos ['re:guŋslo:s] *adj* immobile
Reh [re:] *n* ZOOL capriolo *m*
Rehabilitation [rehabilita'tsjo:n] *f* riabilitazione *f*
rehabilitieren [rehabili'ti:rən] *v* reabilitare
Rehrücken ['re:rykən] *m* GAST lombata di capriolo *f*
reiben ['raɪbən] *v irr* **1.** sfregare; **2.** *(zerkleinern)* grattugiare
Reibung ['raɪbuŋ] *f* sfregamento *m*, frizione *f*
reibungslos ['raɪbuŋslo:s] *adj (fig)* liscio
reich [raɪç] *adj* ricco
Reich [raɪç] *n* regno *m*, impero *m*
reichen ['raɪçən] *v* **1.** *(aus~)* bastare; *Mir reicht es!* Ne ho abbastanza! **2.** *(geben)* porgere, dare; **3.** *(sich erstrecken)* estendersi
reichlich ['raɪçlɪç] *adj* **1.** ricco, abbondante; *Er gibt ein ~es Trinkgeld.* Egli dà una ricca mancia. *adv* **2.** riccamente
Reichtum ['raɪçtu:m] *m* ricchezza *f*
Reichweite ['raɪçvaɪtə] *f* portata *f*, raggio d'azione *m*
reif ['raɪf] *adj* maturo; *Er ist ein ~er Junge.* E' un ragazzo maturo. *für etw ~ sein* essere maturo per qc/essere pronto per qc
Reife ['raɪfə] *f* **1.** *(des Obstes)* maturazione *f*; **2.** *(fig)* maturità *f*
reifen ['raɪfən] *v* maturare
Reifen ['raɪfən] *m* pneumatico *m*, gomma *f*
Reifenpanne ['raɪfənpanə] *f* foratura *f*, bucatura di una gomma *f*
Reifezeugnis ['raɪfətsɔyknɪs] *n* diploma di maturità *m*
reiflich ['raɪflɪç] *adj* **1.** maturo; *nach ~er Überlegung* dopo un'accurata riflessione; *adv* **2.** bene, lungamente
Reihe ['raɪə] *f* **1.** *(von Dingen)* fila *f*; *der ~ nach* per ordine/uno dopo l'altro/un per volta; *außer der ~* fuori turno/in via eccezionale; *aus der ~ bringen* portare fuori strada; **2.** *(von Menschen)* fila *f*, coda *f*; *in Reih und Glied* in fila/in riga; *aus der ~ tanzen* uscire dai ranghi/uscire dagli schemi; *an die ~ kommen* essere il prossimo; **3.** *(Serie)* serie *f*
Reihenfolge ['raɪənfɔlgə] *f* successione *f*
Reihenhaus ['raɪənhaus] *n* casa a schiera *f*
Reim [raɪm] *m* LIT rima *f*; *sich einen ~*

auf etw machen (fig) riuscire a spiegarsi qc
reimen ['raımən] *v* **1.** *LIT* poetare; **2.** *sich ~* rimare
rein[1] [raın] *adj* **1.** *(sauber)* pulito; *mit jdm ins Reine kommen* venire a un chiarimento con qd; *etw ins Reine schreiben* scrivere qc in bella copia; **2.** *(unverfälscht)* puro, genuino, schietto; **3.** *(echt)* puro; **4.** *(klar)* chiaro, limpido
rein[2] *(= „herein", „hinein")*
Reinfall ['raınfal] *m* imbroglio *m*, fregatura *f*; *Schöner ~!* Bella fregatura!
reinhauen ['raınhauən] *v jdm eine ~* dare una spazzolata a qd, picchiare qd
reinigen ['raınıgən] *v* pulire
Reinigung ['raınıguŋ] *f* **1.** *(Reinigen)* pulitura *f*; **2.** *(Geschäft)* tintoria *f*
Reinigungsmittel ['raınıguŋsmıtəl] *n* detersivo *m*
reinlich ['raınlıç] *adj* pulito
reinrassig ['raınrasıç] *adj* di razza pura
Reis [raıs] *m BOT* riso *m*
Reise ['raızə] *f* viaggio *m*; *seine letzte ~ antreten* partire per l'ultimo viaggio; *auf ~n* in viaggio
Reisebüro ['raızəbyro:] *n* agenzia di viaggi *f*
Reiseführer ['raızəfy:rɐ] *m* *(Buch)* guida *f*
Reiseführer(in) ['raızəfy:rər(ın)] *m/f* *(Person)* guida turistica *f*
Reisegesellschaft ['raızəgəzɛlʃaft] *f* comitiva di viaggio *f*
Reisekosten ['raızəkɔstən] *pl* spese di viaggio *f/pl*
reisen ['raızən] *v* viaggiare
Reisende(r) ['raızəndə(r)] *m/f* viaggiatore/viaggiatrice *m/f*
Reisepass ['raızəpas] *m* passaporto *m*
Reisescheck ['raızəʃɛk] *m* assegno turistico *m*
Reisig ['raızıç] *m* rami secchi *m/pl*
reißen ['raısən] *v irr* **1.** *(zerreißen)* strappare; **2.** *(ziehen)* tirare
Reißverschluss ['raısfɛrʃlus] *m* chiusura lampo *f*; zip *m*
reiten ['raıtən] *v irr* cavalcare
Reiter(in) ['raıtər(ın)] *m/f* fantino/fantina *m/f*, cavaliere *m*
Reiz [raıts] *m* **1.** *(Anreiz)* stimolo *m*, impulso *m*; **2.** *(Verlockung)* attrattiva *f*, fascino *m*; **3.** *(Anmut)* grazia *f*
reizbar ['raıtsba:r] *adj* **1.** irritabile; **2.** *(sexuell)* eccitabile
reizen ['raıtsən] *v* **1.** *(irritieren)* irritare; **2.** *(anregen)* stimolare, incitare; **3.** *(herausfordern)* provocare
reizend ['raıtsənt] *adj* **1.** grazioso; **2.** *(anziehend)* attraente, affascinante; *adv* **3.** graziosamente
reizlos ['raıtslo:s] *adj* senza attrattive, non piacevole
reizvoll ['raıtsfɔl] *adj* ricco di attrattive, attraente
rekapitulieren [rekapitu'li:rən] *v* ricapitolare
Reklamation [reklama'tsjo:n] *f (Mängel)* reclamo *m*
Reklame [re'kla:mə] *f* réclame *f*, pubblicità *f*; *für etw ~ machen* fare pubblicità a qc
reklamieren [rekla'mi:rən] *v* reclamare
rekonstruieren [rekɔnstru'i:rən] *v* ricostruire
Rekord [re'kɔrt] *m* record *m*
Rekordzeit [re'kɔrttsaıt] *f* tempo record *m*
Rekrut [re'kru:t] *m MIL* recluta *f*
Rektor(in) ['rɛktɔr/rɛk'to:rın] *m/f* rettore/rettrice *m/f*
Relais [rə'lɛ:] *n TECH* relais *m*
relativ [rela'ti:f] *adj* **1.** relativo; *adv* **2.** relativamente
Relief [rɛl'jɛf] *n ART* rilievo *m*
Religion [reli'gjo:n] *f* religione *f*
Religionsfreiheit [reli'gjo:nsfraıhaıt] *f* libertà religiosa *f*
religiös [reli'gjø:s] *adj* religioso
Reling ['re:lıŋ] *f* parapetto *m*
Renaissance [rənɛ'sɑ:s] *f HIST* Rinascimento *m*
Rendezvous [rɑde'vu:] *n* appuntamento *m*, rendezvous *m*
Rendite [rɛn'di:tə] *f ECO* rendita *f*
Rennbahn ['rɛnba:n] *f* **1.** *(Pferderennbahn)* ippodromo *m*; **2.** *(Autorennbahn)* autodromo *m*, pista *f*; **3.** *(Radrennbahn)* velodromo *m*
rennen ['rɛnən] *v irr* correre
Rennen ['rɛnən] *n* corsa *f*; *das ~ machen* vincere la gara

Rennfahrer(in) ['rɛnfa:rər(ɪn)] *m/f* corridore/corritrice *m/f*
Rennrad ['rɛnra:t] *n* bicicletta da corsa *f*
Rennwagen ['rɛnva:gən] *m* macchina da corsa *f*
renommiert [renɔ'mi:rt] *adj* rinomato
renovieren [renɔ'vi:rən] *v* rinnovare
Renovierung [renɔ'vi:ruŋ] *f* rinnovazione *f*
rentabel [rɛn'ta:bəl] *adj* redditizio
Rentabilität [rɛntabili'tɛ:t] *f ECO* redditività *f*
Rente ['rɛntə] *f* rendita *f,* pensione *f*
Rentenversicherung ['rɛntənfɛrzɪçəruŋ] *f* previdenza sociale
rentieren [rɛn'ti:rən] *v sich ~* rendere, essere redditizio
Rentner(in) ['rɛntnər(ɪn)] *m/f* pensionato/pensionata *m/f,* titolare di una rendita *m/f*
Reparatur [repara'tu:r] *f* riparazione *f*
Reparaturwerkstatt [repara'tu:rvɛrkʃtat] *f* officina di riparazioni *f*
reparieren [repa'ri:rən] *v* riparare
Reportage [repɔr'ta:ʒə] *f* reportage *m,* cronaca *f*
Reporter(in) [re'pɔrtər(ɪn)] *m/f* reporter *m/f*
repräsentieren [reprɛzɛn'ti:rən] *v* rappresentare
Reptil [rɛp'ti:l] *n ZOOL* rettile *m*
Republik [repu'bli:k] *f* repubblica *f*
Requisiten [rekvi'zi:tən] *pl* attrezzi *m/pl,* requisito *m*
Reserve [re'zɛrvə] *f* **1.** *(Rücklage)* riserva *f; eiserne ~* riserva segreta *f;* **2.** *(Zurückhaltung)* riserbo *m; jdn aus der ~ locken* far uscire qd dal riserbo
Reservereifen [re'zɛrvəraɪfən] *m (eines Autos)* ruota di scorta *f*
reservieren [rezɛr'vi:rən] *v* riservare
Resignation [rezɪgna'tsjo:n] *f* rassegnazione *f*
resignieren [rezɪg'ni:rən] *v* rassegnarsi
resolut [rezo'lu:t] *adj* **1.** risoluto; *adv* **2.** risolutamente
Resozialisierung [rezotsjali'zi:ruŋ] *f* reinserimento nella società *m*
Respekt [rɛ'spɛkt] *m* rispetto *m; jdm ~ zollen* portare rispetto a qd
respektieren [rɛspɛk'ti:rən] *v* rispettare
respektlos [rɛs'pɛktlo:s] *adj* **1.** irrispettoso; *adv* **2.** senza rispetto, irrispettosamente
respektvoll [rɛs'pɛktfɔl] *adj* **1.** rispettoso; *adv* **2.** rispettosamente
Rest [rɛst] *m* resto *m,* rimanenza *f; der ~ der Welt* il resto del mondo *m; jdm den ~ geben* dare a qd il colpo di grazia
Restaurant [rɛsto'rɑ:] *n* ristorante *m*
restaurieren [rɛstau'ri:rən] *v* restaurare
restlich ['rɛstlɪç] *adj* restante
restlos ['rɛstlo:s] *adj* **1.** intero, completo; *adv* **2.** senza resto, interamente; *Die Schuld ist ~ bezahlt.* Il debito è interamente pagato.
Resultat [rezul'ta:t] *n* risultato *m*
resultieren [rezul'ti:rən] *v* risultare
Retorte [re'tɔrtə] *f* storta *f*
Retrospektive [retrospɛk'ti:və] *f* retrospettiva *f*
retten ['rɛtən] *v* salvare; *sich vor Arbeit kaum ~ können* essere sommerso dal lavoro; *Bist du noch zu ~?* Ma sei matto?
Retter(in) ['rɛtər(ɪn)] *m/f* salvatore/salvatrice *m/f*
Rettich ['rɛtɪç] *m BOT* rafano *m*
Rettung ['rɛtuŋ] *f* salvataggio *m*
Rettungsboot ['rɛtuŋsbo:t] *n* battello di salvataggio *m,* scialuppa di salvataggio *f*
Rettungsring ['rɛtuŋsrɪŋ] *m* salvagente *m*
Rettungswagen ['rɛtuŋsva:gən] *m* autoambulanza *f*
Reue ['rɔyə] *f* pentimento *m*
reumütig ['rɔymy:tɪç] *adj* **1.** pentito; *adv* **2.** con pentimento
Revanche [re'vɑ:ʃ] *f* rivincita *f*
revanchieren [revɑ'ʃi:rən] *v* **1.** *sich ~ (rächen)* vendicarsi; **2.** *sich ~ (erwidern)* contraccambiare
Revier [re'vi:r] *n* **1.** *(Gebiet)* distretto *m;* **2.** *(Polizeirevier)* commissariato *m*
Revision [revi'zjo:n] *f* revisione *f*
Revolution [revɔlu'tsjo:n] *f* rivoluzione *f*
revolutionär [revɔlutsjo'nɛ:r] *adj* rivoluzionario
Revolver [re'vɔlvɐ] *m* revolver *m*

R

Revue [re'vy] *f* rivista *f; etw ~ passieren lassen* passare in rassegna qc
Rezept [re'tsɛpt] *n* **1.** *MED* ricetta *f;* **2.** *GAST* ricetta *f*
Rezession [retsɛ'sjo:n] *f* *ECO* recessione *f*
R-Gespräch ['ɛrgəʃprɛ:ç] *n* *TEL* chiamata a carico del destinatario *f*
Rhabarber [ra'barbɐ] *m* *BOT* rabarbaro *m*
Rhein [raɪn] *m* *GEO* Reno *m*
Rheuma ['rɔyma] *n* *MED* reumatismo *m*
Rhinozeros [ri'no:tsɐɔs] *n* *ZOOL* rinoceronte *m*
rhythmisch ['rytmɪʃ] *adj* ritmico
Rhythmus ['rytmus] *m* ritmo *m*
richten ['rɪçtən] *v* **1.** *(lenken, wenden)* dirigere; **2.** *(in Ordnung bringen)* mettere a posto; **3.** *(her~)* preparare; **4.** *(urteilen)* condannare, giudicare; **5.** *(wenden an)* rivolgere
Richter(in) ['rɪçtər(ɪn)] *m/f* *JUR* giudice *m/f*
richtig ['rɪçtɪç] *adj* **1.** giusto; *Ist das die ~e Straße?* È questa la strada giusta? *nicht ganz ~ sein* non avere tutte le rotelle a posto; **2.** *(passend)* adatto, appropriato; *adv* **3.** giustamente, esattamente
Richtigkeit ['rɪçtɪçkaɪt] *f* esattezza *f; seine ~ haben* essere giusto, essere in ordine
richtigstellen ['rɪçtɪç'ʃtɛlən] *v* rettificare, correggere
Richtung ['rɪçtuŋ] *f* direzione *f*
Richtwert ['rɪçtve:rt] *m* valore indicativo *m*
riechen ['ri:çən] *v irr* **1.** *(an etw ~)* odorare; *jdn nicht ~ können (fig)* non poter sentire neanche l'odore di qd/non poter sopportare qd/non poter soffrire qd; **2.** *(Geruch abgeben)* avere odore, odorare
Riege ['ri:gə] *f* squadra *f*
Riegel ['ri:gəl] *m* catenaccio *m; den ~ vorlegen* mettere il catenaccio; *einer Sache den ~ vorschieben (fig)* mettere un freno a qc/mettere un margine a qc
Riemen ['ri:mən] *m* cinghia *f; sich am ~ reißen* mettercela tutta/impegnarsi a fondo; *sich in die ~ legen* impegnarsi; *den ~ enger schnallen* tirare la cinghia
Riese ['ri:zə] *m* gigante *m,* colosso *m*
rieseln ['ri:zəln] *v* scorrere
riesengroß ['ri:zəngro:s] *adj* gigantesco, colossale
riesig ['ri:zɪç] *adj* enorme
Riff [rɪf] *n* scogliera *f,* barriera *f; Korallenriff* barriera corallina *f*
rigoros [rigo'ro:s] *adj* **1.** rigoroso; *adv* **2.** rigorosamente
Rille ['rɪlə] *f* scanalatura *f,* solco *m; die ~n einer Schallplatte* i solchi di un disco *m/pl*
Rind [rɪnt] *n* *ZOOL* manzo *m*
Rinde ['rɪndə] *f* **1.** *(Kruste)* crosta *f;* **2.** *BOT* corteccia *f*
Rinderwahn ['rɪndɐva:n] *m* morbo della mucca pazza *f*
Rindfleisch ['rɪntflaɪʃ] *n* *GAST* carne di manzo *f*
Ring [rɪŋ] *m* **1.** *(Schmuck)* anello *m;* **2.** *(Kreis)* cerchio *m;* **3.** *(Straße)* circonvallazione *f,* ring *m;* **4.** *SPORT* ring *m*
ringen ['rɪŋən] *v irr* **1.** *SPORT* lottare; **2.** *(fig)* lottare, avere difficoltà
Ringfinger ['rɪŋfɪŋɐ] *m* anulare *m*
Ringkampf ['rɪŋkampf] *m* *SPORT* lotta *f*
ringsherum ['rɪŋshɛrum] *adv* tutt'intorno, in giro
Rinne ['rɪnə] *f* canaletto *m*
rinnen ['rɪnən] *v irr* scorrere
Rinnsal ['rɪnza:l] *n* rigagnolo *m*
Rippe ['rɪpə] *f* **1.** *ANAT* costola *f; sich das Geld aus den ~n schneiden (fig)* trovare il denaro necessario per qc; **2.** *GAST* costoletta *f*
Risiko ['ri:ziko] *n* rischio *m*
riskant [rɪs'kant] *adj* rischioso
riskieren [rɪs'ki:rən] *v* rischiare
Riss [rɪs] *m* strappo *m,* crepa *f*
rissig ['rɪsɪç] *adj* pieno di crepe
Ritt [rɪt] *m* cavalcata *f*
Ritter ['rɪtɐ] *m* cavaliere *m*
ritterlich ['rɪtɐlɪç] *adj* **1.** cavalleresco; *adv* **2.** cavallerescamente
Ritual [ritu'a:l] *n* rituale *m*
Ritze ['rɪtsə] *f* fessura *f*
Rivale [ri'va:lə] *m* rivale *m*
Rivalität [rivali'tɛ:t] *f* rivalità *f*
Roaming ['ro:mɪŋ] *n* *TEL* roaming *m*
Robbe ['rɔbə] *f* *ZOOL* foca *f*
Robe ['ro:bə] *f* **1.** *(Abendrobe)* vestito da festa *m,* abito da sera *m;* **2.** *(Amtsrobe)* toga *f*

Roboter ['rɔbɔtɐ] *m* robot *m*
robust [ro'bust] *adj* robusto
Rock [rɔk] *m* gonna *f*
Rockzipfel ['rɔktsipfəl] *m* *jdm am ~ hängen* stare attaccato alle sottane di qd
rodeln ['ro:dəln] *v* SPORT slittare
Roggen ['rɔgən] *m* BOT segale *f*
Roggenbrot ['rɔgənbro:t] *n* GAST pane di segale *m*
roh [ro:] *adj* **1.** *(nicht gekocht)* crudo; **2.** *(nicht bearbeitet)* grezzo; **3.** *(fig)* brutale; **4.** *(Erdöl)* greggio; *adv* **5.** in modo grezzo, grezzamente
Rohbau ['ro:bau] *m* rustico *m*
Rohr [ro:r] *n* **1.** *(Leitung)* tubo *m;* **2.** BOT canna *f*
Röhre ['rø:rə] *f* **1.** *(Rohr)* tubo *m; in die ~ gucken* restare a mani vuote; **2.** *(Backröhre)* forno *m*
Rohstoff ['ro:ʃtɔf] *m* materia prima *f*
Rolle ['rɔlə] *f* **1.** rotolo *m,* rullo *m;* **2.** THEAT ruolo *m; von der ~ sein* essere fuori squadra; *aus der ~ fallen* comportarsi male; dare l'avvio a qc
rollen ['rɔlən] *v* rotolare; *etw ins Rollen bringen* avviare qc
Roller ['rɔlɐ] *m* **1.** *(Motorroller)* motoscooter *m;* **2.** *(Kinderroller)* monopattino *m*
Rollerblades ['rouləbleɪdz] *pl* SPORT Rollerblades *m/pl*
Rollfeld ['rɔlfɛlt] *n* pista *f*
Rollkragen ['rɔlkra:gən] *m* collo alto *m*
Rollladen ['rɔlla:dən] *m* tapparella *f,* avvolgibile *m*
Rollschuh ['rɔlʃu:] *m* SPORT pattino a rotelle *m*
Rollschuhlaufen ['rɔlʃu:laufən] *n* SPORT pattinaggio a rotelle *m*
Rollstuhl ['rɔlʃtu:l] *m* sedia a rotelle *f*
Rollstuhlfahrer(in) ['rɔlʃtu:lfa:rər(ɪn)] *m/f* chi va in sedia a rotelle *m/f*
Rolltreppe ['rɔltrɛpə] *f* scala mobile *f*
Roman [ro'ma:n] *m* romanzo *m*
romanisch [ro'ma:nɪʃ] *adj* romano
Romantik [ro'mantɪk] *f* romanticismo *m*
romantisch [ro'mantɪʃ] *adj* romantico
Romanze [ro'mantsə] *f* romanza *f*
römisch ['rø:mɪʃ] *adj* romano
römischkatholisch [rø:mɪʃka'to:lɪʃ] *adj* REL cattolicoromano
röntgen ['rœntgən] *v* MED radiografare
Röntgenbild ['rœntgənbɪlt] *n* MED radiografia *f*
Röntgenstrahlen ['rœntgənʃtra:lən] *pl* MED raggi X *m/pl*
rosa ['ro:za] *adj* rosa
Rose ['ro:zə] *f* BOT rosa *f; auf ~n gebettet sein* dormire su un letto di rose/essere tranquillo
Rosenkohl ['ro:zənko:l] *m* BOT cavoletto di Bruxelles *m*
Rosenkranz ['ro:zənkrants] *m* REL rosario *m*
Rosenmontag [ro:zən'mo:nta:k] *m* lunedì grasso *m*
rosig ['ro:zɪç] *adj* roseo
Rosine [ro'zi:nə] *f* uva passa *f; ~n im Kopf haben* avere grandi idee in testa; *sich die größten ~n herauspicken* fare la parte da leone/prendersi il meglio
Rosmarin ['ro:smari:n] *m* BOT rosmarino *m*
Rost[1] [rɔst] *m* *(Bratrost)* griglia *f; auf dem ~ braten* arrostire ai ferri
Rost[2] [rɔst] *m* CHEM ruggine *f*
rosten ['rɔstən] *v* arrugginire
rösten ['rœstən] *v* arrostire
rostfrei ['rɔstfraɪ] *adj* inossidabile, non arrugginito
rostig ['rɔstɪç] *adj* arrugginito
rot [ro:t] *adj* rosso; *Abendrot, Schönwetterbot!* Rosso di sera, bel tempo si spera! *der ~e Faden* il filo conduttore
Rotation [rota'tsjo:n] *f* TECH rotazione *f*
Röte ['rø:tə] *f* rosso *m*
Röteln ['rø:təln] *f* MED rosolia *f*
rotieren [ro'ti:rən] *v* **1.** *(fam)* rotare, ruotare; **2.** TECH rotare, girare
Rotkohl ['ro:tko:l] *m* BOT cavolo rosso *m*
Rotlicht ['ro:tlɪçt] *n* semaforo rosso *m,* raggi rossi *m/pl*
Rotwein ['ro:tvaɪn] *m* vino rosso *m*
Roulade [ru'la:də] *f* GAST involtino *m*
Route ['ru:tə] *f* itinerario *m,* percorso *m*
Routine [ru'ti:nə] *f* pratica *f,* routine *f*
routiniert [ruti'ni:rt] *adj* pratico, esperto

Rübe ['ryːbə] *f* BOT rapa *f*; *eins auf die ~ bekommen* prendere una botta in testa/essere rimproverati
Rubel ['ruːbəl] *m* rublo *m*; *Der ~ rollt.* I soldi girano.
Rubrik [ru'briːk] *f* rubrica *f*
Ruck [ruk] *m* scossa *f*; *sich einen ~ geben* darsi una mossa; *mit einem ~* in un colpo
ruckartig ['rukaːrtɪç] *adj* **1.** brusco; *adv* **2.** bruscamente
Rückblende ['rykblɛndə] *f* flashback *m*
rückblickend ['rykblɪkənt] *adj* retrospettivo
rückdatieren ['rykdatiːrən] *v* postdatare; *einen Wechsel ~* postdatare una cambiale
rücken ['rykən] *v* spingere
Rücken ['rykən] *m* ANAT schiena *f*, dorso *m*; *sich den ~ frei halten (fig)* coprirsi le spalle; *jdm den ~ stärken* fare coraggio a qd; *jdm den ~ kehren* voltare le spalle a qd; *hinter jds ~* alle spalle di qd
Rückenlehne ['rykənleːnə] *f* spalliera *f*, schienale *m*; *klappbare ~* schienale ribaltabile *m*
Rückenmark ['rykənmark] *n* ANAT midollo spinale *m*
Rückenschmerzen ['rykənʃmɛrtsən] *pl* MED dolori alla schiena *m/pl*, mal di schiena *m*
rückerstatten ['rykɛrʃtatən] *v* rimborsare
Rückfahrkarte ['rykfaːrkartə] *f* biglietto di ritorno *m*
Rückfahrt ['rykfaːrt] *f* ritorno *m*; *auf der ~* al ritorno
Rückfall ['rykfal] *m* MED ricaduta *f*
rückfällig ['rykfɛlɪç] *adj* JUR recidivo
Rückgabe ['rykgaːbə] *f* restituzione *f*
Rückgang ['rykgaŋ] *m* diminuzione *f*
rückgängig ['rykgɛŋɪç] *adj ~ machen* revocare, annulare
Rückgrat ['rykgraːt] *n* ANAT spina dorsale *f*; *kein ~ haben* non avere carattere
Rückhalt ['rykhalt] *m* appoggio *m*; *finanzieller ~* appoggio finanziario *m*
rückhaltlos ['rykhaltloːs] *adj* senza riserve, aperto
Rückkehr ['rykkeːr] *f* ritorno *m*
rückläufig ['ryklɔyfɪç] *adj* retrogrado
Rücklicht ['ryklɪçt] *n* luce posteriore *f*
Rücknahme ['ryknaːmə] *f* ritiro *m*
Rucksack ['rukzak] *m* sacco da montagna *m*, zaino *m*
Rückschlag ['rykʃlaːk] *m* contraccolpo *m*, rimbalzo *m*
Rückseite ['rykzaɪtə] *f* parte posteriore *f*; retro *m*
Rücksicht ['rykzɪçt] *f* riguardo *m*; attenzione *f*; rispetto *m*; *es an ~ fehlen lassen* mancare di rispetto; *ohne ~ auf Verluste* a qualsiasi costo; *auf jdn ~ nehmen* avere riguardo per qd
rücksichtslos ['rykzɪçtsloːs] *adj* **1.** irriguardoso; *adv* **2.** senza riguardo
rücksichtsvoll ['rykzɪçtsfɔl] *adj* **1.** riguardoso; *adv* **2.** con riguardo
Rücksitz ['rykzɪts] *m (im Auto)* sedile posteriore *m*
Rückspiegel ['rykʃpiːgəl] *m (eines Autos)* specchietto retrovisore *m*
Rücksprache ['rykʃpraːxə] *f* colloquio *m*; *~ mit jdm halten* conferire con qd/tenere una consultazione
Rückstand ['rykʃtand] *m* **1.** resto *m*; **2.** SPORT svantaggio *m*; **3.** *im ~ sein* essere in ritardo
rückständig ['rykstɛndɪç] *adj* arretrato; antiquato
Rücktritt ['ryktrɪt] *m* **1.** *(Amtsniederlegung)* dimissioni *f/pl*; **2.** *(von einem Vertrag)* recesso *m*; **3.** *(beim Fahrrad)* contropedale *m*
Rückvergütung ['rykfɛrgytuŋ] *f* ECO rimborso *m*
rückwärts ['rykvɛrts] *adv* indietro
Rückwärtsgang ['rykvɛrtsgaŋ] *m (beim Auto)* retromarcia *f*
ruckweise ['rukvaɪzə] *adj* **1.** a scosse; *adv* **2.** a scosse
Rückzahlung ['ryktsaːluŋ] *f* rimborso *m*
Rückzieher ['ryktsiːɐ] *m* marcia indietro *f*; *einen ~ machen* fare marcia indietro
Rückzug ['ryktsuːk] *m* ritirata *f*
Rudel ['ruːdəl] *n* branco *m*; *ein ~ Wölfe* un branco di lupi *m*
Ruder ['ruːdɐ] *n* **1.** *(Riemen)* remo *m*; **2.** *(Steuerruder)* timone *m*; *ans ~ kommen* prendere il timone/andare al potere; *am ~ sein* essere al timone/essere al potere

Ruderboot ['ru:dɐbo:t] *n* barca a remi *f*
rudern ['ru:dɐn] *v* remare
Ruf [ru:f] *m* **1.** grido *m;* **2.** *(Aufforderung)* chiamata *f;* **3.** *(Ansehen)* reputazione *f*
rufen ['ru:fən] *v irr* chiamare
Rufnummer ['ru:fnumɐ] *f* numero telefonico *m*
Rüge ['ry:gə] *f* **1.** *(Tadel)* biasimo *m;* **2.** rimprovero *m*
rügen ['ry:gən] *v* rimproverare, biasimare
Ruhe ['ru:ə] *f* **1.** *(Stille)* silenzio *m,* quiete *f; ~!* Silenzio! *~ geben* stare tranquillo; *sich zur ~ setzen* mettersi a riposo; *jdn aus der ~ bringen* far perdere la calma a qd; *in aller ~* in tutta calma; **2.** *(Ausruhen)* riposo *m; sich ein wenig ~ gönnen* concedersi un breve riposo; **3.** *(Bewegungslosigkeit)* calma *f; die ~ vor dem Sturm* la calma prima della tempesta *f; die ~ selbst sein* essere la calma in persona; **4.** *(Frieden)* pace *f;seine ~ haben wollen* voler essere lasciato in pace; *Lass mich in ~!* Lasciami in pace! **5.** *jdn zur letzten ~ geleiten* accompagnare qd all'estrema dimora
ruhen ['ru:ən] *v* **1.** *(aus~)* riposare; **2.** *(stillstehen)* essere fermo; **3.** *(lasten)* poggiare; **4.** *(Verantwortung)* gravare
Ruhestand ['ru:əʃtant] *m* pensione *f; in den ~ treten* andare in pensione
Ruhestätte ['ru:əʃtɛtə] *f* luogo di riposo *m; die letzte ~* l'ultima dimora *f*
Ruhestörung ['ru:əʃtø:ruŋ] *f JUR* perturbazione della quiete pubblica *f,* schiamazzi *m/pl; nächtliche ~* schiamazzi notturni *m/pl*
Ruhetag ['ru:əta:k] *m* giorno di riposo *m; wöchentlicher ~* riposo settimanale *m*
ruhig ['ru:ɪç] *adj* **1.** *(still)* silenzioso, tranquillo; **2.** *(bewegungslos)* calmo; **3.** *(friedvoll)* tranquillo, pacifico
Ruhm [ru:m] *m* gloria *f*
rühmen ['ry:mən] *v* glorificare
ruhmreich ['ru:mraɪç] *adj* glorioso
Rührei ['ry:raɪ] *n GAST* uovo strapazzato *m*
rühren ['ry:rən] *v* **1.** *(bewegen)* muovere; *sich kaum ~ können* potersi muover a stento; **2.** *(um~)* rimestare; **3.** *(fig)* toccare
rührend ['ry:rənt] *adj* commovente
rührig ['ry:rɪç] *adj* attivo
rührselig ['ry:rze:lɪç] *adj* sentimentale
Rührung ['ry:ruŋ] *f* commozione *f; mit ~* commosso
Ruin [ru'i:n] *m* rovina *f,* crollo *m; wirtschaftlicher ~* crollo economico *m*
Ruine [ru'i:nə] *f* rovina *f*
ruinieren [rui'ni:rən] *v* rovinare
rülpsen ['rylpsən] *v* ruttare
Rumänien [ru'mɛ:njən] *n GEO* Romania *f*
rumänisch [ru'mɛ:nɪʃ] *adj* rumeno
Rummel ['ruməl] *m* **1.** *(Getriebe)* baccano *m;* **2.** *(Lärm)* frastuono *m;* **3.** *(Jahrmarkt)* fiera *f*
rumoren [ru'mo:rən] *v* fare rumore
Rumpelkammer ['rumpəlkamɐ] *f* ripostiglio *m*
Rumpf [rumpf] *m* **1.** *(Schiffsrumpf)* scafo *m;* **2.** *(Flugzeugrumpf)* fusoliera *f;* **3.** *ANAT* tronco *m*
rund [runt] *adj* **1.** *(Gesicht)* pieno; **2.** *(Tisch)* rotondo; **3.** *(Zahl)* tondo; **4.** *(Jahr)* intero; *adv* **5.** *(circa)* all'incirca, circa
Runde ['rundə] *f* **1.** *(Gesellschaft)* circolo *m,* cerchia *f;* **2.** *(Rundgang)* giro *m; Er geht eine ~ um den Block.* Egli fa un giro intorno all'isolato. **3.** *(fig) die ~ machen* fare il giro/andare intorno; *eine ~ schmeißen* offrire un giro/pagare da bere a tutti; *über die ~n bringen* portare a buon fine; *über die ~n kommen* sbarcare il lunario
Rundfahrt ['runtfa:rt] *f* giro *m*
Rundfunk ['runtfuŋk] *m* radio *f; Er arbeitet beim ~.* Egli lavora alla radio.
Rundfunkanstalt ['runtfuŋk'anʃtalt] *f* ente radiofonica *m*
Rundfunkgerät ['runtfuŋkgərɛ:t] *n* apparecchio radio *m*
Rundfunksender ['runtfuŋkzɛndɐ] *m* stazione radio *f*
Rundfunkübertragung ['runtfuŋky:bɐtraguŋ] *f* radiodiffusione *f*
Rundgang ['runtgaŋ] *m* giro *m*
rundgehen ['runtgehən] *v irr Da geht es rund!* C'è un sacco di lavoro.

rundherum ['runthɛrum] *adv* intorno
rundlich ['runtlɪç] *adj* **1.** *(dick)* rotondetto; **2.** rotondo
Rundschreiben ['runtʃraɪbən] *n (Brief)* circolare *f*
Runzel ['runtsəl] *f* ruga *f; ein Gesicht voll ~n* un viso pieno di rughe *m*
runzelig ['runtsɛlɪç] *adj* rugoso
runzeln ['runtsəln] *v* raggrinzire
rüpelhaft ['ry:pəlhaft] *adj* **1.** villano; *adv* **2.** da villano, villanamente
ruppig ['rupɪç] *adj* scortese, sgarbato
Ruß [ru:s] *m* fuliggine *f*
Russe ['rusə] *m* russo *m*
Rüssel ['rysəl] *m* **1.** *ZOOL* proboscide *f;* **2.** *(beim Schwein)* grifo *m*
Russin ['rusɪn] *f* russa *f*
russisch ['rusɪʃ] *adj* russo
Russland ['ruslant] *n GEO* Russia *f*
rüstig ['rystɪç] *adj* vitale, arzillo; *ein ~er Alter* un vecchietto arzillo *m*
rustikal [rusti'ka:l] *adj* rustico
Rüstung ['rystuŋ] *f* **1.** *(Ritterrüstung)* armatura *f;* **2.** *(Bewaffnung) MIL* armamento *m*
Rute ['ru:tə] *f* **1.** *(Zweig)* verga *f;* **2.** *(Angelrute)* canna da pesca *f*
Rutschbahn ['rutʃba:n] *f* scivolo *m*
rutschen ['rutʃən] *v* scivolare, slittare, sdrucciolare
rutschig ['rutʃɪç] *adj* scivoloso
rütteln ['rytəln] *v* scuotere

S

Saal [zaːl] *m* sala *f*
Saat [zaːt] *f* semina *f*
Säbel ['zɛːbəl] *m* sciabola *f*
Sabotage [zabo'taːɢə] *f* sabotaggio *m*
sabotieren [zabo'tiːrən] *v* sabotare
Sachanlagen ['zaxanlaːgən] *pl* ECO beni patrimoniali *m/pl*
Sachbearbeiter(in) ['zaxbəarbaɪtər(ɪn)] *m/f* ECO incaricato/incaricata *m/f*
Sachbeschädigung ['zaxbəʃɛːdɪguŋ] *f* JUR danni materiali *m/pl*
Sachbuch ['zaxbuːx] *n* libro di divulgazione *m*
sachdienlich ['zaxdiːnlɪç] *adj* utile
Sache ['zaxə] *f* **1.** *(Gegenstand)* cosa *f;* **2.** *(Angelegenheit)* affare *m,* faccenda *f; nicht jedermanns ~ sein* non essere cosa da tutti; *sich seiner ~ sicher sein* essere sicuro del fatto proprio; *bei der ~ sein* essere concentrati; *nichts zur ~ tun* non cambiare le cose; **3.** JUR causa *f*
Sachgebiet ['zaxgəbiːt] *n* campo *m,* materia *f*
sachgemäß ['zaxgəmɛːs] *adj* **1.** conforme; *adv* **2.** adeguatamente
Sachkenntnis ['zaxkɛntnɪs] *f* cognizione di causa *f*
sachkundig ['zaxkundɪç] *adj* competente
sachlich ['zaxlɪç] *adj* materiale, obiettivo; *aus ~n Gründen* per cause materiali
Sachlichkeit ['zaxlɪçkaɪt] *f* oggettività *f*
Sachverhalt ['zaxfɛrhalt] *m* fatto *m,* stato di cose *m; Der ~ ist folgender.* Ecco come stanno le cose.
Sachverständige(r) ['zaxfɛrʃtɛndɪgə(r)] *m/f* esperto/esperta *m/f;* perito/perita
Sack [zak] *m* sacco *m; jdn in den ~ stecken* mettere qd nel sacco; *etw im ~ haben* avere in tasca qc; *mit ~ und Pack* con armi e bagagli
Sackgasse ['zakgasə] *f* vicolo cieco *m*
Sadismus [za'dɪsmus] *m* sadismo *m*
Sadist(in) [za'dɪst(ɪn)] *m/f* sadico/sadica *m/f*
säen ['zɛːən] *v* seminare
Safari [za'faːri] *f* safari *m*
Safe [seɪf] *m* cassetta di sicurezza *f,* safe *m*
Saft [zaft] *m* **1.** *(Obstsaft)* succo *m;* **2.** *(Bratensaft)* sugo *m*
saftig ['zaftɪç] *adj* **1.** sugoso, succoso; **2.** *(fig)* potente; *eine ~e Ohrfeige* un solenne ceffone *m*
Sage ['zaːgə] *f* saga *f,* leggenda *f*
Säge ['zɛːgə] *f* TECH sega *f*
Sägemehl ['zɛːgəmeːl] *n* segatura *f*
sagen ['zaːgən] *v* dire; *sage und schreibe* nientemeno che; *sich nichts mehr zu ~ haben* non avere più niente da dirsi; *sich etw nicht zweimal ~ lassen* non lasciarsi dire qc due volte; *etw zu ~ haben* avere qc da dire/avere voce in capitolo; *sich von jdm nichts ~ lassen* non lasciarsi dire qc da qd; *Das ist nicht gesagt.* Questo non è detto. *Das ist zu viel gesagt.* Questo è dire troppo.
sägen ['zɛːgən] *v* segare
sagenhaft ['zaːgənhaft] *adj* leggendario
Sägewerk ['zɛːgəvɛrk] *n* segheria *f*
Sahne ['zaːnə] *f* GAST panna *f*
sahnig ['zaːnɪç] *adj* cremoso
Saison [zɛ'zɔ] *f* stagione *f*
Saisongeschäft [zɛ'zɔgəʃɛft] *n* attività stagionale *f*
Sakrament [zakra'mɛnt] *n* REL sacramento *m; ~!* Cristo!
Sakristei [zakrɪ'staɪ] *f* REL sacrestia *f*
Salat [za'laːt] *m* **1.** insalata *f;* **2.** *(fam) Da haben wir den ~!* Che bel pasticcio!
Salatsoße [za'laːtzoːsə] *f* GAST condimento per l'insalata *m*
Salbe ['zalbə] *f* pomata *f,* unguento *m*
Salbei ['zalbaɪ] *m* BOT salvia *f*
Saldo ['zaldo] *m* ECO saldo *m*
Salmonellen [zalmo'nɛlən] *pl* BIO salmonelle *f/pl*
Salon [za'lɔː] *m* salotto *m,* salone *m*
salopp [za'lɔp] *adj (Haltung)* disinvolto
Salz [zalts] *n* sale *m; jdm nicht das ~ in der Suppe gönnen* non concedere a

qd nemmeno il sale nella zuppa; ~ *auf jds Wunden streuen* ritirare il coltello nella piaga
salzen ['zaltsən] *v irr* salare
salzig ['zaltsɪç] *adj* salato
Salzsäure ['zaltszɔyrə] *f CHEM* acido cloridrico *m*
Salzstange ['zaltsʃtaŋə] *f GAST* salatino *m*
Salzstreuer ['zaltsʃtrɔyɐ] *m* saliera *f*
Samen ['za:mən] *m* **1.** *(Saat)* semente *m;* **2.** *BIO* seme *m*
Sammelband ['zaməlbant] *m* raccolta *f*
Sammelbegriff ['zaməlbəgrɪf] *m* nome collettivo *m*
Sammelbüchse ['zaməlbyksə] *f* bossolo *m*
sammeln ['zaməln] *v* **1.** raccogliere, radunare; **2.** *(als Hobby)* collezionare; **3.** *sich ~ (fig)* raccogliersi, concentrarsi
Sammeltransport ['zaməltranspɔrt] *m* trasporto collettivo *m*
Sammler(in) ['zamlər(ɪn)] *m/f* collezionista *m/f*
Sammlung ['zamluŋ] *f* **1.** collezione *f,* raccolta *f;* **2.** *(fig: Konzentration)* concentrazione *f*
Samstag ['zamsta:k] *m* sabato *m*
samstags ['zamsta:ks] *adv* di sabato, il sabato
Samt [zamt] *m* velluto *m*
sämtlich ['zɛmtlɪç] *adj* tutto
Sanatorium [zana'to:rjum] *n* sanatorio *m*
Sand [zant] *m* sabbia *f; wie ~ am Meer* a non finire; *auf ~ gebaut haben* aver costruito sulla sabbia; *etw in den ~ setzen* fallire/fare fiasco in qc; *im ~e verlaufen* arenarsi/insabbiarsi
Sandale [zan'da:lə] *f* sandalo *m*
Sandbank ['zantbaŋk] *f* banco di sabbia *m*
sandig ['zandɪç] *adj* sabbioso
Sandkasten ['zantkastən] *m* recinto con sabbia per i bambini *m*
Sandkorn ['zantkɔrn] *n* granello di sabbia *m*
Sandmännchen ['zantmɛnçən] *n* mago Sabbiolino *m*
Sandsack ['zantzak] *m* sacco di sabbia *m*
Sandstrand ['zantʃtrant] *m* spiaggia arenosa *f,* arenile *m*
Sandsturm ['zantʃturm] *m* tempesta di sabbia *f*
Sanduhr ['zantu:r] *f* clessidra *f*
Sandwich ['zɛntvɪtʃ] *n GAST* sandwich *m*
sanft [zanft] *adj* leggero, delicato
Sanftmut ['zanftmu:t] *f* mitezza *f*
sanftmütig ['zanftmy:tɪç] *adj* dolce, mite
Sänger(in) ['zɛŋər(ɪn)] *m/f* cantante *m/f*
sanieren [za'ni:rən] *v* guarire, risanare; *ein Unternehmen ~* risanare un'azienda
Sanierung [za'ni:ruŋ] *f* risanamento *m*
Sanierungsmaßnahmen [za'ni:ruŋsma:sna:mən] *f/pl* misure di risanamento *f/pl*
Sanitäranlage [zani'tɛ:ranla:gə] *f* impianto sanitario *m*
Sanitäter(in) [zani'tɛ:tər(ɪn)] *m/f* infermiere/infermiera *m/f*
Sanktion [zaŋk'tsjo:n] *f* sanzione *f*
Saphir ['za:fir] *m* zaffiro *m*
Sardelle [zar'dɛlə] *f ZOOL* acciuga *f*
Sardine [zar'di:nə] *f ZOOL* sardina *f; wie ~n in der Büchse* stretti come sardine
Sardinien [zar'di:njən] *n GEO* Sardegna *f*
Sarg [zark] *m* bara *f,* casso *m*
sarkastisch [zar'kastɪʃ] *adj* sarcastico
Satan ['za:tan] *m* Satana *m*
Satellit [zatə'li:t] *m* satellite *m*
Satin [za'tɛ:] *m* raso *m,* satin *m*
Satire [za'ti:rə] *f LIT* satira *f*
satt [zat] *adj* sazio
Sattel ['zatəl] *m* sella *f; jdn aus dem ~ heben (fig)* far sbalzare di sella qd; *fest im ~ sitzen* sedere saldamente in sella
satteln ['zatəln] *v* sellare
sättigen ['zɛtɪgən] *v* **1.** saziare; **2.** *CHEM* saturare
sättigend ['zɛtɪgənt] *adj* che sazia
Sättigung ['zɛtɪguŋ] *f* **1.** sazietà *f;* **2.** *CHEM* saturazione *f*
Satz [zats] *m* **1.** *GRAMM* frase *f;* **2.** *(Druck)* composizione *f;* **3.** *(Menge)* partita *f,* lotto *m;* **4.** *SPORT* set *m;* **5.** *MUS* tempo *m*
Satzanalyse ['zatsanaly:zə] *f* analisi logica *f*

Satzung ['zatsuŋ] *f* regolamento *m;* statuto *m*
Satzzeichen ['zatstsaɪçən] *n* segno d'interpunzione *m*
Sau [zau] *f* **1.** ZOOL scrofa *f;* **2.** *(fam)* troia *f,* porco *m; die ~ rauslassen* fare baldoria; *jdn zur ~ machen* annientare qd; *unter aller ~ sein* essere da cani
sauber ['zaubɐ] *adj* pulito; *Du bist nicht ganz ~.* Non sei a posto./Non sei normale. *Sauber!* Niente male! *~ machen* pulire
Sauberkeit ['zaubɐkaɪt] *f* pulizia *f*
Saudi-Arabien [zaudia'raːbjən] *n* GEO Arabia Saudita *f*
sauer ['zauɐ] *adj* **1.** acido, agro; *jdm Saures geben* darle secche a qd/bastonare qd; **2.** *(fig: Person)* aspro; *~ sein* essere arrabbiato nero
Sauerei [zauə'raɪ] *f (fam)* porcheria *f*
Sauerkirsche ['zauɐkɪrʃə] *f* BOT visciola *m*
Sauerkraut ['zauɐkraut] *n* GAST cavolo acido *m;* crauti *m/pl*
Sauerstoff ['zauɐʃtɔf] *m* CHEM ossigeno *m*
saufen ['zaufən] *v irr* **1.** *(Tier)* bere; **2.** *(fam)* bere, essere un beone
Säufer(in) ['zɔyfər(ɪn)] *m/f* bevitore/bevitrice *m/f,* beone/beona *m/f*
saugen ['zaugən] *v* **1.** succhiare; **2.** *(Staub ~)* passare l'aspirapolvere
Säugetier ['zɔygətiːr] *n* mammifero *m*
Säugling ['zɔyklɪŋ] *m* lattante *m*
Säuglingspflege ['zɔyklɪŋspfleːgə] *f* puericoltura *f*
Säule ['zɔylə] *f* colonna *f*
Saum [zaum] *m* orlo *m*
säumig ['zɔymɪç] *adj* ritardatario
Sauna ['zauna] *f* sauna *f*
Säure ['zɔyrə] *f* **1.** *(Geschmack)* acidità *f;* **2.** CHEM acido *m*
Säuregehalt ['zɔyrəgəhalt] *m* CHEM acidità *f*
Saus [zaus] *m in ~ und Braus leben* fare la bella vita
Saxophon [zakso'foːn] *n* MUS sassofono *m*
Schabernack ['ʃaːbɐnak] *m* burla *f; jdm einen ~ spielen* giocare una burla a qd
schäbig ['ʃɛːbɪç] *adj* **1.** *(armselig)* misero; **2.** *(abgetragen)* consumato, logoro; *ein ~er Rock* una gonna logora; **3.** *(kleinlich)* gretto
Schablone [ʃa'bloːnə] *f* sagoma *f,* forma *f*
Schach [ʃax] *n* scacchi *m/pl*
schachmatt [ʃax'mat] *adj jdn ~ setzen* dar scacco matto a qd
Schacht [ʃaxt] *m* pozzo *m*
Schachtel ['ʃaxtəl] *f* scatola *f*
schade ['ʃaːdə] *adj* peccato; *~ um die verlorene Zeit* peccato per il tempo perduto; *sich für nichts zu ~ sein* non essere sprecato per nulla
Schädel ['ʃɛːdəl] *m* ANAT cranio *m; sich den ~ einrennen* uscire da qc con la testa rotta; *Ihm brummt der ~.* Gli ronza la testa.
Schädelbasisbruch ['ʃɛːdəlbaːzisbrux] *m* MED frattura della base cranica *f*
schaden ['ʃaːdən] *v* danneggiare, nuocere; *einer Sache ~* pregiudicare qc; *Es würde nichts ~.* Non farebbe nulla.
Schaden ['ʃaːdən] *m* danno *m; zu ~ kommen* ferirsi/farsi del male
Schadenersatz ['ʃaːdənɛrzats] *m* JUR risarcimento dei danni *m*
schadenfroh ['ʃaːdənfroː] *adj* che prova gioia per il male altrui
schadhaft ['ʃaːthaft] *adj* danneggiato
schädigen ['ʃɛːdɪgən] *v jdn ~* danneggiare qd, nuocere a qd
schädlich ['ʃɛːtlɪç] *adj* nocivo
Schädling ['ʃɛːtlɪŋ] *m* parassita *m*
Schadstoff ['ʃaːtʃtɔf] *m* sostanza nociva *f,* sostanza tossica
schadstoffarm ['ʃaːtʃtɔfarm] *adj* poco inquinante
Schaf [ʃaːf] *n* ZOOL pecora *f; das schwarze ~ sein* essere la pecora nera
Schäfer(in) ['ʃɛːfər(ɪn)] *m/f* pecoraio/pecoraia *m/f,* pastore/pastora *m/f*
Schäferhund ['ʃɛːfɐhunt] *m* ZOOL cane pastore *m*
schaffen[1] ['ʃafən] *v irr (schöpfen)* fare, creare; *für etw wie ge~ sein* essere fatto apposta per qc
schaffen[2] ['ʃafən] *v* **1.** *(zeitlich)* farcela; *Wir haben es geschafft.* Ce l'abbiamo fatta. **2.** *(Prüfung)* superare; *sich an etw zu ~ machen* darsi da fare per qc; *Damit*

hat er nichts zu ~. Lui non ha niente a che vedere con ciò.
Schaffenskraft ['ʃafənskraft] *f* creatività *f*
Schaffner(in) ['ʃafnɐ] *m/f* controllore *m*
Schafott [ʃa'fɔt] *n* patibolo *m*
Schafskäse ['ʃa:fskɛ:zə] *m* GAST formaggio di pecora *m*
Schafwolle ['ʃa:fvɔlə] *f* lana di pecora *f*
Schal [ʃa:l] *m* scialle *m*
Schale ['ʃa:lə] *f* 1. *(Schüssel)* scodella *f;* 2. *(von Gemüse)* buccia *f;* 3. *(Nussschale)* guscio *m;* 4. *sich in ~ werfen (fig)* mettersi in ghingheri
schälen ['ʃɛ:lən] *v* sbucciare
Schalk [ʃalk] *m* mattacchione *m*
Schall [ʃal] *m* suono *m; ~ und Rauch sein* essere fumo
Schalldämpfer ['ʃaldɛmpfɐ] *m* TECH silenziatore *m*
schalldicht ['ʃaldɪçt] *adj* a isolamento acustico, fonoassorbente
Schallgeschwindigkeit ['ʃalgəʃvɪndɪçkaɪt] *f* velocità sonica *f*
Schallmauer ['ʃalmauɐ] *f* muro del suono *m*
Schallplatte ['ʃalplatə] *f* disco *m*
Schallplattenspieler ['ʃalplatənʃpi:lɐ] *m* giradischi *m*
Schaltbild ['ʃaltbɪlt] *n* TECH schema elettrico *m*
schalten ['ʃaltən] *v* 1. *(Auto)* innestare; *in den dritten Gang ~* innestare la terza; 2. *(fam: begreifen)* capire; *Schaltest du immer so langsam?* Ci arrivi sempre così tardi? 3. *(ein~)* inserire; 4. *(aus~)* disinserire
Schalter ['ʃaltɐ] *m* 1. *(Vorrichtung)* interruttore *m;* 2. *(Bankschalter)* sportello *m*
Schaltgetriebe ['ʃaltgətri:bə] *n* TECH cambio *m*
Schalthebel ['ʃalthe:bəl] *m* *(beim Auto)* leva del cambio *f*
Schaltjahr ['ʃaltja:r] *n* anno bisestile *m*
Schalttafel ['ʃaltta:fəl] *f* TECH quadro elettrico *m*
Scham [ʃa:m] *f* pudore *m,* vergogna *f; Er wird rot vor ~.* Egli arrossisce di vergogna.
schämen ['ʃɛ:mən] *v sich ~* vergognarsi
Schamgefühl ['ʃa:mgəfy:l] *n* vergogna *f*
schamhaft ['ʃa:mhaft] *adj* 1. vergognoso; *adv* 2. vergognosamente
schamlos ['ʃa:mlo:s] *adj* 1. svergognato, sfacciato; *adv* 2. impudicamente, sfacciatamente
Schande ['ʃandə] *f* vergogna *f,* onta *f,* disonore *m*
Schandfleck ['ʃantflɛk] *m* marchio d'infamia *m*
schändlich ['ʃɛndlɪç] *adj* 1. vergognoso; *adv* 2. vergognosamente
Schandtat ['ʃantta:t] *f* infamia *f; zu jeder ~ bereit sein* essere pronto a far folle
Schändung ['ʃɛ:nduŋ] *f* 1. profanazione *f;* 2. *(Vergewaltigung)* violenza carnale *f*
Schanze ['ʃantsə] *f* SPORT trampolino *m*
Schar [ʃa:r] *f* 1. *(Menge)* schiera; 2. *(Vogel~)* stormo *m*
scharenweise ['ʃa:rənvaɪzə] *adv* a schiere
scharf [ʃarf] *adj* 1. *(Messer)* affilato, tagliente; 2. *(Gewürz)* piccante; 3. *(Kurve)* stretto; 4. *(Ton)* stridulo
schärfen ['ʃɛrfən] *v* *(Messer)* affilare
Scharfschütze ['ʃarfʃytsə] *m* tiratore scelto *m*
Scharfsinn ['ʃarfzɪn] *m* acume *m*
scharfsinnig ['ʃarfzɪnɪç] *adj* sagace
Scharlach ['ʃarlax] *m* MED scarlattina *f*
Scharlatan ['ʃarlata:n] *m* ciarlatano *m*
Scharnier [ʃar'ni:r] *n* TECH cerniera *f*
Schaschlik ['ʃaʃlɪk] *m* GAST spiedino di carne *m*
Schatten ['ʃatən] *m* ombra *f; nicht über seinen ~ springen können* non poter cambiare la propria natura; *nur noch der ~ seiner selbst sein* essere soltanto l'ombra di se stesso; *einen ~ auf etw werfen* gettare un'ombra su qc; *in jds ~ stehen* vivere all'ombra di qd; *sich vor seinem eigenen ~ fürchten* avere paura della propria ombra
Schattenseite ['ʃatənzaɪtə] *f* 1. parte in ombra *f;* 2. *(fig)* rovescio *m; auf der ~ des Lebens stehen* essere meno fortunati
Schattierung [ʃa'ti:ruŋ] *f* sfumatura *f*
schattig ['ʃatɪç] *adj* ombroso

Schatz [ʃats] *m* **1.** *(Kostbarkeit)* tesoro *m;* **2.** *(Kosewort)* tesoro *m*
Schatzbrief ['ʃatsbriːf] *m* ECO buono del tesoro *m*
schätzen ['ʃɛtsən] *v* **1.** *(ungefähr berechnen)* calcolare approssimativamente; **2.** *(annehmen)* supporre; **3.** *(hoch achten)* stimare
Schätzung ['ʃɛtsuŋ] *f* **1.** *(ungefähre Berechnung)* calcolo approssimativo *m;* **2.** *(Annahme)* supposizione *f,* valutazione *f*
schätzungsweise ['ʃɛtsuŋsvaɪzə] *adv* approssimativamente
Schätzwert ['ʃɛtsveːrt] *m* valore stimato *m*
Schau [ʃau] *f* **1.** mostra *f,* esposizione *f;* **2.** *etw zur ~ stellen (fig)* mettere in mostra qc; **3.** *jdm die ~ stehlen (fig)* rubare la scena a qd; *eine ~ abziehen* mettersi in scena
schauderhaft ['ʃaudɐhaft] *adj* orrendo
schauen ['ʃauən] *v* guardare
Schauer ['ʃauɐ] *m* **1.** *(Regen)* scroscio di pioggia *m;* **2.** *(Frösteln)* brivido *m;* **3.** *(Schreck)* brivido *m,* spavento *m*
Schauergeschichte ['ʃauɐgəʃɪçtə] *f* storia raccapricciante *f*
Schaufel ['ʃaufəl] *f* pala *f*
Schaufenster ['ʃaufɛnstɐ] *n* vetrina *f*
Schaufensterbummel ['ʃaufɛnstɐbuməl] *m* giro per vedere le vetrine *m*
Schaufensterpuppe ['ʃaufɛnstɐpupə] *f* manichino
Schaukampf ['ʃaukampf] *m* SPORT gara d'esibizione *f*
Schaukel ['ʃaukəl] *f* altalena *f*
schaukeln ['ʃaukəln] *v* dondolare
Schaukelpferd ['ʃaukəlpfeːrt] *n* cavallo a dondolo *m*
Schaukelstuhl ['ʃaukəlʃtuːl] *m* sedia a dondolo *f*
Schaulaufen ['ʃaulaufən] *n* SPORT esibizione di pattinaggio artistico *f*
Schaulustige(r) ['ʃaulustɪgə(r)] *m/f* curioso/curiosa *m/f*
Schaum [ʃaum] *m* schiuma *f*
Schaumbad ['ʃaumbaːt] *n* bagnoschiuma *m*
schäumen ['ʃɔymən] *v* schiumare, spumeggiare; *vor Wut ~ (fig)* schiumare di rabbia
Schaumgummi ['ʃaumgumi] *m* gommapiuma *f*
Schaumkrone ['ʃaumkroːnə] *f* cresta di schiuma *f*
Schaumschläger ['ʃaumʃlɛːgɐ] *m* **1.** sbattitore a frusta *m;* **2.** *(fig)* spaccone *m*
Schaumwein ['ʃaumvaɪn] *m* spumante *m*
Schauplatz ['ʃauplats] *m* luogo *m,* scena *f; der ~ der Handlung* il luogo dell'azione *m*
schaurig ['ʃaurɪç] *adj* orrendo, spaventoso
Schauspiel ['ʃauʃpiːl] *n* commedia *f,* dramma *m*
Schauspieler(in) ['ʃauʃpiːlər(ɪn)] *m/f* attore/attrice *m/f*
Schauspielhaus ['ʃauʃpiːlhaus] *n* teatro *m*
Scheck [ʃɛk] *m* assegno *m*
Scheckbuch ['ʃɛkbuːx] *n* libretto degli assegni *m*
scheckig ['ʃɛkɪç] *adj* pezzato
Scheckkarte ['ʃɛkkartə] *f* carta assegni *f*
Scheibe ['ʃaɪbə] *f* **1.** disco *m;* **2.** *(Wurstscheibe)* fetta *f; sich von jdm eine ~ abschneiden können* poter prendere esempio da qd; **3.** *(Fensterscheibe)* lastra di vetro *f*
Scheibenbremse ['ʃaɪbənbrɛmzə] *f* TECH freno a disco *m*
Scheibenwischer ['ʃaɪbənvɪʃɐ] *m (eines Autos)* tergicristallo *m*
Scheich [ʃaɪç] *m* sceicco *m*
Scheide ['ʃaɪdə] *f* **1.** *(Messerscheide)* fodero *m,* guaina *f;* **2.** ANAT vagina *f*
scheiden ['ʃaɪdən] *v irr* **1.** separare; **2.** *(Ehe)* divorziare
Scheidung ['ʃaɪduŋ] *f* divorzio *m*
Schein [ʃaɪn] *m* **1.** *(Licht)* luce *f;* **2.** *(Banknote)* banconota *f;* **3.** *(Bescheinigung)* certificato *m;* **4.** *(fig: Anschein)* apparenza *f; zum ~* in apparenza
Schein... [ʃaɪn] *pref* fittizio
scheinbar ['ʃaɪnbaːr] *adj* apparente
scheinen ['ʃaɪnən] *v irr* **1.** *(leuchten)* splendere; **2.** *(fig: Anschein haben)* sembrare
scheinheilig ['ʃaɪnhaɪlɪç] *adj* ipocrita
Scheinheiligkeit ['ʃaɪnhaɪlɪçkaɪt] *f* ipocrisia *f*

S

Scheintod ['ʃaɪntoːt] *m* morte apparente *f*
Scheinwerfer ['ʃaɪnvɛrfɐ] *m* **1.** *(eines Autos)* faro *m; die ~ abblenden* mettere gli anabbaglianti; **2.** CINE proiettore *m*, riflettore *m*
Scheiße ['ʃaɪsə] *f (fam)* merda *f*, escrementi *m/pl*
Scheitel ['ʃaɪtəl] *m* riga *f; vom ~ bis zur Sohle* dalla testa ai piedi
Scheitelpunkt ['ʃaɪtəlpuŋkt] *m* punto culminante *m*
scheitern ['ʃaɪtɐn] *v* fallire, *(fig)* naufragare
Schelm [ʃɛlm] *m* birbante *m*, birba *f*
schelmisch ['ʃɛlmɪʃ] *adj* **1.** birbone, birichino; *adv* **2.** furbescamente
schelten ['ʃɛltən] *v irr* rimproverare
Schema ['ʃeːma] *n* schema *f; nach ~ F* seguendo sempre il solito schema
schematisch [ʃe'maːtɪʃ] *adj* schematico
Schemel ['ʃeːməl] *m* sgabello *m*
schemenhaft ['ʃeːmənhaft] *adj* spettrale
Schenkel ['ʃɛŋkəl] *m* ANAT coscia *f*
schenken ['ʃɛŋkən] *v* regalare; *halb geschenkt sein* essere quasi regalato; *sich nichts ~* non risparmiarsi nulla
Scherbe ['ʃɛrbə] *f* coccio *m*
Schere ['ʃeːrə] *f* forbici *f/pl*
Schererei [ʃeːrə'raɪ] *f* seccatura *f*, fastidio *m; sich unnötige ~en ersparen* risparmiarsi fatiche inutili
Scherz [ʃɛrts] *m* scherzo *m*
scherzen ['ʃɛrtsən] *v* scherzare
scherzhaft ['ʃɛrtshaft] *adj* scherzoso
scheu [ʃɔy] *adj* timido, timoroso
Scheu [ʃɔy] *f* timidezza *f*
scheuen ['ʃɔyən] *v* **1.** *(Pferd)* adombrarsi; *Die Pferde scheuten.* I cavalli si adombrarono. **2.** *(meiden)* evitare, rifuggire
Scheuerlappen ['ʃɔyɐlapən] *m* strofinaccio *m*
scheuern ['ʃɔyɐn] *v* pulire, sfregare; *jdm eine ~* dare uno schiaffo a qd
Scheuklappen ['ʃɔyklapən] *pl* paraocchi *m/pl*
Scheune ['ʃɔynə] *f* granaio *m*
Scheusal ['ʃɔyzaːl] *n* mostro *m*
scheußlich ['ʃɔyslɪç] *adj* **1.** orribile; *adv* **2.** orribilmente
Schicht [ʃɪçt] *f* **1.** strato *m;* **2.** *(Klasse)* ceto *m*, classe *f;* **3.** *(Arbeitsschicht)* turno *m*
Schichtarbeit ['ʃɪçtarbaɪt] *f* lavoro a turni *m*
Schichtwechsel ['ʃɪçtvɛksəl] *m* cambio di turno *m*
schick [ʃɪk] *adj* chic
schicken ['ʃɪkən] *v* mandare
Schicksal ['ʃɪkzaːl] *n* destino *m; jdn seinem ~ überlassen* lasciare qd al proprio destino; *~ spielen* influenzare il destino
schicksalhaft ['ʃɪkzaːlhaft] *adj* fatale
Schicksalsschlag ['ʃɪkzaːlsʃlaːk] *m* colpo del destino *m*
Schiebedach ['ʃiːbədax] *n (beim Auto)* tettuccio apribile *m*
schieben ['ʃiːbən] *v irr* spingere
Schiebetür ['ʃiːbətyːr] *f* porta scorrevole *f*
Schiebung ['ʃiːbuŋ] *f* manovra *f*, frode *f*
Schiedsgericht ['ʃiːtsgɐɪçt] *n* JUR tribunale arbitrale *m*
Schiedsrichter(in) ['ʃiːtsrɪçtər(ɪn)] *m/f* SPORT arbitro/arbitra *m/f*
Schiedsspruch ['ʃiːtsʃprux] *m* giudizio arbitrale *m*
schief [ʃiːf] *adj* **1.** storto; *jdn ~ ansehen* guardare storto qd; **2.** *(Ebene)* storto, pendente; **3.** *(Turm)* inclinato, obliquo; **4.** *(fig: falsch)* storto, sbagliato; **5.** *(Winkel)* obliquo
schiefgehen [ʃiːf'geːən] *v irr* andare storto
schieflachen ['ʃiːflaxən] *v sich ~* creparе dalle risate
schielen ['ʃiːlən] *v* essere strabico
Schienbein ['ʃiːnbaɪn] *n* ANAT stinco *m*
Schiene ['ʃiːnə] *f* **1.** *(Bahnschiene)* rotaia *f;* **2.** MED stecca *f*
Schießbude ['ʃiːsbuːdə] *f* baraccone del tiro a segno *m*
schießen ['ʃiːsən] *v irr* **1.** *(Waffe)* sparare; **2.** *(Ball)* lanciare, tirare; **3.** *zum Schießen sein (fig)* essere da morire dal ridere
Schießerei [ʃiːsə'raɪ] *f* sparatoria *f*
Schießpulver ['ʃiːspulvɐ] *n* polvere da sparo *f*
Schiff [ʃɪf] *n* nave *f; klar ~ machen* sistemare una faccenda/fare pulizia

S

Schiffbau ['ʃɪfbau] *m NAUT* costruzioni navali *f/pl*
Schiffbruch ['ʃɪfbrux] *m* naufragio *m*; *~ mit etw erleiden* fare naufragio con qc
Schifffahrt ['ʃɪffaːrt] *f* navigazione *f*
Schiffschaukel ['ʃɪfʃaukəl] *f* altalena a forma di nave *f*
Schikane [ʃi'kaːnə] *f* vessazione *f*, angheria *f*; *mit allen ~n* con tutti i crismi/con tutti i comfort/con ogni raffinatezza
schikanieren [ʃika'niːrən] *v* vessare, tormentare
Schild [ʃɪlt] *n* **1.** *(Schutzschild)* scudo *m*; *etw im ~e führen* tramare qc/macchinare qc; **2.** *(Türschild)* targhetta *f*, targa *f*; **3.** *(Straßenschild)* targa stradale *f*
Schilddrüse ['ʃɪltdryːzə] *f ANAT* tiroide *f*
schildern ['ʃɪldɐn] *v* descrivere, raffigurare
Schilderung ['ʃɪldəruŋ] *f* descrizione *f*
Schildkröte ['ʃɪltkrøːtə] *f ZOOL* tartaruga *f*
schillern ['ʃɪlɐn] *v* avere riflessi, cangiare di colore
Schimmel ['ʃɪməl] *m* **1.** *(Pferd) ZOOL* cavallo bianco *m*; **2.** *BOT* muffa *f*
schimmeln ['ʃɪməln] *v* ammuffire
Schimmer ['ʃɪmɐ] *m* lume *m*; *keinen ~ von etw haben* non avere la più pallida idea di qc
schimmlig ['ʃɪmlɪç] *adj* ammuffito
schimpfen ['ʃɪmpfən] *v* imprecare, sgridare
Schimpfwort ['ʃɪmpfvɔrt] *n* parola ingiuriosa *f*
Schinderei [ʃɪndə'raɪ] *f (Plage)* faticaccia *f*
Schinken ['ʃɪŋkən] *m GAST* prosciutto *m*
Schippe ['ʃɪpə] *f* pala *f*; *jdn auf die ~ nehmen* prendere in giro qd
schippen ['ʃɪpən] *v* spalare
Schirm [ʃɪrm] *m* **1.** *(Regenschirm)* ombrello *m*; **2.** *(Sonnenschirm)* parasole *m*
Schirmherr(in) ['ʃɪrmhɛr(ɪn)] *m/f* patrono/patrona *m/f*, protettore/protettrice *m/f*
Schirmherrschaft ['ʃɪrmhɛrʃaft] *f* patronato *m*
Schizophrenie [ʃitsofre'niː] *f MED* schizzofrenia *f*
Schlacht [ʃlaxt] *f* battaglia *f*
schlachten ['ʃlaxtən] *v* macellare
Schlachtfeld ['ʃlaxtfɛlt] *n* campo di battaglia *m*
Schlachthof ['ʃlaxthoːf] *m* macello *m*
Schlachtplan ['ʃlaxtplaːn] *m* piano di battaglia *m*
Schlaf [ʃlaːf] *m* sonno *m*; *den ~ des Gerechten schlafen* dormire il sonno del giusto; *etw im ~ können* poter fare qc dormendo/poter fare qc a occhi chiusi; *jdn um den ~ bringen* togliere il sonno a qd
Schlafanzug ['ʃlaːfantsuːk] *m* pigiama *m*
Schläfchen ['ʃlɛːfçən] *n* sonnellino *m*
Schläfe ['ʃlɛːfə] *f ANAT* tempia *f*
schlafen ['ʃlaːfən] *v irr* dormire
schlaff [ʃlaf] *adj* lento, allentato; *~e Haut* pelle flaccida *f*
schlaflos ['ʃlaːfloːs] *adj* insonne; *Ich habe eine ~e Nacht verbracht.* Ho passato una notte in bianco.
Schlaflosigkeit ['ʃlaːfloːzɪçkaɪt] *f* insonnia *f*
Schlafmütze ['ʃlaːfmytsə] *f (fig)* dormiglione *m*; *eine ~ sein* essere un poltrone
schläfrig ['ʃlɛːfrɪç] *adj* assonnato
Schlafsack ['ʃlaːfzak] *m* sacco a pelo *m*
Schlaftablette ['ʃlaːftablɛtə] *f* sonnifero *m*
schlaftrunken ['ʃlaːftruŋkən] *adj* sonnolento
Schlafwagen ['ʃlaːfvaːgən] *m* vagone letto *m*
schlafwandeln ['ʃlaːfvandəln] *v* essere sonnambulo, camminare nel sonno
Schlafzimmer ['ʃlaːftsɪmɐ] *n* camera da letto *f*
Schlag [ʃlaːk] *m* **1.** *(Hieb)* colpo *m*, botta *f*; **2.** *(Pochen)* battito *m*; **3.** *elektrischer ~* scossa elettrica *f*; **4.** *(fig: schwerer ~)* colpo *m*; *einen vernichtenden ~ gegen jdn führen* dare un colpo mortale a qd; *jdm einen ~ versetzen* dare un duro colpo a qd; *~ auf ~* colpo su colpo; *keinen ~ tun* non muovere un dito; *auf einen ~* in un colpo/di colpo; *wie vom ~ getroffen* come colpito da un fulmine
Schlaganfall ['ʃlaːkanfal] *m MED* colpo apoplettico *m*

S

schlagartig ['ʃla:kartɪç] *adj* 1. fulmineo; *adv* 2. repentinamente, di colpo; *Der Lärm hörte ~ auf.* Il rumore cessò di colpo.
schlagen ['ʃla:gən] *v irr* 1. *(hauen)* battere; 2. *(Uhr)* battere; 3. *(fig: siegen)* battere; 4. *(Herz)* battere
Schlager ['ʃla:gɐ] *m* 1. *MUS* canzone *f;* 2. *(Verkaufserfolg)* successo *m*
Schlägerei [ʃlɛ:gə'raɪ] *f* rissa *f*
Schlagersänger(in) ['ʃla:gɐzɛŋər(ɪn)] *m/f* cantante di musica leggera *m/f*
schlagfertig ['ʃla:kfɛrtɪç] *adj* pronto; *eine ~e Antwort* una risposta pronta *f*
Schlagfertigkeit ['ʃla:kfɛrtɪçkaɪt] *f* prontezza *f*
schlagkräftig ['ʃla:kkrɛftɪç] *adj (fig)* convincente; *Es ist ein ~es Argument.* È un argomento convincente.
Schlagloch ['ʃla:klɔx] *n* buca *f*
Schlagsahne ['ʃla:kza:nə] *f GAST* panna montata *f*
Schlagseite ['ʃla:kzaɪtə] *f* sbandamento *m; (fig) ~ haben* avere una sbronza/avere una ciucca/essere ubriaco
Schlagwort ['ʃla:kvɔrt] *n* parola d'ordine *f,* slogan *m*
Schlagzeile ['ʃla:ktsaɪlə] *f* titolo *m; ~n machen* finire in prima pagina
Schlagzeug ['ʃla:ktsɔyk] *n MUS* batteria *f*
schlaksig ['ʃlakzɪç] *adj; (fam)* goffo dinoccolato
Schlamassel [ʃla'masəl] *m (fam)* sfortuna *f,* pasticcio *m; im ~ sitzen* essere nei pasticci/essere nei guai
Schlamm [ʃlam] *m* fango *m*
schlammig [ʃlamɪç] *adj* fangoso
Schlampe [ʃlampə] *f (fam)* sciattona *f,* donnaccia *f*
Schlamperei [ʃlampə'raɪ] *f* sciattezza *f,* sciatteria *f*
schlampig [ʃlampɪç] *adj* disordinato
Schlange ['ʃlaŋə] *f* 1. *ZOOL* serpente *m;* 2. *(Menschenschlange)* coda *f; ~ stehen* stare in coda/fare la coda
schlängeln ['ʃlɛŋəln] *v sich ~* serpeggiare
schlank [ʃlaŋk] *adj* slanciato, snello
Schlankheitskur ['ʃlaŋkhaɪtsku:r] *f* cura dimagrante *f*
schlapp [ʃlap] *adj* fiacco; *sich ~ fühlen* sentirsi fiacco
Schlappe ['ʃlapə] *f (fam)* sconfitta *f*
Schlappen ['ʃlapən] *pl (fam)* pantofole *f/pl*
schlappmachen ['ʃlapmaxən] *v (fam)* crollare
Schlaraffenland [ʃla'rafənlant] *n* paese della Cuccagna *m*
schlau [ʃlau] *adj* furbo; *aus jdm nicht ~ werden* non riuscire a inquadrare qd; *sich ~ machen* assumere informazioni/informarsi
Schlauberger ['ʃlaubɛrgɐ] *m (fam)* furbacchione *m*
Schlauch [ʃlaux] *m* 1. tubo flessibile *m;* 2. *(im Reifen)* camera d'aria *f;* 3. *auf dem ~ stehen (fig)* essere duro di comprendonio
Schlauchboot ['ʃlauxbo:t] *n* canotto *m*
Schlaufe ['ʃlaufə] *f* cappio *m*
schlecht [ʃlɛçt] *adj* 1. cattivo; *adv* 2. male; *Ihm ist ~.* Sta male. *~ und recht* a mala pena; *Mir wird ~.* Mi sento male. *Er staunte nicht ~.* Rimase stupito. *Ich kann ~ nein sagen.* Non so dire di no. *~ gehen* andare male; *jdn ~ machen* denigrare qd/sparlare di qd
Schleckerei [ʃlɛkə'raɪ] *f* ghiottoneria *f*
Schleckermaul ['ʃlɛkɐmaul] *n* golosone *m,* ghiottone *m*
schleichen ['ʃlaɪçən] *v irr* strisciare
Schleichwerbung ['ʃlaɪçvɛrbuŋ] *f* pubblicità indiretta *f,* pubblicità subliminale *f*
Schleier ['ʃlaɪɐ] *m* velo *m; den ~ lüften* alzare il velo/svelare il mistero
schleierhaft ['ʃlaɪɐhaft] *adj* oscuro
Schleife ['ʃlaɪfə] *f* 1. fiocco *m;* 2. *(Fluss)* ansa *f*
schleifen[1] ['ʃlaɪfən] *v (schleppen)* trascinare
schleifen[2] ['ʃlaɪfən] *v irr* 1. *(schärfen)* affilare; 2. *TECH* smerigliare
Schleim [ʃlaɪm] *m* muco *m*
schleimig ['ʃlaɪmɪç] *adj* 1. mucoso; 2. *(fig)* viscido
schlemmen ['ʃlɛmən] *v* mangiare bene e molto
Schlemmermahl ['ʃlɛmɐma:l] *n* pranzo luculliano *m*
schlendern ['ʃlɛndɐn] *v* bighellonare
Schlendrian ['ʃlɛndria:n] *m* trantran *m*
schleppen ['ʃlɛpən] *v* 1. *(schwer tra-*

gen) trascinare; **2.** *(abschleppen)* rimorchiare
schleppend ['ʃlɛpənt] *adj* **1.** strascicato; *adv* **2.** strascicatamente
Schlepptau ['ʃlɛptau] *n* cavo da rimorchio *m; jdn ins ~ nehmen (fig)* rimorchiare qd
schleudern ['ʃlɔydɐn] *v* **1.** *(Wäsche)* centrifugare; **2.** *(Auto)* sbandare; **3.** *(werfen)* scagliare
Schleuderpreis ['ʃlɔydɐpraɪs] *m ECO* prezzo stracciato *m*
Schleudersitz ['ʃlɔydɐzɪts] *m* sediolino eiettabile *m*
schleunigst ['ʃlɔynɪçst] *adv* al più presto
Schliche ['ʃlɪçə] *pl jdm auf die ~ kommen* scoprire gli intrighi di qd
schlicht [ʃlɪçt] *adj* semplice
schlichten ['ʃlɪçtən] *v* **1.** *(Streit)* comporre; **2.** *(Holz)* levigare
schließen ['ʃliːsən] *v irr* **1.** *(zumachen)* chiudere; **2.** *(Vertrag)* concludere; **3.** *(beenden)* terminare; **4.** *(folgern)* concludere
Schließfach ['ʃliːsfax] *n* **1.** cassetta di sicurezza *f*, **2.** *(Gepäckaufbewahrung)* armadietto *m*
schließlich ['ʃliːslɪç] *adv* **1.** *(am Ende)* finalmente; **2.** *(im Grunde)* in fondo; **3.** *(endgültig)* definitivamente
schlimm [ʃlɪm] *adj* brutto, cattivo
schlimmstenfalls ['ʃlɪmstənfals] *adv* nel peggiore dei casi
Schlinge ['ʃlɪŋə] *f* cappio *m; jdm die ~ um den Hals legen* mettere il cappio al collo di qd
Schlips [ʃlɪps] *m* cravatta *f; Er bindet sich den ~ um.* Egli si mette la cravatta. *jdm auf den ~ treten* offendere qd; *sich auf den ~ getreten fühlen* sentirsi offeso
Schlitten ['ʃlɪtən] *m* slitta *f; mit jdm ~ fahren* trattare qd come una pezza da piedi/usare qd per pulire il pavimento
Schlittenfahrt ['ʃlɪtənfaːrt] *f* corsa in slitta *f*
Schlittschuh ['ʃlɪtʃuː] *m* pattino da ghiaccio *m*
Schlittschuhlaufen ['ʃlɪtʃuːlaufən] *n* pattinaggio su ghiaccio *m*
Schlitz ['ʃlɪts] *m* **1.** fessura *f;* **2.** *(Einwurf)* buca *f;* **3.** *(Hosenschlitz)* patta dei calzoni *f*
Schlitzohr ['ʃlɪtsoːr] *n* furbacchione *m*
Schloss [ʃlɔs] *n* **1.** *(Verschluss)* serratura *f; hinter ~ und Riegel* in prigione/dietro le sbarre; **2.** *(Gebäude)* castello *m*
Schlosser(in) ['ʃlɔsər(ɪn)] *m/f* fabbro *m*
Schlosserei [ʃlɔsə'raɪ] *f* officina del fabbro *f*
Schlot [ʃloːt] *m* camino *m*
schlottern ['ʃlɔtɐn] *v* **1.** *(zittern)* tremare; **2.** *(Kleidung)* ballare adosso
Schlucht [ʃluxt] *f* precipizio *m*, baratro *m*
schluchzen ['ʃluxtsən] *v* singhiozzare
Schluchzer ['ʃluxtsɐ] *m* singhiozzo *m*
Schluck [ʃluk] *m* sorso *m*
Schluckauf ['ʃlukauf] *m* singhiozzo *m*
schlucken ['ʃlukən] *v* inghiottire
Schlucker ['ʃlukɐ] *m ein armer ~* un povero diavolo *m*
Schluckimpfung ['ʃlukɪmpfuŋ] *f MED* vaccinazione per via orale *f*
schlummern ['ʃlumɐn] *v* dormicchiare
schlüpfen ['ʃlypfən] *v* **1.** sgusciare; **2.** *ZOOL* uscire; *Das Küken schlüpft aus dem Ei.* Il pulcino esce dall'uovo.
Schlüpfer ['ʃlypfɐ] *m* slip *m*
Schlupfwinkel ['ʃlupfvɪŋkəl] *m* nascondiglio *m*
schlürfen ['ʃlyrfən] *v* bere rumorosamente
Schluss [ʃlus] *m* fine *f*
Schlüssel ['ʃlysəl] *m* chiave *f*
Schlüsselbein ['ʃlysəlbaɪn] *n ANAT* clavicola *f*
Schlüsselbund ['ʃlysəlbunt] *m* mazzo di chiavi *m*
Schlüsselloch ['ʃlysəllɔx] *n* buco della serratura *m*
Schlüsselposition ['ʃlysəlpozitsjoːn] *f* posizione chiave *f*
schlussfolgern ['ʃlusfɔlgɐn] *v* concludere
Schlussfolgerung ['ʃlusfɔlgəruŋ] *f* conclusione *f*, deduzione *f*
schlüssig ['ʃlysɪç] *adj* concludente
Schlusslicht ['ʃluslɪçt] *n* **1.** *(beim Auto)* luce posteriore *f*, fanale di coda *m;* **2.** *(fig)* ultimo *m; Er ist das ~ der Klasse.* Egli è l'ultimo della classe.

Schlussstrich ['ʃlusʃtrɪç] *m einen ~ ziehen* porre fine a qc
Schlussverkauf ['ʃlusfɛrkauf] *m* ECO svendita *f*
Schmach ['ʃma:x] *f* vergogna *f*
schmächtig ['ʃmɛçtɪç] *adj* gracile, esile
schmackhaft ['ʃmakhaft] *adj* gustoso; *jdm etw ~ machen* rendere appetibile qc a qd
schmal [ʃma:l] *adj* stretto
schmälern ['ʃmɛ:lɐn] *v* ridurre, diminuire
Schmalz [ʃmalts] *n* GAST strutto *m*
schmarotzen ['ʃmarɔtsən] *v (fam)* vivere a spese di
schmatzen ['ʃmatsən] *v* mangiare rumorosamente
schmecken ['ʃmɛkən] *v* **1.** *~ nach* avere il sapore di, sapere di; **2.** gut *~* piacere; *Der Braten schmeckt mir gut.* L'arrosto mi piace.
Schmeichelei [ʃmaɪçə'laɪ] *f* lusinga *f*, adulazione *f*
schmeichelhaft ['ʃmaɪçəlhaft] *adj* lusinghiero
schmeicheln ['ʃmaɪçəln] *v* adulare
Schmeichler(in) ['ʃmaɪçlər(ɪn)] *m/f* lusingatore/lusingatrice *m/f*, adulatore/adulatrice *m/f*
schmelzen ['ʃmɛltsən] *v irr* **1.** sciogliere; **2.** *(fig)* struggersi; *Er schmilzt vor Sehnsucht.* Egli si strugge di nostalgia.
Schmelzpunkt ['ʃmɛltspuŋkt] *m* punto di fusione *m*
Schmelztiegel ['ʃmɛltsti:gəl] *m (fig)* crogiolo *m*
Schmerz [ʃmɛrts] *m* dolore *m*
schmerzempfindlich ['ʃmɛrtsɛmpfɪntlɪç] *adj* sensibile al dolore
schmerzen ['ʃmɛrtsən] *v* dolere
Schmerzensgeld ['ʃmɛrtsənsgɛlt] *n* JUR risarcimento dei danni morali *m*
schmerzfrei ['ʃmɛrtsfraɪ] *adj* indolore
schmerzhaft ['ʃmɛrtshaft] *adj* doloroso
schmerzlich ['ʃmɛrtslɪç] *adj* doloroso, penoso; *ein ~es Verlangen* un desiderio ardente *m*
schmerzlindernd ['ʃmɛrtslɪndɐnt] *adj* analgesico
Schmetterling ['ʃmɛtɐlɪŋ] *m* ZOOL farfalla *f*
Schmied [ʃmi:t] *m* fabbro *m*
Schmiede ['ʃmi:də] *f* fucina *f*
schmieden ['ʃmi:dən] *v* fucinare, forgiare
schmiegsam ['ʃmi:kza:m] *adj* flessibile
schmieren ['ʃmi:rən] *v* **1.** *(bestreichen)* spalmare; **2.** *(einfetten)* ingrassare, oliare; **3.** *(fam: bestechen)* corrompere; **4.** *(kritzeln)* scrivere male, scarabocchiare; **5.** *jdm eine ~* dare un ceffone a qd
Schmiergeld ['ʃmi:rgɛlt] *n* bustarella *f*
Schmiergeldskandal [ʃmi:rgɛlt'skanda:l] *m (fam)* tangentopoli *f*
Veganer(in) [ve'ga:nər͵ɪn͵] *m/f* vegan *m/f*
schmierig ['ʃmi:rɪç] *adj* **1.** *(fettig)* unto, untuoso; **2.** *(fig)* sordido
Schminke ['ʃmɪŋkə] *f* trucco *m*
schminken ['ʃmɪŋkən] *v* truccare
Schmöker ['ʃmø:kɐ] *m* librone avvincente *m*
schmökern ['ʃmø:kɐn] *v* sprofondarsi nella lettura
Schmu [ʃmu:] *m (fam)* scorrettezza *f*; *~ machen* fare un piccolo imbroglio
Schmuck [ʃmuk] *m* gioielli *m/pl*
schmücken ['ʃmykən] *v* ornare
Schmuggel ['ʃmugəl] *m* contrabbando *m*
schmuggeln ['ʃmugəln] *v* contrabbandare
Schmuggler(in) ['ʃmuglər(ɪn)] *m/f* contrabbandiere/contrabbandiera *m/f*
schmunzeln ['ʃmuntsəln] *v* sorridere; ridere sotto i baffi
schmusen ['ʃmu:zən] *v* pomiciare *(fam)*
Schmutz [ʃmuts] *m* sporcizia *f*
Schmutzfink ['ʃmutsfɪŋk] *m* sudicione *m*
schmutzig ['ʃmutsɪç] *adj* sporco
Schnabel ['ʃna:bəl] *m* becco *m*; *den ~ halten* chiudere il becco; *reden, wie einem der ~ gewachsen ist* parlare senza peli sulla lingua; *sich den ~ verbrennen* fare una gaffe
schnappen ['ʃnapən] *v* **1.** *(zu~, auf~)*

S

scattare; 2. *(erwischen)* acchiappare; 3. *(beißen)* addentare
Schnaps [ʃnaps] *m* acquavite *f*
schnarchen ['ʃnarçən] *v* russare
schnaufen ['ʃnaufən] *v* ansare, ansimare
Schnauze ['ʃnautsə] *f* muso *m; die ~ voll haben* averne le tasche piene; *die ~ halten* chiudere il becco; *eine große ~ haben* spararle grosse
schnäuzen ['ʃnɔytsən] *v sich ~* soffiarsi il naso
Schnauzer ['ʃnautsɐ] *m* 1. *(Bart)* baffoni *m/pl;* 2. *(Hund)* schnauzer *m*
Schnecke ['ʃnɛkə] *f ZOOL* chiocciola *f*
Schneckentempo ['ʃnɛkəntɛmpo] *n (fam)* passo di lumaca *m*
Schnee [ʃneː] *m* neve *f*
Schneeball ['ʃneːbal] *m* palla di neve *f*
Schneebesen ['ʃneːbeːzən] *m (Küchengerät)* frusta *f*
schneeblind ['ʃneːblɪnt] *adj* abbagliato dalla neve
Schneeflocke ['ʃneːflɔkə] *f* fiocco di neve *m*
Schneekette ['ʃneːkɛtə] *f (fürs Auto)* catena da neve *f*
Schneemann ['ʃneːman] *m* pupazzo di neve *m*
schneeweiß ['ʃneːvaɪs] *adj* bianco immacolato
schneiden ['ʃnaɪdən] *v irr* 1. tagliare; *eine Kurve ~* tagliare una curva; 2. *jdn ~ (fig)* ignorare qd
Schneider(in) ['ʃnaɪdər(ɪn)] *m/f* sarto/sarta *m/f; aus dem ~ sein* aver superato il peggio
schneien ['ʃnaɪən] *v* nevicare
schnell [ʃnɛl] *adj* 1. veloce; *adv* 2. velocemente
Schnelligkeit ['ʃnɛlɪçkaɪt] *f* velocità *f*
Schnellimbiss ['ʃnɛlɪmbɪs] *m* tavola calda *f*
Schnellkochtopf ['ʃnɛlkɔxtɔpf] *m* pentola a pressione *f*
schnelllebig ['ʃnɛlleːbɪç] *adj* 1. *(kurzlebig)* effimero; 2. *(hektisch)* frenetico
schnellstens ['ʃnɛlstəns] *adv* al più presto
Schnellstraße ['ʃnɛlʃtraːsə] *f* superstrada *f*
Schnellzug ['ʃnɛltsuːk] *m* direttissimo *m*
schnippisch ['ʃnɪpɪʃ] *adj* sfacciato
Schnitt [ʃnɪt] *m* taglio *m*
Schnittfläche ['ʃnɪtflɛçə] *f MAT* sezione *f*
Schnittlauch ['ʃnɪtlaux] *m BOT* erba cipollina *f*
Schnittwunde ['ʃnɪtvundə] *f MED* ferita da taglio *f*
Schnitzel ['ʃnɪtsəl] *n* 1. *(Papierschnitzel)* ritaglio di carta *m,* pezzetto *m;* 2. *GAST* cotoletta *f; Wiener ~* cotoletta alla milanese *f*
schnitzen ['ʃnɪtsən] *v* intagliare
Schnorchel ['ʃnɔrçəl] *m* respiratore di superficie *m*
Schnörkel ['ʃnœrkəl] *m* svolazzo *m,* ghirigoro *m*
schnüffeln ['ʃnyfəln] *v* 1. annusare; *Der Hund schnüffelte im Gebüsch.* Il cane annusava nel cespuglio. 2. *(fig)* curiosare
Schnüffler ['ʃnyflɐ] *m* spia *f*
Schnuller ['ʃnulɐ] *m* ciucciotto *m*
Schnulze ['ʃnultsə] *f MUS* canzonetta sdolcinata *f*
Schnupfen ['ʃnupfən] *m* raffreddore *m*
schnuppern ['ʃnupɐn] *v* annusare
Schnur [ʃnuːr] *f* spago *m,* corda *f*
Schnürchen ['ʃnyːrçən] *n wie am ~ gehen* andare liscio come l'olio
schnüren ['ʃnyːrən] *v* allacciare
Schnurrbart ['ʃnurbart] *m* baffi *m/pl*
schnurren ['ʃnurən] *v* fare le fusa
schnurstracks ['ʃnuːrʃtraks] *adv* diritto, difilato
Schock [ʃɔk] *m* shock *m*
schockieren [ʃɔk'iːrən] *v* scioccare, scandalizzare
Schöffe ['ʃœfə] *m JUR* giurato *m*
Schöffengericht ['ʃœfəngərɪçt] *n JUR* giuria *f*
Schöffin ['ʃœfɪn] *f JUR* giurata *f*
Schokolade [ʃoko'laːdə] *f* 1. *(Tafel ~)* cioccolato *m; Er hat eine Tafel ~ gegessen.* Ha mangiato una tavoletta di cioccolato. 2. *(heiße ~)* cioccolata *f; eine Tasse heiße ~* una tazza di cioccolata calda *f*
Scholle ['ʃɔlə] *f* 1. *(Eisscholle)* lastrone *m;* 2. *ZOOL* passera di mare *f*
schon [ʃoːn] *adv* già; *Das ist ~ immer so.* Veramente è sempre così. *Das wird*

~ *gut gehen.* Andrà certamente bene. ~ *der Gedanke* solo al pensiero; *Schon wieder?* Ancora?
schön [ʃøːn] *adj* **1.** bello; *adv* **2.** bene
schonen ['ʃoːnən] *v* **1.** *jdn* ~ risparmiare qd; **2.** *etw* ~ aver cura di qc; *die Umwelt* ~ rispettare l'ambiente; **3.** *sich* ~ riguardarsi
Schönfärberei [ʃøːnfɛrbə'raɪ] *f (fig)* abbellimento *m*
Schonfrist ['ʃoːnfrɪst] *f* tregua *f*
Schönheit ['ʃøːnhaɪt] *f* bellezza *f*
Schönheitsfehler ['ʃøːnhaɪtsfeːlɐ] *m* difetto estetico *m*
Schönheitskönigin ['ʃøːnhaɪtskøːnɪgɪn] *f* reginetta di bellezza *f*
Schönheitsoperation ['ʃøːnhaɪtsopəratsjoːn] *f MED* intervento di chirurgia estetica *m*
Schonkost ['ʃoːnkɔst] *f* dieta *f*
schonungslos ['ʃoːnuŋsloːs] *adj* **1.** irriguardoso; *adv* **2.** senza riguardi
schöpfen[1] ['ʃœpfən] *v* **1.** *(Suppe)* attingere; **2.** *(Verdacht)* insospettirsi; **3.** *(Atem)* prendere fiato, respirare
schöpfen[2] ['ʃœpfən] *v irr (schaffen)* creare
Schöpfer(in) ['ʃœpfər(ɪn)] *m/f* creatore/creatrice *m/f*
schöpferisch ['ʃœpfərɪʃ] *adj* creativo
Schöpflöffel ['ʃœpflœfəl] *m* mestolo *m*
Schöpfung ['ʃœpfuŋ] *f* creazione *f*
Schornstein ['ʃɔrnʃtaɪn] *m* comignolo *m,* ciminiera *f*
Schornsteinfeger(in) ['ʃɔrnʃtaɪnfeːgər(ɪn)] *m/f* spazzacamino *m/f*
Schoß [ʃoːs] *m* grembo *m; in den ~ fallen (fig)* cadere in bocca/cadere dal cielo
Schoßhündchen ['ʃoːshyntçən] *n* cagnolino da salotto *m*
Schotte ['ʃɔtə] *m* scozzese *m*
Schottin ['ʃɔtɪn] *f* scozzese *f*
Schottland ['ʃɔtlant] *n GEO* Scozia *f*
schräg [ʃrɛːk] *adj* **1.** obliquo; *adv* **2.** di sbieco
Schräge ['ʃrɛːgə] *f* obliquità *f*
Schramme ['ʃramə] *f* scalfittura *f*
Schrank [ʃraŋk] *m* armadio *m*
Schranke ['ʃraŋkə] *f* barriera *f,* sbarra *f; jdn in seine ~n verweisen* richiamare qd all'ordine; *Dem sind ~n gesetzt.* Gli sono posti dei limiti.
Schraube ['ʃraubə] *f* **1.** vite *f; die ~ überdrehen* tirare troppo la corda; *eine ~ ohne Ende (fig)* una cosa senza fine *f; Bei dir ist doch eine ~ locker!* Ti manca una rotella! **2.** *(Schiffsschraube)* elica *f*
schrauben ['ʃraubən] *v* avvitare
Schraubenzieher ['ʃraubəntsiːɐ] *m TECH* cacciavite *m*
Schraubstock ['ʃraubʃtɔk] *m TECH* morsa *f*
Schreck [ʃrɛk] *m* spavento *m; Ach du ~!* Orrore!/Accidenti!/Mamma mia!
schreckensbleich ['ʃrɛkənsblaɪç] *adj* pallido di terrore
Schreckensbotschaft ['ʃrɛkənsboːtʃaft] *f* notizia terribile *f*
schreckhaft ['ʃrɛkhaft] *adj* timoroso
schrecklich ['ʃrɛklɪç] *adj* **1.** terribile; *adv* **2.** terribilmente
Schrei [ʃraɪ] *m* grido *m; der letzte ~* l'ultimo grido *m*
schreiben ['ʃraɪbən] *v irr* scrivere
Schreiben ['ʃraɪbən] *n* lettera *f*
schreibfaul ['ʃraɪpfaul] *adj* pigro nello scrivere
Schreibkraft ['ʃraɪpkraft] *f* dattilografo *m*
Schreibmaschine ['ʃraɪpmaʃiːnə] *f* macchina da scrivere *f*
Schreibtisch ['ʃraɪptɪʃ] *m* scrivania *f*
Schreibwaren ['ʃraɪpvaːrən] *pl* articoli di cancelleria *m/pl*
schreien ['ʃraɪən] *v irr* gridare
Schreihals ['ʃraɪhals] *m* strillone *m,* caciarone *m*
Schreiner(in) ['ʃraɪnər(ɪn)] *m/f* falegname *m*
Schreinerwerkstatt ['ʃraɪnɐvɛrkʃtat] *f* falegnameria *f*
Schrift [ʃrɪft] *f* scrittura *f; die Heilige ~* la Sacra Scrittura
Schriftart ['ʃrɪftart] *f* tipo di scrittura *f*
Schriftführer(in) ['ʃrɪftfyːrər(ɪn)] *m/f* segretario/segretaria *m/f*
schriftlich ['ʃrɪftlɪç] *adj* **1.** scritto; *adv* **2.** per iscritto, per lettera
Schriftsteller(in) ['ʃrɪftʃtɛlər(ɪn)] *m/f* scrittore/scrittrice *m/f*
Schriftstück ['ʃrɪftʃtyk] *n* scritto *m*
Schriftverkehr ['ʃrɪftfɛrkeːr] *m* corrispondenza *f*
schrill [ʃrɪl] *adj* stridulo

Schritt [ʃrɪt] *m* **1.** *(Gangart)* passo *m; mit jdm ~ halten* tenere il passo con qd; *einen ~ zu weit gehen* fare un passo di troppo; *~ für ~* un passo dopo l'altro *m; den ertsen ~ tun* fare il primo passo; **2.** *(fig)* passo *m*
Schritttempo ['ʃrɪttɛmpo] *n* ritmo del passo *m; im ~ fahren* andare al passo
schrittweise ['ʃrɪtvaɪzə] *adv* gradualmente
schroff [ʃrɔf] *adj* **1.** erto, dirupato; **2.** *(fig: kurz angebunden)* brusco; *adv* **3.** bruscamente
Schrott [ʃrɔt] *m* rottami metallici *m/pl*
schrottreif ['ʃrɔtraɪf] *adj* buono come rottame
schrubben ['ʃrubən] *v* strofinare
schrumpfen ['ʃrumpfən] *v* **1.** *(eingehen)* restringersi; **2.** *(fig: vermindern)* diminuire
Schub [ʃu:p] *m* **1.** spinta *f;* **2.** *(~kraft)* PHYS spostamento *m*
Schubkarre ['ʃu:pkarə] *f* carriola *f*
Schublade ['ʃu:pla:də] *f* cassetto *m*
schüchtern ['ʃyçtɐn] *adj* timido
Schüchternheit ['ʃyçtɐnhaɪt] *f* timidezza *f*
Schuft [ʃuft] *m* furfante *m,* canaglia *f*
schuften ['ʃuftən] *v* faticare, sgobbare
Schuh [ʃu:] *m* scarpa *f; sich die ~e nach etw ablaufen* consumarsi le suole per qc; *Wo drückt dich der ~?* Qual è il problema? *Das sind zwei Paar ~e.* Questo è un altro paro di maniche.
Schuhband ['ʃu:bant] *n* laccio *m,* stringa *f*
Schuhcreme ['ʃu:kre:m] *f* lucido per scarpe *m*
Schuhgeschäft ['ʃu:gəʃɛ:ft] *n* negozio di calzature *m*
Schuhgröße ['ʃu:grø:sə] *f* numero di scarpe *m*
Schuhmacher(in) ['ʃu:maxər(ɪn)] *m/f* calzolaio/calzolaia *m/f*
Schulanfang ['ʃu:lanfaŋ] *m* inizio della scuola *m*
Schulanfänger(in) ['ʃu:lanfɛŋər(ɪn)] *m/f* chi ha appena cominciato la scuola *m/f*
Schulaufgabe ['ʃu:laufga:bə] *f* compito in classe *m*
Schulbank ['ʃu:lbank] *f* banco *m; die ~ drücken* andare a scuola
Schulbildung ['ʃu:lbɪlduŋ] *f* istruzione scolastica *f*
schuld [ʃult] *adj* colpevole; *an etw ~ sein* essere colpevole di qc
Schuld [ʃult] *f* **1.** colpa *f; an etw ~ haben* avere colpa di qc; *tief in jds ~ stehen* essere molto obbligati con qd/avere un grosso debito con qd; **2.** JUR colpa *f;* **3.** *(Geldschuld)* ECO debito *m*
schuldbewusst ['ʃultbəvust] *adj* conscio della propria colpa
schulden ['ʃuldən] *v* dovere; *jdm etw ~* dovere qc a qd
Schulden ['ʃuldən] *pl* ECO debiti *m/pl*
schuldenfrei ['ʃuldənfraɪ] *adj* esente da debiti
Schuldfrage ['ʃultfra:gə] *f* JUR questione di colpevolezza *f*
Schuldgefühl ['ʃultgəfy:l] *n* senso di colpa *m*
schuldig ['ʃuldɪç] *adj* JUR colpevole
Schuldkomplex ['ʃultkɔmplɛks] *m* complesso di colpa *m*
schuldlos ['ʃultlo:s] *adj* senza colpo
Schuldner(in) ['ʃultnər(ɪn)] *m/f* ECO debitore/debitrice *m/f*
Schuldschein ['ʃultʃaɪn] *m* ECO titolo di credito *m*
Schule ['ʃu:lə] *f* scuola *f; die ~ schwänzen* marinare la scuola; *aus der ~ plaudern* fare andare la lingua/rivelare un segreto; *~ machen* fare scuola
Schüler(in) ['ʃy:lər(ɪn)] *m/f* scolaro/scolara *m/f*
Schüleraustausch ['ʃy:ləraustauʃ] *m* scambio di studenti *m*
Schülerausweis ['ʃy:lərausvaɪs] *m* tessera di studente *f*
Schülerzeitung ['ʃy:lɐtsaɪtuŋ] *f* giornale della scuola *m*
Schulferien ['ʃu:lfe:rjən] *pl* vacanze scolastiche *f/pl*
schulfrei ['ʃu:lfraɪ] *adj* di vacanza
Schulfreund(in) ['ʃu:lfrɔynt/'ʃu:lfrɔyndɪn] *m/f* compagno di scuola/compagna di scuola *m/f*
Schuljahr ['ʃu:lja:r] *n* anno scolastico *m*
Schulmedizin ['ʃu:lmeditsi:n] *f* medicina tradizionale *f*

S

schulpflichtig ['ʃuːlpflɪçtɪç] *adj* soggetto all'obbligo scolastico; *ein ~es Kind* un bambino in età scolare *m*
Schulranzen ['ʃuːlrantsən] *m* cartella *f*, zaino *m*
schulreif ['ʃuːlraɪf] *adj* in età scolare
Schulstunde ['ʃuːlʃtundə] *f* lezione *f*
Schulter ['ʃultɐ] *f* ANAT spalla *f*; *etw auf die leichte ~ nehmen* prendere qc alla leggera/prendere qc sottogamba; *etw auf seine ~n nehmen* accollarsi qc
Schulterblatt ['ʃultɐblat] *n* ANAT scapola *f*
Schulterpolster ['ʃultɐpɔlstɐ] *n* spallina *f*
Schulung ['ʃuːluŋ] *f* addestramento *m*, istruzione *f*
Schulzeugnis ['ʃuːltsɔyknɪs] *n* pagella scolastica *f*
Schund [ʃunt] *m* robaccia *f*, ciarpame *m*
Schuppe ['ʃupə] *f* **1.** *(Haarschuppe)* forfora *f*; **2.** *(Fischschuppe)* ZOOL scaglia *f*; *Es fiel ihm wie ~n von den Augen.* Gli è caduta la benda dagli occhi.
Schuppen ['ʃupən] *m* *(Gebäude)* capannone *m*, granaio *m*
Schurke ['ʃurkə] *m* farabutto *m*
Schürze ['ʃyrtsə] *f* grembiule *m*
Schürzenjäger ['ʃyrtsənjɛːgɐ] *m* donnaiolo *m*
Schuss [ʃus] *m* colpo *m*, sparo *m*, tiro *m*; *weitab vom ~ sein* essere fuori tiro; *ein ~ in den Ofen sein* essere un buco nell'acqua; *ein ~ ins Schwarze* un colpo andato a segno *m*; *etw in ~ bringen* mettere qc in tiro; *einen ~ haben* essere fuori di testa
Schüssel ['ʃysəl] *f* scodella *f*, ciotola *f*
schusselig ['ʃusəlɪç] *adj* sbadato
Schusslinie ['ʃusliːnjə] *f* *(fig)* traiettoria *f*
Schussverletzung ['ʃusfɛrlɛtsuŋ] *f* MED ferita d'arma da fuoco *f*
Schusswaffe ['ʃusvafə] *f* arma da fuoco *f*
Schuster ['ʃuːstɐ] *m* calzolaio *m*; *auf ~s Rappen* sul cavallo di San Francesco/a piedi
Schutt [ʃut] *m* calcinacci *m/pl*, macerie *f/pl*
Schüttelfrost ['ʃytəlfrɔst] *m* MED brividi di febbre *m/pl*
schütteln ['ʃytəln] *v* scuotere
schütten ['ʃytən] *v* versare
Schutthalde ['ʃuthaldə] *f* fascia detritica *f*
Schutz [ʃuts] *m* protezione *f*; *jdn in ~ nehmen* prendere le difese di qd
schutzbedürftig ['ʃutsbədyrftɪç] *adj* bisognoso di protezione
Schutzblech ['ʃutsblɛç] *n* *(eines Autos)* lamiera di protezione *f*, parafango *m*
schützen ['ʃytsən] *v* proteggere
Schutzengel ['ʃutsɛŋəl] *m* angelo custode *m*
Schützenhilfe ['ʃytsənhɪlfə] *f* aiuto *m*
Schutzimpfung ['ʃutsɪmpfuŋ] *f* MED vaccinazione preventiva *f*
Schützling ['ʃytslɪŋ] *m* protetto *m*
schutzlos ['ʃutsloːs] *adj* privo di protezione
Schutzmaßnahme ['ʃutsmaːsnaːmə] *f* misura di protezione *f*
Schutzpatron ['ʃutspatroːn] *m* REL patrono *m*
schwach [ʃvax] *adj* debole
Schwäche ['ʃvɛçə] *f* debolezza *f*
Schwächeanfall ['ʃvɛçəanfal] *m* MED attacco di debolezza *m*
schwächlich ['ʃvɛçlɪç] *adj* debole accio
Schwächling ['ʃvɛçlɪŋ] *m* debole *m*
Schwachsinn ['ʃvaxzɪn] *m* deficienza mentale *f*, stupidaggine *f*; *~ reden* dire stupidaggini
Schwachstelle ['ʃvaxʃtɛlə] *f* punto debole *m*
Schwager ['ʃvaːgɐ] *m* cognato *m*
Schwägerin ['ʃvɛːgəɪn] *f* cognata *f*
Schwalbe ['ʃvalbə] *f* ZOOL rondine *f*; *Eine ~ macht noch keinen Sommer.* Una rondine non fa primavera.
Schwamm [ʃvam] *m* spugna *f*; *~ drüber!* Mettiamoci una pietra sopra!
Schwan [ʃvaːn] *m* ZOOL cigno *m*; *Mein lieber ~! (fam)* Accidenti!
schwanger ['ʃvaŋɐ] *adj* incinta
Schwangere ['ʃvaŋərə] *f* donna incinta *f*, gestante *f*
Schwangerschaft ['ʃvaŋɐʃaft] *f* gravidanza *f*
Schwangerschaftsabbruch ['ʃvaŋɐʃaftsapbrux] *m* MED interruzione di gravidanza *f*

S

Schwangerschaftstest ['ʃvangɐʃaftstɛst] *m* test di gravidanza *m*
schwanken ['ʃvaŋkən] *v* **1.** *(taumeln)* vacillare, barcollare; **2.** *(abweichen)* oscillare; **3.** *(fig: zaudern)* essere indeciso
Schwanz [ʃvants] *m* coda *f*; *jdm auf den ~ treten* pestare la coda a qd/offendere qd; *den ~ einziehen* mettersi la coda tra le gambe; *kein ~ (fam)* neanche un cane/nessuno; **2.** *(fam)* cazzo *m*
schwänzen ['ʃvɛntsən] *v (fam)* saltare, marinare; *die Schule ~* marinare la scuola
Schwarm [ʃvarm] *m* **1.** *(Vogelschwarm)* ZOOL stormo *m*; **2.** *(Bienenschwarm)* ZOOL sciame *m*; **3.** *(Fischschwarm)* ZOOL branco *m*; **4.** *(Menschenschwarm)* schiera *f*; **5.** *(fig)* passione *f*; *Sie ist sein alter ~.* È una sua vecchia fiamma.
schwärmen ['ʃvɛrmən] *v* **1.** sciamare; **2.** *(fig)* essere infatuato
schwarz [ʃvarts] *adj* nero *m*; *~ wie die Nacht* nero come la notte; *~ auf weiß* nero su bianco; *sich ~ ärgern* arrabbiarsi nero/arrabbbiarsi di brutto; *ins Schwarze treffen* colpire nel segno; *Du kannst warten, bis du ~ wirst!* Campa cavallo che l'erba cresce!
Schwarzarbeit ['ʃvartsarbaɪt] *f* lavoro abusivo *m*, lavoro nero *m*
Schwarzbrot ['ʃvartsbroːt] *n* pane nero *m*
Schwarze(r) ['ʃvartsə(r)] *m/f* nero/nera *m/f*
Schwarzfahrer ['ʃvartsfaːrɐ] *m* viaggiatore clandestino *m*
Schwarzmarkt ['ʃvartsmarkt] *m* mercato nero *m*
schwatzen ['ʃvatsən] *v* chiacchierare
Schwätzer(in) ['ʃvɛtsər(ɪn)] *m/f* chiacchierone/chiacchierona *m/f*
schweben ['ʃveːbən] *v* **1.** librarsi; **2.** *(fig)* pendere
Schweden ['ʃveːdən] *n* GEO Svezia *f*
schwedisch ['ʃveːdɪʃ] *adj* svedese
Schwefel ['ʃveːfəl] *m* CHEM zolfo *m*
schweigen ['ʃvaɪgən] *v irr* stare zitto, tacere; *ganz zu ~ von* per non parlare di; *~ wie ein Grab* essere muto come una tomba
Schweigen ['ʃvaɪgən] *n* silenzio *m*; *jdn zum ~ bringen* ridurre qd al silenzio
Schweigepflicht ['ʃvaɪgəpflɪçt] *f* segreto professionale *m*
schweigsam ['ʃvaɪkzaːm] *adj* taciturno
Schweigsamkeit ['ʃvaɪkzaːmkaɪt] *f* taciturnità *f*, mutismo *m*
Schwein [ʃvaɪn] *n* **1.** ZOOL maiale *m*, porco *m*; *kein ~* neanche un cane *m*, nessuno; **2.** GAST maiale *m*; **3.** *(fig: Glück)* fortuna *f*
Schweinebraten ['ʃvaɪnəbraːtən] *m* GAST arrosto di maiale *m*
Schweinerei [ʃvaɪnə'raɪ] *f* porcheria *f*
Schweinestall ['ʃvaɪnəʃtal] *m* porcile *m*
Schweiß [ʃvaɪs] *m* sudore *m*; *im ~e meines Angesichts* con il sudore della mia fronte
schweißen ['ʃvaɪsən] *v* TECH saldare
Schweiz [ʃvaɪts] *f* GEO Svizzera *f*
schweizerisch ['ʃvaɪtsərɪʃ] *adj* svizzero
Schwelle ['ʃvɛlə] *f* **1.** *(Eisenbahnschwelle)* traversina *f*; **2.** *(Übergang)* soglia *f*
Schwellenland ['ʃvɛlənlant] *n* ECO paese emergente *m*
schwenken ['ʃvɛnken] *v* sventolare; *eine Fahne ~* sventolare una bandiera
schwer [ʃveːr] *adj* **1.** pesante; **2.** *(schwierig)* difficile; *sich ~ tun* complicarsi le cose; *~ von Begriff* duro di comprendonio; *ein ~er Junge* un delinquente; *~ erziehbar* disadattato; *~ machen* rendere difficile; *~ verdaulich* indigesto; **3.** *(mühsam)* pesante, faticoso; **4.** *(ernst)* grave; *~ beschädigt* seriamente danneggiato; *~ krank* malato grave
Schwerarbeit ['ʃveːrarbaɪt] *f* lavoro pesante *m*
Schwere ['ʃveːrə] *f (fig)* pesantezza *f*
Schwerelosigkeit ['ʃveːrəloːzɪçkaɪt] *f* mancanza di gravità *f*
schwerfällig ['ʃveːrfɛlɪç] *adj* pesante, maldestro
schwerhörig ['ʃveːrhøːrɪç] *adj* MED debole d'udito
Schwerindustrie ['ʃveːrɪndustriː] *f* industria pesante *f*
Schwerkraft ['ʃveːrkraft] *f* PHYS forza di gravità *f*

Schwermut ['ʃveːrmuːt] *f* malinconia *f*
schwermütig ['ʃveːrmyːtɪç] *adj* malinconico
Schwerpunkt ['ʃveːrpuŋkt] *m* **1.** centro di gravità *m;* **2.** *(fig)* punto cruciale *m*
Schwert [ʃveːrt] *n* spada *f*
Schwerverbrecher(in) ['ʃveːrfɛrbrɛçər(ɪn)] *m/f* grande criminale *m/f*
Schwerverletzte(r) ['ʃveːrfɛrlɛtstə(r)] *m/f* ferito grave/ferita grave *m/f*
schwerwiegend ['ʃveːr'viːgənt] *adj* grave, serio
Schwester ['ʃvɛstɐ] *f* **1.** sorella *f;* **2.** *(Krankenschwester)* infermiera *f*
Schwiegereltern ['ʃviːgərɛltɐn] *pl* suoceri *m/pl*
Schwiegermutter ['ʃviːgɐmutɐ] *f* suocera *f*
Schwiegersohn ['ʃviːgɐzoːn] *m* genero *m*
Schwiegertochter ['ʃviːgɐtɔxtɐ] *f* nuora *f*
Schwiegervater ['ʃviːgɐfaːtɐ] *m* suocero *m*
schwierig ['ʃviːrɪç] *adj* difficile
Schwierigkeit ['ʃviːrɪçkaɪt] *f* difficoltà *f*
Schwimmbad ['ʃvɪmbaːt] *n* piscina *f*
schwimmen ['ʃvɪmən] *v irr* nuotare
Schwimmen ['ʃvɪmən] *n* *SPORT* nuoto *m*
Schwimmer(in) ['ʃwɪmər(ɪn)] *m/f* nuotatore/nuotatrice *m/f*
Schwimmweste ['ʃvɪmvɛstə] *f* giubbotto di salvataggio *m*
Schwindel ['ʃvɪndəl] *m* **1.** *(Lüge)* imbroglio *m;* **2.** *MED* capogiro *m; ~erregend* vertiginoso; *Ihm schwindelt es.* Ha le vertigini.
schwindelfrei ['ʃvɪndəlfraɪ] *adj* che non soffre di vertigini
schwindeln ['ʃvɪndəln] *v* imbrogliare
Schwindler(in) ['ʃwɪndlər(ɪn)] *m/f* imbroglione/imbrogliona *m/f*
schwindlig ['ʃvɪndlɪç] *adj* che ha il capogiro, che soffre di vertigini
Schwingung ['ʃvɪŋuŋ] *f* oscillazione *f*
Schwips ['ʃvɪps] *m* leggera sbornia *f*
schwitzen ['ʃvɪtsən] *v* sudare
schwören ['ʃvøːrən] *v irr* giurare; *ewige Freundschaft ~* giurare eterna amicizia
schwul [ʃvuːl] *adj (fam)* omosessuale
schwül [ʃvyːl] *adj* afoso
Schwung [ʃvuŋ] *m* **1.** slancio *m;* **2.** *(fig: Tatkraft)* energia *f; etw in ~ bringen* mettere in moto qc; *in ~ kommen* mettersi in movimento; *in ~ sein* essere in forma
schwungvoll ['ʃvuŋfɔl] *adj* **1.** pieno di slancio, movimentato; *adv* **2.** con molto slancio, movimentatamente
Schwur [ʃvuːr] *m* giuramento *m*
Schwurgericht ['ʃvuːrgɐrɪçt] *n* *JUR* corte d'assise *f*
sechs [zɛks] *num* sei
sechste(r,s) ['zɛkstə(r,s)] *adj* **1.** sesto/sesta; **2.** *(Datum)* sei
sechseckig ['zɛksɛkɪç] *adj* esagonale
sechzehn ['zɛçtseːn] *num* sedici
sechzehnte(r,s) ['zɛçtseːntə(r,s)] *adj* **1.** sedicesimo/sedicesima; **2.** *(Datum)* sedici
sechzig ['zɛçtsɪç] *num* sessanta
sechzigste(r,s) ['zɛçtsiçstə(r,s)] *adj* sessantesimo/sessantesima
See [zeː] *m* **1.** lago *m; f* **2.** mare *m,* oceano *m; in ~ stechen* salpare; *zur ~ fahren* essere un marina, *glatte ~* mare calmo, *schwere ~* mare grosso
Seefahrt ['zeːfaːrt] *f* navigazione *f*
Seehund ['zeːhunt] *m* *ZOOL* foca *f*
seekrank ['zeːkraŋk] *adj* sofferente di mal di mare
Seele ['zeːlə] *f* anima *f; Er hat eine gute ~.* Egli ha un'indole buona. *sich die ~ aus dem Leib reden* sgolarsi/parlare sino a diventare rauco; *jdm auf der ~ brennen* bruciare nell'anima a qd; *jdm aus der ~ sprechen* parlare al cuore di qd; *eine ~ von einem Menschen* una pasta d'uomo *f; aus tiefster ~* dal più profondo dell'anima/sinceramente; *mit ganzer ~* con tutta l'anima/con tutto il cuore
seelenruhig ['zeːlənruːɪç] *adj* imperturbabile
seelisch ['zeːlɪʃ] *adj* psichico
Seelsorge ['zeːlzɔrgə] *f* *REL* cura d'anime *f*
Seelsorger(in) ['zeːlzɔrgər(ɪn)] *m/f* *REL* pastore d'anime *m*
Seemann ['zeːman] *m* marinaio *m*

Seenot ['ze:no:t] *f* pericolo di naufragio *m; Schiff in ~!* Nave in pericolo!
Seepferdchen ['ze:pfɛrtçən] *n* ZOOL ippocampo *m*, cavalluccio marino *m*
Seerose ['ze:ro:zə] *f* BOT ninfea *f*
Seezunge ['ze:tsuŋə] *f* GAST sogliola *f*
Segel ['ze:gəl] *n* vela *f*; *mit vollen ~n* a gonfie vele/con la massima energia
Segelboot ['ze:gəlbo:t] *n* barca a vela *f*
Segelflugzeug ['ze:gəlflu:ktsɔyk] *n* aliante *m*
segeln ['ze:gəln] *v* veleggiare
Segen ['ze:gən] *m* **1.** *(Glück)* benedizione *f*; **2.** REL benedizione *f*; *jds ~ haben* avere la benedizione di qd; *seinen ~ zu etw geben* dare la propria benedizione per qc
Segment [zɛk'mɛnt] *n* segmento *m*
segnen ['ze:gnən] *v* benedire
sehen ['ze:ən] *v irr* vedere; *etw nicht mehr ~ können* non poter più vedere qc
Sehen ['ze:ən] *n* vedere *m*; *jdn vom ~ kennen* conoscere qd di vista
sehenswert ['ze:ənsve:rt] *adj* da vedere
Sehenswürdigkeit ['ze:ənsvyrdıçkaıt] *f* cosa da vedere *f*; attrazione *f*; *die ~en einer Stadt* i monumenti di una città *m/pl*
Sehkraft ['ze:kraft] *f* vista *f*
Sehne ['ze:nə] *f* ANAT tendine *m*
sehnen ['ze:nən] *v sich ~* avere nostalgia; *sich nach etw ~* aver nostalgia di qc
Sehnsucht ['ze:nzuçt] *f* nostalgia *f*
sehnsuchtsvoll ['ze:nzuçtsfɔl] *adj* nostalgico
sehr [ze:r] *adv* molto
seicht [zaıçt] *adj* **1.** *(Untiefe)* basso; *~es Gewässer* acque basse *f/pl*; **2.** *(fig: Unterhaltung)* scialbo
Seide ['zaıdə] *f* seta *f*
Seife ['zaıfə] *f* sapone *m*
Seil [zaıl] *n* fune *f*, corda *f*; *ein Tanz auf dem ~ (fig)* una danza sulla fune *f*
Seilbahn ['zaılba:n] *f* funivia *f*
Seiltänzer(in) ['zaıltɛntsər(ın)] *m/f* funambulo/funambola *m/f*
sein [zaın] *v irr* essere, esistere; *Es ist an dir zu ...* Sta a te di ...; *wie dem auch sei* comunque sia; *Es sei denn, dass ...* A meno che ...; *Mir ist, als ob ...* Ho l'impressione che ...; *Mir ist nicht danach.* Non mi va. *Sei doch nicht so!* Non fare così! *Wie war's?* Com'è andato?
sein(e) [zaın/'zaınə] *pron* suo/sua, suoi/sue
seinerseits ['zaınɐzaits] *pron* da parte sua
seinerzeit ['zaınɐtsaıt] *adv* allora
seinesgleichen [zaınəs'glaıçən] *pron* i suoi pari
seinetwegen [zaınət've:gən] *adv* per lui
seinetwillen ['zaınətvılən] *adv um ~* per amor suo
seit [zaıt] *prep* **1.** da; *konj* **2.** da quando
seitdem [zaıt'de:m] *adv* **1.** da allora; *konj* **2.** da quando
Seite ['zaıtə] *f* **1.** *(Vorderseite, Rückseite)* lato *m*, parte *f*; *etw auf der ~ haben* avere qc da parte; *jdm nicht von der ~ weichen* non allontanarsi dal fianco di qd; *auf jds ~ stehen* stare al fianco di qd; *sich von seiner besten ~ zeigen* mostrare il proprio lato migliore; *jdm zur ~ stehen* stare al fianco di qd; *etw von der leichten ~ nehmen* prendere qc dal lato umoristico; **2.** *(Buchseite)* pagina *f*; **3.** *(fig: Aspekt)* aspetto *m*
Seitenansicht ['zaıtənanzıçt] *f* vista laterale *f*
Seitenhieb ['zaıtənhi:p] *m (fig)* fiancata *f*
seitenlang ['zaıtənlaŋ] *adj* di pagine e pagine
seitens ['zaıtəns] *prep* da parte di
Seitensprung ['zaıtənʃpruŋ] *m (fig)* scappatella *f*
Seitenstechen ['zaıtənʃtɛçən] *n* fitte al fianco *f/pl*
Seitenstraße ['zaıtənʃtra:sə] *f* strada laterale *f*
Seitenstreifen ['zaıtənʃtraıfən] *m* banchina *f*
Seitenumbruch ['zaıtənumbrux] impaginazione *f*
seitenverkehrt ['zaıtənfɛrke:rt] *adj* **1.** rovesciato; *adv* **2.** a rovescio
seitlich ['zaıtlıç] *adj* **1.** laterale; *adv* **2.** lateralmente
Sekretär [zekre'tɛ:r] *m (Schreibtisch)* scrittoio *m*, scrivania *f*

Sekretär(in) [zekre'tɛːr(ɪn)] *m/f* *(Person)* segretario/segretaria *m/f*
Sekretariat [zekreta'rjaːt] *n* segretariato *m*
Sekt [zɛkt] *m* spumante *m*
Sekte ['zɛktə] *f* REL setta *f*
Sektor ['zɛktɔr] *m* settore *m*
Sekunde [ze'kundə] *f* secondo *m*
selbst [zɛlpst] *pron* stesso
Selbstachtung ['zɛlpstaxtuŋ] *f* rispetto di sé *m*
Selbstbedienung ['zɛlpstbədiːnuŋ] *f* selfservice *m*
Selbstbefriedigung ['zɛlpstbəfriːdɪguŋ] *f* masturbazione *f*
Selbstbeherrschung ['zɛlpstbəhɛrʃuŋ] *f* autocontrollo *m*
Selbstbestimmung ['zɛlpstbəʃtɪmuŋ] *f* autodeterminazione *f*
Selbstbetrug ['zɛlpstbətruːk] *m* illusione *f*
selbstbewusst ['zɛlpstbəvust] *adj* consapevole di sé
Selbstbewusstsein ['zɛlpstbəvustzaɪn] *n* coscienza di sé *f*
Selbsterkenntnis ['zɛlpstɛrkɛntnɪs] *f* conoscenza di sé *f*
selbstgefällig ['zɛlpstgəfɛlɪç] *adj* soddisfatto di sé
Selbstgespräch ['zɛlpstgəʃprɛːç] *n* soliloquio *m*
selbstherrlich ['zɛlpsthɛrlɪç] *adj* autoritario
selbstklebend ['zɛlpstkleːbənt] *adj* autoadesivo
Selbstkritik ['zɛlpstkritiːk] *f* autocritica *f*
Selbstlob ['zɛlpstloːp] *n* antocompiacimento *m*
selbstlos ['zɛlpstloːs] *adj* altruistico
Selbstmord ['zɛlpstmɔrt] *m* suicidio *m*
Selbstmordanschlag ['zɛlpstmɔrt'anʃlaːk] *m* attentato suicida *m*
Selbstmordattentäter(in) ['zɛlpstmɔrtatən'tɛtər(ɪn)] *m/f* attentatore suicida *m*
Selbstmörder(in) ['zɛlpstmœrdər(ɪn)] *m/f* suicida *m/f*
Selbstmordversuch ['zɛlpstmɔrtfɛrzuːx] *m* tentativo di suicidio *m*
selbstredend ['zɛlpstreːdənt] *adv* *(fam)* ovviamente, naturalmente
selbstsicher ['zɛlpstzɪçɐ] *adj* sicuro di sé
Selbstsicherheit ['zɛlpstzɪçɐhaɪt] *f* sicurezza di sé *f*
selbstständig ['zɛlpʃtɛndɪç] *adj* **1.** autonomo, in proprio; *adv* **2.** autonomamente
Selbstständigkeit ['zɛlpʃtɛndɪçkaɪt] *f* autonomia *f*, indipendenza *f*
Selbstsucht ['zɛlpstzuxt] *f* egoismo *m*
selbstsüchtig ['zɛlpstzyçtɪç] *adj* egoista
selbstvergessen ['zɛlpstfɛrgəsən] *adj* assente, svagato
selbstverständlich ['zɛlpstfɛrʃtɛntlɪç] *adj* naturale, ovvio
Selbstverständlichkeit ['zɛlpstfɛrʃtɛntlɪçkaɪt] *f* cosa ovvia *f*
Selbstvertrauen ['zɛlpstfɛrtrauən] *n* fiducia in sé *f*
Selbstverwaltung ['zɛlpstfɛrvaltuŋ] *f* POL amministrazione autonoma *f*
Selbstzweck ['zɛlpsttsvɛk] *m* fine a se stesso *m*
selig ['zeːlɪç] *adj* **1.** felice, beato; **2.** REL beato; *~sprechen* beatificare
Seligkeit ['zeːlɪçkaɪt] *f* **1.** beatitudine *f*, felicità *f*; **2.** REL beatitudine *f*
Sellerie ['zɛləriː] *m* BOT sedano *m*
selten ['zɛltən] *adj* raro
Seltenheit ['zɛltənhaɪt] *f* rarità *f*
seltsam ['zɛltzaːm] *adj* strano
seltsamerweise [zɛltzaːmər'vaɪzə] *adv* stranamente
Semester [ze'mɛstɐ] *n* semestre *m*
Semesterferien [ze'mɛstɐfeːrjən] *pl* vacanze fra un semestre universitario e l'altro *f/pl*
Seminar [zemi'naːr] *n* seminario *m*
Semmel ['zɛməl] *f* GAST panino *m*
Semmelbrösel ['zɛməlbrøːzəl] *pl* GAST pangrattato *m*
Senat [ze'naːt] *m* POL senato *m*
Senator(in) [ze'naːtɔr/zena'tɔrɪn] *m/f* POL senatore/senatrice *m/f*
Sendebereich ['zɛndəbəraɪç] *m* *(Rundfunk)* portata del trasmettitore *f*
senden ['zɛndən] *v* **1.** *(Brief)* spedire, mandare; **2.** *(Rundfunk)* trasmettere
Sender ['zɛndɐ] *m* *(Rundfunk)* stazione trasmittente *f*
Sendereihe ['zɛndəraɪə] *f* *(im Rundfunk)* serie di trasmissioni *f*

S

Sendung ['zɛndʊŋ] *f* **1.** *(Versand)* spedizione *f;* **2.** *(im Rundfunk)* trasmissione *f*
Senf [zɛnf] *m* GAST senape *f; seinen ~ dazugeben* mettere il becco dappertutto
senil [ze'niːl] *adj* senile
senior ['zeːnjɔr] *adj* senior
senken ['zɛŋkən] *v* **1.** abbassare; *die Stimme ~* abbassare la voce; **2.** *(Geldbetrag)* ridurre
senkrecht ['zɛŋkrɛçt] *adj* verticale
Senkung ['zɛŋkʊŋ] *f* **1.** abbassamento *m;* **2.** *(von Preisen)* ECO ribasso *m*
Sensation [zɛnza'tsjoːn] *f* sensazione *f*
sensationell [zɛnzatsjo'nɛl] *adj* sensazionale
Sensationspresse [zɛnza'tsjoːnsprɛsə] *f* stampa scandalistica *f*
sensibel [zɛn'ziːbəl] *adj* sensibile
Sensibilität [zɛnzibili'tɛːt] *f* sensibilità *f*
Sensor ['zɛnzor] *m* TECH sensore *m*
sentimental [zɛntimɛn'taːl] *adj* sentimentale
Sentimentalität [zɛntimɛntali'tɛːt] *f* sentimentalità *f*
separat [zepa'raːt] *adj* separato
Separatismus [zepara'tɪsmus] *m* POL separatismo *m*
September [zɛp'tɛmbɐ] *m* settembre *m*
Sequenz [ze'kvɛnts] *f* sequenza *f*
Serie ['zeːrjə] *f* serie *f*
serienmäßig ['zeːrjənmɛːsɪç] *adj* **1.** di serie; *adv* **2.** in serie
Serienproduktion ['zeːrjənprɔduktsjoːn] *f* produzione in serie *f*
serienreif ['zeːrjənraɪf] *adj* pronto per la produzione in serie
S
seriös [zeː'rjøːs] *adj* **1.** serio; *adv* **2.** seriamente
Serpentine [zɛrpən'tiːnə] *f* serpentina *f*
Serum ['zeːrum] *n* siero *m*
Server ['zɜːrvɐ] *m* INFORM server *m*
Service[1] ['zœrvis] *m* *(Kundendienst)* assistenza tecnica *f*
Service[2] [zɛr'vɪːs] *n* *(Geschirr)* servizio *m*
servieren [zɛr'viːrən] *v* servire
Serviette [zɛr'vjɛtə] *f* tovagliolo *m*
Servolenkung ['zɛrvoleŋkʊŋ] *f (beim Auto)* servosterzo *m*
Sessel ['zɛsəl] *m* poltrona *f*
Sessellift ['zɛsəllɪft] *m* seggiovia *f*
sesshaft ['zɛshaft] *adj* sedentario
Sesshaftigkeit ['zɛshaftɪçkaɪt] *f* stabilità di dimora *f*
setzen ['zɛtsən] *v* **1.** *sich ~* sedersi; *Er setzt sich auf eine Bank.* Egli si siede su una panchina. **2.** *(Text)* comporre; **3.** *Gleich setzt es was!* Adesso basta!
Setzer(in) ['zɛtsər(ɪn)] *m/f* compositore/compositrice *m/f*
Seuche ['zɔyçə] *f* MED epidemia *f*
Seuchengefahr ['zɔyçəngəfaːr] *f* pericolo di epidemia *m*
seufzen ['zɔyftsən] *v* sospirare
Seufzer ['zɔyftsɐ] *m* sospiro *m*
Sex [zɛks] *m* sesso *m*
Sexualerziehung [zɛksu'alɛrtsiːuŋ] *f* educazione sessuale *f*
Sexualität [zeksuali'tɛːt] *f* sessualità *f*
Sexualverbrechen [zɛksu'aːlfɛrbrɛçən] *n* delitto sessuale *m*
sexuell [zɛksu'ɛl] *adj* sessuale
sezieren [ze'tsiːrən] *v* MED sezionare
Shampoo [ʃam'puː] *n* shampoo *m*
Show [ʃəʊ] *f* show *m,* spettacolo *m*
Showgeschäft ['ʃəʊgəʃɛːft] *n* industria dello spettacolo *f*
sich [zɪç] *pron* sé, si; *Er denkt nur an ~.* Pensa solo a sé. *Er zieht ~ an.* Si veste.
sicher ['zɪçɐ] *adj* **1.** *(zweifellos)* in modo sicuro; **2.** *(gefahrlos)* sicuro
sichergehen ['zɪçɐgeːən] *v* andare sul sicuro
Sicherheit ['zɪçɐhaɪt] *f* **1.** *(Gewissheit)* sicurezza *f;* **2.** *(Schutz)* sicurezza *f,* protezione *f; sich in ~ wiegen* dormire fra due guanciali; **3.** *(Gewähr)* ECO garanzia *f*
Sicherheitsglas ['zɪçɐhaɪtsglaːs] *n* vetro di sicurezza *m*
Sicherheitsgurt ['zɪçɐhaɪtsgurt] *m (im Auto)* cintura di sicurezza *f*
sicherheitshalber ['zɪçɐhaɪtshalbɐ] *adv* per sicurezza
Sicherheitsmaßnahmen ['zɪçɐhaɪtsmaːsnaːmən] *f/pl* misure di sicurezza *f/pl*
Sicherheitsnadel ['zɪçɐhaɪtsnaːdəl] *f* spilla di sicurezza *f,* spilla da balia *f*
Sicherheitsschloss ['zɪçɐhaɪtsʃlɔs] *n* serratura di sicurezza *f*
sicherlich ['zɪçɐlɪç] *adv* sicuramente
sichern ['zɪçɐn] *v* assicurare, preservare

sicherstellen ['zɪçɐʃtɛlən] *v* 1. *(sichern)* assicurare, mettere al sicuro; 2. *(beschlagnahmen)* sequestrare
Sicherung ['zɪçəruŋ] *f* 1. *(Sichern)* preservazione *f*, salvaguardia *f*; 2. *(Schmelzsicherung)* TECH fusibile *m*; *Bei ihm ist die ~ durchgebrannt. (fig)* Gli ha dato di volta il cervello. 3. *(Vorrichtung)* TECH dispositivo di sicurezza *m*
Sicht [zɪçt] *f* 1. vista *f*, panorama *m*, visibilità *f*; 2. *(fig) auf lange ~* a lunga scadenza
sichtbar ['zɪçtbaːr] *adj* visibile
Sichtverhältnisse ['zɪçtfɛrhɛltnɪsə] *pl* condizioni di visibilità *f/pl*
Sichtvermerk ['zɪçtfɛrmɛrk] *m* visto *m*
Sichtweite ['zɪçtvaɪtə] *f* vista *f*
Sickergrube ['zɪkɐgruːbə] *f* pozzo nero *m*
sickern ['zɪkɐn] *v* filtrare, passare
sie [ziː] *pron* 1. ella, essa; 2. *(3. Person plural)* esse, essi
Sie [ziː] *pron* 1. *(Höflichkeitsform)* Lei; 2. *(Akkusativ)* La
Sieb ['ziːp] *n* setaccio *m*
sieben[1] ['ziːbən] *num* sette
sieben[2] ['ziːbən] *v* setacciare
siebte(r,s) ['ziːbtə(r,s)] *adj* 1. settimo/settima; 2. *(Datum)* sette
siebzehn ['ziːptseːn] *num* diciassette
siebzehnte(r,s) ['ziːptseːntə(r,s)] *adj* 1. diciasettesimo/diciasettesima; 2. *(Datum)* diciasette
siebzig ['ziːptsɪç] *num* settanta
siebzigste(r,s) ['ziːptsɪçstə(r,s)] *adj* settantesimo/settantesima
sieden ['ziːdən] *v* bollire
Siedepunkt ['ziːdəpuŋkt] *m* punto di ebollizione *m*
Siedler ['ziːdlɐ] *m* colonizzatore *m*
Siedlung ['ziːdluŋ] *f* complesso residenziale *m*, insediamento *m*
Siedlungsgebiet ['ziːdluŋsgəbiːt] *n* zona d'insediamento *f*, zona di colonizzazione *f*
Sieg [ziːk] *m* vittoria *f*
Siegel ['ziːgəl] *n* sigillo *m*
Siegelring ['ziːgəlrɪŋ] *m* anello con sigillo *m*
Siegelwachs ['ziːgəlvaks] *m* ceralacca *f*
siegen ['ziːgən] *v* vincere
Sieger(in) ['ziːgər(ɪn)] *m/f* vincitore/vincitrice *m/f*
Siegerehrung ['ziːgəreːruŋ] *f* cerimonia della premiazione *f*
siegessicher ['ziːgəszɪçɐ] *adj* sicuro della vittoria
siegreich ['ziːkraɪç] *adj* vittorioso
siezen ['ziːtsən] *v* dare del Lei
Signal [zɪg'naːl] *n* segnale *m*
signalisieren [zɪgnali'ziːrən] *v* segnalare
signieren [zɪg'niːrən] *v* firmare
Silbe ['zɪlbə] *f* sillaba *f*
Silbenrätsel ['zɪlbənrɛːtsəl] *n* cruciverba sillabico *m*
Silber ['zɪlbɐ] *n* argento *m*
Silberblick ['zɪlbɐblɪk] *m* strabismo di Venere *m*
Silberhochzeit ['zɪlbɐhɔçtsaɪt] *f* nozze d'argento *f/pl*
silbern ['zɪlbɐn] *adj* d'argento
Silhouette [zilu'ɛtə] *f* silhouette *f*
Silizium [zi'liːtsjum] *n* CHEM silicio *m*
Silo ['ziːlo] *n* AGR silo *m*
Silvester [zɪl'vɛstɐ] *n* San Silvestro *m*
simpel ['zɪmpəl] *adj* semplice
Sims [zɪms] *n* cornice *f*, davanzale *m*
Simulant [zimu'lant] *m* simulatore *m*
simulieren [zimu'liːrən] *v* simulare
simultan [zimul'taːn] *adj* simultaneo
Sinfonie [zɪnfo'niː] *f* MUS sinfonia *f*
singen ['zɪŋən] *v irr* cantare
Singen ['zɪŋən] *n* canto *m*
Singular ['zɪŋgulaːr] *m* GRAMM singolare *m*
Singvogel ['zɪŋfoːgəl] *m* ZOOL uccello canoro *m*
sinken ['zɪŋkən] *v irr* 1. sprofondarsi; 2. *(Preise)* diminuire, calare; *Die Preise ~.* I prezzi calano. 3. *(Schiff)* affondare; *Das Schiff sinkt.* La nave affonda. 4. *(fig)* decadere
Sinn [zɪn] *m* 1. *(Empfinden)* senso *m*; *der sechste ~* il sesto senso *m*; *seine fünf ~e nicht beisammen haben* essere deconcentrato; *nicht mehr Herr seiner ~e sein* aver perso il controllo; *jdm nicht aus dem ~ gehen* non uscire dalla mente a qd; *in den ~ kommen* venire in mente; *nicht im ~ des Erfinders sein* non essere nelle intenzioni originali; *wie von ~en*

S

come un pazzo; *Danach steht mir nicht der ~.* Non ne ho voglia. **2.** *(Empfänglichkeit)* senso *m,* sensibilità *f;* **3.** *(Bedeutung)* significato *m,* senso *m*
Sinnbild ['zınbılt] *n* simbolo *m*
sinnbildlich ['zınbıltlıç] *adj* simbolico
Sinnesänderung ['zınəsɛndəruŋ] *f* cambiamento d'idee *m*
Sinnesorgan ['zınəsɔrga:n] *n* organo sensoriale *m*
Sinnestäuschung ['zınəstɔyʃuŋ] *f* illusione dei sensi *f*
sinngemäß ['zıngəmɛ:s] *adj* **1.** a senso; *adv* **2.** a senso
sinnieren [zı'ni:rən] *v* almanaccare
sinnlich ['zınlıç] *adj* sensuale
Sinnlichkeit ['zınlıçkaıt] *f* sensualità *f*
sinnlos ['zınlo:s] *adj* senza senso
Sinnlosigkeit ['zınlo:zıçkaıt] *f* mancanza di senso *f,* assurdità *f*
sinnvoll ['zınfɔl] *adj* sensato
Sintflut ['zıntflu:t] *f* REL diluvio universale *m*
Siphon [zi'fo:n] *m* sifone *m*
Sippe ['zıpə] *f* stirpe *f,* clan *m*
Sirene [zi're:nə] *f* sirena *f*
Sirup ['zi:rup] *m* sciroppo *m*
Sitte ['zıtə] *f* **1.** *(Brauch)* costume *m;* **2.** *(Sittlichkeit)* buon costume *m*
Sittenpolizei ['zıtənpolitsaı] *f* squadra del buon costume *f*
sittenwidrig ['zıtənvi:drıç] *adj* contrario alla buona creanza, immorale
sittlich ['zıtlıç] *adj* morale
Sittlichkeitsverbrecher ['zıtlıçkaıtsfɛrbrɛçɐ] *m* autore di delitti contro la moralità pubblica *m*
sittsam ['zıtza:m] *adj* modesto
Situation [zıtua'tsjo:n] *f* situazione *f*
Situationskomik [zitua'tsjo:nsko:mık] *f* comicità della situazione *f*
situiert [zitu'i:rt] *adj* situato
Sitz [zıts] *m* **1.** sedile *m;* **2.** *(Platz)* posto *m;* **3.** *(Wohnsitz)* residenza *f;* **4.** *(Firmensitz)* ECO sede *f*
sitzen ['zıtsən] *v irr* sedere; *einen ~ haben* avere una sbornia/avere una ciucca/essere brillo; *~ bleiben (fig)* essere bocciato
Sitzplatz ['zıtsplats] *m* posto a sedere *m*
Sitzstreik ['zıtsʃtraık] *m* sciopero bianco *m*
Sitzung ['zıtsuŋ] *f* seduta *f,* riunione *f; eine ~ einberufen* convocare una seduta
Sizilien [zi'tsi:ljən] *n* GEO Sicilia *f*
Skala ['ska:la] *f* scala *f*
Skalpell [skal'pɛl] *n* MED bisturi *m*
Skandal [skan'da:l] *m* scandalo *m*
skandalös [skanda'lø:s] *adj* scandaloso
Skandinavien [skandi'na:vjən] *n* GEO Scandinavia *f*
Skat [ska:t] *m* skat *m*
Skelett [ske'lɛt] *n* ANAT scheletro *m*
skeptisch ['skɛptıʃ] *adj* scettico
Ski [ʃi:] *m* sci *m; ~ fahren* sciare
Skianzug ['ʃi:antsu:k] *m* tuta da sci *f*
Skifahrer(in) ['ʃi:fa:rər(ın)] *m/f* sciatore/sciatrice *m/f*
Skigebiet ['ʃi:gəbi:t] *n* zona sciistica *f*
Skilift ['ʃi:lıft] *m* sciovia *f,* skilift *m*
Skischuh ['ʃi:ʃu:] *m* scarpone da sci *m*
Skizze ['skitsə] *f* schizzo *m,* abbozzo *m*
Sklave ['skla:və] *m* schiavo *m*
Sklaverei [skla:və'raı] *f* schiavitù *f*
Skonto ['skɔnto] *n/m* ECO sconto *m*
Skorpion [skɔr'pjo:n] *m* scorpione *m*
Skrupel ['skru:pəl] *m* scrupolo *m*
skrupellos ['skru:pəllo:s] *adj* senza scrupoli
Skulptur [skulp'tu:r] *f* ART scultura *f*
skurril [sku'ri:l] *adj* strano, strambo
Slalom ['sla:lɔm] *m* SPORT slalom *m*
Slowakei [slova'kai] *f* GEO Slovacchia *f*
Smaragd [sma'rakt] *m* MIN smeraldo *m*
Smartphone [sma:tfəʊn] *m* smartphone *m*
Smog [smɔk] *m* smog *m*
Smogalarm ['smɔkalarm] *m* allarme da smog *m*
Smoking ['smo:kıŋ] *m* smoking *m*
SMS [əsəməs] *f* TEL SMS *m*
Snowboard ['snəʊbɔ:d] *n* SPORT snowboard *m*
so [zo:] *konj* **1.** così; *Mir ist ~, als ob ...* Mi sento come se ...; *Na ~ was!* Vedi un pò!/Ma guarda! *nicht ~ ganz* non proprio; *~genannt* cosiddetto; *~ viel* per quanto/tanto; *~ weit* fin dove/fin qui; *adv* **2.** *(betont)* tanto; *So eine Frechheit!* Che faccia tosta! *So, das ist fertig.* Ecco fatto. *So?* Ah sì? *Ach ~.* Ho capito. *~ wie* così come; *pron* **3.** che, quale

Soap(opera) [səʊp('oːpəra)] *f* soap opera *f*
sobald [zo'balt] *konj* non appena
Socke ['zɔkə] *f* calzino *m*; *sich auf die ~n machen* levare le tende; *von den ~n sein* essere sbalordito; *Mir qualmen schon die ~n!* Mi fumano già i piedi!
Sodbrennen ['zoːtbrɛnən] *n MED* bruciore di stomaco *m*
soeben [zo'eːbən] *adv* appena
Sofa ['zoːfa] *n* divano *m*
sofern [zo'fɛrn] *konj* in quanto che
sofort [zo'fɔrt] *adv* subito
sofortig [zo'fɔrtɪç] *adj* immediato
Sofortmaßnahme [zo'fɔrtmaːsnaːmə] *f* misura immediata *f*
Software ['zɔftvɛːr] *f INFORM* software *m*
Sog [zoːk] *m* risucchio *m*
sogar [zo'gaːr] *adv* perfino
Sohle ['zoːlə] *f* **1.** *(Schuhsohle)* suola *f*; *auf leisen ~n* in punta di piedi; *eine kesse ~ aufs Parkett legen* fare un ballo indiavolato; *sich an jds ~n heften* attaccarsi alle calcagna di qd; **2.** *(Talsohle)* fondovalle *m*
Sohn [zoːn] *m* figlio *m*
solange [zo'laŋə] *konj* mentre
Solarenergie [zo'laːrenɛrgiː] *f TECH* energia solare *f*
Solarium [zo'laːrjum] *n* solario *m*
Solarzelle [zo'laːrtsɛlə] *f TECH* cellula solare *f*
solche ['zɔlçə] *adj* **1.** tale; *pron* **2.** tale
Soldat [zɔl'daːt] *m* soldato *m*
Soldatenfriedhof [zɔl'daːtənfriːthoːf] *m* cimitero di guerra *m*
solidarisch [zoli'daːrɪʃ] *adj* solidale
Solidarität [zolidari'tɛːt] *f* solidarietà *f*
Solidaritätszuschlag [zolidari'tɛːtstsuːʃlaːk] *m POL* contributo di solidarietà per i nuovi Länder *m*
solide [zo'liːdə] *adj* solido
Soll [zɔl] *n ECO* debito *m*; *~ und Haben* dare e avere
sollen ['zɔlən] *v irr* dovere; *Soll ich?* Posso? *Was soll das kosten?* Quanto costerà? *Was soll das?* Che significa? *Er soll krank sein.* Si dice che sia malato. *Das soll es geben.* Queste cose accadono.
somit [zo'mɪt] *konj* quindi
Sommer ['zɔmɐ] *m* estate *f*
Sommerferien ['zɔmɐfeːrjən] *pl* vacanze estive *f/pl*
sommerlich ['zɔmɐlɪç] *adj* estivo
Sommerschlussverkauf ['zɔmɐʃlusfɛrkauf] *m* saldi estivi *m/pl*
Sommersprosse ['zɔmɐʃprɔsə] *f* lentiggine *f*
Sommerzeit ['zɔmɐtsaɪt] *f* **1.** estate *f*; **2.** *(Uhrzeit)* ora legale *f*, ora estiva *f*
Sonate [zo'naːtə] *f MUS* sonata *f*
Sonde ['zɔndə] *f TECH* sonda *f*
Sonderabgabe ['zɔndərapgaːbə] *f* contributo straordinario *m*
Sonderangebot ['zɔndərangəboːt] *n* offerta speciale *f*
Sonderausgabe ['zɔndərausgaːbə] *f* edizione speciale *f*
sonderbar ['zɔndɐbaːr] *adj* strano, singolare; *Mir ist ~ zumute.* Mi sento strano.
Sonderbeauftragte(r) ['zɔndɐbəauftraːktə(r)] *m/f* incaricato speciale/incaricata speciale *m/f*
Sonderfahrt ['zɔndɐfaːrt] *f* corsa straordinaria *f*
Sonderfall ['zɔndɐfal] *m* caso particolare *m*
Sonderling ['zɔndɐlɪŋ] *m* originale *m*
Sondermüll ['zɔndɐmyl] *m* rifiuti tossici *m/pl*
sondern ['zɔndɐn] *v* **1.** separare, isolare; *konj* **2.** ma; *nicht nur ... sondern auch ...* non solo ... ma anche ...
sondieren [zɔn'diːrən] *v* sondare
Sonnabend ['zɔnaːbənt] *m* sabato *m*
sonnabends ['zɔnaːbənts] *adv* di sabato
Sonne ['zɔnə] *f* sole *m*
sonnen ['zɔnən] *v sich ~* prendere il sole
Sonnenaufgang ['zɔnənaufgaŋ] *m* sorgere del sole *m*, alba *f*
Sonnenblume ['zɔnənbluːmə] *f BOT* girasole *m*
Sonnenbrand ['zɔnənbrant] *m* scottatura solare *f*
Sonnenbrille ['zɔnənbrɪlə] *f* occhiali da sole *m/pl*
Sonnenenergie ['zɔnənenɛrgiː] *f TECH* energia solare *f*
Sonnenfinsternis ['zɔnənfɪnstɐnɪs] *f* eclissi solare *f*
Sonnenschein ['zɔnənʃaɪn] *m* luce solare *f*

Sonnenschirm ['zɔnənʃɪrm] *m* parasole *m*
Sonnenstich ['zɔnənʃtɪç] *m MED* colpo di sole *m*
Sonnenuhr ['zɔnənuːr] *f* meridiana *f*, orologio solare *m*
Sonnenuntergang ['zɔnənuntɐgaŋ] *m* tramonto *m*
sonnig ['zɔnɪç] *adj* **1.** assolato, soleggiato; *ein ~es Zimmer* una stanza soleggiata *f*; **2.** *(fig)* gaio
Sonntag ['zɔntaːk] *m* domenica *f*
sonntags ['zɔntaːks] *adv* di domenica
sonst [zɔnst] *adv* altrimenti
sonstig ['zɔnstɪç] *adj* altro
sooft [zo'ɔft] *konj* ogniqualvolta
Sorge ['zɔrgə] *f* **1.** *(Kummer)* preoccupazione *f*; **2.** *(Pflege)* cure *f/pl*, premure *f/pl*
sorgen ['zɔrgən] *v* **1.** *sich ~ um* preoccuparsi per; **2.** *~ für etw/~ für jdn* provvedere a qc/occuparsi di qd
sorgenvoll ['zɔrgənfɔl] *adj* pieno di preoccupazioni
Sorgerecht ['zɔrgərɛçt] *n JUR* diritto di tutela *m*
Sorgfalt ['zɔrkfalt] *f* cura *f*, accuratezza *f*
sorgfältig ['zɔrkfɛltɪç] *adj* accurato
sorglos ['zɔrkloːs] *adj* spensierato
Sorglosigkeit ['zɔrkloːsigkeit] *f* spensieratezza *f*
sorgsam ['zɔrkzaːm] *adj* accurato
Sorte ['zɔrtə] *f* tipo *m*, specie *f*
Sorten ['zɔrtən] *pl FIN* valuta estera *f*
Sortenkurs ['zɔrtənkurs] *m FIN* corso dei cambi *m*
sortieren [zɔr'tiːrən] *v* assortire
Sortiment [zɔrti'mɛnt] *n* assortimento *m*
Soße ['zoːsə] *f GAST* salsa *f*
Souvenir [zuvə'niːr] *n* souvenir *m*
souverän [suvə'rɛːn] *adj* sovrano
Souveränität [suːvərɛːni'tɛːt] *f POL* sovranità *f*
sowie [zo'viː] *konj* appena, non appena
sowieso [zovi'zoː] *adv* comunque, in ogni caso
Sowjetunion [sɔ'vjɛtunjoːn] *f HIST* Unione Sovietica *f*
sowohl [zo'voːl] *konj ~ ... als auch* tanto ... quanto
sozial [zo'tsjaːl] *adj* sociale
Sozialabgaben [zo'tsjaːlapgaːbən] *pl* contributi previdenziali *m/pl*
Sozialamt [zo'tsjaːlamt] *n* ufficio d'assistenza sociale *m*
Sozialarbeiter(in) [zo'tsjaːlarbaɪtər(ɪn)] *m/f* assistente sociale *m/f*
Sozialdemokratie [zo'tsjaːldemokratiː] *f POL* socialdemocrazia *f*
sozialdemokratisch [zo'tsjaːldemokraːtɪʃ] *adj POL* socialdemocratico
Soziales Netzwerk [zot'sjaːləs 'nɛtsvɛrk] *m* social network *m*
Sozialgesetzgebung [zo'tsjaːlgəzɛtsgeːbuŋ] *f POL* legislazione sociale *f*
Sozialhilfe [zo'tsjaːlhɪlfə] *f* pubblica assistenza *f*
Sozialismus [zo'tsjalɪsmus] *m POL* socialismo *m*
Sozialist(in) [zo'tsjalɪst(ɪn)] *m/f POL* socialista *m/f*
sozialkritisch [zo'tsjaːlkritɪʃ] *adj* di critica sociale
Sozialpolitik [zo'tsjaːlpolitiːk] *f POL* politica sociale *f*
Sozialprodukt [zo'tsjaːlprɔdukt] *n ECO* prodotto nazionale *m*
Sozialstaat [zo'tsjaːlʃtaːt] *m POL* stato sociale *m*
Sozialversicherung [zo'tsjaːlfɛrzɪçəruŋ] *f* previdenza sociale *f*
Soziologe [zotsjo'loːgə] *m* sociologo *m*
Soziologie [zotsjolo'giː] *f* sociologia *f*
Soziologin [zotsio'loːgɪn] *f* sociologa *f*
soziologisch [zotsjo'loːgɪʃ] *adj* sociologico
Sozius ['zotsjus] *m ECO* socio *m*
sozusagen ['zoːtsuzaːgən] *adv* per così dire
Spalt [ʃpalt] *m* fessura *f*
Spalte ['ʃpaltə] *m* **1.** *(Gletscherspalte)* crepa *f*; **2.** *(Zeitungsspalte)* colonna *f*
spalten ['ʃpaltən] *v irr* **1.** *(auseinanderbrechen)* spaccare; **2.** *(fig)* scindere; **3.** *PHYS* fissionare
Spaltung ['ʃpaltuŋ] *f* **1.** *(Auseinanderbrechen)* frattura *f*; **2.** *(fig)* divisione *f*; **3.** *PHYS* fissione *f*
Spam [spɛm] *n INFORM* spam *m*
Span [ʃpaːn] *m* scheggia *f*, truciolo *m*
Spanferkel ['ʃpaːnfɛrkəl] *n ZOOL* porcellino da latte *m*

S

Spange ['ʃpaŋə] *f* **1.** *(Haarspange)* fermaglio *m;* **2.** *(Schließe)* fermaglio *m,* fibbia *f*
Spanien ['ʃpa:njən] *n GEO* Spagna *f*
Spanier(in) ['ʃpa:njər(ɪn)] *m/f* spagnolo/spagnola *m/f*
spanisch ['ʃpa:nɪʃ] *adj* spagnolo; *Das kommt mir ~ vor.* Mi sembra strano.
Spanisch ['ʃpa:nɪʃ] *n (Sprache)* spagnolo *m*
Spanne ['ʃpanə] *f* **1.** *(Zeitraum)* periodo *m,* lasso *m;* **2.** *(Unterschied)* divario *m,* scarto *m;* **3.** *(Preisspanne) ECO* margine *m*
spannen ['ʃpanən] *v* tendere
spannend ['ʃpanənt] *adj* emozionante, avvincente; *ein ~er Film* un film avvincente *m*
Spannung ['ʃpanuŋ] *f* **1.** *TECH* tensione *f;* **2.** *(fig)* tensione *f*
Spannungsgebiet ['ʃpanuŋsgəbi:t] *n POL* zona di tensione *f*
spannungsgeladen ['ʃpanuŋsgəla:dən] *adj* teso
Spannweite ['ʃpanvaɪtə] *f* distanza *f,* apertura *f*
Sparbuch ['ʃpa:rbu:x] *n* libretto di risparmio *m*
Sparbüchse ['ʃpa:rbyksə] *f* salvadanaio *m*
Spareinlage ['ʃpa:raɪnla:gə] *f ECO* deposito a risparmio *m*
sparen ['ʃpa:rən] *v* risparmiare
Spargel ['ʃpargəl] *m BOT* asparago *m*
Sparkasse ['ʃpa:rkasə] *f* cassa di risparmio *f*
spärlich ['ʃpɛ:rlɪç] *adj* scarso
Sparmaßnahme ['ʃpa:rma:sna:mə] *f* misura d'economia *f*
sparsam ['ʃpa:rza:m] *adj* **1.** economo, parsimonioso; *adv* **2.** con parsimonia
Sparsamkeit ['ʃpa:rza:mkaɪt] *f* parsimonia *f,* economia *f*
spartanisch [ʃpar'ta:nɪʃ] *adj* spartano
Sparte ['ʃpartə] *f* **1.** ramo *m,* campo *m;* **2.** *(einer Zeitung)* rubrica *f*
Sparvertrag ['ʃpa:rfɛrtra:k] *m* contratto di risparmio *m*
Spaß [ʃpa:s] *m* **1.** *(Witz)* scherzo *m;* **2.** *(Vergnügen)* divertimento *m; ein teurer ~ sein* essere un capriccio costoso; *sich einen ~ daraus machen* divertirsi a; *seinen ~ mit jdm treiben* divertirsi alle spalle di qd; *Da hört aber der ~ auf!* Questo però è troppo!
spaßen ['ʃpa:sən] *v* scherzare; *Mit ihm ist nicht zu ~!* Con lui non c'è da scherzare!
spaßeshalber ['ʃpa:səshalbɐ] *adv* per scherzo, per divertimento
spaßig ['ʃpa:sɪç] *adj* divertente, buffo
spät [ʃpɛ:t] *adj* **1.** tardo, tardivo; *adv* **2.** tardi
Spaten ['ʃpa:tən] *m* vanga *f*
später ['ʃpɛ:tɐ] *adv* più tardi
spätestens ['ʃpɛ:təstəns] *adv* al più tardi
Spätschicht ['ʃpɛ:tʃɪçt] *f* turno notturno *m*
Spatz [ʃpats] *m ZOOL* passero *m; essen wie ein ~* mangiare come un uccellino
spazieren [ʃpa'tsi:rən] *v ~ gehen* passeggiare, andare a passeggio
Spazierfahrt [ʃpa'tsi:rfa:rt] *f* gita *f*
Spaziergang [ʃpa'tsi:rgaŋ] *m* passeggiata *f*
Spazierweg [ʃpa'tsi:rve:k] *m* passeggiata *f*
Specht [ʃpɛçt] *m ZOOL* picchio *m*
Speck [ʃpɛk] *m GAST* lardo *m; sich fühlen wie die Made im ~* sentirsi come un topo nel formaggio
Spediteur [ʃpedi'tø:r] *m* spedizioniere *m*
Speer [ʃpe:r] *m* giavellotto *m*
Speiche ['ʃpaɪçə] *f* **1.** raggio *m;* **2.** *ANAT* radio *m*
Speichel ['ʃpaɪçəl] *m* saliva *f*
Speicher ['ʃpaɪçɐ] *m* **1.** deposito *m,* magazzino *m;* **2.** *(Dachboden)* sottotetto *m;* **3.** *INFORM* memoria *f*
speichern ['ʃpaɪçɐn] *v* **1.** *(einlagern)* immagazzinare; **2.** *INFORM* memorizzare
speien ['ʃpaɪən] *v irr* **1.** *(spucken)* sputare; **2.** *(erbrechen)* vomitare
Speise ['ʃpaɪzə] *f* vivanda *f,* cibo *m*
Speiseeis ['ʃpaɪzəaɪs] *n GAST* gelato *m*
Speisekammer ['ʃpaɪzəkamɐ] *f* dispensa *f*
Speisekarte ['ʃpaɪzəkartə] *f* carta *f,* menù *m; nach der ~ essen* mangiare alla carta
speisen ['ʃpaɪzən] *v* **1.** *(essen)* mangiare; **2.** *(zuführen)* dar da mangiare, alimentare

S

Speisenfolge ['ʃpaɪzənfɔlgə] *f* menù *m*
Speiseöl ['ʃpaɪzəøːl] *n* GAST olio da tavola *m*
Speiseröhre ['ʃpaɪzəøːrə] *f* ANAT esofago *m*
Speisesaal ['ʃpaɪzəzaːl] *m* sala da pranzo *f*
Speisewagen ['ʃpaɪzəvaːgən] *m* carrozza-ristorante *f*
spektakulär [ʃpɛktaku'lɛːr] *adj* spettacolare
Spektrum ['ʃpɛktrum] *n* (fig) spettro *m*
Spekulation [ʃpɛkula'tsjoːn] *f* speculazione *f*
Spekulationsgeschäft [ʃpɛkula'tsjoːns-gəʃɛːft] *n* FIN affare speculatorio *m*
spekulieren [ʃpɛku'liːrən] *v* speculare
spendabel [ʃpɛn'daːbəl] *adj* generoso
Spende ['ʃpɛndə] *f* offerta *f*
spenden ['ʃpɛndən] *v* offrire, donare
Spender(in) ['ʃpɛndər(ɪn)] *m/f* donatore/donatrice *m/f*
spendieren [ʃpɛn'diːrən] *v* pagare, offrire
Sperma ['ʃpɛrma] *n* BIO sperma *m*
Sperrbezirk ['ʃpɛrbətsɪrk] *m* zona vietata *f*
Sperre ['ʃpɛrə] *f* 1. (Vorrichtung) barriera *f;* 2. (Verbot) divieto *m;* 3. (Embargo) POL embargo *m*
sperren ['ʃpɛrən] *v* 1. (abriegeln) sbarrare; 2. (verbieten) bloccare, vietare; 3. (Konto) ECO sbarrare
Sperrgebiet ['ʃpɛrgəbiːt] *n* zona vietata *f*
Sperrgut ['ʃpɛrguːt] *n* merce ingombrante *f*
sperrig ['ʃpɛrɪç] *adj* ingombrante
Sperrkonto ['ʃpɛrkɔnto] *n* ECO conto vincolato *m*
Sperrmüll ['ʃpɛrmyl] *m* rifiuti ingombranti *m/pl*
Sperrstunde ['ʃpɛrʃtundə] *f* ora di chiusura *f*
Spesen ['ʃpeːzən] *pl* spese *f/pl*
Spesenrechnung ['ʃpeːzənrɛçnuŋ] *f* conto spese *m; auf ~* in conto spese
spezial [ʃpe'tsjaːl] *adj* speciale
spezialisieren [ʃpetsjali'ziːrən] *v sich ~* specializzarsi
Spezialisierung [ʃpetsjali'ziːruŋ] *f* specializzazione *f*
Spezialist(in) [ʃpetsja'lɪst(ɪn)] *m/f* specialista *m/f*
Spezialität [ʃpetsjali'tɛːt] *f* specialità *f*
speziell [ʃpe'tsjɛl] *adj* speciale
spezifisch [ʃpe'tsiːfɪʃ] *adj* specifico
spezifizieren [ʃpetsifi'tsiːrən] *v* specificare
Spezifizierung [ʃpetsifi'tsiːruŋ] *f* specificazione *f*
Sphäre ['sfɛːrə] *f* sfera *f*
spicken ['ʃpɪkən] *v* 1. (abschreiben) copiare; 2. GAST lardellare
Spickzettel ['ʃpɪktsɛtəl] *m* foglietto per copiare *m*
Spiegel ['ʃpiːgəl] *m* specchio *m; jdm den ~ vorhalten* far vedere a qd la sua vera immagine
Spiegelbild ['ʃpiːgəlbɪlt] *n* immagine riflessa *f*
spiegelbildlich ['ʃpiːgəlbɪltlɪç] *adj* riflesso
Spiegelei ['ʃpiːgəlaɪ] *n* GAST uovo al tegamino *m*
spiegelglatt ['ʃpiːgəl'glat] *adj* liscio come uno specchio
spiegeln ['ʃpiːgəln] *v sich ~* specchiarsi
Spiegelung ['ʃpiːgəluŋ] *f* riflesso *m*
Spiel [ʃpiːl] *n* 1. gioco *m; ein ~ mit dem Feuer* un gioco pericoloso *m; mit jdm leichtes ~ haben* avere gioco facile con qd; *das ~ zu weit treiben* andare oltre; *etw auf's ~ setzen* mettere in gioco qc; *auf dem ~ stehen* essere in gioco; *jdn aus dem ~ lassen* non coinvolgere qd; *etw ins ~ bringen* mettere in gioco qc; *mit im ~ sein* essere coinvolto/entrare in gioco; 2. SPORT partita *f*
Spielbank ['ʃpiːlbaŋk] *f* casinò *m*
Spieldose ['ʃpiːldoːzə] *f* carillon *m*
spielen ['ʃpiːlən] *v* 1. giocare; 2. SPORT giocare; 3. THEAT recitare; 4. MUS suonare
Spieler(in) ['ʃpiːlər(ɪn)] *m/f* giocatore/giocatrice *m/f*
Spielerei [ʃpiːlə'raɪ] *f* passatempo *m*, giochetto *m*
spielerisch ['ʃpiːlərɪʃ] *adv* (fig: problemlos) leggero
Spielfeld ['ʃpiːlfɛlt] *n* SPORT campo da gioco *m*
Spielfilm ['ʃpiːlfɪlm] *m* CINE lungometraggio *m*

Spielkamerad ['ʃpiːlkaməraːt] *m* compagno di giochi *m*
Spielkasino ['ʃpiːlkaziːno] *n* casinò *m*
Spielplatz ['ʃpiːlplats] *m* campo giochi *m*, parco giochi *m*
Spielraum ['ʃpiːlraum] *m* spazio *m*
Spielregeln ['ʃpiːlreːgəln] *pl* regole del gioco *f/pl*
Spielverderber(in) ['ʃpiːlfɛrdɛrbər(ɪn)] *m/f* guastafeste *m/f*
Spielzeug ['ʃpiːltsɔyk] *n* giocattolo *m*
Spieß [ʃpiːs] *m* **1.** *(Speer)* giavellotto *m*; *den ~ umdrehen (fig)* voltare la frittata/ritorcere le accuse; **2.** *(Bratspieß)* spiedo *m*
Spießbürger ['ʃpiːsbyrgʀ] *m (fig)* piccolo borghese *m*
spießig ['ʃpiːsɪç] *adj* filisteo
Spießrutenlaufen ['ʃpiːsruːtənlaufən] *n (fig)* il passare per le forche candine *m*
Spikes [ʃpaɪks] *pl* **1.** *(beim Auto)* pneumatici chiodati *m/pl;* **2.** SPORT scarpette chiodate *f/pl*
Spinat [ʃpi'naːt] *m* BOT spinacio *m*
Spinne ['ʃpɪnə] *f* ZOOL ragno *m*
spinnen ['ʃpɪnən] *v irr* **1.** filare; **2.** *(fig)* essere matto
Spinnennetz ['ʃpɪnənnɛts] *n* ragnatela *f*
Spinnrad ['ʃpɪnraːt] *n* ruota dell'arcolaio *f*
Spion(in) [ʃpi'oːn(ɪn)] *m/f* spia *f*
Spionage [ʃpio'naːʒə] *f* spionaggio *m*
spionieren [ʃpio'niːrən] *v* spiare
Spirale [ʃpi'raːlə] *f* spirale *f*
spiralförmig [ʃpi'raːlfœrmɪç] *adj* elicoidale, a spirale
Spirituosen [ʃpiritu'oːzən] *pl* GAST alcolici *m/pl*
Spiritus ['ʃpiːritus] *m* CHEM spirito *m*
spitz [ʃpɪts] *adj* **1.** aguzzo, affilato, acuto, a punta; **2.** *(fig)* tagliente; *Sie hat eine ~e Zunge.* Lei ha una lingua tagliente.
Spitzbube ['ʃpɪtsbuːbə] *m* **1.** *(Gauner)* farabutto *m;* **2.** *(Schelm)* birbante *m*
spitzbübisch ['ʃpɪtsbybɪʃ] *adj* **1.** birichino; *adv* **2.** da birichino
Spitze ['ʃpɪtsə] *f* **1.** punta *f; etw auf die ~ treiben* spingere qc all'estremo; **2.** *(Bergspitze)* cima *f*, vetta *f;* **3.** *(Stoff)* merletto *m*
Spitzel ['ʃpɪtsəl] *m* spia *f*
spitzen ['ʃpɪtsən] *v* temperare
Spitzengeschwindigkeit ['ʃpɪtsəngəʃvɪndɪçkaɪt] *f* velocità massima *f*
Spitzenleistung ['ʃpɪtsənlaɪstuŋ] *f* rendimento massimo *m*, record *m*
Spitzenlohn ['ʃpɪtsənloːn] *m* salario massimo *m*, retribuzione massima *f*
Spitzenposition ['ʃpɪtsənpozitsjoːn] *f* posizione al vertice *f*
Spitzenreiter ['ʃpɪtsənraɪtʀ] *m* **1.** *(Person)* fuoriclasse *m;* **2.** *(Sache)* cosa di maggiore successo *f*
Spitzenverband ['ʃpɪtsənfɛrbant] *m* associazione centrale *f*
Spitzer ['ʃpɪtsʀ] *m* temperamatite *m*
spitzfindig ['ʃpɪtsfɪndɪç] *adj* cavilloso
Spitzname ['ʃpɪtsnaːmə] *m* soprannome *m*, nomignolo *m*
Splitter ['ʃplɪtʀ] *m* scaglia *f*, scheggia *f*
splittern ['ʃplɪtʀn] *v* scheggiare
splitternackt ['ʃplɪtər'nakt] *adj* nudo come un verme
sponsern ['ʃpɔnzʀn] *v* sponsorizzare
Sponsor ['ʃpɔnzoːr] *m* sponsor *m*
spontan [ʃpɔn'taːn] *adj* spontaneo
Spontaneität [ʃpɔntanei'tɛːt] *f* spontaneità *f*
sporadisch [ʃpo'raːdɪʃ] *adj* sporadico
Sport [ʃpɔrt] *m* sport *m*
Sportartikel ['ʃpɔrtartɪkəl] *m* articolo sportivo *m*
Sportler(in) ['ʃpɔrtlər(ɪn)] *m/f* sportivo/sportiva *m/f*
sportlich ['ʃpɔrtlɪç] *adj* sportivo
Sportplatz ['ʃpɔrtplats] *m* stadio *m*
Sportreporter(in) ['ʃpɔrtrepɔrtər(ɪn)] *m/f* cronista sportivo/cronista sportiva *m/f*
Sportsgeist ['ʃpɔrtsgaɪst] *m* spirito sportivo *m*
Sportveranstaltung ['ʃpɔrtfɛranʃtaltuŋ] *v* manifestazione sportiva *f*
Sportverein ['ʃpɔrtfɛraɪn] *m* circolo sportivo *m*
Sportzeug ['ʃpɔrttsɔyk] *n* attrezzo sportivo *m*
Spott [ʃpɔt] *m* scherno *m*
spottbillig ['ʃpɔt'bɪlɪç] *adj (fam)* dal prezzo irrisorio
spotten ['ʃpɔtən] *v* schernire

spöttisch ['ʃpœtɪʃ] *adj* beffardo
Sprachbegabung ['ʃpra:xbəga:buŋ] *f* talento linguistico *m*
Sprache ['ʃpra:xə] *f* **1.** lingua *f,* linguaggio *m; die ~ auf etw bringen* portare il discorso su qc; *mit der ~ herausrücken* spiegarsi; *die gleiche ~ sprechen* parlare la stessa lingua; *eine deutliche ~ sprechen* parlare chiaro; *Raus mit der ~!* Avanti, parla! *Da verschlug es ihm die ~.* È rimasto senza parole. **2.** *(Fachsprache)* lingua *f,* idioma *m*
Sprachenschule ['ʃpra:xənʃu:lə] *f* scuola di lingue *f*
Sprachfehler ['ʃpra:xfe:lɐ] *m* difetto di pronuncia *m*
Sprachgefühl ['ʃpra:xgəfy:l] *n* sensibilità linguistica *f*
sprachgewandt ['ʃpra:xgəvant] *adj* eloquente
Sprachkenntnisse ['ʃpra:xkɛntnɪsə] *pl* conoscenze linguistiche *f/pl; mit deutschen ~* con cognizioni di tedesco
sprachlos ['ʃpra:xlo:s] *adj (fig)* senza parole; *Da bin ich ~.* Sono senza parole.
Spray ['ʃpreɪ] *n* spray *m,* spruzzatore *m*
Sprechanlage ['ʃprɛçanla:gə] *f* citofono *m*
sprechen ['ʃprɛçən] *v irr* parlare; *für sich selbst ~* parlare da solo; *auf jdn nicht gut zu ~ sein* non poter sopportar qd; *Wir ~ uns noch!* Ne parleremo ancora!
Sprecher(in) ['ʃprɛçər(ɪn)] *m/f* **1.** *(Ansager(in))* annunciatore/annunciatrice *m/f,* speaker *m/f;* **2.** *(Wortführer(in))* portavoce *m/f*
Sprechstunde ['ʃprɛçʃtundə] *f (Arzt)* orario di visita *m*
Sprechstundenhilfe ['ʃprɛçʃtundənhɪlfə] *f* assistente di studio medico *f*
Sprechzimmer ['ʃprɛçtsɪmɐ] *n* ambulatorio *m,* studio *m*
sprengen ['ʃprɛŋən] *v* far saltare in aria, spezzare; *die Ketten ~* spezzare le catene
Sprengkörper ['ʃprɛŋkœrpɐ] *m* ordigno esplosivo *m*
Sprengstoff ['ʃprɛŋʃtɔf] *m* esplosivo *m*
Sprengstoffattentat ['ʃprɛŋʃtɔfatənta:t] *n* attentato dinamitardo *m*
Sprengung ['ʃprɛŋuŋ] *f* esplosione *f*

Sprichwort ['ʃprɪçvɔrt] *n* proverbio *m*
sprichwörtlich ['ʃprɪçvœrtlɪç] *adj* proverbiale
Springbrunnen ['ʃprɪŋbrunən] *m* fontana *f*
springen ['ʃprɪŋən] *v irr* **1.** saltare, *über einen Graben ~* saltare un fosso; **2.** *(beim Schwimmen)* tuffarsi; **3.** *(Glas)* incrinarsi; **4.** *(fig)* spezzarsi
Springseil ['ʃprɪŋzaɪl] *n* corda per saltare *f*
Spritze ['ʃprɪtsə] *f* **1.** pompetta *f;* **2.** MED siringa *f*
spritzen ['ʃprɪtsən] *v* **1.** spruzzare, annaffiare; **2.** MED iniettare
Spritztour ['ʃprɪtstu:r] *f* gitarella *f*
spröde ['ʃprø:də] *adj* **1.** *(Material)* fragile; **2.** *(fig: abweisend)* ritroso
Sprossenwand ['ʃprɔsənvant] *f* SPORT spalliera *f*
Sprössling ['ʃprœslɪŋ] *m (fig)* rampollo *m*
Spruch [ʃprux] *m* **1.** *(Wahlspruch)* motto *m;* **2.** JUR verdetto *m;* **3.** *große Sprüche klopfen* dire paroloni
spruchreif ['ʃpruxraɪf] *adj* maturo; *Die Sache ist ~.* La cosa è matura.
sprudeln ['ʃpru:dəln] *v* zampillare
sprühen ['ʃpry:ən] *v* **1.** spruzzare, piovigginare; **2.** *(fig)* essere brioso
Sprühregen ['ʃpry:re:gən] *m* pioggerella *f*
Sprung [ʃpruŋ] *m* **1.** *(Springen)* salto *m; ein ~ ins kalte Wasser* un salto nel vuoto *m; auf dem ~ sein* essere pronto; *nur auf einen ~* solo per un attimo; *keine großen Sprünge machen können* non poter fare grosse spese; *jdm auf die Sprünge helfen* aiutare qd a proseguire; **2.** *(fig: Riss)* crepa *f; einen ~ in der Schüssel haben* avere una rotella fuori posto/essere stupido
Sprungbrett ['ʃpruŋbrɛt] *n* SPORT trampolino *m*
Sprungfeder ['ʃpruŋfe:dɐ] *f* molla a spirale *f*
sprunghaft ['ʃpruŋhaft] *adj* discontinuo
Sprungschanze ['ʃpruŋʃantsə] *f* SPORT trampolino *m*
Sprungtuch ['ʃpruŋtu:x] *n* telo di salvataggio *m*
Spucke ['ʃpukə] *f* saliva *f; Da bleibt*

einem ja die ~ weg! C'è da rimanere senza parole!
spucken ['ʃpukən] *v* sputare; *jdm auf den Kopf ~ können* essere superiore a qd; *jdm in die Suppe ~* rompere le uova nel paniere a qd
Spuk [ʃpu:k] *m* visione *f*, fantasma *m*
spuken ['ʃpu:kən] *v* apparire, aggirarsi
Spülbecken ['ʃpy:lbɛkən] *n* lavello *m*, acquaio *m*
Spule ['ʃpu:lə] *f* **1.** rocchetto *m*, spola *f*; **2.** *TECH* bobina *f*
spülen ['ʃpy:lən] *v* lavare
Spülmaschine ['ʃpy:lmaʃi:nə] *f* lavastoviglie *f*
Spülmittel ['ʃpy:lmɪtəl] *n* detersivo *m*
Spülung ['ʃpy:luŋ] *f* **1.** sciacquone *m*, discarico *m*; **2.** *MED* lavaggio *m*
Spur [ʃpu:r] *f* **1.** *(Abdruck)* orma *f*; *eine heiße ~* una pista calda *f*; *jdm auf die ~ kommen* venire sulle tracce di qd; *~en hinterlassen* lasciare tracce; **2.** *(Fahrspur)* impronta *f*, traccia *f*; **3.** *(fig: kleine Menge)* pizzico *m*; *nicht die ~* assolutamente nulla/neanche un po'
spürbar ['ʃpy:rba:r] *adj* sensibile
spüren ['ʃpy:rən] *v* provare, sentire
Spurenelemente ['ʃpu:rənelemɛntə] *pl BIO* microelementi *m/pl*
spurlos ['ʃpu:rlo:s] *adj* senza traccia
Spürsinn ['ʃpy:rzɪn] *m* fiuto *m*
Staat [ʃta:t] *m* stato *m*; *mit etw keinen ~ machen können* non poter fare sensazione con qc
staatenlos ['ʃta:tənlo:s] *adj* apolide
staatlich ['ʃta:tlɪç] *adj* statale; *~ anerkannt* riconosciuto dallo stato
Staatsakt ['ʃta:tsakt] *m* atto di stato *m*
Staatsangehörige(r) ['ʃta:tsaŋgəhø:rɪgə(r)] *m/f* cittadino/cittadina *m/f*
Staatsangehörigkeit ['ʃta:tsangəhørɪçkaɪt] *f* cittadinanza *f*
Staatsanwalt ['ʃta:tsanvalt] *m JUR* procuratore *m*, pubblico ministero *m*
Staatsbeamter ['ʃta:tsbəamtɐ] *m* funzionario statale *m*
Staatsbesuch ['ʃta:tsbəzu:x] *m* visita di stato *f*
Staatsbürger(in) ['ʃta:tsbyrgər(ɪn)] *m/f POL* cittadino/cittadina *m/f*
Staatsdienst ['ʃta:tsdi:nst] *m* servizio statale *m*
Staatseigentum ['ʃta:tsaɪgəntum] *n* proprietà dello stato *f*
Staatsgeheimnis ['ʃta:tsgəhaɪmnɪs] *n* segreto di stato *m*
Staatsgewalt ['ʃta:tsgəvalt] *f* potere statale *m*
Staatshaushalt ['ʃta:tshaushalt] *m* bilancio pubblico *m*
Staatsmann ['ʃta:tsman] *m* uomo politico *m*
Staatsoberhaupt ['ʃta:tso:bɐhaupt] *n* capo di stato *m*
Staatssekretär ['ʃta:tszekretɛ:r] *m* sottosegretario di stato *m*
Staatsstreich ['ʃta:tsʃtraɪç] *m* colpo di stato *m*
Stab [ʃta:p] *m* **1.** *(Stock)* bastone *m*; *über jdn den ~ brechen* condannare qd; **2.** *(fig: Führungsstab)* gruppo di stato maggiore *m*
Stabhochsprung ['ʃta:pho:xʃpruŋ] *m SPORT* salto con l'asta *m*
stabil [ʃta'bi:l] *adj* **1.** *(robust)* robusto, stabile; **2.** *(konstant)* solido
Stabilität [ʃtabili'tɛ:t] *f* stabilità *f*
Stachel ['ʃtaxəl] *m* **1.** *BOT* spina *f*; **2.** *ZOOL* aculeo *m*
Stachelbeere ['ʃtaxəlbe:rə] *f BOT* ribes spinoso *m*
Stacheldraht ['ʃtaxəldra:t] *m* filo spinato *m*
stachelig ['ʃtaxəlɪç] *adj* **1.** *(kratzig)* pungente; **2.** *(dornig)* spinoso
Stachelschwein ['ʃtaxəlʃvaɪn] *n ZOOL* porcospino *m*
Stadion ['ʃta:djɔn] *n* stadio *m*
Stadium ['ʃta:djum] *n* stadio *m*
Stadt [ʃtat] *f* città *f*
Stadtbummel ['ʃtatbuməl] *m* giro in città *m*
städtisch ['ʃtɛtɪʃ] *adj* urbano, cittadino
Stadtplan ['ʃtatpla:n] *m* pianta della città *f*
Stadtrand ['ʃtatrant] *m* periferia *f*
Stadtrat ['ʃtatra:t] *m POL* consiglio municipale *m*
Stadtrundfahrt ['ʃtatruntfa:rt] *f* giro per la città *m*
Stadtverwaltung ['ʃtatfɛrvaltuŋ] *f* amministrazione comunale *f*
Stadtviertel ['ʃtatfɪrtəl] *n* quartiere *m*
Staffelei [ʃtafə'laɪ] *f* cavalletto *m*

Staffellauf ['ʃtafəllauf] *m* SPORT corsa a staffetta *f*
Staffelung ['ʃtafəluŋ] *f* graduazione *f*
Stagnation [ʃtagna'tsjo:n] *f* ECO stagnazione *f*
stagnieren [ʃtag'ni:rən] *v* ECO ristagnare
Stahl [ʃta:l] *m* acciaio *m*
Stahlindustrie ['ʃta:lɪndustri:] *f* industria dell'acciaio *f*
Stahlwolle ['ʃta:lvɔlə] *f* lana d'acciaio *f*
Stall [ʃtal] *m* stalla *f*
Stamm [ʃtam] *m* **1.** *(Baumstamm)* tronco *m;* **2.** *(Volksstamm)* stirpe *f,* tribù *f*
Stammaktie ['ʃtamaktsjə] *f* ECO azione ordinaria *f*
Stammbaum ['ʃtambaum] *m* albero genealogico *m*
Stammbuch ['ʃtambu:x] *n* libro genealogico *m*
stammen ['ʃtamən] *v* derivare, provenire
Stammgast ['ʃtamgast] *m* ospite abituale *m*
Stammhalter ['ʃtamhaltɐ] *m* erede maschio *m*
stämmig ['ʃtɛmɪç] *adj* robusto
Stammkapital ['ʃtamkapita:l] *n* ECO capitale sociale *m*
Stammkunde ['ʃtamkundə] *m* cliente abituale *m*
Stand [ʃtant] *m* **1.** *(Stehen)* posizione eretta *f,* fermo *m;* **2.** *(Messestand)* stand *m;* **3.** *(Situation)* stato *m; bei jdm einen guten ~ haben* avere una buona posizione nei confronti di qd; **4.** *(Rang)* classe *f*
Standard ['ʃtandart] *m* standard *m*
Standardformat ['ʃtandartfɔrma:t] *n* formato standard *m*
Standardmodell ['ʃtandartmodɛl] *n* modello standard *m*
Standbild ['ʃtantbɪlt] *n* **1.** statua *f;* **2.** CINE foto di scena *f*
Ständer ['ʃtɛndɐ] *m* supporto *m*
Ständchen ['ʃtɛntçən] *n* serenata *f*
Standesamt ['ʃtandəsamt] *n* ufficio di stato civile *m,* anagrafe *f*
Standesbeamter ['ʃtandəsbəamtɐ] *m* ufficiale di stato civile *m*
standesgemäß ['ʃtandəsgəmɛ:s] *adj* **1.** adeguato al proprio rango; *adv* **2.** secondo il proprio rango
standhaft ['ʃtanthaft] *adj* fermo, saldo
Standhaftigkeit ['ʃtanthaftɪçkaɪt] *f* fermezza *f*
standhalten ['ʃtanthaltən] *v irr* resistere, reggere; *der Kritik ~* reggere alla critica
ständig ['ʃtɛndɪç] *adj* permanente, continuo
Standlicht ['ʃtantlɪçt] *n (beim Auto)* luce di posizione *f*
Standort ['ʃtantɔrt] *m* posizione *f*
Standpunkt ['ʃtantpuŋkt] *m* punto d'osservazione *m,* punto di vista *m*
Standspur ['ʃtantʃpu:r] *f* corsia d'emergenza *f*
Standuhr ['ʃtantu:r] *f* orologio a pendolo *m*
Stange ['ʃtaŋə] *f* stanga *f,* bacchetta *f; jdn bei der ~ halten* tenere sulla corda qd; *bei der ~ bleiben* tener duro; *von der ~* confezionato; *eine ~ Geld* una barca di soldi *f*
Stängel ['ʃtɛŋəl] *m* BOT stelo *m; fast vom ~ fallen* essere molto stupito
stanzen ['ʃtantsən] *v* tranciare
Stapel ['ʃta:pəl] *m* catasta *f; vom ~ laufen* essere varato; *etw vom ~ lassen* varare qc
Stapellauf ['ʃta:pəllauf] *m* varo *m*
stapeln ['ʃta:pəln] *v* accatastare
Star[1] [ʃta:r] *m* ZOOL storno *m*
Star[2] [ʃta:r] *m* MED cateratta *f*
Star[3] [ʃta:r] *m (fig)* stella *f,* star *f*
stark [ʃtark] *adj* forte
Stärke ['ʃtɛrkə] *f* **1.** forza *f;* **2.** *(Wäschestärke)* amido *m;* **3.** GAST fecola *f*
stärken ['ʃtɛrkən] *v* **1.** rinforzare; **2.** *(Wäsche)* inamidare
Stärkung ['ʃtɛrkuŋ] *f* **1.** *(Festigung)* rinforzamento *m;* **2.** *(Erfrischung)* ristoro *m*
starr [ʃtar] *adj* **1.** rigido, inflessibile; **2.** *(Blick)* fisso; **3.** *(Gesetze)* rigoroso
starren ['ʃtarən] *v* fissare, guardare fisso; *jdm ins Gesicht ~* fissare qd in faccia
starrköpfig ['ʃtarkœpfɪç] *adj* testardo
Starrsinn ['ʃtarzɪn] *m* caparbietà *f*
Start [ʃtart] *m* **1.** SPORT partenza *f;* **2.** *(eines Flugzeugs)* decollo *m;* **3.** *(fig)* inizio *m*

Steuerhinterziehung ['ʃtɔyɐhɪntɐtsiːuŋ] *f* evasione fiscale *f*
steuerlich ['ʃtɔyɐlɪç] *adj* 1. fiscale; *adv* 2. per quanto riguarda le imposte, a scopo fiscale
Steuermann ['ʃtɔyɐman] *m* pilota *m*, timoniere *m*
steuern ['ʃtɔyɐn] *v* 1. *(lenken)* governare, pilotare; 2. *(regulieren)* regolare, comandare
Steuernummer ['ʃtɔyɐnumɐ] *f* codice fiscale *m*
Steuerung ['ʃtɔyəruŋ] *f* comando *m*
Steuerzahler(in) ['ʃtɔyɐtsaːlər(ɪn)] *m/f* contribuente *m/f*
Steward(ess) ['ʃtjuːɐt/'ʃtjuːɑːrdes] *m/f* steward/hostess *m/f*
Stich [ʃtɪç] *m* 1. *(Insektenstich)* puntura *f;* 2. *(Nähstich)* punto *m; mit kleinen ~en nähen* cucire a piccoli punti; 3. *(Messerstich)* coltellata *f;* 4. *ART* incisione *f;* 5. *(fig) jdn im ~ lassen* piantare in asso qd; *einen ~ haben* essere suonato/essere scemo
stichhaltig ['ʃtɪçhaltɪç] *adj* valido, convincente, plausibile
Stichprobe ['ʃtɪçproːbə] *f* controllo a campione *m*
Stichtag ['ʃtɪçtaːk] *m* giorno stabilito *m*, termine *m*
Stichwahl ['ʃtɪçvaːl] *f POL* ballottaggio *m*
Stichwort ['ʃtɪçvɔrt] *n* voce *f*, lemma *m; ein ~ nachschlagen* cercare un lemma
sticken ['ʃtɪkən] *v* ricamare
stickig ['ʃtɪkɪç] *adj* soffocante
Stickstoff ['ʃtɪkʃtɔf] *m CHEM* azoto *m*
Stiefel ['ʃtiːfəl] *m* stivale *m; jdm die ~ lecken* leccare gli stivali a qd; *Das sind zwei Paar ~.* Questo è un altro paio di maniche.
Stiefmutter ['ʃtiːfmutɐ] *f* matrigna *f*
Stiefvater ['ʃtiːffaːtɐ] *m* patrigno *m*
Stiel [ʃtiːl] *m* stelo *m*, gambo *m*
Stier [ʃtiːr] *m ZOOL* toro *m; den ~ bei den Hörnern packen* prendere il toro per le corna
Stierkampf ['ʃtiːrkampf] *m* corrida *f*
Stift[1] [ʃtɪft] *m* 1. *(Bleistift)* matita *f;* 2. *(Nagel ohne Kopf)* perno *m;* 3. *(fam: Lehrling)* apprendista *m*
Stift[2] [ʃtɪft] *n* opera pia *f*, convento *m*
stiften ['ʃtɪftən] *v* 1. *(schenken)* donare; *eine Runde ~* offrire un giro; 2. *(gründen)* fondare; 3. *(fig: verursachen)* causare; *Verwirrung ~* stare confusione
Stifter(in) ['ʃtɪftər(ɪn)] *m/f* fondatore/fondatrice *m/f*, donatore/donatrice *m/f*
Stiftung ['ʃtɪftuŋ] *f* 1. *(Schenkung)* donazione *f;* 2. *(Gründung)* fondazione *f; ~ des öffentlichen Rechts* fondazione pubblica *f*
Stil [ʃtiːl] *m* stile *m*
Stilbruch ['ʃtiːlbrux] *m* discontinuità di stile *f*
still [ʃtɪl] *adj* 1. *(geräuschlos)* silenzioso; 2. *(ruhig)* quieto; 3. *(friedlich)* tranquillo
Stille ['ʃtɪlə] *f* 1. *(Geräuschlosigkeit)* silenzio *m;* 2. *(Frieden)* pace *f;* 3. *(Ruhe)* calma *f*
stillen ['ʃtɪlən] *v* 1. *(Kind)* allattare; 2. *(Bedürfnis)* placare; *den Durst ~* placare la sete
stilllegen ['ʃtɪlleːgən] *v* chiudere, sospendere; *einen Betrieb ~* chiudere un'azienda; *den Verkehr ~* sospendere il traffico
stillschweigend ['ʃtɪlʃvaɪgənt] *adj* tacito
Stillstand ['ʃtɪlʃtant] *m* arresto *m*
stilvoll ['ʃtiːlfɔl] *adj* 1. pieno di stile, pieno di gusto; *adv* 2. in perfetto stile
stimmberechtigt ['ʃtɪmbərɛçtɪçt] *adj* avente diritto al voto
Stimmbruch ['ʃtɪmbrux] *m* mutazione della voce *f*
Stimme ['ʃtɪmə] *f* 1. voce *f;* 2. *(Wahlstimme) POL* voto *m; seine ~ abgeben* dare il proprio voto
stimmen ['ʃtɪmən] *v* 1. *(richtig sein)* essere giusto; 2. *(Instrument)* accordare
Stimmenmehrheit ['ʃtɪmənmeːrhaɪt] *f* maggioranza di voti *f*
Stimmenthaltung ['ʃtɪmɛnthaltuŋ] *f* astenzione dal voto *f*
Stimmrecht ['ʃtɪmrɛçt] *n ECO* diritto di voto *m*
Stimmung ['ʃtɪmuŋ] *f* stato d'animo *m*
Stimmzettel ['ʃtɪmtsɛtəl] *m* scheda elettorale *f*

stinken [ˈʃtɪŋkən] *v irr* puzzare
Stipendium [ʃtɪˈpɛndjum] *n* borsa di studio *f*
Stirn [ʃtɪrn] *f* ANAT fronte *f; jdm die ~ bieten* tenere testa a qd; *sich an die ~ fassen (fig)* mettersi le mani nei capelli; *jdm auf der ~ geschrieben stehen* essere scritto in faccia a qd
Stock [ʃtɔk] *m* **1.** *(Stab)* bastone *m; am ~ gehen* camminare con il bastone; **2.** *(Etage)* piano *m;* **3.** *(fig) am ~ gehen* non avere denaro; *über ~ und Stein* disseminato di ostacoli
Stockwerk [ˈʃtɔkvɛrk] *n* piano *m*
Stoff [ʃtɔf] *m* **1.** *(Textil)* stoffa *f,* tessuto *m;* **2.** *(Materie)* sostanza *f;* **3.** *(fam: Rauschgift)* droga *f*
Stoffwechsel [ˈʃtɔfvɛksəl] *m* BIO metabolismo *m*
stöhnen [ˈʃtøːnən] *v* gemere, sospirare
stolpern [ˈʃtɔlpɐn] *v* inciampare
stolz [ʃtɔlts] *adj* orgoglioso
Stolz [ʃtɔlts] *m* orgoglio *m*
stopfen [ˈʃtɔpfən] *v* **1.** *(füllen)* riempire, imbottire; *jdm den Mund ~* tappare la bocca a qd **2.** *(flicken)* rammendare, cucire
stoppen [ˈʃtɔpən] *v* **1.** *(anhalten)* fermare, fermarsi; **2.** *(messen)* cronometrare
Stoppuhr [ˈʃtɔpuːr] *f* cronometro *m*
Stöpsel [ˈʃtœpzəl] *m* tappo *m*
Storch [ʃtɔrç] *m* ZOOL cicogna *f*
stören [ˈʃtøːrən] *v* disturbare
störend [ˈʃtøːrənt] *adj* fastidioso, molesto
Störenfried [ˈʃtørənfriːt] *m* disturbatore *m,* importuno *m*
Störfaktor [ˈʃtøːrfaktɔr] *m* fattore di disturbo *m*
stornieren [ʃtɔrˈniːrən] *v* stornare
Storno [ˈʃtɔrno] *m/n* storno *m*
störrisch [ˈʃtœrɪʃ] *adj* ostinato, testardo; *~ wie ein Maulesel* testardo come un mulo
Störung [ˈʃtøːruŋ] *f* disturbo *m*
Stoß [ʃtoːs] *m* **1.** colpo *m,* urto *m;* **2.** *(Haufen)* mucchio *m;* **3.** *(mit dem Fuß)* pedata *f*
Stoßdämpfer [ˈʃtoːsdɛmpfɐ] *m* TECH ammortizzatore *m*
stoßen [ˈʃtoːsən] *v irr* **1.** *(mit Druck)* spingere; **2.** *sich ~* urtare; **3.** *auf etw ~* trovare qc
stoßfest [ˈʃtoːsfɛst] *adj* resistente agli urti
Stoßseufzer [ˈʃtoːszɔyftsɐ] *m* sospirone *m*
Stoßstange [ˈʃtoːsʃtaŋə] *f* paraurti *m*
Stoßverkehr [ˈʃtoːsfɛrkeːr] *m* traffico di punta *m*
stottern [ˈʃtɔtɐn] *v* balbettare, tartagliare
Strafanstalt [ˈʃtraːfanʃtalt] *f* JUR penitenziario *m*
Strafanzeige [ˈʃtraːfantsaɪgə] *f* JUR denuncia *f*
strafbar [ˈʃtraːfbaːr] *adj* JUR punibile; *sich ~ machen* essere passibile die pena
Strafbefehl [ˈʃtraːfbəfeːl] *m* JUR ordinanza penale *f*
Strafe [ˈʃtraːfə] *f* **1.** punizione *f,* pena *f;* **2.** JUR pena *f; eine ~ verbüßen* scontare una pena
strafen [ˈʃtraːfən] *v* punire
Straferlass [ˈʃtraːfɛrlas] *m* JUR condono della pena *m*
straff [ʃtraf] *adj* **1.** *(gespannt)* teso; **2.** *(streng)* rigido; **3.** *(kurz)* conciso
Strafgefangene(r) [ˈʃtraːfgəfaŋənə(r)] *m/f* detenuto/detenuta *m/f*
Strafgesetzbuch [ˈʃtraːfgəzɛtsbuːx] *n* JUR codice penale *m*
Strafporto [ˈʃtraːfpɔrto] *n* soprattassa *f*
Strafprozess [ˈʃtraːfprotsɛs] *m* JUR processo penale *m*
Strafraum [ˈʃtraːfraum] *m* SPORT area di rigore *f*
Strafrecht [ˈʃtraːfrɛçt] *n* JUR diritto penale *m*
Strafstoß [ˈʃtraːfʃtoːs] *m* SPORT calcio di punizione *m*
Straftat [ˈʃtraːftaːt] *f* JUR delitto *m*
Strahl [ʃtraːl] *m* **1.** *(Sonnenstrahl)* raggio *m;* **2.** *(Wasserstrahl)* getto *m*
strahlen [ˈʃtraːlən] *v* emanare raggi
Strahlenbehandlung [ˈʃtraːlənbəhandluŋ] *f* MED radioterapia *f*
Strahlenbelastung [ˈʃtraːlənbəlastuŋ] *f* esposizione alle radiazioni *f*
strahlenverseucht [ˈʃtraːlənfɛrzɔyçt] *adj* contaminato dalle radiazioni
Strahlung [ˈʃtraːluŋ] *f* PHYS radiazione *f*
Strand [ʃtrant] *m* spiaggia *f*

S

stranden ['ʃtrandən] *v* arenarsi
Strang [ʃtraŋ] *m* corda *f,* fune *f; am gleichen ~ ziehen* mirare al medesimo scopo; *über die Stränge schlagen* fare delle scappatelle
Strapaze [ʃtra'patsə] *f* strapazzo *m*
strapazieren [ʃtrapa'tsiːrən] *v* strapazzare
strapazierfähig [ʃtrapa'tsiːrfɛːıç] *adj* resistente
Straße ['ʃtraːsə] *f* strada *f; jdn auf die ~ werfen* buttare qd sulla strada; *auf der ~ liegen* essere in mezzo ad una strada; *auf die ~ gehen* scendere in piazza
Straßenbahn ['ʃtraːsənbaːn] *f* tram *m*
Straßenbau ['ʃtraːsənbau] *m* costruzioni stradali *f/pl*
Straßenbeleuchtung ['ʃtraːsənbəlɔyçtuŋ] *f* illuminazione stradale *f*
Straßengraben ['ʃtraːsəngraːbən] *m* fosso *m,* fossato laterale *m*
Straßenhändler(in) ['ʃtraːsənhɛndlɐ(ın)] *m/f* venditore ambulante/venditrice ambulante *m/f*
Straßennetz ['ʃtraːsənnɛts] *n* rete stradale *f*
Straßenverhältnisse ['ʃtraːsənfɛrhɛltnısə] *pl* condizioni stradali *f/pl*
Straßenverkehr ['ʃtraːsənfɛrkeːr] *m* traffico stradale *m*
Straßenverkehrsordnung ['ʃtraːsənfɛrkeːrsɔrdnuŋ] *f* codice stradale *m*
Strategie [ʃtrate'giː] *f* strategia *f*
sträuben ['ʃtrɔybən] *v sich ~* rizzarsi, *(Fell)* arruffare
Strauch [ʃtraux] *m* arbusto *m,* cespuglio *m*
Strauß[1] [ʃtraus] *m (Blumen)* mazzo *m*
Strauß[2] [ʃtraus] *m ZOOL* struzzo *m*
strebsam ['ʃtreːpzam] *adj* diligente, solerte
Strecke ['ʃtrɛkə] *f* **1.** percorso *m,* tratto *m;* **2.** *jdn zur ~ bringen* catturare qd
strecken ['ʃtrɛkən] *v* **1.** tendere; **2.** *sich aus~* sdraiarsi
Streich [ʃtraıç] *m* **1.** colpo *m; auf einen ~* d'un tratto/in un colpo; **2.** *(Scherz)* burla *f; jdm einen bösen ~ spielen* giocare un brutto tiro a qd
streichen ['ʃtraıçən] *v irr* **1.** *(berühren)* passare la mano, lisciare; **2.** *(auf~)* spalmare; **3.** *(an~)* verniciare; **4.** *(durch~)* cancellare; *Nichtzutreffendes ~* cancellare ciò che non interessa; **5.** *(annullieren)* annullare
Streichholz ['ʃtraıçhɔlts] *n* fiammifero *m*
Streichmusik ['ʃtraıçmuziːk] *f* musica per archi *f*
Streife ['ʃtraıfə] *f (der Polizei)* pattuglia *f*
Streifen ['ʃtraıfən] *m* **1.** *(Band)* striscia *f,* nastro *m;* **2.** *(Linie)* striscia *f,* riga *f*
Streifenwagen ['ʃtraıfənvaːgən] *m* automobile della polizia *f*
Streifzug ['ʃtraıftsuːk] *m* escursione *f*
Streik [ʃtraık] *m* sciopero *m*
streiken ['ʃtraıkən] *v* scioperare
Streit [ʃtraıt] *m* litigio *m,* lite *f*
streitbar ['ʃtraıtbaːr] *adj* combattivo, bellicoso
streiten ['ʃtraıtən] *v irr* litigare
Streitfrage ['ʃtraıtfraːgə] *f* questione controversa *f*
Streitgespräch ['ʃtraıtgəʃprɛːç] *n* discussione *f*
streitsüchtig ['ʃtraıtzyçtıç] *adj* litigioso
streng [ʃtrɛŋ] *adj* **1.** severo; **2.** *(Geschmack)* aspro; **3.** *(Vorschrift)* rigoroso
Stress [ʃtrɛs] *m* stress *m*
Stresstest ['ʃtrɛstɛst] *m* test di resistenza *m*
streuen ['ʃtrɔyən] *v* **1.** spargere; **2.** *PHYS* disperdersi
Streuung ['ʃtrɔyuŋ] *f* **1.** spargimento *m;* **2.** *PHYS* dispersione *f*
Strich [ʃtrıç] *m* **1.** tratto *m,* linea *f; einen ~ unter etw ziehen* lasciarsi qc alle spalle; *gegen den ~ gehen* non andare a genio a qd; *nach ~ und Faden* per bene; **2.** *(Pinselstrich)* pennellata *f;* **3.** *(Prostitution)* passeggio delle prostitute *m; auf den ~ gehen* battere il marciapiede
Strichpunkt ['ʃtrıçpuŋkt] *m* punto e virgola *m*
Strick [ʃtrık] *m* corda *f,* fune *f; wenn alle ~e reißen* nel peggiore dei casi/in caso di emergenza; *jdm aus etw einen ~ drehen* ritorcere qc contro qd
stricken ['ʃtrıkən] *v* lavorare a maglia
Strickjacke ['ʃtrıkjakə] *f* giacchetta a maglia *f,* golf *m*

Strickwaren ['ʃtrɪkva:rən] *pl* articoli di maglieria *m/pl*
strikt [ʃtrɪkt] *adj* rigoroso, stretto
Stroh [ʃtro:] *n* paglia *f;* *~feuer* fuoco di paglia *m;* *~ im Kopf haben* avere la testa piena di segatura/essere stupido
Strohhalm ['ʃtro:halm] *m* filo di paglia *m,* *(Trinkhalm)* cannuccia *f;* *sich an einen ~ klammern* aggrapparsi a un fuscello
Strohmann ['ʃtro:man] *m* **1.** spaventapasseri *m;* **2.** *(fig)* prestanome *m*
Strom [ʃtro:m] *m* **1.** *(Fluss)* fiume *m;* **2.** *(elektrischer ~)* corrente *f;* **3.** *(Strömung)* corrente *f,* flusso *m;* *mit dem ~ schwimmen* seguire la corrente; *gegen den ~ schwimmen* andare contro corrente
strömen ['ʃtrø:mən] *v* scorrere, fluire
Stromkreis ['ʃtro:mkraɪs] *m* circuito elettrico *m*
stromlinienförmig ['ʃtro:mli:njənfœrmɪç] *adj* aerodinamico
Strömung ['ʃtrø:muŋ] *f* corrente *f*
Stromverbrauch ['ʃtro:mfɛrbraux] *m* consumo di corrente *m*
Strophe ['ʃtro:fə] *f* strofa *f*
Struktur [ʃtruk'tu:r] *f* struttura *f*
strukturell [ʃtruktu'rɛl] *adj* strutturale
strukturieren [ʃtruktu'ri:rən] *v* strutturare
Strukturkrise [ʃtruk'tu:rkri:zə] *f* crisi di struttura *f*
Strumpf [ʃtrumpf] *m* calza *f*
Strumpfband ['ʃtrumpfbant] *n* giarrettiera *f*
Strumpfhose ['ʃtrumpfho:zə] *f* calzamaglia *f*
struppig ['ʃtrupɪç] *adj* ispido
Stube ['ʃtu:bə] *f* camera *f*
Stubenarrest ['ʃtu:bənarɛst] *m* consegna *f*
Stück [ʃtyk] *n* **1.** *(Teil)* parte *f;* *große ~e auf jdn halten* tenere in gran conto; **2.** THEAT lavoro *m;* **3.** *(einer Speise)* pezzo *m*
stückweise ['ʃtykvaɪzə] *adv* a pezzi
Stückzahl ['ʃtyktsa:l] *f* numero dei pezzi *m,* quantità *f*
Student(in) [ʃtu'dɛnt(ɪn)] *m/f* studente/studentessa *m/f*
Studentenaustausch [ʃtu'dɛntənaustauʃ] *m* scambi studenteschi *m/pl*
Studie ['ʃtu:djə] *f* studio *m*
Studienplatz ['ʃtu:djənplats] *m* posto di studio *m*
Studienrat ['ʃtu:djənra:t] *m* insegnante di scuola superiore *m*
studieren [ʃtu'di:rən] *v* studiare all'università
Studio ['ʃtu:djo] *n* studio *m*
Studium ['ʃtu:djum] *n* studi *m/pl*
Stufe ['ʃtu:fə] *f* **1.** *(Treppenstufe)* gradino *m;* **2.** *(Phase)* fase *f,* stadio *m*
stufenweise ['ʃtu:fənvaɪzə] *adv* gradualmente, progressivamente
Stuhl [ʃtu:l] *m* sedia *f;* *fast vom ~ fallen* restare sbalordito; *jdm nicht vom ~ reißen* non entusiasmare molto qd; *zwischen zwei ~ sitzen* non sapere de pesci pigliare
Stuhlgang ['ʃtu:lgaŋ] *m* evacuazione *f,* defecazione *f*
stumm [ʃtum] *adj* muto
stümperhaft ['ʃtympɐhaft] *adj* **1.** pasticciato, fatto coi piedi; *adv* **2.** da pasticcione
stumpf [ʃtumpf] *adj* **1.** *(nicht scharf)* smussato; **2.** *(fig: glanzlos)* opaco; **3.** *(fig: teilnahmslos)* apatico
Stumpfsinn ['ʃtumpfzɪn] *m* ottusità *f,* stupidità *f*
Stunde ['ʃtundə] *f* **1.** ora *f;* *die ~ der Wahrheit* l'ora della verità *f;* *Seine letzte ~ hat geschlagen.* La sua ultima ora è suonata. **2.** *(in der Schule)* ora *f,* lezione *f*
stunden ['ʃtundən] *v* ECO prorogare
Stundenkilometer ['ʃtundənki:lome:tɐ] *m* chilometro orario *m*
stundenlang ['ʃtundənlaŋ] *adj* **1.** di più ore; *adv* **2.** per ore e ore
Stundenlohn ['ʃtundənlo:n] *m* salario all'ora *m*
Stundenplan ['ʃtundənplan] *m* orario *m*
stündlich ['ʃtyntlɪç] *adj* **1.** orario; *adv* **2.** all'ora, ogni ora
Stups [ʃtups] *m* *(fam)* spinta *f*
stur [ʃtu:r] *adj* **1.** fisso, ostinato; *ein ~er Bock* un testone *m;* *adv* **2.** fissamente
Sturm [ʃturm] *m* tempesta *f*
Sturmflut ['ʃturmflu:t] *f* mareggiata *f*
stürmisch ['ʃtyrmɪʃ] *adj* **1.** *(Wetter)*

S

burrascoso, tempestoso; **2.** *(fig)* impetuoso
Sturz [ʃturts] *m* caduta *f,* crollo *m*
stürzen ['ʃtyrtsən] *v* **1.** *(fallen)* cadere; **2.** *POL* rovesciare; **3.** *sich ~* avventarsi
Sturzhelm ['ʃturtshɛlm] *m* casco di protezione *m*
Stütze ['ʃtytsə] *f* **1.** sostegno *m,* supporto *m;* **2.** *(fig: Unterstützung)* sostegno *m*
stützen ['ʃtytsən] *v* **1.** *(halten)* mantenere, puntellare; **2.** *(fig: unter~)* sostenere
stutzig ['ʃtutsɪç] *adj* sorpreso, stupito
Stützpunkt ['ʃtytspuŋkt] *m* punto d'appoggio *m,* caposaldo *m*
Subjekt [zup'jɛkt] *n GRAMM* soggetto *m*
subjektiv [zupjɛk'tiːf] *adj* soggettivo
Substantiv ['zupstantiːf] *n GRAMM* sostantivo *m*
Substanz [zup'stants] *f* sostanza *f*
Subvention [zupvɛn'tsjoːn] *f ECO* sovvenzione *f*
Suche ['zuːxə] *f* ricerca *f*
suchen ['zuːxən] *v* cercare
Sucht [zuxt] *f MED* mania *f,* dipendenza *f*
süchtig ['zyçtɪç] *adj* **1.** dipendente; **2.** *(drogen~) MED* tossicomane
Südafrika [zyːt'afrɪka] *n GEO* Sud Africa *m*
Südamerika [zyːta'meːrɪka] *n GEO* Sudamerica *m*
Süden ['zyːdən] *m* sud *m*
Süditalien ['zyːtɪtaːljən] *n GEO* Italia meridionale *f*
südlich ['zyːdlɪç] *adj* meridionale, del sud
Südpol ['zyːtpoːl] *m GEO* polo sud *m*
Sühne ['zyːnə] *f* espiazione *f*
Summe ['zumə] *f* somma *f*
summen ['zumən] *v* ronzare, canticchiare a bocca chiusa
summieren [zu'miːrən] *v* sommare
Sumpf [zumpf] *m* palude *f*
Sünde ['zyndə] *f* peccato *m*
Sündenbock ['zyndənbɔk] *m* capro espiatorio *m*
Sünder(in) ['zyndər(ɪn)] *m* peccatore *m; ein reuiger ~* un peccatore pentito *m*
sündigen ['zyndɪgən] *v* peccare
Superlativ [zupɐla'tiːf] *m GRAMM* superlativo *m*
Supermarkt ['zuːpɐmarkt] *m* supermercato *m*
Suppe ['zupə] *f GAST* zuppa *f; jdm die ~ versalzen (fig)* intralciare i piani di qd; *sich eine schöne ~ einbrocken* mettersi in un bel pasticcio
Suppenfleisch ['zupənflaɪʃ] *n GAST* carne da brodo *f*
Suppenlöffel ['zupənlœfəl] *m* cucchiaio da minestra *m*
surfen ['zøːrfən] *v* **1.** *SPORT* praticare il surf; **2.** *~ im Internet* navigare in Internet
süß [zyːs] *adj* **1.** *(Geschmack)* dolce; **2.** *(niedlich)* carino
Süßigkeiten ['zyːsɪçkaɪtən] *pl* dolci *m/pl*
süßsauer [zys'zauɐ] *adj* agrodolce
Süßspeise ['zyːsʃpaɪzə] *f GAST* dolce *m*
Süßwasser ['syːsvasɐ] *n* acqua dolce *f*
Symbol [zym'boːl] *n* simbolo *m*
symbolisch [zym'boːlɪʃ] *adj* simbolico
symmetrisch [zy'meːtrɪʃ] *adj* simmetrico
Sympathie [zympa'tiː] *f* simpatia *f*
Sympathisant [zympati'zant] *m* simpatizzante *m*
sympathisch [zym'paːtɪʃ] *adj* simpatico
Symptom [zymp'toːm] *n* sintomo *m*
synchron [zyn'kroːn] *adj* sincrono
System [zys'teːm] *n* sistema *m*
systematisch [zyste'maːtɪʃ] *adj* sistematico
Szene ['stseːnə] *f* **1.** scena *f;* **2.** *(fig)* scenata *f; jdm eine ~ machen* fare una scenata a qd
Szenerie [stseːnə'riː] *f* scenario *m*

S

T

Tabak ['tabak] *m* tabacco *m*
Tabakwaren ['tabakva:rən] *pl* tabacchi *m/pl*
tabellarisch [tabɛ'la:rɪʃ] *adj* tabellare, sinottico
Tabelle [ta'bɛlə] *f* tabella *f*
Tablett [ta'blɛt] *n* vassoio *m*
Tablette [ta'blɛtə] *f MED* compressa *f*
Tabu [ta'bu:] *n* tabù *m*
Tabulator [tabu'la:tɔr] *m* tabulatore *m*
Tachometer [taxo'me:tɐ] *m (eines Autos)* tachimetro *m*
Tadel ['ta:dəl] *m* biasimo *m*
tadellos ['ta:dəllo:s] *adj* irreprensibile
tadeln ['ta:dəln] *v* biasimare
Tafel ['ta:fəl] *f* **1.** *(Schultafel)* lavagna *f;* **2.** *(Schalttafel)* quadro *m;* **3.** *(gedeckter Tisch)* tavola *f;* **4.** *(Schokoladentafel)* tavoletta *f*
tafeln ['ta:fəln] *v* banchettare
täfeln ['tɛ:fəln] *v* rivestire di legno
Täfelung ['tɛ:fəluŋ] *f* pannellatura *f*
Taft [taft] *m* taffettà *m*
Tag [tag] *m* giorno *m; bei ~* di giorno; *Die ~e werden kürzer.* I giorni si accorciano. *unter ~e* in sotterraneo; *über ~e* in superficie; *an den ~ kommen* venire alla luce; *eines ~es* un giorno; *von ~ zu ~* di giorno in giorno; *Guten Tag!* Buon giorno! *etw an den ~ legen* mostrare qc/lasciar trasparire qc; *in den ~ hineinleben* vivere alla giornata; *~ und Nacht* giorno e notte; *den lieben langen~* tutto il santo giorno
Tagebuch ['ta:gəbu:x] *n* diario *m*
tagelang ['ta:gəlaŋ] *adj* **1.** da parecchi giorni; *adv* **2.** per giorni interi
tagen ['ta:gən] *v* tenere una seduta
Tagesablauf ['ta:gəsaplauf] *m* decorso del giorno *m*
Tagesanbruch ['ta:gəsanbrux] *m* lo spuntare del giorno *m,* alba *f; bei ~* allo spuntar del giorno
Tagesgespräch ['ta:gəsgəʃprɛ:ç] *n* argomento del giorno *m*
Tageslicht ['ta:gəslɪçt] *n* luce del giorno *f; etw ans ~ bringen* portare qc alla luce; *das ~ scheuen* fuggire la luce del giorno; *ans ~ kommen* venire alla luce
Tagesordnung ['ta:gəsɔrdnuŋ] *f* ordine del giorno *m; zur ~ übergehen* passare all'ordine del giorno
Tageszeitung ['ta:gəstsaɪtuŋ] *f* quotidiano *m*
tageweise ['ta:gəvaɪzə] *adv* a giorni
täglich ['tɛ:klɪç] *adj* **1.** del giorno, quotidiano; *adv* **2.** giornalmente, quotidianamente
tagsüber ['ta:ksy:bɐ] *adv* di giorno, durante il giorno
Tagung ['ta:guŋ] *f* seduta *f,* congresso *m*
Taille ['taljə] *f* vita *f*
Takt [takt] *m* **1.** *(Feingefühl)* tatto *m;* **2.** *MUS* battuta *f,* tempo *m; den ~ angeben* dare il tempo; *aus dem ~ kommen* andare fuori tempo; *jdn aus dem ~ bringen* far perdere il tempo
Taktik ['taktɪk] *f* tattica *f*
taktisch ['taktɪʃ] *adj* tattico
taktlos ['taktlo:s] *adj* **1.** privo di tatto, indelicato; *adv* **2.** indelicatamente
Taktlosigkeit ['taktlo:zɪçkaɪt] *f* mancanza di tatto *f*
taktvoll ['taktfɔl] *adj* **1.** pieno di tatto, discreto; *adv* **2.** con tatto, discretamente
Tal [ta:l] *n* valle *f*
Talar [ta'la:r] *m REL* talare *f*
Talent [ta'lɛnt] *n* talento *m*
talentiert [talɛn'ti:rt] *adj* pieno di talento, dotato
Talisman ['ta:lɪsman] *m* talismano *m*
Talsohle ['ta:lzo:lə] *f* **1.** fondovalle *m;* **2.** *(fig)* fondo *m; die ~ erreichen* toccare il fondo
Tampon ['tampɔn] *m* tampone *m*
Tang [taŋ] *m BOT* fuco *m*
Tank [taŋk] *m* serbatoio *m*
tanken ['taŋkən] *v* fare benzina
Tanker ['taŋkɐ] *m* petroliera *f*
Tankstelle ['taŋkʃtɛlə] *f* distributore di benzina *m*
Tankwart ['taŋkvart] *m* benzinaio *m*
Tanne ['tanə] *f BOT* abete *m*

Tannenbaum ['tanənbaum] *m (Weihnachtsbaum)* albero di Natale *m*
Tannenzapfen ['tanəntsapfən] *m BOT* cono d'abete *m*
Tante ['tantə] *f* zia *f*
Tanz [tants] *m* ballo *m,* danza *f*
tanzen ['tantsən] *v* ballare
Tänzer(in) ['tɛntsər(ɪn)] *m/f* ballerino/ballerina *m/f*
Tanzfläche ['tantsflɛçə] *f* pista da ballo *f*
Tanzkurs ['tantskurs] *m* corso di danza *m*
Tapete [ta'pe:tə] *f* tappezzeria *m; die ~n wechseln (fig)* cambiare aria/traslocare
tapezieren [tapə'tsi:rən] *v* tappezzare
tapfer ['tapfɐ] *adj* valoroso, coraggioso
Tapferkeit ['tapfɐkaɪt] *f* valore *m,* coraggio *m*
Tarantel [ta'rantəl] *f ZOOL* tarantola *f; wie von der ~ gestochen* come morsicato dalla tarantola
Tarif [ta'ri:f] *m* tariffa *f*
Tariflohn [ta'ri:flo:n] *m ECO* salario contrattuale *m*
Tarifverhandlung [ta'ri:fferhandluŋ] *f* trattative tariffarie *f/pl*
Tarifvertrag [ta'ri:ffɛrtra:k] *m* contratto tariffario *m*
tarnen ['tarnən] *v* mimetizzare
Tarnung ['tarnuŋ] *f* mimetizzazione *f*
Tasche ['taʃə] *f* **1.** *(Handtasche)* borsa *f,* borsetta *f;* **2.** *(Aktentasche)* cartella *f;* **3.** *(einer Kleidung)* tasca *f; jdn in die ~ stecken* mettere qd nel sacco; *jdm auf der ~ liegen* vivere a spese di qd; *tief in die ~ greifen müssen* doversi svenare/dover spendere molto; *etw aus eigener ~ bezahlen* pagare qc di tasca propria; *jdm Geld aus der ~ ziehen* sfilare denaro dalla tasca a qd; *etw in die eigene ~ stecken* intascarsi qc
Taschenbuch ['taʃənbu:x] *n* libro tascabile *m*
Taschendieb ['taʃəndi:p] *m* borsaiolo *m*
Taschengeld ['taʃəngɛlt] *n* denaro per le piccole spese *m;* paghetta *f*
Taschenlampe ['taʃənlampə] *f* lampadina tascabile *f,* pila tascabile *f*
Taschenrechner ['taʃənrɛçnɐ] *m* calcolatore tascabile *m*
Taschenschirm ['taʃənʃɪrm] *m* ombrello pieghevole *m*
Taschentuch ['taʃəntu:x] *n* fazzoletto *m*
Tasse ['tasə] *f* tazza *f; nicht alle ~n im Schrank haben (fig)* non avere tutte le rotelle al loro posto
Tastatur [tasta'tu:r] *f* tastiera *f*
Taste ['tastə] *f* tasto *m*
tasten ['tastən] *v* tastare, palpare
Tastenzwang ['tastəntsvaŋ] *m INFORM* costrizione di tasto *f*
Tat [ta:t] *f* **1.** *(Handlung)* azione *f,* atto *m;* **2.** *(Straftat)* reato *m*
Tatbestand ['ta:tbəʃtant] *m* stato di fatto *m,* fatti *m/pl*
Tatendrang ['ta:təndraŋ] *m* impulso all'azione *m,* dinamismo *m*
tatenlos ['ta:tənlo:s] *adv* inattivo, inerte
Täter ['tɛ:tɐ] *m* autore *m,* reo *m*
tätig ['tɛ:tɪç] *adj* attivo
Tätigkeit ['tɛ:tɪçkaɪt] *f* attività *f*
Tätigkeitsbereich ['tɛ:tɪçkaɪtsbəraɪç] *m* campo d'attività *m*
Tatkraft ['ta:tkraft] *f* dinamismo *m,* energia *f*
tatkräftig ['ta:tkrɛftɪç] *adj* energico
Tätlichkeit ['tɛ:tlɪçkaɪt] *f* atto di violenza *f*
Tatort ['ta:tɔrt] *m* luogo del reato *m*
tätowieren [tɛ:to'vi:rən] *v* tatuare
Tätowierung [tɛ:to'vi:ruŋ] *f* tatuaggio *m*
Tatsache ['ta:tzaxə] *f* fatto *m; jdn vor vollendete ~n stellen* mettere qd davanti al fatto compiuto; *vollendete ~n schaffen* mettere tutti di fronte al fatto compiuto
Tatsachenbericht ['ta:tzaxənbɐɪçt] *m* esposizione dei fatti *f*
tatsächlich ['ta:tzɛçlɪç] *adj* **1.** reale; *adv* **2.** effettivamente, infatti
Tatze ['tatsə] *f ZOOL* zampa *f*
Tau[1] [tau] *m* rugiada *f*
Tau[2] [tau] *n* cavo *m,* cima *f*
taub [taup] *adj* **1.** sordo; **2.** *(Körperteil)* intorpidito
Taube ['taubə] *f ZOOL* colomba *f*
Taubheit ['tauphaɪt] *f MED* sordità *f*

taubstumm ['taupʃtum] *adj* sordomuto
tauchen ['tauxən] *v* immergere, tuffarsi
Taucher(in) ['tauxər(ɪn)] *m/f* sommozzatore/sommozzatrice *m/f*, sub *m/f*
Taucherbrille ['tauxɐbrɪlə] *f* occhiali subacquei *m/pl*
Tauchsieder ['tauxziːdɐ] *m* riscaldatore a immersione *m*
tauen ['tauən] *v* scongelarsi
Taufe ['taufə] *f REL* battesimo *m; etw aus der ~ heben* fondare qc
taufen ['taufən] *v REL* battezzare
Taufpate ['taufpaːtə] *m REL* padrino *m*
taugen ['taugən] *v* essere atto; *Er taugt nicht zum Lehrer.* Non è portato per l'insegnamento. *zu nichts ~* essere buono a nulla
Taugenichts ['taugənɪçts] *m* perdigiorno *m*
tauglich ['tauklɪç] *adj* adatto, idoneo
taumeln ['tauməln] *v* barcollare, vacillare
Tausch [tauʃ] *m* cambio *m*
tauschen ['tauʃən] *v* cambiare
täuschen ['tɔyʃən] *v* **1.** *jdn ~* ingannare qd; *jds Vertrauen ~* tradire la fiducia di qd; **2.** *sich ~* ingannarsi, sbagliarsi; *Ich habe mich in ihm getäuscht.* Mi sono sbagliato sul suo conto.
Täuschung ['tɔyʃuŋ] *f* inganno *m*
tausend ['tauzənt] *num* mille
tausendste(r,s) ['tauzəntstə(r,s)] *adj* millesimo/millesima
Tauwetter ['tauvɛtɐ] *n* disgelo *m*
Tauziehen ['tautsiːən] *n* **1.** tiro alla fune *m;* **2.** *(fig)* prova di forza *f*
Taxi ['taksi] *n* tassì *m*
Taxistand ['taksiʃtant] *m* posteggio dei tassì *m*
Teamarbeit ['tiːmarbaɪt] *f* lavoro di squadra *m*, teamwork *m*
Technik ['tɛçnɪk] *f* tecnica *f*
Techniker(in) ['tɛçnɪkər(ɪn)] *m/f* tecnico *m*, specialista *m/f*
technisch ['tɛçnɪʃ] *adj* tecnico
Technologie [tɛçnolo'giː] *f* tecnologia *f*
technologisch [tɛçno'loːgɪʃ] *adj* tecnologico
Tee [teː] *m* tè *m*
Teekanne ['teːkanə] *f* teiera *f*
Teelöffel ['teːlœfəl] *m* cucchiaino da tè *m*
Teer [teːr] *m* catrame *m*
teeren ['teːrən] *v* catramare
Teich [taɪç] *m* stagno *m*
Teig [taɪk] *m* impasto *m*
Teigwaren ['taɪkvaːrən] *pl* pasta *f*
Teil [taɪl] *m* parte *f; zum ~* in parte; *sich seinen ~ denken* tenersi il giudizio per sé; *für meinen ~* da parte mia/per conto mio; *seinen ~ kriegen* beccarsi la propria parte; *seinen ~ zu etw beitragen* dare il proprio contributo per qc
teilbar ['taɪlbaːr] *adj* divisibile
Teilbetrag ['taɪlbətraːk] *m* somma parziale *f*
teilen ['taɪlən] *v* **1.** *(trennen)* dividere, separare; **2.** *(fig: gemeinsam haben)* condividere; *dieselbe Ansicht ~* condividere la stessa opinione
teilhaben ['taɪlhaːbən] *v irr* partecipare
Teilhaber ['taɪlhaːbɐ] *m ECO* cointeressato *m*, socio *m*
Teilkaskoversicherung ['taɪlkaskɔfɛrzɪçəruŋ] *f* casco parziale *f*
Teilnahme ['taɪlnaːmə] *f* partecipazione *f*
teilnahmslos ['taɪlnaːmsloːs] *adj* indifferente, apatico
teilnehmen ['taɪlneːmən] *v irr* partecipare
Teilnehmer(in) ['taɪlneːmər(ɪn)] *m/f* **1.** partecipante *m/f;* **2.** *TEL* utente *m/f*
Teilung ['taɪluŋ] *f* divisione *f*
teilweise ['taɪlvaɪzə] *adv* parzialmente
Teilzahlung ['taɪltsaːluŋ] *f* pagamento a rate *m*
Teilzeitbeschäftigung ['taɪltsaɪtbəʃɛftɪguŋ] *f* lavoro part time *m*
Teint [tɛ̃] *m* colorito *m*
Telefax ['telefaks] *n* telefax *m*
Telefon [tele'foːn] *n* telefono *m*
Telefonanruf [tele'foːnanruːf] *m* telefonata *f*
Telefonbuch [tele'foːnbuːx] *n* elenco telefonico *m*
Telefongespräch [tele'foːngəʃprɛːç] *n* conversazione telefonica *f*, telefonata *f*
telefonieren [telefo'niːrən] *v* telefonare

telefonisch [tele'fo:nɪʃ] *adj* telefonico
Telefonnummer [tele'fo:nnumɐ] *f* numero telefonico *m*
Telefonzelle [tele'fo:ntsɛlə] *f* cabina telefonica *f*
Telefonzentrale [tele'fo:ntsɛntra:lə] *f* centrale telefonica *f*
telegrafieren [telegra'fi:rən] *v* telegrafare
Telegramm [tele'gram] *n* telegramma *m*
Telegrammstil [tele'gramʃti:l] *m* stile telegrafico *m*
Teleskop [tele'sko:p] *n* telescopio *m*
Telex ['telɛks] *n* telescrivente *f*
Teller ['tɛlɐ] *m* 1. *(flach)* piatto *m;* 2. *(tief)* piatto fondo *m;* 3. *(Dessertteller)* piattino *m*
Tempel ['tɛmpəl] *m* tempio *m*
Temperament [tempera'mɛnt] *n* temperamento *m*
temperamentvoll [tempera'mɛntfɔl] *adj* vivace, brioso
Temperatur [tempera'tu:r] *f* temperatura *f*
Temperatursturz [tempera'tu:rʃturts] *m* caduta della temperatura *f*
Tempo ['tɛmpo] *n* tempo *m;* ~ *machen* accelerare
Tempolimit ['tɛmpo:lɪmɪt] *n* limite di velocità *m*
Tendenz [tɛn'dɛnts] *f* tendenza *f*
tendenziös [tɛndɛn'tsjø:s] *adj* tendenzioso
tendieren [tɛn'di:rən] *v* tendere
Tennis ['tɛnɪs] *n* SPORT tennis *m*
Tennisplatz ['tɛnɪsplats] *m* SPORT campo da tennis *m*
Tennisschläger ['tɛnɪsʃlɛ:gɐ] *m* SPORT racchetta da tennis *f*
Tenor [te'no:r] *m* MUS tenore *m*
Teppich ['tɛpɪç] *m* tappeto *m; etw unter den ~ kehren (fig)* occultare qc; *auf dem ~ bleiben* rimanere coi piedi per terra
Teppichboden ['tɛpɪçbo:dən] *m* moquette *f*
Teppichklopfer ['tɛpɪçklɔpfɐ] *m* battipanni *m*
Termin [tɛr'mi:n] *m* 1. *(Datum)* data *f;* 2. *(Frist)* termine *m;* 3. *(Verabredung)* appuntamento *m,* termine convenuto *m;* 4. *(Verhandlung)* JUR udienza *f*
termingerecht [tɛr'mi:ngərɛçt] *adj* puntuale, tempestivo
Terminkalender [tɛr'mi:nkalɛndɐ] *m* agenda *f*
Terminologie [tɛrmɪnolo'gi:] *f* terminologia *f*
Terpentin [tɛrpɛn'ti:n] *n* trementina *f*
Terrasse [tɛ'rasə] *f* terrazza *f*
Terrine [tɛ'rinə] *f* scodella *f,* terrina *f*
Territorium [tɛri'to:rjum] *n* territorio *m*
Terror ['tɛrɔr] *m* terrore *m*
Terrorgefahr ['tɛrɔrgə'fa:r] *f* rischio terrorismo *m*
Terrorismus ['tɛrɔ'rɪsmus] *m* terrorismo *m*
Terrorist(in) ['tɛrɔ'rɪst(ɪn)] *m/f* terrorista *m/f*
Test [tɛst] *m* test *m,* prova *f*
Testament [tɛsta'mɛnt] *n* testamento *m; sein ~ machen können* poter fare il proprio testamento
testamentarisch [tɛstamɛn'ta:rɪʃ] *adj* 1. testamentario; *adv* 2. per testamento
Testamentseröffnung [tɛsta'mɛntsɛrøfnuŋ] *f* JUR apertura del testamento *f*
testen ['tɛstən] *v* esaminare, sottoporre a un test
Testpilot ['tɛstpɪlo:t] *m* pilota collaudatore *m*
Teststrecke ['tɛstʃtrɛkə] *f* pista di collando *f*
Tetanus ['te:tanus] *m* MED tetano *m*
Tetanusimpfung ['te:tanusɪmpfuŋ] *f* MED vaccinazione antitetanica *f*
teuer ['tɔyɐ] *adj* caro; *Das wird dich ~ zu stehen kommen!* Questo ti costerà caro!
Teuerungsrate ['tɔyəruŋsra:tə] *f* quota di rincaro *f*
Teufel ['tɔyfəl] *m* diavolo *m; den ~ an die Wand malen* fare l'uccello del malaugurio; *den ~ im Leib haben* avere il diavolo in corpo; *sich den ~ um etw scheren* non preoccuparsi per nulla di qc/fregarsene di qc; *in ~s Küche kommen* mettersi nei guai; *auf ~ komm raus* a più non posso; *jdn zum ~ schicken* mandare qd al diavolo; *Da ist der ~ los.* È un

pandemonio. *Scher dich zum ~!* Vai al diavolo! *Der ~ soll ihn holen!* Il diavolo lo porti! *Pfui ~!* Che schifo!
teuflisch ['tɔyflɪʃ] *adj* diabolico
Text [tɛkst] *m* testo *m*
Textilien [tɛks'tiːljən] *pl* tessuti *m/pl,* tessili *m/pl*
Textilindustrie [tɛks'tiːlɪndustriː] *f* industria tessile *f*
Textverarbeitung ['tɛkstfɛrarbaɪtuŋ] *f* *INFORM* elaborazione del testo *f*
Thailand ['taɪlant] *n GEO* Tailandia *f*
Theater [te'aːtɐ] *n* **1.** *(Schauspielhaus)* teatro *m;* **2.** *(fig: Aufregung)* dramma *m;* *~ spielen* fare una commedia/simulare
Theaterkasse [te'aːtɐkasə] *f* cassa del teatro *f*
Theaterstück [te'aːtɐʃtyk] *n* lavoro teatrale *m,* opera teatrale *f*
theatralisch [tea'traːlɪʃ] *adj* teatrale
Theke ['teːkə] *f* banco *m*
Thema ['teːma] *n* argomento *m,* tema *m*
Thematik [te'maːtɪk] *f* tematica *f*
Theologe [teo'loːgə] *m* teologo *m*
Theologie [teolo'giː] *f* teologia *f*
theoretisch [teo'reːtɪʃ] *adj* teorico
Theorie [teo'riː] *f* teoria *f*
Therapeut(in) [tera'pɔyt(ɪn)] *m/f* terapeuta *m/f*
Therapie [tera'piː] *f* terapia *f*
Thermalbad ['tɛrmaːlbaːt] *n* bagno termale *m*
Thermometer [tɛrmo'meːtɐ] *n* termometro *m*
Thermosflasche ['tɛrmɔsflaʃə] *f* termos *m*
Thermostat ['tɛrmostaːt] *m* termostato *m*
These ['teːzə] *f* tesi *f*
T
Thron [troːn] *m* trono *m; von seinem ~ herabsteigen* scendere dal proprio trono; *jdn vom ~ stoßen* detronizzare qd; *Sein ~ wackelt gewaltig.* Il suo trono vacilla pericolosamente.
Thronfolger ['troːnfɔlgɐ] *m* successore al trono *m*
Thunfisch ['tuːnfɪʃ] *m ZOOL* tonno *m*
Thymian ['tyːmjaːn] *m BOT* timo *m*
Tick [tɪk] *m* tic *m*
ticken ['tɪkən] *v* ticchettare; *nicht mehr ganz richtig ~* non essere più tanto normale
tief [tiːf] *adj* **1.** *(Abgrund)* profondo; *~e Stimme* voce profonda *f;* **2.** alto; *~er Schnee* neve alta *f;* **3.** basso; *~e Temperatur* bassa temperatura *f;* **4.** *~schürfend (fig)* profondo; *~e Gedanken* pensieri profondi; *adv* **5.** *(stark)* profondamente; *bis ~ in die Nacht hinein* fino a tarda notte
Tiefe ['tiːfə] *f* profondità *f*
Tiefflug ['tiːffluːk] *m* volo radente *m*
Tiefgarage ['tiːfgaraːʒə] *f* garage sotterraneo *m*
Tiefkühlfach ['tiːfkyːlfax] *n* congelatore *m,* freezer *m*
Tiefkühlkost ['tiːfkyːlkɔst] *f* surgelati *m/pl*
Tiefkühltruhe ['tiːfkyːltruːə] *f* congelatore *m*
Tiefpunkt ['tiːfpuŋkt] *m* punto basso *m*
Tier [tiːr] *n* animale *m; ein hohes ~ sein* essere un pezzo grosso
Tierarzt ['tiːrartst] *m* veterinario *m*
Tierfreund ['tiːrfrɔynt] *m* zoofilo *m,* amante degli animali *m*
Tiergarten ['tiːrgartən] *m* giardino zoologico *m,* zoo *m*
Tierheim ['tiːrhaɪm] *n* pensione per animali *f*
tierisch ['tiːrɪʃ] *adj* animale, di animale; *etw ~ ernst nehmen* prendere qc molto seriamente
Tierkreiszeichen ['tiːrkraɪstsaɪçən] *n* segno zodiacale *m*
Tierquälerei [tiːrkvɛːlə'raɪ] *f* maltrattamento di animali *m*
Tierschutzverein ['tiːrʃutsfɛraɪn] *m* lega protezione animali *f*
Tierversuch ['tiːrfɛrzuːx] *m* esperimento sugli animali *m*
Tiger ['tiːgɐ] *m ZOOL* tigre *f*
tilgen ['tɪlgən] *v ECO* estinguere
Tilgung ['tɪlguŋ] *f ECO* estinzione *f*
Tinte ['tɪntə] *f* inchiostro *m; in der ~ sitzen* essere nei guai
Tintenfisch ['tɪntənfɪʃ] *m ZOOL* seppia *f*
tippen[1] ['tɪpən] *v* **1.** *(berühren)* toccare; **2.** *(Maschine schreiben)* scrivere a macchina
tippen[2] ['tɪpən] *v* **1.** *(vermuten)* pronosticare; **2.** *(wetten)* scommettere

Tippfehler ['tɪpfe:lɐ] *m* errore di battitura *f*
Tisch [tɪʃ] *m* tavolo *m; am runden ~ verhandeln* fare trattative; *jdn über den ~ ziehen* imbrogliare qd; *unter den ~ fallen* passare silenzio; *jdn unter den ~ trinken* battere qd nel bere; *bei ~* a tavola
Tischdecke ['tɪʃdɛ:kə] *f* tovaglia *f*
Tischlampe ['tɪʃlampə] *f* lampada da tavolo *f*
Tischler(in) ['tɪʃlər(ɪn)] *m/f* falegname *m*
Tischtennis ['tɪʃtɛnɪs] *n SPORT* ping-pong *m,* tennis da tavolo *m*
Titel ['ti:təl] *m* **1.** *(Buchtitel)* titolo *m;* **2.** *(Doktortitel)* titolo *m*
Titelbild ['ti:təlbɪlt] *n* frontespizio *m*
Titelseite ['ti:təlzaɪtə] *f* prima pagina *f*
Toast [to:st] *m* **1.** *(Brot)* toast *m;* **2.** *(Trinkspruch)* brindisi *m; einen ~ auf jdn ausbringen* fare un brindisi a qd
Toaster ['to:stɐ] *m* tostapane *m*
toben ['to:bən] *v* **1.** *(tollen)* scatenarsi; **2.** *(stürmen)* infuriare; **3.** *(wütend sein)* essere furioso
Tobsuchtsanfall ['to:pzuxtsanfal] *m* attacco di furore *m*
Tochter ['tɔxtɐ] *f* figlia *f*
Tochtergesellschaft ['tɔxtɐgəzɛlʃaft] *f ECO* società affiliata *f*
Tod [to:t] *m* morte *f; tausend ~e sterben* morire di mille morti; *jdn auf den ~ nicht leiden können* non poter proprio soffrire qd; *mit dem ~e ringen* lottare con la morte; *in den ~ gehen* andare incontro alla morte; *zu ~e kommen* morire/perdere la vita
todernst ['to:tɛrnst] *adj* molto serio, serissimo
Todesangst ['to:dəsaŋst] *f* paura tremenda *f*
Todesanzeige ['to:dəsantsaɪgə] *f* denuncia di morte *f*
Todesfall ['to:dəsfal] *m* caso di morte *m,* decesso *m*
Todeskampf ['to:dəskampf] *m* agonia *f*
Todesstoß ['to:dəsʃto:s] *m jdm den ~ versetzen* dare il colpo di grazia a qd
Todesstrafe ['to:dəsʃtra:fə] *f JUR* pena capitale *f*
Todesursache ['to:dəsu:rzaxə] *f* causa di morte *f*
todkrank ['to:t'kraŋk] *adj* gravemente malato
tödlich ['tø:tlɪç] *adj* mortale
todmüde ['to:t'my:də] *adj* stanco morto, sfinito
todsicher ['to:t'zɪçɐ] *adj* assolutamente certo, sicurissimo
Todsünde ['to:tzyndə] *f* peccato mortale *m*
Toilette [toa'lɛtə] *f* toilette *f,* toletta *f,* gabinetto *m*
Toilettenartikel [toa'lɛtənartɪkəl] *pl* articolo da toletta *m*
Toilettenpapier [toa'lɛtənpapi:ɐ] *n* carta igienica *f*
toi, toi, toi [toitoi'toi] *interj* tocca ferro
tolerant [tɔlə'rant] *adj* tollerante
Toleranz [tɔlə'rants] *f* tolleranza *f*
tolerieren [tɔlə'ri:rən] *v* tollerare
toll [tɔl] *adj* **1.** *(verrückt)* pazzo, matto; **2.** *(fam: super)* formidabile, magnifico
tollkühn ['tɔlky:n] *adj* temerario, audace
tollpatschig ['tɔlpatʃɪç] *adj* goffo
Tollwut ['tɔlvu:t] *f MED* rabbia *f*
Tollwutgefahr ['tɔlvu:tgəfa:r] *f* pericolo di rabbia *m*
Tölpel ['tœlpəl] *m* balordo *m*
Tomate [to'ma:tə] *f BOT* pomodoro *m; rot wie eine ~ werden* diventare rosso come un peperone; *~n auf den Augen haben (fig)* avere gli occhi bendati
Tomatenketchup [to'ma:tənkɛtʃup] *n GAST* ketchup *m*
Tomatensoße [to'ma:tənzo:sə] *f GAST* salsa di pomodoro *f*
Tombola ['tɔmbola] *f* tombola *f,* lotteria *f*
Tomographie [tomogra'phi:] *f MED* tomografia *f*
Ton[1] [to:n] *m* **1.** *(Laut)* tono *m,* suono *m;* **2.** *(Umgangston)* tono *m; einen anderen ~ anschlagen* cambiare tono; *den ~ angeben* dare il la/segnare il passo/avere voce in capitolo; *sich im ~ vergreifen* sbagliare tasto/usare il tono sbagliato; *jdn in den höchsten Tönen loben* lodare spertiatamente qd; *große*

Töne spucken sputare smargiassate; **3.** *MUS* tono *m*
Ton[2] [toːn] *m (Lehm)* argilla *f*
tonangebend ['toːnangeːbənt] *adj* che dà il tono, dominante
Tonband ['toːnbant] *n* nastro magnetico *m*
Tonbandgerät ['tɔnbantgərɛːt] *n* registratore a nastro *m*, magnetofono *m*
tönen ['tøːnən] *v* **1.** *(klingen)* suonare; **2.** *(färben)* tingere, colorare
Tonfall ['toːnfal] *m* tono *m*
Tonleiter ['toːnlaɪtɐ] *f* scala musicale *f*
Tonne ['tɔnə] *f* **1.** *(Maßeinheit)* tonnellata *f*; **2.** *(Gefäß)* botte *f*, barile *m*
Tönung ['tøːnuŋ] *f* tintura *f*, colorazione *f*
Topf [tɔpf] *m* vaso *m*; *alles in einen ~ werfen* mettere tutto nello stesso calderone/fare di tutta l'erba un fascio; *wie ~ und Deckel zusammenpassen* andare d'amore e d'accordo
Töpferhandwerk ['tœpfɐhantvɛrk] *n* mestiere di vasaio *m*
Tor [toːr] *n* **1.** *(Tür)* porta *f*, portone *m*; **2.** *SPORT* goal *m*; *ein ~ schießen* segnare un goal; **3.** *(Treffer)* centro *m*
Torf [tɔrf] *m* torba *f*
Torheit ['toːrhaɪt] *f* sciochezza *f*
töricht ['tøːrɪçt] *adj* sciocco
torkeln ['tɔrkəln] *v* barcollare, vacillare
torpedieren [tɔrpe'diːrən] *v (fig)* silurare; *die Pläne ~* sventare i piani
Torschlusspanik ['toːrʃluspaːnɪk] *f* panico dell'ultimo minuto *m*, paura di non trovare marito *f*
Torte ['tɔrtə] *f GAST* torta *f*
Tortenguss ['tɔrtəngus] *m (fig) GAST* glassa *f*
Tortur [tɔr'tuːr] *f* tortura *f*
Torwart ['toːrvart] *m SPORT* portiere *m*
Toskana [tɔs'kaːna] *f GEO* Toscana *f*
tot [toːt] *adj* morto, defunto; *mehr ~ als lebendig sein* essere più morto che vivo
total [to'taːl] *adj* totale, completo
totalitär [totali'tɛːr] *adj* totalitario
Totalschaden [to'taːlʃaːdən] *m* danno totale *m*
Tote ['toːtə] *m* morto *m*
töten ['tøːtən] *v* uccidere, ammazzare
Totenbett ['toːtənbɛt] *n* letto di morte *m*
Totenkopf ['toːtənkɔpf] *m* testa di morto *f*, teschio *m*
Totenmesse ['toːtənmɛsə] *f REL* messa funebre *f*
Totenschein ['toːtənʃaɪn] *m* certificato di morte *m*
Totensonntag ['toːtənzɔntaːk] *m REL* giorno dei morti *m*
Totenstille ['toːtən'ʃtɪlə] *f* silenzio sepolcrale *m*
Totenwache ['toːtənvaxə] *f* veglia funebre *f*
Totgeburt ['toːtgəburt] *f MED* parto con feto morto *m*
Totschlag ['toːtʃlaːk] *m JUR* omicidio doloso *m*
Toupet [tu'peː] *n* toupet *m*, capelli posticci *m/pl*
Tour [tuːr] *f* **1.** giro *m*, gita *f*; *jdn auf ~en bringen* portare qd su di giri; *eine krumme ~* un atto disonesto *m*; *in einer ~* in continuazione/senza interruzioni; **2.** *(fig)* maniera *f*
Tourenwagen ['tuːrənvaːgən] *m (Auto)* vettura da rally *f*
Tourenzahl ['tuːrəntsaːl] *f (eines Motors)* numero di giri *m*
Tourismus [tu'rɪsmus] *m* turismo *m*
Tourist [tu'rɪst] *m* turista *m*
Touristenklasse [tu'rɪstənklasə] *f* classe turistica *f*
Tournee [tur'neː] *f* tournée *f*
Trab [traːp] *m* trotto *m*; *jdn auf ~ bringen* far trottare qd/spronare qd; *auf ~ sein* essere indaffarati; *jdn in ~ halten* tenere in movimento qd/non dare pace a qd
Trabantenstadt [tra'bantənʃtat] *f* città satellite *f*
Trabrennen ['traːprɛnən] *n* corsa al trotto *f*
Tracht [traxt] *f* costume *m*, abito *m*
trachten ['traxtən] *v* **1.** *~ nach* aspirare a, tendere a; *danach ~, berühmt zu werden* aspirare a diventare famoso; **2.** *danach ~, etw zu tun* sforzarsi di fare qc, adoperarsi a fare qc
Trachtenumzug ['traxtənumtsuːk] *m* corteo folcloristico *m*
trächtig ['trɛçtɪç] *adj ZOOL* gravido

Tradition [tradits'joːn] *f* tradizione *f*
traditionell [traditsjoː'nɛl] *adj* tradizionale
traditionsbewusst [tradi'tsjoːnsbəvust] *adj* tradizionalistico
Tragbahre ['traːkbaːrə] *f* barella *f*, portantina *f*
tragbar ['traːkbaːr] *adj* **1.** *(Apparat)* portatile, portabile; **2.** *(Mode)* indossabile; **3.** *(fig)* sopportabile, accettabile
träge ['trɛːgə] *adj* **1.** lento, pigro; **2.** *PHYS* inerte; ~ *Masse* massa inerte *f*
tragen ['traːgən] *v irr* **1.** portare; *zum Tragen kommen* avere effetto; **2.** *(fig: ertragen)* sopportare
Träger ['trɛːgɐ] *m* **1.** *(Stütze)* trave *f*; **2.** *(einer Kleidung)* bretella *f*, spallina *f*
Tragfläche ['traːkflɛçə] *f* superficie alare *f*
Tragflächenboot ['traːkflɛçənboːt] *n* aliscafo *m*
Trägheit ['trɛːkhaɪt] *f* **1.** lentezza *f*; **2.** *PHYS* inerzia *f*
Tragik ['traːgɪk] *f* tragico *m*, tragicità *f*
tragisch ['traːgɪʃ] *adj* tragico
Tragödie [tra'gøːdjə] *f* tragedia *f*
Tragweite ['traːkvaɪtə] *f* portata *f*
Trainer ['trɛːnɐ] *m* allenatore *m*
trainieren [trɛː'niːrən] *v* allenare
Training ['trɛːnɪŋ] *n* allenamento *m*, training *m*; *autogenes* ~ training autogeno *m*
Trainingsanzug ['trɛːnɪŋsantsuːk] *m* tuta sportiva *f*
traktieren [trak'tiːrən] *v* tormentare, maltrattare
Traktor ['traktɔr] *m AGR* trattore *m*
trällern ['trɛlɐn] *v* canticchiare
trampeln ['trampəln] *v* camminare pesantemente
trampen ['trɛmpən] *v* fare l'autostop
Tramper ['trɛmpɐ] *m* autostoppista *m*
Tran [traːn] *m* olio di pesce *m*; *im* ~ *sein* essere intontito
Trance [trɑs] *f* trance *m*; *in* ~ *fallen* cadere in trance
tranchieren [trɑn'ʃiːrən] *v* trinciare
Träne ['trɛːnə] *f* lacrima *f*
tränen ['trɛːnən] *v* lacrimare
Tränengas ['trɛːnəngaːs] *n* gas lacrimogeno *m*
tränken ['trɛŋkən] *v* **1.** *(Tiere)* abbeverare; **2.** *(imprägnieren)* impregnare
Transaktion [transakts'joːn] *f* transazione *f*
Transfer [trans'feːr] *m* transfer *m*
Transformator [transfɔr'maːtɔr] *m TECH* trasformatore *m*
Transfusion [transfu'zjoːn] *f MED* trasfusione *f*
Transistorradio [tran'zɪstoːrraːdjo] *n* radio a transistor *f*
Transit ['tranzɪt] *m* transito *m*
Transitverkehr ['tranzɪtfɛrkeːr] *m* traffico di transito *m*
transparent [transpa'rɛnt] *adj* trasparente
Transparent [transpa'rɛnt] *n* trasparente *m*
Transparenz [transpa'rɛnts] *f* trasparenza *f*
Transplantation [transplanta'tsjoːn] *f MED* trapianto *m*
transplantieren [transplan'tiːrən] *v MED* trapiantare
Transport [trans'pɔrt] *m* trasporto *m*
transportfähig [trans'pɔrtfɛːɪç] *adj* trasportabile
transportieren [transpɔr'tiːrən] *v* trasportare
Transportkosten [trans'pɔrtkɔstən] *pl* spese di trasporto *f/pl*
Transportmittel [trans'pɔrtmɪtəl] *n* mezzo di trasporto *m*
Transportunternehmen [trans'pɔrtuntɐneːmən] *n* impresa di trasporti *f*
Trapez [tra'peːts] *n* trapezio *m*
Tratsch [traːtʃ] *m (fam)* chiacchiere *f/pl*
tratschen ['traːtʃən] *v (fam)* chiacchierare
Traualtar ['traualtaːr] *m* altare nuziale *m*
Traube ['traubə] *f BOT* grappolo *m*
Traubenzucker ['traubəntsukɐ] *m* glucosio *m*
trauen ['trauən] *v* **1.** *(verheiraten)* sposare; **2.** *(ver~)* aver fiducia, fidarsi; **3.** *sich* ~ osare, avere il coraggio
Trauer ['trauɐ] *f* lutto *m*, tristezza *f*
Trauerfall ['trauɐfal] *m* lutto *m*
trauern ['trauɐn] *v* essere afflitto
Traum [traum] *m* sogno *m*; *nicht im*

T

~ neanche per sogno; *Aus der ~!* Fine del sogno!
Trauma ['trauma] *n* MED trauma *m*
träumen ['trɔymən] *v* sognare; *sich etw nicht ~ lassen* non osare neanche sognare qc
Träumer(in) ['trɔymər(ɪn)] *m/f* sognatore/sognatrice *m/f*
traumhaft ['traumhaft] *adj* **1.** *(fig)* fantastico; *adv* **2.** *(fig)* da sogno
traurig ['traurɪç] *adj* triste, mesto
Traurigkeit ['traurɪçkaɪt] *f* tristezza *f*
Trauring ['trauɪŋ] *m* fede *f*, anello matrimoniale *m*
Trauschein ['trauʃaɪn] *m* certificato di matrimonio *m*
Trauung ['trauuŋ] *f* **1.** matrimonio *m*; **2.** *(standesamtlich)* matrimonio civile *m*
Trauzeuge ['trautsɔygə] *m* testimone di nozze *m*
treffen ['trɛfən] *v irr* **1.** colpire; *Die Kugel traf den Polizisten.* La pallottola colpì il poliziotto. **2.** *(begegnen)* incontrare; *jdn auf der Straße ~* incontrare qd per strada; **3.** *(Entscheidung, Vereinbarung)* prendere; **4.** *(fig: berühren)* toccare; *jdn tief ~* toccare qd profondamente
treffend ['trɛfənt] *adj* appropriato, giusto
Treffer ['trɛfɐ] *m* **1.** centro *m*, colpo andato a segno *m*; **2.** *(fig)* vincita *f*
Treffpunkt ['trɛfpuŋkt] *m* punto d'incontro *m*
treiben ['traɪbən] *v irr* **1.** *(an~)* spingere, azionare; **2.** *(Sport)* fare; **3.** *(fig: be~)* praticare; *etw zu weit ~* spingere qc troppo oltre; **4.** *(Handel)* esercitare
Treibhaus ['traɪphaus] *n* serra *f*
Treibhauseffekt ['traɪphausefɛkt] *m* effetto serra *m*
Treibstoff ['traɪpʃtɔf] *m* carburante *m*
Trend [trɛnt] *m* tendenza *f*
trennen ['trɛnən] *v* separare, dividere
Trennung ['trɛnuŋ] *f* separazione *f*, divisione *f*
Treppe ['trɛpə] *f* scala *f*; *die ~ hinauffallen* fare carriera/fare strada
Treppengeländer ['trɛpəngəlɛndɐ] *n* ringhiera delle scale *f*
Treppenhaus ['trɛpənhaus] *n* tromba delle scale *f*
Tresor [tre'zoːr] *m* cassaforte *f*
Tretboot ['treːtboːt] *n* pattino a pedali *m*
treten ['treːtən] *v irr* **1.** calpestare; **2.** *(Fußtritt geben)* dare un calcio, dare una pedata, tirare
treu [trɔy] *adj* fedele
Treue ['trɔyə] *f* fedeltà *f*
Treuerabatt ['trɔyərabat] *m* ECO sconto fedeltà *m*
Treuhandgesellschaft ['trɔyhantgəzɛlʃaft] *f* ECO società fiduciaria *f*
treuherzig ['trɔyhɛrtsɪç] *adj* innocente
Tribüne [tri'byːnə] *f* tribuna *f*, podio *m*
Trichter ['trɪçtɐ] *m* imbuto *m*; *auf den richtigen ~ kommen* trovare il bandolo della matassa/arrivare alla giusta soluzione; *jdn auf den richtigen ~ bringen* portare qd alla giusta soluzione
Trick [trɪk] *m* trucco *m*; *~ siebzehn* il trucco giusto *m*
Trickfilm ['trɪkfɪlm] *m* *(Zeichentrickfilm)* CINE cartone animato *m*
Trieb [triːp] *m* **1.** istinto *m*, impulso *m*; **2.** BOT getto *m*; **3.** *(Begierde)* brama *f*
triebhaft ['triːphaft] *adj* istintivo, sensuale
Triebkraft ['triːpkraft] *f* forza motrice *f*
Triebtäter ['triːptɛtɐ] *m* maniaco sessuale *m*
triefen ['triːfən] *v* grondare
triefnass ['triːfnas] *adj* grondante, fradicio
triftig [trɪftɪç] *adj* valido, fondato, convincente
Trikot [trɪ'koː] *n* maglia *f*
Trillerpfeife ['trɪlɐpfaɪfə] *f* fischietto *m*
Trimm-dich-Pfad ['trɪmdɪçpfaːt] *m* SPORT sentiero ginnico *m*
trinkbar ['trɪŋkbaːr] *adj* potabile
trinken ['trɪŋkən] *v irr* bere; *einen ~* bere un bicchierino
Trinker(in) ['trɪŋkər(ɪn)] *m/f* bevitore/bevitrice *m/f*
Trinkgeld ['trɪŋkgɛlt] *n* mancia *f*
Trinkspruch ['trɪŋkʃprux] *m* brindisi *m*
Trinkwasser ['trɪŋkvasɐ] *n* acqua potabile *f*
trippeln ['trɪpəln] *v* camminare a passettini, trotterellare

Tritt [trɪt] *m* 1. passo *m;* 2. *(Spur)* orma *f;* 3. *(Fußtritt)* calcio *m*
Trittbrett ['trɪtbrɛt] *n* pedana *f*
Triumph [tri'umpf] *m* trionfo *m*
triumphal [trium'fa:l] *adj* trionfale
triumphieren [trium'fi:rən] *v* trionfare
Trivialliteratur [tri'vjallitəratu:r] *f* letteratura dozzinale *f*
trocken ['trɔkən] *adj* 1. *(nicht nass)* asciutto; *auf dem Trocken sitzen* essere a secco; 2. *(dürr)* arido, secco; 3. *(herb)* secco
Trockenfutter ['trɔkənfutɐ] *n* foraggio secco *m*
Trockenhaube ['trɔkənhaubə] *f* casco asciugacapelli *m*
Trockenheit ['trɔkənhaɪt] *f* aridità *f,* siccità *f*
trocknen ['trɔknən] *v* asciugare
Trödel ['trø:dəl] *m* ciarpame *m*
Trödelmarkt ['trø:dəlmarkt] *m* mercato di anticaglie *m*
trödeln ['trø:dəln] *v* gingillarsi
Trödler ['trø:dlɐ] *m* 1. *(Händler)* rigattiere *m;* 2. *(fig)* perdigiorno *m*
Trog [tro:k] *m* trogiolo *m*
Trommel ['trɔməl] *f MUS* tamburo *m*
Trommelfell ['trɔməlfɛl] *n ANAT* timpano *m*
trommeln ['trɔməln] *v* tambureggiare
Trompete [trɔm'pe:tə] *f MUS* tromba *f*
trompeten [trɔm'pe:tən] *v* suonare la tromba
Tropen ['tro:pən] *pl GEO* tropici *m/pl*
Tropeninstitut ['tro:pənɪnstɪtu:t] *n* istituto di medicina tropicale *m*
Tropenkrankheit ['tro:pənkraŋkhaɪt] *f MED* malattia tropicale *f*
Tropf[1] [trɔpf] *m MED* fleboclisi *f*
Tropf[2] [trɔpf] *m ein armer ~* un poveraccio *m*
tropfen ['trɔpfən] *v* gocciolare
Tropfen ['trɔpfən] *m* goccia *f; ein ~ auf dem heißen Stein sein* essere una goccia nel mare
Tropfsteinhöhle ['trɔpfʃtaɪnhø:lə] *f* grotta con stalattiti e stalagmiti *f*
Trophäe [tro'fɛ:ə] *f* trofeo *m*
tropisch ['tro:pɪʃ] *adj* tropico
Trost [tro:st] *m* consolazione *f; nicht ganz bei ~ sein* essere un po' suonato
trösten ['trø:stən] *v* confortare, consolare
tröstlich ['trø:stlɪç] *adj* consolabile, consolante
trostlos ['tro:stlo:s] *adj* 1. sconfortante; 2. *(Gegend)* desolato
Trostlosigkeit ['tro:stlo:zɪçkaɪt] *f* sconforto *m*
Trostpreis ['tro:stpraɪs] *m* premio di consolazione *m*
Trott [trɔt] *m* 1. *(Trab)* trotto; 2. *(fig)* tran tran *m; der tägliche ~* il solito tran tran *m*
Trottel ['trɔtəl] *m (fam)* stupido *m,* cretino *m*
Trottoir [trɔto'a:r] *n* marciapiede *m*
trotz [trɔts] *prep* nonostante, malgrado
Trotz [trɔts] *m* ostinazione *f,* caparbietà *f*
trotzdem ['trɔtsde:m] *konj* 1. anche se; *adv* 2. ciò nonostante
trotzen ['trɔtsən] *v* 1. *(widerstehen)* resistere; 2. *(schmollen)* tenere il broncio
trotzig ['trɔtsɪç] *adj* caparbio, testardo; *Er ist ein ~es Kind.* È un bambino testardo.
Trotzkopf ['trɔtskɔpf] *m* testardo *m,* ostinato *m*
trüb [try:p] *adj* 1. *(undurchsichtig)* torbido; 2. *(matt)* opaco; 3. *(regnerisch)* grigio, coperto
Trubel ['tru:bəl] *m* trambusto *m*
trüben ['try:bən] *v* 1. *(Flüssigkeit)* intorbidire; 2. *(fig: Stimmung, Himmel)* offuscare; *die Freude ~* offuscare la gioia
Trübsal ['try:pza:l] *f* afflizione *f; ~ blasen* fare il pianto greco/essere avvilito/essere afflitto
trübselig ['try:pze:lɪç] *adj* afflitto, mesto
Trübsinn ['try:pzɪn] *m* malinconia *f,* tetraggine *f*
trübsinnig ['try:pzɪnɪç] *adj* malinconico
Trüffel ['tryfəl] *m BOT* tartufo *m*
Trugbild ['tru:kbɪlt] *n* allucinazione *f,* chimera *f*
trügen ['try:gən] *v irr* ingannare; *Der Schein trügt.* L'apparenza inganna.
trügerisch ['try:gɪrɪʃ] *adj* illusorio

Trugschluss ['tru:kʃlus] *m* conclusione errata *f*
Truhe ['tru:ə] *f* cassone *m,* cassapanca *f*
Trümmer ['trymɐ] *pl* macerie *f/pl,* rovine *f/pl,* frantumi *m/pl; in ~ sinken* cadere in rovina; *in ~n liegen* essere ridotto a un cumulo di macerie
Trumpf [trumpf] *m* **1.** briscola *f,* atont *m;* **2.** *(fig)* vantaggio *m; alle Trümpfe in der Hand haben* avere tutti i vantaggi dalla propria parte; *einen ~ ausspielen* giocare una carta vincente; *die Trümpfe aus der Hand geben* gettare via le carti vincenti; *den letzen ~ ausspielen* giocare l'ultima carta
Trunksucht ['truŋkzuxt] *f MED* alcoolismo *m*
Truppe ['trupə] *f* **1.** *MIL* truppa *f;* **2.** *THEAT* compagnia *f*
Trust [trast] *m ECO* trust *m*
Truthahn ['tru:tha:n] *m ZOOL* tacchino *m*
Tschechien ['tʃɛçɪən] *f GEO* Repubblica ceca *f*
Tschechoslowakei [tʃɛçɔslova'kaɪ] *f HIST* Cecoslovacchia *f*
tschüss [tʃy:s] *interj* ciao
T-Shirt ['ti:ʃœ:rt] *n* maglietta *f,* t-shirt *f*
Tsunami [tsu:'na:mi] *m* tsunami *m*
Tube ['tu:bə] *f* **1.** tubo *m;* **2.** *(für Creme)* tubetto *m;* **3.** *(fig) auf die ~ drücken* andare a tavoletta
Tuberkulose [tubɛrku'lo:zə] *f MED* tubercolosi *f*
Tuch [tu:x] *n* **1.** *(Lappen)* panno *m; ein rotes ~ für jdn sein* essere per qd come il fumo negli occhi; **2.** *(Stoff)* tessuto *m;* **3.** *(Halstuch)* foulard *m,* fazzoletto *m*
Tuchfühlung ['tu:xfy:luŋ] *f* contatto stretto *m*
tüchtig ['tyçtɪç] *adj* **1.** bravo; **2.** *(fleißig)* diligente; **3.** *(fam)* grande
Tüchtigkeit ['tyçtɪçkaɪt] *f* bravura *f*
Tücke ['tykə] *f (heimtückische Tat)* malvagità *f*
tückisch ['tykɪʃ] *adj* malvagio, insidioso
Tugend ['tu:gənt] *f* virtù *f*
tugendhaft ['tu:gənthaft] *adj* virtuoso
Tugendhaftigkeit ['tu:gənthaftɪçkaɪt] *f* virtù *f*
Tüll [tyl] *m* tulle *m*
Tulpe ['tulpə] *f BOT* tulipano *m*
Tumor ['tu:mor] *m MED* tumore *m*
Tümpel ['tympəl] *m* pozzanghera *f*
Tumult [tu'mult] *m* tumulto *m*
tun [tu:n] *v irr* fare, mettere, emettere; *sich mit etw schwer ~* incontrare difficoltà nel fare qc; *Was tut's!* Che importa! *Damit habe ich nichts zu ~.* Io non c'entro. *Das tut nichts zur Sache.* Questo non c'entra. *es mit jdm zu ~ bekommen* avere a che fare con qd/dover fare i conti con qd; *freundlich ~* comportarsi in modo amichevole; *so ~, als ob* fare finta di; *Sie täten gut daran zu ...* Farebbero bene a ...; *mit jdm nichts mehr zu ~ haben wollen* non volere più niente a che fare con qd; *Tu, was du nicht lassen kannst!* Fallo, se proprio devi! *Damit ist es noch nicht getan!* Non è ancora finita!
Tunke ['tuŋkə] *f GAST* sugo *m*
tunken ['tuŋkən] *v* intingere
Tunnel ['tunəl] *m* tunnel *m,* galleria *f*
Tüpfelchen ['typfəlçən] *n das ~ auf dem i sein* essere la ciliegina sulla torta
tupfen ['tupfən] *v* picchiettare, punteggiare
Tupfen ['tupfən] *m* punto *m,* macchia *f*
Tür [ty:r] *f* porta *f; offene ~en einrennen* sfondare porte aperte; *jdm eine ~ öffnen* aprire una porta a qd; *jdm die ~ vor der Nase zuschlagen* sbattere la porta in faccia a qd; *jdn vor die ~ setzen* mettere qd alla porta
Turbine [tur'bi:nə] *f* turbina *f*
turbulent [turbu'lɛnt] *adj* turbolento
Türglocke ['ty:rglɔkə] *f* campanello della porta *m*
Türke ['tyrkə] *m* turco *m*
Türkei [tyr'kaɪ] *f GEO* Turchia *f*
Türkin ['tyrkɪn] *f* turca *f*
türkis [tyr'ki:s] *adj* turchese
türkisch ['tyrkɪʃ] *adj* turco
Türklinke ['ty:rklɪŋkə] *f* maniglia della porta *f*
Turm [turm] *m* **1.** torre *f;* **2.** *(Kirchturm)* campanile *m*
türmen ['tyrmən] *v* **1.** *(schichten)* accatastare; **2.** *(fig: ausreißen)* tagliare la corda
turnen ['turnən] *v SPORT* fare ginnastica
Turnen ['turnən] *n SPORT* ginnastica *f*

Turner(in) ['turnər(ɪn)] *m/f SPORT* ginnasta *m/f*
Turngerät ['turngərɛːt] *n SPORT* attrezzo ginnico *m*
Turnhalle ['turnhalə] *f SPORT* palestra *f*
Turnier [tur'niːr] *n SPORT* torneo *m*
Turnschuh ['turnʃuː] *m SPORT* scarpa da ginnastica *f*
Turnverein ['turnfɛraɪn] *m SPORT* associazione ginnastica *f*
Türöffner ['tyːrœfnɐ] *m* apriporta *m*
Türschloss ['tyːrʃlɔs] *n* serratura della porta *f*
Türschlüssel ['tyːrʃlysəl] *m* chiave della porta *f*
Türschwelle ['tyːrʃvɛlə] *f* soglia *f*
Türstock ['tyːrʃtɔk] *m* chiassile della porta *m*
turteln ['turtəln] *v* tubare
Tusche ['tuʃə] *f* inchiostro di china *m*
tuscheln ['tuʃəln] *v* confabulare
Tüte ['tyːtə] *f* **1.** busta *f;* **2.** *(Tragtüte)* sacchetto *m,* busta *f;* **3.** *(Eistüte)* cono *m*
tuten ['tuːtən] *v* suonare la cornetta
Twitternutzer(in) ['twitərnutsɐ(rɪn)] *m/f* utente di twitter *m/f*
Typ [tyːp] *m* tipo *m*
Type ['tyːpə] *f* **1.** *(Druckbuchstabe)* carattere *m;* **2.** *(fam)* tipo buffo *m,* sagoma *f*
Typhus ['tyːfus] *m MED* tifo *m*
typisch ['tyːpɪʃ] *adj* tipico
Typologie [typolo'giː] *f* tipologia *f*
Tyrann [ty'ran] *m* tiranno *m*
tyrannisch [ty'ranɪʃ] *adj* tirannico
tyrannisieren [tyrani'ziːrən] *v* tiranneggiare

T

U

U-Bahn ['u:ba:n] *f* metropolitana *f*
übel ['y:bəl] *adj* **1.** cattivo; *üble Nachrichten* cattive notizie; *adv* **2.** male; *Ihm ist ~.* Si sente male. *etw ~ nehmen* prendersela male
Übelkeit ['y:bəlkaɪt] *f* nausea *f*
Übeltäter(in) ['y:bəltɛ:tər(ɪn)] *m/f* malfattore/malfattrice *m/f*
üben ['y:bən] *v* esercitarsi; *sich in Geduld ~* avere pazienza
über ['y:bɐ] *prep* **1.** *(örtlich)* sopra, su, attraverso; *Sie wohnt ~ uns.* Abita sopra di noi. *~ den Fluss fahren* attraversare il fiume; *~ die Kreuzung fahren* attraversare l'incrocio; *~ der Arbeit einschlafen* addormentarsi sul lavoro; *~ jdm stehen* stare sopra qd; **2.** *(zur Bedeckung)* su; **3.** *(in Bezug auf ein Thema)* su, di; **4.** *(Mengenangabe)* più di; *Es hat ~ 100 Euro gekostet.* È costato più di 100 euro. *Ich habe ~ drei Stunden gebraucht.* Mi ci sono volute più di tre ore. **5.** *(dar~ hinaus) Nichts geht mir ~ die Kunst.* Per me niente è meglio dell'arte. *Das geht mir ~ alles.* Mi piace più di ogni altra cosa. *~ und ~* dalla testa ai piedi/completamente; **6.** *(zeitlich)* durante; *die Ferien ~* durante le vacanze; *~ Ostern* sotto Pasqua; **7.** *(fig: durch)* per, tramite; *etw ~ jdn bekommen* ricevere qc per mezzo di qd; **8.** *(fig)* su; *Fehler ~ Fehler* errori su errori; *etw ~ sich bringen* accollarsi qc; *Ich habe das langsam ~!* Comincio ad averne abbastanza! **9.** *(fig: via)* per; *~ Hamburg fahren* passare per Amburgo; **10.** *(fig: von)* di
überall ['y:bəral] *adv* dappertutto, ovunque
Überalterung [y:bər'altəruŋ] *f* invecchiamento *m*
Überangebot ['y:bərangəbo:t] *n* offerta eccessiva *f*
überanstrengen [y:bər'anʃtrɛŋən] *v* strapazzare
Überanstrengung ['y:bəranʃtrɛŋuŋ] *f* strapazzo *m*, fatica eccessiva *f*
überarbeiten [y:bər'arbaɪtən] *v* **1.** *etw ~* rifare qc, rielaborare qc; **2.** *sich ~* lavorare troppo
Überarbeitung [y:bər'arbaɪtuŋ] *f* rifacimento *m*, rielaborazione *f*
überaus ['y:bəraus] *adv* oltremodo, estremamente
Überbeanspruchung ['y:ɐbəanʃpruxuŋ] *f* sollecitazione eccessiva *f*
Überbeschäftigung ['y:ɐbəʃɛftɪguŋ] *f* sovraoccupazione *f*
überbewerten ['y:bɐbəvertən] *v* sopravvalutare
Überbewertung ['y:bɐbəvertuŋ] *f* sopravvalutazione *f*
überbieten [y:bər'bi:tən] *v irr* **1.** *(Preis)* offrire più di; **2.** *(Leistung)* superare, battere
Überbleibsel ['y:bɐblaɪpsəl] *n* resto *m*
Überblick ['y:bɐblɪk] *m* **1.** *(Aussicht)* panorama *m*, vista *f*; **2.** *(Zusammenfassung)* sintesi *f*; **3.** *(fig)* visione generale *f*
überblicken [y:bər'blɪkən] *v* **1.** abbracciare con lo sguardo; **2.** *(fig)* valutare; *eine Lage ~* valutare una situazione
überbringen [y:bər'brɪŋən] *v irr* **1.** *(aushändigen)* consegnare; **2.** *(ausrichten)* portare
überbrücken [y:bər'brykən] *v* **1.** *(fig)* superare; **2.** *(Zeit)* riempire
Überbrückung [y:bər'brykuŋ] *f (fig)* superamento *m*
Überdachung [y:bər'da:xuŋ] *f* copertura con tetto *f*
überdenken [y:bər'dɛŋkən] *v irr* riflettere, riesaminare
überdies [y:bər'di:s] *adv* oltre a ciò
überdimensional ['y:bɐdɪmɛnzjɔna:l] *adj* superdimensionale
Überdosis ['y:bɐdo:zɪs] *f* dose eccessiva *f*, overdose *f*
Überdruss ['y:bɐdrus] *m* tedio *m*
überdrüssig ['y:bɐdrysɪç] *adj* stufo, stanco
überdurchschnittlich ['y:bɐdurçʃnɪtlɪç] *adj* superiore alla media

Übereifer ['y:bɐaɪfɐ] *m* zelo eccessivo *m,* eccesso di zelo *m*
übereifrig ['y:bɐaɪfrɪç] *adj* troppo zelante
übereignen [y:bɐ'aɪknən] *v* trasferire
übereinander ['y:bɐaɪnandɐ] *adv* l'uno sull'altro; ~ *legen* sovrapporre, impilare
übereinkommen [y:bɐ'aɪnkɔmən] *v irr* accordarsi
Übereinkommen [y:bɐ'aɪnkɔmən] *n* accordo *m*
Übereinkunft [y:bɐ'aɪnkunft] *f* accordo *m,* intesa *f*
übereinstimmen [y:bɐ'aɪnʃtɪmən] *v* 1. *(einig sein)* essere d'accordo; 2. *(gleich sein)* concordare
übereinstimmend [y:bɐ'aɪnʃtɪmənt] *adj* conforme, concorde
Übereinstimmung [y:bɐ'aɪnʃtɪmuŋ] *f* 1. *(Einigkeit)* concordanza *f;* 2. *(Gleichheit)* corrispondenza *f*
überempfindlich ['y:bɐɛmpfɪndlɪç] *adj* ipersensibile
Überempfindlichkeit ['y:bɐɛmpfɪntlɪçkaɪt] *f* ipersensibilità *f*
überfahren [y:bɐ'fa:rən] *v irr* oltrepassare, investire; *eine Ampel* ~ oltrepassare un semaforo; *eine Katze* ~ investire un gatto
Überfahrt ['y:bɐfa:rt] *f* passaggio *m,* traversata *f*
Überfall ['y:bɐfal] *m* attacco *m,* aggressione *f*
überfallen [y:bɐ'falən] *v irr* attaccare, aggredire
überfällig ['y:bɐfɛlɪç] *adj* 1. *(zu spät)* in ritardo; 2. *(abgelaufen)* scaduto
überfliegen [y:bɐ'fli:gən] *v irr* 1. sorvolare; 2. *(fig)* dare una scorsa
überflügeln [y:bɐ'fly:gəln] *v* superare
Überfluss ['y:bɐflus] *m* abbondanza *f; zu allem* ~ per giunta/come se non bastasse
überflüssig ['y:bɐflysɪç] *adj* superfluo
Überflutung [y:bɐ'flutuŋ] *f* inondazione *f*
überfordern [y:bɐ'fɔrdɐn] *v* esigere troppo
Überforderung [y:bɐ'fɔrderuŋ] *f* pretesa eccessiva *f*
überfragt [ybər'fra:gt] *adj Da bin ich* ~. Mi si chiede di troppo.
überführen [y:bɐ'fy:rən] *v* 1. *(transportieren)* trasportare, trasferire; 2. *(Schuld nachweisen) JUR* provare la colpevolezza di; *einen Dieb* ~ provare la colpevolezza di un ladro
Überführung [y:bɐ'fy:ruŋ] *f* 1. *(Transport)* trasporto *m,* trasferimento *m;* 2. *(Schuldnachweis) JUR* dimostrazione della colpevolezza *f*
überfüllt [y:bɐ'fylt] *adj* pieno zeppo, strapieno
Überfüllung [y:bɐ'fyluŋ] *f* affollamento *m*
Überfunktion ['y:bɐfuŋktsjo:n] *f* iperfunzione *f*
Übergabe ['y:bɐga:bə] *f* consegna *f*
Übergang ['y:bɐgaŋ] *m* 1. passaggio *m;* 2. *(fig)* transizione *f*
Übergangslösung ['y:bɐgaŋslø:zuŋ] *f* soluzione transitoria *f*
Übergangszeit ['y:bɐgaŋstsaɪt] *f* periodo di transizione *m*
übergeben [y:bɐ'ge:bən] *v irr* 1. *etw* ~ consegnare qc, dare qc; 2. *sich* ~ vomitare
übergeordnet ['y:bɐgəɔrdnət] *adj* superiore
Übergewicht ['y:bɐgəvɪçt] *n* 1. sovrappeso *m;* 2. *(fig)* prevalenza *f,* preponderanza *f*
überglücklich ['y:bɐ'glyklɪç] *adj* felicissimo
Übergriff ['y:bɐgrɪf] *m* violazione *f*
überhandnehmen [y:bɐ'hantne:mən] *v irr* aumentare eccessivamente
überhäufen [y:bɐ'hɔyfən] *v* ingombrare
überhaupt [y:bɐ'haupt] *adv* 1. assolutamente; ~ *nicht* assolutamente no; 2. *(im Allgemeinen)* in genere; 3. *(eigentlich)* infine, veramente; *Hast du* ~ *geschlafen?* Ma hai veramente dormito?
überheblich [y:bɐ'he:plɪç] *adj* 1. presuntuoso; *adv* 2. con presunzione
Überheblichkeit [y:bɐ'he:plɪçkaɪt] *f* presunzione *f,* superbia *f*
überhitzt [y:bɐ'hɪtst] *adj* surriscaldato

überhöht [y:bər'hø:t] *adj* eccessivo, exorbitante
überholen [y:bər'ho:lən] *v* 1. *(vorbeifahren)* sorpassare; 2. *(überprüfen)* revisionare
Überholspur [y:bər'ho:lʃpu:r] *f* corsia di sorpasso *f*
überholt [y:bər'ho:lt] *adj* ~ *sein* essere superato, essere sorpassato
Überholverbot [y:bər'ho:lfɛrbo:t] *n* divieto di sorpasso *m*
überkochen ['y:bɐkɔxən] *v* traboccare bollendo
überladen [y:bər'la:dən] *v irr* sovraccaricare
Überlagerung [y:bər'la:gəruŋ] *f* sovrapposizione *f*
Überlänge ['y:bɐlɛŋə] *f* lunghezza eccessiva *f*
überlassen [y:bər'lasən] *v irr* 1. *(verkaufen)* cedere; 2. *(anvertrauen)* affidare, lasciare; *Überlassen Sie das mir!* Lasci fare a me! 3. *jdn seinem Schicksal* ~ abbandonare qd al suo destino
Überlassung [y:bər'lasuŋ] *f* cessione *f*
Überlauf ['y:bɐlauf] *m* sfioratore *m*
überlaufen ['y:bɐlaufən] *v irr* 1. *(Gefäß)* traboccare; 2. *(fig: zum Gegner)* passare; *zum Feind* ~ passare al nemico; [y:bɐ'laufən] *adj* 3. *(überfüllt)* sovraffollato
Überläufer ['y:bɐlɔyfɐ] *m* trasfuga *m*
überleben [y:bər'le:bən] *v* sopravvivere
Überlebende(r) [y:bər'le:bəndə(r)] *m/f* sopravvissuto/sopravvissuta *m/f*
überlegen [y:bər'le:gən] *adj* 1. superiore; *v* 2. riflettere su
Überlegenheit [y:bər'le:gənhaɪt] *f* superiorità *f*
Überlegung [y:bər'le:guŋ] *f* meditazione *f*, riflessione *f*
überliefern [y:bər'li:fɐn] *v* 1. tramandare, trasmettere; 2. *JUR* consegnare alla giustizia
Überlieferung [y:bər'li:fəruŋ] *f* tradizione *f*
überlisten [y:bər'lɪstən] *v* ingannare, raggirare
Überlistung [y:bər'lɪstuŋ] *m* inganno *m*, raggiro *m*
Übermacht ['y:bɐmaxt] *f* superiorità *f*
übermächtig ['y:bɐmɛçtɪç] *adj* superiore
Übermaß ['y:bɐma:s] *n* eccesso *m*
übermäßig ['y:bɐmɛ:sɪç] *adj* eccessivo
übermenschlich ['y:bɐmɛnʃlɪç] *adj* sovrumano
übermitteln [y:bər'mɪtəln] *v* rimettere, trasmettere
Übermittlung [y:bər'mɪtluŋ] *f* trasmissione *f*
übermorgen ['y:bɐmɔrgən] *adv* dopodomani
übermüdet [y:bər'my:dət] *adj* spossato
Übermüdung [y:bər'my:duŋ] *f* spossatezza *f*
Übermut ['y:bɐmu:t] *m* baldanza *f*
übermütig ['y:bɐmy:tɪç] *adj* baldanzoso
übernachten [y:bər'naxtən] *v* pernottare
übernächtigt [y:bər'nɛçtɪçt] *adj* stanco
Übernachtung [y:bər'naxtuŋ] *f* pernottamento *m*
Übernahme ['y:bɐna:mə] *f* 1. *(Entgegennehmen)* accettazione *f*; 2. *(Amtsübernahme)* assunzione *f*
übernatürlich ['y:bɐnaty:rlɪç] *adj* soprannaturale
übernehmen [y:bər'ne:mən] *v irr* 1. *(entgegennehmen)* accettare, prendere in consegna; 2. *(Amt)* assumere; 3. *sich* ~ affaticarsi troppo; 4. *Verantwortung* ~ accollarsi la responsabilità; 5. *Kosten* ~ addossarsi le spese
überparteilich ['y:bɐpartaɪlɪç] *adj* apartitico
Überproduktion ['y:bɐprɔdukts-jo:n] *f* sovrapproduzione *f*
überprüfen [y:bər'pry:fən] *v* controllare, verificare, esaminare
Überprüfung [y:bər'pry:fuŋ] *f* verifica *f*, controllo *m*
überqueren [y:bər'kve:rən] *v* attraversare
überragen [y:bər'ra:gən] *v* 1. superare; 2. *(fig)* superare
überragend [y:bər'ra:gənt] *adj* *(ausgezeichnet)* superiore, eccellente

überraschen [yːbər'raʃən] *v* sorprendere

überraschend [yːbər'raʃənt] *adj* sorprendente

überrascht [yːbər'raʃt] *adj* sorpreso

Überraschung [yːbər'raʃuŋ] *f* sorpresa *f*

überreden [yːbər'reːdən] *v* convincere, persuadere

Überredung [yːbər'reːduŋ] *f* persuasione *f*, convincimento *m*

Überredungskunst [yːbər'reːduŋskunst] *f* arte del persuadere *f*

überreichen [yːbər'raɪçən] *v* consegnare

Überreichung [yːbər'raɪçuŋ] *f* consegna *f*

überreizt [yːbər'raɪtst] *adj* sovreccitato

Überrest ['yːbɐrɛst] *m* 1. resto *m*; 2. *(Rückstand)* avanzo *m*

überrumpeln [yːbər'rumpəln] *v* cogliere di sorpresa

Überrumpelung [yːbər'rumpəluŋ] *f* assalto di sorpresa *f*

überrunden [yːbər'rundən] *v* SPORT doppiare

übersättigt [yːbər'zɛtiçt] *adj* satollo

Übersättigung [yːbər'zɛtiguŋ] *f* CHEM sazietà *f*, soprassaturazione *f*

überschatten [yːbər'ʃatən] *v* 1. adombrare, ombreggiare; 2. *(fig)* mettere un ombra su

überschätzen [yːbər'ʃɛtsən] *v* sopravvalutare

überschaubar [yːbər'ʃaubaːr] *adj* 1. ben visibile; 2. *(fig)* chiaro

überschauen [yːbər'ʃauən] *v* 1. abbracciare con gli occhi; 2. *(fig)* dominare su

Überschlag ['yːbɐʃlaːk] *m* 1. SPORT salto mortale *m*; 2. ECO preventivo *m*

überschlagen [yːbər'ʃlaːgən] *v irr* 1. *(Kosten)* fare un calcolo approssimativo; 2. *(Auto)* cappottare; 3. *(Buchseite)* saltare

überschlägig ['yːbɐʃlɛgɪç] *adj* approssimato, approssimativo

überschnappen ['yːbɐʃnapən] *v* 1. *(fam)* impazzire, ammattire; 2. *(Stimme)* dare nel falsetto

überschneiden [yːbər'ʃnaɪdən] *v irr* 1. *sich ~ (kreuzen)* incrociarsi; *Die zwei Unterrichtsstunden ~ sich.* Le due lezioni si accavallano. 2. *sich ~ (zusammentreffen)* interferire; 3. MATH intersecarsi

Überschneidung [yːbər'ʃnaɪduŋ] *f* 1. *(Kreuzung)* incrocio *m*; 2. *(Zusammentreffen)* interferenza *f*; 3. MATH intersezione *f*

überschreiben [yːbər'ʃraɪbən] *v irr* 1. *(betiteln)* intitolare; 2. JUR intestare

überschreiten [yːbər'ʃraɪtən] *v irr* 1. *(überqueren)* attraversare; 2. *(fig: übertreten)* trasgredire; *seine Befugnisse ~* andare al di là delle proprie competenze; 3. *(fig: Grenze)* oltrepassare il limite

Überschreitung [yːbər'ʃraɪtuŋ] *f* 1. *(Überquerung)* attraversamento *m*; 2. *(fig: Übertretung)* infrazione *f*; 3. *(fig)* superamento *m*

Überschrift ['yːbɐʃrɪft] *f* titolo *m*

Überschuss ['yːbɐʃus] *m* eccedenza *f*

überschüssig ['yːbɐʃysɪç] *adj* eccedente

Überschwang ['yːbɐʃvaŋ] *m* esuberanza *f*

überschwänglich ['yːbɐʃvɛŋlɪç] *adj* 1. esuberante; *adv* 2. con esuberanza

Überschwänglichkeit ['yːbɐʃvɛŋlɪçkaɪt] *m* esuberanza *f*, entusiasmo *m*

überschwemmen [yːbər'ʃvɛmən] *v irr* inondare, allagare

Überschwemmung [yːbər'ʃvɛmuŋ] *f* inondazione *f*, alluvione *f*

Übersee ['yːbɐzeː] *f* oltremare *m*; *nach ~ gehen* andare oltremare

übersehen [yːbər'zeːən] *v irr* 1. *(überschauen)* abbracciare con lo sguardo; 2. *(nicht sehen)* non vedere; 3. *(ignorieren)* ignorare

übersenden [yːbər'zɛndən] *v irr* inviare, spedire

Übersendung [yːbər'zɛnduŋ] *f* invio *m*, spedizione *f*

übersetzen ['yːbɐzɛtsən] v 1. *(Gewässer)* traghettare, passare all'altra sponda; [yːbɐ'zɛtsən] 2. *(Sprache)* tradurre; *ein Buch ~* tradurre un libro

Übersetzer(in) [yːbər'zɛtsər(ɪn)] *m/f* traduttore/traduttrice *m/f*

Übersetzung [y:bər'zɛtsuŋ] *f* **1.** *(einer Sprache)* traduzione *f;* **2.** *TECH* moltiplicazione *f*
Übersicht ['y:bɐzɪçt] *f* **1.** *(Zusammenfassung)* visione d'insieme *f;* **2.** *(fig)* compendio *m*
übersichtlich ['y:bɐzɪçtlɪç] *adj* **1.** ben visibile; **2.** *(leicht erfassbar)* facilmente comprensibile; *adv* **3.** di facile orientamento; **4.** *(deutlich)* in modo chiaro, chiaramente
übersiedeln ['y:bɐzi:dəln] *v* trasferirsi, immigrare
Übersiedelung [y:bər'zi:dəluŋ] *f* trasferimento *m*
übersinnlich ['y:bɐzɪnlɪç] *n* soprasensibile, soprannaturale
überspannt [y:bər'ʃpant] *adj (fig)* esagerato, esaltato
überspielen [y:bər'ʃpi:lən] *v* **1.** *(Musik)* registrare; **2.** *(fig)* passare sopra
überspringen [y:bər'ʃprɪŋən] *v irr* **1.** saltare sopra; **2.** *(fig)* passare
überstehen [y:bər'ʃte:ən] *v irr* **1.** *(fig)* superare; *eine Krankheit ~* superare una malattia; **2.** *(aushalten)* sopportare; *eine Anstrengung ~* tollerare lo sforzo
überstimmen [y:bər'ʃtɪmən] *v* mettere in minoranza; *in Mehrheit ~* vincere con la maggioranza dei voti
Überstunde ['y:bɐʃtundə] *f* ora straordinaria *f*
überstürzen [y:bər'ʃtyrtsən] *v* **1.** affrettare, precipitare; **2.** *(Ereignisse)* susseguirsi rapidamente
Überteuerung [y:bər'tɔyəruŋ] *f* rincaro *m*
übertragbar [y:bər'tra:kba:r] *adj* **1.** *(ansteckend) MED* contagioso; **2.** *(Papiere) ECO* trasferibile
übertragen [y:bər'tra:gən] *v irr* **1.** *(Auftrag)* affidare; **2.** *(Vollmacht)* trasferire; **3.** *(Rundfunk)* trasmettere
Übertragung [y:bər'tra:guŋ] *f* **1.** *(eines Auftrags)* delegazione *f;* **2.** *(Rundfunkübertragung)* trasmissione *f;* **3.** *MED* trasfusione *f;* **4.** *ECO* trasferimento *m*
übertreffen [y:bər'trɛfən] *v irr* superare
übertreiben [y:bər'traɪbən] *v irr* esagerare
Übertreibung [y:bər'traɪbuŋ] *f* esagerazione *f*
übertreten [y:bər'tre:tən] *v irr* **1.** straripare; **2.** *(fig)* infrangere, violare; *das Gesetz ~* trasgredire la legge
Übertretung [y:bər'tre:tuŋ] *f* infrazione *f,* trasgressione *f*
übertrieben [y:bər'tri:bən] *adj* esagerato
übervorteilen [y:bər'fo:rtaɪlən] *v* imbrogliare
überwachen [y:bər'vaxən] *v* sorvegliare
Überwachung [y:bər'vaxuŋ] *f* sorveglianza *f*
überwältigen [y:bər'vɛltɪgən] *v* sopraffare
überwältigend [y:bər'vɛltɪgənt] *adj* sconvolgente
überweisen [y:bər'vaɪzən] *v irr* **1.** *(Patient)* mandare; **2.** *FIN* trasferire
Überweisung [y:bər'vaɪzuŋ] *f* **1.** *MED* prescrizione di ricovero *m;* **2.** *ECO* mandato *m;* **3.** *FIN* trasferimento *m*
überwiegen [y:bər'vi:gən] *v irr* prevalere su
überwiegend ['y:bɐvi:gənt] *adj* prevalente
überwinden [y:bər'vɪndən] *v irr* **1.** superare; **2.** *sich ~* dominarsi
Überwindung [y:bər'vɪnduŋ] *f* superamento *m*
überwintern [y:bər'vɪntɐn] *v* passare l'inverno
überwuchern [y:bər'vuçɐn] *v* coprire
Überzahl ['y:bɐtsa:l] *f* maggioranza *f*
überzeugen [y:bər'tsɔygən] *v* convincere
überzeugend [y:bər'tsɔygənt] *adj* convincente
Überzeugung [y:bər'tsɔyguŋ] *f* convinzione *f*
Überzeugungskraft [y:bər'tsɔyguŋskraft] *f* capacità di persuazione *f*
überziehen[1] ['y:bɐtsi:ən] *v irr (anziehen)* indossare; *(fam) jdm ein paar ~* mollarne un paio a qd/dare due ceffoni a qd
überziehen[2] [y:bɐtsi:ən] *v irr* **1.** *(mit einem Überzug versehen)* rivestire; **2.** *(Konto) ECO* scoprire
üblich ['y:plɪç] *adj* usuale

U

üblicherweise [yːplɪçər'vaɪzə] *adv* usualmente
U-Boot ['uːboːt] *n* sottomarino *m,* sommergibile *m*
übrig ['yːbrɪç] *adj* rimanente; *die Übrigen* gli altri; *im Übrigen* per il resto; *für jdn etw ~haben* piacere; *~ bleiben* rimanere, restare; *~ lassen* lasciare
übrigens ['yːbrɪgəns] *adv* del resto, d'altronde
Übung ['yːbuŋ] *f* esercizio *m*
Übungsplatz ['yːbuŋsplats] *m* campo di esercitazioni *m*
Ufer ['uːfɐ] *n* riva *f,* sponda *f*
Uferböschung ['uːfɐbœʃuŋ] *f* scarpata della sponda *f*
uferlos ['uːfɐloːs] *adj* interminabile; *ins Uferlose gehen* andare all'infinito/non avere fine
Uhr [uːɐ] *f* orologio *m; Seine ~ ist abgelaufen.* La sua ora è suonata.
Uhrmacher ['uːɐmaxɐ] *m* orologiaio *m*
Uhrwerk ['uːɐvɛrk] *n* meccanismo dell'orologio *m*
Uhrzeiger ['uːɐtsaɪgɐ] *m* lancetta dell'orologio *f*
Uhrzeigersinn ['uːɐtsaɪgɐzɪn] *m* senso orario *m*
Uhrzeit ['uːɐtsaɪt] *f* ora *f*
Uhu ['uːhuː] *m ZOOL* gufo *m*
Ulk [ulk] *m* scherzo *m*
ulkig ['ulkɪç] *adj* comico
Ultimatum [ulti'maːtum] *n* ultimatum *m; ein ~ stellen* porre un ultimatum
Ultraschall ['ultraʃal] *m* ultrasuono *m*
Ultraschalluntersuchung ['ultraːʃaluntɐzuːxuŋ] *f MED* ecografia *m*
ultraviolett ['ultraviolɛt] *adj* ultravioletto
um [um] *prep* **1.** *(örtlich)* intorno a; *~ sich greifen* espandersi/diffondersi; **2.** *(zeitlich)* a; **3.** *~ fünf cm kürzer* di cinque cm più corto; *Auge ~ Auge* occhio per occhio; *~ ... willen* per amor di ...; *~ zehn Euro teurer* circa dieci euro più caro; *konj* **4.** *(mit Infinitiv)* per; *adv* **5.** *Es geht ~ Geld.* È questione di soldi. *Es steht schlecht ~ ihn.* Lui sta male.
umändern ['umɛndɐn] *v* cambiare
umarmen [um'armən] *v* abbracciare
Umarmung [um'armuŋ] *f* abbraccio *m*
Umbau ['umbau] *m* ricostruzione *f*
umbenennen ['umbənɛnən] *v irr etw ~* cambiare nome a qc
umblättern ['umblɛtɐn] *v* voltare, sfogliare
umbringen ['umbrɪŋən] *v irr* uccidere, ammazzare
Umbruch ['umbrux] *m* **1.** impaginazione *f;* **2.** *(fig)* capovolgimento *m*
umbuchen ['umbuːxən] *v* **1.** *(Konto)* riportare; **2.** *(Reservierung)* cambiare
Umbuchung ['umbuːxuŋ] *f* **1.** *(Kontoumbuchung)* riporto *m;* **2.** *(einer Reservierung)* cambio *m*
umdenken ['umdɛŋkən] *v irr* cambiare idea
umdisponieren ['umdɪsponiːrən] *v* disporre in modo diverso
umdrehen ['umdreːən] *v* voltare
Umdrehung [um'dreːuŋ] *f* giro *m,* rotazione *f*
Umdrehungszahl [um'dreːuŋstsaːl] *f TECH* numero di giri *m*
umfallen ['umfalən] *v irr* cadere a terra
Umfang ['umfaŋ] *m* **1.** *(Flächeninhalt)* perimetro *m;* **2.** *(Reichweite)* estensione *f;* **3.** *(fig: Ausmaß)* mole *f;* **4.** *(Fläche)* superficie *f*
umfangreich ['umfaŋraɪç] *adj* **1.** voluminoso; **2.** *(fig)* ampio; *~e Kenntnisse* vaste conoscenze *f/pl*
umfassen [um'fasən] *v (enthalten)* comprendere
umfassend [um'fasənt] *adj* ampio, vasto
Umfassung [um'fasuŋ] *f (Einzäunung)* recinzione *f*
Umfeld ['umfɛlt] *n* ambiente *m*
Umfrage ['umfraːgə] *f* inchiesta *f*
Umgang ['umgaŋ] *m* relazione *f,* compagnia *f*
umgänglich ['umgɛŋlɪç] *adj* socievole
Umgangsformen ['umgaŋsfɔrmən] *pl* maniere *f/pl; Er hat gute ~.* Egli ha delle buone maniere.
Umgangssprache ['umgaŋsʃpraːxə] *f* lingua corrente *f*
umgarnen [um'garnən] *v* irretire
umgeben [um'geːbən] *v irr* circondare
Umgebung [um'geːbuŋ] *f* **1.** *(einer Stadt)* dintorni *m/pl;* **2.** *(eines Menschen)* ambiente *m*

U

umgehen ['umgeːən] *v irr* **1.** *(im Umlauf sein)* circolare, aggirarsi; **2.** *(behandeln)* trattare; **3.** *mit Geld sparsam ~* usare il denaro con parsimonia; **4.** *(örtlich)* deviare; **5.** *(vermeiden)* scansare; *eine Gefahr ~* scansare un pericolo
umgehend ['umgeːənt] *adj* immediato
Umgehungsstraße [um'geːuŋsʃtraːsə] *f* circonvallazione *f*
umgekehrt ['umgəkeːrt] *adj* contrario, inverso; *im ~ Fall* in caso contrario
umgraben ['umgraːbən] *v irr* rivoltare; *ein Beet ~* vangare un'aiuola
umgucken ['umgukən] *v* **1.** *(zurückblicken) guardare indietro;* **2.** *Du wirst dich noch ~!* Te ne accorgerai!
Umhang ['umhaŋ] *m* mantellina *f*, mantello *m*
umhängen ['umhɛŋən] *v irr sich etw ~* mettersi qc
Umhängetasche ['umhɛŋətaʃə] *f* borsa a tracolla *f*
umher [um'heːr] *adv* intorno
umherirren [um'heːrɪrən] *v* vagare, errare
umherreisen [um'heːrraɪzən] *v* viaggiare
umherschlendern [um'heːrʃlɛndɐn] *v* gironzolare
umhören ['umhøːrən] *v sich ~* informarsi
Umhüllung [um'hyluŋ] *f* involucro *m*
umkämpft [um'kɛmpft] *adj* combattuto
Umkehr ['umkeːr] *f* inversione *f*
umkehren ['umkeːrən] *v* **1.** tornare indietro; **2.** invertire; **3.** *(auf den Kopf stellen)* capovolgere
umkippen ['umkɪpən] *v* **1.** ribaltare; **2.** *(fig: ohnmächtig werden)* svenire; **3.** *(Gewässer)* morire biologicamente; **4.** *(fig: Meinung ändern)* fare un voltafaccia
Umkleidekabine ['umklaɪdəkabiːnə] *f* spogliatoio *m*
umkleiden ['umklaɪdən] *v* spogliarsi, cambiarsi
umknicken ['umknɪkən] *v* **1.** *(Zweig)* spezzare; **2.** storcere; *mit dem Fuß ~* storcersi la caviglia
umkommen ['umkɔmən] *v irr* morire
Umkreis ['umkraɪs] *m* raggio *m*
umkreisen [um'kraɪzən] *v* girare intorno
umkrempeln ['umkrɛmpəln] *v* **1.** *(Ärmel)* rimboccare; **2.** *(fig: ändern)* rifare
umladen ['umlaːdən] *v irr* trasbordare
Umlage ['umlaːgə] *f* ripartizione *f*
Umlauf ['umlauf] *m* circolazione *f; etw in ~ bringen* mettere in giro qc/mettere in circolazione qc; *in ~ kommen* andare in giro
Umlaut ['umlaut] *m GRAMM* dieresi *f*
umleiten ['umlaɪtən] *v* deviare
Umleitung ['umlaɪtuŋ] *f* deviazione *f*
Umorganisierung ['umɔrganiziːruŋ] *f* riorganizzazione *f*
Umrahmung [um'raːmuŋ] *f* incorniciatura *f*
Umrandung [um'randuŋ] *f* orlatura *f*
umrechnen ['umrɛçnən] *v* convertire, cambiare; *Mark in Lire ~* cambiare i marchi in lire
Umrechnung ['umrɛçnuŋ] *f* conversione *f*, cambio *m*
Umrechnungskurs ['umrɛçnuŋskurs] *m* cambio *m*
umreißen[1] ['umraɪsən] *v irr (niederreißen)* demolire
umreißen[2] [umraɪsən] *v irr (fig: kurz schildern)* tratteggiare
Umriss ['umrɪs] *m* contorno *m*
umrühren ['umryːrən] *v* rimestare, mescolare
umrüsten ['umrystən] *v TECH* adattare una macchina a eseguire altri lavori; *eine Anlage ~* convertire un impianto
ums *(= um das) (siehe „um")*
umsatteln ['umzatəln] *v* **1.** *(Pferd)* cambiare la sella; **2.** *(fig)* cambiare mestiere
Umsatz ['umzats] *m ECO* fatturato *m; ~ machen* fare fatturato
umschalten ['umʃaltən] *v* **1.** *TECH* commutare; *in den zweiten Gang ~* innestare la seconda; **2.** *(fig)* passare; *auf ein anderes Thema ~* passare ad un altro argomento
umschichten ['umʃɪçtən] *v* **1.** accatastare in altro modo; **2.** *(umwälzen)* sovvertire
Umschichtung ['umʃɪçtuŋ] *f* ristrutturazione *f*

U

Umschlag ['umʃla:k] *m* **1.** *(Schutzhülle)* copertina *f,* involucro *m;* **2.** *(Briefumschlag)* busta *f;* **3.** *MED* impacco *m;* **4.** *ECO* trasbordo *m*
umschlagen ['umʃla:gən] *v irr* **1.** *(umblättern)* voltare pagina; **2.** *(umladen)* trasbordare
Umschlagplatz ['umʃla:kplats] *m* posto di trasbordo *m*
umschmeißen ['umʃmaɪsən] *v irr* **1.** rovesciare; **2.** *(fig) einen Plan ~* mandare all'aria un piano
umschreiben [um'ʃraɪbən] *v irr* **1.** *(beschreiben)* perifrasare; **2.** *JUR* trasferire; **3.** *(neu schreiben)* riscrivere
Umschuldung ['umʃulduŋ] *f ECO* conversione *f*
umschulen ['umʃu:lən] *v* riqualificare, fare cambiare scuola
Umschulung ['umʃu:luŋ] *f* riqualificazione *f*
umschwärmen [um'ʃvɛrmən] *v* corteggiare
Umschweife ['umʃvaɪfə] *pl* ambagi *m/pl; etw ohne ~ sagen* dire qc senza giri di parole
Umschwung ['umʃvuŋ] *m* svolta *f*
umsehen ['umze:ən] *v irr sich ~* guardarsi intorno, guardare intorno
umsetzen ['umzɛtsən] *v* **1.** *sich ~* cambiare posto, porre diversamente; **2.** *(verwandeln)* trasformare; *etw in die Tat ~* realizzare qc; **3.** *(verkaufen)* smerciare
Umsicht ['umzɪçt] *f* avvedutezza *f,* circospezione *f*
umsichtig ['umzɪçtɪç] *adj* avveduto
umsiedeln ['umzi:dəln] *v* trasferire
umso ['umzo] *adv ~ mehr* tanto più; *je schneller ~ besser* più veloce tanto meglio
umsonst [um'zɔnst] *adv* **1.** *(unentgeltlich)* per niente, gratis; **2.** *(vergeblich)* inutilmente, invano
Umstände ['umʃtɛndə] *pl* **1.** circostanze *f/pl; keine ~ machen* non dare disturbo; *unter keinen ~n* in nessun caso *m;* **2.** *in anderen ~ sein* essere in stato interessante *m*
umständlich ['umʃtɛndlɪç] *adj* **1.** circostanziato; **2.** *(unbequem)* scomodo
Umständlichkeit ['umʃtɛndlɪçkaɪt] *f* prolissità *f*
Umstandskleid ['umʃtantsklaɪt] *n* abito prémaman *m*
umsteigen ['umʃtaɪgən] *v irr* cambiare
umstellen ['umʃtɛlən] *v* **1.** *(Möbel)* cambiare di posto, spostare; **2.** *(umorganisieren)* riorganizzare; **3.** *(anpassen)* adattare
Umstellung ['umʃtɛluŋ] *f* **1.** *(Umgewöhnung)* cambiamento *m;* **2.** *(Anpassung)* adattamento *m*
umstimmen ['umʃtɪmən] *v* **1.** *jdn ~ (fig)* far cambiare idea a qd, persuadere qd; **2.** *MUS* accordare
umstoßen ['umʃtɔsən] *v irr* **1.** rovesciare; **2.** *(fig)* annullare
umstritten [um'ʃtrɪtən] *adj* discusso
Umstrukturierung ['umʃtrukturi:ruŋ] *f* ristrutturazione *f*
Umsturz ['umʃturts] *m* rivolgimento *m,* rovesciamento *m*
Umtausch ['umtauʃ] *m* cambio *m*
umtauschen ['umtauʃən] *v* cambiare
Umtrunk ['umtruŋk] *m* bicchierata *f*
Umwälzanlage ['umvɛltsanla:gə] *f TECH* impianto di circolazione *m*
umwandeln ['umvandəln] *v* trasformare, convertire
Umwandlung ['umvandluŋ] *f* trasformazione *f,* conversione *f*
umwechseln ['umvɛksəln] *v* cambiare
Umweg ['umve:k] *m* deviazione *f; einen ~ machen* fare una deviazione
Umwelt ['umvɛlt] *f* ambiente *m*
Umweltbilanz ['umvɛltbɪ'lants] *f* analisi del ciclo di vita *f*
umweltfeindlich ['umvɛltfaɪndlɪç] *adj* inquinante, contaminante
umweltfreundlich ['umvɛltfrɔyndlɪç] *adj* ecologico, non inquinante
Umweltschutz ['umvɛltʃuts] *m* protezione ambientale *f*
Umweltverschmutzung ['umvɛltfɛrʃmutsuŋ] *f* inquinamento ambientale *m*
Umweltverträglichkeit ['umvɛltfɛrtrɛ:klɪçkaɪt] *f* tollerabilità ambientale *f*
umwerben [um'vɛrbən] *v irr* corteggiare
umwickeln [um'vɪkəln] *v* avvolgere, fasciare
umzäunen [um'tsɔynən] *v* recintare

Umzäunung ['umtsɔynuŋ] *f* recinzione *f*, recinto *m*
umziehen ['umtsiːən] *v irr* **1.** *sich ~ (umkleiden)* cambiarsi d'abito; **2.** *(Wohnung wechseln)* trasferirsi, traslocare; *Er ist nach Rom umgezogen.* Si è trasferito a Roma.
umzingeln [um'tsɪŋəln] *v* accerchiare, circondare
Umzug ['umtsuːk] *m* **1.** *(Wohnungswechsel)* trasferimento *m*, trasloco *m*; *nach seinem ~ nach Florenz* dopo il suo trasferimento a Firenze; **2.** *(Festzug)* corteo *m*
unabänderlich [unap'ɛnderlɪç] *adj* invariabile, immutabile
unabdingbar ['unapdɪŋbaːr] *adj* indispensabile
unabhängig ['unaphɛŋɪç] *adj* indipendente
Unabhängigkeit ['unaphɛŋɪçkaɪt] *f* indipendenza *f*
unabkömmlich [unap'kœmlɪç] *adj* impegnato, occupato
unabsehbar [unap'zeːbaːr] *adj* incalcolabile, imprevedibile
unabsichtlich ['unapzɪçtlɪç] *adj* involontario
unabwendbar [unap'vɛntbaːr] *adj* ineluttabile, inevitabile
unachtsam ['unaxtzaːm] *adj* disattento, distratto
Unachtsamkeit ['unaxtzaːmkaɪt] *f* disattenzione *f*
unanfechtbar [unan'fɛçtbaːr] *adj* incontestabile, inoppugnabile
Unanfechtbarkeit ['unanfɛçtbaːrkaɪt] *f* incontestabilità *f*, inoppugnabilità *f*
unangebracht ['unangəbraxt] *adj* inopportuno
unangemeldet ['unangəmɛldət] *adj* **1.** non annunciato; *adv* **2.** senza annunciarsi
unangemessen ['unangəmɛsən] *adj* inadeguato, inopportuno
unangenehm ['unangəneːm] *adj* sgradevole, spiacevole, increscioso
unannehmbar ['unanneːmbaːr] *adj* inaccettabile
Unannehmlichkeit ['unanneːmlɪçkaɪt] *f* seccatura *f*, noia *f*
unansehnlich ['unanzeːnlɪç] *adj* logoro, consunto
unanständig ['unanʃtɛndɪç] *adj* indecente, sconveniente
unantastbar ['unantastbaːr] *adj* intangibile, intoccabile
unappetitlich ['unapetiːtlɪç] *adj* disgustoso
Unart ['unaːrt] *f* vizio *m*
unartig ['unaːrtɪç] *adj* maleducato
unaufdringlich ['unaufdrɪŋlɪç] *adj* **1.** discreto; *adv* **2.** con discrezione, discretamente
unauffällig ['unauffɛlɪç] *adj* **1.** non appariscente; *adv* **2.** senza farsi notare
unauffindbar [unauf'fɪntbaːr] *adj* irreperibile, introvabile
unaufgefordert ['unaufgəfɔrdɐt] *adj* **1.** non esortato, non invitato; *adv* **2.** spontaneamente, volontariamente
unaufhaltsam [unauf'haltzam] *adj* inarrestabile, irrefrenabile
unaufhörlich [unauf'høːrlɪç] *adj* incessante, continuo
unaufmerksam ['unaufmɛrkzam] *adj* disattento
Unaufmerksamkeit ['unaufmɛrkzamkaɪt] *f* disattenzione *f*
unaufrichtig ['unaufrɪçtɪç] *adj* insincero, falso
Unaufrichtigkeit ['unaufrɪçtɪçkaɪt] *f* insincerità *f*, falsità *f*
unaufschiebbar [unauf'ʃiːpbaːr] *adj* improrogabile, inderogabile
unausgeglichen ['unausgəglɪçən] *adj* non equilibrato, disarmonico
Unausgeglichenheit ['unausgəglɪçənhaɪt] *f* squilibrio *m*
unausstehlich [unaus'ʃteːlɪç] *adj* insopportabile
unbändig ['unbɛndɪç] *adj* indomabile
unbarmherzig ['unbarmhɛrtsɪç] *adj* spietato
Unbarmherzigkeit ['unbarmhɛrtsɪçkaɪt] *f* spietatezza *f*
unbeabsichtigt ['unbəapzɪçtɪçt] *adj* involontario
unbeachtet ['unbəaxtət] *adj* inosservato
unbedacht ['unbədaxt] *adj* sconsiderato, avventato
unbedenklich ['unbədɛŋklɪç] *adj* **1.** sicuro; *adv* **2.** senza esitazione, senz'altro

unbedeutend ['unbədɔytənt] *adj* irrilevante
unbedingt ['unbədɪŋt] *adj* assoluto, incondizionato; *~er Gehorsam* obbedienza assoluta
unbefangen ['unbəfaŋən] *adj* disinvolto, spigliato
Unbefangenheit ['unbəfaŋənhaɪt] *f* disinvoltura *f*, spigliatezza *f*
unbefriedigend ['unbəfriːdɪgənt] *adj* insoddisfacente
unbefriedigt ['unbəfriːdɪçt] *adj* insoddisfatto
unbefristet ['unbəfrɪstət] *adj* illimitato
unbefugt ['unbəfuːkt] *adj* non autorizzato
Unbefugte(r) ['unbəfuːktə(r)] *m/f* persona non autorizzata *f*
unbegabt ['unbəgaːpt] *adj* non dotato
unbegreiflich ['unbəgraɪflɪç] *adj* incomprensibile
unbegrenzt ['unbəgrɛntst] *adj* illimitato
unbegründet ['unbəgryndət] *adj* infondato
Unbehagen ['unbəhaːgən] *n* malessere *m*, disagio *m*
unbehaglich ['unbəhaːklɪç] *adj* scomodo, disagevole
unbeherrscht ['unbəhɛrʃt] *adj* non dominato
unbeholfen ['unbəhɔlfən] *adj* maldestro
unbekannt ['unbəkant] *adj* sconosciuto, ignoto
unbekümmert ['unbəkymɐt] *adj* spensierato
unbelehrbar ['unbəleːrbaːr] *adj* incorreggibile
unbeliebt ['unbəliːpt] *adj* malvisto
Unbeliebtheit ['unbəliːpthaɪt] *f* impopolarità *f*
unbemerkt ['unbəmɛrkt] *adj* inosservato
unbequem ['unbəkveːm] *adj* scomodo
unberechenbar ['unbərɛçənbaːr] *adj* incalcolabile
unbescheiden ['unbəʃaɪdən] *adj* immodesto
Unbescheidenheit ['unbəʃaɪdenhaɪt] *f* immodestia *f*
unbescholten ['unbəʃɔltən] *adj* integro
unbeschränkt ['unbəʃrɛŋkt] *adj* illimitato
unbeschreiblich ['unbəʃraɪplɪç] *adj* indescrivibile
unbeschwert ['unbəʃveːrt] *adj* **1.** leggero, libero; *adv* **2.** senza preoccupazioni, spensieratamente
unbesetzt ['unbəzɛtst] *adj* libero
unbesonnen ['unbəzɔnən] *adj* sconsiderato, avventato
unbesorgt ['unbəzɔrgt] *adj* tranquillo
unbeständig ['unbəʃtɛndɪç] *adj* **1.** *(veränderlich)* variabile; **2.** *(wankelmütig)* incostante
unbestechlich ['unbəʃtɛçlɪç] *adj* incorruttibile
unbestimmt ['unbəʃtɪmt] *adj* indeterminato
unbeteiligt ['unbətaɪlɪçt] *adj* non interessato
unbeugsam ['unbɔykzaːm] *adj* inflessibile
unbewacht ['unbəvaçt] *adj* incustodito; *~er Parkplatz* parcheggio incustodito *m*
unbeweglich ['unbəveːklɪç] *adj* immobile
unbewohnt ['unbəvoːnt] *adj* disabitato
unbewusst ['unbəvust] *adj* inconsapevole
unbrauchbar ['unbrauxbaːr] *adj* inutilizzabile
unbürokratisch ['unbyrɔkratɪʃ] *adj* non burocratico
und [unt] *konj* e
undankbar ['undaŋkbaːr] *adj* ingrato
undenkbar [un'dɛŋkbaːr] *adj* impensabile
undeutlich ['undɔytlɪç] *adj* indistinto, vago
undicht ['undɪçt] *adj* permeabile, non ermetico
Unding ['undɪŋ] *n* assurdità *f*
undiszipliniert ['undɪstsipliniːrt] *adj* indisciplinato
undurchdringlich ['undurçdrɪŋlɪç] *adj* impenetrabile
undurchlässig ['undurçlɛsɪç] *adj* impermeabile

undurchsichtig ['undurçzɪçtɪç] *adj* 1. non trasparente; 2. *(fig)* impenetrabile
Unebenheit ['uneːbənhaɪt] *f* disuguaglianza *f*
unecht ['unɛçt] *adj* falso
unehelich ['uneːəlɪç] *adj* illegittimo
unehrlich ['uneːrlɪç] *adj* disonesto
uneigennützig ['unaɪgənnytsɪç] *adj* disinteressato, altruista
uneingeschränkt ['unaɪngəʃrɛŋkt] *adj* illimitato
uneinig ['unaɪnɪç] *adj* discorde
Uneinigkeit ['unaɪnɪçkaɪt] *f* discordia *f*
unempfindlich ['unɛmpfɪndlɪç] *adj* insensibile
unendlich [un'ɛntlɪç] *adj* infinito
Unendlichkeit [un'ɛntlɪçkaɪt] *f* infinito *m*
unentbehrlich ['unɛntbeːrlɪç] *adj* indispensabile
unentgeltlich ['unɛntgɛltlɪç] *adj* gratuito
unentschieden ['unɛntʃiːdən] *adj* 1. indeciso, in sospeso; 2. *SPORT* pari
unentschlossen ['unɛntʃlɔsən] *adj* indeciso
unentwegt ['unɛntveːkt] *adj* imperterrito
unerbittlich ['unɛrbɪtlɪç] *adj* inflessibile
unerfahren ['unɛrfaːrən] *adj* inesperto
unerfreulich ['unɛrfrɔylɪç] *adj* spiacevole
unerhört ['unɛrhøːrt] *adv* 1. *(fig)* inaudito; *~e Frechheit* sfacciataggine inaudita *f*; *adv* 2. incredibilmente
unerklärlich ['unɛrklɛrlɪç] *adj* inspiegabile
unerlaubt ['unɛrlaupt] *adj* vietato
unermesslich ['unɛrmɛslɪç] *adj* 1. smisurato; *adv* 2. smisuratamente
unerschrocken ['unɛrʃrɔkən] *adj* impavido
unerschütterlich ['unɛrʃytɐlɪç] *adj* imperturbabile
unerschwinglich ['unɛrʃvɪŋlɪç] *adj* 1. inaccessibile; *~e Preise* prezzi inaccessibili/prezzi esorbitanti; *adv* 2. inaccessibilmente, eccessivamente
unerträglich ['unɛrtrɛːklɪç] *adj* insopportabile
unerwartet ['unɛrvartət] *adj* inaspettato
unerwünscht ['unɛrvynʃt] *adj* indesiderato
unfähig ['unfɛːɪç] *adj* incapace
Unfähigkeit ['unfɛːɪçkaɪt] *f* incapacità *f*
unfair ['unfɛːr] *adj* scorretto
Unfall ['unfal] *m* incidente *m*
Unfallflucht ['unfalfluxt] *f* fuga del conducente *f*
Unfallstation ['unfalʃtatsjoːn] *f* stazione di pronto soccorso *f*
Unfallversicherung ['unfalfɛrzɪçəruŋ] *f* assicurazione contro gli infortuni *f*
unfassbar [un'fasbaːr] *adj* inconcepibile
unfolgsam ['unfɔlkzaːm] *adj* disubbidiente
unfrankiert ['unfraŋkiːrt] *adj* non affrancato
unfreiwillig ['unfraɪvɪlɪç] *adj* involontario
unfreundlich ['unfrɔyndlɪç] *adj* scortese
unfruchtbar ['unfruxtbaːr] *adj* sterile
Unfug ['unfuːk] *m* scemenze *f/pl*
Ungarn ['uŋgarn] *n GEO* Ungheria *f*
ungeachtet ['ungəaxtət] *prep* malgrado
ungebildet ['ungəbɪldət] *adj* incolto
ungedeckt ['ungədɛkt] *adj (Scheck)* non coperto
Ungeduld ['ungədult] *f* impazienza *f*
ungeduldig ['ungəduldɪç] *adj* impaziente
ungeeignet ['ungəaɪgnət] *adj* inadatto
ungefähr ['ungəfɛːr] *adj* approssimativo
ungefährlich ['ungəfɛːrlɪç] *adj* innocuo
ungehalten ['ungəhaltən] *adj* indignato
Ungeheuer ['ungəhɔyɐ] *n* mostro *m*
Ungehorsam ['ungəhoːrzaːm] *m* disubbidienza *f*
ungeklärt ['ungəklɛːrt] *adj* 1. *(unklar)* oscuro, non chiarito; 2. *(nicht gereinigt)* non depurato
ungekündigt ['ungəkyndiçt] *adj in ~er Stellung* in servizio attivo

ungelegen ['ungəle:gən] *adj* inopportuno
ungelernt ['ungəlɛrnt] *adj* non qualificato
ungemein ['ungəmaɪn] *adj* immenso
ungemütlich ['ungəmy:tlɪç] *adj* poco accogliente
ungenau ['ungənau] *adj* **1.** inesatto; *adv* **2.** non esattamente
Ungenauigkeit ['ungənauɪçkaɪt] *f* inesattezza *f*
ungenießbar ['ungəni:sba:r] *adj* **1.** *(nicht essbar)* immangiabile; **2.** *(fig: unerträglich)* insopportabile
ungenügend ['ungənygənt] *adj* insufficiente
ungepflegt ['ungəpfle:kt] *adj* trascurato
ungerade ['ungəra:də] *adj* dispari
ungerecht ['ungərɛçt] *adj* ingiusto
ungerechtfertigt ['ungərɛçtfɛrtɪçt] *adj* ingiustificato
Ungerechtigkeit ['ungərɛçtɪçkaɪt] *f* ingiustizia *f*
ungern ['ungɛrn] *adv* malvolentieri, controvoglia
ungesättigt ['ungəzɛtɪçt] *adj CHEM* non saturo
ungeschickt ['ungəʃɪkt] *adj* **1.** inetto; *adv* **2.** da incapace
ungeschoren ['ungəʃorən] *adj ~ davonkommen* passarla liscia
ungeschrieben ['ungəʃrɪbən] *adj ein ~es Gesetz* una legge non scritta
ungesetzlich ['ungəzɛtslɪç] *adj* illegale
ungestört ['ungəʃtø:rt] *adj* **1.** indisturbato; *adv* **2.** senza essere disturbato
ungestüm ['ungəʃty:m] *adj* impetuoso, irruente
ungesund ['ungəzunt] *adj* **1.** *(nicht gesund)* malsano; **2.** *(schädlich)* nocivo
Ungetüm ['ungəty:m] *n* mostro *m*
ungewiss ['ungəvɪs] *adj* incerto
Ungewissheit ['ungəvɪshaɪt] *f* incertezza *f*
ungewöhnlich ['ungəvø:nlɪç] *adj* insolito
ungewohnt ['ungəvo:nt] *adj* non abituato
Ungeziefer ['ungətsi:fɐ] *n ZOOL* insetti dannosi *m/pl*
ungezogen ['ungətso:gən] *adj* maleducato
ungezwungen ['ungətsvuŋən] *adj* **1.** *(fig)* spontaneo; *adv* **2.** *(fig)* con disinvoltura
unglaublich ['unglauplɪç] *adj* incredibile
unglaubwürdig ['unglaupvyrdɪç] *adj* inattendibile
Unglaubwürdigkeit ['unglaupvyrdɪçkaɪt] *f* inattendibilità *f*
ungleichmäßig ['unglaɪçmɛ:sɪç] *adj* irregolare
Unglück ['unglyk] *n* **1.** *(Missgeschick)* disgrazia *f;* **2.** *(Pech)* sfortuna *f; jdn ins ~ stürzen* gettare qd nella sventura; *ins ~ rennen* correre incontro alla sfortuna; *zu allem ~* per colmo di sfortuna; **3.** *(Unfall)* incidente *m*
unglücklich ['unglyklɪç] *adj* **1.** *(nicht glücklich)* infelice; **2.** *(kein Glück habend)* sfortunato
unglücklicherweise ['unglyklɪçər'vaɪzə] *adv* sfortunatamente
Ungnade ['ungna:də] *f* disgrazia *f; bei jdm in ~ fallen* cadere in disgrazia presso qd
ungültig ['ungyltɪç] *adj* non valido, scaduto; *~er Reisepass* passaporto scaduto *m*
Ungültigkeit ['ungyltɪçkaɪt] *f* invalidità *f,* nullità *f*
Ungunst ['ungunst] *f zu jds ~en* a sfavore di qd/a svantaggio di qd
ungünstig ['ungynstɪç] *adj* sfavorevole
unhandlich ['unhantlɪç] *adj* poco maneggevole
Unheil ['unhaɪl] *n* male *m*
unheilbar ['unhaɪlba:r] *adj* inguaribile, incurabile
unheilvoll ['unhaɪlfɔl] *adj* funesto, nefasto
unheimlich ['unhaɪmlɪç] *adj* **1.** sospetto, poco rassicurante; **2.** *(unbehaglich)* inquietante; **3.** *(düster)* lugubre; *adv* **4.** *(sehr)* molto
unhöflich ['unhø:flɪç] *adj* scortese
Unhöflichkeit ['unhø:flɪçkaɪt] *f* scortesia *f*
unhygienisch ['unhygje:nɪʃ] *adj* antigienico

Uniform ['unifɔrm] *f* uniforme
Union [un'jo:n] *f* unione *f; Europäische ~* Unione europea *f*
universal [univɛr'za:l] *adj* universale
Universallexikon [univɛr'za:llɛksıkɔn] *n* enciclopedia universale *f*
Universität [univɛrzi'tɛ:t] *f* università *f*
Universitätsklinik [univɛrzi'tɛ:tsklınık] *f* clinica universitaria *f*
Universum [uni'vɛrzum] *n* universo *m*
unkenntlich ['unkɛntlıç] *adj* irriconoscibile
Unkenntlichkeit ['unkɛntlıçkaıt] *f* irriconoscibilità *f*
Unkenntnis ['unkɛntnıs] *f* ignoranza *f*
unklar ['unkla:r] *adj* **1.** poco chiaro; *adv* **2.** oscuramente, confusamente
Unklarheit ['unkla:rhaıt] *f* oscurità *f*
unkompliziert ['unklɔmplitsi:rt] *adj* non complicato
Unkosten ['unkɔstən] *pl* spese *f/pl; sich in ~ stürzen* darsi alle spese pazze
Unkostenbeitrag ['unkɔstənbaıtra:k] *m* contributo alle spese *m*
Unkraut ['unkraut] *n* erbacce *f/pl*
Unkrautvertilgung ['unkrautfɛrtılguŋ] *f* diserbatura *f*
unkündbar [un'kyntba:r] *adj* permanente
unlängst ['unlɛŋst] *adv* recentemente
unlauter ['unlautɐ] *adj* sleale
unleserlich ['unle:zɐlıç] *adj* illeggibile
unlogisch ['unlo:gıʃ] *adj* illogico
unlösbar ['unlø:sba:r] *adj* insolubile, irrisolvibile
unmäßig ['unmɛ:sıç] *adj* smodato
Unmensch ['unmɛnʃ] *m* mostro *m*, bruto *m; kein ~ sein* non essere inumano/non essere un mostro
unmenschlich ['unmɛnʃlıç] *adj* inumano
unmerklich ['unmɛrklıç] *adj* impercettibile
unmissverständlich ['unmısfɛrʃtɛndlıç] *adj* inequivocabile
unmittelbar ['unmıtəlba:r] *adj* immediato, diretto
unmodern ['unmɔdɛrn] *adj* non moderno, antiquato
unmöglich [un'mø:klıç] *adj* impossibile; *jdn ~ machen* ridicolizzare qd
unmoralisch ['unmora:lıʃ] *adj* immorale
unmündig ['unmyndıç] *adj* minorenne
unnachgiebig ['unnaxgi:bıç] *adj (fig)* poco arrendevole
unnachsichtig ['unnaxzıçtıç] *adj* implacabile
unnatürlich ['unnaty:rlıç] *adj* innaturale
unnötig ['unnø:tıç] *adj* inutile
unnütz ['unnyts] *adj* inutile
unnützerweise [unnytsər'vaızə] *adv* inutilmente
unordentlich ['unɔrdəntlıç] *adj* disordinato
Unordnung ['unɔrdnuŋ] *f* disordine *m*
unparteiisch ['unpartaııʃ] *adj* imparziale
unpassend ['unpasənt] *adj* sconveniente
unpersönlich ['unpɛrzø:nlıç] *adj* impersonale
unpraktisch ['unpraktıʃ] *adj* **1.** *(Person)* non pratico, inesperto; **2.** *(Sache)* poco pratico
unpünktlich ['unpyŋktlıç] *adj* non puntuale
unrecht ['unrɛçt] *adj* **1.** cattivo; *adv* **2.** male
Unrecht ['unrɛçt] *n* torto *m; zu ~* a torto; *jdm ~ geben* dare torto a qd
unrechtmäßig ['unrɛçtmɛ:sıç] *adj* illegale
unregelmäßig ['unre:gəlmɛ:sıç] *adj* irregolare
Unregelmäßigkeit ['unre:gəlmɛ:sıçkaıt] *f* irregolarità *f*
unreif ['unraıf] *adj* immaturo
Unreife ['unraıfə] *f* immaturità *f*
Unreinheit ['unraınhaıt] *f* impurità *f*
Unruhe ['unru:ə] *f* **1.** *(Störung)* disordine *m;* **2.** *(Aufruhr)* agitazione *f;* **3.** *(Besorgnis)* inquietudine *f*
Unruheherd ['unru:əhɛrt] *m* focolaio di rivolte *m*
unruhig ['unru:ıç] *adj* **1.** *(ruhelos)* irrequieto; **2.** *(besorgt)* inquieto, preoccupato
uns [uns] *pron* noi, a noi; *unter ~* tra noi
unsachgemäß ['unzaxgəmɛ:s] *adj* **1.** non idoneo; *adv* **2.** male

U

unsachlich ['unzaxlɪç] *adj* non oggettivo
unschädlich ['unʃɛːtlɪç] *adj* innocuo; *jdn ~ machen* rendere qd inoffensivo
unscheinbar ['unʃaɪnbaːr] *adj* non appariscente, modesto
unschlüssig ['unʃlysɪç] *adj* indeciso, irrisoluto
Unschuld ['unʃult] *f* **1.** *(Schuldlosigkeit)* innocenza *f;* **2.** *(Keuschheit)* verginità *f*
unschuldig ['unʃuldɪç] *adj* innocente
unselbstständig ['unzɛlpʃtɛndɪç] *adj* non indipendente
unser(e) ['unzər(ə)] *pron* nostro/nostra
unsicher ['unzɪçɐ] *adj* **1.** insicuro; *einen Ort ~ machen* fare il giro di un posto per divertirsi; **2.** *(zweifelhaft)* incerto
Unsicherheit ['unzɪçɐhaɪt] *f* **1.** insicurezza *f;* **2.** *(Zweifelhaftigkeit)* incertezza *f*
Unsicherheitsfaktor ['unzɪçɐhaɪtsfaktɔr] *m* fattore d'insicurezza *m*
unsichtbar ['unzɪçtbaːr] *adj* invisibile; *sich ~ machen* rendersi invisibile/sparire
Unsinn ['unzɪn] *m* **1.** nonsenso *m,* assurdità *f;* **2.** *(Dummheiten)* sciocchezze *f/pl*
unsinnig ['unzɪnɪç] *adj* assurdo
Unsitte ['unzɪtə] *f* malcostume *m*
unsolide ['unzoliːdə] *adj* non solido
unsterblich ['unʃtɛrplɪç] *adj* **1.** immortale; *adv* **2.** *(sehr)* infinitamente
Unsterblichkeit ['unʃtɛrplɪçkaɪt] *f* immortalità *f*
Unstimmigkeit ['unʃtɪmɪçkaɪt] *f* **1.** discrepanza *f;* **2.** *(Meinungsverschiedenheit)* divergenza *f*
unstreitig ['unʃtraɪtɪç] *adj* incontestabile
Unsumme ['unzumə] *f* somma enorme *f*
unsympathisch ['unzympaːtɪʃ] *adj* antipatico
Untat ['untaːt] *f* misfatto *m*
untätig ['untɛːtɪç] *adj* inattivo
untauglich ['untauklɪç] *adj* **1.** inadatto; **2.** *MIL* inabile
unten ['untən] *adv* sotto; *~ im Haus* di sotto; *Er ist bei mir ~ durch.* Non ho più stima di lui.
unter ['untɐ] *prep* **1.** *(örtlich)* sotto; *~ der Telefonnummer ...* al numero telefonico ...; *~ einem Thema stehen* rientrare in un argomento; *~ großer Anstrengung* con grande sforzo; **2.** *(zwischen)* tra; *Das bleibt ~ uns.* Questo rimanga tra noi. **3.** *(weniger als)* meno di, al di sotto di
Unterarm ['untərarm] *m ANAT* avambraccio *m*
unterbesetzt ['untɐbəzɛtst] *adj* che scarseggia di personale
unterbewerten ['untɐbəvɛrtən] *v* sottovalutare
Unterbewusstsein ['untɐbəvustzaɪn] *n* subcosciente *m*
unterbinden [untər'bɪndən] *v irr (fig)* impedire
unterbrechen [untər'brɛçən] *v irr* interrompere
Unterbrechung [untər'brɛçuŋ] *f* interruzione *f*
unterbreiten [untər'braɪtən] *v* sottoporre
unterbringen ['untɐbrɪŋən] *v irr* alloggiare
unterdrücken [untər'drykən] *v* **1.** *etw ~* reprimere qc; soffocare qc; *einen Aufstand ~* reprimere una rivolta; *ein Lächeln ~* reprimere un sorriso; **2.** *jdn ~* opprimere qd; *ein Volk ~* opprimere un popolo
Unterdrückung [untər'drykuŋ] *f* repressione *f,* oppressione *f*
untere(r,s) ['untərə(r,s)] *adj* inferiore, sotto
untereinander ['untəraɪnandɐ] *adv* **1.** uno sotto l'altro; **2.** *(miteinander)* uno con l'altro
unterentwickelt ['untərɛntvɪkəlt] *adj* sottosviluppato
unterernährt ['untərɛrnɛːrt] *adj* denutrito
Unterernährung ['untərɛrnɛːruŋ] *f* denutrizione *f*
Unterfangen [untər'faŋən] *n* impresa *f*
Unterführung [untər'fyːruŋ] *f* sottopassaggio *m*
Unterfunktion ['untɐfunktsjoːn] *f* ipofunzione *f*
Untergang ['untɐgaŋ] *m* **1.** *(Zusammenbruch)* caduta *f;* **2.** *(Sinken)* affondamento *m;* **3.** *(Niedergang)* declino *m;* **4.** *(der Sonne, des Mondes)* tramonto *m*

Untergebene(r) [untər'geːbənə(r)] *m/f* dipendente *m/f,* sottoposto/sottoposta *m/f*
untergehen ['untɐgeːən] *v irr* **1.** *(zusammenbrechen)* cadere, andare in rovina; **2.** *(sinken)* affondare; **3.** *(niedergehen)* declinare; **4.** *(Sonne, Mond)* tramontare
Untergeschoss ['untɐgəʃɔs] *n* scantinato
Untergewicht ['untɐgəvɪçt] *n* peso insufficiente *m,* sottopeso *m*
untergliedern [untər'gliːdɐn] *v* suddividere
Untergrund ['untɐgrunt] *m* sottosuolo *m,* fondo *m*
Untergrundbahn ['untɐgruntbaːn] *f* metropolitana *f*
Untergrundbewegung ['untɐgruntbəveːguŋ] *f* movimento clandestino *m*
unterhalb ['untɐhalp] *prep* al di sotto di
Unterhalt ['untɐhalt] *m* mantenimento *m*
unterhalten [untər'haltən] *v irr* **1.** *(versorgen)* mantenere; **2.** *sich ~ (vergnügen)* intrattenersi; **3.** *sich ~ (plaudern)* conversare
unterhaltend [untər'haltənt] *adj* divertente
Unterhaltszahlung ['untɐhaltstsaːluŋ] *f* pagamento degli alimenti *m*
Unterhaltung [untər'haltuŋ] *f* **1.** *(Versorgung)* mantenimento *m;* **2.** *(Vergnügen)* divertimento *m;* **3.** *(Plaudern)* intrattenimento *m,* conversazione *f*
Unterhaltungsmusik [untər'haltuŋsmuziːk] *f* musica leggera *f*
Unterhändler(in) ['untɐhɛndlər(ɪn)] *m/f* negoziatore/negoziatrice *m/f*
Unterhemd ['untɐhɛmt] *n* maglietta *f,* maglia *f,* canottiera *f*
Unterhose ['untɐhoːzə] *f* mutande *f/pl*
unterkommen ['untɐkɔmən] *v irr* **1.** *(Unterkunft finden)* essere alloggiato; **2.** *(Stellung finden)* trovare un impiego
Unterkunft ['untɐkunft] *f* alloggio *m*
Unterlage ['untɐlaːgə] *f* **1.** base *f;* **2.** *(Dokument)* documento *m*
Unterlass ['untɐlas] *m ohne ~* senza sosta
unterlassen [untər'lasən] *v irr* tralasciare
unterliegen [untər'liːgən] *v irr* **1.** *(besiegt werden)* essere vinto, soccombere; **2.** *(betroffen sein)* essere soggetto, sottostare a
untermauern [untər'mauɐn] *v (fig)* consolidare
untermengen ['untɐmɛŋən] *v* mescolare
Untermiete ['untɐmiːtə] *f* subaffitto *m*
Untermieter(in) ['untɐmiːtər(ɪn)] *m/f* subaffittuario/subaffittuaria *m/f*
untermischen ['untɐmɪʃən] *v* mescolare
unternehmen [untər'neːmən] *v irr* intraprendere
Unternehmen [untər'neːmən] *n* **1.** *(Firma)* impresa *f;* **2.** *(Vorhaben)* iniziativa *f*
Unternehmensberatung [untər'neːmənsbəraːtuŋ] *f* consulenza aziendale *f*
Unternehmer(in) [untər'neːmɐ(rɪn)] *m/f* imprenditore/imprenditrice *m/f*
unternehmungslustig [untər'neːmuŋslustɪç] *adj* intraprendente
unterordnen ['untɐɔrdnən] *v* subordinare
Unterredung [untər'reːduŋ] *f* colloquio *m,* discussione *f; eine ~ unter vier Augen* un colloquio a quattr'occhi *m*
Unterricht ['untɐrɪçt] *m* lezione *f*
unterrichten [untər'rɪçtən] *v* **1.** *(lehren)* insegnare; **2.** *(informieren)* informare
Unterrock ['untɐrɔk] *m* sottoveste *f*
untersagen [untər'zaːgən] *v* vietare
unterschätzen [untər'ʃɛtsən] *v* sottovalutare
unterscheiden [untər'ʃaɪdən] *v irr* distinguere
Unterscheidungsmerkmal [untər'ʃaɪduŋsmɛrkmaːl] *n* caratteristica *f*
Unterschied ['untɐʃiːt] *m* differenza *f; ein ~ wie Tag und Nacht* diverso come il giorno della notte
unterschiedlich ['untɐʃiːtlɪç] *adj* **1.** diverso, differente; *adv* **2.** diversamente
unterschlagen [untər'ʃlaːgən] *v irr* **1.** sottrarre; **2.** *(verheimlichen)* nascondere

U

Unterschlagung [untər'ʃla:guŋ] *f* 1. sottrazione *f;* 2. *JUR* appropriazione indebita *f*
Unterschlupf ['untɐʃlupf] *m* nascondiglio *m*
unterschreiben [untər'ʃraɪbən] *v irr* firmare
Unterschrift ['untɐʃrɪft] *f* firma *f*
Unterseite ['untɐzaɪtə] *f* lato inferiore *m*
Untersetzer ['untɐzɛtsɐ] *m* sottocoppa *m*
unterste(r,s) ['untɐstə(r,s)] *adj* più basso/più bassa, inferiore; *das Unterste zuoberst kehren* mettere tutto sottosopra
Unterstellung [untər'ʃtɛluŋ] *f* impuntazione
unterstreichen [untər'ʃtraɪçən] *v* 1. sottolineare; 2. *(fig: betonen)* accentuare
unterstützen [untər'ʃtytsən] *v* sostenere
untersuchen [untər'zu:xən] *v* 1. esaminare; 2. *MED* visitare
Untertasse ['untɐtasə] *f* piattino *m*
untertauchen ['untɐtauxən] *v* 1. *(eintauchen)* immergersi; 2. *(fig: verschwinden)* scomparire
Unterteil ['untɐtaɪl] *n* parte inferiore *f*
unterteilen [untər'taɪlən] *v* suddividere
Untertitel ['untɐtɪtəl] *m* sottotitolo *m*
Untertreibung [untər'traɪbuŋ] *f* minimazione *f*
untervermieten ['untɐfɛrmi:tən] *v* subaffittare
Unterwäsche ['untɐvɛʃə] *f* biancheria intima *f*
Unterwassermassage [untər'vasɐmasa:ʒə] *f MED* idromassagio *m*
unterwegs [untər've:ks] *adv* in cammino, per strada
unterweisen [untər'vaɪzən] *v irr* istruire
Unterwelt ['untɐvɛlt] *f* inferi *m/pl,* bassifondi *m/pl*
unterwerfen [untər'vɛrfən] *v irr* sottomettere
unterwürfig ['untɐvyrfɪç] *adj* sottomesso, deferente
unterzeichnen [untər'tsaɪçnən] *v* firmare
Unterzeichnete(r) [untər'tsaɪçnətə(r)] *m/f* sottoscritto/sottoscritta *m/f*
untragbar ['untra:kba:r] *adj* insopportabile
untreu ['untrɔy] *adj* infedele
untröstlich ['untrø:stlɪç] *adj* inconsolabile
Untugend ['untu:gənt] *f* vizio *m*
unüberlegt ['uny:bɐle:kt] *adj* avventato
unübersichtlich ['uny:bɐzɪçtlɪç] *adj* 1. *(ohne Sicht)* senza visibilità; 2. *(verworren)* confuso
unumgänglich [unum'gɛŋlɪç] *adj* indispensabile
unumwunden ['unumvundən] *adj* franco, schietto
ununterbrochen ['ununtɐbrɔxən] *adj* ininterrotto
unveränderlich [unfɛr'ɛndɐlɪç] *adj* immutabile
unverantwortlich [unfɛr'antvɔrtlɪç] *adj* irresponsabile
unverbesserlich [unfɛr'bɛsɐlɪç] *adj* incorreggibile
unverbindlich ['unfɛrbɪntlɪç] *adj* non impegnativo
unvereinbar [unfɛr'aɪnba:r] *adj* inconciliabile
Unverfrorenheit ['unfɛrfro:rənhaɪt] *f* sfacciataggine *f,* sfrontatezza *f*
unvergesslich [unfɛr'gɛslɪç] *adj* indimenticabile
unverheiratet ['unfɛrhaɪra:tət] *adj* 1. non sposato; 2. *(Mann)* celibe; 3. *(Frau)* nubile
unverhofft ['unfɛrhɔft] *adj* insperato, inatteso
unverkäuflich ['unfɛrkɔyflɪç] *adj* invendibile
unverkennbar [unfɛr'kɛnba:r] *adj* inconfondibile
unvermeidlich ['unfɛrmaɪdlɪç] *adj* inevitabile
unvermutet ['unfɛrmu:tət] *adj* inaspettato
unvernünftig ['unfɛrnynftɪç] *adj* insensato, irragionevole
unverschämt ['unfɛrʃɛ:mt] *adj* sfacciato
Unverschämtheit ['unfɛrʃɛ:mthaɪt] *f* sfacciataggine *f,* sfrontatezza *f*

unversehrt ['unfɛrze:rt] *adj* illeso, intatto
unversöhnlich ['unfɛrzø:nlıç] *adj* inconciliabile
unverständlich ['unfɛrʃtɛntlıç] *adj* incomprensibile
unversucht ['unvɛrzu:xt] *adj nichts ~ lassen* non lasciare nulla d'intentato
unverwüstlich ['unfɛrvy:stlıç] *adj* indistruttibile
unverzeihlich ['unfɛrtsaılıç] *adj* imperdonabile
unverzüglich ['unfɛrtsy:klıç] *adj* immediato
unvollkommen ['unfɔlkɔmən] *adj* imperfetto
unvollständig ['unfɔlʃtɛndıç] *adj* incompleto
unvorbereitet ['unfo:rbəraıtət] *adj* 1. impreparato; *adv* 2. senza essere preparato
unvoreingenommen ['unfo:raıngənɔmən] *adj* 1. non prevenuto; *adv* 2. senza pregiudizi
unvorhergesehen ['unfo:rhe:rgəze:ən] *adj* imprevisto
unvorsichtig ['unfo:rzıçtıç] *adj* imprudente
unvorstellbar ['unfo:rʃtɛlba:r] *adj* inimmaginabile
unvorteilhaft ['unfo:rtaılhaft] *adj* svantaggioso
unwahr ['unva:r] *adj* non vero, falso
unwahrscheinlich ['unva:rʃaınlıç] *adj* improbabile
unweigerlich [un'vaıgəlıç] *adj* immancabile, inevitabile
Unwesen ['unve:zən] *n sein ~ treiben* imperversare
Unwetter ['unvɛtɐ] *n* maltempo *m*
unwichtig ['unvıçtıç] *adj* insignificante
unwiderruflich [unvi:dər'ruflıç] *adj* irrevocabile
unwiderstehlich ['unvi:dɐʃte:lıç] *adj* irresistibile
unwillig ['unvılıç] *adj* 1. indignato, risentito; *adv* 2. con ira, controvoglia
unwillkürlich ['unvılky:rlıç] *adj* involontario, istintivo
unwirksam ['unvırkza:m] *adj* inefficace
unwissend ['unvısənt] *adj* ignorante
Unwissenheit ['unvısənhaıt] *f* ignoranza *f*
unwohl ['unvo:l] *adv* male
unwürdig ['unvyrdıç] *adj* indegno
unzählig ['untsɛ:lıç] *adj* innumerevole
unzerbrechlich [untsɛr'brɛçlıç] *adj* infrangibile
unzertrennlich [untsɛr'trɛnlıç] *adj* inseparabile
Unzucht ['untsuxt] *f* lussuria *f*
unzufrieden ['untsufri:dən] *adj* insoddisfatto
unzugänglich ['untsugɛŋlıç] *adj* 1. inaccessibile; 2. *(fig: verschlossen)* chiuso
unzulänglich ['untsulɛŋlıç] *adj* insufficiente, inadeguato
unzulässig ['untsulɛsıç] *adj* inammissibile
unzumutbar ['untsumu:tba:r] *adj* che non si può pretendere
unzurechnungsfähig ['untsurɛçnuŋsfɛ:ıç] *adj* incapace d'intendere e di volere
unzuverlässig ['untsufɛrlɛsıç] *adj* inaffidabile
unzweckmäßig ['untsvɛkmɛ:sıç] *adj* inadeguato
üppig ['ypıç] *adj* 1. rigoglioso; 2. *(Frau)* formosa; 3. *(blühend)* florido
Urahnen ['uɐa:nən] *pl* avi *m/pl*, antenati *m/pl*
uralt ['u:ɐalt] *adj* antichissimo
Uran [u'ra:n] *n CHEM* uranio *m*
Uraufführung ['u:ɐauffy:ruŋ] *f* prima *f*
Ureinwohner ['u:ɐaınvo:nɐ] *m* aborigeno *m*, indigeno *m*
Urenkel ['u:ɐɛŋkəl] *m* pronipote *m*
Urgroßeltern ['u:ɐgro:sɛltɐn] *pl* bisnonni *m/pl*, nonni dei nonni *m/pl*
Urheber(in) ['u:ɐhe:bər(ın)] *m/f* autore/autrice *m/f*
Urheberrecht ['u:ɐhe:bərɛçt] *n JUR* diritti d'autore *m/pl*
Urin [u'ri:n] *m* urina *f*
Urkunde ['u:ɐkundə] *f*, atto *m*, titolo *m*
Urkundenfälschung ['u:ɐkundənfɛlʃuŋ] *f* falso in atto pubblico *m*
urkundlich ['u:ɐkuntlıç] *adj* 1. documentario; *adv* 2. con documenti
Urlaub ['u:ɐlaup] *m* vacanza *f*
Urlauber(in) ['u:ɐlaubər(ın)] *m/f* vacanziere/vacanziera *m/f*, villeggiante *m/f*

U

Urlaubsgeld ['u:ɐlaupsgɛlt] *n* sussidio *m* per le ferie
urlaubsreif ['u:ɐlaupsraɪf] *adj* aver bisogno di una vacanza
Urlaubsreise ['u:ɐlaups'raɪzə] *f* viaggio turistico *m*
Urlaubsvertretung ['u:ɐlaupsvertre:tuŋ] *f* sostituzione *f* per vacanze; *meine ~* la persona che mi supplisce; *~ machen* fare da sostituto
Urne ['urnə] *f* urna *f*
Urologe [uro'lo:gə] *m MED* urologo *m*
Ursache ['u:ɐzaxə] *f* causa *f*
Ursprung ['u:ɐʃpruŋ] *m* origine *f*
ursprünglich ['uɐʃpryŋlɪç] *adj* originario
Ursprungsland ['uɐʃpungslant] *n* paese d'origine *m*
Ursprungszeugnis ['u:ɐʃpruŋstsɔyknɪs] *n* certificato d'origine *m*
Urteil ['urtaɪl] *n* **1.** giudizio *m;* **2.** *JUR* sentenza *f*
urteilen ['urtaɪlən] *v* giudicare
Urwald ['u:ɐvalt] *m* foresta vergine *f*
urwüchsig ['u:ɐvy:kzɪç] *adj* **1.** primitivo; **2.** *(wild)* selvatico; **3.** *(natürlich)* spontaneo
USB-Stick [usbʃtik] *INFORM* chiavetta USB *f*
Utensilien [utɛn'zi:ljən] *pl* utensili *m/pl*
utopisch [u'to:pɪʃ] *adj* utopistico

V

Vagabund(in) [vaga'bunt(ɪn)] *m/f* vagabondo/vagabonda *m/f*
vagabundieren [vagabun'diːrən] *v* vagabondare
vage ['vaːgə] *adj* vago, incerto; *Sie hat eine ~ Idee.* Lei ha una vaga idea.
Vagina [va'giːna] *f ANAT* vagina *f*
Vakuum ['vaːkuum] *n* vuoto *m*
Valuta [va'luːta] *f ECO* valuta *f*
Vampir [vam'piːr] *m* vampiro *m*
Vandalismus [vanda'lɪsmus] *m* vandalismo *m*
Vanille [va'nɪlə] *f BOT* vaniglia *f*
Vanillezucker [va'niːlətsukɐ] *m GAST* zucchero vanigliato *m*
variabel [vari'aːbəl] *adj* variabile
Variante [vari'antə] *f* variante *f*
variieren [vari'iːrən] *v* variare
Vase ['vaːzə] *f* vaso *m*
Vater ['faːtɐ] *m* padre *m; ~ Staat* il caro stato *m; der himmlische ~* il Padre Celeste *m; zu seinen Vätern heimgehen* tornare alla casa degli avi/raggiungere gli antenati
Vaterland ['faːtɐlant] *n* patria *f*
väterlich ['fɛːtɐlɪç] *adj* paterno
väterlicherseits ['fɛːtɐlɪçɐzaɪts] *adv* da parte di padre
Vaterschaft ['faːtɐʃaft] *f* paternità *f*
Vaterunser [faːtər'unzɐ] *n REL* padrenostro *m*
Vatikan [vatɪ'kaːn] *m* Vaticano *m*
vegan [ve'gaːn] *adj* vegan
Vegetarier(in) [vege'taːriːər(ɪn)] *m/f* vegetariano/vegetariana *m/f*
vegetarisch [vege'taːrɪʃ] *adj* vegetariano
Vegetation [vegeta'tsjoːn] *f* vegetazione *f*
vehement [vehə'mɛnt] *adj* veemente
Veilchen ['faɪlçən] *n BOT* viola *f*
Velours [ve'luːr] *n* velluto *m*, velours *m*
Vene ['veːnə] *f ANAT* vena *f*
Venenentzündung ['veːnənɛntsyndʊŋ] *f MED* flebite *f*
Ventil [vɛn'tiːl] *n* **1.** *TECH* valvola *f;* **2.** *(fig)* sfogo *m*
Ventilator [vɛnti'laːtɔr] *m* ventilatore *m*
verabreden [fɛɐ'apreːdən] *v* **1.** concordare; **2.** *sich ~* darsi appuntamento
Verabredung [fɛɐ'apreːdʊŋ] *f* **1.** *(Abmachung)* accordo *m;* **2.** *(Treffen)* appuntamento *m*
verabscheuen [fɛɐ'apʃɔyən] *v* disprezzare, aborrire
verabschieden [fɛɐ'apʃiːdən] *v* **1.** congedare; **2.** *(Gesetz)* varare; **3.** *sich ~* congedarsi; *sich von jdm ~* congedarsi da qd
Verabschiedung [fɛɐ'apʃiːdʊŋ] *f* **1.** congedo *m;* **2.** *(eines Gesetzes)* varo *m*
verachten [fɛɐ'axtən] *v* disprezzare; *nicht zu ~ sein* non essere niente male
verächtlich [fɛɐ'ɛçtlɪç] *adj* **1.** sprezzante, sdegnoso; *adv* **2.** con disprezzo, sprezzantemente
Verachtung [fɛɐ'axtʊŋ] *f* disprezzo *m; jdn mit ~ strafen* ignorare qd
verallgemeinern [fɐalgə'maɪnɐn] *v* generalizzare
Verallgemeinerung [fɐalgə'maɪnərʊŋ] *f* generalizzazione *f*
veraltet [fɛɐ'altət] *adj* desueto, antiquato
Veranda [ve'randa] *fpl* veranda *f*
veränderlich [fɛɐ'ɛndɐlɪç] *adj* mutevole, variabile
verändern [fɛɐ'ɛndɐn] *v* cambiare, variare, mutare
Veränderung [fɛɐ'ɛndərʊŋ] *f* mutamento *m*, trasformazione *m*
verängstigt [fɛɐ'ɛŋstɪçt] *adj* impaurito
Veranlagung [fɛɐ'anlaːgʊŋ] *f* disposizione *f*, predisposizione *f*
veranlassen [fɛɐ'anlasən] *v* **1.** *(bewegen)* indurre; **2.** *(anordnen)* predisporre; **3.** *(hervorrufen)* suscitare
Veranlassung [fɛɐ'anlasʊŋ] *f* disposizione *f*, motivo *m*
veranschaulichen [fɛɐ'anʃaulɪçən] *v* illustrare, rappresentare graficamente
veranschlagen [fɛɐ'anʃlaːgən] *v* preventivare

veranstalten [fɛɐ'anʃtaltən] *v* organizzare
Veranstalter(in) [fɛɐ'anʃtaltər(ɪn)] *m/f* organizzatore/organizzatrice *m/f*
Veranstaltung [fɛɐ'anʃtaltuŋ] *f* manifestazione *f*
verantworten [fɛɐ'antvɔrtən] *v* assumere la responsabilità di, rispondere di
verantwortlich [fɛɐ'antvɔrtlɪç] *adj* responsabile; *nicht ~ sein* non essere responsabile
Verantwortung [fɛɐ'antvɔrtuŋ] *f* responsabilità *f*; *jdn für etw zur ~ ziehen* chiedere conto a qd di qc
verantwortungsbewusst [fɛɐ'antvɔrtuŋsbəvust] *adj* responsabile
verantwortungslos [fɛɐ'antvɔrtuŋslo:s] *adj* 1. irresponsabile; *adv* 2. senza responsabilità
verantwortungsvoll [fɛɐ'antvɔrtuŋsfɔl] *adj* 1. di responsabilità; *adv* 2. con responsabilità
veräppeln [fɛɐ'ɛpəln] *v jdn ~* prendere in giro qd
verarbeiten [fɛɐ'arbaɪtən] *v* 1. *(bearbeiten)* lavorare, trasformare; 2. *(Daten) INFORM* elaborare; 3. *(fig)* digerire
Verarbeitung [fɛɐ'arbaɪtuŋ] *f* 1. *(Bearbeitung)* lavorazione *f*; 2. *(von Daten) INFORM* elaborazione *f*; 3. *(fig: Bewältigung)* superamento *m*
verärgern [fɛɐ'ɛrgɐn] *v* irritare, stizzire
verärgert [fɛɐ'ɛrgɐt] *adj* irritato
Verarmung [fɛɐ'armuŋ] *f* impoverimento *m*
verarzten [fɛɐ'artstən] *v* curare
Verätzung [fɛɐ'ɛtsuŋ] *f MED* cauterizzazione *f*
verausgaben [fɛɐ'ausga:bən] *v* 1. *sich ~ (finanziell)* spendere tutto; 2. *sich ~ (körperlich)* esaurirsi
veräußern [fɛɐ'ɔysɐn] *v* vendere
Verb [vɛrp] *n GRAMM* verbo *m*
verbal [vɛr'ba:l] *adj* verbale
Verband [fɛɐ'bant] *m* 1. *(Vereinigung)* associazione *f*; 2. *MED* fasciatura *f*
Verbandkasten [fɛɐ'bantkastən] *m* cassetta del pronto soccorso *f*
Verbandmaterial [fɛɐ'bantmatɐjal] *n* materiale di medicazione *m*
verbannen [fɛɐ'banən] *v* esiliare, bandire
Verbannung [fɛɐ'banuŋ] *f* esilio *m*
verbarrikadieren [fɐbarɪka'di:rən] *v* barricare
verbeißen [fer'baisən] *v irr* 1. *sich in etw ~* azzanare qc; 2. *sich etw ~* occultare qc, trattenere qc
verbergen [fɛɐ'bɛrgən] *v irr* nascondere, celare
verbessern [fɛɐ'bɛsɐn] *v* 1. migliorare; 2. *(korrigieren)* correggere
Verbesserung [fɛɐ'bɛsəruŋ] *f* 1. miglioramento *m*; 2. *(Korrektur)* correzione *f*
verbeugen [fɛɐ'bɔygən] *v sich ~* inchinarsi
Verbeugung [fɛɐ'bɔyguŋ] *f* inchino *m*
verbiegen [fɛɐ'bi:gən] *v irr* 1. piegare; 2. *(verbilden)* deformare
verbieten [fɛɐ'bi:tən] *v irr* proibire; *jmd den Mund ~* far tacere qd
verbinden [fɛɐ'bɪndən] *v irr* 1. *(zusammenfügen)* legare, congiungere; 2. *TEL* mettere in comunicazione; 3. *MED* fasciare
verbindlich [fɛɐ'bɪntlɪç] *adj* 1. *(verpflichtend)* vincolante, impegnativo; 2. *(höflich)* cortese
Verbindlichkeit [fɛɐ'bɪntlɪçkaɪt] *f* 1. *(Verpflichtung)* impegno *m*, obbligo *m*; 2. *(Höflichkeit)* cortesia *f*
Verbindung [fɛɐ'bɪnduŋ] *f* 1. *(Vereinigung)* associazione *f*, unione *f*; 2. *(Zusammenfügung)* congiunzione *f*, unione *f*; 3. *(Zugverbindung)* coincidenza *f*; 4. *TEL* comunicazione *f*; 5. *(Beziehung)* relazione *f*, rapporto *m*; *sich mit jdm in ~ setzen* mettersi in contatto con qd; 6. *CHEM* combinazione *f*
Verbindungsglied [fɛɐ'bɪnduŋsgli:t] *n* raccordo *m*
Verbindungskabel [fɛɐ'bɪnduŋska:bəl] *n* cavo d'accoppiamento *m*
Verbindungsmann [fɛɐ'bɪnduŋsman] *m* intermediario *m*
Verbindungsstecker [fɛɐ'bɪnduŋsʃtɛkɐ] *m* spina di raccordo *f*
Verbindungsstraße [fɛɐ'bɪnduŋsʃtra:sə] *f* raccordo stradale *m*
verbissen [fɛɐ'bɪsən] *adj* accanito, ostinato; *etw nicht ~ sehen* non prendere troppo sul serio qc

verbittert [fɛɐ'bɪtɐt] *adj* amareggiato
Verbitterung [fɛɐ'bɪtəruŋ] *f* amareggiamento *m*
verblassen [fɛɐ'blasən] *v* impallidire, sbiadire; *Die Erinnerungen ~.* I ricordi svaniscono.
Verbleib [fɛɐ'blaɪp] *m* soggiorno *m*, dimora *f*
verbleit [fɛɐ'blaɪt] *adj* con piombo
verblendet [fɛɐ'blɛndət] *adj* abbagliato, accecato
verblüffend [fɛɐ'blyfənt] *adj* **1.** sbalorditivo; *adv* **2.** in modo sbalorditivo
Verblüffung [fɛɐ'blyfuŋ] *f* sbalordimento *m*
verblühen [fɛɐ'blyːən] *v* sfiorire, appassire
verbluten [fɛɐ'bluːtən] *v MED* dissanguarsi
verbohrt [fɛɐ'boːrt] *adj* ostinato, testardo
verborgen [fɛɐ'bɔrgən] *adj* nascosto
Verborgenheit [fɛɐ'bɔrgənhaɪt] *f* segretezza *f*
Verbot [fɛɐ'boːt] *n* divieto *m*, proibizione *f*
verboten [fɛɐ'boːtən] *adj* proibito, vietato; *Das sieht einfach ~ aus!* È semplicemente impossibile!
Verbrauch [fɛɐ'braux] *m* consumo *m*, *sparsam im ~* economico nel consumo *m*
verbrauchen [fɛɐ'brauxən] *v* consumare
Verbraucher(in) [fɛɐ'brauxər(ɪn)] *m/f* consumatore/consumatrice *m/f*
Verbraucherschutz [fɛɐ'brauxɐʃuts] *m* difesa dei consumatori *f*
Verbrauchsgüter [fɛɐ'brauxsgyːtɐ] *pl ECO* beni di consumo *m/pl*
verbrechen [fɛɐ'brɛçən] *v irr* commettere un delitto
Verbrechen [fɛɐ'brɛçən] *n* delitto *m*, crimine *m*
Verbrecher(in) [fɛɐ'brɛçər(ɪn)] *m/f* criminale *m/f*, delinquente *m/f*
verbrecherisch [fɛɐ'brɛçɐɪʃ] *adj* criminale, delittuoso
verbreiten [fɛɐ'braɪtən] *v* diffondere, propagare
verbreitern [fɛɐ'braɪtɐn] *v* allargare; *eine Straße ~* allargare una strada
Verbreiterung [fɛɐ'braɪtəruŋ] *f* allargamento *m*
Verbreitung [fɛɐ'braɪtuŋ] *f* propagazione *f*, diffusione *f*
verbrennen [fɛɐ'brɛnən] *v irr* bruciare
Verbrennung [fɛɐ'brɛnuŋ] *f* **1.** *(Müllverbrennung)* incenerimento *m;* **2.** *(Einäscherung)* cremazione *f;* **3.** *MED* ustione *f;* **4.** *(eines Motors) TECH* combustione *f*
Verbrennungsmotor [fɛɐ'brɛnuŋsmoːtɔr] *m* motore a combustione *m*
verbriefen [fɛɐ'briːfən] *v* garantire, riconoscere
verbringen [fɛɐ'brɪŋən] *v irr* passare
verbrühen [fɛɐ'bryːən] *v sich ~* scottarsi; *sich die Hand ~* scottarsi la mano
verbuchen [fɛɐ'buːxən] *v* registrare
Verbund [fɛɐ'bunt] *m* unione *f*
verbünden [fɛɐ'byndən] *v sich ~* allearsi, coalizzarsi
Verbundenheit [fɛɐ'bundənhaɪt] *f* **1.** unione *f;* **2.** *(Zuneigung)* affetto *m*
Verbündete(r) [fɛɐ'byndətə(r)] *m/f* alleato/alleata *m/f*
verbürgen [fɛɐ'byrgən] *v* garantire, assicurare; *sich für etw ~* garantire per qc
verbüßen [fɛɐ'byːsən] *v* espiare, scontare
Verdacht [fɛɐ'daxt] *m* sospetto *m; über jeden ~ erhaben sein* essere al di sopra di ogni sospetto; *auf ~* a casaccio; *~ schöpfen* nutrire sospetti/insospettirsi
verdächtig [fɛɐ'dɛçtɪç] *adj* sospetto, dubbio
Verdächtige(r) [fɛɐ'dɛçtɪgə(r)] *m/f* persona sospetta *f*
verdächtigen [fɛɐ'dɛçtɪgən] *v* sospettare
Verdächtigung [fɛɐ'dɛçtɪguŋ] *f* sospetto *m*
Verdachtsmoment [fɛ'daxtsmomɛnt] *n* indizio *m*
verdammen [fɛɐ'damən] *v* dannare, maledire
verdammenswert [fɛɐ'damənsveːrt] *adj* dannabile, esecrabile
verdampfen [fɛɐ'dampfən] *v* evaporare; *Wasser verdampft* acqua evapora
verdanken [fɛɐ'daŋkən] *v* essere obbligato per, dovere
verdauen [fɛɐ'dauən] *v* digerire

verdaulich [fɛɐ'daulɪç] *adj* digeribile
Verdauung [fɛɐ'dauuŋ] *f* digestione *f*
Verdauungsschnaps [fɛɐ'dauuŋsʃnaps] *m* digestivo *m*
Verdauungsstörung [fɛɐ'dauŋsʃtøːruŋ] *f MED* disturbo digestivo *m*
Verdeck [fɛɐ'dɛk] *n* 1. *(eines Autos)* capote *f*, tetto *m;* 2. *(eines Schiffes)* coperta *f*, ponte superiore *m*
verdecken [fɛɐ'dɛkən] *v* 1. *(zudecken)* coprire; 2. *(verbergen)* nascondere, mascherare
verderben [fɛɐ'dɛrbən] *v irr* 1. *(zerstören)* rovinare, rompere; *es sich mit jdm ~* perdere il favore di qd; 2. *(schlecht werden)* andare a male, guastarsi; *Das Fleisch ist verdorben.* La carne è andata a male. 3. *(fig: schlecht beeinflussen)* corrompere
Verderben [fɛɐ'dɛrbən] *n* rovina *f*
verderblich [fɛɐ'dɛrplɪç] *adj* deperibile
verdeutlichen [fɛɐ'dɔytlɪçən] *v* spiegare
verdichten [fɛɐ'dɪçtən] *v* 1. *TECH* comprimere; 2. *(fig)* addensare
verdienen [fɛɐ'diːnən] *v* 1. *(Geld)* guadagnare; *Er verdient viel Geld.* Lui guadagna molto denaro. 2. *(Lob)* meritare; *Sie hat sich ein Lob verdient.* Si è meritata un elogio. *es nicht anders ~* non meritarsi altro
Verdienst [fɛɐ'diːnst] *m* 1. guadagno *m; n* 2. merito *m*
Verdienstausfall [fɛɐ'diːnstausfal] *m* perdita del profitto *f*, mancato guadagno *m*
Verdienstorden [fɛɐ'diːnstɔrdən] *m* ordine al merito *m*
verdoppeln [fɛɐ'dɔpəln] *v* raddoppiare
Verdoppelung [fɛɐ'dɔpəluŋ] *f* raddoppiamento *m*
verdorben [fɛɐ'dɔrbən] *adj* 1. *(ungenießbar)* guasto; *Er hat ~en Fisch gegessen.* Ha mangiato del pesce guasto. 2. *(fig)* corrotto; *~e Gesellschaft* società corrotta *f*
verdrängen [fɛɐ'drɛŋən] *v* 1. spostare; 2. *(fig)* reprimere; 3. *MED* rimuovere
Verdrängung [fɛɐ'drɛŋuŋ] *f* 1. spostamento *m;* 2. *(fig)* repressione *f;* 3. *MED* rimozione *f*
verdrehen [fɛɐ'dreːən] *v* 1. torcere; 2. *(fig)* falsare; *die Wahrheit ~* distorcere la verità
verdreht [fɛɐ'dreːt] *adj* distorto, travisato
verdreifachen [fɛɐ'draɪfaxən] *v* triplicare
verdrießen [fɛɐ'driːsən] *v irr* irritare, seccare; *es sich nicht ~ lassen* non lasciarsi infastidire
verdrießlich [fɛɐ'driːslɪç] *adj* seccato, infastidito
Verdrossenheit [fɛɐ'drɔsənhaɪt] *f* irritazione *f*, fastidia *f;* malumore *m*
Verdruss [fɛɐ'drus] *m* fastidio *m*, molestia *f*
Verdummung [fɛɐ'dumuŋ] *f* istupidimento *m*
verdunkeln [fɛɐ'duŋkəln] *v* 1. *(abdunkeln)* oscurare; 2. *(fig: verschleiern)* mascherare; *die Wahrheit ~* mascherare la verità
Verdunkelung [fɛɐ'duŋkəluŋ] *f* 1. *(Abdunkeln)* oscuramento *m;* 2. *(fig: Verschleierung)* mascheramento *m*
Verdunkelungsgefahr [fɛɐ'duŋkəluŋsgəfaːr] *f JUR* pericolo di collusione *m*
verdünnen [fɛɐ'dynən] *v* assottigliare, annacquare
Verdünnung [fɛɐ'dynuŋ] *f* assottigliamento *m*, annacquamento *m*
Verdünnungsmittel [fɛɐ'dynuŋsmɪtəl] *n* diluente *m*
verdunsten [fɛɐ'dunstən] *v* evaporare
verdursten [fɛ'durstən] *v* morire di sete
verdutzt [fɛɐ'dutst] *adj* stupito
veredeln [fɛɐ'eːdəln] *v* raffinare
verehren [fɛɐ'eːrən] *v* venerare
Verehrer [fɛɐ'eːrɐ] *m* adoratore *m*, veneratore *m*
Verehrung [fɛɐ'eːruŋ] *f* venerazione *f*
vereidigen [fɛɐ'aɪdɪgən] *v* far prestare giuramento
Vereidigung [fɛɐ'aɪdɪguŋ] *f* giuramento *m*
Verein [fɛɐ'aɪn] *m* associazione *f*, società *f*
vereinbaren [fɛɐ'aɪnbaːrən] *v* concordare
Vereinbarkeit [fɛɐ'aɪnbaːrkaɪt] *f* compatibilità *f*
Vereinbarung [fɛɐ'aɪnbaːruŋ] *f* convenzione *f*, accordo *m*

vereinbarungsgemäß [fɐɐ'aɪnbaːruŋs-gəmɛs] *adv* come d'accordo
vereinen [fɐɐ'aɪnən] *v* unire, congiungere
vereinfachen [fɐɐ'aɪnfaxən] *v* semplificare
vereinheitlichen [fɐɐ'aɪnhaɪtlɪçən] *v* unificare
vereinigen [fɐɐ'aɪnɪgən] *v* riunire
Vereinigte Staaten [fɐɐ'aɪgnɪçtə 'ʃtaː-tən] *pl* GEO Stati Uniti *m/pl*
Vereinigung [fɐɐ'aɪnɪguŋ] *f* **1.** unione *f;* **2.** POL unione *f*
vereinnahmen [fɐɐ'aɪnnaːmən] *v* incassare
vereinsamen [fɐɐ'aɪnzamən] *v* isolarsi
Vereinsamung [fɐɐ'aɪnzamuŋ] *f* isolamento *m*
Vereinte Nationen [fɐɐ'aɪntə nats-'joː-nən] *pl* Nazioni Unite *f/pl*
vereinzelt [fɐɐ'aɪntsəlt] *adj* **1.** isolato; *adv* **2.** sporadicamente, isolatamente
vereiteln [fɐɐ'aɪtəln] *v* sventare
Vereitelung [fɐɐ'aɪtəluŋ] *f* frustrazione *f*
vereitert [fɐɐ'aɪtɐt] *adj* MED suppurato
verenden [fɐɐ'ɛndən] *v* morire, crepare
verengen [fɐɐ'ɛŋən] *v* restringere
Verengung [fɐɐ'ɛŋuŋ] *f* restringimento *m*
vererben [fɐɐ'ɛrbən] *v* **1.** *(Güter)* lasciare in eredità; **2.** BIO trasmettersi per eredità
vererblich [fɐɐ'ɛrplɪç] *adj* ereditario
Vererbung [fɐɐ'ɛrbuŋ] *f* **1.** *(von Gütern)* trasmissione *f;* **2.** BIO ereditarietà *f*
verewigen [fɐɐ'eːvɪgən] *v* immortalare
Verewigung [fɐɐ'eːvɪguŋ] *f* l'immortalare *m*
verfahren[1] [fɐɐ'faːrən] *v irr (vorgehen)* procedere
verfahren[2] [fɐɐ'faːrən] *v irr sich ~* smarrirsi, perdersi
Verfahren [fɐɐ'faːrən] *n* **1.** *(Vorgehen)* processo *m;* **2.** procedimento *m,* metodo *m;* **3.** JUR procedura *f*
Verfahrensweise [fɐɐ'faːrənsvaɪzə] *f* procedimento *m*
Verfall [fɐɐ'fal] *m* **1.** decadimento *m;* **2.** *(eines Gebäudes)* rovina *f;* **3.** *(Fristablauf)* scadenza *f*
verfallen[1] [fɐɐ'falən] *v irr* **1.** *(Gebäude)* andare in rovina; **2.** *(ungültig werden)* scadere
verfallen[2] [fɐɐ'falən] *v irr (hörig werden)* diventare schiavo di qd
Verfallsdatum [fɐɐ'falsdaːtum] *n* data di scadenza *f*
verfälschen [fɐɐ'fɛlʃən] *v* falsificare, contraffare
Verfälschung [fɐɐ'fɛlʃuŋ] *f* falsificazione *f*
verfänglich [fɐɐ'fɛŋlɪç] *adj* insidioso
verfassen [fɐɐ'fasən] *v* redigere, scrivere
Verfasser [fɐɐ'fasɐ] *m* autore *m*
Verfassung [fɐɐ'fasuŋ] *f* **1.** *(Zustand)* stato *m,* condizioni *f/pl;* **2.** *(Grundgesetz)* POL costituzione *f*
Verfassungsänderung [fɐɐ'fasuŋsɛndəruŋ] *f* POL revisione costituzionale *f*
Verfassungsgericht [fɐɐ'fasuŋsgɐɪçt] *n* corte costituzionale *f*
verfassungswidrig [fɐɐ'fasuŋsviːdrɪç] *adj* anticostituzionale
verfaulen [fɐɐ'faulən] *v* marcire
verfechten [fɐɐ'fɛçtən] *v irr* sostenere, propugnare
Verfechter(in) [fɐɐ'fɛçtər(ɪn)] *m/f* sostenitore/sostenitrice *m/f*
verfehlen [fɐɐ'feːlən] *v* sbagliare, mancare un obiettivo
Verfehlung [fɐɐ'feːluŋ] *f* mancanza *f*
verfeindet [fɐɐ'faɪndət] *adj* inimicato
verfeinern [fɐɐ'faɪnɐn] *v* raffinare
Verfeinerung [fɐɐ'faɪnəruŋ] *f* raffinazione *f*
verfilzen [fɐɐ'fɪltsən] *v* infeltrire, arruffarsi
Verflechtung [fɐɐ'flɛçtuŋ] *f* **1.** intrecciatura *f;* **2.** ECO concentrazione *f*
verfliegen [fɐɐ'fliːgən] *v irr* **1.** *(Zeit)* passare, volare; *Die Zeit verflog im Nu.* Il tempo passò in un baleno. **2.** *(Duft)* svanire
Verflossene(r) [fɐɐ'flɔsənə(r)] *m/f (fam)* ex *m/f*
verfluchen [fɐɐ'fluːxən] *v* maledire
verflüssigen [fɐɐ'flysɪgən] *v* liquefare, condensare
verfolgen [fɐɐ'fɔlgən] *v* inseguire
Verfolgte(r) [fɐɐ'fɔlktə(r)] *m/f* perseguitato/perseguitata *m/f*

Verfolgung [fɛɐ'fɔːlguŋ] *f* persecuzione *f*, inseguimento *m*
verformen [fɛɐ'fɔrmən] *v* deformare
Verformung [fɛɐ'fɔrmuŋ] *f* deformazione *f*
verfrachten [fɛɐ'fraxtən] *v* trasportare
verfrüht [fɛɐ'fryːt] *adj* prematuro
verfügbar [fɛɐ'fyːbaːr] *adj* disponibile
Verfügbarkeit [fɛɐ'fyːbaːrkaɪt] *f* disponibilità *f*
verfügen [fɛɐ'fyːgən] *v* **1.** *(anordnen)* disporre, ordinare; **2.** *~ über* disporre di, avere a disposizione
Verfügung [fɛɐ'fyːguŋ] *f* disposizione *f; sich zur ~ stellen* mettersi a disposizione; *etw zur ~ haben* avere qc a disposizione
Verfügungsgewalt [fɛɐ'fyːguŋsgəvalt] *f* potere discrezionale *m*
verführen [fɛɐ'fyːrən] *v* sedurre
verführerisch [fɛɐ'fyːrəɪʃ] *adj* seducente
Verführung [fɛɐ'fyːruŋ] *f* seduzione *f*
Vergabe [fɛɐ'gaːbə] *f* aggiudicazione *f*, appalto *m*
vergammeln [fɛɐ'gaməln] *v* **1.** cadere in basso; **2.** *(verschimmeln)* ammuffire
vergangene(r,s) [fɛɐ'gaŋənə(r,s)] *adj* scorso/scorsa, passato/passata
Vergangenheit [fɛɐ'gaŋənhaɪt] *f* passato *m*
vergänglich [fɛɐ'gɛŋlɪç] *adj* fugace
Vergänglichkeit [fɛɐ'gɛŋlɪçkaɪt] *f* fugacità *f*, caducità *f*
Vergaser [fɛɐ'gaːzɐ] *m* carburatore *m*
vergeben [fɛɐ'geːbən] *v irr* **1.** *(verzeihen)* perdonare; **2.** *(Auftrag)* passare; **3.** *(Preis)* conferire
vergeblich [fɛɐ'geːblɪç] *adj* invano, inutile
Vergebung [fɛɐ'geːbuŋ] *f* **1.** *(Verzeihung)* perdono *m; m* **2.** *(Verleihung)* conferimento *m*
vergegenwärtigen [fɐgeːgən'vɛrtɪgən] *v sich etw ~* richiamare qc alla mente
vergehen [fɛɐ'geːən] *v irr* **1.** *(Zeit)* passare; **2.** *(Schmerz)* cessare; **3.** *vor Kummer ~* struggersi dal dolore
Vergehen [fɛɐ'geːən] *n JUR* trasgressione *f*, delitto *m*
vergelten [fɛɐ'gɛltən] *v irr* rendere, contraccambiare
Vergeltung [fɛɐ'gɛltuŋ] *f* **1.** contraccambio *m;* **2.** *(Belohnung)* ricompensa *f*
Vergeltungsmaßnahme [fɛɐ'gɛltuŋsmasnaːmə] *f* rappresaglia *f*
vergessen [fɛɐ'gɛsən] *v irr* dimenticare; *Das vergesse ich dir nie!* Questo non lo dimenticherò mai!
Vergessenheit [fɛɐ'gɛsənhaɪt] *f* oblio *m; in ~ geraten* cadere nell'oblio
vergesslich [fɛɐ'gɛslɪç] *adj* smemorato
Vergesslichkeit [fɛɐ'gɛslɪçkaɪt] *f* smemoratezza *f*
vergeuden [fɛɐ'gɔydən] *v* sprecare
Vergeudung [fɛɐ'gɔyduŋ] *f* spreco *m*
vergewaltigen [fɐgə'valtɪgən] *v* violentare
Vergewaltigung [fɐgə'valtɪguŋ] *f* violenza carnale *f*
vergewissern [fɐgə'vɪsɐn] *v sich ~* accertarsi
vergießen [fɛɐ'giːsən] *v irr* versare, spargere; *Blut ~* spargere sangue
vergiften [fɛɐ'gɪftən] *v* avvelenare
Vergiftung [fɛɐ'gɪftuŋ] *f MED* avvelenamento *m*
vergilben [fɛɐ'gɪlbən] *v* ingiallire, sbiadire
Vergissmeinnicht [fɐgɪsmaɪnnɪçt] *n BOT* nontiscordardimé *m*
vergittern [fɛɐ'gɪtɐn] *v* munire d'inferriata
verglasen [fɛɐ'glaːzən] *v* invetriare
Vergleich [fɛɐ'glaɪç] *m* **1.** confronto *m*, paragone *m; im ~ mit/im ~ zu* in confronto a; **2.** *JUR* accomodamento *m*
vergleichbar [fɛɐ'glaɪçbaːr] *adj* comparabile, paragonabile
vergleichen [fɛɐ'glaɪçən] *v irr* confrontare, paragonare
Vergleichsjahr [fɛɐ'glaɪçsjaːr] *n* anno di riferimento *m*
vergleichsweise [fɛɐ'glaɪçsvaɪzə] *adv* comparativamente
verglühen [fɛɐ'glyːən] *v* estinguersi, spegnersi lentamente
vergnügen [fɛɐ'gnyːgən] *v sich ~* divertirsi; *Sie ~ sich den ganzen Tag.* Si divertono tutto il giorno.
Vergnügen [fɛɐ'gnyːgən] *n* diverti-

V

mento *m; ein teures ~* un divertimento costoso *m*
vergnügt [fɐɐ'gny:kt] *adj* divertito
Vergnügungspark [fɐɐ'gny:guŋspark] *m* parco dei divertimenti *m,* luna park *m*
Vergnügungssucht [fɐɐ'gny:guŋszuçt] *f* smania di divertirsi *f*
vergnügungssüchtig [fɐɐ'gny:guŋszyçtɪç] *adj* maniaco dei divertimenti
vergolden [fɐɐ'gɔldən] *v* dorare
vergöttern [fɐɐ'gœtɐn] *v* idolatrare
vergraben [fɐɐ'gra:bən] *v irr* sotterrare
vergrämt [fɐɐ'grɛ:mt] *adj* afflitto
vergriffen [fɐɐ'grɪfən] *adj* esaurito
vergrößern [fɐɐ'grø:sɐn] *v* ingrandire
Vergrößerung [fɐɐ'grø:sərυŋ] *f* ingrandimento *m*
Vergrößerungsglas [fɐɐ'grø:sərυŋsgla:s] *n* lente di ingrandimento *f*
Vergünstigung [fɐɐ'gynstiguŋ] *f* agevolazione *f,* facilitazione *f*
vergüten [fɐɐ'gy:tən] *v* rimborsare
Vergütung [fɐɐ'gy:tuŋ] *f* rimborso *m*
verhaften [fɐɐ'haftən] *v* arrestare
Verhaftung [fɐɐ'haftuŋ] *f* arresto *m*
verhalten[1] [fɐɐ'haltən] *v irr* **1.** *sich ~* comportarsi; **2.** *(handeln)* procedere, agire
verhalten[2] [fɐɐ'haltən] *adj* trattenuto, represso
Verhalten [fɐɐ'haltən] *n* **1.** comportamento *m;* **2.** *(Haltung)* atteggiamento *m*
Verhältnis [fɐɐ'hɛltnɪs] *n* **1.** *(Proportion)* proporzione *f;* **2.** *(Beziehung)* rapporto *m,* relazione *f;* **3.** *(Umstand)* condizione *f; über seine ~se leben* vivere al di sopra dei propri mezzi
verhältnismäßig [fɐɐ'hɛltnɪsmɛ:sɪç] *adv* relativamente
Verhältniswahlrecht [fɐɐ'hɛltnɪsva:lrɛçt] *n POL* sistema proporzionale *f*
verhandeln [fɐɐ'handəln] *v* trattare
Verhandlung [fɐɐ'handluŋ] *f* **1.** trattativa *f;* **2.** *JUR* udienza *f*
Verhandlungspartner(in) [fɐɐ'handluŋspartnər(ɪn)] *m/f* interlocutore/interlocutrice *m/f,* controparte nelle trattative *f*
verhängen [fɐɐ'hɛŋən] *v* **1.** *(verhüllen)* coprire; **2.** *(fig: Strafe)* infliggere; **3.** *(verkünden)* proclamare
Verhängnis [fɐɐ'hɛŋnɪs] *n* sciagura *f*
verhängnisvoll [fɐɐ'hɛŋnɪsfɔl] *adj* fatale
verharmlosen [fɐɐ'harmlo:zən] *v* minimizzare
Verharmlosung [fɐɐ'harmlo:zuŋ] *f* minimizzare *m*
verharren [fɐɐ'harən] *v* persistere
verhärten [fɐɐ'hɛrtən] *v* indurire
verhaspeln [fɐɐ'haspəln] *v sich ~ (fig)* ingarbugliarsi, impaperarsi
verhasst [fɐɐ'hast] *adj* odiato
verhätscheln [fɐɐ'hɛtʃəln] *v* coccolare
Verhau [fɐɐ'hau] *m (fam)* confusione *f*
verheerend [fɐɐ'he:rənt] *adj* disastroso
Verheerung [fɐɐ'he:ruŋ] *f* devastazione *f*
verhehlen [fɐɐ'he:lən] *v* dissimulare
verheilen [fɐɐ'haɪlən] *v* guarire
verheimlichen [fɐɐ'haɪmlɪçən] *v* nascondere
Verheimlichung [fɐɐ'haɪmlɪçuŋ] *f* occultamento *m*
verheiratet [fɐɐ'haɪra:tət] *adj* sposato
verheißen [fɐɐ'haɪsən] *v irr* promettere
Verheißung [fɐɐ'haɪsuŋ] *f* promessa *f; das Land der ~* la terra promessa *f*
verheißungsvoll [fɐɐ'haɪsuŋsfɔl] *adj* promettente
verherrlichen [fɐɐ'hɛrlɪçən] *v* esaltare
verhexen [fɐɐ'hɛksən] *v* stregare; *Das ist ja wie verhext.* Sembra che il diavolo ci abbia messo la coda.
verhindern [fɐɐ'hɪndɐn] *v* impedire
verhindert [fɐɐ'hɪndɐt] *adj* impedito
Verhinderung [fɐɐ'hɪndəruŋ] *f* impedimento *m*
verhöhnen [fɐɐ'hø:nən] *v* deridere
Verhör [fɐɐ'hø:r] *n JUR* interrogatorio *m; jdn ins ~ nehmen* fare l'interrogatorio a qd
verhören [fɐɐ'hø:rən] *v. JUR* interrogare
verhüllen [fɐɐ'hylən] *v* velare, coprire
verhungern [fɐɐ'huŋɐn] *v* morire di fame
verhüten [fɐɐ'hy:tən] *v* prevenire
Verhütung [fɐɐ'hy:tuŋ] *f* prevenzione *f*
Verhütungsmittel [fɐɐ'hy:tuŋsmɪtəl] *n MED* contraccettivo *m*
verirren [fɐɐ'ɪrən] *v sich ~* smarrirsi; *Sie*

hat sich im Wald verirrt. Si è smarrita nel bosco.
Verirrung [fɛɐ'ɪruŋ] *f* **1.** smarrimento *m;* **2.** *(fig)* traviamento *m*
verjagen [fɛɐ'ja:gən] *v* scacciare
verjähren [fɛɐ'jɛ:rən] *v JUR* cadere in prescrizione
Verjährung [fɛɐ'jɛ:ruŋ] *f JUR* prescrizione *f*
Verjährungsfrist [fɛɐ'jɛ:ruŋsfrɪst] *f JUR* termine prescrizionale *m*
verkabeln [fɛɐ'ka:bəln] *v* cablare
Verkabelung [fɛɐ'ka:bəluŋ] *f* cablaggio *m*
verkalken [fɛɐ'kalkən] *v* **1.** *MED* calcificare; **2.** *TECH* calcificare
Verkalkung [fɛɐ'kalkuŋ] *f* **1.** *MED* calcificazione *f;* **2.** *TECH* calcificazione *f*
Verkauf [fɛɐ'kauf] *m* vendita *f*
verkaufen [fɛɐ'kaufən] *v* vendere
Verkäufer [fɛɐ'kɔyfɐ] *m* venditore *m*
verkäuflich [fɛɐ'kɔyflɪç] *adj* **1.** *(zu kaufen)* in vendita, da vendere; **2.** *(geeignet)* vendibile
Verkaufsleiter(in) [fɛɐ'kaufslaɪtər(ɪn)] *m/f* direttore delle vendite/direttrice delle vendite *m/f*
Verkaufsniederlassung [fɛɐ'kaufsni:dɐlasuŋ] *f* agenzia di vendita *f*
Verkaufspreis [fɛɐ'kaufspraɪs] *m* prezzo di vendita *m*
Verkehr [fɛɐ'ke:r] *m* **1.** traffico *m; jdn aus dem ~ ziehen* ritirare qd dalla circolazione/imprigionare qd; **2.** *(Umgang)* frequenza *f;* **3.** *(Geschlechtsverkehr)* rapporto sessuale *m*
Verkehrsader [fɛɐ'ke:rsa:dɐ] *f* arteria *f*
Verkehrsampel [fɛɐ'ke:rsampəl] *f* semaforo *m*
Verkehrsaufkommen [fɛɐ'ke:rsaufkɔmən] *n* densità del traffico *f*
Verkehrschaos [fɛɐ'ke:rska:ɔs] *n* traffico caotico *m*
Verkehrsdelikt [fɛɐ'ke:rsdelɪkt] *n* contravvenzione al codice stradale *f*
Verkehrsflugzeug [fɛɐ'ke:rsflu:ktsɔyk] *n* aereo di linea *m*
Verkehrsinsel [fɛɐ'ke:rsɪnzəl] *f* salvagente *m,* isola pedonale *f*
Verkehrsministerium [fɛɐ'ke:rsministerjum] *n POL* ministero dei trasporti *m*
Verkehrsmittel [fɛɐ'ke:rsmɪtəl] *n* mezzo di trasporto *m*
Verkehrspolizei [fɛɐ'ke:rspolitsaɪ] *f* polizia stradale *f*
Verkehrspolizist [fɛɐ'ke:rspolɪtsɪst] *m* agente della polizia stradale *m*
Verkehrsregel [fɛɐ'ke:rsre:gəl] *f* norma di circolazione stradale *f*
Verkehrsteilnehmer(in) [fɛɐ'ke:rstaɪlne:mər(ɪn)] *m/f* utente della strada *m/f*
Verkehrsunfall [fɛɐ'ke:rsunfal] *m* incidente stradale *m*
Verkehrszeichen [fɛɐ'ke:rstsaɪçən] *n* segnale stradale *m*
verkehrt [fɛɐ'ke:rt] *adj* **1.** *(~ herum)* invertito; **2.** *(falsch)* sbagliato
verkennen [fɛɐ'kɛnən] *v irr* non riconoscere
Verkettung [fɛɐ'kɛtuŋ] *f* concatenazione *f*
verklagen [fɛɐ'kla:gən] *v JUR* querelare
verklappen [fɛɐ'klapən] *v* scaricare i rifiuti in corsi d'acqua
verkleben [fɛɐ'kle:bən] *v* incollare
verkleiden [fɛɐ'klaɪdən] *v* **1.** *(maskieren)* travestire; **2.** *(überziehen)* rivestire
Verkleidung [fɛɐ'klaɪduŋ] *f* **1.** *(Maskierung)* travestimento *m,* mascheramento *m;* **2.** *(Überzug) TECH* rivestimento *m*
verkleinern [fɛɐ'klaɪnɐn] *v* **1.** rimpicciolire; **2.** *(herabsetzen)* ridurre; **3.** *(verringern)* diminuire
Verkleinerung [fɛɐ'klaɪnəruŋ] *f* rimpicciolimento *m*
verklemmt [fɛɐ'klɛmt] *adj* **1.** incastrato; **2.** *(fig)* bloccato
verknacken [fɛɐ'knakən] *v (fam) jdn ~* condannare qd
verknacksen [fɛɐ'knakzən] *v (fam)* slogare
verknallen [fɛɐ'knalən] *v sich ~ (fam)* innammorarsi, prendersi una cotta (fam)
Verknappung [fɛɐ'knapuŋ] *f* penuria *f*
verkneifen [fɛɐ'knaɪfən] *v irr* **1.** *sich etw ~* reprimersi; **2.** *(sich versagen) sich etw ~* riunnciare a qc
verknittern [fɛɐ'knɪtɐn] *v* sgualcire
verknoten [fɛɐ'kno:tən] *v* annodare
verknüpfen [fɛɐ'knypfən] *v* **1.** *(verknoten)* annodare; **2.** *(fig)* collegare

Verknüpfung [fɛɐ'knypfuŋ] *f* (*fig*) collegamento
verkocht [fɛɐ'kɔxt] *adj* stracotto
verkohlen [fɛɐ'ko:lən] *v* **1.** carbonizzare; **2.** (*fig*) canzonare
verkommen [fɛɐ'kɔmən] *v irr* cadere in basso
Verkommenheit [fɛɐ'kɔmənhaɪt] *f* depravazione *f*
verkorksen [fɛɐ'kɔrkzən] *v* (*fam*) rovinare
verkörpern [fɛɐ'kœrpɐn] *v* personificare
Verkörperung [fɛɐ'kœrpəruŋ] *f* personificazione *f*
verköstigen [fɛɐ'kœstɪgən] *v* dare il vitto a
verkraften [fɛɐ'kraftən] *v* sopportare
verkrampfen [fɛɐ'krampfən] *v sich ~* contrarsi
verkriechen [fɛɐ'kri:çən] *v irr sich ~* rintanarsi, nascondersi
verkrüppelt [fɛɐ'krypəlt] *adj MED* deforme
Verkrüppelung [fɛɐ'krypəluŋ] *f MED* storpiatura *f*
verkühlen [fɛɐ'ky:lən] *v sich ~* raffreddarsi
verkümmern [fɛɐ'kymɐn] *v* intristire
verkünden [fɛɐ'kyndən] *v* annunciare, pronunciare
Verkündigung [fɛɐ'kyndɪguŋ] *f* **1.** annunciazione *f*; **2.** *REL* annunciazione *f*; *~ des Evangeliums* annunciazione del vangelo *f*
verkuppeln [fɛɐ'kupəln] *v* (*fig*) accoppiare
verkürzen [fɛɐ'kyrtsən] *v* accorciare, abbreviare
Verkürzung [fɛɐ'kyrtsuŋ] *f* accorciamento *m*, abbreviazione *f*
verladen [fɛɐ'la:dən] *v irr* caricare
Verladeplatz [fɛɐ'la:dəplats] *m* posto di caricamento *m*
Verladung [fɛɐ'la:duŋ] *f* carico *m*, caricamento *m*
Verlag [fɛɐ'la:k] *m* casa editrice *f*
verlagern [fɛɐ'la:gɐn] *v* spostare, trasferire
Verlagerung [fɛɐ'la:gəruŋ] *f* spostamento *m*, trasferimento *m*
Verlagswesen [fɛɐ'la:ksve:zən] *n* editoria *f*
verlangen [fɛɐ'laŋən] *v* chiedere, esigere, pretendere
Verlangen [fɛɐ'laŋən] *n* **1.** richiesta *f*; **2.** (*Wunsch*) desiderio *m*; **3.** (*Begierde*) brama *f*
verlängern [fɛɐ'lɛŋɐn] *v* **1.** allungare; **2.** (*zeitlich*) prolungare; **3.** (*verdünnen*) diluire
Verlängerung [fɛɐ'lɛŋəruŋ] *f* **1.** allungamento *m*; **2.** (*zeitlich*) prolungamento *m*
Verlängerungskabel [fɛɐ'lɛŋəruŋska:bəl] *n* prolunga *f*
verlangsamen [fɛɐ'laŋgzamən] *v* rallentare
Verlangsamung [fɛɐ'laŋgzamuŋ] *f* rallentamento *m*
Verlass [fɛɐ'las] *m* affidamento *m*; *Auf ihn ist kein ~.* Di lui non ci si può fidare.
verlassen [fɛɐ'lasən] *v irr* **1.** lasciare, abbandonare; *adj* **2.** abbandonato; **3.** (*fig*) *sich auf jdn ~* fidarsi di qd
verlässlich [fɛɐ'lɛslɪç] *adj* fidato
Verlässlichkeit [fɛɐ'lɛslɪçkaɪt] *f* fidatezza *f*, attendibilità *f*
Verlauf [fɛɐ'lauf] *m* **1.** (*Ablauf*) corso *m*; *im ~ von* nel corso di; *einen guten ~ nehmen* prendere un corso positivo; **2.** (*Entwicklung*) sviluppo *m*; **3.** (*der Zeit*) decorso *m*
verlaufen [fɛɐ'laufən] *v irr* **1.** (*ablaufen*) svolgersi; **2.** (*sich entwickeln*) procedere, svilupparsi; **3.** *sich ~* perdersi
Verlautbarung [fɛɐ'lautba:ruŋ] *f* annuncio *m*
verlauten [fɛɐ'lautən] *v* comunicare
verleben [fɛɐ'le:bən] *v* trascorrere
verlebt [fɛɐ'le:pt] *adj* (*fig*) segnato
verlegen[1] [fɛɐ'le:gən] *v* **1.** (*Wohnsitz*) trasferire; **2.** (*Termin*) spostare; **3.** (*verlieren*) smarrire; **4.** (*Buch*) pubblicare; **5.** (*Kabel*) *TECH* installare
verlegen[2] [fɛɐ'le:gən] *adj* imbarazzato; *um etw nie ~ sein* non essere mai a corto di qc/non essere mai sprovvisto di qc
Verlegenheit [fɛɐ'le:gənhaɪt] *f* imbarazzo *m*
Verleger(in) [fɛɐ'le:gər(ɪn)] *m/f* editore/editrice *m/f*
Verlegung [fɛɐ'le:guŋ] *f* **1.** (*des Wohnsitzes*) trasferimento *m*; **2.** (*eines Ter-*

mins) spostamento *m;* **3.** *(eines Kabels)* TECH installazione *f*
Verleih [fɛɐ'laɪ] *m* **1.** prestito *m;* **2.** *(Vermietung)* noleggio *m*
verleihen [fɛɐ'laɪən] *v irr* **1.** *(borgen)* prestare; **2.** *(vermieten)* noleggiare; **3.** *(Preis)* conferire
Verleihung [fɛɐ'laɪuŋ] *f* **1.** *(Leihe)* prestito *m;* **2.** *(Preisverleihung)* conferimento *m*
verleiten [fɛɐ'laɪtən] *v* **1.** indurre; **2.** *(anstiften)* istigare
verlernen [fɛɐ'lɛrnən] *v* disimparare
verletzbar [fɛɐ'lɛtsbaːr] *adj* vulnerabile
Verletzbarkeit [fɛɐ'lɛtsbaːrkaɪt] *f* vulnerabilità *f*
verletzen [fɛɐ'lɛtsən] *v* **1.** *(verwunden)* ferire; **2.** *(fig: kränken)* offendere; **3.** *(fig: übertreten)* violare
Verletzung [fɛɐ'lɛtsuŋ] *f* **1.** *(Wunde)* ferita *f;* **2.** *(fig: Kränkung)* offesa *f;* **3.** *(fig: Übertretung)* violazione *f*
verleugnen [fɛɐ'lɔygnən] *v* rinnegare; *sich ~ lassen* farsi negare
verleumden [fɛɐ'lɔymdən] *v* calunniare
Verleumdung [fɛɐ'lɔymduŋ] *f* calunnia *f,* diffamazione *f*
verlieben [fɛɐ'liːbən] *v sich ~* innamorarsi
verliebt [fɛɐ'liːpt] *adj* innamorato
Verliebte(r) [fɛɐ'liːptə(r)] *m/f* innamorato/innamorata *m/f*
verlieren [fɛɐ'liːrən] *v irr* perdere; *nichts zu ~ haben* non avere nulla da perdere
Verlierer(in) [fɛɐ'liːrər(ɪn)] *m/f* perdente *m/f*
verloben [fɛɐ'loːbən] *v sich ~* fidanzarsi
Verlobte(r) [fɛɐ'loːptə(r)] *m/f* fidanzato/fidanzata *m/f*
Verlobung [fɛɐ'loːbuŋ] *f* fidanzamento *m*
verlocken [fɛɐ'lɔkən] *v* allettare, tentare
verlockend [fɛɐ'lɔkənt] *adj* allettante
Verlockung [fɛɐ'lɔkuŋ] *f* allettamento *m*
verlogen [fɛɐ'loːgən] *adj* mendace
verlosen [fɛɐ'loːzən] *v* sorteggiare, estrarre a sorte
Verlosung [fɛɐ'loːzuŋ] *f* sorteggio *m,* estrazione a sorte *f*
Verlust [fɛɐ'lust] *m* perdita *f*
Verlustanzeige [fɛɐ'lustantsaɪgə] *f* denuncia di smarrimento *f*
vermachen [fɛɐ'maxən] *v* lasciare in eredità, legare
Vermächtnis [fɛɐ'mɛçtnɪs] *n* legato *m,* testamento *m*
Vermählung [fɛɐ'mɛːluŋ] *f* matrimonio *m*
vermarkten [fɛɐ'marktən] *v ECO* mettere sul mercato, commercializzare
vermehren [fɛɐ'meːrən] *v* **1.** aumentare, accrescere; **2.** *(fortpflanzen)* riprodurre
Vermehrung [fɛɐ'meːruŋ] *f* **1.** aumento *m,* accrescimento *m;* **2.** *(Fortpflanzung)* riproduzione *f*
vermeidbar [fɛɐ'maɪtbaːr] *adj* evitabile
vermeiden [fɛɐ'maɪdən] *v irr* evitare
Vermeidung [fɛɐ'maɪduŋ] *f* l'evitare *m*
vermeintlich [fɛɐ'maɪntlɪç] *adj* presunto
vermengen [fɛɐ'mɛŋən] *v* mischiare, mescolare
Vermerk [fɛɐ'mɛrk] *m* annotazione *f,* nota *f*
vermerken [fɛɐ'mɛrkən] *v* annotare
vermessen[1] [fɛɐ'mɛsən] *v irr* misurare
vermessen[2] [fɛɐ'mɛsən] *adj* presuntuoso
Vermessenheit [fɛɐ'mɛsənhaɪt] *f* presunzione *f*
Vermessung [fɛɐ'mɛsuŋ] *f* misurazione *f*
vermieten [fɛɐ'miːtən] *v* affittare, dare in affitto
Vermieter(in) [fɛɐ'miːtər(ɪn)] *m/f* locatore/locatrice *m/f,* noleggiatore/noleggiatrice *m/f*
Vermietung [fɛɐ'miːtuŋ] *f* affitto *m*
vermindern [fɛɐ'mɪndɐn] *v* diminuire, ridurre
Verminderung [fɛɐ'mɪndəruŋ] *f* diminuzione *f,* riduzione *f*
vermischen [fɛɐ'mɪʃən] *v* mischiare, mescolare
vermissen [fɛɐ'mɪsən] *v* **1.** *jdn ~* sentire la mancanza di qd; **2.** *(nicht finden)* non trovare

Vermisstenanzeige [fɛɐ'mɪstənantsaɪgə] *f* denuncia di scomparsa *f*
vermitteln [fɛɐ'mɪtəln] *v* procurare, fornire
Vermittler [fɛɐ'mɪtlɐ] *m* intermediario *m*, mediatore *m*
Vermittlung [fɛɐ'mɪtlʊŋ] *f* **1.** *(Vermitteln)* mediazione *f*; **2.** *(Telefonvermittlung)* centralino *m*; **3.** *(Stellenvermittlung)* collocamento *m*
Vermittlungsausschuss [fɛɐ'mɪtlʊŋsausʃus] *m* comitato di mediazione *m*
Vermittlungsstelle [fɛɐ'mɪtlʊŋsʃtɛlə] *f* centrale telefonica *f*
vermodern [fɛɐ'mo:dɐn] *v* putrefarsi, decomporsi
vermögen [fɛɐ'mø:gən] *v irr* potere, essere capace di
Vermögen [fɛɐ'mø:gən] *n* **1.** *(Fähigkeit)* capacità *f*, facoltà *f*; **2.** *(Besitz)* patrimonio *m*; *ein ~ erben* ereditare un patrimonio
vermögend [fɛɐ'mø:gənt] *adj (wohlhabend)* benestante, agiato
Vermögensbildung [fɛɐ'mø:gənsbɪldʊŋ] *f* formazione del patrimonio *f*
Vermögenssteuer [fɛɐ'mø:gənsʃtɔyɐ] *f* imposta patrimoniale *f*
Vermögensverhältnis [fɛɐ'mø:gənsfɛrhɛltnɪs] *n* situazione finanziaria *f*
vermummen [fɛɐ'mumən] *v sich ~* imbacuccarsi
vermuten [fɛɐ'mu:tən] *v* presumere, supporre
vermutlich [fɛɐ'mu:tlɪç] *adj* **1.** presunto, probabile; *adv* **2.** presumibilmente
Vermutung [fɛɐ'mu:tʊŋ] *f* supposizione *f*
vernachlässigen [fɛɐ'na:xlɛsɪgən] *v* trascurare
Vernachlässigung [fɛɐ'naxlɛsɪgʊŋ] *f* incuria *f*
vernageln [fɛɐ'nagəln] *v wie vernagelt sein* essere ottuso
vernarben [fɛɐ'narbən] *v MED* cicatrizzarsi
vernehmbar [fɛɐ'ne:mba:r] *adj* percettibile, udibile
vernehmen [fɛɐ'ne:mən] *v irr* **1.** *(hören)* percepire, udire; **2.** *(verhören) JUR* interrogare
Vernehmen [fɛɐ'ne:mən] *n dem ~ nach* secondo quanto si dice
Vernehmung [fɛɐ'ne:mʊŋ] *f JUR* interrogatorio *m*
vernehmungsfähig [fɛɐ'ne:mʊŋsfɛ:ɪç] *adj JUR* in condizioni di essere interrogato
verneigen [fɛɐ'naɪgən] *v sich ~* inchinarsi
Verneigung [fɛɐ'naɪgʊŋ] *f* inchino *m*
verneinen [fɛɐ'naɪnən] *v* **1.** *(Nein sagen)* negare, rispondere negativamente; **2.** *(ablehnen)* rifiutare, respingere
Verneinung [fɛɐ'naɪnʊŋ] *f* **1.** *(Neinsagen)* negazione *f*; **2.** *(Ablehnung)* rifiuto *m*
vernetzen [fer'ɛtsən] *v* collegare in rete
vernichten [fɛɐ'nɪçtən] *v* distruggere, annientare
vernichtend [fɛɐ'nɪçtənt] *adj* distruttivo, distruttore
Vernichtung [fɛɐ'nɪçtʊŋ] *f* distruzione *f*, annientamento *m*
verniedlichen [fɛɐ'ni:dlɪçən] *v* minimizzare; *einen Vorfall ~* minimizzare un avvenimento
Vernunft [fɛɐ'nunft] *f* ragione *f*; *zur ~ kommen* arrivere all'uso della ragione; *jdn zur ~ bringen* ricondurre qd alla ragione; *~ annehmen* mettere giudizio
vernünftig [fɛɐ'nynftɪç] *adj* ragionevole, raziocinante, assennato
vernünftigerweise [fɛɐ'nynftɪgɐvaɪzə] *adv* ragionevolmente
veröden [fɛɐ'ø:dən] *v* **1.** *(Landschaft)* trasformare in un deserto, devastare; **2.** *(Venen) MED* suturare
veröffentlichen [fɛɐ'œfəntlɪçən] *v* rendere noto, comunicare, rendere pubblico
Veröffentlichung [fɛɐ'œfəntlɪçʊŋ] *f* **1.** comunicazione *f*; **2.** *(Publikation)* pubblicazione *f*
verordnen [fɛɐ'ɔrdnən] *v* **1.** *(bestimmen)* ordinare, decretare; **2.** *MED* prescrivere; *eine Heilkur ~* prescrivere una cura
Verordnung [fɛɐ'ɔrdnʊŋ] *f* **1.** *(Bestimmung)* ordinanza *f*, regolamento *m*; *eine ~ erlassen* emanare un decreto; **2.** *MED* prescrizione *f*

verpachten [fɐ'paxtən] *v* affittare
Verpächter [fɐ'pɛçtɐ] *m* locatore *m*
verpacken [fɐ'pakən] *v* confezionare, impacchettare
Verpackung [fɐ'pakuŋ] *f* confezionamento *m*, imballaggio *m*
Verpackungsmaterial [fɐ'pakuŋsmatɐjaːl] *n* materiale da imballaggio *m*
verpassen [fɐ'pasən] *v* 1. *(versäumen)* perdere; *den Bus ~* perdere l'autobus; *Du hast nichts verpasst.* Non ti sei perso niente. 2. *(fam: ohrfeigen)* mollare; *jdm eine ~* mollare un ceffone a qd/appiopparne una a qd
verpfänden [fɐ'pfɛndən] *v* impegnare, dare in pegno
verpflanzen [fɐ'pflantsən] *v* 1. trapiantare; 2. *MED* trapiantare
verpflegen [fɐ'pfleːgən] *v* dare il vitto a, *MIL* vettovagliare
Verpflegung [fɐ'pfleːguŋ] *f* vitto *m*, *MIL* vettovagliamento *m*
verpflichten [fɐ'pflɪçtən] *v* obbligare, impegnare
verpflichtend [fɐ'pflɪçtənt] *adj* impegnativo, vincolante
Verpflichtung [fɐ'pflɪçtuŋ] *f* obbligazione *f*
verpfuschen [fɐ'pfuʃən] *v* *(fam)* rovinare
verplappern [fɐ'plapɐn] *v sich ~* *(fam)* lasciarsi scappare un segreto, tradirsi
verplempern [fɐ'plɛmpɐn] *v* *(fam)* sperperare, dissipare
verpönt [fɐ'pøːnt] *adj* malvisto, tabu
verprügeln [fɐ'pryːgəln] *v* bastonare
verpulvern [fɐ'pulvɐn] *v* *(fam)* scialacquare, dilapidare
Verputz [fɐ'puts] *m* intonaco *m*
verputzen [fɐ'putsən] *v* 1. *(Mauer)* intonacare; 2. *(fam: essen)* divorare
Verrat [fɐ'raːt] *m* tradimento *m*
verraten [fɐ'raːtən] *v irr* 1. svelare; *ein Geheimnis ~* svelare un segreto; *~ und verkauft* tradito e beffato; 2. *einen Freund ~* tradire un amico
Verräter(in) [fɐ'rɛːtər(ɪn)] *m/f* traditore/traditrice *m/f*
verräterisch [fɐ'rɛːtɐɪʃ] *adj* traditore
verrechnen [fɐ'rɛçnən] *v* 1. *sich ~* sbagliare il conto, far male i conti; 2. *(ausgleichen)* pareggiare, compensare; 3. *(gutschreiben)* accreditare
Verrechnungsscheck [fɐ'rɛçnuŋsʃɛk] *m* assegno da accreditare *m*
verreisen [fɐ'raɪzən] *v* andare in viaggio
verrenken [fɐ'rɛŋkən] *v* 1. distorcere; 2. *MED* slogare
Verrenkung [fɐ'rɛŋkuŋ] *f* distorsione *f*
verrichten [fɐ'rɪçtən] *v* eseguire
verriegeln [fɐ'riːgəln] *v* sprangare, chiudere a catenaccio
Verriegelung [fɐ'riːgəluŋ] *f* chiusura a catenaccio *f*
verringern [fɐ'rɪŋɐn] *v* diminuire
Verringerung [fɐ'rɪŋəruŋ] *f* diminuzione *f*
verrosten [fɐ'rɔstən] *v* arrugginire
verrucht [fɐ'ruːxt] *adj* infame, scellerato
verrücken [fɐ'rykən] *v* spostare
verrückt [fɐ'rykt] *adj* 1. pazzo; *wie ~* come un pazzo; *nach etw ~ sein* essere pazzo di qc; *~ spielen* fare il pazzo; *adv* 2. come un pazzo, pazzamente
Verrücktwerden [fɐ'ryktwɛrdən] *n* *Es ist ja zum ~!* C'è da impazzire!
Verruf [fɐ'ruːf] *m* discredito *m*; *in ~ kommen* cadere in discredito; *jdn in ~ bringen* screditare qd/gettare discredito su qd
verrufen [fɐ'ruːfən] *adj* malfamato
Vers [fɛs] *m* verso *m*; *sich auf etw keinen ~ machen können* non riuscire a farsi una ragione di qc; *~e schmieden* comporre versi
versagen [fɐ'zaːgən] *v* 1. *(scheitern)* fallire; 2. *(verweigern)* rifiutare; 3. *(ablehnen)* rifiutare, respingere
Versagen [fɐ'zaːgən] *n* 1. *(Scheitern)* fallimento *m*; 2. *TECH* guasto *m*
Versager(in) [fɐ'zaːgər(ɪn)] *m/f* fallito/fallita *m/f*
versammeln [fɐ'zaməln] *v* 1. riunire; 2. *(einberufen)* convocare
Versammlung [fɐ'zamluŋ] *f* riunione *f*, assemblea *f*
Versand [fɐ'zant] *m* spedizione *f*
Versandhaus [fɐ'zanthaus] *n* casa di spedizioni *f*

versäumen [fɛɐ'zɔymən] *v* perdere; *nicht ~ etw zu tun* non mancare di fare qc
Versäumnis [fɛɐ'zɔymnɪs] *n* omissione *f*, mancanza *f*
verschaffen [fɛɐ'ʃafən] *v* **1.** procurare; **2.** *sich Respekt ~* farsi rispettare
verschandeln [fɛɐ'ʃandəln] *v* deturpare, sfigurare
Verschandelung [fɛɐ'ʃandəluŋ] *f* deturpazione *f*
verschärfen [fɛɐ'ʃɛrfən] *v* acuire
Verschärfung [fɛɐ'ʃɛrfuŋ] *f* **1.** acutizzazione *f*; **2.** *(Verschlechterung)* inasprimento *m*
verschätzen [fɛɐ'ʃɛtsən] *v sich ~* sbagliarsi valutando
verschenken [fɛɐ'ʃɛŋkən] *v* regalare, donare, dare via
verscheuchen [fɛɐ'ʃɔyçən] *v* scacciare
verschicken [fɛɐ'ʃɪkən] *v* spedire
verschieben [fɛɐ'ʃiːbən] *v irr* **1.** *(verrücken)* spostare; **2.** *(aufschieben)* rimandare, rinviare
verschieden [fɛɐ'ʃiːdən] *adj* differente
Verschiedenheit [fɛɐ'ʃiːdənhaɪt] *f* diversità *f*, differenza *f*
verschiedentlich [fɛɐ'ʃiːdəntlɪç] *adv* diverse volte
verschiffen [fɛɐ'ʃɪfən] *v* trasportare per nave
Verschiffung [fɛɐ'ʃɪfuŋ] *f* trasporto per nave *m*
verschimmeln [fɛɐ'ʃɪməln] *v* ammuffire
verschlafen [fɛɐ'ʃlaːfən] *v irr* **1.** trascorrere dormendo; **2.** *(vergessen)* dimenticare
Verschlag [fɛɐ'ʃlaːk] *m* assito *m*, tramezzo *m*
Verschlagenheit [fɛɐ'ʃlaːgənhaɪt] *f* scaltrezza *f*, astuzia *f*
verschlampen [fɛɐ'ʃlampən] *v (fam)* perdere, smarrire
verschlechtern [fɛɐ'ʃlɛçtɐn] *v* peggiorare, deteriorare
Verschlechterung [fɛɐ'ʃlɛçtəruŋ] *f* peggioramento *m*
verschleiern [fɛɐ'ʃlaɪɐn] *v* **1.** velare; **2.** *(verdecken)* dissimulare, occultare; camuffare
Verschleierungstaktik [fɛɐ'ʃlaɪəruŋstaktɪk] *f* tattica di camuffamento *f*
Verschleiß [fɛɐ'ʃlaɪs] *m* **1.** usura *f*; **2.** *(der Kräfte)* logoramento *m*
verschleißen [fɛɐ'ʃlaɪsən] *v irr* logorare, consumare
verschließen [fɛɐ'ʃliːsən] *v irr* chiudere a chiave
verschlimmern [fɛɐ'ʃlɪmɐn] *v* **1.** *etw ~* aggravare, peggiorare; *eine Situation ~* aggravare una situazione; **2.** *sich ~* aggravarsi, peggiorare
Verschlimmerung [fɛɐ'ʃlɪməruŋ] *f* aggravamento *m*, peggioramento *m*
verschlossen [fɛɐ'ʃlɔsən] *adj (fig)* riservato
verschlucken [fɛɐ'ʃlukən] *v* **1.** *etw ~* ingoiare qc, inghiottire qc; **2.** *sich ~* andare di traverso
Verschluss [fɛɐ'ʃlus] *m* chiusura *f*
verschlüsseln [fɛɐ'ʃlysəln] *v* cifrare
verschmähen [fɛɐ'ʃmɛːən] *v* sdegnare, disdegnare
verschmelzen [fɛɐ'ʃmɛltsən] *v irr* fondere
verschmitzt [fɛɐ'ʃmɪtst] *adj* malizioso, scaltro
verschmutzen [fɛɐ'ʃmutsən] *v* sporcare
Verschmutzung [fɛɐ'ʃmutsuŋ] *f* inquinamento *m*
verschollen [fɛɐ'ʃɔlən] *adj* disperso, scomparso
verschonen [fɛɐ'ʃoːnən] *v* risparmiare
verschönern [fɛɐ'ʃøːnɐn] *v* abbellire, ornare
Verschönerung [fɛɐ'ʃøːnəruŋ] *f* abbellimento *m*
Verschonung [fɛɐ'ʃoːnuŋ] *f* risparmiare *m*
verschränken [fɛɐ'ʃrɛŋkən] *v* incrociare
verschreiben [fɛɐ'ʃraɪbən] *v irr* **1.** *(verordnen)* prescrivere; **2.** *sich ~* sbagliarsi scrivendo; **3.** *sich ~ (widmen)* dedicarsi; *sich einer Sache mit Leib und Seele ~* dedicarsi anima e corpo a qc
verschrotten [fɛɐ'ʃrɔtən] *v* demolire, ridurre in rottami
verschüchtert [fɛɐ'ʃyçtɐt] *adj* timido, intimidito

verschulden [fɛɐ'ʃuldən] *v* 1. *(verursachen)* causare; 2. *sich ~ ECO* indebitarsi
Verschulden [fɛɐ'ʃuldən] *n* colpa *f*
Verschuldung [fɛɐ'ʃulduŋ] *f ECO* indebitamento *m*
verschütten [fɛɐ'ʃytən] *v* versare, spargere
verschwägert [fɛɐ'ʃvɛːgɐt] *adj* imparentato
verschweigen [fɛɐ'ʃvaɪgən] *v irr* tacere
verschwenden [fɛɐ'ʃvɛndən] *v* sperperare, scialacquare, dissipare, sprecare
Verschwender(in) [fɛɐ'ʃvɛndər(ɪn)] *m/f* scialacquatore/scialacquatrice *m/f*
verschwenderisch [fɛɐ'ʃvɛndɐɪʃ] *adj* dispendioso, prodigo
Verschwendung [fɛɐ'ʃvɛnduŋ] *f* sperpero *m*, dissipazione *f*
verschwiegen [fɛɐ'ʃviːgən] *adj* discreto
Verschwiegenheit [fɛɐ'ʃviːgənhaɪt] *f* discrezione *f*, riservatezza *f*
verschwinden [fɛɐ'ʃvɪndən] *v irr* sparire, scomparire
verschwommen [fɛɐ'ʃvɔmən] *adj* sfumato, confuso
verschwören [fɛɐ'ʃvøːrən] *v irr sich ~* cospirare, congiurare
Verschwörer(in) [fɛɐ'ʃvøːrər(ɪn)] *m/f* cospiratore/cospiratrice *m/f*
Verschwörung [fɛɐ'ʃvøːruŋ] *f* congiura *f*, complotto *m*
Versehen [fɛɐ'zeːən] *n* sbaglio *m*, errore *m*
versehentlich [fɛɐ'zeːəntlɪç] *adv (aus Versehen)* per sbaglio, per errore
versenden [fɛɐ'zɛndən] *v* spedire
Versendung [fɛɐ'zɛnduŋ] *f* spedizione *f*
versenken [fɛɐ'zɛŋkən] *v* 1. *(Schiff)* affondare; 2. *sich in etw ~ (fig)* sprofondare in qc
Versenkung [fɛɐ'zɛŋkuŋ] *f* 1. *(Schiff)* affondamento *m*; 2. *(fig)* sprofondamento *m*; *in der ~ verschwinden* scomparire di scena, finire nel dimenticatoio
versessen [fɛɐ'zɛsən] *adj* avido, assetato
versetzen [fɛɐ'zɛtsən] *v* 1. *(Beamten)* trasferire; 2. *(Schüler)* promuovere; 3. *(verpfänden)* impegnare; 4. *jdn ~ (fig)* far aspettare inutilmente
Versetzung [fɛɐ'zɛtsuŋ] *f* 1. *(eines Beamten)* trasferimento *m*; 2. *(eines Schülers)* promozione *f*; 3. *(Verpfändung)* impegnare *m*
verseuchen [fɛɐ'zɔyçən] *v* contaminare
Verseuchung [fɛɐ'zɔyçuŋ] *f* infezione *f*, contaminazione *f*
versichern [fɛɐ'zɪçɐn] *v* assicurare
Versicherung [fɛɐ'zɪçəruŋ] *f* assicurazione *f*
Versicherungsagent [fɛɐ'zɪçəruŋsagɛnt] *m* agente di assicurazione *m*
Versicherungsfall [fɛɐ'zɪçəruŋsfal] *m* sinistro *m*
Versicherungsnehmer [fɛɐ'zɪçəruŋsneːmɐ] *m* assicurato *m*
Versicherungspolice [fɛɐ'zɪçəruŋspoliːsə] *f* polizza assicurativa *f*
Versicherungsschutz [fɛɐ'zɪçəruŋsʃuts] *m* copertura dell'assicurazione *f*
versickern [fɛɐ'zɪkɐn] *v* disperdersi
versiegeln [fɛɐ'ziːgəln] *v* sigillare
versiert [vɛr'ziːrt] *adj* versato, esperto
versilbern [fɛɐ'zɪlbɐn] *v* argentare, inargentare
versinken [fɛɐ'zɪŋkən] *v irr* 1. affondare; 2. *(fig)* sprofondare
Version [vɛr'zjoːn] *f* versione *f*
versöhnen [fɛɐ'zøːnən] *v* conciliare
versöhnlich [fɛɐ'zøːnlɪç] *adj* conciliante
Versöhnung [fɛɐ'zøːnuŋ] *f* conciliazione *f*
versorgen [fɛɐ'zɔrgən] *v* 1. *(unterhalten)* mantenere; 2. *(beschaffen)* provvedere a; 3. *(pflegen)* assistere
Versorgung [fɛɐ'zɔrguŋ] *f* 1. *(Unterhalt)* mantenimento *m*; 2. *(Beschaffung)* rifornimento *m*; 3. *(Pflege)* assistenza *f*, cura *f*
verspäten [fɛɐ'ʃpɛːtən] *v sich ~* essere in ritardo, attardarsi
Verspätung [fɛɐ'ʃpɛːtuŋ] *f* ritardo *m*
versperren [fɛɐ'ʃpɛrən] *v* 1. chiudere, serrare; 2. *(Aussicht)* togliere la visuale; 3. *(Weg)* sbarrare
verspielen [fɛɐ'ʃpiːlən] *v es bei jdm verspielt haben* aver perso il favore di qd

verspotten [fɛɐ'spɔtən] *v* deridere, schernire
Verspottung [fɛɐ'ʃpɔtuŋ] *f* scherno *m*, derisione *m*
versprechen [fɛɐ'ʃprɛçən] *v irr* **1.** promettere; **2.** *sich ~* impaperarsi
Versprechen [fɛɐ'ʃprɛçən] *n* promessa *f*
Versprechung [fɛɐ'ʃprɛçuŋ] *f* promessa *f*; *große ~en machen* fare vane promesse
Verstaatlichung [fɛɐ'ʃtaːtlɪçuŋ] *f POL* nazionalizzazione *f*
Verstand [fɛɐ'ʃtant] *m* intelletto *m*, intelligenza *f*; *jdm den ~ rauben* far perdere la ragione a qd; *Das geht über meinen ~!* Questo va al di là della mia comprensione!
verständig [fɛɐ'ʃtɛndɪç] *adj* **1.** intelligente; **2.** *(einsichtig)* comprensivo
verständigen [fɛɐ'ʃtɛndɪgən] *v* informare
Verständigung [fɛɐ'ʃtɛndɪguŋ] *f* **1.** informazione *f*; **2.** *(Einigung)* accordo *m*
verständlich [fɛɐ'ʃtɛntlɪç] *adj* comprensibile
Verständnis [fɛɐ'ʃtɛntnɪs] *n* comprensione *f*
verständnislos [fɛɐ'ʃtɛntnɪsloːs] *adj* **1.** privo di comprensione; *adv* **2.** senza comprendere
verständnisvoll [fɛɐ'ʃtɛntnɪsfɔl] *adj* **1.** comprensivo; *adv* **2.** con comprensione
verstärken [fɛɐ'ʃtɛrkən] *v* **1.** rinforzare; **2.** *(fig)* rafforzare; **3.** *TECH* amplificare
Verstärker [fɛɐ'ʃtɛrkɐ] *m TECH* amplificatore *m*
Verstärkung [fɛɐ'ʃtɛrkuŋ] *f* rafforzamento *m*, rinforzamento *m*
verstauchen [fɛɐ'ʃtauxən] *v* storcere, distorcere
Verstauchung [fɛɐ'ʃtauxuŋ] *f MED* distorsione *f*
verstauen [fɛɐ'ʃtauən] *v* stivare, sistemare
Versteck [fɛɐ'ʃtɛk] *n* nascondiglio *m*; *~ spielen* giocare a nascondino/nascondere i propri pensieri
verstecken [fɛɐ'ʃtɛkən] *v* nascondere; *sich vor jdm nicht zu ~ brauchen* non avere bisogno di nascondersi davanti a qd/non temere il confronto con qd
Versteckspiel [fɛɐ'ʃtɛkʃpiːl] *n* nascondino *m*
verstehen [fɛɐ'ʃteːən] *v irr* comprendere, capire; *jdm etw zu ~ geben* far capire qc a qd
versteigern [fɛɐ'ʃtaɪgɐn] *v* vendere all'asta
Versteigerung [fɛɐ'ʃtaɪgəruŋ] *f* vendita all'asta *f*
versteinert [fɛɐ'ʃtaɪnɐt] *adj* **1.** pietrificato, fossilizzato; **2.** *wie ~ (fig)* impietrito
verstellbar [fɛɐ'ʃtɛlbaːr] *adj* spostabile, regolabile
verstellen [fɛɐ'ʃtɛlən] *v* **1.** spostare; **2.** *(regulieren)* regolare; **3.** *sich ~ (fig)* fingere; *Ich kann mich nicht gut ~.* Non so fingere bene. **4.** *(Stimme ~)* contraffare la voce
versteuern [fɛɐ'ʃtɔyɐn] *v* pagare le imposte su qc
verstimmt [fɛɐ'ʃtɪmt] *adj* **1.** *(fig)* di cattivo umore; **2.** *MUS* scordato
Verstimmung [fɛɐ'ʃtɪmuŋ] *f* **1.** *MUS* scordatura *f*; **2.** *(fig)* malumore *m*
verstohlen [fɛɐ'ʃtoːlən] *adj* **1.** furtivo, segreto; *adv* **2.** furtivamente
verstopft [fɛɐ'ʃtɔpft] *adj* intasato
Verstopfung [fɛɐ'ʃtɔpfuŋ] *f* **1.** intasamento *m*, otturazione *f*; **2.** *MED* costipazione *f*
Verstorbene(r) [fɛɐ'ʃtɔrbənə(r)] *m/f* morto/morta *m/f*, deceduto/deceduta *m/f*
verstört [fɛɐ'ʃtøːrt] *adj* sconvolto
Verstoß [fɛɐ'ʃtoːs] *m* mancanza *f*
verstoßen [fɛɐ'ʃtoːsən] *v irr* **1.** *(verjagen)* scacciare; **2.** *(zuwiderhandeln)* contravvenire, infrangere
verstreuen [fɛɐ'ʃtrɔyən] *v* spargere, disseminare
verstricken [fɛɐ'ʃtrɪkən] *v sich in etw ~ (fig)* impigliarsi in qc; *sich in ein Lügennetz ~* impigliarsi in una rete di bugie
verstümmeln [fɛɐ'ʃtyməln] *v* mutilare
Verstümmelung [fɛɐ'ʃtyməluŋ] *f* mutilazione *f*
Versuch [fɛɐ'zuːx] *m* **1.** tentativo *m*, prova *f*; **2.** *(Experiment)* esperimento *m*, prova *f*

V

versuchen [fɛɐ'zu:xən] *v* **1.** tentare, provare; **2.** *(kosten)* assaggiare, provare
Versuchsmodell [fɛɐ'zu:xsmɔdəl] *n* modello sperimentale *m*
versuchsweise [fɛɐ'zu:xsvaɪzə] *adv* in via sperimentale
Versuchung [fɛɐ'zu:xuŋ] *f* tentazione *f*
versündigen [fɛɐ'zyndɪgən] *v sich ~* pecare, fare del male, commettere un peccato
Versündigung [fɛɐ'zyndɪguŋ] *f* colpa *f,* peccato *m*
versunken [fɛɐ'zuŋkən] *adj (fig)* immerso
Versunkenheit [fɛɐ'zuŋkənhaɪt] *f (fig)* pensosità *f*
vertagen [fɛɐ'ta:gən] *v* aggiornare, rinviare; *eine Sitzung ~* aggiornare una seduta
vertauschen [fɛɐ'tauʃən] *v* scambiare, cambiare
verteidigen [fɛɐ'taɪdɪgən] *v* difendere
Verteidiger(in) [fɛɐ'taɪdɪgər(ɪn)] *m/f JUR* difensore/difenditrice *m/f*
Verteidigung [fɛɐ'taɪdɪguŋ] *f* difesa *f*
Verteidigungsministerium [fɛɐ'taɪdɪguŋsmɪnɪste:rjum] *n POL* ministero della difesa *m*
verteilen [fɛɐ'taɪlən] *v* **1.** *(austeilen)* distribuire; **2.** *(aufteilen)* dividere, spartire
Verteiler [fɛɐ'taɪlɐ] *m* **1.** *(beim Auto)* spinterogeno *m;* **2.** *(von Zeitschriften)* distributore *m*
Verteilung [fɛɐ'taɪluŋ] *f* **1.** *(Austeilen)* distribuzione *f,* spartizione *f;* **2.** *(Verteilen)* distribuzione *f*
Verteuerung [fɛɐ'tɔyəruŋ] *f* rincaro *m,* aumento dei prezzi *m*
vertiefen [fɛɐ'ti:fən] *v* **1.** scavare; **2.** *(Wissen)* approfondire; *seine Kenntnisse ~* approfondire le proprie conoscenze
vertikal [vɛrtɪ'ka:l] *adj* verticale; verticaler Garten giardino verticale
vertilgen [fɛɐ'tɪlgən] *v* **1.** *(Unkraut)* estirpare; **2.** *(fig: essen)* mangiare
Vertrag [fɛɐ'tra:k] *m* **1.** *ECO* contratto *m;* **2.** *POL* trattato *m*
vertragen [fɛɐ'tra:gən] *v irr* **1.** *etw ~* sopportare qc, tollerare qc; **2.** *sich ~* andare d'accordo
vertraglich [fɛɐ'tra:klɪç] *adj* **1.** contrattuale; *adv* **2.** con contratto, per contratto
verträglich [fɛɐ'trɛ:klɪç] *adj* **1.** *(umgänglich)* gentile; **2.** *(bekömmlich)* digeribile
Verträglichkeit [fɛɐ'trɛ:klɪçkaɪt] *f* **1.** *(Umgänglichkeit)* gentilezza *f;* **2.** *(Bekömmlichkeit)* digeribilità *f*
Vertragsabschluss [fɛɐ'tra:ksapʃlus] *m ECO* stipulazione di un contratto *f*
Vertragsbestimmung [fɛɐ'tra:ksbəʃtɪmuŋ] *f ECO* clausola contrattuale *f*
Vertragsbruch [fɛɐ'tra:ksbrux] *m JUR* rottura del contratto *f*
Vertragsgegenstand [fɛɐ'tra:ksge:gənʃtant] *m ECO* oggetto del contratto *m*
Vertragspartner [fɛɐ'tra:kspartnɐ] *m ECO* parte contraente *f*
vertrauen [fɛɐ'trauən] *v* fidarsi
Vertrauen [fɛɐ'trauən] *n* fiducia *f; jmd ins ~ ziehen* confidarsi con qc
Vertrauensfrage [fɛɐ'trauənsfra:gə] *f POL* questione di fiducia *f*
vertrauensvoll [fɛɐ'trauənsfɔl] *adj* pieno di fiducia, fiducioso
vertrauenswürdig [fɛɐ'trauənsvyrdɪç] *adj* degno di fiducia
vertraulich [fɛɐ'traulɪç] *adj* **1.** confidenziale; *adv* **2.** in confidenza
Vertraulichkeit [fɛɐ'traulɪçkaɪt] *f* riservatezza *f*
verträumt [fɛɐ'trɔymt] *adj* trasognato
vertraut [fɛɐ'traut] *adj* intimo, familiare
Vertrautheit [fɛɐ'trauthaɪt] *f* familiarità *f,* intimità *f*
vertreiben [fɛɐ'traɪbən] *v irr* **1.** *(verjagen)* cacciare, spossessare; **2.** *(Zeit)* passare; **3.** *(verkaufen) ECO* vendere, smerciare
vertretbar [fɛɐ'tre:tba:r] *adj* sostenibile
vertreten [fɛɐ'tre:tən] *v irr* **1.** *(repräsentieren)* rappresentare; **2.** *(ersetzen)* sostituire; **3.** *(wahrnehmen)* difendere; *jds Interessen ~* difendere gli interessi di qd; **4.** *(Ansichten)* sostenere
Vertreter(in) [fɛɐ'tre:tər(ɪn)] *m/f* **1.** *(Repräsentant(in))* rappresentante *m/f;* **2.** *(Stellvertreter(in))* sostituto/

sostituta *m/f;* **3.** *(Verfechter(in))* sostenitore/sostenitrice *m/f*
Vertretung [fɐ'treːtuŋ] *f* **1.** *(Repräsentanz)* rappresentanza *f;* **2.** *(Stellvertretung)* sostituzione *f*
Vertrieb [fɐ'triːp] *m ECO* vendita *f*
vertrösten [fɐ'trøːstən] *v* fare sperare, fare speranze
vertuschen [fɐ'tuʃən] *v* nacondere
verübeln [fɐ'yːbəln] *v* prendersela, aversene a male
verüben [fɐ'yːbən] *v* compiere, commettere
verunglücken [fɐ'unglykən] *v* infortunarsi; avere un incidente
Verunglückte(r) [fɐ'unglyktə(r)] *m/f* infortunato/infortunata *m/f,* vittima *f*
verunreinigen [fɐ'unraɪnɪgən] *v* sporcare
Verunreinigung [fɐ'unraɪnɪguŋ] *f* inquinamento *m*
verunsichern [fɐ'unzɪçɐn] *v* rendere insicuro, disorientare
Verunsicherung [fɐ'unzɪçəruŋ] *f* disorientamento *m*
verunstalten [fɐ'unʃtaltən] *v* sfigurare, deturpare
veruntreuen [fɐ'untrɔyən] *v* sottrarre, appropriarsi indebitamente di
Veruntreuung [fɐ'untrɔyuŋ] *f JUR* sottrazione *f,* appropriazione indebita *f*
verursachen [fɐ'urzaxən] *v* causare
Verursacher(in) [fɐ'uːrzaxər(ɪn)] *m/f* autore/autrice *m/f*
verurteilen [fɐ'urtaɪlən] *v* condannare
Verurteilte(r) [fɐ'urtaɪltə(r)] *m/f JUR* condannato/condannata *m/f*
Verurteilung [fɐ'urtaɪluŋ] *f* condanna *f*
vervielfältigen [fɐ'fiːlfɛltɪgən] *v* moltiplicare, riprodurre
Vervielfältigung [fɐ'fiːlfɛltɪguŋ] *f* riproduzione *f*
vervollkommnen [fɐ'fɔlkɔmnən] *v* perfezionare
vervollständigen [fɐ'fɔlʃtɛndɪgən] *v* completare
verwahren [fɐ'vaːrən] *v* custodire, conservare
verwahrlost [fɐ'vaːrloːst] *adj* abbandonato
Verwahrung [fɐ'vaːruŋ] *f* custodia *f,* conservazione *f; etw in ~ nehmen* prendere qc in custodia
verwalten [fɐ'valtən] *v* amministrare
Verwalter(in) [fɐ'valtər(ɪn)] *m/f* amministratore/amministratrice *m/f*
Verwaltung [fɐ'valtuŋ] *f* amministrazione *f*
Verwaltungsgericht [fɐ'valtuŋsgɐɪçt] *n JUR* tribunale amministrativo *m*
Verwaltungsrat [fɐ'valtuŋsraːt] *m ECO* consiglio d'amministrazione *m*
verwandeln [fɐ'vandəln] *v* trasformare
Verwandlung [fɐ'vandluŋ] *f* trasformazione *f*
verwandt [fɐ'vant] *adj* imparentato
Verwandte(r) [fɐ'vantə(r)] *m/f* parente *m/f,* congiunto/congiunta *m/f*
Verwandtschaft [fɐ'vantʃaft] *f* parentela *f*
verwarnen [fɐ'varnən] *v* avvertire
Verwarnung [fɐ'varnuŋ] *f* avviso *m,* avvertimento *m*
verwechseln [fɐ'vɛksəln] *v* scambiare, confondere
Verwechslung [fɐ'vɛksluŋ] *f* scambio *m,* confusione *f*
verwegen [fɐ'veːgən] *adj* audace, temerario
verwehren [fɐ'veːrən] *v* vietare
verweigern [fɐ'vaɪgɐn] *v* rifiutare
Verweigerung [fɐ'vaɪgəruŋ] *f* rifiuto *m*
verweilen [fɐ'vaɪlən] *v* trattenersi, rimanere
Verweis [fɐ'vaɪs] *m* **1.** *(Rüge)* rimprovero *m;* **2.** *(Hinweis)* rinvio *m,* rimando *m*
verweisen [fɐ'vaɪzən] *v irr* **1.** *(~ auf)* rimandare, rinviare; *auf einen Artikel ~* rimandare a un articolo; **2.** espellere; *jdn des Landes ~* bandire qd dal paese
verwelken [fɐ'vɛlkən] *v* appassire
verwendbar [fɐ'vɛntbaːr] *adj* utilizzabile
verwenden [fɐ'vɛndən] *v irr* usare, utilizzare
Verwendung [fɐ'vɛnduŋ] *f* uso *m,* impiego *m; für etw ~ finden* trovare utilizzo per qc

V

Verwendungszweck [fɛɐ'vɛnduŋstsvɛk] *m* impiego previsto *m*
verwerflich [fɛɐ'vɛrflɪç] *adj* riprovevole, condannabile
verwerten [fɛɐ'veːrtən] *v* **1.** *(benutzen)* utilizzare; **2.** *(wieder ~)* riutilizzare; **3.** *(auswerten)* valorizzare
Verwertung [fɛɐ'veːrtuŋ] *f* **1.** *(Benutzung)* utilizzazione *f;* **2.** *(Wiederverwertung)* riutilizzazione *f;* **3.** *(Auswertung)* valorizzazione *f*
verwickeln [fɛɐ'vɪkəln] *v* **1.** *(fig)* ingarbugliare; **2.** *(fig: hineinbeziehen)* coinvolgere, implicare; *jdn in einen Skandal ~* coinvolgere qd in uno scandalo
Verwicklung [fɛɐ'vɪkluŋ] *f (fig)* intrico *m*
verwildern [fɛɐ'vɪldɐn] *v* inselvatichire
verwirklichen [fɛɐ'vɪrklɪçən] *v* realizzare
Verwirklichung [fɛɐ'vɪrklɪçuŋ] *f* realizzazione *f*
verwirren [fɛɐ'vɪrən] *v* **1.** scompigliare, ingarbugliare; **2.** *(fig: aus der Fassung bringen)* sconcertare, confondere
verwirrt [fɛɐ'vɪrt] *adj* **1.** ingarbugliato; **2.** *(fig)* confuso, sconcertato
Verwirrung [fɛɐ'vɪruŋ] *f* confusione *f*
verwitwet [fɛɐ'vɪtvət] *adj* vedovo
verwöhnen [fɛɐ'vøːnən] *v* viziare
verworren [fɛɐ'vɔrən] *adj* confuso
verwundbar [fɛɐ'vuntbaːr] *adj* vulnerabile, suscettibile
verwunden [fɛɐ'vundən] *v* ferire
verwunderlich [fɛɐ'vundɐlɪç] *adj* sorprendente, straordinario
Verwunderung [fɛɐ'vundəruŋ] *f* meraviglia *f,* sorpresa *f*
Verwundung [fɛɐ'vunduŋ] *f* ferimento *m*
verwüsten [fɛɐ'vyːstən] *v* devastare
Verwüstung [fɛɐ'vyːstuŋ] *f* devastazione *f*
verzagen [fɛɐ'tsaːgən] *v* perdersi d'animo, scoraggiarsi
verzählen [fɛɐ'tsɛːlən] *v sich ~* sbagliarsi nel contare
verzaubern [fɛɐ'tsaubɐn] *v* incantare, stregare
Verzehr [fɛɐ'tseːr] *m* consumo *m*
verzehren [fɛɐ'tseːrən] *v* **1.** *(essen)* mangiare, consumare; **2.** *(aufbrauchen)* consumare, esaurire; **3.** *sich ~ (fig)* struggersi; *Er verzehrt sich vor Sehnsucht.* Egli si strugge dal desiderio.
verzeichnen [fɛɐ'tsaɪçnən] *v* **1.** disegnare male; **2.** *(registrieren)* registrare
Verzeichnis [fɛɐ'tsaɪçnɪs] *n* elenco *m,* lista *f*
verzeihen [fɛɐ'tsaɪən] *v irr* perdonare
verzeihlich [fɛɐ'tsaɪlɪç] *adj* perdonabile
Verzeihung [fɛɐ'tsaɪuŋ] *f* **1.** perdono *m; interj* **2.** scusi, scusa, pardon
Verzicht [fɛɐ'tsɪçt] *m* rinuncia *f*
verzichten [fɛɐ'tsɪçtən] *v* rinunciare
verzieren [fɛɐ'tsiːrən] *v* ornare, decorare
Verzierung [fɛɐ'tsiːruŋ] *f* decorazione *f*
verzinsen [fɛɐ'tsɪnzən] *v ECO* pagare l'interesse su
Verzinsung [fɛɐ'tsɪnzuŋ] *f ECO* pagamento degli interessi *m*
verzögern [fɛɐ'tsøːgɐn] *v* **1.** ritardare; **2.** *(aufschieben)* procrastinare
Verzögerung [fɛɐ'tsøːgəruŋ] *f* ritardo *m*
verzollen [fɛɐ'tsɔlən] *v* sdoganare
Verzollung [fɛɐ'tsɔluŋ] *f* sdoganamento *m*
Verzug [fɛɐ'tsuːk] *m* ritardo *m; mit etw in ~ geraten* cadere in mora con qc; *mit etw in ~ sein* essere in ritardo con qc; *Es ist Gefahr in ~.* Ci sono pericoli in vista.
verzweifeln [fɛɐ'tsvaɪfəln] *v* disperare
verzweifelt [fɛɐ'tsvaɪfəlt] *adj* disperato
Verzweiflung [fɛɐ'tsvaɪfluŋ] *f* disperazione *f*
verzwickt [fɛɐ'tsvɪkt] *adj* imbrogliato, complicato
Vetter ['fɛtɐ] *m* cugino *m*
Vetternwirtschaft ['fɛtɐnvɪrtʃaft] *f* nepotismo *m*
Vibration [vibra'tsjoːn] *f* vibrazione *f*
vibrieren [vi'briːrən] *v* vibrare
Videofilm ['videofɪlm] *m* videofilm *m*
Videokassette ['videokasɛːtə] *f* videocassetta *f*
Videorekorder ['videorekɔrdɐ] *m* videoregistratore *m*
Vieh [fiː] *n* bestiame *m,* animali *m/pl; 100 Stück ~* 100 capi di bestiame

viel [fiːl] *adj* 1. molto; *adv* 2. molto, assai
viele ['fiːlə] *pron* molti
vielfach ['fiːlfax] *adj* 1. molteplice, multiplo; *adv* 2. più volte
Vielfalt ['fiːlfalt] *f* molteplicità *f*
vielfältig ['fiːlfɛltɪç] *adj* molteplice
vielleicht [fi'laɪçt] *adv* forse
vielmals ['fiːlmaːls] *adv* spesso, molte volte; *Danke ~!* Grazie infinite!
vielsagend ['fiːl'zaːgənt] *adj* eloquente
vielseitig ['fiːlzaɪtɪç] *adj* molteplice, eclettico
vielversprechend ['fiːlfɛr'ʃprɛçənt] *adj* promettente
Vielzahl ['fiːltsaːl] *f* pluralità *f*
vier [fiːr] *num* quattro; *unter ~ Augen* a quattr'occhi; *alle ~e von sich strecken* stiracchiarsi gambe e braccia; *auf allen ~en* a quattro zampe
viereckig ['fiːrɛkɪç] *adj* quadrangolare
vierte(r,s) ['fiːrtə(r,s)] *adj* 1. quarto/quarta; 2. *(Datum)* quattro
Viertel ['fɪrtəl] *n* 1. *MATH* quarto *m*, quarta parte *f*; 2. *(Stadtteil)* quartiere *m*
vierteljährlich ['fɪrtəljɛːrlɪç] *adj* trimestrale
Viertelstunde ['fɪrtəlʃtundə] *f* quarto d'ora *m*
vierzehn ['fɪrtseːn] *num* quattordici
vierzehnte(r,s) ['fɪrtseːntə(r,s)] *adj* 1. quattordicesimo/quattordicesima; 2. *(Datum)* quattordici
vierzig ['fɪrtsɪç] *num* quaranta
vierzigste(r,s) ['fɪrtsɪçstə(r,s)] *adj* quarantesimo/quarantesima
violett [vio'lɛt] *adj* violetto, viola
Violine [vio'liːnə] *f MUS* violino *m*
Virus ['viːrus] *n MED* virus *m*
Vision [vi'zjoːn] *f* visione *f*
Visite [vi'ziːtə] *f* visita *f*
Visitenkarte [vi'ziːtənkartə] *f* biglietto da visita *m*
Visum ['viːzum] *n* visto *m*; *ein ~ erteilen* rilasciare un visto
vital [vi'taːl] *adj* vitale
Vitamin [vita'miːn] *n* vitamina *f*
Vitaminmangel [vita'miːnmaŋəl] *m* carenza vitaminica *f*
Vizepräsident(in) ['fiːtsəprɛzɪdɛnt(ɪn)] *m/f* vicepresidente *m/f*
Vogel ['foːgəl] *m ZOOL* uccello *m*; *den ~ abschließen* ottenere il massimo successo/ottenere la parte migliore; *einen ~ haben* essere picchiato; *jdm einen ~ zeigen* dare del matto a qd
Vogelscheuche ['foːgəlʃɔyçə] *f* spaventapasseri *m*
Vokabel [vo'kaːbəl] *f* vocabolo *m*
Vokabular [vokaːbu'laːr] *n* vocabolario *m*
Vokal [vo'kaːl] *m* vocale *f*
Volk [fɔlk] *n* popolo *m*; *fahrendes ~* girovagli *m/pl*
Völkerkunde ['fœlkɐkundə] *f* etnologia *f*
Völkerrecht ['fœlkɐrɛçt] *n* diritto internazionale *m*
Völkerverständigung ['fœlkɐfɛrʃtɛndɪguŋ] *f* intesa tra i popoli *f*
Völkerwanderung ['fœlkɐvandəruŋ] *f HIST* migrazione dei popoli *f*
Volksabstimmung ['fɔlksapʃtɪmuŋ] *f POL* referendum *m*
Volksbegehren ['fɔlksbəgeːrən] *n POL* proposta di legge d'iniziativa popolare *f*
Volkseinkommen ['fɔlksaɪnkɔmən] *n* reddito nazionale *m*
Volksfest ['fɔlksfɛst] *n* festa popolare *f*
Volkshochschule ['fɔlkshoːxʃuːlə] *f* università popolare *f*
Volkslied ['fɔlksliːt] *n* canzone popolare *f*
Volksrepublik ['fɔlksrɛpubliːk] *f* repubblica popolare *f*
volkstümlich ['fɔlkstyːmlɪç] *adj* popolaresco, popolare
Volkswirtschaft ['fɔlksvɪrtʃaft] *f* economia politica *f*
Volkszählung ['fɔlkstsɛːluŋ] *f* censimento *m*
voll [fɔl] *adj* 1. pieno; *jdn nicht für ~ nehmen* non prendere sul serio qd; *aus dem Vollen schöpfen* attingere dal mucchio; *in die Vollen gehen* andare al massimo; 2. *(Betrag)* completo; 3. *(Farbe, Ton)* intenso; *eine Hand~ Geld* una manciata di denaro; *~ auf* del tutto; *~ auf genug* di gran lunga; *adv* 4. *~ und ganz* pienamente; *sich den Bauch ~schlagen* riempirsi la pancia; *~tanken* fare il pieno di benzina
Vollbart ['fɔlbart] *m* barba piena *f*

V

vollbringen [fɔl'brɪŋən] *v irr* compiere
vollenden [fɔl'ɛndən] *v* terminare
Vollendung [fɔl'ɛnduŋ] *f* compimento *m*
völlig ['fœlɪç] *adj* completo, pieno
volljährig ['fɔljɛːrɪç] *adj* maggiorenne
Volljährigkeit ['fɔljɛːrɪçkaɪt] *f* maggiore età *f*
Vollkaskoversicherung ['fɔlkaskɔfɛrzɪçəruŋ] *f* assicurazione casco *f*
vollkommen [fɔl'kɔmən] *adj* perfetto, completo
Vollkommenheit [fɔl'kɔmənhaɪt] *f* perfezione *f*
Vollkornbrot ['fɔlkɔrnbroːt] *n GAST* pane integrale *m*
Vollmacht ['fɔlmaxt] *f* delega *f*, procura *f* ~ *haben* essere autorizzato
Vollmilch ['fɔlmɪlç] *f GAST* latte intero *m*
Vollmond ['fɔlmoːnt] *m* luna piena *f*
Vollpension ['fɔlpɛnzjoːn] *f* pensione completa *f*
vollständig ['fɔlʃtɛndɪç] *adj* completo, intero
Vollständigkeit ['fɔlʃtɛndɪçkaɪt] *f* completezza *f*
vollstrecken [fɔl'ʃtrɛkən] *v JUR* eseguire; *ein Urteil* ~ eseguire una sentenza
Vollstreckung [fɔl'ʃtrɛkuŋ] *f JUR* esecuzione *f*
volltanken ['fɔltankən] *v* fare il pieno
Vollversammlung ['fɔlfɛrzamluŋ] *f* assemblea plenaria *f*
vollwertig ['fɔlveːrtɪç] *adj* completo
Vollwertkost ['fɔlvɛrtkɔst] *f GAST* alimentazione a base di cibi integrali *f*
vollzählig ['fɔltsɛːlɪç] *adj* **1.** completo; *adv* **2.** al completo, completamente
vollziehen [fɔl'tsiːən] *v irr* eseguire, effettuare
Volontariat [volɔnta'riaːt] *n* volontariato *m*
Volt [vɔlt] *n* volt *m*
Volumen [vo'luːmən] *n* volume *m*
vom *(= von dem) (siehe „von")*
von [fɔn] *prep* **1.** *(örtlich)* da; ~ *... bis* da … a; **2.** *(zeitlich)* da; ~ *jeher* da sempre; ~ *... an* da … a; **3.** *(Herkunft)* da, di; *Briefe ~ Freunden* lettere di amici; **4.** *(über)* di, su, intorno; **5.** *ein Freund ~ mir* un mio amico; ~ *mir aus* per me/per quel che mi riguarda; *Von wegen!* Neanche per sogno!
vor [foːr] *prep* **1.** *(örtlich)* davanti a; *etw ~ sich haben* avere qc davanti a sé; **2.** *(zeitlich)* prima di, avanti; ~ *Ostern* prima di Pasqua; ~ *einem Monat* un mese fa; **3.** *(kausal)* per, di, da; ~ *Freude weinen* piangere dalla gioia; **4.** ~ *allen Dingen* prima di tutto
vorab [foːr'ap] *adv* dapprima
Vorabend ['foːraːbənt] *m* vigilia *f*
Vorahnung ['foːraːnuŋ] *f* presentimento *m*
vorangehen [fo'rangeːən] *v irr* andare avanti, precedere
vorankommen [fo'rankɔmən] *v irr* procedere, avanzare
vorantreiben [fo'rantraɪbən] *v irr* spingere avanti, accelerare
voraus [for'aus] *adv* **1.** *(örtlich)* avanti, davanti; ['for aus] **2.** *(zeitlich)* prima, in anticipo, anticipatamente
vorausgehen [for'ausgeːən] *v irr* andare avanti, precedere
vorausgesetzt [for'ausgəzɛtst] *konj ~ dass* a condizione che
voraussagen [for'ausza:gən] *v* predire
voraussehen [for'auszeːən] *v irr* prevedere
voraussetzen [for'auszɛtsən] *v* presupporre; *vorausgesetzt, dass* supposto che
Voraussetzung [for'auszɛtsuŋ] *f* premessa *f*
Voraussicht [fɔr'ausziçt] *f aller ~ nach* secondo tutte le previsioni
voraussichtlich [for'auszɪçtlɪç] *adj* **1.** prevedibile; *adv* **2.** probabilmente
Vorauszahlung [for'austsaːluŋ] *f* pagamento anticipato *m*
Vorbedacht ['foːrbədaxt] *m mit ~* con premeditazione
Vorbehalt ['foːrbəhalt] *m* riserva *f*
vorbehalten ['foːrbəhaltən] *v irr* fare delle riserve su, riservarsi; *jdm ~ bleiben* essere riservato a qd
vorbehaltlich ['foːrbəhaltlɪç] *prep* con riserva di
vorbei [for'baɪ] *adv* **1.** *(örtlich)* davanti; **2.** *(zeitlich)* passato

vorbeifahren [for'baɪfaːrən] *v irr* passare
vorbeigehen [for'baɪgeːən] *v irr* **1.** *(entlanggehen)* passare davanti; **2.** *(vergehen)* passare
vorbeikommen [for'baɪkɔmən] *v irr* passare davanti
vorbelastet ['foːrbəlastət] *adj* compromesso
vorbereiten ['foːrbəraɪtən] *v* preparare
Vorbereitung ['foːrbəraɪtuŋ] *f* preparazione *f*
vorbestellen ['foːrbəʃtɛlən] *v* prenotare, far riservare
Vorbestellung ['foːrbəʃtɛluŋ] *f* prenotazione *f*
vorbestraft ['foːrbəʃtraːft] *adj JUR* pregiudicato
Vorbestrafte(r) ['foːrbəʃtraːftə(r)] *m/f JUR* pregiudicato/pregiudicata *m/f*
vorbeugen ['foːrbɔygən] *v* **1.** prevenire; **2.** *sich ~* piegarsi in avanti
vorbeugend ['foːrbɔygənt] *adj* preventivo
Vorbeugung ['foːrbɔyguŋ] *f* prevenzione *f*
Vorbild ['foːrbɪlt] *n* modello *m*
vorbildlich ['foːrbɪltlɪç] *adj* **1.** esemplare, modello; *adv* **2.** in modo esemplare
Vorbote ['foːrboːtə] *m* presagio *m*
vorbringen ['foːrbrɪŋən] *v irr* formulare, esprimere
vordere(r,s) ['fɔrdərə(r,s)] *adj* anteriore
Vorderfront ['fɔrdɐfrɔnt] *f* parte anteriore *f,* facciata *f*
Vordergrund ['fɔrdɐgrunt] *m* parte davanti *f,* primo piano *m; etw in den ~ stellen* mettere qc in primo piano; *sich in den ~ spielen* mettersi in luce
vordergründig ['fɔrdɐgryndɪç] *adj* evidente
Vorderseite ['fɔrdɐzaɪtə] *f* parte anteriore *f*
Vorderteil ['fɔrdɐtaɪl] *n* parte anteriore *f*
vordrängen ['foːrdrɛŋən] *v sich ~* farsi avanti, farsi largo
vordringen ['foːrdrɪŋən] *v irr* inoltrarsi, penetrare

V

vordringlich ['foːrdrɪŋlɪç] *adj* urgente, impellente
Vordruck ['foːrdruk] *m* formulario *m,* modulo *m*
voreilig ['foːraɪlɪç] *adj* precipitoso
voreingenommen ['foːraɪngənɔmən] *adj* **1.** prevenuto; *adv* **2.** per partito preso
Voreingenommenheit ['foːraɪngənɔmənhaɪt] *f* preconcetti *m/pl,* pregiudizi *m/pl*
vorenthalten ['foːrɛnthaltən] *v irr* privare di, defraudare di
Vorentscheidung ['foːrɛntʃaɪduŋ] *f* **1.** decisione provvisoria *f;* **2.** *SPORT* semifinale *f*
vorerst ['foːr'eːrst] *adv* intanto, per ora
Vorfahr ['foːrfaːr] *m* avo *m,* antenato *m*
Vorfahrt ['foːrfaːrt] *f* precedenza *f*
Vorfahrtstraße ['foːrfaːrtʃtraːsə] *f* strada con diritto di precedenza *f*
Vorfall ['foːrfal] *m* caso *m,* avvenimento *m*
Vorfeld ['foːrfɛlt] *n* terreno antistante *m; im ~* alla vigilia di
vorfinden ['foːrfɪndən] *v irr* trovare
Vorfreude ['foːrfrɔydə] *f* gioia dell'attesa *f*
vorführen ['foːrfyːrən] *v* **1.** *(präsentieren)* presentare, mostrare; **2.** *(Angeklagten)* portare, condurre; *dem Richter ~* condurre davanti al giudice; **3.** *(Film)* proiettare
Vorführung ['foːrfyːruŋ] *f* **1.** *(Präsentation)* presentazione *f;* **2.** *(eines Angeklagten)* presentazione *f;* **3.** *(eines Films)* proiezione *f*
Vorgang ['foːrgaŋ] *m* **1.** *(Prozess)* procedimento *m;* **2.** *(Geschehen)* avvenimento *m;* **3.** *(Akte)* pratica *f*
Vorgänger ['foːrgɛŋɐ] *m* predecessore *m*
vorgeben ['foːrgeːbən] *v irr (fig)* dare ad intendere, pretendere
vorgehen ['foːrgeːən] *v irr* **1.** *(handeln)* procedere, agire; **2.** *(vorausgehen)* andare avanti; **3.** *(wichtiger sein)* avere la precedenza; **4.** *(Uhr)* andare avanti
Vorgehen ['foːrgeːən] *n* procedimento *m*

Vorgesetze(r) ['foːrgəzɛtsə(r)] *m/f* superiore *m/f*
vorgestern ['foːrgɛstɐn] *adv* l'altro ieri
vorgreifen ['foːrgraɪfən] *v irr* precorrere; *den Ereignissen ~* precorrere gli eventi
vorhaben ['foːrhaːbən] *v irr* avere in mente
Vorhaben ['foːrhaːbən] *n* intenzione *f*
vorhalten ['foːrhaltən] *v irr (fig)* rinfacciare
Vorhaltung ['foːrhaltuŋ] *f* rimprovero *m*
vorhanden [for'handən] *adj* esistente, presente
Vorhang ['foːrhaŋ] *m* tenda *f*
vorher ['foːrheːr] *adv* prima
vorhergehend [foːr'heːrgeːənt] *adj* precedente, antecedente
vorherig ['foːrheːrɪç] *adj* precedente
Vorherrschaft ['foːrhɛrʃaft] *f* **1.** predominio *m,* prevalenza *f;* **2.** *(Oberherrschaft)* supremazia *f,* predominio *m*
vorherrschen ['foːrhɛrʃən] *v* predominare, prevalere
vorherrschend ['foːrhɛrʃənt] *adj* prevalente, predominante
Vorhersage [foːr'heːrzaːgə] *f* previsione *f,* predizione *f*
vorhersagen [foːr'heːrzaːgən] *v* predire, preannunciare
vorhersehbar [foːr'heːrzeːbaːr] *adj* prevedibile
vorhin [foːr'hɪn] *adv* poco fa
vorig ['foːrɪç] *adj* **1.** *(vergangen)* scorso, passato; **2.** *(vorhergegangen)* anteriore, precedente
Vorjahr ['voːrjaːr] *n* anno precedente *m*
Vorkämpfer ['foːrkɛmpfɐ] *m* antesignano *m,* pioniere *m*
Vorkaufsrecht ['foːrkaufsrɛçt] *n JUR* diritto di prelazione *m*
Vorkehrung ['foːrkeːruŋ] *f* provvedimento *m,* misura *f*
Vorkenntnisse ['foːrkɛntnɪsə] *pl* conoscenze di base *f/pl*
vorkommen ['foːrkɔmən] *v irr* **1.** *(erscheinen)* comparire; **2.** *(geschehen)* accadere, succedere; **3.** *(vorhanden sein)* essere presente; **4.** *(scheinen)* parere, sembrare
Vorkommen ['foːrkɔmən] *n* **1.** *(Vorhandensein)* presenza *f;* **2.** *MIN* giacimento *m*
Vorkommnis ['foːrkɔmnɪs] *n* avvenimento *m,* evento *m*
Vorkriegszeit ['foːrkriːkstsaɪt] *f* periodo prebellico *m,* anteguerra *f*
vorladen ['foːrlaːdən] *v irr JUR* citare
Vorladung ['foːrlaːduŋ] *f JUR* citazione *f*
Vorlage ['foːrlaːgə] *f* **1.** *(Vorlegen)* presentazione *f;* **2.** *(Muster)* modello *m;* **3.** *(Entwurf)* progetto *m*
Vorläufer(in) ['foːrlɔyfər(ɪn)] *m/f* precursore/precorritrice *m/f*
vorläufig ['foːrlɔyfɪç] *adj* **1.** provvisorio, temporaneo; *adv* **2.** provvisoriamente, temporaneamente
vorlaut ['foːrlaut] *adj* saccente, impertinente
vorlegen ['foːrleːgən] *v* **1.** mettere davanti, collocare davanti; **2.** *(servieren) jdm Fleisch ~* servire carne a qd; **3.** *(vorzeigen)* esibire; *den Pass ~* esibire il passaporto
vorlesen ['foːrleːzən] *v irr* leggere ad alta voce
Vorlesung ['foːrleːzuŋ] *f* **1.** lettura *f;* **2.** *(an der Universität)* lezione universitaria *f*
vorletzte(r,s) ['foːrlɛtstə(r,s)] *adj* penultimo
vorliebnehmen ['foːrliːpneːmən] *v irr* accontentarsi
Vorliebe ['foːrliːbə] *f* preferenza *f,* predilezione *f*
vorliegend ['foːrliːgənt] *adj* presente
vormachen ['foːrmaxən] *v (fig)* dare ad intendere; *Du kannst mir nichts ~!* Che cosa vorresti darmi ad intendere!
Vormachtstellung ['foːrmaxtʃtɛluŋ] *f* posizione di supremazia *f,* egemonia *f*
vormerken ['foːrmɛrkən] *v* annotare
Vormittag ['foːrmɪtaːk] *m* mattina *f,* mattinata *f*
vormittags ['foːrmɪtaːks] *adv* di mattina
Vormund ['foːrmunt] *m* tutore *m*
Vormundschaft ['foːrmuntʃaft] *f* tutela *f*
vorn(e) [fɔrn/'fɔrnə] *adv* davanti, innanzi; *von ~ bis hinten* da cima a fondo; *von ~ (von neuem)* da capo, dall'inizio

Vorname ['fo:rna:mə] *m* nome *m*
vornehm ['fo:rne:m] *adj* **1.** distinto, raffinato; **2.** *(Character)* nobile; **3.** *(adelig)* signorile
vornehmen ['fo:rne:mən] *v irr* **1.** *(tun)* fare, intraprendere; **2.** *sich etw ~* prefiggersi qc, proporsi qc; **3.** *sich jdn ~* dirne quattro a qd
Vorort ['fo:rɔrt] *m* sobborgo *m*
Vorrang ['fo:rraŋ] *m* primato *m*
Vorrat ['fo:rra:t] *m* provvista *f*
vorrätig ['fo:rrɛ:tıç] *adj* in magazzino
Vorratskammer ['fo:rra:tskamɐ] *f* dispensa *f*
Vorrecht ['fo:rrɛçt] *n* privilegio *m*, prerogativa *f*
Vorreiter ['fo:rraıtɐ] *m* precursore *m*
Vorrichtung ['fo:rrıçtuŋ] *f* dispositivo *m*
vorrangig ['fo:rraŋıç] *adj* prioritario
Vorruhestand ['fo:rru:əʃtant] *m* prepensionamento *m*
Vorsaison ['fo:rzɛzɔ] *f* bassa stagione *f*
Vorsatz ['fo:rzats] *m* proponimento *m*, intenzione *f*
vorsätzlich ['fo:rzɛtslıç] *adj* intenzionale, premeditato
Vorschau ['fo:rʃau] *f* presentazione *f*
Vorschein ['fo:rʃaın] *m zum ~ kommen* venire alla luce, comparire
Vorschlag ['fo:rʃla:k] *m* proposta *f*
vorschlagen ['fo:rʃla:gən] *v irr* proporre
vorschreiben ['fo:rʃraıbən] *v irr (fig)* prescrivere
Vorschrift ['fo:rʃrıft] *f* norma *f*, prescrizione *f*
vorschriftsmäßig ['fo:rʃrıftsmɛ:sıç] *adj* **1.** conforme alle disposizioni; *adv* **2.** secondo le disposizioni
Vorschub ['fo:rʃu:p] *m ~ leisten* favorire
Vorschule ['fo:rʃu:lə] *f* scuola materna *f*
Vorschuss ['fo:rʃus] *m* anticipo *m*
vorsehen ['fo:rze:ən] *v irr* **1.** prevedere; **2.** *sich ~* cautelarsi
Vorsehung ['fo:rze:uŋ] *f* REL divina provvidenza *f*
Vorsicht ['fo:rzıçt] *f* prudenza *f*
vorsichtig ['fo:rzıçtıç] *adj* **1.** prudente; *adv* **2.** prudentemente
Vorsichtigkeit ['fo:rzıçtıçkaıt] *f* prudenza *f*
vorsichtshalber ['fo:rzıçtshalbɐ] *adv* per precauzione, per prudenza
Vorsichtsmaßnahme ['fo:rzıçtsmasna:mə] *f* misura precauzionale *f*
Vorsitz ['fo:rzıts] *m* presidenza *f*
Vorsitzende(r) ['fo:rzıtsəndə(r)] *m/f* presidente *m/f*
Vorsorge ['fo:rzɔrgə] *f* **1.** *(Fürsorge)* cura, provedimenti *m/pl;* **2.** MED prevenzione *f*
vorsorgen ['fo:rzɔrgən] *v* provvedere
vorsorglich ['fo:rzɔrklıç] *adj* **1.** previdente; *adv* **2.** per precauzione, previdentemente
Vorspeise ['fo:rʃpaızə] *f* GAST antipasto *m*
vorspiegeln ['fo:rʃpi:gəln] *v* simulare
Vorspiegelung ['fo:rʃpi:gəluŋ] *f* finzione *f; unter ~ falscher Tatsachen* con frode, con inganno
Vorsprung ['fo:rʃpruŋ] *m* **1.** *(Felsvorsprung)* sporgenza *f;* **2.** *(Hausvorsprung)* aggetto; **3.** *(fig)* vantaggio *m*
Vorstadt ['fo:rʃtat] *f* periferia *f*
Vorstand ['fo:rʃtant] *m* ECO consiglio di amministrazione *m*
Vorstandsmitglied ['fo:rʃtantsmıtgli:t] *n* ECO membro del consiglio di amministrazione *m*
vorstehen ['fo:rʃte:ən] *v irr* **1.** *(vorspringen)* sporgere; **2.** *(leiten)* dirigere
vorstellen ['fo:rʃtɛlən] *v* **1.** *(bekannt machen)* presentare; **2.** *sich ~* presentare, presentarsi; **3.** *(fig: sich etw ~)* immaginarsi
Vorstellung ['fo:rʃtɛluŋ] *f* **1.** *(Bekanntmachen)* presentazione *f;* **2.** *(Gedanke)* concetto *m*, idea *f;* **3.** THEAT rappresentazione *f*
Vorstellungstermin ['fo:rʃtɛluŋstɛrmi:n] *m* data del colloquio *f;* data della rappresentazione *f*
Vorstoß ['fo:rʃto:s] *m (fig)* tentativo *m*
Vorstrafe ['fo:rʃtra:fə] *f* JUR condanna precedente *f*, precedenti penali *m/pl*
Vorstufe ['fo:rʃtu:fə] *f* stadio preliminare *m*
Vortag ['fo:rta:k] *m* vigilia *f*
vortäuschen ['fo:rtɔyʃən] *v* simulare, fingere
Vortäuschung ['fo:rtɔyʃuŋ] *f* finzione *f*, simulazione *f*

V

Vorteil ['foːrtaɪl] *m* vantaggio *m; seinen ~ wahren* tutelare i propri interessi
vorteilhaft ['foːrtaɪlhaft] *adj* vantaggioso, conveniente
Vortrag ['foːrtraːk] *m* declamazione *f,* recita *f*
vortragen ['foːrtraːgən] *v irr* **1.** interpretare, recitare; **2.** *(einen Vortrag halten)* tenere una conferenza; **3.** *(darlegen)* esporre
vortrefflich [foːr'trɛflɪç] *adj* eccellente, perfetto
vortreten ['foːrtreːtən] *v irr* avanzare
Vortritt ['foːrtrɪt] *m* precedenza *m; jdm den ~ lassen* lasciare la precedenza a qd/ cedere il passo a qd
vorüber [fo'ryːbɐ] *adv* **1.** *(örtlich)* davanti; **2.** *(zeitlich)* passato
vorübergehen [fo'ryːbɐgeːən] *v irr* passare; *Das Gewitter ist vorübergegangen.* Il temporale è passato.
vorübergehend [fo'ryːbɐgeːənt] *adj* **1.** passeggero, temporaneo; *adv* **2.** temporaneamente, momentaneamente
Vorurteil ['foːrurtaɪl] *n* pregiudizio *m,* preconcetto *m*
Vorverkauf ['foːrfɛrkauf] *m* prevendita *f*
vorverlegen ['foːrfɛrleːgən] *v* anticipare
Vorvertrag ['foːrfɛrtraːk] *m JUR* contratto preliminare *m*
Vorwahl ['foːrvaːl] *f TEL* preselezione *f*
Vorwand ['foːrvant] *m* pretesto *m,* scusa *f*
Vorwarnung ['foːrvarnuŋ] *f* preavvertimento *m,* premonizione *f*
vorwärts ['fɔrvɛrts] *adv* avanti, innanzi; *~kommen* andare avanti, progredire
Vorwärtsgang ['fɔrvɛrtsgaŋ] *m (eines Fahrzeuges)* marcia avanti *f*
vorwegnehmen [for'vɛkneːmən] *v irr* anticipare
vorweisen ['foːrvaɪzən] *v irr* presentare, esibire
vorwerfen ['foːrvɛrfən] *v irr* rimproverare
vorwiegend ['foːrviːgənt] *adj* **1.** prevalente, preponderante; *adv* **2.** prevalentemente
vorwitzig ['foːrvɪtsɪç] *adj* saccente
Vorwort ['foːrvɔrt] *n* prefazione *f,* premessa *f*
Vorwurf ['foːrvurf] *m* rimprovero *m; jdm einen ~ machen* fare un rimprovero a qd/fare un'accusa a qd
vorwurfsvoll ['foːrvurfsfɔl] *adj* **1.** pieno di rimprovero; *adv* **2.** con aria di rimprovero
Vorzeichen ['foːrtsaɪçən] *n* **1.** *MATH* segno *m;* **2.** *(fig)* segno *m; ein gutes ~* un buon segno
vorzeigen ['foːrtsaɪgən] *v* esibire, presentare
vorzeitig ['foːrtsaɪtɪç] *adj* anticipato, prematuro
vorziehen ['foːrtsiːən] *v irr* **1.** tirare avanti; **2.** *(fig)* preferire
Vorzimmer ['foːrtsɪmɐ] *n* anticamera *f*
Vorzug ['foːrtsuːk] *m* **1.** *(Vorteil)* vantaggio *m,* preferenza *m;* **2.** *(Vorrang)* precedenza *f,* priorità *f; jdm den ~ geben* dare la preferenza a qd; **3.** *(gute Eigenschaft)* pregio
vorzüglich [foːr'tsyːklɪç] *adj* eccellente
vorzugsweise ['foːrtsuːksvaɪzə] *adv* preferibilmente
vulgär [vul'gɛːr] *adj* volgare
Vulkan [vul'kaːn] *m GEO* vulcano *m; Tanz auf dem ~* gioco pericoloso *m*
Vulkanausbruch [vul'kaːnausbrux] *m* eruzione vulcanica *f*

W

Waage ['vaːgə] *f* bilancia *f; sich gegenseitig die ~ halten* controbilanciarsi reciprocamente
waagerecht ['vaːgərɛçt] *adj* orizzontale
Waagschale ['vaːkʃaːlə] *f* piatto della bilancia *m; jedes Wort auf die ~ legen* pesare ogni parola col bilancino
wach [vax] *adj* sveglio, desto; *~ halten* tenere sveglio; *~ halten (fig)* tenere vivo
Wache ['vaxə] *f* guardia *f; ~ stehen* essere di guardia
wachen ['vaxən] *v* vegliare
Wachmann ['vaxman] *m* guardia *f*
Wacholder ['vaxɔldɐ] *m* BOT ginepro *m*
Wachs [vaks] *n* cera *f*
wachsam ['vaxzaːm] *adj* vigilante, vigile
Wachsamkeit ['vaxzaːmkaɪt] *f* vigilanza *f*
wachsen[1] ['vaksən] *v irr* **1.** *(zunehmen)* aumentare, accrescersi; **2.** BIO crescere
wachsen[2] ['vaksən] *v (polieren)* incerare, dare la cera
wachsend ['vaksənt] *adj* crescente
Wachstum ['vakstuːm] *n* crescita *f*
Wachstumsrate ['vakstuːmsraːtə] *f* ECO tasso di crescita *m*
Wächter(in) ['vɛçtər(ɪn)] *m/f* guardiano/guardiana *m/f*
wackelig ['vakəlɪç] *adj* traballante
Wackelkontakt ['vakəlkɔntakt] *m* TECH contatto difettoso *m*
wackeln ['vakəln] *v* **1.** traballare, tentennare; **2.** *(fig: Position)* vacillare
Wade ['vaːdə] *f* ANAT polpaccio *m*
Wadenwickel ['vaːdənvɪkəl] *m* MED impacco surale *m*
Waffe ['vafə] *f* arma *f; die ~n strecken* deporre le armi; *jdn zu den ~n rufen* chiamare qd alle armi
Waffel ['vafəl] *f* GAST wafer *m; einen an der ~ haben (fam)* non essere a posto col cervello
Waffengewalt ['vafəngəvalt] *f mit ~* con la forza delle armi *f*
Waffenschein ['vafənʃaɪn] *m* porto d'armi *m*
Waffenstillstand ['vafənʃtɪlʃtant] *m* armistizio *m*
wagemutig ['vaːgəmuːtɪç] *adj* audace, ardimentoso
wagen ['vaːgən] *v* **1.** *(sich getrauen)* osare, azzardarsi; **2.** *(riskieren)* rischiare
Wagen ['vaːgən] *m* **1.** *(Auto)* automobile *f;* **2.** *(Kinderwagen)* carrozzina *f;* **3.** *(Leiterwagen)* carro a rastrelliera *m;* **4.** *sich nicht vor jds ~ spannen lassen* non portare acqua al mulino di qd
Wagenheber ['vaːgənheːbɐ] *m* TECH crick *m*
Waggon [va'gɔː] *m* vagone *m,* carro *m*
waghalsig ['vaːkhalzɪç] *adj* temerario
Wagnis ['vaːknɪs] *n* impresa rischiosa *f*
Wahl [vaːl] *f* **1.** *(Auswahl)* scelta *f; erste ~* prima scelta *f;* **2.** POL votazione *f,* elezione *f*
wählbar ['vɛːlbaːr] *adj* eleggibile
wahlberechtigt ['vaːlbərɛçtɪçt] *adj* avente diritto di voto
Wahlbeteiligung ['vaːlbətaɪlɪguŋ] *f* POL partecipazione al voto *f*
wählen ['vɛːlən] *v* **1.** *(auswählen)* scegliere; **2.** *(Nummer)* comporre; **3.** POL votare
Wähler(in) ['vɛːlər(ɪn)] *m/f* POL elettore/elettrice *m/f*
Wahlergebnis ['vaːlɛrgəpnɪs] *n* POL risultato elettorale *m*
wählerisch ['vɛːlərɪʃ] *adj* **1.** difficile, schizzinoso; **2.** *(anspruchsvoll)* esigente
Wahlgeheimnis ['vaːlgəhaɪmnɪs] *n* POL segreto elettorale *m*
Wahlkampf ['vaːlkampf] *m* POL campagna elettorale *f*
Wahlkreis ['vaːlkraɪs] *m* POL collegio elettorale *m*
Wahllokal ['vaːllokaːl] *n* POL seggio elettorale *m*
wahllos ['vaːlloːs] *adj* indiscriminato

Wahlrecht ['va:lrɛçt] *n* diritto di voto *m*
Wahlspruch ['va:lʃprux] *m* slogan *m*
Wahlurne ['va:lurnə] *f POL* urna elettorale *f*
wahlweise ['va:lvaɪzə] *adv* a scelta
Wahnsinn ['va:nzɪn] *m* follia *f*, pazzia *f*
wahnsinnig ['va:nzɪnɪç] *adj* **1.** pazzo, folle; **2.** *(fam: furchtbar)* terribile, tremendo; *adv* **3.** *(fam: sehr)* enormemente, moltissimo
wahr [va:r] *adj* vero; *Das darf doch nicht ~ sein!* Non può essere vero!
wahren ['va:rən] *v* **1.** *(schützen)* tutelare, difendere; **2.** *(be~)* mantenere, serbare; *den Schein ~* salvare le apparenze
während ['vɛ:rənt] *prep* **1.** durante; *konj* **2.** mentre
wahrhaben ['wa:rhabən] *v etw nicht ~ wollen* non voler ammettere qc
Wahrheit ['va:rhaɪt] *f* verità *f*; *in ~* in verità; *die nackte ~* la verità nuda e cruda *f*
wahrheitsgetreu ['va:rhaɪtsgətrɔy] *adj* fedele alla verità, veritiero
wahrheitsliebend ['va:rhaɪtsli:bənt] *adj* sincero
wahrnehmen ['va:rne:mən] *v, irr* **1.** *(bemerken)* percepire; **2.** *(entdecken)* scorgere; **3.** *(nutzen)* approfittare
Wahrnehmung ['va:rne:muŋ] *f* percezione *f*
wahrsagen ['va:rza:gən] *v* profetizzare
Wahrsagerin ['va:rza:gəɪn] *f* indovina *f*
wahrscheinlich [va:r'ʃaɪnlɪç] *adj* **1.** probabile; *adv* **2.** probabilmente
Wahrscheinlichkeit [va:r'ʃaɪnlɪçkaɪt] *f* probabilità *f*
Wahrung ['va:ruŋ] *f* **1.** *(Schutz)* tutela *f*, difesa *f*; **2.** *(Bewahrung)* mantenimento *m*
Währung ['vɛ:ruŋ] *f* valuta *f*, moneta *f*
Währungseinheit ['vɛ:ruŋsaɪnhaɪt] *f ECO* unità monetaria *f*
Währungsunion ['vɛ:ruŋsunjo:n] *f* unione monetaria *f*
Wahrzeichen ['va:rtsaɪçən] *n* emblema *m*, simbolo *m*
Waise ['vaɪzə] *f* orfano/orfana *m/f*
Waisenhaus ['vaɪzənhaus] *n* orfanotrofio *m*
Waisenknabe ['waɪzənkna:bə] *m gegen jdn der reinste ~ sein* essere un angioletto a confronto di qd
Waisenrente ['vaɪzənrɛnte] *f* appannaggio *m*, rendita agli orfani *f*
Wal [va:l] *m ZOOL* balena *f*
Wald [valt] *m* foresta *f*, bosco *m*; *den ~ vor lauter Bäumen nicht sehen* vedere gli alberi e non vedere la foresta
Waldsterben ['valtʃtɛrbən] *n* moria di boschi *f*, disboscamento *f*
Waldwirtschaft ['valtvɪrtʃaft] *f* **1.** *(Forstwirtschaft)* economia forestale *f*; **2.** *(Gastwirtschaft)* osteria nel bosco *f*
Wall [val] *m* vallo *m*, terrapieno *m*
Wallfahrer(in) ['valfa:rər(ɪn)] *m/f REL* pellegrino/pellegrina *m/f*
Wallfahrt ['valfa:rt] *f REL* pellegrinaggio *m*
Wallfahrtskirche ['valfa:rtskɪrçə] *f REL* santuario *m*
Walnuss ['va:lnus] *f BOT* noce *f*
Walross ['va:lrɔs] *n ZOOL* tricheco *m*
Walze ['valtsə] *f* **1.** cilindro *m*; **2.** *(Blechwalze) TECH* rullo *m*
wälzen ['vɛltsən] *v* **1.** *(rollen)* rotolare; **2.** *(nachschlagen)* scartabellare, sfogliare; **3.** *(nachdenken)* rimuginare; **4.** *sich ~* rotolarsi, sbellicarsi; *sich im Schnee ~* rotolarsi nella neve; *sich vor Lachen ~* sbellicarsi dalle risate
Walzer ['valtsɐ] *m MUS* walzer *m*
Wand [vant] *f* parete *f*; *jdn an die ~ drücken* lasciare qc nell'ombra; *gegen eine ~ reden* parlare al muro; *jdn an die ~ spielen* lasciare al palo qd; *die eigenen vier Wände* le proprie quattro mura *f/pl*, la propria casa *f*; *Da könnte man die Wände hochgehen!* Roba da arrampicarsi sui muri!
Wandel ['vandəl] *m* trasformazione *f*, mutamento *m*
wandeln ['vandəln] *v* **1.** *(ändern)* trasformare, cambiare; **2.** *(gehen)* camminare, passeggiare
Wanderer ['vandərɐ] *m* viandante *m*
wandern ['vandɐn] *v* camminare, andare
Wanderung ['vandəruŋ] *f* escursione *f*

Wandlung ['vandluŋ] *f* **1.** trasformazione *f;* **2.** *REL* consacrazione eucaristica *f;* **3.** *JUR* redibizione *f*
Wange ['vaŋə] *f ANAT* guancia *f*
wankelmütig ['vaŋkəlmyːtɪç] *adj* volubile, incostante
wanken ['vaŋkən] *v* **1.** *(taumeln)* barcollare, traballare; **2.** *(fig)* vacillare; *jdn ins Wanken bringen* far titubare qd
wann [van] *adv* quando
Wanne ['vanə] *f* vasca *f*
Wanze ['vantsə] *f ZOOL* cimice *f*
Wappen ['vapən] *n* stemma *m,* blasone *m*
wappnen ['vapnən] *v sich ~* armarsi; *sich mit Geduld ~* armarsi di pazienza
Ware ['vaːrə] *f* merce *f*
Warenhaus ['vaːrənhaus] *n* grande magazzino *m*
Warenlager ['vaːrənlaːgɐ] *n* magazzino di merci *m*
Warenverkehr ['vaːrənfɛrkeːr] *m* circolazione delle merci *f*
Warenzeichen ['vaːrəntsaɪxən] *n* marchio di fabbrica *m*
warm [varm] *adj* **1.** caldo; **2.** *(fig)* caldo; *mit jdm ~ werden* entrare in confidenza con qd; *sich jdn ~ halten* tenersi buono qd
Wärme ['vɛrmə] *f* calore *m,* caldo *m*
wärmen ['vɛrmən] *v* scaldare, riscaldare
Wärmflasche ['vɛrmflaʃə] *f* borsa dell'acqua calda *f,* boule *f*
warmherzig ['varmhɛrtsɪç] *adj* caldo, caloroso
Warmwasserbereiter [varm'vasɐbəraɪtɐ] *m* scaldacqua *m,* boiler *m*
Warnblinkanlage ['varnblɪŋkanlaːgə] *f (eines Autos)* lampeggiatori di emergenza *m/pl*
Warndreieck ['varndraɪɛk] *n (im Auto)* triangolo di segnalazione *m*
warnen ['varnən] *v* mettere in guardia, avvertire
Warnsignal ['varnzɪknaːl] *n* segnale d'allarme *m*
Warnstreik ['varnʃtraɪk] *m* sciopero d'avvertimento *m*
Warnung ['varnuŋ] *f* avviso *m,* avvertimento *m*
Warte ['vartə] *f von meiner ~ aus* dal mio punto di vista
warten ['vartən] *v* **1.** aspettare; **2.** *(instand halten)* curare, mantenere
Wärter(in) ['vɛrtər(ɪn)] *m/f* guardiano/guardiana *m/f*
Wartesaal ['vartəzaːl] *m* sala d'aspetto *f*
Wartezimmer ['vartətsɪmɐ] *n* anticamera *f,* sala d'aspetto *f*
Wartung ['vartuŋ] *f TECH* manutenzione *f*
warum [va'rum] *adv* perché
Warze ['vartsə] *f MED* verruca *f*
was [vas] *pron* **1.** *(interr)* che cosa; **2.** *(rel)* ciò che, quello che
Waschanlage ['vaʃanlaːgə] *f (für Autos)* autolavaggio *m*
Waschbecken ['vaʃbɛkən] *n* lavandino *m*
Wäsche ['vɛʃə] *f* **1.** biancheria *f;* **2.** *(Gewaschenes)* bucato *m; dumm aus der ~ schauen* restare stupito; **3.** *(Unterwäsche)* biancheria intima *f*
waschecht ['vaʃɛçt] *adj* **1.** lavabile; **2.** *(fig)* autentico
Wäscheklammer ['vɛʃəklamɐ] *f* molletta per la biancheria *f*
waschen ['vaʃən] *v irr* **1.** *etw ~* lavare qc; **2.** *sich ~* lavarsi; *sich die Hände ~* lavarsi le mani; *eine Prüfung, die sich ge~ hat* un esame difficile *m*
Wäscherei [vɛʃə'raɪ] *f* lavanderia *f*
Wäschetrockner ['vɛʃətrɔknər] *m* **1.** asciugatrice *f;* **2.** *(Gestell)* stendibiancheria *m*
Waschmaschine ['vaʃmaʃiːnə] *f* lavatrice *f,* lavabiancheria *f*
Waschmittel ['vaʃmɪtəl] *n* detersivo *m*
Wasser ['vasɐ] *n* acqua *f; jdm das ~ abgraben* tagliere a qd il terreno sotto i piedi; *ins ~ fallen* andare a monte; *nahe am ~ gebaut haben* avere le lacrime in tasca/piangere facilmente; *jdm das ~ nicht reichen können* essere all'altezza di qd; *mit allen ~n gewaschen sein* essere un furbo di tre cotte
wasserdicht ['vasɐdɪçt] *adj* stagno, a tenuta stagna
Wasserfall ['vasɐfal] *m* cascata *f*
Wasserfarbe ['vasɐfarbə] *f* acquerello *m; Gemälde in ~* quadro ad acquerello
wassergekühlt ['vasɐgəkyːlt] *adj TECH* raffreddato ad acqua

W

Wasserhahn ['vasɐha:n] *m* rubinetto *m*
Wasserleitung ['vasɐlaɪtuŋ] *f* conduttura dell'acqua *f*
Wassermelone ['vasɐmelo:nə] *f BOT* cocomero
Wasserski ['vasɐʃi:] *m SPORT* sci acquatico *m*
Wasserstoff ['vasɐʃtɔf] *m CHEM* idrogeno *m*
Wasserwerk ['vasɐvɛrk] *n* centrale idrica *f*
Watt[1] [vat] *n PHYS* watt *m*
Watt[2] [vat] *n* bassofondo *m*
Watte ['vatə] *f* ovatta *f*, cotone idrofilo *m*
Wattebausch ['vatəbauʃ] *m* batuffolo di ovatta *m*
Wattestäbchen ['vatəʃtɛ:pçən] *n* bastoncino d'ovatta *m*
weben ['ve:bən] *v* tessere; *Die Spinne webt ihr Netz.* Il ragno tesse la sua tela.
Weberei [ve:bə'raɪ] *f* tessitura *f*
Web-Seite ['webzaɪtə] *f INFORM* pagina Web *f*
Wechsel ['vɛksəl] *m* **1.** *(Änderung)* cambiamento *m*; **2.** *(Geldwechsel) ECO* cambio *m*; **3.** *(Zahlungsmittel) ECO* cambiale *f*; **4.** *(abwechselnd)* alternanza *f*
Wechselbad ['vɛksəlba:t] *n* doccia scozzese *f*; *ein ~ der Gefühle* un cambiamento d'umore *m*
Wechselgeld ['vɛksəlgɛlt] *n* moneta *f*, spiccioli *m/pl*
Wechselgetriebe ['vɛksəlgətri:bə] *n TECH* cambio di velocità *m*
wechselhaft ['vɛksəlhaft] *adj* mutevole, variabile
Wechseljahre ['vɛksəlja:rə] *f MED* climaterio *m*
Wechselkurs ['vɛksəlkurs] *m FIN* cambio *m*
wechseln ['vɛksəln] *v* cambiare, mutare
Wechselstrom ['vɛksəlʃtro:m] *m TECH* corrente alternata *f*
Wechselstube ['vɛksəlʃtu:bə] *f* agenzia di cambio *f*, cambiavalute *m*
Wechselwirkung ['vɛksəlvɪrkuŋ] *f* interazione *f*, azione reciproca *f*
wecken ['vɛkən] *v* **1.** *(auf~)* svegliare; **2.** *(hervorrufen)* destare, risvegliare
Wecker ['vɛkɐ] *m* sveglia *f*; *jdm auf den ~ fallen* dare sui nervi a qd
wedeln ['ve:dəln] *v* **1.** *(Hund)* scodinzolare, dimenare la coda; **2.** *SPORT* fare lo scodinzolo
weder ['ve:dɐ] *konj ~ ... noch* né ... né
weg [vɛk] *adv* via; *hin und ~ sein* essere entusiasta; *weit ~ von jdm/etw* lontano da qd/qc
Weg [ve:k] *m* **1.** via *f*; *sich auf den ~ machen* mettersi in cammino; *den ~ des geringsten Widerstandes gehen* scegliere la via più facile; *eigene ~e gehen* andare per la propria strada; *einer Sache den ~ ebnen* spianare la strada a una cosa; *jdn aus dem ~ räumen* togliere di mezzo qd; *jdn auf den rechten ~ führen* condurre qd sulla retta via; *jdm etw mit auf den ~ geben* dare consigli utili a qd per la vita; *etw in die ~e leiten* mettere in piedi qc/organizzare qc; **2.** *(Strecke)* strada *f*, percorso *m*, tragitto *m*; **3.** *(fig: Art und Weise)* modo *m*
Wegbereiter ['ve:kbəraɪtɐ] *m* precursore *m*, iniziatore *m*
wegbleiben ['vɛkblaɪbən] *v irr* **1.** restare via, rimanere lontano; **2.** *(nicht kommen)* non venire; **3.** *(ausgelassen werden)* essere tralasciato
wegbringen ['vɛkbrɪŋən] *v irr* **1.** *(fortbringen)* portare via; **2.** *(Flecken)* levare
wegen ['ve:gən] *prep* per, a causa di
wegfallen ['vɛkfalən] *v irr* **1.** *(ausfallen)* cadere; **2.** essere soppresso
weggehen ['vɛkge:ən] *v irr* andarsene, andare via
weglassen ['vɛklasən] *v irr* **1.** *(auslassen)* omettere, tralasciare; **2.** *(gehen lassen)* lasciar andare
weglaufen ['vɛklaufən] *v irr* correre via
wegnehmen ['vɛkne:mən] *v irr* **1.** togliere, prendere; **2.** *(Eigentum)* sottrarre
wegräumen ['vɛkrɔymən] *v* rimuovere, sgomberare
wegschicken ['vɛkʃɪkən] *v* **1.** *(fortschicken)* mandare via; **2.** *(aufgeben)* spedire
wegtreten ['vɛktre:tən] *v irr MIL* rompere le righe; *(fig) weggetreten sein* essere assente con la mente

Wegweiser ['ve:kvaɪzɐ] *m* indicatore stradale, segnavia
wegwerfen ['vɛkvɛrfən] *v irr* buttare, gettare via
Wegwerfgesellschaft ['vɛkvɛrfgəzɛlʃaft] *f* società dello spreco *f*
weh [ve:] *adj* **1.** dolente; *interj* **2.** *wehe* guai
Weh [ve:] *n mit vielem ~ und Ach* con molta pena
wehen ['ve:ən] *v* **1.** *(Wind)* soffiare; *Es weht ein kühler Wind.* Soffia un vento freddo. **2.** *(flattern)* sventolare; *Die Fahne weht.* La bandiera sventola.
Wehen ['ve:ən] *pl MED* dolori *m/pl*
wehleidig ['ve:laɪdɪç] *adj* piagnucoloso
Wehleidigkeit ['ve:laɪdɪçkaɪt] *f* l'essere piagnucoloso *m*
Wehmut ['ve:mu:t] *f* malinconia *f*
wehmütig ['ve:my:tɪç] *adj* malinconico
Wehrdienst ['ve:rdi:nst] *m MIL* servizio militare *m*
wehren ['ve:rən] *v sich ~* difendersi
wehrlos ['ve:rlo:s] *adj (fig)* inerme, indifeso
Wehrpflicht ['ve:rpflɪçt] *f MIL* obbligo del servizio militare *m*
Weib [vaɪp] *n* **1.** *(fam)* femmina *f;* **2.** *(Ehefrau)* moglie *f*
weiblich ['vaɪplɪç] *adj* femminile
weich [vaɪç] *adj* **1.** molle, tenero; **2.** *(fig)* sensibile
Weiche[1] ['vaɪçə] *f* **1.** *(Weichheit)* morbidezza *f,* mollezza *f;* **2.** *(Körperteil)* inguine *m*
Weiche[2] [vaɪçə] *f (an Gleisen) TECH* scambio *m; die ~n für etw stellen* preparare il terreno per qc
weichen ['vaɪçən] *v irr* ritirarsi, cedere
weichherzig ['vaɪçhɛrtsɪç] *adj* dal cuore tenero
Weichspüler ['vaɪçʃpy:lɐ] *m* ammorbidente *m*
Weide ['vaɪdə] *f* **1.** *(Baum) BOT* salice *m;* **2.** *(Wiese)* pascolo *m*
weigern ['vaɪgɐn] *v sich ~* rifiutarsi
Weigerung ['vaɪgəruŋ] *f* rifiuto *m,* diniego *m*
weihen ['vaɪən] *v REL* consacrare; *einen Priester ~* ordinare un sacerdote
Weiher ['vaɪɐ] *m* stagno *m,* laghetto *m*
Weihnachten ['vaɪnaxtən] *n* Natale *m*
Weihnachtsabend ['vaɪnaxtsa:bənt] *m* sera di Natale *f*
Weihnachtsbaum ['vaɪnaxtsbaum] *m* albero di Natale *m*
Weihnachtslied ['vaɪnaxtsli:t] *n* canto di Natale *m*
Weihnachtsmann ['vaɪnaxtsman] *m* Babbo Natale *m*
Weihnachtstag ['vaɪnaxtsta:k] *m* giorno di Natale *m*
Weihrauch ['vaɪraux] *m REL* incenso *m*
Weihwasser ['vaɪvasɐ] *n REL* acqua benedetta *f*
weil [vaɪl] *konj* perché, poiché
Weile ['vaɪlə] *f* momento *m*
Wein [vaɪn] *m* **1.** vino *m; jdm reinen ~ einschenken* dire la pura verità a qd; **2.** *BOT* vite *f*
Weinberg ['vaɪnbɛrk] *m* vigneto *m,* vigna *f*
Weinbrand ['vaɪnbrant] *m GAST* acquavite *f*
weinen ['vaɪnən] *v* piangere
Weinlese ['vaɪnle:zə] *f* vendemmia *f*
Weintraube ['vaɪntraubə] *f BOT* grappolo d'uva *m*
weise ['vaɪzə] *adj* saggio, sapiente
Weise ['vaɪzə] *f (Art und ~)* modo *m,* maniera *f; in keiner ~* in nessun modo
Weise(r) ['vaɪzə(r)] *m/f* saggio/saggia *m/f*
Weisheit ['vaɪshaɪt] *f* saggezza *f,* sapienza *f; der ~ letzter Schluss* la soluzione migliore *f; mit seiner ~ am Ende sein* non sapere più cosa fare
weiß [vaɪs] *adj* bianco
Weißbier ['vaɪsbi:r] *n GAST* birra chiara *f*
Weißbrot ['vaɪsbro:t] *n GAST* pane bianco *m*
Weißkohl ['vaɪsko:l] *m BOT* cavolo bianco *m*
Weißwein ['vaɪsvaɪn] *m GAST* vino bianco *m*
Weisung ['vaɪzuŋ] *f* istruzione *f*
weit [vaɪt] *adj* **1.** largo, ampio, vasto; **2.** *(lang)* lungo; **3.** *(fern)* lontano; *adv* **4.** *~ entfernt* lontano; *~ und breit* a perdita d'occhio; *zu ~ gehen* andare troppo oltre; *bei ~em nicht* neanche approssimativamente; *~verbreitet* dif-

fuso ampiamente; *~reichend* di ampia portata
weitaus ['vaɪtaus] *adv* di gran lunga, molto
Weitblick ['vaɪtblɪk] *m* lungimiranza *m*
Weite ['vaɪtə] *f* **1.** *(Breite)* larghezza *f*, ampiezza *f*; **2.** *(Ausdehnung)* estensione *f*; **3.** *(Entfernung)* distanza *f*; *das ~ suchen* prendere il largo
weiter ['vaɪtɐ] *adj* **1.** *(Komparativ von weit)* ulteriore; **2.** *(zusätzlich)* ulteriore; *adv* **3.** *~ weg* più lontano, più in là; **4.** *(außerdem)* inoltre, oltre
weiterarbeiten ['vaɪtərarbaɪtən] *v* continuare il lavoro, continuare a lavorare
Weiterbildung ['vaɪtɐbɪlduŋ] *f* perfezionamento *m*
weiterführen ['vaɪtɐfyːrən] *v* portare avanti, continuare
weitergeben ['vaɪtɐgeːbən] *v irr* passare, dare a un altro
weitergehen ['vaɪtɐgeːən] *v irr* continuare, proseguire
weiterleiten ['vaɪtɐlaɪtən] *v* trasmettere
weitermachen ['vaɪtɐmaxən] *v* continuare a fare
weitersagen ['vaɪtɐzaːgən] *v* dire ad altri
weiterschlafen ['vaɪtɐʃlaːfən] *v irr* continuare a dormire
weitgehend ['vaɪtgeːənt] *adj* **1.** ampio, vasto, largo; *adv* **2.** ampiamente
weitläufig ['vaɪtlɔyfɪç] *adj* **1.** ampio, spazioso; **2.** *(fig: entfernt)* lontano; *ein ~er Verwandter* un parente lontano
weitsichtig ['vaɪtzɪçtɪç] *adj* **1.** *MED* presbite; **2.** *(fig)* lungimirante
Weizen ['vaɪtsən] *m BOT* grano *m*
welch [vɛlç] *pron* quale
welche(r,s) ['vɛlçə(r,s)] *pron* **1.** che, il quale/la quale; **2.** *(interrogativ)* quale
welk [vɛlk] *adj* **1.** *(verblüht)* appassito; **2.** *(schlaff)* vizzo, avvizzito
welken ['vɛlkən] *v* **1.** *(verblühen)* appassire; **2.** *(erschlaffen)* avvizzire
Welle ['vɛlə] *f* onda *f*
Wellenlänge ['vɛlənlɛŋə] *f PHYS* lunghezza d'onda *f*; *auf der gleichen ~ liegen (fig)* essere sulla stessa lunghezza d'onda/essere in sintonia
Wellensittich ['vɛlənzɪtɪç] *m ZOOL* pappagallino ondulato *m*
Welpe ['vɛlpə] *m* cucciolo di cagna *m*
Welt [vɛlt] *f* mondo *m*; *nicht die ~ kosten* non costare un occhio; *nicht aus der ~ sein* non essere fuori del mondo; *etw in die ~ setzen* mettere in giro qc/diffondere; *mit sich und der ~ zufrieden sein* essere in pace con sé e col mondo; *Für sie brach die ~ zusammen.* Per lei è crollato il mondo.
Weltall ['vɛltal] *n* universo *m*
Weltanschauung ['vɛltanʃauuŋ] *f* concezione del mondo *f*
Weltbank ['vɛltbaŋk] *f ECO* banca mondiale *f*
weltbekannt ['vɛltbəkant] *adj* noto in tutto il mondo, di fama mondiale
weltbewegend ['vɛltbəveːgənt] *adj* sensazionale
weltfremd ['vɛltfrɛmt] *adj* fuori della realtà
weltgewandt ['vɛltgəvant] *adj* esperto del mondo
Welthandel ['vɛlthandəl] *m ECO* commercio mondiale *m*
Weltkrieg ['vɛltkriːk] *m HIST* guerra mondiale *f*
weltlich ['vɛltlɪç] *adj* **1.** terreno, terrestre; **2.** *(nicht kirchlich)* profano, laico
Weltmacht ['vɛltmaxt] *f* potenza mondiale *f*
Weltmeister ['vɛltmaɪstɐ] *m SPORT* campione mondiale *m*
Weltmeisterschaft ['vɛltmaɪstɐʃaft] *f SPORT* campionato mondiale *m*
Weltraum ['vɛltraum] *m* spazio *m*, cosmo *m*
Weltreise ['vɛltraɪzə] *f* viaggio intorno al mondo *m*
Weltrekord ['vɛltrekɔrt] *m SPORT* record mondiale *m*, primato mondiale *m*
Weltsprache ['vɛltʃpraːxə] *f* lingua internazionale *f*
Weltuntergang ['vɛltuntɐgaŋ] *m* fine del mondo *f*
weltweit ['vɛltvaɪt] *adj* mondiale, internazionale
Weltwirtschaft ['vɛltvɪrtʃaft] *f ECO* economia mondiale *f*
wem [veːm] *pron* a chi
wen [veːn] *pron* chi

Wendeltreppe ['vɛndəltrɛpə] *f* scala a chiocciola *f*
wenden ['vɛndən] *v irr* **1.** voltare, girare; **2.** *sich ~ an* rivolgersi a
wendig ['vɛndɪç] *adj* **1.** maneggevole, manovrabile; **2.** *(flink)* sveglio, svelto
wenig ['veːnɪç] *adj* poco, scarso
wenige ['veːnɪgə] *adv* **1.** pochi/poche; **2.** *(einige)* alcuni/alcune
weniger ['veːnɪgɐ] *adv* meno, di meno
Wenigkeit ['veːniçkaɪt] *f meine ~* la mia modesta persona *f*
wenigstens ['veːnɪçstəns] *adv* almeno
wenn [vɛn] *konj* **1.** *(konditional)* se; *~ auch* anche se; *und ~ schon* anche se fosse così! *Wenn er doch käme!* Se solo venisse! **2.** *(zeitlich)* quando
wer [veːr] *pron* chi
Werbeagentur ['vɛrbəagəntuːr] *f* agenzia pubblicitaria *f*
Werbefernsehen ['vɛrbəfɛrnzeːən] *n* pubblicità televisiva *f*
Werbegeschenk ['vɛrbəgəʃɛŋk] *n* regalo promozionale *m*
Werbekampagne ['vɛrbəkampanjə] *f* campagna pubblicitaria *f*
werben ['vɛrbən] *v irr* **1.** *(öffentlich)* fare pubblicità, reclamizzare; **2.** *um jdn ~* cercare di conquistare qd; **3.** reclutare; *Soldaten ~* reclutare soldati
Werbeprospekt ['vɛrbəprospɛkt] *m* opuscolo pubblicitario *m*
Werbetrommel ['vɛrbətrɔməl] *f die ~ rühren* battere la grancassa
Werbung ['vɛrbuŋ] *f* pubblicità *f*
Werdegang ['veːrdəgaŋ] *m* **1.** evoluzione *f,* sviluppo *m;* **2.** *(Laufbahn)* carriera *f*
werden ['veːrdən] *v irr* diventare, divenire; *Was ist aus der Sache geworden?* Come è andata la cosa? *Mir wird kalt.* Comincio ad avere freddo.
werfen ['vɛrfən] *v irr* gettare, buttare; *mit etw um sich ~* fare sfoggio di qd
Werft [vɛrft] *f* cantiere navale *m*
Werk [vɛrk] *n* **1.** *(Fabrik)* fabbrica *f,* stabilimento *m;* **2.** *(Kunstwerk)* opera d'arte *f*
Werkstatt ['vɛrkʃtat] *f* officina *f,* laboratorio *m*
Werkstoff ['vɛrkʃtɔf] *m* materiale *m*
Werkstück ['vɛrkʃtyk] *n* pezzo lavorato *m*
Werktag ['vɛrktaːk] *m* giorno feriale *m*
werktags ['vɛrktaːks] *adv* nei giorni feriali
Werkzeug ['vɛrktsɔyk] *n* utensile *m,* attrezzo *m*
Werkzeugkasten ['vɛrktsɔykkastən] *m* cassetta portautensili *f*
Werkzeugmaschine ['vɛrktsɔykmaʃiːnə] *f* macchina utensile *f*
wert [veːrt] *adj* **1.** che vale; *etw ~ sein* valere qc; **2.** *(würdig)* degno, meritevole
Wert [veːrt] *m* valore *m; Das hat doch keinen ~.* Non vale la pena.
Wertarbeit ['veːrtarbaɪt] *f* lavoro di qualità *m*
wertbeständig ['veːrtbəʃtɛndɪç] *adj* di valore costante
werten ['veːrtən] *v* valutare
Wertgegenstand ['veːrtgeːgənʃtant] *m* valore *m,* oggetto di valore *m*
wertlos ['veːrtloːs] *adj* senza valore
Wertpapier ['veːrtpapiːr] *n FIN* titolo *m*
Wertpapierbörse ['veːrtpapiːrbœrzə] *f FIN* borsa valori *f*
Wertschätzung ['veːrtʃɛtsuŋ] *f* stima *f*
Wertung ['veːrtuŋ] *f* valutazione *f*
wertvoll ['veːrtfɔl] *adj* pregiato, pregevole
Wesen ['veːzən] *n* **1.** *(Charakter)* essenza *f,* natura *f;* **2.** *(Lebewesen)* essere *m,* creatura *f*
wesentlich ['veːzəntlɪç] *adj* essenziale, fondamentale
weshalb [vɛs'halp] *adv* **1.** perché, per quale ragione; *konj* **2.** per cui, perciò
Wespe ['vɛspə] *f ZOOL* vespa *f*
wessen ['vɛsən] *pron* di chi
Weste ['vɛstə] *f* gilè *m,* gilet *m; eine weiße ~ haben (fig)* avere la coscienza pulita
Westen ['vɛstən] *m* ovest *m,* occidente *m*
Westeuropa ['vɛstɔyroːpa] *n GEO* Europa occidentale *f*
westlich ['vɛstlɪç] *adj* **1.** occidentale; *adv* **2.** a occidente, a ovest, a ponente
Westmächte ['vɛstmɛxtə] *pl POL* potenze occidentali *f/pl*

Wettbewerb ['vɛtbəvɛrp] *m* gara *f*, concorso *m*
wettbewerbsfähig ['vɛtbəvɛrpsfɛːɪç] *adj* competitivo, concorrenziale
Wette ['vɛtə] *f* scommessa *f*
wetteifern ['vɛtaɪfɐn] *v* competere, gareggiare
wetten ['vɛtən] *v* scommettere
Wetter ['vɛtɐ] *n* tempo *m*
Wetterbericht ['vɛtɐbərɪçt] *m* bollettino meteorologico *m*
wetterbeständig ['vɛtɐbəʃtɛndɪç] *adj* resistente agli agenti atmosferici
Wetterkarte ['vɛtɐkartə] *f* carta meteorologica *f*
Wettervorhersage ['vɛtɐfoːrheːrzaːgə] *f* previsioni meteorologiche *f/pl*
Wettkampf ['vɛtkampf] *m* SPORT competizione *f*, gara *f*
Wettkämpfer ['vɛtkɛmpfɐ] *m* SPORT concorrente *m*, partecipante a una gara *m*
wettmachen ['vɛtmaxən] *v* compensare
Wettrüsten ['vɛtrystən] *n* POL corsa agli armamenti *f*
Wettstreit ['vɛtʃtraɪt] *m* gara *f*, lotta *f*
wichtig ['vɪçtɪç] *adj* **1.** importante, rilevante; *adv* **2.** con aria di importanza
Wichtigkeit ['vɪçtɪçkaɪt] *f* importanza *f*
Wichtigtuer ['vɪçtɪçtuɐ] *m* chi si dà delle arie *m*
wickeln ['vɪkəln] *v* **1.** avvolgere; **2.** *(Baby)* fasciare; **3.** *jdn um den Finger ~* fare di qd ciò che si vuole
wider ['viːdɐ] *prep* contro
widerfahren [viːdər'faːrən] *v irr* accadere, capitare
widerhallen ['viːdɐhalən] *v* riecheggiare, risonare
widerlegen [viːdər'leːgən] *v* confutare, ribattere
widerlich ['viːdɐlɪç] *adj* ripugnante
widerrechtlich ['viːdɐrɛçtlɪç] *adj* illegale, illecito
Widerrede ['viːdɐreːdə] *f* obiezione *f*, replica *f*
widerrufen [viːdər'ruːfən] *v irr* **1.** *(zurücknehmen)* revocare; **2.** *(dementieren)* ritrattare, smentire
Widersacher ['viːdɐzaxɐ] *m* oppositore *m*
widersetzen [viːdər'zɛtsən] *v* **1.** *sich ~* opporsi; *sich einer Anordnung ~* opporsi ad un ordine; **2.** *(sich auflehnen)* ribellarsi
widerspenstig ['viːdɐʃpɛnstɪç] *adj* **1.** ritroso, ricalcitrante; *adv* **2.** ritrosamente
widerspiegeln ['viːdɐʃpiːgəln] *v* riflettere
widersprechen [viːdər'ʃprɛçən] *v irr* contraddire
Widerspruch ['viːdɐʃprux] *m* contraddizione *f*
widersprüchlich ['viːdɐʃpryçlɪç] *adj* **1.** contraddittorio; *adv* **2.** contraddittoriamente
widerspruchslos ['viːdɐʃpruxsloːs] *adv* senza contraddizioni
Widerstand ['viːdɐʃtant] *m* resistenza *f*, opposizione *f*; *jdm ~ leisten* opporre resistenza a qd
widerstandsfähig ['viːdɐʃtantsfɛːɪç] *adj* resistente
Widerstandsfähigkeit ['viːdɐʃtantsfɛːɪçkaɪt] *f* resistenza *f*
Widerstandskraft ['viːdɐʃtantskraft] *f* resistenza *f*
widerstandslos ['viːdɐʃtantsloːs] *adv* privo di resistenza
widerstehen [viːdər'ʃteːən] *v irr* resistere
widerwärtig ['viːdɐvɛrtɪç] *adj* ripugnante, disgustoso
Widerwille ['viːdɐvɪlə] *m* avversione *f*, antipatia *f*
widerwillig ['viːdɐvɪlɪç] *adj* **1.** restio, riluttante; *adv* **2.** malvolentieri
widmen ['vɪtmən] *v* **1.** dedicare; **2.** *sich einer Sache ~* dedicarsi ad una cosa, votarsi
Widmung ['vɪtmuŋ] *f* dedizione *f*, dedica *f*
wie [viː] *adv* **1.** come; *Wie schön!* Che bello! *Wie bitte?* Come, scusi? *Wie alt ist er?* Quanti anni ha? *~ viel* quanto; *~ viele* quanti; *konj* **2.** come
wieder ['viːdɐ] *adv* di nuovo, nuovamente; *~aufbereiten* rigenerare; *~beleben* rianimare/riavvivare; *~erkennen* riconoscere; *~finden* ritrovare, rinvenire;

W

~gutmachen riparare, risarcire, rimborsare; *~sehen* rivedere
Wiederaufbau [viːdər'aufbau] *m* ricostruzione *f*, riedificazione *f*
Wiederaufbereitungsanlage [viːdɐ'aufbəraıtuŋsanlaːgə] *f* impianto di rigenerazione *m*
Wiederbelebung ['viːdɐbəleːbuŋ] *f* **1.** rianimazione *f*, ravvivamento *m*; **2.** *MED* rianimazione *f*
wiedererlangen ['viːdərɛrlaŋən] *v* recuperare
Wiedererstattung ['viːdərɛrʃtatuŋ] *f* rimborso *m*, risarcimento *m*
Wiedergabe ['viːdɐgaːbə] *f* **1.** *(Rückgabe)* restituzione *f*; **2.** *(Darstellung)* interpretazione *f*; **3.** *(Reproduktion)* riproduzione *f*
wiedergeben ['viːdɐgeːbən] *v irr* **1.** *(zurückgeben)* restituire, ripetere; **2.** *(darstellen)* interpretare
Wiedergutmachung [viːdər'guːtmaxuŋ] *f* riparazione *f*, rimborso *m*
wiederherstellen [viːdər'herʃtɛlən] *v* ristabilire, ripristinare
wiederholen [viːdər'hoːlən] *v* ripetere
wiederholt [viːdər'hoːlt] *adj* **1.** ripetuto; *adv* **2.** ripetutamente
Wiederholung [viːdər'hoːluŋ] *f* ripetizione *f*
Wiederhören ['viːdɐhøːrən] *n Auf ~!* A risentirci!/A risentirla!
wiederkommen ['viːdɐkɔmən] *v* ritornare, tornare
Wiedervereinigung ['viːdɐfɛraınıguŋ] *f POL* riunificazione *f*
Wiederverwertung ['viːdɐfɛrviːertuŋ] *f* riutilizzazione *f*
Wiederwahl ['viːdɐvaːl] *f POL* rielezione *f*
Wiege ['viːgə] *f* culla *f*; *von der ~ bis zur Bahre* dalla culla fino alla tomba; *Das ist ihm schon in die ~ gelegt worden.* Lui ha una predisposizione innata per questo.
wiegen[1] ['viːgən] *v irr (Gewicht)* pesare
wiegen[2] ['viːgən] *v* **1.** *(schaukeln)* cullare; **2.** *(zerkleinern) GAST* tritare
Wien [viːn] *n GEO* Vienna *f*
Wiese ['viːzə] *f* prato *m*
wieso [vi'zoː] *adv* perché
wild [vılt] *adj* **1.** selvaggio, selvatico; *Es ist halb so ~!* Non è così grave! **2.** *(Tiere)* selvaggio; **3.** *(fig: wütend)* irato
Wild [vılt] *n ZOOL* selvaggina *f*
Wildleder ['vıltleːdɐ] *n* pelle scamosciata *f*, camoscio *m*
Wildnis ['vıltnıs] *f* regione selvaggia *f*
Wildschwein ['vıltʃvaın] *n ZOOL* cinghiale *m*
Wille ['vılə] *m* volontà *f*
willenlos ['vılənloːs] *adj* senza volontà
willensschwach ['vılənsʃvax] *adj* dotato di poca volontà
willensstark ['vılənsʃtark] *adj* dotato di forza di volontà, volitivo
willkommen [vıl'kɔmən] *adj* benvenuto; *jdn ~ heißen* dare il benvenuto a qd
Willkommensgruß [vıl'kɔmənsgruːs] *m* benvenuto *m*, saluto di benvenuto *m*
Willkür ['vılkyːr] *f* arbitrio *m*
willkürlich ['vılkyːrlıç] *adj* arbitrario
Wimper ['vımpɐ] *f* ciglio *m*; *ohne mit der ~ zu zucken* senza batter ciglio
Wimperntusche ['vımpɐntuʃə] *f* mascara *m*, rimmel *m*
Wind [vınt] *m* vento *m*; *~ von etw bekommen* avere sentore di qc; *in den ~ reden* parlare al vento; *etw in den ~ schlagen* gettare al vento qc; *jdm den ~ aus den Segeln nehmen* togliere il vantaggio a qd/togliere argomentazioni a qd/placare qd; *etw in den ~ schreiben* considerare perduto qc; *~ machen* darsi delle arie/vantarsi; *mit dem ~ segeln* seguire il vento; *Er weiß, woher der ~ weht.* Lui sa dove tira il vento.
Windel ['vındəl] *f* pannolino per neonati *m*
Windjacke ['vıntjakə] *f* giacca a vento *f*
Windkanal ['vıntkanaːl] *m TECH* galleria del vento *f*
Windmühle ['vıntmyːlə] *f* mulino a vento *m*
Windpocken ['vıntpɔkən] *pl MED* varicella *f*
windschnittig ['vıntʃnıtıç] *adj* aerodinamico
Windschutzscheibe ['vıntʃutsʃaıbə] *f* *(eines Autos)* parabrezza *m*

Windstärke ['vɪntʃtɛrkə] *f* forza del vento *f*
Windstille ['vɪntʃtɪlə] *f* calma *f*
Wink [vɪŋk] *m* **1.** gesto *m,* segno *m;* **2.** *(fig)* accenno *m; jdm einen ~ geben* fare un cenno a qd
Winkel ['vɪŋkəl] *m* **1.** *MATH* angolo *m;* **2.** *(fig: Plätzchen)* cantuccio *m*
winken ['vɪŋkən] *v* chiamare con un cenno
Winter ['vɪntɐ] *m* inverno *m*
winterlich ['vɪntɐlɪç] *adj* invernale
Winterreifen ['vɪntɐraɪfən] *m* pneumatico invernale *m*
Winterschlussverkauf ['vɪntɐʃlusfɛrkauf] *m ECO* saldi invernali *m/pl*
Wintersport ['vɪntɐʃpɔrt] *m* sport invernale *m*
Winzer ['vɪntsɐ] *m* viticoltore *m*
winzig ['vɪntsɪç] *adj* minuscolo, piccolissimo
Wippe ['vɪpə] *f* altalena *f,* bilanciere *m*
wir [viːr] *pron* noi
Wirbelsäule ['vɪrbəlsɔylə] *f ANAT* colonna vertebrale *f,* spina dorsale *f*
wirken ['vɪrkən] *v* **1.** *(tätig sein)* fare, esercitare; **2.** *(wirksam sein)* avere effetto; **3.** *(Eindruck erwecken)* fare impressione
wirklich ['vɪrklɪç] *adj* **1.** reale; *adv* **2.** realmente
Wirklichkeit ['vɪrklɪçkaɪt] *f* realtà *f*
wirklichkeitsnah ['vɪrklɪçkaɪtsnaː] *adj* **1.** realistico; *adv* **2.** realisticamente
wirksam ['vɪrkzaːm] *adj* **1.** efficace; *adv* **2.** efficacemente
Wirksamkeit ['vɪrkzaːmkaɪt] *f* efficacia *f*
Wirkung ['vɪrkuŋ] *f* effetto *m,* azione *f*
Wirkungsbereich ['vɪrkuŋsbəraɪç] *m* sfera d'azione *f,* campo d'azione *m*
wirkungslos ['vɪrkuŋsloːs] *adj* senza effetto, inefficace
wirkungsvoll ['vɪrkuŋsfɔl] *adj* efficace
Wirsing ['vɪrzɪŋ] *m BOT* verza *f*
Wirt [vɪrt] *m* oste *m,* taverniere *m,* albergatore *m*
Wirtschaft ['vɪrtʃaft] *f* **1.** *ECO* economia *f;* **2.** *(Gasthaus)* osteria *f,* locanda *f*
wirtschaftlich ['vɪrtʃaftlɪç] *adj* economico
Wirtschaftlichkeit ['vɪrtʃaftlɪçkaɪt] *f* redditività *f*
Wirtschaftsgemeinschaft ['vɪrtʃaftsgəmaɪnʃaft] *f ECO* comunità economica *f*
Wirtschaftskriminalität ['vɪrtʃaftskriminalitɛːt] *f JUR* criminalità economica *f*
Wirtschaftskrise ['vɪrtʃaftskriːzə] *f ECO* crisi economica *f*
Wirtschaftspolitik ['vɪrtʃaftspoliːtiːk] *f POL* politica economica *f*
Wirtschaftsprüfer ['vɪrtʃaftspryːfɐ] *m* revisore dei conti *m*
Wirtschaftswunder ['vɪrtʃaftsvundɐ] *n ECO* miracolo economico *m*
Wirtshaus ['vɪrtshaus] *n* osteria *f,* taverna *f*
wischen ['vɪʃən] *v* pulire
wispern ['vɪspɐn] *v* sussurrare, bisbigliare
wissbegierig ['vɪsbəgiːrɪç] *adj* avido di conoscere
wissen ['vɪsən] *v irr* sapere; *von jdm nichts ~ wollen* non voler sapere niente di qd; *es ~ wollen* volersi mettere alla prova
Wissen ['vɪsən] *n* sapere *m,* conoscenze *f/pl*
Wissenschaft ['vɪsənʃaft] *f* scienza *f*
Wissenschaftler ['vɪsənʃaftlɐ] *m* scienziato *m*
wissenschaftlich ['vɪsənʃaftlɪç] *adj* scientifico
wissenswert ['vɪsənsveːrt] *adj* interessante
wissentlich ['vɪsəntlɪç] *adj* consapevole
wittern ['vɪtɐn] *v* **1.** fiutare; **2.** *(ahnen)* intuire, subodorare; *Gefahr ~* subordorare il pericolo
Witterung ['vɪtəruŋ] *f* **1.** *(Wetter)* tempo *m;* **2.** *(Wittern)* fiuto *m,* odorato *m; eine gute ~ haben* avere buon naso
Witwe ['vɪtvə] *f* vedova *f*
Witwenrente ['vɪtvənrɛntə] *f* pensione vedovile *f*
Witwer ['vɪtvɐ] *m* vedovo *m*
Witz [vɪts] *m* **1.** *(Geschichte)* barzelletta *f;* **2.** *(Scherz)* scherzo *m; ~e reißen*

raccontare barzellette; *Mach keine ~e!* Non scherzare! **3.** *(Esprit)* spirito *m*
witzig ['vɪtsɪç] *adj* spiritoso, arguto
witzlos ['vɪtsloːs] *adj* **1.** *(ohne Witz)* insulso; **2.** *(zwecklos)* inutile
WLAN [veːlaːn] *n TEL* Wi-Fi *m; WLAN-Hotspot m* zona *~ f*
wo [voː] *adv* dove
woanders [vo'andɐs] *adv* altrove
Woche ['vɔxə] *f* settimana *f*
Wochenbett ['vɔxənbɛt] *n MED* puerperio *m*
Wochenblatt ['vɔxənblat] *n* settimanale *m*
Wochenende ['vɔxənɛndə] *n* finesettimana *m,* weekend *m*
wochenlang ['vɔxənlaŋ] *adj* **1.** di più settimane; *adv* **2.** per settimane
Wochenlohn ['vɔxənloːn] *m* paga settimanale *f*
Wochenmarkt ['vɔxənmarkt] *m* mercato settimanale *m*
Wochentag ['vɔxəntaːk] *m* **1.** giorno della settimana *m;* **2.** *(Werktag)* giorno feriale *m*
wochentags ['vɔxəntaːks] *adv* nei giorni feriali
wöchentlich ['vœçəntlɪç] *adj* settimanale
Wöchnerin ['vœçnəɪn] *f* puerpera *f*
wodurch [vo'durç] *adv* come, per mezzo di che cosa
wofür [vo'fyːr] *adv* per che cosa, per cui
Woge ['voːgə] *f* **1.** *(Welle)* onda *f,* flutto *m;* **2.** *(fig)* ondata *f*
wogegen [vo'geːgən] *adv* contro che cosa, contro cui
woher [vo'heːr] *pron* di dove, da dove; *Woher kommst du?* Da dove vieni?
wohin [vo'hɪn] *pron* dove
wohl [voːl] *adv* **1.** *(gut)* bene; *er weiß das ~* lo sa benissimo; *~tun* far bene **2.** *(etwa)* circa; **3.** *(wahrscheinlich)* probabilmente; **4.** *(sicher)* certamente
Wohl [voːl] *n* bene *m; Zum ~!* Alla salute!
Wohlbefinden ['voːlbəfɪndən] *n* salute *f,* benessere *m*
wohlerzogen ['voːlɛrtsoːgən] *adj* beneducato
Wohlfahrt ['voːlfaːrt] *f* **1.** assistenza pubblica *f;* **2.** *(Wohlergehen)* prosperità *f,* benessere *m*
Wohlgefallen ['voːlgəfalən] *n* compiacimento *m,* soddisfazione *f*
wohlgemerkt ['voːlgəmɛrkt] *adv* beninteso, nota bene
Wohlgeruch ['voːlgərux] *m* profumo *m,* buon odore *m*
wohlgesinnt ['voːlgəzɪnt] *adj* bendisposto, benintenzionato
wohlhabend ['voːlhaːbənt] *adj* agiato, benestante
wohlig ['voːlɪç] *adj* piacevole, gradevole
wohlschmeckend ['voːlʃmɛkənt] *adj* gustoso, saporito
Wohlstand ['voːlʃtant] *m* agiatezza *f*
Wohlstandsgesellschaft ['voːlʃtantsgəzɛlʃaft] *f* società del benessere *f*
Wohltat ['voːltaːt] *f* bene *m,* opera di bene *f*
Wohltäter ['voːltɛːtɐ] *m* benefattore *m*
wohltuend ['voːltuːənt] *adj* benefico, piacevole, gradevole
Wohlwollen ['voːlvɔlən] *n* benevolenza *f*
wohlwollend ['voːlvɔlənt] *adj* benevolo
wohnen ['voːnən] *v* abitare
Wohnfläche ['voːnflɛçə] *f* superficie abitabile *f*
Wohngemeinschaft ['voːngəmaɪnʃaft] *f* alloggio in comune *m*
wohnhaft ['voːnhaft] *adv* domiciliato, residente
wohnlich ['voːnlɪç] *adj* comodo, confortevole
Wohnmobil ['voːnmobiːl] *n* camper *m*
Wohnort ['voːnɔrt] *m* domicilio *m,* luogo di residenza *m*
Wohnung ['voːnuŋ] *f* alloggio *m,* appartamento *m*
Wohnungsbau ['voːnuŋsbau] *m* edilizia residenziale *f*
Wohnviertel ['voːnfɪrtəl] *n* quartiere residenziale *m*
Wohnwagen ['voːnvaːgən] *m* roulotte *f,* caravan *m/f*
Wohnzimmer ['voːntsɪmɐ] *n* soggiorno *m,* salotto *m*
Wolf [vɔlf] *m* **1.** *ZOOL* lupo *m; unter die*

Wölfe geraten finire nella tana del lupo; *ein ~ im Schafspelz* un lupo in veste di agnello *m;* **2.** *etw durch den ~ drehen* macinare qc con il tritacarne

Wolke ['vɔlkə] *f* nuvola *f; aus allen ~n fallen* cadere dalle nuvole; *über allen ~n schweben* avere la testa tra le nuvole; *auf ~ sieben schweben* essere al settimo cielo

Wolkenbruch ['vɔlkənbrux] *m* nubifragio *m*

Wolkenkratzer ['vɔlkənkratsɐ] *m* grattacielo *m*

wolkenlos ['vɔlkənlo:s] *adj* senza nubi, senza nuvole

wolkig ['vɔlkɪç] *adj* nuvoloso

Wolle ['vɔlə] *f* lana *f; reine ~* pura lana *f; sich in die ~ kriegen* andare in causa/litigare

wollen ['vɔlən] *v irr* volere

womit [vo'mɪt] *adv* **1.** *(interr)* con che cosa; **2.** *(rel)* con cui

wonach [vo'na:x] *adv* **1.** *(interr)* di che cosa, a che cosa; **2.** *(rel: demzufolge)* secondo cui; **3.** *(zeitlich)* dopo di che

woran [vo'ran] *adv* **1.** *(interr)* a che cosa; **2.** *(rel)* a cui

worauf [vo'rauf] *adv* **1.** *(interr)* su che cosa; **2.** *(rel)* su cui

woraus [vo'raus] *adv* **1.** *(interr)* da che cosa; **2.** *(rel)* da cui

worin [vo'rɪn] *adv* **1.** *(interr)* in che cosa; **2.** *(rel)* in cui

World Wide Web ['wœ:rld waɪd web] *n* servizio Web *m*

Wort [vɔrt] *n* parola *f; das ~ haben* avere la parola; *das letzte ~ haben* avere l'ultima parola; *im wahrsten Sinne des ~es* nel vero senso della parola; *das ~ ergreifen* prendere la parola; *jdm das ~ erteilen* dare la parola a qd; *jdm das ~ entziehen* togliere la parola a qd; *jdm das ~ verbieten* interdire la parola a qd; *für jdm ein gutes ~ einlegen* mettere una buona parola per qd; *jdm das ~ aus dem Munde nehmen* togliere la parola di bocca a qd; *kein ~ über etw verlieren* non sprecare fiato per qc; *jdm ins ~ fallen* troncare la parola in bocca a qd; *sich zu ~ melden* chiedere la parola

Wörterbuch ['vœrtɐbu:x] *n* vocabolario *m,* dizionario *m*

Wortführer ['vɔrtfy:rɐ] *m* portavoce *m*

wortgewandt ['vɔrtgəvant] *adj* eloquente

wortkarg ['vɔrtkark] *adj* laconico, di poche parole

Wortlaut ['vɔrtlaut] *m* testo *m*

wörtlich ['vœrtlɪç] *adj* letterale, testuale

wortlos ['vɔrtlo:s] *adj* **1.** senza parole, muto; *adv* **2.** senza parlare

Wortschatz ['vɔrtʃats] *m* patrimonio lessicale, vocabolario *m*

Wortwechsel ['vɔrtvɛksəl] *m* alterco *m,* diverbio *m,* disputa *f*

worüber [vo'ry:bɐ] *adv* **1.** *(interr)* su che cosa; **2.** *(rel)* su cui

worum [vo'rum] *adv* **1.** *(interr)* di che cosa; **2.** *(rel)* di cui

worunter [vo'runtɐ] *adv* **1.** *(interr)* sotto che cosa; **2.** *(rel)* sotto cui

wovon [vo'fɔn] *adv* **1.** *(interr)* di che cosa; **2.** *(rel)* di cui

wovor [vo'fo:r] *adv* **1.** *(interr)* davanti a che cosa; **2.** *(rel)* davanti a cui

wozu [vo'tsu:] *adv* **1.** *(interr)* a che cosa, per che cosa; *~ ist das gut?* A che cosa serve?; **2.** *(rel)* a cui, per cui

Wrack [vrak] *n* relitto *m*

Wucher ['vu:xɐ] *m* usura *f*

wuchern ['vu:xɐn] *v* **1.** crescere rigogliosamente, lussureggiare; *Der Efeu wuchert.* L'edera cresce rigogliosa./L'edera lussureggia; **2.** *(Wucher treiben)* esercitare l'usura

Wuchs [vu:ks] *m* **1.** *(Wachsen)* crescita *f;* **2.** *(Körperbau)* corporatura *f,* figura *f*

Wucht [vuxt] *f* violenza *f,* impeto *m*

wühlen ['vy:lən] *v* **1.** *(graben)* scavare; **2.** *(Schwein)* grufolare; **3.** *(suchen)* frugare

wund [vunt] *adj* **1.** ferito; **2.** *~er Punkt* punto dolente *m*

Wunde ['vundə] *f* piaga *f*

Wunder ['vundɐ] *n* miracolo *m; sein blaues ~ erleben* una brutta sorpresa

wunderbar ['vundɐba:r] *adj* miracoloso, meraviglioso, magnifico

Wunderkind ['vundɐkɪnt] *n* bambino prodigio *m*

wunderlich ['vundɐlɪç] *adj* strano

wundern ['vundɐn] *v sich ~* stupirsi, meravigliarsi
wundervoll ['vundɐfɔl] *adj* meraviglioso, stupendo
Wundstarrkrampf ['vuntʃtarkrampf] *m MED* tetano *m*
Wunsch [vunʃ] *m* **1.** desiderio *m;* **2.** *(Glückwunsch)* augurio *m*
Wunschbild ['vunʃbɪlt] *n* ideale *m*
wünschen ['vynʃən] *v* desiderare
Würde ['vyrdə] *f* dignità *f*
Würdenträger ['vyrdəntrɛːgɐ] *m* dignitario *m*
würdig ['vyrdɪç] *adj* degno
würdigen ['vyrdɪgən] *v* apprezzare, degnare
Würfel ['vyrfəl] *m* **1.** dado *m; Die ~ sind gefallen.* Il dado è tratto. **2.** *MATH* cubo *m*
würgen ['vyrgən] *v* strozzare, strangolare
Wurm [vurm] *m ZOOL* verme *m*
Wurst [vurst] *f GAST* salsiccia *f*
Würze ['vyrtsə] *f* condimento *m*
Wurzel ['vurtsəl] *f* radice *f*
wurzeln ['vurtsəln] *v* radicare
würzen ['vyrtsən] *v* condire, aromatizzare
würzig ['vyrtsɪç] *adj* saporito
wüst [vyːst] *adj* **1.** *(öde)* deserto; **2.** *(ausschweifend)* dissoluto; **3.** *(wirr)* disordinato
Wüste ['vyːstə] *f* deserto *m*
Wüstling ['vyːstlɪŋ] *m* libertino *m,* dissoluto *m*
Wut [vuːt] *f* furia *f,* furore *m*
Wutausbruch ['vuːtausbrux] *m* accesso d'ira *m,* impeto di collera *m*
wütend ['vyːtənt] *adj* **1.** furente, infuriato; *adv* **2.** furiosamente

X/Y/Z

x-Achse ['ɪksaksə] *f MATH* asse X *m*
X-Beine ['ɪksbaɪnə] *pl* gambe a X *f/pl*
xbeliebig ['ɪksbəli:bɪç] *adj* qualunque, qualsiasi
Xenophobie [ksenofo'bi:] *f* xenofobia *f*
xfach ['ɪksfax] *adj* molteplice
xmal [ɪks'ma:l] *adv* per l'ennesima volta
X-Strahlen ['ɪksʃtra:lən] *pl PHYS* raggi X *m/pl*
Xylophon [ksylo'fo:n] *n MUS* xilofono *m*
y-Achse ['ypsilɔnaksə] *f MATH* asse Y *m*
Ypsilon ['ypzilɔn] *n* ipsilon *m/f*, ypsilon *m/f*
Yuppie ['jupi:] *m* yuppie *m*
Zack [tsak] *m auf ~ sein* essere in gamba; *jdn auf ~ bringen* mettere in quadro qd; *etw auf ~ bringen* far funzionare al meglio qc
Zacke ['tsakə] *f* **1.** punta *f;* **2.** *(einer Säge)* dente *m*
Zacken ['tsakən] *m sich keinen ~ aus der Krone brechen* non sciuparsi
zaghaft ['tsa:khaft] *adj* **1.** timido, pauroso, esitante
zäh [tsɛ:] *adj* tenace
zähflüssig ['tsɛ:flysɪç] *adj* viscoso
Zahl [tsa:l] *f* numero *m; rote ~en schreiben* segnare perdite; *schwarze ~en schreiben* segnare guadagni
zahlbar ['tsa:lba:r] *adj* pagabile
zahlen ['tsa:lən] *v* pagare
zählen ['tsɛ:lən] *v* contare
Zähler ['tsɛ:lɐ] *m* **1.** *MATH* numeratore *m;* **2.** *TECH* contatore *m*
zahlreich ['tsa:lraɪç] *adj* **1.** numeroso; *adv* **2.** in gran numero, numerosamente
Zahlung ['tsa:luŋ] *f* pagamento *m*
Zahlungsbedingungen ['tsa:luŋsbədɪŋuŋən] *f/pl ECO* condizioni di pagamento *f/pl*
zahlungsfähig ['tsa:luŋsfɛ:ɪç] *adj ECO* solvibile
zahlungsunfähig ['tsa:luŋsunfɛ:ɪç] *adj ECO* insolvibile
Zahlungsunfähigkeit ['tsa:luŋsunfɛ:ɪçkaɪt] *f ECO* insolvibilità *f*
zahm [tsa:m] *adj* docile, mansueto
zähmen ['tsɛ:mən] *v* addomesticare
Zahn [tsa:n] *m ANAT* dente *m; jdm auf den ~ fühlen (fig)* tastare il polso a qd; *jdm den ~ ziehen* togliere tutte le illusioni a qd; *einen ~ zulegen* aumentare la velocità; *die Zähne zusammenbeißen* stringere i denti; *sich an etw die Zähne ausbeißen* affaticarsi per qd; *bewaffnet bis an die Zähne* armato fino ai denti; *Haare auf den Zähnen haben* sapersi difendere
Zahnarzt ['tsa:nartst] *m* dentista *m*, odontoiatra *m*
Zahnbürste ['tsa:nbyrstə] *f* spazzolino da denti *m*
Zahnersatz ['tsa:nɛrzats] *m* protesi dentaria *f*
Zahnfleisch ['tsa:nflaɪʃ] *n* gengiva *f*
Zahnpasta ['tsa:npasta] *f* dentifricio *m*
Zahnrad ['tsa:nra:t] *n* ruota dentata *f*
Zahnschmerzen ['tsa:nʃmɛrtsən] *pl* mal di denti *m*
Zahnstein ['tsa:nʃtaɪn] *m* tartaro dentario *m*
Zahnstocher ['tsa:nʃtɔxɐ] *m* stuzzicadenti *m*
Zange ['tsaŋə] *f* tenaglia *f*, pinza *f; jdn in die ~ nehmen* stringere qd in una morsa
Zank [tsaŋk] *m* lite *f*, litigio *m*
zanken ['tsaŋkən] *v* litigare, sgridare
zappeln ['tsapəln] *v* **1.** dimenarsi, dibattersi; **2.** *(strampeln)* sgambettare; *jdn ~ lassen* tenere qd sulla corda/lasciar macerare qd
zart [tsart] *adj* tenero
zärtlich ['tsɛrtlɪç] *adj* tenero, affettuoso
Zärtlichkeit ['tsɛrtlɪçkaɪt] *f* tenerezza *f*
Zauber ['tsaubɐ] *m* **1.** *(Magie)* magia *f; fauler ~* imbroglio; **2.** *(fig)* fascino *m*
Zauberer ['tsaubərɐ] *m* mago *m*
zauberhaft ['tsaubɐhaft] *adj (fig)* magico

zaubern ['tsaubɐn] *v* **1.** fare giochi di prestigio; **2.** *(fig)* fare miracoli
zaudern ['tsaudɐn] *v* esitare, titubare
Zaum [tsaum] *m sich im ~ halten* frenarsi
Zaun [tsaun] *m* recinto *m,* recinzione *f; einen Streit vom ~ brechen* scatenare una lite immotivata
Zaunpfahl ['tsaunpfa:l] *m ein Wink mit dem ~* un'allusione esplicita
Zebra ['tse:bra] *n ZOOL* zebra *f*
Zebrastreifen ['tse:braʃtraɪfən] *m* zebrature stradali *f/pl;* zebre *f/pl*
Zeche ['tsɛçə] *f die ~ bezahlen müssen* dover pagare lo scotto; *die ~ prellen* non pagare il conto
Zecke ['tsɛkə] *f ZOOL* zecca *f*
Zehe ['tse:ə] *f ANAT* dito del piede *m*
zehn [tse:n] *num* dieci
zehnte(r,s) ['tse:ntə(r,s)] *adj* **1.** decimo/decima; **2.** *(Datum)* dieci
Zeichen ['tsaɪçən] *n* **1.** segno *m; ein ~ setzen* aprire una strada nuova; *die ~ der Zeit* i segno i del tempo *m*
Zeichentrickfilm ['tsaɪçəntrɪkfɪlm] *m CINE* cartoni animati *m/pl*
zeichnen ['tsaɪçnən] *v* **1.** disegnare; **2.** *(markieren)* contrassegnare, marcare; **3.** *(unterschreiben)* firmare, sottoscrivere
Zeichnung ['tsaɪçnuŋ] *f* disegno *m*
Zeigefinger ['tsaɪgəfɪŋɐ] *m ANAT* indice *m*
zeigen ['tsaɪgən] *v* mostrare, indicare
Zeiger ['tsaɪgɐ] *m (Uhrzeiger)* lancetta *f*
Zeile ['tsaɪlə] *f* riga *f,* linea *f*
Zeilenabstand ['tsaɪlənapʃtant] *m* spazio interlineare *m*
Zeit [tsaɪt] *f* **1.** tempo *m; irgendwo die längste ~ gewesen sein* non voler mai più tornare in un posto; *sich mit etw die ~ vertreiben* passare il tempo con qc; *die ~ totschlagen* ammazzare il tempo; *jdm ~ lassen* lasciare tempo a qd; *sich ~ lassen* prendersela comoda; *sich für etw ~ nehmen* prendersi il tempo per qc; *Das hat ~.* Non è urgente./Non c'è fretta. *Es ist allerhöchste ~.* È assolutamente ora./Non c'è tempo da perdere. *Ach du liebe ~!* Santo Cielo! **2.** *(Epoche)* epoca *f,* età *f,* tempo *m;* **3.** *(Uhrzeit)* ora *f*
Zeitalter ['tsaɪtaltɐ] *n* era *f,* epoca *f*
Zeitarbeit ['tsaɪtarbaɪt] *f* lavoro a tempo *m*
zeitgemäß ['tsaɪtgəmɛ:s] *adj* moderno, attuale
Zeitgenosse ['tsaɪtgənɔsə] *m* contemporaneo *m*
zeitgenössisch ['tsaɪtgənœsɪʃ] *adj* contemporaneo
Zeitgeschichte ['tsaɪtgəʃɪçtə] *f HIST* storia contemporanea *f*
zeitig ['tsaɪtɪç] *adj* presto
zeitlich ['tsaɪtlɪç] *adj* temporale, cronologico; *das Zeitliche segnen* passare a nuova vita/morire
zeitlos ['tsaɪtlo:s] *adj* **1.** *(ewig)* eterno; **2.** *(klassisch)* non soggetto alla moda, classico
Zeitlupe ['tsaɪtlu:pə] *f CINE* rallentatore *m*
Zeitpunkt ['tsaɪtpuŋkt] *m* momento *m,* istante *m*
Zeitraum ['tsaɪtraum] *m* spazio *m,* periodo *m*
Zeitschrift ['tsaɪtʃrɪft] *f* periodico *m,* rivista *f*
Zeitung ['tsaɪtuŋ] *f* giornale *m*
Zeitungskiosk ['tsaɪtuŋskiɔsk] *m* edicola *m*
Zeitverschwendung ['tsaɪtfɛrʃvenduŋ] *f* perdita di tempo *f*
Zeitvertreib ['tsaɪtfɛrtraɪp] *m* passatempo *m,* trastullo *m*
zeitweilig ['tsaɪtvaɪlɪç] *adj* **1.** temporaneo, momentaneo; *adv* **2.** temporaneamente, momentaneamente
Zelle ['tsɛlə] *f* **1.** *(Gefängniszelle)* cella *f;* **2.** *BIO* cellula *f*
Zelt [tsɛlt] *n* **1.** *(Campingzelt)* tenda *f; seine ~e abbrechen* levare le tende; *die ~e irgendwo aufschlagen* piantare le tende da qualche parte; **2.** *(Bierzelt)* padiglione *m,* capannone *m,* tendone *m;* **3.** *(Zirkuszelt)* tendone del circo *m*
zelten ['tsɛltən] *v* campeggiare, accamparsi
Zeltplatz ['tsɛltplats] *m* campeggio *m,* camping *m*
Zement [tse'mɛnt] *m* cemento *m*
zementieren [tsemɛn'ti:rən] *v* cementare
zensieren [tsɛn'zi:rən] *v* **1.** *(Schule)*

classificare, dare un voto; **2.** *POL* censurare
Zensur [tsɛn'zuːr] *f* **1.** *(in der Schule)* voto *m;* **2.** *POL* censura *f; politische ~* censura politica *f*
Zentimeter ['tsɛntimeːtɐ] *m* centimetro *m*
Zentner ['tsɛntnɐ] *m* mezzo quintale *m*
zentral [tsɛn'traːl] *adj* **1.** centrale; *adv* **2.** al centro, centralmente
Zentralbank [tsɛn'traːlbaŋk] *f* ECO banca centrale *f*
Zentrale [tsɛn'traːlə] *f* centrale *f*
Zentralheizung [tsɛn'traːlhaɪtsuŋ] *f* riscaldamento centrale *m*
Zentralverriegelung [tsɛn'traːlfɛr-riːgəluŋ] *f (eines Autos)* chiusura centralizzata *f*
zentrieren [tsɛn'triːrən] *v* centrare
Zentrum ['tsɛntrum] *n* centro *m*
zerbrechen [tsɛr'brɛçən] *v irr* **1.** rompere, spezzare; **2.** *(fig)* infrangersi
zerbrechlich [tsɛr'brɛçlɪç] *adj* **1.** fragile; **2.** *(fig)* delicato
zerdrücken [tsɛr'drykən] *v* schiacciare, spiegazzare
Zeremonie [tseremo'niː] *f* cerimonia *f*
Zerfall [tsɛr'fal] *m* crollo *m,* rovina *f*
zerfallen [tsɛr'falən] *v irr* crollare, rovinarsi
zergehen [tsɛr'geːən] *v irr* sciogliersi, disfarsi
zerkleinern [tsɛr'klaɪnɐn] *v* spezzettare, sminuzzare
zerknirscht [tsɛr'knɪrʃt] *adj* contrito
zerknittern [tsɛr'knɪtɐn] *v* spiegazzare, sgualcire
zerlegen [tsɛr'leːgən] *v* scomporre
zermürbend [tsɛr'myrbənt] *adj* logorante, fiaccante
zerreiben [tsɛr'raɪbən] *v irr* **1.** sbriciolare; **2.** *(fig)* annientare
zerreißen [tsɛr'raɪsən] *v irr* **1.** strappare, spezzare; **2.** *sich ~* farsi in quattro; **3.** *(fig)* rompere; *die Stille ~* rompere il silenzio
zerren ['tsɛrən] *v* tirare con forza
zerrinnen [tsɛr'rɪnən] *v irr* **1.** scorrere via; **2.** *(schmelzen)* sciogliersi
Zerrissenheit [tsɛr'rɪsənhaɪt] *f* **1.** divisione *f,* disunione *f;* **2.** PSYCH sconcerto *m*
Zerrung ['tsɛruŋ] *f* MED stiramento *m*
zerschellen [tsɛr'ʃɛlən] *v* sfracellarsi
zerschlagen[1] [tsɛr'ʃlaːgən] *v irr* **1.** rompere, spaccare; **2.** *sich ~ (Pläne)* andare in fumo; *Das Projekt hat sich ~.* Il progetto è andato in fumo.
zerschlagen[2] [tsɛr'ʃlaːgən] *adj (erschöpft)* distrutto, spassato
zerschmettert [tsɛr'ʃmɛtɐt] *adj (fig)* annichilito
zerspringen [tsɛr'ʃprɪŋən] *v irr* scoppiare, andare in pezzi
zerstören [tsɛr'ʃtøːrən] *v* distruggere, annientare
Zerstörung [tsɛr'ʃtøːruŋ] *f* distruzione *f,* annientamento *m*
zerstreuen [tsɛr'ʃtrɔyən] *v* **1.** disperdere, spargere; **2.** *(fig: Zweifel)* dissipare
zerstreut [tsɛr'ʃtrɔyt] *adj* **1.** disperso; **2.** *(fig)* distratto
Zerstreuung [tsɛr'ʃtrɔyuŋ] *f* **1.** dispersione *f;* **2.** *(fig)* svago *m*
zertrampeln [tsɛr'trampəln] *v* calpestare, scalpicciare
Zerwürfnis [tsɛr'vyrfnɪs] *n* discordia *f*
Zettel ['tsɛtəl] *m* biglietto *m,* foglietto *m*
Zeug [tsɔyk] *n* cose *f/pl,* roba *f; jdm am ~ flicken* gettare discredito su qd; *sich ins ~ legen* darsi da fare
Zeuge ['tsɔygə] *m* testimone *m*
zeugen[1] ['tsɔygən] *v (aussagen)* testimoniare
zeugen[2] ['tsɔygən] *v (Kind)* generare, procreare
Zeugenaussage ['tsɔygənauszaːgə] *f* JUR deposizione *f*
Zeugin ['tsɔygɪn] *f* testimone *f*
Zeugnis ['tsɔyknɪs] *n* **1.** *(Schulzeugnis)* pagella *f,* diploma *f;* **2.** *(Bescheinigung)* certificato *m;* **3.** *(fig)* testimonianza *f; für jdn ein ~ ablegen* rendere testimonianza a qd
Zeugung ['tsɔyguŋ] *f* procreazione *f,* riproduzione *f*
Ziege ['tsiːgə] *f* ZOOL capra *f*
Ziegel ['tsiːgəl] *m* **1.** *(Backstein)* mattone *m;* **2.** *(Dachziegel)* tegola *f*
ziehen ['tsiːən] *v irr* **1.** tirare; **2.** *(hervor~)* estrarre; **3.** *(züchten)* allevare; **4.** *(Linie)* tracciare; **5.** *(um~) ~ nach* trasferirsi a; **6.** *(fig) nach sich ~* tirarsi indie-

tro; *Aufmerksamkeit auf sich* ~ attirare su di sé l'attenzione; *sich in die Länge* ~ trascinarsi per le lunghe/estendersi/andare per le lunghe
Ziehharmonika ['tsi:harmo:nɪka] *f* MUS fisarmonica *f*
Ziehung ['tsi:uŋ] *f* estrazione *f*
Ziel [tsi:l] *n* **1.** *(örtlich)* meta *f*, destinazione *f*; *über das* ~ *hinausschießen* passare il segno; **2.** SPORT traguardo *m*, arrivo *m*; **3.** *(fig: Absicht)* scopo *m*
zielbewusst ['tsi:lbəvust] *adj* **1.** determinato, risoluto; *adv* **2.** risolutamente, con decisione
zielen ['tsi:lən] *v* mirare
Zielgruppe ['tsi:lgrupə] *f* destinatari *m*
ziellos ['tsi:llo:s] *adj* senza meta
Zielscheibe ['tsi:lʃaɪbə] *f* bersaglio *m*
zielstrebig ['tsi:lʃtre:bɪç] *adj* determinato, risoluto
ziemlich ['tsi:mlɪç] *adj* **1.** considerevole, notevole; *adv* **2.** abbastanza, alquanto
Zierde ['tsi:rdə] *f* ornamento *m*
zieren ['tsi:rən] *v* **1.** ornare, adornare; **2.** *(fig) sich* ~ farsi pregare
zierlich ['tsi:rlɪç] *adj* grazioso
Zierlichkeit ['tsi:rlɪçkaɪt] *f* grazia *f*, leggiadria *f*
Ziffer ['tsɪfɐ] *f* cifra *f*
Zifferblatt ['tsɪfɐblat] *n* quadrante *m*
zig [tsɪç] *num (fam)* ennesimo
Zigarette [tsiga'rɛtə] *f* sigaretta *f*
Zigarettenautomat [tsiga'rɛtənauto-ma:t] *m* distributore automatico di sigarette *m*
Zigarre ['tsigarə] *f* sigaro *m*
Zigeuner(in) ['tsigɔynər(ɪn)] *m/f* zingaro/zingara *m/f*
zigmal ['tsiçma:l] *adv* ennesima volta
Zimmer ['tsɪmɐ] *n* stanza *f*, camera *f*
Zimmermädchen ['tsɪmɐmɛ:tçən] *n* cameriera *f*
Zimmermann ['tsɪmɐman] *m* carpentiere *m*
zimmern ['tsɪmɐn] *v* costruire in legno
zimperlich ['tsɪmpɐlɪç] *adj* **1.** delicato; **2.** *(heikel)* schizzinoso; *adv* **3.** delicatamente, da smorfioso
Zimt [tsɪmt] *m* cannella *f*
Zink [tsɪŋk] *m* CHEM zinco *m*
Zinn [tsɪn] *m* CHEM stagno *m*
Zinsen ['tsɪnzən] *pl* ECO interessi *m/pl*
zinslos ['tsɪnslo:s] *adj* ECO infruttifero
Zinssatz ['tsɪnszats] *m* ECO tasso d'interesse *m*
Zirkel ['tsɪrkəl] *m* **1.** *(Gruppe)* cerchio *f*, circolo; **2.** MATH compasso *m*
Zirkus ['tsɪrkus] *m* circo *m*
Zirkuszelt ['tsɪrkustsɛlt] *n* tendone del circo *m*
zischen ['tsɪʃən] *v* **1.** fischiare, sibilare; **2.** *(Schlange)* sibilare
Zisterne [tsɪs'tɛrnə] *f* cisterna *f*
Zitat ['tsita:t] *n* citazione *f*
zitieren ['tsiti:rən] *v* citare
Zitrone [tsi'tro:nə] *f* limone *m*; *jdn ausquetschen wie eine* ~ spremere qd come un limone
Zitronenlimonade [tsi'tro:nənlimona:də] *f* limonata *f*
Zitrusfrüchte ['tsi:trusfryçtə] *pl* agrumi *m/pl*
zitterig ['tsɪtɐɪç] *adj* tremante, tremolante
zittern ['tsɪtɐn] *v* tremare
zivil [tsi'vi:l] *adj* civile, borghese
Zivilcourage [tsi'vi:lkura:ʒə] *f* coraggio civile *m*
Zivildienst ['tsivi:ldi:nst] *m* servizio civile *m*
Zivilisation [tsiviliza'tsjo:n] *f* civiltà *f*, civilizzazione *f*
Zivilisationskrankheit [tsiviliza'tsjo:nskraŋkhaɪt] *f* malattia del benessere *f*
zivilisiert [tsivili'zi:rt] *adj* civilizzato, civile
Zivilkleidung [tsi'vi:lbəklaɪduŋ] *f* abito civile *m*, abiti borghesi *m/pl*
Zivilrecht ['tsivi:lrɛçt] *n* JUR diritto civile *m*
zögern ['tsø:gɐn] *v* esitare, titubare, tentennare
zögernd ['tsø:gɐnt] *adj* **1.** esitante, titubante; *adv* **2.** con esitazione
Zölibat [tsø:li'ba:t] *m/n* REL celibato *m*
Zoll [tsɔl] *m* **1.** *(Behörde)* dogana *f*; **2.** *(Gebühr)* diritti doganali *m/pl*, dazio *m*; **3.** *(Maßeinheit)* pollice *m*
Zollabfertigung ['tsɔlapfɛrtɪguŋ] *f* disbrigo delle formalità doganali *m*
Zollbeamter ['tsɔlbəamtɐ] *m* doganiere *m*
Zollerklärung ['tsɔlɛrklɛ:ruŋ] *f* dichiarazione doganale *f*

zollfrei ['tsɔlfraɪ] *adj* esente da dazio
Zollkontrolle ['tsɔlkontrɔlə] *f* controllo doganale *m*
zollpflichtig ['tsɔlpflɪçtɪç] *adj* soggetto a dazio
Zollstock ['tsɔlʃtɔk] *m* metro pieghevole *m*
Zolltarif ['tsɔltariːf] *m* tariffa daziaria *f*
Zone ['tsoːnə] *f* zona *f*
Zoo [tsoː] *m* zoo *m*, giardino zoologico *m*
Zopf [tsɔpf] *m* treccia *f*
Zorn [tsɔrn] *m* collera *f*, rabbia *f*
zornig ['tsɔrnɪç] *adj* arrabbiato, rabbioso
zu [tsuː] *prep* **1.** a; *~ Tisch* a tavola *~m Monatsende kündigen* dare disdetta per la fine del mese; *~r Beruhigung* per consolazione; *~m Glück* per fortuna; *~ Hilfe kommen* venire in aiuto; *~r Belohnung* come ricompensa; *~ etw werden* trasformarsi in qc/diventare qc; *~m Vorsitzenden wählen* votare come presidente; *der Dom ~ Köln* il duomo di Colonia; **2.** *(Richtung)* da, a, di; *bis ~* fino a; *~ Wasser und ~ Lande* per mare e per terra; *~ einem Drittel* per un terzo; *~ sich kommen* tornare in sé; *~ jdm hinübersehen* guardare attraverso qd; *Das Zimmer liegt ~r Straße.* La camera da sulla strada. *~ beiden Seiten* su ambo i lati; *adv* **3.** *~ viel* troppo, molto; *~ wenig* troppo poco; **4.** *(geschlossen)* chiuso; *Tür ~!* Chiudere la porta!
Zubehör ['tsuːbəhøːr] *n* accessori *m/pl*
zubereiten ['tsuːbəraɪtən] *v* preparare
Zubereitung ['tsuːbəraɪtuŋ] *f* preparazione *f*
zubilligen ['tsuːbɪlɪgən] *v.* accordare, concedere
zubinden ['tsuːbɪndən] *v irr* legare
Zubringerstraße ['tsuːbrɪŋɐʃtraːsə] *f* svincolo *m*, raccordo *m*
Zucht [tsuxt] *f* **1.** *(Tierzucht)* allevamento *m;* **2.** *(Pflanzenzucht)* coltivazione *f;* **3.** *(Disziplin)* disciplina *f*
züchten ['tsyçtən] *v* **1.** *(Tiere)* allevare; **2.** *(Pflanzen)* coltivare
Züchter(in) ['tsyçtər(ɪn)] *m/f* **1.** *(Tierzüchter(in))* allevatore/allevatrice *m/f;* **2.** *(Pflanzenzüchter(in))* coltivatore/coltivatrice *m/f*
Zuchthaus ['tsuxthaus] *n* penitenziario *m*
zucken ['tsukən] *v* scrollare, scuotere
Zucker ['tsukɐ] *m GAST* zucchero *m*
Zuckerkrankheit ['tsuːkɐkraŋkhaɪt] *f MED* diabete *m*
zuckern ['tsukɐn] *v* zuccherare
Zudecke ['tsuːdɛkə] *f* coperta *f*
zudecken ['tsuːdɛkən] *v* coprire, ricoprire
zudem ['tsudeːm] *adv* oltre a ciò, inoltre
zudrehen ['tsuːdreːən] *v* **1.** chiudere girando; **2.** *jdm den Rücken ~ (fig)* votare le spalle a qd
zudringlich ['tsuːdrɪŋlɪç] *adj* importuno, indiscreto
zueinander [tsuaɪ'nandɐ] *adv* uno verso l'altro
zuerkennen ['tsuːɛrkɛnən] *v irr* aggiudicare, conferire
zuerst [tsu'erst] *adv* prima
Zufahrt ['tsuːfaːrt] *f* accesso *m*
Zufahrtstraße ['tsuːfaːrtsʃtraːsə] *f* strada d'accesso *f*
Zufall ['tsuːfal] *m* caso *m*, coincidenza *f*, combinazione *f; ein Spiel des ~s* un capriccio del caso *m*
zufällig ['tsuːfɛlɪç] *adj* **1.** accidentale, fortuito, casuale; *adv* **2.** per caso
Zufallstreffer ['tsuːfalstrɛfɐ] *m* colpo di fortuna *m*
Zuflucht ['tsuːfluxt] *f* rifugio *m*
Zufluss ['tsuːflus] *m* afflusso *m*
zufrieden [tsu'friːdən] *adj* soddisfatto, contento; *sich ~geben* accontentarsi; *~stellen* accontentare, soddisfare, far contento
Zufriedenheit [tsu'friːdənhaɪt] *f* contentezza *f*, soddisfazione *f*
zufrieren ['tsuːfriːrən] *v irr* ghiacciarsi
zufügen ['tsuːfyːgən] *v* **1.** *(hinzugeben)* aggiungere; **2.** *(Schaden)* recare
Zufuhr ['tsuːfuːr] *f* afflusso *m*, arrivo *m*
Zug [tsuːk] *m* **1.** *(Eisenbahn)* treno *m; im falschen ~ sitzen (fig)* essere sul binario sbagliato/aver preso la decisione sbagliata; *Der ~ ist abgefahren.* Il treno è già partito. *Der ~ ist abgefahren. (fig)* È troppo tardi. **2.** *(Geleitzug)* convoglio; **3.** *(Umzug)* corteo *m;* **4.** *(Luftzug)* corrente d'aria *f;* **5.** *(Wesenszug)* tratto

caratteristico *m;* **6.** *etw in vollen Zügen genießen* godere pienamente di qc; *in den letzten Zügen liegen* essere in agonia; *zum ~e kommen* entrare in gioco/entrare in azione

Zugabe ['tsu:ga:bə] *f* **1.** aggiunta *f;* **2.** *(im Konzert)* pezzo fuori programma *m,* bis *m*

Zugabteil ['tsu:kaptaɪl] *n* scompartimento ferroviario *m*

Zugang ['tsu:gaŋ] *m* **1.** *(Eingang)* entrata *f,* ingresso *m;* **2.** *(Zutritt)* accesso *m;* **3.** *(Warenzugang)* ECO entrata *f*

zugänglich ['tsu:gɛŋlɪç] *adj* **1.** *(erreichbar)* accessibile; **2.** *(verfügbar)* disponibile, a disposizione; **3.** *(fig)* accessibile

Zuganschluss ['tsu:kanʃlus] *m* coincidenza dei treni *f*

zugeben ['tsu:ge:bən] *v irr (einräumen)* concedere, ammettere

zugegen [tsu'ge:gən] *adv ~ sein* essere presente

zugehörig ['tsu:gəhø:rɪç] *adj* appartenente

Zugehörigkeit ['tsu:gəhø:rɪçkaɪt] *f* appartenenza *f*

Zügel ['tsy:gəl] *m* briglia *f; die ~ fest in der Hand haben* tenere saldamente le redini in mano; *die ~ straffer ziehen* tirare le redini/diventare più severo; *die ~ schleifen lassen* allentare le redini/diventare meno severo

zügellos ['tsy:gəllo:s] *adj (fig)* sfrenato

zügeln ['tsy:gəln] *v* **1.** *(fig)* frenare; *den Zorn ~* frenare l'ira; **2.** *(Pferd)* tenere le briglia

Zugeständnis ['tsu:gəʃtɛntnɪs] *n* concessione *f*

zugestehen ['tsu:gəʃte:ən] *v irr* concedere, accordare

Zugführer(in) ['tsu:kfy:rər(ɪn)] *m/f* capotreno *m/f*

zügig ['tsy:gɪç] *adj* spedito; *~es Tempo* ritmo spedito *m*

zugleich [tsu'glaɪç] *adv* nello stesso tempo, contemporaneamente

Zugluft ['tsu:kluft] *f* corrente *f*

zugrunde [tsu'grundə] *adv ~ gehen* andare in rovina; *~ richten* mandare in rovina *~ legen* porre alla base; *~ liegen* stare alla base

Zugunglück ['tsu:kunglyk] *n* disastro ferroviario *m*

zugunsten [tsu'gunstən] *prep* a favore di

Zugvogel ['tsu:kfo:gəl] *m* ZOOL uccello migratore *m*

zuhalten ['tsu:haltən] *v irr* tenere chiuso

Zuhälter ['tsu:hɛltɐ] *m* protettore di prostitute *m,* sfruttatore di donne *m*

Zuhause [tsu'hauzə] *n* casa *f*

zuhören ['tsu:hø:rən] *v* ascoltare

Zuhörer(in) ['tsu:hø:rər(ɪn)] *m/f* ascoltatore/ascoltatrice *m/f*

zukleben ['tsu:kle:bən] *v* chiudere con la colla, incollare

zuknöpfen ['tsu:knœpfən] *v* abbottonare

Zukunft ['tsu:kunft] *f* futuro *m*

zukünftig ['tsu:kynftɪç] *adj* **1.** futuro, venturo; *adv* **2.** in futuro, in avvenire

Zulage ['tsu:la:gə] *f* supplemento *m,* aggiunta *f*

zulassen ['tsu:lasən] *v irr* **1.** *(geschlossen lassen)* lasciare chiuso; **2.** *(gestatten)* permettere; **3.** *zur Prüfung ~* ammettere all'esame; **4.** *(Auto)* immatricolare

zulässig ['tsu:lɛsɪç] *adj* ammesso, permesso

Zulässigkeit ['tsu:lɛsɪçkaɪt] *f* ammissibilità *f*

Zulassung ['tsu:lasuŋ] *f* **1.** ammissione *f,* accettazione *f;* **2.** *(Erlaubnis)* permesso *m;* **3.** *(eines Autos)* immatricolazione *f*

Zulauf ['tsu:lauf] *m* afflusso *m*

Zuleitung ['tsu:laɪtuŋ] *f* afflusso *m*

zuletzt [tsu'lɛtst] *adv* per ultimo

zuliebe [tsu'li:bə] *adv* per amore

Zulieferung ['tsu:li:fəruŋ] *f* fornitura *f*

zum *(= zu dem) (siehe „zu")*

zumachen ['tsu:maxən] *v* chiudere

zumal [tsu'ma:l] *adv* **1.** specialmente, soprattutto; *konj* **2.** tanto più che

zumeist [tsu'maɪst] *adv* per lo più

zumindest [tsu'mindəst] *adv* per lo meno

zumutbar ['tsu:mu:tba:r] *adj* accettabile, ragionevole

zumuten ['tsu:mu:tən] *v* pretendere

Zumutung ['tsu:mu:tuŋ] *f* pretesa *f,* sfacciataggine *f*

X Y Z

zunächst [tsu'nɛːçst] *adv* innanzitutto, in primo luogo
Zunahme ['tsuːnaːmə] *f* aumento *m*, incremento *m*
Zuname ['tsuːnaːmə] *m* cognome *m*
zünden ['tsyndən] *v* accendere
Zündholz ['tsynthɔlts] *n* fiammifero *m*
Zündkerze ['tsyntkɛrtsə] *f* candela *f*
Zündschlüssel ['tsyndʃlysəl] *m (eines Fahrzeuges)* chiavetta d'accensione *f*
Zündung ['tsynduŋ] *f* accensione *f*
zunehmen ['tsuːneːmən] *v irr* 1. aumentare, crescere; 2. *(an Gewicht)* aumentare di peso, ingrassare
Zuneigung ['tsuːnaɪguŋ] *f* affetto *m*
Zunge ['tsuŋə] *f ANAT* lingua *f*; *die ~ im Zaum halten* tenere a freno la lingua; *jdm die ~ lösen* sciogliere la lingua a qd; *sich auf die ~ beißen* tagliarsi la lingua/ sforzarsi di non parlare; *Es liegt mir auf der ~.* Ce l'ho sulla punta della lingua. *Es brennt mir auf der ~.* Muoio dalla voglia di dirlo. *Schwer von der ~ gehen* uscire a stento dalla bocca
zunichtemachen [tsu'nɪçtəmɑçən] *v* annientare, distruggere
zunutze [tsu'nutsə] *adv sich etw ~ machen* trarre vantaggio da qc; *sich eine Situation ~ machen* trarre vantaggio da una situazione
zuordnen ['tsuːɔrdnən] *v* associare, attribuire
Zuordnung ['tsuːɔrdnuŋ] *f* attribuzione *f*, classificazione *f*
zur *(= zu der) (siehe „zu")*
zurechnungsfähig ['tsuːrɛçnuŋsfɛːɪç] *adj JUR* imputabile
zurechtfinden [tsu'rɛçtfɪndən] *v irr sich ~* raccapezzarsi, orientarsi
zurechtmachen [tsu'rɛçtmaxən] *v* preparare; *sich ~* prepararsi; *Sie ist sehr zurechtgemacht.* È troppo truccata.
zurechtweisen [tsu'rɛçtvaɪzən] *v irr* rimproverare
zürnen ['tsyrnən] *v* essere adirato
zurück [tsu'ryk] *adv* indietro
zurückbehalten [tsu'rykbəhaltən] *v irr* trattenere
zurückbezahlen [tsu'rykbətsaːlən] *v* rimborsare, restituire
zurückbilden [tsu'rykbɪldən] *v sich ~* regredire
zurückbringen [tsu'rykbrɪŋən] *v irr* riportare
zurückdrängen [tsu'rykdrɛŋən] *v* respingere
zurückerhalten [tsu'rykɛrhaltən] *v irr* riottenere
zurückerobern [tsu'rykɛroːbɐn] *v* riconquistare
zurückerstatten [tsu'rykɛrʃtatən] *v* rimborsare
zurückfahren [tsu'rykfaːrən] *v irr* tornare, andare indietro
zurückführen [tsu'rykfyːrən] *v* 1. ricondurre, riportare; 2. *(fig)* far risalire
zurückgeben [tsu'rykgeːbən] *v irr* restituire
zurückgeblieben [tsu'rykgəbliːbən] *adj (fig)* ritardato
zurückgehen [tsu'rykgeːən] *v irr* 1. tornare indietro; 2. *(sinken)* abbassarsi, calare; 3. *~ auf (fig)* risalire su
zurückgezogen [tsu'rykgətsoːgən] *adj* 1. ritirato; *adv* 2. in ritiro, riservatamente
zurückgreifen [tsu'rykgraɪfən] *v irr ~ auf* ricorrere a
zurückhalten [tsu'rykhaltən] *v irr* 1. *etw ~* trattenere; 2. *sich ~* trattenersi, contenersi
zurückhaltend [tsu'rykhaltənt] *adj* riservato
Zurückhaltung [tsu'rykhaltuŋ] *f* ritenzione *f*, riservatezza *f*
zurückkommen [tsu'rykkɔmən] *v irr* ritornare, rivenire
zurücklassen [tsu'ryklasən] *v irr* lasciare indietro
zurücklegen [tsu'rykleːgən] *v* 1. mettere a posto, riporre; 2. *(sparen)* mettere da parte; 3. *(Strecke)* percorre
zurücknehmen [tsu'rykneːmən] *v irr* 1. riprendere; 2. *(widerrufen)* ritirare
zurücksenden [tsu'rykzɛndən] *v* rispedire, rimandare
zurückstecken [tsu'rykʃtɛkən] *v (fig)* limitarsi, rinunciare
zurücktreten [tsu'ryktreːtən] *v irr* 1. indietreggiare; 2. *(Rücktritt erklären)* dimettersi; 3. recedere; *von einem Vertrag ~* recedere da un contratto
zurückweisen [tsu'rykvaɪzən] *v irr* respingere, rifiutare

zurückzahlen [tsu'ryktsa:lən] *v* restituire, rimborsare
Zurückzahlung [tsu'ryktsa:luŋ] *f* rimborso *m*
zurückziehen [tsu'ryktsi:ən] *v irr* 1. tirare indietro; 2. *sich ~* ritirarsi
zurufen ['tsu:ru:fən] *v irr* gridare
zurzeit [tsur'tsaɪt] *adv* al momento, momentaneamente
Zusage ['tsu:za:gə] *f* promessa *f,* accettazione *f; jdm seine ~ geben* fare una promessa a qu
zusagen ['tsu:za:gən] *v* 1. promettere, impegnarsi; 2. *(fig: gefallen)* piacere
zusammen [tsu'zamən] *adv* 1. *(gemeinsam)* insieme, unitamente; 2. *(insgesamt)* complessivamente
Zusammenarbeit [tsu'zamənarbaɪt] *f* collaborazione *f*
zusammenarbeiten [tsu'zamənarbaɪtən] *v* collaborare
Zusammenbau [tsu'zamənbau] *m* montaggio *m*
zusammenbrechen [tsu'zamənbrɛçən] *v irr* crollare, rovinare
Zusammenbruch [tsu'zamənbrux] *m* 1. crollo *m,* sfacelo *m;* 2. *MED* crollo *m*
zusammenfallen [tsu'zamənfalən] *v irr* 1. crollare, andare in rovina; 2. *(fig: zeitlich)* coincidere
zusammenfassen [tsu'zamənfasən] *v* riassumere, ricapitulare
zusammenfassend [tsu'zamənfasənt] *adj* 1. riassuntivo, sintetico; *adv* 2. concludendo, riassumendo
Zusammenfassung [tsu'zamənfasuŋ] *f* riassunto *m*
zusammenfügen [tsu'zamənfy:gən] *v* unire, congiungere
zusammengehören [tsu'zaməngəhø:rən] andare insieme
Zusammengehörigkeitsgefühl [tsu'zaməngəhø:rɪçkaɪtsgəfy:l] *n* solidarietà *f*
zusammengesetzt [tsu'zaməngəzɛtst] *adj* composto
Zusammenhalt [tsu'zamənhalt] *m* 1. consistenza *f;* 2. *(fig)* coesione *f*
zusammenhalten [tsu'zamənhaltən] *v irr* tenere insieme
Zusammenhang [tsu'zamənhaŋ] *m* connessione *f,* contesto *m*
zusammenhängen [tsu'zamənhɛŋən] *v irr* essere in relazione
zusammenhangslos [tsu'zamənhaŋslo:s] *adj* sconnesso, incoerente
zusammenklappbar [tsu'zamənklapba:r] *adj* pieghevole
Zusammenkunft [tsu'zamənkunft] *f* 1. incontro *m;* 2. *(Versammlung)* riunione *f,* assemblea *f*
zusammenlegen [tsu'zamənle:gən] *v* 1. *(vereinigen)* unire, riunire; 2. *(falten)* piegare, ripiegare
zusammennehmen [tsu'zamənne:mən] *v irr* 1. raccogliere; 2. *sich ~* dominarsi, controllarsi
zusammenpassen [tsu'zamənpasən] *v* andare bene insieme
zusammenschließen [tsu'zamənʃli:sən] *v irr sich ~* unirsi, associarsi
Zusammenschluss [tsu'zamənʃlus] *m* unione *f,* fusione *f*
Zusammensetzung [tsu'zamənzɛtsuŋ] *f* composizione *f,* combinazione *f*
zusammenstellen [tsu'zamənʃtɛlən] *v* *(fig)* comporre
Zusammenstellung [tsu'zamənʃtɛluŋ] *f (fig)* composizione *f*
Zusammenstoß [tsu'zamənʃto:s] *m* scontro *m,* collisione *f*
zusammenstoßen [tsu'zamənʃto:sən] *v irr* scontrarsi
zusammentreffen [tsu'zaməntrɛfən] *v irr* incontrarsi
Zusammentreffen [tsu'zaməntrɛfən] *n* incontro *m*
zusammenzählen [tsu'zaməntsɛ:lən] *v* addizionare, sommare
zusammenziehen [tsu'zaməntsi:ən] *v irr* contrarre; *(Augenbrauen)* grottare
Zusatz ['tsu:zats] *m* 1. aggiunta *f;* 2. *CHEM* additivo *m*
zusätzlich ['tsu:zɛtslɪç] *adj* 1. supplementare; *adv* 2. inoltre
zuschauen ['tsu:ʃauən] *v* guardare
Zuschauer(in) ['tsu:ʃauər(ɪn)] *m/f* spettatore/spettatrice *m/f*
zuschicken ['tsu:ʃɪkən] *v* inviare, spedire
Zuschlag ['tsu:ʃla:k] *m* supplemento *m,* aggiunta *f*

zuschlagpflichtig ['tsu:ʃla:kspflɪçtɪç] *adj* con supplemento obbligatorio
zuschließen ['tsu:ʃli:sən] *v irr* chiudere a chiave, serrare
Zuschrift ['tsu:ʃrɪft] *f* lettera *f*
Zuschuss ['tsu:ʃus] *m* sovvenzione *f*
zusehen ['tsu:ze:ən] *v irr* **1.** guardare; **2.** *(fig)* fare in modo che; *Sieh zu, dass dir nichts passiert!* Bada che non ti succeda niente! *Ich sehe zu, dass es gemacht wird.* Faccio in modo che venga fatto.
zusehends ['tsu:ze:ənts] *adv* a vista d'occhio; *~ wachsen* crescere a vista d'occhio
zusichern ['tsu:zɪçɐn] *v* assicurare, garantire
zuspitzen ['tsu:ʃpɪtsən] *v sich ~ (fig)* inasprirsi; *Die Lage hat sich zugespitzt.* La situazione si è inasprita.
Zuspruch ['tsu:ʃprux] *m* **1.** *(Trost)* parole di conforto *f/pl;* **2.** *~ finden* avere successo, trovare consenso
Zustand ['tsu:ʃtant] *m* stato *m; Zustände kriegen* avere un colpo/avere un attacco
Zustandekommen [tsu'ʃtandəkɔmən] *n* riuscita *f,* realizzazione *f*
zuständig ['tsu:ʃtɛndɪç] *adj* competente, responsabile
Zuständigkeit ['tsu:ʃtɛndɪçkaɪt] *f* competenza *f,* spettanza *f*
zustellen ['tsu:ʃtɛlən] *v* **1.** barricare; **2.** *(liefern)* consegnare; **3.** *(Post)* recapitare
Zustellung ['tsu:ʃtɛluŋ] *f* consegna *f*
zustimmen ['tsu:ʃtɪmən] *v* aderire, acconsentire, approvare
Zustimmung ['tsu:ʃtɪmuŋ] *f* adesione *f,* assenso *m*
zustoßen ['tsu:ʃto:sən] *v irr* **1.** chiudere; *Tür ~* chiudere con una spinta; **2.** *(fig: geschehen)* accadere, succedere; *Hoffentlich ist ihm nichts zugestoßen!* Spero che non gli sia successo nulla!
Zustrom ['tsu:ʃtro:m] *m* afflusso *m*
Zutaten ['tsu:ta:tən] *pl* ingredienti *m/pl; (fig)* accessori *m/pl*
Zuteilung ['tsu:taɪluŋ] *f* assegnazione *f*
zutrauen ['tsu:trauən] *v jdm etw ~* credere qd capace di qc
Zutrauen ['tsu:trauən] *n* fiducia *f*
zutraulich ['tsu:traulɪç] *adj* fiducioso
zutreffen ['tsu:trɛfən] *v irr* **1.** risultare vero, essere vero; **2.** *(entsprechen)* corrispondere
Zutritt ['tsu:trɪt] *m* accesso *m*
zuverlässig ['tsu:fɛrlɛsɪç] *adj* fidato
Zuverlässigkeit ['tsu:fɛrlɛsɪçkaɪt] *f* fidatezza *f,* affidabilità *f*
Zuversicht ['tsu:fɛrzɪçt] *f* fiducia *f*
zuversichtlich ['tsu:fɛrzɪçtlɪç] *adj* **1.** fiducioso; *adv* **2.** fiduciosamente
zuvor [tsu'fo:r] *adv* prima
zuvorkommen [tsu'fo:rkɔmən] *v irr* precedere, prevenire
zuvorkommend [tsu'fo:rkɔmənt] *adj* premuroso, gentile
Zuwachs ['tsu:vaks] *m* **1.** *ECO* incremento *m;* **2.** *(fam: Baby)* accrescimento *m; Seine Familie hat ~ bekommen.* La sua famiglia è cresciuta.
Zuwachsrate ['tsu:vaksra:tə] *f ECO* tasso d'incremento *m*
zuweilen [tsu:'vaɪlən] *adv* qualche volta
zuweisen ['tsu:vaɪzən] *v irr* assegnare
Zuweisung ['tsu:vaɪzuŋ] *f* assegnazione *f*
zuwenden ['tsu:vɛndən] *v irr* **1.** volgere, rivolgere; **2.** *sich einer Sache ~* rivolgersi a qc
Zuwendung ['tsu:vɛnduŋ] *f* **1.** *(Geld)* sussidio *m,* donazione *f;* **2.** *(Aufmerksamkeit)* attenzione *f*
zuwider [tsu'vi:dɐ] *adv* **1.** contrariamente; *prep* **2.** fastidio; *Das ist ihm ~.* Ciò gli da fastidio.
zuzüglich ['tsutsy:klɪç] *prep* escluso, più
Zwang [tsvaŋ] *m* coercizione *m,* obbligo *m; allen ~ ablegen* liberarsi di ogni inibizione
zwanglos ['tsvaŋlo:s] *adj* disinvolto, naturale
Zwangslage ['tsvaŋsla:gə] *f* situazione di necessità *f*
zwangsläufig ['tsvaŋslɔyfɪç] *adj* neccessario, inevitabile
Zwangsmaßnahme ['tsvaŋsma:sna:mə] *f* misura coercitiva *f,* sanzione *f*
Zwangsvollstreckung ['tsvaŋsfɔlʃtrɛkuŋ] *f JUR* sequestro *m*
zwanzig ['tsvantsɪç] *num* venti

zwanzigste(r,s) ['tsvantsɪçstə(r,s)] *adj* **1.** ventesimo/ventesima; **2.** *(Datum)* venti
zwar [tsva:r] *konj* certamente; *und ~* e cioè
Zweck [tsvɛk] *m* scopo *m*, fine *m*
zweckentfremden ['tsvɛkənfrɛmdən] *v* usare per uno scopo diverso da quello previsto
zweckgebunden ['tsvɛkgəbundən] *adj* legato a uno scopo specifico
zwecklos ['tsvɛklo:s] *adj* **1.** inutile; *adv* **2.** inutilmente
zweckmäßig ['tsvɛkmɛ:sɪç] *adj* opportuno
zwecks [tsvɛks] *prep* allo scopo di
zwei [tsvaɪ] *num* due
zweideutig ['tsvaɪdɔytɪç] *adj* ambiguo, a doppio senso
zweifach ['tsvaɪfax] *adj* duplice, doppio
Zweifel ['tsvaɪfəl] *m* dubbio *m*
zweifelhaft ['tsvaɪfəlhaft] *adj* dubbioso, dubbio
zweifellos ['tsvaɪfəllo:s] *adj* senza dubbio
zweifeln ['tsvaɪfəln] *v* dubitare
Zweig [tsvaɪk] *m* **1.** BOT ramo *m*; *auf keinen grünen ~ kommen* non venire a capo di niente/non avere fortuna/non riuscire in nulla; **2.** *(fig)* ramo *m*
Zweigstelle ['tsvaɪkʃtɛlə] *f* filiale *f*, succursale *f*
zweihundert ['tsvaɪhundɐt] *num* duecento
Zweikampf ['tsvaɪkampf] *m* SPORT duello *m*
zweimal ['tsvaɪma:l] *adv* due volte
zweiseitig ['tsvaɪzaɪtɪç] *adj* **1.** bilaterale; *adv* **2.** su due lati
Zweisitzer ['tsvaɪzɪtsɐ] *m* automobile a due posti *f*
zweisprachig ['tsvaɪʃpra:xɪç] *adj* bilingue
zweispurig ['tsvaɪʃpu:rɪç] *adj* a due corsie
zweite(r,s) ['tsvaɪtə(r,s)] *adj* **1.** secondo/seconda; **2.** *(Datum)* due
zweitens ['tsvaɪtəns] *adv* in secondo luogo
zweitrangig ['tsvaɪtraŋɪç] *adj* di seconda categoria
Zwerchfell ['tsvɛrçfɛl] *n* ANAT diaframma *m*
Zwerg [tsvɛrk] *m* gnomo *m*, nano *m*
Zwetschge ['tsvɛtʃkə] *f* BOT prugna *f*
zwicken ['tsvɪkən] *v* pizzicare
Zwickmühle ['tsvɪkmy:lə] *f (fig)* pasticcio *m*; *Er befindet sich in einer ~.* Egli si trova in un pasticcio.
Zwieback ['tsvi:bak] *m* GAST fette biscottate *f/pl*
Zwiebel ['tsvi:bəl] *m* GAST cipolla *f*
Zwielicht ['tsvi:lɪçt] *n* penombra *f*
zwielichtig ['tsvi:lɪçtɪç] *adj* ambiguo
Zwiespalt ['tsvi:ʃpalt] *m* conflitto *m*
zwiespältig ['tsvi:ʃpɛltɪç] *adj* contrastante
Zwiesprache ['tsvi:ʃpra:xə] *f* dialogo *m*
Zwietracht ['tsvi:traxt] *f* discordia *f*, zizzania *f*; *~ säen* seminare zizzania
Zwilling ['tsvɪlɪŋ] *m* gemello *m*; *eineiige ~e* gemelli omozigoti *m/pl*
zwingen ['tsvɪŋən] *v irr* costringere
zwingend ['tsvɪŋənt] *adj* costrittivo
zwinkern ['tsvɪŋkɐn] *v* ammiccare
Zwirn [tsvɪrn] *m* rete *m*
zwischen ['tsvɪʃən] *prep* tra, fra
zwischendurch [tsvɪʃən'durç] *adv* **1.** *(zeitlich)* nel frattempo, frattanto; **2.** *(nebenbei)* tra l'altro
Zwischenfall ['tsvɪʃənfal] *m* incidente *m*
Zwischenraum ['tsvɪʃənraum] *m* spazio *m*
Zwischenzeit ['tsvɪʃəntsaɪt] *f in der ~* nel frattempo
Zwist [tsvɪst] *m* discordia *f*
zwitschern ['tsvɪtʃɐn] *v* cinguettare
zwölf [tsvœlf] *num* dodici
zwölfte(r,s) ['tsvœlftə(r,s)] *adj* **1.** dodicesimo/dodicesima; **2.** *(Datum)* dodici
Zyklus ['tsy:klus] *m* ciclo *m*
Zylinder [tsy'lɪndɐ] *m* **1.** cilindro *m*; **2.** *(Hut)* cilindro *m*
zynisch ['tsy:nɪʃ] *adj* cinico
Zyste ['tsystə] *f* MED cisti *f*

Italienische Grammatik

Italienische Grammatik

Das Adjektiv

Das Adjektiv richtet sich in Geschlecht (Genus) und Zahl (Numerus) nach dem Substantiv, zu dem es gehört. Es wird dem Substantiv meist nachgestellt. Die Endung der männlichen (maskulinen) Form ist **-o**, im Plural **-i**, die der weiblichen (femininen) **-a**, im Plural **-e**.

	Singular	Plural
maskulin	*content-o*	*content-i*
feminin	*content-a*	*content-e*

Adjektive, die auf **-e** enden, bilden den Plural beider Genera mit **-i**.

	Singular	Plural
mask./fem.	*facile*	*facili*

Bei den meisten Adjektiven auf **-co** und **-go** wird vor den Pluralendungen ein **-h** hinzugefügt *(antic-o – antic-hi; antic-a – antic-he; larg-o – larg-hi; larg-a – larg-he).*

Die Stellung des Adjektivs

Das Adjektiv steht meist nach seinem Beziehungswort. Einige Adjektive haben je nach Stellung eine unterschiedliche Bedeutung:

un uomo grande	ein großer (hochgewachsener) Mann
un grand'uomo	ein bedeutender Mann

Die Adjektive **bello** (schön) und **quello** (jene(r,s)) werden nach dem gleichen Prinzip gebildet wie die Präpositionen in Verbindung mit bestimmten Artikeln.

Singular	Plural	Singular	Plural
bel tavolo	*bei tavoli*	*quel tavolo*	*quei tavoli*
bello sposo	*begli sposi*	*quello sposo*	*quegli sposi*
bell'uomo	*begli uomini*	*quell'uomo*	*quegli uomini*
bell'anatra	*belle anatre*	*quell'anatra*	*quelle anatre*
bella ragazza	*belle ragazze*	*quella ragazza*	*quelle ragazze*

Die Steigerung des Adjektivs

Grundform	Komparativ	Superlativ
bello	*più bello*	*il più bello/bellissimo*

Der Superlativ auf **-issimo** drückt einen sehr hohen Grad einer Eigenschaft (ohne Vergleich) aus (*una gita bellissima* – ein sehr schöner Ausflug).

Einige Adjektive können auch unregelmäßig gesteigert werden:

cattivo	*peggiore*	*il più cattivo/il peggiore/pessimo*
buono	*migliore*	*il più buono/il migliore/ottimo*
grande	*maggiore*	*il più grande/il maggiore/massimo*
piccolo	*minore*	*il più piccolo/il minore/minimo*
alto	*superiore*	*il più alto/il superiore/supremo/sommo*
basso	*inferiore*	*il più basso/l'inferiore/bassissimo*

Das Adverb

Man leitet ein Adverb von einem Adjektiv ab, indem man an die feminine Form das Suffix **-mente** anhängt.

numeroso	*numerosamente*	zahlreich
breve	*brevemente*	kurz

Bei Adjektiven mit Endung auf **-le** und **-re** entfällt das **e** vor der Nachsilbe **-mente**:

agile	*agilmente*	flink
regolare	*regolarmente*	regulär

Folgende Adverbien werden unregelmäßig gebildet:

buono	*bene*	gut
cattivo	*male*	schlecht

Der Artikel

Der bestimmte Artikel

Der maskuline bestimmte Artikel lautet im Singular **il**, im Plural **i**, der feminine im Singular **la** und im Plural **le**. Vor Substantiven, die mit *z, ps, gn, x* oder *s* + Konsonant beginnen, und vor allen Vokalen wird **il** durch **lo**, **i** durch **gli** ersetzt; **la** wird vor Vokal apostrophiert (*il libro – i libri, la ragazza – le ragazze, lo studente – gli studenti, lo zaino – gli zaini, lo psicologo – gli psicologi, l'anno – gli anni, l'academia*).

Der bestimmte Artikel nach Präpositionen
Wenn der bestimmte Artikel nach den Präpositionen **di, da, a, su, con, per** und **in** verwendet wird, ergeben sich folgende Zusammensetzungen:

	di	**da**	**a**	**su**	**in**
il	*del*	*dal*	*al*	*sul*	*nel*
lo	*dello*	*dallo*	*allo*	*sullo*	*nello*
la	*della*	*dalla*	*alla*	*sulla*	*nella*
l'	*dell'*	*dall'*	*all'*	*sull'*	*nell'*
i	*dei*	*dai*	*ai*	*sui*	*nei*
gli	*degli*	*dagli*	*agli*	*sugli*	*negli*
le	*delle*	*dalle*	*alle*	*sulle*	*nelle*

Der unbestimmte Artikel
Der unbestimmte Artikel lautet maskulin **un**, vor *z, ps, gn, x* und *s* + Konsonant **uno**. Vor Vokalen steht *un* (kein Apostroph!). Der feminine unbestimmte Artikel ist **una**. Vor Vokalen wird er apostrophiert zu **un'**.

Der Teilungsartikel
Im Italienischen benutzt man üblicherweise auch eine Pluralform des unbestimmten Artikels (den sogenannten Teilungsartikel):

maskulin	*un*	*dei*	*dei giornali*
	uno	*degli*	*degli scolari*
feminin	*una*	*delle*	*delle ragazze*

Die Pronomina

Das Personalpronomen

Nominativ		**Akkusativ**		**Dativ**	
io	ich	*mi*	mich	*mi*	mir
tu	du	*ti*	dich	*ti*	dir
lui, lei, Lei	er, sie, Sie	*lo, la, La*	ihn, sie, Sie	*gli, le, Le*	ihm, ihr, Ihnen
noi	wir	*ci*	uns	*ci*	uns
voi	ihr	*vi*	euch	*vi*	euch
loro	sie, Sie	*li/le*	sie	*(gli), loro*	ihnen, Ihnen

Wenn in einem Satz Akkusativ und Dativ durch Pronomina ersetzt werden, treten bei den Dativpronomina die folgenden Lautveränderungen ein:

mi	→	*me*	*Me lo danno.*	Sie geben es mir.
ti	→	*te*	*Te lo danno.*	Sie geben es dir.
gli	→	*glie*	*Glielo danno.*	Sie geben es ihm.
ci	→	*ce*	*Ce lo danno.*	Sie geben es uns.
vi	→	*ve*	*Ve lo danno.*	Sie geben es euch.
loro	→	*glie*	*Glielo danno.*	Sie geben es ihnen.

Die Dativ- und Akkusativpronomina stehen vor dem Hauptverb und bei zusammengesetzten Zeiten vor dem Hilfsverb. Nur beim Infinitiv, Gerundium, Partizip Perfekt und Imperativ werden sie nachgestellt (*Voglio comprarlo.* Ich will es kaufen. *Comprandolo.* Ich kaufe es gerade. *Compratolo cominciai a leggerlo.* Nachdem ich es gekauft hatte, fing ich an, es zu lesen. *Compralo!* Kauf es! Aber: *Lo compri!* Kaufen Sie es!).

Das Possessivpronomen

Nur ein Besitzer:

	Singular	**Plural**
maskulin	*il mio, il tuo, il suo*	*i miei, i tuoi, i suoi*
feminin	*la mia, la tua, la sua*	*le mie, le tue, le sue*

Mehrere Besitzer:

	Singular	**Plural**
maskulin	*il nostro, il vostro, il loro*	*i nostri, i vostri, i loro*
feminin	*la nostra, la vostra, la loro*	*le nostre, le vostre, le loro*

Vor den Possessivpronomina steht meist der bestimmte Artikel. Nur bei Verwandtschaftsbezeichnungen im Singular wird er weggelassen: *Mio zio ha una bella auto.* – Mein Onkel hat ein schönes Auto.

Der Satzbau

Im Italienischen ist der Satzbau freier als im Deutschen. In der Regel ist jedoch im Aussagesatz die Wortstellung Subjekt – Verb – Objekt. Das Subjekt kann aber auch nach dem Verb stehen: *Oggi è arrivato lo zio.* – Heute ist der Onkel angekommen.

Das Substantiv

Genus und Numerus des Substantivs

Die italienische Sprache hat zwei grammatische Genera: maskulin und feminin. Die Substantive mit Endung auf **-o** sind maskulin (*il ragazzo* – der Junge, *il libro* – das Buch, *l'albero* – der Baum). Ausnahmen sind: *la mano* – die Hand, *la radio* – das Radio, *la foto* – das Foto, *l'auto* – das Auto, *la dinamo* – der Dynamo. Die Substantive auf **-a** und **-ù** sind feminin (*la ragazza* – das Mädchen, *la scuola* – die Schule, *la musica* – die Musik; *la gioventù* – die Jugend, *la virtù* – die Tugend). Ausnahmen sind Wörter griechischer Abstammung (*il clima* – das Klima, *il poeta* – der Dichter, *il problema* – das Problem, *il telegramma* – das Telegramm) mit Plural auf **-i**. Wörter auf **-ista**, **-ante**, **-ente**, **-ese** werden für maskuline oder feminine Personen gebraucht.
Substantive auf **-i** (meist griechischer oder lateinischer Abstammung) sind feminin: *la crisi* – die Krise, *la metropoli* – die Metropole, *la parentesi* – die Parenthese.

Die regelmäßige Pluralbildung

Die Pluralformen enden bei maskulinen Substantiven auf **-i**, bei femininen auf **-e** (*il palazzo – i palazzi, la donna – le donne*).
Einige Substantive bleiben im Plural unverändert (*lo sport – gli sport, il film – i film, il re – i re, la crisi – le crisi, la serie – le serie, la città – le città*).
Maskuline Substantive auf **-co** und **-go** bilden den Plural mit **-ci** und **-gi** (*il medico – i medici, lo psicologo – gli psicologi*).
Wenn aber vor diesen Endungen ein Konsonant steht, wird die Endung **-co** im Plural zu **-chi** und **-go** zu **-ghi** (*l'affresco – gli affreschi, il parco – i parchi, il chirurgo – i chirurghi.* Auch: *il lago – i laghi*).
Maskuline Substantive auf **-io** mit unbetontem **-i-** bilden den Plural mit einfachem **-i** (*lo studio – gli studi, il negozio – i negozi*).
Maskuline Substantive auf **-io** mit betontem **-i-** bilden den Plural mit **-ii** (*lo zio – gli zii, il pendio – i pendii, l'olio – gli olii*).
Ähnliche Regeln wie bei den maskulinen Substantiven gelten auch für die femininen Substantive auf **-ca** und **-ga** (*l'amica – le amiche, la strega – le streghe*).
Feminine Substantive auf **-cia** und **-gia** mit unbetontem **-i-** bilden den Plural mit **-e** (*la caccia – le cacce, la spiaggia – le spiagge*).
Feminine Substantive auf **-cia** und **-gia** mit betontem **-i-** bilden den Plural mit **-ie** (*la farmacia – le farmacie, la bugia – le bugie*).

Die unregelmäßige Pluralbildung

Der Plural einiger Wörter wird unregelmäßig gebildet (*il braccio – le braccia, il dio – gli dei, il bue – i buoi, mille – mila, l'uomo – gli uomini, l'uovo – le uova*).

Die Deklination des Substantivs

Der Genitiv wird mit der Präposition *di* gebildet (*il libro dell'amica – das Buch der Freundin*). Der Dativ wird mit der Präposition *a* gebildet (*Sono al cinema. – Ich bin im Kino.*).

Das Verb

Das Verb wird meist ohne Personalpronomen verwendet.

Ho fame.	Ich habe Hunger.

Die Hilfsverben *avere* (haben) und *essere* (sein)

Indikativ Präsens		**Indikativ Perfekt**	
io sono	*io ho*	*io sono stato*	*io ho avuto*
tu sei	*tu hai*	*tu sei stato*	*tu hai avuto*
lui è	*lui ha*	*lui è stato*	*lui ha avuto*
noi siamo	*noi abbiamo*	*noi siamo stati*	*noi abbiamo avuto*
voi siete	*voi avete*	*voi siete stati*	*voi avete avuto*
loro sono	*loro hanno*	*loro sono stati*	*loro hanno avuto*
Indikativ Imperfekt		**Futur**	
io ero	*io avevo*	*io sarò*	*io avrò*
tu eri	*tu avevi*	*tu sarai*	*tu avrai*
lui era	*lui aveva*	*lui sarà*	*lui avrà*
noi eravamo	*noi avevamo*	*noi saremo*	*noi avremo*
voi eravate	*voi avevate*	*voi sarete*	*voi avrete*
loro erano	*loro avevano*	*loro saranno*	*loro avranno*
Konditional		**Imperativ Präsens**	
io sarei	*io avrei*		
tu saresti	*tu avresti*	*(tu) sii*	*(tu) abbi*
lui sarebbe	*lui avrebbe*	*(lui) sia*	*(lui) abbia*
noi saremmo	*noi avremmo*	*(noi) siamo*	*(noi) abbiamo*
voi sareste	*voi avreste*	*(voi) siate*	*(voi) abbiate*
loro sarebbero	*loro avrebbero*	*(loro) siano*	*(loro) abbiano*
Infinitiv Präsens	*essere*	*avere*	
Infinitiv Perfekt	*essere stato*	*avere avuto*	
Gerund	*essendo*	*avendo*	
Partizip Präsens	-	*avente*	
Partizip Perfekt	*stato*	*avuto*	

***Avere* und *essere* bei der Bildung der Zeiten**

Im Gegensatz zum Deutschen werden die zusammengesetzten Zeiten von reflexiven Verben immer mit essere gebildet (*I miei amici si sono lavati.* – Meine Freunde haben sich gewaschen).

Die Vollverben

Die Vollverben lassen sich in drei Gruppen einteilen: Verben auf **-are** *(amare)*, Verben auf **-ere** *(credere)* und Verben auf **-ire** *(sentire)*. Innerhalb dieser Gruppen ist die Bildung der Zeiten und Aussageweisen regelmäßig. Daneben gibt es eine Reihe von unregelmäßigen Vollverben, deren Konjugationen von den regelmäßigen zum Teil abweichen (siehe Tabelle „unregelmäßige Verben“).

Die Verben auf *-are*

Indikativ Präsens	**Indikativ Perfekt**	
io amo	*io ho amato*	
tu ami	*tu hai amato*	
lui ama	*lui ha amato*	
noi amiamo	*noi abbiamo amato*	
voi amate	*voi avete amato*	
loro amano	*loro hanno amato*	
Indikativ Imperfekt	**Indikativ Plusquamperfekt**	
io amavo	*io avevo amato*	
tu amavi	*tu avevi amato*	
lui amava	*lui aveva amato*	
noi amavamo	*noi avevamo amato*	
voi amavate	*voi avevate amato*	
loro amavano	*loro avevano amato*	
Futur	**Konditional**	
io amerò	*io amerei*	
tu amerai	*tu ameresti*	
lui amerà	*lui amerebbe*	
noi ameremo	*noi ameremmo*	
voi amerete	*voi amereste*	
loro ameranno	*loro amerebbero*	
Imperativ	**Infinitiv Präsens**	*amare*
(tu) ama	**Infinitiv Perfekt**	*avere amato*
(lui) ami	**Gerund**	*amando*
(noi) amiamo	**Partizip Präsens**	*amante*
(voi) amate	**Partizip Perfekt**	*amato*
(loro) amino		

Die Verben auf ***-ere***

Indikativ Präsens	**Indikativ Perfekt**
io credo	*io ho creduto*
tu credi	*tu hai creduto*
lui crede	*lui ha creduto*
noi crediamo	*noi abbiamo creduto*
voi credete	*voi avete creduto*
loro credono	*loro hanno creduto*

Indikativ Imperfekt	**Indikativ Plusquamperfekt**
io credevo	*io avevo creduto*
tu credevi	*tu avevi creduto*
lui credeva	*lui aveva creduto*
noi credevamo	*noi avevamo creduto*
voi credevate	*voi avevate creduto*
loro credevano	*loro avevano creduto*

Futur	**Konditional**
io crederò	*io crederei*
tu crederai	*tu crederesti*
lui crederà	*lui crederebbe*
noi crederemo	*noi crederemmo*
voi crederete	*voi credereste*
loro crederanno	*loro crederebbero*

Imperativ		
(tu) credi	**Infinitiv Präsens**	*credere*
(lui) creda	**Infinitiv Perfekt**	*avere creduto*
(noi) crediamo	**Gerund**	*credendo*
(voi) credete	**Partizip Präsens**	*credente*
(loro) credano	**Partizip Perfekt**	*creduto*

Die Verben auf *-ire*

Indikativ Präsens	**Indikativ Perfekt**	
io sento	*io ho sentito*	
tu senti	*tu hai sentito*	
lui sente	*lui ha sentito*	
noi sentiamo	*noi abbiamo sentito*	
voi sentiate	*voi avete sentito*	
loro sentono	*loro hanno sentito*	
Indikativ Imperfekt	**Indikativ Plusquamperfekt**	
io sentivo	*io avevo sentito*	
tu sentivi	*tu avevi sentito*	
lui sentiva	*lui aveva sentito*	
noi sentivamo	*noi avevamo sentito*	
voi sentivate	*voi avevate sentito*	
loro sentivano	*loro avevano sentito*	
Futur	**Konditional**	
io sentirò	*io sentirei*	
tu sentirai	*tu sentiresti*	
lui sentirà	*lui sentirebbe*	
noi sentiremo	*noi sentiremmo*	
voi sentirete	*voi sentireste*	
loro sentiranno	*loro sentirebbero*	
Imperativ	**Infinitiv Präsens**	*sentire*
(tu) senti	**Infinitiv Perfekt**	*avere sentito*
(lui) senta	**Gerund**	*sentendo*
(noi) sentiamo	**Partizip Präsens**	*sentente*
(voi) sentite	**Partizip Perfekt**	*sentito*
(loro) sentano		

Die Verneinung

Die Verneinung *non* steht vor dem Vollverb oder dem Hilfsverb (*Non ho visto la ragazza.* Ich habe das Mädchen nicht gesehen.). Die Dativ- und Akkusativpronomina stehen zwischen *non* und Verb (*Non gliel'ho dato.* Ich habe es ihm nicht gegeben.).

Das Zahlwort

Kardinalzahlen		Ordinalzahlen
1	uno	primo
2	duo	secondo
3	tre	terzo
4	quattro	quarto
5	cinque	quinto
6	sei	sesto
7	sette	settimo
8	otto	ottavo
9	nove	nono
10	dieci	decimo
11	undici	undicesimo
12	dodici	dodicesimo
13	tredici	tredicesimo
14	quattordici	quattordicesimo
15	quindici	quindicesimo
16	sedici	sedicesimo
17	diciassette	diciassettesimo
18	diciotto	diciottesimo
19	diciannove	diciannovesimo
20	venti	ventesimo
21	ventuno	ventunesimo
30	trenta	trentesimo
40	quaranta	quarantesimo
50	cinquanta	cinquantesimo
60	sessanta	sessantesimo
70	settanta	settantesimo
80	ottanta	ottantesimo
90	novanta	novantesimo
100	cento	centesimo
200	duecento	duecentesimo
1000	mille	millesimo
2000	due mila	duemillesimo
1000000	un milione	milionesimo

Unregelmäßige Verben im Italienischen

In der Auflistung werden die wichtigsten unregelmäßigen Verben berücksichtigt. Folgende Abkürzungen werden verwendet:
Presente = *P*; Futuro = *F*; Passato remoto = *PR*; Congiuntivo = *C*; Imperativo = *I*; Participio presente = *PPr*; Participio passato = *PPa*

accendere accesi, accendesti, accendemmo, accesero *PR*; acceso *PPa*

agire agisco, agisci, agiamo, agiscono *P*

andare vado, vai, va, andiamo, andate, vanno *P*; andrò, andrai *F*; andai *PR*; vada, andiamo, vadano *C*; va'/ vai, vada, andate, vadano *I*; andato *PPa*

apparire appaio, appari, appariamo, appaiono *P*; apparvi, apparisti, apparimmo, apparvero *PR*; appaia, appaia, appariamo, appaiano *C*; appari, appaia, apparite, appaiano *I*; apparso *PPa*

appendere appesi, appendesti, appendemmo, appesero *PR*; appeso *PPa*

aprire aperto *PPa*

assumere assunsi, assumesti, assumemmo, assunsero *PR*; assunto *PPa*

avere ho, hai, ha, abbiamo, avete, hanno *P*; avrò *F*; ebbi, avesti, avemmo, ebbero *PR*; abbia, abbiamo, abbiano *C*; abbi *I*

bere bevo, bevi, beviamo, bevono *P*; berrò *F*; bevvi, bevesti, bevemmo, bevettero *PR*; *Imperfetto*: bevevo; bevuto *PPa*

cadere cado *P*; cadrò *F*; caddi, cadesti, cademmo, caddero *PR*; caduto *PPa*

capire capisco, capisci, capiamo, capiscono *P*; capito *PPa*

chiedere chiedo *P*; chiesi, chiedesti, chiedemmo, chiesero *PR*; chieda *C*; chiesto *PPa*

chiudere chiudo *P*; chiusi, chiudesti, chiudemmo, chiusero *PR*; chiuso *PPa*

cogliere colgo, cogli *P*; coglierò *F*; colsi *PR*; colto *PPa*

concedere concessi, concedesti, concedemmo, concessero *PR*; concesso *PPa*

condurre conduco, conduci, conduciamo, conducono *P*; condussi, conducesti, conducemmo, condussero *PR*; condurrò, condurrai, condurremo, condurranno *F*; conduca, conduca, conduciamo, conducano *C*; conduci, conduca, conduciamo, conducano *I*; conducente *PPr*; condotto *PPa*

conoscere conosco, conosciamo, conoscono *P*; conosciuto *PPa*

correggere corressi, correggesti, correggemmo, corressero *PR*; corretto *PPa*

correre corro *P*; corsi, corresti, corremmo, corsero *PR*; corso *PPa*

crescere cresco *P*; crebbi *PR*; cresciuto *PPa*

cuocere cuocio, cuoci, cuociamo, cuociono *P*; cossi, cocesti, cocemmo, cossero *PR*; cuocia, cuocia, cuociamo, cuociano *C*; cuoci, cuocia, cuociamo, cuociano *I*; cotto *PPa*

dare do, dai, dà, diamo, date, danno *P*; darò *F*; *Imperfetto*: davo; dia, diamo, diano *C*; da'/dai, dia *I*; dato *PPa*

decidere decido *P*; decisi *PR*; deciso *PPa*

difendere difesi, difendesti, difendemmo, difesero *PR*; difeso *PPa*

dire dico, dici, diciamo, dicono *P*; dirò *F*; dissi, dicesti, dicemmo, dissero *PR*; *Imperfetto*: dicevo; dica *C*; dì, dica, diciamo, dicano *I*; detto *PPa*

discutere discuto *P*; discussi, discutesti, discutemmo, discussero *PR*; dicusso *PPa*

distinguere distinguo *P*; distinsi *PR*; distinto *PPa*

dividere divido *P*; divisi *PR*; diviso *PPa*

dovere devo, devi, dobbiamo, devono *P*; dovrò *F*; devi *I*; dovuto *PPa*

emergere emersi, emergesti, emergemmo, emersero *PR*; emerso *PPa*

esistere esisto *P*; esistito *PPa*

esplodere esplosi, esplodesti, esplodemmo, esplosero *PR*; esploso *PPa*

essere sono, sei, è, siamo, siete, sono *P*; sarò *F*; fui, fosti, fu, fummo, foste, furono *PR*; *Imperfetto*: ero, eri, era, eravamo, erano; sia, siamo, siano *C*; sii, sia, siamo, siate, siano *I*; stato *PPa*

evadere evasi, evadesti, evademmo, evasero *PR*; evaso *PPa*

fare faccio, fai, fa, facciamo, fate, fanno *P*; farò *F*; feci, facesti, facemmo, fecero *PR*; *Imperfetto*: facevo; faccia, facciamo, facciano *C*; fai, faccia, facciamo, facciano *I*; fatto *PPa*

fingere finsi, fingesti, fingemmo, finsero *PR*; finto *PPa*

finire finisco, finisci, finiamo, finiscono *P*; finisca, finiamo, finiscano *C*; finisci, finisca, finiamo, finiscano *I*

fondere fusi, fondesti, fondemmo, fusero *PR*; fuso *PPa*

friggere frissi, friggesti, friggemmo, frissero *PR*; fritto *PPa*

giacere giaccio, giaci, giaciamo, giacciono *P*; giacqui, giacesti, giacemmo, giacquero *PR*; giaccia, giaccia, giaciamo, giacciano *C*; giaci, giaccia, giaciamo, giacciano *I*

giungere giunsi, giungesti, giungemmo, giunsero *PR*; giunto *PPa*

godere godrò, godrai, godremo, godranno *F*

leggere leggo, leggi *P*; lessi, leggesti, leggemmo, lessero *PR*; letto *PPa*

mettere misi, mettesti, mettemmo, misero *PR*; messo *PPa*

mordere morsi, mordesti, mordemmo, morsero *PR*; morso *PPa*

morire muoio, muori, moriamo, muoiono *P*; morrò, morrai, morremo, morranno *F*; muoia, muoia, moriamo, muoiano *C*; muori, muoia, moriamo, muoiano *I*; morto *PPa*

muovere mossi, muovesti, muovemmo, mossero *PR*; mosso *PPa*

nascere nasco *P*; nacqui, nascesti, nascemmo, nacquero *PR*; nato *PPa*

nascondere nascondo *P*; nascosi, nascondesti, nascondemmo, nascosero *PR*; nascosto *PPa*

nuocere noccio, nuoci, nuociamo, nocciono *P*; nocqui, nocesti, nocemmo, nocquero *PR*; noccia, noccia, nociamo, nocciano *C*; nuoci, noccia, nociamo, nocciano *I*; nociuto *PPa*

offrire offro *P*; offerto *PPa*

perdere perdo *P*; persi *PR*; perso *PPa*

piacere piaccio, piaci, piacciamo, piacciono *P*; piaccia, piacciamo, piacciano *C*; piaciuto *PPa*

piangere piango *P*; piansi *PR*; pianto *PPa*

piovere piove *P*; piovuto *PPa*

porgere porsi, porgesti, porgemmo, porsero *PR*; porto *PPa*

porre pongo, poni, poniamo, pongono *P*; posi, ponesti, ponemmo, posero *PR*; porrò, porrai, porremo, porranno *F*; ponga, ponga, poniamo, pongano *C*; poni, ponga, poniamo, pongano *I*; posto *PPa*

potere posso, puoi, può, possiamo, potete, possono *P*; potrò *F*; possa, possano *C*; potuto *PPa*

prendere prendo *P*; presi, prendesti, prendemmo, presero *PR*; preso *PPa*

proteggere protessi, proteggesti, proteggemmo, protessero *PR*; protetto *PPa*

rendere resi, rendesti, rendemmo, resero *PR*; reso *PPa*

ridere risi, ridesti, ridemmo, risero *PR*; riso *PPa*

rimanere rimango, rimani, rimaniamo, rimagono *P*; rimarrò *F*; rimasi, rimanesti, rimanemmo, rimasero *PR*; rimanga, rimaniamo, rimangano *C*; rimani, rimanga, rimaniamo, rimangano *I*; rimasto *PPa*

rispondere rispondo *P*; risposi *PR*; risposto *PPa*

rompere ruppi, rompesti, rompemmo, ruppero *PR*; rotto *PPa*

salire salgo, sali, saliamo, salgono *P*; salii *PR*; salga, saliamo, salgano *C*; sali, salga, saliamo, salgano *I*; salito *PPa*

sapere so, sai, sa, sappiamo, sapete, sanno *P*; saprò *F*; seppi, sapesti, sapemmo, seppero *PR*; sappia, sappiamo, sappiano *C*; sappi, sappiate *I*; sapiente *PPr*; saputo *PPa*

scegliere scelgo, scegli, scegliamo, scelgono *P*; scelsi, scegliesti, scegliemmo, scelsero *PR*; scelga, scegliamo, scelgano *C*; scegli, scelga, scegliamo, scelgano *I*; scelto *PPa*

scendere scendo *P*; scesi *PR*; sceso *PPa*

sciogliere sciolgo, sciogli, sciogliamo, sciolgono *P*; sciolsi, sciogliesti, sciogliemmo, sciolsero *PR*; sciolga, sciolga, sciogliamo, sciolgano *C*; sciogli, sciolga, sciogliamo, sciolgano *I*; sciolto *PPa*

scrivere scrivo *P*; scrissi *PR*; scritto *PPa*

sedere siedo, siedi, sediamo, siedono *P*; sieda, sieda, sediamo, siedano *C*; siedi, sieda, sediamo, siedano *I*

sorgere sorsi, sorgesti, sorgemmo, sorsero *PR*; sorto *PPa*

spendere spendo *P*; spesi *PR*; speso *PPa*

spingere spinsi, spingesti, spingemmo, spinsero *PR*; spinto *PPa*

stare sto, stai, sta, stiamo, state, stanno *P*; starò *F*; stetti, stesti, stemmo, stettero *PR*; stia, stiamo, stiano *C*; stato *PPa*

stringere strinsi, stringesti, stringemmo, strinsero *PR*; stretto *PPa*

succedere successo *PPa*

tacere taccio, taci, taciamo, tacciono *P*; tacqui, tacesti, tacemmo, tacquero *PR*; taccia, taccia, taciamo, tacciano *C*; taci, taccia, taciamo, tacciano *I*; taciuto *PPa*

tenere tengo, tieni, teniamo, tengono *P*; tenni, tenesti, tenemmo, tennero *PR*; terrò, terrai, terremo, terranno *F*; tenga, tenga, teniamo, tengano *C*; tieni, tenga, teniamo, tengano *I*

togliere tolgo, togli, togliamo, tolgono *P*; tolsi *PR*; tolga *C*; tolto *PPa*

uscire esco, esci, usciamo, escono *P*; uscii *PR*; esca, usciamo, escano *C*; esci, esca, usciamo, escano *I*; uscito *PPa*

valere valgo, vali, valiamo, valgono *P*; valsi, valesti, valemmo, valsero *PR*; varrò, varrai, varremo, varranno *F*; valga, valga, valiamo, valgano *C*; vali, valga, valiamo, valgano *I*; valso *PPa*

vedere vedo, vedi, vediamo, vedono *P*; vedrò *F*; vidi, vedesti, vedemmo, videro *PR*; veda *C*; vedi, veda *I*; visto *PPa*

venire vengo, vieni, veniamo, vengono *P*; verrò *F*; venni, venisti, venimmo, vennero *PR*; venga, veniamo, vengano *C*; vieni, venga, veniamo, vengano *I*; veniente *PPr*; venuto *PPa*

vincere vinco *P*; vinsi *PR*; vinto *PPa*

vivere vivo *P*; vivrò *F*; vissi, vivesti, vivemmo, vissero *PR*; vissuto *PPa*

volere voglio, vuoi, vogliamo, vogliono *P*; vorrò *F*; voluto *PPa*

Grammatica tedesca

Grammatica tedesca

Aggettivo

L'uso dell'aggettivo

Se l'aggettivo viene usato come attributo, cioè per determinare meglio il sostantivo, esso corrisponde nel genere, nel numero e nel caso con il sostantivo. Se viene usato come predicativo (complemento predicativo) o come avverbiale (complemento avverbiale), l'aggettivo rimane immutato *(Die neuen Fahrräder* (neutro, plurale, nominativo) *waren wegen ihres niedrigen Preises* (maschile, singolare, genitivo) *schnell verkauft. Diese Fahrräder sind neu und preiswert. Ihr Preis ist niedrig kalkuliert.).*

La declinazione dell'aggettivo

Esistono due tipi di declinazione dell'aggettivo. Un aggettivo ha una declinazione forte, se si trova da solo davanti ad un sostantivo o dopo un articolo indeterminativo o dopo un pronome senza desinenza.

singolare	nominativo	genitivo	dativo	accusativo
maschile	*neuer Hut*	*neuen Hutes*	*neuem Hut(e)*	*neuen Hut*
femminile	*neue Frau*	*neuer Frau*	*neuen Frau*	*neue Frau*
neutro	*neues Auto*	*neuen Autos*	*neuem Auto*	*neues Auto*
plurale	*neue*	*neuer*	*neuen*	*neue*

Un aggettivo ha una declinazione debole, quando si trova dopo un articolo determinativo o dopo un pronome declinato.

singolare	nominativo	genitivo	dativo	accusativo
maschile	*neue Hut*	*neuen Hutes*	*neuen Hut(e)*	*neuen Hut*
femminile	*neue Frau*	*neuen Frau*	*neuen Frau*	*neue Frau*
neutro	*neue Auto*	*neuen Autos*	*neuen Auto*	*neue Auto*
plurale	*neuen*	*neuen*	*neuen*	*neuen*

Un aggettivo ha una declinazione mista quando si trova dopo un articolo partitivo o dopo un pronome senza desinenza.

singolare	nominativo	genitivo	dativo	accusativo
maschile	*neuer Hut*	*neuen Hutes*	*neuen Hut*	*neuen Hut*
femminile	*neue Frau*	*neuen Frau*	*neuen Frau*	*neue Frau*
neutro	*neues Auto*	*neuen Autos*	*neuen Auto*	*neues Auto*
plurale	*neuen*	*neuen*	*neuen*	*neuen*

La comparazione dell'aggettivo

Il comparativo si forma aggiungendo al grado positivo **-er** o formando un addolcimento e aggiungendo **-er**. Il superlativo si forma aggiungendo al grado positivo **-est** o **-st**. Se il superlativo non è preposto ad un sostantivo, si aggiunge ad esso ancora **am** *(weit, lang, alt: weiter, länger, älter; weiteste(r,s), längste(r,s), älteste(r,s). Er lief am weitesten.)*.

Gli aggettivi **gut, viel, wenig, hoch, nahe** hanno forme irregolari di comparativo: *gut, besser, beste(r,s); viel, mehr, meiste(r,s); wenig, weniger* o *minder, wenigste(r,s); hoch, höher, höchste(r,s); nahe, näher, nächste(r,s).*

Avverbio

Gli avverbi derivati da aggettivi si trovano nella forma originaria (nessuna desinenza!) *(Das hast du gut gemacht.)*. La comparazione degli avverbi corrisponde a quella degli aggettivi (anche qui: nessuna desinenza!). A parte gli avverbi, che derivano dagli aggettivi, solo i seguenti avverbi formano i gradi di comparazione: *oft – öfter – am öftesten/am häufigsten; bald – eher – am ehesten; gern – lieber – am liebsten.*

Articolo

L'articolo determinativo

numero	**caso**	**maschile**	**femminile**	**neutro**
singolare	nominativo	*der*	*die*	*das*
	genitivo	*des*	*der*	*des*
	dativo	*dem*	*der*	*dem*
	accusativo	*den*	*die*	*das*
plurale	nominativo	*die*	*die*	*die*
	genitivo	*der*	*der*	*der*
	dativo	*den*	*den*	*den*
	accusativo	*die*	*die*	*die*

L'articolo indeterminativo

numero	**caso**	**maschile**	**femminile**	**neutro**
singolare	nominativo	*ein*	*eine*	*ein*
	genitivo	*eines*	*einer*	*eines*
	dativo	*einem*	*einer*	*einem*
	accusativo	*einen*	*eine*	*ein*

Gli articoli indeterminativi non hanno il plurale.

Sostantivo

Il genere del sostantivo

I sostantivi si suddividono in tre generi. Nella regola il genere grammaticale corrisponde a quello naturale *(der Mann, die Frau, das Haus)*.

Le desinenze regolari dei sostantivi tedeschi

maschile	femminile		neutro
-ant	*-ade*	*-ine*	*-at*
-ar	*-anz*	*-ion*	*-chen*
-är	*-atte*	*-ive*	*-ium*
-ent	*-ei*	*-schaft*	*-lein*
-eur	*-elle*	*-tät*	*-nis*
-ist	*-enz*	*-ung*	*-sel*
-ius	*-ette*	*-ur*	*-tiv*
-ling	*-eurin*		
-mus	*-euse*		
-nom	*-heit*		
-rich	*-ie*		
-tiv	*-ik*		
-tor	*-in*		

Il caso del sostantivo

I sostantivi possono avere una declinazione forte, debole o mista. La declinazione forte si trova nei sostantivi maschili, femminili e neutri.

singolare	maschile	femminile	neutro
nominativo	*der Raum*	*die Wand*	*das Auto*
genitivo	*des Raumes*	*der Wand*	*des Autos*
dativo	*dem Raum(e)*	*der Wand*	*dem Auto*
accusativo	*den Raum*	*die Wand*	*das Auto*
plurale	*Räume*	*Wände*	*Autos*
plurale/dativo	*den Räumen*	*den Wänden*	*den Autos*

La declinazione debole si trova solo nei sostantivi maschili e femminili.

singolare	maschile	femminile
nominativo	*der Held*	*die Katze*
genitivo	*des Helden*	*der Katze*

singolare	maschile	femminile
dativo	*dem Helden*	*der Katze*
accusativo	*den Helden*	*die Katze*
plurale	*Helden*	*Katzen*

La declinazione mista si trova solo nei sostantivi maschili e neutri.

singolare	maschile	neutro
nominativo	*der Schmerz*	*das Ohr*
genitivo	*des Schmerzes*	*des Ohrs*
dativo	*dem Schmerz*	*dem Ohr*
accusativo	*den Schmerz*	*das Ohr*
plurale	*Schmerzen*	*Ohren*

L'uso del caso

Il caso del genitivo indica appartenenza, provenienza, qualità e proprietà (*Die Studenten der Münchener Universität streiken. Die Pflanzen südlicher Zonen verderben. Ein Rohdiamant erster Güte wurde gefunden. Das ist das Haus des Direktors.*). In Italiano, il genitivo si traduce con la preposizione **di** che esprime l'appartenenza. Determinati verbi richiedono anche il genitivo (*sich schämen, sich entsinnen, bedürfen*).

Il dativo in funzione d'un complemento indiretto indica qualcuno o qualcosa a cui accade un'azione, un avvenimento o un accaduto (*Sie gibt/schenkt dem Mann ...*). Il dativo corrisponde al complemento oggetto indiretto italiano e viene introdotto dalla preposizione **a**.

Si parla di complemento oggetto diretto quando qualcuno o qualcosa subisce direttamente un'azione o un avvenimento (*Sie sieht ihn.*). Il complemento oggetto corrisponde in tedesco al caso dell'accusativo.

Preposizioni

A ogni preposizione corrisponde un caso specifico (genitivo, dativo, accusativo).

Le preposizioni con il genitivo

außerhalb	*laut*	*um ... willen*
dank	*mangels*	*ungeachtet*
diesseits	*mittels*	*unterhalb*
...halber	*oberhalb*	*unweit*
innerhalb	*statt*	*während*
jenseits	*trotz*	*wegen*

La maggior parte di queste preposizioni non sono usate con il genitivo se non quando un pronome senza desinenza, un aggettivo o un articolo siano tra la preposizione e il sostantivo. In altri casi possono reggere anche il dativo.

trotz starker Schneefälle (genitivo)	*trotz Schneefällen* (dativo)
infolge des Unwetters (genitivo)	*infolge von Unwetter* (dativo)

Le preposizioni con il dativo

aus	*gemäß*	*samt*
außer	*mit*	*seit*
bei	*nach*	*von*
entgegen	*nebst*	*zu*
gegenüber		

Le preposizioni con l'accusativo

durch	*gegen*	*um*
für	*ohne*	

Preposizioni seguite dall'accusativo e dal dativo

Alcune preposizioni di luogo, utilizzate normalmente con il dativo quando indicano stato in luogo, usano l'accusativo quando indicano movimento:

Preposizione	**accusativo**	**dativo**
an	*Lehne die Leiter an die Wand!*	*Die Leiter lehnt an der Wand.*
	Appoggia la scala alla parete!	La scala poggia alla parete.
auf	*Du kannst dich auf den Stuhl dort setzen.*	*Auf diesem Stuhl sitzt Frau Weber.*
	Puoi sederti su quella sedia.	La signora Weber è seduta su questa sedia.
hinter	*Schau hinter das Bild!*	*Der Safe ist hinter dem Bild.*
	Guarda dietro il quadro!	La cassaforte è dietro il quadro.
in	*Tritt nicht in die Pfütze!*	*Der Brief ist in diesem Ordner abgelegt.*
	Non andare nella pozzanghera!	La lettera è archiviata in questo raccoglitore.

Preposizione	**accusativo**	**dativo**
neben	*Stell den Koffer neben das andere Gepäck!*	*Sein Lieblingsplatz war immer neben dem Ofen.*
	Posa la valigia vicino agli altri bagagli!	Il suo posto preferito era sempre al caminetto.
über	*Die Wolken ziehen über die Berge.*	*Wir flogen über den Wolken dahin.*
	Le nuvole passano sopra le montagne.	Noi sorvolammo le nuvole.
unter	*Kriech unter den Tisch!*	*Such unter dem Tisch!*
	Striscia sotto il tavolo!	Cerca sotto il tavolo!
vor	*Stell die Schuhe vor die Tür!*	*Der Sommer steht vor der Tür.*
	Metti le scarpe davanti alla porta!	L'estate è alle porte.
zwischen	*Stell den Tisch zwischen die Stühle!*	*Zwischen den Bäumen wuchsen Pilze.*
	Metti il tavolo tra le sedie!	Tra gli alberi crescevano i funghi.

Pronome

Il pronome personale

	1° persona	2° persona	3° persona
singolare:			
nominativo	*ich*	*du*	*er sie es*
(genitivo	*meiner*	*deiner*	*seiner ihrer seiner)*
dativo	*mir*	*dir*	*ihm ihr ihm*
accusativo	*mich*	*dich*	*ihn sie es*
plurale:			
nominativo	*wir*	*ihr*	*sie*
(genitivo	*unser*	*euer*	*ihrer)*
dativo	*uns*	*euch*	*ihnen*
accusativo	*uns*	*euch*	*sie*

Il pronome possessivo

	maschile/singolare	maschile/plurale
1° persona	*mein*	*unser*
2° persona	*dein*	*euer*
3° persona	*sein, ihr, sein*	*ihr*

Verbo

I verbi completi

I verbi completi formano tre gruppi secondo la loro coniugazione: verbi forti, verbi deboli, verbi irregolari (misti). Analogamente si tratta anche di una coniugazione forte (1), debole (2), irregolare (3). Le forme del verbo (infinito, imperfetto, participio II) determinano il tipo di coniugazione.

infinito	imperfetto	participio II	
(1) *singen*	*sang*	*gesungen*	cantare, cantavo, cantato
(2) *lachen*	*lachte*	*gelacht*	ridere, ridevo, riso
(3) *bringen*	*brachte*	*gebracht*	portare, portavo, portato

La coniugazione regolare

Genere del verbo: attivo

tempo	numero	indicativo	congiuntivo I	congiuntivo II
presente	singolare	*ich stelle*	*ich stelle*	
		du stellst	*du stellest*	
		er/sie/es stellt	*er/sie/es stelle*	
	plurale	*wir stellen*	*wir stellen*	
		ihr stellt	*ihr stellet*	
		sie stellen	*sie stellen*	
passato	singolare	*ich stellte*		*ich stellte*
		du stelltest		*du stelltest*
		er/sie/es stellte		*stellte*
	plurale	*wir stellten*		*wir stellten*
		ihr stelltet		*ihr stelltet*
		sie stellten		*sie stellten*
futuro I	singolare	*ich werde stellen*	*ich werde stellen*	*ich würde stellen*

ind. perf.: *ich habe gestellt, du hast gestellt/ich bin gefahren, du bist gefahren*
cong. I perf.: *ich habe gestellt, du habest gestellt/ich sei gefahren, du seist gefahren*
trapassato prossimo: *ich hatte gestellt, du hattest gestellt/ich war gefahren, du warst gefahren*
cong. II trapassato prossimo: *ich hätte gestellt, du hättest gestellt/ich wäre gefahren, du wärest gefahren*
fut. II: *ich werde gestellt haben, du wirst gestellt haben/ich werde gefahren sein, du wirst gefahren sein*

infinito presente	*stellen/fahren*
infinito passato	*gestellt haben/gefahren sein*
participio presente	*stellend/fahrend*
participio passato	*gestellt/gefahren*
imperativo singolare	*stelle/fahre*
imperativo plurale	*stellt/fahrt*

La coniugazione irregolare

tempo	**numero**	**indicativo**	**congiuntivo**
presente	singolare	*ich nehme*	*ich nehme*
		du nimmst	*du nehmest*
		er/sie/es nimmt	*er/sie/es nehme*
	plurale	*wir nehmen*	*wir nehmen*
		ihr nehmt	*ihr nehmet*
		sie nehmen	*sie nehmen*
passato	singolare	*ich nahm*	*ich nähme*
		du nahmst	*du nähmest*
		er/sie/es nahm	*er/sie/es nähme*
	plurale	*wir nahmen*	*wir nähmen*
		ihr nahmt	*ihr nähm(e)t*
		sie nahmen	*sie nähmen*
infinito presente		*nehmen*	
infinito passato		*genommen haben*	
participio presente		*nehmend*	
participio passato		*genommen*	
imperativo singolare		*nimm*	
imperativo plurale		*nehmt*	

I verbi ausiliari

I verbi ausiliari sono: **haben, sein, werden.** Con il loro aiuto si possono formare i tempi composti dei verbi completi. Inoltre essi hanno anche la funzione di verbi a sé (*Nach der langen Bergtour hatten sie mehr Durst als Hunger. Sie sind jünger, als ich mir gedacht hatte*).

L'ausiliare *sein* (essere) e *haben* (avere)

tempo	**sein**	**haben**
presente	*ich bin*	*ich habe*
	du bist	*du hast*
	er/sie/es ist	*er/sie/es hat*
	wir sind	*wir haben*
	ihr seid	*ihr habt*
	sie sind	*sie haben*
imperfetto	*ich war*	*ich hatte*
	du warst	*du hattest*
	er/sie/es war	*er/sie/es hatte*
	wir waren	*wir hatten*
	ihr wart	*ihr hattet*
	sie waren	*sie hatten*
perfetto	*ich bin gewesen*	*ich habe gehabt*
trapassato prossimo	*ich war gewesen*	*ich hatte gehabt*
futuro I	*ich werde sein*	*ich werde haben*
futuro II	*ich werde gewesen sein*	*ich werde gehabt haben*
infinito	*sein*	*haben*
participio presente	*seiend*	*habend*
participio passato	*gewesen*	*gehabt*
imperativo singolare	*sei*	*habe*
imperativo plurale	*seid*	*habt*

L'uso dei tempi

Congiuntivo I

Il congiuntivo I indica prima di tutto quanto segue: un ordine, una disposizione, una preghiera o un desiderio, da adempiere, una possibilità o una supposizione ed il discorso indiretto (*Man presse eine ganze Zitrone, gieße heißes Wasser darauf, ... Der Betriebsrat teilte mit, dass eine Verkürzung der Arbeitszeit zurzeit nicht durchzusetzen sei)*. Se le forme del congiuntivo I corrispondono con le forme dell'indicativo, queste ultime sono sostituite dalle forme del congiuntivo II *(Ich schrieb ihm, dass ich jetzt geheiratet hätte)*. Il congiuntivo presente si forma con la radicale del presente e con le rispettive desinenze del congiuntivo. Il congiuntivo perfetto si forma con le forme del congiuntivo presente di **haben** e **sein** e con il participio II del verbo completo. Il congiuntivo futuro I si forma con le forme del congiuntivo presente di **werden** e con l'infinito del rispettivo verbo.

Congiuntivo II

Il congiuntivo II indica quanto segue: un'ordine cortese, una preghiera cortese, un desiderio, che non può essere adempiuto, una constatazione insicura ed una condizione che non è reale *(Könntet ihr euch bitte etwas leiser unterhalten? Würden Sie mir helfen, die Pakete aus dem Auto zu tragen? Könnte ich die Zeit doch noch einmal zurückdrehen!)*. Una perifrasi del congiuntivo II con **würde** piu l'infinito del rispettivo verbo avviene in genere quando la forma del congiuntivo corrisponde con la forma dell'indicativo *(Wenn Sie den Schaden melden würden*, non: *meldeten)*.

Proposizione

La successione dei complementi fra di loro

Se il complemento indiretto ed il complemento diretto sono formati da due sostantivi, allora il complemento indiretto viene prima del complemento diretto; se essi sono formati da un sostantivo ed un pronome, allora il complemento diretto viene prima del complemento indiretto *(Sie schickt ihrer Freundin* (complemento indiretto) *ein Päckchen* (complemento diretto). *Sie schickt ihr* (complemento indiretto, pronome) *ein Päckchen* (complemento diretto, sostantivo). *Sie schickt es* (complemento diretto, pronome) *ihr* (complemento indiretto, pronome)).

La costruzione della frase nella proposizione affermativa

Nella proposizione affermativa il verbo si trova al secondo posto. Quando si usano i verbi composti, invece, l'ausiliare è al secondo posto; il participio o l'infinito in questo caso si trovano alla fine. Il predicato composto ha la funzione di una parentesi, nella quale va messo il resto della frase. Nel caso una parte della proposizione – ad eccezione del soggetto – si trova prima del verbo principale, il soggetto si postpone al verbo principale („inversione") *(Gestern arbeiteten sie an diesem Projekt. Das große Problem haben sie heute gelöst)*.

La posizione della proposizione secondaria

La proposizione secondaria si può trovare prima o dopo la proposizione principale. La proposizione principale può anche abbracciare la proposizione secondaria. Le proposizioni attributive si trovano in genere direttamente dopo la parola di riferimento (*Weil sie eine Mitarbeiterin suchten, setzten sie das Inserat in die Zeitung. Sie setzten das Inserat in die Zeitung, weil sie eine Mitarbeiterin suchten. Sie setzten, weil sie eine Mitarbeiterin suchten, ein Inserat in die Zeitung. Das Inserat, das sie gelesen hat, klingt interessant.*). Importante: Nelle proposizioni secondarie il verbo si trova in genere in posizione finale (*Obwohl er damals nicht Deutsch sprach, reiste er nach München.*).

Numerale

Solo il numero cardinale *eins* si declina in tutti i casi. I numeri cardinali *zwei* e *drei* si declinano al genitivo plurale, se si trovano da soli prima della parola di riferimento. I numeri cardinali da 2 fino a 12 hanno al dativo la desinenza *-en*, se si trovano da soli senza la parola di riferimento. I numeri cardinali *Hundert* e *Tausend* possono essere usati anche come sostantivi, ed hanno la declinazione forte. I numeri cardinali *Million, Billion* ecc. hanno la declinazione forte (*Der Junge hatte nur eine Murmel. Er wurde aufgrund dreier Aussagen verurteilt. Diesen Sport treibt man zu sechsen/zu sechst. Die Mannschaft hatte Tausende von Fans. Millionen saßen vor dem Bildschirm*). I numeri ordinali si formano aggiungendo una **-te** ai numeri cardinali da 2 fino a 19 ed una **-ste** dai 20 in poi. I numeri ordinali si declinano come gli aggettivi (*der zweite, alle neunten, jeder fünfzigste*).

Numeri

numeri cardinali		**numeri ordinali**	
0	*null*		
1	*eins*	1.	*erste*
2	*zwei*	2.	*zweite*
3	*drei*	3.	*dritte*
4	*vier*	4.	*vierte*
5	*fünf*	5.	*fünfte*
6	*sechs*	6.	*sechste*
7	*sieben*	7.	*sieb(en)te*
8	*acht*	8.	*achte*
9	*neun*	9.	*neunte*
10	*zehn*	10.	*zehnte*
11	*elf*	11.	*elfte*
12	*zwölf*	12.	*zwölfte*

13	*dreizehn*	13.	*dreizehnte*
14	*vierzehn*	14.	*vierzehnte*
15	*fünfzehn*	15.	*fünfzehnte*
16	*sechzehn*	16.	*sechzehnte*
17	*siebzehn*	17.	*siebzehnte*
18	*achtzehn*	18.	*achtzehnte*
19	*neunzehn*	19.	*neunzehnte*
20	*zwanzig*	20.	*zwanzigste*
21	*einundzwanzig*	21.	*einundzwanzigste*
22	*zweiundzwanzig*	22.	*zweiundzwanzigste*
23	*dreiundzwanzig*	23.	*dreiundzwanzigste*
30	*dreißig*	30.	*dreißigste*
40	*vierzig*	40.	*vierzigste*
50	*fünfzig*	50.	*fünfzigste*
60	*sechzig*	60.	*sechzigste*
70	*siebzig*	70.	*siebzigste*
80	*achtzig*	80.	*achtzigste*
90	*neunzig*	90.	*neunzigste*
100	*(ein)hundert*	100.	*(ein)hundertste*
101	*hundert(und)eins*		
230	*zweihundert(und)dreißig*		
538	*fünfhundert(und) achtunddreißig*		
1 000	*(ein)tausend*	1 000.	*(ein)tausendste*
10 000	*zehntausend*		
100 000	*(ein)hunderttausend*		
1 000 000	*eine Million*		

Orario

I minuti sono divisi dalle ore con un punto o posti in apice: *9.30 Uhr; 9.30 Uhr.*
Si usano solo i numeri cardinali.
L'orario si chiede in questo modo:
Wie viel Uhr ist es?/Wie spät ist es?
Si risponde: *Es ist .../Wir haben ...*

I verbi irregolari tedeschi

infinito	imperfetto	participio II	1°/2° persona presente
backen	backte	gebacken	ich backe, du bäckst
befehlen	befahl	befohlen	ich befehle, du befiehlst
beginnen	begann	begonnen	ich beginne, du beginnst
beißen	biss	gebissen	ich beiße, du beißt
bergen	barg	geborgen	ich berge, du birgst
bersten	barst	geborsten	ich berste, du birst
biegen	bog	gebogen	ich biege, du biegst
bieten	bot	geboten	ich biete, du bietest
binden	band	gebunden	ich binde, du bindest
bitten	bat	gebeten	ich bitte, du bittest
blasen	blies	geblasen	ich blase, du bläst
bleiben	blieb	geblieben	ich bleibe, du bleibst
braten	briet	gebraten	ich brate, du brätst
brechen	brach	gebrochen	ich breche, du brichst
brennen	brannte	gebrannt	ich brenne, du brennst
bringen	brachte	gebracht	ich bringe, du bringst
denken	dachte	gedacht	ich denke, du denkst
dreschen	drosch	gedroschen	ich dresche, du drischst
dringen	drang	gedrungen	ich dringe, du dringst
dürfen	durfte	gedurft	ich darf, du darfst
empfangen	empfing	empfangen	ich empfange, du empfängst
empfehlen	empfahl	empfohlen	ich empfehle, du empfiehlst
empfinden	empfand	empfunden	ich empfinde, du empfindest
erlöschen	erlosch	erloschen	er erlischt
essen	aß	gegessen	ich esse, du isst
fahren	fuhr	gefahren	ich fahre, du fährst
fallen	fiel	gefallen	ich falle, du fällst
fangen	fing	gefangen	ich fange, du fängst
fechten	focht	gefochten	ich fechte, du fich(t)st

finden	fand	gefunden	ich finde, du findest
flechten	flocht	geflochten	ich flechte, du flich(t)st
fliegen	flog	geflogen	ich fliege, du fliegst
fliehen	floh	geflohen	ich fliehe, du fliehst
fließen	floss	geflossen	ich fließe, du fließt
fressen	fraß	gefressen	ich fresse, du frisst
frieren	fror	gefroren	ich friere, du frierst
gären	gor	gegoren	es gärt
gebären	gebar	geboren	ich gebäre, du gebärst/ gebierst
geben	gab	gegeben	ich gebe, du gibst
gedeihen	gedieh	gediehen	ich gedeihe, du gedeihst
gehen	ging	gegangen	ich gehe, du gehst
gelingen	gelang	gelungen	es gelingt
gelten	galt	gegolten	ich gelte, du giltst
genießen	genoss	genossen	ich genieße, du genießt
geschehen	geschah	geschehen	es geschieht
gewinnen	gewann	gewonnen	ich gewinne, du gewinnst
gießen	goss	gegossen	ich gieße, du gießt
gleichen	glich	geglichen	ich gleiche, du gleichst
gleiten	glitt	geglitten	ich gleite, du gleitest
graben	grub	gegraben	ich grabe, du gräbst
greifen	griff	gegriffen	ich greife, du greifst
haben	hatte	gehabt	ich habe, du hast
halten	hielt	gehalten	ich halte, du hältst
hängen	hing	gehangen	ich hänge, du hängst
hauen	hieb/haute	gehauen	ich haue, du haust
heben	hob	gehoben	ich hebe, du hebst
heißen	hieß	geheißen	ich heiße, du heißt
helfen	half	geholfen	ich helfe, du hilfst
kennen	kannte	gekannt	ich kenne, du kennst
klingen	klang	geklungen	ich klinge, du klingst
kneifen	kniff	gekniffen	ich kneife, du kneifst
kommen	kam	gekommen	ich komme, du kommst

können	konnte	gekonnt	ich kann, du kannst
kriechen	kroch	gekrochen	ich krieche, du kriechst
laden	lud	geladen	ich lade, du lädst
lassen	ließ	gelassen	ich lasse, du lässt
laufen	lief	gelaufen	ich laufe, du läufst
leiden	litt	gelitten	ich leide, du leidest
leihen	lieh	geliehen	ich leihe, du leihst
lesen	las	gelesen	ich lese, du liest
liegen	lag	gelegen	ich liege, du liegst
lügen	log	gelogen	ich lüge, du lügst
mahlen	mahlte	gemahlt	ich mahle, du mahlst
meiden	mied	gemieden	ich meide, du meidest
melken	molk	gemolken/gemelkt	ich melke, du melkst
messen	maß	gemessen	ich messe, du misst
misslingen	misslang	misslungen	es misslingt
mögen	mochte	gemocht	ich mag, du magst
müssen	musste	gemusst	ich muss, du musst
nehmen	nahm	genommen	ich nehme, du nimmst
nennen	nannte	genannt	ich nenne, du nennst
pfeifen	pfiff	gepfiffen	ich pfeife, du pfeifst
preisen	pries	gepriesen	ich preise, du preist
quellen	quoll	gequollen	ich quelle, du quillst
raten	riet	geraten	ich rate, du rätst
reiben	rieb	gerieben	ich reibe, du reibst
reißen	riss	gerissen	ich reiße, du reißt
reiten	ritt	geritten	ich reite, du reitest
rennen	rannte	gerannt	ich renne, du rennst
riechen	roch	gerochen	ich rieche, du riechst
ringen	rang	gerungen	ich ringe, du ringst
rinnen	rann	geronnen	es rinnt
rufen	rief	gerufen	ich rufe, du rufst
salzen	salzte	gesalzen	ich salze, du salzt
saufen	soff	gesoffen	ich saufe, du säufst
saugen	sog	gesogen	ich sauge, du saugst

schaffen (schöpfen)	schuf	geschaffen	ich schaffe, du schaffst
scheiden	schied	geschieden	ich scheide, du scheidest
scheinen	schien	geschienen	ich scheine, du scheinst
schelten	schalt	gescholten	ich schelte, du schiltst
schieben	schob	geschoben	ich schiebe, du schiebst
schießen	schoss	geschossen	ich schieße, du schießt
schlafen	schlief	geschlafen	ich schlafe, du schläfst
schlagen	schlug	geschlagen	ich schlage, du schlägst
schleichen	schlich	geschlichen	ich schleiche, du schleichst
schleifen (schärfen)	schliff	geschliffen	ich schleife, du schleifst
schließen	schloss	geschlossen	ich schließe, du schließt
schmeißen	schmiss	geschmissen	ich schmeiße, du schmeißt
schmelzen (intransitiv)	schmolz	geschmolzen	ich schmelze, du schmilzt
schneiden	schnitt	geschnitten	ich schneide, du schneidest
schreiben	schrieb	geschrieben	ich schreibe, du schreibst
schreien	schrie	geschrien	ich schreie, du schreist
schweigen	schwieg	geschwiegen	ich schweige, du schweigst
schwellen	schwoll	geschwollen	ich schwelle, du schwillst
schwimmen	schwamm	geschwommen	ich schwimme, du schwimmst
schwinden	schwand	geschwunden	ich schwinde, du schwindest
schwören	schwor	geschworen	ich schwöre, du schwörst
sehen	sah	gesehen	ich sehe, du siehst
sein	war	gewesen	ich bin, du bist
senden	sandte/ sendete	gesandt/ gesendet	ich sende, du sendest

sieden	sott/siedete	gesotten/gesiedet	ich siede, du siedest
singen	sang	gesungen	ich singe, du singst
sinken	sank	gesunken	ich sinke, du sinkst
sinnen	sann	gesonnen	ich sinne, du sinnst
sitzen	saß	gesessen	ich sitze, du sitzt
spalten	spaltete	gespalten	ich spalte, du spaltest
speien	spie	gespien	ich speie, du speist
spinnen	spann	gesponnen	ich spinne, du spinnst
sprechen	sprach	gesprochen	ich spreche, du sprichst
springen	sprang	gesprungen	ich springe, du springst
stechen	stach	gestochen	ich steche, du stichst
stecken (intransitiv)	stak	gesteckt	ich stecke, du steckst
stehen	stand	gestanden	ich stehe, du stehst
stehlen	stahl	gestohlen	ich stehle, du stiehlst
steigen	stieg	gestiegen	ich steige, du steigst
sterben	starb	gestorben	ich sterbe, du stirbs
stinken	stank	gestunken	ich stinke, du stinkst
stoßen	stieß	gestoßen	ich stoße, du stößt
streichen	strich	gestrichen	ich streiche, du streichst
streiten	stritt	gestritten	ich streite, du streitest
tragen	trug	getragen	ich trage, du trägst
treffen	traf	getroffen	ich treffe, du triffst
treiben	trieb	getrieben	ich treibe, du treibst
treten	trat	getreten	ich trete, du trittst
trinken	trank	getrunken	ich trinke, du trinkst
trügen	trog	getrogen	ich trüge, du trügst
tun	tat	getan	ich tu(e), du tust
verderben	verdarb	verdorben	ich verderbe, du verdirbst
verdrießen	verdross	verdrossen	ich verdrieße, du verdrießt
vergessen	vergaß	vergessen	ich vergesse, du vergisst
verlieren	verlor	verloren	ich verliere, du verlierst

verzeihen	verzieh	verziehen	ich verzeihe, du verzeihst
wachsen	wuchs	gewachsen	ich wachse, du wächst
wägen	wog	gewogen	ich wäge, du wägst
waschen	wusch	gewaschen	ich wasche, du wäschst
weichen (nachgeben)	wich	gewichen	ich weiche, du weichst
weisen	wies	gewiesen	ich weise, du weist
wenden	wandte/ wendete	gewandt/ gewendet	ich wende, du wendest
werben	warb	geworben	ich werbe, du wirbst
werden	wurde/ward	geworden	ich werde, du wirst
werfen	warf	geworfen	ich werfe, du wirfst
wiegen	wog	gewogen	ich wiege, du wiegst
winden	wand	gewunden	ich winde, du windest
wissen	wusste	gewusst	ich weiß, du weißt
wollen	wollte	gewollt	ich will, du willst
ziehen	zog	gezogen	ich ziehe, du ziehst
zwingen	zwang	gezwungen	ich zwinge, du zwingst

Ogni lemma è evidenziato in blu

makellos ['ma:kəllo:s] *adj* senza macchia, immacolato, impeccabile; *von ~em Weiß* di un bianco immacolato

Makellosigkeit ['ma:kəllo:zıçkaıt] *f* **1.** *(Fehlerlosigkeit)* perfezione *f;* **2.** *(moralisch)* integrità *f,* ineccepibilità *f;* **3.** *(Reinheit)* candore *m;* **4.** *(Haut)* candore *m;* **5.** *(Kleidung)* candore *m*

Viene fornita la trascrizione fonetica secondo le norme internazionali IPA

mäkeln ['mɛ:kəln] *v ~ an etw* criticare qc

Make-up ['meıkʌp] *n* trucco *m*

Makler ['ma:klɐ] *m* mediatore *m,* agente *m*

Maklergebühr ['ma:klɐgəby:r] *f* commissione di mediazione *f*

Viene fornita l'accentazione principale

Makrele [ma'kre:lə] *f ZOOL* sgombro *m*

mal [ma:l] *adv* **1.** *ein~* una volta; *Ruf mich ~ an!* Telefonami! *Komm ~ her!* Vieni un po' qua! *Das ist nun ~ so!* È così! *Schauen wir ~.* Vediamo un po'. *Warst du schon ~ in Paris?* Sei mai stato a Parigi? **2.** *(früher)* una volta; **3.** *(in Zukunft)* una volta; **4.** *(multipliziert mit)* per

La tilde sostituisce il lemma

Viene fornito il genere del lemma

Mal [ma:l] *n* **1.** *(Zeichen)* segno *m;* **2.** *(Zeitpunkt)* volta *f; mit einem ~* in un colpo solo, improvvisamente, di colpo; *von ~ zu ~* di volta in volta; *ein für alle ~* una volta per tutte

Malaie [ma'laıə] *m* malese *m*

Malaiin [ma'laıın] *f* malese *f*

malaiisch [ma'laııʃ] *adj* malese

Viene fornito il genere della traduzione in italiano

Malaysia [ma'laızja] *n GEO* Malesia *f*

malaysisch [ma'laızıʃ] *adj* malese

Malediven [malɛ'di:vən] *pl die ~ GEO* le Maldive *f/pl*

malen ['ma:lən] *v* dipingere

Maler ['ma:lɐ] *m* **1.** *(Künstler)* pittore *m;* **2.** *(Anstreicher)* imbianchino *m*

Malerei [ma:lə'raı] *f* pittura *f*

malerisch ['ma:lərıʃ] *adj* pittoresco

Malermeister ['ma:lərmaıstər] *m* decoratore (diplomato) *m*

Malheur [ma'lø:r] *n* guaio *m,* sventura *f,* disgrazia *f*

Vengono evidenziati i verbi irregolari in tedesco

Malkasten ['ma:lkastən] *m* scatola dei colori *f*

malnehmen ['ma:lne:mən] *v irr* moltiplicare

Viene fornito il settore d'appartenenza

Malve ['malvə] *f BOT* *(Pflanze der Gattung Malvaceae)* malva *f*

Malz [malts] *n* malto *m*

Viene indicato il primo oppure l'ultimo lemma di ogni pagina

Malzbier ['maltsbi:r] *n* birra al malto *f*
Malzkaffee ['maltskafe:] *m* caffè d'orzo *m*
Mama ['mama] *f* *(fam)* mamma *f*
mampfen ['mampfən] *v (fam)* sbafare, mangiare a quattro palmenti
man [man] *pron* si
managen ['mɛnɛdʒən] *v (fam)* dirigere, organizzare, amministrare
manche(r, s) [mançə(r,s)] *adj* **1.** qualche, alcuno; *Manche Kinder machen das.* Qualche bambino lo fa./Alcuni bambini lo fanno. *pron* **2.** qualcuno/qualcuna, alcuni/alcune; *manches dieser Kinder* qualcuno di questi bambini
manchmal ['mançma:l] *adv* qualche volta, talvolta
Mangel[1] ['maŋəl] *m* **1.** *(Fehlen)* scarsità *f*, mancanza *f*; **2.** *(Fehler)* difetto *m*
Mangel[2] ['maŋəl] *f* **1.** *(Heißmangel)* mangano *m*; **2.** *jdn in die ~ nehmen* mettere qd sotto torchio
mangelhaft ['maŋəlhaft] *adj* **1.** *(unvollständig)* incompleto, carente; **2.** *(fehlerhaft)* difettoso; **3.** *(Schulnote)* insufficiente
mangeln[1] ['maŋəln] *v (fehlen)* mancare
mangeln[2] ['maŋəln] *v (Wäsche)* manganare; *die Wäsche ~* manganare la biancheria
mangels ['maŋəls] *prep* in mancanza di
Mangelware ['maŋəlva:rə] *f* merce rara *f*
Manie [ma'ni:] *f* mania *f*
Manieren [ma'ni:rən] *pl* maniere *f/pl*
manipulieren [manipu'li:rən] *v* manipolare, manovrare
Mann [man] *m* **1.** uomo *m*; *der kleine ~* l'uomo comune *m*; *der ~ auf der Straße* l'uomo della strada *m*; *ein ~ von Welt* un uomo di mondo *m*; *ein gemachter ~* un uomo arrivato *m*; *ein toter ~ sein* essere un uomo morto; *den starken ~ markieren* fare il gradasso, fare il forzuto, fingersi forte; *seinen ~ stehen* essere affidabile, sapere il fatto proprio; *mit ~ und Maus untergehen* affondare con tutto il carico; *etw an den ~ bringen* smerciare qc, portare il discorso su qc; **2.** *(Ehemann)* marito *m*
Männchen ['mɛnçən] *n* **1.** *(kleiner Mann)* ometto *m*, omino *m*; **2.** *~ bauen (Soldat)*

Viene fornito il registro per i casi che si discostano da un uso neutrale della lingua

Le cifre arabiche contrassegnano significati diversi

I numeri elevati indicano i lemmi scritti in modo uguali, ma con un significato diverso

M — Indice alfabetico a rubrica

Viene fornita la traduzione italiana dei modi di dire e delle frasi idiomatiche

Le frasi idiomatiche e i modi di dire in tedesco vengono evidenziati in corsivo

Vengono forniti i significati diversi in parentesi e in corsivo

Standard-
Wörterbuch

Italienisch

compact

Bisher sind in dieser Reihe erschienen:

- Standard Wörterbuch Business English
- Standard Wörterbuch Englisch
- Standard Wörterbuch Französisch
- Standard Wörterbuch Spanisch
- Standard Wörterbuch Italienisch

Baierbrunner Straße 27, 81379 München
Ausgabe 2015

Chefredaktion: Dr. Matthias Feldbaum
Redaktion: Isabella Bergmann
Fachkorrektur: Barbara Holle, Tiziana Stillo
Produktion: Ute Hausleiter
Gestaltung: textum GmbH, München
Umschlaggestaltung: h3a GmbH, München; Hartmut Baier

ISBN: 978-3-8174-9699-0
381749699/1

www.compactverlag.de